저자약력 : 강경석 세무사

- 연세대학교 졸업
- 한국세무전문학교 회계학교수
- 종로경영아카데미 세법교수
- 한국금융연수원 한국채택국제회계기준 교수
- 회계사·세무사 전문 월간회계 집필위원
- 신한은행 PB 양도소득세 고문세무사
- 킨텍스세무그룹 대표세무사
- EBS교육방송·에듀피디·두목넷·자격동스쿨·에어클래스 : 회계학/세법 대표강사

주요저서 [출간예정도서포함]

- SAMIL 전산세무2급 : 강경석·김혜숙-삼일인포마인
- SAMIL 전산회계1급 : 강경석·김혜숙-삼일인포마인
- 회계사·세무사 회계학요해 : 강경석-회경사
- 회계사·세무사 세법요해 : 강경석-회경사
- THE BEST 세무관리3급 : 강경석·김혜숙-경영과회계
- POINT 전산세무1급 : 강경석·김윤주-경영과회계
- POINT 전산세무2급 : 강경석·김윤주-경영과회계
- POINT ERP회계2급-단기합격특강 : 강경석·임정식-경영과회계
- POINT 기업회계2·3급-단기합격특강 : 강경석-경영과회계
- POINT 세무회계2·3급-단기합격특강 : 강경석-경영과회계
- FINAL 전산세무1·2급-백점이론특강 : 강경석-세무라이선스
- FINAL 세무회계1급·2급·3급[이론과기출]-한권으로끝장 : 강경석-세무라이선스
- FINAL 회계관리1급-최신기출해설[2023년8회분/이론완성/저자직강] : 강경석-세무라이선스
- FINAL 회계관리2급-최신기출해설[2023년8회분/적중이론/저자직강] : 강경석-세무라이선스
- FINAL 재경관리사-한권으로끝장[20일완성/이론·기출기본서/저자직강] : 강경석-세무라이선스
- FINAL 재경관리사-기출문제특강[4주완성/10개년/기출유형총정리] : 강경석-세무라이선스
- FINAL 재경관리사-최신기출해설[2022년8회분/전과목] : 강경석-세무라이선스
- FINAL 재경관리사-최신기출해설[2023년8회분/전과목] : 강경석-세무라이선스
- FINAL 재경관리사-기출오답노트[3일완성/막판뒤집기/50점UP] : 강경석-세무라이선스
- FINAL 재경관리사-공개기출해설[재무] : 4개년27회분 : 강경석-세무라이선스
- FINAL 재경관리사-공개기출해설[원가] : 4개년27회분 : 강경석-세무라이선스
- FINAL 기업회계1급·2급·3급-한권으로끝장[이론완성/기출문제/저자직강] : 강경석-세무라이선스
- FINAL IFRS관리사-한권으로끝장[이론완성/동형기출/저자직강] : 강경석-세무라이선스
- FINAL IFRS관리사-기출문제특강[4개년8회분/오답노트/모의고사] : 강경석-세무라이선스
- FINAL 감정평가사·관세사 회계학-적중서브노트[재무/원가] : 강경석-도서출판 탐진
- FINAL 세무사·회계사 회계학-적중서브노트[재무·원가] : 강경석-도서출판 탐진
- 그 외 다수

FINAL

FINALLY FINAL

삼일회계법인주관 재경관리사 자격시험

재경관리사 · 기출문제특강

고득점 단기합격 최종정리서

[4주완성/10개년/기출유형총정리]

제1주차	빈출유형특강 [족집게적중특강]
제2주차	핵심유형특강 [필수포인트연습]
제3주차	최신유형특강 [신유형기출뽀개기]
제4주차	기출변형특강 [기타유형뽀개기]

SEMOOLICENCE

본서는 현재까지 출제된 기출문제의 모든 유형을 빠짐없이 담고있습니다.

강경석세무사 『FINAL』시리즈

FINAL'재경관리사 ▶	한권으로끝장【20일완성/이론·기출기본서/저자직강】
FINAL'재경관리사 ▶	기출문제특강【4주완성/10개년/기출유형총정리】
FINAL'재경관리사 ▶	최신기출해설【2022년8회분/전과목】
FINAL'재경관리사 ▶	최신기출해설【2023년8회분/전과목】
FINAL'재경관리사 ▶	기출오답노트【3일완성/막판뒤집기/50점UP】
FINAL'재경관리사 ▶	공개기출해설【재무】 - 4개년 27회분
FINAL'재경관리사 ▶	공개기출해설【원가】 - 4개년 27회분
FINAL'회계관리1급 ▶	최신기출해설【2023년8회분/이론완성/저자직강】
FINAL'회계관리2급 ▶	최신기출해설【2023년8회분/적중이론/저자직강】
FINAL'IFRS관리사 ▶	한권으로끝장【이론완성/동형기출/저자직강】
FINAL'IFRS관리사 ▶	기출문제특강【4개년8회분/오답노트/모의고사】
FINAL'기업회계1급·2급·3급 ▶	한권으로끝장【이론완성/기출문제/저자직강】
FINAL'감정평가사·관세사 ▶	회계학 적중서브노트【재무/원가】
FINAL'세무사·회계사 ▶	회계학 적중서브노트【재무/원가】

본서는 국가공인 재경관리사 자격시험에 대비하여 전과목에 대한 모든 유형의 기출문제를 단 1문제도 중복되는 문제없이 국내최초로 완벽정리하여 분석한 수험서로서, 매년 게시된 기출문제 누적분과 시험응시생의 복기에 의한 기출문제를 취합한 복원기출문제 풀(POOL)을 바탕으로 저자의 오랜 노하우로 체계적으로 집필한 최종 마무리 스피드패스 최적서이다. 한편, 문제 구성상 현행 세법과 회계기준에 부합되도록 문제의 수정/보완/임의변경을 가미하여 목적적합하게 편제하였다.

✒ 본서의 특징

1. 스피드패스 단기합격 비법을 '빈출유형특강'을 통해 완벽 분석하여 제시하였다.

현행 재경관리사 시험에서 가장 빈번하게 반복 출제이 이루어지고 있는 문제를 엄선하여 각 주제별로 정리함으로써 완벽한 '선택과 집중'이 가능하도록 하였으며, 문제 해설에 그치지 않고 문제가 요구하는 '핵심이론'을 콤팩트하게 요약하여 정리하였고 엄선된 문제와 관련하여 연관성이 있는 기출문제를 함께 제시하였다. 더불어 서술형 문제에서 답으로 등장하는 기출 오답문구를 '말장난'을 통해 빠짐없이 제시하여 이론정리/계산형/서술형 모든 문제에 대비할 수 있도록 하였다. 따라서, 기본이론을 어느 정도 대략적으로 나마 이미 습득했지만 시간이 촉박한 수험생이나, 전체 기출문제 풀이가 부담스런 수험생에게 빈출유형특강의 내용만으로도 단기합격이 가능하도록 하였다.

2. 합격을 위해 필수적인 기출문제를 '핵심유형특강'을 통해 제시하였다.

상당한 기출빈도를 가지고 있음과 동시에 시험 목적상 반드시 짚고 넘어가야할 필수적인 기출문제를 상세한 해설 및 적중이론인 '친절한 경석씨'를 통해 모두 제시하였다.

3. 최근 신유형의 문제를 '최신유형특강'을 통해 모두 제시하였다.

최근 출제된 신유형의 기출문제는 다소 지엽적이거나 난이도를 상승시킨 문제가 대부분이다. 따라서, 완벽한 이해 및 숙지가 가능하도록 상당한 지면을 할애하여 상세하게 해설하였으며, 문제의 재출제에 대비하여 이론서 없이도 정리가 가능하도록 관련이론을 '길라잡이'에 완벽하게 편제하였다.

4. 기존 기출문제를 일부 변경하여 출제한 문제를 '기출변형특강'에 모두 제시하였다.

기존 기출문제의 형식은 그대로 유지하되 선지의 일부를 교체하여 출제하거나 제시 자료의 일부를 전혀 다른 내용으로 대체하여 출제하는 문제들이 상당수 출제되고 있는 바, 이들을 취합하여 기출변형특강에 모두 제시하였다. 다만, 금액을 변경시키거나 선지의 위치를 바꾸는 등의 단순한 기출변형의 경우는 제외하였다. 한편, 기출변형문제인 경우에도 추가적인 이론 설명이 필요하다고 판단되는 경우에는 추가이론을 'POINT' 란을 통해 완벽히 제시하였다.

5. 계산형 문제를 빨리 풀 수 있는 비법인 일명 '고속철'풀이법을 제시하였다.

기본이론 접근시 체화된 강학상의 회계처리 방식에 의할 경우 한정된 시간내에 효율적으로 계산형 문제를 풀기란 불가능하므로 저자의 노하우로 개발한 빨리풀 수 있는 방법을 '고속철'로 표기하여 모두 제시하였다. 실전에서 놀라운 효과가 발휘되는 방법이므로 반드시 숙지하기 바란다.

▷ ▷ ▷

체계적으로 집필된 본서를 찬찬히 학습하다보면 어느 순간 자신도 모르게 자격증 취득에 한걸음 다가섰음을 느낄 수 있을 것으로 확신하며, 바라건데 본 교재가 최고의 재경전문가로 성장하는데 밑거름이 되고 수험생의 합격을 이끄는 반려자가 되길 기원한다. 또한 최선은 다했으나 혹시 미처 파악하지 못한 오류는 없는지에 대한 두려움과 아쉬움이 남는 것이 사실이나, 독자제위의 질책과 서평을 겸허히 수용하여 부족한 부분은 계속해서 보완해 나갈 것을 약속한다.

끝으로 본 교재의 출간을 위해 물심양면 지원을 아끼지 않은 도서출판 세무라이선스 임원진과 고통스런 편집 작업에 고생하신 세무라이선스 편집부에 감사를 전한다.

세무사 강경석 씀

SEMOOLICENCE

3P
3P
FINAL
3P
POTENTIALITY
PASSION
PROFESSION

3P는 여러분의 무한한 잠재력 능력과 반드시 성취하겠다는 열정을 토대로 전문가의 길로 나아가는 세무라이센스 파이널시리즈의 학습 정신입니다.

수험생 여러분의 합격을 응원합니다.

재경관리사 고득점 단기합격 최종정리서

CAM [Certified Accounting Manager]

FINAL

FINALLY FINAL

제1주차. 빈출유형특강

[족집게적중특강]

SEMOOLICENCE

POTENTIALITY
PASSION
PROFESSION

3P는 여러분의 무한한 잠재적 능력과 반드시 성취하겠다는 열정을 토대로 전문가
의 길로 나아가는 세무라이선스 파이널시리즈의 학습정신입니다.
세무라이선스는 여러분의 무한한 잠재력과 열정을 믿습니다.
수험생 여러분의 합격을 응원합니다.

빈출유형특강

현행 재경관리사 시험에서 가장 빈번하게 반복 출제가 이루어지고 있는 문제를 엄선하여 각 주제별로 정리함으로써 완벽한 '선택과 집중'이 가능하도록 하였으며, 문제 해설에 그치지 않고 문제가 요구하는 핵심이론을 콤팩트하게 요약하여 정리하였고 엄선된 문제와 관련하여 연관성이 있는 기출문제를 함께 제시하였습니다. 시간이 촉박한 수험생이나, 전체 기출문제 풀이가 부담스런 수험생에게 빈출유형특강의 내용만으로도 단기합격이 가능하도록 하였습니다.

재경관리사 기출문제특강

FINAL

Certified Accounting Manager

빈출유형특강

[족집게적중특강]

SEMOOLICENCE

3P
3P
FINAL
3P
POTENTIALITY
PASSION
PROFESSION

3P는 여러분의 무한한 잠재력 능력과
한드시 성취하겠다는 열정을 밑바탕 전
문가의 길로 나아가는 세무라이선스 퍼
미널시리즈의 학습 컨셉입니다.
수험생 여러분의 합격을 응원합니다.

빈출유형특강 1   재무회계와 관리회계 비교

Q. 다음은 재무회계와 관리회계를 비교한 것이다. 빈칸에 들어갈 내용으로 가장 타당한 것은?

구분	재무회계	관리회계
주된목적	외부정보이용자의 경제적 의사결정에 유용한 정보의 제공	경영자의 관리적 의사결정에 유용한 정보의 제공
보고대상	(ㄱ)	(ㄴ)
보고양식	재무제표	(ㄷ)

	(ㄱ)	(ㄴ)	(ㄷ)
①	내부이용자	외부이해관계자	일정한 양식 없음
②	외부이해관계자	내부이용자	재무제표
③	내부이용자	외부이해관계자	재무제표
④	외부이해관계자	내부이용자	일정한 양식 없음

📍 **내비게이션**

• 관리회계는 법적 강제력이 없으므로 보고양식에 일정한 기준이 없다.

정답 : ④

 핵심이론 : 재무회계와 관리회계 비교

구 분	재무회계	관리회계
목 적	•외부보고(회계정보 제공)	•내부보고(의사결정정보 제공)
회계정보이용자	•주주, 채권자 등 외부이해관계자	•경영자 등 내부이해관계자
보고서류	•기업회계기준에 의한 재무제표	•이용목적에 따라 작성된 보고서
작성기준	•기업회계기준 ▶일정양식이 있음. ▶법적강제력 있음.	•일정한 기준이 없음(경제이론, 경영학, 통계학 등). ▶일정양식이 없음. ▶법적강제력 없음.
정보의 성격	•과거지향적	•미래지향적
보고시점	•1년, 분기, 반기	•주기적 또는 수시

※말장난

• 기업내부의 정보이용자를 위한 회계가 재무회계이고 기업외부의 정보이용자를 위한 회계가 관리회계이다.(X)
  ▷반대의 설명이다.
• 재무회계는 의사결정을 위한 내부보고가 목적이다.(X)
  ▷재무회계(X) → 관리회계(O)
• 재무회계는 재무제표를 통해, 관리회계는 일반적으로 인정된 회계원칙에 따라 정해진 양식으로 보고한다.(X)
  ▷관리회계는 정해진 일정양식이 없다.
• K-IFRS에는 관리회계에 대한 기준서가 존재하며, 이를 통해서 관리회계 회계처리가 이루어진다.(X)
  ▷관리회계(X) → 재무회계(O)
• 주주와 채권자는 재무정보를 필요로 하지만 종업원의 경우는 해당되지 않는다.(X)
  ▷종업원도 재무정보이용자(회계정보이용자)에 해당한다.
• 관리회계는 회계기준에 따라 지정된 형식으로 지정된 시점(보통 1년단위)에 공시가 된다.(X)
  ▷관리회계(X) → 재무회계(O)

빈출유형특강 2	국제회계기준의 특징

Q. 다음 중 국제회계기준의 특징에 대한 설명으로 가장 옳은 것은?

① 국제회계기준은 원칙적으로 자산·부채에 대해 공정가치 측정을 할 수 없다.

② 국제회계기준을 적용한 후 주석공시 양이 줄어들었다.

③ 국제회계기준은 규정중심의 회계기준으로 상세하고 구체적인 회계처리방법을 제시한다.

④ 국제회계기준은 연결재무제표를 기본재무제표로 제시하고 있다.

📍 **내비게이션**

• ① 원칙적으로 공정가치로 측정할 것을 요구하고 있다.
• ② 공시 강화로 주석공시 양이 증가하였다.
• ③ 상세하고 구체적인 회계처리 방법을 제시하지 않는 원칙중심의 회계기준이다.

정답 : ④

 핵심이론 : 국제회계기준의 특징

원칙중심	•기본원칙과 방법론만 제시 🔍주의 규칙중심이 아님. ▶회계처리, 양식, 계정과목을 정형화하지 않고 다양성과 재량을 부여
연결재무제표중심	•연결재무제표를 기본재무제표로 제시 🔍주의 개별재무제표 중심이 아님.
공시강화	•주석을 통한 많은 공시항목을 요구함.
공정가치확대	•원칙적으로 자산·부채의 공정가치 측정을 요구
협업제정	•독자적이 아닌 각국의 협업을 통해 제정

관련기출 재무상태표 작성기준

● 재무상태표의 작성기준으로 올바르지 않은 것은?

① 재무제표에 표시되어야 할 항목의 순서나 형식이 규정되어 있지 않다.

❷ 모든 기업의 재무상태표는 통일양식으로 작성된다.

③ K-IFRS에서 요구하거나 허용하지 않는 한 자산과 부채는 상계하지 않는다.

④ 유동성 순서에 따른 표시방법이 신뢰성 있고 더욱 목적적합한 정보를 제공하기 때문에 유동성순서에 따른 표시방법을 적용할 경우 모든 자산과 부채는 유동성의 순서에 따라 표시한다.

해설

•기업마다 재무상태표의 양식을 재량적으로 결정 가능하다.

※말장난

•국제회계기준은 개별재무제표를 기본재무제표로 제시하고 있다.(X)
•국제회계기준은 재무제표의 작성시 형식이나 계정과목 순서에 대해서는 강제규정을 두고 있다.(X)
•한국채택국제회계기준 개념체계는 계속기업과 발생주의를 기본가정으로 하고 있다.(X)
  ▷K-IFRS는 계속기업을 유일한 기본가정으로 규정하고 있다.
•개념체계와 K-IFRS가 상충되는 경우에는 개념체계가 K-IFRS보다 우선한다.(X)
  ▷한국채택국제회계기준과 개념체계가 상충되는 경우 한국채택국제회계기준이 개념체계보다 우선한다.

빈출유형특강 3 　　　　　 재무정보의 질적특성

제1주차
빈출유형특강

제2주차
핵심유형특강

제3주차
최신유형특강

제4주차
기출변형특강

Q. 재무제표 정보의 근본적 질적 특성으로 목적적합성과 표현충실성이 있다. 다음 중 목적적합성과 표현충실성에 대한 설명으로 가장 올바르지 않은 것은?

① 재무정보가 예측가치를 갖기 위해서는 그 자체가 예측치이어야 한다.

② 이용자들이 미래 결과를 예측하기 위해 사용하는 절차의 투입요소로 사용될 수 있다면 그 재무정보는 예측가치를 가진다.

③ 정보가 누락되거나 잘못 기재된 경우 일반목적재무보고서에 근거하여 이루어지는 주요이용자의 의사결정에 영향을 줄 수 있다면 그 정보는 중요한 것이다.

④ 완벽한 표현충실성을 위해서는 서술이 완전하고 중립적이며 오류가 없어야 한다.

　📍 **내비게이션**
• 재무정보가 예측가치를 갖기 위해서 그 자체가 예측치 또는 예상치일 필요는 없다.

정답 : ①

 핵심이론 : 재무정보의 질적특성 개괄

재무정보의 질적특성	구성요소	포괄적 제약요인
근본적 질적특성	• 목적적합성, 표현충실성	원가
보강적 질적특성	• 비교가능성, 검증가능성, 적시성, 이해가능성	

목적적합성	예측가치와 확인가치	• 이용자들이 미래 결과를 예측하기 위해 사용하는 절차의 투입요소로 재무정보가 사용될 수 있다면 그 재무정보는 예측가치를 갖음. ▶재무정보가 과거 평가에 대해 피드백을 제공한다면(과거 평가를 확인하거나 변경시킨다면) 확인가치를 갖음. • 재무정보가 예측가치를 갖기 위해서 그 자체가 예측치 또는 예상치일 필요는 없음.
	중요성	• 정보가 누락되거나 잘못 기재된 경우 일반목적재무보고서에 근거하여 이루어지는 주요이용자의 의사결정에 영향을 줄 수 있다면 그 정보는 중요한 것임. • 중요성은 개별기업 재무보고서 관점에서 해당 정보와 관련된 항목의 성격이나 규모 또는 이 둘 모두에 근거하여 해당 기업에 특유한 측면의 목적적합성을 의미함.
표현충실성	완전한 서술 중립적 서술 오류없는 서술	• 오류가 없다는 것은 현상의 기술에 오류나 누락이 없고, 보고정보를 생산하는데 사용되는 절차의 선택과 적용시 절차상 오류가 없음을 의미함. ▶즉, 오류가 없다는 것은 모든 면에서 완벽, 정확하다는 것을 의미하지는 않음.

※말장난

• 재무정보가 과거 평가에 대해 피드백을 제공, 즉 확인하거나 변경시킨다면 예측가치를 가진다.(X)
　▷예측가치가 아니라 확인가치를 가진다.

• 오류가 없다는 것은 보고 정보를 생산하는데 사용되는 절차의 선택과 적용시 절차상 오류가 없음을 의미하며, 모든 면에서 완벽하게 정확하다는 것을 의미한다.(X)
　▷오류가 없다는 것은 모든 면에서 완벽하게 정확하다는 것을 의미하지는 않는다.

• 분·반기재무제표를 작성·공시하는 것은 재무제표의 근본적 질적특성을 충족시키기 위한 것이다.(X)
　▷분·반기재무제표를 작성하여 공시하는 것은 보강적 질적특성의 적시성에 해당한다.

빈출유형특강 4 　　　　　　　재무제표 요소의 측정

Q. 재무보고를 위한 개념체계 재무제표 요소의 측정기준과 관련하여 옳지 않은 것은?

① 공정가치는 측정일에 시장참여자 사이의 정상거래에서 부채를 이전할 때 지급하게 될 가격이다.

② 현행원가는 측정일 현재 동등한 부채에 대해 수취할 수 있는 대가에서 그 날에 발생할 거래원가를 차감한다.

③ 역사적원가는 발생시키거나 인수하면서 수취한 대가에서 거래원가를 차감한 가치이다.

④ 이행가치는 기업이 부채를 이행할 때 이전해야 하는 현금이나 그 밖의 경제적자원의 할인하지 아니한 금액이다.

📍 **내비게이션**

• 할인하지 아니한 금액(X) → 현재가치(O)

정답 : ④

 핵심이론 : 재무제표 요소의 측정

역사적원가	자산	• 자산 : 지급한대가 + 거래원가(예 건물취득시 취득세)
	부채	• 부채 : 수취한대가 – 거래원가(예 사채발행시 사채발행비)
현행가치	공정가치	자산	• 시장참여자 사이의 정상거래에서 자산매도시 받게 될 가격
		부채	• 시장참여자 사이의 정상거래에서 부채이전시 지급하게 될 가격
	사용가치 (자산)		• 자산사용과 처분으로 기대하는 현금흐름 및 그 밖의 경제적효익의 현재가치 🔍주의 할인한 금액임에 주의!
	이행가치 (부채)		• 부채이행시 이전해야 하는 현금 및 그 밖의 경제적자원의 현재가치 🔍주의 할인한 금액임에 주의!
	현행원가	자산	• 측정일에 동등한 자산의 원가로서 측정일에 지급할 대가(측정일에 발생할 거래원가 포함) ▶즉, 자산구입시 지급대가를 의미함.
		부채	• 측정일에 동등한 부채에 대해 수취할 수 있는 대가(측정일에 발생할 거래원가 차감) ▶즉, 부채발생시 수취대가를 의미함.

관련기출　재무제표 기본요소

● 재무상태의 측정에 가장 관련이 되는 요소에 대한 설명으로 가장 옳은 것은?

① 재무상태 측정에 가장 관련이 되는 요소는 수익, 비용, 이익이다.

② 부채는 과거사건의 결과로 기업이 통제하는 현재의 경제적 자원이다.

③ 자산은 과거사건의 결과로 기업이 경제적 자원을 이전해야 하는 현재의무이다.

❹ 자본은 기업의 자산에서 부채를 차감한 후의 잔여지분이다.

해설

• 재무상태 관련요소는 자산, 부채, 자본이며, ②는 자산의 정의, ③은 부채의 정의에 대한 설명이다.

※말장난

• 증여받은 재화는 관련된 지출이 없으므로 자산으로 인식할 수 없다.(X)

　▷지출의 발생과 자산의 취득은 밀접하게 관련되어 있으나 양자가 반드시 일치하는 것은 아니다.

빈출유형특강 5　　　　포괄손익계산서 표시

Q. 다음 중 아래의 포괄손익계산서에 대한 설명으로 가장 올바르지 않은 것은?

㈜삼일	20x1년 1월 1일부터 20x1년 12월 31일까지	
수익		xxx
매출원가		(xxx)
매출총이익		xxx
기타수익		xxx
물류원가		(xxx)
관리비		(xxx)
총비용		(xxx)
기타비용		(xxx)
법인세비용차감전순이익		xxx
법인세비용		(xxx)
당기순이익		xxx
기타포괄이익		xxx
총포괄이익		xxx

① 금융원가는 포괄손익계산서에 표시하여야 할 최소한의 항목 중 하나이다.
② 포괄손익계산서를 작성할 때 단일 포괄손익계산서 또는 별개의 손익계산서와 포괄손익계산서 중 하나의 양식을 선택하여 표시할 수 있다.
③ 상기 포괄손익계산서는 비용을 성격별로 분류하고 있다.
④ 기업은 비용의 성격별 또는 기능별 분류방법 중 신뢰성있고 더욱 목적적합한 정보를 제공할 수 있는 방법을 적용하여 당기손익으로 인식한 비용의 분석내용을 표시한다.

⊙ 내비게이션
• 매출원가를 다른 비용과 분리하여 공시하고 있으므로 기능별 분류법이다.

정답 : ③

 핵심이론 : 비용 분류방법

선택	성격별 분류법	• 비용은 그 성격별로 통합함.(즉, 각 항목의 유형별로 구분표시) ▶예 감가상각비, 원재료구입, 운송비, 종업원급여, 광고비 등 • 매출원가를 다른 비용과 분리하여 공시하지 않음.
	기능별 분류법 (=매출원가법)	• 비용은 그 기능별로 분류함. ▶예 매출원가, 물류원가, 관리활동원가 등 • 적어도 매출원가를 다른 비용과 분리하여 공시함.

※말장난

• 포괄손익계산서에서 비용을 표시할 때 반드시 기능별로 분류하여 표시한다.(X)
▷ 성격별 또는 기능별 분류방법 중에서 선택 적용한다.
• 포괄손익계산서 작성시 법인세비용은 꼭 표시하여야 하는 것은 아니며 중요하다고 생각되는 경우 표시하여야 하는 항목이다.(X)
▷ 표시하여야 하는 최소한의 항목 : 수익, 금융원가, 법인세비용 등

빈출유형특강 6 　　　　수정을 요하는 보고기간후사건

Q. 다음 중 수정을 요하는 보고기간후사건에 해당하는 것을 모두 고른 것은?

> ㄱ. 보고기간말에 존재하였던 현재의무가 보고기간 후에 소송사건의 확정에 의해 확인되는 경우
> ㄴ. 보고기간말 이전 사건의 결과로서 보고기간말에 종업원에게 지급하여야 할 법적 의무가 있는 상여금 지급금
> 　　액을 보고기간 후에 확정하는 경우
> ㄷ. 보고기간말과 재무제표 발행승인일 사이에 투자자산의 시장가치가 하락하는 경우
> ㄹ. 보고기간말 현재 존재하였던 매출채권에 대한 대손충당금 금액이 보고기간 후 매출처의 심각한 재무상태 악
> 　　화로 수정을 요하는 경우
> ㅁ. 보고기간말 이전에 자산손상이 발생되었음을 나타내는 정보를 보고기간 후 입수하는 경우

① ㄱ, ㄴ　　　　　　　　　　　　　② ㄱ, ㄹ
③ ㄱ, ㄴ, ㄹ, ㅁ　　　　　　　　　④ ㄱ, ㄴ, ㄷ, ㄹ

📍 **내비게이션**

•투자자산의 시장가치 하락은 수정을 필요로 하지 않는 대표사례이며 나머지는 모두 수정이 필요한 항목이다.

정답 : ③

 핵심이론 : 기타 수정을 요하는 보고기간후사건

> ㉠ 보고기간말의 순실현가능가치에 대한 증거를 제공하는 보고기간후 순실현가능가치 미만 재고자산 판매의 경우
> ㉡ 보고기간말 이전 구입자산의 취득원가나 매각자산의 대가를 보고기간 후에 결정하는 경우
> ㉢ 재무제표가 부정확하다는 것을 보여주는 부정이나 오류를 발견한 경우

※말장난

•보고기간후사건이란 보고기간말과 재무제표 발행승인일 사이에 발생한 유리한 사건만을 말한다.(X)
　▷유리하거나 불리한 사건을 말한다.
•보고기간말 이전에 계류중인 소송사건이 보고기간후에 확정되어 금액수정을 요하는 경우 재무제표의 수정이 불필요하다.(X)
　▷재무제표를 수정할 필요가 있는 사건에 해당한다.
•보고기간 후에 배당을 선언한 경우, 그 배당금을 보고기간말의 부채로 인식한다.(X)
　▷그 배당금을 보고기간말의 부채(미지급배당금)로 인식하지 아니한다. 따라서, 보고기간말 재무상태표 이익잉여금은 이익잉여금금처분전
　　의 재무상태를 표시한다.
•보고기간후에 기업의 청산이 확정되었더라도 재무제표는 계속기업의 기준에 기초하여 작성하고 청산관련 내용을 주석에 기재한
　다.(X)
　▷보고기간 후에 기업의 청산이 있는 경우 계속기업의 기준하에 재무제표를 작성해서는 안되며, 이 경우 이를 공시한다.

빈출유형특강 7 **특수관계자 공시**

Q. 다음 중 특수관계자 공시에 대한 설명으로 가장 올바르지 않은 것은?

① 당해기업과 통상적인 업무관계를 맺고 있는 자금제공자는 당해기업의 특수관계자이다.
② 지배기업과 그 종속기업 사이의 관계는 거래의 유무에 관계없이 공시한다.
③ 주요 경영진에 대한 보상의 총액과 분류별(단기종업원급여, 퇴직급여, 기타장기급여, 해고급여, 주식기준보상) 금액을 공시한다.
④ 당해기업에 유의적인 영향력을 행사할수 있는 지분을 소유한자는 당해 기업의 특수관계자이다.

◉ 내비게이션

• 기업과 단순히 통상적인 업무 관계를 맺고 있는 자금제공자, 노동조합, 공익기업 그리고 보고기업에 지배력, 공동지배력 또는 유의적인 영향력이 없는 정부부처와 정부기관(기업 활동의 자율성에 영향을 미치거나 기업의 의사결정과정에 참여할 수 있다 하더라도 상관없음)은 특수관계자가 아니다.

정답 : ①

 핵심이론 : 특수관계자 공시사항

지배·종속 공시사항	• 지배기업과 그 종속기업 사이의 관계는 거래의 유무에 관계없이 공시 • 지배기업의 명칭을 공시
주요경영진 공시사항	• 주요 경영진에 대한 보상의 총액 • 분류별 금액 ▶ 단기종업원급여, 퇴직급여, 기타장기급여, 해고급여, 주식기준보상
기타 공시사항	• 특수관계자거래가 있는 경우 F/S에 미치는 특수관계의 잠재적 영향파악에 필요한 거래, 약정을 포함한 채권·채무 잔액에 대한 정보뿐만 아니라 특수관계의 성격도 공시

관련기출 특수관계자 공시

● 다음 중 특수관계자 공시에 대한 설명으로 가장 올바른 것은?

① 특수관계자와의 거래가 있는 경우의 주석공시는 거래 금액에 대한 정보만 기재하면 된다.
② 주요 경영진 보상에 관해서는 보상 총액만 공시한다.
③ 특수관계자와의 거래가 없을 때는 특수관계에 대한 주석기재를 생략할 수 있다.
❹ 보고기업에 지배력이 있는 개인은 보고기업의 특수관계자에 해당한다.

해설

• ① 특수관계자와의 거래가 있는 경우 재무제표에 미치는 특수관계의 잠재적 영향 파악에 필요한 거래, 약정을 포함한 채권·채무 잔액에 대한 정보뿐만 아니라 특수관계의 성격도 공시한다.
② 분류별 금액(단기종업원급여, 퇴직급여, 기타장기급여, 해고급여, 주식기준보상)도 공시한다.
③ 특수관계자 거래가 없더라도 특수관계 자체가 기업의 당기순손익과 재무상태에 영향을 줄 수 있다. 지배기업과 그 종속기업 사이의 관계는 거래의 유무에 관계없이 공시한다.

빈출유형특강 8 　　중간재무보고의 대상기간과 비교형식

Q. 12월말 결산법인인 (주)삼일의 3분기 중간재무보고서에 대한 설명으로 가장 올바르지 않은 것은?

① 재무상태표는 당 회계연도 9월 30일 현재를 기준으로 작성하고 직전 회계연도 9월 30일 시점의 재무상태표와 비교표시한다.

② 포괄손익계산서는 당 회계연도 7월 1일부터 9월 30일까지의 중간기간과 1월 1일부터 9월 30일까지의 누적기간을 대상으로 작성하고 직전 회계연도의 동일 기간을 대상으로 작성한 포괄손익계산서와 비교표시한다.

③ 현금흐름표는 당 회계연도 1월 1일부터 9월 30일까지의 누적기간을 대상으로 작성하고 직전 회계연도의 동일 기간을 대상으로 작성한 현금흐름표와 비교표시한다.

④ 자본변동표는 당 회계연도 1월 1일부터 9월 30일까지의 누적기간을 대상으로 작성하고 직전 회계연도의 동일 기간을 대상으로 작성한 자본변동표와 비교표시한다.

　📍 **내비게이션**

• 재무상태표는 당 회계연도 9월 30일 현재를 기준으로 작성하고 직전 회계연도 12월 31일 현재의 재무상태표와 비교 표시한다.

정답 : ①

 핵심이론 : 중간재무보고 대상기간과 비교형식

재무상태표	• 중간보고기간말과 직전 연차보고기간말을 비교하는 형식으로 작성 🔎주의 직전 중간보고기간말을 비교하는 형식으로 작성하는게 아님.
포괄손익계산서	• 중간기간과 누적기간을 직전회계연도의 동일기간과 비교하는 형식으로 작성
현금흐름표 자본변동표	• 누적기간을 직전회계연도의 동일기간과 비교하는 형식으로 작성 🔎주의 중간기간을 직전회계연도 동일기간과 비교형식으로 작성하는게 아님.

📝 **핵심이론 : 중간재무제표 작성**

전체F/S를 포함하는 경우	• K-IFRS에서 정한 전체재무제표의 형식과 내용에 부합해야함.
요약F/S를 포함하는 경우	• 최소한 직전연차재무제표에 포함되었던 제목, 소계, 선별적 주석을 포함해야 함.
기본주당이익 희석주당이익	• K-IFRS '주당이익'의 적용범위에 해당하는 경우에 중간기간의 당기순손익의 구성요소를 표시하는 재무제표에 표시함.
연차F/S공시	• 특정 중간기간에 보고된 추정금액이 최종 중간기간에 중요하게 변동하였지만 최종 중간기간에 대하여 별도의 재무보고를 하지 않는 경우, 추정의 변동 내용과 금액을 해당 회계연도의 연차재무제표에 주석으로 공시

※말장난

• 특정 중간기간에 보고된 추정금액이 최종 중간기간에 중요하게 변동하였지만 최종 중간기간에 대하여 별도의 재무보고를 하지 않는 경우 추정의 변동내용과 금액을 해당 회계연도의 연차재무제표에 주석으로 공시되지 않는다.(X)
　▷추정의 변동내용과 금액을 해당 회계연도의 연차재무제표에 주석으로 공시한다.

빈출유형특강 9 　　　재고자산 취득원가

Q. 재고자산의 취득원가에 대한 다음 설명 중 틀린 것은?

① 구매자가 외상매입금을 조기에 지급할 경우와 판매자가 매입금액의 일부를 할인해 주는 경우에는 할인받은 부분을 재고자산의 취득가액에서 차감하여 기록한다.

② 외부구입시 재고자산의 취득원가는 구입가액분만 아니라 판매가능한 상태에 이르기까지 소요된 구입원가 및 제반부대비용을 포함한다.

③ 재고자산 구입 이후 상품에 하자가 있어 매입대금의 일정액을 할인 받는 경우 이는 재고자산의 취득가액에서 차감해야 한다.

④ 재료원가, 노무원가 및 기타 제조원가 중 비정상적으로 낭비된 부분과 후속 생산단계에 투입하기 전에 보관이 필요한 경우 이외에 발생하는 보관원가도 취득원가에 산입한다.

📍 **내비게이션**

• 재료원가, 노무원가 및 기타 제조원가 중 비정상적으로 낭비된 부분과 후속 생산단계에 투입하기 전에 보관이 필요한 경우 이외에 발생하는 보관원가는 발생기간의 비용으로 처리한다.

정답 : ④

 핵심이론 : 재고자산 취득원가와 비용인식항목

취득원가 범위	매입원가	• 매입가격에 수입관세와 제세금(과세당국으로부터 추후 환급받을 수 있는 금액은 제외), 매입운임, 하역료를 가산 • 매입할인(에누리, 환출), 리베이트항목은 매입원가 결정시 차감
	전환원가	• 제조기업에서 완제품으로 전환하는데 발생하는 직접노무비와 제조간접비
	기타원가	• 재고자산을 현재의 장소에 현재의 상태로 이르게 하는데 발생한 원가
매입운임	선적지인도기준	• 매입자부담　　- 매입자의 재고자산 취득원가에 가산
	도착지인도기준	• 판매자부담　　- 판매자의 판매비(매출운임)로 계상
비용처리 원가	① 재료원가, 노무원가, 기타 제조원가 중 비정상적으로 낭비된 원가 ② 후속 생산단계에 투입하기 전에 보관이 필요한 경우 이외의 보관원가 ③ 재고자산을 현재장소에 현재상태로 이르게 하는데 기여하지 않은 관리간접원가 ④ 판매원가	

※ **말장난**

• 매입할인, 리베이트 및 기타 유사한 항목은 매입원가를 결정할 때 차감하지 않는다.(X)
▷ 매입원가 결정시 차감한다.

• 재고자산을 현재의 장소에 현재의 상태로 이르게 하는데 기여하지 않은 관리간접원가와 판매원가는 재고자산의 취득원가에 포함한다.(X)
▷ 비용처리한다.

빈출유형특강 10 　　　　기말재고자산과 매출원가

Q. ㈜삼일은 창업연도부터 개별법으로 재고자산을 평가해왔으나, 회사의 규모가 커지고 판매상품의 종류가 많아짐에 따라 재고자산평가방법을 선입선출법으로 변경하고자 한다. 재고자산 평가방법을 선입선출법으로 변경할 경우 ㈜삼일의 기말재고자산금액과 매출원가는 얼마인가?

	수량	단가	금액
전기이월	1,000개	1,000원	1,000,000원
5월 5일 구입	2,000개	1,150원	2,300,000원
6월 5일 판매	2,000개		
7월 3일 구입	1,000개	1,400원	1,400,000원
10월 5일 판매	1,500개		
11월 3일 구입	1,000개	1,500원	1,500,000원
기말	1,500개		6,200,000원

	기말재고	매출원가		기말재고	매출원가
①	2,200,000원	4,000,000원	②	2,700,000원	3,500,000원
③	3,000,000원	3,200,000원	④	3,500,000원	2,700,000원

📍 **내비게이션**

- 기말재고 : 500개x1,400+1,000개x1,500=2,200,000
- 매출원가 : 1,000개x1,000+1,000개x1,150+1,000개x1,150+500개x1,400=4,000,000

정답 : ①

📝 **핵심이론 : 단가결정방법의 상대적 크기 비교(물가상승시)**

기말재고·당기순이익	•선입선출법 〉 이동평균법 ≧ 총평균법
매출원가	•선입선출법 〈 이동평균법 ≦ 총평균법

 관련기출 　총평균법과 이동평균법

● 지난 2년간 재고자산의 매입가격이 계속적으로 상승했을 경우, 기말재고의 평가에 있어서 이동평균법을 적용했을 경우와 총평균법을 적용했을 경우에 관한 다음 설명 중 가장 올바르지 않은 것은?

① 총평균법은 회계기간 단위로 품목별 총평균원가를 산출하는 방법이고, 이동평균법은 취득할 때마다 장부재고금액을 장부재고수량으로 나누어 평균단가를 산출하는 방법이다.
❷ 이동평균법을 적용할 때 기말재고금액이 보다 낮게 평가된다.
③ 총평균법을 적용할 때 기말재고금액이 보다 낮게 평가된다.
④ 이동평균법을 적용할 때 회계적 이익이 보다 높게 평가된다.

※**말장난**

- 계속기록법에서 실지재고조사법으로 변경하면 재고수량은 수시로 파악가능하게 된다.(X)
▷재고수량을 수시로 파악가능한 것은 계속기록법이다.
- 재고자산의 단위원가는 개별법, 선입선출법, 후입선출법 및 가중평균법을 사용하여 결정한다.(X)
▷K-IFRS에서는 후입선출법이 인정되지 않는다.
- 선입선출법하에서 실지재고조사법과 계속기록법에 의한 기말재고자산 금액은 다르게 측정된다.(X)
▷선입선출법에서 실지재고조사법과 계속기록법에 의한 기말재고자산 금액은 동일하다.

빈출유형특강 11 　재고자산감모손실과 평가손실

Q. ㈜상일은 의류를 수입·판매하는 회사이다. 다음은 당기말 현재 상품의 재고현황이다. ㈜상일은 상품재고가 진부화되어 다음연도로 이월하여 정상가격으로 판매하기가 곤란하다고 판단하였다. 상품의 순실현가능가치가 1,850,000원일 때 ㈜상일이 이 상품에 대한 재고자산평가손실로 인식할 금액은 얼마인가?

장부수량	800개
장부금액	2,400,000원
실사수량	750개

① 0원　　　　　　　　　　　　② 200,000원
③ 400,000원　　　　　　　　　④ 600,000원

◉ 내비게이션

• $750개 \times \dfrac{2,400,000}{800개} - 1,850,000 = 400,000$

정답 : ③

 핵심이론 : 재고자산감모손실과 평가손실

기말재고장부원가	기말재고실제원가	기말재고시가(NRV)
장부수량x단위당원가	실사수량x단위당원가	실사수량x단위당시가

　　　'감모손실'(당기비용 or 매출원가)　　　　　'평가손실'(당기비용 or 매출원가)

감모손실	(차) 재고자산감모손실	xxx	(대) 재고자산	xxx
평가손실	(차) 재고자산평가손실	xxx	(대) 재고자산평가충당금(재고차감)	xxx

관련기출　재고자산감모손실 계산

● 20x1년말 재고실사를 수행한 결과 ㈜상일의 재고자산 내역이 아래와 같은 경우 재고자산감모손실로 인식할 금액은 얼마인가?

	장부수량	장부금액	실사수량
상품	1,300개	4,550,000원	1,000개
제품	1,200개	2,400,000원	1,200개
재공품	1,100개	3,300,000원	1,000개

① 300,000원　　② 1,050,000원　　❸ 1,350,000원　　④ 1,800,000원

해설

• (4,550,000+2,400,000+3,300,000)-(1,000x@3,500+1,200x@2,000+1,000x@3,000)=1,350,000

※말장난

• 재고자산에 대해서는 저가법을 적용할 수 없다.(X)
　▷저가법 적용을 강제하고 있다.

빈출유형특강 12　　　재고자산 관련 비용처리액

Q. ㈜삼일의 재고자산과 관련하여 20x1년 포괄손익계산서에 비용으로 계상될 금액은 얼마인가? (단, 기말재고자산 장부수량과 실사수량은 일치한다.)

ㄱ. 20x1년 판매가능상품	:	450,000원
ㄴ. 20x1년 기말재고자산 장부금액(재고자산평가손실 차감 전)	:	130,000원
ㄷ. 기말재고자산의 예상판매가격	:	150,000원
ㄹ. 기말재고자산의 예상판매비용	:	60,000원

① 320,000원　　　　　　　　　② 340,000원
③ 360,000원　　　　　　　　　④ 380,000원

📍 **내비게이션**

• 매출원가(구) : 450,000-130,000=320,000
• 재고자산평가손실 : 130,000-(150,000-60,000)=40,000
∴비용총액 : 320,000+40,000=360,000

정답 : ③

 핵심이론 : 판매가능상품의 구성

평가손실/정상감모손실을 매출원가 처리한다고 가정시

기초재고	
당기매입	

‖

① 매출원가(구)[평가·감모손실 반영전]	320,000
② 평가손실	40,000
③ 정상감모손실	0
④ 비정상감모손실	0
⑤ 기말재고[평가·감모손실 반영후]	90,000

→매출원가(신)=①+②+③
→비용총액=①+②+③+④

※**말장난**

• 재고자산 취득원가와 순실현가능가치 중 높은 금액으로 측정한다.(X)
▷취득원가와 순실현가능가치 중 낮은 금액으로 측정한다.(저가법)

빈출유형특강 13   **유형자산 취득원가 포함여부**

Q. (주)상일의 재무상태표에 유형자산으로 표시되는 기계장치의 취득원가는 얼마인가?

기계장치의 취득과 관련하여 발생한 비용	금액
취득금액	750,000,000원
경영진이 의도하는 방식으로 가동하는데 필요한 장소와 상태에 이르게 하는데 직접 관련되는 원가	7,000,000원
광고 및 판촉활동비	22,000,000원
직원 교육훈련비	13,000,000원
합계	792,000,000원

① 750,000,000원   ② 757,000,000원
③ 777,000,000원   ④ 790,000,000원

📍 **내비게이션**

• 750,000,000+7,000,000=757,000,000 → 광고 및 판촉활동비와 직원 교육훈련비는 비용처리된다.

정답 : ②

 핵심이론 : 유형자산 취득원가 포함/불포함 항목

포함
항목
	① 관세 및 환급불가능한 취득 관련 세금(취득세, 등록세)을 가산하고 매입할인과 리베이트 등을 차감한 구입가격
	  → ♀주의 보유자산 재산세와 자동차세는 비용처리함.
	② 경영진이 의도하는 방식으로 유형자산을 가동하는 데 필요한 장소와 상태에 이르게 하는데 직접 관련되는 다음과 같은 원가
	
	    ㉠ 유형자산의 매입 또는 건설과 직접적으로 관련되어 발생한 종업원급여
	    ㉡ 설치장소 준비원가, 최초의 운송 및 취급 관련 원가, 설치원가 및 조립원가
	    ㉢ 유형자산이 정상적 작동여부를 시험하는 과정에서 발생하는 원가
	      ▶ **비교** 시제품 순매각금액 – ㉠ 일반기업회계기준 : 원가차감 ㉡ K-IFRS : 당기손익
	    ㉣ 전문가에게 지급하는 수수료, 구입시 중개수수료·보험료
	③ 자산을 해체, 제거, 복구하는데 소요될 것으로 최초에 추정되는 원가(=복구원가)

불포함 항목	① 새로운 시설을 개설하는 데 소요되는 원가 ② 새로운 상품과 서비스를 소개하는 데 소요되는 원가(예 광고·판촉활동관련 원가) ③ 새로운 지역에서 또는 새로운 고객층을 대상으로 영업을 하는 데 소요되는 원가 (예 직원 교육훈련비) ④ 관리 및 기타 일반간접원가 ⑤ 경영진이 의도하는 방식으로 가동될 수 있으나 아직 실제로 사용되지는 않고 있는 경우 또는 가동수준이 완전조업도 수준에 미치지 못하는 경우에 발생하는 원가 ⑥ 산출물에 대한 수요가 형성되는 과정에서 발생하는 가동손실과 같은 초기가동손실 ⑦ 기업의 영업 전부 또는 일부를 재배치하거나 재편성하는 과정에서 발생하는 원가 ⑧ 부수 영업활동 손익(예 건설시작 전에 건설용지를 주차장 용도로 사용시 손익)

※말장난

• 외부에서 구입한 유형자산의 취득원가에는 관세 및 환급불가능한 취득 관련 세금을 차감하고 리베이트 등을 가산한다.(X)
• 보유중인 건물에 대하여 부과되는 재산세는 취득원가에 포함한다.(X)

빈출유형특강 14　　　　　정부보조금 회계처리

Q. 회사가 지방자치단체 등으로부터 수령한 정부보조금과 관련된 설명으로 가장 올바르지 않은 것은?

① 정부보조금이란 기업의 영업활동과 관련하여 과거나 미래에 일정한 조건을 충족하였거나 충족할 경우 기업에게 자원을 이전하는 형식의 정부지원을 말한다.

② 정부지원의 요건을 충족하는 기업이 장기성 자산을 매입, 건설하거나 다른 방법으로 취득하여야 하는 일정한 조건이 있는 정부보조금을 자산관련보조금이라고 한다.

③ 자산관련보조금은 이연수익(부채)로 표시하고 자산의 내용연수에 걸쳐 체계적이고 합리적인 기준으로 당기손익에 인식할 수 있다.

④ 수익관련보조금은 자산의 장부금액에서 차감하여 표시하고 자산의 내용연수에 걸쳐 감가상각비를 감소하는 방식으로 당기손익에 인식할 수 있다.

📍 **내비게이션**

•수익관련보조금은 이연수익(부채) 처리후 비용과 상계 또는 수익에 가산한다.

정답 : ④

📝 **핵심이론 : 자산관련보조금 회계처리('선택')**

자산차감법(원가차감법)				이연수익법			
자산취득시				자산취득시			
(차) 자산	xxx	(대) 현금	xxx	(차) 자산	xxx	(대) 현금	xxx
현금	xxx	보조금(자산차감)	xxx	현금	xxx	이연수익(부채)	xxx
감가상각시				감가상각시			
(차) Dep	xxx	(대) Dep누계	xxx	(차) Dep	xxx	(대) Dep누계	xxx
보조금	xxx	Dep	xxx	이연수익	xxx	보조금수익	xxx

📝 **핵심이론 : 수익관련보조금 회계처리('선택')**

비용차감법				수익인식법			
보조금수령시				보조금수령시			
(차) 현금	xxx	(대) 이연수익(부채)	xxx	(차) 현금	xxx	(대) 이연수익(부채)	xxx
비용지출시				비용지출시			
(차) 비용	xxx	(대) 현금	xxx	(차) 비용	xxx	(대) 현금	xxx
이연수익	xxx	비용	xxx	이연수익	xxx	보조금수익	xxx

※말장난

•정부보조금은 관련 자산에서 차감하는 방법으로 처리한다.(X)
▷이연수익으로 표시하거나, 관련 자산에서 차감하는 방법 중 한 가지 방법을 선택할 수 있다.

빈출유형특강 15 　　감가상각방법의 적용과 변경

Q. 다음 중 20x2년도 (주)삼일의 기계장치 A의 감가상각에 대한 설명으로 가장 올바른 것은?

> (주)삼일은 20x1년에 회사를 설립하고 기계장치 A를 구입하였다. 구입시점에는 동 기계장치를 10년 사용할 것으로 예상하였고 매년 균등하게 소비될 것이라 판단되어 10년의 내용연수를 적용하여 정액법으로 감가상각하였다. 그러나 예상보다 회사의 성장추세가 빨라 20x2년의 생산량이 20x1년 대비 80%이상 늘어났으며, 20x3년의 생산량도 20x2년 대비 100% 이상 늘어날 것으로 예상된다. 이에 따라 기계장치 A의 마모나 손상이 기존 예측치보다 빠르게 진행될 것으로 판단되어 내용연수를 8년으로 변경하고자 한다. 또한, 회사는 소비형태를 보다 잘 반영하는 생산량비례법으로 감가상각방법을 변경하고자 한다.

① 감가상각방법의 변경과 관련하여 (주)삼일은 비교표시되는 전기 재무제표를 재작성해야 한다.
② 소비형태를 신뢰성 있게 결정할 수 없는 경우에는 정률법을 사용해야 한다.
③ (주)삼일은 기계장치 A의 감가상각방법 변경에 대하여 회계정책의 변경으로 처리해야 한다.
④ (주)삼일은 적어도 매 회계연도 말에 감가상각방법을 재검토해야 하며, 자산의 미래경제적효익이 소비되는 형태가 변하지 않는 한 감가상각방법을 매 회계기간에 일관성있게 적용한다.

📍 **내비게이션**

• ① 회계추정의 변경은 전진법을 적용하므로 전기 재무제표를 재작성하지 않는다.
　② 소비형태를 신뢰성 있게 결정할 수 없다하여 특정 감가상각방법을 강제 적용하지는 아니하며, 미래경제적효익의 예상 소비형태를 추정하여 가장 잘 반영하는 방법을 선택하여야 한다.
　③ 회계정책의 변경(X) → 회계추정의 변경(O)

정답 : ④

✏️ **핵심이론 : 감가상각**

상각방법 선택	•예상 소비형태를 가장 잘 반영하는 방법에 따라 선택함. ▶감가상각방법의 변경은 회계추정의 변경으로 회계처리함.	
감가상각비 계산	정액법	•(취득원가-잔존가치)/내용연수
	정률법	•기초장부금액x상각률
	이중체감법	•기초장부금액x2/내용연수
	연수합계법	•(취득원가-잔존가치)x내용연수의 역순/내용연수의 합계

관련기출 취득원가 추정

● 내용연수 7년의 건물을 정액법으로 감가상각한 결과 제3차 연도의 감가상각비는 120,000원이었다. 잔존가치가 6,000원이라고 할 때 건물의 취득원가는 얼마인가(단, 원가모형임)?

① 740,000원　　② 746,000원　　③ 840,000원　　❹ 846,000원

해설

•(취득원가-6,000)÷7년=120,000 →∴846,000

※**말장난**

•유형자산 평가모형을 원가모형에서 재평가모형으로의 변경은 회계추정의 변경이다.(X)
▷평가모형을 변경하는 것은 회계정책의 변경에 해당한다.

빈출유형특강 16   **유형자산 재평가 회계처리**

Q. (주)상일은 20x1년 초 영업활동에 사용할 목적으로 취득원가 30억원인 토지를 매입하여 재평가 모형을 적용하고 있다. 20x1년 말 해당 토지의 공정가치는 27억원으로 추정되어 3억원의 당기손실을 인식하였다. 20x2년 말 토지의 공정가치는 36억원으로 추정된다. 20x2년말 (주)상일의 토지에 대한 회계처리로 가장 옳은 것은?

①	(차)	토지	9억원	(대)	토지재평가이익(손익)	3억원
					재평가잉여금(자본)	6억원
②	(차)	토지	6억원	(대)	토지재평가이익(손익)	6억원
③	(차)	토지	9억원	(대)	토지재평가이익(손익)	9억원
④	(차)	토지	9억원	(대)	재평가잉여금(자본)	9억원

📍 **내비게이션**

•당기 재평가증가액 : 36억원-27억원=9억원
  - 전기에 계상한 재평가손실(손익) 3억원 만큼을 재평가이익(손익)으로 인식한다.
  - 나머지 6억원은 재평가잉여금(기타포괄손익)으로 인식한다.

정답 : ①

📝 **핵심이론 : 재평가손익 처리방법**

최초재평가	재평가증가액	•'장부금액 < 공정가치' →재평가잉여금(자본 : 기타포괄손익)	
	재평가감소액	•'장부금액 > 공정가치' →재평가손실(손익)	
재평가이후 후속재평가	재평가손실인식후 재평가잉여금이 발생	◉ 전기재평가손실	•재평가이익(손익)
		◉나머지 금액	•재평가잉여금(자본)
	재평가잉여금인식후 재평가손실이 발생	◉전기재평가잉여금	•재평가잉여금과 상계
		◉나머지 금액	•재평가손실(손익)

관련기출   **재평가의 영향**

● ㈜상일은 유형자산인 토지에 대해 재평가모형으로 회계처리하고 있으며, 당기 중 토지의 공정가치가 2억원 증가하였다. 이러한 토지 공정가치의 증가로 인하여 ㈜상일의 20x1년말 재무상태표 작성시 기초에 비해 증가하는 항목을 가장 올바르게 표시한 것은(단, 법인세효과는 고려하지 않는다)?

유 동 자 산(ㄱ)	유 동 부 채(ㄷ)
	비 유 동 부 채(ㄹ)
비 유 동 자 산(ㄴ)	자 본(ㅁ)

① (ㄱ), (ㄹ)   ② (ㄱ), (ㅁ)   ❸ (ㄴ), (ㅁ)   ④ (ㄴ), (ㄷ), (ㅁ)

해설

•(차) 토지(비유동자산) 2억원 (대) 재평가잉여금(기타포괄손익) 2억원

빈출유형특강 17　　　　**차입원가 자본화와 감가상각비**

Q. (주)삼일은 본사건물로 사용하기 위하여 건설사와 도급계약한 건물을 20x1년 1월 1일에 착공하였으며 20x1년 말 건물을 완공하기 위하여 금융기관에서 자금을 차입하였으며 아래와 같은 이자가 발생하였다. 아래 자산의 취득 또는 건설과 직접 관련되는 차입원가는 자산의 취득원가에 가산하여야 하는데 해당 자산은 적격자산에 해당한다. 아래 자료를 이용하여 20x1년과 20x2년의 포괄손익계산서에 인식할 금액은 각각 얼마인가?

내용	금액	비고
건설사에 지급한 총공사비	10,000,000원	내용연수 10년, 정액법
20x1년 지출한 총이자비용	2,000,000원	전액 자본화

	20x1년 이자비용	20x2년 감가상각비		20x1년 이자비용	20x2년 감가상각비
①	2,000,000원	1,000,000원	②	0원	1,200,000원
③	2,000,000원	1,200,000원	④	0원	1,000,000원

📍 **내비게이션**

• 20x1년 이자비용 : 전액 자본화되었으므로 이자비용 인식액은 없다.
• 20x2년 감가상각비 : (10,000,000+2,000,000)÷10년=1,200,000

정답 : ②

📝 **핵심이론 : 차입원가 자본화액**

인식	• 적격자산의 취득·건설·생산과 직접 관련시 당해자산 원가의 일부로 자본화함.
적격자산	• 장기재고자산, 제조설비자산, 무형자산, 전력생산설비, 투자부동산, 생산용식물
대상 차입원가	• 차입금이자, 사채이자, 사발차상각액, 현할차상각액, 금융리스관련 금융원가

특정차입금 자본화금액	일반차입금 자본화금액
특정차입금 차입원가 - 일시투자수익	(연평균지출액 - 연평균특정차입금)×자본화이자율 ▶자본화이자율= $\frac{일반차입금차입원가}{연평균일반차입금}$

관련기출　**자본화액 월할계산**

● (주)삼일은 공장을 신축하기로 하였으며, 이와 관련하여 20x1년 1월 1일 12,000,000원을 지출하였고, 공장은 20x3년 중에 완공될 예정이다. (주)삼일은 공장신축을 위해서 아래와 같이 특정목적으로 차입을 하였다. (주)삼일이 20x1년 특정차입금과 관련하여 자본화할 차입원가는 얼마인가(단, 편의상 월할계산 한다고 가정함)?

종류	차입금액	차입기간	연이자율	비고
차입금a	12,000,000원	20x1.2.1 ~ 20x2.6.30	7%	공장신축을 위한 특정차입금

❶ 770,000원　　② 885,000원　　③ 990,000원　　④ 995,000원

해설

• 12,000,000x7%x11/12=770,000

빈출유형특강 18 　　　　차입원가 자본화액 세부고찰

Q. ㈜삼일의 20x1년 중 기숙사 신축과 관련하여 지출한 금액과 특정차입금 관련 사항은 다음과 같다. 20x1년 1월 1일 착공한 이 공사는 20x2년 중에 완공할 예정이다.

지출일	지출액	비고
20x1년 1월 1일	10,000,000원	착수금 지급
20x1년 4월 1일	9,000,000원	1차 중도금 지급
20x1년 7월 1일	6,000,000원	2차 중도금 지급
20x1년 11월 1일	12,000,000원	3차 중도금 지급

차입일	금액	이자율
20x1년 1월 1일	5,000,000원	12%

특정차입금 중 1,000,000원을 20x1년 1월 1일부터 6월 30일까지 연 이자율 9%(단리) 정기예금에 예치하였을 때, 유형자산 취득과 관련된 적격자산의 자본화 차입원가는 얼마인가?

① 555,000원 　　　　　　　　　② 585,000원
③ 600,000원 　　　　　　　　　④ 655,000원

◉ 내비게이션

•특정차입금 차입원가(5,000,000x12%x12/12)-일시투자수익(1,000,000x9%x6/12)=555,000

정답 : ①

관련기출 　일반차입금 평균지출액

● 20x1년 1월 1일 착공하여 20x2년 중에 완공할 예정인 (주)삼일의 20x1년 중 건물 신축과 관련하여 지출한 금액이 다음과 같을 때, 유형자산 취득과 관련된 차입원가를 자본화할 때 고려할 적격자산에 대한 20x1년 평균지출액은 얼마인가(단, 평균지출액은 월할계산 한다고 가정한다)?

지출일	지출액	비고
20x1년 2월 1일	45,000,000원	착수금
20x1년 7월 1일	12,600,000원	1차 중도금
20x1년 11월 1일	15,000,000원	2차 중도금

① 36,600,000원 　　② 42,520,000원 　　③ 45,700,000원 　　❹ 50,050,000원

해설

•$45,000,000 \times \frac{11}{12} + 12,600,000 \times \frac{6}{12} + 15,000,000 \times \frac{2}{12} = 50,050,000$

빈출유형특강 19 유형자산 손상차손

Q. 다음은 ㈜상일이 20x1년 7월 1일에 취득하여 20x1년 현재 사용중인 기계장치에 대한 내용이다. 20x1년말 사용중인 기계장치들에 대하여 자산손상을 시사하는 징후가 존재하였다. 아래와 같은 사실이 추정되는 경우 (주)상일이 20x1년말에 유형자산손상차손으로 인식하여야 할 금액은 얼마인가?

구분	기계장치A	기계장치B
20x1년말 장부금액	225,000,000원	80,000,000원
20x1년말 처분시 예상 순공정가치	150,000,000원	40,000,000원
계속 사용할 경우의 사용가치	135,000,000원	96,000,000원

① 0원 ② 57,000,000원
③ 75,000,000원 ④ 202,000,000원

📍 **내비게이션**

• 기계장치 A의 손상차손 : 225,000,000-Max[150,000,000, 135,000,000]=75,000,000
  →기계장치 B는 회수가능액(96,000,000)이 장부금액(80,000,000)보다 크므로 손상차손은 없다.

정답 : ③

 핵심이론 : 유형자산 손상차손

손상	• 회수가능액을 추정하여 회수가능액이 장부금액에 미달하는 경우 손상차손을 당기손익으로 인식함.	
회수가능액	• Max[순공정가치, 사용가치]	
	순공정가치	매각금액-처분부대원가
	사용가치	기대미래현금흐름의 현재가치
손상차손	• 손상차손액=장부금액 - 회수가능액	
회계처리	• (차) 유형자산손상차손 xxx (대) 손상차손누계액 xxx ▶손상차손누계액은 유형자산에 차감하는 형식으로 표시함.	

관련기출 손상후 감가상각비 계산

● (주)상일은 20x1년말 사용중인 기계장치(정액법으로 상각하며, 잔존가치는 없음)에 대하여 자산손상을 시사하는 징후가 존재하여 동 기계장치에 대하여 손상차손을 인식하였다. 관련된 다음 자료에 의할 때 ㈜상일이 20x2년에 인식할 감가상각비는?

ㄱ. 20x1년말 현재 손상차손 인식전 기계장치 장부금액 : 90,000,000원
   (20x1년말 현재 잔존내용연수 : 5년)
ㄴ. 20x1년말에 기계장치를 처분할 경우의 순공정가치 : 45,000,000원
ㄷ. 20x1년말 현재 기계장치를 계속 사용할 경우의 사용가치 : 52,500,000원

① 900,000원 ❷ 10,500,000원 ③ 12,500,000원 ④ 18,000,000원

해설

• 20x1년말 장부금액(회수가능액) : Max[45,000,000, 52,500,000]=52,500,000
• 20x2년 감가상각비 : 52,500,000÷5년=10,500,000

빈출유형특강 20　　　　유형자산 손상차손환입

Q. ㈜삼일의 재무팀장은 재무제표를 최종 검토하던 중 20x1년 12월 31일에 손상차손을 인식한 건물에 대해 당기(20x2년) 중 어떠한 회계처리도 하지 않았다는 사실을 발견하여 이를 반영하려 한다. 아래 내용을 참고하여 수정 후 당기 포괄손익계산서상 감가상각비와 손상차손환입 금액은?

> 20x1년 12월 31일의 손상전 장부금액은 30,000만원이고 손상후 장부금액은 12,000만원이다. 동 건물의 20x1년 12월 31일 기준 잔존내용연수는 10년, 잔존가치는 0원이고 감가상각방법은 정액법이다. 20x2년말에 손상차손환입을 시사하는 징후가 발생하였고 20x2년 12월 31일 현재 동 건물의 순공정가치는 28,000만원, 사용가치는 22,000만원이다.

	감가상각비	손상차손환입
①	1,000만원	10,000만원
②	1,000만원	11,200만원
③	1,200만원	16,200만원
④	1,200만원	17,200만원

📍 내비게이션

- 20x2년 감가상각비
  12,000만원÷10년=1,200만원
- 손상후 장부금액(20x2년말)
  12,000만원-1,200만원=10,800만원
- 회수가능액
  Max[① 28,000만원 ② 22,000만원]=28,000만원
- 손상차손환입액
  Min[①, ②]-10,800만원=16,200만원
  → ① 30,000만원-30,000만원÷10년=27,000만원
  ② 28,000만원

정답 : ③

 핵심이론 : 유형자산 손상차손환입액

손상차손환입	• 환입액=Min[손상되지 않았을 경우의 장부금액, 회수가능액] - 손상후 장부금액
회계처리	• (차) 손상차손누계액　　xxx　　(대) 유형자산손상차손환입　　xxx

빈출유형특강 21 　　　　　유형자산의 제거

Q. (주)상일은 영업활동에 사용하던 건물(부속토지 포함)을 20x4년 12월 1일에 현금을 받고 처분하였다. 동 건물의 처분한 사항은 다음과 같다.

> [1] 건물의 취득원가 4,000,000원, 취득일 20x1년 7월 1일, 내용연수 10년, 잔존가치 400,000원, 감가상각방법은 정액법
> [2] 부속토지(취득원가) 6,000,000원
> [3] 처분금액(건물 및 부속토지) 7,500,000원

20x4년도에 (주)상일의 건물(부속토지 포함) 처분에 대한 회계처리로 가장 옳은 것은 (단, (주)상일은 최초 인식시점 이후 원가모형으로 회계처리하고 있다)?

① (차) 현금　　　　　　7,500,000　　(대) 토지　　6,000,000
　　감가상각누계액　　1,230,000　　　　건물　　4,000,000
　　유형자산처분손실　1,270,000

② (차) 현금　　　　　　7,500,000　　(대) 토지　　6,000,000
　　유형자산처분손실　1,240,000　　　　건물　　2,740,000

③ (차) 현금　　　　　　7,500,000　　(대) 토지　　6,000,000
　　감가상각누계액　　1,260,000　　　　건물　　4,000,000
　　유형자산처분손실　1,240,000

④ (차) 현금　　　　　　7,500,000　　(대) 토지　　6,000,000
　　유형자산처분손실　1,600,000　　　　건물　　3,100,000

📍 **내비게이션**

• 처분시점 건물의 감가상각누계액 : (4,000,000-400,000)x41개월/120개월=1,230,000

정답 : ①

 핵심이론 : 유형자산의 제거시 회계처리

Point	① 처분일까지 감가상각비를 우선 계상해야 함.
	② 장부금액과 순매각금액(처분비용 차감액)의 차액을 당기손익(처분손익)으로 처리함.

관련기출　유형자산처분손익 계산

● 다음의 건물(부속토지 포함)을 20x4년말에 105,000,000원에 처분하였다. 처분손익을 구하면?

> ㄱ. 건　물 : 취득일 20x1년 10월 1일, 취득원가 75,000,000원(잔존가치 7,500,000원) 내용연수 20년, 감가상각방법은 정액법
> ㄴ. 부속토지 : 취득원가 45,000,000원

① 처분이익 4,031,250원　　　❷ 처분손실 4,031,250원
③ 처분이익 15,000,000원　　④ 처분손실 15,000,000원

해설

• 장부금액 : [75,000,000-(75,000,000-7,500,000)x39개월/240개월]+45,000,000=109,031,250
• 처분손익 : 105,000,000-109,031,250=△4,031,250

빈출유형특강 22 연구단계활동과 개발단계활동의 구분

Q. 다음 중 내부적으로 창출한 무형자산과 관련한 설명으로 가장 올바르지 않은 것은?

① 내부적으로 창출한 영업권은 자산으로 인식하지 아니한다.

② 내부 프로젝트의 연구단계에서는 미래경제적효익을 창출할 무형자산이 존재한다는 것을 제시할 수 없기 때문에, 내부 프로젝트의 연구단계에서 발생한 지출은 발생시점에 비용으로 인식한다.

③ 내부 프로젝트를 연구단계와 개발단계로 구분할 수 없는 경우에는 그 프로젝트에서 발생한 지출은 모두 연구단계에서 발생한 것으로 본다.

④ 재료, 장치, 제품, 공정, 시스템이나 용역에 대한 여러가지 대체안을 탐색하는 활동은 미래경제적효익이 창출될 것으로 예상되므로 무형자산으로 인식한다.

◉ 내비게이션

• 재료, 장치, 제품, 공정, 시스템이나 용역에 대한 여러가지 대체안을 탐색하는 활동은 연구단계활동이므로 그 지출은 당기비용으로 처리한다.

정답 : ④

 핵심이론 : 연구단계활동과 개발단계활동

의의	• 인식기준을 충족하는지를 평가하기 위하여 무형자산의 창출과정을 연구단계와 개발단계로 구분함. ◉주의 무형자산을 창출하기 위한 내부 프로젝트를 연구단계와 개발단계로 구분할 수 없는 경우에는 발생한 지출은 모두 연구단계에서 발생한 것으로 봄.	
회계처리	연구단계활동 지출	• 비용(연구비)
	개발단계활동 지출	• 자산인식요건 충족O : 무형자산(개발비) • 자산인식요건 충족X : 비용(경상개발비)
연구활동	• 새로운 지식을 얻고자 하는 활동 • 연구결과나 기타 지식을 탐색, 평가, 최종 선택, 응용하는 활동 • 재료·장치·제품·공정·시스템등에 대한 여러 가지 대체안을 탐색하는 활동 • 새롭거나 개선된 재료·장치·제품·공정·시스템 등에 대한 여러 가지 대체안을 제안, 설계, 평가, 최종 선택하는 활동	
개발활동	• 생산이나 사용 전의 시제품과 모형을 설계, 제작, 시험하는 활동 • 새로운 기술과 관련된 공구, 지그, 주형, 금형등을 설계하는 활동 • 상업적 생산 목적으로 실현가능한 경제적 규모가 아닌 시험공장을 설계, 건설, 가동하는 활동 • 신규 또는 개선된 재료·장치·제품·공정·시스템 등에 대하여 최종적으로 선정된 안을 설계, 제작, 시험하는 활동	

※ 말장난

• 무형자산을 창출하기 위한 내부 프로젝트를 연구단계와 개발단계로 구분할 수 없는 경우에는 그 프로젝트에서 발생한 지출은 모두 개발단계에서 발생한 것으로 본다.(X)
  ▷개발단계에서 발생한 것으로 본다.(O) → 연구단계에서 발생한 것으로 본다.(O)

빈출유형특강 23   **개발단계활동의 자산인식**

Q. ㈜삼일은 신제품 개발 프로젝트와 관련하여 당기 중 50억원을 지출하였다. 동 지출 중 2억원은 생산 전의 모형을 설계 및 제작하는데 소요되었고 48억원은 새로운 기술과 관련된 공구 등을 설계하는데 소요되었다. 이에 대한 회계처리로 가장 올바른 것은?

① 발생한 50억원 중 무형자산인식기준을 충족하는 것은 무형자산으로, 무형자산인식기준을 충족하지 못하는 것은 발생시점에 비용으로 인식한다.

② 무형자산 인식기준의 충족여부와 관계없이 신제품 프로젝트와 관련하여 발생한 50억원은 전액현금지출 시점에 비용으로 인식한다.

③ 무형자산 인식기준의 충족여부와 관계없이 새로운 기술과 관련된 공구 등을 설계하는 데 소요된 48억원은 무형자산으로 인식한다.

④ 무형자산 인식기준의 충족여부와 관계없이 생산전 모형을 설계 및 제작하는데 소요된 48억원은 전액 발생시점에 비용으로 인식한다.

📍 **내비게이션**
• '생산 전의 모형을 설계 및 제작/새로운 기술과 관련된 공구 등을 설계'는 모두 개발단계활동에서 발생한 것이므로 자산인식기준을 충족하는 경우 무형자산으로 처리한다.

정답 : ①

 핵심이론 : 비용인식항목과 영업권

비용인식항목	❖무형자산의 정의 물리적 실체는 없지만 식별가능하고, 통제하고 있으며 미래경제적효익이 있는 비화폐성자산을 말함. ▶불충족시 발생한 지출은 발생시점에 비용으로 인식함. ❖무형자산의 정의를 충족시키지 못하는 다음의 지출은 비용으로 인식함.	
	사업개시원가	•설립시 법적비용·사무비용과 같은 설립원가, 개업원가, 신규 영업준비원가
	교육훈련비	•교육훈련을 위한 지출
	광고선전비	•광고·판매촉진 활동을 위한 지출
	조직개편비	•기업의 전부나 일부의 이전 또는 조직 개편에 관련된 지출
영업권	유상취득 영업권	•사업결합으로 취득한 영업권은 무형자산으로 인식함.
	내부창출 영업권	•자가창설 영업권은 자산으로 인식하지 않음.

관련기출   **무형자산 및 비용인식항목**

● 다음 중 무형자산에 해당하는 것은?

① 교육 훈련을 위한 지출   ② 프로젝트 연구단계에서 발생한 지출
③ 조직 개편에 관련된 지출   ❹ 사업결합으로 취득한 영업권

해설

• 사업결합으로 취득한 영업권(유상취득 영업권)은 무형자산으로 인식하며, 내부창출 영업권은 자산으로 인식하지 아니한다.

빈출유형특강 24 　　　　　　　 무형자산상각비

Q. 제조업을 영위하고 있는 ㈜삼일은 신제품 개발활동과 관련하여 20x1년 초 3,000,000원을 개발비로 계상하였다(해당 개발비는 무형자산인식기준을 충족함). 해당 무형자산은 20x1년 10월 1일부터 사용가능하며 내용연수는 5년이고 잔존가치는 없다. 동 개발비의 경제적효익이 소비되는 형태를 신뢰성있게 결정할 수 없다고 가정할 경우 무형자산으로 인식한 개발비와 관련하여 20x1년 말에 인식할 무형자산과 무형자산상각비는 얼마인가(단, ㈜삼일은 무형자산을 원가모형을 적용하여 회계처리한다.)?

	무형자산	무형자산상각비
①	2,850,000원	150,000원
②	2,800,000원	200,000원
③	2,600,000원	400,000원
④	2,400,000원	600,000원

◉ **내비게이션**

• 경제적효익이 소비되는 형태를 신뢰성있게 결정할 수 없는 경우에는 정액법을 적용한다.
• 20x1년말 무형자산상각비 : (3,000,000÷5년)x3/12=150,000
• 20x1년말 무형자산 : 3,000,000-150,000=2,850,000

정답 : ①

관련기출　　　개발비상각과 산업재산권 취득

● 다음은 ㈜삼일의 20x1년 중 연구 및 개발활동으로 지출한 내역이다.

ㄱ. 연구활동관련 : 100,000원
ㄴ. 개발활동관련 : 120,000원
　-개발활동에 소요된 120,000원 중 30,000원은 20x1년 4월 1일부터 동년 9월 30일까지 지출되었으며 나머지 90,000원은 10월 1일에 지출되었다. 단, 10월 1일에 지출된 90,000원만 무형자산 인식기준을 충족하며, 동 일부터 사용가능하게 되었다.

㈜삼일은 20x1년 12월 31일 산업재산권을 취득하였고 이와 관련하여 직접적으로 지출된 금액은 6,000원이다. 개발비와 산업재산권은 취득 후 5년간 정액법으로 상각한다. 20x1년말 ㈜삼일의 재무상태표에 보고되어야 할 개발비와 산업재산권은 각각 얼마인가(단, 원가모형을 선택하고 있다)?

	개발비	산업재산권		개발비	산업재산권
①	114,000원	6,000원	②	85,500원	91,500원
❸	85,500원	6,000원	④	0원	120,000원

해설

• 개발비를 상각하던 중 산업재산권(특허권 등)을 취득한 경우 미상각개발비를 특허권으로 대체하지 아니하고 각각 인식하여 상각한다.
• 개발비 : 90,000-(90,000÷5년)x3/12=85,500
• 산업재산권 : 6,000(취득원가)

빈출유형특강 25 · 연구·개발단계지출의 비용인식

Q. 다음은 20x1년 ㈜삼일의 엔진 개발과 관련하여 20x1년 6월 30일까지 발생한 지출에 대한 자료이다. 동 엔진이 20x1년 7월 1일부터 상용화 될 것으로 예측된 경우 20x1년 ㈜삼일이 엔진 개발과 관련하여 인식해야 할 비용은 얼마인가?(단, 엔진 개발비에 대하여 내용연수 10년, 정액법 상각함)

연구단계	개발단계
엔진 연구결과의 평가를 위한 지출 : 5,000,000원	자산인식조건을 만족하는 개발단계 지출 : 40,000,000원
여러 가지 대체안 탐색활동을 위한 지출 : 27,000,000원	자산인식조건을 만족하지 않는 개발단계 지출 : 5,000,000원

① 32,000,000원 ② 36,000,000원
③ 39,000,000원 ④ 75,000,000원

📍 내비게이션

• 무형자산 상각개시시점 : 사용가능한 때(20x1.7.1)
• 연구비 : 5,000,000+27,000,000=32,000,000
  경상개발비 : 5,000,000
  개발비상각비 : (40,000,000÷10년)x6/12=2,000,000
  ∴32,000,000+5,000,000+2,000,000=39,000,000

정답 : ③

관련기출 · 연구·개발단계지출의 비용계상액 계산

● (주)삼일은 20x1년 중 무형자산과 관련하여 연구·개발에 1,000억원을 다음과 같이 지출하였다. 새로 개발한 엔진은 20X3년부터 사용가능 할 것으로 예측되었을 때 내부적으로 창출된 무형자산과 관련하여 20x1년 중 비용으로 계상할 금액은 얼마인가?

구분	금액	비고
연구단계	600억원	
개발단계	400억원	- 자산인식요건 충족 : 240억원 - 자산인식요건 미충족 : 160억원
합계	1,000억원	

① 240억원 ② 400억원 ③ 600억원 ❹ 760억원

해설

• 비용 : 600억(연구비)+160억(경상개발비)=760억
• 자산 : 240억(개발비)

제1주차
빈출유형특강

제2주차
핵심유형특강

제3주차
최신유형특강

제4주차
기출유형특강

빈출유형특강 26 | **사채의 할인발행**

Q. ㈜삼일은 20x1년 1월 1일에 다음과 같은 조건의 사채를 발행하였다. 사채발행으로 인하여 동일자에 ㈜삼일이 현금으로 조달가능한 금액은 얼마인가?

ㄱ. 액면금액 : 20,000,000원　　　　　　　　ㄴ. 액면이자 지급조건 : 매년말 지급조건
ㄷ. 발행일 : 20x1년 1월 1일　　　　　　　　ㄹ. 만기일 : 20x3년 12월 31일(만기 3년)
ㅁ. 액면이자율 : 5%　　　　　　　　　　　　ㅂ. 국공채이자율 : 3%
ㅅ. 시장이자율 : 20x1년 1월 1일 현재 6%
ㅇ. 현가계수

이자율	현가계수			
	1년	2년	3년	계
3%	0.9709	0.9426	0.9151	2.8286
5%	0.9524	0.9070	0.8638	2.7232
6%	0.9434	0.8900	0.8396	2.6730

① 19,435,000원　　　　　　　　　　② 19,465,000원
③ 19,987,000원　　　　　　　　　　④ 20,000,000원

📍 **내비게이션**

• 현금으로 조달가능한 금액(=발행금액) : 20,000,000x5%x2.6730+20,000,000x0.8396=19,465,000
• 회계처리

20x1년초	(차) 현금	19,465,000	(대) 사채	20,000,000
	사채할인발행차금	535,000		
20x1년말	(차) 이자비용 19,465,000x6%=1,167,900		(대) 현금　20,000,000x5%=1,000,000	
			사채할인발행차금　167,900	

정답 : ②

관련기출 | **사채할인발행차금 잔액 계산**

● ㈜삼일은 20x1년 1월 1일에 다음과 같은 조건의 사채를 발행하였다. 20x1년 12월 31일 현재 사채할인발행차금 잔액은 얼마인가?

ㄱ. 액면금액 : 20,000,000원　　　　　　　　ㄴ. 만기일 : 20x3년 12월 31일(3년)
ㄷ. 액면이자율 : 4%(매년 말 이자지급조건)　　ㄹ. 발행일의 시장이자율 : 6%
ㅁ. 이자율 6%, 3년 연금현가계수 : 2.6730, 이자율 6%, 3년 현가계수 : 0.8396

❶ 733,776원　　　　　　　　　　② 777,802원
③ 783,776원　　　　　　　　　　④ 820,202원

해설

• 발행금액 : 800,000x2.6730+20,000,000x0.8396=18,930,400
　→사채할인발행차금 : 20,000,000-18,930,400=1,069,600
∴1,069,600-(18,930,400x6%-20,000,000x4%)=733,776

※**말장난**

• 사채할인발행차금 상각액은 매기 감소한다.(X)
　▷상각액은 할인발행이나 할증발행 모두에서 매기 증가한다.

빈출유형특강 27   **사채상환손익의 발생원인**

제1주차
빈출유형특강

제2주차
핵심유형특강

제3주차
최신유형특강

제4주차
기출변형특강

Q. (주)삼일은 20x1년 1월 1일에 다음과 같은 조건의 회사채를 발행하였다.

ㄱ. 액면금액	:	10,000,000원	
ㄴ. 액면이자 지급조건	:	매년 말 지급조건	
ㄷ. 발행일	:	20x1년 1월 1일	
ㄹ. 만기일	:	20x3년 12월 31일(3년)	
ㅁ. 액면이자율	:	5%	
ㅂ. 발행일의 시장이자율	:	6%	
ㅅ. 사채의 발행금액	:	9,732,500원	

㈜삼일이 20x2년 1월 1일에 상기 사채를 조기상환 할 경우 상환시점의 시장이자율 변동에 따른 사채상환손익이 가장 올바르게 짝지어진 것은(단, 조기상환금액은 상환시점의 시장이자율에 의해 결정된다)?

	시장이자율이 상승하는 경우	시장이자율이 하락하는 경우
①	사채상환이익	사채상환손실
②	사채상환손실	사채상환이익
③	사채상환이익	사채상환이익
④	발생하지 않음	발생하지 않음

📍 **내비게이션**

• 현재가치(=사채의 실질가치=사채가격)
$$\frac{이자}{(1+r)} + \cdots\cdots + \frac{이자 + 원금}{(1+r)^n}$$

• 시장이자율(r)이 상승하면 현재가치(사채의 실질가치) 하락으로 싼가격에 상환하므로 상환이익이 발생함.
• 시장이자율(r)이 하락하면 현재가치(사채의 실질가치) 상승으로 비싼가격에 상환하므로 상환손실이 발생함.

정답 : ①

빈출유형특강 28	사채의 조기상환손익

Q. 20x1년 4월 1일 발행한 사채(액면 1,000,000원, 표시이자율 10%, 이자지급일 매년 3월 31일 후급, 만기 20x4년 3월 31일)를 20x2년 4월 1일 시가(단, 시가는 아래의 현가계수를 이용하여 계산하시오)로 상환할 경우 이 사채의 조기상환손익은 얼마인가?(단, 10원 미만은 절사하며, 20x1년 4월 1일과 20x2년 4월 1일의 시장이자율은 각각 8%와 10%이다.)

	8%		10%	
	1원의 현가계수	연금현가계수	1원의 현가계수	연금현가계수
2년	0.8573	1.7833	0.8264	1.7355
3년	0.7938	2.5771	0.7513	2.4868

① 사채상환이익 15,080원　　　② 사채상환이익 35,680원
③ 사채상환손실 15,680원　　　④ 사채상환손실 30,780원

◉ 내비게이션
- 발행금액의 계산
  100,000x2.5771+1,000,000x0.7938=1,051,510〈할증발행〉
- 상환금액(=상환시점의 10%하의 미래현금흐름현가=시가)의 계산
  100,000x1.7355+1,000,000x0.8264=999,950
- 상환시점 장부금액의 계산
  1,051,510-(100,000-1,051,510x8%)=1,035,630
- 사채의 조기상환손익 계산
  1,035,630-999,950=35,680(상환이익)

정답 : ②

 핵심이론 : 사채상환 회계처리

장부금액	액면발행시	액면금액				
	할인발행시	액면금액 – 상환시점의 사채할인발행차금				
	할증발행시	액면금액 + 상환시점의 사채할증발행차금				
상환손익	상환금액〈장부금액	사채상환이익				
		(차) 사채	100	(대) 현금		60
				사채할인발행차금		20
				사채상환이익		20
	상환금액〉장부금액	사채상환손실				
		(차) 사채	100	(대) 현금		120
		사채상환손실	40	사채할인발행차금		20

빈출유형특강 29   상환우선주 발행조건과 분류

> **Q.** 다음은 (주)삼일의 김사장이 우선주의 발행조건과 관련해서 이과장과 대화한 내용이다. 우선주 발행조건에 따른 회계처리에 대한 설명으로 가장 옳은 것은?
>
> > 김사장 : 이과장, 이번에 자금조달을 위해 우선주를 발행하려고 하는데 발행조건에 따라서 재무제표에 미치는 영향이 다른가?
> > 이과장 : 네, K-IFRS 도입으로 우선주의 발행조건에 따라 우선주가 부채가 될 수도 있고, 자본이 될 수도 있습니다.
> > 김사장 : 그렇다면, 재무제표에 미치는 영향도 다르겠군.
> > 김사장 : 이과장, 내일까지 발행조건에 따라 재무제표에 미치는 영향을 정리해서 나에게 보고하도록 하게.
>
> ① 우선주 원금에 대한 상환청구권을 보유자가 보유하나, (주)삼일의 재량에 따라 배당을 지급할 수 있는 경우 전체를 자본으로 분류한다.
> ② 우선주 원금에 대한 상환청구권이 없고 회사가 재량에 따라 배당금을 지급하는 경우 우선주 전체를 자본으로 분류한다.
> ③ 우선주 원금에 대한 상환청구권을 보유자가 보유하고, 일정금액을 의무적으로 배당하여야 하는 경우 일부는 금융부채로 일부는 자본으로 분류한다.
> ④ 우선주 원금에 대한 상환청구권을 발행자가 보유하나, (주)삼일의 재량에 따라 배당을 지급할 수 있는 경우 전체를 금융부채로 분류한다.

📍 **내비게이션**

• ① 복합금융상품(부채+자본)으로 분류 ③ 전부 부채로 분류 ④ 일반적인 자본으로 분류

정답 : ②

 핵심이론 : 상환우선주의 분류

보유자에게 상환청구권이 있는 경우 (발행자에게 상환의무가 있음)				
❖ 금융부채로 분류				
① 의무배당(누적적우선주) : 전부 부채				
발행시	(차) 현금(상환액과 배당현가)	xxx	(대) 상환우선주(상환액)	xxx
	현재가치할인차금	xxx		
결산시	(차) 이자비용	xxx	(대) 현금(배당금)	xxx
			현재가치할인차금	xxx
② 재량배당(비누적적우선주) : 복합금융상품(자본+부채)				
발행시	(차) 현금(상환액현가)	xxx	(대) 상환우선주(상환액)	xxx
	현재가치할인차금	xxx		
결산시	(차) 이자비용	xxx	(대) 현재가치할인차금	xxx
배당시	(차) 이익잉여금	xxx	(대) 현금(배당금)	xxx

그 외의 경우				
❖ 자본(지분상품)으로 분류				
발행시	(차) 현금	xxx	(대) 자본금	xxx
배당시	(차) 이익잉여금	xxx	(대) 현금(배당금)	xxx

제1주차
빈출유형특강

제2주차
객관식특강

제3주차
주관식특강

제4주차
기출문제특강

빈출유형특강 30 　　　　　　전환사채 회계처리

Q. ㈜삼일은 다음과 같은 조건으로 전환사채를 액면발행하였다. ㈜삼일이 발행시점에 인식할 전환권대가와 전환권조정은 각각 얼마인가?

> ㄱ. 액면금액 : 6,000,000원　　　　　　ㄴ. 액면이자 : 지급하지 않음
> ㄷ. 발행일 : 20x1년 1월 1일　　　　　　ㄹ. 만기일 : 20x3년 12월 31채(3년)
> ㅁ. 상환할증금 : 780,000원　　　　　　ㅂ. 전환사채가 일반사채일 경우의 시장이자율 : 12%
> ㅅ. 12%, 3년의 현가계수는 0.7118이다.

	전환권대가	전환권조정
①	1,173,997원	1,953,996원
②	1,173,997원	1,753,996원
③	1,523,997원	1,953,996원
④	1,532,997원	1,753,996원

📍 **내비게이션**
- 현재가치 : 6,780,000x0.7118=4,826,004
- 전환권대가 : 6,000,000-4,826,004=1,173,996
- 전환권조정 : 1,173,996+780,000=1,953,996

정답 : ①

 핵심이론 : 전환사채 회계처리

상환할증금	•전환사채에 가산형식으로 기재
현재가치	•원리금과 상환할증금을 전환권이 없는 일반사채 유효이자율로 할인한 금액
전환권대가	•전환권대가 = 발행금액 - 현재가치 ▶전환권대가는 자본 가산항목
전환권조정	•전환권조정 = 전환권대가+상환할증금 ▶전환사채에서 차감형식으로 기재 •유효이자율법으로 상각하여 이자비용으로 처리함.

관련기출　전환권대가의 처리

● 전환사채에 대한 설명으로 가장 옳지 않은 것은?

① 전환사채는 일반사채와 전환권의 두 요소로 구성되는 복합적 성격을 지닌 금융상품이다.
② 전환사채는 전환사채보유자의 요구에 따라 주식으로 전환할 수 있는 권리가 내재되어 있어 일반적으로 일반사채보다 표면금리가 낮게 책정되어 발행된다.
③ 상환할증금지급조건의 전환사채는 발행시점에 상환할증금을 인식한다.
❹ 전환권대가에 해당하는 부분은 자본으로 인식하지 않고 일반사채와 마찬가지로 전액 부채로 계상한다.

해설

- 전환권대가는 자본항목이다.

빈출유형특강 31 | **충당부채의 인식**

Q. 다음 중 충당부채를 인식해야 할 상황으로 가장 올바르지 않은 것은?

① A사는 제품을 판매하는 시점에 구매자에게 제품보증을 약속하고 있으나 법적 의무가 존재하는 것은 아니다. 과거 경험에 비추어 보면 제품보증 요청이 발생할 가능성이 높다.

② B사는 해양플랜트 사업을 영위하고 있으며 해양오염을 유발하고 있다. 결산일 현재 발생한 해양오염을 복구할 것을 요구하는 법안이 차기 2월 중 제정될 것이 거의 확실하다.

③ C사는 고객으로부터의 손해배상 소송사건에 계류중이다. 법률전문가는 당기 말 현재 손해배상책임을 이행할 가능성이 높다고 조언하고 있다.

④ D사는 주기적인 수선을 요하는 설비자산을 이용하여 제품을 생산하고 있다. 과거 경험에 의하면 동 설비자산의 노후로 인하여 1년 후 중요한 금액의 수선비가 발생할 가능성이 높은 것으로 예상된다.

🔘 내비게이션

• 충당부채 인식여부 분석

	현재의무	보증의무가 발생한다.
①	유출가능성	가능성이 높다.
	인식여부	보증이행원가에 대한 최선의 추정치로 제품보증충당부채를 인식한다.
	현재의무	해양오염 복구를 요구하는 법안 제정이 거의 확실하므로 복구의무가 발생한다.
②	유출가능성	가능성이 높다.
	인식여부	해양오염 복구원가에 대한 최선의 추정치로 복구충당부채를 인식한다.
	현재의무	전문가의 조언에 근거하여 볼 때 현재의무가 존재한다.
③	유출가능성	가능성이 높다.
	인식여부	손해배상을 이행하기 위한 금액에 대한 최선의 추정치로 배상손실충당부채를 인식한다.
	현재의무	기업이 미래에 설비자산을 매각하는 등의 미래행위로 미래지출을 회피할 수 있으므로 독
④	유출가능성	립적인 의무는 존재하지 않는다. 따라서, 수선원가에 대해서는 부채가 발생되지 않는다.
	인식여부	충당부채를 인식하지 않는다.

정답 : ④

📝 핵심이론 : 충당부채와 우발부채의 인식

개요	자원유출가능성 \ 금액추정가능성	신뢰성 있게 추정가능	추정불가능
	가능성이 높음	충당부채로 인식	우발부채로 주석공시
	가능성이 어느 정도 있음	우발부채로 주석공시	
	가능성이 아주 낮음(거의 없음)	공시하지 않음	공시하지 않음
	비교 충당부채는 재무제표에 부채로 인식하나, 우발부채는 부채로 인식하지 않음.		
충당부채 인식요건	• 과거사건의 결과로 현재의무(법적의무와 의제의무)가 존재한다. • 해당의무를 이행하기 위하여 경제적효익이 있는 자원이 유출될 가능성이 높다. • 해당의무의 이행에 소요되는 금액을 신뢰성있게 추정할 수 있다.		

빈출유형특강 32   충당부채의 측정

Q. 다음 중 충당부채의 회계처리에 대한 설명으로 가장 올바르지 않은 것은?

① 충당부채란 과거사건이나 거래의 결과에 의한 현재의무로서, 지출의 시기 또는 금액이 불확실하지만 그 의무를 이행하기 위하여 자원이 유출될 가능성이 높고 또한 금액을 신뢰성있게 추정할 수 있는 의무를 의미한다.

② 충당부채의 명목금액과 현재가치의 차이가 중요한 경우에는 의무를 이행하기 위하여 예상되는 지출액의 현재가치로 평가한다.

③ 손실부담계약을 체결하고 있는 경우에는 관련된 현재의무를 충당부채로 인식하지 않는다.

④ 충당부채로 인식하는 금액은 현재의무의 이행에 소요되는 지출에 대한 보고기간말 현재의 최선의 추정치이어야 하며 이 경우 관련된 사건과 상황에 대한 불확실성이 고려되어야 한다.

🔍 내비게이션

• 손실부담계약이란 계약상의 의무에 따라 발생하는 회피불가능한 원가가 당해 계약에 의하여 받을 것으로 기대되는 경제적효익을 초과하는 계약으로, 손실부담계약을 체결한 경우에는 현재의무를 충당부채로 인식한다.

정답 : ③

관련기출   충당부채 회계처리

● 다음 중 충당부채의 회계처리에 대한 설명으로 가장 옳은 것은?

① 미래의 예상영업손실은 최선의 추정치를 금액으로 하여 충당부채를 인식한다.

② 충당부채의 명목금액과 현재가치의 차이가 중요하다 하더라도 예상 지출액의 명목금액으로 인식한다.

❸ 충당부채로 인식하는 금액은 현재의무의 이행에 소요되는 지출에 대한 보고기간말 현재의 최선의 추정치이어야 하며 이 경우 관련된 사건과 상황에 대한 불확실성이 고려되어야 한다.

④ 충당부채란 과거사건이나 거래의 결과에 의한 현재의 의무로써, 그 의무를 실현하기 위하여 자원의 유출가능성이 높고 지출 금액이 불확실하지만, 지출 시기는 확정되어 있는 의무를 의미한다.

해설 ◁

• ① 미래의 예상영업손실은 충당부채로 인식하지 않는다.
  ② 명목금액과 현재가치의 차이가 중요한 경우 현재가치로 평가한다.
  ④ 충당부채는 지출의 시기와 금액이 모두 불확실한 부채이다.

※말장난

• 충당부채를 반드시 재무상태표에 금액으로 인식할 필요는 없으며 주석으로 공시해도 된다.(X)
  ▷충당부채는 반드시 재무제표에 인식하여야 한다.
• 우발부채는 재무제표상 부채로 인식하고, 유형별로 그 성격을 주석에 추가적으로 설명한다.(X)
  ▷우발부채는 부채로 인식할수 없으며 주석공시한다.
• 우발부채는 자원이 유출될 가능성이 아주 낮더라도 주석으로 기재해야만 한다.(X)
  ▷우발부채는 당해 의무 이행을 위해 자원이 유출될 가능성이 아주 낮은 경우는 공시하지 않는다.

빈출유형특강 33 　　　제품보증충당부채 기본회계처리

Q. 20x1년 초 사업을 개시한 (주)상일은 판매 후 1년 동안 제품에서 발생하는 결함을 무상으로 수리해주고 있으며, 보증비용은 매출액의 5%로 추정된다. 다음 자료에 의해 포괄손익계산서에 계상되는 제품보증비와 20x1년 말 재무상태표에 제품보증충당부채로 계상되어야 할 금액은 얼마인가?

> ㄱ. 20x1년 매출액은 1,000억원임.
> ㄴ. 20x1년 중 당기 매출분에 대해 32억원의 제품보증비가 발생함.

	제품보증비	제품보증충당부채
①	50억원	5억원
②	50억원	18억원
③	32억원	32억원
④	32억원	50억원

📍 **내비게이션**

• 제품보증비 : 1,000억원x5%=50억원
• 제품보증충당부채 : 1,000억원x5%-32억원=18억원

정답 : ②

 핵심이론 : 제품보증충당부채 회계처리

20x1년 매출과 보증비발생	(차) 현금 1,000 (차) 보증비 10	(대) 매출 1,000 (대) 현금 10
20x1년 결산시	(차) 보증비 20 → 추정보증비가 30인 경우로 이미 인식분 10을 차감하여 계상	(대) 제품보증충당부채 20
20x2년 실제발생시	(차) 제품보증충당부채 20 → if, 유효기간 경과시는 제품보증충당부채잔액을 환입함.	(대) 현금 20

참고 하자보수충당부채 (일반기업회계기준 & 한국채택국제회계기준)

설정시	(차) 하자보수비 100	(대) 하자보수충당부채 100
실제발생시	[Case I] (차) 하자보수충당부채 100 　하자보수비 20 [Case II] (차) 하자보수충당부채 70 (차) 하자보수충당부채 30	(대) 현금 120 (대) 현금 70 (대) 하자보수충당부채환입 30

빈출유형특강 34 　　　제품보증충당부채 심화회계처리

> **Q.** (주)삼일은 20x1년초에 한정 생산판매한 제품에 대하여 3년동안 품질을 보증하기로 하였다. 20x1년 중 실제 발생한 품질보증비는 210원이다. (주)삼일은 기대가치를 계산하는 방식으로 최선의 추정치 개념을 사용하여 충당부채를 인식한다. (주)삼일은 20x1년말에 이 제품의 품질보증과 관련하여 20x2년 및 20x3년에 발생할 것으로 예상되는 품질보증비 및 예상 확률을 다음과 같이 추정하였다. (주)삼일은 20x2년 및 20x3년에 발생할 것으로 예상되는 품질보증비에 대해 설정하는 충당부채를 20%의 할인율을 적용하여 현재가치로 측정하기로 하였다. (주)삼일의 20x1년말 재무상태표에 보고할 제품보증충당부채는 얼마인가(20x2년과 20x3년에 발생할 것으로 예상되는 품질보증비는 각 회계연도말에 발생한다고 가정한다.)?

20x2년		20x3년	
품질보증비	예상확률	품질보증비	예상확률
144원	10%	220원	40%
256원	60%	280원	50%
640원	30%	600원	10%

① 290원　　　　　　　　　　　② 460원
③ 480원　　　　　　　　　　　④ 500원

📍 내비게이션

• 20x1년말 충당부채 추계액
  (144x10%+256x60%+640x30%)÷1.2+(220x40%+280x50%+600x10%)÷1.2^2=500

　저자주 만약, 20x1년에 판매한 제품에 대한 3년 동안의 총예상비용이 매출액의 10%인 500이라고 가정하면 20x1년말 인식할 충당부채는 290이 됩니다. 그러나 본 문제에서는 20x1년 발생비용과 무관하게, 제시된 기대예상비용은 20x1년말 현재 금액을 의미하며 20x2년, 20x3년 기대예상비용으로 충당부채를 추정하므로 충당부채는 기대예상비용 500 전액이 충당부채로 인식됩니다.
　〈회계처리〉
　(차) 보증비　　210　　(대) 현금　　　　210
　(차) 보증비　　500　　(대) 제보충　　　500

정답 : ④

빈출유형특강 35 　　　　자본과 주식

Q. 다음은 20x1년 말 ㈜삼일의 주요 재무정보의 일부이다. ㈜삼일은 20x1년에 신설된 법인으로 당기에 추가적인 증자 및 배당은 없었다고 가정한다. ㈜삼일의 20x1년 당기순이익은 1,500,000,000원이고, 1주당 액면금액은 5,000원일 때 다음 중 20x1년 말 현재 자본에 관한 설명으로 가장 올바르지 않은 것은?

자본금	5,000,000,000원
주식발행초과금	3,500,000,000원
이익잉여금	?
자본총계	10,000,000,000원

① ㈜삼일의 발행주식수는 1,000,000주이다.
② ㈜삼일의 주식발행금액은 주당 10,000원이다.
③ ㈜삼일의 법정자본금은 5,000,000,000원이다.
④ ㈜삼일의 기말이익잉여금은 1,500,000,000원이다.

📍 내비게이션

• ① $5,000,000,000 \div 5,000 = 1,000,000$주
② $\dfrac{5,000,000,000 + 3,500,000,000}{1,000,000주} = @8,500$
③ 법정자본금=5,000,000,000(자본금)
④ $10,000,000,000 - (5,000,000,000 + 3,500,000,000) = 1,500,000,000$

정답 : ②

관련기출 　기타포괄손익의 집계

● 다음은 결산일이 12월 31일인 (주)삼일의 20x1년말 재무상태표상 자본에 관한 정보이다. 20x1년말 (주)삼일의 기타포괄손익은 얼마인가?

ㄱ. 보통주자본금	: 50,000,000원
ㄴ. 주식발행초과금	: 5,000,000원
ㄷ. 기타포괄손익-공정가치측정금융자산평가이익	: 5,000,000원
ㄹ. 자기주식	: 1,200,000원
ㅁ. 미처분이익잉여금	: 4,600,000원
ㅂ. 유형자산재평가잉여금	: 1,000,000원

① 1,000,000원 　　　　　　　　　❷ 6,000,000원
③ 7,200,000원 　　　　　　　　　④ 10,600,000원

해설

• 기타포괄손익
 - 기타포괄손익-공정가치측정금융자산평가손익, 재평가잉여금, 해외사업환산손익
 - 현금흐름위험회피파생상품평가손익
• 기타포괄손익-공정가치측정금융자산평가이익(5,000,000)+유형자산재평가잉여금(1,000,000)=6,000,000

빈출유형특강 36 　　　　　　　　　　　자본과 자본거래

Q. 다음은 ㈜삼일의 재무상태표이다. ㈜삼일의 경영자는 누적된 결손금과 관련하여 무상감자를 고려하고 있다. 다음 중 회사가 무상감자를 실시하는 경우에 대한 설명으로 가장 올바른 것은?

재무상태표

㈜삼일	20x1년 12월 31일		(단위 : 원)
현 금	10,000,000	부　　　채	60,000,000
매출채권	20,000,000	자　본　금	40,000,000
재고자산	30,000,000	주식발행초과금	10,000,000
유형자산	30,000,000	결　손　금	(20,000,000)
자산총계	90,000,000	부채와자본총계	90,000,000

① 무상감자를 하면 부채비율(부채/자본)이 높아진다.

② 무상감자와 유상감자 모두 순자산에 미치는 영향은 동일하다.

③ 감자 후의 자본총계는 30,000,000원으로 감자 전과 자본총계가 동일하다.

④ 무상감자 후 주식발행초과금은 감소한다.

내비게이션

• 회계처리 : (차) 자본금 20,000,000　(대) 이월결손금 20,000,000
• ① 자본과 부채가 불변이므로 부채비율(부채/자본)도 불변이다.
　② 유상감자(자본금 xxx / 현금 xxx)시에는 순자산(자본)이 감소한다.
　③ 감자후의 자본총계는 20,000,000+10,000,000=30,000,000으로 감자전과 자본총계가 동일하다.
　④ 무상감자 후 주식발행초과금은 불변이다.

정답 : ③

관련기출　　　자기주식거래

● 다음 중 자기주식의 회계처리에 대한 설명으로 가장 올바르지 않은 것은?

① 취득시 분개
　(차) 자기주식　　　　　　　　xxx　　　(대) 현금　　　　　　　　xxx
② 처분시 분개(취득원가〈처분가액)
　(차) 현금　　　　　　　　　　xxx　　　(대) 자기주식　　　　　　xxx
　　　　　　　　　　　　　　　　　　　　　　자기주식처분이익　　　xxx

③ 처분시 분개(취득원가〉처분가액)
　(차) 현금　　　　　　　　　　xxx　　　(대) 자기주식　　　　　　xxx
　　　자기주식처분손실　　　　xxx
❹ 소각시 분개(취득원가〈액면금액)
　(차) 자본금　　　　　　　　　xxx　　　(대) 자기주식　　　　　　xxx
　　　감자차손　　　　　　　　xxx

해설

• 소각시 '취득원가〈액면금액'인 경우 : 감자차익
• 소각시 '취득원가〉액면금액'인 경우 : 감자차손

빈출유형특강 37　　　　　　자본과 손익거래

Q. ㈜삼일의 20x2년도 포괄손익계산서상 당기순이익 및 총포괄이익은 1,300,000원과 500,000원이며, 20x2년 1월 1일 ㈜삼일의 자산과 부채총계는 각각 38,500,000원과 13,500,000원이다. ㈜삼일의 20x2년 중 발생한 모든 자본거래가 다음과 같을 때, (주)삼일이 20x2년 말 현재 재무상태표상 자본의 총계로 보고할 금액은 얼마인가(단, 법인세 효과는 고려하지 않는다)?

일자	내용
5월 18일	20x1년도 정기주주총회(2월 28일 개최)에서 결의한 배당인 주식배당으로 보통주 100주(주당 액면금액 5,000원, 주당 공정가치 6,000원)를 발행하였다.
8월 14일	보통주 200주(주당 액면금액 5,000원)를 주당 6,500원에 발행하였다.
10월 13일	20x1년에 취득한 자기주식(취득원가 700,000원)을 20x2년에 800,000원에 재발행하였다.

① 26,800,000원　　　　　　　　② 27,600,000원
③ 28,100,000원　　　　　　　　④ 28,400,000원

📍 **내비게이션**

- 총포괄이익 : 500,000(자본증가)
- 주식배당 : 자본불변
- 유상증자 : 200주x@6,500=1,300,000(자본증가)
- 자기주식 재발행 : 자기주식 감소 700,000(자본증가), 자기주식처분이익 100,000(자본증가)
- ∴(38,500,000-13,500,000)+(500,000+1,300,000+700,000+100,000)=27,600,000

정답 : ②

관련기출　　자본항목별 증감분석

● 다음은 자본거래가 각 자본항목에 미치는 영향을 나타내고 있다. 이 중 가장 올바르지 않은 것은?

	자본금	이익잉여금	총자본
① 주식배당	증가	감소	불변
❷ 주식병합	증가	감소	증가
③ 주식분할	불변	불변	불변
④ 현금배당	불변	감소	감소

해설

- 주식병합은 자본금, 이익잉여금, 총자본 모두 불변이다.

	주식배당	무상증자	주식분할	주식병합
발행주식수	증가	증가	증가	감소
주당액면금액	불변	불변	감소	증가
총자본	불변	불변	불변	불변
자본금	증가	증가	불변	불변
자본잉여금	불변	감소가능	불변	불변
이익잉여금	감소	감소가능	불변	불변

빈출유형특강 38   자본항목별 변동분석

Q. (주)삼일의 제11기 자본항목과 관련된 주요사항이 다음과 같을 때 20x2년말 결산시 (주)삼일의 자본에 대한 보고금액으로 가장 옳은 것은(단, 아래 자료 이외에 자본에 영향을 미치는 사건의 발생은 없다고 가정한다.)?

> 가. 20x2년 11월 11일 이사회결의를 통하여 ㈜삼일의 자기주식 1만주를 주당 10,000원에 취득하였다.
> 나. (주)삼일은 20x1년초에 토지를 1,000백만원에 취득하였다. 이 토지는 20x1년말에 1,050백만원으로 재평가 되었고 20x2년말에는 1,080백만원으로 재평가되었다.

자본변동표

(단위 : 백만원)

	자본금	주식발행초과금	자기주식	재평가잉여금	이익잉여금
20x1년말	200	100	(100)	50	xxx
자본변동	xxx	xxx	xxx	xxx	xxx
20x2년말	(ㄱ)	(ㄴ)	(ㄷ)	(ㄹ)	xxx

	(ㄱ)	(ㄴ)	(ㄷ)	(ㄹ)
①	200	100	(200)	80
②	200	200	(100)	70
③	100	100	(200)	70
④	200	100	(100)	80

📍 **내비게이션**

• 자기주식 증가 : 1만주x10,000=100백만원, 재평가잉여금 증가 : 1,080백만원-1,050백만원=30백만원

정답 : ①

관련기출   총자본의 증감

● 다음 중 자본거래에 대한 설명으로 옳은 것은?

① 주식할인발행차금을 상각하는 것은 액면금액에 미달한 자본을 불입하는 것이다.
② 주식발행비는 주식발행가액에서 직접 차감하지 아니하고 비용으로 회계처리한다.
❸ 주식배당은 총자본에 영향을 주지 않는다.
④ 무상증자를 실시하면 총자본에 증감이 발생한다.

해설

• ① 주식할인발행차금을 상각하는 것은 자본의 불입과 무관하다.
  ② 신주발행시에 직접 발생한 주식발행비는 주식발행가액에서 직접 차감한다.
  ③ (차) 이익잉여금   xxx   (대) 자본금 xxx   →총자본 불변
  ④ (차) 이익잉여금   xxx   (대) 자본금 xxx   →총자본 불변

※말장난

• 자기주식을 처분하는 경우 자기주식처분이익은 당기손익에 반영한다.(X)
  ▷당기손익이 아니라 자본에 가산하는 항목이다.

빈출유형특강 39　　　계약수익과 계약원가의 인식

Q. 다음 중 건설계약에 대한 수익과 원가의 인식방법으로 가장 올바르지 않은 것은?

① 건설계약의 결과를 신뢰성 있게 추정할 수 있는 경우, 건설계약과 관련한 계약수익과 계약원가는 보고 기간말 현재 계약활동의 진행률을 기준으로 각각 수익과 비용으로 인식한다.

② 하도급계약에 따라 수행될 공사에 대해 하도급자에게 선급한 금액은 진행률 산정을 위한 누적발생원가 에 포함시켜야 한다.

③ 총계약원가가 총계약수익을 초과할 가능성이 높은 경우 예상되는 손실을 즉시 비용으로 인식한다.

④ 건설결과를 신뢰성있게 추정할 수 없는 경우 계약수익은 계약원가의 범위내에서 회수가능성이 높은 금액만 인식하며, 발생한 계약원가는 모두 당해 기간의 비용으로 인식한다.

📍 **내비게이션**

• 하도급계약에 따라 수행될 공사에 대해 하도급자에게 선급한 금액은 진행률 산정을 위한 누적발생원가에서 제외시 켜야 한다.

정답 : ②

관련기출　　건설계약 일반사항

● 다음 중 건설계약과 관련된 설명으로 가장 올바르지 않은 것은?

❶ 계약원가는 계약체결일로부터 계약의 최종완료일까지의 기간에 당해 계약에 귀속되는 직접원가만을 포함한다.

② 계약수익은 수령하였거나 수령한 대가의 공정가치로 측정한다.

③ 공사원가변경은 발주자가 공사변경과 변경에 따른 수익금액을 승인할 가능성이 높고 수익 금액을 신뢰성있게 측정할 수 있는 경우 계약수익에 포함한다.

④ 예상되는 하자보수원가를 합리적으로 추정하여 하자보수비로 인식하여야 한다.

해설

• 계약원가는 계약직접원가와 계약공통원가(보험료, 건설간접원가, 차입원가 등)로 구성된다.

※말장난

• 건설계약에 있어 계약체결 전에 발생한 원가는 계약의 체결이후에 발생한 원가가 아니므로 계약원가로 포함될 수 없다(X)
▷계약에 직접 관련되며 일정요건(식별가능, 측정가능, 계약체결 가능성이 높음.)을 충족시 계약원가에 포함한다.

빈출유형특강 40

연도별 계약손익

Q. (주)삼일건설은 20x1년 초에 20x3년 12월 31일 완공 예정이며 총계약금액이 500,000,000원인 교량건설 공사계약을 체결하였다. 관련 자료가 다음과 같을 때 ㈜삼일건설이 진행기준으로 수익을 인식한다면 20x1년, 20x2년, 20x3년 계약이익으로 계상할 금액은 얼마인가?

	20x1년	20x2년	20x3년
당해연도발생계약원가	60,000,000원	120,000,000원	180,000,000원
추정총계약원가	300,000,000원	360,000,000원	360,000,000원
계약대금청구액(연도별)	140,000,000원	160,000,000원	200,000,000원

	20x1년	20x2년	20x3년
①	40,000,000원	20,000,000원	80,000,000원
②	40,000,000원	30,000,000원	70,000,000원
③	60,000,000원	30,000,000원	50,000,000원
④	60,000,000원	50,000,000원	30,000,000원

📍 **내비게이션**

•20x1년

진 행 률	$\dfrac{60,000,000}{300,000,000}$=20%
계약수익	500,000,000x20%=100,000,000
계약원가	60,000,000
계약이익	40,000,000

•20x2년

진 행 률	$\dfrac{180,000,000}{360,000,000}$=50%
계약수익	500,000,000x50%-100,000,000=150,000,000
계약원가	120,000,000
계약이익	30,000,000

•20x3년

진 행 률	$\dfrac{360,000,000}{360,000,000}$=100%
계약수익	500,000,000x100%-250,000,000=250,000,000
계약원가	180,000,000
계약이익	70,000,000

정답 : ②

 핵심이론 : 계약손익 계산

수익인식방법	•장·단기 모두 진행기준에 의함.
계약수익	•계약금액x진행률-전기누적계약수익
계약원가	•추정총계약원가x진행률-전기누적계약원가 ▶'당기발생계약원가'와 동일함.

빈출유형특강 41　　　　2차연도 계약손익

제1주차
빈출유형특강

제2주차
핵심유형특강

제3주차
최신유형특강

제4주차
기출변형특강

Q. (주)삼일건설은 20x1년 1월 5일에 서울시와 교량건설 도급공사계약을 맺었다. 총공사계약금액은 210,000,000원이며 공사가 완성되는 20x3년말까지 건설과 관련된 회계자료는 다음과 같다. 회사는 공사진행기준으로 수익을 인식하고 있다면 ㈜삼일건설이 20x2년 공사이익으로 계상할 금액은 얼마인가?(단위 : 원)

	20x1년	20x2년	20x3년
당해연도 발생 계약원가	30,000,000	60,000,000	90,000,000
추정총계약원가	150,000,000	180,000,000	180,000,000
연도별 계약대금청구액	60,000,000	60,000,000	90,000,000

① 0원　　　　　　　　　　　② 3,000,000원
③ 10,000,000원　　　　　　　④ 12,000,000원

📍 **내비게이션**

• $(210,000,000 \times \dfrac{90,000,000}{180,000,000} - 210,000,000 \times \dfrac{30,000,000}{150,000,000}) - 60,000,000 = 3,000,000$

정답 : ②

 핵심이론 : 건설계약 회계처리

계약원가발생	•계약직접원가와 배분된 계약공통원가를 미성공사로 인식 　(차) 미성공사　　　　　　　　xxx　　　　　　(대) 현금등　　　　　　xxx
계약대금청구	•공사미수금 : 자산처리 •진행청구액 : 임시계정으로 부채처리 　(차) 공사미수금　　　　　　　xxx　　　　　　(대) 진행청구액　　　　xxx
계약대금수령	•수령액을 공사미수금과 상계 　(차) 현금　　　　　　　　　　xxx　　　　　　(대) 공사미수금　　　　xxx 　　　　　　　　　　　　　　　　　　　　　　　　공사선수금　　　　xxx
계약손익인식	•당기 계약이익을 미성공사로 추가 계상 　(차) 계약원가　　　　　　　　xxx　　　　　　(대) 계약수익　　　　　xxx 　　　　미성공사　　　　　　　xxx 　▶∴기말 미성공사잔액=누적계약수익
공사완성	•미성공사와 진행청구액을 상계하여 재무상태표에서 제거 　(차) 진행청구액　　　　　　　xxx　　　　　　(대) 미성공사　　　　　xxx

 핵심이론 : 공시방법

미성공사금액 〉 진행청구액	•차액을 '미청구공사(계약자산)' 과목으로 자산처리
미성공사금액 〈 진행청구액	•차액을 '초과청구공사(계약부채)' 과목으로 부채처리
재무상태표 공시	〈유동자산〉 **미청구공사(계약자산)** 　미 성 공 사　xxx 　진행청구액　xxx xxx　　　　〈유동부채〉 **초과청구공사(계약부채)** 　진행청구액　xxx 　미 성 공 사　xxx xxx

빈출유형특강 42　　미청구공사 (초과청구공사)

Q. (주)상일건설은 20x1년 건설공사를 계약금액 1,500,000원에 수주하였다. 공사기간동안 발생할 것으로 예상되는 (주)상일건설의 예상원가발생액, 계약대금 청구액 및 수령액은 다음과 같다. (주)상일건설이 공사진행기준으로 수익을 인식한다면 20x1년에 회사가 재무상태표에 표시할 미청구공사(계약자산) 또는 초과청구공사(계약부채)는 얼마인가?

	20x1년	20x2년	20x3년
누적발생계약원가	200,000원	600,000원	1,300,000원
추정총계약원가	1,000,000원	1,200,000원	1,300,000원
대금청구액	250,000원	550,000원	700,000원
대금회수액	200,000원	500,000원	800,000원

① 초과청구공사 50,000원 　　② 미청구공사 50,000원
③ 초과청구공사 100,000원 　　④ 미청구공사 100,000원

📍 내비게이션

•계약원가발생시 회계처리
　(차) 미성공사　　　　200,000　　(대) 현금　　　　　　　　　　　200,000
•계약대금청구시 회계처리
　(차) 공사미수금　　　250,000　　(대) 진행청구액　　　　　　　　250,000
•계약대금수령시 회계처리
　(차) 현금　　　　　　200,000　　(대) 공사미수금　　　　　　　　200,000
•계약손익인식시 회계처리
　(차) 계약원가　　　　200,000　　(대) 계약수익　1,500,000x(200,000/1,000,000)=300,000
　　　미성공사　　　　100,000
∴미청구공사 : 미성공사(300,000)-진행청구액(250,000)=50,000

정답 : ②

관련기출　　계약원가 추정

● ㈜상일는 20x1년도에 계약금액 400억원에 사무실용 빌딩 건설공사를 수주하였다. 공사계약이 다음과 같을 경우 20x2년에 발생한 계약원가는 얼마인가?

구분	20x1년	20x2년
추정총계약원가	250억원	300억원
누적진행률(원가기준)	40%	60%
누적계약이익	60억원	60억원

① 20억원　　　　　　　　　　② 40억원
③ 50억원　　　　　　　　　　❹ 80억원

해설

•20x1년 발생원가÷250억원=40%에서, 20x1년 발생원가=100억원
•(100억원+20x2년 발생원가)÷300억원=60%에서, 20x2년 발생원가=80억원

빈출유형특강 43 종업원급여와 퇴직급여제도

Q. 다음 중 종업원급여의 회계처리에 대한 설명으로 가장 올바른 것은?

> 김부장 : 확정기여제도를 도입한 기업은 기여금의 운용결과에 따라 추가 납부의무가 있다.
> 이차장 : 확정급여제도는 기업이 기여금을 불입함으로써 퇴직급여와 관련된 모든 의무가 종료된다.
> 박과장 : 확정급여채무의 현재가치를 계산할 때 종업원 이직률, 조기퇴직률, 임금상승률, 할인율 등의 가정은 상황
> 변화에 관계없이 전기와 동일한 값을 적용하였다.
> 정사원 : 확정급여제도를 도입하고, 확정급여채무와 사외적립자산의 재측정요소는 기타포괄손익으로 인식하였다.

① 김부장 ② 이차장
③ 박과장 ④ 정사원

◉ 내비게이션

- 김부장 : 확정기여제도에서의 기업의 부담은 출연금액에 한정된다.
- 이차장 : 기여금 불입으로 모든 의무가 종료되는 것은 확정기여제도이다.
- 박과장 : 보험수리적 가정은 상황변화에 따라 상이한 값을 적용한다.
- 정사원 : 재측정요소는 확정급여채무나 사외적립자산의 예상치 못한 변동을 말하며, 기타포괄손익으로 인식하므로
  올바른 설명이다.

정답 : ④

📝 핵심이론 : 퇴직급여제도

확정기여제도	기업의부담	• 출연금액에 한정 ▶ 기여금을 납부함으로써 퇴직급여와 관련된 모든 의무가 종결됨.
	종업원수령액	• 불확정적
	위험부담자	• 종업원
확정급여제도	기업의부담	• 변동적
	종업원수령액	• 확정적
	위험부담자	• 기업

※ 말장난

- 비화폐성급여는 단기종업원급여에 포함되지 않는다.(X)
  ▷ 의료, 주택, 자동차, 무상 또는 일부 보조로 제공되는 재화나 용역과 같은 현직종업원을 위한 비화폐성급여도 단기종업원급여에 포함
  한다.
- 확정급여제도는 기업이 종업원 퇴직시 약정된 퇴직급여의 지급을 약속한 것으로 그 운용과 위험을 종업원이 부담한다.(X)
  ▷ 확정급여제도는 그 운용과 위험을 기업이 부담한다.

빈출유형특강 44 주식결제형 주식기준보상

Q. ㈜삼일은 20x1년 1월 1일에 종업원 500명에게 각각 주식결제형 주식선택권 100개를 부여하고 3년의 용역제공 조건을 부과하였다. 부여일 현재 주식선택권의 단위당 공정가치는 150원으로 추정하였다.

> ㄱ. 기본조건 : 20x3년 12월 31일까지 의무적으로 근무할 것
> ㄴ. 행사가격 : 600원
> ㄷ. 권리부여일 주식가격 : 500원(액면금액 500원)
> ㄹ. 추정권리상실비율 : 20%
> ㅁ. 매기말 추정한 주가차액보상권의 공정가치는 다음과 같다.
>   – 20x1년 12월 31일 : 150원
>   – 20x2년 12월 31일 : 180원
>   – 20x3년 12월 31일 : 200원
>   – 20x4년 1월 1일   : 200원

추정권리상실비율과 실제권리상실비율이 서로 일치하고 20x4년 1월 1일에 모두 행사된 경우 20x1년부터 20x4년까지의 주식보상비용으로 올바르지 않은 것은?(단, 주식선택권의 보상비용과 관련된 법인세효과는 고려하지 않는 것으로 가정한다.)

① 20x1년 : 2,000,000원   ② 20x2년 : 2,400,000원
③ 20x3년 : 2,000,000원   ④ 20x4년 : 0원

◉ 내비게이션

- 행사가능주식수 : 500명x100개x80%=40,000주
- 주식결제형의 주식보상비용은 재측정없이 부여일의 공정가치로 측정하며, 권리상실비율의 변동이 없으므로 20x1년말, 20x2년말, 20x3년말 동일한 금액의 주식보상비용이 인식된다.
- 20x1년말, 20x2년말, 20x3년말 주식보상비용 : $40,000주×150×\frac{1}{3}=2,000,000$
- 회계처리

20x1년말	(차) 주식보상비용	2,000,000[1]	(대) 주식선택권	2,000,000
20x2년말	(차) 주식보상비용	2,000,000[2]	(대) 주식선택권	2,000,000
20x3년말	(차) 주식보상비용	2,000,000[3]	(대) 주식선택권	2,000,000
20x4년초(행사)	(차) 현금 　　　주식선택권	24,000,000[4] 6,000,000	(대) 자본금 　　　주식발행초과금	20,000,000[5] 10,000,000

[1] $40,000주×150×\frac{1}{3}=2,000,000$

[2] $40,000주×150×\frac{2}{3}-2,000,000=2,000,000$

[3] $40,000주×150×\frac{3}{3}-4,000,000=2,000,000$

[4] $40,000주×600=24,000,000$
[5] $40,000주×500=20,000,000$

정답 : ②

빈출유형특강 45 — 현금결제형 주식기준보상

Q. (주)삼일은 20x1년 1월 1일 종업원에게 다음과 같은 조건의 주가차액보상권 30,000개를 부여하였다. 이 경우 20x1년과 20x2년 포괄손익계산서에 계상할 주식보상비용은 각각 얼마인가?

> ㄱ. 기본조건 : 20x3년 12월 31일까지 의무적으로 근무할 것
> ㄴ. 행사가능기간 : 20x4년 1월 1일~20x6년 12월 31일
> ㄷ. (주)삼일의 주가차액보상권의 공정가치 정보
> – 20x1년 12월 31일 : 10,000원/개
> – 20x2년 12월 31일 : 8,000원/개
> – 20x3년 12월 31일 : 9,000원/개

	20x1년	20x2년
①	100,000,000원	60,000,000원
②	100,000,000원	70,000,000원
③	200,000,000원	80,000,000원
④	200,000,000원	90,000,000원

◉ 내비게이션

• 20x1년 주식보상비용 : $30{,}000개 \times 10{,}000 \times \dfrac{1}{3} = 100{,}000{,}000$

→(차) 주식보상비용 100,000,000 (대) 장기미지급비용 100,000,000

• 20x2년 주식보상비용 : $30{,}000개 \times 8{,}000 \times \dfrac{2}{3} - 100{,}000{,}000 = 60{,}000{,}000$

→(차) 주식보상비용 60,000,000 (대) 장기미지급비용 60,000,000

비교 주식결제형 : 재측정없이 부여일 공정가치로 측정
현금결제형 : 보고기간말 공정가치로 재측정

정답 : ①

관련기출 | **권리상실비율이 있는 경우**

● ㈜삼일은 20x1년 1월 1일에 종업원에게 다음과 같은 조건의 현금결제형 주가차액보상권 30,000개를 부여하였다. 이 경우 20x1년 포괄손익계산서에 계상할 당기보상비용은 얼마인가(단, 종업원은 20x3년 12월 31일 이전에 퇴사하지 않을 것으로 예상된다)?

> ㄱ. 기본조건 : 20x3년 12월 31일까지 의무적으로 근무할 것
> ㄴ. 행사가능기간 : 20x4.1.1 ~ 20x5.12.31
> ㄷ. 20x1년말 추정한 주가차액보상권의 공정가치 : 250,000원/개
> ㄹ. 추정권리상실비율 : 10%

❶ 22.5억원   ② 25억원
③ 67.5억원   ④ 75억원

해설

• $(30{,}000개 \times 90\%) \times 250{,}000 \times \dfrac{1}{3} = 2{,}250{,}000{,}000$

제1주차 빈출유형특강 / 제2주차 완성유형특강 / 제3주차 최신유형특강 / 제4주차 기출변형특강

빈출유형특강 46   법인세비용

Q. 다음은 (주)삼일의 20x2년과 20x3년말의 이연법인세자산·부채의 내역이다. (주)삼일이 20x3
년에 인식할 법인세비용은 얼마인가(20x3년 과세소득에 대하여 부담할 법인세액은 250,000원
이다)?

〈각 회계연도말 재무상태표상 금액〉

구분	20x3년말	20x2년말	20x1년말
이연법인세자산	30,000원	–	–
이연법인세부채	–	80,000원	30,000원

① 100,000원   ② 110,000원
③ 140,000원   ④ 190,000원

📍 **내비게이션**

•(차) 법인세비용(대차차액)   140,000   (대) 미지급법인세   250,000
      이연법인세자산   30,000
      이연법인세부채   80,000

정답 : ③

 핵심이론 : 이연법인세 계산구조

대상	•일시적차이(유보)
공시	•이연법인세자산(부채)는 비유동자산(부채)로만 표시하고 소정 요건을 충족하는 경우 상계하여 표시 •현재가치평가를 하지 않음.

절차	**[1단계]** 미지급법인세(과세소득x당기세율)
	      = (세전순이익±영구적차이±일시적차이)x당기세율
	[2단계] 이연법인세자산(부채)
	      = 유보(△유보)x 미래예상세율(평균세율)
	[3단계] 법인세비용 = 대차차액에 의해 계산
	🔎주의 이연법인세자산(부채)은 당기세율이 아니라 소멸시점의 미래예상세율을 적용함.

관련기출   **법인세비용 계산**

● 20x2년 포괄손익계산서에 계상될 ㈜삼일의 법인세비용은 얼마인가?

> ㄱ. 20x2년 당기법인세(법인세법상 당기에 납부할 법인세) : 2,500,000원
> ㄴ. 20x1년 말 이연법인세자산 잔액 : 600,000원
> ㄷ. 20x2년 말 이연법인세부채 잔액 : 450,000원

① 2,500,000원   ② 2,950,000원
③ 3,100,000원   ❹ 3,550,000원

해설

•(차) 법인세비용(대차차액)   3,550,000   (대) 미지급법인세(당기법인세)   2,500,000
                                            이연법인세자산   600,000
                                            이연법인세부채   450,000

빈출유형특강 47 　　　　이연법인세자산(부채)

Q. ㈜상일의 과세소득과 관련된 다음 자료를 이용하여 20x2년말 재무상태표상의 이연법인세자산(부채)금액을 구하면 얼마인가?

법인세비용차감전순이익	4,000,000원
가산(차감)조정	
기업업무추진비한도초과액	600,000원
감가상각비한도초과액	900,000원
과세표준	5,500,000원
세율	25%

〈추가자료〉
ㄱ. 차감할 일시적차이가 실현될 수 있는 미래과세소득의 발생가능성이 높다고 가정한다.
ㄴ. 감가상각비한도초과액에 대한 일시적차이는 20x3년, 20x4년, 20x5년에 걸쳐 300,000원씩 소멸하며, 일시적차이가 소멸될 것으로 예상되는 기간의 과세소득에 적용될 것으로 기대되는 평균세율은 다음과 같다.

20x3년	20x4년	20x5년
20%	30%	40%

ㄷ. 20x2년 기초재무상태표에 이연법인세자산(부채)는 없다.

① 이연법인세부채 225,000　　　　　② 이연법인세자산 270,000
③ 이연법인세부채 325,000　　　　　④ 이연법인세자산 370,000

📍 **내비게이션**

• 세무조정 내역
　- 손금불산입 기업업무추진비한도초과액 600,000(기타사외유출)
　- 손금불산입 감가상각비한도초과액 900,000(유보)
• 이연법인세자산(유보) : 300,000x20%+300,000x30%+300,000x40%=270,000

정답 : ②

관련기출　　이연법인세 공시

● 다음 중 법인세회계에 대한 설명으로 옳지 않은 것은?

❶ 이연법인세자산은 유동자산과 비유동자산으로 구분된다.
② 이연법인세부채는 비유동부채로만 계상한다.
③ 차감할 일시적차이에 대응할 수 있는 미래 과세소득의 발생가능성이 높은 경우에 이연법인세자산을 인식한다.
④ 이연법인세자산·부채를 측정할 때 미래예상세율(평균세율)을 적용하여 측정한다.

해설

• 이연법인세자산(부채)는 비유동자산(부채)로만 표시한다.

※말장난

• 이연법인세자산(부채)에 적용되는 세율은 차이 발생시점의 한계세율로 인식한다.(X)
　▷소멸시점의 평균세율로 인식한다.

빈출유형특강 48   회계정책의 변경

Q. 다음 중 회계변경에 대한 설명으로 가장 올바르지 않은 것은?

① 회계정책의 변경은 재무제표의 작성과 보고에 적용하던 회계정책을 다른 회계정책으로 바꾸는 것을 말한다.

② 재고자산의 진부화 여부에 대한 판단추정치를 변경하는 것은 회계정책의 변경에 해당한다.

③ 회계변경이 회계정책의 변경인지 회계추정의 변경인지 구분하는 것이 어려운 경우에는 이를 회계추정의 변경으로 본다.

④ 회계추정의 변경에 대하여 회계처리시 회사는 과거에 보고한 재무제표에 대하여 어떠한 수정도 하지 않는다.

◉ **내비게이션**

•재고자산의 진부화 여부에 대한 판단추정치를 변경하는 것은 회계추정의 변경에 해당한다.

정답 : ②

 핵심이론 : 회계변경 회계처리

회계정책변경
•처리 : (원칙)소급법 ⇨ 전기재무제표 재작성O
•사례 : ① 재고자산 원가흐름의 가정 변경 →예 선입선출법에서 평균법으로 변경   ② 유형자산과 무형자산의 측정기준 변경 →예 원가모형에서 재평가모형으로 변경

회계추정변경
•처리 : 전진법 ⇨ 전기재무제표 재작성X

•사례 : ① 유형자산 감가상각방법 변경
       ② 유형자산 내용연수, 잔존가치 변경
       ③ 재고자산 진부화 판단추정치 변경
       ④ 대손추정률 변경

♀주의 회계정책의 변경인지 회계추정의 변경인지 구분하는 것이 어려운 경우에는 이를 회계추정의 변경으로 봄.

관련기출   회계변경의 구분

● 다음 중 회계추정의 변경에 해당하지 않는 것은?

① 대손추정의 변경
❷ 유형자산의 측정기준을 원가모형에서 재평가모형으로 변경
③ 유형자산 잔존가치의 변경
④ 유형자산 내용연수의 변경

해설

•유형자산의 측정기준을 원가모형에서 재평가모형으로 변경 : 회계정책의 변경

빈출유형특강 49 　　　　　 회계추정의 변경

Q. 아래는 재무팀 신입사원이 유형자산과 관련하여 제출한 품의서이다. 품의서의 내용 중 잘못된 부분을 모두 고르면?

문서번호	20x21231-002	승인	부장	사장
기안일자	20x2년-12-31			
기안자	정사원	신청	담당	차장
제목	기계장치 감가상각			

(1) 동 기계장치는 20x1년 1월 1일에 취득한 자산으로 내용연수 5년, 취득원가 1,000,000원 입니다. 회사는 동 자산을 상각률 40%로 정률법으로 상각해 오고 있습니다.

(2) (ㄱ) 한국채택국제회계기준에서는 기업이 채택한 감가상각방법을 적어도 매년말에 적정성을 검토하도록 하고 있으며, 이에 따라 (ㄴ) 회계연도말에 동 기계장치의 감가상각방법을 검토한 결과 자산에 내재된 미래 경제적 효익이 예상되는 소비형태에 유의적인 변경이 있었고 이를 반영하기 위해 감가상각방법을 정액법으로 변경하고자 합니다.

(3) 동 자산의 감가상각방법 검토일 시점에 잔존가치로 추정되는 금액은 취득시점과 마찬가지로 '0원'이고 내용연수의 변동도 없습니다.

(4) (ㄷ) 한국채택국제회계기준에서는 동 감가상각방법의 변경을 회계정책의 변경과 회계추정의변경 중 회사가 선택하여 적용할 수 있도록 하고 있습니다.
(ㄹ) 회계정책의 변경은 회계변경의 누적효과를 이익잉여금에 가감하여 전기의 재무제표를 변경하여야 하고 회계추정의 변경은 회계변경으로 인한 누적효과를 반영하지 않고 당기와 미래기간에만 변경된 방법을 적용합니다.

(5) 동 변경건에 대하여 회계추정의 변경으로 회계처리 하고자 하며 (ㅁ) 회계추정의 변경으로 처리하는 경우 20x2년 감가상각비로 계상하는 금액은 220,000원 입니다.

① (ㄱ), (ㄴ)　　　　　　　② (ㄴ), (ㄷ)
③ (ㄷ), (ㄹ)　　　　　　　④ (ㄷ), (ㅁ)

📍 **내비게이션**
- (ㄷ) : 감가상각방법의 변경은 회계추정의 변경이다.
- (ㄹ) : (1,000,000-1,000,000x40%)÷4년=150,000

정답 : ④

※말장난

- 감가상각방법을 변경한 경우에는 비교 표시되는 전기재무제표를 재작성해야 한다.(X)
  ▷회계추정의 변경은 전진법을 적용하므로 전기재무제표를 재작성하지 않는다.
- 재고자산 원가흐름의 가정을 선입선출법에서 가중평균법으로 변경하는 것은 회계추정의 변경에 해당한다.(X)
  ▷재고자산 원가흐름의 가정변경은 회계정책의 변경이다.

제2주차
최신유형특강

제3주차
최신유형특강

제4주차
기출변형특강

빈출유형특강 50 　　　　　오류수정 처리방법

Q. 다음 중 오류수정에 관한 설명으로 가장 옳은 것은?

① 중요한 오류가 발생한 과거기간의 재무제표가 비교표시되는 경우에도 그 재무정보를 재작성할 필요는 없다.
② 중요한 오류란 재무이용자의 의사결정에 영향을 미치는 오류를 말한다.
③ 전기오류의 수정은 반드시 오류가 발견된 기간의 당기손익으로 보고한다.
④ 재고자산 단위원가 결정방법을 선입선출법에서 가중평균법으로 변경하는 것은 오류수정에 해당된다.

📍 내비게이션

• ① 재작성하여 수정한다.
　③ 전기오류의 수정은 오류가 발견된 기간의 당기손익으로 보고하지 않는다.
　④ 회계정책의 변경에 해당한다.

정답 : ②

 핵심이론 : 오류수정 처리방법

개요	• 당기중에 발견한 당기 잠재적 오류는 재무제표의 발행승인일 전에 수정함. ▶ 그러나, 중요한 오류를 후속기간에 발견하는 경우 이러한 전기오류는 해당 후속기간의 재무제표에 비교 표시된 재무정보를 재작성하여 수정함. [저자주] K-IFRS는 중요하지 않은 오류의 처리방법에 대하여는 규정이 없습니다. • 전기오류의 수정은 오류가 발견된 기간의 당기손익으로 보고하지 않음.
소급적용	• 중요한 전기오류가 발견된 이후 최초로 발행을 승인하는 재무제표에 다음의 방법으로 전기오류를 소급하여 수정함. ① 오류가 발생한 과거기간의 재무제표가 비교표시되는 경우에는 그 재무정보를 재작성함. ② 오류가 비교표시되는 가장 이른 과거기간 이전에 발생한 경우에는 비교 표시되는 가장 이른 과거기간의 자산, 부채 및 자본의 기초금액을 재작성함.
재작성	• 소급재작성이란 전기오류가 처음부터 발생하지 않은 것처럼 재무제표 구성요소의 인식, 측정 및 공시를 수정하는 것을 말함.

빈출유형특강 51 　　　　　오류수정후 순이익

Q. ㈜삼일의 외부감사인이 회계감사과정에서 다음과 같은 사실을 발견하였다. ㈜삼일의 수정 후 당기순이익(손실)은 얼마인가(단, 법인세효과는 고려하지 않는다)?

(1) 20x1년 당기순이익 : 200,000,000원
(2) 외부감사인이 발견한 사항
　ㄱ. 매출관련사항
　　·20x1년 12월 26일에 ㈜용산에 판매를 위탁하기 위하여 상품을 발송하였고, ㈜용산은 동 수탁상품을 20x2년 1월 3일에 제3자에게 판매함.
　　·㈜삼일은 상품을 발송한 20x1년 12월 26일에 매출(4억)과 이에 대응되는 매출원가를 인식함.
　　·㈜삼일은 매출총이익률이 20%가 되도록 상품 판매가격을 결정하고 있음.
　ㄴ. 기타사항
　　20x2년 1월 현금출납장을 검토하던 중 20x1년 12월 법인카드 사용액 10,000,000원(전액 복리후생비로 사용)이 20x2년 1월 28일에 결제된 사실을 발견하였으나 20x1년 재무제표에는 이와 관련된 어떠한 회계처리도 반영되어 있지 아니함.

① 이익 110,000,000원　　　　　② 이익 200,000,000원
③ 이익 345,000,000원　　　　　④ 손실 350,000,000원

내비게이션
- 이익(매출총이익) 과대계상 : 위탁판매는 수탁자의 판매시점인 20x2년 수익임.
- 비용(복리후생비) 과소계상 : 법인카드는 사용시점인 20x1년 비용임.
- 200,000,000-[400,000,000-400,000,000x(1-20%)]-10,000,000=110,000,000

정답 : ①

관련기출　　손상과 수익인식 오류

● ㈜삼일의 20x1 회계연도(20x1.1.1～20x1.12.31) 감사과정에서 다음과 같은 사실을 발견하였다. 수정 후 20x1년 법인세비용차감전순이익은 얼마인가?

ㄱ. 법인세비용차감전순이익 : 200,000,000원
ㄴ. 담당공인회계사가 발견한 사항 :
- 사용중인 기계장치(원가모형)의 시장가치가 현저하게 하락하였음을 발견함.
　- 20x1년말 장부금액 30,000,000원
　- 20x1년말 회수가능액 15,000,000원
- ㈜삼일은 20x1년 12월 26일에 ㈜용산에 판매를 위탁하기 위하여 상품을 발송하였고 ㈜용산은 동 수탁상품을 20x2년 1월 3일에 제3자에게 판매하였다. ㈜삼일은 동 위탁매출에 대하여 상품을 발송한 시점인 20x1년 12월 26일에 45,000,000원의 매출총이익을 인식하였다.

❶ 140,000,000원　　　　　② 155,000,000원
③ 185,000,000원　　　　　④ 200,000,000원

해설
- 200,000,000-15,000,000-45,000,000=140,000,000

빈출유형특강 52   **가중평균유통보통주식수**

Q. 다음 중 가중평균유통보통주식수 산정방법에 대하여 가장 옳은 설명을 하고 있는 사람은?

① 김부장 : 자기주식은 취득시점 이후부터 매각시점까지의 기간동안 가중평균유통보통주식수에 포함하지 않습니다.

② 이차장 : 당기 중 무상증자를 실시한 경우, 무상증자를 실시한 날짜를 기준일로 하여 가중평균유통주식수를 계산합니다.

③ 박과장 : 당기 중 유상증자로 보통주가 발행된 경우 기초에 실시된 것으로 간주하여 주식수를 조정합니다.

④ 정사원 : 가중평균유통보통주식수에는 결산기말 현재 발행된 우선주식수를 포함해야 합니다.

◉ 내비게이션

- ② 기초에 실시된 것으로 간주하여 주식수를 조정한다.
  ③ 그 납입일을 기준으로 주식수를 조정한다.
  ④ 우선주식수는 제외한다.

정답 : ①

 핵심이론 : 가중평균유통보통주식수의 산정

우선주	• 발행된 총주식수에서 우선주식수를 차감
자기주식	• 보유기간(취득~매각) 동안 유통보통주식수에서 제외 🔍주의 기초에 발행주식수 100주, 자기주식수 10주인 경우 유통주식수 90주로 계산함.
무상증자 주식배당 주식분할	• 기초에 실시된 것으로 간주 ▶단, 기중 유상증자 발행신주는 유상증자의 납입일에 실시된 것으로 간주
유상증자	• 일반적인 경우(공정가치이상 유상증자) 납입일을 기준으로 가중평균

관련기출   가중평균유통보통주식수 계산

● 다음은 (주)삼일의 20x1년 주당이익관련 자료이다. 20x1년 가중평균유통보통주식수는 얼마인가?

ㄱ. 유통보통주식수 변동내역(주당 액면 1,000원)		
	구분	주식수
20x1년초		65,000주
5월 1일	유상증자 납입	24,000주
7월 1일	자기주식 구입	(1,000주)
20x1년말		88,000주

ㄴ. 당기순이익 : 415,000,000원
ㄷ. 우선주배당금 : 12,500,000원

① 72,000주   ❷ 80,500주
③ 81,020주   ④ 92,500주

해설

• 65,000x12/12+24,000x8/12-1,000x6/12=80,500주

빈출유형특강 53　　　　기본주당이익

Q. 다음은 ㈜삼일의 20x1년 회계연도(20x1.1.1~12.31) 당기순이익과 자본금 변동사항에 대한 자료이다. ㈜삼일의 20x1년도 기본주당이익은 얼마인가?

ㄱ. 당기순이익 : 750,000,000원
ㄴ. 자본금변동사항(주당액면금액은 5,000원이다.)

	보통주자본금	우선주자본금
기초	150,000주 750,000,000원	40,000주 200,000,000원
4/1 유상증자(20%)	30,000주 150,000,000원	기중 변동사항 없음
7/1 무상증자(10%)	18,000주 90,000,000원	

*유통보통주식수 계산시 월할계산을 가정한다.
*4/1 유상증자시 공정가치 미만으로 유상증자 하지 않았다.
ㄷ. 20x1 회계연도 이익에 대한 배당(현금배당)
 - 보통주 : 10%
 - 우선주 : 20%

① 3,333원　　　　　　　　　② 3,742원
③ 3,854원　　　　　　　　　④ 4,333원

📍 **내비게이션**

•가중평균유통보통주식수

```
 1/1              4/1                          12/31
150,000주       30,000주
 15,000주        3,000주
165,000주       33,000주
∴1650,000x12/12+33,000x9/12 = 189,750주
```
•우선주배당금 : 200,000,000(우선주자본금)x20%=40,000,000

•기본주당이익 : $\dfrac{750,000,000 - 40,000,000}{189,750주}$ =3,742

정답 : ②

 핵심이론 : 기본주당이익의 산정

보통주당기순이익	•보통주당기순이익=당기순이익 - 우선주배당금
기본주당이익(EPS)	•기본주당이익(EPS)= $\dfrac{보통주당기순이익}{가중평균유통보통주식수}$

※말장난

•자기주식을 취득하면 기본주당이익을 감소시키는 효과가 생긴다.(X)
 ▷자기주식을 취득하면 유통보통주식수가 감소하므로 기본주당이익을 증가시킨다.

빈출유형특강 54   관계기업에 대한 유의적 영향력

Q. 지분법은 투자자가 피투자자에 대해 유의적인 영향력을 행사할 수 있는 경우에 적용한다. 다음 중 유의적인 영향력을 행사할 수 있는 경우에 해당하는 것은(단, (주)A는 투자자, (주)B는 피투자자이다)?

① (주)A는 (주)B의 주식을 40% 보유하고 있으나 계약상 (주)B에 관한 의결권을 행사할 수 없다.

② (주)A는 12개월 이내에 매각할 목적으로 (주)B의 의결권 있는 주식을 30% 취득하여 적극적으로 매수자를 찾고 있는 중이다.

③ (주)A는 (주)B의 주식을 20% 보유하고 있으나 모두 우선주이며 의결권은 없다.

④ (주)A는 (주)B의 의결권 있는 주식의 15%를 보유하고 있으나 (주)B의 이사회 또는 이사회에 준하는 의사결정기구에서 의결권을 행사할 수 있다.

🧭 내비게이션

•①,③ : 의결권이 있어야 한다.
•② : 매각예정비유동자산으로 분류한다.

정답 : ④

 핵심이론 : 유의적인 영향력

원칙	•직·간접으로 의결권의 20%이상 소유시 명백한 반증이 있는 경우를 제외하고는 유의적인 영향력이 있는 것으로 보아 지분법을 적용함.
예외	❖20%미만 이더라도 유의적인 영향력이 있는 경우
	•의사결정기구·정책결정과정에 참여하는 경우와 필수적 기술정보를 제공하는 경우 🔍주의 일반적 기술정보제공이 아님. •중요한 거래가 있는 경우와 경영진의 상호 교류가 이루어지는 경우
	❖유의적인 영향력이 있어도 지분법적용을 배제하는 경우
	•12개월 이내에 매각할 목적으로 투자주식을 취득하여 적극적으로 매수자를 찾고 있는 일시보유목적의 투자주식 ▶매각예정비유동자산으로 분류함.

관련기출   유의적 영향력의 판단

● 유의적인 영향력 행사로 인한 투자주식의 지분법평가에 있어서 투자자가 피투자자에 대하여 유의적인 영향력이 있다고 볼 수 없는 경우는?

① 피투자자의 이사회나 이에 준하는 의사결정기구에 참여
② 경영진의 상호 교류
③ 배당이나 다른 분배에 관한 의사결정에 참여하는 것을 포함하여 정책 결정과정에 참여
❹ 일반적인 기술정보의 제공

해설

•일반적인 기술정보의 제공(X) → 필수적인 기술정보의 제공(O)

빈출유형특강 55   **지분법의 적용**

Q. 다음 중 지분법 회계처리에 대한 설명으로 가장 올바르지 않은 것은?

① 지분법은 취득시점에서 관계기업투자주식을 취득원가로 기록한다.
② 피투자회사의 당기순이익 중 투자회사의 지분에 해당하는 금액은 투자회사의 지분법이익으로 보고된다.
③ 피투자회사가 배당금지급을 결의한 시점에 투자회사가 수취하게 될 배당금 금액을 투자주식 계정에서 직접 차감한다.
④ 취득시점 이후 발생한 피투자회사의 순자산 변동액은 투자주식 계정에 전혀 반영하지 않는다.

◉ **내비게이션**
• 취득시점 이후 발생한 피투자회사의 순자산 변동액은 투자주식 계정에 반영한다.

정답 : ④

 핵심이론 : 취득일이후 지분법 회계처리

당기순이익 보고시	• '피투자회사의 순이익x지분율'만큼 지분법이익(당기손익)을 인식함. ▶(차) 관계기업투자주식 xxx (대) 지분법이익 xxx
배당시	• 투자주식을 감소시키는 처리를 함. ▶(차) 현금 xxx (대) 관계기업투자주식 xxx ◯주의 지분법에서는 피투자회사가 배당을 하면 순자산이 감소하므로 투자주식을 감소시키는 처리를 하며, 배당금수익을 인식하는 것이 아님.
기타포괄손익 증감시	• '피투자회사의 기타포괄손익x지분율'만큼 지분법자본변동(기타포괄손익)을 인식함. ▶(차) 관계기업투자주식 xxx (대) 지분법자본변동 xxx

관련기출   지분법 회계처리

● 지분법 회계처리에 대한 설명으로 가장 올바르지 않은 것은?

① 피투자자의 기타포괄손익 변동액 중 투자자의 지분은 투자자의 기타포괄손익으로 인식한다.
❷ 피투자자로부터 배당금수취시 투자수익을 즉시 인식하므로 투자주식 계정이 증가한다.
③ 관계기업 관련 영업권 상각은 허용되지 않는다.
④ 피투자자의 당기순손익 중 투자자의 지분은 투자자의 당기순손익으로 인식한다.

해설

• 배당금 수취시는 투자주식을 감소시킨다.

빈출유형특강 56 | **관계기업투자주식 장부금액**

Q. ㈜삼일은 20x1년 1월 1일에 ㈜용산의 발행주식총수의 40%를 4,000원에 취득하였으며, ㈜용산의 주식은 지분법으로 회계처리한다. 주식취득일 현재 ㈜용산의 자산·부채의 장부금액은 공정가치와 동일하였다. 20x1년초와 20x1년말 ㈜용산의 순자산장부금액은 아래와 같으며 20x1년 중 이익잉여금의 처분은 없었다. ㈜삼일의 20x1년말 재무상태표에 계상될 관계기업투자주식(지분법적용투자주식) 장부금액은 얼마인가?

구분	20x1. 1. 1	20x1. 12. 31
자 본 금	5,000원	5,000원
이익잉여금	5,000원	25,000원
순자산장부금액	10,000원	30,000원

① 11,000원   ② 11,800원
③ 12,000원   ④ 13,000원

📍 **내비게이션**

• 취득시(20x1년초)
- (차) 투자주식 4,000 (대) 현금   4,000
• 당기순이익 보고시(20x1년말)
- 당기순이익 : 25,000-5,000=20,000
- 지분법이익 : 20,000x40%=8,000
- (차) 투자주식 8,000 (대) 지분법이익 8,000
• 20x1년말 투자주식 장부금액
- 4,000+8,000=12,000

정답 : ③

관련기출   **지분법손익 계산**

● (주)삼일은 20x1년초에 (주)용산의 보통주 40%를 7,000,000원에 취득하였고, 그 결과 (주)용산에 유의적인 영향력을 행사할수 있게 되었다. (주)용산에 대한 자료가 다음과 같을 때 다음 중 (주)삼일의 관계기업투자주식과 관련하여 20x1년도 (주)삼일의 포괄손익계산서에 지분법이익으로 인식할 금액은 얼마인가(단, 종속기업은 없는 것으로 가정한다)?

ㄱ. 20x1년초 현재 순자산장부금액 : 15,000,000원
ㄴ. (주)용산의 순자산장부금액과 순자산공정가치는 일치함.
ㄷ. 20x1년 당기순이익 : 5,000,000원
ㄹ. (주)용산이 20x1년 실시한 중간배당금 : 1,000,000원
ㅁ. 상기 이외의 양 회사간 내부거래는 없었음.

① 지분법이익 600,000원   ② 지분법이익 1,000,000원
③ 지분법이익 1,600,000원   ❹ 지분법이익 2,000,000원

해설

• 5,000,000(당기순이익)x40%=2,000,000

빈출유형특강 57 화폐성·비화폐성항목

Q. 외화거래를 최초로 인식하는 경우 거래일의 외화와 기능통화 사이의 현물환율을 외화금액에 적용하여 기능통화로 기록한다. 다음 중 보고기간말에 마감환율로 환산하고 외환차이를 당기손익으로 인식하는 항목으로 가장 옳은 것은?

① 선수금
② 매입채무
③ 개발비
④ 선급임차료

🔘 내비게이션

- 화폐성항목을 묻는 문제이다.
- 화폐성항목 : 현금, 매출채권, 미수금, 대여금, 매입채무, 미지급금, 차입금, 미지급비용, 미수수익
  →그 외는 비화폐성항목으로 볼 것.

정답 : ②

 핵심이론 : 통화와 항목구분

기능통화	•영업활동이 이루어지는 주된 경제환경의 통화로, 장부에 기록(거래인식)하는 통화 ▶기능통화 이외의 통화는 모두 외화에 해당함.
표시통화	•재무제표를 표시할 때 사용하는 통화 ▶국내영업기업의 기능통화는 원화로서 이는 표시통화와 동일함. **예시** ① 국내영업기업 : 달러화는 외화 →이를 환산한 원화는 기능통화 →원화는 표시통화와 동일 ② 미국현지법인 : 엔화는 외화 →이를 환산한 달러화는 기능통화(장부기록) →이를 환산한 원화는 표시통화
항목구분	① 화폐성항목 현금, 매출채권, 미수금, 대여금, 매입채무, 미지급금, 차입금, 미지급비용, 미수수익 ▶마감환율(결제일환율)로 환산하고 외환차이는 당기손익 처리함. ② 비화폐성항목 재고자산, 유형자산, 무형자산, 지분상품, 선수금, 선급금, 선급비용, 선수수익

관련기출 비화폐성항목

● 화폐성항목이란 보유하는 화폐단위들과 확정되었거나 결정가능한 화폐단위 수량으로 회수하거나 지급하는 자산·부채를 말한다. 다음 중 화폐성항목이 아닌 것을 고르면?

① 매입채무
② 장기차입금
③ 장기성매출채권
❹ 선급금

※말장난

- 기능통화란 기업의 본사가 속해있는 국가의 통화이다.(X)
  ▷영업활동이 이루어지는 주된 경제환경의 통화이다.
- 표시통화와 기능통화를 동일한 화폐로 결정할수 없다.(X)
  ▷국내 영업기업의 기능통화는 원화로서 이는 표시통화와 동일함.
- 화폐성 외화자산·부채의 환산에서 발생하는 외화환산이익·손실은 기타포괄손익으로 처리한다.(X)
  ▷당기손익으로 처리함.

빈출유형특강 58 　　　　　외화자산·부채의 환산

Q. 20x1년(회계연도 : 20x1.1.1~20x1.12.31) 중 외화 수출액 및 일자별 환율자료는 다음과 같다. 기말 현재 재무상태표상 매출채권으로 계상될 금액은 얼마인가(단, 기능통화는 원화이며, 수출대금은 대금회수일에 전액 회수되었고, 그 외 수출과 관련된 매출채권은 없다.)?

ㄱ. 수출액 및 대금회수일

수출일	수출액	대금회수일
20x1년 3월 20일	$400,000	20x2년 2월 20일

ㄴ. 일자별 환율

일자	20x1.3.20	20x1.12.31	20x2.2.20
환율	1,100원/$	1,120원/$	1,210원/$

① 200,000,000원　　　　　　　　② 234,000,000원
③ 240,000,000원　　　　　　　　④ 448,000,000원

◉ 내비게이션
• 20x1년말의 환율로 계상된다.
→ $400,000x@1,120=448,000,000

정답 : ④

관련기출 　　외환차이 계산

● 12월 말 결산법인인 (주)삼일은 20x1년 4월 1일 비품을 $100에 구입하였으며, 그 결제일은 20x2년 3월 31일이다. 이에 관련된 각 시점의 환율은 다음과 같다. 동 거래와 관련하여 20x1과 20x2년의 당기순이익에 미치는 영향으로 가장 옳은 것은(단, 기능통화는 원화이다)?

ㄱ. 구입시의 환율 $1 = 1,100원
ㄴ. 기말현재 환율 $1 = 1,200원
ㄷ. 결제일의 환율 $1 = 1,150원

	20x1년	20x2년
①	10,000원 증가	5,000원 감소
❷	10,000원 감소	5,000원 증가
③	5,000원 증가	5,000원 감소
④	5,000원 감소	5,000원 증가

해설

• 20x1년 : 외화환산손실 $100x(1,200-1,100)=10,000
• 20x2년 : 외환차익 $100x(1,200-1,150)=5,000

빈출유형특강 59 재고자산평가손실의 환산

Q. 원화를 기능통화로 사용하고 있는 (주)삼일은 20x1년 11월 1일에 중국 현지 공장에서 재고자산을 CNY 350에 매입하여 기말까지 보유하고 있다. 이 재고자산의 기말 순실현가능가치는 CNY 300이며 환율은 다음과 같다. (주)삼일이 20x1년 상기 재고자산에 대하여 인식할 평가손실은 얼마인가?

> 20x1년 11월 01일 CNY1=115원
> 20x1년 12월 31일 CNY1=120원

① 2,200원   ② 3,500원
③ 4,000원   ④ 4,250원

📍 내비게이션

- 장부금액은 거래일환율, 순실현가능가치는 마감환율로 환산하여 순실현가능가치가 작은 경우 평가손실을 인식한다.
- 장부금액   : CNY350x@115=   40,250
  순실현가능가치 : CNY300x@120= (36,000)
  평가손실   4,250

정답 : ④

핵심이론 : 재고자산 저가법에 따른 환산

장부금액	• 거래일환율(그 금액이 결정된 날의 환율)로 환산
순실현가능가치(NRV)	• 마감환율(그 가치가 결정된 날의 환율)로 환산
평가손실	• 장부금액-Min[장부금액, 순실현가능가치] ▶즉, 순실현가능가치가 장부금액 보다 작은 경우 평가손실을 인식

관련기출   외화환산 종합

● 다음 중 외화자산 및 외화부채의 환산에 대한 설명으로 가장 올바르지 않은 것은?

① 화폐성 외화자산·부채는 보고기간말 현재의 환율로 환산한다.
② 비화폐성 외화자산·부채 중 역사적원가로 측정하는 항목은 당해 자산 또는 부채 거래시의 적절한 환율로 환산한다.
③ 화폐성 자산의 예로는 현금및현금성자산, 장·단기 매출채권 등이 있으며, 화폐성 부채의 예로는 매입채무, 장·단기차입금, 사채 등이 있다.
❹ 화폐성 외화자산·부채의 환산에서 발생하는 외화환산이익·손실은 기타포괄손익으로 처리한다.

해설

• 기타포괄손익(X) → 당기손익(O)

빈출유형특강 60   외화표시재무제표의 외화환산

Q. 한국에서 영업을 하는 ㈜삼일의 종속기업인 ㈜용산(미국 현지법인)은 20x1년초에 설립되었다. ㈜용산의 기능통화인 달러화로 작성된 20x1년말 재무제표의 구성내용은 다음과 같다.(단, 자본 총계는 자본금 $1,000, 당기순이익 $2,000로 구성되어 있다.)

과목	자산총계	부채총계	자본총계
20x1년말	$5,000	$2,000	$3,000

일자별 환율은 다음과 같다.

일자	20x1년초	20x1년말	20x1년평균
환율(원/$1)	1,000	1,200	1,150

㈜삼일은 연결재무제표를 작성하기 위해 ㈜용산의 재무제표를 ㈜삼일의 표시통화인 원화로 환산하려고 한다. 다음 중 ㈜용산의 재무제표 구성내역의 환산결과로 가장 올바르지 않은 것은?

① 자산총계 5,750,000원   ② 부채총계 2,400,000원
③ 자본금 1,000,000원   ④ 당기순이익 2,300,000원

📍 내비게이션

• 자산총계 : $5,000x1,200(마감환율)=6,000,000
• 부채총계 : $2,000x1,200(마감환율)=2,400,000
• 자본금 : $1,000x1,000(거래일환율)=1,000,000
• 당기순이익 : $2,000x1,150(평균환율)=2,300,000

자산	6,000,000	부채	2,400,000
		자본금	1,000,000
		순이익	2,300,000
		외환차이	300,000
	6,000,000		6,000,000

정답 : ①

📝 핵심이론 : 외화표시재무제표의 환산방법

의의	• 영업활동이 이루어지는 주된 경제 환경의 통화인 기능통화와 재무제표 표시통화가 다른 경우 기능통화로 표시된 재무제표를 표시통화로 환산해야함.		
환산차이	• 재무상태표와 포괄손익계산서의 환산에서 생기는 외환차이는 기타포괄손익으로 인식함.		
환산방법	자산(마감환율)	부채(마감환율)	
		자본(거래일환율)	
	비용(평균환율)	수익(평균환율)	
		외환차이(대차차이)	

※말장난

• 외화표시재무제표를 원화로 환산시 환산에서 생기는 외환차이는 당기손익으로 처리한다.(X)
  ▷기타포괄손익으로 처리한다.

빈출유형특강 61 　선물과 옵션

Q. 다음 중 선물(futures)과 옵션(option)의 설명으로 가장 올바르지 않은 것은?

① 선물의 경우에는 권리나 의무 중 하나만 부담하지만 옵션의 경우에는 거래시 권리와 의무를 모두 부담한다.

② 선물거래의 경우 매일매일의 평가손익을 증거금에 반영하는 체계적인 과정인 '일일정산제도'가 있다.

③ 유럽형 옵션은 만기일에만 권리를 행사할 수 있으나 미국형 옵션은 만기일 이전에 언제라도 권리를 행사할 수 있다.

④ 선물과 옵션 모두 위험회피목적과 투자목적을 가지고 있다.

📍 **내비게이션**

• 선물의 경우에는 권리와 의무를 모두 부담하지만 옵션의 경우에는 거래시 권리나 의무 중 하나만 부담한다.

정답 : ①

 핵심이론 : 파생상품의 종류

선물	• 현재 합의된 가격으로 미래에 표준화된 특정대상을 인수할 것을 불특정다수와 약정한 조직화된 시장인 장내거래(선물거래소)에서의 계약 ▶예 배추밭떼기 : 3개월 후에 ₩100에 산다는 계약 • 거래증거금이 필요하며 일일정산제도가 있음.	• 무조건 계약을 이행해야함. • 권리와 의무 모두 존재
선도	• 선물과 동일하나 장외거래이며 특정인과의 계약임. ▶장외거래이므로 상대방의 신용상태파악이 필수적임.	
옵션	• 특정대상을 일정기간 내에 미리 정해진 가격으로 사거나 팔수 있는 권리에 대한 계약 ▶예 3개월 후에 ₩1,000에 살 수 있는 권리를 ₩100에 사는 계약을 한 경우 3개월 후에 가격동향을 판단하여 가격이 오르면 권리를 행사함. ▶미국형옵션 : 만기 전에 언제라도 권리행사 가능 ▶유럽형옵션 : 만기에만 권리행사 가능	• 계약파기 가능 • 권리나 의무중 하나만 존재
스왑	• 거래 쌍방 간에 상품 또는 경제적조건을 서로 맞바꾸는 것	

관련기출 　파생상품 해당여부

● 다음 중 파생금융상품에 해당하지 않는 것은?

❶ 상장주식

② 주가지수선물

③ 통화선물

④ 주식옵션

해설

• 주식, 국공채, 회사채는 파생상품이 아니다.

빈출유형특강 62　　　　　파생상품의 평가

Q. 다음 중 파생상품과 관련한 위험회피회계에 대한 설명으로 가장 옳은 것은?

① 위험회피수단으로 지정되지 않고 매매목적으로 보유하고 있는 파생상품의 평가손익은 자본으로 인식한다.

② 공정가치위험회피회계란 인식된 자산이나 부채 또는 미인식된 확정계약의 전체 또는 일부의 현금흐름 변동에 대한 위험회피를 의미한다.

③ 현금흐름위험회피회계란 인식된 자산이나 부채 또는 발생가능성이 매우 높은 예상거래의 공정가치변동에 대한 위험회피를 의미한다.

④ 현금흐름위험회피를 적용하는 경우, 위험회피수단에 대한 손익 중 위험회피에 효과적인 부분은 기타포괄손익으로 처리한다.

⦿ 내비게이션

- ① 자본(X) → 당기손익(O)
  ② 현금흐름 변동(X) → 공정가치 변동(O)
  ③ 공정가치 변동(X) → 미래현금흐름 변동(O)

정답 : ④

 핵심이론 : 파생상품평가손익의 처리

■ 매매목적의 파생상품은 공정가치로 평가하고, 파생상품은 계약상 권리·의무에 따라 자산·부채로 F/S에 계상하며 평가손익은 다음과 같이 처리함.

매매목적	•당기손익	
공정가치위험회피	•당기손익	
현금흐름위험회피	위험회피에 효과적인 부분	•기타포괄손익
	위험회피에 효과적이지 못한 부분	•당기손익

관련기출　**파생상품의 적용**

● (주)삼일은 20x1년 11월 1일에 미국에 제품 $1,000를 수출하고 수출대금은 6개월 후에 받기로 하였다. (주)삼일의 대표이사는 환율변동에 따른 수출대금의 가치감소를 우려하고 있다. 다음 중 (주)삼일의 재무팀장이 대표이사에게 환위험을 회피(Hedge)하기 위한 조언으로 가장 옳은 것은?

❶ 6개월 후에 $1,000를 매도하는 통화선도 계약을 체결하도록 권유한다.
② 수출한 제품에 대한 상품선물의 매입계약을 체결하도록 권유한다.
③ 6개월 후에 $1,000를 매입하는 통화선도계약을 체결하도록 권유한다.
④ 6개월 후에 $1,000를 살 수 있는 콜옵션을 구입하도록 권유한다.

해설 ✎

•외화대금 수령분을 일정 안정된 환율로 매도하는 통화선도 매도계약을 체결한다.

빈출유형특강 63   위험회피회계

제1주차
빈출유형특강

제2주차
최신유형특강

제3주차
최신유형특강

제4주차
기출변형특강

Q. 다음 중 파생상품과 관련한 위험회피회계에 대해 가장 올바르게 설명 한 것은?

① 공정가치위험회피를 적용하는 경우 위험회피수단에 대한 손익은 기타포괄손익으로 인식한다.

② 위험회피대상항목이 미래에 예상되는 거래로서 당해 거래에 따른 미래현금흐름 변동을 상쇄하기 위해 파생상품을 이용하는 경우에는 공정가치위험회피회계를 적용한다.

③ 현금흐름위험회피를 적용하는 경우 위험회피수단에 대한 손익 중 위험회피에 효과적인 부분은 당해 회계연도의 당기손익으로 인식한다.

④ 파생상품은 당해 계약상의 권리와 의무에 따라 자산 또는 부채로 인식하여 재무제표에 계상하여야 한다.

📍 **내비게이션**

•① 기타포괄손익(X) → 당기손익(O)
② 공정가치위험회피(X) → 현금흐름위험회피(O)
③ 당기손익(X) → 기타포괄손익(O)

정답 : ④

관련기출   **위험회피회계**

● 다음 중 파생상품과 관련한 회계처리에 관한 설명으로 가장 올바르지 않은 것은?

❶ 위험회피수단으로 지정된 파생상품의 평가손익은 위험회피유형별로 회계처리가 동일하다.

② 매매목적의 파생상품은 공정가치로 평가한다.

③ 위험회피대상항목은 공정가치나 미래현금흐름의 변동위험에 노출된 자산, 부채, 확정계약, 발생가능성이 매우 높은 예상거래 또는 해외사업장에 관한 순투자를 말한다.

④ 파생상품은 해당 계약에 따라 발생된 권리와 의무를 자산, 부채로 인식하여 재무제표에 계상한다.

해설

• 위험회피수단으로 지정된 파생상품 평가손익은 위험회피 유형별로 다음과 같이 처리한다.

보유목적	평가손익	
공정가치위험회피	•당기손익	
현금흐름위험회피	위험회피에 효과적O	•기타포괄손익
	위험회피에 효과적X	•당기손익

※**말장난**

• 파생상품 회계처리와 관련하여 현금흐름 위험회피회계시 손익은 모두 당기손익으로 계상한다.(X)
▷위험회피에 효과적인 부분은 기타포괄손익, 위험회피에 효과적이지 못한 부분은 당기손익 처리한다.

빈출유형특강 64   **통화선도계약(수출)**

Q. ㈜삼일은 20x1년 9월 1일에 미국에 제품을 $1,000,000에 수출하고 수출대금은 3개월 후인 20x1년 11월 30일에 받기로 하였다. ㈜삼일의 대표이사는 환율하락에 따른 수출대금의 가치감소를 우려하여 20x1년 11월 30일에 결제일이 도래하는 통화선도계약 $1,000,000을 이용하여 환위험을 회피(Hedging)하려고 한다. 통화선도의 약정환율이 1,150원/$이고 일자별 환율이 다음과 같을 경우 환위험 회피를 위한 통화선도의 거래형태(Position)와 매출채권 및 통화선도 관련손익을 바르게 설명한 것은?

일자	환율
20x1년 9월 1일	1,200원/$
20x1년 11월 30일	1,100원/$

	통화선도Position	외환차손익	통화선도거래손익
①	매도계약(short position)	손실 100,000,000	손실 50,000,000
②	매도계약(short position)	손실 100,000,000	이익 50,000,000
③	매도계약(short position)	손실 100,000,000	손실 100,000,000
④	매입계약(long position)	손실 100,000,000	이익 50,000,000

📍 **내비게이션**

• 외화대금 수령분을 일정 안정된 환율로 매도하는 통화선도 매도계약을 체결한다.
→(차) 매출채권 $1,000,000x1,200=1,200,000,000   (대) 매출   1,200,000,000
→(차) 현금 $1,000,000x1,100=1,100,000,000   (대) 매출채권   1,200,000,000
     외환손실   100,000,000
→(차) 현금 $1,000,000x1,150=1,150,000,000   (대) 현금 $1,000,000x1,100=1,100,000,000
                              통화선도거래이익   50,000,000

정답 : ②

빈출유형특강 65   **통화선도계약(수입)**

Q. 12월 31일이 결산일인 ㈜삼일은 20x1년 11월 1일 미국으로부터 자재를 수입하고 수입대금 $1,000는 6개월후에 지급하기로 하였다. 이와 함께 환율이 상승할 것으로 예상되어 6개월후에 $1,000를 ₩1,200/$에 매입하는 통화선도계약을 체결하였다. 주어진 계약과 관련하여 20x1년과 20x2년의 회계처리에 대한 설명으로 올바른 것은?

일자	현물환율	선도환율
20x1년 11월 1일	₩1,180/$	₩1,200/$(6개월)
20x1년 12월 31일	₩1,210/$	₩1,220/$(4개월)
20x2년 4월 30일	₩1,230/$	–

① 20x1년 12월 31일에는 통화선도평가이익이 20,000원이다.

② 20x1년 12월 31일에는 통화선도평가손익을 인식하지 않는다.

③ 20x2년 4월 30일에 인식할 통화선도거래이익은 20,000원이다.

④ 20x2년 4월 30일에 인식할 통화선도거래이익은 없다.

📍 **내비게이션**

• 20x1년 11월 1일 회계처리

  (차) 원재료   1,180,000   (대) 외화매입채무 $1,000x1,180=1,180,000

• 20x1년 12월 31일 회계처리

  (차) 통화선도   20,000   (대) 통화선도평가이익 $1,000x(1,220-1,200)=20,000

  (차) 외환손실 $1,000x(1,210-1,180)=30,000   (대) 외화매입채무   30,000

• 20x2년 4월 30일 회계처리

  (차) 현금 $1,000x1,230=1,230,000   (대) 현금 $1,000x1,200=1,200,000

                                                 통화선도   20,000

                                                 통화선도거래이익   10,000

  (차) 외화매입채무   1,210,000   (대) 현금 $1,000x1,230=1,230,000

      외환손실   20,000

제1주차
빈출유형특강

제2주차
원산유형특강

제3주차
최신유형특강

제4주차
기출빈형특강

빈출유형특강 66 현금흐름표상 활동의 구분

Q. 다음 중 현금흐름표 작성과 관련하여 가장 올바른 설명으로만 짝지어진 것은?

> (가) 외화로 표시된 현금및현금성자산의 환율변동효과는 영업활동, 투자활동, 재무활동 현금흐름과 구분하여 표시한다.
> (나) 법인세로 인한 현금흐름은 반드시 영업활동으로 인한 현금흐름으로 분류한다.
> (다) 이자와 배당금의 수취에 따른 현금흐름은 영업활동, 투자활동 중 선택하여 분류할 수 있다.
> (라) 단기매매목적으로 보유하는 유가증권의 취득과 판매에 따른 현금흐름은 재무활동으로 분류한다.

① (가)   ② (가), (나)
③ (가), (다)   ④ (나), (라)

◎ 내비게이션

• (나) : 영업활동이 원칙이며, 투자·재무활동도 가능하다.
  → 즉, 재무·투자활동에 명백히 관련되지 않는 한 영업활동으로 분류함.
• (라) : 영업활동으로 분류한다.

정답 : ③

 핵심이론 : 현금흐름 구분시 주의사항

■ 영업·투자·재무활동현금흐름으로 나누어 분석하며, 환율변동효과는 현금흐름표에 영업·투자·재무활동현금흐름과 구분하여 별도로 표시함.

구분	영업활동현금흐름	투자활동현금흐름	재무활동현금흐름	비고
이자수입, 배당수입	O	O	-	선택가능
이자지급, 배당지급	O	-	O	선택가능
FVPL금융자산	O	-	-	단기매매목적
법인세지급	O(원칙)	O	O	-

관련기출 단기매매금융자산 현금흐름

● 제조업을 영위하는 ㈜삼일의 다음 거래에 따른 결과를 현금흐름표상 영업활동, 투자활동, 재무활동으로 나타낸 것이다. 가장 올바르지 않은 것은?

① 유형자산 취득 현금유출 : 투자활동현금흐름
② 재화구입에 따른 현금유출 : 영업활동현금흐름
❸ 단기매매목적으로 보유하는 채권에서 발생하는 현금유입 : 투자활동현금흐름
④ 지분상품의 발생에 따른 현금유입 : 재무활동현금흐름

해설

• FVPL금융자산 : 영업활동현금흐름

※말장난

• 현금흐름표는 영업활동현금흐름, 투자활동현금흐름, 관리활동현금흐름 및 재무활동현금흐름으로 구분하여 표시한다.(X)
  ▷ 관리활동현금흐름은 현금흐름표의 공시사항으로 관련이 없다.

빈출유형특강 67 | 현금흐름표 작성방법

제1주차
빈출유형특강

제2주차
핵심유형특강

제3주차
최신유형특강

제4주차
기출유형특강

Q. 현금흐름표의 작성방법에는 직접법과 간접법이 있다. 다음 중 작성방법에 관한 설명으로 가장 올바르지 않은 것은?

① 직접법은 현금흐름을 개별 항목별로 파악할 수 있기 때문에 거래유형별 현금흐름의 내용을 쉽게 파악할 수 있다.

② 간접법은 당기순이익과 영업활동으로 인한 현금흐름과의 차이를 명확하게 보여준다.

③ 간접법으로 영업활동 현금흐름을 작성하더라도 이자 및 배당금수취, 이자지급 및 법인세 납부는 직접법을 적용한 것처럼 별도로 표시해야 한다.

④ 직접법과 간접법은 영업활동뿐만 아니라 투자활동 및 재무활동도 현금흐름표상의 표시방법이 다르다.

◉ **내비게이션**

• 직접법, 간접법은 영업활동을 표시하는 방법이므로 양자 모두에서 투자활동, 재무활동 표시방법은 동일하다.

정답 : ④

 핵심이론 : 현금흐름표 작성방법

보고	• 영업활동현금흐름은 직접법, 간접법 중 선택하여 보고함. ▶ ∴직접법과 간접법 모두 투자활동, 재무활동 표시방법은 동일함. ▶ K-IFRS는 직접법을 권장하고 있음.
비현금거래	• 재무제표의 다른 부분에 공시함.(즉, 주석공시) 📋 현물출자, 유형자산 연불구입, 주식배당, 전환사채의 전환 등
별도공시	• 이자·배당금의 수취·지급과 법인세 현금흐름은 간접법의 경우에도 직접법을 적용한 것처럼 별도로 표시함.

관련기출 비현금거래의 표시

● 현금의 유입과 유출이 없는 중요한 거래는 현금흐름표에는 표시되지 않지만 재무제표를 이해하는데 목적적합한 정보인 경우 주석으로 표시한다. 다음 중 현금의 유입과 유출이 없는 거래가 아닌 것은?

① 현물출자로 인한 유형자산의 취득　　　② 주식배당
③ 전환사채의 전환　　　❹ 유상증자

해설

• 유상증자 : (차) 현금 xxx (대) 자본금 xxx

※말장난

• 법인세로 인한 현금흐름은 반드시 영업활동으로 인한 현금흐름으로 분류한다.(X)
▷ 영업활동이 원칙이며, 투자·재무활동도 가능하다.
• 단기차입금에 따른 현금유입은 영업활동 현금흐름이다.(X)
▷ 재무활동 현금흐름이다.

빈출유형특강 68   현금주의 매출액

Q. 삼일은 제조업을 영위하고 있으며 모든 매출은 외상으로 이루어진다. 다음 자료를 이용하여 20x1년 매출로 부터의 현금유입액을 계산하면(단, 선수금에 의한 매출, 매출에누리와 환입, 매출할인 등은 없다)?

ㄱ. 재무상태표

	20x1년초	20x1년말
매출채권	10,000원	20,000원
대손충당금	(300원)	(470원)

ㄴ. 포괄손익계산서(20x1.1.1~20x1.12.31)
- 매출액 : 560,000원
- 대손상각비 : 600원

① 460,000원   ② 469,570원
③ 510,000원   ④ 549,570원

📍 내비게이션

• 대손발생액 계산

대손발생	?	기초대손충당금	300
기말대손충당금	470	당기대손상각비	600

→대손발생=430

• 발생주의 매출액   560,000
  매출채권의 증가   (10,000)
  대손발생   (430)
  현금주의 매출액   549,570

정답 : ④

📝 핵심이론 : 발생주의의 현금주의 전환 : 매출액

■ (+)로 출발하며 자산의 증감은 역방향으로 가감하며, 부채의 증감은 순방향으로 가감하여 분석

발생주의 순매출액	xxx	→ (+)로 출발함!
매출채권의 감소(총액)	xxx	
선수금의 감소	(xxx)	
대손발생	(xxx)	
현금주의 매출액	xxx	

▶발생주의 순매출액 : 매출할인·에누리·환입을 차감한 후의 금액
▶현금주의 매출액 : 매출채권회수액, 선수금수령액, 현금매출
▶대손발생은 대손확정액으로서 다음의 계정에서 도출함.

대손발생	xxx	기초대손충당금	xxx
		상각채권회수	xxx
기말대손충당금	xxx	당기대손상각비	xxx

빈출유형특강 69 | **현금주의 매입액**

제1주차
빈출유형특강

제2주차
재산유형특강

제3주차
최신유형특강

제4주차
기출변형특강

Q. ㈜삼일의 매입활동 관련자료는 다음과 같다. ㈜삼일의 모든 매입은 외상으로 이루어진다고 할 때, 20x2년 중 ㈜삼일이 매입처에 지급한 현금은 얼마인가?

ㄱ. 재무상태표 관련자료

	20x1년 12월 31일	20x2년 12월 31일
재고자산(상품)	150,000원	40,000원
매입채무	80,000원	95,000원

ㄴ. 당기 포괄손익계산서상 매출원가 : 300,000원

① 150,000원
② 170,000원
③ 175,000원
④ 190,000원

📍 **내비게이션**

• 발생주의 매입액 : 300,000-150,000+40,000=190,000
• 발생주의 매입액   (190,000)
  매입채무의 증가   15,000
  현금주의 매입액   (175,000)

정답 : ③

 핵심이론 : 발생주의의 현금주의 전환 : 매입액

■ (-)로 출발하며 자산의 증감은 역방향으로 가감하며, 부채의 증감은 순방향으로 가감하여 분석

발생주의 순매입액	(xxx) → (-)로 출발함!
매입채무의 증가	xxx
선급금의 증가	(xxx)
현금주의 매입액	(xxx)

▶ 발생주의 순매입액 : 매입할인·에누리·환출을 차감한 후의 금액
▶ 현금주의 매입액 : 매입채무지급액, 선급금지급액, 현금매입

관련기출 | 환매채취득 현금흐름

● ㈜삼일은 20x1년 12월 21일에 환매채를 3,000,000원에 취득하였다. 이 환매채는 만기가 20x2년 1월 15일이고, 큰 거래비용 없이 현금으로 전환가능하며 이자율의 변동이 거의 없다. 이 환매채의 취득은 현금흐름표의 영업활동, 투자활동, 재무활동 중에서 어디에 표시되는가?

① 영업활동
② 투자활동
③ 재무활동
❹ 어느 활동에도 표시되지 않는다.

해설

• (차) 현금성자산 xxx (대) 현금 xxx
  → 그대로 현금을 가지고 있는 것과 효과가 동일하므로 어느 활동에도 공시되지 않는다.

빈출유형특강 70 　　　　　 현금주의 기타손익

Q. (주)삼일의 미수수익과 관련된 재무제표 자료이다. 20x2년 이자수익에 따른 현금유입액을 구하면?

ㄱ. 재무상태표 관련자료

구분	20x2년말	20x1년말
미수이자	20,000원	30,000원

ㄴ. 포괄손익계산서 관련자료

구분	20x2년	20x1년
이자수익	200,000원[*]	150,000원

[*]장기할부판매와 관련된 현재가치할인차금상각액 10,000원이 포함됨.

① 150,000원　　　　　　　　　② 180,000원
③ 200,000원　　　　　　　　　④ 220,000원

📍 **내비게이션**

• 발생주의 이자수익(200,000)+미수이자의 감소(10,000)-현할차상각액(10,000)=200,000

정답 : ③

📝 **핵심이론 : 발생주의의 현금주의 전환 : 이자수익**

■ (+)로 출발하며 자산의 증감은 역방향으로 가감하며, 부채의 증감은 순방향으로 가감하여 분석

발생주의 이자수익	xxx	→ (+)로 출발함!
미수이자의 감소	xxx	
선수이자의 감소	(xxx)	
현할차상각액(장기할부)	(xxx)	
현금주의 이자수익	xxx	

▶(차) 현금　　　　　　　80　　　(대) 이자수익　　　　100
　　현재가치할인차금　　20

직접법	• 현재가치할인차금을 계산시 차감
간접법	• 현재가치할인차금을 당기순이익에서 차감

📝 **핵심이론 : 발생주의의 현금주의 전환 : 이자비용**

■ (-)로 출발하며 자산의 증감은 역방향으로 가감하며, 부채의 증감은 순방향으로 가감하여 분석

발생주의 이자비용	(xxx)	→ (-)로 출발함!
선급이자의 감소	xxx	
미지급이자의 감소	(xxx)	
사발차상각액	xxx	
현금주의 이자비용	xxx	

▶(차) 이자비용　　　100　　　(대) 현금　　　　　　　80
　　　　　　　　　　　　　　　사채할인발행차금　　20

직접법	• 사채할인발행차금을 계산시 가산
간접법	• 사채할인발행차금을 당기순이익에 가산

빈출유형특강 71   간접법과 영업활동현금흐름

Q. ㈜삼일의 20x1년 법인세비용차감전순이익은 5,250,000원이다. 다음의 자료를 이용하여 영업활동 현금흐름을 구하면 얼마인가(단, 법인세납부액은 영업활동 현금흐름에 해당하지 않는다.)?

유형자산처분손실	450,000원	재고자산의 감소	400,000원
감가상각비	200,000원	장기차입금의 증가	1,000,000원
유상증자	1,500,000원	매입채무의 증가	350,000원

① 6,650,000원   ② 7,000,000원
③ 7,850,000원   ④ 8,150,000원

📍 **내비게이션**

• 5,250,000(순이익)+450,000(유형자산처분손실)+400,000(재고자산감소)+200,000(감가상각비)+350,000(매입채무증가)=6,650,000

정답 : ①

📝 **핵심이론 : 간접법 영업활동현금흐름 계산구조**

〈출발점〉 법인세비용차감전순이익		
현금수입·지출이 없는 손익계정	• 감가상각비 • 자산평가손익 • 이자비용,이자수익, 배당수익[*]	• 비용 →가산 • 수익 →차감
투자·재무활동관련 손익계정	• 자산처분손익 • 부채상환손익	
영업활동관련 자산·부채계정	• 매출채권(순액) • 선수금 • 매입채무 • 선급금 • 재고자산(순액) • 미수수익 • 선급비용 • 선수수익 • 미지급비용 • FVPL금융자산	• 자산증(감) →차감(가산) • 부채증(감) →가산(차감)

[*] 영업활동으로 분류되는 경우 가감조정을 해주는 이유는 현금흐름표 양식상 이들을 직접법을 적용한 것처럼 별도로 표시해주기 때문임.
🔎**주의** 영업활동관련 자산·부채계정 관련손익(예 매출채권 대손상각비, FVPL금융자산처분이익등)은 위의 현금수입·지출이 없는 손익계정에서 고려하지 않음. 따라서, 영업활동과 관련없는 대여금이나 미수금 해당분 대손상각비는 위의 현금수입·지출이 없는 손익계정에서 고려(가산)함.

제1주차
빈출유형특강

제2주차
객관식특강 I

제3주차
최신유형특강

제4주차
기출변형특강

빈출유형특강 72 | **간접법과 당기순이익**

Q. 다음은 ㈜삼일의 영업활동으로 인한 현금흐름을 계산하기 위한 자료이다. ㈜삼일의 영업활동으로 인한 현금흐름이 (+)5,000,000원이라고 할 때, 당기순이익은 얼마인가?

유형자산처분손실	200,000원
매출채권의 증가	900,000원
감가상각비	300,000원
재고자산의 감소	1,000,000원
매입채무의 감소	500,000원

① 3,300,000원   ② 4,300,000원
③ 4,500,000원   ④ 4,900,000원

◉ 내비게이션

• 당기순이익+200,000(유형자산처분손실)-900,000(매출채권증가)+300,000(감가상각비)+1,000,000(재고자산감소)-500,000(매입채무감소)=5,000,000에서,
  → 당기순이익=4,900,000

정답 : ④

관련기출 | 간접법 현금흐름추정

● 다음 자료의 빈칸에 들어갈 말로 알맞게 짝지어진 것은?

영업활동으로 인한 현금흐름	50,000원
당기순이익	500,000원
감가상각비	300,000원
유형자산처분손실	150,000원
재고자산 증가	300,000원
매입채무의 (A)	(B)원

	A	B
①	증가	1,250,000
②	증가	600,000
❸	감소	600,000
④	감소	1,250,000

해설

• 500,000(당기순이익)+300,000(감가상각비)+150,000(유형자산처분손실)-300,000(재고자산의 증가)-600,000(매입채무의 감소)=50,000(영업활동으로 인한 현금흐름)

빈출유형특강 73 　　　　간접법과 감가상각비

Q. 다음은 ㈜삼일의 20x1년과 20x2년 기말재무상태표이다. 이 자료를 이용하여 ㈜삼일의 20x2년 영업활동현금흐름을 구하면 얼마인가?

	20x2년말	20x1년말
자산	**200,000원**	**150,000원**
현금및현금성자산	55,000원	50,000원
매출채권	30,000원	20,000원
기계장치	150,000원	100,000원
감가상각누계액	(35,000원)	(20,000원)
부채	**50,000원**	**50,000원**
매입채무	50,000원	20,000원
단기차입금	–	30,000원
자본	**150,000원**	**100,000원**
자본금	20,000원	20,000원
이익잉여금(당기순이익 : 50,000원)	130,000원	80,000원

〈추가정보〉
- 당기 중 기계장치의 처분은 없었다.
- 전기말 단기차입금은 당기 중 전액 현금상환하였다.
- 이익잉여금은 전액 당기순이익으로 인해 증가하였다

① 20,000원　　　　　　　　　　② 30,000원
③ 85,000원　　　　　　　　　　④ 120,000원

📍 **내비게이션**

• 감가상각비 계산

기초순액	$80,000^{1)}$	처분순액	0
		감가상각비	X
취득	$50,000^{2)}$	기말순액	$115,000^{3)}$
	130,000		130,000

→ X(감가상각비)=15,000
$^{1)}$ 100,000-20,000=80,000　$^{2)}$ 150,000-100,000=50,000　$^{3)}$ 150,000-35,000=115,000

• 영업활동현금흐름 계산
50,000(당기순이익)+15,000(감가상각비)-10,000(매출채권증가)+30,000(매입채무증가)=85,000

정답 : ③

📝 **핵심이론 : 유형자산 현금흐름추정 Trick**

기초순액	xxx	처분순액$^{*)}$	xxx
		감가상각비	xxx
취득	xxx	기말순액	xxx

$^{*)}$ 취득원가-감가상각누계액
▶ 유입액 : 처분순액+처분이익
▶ 유출액 : 취득

빈출유형특강 74　　　　　　　**현금흐름표 분석 (1)**

Q. 다음은 (주)삼일의 현금흐름표의 일부이다.

<u>현금흐름표</u>
20x1년 1월 1일부터 20x1년 12월 31일까지

(단위 : 억원)

영업활동현금흐름		A
당기순이익	100	
가산) 감가상각비	B	
투자활동현금흐름		(300)
건물매입으로 인한 현금유출	(300)	
재무활동 현금흐름		-
현금및현금성자산의 변동		C
기초 현금및현금성자산		250
기말 현금및현금성자산		80

(주)삼일은 20x1년 1월 1일 건물을 구입하여 영업활동에 사용하고 있다. 건물의 내용연수는 10년으로 추정되며, 잔존가치는 없고 상각방법이 정액법인 경우 A, B, C에 해당하는 설명으로 옳은 것은(단, 감가상각비 외에 비현금항목은 없으며 영업활동에 관한 자산, 부채의 변동은 없는 것으로 가정한다.)?

	A	B	C
①	400억원	9억원	100억원 감소
②	130억원	9억원	170억원 증가
③	130억원	30억원	170억원 감소
④	400억원	30억원	100억원 증가

📍 **내비게이션**

- B : 300억원÷10년=30억원
- A : 100억원+30억원=130억원
- C : 130억원-300억원=△170억원(감소)→또는, 80억원-250억원=△170억원(감소)

정답 : ③

빈출유형특강 75 현금흐름표 분석 (2)

Q. 다음은 ㈜용산의 부분재무제표와 ㈜상일의 회의록 일부를 발췌한 것이다. ㈜상일의 팀원의 설명 중 가장 올바른 것은?

과목 현금흐름 항목	20x1	20x2	20x3	20x4	20x5	20x6	20x7
영업활동현금흐름	150	150	150	(250)	(300)	(250)	(130)
투자활동현금흐름	(50)	(70)	(80)	(50)	(30)	200	150
재무활동현금흐름	(50)	(50)	(30)	320	340	100	40
총현금흐름	50	30	40	20	10	50	60

① 팀장 : ㈜용산의 투자활동현금흐름이 20x6년부터 (+)로 전환된 것으로 보아 20x6년부터 투자활동 관련 지출을 활발히 진행한 것으로 판단됩니다.

② 과장 : ㈜용산이 단기매매목적으로 보유하고 있는 유가증권을 20x3년에 판매하였을 경우 이와 관련하여 유입된 현금은 영업활동현금흐름에 포함됩니다.

③ 대리 : 20x6년에는 영업활동으로 유입된 현금의 증가로 투자활동의 지출과 차입금 상환이 활발하게 진행한 것으로 판단됩니다.

④ 주임 : ㈜용산은 20x3년까지는 자본조달을 통해 현금유입이 증가하였으나 20x4년부터는 이전까지 조달한 자금을 상환하느라 현금지출이 증가한 것으로 판단됩니다.

⦿ 내비게이션

• ① 20x6년부터 (+)로 전환된 것으로 보아 20x6년부터 투자활동 관련 지출(현금유출)을 활발히 진행한 것이 아니라 자산의 처분 등으로 투자활동 관련 현금유입이 증가한 것으로 판단된다.

③ 20x6년에는 영업활동으로 유출된 현금의 증가로 이를 보전하기 위해 자산처분 등의 투자활동과 자금차입을 통한 현금유입이 활발하게 진행한 것으로 판단된다.

④ 20x3년까지는 자본조달(재무활동)이 아닌 영업활동을 통해 현금유입이 발생하였으나 20x4년부터는 자금차입이나 주식발행 등의 재무활동으로 현금유입이 발생한 것으로 판단된다.

정답 : ②

제1주차
빈출유형특강

제2주차
핵심유형특강

제3주차
최신유형특강

제4주차
기출변형특강

빈출유형특강 76 　　　　　　　　 조세의 분류

Q. 다음 중 조세의 분류기준과 이에 해당하는 조세항목을 연결한 것으로 가장 올바르지 않은 것은?

분류기준	구분	조세항목
① 과세권자	국 세	법인세, 소득세, 부가가치세
	지방세	취득세, 등록면허세, 주민세
② 조세부담의 전가여부	직접세	부가가치세
	간접세	법인세, 소득세
③ 독립된 세원	독립세	법인세, 소득세
	부가세	교육세
④ 과세물건의 측정단위	종가세	법인세, 소득세
	종량세	주세

◉ 내비게이션

•부가가치세는 대표적인 간접세이며, 법인세와 소득세는 직접세이다.

정답 : ②

📝 핵심이론 : 조세의 분류

과세권자	국세	•국가가 부과·징수	예 내국세(직접세, 간접세), 관세, 부가세(교육세)
	지방세	•지자체가 부과·징수	예 취득세, 등록면허세, 주민세
사용용도 특정여부	보통세	•세수용도가 특정 X	예 법인세, 소득세, 부가가치세
	목적세	•세수용도가 특정 O	예 교육세, 농어촌특별세, 지역자원시설세, 지방교육세
조세부담의 전가여부	직접세	•납세의무자 = 담세자	예 법인세, 소득세
	간접세	•납세의무자≠담세자	예 부가가치세, 개별소비세, 주세, 교통·에너지·환경세
인적사항 고려여부	인세	•인적측면에 주안점을 두어 부과	예 소득세, 법인세
	물세	•물적측면에 주안점을 두어 부과	예 부가가치세, 재산세
과세물건의 측정단위	종가세	•과세물건을 금액으로 측정	예 법인세, 소득세, 주세(주정 제외)
	종량세	•과세물건을 수량으로 측정	예 주세(주정), 인지세(단순정액세율인 경우)
독립된 세원 유무여부	독립세	•독립된 세원에 부과	예 법인세, 소득세
	부가세	•다른 조세(= 본세)에 부가	예 교육세, 농어촌특별세

관련기출　보통세와 목적세

● 다음은 뉴스를 보고 재무팀장과 사원이 나눈 대화이다. ( )안에 들어갈 가장 알맞은 말은?

> 질병 위험을 높이는 술, 담배, 휘발유 등에 세금을 물려 건강보험재정을 확충하자는 논의가 일고 있다. 최근 건강보험 재정위기가 계속되면서 건강을 위해하는 행위에 목적세를 부과하는 방안을 대안으로 제시하고 있는 것이다. 흡연, 음주, 대기오염으로 인한 사회경제적 비용이 날로 증가할 뿐만 아니라 질병위험도 높여 건강보험 재정에 위험을 준다는 판단 때문이다.

사　　원 : "팀장님 목적세라는 것이 무엇인가요?"
재무팀장 : "목적세는 (　　　　)가 특별히 지정되어 있는 조세로 보통세와 구분이 되는 조세입니다."

① 과세권자　　　　② 조세부담의 전가여부　　　❸ 조세의 사용용도　　　④ 과세물건의 측정 단위

해설

•목적세는 조세의 사용용도가 정해진 조세를 말한다.

빈출유형특강 77　　　조세법의 기본원칙

제1주차
빈출유형특강

Q. 조세법의 기본원칙에 관한 다음 설명 중 가장 옳지 않은 것은?

① 조세평등주의란 조세법의 입법과 조세의 부과 및 징수 과정에서 모든 납세의무자는 평등하게 취급되어 야 한다는 원칙을 말한다.

② 신의성실원칙이란 납세자가 그 의무를 이행하거나 세무공무원이 그 직무를 수행함에 있어서 신의에 따라 성실히 하여야 한다는 원칙을 말한다.

③ 조세법률주의에 따르면 법률에 의하지 않고 조세당국이 조세를 부과·징수하는 경우에도 국민은 조세를 납부할 의무가 있다.

④ 조세평등주의에 바탕을 둔 규정으로는 실질과세의 원칙을 그 예로 들 수 있다.

📍 **내비게이션**

•법률에 의하지 않은 경우 조세당국은 조세를 부과·징수할 수 없으며 국민은 조세를 납부할 의무가 없다.

정답 : ③

제2주차
핵심유형특강

 핵심이론 : 과세요건과 조세법의 기본원칙

과세요건	① 납세의무자 : 국세를 납부할 의무가 있는 자 → ○주의 납세자 = 납세의무자+징수납부의무자
	② 과세물건 : 과세의 원인이 되는 소득, 재산, 사실, 행위 등 → ○주의 금액만이 과세표준인 것은 아님
	③ 과세표준 : 세액산출의 기초가 되는 과세물건의 수량 또는 가액
	④ 세율 : 과세표준에 세율을 곱하여 세액을 산출

제3주차
최신유형특강

조세법의 기본원칙	조세법률주의	•법률에 의하지 않고서는 조세를 부과·징수할 수 없으며 납부의무도 없음.
	조세평등주의	•국세부과의 원칙 중 실질과세원칙은 조세평등주의를 구체화 한 것임.
	신의성실원칙	•납세자가 그 의무를 이행하거나 세무공무원이 그 직무를 수행함에 있어서 신의에 따라 성실히 하여야 함. ○주의 납세자와 과세관청 쌍방 모두에 요구되는 원칙임.

참고 국세기본법에 정한 모든 규정에 대해서 세법에 별도 규정이 있는 경우 세법이 우선 적용됨.

제4주차
기출변형특강

관련기출　　과세요건

● 과세권자가 납세의무자에게 세금을 부과하기 위해서는 과세요건을 법에서 규정하고 있어야 한다. 다음 중 과세요건이 아닌 것은?

❶ 세법　　　　　② 세율　　　　　③ 과세물건　　　　　④ 납세의무자

해설

•세법(X) → 과세표준(O)

※말장난

•신의성실의 원칙이란 세무공무원이 직무를 수행함에 있어서 성실히 임하여야 한다는 원칙이다.(X)
▷세무공무원(X) → 납세자 및 세무공무원(O)

•국세기본법에서 규정하고 있는 실질과세의 원칙에 반하는 규정을 다른 세법에서 규정하고 있는 경우 국세기본법에서 규정하고 있는 실질과세의 원칙을 우선하여 적용한다.(X)
▷다른 세법에 별도 규정이 있는 경우 그 다른 세법이 우선 적용된다.

빈출유형특강 78   기간과 기한

Q. 다음 중 세법상의 기간과 기한의 규정에 대하여 가장 잘못 이해하고 있는 사람은 누구인가?

① 최태우 : 20x1년 12월 31일로 사업연도가 종료하는 법인은 20x2년 3월 31일까지 법인세를 신고·납부하여야 하는데 20x2년 3월 31일이 일요일인 경우에는 그 다음 날인 20x2년 4월 1일까지 법인세를 신고·납부해도 된다.

② 김호영 : 기한의 규정에서 공휴일에는 회사의 창립기념일은 포함되지 않는다.

③ 허순남 : 세법에서 규정하는 기간의 계산은 민법의 규정에 의하므로 초일을 산입하여 계산해야 한다.

④ 박혜윤 : 법인세를 전자신고하는 경우에는 국세정보통신망에 입력되어 국세청장에게 전송된 때에 신고된 것으로 본다.

📍 내비게이션

- 기간의 계산은 국세기본법 또는 그 세법에 특별한 규정이 있는 것을 제외하고는 민법에 따르므로 규정이 있는 경우는 국세기본법을 민법보다 우선 적용한다. 또한 초일불산입이 원칙이다.
- 공휴일은 「관공서의 공휴일에 관한 규정」에 의한다.

정답 : ③

관련기출   기한특례

● 다음 중 세법상의 기간과 기한의 규정에 관한 설명으로 가장 올바르지 않은 것은?

① 기간을 일·주·월·연으로 정한 때에는 기간의 초일을 기간 계산시 산입하지 않는다.

② 기간의 계산은 국세기본법 또는 그 세법에 특별한 규정이 있는 것을 제외하고는 민법에 따른다.

❸ 20x1년 12월 31일로 사업연도가 종료하는 법인은 20x2년 3월 31일까지 법인세를 신고·납부하여야 하는데 공교롭게도 20x2년 3월 31일이 토요일인 경우에는 그 전 날인 20x2년 3월 30일까지 법인세를 신고·납부하여야 한다.

④ 법인세를 전자신고하는 경우 신고서 등이 국세청장이 정하여 고시하는 정보처리장치에 전송된 때에 신고된 것으로 본다.

해설

- 신고·신청·청구·서류제출·통지·납부·징수의 기한이 공휴일, 토요일(일요일), 근로자의 날(5월 1일)에 해당하는 때에는 기한특례에 의해 그 다음 날을 기한으로 한다.(즉, 4월 2일까지 신고·납부한다.)

빈출유형특강 79 실질과세원칙

Q. 다음의 신문기사의 ( )에 들어갈 국세부과의 원칙으로 가장 옳은 것은?

> 인테리어 공사업체를 운영하던 오씨는 지난 20x3년 인테리어 면허가 있는 직원 김모 씨에게 "당장 공사를 위해 인테리어 면허가 있는 사업자등록이 필요하다"며 김씨에게 명의를 빌렸으나, 이후 김씨 앞으로 나온 매출에 따른 세금 6천 2백여만원을 부담하지 않아 사기 혐의 등으로 기소됐다.
> 대법원 재판부는 "( )에 따라 과세관청은 타인의 명의로 사업자등록을 하고 실제로 사업을 영위한 사람에 대해 세법을 적용해 과세하는 것이 당연하다" 면서....(이하생략)

① 실질과세의 원칙
② 근거과세의 원칙
③ 신의성실의 원칙
④ 조세감면의 사후관리

📍 **내비게이션**

- 형식이나 외관에 불구하고 실질에 따라 과세해야 한다는 실질과세원칙의 사례이다.
  → 즉, 귀속이 명의일 뿐이고 사실상 귀속되는 자가 따로 있는 때에 사실상 귀속자를 납세의무자로 하여 과세한다.
  (사업자등록 명의자가 아닌 실제 사업영위자에게 과세)

정답 : ①

 핵심이론 : 국세부과의 원칙

실질과세원칙	❖형식이나 외관에 불구하고 실질에 따라 세법을 해석해야 한다는 원칙	
	귀속 실질과세	• 납세의무자의 판정시 실질에 따름. ▶귀속이 명의일 뿐이고 사실상 귀속되는 자가 따로 있는 때에 사실상 귀속자를 납세의무자로 하여 적용
	거래내용 실질과세	• 과세물건의 판정시 실질에 따름.
	참고 조세회피방지 위한 경제적 실질주의 □ 제3자를 통한 간접적인 방법이나 둘 이상의 행위 또는 거래를 거치는 방법으로 이 법 또는 세법의 혜택을 부당하게 받기 위한 것으로 인정되는 경우에는 그 경제적 실질 내용에 따라 당사자가 직접 거래를 한 것으로 보거나 연속된 하나의 행위 또는 거래를 한 것으로 보아 이 법 또는 세법을 적용한다.	
신의성실원칙	• '후술'	
근거과세원칙	• 조사와 결정은 장부, 증거자료에 의하여야 함.	
조세감면사후관리	• 국세를 감면한 경우 감면세액에 상당하는 자금 또는 자산의 운용범위를 정할 수 있음.	

관련기출 귀속에 관한 실질과세

● 근로소득이 있는 A씨가 종합소득세의 누진세율을 피하고자 자기 아내인 B씨의 명의로 슈퍼마켓을 개업하였다. B씨는 출자한 바 없고 경영에 관여한 바도 없다. 이 경우 적용될 국세부과의 원칙으로 가장 알맞은 것은?

① 신의성실의 원칙
② 근거과세의 원칙
③ 조세감면의 사후관리
❹ 실질과세의 원칙

해설

- 귀속이 명의일뿐 사실상의 귀속자가 따로 있는 경우에는 사실상의 귀속자를 납세의무자로 하여 적용한다는 실질과세원칙의 내용이다.

빈출유형특강 80 　　　　　　　 신의성실원칙

Q. 다음 중 국세부과와 세법적용의 원칙에 관한 설명으로 가장 올바르지 않은 것은?

① 근거과세원칙이란 장부 등 직접적인 자료에 입각하여 납세의무를 확정해야 한다는 원칙이다.

② 신의성실의 원칙이란 납세자가 그 의무를 이행할 때에는 신의에 따라 성실하게 하여야 한다는 원칙으로 세무공무원의 직무수행에는 적용되지 않는다.

③ 조세법률주의에 따르면 법률에 의하지 않고서는 조세 당국이 조세를 부과·징수할 수 없다.

④ 실질과세원칙은 조세평등주의를 구체화한 국세부과원칙이다.

◉ 내비게이션

• 신의성실의 원칙은 납세자와 세무공무원 쌍방에 요구되는 원칙이다.

정답 : ②

 핵심이론 : 신의성실의 원칙

의의	• 납세자가 그 의무를 이행하거나 세무공무원이 그 직무를 수행함에 있어서 신의에 따라 성실히 하여야 한다는 원칙 ▶조세법의 기본원칙이면서, 국세부과의 원칙에 해당함. ◉주의 납세자와 과세관청 쌍방 모두에 요구되는 원칙임.
적용요건	① 과세관청의 공적견해 표시가 있어야 함. ▶예 양도가 비과세라고 국세청(세무서)으로부터 회신받음 ② 납세자가 귀책사유 없이 어떤 행위를 해야 함. ▶예 비과세라고 믿고 자산을 양도 ③ 과세관청의 당초 견해표시와 다른 적법한 행정처분과 납세자의 불이익 ▶예 과세
적용효과	• 적법처분일지라도 신의칙위반으로 취소

관련기출 　신의칙의 적용

● 과세관청이 당초의 공적 견해표시에 반하는 적법한 행정처분을 함에 따라 납세자가 불이익을 받게 될 경우 납세자가 주장할 수 있는 조세부과의 원칙으로 가장 옳은 것은?

① 실질과세의 원칙　　　　　　　　　　　② 근거과세의 원칙

③ 조세감면의 사후관리　　　　　　　　　❹ 신의성실의 원칙

해설

• 신의칙 위반을 주장하여 적법한 행정처분일지라도 이를 취소할 수 있다.

빈출유형특강 81   **법인유형별 납세의무**

Q. 법인세 납세의무에 대한 다음 설명 중 원칙적으로 가장 옳지 않은 것은?

① 내국영리법인은 각사업연도소득(국내외원천소득)과 청산소득 및 토지 등 양도소득에 대해서 납세의무를 진다.

② 내국비영리법인은 각사업연도소득(국내외원천소득 중 수익사업소득) 및 토지 등 양도소득에 대해서 납세의무를 지며, 청산소득에 대해서는 납세의무를 지지 않는다.

③ 외국영리법인은 각사업연도소득(국내원천소득)과 청산소득 및 토지 등 양도소득에 대해서 납세의무를 진다.

④ 외국비영리법인은 각사업연도소득(국내원천소득 중 수익사업소득) 및 토지 등 양도소득에 대해서 납세의무를 지며, 청산소득에 대해서는 납세의무를 지지 않는다.

📍 **내비게이션**

• 내국영리법인에 한하여 청산소득에 대한 법인세 납세의무가 있다.

정답 : ③

 핵심이론 : 법인세법 총설

소득개념	법인세법	• 순자산증가설(포괄주의) → 순자산 증가시키는 모든 사항 과세
	소득세법	• 소득원천설(열거주의) → 열거된것만 과세

내국·외국법인 판단	내국법인	• 국내에 본점·주사무소(또는 사업의 실질적 관리장소)를 둔 법인
	외국법인	• 외국에 본점·주사무소를 둔 법인(국내에 사업의 실질적 관리장소가 소재하지 않는 경우에 한함) 🔍주의 외국법에 의해 설립된 법인이 아님.
	참고	① 법인으로 보는 법인격없는 단체 → 비영리내국법인 ② 외국정부·지자체 → 비영리외국법인 ③ 국가·지자체 → 비과세법인(일체의 납세의무 없음)

법인유형별 납세의무		각사업연도소득	청산소득	토지 등 양도소득
	내국영리법인	국내외 모든소득	과세	과세
	내국비영리법인	국내외 수익사업소득	비과세	과세
	외국영리법인	국내원천소득	비과세	과세
	외국비영리법인	국내원천 수익사업소득	비과세	과세

사업연도	〈1순위〉	• 법령·정관에서 정하는 1회계기간(1년 초과 불가) 🔍주의 ∴사업연도로 임의기간을 선택 가능
	〈2순위〉	• 법인설립·사업자등록시 신고 사업연도
	〈3순위〉	• 1월 1일부터 12월 31일
납세지		• 원칙적으로 법인등기부상의 본점(주사무소) 소재지

※ **말장난**

• 법인세의 과세기간은 모든 법인에 대해 매년 1월 1일부터 12월 31일까지로 동일하다.(X)
▷ 법인세의 과세기간(사업연도)은 1년내에서 임의 선택이 가능하다.

빈출유형특강 82   결산조정과 신고조정

Q. 다음 중 법인세법상 결산조정사항과 신고조정사항에 대한 다음 설명 중 올바르지 않은 것은?

① 결산조정사항은 원칙적으로 회계상 비용으로 계상하여야 세무상 손금으로 인정받을 수 있는 항목이다.

② 신고조정사항은 회계상 비용계상여부와 관계없이 법인세법상 손금산입이 가능하다.

③ 결산조정사항을 결산시 손금으로 산입하지 않고 법인세 신고기한이 경과한 경우에는 경정청구를 통해 정정이 가능하다.

④ 법인세법상 준비금은 원칙적으로 결산조정사항이지만 조세특례제한법상 준비금은 신고조정이 가능하다.

📍 내비게이션

• 결산조정은 결산상 회계처리한 경우에만 손금으로 인정하는 항목으로 회계처리에 의하여 손금귀속시기를 조절할 수 있으며, 손금산입 세무조정이 불가하므로 경정청구도 불가하다.(반면, 신고조정은 손금산입이 가능하므로 이를 못한 경우 경정청구가 가능하다.)

정답 : ③

📝 핵심이론 : 결산조정·신고조정

결산조정	의의	• 비용을 과소계상시 손금산입할 수 없는 것으로 과대계상시만 손금불산입함.
	특징	• ㉠ 임의계상 ▶법인이 손금으로 계상하고자하는 연도에 손비로 계상할 수 있음. ㉡ 오직 손금사항에서만 발생하며, 손금산입이 불가하므로 경정청구도 불가함.

	항목	• 감가상각비 ▶K-IFRS 적용법인은 신고조정도 허용됨.
		• 대손금 ▶ 신고조정하는 대손사유(예 소멸시효완성)도 있음
		• 대손충당금·퇴직급여충당금 ▶퇴직연금충당금은 신고조정사항
		• 법인세법상 준비금(원칙) ▶고유목적사업준비금 등은 잉여금처분 신고조정가능
		   * **보론** 잉여금처분 신고조정 가능대상
		     ㉠ 법인세법상 준비금 중 고유목적사업준비금, 비상위험준비금, 해약환급금준비금
		     ㉡ 조세특례제한법상 준비금
		• 천재·지변·폐광·법령수용·화재로 인한 유형자산평가손

신고조정	의의	• 수익·비용을 과소계상시 반드시 익금산입·손금산입해야 하는 것으로 과대계상시 역시 익금불산입·손금불산입함.
	특징	• ㉠ 강제계상 ▶당해 손금산입하지 않으면 차기이후 연도에 손금산입불가함. ㉡ 익금·손금사항 모두에서 발생하며, 손금산입 등이 가능하므로 이를 못한 경우 경정청구 가능함.(예 전기 소멸시효완성 외상매출금을 손금산입하지 못한 경우, 당기에 경정청구 가능)

※ 말장난

• 퇴직급여충당금은 원칙적으로 신고조정사항에 포함된다.(X)
  ▷퇴직급여충당금은 결산조정사항이다.

빈출유형특강 83 　자본금과적립금조정명세서(을)

Q. (주)삼일의 당기(20x3년 1월 1일 ~ 20x3년 12월 31일) 세무조정 자료는 다음과 같다. 다음 자료를 기초로 자본금과적립금조정명세서(을)의 <#1>의 값을 구하면?

〈자료1〉소득금액조정합계표　　　　　　　　　　　　　　　　　　　　　　　(단위 : 원)

익금산입 및 손금불산입		손금산입 및 익금불산입	
과 목	금액	과 목	금액
기업업무추진비한도초과액	15,500,000	미수이자	9,500,000
감가상각비한도초과액	30,000,000	FVPL금융자산평가이익	8,000,000
대손충당금한도초과액	5,500,000	전기대손충당금한도초과액	5,000,000
합 계	51,000,000	합 계	22,500,000

〈자료2〉자본금과적립금조정명세서(을)　　　　　　　　　　　　　　　　　(단위 : 원)

① 과목 또는 사항	② 기초잔액	당기중증감		⑤ 기말잔액
		③ 감소	④ 증가	
대손충당금한도초과	5,000,000	(?)	(?)	(?)
감가상각비한도초과	22,000,000	(?)	(?)	(?)
미수이자	–	(?)	(?)	(?)
FVPL금융자산평가이익	–	(?)	(?)	(?)
합 계	27,000,000	(?)	(?)	〈#1〉

① 36,000,000원　　　　　　　　　　　　② 40,000,000원
③ 43,000,000원　　　　　　　　　　　　④ 55,500,000원

 내비게이션

• 을표 기입

① 과목 또는 사항	② 기초잔액	당기중증감		⑤ 기말잔액
		③ 감소	④ 증가	
대손충당금한도초과	5,000,000	5,000,000	5,500,000	5,500,000
감가상각비한도초과	22,000,000		30,000,000	52,000,000
미수이자	–		△9,500,000	△9,500,000
FVPL금융자산평가이익	–		△8,000,000	△8,000,000
합 계	27,000,000	5,000,000	18,000,000	40,000,000

정답 : ②

📝 **핵심이론 : 을표 작성방법**

의의	•유보를 관리하는 표 →유보는 반드시 반대세무조정으로 추인됨.
작성	•'감소'란은 유보의 소멸(추인)분을 기입 •'증가'란은 유보의 새로운 발생분을 기입 　🔎주의 ① 기초잔액이 50,000인 경우 　　　　　▶유보추인액은 감소란에 '△50,000'이 아니라 '50,000'으로 기입함. 　　　　② 기초잔액이 △50,000인 경우 　　　　　▶유보추인액은 감소란에 '50,000'이 아니라 '△50,000'으로 기입함.

빈출유형특강 84   을표와 소득금액

Q. 다음 자료를 이용하여 당기 각사업연도소득금액을 계산하면 얼마인가(단, 당기에 주어진 자료 이외의 세무조정 사항은 없다고 가정한다)?

〈자료1〉 자본금과적립금조정명세서(을)   (단위 : 원)

① 과목 또는 사항	② 기초과목	당기 중 증감		⑤ 기말잔액
		③ 감소	④ 증가	
재고자산	△8,000,000	△8,000,000	△4,000,000	△4,000,000
퇴직급여충당금한도초과	13,000,000	300,000	2,000,000	3,000,000
감가상각비한도초과	4,650,000	0	3,500,000	8,150,000
합계	△2,050,000	△7,700,000	1,500,000	7,150,000

〈자료2〉

ㄱ. 결산서상 당기순이익	: 300,000,000원
ㄴ. 법인세비용	: 2,000,000원
ㄷ. 기업업무추진비 한도초과액	: 2,000,000원

① 298,800,000원   ② 300,800,000원
③ 309,200,000원   ④ 313,200,000원

📍 **내비게이션**

- 세무조정
  - 재고자산 : 손금불산입 8,000,000(유보), 손금산입 4,000,000(△유보)
  - 퇴직급여충당금한도초과 : 손금산입 300,000(△유보), 손금불산입 2,000,000(유보)
  - 감가상각비한도초과 : 손금불산입 3,500,000(유보)
  - 법인세비용 : 손금불산입 2,000,000(기타사외유출)
  - 기업업무추진비(접대비)한도초과액 : 손금불산입 2,000,000(기타사외유출)
- 각사업연도소득금액
  300,000,000 + 8,000,000 - 4,000,000 - 300,000 + 2,000,000 + 3,500,000 + 2,000,000 + 2,000,000
  = 313,200,000

정답 : ④

 핵심이론 : 자본금과적립금조정명세서 을표 감소·증가 란의 기입방법

감소	• **기초잔액(유보 또는 △유보)의 소멸(추인)분**을 기입
	〔예〕 기초잔액이 유보 1,000이고 당기에 '손금산입 1,000(△유보)'로 추인된 경우
	  →감소란에 △1,000이 아니라 1,000으로 기입함.
	〔예〕 기초잔액이 유보 △1,000이고 당기에 '손금불산입 1,000(유보)'로 추인된 경우
	  →감소란에 1,000이 아니라 △1,000으로 기입함.

증가	• 기초잔액의 추인이 아니라 **당기 유보 또는 △유보의 새로운 발생분**인 경우 기입 〔예〕 대손충당금한도초과 기초잔액이 유보 1,000이고, 당기에 '손금산입 1,000(△유보)'로 추인되었고, '손금불산입 당기한도초과액 500(유보)'가 발생한 경우

과목 또는 사항	기초잔액	감소	증가	기말잔액
대손충당금한도초과액	1,000	1,000	500	500

〔예〕 재고자산평가감 기초잔액이 유보 1,000이고, 당기에 '손금산입 1,000(△유보)'로 추인되었고, '손금산입 재고자산평가증 500(△유보)'가 발생한 경우

과목 또는 사항	기초잔액	감소	증가	기말잔액
재고자산평가감	1,000	1,000	△500	△500

빈출유형특강 85 　　　　　　　　　　　**소득처분**

제1주차
빈출유형특강

제2주차
회계사유형특강

제3주차
회계사유형특강

제4주차
기출변형특강

Q. 다음 항목에 대한 세무조정의 결과 공통적으로 발생하는 법인세법상 소득처분은?

> ㄱ. 감가상각비한도초과액　　ㄴ. 대손충당금한도초과액　　ㄷ. 재고자산평가에 대한 세무조정

① 유보　　　　　　　　　　　　② 기타사외유출
③ 상여　　　　　　　　　　　　④ 배당

📍 **내비게이션**

• 유보로 소득처분하는 대표적 항목이다.

정답 : ①

 핵심이론 : 소득처분 유형

익금산입 손금불산입	• 자산과소·부채과대계상(O) ▶ 세무상 순자산 〉 회계상 순자산 예) 퇴직급여충당금 한도초과 100의 경우 　→ 손금불산입 100 　회사 : (차) 비용　　300　　(대) 퇴충　　300 　세법 : (차) 비용　　200　　(대) 퇴충　　200	유보	사후관리(O) (∵추인)
	• 자산과소·부채과대계상(X) • 유출(O) • 외부귀속자존재(O) 예) 임원상여금 한도초과 100의 경우 　→ 손금불산입 100 　회사 : (차) 상여금　300　　(대) 현금　　300 　세법 : (차) 상여금　200　　(대) 현금　　300 　　　　　　손금불산입　100	배당	사후관리(O) (∵과세)
		상여	
		기타소득	
		기타사외유출	사후관리(X)
	• 자산과소·부채과대계상(X) • 유출(X) • 외부귀속자존재(X) 예) 채무면제이익 100을 잉여금처리한 경우 　→ 익금산입 100 　회사 : (차) 차입금　100　　(대) 기타자본잉여금　100 　세법 : (차) 차입금　100　　(대) 익금　　100	기타	사후관리(X)
손금산입 익금불산입	• 자산과대·부채과소계상(O) ▶ 세무상 순자산 〈 회계상 순자산 예) 기말상품을 100만큼 임의평가증한 경우 　→ 익금불산입 100 　회사 : (차) 상품　　100　　(대) 평가차익　　100 　세법 : 분개 없음	△유보	사후관리(O) (∵추인)
	• 자산과대·부채과소계상(X)	기타	사후관리(X)

빈출유형특강 86 사외유출과 소득처분특례

> **Q.** 다음은 (주)삼일의 제10기(20x1.1.1~20x1.12.31)에 발생한 거래내역이다. 세무조정 결과 기타사외유출로 처분하는 것은?
>
> ① 출자임원에 대한 사택유지비용을 손익계산서 비용으로 계상하였다.
> ② 당기손익-공정가치측정금융자산평가손실을 기업회계에 따라 계상하였다.
> ③ 건당 3만원 초과 기업업무추진비 중 신용카드 등을 사용하지 않은 금액을 기업업무추진비로 비용계상 하였다.
> ④ 채권자의 주소 및 성명을 확인할 수 없는(원천징수분은 고려하지 않는다) 차입금에 대한 이자를 지급하고 손익계산서에 비용으로 계상하였다.
>
> 📍 **내비게이션**
>
> • ① 상여   ② 유보   ④ 대표자상여

정답 : ③

핵심이론 : 사외유출의 귀속과 사후관리(추가과세)

구분	귀속자	소득세	원천징수
배당	•출자자(임원·사용인 제외)	배당소득(인정배당)	O
상여	•사용인·임원(출자자 포함) 🔍주의 ∴출자임원 : 상여	근로소득(인정상여)	O
기타사외유출	•국가, 지자체, 법인(법인주주), 개인사업자	X	X
기타소득	•위 외의 자	기타소득(인정기타소득)	O

핵심이론 : 소득처분특례

귀속불분명특례	•사외유출되었으나 귀속자가 불분명시는 대표자상여 처분함.
기타사외유출특례	•다음의 경우는 무조건 기타사외유출로 소득처분함. ① 임대보증금 간주익금(간주임대료) ② 기부금한도초과액 ③ 기업업무추진비한도초과액, 3만원초과 적격증빙미수취 기업업무추진비 ④ 채권자불분명사채이자, 비실명이자 손금불산입액 중 원천징수세액 ⑤ 업무무관자산 등 지급이자손금불산입액

관련기출 소득처분과 추가과세 여부

● 다음 세무조정사항 중 소득처분의 귀속자에게 추가적인 과세가 이루어지는 것은?

❶ 임원퇴직금 한도초과액
② 일반기부금 한도초과액
③ 기업업무추진비 한도초과액
④ 업무무관자산 등 관련 차입금이자

해설

•임원퇴직금 한도초과액 : '상여'로 처분되어 추가과세가 이루어진다.
•②,③,④ : 무조건 '기타사외유출'로 처분되어 추가과세가 없다.

빈출유형특강 87 — 유가증권 저가매입 세무조정

Q. 다음 중 ㈜삼일의 입장에서 자산을 취득한 사업연도에 세무조정이 필요한 지출로 가장 옳은 것은?

① ㈜삼일이 특수관계인인 ㈜용산으로부터 시가 10억원인 기계장치를 5억원에 매입하는 경우
② ㈜삼일이 대주주인 김삼일씨로부터 시가 10억원인 기계장치를 5억원에 매입하는 경우
③ ㈜삼일이 특수관계인인 ㈜용산으로부터 시가 10억원인 유가증권을 8원에 매입하는 경우
④ ㈜삼일이 대주주인 김삼일씨로부터 시가 10억원인 유가증권을 8억원에 매입하는 경우

📍 **내비게이션**

- ① 저가매입은 특수관계에 있는 개인으로부터 취득한 유가증권의 경우에만 세무조정을 한다.
- ② 저가매입으로서 유가증권이 아니므로 세무조정이 없다.
- ③ 저가매입으로서 개인이 아니라 법인으로부터 취득한 경우이므로 세무조정이 없다.
- ④ 세무조정 : 익금산입 2억원(유보)

정답 : ④

📝 핵심이론 : 유가증권 저가매입 익금산입 세무조정

요건	① 특수관계있는 개인으로부터 매입할 것 ② 매입자산이 유가증권일 것 ③ 시가보다 저가매입할 것	
세무조정	취득시	• 매입가와 시가의 차액을 익금산입(유보)함. ▶익금산입액은 세무상 취득원가를 구성함.
	처분시	• 위 익금산입액을 손금산입(△유보)으로 유보추인함. ▶추인액 = 유보x 처분비율

🔍주의 기타저가매입 : 취득가는 매입가액 그대로 인정되며 세무조정 없음.(저가매입관련 세무조정 하는 것은 위 유가증권이 유일함!)

예시 취득가액 80(시가 100), 처분가 60 가정

① 취득시

	회사				세법			
(차) 유가증권	80	(대) 현금	80	(차) 유가증권	100	(대) 현금	80
						수익	20

→ 세무조정 : 익금산입 20(유보)

② 처분시

	회사				세법			
(차) 현금	60	(대) 유가증권	80	(차) 현금	60	(대) 유가증권	100
손실	20			손실	40		

→ 세무조정 : 손금산입 20(△유보)

※ 말장난

- 관계회사로부터 시가 10억원인 기계장치를 8억원에 매입한 경우 2억원을 익금산입한다.(X)
  ▷관계회사는 특수관계인에 해당하나 유가증권이 아니므로 세무조정이 없다.

빈출유형특강 88 익금산입항목

> **Q.** 익금불산입 항목은 회계상 법인의 순자산을 증가시키는 거래이기는 하나 특정목적을 위하여 법인세법상 익금에 산입하지 않는 항목이다. 법인세법상 익금불산입 항목에 대한 다음 설명 중 가장 옳지 않은 것은?
>
> ① 이중과세를 방지하기 위하여 지주회사가 자회사로부터 받은 배당소득금액 중 일정 금액은 익금에 산입하지 않는다.
> ② 법인세는 지출 당시 손금으로 인정받지 못하였기 때문에 법인세의 환급액도 익금에 산입하지 않는다.
> ③ 자산수증익·채무면제익 중 이월결손금의 보전에 충당된 금액은 익금에 산입하지 않는다.
> ④ 자본거래를 통해 특수관계인으로부터 분여받은 이익은 익금에 산입하지 않는다.
>
> ◉ **내비게이션**
>
> • 자본거래를 통해 특수관계자로부터 분여받은 이익은 익금에 산입한다.

정답 : ④

 핵심이론 : 익금산입항목

자본거래이익	• 법인이 자본거래(증자, 감자, 합병)를 통해 특수관계인으로부터 분여받은 이익		
자산평가차익	• 보험업법 기타법률에 의한 고정자산(유형·무형자산) 평가차익 　♀주의 어떤 경우든지 자산의 임의평가증은 익금으로 인정되지 않음.		
자산수증이익 채무면제이익	• 회사가 영업외수익으로 처리한 경우 : 세무조정 없음. 　♀주의 이월결손금의 보전에 충당한 금액은 익금불산입항목임.		
환입(환급)액	손금산입 되었던 경우(예) 재산세)	• 환입(환급)시 익금산입	
	손금불산입 되었던 경우(예) 법인세)	• 환입(환급)시 익금불산입	
이자소득 배당소득	• 원천징수세액 포함한 총액을 익금산입후 원천징수세액을 기납부세액으로 차감 　보론 수입배당금 익금불산입 　■ 배당금 지급법인 단계에서 이미 법인세가 과세된 재원으로 법인주주가 배당금을 받는 경우, 이를 익금으로 과세한다면 이중과세의 문제점이 있으므로 이를 해소키 위해 배당금의 일정비율 만큼을 익금불산입하고 기타로 소득처분함.		
임대보증금 간주임대료	• 적용대상 : 부동산임대가 주업이고 차입금과다인 내국영리법인		
의제배당	사유	• 잉여금의 자본전입으로 인한 의제배당(무상주배당) 　♀주의 일반적인 주식발행초과금의 자본전입은 의제배당이 아님. • 자본감소·해산·합병·분할 등으로 인한 의제배당	
	세무조정	회사의 처리(주주) - 회계처리없음 - →세무조정 : 익금산입 xxx(유보) 　♀주의 의제배당은 세무상으로 주식의 취득원가를 구성함.	세무상 처리 (차) 주식　xxx　(대) 배당수익　xxx

빈출유형특강 89   익금항목 해당여부

Q. 다음은 제조업을 영위하는 ㈜삼일의 법인세 세무조정과 관련한 자료이다. 가장 옳지 않은 것은 무엇인가?

① 장부에 계상한 당기손익-공정가치측정금융자산에 대한 평가이익을 익금불산입하고 △유보로 소득처분하였다.

② 전기오류수정이익(영업외수익)으로 인식한 전기 재산세 환급액(환부이자 제외)을 익금불산입하고 기타사외유출로 소득처분하였다.

③ 임원에게 지급한 상여금이 급여지급기준에 의한 상여금을 초과하여 해당 초과액을 손금불산입하였다.

④ 수해로 인한 이재민 구호금품 지급액을 특례기부금으로 보아 특례기부금 한도 내에서 손금으로 처리하였다.

◉ **내비게이션**

• 재산세는 손금항목이므로 환급액은 반대로 익금항목에 해당한다. 따라서, 회사가 환급액을 수익으로 계상했으므로 세무조정은 없다.

정답 : ②

관련기출   자산수증이익

● 익금이란 법인의 순자산을 증가시키는 거래로 인하여 발생하는 수익의 금액을 말한다. 다음 중 익금항목에 해당하지 않는 것은?

① 특수관계 있는 개인으로부터 저가로 매입한 유가증권의 매입가액과 시가와의 차액

❷ 자산수증이익 중 이월결손금의 보전에 충당된 금액

③ 자산의 양도금액

④ 손금에 산입한 금액 중 환입된 금액

해설

• 이월결손금의 보전에 충당된 금액은 익금불산입항목이다.

관련기출   익금항목 해당여부

● 법인세법 상 익금에 대한 다음의 설명 중 가장 옳은 것은 어느 것인가?

① 부동산임대업을 주업으로 하지 않는 법인도 임대보증금에 일정 이자율을 곱한 금액을 익금에 산입하여야 한다.

❷ 갑법인이 대주주인 을(개인)로부터 시가 10억원인 유가증권을 8억원에 매입한 경우 익금산입하는 세무조정이 필요하다.

③ 유형·무형자산의 평가차익은 모두 익금에 산입하지 아니한다.

④ 지방세 과오납금에 대한 환부이자를 수령한 것으로 이를 이자수익으로 처리한 경우 이는 세무상 익금에 해당하므로 세무조정을 할 필요가 없다.

해설

• ① 간주익금의 대상은 부동산임대업을 주업으로 하는 차입금과다 내국영리법인이다.
③ 보험업법 기타 법률에 의한 유형·무형자산의 평가증은 익금에 산입한다.
④ 익금불산입의 세무조정이 필요하다.('후술')

빈출유형특강 90 　　　익금불산입항목

Q. 다음 중 (주)삼일의 제10기(20x1.1.1~20x1.12.31) 세무조정내용이다. 가장 올바르지 않은 것은?

① 자본잉여금으로 계상한 당기분 감자차익을 익금산입 처리하였다.
② 세무상 이월결손금의 보전에 충당한 채무면제이익을 익금불산입 처리하였다.
③ 부가가치세 매출세액 중 손익계산서상 수익으로 계상한 금액을 익금불산입 처리하였다.
④ 손익계산서상 수익으로 계상한 재산세 과다납부에 대한 환부이자를 익금불산입 처리하였다.

내비게이션

•감자차익은 익금불산입항목이며, 회사도 수익이 아닌 자본잉여금으로 계상하였으므로 세무조정은 없다.
　참고　환급금이자 - ㉠ 국세인 경우의 용어 : 환급가산금 ㉡ 지방세인 경우의 용어 : 환부이자

정답 : ①

핵심이론 : 익금불산입항목

주식발행초과금	•자본·출자의 납입이므로 익금불산입항목임. ▶ 비교 주식할인발행차금 : 손금산입항목
감자차익 (자기주식소각이익)	•자본·출자의 납입이므로 익금불산입항목임. ▶ 비교 ㉠ 감자차손(자기주식소각손실) : 손금산입항목 ㉡ 자기주식처분손익 : 익금·손금항목 　주의 주식발행초과금과 감자차익을 회계기준에 따라 처리시는 세무조정 없음.
자산수증이익 채무면제이익	•발생연도 제한없는 세무상 이월결손금 보전에 충당시 익금불산입항목임.
이월익금	예시 1기 매출을 2기 매출로 처리한 경우 1기의 익금으로 과세했으므로 회사의 2기 매출계상액에 대하여 2기에 익금불산입 처리시에 발생함.
환급가산금 (환부이자)	•환급금 이자로서, 당초 환급금의 익금여부 불문하고 무조건 익금불산입항목임.
VAT매출세액	•VAT매출세액은 익금불산입항목, VAT매입세액도 손금불산입항목

관련기출　익금 인정금액 계산

● 다음 중 법인세법상 익금으로 인정되는 금액은 얼마인가?

> ㄱ. 주식발행초과금 : 5,000,000원
> ㄴ. 세무상 이월결손금의 보전에 충당하지 아니한 자산수증이익 : 2,000,000원
> ㄷ. 재산세 환급액 : 3,500,000원
> ㄹ. 감자차익 : 700,000원
> ㅁ. 국세지방세 과오납금의 환급금 이자 : 6,000,000원
> ㅂ. 차량운반구 처분금액 : 3,000,000원

① 5,000,000원　　　　　　　　❷ 8,500,000원
③ 12,500,000원　　　　　　　　④ 15,200,000원

해설

•자산수증이익(2,000,000)+재산세환급액(3,500,000)+차량처분금액(3,000,000)=8,500,000

※말장난

•의제배당은 상법상 이익의 배당이 아니므로 익금에 산입하지 않는다.(X)
▷의제배당은 법인세법상 익금산입항목에 해당한다.

빈출유형특강 91　　　　　손금과 손금불산입항목

Q. 다음 중 법인세법상 원칙적으로 손금으로 인정되는 금액은 얼마인가(단, 손금인정을 위한 기타 요건을 갖추었다고 가정한다.)?

ㄱ. 합명·합자회사의 노무출자사원에게 지급하는 액수	: 5,000,000원
ㄴ. 주식할인발행차금	: 3,000,000원
ㄷ. 사용자로서 부담하는 국민건강보험	: 1,500,000원
ㄹ. 임직원을 위한 직장보육시설비	: 3,200,000원
ㅁ. 대표이사 향우회에 지출한 기부금	: 5,000,000원
ㅂ. 급여지급기준을 초과하여 지급한 임원의 상여금	: 5,000,000원

① 1,500,000원　　　　　　　　② 4,700,000원
③ 5,200,000원　　　　　　　　④ 10,200,000원

📍 **내비게이션**

• 1,500,000(ㄷ)+3,200,000(ㄹ)=4,700,000

정답 : ②

 핵심이론 : 손금과 손금불산입항목

손금항목	손금불산입항목
•합명·합자회사 금전·현물·신용출자사원 급여	•합명·합자회사 노무출자사원 급여 •비상근임원 부당행위계산부인 해당분 •지배주주 및 그와 특수관계가 있는 임원·직원에게 동일직위자보다 초과하여 지급하는 분
•직원에 대한 상여금 •급여지급기준 내의 임원상여금	•급여지급기준 초과 임원상여금 　▶급여지급기준 : 정관, 주주총회·이사회결의
•현실적 퇴직시 직원의 퇴직금 •현실적 퇴직시 한도내의 임원퇴직금 　　　　　　임원퇴직금 한도액 　① 정관·(정관의 위임)퇴직급여규정 : 그 금액 　② 그 외 : 퇴직전 1년 총급여×10%×근속연수 　▶총급여 : 손금불산입인건비·비과세 제외 　▶근속연수 : 1월 미만 절사	•비현실적 퇴직(예 임원의 연임)에 의한 퇴직금 　▶업무무관가지급금으로 봄. •현실적 퇴직시 임원퇴직금 한도초과액
•비출자임원·소액주주임원·직원 사택유지비	•주주 등(소액주주 제외) 또는 출자임원과 그 친족이 사용하고 있는 사택유지비·관리비·사용료 •업무무관자산 취득차입비용·유지비·감가상각비
•종합부동산세, 재산세 　🔎주의 업무무관부동산 재산세·종합부동산세 : 손금불산입항목 •지체상금, 연체금, 연체이자, 연체료, 연체가산금	•법인세(지방소득세, 농어촌특별세), 가산세, 가산금, 강제징수비, 벌금, 과태료, 징벌목적 손해배상금
•직장문화비(직장회식비)·직장체육비, 우리사주조합운영비, 직장어린이집운영비(직장보육시설운영비) •국민건강보험·고용보험의 사용자 부담분 •사회통념상 타당하다고 인정되는 범위의 경조금 　🔎주의 임원·직원 등 불문하고 손금으로 인정함.	•주식할인발행차금, 폐수배출부담금, VAT매입세액 　보론 부가가치세법상 불공제매입세액 　　㉠ 일반적인 경우 : 손금산입 　　㉡ 의무불이행(세금계산서관련·사업자등록신청전 매입세액), 사업무관매입세액 : 손금불산입

빈출유형특강 92   손금항목 해당여부

Q. 다음은 ㈜삼일이 임원 또는 직원을 위하여 지출한 복리후생비 보조원장의 일부이다. 이 중 법인세법상 손금으로 인정받지 못하는 금액은 얼마인가?

복리후생비
20x1년 1월 1일부터 20x1년 2월 31일까지

(주)삼일   (단위 : 원)

월/일	항목	금액
01/23	직장보육시설운영비	1,000,000
01/25	직장체육비	500,000
02/03	대주주인 임원에 대한 사택유지비	1,500,000
02/13	업무를 수행하던 사원의 교통 벌금	700,000
02/27	고용보험료(사용자부담분)	400,000
02/28	우리사주조합운영비	5,000,000

① 없음   ② 1,800,000원
③ 2,200,000원   ④ 2,500,000원

⊙ 내비게이션

• 출자임원(소액주주임원 제외) 사택유지비와 벌금은 손금불산입항목이다.
∴손금으로 인정받지 못하는 금액 : 1,500,000+700,000=2,200,000

정답 : ③

관련기출   인건비의 손금항목 해당여부

● ㈜삼일의 세무조정 담당자인 홍길동 대리는 회계장부상 급여 및 상여의 세부내역을 검토하던 중 다음과 같은 사항을 발견하였다. 이 중 홍길동 대리가 세무조정을 실시해야 하는 항목은?

❶ 회사 지배주주의 동생인 A대리에게 정당한 사유없이 동일 직위에 있는 다른 사람보다 100만원을 초과하여 지급한 것이 발견되었다.
② 임원 B씨에게 6월에 1,000만원의 보수를 지급한 것을 발견하였는데 동 금액은 급여지급기준상 명시되어 있는 보수보다 500만원 적게 지급한 것이다.
③ 지배주주가 아닌(지배주주와 특수관계도 없음) 직원 C씨에게 급여지급기준에서 정한 상여금을 초과하는 특별상여금 1,000만원을 지급하였다.
④ 회사의 등기이사 D씨에게 임원상여규정 한도내에서 추석 특별상여 200만원을 지급하였다.

해설

• ① 회사 지배주주의 동생(=지배주주와 특수관계에 있는 자임)에게 정당한 사유없이 동일 직위에 있는 다른 사람보다 초과 지급한 급여는 손금불산입항목이다.
② 기준 미달 지급액은 급여, 상여금 모두 전액 손금으로 인정된다.
③ 직원에 대한 상여금은 한도 없이 전액 손금으로 인정된다.
④ 한도내의 임원 상여금은 손금으로 인정된다.

빈출유형특강 93   손금의 증빙요건

Q. 법인이 사업과 관련하여 재화 또는 용역을 사업자로부터 공급받고 그 대가를 지출하는 경우 적법한 증빙을 구비하여야 한다. 다음은 정규증빙서류의 수취의무와 미수취시 불이익을 요약한 표의 일부이다. 가장 올바르지 않는 것은(단, 모든 지출은 사업자로부터 재화나 용역을 공급받고 발생한다고 가정한다.)?

구분		정규증빙서류 이외의 서류 수취시 불이익	
		손금인정여부	가산세
기업업무추진비	건당 3만원 초과 (경조사비 20만원 초과)	① 손금불산입	② 가산세 부과
기업업무추진비 이외의 지출	건당 3만원 초과	③ 손금산입	④ 가산세 부과

📍 **내비게이션**

• 적격증명서류(법정증빙서류/정규증명서류) : 신용카드, 현금영수증, 세금계산서, 원천징수영수증 등
　→적격증명서류 이외의 서류(적격증명서류가 아닌 것) : 영수증(=간이영수증) 등
• 기업업무추진비 손금불산입액에 대하여는 가산세를 부과하지 않는다.

정답 : ②

📝 **핵심이론 : 손금의 증빙요건**

기업업무추진비	건당 3만원 초과 영수증 등 수취분	손금불산입	🔎주의 증빙불비가산세는 적용치 않음. 🔎주의 3만원 초과분만 손금불산입이 아님.
	건당 3만원 이하 영수증 등 수취분	손금인정	🔎주의 시부인으로 한도내 손금인정.
기타지출	건당 3만원 초과 영수증 등 수취분	손금인정	🔎주의 증빙불비가산세는 적용함.
	건당 3만원 이하 영수증 등 수취분	손금인정	-

빈출유형특강 94 　　　　　　일반적인 손익의 귀속

Q. 다음 중 법인세법상 손익의 귀속시기에 대한 설명으로 가장 올바르지 않은 것은?

① 법인세법상 익금·손금은 권리·의무가 확정되는 사업연도에 인식하는 것을 원칙으로 한다.
② 부동산의 양도손익은 대금청산일·소유권이전등기일·인도일 또는 사용수익일 중 빠른 날에 인식한다.
③ 위탁판매의 경우 위탁자는 원칙적으로 수탁자가 상품 등을 판매한 날에 손익을 인식한다.
④ 손익의 귀속사업연도는 회계기준을 우선 적용하고 회계기준에서 규정되지 않은 사항에 대해서는 법인세법의 규정을 따르도록 하고 있다.

🔎 내비게이션

• 세법에 특별한 규정이 있으면 그에 따르고 규정이 없는 경우에만 기업회계기준 및 관행을 보충적으로 적용한다.

정답 : ④

 핵심이론 : 일반적인 손익의 귀속

원칙	• 익금과 손금의 귀속시기는 그 익금과 손금이 확정된 날로 함.(= '권리의무확정주의') 　🔎주의 손익의 귀속사업연도에 대하여 세법에 특별한 규정이 있으면 그에 따르고 규정이 없는 경우에만 기업회계기준 및 관행을 보충적으로 적용함.
재고자산판매 단기할부판매	• 인도한 날 ▶재고자산인 부동산은 제외함.
부동산판매	• 대금청산일(원칙), 소유권이전등기일, 인도일, 사용수익일 중 빠른 날
위탁판매	• 수탁자가 매매한날
장기할부판매	• ㉠ 명목가치에 의한 인도기준 ㉡ 현재가치에 의한 인도기준 ㉢ 회수기일도래기준 　보론 중소기업은 인도기준으로 인식시에도 회수기일도래기준으로 신고조정할 수 있음.
용역제공	• 장·단기 불문하고 진행기준(원칙) 　보론 ㉠ 중소기업의 계약기간 1년 미만 용역매출은 인도기준 가능함. 　　　 ㉡ 회계기준에 따라 인도기준으로 손익을 계상한 경우에는 인도기준 가능함.

관련기출　　손익의 귀속과 세무조정

● 다음 중 제조업을 영위하는 ㈜삼일의 법인세 신고시 세무조정이 필요 없는 것은?

① 보유중인 당기손익-공정가치측정금융자산을 결산일 현재의 공정가치로 평가하여 당기손익-공정가치측정금융자산평가이익을 계상하였다.
② 원천징수 되는 정기예금의 이자를 발생주의에 따라 미수수익을 인식하고 영업외수익으로 계상하였다.
❸ 장기할부판매시 발생한 채권에 대하여 K-IFRS에서 정하는 바에 따라 현재가치로 평가하여 현재가치할인차금을 계상하였다.
④ 장기 도급공사에 대하여 완성기준으로 수익을 인식하였다.

해설

• ① 당기손익-공정가치측정금융자산평가이익은 인정되지 않는다.
② 원천징수 되는 미수이자는 익금으로 인정되지 않는다.('후술')
④ 용역제공은 진행기준으로 수익을 인식하여야 한다.

빈출유형특강 95 | **장기할부·도급공사 손익의 귀속**

Q. 중소기업인 ㈜삼일은 제10기(20x3.1.1~20x3.12.31)에 회사가 제조한 기계를 할부판매하고 다음과 같이 회계처리하였다. 당기에 회사에 필요한 세무조정은?(단, 매출원가는 고려하지 않는다.)?

> 가. 계약일 : 20x3.2.25.
> 나. 계약금액 : 30,000,000원
> 다. 대금결제조건 : 20x3.2.25 계약금 10,000,000원, 6개월 경과시 마다 5,00,000원씩 4회에 분할하여 결제함.
> 라. 회사의 회계처리 : 회사는 당기에 15,000,000원을 매출로 인식함.

① 세무조정없음
② (익금산입) 할부매출액 5,000,000원(유보)
③ (익금산입) 할부매출액 10,000,000원(유보)
④ (익금산입) 할부매출액 15,000,000원(유보)

⊙ 내비게이션

• 회사가 인식한 매출액 : ㉠+㉡=15,000,000
  ㉠ 2/25(계약금) : 10,000,000
  ㉡ 8/25(1회 할부금) : 5,000,000
• 세법상 손익귀속 : 명목가치 인도기준, 현재가치 인도기준, 회수기일도래기준 모두 인정함.
• 장기할부판매에 대해 회사의 회수기일도래기준에 의한 처리를 인정하므로 세무조정은 없다.

정답 : ①

관련기출 | **도급공사 손익의 귀속**

● 다음은 (주)삼일건설의 제5기(20x1.1.1~20x1.12.31)의 공사내역이다. 제시된 공사에 대하여 회사가 진행기준에 따라 회계처리한 경우 올바른 세무조정은? 단, 진행률에 따른 수익과 비용은 정확하게 계산하였다.

구분	공사기간	도급금액	20x1년 공사비	총공사예정비
A공사	20x1. 7.1~20x4.1.10	200억원	20억원	100억원
B공사	20x1.10.1~20x2.5.30	60억원	24억원	40억원

① (익금불산입) 공사수익 76억원(△유보), (손금불산입) 공사원가 44억원(유보)
② (익금불산입) 공사수익 40억원(△유보), (손금불산입) 공사원가 20억원(유보)
③ (익금불산입) 공사수익 36억원(△유보), (손금불산입) 공사원가 24억원(유보)
❹ 세무조정사항 없음

해설

• 회사는 A공사(장기도급공사)와 B공사(단기도급공사)를 모두 진행기준에 의하여 회계처리하였으며, 세법상으로도 장·단기도급공사 모두 진행기준을 원칙으로 손익을 인식하므로 세무조정은 없다.

※말장난

• 법인세법상 장기할부판매의 손익귀속시기는 현금회수시점이다.(X)
  ▷인도기준 또는 회수기일도래기준에 의한다.

제1주차
빈출유형특강

제2주차
핵심유형특강

제3주차
최신유형특강

제4주차
기출변형특강

빈출유형특강 96 — 이자수익·임대수익 손익의 귀속

Q. 제조업을 영위하는 (주)삼일이 제15기(20x1년 1월 1일~20x1년 12월 31일)에 1년 만기 정기예금(만기 : 20x2년 6월 30일)에 대한 기간경과분 이자수익 20억원을 수익으로 계상한 경우 세무조정으로 옳은 것은(단, 정기예금 이자는 원천징수 대상에 해당한다)?

① (익금산입)　이자수익 20억원(유보)
② (익금불산입) 이자수익 20억원(△유보)
③ (익금불산입) 이자수익 40억원(△유보)
④ (익금산입)　이자수익 40억원(유보)

📍 **내비게이션**

•회계상 처리 : (차) 미수이자 20억원 (대) 이자수익 20억원
　세법상 처리 : 없음(원천징수대상은 기간경과분 이자수익을 인정하지 않음.)
•[세무조정] 익금불산입 20억원(△유보)
* 참고 if, 원천징수대상이 아닌 경우는 기간경과분 이자수익을 인정하므로 세무조정은 없다.

정답 : ②

 핵심이론 : 이자수익·임대수익 손익의 귀속

구분	손익의 귀속	비고
이자수익	•소득세 수입시기 준용	•미수이자 계상시 ▶ 원천징수되지 않는 이자(예 국외이자)만 익금인정
임대수익	•지급약정일 (정해지지 않은 경우는 지급을 받은 날)	① 임대료지급기간이 1년 이하시 　▶ 회계기준에 따라 미수임대료 계상시 익금인정함. ② 임대료지급기간이 1년 초과시 　▶ 회사의 계상여부에 관계없이 미수임대료를 무조건 익금산입함. 　참고 2년분을 2년 후 일시지급시 →임대료지급기간은 2년

관련기출 임대수익 손익의 귀속

● ㈜삼일의 제2기(20x2년 1월 1일~20x2년 12월 31일) 임대료 관련 자료이다. 회사가 회수기준으로 임대수익을 인식한 경우 세무조정으로 가장 옳은 것은?

ㄱ. 주택 A를 당해 사업연도 10월 1일부터 1년간 임대하고 매월분 임대료(월 2,000,000원)을 다음달 15일에 받기로 하였다. 당해 사업연도말 현재 10월분 임대료를 받았으나 11월분 임대료를 받지 못하였다.
ㄴ. 토지 B를 당해 사업연도 11월 1일부터 2년간 임대하고 2년간의 임대료 48,000,000원은 임대기간 말에 받기로 하였다.

① 익금산입 2,000,000원　　　　　　　　　② 익금산입 5,000,000원
❸ 익금산입 6,000,000원　　　　　　　　　④ 세무조정사항 없음

해설

•주택A : 임대료수익의 손익귀속시기는 지급약정일이다. 따라서, 회사가 미회수로 인식하지 않은 11월분 임대료 2,000,000원을 익금산입한다.
　→ if, 회사가 회계기준상 임대료수익(3개월분)에 대해 2개월분을 '미수임대료 xxx/임대수익 xxx'으로 처리시는 이를 익금으로 인정함.
•토지B : 임대료지급기간이 1년 초과시는 미수임대료를 무조건 익금산입한다.〈발생주의 강제〉
　→따라서, 4,000,000원(48,000,000×2개월/24개월)을 익금산입한다.

| 빈출유형특강 97 | 외화환산손익 세무조정 |

Q. 다음은 제조업을 영위하는 (주)삼일의 제5기(20x1년 1월 1일 ~ 20x1년 12월 31일) 사업연도 재무제표의 일부에 대한 설명이다. (주)삼일이 제5기 사업연도에 수행한 세무조정으로 가장 옳은 것은(단, 이월결손금은 5,000,000원이 있고 세부담 최소화를 가정한다.)?

재무상태표

㈜삼일 (단위 : 원)

〈자본잉여금〉

	제5기말	제4기말
감자차익	2,000,000	0

손익계산서

㈜삼일 (단위 : 원)

〈영업외수익〉

	제5기	제4기
채무면제이익	10,000,000	0
법인세환급액	3,000,000	0
외화환산이익	5,000,000	0

ㄱ. 회사는 당기 중 감자시 발생한 차익을 재무상태표상 자본잉여금으로 계상하였다.
ㄴ. 채무면제이익은 대주주가 회사에 대여한 채권을 포기한 것이다.
ㄷ. 법인세환급액은 제3기에 과다납부한 법인세를 환급받은 것이다.
ㄹ. 외화환산이익은 US($) 채권금액을 재무상태표일 현재의 환율로 환산하여 발생한 것이다.(단, 회사는 화폐성 외화자산·부채를 사업연도 종료일 현재의 매매기준율로 평가하는 것으로 신고하였다.)

① (익금불산입) 채무면제이익 5,000,000원(기타)
② (익금산입) 감자차익 2,000,000원(기타)
③ (익금불산입) 외화환산이익 5,000,000원(△유보)
④ (익금산입) 법인세환급액 3,000,000원(기타사외유출)

내비게이션

• ① 채무면제이익 : 익금불산입 5,000,000(기타)
　→세부담최소화 가정상 이월결손금 충당분은 익금불산입
② 감자차익 : 세무조정 없음.
　→익금불산입항목이나 회사도 자본잉여금으로 계상했기 때문
③ 외화환산이익 : 세무조정 없음.
　→일반법인으로서 마감환율 평가방법을 신고했으므로 외화환산손익을 인정
④ 법인세환급액 : 익금불산입 3,000,000(기타)
　→당초 손금불산입항목이므로 환급액은 익금불산입항목

정답 : ①

빈출유형특강 98   재고자산·유가증권 평가방법과 신고

Q. 다음은 법인세법상 손금 및 손금불산입 항목에 관한 설명으로 가장 올바르지 않은 것은?

① 주식을 액면에 미달하는 가액으로 발행하는 경우에 그 액면에 미달하는 금액인 주식할인발행차금은 손금불산입항목이다.

② 잉여금 처분항목은 확정된 소득의 처분사항이므로 잉여금의 처분을 손비로 계상한 경우 등 금액은 원칙적으로 손금으로 인정되지 않는다.

③ 제반 법령이나 행정명령을 위반하여 부과된 벌금, 과료, 과태료를 손금으로 인정해주면 징벌효과가 감소되므로 손금으로 인정되지 않는다.

④ 세법상 재고자산평가방법을 원가법으로 신고한 법인이 계상한 재고자산평가손실은 자산의 예외적 평가손실로 간주되므로 손금으로 인정된다.

🔘 **내비게이션**

• 저가법으로 신고하고 평가손실을 계상한 경우에 손금으로 인정된다.

정답 : ④

 핵심이론 : 재고자산·유가증권 평가방법

재고자산	• 영업장별, 재고자산종류별(⊙ 제품·상품 ⓒ 반제품·재공품 ⓒ 원재료 ② 저장품)로 각각 다른 방법으로 평가가능 • 원가법(개별법, FIFO, LIFO, 총평균·이동평균법, 매가환원법)과 저가법 중 선택 🔍주의 ∴저가법평가손실을 계상했어도 원가법으로 신고시 손금으로 인정되지 않음.
유가증권	• 원가법(⊙ 채권 : 개별법, 총평균·이동평균법 ⓒ 주식 : 총평균·이동평균법)만을 인정 🔍주의 ∴평가손익과 손상차손(환입)등 일체가 인정되지 않음.

 핵심이론 : 재고자산·유가증권 평가방법 신고

신고기한	• 설립일·수익사업개시일이 속하는 사업연도의 과세표준 신고기한 내 ▶예 20x1.1.1에 설립시 20x2.3.31까지 신고
변경신고	• 적용하고자하는 사업연도의 종료일 이전 3월이 되는 날까지 ▶예 20x1년에 적용하고자할 때 20x1.9.30까지 신고 🔍주의 기한 경과후 신고시 : 당기는 신고가 없는 것으로 보며 차기부터 적용

관련기출   유가증권 평가손익

● 다음 중 법인세법상 익금항목에 해당하지 않는 것은?(단, 당해 법인은 이월결손금이 없다고 가정한다.)

① 작년 과다납부로 당기에 환급받은 재산세 1억원
② 본사 건물의 여유 공간을 임대하고 받은 임대료 2억원
❸ 기타포괄손익-공정가치측정금융자산의 시가 상승으로 인한 평가차익 3억원
④ 대주주로부터 건물을 무상으로 증여받아 인식한 자산수증이익 5억원

해설

• 법인세법상 유가증권은 원가법에 의하므로 기타포괄손익-공정가치측정금융자산평가이익을 인정하지 않는다.

빈출유형특강 99 | **재고자산·유가증권 무신고와 임의변경시 평가**

Q. (주)상일은 재고자산평가방법을 선입선출법에서 총평균법으로 변경하기로 하고 20x1년 10월 25일 재고자산평가방법 변경신고서를 제출하였다. 다음 자료에 따라 20x1년(제5기)과 20x2년(제6기)의 세무상 재고자산 평가금액으로 가장 옳은 것은?

ㄱ. 기말재고자산 평가액

구분	20x1년(제5기)	20x2년(제6기)
선입선출법	90,000,000원	60,000,000원
후입선출법	60,000,000원	40,000,000원
총평균법	75,000,000원	50,000,000원

ㄴ. 사업연도는 매년 1월 1일부터 12월 31일까지이며 제5기말과 제6기말 재고자산은 총평균법을 적용하여 평가함.

	20x1년(제5기)	20x2년(제6기)
①	75,000,000원	50,000,000원
②	75,000,000원	60,000,000원
③	90,000,000원	50,000,000원
④	90,000,000원	60,000,000원

📍 **내비게이션**

• 적법 신고기한(x1.9.30)을 경과하여 변경신고하고 총평균법을 적용하였으므로 x1년은 임의변경에 의한 금액(선입선출법 90,000,000), x2년은 변경신고한 총평균법에 의한 금액(50,000,000)이다.

정답 : ③

 핵심이론 : 무신고와 임의변경시 평가

구분	무신고시	임의변경시
재고자산	선입선출법	Max { 당초신고방법에 의한 가액 / 무신고시 평가방법에 의한 가액 }
유가증권	총평균법	
매매목적용 부동산	개별법	

관련기출 자산의 평가

● 법인세법상 자산의 평가방법에 대한 다음 설명 중 가장 옳지 않은 것은?

① 법인세법상 자산의 평가는 원칙적으로 원가법에 의한다.
② 재고자산의 평가방법을 신고하지 않은 경우 선입선출법을 적용한다.
❸ 재고자산은 영업장별, 재고자산종목별로 상이한 평가방법을 적용할 수 없으므로 동일한 방법으로 평가하여야 한다.
④ 유가증권평가방법을 신고하지 않은 경우 총평균법을 적용한다.

해설 ◟

• 영업장별, 재고자산종목별로 상이한 평가방법을 적용할 수 있다.

※말장난

• 재고자산 평가방법을 임의변경시에는 선입선출법과 당초 신고방법 평가금액 중 작은 금액으로 평가한다.(X)
▷작은 금액으로 평가한다.(X) → 큰 금액으로 평가한다.(O)

빈출유형특강 100 　　재고자산·유가증권 평가손익 인정특례

Q. 다음은 제조업을 영위하는 중소기업인 (주)삼일의 법인세 절세전략에 대한 회의 내용이다. 다음 중 가장 적합하지 않은 주장을 하고 있는 사람은?

> 김차장 : 퇴직연금에 가입하는 것이 필요합니다. 퇴직연금에 가입하면 부인된 퇴직급여충당금 범위내에서 손금 산입 가능합니다.
> 정과장 : 연구개발과 관련하여 발생한 비용 중 법에서 정한 비용은 일정비율만큼 세액공제가 가능합니다. 따라서, 연구개발비 중 세액공제가 가능한 비용을 검토해야 합니다.
> 박과장 : 법소정 자산에 투자합시다. 그러면 투자금액의 일정률에 해당하는 세액공제를 받을 수 있습니다.
> 장대리 : 재고자산 평가방법을 신고하지 않았어도 시장에서 유행이 지난 재고에 대해 평가손실을 계상한다면 손금으로 인정받을 수 있어 과세표준이 줄어들게 됩니다.

① 김차장　　　　　　　　　　　② 정과장
③ 박과장　　　　　　　　　　　④ 장대리

📍 **내비게이션**

• 파손·부패가 아닌 유행경과로 인한 재고자산평가손실은 법인세법상 손금으로 인정되지 않는다.

정답 : ④

 핵심이론 : 평가손익 인정특례

■ 결산조정을 전제로 다음의 평가손실만 인정(평가이익은 불인정)

재고자산	• 저가법신고시 저가법에 의한 재고자산평가손실 • 파손·부패로 인한 재고자산평가손실(신고방법불문)
유가증권	• 부도발생이 된 소정의 경우에 해당하는 주식평가손실 • 주식 발행법인이 파산한 경우 유가증권 평가손실

관련기출 　재고자산평가 종합

● 법인세법상 재고자산 평가와 관련된 설명으로 가장 옳은 것은?
① 재고자산은 영업장별로 상이한 방법으로 평가할 수 없다.
② 재고자산평가방법 무신고시 후입선출법을 적용한다(매매목적용부동산은 개별법).
❸ 재고자산 평가방법 변경신고를 신고기한을 경과하여 신고한 법인이 당해 변경신고한 방법으로 재고자산을 평가하여 재무상태표에 계상한 경우 선입선출법(매매목적용부동산은 개별법)으로 평가한 금액과 당초 신고한 방법으로 평가한 금액 중 큰 금액으로 평가한다.
④ 세무상 재고자산의 평가금액이 재무상태표상 재고자산 기말가액보다 작은 경우에 차이금액을 익금산입하여 유보처분한다.

해설

• ① 재고자산은 영업장별, 재고자산 종류별로 상이한 방법으로 평가할 수 있다.
② 재고자산평가방법 무신고시 선입선출법을 적용한다.(매매목적용부동산은 개별법)
③ 임의변경에 해당하므로 옳은 설명이다.
④ 회사의 기말재고가 과대계상됨에 따라 매출원가가 과소계상되므로 차이금액을 손금산입하여 △유보로 처분한다.

빈출유형특강 101 　　　　　　　　기부금 일반사항

Q. 다음 중 법인세법상 기부금에 대한 설명으로 가장 올바르지 않은 것은?

① 기부금은 특수관계 없는 자에게 사업과 직접 관련 없이 무상 지출하는 재산적 증여가액을 말한다.

② 대표이사 동창회에 지출한 기부금은 비지정기부금으로 전액 손금불산입된다.

③ 기부금은 현금주의에 의하여 손금으로 계상되므로 법인이 실제로 지급하지 아니한 기부금을 손금에 계상한 경우 동 금액을 손금불산입한다.

④ 특례기부금 한도초과액은 이월공제가 되지 않으나 일반기부금 한도초과액은 그 다음 사업연도의 개시 일로부터 10년 이내에 종료하는 사업연도에 이월하여 손금에 산입할 수 있다.

◉ 내비게이션

•특례기부금 한도초과액도 이월하여 손금에 산입될수 있다.

정답 : ④

📝 핵심이론 : 기부금 일반사항

과목분류	구분		대상	특수관계	세무처리
	업무관련성이 있는 경우		특정인	특수관계불문	기업업무추진비
			불특정다수인	특수관계불문	광고선전비
	업무관련성이 없는 경우		특정단체 등	특수관계없는 자	기부금

기부금구분	특례·일반기부금	•한도초과액을 손금불산입하고 기타사외유출로 처분함.
	비지정기부금	•전액 손금불산입하고 귀속에 따라 배당·상여·기타사외유출로 처분함

기부금한도	한도	■ 특례기부금 한도 : (기준소득금액 - 이월결손금)×50% ■ 일반기부금 한도 : (기준소득금액 - 이월결손금 - 특례손금용인액)×10% ▶기준소득금액 : 차가감소득금액 + 특례·일반기부금 ▶이월결손금 : 과세표준 계산상 공제가능한 이월결손금 ▶특례손금용인액 : 이하 한도초과이월액의 손금산입액을 포함한 금액임.
	특례·일반 한도초과액	•10년간 이월하여 먼저 발생한 이월액부터 한도액 범위내에서 우선 손금산입(기타)함. •한도초과(한도미달) = 기부금지출액 - (한도 - 이월액 손금산입액)
	예시 전기 특례기부금 한도초과 이월액 ₩1,000, 당기 특례기부금 ₩2,500, 당기 일반기부금 ₩1,200 　　　차가감소득금액 ₩9,000, 공제가능 이월결손금 ₩700 　　　→ 기준소득금액 : 9,000+2,500+1,200=12,700, 특례기부금 한도 : (12,700-700)×50%=6,000 　　　→ 〈1순위〉 한도초과 이월액 손금산입 : Min[1,000, 6,000]=1,000(기타) 　　　　　〈2순위〉 특례기부금 한도초과(미달) : 2,500 - (6,000-1,000)=△2,500(한도미달)[세무조정없음] 　　　→ 일반기부금 한도 : [12,700-700-(2,500+1,000)]×10%=850 　　　→ 〈3순위〉 일반기부금 한도초과(미달) : 손금불산입 1,200 - 850=350(기타사외유출)	

귀속시기	•실제로 지출한 사업연도(현금주의)				
	미지급기부금	•당기 : (차) 기부금　　　xxx	(대) 미지급금　　　xxx	손금불산입(유보)
		•차기 : (차) 미지급금　　　xxx	(대) 현금　　　xxx	손금산입(△유보)

빈출유형특강 102 　기부금한도초과액과 이월손금산입

Q. 다음의 자료에 의할 경우 ㈜상일의 당기(20x1년 1월 1일 ~ 20x1년 12월 31일) 기부금한도초과액은 얼마인가?

> ㄱ. 당기순이익 : 100,000,000원
> ㄴ. 세무조정사항 (기부금관련 세무조정 반영 전)
> 　– 익금산입 및 손금불산입 : 30,000,000원
> 　– 손금산입 및 익금불산입 : 10,000,000원
> ㄷ. 기부금 지출내역
> 　– 일반기부금 : 20,000,000원
> ㄹ. ㈜상일의 세무상 이월결손금은 5,000,000원이며, 동 이월결손금은 전액 전기에 발생한 금액이다.

① 6,500,000원　　　　　　　　　② 8,500,000원
③ 9,750,000원　　　　　　　　　④ 10,750,000원

📍 **내비게이션**

• 차가감소득금액 : 100,000,000+30,000,000-10,000,000=120,000,000
• 기준소득금액 : 120,000,000+20,000,000=140,000,000
• 일반기부금한도 : (140,000,000-5,000,000-0)x10%=13,500,000
• 일반기부금한도초과 : 20,000,000-13,500,000=6,500,000

정답 : ①

관련기출 　기부금한도초과액의 이월손금산입

● ㈜상일의 일반기부금에 대한 다음 자료를 기초로 20x1년과 20x2년의 각사업연도소득금액 계산시 기부금 관련 조정내역으로 가장 옳은 것은(단, 회사는 20x1년에 사업을 개시하였다)?

연도	일반기부금 지출액	일반기부금 한도액
20x1년	1,800만원	1,500만원
20x2년	3,500만원	4,000만원

❶ 20x1년도 : 일반기부금한도초과 300만원
　20x2년도 : 전기 일반기부금한도초과이월액 손금산입 300만원
② 20x1년도 : 일반기부금한도초과 300만원
　20x2년도 : 전기 일반기부금한도초과이월액 손금산입 500만원
③ 20x1년도 : 일반기부금한도초과 300만원
　20x2년도 : 전기 일반기부금한도초과이월액 손금산입 200만원
④ 20x1년도 : 일반기부금한도초과 300만원
　20x2년도 : 조정없음

해설

• 20x1년 : 일반기부금한도초과 손금불산입 1,800만원-1,500만원=300만원
• 20x2년 : 〈1순위〉 한도초과이월액손금산입 : Min[300만원, 4,000만원]=300만원(기타)
　　　　　〈2순위〉 일반기부금한도초과 : 3,500만원-(4,000만원-300만원)=△200만원(한도미달)

빈출유형특강 103 — 기부금의제와 부당행위계산부인

Q. 특수관계가 없는 자에게 정당한 사유없이 자산을 정상가액보다 낮은 가액으로 양도한 경우 일정 금액을 기부금으로 본다. 또한 특수관계인과의 거래에서 조세부담이 부당하게 감소된 경우 부당 행위계산부인 규정을 적용받게 된다. (주)삼일은 A에게 정당한 사유없이 시가 10억원의 토지를 5억원에 양도하였다. 개별 상황이 다음과 같은 경우 각 상황에 따른 의제기부금 금액과 부당행위 계산부인 대상 금액은 각각 얼마인가?

| 상황 1. A가 (주)삼일의 특수관계인이 아닌 경우 |
| 상황 2. A가 (주)삼일의 특수관계인인 경우 |

	상황 1(의제기부금 금액)	상황 2(부당행위계산부인 금액)
①	2억원	2억원
②	2억원	5억원
③	5억원	2억원
④	5억원	5억원

📍 **내비게이션**

• 의제기부금 금액 : 10억x70%-5억=2억, 부당행위계산부인 금액 : 10억-5억=5억

정답 : ②

 핵심이론 : 의제기부금액과 부당행위계산부인액

	의제기부금액(특수관계X)	부당행위계산부인액(특수관계O)
고가매입	• (매입가 - 정상가) → '정상가 = 시가x130%'	• (매입가 - 시가)
저가양도	• (정상가 - 양도가) → '정상가 = 시가x70%'	• (시가 - 양도가)

사례 고가매입시 의제기부금 세무조정

■ 특수관계 없는 자로부터 시가 400인 건물을 550에 매입함.

회사				세법			
(차) 건물	550	(대) 현금	550	(차) 건물	520	(대) 현금	550
				기부금	30[*]		

[*] 550-400x130%=30
→손금산입 기부금 30(△유보)
→if, 비지정기부금이면 추가로 손금불산입 30

사례 저가양도시 의제기부금 세무조정

■ 특수관계 없는 자에게 시가 1,200(장부가 1,000)인 토지를 200에 양도하고 처분손실 800 계상

회사				세법			
(차) 현금	200	(대) 토지	1,000	(차) 현금	200	(대) 토지	1,000
처분손실	800			기부금	640[*]		
				처분손실	160		

[*] 1,200x70%-200=640
→ 손금산입 기부금 640, 손금불산입 처분손실 640
→ if, 비지정기부금이면 추가로 손금불산입 640

빈출유형특강 104 현물기부금의 평가

Q. ㈜삼일의 기부금과 관련된 정보가 다음과 같을 경우, 제10기 사업연도(20x2.1.1~20x2.12.31)의 특례기부금에 해당하는 금액은 얼마인가?

> ㄱ. 회사는 지방자치단체에 200,000,000원을 20x1.12.12에 기부하기로 약정하고 20x2.2.13에 실제 지급하였다.
> ㄴ. 회사는 20x2.5.19에 국군 1234 부대에 장부가액 150,000,000원(기부일 현재 시가는 180,000,000원)의 음료수를 기부하였다.
> ㄷ. 회사는 20x2.11.17에 대표이사 동창회에 50,000,000원을 기부하였다.

① 150,000,000원　　　　　　　　② 180,000,000원
③ 200,000,000원　　　　　　　　④ 350,000,000원

◉ **내비게이션**

• 기부금은 현금주의에 의하므로 특례기부금 200,000,000원은 20x2년 귀속이다.
• 특례 현물기부금은 장부가액으로 평가하므로 특례기부금은 150,000,000원이다.
• 대표이사의 동창회 기부금은 비지정기부금이다.

정답 : ④

 핵심이론 : 현물기부금의 평가

특례기부금, 통상적인 일반기부금	•장부가액
특수관계인일반기부금, 비지정기부금	•Max [장부가액, 시가]

사례 현물기부금 세무조정

■ 수재민구호품(제품)을 기부(장부가 100, 시가 230)하고 회사가 기부금으로 230을 계상시

회사				세법		
(차) 기부금	230	(대) 제품	100	(차) 기부금	100	(대) 제품	100
		처분이익	130				

→ 손금불산입 기부금 130, 익금불산입 처분이익 130
→ 특례기부금 100으로 한도 시부인함.

관련기출 현물기부금

● 법인세법상 기부금에 대한 다음 설명 중 가장 옳지 않은 것은?

❶ 현물로 기부할 경우 기부자산가액은 기부대상을 불문하고 시가로 평가한다.
② 특수관계없는 자에게 정당한 사유없이 자산을 정상가액보다 낮은 가액으로 양도함으로써 실질적으로 증여한 것으로 인정되는 금액은 기부금으로 본다.
③ 기부금은 특정인 등에게 사업과 직접적인 관련없이 지출하는 재산적 증여가액을 말한다.
④ 기부금한도초과액은 일정기간 동안 이월하여 손금에 산입하는 것을 허용하고 있다.

해설

• 기부금의 종류에 따라 다르게 규정하고 있다.

빈출유형특강 105 　　　기업업무추진비 일반사항

Q. 다음 중 법인세법상 기업업무추진비에 관한 설명으로 가장 올바르지 않은 것은?

① 기업업무추진비는 교제비·사례금 기타 명목여하에 불구하고 이와 유사한 성질의 비용으로서 법인의 업무와 관련하여 지출한 금액이다.

② 세무상 기업업무추진비 한도액을 초과하는 금액은 손금불산입하여 대표자상여로 처분한다.

③ 광고목적으로 달력 등을 불특정다수인에게 기증한 것은 기업업무추진비로 보지 않고 전액 손금으로 인정한다.

④ 약정에 의해 거래처에 대한 매출채권을 포기한 금액은 세법상 기업업무추진비로 보고 손금으로 인정한다.

📍 **내비게이션**

•기업업무추진비한도초과액 소득처분 : 기타사외유출
•광고선전목적 기증물품

불특정다수	•전액 손금	
특정인	1인당 연간 5만원 이하	•전액 손금
	1인당 연간 5만원 초과	•전액 기업업무추진비

정답 : ②

📝 **핵심이론 : 기업업무추진비 일반사항**

범위	원칙	•접대, 교제비, 사례금 기타 어떠한 명목이든 상관없이 이와 유사한 성질의 비용으로서 법인의 업무에 관련하여 지출한 금액
	간주 기업업무추진비	•사용인이 조직한 조합 또는 단체(법인에 한함)에 지출한 복리시설비 　🔍주의 법인이 아니면 기업업무추진비가 아님. •약정에 의하여 매출채권을 포기한 금액 •기업업무추진비 관련 VAT매입세액 불공제액과 접대한 자산에 대한 VAT매출세액 부담액 •연간 5만원을 초과하여 특정인에게 기증한 광고선전물품
시부인	〈1순위〉	•증빙불비/업무무관 　　　　　　　　　　　손금불산입(대표자상여등)
	〈2순위〉	•건당 3만원(경조금은 20만원)초과 신용카드등 미사용액 　손금불산입(기타사외유출)
	〈3순위〉	•해당액 - 한도 　　　　　　　　　　　　　손금불산입(기타사외유출)
한도		•$12,000,000^{*)} \times \dfrac{\text{사업연도월수}}{12} + \text{수입금액} \times \text{적용률}$ $^{*)}$중소기업 : 36,000,000
귀속시기		•접대행위가 이루어진 사업연도(발생주의)
현물 기업업무추진비		•현물기업업무추진비 평가 : Max[장부가, 시가]

※**말장난**

•접대행위가 이루어졌으나 차기에 지급하기로 한 경우는 차기의 기업업무추진비로 인식하여야 한다.(X)
　▷기업업무추진비의 귀속시기는 접대행위가 이루어진 사업연도이다.

빈출유형특강 106 | 증빙불비 · 현물기업업무추진비

Q. 다음 (주)삼일의 제3기(20x3.1.1~20x3.12.31) 사업연도 자료를 기초로 회사가 수행한 세무 조정 내용 중 가장 옳지 않은 것은?

〈관련자료〉

가. 기부금에는 특정법인에 대한 비지정기부금 지출액 8,000,000원이 포함되어 있다.
　특례기부금 지출액은 10,000,000원이며, 법인세법상 특례기부금 한도액은 18,000,000원이다.
나. 1년간 지출된 기업업무추진비 총액은 15,000,000원이며, 이중 5,000,000원은 아무런 증빙도 받지 않았다. 법인세법상 기업업무추진비한도액은 13,000,000원이다.
다. 상여금에는 임원에게 급여지급기준을 초과하여 지급한 금액 3,000,000원이 포함되어 있다.
라. 원천징수대상인 정기예금에 대한 기간경과분 이자 3,000,000원을 이자수익으로 인식하여 미수이자를 계상하였다.

〈세무조정내용〉　　　　　　　　　　　　　　　　　　　　　　　　　　　　　　(단위 : 원)

익금산입 및 손금불산입			손금산입 및 익금불산입		
과목	금액	소득처분	과목	금액	소득처분
㉠ 비지정기부금	8,000,000	기타사외유출	㉣ 미수이자	3,000,000	유보
㉡ 증빙없는기업업무추진비	5,000,000	기타사외유출			
㉢ 임원상여금한도초과액	3,000,000	상여			
합계	16,000,000		합계	3,000,000	

① ㉠　　　　　　　　　　　　　　　　　② ㉡
③ ㉢　　　　　　　　　　　　　　　　　④ ㉣

◉ 내비게이션

•증빙불비기업업무추진비는 대표자상여로 소득처분한다.

정답 : ②

관련기출 | 현물기업업무추진비 평가

● 다음 중 법인세법상 기업업무추진비와 기부금에 대한 설명으로 가장 옳지 않은 것은?

❶ 법인의 생산품 등으로 접대를 한 경우 기업업무추진비를 장부가액으로 평가하되 시가가 장부가액 보다 적은 경우 시가로 평가한다.
② 특수관계가 없는 자에게 정당한 사유없이 자산을 정상가액보다 낮은 가액으로 양도함으로써 실질적으로 증여한 것으로 인정되는 금액은 기부금으로 본다.
③ 기부금은 특수관계가 없는 자에게 사업과 직접적인 관련없이 지출하는 재산의 증여가액을 말한다.
④ 기부금의 한도초과액은 일정기간 동안 이월하여 손금에 산입하는 것을 허용하고 있다.

해설 。

•현물기업업무추진비는 시가로 평가하되 시가가 장부가액보다 적은 경우 장부가액으로 평가한다.
　즉, Max[장부가, 시가]

빈출유형특강 107 기업업무추진비 손금불산입 총합계

Q. 중소기업이 아니며 제조업을 영위하는 ㈜상일의 제10기 사업연도(20x1.1.1~20x1.12.31) 기업업무추진비와 관련된 자료가 다음과 같을 경우 세무조정으로 인한 손금불산입 금액의 총합계는 얼마인가?

> ㄱ. 기업업무추진비지출액 : 15,200,000원
> [단, 증빙이 구비되지 아니한 지출 1건(금액 1,000,000원) 포함]
> ㄴ. 매출액 : 200,000,000원
> ㄷ. 위 매출액은 전액 제조업에서 발생한 금액으로서 특수관계인과의 거래분은 없다.
> ㄹ. 기업업무추진비 손금한도액 계산시 수입금액기준한도액 계산에 필요한 적용률은 수입금액 100억원 이하분에 대하여 0.3%이다.

① 2,200,000원 　　　　　　　　② 2,600,000원
③ 3,100,000원 　　　　　　　　④ 3,900,000원

⦿ **내비게이션**

• 손금불산입 : 증빙불비기업업무추진비 1,000,000(대표자상여)
• 기업업무추진비한도액 : $12,000,000 \times \frac{12}{12} + 200,000,000 \times \frac{30}{10,000} = 12,600,000$
• 기업업무추진비한도초과 : 손금불산입 (15,200,000-1,000,000)-12,600,000=1,600,000(기타사외유출)
∴손금불산입 금액의 총합계 : 1,000,000+1,600,000=2,600,000

정답 : ②

관련기출 중소기업인 경우

● 중소기업이며 제조업을 영위하는 (주)상일의 제10기 사업연도(20x1.1.1~20x1.12.31)의 기업업무추진비와 관련된 자료가 다음과 같을 경우, 세무조정으로 인한 손금불산입액의 총합계는 얼마인가?

> ㄱ. 기업업무추진비지출액 : 44,450,000원
> [기업업무추진비로 신용카드 등을 사용하지 않고 영수증을 받은 금액 2,000,000원(1건) 포함]
> ㄴ. 매출액 : 450,000,000원(매출액은 전액 제조업에서 발생한 금액으로서 특수관계인과의 거래분은 없다)
> ㄷ. 기업업무추진비 손금한도액 계산시 수입금액기준한도액 계산에 필요한 적용률은 수입금액 100억원 이하분에 대하여 0.3% 이다.

① 5,100,000원 　　　　　　　　② 6,000,000원
❸ 7,100,000원 　　　　　　　　④ 8,000,000원

해설

• 손금불산입 : 3만원초과 신용카드등 미사용액 2,000,000(기타사외유출)
• 기업업무추진비한도액 : $36,000,000 \times \frac{12}{12} + 450,000,000 \times \frac{30}{10,000} = 37,350,000$
• 기업업무추진비한도초과 : 손금불산입 (44,450,000-2,000,000)-37,350,000=5,100,000(기타사외유출)
∴손금불산입 금액의 총합계 : 2,000,000+5,100,000=7,100,000

빈출유형특강 108　　특수관계인 기업업무추진비한도

Q. 다음은 중소기업이 아닌 ㈜삼일의 김정은 과장이 작성한 기업업무추진비조정명세서이다. 이 명세서를 고문회계사에게 제시한 결과 회사의 수입금액은 일반수입금액 100억원과 특수관계인에 대한 수입금액 20억원으로 구성되어 있으므로 이를 수정하라는 지적을 받았다. 정확하게 기업업무추진비조정명세서를 작성한다면 <#1> ~ <#3>에 기입할 금액은 얼마인가?

사업연도	20x2. 1. 1 ~ 20x2.12.31	기업업무추진비조정명세서(갑)	법인명	㈜삼일
			사업자등록번호	123-45-12345

기업업무추진비 한도초과액 조정			
① 12,000,000원(중소기업 36,000,000원)X사업연도월수/12			12,000,000
수입금액기준	총수입금액기준	100억원 이하의 금액X30/10,000	30,000,000
		100억원 초과 500억원 이하의 금액X20/10,000	4,000,000
		500억원 초과금액X3/10,000	0
		② 소 계	34,000,000
	일반수입금액기준	100억원 이하의 금액X30/10,000	30,000,000
		100억원 초과 500억원 이하의 금액X20/10,000	4,000,000
		500억원 초과금액X3/10,000	0
		③ 소 계	〈#1〉34,000,000
	④ 기타수입금액기준	(②-③)X10/100	0
⑤ 기업업무추진비 한도액(①+③+④)			〈#2〉46,000,000
⑥ 기업업무추진비 해당금액			62,000,000
⑦ 기준금액 초과 기업업무추진비 중 신용카드 등 법적증빙 미사용으로 인한 손금불 산입액			5,000,000
⑧ 차감기업업무추진비 해당금액(⑥-⑦)			57,000,000
⑨ 한도초과액(⑧-⑤)			〈#3〉11,000,000
⑩ 손금산입한도 내 기업업무추진비지출액(⑤와 ⑧중 적은 금액)			

	〈#1〉	〈#2〉	〈#3〉		〈#1〉	〈#2〉	〈#3〉
①	30,000,000	42,400,000	14,600,000	②	30,000,000	40,500,000	4,500,000
③	22,500,000	42,400,000	14,600,000	④	22,500,000	40,500,000	4,500,000

◉ 내비게이션

- 〈#1〉 : $100억 \times \dfrac{30}{10,000} = 30,000,000$

- 〈#2〉 : $12,000,000 \times \dfrac{12}{12} + 100억 \times \dfrac{30}{10,000} + 20억 \times \dfrac{20}{10,000} \times 10\% = 42,400,000$

- 〈#3〉 : $57,000,000 - 42,400,000 = 14,600,000$

정답 : ①

 핵심이론 : 특수관계인 수입금액이 있는 경우 기업업무추진비한도

한도	• $12,000,000(중소기업 : 36,000,000) \times \dfrac{사업연도월수}{12} + 수입금액 \times 적용률 \times 10\%$
적용	• 일반수입금액부터 순차로 적용률 적용 　**예시** 중소기업이 아니며, 일반수입금액 95억, 특수관계인 수입금액 10억인 경우 　　→한도 : 1,200만원＋95억×30/10,000＋5억×30/10,000×10%＋5억×20/10,000×10%

빈출유형특강 109 | **지급이자 손금불산입의 기본구조**

제1주차
빈출유형특강

제2주차
핵심유형특강

제3주차
최신유형특강

제4주차
기출문제특강

Q. 다음은 지급이자 손금불산입 항목을 나열한 것이다. 법인세법상 지급이자 손금불산입을 적용하는 순서를 가장 올바르게 나타낸 것은?

> ㄱ. 채권자불분명 사채이자
> ㄴ. 지급받은 자가 불분명한 채권·증권이자
> ㄷ. 건설자금이자
> ㄹ. 업무무관자산 등에 대한 지급이자

① ㄱ → ㄴ → ㄷ → ㄹ
② ㄴ → ㄷ → ㄹ → ㄱ
③ ㄷ → ㄹ → ㄱ → ㄴ
④ ㄷ → ㄹ → ㄴ → ㄱ

📍 **내비게이션**

• 문제의 지문 순서 그대로 손금불산입한다.

정답 : ①

 핵심이론 : 지급이자 손금불산입 순서와 소득처분[원천징수를 고려하는 경우]

손금불산입순서	소득처분
〈1순위〉 채권자불분명 사채이자	① 원천징수분 : 기타사외유출
〈2순위〉 지급받은 자가 불분명한 채권·증권이자	② 그 외분 : 대표자상여
〈3순위〉 건설자금이자	• 유보
〈4순위〉 업무무관자산 등에 대한 지급이자	• 기타사외유출

관련기출 | 지급이자 손금불산입 소득처분

● 법인세법상 차입금에 대한 지급이자는 원칙적으로 손금으로 인정되나 일부 항목은 손금으로 인정되지 않는다. 손금불산입대상인 지급이자와 이에 대한 소득처분을 연결한 것 중 가장 옳은 것은(단, 지급이자에 대한 원천징수는 고려하지 않는다)?

	구분	소득처분
❶	채권자불분명 사채이자	대표자상여
②	지급받는 자 불분명 채권·증권이자	배당
③	건설자금이자	기타사외유출
④	업무무관자산에 대한 지급이자	유보

해설

• ② 대표자상여
③ 유보
④ 기타사외유출

빈출유형특강 110   업무무관자산 지급이자 손금불산입

Q. ㈜상일건설은 올해 대학에 입학한 대표이사의 아들이 사용할 목적으로 20x1년 1월 1일에 승용차를 50,000,000원에 구입하였다. ㈜상일건설의 20x1년 지급이자는 4,000,000원이고 차입금적수가 73,000,000,000원이라 한다면 ㈜상일건설의 20x1년 세무조정시 업무무관자산 등에 관련한 차입금의 지급이자 손금불산입액은 얼마인가(단, 20x1년은 365일이며, 이외의 지급이자 손금불산입액은 없다)?

① 손금불산입액 없음   ② 2,740원

③ 1,000,000원   ④ 4,000,000원

📍 **내비게이션**

• 지급이자 : 4,000,000
• 업무무관자산적수 : 50,000,000x365일=18,250,000,000
• 차입금적수 : 73,000,000,000
• 손금불산입액 : $4,000,000 \times \dfrac{18,250,000,000}{73,000,000,000} = 1,000,000$

정답 : ③

 핵심이론 : 업무무관자산 등 지급이자 손금불산입

대상	업무무관자산 [평가 : 취득가액]	부동산	•업무에 직접 사용하지 않는 부동산 •유예기간(일반적으로 2년) 중에 업무에 직접 사용하지 않고 양도하는 부동산
		동산	•서화 및 골동품 •업무에 직접 사용하지 않는 자동차·선박·항공기
	업무무관가지급금		•업무와 관련없는 특수관계인에 대한 자금대여액 🔍주의 이자수령 유무 불문함.(즉, 적정이자 수령시에도 불문하고 특수관계인 업무무관가지급금으로 계산대상임)
지급이자	•미지급이자는 포함하되, 미경과이자(선급이자)는 제외됨.		
손금불산입액	☐ 지급이자 × $\dfrac{\text{업무무관자산적수}+\text{업무무관가지급금적수 [분자의 한도] 분모}}{\text{차입금적수}}$		
	→선순위 부인된 지급이자·차입금적수 제외하고 계산함		

빈출유형특강 111   대손사유와 대상채권

Q. 다음은 중소기업인 (주)상일의 20x1년 12월 31일 현재 매출채권 명세서의 일부이다. 결산시 대손처리한 금액이 없는 경우 세무조정시 손금산입할 수 있는 금액은 얼마인가(단, 대손채권은 회수가능성이 없다.)?

거래처명	채권금액	대손충당금	설명
㈜부산	2억원	0	20x1년 6월 10일 소멸시효 완성됨
㈜광주	2억원	0	부도발생일부터 6개월 경과한 상황
㈜대구	1억원	0	20x1년 6월 12일 사업폐지

① 1억원   ② 2억원
③ 4억원   ④ 5억원

◉ **내비게이션**

• 소멸시효완성 채권은 신고조정으로 손금산입이 가능하다. 나머지는 결산조정사항이다.

정답 : ②

 핵심이론 : 대손사유와 대손처리불가 채권

신고조정 대손사유	• ㉠ 상법상 소멸시효 완성된 외상매출금·미수금 ㉡ 어음·수표법상 소멸시효 완성된 어음·수표 ㉢ 민법상 소멸시효 완성된 대여금·선급금 ㉣ 회생계획인가결정 또는 법원면책결정에 따른 회수불능 확정채권 ㉤ 민사집행법에 따라 채무자 재산에 경매가 취소된 압류채권

결산조정 대손사유	• ㉠ 채무자의 파산·강제집행·형의집행·사업폐지·사망·실종·행방불명으로 인한 회수불가채권
	㉡ 부도발생 6개월 이상 지난 수표·어음상 채권
	    부도발생 6개월 이상 지난 중소기업이 보유하는 부도발생일 이전의 외상매출금
	    ♀주의 채무자의 재산에 저당권을 설정하고 있는 경우는 제외
	㉢ 회수기일 6개월 이상 지난 30만원 이하(채무자별 합계액)의 채권
	㉣ 회수기일 2년 이상 지난 중소기업이 보유하는 외상매출금·미수금
	    ♀주의 단, 특수관계인과의 거래로 인해 발생한 외상매출금·미수금은 제외

대손처리 불가채권	• ㉠ 특수관계인 업무무관가지급금, 채무보증(보증채무의 대위변제)으로 인한 구상채권 ㉡ 대손세액공제를 받은 VAT매출세액 미수금

관련기출   결산조정 대손사유

● 다음의 채권 중 법인세법상 결산조정사항에 해당하는 대손금으로 가장 올바른 것은?

① 상법에 따른 소멸시효가 완성된 외상매출금 및 미수금
② 민사집행법에 따른 채무자의 재산에 대한 경매가 취소된 압류채권
③ 민법에 따른 소멸시효가 완성된 대여금 및 선급금
❹ 채무자의 파산으로 인하여 회수할 수 없는 채권

해설

• ①, ②, ③ : 신고조정대손사유

빈출유형특강 112　　대손충당금 세무조정 구조

Q. 다음은 제조업을 영위하는 ㈜상일의 대손충당금 변동내역이다. 대손충당금의 세무조정에 관한 설명으로 가장 올바르지 않은 것은?

대손채권상각	10,000,000원	전기이월[*)]	30,000,000원
기말잔액	40,000,000원	당기설정	20,000,000원
	50,000,000원		50,000,000원

[*)]전기이월액 30,000,000원 중 세무상 부인된 유보금액은 10,000,000원이다.

① 대손충당금은 결산조정사항으로 장부에 비용으로 계상한 경우에만 손금인정이 가능하다.

② 전기이월액 중 세무상 부인된 금액 10,000,000원은 전액 손금산입한다.

③ 대손충당금 손금산입 한도액은 세무상 설정대상채권 잔액에 대해 1%와 대손실적률 중 큰 비율을 곱하여 계산한다.

④ 회사의 당기 대손상각비 설정액 20,000,000원과 세무상 손금산입 한도액을 비교하여 손금불산입금액을 계산한다.

◉ 내비게이션

• 기말잔액 40,000,000원과 세무상 손금산입 한도액을 비교하여 손금불산입 금액을 계산한다.

정답 : ④

 핵심이론 : 대손충당금 한도와 세무조정

대손충당금 한도	• 설정대상채권 x Max $\begin{cases} 1\% \\ \text{대손실적률} = \dfrac{\text{당기 세무상 대손금}}{\text{직전 세무상 채권잔액}} \end{cases}$ ◉주의 당기 세무상 대손금이 없다면 설정률은 1%가 됨.
한도초과액	• 한도초과액 : F/P상 대손충당금 기말잔액 - 한도액 ⇒ 손금불산입(유보) ▶ 다음기 자동추인됨 : 손금산입(△유보)

관련기출　대손충당금 한도

● 다음은 대손충당금에 대한 대화이다. 가장 옳지 않은 설명을 한 사람은 누구인가?

> 강대리 : 소멸시효가 완성된 채권은 신고조정 대손사유에 해당하므로 굳이 결산에 반영하지 않더라도 손금산입이 가능합니다.
> 이주임 : '특수관계인에 대한 업무무관가지급금'에서 발생하는 대손금은 법인세법상 손금으로 인정되지 않으므로 의사결정시 참고하여야 합니다.
> 박과장 : 대손충당금 설정한도금액은 대손실적률과 무관하게 설정대상 채권가액의 1%입니다. 다만, 중소기업은 2%까지 대손충당금을 손금산입할 수 있습니다.
> 허대리 : 대손충당금의 설정대상채권은 매출채권뿐만 아니라 대여금, 어음상의 채권 및 미수금 등도 포함됩니다.

① 강대리　　　　　　　　　② 이주임
❸ 박과장　　　　　　　　　④ 허대리

해설

• 1%와 대손실적률 중 큰 금액을 곱하여 계산하며, 한도와 중소기업여부는 무관하다.

빈출유형특강 113 　　대손충당금 한도초과액

Q. 제조업을 영위하는 (주)삼일의 제7기 사업연도(20x1.1.1 ~ 20x1.12.31)의 대손충당금 한도초과액은 얼마인가(단, 당기 대손처리 내역은 없다)?

> (1) 결산서상 대손충당금 내역
> 　① 기초대손충당금 잔액 : 7,000,000원
> 　② 당기 추가설정액 : 8,000,000원
> 　③ 기말잔액 : 15,000,000원
> (2) 전기 대손충당금 부인액 : 5,000,000원
> (3) 장부상 대손충당금 설정대상 채권가액 : 1,000,000,000원

① 5,000,000원　　　　　　　　　② 4,000,000원

③ 2,500,000원　　　　　　　　　④ 3,000,000원

📍 **내비게이션**

• 당기 대손처리 내역이 없으므로(당기 세무상 대손금은 '0') 대손실적률은 '0'이다.
• 15,000,000-1,000,000,000xMax[1%, 0%]=5,000,000

정답 : ①

관련기출　　자동추인과 한도초과액

● 다음은 제조업을 영위하는 (주)삼일의 제10기(20x3.1.1 ~ 20x3.12.31)의 대손충당금 변동내역과 이와 관련된 자료이다. 대손충당금과 관련하여 ㈜삼일이 수행하여야 하는 세무조정으로 가장 옳은 것은?

대손충당금			
당기사용액	3,000,000원	기초잔액	4,000,000원
기말잔액	2,000,000원	당기설정액	1,000,000원

ㄱ. 전기말 대손충당금 한도초과액 : 600,000원
ㄴ. 세무상 기말 대손충당금 설정대상채권 : 100,000,000원
ㄷ. 당기 대손실적률 : 0.8%
ㄹ. 대손충당금의 당기 사용액은 대손발생 금액으로 세법상 대손요건을 충족한다.

① [손금불산입] 1,000,000(유보)
② [손금불산입] 1,200,000(유보)
❸ [손금불산입] 1,000,000(유보) [손금산입] 600,000(△ 유보)
④ [손금불산입] 1,200,000(유보) [손금산입] 1,000,000(△ 유보)

해설

• 손금산입 전기대손충당금한도초과액 600,000(△유보)
• 대손충당금한도 : 100,000,000xMax[1%, 0.8%]=1,000,000
• 대손충당금한도초과 : 손금불산입 2,000,000-1,000,000=1,000,000(유보)

빈출유형특강 114 · 부당행위계산부인 적용요건과 적용대상

> **Q.** 다음 중 법인세법상 부당행위계산부인 규정에 대한 설명으로 가장 옳지 않은 것은?
>
> ① 부당행위계산부인의 규정이 적용되기 위해서는 특수관계인 사이에서 이루어진 거래이어야 한다.
> ② 대주주에게 건물을 무상으로 임대하여 주는 경우에는 부당행위계산부인을 적용하지 아니한다.
> ③ 특수관계인과의 거래라 해도 그 법인의 소득에 대한 조세부담이 부당히 감소하지 않은 경우 부당행위계산부인 규정이 적용되지 않는다.
> ④ 비출자임원, 직원 등에게 사택을 제공하는 경우에는 부당행위계산부인 규정을 적용하지 아니한다.
>
> **◉ 내비게이션**
>
> • 특수관계인에게 자산을 무상으로 임대시에는 부당행위계산부인의 대상이 된다.

정답 : ②

 핵심이론 : 부당행위계산부인

적용요건	특수관계	• 특수관계인과의 거래이어야 함. 🔎주의 소액주주(1%미만)는 특수관계인에서 제외하나, 소액주주라 하더라도 지배주주와 특수관계에 있으면 특수관계인에 해당함.
	조세부당감소	• 조세부담을 부당히 감소시킨 것으로 인정될 것 🔎주의 법률적 하자는 불문 →거래자체는 유효 →세금만 재계산
	현저한이익	• 고가매입·저가양도 : 시가·거래가차액≧시가×5% 또는 시가·거래가차액≧3억원
적용대상		• 자산의 고가매입과 저가양도 • 금전·자산·용역의 무상·저가임대와 고가차용 **비교** ■ 임원·직원(중소기업 근로자 제외)에 대한 주택자금의 무상·저리대여 → 부인대상O(인정이자) ■ 출자임원에 대한 사택제공 : 부인대상O ■ 비출자임원·소액주주임원·직원에 대한 사택제공 : 부인대상X

관련기출 · 부당행위계산부인 적용대상

● ㈜삼일의 다음 거래 중 법인세법상 부당행위계산부인 규정의 적용대상이 아닌 것은?

❶ 소액주주인 임원 강남길에게 사택을 무료로 제공하였다.
② 임원 장나래에게 시가 8억원의 기계장치를 7억원에 양도하였다.
③ 대표이사 허달수에게 업무와 관련없이 1억원을 무이자 조건으로 대여하였다.
④ 대주주인 김남주에게 토지를 1년간 무상으로 임대하였다.

해설

• ① 비출자임원, 소액주주임원, 직원에 대한 사택제공은 부당행위계산부인 대상이 아니다.
  ② 부당행위계산부인 대상 저가양도에 해당한다.
  ③ 부당행위계산부인 대상 인정이자 익금산입에 해당한다.
  ④ 특수관계인에 대한 무상임대이므로 부당행위계산부인 대상에 해당한다.

※말장난

• 부당행위계산부인 규정을 적용하기 위해서는 법률상 하자있는 계약에 의한 것이어야 한다.(X)
  ▷법률적 하자 여부는 불문하며 세액만 재계산한다.

빈출유형특강 115　　부당행위계산부인 고가매입

Q. ㈜삼일은 20x1년 1월 1일에 회사의 대표이사로부터 시가 5억원인 토지를 10억원에 매입하며 다음과 같이 회계처리 하였다.

(차변) 토지	10억원	(대변) 현금	10억원

상기 토지 매입과 관련하여 20x1년에 필요한 세무조정으로 가장 옳은 것은(단, 증여세는 고려하지 않는다)?

① (손금산입) 토지 3억원(△유보), (손금불산입) 고가매입액 3억원(상여)

② (손금산입) 토지 3억원(△유보), (손금불산입) 고가매입액 5억원(상여)

③ (손금산입) 토지 5억원(△유보), (손금불산입) 고가매입액 5억원(상여)

④ (손금불산입) 고가매입액 5억원(상여)

📍내비게이션

•부당행위계산부인 고가매입에 대한 세무조정을 묻는 문제이다.

회사				세법			
(차) 토지	10억원	(대) 현금	10억원	(차) 토지(시가)	5억원	(대) 현금	10억원
				부당행위	5억원		

[세무조정] 손금산입 5억(△유보) : 자산감액 세무조정
　　　　　익금산입 5억(상여) : 상쇄세무조정
　　　　　→귀속이 대표이사이므로 상여로 소득처분한다.
🔎주의 ∴ 저가양도와는 달리 고가매입시는 소득금액에 영향이 없음.

***참고** 부당행위계산부인 적용요건 : ㉠ 특수관계 ㉡ 조세부당감소 ㉢ 현저한 이익(고가매입·저가양도시)
　　　→(10억원 - 5억원)≧5억원×5% 또는 (10억원 - 5억원)≧3억원

정답 : ③

관련기출　　**고가매입의 영향**

● (주)삼일은 20x3년 12월 31일에 당 회사의 대주주인 우용길씨로부터 시가 100억원인 건물을 120억원에 매입하고 장부상 건물의 취득금액을 120억원으로 계상하였다. 이 거래로 인한 (주)삼일의 세무조정 내용이나 과세표준에 미치는 영향으로 가장 옳은 것은(단, 감가상각비에 대한 영향은 배제하고 증여세는 고려하지 않는다.)?

① (주)삼일의 각사업연도소득금액은 20억원만큼 증가한다.

❷ 회사는 대주주에 대하여 인정배당의 소득처분을 실시해야 한다.

③ 정당한 사유없이 정상가액보다 더 지급한 20억원은 기부금으로 의제된다

④ 부당행위계산부인의 경우 자산의 저가양도행위에 대해서만 규제하기 때문에 회사의 고가 매입은 부당행위계산부인의 대상이 아니니다.

해설

•[세무조정] 손금산입 자산감액 20억(△유보) / 익금산입 부당행위(상쇄세무조정) 20억(배당)
　　　　→귀속이 주주이므로 배당으로 소득처분한다.
•① 각사업연도소득금액은 불변이다.
　③ 특수관계인과의 거래이므로 기부금의제가 아니라 부당행위계산부인이 적용된다.
　④ 고가매입도 부당행위계산부인의 대상이 된다.

빈출유형특강 116   부당행위계산부인 저가양도

Q. ㈜삼일은 20x1년 1월 1일에 회사의 대표이사에게 시가 2억원인 토지를 장부가인 1억원에 매도하고 다음과 같이 회계처리하였다.

| (차변) 현금 | 1억원 | (대변) 토지 | 1억원 |

상기 토지 매도와 관련하여 20x1년에 필요한 세무조정으로 가장 옳은 것은(단, 증여세는 고려하지 않는다)?

① (손금산입) 토지 1억원(△유보)
② (손금불산입) 저가양도 1억원(상여)
③ (손금불산입) 저가양도 2억원(상여)
④ 세무조정 없음

🔎 내비게이션

• 부당행위계산부인 저가양도에 대한 세무조정을 묻는 문제이다.

회사				세법			
(차) 현금	1억원	(대) 토지	1억원	(차) 현금	1억원	(대) 토지	1억원
				부당행위	1억원	처분이익	1억원

[세무조정] 익금산입 부당행위계산부인 1억원(상여)
　　　→귀속이 대표이사이므로 상여로 소득처분한다.

참고 다음은 (주)보충이 대주주인 강경석씨에게 양도한 건물에 관한 자료이다. 세무조정은?

ㄱ. 건물의 시가	:	150,000,000원
ㄴ. 건물의 장부금액	:	75,000,000원
ㄷ. 회사의 처분이익 인식액	:	45,000,000원

■ 회사의 회계처리 추정과 세무조정

회사			
(차) 현금	120,000,000	(대) 건물	75,000,000
		처분이익	45,000,000

세법			
(차) 현금	120,000,000	(대) 건물	75,000,000
부당행위	30,000,000	처분이익	75,000,000

[세무조정] 익금산입 부당행위계산부인 30,000,000(배당)
　　→ 귀속이 주주이므로 배당으로 소득처분한다.

정답 : ②

빈출유형특강 117 　　부당행위계산부인 가지급금인정이자

> **Q.** ㈜삼일은 대표이사인 홍길동씨에게 업무와 관련없이 자금을 대여하고 있으며 동 대여금의 20x2년 적수는 1,000,000,000원이다. 20x2년 중 대표이사로부터 수령한 이자가 없으며 ㈜삼일의 가중평균차입이자율이 7%인 경우 필요한 세무조정으로 옳은 것은(단, 회사는 인정이자 계산시 적용할 이자율로 가중평균차입이자율을 선택하였으며 1년은 365일로 하며 소수점 첫째 자리에서 반올림함)?
>
> ① (익금산입) 가지급금인정이자 159,817원(상여)
> ② (익금산입) 가지급금인정이자 191,781원(상여)
> ③ (익금산입) 가지급금인정이자 230,137원(상여)
> ④ (익금산입) 가지급금인정이자 276,164원(상여)
>
> ● 내비게이션
>
> • 인정이자 익금산입액 : $(1,000,000,000 \times 7\% \times \frac{1}{365}) - 0$(수입이자)=191,781
> • 세무조정 : 익금산입 191,781(상여) →귀속이 대표이사(임원)이므로 상여로 소득처분한다.

정답 : ②

 핵심이론 : 가지급금인정이자 익금산입

익금산입액	• 인정이자(가지급금적수×이자율×$\frac{1}{365}$) – 수입이자 ▶ 가지급금적수 : 지급일(초일) 포함, 회수일 제외 ▶ 이자율 : 원칙적으로 가중평균차입이자율을 적용함.(예외적으로 당좌대출이자율 적용함) ▶ 윤년은 $\frac{1}{366}$ 적용함.
세법상 불이익	• 특수관계인 업무무관가지급금에 대한 세법상 불이익(규제)은 다음과 같음. ㉠ 업무무관가지급금에 대한 지급이자 : 손금불산입(기타사외유출) ㉡ 업무무관가지급금은 대손처리 불가 채권에 해당(대손충당금 설정대상채권에도 불포함) ㉢ 업무무관가지급금에 대한 인정이자 : 익금산입(상여 등)

관련기출 　업무무관가지급금에 대한 세법상 불이익

● 법인세법에서는 특수관계인에게 법인의 업무와 직접적인 관련이 없이 지급한 금액을 업무무관가지급금으로 보아 세법상 불이익을 주고 있다. 업무무관가지급급에 대한 법인세법상 처리내용 중 옳은 것을 모두 고르면?

> ㄱ. 사업연도 동안 발생한 이자비용 중 업무무관가지급금에 상당하는 금액은 손금불산입한다.
> ㄴ. 업무무관가지급금에 대하여 이자를 받지 않거나 또는 법인세법상 적정이자율보다 낮은 이지율로 대여한 경우 적정이자율로 계산한 이자상당액 또는 이자상당액과의 차액을 익금산입한다.
> ㄷ. 업무무관가지급금에 대하여 대손충당금을 설정할 수 없다.

① ㄱ　　　　　　　　　　　　　② ㄱ, ㄷ
③ ㄴ, ㄷ　　　　　　　　　　　❹ ㄱ, ㄴ, ㄷ

해설

• ㄱ, ㄴ, ㄷ 모두 세법상의 불이익 규정에 해당한다.

빈출유형특강 118   법인세 과세표준과 이월결손금

Q. 다음의 자료를 이용하여 ㈜상일의 제25기(20x1.1.1~20x1.12.31) 당기순이익 금액을 계산하면?

> ㄱ. 법인세 과세표준금액 : 285,000,000원
> ㄴ. 소득금액조정합계표상 금액 :
>   - 익금산입·손금불산입 : 100,000,000원, 손금산입·익금불산입 : 70,000,000원
> ㄷ. 일반기부금 한도초과액 : 10,000,000원, 비과세소득 : 3,000,000원, 소득공제 : 2,000,000원

① 230,000,000원   ② 250,000,000원
③ 290,000,000원   ④ 295,000,000원

📍 **내비게이션**

• 당기순이익+100,000,000(익금산입·손금불산입)-70,000,000(손금산입·익금불산입)+10,000,000
  (일반기부금 한도초과액)-3,000,000(비과세소득)-2,000,000(소득공제)=285,000,000(과세표준)
  →∴당기순이익=250,000,000

정답 : ②

📝 **핵심이론 : 과세표준계산과 이월결손금공제**

과세표준계산	차가감소득금액	• 당기순이익+익금산입·손금불산입-손금산입·익금불산입
	각사업연도소득금액	• 차가감소득금액+기부금한도초과-전기기부금손금산입
	과세표준	• 각사업연도소득금액-이월결손금[1순위]-비과세소득[2순위]-소득공제[3순위] 🔍주의 비과세소득과 원칙적으로 소득공제는 이월공제가 없음.
이월결손금공제	공제시한	• ㉠ 2020년 이후 발생분 : 15년 ㉡ 2019년 이전 발생분 : 10년
	공제불가	• 과거 이미 공제분과 자산수증이익·채무면제이익으로 상계된 것
	공제순서	• 먼저 발생분부터 순차공제하며 임의선택하여 공제불가
	공제배제	• 과세표준 추계결정·경정시에는 공제하지 않음. →단, 불가항력에 의한 장부멸실로 추계결정시는 공제

관련기출   법인세 이월결손금 공제

● ㈜상일의 당기(2024.1.1~2024.12.31) 결산서상 당기순이익은 250,000,000원이며 세무조정 결과 익금산입·손금
불산입 금액은 80,000,000원, 손금산입·익금불산입 금액은 40,000,000원이 발생하였다. 이월결손금 내역이 다음과
같을 때 ㈜상일의 법인세 과세표준을 계산하면 얼마인가(단, 기부금, 비과세소득, 소득공제 금액은 없다)?

발생연도	회계상 이월결손금	세법상 이월결손금
2011년	9,000,000원	9,000,000원
2012년	7,000,000원	5,000,000원
2019년	5,000,000원	5,000,000원

① 274,000,000원   ② 280,000,000원
③ 282,000,000원   ❹ 285,000,000원

해설

• 250,000,000+80,000,000-40,000,000-5,000,000=285,000,000
→2011년과 2012년 이월결손금은 공제시한(10년) 경과로 공제되지 않는다.

빈출유형특강 119 　　　　　 수정후 법인세 과세표준

Q. 다음은 ㈜상일의 제20기(2024.1.1 ~ 2024.12.31) 세무조정계산서의 일부이다. 담당 회계사의 검토를 받던 중 회사는 아래와 같은 항목이 세무조정시 누락된 것을 확인하고 이를 수정하기로 했다. 수정 후 올바른 과세표준은 얼마인가?

(단위 : 원)

① 각 사 업 연 도 소 득 계 산	(101)결산서상당기순손익		01	200,000,000
	소득조정금액	(102)익 금 산 입	02	20,000,000
		(103)손 금 산 입	03	35,000,000
	(104)차가감소득금액 (101 + 102 – 103)		04	185,000,000
	(105)기부금한도초과액		05	0
	(106)기부금한도초과 이월액손금산입		54	0
	(107)각사업연도소득금액{(104) + (105)–(106)}		06	185,000,000
② 과 세 표 준 계 산	(108)각사업연도소득금액(108=107)			185,000,000
	(109)이월결손금		07	0
	(110)비과세소득		08	0
	(111)소득공제		09	0
	(112)과세표준(108 – 109 – 110 – 111)		10	185,000,000

〈누락사항〉
ㄱ. 이월결손금 : 9기 50,000,000원, 15기 45,000,000원, 17기 10,000,000원
ㄴ. 일반기부금 한도초과액 : 15,000,000원

① 115,000,000원　　　　　　　　② 130,000,000원
③ 145,000,000원　　　　　　　　④ 150,000,000원

◉ 내비게이션

• 185,000,000 + 15,000,000[일반기부금 한도초과액]-55,000,000(이월결손금)=145,000,000
→제9기 이월결손금은 공제시한(10년)이 경과되어 공제되지 않는다.

정답 : ③

※ **말장난**

• 법인세법상 비과세소득과 소득공제는 이월공제가 가능하다.(X)
▷비과세소득과 원칙적으로 소득공제는 이월공제가 없다.
• 과세표준 계산시 이월결손금은 발생연도와 상관없이 미공제된 것은 모두 공제 가능하다.(X)
▷이월결손금은 공제시한이 있다.

빈출유형특강 120 　　　　　　　법인세 산출세액

Q. 다음 자료를 기초로 ㈜삼일의 제1기(20x1년 1월 1일 ~ 20x1년 12월 31일) 법인세 산출세액을 계산하면 얼마인가?

〈자료 1〉

손익계산서

㈜삼일　　　　　　　　20x1.1.1 ~ 20x1.12.31　　　　　　　　　　　(단위 : 원)

매 출 액	950,000,000
매 출 원 가	600,000,000
(생략)	....
급　　　여	121,000,000
감 가 상 각 비	21,000,000
세 금 과 공 과	7,000,000
(생략)	....
법인세비용차감전순이익	190,000,000

〈자료 2〉
 - 손익계산서의 수익과 비용은 다음 사항을 제외하고는 모두 세법상 적정하게 계상되어 있다.
 ㄱ. 급여 121,000,000원에는 대표이사에 대한 상여금 한도초과액 8,000,000원이 포함되어 있다.
 ㄴ. 감가상각비 21,000,000원에 대한 세법상 감가상각범위액은 11,000,000원이다.
 ㄷ. 세금과공과 7,000,000원에는 신호위반으로 인한 과태료 2,000,000원이 포함되어 있다.
 ㄹ. 매출원가에는 세법에서 인정하지 않는 재고자산평가손실 12,000,000원이 포함되어 있다.
 ㅁ. 매출액은 기업회계와 세무회계상의 금액이 동일하다.
 ㅂ. 세무상 공제가능한 이월결손금은 12,000,000원이다.
 ㅅ. 법인세율은 과세표준 2억원 이하에 대해서는 9%, 2억원 초과 200억원 이하분에 대해서는 19%이다.

① 19,900,000원　　　　　　　　　　　　　② 20,000,000원
③ 24,000,000원　　　　　　　　　　　　　④ 26,000,000원

📍 **내비게이션**

•세무조정
 - 손금불산입 임원상여한도초과 8,000,000(상여)
 - 손금불산입 감가상각비한도초과 10,000,000(유보)
 - 손금불산입 과태료 2,000,000(기타사외유출)
 - 손금불산입 재고자산평가손실 12,000,000(유보)
•각사업연도소득금액 : 190,000,000+8,000,000+10,000,000+2,000,000+12,000,000=222,000,000
•과세표준 : 222,000,000-12,000,000=210,000,000
•산출세액 : 200,000,000x9%+10,000,000x19%=19,900,000

정답 : ①

빈출유형특강 121　　　　　　　외국납부세액공제

제1주차
빈출유형특강

제2주차
최신유형특강

제3주차
최신유형특강

제4주차
기출변형특강

Q. 다음의 자료를 이용하여 ㈜삼일의 외국납부세액공제액을 구하면 얼마인가?

ㄱ. 각사업연도 소득금액	250,000,000원
ㄴ. 법인세 과세표준	200,000,000원
ㄷ. 법인세 산출세액	18,000,000원
ㄹ. 국외원천소득자료	
－ 과세표준에 산입된 국외원천소득	60,000,000원
－ 국외원천소득에 대한 외국납부세액	5,000,000원

① 1,500,000원　　　　　　　　　② 4,800,000원
③ 5,000,000원　　　　　　　　　④ 5,400,000원

📍 **내비게이션**

• 외국납부세액 : 5,000,000 [한도] $18,000,000 \times \dfrac{60,000,000}{200,000,000} = 5,400,000$

→공제액=5,000,000

정답 : ③

 핵심이론 : 외국납부세액공제

개요	•국외소득이 있는 경우 원천지국의 법인세와 우리나라의 법인세를 동시에 부담하게 되므로 이러한 국제적 이중과세를 조정하기 위한 제도로, 직접외국납부세액을 세액공제 또는 손금산입방법 중 선택 적용함. 참고 의제외국납부세액(간주외국납부세액)과 간접외국납부세액은 세액공제만 적용함.
세액공제 한도	•외국납부세액 : 직접외국납부세액+의제외국납부세액(간주외국납부세액)+간접외국납부세액

한도	법인세산출세액 × $\dfrac{\text{과세표준에 산입된 금액}}{\text{과세표준}}$

관련기출　　**외국납부세액공제와 한도**

● 다음의 자료를 이용하여 ㈜삼일의 외국납부세액공제액을 구하면 얼마인가?

ㄱ. 각사업연도 소득금액	: 300,000,000원
ㄴ. 법인세 과세표준	: 200,000,000원
ㄷ. 법인세 산출세액	: 18,000,000원
ㄹ. 국외원천소득자료	:
－ 과세표준에 산입된 국외원천소득	: 80,000,000원
－ 국외원천소득에 대한 외국납부세액	: 10,000,000원

① 4,000,000원　　　　　　　　　② 6,000,000원
❸ 7,200,000원　　　　　　　　　④ 10,000,000원

해설

• 외국납부세액 : 10,000,000 [한도] $18,000,000 \times \dfrac{80,000,000}{200,000,000} = 7,200,000$

→공제액=7,200,000

빈출유형특강 122　　　법인세 신고와 납부

Q. 법인세의 신고 · 납부와 관련된 다음 설명 중 가장 옳지 않은 것은?

① 내국법인은 법인설립신고 또는 사업자등록시 사업연도를 신고하여야 하며, 신고하지 않은 경우에는 매년 1월 1일부터 12월 31일까지를 그 법인의 사업연도로 한다.

② 중간예납세액의 계산방법에는 직전사업연도 부담세액의 50%로 세액을 계산하는 방법과 중간예납 기간을 1사업연도로 보아 세액을 계산하는 방법이 있으며, 이 중 한 방법을 선택할 수 있다.

③ 각사업연도소득이 없거나 결손금이 있는 경우에는 법인세 신고를 할 의무가 없다.

④ 납부할 세액이 1천만원을 초과하는 때에는 일정금액을 분납할 수 있다.

◉ 내비게이션

• 각사업연도소득이 없거나 결손금이 있는 경우에도 신고하여야 한다.

정답 : ③

✏ 핵심이론 : 법인세 납세절차

기납부세액	중간예납세액	• 전기실적기준(50%)과 중간예납기간의 실적기준 중 선택함.
	원천징수세액	• 2가지 소득(이자소득과 배당소득 중 투자신탁이익)을 대상으로 함.
	수시부과세액	• 조세채권의 조기 확보를 위함.
신고납부	신고납부기한	• 각사업연도종료일이 속하는 달의 말일부터 3개월(성실신고확인서를 제출하는 경우에는 4개월) 이내 신고납부 → ◉주의 각사업연도소득금액이 없거나 결손법인도 신고해야 함. * **보론** 외부감사대상은 소정사유로 신청시 신고기한을 1개월의 범위에서 연장가능
	필수첨부서류	• ㉠ 재무상태표 ㉡ 포괄손익계산서 ㉢ 이익잉여금처분계산서 ㉣ 세무조정계산서 → ◉주의 필수적 첨부서류 미첨부의 경우는 무신고로 봄.
분납		• 납부할 세액이 1천만원을 초과하는 경우 1월(중소기업은 2월) 이내에 분납가능함.

관련기출　　법인세 납세절차

● 다음 중 법인세 신고 · 납부에 관한 설명으로 가장 올바르지 않은 것은?

① 법인세 납세의무가 있는 내국법인은 각 사업연도 종료일이 속하는 달의 말일부터 3개월 이내에 법인세 과세표준과 세액을 신고하여야 한다.

❷ 법인세 과세표준 신고시 개별 내국법인의 재무상태표, 포괄손익계산서 등의 첨부서류는 제출하지 않아도 된다.

③ 각사업연도소득금액이 없거나 결손금이 있는 경우에도 법인세 신고기간 내에 과세표준과 세액을 신고하여야 한다.

④ 법인세는 납부할 세액이 일정 금액을 초과할 경우 분납할 수 있다.

해설

• 재무상태표, 포괄손익계산서 등의 필수적 첨부서류를 제출하지 않은 경우는 무신고로 본다.

※말장난

• 내국법인에게 이자소득, 투자신탁이익, 기타소득을 지급하는 자는 원천징수하여 납부하여야 한다.(X)
　▷기타소득은 원천징수대상이 아니다.

• 법인세는 납부기한이 경과한 날로부터 1개월(중소기업은 3개월)내에 분납할 수 있다.(X)
　▷중소기업은 3개월(X) → 중소기업은 2개월(O)

빈출유형특강 123 　　소득세의 특징

Q. 다음 중 소득세의 특징에 대한 설명으로 가장 올바르지 않은 것은?

① 소득세는 원칙적으로 개인별로 과세되는 개인단위 과세제도이다.

② 신고납세제도를 채택하고 있으므로 납세의무자의 확정신고로 과세표준과 세액이 확정된다.

③ 소득세는 열거주의에 의하여 과세대상 소득을 규정하고 있으나 이자소득과 배당소득은 열거되지 않은 소득이라도 유사한 소득은 과세하는 유형별 포괄주의를 채택하고 있다.

④ 소득세 중 일용근로자의 소득은 원천징수로 납세의무를 종결하고 있는데 이를 분류과세라 한다.

◉ 내비게이션

• 분류과세(X) → 분리과세(O)

정답 : ④

 핵심이론 : 소득세의 특징

과세범위	열거주의	• 소득원천설을 근간 → **비교** 법인세 : 포괄주의(순자산증가설)
	유형별포괄주의 (일부채택)	㉠ 이자소득 : 금전의 사용대가 성격이 있는 것도 과세 ㉡ 배당소득 : 수익분배 성격이 있는 것도 과세
과세단위		• 개인단위과세 → 단, 일정요건하의 공동사업합산과세를 적용함.
과세방법	원칙	• 종합과세
	예외	㉠ 분리과세('완납적원천징수') : 원천징수로 과세종결(확정신고X) 　㉮ 일용근로소득, 복권당첨소득 등 ㉡ 분류과세 : 퇴직·양도소득은 종합소득과는 별도로 개별과세함. ㉢ 비과세 : 과세제외 　♀주의 분리과세소득을 제외한 원천징수된 소득은 일단 종합소득에 포함하여 확정신고하며 원천징수세액 　　을 기납부세액으로 공제함.('예납적원천징수')
기타사항		• 직접세, 신고납세제도, 초과누진세율(누진과세), 인세(인적공제제도)

관련기출　소득세 과세방법

● 다음 중 원천징수에 대한 설명으로 가장 올바르지 않은 것은?

❶ 원천징수를 하면 납세의무가 종결되므로, 어떤 경우에도 확정신고를 할 필요가 없다.

② 법인이 개인에게 소득을 지급하는 경우 소득세법에 따라 원천징수를 한다.

③ 원천징수에 의해서 정부는 조세수입을 조기에 확보할 수 있으며, 탈세를 방지할 수 있는 장점이 있다.

④ 예납적원천징수의 경우에는 별도의 소득세 확정신고절차가 필요하나, 완납적원천징수에 해당하면 별도의 확정신고가 불필요하다.

해설

• 완납적원천징수(분리과세)인 경우에만 납세의무가 종결된다.

※말장난

• 소득세는 공평과세를 위해 개인의 인적사항을 고려하지 않는다.(X)
　▷소득세는 인적사항이 고려되는 인세이다.

빈출유형특강 124 　　　　　 원천징수

Q. 예납적 원천징수와 완납적 원천징수에 대한 다음 비교 내용 중 가장 옳지 않은 것은?

구 분	예납적 원천징수	완납적 원천징수
① 납세의무	원천징수로 납세의무 종결되지 않음	원천징수로 납세의무 종결
② 확정신고	확정신고 의무있음	확정신고 불필요
③ 조세부담	원천징수세액	확정신고시 정산하고 원천징수세액을 기납부세액으로 공제함
④ 대상소득	분리과세 이외의 소득	분리과세소득

⊙ 내비게이션

• ③은 반대의 설명이다.

정답 : ③

 핵심이론 : 소득세법상 원천징수

개요	의의	• 지급자(원천징수의무자)가 소득자(납세의무자)의 세금을 징수하여 원천징수세액을 차감한 잔액만을 지급하고 원천징수세액은 정부에 납부
	장점	• 탈세방지, 조세수입 조기확보, 징세비용 절약, 징수사무 간소화, 세부담의 분산
	적용세법	• 지급받는자가 개인이면 소득세법, 지급받는자가 법인이면 법인세법 적용
	납부	• 징수일이 속하는 달의 다음달 10일까지 납부
종류	예납적원천징수	• 원천징수후 원천징수된 소득을 종합소득에 포함하여 확정신고하며 원천징수세액을 기납부세액으로 공제 ▶∴원천징수로 납세의무가 종결되지 않으며 확정신고 필요
	완납적원천징수 (분리과세)	• 원천징수로 과세가 종결됨. ▶∴원천징수로 납세의무가 종결되며 확정신고 불필요

관련기출 　 소득세법상 원천징수

● 다음 중 소득세법상 원천징수에 대한 설명으로 가장 옳지 않은 것은?

❶ 원천징수는 소득금액을 지급하는 자에게 부과한 의무이므로 지급받는 자가 개인인지 법인인지 여부는 구분하지 않고 동일하게 적용한다.

② 원천징수의무자는 원칙적으로 원천징수한 세액을 그 징수일이 속하는 말의 다음달 10일까지 납부하여야 한다.

③ 예납적 원천징수의 경우에는 별도의 소득세 확정신고 절차가 필요하나, 완납적 원천징수에 해당하면 별도의 확정신고가 불필요하다.

④ 원천징수의무자가 정부를 대신하여 원천징수를 하게 되므로 과세관청 입장에서는 징세비용 절약과 징수사무의 간소화를 기할 수 있다.

해설 ◦

• 원천징수는 지급받는 자가 법인인 경우에는 법인세법에 의한 원천징수 규정(이자소득과 투자신탁이익)을 적용하며, 지급받는 자가 개인인 경우에는 소득세법에 의한 원천징수규정을 적용한다.

빈출유형특강 125 　　소득세 과세기간과 납세지

Q. 다음 중 소득세의 특징에 대한 설명으로 가장 올바르지 않은 것은?

① 소득세의 과세기간은 원칙적으로 1월 1일부터 12월 31일까지 이다.

② 원칙적으로 거주자의 납세지는 주소지로 하며 비거주자의 납세지는 국내사업장의 소재지로 한다.

③ 소득세는 열거주의에 의하여 과세대상 소득을 규정하고 있으나 이자소득과 배당소득은 열거되지 않은 소득이라도 유사한 소득은 과세하는 유형별 포괄주의를 채택하고 있다.

④ 소득세가 과세되는 소득 중 일부 이자소득, 배당소득, 일용근로소득에 대해서는 원천징수로 납세의무 를 종결하고 있는데 이를 분류과세라 한다.

📍 **내비게이션**
• 분류과세(X) → 분리과세(O)

정답 : ④

 핵심이론 : 소득세법상 과세기간과 납세지

납세의무	거주자	• 국내외 모든 원천소득(＝무제한납세의무)
	비거주자	• 국내원천소득(＝제한납세의무)
과세기간	원칙	• 1.1~12.31 🔎주의 임의로 과세기간을 정할 수 없음. → 비교 법인의 사업연도는 1년내에서 임의로 선택가능
	예외	• 사망시　　 : 1.1~사망한날까지 • 국외이전시 : 1.1~출국한날까지 🔎주의 폐업·신규사업개시 불문 위 예외(2가지) 제외하고 무조건 1.1~12.31임. ▶예 1.1~폐업한날(X), 사업개시일~12.31(X)
납세지	거주자	• 주소지 🔎주의 개인사업자도 원칙적으로 사업장소재지가 아니라 주소지임.
	비거주자	• 국내사업장소재지

관련기출　　법인세법과의 비교

● 다음 중 법인세와 소득세 과세에 대한 설명으로 가장 옳지 않은 것은?

❶ 법인세법과 소득세법상 과세기간은 매년 1월 1일부터 12월 31일까지이다.

② 법인세법은 원칙적으로 포괄주의 과세방식을 채택하고 있으나. 소득세법은 열거주의 또는 유형별 포괄주의 과세방식을 채택하고 있다.

③ 소득세법은 소득을 종합소득, 퇴직소득, 양도소득으로 구분하여 과세하고 있다.

④ 법인세법과 소득세법은 신고납세제도를 채택하고 있다.

해설
• 법인세법상 사업연도(과세기간)는 1년을 초과하지 않는 범위내에서 임의선택 가능하다.

※말장난
• 비거주자는 국내외원천소득에 대하여 소득세를 납부하여야 한다.(X)
▷비거주자는 국내원천소득에 대하여만 소득세를 납부한다.

빈출유형특강 126 　　　　　종합소득세 계산구조

Q. 다음 자료는 거주자 김삼일씨의 소득금액이다. 종합소득산출세액을 계산하면 얼마인가?(단, 모든 소득은 국내에서 발생한 것이다.)

ㄱ. 근로소득금액	: 50,000,000원
ㄴ. 부동산임대사업소득금액	: 12,000,000원
ㄷ. 기타소득금액(분리과세 대상이 아님)	: 30,000,000원
ㄹ. 종합소득공제	: 20,000,000원

〈종합소득세율〉

종합소득 과세표준	세율
5,000만원 초과 8,800만원 이하	624만원+5,000만원 초과금액의 24%
8,800만원 초과 1.5억원 이하	1,536만원+8,800만원 초과금액의 35%

① 6,780,000원　　　　　　　　② 9,160,000원
③ 10,000,000원　　　　　　　　④ 11,520,000원

내비게이션

• 과세표준 : (50,000,000+12,000,000+30,000,000)-20,000,000=72,000,000
• 산출세액 : 6,240,000+(72,000,000-50,000,000)×24%=11,520,000

정답 : ④

 핵심이론 : 종합소득세 계산구조

종합소득금액 계산					
이자소득	배당소득	사업소득	근로소득	연금소득	기타소득
(-)비과세 (-)분리과세	(-)비과세 (-)분리과세	(-)비과세 -	(-)비과세 (-)분리과세	(-)비과세 (-)분리과세	(-)비과세 (-)분리과세
총수입금액	총수입금액	총수입금액	총수입금액	총수입금액	총수입금액
-	(+)귀속법인세	(-)필요경비	(-)근로소득공제	(-)연금소득공제	(-)필요경비
이자소득금액	배당소득금액	사업소득금액	근로소득금액	연금소득금액	기타소득금액

차감납부세액 계산
종합소득금액
(-) 종합소득공제
과세표준
(X) 세율(기본세율)
산출세액
(-) 세액감면·세액공제
결정세액
(+) 가산세
총결정세액(=총부담세액)
(-) 기납부세액
차감납부세액

빈출유형특강 127 　　　　　　　金融所得 금융소득

Q. 다음 중 소득세법상 금융소득에 대한 설명으로 가장 옳지 않은 것은?

① 이자소득, 배당소득 중 국외에서 받는 금융소득과 같이 원천징수하지 않는 금융소득은 무조건 종합과세한다.
② 보통예금의 이자소득은 실제로 지급받는 날을 수입시기로 한다.
③ 대금업을 사업으로 하지 않는 자가 일시적으로 자금을 대여하고 받는 이익은 사업소득으로 과세하게 된다.
④ 이자소득 금액 계산시 필요경비가 인정되지 않는다.

📍 **내비게이션**

•사업소득(X) → 이자소득(비영업대금의 이익)(O)

정답 : ③

 핵심이론 : 금융소득의 범위

이자소득	•채권·증권의 이자, 국내외에서 받는 예금이자, 환매조건부 매매차익 •10년 미만의 저축성보험 보험차익, 직장공제회 초과반환금(99년초 이후분) •비영업대금의 이익 → 비교 대외표방한 대금업(영업대금)의 이익 : 사업소득 　보론 공익신탁의 이익 : 비과세 이자소득
배당소득	•이익배당, 의제배당, 인정배당, 집합투자기구로부터의 이익(투자신탁이익)

 핵심이론 : 금융소득의 구분

구분	범위	원천징수세율
무조건분리과세	•직장공제회 초과반환금	기본세율
	•비실명금융소득(비실명이자소득, 비실명배당소득)	45%(90%)
	•법원보증금 이자, 1거주자로 보는 법인 아닌 단체(무분배)의 금융소득	14%
무조건종합과세	•원천징수대상이 아닌 국외금융소득, 원천징수되지 않은 국내금융소득	-
	•출자공동사업자 배당소득	25%
조건부종합과세	•일반적 이자소득, 일반적 배당소득	14%
	•비영업대금의 이익	25%

관련기출 　금융소득 과세

● 다음 중 소득세법상 금융소득에 대한 설명으로 가장 올바르지 않은 것은?

❶ 비영업대금의 이익은 25%로 원천징수되며 무조건종합과세대상 금융소득이다.
② 비실명 이자소득은 높은 세율로 과세하기 위해 무조건분리과세한다.
③ 보통예금의 이자소득은 원칙적으로 실제로 지급받은 날을 수입시기로 한다.
④ 주권상장법인으로부터 받은 현금배당금은 조건부종합과세대상 금융소득이다.

해설

•비영업대금의 이익은 조건부종합과세 대상이다.

제1주차 빈출유형특강 / 제2주차 핵심유형특강 / 제3주차 최신유형특강 / 제4주차 기출변형특강

빈출유형특강 128   금융소득종합과세

Q. 다음은 20x1년 중 각 거주자가 얻은 금융소득에 대한 자료이다. 다음 중 금융소득에 대하여 종합과세를 적용받는 사람은 누구인가(단, 보기의 소득자들은 제시된 금융소득 이외의 금융소득이 없다)?

> 석봉 : 국외은행으로부터 받은 예금이자 수령액으로 원천징수되지 않은 금액 10,000,000원
> 신미 : 비실명이자 소득금액 50,000,000원
> 태희 : 보험기간이 5년인 저축성 보험의 보험차익 20,000,000원
> 운석 : 국내 비상장법인으로부터 받은 현금배당금 10,000,000원과 국내은행으로부터 받은 예금이자 수령액 10,000,000원

① 석봉   ② 신미
③ 태희   ④ 운석

◉ 내비게이션

- 석봉 : 국외이자는 무조건종합과세 대상이다.
- 신미 : 비실명금융소득은 무조건분리과세 대상이다.
- 태희 : 판정대상액이 2천만원을 초과하지 않으므로 분리과세한다.
- 운석 : 판정대상액이 2천만원을 초과하지 않으므로 분리과세한다.

정답 : ①

 핵심이론 : 금융소득종합과세의 적용

- 판정대상액 = 무조건종합과세대상 + 조건부종합과세대상
- 종합과세되는 금융소득 구성순서 : 이자소득 → G·U대상아닌 배당소득 → G·U대상인 배당소득

구분	분리과세 금융소득	종합과세되는 금융소득		세율적용
판정대상액>2천만원	-	조건부종합과세대상 무조건종합과세대상	2천만원 초과분 〈Gross-up O〉	기본세율
			2천만원 〈Gross-up X〉	14%세율
판정대상액≤2천만원	조건부종합과세대상	무조건종합과세대상		14%세율

관련기출   금융소득이 있는 경우 과세표준 계산

● 다음은 20x1년 김삼일씨의 소득내역이다. 다음 자료를 바탕으로 김삼일씨의 20x1년도 종합소득 과세표준을 계산하면 얼마인가?

ㄱ. 이자소득금액(정기예금이자)	10,000,000원	ㄴ. 사업소득금액	50,000,000원
ㄷ. 근로소득금액	70,000,000원	ㄹ. 기타소득금액(강사료)	4,800,000원
ㅁ. 퇴직소득금액	20,000,000원	ㅂ. 종합소득공제	40,000,000원

❶ 84,800,000원   ② 94,800,000원
③ 104,800,000원   ④ 110,000,000원

해설

- 이자소득은 2천만원을 초과하지 않으므로 분리과세한다.
- 퇴직소득은 분류과세항목이다.
- 과세표준 : (50,000,000+70,000,000+4,800,000)-40,000,000=84,800,000

빈출유형특강 129 귀속법인세 (Gross-up)

Q. 거주자인 김성일씨의 소득자료가 다음과 같을 때 신고해야 할 종합소득금액을 구하면 얼마인가?

근로소득금액	12,000,000원	양도소득금액	20,000,000원
사업소득금액	17,000,000원	기타소득금액	4,800,000원
주권상장법인 현금배당	45,000,000원		

(*) 기타소득금액은 복권당첨으로 인한 소득이다.

① 74,000,000원 ② 76,500,000원
③ 78,800,000원 ④ 98,800,000원

📍 **내비게이션**

•12,000,000+17,000,000+(45,000,000+25,000,000x10%)=76,500,000
→기타소득금액(복권당첨소득)은 분리과세하며, 양도소득금액은 분류과세소득이다.

정답 : ②

📝 **핵심이론 : 귀속법인세제도[Gross-up]**

취지	•법인세가 과세된 재원으로 배당시 배당소득으로 과세하면 이중과세의 문제가 발생함. ▶∴귀속법인세를 배당소득에 가산후 이를 배당세액공제하여 이중과세를 조정함.
Gross - up제외대상 배당소득	•외국법인으로부터의 배당 •분리과세대상 배당 •종합과세되는 배당소득 중 14%세율 적용분 ▶∴2천만원 초과분에 대해서만 Gross-up을 함. •자본잉여금[자기주식소각이익(감자차익) 등] 자본전입 의제배당
Gross-up 금액	•Gross-up대상 배당소득×10%

관련기출 Gross-up대상

● 다음 자료를 참고하여 거주자 홍길동씨의 종합과세되는 배당소득금액을 계산하면?

ㄱ. 20x1년에 수령한 배당금의 내역은 다음과 같다.
 - 주권상장법인으로부터의 배당 : 금전배당 40,000,000원
 - 비상장법인으로부터의 배당 : 주식배당 50,000,000원
 - A법인의 주식발행초과금의 자본전입으로 수령한 무상주 : 30,000,000원
ㄴ. 배당소득 가산율은 10%이다.

❶ 97,000,000원 ② 98,000,000원
③ 101,500,000원 ④ 120,050,000원

해설

•40,000,000+50,000,000+70,000,000x10%=97,000,000
*주식발행초과금의 자본전입은 의제배당에 해당하지 않는다.

제1주차
빈출유형특강

제2주차
빈출유형특강

제3주차
빈출유형특강

제4주차
기출문제특강

빈출유형특강 130 　　　　　　　　　사업소득 세무조정

Q. 다음은 제조업을 영위하는 중소기업의 20x3년 소득관련 자료이다. 사업자가 개인사업자인 경우의 사업소득금액과 법인사업자인 경우의 각사업연도소득금액을 계산한 금액으로 옳은 것은?

> (1) 20x3년도 손익계산서상 당기순이익은 300,000,000원이다.
> (2) 인건비에는 대표자인 거주자 김삼일씨의 급여 90,000,000원과 회계부장으로 근무중인 배우자 급여 24,000,000원이 포함되어 있다.
> (3) 영업외손익에는 다음의 항목이 포함되어 있다.
> 　가. 이자수익 20,000,000원
> 　나. 토지처분이익 5,000,000원
> 　다. 유가증권처분손실 15,000,000원
> 　라. 이자수익은 모두 현금으로 수령하였으며, 토지·유가증권과 관련한 세무상 유보잔액은 없다.

	개인사업자	법인사업자		개인사업자	법인사업자
①	300,000,000원	350,000,000원	②	350,000,000원	300,000,000원
③	370,000,000원	350,000,000원	④	380,000,000원	300,000,000원

🎯 **내비게이션**

• 세무조정

	사업소득금액	각사업연도소득금액
당기순이익	300,000,000	300,000,000
본인 급여	필요경비불산입 90,000,000	-
이자수익	총수입금액불산입 (20,000,000)	-
토지처분이익	총수입금액불산입 (5,000,000)	-
유가증권처분손실	필요경비불산입 15,000,000	-
	380,000,000	300,000,000

정답 : ④

 핵심이론 : 개인의 사업소득금액과 법인의 각사업연도소득금액 계산시 차이점

구분	소득세법(개인사업자)	법인세법(법인사업자)
이자·배당금수익	• 사업소득에서 제외(별도 과세)	• 각사업연도소득에 포함
유형자산처분손익	• 총수입금액불산입(필요경비불산입) 　🔎주의 복식부기의무자의 처분이익(부동산제외)은 사업소득에 포함함.	• 익금산입(손금산입)
유가증권처분손익	• 총수입금액불산입(필요경비불산입)	• 익금산입(손금산입)
출자자의 자금인출	• 출자금의 반환으로 봄(∴인정이자X)	• 업무무관가지급금으로 봄(∴인정이자O)
자산수증이익 채무면제이익	• 사업관련 : 총수입금액산입 • 사업무관 : 총수입금액불산입	• 익금산입
인건비	• 대표자 : 필요경비불산입 • 사업종사 대표자가족 : 필요경비산입 　🔎주의 대표자 건강보험료 등은 필요경비임.	• 대표자 : 손금산입 • 사업종사 대표자가족 : 손금산입
퇴직급여충당금	• 대표자는 설정불가	• 대표자도 설정대상
재고자산 자가소비	• 시가를 총수입금액산입	• 규정없음(단, 부당행위계산부인 가능)

빈출유형특강 131 ‖ **사업소득금액 계산**

Q. 다음 자료를 보고 개인사업자 김씨(복식부기의무자 아님)의 20x1년의 사업소득금액을 계산하면 얼마인가?

ㄱ) 손익계산서상 당기순이익	300,000,000원
ㄴ) 손익계산서에는 다음과 같은 수익과 비용이 포함되어 있다. (아래 기술한 내용 이외에는 모두 세법상 적정하게 계상되어 있음)	
– 본인에 대한 급여	50,000,000원
– 배당금수익	5,000,000원
– 유형자산처분이익	10,000,000원
– 세금과공과 중 벌금	2,000,000원
ㄷ) 공제가능 이월결손금	70,000,000원

① 199,000,000원
② 267,000,000원
③ 278,000,000원
④ 282,000,000원

📍 **내비게이션**

- 개인사업자 세무조정
  - 본인(대표자=사업주)에 대한 급여 50,000,000원 : **필요경비불산입**
    →개인사업에 있어서 대표자는 사업경영주체로서 고용관계에 있지 아니하고 급여를 지급받아도 그것은 출자금의 인출에 불과하므로 필요경비에 산입되지 아니하며 퇴직급여충당금 설정대상자도 아니다.
  - 배당금수익 5,000,000원 : **총수입금액불산입**
    →이자수익과 배당금수익은 사업소득에서 제외한다. 별도의 이자소득과 배당소득으로 과세한다.
  - 유형자산처분이익 10,000,000원 : **총수입금액불산입**
    →유형자산처분이익은 일시·우발적 소득이므로 과세제외한다.
    (단, 복식부기의무자의 부동산을 제외한 사업용유형자산처분소득은 사업소득에 포함한다.)
  - 세금과공과 중 벌금 2,000,000원 : **필요경비불산입**
    →제반 법령위반으로 부과된 벌금은 징벌효과 감소의 방지를 위해 필요경비로 인정하지 않는다.
  - ∴사업소득금액
    300,000,000(당기순이익)+(50,000,000 - 5,000,000 - 10,000,000 + 2,000,000) - 70,000,000(이월결손금)=267,000,000

정답 : ②

제2주차
핵심유형특강

제3주차
최신유형특강

제4주차
기출변형특강

관련기출 ‖ **개인·법인 사업소득금액 비교**

● 다음은 소득세법상 사업소득금액과 법인세법상 각 사업연도 소득금액의 차이점에 대한 설명이다. 가장 옳지 않은 것은?

① 재고자산의 자가소비에 관하여 법인세법에서는 규정이 없으나 소득세법에서는 개인사업자가 재고자산을 가사용으로 소비하거나 이를 사용인 또는 타인에게 지급한 경우에는 총수입금액에 산입한다.

❷ 법인의 주주는 법인의 자금을 임의로 인출하여 사용할 수 있으나, 개인사업자는 출자금을 임의로 인출하여 사용할 수 없다.

③ 유가증권처분손익은 각 사업연도 소득금액의 계산에 있어서 익금 및 손금으로 보지만, 사업소득금액의 계산에 있어서는 총수입금액 및 필요경비로 보지 아니한다.

④ 수입이자와 수입배당금은 각 사업연도 소득금액의 계산에 있어서 익금으로 보나, 사업소득금액의 계산에 있어서는 총수입금액으로 보지 아니한다.

해설

- 법인세법에서는 출자자의 자금인출을 업무무관가지급금으로 간주하여 인정이자의 계산 등 불이익으로 제재한다. 반면, 소득세법에서는 출자금의 반환으로 간주하므로 인정이자의 계산 등이 없다.
  → 즉, 법인세법에서는 출자자의 자금인출이 제한되지만 소득세법에서는 대표자가 임의로 자금을 출자하고 인출할 수 있다.

빈출유형특강 132   부동산임대 총수입금액 계산

Q. 다음은 거주자 김상일씨의 20x3년도 부동산임대 관련 사업소득 자료이다. 이를 이용하여 김상일씨의 20x3년도 부동산임대 관련 사업소득의 총수입금액을 계산하면 얼마인가(단, 기획재정부령이 정하는 이자율은 연 3.7%로 가정하며, 관리비는 청소비, 난방비 등을 수령한 것으로 부동산임대사업과 객관적으로 구분되지 않는다)?

구 분	상 가
임대기간	20x1.7.1 ~ 20x4.6.30
취득가액(토지가액 제외)	200,000,000원
임대보증금	400,000,000원
월 임대료(매월말 징수)	1,000,000원
월 관리비(매월말 징수)	200,000원

① 14,400,000원   ② 21,800,000원

③ 23,200,000원   ④ 29,200,000원

📍 **내비게이션**

• 임대료 : (1,000,000+200,000)x12개월=14,400,000

• 간주임대료 : (400,000,000x365일-200,000,000x365일)x3.7%x$\frac{1}{365}$=7,400,000

• 부동산임대 총수입금액 : 14,400,000+7,400,000=21,800,000

정답 : ②

📝 **핵심이론 : 부동산임대소득 고려사항**

임대료	• 선세금이 있는 경우 : 당해수입금액=선세금x(당해임대월수/계약월수)
간주임대료 (주택제외)	• (임대보증금적수 – 건설비적수)x정기예금이자율x1/365 – 금융수익 ▶건설비는 토지를 제외한 금액임.
관리비 (청소비·난방비)	• 총수입금액에 포함함. ▶단, 청소·난방사업이 임대사업과 구분되는 경우는 일반사업소득으로 함.

관련기출   임대보증금이 없는 경우

● 다음은 20x2년 김상일씨의 상가임대 관련 소득내역이다. 김상일씨의 20x2년도 부동산임대 관련 사업소득의 총수입금액을 계산하면 얼마인가?

> ㄱ. 임대기간 : 20x2년 7월 1일 ~ 20x3년 6월 30일 (보증금 0원, 월세 10,000,000원)
> ㄴ. 1년간의 임대료 120,000,000원을 20x2년 7월 1일에 선불로 수령함.

① 0원   ② 30,000,000원

❸ 60,000,000원   ④ 120,000,000원

해설

• 임대료 : 120,000,000x6/12=60,000,000 →보증금이 0원이므로 간주임대료는 없다.

빈출유형특강 133　　　　　　　근로소득 과세방법

Q. 다음 중 소득세법상 근로소득에 대한 설명으로 가장 올바르지 않은 것은?

① 근로소득이란 근로제공 대가로 받는 모든 금품을 의미하나, 비과세 금액과 근로소득으로 보지 않는 금액은 근로소득 금액 계산시 차감해 준다.

② 일용근로자의 연간 소득금액이 일정규모 초과시 종합소득신고를 해야 한다.

③ 근로소득금액은 총급여액에서 근로소득공제를 차감하여 계산한다.

④ 인정상여의 수입시기는 근로를 제공한 날이 속하는 사업연도이다.

◎ 내비게이션

• 일용근로자의 급여는 종합소득에 합산하지 아니하고 원천징수로써 과세가 종결된다.(무조건 분리과세)

정답 : ②

 핵심이론 : 근로소득 과세방법 주요사항

근로소득 범위	• 출자임원에 대한 사택제공이익 ▶ **비교** 비출자임원·소액주주임원·종업원에 대한 제공분 : 근로소득이 아님. • 퇴직소득에 속하지 아니하는 소득 ➡️⑩ 임원퇴직금 한도초과액
근로소득금액	• 총급여액(비과세 제외, 인정상여 포함) - 근로소득공제
확정신고	• 다른 소득이 없을 때 : 연말정산으로 종결 → ∴확정신고불요 • 다른 소득이 있을 때 : 종합과세　　　　→ ∴확정신고필요
일용근로자 (무조건분리과세)	• 원천징수세액=산출세액[(일급여-근로소득공제[*])x6%]-근로소득세액공제[산출세액x55%] [*] 150,000원
수입시기	• 급여와 인정상여 : 근로를 제공한 날, 잉여금처분상여 : 잉여금처분 결의일
비과세	• 월 20만원 이내 자가운전보조금(종업원소유차량으로 사용자 업무수행) • 회사제공식사와 월 20만원 이하 식대(식사제공 받고 수령한 식대는 과세) • 출산이나 6세이하 자녀보육비로 월 20만원 이내 금액 • 월정액급여 소정액 이하로서, 직전 총급여액이 일정액 이하인 근로자의 다음의 금액 　(소정액=210만원, 일정액=3,000만원) | 해당근로자	비과세대상	비과세한도 | |---|---|---| | 생산직근로자 | 초과근로수당(연장·야간·휴일수당) | 연 240만원 | | 광산근로자, 일용근로자 | 초과근로수당(연장·야간·휴일수당) | 전액 비과세 | • 사회통념상 타당한 범위내의 경조금

관련기출　　근로소득 과세여부

● 다음 중 근로소득에 포함되어 소득세가 과세되는 항목을 모두 고르면?

> ㄱ. 비출자임원과 종업원이 사택을 제공받음으로써 얻는 이익
> ㄴ. 근로자에게 지급한 경조금 중 사회통념상 타당하다고 인정되는 금액
> ㄷ. 주주총회 등의 결의에 의하여 상여로 받은 소득
> ㄹ. 법소정 요건하에서 근로자가 지급받은 학교 수업료
> ㅁ. 퇴직으로 인해 지급 받는 소득으로서 퇴직소득에 속하지 아니하는 소득

① ㄱ, ㄴ　　　　　　　　　　　② ㄱ, ㄹ
③ ㄴ, ㅁ　　　　　　　　　　　❹ ㄷ, ㅁ

빈출유형특강 134　　　　　근로소득금액 계산

Q. 다음 자료를 보고 (주)삼일에 근무하고 있는 근로소득자 김씨의 20x1년도의 근로소득금액을 계산하면 얼마인가(단, 소득세법에 규정된 비과세요건 등은 충족하였다고 가정한다)?

(1) 연간 급여액 내역
 - 급료 12,000,000원, 상여금 3,600,000원
 - 법인세 신고시 상여로 처분된 금액 500,000원(결산확정일 : 20x2.2.20)
 - 자가운전보조금(250,000원x12월) 3,000,000원
 - 식사대(210,000원x12월) 2,520,000원(식사를 제공받지 않음)
 - 직무발명보상금 5,000,000원, 연·월차수당 3,000,000원
(2) 근로소득공제

총급여액	근로소득공제액
500만원 이하	총급여액x70%
500만원 초과 1,500만원 이하	350만원+500만원 초과액x40%
1,500만원 초과 4,500만원 이하	750만원+1,500만원 초과액x15%

(3) 회사는 위 급여액외에 김씨의 고용보험료 회사부담분 200,000원을 지급하고 복리후생비로 회계처리하였다.

① 9,000,000원　　② 10,097,000원　　③ 11,024,000원　　④ 11,597,000원

📍 내비게이션

• 총급여 : 12,000,000+3,600,000+500,000+50,000x12+10,000x12+3,000,000=19,820,000
 → 인정상여의 귀속시기는 근로를 제공한 날이므로 20x1년이 귀속이다.
 → 직무발명보상금은 700만원을 한도로 비과세한다.
 → 국민건강보험법·고용보험법·국민연금법 등에 의한 사용자부담금은 과세하지 않는다.
• 근로소득금액 : 19,820,000-[7,500,000+(19,820,000-15,000,000)x15%]=11,597,000

정답 : ④

관련기출　　자녀보육수당이 있는 경우

● 다음 자료에 의하여 거주자 김상일씨의 근로소득금액을 계산하면 얼마인가?

ㄱ. 월급여는 2,000,000원(자녀보육수당, 중식대 제외), 상여는 월급여의 500%
ㄴ. 6세 이하 자녀 보육수당 : 월 250,000원
ㄷ. 중식대 : 월 200,000원(식사제공 없음)
ㄹ. 연간 연월차수당 총합계 : 2,000,000원
ㅁ. 거주자는 당해 1년동안 계속 근무하였다.

연간급여액	근로소득공제액
1,500만원 초과 4,500만원 이하	750만원+1,500만원 초과액x15%
4,500만원 초과 1억원 이하	1,200만원+4,500만원 초과액x5%

① 13,650,000원　　② 18,320,000원　　③ 22,890,000원　　❹ 25,860,000원

해설

• 총급여 : 2,000,000x12+2,000,000x500%+(250,000-200,000)x12+2,000,000=36,600,000
• 근로소득금액 : 36,600,000-[7,500,000+(36,600,000-15,000,000)x15%]=25,860,000

빈출유형특강 135 　　　연금소득 과세방법

Q. 다음 중 소득세법상 연금소득에 대한 설명으로 옳은 것을 모두 고르면?

> ㄱ. 원칙적으로 연금의 불입시 소득공제(세액공제)를 인정하는 대신 연금을 수령할 때 연금소득에 대해서 소득세를 과세한다.
> ㄴ. 퇴직소득 중 연금계좌에 입금하여 과세되지 않은 소득으로서 연금외 수령의 경우는 퇴직소득으로 과세한다.
> ㄷ. 국민연금법에 따라 받는 유족연금은 비과세 연금소득이다.
> ㄹ. 사적연금 총연금액이 연 1,500만원 이하인 경우에는 저율 분리과세를 적용할 수 있다.

① ㄱ. 　　　　　　　　　　　　　　② ㄱ. ㄹ.
③ ㄱ. ㄴ. ㄹ. 　　　　　　　　　　　④ ㄱ. ㄴ. ㄷ. ㄹ.

　📍 **내비게이션**
• 모두 옳은 설명이다.

정답 : ④

 핵심이론 : 연금소득 과세방법 주요사항

소득구분	공적연금	연금소득의 범위(연금수령)		연금외수령
		• 국민연금·공무원연금·군인연금 등에 따라 받는 연금		퇴직소득
	사적연금 {연금계좌 (연금저축/퇴직연금)}	연금소득의 범위(연금수령)		연금외수령
		운용수익	• 연금계좌 운용실적에 따라 증가된 금액	기타소득
		불입액(세액공제분)	• 연금계좌세액공제를 받은 불입액	기타소득
		이연퇴직소득	• 퇴직금으로 불입(불입시 과세이연분)	퇴직소득
비과세	• 공적연금관련법의 유족·장애·상이연금, 산업재해보상보험법의 각종연금, 국군포로 연금			
소득금액	• 연금소득금액=총연금액(비과세,분리과세제외) - 연금소득공제(한도 : 900만원)			
과세방법	• 종합과세하되, 사적연금 총연금액이 1,500만원 이하인 경우 저율 선택적분리과세 가능 →단, 1,500만원 초과시에도 선택적분리과세가 가능하나 고율(15%) 분리과세가 적용됨.			

관련기출 　소득구분

● ㈜삼일의 직원들의 대화내용이다. 소득세법상 가장 옳지 않은 설명을 하고 있는 사람은?

> 박정우 : 미진씨, 연금저축 가입했다고 들었는데 연금저축도 세액공제 가능해요?
> 이미진 : 네, 원칙적으로 연금 납입시 세액공제를 인정하는 대신 연금 수령시점에 연금소득에 대해서 소득세를 과세합니다.
> 정수영 : 국민연금법에 따라 받는 장애연금, 유족연금은 비과세 연금소득이라고 하네요.
> 박정우 : 연금소득은 종합과세하는 것이 원칙이나, 사적연금 총연금액이 연 1,500만원 이하인 경우에는 납세의무자의 선택에 따라 저율의 분리과세를 적용할 수 있다고 하네요.
> 윤준혁 : 과세이연된 퇴직소득금액을 연금외 수령한 경우 기타소득으로 과세한다고 하네요.

① 이미진 　　　　　　　　　　　　② 정수영
③ 박정우 　　　　　　　　　　　　❹ 윤준혁

해설
• 과세이연된 퇴직소득금액을 연금외 수령한 경우 퇴직소득으로 과세한다.

빈출유형특강 136   기타소득 과세방법

Q. 소득세법상 기타소득에 대한 다음 설명 중 가장 옳지 않은 것은?

① 모든 기타소득은 증빙을 갖추지 않아도 최소한 총수입금액의 80%를 필요경비로 인정해 준다.
② 일시적인 문예창작소득은 기타소득에 포함된다.
③ 기타소득금액(복권당첨소득 제외)이 연 300만원 이하인 경우에는 납세자의 선택에 따라 분리과세를 적용 받을 수 있다.
④ 법인세법상 기타소득으로 처분된 소득은 원칙적으로 기타소득에 합산되어 과세된다.

◉ **내비게이션**

•일정기타소득(법소정 상금·부상과 순위경쟁대회 입상자 상금, 주택입주지체상금)에 대하여만 최소한 총수입금액의 80%를 필요경비로 인정한다.

정답 : ①

핵심이론 : 기타소득 과세방법 주요사항

소득범위	권리대여	•광업권, 영업권, 점포임차권 등 각종 권리의 대여 및 양도
	일시적 인적용역	•고용관계 없이 받는 강연료
	불로소득	•복권·경품권당첨금품, 승마·경륜환급금, 슬롯머신당첨금품
	대여·사용대가	•지역권·지상권의 설정·대여(공익사업 관련분) ◉주의 공익사업 무관분 : 사업소득(부동산임대소득) •물품 또는 장소의 일시대여
	기타	•계약의 위약·해약에 의한 손해배상금과 그 법정이자 •문예창작소득(원고료·인세), 인정기타소득
비과세		•국가유공자예우등법률상의 보상금, 퇴직후 받는 연 700만원이하 직무발명보상금
필요경비	원칙	•필요경비=실제로 지출된 비용
	예외	•적용대상 : 권리대여, 일시적 인적용역, 지역권·지상권의 설정·대여(공익사업 관련분), 문예창작소득 •필요경비=Max [확인경비, 총수입×60%]
과세방법	원천징수세액	•기타소득금액×20% →단, 복권등은 3억원 초과분은 30%적용
	무조건분리과세	•복권·슬롯머신 당첨금품, 승마·경륜·경정등의 환급금
	선택적분리과세	•기타소득금액(무조건분리과세 제외)이 연 300만원 이하인 경우 ◉주의 기타소득금액이므로 필요경비 차감 후 금액임.

관련기출   기타소득 과세대상

● 거주자가 당해연도에 받은 다음 소득내역 중 소득세가 과세되는 것은?

① 학술·종교·제사·자선 기타 공익을 목적으로 하는 공익신탁에서 발생한 이익 1천만원
❷ 계약 해약으로 인해 받은 위약금 5백만원
③ 국민연금법에 의하여 지급받은 유족연금 1천만원
④ 발명진흥법에 의한 직무발명에 대하여 퇴직후 사용자로부터 받는 보상금 500만원

해설

•계약 해약으로 인해 받은 위약금은 기타소득으로 과세되며, 나머지는 비과세된다.(700만원이하 직무발명보상금 : 비과세)

제1주차
빈출유형특강

제2주차
핵심유형특강

제3주차
최신유형특강

제4주차
기출변형특강

빈출유형특강 137 　　　기타소득 과세절차

Q. 다음의 대화에서 소득세법상 가장 옳지 않은 설명을 하고 있는 사람은 누구인가?

> 이대길 : 야 장군아, 너 로또 당첨됐다며? 축하한다.
> 최장군 : 고마워. 근데 세금이 엄청나네. 소득세 20%를 원천징수하고 나니 생각보다 적어.
> 천지호 : 그럼 장군이는 내년에 종합소득확정신고를 해야겠네. 근로소득자는 연말정산으로 납세의무가 종결되
> 　　　　지만, 로또가 당첨되어 기타소득이 발생하였으니 반드시 종합소득을 신고해야 하거든.
> 오포교 : 당첨금이 일정액을 초과하면 그 초과분에 대해서는 원천징수세율이 30%인데, 장군이는 20%의 소득
> 　　　　세가 원천징수 되었다고 하는 것을 보니 1등은 아니구나.
> 최장군 : 그런데 종합소득확정신고는 언제 하더라
> 이대길 : 신고납부기한이 다음연도 5월말까지였던 것으로 기억하고 있어.

① 이대길　　　　　　　　　　　　　　② 최장군
③ 천지호　　　　　　　　　　　　　　④ 오포교

📍 **내비게이션**

• 복권당첨금의 확정신고 여부
　- 복권당첨금은 무조건 분리과세 대상이다. 따라서, 원천징수로 과세가 종결되며 종합소득 확정신고가 불필요하다.
• 복권당첨금의 원천징수세율
　- 당첨금의 20%로 원천징수하되, 복권당첨금이 3억원을 초과하는 경우 그 초과분은 30%로 원천징수한다.

정답 : ③

관련기출 　　일시적 인적용역

● (주)상일에 근무하는 거주자 김상일씨는 일시적으로 거래처인 (주)용산의 직원들에게 ERP 사용방법을 강의하고 강사료 500만원을 받았다. 강사료와 관련한 소득세법상 설명으로 가장 올바르지 않은 것은?

① 고용관계없이 일시적으로 수령한 강사료는 기타소득에 해당한다.
② 기타소득의 수입시기는 원칙적으로 지급을 받은 날이다.
③ 기타소득금액이 300만원 이하인 경우 종합과세와 분리과세 중 선택이 가능하다.
❹ 강사료는 인적용역의 일시제공에 대한 대가이므로 소득금액계산시 실제발생한 비용만 공제가능하다.

해설

• 일시적 인적용역대가의 필요경비 : Max [실제확인경비, 총수입금액×60%]
　→기타소득 필요경비를 정리하면 다음과 같다.

원칙	• 확인경비(실제로 사용된 필요경비)	
예외	Max[확인경비, 총수입금액×60%]	• 인적용역 일시제공 대가, 문예창작소득, 공익사업관련 지역권·지상권 설정·대여, 산업재산권 등 양도·대여, 통신판매중개자를 통해 물품·장소를 대여하고 500만원이하의 사용료로 받은 금품
	Max[확인경비, 총수입금액×80%]	• 소정 상금·부상과 순위경쟁대회 입상자 상금, 주택입주지체상금
	Max[확인경비, 총수입금액×90%[*]] [*]양도가 1억초과분 : 80%	• 서화·골동품의 양도

빈출유형특강 138 — 사업소득 결손금과 이월결손금 공제

Q. 개인사업자인 김상일씨의 20x1년과 20x2년 사업소득금액과 근로소득금액이 다음과 같을 때 20x1년과 20x2년 종합소득금액은 각각 얼마인가?

구분		20x1년	20x2년
ㄱ.	일반사업소득금액	△10,000,000원	12,000,000원
ㄴ.	근로소득금액	20,000,000원	23,000,000원

	20x1년	20x2년
①	10,000,000원	25,000,000원
②	10,000,000원	35,000,000원
③	20,000,000원	25,000,000원
④	20,000,000원	35,000,000원

📍 **내비게이션**
- 20x1년 : 결손금을 근로소득에서 공제 후 근로소득금액 잔액 10,000,000원이 종합소득금액이 된다.
- 20x2년 종합소득금액 : 12,000,000+23,000,000=35,000,000

정답 : ②

 핵심이론 : 사업소득 결손금과 이월결손금 공제방법

구분	결손금*)	이월결손금
일반사업 (주거용건물임대업 포함)	•공제순서 : 근→연→기→이→배	•공제순서 : 사→근→연→기→이→배 🔍주의 10년(2020년 이후분 : 15년) 이월공제
부동산임대업 (주거용건물임대업 제외)	•무조건 이월	•부동산임대업소득금액에서만 공제 🔍주의 10년(2020년 이후분 : 15년) 이월공제

*) ㉠ 일반사업결손금 : 부동산임대업소득금액에서 공제후 금액 ㉡ 주거용건물임대업결손금 : 일반사업·부동산임대업소득금액에서 공제후 금액
* 보론 추계신고·추계조사결정시는 이월결손금 공제배제함.(단, 천재지변, 불가항력으로 장부멸실시는 제외)

관련기출 공제방법

● 다음 중 소득세법상 결손금 및 이월결손금 공제에 대한 설명으로 가장 올바르지 않은 것은? 단, 주거용건물임대업은 고려하지 않는다.

① 부동산임대업의 결손금은 다른 소득금액과 통산하지 않고 다음연도로 이월시킨다.
② 사업소득(부동산임대업 제외)에서 발생한 결손금은 법에서 정한 순서에 따라 다른 종합소득금액에서 공제된다.
❸ 사업소득(부동산임대업 제외)의 이월결손금은 종합소득금액 내에서 우선 공제하고, 공제되지 않은 금액은 퇴직소득, 양도소득의 순서로 공제한다.
④ 이월결손금은 원칙적으로 발생연도 종료일로부터 10년(또는 15년) 내에 종료하는 과세기간의 소득금액계산시 먼저 발생한 것부터 순차로 공제한다.

해설

• 사업소득 이월결손금은 퇴직·양도소득에서 공제할수 없다.

빈출유형특강 139 　　　　　인적공제의 적용방법

제1주차
빈출유형특강

제2주차
핵심유형특강

제3주차
최신유형특강

제4주차
기출변형특강

Q. 다음은 김삼일씨의 개인소득에 대한 내용이다. 종합소득공제에 관한 설명으로 가장 옳은 것은?

① 생계를 같이하는 부양가족으로 70세의 장애인인 아버지(종합소득 없음)가 포함되어 있다면 아버지에 대하여 기본공제 150만원과 추가공제 중 경로우대공제 100만원, 장애인공제 200만원을 적용한다.

② 직계비속이 해당 과세기간 중 만 19세로 대학생이 된 경우에는 기본공제대상자가 될 수 없다.

③ 직계비속이 장애인이고 그 직계비속의 배우자가 장애인인 경우 당해 배우자는 추가공제 대상자에 포함되지 않는다.

④ 기본공제대상자가 아닌 경우에도 추가공제대상자가 될 수 있다.

📍 내비게이션

- ② 연령계산시 공제대상 연령에 해당하는 날이 하루라도 있으면 공제대상으로 하므로, 과세기간 중 만 19세이후 기간은 만 20세이다. 따라서, 기본공제대상자가 될수 있다.
- ③ 직계비속이 장애인이고 그 배우자도 장애인인 경우 당해 배우자도 추가공제(장애인공제)대상에 포함된다.
- ④ 기본공제대상자만 추가공제대상자가 될 수 있다.

정답 : ①

 핵심이론 : 인적공제 주요사항

기본공제	❖기본공제액 = 기본공제대상인원수x150만원			
	기본공제대상		**요건**	
	본인(나)		•요건없음(무조건 공제대상)	
	배우자	소득	•소득금액 100만원 이하(근로소득만 있는 경우 : 총급여 500만원 이하)	
		연령	•요건없음	
	생계부양가족	소득	•소득금액 100만원 이하(근로소득만 있는 경우 : 총급여 500만원 이하)	
		연령	•나와 배우자의 직계존속(계부·계모 포함)	•60세 이상
			•나와 배우자의 직계비속[*](의붓자녀 포함)	•20세 이하
			•나와 배우자의 형제자매	•20세 이하 or 60세 이상
			•위탁아동(6월이상 양육)과 장애인 🔎주의 위탁아동과 장애인도 소득요건은 있음.	-
	🔎주의 [*]직계비속(입양자)과 배우자가 모두 장애인인 경우는 그 배우자도 포함			
	생계부양가족	•배우자, 직계비속, 주거형편에 따라 별거하는 직계존속 포함 •취학, 사업상 형편 등으로 주소를 일시퇴거한 부양가족도 포함		
	공제대상판정	원칙	•해당 과세기간 종료일의 현재의 상황에 따름.	
		예외	•적용대상 연령에 해당하는 날이 하루라도 있으면 공제대상임. •사망자와 장애치유자는 사망일 전일, 치유일 전일 상황에 의함.	
추가공제 [<기본전제> 기본공제대상자]	경로우대공제	•70세 이상		•1명당 100만원
	장애인공제	•장애인인 경우		•1명당 200만원
	부녀자공제	•거주자(종합소득금액 3천만원 이하)가 남편(배우자)있는 여성 또는 남편없는 여성으로 부양가족있는 세대주		•연 50만원
	한부모공제	•거주자가 배우자없는 자로 기본공제 직계비속이 있는 자		•연 100만원
	🔎주의 부녀자공제와 한부모공제가 동시에 적용되는 경우 한부모공제를 적용함.(중복적용 배제)			

빈출유형특강 140　　　　　　　　**인적공제액 계산**

Q. 다음은 거주자 홍길동씨(남성, 52세)의 부양가족 현황이다. 종합소득과세표준 계산시 인적공제액을 계산하면 얼마인가?

부양가족	연령	비고
배우자(부인)	45세	소득없음
부친	80세	당해연도 5월 20일 사망함
모친	72세	소득없음
장인	68세	주거형편상 별거하고 있으며, 소득없음
장남	23세	장애인이며 사업소득금액 300만원 있음
장녀	18세	소득없음

① 9,500,000원　　　　　　　　　② 10,000,000원
③ 11,000,000원　　　　　　　　　④ 13,000,000원

◉ 내비게이션

• 기본공제 : 6명[본인, 배우자, 부친(경로우대자), 모친(경로우대자), 장인, 장녀]x150만원=9,000,000
  → 당해연도 사망자는 사망일 전일 상황에 의해 공제대상을 판정하므로 부친은 공제대상에 해당하며, 주거형편상 별거하는 직계존속은 부양가족에 포함하므로 장인도 공제대상에 해당한다. 또한 장애인은 연령제한은 없으나 소득제한은 있으므로 소득금액 100만원이하에 해당하지 않는 장남은 공제대상에서 제외되며 추가공제(장애인공제)도 적용받지 못한다.
• 추가공제 : 경로우대자공제 2명x100만원=2,000,000
  ∴인적공제 합계 : 9,000,000+2,000,000=11,000,000

정답 : ③

관련기출　　**소득요건의 검토**

● 다음은 거주자 홍길동씨의 부양가족 현황이다. 기본공제와 추가공제의 합계는 얼마인가?

부양가족	연령	소득종류 및 금액
홍길동(본인)	45세	종합소득금액 10,000만원
배우자(부인)	43세	근로소득금액 5,000만원
부친	70세	사업소득금액 3,500만원
모친	69세	소득없음
장남(장애인)	21세	사업소득금액 500만원
차남	5세	소득없음

※부양가족 공제는 세부담 최소화를 위해 우선적으로 홍길동씨가 공제받는 것으로 한다.
※추가공제 중 경로우대자공제는 1인당 100만원이며, 장애인공제는 1인당 200만원이다.

① 300만원　　　　　　　　　❷ 450만원
③ 550만원　　　　　　　　　④ 650만원

해설

• 기본공제 : 3명(본인, 모친, 차남)x150만원=450만원, 추가공제 : 없음

※말장난

• 사업상 형편에 따라 본인의 주소에서 일시퇴거한 경우에는 생계를 같이하는 부양가족으로 보지 않는다.(X)
  ▷사업상 형편 등으로 주소를 일시퇴거한 경우 부양가족으로 본다.

빈출유형특강 141

기타의 종합소득공제

Q. 근로소득자인 홍길동씨는 20x1년에 다음과 같은 보험료를 납부하였다. 홍길동씨의 20x1년 연말정산시 종합소득공제(특별소득공제) 중 보험료공제 금액은 얼마인가?

> ㄱ. 고용보험료 총부담금 : 2,000,000원(회사부담 1,000,000원 포함)
> ㄴ. 국민건강보험료 총부담금 : 800,000원(회사부담 400,000원 포함)
> ㄷ. 자동차 보험료 납부액 : 600,000원
> ㄹ. 보장성 정기보험료 납부액 : 1,000,000원

① 1,400,000원 ② 2,400,000원
③ 2,500,000원 ④ 3,900,000원

📍 **내비게이션**

• 1,000,000(근로자부담 고용보험료)+400,000(근로자부담 국민건강보험료)=1,400,000
• 기타의 종합소득공제

특별소득공제	① 보험료공제	•근로자부담 국민건강보험, 고용보험
	② 주택자금공제	•주택청약저축납입액 등
연금보험료공제	•공적연금(국민연금 등)납입액	
신용카드사용소득공제	•제외대상 : 국외사용액, 국세·지방세, 보험료, 사업성소득의 비용 등	

정답 : ①

관련기출 신용카드사용소득공제

● 다음은 김삼일 회계사의 홈페이지에 있는 연말정산에 대한 상담사례들을 모은 것이다. 다음 상담사례의 답변 중 가장 올바르지 않은 것은?

> 질문1 : 안녕하세요. 김삼일 회계사님. 제 아이가 아토피성피부염을 앓고 있어 일본에 있는 병원에서 치료를 받았는데 의료비세액공제를 받을 수 있을까요?
> 답변1 : 외국에 있는 병원은 의료법 제3조에 규정하는 의료기관에 해당하지 아니하므로 동 병원에 지급한 의료비는 의료비세액공제를 받을 수 없습니다.
> 질문2 : 저는 봉급생활자인데 자동차종합보험료도 보험료세액공제를 받을 수 있습니까?
> 답변2 : 자동차종합보험은 보장성보험이므로 보험료세액공제의 대상이 됩니다.
> 질문3 : 안녕하세요. 이번에 일본여행을 다녀왔는데 여행 중 신용카드로 핸드백을 구매했습니다.
>   일본에서 구매했더라도 물론 신용카드사용소득공제 대상이 되겠죠?
> 답변3 : 물론입니다. 국내뿐만 아니라 국외에서 지출한 신용카드사용액도 대상이 됩니다.
> 질문4 : 수고하십니다. 저는 40세의 근로소득자인데요. 소득이 없는 61세의 아버지의 노인대학학비도 교육비세액공제를 받을 수 있나요?
> 답변4 : 교육비세액공제는 기본공제대상자인 본인, 배우자, 직계비속, 형제자매, 입양자를 위하여 지출한 교육비를 대상으로 하므로 직계존속 교육비는 공제되지 않습니다.

① 답변1 ② 답변2
❸ 답변3 ④ 답변4

해설

• 신용카드 국외 사용액은 신용카드사용액으로 인정되지 않는다.

빈출유형특강 142 　　　특별세액공제 계산구조

Q. 다음 중 소득세법상 종합소득공제 및 세액공제에 대한 설명으로 가장 올바르지 않은 것은?

① 기본공제대상자에 해당하는 자녀(8세 이상)가 2명인 경우 자녀세액공제를 35만원 받을 수 있다.
② 교육비세액공제 중 대학원 수업료는 거주자 본인을 위해 지출한 경우에만 공제가 가능하다.
③ 기부금세액공제 중 거주자의 기본공제대상자가 지출한 기부금은 공제받을 수 없다.
④ 국세, 지방세 등을 신용카드로 납부한 금액은 신용카드공제대상 사용금액에서 제외한다.

📍 **내비게이션**

• 기본공제대상자가 지출한 기부금도 기부금세액공제의 대상이다.
  `참고` 자녀세액공제 : 1명=15만원 / 2명=35만원 / 3명이상=35만원+(자녀수-2명)x30만원

정답 : ③

 핵심이론 : 특별세액공제 주요사항

보험료세액공제	일반보장성보험	공제액	■ Min[보험료, 100만원]x12%
	장애인전용보장성보험	공제액	■ Min[보험료, 100만원]x15%
의료비세액공제	지출대상	• 연령·소득에 제한없는 기본공제대상자	
	제외대상 의료비	• 국외의료기관 의료비, 미용·성형수술비, 건강증진의약품비	
	일반의료비	• 이하 특정의료비 이외의 일반적인 의료비	
		공제액	■ Min[(일반 - 총급여x3%), 700만원]x15% ⇓ '(-)이면 0으로 계산'
	특정의료비	• 본인·경로우대자(65세이상)·장애인·6세이하 부양가족 의료비	
		공제액	■ [특정 - (총급여x3% - 일반)]x15% ⇓ '(-)이면 0으로 계산'
교육비세액공제	지출대상	• 연령에 제한없는 기본공제대상자	
	본인 공제범위	• 대학원생도 포함 • [한도] 없음	
	부양가족 공제범위	• 배우자, 직계비속, 형제자매 🔍주의 직계존속과 대학원생 제외 • [한도] 대학생(기타의 자) : 1인당 9백만원(3백만원)	
	공제액	공제액	■ 본인 : 교육비x15% ■ 가족 : Min[교육비, 공제대상별한도]x15%
기부금세액공제	대상	• 종합소득이 있는 거주자(사업소득만 있는자 제외)가 지급한 기부금 🔍주의 기본공제대상자(다른 거주자가 기본공제를 받은자 제외)가 지출한 기부금도 대상	

빈출유형특강 143 | **의료비·교육비세액공제액 계산**

Q. 다음 자료에 의하여 근로소득자 갑과 을의 교육비와 의료비 세액공제액을 계산하시오.

〈근로소득자 갑의 교육비 지출내역〉

ㄱ. 본인의 대학원 학비	: 600만원
ㄴ. 사업소득금액 500만원이 있는 배우자의 대학 학비	: 400만원
ㄷ. 15세인 장녀의 중학교 학비	: 250만원
ㄹ. 7세인 차녀의 유치원 학비	: 150만원

〈근로소득자 을의 의료비 지출내역〉

ㄱ. 본인의 총급여액	: 4,000만원
ㄴ. 근로소득금액 1,000만원이 있는 배우자의 질병치료비	: 100만원
ㄷ. 68세인 장인의 국외 대학병원 치료비	: 80만원
ㄹ. 본인의 허리디스크 치료비	: 220만원

	교육비 세액공제액	의료비 세액공제액
①	900,000원	150,000원
②	1,000,000원	200,000원
③	1,500,000원	300,000원
④	2,000,000원	600,000원

📍 **내비게이션**

• 교육비 세액공제액 : ⅰ)+ⅱ)+ⅲ)=1,500,000

> * 교육비 세액공제대상(연령제한없는 기본공제대상자) : 본인, 장녀, 차녀

ⅰ) 본인 : 6,000,000x15%=900,000 [한도] 없음
　→ 본인은 대학원생 학비가 공제대상에 해당한다.
　→ 본인 이외의 부양가족은 대학원생 학비가 공제대상에 해당하지 않는다.
ⅱ) 장녀 : Min[㉠2,500,000 ㉡3,000,000]x15%=375,000
ⅲ) 차녀 : Min[㉠1,500,000 ㉡3,000,000]x15%=225,000
• 의료비 세액공제액 : ⅰ)+ⅱ)=300,000

> *의료비 세액공제대상(연령·소득제한없는 기본공제대상자) : 본인, 배우자
> →국외의료비는 대상이 아니므로 장인은 제외
> *일반의료비 : 배우자 100만원, 특정의료비 : 본인 220만원

ⅰ) 일반의료비 : Min[㉠1,000,000-40,000,000x3% ㉡7,000,000]x15%=0
　　　　　　　⇓
　　　　　(-)이므로 0
ⅱ) 특정의료비 : [2,200,000-(40,000,000x3%-1,000,000)]x15%=300,000

정답 : ③

빈출유형특강 144 · 양도소득 과세대상

Q. 다음 중 소득세법상 양도소득에 관한 설명으로 가장 올바르지 않은 것은?

① 비상장주식의 양도는 양도소득세 과세대상이다.
② 소액주주가 양도하는 상장법인의 주식은 양도소득세 과세대상이다.
③ 미등기자산은 장기보유특별공제와 양도소득기본공제를 적용하지 않는다.
④ 1세대 1주택이더라도 고가주택에 해당하면 과세한다.

📍 **내비게이션**

• 소액주주의 장내(증권시장) 상장주식 양도분은 과세대상이 아니다.

정답 : ②

 핵심이론 : 양도소득 과세대상

양도의 개념			• 등기·등록과 무관하게 유상으로 사실상 소유권이 이전되는 것
과세대상	부동산등	토지·건물	• 등기불문
		부동산에 관한 권리	① 지상권·전세권 : 등기불문 ② 부동산임차권 : 등기된 것 ③ 부동산을 취득할 수 있는 권리 : 아파트당첨권 등
		기타자산	① 사업용자산(토지·건물·부동산에 관한 권리)과 함께 양도하는 영업권 ② 특정시설물이용권 : 골프회원권, 헬스클럽이용권 등 ③ 소정 과다부동산비율 회사의 특정주식
	주식	비상장주식	• 원칙적으로 대주주·소액주주 불문하고 모두 과세
		상장주식	• 장내 대주주양도분과 장외양도분 Q주의 장내 대주주 이외의 자 양도분은 과세제외
비과세			• 2년이상 보유한 1세대 1주택의 양도로 인하여 발생하는 소득 Q주의 1주택자라도 고가주택(실거래가 12억원 초과)은 과세함.
양도차익			• 양도가와 취득가 모두 원칙적으로 실거래가로 계산함.

관련기출 · 양도소득 기본사항

● 다음은 양도소득에 대한 설명이다. 가장 잘못된 설명은?

① 등기 또는 등록에 관계없이 매도로 인하여 자산의 소유권이 이전된다면 이는 양도에 해당한다.
② 대주주가 장내에서 양도하는 상장법인의 주식은 양도소득세 과세대상이다.
③ 부동산에 관한 권리의 양도는 양도소득세 과세대상이다.
❹ 양도소득기본공제는 자산그룹별로 각각 250만원을 공제하며 "미등기 양도자산"에 대해서도 동일하게 적용한다.

해설

• 양도소득기본공제는 미등기 양도자산에 대해서는 적용배제한다.('후술')

※말장난

• 1세대 1주택은 고가주택 해당 여부에 관계없이 과세하지 않는다.(X)
▷ 1세대 1주택도 고가주택에 해당하면 과세한다.

빈출유형특강 145 　　　　　양도소득금액 계산

Q. 거주자 김상일씨는 얼마전 6년간 보유한 토지를 양도하였다. 토지는 등기되었으며 사업용이다. 아래 자료에 의하여 양도소득금액을 계산하면?(단, 토지의 실제양도비용은 1,000,000원이다.)

	실제거래가액	기준시가
양도가액	150,000,000원	100,000,000원
취득가액	79,000,000원	60,000,000원

*단, 장기보유특별공제율은 12%로 가정한다.

① 34,300,000원　　　　　　　　② 49,100,000원
③ 61,600,000원　　　　　　　　④ 78,320,000원

📍 **내비게이션**

• 양도소득금액 계산

양도가액(실거래가액)	150,000,000
취득가액(실거래가액)	(79,000,000)
기타필요경비(양도비용)	(1,000,000)
양도차익	70,000,000
장기보유특별공제	(70,000,000×12%=8,400,000)
양도소득금액	61,600,000

정답 : ③

📝 **핵심이론 : 양도소득금액 계산절차**

양도가액		
(−) 취득가액, 기타필요경비		
양도차익		
(−) 장기보유특별공제		
양도소득금액		

양도가액	•실거래가액			
취득가액	•실거래가액			
기타필요경비	•설비비와 개량비·자본적지출액·양도비용(중개수수료)			
장기보유특별공제 (등기자산)	**과세되는 1세대1주택**		**기타 토지·건물**	
	보유 3년 이상	양도차익×공제율 ⇓ [한도] 80%	보유 3년 이상	양도차익×공제율 ⇓ [한도] 30%
	*[적용제외] 미등기자산			

제2주차
핵심유형특강

제3주차
최신유형특강

제4주차
기출변형특강

빈출유형특강 146   **양도소득과세표준 계산**

Q. 거주자인 김삼일씨는 부동산임대업을 영위하기 위해 20x1년 업무용오피스텔을 취득한 후 20x5년도에 ㈜삼일에 양도하였다. 관련 자료가 다음과 같을 경우 양도소득 과세표준은 얼마인가?

> ㄱ. 김삼일씨는 20x1년 11월 1일 오피스텔을 시가 5억원에 취득하여 20x5년 12월 24일 시가 8억원에 양도하였다.
> ㄴ. 오피스텔 취득시 부대비용 5천만원이 발생하였으며 양도비용 8백만원이 발생하였다. 또한 보유기간 중에 오피스텔에 대한 자본적지출액으로 1천만원을 지출하였다.
> ㄷ. 20x5년중 양도한 다른 양도소득세 과세대상 자산은 없으며 양도소득기본공제는 250만원이다.
> ㄹ. 해당 자산은 미등기자산이 아니며 장기보유특별공제율은 8%를 적용한다.

① 201,410,000원   ② 201,660,000원
③ 210,400,000원   ④ 210,940,000원

📍 **내비게이션**

• 양도소득과세표준 계산

양도가액(실거래가액)	800,000,000
취득가액(실거래가액)	(500,000,000)
기타필요경비	(50,000,000+8,000,000+10,000,000=68,000,000)
양도차익	232,000,000
장기보유특별공제	(232,000,000×8%=18,560,000)
양도소득금액	213,440,000
양도소득기본공제	(2,500,000)
양도소득과세표준	210,940,000

정답 : ④

 핵심이론 : 양도소득과세표준 계산절차

양도소득금액
(-) 양도소득기본공제
양도소득과세표준

양도소득기본공제	• 각호(1호~4호)의 소득별로 각각 연 250만원 공제함. 〈1호〉 부동산 등(토지·건물, 부동산에 관한 권리, 기타자산) 〈2호〉 주식(비상장주식, 상장주식) • 먼저 양도한 자산부터 순차공제함. 🔎주의 적용배제 : 미등기자산

참고 양도소득과세표준 예정신고

신고기한	부동산 등	• 양도일이 속하는 달의 말일부터 2월 내
	주식	• 양도일이 속하는 반기의 말일부터 2월 내
기타사항		• 예정신고납부의무 위반시는 가산세가 부과됨. • 예정신고자는 확정신고를 하지 않아도 무방함.

빈출유형특강 147　　　　소득세 확정신고

Q. 다음은 문구용 소매업을 영위하는 거주자 김상일씨의 소득금액이다. 아래 소득 이외에 다른 소득이 없는 경우 종합소득세 신고시 반드시 포함해야할 소득은 무엇인가(단, 모든 소득은 국내에서 발생하였다.)?

① 복권당첨소득 200,000,000원

② 문구소매업 운영수익 5,000,000원

③ 은행예금에서 발생한 이자수익 10,000,000원

④ 보유주식·자동차 처분시 발생한 이익 20,000,000원

◉ 내비게이션

•① 복권당첨소득은 분리과세 대상이다.
② 문구소매점 운영수익은 사업소득으로 종합소득세 신고시 반드시 포함해야 한다.
③ 은행예금 이자수익 10,000,000원은 2천만원을 초과하지 않으므로 분리과세된다.
④ 사업자의 주식양도소득은 미열거 사업소득이므로 원칙적으로 과세하지 않으며, 고정자산처분이익도 원칙적으로 과세되지 않는다.

정답 : ②

 핵심이론 : 확정신고의무와 면제

신고납부	•다음 연도 5.1~5.31까지 신고납부(성실신고확인대상자는 5.1~6.30까지 신고납부) ◉주의 과세표준이 없거나 결손시도 신고해야함.
신고의무면제	㉠ 근로소득만 있는 자　　　　→∵연말정산으로 과세종결 ㉡ 공적연금소득만 있는 자　　→∵연말정산으로 과세종결 ㉢ 연말정산 사업소득만 있는 자　→∵연말정산으로 과세종결 ㉣ 퇴직소득만 있는 자　　　　→∵원천징수로 과세종결 ㉤ 분리과세소득만 있는 자　　→∵원천징수로 과세종결 ㉥ 예정신고를 한자　　　　　→∵확정신고 불필요

관련기출　확정신고의무자

● 다음 중 반드시 종합소득세 확정신고를 해야 하는 자는 누구인가?

❶ 주택신축 판매업을 영위하며 소득을 얻고 있는 이선규씨
② 강릉상사에 근무하다가 당기에 퇴직하여 퇴직금을 수령하였고 아직까지 취직을 하지 못하고 있는 최진성씨
③ 2억원의 정기예금에서 매년 1,000만원의 이자를 수령하고 계신 한창선 할아버지
④ 삼진전자에 근무하고 있고 근로소득 이외의 소득은 없는 이동률씨

해설

•① 건설업(주택신축판매업)은 사업소득이므로 확정신고의무가 있다.
② 퇴직소득은 원천징수로 과세종결한다.
③ 2천만원이하 이자소득은 분리과세로 과세종결한다.
④ 근로소득은 연말정산으로 과세종결한다.

빈출유형특강 148 　　　　　　부가가치세의 특징

Q. 다음 중 부가가치세법에 관한 설명으로 가장 올바르지 않은 것은?

① 부가가치세는 원칙적으로 모든 재화 또는 용역의 공급을 과세대상으로 하는 일반소비세에 해당한다.
② 부가가치세는 납세의무자와 실질적인 담세자가 일치하지 않는 간접세이다.
③ 부가가치세는 일정기간 동안 사업자가 공급한 매출액에서 매입액을 차감하여 부가가치를 계산한 다음
　세율을 적용하는 전단계거래액공제법을 따르고 있다.
④ 부가가치세는 소비지국과세원칙을 채택하고 있으므로 수출하는 재화에 대하여 영세율이 적용된다.

● **내비게이션**

• 부가가치세는 거래시 마다 매출액에 세율을 곱하여 매출세액을 계산한 다음 매입액에 세율을 곱한 매입세액을 매출
　세액에서 차감하여 적용하는 전단계세액공제법을 채택하고 있다.
• 전단계거래액공제법 : 매출액과 매입액이 모두 집계되는 과세기간이 지나야 납부세액을 알 수 있다.
　전단계세액공제법 : 거래시 마다 납부세액을 품목별로 알 수 있다.

정답 : ③

 핵심이론 : 부가가치세의 특징

소비형부가가치세	• 소비지출해당 부가가치만을 과세대상으로 함.
전단계세액공제법	• 납부세액 = 매출세액(매출액x세율) – 매입세액(매입액x세율) 　♀주의 전단계거래액공제법[납부세액 = (매출액 – 매입액)x세율]이 아님.
일반소비세	• 원칙적으로 모든 재화·용역 소비행위사실에 대해 과세 　▶특정 재화·용역의 소비행위에 과세되는 개별소비세와 구별됨.
간접세	• 세부담의 전가를 예상하는 간접세 　▶∴납세의무자≠담세자 : 최종소비자는 담세자이며, 납세의무자가 아님.
단일세율 (단일비례세율)	• 10%의 동일한 세율을 적용 　▶ 단, 영세율과 면세는 제외
다단계거래세	• 제조, 도매, 소매 등의 거래의 모든 단계마다 과세
소비지국과세원칙	• 생산지국은 영세율을 적용하고 소비지국에서 과세권을 행사

관련기출　　조세부담의 전가

● 다음 중 부가가치세에 대해 가장 옳지 않은 주장을 하는 사람은 누구인가?

① 김민정 : 일정 요건을 갖춘 경우에는 부가가치세 환급을 조기에 받기 위한 조기환급 신청이 가능합니다.
② 김나래 : 세금계산서의 필요적 기재사항의 전부 또는 일부가 기재되지 아니하거나 사실과 다를 경우 적법한 세금계산서로 보지
　않으며, 가산세 등의 불이익이 있습니다.
③ 황미나 : 사업개시일로부터 20일 이내에 사업자등록을 신청하지 않으면 미등록가산세가 부과되므로 주의해야 합니다.
❹ 문정인 : 부가가치세는 납세의무자와 담세자가 동일하므로 직접세에 해당합니다.

해설

• 부가가치세는 납세의무자와 담세자가 다른 간접세에 해당한다.

빈출유형특강 149   **소비지국과세원칙**

Q. 다음 기사 중 밑줄 친 부분과 가장 관련이 깊은 부가가치세의 내용은?

> **스마트폰 앱거래 과세…업계 이중과세 반발**
>
> 스마트폰의 앱스토어에서 거래되는 애플리케이션에 대해 부가가치세를 매기겠다는 정부 방침에 대해 업계가 '이중과세'라며 반발하고 있다.
>
> (중략)
>
> 다만 애플리케이션 특성상 개발자에게 세금을 물리기는 어렵다고 보고 앱스토어 운영자에게 일괄 부과한 뒤 이를 납부토록 하는 방식을 검토하고 있다. <u>또 해외에서 운영되는 앱스토어의 경우 과세권 문제가 걸려있어 개발자가 내국인인 경우, 소비자가 내국인인 경우 등을 구분해 과세 방식을 찾고 있다</u>…(이하 중략)

① 간이과세자   ② 면세사업자

③ 소비지국과세원칙   ④ 일반소비세

📍 **내비게이션**

• 부가가치세의 과세권을 소비지국 또는 생산지국에서 행사 할 것인지의 문제이다.

정답 : ③

관련기출   소비지국과세원칙의 현실적용

● 다음은 신문기사의 일부를 발췌한 것이다. 다음 기사의 내용과 가장 밀접한 부가가치세의 특성은 무엇인가?

> **한·중 합자회사 북한에서 버스 조립생산**
>
> 한국의 P그룹은 중국 H자동차와 오는 5월부터 북한에서 버스를 합작 생산하기로 합의했다. 신화통신은 두 회사가 최근 중국 선양에 소재한 H자동차에서 생산한 부품을 북한 남포에 소재한 P그룹의 공장으로 가져가 버스를 조립·생산하기로 했다며 생산된 제품은 국제시장에서 판매하기로 합의했다고 보도했다. P그룹의 남포공장은 차량을 한국에 수출할 경우 영세율 혜택을 보게 된다고 신화통신은 밝혔다.

❶ 소비지국과세원칙
② 직접세
③ 생산지국과세원칙
④ 다단계과세(전단계세액공제법)

해설

• 영세율의 취지는 소비지국과세원칙의 구현이다.

빈출유형특강 150　　부가가치세 과세대상

Q. 다음 중 부가가치세에 대한 설명으로 가장 올바르지 않은 것은?

① 부가가치세란 재화 또는 용역이 생산되거나 유통되는 모든 단계에서 창출되는 부가가치를 과세대상으로 하는 조세이다.

② 부수재화 또는 용역의 과세범위·공급장소·공급시기 등은 모두 주된 재화 또는 용역의 공급에 따라 판단한다.

③ 재화의 수입의 경우 국내생산 재화 및 용역과 마찬가지로 사업자인 수입자에게만 부가가치세를 과세한다.

④ 우리나라의 부가가치세율은 원칙적으로 10%를 적용하되 수출하는 재화 등에는 0%의 세율을 적용한다.

📍 **내비게이션**

• 재화의 수입의 경우에는 수입자가 사업자인지 여부를 불문하고 과세대상으로 한다.(예 외국여행 중에 구입한 카메라, TV 등을 국내에 반입하는 경우에도 재화의 수입으로 보아 부가가치세가 과세됨)
　→이는 수입하는 재화에 대하여도 국내생산 재화의 경우와 동일한 세부담이 되도록 함으로써 국내생산 재화와의 과세형평을 유지하고 국내산업을 보호하기 위한 것이다.

정답 : ③

📝 핵심이론 : 과세대상과 부수재화

과세대상	재화의 공급	① 권리의 양도는 재화의 공급이며, 권리의 대여는 용역의 공급임. ② 어음·수표·주식·사채·상품권은 재화로 보지 않음.
	용역의 공급	① 건설업은 자재부담 여부에 관계없이 용역의 공급으로 봄. ② 음식점업은 규정상 용역의 공급으로 봄. ③ 부동산임대업은 용역의 공급이며 부동산매매업은 재화의 공급임. ④ 전답·과수원·목장용지·임야·염전임대업은 용역의 공급이 아님
	재화의 수입	외국공급자 ← 거래징수X 수입자 ← 거래징수O 세관장 🔍주의 수입자가 사업자인지 여부를 불문하고 과세대상으로 함.
부수재화		• 주된재화·용역이 과세(면세)이면 부수재화·용역도 과세(면세)함. 예 학원이 교육용역과 함께 실습도구 제공시 학원이 면세이므로 실습도구도 면세

관련기출　부가가치세 총설

● 부가가치세법에 대한 다음 설명 중 가장 옳지 않은 것은?

① 부가가치세의 과세대상은 재화 및 용역의 공급과 재화의 수입이다.

② 부가가치세는 납세의무자의 신고에 의해 납세의무가 확정되는 신고납세제도를 채택하고 있다.

③ 부가가치세는 납세의무자와 실질적인 담세자가 일치하지 않는 간접세이다.

❹ 부가가치세는 재화 또는 용역이 생산되는 국가에서 과세하는 생산지국과세원칙을 채택하고 있다.

해설

• 소비지국과세원칙을 채택하고 있다.

빈출유형특강 151 　　　　　　 납세의무자와 납세지

Q. 다음 중 법인의 업종과 부가가치세법상 사업장을 연결한 것으로 가장 올바르지 않은 것은?

① 제조업 – 최종제품 완성장소
② 부동산매매업 – 법인 등기부상 소재지
③ 광업 – 광업사무소 소재지
④ 부동산임대업 – 법인 등기부상 소재지

📍 **내비게이션**

• 법인 등기부상 소재지(X) → 부동산의 등기부상 소재지(O)

정답 : ④

 핵심이론 : 납세의무자와 납세지

납세의무자	과세사업자	• 일반과세자, 간이과세자, 영세율사업자, 겸영사업자로 납세의무 있음.
	면세사업자	• 납세의무 없음.
	사업자	① 과세 재화·용역을 공급하는 사업자는 사업자 등록, 거래징수와 무관하게 납세의무짐. ② 부가가치창출 사업 형태를 갖추고 계속·반복적으로 재화·용역을 공급해야함.(∴한두번의 일시적 공급은 납세의무 없음.) ③ 재화 또는 용역의 공급을 사업상 독립적으로 해야 함. ④ 사업성 판단에 영리목적 여부는 불문함.(∴국가도 납세의무자임.)

납세지 (사업장)	• 사업장별 과세원칙에 의하며 사업장은 다음과 같음.	
	광업	• 광업사무소 소재지
	제조업	• 최종제품완성장소
	건설업·운수업·부동산매매업	• 법인인 경우 : 법인등기부상 소재지 • 개인인 경우 : 업무총괄장소
	부동산임대업	• 부동산의 등기부상 소재지
	무인자동판매기	• 업무총괄장소
	🔍주의 직매장은 사업장으로 보나, 하치장과 임시사업장은 사업장으로 보지 않음.	

관련기출 　사업자의 개념

● 다음 중 부가가치세법에 관한 설명으로 가장 올바르지 않은 것은?

① 부가가치세는 납세의무자와 담세자가 일치하지 않는 간접세에 해당한다.
② 부가가치세는 원칙적으로 모든 재화 또는 용역의 공급을 과세대상으로 하는 일반소비세에 해당한다.
❸ 부가가치세법상 사업자란 영리를 목적으로 사업상 독립적으로 재화 또는 용역을 공급하는 자를 말한다.
④ 부가가치세는 원칙적으로 사업자별로 종합과세하지 않고 사업장별로 과세한다.

해설

• 영리목적을 불문한다.

빈출유형특강 152　　　　　　　　　　과세기간

Q. 부가가치세와 관련된 다음의 대화 중 가장 옳지 않은 말을 하는 사람은?

> 채치수 : 부가가치세법은 계속사업자의 과세기간을 1월 1일 ~ 12월 31일까지로 단일 과세기간을 적용하고 있습니다.
> 강백호 : 직매장은 사업장으로 보며, 하치장은 사업장으로 보지 않습니다.
> 서태웅 : 사업자단위과세제도란 사업자가 본사에서 총괄하여 부가가치세를 신고하고 납부할 수 있도록 규정한 제도입니다.
> 정대만 : 신규사업자가 사업개시일 전에 사업자등록 신청을 한 경우에는 그 등록신청일부터 등록신청일이 속하는 과세기간의 종료일까지를 최초 과세기간으로 합니다.

① 채치수　　　　　　　　　　　　　② 강백호
③ 서태웅　　　　　　　　　　　　　④ 정대만

◉ 내비게이션

• 부가가치세의 과세기간은 각각 1월 1일부터 6월 30일, 7월 1일부터 12월 31일이다.

정답 : ①

 핵심이론 : 부가가치세 과세기간

계속사업자 과세기간	일반과세자 과세기간(6개월)	• ㉠ 제1기 : 1/1~6/30 ㉡ 제2기 : 7/1~12/31
	간이과세자 과세기간(1년)	• 1/1~12/31
신규사업자 최초과세기간	• 사업개시일~과세기간종료일 ▶ 단, 사업개시전 사업자등록신청시 : 등록신청일~과세기간종료일	
폐업자 최종과세기간	• 과세기간개시일~폐업일	
간이과세포기시 과세기간	〈포기신고 : 일반과세의 적용을 받고자하는 달의 전달 마지막날까지 신고〉 • 과세기간개시일~포기신고일이 속하는 달의 마지막날[간이과세적용] • 다음달 1일~과세기간종료일[일반과세적용]	

보론 ㉠ 법인은 원칙적으로 개인과 달리 예정신고의무(1/1~3/31, 7/1~9/30)가 있음.
㉡ 예정신고분은 확정신고시 제외, 예정신고누락분은 확정시 포함, 확정시 누락분은 경정청구·수정신고

핵심이론 : 사업자단위과세제도

의의	• 둘이상의 사업장이 있는 사업자로서 사업자단위로 사업자등록을 한 사업자는 그 사업자의 본점(주사무소)에서 총괄하여 신고·납부·사업자등록·세금계산서 발급과 수취·결정·경정 등 모든 부가가치세법에 따른 납세의무를 사업자단위로 이행이 가능 • 사업자단위로 사업자등록을 한 사업자는 둘이상의 사업장이 있는 경우에도 본점(주 사무소)에 대해서만 사업자등록을 하며, 기존 다른 사업장의 사업자등록은 말소되며, 신설하는 사업장은 별도의 사업자등록을 하지 않음.	
효력	사업자단위 신고납부	• 신고, 납부(환급), 과표와 세액계산, 사업자등록, 세금계산서 발급과 수취, 결정·경정·징수에 적용 ◉주의 주사업장총괄납부는 납부(환급)에만 적용됨.('후술')
	직매장반출 공급의제배제	• 공급으로 보지 않더라도 사업장별로 납부(환급)세액을 통산하여 사업자단위로 납부함으로써 불필요한 자금부담의 문제점이 자동해소되기 때문임.

빈출유형특강 153 　　　　　 주사업장총괄납부

Q. 다음은 부가가치세의 납세지인 사업장에 대하여 해당 설명 내용이다. 가장 올바르지 않은 것은?

① 사업자가 주사업장 총괄납부를 신청하면 주사업장에서 다른 사업장의 세액까지 총괄하여 신고하고 납부할 수 있다.
② 직매장을 추가로 개설한 경우 별도의 사업자등록을 하는 것이 원칙이다.
③ 주사업장 총괄납부를 하는 경우에도 사업자등록은 각 사업장마다 등록하여야 한다.
④ 사업자단위과세제도에 따라 사업자단위 신고납부를 하는 경우에는 사업자등록 및 세금계산서의 발급과 수령도 단일화하여 본점 또는 주사무소에서 수행할 수 있다.

◉ 내비게이션

•신고하고 납부할 수 있다.(X) → 납부할 수 있다.(O)

정답 : ①

 핵심이론 : 주사업장총괄납부

의의	•제조장에서 직매장에 반출시 사업장별과세원칙에 의하는 경우 제조장은 매입세액(환급세액)만 발생하고, 직매장은 납부세액(매출세액)만 발생함. 이때 직매장 매출세액은 신고기한 내에 납부하나, 제조장 매입세액에 대한 환급은 확정신고기한이 지난 후 30일내에 환급되므로 납부·환급 기간차이로 인해 이 기간동안 사업자는 불필요한 자금부담을 지게 되는 문제점이 있음. ▶이러한 문제점의 해소를 위해 현행 다음의 규정을 두고 있음. 　㉠ 주사업장총괄납부·사업자단위과세제도 ㉡ 총괄납부 등 아닌 자의 직매장반출 공급의제

주된사업장 (주사업장)	법인	•본점(주사무소) 또는 지점(분사무소) → ∴선택가능
	개인(일반과세자)	•주사무소　　　　　　　　　　　　　 → ∴선택불가

신청	•총괄납부하려는 과세기간 개시 20일전에 주사업장 관할세무서장에게 신청 →신규사업자 : 사업자등록증 받은 날부터 20일 이내 신청 →추가사업장 개설자 : 추가사업장의 사업개시일부터 20일 이내 신청

효력	총괄납부(환급)	•납부(환급)에 국한하여 적용 　Q주의 ∴신고, 사업자등록, 세금계산서 작성·발급, 과세표준과 세액계산, 결정·경정 등은 각 사업장별로 행함.
	직매장반출 공급의제 배제	•공급의제하지 않더라도 자금부담 문제점이 자동해소되기 때문임.

관련기출　　주된사업장

● 부가가치세 납세의무자인 사업자에 대한 설명으로 가장 옳지 않은 것은?

① 면세사업자는 부가가치세법상의 사업자 등록의무가 없다.
② 사업자란 사업상 독립적으로 재화나 용역을 공급하는 자를 말한다.
③ 과세사업자가 사업개시일로부터 20일 이내에 사업자등록을 하지 아니한 경우에는 미등록 가산세의 적용을 받는다.
❹ 주사업장 총괄납부를 신청한 사업자가 법인인 경우 주사업장은 본점을 말하는 것이며 지점은 주사업장이 될수 없다.

해설

•본점과 지점 중 선택가능하다.

빈출유형특강 154 재화의 공급

Q. 다음 중 부가가치세 과세대상에 대한 설명으로 가장 옳지 않은 것은?

① 광고선전목적으로 불특정다수인에게 무상으로 견본품을 공급시는 재화의 공급에 해당한다.
② 자기의 사업과 관련하여 생산한 재화를 대가없이 사용인의 개인적인 목적으로 사용하는 것은 부가가치세 과세대상이다.
③ 과세사업을 위해 취득한 기계장치를 면세사업용으로 전용하는 경우 과세대상에 포함한다.
④ 고용관계에 의하여 근로를 제공하는 것은 과세대상인 용역의 공급으로 보지 아니한다.

🔘 **내비게이션**

• 견본품은 재화의 공급으로 보지 않는다. 다만, 유상공급 견본품은 재화의 공급으로 본다.

정답 : ①

 핵심이론 : 재화의 공급 주요사항

실질공급		• 매매계약, 가공계약(자재전부·일부부담), 교환계약, 현물출자, 경매, 수용 등 ▶ 자재부담없이 가공만 한 경우는 용역의 공급이며, 건설업은 무조건 용역의 공급 🔎주의 담보제공과 사업양도는 재화의 공급으로 보지 않음. 🔎주의 ① 재화의 무상공급 : 과세O →단, 견본품의 무상공급 : 과세X 　　　　② 용역의 무상공급 : 과세X →단, 특수관계인간 부동산 무상임대용역 : 과세O
간주공급	자가공급	• 과세재화의 면세전용, 비영업용소형승용차로 사용 또는 그 유지에 사용 • 주사업장총괄납부등 적용자 아닌자의 판매목적 직매장반출 　보론 적용자라도 착오로 세금계산서 발급시는 공급으로 봄.
	기타	• 폐업시잔존재화, 개인적공급(직장연예비·작업복등 제외), 사업상증여
		보론 이미 매입세액불공제되었던 재화는 원칙적으로 간주공급 적용에서 제외함. 보론 세금계산서 발급의무 : 직매장반출(그 외의 경우는 발급면제)

관련기출 과세재화의 면세전용

● 다음 아래 내용과 가장 관련이 깊은 부가가치세의 내용은?

> 사무실로 임대하기 위해 오피스텔을 구입하고 매입세액을 공제 받은 후 오피스텔을 사무용이 아닌 주거용으로 임대하기 시작하는 시점에 주거용으로 오피스텔을 공급한 것으로 보아 부가가치세를 납부하라는 연락을 받았다.

❶ 자가공급
② 개인적공급
③ 사업상증여
④ 폐업시잔존재화

해설

• 자가공급 중 과세재화의 면세사업전용에 대한 내용이다.

※말장난

• 재화를 담보로 제공하는 경우에도 부가가치세 과세대상에 포함된다.(X)
• 총괄납부제도 적용 사업자가 자기 사업과 관련하여 생산, 취득한 재화를 타인에게 직접 판매할 목적으로 다른 사업장에 반출하는 것은 부가가치세 과세대상이다.(X)
▷총괄납부제도 적용 사업자(X) → 총괄납부 적용자 아닌 자(O)

빈출유형특강 155 　용역의 공급과 재화의 수입

Q. 다음 중 부가가치세 과세대상에 대한 설명으로 옳은 것을 모두 고르면?

> ㄱ. 재화 또는 용역의 공급은 부가가치세 과세대상이며, 재화의 수입은 부가가치세 과세대상에 해당되지 않는다.
> ㄴ. 고용관계에 의해 근로를 제공하는 경우, 부가가치세 과세대상이다.
> ㄷ. 용역의 무상공급은 부가가치세법상 용역의 공급으로 보지 않지만 특수관계인에게 제공하는 부동산 임대용역은 시가로 과세한다.
> ㄹ. 사업자가 사업과 관련하여 생산 또는 취득한 재화를 직장체육비나 직장연예비로 지출하는 경우 부가가치세 과세대상에 포함되지 않는다.

① ㄱ. ㄴ.　　　② ㄱ. ㄹ.
③ ㄱ. ㄴ. ㄹ.　　④ ㄷ. ㄹ.

◉ 내비게이션
- ㄱ. 재화의 수입도 부가가치세 과세대상에 해당한다.
- ㄴ. 고용관계에 의한 근로제공은 용역의 공급으로 보지 않는다.

정답 : ④

📝 핵심이론 : 용역의 공급과 재화의 수입 주요사항

용역의 공급	• 건설업은 자재 부담 여부에 관계없이 용역의 공급으로 봄. →자재부담 없는 단순한 가공인도 : 용역의 공급 • 특허권 등 권리를 사용하게 하는 권리의 대여는 용역의 공급으로 봄. ◎주의 고용관계에 의한 근로의 제공은 용역의 공급으로 보지 않음 ◎주의 용역의 무상공급 : 과세X →단, 특수관계인 부동산 무상임대용역 : 과세O
재화의 수입	• 외국으로부터 우리나라에 도착한 물품을 인취 • 외국 선박에 의해 공해에서 채포된 수산물을 우리나라에 인취 • 수출면허 받고 선적된 것을 우리나라에 인취 →∵수출의 공급시기는 선적일 • 보세구역으로부터 국내에 인취

관련기출　과세대상 해당여부

● 다음 중 부가가치세 과세대상에 관한 설명으로 가장 옳은 것은?
① 재화란 재산적 가치가 있는 물건과 권리이므로 주식은 물론 특허권도 과세대상에 해당된다.
② 재화의 수입에 대해서는 수입자가 사업자인 경우에만 부가가치세 과세대상으로 본다.
❸ 대가를 받지 않고 타인에게 무상으로 용역을 공급하는 것은 원칙적으로 부가가치세 과세대상으로 보지 않는다.
④ 건설업자가 건설자재의 전부 또는 일부를 부담하는 경우에는 재화의 공급으로 본다.

해설
- 주식은 재화가 아니며, 수입자는 사업자 불문이며, 건설업은 무조건 용역의 공급으로 본다.

※말장난
- 수출신고를 마치고 선적이 완료된 물품을 국내로 다시 반입시는 재화의 수입에 해당하지 않는다.(X)
  ▷선적시 수출이 완료된 것이므로 반입시는 다시 재화의 수입이다.

빈출유형특강 156   공급시기 주요사항

Q. 부가가치세법상 재화와 용역의 공급시기에 대한 연결이 가장 옳지 않은 것은?

① 위탁판매 : 수탁자 또는 대리인에게 재화가 인도되는 때
② 개인적 공급 : 재화가 사용 또는 소비되는 때
③ 재화의 외상판매 : 재화가 인도되거나 이용 가능하게 되는 때
④ 통상적인 용역의 공급 : 역무의 제공이 완료되는 때

🔘 **내비게이션**

• 위탁판매의 공급시기는 수탁자의 공급일이다.

정답 : ①

 핵심이론 : 재화의 공급시기

현금판매, 외상판매, 할부판매(단기), 가공계약, 내국신용장에 의한 공급	• 인도되는 때
장기할부판매, 완성도기준지급조건부공급, 중간지급조건부공급 전력 등 공급 단위 구획 불가 재화를 계속적 공급시	• 대가의 각 부분을 받기로 한 때
조건부판매(반환조건부, 동의조건부), 기한부판매	• 조건성취·기한경과로 판매확정시
폐업시 잔존재화, 공급시기가 폐업일 이후 도래시	• 폐업일 → 🔘주의 폐업신고일(X)
간주공급 중 사업상증여 / 직매장반출	• 증여하는 때 / 반출하는 때
기타 간주공급	• 사용·소비하는 때
무인판매기	• 현금을 꺼내는 때(인취하는 때)
위탁판매	• 수탁자의 공급일
수출하는 재화(내국신용장에 의해 수출하는 재화 포함)	• 선적일
수입하는 재화, 국내에 공급되는 보세구역수입재화	• 수입신고수리일(수입면허일)
상품권	• 재화가 실제로 인도되는 때
위 모든 공급시기 도래전에 대가받고 세금계산서·영수증 발급시 🔘주의 무대가로 발급 제외	• 발급한 때

관련기출   재화의 공급시기

● 다음 중 부가가치세법상 재화와 용역의 공급시기에 대한 설명으로 가장 올바르지 않은 것은?

① 할부판매 : 당해 재화가 인도되는 때
② 조건부 판매 : 조건이 성취되어 판매가 확정될 때
③ 수출재화의 공급 : 수출재화의 선적일
❹ 폐업시 잔존재화 : 당해 재화가 사용 또는 소비되는 때

해설

• 폐업시 잔존재화는 폐업일이 공급시기이다.

※**말장난**

• 장기할부판매의 공급시기는 당해 재화가 인도되는 때이다.(X)
  ▷대가의 각 부분을 받기로 한 때이다.

빈출유형특강 157　　　　**할부판매의 공급시기**

Q. 다음 중 20x3년 제1기 예정신고시 부가가치세 과세표준 금액이 다른 회사는(단, 보기 이외의 다른 거래는 없으며 세금계산서는 부가가치세법상 원칙적인 발급시기에 발급했다고 가정한다)?

① (주)서울
 - 20x3년 1월 15일에 제빵기계 1대를 2,000,000원에 외상판매하였다.
② (주)부산
 - 20x3년 2월 1일에 제빵기계 1대를 2,000,000원에 할부판매하고 대금은 당월부터 5개월에 걸쳐 매월 400,000원씩 받기로 하였다.
③ (주)대구
 - 20x3년 3월 1일에 제빵기계 1대를 2,000,000원에 할부판매하고 대금은 당월부터 20개월에 걸쳐 매월 100,000원씩 받기로 하였다.
④ (주)광주
 - 20x3년 3월 7일에 매출 부진으로 폐업하였다. 폐업시에 남아있던 재고자산의 시가는 2,000,000원이었으며, 이는 4월 3일에 처분되었다.

내비게이션
- ㈜서울 : 외상판매(공급시기 : 인도일) →예정신고시 과세표준은 2,000,000원이다.
- ㈜부산 : 단기할부(공급시기 : 인도일) →예정신고시 과세표준은 2,000,000원이다.
- ㈜대구 : 장기할부(공급시기 : 대가의 각 부분을 받기로한 때) →예정신고시 과세표준은 100,000원이다.
- ㈜광주 : 폐업시 잔존재화(공급시기 : 폐업일) →예정신고시 과세표준은 2,000,000원(시가)이다.

정답 : ③

관련기출　**단기할부판매 공급시기**

(주)상일은 20x1년 10월 10일 상품을 할부로 양도하고 판매대금은 아래와 같이 회수하기로 약정하였다. 할부대금의 실제회수액이 아래와 같을 때 20x1년 제2기 확정신고기간에 동 할부판매와 관련하여 신고할 공급가액은 얼마인가(회수약정액과 회수액은 부가가치세를 포함하지 않은 금액이다.)?

일자	회수약정액	회수액
20x1.10.10	30,000원	30,000원
20x1.11.10	30,000원	-
20x1.12.10	30,000원	20,000원
20x2.01.10	30,000원	20,000원
	120,000원	70,000원

① 50,000원　　　　② 70,000원
③ 90,000원　　　　❹ 120,000원

해설
- 할부판매(단기할부) 공급시기는 인도일(10/10)이므로 120,000원 전액이 공급가액(과세표준)이다.

빈출유형특강 158　　　　　영세율 일반사항

Q. 다음 중 부가가치세법상 영세율 적용대상이 아닌 것은?

① 무역업자가 국내의 수출품생산업자로부터 지급받는 수출대행수수료
② 선박·항공기의 외국항행 용역
③ 법소정 수출재화 임가공용역
④ 내국신용장과 구매확인서에 의하여 공급하는 재화(단, 내국신용장 등은 재화의 공급시기가 속하는 과세기간 종료일 후 25일 이내에 개설·발급받은 것)

◉ **내비게이션**

• 수출대행수수료는 국내거래이므로 10%과세이다.

정답 : ①

 핵심이론 : 영세율의 취지와 적용대상

완전면세	의의	• 매출세액은 '0'이 되고 매입세액은 환급받음. ▶ 따라서, 부가가치세 부담이 완전히 제거되므로 완전면세에 해당됨. • 과세사업자이므로 부가가치세법상 모든 의무를 짐.
	취지	• 수출촉진과 소비지국과세원칙(국제적 이중과세방지)의 구현 🔍주의 면세사업자 : 면세포기를 해야만 영세율을 적용받을 수 있음.
적용대상		• 재화의 수출 → 🔍주의 수출대행수수료 : 10%과세 • 내국신용장·구매확인서에 의한 수출(단, 과세기간 종료후 25일 이내에 개설) • 국외에서 제공하는 용역(재도급 포함) • 선박·항공기의 외국항행 용역(국내 → 국외, 국외 → 국내, 국외 → 국외로의 수송) • 수출업자와 직접도급계약 또는 내국신용장에 의해 공급하는 수출재화임가공용역 • 외국항행 선박·항공기·원양어선에 공급하는 재화·용역 　보론　세금계산서 발급의무대상 : 내국신용장에 의한 수출과 수출재화임가공용역 　보론　영세율첨부서류 미제출 : 무신고로 보아 영세율과표신고불성실가산세 부과함.

관련기출　영세율의 적용

● 다음 중 부가가치세법상 영세율에 대한 설명으로 가장 올바르지 않은 것은?

① 영세율은 국제적인 이중과세 방지효과가 있다.
❷ 면세사업자는 면세를 포기하더라도 영세율을 적용받을 수 없다.
③ 영세율을 적용 받는 사업자는 사업자등록 및 세금계산서 발행 등 부가가치세법상 제반의무를 이행하여야 한다.
④ 사업과 관련하여 부담한 매입세액은 부가가치세 납부세액에서 공제한다.

해설

• 영세율이 적용되는 재화·용역을 공급하는 면세사업자는 면세포기가 가능하다.

※말장난

• 영세율 적용대상거래는 모두 세금계산서의 발급의무가 면제된다.(X)
▷소정 영세율 적용대상거래는 세금계산서의 발급의무가 있다.

빈출유형특강 159 — 영세율과 과세표준 신고

Q. 반도체라인 생산설비를 제조하는 (주)삼일은 2/4분기 중 다음과 같이 2대의 기계장치를 수출하였다. 동 기간 중 회사의 매입세액이 200,000,000원일 때 (주)삼일이 제1기 확정신고시 납부 또는 환급받을 부가가치세 금액은 얼마인가(단, 매입세액은 모두 세금계산서를 수취하였으며, 조기환급 신고는 하지 않았다고 가정한다.)?

제품명	수량	공급가액
페이퍼 가공설비A	1	2,000,000,000원
페이퍼 절단설비B	1	1,000,000,000원

① 납부(환급)세액 없음
② 100,000,000원 납부
③ 100,000,000원 환급
④ 200,000,000원 환급

내비게이션

• 영세율이 적용되므로 매입세액 200,000,000원이 전액 환급된다.

정답 : ④

관련기출 — 영세율의 신고서식 기입방법

다음은 컴퓨터제조업을 영위하는 (주)삼일의 20x1년 제1기 확정신고를 위한 자료이다. 세금계산서는 적법하게 수수하였다. 20x1년 4월 1일부터 6월 30일까지의 매출거래 내역은 아래와 같다. (ㄱ)에 들어갈 금액으로 올바른 것은?

ㄱ. 세금계산서발행 매출액(VAT미포함)   30,000,000원
ㄴ. 신용카드매출전표발행분(VAT포함)   22,000,000원
ㄷ. 영수증발행(VAT포함)   22,000,000원
ㄹ. 내국신용장에 의한 공급분(Local 수출분)   10,000,000원
ㅁ. 직수출분   12,000,000원

구분			금액	세율	세액
과세표준 및 매출세액	과세	세금계산서발급분		10/100	
		매입자발행 세금계산서		10/100	
		신용카드·현금영수증발행분		10/100	
		기타		10/100	
	영세율	세금계산서발급분	(ㄱ)	0/100	
		기타		0/100	

① 0원
❷ 10,000,000원
③ 12,000,000원
④ 20,000,000원

해설

• 내국신용장에 의한 공급분(Local 수출분) 10,000,000원이 기록된다.

빈출유형특강 160   면세 일반사항

Q. 다음 중 부가가치세 영세율과 면세에 대한 설명으로 가장 옳지 않은 것은?

① 영세율 제도가 국제적인 이중과세를 방지하는 효과가 있다면, 면세제도는 부가가치세의 역진성을 완화하는 효과가 있다.

② 영세율사업자와 면세사업자는 세금계산서 발급 등의 부가가치세법에서 규정하고 있는 제반 사항을 준수해야 할 의무가 있다.

③ 영세율 적용대상자는 매입세액을 공제받지만, 면세사업자는 매입세액을 공제받지 못한다.

④ 사업자가 토지를 공급하는 때에는 면세에 해당하나 주택부수토지를 제외한 토지의 임대용역을 공급하는 때에는 원칙적으로 과세에 해당한다.

⊙ **내비게이션**

• 면세사업자는 부가가치세법상의 사업자가 아니므로 원칙적으로 제반의무가 없다.

정답 : ②

 핵심이론 : 면세의 취지와 적용대상

부분면세	의의	•매출세액은 없지만 매입세액은 환급되지 않음. ▶ 따라서, 부분면세에 해당함. •부가가치세법상 사업자가 아니므로 원칙적으로 납세의무 없음. •세금계산서 발급이 불가함.(계산서를 발급함)	
	취지	•부가가치세의 역진성완화	
적용대상		•미가공식료품	복숭아통조림, 맛김, 떡 : 과세
		•수돗물, 연탄과 무연탄	생수, 전기, 유연탄 : 과세
		•여객운송용역(시내버스·시외버스·지하철)	항공기, 택시, 고속철도 : 과세
		•주택임대용역(부수토지포함)	상가와 부수토지 임대 : 과세
		•의료보건용역과 혈액	미용목적 성형수술 : 과세
		•인가·허가 등을 받은 교육용역 (학원등)	무도학원, 자동차운전학원 : 과세
		•도서 및 도서대여용역, 신문·잡지	광고 : 과세
		•비직업운동경기	프로야구 입장권 : 과세
		•토지의 공급(판매)	토지임대 : 과세
		•은행업, 보험업등 금융보험용역	—
		•우표, 복권, 공중전화, 200원이하의 담배	가입전화, 휴대폰 : 과세
		•국가·지자체·공익단체가 공급하는 것	우체국방문접수배달용역 : 과세
면세포기 [언제든지 가능]	포기대상 (포기사유)	•영세율이 적용되는 재화·용역 •학술연구단체·기술연구단체가 공급하는 재화·용역	
	포기절차	•관할세무서장에게 면세포기 신고하고, 지체 없이 사업자등록해야 함. •면세포기신고 후 3년간은 면세 적용을 받지 못함.	

※말장난

•부동산임대업은 부가가치세 과세대상이므로 주택임대도 예외없이 부가가치세가 과세된다.(X)
▷주택과 그 부속토지의 임대는 면세대상이다.

빈출유형특강 161　　　　　　　**면세포기와 면세해당여부**

Q. 면세사업을 영위하는 ㈜상일의 두 직원이 나눈 다음 대화와 관련한 설명으로 가장 옳지 않은 것은?

> 김과장 : 정대리, 이번에는 정말 잘 해 줬어. 우리도 드디어 수출 기업이 된거야!
> 정대리 : 다 과장님 덕분입니다. 일본 거래처를 한번 개척해보라고 권해 주시고 성과가 없어도 계속 기다려 주셨잖습니까
> 김과장 : 뭘, 그런데 정대리. 수출을 하게 되면 우리도 영세율을 적용받을 수 있는 거 아냐?
> 정대리 : 과장님, 저희는 면세사업자라 영세율은 적용되지 않는 것으로 알고 있습니다.

① 면세를 포기하면 일반과세자와 마찬가지로 부가가치세 신고의무가 발생한다.
② 면세포기 후 3년간은 다시 면세적용을 받을 수 없다.
③ 면세를 포기하면 매입세액을 매출세액에서 공제받을 수 있다.
④ 모든 면세사업자들은 면세를 포기하고 과세로 전환할 수 있다.

📍 **내비게이션**
• 영세율이 적용되는 재화·용역 등을 공급하는 경우등 면세포기 대상은 한정되어 있다. 따라서, 모든 면세사업자가 면세를 포기할 수 있는 것이 아니다.

정답 : ④

관련기출　　**면세해당여부**

● 다음은 김씨의 가계부 지출내역이다. 지출금액 안에 포함된 부가가치세의 합계는 얼마인가(단, 공급자는 부가가치세법에 따라 적정하게 부가가치세를 거래징수 하였다고 가정함)?

일자	적요	금액
2월 14일	주택월세	330,000원
2월 18일	수도요금 납입	11,000원
2월 21일	프로야구 입장권	22,000원
2월 27일	시내버스 이용	11,000원

❶ 2,000원　　　　　　　　　　　② 3,000원
③ 32,000원　　　　　　　　　　　④ 34,000원

해설

• 면세 : 주택임대, 수돗물, 여객운송용역(시내버스)
• 과세 : 프로야구(비직업경기가 아닌 직업경기는 과세함) →VAT=$22,000 \times \frac{10}{110} = 2,000$

관련기출　　**과세·면세의 구분**

● 다음 중 부가가치세의 면세대상이 아닌 것은?
① 주택임대용역　　　　　　　　　② 수입한 과일류
❸ 신문사 광고　　　　　　　　　　④ 금융·보험용역

해설

• 신문은 면세이나 광고는 과세이다.

빈출유형특강 162　　　　　　　과세표준 일반사항

Q. 다음은 부가가치세의 과세표준에 대한 설명이다. 가장 옳지 않은 것은?

① 경매·수용·현물출자·대물변제 기타 계약상 또는 법률상의 원인에 의하여 재화를 인도 또는 양도하는 경우 과세표준에 포함한다.
② 재화를 공급하고 금전 이외의 대가를 받는 경우에는 자기가 공급한 재화의 시가를 과세표준으로 한다.
③ 건설업자가 건설자재의 전부 또는 일부를 부담하는 경우에도 용역의 공급으로 보아 과세표준에 포함한다.
④ 공급받는 자에게 도달하기 전에 공급자의 부주의로 인한 파손, 훼손 또는 멸실된 재화의 가액은 과세표준에 포함한다.

◉ 내비게이션

•도달 전에 파손, 훼손, 멸실된 가액은 과세표준에 포함치 않는다.

정답 : ④

 핵심이론 : 부가가치세 과세표준과 포함여부

과세표준(공급가액)	•금전으로 수령 : 그 대가 〈VAT포함여부 불분명시 : 포함된 것으로 봄〉 •금전 이외 수령, 특수관계인 재화 저가·무상, 특수관계인 용역 저가 : 공급한 것의 시가 •수입재화 : 관세의 과세가격＋관세＋교육세·농특세＋개소세·주세 등
공급가액에 포함O	•판매장려물품지급분의 시가, 대가의 일부로 받는 운송비·포장비등
공급가액에 포함X	•판매장려금수입액, 연체이자, 도달전 파손·훼손·멸실된 재화, 공급과 직접 관련없는 국고보조금 등, 구분기재된 종업원 봉사료(수입금액에 계상시는 제외), 자기적립마일리지, 반환의무 있는 보증금·입회금, 손해배상금, 위약금
공급가액에서 차감O	•매출에누리와 환입, 매출할인
공급가액에서 차감X	•판매장려금지급액, 대손금(∵대손세액공제가 적용됨.), 하자보증금

관련기출　　거래상대방과 과세표준

● 다음은 자동차를 제조하여 판매하는 (주)상일의 20x3년 4월 1일부터 20x3년 6월 30일 까지의 거래내역이다. 20x3년 제1기 확정신고와 관련한 설명으로 올바르지 않은 것은?

> 〈매출내역〉
> 면세사업자에게 판매한 금액 : 30,000,000원(부가가치세 별도)
> 과세사업자에게 판매한 금액 : 20,000,000원(부가가치세 별도)
> 〈매입내역〉
> 원재료 매입금액(세금계산서 수령) : 33,000,000원(부가가치세 포함)

① 과세사업자에게 판매한 20,000,000원은 과세표준에 포함해야 한다.
❷ 면세사업자에게 판매한 30,000,000원은 과세표준에 포함하지 않는다.
③ 원재료 매입시 부담한 부가가치세 3,000,000원은 매입세액으로 공제한다.
④ 20x3년 제1기 예정신고시 누락한 매출금액을 확정신고시 과세표준에 포함해 신고할 수 있다.

해설

•과세재화 공급시는 상대방이 과세사업자인지 면세사업자인지를 불문하고 공급가액을 과세표준에 포함한다.

빈출유형특강 163 　　　　　　 과세표준 계산

Q. 다음 자료를 이용하여 부가가치세 과세표준을 구하면 얼마인가?

> ㄱ. 외상매출액(매출에누리와 매출할인이 차감된 금액) : 370,000,000원
> ㄴ. 매출에누리 : 10,000,000원
> ㄷ. 매출할인 : 5,000,000원
> ㄹ. 외상매출금의 지급지연으로 인해 수령한 연체이자 : 2,000,000원
> ㅁ. 대손금 : 1,000,000원

① 160,000,000원 　　　　　　　② 360,000,000원
③ 370,000,000원 　　　　　　　④ 375,000,000원

📍 **내비게이션**

• 매출에누리와 매출할인은 공급가액에서 차감하며, 문제에서의 외상매출액 370,000,000원은 이미 적정하게 차감된 후의 금액이다.
• 연체이자는 공급가액에 포함하지 않으므로 무시한다.
• 대손금은 공급가액에서 차감하지 않으므로 외상매출액 370,000,000원에서 차감하지 않는다.
　∴과세표준은 370,000,000원 자체가 공급가액(과세표준)이 된다.

정답 : ③

관련기출 　　특수관계인 저가공급

● 다음 자료를 이용하여 부가가치세 과세표준을 구하면 얼마인가?

> ㄱ. 특수관계가 없는 자에 대한 외상매출액 : 200,000,000원
> 　(매출에누리 5,000,000원, 매출할인 10,000,000원이 차감되어 있음)
> ㄴ. 특수관계인에 대한 재화매출액(시가 50,000,000원) : 40,000,000원
> ㄷ. 상가건물의 처분액 : 700,000,000원

① 250,000,000원 　　　　　　　② 940,000,000원
❸ 950,000,000원 　　　　　　　④ 965,000,000원

해설

• 매출에누리와 매출할인은 공급가액에서 차감하며, 문제에서의 특수관계가 없는 자에 대한 외상매출액 200,000,000원은 이미 적정하게 차감된 후의 금액이다.
• 특수관계인에게 저가공급한 경우는 시가(50,000,000)를 과세표준으로 한다.
• 상가건물의 처분액은 일반적인 실질공급에 해당한다.
　∴과세표준 : 200,000,000+50,000,000+700,000,000=950,000,000

빈출유형특강 164 　　　간주공급과 부동산임대 과세표준

Q. 부가가치세 과세사업을 영위하던 김씨는 20x6년 10월 5일 당해 사업을 폐업하였다. 폐업당시에
잔존하는 재화가 다음과 같다면 그 부가가치세 과세표준은 얼마인가?

종류	취득일	취득원가	시가
제품	20x5.9.16	7,000,000원	9,000,000원
토지	20x1.7.10	120,000,000원	200,000,000원
건물	20x2.7.20	200,000,000원	180,000,000원
기계장치	20x5.6.20	40,000,000원	10,000,000원

(단, 위의 재화 중 취득시 매입세액 공제가 가능한 재화는 매입세액공제를 받았으며, 취득원가
나 시가에는 부가가치세가 포함되어있지 않음)

① 120,000,000원　　　　　　　　　② 129,000,000원
③ 139,000,000원　　　　　　　　　④ 140,000,000원

◉ 내비게이션

•9,000,000+0(토지는 면세)+200,000,000×(1-5%x8)+40,000,000x(1-25%x3)=139,000,000

정답 : ③

 핵심이론 : 간주공급과 부동산임대 과세표준

간주공급	건물·구축물	기타상각자산	비상각자산	직매장반출
	시가 = 취득가x(1-5%x과세기간수)	시가 = 취득가x(1-25%x과세기간수)	시가	취득가

▶ 과세기간수 : 취득과세기간개시일~간주공급과세기간개시일

부동산임대	임대료	•월임대료x해당월수
	간주임대료	•임대보증금적수x정기예금이자율x1/365

관련기출 　간주임대료 과세표준

● 다음은 제조업을 영위하는 (주)상일의 20x1년 10월 1일부터 12월 31일까지의 자료이다. 매출, 매입과 관련하여
필요한 경우 세금계산서를 적정하게 수수하였다. 20x1년 제2기 확정신고시 부가가치세 납부세액은 얼마인가(아래는
부가가치세를 제외한 금액이며, 소수점 첫째 자리에서 반올림한다.)?

> ㄱ. 제품매출액 45,000,000원
> ㄴ. 국내에서 생산된 무연탄 구입 5,000,000원
> ㄷ. 원재료 구입액(과세대상임) 5,000,000원
> ㄹ. 임대보증금 100,000,000원(임대기간 : 20x1년 10월 1일 ~ 20x2년 9월 30일)
> ㅁ. 간주임대료 계산시 1년은 365일이며, 이자율은 5%라고 가정함.

① 2,606,095원　　　　　　　　　② 3,125,027원
③ 3,734,035원　　　　　　　　　❹ 4,126,027원

해설

•[45,000,000+(100,000,000x92일x5%x1/365)]x10%-5,000,000x10%=4,126,027

빈출유형특강 165 　　대손세액공제 일반사항

Q. 다음 과세사업자인 A와 B의 거래 내용에 관한 설명 중 가장 옳은 것은?

> [1] A는 20x1년 3월 1일 부가가치세 과세재화를 B에게 공급한 후 공급대가로 110,000,000원(부가가치세 포함)의 어음을 수령하였다. 하지만 20x1년 9월 1일 B의 부도로 인해 매출채권을 회수하지 못하였다. A는 이와 관련하여 B에게 근저당권을 설정해 놓은 것은 없다.
> [2] 대손세액공제는 공제가능한 가장 빠른 시기에 적법하게 신청한 것으로 가정한다.

① A는 20x2년 제1기 부가가치 확정신고시 10,000,000원의 대손세액 공제를 받을 수 있다.
② A는 20x1년 제2기 확정신고시 110,000,000원을 공급가액에서 차감하여 매출세액을 신고한다.
③ A는 20x1년 제2기 부가가치세 예정신고시 10,000,000원의 대손세액공제를 받을 수 있다.
④ A는 20x1년 제1기 예정신고시 110,000,000원을 공급가액으로 신고해야 한다.

◉ 내비게이션

• A가 법인이라고 가정하면 공급일이 속하는 20x1년 제1기 예정신고시 100,000,000원을 공급가액으로 일단 신고한다.
• 대손세액공제는 확정신고시에만 적용하므로 부도후 6월이 경과한 20x2년 제1기 확정신고시 10,000,000원(110,000,000x10/110)을 대손세액공제한다.

정답 : ①

 핵심이론 : 대손세액공제 주요사항

대손사유	• 부도 후 6월 경과 어음·수표(저당권 설정분은 제외), 파산, 사망, 소멸시효 완성 등
공제시기	• 확정신고시만 적용 →예정신고시 적용불가함.
대손세액	• 대손세액=대손금액(VAT포함액)x10/110

관련기출 　대손세액공제 반영 납부세액

● 다음은 부가가치세법상 도매사업자인 류현자씨의 20x3년 7월 1일부터 12월 31일까지의 거래내역이다. 류현자씨의 20x3년 제2기 확정신고시 납부세액은 얼마인가(단, 별도의 언급이 없는 경우 부가가치세가 포함되지 않은 금액이며, 세금계산서는 적법하게 수령했고 그 외의 관련자료는 없다고 가정한다)?

> ㄱ. 컴퓨터 관련 매출과 매입 : 수출 550,000,000원, 국내판매 613,000,000원, 부속품 매입 330,000,000원
> ㄴ. 수출대행수수료 : 92,000,000원
> ㄷ. 광고선전을 목적으로 불특정 다수인에게 무상으로 견본품을 공급 : 25,000,000원
> ㄹ. 20x2년에 발생한 외상매출금 중 20x3.11. 5에 거래처 파산으로 대손된 금액 : 16,500,000원(VAT포함)

① 35,850,000원　　　　　　　　　　❷ 36,000,000원
③ 37,500,000원　　　　　　　　　　④ 38,500,000원

해설

• (613,000,000+92,000,000)x10%-330,000,000x10%-16,500,000x10/110=36,000,000

빈출유형특강 166   **대손세액공제의 신고서식 기입**

Q. (주)삼일의 20x4.4.1부터 20x4.6.30까지의 거래에 대한 다음 부가가치세신고서의 〈#1〉 ~ 〈#4〉에 기입할 금액으로 올바른 것은(단, 세금계산서는 부가가치세법에 따라 적절하게 발급하였다.)?

〈자료 1〉 20x4.4.1 ~ 20x4.6.30 거래내역

(1) 국내 도매상에 500,000,000원(VAT 미포함)의 제품을 판매하고 세금계산서를 발행함.
(2) 국내 소매상에 330,000,000원(VAT 포함)의 제품을 판매하고 신용카드매출전표를 발행함.
　(매출전표에 공급받는 자와 부가가치세액을 별도로 기재함.)
(3) 남서울주식회사(수출상)에 Local L/C에 의해 400,000,000원의 제품을 판매함.
(4) 20x4.5.3 거래처 파산으로 인하여 77,000,000원(VAT 포함, 20x1년 12월 매출분)의 대손이 발생함.

〈자료 2〉 부가가치세신고서 양식

구분		과세표준	세액
과 세	세금계산서	〈#1〉	
	기　타	〈#2〉	
영세율	세금계산서	〈#3〉	
	기　타		
대손세액			〈#4〉
계			

	〈#1〉	〈#2〉	〈#3〉	〈#4〉
①	500,000,000	–	300,000,000	7,000,000
②	800,000,000	–	–	70,000,000
③	500,000,000	330,000,000	15,000,000	70,000,000
④	500,000,000	300,000,000	400,000,000	7,000,000

📍 **내비게이션**

• 〈#1〉: 과세매출 공급가액 →500,000,000
• 〈#2〉: 카드매출 공급가액 →330,000,000x100/110=300,000,000
• 〈#3〉: 내국신용장 수출 공급가액(영세율세금계산서 발급분) →400,000,000
• 〈#4〉: 대손세액 →77,000,000x10/110=7,000,000

구분		과세표준	세액
과 세	세금계산서	〈#1〉 500,000,000	50,000,000
	기　타	〈#2〉 300,000,000	30,000,000
영세율	세금계산서	〈#3〉 400,000,000	0
	기　타		
대손세액			〈#4〉 7,000,000

정답 : ④

※말장난

• 20x3년 중 과세재화를 공급하고 받은 어음이 9월 1일 부도발생된 경우 20x3년 제2기 확정신고시 대손세액공제를 받을 수 있다.(X)
　▷부도발생일(20x3.9.1)로부터 6월이 경과한 20x4년 제1기 확정신고시 적용된다.

빈출유형특강 167 **매입세액공제의 요건**

제1주차
빈출유형특강

제2주차
핵심유형특강

제3주차
차세유형특강

제4주차
기출변형특강

Q. 부가가치세는 전단계세액공제법을 적용하고 있다. 따라서 재화, 용역의 매입시 또는 재화의 수입시 거래징수 당한 매입세액은 납부세액 계산시 공제된다. 다음 중 매입세액에 대한 설명으로 가장 올바르지 않은 것은?

① 면세사업과 관련된 매입세액은 매출세액에서 공제되지 않는다.

② 기업업무추진비 및 이와 유사한 비용의 지출에 관련된 매입세액은 매출세액에서 공제되지 않는다.

③ 당해 재화를 사용하는 시점에서 매입세액을 공제받는 것이며, 단순히 매입한 시점이 속하는 예정신고기간 또는 확정신고기간에 매입세액을 공제받을 수 있는 것이 아니다.

④ 사업자가 재화 또는 용역을 공급받고 부가가치세액이 별도로 구분 가능한 신용카드매출전표 등을 발급받은 경우 신용카드매출전표 등 수취명세서를 제출하고, 신용카드매출전표 등을 보관하면 매입세액으로 공제받을 수 있다.

📍 **내비게이션**

• 매입세액공제는 구입시점(매입시점)에 전액 공제한다.

정답 : ③

 핵심이론 : 매입세액공제의 요건

증빙요건	•세금계산서(매입자발행세금계산서), 신용카드매출전표(현금영수증) 🔍주의 현금매입(간이영수증등) 수취분은 공제불가하며, 현금매출은 납부해야함.
공제시기	•구입(매입)시점에 전액 공제 🔍주의 사용시점에 공제하는 것이 아님.
누락분의 처리	① 예정신고시 누락분 : 확정신고시 공제 가능 ② 확정신고시 누락분 : 경정청구에 의함.

관련기출 **현금거래의 납부세액 계산**

● 다음은 도소매업을 영위하는 과세사업자인 (주)상일의 20x1년 10월 1일부터 20x1년 12월 31일까지의 매출과 매입에 관한 사항이다. 20x1년 제2기 부가가치세 확정신고시 납부세액은 얼마인가(단, 세금계산서를 수취한 매입세액 중 불공제되는 세액은 없다고 가정한다.)?

구 분		공급대가(VAT포함)
매출자료	세금계산서 발행분	1,000,000원
	현금매출분(증빙없음)	500,000원
	계	1,500,000원
매입자료	세금계산서 수취분	500,000원
	현금매입분(증빙없음)	60,000원
	계	560,000원

① 50,000원 ❷ 90,909원
③ 100,000원 ④ 150,000원

해설

•(1,000,000+500,000)x10/110-500,000x10/110≒90,909
→현금매출은 매출세액을 납부하여야 하나, 현금매입(증빙요건 위배)은 매입세액을 공제하지 않는다.

빈출유형특강 168   매입세액불공제

Q. 다음은 부가가치세 과세사업을 영위하는 ㈜삼일의 제1기 예정신고기간의 매입내역이다. 제1기 예정신고시 공제받을 수 있는 매입세액은 얼마인가(단, 별도의 언급이 없는 항목은 정당하게 세금계산서를 수령하였다고 가정한다)?

매입내역	매입세액
ㄱ. 기계장치 구입	15,000,000원
ㄴ. 업무무관 자산 구입	30,000,000원
ㄷ. 원재료 구입	5,000,000원
ㄹ. 부재료 구입(세금계산서의 필요적 기재사항의 일부가 누락되었음)	10,000,000원
ㅁ. 비품 구입(부가가치세액이 별도로 구분가능한 신용카드매출전표를 수령하였으며 신용카드매출전표등 수령명세서를 제출하였다.)	3,000,000원
ㅂ. 기업업무추진비	5,000,000원

① 23,000,000원   ② 30,000,000원
③ 40,000,000원   ④ 50,000,000원

📍 내비게이션

• 15,000,000(기계장치 구입)+5,000,000(원재료 구입)+3,000,000(비품구입)=23,000,000
  →매입세액불공제 : 사업무관 매입세액, 세금계산서 부실기재분, 기업업무추진비관련 매입세액

정답 : ①

📝 핵심이론 : 매입세액불공제 항목

• 매입처별세금계산서합계표관련	미제출, 부실기재(등록번호, 공급가액)
• 세금계산서관련	미수취, 부실기재(필요적기재사항)
• 사업무관매입세액	-
• 비영업용소형승용차의 구입·임차·유지관련	**참고** 운수용등이 아닌 1,000cc초과 8인승이하 자동차 →∴화물트럭, 경차, 9인승이상은 공제가능
• 기업업무추진비지출관련, 면세사업관련, 토지관련	-
• 사업자등록 신청전 매입세액	단, 공급시기가 속하는 과세기간이 끝난 후 20일 이내에 등록신청한 경우 그 공급시기내 매입세액은 공제가능함.

관련기출   매입세액공제가능 항목

● 과세사업을 영위하는 ㈜삼일의 부가가치세 신고시 매입세액공제가 가능한 항목은(단, 법적증빙은 적정하게 수령했다고 가정한다)?

① 기업업무추진비   ② 토지
③ 비영업용소형승용차   ❹ 화물운반용 트럭

해설 ✎

• 화물운반용 트럭은 비영업용소형승용차에 해당하지 않으므로 매입세액공제가 된다.

빈출유형특강 169   **세금계산서 (T/I) 기본사항**

Q. 다음 중 부가가치세법상 세금계산서에 대한 설명 중 가장 올바른 것은?

① 면세사업자와 간이과세자는 세금계산서를 발급할 수 없다.

② 부동산임대용역에서 실제임대료 및 간주임대료는 세금계산서 발급의무가 면제된다.

③ 재화나 용역의 공급시기 이전에 공급대가의 전부 또는 일부를 받은 경우에는 그 받은 대가에 대하여 세금계산서의 발행이 가능하다.

④ 주사업장총괄납부 또는 사업자단위신고납부 승인을 받은 사업자도 직매장반출 등 타인에게 직접판매할 목적으로 다른 사업장에 재화를 반출하는 경우 세금계산서를 발급해야 한다.

📍 **내비게이션**

• ① 간이과세자는 원칙적으로 세금계산서를 발급할 수 있다.
• ② 간주임대료에 대하여만 세금계산서 발급의무가 면제된다.
• ④ 발급의무자는 주사업장총괄납부 또는 사업자단위신고납부 승인을 받지 않은 사업자이다.

정답 : ③

📝 **핵심이론 : 세금계산서 기본사항**

필요적 기재사항	① 공급자의 등록번호와 성명(명칭) ② 공급받는자의 등록번호 ③ 공급가액과 세액 ④ 작성연월일 🔎주의 공급받는자의 성명(상호), 공급연월일, 주소는 필요적 기재사항이 아님. 🔎주의 세금계산서의 기능 : 청구서, 증빙, 세영수증 →계약서기능(X)	
발급면제	• 택시, 노점, 행상, 무인자동판매기	-
	• 간주공급	직매장반출 제외
	• 간주임대료	무조건 발급불가
	• 특정영세율대상	직수출 개념의 영세율대상
	• 면세사업자	무조건 발급불가
	🔎주의 임대료는 발급의무 있음.	

관련기출   **임대료와 간주임대료의 T/I발급의무**

● 다음 중 세금계산서에 관한 설명으로 가장 올바르지 않은 것은?

❶ 부동산임대용역 중 간주임대료가 적용되는 부분도 세금계산서 발급의무가 있다.

② 필요적 기재사항이 일부라도 기재되지 아니하거나 기재된 사항이 사실과 다를 때에는 적법한 세금계산서로 인정되지 않는다.

③ 세금계산서는 원칙적으로 재화 또는 용역의 공급시기에 발급한다.

④ 한 번 발행된 세금계산서라도 기재사항에 착오나 정정사유가 있다면 수정세금계산서를 발행할 수 있다.

해설

• 임대료는 세금계산서 발급의무가 있으나, 간주임대료는 세금계산서 발급불가 대상이다.

빈출유형특강 170 　　　　　세금계산서 발급특례

Q. 세금계산서의 발급시기 및 장소와 관련된 설명이다. 틀린 것은?

① 세금계산서는 재화를 공급하는 사업장에서 발급하는 것이 원칙이다.

② 사업자의 편의를 위하여 일정기간의 거래액을 합계하여 한번에 세금계산서를 발급할 수 있다.

③ 위탁판매의 경우 수탁자는 수탁자 자신의 명의로 된 세금계산서를 발급한다.

④ 재화나 용역의 공급 전에 세금계산서를 발급하고 7일 이내에 대가를 지급받은 경우 공급받는 자는 발급받은 세금계산서로서 매입세액을 공제받을 수 있다.

◉ 내비게이션

•수탁자 자신의 명의(X) → 위탁자의 명의(O)

정답 : ③

 핵심이론 : 세금계산서 특례 주요사항

공급시기 특례	•공급시기 이전에 T/I를 발급한 경우로서 발급일로부터 7일내에 대가를 수령시에는 T/I를 발급한 때를 공급시기로 함.
발급시기 특례	•다음의 경우 공급일이 속하는 달의 다음달 10일까지 발급가능 ① 거래처별로 달의 1일부터 말일까지의 공급가액을 합계하여 말일자를 발행일자로 발급 ② 거래처별로 달의 1일부터 말일까지 기간 이내에서 임의로 정한 기간의 공급가액을 합계하여 그 기간 종료일을 발행일자로 발급하는 경우
위탁판매 발급특례	•수탁자가 위탁자 명의의 T/I를 발급함. ▶ 단, 위탁자가 직접 인도시는 위탁자가 T/I 발급하고 수탁자 등록번호를 부기함.

관련기출 　세금계산서의 발급

● 다음 중 세금계산서에 관한 설명으로 가장 올바르지 않은 것은?

❶ 영세율 적용대상 거래는 모두 세금계산서의 발급의무가 면제된다.

② 위탁판매의 경우 수탁자는 위탁자의 명의로 된 세금계산서를 발급해야 한다.

③ 세금계산서를 거래처별로 달의 1일부터 말일까지의 공급가액을 합하여 해당 월의 말일자를 작성연월일로 하여 공급일이 속하는 달의 다음달 10일까지 발급할 수 있다.

④ 세금계산서는 재화 또는 용역의 공급시기에 발급되는 것이 원칙이나 공급시기가 도래하기 전에 대가의 전부 또는 일부를 받은 경우 그 받은 대가에 대하여 세금계산서를 발급할 수 있다.

해설

•내국신용장에 의한 수출 등의 경우에는 세금계산서 발급의무가 있다.

빈출유형특강 171　　　　부가가치세 신고납부

Q. 다음 중 부가가치세의 일반사항에 관한 설명 중 가장 올바르지 않은 것은?

① 부가가치세를 신고하지 않은 사업자도 수정신고를 할 수 있다.

② 재화의 공급시점에 세금계산서를 발급하고 그 세금계산서 발급일로부터 7일 이내에 대가를 받은 경우 세금계산서를 발급한 때에 재화를 공급한 것으로 본다.

③ 미등록가산세가 적용되는 부분에 대해서는 세금계산서 불성실가산세와 매출처별세금계산서합계표제출 불성실가산세가 배제된다.

④ 이미 발행된 세금계산서라도 기재사항에 착오가 있었다면 수정세금계산서를 발행할 수 있다.

⊙ 내비게이션

• 수정신고는 신고기한내 신고든 기한후 신고든 신고가 된 것에 대하여만 가능하다.

정답 : ①

 핵심이론 : 신고납부 주요사항

예정신고	일반적인 경우	•예정신고기간이 끝난 후 25일 이내에 신고납부함.
	개인사업자	•예정고지에 의한 징수(직전과세기간 납부세액의 1/2을 징수)
확정신고	•과세기간이 끝난 후 25일 이내에 신고 납부함.　▶예정신고·조기환급 내용은 확정신고 대상에서 제외함.(단, 누락분은 포함시킴)	
환급기한	•일반환급 : 확정신고기한이 지난 후 30일내 환급　▶예정신고기간에 대한 환급세액은 원칙적으로 환급치않고, 확정시 정산함.　•조기환급 : 예정신고기한·확정신고기한이 지난 후 15일내 환급	

관련기출　　차가감납부세액 계산

● 제조업을 영위하는 (주)삼일의 제1기 부가가치세 예정신고(20x1.1.1~20x1.3.31)와 관련된 자료이다. 예정신고시 (주)삼일의 차가감납부세액은 얼마인가(아래의 금액에는 부가가치세가 제외되어 있다)?

> ㄱ) 예정신고기간 중 (주)삼일의 제품공급가액 : 100,000,000원
> ㄴ) 예정신고기간 중 (주)삼일의 매입액 : 80,000,000원
> 　(매입세액불공제 대상인 매입액은 10,000,000원이다)
> ㄷ) 예정신고시 세금계산서를 발급하지 않은 금액(공급가액) : 5,000,000원
> 　(동 금액은 ㄱ)에 포함되어 있음)
> ㄹ) 세금계산서 관련 가산세는 미발급금액의 2%를 적용한다.

① 2,000,000원　　　　　　　　　　② 2,050,000원
③ 3,000,000원　　　　　　　　　　**❹ 3,100,000원**

해설

• 100,000,000x10%-(80,000,000-10,000,000)x10%+5,000,000x2%=3,100,000

※말장난

• 부가가치세 확정신고시에는 예정신고분을 포함한 과세기간 전체에 대한 모든 거래를 신고하여야 한다.(X)
　▶확정신고시에는 예정신고분은 제외한다.

빈출유형특강 172　　부가가치세 가산세

> **Q.** 부가가치세법상 일반과세자인 박충익씨는 20x1년 8월 20일에 사업을 개시하였으나 20x1년 10월 1일에 사업자등록을 신청하였다. 20x1년의 공급가액이 다음과 같을 때 20x1년 제2기 확정신고시 박충익씨가 납부하여야 할 미등록가산세는?
>
> | | |
> |---|---|
> | 08월 20일 ~ 08월 31일 : 5,000,000원 | 09월 01일 ~ 09월 30일 : 10,000,000원 |
> | 10월 01일 ~ 10월 31일 : 15,000,000원 | 11월 01일 ~ 11월 30일 : 20,000,000원 |
> | 12월 01일 ~ 12월 31일 : 30,000,000원 | |
>
> ① 50,000원　　　　　　　　　　② 150,000원
> ③ 300,000원　　　　　　　　　　④ 800,000원
>
> ◉ **내비게이션**
>
> •(5,000,000+10,000,000)x1%=150,000

정답 : ②

 핵심이론 : 부가가치세 가산세 주요사항

미등록관련	•사업개시일로부터 20일내 사업자등록하지 않은 경우 : 공급가액×1% →공급가액 : 사업개시일~등록신청일 직전일까지의 공급가액		
세금계산서관련 (공급자)	세금계산서	지연발급[1]·부실기재	•공급가액×1%
		미발급[2]·허위발급/가공발급	•공급가액×2%/3%
	매출처별세금계산서합계표	미제출·부실기재	•공급가액×0.5%
		지연제출(예정분을 확정시 제출)	•공급가액×0.3%
	[1] 공급시기후 확정신고기한내 발급　[2] 공급시기후 확정신고기한내 미발급		
중복적용 배제	•미등록가산세가 적용되는 부분에 대해서는 세금계산서불성실가산세와 매출처별세금계산서합계표제출불성실가산세는 적용하지 않음. •세금계산서불성실가산세와 매출처별세금계산서합계표제출불성실가산세가 동시에 적용되는 경우에는 매출처별세금계산서합계표제출불성실가산세는 적용하지 않음.		

보론 영세율 첨부서류 미제출시에도 영세율과세표준 과소신고(무신고)가산세가 적용됨.

관련기출　중복적용 배제

◉ 다음 중 부가가치세법상 가산세에 대한 설명으로 가장 올바르지 않은 것은?

❶ 세금계산서불성실가산세와 매출처별세금계산서합계표제출불성실가산세가 동시에 적용되는 경우 각각 가산세를 적용한다.
② 신규 사업개시자가 기한 내에 사업자등록을 신청하지 아니한 경우 사업개시일로부터 등록신청일 직전일까지의 공급가액에 대하여 1%의 미등록가산세를 납부하여야 한다.
③ 매출처별세금계산서합계표를 확정신고시 제출하지 않은 경우와 예정신고분을 확정신고시 지연제출한 경우에 적용되는 가산세율은 다르다.
④ 영세율 첨부서류를 제출하지 아니한 경우에도 가산세를 부과할 수 있다.

해설

•매출처별세금계산서합계표제출불성실가산세는 적용하지 않는다.

빈출유형특강 173 　　　　　　　　　　　간이과세자

Q. 부가가치세법상 일반과세자와 간이과세자를 비교한 다음 내용 중 옳지 않은 것은?

	일반과세자	간이과세자
① 적용대상	간이과세자 이외의 사업자	직전연도의 공급대가가 1억 400만원 미만인 개인사업자
② 포기제도	포기제도 없음	간이과세자를 포기하고 일반과세자가 될 수 있음
③ 대손세액공제	규정있음	공제없음
④ 세금계산서 발급	세금계산서 발급 원칙	세금계산서 발급 불가

◉ 내비게이션

•간이과세자도 세금계산서 발급이 원칙이다.

정답 : ④

📝 핵심이론 : 간이과세자 주요사항

적용대상	•직전 연도의 공급대가가 1억400만원 미만인 개인사업자 🔍주의 법인은 간이과세자가 될 수 없으며, 도매업·제조업 등의 경우 간이과세가 배제됨.	
납부면제	•당해과세기간(1년) 공급대가가 4,800만원 미만시 납부의무를 면제함.	
포기제도	•간이과세 포기 가능 →포기(적용)하고자하는 달의 전달 마지막 날까지 신고	
증빙발급	•원칙적으로 세금계산서 발급의무 있음(∴세금계산서 관련 가산세 있음.) →영수증의무발급 간이과세자 : 신규사업자, 직전연도 공급대가 4,800만원 미만 사업자	
예정부과 (원칙)	•직전과세기간(1년) 납부세액의 1/2을 예정부과기간(1/1~6/30)이 끝난 후 25일 이내까지 징수 →예외 : 사업부진 등의 경우는 예정신고납부 선택, 세금계산서 발급자는 예정신고 강제	
계산구조	납부세액	•과세표준(공급대가)×업종별부가가치율×10%
	공제세액	•세금계산서 등 수취 세액공제 : 매입액(공급대가)×0.5% •신용카드매출전표등발급세액공제 : 발행·결제금액×1.3% [한도] 1,000만원 🔍주의 대손세액공제와 의제매입세액공제가 없음.(전자세금계산서발급세액공제 있음)

관련기출 　일반과세자와 간이과세자 비교

● 부가가치세법상 일반과세자와 간이과세자에 관한 설명으로 가장 올바르지 않은 것은?

① 법인은 일반과세자이며, 간이과세자가 될 수 없다.
② 간이과세자도 세금계산서와 관련된 가산세의 적용을 받는다.
❸ 음식점과 제조업을 영위하는 간이과세자는 의제매입세액공제가 가능하다.
④ 간이과세자는 간이과세를 포기함으로써 일반과세자가 될 수 있다.

해설

•간이과세자에게는 의제매입세액공제가 없다.

※말장난

•간이과세자도 일반과세자와 동일하게 대손세액공제가 적용된다.(X)
 ▷간이과세자는 일반과세자와 달리 대손세액공제가 없다.

제1주차 빈출유형특강
제2주차 최신유형특강
제3주차 최신유형특강
제4주차 기출유형특강

빈출유형특강 174 　　　　　 원가회계 기초사항

Q. 원가회계는 재무회계와 관리회계에서 필요로 하는 원가정보를 제공한다. 다음 중 원가회계가 제공하는 정보와 거리가 가장 먼 것은?

① 제조와 영업활동에 대한 원가정보를 제공하여 합리적인 의사결정을 위한 기초자료를 제공한다.
② 회사의 모든 자산과 부채에 대한 평가 자료를 제공한다.
③ 외부공표용 재무제표에 계상될 매출원가와 기말재고자산 평가의 근거자료가 된다.
④ 경영자·종업원 활동의 성과를 평가하기 위한 기본정보를 제공한다.

📍 **내비게이션**

• 자산과 부채에 대한 평가 자료를 제공하는 것은 재무회계가 제공하는 정보이다.

정답 : ②

 핵심이론 : 원가회계의 목적과 원가의 개념 및 특성

원가회계 목적	제품원가계산	•재무제표에 계상될 매출원가·기말재고자산 평가의 근거자료
	계획과 통제	•의사결정, 예산통제, 책임중심별 성과평가 자료제공
원가의 개념	❖원가란 특정목적을 달성하기 위해 소멸된 경제적 자원의 희생을 화폐가치로 측정한 것으로 다음과 같이 분류함.	
	미소멸원가 　 자산	•수익획득에 아직 사용되지 않은 부분(예 재고자산)
	소멸원가 　 비용	•수익획득에 사용된 부분(예 매출원가)
	손실	•수익획득에 기여하지 못하고 소멸된 부분(예 화재손실)
원가의 특성	경제적 가치	•경제적 가치를 가지고 있는 요소만이 원가가 될 수 있음. 예 제조에 사용된 공기, 바람(경제적 가치 없음) : 원가X
	정상적인 소비액	•비정상적인 상황에서 발생한 가치의 감소분은 불포함. 예 비정상감모손실(원가성 없음)
	물품등의 소비액	•단순히 구입하는 것 만으로는 원가가 될 수 없음.(이를 소비해야 비로소 원가가 됨) 예 공장토지는 소비되어 없어지는 것이 아니므로 자산임.

관련기출　　 원가의 특성

● 다음 중 원가의 일반적인 특성에 해당하지 않는 것은?

① 경제적 가치를 가지고 있는 요소만이 원가가 될 수 있다.
② 발생한 제조원가 중 기업의 수익획득에 아직 사용되지 않은 부분은 자산으로, 수익획득에 사용된 부분은 비용으로 재무제표에 계상된다.
❸ 수익획득 활동에 필요한 물품·서비스를 단순히 구입하는 것 만으로도 원가가 될 수 있다.
④ 원가란 특정목적 달성을 위해 소멸된 경제적 자원의 희생을 화폐가치로 측정한 것이다.

해설

• 소비해야 비로소 원가가 된다.

※말장난

• 원가는 정상 경제활동 과정에서 소비된 가치와 비정상 상황에서 발생한 가치 감소분을 모두 포함한다.(X)
　▷원가는 비정상적인 상황에서 발생한 가치의 감소분은 포함하지 않는다.

빈출유형특강 175 　　　　原価會計 用語의 定義

제1주차
빈출유형특강

제2주차
핵심유형특강

제3주차
최신유형특강

제4주차
기출변형특강

Q. 다음 중 원가회계 용어에 대한 설명으로 가장 올바르지 않은 것은?

① 원가대상이란 원가가 집계되는 활동이나 항목을 의미한다.

② 간접원가를 일정한 배분기준에 따라 원가대상에 배분하는 과정을 원가배분이라 한다.

③ 원가집합이란 원가대상에 직접적으로 추적할 수 있는 원가를 모아둔 것을 의미한다.

④ 원가행태란 조업도 수준의 변동에 따라 일정한 양상으로 변화하는 변동양상을 의미한다.

📍 **내비게이션**

• 원가집합이란 원가대상에 직접적으로 추적할 수 없는 간접원가를 모아둔 것을 의미한다.

정답 : ③

 핵심이론 : 원가회계 용어 주요사항

원가집계	• 회계시스템을 통하여 조직적인 방법으로 원가자료를 취합하는 것.
원가대상	• 독립적인 원가측정을 통해 원가집계가 되는 활동, 항목, 단위 ▶ 원가대상이 결정되어야 원가측정이 가능하고 원가측정에 의해 원가가 집계됨.
원가집합	• 특정원가대상에 속하지 않는 간접원가(원가대상에 직접 추적불가한 원가)를 모아둔 것으로 둘 이상의 원가대상에 배분되어야할 공통원가
원가배분	• 간접원가를 합리적 기준에 따라 원가대상에 배분하는 과정
원가동인	• 원가대상의 총원가에 변화를 야기시키는 모든 요소(= 원가유발요인) ▶ 매우 다양함.
조업도	• 협의 : 일정기간 동안의 생산설비의 이용정도 • 광의 : 총원가변동에 가장 큰 영향을 주는 원가동인 ▶예 생산량, 판매량, 노동시간 등
관련범위	• 달성 가능 최저조업도와 최고조업도 사이의 범위로써 원가행태의 회계적 추정치가 타당한 조업도의 범위

관련기출 　소멸원가와 미소멸원가

● 다음 빈칸에 들어갈 용어로 적절한 것은?

회사가 보유하고 있는 재고자산의 원가는 보유하고 있는 동안에는 (A)이다. 그러나 판매되면 (B)(이)라는 비용이 되고 화재 등으로 소실되면 경제적 효익을 상실한 것이므로 손실이 된다.

	A	B
①	매출원가	미소멸원가
②	미소멸원가	제품
③	매출원가	손실
❹	미소멸원가	매출원가

해설

• '전술'한 원가의 개념 참조!

빈출유형특강 176   **원가의 분류방법**

Q. 원가는 경영자의 의사결정 목적에 따라 여러 가지로 분류할 수 있다. 다음 중 원가를 분류할 때의 분류 방법과 그 내용이 바르게 연결되지 않은 것은?

① 원가행태에 따른 분류 : 변동원가와 고정원가
② 추적가능성에 따른 분류 : 직접원가와 간접원가
③ 통제가능성에 따른 분류 : 통제가능원가와 통제불능원가
④ 수익과의 대응관계에 따른 분류 : 역사적원가와 기간원가

⊙ **내비게이션**
• 수익과의 대응관계에 따라 제품원가와 기간원가로 분류한다.

정답 : ④

 핵심이론 : 원가의 분류방법

제조활동관련 (수익대응)	제품원가 (생산원가)	• 판매시 매출원가로 비용화됨. ▶예 제조원가, 공장직원인건비, 공장건물감가상각비
	기간원가	• 발생시 비용처리함. ▶예 판관비(광고선전비, 본사직원 인건비, 본사사옥감가상각비) 🔍주의 제품 광고선전비 : 상품이든 제품이든 모두 판관비임.
추적가능성	직접원가	• 특정원가대상에 직접적으로 추적할 수 있는 원가 ▶예 직접재료비(주요재료비, 부품비), 직접노무비(임금)
	간접원가	• 특정원가대상에 직접적으로 추적할 수 없는 원가 ▶예 간접재료비(보조재료비), 간접노무비(공장감독자급여)
원가행태	변동원가	• 조업도에 비례하여 총원가가 증가하는 원가 ▶예 직접재료비, 직접노무비, 동력비(전기요금)
	고정원가	• 조업도와 무관하게 총원가가 일정한 원가 ▶예 임차료, 보험료, 재산세, 감가상각비
의사결정관련	관련원가	• 의사결정 대안간에 차이가 나는 원가로, 의사결정에 영향을 미치는 원가(='차액원가')
	매몰원가	• 과거 의사결정의 결과로 이미 발생한 원가로, 의사결정에 영향을 미치지 않는 비관련원가
	기회원가	• 특정대안의 선택으로 포기해야 하는 가장 큰 효익
	회피가능원가	• 회피가능원가 : 다른 대안 선택시 절감되는 원가 • 회피불능원가 : 다른 대안을 선택하더라도 계속 발생하는 원가
통제가능성	통제가능원가	• 관리자가 원가발생에 영향을 미칠 수 있는 원가 ▶성과평가시 고려해야함
	통제불능원가	• 관리자가 원가발생에 영향을 미칠수 없는 원가 ▶성과평가시는 배제해야함.

※**말장난**

• 원가는 통제가능성에 따라 통제가능원가와 예정원가로 분류된다.(X)
▷통제가능원가와 통제불능원가로 분류된다.

빈출유형특강 177 ｜ 제품원가의 범위

Q. 다음 중 제조업을 영위하고 있는 ㈜삼일의 제조원가로 분류되는 항목이 아닌 것은?

① 공장가동에 따른 수도광열비
② 직매장 건물의 감가상각비
③ 공장종업원의 복리후생을 위한 식비
④ 공장에 대한 감가상각비

📍 **내비게이션**

• 제조원가 : 생산에 투입한 원재료 구입시 발생한 운송비용, 공장관련 제비용
• 판관비 : 직매장 건물의 감가상각비, 제품 판매담당 영업사원 급여, 제품 판매관련 수수료비용
• 영업외손익 : 유형자산(기계장치)처분손실, 매도가능증권처분손실, 외화매출채권 외화환산이익

정답 : ②

📝 핵심이론 : 제조원가

직접재료비(DM)	• 특정제품에 직접추적가능한 원재료 사용액
직접노무비(DL)	• 특정제품에 직접추적가능한 노동력 사용액
제조간접비(OH)	• 직접재료비와 직접노무비를 제외한 제조활동에 사용한 모든 요소 🔍주의 따라서, 간접재료비와 간접노무비는 제조간접비임.

관련기출 ｜ 제품원가의 범위

● 제품원가는 일반적으로 발생 당시에는 자산으로 간주하는 제품의 모든 원가를 의미하며 목적에 따라 광범위하게 사용되고 있다. 아래 그림에서 일반적으로 인정된 회계원칙에서 외부보고를 위한 재무제표 작성시 의미하는 제품원가의 범위는 무엇인가?

연구개발원가	디자인원가	생산원가	마케팅원가	유통원가	고객서비스원가

(A)

(B)

(C)

(D)

❶ (A)　　　　　　　　　　　　　　　② (B)
③ (C)　　　　　　　　　　　　　　　④ (D)

해설

• 외부보고 목적용 제품원가(재고가능원가)는 생산원가만을 의미한다.

제1주차
빈출유형특강

제2주차
최신유형특강

제3주차
최신유형특강

제4주차
기출변형특강

빈출유형특강 178　　매몰원가와 기회원가

> **Q.** (주)삼일은 6개월 전에 차량을 4,000,000원에 구입하였으나, 침수로 인해 이 차량을 더 이상 사용할 수 없게 되었다. 회사는 동 차량에 대하여 수리비용 2,000,000원을 들여 2,500,000원에 팔거나 현재 상태로 거래처에 1,000,000원에 팔수 있다. 이런 경우에 매몰원가는 얼마인가?
>
> ① 1,000,000원　　　　　　　② 2,000,000원
> ③ 2,500,000원　　　　　　　④ 4,000,000원
>
> ◉ **내비게이션**
> •과거의 의사결정으로 인하여 이미 발생한 원가로서 의사결정에 영향을 미치지 않는 4,000,000원이 매몰원가(sunk cost)이다.

정답 : ④

관련기출　의사결정관련원가(1)

● 다음의 기업경영 사례에서 밑줄 친 부분이 의미하는 용어는 무엇인가?

> 영국, 프랑스가 공동 개발한 초음속 여객기 콩코드는 개발과정에서 막대한 비용을 들였고, 완성하였더라도 채산을 맞출 가능성이 없었다. 그러나 <u>이미 거액의 개발자금을 투자했기 때문에 도중에 중지하는 것은 손실이라는 이유</u>로 개발작업이 계속 이어졌다고 한다.

① 간접원가　　　　　　　　② 변동원가
❸ 매몰원가　　　　　　　　④ 기회원가

해설

•과거 의사결정의 결과로 이미 발생한 원가인 매몰원가를 의미한다.

관련기출　의사결정관련원가(2)

● 다음은 신인가수 발굴 오디션에서 일어난 심사위원과 지원자 허박의 인터뷰 내용이다. 의사결정 기초개념과 관련하여 밑줄 친 (ㄱ), (ㄴ)에 가장 적절하게 대응되는 용어는 무엇인가?

> 심사위원 : 오디션에 합격하면 (ㄱ) <u>현재의 직장을 포기</u>해야 하는데도 가수를 하실 생각이신가요?
> 허　　　박 : 과거에 (ㄴ) <u>직장에 들어가기 위해 많은 노력</u>을 했습니다.
> 　　　　　　 하지만, 오디션에 합격하면 어릴 적 꿈이었던 가수로서 제2의 인생을 살고 싶습니다.

	(ㄱ)	(ㄴ)
①	기회원가	공헌이익
②	지출원가	기회원가
❸	기회원가	매몰원가
④	매몰원가	기회원가

해설

•기회원가 : 기회원가는 다른 대안의 선택으로 포기해야 하는 가장 큰 효익을 말한다.
　→즉, 가수가 되기 위해 현재 직장을 포기해야 하므로, 포기해야 하는 현재 직장은 기회원가가 된다.
•매몰원가 : 과거 의사결정의 결과로 이미 발생한 원가(역사적원가)로 비관련원가를 말한다.
　→즉, 과거 취업을 위한 노력은 매몰원가가 되며, 가수가 되는 의사결정에 영향을 미치지 않는 원가이다.

빈출유형특강 179 | **원가배분기준과 원가의 식별**

Q. 다음 중 원가배분에 관한 설명으로 가장 바르지 않은 것은?

① 원가배분은 가장 합리적인 배분기준인 인과관계기준만을 사용해야 한다.

② 합리적인 원가배분은 적정한 제품가격설정을 가능하게 한다.

③ 원가배분은 '원가배분대상의 설정 → 배분할 원가의 집계 → 배분기준에 의한 원가배분'의 순서로 이루어진다.

④ 원가배분은 경영자와 종업원의 행동에 영향을 미칠수 있기 때문에 그들의 행동이 조직의 목적과 일치하도록 합리적으로 원가배분을 해야 한다.

📍 **내비게이션**

•원가배분기준으로 인과관계기준, 수혜기준, 부담능력기준, 공정성과 공평성기준 등을 사용한다.

정답 : ①

 핵심이론 : 원가배분기준과 목적

원가배분기준	인과관계기준	•원가와 원가대상 사이에 인과관계 존재시 사용되는 가장 이상적 배분기준 ▶예) 공장직원 회식비를 각 부문종업원수에 따라 배분
	수혜기준	•효익의 정도에 비례하여 배분하는 기준('수익자부담원칙') ▶예) 광고선전비를 사업부별 매출증가액을 기준으로 배분
	부담능력기준	•수익창출능력(원가부담능력)에 비례하여 배분하는 기준 ▶예) 이익이 높은 사업부에 더 많이 배분
	공정성기준	•원가배분기준이라기 보다는 그 자체가 원가배분의 목표임.
원가배분목적	계획적 예산편성	•자원배분을 위한 경제적의사결정을 위해 배분함.
	성과측정 및 평가	•경영자와 종업원에 대한 동기부여를 위해 배분함.
	제품원가계산	•외부보고를 위한 재고자산과 이익측정을 위해 배분함.
	가격결정	•원가의 정당화 및 보상을 위한 계산을 위해 배분함.

관련기출 | **원가의 식별**

● 다음은 원가행태와 추적가능성에 따른 원가분류이다. (주)삼일은 한 공장에서 100명의 생산직원 모두가 팀 구분 없이 승용차와 트럭을 생산한다. 승용차 생산과 관련하여 (ㄱ)의 사례로 가장 옳은 것은?

	직접원가	간접원가
변동원가	(ㄱ)	(ㄴ)
고정원가	(ㄷ)	(ㄹ)

❶ 승용차용 타이어 원가   ② 공장 감가상각비

③ 직원 급여   ④ 식당 운영비

해설

•승용차용 타이어 원가 : 직접원가/변동원가, 공장 감가상각비 : 간접원가/고정원가
 직원급여 : 간접원가/변동원가, 식당 운영비 : 간접원가/변동원가

빈출유형특강 180 　　　　　　제조기업의 원가흐름

Q. 다음은 ㈜삼일의 20x1년 제조원가 자료이다. 기초원가와 가공원가를 계산하면 얼마인가?

제조원가명세서
20x1년 1월 1일부터 20x1년 3월 31일까지

Ⅰ. 직접재료원가		300,000원
Ⅱ. 직접노무원가		500,000원
Ⅲ. 제조간접원가		130,000원
변동원가	60,000원	
고정원가	70,000원	
Ⅳ. 당기총제조원가		930,000원

	기초원가	가공원가		기초원가	가공원가
①	930,000원	630,000원	②	800,000원	630,000원
③	800,000원	130,000원	④	300,000원	630,000원

📍 **내비게이션**

• 기초원가 : 300,000(DM)+500,000(DL)=800,000
• 가공원가 : 500,000(DL)+130,000(OH)=630,000

정답 : ②

📝 **핵심이론 : 제조기업의 원가흐름**

계정흐름	원재료		재공품		제품	
	기초원재료 당기매입	사용액(DM) 기말원재료	기초재공품 당기총제조원가	당기제품제조원가 기말재공품	기초제품 당기제품제조원가	제품매출원가 기말제품
직접재료비(DM)	• 기초원재료＋당기매입 - 기말원재료					
직접노무비(DL)	• 지급임금＋미지급임금 예시 당월지급 100(전월미지급분 10, 당월분 60, 차월 선급분 30), 당월분 미지급 50 일 때 　→ DL＝60＋50＝110					
제조간접비(제조경비)(OH)	• 제조간접비(OH) = 변동제조간접비(VOH)＋고정제조간접비(FOH) 예 간접재료비, 간접노무비, 공장건물 감가상각비와 보험료					
기초원가(기본원가)	• 직접재료비(DM)＋직접노무비(DL)					
가공원가(전환원가)	• 직접노무비(DL)＋제조간접비(OH)					
당기총제조원가	• 직접재료비(DM)＋직접노무비(DL)＋제조간접비(OH)					
당기제품제조원가	• 기초재공품＋당기총제조원가 - 기말재공품					
제품매출원가	• 기초제품＋당기제품제조원가 - 기말제품					

※ **말장난**

• 제조원가는 기초원가와 가공원가의 합으로 구성된다.(X)
　▷기초원가와 가공원가를 합하면 직접노무비가 중복되게 된다.

빈출유형특강 181 | **원가흐름과 기말재공품원가**

Q. (주)삼일은 매출원가에 15%의 이익을 가산하여 제품을 판매한다. 다음 자료를 이용하여 기말재공품 원가를 구하면 얼마인가?

기초원재료 재고액	5,000원	기말원재료 재고액	30,000원	당기원재료 매입액	100,000원
직접노무원가	55,000원	제조간접원가	80,000원	기초재공품원가	30,000원
기초제품원가	50,000원	기말제품원가	20,000원	매출액	230,000원

① 30,000원   ② 70,000원
③ 85,000원   ④ 170,000원

📍 **내비게이션**

- 매출원가 : 230,000 ÷ 1.15=200,000
- DM : (5,000+100,000)-30,000=75,000
- 당기제품제조원가 : (200,000+20,000)-50,000=170,000
- 기말재공품 : [30,000+(75,000+55,000+80,000)]-170,000=70,000

⚡**고속철** 다음의 계정에 해당액을 직접 기입하여 대차차액으로 구한다.

기초원재료	5,000	매출원가	230,000 ÷ 1.15=200,000
기초재공품	30,000		
기초제품	50,000		
당기매입원재료	100,000	기말원재료	30,000
DL	55,000	기말재공품	?
OH	80,000	기말제품	20,000

정답 : ②

관련기출 | **단위당 기초원가와 가공원가**

● 다음은 (주)삼일이 생산하는 제품에 대한 원가자료이다. 고정제조간접원가는 월간 총생산량 10단위를 기초로 한 것이다. ㈜삼일의 제품 단위당 기초원가와 단위당 가공원가는 각각 얼마인가?

| 단위당 직접재료원가 | 36,000원 | 단위당 직접노무원가 | 54,000원 |
| 단위당 변동제조간접원가 | 72,000원 | 월간 총고정제조간접원가 | 300,000원 |

	단위당 기초원가	단위당 가공원가
①	36,000원	156,000원
②	90,000원	126,000원
③	90,000원	426,000원
❹	90,000원	156,000원

해설

- 단위당 기초원가 : 36,000+54,000=90,000
- 단위당 가공원가 : $54,000+(72,000+\frac{300,000}{10})=156,000$

빈출유형특강 182 　　　　원가흐름과 당기제품제조원가

Q. 다음은 (주)상일의 20x1년 한 해 동안의 제조원가 자료이다. ㈜상일의 20x1년 제조원가명세서 상의 당기제품제조원가는 얼마인가?

	기초		기말
직접재료	15,000원		12,000원
재공품	18,000원		22,500원
제품	22,500원		30,000원
직접재료 매입액		30,000원	
기초원가		55,500원	
가공원가		45,000원	

① 57,500원　　　　　　　　　　　② 69,500원
③ 73,500원　　　　　　　　　　　④ 84,500원

● 내비게이션

• DM : 15,000+30,000-12,000=33,000
　DM(33,000)+DL=55,500 에서, DL=22,500
　DL(22,500)+OH=45,000 에서, OH=22,500
• 당기총제조원가 : 33,000+22,500+22,500=78,000
∴당기제품제조원가 : 18,000+78,000-22,500=73,500

정답 : ③

관련기출 　작업원가표에 의한 당기제품제조원가

● 다음은 개별원가계산제도를 이용하여 원가계산을 하는 ㈜상일의 작업 A101과 관련된 것이다. 당기에 완성된 작업 A101의 기초재공품원가는 53,000원이다. 작업 A101의 당기제품제조원가는 얼마인가? (단, 기말재공품원가는 없다고 가정한다.)

〈당기의 작업 A101 관련 작업원가표〉

일자	직접재료원가		직접노무원가		제조간접원가	
	재료출고 청구서 NO.	금액	작업시간 보고서 NO.	금액	배부율	배부금액
3. 1	#1	290,000원	#1	85,000원	800원/시간	150,000원
3.10	#2	300,000원	#2	92,000원		

① 595,000원　　　　　　　　　　② 767,000원
③ 820,000원　　　　　　　　　　❹ 970,000원

해설

• 당기총제조원가 : 290,000+300,000+85,000+92,000+150,000=917,000
• 당기제품제조원가 : 53,000+917,000-0(기말재공품)=970,000

빈출유형특강 183 제조원가명세서

Q. 다음은 (주)삼일의 20x1년 1분기 제조원가명세서이다. (주)삼일의 20x1년 3월 31일 현재 원재료재고액과 재공품재고액 합계액은 얼마인가?

제조원가명세서
20x1년 1월 1일부터 20x1년 3월 31일까지

1. 직접재료원가		3,000,000원
기초재고액	300,000원	
당기매입액	6,000,000원	
기말재고액	(1)	
2. 노무비		2,000,000원
3. 제조경비		3,000,000원
4. 당기총제조원가		8,000,000원
5. 기초재공품		1,000,000원
6. 기말재공품		(2)
7. 당기제품제조원가		8,500,000원

① 3,800,000원 ② 3,900,000원
③ 4,000,000원 ④ 4,100,000원

● 내비게이션

• (300,000+6,000,000-3,000,000)+(1,000,000+8,000,000-8,500,000)=3,800,000

정답 : ①

관련기출 제조원가명세서의 구성항목

● 다음 제조원가명세서의 (A), (B)에 해당하는 용어에 대한 설명으로 올바른 것은?

IV. (A)	xxx	
V. 기초재공품	xxx	
VI. 기말재공품	(xxx)	
VII. (B)	xxx	

	(A)	(B)
①	당기에 현금으로 지출된 모든 제조원가	당기에 현금으로 지출된 투입원가 중 제품으로 대체된 제조원가
❷	당기에 제조공정으로 투입된 모든 제조원가	당기에 완성되어 제품으로 대체된 모든 제조원가
③	당기에 현금으로 지출된 투입원가 중 제품으로 대체된 제조원가	당기에 제조공정으로 투입된 모든 제조원가
④	당기에 완성되어 제품으로 대체된 모든 제조원가	당기에 현금으로 지출된 모든 제조원가

빈출유형특강 184

원가행태

Q. 병원의 간호사 급료는 월 20일 근무기준으로 지급되는데, 월 20일을 초과하여 근무하면 기본급 1,200,000원에 추가적으로 시간당 7,500원이 지급된다. 이 경우 간호사 급료의 원가행태는?

① 변동원가 ② 준변동원가
③ 고정원가 ④ 준고정원가

◉ 내비게이션
•고정원가와 변동원가가 혼합된 준변동원가(=혼합원가)이다.

정답 : ②

 핵심이론 : 원가행태 주요사항

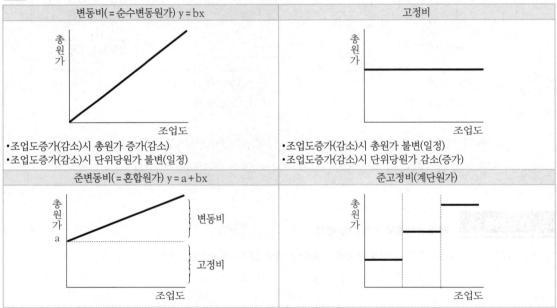

변동비(= 순수변동원가) y = bx	고정비
•조업도증가(감소)시 총원가 증가(감소) •조업도증가(감소)시 단위당원가 불변(일정)	•조업도증가(감소)시 총원가 불변(일정) •조업도증가(감소)시 단위당원가 감소(증가)
준변동비(= 혼합원가) y = a+bx	준고정비(계단원가)

관련기출 준변동원가

● 다음 중 준변동원가의 행태를 보이는 원가에 관한 설명으로 가장 옳은 것은?

① 조업도와 상관없이 총원가가 일정하다.
② 단위당 원가는 조업도가 증가할수록 커진다.
❸ 총원가가 일정한 고정원가와 순수변동원가의 두 부분으로 구성된다.
④ 조업도가 증가하면 단위당 원가는 0에 가까워진다.

해설 ⌇

•①, ② : 조업도가 증가하면 총원가 증가, 단위당 원가 감소

•④ : 단위당 원가는 'b'에 가까워짐.($\because \lim_{X \to \infty} \frac{a+bX}{X} = b$)

빈출유형특강 185 　　　개별원가계산의 특징

Q. 다음 중 개별원가계산에 대한 설명으로 가장 옳지 않은 것은?

① 여러 종류의 제품을 주문에 의해 생산하거나 또는 동종의 제품을 일정 간격을 두고 비반복적으로 생산하는 업종에 적합한 원가계산제도이다.

② 조선업, 기계제작업과 같이 수요자 주문에 기초하여 제품을 생산하는 업종에서 주로 사용한다.

③ 제조과정에서 발생한 원가는 개별제품별로 작성된 작업원가표에 집계되므로 재공품원가를 집계하는 것이 용이하다.

④ 각 제품의 원가요소별 단위당 원가를 완성품환산량에 기초하여 계산한다.

📍 **내비게이션**

•완성품환산량에 기초하여 계산하는 방법은 종합원가계산제도이다.

정답 : ④

 핵심이론 : 개별원가계산과 종합원가계산

	개별원가계산	종합원가계산
생산형태	•주문에 따른 다품종 소량생산방식 ▶예 조선업, 기계제작업, 건설업	•동종제품의 대량 연속생산방식 ▶예 제분업, 시멘트업, 정유업, 섬유업
원가집계	•제조원가는 각 작업별로 집계	•제조원가는 각 공정별로 집계
기말재공품 평가	•평가문제 발생치 않음(∴정확함.)	•평가문제 발생함(∴부정확함.)
핵심과제	•제조간접비배부(작업원가표)	•완성품환산량계산(제조원가보고서)
개별원가계산 단점	•개별원가계산은 제품별로 손익분석 및 계산이 용이하나, 각 작업별로 원가를 계산하므로 비용과 시간이 많이 든다는 단점이 있음.	

관련기출 　개별원가계산과 종합원가계산 비교

● 다음 중 개별원가계산과 종합원가계산에 대한 설명으로 가장 옳지 않은 것은?

	구분	개별원가계산	종합원가계산
①	특징	제조과정을 통해 특정 제품이 다른 제품과 구분되어 가공됨	제품이 동일규격이기 때문에 제조과정을 통해 동일하게 가공됨
❷	원가계산방법	발생 총원가를 총생산량으로 나누어 단위당 평균 제조원가 계산	작업원가표에 집계된 제조원가를 작업한 수량으로 나누어 계산
③	원가보고서	각 작업별로 보고서 작성	각 공정별로 보고서 작성
④	적용 적합한 업종사례	•특별주문에 의한 쇼핑몰 •수작업으로 제작하는 시계제조업	•특정디자인을 대행 생산하는 기성 의류 제조업

해설

•②는 원가계산방법에 대하여 양자의 설명이 바뀌어 있다.

※말장난

•개별원가계산은 제조간접원가의 배부절차가 반드시 필요하므로, 개별원가계산을 사용하면서 변동원가계산제도를 채택하는 것은 불가능하다.(X)
▷개별원가계산은 생산형태, 변동원가계산은 원가의 범위에 따른 방법이므로 양립가능한 방법이다.

빈출유형특강 186 　　　개별원가계산의 업무흐름

Q. (주)삼일의 박원가 회계팀장은 회사의 업무흐름을 더욱 투명하게 관리하고자 영업활동 flowchart를 작성하려 하고 있다. (주)삼일이 개별원가계산을 채택하고 있을 때 (A)와 (B)에 각각 들어갈 내용은?

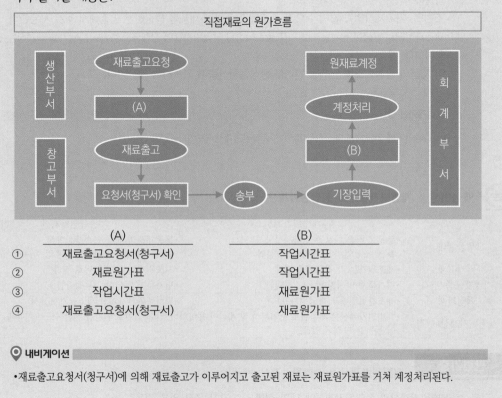

	(A)	(B)
①	재료출고요청서(청구서)	작업시간표
②	재료원가표	작업시간표
③	작업시간표	재료원가표
④	재료출고요청서(청구서)	재료원가표

◉ 내비게이션

• 재료출고요청서(청구서)에 의해 재료출고가 이루어지고 출고된 재료는 재료원가표를 거쳐 계정처리된다.

정답 : ④

관련기출 　개별원가계산의 생산형태

● 다음 중 개별원가계산에 대한 설명으로 가장 옳지 않은 것은?

① 개별원가계산은 원가계산제도 중 기업의 생산형태에 따른 분류방법 중 하나이다.
❷ 소수의 제품을 대량생산하는 회사에 적합한 원가계산방법이다.
③ 개별원가계산은 직접원가와 간접원가의 분류가 중요하다.
④ 제품별 손익분석이 용이한 계산방법이다.

해설

• 소수의 제품을 대량생산(동종제품의 대량 연속생산방식)은 종합원가계산이 적합하다.

※말장난

• 종합원가계산은 작업원가표에 집계된 제조원가를 작업한 수량으로 나누어 계산하는 방법이다.(X)
　▷개별원가계산에 대한 설명이다.

빈출유형특강 187 　　　　제조간접비 배부

Q. ㈜상일은 직접노동시간을 기준으로 제조간접원가를 예정배부하고 있으며 연간 제조간접원가는 2,000,000원으로, 연간 직접노동시간은 40,000시간으로 예상하고 있다. 20x2년 12월 중 작업지시서 #369와 #248을 시작하여 #369만 완성되었다면 12월말 재공품 원가는 얼마인가(단, 월초에 재공품은 없다고 가정한다)?

	#369	#248	계
직접재료원가	150,000원	90,000원	240,000원
직접노무원가	60,000원	30,000원	90,000원
직접노동시간	2,400시간	1,600시간	4,000시간

① 190,000원　　　　　　　　② 195,000원
③ 198,000원　　　　　　　　④ 200,000원

📍 **내비게이션**

• 제조간접원가배부율 : 2,000,000 ÷ 40,000시간=50
• 기말재공품원가(#248) : 90,000+30,000+1,600시간x50=200,000

정답 : ④

📝 **핵심이론 : 제조간접비 배부**

의의	• 제조간접비의 발생과 높은 상관관계를 가진 배부기준을 정하여 각 제품에 배부
배부기준	① 복리후생비 : 각 부문의 종업원수 ② 임차료 : 각 부문의 점유면적
배부율	• 제조간접비배부율=제조간접비 ÷ 배부기준(조업도)

관련기출 　제조간접비 실제배부

● ㈜상일은 일반형 자전거와 고급형 자전거 두 가지의 제품을 생산하고 있다. 12월 한달 동안 생산한 두 제품의 작업원가표는 아래와 같다.

	일반형 자전거	고급형 자전거
직접재료 투입액	300,000원	600,000원
직접노동시간	1,000시간	4,000시간
직접노무원가 임률	100원/시간	200원/시간

동 기간 동안 발생한 회사의 총제조간접원가는 1,000,000원이며, 제조간접원가는 직접노동시간을 기준으로 배부하고 있다. ㈜상일은 실제 발생한 제조간접원가를 실제조업도에 의해 배부하는 원가계산방식을 채택하고 있다. 12월 한달 동안 생산한 일반형자전거의 제조원가는 얼마인가?

① 500,000원　　　　　　　　❷ 600,000원
③ 700,000원　　　　　　　　④ 800,000원

해설

• 제조간접원가배부율 : $\frac{1,000,000}{1,000시간+4,000시간}$ =@200/시간
• 일반형 자전거의 제조원가 : 300,000+1,000시간x@100+1,000시간x@200=600,000

빈출유형특강 188 | 부문별 제조간접비 배부

Q. 다음 자료를 읽고 문제에 답하시오.

ㄱ. ㈜삼일은 두 개의 제조부문(A, B)이 있다. 다음은 당기의 자료이다.

	A부문	B부문	합 계
제조간접원가	400,000원	800,000원	1,200,000원
직접기계시간	2,000시간	8,000시간	10,000시간

ㄴ. 당기 중 착수하여 완성된 #1B 작업의 원가자료는 다음과 같다.

	A부문	B부문	합 계
직접재료원가	30,000원	10,000원	40,000원
직접노무원가	20,000원	30,000원	50,000원
직접기계시간	120시간	240시간	360시간

ㄷ. 회사는 직접기계시간을 기준으로 제조간접원가를 배부하고 있다.

부문별 제조간접원가 배부율을 사용할 경우 #1B의 가공원가는 얼마인가?

① 98,000원
② 100,000원
③ 102,000원
④ 104,000원

◉ **내비게이션**

• 제조간접원가배부율(A부문) : $\dfrac{400,000}{2,000시간}$ =200/시간

 제조간접원가배부율(B부문) : $\dfrac{800,000}{8,000시간}$ =100/시간

• #1B의 가공원가 : (20,000+30,000)+120시간x200+240시간x100=98,000

정답 : ①

관련기출 | 배부절차

● 다음 중 원가배분 절차를 가장 올바르게 나타낸 것은 무엇인가?

ㄱ. 공통적으로 발생한 원가를 회사의 각 부문에 배분함.
ㄴ. 보조부문에 집계되거나 보조부문이 배분받는 공통원가를 제조부문에 배분함.
ㄷ. 제품별로 집계된 원가를 기초로 매출원가와 재고자산가액을 산출함.
ㄹ. 제조부문에 집계된 원가를 각 제품별로 배분함.

❶ ㄱ→ㄴ→ㄹ→ㄷ
② ㄱ→ㄴ→ㄷ→ㄹ
③ ㄴ→ㄱ→ㄹ→ㄷ
④ ㄴ→ㄷ→ㄱ→ㄹ

해설

• 가장 먼저 공통원가를 각 부문에 배분한다.

빈출유형특강 189 보조부문원가의 배분 : 직접배분법

Q. 두 개의 제조부문과 두 개의 보조부문으로 이루어진 (주)삼일의 부문간 용역수수에 관련된 자료는 다음과 같다. 직접배분법을 사용할 경우 조각부문에 배분되는 보조부문의 원가는 얼마인가?

> (1) 보조부문 : 창고부문, 전력부문, 제조부문 : 조각부문, 도료부문
> (2) 창고부문의 제공용역 : 전력(40%), 조각(30%), 도료(30%)
> (3) 전력부문의 제공용역 : 창고(20%), 조각(50%), 도료(30%)
> (4) 각 부문별 발생원가 : 창고(200,000원), 전력(800,000원)

① 500,000원 ② 600,000원
③ 700,000원 ④ 800,000원

◉ **내비게이션**

$$•200,000 \times \frac{30\%}{30\% + 30\%} + 800,000 \times \frac{50\%}{50\% + 30\%} = 600,000$$

정답 : ②

 핵심이론 : 직접배분법 사례

		보조부문		제조부문		합계
		A	B	X	Y	
공통사례	A	-	20%	50%	30%	100%
	B	50%	-	10%	40%	100%
	발생원가	200,000	100,000	300,000	400,000	1,000,000
직접배분	•보조부문간 용역수수관계를 무시하고 제조부문에만 배분하는 방법					
		A	B	X	Y	
	배분전원가	200,000	100,000	300,000	400,000	
	A	(200,000)	-	200,000x5/8	200,000x3/8	
	B	-	(100,000)	100,000x1/5	100,000x4/5	
	배분후원가	0	0	445,000	555,000	

관련기출 보조부문원가 배분목적

● 보조부문원가를 제조부문에 배분하는 목적과 가장 거리가 먼 것은?

① 외부보고 목적의 재무제표 작성을 위하여
② 일반적으로 인정된 회계원칙에 따라 재고자산을 평가하기 위하여
③ 보다 정확한 제품제조원가를 산정하기 위하여
❹ 보조부문원가를 제품원가에 포함시킴으로써 이익을 크게 보고하기 위하여

해설

• 보조부문은 직접적 제조활동이 없이 제조부문을 지원하는 부문이므로 제품에 직접 배분하기 곤란하다. 따라서, 인과관계를 반영하여 제조부문에 배분한 후 다시 최종적으로 제품에 배분한다. 이렇게 제조관련 원가를 제품에 정확히 집계함으로써 정확한 제품제조원가를 산정하게 되며 외부보고용 재무제표에 정확한 금액으로 재고자산을 평가하게 된다.
• 보조부문원가의 배분이 이익의 조작목적으로 이루어지는 것은 아니다.

제1주차
빈출유형특강

제2주차
핵심유형특강

제3주차
최신유형특강

제4주차
기출변형특강

빈출유형특강 190   보조부문원가의 배분 : 단계배분법

Q. 두 개의 제조부문과 두 개의 보조부문으로 이루어진 ㈜삼일의 부문간 용역수수에 관련된 자료는 다음과 같다.

	보조부문		제조부문	
	A	B	C	D
A부문 용역제공	–	40%	20%	40%
B부문 용역제공	20%	–	50%	30%
발생원가	200,000원	300,000원	450,000원	600,000원

단계배분법을 사용할 경우 제조부문 C에 배분되는 보조부문의 원가는 얼마인가(단, 보조부문원가는 A부문의 원가를 우선 배분한다)?

① 182,500원   ② 222,500원
③ 230,000원   ④ 277,500원

📍 내비게이션

• $200,000 \times 20\% + (300,000 + 200,000 \times 40\%) \times \dfrac{50\%}{50\% + 30\%} = 277,500$

정답 : ④

📝 핵심이론 : 단계배분법 사례(공통사례 참조)

단계배분	• 배분순서에 따라 보조부문 제조부문에 배분하여 보조부문간 용역수수관계를 일부 인식하는 방법(직접배분법과 상호배분법을 절충한 중간형태의 방법임) ▶일단 배분된 보조부문은 다시는 다른 보조부문으로부터 배분받지 못함.			
	A	B	X	Y
배분전원가	200,000	100,000	300,000	400,000
A	(200,000)	200,000x2/10	200,000x5/10	200,000x3/10
B	–	(140,000)	140,000x1/5	140,000x4/5
배분후원가	0	0	428,000	572,000

관련기출   보조부문 원가배분

● 다음 중 보조부문의 원가배분에 관한 설명으로 가장 옳은 것은?

❶ 재고가 존재하지 않는다면 어떤 방식으로 보조부문의 원가를 배분하더라도 회사의 총이익은 변하지 않는다.
② 보조부문원가는 제조부문에 배부하지 않고 기간원가로 처리해야 한다.
③ 직접배분법, 단계배분법, 상호배분법은 보조부문 상호간의 용역수수를 고려하는 원가배분방법이다.
④ 보조부문의 원가를 배부할 때에는 항상 수혜기준을 우선적으로 고려해야 한다.

해설 ◦

• ② 제조부문에 배분 ③ 직접배분법은 고려하지 않음. ④ 인과관계기준을 고려해야 함.
 *제품의 총원가는 어떤 방법으로 배분한다 하더라도 같기 때문에 회사의 총이익 역시 배분방법에 따라 달라지지 않는다.

빈출유형특강 191 **보조부문원가의 배분 : 상호배분법**

제1주차
빈출유형특강

제2주차
핵심유형특강

제3주차
최신유형특강

제4주차
기출변형특강

Q. 보조부문원가의 배부방법 중 상호배분법에 관한 설명으로 가장 옳은 것은?

① 배분순서를 고려하여 발생원가가 큰 보조부문부터 원가를 배분하는 방법이다.

② 직접배분법에 비해 적용이 간편한 장점이 있다.

③ 모든 보조부문 간에 제공된 서비스를 완전하게 고려하여 원가를 배분하는 방법이다.

④ 단계배부법에 비해 순이익이 높게 계상되는 배부방법이다.

📍 **내비게이션**

• ① 배분순서를 고려하는 것은 단계배분법이다.
  ② 직접배분법에 비해 적용이 복잡하다는 단점이 있다.
  ④ 배분방법에 따라 달라지지 않는다.

정답 : ③

📝 **핵심이론 : 상호배분법 사례(공통사례 참조)**

상호배분	• 보조부문간 용역수수관계를 완전히 인식하는 방법 ▶ 이론적으로 가장 타당하며, 계산이 가장 정확함. • 배분될 총원가 = 자가부문원가 + 다른 보조부문으로부터 배분된 원가 • 보조부문과 제조부문의 배부전 원가 합계와 배부후 원가 합계는 같음.(직접배분/단계배분 동일)			
		A	B	X	Y
	배분전원가	200,000	100,000	300,000	400,000
	A	(277,778)	277,778x2/10	277,778x5/10	277,778x3/10
	B	155,556x5/10	(155,556)	155,556x1/10	155,556x4/10
	배분후원가	0	0	454,445	545,555

*A = 200,000+0.5B, B = 100,000+0.2A를 연립하면 → A = 277,778, B = 155,556

관련기출 상호배분법 특징

● 원가배분방법 중 상호배분법에 관한 설명이다. 틀린 것은?

① 보조부문간의 용역수수관계를 완전히 인식한다.
❷ 보조부문원가의 배분순서를 고려해야 한다.
③ 복잡한 원가배분방법으로 시간과 비용이 많이 든다.
④ 가장 공정한 원가배분방법이다.

해설

• 보조부문원가의 배분순서를 고려하는 것은 단계배분법이다.

※**말장난**

• 보조부문원가를 어떤 배분방법으로 제조부문에 배분하느냐에 따라 공장전체의 제조간접원가가 달라진다.(X)
  ▷ 보조부문원가 배분방법(직접배분법, 단계배분법, 상호배분법)에 관계없이 어떤 방법에 의하더라도 보조부문원가 총액은 모두 제조부문에 배분되므로 공장전체의 제조간접원가는 달라지지 않는다.

빈출유형특강 192 　　보조부문원가의 배분 : 이중배분율법

Q. ㈜삼일의 보조부문인 수선부문에서 발생한 변동원가는 300,000원이고, 고정원가는 900,000원이었다. 수선부문에서는 CM과 YC라는 두 개의 제조부문에 용역을 공급하고 있는데 각 제조부문의 실제사용시간 및 최대사용가능시간은 다음과 같다. 이중배분율법을 사용할 경우 CM 제조부문에 배분될 수선부문의 원가는 얼마인가?

	CM 제조부문	YC 제조부문
실제사용시간	150시간	50시간
최대사용가능시간	200시간	100시간

① 375,000원　　　　　　　　　　　② 525,000원
③ 825,000원　　　　　　　　　　　④ 900,000원

📍 **내비게이션**

• $300,000 \times \dfrac{150시간}{150시간+50시간} + 900,000 \times \dfrac{200시간}{200시간+100시간} = 825,000$

정답 : ③

 핵심이론 : 이중배분율법

단일배분율법	• 고정비와 변동비 구분없이 하나의 배부기준(실제사용량)으로 배분 ▶보조부문이 1개인 경우에는 직접배분법, 단계배분법, 상호배분법의 계산결과는 동일함.
이중배분율법	• 고정비 : 최대사용가능량을 기준으로 배분 • 변동비 : 실제사용량을 기준으로 배분 ▶이중배분율법인 경우에도 직접배분법 · 단계배분법 · 상호배분법이 동일하게 적용됨.

참고 **단일배분율법과 이중배분율법 비교**
회사에는 하나의 보조부문 A(전력공급)와 두 개의 제조부문 X, Y가 있다. 단일배분율법, 이중배분율법에 의하는 경우에 제조부문 Y의 배분후 원가는?

	제조부문 X	제조부문 Y
최대사용가능량	500kwh	1,500kwh
실제사용량	500kwh	500kwh

	보조부문 A	제조부문 X	제조부문 Y
제조간접비(변동비)	100,000원	140,000원	160,000원
제조간접비(고정비)	200,000원	160,000원	240,000원

해설

1. 단일배분율법
   - 배분액 : 300,000×500/1,000=150,000
   - 배분후원가 : 400,000+150,000=550,000
2. 이중배분율법
   - 변동비배분액 : 100,000×500/1,000= 50,000
   - 고정비배분액 : 200,000×1,500/2,000=150,000
   - 배분후원가 : 400,000+(50,000+150,000)=600,000

빈출유형특강 193 　　　정상개별원가계산

Q. (주)삼일은 개별원가계산제도를 채택하고 있으며, 직접노무원가를 기준으로 제조간접원가를 배분한다. 20x3년도의 제조간접원가배부율은 A부문에 대해서는 200%, B부문에 대해서는 50%이다. 제조지시서 #04는 20x3년 중에 시작되어 완성되었으며, 원가 발생액은 다음과 같다. 제조지시서 #04와 관련된 총제조원가는 얼마인가?

	A부문	B부문
직접재료원가	50,000원	10,000원
직접노무원가	?	40,000원
제조간접원가	60,000원	?

① 170,000원　　　　　　　　　　② 190,000원
③ 210,000원　　　　　　　　　　④ 270,000원

📍 **내비게이션**

•A부문 직접노무원가x200%=60,000에서, A부문 직접노무원가=30,000
•B부문 제조간접원가 : 40,000x50%=20,000
∴총제조원가 : (50,000+10,000)+(30,000+40,000)+(60,000+20,000)=210,000

정답 : ③

 핵심이론 : 정상개별원가계산 예정배부

제조간접비예정배부율	•제조간접비예정배부율= $\dfrac{\text{제조간접비 예산}}{\text{예정조업도}}$
예정배부액	•실제조업도x제조간접비예정배부율

관련기출　　예정배부

● (주)삼일은 개별원가계산제도를 채택하고 있으며, 제품 주물럭과 관련된 자료가 아래와 같을 때 제조원가는 얼마인가?

ㄱ. 직접재료 투입액	: 50,000원
ㄴ. 직접노동시간	: 200시간
ㄷ. 직접노무원가 임률	: 500원/시간
ㄹ. 전력사용시간	: 350시간
ㅁ. 제조간접원가 예정배부율(전력사용시간)	: 200원/시간

❶ 220,000원　　　　　　　　　　② 285,000원
③ 312,500원　　　　　　　　　　④ 335,000원

해설

•DM : 50,000(직접재료 투입액)
•DL : 200시간(직접노동시간)x500(시간당 임률)=100,000
•OH : 350시간(전력사용시간)x200(제조간접원가 예정배부율)=70,000
∴제조원가 : 50,000+100,000+70,000=220,000

빈출유형특강 194 　　종합원가계산 계산절차

Q. ㈜삼일은 평균법에 의한 종합원가계산을 채택하고 있다. 기초와 기말의 재공품 물량은 동일하나 기초에 비하여 재공품 기말 잔액이 증가하였다. 이 현상을 설명할 수 있는 것으로 적절하지 않은 것은 무엇인가?

① 전년도에 비해 판매량이 감소하였다.
② 전년도에 비해 노무임률이 상승하였다.
③ 기초보다 기말의 재공품 완성도가 증가하였다.
④ 전년도에 비해 제조간접원가가 증가하였다.

🔾 **내비게이션**

• 기말재공품원가 : 완성품환산량(='물량x완성도')x완성품환산량단위당원가(=' $\frac{원가}{총완성품환산량}$ ')

→ 따라서, 물량이 동일시 완성도가 증가되거나 원가가 증가되면, 기말재공품원가가 증가한다.
• ③은 완성도 증가, ②와 ④는 원가를 증가시킨다.(판매량은 원가의 상승요소가 아니다.)

정답 : ①

 핵심이론 : 종합원가계산 계산절차

1월부터 사업을 시작함. 1월중 1,000단위를 착수, 600단위를 완성, 400단위는 1월말 현재 작업이 진행중에 있음. 원재료는 공정초에 모두 투입되고, 가공비는 공정전반에 걸쳐 균등하게 발생함. 기말재공품의 완성도는 60%이며, 1월의 재료비는 ₩300,000, 가공비는 ₩126,000이 발생함.

[1단계]물량흐름		[2단계]완성품환산량	
		재료비	가공비
완성	600	600	600
기말	400(60%)	400	400x60%=240
	1,000	1,000	840
[3단계]총원가요약			
기초		0	0
당기발생		300,000	126,000
[4단계]환산량단위당원가(cost/unit)		÷ 1,000	÷ 840
		‖	‖
		@300	@150
[5단계]원가배분			
완성품원가　: 600x@300+600x@150 = 270,000			
기말재공품원가 : 400x@300+240x@150 = 156,000			

관련기출 　종합원가계산의 기초베이스

● (주)삼일은 평균법에 의한 실제종합원가계산을 채택하고 있다. 연초에 비해 연말에 재공품 잔액이 증가하였으나, 재공품 물량은 동일하였다면 이 현상을 설명하는 요소가 아닌 것은?

① 전년도에 비해 재료원가가 증가하였다.
❷ 전년도에 비해 판매량이 감소했다.
③ 전년도에 비해 고정제조간접원가가 증가하였다.
④ 연초보다 연말의 재공품 재고에 대한 완성도가 높았다.

빈출유형특강 195 　　　종합원가계산 구조의 이해

Q. 종합원가계산에서 완성품환산량 계산시 기말재공품의 완성도를 실제보다 높게 계상했다면 어떤 결과가 발생하겠는가?

① 재공품계정이 과대평가된다.
② 제품계정이 과대평가된다.
③ 제품과 재공품계정에 미치는 영향은 없다.
④ 매출원가가 과대계상된다.

📍 **내비게이션**

• 기말재공품 완성도를 과대평가할 경우
→ 기말재공품 완성품환산량 과대
→ 완성품환산량이 과대해지면 투입된 원가는 일정하므로 완성품환산량단위당원가가 과소
→ 완성품의 완성품환산량은 변화가 없으므로 완성품환산량단위당원가의 과소로 완성품원가(당기제품제조원가) 는 과소
→ 상대적으로 기말재공품(재공품계정)의 원가는 과대(재고자산 과대)
→ '기초제품+당기제품제조원가-기말제품=매출원가'에서 제품계정에는 영향이 없으나, 당기제품제조원가의 과 소로 인해 매출원가가 과소평가되고 당기순이익이 과대평가된다.

정답 : ①

관련기출　　기말완성도 과소평가의 영향

● 선입선출법을 이용하여 종합원가계산을 수행시 기말재공품 완성도가 실제보다 과소평가된 경우 미치는 영향에 대한 설명으로서 틀린 것은?

① 완성품환산량이 과소평가된다.
② 당기완성품원가가 과대평가된다.
③ 재무상태표상 기말재공품은 과소평가된다.
❹ 손익계산서상 당기순이익은 과대평가된다.

해설

• 기말재공품 완성도를 과소평가할 경우
→ 기말재공품 완성품환산량 과소
→ 완성품환산량이 과소해지면 투입된 원가는 일정하므로 완성품환산량단위당원가가 과대
→ 완성품의 완성품환산량은 변화가 없으므로 완성품환산량단위당원가의 과대로 완성품원가(당기제품제조원가)는 과대
→ 상대적으로 기말재공품(재공품계정)의 원가는 과소(재고자산 과소)
→ '기초제품+당기제품제조원가-기말제품=매출원가'에서 제품계정에는 영향이 없으나, 당기 제품제조원가의 과대로 인해 매 출원가가 과대평가되고 당기순이익이 과소평가된다.

제2주차
핵심유형특강

제3주차
최신유형특강

제4주차
기출유형특강

빈출유형특강 196 　　　　평균법 종합원가계산

Q. ㈜삼일은 평균법을 이용한 종합원가계산제도를 채택하고 있다. 재료는 공정 초기에 전량 투입되며, 가공원가는 공정전반에 걸쳐 발생한다. 당기 완성품원가와 기말재공품원가는 각각 얼마인가?

	수량		
기초재공품	50개(완성도40%)	완성품	400개
착수량	450개	기말재공품	100개(완성도20%)

원가	재료원가	가공원가
기초재공품원가	8,000,000원	6,000,000원
당기발생원가	32,000,000원	24,240,000원

	당기완성품원가	기말재공품원가
①	60,800,000원	9,440,000원
②	56,192,000원	56,192,000원
③	60,800,000원	56,192,000원
④	56,192,000원	9,440,000원

📍 내비게이션

• 평균법 종합원가계산 계산절차

[1단계] 물량흐름

		[2단계]완성품환산량	
		재료비	가공비
완성	400	400	400
기말	100(20%)	100	100x20%=20
	500	500	420

[3단계] 총원가요약

	재료비	가공비
기초	8,000,000	6,000,000
당기발생	32,000,000	24,240,000
	40,000,000	30,240,000

[4단계] 환산량단위당원가(cost/unit)

	재료비	가공비
	÷500	÷420
	‖	‖
	@80,000	@72,000

[5단계] 원가배분

완성품원가 　: 400x@80,000 + 400x@72,000 = 60,800,000
기말재공품원가 : 100x@80,000 + 20x@72,000 = 9,440,000

정답 : ①

 핵심이론 : 평균법 종합원가계산 특징

평균법(WAM)
• 기초재공품의 제조를 당기이전에 착수하였음에도 불구하고 당기에 착수한 것으로 가정하여, 기초재공품원가와 당기발생원가를 구분치 않고 합한 금액을 완성품과 기말재공품에 안분계산함.
• 완성품환산량단위당원가가 기초재공품에 의해 영향받으므로 당기원가를 왜곡시킴

빈출유형특강 197 　　선입선출법 종합원가계산

Q. 다음은 ㈜상일의 원가자료이다. ㈜상일은 선입선출법을 이용하여 종합원가계산을 하여 원가를 산정하고 있다. 원재료는 공정시작 시점에서 전량 투입되고 가공원가는 작업 전반에서 균등하게 투입된다. ㈜상일의 재료원가와 가공원가의 완성품환산량 단위당원가는 얼마인가?

기초재공품	100개(완성도 80%)	완성품	800개
착수량	900개	기말재공품	200개(완성도 50%)

	재료원가	가공원가
기초재공품원가	90,000원	70,000원
당기발생원가	720,000원	492,000원

	재료원가	가공원가		재료원가	가공원가
①	700원	500원	②	500원	700원
③	800원	500원	④	800원	600원

📍 내비게이션

• 선입선출법 종합원가계산 계산절차

[1단계] 물량흐름		[2단계]완성품환산량	
		재료비	가공비
기초완성	100(80%)	0	100x20%=20
당기완성	700	700	700
기 말	200(50%)	200	200x50%=100
	1,000	900	820

[3단계] 총원가요약
당기발생		720,000	492,000
		720,000	492,000

[4단계] 환산량단위당원가(cost/unit)
		÷900	÷820
		‖	‖
		@800	@600

[5단계] 원가배분
완성품원가　: (90,000+70,000)+700x@800+720x@600 = 1,152,000
기말재공품원가 : 200x@800+100x@600 = 220,000

정답 : ④

 핵심이론 : 선입선출법 종합원가계산 특징

선입선출법(FIFO)
•기초재공품을 우선적으로 완성시킨후 당기착수물량을 가공한다고 가정하므로 기말재공품원가는 당기발생원가로만 구성되고, 기초재공품원가는 전액이 완성품원가를 구성하며, 당기발생원가만 완성품과 기말재공품에 안분계산함.(당기업적·능률·원가통제에 유용한 정보를 제공함.) •완성품원가 = 기초재공품원가 + 완성품환산량x환산량단위당원가 •기초재고가 '0'이면 평균법과 선입선출법(FIFO)은 동일함.

빈출유형특강 198   선입선출법 적용

Q. (주)삼일은 선입선출법을 이용한 종합원가계산제도을 채택하고 있다. 당월 완성품환산량 단위당 원가는 재료원가 5원, 가공원가 10원이며, 당월 중 생산과 관련된 자료는 다음과 같다.

기초재공품	500단위 (완성도 40%)
기말재공품	800단위 (완성도 50%)
당기완성품	4,200단위

이 회사의 당월에 실제 발생한 가공원가는 얼마인가(단, 재료원가는 공정초기에 전량 투입되고 가공원가는 공정전반에 걸쳐 균등하게 발생한다고 가정한다)?

① 41,000원   ② 42,000원
③ 44,000원   ④ 45,000원

내비게이션

• 가공비 완성품환산량의 계산

[1단계] 물량흐름		[2단계] 완성품환산량	
		재료비	가공비
기초완성	500(40%)	0	500x60%=300
당기완성	3,700	3,700	3,700
기 말	800(50%)	800	800x50%=400
	5,000	4,500	4,400

• 가공비의 완성품환산량 단위당원가가 10으로 주어져 있으므로, 실제 발생 가공비를 x라 하면

→ $\frac{x}{4,400}$=10 에서, x(실제 발생한 가공비)=44,000

정답 : ③

관련기출   선입선출법 가공비 완성품환산량

● (주)삼일은 선입선출법을 이용한 종합원가계산을 한다. 원재료는 공정시작 시점에서 전량 투입되며, 가공원가는 공정 전반에 걸쳐 균등하게 발생한다고 가정할 때 아래의 자료를 이용하여 가공원가의 완성품환산량을 구하면 얼마인가?

기초재공품수량	600개
완성수량	2,200개
착수수량	2,000개
기말재공품수량	400개
기초재공품의 완성도	60%
기말재공품의 완성도	50%

❶ 2,040개   ② 2,000개
③ 2,400개   ④ 2,600개

해설

• 기초완성(600개x(1-60%))+당기착수완성(1,600개)+기말(400개x50%)=2,040개

빈출유형특강 199　　완성품환산량 특수사항

제1주차
빈출유형특강

제2주차
핵심유형특강

제3주차
최신유형특강

제4주차
기출문제특강

Q. 다음은 (주)삼일의 당기 생산활동과 관련된 자료이다.

기초재공품	없음
당기착수량	1,600단위
완성품수량	800단위
당기투입 원가	240,000원

모든 제조원가는 공정 진척정도에 따라 투입되는 것으로 가정할 때 완성품환산량 단위당원가가 200원이면 기말재공품의 완성도는 얼마인가?

① 30%　　　　　　　　　　　② 40%
③ 50%　　　　　　　　　　　④ 60%

◉ **내비게이션**

• 기말재공품의 완성도를 $x\%$라 하면,

[1단계] 물량흐름		[2단계] 완성품환산량	
		재료비	가공비
기초완성	0	0	0
당기완성	800	800	800
기 말	800($x\%$)	800×$x\%$	800×$x\%$
	1,600	800+800×$x\%$	800+800×$x\%$

• 당기발생재료비+당기발생가공비=240,000이므로, $\dfrac{240,000}{800+800\times x\%}$=200 에서, $x\%$=50%

정답 : ③

관련기출　　원재료가 공정의 종점에 투입되는 경우

● 원재료는 제품공정의 마지막 시점에 투입되며 가공원가는 공정의 전반에 걸쳐 발생한다. 회사는 선입선출법에 의하여 재공품을 평가하고 있다.

기초재공품 200개(완성도 80%)	기말재공품 300개(완성도 40%)	당기완성품 1,200개

당기 재료원가 완성품환산량 단위당원가가 2,000원일 때 당기에 발생한 재료원가 총액은?

❶ 2,400,000원　　　　　　　② 2,320,000원
③ 2,350,000원　　　　　　　④ 3,210,000원

해설

• 재료비 완성품환산량의 계산

[1단계] 물량흐름		[2단계] 완성품환산량	
		재료비	가공비
기초완성	200(80%)	200	200x20%=40
당기완성	1,000	1,000	1,000
기 말	300(40%)	0	300x40%=120
	1,500	1,200	1,160

• 당기발생 재료비를 x라 하면, $\dfrac{x}{1,200}$=2,000 에서, x=2,400,000

빈출유형특강 200 　　평균법과 선입선출법의 상호관계

Q. 종합원가계산을 이용하는 ㈜상일의 공정 X와 관련한 자료는 다음과 같다.

	수량
기초재공품	6,000단위(완성도 60%)
당기착수	54,000단위
당기완성품	55,000단위
기말재공품	5,000단위(완성도 20%)

재료는 공정착수시점에서 투입되며 가공비는 공정 전반에 걸쳐 균등하게 발생된다고 할 때 평균법으로 계산된 완성품환산량과 선입선출법으로 계산된 완성품환산량의 차이는 얼마인가?

완성품환산량 차이

	재료비	가공비
①	0단위	2,400단위
②	0단위	3,600단위
③	6,000단위	3,600단위
④	6,000단위	2,400단위

◉ 내비게이션

• 재료비완성품환산량 차이 : 6,000
• 가공비완성품환산량 차이 : 6,000x60%=3,600

⚡고속철 재료가 공정초에 전량 투입되는 경우
① WAM재료비완성품환산량 - FIFO재료비완성품환산량 = 기초재공품수량
② WAM가공비완성품환산량 - FIFO가공비완성품환산량 = 기초재공품수량x기초완성도

정답 : ③

관련기출 　기초재공품 유무의 영향

● 선입선출법과 평균법을 각각 적용한 종합원가계산시 각 방법에 의한 완성품환산량이 동일하게 산출되는 경우는?

① 기초 제품이 전혀 없는 경우
② 기초 재공품이 모두 완성품이 되는 경우
③ 기말 제품이 모두 판매되는 경우
❹ 기초 재공품이 전혀 없는 경우

해설

• 기초재공품이 '0'이면 평균법과 선입선출법은 동일하다.

※말장난

• 종합원가계산하에서 기초재공품이 없다고 하더라도 평균법과 선입선출법의 완성품환산량 단위당 원가를 구하는 방법이 상이하기 때문에 두 방법의 결과는 달라지게 된다.(X)
  ▷기초재공품이 없다면 평균법과 선입선출법하의 결과치는 동일하다.

빈출유형특강 201　　　　표준원가계산의 유용성

Q. 표준원가의 종류는 이상적표준, 정상적 표준, 현실적 표준으로 구분할 수 있다. 다음 중 이상적 표준을 기준으로 표준원가를 설정할 경우 나타날 수 있는 영향으로 가장 옳은 것은?

① 종업원의 동기부여 측면에서 가장 효과적이다.
② 이상적 표준을 달성하는 경우가 거의 없기 때문에 불리한 차이가 발생할 가능성이 크다.
③ 재고자산가액과 매출원가가 항상 적절하게 계상될 것이다.
④ 근로자들의 임금상승 효과를 가져올 것이다.

⊙ **내비게이션**

• ① 표준의 달성이 어려우므로 종업원의 동기부여에 역효과를 초래한다.
③ 실제원가와의 차이가 크게 발생하므로 재고자산평가와 매출원가산정에 적합하지 않다.
④ 불리한 차이 발생으로 인한 저조한 성과평가로 근로자들의 임금이 삭감될 가능성이 높다.

정답 : ②

 핵심이론 : 표준원가계산의 유용성

계획	•표준원가가 설정되어 있으면 예산을 설정하는데 용이할 수 있음.
통제	•달성목표인 표준원가와 실제원가를 비교하여 실제원가가 표준원가 범위내에서 발생하고 있는지를 파악함으로써 원가통제를 효과적으로 수행할 수 있음. ▶예외에 의한 관리가 가능
제품원가계산	•원가흐름에 대한 가정(평균법, FIFO)이 필요 없으며 단지 물량만 파악하면 되므로 원가계산이 신속하고 간편해짐.

관련기출　　표준원가계산의 유용성 세부고찰

● 표준원가계산을 종합원가계산과 비교한 설명 중 맞는 것을 고르면?

> 가. 표준원가는 현실적으로 달성 가능한 상황하에서 설정된 목표원가가 아니라 가장 이상적인 상황에서만 달성가능한 추정치이다.
> 나. 표준원가계산제도는 종합원가계산제도와 결합하여 사용할 수 없다.
> 다. 표준원가계산제도는 변동예산 및 책임회계제도와 결합함으로써 성과평가를 위한 자료로 사용된다.
> 라. 표준원가계산에서는 생산활동의 비능률을 알아낼 수 없다.
> 마. 표준원가와 실제발생원가의 차이분석에 있어 중요한 불리한 차이들은 모두 조사하여야 하나 중요한 유리한 차이들은 조사할 필요가 없다.

① 가, 나　　　　　　　　　　　❷ 다
③ 가, 다　　　　　　　　　　　④ 나, 라, 마

해설

• 가 : 표준원가란 현실적으로 달성가능한 상황에서 설정된 목표원가이다. 표준원가계산제도에서의 표준원가라 하면 일반적으로 이상적 표준이 아니라 현실적 표준(경영의 실제활동에서 열심히 노력하면 달성될 것으로 기대되는 표준원가)을 의미한다.
나 : 종합원가계산제도와 결합하여 표준종합원가계산제도를 적용할 수 있다.
라 : 표준과 실제의 차이를 분석하여 생산활동의 비능률을 찾아낼 수 있다.
마 : 표준에서 벗어나는 차이 중 사전에 설정된 허용범위를 벗어나는 경우에만 검토하면 되며, 이를 '예외에 의한 관리'라고 한다. 표준원가계산은 예외에 의한 관리를 통해 표준원가와 실제원가의 차이 중 중요한 부분에 대해서만 관심을 가지게 된다. 다만, 중요한 불리한 차이든지 중요한 유리한 차이든지 중요한 차이는 모두 검토한다.

빈출유형특강 202 　　　　　　　　　　표준원가계산의 특징

Q. 실제원가계산을 사용하는 (주)삼일은 사전적 표준원가계산제도의 도입을 추진하고 있다. 이에 따라 원가관리부서의 실무담당자들은 표준원가계산제도에 의해 아래와 같이 주장하고 있다. 다음 중 옳지 않은 주장을 펼치고 있는 실무담당자는 누구인가?

> 김부장 : 표준원가를 도입하면 차이분석을 해야하는데 차이분석의 결과는 당기에만 유용하며 차기의 표준이나 예산 설정에 유용한 정보를 제공하지 않는다는 점을 고려해야 합니다.
> 황과장 : 표준원가의 달성을 지나치게 강조할 경우 제품의 특징을 희생시킬 수 있고, 납품업체에 표준원가를 기초로 지나친 원가절감을 요구할 경우 관계가 악화될 수 있으므로 신중을 기해야 합니다.
> 정대리 : 표준원가는 기업의 내적인 요소나 기업 외부환경의 변화에 따라 수시로 보완을 필요로 하기 때문에, 사후 관리하지 않을 경우 향후 원가계산을 왜곡할 소지가 있습니다.
> 김사원 : 표준원가는 사전에 과학적이고 통계적인 방법으로 신중하게 결정되어야 하나 표준원가의 산정에 객관성이 보장되기 힘들고 많은 비용이 소요되는 단점이 있다는 것을 잊어서는 안됩니다.

① 김부장　　　　　　　　　　　　　　　② 황과장
③ 정대리　　　　　　　　　　　　　　　④ 김사원

◉ 내비게이션

- 표준원가를 도입하면 차이분석을 실시하는데 차이분석의 결과는 경영자에게 보고되며, 그것은 차기의 표준이나 예산 설정에 피드백되어 유용한 정보를 제공해 준다.

*참고 표준원가계산의 한계점

산정의 객관성 문제	•표준원가는 사전에 과학적·통계적 방법으로 적정원가를 산정하는 것이 필수적이나, 적정원가 산정에 객관성이 보장되기 힘들고 많은 비용이 소요됨.
수시 수정 필요	•표준원가는 한번 설정된 영구불변의 원가가 아니라 내적요소·외부환경 변화에 따라 수시로 수정을 필요로 하는 원가임. 만약, 이러한 표준원가의 적정성을 사후 관리하지 않을 경우 미래원가 계산을 왜곡할 소지가 있음.
비계량정보 무시	•표준원가계산제도를 채택할 경우 비계량적인 정보를 무시할 가능성이 있음. 예 표준원가달성을 지나치게 강조할 경우 제품의 품질을 희생시킬 수 있고, 납품업체에 표준원가를 기초로 지나친 원가절감을 요구할 경우 관계가 악화될 수도 있음.
질적 예외사항 무시	•예외에 의한 관리기법을 사용할 때에는 어느 정도의 예외사항을 중요한 예외사항으로 판단하여 관리할 것인가를 결정해야 하나, 이러한 예외사항에 대해서 객관적인 기준이 없을 경우 대개 양적인 정보만으로 판단하기 때문에 질적인 예외사항을 무시하기 쉬움. 또한, 중요한 예외사항에 대해서만 관심을 집중하게 되면 허용범위 내에서 발생하는 실제원가의 증감추세와 같은 중요한 정보를 간과할 수 있음.
동기부여 문제	•예외에 의한 관리는 근로자에게 동기부여 측면에서 문제가 발생할 수 있음. 만일 성과평가가 중요한 예외사항에 의해서만 결정된다면 근로자는 자신에게 불리한 예외사항을 숨기려고 할 것이고, 원가가 크게 절감된 예외사항에 대해서 보상을 받지 못한다면 이에 대한 불만이 누적되고 동기부여가 되지 않을 수 있기 때문임.

정답 : ①

📝 핵심이론 : 표준원가계산의 특징 주요사항

제조기술	•표준원가계산을 적용하여 제품제조기술을 향상시키고자하는 것은 아님.
원가절감	•표준원가계산은 원가통제를 통해 원가절감을 유도할수 있음.
예외에 의한 관리	•표준에서 벗어나는 차이 중 사전에 설정된 허용범위를 벗어나는 경우에만 검토하면 됨. ▶즉, 표준원가에 근접하는 원가항목보다 표준원가에서 크게 벗어나는 항목(=중요한 불리한 차이나 중요한 유리한 차이)을 중점적으로 관리

빈출유형특강 203   매출원가조정법에 의한 원가차이 조정

Q. ㈜삼일은 표준원가계산제도를 사용하고 있다. 회사는 기말에 표준원가와 실제원가의 차이를 매출원가조정법을 사용하여 외부보고용 재무제표를 작성하려고 한다. 다음은 원가차이 조정 전 각 계정의 잔액이다.

	원재료	재공품	제품	매출원가
재료원가	60,000원	40,000원	50,000원	120,000원
가공원가	–	30,000원	35,000원	140,000원
합계	60,000원	70,000원	85,000원	260,000원

당기의 원가차이는 다음과 같다.

	불리한 차이	유리한 차이
직접재료원가 구입가격차이	–	50,000원
직접재료원가 능률차이	80,000원	–
직접노무원가 가격차이	20,000원	–

당기 외부보고용 재무제표에 계상되는 매출원가 금액은 얼마인가?

① 180,000원   ② 210,000원
③ 250,000원   ④ 310,000원

📍 **내비게이션**

•260,000+80,000+20,000-50,000=310,000

정답 : ④

 핵심이론 : 매출원가조정법의 개요

원가차이 조정방법	매출원가조정법	•원가차이를 매출원가에 가감하는 방법으로 원가차이가 중요하지 않은 경우 적용함.
	비례배분법	•원가차이를 재공품, 제품, 매출원가의 계정잔액의 비율에 따라 비례배분하는 방법
매출원가조정법	•'실제원가〉표준원가'인 경우 : 불리한 차이 발생 →매출원가에 가산	
	•'실제원가〈표준원가'인 경우 : 유리한 차이 발생 →매출원가에서 차감	

관련기출   **매출원가조정법의 특징**

● 표준원가계산에서 원가차이의 배분방법인 매출원가조정법에 관한 설명으로 틀린 것은?

① 원가차이가 중요하지 않은 경우 매출원가조정법을 적용할 수 있다.
② 유리한 원가차이는 매출원가에서 차감하며 불리한 원가차이는 매출원가에 가산한다.
❸ 매출원가조정법을 사용하면 비례배분법을 사용하는 경우보다 당기순이익이 항상 증가한다.
④ 원가차이가 모두 매출원가에서 조정되므로 재공품과 제품계정 모두 표준원가로 기재된다.

해설

•원가차이가 매출원가에 가감되므로 모든 원가차이를 당기손익에 반영하게 되며 이에 따라 불리한 차이의 경우는 비례배분법보다 순이익이 감소, 유리한 차이의 경우는 비례배분법보다 순이익이 증가한다.

빈출유형특강 204 　　　직접재료비 차이분석 방법

Q. 표준원가계산제도에 대한 설명 중 틀린 것은?

가. 변동원가계산제도에서는 표준원가계산제도를 적용할 수 없다.
나. 직접재료가 가격차이를 원재료 구입시점에서 분리하든, 사용시점에서 불리하든 직접재료원가 능률차이에는 영향을 주지 않는다.
다. 원가통제를 포함한 표준원가시스템을 잘 활용하여도 원가절감을 유도할 수 없다.
라. 외부공표용 재무제표를 작성하기 위해서는 실제원가로 전환하여야 한다.

① 가, 나　　　　　　　　　　② 가, 다
③ 나, 다　　　　　　　　　　④ 다, 라

◉ **내비게이션**

• 표준변동원가계산제도를 적용할 수 있으며, 원가통제를 통한 원가절감을 유도할 수 있다.

정답 : ②

 핵심이론 : 직접재료비 차이분석 구조

기호	AQ : 실제사용량, AP : 실제가격, SQ : 실제생산량에 허용된 표준사용량, SP : 표준가격, AQ' : 실제구입량

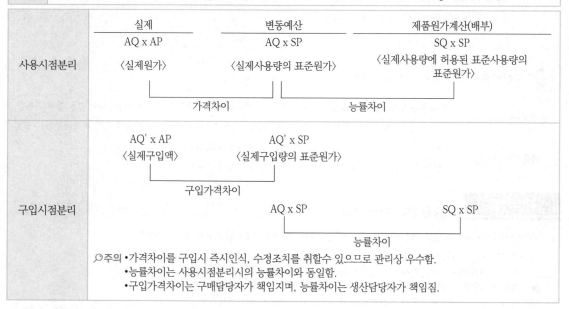

• 주의 • 가격차이를 구입시 즉시인식, 수정조치를 취할수 있으므로 관리상 우수함.
　　　• 능률차이는 사용시점분리시의 능률차이와 동일함.
　　　• 구입가격차이는 구매담당자가 책임지며, 능률차이는 생산담당자가 책임짐.

관련기출　직접재료비 구입시점 차이분석

● 직접재료원가 가격차이를 가능한 빠르게 인식할 수 있어 이에 대한 적절한 대응을 신속하게 취할 수 있는 직접재료원가 가격차이의 인식시기는?

① 직접재료를 출고할 때　　　　　② 구매요청서를 발행할 때
❸ 직접재료를 구매할 때　　　　　④ 직접재료를 제조과정에 사용할 때

빈출유형특강 205   **직접재료비 차이분석 계산**

Q. ㈜상일의 직접재료원가에 대한 자료는 다음과 같다. ㈜상일의 직접재료원가 능률차이를 계산하면 얼마인가?

제품예산생산량	2,800개
제품실제생산량	2,500개
kg당 실제재료원가	600원
제품 1개당 표준투입수량	5kg
직접재료원가 kg당 표준가격	500원
직접재료원가 가격차이(불리한 차이)	1,200,000원

① 120,000원(유리)   ② 120,000원(불리)
③ 250,000원(유리)   ④ 250,000원(불리)

📍 **내비게이션**

•능률차이 분석

AQ x AP	AQ x SP	SQ x SP
2,500개 x $x$kg x 600	2,500개 x $x$kg x 500	2,500개 x 5kg x 500

$\qquad\qquad$ 1,200,000 $\qquad\qquad\qquad\qquad$ y

→(2,500개x$x$kgx600)-(2,500개x$x$kgx500)=1,200,000 에서, x=4.8
→(2,500개x4.8kgx500)-2,500개x5kgx500=y 에서, y=-250,000(유리)

정답 : ③

관련기출   **직접재료비 능률차이**

● (주)상일의 직접재료원가에 대한 자료는 다음과 같다. 직접재료원가 능률차이는 얼마인가?

직접재료예산투입수량	12,000kg
직접재료실제투입수량	15,000kg
직접재료원가 kg당 표준가격	600원
직접재료원가 kg당 실제가격	450원

❶ 1,800,000원(불리)   ② 1,800,000원(유리)
③ 2,000,000원(불리)   ④ 2,000,000원(유리)

해설

•능률차이 분석

AQ x AP	AQ x SP	SQ x SP
	15,000kg x 600	12,000kg x 600

$\qquad\qquad\qquad\qquad\qquad$ 1,800,000(불리)

빈출유형특강 206 　　　　직접노무비 차이분석 방법

Q. 다음 설명 중 옳지 않은 것은?

① 품질이 떨어지는 원재료를 매우 저렴한 가격으로 구매한 경우 직접재료원가에 있어 유리한 가격차이가 발생할 것이나, 이로 인하여 불리한 능률차이가 발생할 수 있다.

② 생산부문 책임자의 관리소홀로 인하여 일정계획에 차질이 있을 경우 직접노무원가에 있어 불리한 가격 차이가 발생할 것이다.

③ 원재료의 효율적 이용으로 예산에 비해 투입량이 절감된 경우 직접재료원가에 있어 유리한 능률 차이가 발생할 것이다.

④ 공장노무자의 비능률적 업무수행으로 인해 직접노무원가에 있어 불리한 능률차이가 발생할 수 있다.

📍 내비게이션

- ① 저가 구매($AP < SP$)로 직접재료비 유리한 가격차이가 발생하지만, 반대로 투입되는 재료의 수량이나 작업시간이 많아져('$AQ > SQ$') 불리한 능률차이가 발생한다.
- ② 시간투입이 증가하여('$AQ > SQ$') 불리한 능률차이가 발생한다.
- ③ '$AQ < SQ$'이므로 직접재료비 유리한 능률차이가 발생한다.
- ④ 투입시간이 증가하여('$AQ > SQ$') 직접노무비 불리한 능률차이가 발생한다.

> **보론** 노사협상 등에 의해 임금이 상승한다면 실제임률이 상승하여 불리한 직접노무원가 가격차이가 발생하며, 표준을 결정할 때와 다른 경기 변동으로 인해 당초보다 물가가 하락하면 구매가격 하락으로 유리한 차이가 발생하고 당초보다 물가가 상승하면 구매가격 상승으로 불리한 차이가 일반적으로 발생한다.

정답 : ②

📝 핵심이론 : 직접노무비 차이분석 구조

기호	AQ : 실제투입시간, AP : 실제가격, SQ : 실제생산량에 허용된 표준시간, SP : 표준가격

	실제	변동예산	제품원가계산(배부)
직접노무비	AQ x AP 〈실제원가〉	AQ x SP 〈실제투입시간의 표준원가〉	SQ x SP 〈실제생산량에 허용된 표준투입시간의 표준원가〉
		가격차이(임률차이)	능률차이(시간차이)

관련기출 　직접노무원가 임률차이 발생원인

● 초과근무시간에 대한 할증임금 지급으로 발생한 직접노무원가 초과지급액은 다음 중 어떤 형태로 가장 잘 반영되는가?

① 직접재료원가 가격차이　　　　　　　　　❷ 직접노무원가 임률차이

③ 제조간접원가 능률차이　　　　　　　　　④ 제조간접원가 조업도차이

해설

- 할증임금이 지급되면 실제 시간당 임률이 증가한다. 따라서, 실제임률(AP)이 표준임률(SP)보다 커지므로 직접노무원가 불리한 임률차이를 발생시킨다.

빈출유형특강 207 직접노무비 차이분석 계산

Q. 다음은 당기 12월 ㈜상일의 직접노무원가에 관한 자료이다. 12월의 제품단위당 실제작업시간은?

ㄱ. 실제제품생산량	5,000개
ㄴ. 실제직접노무원가 발생액	21,000,000원
ㄷ. 제품단위당 표준시간	5시간
ㄹ. 직접노무원가 임률차이	3,000,000(유리)
ㅁ. 직접노무원가 능률차이	4,000,000(불리)

① 5시간　　　　　② 6시간
③ 7시간　　　　　④ 8시간

🔲 **내비게이션**

•직접노무비 차이분석

AQ x AP	AQ x SP	SQ x SP
21,000,000	X	(5,000개x5시간)xSP

　　　-3,000,000(유리)　　　　4,000,000(불리)

→21,000,000-X=-3,000,000 에서, X=24,000,000
→24,000,000-(5,000개x5시간)xSP=4,000,000 에서, SP=800
→AQx800=24,000,000 에서, AQ=30,000시간
∴30,000시간÷5,000개=6시간

정답 : ②

관련기출　SQ의 계산

● (주)상일의 20x2년 1월 직접노무원가에 관한 자료이다. 1월의 실제직접노무시간이 3,000시간이었을 때 실제생산량에 허용된 표준작업시간은 얼마인가?

실제직접노무원가	30,000원
직접노무원가 임률차이	3,000원(유리)
직접노무원가 능률차이	4,125원(불리)

❶ 2,625시간　　　　　② 2,823시간
③ 3,245시간　　　　　④ 3,865시간

해설

•직접노무비 차이분석

AQ x AP	AQ x SP	SQ x SP
30,000	3,000시간 x SP	x x SP

　　　-3,000(유리)　　　　4,125(불리)

→SP=11, 따라서 x=2,625시간

빈출유형특강 208 　　　　　제조간접비 차이분석 방법

Q. 다음 중 표준원가의 차이분석에 대한 설명으로 가장 올바르지 않은 것은?

① 조업도와 관계없이 일정하게 발생하는 고정제조간접원가는 생산활동의 능률적인 관리를 통해 발생액을 변화시킬 수 없으므로 고정제조간접원가 능률차이는 발생하지 않는다.

② 실제 고정제조간접원가 발생액과 고정제조간접원가 예산의 차이를 고정제조간접원가 예산차이라고 한다.

③ 고정제조간접원가 예정배부율에 의한 고정제조간접원가 배부액과 고정제조간접원가 예산의 차이를 고정제조간접원가 조업도차이라고 한다.

④ 고정제조간접원가 예산의 기준조업도를 최대 생산가능조업도로 할 경우 불리한 고정제조간접원가 조업도차이는 발생하지 않는다.

📍 **내비게이션**

• 기준조업도(최대 생산가능조업도) 이하로 조업한 경우가 대부분 발생할 것이므로(즉, 생산시설의 이용정도가 기대에 못미침) 조업도차이('fN-fS')는 불리한 차이가 발생한다.

정답 : ④

 핵심이론 : 제조간접비 차이분석 구조

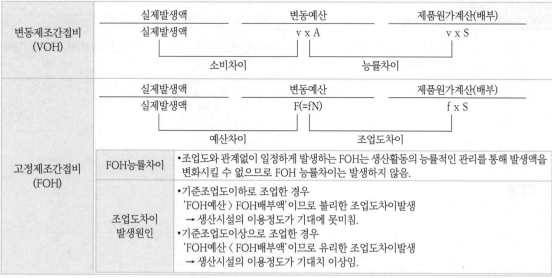

| 기호 | f : FOH배부율, v : VOH배부율, N : 기준조업도, F : FOH예산, V : VOH예산
S : 실제산출량에 허용된 표준조업도, A : 실제조업도
→ $f = \dfrac{F}{N}$, 　$v = \dfrac{V}{N}$, 　$f+v$ (OH배부율) $= \dfrac{F+V}{N} = \dfrac{\text{OH예산}}{N}$ |

빈출유형특강 209 　　제조간접비 차이분석 계산

Q. ㈜삼일의 변동제조간접원가와 관련한 자료는 다음과 같다. 변동제조간접원가 소비차이는 얼마인가?

> (1) 변동제조간접원가 실제발생액 : 6,300,000원
> (2) 실제생산량에 허용된 표준작업시간의 변동제조간접원가 예산 : 6,249,000원
> (3) 실제작업시간기준 변동제조간접원가 예산 : 6,904,000원

① 51,000원(불리) 　　　　　　　② 655,000원(불리)
③ 604,000원(유리) 　　　　　　　④ 655,000원(유리)

📍 **내비게이션**

•변동제조간접비 차이분석

실제발생액	변동예산(v x A)	배부(v x S)
6,300,000	6,904,000	6,249,000

　　　　　-604,000(유리)　　　　　655,000(불리)

정답 : ③

관련기출　　변동제조간접비 능률차이

● 다음은 (주)삼일의 20x1년도 제조활동과 관련된 자료이다. 20x1년도 변동제조간접비의 능률차이는 얼마인가?

표준직접노동시간	단위당 2시간
실제직접노동시간	21,000시간
생산된 제품단위	10,000개
변동제조간접비	직접노동시간당 3원
실제변동제조간접비	65,000원

① 2,000원 유리 　　　　　　　② 2,000원 불리
③ 3,000원 유리 　　　　　　　❹ 3,000원 불리

해설

•문제 자료에서 A=21,000시간, v=3, S=10,000개x2시간=20,000시간
•변동제조간접비 차이분석

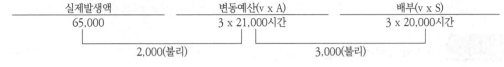

실제발생액	변동예산(v x A)	배부(v x S)
65,000	3 x 21,000시간	3 x 20,000시간

　　　　　2,000(불리)　　　　　3,000(불리)

빈출유형특강 210 변동·전부원가계산의 비교

Q. 다음 설명 중 변동원가계산제도의 특징을 모두 고르면?

> ㄱ. 변동원가계산제도는 기업회계기준에서 인정하는 원가계산제도이다.
> ㄴ. 특정기간의 이익이 재고자산 수량의 변동에 영향을 받는다.
> ㄷ. 변동원가계산제도에서 매출액과 이익은 동일한 방향으로 움직이므로 경영자의 입장에서 이해하기 쉽다.
> ㄹ. 고정제조간접원가를 기간비용으로 처리하기 때문에 조업도차이가 발생하지 않는다.
> ㅁ. 공통고정원가를 부문이나 제품별로 배부하기 때문에 부문별, 제품별 의사결정문제에 왜곡을 초래할 가능성이 존재한다.

① ㄱ, ㅁ   ② ㄴ, ㄷ
③ ㄱ, ㄴ, ㄷ   ④ ㄷ, ㄹ

📍 **내비게이션**

• ㄱ, ㄴ, ㅁ : 전부원가계산제도

정답 : ④

 핵심이론 : 변동·전부원가계산의 차이점

구분	전부원가계산	변동원가계산
근본적차이	•원가부착개념 →FOH도 제조원가	•원가회피개념 →FOH는 비용처리
제조원가	•DM+DL+VOH+FOH	•DM+DL+VOH
손익계산서	•전통적I/S(기능별I/S) 　매출액 　(-)매출원가(DM+DL+VOH+FOH) 　매출총이익 　(-)판관비(변동+고정) 　영업이익	•공헌이익I/S(행태별I/S) 　매출액 　(-)매출원가(DM+DL+VOH) 　(-)변동판관비 　공헌이익 　(-)FOH+고정판관비 　영업이익
이익함수	•π(이익)=f(판매량 & 생산량) ▶이익이 생산량에 의해서도 영향 받으므로(생산량을 증가시키면 FOH배부액이 감소하고 이익이 증가) 생산량조절에 따른 이익조작가능성이 존재함.	•π(이익)=f(판매량) ▶이익이 판매량 변화에만 영향을 받으므로 생산량조절에 따른 이익조작 방지 가능
보고	•외부보고용(기업회계기준 인정O)	•내부관리용(기업회계기준 인정X)

관련기출   **변동원가계산의 제조원가**

● 변동원가계산제도 하에서 재고자산가액에 포함되는 원가항목을 올바르게 나열한 것은?

① 직접재료원가, 직접노무원가
❷ 직접재료원가, 직접노무원가, 변동제조간접원가
③ 직접재료원가, 직접노무원가, 변동제조간접원가, 고정제조간접원가
④ 직접재료원가, 직접노무원가, 변동제조간접원가, 변동판매비와관리비

빈출유형특강 211　　　　　**변동·전부원가계산의 구조**

제1주차
빈출유형특강

제2주차
핵심유형특강

제3주차
최신유형특강

제4주차
기출변형특강

Q. ㈜삼일은 변동원가·전부원가계산에 의한 손익계산서를 모두 작성한다. 20x1년 실제 매출액, 전부원가계산에 의한 매출총이익 및 변동원가계산에 의한 총공헌이익은 모두 예산과 비슷하였으나, 순이익은 예산에 훨씬 미달하였다. 기초·기말재고가 없다고 가정시 예산과 비교하여 순이익이 하락한 원인에 대한 다음 서술 중 가장 타당한 것은?

① 실제 판매가격 및 변동원가가 비례적으로 하락하였다.
② 실제 판매가격이 변동원가보다 더욱 하락하였다.
③ 실제 고정제조간접원가가 증가하였다.
④ 실제 고정판매비와관리비가 증가하였다.

◉ **내비게이션**

• 전부원가계산과 변동원가계산의 손익계산서 비교

전부원가계산	변동원가계산
매출액	매출액
(-) 매출원가(DM,DL,VOH,FOH)	(-) 매출원가(DM,DL,VOH)
	(-) 변동판관비
매출총이익	공헌이익

→ 매출총이익과 공헌이익이 예산과 비슷하다고 하였으므로, FOH와 변동판관비도 예산대로 발생하였음을 알 수 있다.

전부원가계산	변동원가계산
매출총이익	공헌이익
(-) 변동판관비	(-) FOH
(-) 고정판관비	(-) 고정판관비
순이익	순이익

→ 따라서, 고정판관비가 예산과 달리 증가하여 순이익이 예산에 미달

정답 : ④

관련기출　　**변동원가계산의 특징**

● 변동원가계산이 전부원가계산과 다른 점을 나열한 것이다. 올바른 것을 모두 고르시오.

> 가. 변동원가계산은 내부계획과 통제 등 경영관리에 보다 유용한 방법이다.
> 나. 변동원가계산을 이용하는 경우 공헌이익접근법의 손익계산서를 작성한다.
> 다. 변동원가계산은 외부보고목적을 위한 재무제표를 작성하기에는 적합하지 않다.
> 라. 변동원가계산을 적용하여 원가산정을 하게 되면 고정제조간접비가 모두 당기비용으로 처리되어 고정제조간접비가 기말재공품에 포함되지 않는다.

❶ 가, 나, 다, 라　　　　　② 가, 나, 다
③ 가, 다, 라　　　　　　④ 가, 나

해설

• 변동원가계산의 특징을 나열한 것으로서 모두 옳은 설명이다.

빈출유형특강 212 — **변동·전부원가계산의 이익계산**

Q. (주)상일은 당기에 영업을 개시하여 10,000단위의 제품을 생산하고 이 중에서 9,500단위의 제품을 단위당 2,000원에 판매하였다. 회사의 경영자는 외부보고 목적으로는 전부원가계산제도를 사용하고 있으나, 관리목적으로는 변동원가계산제도를 사용하고 있다. 다음 설명 중 가장 올바르지 않은 것은 무엇인가?

제품단위당 직접재료원가	1,000원	제품단위당 직접노무원가	400원
제품단위당 변동제조간접원가	200원	제품단위당 변동판매비와관리비	100원
고정제조간접원가	1,200,000원	고정판매비와관리비	400,000원

① 전부원가계산에 의할 경우 제품단위당 제조원가는 1,720원이다.
② 변동원가계산에 의할 경우 제품단위당 제조원가는 1,600원이다.
③ 변동원가계산에 의한 당기순이익이 전부원가계산에 의한 당기순이익보다 크다.
④ 전부원가계산에 의할 경우 기말제품재고액은 860,000원이다.

내비게이션

• 단위당제조원가, 기말재고, 영업이익 비교

	전부원가계산	변동원가계산
단위당 제조원가	$1,000+400+200+\frac{1,200,000}{10,000단위}=@1,720$	$1,000+400+200=@1,600$
기말재고	500단위x1,720=860,000	500단위x1,600=800,000
영업이익	9,500단위x(@2,000-@1,720-@100)-400,000 =1,310,000	9,500단위x(@2,000-@1,600-@100)-400,000 -1,200,000=1,250,000

정답 : ③

관련기출 — **변동원가계산 이익계산**

다음은 (주)상일의 20x1년 동안의 수익 및 원가에 대한 자료이다. 변동원가계산에 의한 (주)상일의 기말제품재고액과 영업이익을 구하면 얼마인가?

순매출액	4,000,000원	변동판매관리비	360,000원
변동제조원가	1,120,000원	고정판매관리비	200,000원
고정제조원가	700,000원	생산량	80,000단위
판매량	60,000단위	기초제품	없음

	기말제품재고액	영업이익		기말제품재고액	영업이익
❶	280,000원	1,900,000원	②	280,000원	1,300,000원
③	840,000원	1,900,000원	④	840,000원	1,300,000원

해설

• 기말제품재고 : $1,120,000 \times \frac{20,000단위}{80,000단위}=280,000$

• 영업이익 : $4,000,000-1,120,000 \times \frac{60,000단위}{80,000단위}-360,000-200,000-700,000=1,900,000$

빈출유형특강 213 — 변동·전부원가계산의 영업이익 크기

Q. 기말재고액보다 기초재고액이 많은 경우의 변동원가계산에 의한 순이익과 전부원가계산에 의한 순이익을 비교하면(단, 고정제조간접원가총액 및 기타 원가요소별 단위당 원가는 변동이 없다)?

① 전부원가계산에 의한 순이익이 더 크다.
② 변동원가계산에 의한 순이익이 더 크다.
③ 두 원가계산방법에서의 순이익은 같다.
④ 상황에 따라 이익의 크기가 달라진다.

📍 **내비게이션**

• 재고감소(기초재고>기말재고/생산량<판매량) : 전부원가계산 이익<변동원가계산 이익

정답 : ②

📝 핵심이론 : 변동·전부원가계산의 재고수준과 영업이익 크기(단위당FOH 불변 가정시)

재고불변(기초재고=기말재고/생산량=판매량)	• 전부원가산 이익=변동원가산 이익			
	기초	100	판매량	500
	생산량	500	기말	100
재고증가(기초재고<기말재고/생산량>판매량)	• 전부원가산 이익>변동원가산 이익			
	기초	100	판매량	300
	생산량	500	기말	300
재고감소(기초재고>기말재고/생산량<판매량)	• 전부원가산 이익<변동원가산 이익			
	기초	300	판매량	500
	생산량	300	기말	100

관련기출 — 재고수준과 영업이익

● 다음 중 변동원가계산과 전부원가계산에 대한 설명으로 가장 올바른 것은?

① 변동원가계산은 의사결정에 유용하므로 외부보고용으로 적절한 원가계산방법이다.
❷ 기초재고자산이 없고 당기 생산량과 판매량이 동일하다면 변동원가계산과 전부원가계산의 순이익은 같게 된다.
③ 변동원가계산은 표준원가를 사용할수 있으나 전부원가계산은 표준원가를 사용할수 없다.
④ 변동원가계산은 변동판매비와관리비를 제품원가로 인식하고 전부원가계산은 고정제조간접원가를 제품원가로 인식한다.

해설

• ① 외부보고용으로 전부원가계산방법을 사용한다.
② 기초재고자산이 없고 생산량과 판매량이 동일하다면, 변동원가계산과 전부원가계산 모두 고정제조간접원가(FOH)가 전액 비용화되므로 순이익은 같게 된다.
③ 표준변동원가계산, 표준전부원가계산 모두 가능하다.
④ 변동원가계산에서의 제품원가는 DM, DL, VOH로 구성되며, 변동판매비와관리비는 제품원가로 인식되지 않는다.

빈출유형특강 214   **변동·전부원가계산의 영업이익 차이조정**

Q. ㈜삼일은 20x1년에 사업을 개시하였다. 20x1년 변동원가계산에 의한 순이익이 300,000원일 때, 다음 자료를 이용하여 전부원가계산에 의한 순이익을 구하면?

구분	제조간접원가 배분액	
	변동제조간접원가	고정제조간접원가
재 공 품	35,000원	50,000원
제 품	40,000원	40,000원
매출원가	20,000원	35,000원

① 390,000원   ② 425,000원
③ 365,000원   ④ 201,000원

📍 **내비게이션**

- 전부원가계산에 의한 이익 X
   (+)기초에 포함된 FOH   0
   (-)기말에 포함된 FOH   50,000+40,000 = (90,000)
   변동원가계산에 의한 이익   300,000
→∴ X=390,000

정답 : ①

 핵심이론 : 변동·전부원가계산의 영업이익 차이조정

전부원가계산에 의한 영업이익
(+) 기초재공품, 제품에 포함된 FOH
(−) 기말재공품, 제품에 포함된 FOH
변동원가계산에 의한 영업이익

관련기출   **이익차이의 원인분석**

● ㈜삼일은 변동원가계산과 전부원가계산 모두를 사용하여 보고서를 작성하고 있다. 전기와 당기의 제품 단위당 제조간접원가배부율은 동일하다. ㈜삼일이 보고서를 작성할 때 변동원가계산하에서는 순이익이 발생하나, 전부원가계산하에서는 순손실이 발생했다면, 그 원인으로 가장 옳은 것은?

① 당기 중 판매량이 생산량보다 적다.
❷ 당기 중 판매량이 생산량보다 크다.
③ 당기의 생산량과 판매량이 동일하다.
④ 당기의 변동판매비와관리비가 많이 발생했다.

해설 ⑤

- '판매량〉생산량' 인 경우 전부원가계산에서는 생산량의 고정제조간접원가 뿐만 아니라 기초재고에 포함된 고정제조간접원가도 비용화되므로 순이익이 감소(또는 순손실 발생)하게 된다.

빈출유형특강 215 　　　변동·전부원가계산의 적용

Q. 다음은 뉴스보도의 일부이다. 밑줄 친 부분에 해당하는 것으로서 회사에서 적용할 수 있는 원가계산제도로 가장 옳은 것은?

> (주)삼일의 CEO인 홍길동씨는 작년 기말에 급격하게 재고생산을 지시하였습니다. 그 결과 기업의 유동성 부족으로 인해 올해 기업은 상장폐지의 위기에 놓이게 되었습니다. 이 같은 홍길동씨의 행동은 본인의 성과급이 회사의 이익과 연계되어 있어 발생된 사건입니다. 이에 따라 주주들은 CEO의 <u>성과급에 대한 새로운 제도</u>를 도입해야 한다고 의견을 모았습니다.

① 제품원가를 제품별로 계산하는 개별원가계산제도
② 제품원가를 공정별로 계산하는 종합원가계산제도
③ 여러 활동들을 원가대상으로 하여 원가를 집계하는 활동기준원가계산제도
④ 고정제조간접원가를 자산화하지 않고 비용으로 처리하는 변동원가계산제도

📍 **내비게이션**

• 변동원가계산은 이익이 판매량에 의해서만 영향을 받으므로 생산량 조절에 따른 이익조작의 방지가 가능하다. 반면, 전부원가계산은 이익이 생산량에 의해서도 영향을 받으므로(즉, 생산량을 증가시키면 FOH배부액이 감소하고 이에 따라 이익이 증가함) 생산량 조절에 따른 이익조작 가능성이 존재한다.
→ ∴성과급에 대한 새로운 제도는 생산량의 조절을 통한 이익조작을 방지할 수 있는 변동원가계산제도이다.

정답 : ④

관련기출 　변동·전부원가계산 차이점

● 변동원가계산과 전부원가계산의 차이점을 정리한 것 중 옳지 않은 것은?

		변동원가계산	전부원가계산
①	기본목적	내부계획과 통제 등 경영관리	외부보고목적
❷	제품원가	직접재료원가+직접노무원가+변동제조간접원가+변동판매비와관리비	직접재료원가+직접노무원가+변동제조간접원가+고정제조간접원가
③	보고양식	공헌이익접근법의 손익계산서	전통적 손익계산서
④	이익결정 요인	판매량	생산량과 판매량

해설

• 변동원가계산에서는 '직접재료원가+직접노무원가+변동제조간접원가'를 제품원가(제조원가)로 본다.

※말장난

• 결합제품 생산시에는 변동원가계산 적용이 전부원가계산에 비해 용이하다는 장점이 있다.(X)
▷제조원가 중에서 변동원가와 고정원가를 정확히 구분해내는 것은 현실적으로 어려우므로 결합제품을 생산할 경우에는 개별 결합제품별로 변동원가계산을 한다는 것이 사실상 불가능하다.

빈출유형특강 216 　　CVP분석 기본가정

Q. CVP 분석에 대한 설명으로 옳지 않은 것은?

① 일반적으로 당기에 투입된 원가보다 적은 금액이 손익계산서상 비용으로 인식된다고 가정한다.
② 조업도와 원가의 변화가 이익에 어떠한 영향을 미치는가를 분석하는 기법이다.
③ 모든 원가는 변동원가와 고정원가로 구분할 수 있다고 가정한다.
④ 화폐의 시간가치를 배제하는 단기모델이라는 점과 화폐가치가 변할 수 있는 인플레이션을 무시한다는 한계점을 갖는다.

◉ **내비게이션**

•CVP분석의 기본가정과 무관한 설명이다.

정답 : ①

 핵심이론 : CVP분석 기본가정 주요사항

의의	•조업도와 원가의 변화가 이익에 어떠한 영향을 미치는가를 분석하는 기법임.	
목적(유용성)	•다양한 조업도수준에서 원가와 이익의 관계를 분석하는데 유용함.	
기본가정	원가행태의 구분	•모든 원가를 변동비·고정비로 분리 할 수 있다고 가정
	선형성	•수익과 원가의 행태가 확실히 결정되어 있고 관련범위 내에서 선형으로 가정 ▶단위당판매가격과 단위당변동원가는 일정
	생산량=판매량	•생산량과 판매량은 일치하는 것으로 가정하여 생산량이 모두 판매된 것으로 가정
	독립변수의 유일성	•원가와 수익은 조업도에 의하여 결정된다고 가정
	화폐의 시간가치 무시	•화폐의 시간가치가 중요하지 않을 정도의 단기간이라고 가정 ▶∴단기투자의사결정에 유용한 분석방법임. ▶인플레이션을 무시한다는 한계점을 갖음.
	수익원천의 단일성	•수익은 오직 매출로부터만 발생한다고 가정
	일정한 매출배합	•복수제품인 경우에는 매출배합이 일정하다고 가정

관련기출 　CVP분석의 목적(유용성)

● CVP 분석의 목적으로 가장 올바른 것은?

① 제품원가를 최소화하는 조업도를 파악하며 장기투자의사결정에 유용한 분석방법이다.
② 변동원가와 고정원가의 상관관계를 파악하며 변동원가를 보상하는데 필요한 매출액을 파악하는데 유용하다.
③ 손익분기점 조업도수준만을 파악하는데 유용하다.
❹ 다양한 조업도수준에서 원가와 이익의 관계를 분석하는데 유용하다.

해설

•① CVP분석은 다양한 조업도 수준에서 원가와 이익의 관계를 분석하는데 유용한 기법이며, 제품원가를 최소화하는 조업도를 파악하기 위한 분석기법은 아니다. 또한, CVP분석은 1년 이내의 단기투자의사결정에 유용한 분석방법이다.
② 변동원가가 아닌 고정원가를 보상하는데 필요한 매출액을 파악하는데 유용하다.
③ 다양한 조업도수준에서의 분석기법이다.

빈출유형특강 217 　　　CVP분석의 이익방정식과 공헌이익

Q. 다음 자료를 이용하여 공헌이익을 계산하면 얼마인가?

판매수량	20,000개	제품단위당 판매가격	400원
제품단위당 변동제조원가	150원	제품단위당 변동판매비	120원
고정제조간접원가	500,000원	고정판매비와관리비	1,100,000원

① 1,300,000원　　　　　　　② 2,100,000원
③ 2,600,000원　　　　　　　④ 3,900,000원

◉ 내비게이션

•20,000개x@400-20,000개x(@150+@120)=2,600,000

정답 : ③

 핵심이론 : 이익방정식과 공헌이익

이익방정식	❖영업이익 = 매출액-변동비[1]-고정비[2] 　　　　 = 단위당판매가격x판매량-단위당변동비x판매량-고정비 [1]변동비=변동제조원가+변동판매관리비　　[2]고정비=고정제조간접원가+고정판매관리비
공헌이익	❖총공헌이익=매출액-변동비=단위당판매가격x판매량-단위당변동비x판매량 ❖단위당공헌이익=$\dfrac{총공헌이익}{판매량}$=단위당판매가격-단위당변동비 ❖총공헌이익=단위당공헌이익x판매량 ❖영업이익=총공헌이익-고정비=단위당공헌이익x판매량-고정비

관련기출　이익방정식의 적용

● 공연기획사인 ㈜삼일은 디너쇼를 기획하고 있는데 디너쇼와 관련된 예상비용은 다음과 같다.

1인당 저녁식사비	7,200원	1인당 기념품	800원
가수 출연료	200,000원	행사장 대관료	300,000원
티켓 발행 고정비	100,000원		

㈜삼일은 행사참석인원을 50명으로 예상하고 있다. ㈜삼일이 손해를 보지 않기 위해서는 1인당 행사참석요금을 최소한 얼마로 책정하여야 하는가(단, 1인당 저녁식사비와 기념품은 변동비이고 나머지 비용은 고정비임)?

① 8,000원　　　　　　　② 10,800원
③ 16,000원　　　　　　　❹ 20,000원

해설

•1인당 행사참석요금을 x라 하면,
　$50x-50x(7,200+800)-(200,000+300,000+100,000)\geqq0$에서, $x\geqq20,000$

빈출유형특강 218   CVP분석의 공헌이익률과 변동비율

Q. (주)상일의 당기 자료는 다음과 같다. (주)상일의 공헌이익률은 얼마인가?

매출액	2,000,000원
변동원가	1,200,000원
고정원가	600,000원

① 40%   ② 45%

③ 50%   ④ 55%

◉ **내비게이션**

• 공헌이익률 $= \dfrac{공헌이익}{매출액} = \dfrac{매출액 - 변동비}{매출액}$

→ $\therefore \dfrac{2,000,000 - 1,200,000}{2,000,000} = 40\%$

정답 : ①

 핵심이론 : 공헌이익률과 변동비율

공헌이익률	❖공헌이익률= $\dfrac{총공헌이익}{매출액} = \dfrac{단위당공헌이익}{단위당판매가격}$
	❖총공헌이익=단위당공헌이익x판매량=공헌이익률x매출액 ❖영업이익=단위당공헌이익x판매량-고정비=공헌이익률x매출액-고정비
변동비율	❖변동비율= $\dfrac{변동비}{매출액} = \dfrac{단위당변동비}{단위당판매가격}$
	❖변동비=단위당변동비x판매량=변동비율x매출액 ❖공헌이익률+변동비율= $\dfrac{총공헌이익}{매출액} + \dfrac{변동비}{매출액} = \dfrac{매출액 - 변동비}{매출액} + \dfrac{변동비}{매출액} = 1$

관련기출   매출액 추정

● ㈜상일의 식품사업부를 총괄하는 이혜인 전무는 해외 식품사업부의 윤도준 부장에게 총 매출액의 20%의 이익 달성을 지시하였다. 윤도준 부장의 분석 결과 해외 식품사업부의 변동원가는 매출액의 70%, 연간 고정원가는 30,000원이다. 총 매출액의 20%의 이익을 달성하기 위한 목표 매출액은 얼마인가?

① 150,000원   ② 200,000원

③ 250,000원   ❹ 300,000원

해설

• 이익=매출액x20%, 변동비=매출액x70%, 고정비=30,000
• 매출액x20%=매출액-매출액x70%-30,000
→ 따라서, 매출액=300,000

빈출유형특강 219 · 손익분기점분석

Q. ㈜삼일의 제품생산에 관한 자료는 다음과 같다. 이때 손익분기점 판매량은?

제품단위당 판매가격	1,000원	제품단위당 변동제조원가	600원
제품단위당 변동판매비와관리비	150원	고정제조간접원가	2,500,000원
고정판매비와관리비	1,250,000원		

① 6,250개   ② 9,375개

③ 10,000개   ④ 15,000개

◉ **내비게이션**

- BEP판매량: $\dfrac{2,500,000+1,250,000}{1,000-(600+150)}=15,000$

참고 BEP매출액: $\dfrac{2,500,000+1,250,000}{[1,000-(600+150)]\div1,000}=15,000,000$

정답 : ④

 핵심이론 : 손익분기점분석 기본산식

손익분기점	• 손익분기점(BEP)은 이익을 0으로 만드는 판매량 또는 매출액을 의미
기본산식	❖ 매출액-변동비-고정비=0 ▶ 매출액-변동비=고정비 ▶ 총공헌이익=고정비 ▶ 단위당공헌이익x판매량=고정비 ▶ 공헌이익률x매출액=고정비
BEP판매량	❖ 손익분기점 판매량= $\dfrac{고정비}{단위당공헌이익}$
BEP매출액	❖ 손익분기점 매출액= $\dfrac{고정비}{공헌이익률}$

관련기출   민감도분석

● (주)삼일은 단위당 판매가격이 500원인 제품에 대한 단위당 변동원가가 400원인 기업이며, 새로운 시설투자를 하려고 한다. 시설투자 후 고정원가는 20% 증가되는 반면에 변동원가가 20% 감소된다고 하면, 시설투자 전에 비하여 손익분기 매출수량은 어떻게 될 것인가?

① 증가한다.   ❷ 감소한다.

③ 변함없다.   ④ 고정원가와 변동원가의 관계에 따라 달라진다.

해설

• $\dfrac{F}{500-400} \rightarrow \dfrac{1.2F}{500-320}$ 즉, 0.01F → 0.0067F 로 감소

빈출유형특강 220 　　　　　　목표이익분석

Q. 다음은 ㈜상일의 20x1년 영업활동에 관한 자료이다.

단위당 변동원가	300원
공헌이익률	40%
고정원가	10,000,000원

단위당 판매가격과 단위당 변동원가가 변화하지 않는다고 가정하고 20x2년에 3,000,000원의 목표이익을 달성하고자 할 경우 목표판매수량은 몇 개인가(단, 세금은 없다.)?

① 60,000개 　　　　　　　　　② 65,000개
③ 70,000개 　　　　　　　　　④ 75,000개

🔵 내비게이션

• 공헌이익률(40%)= $\dfrac{\text{단위당판매가} - \text{단위당변동비}(300)}{\text{단위당판매가}}$ 에서, 단위당판매가=500

→ ∴3,000,000의 목표이익을 위한 판매량= $\dfrac{10,000,000 + 3,000,000}{500 - 300}$ =65,000개

정답 : ②

📝 핵심이론 : 목표이익분석 기본산식

판매량	❖단위당공헌이익x판매량=고정비+목표이익 ▶목표이익을 위한 판매량= $\dfrac{\text{고정비} + \text{목표이익}}{\text{단위당공헌이익}}$
매출액	❖공헌이익률x매출액=고정비+목표이익 ▶목표이익을 위한 매출액= $\dfrac{\text{고정비} + \text{목표이익}}{\text{공헌이익률}}$

관련기출 　목표이익을 위한 매출액

● ㈜상일은 제품 20,000개를 판매하여 1,000,000원의 세전 영업이익을 목표로 하고 있다. 이때 고정원가는 4,000,000원이고 공헌이익률은 40%이다. ㈜상일의 제품단위당 판매가격은 얼마인가(단, 회사는 단일제품을 생산, 판매하며 판매가격은 연중 일정하다고 가정한다)?

① 500원 　　　　　　　　　② 600원
❸ 625원 　　　　　　　　　④ 650원

해설

• 목표이익 1,000,000을 위한 매출액 : $\dfrac{4,000,000 + 1,000,000}{40\%}$ =12,500,000

∴ 단위당판매가격 : $\dfrac{12,500,000}{20,000개}$ =625

*[별해] 매출액x공헌이익률-고정원가=목표이익
→20,000개x x x40%-4,000,000=1,000,000 에서, x=625

빈출유형특강 221 CVP도표

Q. 다음은 ㈜삼일의 원가, 조업도, 이익 도표이다. 다음 중 아래 사항에 대한 설명으로 가장 올바르지 않은 것은?

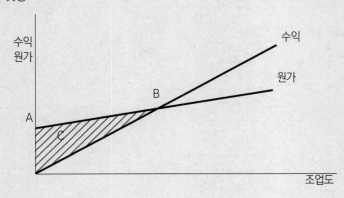

① 점 A는 회사의 총고정원가를 나타낸다.
② 점 B는 회사의 손익분기점을 나타낸다.
③ 회사의 생산량 단위당 판매가격은 생산량 단위당 변동원가보다 높다.
④ C부분은 회사의 손실을 나타내는 부분으로 이 부분에서 회사는 제품 1단위를 판매할 때마다 손실이 증가한다.

📍 **내비게이션**

•제품 1단위를 판매할 때마다 손실이 감소한다.

정답 : ④

 핵심이론 : CVP도표의 이해

CVP도표	CVP도표	
세부고찰	•x축이 판매량일 때 ① 수익선기울기 : 매출액÷판매량=단위당판매가 ② 비용선기울기 : 변동비÷판매량=단위당변동비 •x축이 매출액일 때 ① 수익선기울기 : 매출액÷매출액=1 ① 비용선기울기 : 변동비÷매출액=변동비율 🔎주의 빗금 : '매출 - 변동비' →공헌이익을 의미 🔎주의 조업도가 손익분기점에 미달하면 → '고정비 〉공헌이익' →손실	

빈출유형특강 222　　　　　　　　　　　　PV도표

Q. 다음은 (주)상일의 원가·조업도·이익(CVP)도표이다. ㄱ, ㄴ, ㄷ이 의미하는 것을 올바르게 짝지은 것은(단, 조업도는 판매량이다)?

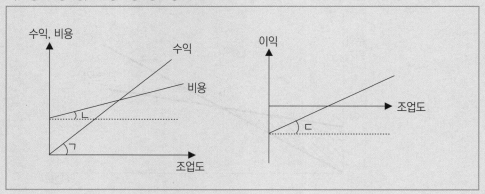

	ㄱ	ㄴ	ㄷ
①	단위당 판매가격	단위당 변동원가	단위당 공헌이익
②	단위당 판매가격	단위당 공헌이익	단위당 변동원가
③	단위당 공헌이익	단위당 변동원가	단위당 판매가격
④	단위당 공헌이익	단위당 판매가격	단위당 변동원가

정답 : ①

 핵심이론 : PV도표의 이해

PV도표	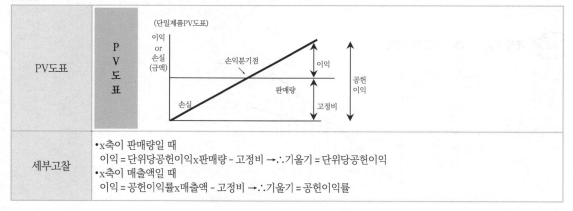	
세부고찰	•x축이 판매량일 때 　이익 = 단위당공헌이익x판매량 – 고정비 →∴기울기 = 단위당공헌이익 •x축이 매출액일 때 　이익 = 공헌이익률x매출액 – 고정비 →∴기울기 = 공헌이익률	

※말장난

• 손익분기점은 법인세의 고려여부에 따라 영향을 받는다.(X)
　▷BEP는 이익이 0인 판매량(매출액)이므로 이익이 0이면 법인세가 없다. 따라서, BEP는 법인세가 존재하든 하지 않든 영향없이 동일하다.

빈출유형특강 223 안전한계와 안전한계율

Q. (주)상일은 단일제품을 생산·판매하고 있다. 단위당 판매가격은 432원, 단위당 변동원가 324원, 연간 고정원가 225,000원이다. 회사는 올해의 목표이익을 99,000원으로 책정하고 있다. 다음 설명 중 옳은 것은(단, 법인세는 고려하지 않는다)?

① 공헌이익률은 22%이다.
② 손익분기점 매출액은 800,000원이다.
③ 목표이익을 달성하기 위해서는 3,000단위의 제품을 팔아야 한다.
④ 목표이익을 달성한 경우 안전한계율은 약 35%이다.

📍 내비게이션

- ① 단위당공헌이익 : 432-324=108, 공헌이익률 : 108/432=25%
  ② 손익분기점 매출액 : 225,000/25%=900,000
  ③ 목표이익을 위한 판매량 : (225,000+99,000)/108=3,000개 →매출액은 3,000개x432=1,296,000
  ④ 목표이익 달성시 안전한계율 : (1,296,000-900,000)/1,296,000≒30%

정답 : ③

 핵심이론 : 안전한계와 안전한계율

안전한계	·안전한계=매출액-BEP매출액 ▶손실을 발생시키지 않으면서 허용할 수 있는 매출액의 최대감소액을 의미함.
안전한계율	❖ $\dfrac{안전한계}{매출액} = \dfrac{매출액-손익분기점매출액}{매출액} = \dfrac{판매량-손익분기점판매량}{판매량}$ ▶안전한계율 $\dfrac{영업이익}{공헌이익} = \dfrac{1}{영업레버리지도}$

관련기출 — 안전한계율 계산

● 차기 예산자료이다. 안전한계율은 얼마인가?

매출액 5,000,000원	공헌이익률 30%	고정원가 1,200,000원

❶ 20%   ② 24%
③ 25%   ④ 30%

해설

- $\dfrac{매출액-BEP매출액}{매출액} = \dfrac{5,000,000 - \dfrac{1,200,000}{30\%}}{5,000,000} = 20\%$

관련기출 — 안전한계의 의미

● 예산 또는 실제매출액이 손익분기점 매출액을 초과하는 정도로서, 손실을 발생시키지 않으면서 허용할 수 있는 매출액의 최대감소액을 의미하는 용어는?

❶ 안전한계   ② 공헌이익
③ 목표이익   ④ 영업레버리지

제1주차
빈출유형특강
제2주차
핵심유형특강
제3주차
최신유형특강
제4주차
기출변형특강

빈출유형특강 224 영업레버리지(DOL)의 개요

Q. 갑회사, 을회사의 영업활동 관련 자료는 다음과 같다. 다음 중 갑회사와 을회사의 영업레버리지에 대한 설명으로 올바르지 않은 것은?

	갑회사	을회사
매출액	200,000원	200,000원
변동원가	110,000원	50,000원
공헌이익	90,000원	150,000원
고정원가	60,000원	120,000원
영업이익	30,000원	30,000원

① 영업레버리지도는 손익분기점 부근에서 가장 크고 매출액이 증가함에 따라 점점 1에 가까워진다.
② 갑회사의 영업레버리지도는 3이다.
③ 호황으로 인해 매출액이 증가하면 갑회사의 영업이익이 을회사의 영업이익보다 크게 증가한다.
④ 을회사의 경우 매출액이 100% 증가하면 영업이익은 500% 증가한다.

📍 내비게이션

• 갑의 DOL : 90,000÷30,000=3, 을의 DOL : 150,000÷30,000=5
→ ∴호황으로 인해 매출액이 증가하면 DOL이 큰 을회사의 영업이익이 더 큰 폭으로 증가한다.

정답 : ③

📝 핵심이론 : 영업레버리지 주요사항

의의	• 고정비가 지렛대의 작용을 함으로써 총원가 중 고정비 비중이 클수록 매출액변화율보다 영업이익의 변화율이 확대되는 것
DOL	❖ 영업레버리지도(DOL)= $\dfrac{\text{영업이익변화율}}{\text{매출액변화율}}$ = $\dfrac{\text{공헌이익}}{\text{영업이익}}$ = $\dfrac{\text{매출액} - \text{변동비}}{\text{매출액} - \text{변동비} - \text{고정비}}$ = $\dfrac{1}{\text{안전한계율}}$ 🔍주의 DOL이 크다함은 영업성과가 좋은게 아니라 단순히 비율이 크다는 것임. 예) DOL = 6일 때 매출이 20%증가하면 영업이익은 120%증가, 매출이 20%감소하면 영업이익은 120% 감소 → 즉, 고정비의 비중이 큰 원가구조를 가지고 있는 기업일수록 레버리지효과가 커서 불경기에는 큰 타격을 입고 반면에 호경기에는 막대한 이익을 얻음.
DOL의 증감	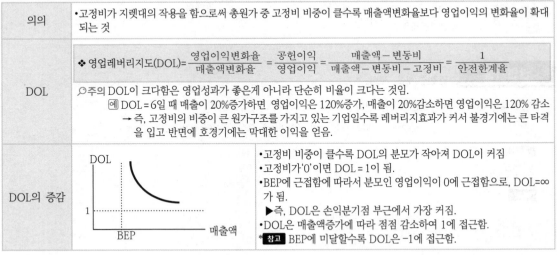 • 고정비 비중이 클수록 DOL의 분모가 작아져 DOL이 커짐 • 고정비가 '0'이면 DOL = 1이 됨. • BEP에 근접함에 따라서 분모인 영업이익이 0에 근접함으로, DOL=∞가 됨. ▶ 즉, DOL은 손익분기점 부근에서 가장 커짐. • DOL은 매출액증가에 따라 점점 감소하여 1에 접근함. 참고 BEP에 미달할수록 DOL은 −1에 접근함.

빈출유형특강 225 — 영업레버리지(DOL)의 적용

Q. 다음 중 영업레버리지에 관한 설명으로 가장 올바르지 않은 것은?

① 영업레버리지란 영업고정원가가 지렛대의 작용을 함으로써 매출액의 변화율 보다 영업이익의 변화율이 확대되는 효과이다.

② 영업고정원가의 비중이 큰 기업은 영업레버리지가 크며 영업고정원가의 비중이 적은 기업은 영업레버리지가 작다.

③ 고정원가가 없는 기업은 영업레버리지의 효과가 없기 때문에 영업레버리지도는 0(영)이다.

④ 일반적으로 한 기업의 영업레버리지도는 손익분기점 부근에서 가장 크며, 매출액이 증가함에 따라 점점 작아진다.

◉ 내비게이션

- $DOL = \dfrac{\text{공헌이익(매출액}-\text{변동비)}}{\text{영업이익(매출액}-\text{변동비}-\text{고정비)}}$ 에서, 고정비=0이면 DOL=1

정답 : ③

관련기출 — 레버리지효과

● CVP분석과 레버리지분석에 대한 다음 설명 중 옳지 않은 것은?

① 공헌이익률은 원가구조와 밀접한 관련이 있는데 변동원가 비중이 높으면 공헌이익률은 낮게 나타나고, 변동원가 비중이 낮으면 공헌이익률은 높게 나타난다.

② 모든 원가를 변동원가와 고정원가로 분류할 수 있다고 가정한다.

❸ 이익규모가 비슷한 경우 고정원가의 비중이 큰 원가구조를 가진 기업일수록 레버리지 효과가 크기 때문에 불경기에도 큰 타격을 입지 않을 것이다.

④ 원가함수를 조업도에 대한 1차 함수로 추정하는 것은 관련범위 내에서 원가함수가 선형이라는 가정에 따른 것이다.

해설

- ① '공헌이익률+변동비율=1'에서, 공헌이익률과 변동비율은 서로 반비례 관계이다.
- ③ 레버리지가 크면 호경기에는 막대한 이익을 얻으나 불경기에는 큰 타격을 입는다.

관련기출 — 안전한계율을 이용한 DOL계산

● ㈜상일은 단위당 판매가격이 400원, 단위당 변동원가가 200원인 제품을 생산하여 판매하고 있다. 당기의 판매량이 20,000개이고 고정원가는 2,000,000원이다. ㈜상일의 안전한계율과 영업레버리지도를 계산하면 얼마인가?

❶ 50%, 2
② 40%, 2.5
③ 30%, 3.3
④ 20%, 5

해설

- 안전한계율 $= \dfrac{\text{영업이익}}{\text{공헌이익}} = \dfrac{20{,}000개 \times 400 - 20{,}000개 \times 200 - 2{,}000{,}000}{20{,}000개 \times 400 - 20{,}000개 \times 200} = 50\%$
- $DOL = \dfrac{1}{\text{안전한계율}} = \dfrac{1}{50\%} = 2$

빈출유형특강 226 활동기준원가계산(ABC)의 도입배경

> **Q.** 다음 중 활동기준원가계산의 도입배경에 관한 설명으로 가장 올바르지 않은 것은?
>
> ① 제조환경의 변화로 단일배부기준에 의한 원가의 배부가 원가의 왜곡현상을 초래하였다.
> ② 최근에는 종전에 비해 원가개념이 확대되어 연구개발, 마케팅 등의 기타원가를 포함한 정확한 원가계산이 요구되었다.
> ③ 직접노무원가와 같은 직접원가의 증가로 인해 새로운 원가배부기준이 필요하게 되었다.
> ④ 컴퓨터 통합시스템의 도입으로 제조와 관련된 활동에 대한 원가를 수집하는 것이 용이해졌다.

> 🔘 **내비게이션**
> • 산업이 고도화되고 고객의 요구가 다양해짐에 따라 제조환경이 다품종 소량생산으로 바뀌고 있으며 생산기술이 발달하고 제조과정이 자동화됨으로 인하여 제조원가에서 직접노무원가가 차지하는 비중은 줄어든 반면 제조간접원가의 비중은 과거에 비해 훨씬 커졌다. 이와 같이 늘어난 제조간접원가를 전통적 원가배부기준인 직접노무원가, 직접노동시간 등을 기준으로 제품에 배부하는 방법으로는 제품원가를 정확히 계산하는 것이 힘들게 되어 새로운 원가계산제도가 필요하게 되었다.

정답 : ③

핵심이론 : ABC의 도입배경

개요	• ABC는 활동을 기본적으로 원가대상으로 삼아 원가를 집계하고 이를 토대로 부문이나 제품의 활동원가동인에 따라 배분하는 계산방법임.
도입배경	• 감소일로에 있는 직접노동시간등을 배부기준으로 하여 증가일로에 있는 OH를 배부하는 것은 제품원가가 부정확해짐. ▶ 정보수집기술 발달로 활동관련 원가수집이 용이해 짐으로 인하여 가능해짐. ⓐ 전통적 배부기준에 대한 비판(새로운 배부기준 필요)　　ⓒ 직접노무원가 감소와 제조간접원가 증가 ⓒ 원가개념의 확대(연구개발·마케팅 등 기타원가)　　ⓓ 정보수집기술의 발달

관련기출 　ABC의 목적

● 다음 중 활동기준원가계산제도(ABC)의 목적으로 가장 올바르지 않은 것은?

① 제조간접원가를 활동을 기준으로 배부함으로써 정확한 원가계산이 가능하다.
② 제품별로 보다 정확한 원가분석을 할 수 있다.
③ 활동별로 원가를 분석하고 관리함으로써 효율적인 원가절감을 가능하게 한다.
❹ 직접재료원가 이외의 모든 원가를 고정원가로 처리하여 원가계산의 간편성을 추구한다.

> **해설**
> • ④는 초변동원가계산에 대한 설명으로 ABC와는 관련이 없다.
> 　**보론** 초변동원가계산
> ■ 초원가회피개념으로 DL/VOH/FOH는 전액 운영비용으로 처리하는 원가계산
>
> | 초변동원가계산 손익계산서 |
> |---|
> | 매출액 |
> | (-) 직접재료비(=제품수준변동원가) |
> | 재료처리량공헌이익(=현금창출공헌이익) |
> | (-) 운영비용(DL+VOH+FOH+판관비) |
> | 영업이익 |

빈출유형특강 227 　　　활동기준원가계산(ABC)의 특징

Q. 새로운 제조환경에 적합한 원가계산제도의 하나인 활동기준원가계산 시스템을 도입하였다. 다음의 설명 중 옳지 않은 것은?

① 전통적 원가계산제도보다 더 다양한 원가동인 요소를 고려하며, 제조간접원가의 비중이 과거보다 커진 것이 활동기준원가계산제도를 도입하는 주된 배경 중 하나이다.
② 활동 및 활동원가의 분석을 통하여 원가통제를 보다 효과적으로 수행할 수 있다.
③ 활동기준원가계산은 전통적 원가계산의 문제점인 원가왜곡현상을 개선함으로써 적정한 가격설정을 가능하게 한다.
④ 활동기준원가계산은 개별원가계산과 함께 사용될 수 있으나, 종합원가계산과는 함께 사용될 수 없다.

📍 내비게이션

• 개별·종합원가계산에 모두 사용가능하다.

정답 : ④

 핵심이론 : ABC의 특징

양립성	• OH를 활동별로 배부하는 것일뿐, 개별·종합원가계산과 독립된 계산방법이 아님. 🔍주의 즉, ABC는 개별·종합원가계산에 모두 사용가능
정확성	• 원가계산이 정확해지나, 원가계산이 복잡하므로 신속성이 떨어짐.
범용성	• 다품종 소량생산, OH비중이 큰 제조업체가 적용할 경우 원가계산에 도움이 됨. 🔍주의 제조업체뿐만 아니라 서비스업도 적용가능함.
원가절감	• 비부가가치활동을 감소시킴으로써 원가절감이 가능함. ▶단, 부가가치활동이더라도 활동을 증가시키는 것은 원가절감방법이 아님.
효율성	• 비재무적인 측정치를 강조함으로써 장기적으로 회사전체의 효율성이 향상됨.

관련기출　ABC의 특징

● 다음의 활동기준원가계산(ABC)과 관련된 설명 중 가장 옳지 않은 것은?

❶ 제품원가를 계산하기 위한 활동은 분석가능하나 고객·서비스등의 원가대상에 대해서는 활동분석이 불가능하여 활동기준원가계산을 적용할수 없다.
② 각 활동별로 적절한 배부기준을 사용하여 원가를 배부하기 때문에 종전에는 제품별로 추적불가능하던 제조간접원가도 개별제품에 추적가능한 직접원가로 인식되어져 원가계산이 보다 정확해진다.
③ 활동기준원가계산을 통해 산출된 정보는 원가계산뿐만 아니라 관리회계 목적 정보도 제공할 수 있다.
④ 활동분석과 원가동인의 파악에 소요되는 비용과 시간이 크다는 단점이 존재한다.

해설

• ABC는 제조업뿐만 아니라 서비스업에서도 적용이 가능하다.

※말장난

• ABC는 전통적인 개별원가계산, 공정별원가계산과 독립적으로 사용해야 하는 새로운 원가계산제도이다.(X)
▷개별원가계산이나 종합원가계산과 독립된 원가계산방법이 아니다.

빈출유형특강 228　　활동기준원가계산(ABC)의 배부율

Q. (주)상일은 활동원가계산을 사용하며 제조과정은 다음의 3가지 활동으로 구분된다.

활동	원가동인	연간 원가동인수	연간 가공원가총액
세척	재료의 부피	100,000리터	200,000원
압착	압착 기계시간	45,000시간	900,000원
분쇄	분쇄 기계시간	21,000시간	1,000,000원

분쇄공정의 원가 중 580,000원은 고정원가이며, X제품 한 단위당 재료부피는 20리터, 압착 기계시간은 30시간, 분쇄 기계시간은 10시간이다. X제품의 단위당 판매가격과 재료원가가 각각 2,000원과 300원일 경우 X제품의 단위당 제조공헌이익은 얼마인가? 단, 판매비와 관리비는 없다.

① 560원　　　　　　　　　　② 600원
③ 700원　　　　　　　　　　④ 860원

📍 **내비게이션**

• 활동별 가공원가 배부율
  - 세척 : $\dfrac{200,000}{100,000리터}$ =2/리터
  - 압착 : $\dfrac{900,000}{45,000시간}$ =20/시간
  - 분쇄 : $\dfrac{1,000,000-580,000}{21,000시간}$ =20/시간
• X제품의 단위당 제조공헌이익
  - 2,000-300-(20리터x2+30시간x20+10시간x20)=860

정답 : ④

관련기출　　ABC의 효익발생 조건

● 다음 중 활동기준원가계산(ABC)제도의 도입에 따른 효익이 크게 나타날 수 있는 기업의 조건이 아닌 것은?

❶ 원가의 대부분을 단일의 활동으로 설명할 수 있는 경우
② 아주 큰 비중의 간접원가가 한 두 개의 원가집합을 사용해서 배부되는 경우
③ 복잡한 제품은 수익성이 높게 나타나고, 간단한 제품에서는 손실이 발생되는 것처럼 보이는 경우
④ 생산량, 공정절차 등의 다양성 때문에 제품의 자원소비가 다양한 경우

해설

• 활동기준원가계산은 원가를 활동별로 세분화하여 배부하는 방법이므로 단일의 활동으로 설명할 수 있는 경우에는 효익이 크게 나타날 수 없다.

※**말장난**

• 활동기준원가계산은 전통적인 원가배분방법과 비교하여 원가집합과 원가동인의 수가 감소되므로 보다 효율적으로 원가를 구할 수 있다.(X)
  ▷활동기준원가계산은 원가를 활동별로 구분하므로 전통적인 원가계산방법에 비해 더 많은 원가동인이 필요하다.

빈출유형특강 229 활동기준원가계산(ABC)의 제조원가계산

제1주차
빈출유형특강

제2주차
핵심유형특강

제3주차
최신유형특강

제4주차
기출변형특강

Q. (주)상일은 활동기준원가계산제도(ABC)를 사용하며, 작업활동별 예산자료와 생산관련 자료는 다음과 같다. (주)상일이 생산하는 제품 중 보급형 제품의 단위당 제조원가는 얼마인가?

〈작업활동별 예산자료(제조간접원가)〉

작업활동	배부기준	배부기준당 예정원가
포 장	생산수량	300원
재료처리	부품의 수	15원
절 삭	부품의 수	20원
조 립	직접작업시간	150원

〈생산관련자료〉

제품	보급형	특수형
생산수량	5,000개	4,000개
부품의 수	90,000개	80,000개
직접작업시간	6,000시간	4,000시간
직접재료원가	6,000,000원	8,000,000원
직접노무원가	5,000,000원	4,000,000원

① 2,200원 ② 2,671원
③ 3,310원 ④ 4,150원

📍 **내비게이션**

• (6,000,000+5,000,000+5,000개x300+90,000개x15+90,000개x20+6,000시간x150) ÷ 5,000개=3,310

정답 : ③

관련기출 ABC에 의한 총제조원가

● ㈜상일은 다음과 같이 활동기준원가계산(ABC)제도를 적용하고 있다. 20x1년 3월에 제품 20단위를 생산하였으며, 각 단위에는 10개의 부품과 5시간의 기계시간이 소요된다. 완성된 제품의 단위당 직접재료원가는 50,000원이며, 다른 모든 원가는 가공원가로 분류된다. 3월에 생산된 제품 20단위의 총제조원가는 얼마인가?

제조관련활동	배분기준으로 사용되는 원가요소	배부기준 단위당 가공원가
기계	기계사용시간	400원
조립	부품의 수	10,000원
검사	완성단위의 수	5,000원

① 2,140,000원 ② 2,640,000원
❸ 3,140,000원 ④ 3,640,000원

해설

• 단위당 직접재료원가 : 50,000
• 단위당 가공원가 : 5시간x400+10개x10,000+1단위x5,000=107,000
• 총제조원가 : (50,000+107,000)x20단위=3,140,000

빈출유형특강 230 | **활동기준경영관리(ABM)**

Q. 활동기준경영관리(ABM)에서 비부가가치활동을 제거함으로써 고객에게 유리한 서비스를 제공할 수 있는 능력을 갖추고 이를 개선하기 위해 공정개선과 원가절감의 관점에서 경영과정을 집중적으로 연구하는 것을 무엇이라고 하는가?

① 가치분석
② 차이분석
③ 원가동인
④ 선형계획법

📍 **내비게이션**

• 가치분석(value analysis)이란 모든 적합한 활동이 가장 적절한 방법으로 수행되도록 보장하는 것을 목적으로 공정개선과 원가절감의 관점에서 경영과정을 집중적으로 연구하는 것을 말한다. 활동기준원가계산정보를 이용한 가치분석은 비부가가치활동을 제거함으로써 고객에게 유리한 서비스를 제공할 수 있는 능력을 갖추고, 이를 개선하기 위한 것이므로 고객의 가치창조측면에서 절대로 소홀히 할 수 없는 분석이다.

정답 : ①

 핵심이론 : ABM 주요사항

의의	• 활동기준경영관리(ABM)는 활동기준원가계산이 제공하는 정보를 활용하여 기업의 경영성과를 개선하도록 설계된 경영관리시스템임. ▶ 활동기준원가계산정보를 기초로 기업의 가치분석, 예산관리, 전략분석 등을 통하여 여러 가지 경영활동을 개선하는데 이용가능함. ▶ 품질·서비스향상, 납기단축, 저원가, 고객만족등을 통해 고객가치증진 방법을 모색함.
ABM의 실행수단	① 전략분석 ② 가치분석 ③ 원가분석 ④ 활동기준예산
가치분석	• 공정개선과 원가절감의 관점에서 경영과정을 집중적으로 연구하는 것

관련기출 | ABM의 실행수단

● 다음 중 기업의 경쟁력 증대에 크게 기여하는 활동기준경영관리(ABM)의 실행수단으로 가장 옳지 않은 것은?

❶ 상태분석
② 가치분석
③ 활동기준예산의 수립
④ 전략분석

해설

• 상태분석(X) → 원가분석(O)

빈출유형특강 231 **수명주기원가계산(LCC)**

제1주차
빈출유형특강

제2주차
객관식특강

제3주차
계산연습특강

제4주차
기출변형특강

Q. 다음의 수명주기원가계산(LCC)과 관련된 설명 중 가장 옳지 않은 것은?

① 제조이후단계에서 대부분의 제품원가가 결정된다는 인식을 토대로 생산단계와 마케팅단계에서 원가절감을 위한 노력을 기울여야 한다는 것을 강조한다.

② 제품 또는 서비스의 수명주기 매 단계마다 모든 가치사슬단계에서 발생하는 수익과 비용에 대한 집계를 가능하게 하여 프로젝트 전체에 대한 이해가 향상된다.

③ 프로젝트와 관련하여 언제 어떤 가치사슬단계에서 얼마 만큼의 원가가 발생하는 지를(비율로)알게 됨으로써 상이한 가치사슬단계에서 원가발생의 상호 관계 파악이 가능하다.

④ 신제품 개발에서 판매까지의 기간이 점차 짧아짐에 따라 제품의 수명주기 관리에 대한 중요성이 강조되고 있다.

🔵 **내비게이션**

• LCC는 제조이전단계에서 대부분의 제품원가가 결정된다는 인식을 토대로 연구개발단계와 제품설계단계에서부터 원가절감을 위한 노력을 기울여야 한다는 것을 강조한다.

정답 : ①

 핵심이론 : LCC 주요사항

의의	• 수명주기원가계산(LCC)은 연구개발에서 고객서비스에 이르기까지 제품수명주기의 각 단계별 수익과 비용을 추정함과 동시에 각 단계별로 수익창출 및 원가절감을 위해 취해진 제반 활동의 결과를 평가하기 위한 장기적 관점의 원가계산제도임. ▶단기적 관점의 원가절감을 유도하는 것이 아님.
특징	• 제조 이전단계에서 대부분의 제품원가가 결정된다는 인식을 토대로 연구개발단계와 제품 설계단계에서부터 원가절감을 위한 노력을 기울여야 한다는 것을 강조함. • 제품 또는 서비스의 수명주기 매 단계마다 모든 가치사슬단계에서 발생하는 수익과 비용에 대한 집계를 가능하게 하여 프로젝트 전체에 대한 이해가 향상됨.

빈출유형특강 232   품질원가(COQ)

Q. (주)삼일은 프린터를 생산하여 판매하고 있다. 다음은 품질원가와 관련한 정보이다. 외부실패원가는 얼마인가?

생산라인 검사원가	3,000원
생산직원 교육원가	1,000원
제품 검사원가	1,500원
반품원가	2,500원
구입재료 검사원가	2,000원
소비자 고충처리비	5,000원

① 1,000원   ② 1,500원
③ 7,500원   ④ 9,000원

◉ 내비게이션
- 외부실패원가 : 2,500(반품원가)+5,000(소비자 고충처리비)=7,500
- 예방원가 : 생산직원 교육원가
- 평가원가 : 생산라인 검사원가, 제품 검사원가, 구입재료 검사원가

정답 : ③

 핵심이론 : COQ 주요사항

의의	• 품질원가(COQ)란 불량품이 생산되지 않도록 하거나, 불량품이 생산된 결과로써 발생하는 모든 원가를 말함.	
종류	❖ 사전품질원가(=통제원가) →통제원가가 클수록 불량률은 작다(∴역관계)	
	예방원가	**평가원가**
	• 불량품을 예방키 위해 발생하는 원가 ① 생산직 교육원가 ② 예방설비 유지원가	• 불량품을 적발키 위해 발생하는 원가 ① 원재료나 제품의 검사원가 ② 생산라인·현장 검사원가
	❖ 사후품질원가(=실패원가) →불량률이 클수록 실패원가는 크다(∴정관계)	
	내부실패원가	**외부실패원가**
	• 불량품이 고객에게 인도되기 전에 발견됨으로써 발생하는 원가 ① 공손품·공손품·재작업원가 ② 작업중단·재검사원가	• 불량품이 고객에게 인도된 후에 발견됨으로써 발생하는 원가 ① 고객지원원가(소비자 고충처리비) ② 보증수리·교환·반품원가

관련기출   사전품질원가

● 다음 중 제품의 검사 및 시험 등 필요로 인하여 소요되는 지출로서 불량품을 적발하기 위하여 필요한 품질원가로 가장 옳은 것은?
❶ 평가원가   ② 예방원가
③ 내부실패원가   ④ 외부실패원가

빈출유형특강 233   특별주문 수락과 거부 의사결정

제1주차
빈출유형특강

제2주차
핵심유형특강

제3주차
최신유형특강

제4주차
기출문제특강

Q. (주)삼일은 최근에 제품단위당 10,000원에 100단위를 구입하겠다는 제안을 받았다. 제품과 관련된 자료는 다음과 같으며 위 주문을 수락하더라도 시설이나 고정원가에는 아무런 영향을 초래하지 않으며, 유휴생산능력은 충분하다. 수락여부와 회사의 이익에 미치는 영향은 어떠한가?

	제품단위당원가		제품단위당원가
직접재료원가	4,000원	고정제조간접원가	2,000원
직접노무원가	2,000원	변동판매비와관리비	500원
변동제조간접원가	1,500원	고정판매비와관리비	1,000원

① 수락, 200,000원의 이익 증가
② 수락, 250,000원의 이익 증가
③ 거절, 50,000원의 손실 발생
④ 거절, 100,000의 손실 발생

◉ **내비게이션**

• 특별주문 수락의 경우

증분수익	- 증가 :	100단위x10,000=1,000,000
증분비용	- 증가 :	100단위x(4,000+2,000+1,500+500)=(800,000)
증분이익		200,000

정답 : ①

 핵심이론 : 특별주문 수락과 거부 의사결정 고려사항

고려사항	• 특별주문으로 증가되는 수익(특별주문가격)과 변동비 • 유휴설비능력이 있는 경우 유휴설비의 대체용도를 통한 이익상실분(기회원가) • 유휴설비능력이 없는 경우 기존 정규매출감소로 인한 공헌이익상실분 • 유휴설비능력이 없는 경우 설비능력 확충시 추가적 설비원가 　🔍주의 FOH, 고정판관비 등은 특별주문의 수락여부와 관계없이 일정하게 발생하므로 분석에서 제외하나, 조업도 수준에 따라 증감하는 경우에는 고려함.

관련기출   의사결정과 관련원가

● 다음 중 의사결정에 관한 설명으로 가장 올바르지 않은 것은?

① 고정원가가 당해 의사결정과 관계없이 계속 발생한다면 고정원가는 비관련원가이다.
② 부품의 자가제조 또는 외부구입 의사결정시 회피가능원가가 외부구입원가보다 큰 경우에는 외부구입하는 것이 바람직하다.
③ 제품라인을 폐지한 후 유휴생산시설을 이용하여 발생시키는 수익은 의사결정시 고려하여야 한다.
❹ 현재 시설능력을 100% 활용하고 있는 기업이 특별주문의 수락 여부를 고려할 때 동 주문생산에 따른 추가 시설 임차료는 비관련원가이다.

해설

• 추가 시설 임차료는 의사결정시 고려해야 할 관련원가이다.

빈출유형특강 234 　　제품라인 유지와 폐지 의사결정

Q. ㈜삼일은 여러 사업부를 운영하고 있는 기업이며, 20x1년의 영업이익은 1,500,000원이다. 여러 사업부 중에서 사업부 갑의 공헌이익은 210,000원이고, 사업부 갑에 대한 공통원가 배분액은 220,000원이다. 공통원가배분액 중 120,000원은 사업부 갑을 폐지하더라도 계속하여 발생하는 것이다. 만약 사업부 갑을 폐지하였다면 영업이익은 얼마로 변하였겠는가?

① 1,350,000원　　　　　　　　　　② 1,390,000원
③ 1,600,000원　　　　　　　　　　④ 1,650,000원

내비게이션

• 사업부 갑을 폐지하는 경우

증분수익	- 감소 :	공헌이익	(210,000)
증분비용	- 감소 :	공통원가배분액	100,000
증분손실			(110,000)

→영업이익 : 1,500,000-110,000=1,390,000

정답 : ②

 핵심이론 : 제품라인 유지와 폐지 의사결정 고려사항

고려사항	• 회사전체의 이익에 미치는 영향을 기준으로 폐지여부를 결정함. ▶ 제품라인의 유지 또는 폐지 문제에서는 제품라인 자체의 이익을 고려하여 결정하는 것이 아니라, 기업 전체적 입장에서 전체 이익에 미치는 영향을 분석해야 함. • 폐지로 인한 회피가능고정비 존재시 이 또한 고려함. ▶ 제품라인을 폐지할 경우 매출액과 변동원가는 사라지지만 고정원가는 회피가능고정원가와 회피불가능고정원가로 나눌 수 있기 때문임.

관련기출　　회사전체의 이익에 미치는 영향

● 다음은 세 사업부문(A, B, C)을 보유한 ㈜삼일의 손익계산서이다. 다음에 대한 분석으로 가장 올바른 것은?

(단위 : 원)

	A사업부	B사업부	C사업부	합계
매출액	4,000	3,000	2,000	9,000
변동원가	2,400	2,000	1,200	5,600
공헌이익	1,600	1,000	800	3,400
회피불능원가	1,900	1,200	400	3,500
이익(손실)	(300)	(200)	400	(100)

❶ 사업부 A, B를 폐쇄하면 회사의 전체손실은 2,700원이 된다.
② 사업부 A, B를 폐쇄하면 회사의 전체손실은 1,900원이 된다.
③ 사업부 A, B를 폐쇄하면 회사의 전체손실은 2,500원이 된다.
④ 사업부 A, B, C를 폐쇄하면 현재의 전체손실 100원은 발생하지 않는다.

해설

• A, B를 폐쇄시 전체손익 : 400-(1,900+1,200)=△2,700
• A, B, C 모두를 폐쇄하면 회피불능원가(1,900+1,200+400)만큼 손실이 커진다.

빈출유형특강 235 　　자가제조와 외부구입 의사결정 개요

Q. ㈜상일은 제조에 필요한 부품을 자가제조할 것인지 아니면 외부구입할 것인지의 여부에 대한 의사결정을 하려고 한다. 다음 설명 중 가장 옳은 것은?

① 변동원가만이 관련원가이다.
② 고정원가가 당해 의사결정과 관계없이 계속 발생한다면 고정원가도 관련원가이다.
③ 당해 의사결정에 따라 회피가능한 고정원가는 관련원가이다.
④ 회피가능고정원가가 외부구입원가보다 큰 경우에는 자가제조하는 것이 바람직하다.

📍 **내비게이션**

• ① 변동원가뿐만 아니라 자가제조를 중단하는 경우 회피가능한 고정원가도 고려해야 한다.
• ② 고정원가가 당해 의사결정과 관계없이 계속 발생한다면 고정원가는 비관련원가이다.
• ④ 회피가능원가(변동원가, 회피가능고정원가 등)가 외부구입원가보다 큰 경우에는 외부구입하는 것이 바람직하다.

정답 : ③

 핵심이론 : 자가제조와 외부구입 의사결정 주요사항

고려사항	• 자가제조시 관련원가와 외부구입가격을 고려 　🔎주의 자가제조시 증감하는 고정비도 관련원가이므로 이도 고려함. 　　　　→ 예 자가제조시 추가 고용 감독자급료 • 외부구입시 다음을 고려함. 　① 기존설비 임대가 가능한 경우 : 임대수익을 고려 　② 기존설비로 다른 제품 생산시 : 관련수익과 변동비를 고려(=공헌이익) 　③ 회피가능고정비는 관련원가, 회피불능고정비는 비관련원가임.
고려해야할 비재무적 정보	• 외부구입시 부품 공급업자에 대한 의존도 • 부품 외부구입시 제품원가에의 영향 • 자가제조시 품질유지 능력과 급격한 주문증가에 대한 대처 능력 • 외부구입시 운송비 등의 행태

관련기출　　고려해야 할 비재무적 정보

● 제조업을 영위하는 ㈜상일은 원재료를 공급하는 협력업체의 파업이 예상되어 해외에서 부품을 구매하는 방안을 고려 중이다. 해외에서 조달하는 원재료는 협력업체의 가격보다 단위당 20% 미만 가격이다. ㈜상일의 원가 담당자가 고려해야 할 사항을 모두 고른 것은?

ㄱ. 기존의 원재료와 해외에서 구매하는 원재료의 가격차이가 제품원가에 미치는 영향을 분석해야 한다. ㄴ. 원재료 구입에 따른 운송비와 부대비용의 행태를 고려해야 한다. ㄷ. 부품의 품질차이가 제품의 품질에 미치는 영향을 고려해야 한다.

① ㄷ
③ ㄱ, ㄷ
② ㄱ, ㄴ
❹ ㄱ, ㄴ, ㄷ

해설

• 제품원가, 추가비용, 품질, 판매가격 등을 고려해야 하므로 모두 맞는 설명이다.

빈출유형특강 236 　　　　자가제조와 외부구입 의사결정 적용

Q. (주)상일은 제품 제조에 사용되는 부품 15,000단위를 자체 생산하여 왔다. 15,000단위 생산수준에서 부품을 제조하는데 소요되는 단위당 원가가 다음과 같다.

직접재료원가	300원
직접노무원가	150원
변동제조간접원가	90원
고정제조간접원가	30원
제품단위당원가	570원

동일한 부품을 생산하고 있는 ㈜용산이 이 부품 15,000단위를 공급하겠다고 제안하였을 경우 ㈜상일이 최대한 허용할 수 있는 부품의 단위당 구입가격은 얼마인가(단, 부품을 외부에서 구입할 경우 고정제조간접원가의 50%는 회피할 수 있다.)?

① 322원　　　　　　　　　　　　② 385원
③ 435원　　　　　　　　　　　　④ 555원

📍 **내비게이션**

• 외부구입의 경우

증분비용　─ 증가 : 　　　　　　　　　　　　 (15,000단위xx)
　　　　　　 감소 : $\underline{\quad 15{,}000단위 \times (300+150+90+30\times50\%)=8{,}325{,}000 \quad}$

증분손익　　　　　　　　　8,325,000-15,000단위xx

→8,325,000-15,000단위xx≧0 에서, x≦555

정답 : ④

관련기출　　의사결정 세부고찰

● 부품을 자가제조하고 있는 어떤 기업이 외부에서 부품을 구입하는 대안을 고려하고 있다고 가정할 경우 가장 부적절한 의사결정은 무엇인가(단, 고정제조간접원가는 당해 부품 생산설비의 감가상각비만 존재한다고 가정한다)?

① 금액적인 증분수익과 증분원가 이외에 외부공급처의 지속적 확보 여부, 품질의 동질성 등 비재무적 요인도 고려하여야 한다.
② 유휴설비를 1년간 임대해 주고 임대료를 받을 수 있는 경우에는 변동제조원가 절감액과 임대료 수입액의 합계에서 외부부품 구입대금을 차감한 금액이 0(영)보다 큰 경우 외부구입 대안을 선택한다.
③ 유휴설비의 다른 용도가 없는 경우에는 변동제조원가 절감액에서 외부구입 대금을 차감한 금액이 0(영)보다 큰 경우 외부구입 대안을 선택한다.
❹ 유휴설비를 다른 제품의 생산에 이용할 수 있는 경우에는 변동제조원가 절감액에서 외부부품 구입대금을 차감한 금액이 0(영)보다 큰 경우 외부구입 대안을 선택한다.

해설

• 유휴설비를 다른 제품의 생산에 이용할 수 있는 경우에는 변동제조원가 절감액과 다른 제품 공헌이익의 합계액에서 외부부품 구입대금을 차감한 금액이 0(영)보다 큰 경우 외부 구입 대안을 선택한다.

빈출유형특강 237 | 추가가공여부 의사결정

Q. (주)상일은 유행이 지난 의류 500벌을 보유하고 있다. 이 제품에 대한 총제조원가는 25,000,000원이었으나 현재로는 의류 한 벌당 40,000원에 처분하거나 10,000,000원을 투입하여 개조한 후 의류 한 벌당 65,000원에 판매할 수 밖에 없는 상황이다. 다음 설명 중 가장 옳은 것은?

① 개조하여 판매하는 것이 그대로 처분하는 것보다 2,500,000원만큼 유리하다.

② 그대로 의류 한 벌당 40,000원에 처분하면 2,500,000원의 손실이 발생한다.

③ 총제조원가 25,000,000원은 두가지 대안 중 한가지 대안을 선택할 경우에 고려하여야 하는 관련 원가이다.

④ 10,000,000원의 추가비용을 지출하지 않고 한 벌당 40,000원에 판매하는 것이 가장 유리하다.

 내비게이션

• 개조한 후 판매의 경우

증분수익 - 증가:	500벌x(@65,000-@40,000)=	12,500,000
증분비용 - 증가:	추가가공원가	(10,000,000)
증분이익		2,500,000

참고 총액접근법

그대로 처분하는 경우		개조후 판매의 경우		
매출	20,000,000	매출	32,500,000	→증분수익 12,500,000
원가	25,000,000	원가	35,000,000	→증분비용 10,000,000
△5,000,000		△2,500,000		→증분이익 2,500,000

• ② 그대로 한 벌당 40,000원에 처분하면 5,000,000원의 손실이 발생한다.
  →만약, 제품을 그대로 보유하고 있는 선택의 경우는 총제조원가(25,000,000원) 만큼 손실을 보므로 처분이나 개조후 판매를 통해 손실을 줄이는게 낫다.
③ 총제조원가 25,000,000원은 매몰원가로서 의사결정에 영향을 미치지 않는 비관련원가이다.
④ 10,000,000원의 추가비용을 지출하여 의류 한 벌당 65,000원에 판매하는 것이 가장 유리하다.

정답 : ①

핵심이론 : 추가가공여부 의사결정 주요사항

고려사항	• 이미 투입된 원가는 의사결정 시점에서 즉시 판매하든지 추가가공 후에 판매하든지 관계없이 이미 발생한 원가(= 매몰원가)이므로 의사결정시 고려되지 않음.
의사결정	① 다음의 경우는 추가가공함. (추가가공 후 판매가격 - 추가가공원가) 〉 즉시 판매가격 ② 다음의 경우는 즉시판매함. (추가가공 후 판매가격 - 추가가공원가) 〈 즉시 판매가격

빈출유형특강 238   대체가격결정방법과 최대대체가격

Q. 사업부간 대체가격 결정방법에는, 대체재화의 원가를 기준으로 결정하는 원가기준과 대체재화의 시장가격을 기준으로 결정하는 시장가격기준이 있다. 다음 중 각 방법의 특징으로 가장 옳지 않은 것은?

① 원가기준은 공급사업부가 원가를 통제하도록 하는 경제적인 동기를 제공하지 못한다.

② 원가기준은 이미 회계 시스템에 기록된 원가자료를 이용하므로 적용이 용이하다.

③ 시장가격기준은 많은 시간이 소요되며 사업부 관리자의 협상능력에 따라 영향을 받는다.

④ 시장가격기준은 시장가격이 존재할 경우 객관적이며 적절한 경제적인 동기를 제공한다.

◉ **내비게이션**
• 많은 시간이 소요되며 사업부 관리자의 협상능력에 따라 영향을 받는 것은 시장가격기준이 아니라 협상가격기준의 단점이다.

정답 : ③

 핵심이론 : 대체가격 주요사항

대체가격 의의		•공급사업부에게는 수익, 수요사업부에게는 비용이 되므로 대체가격이 얼마로 결정되는가에 따라 각 사업부의 성과평가가 달라지고 기업관점에서도 중요함.
대체가격 결정방법	시장가격기준	•목표일치성, 성과평가, 자율성 등의 기준을 모두 만족시킴.
	원가기준	•준최적화현상이 발생할 가능성이 항상 존재함. ▶ ∵공급부서는 이익이 없어 비대체 가능하므로 회사전체의 최적의사결정과 각 사업부의 최적의사결정이 다를 가능성 존재 •공급사업부의 원가통제 동기를 제공하지 못함.
	협상가격기준	•많은 시간이 소요되며 관리자 협상능력에 따라 영향받음.
최대대체가격 (수요사업부)	외부구매시장 없는 경우	•판매가격 - 대체후단위당지출원가
	외부구매시장 있는 경우	•Min[① 외부구입가격 ② 판매가격 - 대체후단위당지출원가]

관련기출   **수요사업부 최대대체가격**

● (주)삼일은 A사업부와 B사업부로 구성되어 있다. B사업부는 A사업부에서 생산되는 부품을 가공하여 완제품을 생산한다. B사업부에서 부품 한 단위를 제품으로 완성하는데 추가로 소요되는 원가가 12,500원이며 완제품의 개당 판매가격은 25,000원이다. 부품의 외부시장가격이 단위당 17,500원일 경우 B사업부가 받아들일 수 있는 최대대체가격은 얼마인가?

❶ 12,500원   ② 15,000원
③ 17,500원   ④ 25,000원

해설

• 최대TP : Min[① 외부구입가격 ② 판매가격-대체후 단위당지출원가]
→Min[① 17,500 ② 25,000-12,500=12,500]=12,500

빈출유형특강 239   **자본예산과 현금흐름의 추정**

제1주차
빈출유형특강

제2주차
핵심유형특강

제3주차
최신유형특강

제4주차
기출변형특강

Q. 다음 중 자본예산을 편성하기 위해 현금흐름을 추정할 때 주의해야 할 사항으로 가장 올바르지 않은 것은?

① 명목현금흐름은 명목할인율로 할인해야 하며, 실질현금흐름은 실질할인율로 할인하여야 한다.

② 세금을 납부하는 것은 현금의 유출에 해당하므로 세금을 차감한 후 현금흐름을 기준으로 추정하여야 한다.

③ 이자비용은 명백한 현금유출이므로 현금흐름 추정에 반영해야 한다.

④ 감가상각비를 계상함으로써 발생하는 세금의 절약분인 감가상각비 절세효과는 현금흐름을 파악할 때 반드시 고려하여야 한다.

📍 **내비게이션**

• 이자비용은 자본비용(할인율)에 반영되어 있으므로 고려하지 않는다.

정답 : ③

📝 **핵심이론 : 현금흐름의 추정 주요사항**

기본원칙	증분기준	•투자안의 채택시와 비채택시의 차액(증분)현금흐름을 사용
	감가상각비	•감가상각비는 현금유출이 아니나, 감가상각비의 절세효과는 현금유입처리
	이자비용	•자본비용(할인율)에 반영되어 있으므로 고려하지 않음.
	세후기준	•세금을 차감한 후의 현금기준으로 함.
	인플레이션	•명목현금흐름은 명목할인율로, 실질현금흐름은 실질할인율로 할인해야함.
투자시점 현금흐름	투자금액	•현금유출처리
	투자세액공제	•현금유입처리
	구자산 처분	•자산처분손익의 법인세효과를 고려하여 현금유입처리 〈 t = 세율 〉 처분가 - (처분가 - 장부가)x세율 = S - (S - B)xt
투자기간 현금흐름	영업현금흐름	•매출증가액, 현금비용증가액 등 →법인세차감후 금액을 현금유입·유출 처리
	감가상각비 절세효과	•현금유입처리 →감가상각비x세율
	원가절감액	•투자로 인한 원가절감액을 현금유입처리 •원가절감액(비용감소액)으로 인한 증세효과를 현금유출처리 ▶원가절감액x세율
종료시점 현금흐름	잔존가치 처분	•투자종료시점의 자산처분손익의 법인세효과를 고려하여 현금유입처리 처분가 - (처분가 - 장부가)x세율 = S - (S - B)xt

※**말장난**

• 자본예산의 현금흐름추정시에 법인세는 회사가 통제할 수 없으므로 현금흐름은 세전기준으로 추정한다.(X)
  ▷세금을 납부하는 것은 명백한 현금의 유출에 해당하므로 현금흐름을 파악할 때에는 반드시 세금을 차감한 후의 현금기준으로 해야 한다.

빈출유형특강 240 　　　투자시점의 구자산 처분 현금흐름

Q. (주)삼일은 20x1년말 순장부가액이 750,000원인 기존의 기계장치를 1,500,000원에 처분하고, 새로운 기계장치를 3,000,000원에 매입하였다. 법인세율이 25%라고 가정하면 동 거래로 인한 순현금지출액은 얼마인가(단, 감가상각비는 고려하지 않는다)?

① 1,500,000원　　　　　　　　　② 1,687,500원

③ 2,350,000원　　　　　　　　　④ 3,000,000원

🔾 **내비게이션**

- 현금지출[구입가(매입가)] : 3,000,000
- 현금유입[구자산처분] : 1,500,000 - (1,500,000 - 750,000)×25% = 1,312,500
  → 즉, 자산처분이익에 대한 법인세[(1,500,000 - 750,000)×25%]는 현금유출이므로 처분가에서 차감한다.
- 순현금지출액 : 3,000,000(현금지출) - 1,312,500(현금유입) = 1,687,500

정답 : ②

 핵심이론 : 자본예산시 투자시점현금흐름

투자금액	•구입원가와 구입과 관련된 부대비용을 포함하며 투자시점의 현금유출 처리함.
투자세액공제	•투자세액공제에 따른 법인세 공제액은 투자시점의 현금유입 처리함.
구자산 처분	•설비대체의 경우 신설비를 구입하면서 구설비를 처분하게 되며, 이 경우 구설비 처분으로 인한 유입이 발생함. •자산처분손익의 법인세효과를 고려하여 현금유입 처리함.〈t=세율〉 ❏ 처분가 - (처분가 - 장부가)×세율 ⇒ S - (S - B)×t

관련기출 　현금흐름 추정

● (주)삼일의 경영진은 새로운 투자안을 검토 중이며, 경영진이 분석한 이 투자안의 순현재가치(NPV)는 영(0)보다 큰 값이 산출되었다. 그러나 재무담당자인 김하준 팀장이 분석해 보았을 때는, 이 투자안의 순현재가치(NPV)가 영(0)보다 작아 경제성이 없는 것으로 판단하였다. 김하준 팀장의 분석이 옳다고 가정했을 때, 이 기업의 경영진은 순현재가치(NPV)를 산출하는 과정에서 어떤 오류를 범하였을 가능성이 있겠는가?

❶ 세금을 차감하기 전의 금액을 기준으로 계산하였다.
② 투자종료시점의 투자안의 처분가치를 너무 낮게 추정하였다.
③ 자본비용을 너무 높게 추정하였다.
④ 투자시점의 투자세액공제액을 현금흐름에 포함시키지 않았다.

해설

- ① 세금을 차감하기 전의 금액을 기준으로 계산하면 NPV가 커진다.
- ② 투자종료시점의 투자안의 처분가치를 너무 낮게 추정하면 NPV가 작아진다.
- ③ 자본비용(할인율)을 너무 높게 추정하면 NPV가 작아진다.
- ④ 투자시점의 투자세액공제액(현금유입)을 현금흐름에 포함시키지 않으면 NPV가 작아진다.

빈출유형특강 241 — 자본예산모형 : 회수기간법 개요

Q. 기업실무조사를 한 결과 이론적인 단점에도 불구하고 투자안을 평가할 때 회수기간법이 많이 사용되고 있다. 다음 중 회수기간법의 장점을 올바르게 설명한 것은?

① 기업의 유동성 확보와 관련된 의사결정에 유용하다.
② 회수기간 이후의 현금흐름을 고려하므로 기업의 장기적 성장을 가져오는 투자안을 올바르게 평가할 수 있다.
③ 목표회수기간을 설정하는 데 자의적인 판단을 배제한다.
④ 비현금자료도 반영되는 포괄적 분석기법이다.

내비게이션
- ② 회수기간 이후의 현금흐름을 고려하지 않는다.
  ③ 목표회수기간을 설정하는 데 자의적인 판단이 개입된다.
  ④ 비현금자료가 반영되지 않는다.

정답 : ①

핵심이론 : 자본예산모형 분류와 회수기간법

자본예산모형 분류	비할인모형 (화폐시간가치 고려X)	• 회계적이익률법(ARR법)	비현금모형 (I/S상 순이익에 기초)
		• 회수기간법	
	할인모형 (화폐시간가치 고려O)	• 순현재가치법(NPV법) • 내부수익률법(IRR법) • 수익성지수법(PI법)	현금모형 (실제현금흐름에 기초)

> **참고** ■ 상호독립적 투자안 : 투자안 A선택이 투자안 B와 무관한 경우
> ■ 상호배타적 투자안 : 투자안 A선택시 투자안 B가 기각되는 경우

회수기간법

의의
• 현금유입으로 투자비용을 회수시 소요기간으로 평가

$$회수기간 = 투자액 ÷ 연간현금유입액$$

예시 회수기간계산

	20x1년말	20x2년말	20x3년말
-6,000	2,000	1,000	4,000

▶ 회수기간 $= 2년 + 1년 \times \dfrac{6,000 - (2,000 + 1,000)}{4,000} = 2.75년$

의사결정

상호독립적 투자안	• '회수기간 < 목표(기준)회수기간'이면 채택
상호배타적 투자안	• 회수기간이 가장 짧은 투자안 채택

장점
• ㉠ 계산이 간단하고 쉽기 때문에 이해하기 쉽고 많은 투자안 평가시는 시간·비용을 절약 가능함.
  ㉡ 위험지표로서의 정보를 제공함.(즉, 회수기간이 짧은 투자안일수록 안전한 투자안임)
  ㉢ 회수기간이 짧을수록 빨리 회수하므로, 기업의 유동성확보와 관련된 의사결정에 유용함.

단점
• ㉠ 회수기간 이후의 현금흐름을 무시함(즉, 수익성을 고려하지 않음)
  ㉡ 화폐의 시간가치를 무시함.
  ㉢ 목표회수기간을 설정하는데 자의적인 판단이 개입됨.

빈출유형특강 242   자본예산모형 : 회수기간법 회수기간 계산

> **Q.** ㈜삼일은 20,000원에 기계를 구입할 예정이며 기계를 사용할 때 원가절감액은 다음과 같다. 연중 현금흐름이 고르게 발생한다고 가정하고 이 투자안의 회수기간을 계산하면 얼마인가?

연도	1년	2년	3년	4년
원가절감액	5,000원	9,000원	8,000원	6,000원

① 2.75년   ② 2.95년
③ 3.05년   ④ 3.45년

📍 **내비게이션**

• $2년 + 1년 \times \dfrac{20,000 - (5,000 + 9,000)}{8,000} = 2.75년$

정답 : ①

관련기출   자본예산모형별 특성

● 투자대안의 전체 내용년수 동안의 현금흐름을 고려하는 자본예산기법은 무엇인가?

❶ 내부수익률법, 순현재가치법
② 내부수익률법, 회수기간법
③ 순현재가치법, 회수기간법
④ 내부수익률법, 순현재가치법, 회수기간법

해설 ⚲

• 회수기간법은 회수기간 이후의 현금흐름을 고려하지 않는다.

빈출유형특강 243 — 자본예산모형 : 회수기간법 적용

Q. 다음은 (주)상일의 신규투자담당 팀장에 대한 인터뷰 내용이다. 괄호 안에 들어갈 말로 가장 올바르지 않은 것은?

> 기자 : 기업에서 신규 투자 기획팀에서 15년 동안 팀장을 맡고 계신데 신규 투자에 대한 타당성 검토에는 어떠한 모형들이 사용됩니까?
> 팀장 : 여러 모형이 있지만 우리 회사에서는 회수기간법, 순현재가치법, 내부수익률법, 수익성지수법을 이용하여 타당성 검토를 합니다.
> 기자 : 그렇다면, 그 중에서 가장 중요시 하는 모형이 있습니까?
> 팀장 : 물론입니다. 투자안마다 약간 다르긴 하지만 우리 회사는 회수기간법을 가장 중요시 합니다.
> 왜냐하면 (   )

① 현금흐름의 할인을 고려하지 않고 계산할 수도 있는 장점이 있기 때문입니다.

② 투자자금을 빨리 회수하는 투자안을 선택하여 기업의 유동성확보에 도움을 줄 수 있기 때문입니다.

③ 상호독립적인 투자에서 가치가산의 원칙이 성립하기 때문입니다.

④ 회수기간이 짧을수록 안전한 투자안이라는 위험지표로서의 정보를 제공하기 때문입니다.

내비게이션

• 가치가산의 원칙이 성립하는 것은 NPV법이다.('후술')

정답 : ③

관련기출 — 회수기간법 선호 이유

● 장기의사결정을 위한 방법 중 회수기간법은 여러가지 이론적인 단점에도 불구하고 실무상 많이 사용되고 있다. 다음 중 회수기간법이 실무에서 많이 사용되는 이유로 가장 타당하지 않은 것은?

❶ 비현금자료도 반영되는 포괄적 분석기법이다.

② 기업의 유동성확보 관련 의사결정에 유용하다.

③ 화폐의 시간적 가치를 고려하지 않으므로 순현재가치법, 내부수익률법에 비해서 적용하기가 쉽다.

④ 투자후반기의 현금흐름이 불확실한 경우에는 유용한 평가방법이 될 수 있다.

해설

• ① 회수기간법은 비현금자료가 반영되지 않는다.

② 투자자금을 빨리 회수하는 투자안을 선택하여 기업의 유동성확보에 도움을 줄 수 있으므로, 기업의 유동성 확보와 관련된 의사결정에 유용하다.

③ 회수기간법은 화폐의 시간가치를 고려하지 않는다. 즉, 현금흐름의 할인을 고려하지 않고 계산한다. 따라서, 계산이 간단하므로 순현재가치법, 내부수익률법에 비해서 적용하기가 쉽다.

④ 회수기간법은 회수기간 이후의 현금흐름을 고려하지 않는다. 따라서, 투자후반기의 현금흐름이 불확실한 경우에는 유용한 평가방법이 될 수 있다.

제1주차 빈출유형특강 / 제2주차 핵심유형특강 / 제3주차 최신유형특강 / 제4주차 기출유형특강

빈출유형특강 244   자본예산모형 : 회계적이익률법

Q. 다음은 투자안 타당성 평가와 관련한 담당 이사들의 대화내용이다. 각 담당 이사별로 선호하는 모형을 올바르게 짝지은 것은?

> 최이사 : 저는 투자안 분석의 기초자료가 재무제표이기 때문에 자료확보가 용이한 (A)모형을 가장 선호합니다.
> 박이사 : (A)모형의 경우 현금흐름이 아닌 회계이익에 기초하고 있다는 단점이 있습니다. 그래서 저는 현금흐름을 기초로 화폐의 시간가치를 고려하는 (B)모형을 선호합니다.
> 이 모형은 투자기간 동안 자본비용으로 재투자된다고 보기 때문에 가장 현실적인 가정을 하고 있습니다.

	(A)	(B)
①	내부수익률법	순현재가치법
②	회계적이익률법	순현재가치법
③	회수기간법	내부수익률법
④	회계적이익률법	회수기간법

◉ 내비게이션

- 회계적이익률법
  - 비할인모형 : 화폐의 시간가치를 고려하지 않는다.
  - 비현금모형 : 손익계산서상 순이익(회계이익)에 기초한다.
- 순현재가치법
  - 할인모형 : 화폐의 시간가치를 고려한다.
  - 현금모형 : 실제 현금흐름에 기초한다.

정답 : ②

 핵심이론 : 회계적이익률법(ARR법) 주요사항

회계적이익률 (ARR)	최초투자액기준 ARR	$\dfrac{\text{연평균순이익}}{\text{최초투자액}}$
	평균투자액기준 ARR	$\dfrac{\text{연평균순이익}}{\text{연평균투자액}(=\dfrac{\text{최초투자액}+\text{잔존가}}{2})}$
의사결정	상호독립적 투자안	• '투자안의 ARR〉목표ARR' 이면 채택
	상호배타적 투자안	• ARR이 가장 큰 투자안 채택
단점	• 화폐의 시간가치를 무시 • 현금흐름이 아닌 회계이익에 기초하므로 회계처리방법에 따라 이익이 상이 • 목표수익률을 설정하는데 자의적 판단이 개입	

빈출유형특강 245   자본예산모형 : 순현재가치법 개요

Q. 다음 중 순현재가치법(NPV법)에 대한 설명으로 가장 적절한 것은?

① 투자안에 대한 회계적이익을 고려하여 계산하기 간편하다.
② 상호 독립적인 투자안의 경우에는 가치가산의 원칙이 성립하지 않는다.
③ 순현재가치법에 의하면 기업의 가치를 극대화할 수 있는 투자안을 선택할 수 있다.
④ 투자기간 동안의 현금흐름을 내부수익률로 재투자한다고 가정한다.

📍 **내비게이션**
• ① NPV법은 회계적이익이 아니라 현금흐름을 고려한다.
  ② 가치가산의 원칙이 성립한다.
  ④ 내부수익률(X) → 자본비용(O)

정답 : ③

 핵심이론 : 순현재가치법(NPV법) 주요사항

의의	NPV=현금유입의 현가—현금유출의 현가	
	🔍주의 할인율 : 자본비용(=최저필수수익률=최저요구수익률)	
의사결정	상호독립적 투자안	•'NPV〉0'인 투자안 채택
	상호배타적 투자안	•NPV가 가장 큰 투자안 채택
장점	•자본비용으로 재투자된다고 가정하므로 현실적임. •현금흐름과 화폐가치 고려 •가치가산원칙[NPV(A+B)=NPV(A)+NPV(B)]이 성립 •기업가치극대화 만족 •계산이 간단하며, 회계적 수치와 무관하므로 자의성 제거가능	
단점	•정확한 자본비용의 추정에 어려움이 있음. •확실성하에서만 성립하는 모형	

보론 수익성지수법(PI법)

의의	수익성지수(PI)=현금유입의 현가 ÷ 현금유출의 현가	
	▶∴PI=1이면, NPV=0	
의사결정	상호독립적 투자안	•'PI 〉 1' 이면 채택
	상호배타적 투자안	•'PI'가 가장 큰 투자안 채택

빈출유형특강 246   자본예산모형 : 순현재가치법 NPV계산

Q. ㈜상일은 연초에 내용연수가 3년인 기계장치에 5,000,000원을 투자할 예정이다. 기계장치를 구입하면 아래의 표와 같이 현금운영비를 줄일 것으로 판단하고 있다. 회사의 자본비용은 12%라고 할 때 기계장치를 구입하면 ㈜상일의 신규 기계장치 투자에 대한 순현재가치(NPV)는 얼마인가(단, 현금운영비의 감소효과는 매년 말에 발생하며 법인세 및 잔존가치는 없다고 가정한다.)?

	1년	2년	3년
현재가치요소(이자율 12%)	0.89	0.80	0.71
현금운영비 감소액	3,000,000원	3,000,000원	2,000,000원

① 650,000원
③ 1,490,000원

② 990,000원
④ 2,090,000원

📍 **내비게이션**

•현금흐름 추정

```
 x1년초              x1년말              x2년말              x3년말
   ├─────────────────┼──────────────────┼──────────────────┤
(5,000,000)       3,000,000          3,000,000          2,000,000
```
•NPV : (3,000,000x0.89+3,000,000x0.80+2,000,000x0.71)-5,000,000=1,490,000

정답 : ③

관련기출   NPV계산

● (주)상일은 당기 초 향후 5년 동안 매년 말 97,500원의 순현금유입이 예측되는 새로운 투자안에 300,000원을 지출하였다. 관련 자료가 다음과 같을 때, 이 투자안의 순현재가치(NPV)를 구하면 얼마인가?

> (1) 투자안의 내용연수는 5년이고, 잔존가치는 없다.
> (2) 회사의 최저필수수익률은 연 12%이다.
> (3) 현가계수(5년, 12%) : 0.57, 연금현가계수(5년, 12%) : 3.6

① 24,000원
③ 120,000원

❷ 51,000원
④ 152,000원

해설

•현금흐름 추정

```
 x1년초     x1년말      x2년말      x3년말      x4년말      x5년말
   ├─────────┼──────────┼──────────┼──────────┼──────────┤
(300,000)  97,500     97,500     97,500     97,500     97,500
```
•NPV : 97,500x3.6-300,000=51,000

빈출유형특강 247　　　　자본예산모형 : 순현재가치법 적용

Q. ㈜삼일은 당기 초에 새로운 프로젝트에 투입하기 위하여 새 기계를 2,000,000원에 구입하였다. 내용연수는 5년이고 정액법으로 감가상각할 것이며 잔존가치는 없다. 이 프로젝트는 매년 1,000,000원의 법인세비용차감전 현금유입을 창출할 것으로 기대된다. ㈜삼일은 12%의 할인율을 사용하고 법인세율은 매년 20%라고 가정한다. 이 프로젝트의 순현재가치는 얼마인가? 단, 감가상각비 외의 항목은 모두 현금으로 거래된다.

> 5년, 12% 할인율의 1원에 대한 단일화폐의 현재가치는 0.52이며,
> 5년, 12% 할인율의 1원에 대한 연금화폐의 현재가치는 3.61이다.

① 1,176,800　　　　　　　　　　② 1,610,000
③ 2,960,000　　　　　　　　　　④ 3,610,000

◉ 내비게이션

• 매년 감가상각비 : 2,000,000÷5년=400,000
• 매년 현금흐름 : ⅰ)+ⅱ)=880,000
　ⅰ) 법인세차감후 현금유입 : 1,000,000×(1-20%)=800,000
　ⅱ) 감가상각비 절세효과 : 400,000×20%=80,000
• 현금흐름 추정

x1년초	x1년말	x2년말	x3년말	x4년말	x5년말
(2,000,000)	880,000	880,000	880,000	880,000	880,000

• NPV : 880,000×3.61-2,000,000=1,176,800

정답 : ①

관련기출　　연금현가계수의 현가가계수로의 전환

● ㈜삼일은 내용연수가 3년인 기계장치에 투자하려고 하고 있다. 기계장치를 구입하면, 처음 2년 동안은 매년 6,000,000 원을, 그리고 3년째에는 3,000,000원의 현금지출운용비를 줄일 것으로 판단하고 있다. 회사의 최저필수수익률은 12% 이고 기계장치에 대한 투자액의 현재가치는 8,000,000원이라고 할 때, 기계장치에 대한 투자안의 순현재가치 (NPV)는 얼마인가(단, 이자율 12%의 1원당 연금의 현재가치는 1년은 0.89, 2년은 1.69, 3년은 2.40이며 운용비 감소효과는 매년 말에 발생하고 법인세는 없는 것으로 가정한다)?

① 2,580,000원　　　　　　　　　② 3,650,000원
❸ 4,270,000원　　　　　　　　　④ 5,100,000원

해설

• 현가계수 : 1년 0.89 / 2년 1.69-0.89=0.8 / 3년 2.40-1.69=0.71
• 현금흐름 추정

x1년초	x1년말	x2년말	x3년말
(8,000,000)	6,000,000	6,000,000	3,000,000

• NPV : (6,000,000×0.89+6,000,000×0.8+3,000,000×0.71)-8,000,000=4,270,000
　→또는 (6,000,000×1.69+3,000,000×0.71)-8,000,000=4,270,000

빈출유형특강 248 　　　　 책임회계제도(1)

Q. 다음 중 책임회계제도에 관한 설명으로 가장 올바르지 않은 것은?

① 책임중심점이란 경영관리자가 특정활동에 대해 통제할 책임을 지는 조직의 부문을 말한다.

② 책임회계제도가 그 기능을 효율적으로 수행하기 위해서는 각 책임중심점의 경영자가 권한을 위임받은 원가항목들에 대해 통제권을 행사 할 수 없어야 한다.

③ 책임중심점은 책임의 성격 및 책임범위에 따라 원가중심점, 수익중심점, 이익중심점, 투자중심점으로 분류할 수 있다.

④ 책임회계제도 하에서는 권한을 위임 받은 관리자가 책임범위 내에서 독자적인 의사결정을 내릴 수 있다.

◉ **내비게이션**

•통제권을 행사 할 수 없어야 한다.(X) → 통제권을 행사 할 수 있어야 한다.(O)

•책임회계제도가 그 기능을 효율적으로 수행하기 위해서는 다음의 조건을 충족해야 한다.

㉠ 특정원가의 발생에 대한 책임소재가 명확해야 한다.

㉡ 각 책임중심점의 경영자가 권한을 위임받은 원가항목들에 대해 통제권을 행사할 수 있어야 한다.

㉢ 경영자의 성과를 표준과 비교하여 평가할 수 있는 예산자료가 존재해야 한다.

정답 : ②

관련기출 　 고정예산과 변동예산

● 책임회계제도에 대한 다음 설명 중 가장 잘못된 것은?

① 책임중심점이란 경영관리자가 특정활동에 대해 통제할 책임을 지는 조직의 부문을 말한다.

❷ 책임회계제도가 도입되면 사전에 설정된 예산과 실제 성과를 비교하여 각 책임중심점의 성과평가를 하게 된다. 이때, 고정예산이란 원가행태 분류 상 고정원가로 분류된 원가항목에 대한 예산이며 변동예산이란 변동원가로 분류된 원가항목에 대한 예산을 의미한다.

③ 분권화된 환경에서 소규모 부문 경영자들은 상위 경영자들보다 더 융통성 있고 민첩하게 시장 기회에 적응할 수 있다.

④ 책임중심점은 책임의 성격 및 책임범위에 따라 원가중심점, 수익중심점, 이익중심점 및 투자중심점으로 분류할 수 있다.

해설

•고정예산 : 특정조업도를 기준으로 하여 사전에 수립되는 예산

•변동예산 : 실제조업도를 기준으로 하여 사후에 조정되는 예산

※말장난

•책임회계제도에서 책임중심점에 배분된 고정제조간접비는 통제가능원가에 포함시켜야한다.(X)

▷고정제조간접원가는 통제불가능원가이다.

•책임회계에 근거한 성과보고서 통제가능원가와 통제불능원가를 반드시 구분할 필요는 없다.(X)

▷통제가능원가와 통제불능원가를 구분하여야 한다.

빈출유형특강 249 책임회계제도 (2)

Q. 다음 중 책임회계제도하에서 작성되는 성과보고서에 관한 설명으로 가장 옳은 것은?

① 원가는 통제가능원가와 통제불가능원가의 구분이 불가능하므로 통합하여 작성한다.

② 책임중심점으로의 추적가능성에 따라 책임중심점별 원가와 공통원가로 구분하지 않는 것이 바람직하다.

③ 여러 책임중심점에서 공통으로 사용되는 공통고정원가는 특정사업부에 부과시키거나 임의로 배분하는 경우 성과의 왜곡이 발생할 수 있으므로 총액으로 관리하여야 한다.

④ 특정 책임중심점의 경영자에 대한 성과평가시 통제불가능원가를 포함하는 것이 바람직하다.

🔵 내비게이션

• ① 원가는 통제가능원가, 통제불가능원가로 구분하여야 한다.
  ② 추적가능성에 따라 책임중심점별 원가와 공통원가로 구분하여야 한다.
  ④ 책임범위를 벗어나는 통제불가능항목에 대해서는 책임이 없기 때문에 통제불가능항목은 각 책임중심점의 성과 평가시 제외한다.

정답 : ③

관련기출 책임회계에 근거한 성과보고서

● 책임회계에 근거한 성과보고서에 대한 설명 중 가장 올바른 것은?

① 통제가능원가의 실제발생액·예산의 차이를 하부경영자에게 비밀로 하는 것이 바람직하다.
❷ 예외에 의한 관리가 가능하도록 작성하여야 한다.
③ 회사의 비공식적인 조직상의 권한과 책임에 따라 보고서를 작성하는 것이 바람직하다.
④ 통제가능원가와 통제불능원가를 반드시 구분할 필요는 없다.

해설

• ① 비밀로 하는 것이 바람직(X) → 공개하는 것이 바람직(O)
  ③ 비공식적인 조직(X) → 공식적인 조직(O)
  ④ 구분할 필요는 없다.(X) → 구분하여야 한다.(O)

관련기출 분권화

● 분권화란 의사결정 권한이 조직 전반에 걸쳐서 위임되어 있는 상태를 말한다. 다음 중 분권화에 관한 설명으로 가장 올바른 것은?

① 상위경영자가 하위경영자에게 권한을 부여하지만 이에 대한 의무는 부과하지 않는다.
❷ 하위경영자들이 고객 등의 요구에 신속한 대응을 할 수 있으며, 하위 경영자들에게 보다 큰 재량권이 주어지므로 보다 많은 동기부여가 된다.
③ 각 사업부에서 동일한 활동이 개별적으로 중복되어 수행될 가능성이 없다.
④ 분권화될 경우 각 사업부의 이익만 고려하는 준최적화 현상은 발생하지 않는다.

해설

• ① 하위경영자에게 권한을 부여함과 동시에 이 권한과 관련된 의무도 부과한다.
  ③ 각 사업부에서 동일한 활동이 개별적으로 중복되어 수행될 가능성이 존재한다.
  ④ 준최적화 현상이 발생할 수 있다.

제1주차
빈출유형특강

제2주차
최신유형특강

제3주차
최신유형특강

제4주차
기출변형특강

빈출유형특강 250   성과평가제도 (1)

Q. (주)삼일에 새로 부임한 최이사는 올해 철저한 성과평가제도의 도입을 검토하고 있다. 성과평가제도의 도입과 관련하여 가장 옳지 않은 주장을 펼치는 실무담당자는 누구인가?

> 정부장 : 효율적인 성과평가제도는 기업 구성원들의 성과극대화 노력이 기업전체 목표의 극대화로 연결될 수 있도록 설계되어야 합니다.
> 유차장 : 각 책임중심점의 성과평가를 수행하는 과정에서 성과측정의 오류가 발생하는 것이 일반적인데, 효율적인 성과평가제도는 성과평가치의 성과측정오류가 최소화되도록 설계되어야 합니다.
> 황대리 : 많은 시간과 비용을 투입할수록 더욱 정확하고 공정한 성과평가가 가능하므로 성과평가제도의 운영을 적시성 및 경제성의 잣대로 바라보지 않도록 주의해야 합니다.
> 김사원 : 성과평가를 한다는 사실 자체가 피평가자의 행위에 영향을 미치는 현상도 고려하여 이를 적절히 반영해야 합니다.

① 정부장   ② 유차장
③ 황대리   ④ 김사원

◉ 내비게이션

- 적시성 및 경제성이 떨어지는 성과평가제도는 그 자체로 제 역할을 할 수 없다.
- 성과평가를 수행하는 경우 많은 시간과 비용을 투입하면 더욱 정확한 평가는 가능할지 몰라도 적시성과 경제성(비용 대 효익) 측면에서는 문제가 있을 수 있다. 반대로 적은 시간과 비용을 투입하면 적시성과 경제성은 얻을 수 있겠지만 정확한 성과평가는 어려울 것이다. 따라서 효율적인 성과평가제도는 적시성과 경제성을 적절히 고려해야 한다.

정답 : ③

관련기출   성과평가 사례분석

● 다음은 올해 처음 성과평가제도를 실시한 (주)책임의 성과평가에 관한 내용이다. 가장 올바르게 성과평가가 이루어진 경우를 고르면?

① 구매팀장 : 최근 중동지방의 민주화 시위로 인해 원유가격이 크게 올라 (주)책임의 구매원가 상승으로 이어지자, 다른 부서와 달리 구매팀장의 임금을 동결하였다.
② 영업부장 : (주)책임의 영업부장은 기말에 매출액을 늘리기 위해 대리점으로 밀어내기식 매출을 감행하여 매출액을 무려 120%인상시키는 공로를 세워 이사로 승진하였다.
③ 부산공장장 : 태풍의 피해로 부산공장 가동이 10여일간 중단되어 막대한 손실을 입은 (주)책임은 그 책임을 물어 공장장을 해고하였다.
❹ 채권회수팀장 : 채권회수율과 고객관계(고객불만 전화의 횟수로 측정됨)에 의하여 성과평가를 받았으며 자체적으로 매너교육을 실시하여 채권회수율을 증가시킴과 동시에 고객불만 전화를 크게 감소시켜 좋은 성과평가 점수를 얻었다.

해설

- 관리자의 책임범위를 벗어나는 통제불가능항목에 대해서는 책임이 없으므로 통제불가능항목은 성과평가시 제외되는 것이 원칙이다.
- ① 원유가격 하락은 통제불가능항목에 해당하므로 성과평가기준으로 부적절하다.
 ② 밀어내기식 매출로 인한 매출증가에 대한 긍정적 성과평가는 성과측정의 오류에 해당하며 공정성과 합리성에 문제가 있으므로 성과평가기준으로 부적절하다.
 ③ 태풍 피해로 인한 손실은 통제불가능항목에 해당하므로 성과평가기준으로 부적절하다.
 ④ 채권회수율과 고객관계에 의한 성과평가는 관리자의 통제가능항목에 대한 평가로서 목표일치성과 부합되는 적절한 성과평가에 해당한다.

빈출유형특강 251 　　　　　성과평가제도 (2)

Q. 다음 중 성과평가시 고려해야할 사항으로 가장 적절하지 않은 것은?

① 통제불가능 항목은 성과평가시 제외되어야 한다.

② 성과평가는 회사에 실행되고 피드백되어야 한다.

③ 성과평가는 객관적인 결과에 기초하여야 하므로 종업원 만족도나 동기부여 등 주관적 요소는 성과평가시 냉정하게 배제되어야 한다.

④ 성과평가기준이 각 책임중심점의 행동에 영향을 미칠 수 있음을 고려하여야 한다.

📍 **내비게이션**

•종업원 만족도나 동기부여 등 주관적 요소도 고려해야 한다.

정답 : ③

관련기출 　　판매부서 성과평가

● 다음 중 판매부서의 성과평가에 대한 설명으로 가장 올바르지 않은 것은?

① 판매부서의 성과평가는 예산매출액과 실제매출액의 비교를 통해 이뤄진다.

❷ 판매부서의 성과평가시 포함되는 변동원가는 제조부서의 능률차이를 배제하기 위하여 판매활동과 제조활동에 관련된 변동원가를 모두 표준원가로 기록한다.

③ 매출총차이는 매출가격차이와 매출조업도차이로 구분된다.

④ 이익중심점으로 판매부서를 운영하는 것이 바람직하다.

해설

•생산부서의 성과보고서에 표시되는 실제변동원가는 제조과정에서 실제로 발생된 변동원가인 반면, 판매부서의 성과보고서에 포함되는 실제변동원가는 제조부서의 능률 또는 비능률에 의한 원가차이를 배제하기 위해 판매활동과 관련된 것만 실제변동원가이고 제조활동과 관련된 것은 표준변동원가로 기록된다.

•판매부서는 목표매출의 달성에 책임이 있으므로 수익중심점(revenue center) 또는 이익중심점(profit center)으로 운영될 수 있다. 그러나, 수익중심점으로 판매부서를 운영하는 것보다 이익중심점으로 판매부서를 운영하는 것이 보다 바람직하다고 할 수 있다. 왜냐하면 수익에 대해서만 책임을 지는 수익중심점보다는 매출에 따른 수익뿐만 아니라 수익을 창출하는데 부수적으로 발생하는 비용에 대하여도 책임을 지게 함으로써 수익과 그에 관련된 비용을 함께 고려하는 이익중심점으로 판매부서를 운영하는 것이 보다 정확한 판매부서의 성과평가가 가능할 것이기 때문이다.

제1주차
빈출유형특강

제2주차
책산유형특강

제3주차
최신유형특강

제4주차
기출변형특강

빈출유형특강 252   **매출가격차이와 매출조업도차이**

Q. ㈜삼일이 제조·판매하고 있는 제품 A와 제품 B에 관련된 자료는 다음과 같다. 회사의 매출가격 차이와 매출조업도차이에 대한 설명으로 가장 옳지 않은 것은?

	제품 A	제품 B
단위당예산판매가격	2,000원	3,000원
단위당예산변동원가	1,200원	2,000원
단위당실제판매가격	2,200원	2,900원
예산매출수량	200단위	150단위
실제매출수량	180단위	180단위

① 회사가 제품 A에 대해 예산보다 높은 가격으로 판매한 결과 유리한 매출가격차이가 발생하였다.

② 제품 A의 경우, 예산보다 실제판매가격은 높았으나 당초 예산매출수량을 달성하지 못하여 불리한 매출조업도차이가 발생하였다.

③ 제품 B의 경우, 실제판매가격이 예산에 미치지 못하므로 불리한 매출총차이가 발생하였다.

④ 제품 B는 불리한 매출가격차이를 초래하였지만, 매출수량의 증가로 유리한 매출조업도차이를 보이고 있다.

 내비게이션

• 제품별 분석

	제품 A	제품 B
매출가격차이	(180x2,200)-(180x2,000)=36,000(유리)	(180x2,900)-(180x3,000)=-18,000(불리)
매출조업도차이	(180x800)-(200x800)=-16,000(불리)	(180x1,000)-(150x1,000)=30,000(유리)
매출총차이	36,000-16,000=20,000(유리)	-18,000+30,000=12,000(유리)

정답 : ③

핵심이론 : 매출총차이의 분해

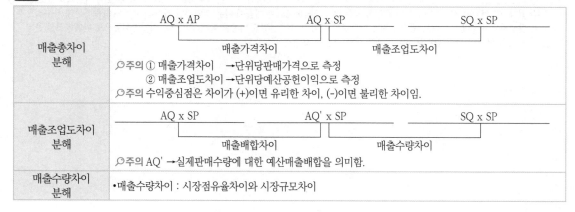

매출총차이 분해	AQ x AP AQ x SP SQ x SP
	매출가격차이 매출조업도차이
	◑주의 ① 매출가격차이 →단위당판매가격으로 측정
	② 매출조업도차이 →단위당예산공헌이익으로 측정
	◑주의 수익중심점은 차이가 (+)이면 유리한 차이, (-)이면 불리한 차이임.
매출조업도차이 분해	AQ x SP AQ' x SP SQ x SP
	매출배합차이 매출수량차이
	◑주의 AQ' →실제판매수량에 대한 예산매출배합을 의미함.
매출수량차이 분해	•매출수량차이 : 시장점유율차이와 시장규모차이

빈출유형특강 253   **매출배합차이와 매출수량차이**

제1주차
빈출유형특강

제2주차
핵심유형특강

제3주차
최신유형특강

제4주차
기출변형특강

Q. (주)삼일이 제조판매하고 있는 제품 A와 제품 B에 관련된 자료는 다음과 같다. (주)삼일의 매출배합차이와 매출수량차이를 계산하면 각각 얼마인가?

	제품 A	제품 B
단위당예산공헌이익	1,000원	1,500원
예산매출수량	600단위	400단위
실제매출수량	500단위	300단위

	매출배합차이	매출수량차이
①	매출배합차이 10,000원 유리	매출수량차이 240,000원 유리
②	매출배합차이 10,000원 유리	매출수량차이 240,000원 불리
③	매출배합차이 10,000원 불리	매출수량차이 240,000원 유리
④	매출배합차이 10,000원 불리	매출수량차이 240,000원 불리

📍 **내비게이션**

• 매출조업도차이 분해

AQ x SP	AQ' x SP	SQ x SP
500x1,000	800x60%x1,000	600x1,000
300x1,500	800x40%x1,500	400x1,500

                              -10,000(불리)   -240,000(불리)

정답 : ④

관련기출   **판매부서 성과평가**

● 다음 중 판매부서의 성과평가에 대한 설명으로 가장 올바르지 않은 것은?

❶ 판매부서의 성과평가는 이익중심점보다 수익중심점으로 운영하는 것이 바람직하다.
② 판매부서의 성과평가는 예산매출액과 실제매출액의 비교를 통해 이뤄진다.
③ 매출총차이는 매출가격차이와 매출조업도차이로 구분된다.
④ 매출조업도차이는 매출배합차이와 매출수량차이로 구분된다.

해설

• 판매부서는 목표매출의 달성에 책임이 있으므로 수익중심점(revenue center) 또는 이익중심점(profit center)으로 운영될 수 있다. 그러나, 수익중심점으로 판매부서를 운영하는 것보다 이익중심점으로 판매부서를 운영하는 것이 보다 바람직하다고 할 수 있다. 왜냐하면 수익에 대해서만 책임을 지는 수익중심점보다는 매출에 따른 수익뿐만 아니라 수익을 창출하는데 부수적으로 발생하는 비용에 대하여도 책임을 지게 함으로써 수익과 그에 관련된 비용을 함께 고려하는 이익중심점으로 판매부서를 운영하는 것이 보다 정확한 판매부서의 성과평가가 가능할 것이기 때문이다.

빈출유형특강 254 시장점유율차이와 시장규모차이

Q. 다음 자료를 이용하여 ㈜삼일의 시장점유율차이와 시장규모차이를 바르게 계산한 것을 고르면?

단위당예산평균공헌이익(BACM)	100원
실제시장규모	100,000개
예산시장규모	120,000개
실제시장점유율	35%
예산시장점유율	40%

① 시장점유율차이 : 800,000원(불리), 시장규모차이 : 500,000원(유리)
② 시장점유율차이 : 800,000원(유리), 시장규모차이 : 500,000원(유리)
③ 시장점유율차이 : 500,000원(유리), 시장규모차이 : 800,000원(불리)
④ 시장점유율차이 : 500,000원(불리), 시장규모차이 : 800,000원(불리)

📍 내비게이션

•매출수량차이 분해

AQ x AP	AQ x SP	SQ x SP
100,000개x35%x100	100,000개x40%x100	120,000개x40%x100

-500,000(불리)   -800,000(불리)

정답 : ④

📝 핵심이론 : 시장점유율차이와 시장규모차이

매출수량차이 분해	AQ x AP	AQ x SP	SQ x SP
		시장점유율차이	시장규모차이
AQ x AP	•실제규모x실제점유율x단위당가중평균예산공헌이익(BACM)		
AQ x SP	•실제규모x예산점유율x단위당가중평균예산공헌이익(BACM)		
SQ x SP	•예산규모x예산점유율x단위당가중평균예산공헌이익(BACM)		

참고 단위당가중평균예산공헌이익(BACM)의 계산 사례

예산자료	제품	@판매가	@변동비	@공헌이익	판매량
	A	100	30	70	600
	B	40	20	20	400

→단위당가중평균예산공헌이익(BACM)$=70 \times \dfrac{600}{1,000} + 20 \times \dfrac{400}{1,000} = 50$

빈출유형특강 255　　　**투자중심점 성과평가 : 투자수익률**

Q. (주)삼일은 전자제품을 생산하여 판매하는 회사로서 분권화된 세 개의 제품별 사업부를 운영하고 있다. 이들은 모두 투자중심점으로 설계되어 있다. 각 사업부를 투자수익률로 평가했을 경우 투자수익률이 높은 사업부의 순서로 가장 옳은 것은?

구분	휴대폰 사업부	청소기 사업부	냉장고 사업부
평균영업자산	500,000원	1,000,000원	2,000,000원
영업이익	50,000원	230,000원	220,000원
매출액	4,000,000원	3,000,000원	1,000,000원

① 휴대폰>청소기>냉장고　　　② 청소기>휴대폰>냉장고
③ 냉장고>청소기>휴대폰　　　④ 청소기>냉장고>휴대폰

◉ **내비게이션**

• 휴대폰 : $\frac{50,000}{500,000}$=10%, 청소기 : $\frac{230,000}{1,000,000}$=23%, 냉장고 : $\frac{220,000}{2,000,000}$=11%

정답 : ④

✏ **핵심이론 : 투자수익률(ROI) 주요사항**

계산	$ROI = \frac{영업이익}{영업자산(투자액)} = \frac{영업이익}{매출액} \times \frac{매출액}{영업자산}$ =매출액영업이익률x자산회전율
장점	• 비율로 표시되므로 투자규모가 서로 다른 투자중심점간의 성과평가 및 비교에 유용
단점	• 준최적화현상이 발생함. ▶회사전체 최저필수수익률을 상회하는 좋은 투자안이 개별투자중심점의 투자수익률 보다 낮기 때문에 투자가 포기되어 회사전체이익에 불리한 의사결정이 이루어짐. ('잔여이익'으로 해결가능) • 회계적이익에 기초하므로 성과평가와 의사결정의 일관성이 결여
증대방안	• 매출액증대와 원가의 감소, 진부화된 투자자산의 처분(감소)

관련기출　　**ROI의 특징**

● 성과평가에 투자수익률(ROI)을 적용할 경우 유의사항으로 가장 올바른 것은 무엇인가?

① 투자수익률을 극대화하기 위해 매출액이익률은 증가시키고 자산회전율은 감소시킨다.
② 현금의 흐름이 아닌 회계이익을 기준으로 성과를 평가하므로 업종에 따라 각 투자중심점에 서로 다른 회계원칙을 적용하더라도 이로 인한 영향은 고려하지 않아도 된다.
③ 투자규모의 차이를 고려하지 않고 이익 금액만을 비교하여 평가하므로 각기 다른 투자중심점의 성과를 직접적으로 비교하기가 어렵다는 점을 고려해야 한다.
❹ 투자중심점의 투자수익률 극대화 전략이 기업 전체적으로는 이익의 감소를 초래하며 준최적화 현상이 발생하지 않도록 유의해야 한다.

해설

• ① 매출액영업이익률과 자산회전율이 증가해야 투자수익률이 극대화된다.
② 서로 다른 회계원칙이 적용되는 경우 이로 인한 영향을 고려해야 된다.
③ 비율로 표시하므로 투자규모가 서로 다른 투자중심점의 성과평가 및 비교에 유용하다.

제1주차 빈출유형특강 / 제2주차 핵심유형특강 / 제3주차 최신유형특강 / 제4주차 기출유형특강

빈출유형특강 256   **투자중심점 성과평가 : 잔여이익**

Q. 현재 투자수익률이 각각 17%와 16%인 마포사업부와 용산사업부는 모두 신규투자안을 고려하고 있다. 마포사업부와 용산사업부가 고려하고 있는 신규투자안은 기대투자수익률이 각각 15%와 17%이고, 자본비용은 각각 14%와 18%이다. 이 경우 각 사업부가 잔여이익 극대화를 목표로 한다면 각 부문은 어떤 의사결정을 하여야 하는가?

	마포사업부	용산사업부		마포사업부	용산사업부
①	채택	채택	②	채택	기각
③	기각	채택	④	기각	기각

   ◉ 내비게이션

• 마포사업부 : 자본비용을 초과하는 수익률이 기대된다.
  →따라서, '영업이익〉투자액×자본비용' 이며 잔여이익이 (+)이므로 채택
• 용산사업부 : 자본비용에 미달하는 수익률이 기대된다.
  →따라서, '영업이익〈투자액×자본비용' 이며 잔여이익이 (-)이므로 기각
＊참고 결국, 잔여이익에 의해 성과평가가 이루어질 경우 각 사업부는 자본비용(최저필수수익률)을 초과하는 신규투자안은 채택하지만 자본비용(최저필수수익률)에 미달하는 신규투자안은 기각하게 된다.

정답 : ②

 핵심이론 : 잔여이익(RI) 주요사항

계산	RI=영업이익-영업자산(투자액)x최저필수수익률 ♀주의 ROI에 의한 의사결정과 RI에 의한 의사결정은 일치하지 않음. → 즉, ROI에서는 채택되어도 RI에서는 기각가능
장점	•준최적화현상이 발생하지 않음 ▶최저필수수익률을 초과하는 모든 투자안을 수락하게 됨.
단점	•금액으로 표시하므로 각 사업부 투자규모가 상이시 성과비교에 한계가 있음. •ROI와 마찬가지로 회계적이익에 기초하므로 성과평가와 의사결정의 일관성이 결여

관련기출   **RI의 특징**

● 다음 중 잔여이익에 대한 설명으로 가장 옳은 것은?

❶ 잔여이익은 투자중심점의 영업자산으로부터 획득해야 할 최소한의 이익을 초과하는 영업이익을 말한다.
② 투자액에 가중평균차입이자율을 곱한 금액을 회계상 당기순이익에서 차감하여 계산한다.
③ 잔여이익에 의해서 채택되는 투자안은 투자수익률법에 의해서도 항상 채택된다.
④ 잔여이익은 투자수익률법에 비해 투자규모가 서로 다른 투자안에 대한 성과평가시 더 합리적인 성과평가 결과를 도출할 수 있는 장점이 있다.

해설

• ② 잔여이익=영업이익-영업자산(투자액)x최저필수수익률
  ③ 잔여이익은 금액, 투자수익률은 비율에 의하므로 채택되는 투자안이 상이할 수 있다.
  ④ 투자수익률법은 비율에 의하므로 투자규모가 서로 다른 투자안에 대한 성과평가 및 비교에 유용하다는 장점이 있다.

빈출유형특강 257 | **투자수익률과 잔여이익 비교**

제1주차
빈출유형특강

제2주차
핵심유형특강

제3주차
최신유형특강

제4주차
기출변형특강

Q. 다음은 두 개의 사업부(A, B)가 있는 ㈜삼일의 성과평가 관련 자료이다. 자본비용이 10%일 때, 각 사업부에 대하여 투자수익률과 잔여이익에 의한 평가로 가장 올바른 것은?

구분	A 사업부	B 사업부
투자액	2,000억원	4,000억원
순이익	400억원	720억원

① 투자수익률로 평가하는 경우 A사업부가, 잔여이익으로 평가하는 경우 B사업부가 각각 더 우수하다는 결과가 나온다.
② A사업부가 투자수익률이나 잔여이익 모두 더 우수하다는 결과가 나온다.
③ B사업부가 투자수익률이나 잔여이익 모두 더 우수하다는 결과가 나온다.
④ 투자수익률로 평가하는 경우 B사업부, 잔여이익으로 평가하는 경우 A사업부가 각각 더 우수하다는 결과가 나온다.

📍 **내비게이션**

• ROI와 RI계산

	A사업부	B사업부	성과평가
투자수익률	$\frac{400억}{2,000억}$=20%	$\frac{720억}{4,000억}$=18%	A가 우수
잔여이익	400억-2,000억×10%=200억	720억-4,000억×10%=320억	B가 우수

정답 : ①

관련기출 | ROI와 RI 비교

● 분권화와 책임회계, 성과평가와 관련된 다음의 설명 중 가장 올바르게 설명한 것은?

① 잔여이익에 의하여 채택되는 투자안은 투자수익률법에 의해서도 항상 채택된다.
❷ 하부경영자가 자신의 성과측정치를 극대화할 때 기업의 목표도 동시에 극대화될 수 있도록 하부경영자의 성과측정치를 설정해야 하는데, 이를 목표일치성이라고 한다.
③ 잔여이익이 갖고 있는 준최적화의 문제점을 극복키 위해 투자수익률이라는 개념이 출현하였으므로 투자수익률에 의한 성과평가 기법이 잔여이익 보다 더 우월하다고 볼 수 있다.
④ 투자수익률법은 투자규모가 다른 투자중심점을 상호 비교하기가 어렵다는 문제점이 있는 반면에 잔여이익법에는 이런 문제점이 없다.

해설

• ① RI는 금액, ROI는 비율에 의하므로 채택되는 투자안이 다를수 있다.
③ ROI가 갖는 준최적화의 문제점을 극복키 위해 RI가 출현하였다.
④ ROI는 비율로 표시되므로 투자규모가 다른 투자중심점간의 성과평가 및 비교에 유용하다는 장점이 있다.

빈출유형특강 258   균형성과표의 개요

Q. 균형성과표(BSC)가 기존의 성과측정지표와 구분되는 차이에 대한 설명으로 옳지 않은 것은?

① 기존의 측정 지표들이 기업전략과 관계없이 하의상달식 지표들인 데 반해, 균형성과표에서 사용하는 측정지표들은 기업이 추구하는 전략적 목표와 경쟁상황 등의 다양한 변수를 고려하여 개발된다.

② 기존의 성과지표와 달리 균형성과표는 과거의 재무자료와 객관적 측정치를 주로 활용하여, 기업의 지속적인 개선과 혁신 활동을 창조한다.

③ 균형성과표에서 제시된 정보는 기존의 측정지표와 달리 영업이익과 같은 외부 성과지표와 신제품 개발과 같은 내부 성과지표 사이의 균형을 제공한다.

④ 종전의 기업경영활동이 주로 예산 편성에 의해 제약을 받았으나, 균형성과표는 프로그램의 우선 순위의 결정과 조직 내 확산을 위한 노력을 한 곳에 집중시키는 역할을 수행한다.

📍 내비게이션

• BSC는 영업이익과 같은 외부 성과지표와 신제품 개발과 같은 내부 성과지표 사이의 균형을 모색하며, 재무적 측정치와 비재무적 측정치의 균형을 강조한다.

정답 : ②

 핵심이론 : 균형성과표(BSC) 주요사항

도입배경	• 전통적인 성과평가시스템이 영업실적, 이익 등과 같은 단기적 성과에만 치중함으로써 준최적화를 초래하고 있고 기업에게 정보나 지식 같은 무형자산의 중요성이 증가하고 있으나 기존의 재무적 성과지표로는 준최적화를 해결할 수 없을 뿐만 아니라 무형자산의 가치를 반영할 수 없어 새로운 성과측정치의 필요성이 대두됨. • 위의 문제점을 해결하고 기업의 전략목표를 효과적으로 달성할 수 있도록 주요 성공요소 및 성과측정치간의 균형있는 관리를 도모하고자 개발된 것이 BSC임. • 균형성과표는 전통적인 재무적 지표와 비재무적 지표들을 균형있게 반영하여 하나로 통합한 종합적인 측정, 관리시스템이라고 할 수 있음.
균형요소	• 균형성과표는 성과평가를 할 때 다음의 항목들이 균형을 이루도록 함. 　① 재무적 측정치와 비재무적 측정치 　② 외부적 측정치(재무적 관점, 고객관점)와 내부적 측정치(내부프로세스관점, 학습과 성장관점) 　③ 과거의 노력에 의한 측정치와 미래성과를 향상시키는 측정치 　④ 계량화된 객관적 측정치와 주관적 측정치 　⑤ 단기적성과관점(재무적 관점)와 장기적 성과관점(고객관점, 내부프로세스관점, 학습과 성장관점)
구성요소	① 재무적 관점(가장 중시사항) ② 고객관점 ③ 내부프로세스관점 ④ 학습과 성장관점
단점	• 비재무적 측정치에 대해서는 여전히 객관적인 측정이 어렵다는 문제점이 있음. • 정형화된 측정수단을 제공해주지 못한다는 단점을 지님.

빈출유형특강 259 | **균형성과표의 적용**

제1주차
빈출유형특강

제2주차
최신유형특강

제3주차
최신유형특강

제4주차
기출변형특강

Q. (주)삼일의 사장은 새로운 성과측정지표를 도입하고자 ㈜대전컨설팅의 컨설턴트와 협의 중이다. 다음의 사장과 컨설턴트의 대화에서 괄호 안에 들어갈 말로 가장 올바르지 않은 것은?

> 사　　　장 : 우리 회사는 기존의 손익계산서상 순이익이 아닌 새로운 성과지표를 도입하고 싶습니다.
> 컨 설 턴 트 : 사장님, 많은 기업들이 균형성과표(BSC)를 활용하고 있습니다.
> 사　　　장 : 균형성과표(BSC)는 어떤 성과지표입니까?
> 컨 설 턴 트 : 균형성과표(BSC)는 (　　　　　　)

① 재무적 관점외에 고객, 내부프로세스, 학습과 성장이라는 비재무적 관점도 함께 고려하여 조직의 전략과 성과를 종합적, 균형적으로 관리, 평가할 수 있는 효과적인 가치중심 성과관리 기법입니다.

② 조직의 수익성을 최종적인 목표로 설정하기 때문에 4가지 관점의 성과지표 중에서 고객관점의 성과지표를 가장 중시합니다.

③ 기업이 추구하는 전략적 목표의 경영상황 등의 다양한 변수를 고려하여 성과측정지표들을 개발합니다.

④ 매출액 등 계량적인 측정치는 물론 종업원의 능력 등과 같은 주관적인 측정치도 함께 고려합니다.

◉ 내비게이션

• 기업의 목표는 궁극적으로 재무적 성과를 향상시키는 것이므로 재무적 관점의 성과측정치는 여전히 중요한 성과지표이다. 균형성과표는 4가지 관점의 성과지표 중에서 재무적 관점의 성과지표를 가장 중시한다.

정답 : ②

관련기출 | **BSC의 장점**

● 다음 중 균형성과표(BSC)의 장점으로 가장 올바르지 않은 것은?

① 재무적 측정치와 고객, 기업내부 프로세스, 학습과 성장 관점에 의한 비재무적 측정치 간의 균형있는 성과평가를 달성할 수 있다.

② 재무적 관점, 고객관점에 의한 외부적 측정치와 기업내부프로세스 관점, 학습과 성장 관점에 의한 내부측정치 간의 균형을 이룰 수 있다.

❸ 비재무적 측정치에 대한 객관적인 측정이 가능하며, 업종을 불문하고 정형화된 측정수단까지도 제공한다.

④ 투자수익률 등의 후행지표와 종업원 교육시간 등과 같은 선행지표 간의 연계관계를 이해하는데 도움을 준다.

해설

• 균형성과표의 단점
　- 비재무적 측정치에 대해 객관적인 측정이 어렵다.
　- 정형화된 측정수단을 제공해 주지 못한다.

빈출유형특강 260　　　　경제적부가가치 개요

Q. 다음 중 경제적부가가치(EVA)에 대한 설명으로 가장 올바르지 않은 것은?

① 영업활동으로 인한 성과를 평가하는 성과평가기법이다.

② 기업의 내재가치를 측정할 수 있는 지표이다.

③ 기업의 각 사업단위, 부품을 성과평가 할 수 있으므로 합리적인 성과보상이 가능하다.

④ 타인자본비용만을 비용으로 반영하는 당기순이익과 다르게 자기자본비용만을 비용으로 반영하는 성과평가기법이다.

⊙ 내비게이션

•EVA는 타인자본비용(이자비용)뿐 아니라 자기자본비용(배당금)도 비용으로 고려하는 성과지표이다. 따라서, EVA는 I/S상 순이익보다 낮게 나타난다.

정답 : ④

 핵심이론 : 경제적부가가치(EVA) 주요사항

특징	•타인자본비용(이자비용)뿐 아니라 자기자본비용(배당금)도 비용으로 고려하는 성과지표임. 🔎주의 ∴EVA는 I/S상 순이익보다 낮음. 🔎주의 EVA는 비재무적측정치는 고려하지 않음.
계산	$$EVA = 세후영업이익 - 투하자본(투자액) \times 가중평균자본비용^{*)}$$ $^{*)}\ \dfrac{부채의시장가치 \times 부채이자율(1-t) + 자본의시장가치 \times 자기자본비용(\%)}{부채의시장가치 + 자본의시장가치}$ * 보론 투하자본=총자산 - 유동부채 　→투하자본 계산시 비영업용자산은 제외 　→유동부채 계산시 영업부채가 아닌 이자발생부채인 단기차입금·유동성장기차입금 제외
증대방안	세후영업이익 증대 ｜ •매출증대, 제조원가·판관비 절감
	투하자본 감소 ｜ •재고·고정자산 매출채권의 적정유지나 감소 •유휴설비 처분 •매출채권회전율을 높임(매출채권 회수기일단축) •재고자산회전율을 높임(재고자산 보유기간을 줄임)
	가중평균자본비용 개선 ｜ •고율의 차입금 상환

관련기출　　EVA증대방안

● 다음 중 경제적부가가치(EVA)와 관련된 설명으로 가장 올바르지 않은 것은?

❶ 매출채권회전율이 감소하면 일반적으로 경제적부가가치(EVA)는 증가한다.

② 재고자산회전율을 높이면 일반적으로 경제적부가가치(EVA)는 증가한다.

③ 투하자본에 대한 자본비용이 높아지고, 세후순영업이익은 변동이 없다면 경제적부가가치(EVA)는 일반적으로 감소한다.

④ 경제적부가가치(EVA)를 증가시키기 위해서는 영업이익률을 높이거나, 투하자본의 회전율을 높이는 것이 바람직하다.

해설

•매출채권회전율을 높히면(매출채권 회수기일 단축) 투하자본이 감소하여 EVA가 증가한다.

빈출유형특강 261　　　　　경제적부가가치 계산

Q. 다음 자료를 이용하여 경제적부가가치(EVA)를 산출하면 얼마인가(단, 법인세는 무시한다.)?

매출액	80억원
매출원가	50억원
판매비와관리비	20억원
영업외수익 중 영업관련 수익	6억원
영업외비용 중 영업관련 비용	8억원
투하자본	50억원(타인자본 20억원, 자기자본 30억원)
타인자본비용	10%
자기자본비용	15%

① 1.5억원　　　　　　　　　　② 2.0억원
③ 2.5억원　　　　　　　　　　④ 3.0억원

📍 **내비게이션**

• EVA : $(80억-50억-20억+6억-8억)-50억 \times \dfrac{20억 \times 10\% + 30억 \times 15\%}{20억 + 30억} = 1.5억$

정답 : ①

관련기출　가중평균자본비용 계산

● 다음 자료를 이용하여 가중평균자본비용을 구하면 얼마인가(단, 법인세 무시)?

투하자본	20억원(차입금 14억원, 자기자본 6억원)
차입금이자율	12%
자기자본이자율	18%

① 12.1%　　　　　　　　　　② 12.8%
③ 13.1%　　　　　　　　　　❹ 13.8%

해설

• $\dfrac{14억원 \times 12\% + 6억원 \times 18\%}{14억원 + 6억원} = 13.8\%$

관련기출　법인세가 있는 경우 EVA계산

● ㈜삼일의 경제적부가가치를 측정하기 위하여 재무제표를 검토한 결과, 사업용자산 300억원, 이자발생부채 120억원, 자기자본 180억원이고 당기 세후 순영업이익은 120억원이었다. 법인세율은 25%이며 비사업용자산 및 무이자 부채는 없다고 할 경우, ㈜삼일의 경제적부가가치는 얼마인가(세전타인자본비용: 12%, 자기자본비용: 15%)?

❶ 82.2 억원　　　　　　　　② 86.7 억원
③ 95.1 억원　　　　　　　　④ 90.1 억원

해설

• EVA : $120억-300억 \times \dfrac{120억 \times 12\%(1-25\%) + 180억 \times 15\%}{120억 + 180억} = 82.2억$

재경관리사 고득점 단기합격 최종정리서

CAM [Certified Accounting Manager]

FINAL

FINALLY FINAL

제2주차. 핵심유형특강

[필수포인트연습]

POTENTIALITY
PASSION
PROFESSION

3P는 여러분의 무한한 잠재적 능력과 반드시 성취하겠다는 열정을 토대로 전문가
의 길로 나아가는 세무라이선스 파이널시리즈의 학습정신입니다.
세무라이선스는 여러분의 무한한 잠재력과 열정을 믿습니다.
수험생 여러분의 합격을 응원합니다.

핵심유형특강

상당한 기출빈도를 가지고 있음과 동시에 시험 목
적상 반드시 짚고 넘어가야할 필수적인 기출문제를
상세한 해설 및 적중이론인 '친절한 경석씨'를 통해
모두 제시하였습니다.

재경관리사 기출문제특강

FINAL

Certified Accounting Manager

핵심유형특강

[필수포인트연습]

SEMOOLICENCE

3P
3P
FINAL
3P

POTENTIALITY
PASSION
PROFESSION

재무회계

핵심유형특강 1 · 재무보고의 목적

다음 중 재무보고의 목적에 관한 설명으로 가장 올바르지 않은 것은?

① 채권자에게는 회사의 상환능력을 평가하는 데 유용한 정보를 제공한다.
② 주주에게는 회사에 대한 투자여부를 결정하는 데 유용한 정보를 제공한다.
③ 종업원이 급여인상에 대한 협상을 할 때 재무정보를 필요로 하지 않는다.
④ 기업입장에서는 여러 이해관계자들의 정보이용 목적을 충족시켜주고, 신뢰성을 얻기 위해서 믿을 수 있는 재무의 정보를
   제공하는 것이 필요하다.

해설

• 종업원은 자신들이 회사에 기여한 생산성과 회사가 그 대가를 지급할 수 있는지의 능력을 판단하여 급여인상에 대한 협상을 한다. 또한 다른 회사로 옮기는 것이 나은지 아니면 계속 현재의 회사에서 일하는 것이 나은지에 대한 판단을 해야 할 때가 있다. 이러한 의사결정을 위해서 회사에 대한 재무적 정보를 필요로 한다.

정답 : ③

핵심유형특강 2 · 재무제표의 활용

다음 중 재무제표의 활용에 대한 설명으로 가장 옳은 것은?

① 특정시점의 재무상태는 어디까지나 과거사건에 대한 기록이므로 이를 통해 미래현금창출능력을 예측하기는 어렵다.
② 만기가 도래한 금융약정을 이행할 기업의 능력을 예측하기 위해 유동성과 관련된 정보를 획득할 수 있다.
③ 기업의 수익성과 관련된 정보는 추가적인 자원을 효과적으로 동원할 수 있는지 판단하는데 유용하지 않다.
④ 재무상태에 관한 정보는 주로 포괄손익계산서, 성과에 관한 정보는 재무상태표에서 얻을 수 있다.

해설

• ① 미래현금창출능력을 예측하기는 어렵다.(X) → 미래현금창출능력을 예측할 수 있다.(O)
  ③ 판단하는데 유용하지 않다.(X) → 판단하는데 유용하다.(O)
  ④ 재무상태에 관한 정보는 주로 재무상태표, 성과에 관한 정보는 포괄손익계산서에서 얻을 수 있다.

정답 : ②

제1주차 핵심유형특강
제2주차 핵심유형특강
제3주차 최신유형특강
제4주차 기출변형특강

핵심유형특강 3 · 재무회계·관리회계 차이점

다음 중 재무회계와 관리회계에 관한 설명으로 가장 옳은 것은?

① K-IFRS에는 관리회계에 대한 기준서가 존재하며, 이를 통해서 관리회계 회계처리가 이루어진다.
② 주주와 채권자는 재무정보를 필요로 하지만 종업원의 경우는 해당되지 않는다.
③ 관리회계는 회계기준에 따라 지정된 형식으로 지정된 시점(보통 1년단위)에 공시가 된다.
④ 재무회계는 일반적으로 인정된 회계처리기준에 따라 작성이 되며 현재 한국의 경우는 한국채택국제회계기준과 일반기업 회계기준이 이에 해당된다.

해설

• ① 관리회계(X) → 재무회계(O)
  ② 종업원도 회계정보이용자에 해당한다.
  ③ 관리회계(X) → 재무회계(O)

정답 : ④

핵심유형특강 4 · 국제회계기준의 특징

다음 중 국제회계기준의 특징에 대한 설명으로 가장 올바르지 않은 것은?

① 상세하고 구체적인 회계처리 방법을 제시하지 않는 원칙중심의 회계기준이다.
② 원칙적으로 자산과 부채에 대해 공정가치로 측정할 것을 요구하고 있다.
③ 개별재무제표를 기본재무제표로 제시하고 있다.
④ 정보이용자를 보호하기 위해 공시를 강화하고 있다.

해설

• 개별재무제표(×) → 연결재무제표(O)

정답 : ③

핵심유형특강 5 · K-IFRS 특징

다음은 K-IFRS의 특징에 대한 설명이다. 빈칸에 가장 알맞은 말을 고르면?

연결실체가 재무제표를 작성하는 것을 전제로 제정된 K-IFRS는 (ㄱ)중심의 회계기준으로서 회사 경영자가 경제적 실질에 기초하여 합리적으로 회계처리할 수 있도록 유도하고 있다. 또한 국제자본시장의 정보이용자들에게 보다 목적적합한 정보를 제공하기 위해 자산과 부채를 원칙적으로 (ㄴ)로 측정하여 공시할 것을 요구하고 있다.

	(ㄱ)	(ㄴ)		(ㄱ)	(ㄴ)
①	원칙	공정가치	②	원칙	역사적 원가
②	규칙	공정가치	④	규칙	역사적 원가

해설

• K-IFRS는 원칙중심(principle-based)의 회계기준이며, 자산·부채의 공정가치측정을 요구한다.

정답 : ①

핵심유형특강 6 　　K-IFRS와 일반기업회계기준 비교

다음 중 한국채택국제회계기준과 일반기업회계기준의 특징으로 가장 올바르지 않은 것은?

① 한국채택국제회계기준은 연결재무제표를 기본 재무제표로 제시하고 있다.
② 한국채택국제회계기준은 비용을 기능별 분류만 규정하고 있다.
③ 일반기업회계기준은 자본항목을 자본금, 자본잉여금, 자본조정, 기타포괄손익누계액, 이익잉여금(결손금)으로 구분하고 있다.
④ 한국채택국제회계기준은 포괄손익계산서를 작성하도록 하고 있다.

해설

• 한국채택국제회계기준은 비용의 성격별 또는 기능별 분류방법 중에서 신뢰성 있고 더욱 목적적합한 정보를 제공할 수 있는 방법을 적용하여 당기손익으로 인식한 비용의 분석내용을 표시하도록 규정하고 있다.

정답 : ②

핵심유형특강 7 　　일반목적재무보고의 목적과 주요이용자

다음 중 일반목적재무보고에 관한 설명으로 가장 올바르지 않은 것은?

① 일반목적재무보고의 목적은 기업에 자원을 제공하는 것과 관련된 의사결정을 할 때 유용한 보고기업 재무정보를 제공하는 것이다.
② 현재 및 잠재적 투자자, 대여자와 그 밖의 채권자가 일반목적재무보고의 주요이용자에 해당한다.
③ 규제기관(감독당국) 및 일반대중도 일반목적재무보고를 유용하게 활용할 수 있다.
④ 경영진은 필요로 하는 재무정보를 내부에서 구할 수 있기 때문에 의사결정을 위하여 일반목적재무보고서에 의존한다.

해설

• ③ 규제기관(감독당국) 그리고 투자자, 대여자와 그 밖의 채권자가 아닌 일반대중도 일반목적재무보고서가 유용하다고 여길 수 있다. 그렇더라도 일반목적재무보고서는 이러한 집단을 주요대상으로 하지 않는다.
• ④ 경영진은 필요로 하는 재무정보를 내부에서 구할 수 있기 때문에 일반목적재무보고서에 의존할 필요가 없다.

정답 : ④

핵심유형특강 8 　　일반목적재무보고서가 제공하는 정보

다음 중 일반목적재무보고서가 제공하는 정보의 설명으로 올바르지 않은 것은?

① 보고기업의 경제적자원 및 청구권의 성격 및 금액에 대한 정보를 제공한다.
② 발생기준 회계가 반영된 재무성과에 관한 정보를 제공한다.
③ 과거 현금흐름이 반영된 재무성과에 관한 정보를 제공한다.
④ 미래의 현금흐름에 대한 예측이 반영된 재무정보를 제공한다.

해설

• 과거 현금흐름이 반영된 재무성과에 관한 정보의 제공을 통해 기업의 미래 순현금유입 창출 능력을 평가하는데 도움이 되는 것이며, 미래의 현금흐름에 대한 예측이 이미 반영된 재무정보를 제공하는 것은 아니다.
• 재무보고를 위한 개념체계에서 규정하고 있는 일반목적재무보고서가 제공하는 정보는 다음과 같다.

㉠ 경제적자원 및 청구권	㉡ 경제적자원 및 청구권의 변동
㉢ 발생기준 회계가 반영된 재무성과	㉣ 과거 현금흐름이 반영된 재무성과
㉤ 재무성과에 기인하지 않은 경제적자원 및 청구권의 변동	

정답 : ④

핵심유형특강 9 — 재무정보의 근본적 질적특성

재무정보의 질적특성 중 근본적 질적특성에 대한 설명이다. 가장 타당하지 아니한 것은 어느 것인가?

① 완전한 서술은 필요한 기술과 설명을 포함하여 정보이용자가 서술되는 현상을 이해하는데 필요한 모든 정보를 포함하는 것이다.

② 분·반기재무제표를 작성하여 공시하는 것은 재무정보의 근본적 질적특성을 충족시키기 위한 것이다.

③ 표현충실성(충실한 표현)은 모든 면에서 정확한 것을 의미하지는 않는다. 오류가 없다는 것은 현상의 기술에 오류나 누락이 없고, 보고 정보를 생산하는데 사용되는 절차의 선택과 적용시 절차상 오류가 없음을 의미한다. 이 맥락에서 오류가 없다는 것은 모든 면에서 완벽하게 정확하다는 것을 의미하지는 않는다.

④ 재무정보에 예측가치, 확인가치 또는 이 둘 모두가 있다면 의사결정에 차이가 나도록 할 수 있다.

해설

• 분·반기재무제표를 작성하여 공시하는 것은 보강적 질적특성의 적시성에 해당한다.

정답 : ②

핵심유형특강 10 — 근본적 질적특성의 하부속성

다음 중 재무정보의 근본적 질적특성에 해당되는 사항은?

① 예측가치, 확인가치, 중요성, 표현충실성
② 중요성, 비교가능성, 검증가능성
③ 중요성, 이해가능성, 표현충실성
④ 비교가능성, 검증가능성, 적시성

해설

• 질적특성 개괄

근본적 질적특성	목적적합성(예측가치와 확인가치, 중요성), 표현충실성
보강적 질적특성	비교가능성, 검증가능성, 적시성, 이해가능성

정답 : ①

핵심유형특강 11 — 재무정보 근본적 질적특성의 구성요소

다음의 빈칸에 들어갈 알맞은 말을 바르게 짝지은 것은?

> 재무제표가 제공하는 정보가 정보이용자의 의사결정에 목적적합성을 제공하기 위해서 근본적으로 갖추어야 할 중요 질적 특성
> 으로 (ㄱ),(ㄴ),(ㄷ)을 들 수 있다. 정보가 정보이용자들의 미래 결과를 예측하기 위해 사용되는 결과의 투입요소로 사용될 수
> 있다면, 그 재무정보는 (ㄱ)를 갖는다. 재무정보가 과거 평가에 대한 피드백을 제공, 즉 확인하거나 변경시킨다면 (ㄴ)를 갖는다.
> 정보가 누락되거나, 잘못 기재된 경우 특정 보고기업의 재무정보에 근거한 정보이용자의 의사결정에 영향을 줄 수 있다면 그
> 정보는 중요한 것이다. (ㄷ)은 개별기업 재무보고서 관점에서 해당 정보와 관련된 항목의 성격이나 규모 또는 이 둘 모두에 근거하
> 여 해당 기업에 특유한 측면의 목적적합성을 의미한다.

	(ㄱ)	(ㄴ)	(ㄷ)
①	예측가치	확인가치	중요성
②	충실한표현	비교가능성	중요성
③	확인가치	예측가치	적시성
④	적시성	이해가능성	확인가치

해설

• 근본적 질적특성
 - 목적적합성 : 예측가치/확인가치/중요성
 - 충실한 표현 : 완전한 서술/중립적 서술/오류없는 서술

정답 : ①

핵심유형특강 12 — 개념체계와 표현충실성

다음 중 재무보고를 위한 개념체계에 관한 설명으로 가장 올바르지 않은 것은?

① 한국채택국제회계기준 개념체계는 계속기업을 기본가정으로 하고 있다.
② 재무정보가 완벽하고 표현충실성을 위해서는 서술이 완전하고, 중립적이며, 오류가 없어야 한다.
③ 오류가 없다는 것은 보고 정보를 생산하는데 사용되는 절차의 선택과 적용 시 절차상 오류가 없음을 의미하며, 모든 면에
 서 완벽하게 정확하다는 것을 의미한다.
④ 특정정보가 정보이용자의 의사결정에 영향을 끼친다면 그 정보는 중요한 것이다.

해설

• 오류가 없다는 것은 모든 면에서 완벽하게 정확하다는 것을 의미하지는 않는다.

정답 : ③

핵심유형특강 13 　　　　　　　　　　　　재무제표 작성기준

다음 중 재무제표의 작성기준으로 가장 올바르지 않은 것은?

① 한국채택국제회계기준에서 요구하거나 허용하지 않는 한 자산과 부채는 상계하지 않는다.
② 모든 재무제표는 발생기준회계를 사용하여 작성한다.
③ 유사한 항목은 중요성 분류에 따라 재무제표에 구분하여 표시한다.
④ 한국채택국제회계기준이 달리 허용하거나 요구하는 경우를 제외하고는 당기 재무제표에 보고되는 모든 금액에 대해 전기 비교정보를 공시한다.

해설

• 현금흐름정보를 제외하고는 발생기준 회계를 사용하여 재무제표를 작성한다.

정답 : ②

핵심유형특강 14 　　　　　　　　　　　　재무제표 표시 일반사항

다음 중 재무제표의 작성 및 표시에 관한 설명으로 가장 올바르지 않은 것은?

① 경영진은 재무제표를 작성할 때 계속기업으로서의 존속가능성을 평가해야 한다.
② 매출채권에 대한 대손충당금을 차감하여 순액으로 표시하는 것은 상계표시에 해당한다.
③ 기업은 현금흐름 정보를 제외하고는 발생기준 회계를 사용하여 재무제표를 작성한다.
④ 중요하지 않은 항목은 성격이나 기능이 유사한 항목과 통합하여 표시할 수 있다.

해설

• K-IFRS에서 요구하거나 허용하지 않는 한 자산과 부채 그리고 수익과 비용은 상계하지 아니한다.
→단, 재고자산에 대한 재고자산평가충당금과 매출채권에 대한 대손충당금(손실충당금)과 같은 평가충당금을 차감하여 관련 자산을 순액으로 측정하는 것은 상계표시에 해당하지 아니한다.

정답 : ②

핵심유형특강 15 　　　　　　　　재무상태표 표시 : 유동과 비유동 구분

다음 중 재무상태표상 유동항목으로 가장 올바르지 않은 것은?

① 정상영업주기 내에 판매될 것으로 예상되는 재고자산
② 보고기간후 12개월 내에 결제일이 도래하는 차입금으로써 보고기간후 12개월 이상 만기를 연장할 것으로 기대하고 있고, 그런 재량권이 있는 차입금
③ 사용에 제한이 없는 보통예금
④ 당기손익인식금융자산

해설

• 기업이 기존의 대출계약조건에 따라 보고기간 후 적어도 12개월 이상 부채를 연장할 것으로 기대하고 있고, 그런 재량권이 있다면, 보고기간 후 12개월 이내에 만기가 도래한다 하더라도 비유동부채로 분류한다.
→그러나 기업에게 부채의 연장에 대한 재량권이 없다면 유동부채로 분류한다.
참고 영업주기는 영업활동을 위한 자산의 취득시점부터 그 자산이 현금이나 현금성자산으로 실현되는 시점까지 소요되는 기간이다. 정상영업주기를 명확히 식별할 수 없는 경우에는 그 기간이 12개월인 것으로 가정한다.

정답 : ②

핵심유형특강 16 　　　　　　　　　　재무제표 작성방법

다음 중 재무제표에 관한 설명으로 가장 올바르지 않은 것은?

① 재고자산, 매출채권 등의 운전자본에 대해서는 보고기간 후 12개월 이내 또는 1년을 초과하더라도 정상적인 영업주기 내에 판매 또는 실현되리라 예상되는 경우에는 유동자산으로 분류한다.
② 포괄손익계산서에서 비용을 표시할 때 반드시 기능별로 분류하여 표시한다.
③ 자본변동표는 지배기업의 소유주와 비지배지분에게 각각 귀속되는 금액으로 구분하여 표시한 해당 기간의 총포괄손익 정보를 포함한다.
④ 현금흐름표는 기업의 현금및현금성자산에 관한 창출능력과 기업의 현금흐름 사용 필요성에 관한 평가의 기초 정보를 정보이용자에게 제공한다.

해설

• 기업은 비용의 성격별 또는 기능별 분류방법 중에서 신뢰성 있고 더욱 목적적합한 정보를 제공할 수 있는 방법을 선택적용하여 당기손익 으로 인식한 비용의 분석내용을 표시한다.

정답 : ②

핵심유형특강 17 　　　　　　　　　　포괄손익계산서 표시정보

다음 중 포괄손익계산서의 작성에 최소한 포함되어야 할 항목이 아닌 것은?

① 법인세비용　　　　　　　　　　② 금융원가
③ 수익　　　　　　　　　　　　　④ 재고자산감모손실

해설

• 최소한 포함되어야 할 항목
  - 수익, 금융원가, 법인세비용
  - 지분법 적용대상인 관계기업과 공동기업의 당기순손익에 대한 지분, 중단영업의 합계를 표시하는 단일금액

정답 : ④

핵심유형특강 18 　　　　　　　　　　포괄손익계산서 표시항목

다음 중 포괄손익계산서에 대한 설명으로 올바르지 않은 것은?

① 포괄손익계산서를 작성할 때 '단일 포괄손익계산서' 또는 '별개의 손익계산서와 포괄손익계산서' 중 하나의 양식을 선택하여 표시할 수 있다.
② 금융원가는 포괄손익계산서에 표시하여야 하는 최소한의 항목 중 하나이다.
③ 기타포괄손익은 손익거래의 결과임에도 불구하고 당기손익에는 포함되지 않는 항목을 의미한다.
④ 포괄손익계산서 작성시 법인세비용은 꼭 표시하여야 하는 것은 아니며 중요하다고 생각되는 경우 표시하여야 하는 항목이다.

해설

• K-IFRS에서는 수익, 금융원가, 법인세비용 등을 포괄손익계산서에 반드시 포함하도록 규정하고 있다.

정답 : ④

핵심유형특강 19 　　　　　　　　　　　주석의 표시

● 다음 중 주석에 대한 설명으로 가장 올바르지 않은 것은?

① 주석은 재무제표에 포함된다.
② 주석은 정보이용자의 이해를 위해 재무상태표, 포괄손익계산서에 대한 추가적인 정보를 포함한다.
③ 주석에는 재무상태표 본문에 인식되지 않는 자원과 의무에 대한 내용도 공시될 수 있다.
④ 주석은 특수한 형태의 재무제표로서 재무보고를 위한 개념체계의 적용을 받지 아니한다.

해설

• ③ 재무제표 본문에 인식되지 않는 우발자산, 우발부채가 주석으로 공시될 수 있다.
• ④ 주석은 특수한 형태의 재무제표가 아니라 일반적인 재무제표 중의 하나이므로, 동일하게 재무보고를 위한 개념체계의 적용을 받는다.

정답 : ④

핵심유형특강 20 　　　　　　　수정을 요하는 보고기간후사건

● 다음 중 재무제표의 수정을 요하는 보고기간후사건이 아닌 것을 고르면?

> ㄱ. 보고기간말 이전에 계류중인 소송사건이 보고기간후 확정되어 금액수정을 요하는 경우
>
> ㄴ. 재무제표가 부정확하다는 것을 보여주는 부정이나 오류를 보고기간후에 발견하는 경우
>
> ㄷ. 보고기간말 기준으로 보고되었던 매출채권 평가금액의 일부가 보고기간후 매출처의 부도로 수정해야 하는 경우
>
> ㄹ. 보고기간말 이전에 자산손상이 발생되었음을 나타내는 정보를 보고기간후에 입수한 경우

① ㄱ　　　　　　② ㄱ, ㄴ　　　　　　③ ㄷ, ㄹ　　　　　　④ 없음

해설

• 모두 수정을 요하는 보고기간 후 사건에 해당한다.

정답 : ④

핵심유형특강 21 　　　　　보고기간후사건과 수정후 순이익

● ㈜상일의 보고기간말 현재 수정전 당기순이익은 10,000,000원이다. 보고기간말과 재무제표 발행승인일 사이에 다음의 사건들이 발생한 경우 수정후 당기순이익은 얼마인가?

> ㄱ. 보고기간말 이후 화재로 인하여 기계장치의 손실 100,000원이 발생
>
> ㄴ. FVPL금융자산의 공정가치가 보고기간말과 재무제표가 확정된 날 사이에 하락하여 50,000원 추가손실 발생
>
> ㄷ. 보고기간말 이전에 존재했던 소송사건의 결과가 보고기간말 이후에 확정되어 200,000원의 손실 발생

① 9,800,000원　　　　② 9,850,000원　　　　③ 9,900,000원　　　　④ 10,000,000원

해설

• ㄱ : 일반적인 재해손실에 해당하므로 발생한 기간의 비용으로 처리한다.
  ㄴ : 투자자산의 시장가치 하락으로써, 대표적인 수정불요사건에 해당한다.
  ㄷ : 소송사건의 확정은 수정필요사건에 해당한다.
∴수정후 당기순이익 : 10,000,000-200,000=9,800,000

정답 : ①

핵심유형특강 22   보고기간후사건

다음 중 보고기간후 사건에 관한 설명 중 가장 옳은 것은?

① 보고기간 후에 기업의 청산이 확정되었더라도 재무제표는 계속기업의 기준에 기초하여 작성하고 청산관련 내용을 주석에 기재한다.
② 보고기간 후에 배당을 선언한 경우, 그 배당금을 보고기간말의 부채로 인식하지 않는다.
③ 보고기간말 이전에 계류중인 소송사건이 보고기간 후에 확정되어 금액수정을 요하는 경우 재무제표의 수정이 불필요하다.
④ 보고기간후사건이란 보고기간말과 재무제표 발행승인일 사이에 발생한 유리한 사건만을 말한다.

해설

- ① 보고기간 후에 기업의 청산이 있는 경우 계속기업의 기준하에 재무제표를 작성해서는 안되며, 이 경우 이를 공시한다.
  ③ 재무제표를 수정할 필요가 있는 사건에 해당한다.
  ④ 유리한 사건만을 말한다.(×) → 유리하거나 불리한 사건을 말한다.(O)

정답 : ②

핵심유형특강 23   특수관계자 공시

다음 중 특수관계자 공시에 대한 설명으로 가장 옳은 것은?

① 최상위 지배자와 지배기업이 다른 경우에는 최상위 지배자의 명칭만 공시한다.
② 주요 경영진에 대한 보상에는 단기종업원급여와 퇴직급여만을 포함한다.
③ 보고기업에 유의적인 영향력을 행사할 수 있는 개인은 보고기업과 특수관계자가 아니다.
④ 지배기업과 그 종속기업 사이의 관계는 거래의 유무에 관계없이 공시한다.

해설

- ① 최상위 지배자의 명칭만 공시한다.(X) → 최상위 지배자의 명칭도 공시한다.(O)
  ② 주요 경영진에 대한 보상에는 단기종업원급여, 퇴직급여, 기타장기급여, 해고급여, 주식기준보상을 포함한다.
  ③ 개인의 경우 다음 중 어느 하나에 해당한다면 보고기업과 특수관계가 있는 것으로 본다.

  > ㉠ 보고기업에 지배력 또는 공동지배력이 있는 경우
  > ㉡ 보고기업에 유의적인 영향력이 있는 경우
  > ㉢ 보고기업 또는 그 지배기업의 주요 경영진의 일원인 경우

정답 : ④

핵심유형특강 24   중간재무보고의 연차재무제표 공시

다음 중 중간재무보고서에 대한 설명으로 가장 올바르지 않은 것은?

① 중간재무보고서는 최소한 요약재무상태표, 요약포괄손익계산서, 요약자본변동표, 요약현금흐름표 및 선별적 주석을 포함하여야 한다.
② 특정 중간기간에 보고된 추정금액이 최종 중간기간에 중요하게 변동하였지만 최종 중간기간에 대하여 별도의 재무보고를 하지 않는 경우 추정의 변동내용과 금액을 해당 회계연도의 연차재무제표에 주석으로 공시되지 않는다.
③ 현금흐름표는 당해 회계연도 누적기간을 직전 회계연도의 동일기간과 비교하는 형식으로 작성한다.
④ 중간재무보고는 회계정보의 적시성을 확보하여 줌으로써 회계정보의 유용성을 높일 수 있다.

해설

- 추정의 변동내용과 금액을 해당 회계연도의 연차재무제표에 주석으로 공시한다.

정답 : ②

핵심유형특강 25 　　　　　　　　　현금 및 현금성자산

● 다음의 기말 금액을 근거로 재무상태표상에 기재될 현금및현금성자산 잔액을 구하면 얼마인가?

> ㄱ. 현금시재액 : 3,000,000원
>
> ㄴ. 타인발행수표 : 1,200,000원
>
> ㄷ. 만기도래한 공사채이자표 : 4,500,000원
>
> ㄹ. 정기예금(잔여만기 1년) : 3,000,000원
>
> ㅁ. 상환우선주(상환일까지 기간은 2개월) : 300,000원
>
> ㅂ. MMF(채권형이며 취득당시의 만기는 2개월, 확정현금으로 현금전환이 용이함) : 1,200,000원
>
> ㅅ. 국민주택채권(취득당시 만기 5개월) : 500,000원

① 3,000,000원 　　　　　　　　　　　　② 4,200,000원
③ 8,700,000원 　　　　　　　　　　　　④ 10,200,000원

해설

• 3,000,000(현금시재액)+1,200,000(타인발행수표)+4,500,000(만기도래공사채이자표)+300,000(상환우선주)+1,200,000(MMF)
= 10,200,000

 친절한 경석씨 　현금예금의 공시

현 금	통화	• 지폐, 주화
	통화대용증권	• 타인발행당좌수표, 가계수표, 자기앞수표, 송금수표, 여행자수표, 우편환, 만기도래공사채이자지급표, 대체저금지급증서, 지점전도금, 배당금지급통지표, 일람출급어음, 국세환급통지서
	요구불예금	• 당좌예금, 보통예금
현금성자산		• 유동성이 매우 높은 단기투자자산으로서 확정금액의 현금전환이 용이하고 가치 변동위험이 경미한 자산을 말함. • 투자자산은 취득당시 만기(상환일)가 3개월 이내인 경우에만 현금성자산으로 분류되며, 지분상품은 원칙적으로 현금성자산에서 제외함. 　🔍주의 결산일로부터 3개월 이내가 아님. **사례** 다음은 현금성자산으로 분류함. 　① 취득당시 만기가 3개월 이내인 금융기관이 취급하는 단기금융상품 　② 취득당시 만기가 3개월 이내에 도래하는 채무증권 　③ 취득당시 상환일까지의 기간이 3개월 이내인 상환우선주 　④ 3개월 이내의 환매조건인 환매채 　⑤ 투자신탁의 계약기간이 3개월 이하인 초단기수익증권
단기금융상품		• 단기적자금운용 목적이거나 보고기간말로부터 1년 이내에 도래하는 현금성자산이 아닌 다음의 것 　① 정기예금, 정기적금, 사용이 제한된 예금(예 양건예금) 　② 기타 정형화된 상품(예 양도성예금증서(CD)등의 금융상품) 　➡그 외는 장기금융상품으로 분류함.

정답 : ④

핵심유형특강 26 매출채권의 대손상각비(손상차손)

다음은 20x2년 12월 31일 매출채권잔액 및 해당 매출채권의 회수가능액(기대신용손실 반영액으로 가정)에 관한 자료이다. 20x2년 말 결산시 대손상각비로 계상할 금액은 얼마인가(단, 20x1년말 재무상태표상의 대손충당금 잔액은 ₩15,000,000원이고, 당기중 대손이 확정되어 대손충당금과 상계된 매출채권은 ₩9,000,000원이다.)?

〈매출채권잔액 및 회수가능액〉

거래처	매출채권	회수가능액
A회사	10,000,000원	8,000,000원
B회사	70,000,000원	56,000,000원
C회사	180,000,000원	170,000,000원
합계	260,000,000원	234,000,000원

① 0원
② 14,500,000원
③ 20,000,000원
④ 29,000,000원

해설

• 대손충당금잔액 : 15,000,000-9,000,000=6,000,000
• 대손추정액 : 260,000,000-234,000,000=26,000,000
→ 설정 : (차) 대손상각비 20,000,000 (대) 대손충당금 26,000,000-6,000,000=20,000,000

친절한 경석씨 대손충당금(손실충당금) 계정흐름

대손충당금			
대손발생(대손확정)[1]	xxx	기초대손충당금	xxx
대손충당금환입	xxx	대손채권회수	xxx
기말대손충당금	xxx	대손상각비[2]	xxx

[1] 기중발생한 대손총액
[2] 기중발생대손 중 대손상각비처리액과 기말설정 대손상각비의 합계

정답 : ③

핵심유형특강 27   매출채권 대손발생액 추정

다음은 20x2년 12월 31일 매출채권잔액 및 회수가능액(기대신용손실 반영액으로 가정)에 관한 자료이다.

구분	매출채권	회수가능액
20x2년 12월 31일	2,000,000원	1,950,000원

20x1년말 대손충당금 잔액은 42,000원이고 20x2년에 인식한 대손상각비는 72,000원이다. 20x2년 대손이 확정되어 상계된 매출채권은 얼마인가?

① 25,000원   ② 45,000원
③ 55,000원   ④ 64,000원

해설

- 기말대손충당금 : 2,000,000-1,950,000=50,000
- 대손충당금 계정분석

대손발생	?	기초대손충당금	42,000
기말대손충당금	2,000,000-1,950,000=50,000	대손상각비	72,000
	114,000		114,000

∴대손발생(대손이 확정되어 상계된 매출채권)=64,000

정답 : ④

핵심유형특강 28   재고자산 매입원가 가감항목

다음 중 재고자산의 취득원가에 대한 설명으로 가장 옳은 것은?

① 매입시 발생한 매입운임은 당기비용으로 처리한다.
② 매입시 발생한 하역료는 매입가격에 가산한다.
③ 판매시 발생한 판매비용은 매입가격에 가산한다.
④ 매입할인 및 리베이트는 매입원가에 가산한다.

해설

- ① 매입운임 : 매입원가에 가산
  ③ 판매비용 : 판매비와관리비
  ④ 매입할인 및 리베이트 : 매입원가 결정시 차감

정답 : ②

핵심유형특강 29 　　　　　　재고자산 총평균법·이동평균법 비교

지난 2년간 재고자산의 매입가격이 계속적으로 상승했을 경우, 기말재고의 평가에 있어서 이동평균법을 적용했을 경우와 총평균법을 적용했을 경우에 관한 다음 설명 중 가장 올바르지 않은 것은?

① 총평균법은 회계기간 단위로 품목별 총평균원가를 산출하는 방법이고, 이동평균법은 자산을 취득할 때마다 장부재고금액을 장부재고수량으로 나누어 평균단가를 산출하는 방법이다.
② 이동평균법을 적용할 때 기말재고금액이 보다 낮게 평가된다.
③ 총평균법을 적용할 때 기말재고금액이 보다 낮게 평가된다.
④ 이동평균법을 적용할 때 회계적 이익이 보다 높게 평가된다.

해설

• 기말재고와 순이익 : 선입선출법 〉 이동평균법 ≧ 총평균법

정답 : ②

핵심유형특강 30 　　　　　　재고자산 계속기록법·실지재고조사법

다음은 20x1년 ㈜상일의 재고자산 관련자료이다. 주어진 자료에 따라 회사가 재고자산 회계처리 방법으로 계속기록법과 실지재고조사법을 적용하였을 때 기말재고자산 금액은 얼마인가?

ㄱ. 20x1년 1월 1일 기초재고금액	: 8,000,000원
ㄴ. 20x1년 3월 5일 매입가액	: 12,000,000원
ㄷ. 20x1년 5월 20일 매출원가	: 10,000,000원
ㄹ. 20x1년 8월 10일 매입가액	: 9,000,000원
ㅁ. 20x1년 11월 1일 매출원가	: 6,000,000원
ㅂ. 20x1년 12월 31일 실사 기말재고금액	: 10,000,000원

	계속기록법	실지재고조사법
①	10,000,000원	10,000,000원
②	10,000,000원	13,000,000원
③	13,000,000원	10,000,000원
④	13,000,000원	13,000,000원

해설

• 계속기록법 : [(8,000,000+12,000,000-10,000,000)+9,000,000]-6,000,000=13,000,000
• 실지재고조사법(=20x1년 12월 31일 실사 기말재고금액) : 10,000,000원

정답 : ③

핵심유형특강 31	선입선출법과 총평균법 기말재고자산금액

다음은 ㈜삼일의 재고수불부이다. 재고자산을 선입선출법과 총평균법으로 평가하는 경우 ㈜삼일의 기말재고자산 금액은 얼마인가?

	수량	단가	금액
전기이월	1,000개	1,000원	1,000,000원
5/5 구입	2,000개	2,000원	4,000,000원
6/5 판매	2,500개	?	?
7/3 구입	2,000개	2,500원	5,000,000원
8/5 판매	2,500개	?	?
9/3 구입	2,000개	3,050원	6,100,000원
기 말	2,000개	?	?

	선입선출법	총평균법
①	6,100,000원	4,600,000원
②	5,700,000원	5,500,000원
③	6,000,000원	5,800,000원
④	6,500,000원	6,200,000원

해설

• FIFO : 6,100,000(9/3 구입분)

• 총평균법 : $2,000개 \times @\dfrac{1,000,000+4,000,000+5,000,000+6,100,000}{7,000개} = 4,600,000$

⚡ **고속철** ①~④의 FIFO 금액이 모두 다르므로 실전에서는 총평균법은 계산할 필요가 없다.

정답 : ①

핵심유형특강 32	유형자산 인식

다음 중 유형자산으로 인식하기 위하여 필요한 조건이 아닌 것은?

① 개별적으로 취득한 자산이어야 한다.
② 자산으로부터 발생하는 미래의 경제적 효익이 기업에 유입될 가능성이 높아야 한다.
③ 자산의 원가를 신뢰성있게 측정할 수 있어야 한다.
④ 자산의 물리적 실체는 없지만 식별 가능해야 한다.

해설

• 유형자산은 물리적 형태가 있어야 하며, 이러한 점에서 물리적 형태가 없는 무형자산과 구별된다.

정답 : ④

핵심유형특강 33   유형자산 취득원가 집계

㈜삼일의 재무상태표에 유형자산으로 표시되는 기계장치의 취득원가는 얼마인가?

기계장치의 취득과 관련하여 발생한 비용	금액
취득금액	700,000,000원
경영진이 의도하는 완전조업도 수준을 달성하지 못해 발생하는 원가	50,000,000원
아직 생산된 제품의 수요가 형성되지 않아 발생한 손실	30,000,000원
생산된 상품을 홍보하는데 발생한 광고비용	15,000,000원
합계	795,000,000원

① 700,000,000원   ② 715,000,000원
③ 750,000,000원   ④ 795,000,000원

해설

• 취득금액 700,000,000원만이 취득원가로 집계되며, 나머지는 취득원가 불포함항목(=비용처리)으로 규정되어 있다.

정답 : ①

핵심유형특강 34   유형자산 후속원가의 처리

기계장치의 일부를 대체하기 위해 돈이 지출되었는데 해당 금액을 기계장치의 장부금액으로 회계처리하였다. 해당 지출은 유형자산의 인식기준을 충족하였기 때문에 기계장치의 장부금액에 포함하여 인식하는 것이 회계원칙에 부합한다고 할 때, 다음 설명 중 가장 올바르지 않은 것은?

① 동 지출을 기계장치의 장부금액에 포함하여 인식한 회계처리는 올바르며 대체되는 부분의 장부금액은 제거한다.
② 유형자산의 인식기준을 충족하였다 하더라도 동 지출은 발생시점에 비용으로 인식해야 한다.
③ 만약, 이것이 일상적인 수선, 유지와 관련하여 발생하였다면 당기손익으로 인식하는 것이 맞다.
④ 대체되는 부분의 장부금액 제거 여부는 그 부분을 별도로 인식하였는지 여부와는 관계가 없다.

해설

• 인식기준을 충족하는 경우에는 일상적인 수선·유지를 위한 지출을 제외하고 해당 유형자산의 장부금액에 포함하여 인식하고 대체되는 부분의 장부금액은 당초 그 부분을 별도로 분리하여 인식하였는지 여부와는 관계없이(즉, 분리하여 인식하지 않은 경우에도) 제거한다.

정답 : ②

핵심유형특강 35   유형자산 교환 - 상업적실질 존재

㈜상일은 사용 중이던 차량운반구를 ㈜용산이 사용하던 기계장치와 교환하였다. 이 교환과 관련하여 ㈜상일은 공정가치의 차액 300,000원을 현금으로 지급하였다. 이 경우 ㈜상일이 인식해야 할 처분손익은 얼마인가(단, 동 교환거래는 상업적실질이 있다고 가정)?

	차량운반구	기계장치
취득원가	4,000,000원	5,000,000원
감가상각누계액	2,000,000원	2,500,000원
공정가치	2,700,000원	3,000,000원

① 유형자산처분이익 500,000원   ② 유형자산처분이익 700,000원
③ 유형자산처분손실 500,000원   ④ 유형자산처분손실 700,000원

해설

• (차) 기계장치   2,700,000   (대) 차량운반구   4,000,000
      감가상각누계액   2,000,000   처분이익   700,000
  (차) 기계장치   300,000   (대) 현금   300,000

정답 : ②

핵심유형특강 36   유형자산 감가상각

다음은 원가모형을 적용하는 기업의 감가상각에 대한 설명으로 가장 올바른 것은?

① 토지와 건물을 같이 취득하였다면 단일 자산으로 계정분류한다.
② 보유하고 있는 토지의 시장가치의 증가는 건물의 감가상각대상금액에 영향을 미친다.
③ 감가상각의 목적은 특정자산의 효익에 대응하여 감가상각대상금액을 체계적이고 합리적인 방법으로 배분하는 것이다.
④ 감가상각방법은 예상소비형태를 가장 잘 반영할 수 있는 방법을 선택하여 일관성 있게 적용하여야 하고 후속기간에 이를 변경할 수 없다.

해설

• ① 토지와 건물을 동시에 취득하는 경우에도 이들은 분리가능한 자산이므로 별개의 자산으로 회계처리한다.[기준서 1016호 문단58]
② 건물이 위치한 토지의 가치가 증가하더라도 건물의 감가상각대상금액에는 영향을 미치지 않는다.[기준서1016호 문단58]
④ 자산에 내재된 미래경제적효익의 예상되는 소비형태가 유의적으로 달라졌다면 달라진 소비형태를 반영하기 위하여 감가상각방법을 변경하며, 그러한 변경은 회계추정의 변경으로 회계처리한다.[기준서1016호 문단61]

정답 : ③

핵심유형특강 37　　　유형자산 재평가모형의 적용

다음 중 유형자산의 재평가모형과 관련된 설명으로 가장 올바르지 않은 것은?

① 재평가 결과 발생한 평가손익은 재평가잉여금의 과목으로 자본(기타포괄손익)으로 인식한다.
② 보고기간말에 장부금액이 공정가치와 중요하게 차이가 나지 않도록 주기적으로 수행해야 한다.
③ 유형자산별로 선택적 재평가를 하거나 서로 다른 기준일의 평가금액이 혼재된 재무보고를 하는 것을 방지하기 위하여 동일한 유형 내의 유형자산은 동시에 재평가한다.
④ 자산의 순장부금액을 공정가치로 수정하기 위하여 비례수정법이나 전액제거법을 사용할 수 있다.

해설

• 원칙적으로, 평가이익은 재평가잉여금(자본)으로 처리하며, 평가손실은 재평가손실(당기손익)로 처리한다.

정답 : ①

핵심유형특강 38　　　연구활동·개발활동의 구분 인식

㈜삼일은 신제품 개발 프로젝트와 관련하여 당기 중 90억원을 지출하였다. 동 지출 중 20억원은 새로운 지식을 얻고자 하는 활동으로 소요되었고 70억원은 개발단계에서 소규모의 시험공장을 설계, 건설 및 가동하는 활동으로 소요되었다. 다음 중 이에 관한 회계처리로 가장 옳은 것은?

① 20억원은 기간비용으로 처리하고, 70억원 중 무형자산인식기준을 충족하지 못하는 것은 발생시점에 비용으로 인식하고, 무형자산인식기준을 충족하는 것은 무형자산으로 인식한다.
② 신제품 프로젝트와 관련하여 발생한 70억원은 전액 개발단계에 속하는 활동이므로 무형자산으로 인식한다.
③ 신제품 프로젝트와 관련하여 발생한 90억원은 전액 연구단계에 속하는 활동이므로 현금 지출시점에 비용으로 인식한다.
④ 개발단계에서 소규모의 시험공장을 설계, 건설 및 가동하는 활동으로 소요된 70억원은 해당 자산을 완성해 그것을 판매하려는 기업의 의도가 없더라도 무형자산으로 인식한다.

해설

• 20억원(연구활동) : 비용
• 70억원(개발활동) : 자산인식기준을 충족하지 못하면 비용, 충족하면 무형자산

정답 : ①

핵심유형특강 39 　　　　　　　　　개발비(자산)와 경상개발비(비용)

제약회사인 ㈜상일은 20x2년 초에 설립되었으며, 신약 제품개발 프로젝트를 추진중이다. 다음은 ㈜상일의 신약 제품개발 프로젝트와 관련된 지출내역이다.

단계	지출시점	지출액	자산인식요건
연구단계	20x1.1.1	100,000원	
개발단계	20x2.1.1	100,000원	미충족
	20x2.12.1	200,000원	충족

20x2년말에 종료되는 회계연도에 개발비(무형자산)로 인식할 금액과 당기비용으로 인식할 금액은 얼마인가(단, 프로젝트 개발비는 20x2년 12월 1일에 무형자산 인식요건을 충족하였으며 개발비는 20x3년부터 사용가능 하다고 가정한다)?

	개발비	당기비용
①	400,000원	0원
②	300,000원	100,000원
③	200,000원	100,000원
④	100,000원	300,000원

해설

- 설립연도인 20×2년의 개발단계 지출액 중 자산인식요건을 충족한 200,000원만 개발비(무형자산)로 인식하며, 나머지 100,000원은 경상개발비(당기비용)로 처리한다.
- 개발비(무형자산)에 대한 상각비는 사용가능시점인 20×3년부터 인식된다.

정답 : ③

핵심유형특강 40 　　　　　　　　　　　　무형자산의 손상

㈜상일이 20x1년초에 취득한 특허권에 관한 자료는 다음과 같다. 특허권은 정액법으로 상각하며 잔존가치는 0원이다. ㈜상일이 20x1년 말에 인식할 특허권 장부금액과 손상차손금액은 얼마인가?

취득원가	내용연수	20x1년말	
		순공정가치	사용가치
200,000원	5년	100,000원	150,000원

	특허권	손상차손
①	200,000원	0원
②	150,000원	10,000원
③	100,000원	60,000원
④	0원	160,000원

해설

- 20×1년말 손상전 특허권 장부금액 : 200,000-200,000÷5년=160,000
- 손상차손 : 160,000-Max[100,000,150,000]=10,000
- 20×1년말 특허권 장부금액 : 160,000-10,000=150,000

정답 : ②

핵심유형특강 41   투자부동산 원가모형과 공정가치모형

다음은 ㈜상일의 담당자들이 나눈 대화이다. 대화의 주제인 투자부동산에 대한 설명으로 가장 올바른 것은?

> 김사원 : 투자부동산은 원가모형만 가능합니다.
> 이대리 : 매 회계기간마다 원가모형과 공정가치모형을 다르게 선택할 수 있습니다.
> 서과장 : 투자부동산에 공정가치모형을 적용할 경우 공정가치 변동으로 인한 손익은 기타포괄손익으로 반영합니다.
> 정부장 : 투자부동산에 대해 공정가치모형을 선택한다면 감가상각은 하지 않습니다.

① 김사원   ② 이대리
③ 서과장   ④ 정부장

해설

- 원가모형과 공정가치모형 중 하나를 선택하여 적용한다.
- 모든 회계정책은 일관성있게 적용하며, 평가모형의 변경은 회계정책의 변경에 따른다.
- 공정가치모형의 평가손익은 당기손익으로 인식한다.

정답 : ④

핵심유형특강 42   투자부동산 해당여부

다음 중 투자부동산으로 분류되는 것은?

① 자가사용부동산
② 통상적인 영업과정에서 판매하기 위한 부동산이나 이를 위하여 건설 또는 개발 중인 부동산
③ 장래 용도를 결정하지 못한 채로 보유하고 있는 토지
④ 금융리스로 제공한 부동산

해설

- 장래 용도를 결정하지 못한 채로 보유하고 있는 토지는 투자부동산에 해당한다.

친절한 경석씨   **부동산분류와 투자부동산 해당여부**

부동산 일반적 분류	임대수익·시세차익목적 보유	• 투자부동산
	재화생산·용역제공·관리목적 보유	• 유형자산(자가사용부동산)
	통상적 영업과정에서 판매목적 보유	• 재고자산
투자부동산 해당여부	투자부동산 O [예시]	• 장기시세차익을 얻기 위하여 보유하고 있는 토지 • 장래 용도를 결정하지 못한 채로 보유하고 있는 토지 • 직접소유하고 운용리스로 제공하는 건물 • 운용리스로 제공하기 위하여 보유하는 미사용 건물 • 미래에 투자부동산으로 사용하기 위하여 건설·개발중인 부동산
	투자부동산 X [예시]	• 통상영업과정에서 판매 또는 이를 위하여 건설·개발 중인 부동산 • 자가사용부동산 • 금융리스로 제공한 부동산

정답 : ③

핵심유형특강 43   투자부동산의 회계처리

다음은 건설회사인 (주)삼일의 김사장과 이과장이 나눈 대화이다. 다음 중 대화의 주제인 투자부동산에 대한 설명으로 가장 올바르지 않은 것은(단, 공정가치모형으로 회계처리 할 경우 투자부동산의 공정가치를 계속하여 신뢰성 있게 결정할 수 있다고 가정한다.)?

> 김사장 : 이과장. 이번에 건설한 상가는 요즘 부동산 경기가 좋지 않아서 분양이 잘되지 않으니 임대목적으로 전향하도록 하게.
>
> 이과장 : 네 알겠습니다. 그러면 상가의 계정과목을 변경해야겠군요.
>
> 이과장 : 투자부동산으로 변경해야 할 것 같습니다.
>
> 김사장 : 그렇다면, 재무제표에 미치는 영향은 어떻게 달라지나?

① ㈜삼일이 이미 다른 건물을 임대목적으로 사용하고 있고, 이를 공정가치모형으로 회계처리하고 있다면, 위에서 언급한 상가도 공정가치모형으로 회계처리해야 한다.
② 상가에 대해 공정가치모형으로 회계처리할 경우 감가상각은 하지 않았기 때문에 감가상각으로 인한 비용은 발생하지 않을 것이다.
③ 투자부동산을 공정가치모형으로 회계처리 하는 경우 상가(투자부동산)의 장부금액은 상가(재고자산)의 대체 전 장부금액으로 한다.
④ 상가에 대해 공정가치모형으로 회계처리할 경우 공정가치 변동으로 발생하는 손익은 발생한 기간의 당기손익에 반영한다.

해설

• 재고자산을 공정가치모형으로 처리하는 투자부동산으로 대체시에는 공정가치로 대체하고 재고자산 장부금액과의 차액은 당기손익으로 처리한다.

친절한 경석씨   투자부동산 평가와 계정대체

평가모형 분류	유형자산 [선택]	원가모형	• 감가상각 O	–
		재평가모형	• 감가상각 O	• 재평가잉여금(기타포괄손익) • 재평가손실(당기손익)
	투자부동산 [선택]	원가모형	• 감가상각 O	• 공정가치는 주석공시
		공정가치모형	• 감가상각 X	• 평가손익(당기손익)
투자부동산 계정대체 [예시]	자가사용의 개시 자가사용을 목적으로 개발시작		▢ 투자부동산 ➜ 자가사용부동산(유형자산)으로 대체	
	통상영업과정에서 판매할 목적으로 개발시작		▢ 투자부동산 ➜ 재고자산으로 대체	
	자가사용의 종료		▢ 자가사용부동산 ➜ 투자부동산으로 대체	
	제3자에 대한 운용리스 제공의 약정		▢ 재고자산 ➜ 투자부동산으로 대체[1]	

[1] 공정가치모형으로 대체시는 공정가치로 계상하고 장부금액과 공정가치 차액은 당기손익 처리함.

→ ㉠ (차) 재고자산(공정가치-장부금액)   2   (대) 처분이익(당기손익)   2
    ㉡ (차) 투자부동산   12   (대) 재고자산   12

정답 : ③

핵심유형특강 44 | **투자부동산 평가모형 손익효과 비교**

㈜상일과 ㈜용산은 20x1년초에 임대수익 및 시세차익 등을 목적으로 각각 건물 1동씩을 40억원에 매입하였다. 두 건물의 취득 당시 내용연수는 20년, 잔존가치는 없으며 20x1년말 건물의 공정가치는 36억원으로 동일하다. ㈜상일과 ㈜용산이 선택하고 있는 측정방식은 다음과 같다.

구분	㈜상일	㈜용산
유형자산 평가방법	원가모형	원가모형
투자부동산 평가방법	원가모형	공정가치모형
감가상각방법	정액법	정액법

다음 중 상기 건물의 취득과 보유가 20x1년말 ㈜상일과 ㈜용산의 당기손익에 미치는 영향에 대한 설명으로 가장 올바른 것은(단, 손상사유는 발생하지 않은 것으로 가정한다)?

① ㈜상일이 ㈜용산보다 이익이 2억원 더 많이 계상된다.
② ㈜상일이 ㈜용산보다 이익이 2억원 더 적게 계상된다.
③ ㈜상일이 ㈜용산보다 이익이 4억원 더 많이 계상된다.
④ ㈜상일과 ㈜용산의 당기손익에 미치는 영향은 동일하다.

해설

• (주)삼일 : 투자부동산(원가모형)의 감가상각비 → 40억원÷20년=2억원
• (주)용산 : 투자부동산(공정가치모형)의 평가손실 → 40억원-36억=4억원
∴(주)삼일의 당기이익이 2억원 더 크다.

정답 : ①

핵심유형특강 45 | **투자부동산 감가상각비 계산**

㈜상일은 20x1년 9월 1일 다음과 같은 건물을 구입하여 투자부동산으로 분류하여 보유하고 있다. 투자부동산의 회계처리와 관련하여 ㈜상일의 20x1년 당기손익에 미치는 영향은 얼마인가?(단, 법인세비용은 고려하지 않으며, ㈜상일은 원가모형으로 투자부동산을 평가하고 있다.)

ㄱ. 취득원가 : 400,000,000원

ㄴ. 감가상각방법 : 정액법

ㄷ. 내용연수 : 20년(잔존가치 : 40,000,000원)

ㄹ. 공정가치

구분	20x1.9.1	20x1.12.31
투자부동산	400,000,000원	420,000,000원

① 손익없음
② 20,000,000원 이익
③ 6,000,000원 손실
④ 18,000,000원 손실

해설

• 원가모형이므로 당기손익에 영향을 미치는 요소는 감가상각비이다.
→[(400,000,000-40,000,000)÷20년]x4/12=6,000,000
• if, 공정가치모형이라면 당기손익에 미치는 영향은 공정가치 증가분인 평가이익 20,000,000원이 된다.

정답 : ③

핵심유형특강 46 　　　　　재고자산의 투자부동산으로의 계정대체

부동산매매업을 영위하는 ㈜삼일은 당기 중 판매목적으로 보유하던 장부금액 10억원인 건물을 제3자에게 운용리스를 통해 제공하기로 하였다. 용도 변경시점의 동 건물의 시가가 15억원이었다고 할 때, ㈜삼일의 회계처리로 가장 적절한 것은? 단, ㈜삼일은 투자부동산에 공정가치모형을 적용한다.

① (차) 투자부동산　　　　　15억원　(대) 재고자산　　　　　　　　　　　　10억원
　　　　　　　　　　　　　　　　　　　　재평가이익(당기손익)　　　　　　5억원

② (차) 투자부동산　　　　　15억원　(대) 재고자산　　　　　　　　　　　　15억원

③ (차) 투자부동산　　　　　15억원　(대) 재고자산　　　　　　　　　　　　10억원
　　　　　　　　　　　　　　　　　　　　재평가잉여금(기타포괄손익)　　　5억원

④ (차) 투자부동산　　　　　10억원　(대) 재고자산　　　　　　　　　　　　10억원

해설

• 재고자산(판매목적 건물)을 제3자에게 운용리스로 제공하는 것은 투자부동산으로의 계정대체에 해당한다.
• 재고자산 장부금액과 대체시점(용도변경시점)의 공정가치의 차액은 당기손익으로 인식한다.

ㄱ (차) 재고자산　　　　15억-10억=5억　(대) 이익(당기손익)　　5억
ㄴ (차) 투자부동산　　　　　　　　15억　(대) 재고자산　　　　　15억

정답 : ①

핵심유형특강 47 　　　　　금융자산·부채의 의의와 해당항목

다음 중 금융상품에 대한 설명으로 가장 올바르지 않은 것은?

① 금융상품은 정기예·적금과 같은 정형화된 상품뿐만 아니라 다른 기업의 지분상품, 거래상대방에게서 현금 등 금융자산을 수취할 계약상의 권리 등을 포함하는 포괄적인 개념이다.
② 매입채무와 미지급금은 금융부채에 해당하지 않는다.
③ 한국채택국제회계기준은 보유자에게 금융자산을 발생시키고 동시에 상대방에게 금융부채나 지분상품을 발생시키는 모든 계약으로 금융상품을 정의하였다.
④ 현금및현금성자산, 지분상품 및 채무상품은 금융자산에 해당한다.

해설

• 매입채무와 미지급금은 금융부채에 해당한다.
• 금융자산에 해당여부

금융자산 O	현금및현금성자산, 대여금, 매출채권, 미수금, 미수수익, FVPL금융자산, FVOCI금융자산, AC금융자산, 금융기관취급 기타금융상품
금융자산 X	재고자산, 유형자산, 무형자산, 사용권자산, 선급비용, 선급금, 계약에 의하지 않은 자산, 법인세관련 자산(이연법인세자산)

• 금융부채에 해당여부

금융부채 O	매입채무, 지급어음, 차입금, 사채, 미지급금, 미지급비용, 금융리스부채, 금융보증계약, 상환우선주(보유자에게 상환청구권이 있는 경우)
금융부채 X	선수금, 선수수익, 충당부채, 우발부채, 미지급법인세, 보증의무

정답 : ②

핵심유형특강 48　　　　　　금융자산의 분류

다음 중 금융자산에 대한 설명으로 올바르지 않은 것은?

① 원칙적으로 지분상품은 당기손익-공정가치측정금융자산으로 분류한다.
② 단기매매항목이 아닌 지분상품은 최초 취득시 기타포괄손익-공정가치측정금융자산으로 지정할 수 있다.
③ 매매목적의 채무상품은 기타포괄손익-공정가치측정금융자산으로 분류한다.
④ 원리금수취(현금흐름수취) 목적의 채무상품은 상각후원가측정금융자산으로 분류한다.

해설

• AC금융자산(상각후원가측정금융자산)과 FVOCI금융자산(기타포괄손익-공정가치측정금융자산)의 충족조건(이하 참조!)을 만족시키지 못하는 그 외 모든 금융자산(예 매매목적 채무상품)은 FVPL금융자산(당기손익-공정가치측정금융자산)으로 분류한다.

친절한 경석씨　금융자산 분류

원칙	• 사업모형과 현금흐름특성에 근거하여 다음과 같이 분류·측정함.		
	분류·측정	충족조건	해당증권
	AC금융자산 [상각후원가측정]	㉠ 현금흐름수취목적 사업모형일 것 ㉡ 원리금지급만으로 구성된 현금흐름일 것	채무상품
	FVOCI금융자산 [기타포괄손익-공정가치측정]	㉠ 현금흐름수취와 금융자산매도목적 사업모형일 것 ㉡ 원리금지급만으로 구성된 현금흐름일 것	채무상품
	FVPL금융자산 [당기손익-공정가치측정]	그 외 모든 금융자산 ➡예 단기매매항목	지분상품 채무상품 파생상품
선택	• 최초인식시점에 다음과 같이 측정하기로 선택할수 있음.		
	분류·측정	충족조건	해당증권
	FVOCI금융자산 [기타포괄손익-공정가치측정]	단기매매항목이 아닐 것	지분상품
	FVPL금융자산 [당기손익-공정가치측정]	회계불일치를 제거하거나 유의적으로 줄이기 위한 경우일 것	지분상품 채무상품

정답 : ③

핵심유형특강 49　　　　상각후원가측정금융자산 분류·거래원가·평가

금융상품과 관련하여 상각후원가측정금융자산에 대한 설명이다. 가장 옳지 않은 것은 어느 것인가?

① 원칙적으로 모든 채무상품은 상각후원가측정금융자산으로 분류한다.
② 상각후원가측정금융자산은 사업모형이 원리금을 수취하는 것인 금융자산을 의미한다.
③ 상각후원가측정금융자산 취득시 지출된 거래원가는 취득원가에 우선 가산한 후 유효이자율법에 의해 이자수익에 가산된다.
④ 상각후원가측정금융자산은 유효이자율법을 적용하여 상각후원가로 평가한다.

해설

• 사업모형과 충족조건에 따라 AC금융자산, FVOCI금융자산, FVPL금융자산 모두로 분류될 수 있다.

정답 : ①

핵심유형특강 50 　　　　　　　　　　　　　　　**금융자산의 손상증거**

금융자산의 손상 발생에 대한 객관적인 증거로 보기에 가장 어려운 것은?

① 유동부채가 유동자산을 초과하는 경우
② 재무적 어려움으로 당해 금융자산에 대한 활성거래시장의 소멸
③ 금융자산의 발행자나 지급의무자의 중요한 재무적 어려움
④ 이자지급이나 원금상환의 불이행이나 지연과 같은 계약 위반

해설

• ①은 손상 발생의 객관적인 증거로 규정되어 있지 않다.

 **금융자산의 손상인식**

손상대상	① 상각후원가금융자산=AC금융자산 ② 기타포괄손익-공정가치측정금융자산(채무상품)=FVOCI금융자산(채무상품)
기대손실모형	• 신용이 손상되지 않은 경우에도 기대신용손실을 추정하여 인식함. • 신용이 손상된 경우(손상발생의 객관적 증거가 있는 경우) 　□ 재무적 어려움, 채무불이행, 연체와 같은 계약위반 　□ 차입조건의 불가피한 완화, 파산가능성 　□ 재무구조조정가능성, 활성시장의 소멸, 크게 할인가격으로 매입하거나 창출
회계처리	• (차) 금융자산손상차손 xxx　(대) 손실충당금(or 기타포괄손익) xxx

정답 : ①

핵심유형특강 51 　　　　　　　　　　　　**FVPL금융자산의 취득·평가·재분류**

다음 중 당기손익-공정가치측정금융자산에 대한 설명으로 가장 올바르지 않은 것은?

① 단기매매목적의 금융자산은 당기손익-공정가치측정금융자산으로 분류한다.
② 채무상품인 당기손익-공정가치측정금융자산은 다른 금융상품으로 재분류할 수 없다.
③ 당기손익-공정가치측정금융자산은 취득후 공정가치로 평가하고, 평가손익은 당기손익에 반영한다.
④ 당기손익-공정가치측정금융자산 취득시 지출된 거래원가는 당기비용으로 처리한다.

해설

• 금융자산의 재분류는 채무상품만 가능하며 지분상품은 재분류가 불가하다.
　→ 따라서, 채무상품인 당기손익-공정가치측정금융자산은 다른 금융상품(AC금융자산, FVOCI금융자산)으로 재분류할 수 있다.

정답 : ②

핵심유형특강 52   FVPL금융자산(지분상품) 처분손익

㈜삼일은 20x1년초에 ㈜용산의 주식 1,000주를 공정가치에 취득하고, 당기손익-공정가치측정금융자산으로 분류하였다. 20x2년초에 1,000주를 공정가치로 처분한 경우 ㈜삼일이 20x2년의 포괄손익계산서에 계상할 처분손익은 얼마인가?

일자	구분	주당금액
20x1년초	취득원가	10,000원
20x1년말	공정가치	9,500원
20x2년초	공정가치	10,200원

① 손실 500,000원   ② 손실 700,000원
③ 이익 200,000원   ④ 이익 700,000원

해설

• 1,000주×10,200-1,000주×9,500=700,000(이익)

20x1년초	(차)	FVPL금융자산	10,000,000	(대)	현금	10,000,000
20x1년말	(차)	FVPL금융자산평가손실	500,000	(대)	FVPL금융자산	500,000
20x2년초	(차)	현금	10,200,000	(대)	FVPL금융자산	9,500,000
					FVPL금융자산처분이익	700,000

정답 : ④

핵심유형특강 53　　　　기타포괄손익-공정가치측정금융자산의 평가

㈜상일은 다음과 같이 20x1년에 ㈜용산의 주식을 취득하고 기타포괄손익-공정가치측정금융자산으로 분류하였다. 이 주식과 관련하여 ㈜상일의 20x1년과 20x2년도의 재무제표에 미치는 영향을 가장 올바르게 표시한 것은?

> ㄱ. 20x1년 3월 1일 : ㈜용산의 주식 1,000주를 취득(취득원가 : 7,500원/주)
>
> ㄴ. 20x1년말 ㈜용산 주식의 공정가치 : 7,800원/주
>
> ㄷ. 20x2년말 ㈜용산 주식의 공정가치 : 7,350원/주

	항목	영향	
		20x1년	20x2년
①	기타포괄손익	영향없음	150,000원 감소
②	이익잉여금	영향없음	150,000원 감소
③	기타포괄손익	300,000원 증가	450,000원 감소
④	이익잉여금	300,000원 증가	450,000원 감소

해설

• 20x1년 : 기타포괄손익 1,000주x300=300,000 증가
• 20x2년 : 기타포괄손익 1,000주x450=450,000 감소

친절한 경석씨　FVOCI금융자산(지분상품)의 평가와 처분

평가손익	자본처리	• 공정가치와 장부금액의 차액 : 기타포괄손익(자본)으로 처리함. 🔎주의 평가이익과 평가손실은 발생시 상계하여 표시함.
	재분류불가	• 평가손익은 후속적으로 당기손익으로 재분류하지 않음.(재순환 불가) ➡즉, 다른 자본계정(이익잉여금)으로 대체는 가능. **비교** FVOCI금융자산(채무상품)평가손익은 제거시 당기손익으로 재분류함.
처분손익	선평가	• 처분시 공정가치(=처분금액)로 먼저 평가하여 평가손익을 인식함.
	처분손익 인식불가	• 처분손익을 인식하지 않음. **예시** 장부금액 ₩90, 처분금액(=공정가치) ₩100인 경우 | 선평가	(차)	FVOCI금융자산	10	(대)	평가이익	10
처 분	(차)	현금	100	(대)	FVOCI금융자산	100	

정답 : ③

핵심유형특강 54 　　　　FVOCI금융자산(지분상품) 평가손익 계산

㈜상일이 공정가치로 취득하여 기타포괄손익인식금융자산(기타포괄손익-공정가치측정금융자산)으로 분류한 ㈜용산의 주식과 관련된 자료가 다음과 같을 때 동 금융자산과 관련하여 20x1년과 20x2년 재무상태표에 계상될 평가손익(기타포괄손익)은 각각 얼마인가?

> ㄱ. 취득내역 – 20x1년초 1,000주를 주당 5,000원에 취득
> ㄴ. 공정가치와 처분내역 – 20x1년말 주당 공정가치 : 5,200원, 20x2년말 주당 처분금액 : 4,900원

	20x1년	20x2년		20x1년	20x2년
①	평가이익 200,000원	평가손실 300,000원	②	평가이익 200,000원	평가손실 100,000원
②	평가이익 100,000원	평가손실 200,000원	④	평가이익 100,000원	평가손실 0원

해설

• 회계처리

20x1년초	(차) FVOCI금융자산	5,000,000	(대) 현금	5,000,000
20x1년말	(차) FVOCI금융자산	200,000	(대) 평가이익	200,000[1]
20x2년말	(차) 평가이익	200,000[2]	(대) FVOCI금융자산	300,000
	평가손실	100,000[2]		
	(차) 현금	4,900,000	(대) FVOCI금융자산	4,900,000

[1] 1,000주x(5,200-5,000)=200,000　　[2] 1,000주x(4,900-5,200)=△300,000
∴ 20x1년 평가이익 200,000, 20x2년 평가손실 100,000

정답 : ②

핵심유형특강 55 　　　　기타포괄손익-공정가치측정금융자산의 처분

㈜상일은 20x1년 1월 1일 상장법인 ㈜용산의 보통주를 공정가치인 1,000,000원에 취득하여 공정가치로 평가하고 그 평가손익을 기타포괄손익으로 인식하기로 결정하였다. ㈜상일이 동 보통주를 20x2년말에 공정가치로 처분하였을 때 이로 인한 처분손익을 계산하면 얼마인가? 단, 동 보통주의 공정가치 자료는 다음과 같다.

20x1년말	20x2년말
1,300,000원	1,700,000원

① 100,000원　　② 300,000원　　③ 400,000원　　④ 0원

해설

• FVOCI금융자산(지분상품)은 손상차손은 물론 처분손익도 인식하지 않는다.(이로 인해 기타포괄손익인 평가손익을 다른 자본계정으로 대체하지 않는한 평가손익이 그대로 재무상태표에 남아있게 된다.)

• [20x1년초 회계처리]
(차) FVOCI금융자산　1,000,000　(대) 현금　1,000,000
• [20x1년말 회계처리]
(차) FVOCI금융자산　300,000　(대) 평가이익　300,000
• [20x2년말 회계처리]
(차) FVOCI금융자산　400,000　(대) 평가이익　400,000
(차) 현금　1,700,000　(대) FVOCI금융자산　1,700,000

정답 : ④

핵심유형특강 56   **기타포괄손익-공정가치측정금융자산의 처분 회계처리**

㈜합격은 20x1년 5월 주식을 250,000원에 취득하고 기타포괄손익-공정가치측정금융자산(=FVOCI금융자산)으로
분류하였다. 20x1년말 공정가치는 500,000원이고 동 주식을 20x2년 중에 575,000원에 처분하였다. 처분일의 회계
처리는?

①	(차)	현금	575,000	(대)	FVOCI금융자산	500,000	
					처분이익	75,000	
②	(차)	현금	575,000	(대)	FVOCI금융자산	500,000	
					평가이익(기타포괄손익)	75,000	
③	(차)	현금	575,000	(대)	FVOCI금융자산	500,000	
		평가이익(기타포괄손익)	250,000		처분이익	325,000	
④	(차)	현금	575,000	(대)	FVOCI금융자산	575,000	

해설

• 공정가치(처분금액)으로 먼저 평가하여 평가손익을 인식하며, 처분손익을 인식하지 않는다.

정답 : ②

핵심유형특강 57   **상각후원가금융자산의 취득원가와 장부금액**

㈜상일은 20x1년 1월 1일에 다음과 같은 조건의 사채를 공정가치로 취득하고 상각후원가측정금융자산으로 분류하였다.
이 경우 ㈜상일의 동 금융자산 취득원가 및 20x1년말 장부금액은 얼마인가? 단, 기대손실용손실은 없다고 가정한다.

> ㄱ. 액면금액 : 10,000,000원(액면이자는 매년말 지급조건)
>
> ㄴ. 발행일 : 20x1년 1월 1일, 만기일 : 20x3년 12월 31일
>
> ㄷ. 액면이자율 : 5%
>
> ㄹ. 시장이자율 : 20x1.1.1일 현재 6%, 20x1.12.31일 현재 5%
>
> ㅁ. 현가계수
>
> | 이자율 | 1년 | 2년 | 3년 | 계 |
> |---|---|---|---|---|
> | 6% | 0.9434 | 0.8900 | 0.8396 | 2.673 |

	취득원가	장부금액
①	9,682,300원	9,816,450원
②	9,732,500원	9,816,450원
③	9,999,800원	10,000,000원
④	10,000,000원	10,000,000원

해설

• 취득원가 : 500,000x2.673+10,000,000x0.8396=9,732,500
• 20x1년말 장부금액 : 9,732,500+(9,732,500x6%-10,000,000x5%)=9,816,450

정답 : ②

핵심유형특강 58 금융자산 분류별 취득원가

㈜상일은 20x1년 1월 1일 다음과 같이 금융자산을 취득하였다. 20x1년 1월 1일 각 자산별로 취득원가로 인식할 금액은 얼마인가?

A사의 지분상품	B사의 채무상품	C사의 지분상품
단기매매목적	계약상 현금흐름 수취 목적	취득시 기타포괄손익으로 지정
취득가격 : 1,000,000원	액면가액 : 1,000,000원	취득가격 : 1,500,000원
거래원가 : 50,000원	시장(액면)이자율 : 10%	거래원가 : 100,000원

	당기손익-공정가치측정 금융자산	기타포괄손익-공정가치측정 금융자산	상각후원가측정 금융자산
①	1,000,000원	1,600,000원	1,000,000원
②	1,000,000원	1,500,000원	1,100,000원
③	1,050,000원	1,600,000원	1,000,000원
④	1,050,000원	1,500,000원	1,100,000원

해설

- A사의 지분상품 : FVPL금융자산(당기손익-공정가치측정금융자산)
 →취득원가 : 1,000,000(거래원가는 당기비용 처리함)
- B사의 채무상품 : AC금융자산(상각후원가측정금융자산)
 →취득원가 : 1,000,000(액면발행)
- C사의 지분상품 : FVOCI금융자산(기타포괄손익-공정가치측정금융자산)
 →취득원가 : 1,600,000(거래원가는 취득 공정가치에 가산)

정답 : ①

핵심유형특강 59 금융자산의 재분류

금융상품과 관련하여 기타포괄손익-공정가치측정금융자산에 대한 설명이다. 가장 타당한 설명은 어느 것인가?

① 기타포괄손익-공정가치측정금융자산은 당기손익-공정가치측정금융자산으로 분류변경할 수 있다.
② 기타포괄손익-공정가치측정금융자산은 손상차손을 인식하지 아니한다.
③ 기타포괄손익-공정가치측정금융자산의 취득시 지출한 거래원가는 당기비용으로 인식한다.
④ 기타포괄손익-공정가치측정금융자산은 공정가치로 평가하여 평가손익을 당기손익에 반영한다.

해설

- ② 기타포괄손익-공정가치측정금융자산 중 채무상품은 손상대상에 해당한다.
 ③ 당기손익-공정가치측정금융자산의 거래원가만 당기비용으로 인식하며 그 외의 금융자산은 공정가치에 가산한다.
 ④ 당기손익에 반영한다.(X) → 기타포괄손익에 반영한다.(O)

정답 : ①

핵심유형특강 60 　　　　　 금융자산의 제거

다음 중 금융자산의 제거에 대한 설명으로 가장 올바르지 않은 것은?

① 금융자산의 현금흐름에 대한 계약상 권리가 소멸한 경우에는 당해 금융자산을 제거한다.
② 금융자산의 현금흐름에 대한 계약상 권리는 양도하였지만 양도자가 매도 후 일정기간 후에 당해 금융자산을 재매입하기로 한 경우에는 당해 금융자산을 제거한다.
③ 금융자산의 현금흐름에 대한 계약상의 권리를 양도하고 위험과 보상의 대부분을 이전하는 경우 금융자산을 제거한다.
④ 금융자산의 현금흐름에 대한 계약상의 권리를 양도하고 위험과 보상의 대부분을 보유하지도 않고 당해 금융자산을 통제하고 있지 않다면 당해 금융자산을 제거한다.

해설

• 양도자가 매도한 금융자산을 재매입시점의 '공정가치로 재매입'할 수 있는 권리를 보유하고 있는 경우에 위험과 보상의 대부분이 이전된 것으로 보아 금융자산을 제거하며, 단순한 재매입약정은 금융자산에 대한 권리를 양도하였다고 할 수 없으므로 금융자산을 계속 인식한다.

 금융자산의 제거조건

권리소멸	• 금융자산의 현금흐름에 대한 계약상 권리가 소멸한 경우		
현금흐름양도	• 금융자산의 현금흐름을 수취할 계약상 권리를 양도한 경우 ➡ 본 조건을 만족시는 이하의 위험과 보상의 이전여부를 추가로 고려함.		
	위험과 보상		회계처리
	이전O		• 금융자산을 제거
	보유O		• 금융자산을 계속인식
	이전X/보유X	금융자산을 통제X	• 금융자산을 제거
		금융자산을 통제O	• 지속적관여 정도까지 금융자산을 계속인식
이전과 통제	① 양도자가 위험과 보상의 대부분을 이전하는 경우의 예는 다음과 같음. • 금융자산을 아무런 조건 없이 매도한 경우 • 양도자가 매도한 금융자산을 재매입시점의 공정가치로 재매입할 수 있는 권리를 보유하고 있는 경우 • 양도자가 매도한 금융자산에 대한 콜옵션을 보유하고 있거나 양수자가 당해 금융자산에 대한 풋옵션을 보유하고 있지만, 당해 콜옵션이나 풋옵션이 깊은 외가격 상태이기 때문에 만기 이전에 당해 옵션이 내가격 상태가 될 가능성이 매우 낮은 경우 ② 양수자가 자산을 제3자에게 매도할수 있는 실질적 능력을 가지고 있으면 양도자는 양도자산에 대한 통제를 상실한 것임.		

정답 : ②

핵심유형특강 61 금융부채의 분류와 상각후원가

다음 중 상각후원가로 측정되도록 분류되는 금융부채로 가장 옳은 것은?

① 단기간내에 재매입할 목적으로 부담하는 금융부채
② 최초인식시점에 당기손익-공정가치측정항목으로 지정한 금융부채
③ 유형자산을 취득하기 위해 은행으로부터 조달한 장기차입금
④ 시장이자율보다 낮은 이자율로 대출하기로 한 약정

해설

- ①, ② : 당기손익-공정가치측정금융부채
- ③ : 상각후원가측정금융부채
- ④ : 기타금융부채

 친절한 경석씨 **금융부채 분류**

상각후원가측정금융부채 【AC금융부채】	• FVPL금융부채와 기타금융부채를 제외한 모든 금융부채 ➡️예 매입채무, 미지급금, 차입금, 사채 등
당기손익-공정가치측정금융부채 【FVPL금융부채】	• 다음 중 하나의 조건을 충족하는 금융부채를 말함. ㄱ 단기매매금융부채 : 단기매매항목의 정의를 충족 - 주로 단기간에 재매입할 목적으로 부담한다. - 최초 인식시점에 공동으로 관리하는 특정 금융상품 포트폴리오의 일부로 운용형태가 단기적 이익획득 목적이라는 증거가 있다. ㄴ 당기손익인식지정금융부채 - 최초 인식시점에 당기손익-공정가치측정 항목으로 지정함.
기타금융부채	ㄱ 금융자산 양도관련 부채 : 양도가 제거조건을 충족하지 못하거나 지속적관여접근법이 적용되는 경우에 생기는 금융부채 ㄴ 금융보증계약에 따른 금융부채 ㄷ 시장이자율보다 낮은 이자율로 대출하기로 한 대출약정 ㄹ 사업결합에서 취득자가 인식하는 조건부대가

정답 : ③

핵심유형특강 62 당기손익인식금융부채 요건

다음은 K-IFRS 금융부채와 관련하여 당기손익인식금융부채(당기손익-공정가치측정금융부채)의 요건에 대한 내용이다. 해당되지 않는 것은 어느 것인가?

① 실제 운용형태가 장기적 이익획득 목적으로 공동으로 관리되는 특정 금융상품의 포트폴리오를 구성하는 금융부채이다.
② 주로 단기간 내에 매각하거나 재매입할 목적으로 취득하거나 부담한다.
③ 최초 인식시점에 당기손익-공정가치측정 항목으로 지정한다.
④ 최초 인식시점에 최근의 실제 운용형태가 단기적 이익획득 목적이라는 증거가 있으며 그리고 공동으로 관리되는 특정 금융상품 포트폴리오의 일부이다.

해설

- 장기적 이익획득 목적(X) → 단기적 이익획득 목적(O)

정답 : ①

핵심유형특강 63   금융부채 최초측정·후속측정

다음은 K-IFRS 금융부채의 최초측정과 후속측정에 대한 설명이다. 가장 타당하지 않은 것은 어느 것인가?

① 상각후원가측정금융부채는 유효이자율법에 따라 이자비용을 인식한다.
② 금융부채는 최초인식시 공정가치로 인식하도록 규정하고 있다.
③ 당기손익인식금융부채(당기손익-공정가치측정금융부채)의 거래원가는 최초인식하는 공정가치에 차감하여 측정한다.
④ 당기손익인식금융부채(당기손익-공정가치측정금융부채)는 공정가치로 후속측정을 한다.

해설

• 당기손익인식금융부채(당기손익-공정가치측정금융부채)의 거래원가는 발생즉시 당기비용으로 인식한다.

정답 : ③

핵심유형특강 64   사채발행 유형별 이자비용 비교

㈜삼일은 장기 자금 조달을 위하여 3년 만기 사채를 발행하고자 한다. 다음 중 사채의 발행유형에 따라 만기까지 ㈜삼일이 부담해야 할 연간 이자비용의 변화로 가장 옳게 짝지어진 것은?

	할인발행	액면발행	할증발행
①	감소	증가	증가
②	감소	감소	감소
③	증가	변동없음	감소
④	증가	변동없음	증가

해설

• 이자비용(유효이자)=장부금액×시장이자율
• 할인발행 : 장부금액 매기 증가 → 이자비용 매기 증가
  액면발행 : 장부금액 매기 불변 → 이자비용 매기 불변
  할증발행 : 장부금액 매기 감소 → 이자비용 매기 감소

정답 : ③

핵심유형특강 65 　　　　　　　　사채 할인발행 이자비용 추이

㈜삼일은 20x1년 1월 1일에 액면금액 50,000,000원의 사채를 47,480,000원에 발행하였다. 다음 중 ㈜삼일이 만기까지 매년 인식해야 할 유효이자율법에 의한 이자비용의 변화를 그래프로 나타낸 것으로 가장 올바른 것은?

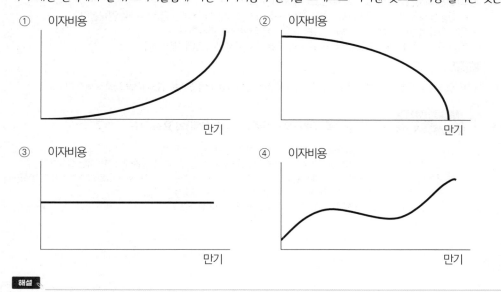

해설

• 할인발행의 경우 장부금액이 매기 증가하므로 이자비용(유효이자)도 매기 증가한다.

정답 : ①

핵심유형특강 66 　　　　　　　　사채발행자의 총이자비용

다음과 같은 조건의 사채를 발행한 경우 동 사채로 인하여 만기까지 인식해야 하는 총이자비용은 얼마인가?

　ㄱ. 액면금액 : 50,000,000원

　ㄴ. 발행일 : 20x1년 1월 1일

　ㄷ. 만기일 : 20x3년 12월 31일

　ㄹ. 액면이자율 및 이자지급조건 : 연 4%, 매년 말 지급

　ㅁ. 발행일의 시장이자율 : 6%

　ㅂ. 이자율 6%, 3년 연금현가계수 : 2.6730, 이자율 6%, 3년 현가계수 : 0.8396

① 2,839,560원　　　　　　　　　　　　　② 5,037,600원
③ 6,000,000원　　　　　　　　　　　　　④ 8,674,000원

해설

⚡**고속철** 사채할인발행시 만기까지 총이자비용=총액면이자+총사채할인발행차금

• 발행금액(현재가치) : 2,000,000×2.6730+50,000,000×0.8396=47,326,000
　총사채할인발행차금 : 50,000,000−47,326,000=2,674,000
　총액면이자 : 2,000,000×3년=6,000,000
∴총이자비용 : 6,000,000+2,674,000=8,674,000

정답 : ④

핵심유형특강 67 복합금융상품의 부채요소와 자본요소

다음 중 복합금융상품의 회계처리로 가장 올바르지 않은 것은?

① 최초 인식시점에 자본요소와 부채요소의 분리가 필요하다.
② 복합금융상품의 발행금액에서 지분상품의 공정가치를 차감한 잔액을 금융부채로 인식한다.
③ 일반적으로 전환사채에 포함되어 있는 전환권은 자본으로 분류한다.
④ 현금 등 금융자산을 인도하기로 하는 계약 부분은 금융부채요소에 해당한다.

해설

• 복합금융상품 발행금액에서 금융부채현재가치(부채요소)를 차감한 잔액을 지분상품(자본요소)으로 인식한다.

 친절한 경석씨 복합금융상품(전환사채/신주인수권부사채)의 요소 구분

❐ ㉠ 부채요소(금융부채)=일반사채 : 현금 등 금융자산을 인도하기로 하는 계약
  ㉡ 자본요소(지분상품)=전환권 : 확정수량 보통주로 전환할 수 있는 권리를 보유자에게 부여하는 콜옵션
❐ 자본요소는 잔여지분이라는 정의와 일관되도록 하기 위해, 부채요소해당액(사채현재가치)을 먼저 측정하고, 발행금액에서 부
  채요소해당액을 차감한 금액으로 자본요소해당액을 측정하도록 규정하고 있다.
  →발행금액 – 부채요소해당액(현재가치) = 자본요소해당액(전환권가치)

정답 : ②

핵심유형특강 68 　　　　전환사채 전환시 주식발행초과금

㈜삼일은 20x1년 1월 1일 액면금액 1,000,000원의 전환사채를 액면발행하였으며, 전환조건은 사채액면 50,000원 당 액면가 10,000원인 보통주 1주로 전환할 수 있다. 전환청구일 현재 전환권대가 50,000원, 사채상환할증금 120,000원, 전환권조정은 100,000원이었다. 이 경우 전환으로 발행한 주식의 주식발행초과금으로 계상할 금액은 얼마인가?

① 870,000원 　　　　　　　　　　　② 900,000원
③ 980,000원 　　　　　　　　　　　④ 1,000,000원

해설

• 전환시 회계처리

(차)	전환사채	1,000,000	(대)	전환권조정	100,000
	상환할증금	120,000		자본금	200,000[1)]
	전환권대가	50,000		주식발행초과금(?)	870,000

[1)] (1,000,000 ÷ 50,000) × 10,000 = 200,000

친절한 경석씨 　전환사채 액면발행 회계처리

	(차)	현금(발행가)	xxx	(대)	전환사채(액면=발행가)	xxx
발행시점	(차)	전환권조정	xxx	(대)	전환권대가(발행가-현재가치)	xxx
					상환할증금	xxx
이자지급시점	(차)	이자비용	xxx	(대)	현금(액면이자)	xxx
					전환권조정(상각액)	xxx
전환시점	(차)	전환사채	xxx	(대)	전환권조정(미상각잔액)	xxx
		상환할증금	xxx		자본금	xxx
		전환권대가	xxx		주식발행초과금(대차차액)	xxx
상환시점	(차)	전환사채	xxx	(대)	현금	xxx
		상환할증금	xxx			

정답 : ①

핵심유형특강 69 　　　　　　충당부채의 인식

과거사건이나 거래의 결과에 의한 현재의 의무로서, 지출의 시기 또는 금액이 불확실 하지만 그 의무를 이행하기 위하여 자원의 유출가능성이 높고 또한 당해 금액을 신뢰성있게 추정할 수 있을 경우 이에 관한 회계처리는 무엇인가?

① 재무상태표에 충당부채로 인식한다.
② 재무상태표에 부채로 인식하지 않고 주석으로만 공시한다.
③ 재무상태표에 우발자산으로 인식하고 주석에 공시한다.
④ 재무상태표에 우발자산으로 인식하나 주석에는 공시하지 않는다.

해설

• 충당부채의 인식요건에 대한 설명이다.

정답 : ①

핵심유형특강 70   우발부채 인식

다음 중 우발부채에 대한 설명으로 가장 올바르지 않은 것은?

① 과거 사건의 결과로 인한 현재의무가 존재하고 당해 의무를 이행하기 위하여 자원이 유출될 가능성이 높다면 그 금액을 신뢰성있게 추정할 수 있더라도 우발부채로 인식할 수 있다.
② 과거 사건에 의하여 발생하였으나 그 의무를 이행하기 위하여 경제적 효익을 갖는 자원이 유출될 가능성이 높지 않은 경우에는 우발부채로 인식한다.
③ 우발부채는 재무제표상 부채로 인식하지 않는다.
④ 우발부채의 경우 당해 의무를 이행하기 위하여 자원이 유출될 가능성이 아주 낮은 경우에는 주석기재를 생략할 수 있다.

해설

• 과거 사건의 결과로 인한 현재의무가 존재하고 당해 의무를 이행하기 위하여 자원이 유출될 가능성이 높으며 그 금액을 신뢰성있게 추정할 수 있는 경우는 충당부채로 인식한다.

금액추정가능성 자원유출가능성	신뢰성있게 추정가능	신뢰성있게 추정불가능
가능성이 높음	충당부채로 인식	우발부채로 주석기재
가능성이 어느정도 있음(높지않음)	우발부채로 주석기재	우발부채로 주석기재
가능성이 아주 낮음(거의 없음)	공시하지 않음(주석기재생략)	공시하지 않음(주석기재생략)

정답 : ①

핵심유형특강 71   유형자산 복구원가 회계처리

㈜삼일은 20x1년 1월 1일 거래처의 토지에 구축물을 설치하고 이를 이용하는 계약을 체결하였다. 구축물의 취득원가는 1,000,000원, 내용연수는 5년, 잔존가치는 50,000원이며, 정액법으로 상각한다. ㈜삼일은 5년후에 구축물을 해체하고 원상복구를 해야하며 5년후에 복구비용으로 지출되는 금액은 200,000원으로 추정하였다. 복구비용은 충당부채의 인식요건을 충족하며 현재가치 계산에 필요한 할인율은 10%이다. ㈜삼일이 20x1년 1월 1일에 인식할 복구충당부채는 얼마인가?

기간, 이자율	현가 이자요소	연금의 현가 이자요소
5년, 10%	0.62092	3.79079

① 93,138원   ② 124,184원
③ 200,000원   ④ 758,158원

해설

• 20x1년 1월 1일 복구충당부채(실제복구비용 현재가치) : 200,000×0.62092=124,184
  → 구축물 취득원가 : 1,000,000+124,184=1,124,184
• 20x1년 1월 1일 회계처리
  (차) 구축물   1,124,184   (대) 현금   1,000,000
                                          복구충당부채   124,184

정답 : ②

핵심유형특강 72 | 충당부채기준서 실무지침사례

다음 사례와 관련된 설명으로 올바른 것은?

> 기업은 석유사업을 영위하는 중이며 오염을 유발하고 있지만, 사업이 운영되고 있는 특정 국가의 법률이 요구하는 경우에만 오염된 토지를 정화한다. 이러한 사업이 운영되고 있는 한 국가에서 오염된 토지를 정화하여야 한다는 법규가 제정되지 않았고, 기업은 몇 년에 걸쳐 그 국가의 토지를 오염시켜 왔다. 이미 오염된 토지를 정화하는 것을 의무화하는 법률 초안이 연말 후에 곧 제정될 것이 20x1년 12월 31일 현재 거의 확실하다.

① 토지정화 원가에 대한 최선의 추정치로 충당부채를 인식한다.
② 당해 의무를 이행하기 위해 경제적효익을 갖는 자원의 유출가능성이 매우 높지 않으므로 우발부채로 공시한다.
③ 20x1년말 시점에 법률이 제정되지 않아 현재의무가 존재하지 않으므로 충당부채로 인식하지 않는다.
④ 의무발생사건의 결과 현재의무가 존재하지 않으므로 충당부채 또는 우발부채로 공시하지 않는다.

해설

• 충당부채 인식여부 분석

현재의무	• 토지 정화를 요구하는 법률 제정이 거의 확실하므로 의무발생사건은 토지의 오염이다.
유출가능성	• 가능성이 높다.
결론	• 토지정화 원가에 대한 최선의 추정치로 충당부채를 인식한다.

정답 : ①

핵심유형특강 73 | 제품보증충당부채

㈜상일은 판매한 제품에 대하여 발생하는 하자를 2년간 무상으로 수리해 주는 정책을 채택하고 있다. 무상수리보증에 대한 제품보증비용은 매출액의 3%로 예측된다. 20x2년말 재무상태표상 제품보증충당부채로 계상할 금액은 얼마인가?

구분	20x1년	20x2년
매출액	2,000,000원	3,000,000원
20x1년 판매분에 대한 제품보증비용	10,000원	20,000원
20x2년 판매분에 대한 제품보증비용	-	30,000원

① 0원 　　　　　　　　　　② 30,000원
③ 40,000원 　　　　　　　　④ 90,000원

해설

• 제품보증충당부채 총액 : (2,000,000+3,000,000)×3%=150,000
　기발생 제품보증비 : 10,000+20,000+30,000=60,000
∴20x2년말 제품보증충당부채 잔액 : 150,000-60,000=90,000

정답 : ④

핵심유형특강 74　　판매보증충당부채환입 회계처리

㈜상일은 판매시점으로부터 3년간 품질을 보증하는 조건으로 제품을 판매하고 있다. 최근 제품의 품질이 개선되어 수리 요청 건수가 하락함에 따라 판매보증충당부채 3억원을 환입하고자 한다. ㈜상일이 판매보증비를 판매비와관리비로 분류하고 있는 경우 판매보증충당부채 환입과 관련된 회계처리 중 가장 옳은 것은?

① 충당부채는 환입할 수 없으므로 회계처리하지 않는다.
② 환입되는 3억원은 기타포괄손익으로 회계처리한다.
③ 환입되는 3억원은 판매비와관리비의 부(−)의 금액으로 회계처리한다.
④ 경제적 실질에 기초하여 다양한 방법으로 회계처리할 수 있다.

해설

• 대손충당금환입, 퇴직급여충당부채환입, 판매보증충당부채환입 : 판매비와관리비의 부(−)로 표시

정답 : ③

핵심유형특강 75　　손실부담계약과 충당부채

다음 중 금융자산에 대한 설명으로 올바르지 않은 것은?

① 손실부담계약을 체결한 경우에는 관련된 현재의무를 충당부채로 인식한다.
② 손실부담계약이란 계약상의 의무에 따라 발생하는 회피 불가능한 원가가 당해 계약에 의하여 받을 것으로 기대되는 경제적효익을 초과하는 계약을 말한다.
③ 일반적인 구매주문과 같이 보상없이 해약할 수 있는 계약은 의무발생이 없으므로 충당부채로 인식하지 않는다.
④ 회피불가능한 원가는 계약을 이행하기 위하여 소요되는 원가와 계약을 이행하지 못하였을 때 지급하여야 할 위약금 중 큰 금액이다.

해설

• 큰 금액(X) → 작은 금액(O)

친절한 경석씨　손실부담계약

의의	• 손실부담계약이란 계약상의 의무에 따라 발생하는 회피 불가능한 원가가 당해 계약에 의하여 받을 것으로 기대되는 경제적효익을 초과하는 계약을 말함. ➡예 손실이 예상되는 확정매입계약
충당부채인식	• 손실부담계약을 체결한 경우에는 관련된 현재의무를 충당부채로 인식함.
회피불가능한 원가	❏ Min { 계약을 이행하기 위하여 필요한 원가 / 계약을 이행하지 못하였을때 지급하여야 할 보상금 또는 위약금 }

정답 : ④

핵심유형특강 76	자본 차감항목

다음 중 자본의 차감항목이 아닌 것은?

① 감자차손   ② 미교부주식배당금
③ 자기주식   ④ 주식할인발행차금

해설

• 주식배당 선언일의 회계처리(이익잉여금 xxx / 미교부주식배당금 xxx)시의 미교부주식배당금은 자본에 가산하는 항목이다.

정답 : ②

핵심유형특강 77	보통주·우선주 배당액 계산

㈜삼일은 20x1년 1월 1일 액면금액 500원의 보통주 1,000주와 우선주 500주를 발행하여 설립된 회사로 기중에 변동사항은 없다. ㈜삼일은 20x1년과 20x2년에는 배당을 하지 않았으나, 20x3년 회계연도의 배당금으로 100,000원을 배당할 예정인 경우 우선주와 보통주에 배당될 금액은 얼마인가?

구분	액면금액	발행주식수	자본금
보통주	500원	1,000주	500,000원
우선주(비누적적·비참가적, 배당률 6%)	500원	500주	250,000원

	보통주	우선주
①	15,000원	85,000원
②	45,000원	55,000원
③	65,000원	35,000원
④	85,000원	15,000원

해설

• 우선주배당금 : (500주×500원)×6%=15,000, 보통주배당금 : 100,000-15,000=85,000

정답 : ④

핵심유형특강 78 　　　　　　　　　자본거래의 영향

다음은 자본거래가 각 자본항목에 미치는 영향을 나타내고 있다. 가장 올바르지 않은 것은?

		자본금	이익잉여금	총자본
①	주식배당	증가	감소	증가
②	주식의 할인발행	증가	불변	증가
③	자기주식 취득	불변	불변	감소
④	현금배당	불변	감소	감소

해설

• 각 자본항목에 미치는 영향 분석

	회계처리					자본금	이익잉여금	총자본
주식배당	(차) 이익잉여금	xxx	(대) 자본금	xxx		증가	감소	불변
주식의 할인발행	(차) 현금 　　　주할차	xxx xxx	(대) 자본금	xxx		증가	불변	증가
자기주식 취득	(차) 자기주식	xxx	(대) 현금	xxx		불변	불변	감소
현금배당	(차) 이익잉여금	xxx	(대) 현금	xxx		불변	감소	감소

정답 : ①

핵심유형특강 79   **미처분이익잉여금**

㈜삼일의 20x1년 이익잉여금처분계산서 구성항목이 다음과 같을 때 ㈜삼일의 20x1년말 미처분이익잉여금은 얼마인가?

ㄱ. 전기이월미처분이익잉여금	:	2,000,000원
ㄴ. 중간배당	:	(-)200,000원
ㄷ. 당기순이익	:	1,000,000원
ㄹ. 연차배당	:	(-)300,000원

① 1,800,000원   ② 2,000,000원
③ 2,500,000원   ④ 2,800,000원

해설

- 연차배당(현금배당과 주식배당)은 다음연도 이익잉여금처분항목에 해당한다.
- 기말재무상태표 이익잉여금(= 미처분이익잉여금) : 전기이월미처분이익잉여금 – 중간배당 + 당기순이익
- ∴20x1년말 이익잉여금(미처분이익잉여금) : 2,000,000 – 200,000 + 1,000,000 = 2,800,000

참고 이익잉여금처분계산서 양식

이익잉여금처분계산서
20x1년 1월 1일부터 12월 31일까지

xxx회사   처분확정일 : 20x2. 2. 22

Ⅰ. 미처분이익잉여금		xxx
전기이월미처분이익잉여금	xxx	
회계정책변경누적효과/전기오류수정손익	xxx	
중간배당액	(xxx)	
당기순이익	xxx	
Ⅱ. 임의적립금이입액		xxx
합계		xxx
Ⅲ. 이익잉여금처분액		(xxx)
〈1순위〉 이익준비금	xxx	
〈2순위〉 기타법정적립금	xxx	
〈3순위〉 이익잉여금처분에 의한 상각액	xxx	
〈4순위〉 배당금(현금배당과 주식배당 구분기재)	xxx	
〈5순위〉 임의적립금	xxx	
Ⅳ. 차기이월미처분이익잉여금		xxx

정답 : ④

핵심유형특강 80   자본변동표 의의와 표시

다음 중 자본변동표에 관한 설명으로 가장 올바르지 않은 것은?

① 납입자본, 이익잉여금, 기타포괄손익 항목별로 포괄손익, 소유주와의 자본거래 등에 의한 자본의 변동을 표시한다.
② 일정 기간 동안에 발생한 기업실체와 소유주간의 거래 내용을 이해하고 소유주에게 귀속될 이익 및 배당가능이익을 파악하는 데 유용하다.
③ 재무상태표에 표시되어 있는 자본의 기말잔액만 제시하고 기초잔액은 제공하지 않는다.
④ 지배기업의 소유주와 비지배지분에게 각각 귀속되는 금액으로 구분하여 표시한 해당 기간의 총포괄손익을 표시한다.

해설

• 자본변동표는 자본의 각 항목별 기초잔액, 변동사항, 기말잔액을 표시해 주는 재무보고서로서, 자본을 구성하고 있는 각 분류별 납입자본, 각 분류별 기타포괄손익의 누계액과 이익잉여금의 누계액 등에 대한 포괄적인 정보를 제공해 준다.

참고 자본변동표

의의	• 자본변동표는 자본의 크기와 그 변동에 관한 정보를 제공하는 재무보고서로서, 자본을 구성하고 있는 각 분류별 납입자본, 각 분류별 기타포괄손익의 누계액과 이익잉여금의 누계액 등에 대한 포괄적인 정보를 제공해 줌. • 따라서, 기업실체의 자본변동에 관한 정보는 일정기간 동안에 발생한 기업실체와 소유주(주주)간의 거래내용을 이해하고 소유주에게 귀속될 이익 및 배당가능이익을 파악하는데 유용함.

표시
항목
	• 자본변동표에 다음 항목을 표시함.
	  ㉠ 지배기업의 소유주와 비지배지분에게 각각 귀속되는 금액으로 구분하여 표시한 해당 기간의 총포괄손익
	  ㉡ 자본의 각 구성요소별로, K-IFRS '회계정책, 회계추정의 변경 및 오류'에 따라 인식된 소급적용이나 소급재작성의 영향
	  ㉢ 자본의 각 구성요소별로 다음의 각 항목에 따른 변동액을 구분하여 표시한, 기초시점과 기말시점의 장부금액 조정내역
	    - 당기순손익
	    - 기타포괄손익의 각 항목
	    - 소유주로서의 자격을 행사하는 소유주와의 거래(소유주에 의한 출자와 소유주에 대한 배분, 그리고 지배력을 상실하지 않는 종속기업에 대한 소유지분의 변동을 구분하여 표시)

정답 : ③

| 핵심유형특강 81 | 자본변동표 항목별 분석 |

12월말 결산법인인 ㈜삼일의 20x2년 자본항목과 관련된 주요사항은 다음과 같다. 20x2년말 결산시 ㈜삼일의 자본에 대한 보고금액으로 맞는 것을 고르시오(단, 아래 자료 이외에 자본에 영향을 미치는 사건의 발생은 없다고 가정한다).

ㄱ. 20x2년 2월 4일 회사는 ㈜세일 주식 5,000주를 주당 50,000원에 구입하였다(지분율 0.9%, 보고기간말 현재 공정가치 53,000원, 기타포괄손익-공정가치측정금융자산으로 분류함).

ㄴ. 20x2년 10월 10일 ㈜삼일의 자기주식 3,000주를 1주당 10,000원에 취득하였다.

자본변동표
제10기 20x2년 1월 1일부터 20x2년 12월 31일까지

㈜삼일   (단위 : 백만원)

구분	자본금	자기주식	기타포괄손익-공정가치측정 금융자산평가이익	이익잉여금	총계
20x1년말(보고금액)	500	(100)	650	xxx	xxx
자본의 변동					
20x2년말	A	B	C	xxx	xxx

(단위 : 백만원)

	A : 자본금	B : 자기주식	C : 기타포괄손익-공정가치측정 금융자산평가이익
①	500	(130)	650
②	500	(130)	665
③	470	(100)	650
④	470	(100)	665

해설

- 기타포괄손익-공정가치측정금융자산평가이익 증가 : 5,000주x3,000=15,000,000
- 자기주식 증가 : 3,000주x10,000=30,000,000

정답 : ②

핵심유형특강 82 　　　　　　　자본변동표 작성

다음 중 자본변동표 작성에 올바르지 않은 것은?

자본변동표

(단위 : 백만원)

구분	자본금	주식발행초과금	기타포괄손익	이익잉여금	총계
(ㄱ)	(ㄴ)	(ㄷ)	(ㄹ)	(ㅁ)	

	(ㄱ)	(ㄴ)	(ㄷ)	(ㄹ)	(ㅁ)
①	유상증자	100	50	–	–
②	기타포괄손익공정가치측정 금융자산평가손실	–	–	(50)	–
③	유형자산재평가잉여금	–	–	–	80
④	배당금 지급	–	–	–	(20)

해설

- ① (차) 현금　　　　　　　　150　(대) 자본금　　　　　　　100
　　　　　　　　　　　　　　　　　　주식발행초과금　　　50
　② (차) FVOCI금융자산평가손실　50　(대) FVOCI금융자산　　50
　　　　(기타포괄손익)
　③ (차) 유형자산　　　　　　80　(대) 유형자산재평가잉여금　80
　　　　　　　　　　　　　　　　　　(기타포괄손익)
　④ (차) 이익잉여금　　　　　20　(대) 현금　　　　　　　20

정답 : ③

핵심유형특강 83 　　　　　　　5단계 수익인식모형

한국채택국제회계기준 기준서 제1115호 '고객과의 계약에서 생기는 수익'은 미국회계기준과 일치하는 기준으로, 모든 유형의 거래에 적용되는 수익인식기준이다. '고객과의 계약에서 생기는 수익'에서는 모든 유형의 거래계약에 적용할 수 있도록 계약분석부터 수익의 회계처리까지의 5단계 수익인식모형을 제시하고 있다. 5단계를 순서대로 가장 올바르게 나열한 것은?

　　　　㉠ 수행의무의 식별　　㉡ 계약의 식별　　㉢ 거래가격의 산정
　　　　㉣ 수익의 인식　　　　㉤ 거래가격의 배분

① ㉡→㉢→㉠→㉤→㉣　　　　　　② ㉠→㉡→㉤→㉢→㉣
③ ㉡→㉠→㉢→㉤→㉣　　　　　　④ ㉠→㉢→㉡→㉤→㉣

해설

- 모든 유형의 계약에 적용되는 수익인식의 단계는 다음과 같다.
　계약의 식별 → 수행의무 식별 → 거래가격 산정 → 거래가격 배분 → 수익인식

정답 : ③

핵심유형특강 84   수행의무 이행형태와 수익인식

●── 한 시점에 이행하는 수행의무는 고객이 약속된 자산을 통제하고 기업이 의무를 이행하는 시점에 수익을 인식한다. 고객이 자산을 통제하는 시점의 예가 아닌 것은?

① 고객은 기업이 수행하는 대로 기업의 수행에서 제공하는 효익을 동시에 얻고 소비한다.
② 자산의 소유에 따른 유의적인 위험과 보상이 고객에게 있다.
③ 고객에게 자산의 법적 소유권이 있다.
④ 기업이 자산의 물리적 점유를 이전하였다.

해설

• ①은 기간에 걸쳐 이행하는 수행의무와 관련되어 있다.

 친절한 경석씨   **기간에 걸쳐 이행하는 수행의무와 한 시점에 이행하는 수행의무**

> ☐ 다음 기준 중 어느 하나를 충족하면, 기업은 재화나 용역에 대한 통제를 기간에 걸쳐 이전하므로 기간에 걸쳐 수행의무를 이행하는 것이고 기간에 걸쳐 수익을 인식함.
>
> > ㉠ 고객은 기업이 수행하는 대로 기업의 수행에서 제공하는 효익을 동시에 얻고 소비한다.
> > ㉡ 기업이 수행하여 만들어지거나 가치가 높아지는 대로 고객이 통제하는 자산(예: 재공품)을 기업이 만 만들거나 그 자산 가치를 높인다.
> > ㉢ 기업이 수행하여 만든 자산이 기업 자체에는 대체 용도가 없고, 지금까지 수행을 완료한 부분에 대해 집행 가능한 지급청구권이 기업에 있다.
>
> ☐ 수행의무가 기간에 걸쳐 이행되지 않는다면, 그 수행의무는 한 시점에 이행되는 것임. 고객이 약속된 자산을 통제하고 기업이 수행의무를 이행하는 시점을 판단하기 위해, 다음과 같은 통제 이전의 지표를 참고하여야 함.
>
> > ㉠ 기업은 자산에 대해 현재 지급청구권이 있다.
> > ㉡ 고객에게 자산의 법적 소유권이 있다.
> > ㉢ 기업이 자산의 물리적 점유를 이전하였다.
> > ㉣ 자산의 소유에 따른 유의적인 위험과 보상이 고객에게 있다.
> > ㉤ 고객이 자산을 인수하였다.

정답 : ①

핵심유형특강 85 변동대가 반영 수익(거래가격) 계산

다음 자료에 의해 20x1년 3월과 6월에 ㈜합격이 수익으로 인식할 거래가격은 각각 얼마인가?

(1) ㈜합격은 노트북을 개당 100원에 판매하기로 20x1년 1월 1일에 고객과 계약을 체결하였다. 고객이 노트북을 1년 동안 1,000개 넘게 구매하면 개당 가격을 90원으로 소급하여 낮추기로 계약에서 정하였다. 따라서 계약상 대가는 변동될 수 있다.
(2) 20x1년 3월 ㈜합격은 고객에게 노트북 75개를 판매하였고, 연 1,000개를 초과하여 구매하지는 않을 것이라고 추정하였다.
(3) 20x1년 6월 ㈜합격은 추가로 노트북 500개를 고객에게 판매하였고, 연 1,000개를 초과하여 구매할 것이라고 추정하였다.

	3월 수익(거래가격)	6월 수익(거래가격)
①	7,500	50,000
②	7,500	44,250
③	6,750	45,000
④	6,750	44,250

해설

- 3월 수익(거래가격) : 75개x100=7,500
- 6월 수익(거래가격) : 변동대가 반영

2분기 판매분	:	500개x90=45,000
1분기 판매분 중 소급분	:	75개x(100-90)=(750)
		44,250

- 회계처리

3월	(차) 매출채권	7,500	(대) 매출	7,500
6월	(차) 매출채권	44,250	(대) 매출	44,250

정답 : ②

핵심유형특강 86 할부판매 수익인식

㈜상일은 20x1년 1월 1일 ㈜용산에 상품을 할부로 판매하였다. 상품의 원가는 40,000,000원이며, 할부대금은 매년 말 20,000,000원씩 3년간 회수하기로 하였다. 내재이자율은 10%인 경우 ㈜상일이 20x1년 12월 31일 현재 할부매출과 관련하여 재무상태표에 인식할 장기성매출채권의 순장부금액은 얼마인가(3년 연금 10% 현가계수는 2.4869이며, 소수점 이하는 반올림한다)?

① 20,000,000원　　　　　　　　　　② 33,057,851원
③ 34,711,800원　　　　　　　　　　④ 40,000,000원

해설

- [20x1년초 회계처리]

(차) 매출채권	60,000,000	(대) 매출	49,738,000[1]
		현재가치할인차금	10,262,000
(차) 매출원가	40,000,000	(대) 상품	40,000,000

- [20x1년말 회계처리]

(차) 현금	20,000,000	(대) 매출채권	20,000,000
(차) 현재가치할인차금	4,973,800	(대) 이자수익	4,973,800[2]

[1] 20,000,000x2.4869=49,738,000　　[2] 49,738,000x10%=4,973,800

- 장부금액 : 60,000,000-20,000,000-(10,262,000-4,973,800)=34,711,800

정답 : ③

핵심유형특강 87 | 선수금에 포함된 유의적인 금융요소와 매출액 계산

㈜삼일은 20x1년 1월 1일 ㈜용산에 100,000원을 받고 20x2년 12월 31일 제품을 인도하는 판매계약을 체결하였다. 증분차입이자율이 10%인 경우 ㈜삼일이 20x2년에 매출액으로 인식할 금액은 얼마인가?

① 0원 ② 100,000원
③ 110,000원 ④ 121,000원

해설

- 매출액 계산

선수금	100,000
20x1년 이자비용	100,000×10%=10,000
20x2년 이자비용	(100,000+10,000)×10%=11,000
20x2년 매출액	121,000

- 회계처리

20x1년초	(차) 현금	100,000	(대) 계약부채	100,000
20x1년말	(차) 이자비용	10,000	(대) 계약부채	10,000
20x2년말	(차) 이자비용	11,000	(대) 계약부채	11,000
	(차) 계약부채	121,000	(대) 매출	121,000

정답 : ④

핵심유형특강 88 | 위탁판매와 시용판매의 수익인식

다음 자료에 의할 때 20x1년도에 설립된 ㈜삼일이 당기 중 인식하여야 할 수익금액은 얼마인가?

일자	내용
2/29	㈜삼일이 매입한 상품 100개(100개의 총원가 2,000,000원, 총판매가 3,000,000원)에 대해 ㈜이일과 위탁판매계약을 체결하였으며 그 중 ㈜이일은 당기 중 60개의 상품을 판매하였음.
6/15	㈜삼일은 매입한 상품 100개(100개의 총원가 3,000,000원, 총판매가 4,000,000원)를 고객에게 판매 후 6개월 이내에 구입여부를 결정하도록 하였으며, 당기 중 구매의사를 표시한 고객은 없었음.
12/23	㈜삼일은 매입한 상품 100개(100개의 총원가 1,000,000원, 총판매가 2,000,000원)를 고객사에 판매하였으며 판매를 위해 100,000원의 판매비용을 지출하였다.

① 1,600,000원 ② 3,600,000원
③ 3,800,000원 ④ 5,200,000원

해설

- 2/29(위탁판매-수탁자가 판매한 시점에 수익인식) : 3,000,000x60/100=1,800,000
- 6/15(시용판매-매입의사 표시시점에 수익인식) : 없음
- 12/23(일반판매-판매(인도)시점에 수익인식) : 2,000,000
  → 판매비용은 별도로 판매비와관리비로 처리된다.
- ∴수익인식액 : 1,800,000+0+2,000,000=3,800,000

정답 : ③

핵심유형특강 89 — 반품권이 있는 판매의 수익인식

㈜삼일은 20x1년 12월 31일에 ㈜용산에 상품을 다음과 같이 판매하였다. ㈜삼일이 20x1년에 포괄손익계산서에 인식할 매출액은 얼마인가?

> ㄱ. 동 거래는 반품권이 있는 판매로서 판매후 1년 이내 반품할 수 있는 권리를 부여하였다.
> ㄴ. 판매가격은 25,000,000원이며, 원가는 15,000,000원이다.
> ㄷ. 인도일 현재 6,250,000원(원가 3,750,000원)이 반품될 것으로 예상된다.

① 7,500,000원
② 18,750,000원
③ 22,500,000원
④ 25,000,000원

해설

- 예상반품률 : 6,250,000 ÷ 25,000,000 = 25%
- 매출액 : 25,000,000 x (1-25%) = 18,750,000
- 회계처리

(차) 현금	25,000,000	(대) 매출(판매예상분)	18,750,000[1]
		환불부채(반품예상분)	6,250,000[2]
(차) 매출원가(판매예상분)	11,250,000[3]	(대) 상품	15,000,000
반품제품회수권(반품예상분)	3,750,000[4]		

[1] 25,000,000 x 75% = 18,750,000
[2] 25,000,000 x 25% = 6,250,000
[3] 15,000,000 x 75% = 11,250,000
[4] 15,000,000 x 25% = 3,750,000

정답 : ②

핵심유형특강 90 — 고객충성제도와 보상점수

다음 중 고객충성제도에 대해서 가장 올바르지 않은 이야기를 하고 있는 사람은 누구인가?

① 정화 : 고객충성제도는 재화나 용역을 구매하는 고객에게 인센티브를 제공하기 위해 사용하고 보통은 포인트라고 불리는 고객보상점수를 부여합니다.
② 하니 : 보상점수는 보상점수를 부여한 매출거래 중 별도의 식별가능한 부분으로 회계처리 합니다.
③ 솔지 : 보상점수는 그 보상점수를 별도로 판매할 경우의 금액에 기초하여 측정합니다.
④ 혜린 : 기업이 직접 보상을 제공한다면 보상점수의 회수 전 최초의 매출거래가 발생할 때 보상점수에 배분된 대가를 수익으로 인식합니다.

해설

- 기업이 직접 보상을 제공하는 경우 매출거래가 발생할 때 보상점수에 배분된 대가는 계약부채(이연매출)로 인식한후 보상점수가 회수되고 의무를 이행한 때에 수익으로 인식한다.

매출시	(차) 현금	xxx	(차) 매출	xxx
			계약부채(이연매출)	xxx
수익인식(회수시)	(대) 계약부채(이연매출)	xxx	(대) 포인트매출	xxx

정답 : ④

핵심유형특강 91   **고객충성제도 실무사례**

고객충성제도에 대한 예로 가장 올바르지 않은 것은?

① 신용카드회사에서 카드사용액에 대하여 비례하여 지급하는 포인트제도
② 애완동물 카페에서 사용횟수에 비례하여 부여하는 무료 이용권
③ 자동차회사에서 구매고객에게 일정기간 동안 무상수리를 제공하는 무상수리제도
④ 항공사에서 일정 마일리지가 누적되면 제공되는 무료항공권

해설

• 무상수리제도는 판매와 직접 관련하여 발생하는 추가적인 원가부담 예상액으로서 현재의무이므로 '판매보증충당부채'의 회계처리가 적용된다.

정답 : ③

핵심유형특강 92   **고객충성제도 회계처리**

다음 중 고객충성제도에 대해서 가장 올바르지 않은 이야기를 하고 있는 사람은 누구인가?

① 전소미 : 판매자가 아닌 제3자가 보상을 제공하는 경우에는 고객충성제도에 해당하지 않습니다.
② 김세정 : 보상점수는 보상점수를 부여한 매출거래 중 별도의 식별가능한 부분으로 회계처리 합니다.
③ 최유정 : 보상점수에 배분할 대가는 보상점수의 공정가치로 측정합니다.
④ 김청아 : 기업이 직접 보상을 제공한다면 보상점수가 회수되고 보상을 제공할 의무를 이행한 때 보상점수에 배분된 대가를 수익으로 인식합니다.

해설

• 고객충성제도는 기업이 보상을 제공하는 경우와 제3자가 보상을 제공하는 경우 모두에 적용한다.

정답 : ①

제1주차
핵심유형특강

제2주차
핵심유형특강

제3주차
핵심유형특강

제4주차
기출문제특강

핵심유형특강 93 고객충성제도

㈜삼일은 Take-out 커피전문점 사업부를 운영하고 있다. ㈜삼일은 커피 판매시 판매단가 10,000원당 100점의 포인트를 제공하는 고객충성제도를 실시하고 있으며, 구매 고객은 포인트를 사용하여 커피를 추가로 더 구입할 수 있다. 다음은 ㈜삼일의 20x1년과 20x2년의 커피 매출액 및 포인트와 관련한 내역의 일부이다. 다음 중 이와 관련한 설명으로 가장 옳은 것은?

과목	20x1년	20x2년
커피 판매액(원)	30,000,000	40,000,000
부여된 포인트(점)	200,000	300,000
개별판매가격을 기초로 포인트 1점에 배분된 금액(원)	1	1
20x1년 실제회수포인트(점)	140,000	–
20x2년 실제회수포인트(점)	60,000	210,000
20x3년 실제회수포인트(점)	–	90,000

① 20x1년말 ㈜삼일이 커피 판매와 관련하여 최종 인식할 매출액은 29,800,000원이다.
② 20x1년도 커피 판매분과 관련하여 20x2년에 추가적으로 인식할 매출액은 210,000원이다.
③ 20x2년말 ㈜삼일이 커피 판매와 관련하여 최종 인식할 매출액은 39,970,000원이다.
④ 20x2년도 커피 판매분과 관련하여 20X3년에 추가적으로 인식할 매출액은 300,000원이다.

해설

- [20x1년 회계처리]

(차) 현금	30,000,000	(대) 매출	29,800,000
		계약부채	200,000
(차) 계약부채	140,000	(대) 매출	140,000

- [20x2년 회계처리]

(차) 현금	40,000,000	(대) 매출	39,700,000
		계약부채	300,000
(차) 계약부채(x1년분)	60,000	(대) 매출	60,000
(차) 계약부채(x2년분)	210,000	(대) 매출	210,000

- [20x3년 회계처리]

(차) 계약부채(x2년분)	90,000	(대) 매출	90,000

친절한 경석씨 고객충성제도(기업이 직접 보상제공시) 회계처리

거래형태 사례	• 마일리지, 적립포인트, 구매할인		
보상점수배분	• 받은 대가(거래가격) 중 일부를 개별판매가격에 기초하여 배분함.		
	보상점수에 배분될 대가	□ 거래가격x	보상점수의 개별판매가격 ─────────────────────────── 재화등의 개별판매가격 + 보상점수의 개별판매가격
매출시	• 보상점수에 배분된 거래가격은 계약부채(선수금)의 과목으로 하여 부채로 인식		
	(차) 현금 xxx	(대) 매출(수익)	xxx
		계약부채(선수금)	xxx
보상점수 수익인식	• 보상점수가 회수되고 보상을 제공할 의무를 이행한 때 수익인식함. ➡ 수익인식액 : 계약부채x실제회수보상점수/회수예상보상점수		
	(차) 계약부채 xxx	(대) 포인트매출	xxx

정답 : ③

제1주차
기출문제특강

제2주차
핵심유형특강

제3주차
최신유형특강

제4주차
기출변형특강

핵심유형특강 94 　　　거래유형별 수익인식

다음 중 거래유형별 수익인식에 대해서 가장 옳지 않은 이야기를 하는 사람은 누구인가?

① 김태희 : 반품권이 있는 판매시 반품예상액을 합리적으로 추정할 수 없는 경우 판매시점에 매출을 인식할 수 없습니다.
② 송혜교 : 재화를 설치하는 조건으로 판매하는 경우 설치용역이 별도 구분되는 수행의무인 경우 설치와 재화를 하나의 수행의무로 보아 수익으로 인식합니다.
③ 전지현 : 대리인으로서 수출대행업무를 하는 종합상사는 판매수수료만 수익을 인식하여야 합니다.
④ 하지원 : 장기할부판매의 경우 재화의 통제가 이전되는 판매시점에 수익을 인식합니다.

해설

• 설치용역이 재화와 별도 구분(구별)되는 경우에는 별도의 수행의무로 보아 개별판매가격 비율로 배분하여 각각 수익을 인식한다. 이 경우 설치용역은 기간에 걸쳐 수행되는 수행의무이므로 진행기준을 적용한다.

정답 : ②

핵심유형특강 95 　　　라이선스와 수익인식

프로그램 제작사인 ㈜삼일은 20x1년 1월 1일에 방송프로그램에서 사용 중인 캐릭터를 ㈜서울에게 3년간 사용할 수 있는 계약을 체결하고 30,000,000원을 받았다. ㈜서울은 현재 및 향후에 출시되는 캐릭터를 사용한 장난감 제작 권리를 가진다. 20x1년 ㈜삼일이 인식할 수익액은 얼마인가?

① 0원　　　　　　　　　　　　　② 10,000,000원
③ 20,000,000원　　　　　　　　　④ 30,000,000원

해설

• 라이선스 기간 전체에 걸쳐 존재하는, 기업의 지적재산에 접근할 권리인 접근권이 3년간 보장되어 있는 라이선스 거래이다. 따라서, 기간에 걸쳐 수행하는 의무에 해당하므로 3년에 걸쳐 수익으로 인식한다.
• 20x1년 수익인식액 : 30,000,000÷3년=10,000,000

정답 : ②

핵심유형특강 96 　　　수익인식기준

다음 중 수익인식 기준에 대하여 가장 올바르지 않은 것은?

① 라이선스 계약이 접근권에 해당하면 일정기간 동안 권리를 부여하는 수행의무가 부여된 것이므로 그 기간에 걸쳐 수익으로 인식한다.
② 매출에 확신유형의 보증을 제공하는 경우 총 판매대금을 수익으로 인식하고, 보증에 대해서는 충당부채를 인식한다.
③ 검사조건부판매의 경우 재화나 용역이 합의된 규격에 부합하는지 객관적으로 판단이 가능한 경우에는 고객이 인수한 시점에 수익을 인식한다.
④ 고객충성제도를 시행하는 경우 보상점수를 배분하는 대가는 상대적 개별판매가격에 따라 배분한 금액이다.

해설

• 검사조건부판매의 수익인식

합의한 규격에 따른 것인지를 객관적으로 판단할 수 있는 경우	• 고객의 인수는 형식적인 것이므로 고객의 인수여부와 관계없이 수익을 인식함. → 즉, 인수수락 여부에 관계없이 인수 전이라도 이전시점에 수익을 인식함.
합의한 규격에 따른 것인지를 객관적으로 판단할 수 없는 경우	• 고객이 인수하는 시점에 수익을 인식함.

정답 : ③

핵심유형특강 97   **설치수수료 수익인식**

다음 중 거래유형별 수익인식에 관한 설명으로 가장 올바르지 않은 것은?

① 위탁판매에서 수탁자에 의한 상품의 판매가 수익인식의 기준이 된다.
② 할부판매의 수익인식은 장·단기 구분없이 재화가 인도되는 시점에 인식한다.
③ 주문개발 하는 소프트웨어의 대가는 진행기준에 따라 수익을 인식한다.
④ 설치용역이 재화판매에 부수적으로 제공된 경우 설치용역수수료를 진행기준으로 수익을 인식한다.

해설

• 설치용역수수료의 수익인식

설치용역이 재화와 구별O	• 별도수행의무로 보아 개별판매가격비율로 배분하여 각각 수익인식 → 설치용역은 기간에 걸쳐 수행되는 수행의무이므로 진행기준 적용함.
설치용역이 재화와 구별X (부수제공)	• 단일수행의무로 보아 재화의 통제가 이전되는 시점에 수익인식

정답 : ④

핵심유형특강 98   **수익인식의 적용**

다음중 한국채택국제회계기준 '고객과의 계약에서 생기는 수익' 에 의할 때 수익인식기준에 대해 가장 타당하지 않은 것은 어느 것인가?

① 검사조건부판매의 경우 합의된 규약에 부합하는지 객관적으로 판단가능하다면 형식적으로 인수되지 않았어도 수익을 인식한다.
② 매출에 대해 확신유형의 보증을 제공하는 경우 총판매금액 중 일부를 보증의무에 배분하여 별도 수행의무별 수익을 인식한다.
③ 시용판매의 경우 고객이 매입의사를 표시하면 통제가 이전된 것으로 보아 수익을 인식한다.
④ 고객충성제도를 시행하는 경우 보상점수에 배분되는 대가는 거래가격을 제공하는 재화나 용역과 보상점수의 개별판매가격에 기초하여 배분한 금액이다.

해설

• 확신유형의 보증 회계처리
고객아 보증을 별도로 구매할 수 있는 선택권이 있는 경우는 수행의무로 회계처리(수행의무에 거래가격을 배분함.)하나, 고객이 보증을 별도로 구매할 수 있는 선택권이 없는 경우에는 예상원가를 충당부채로 인식한다.

정답 : ②

핵심유형특강 99 | 건설형공사계약 2차연도·3차연도 계약손익

㈜상일건설은 20x1년 1월 5일에 서울시와 교량건설 도급공사계약을 체결하였다. 총계약금액은 50억원이며 공사가 완성되는 20x3년 12월 31일까지 건설과 관련된 회계자료는 다음과 같다. ㈜상일건설이 공사진행기준으로 수익을 인식한다면 20x1년, 20x2년 및 20x3년 공사손익으로 계상할 금액은 얼마인가?

	20x1년	20x2년	20x3년
총계약금액	50억원	50억원	50억원
추정총계약원가	45억원	48억원	49억원
누적공사진행률	10%	60%	100%

	20x1년	20x2년	20x3년
①	공사이익 0.5억원	공사이익 0.7억원	공사손실 0.2억원
②	공사이익 0.5억원	공사이익 0.4억원	공사이익 0.1억원
③	공사손실 0.5억원	공사이익 0.7억원	공사이익 0.8억원
④	공사손실 0.5억원	공사이익 0.4억원	공사이익 1.1억원

해설

	20x1년	20x2년	20x3년
계약수익	50억x10%=5억	50억x60%-5억=25억	50억x100%-(5억+25억)=20억
계약원가	45억x10%=4.5억	48억x60%-4.5억=24.3억	49억x100%-(4.5억+24.3억)=20.2억
계약손익	0.5억	0.7억	-0.2억

정답 : ①

핵심유형특강 100 | 건설계약 총예상손실 회계처리

㈜상일건설은 ㈜용산과 20x1년 5월 1일 총계약금액 3억원의 다음과 같은 공장신축공사계약을 체결하였다. 회사가 진행기준으로 수익을 인식한다면 ㈜상일건설의 20x2년 공사손익은 얼마인가?

	20x1년	20x2년
당기발생계약원가	1억원	1.4억원
누적발생계약원가	1억원	2.4억원
추정총계약원가	2.5억원	4억원

① 손실 1억원 　　② 손실 1.2억원 　　③ 이익 1억원 　　④ 이익 1.2억원

해설

	20x1년	20x2년
진 행 률	1억÷2.5억=40%	2.4억÷4억=60%
계약수익	3억x40%=1.2억	3억x60%-1.2억=0.6억
계약원가	1억	1.4억+0.4억[*]=1.8억
계약손익	0.2억	-1.2억

[*]예상손실=추가소요원가-계약금액x(1-진행률) →(4억-2.4억)-3억x(1-60%)=0.4억

정답 : ②

핵심유형특강 101 — 확정급여채무 관련항목의 증감

㈜삼일은 종업원이 퇴직한 시점에 일시불급여를 지급하며, 일시불급여는 종업원의 퇴직 전 최종임금의 10%에 근속 연수를 곱하여 산정된다. 종업원의 연간 임금은 1차년도에 10,000원이며, 향후 매년 2%(복리)씩 상승하는 것으로 가정하며 할인율은 10%라고 측정한다. 종업원은 5년간 근무하고 퇴사할 예정이며, 보험수리적 가정 및 기타 추가적인 조정사항이 없을 경우 다음 항목 중 매년 금액이 증가하는 것은 무엇인가?

① 당기근무원가
② 이자원가
③ 확정급여채무의 현재가치
④ 위 ①, ②, ③ 모두 해당

해설

• 당기근무원가, 이자원가, 확정급여채무의 현재가치 모두 매년 증가한다.

예시 20x1년 3년간 근무하고 퇴사할(20x3년말에 퇴직할 경우) 종업원의 퇴직시 퇴직금이 300원(보험수리적평가방법 추정액)으로 예상된다. 할인율은 10%로 가정한다.(단, 20x1년초에 입사함)

ㄱ. 현재가치를 무시한 연도별 당기근무원가 계산
  배분액 : 300÷3년=100 → 20x1년 100, 20x2년 100, 20x3년 100
ㄴ. 당기근무원가와 확정급여채무의 현재가치 계산

	20x1년	20x2년	20x3년
당기근무원가	$100 \div 1.1^2 = 83$	$100 \div 1.1 = 91$	100
이자원가	-	$83 \times 10\% = 8$	$(83+8) \times 10\% + 91 \times 10\% = 18$
추가인식할 확정급여채무	83	99	118

ㄷ. 회계처리

20x1년	(차)	퇴직급여(근무원가)	83	(대)	확정급여채무	83
20x2년	(차)	퇴직급여(이자원가)	8	(대)	확정급여채무	99
		퇴직급여(근무원가)	91			
20x3년	(차)	퇴직급여(이자원가)	18	(대)	확정급여채무	118
		퇴직급여(근무원가)	100			
	(차)	확정급여채무	300	(대)	현금	300

정답 : ④

핵심유형특강 102 — 확정급여부채

확정급여제도를 도입한 ㈜삼일의 당기말 관련 결산 자료이다. ㈜삼일의 보고기간 종료일현재 재무상태표에 표시될 확정급여부채의 금액은 얼마인가?

ㄱ. 확정급여채무의 현재가치	800,000원
ㄴ. 사외적립자산의 공정가치	100,000원

① 100,000원
② 700,000원
③ 800,000원
④ 900,000원

해설

• 확정급여부채(재무상태표)=확정급여채무(현재가치)-사외적립자산(공정가치)
  →800,000-100,000=700,000

정답 : ②

핵심유형특강 103 확정급여제도와 재측정요소

다음은 확정급여형 퇴직급여제도를 시행하고 있는 ㈜삼일의 20x1년 확정급여채무의 현재가치와 사외적립자산의 공정가치 변동내역이다. 20x1년 포괄손익계산서상 기타포괄손익으로 인식할 금액을 구하면 얼마인가?

ㄱ. 확정급여채무의 현재가치

20x1.1.1	당기근무원가	이자원가	재측정요소	20x1.12.31
80,000원	10,000원	2,000원	400원	92,400원

ㄴ. 사외적립자산의 공정가치

20x1.1.1	사외적립자산 적립	사외적립자산 기대수익	재측정요소	20x1.12.31
60,000원	6,000원	1,000원	0원	67,000원

① 손실 400원
③ 이익 400원
② 손실 1,000원
④ 이익 1,000원

해설

• 재측정요소는 확정급여채무나 사외적립자산의 예상치 못한 변동을 말하며, 확정급여채무의 재측정손익(보험수리적손익)과 사외적립자산의 재측정손익(투자손익)은 모두 기타포괄손익으로 인식한다.
→(차) 재측정손실(기타포괄손익) 400 (대) 확정급여채무 400

친절한 경석씨 확정급여제도 회계처리 순서

① 과거근무원가(증가시)	(차)	퇴직급여	xxx	(대)	확정급여채무	xxx
② 퇴직급여 지급	(차)	확정급여채무	xxx	(대)	사외적립자산	xxx
③ 사외적립자산 적립	(차)	사외적립자산	xxx	(대)	현금	xxx
④ 확정급여채무 이자원가	(차)	퇴직급여	xxx	(대)	확정급여채무	xxx
⑤ 확정급여채무 당기근무원가	(차)	퇴직급여	xxx	(대)	확정급여채무	xxx
⑥ 확정급여채무 재측정요소(보험수리적손익)	(차)	재측정손실	xxx	(대)	확정급여채무	xxx
⑦ 사외적립자산 기대수익(이자수익)	(차)	사외적립자산	xxx	(대)	퇴직급여	xxx
⑧ 사외적립자산 재측정요소(실제수익-기대수익)	(차)	사외적립자산	xxx	(대)	재측정이익	xxx

정답 : ①

| 핵심유형특강 104 | 확정급여제도와 당기비용 |

다음은 확정급여형 퇴직급여제도를 시행하고 있는 ㈜삼일의 20x1년 확정급여채무의 현재가치와 사외적립자산의 공정가치 변동내역이다. 20x1년 포괄손익계산서상 당기비용으로 인식할 금액을 구하면 얼마인가?

〈확정급여채무의 현재가치〉		〈사외적립자산의 공정가치〉	
20x1.1.1	250,000원	20x1.1.1	125,000원
당기근무원가	25,000원	사외적립자산 적립	12,500원
이자원가	5,000원	사외적립자산 기대수익	2,500원
보험수리적손익	500원	재측정요소	0원
20x1.12.31	280,500원	20x1.12.31	140,000원

① 27,500원
③ 30,500원
② 30,000원
④ 32,500원

해설

• 회계처리

사외적립자산 적립	(차) 사외적립자산	12,500	(대) 현금	12,500
확정급여채무 이자원가	(차) 퇴직급여	5,000	(대) 확정급여채무	5,000
확정급여채무 당기근무원가	(차) 퇴직급여	25,000	(대) 확정급여채무	25,000
확정급여채무 재측정요소 (보험수리적손익)	(차) 재측정손실(기타포괄손익)	500	(대) 확정급여채무	500
사외적립자산 기대수익(이자수익)	(차) 사외적립자산	2,500	(대) 퇴직급여	2,500

∴20x1년 당기비용 : 5,000+25,000-2,500=27,500

정답 : ①

핵심유형특강 105 　　　주식결제형 주식기준보상 행사시 자본증감

㈜삼일은 20x1년 1월 1일 임원 10명에게 3년의 용역제공조건으로 주식결제형 주식선택권 100개를 부여하였다. 20x4년 주식선택권의 권리행사로 아래와 같이 회계처리한 경우 ㈜삼일의 자본항목의 변화로 가장 옳은 것은?

| (차변) 현금 | 20,000,000원 | (대변) 자기주식 | 22,000,000원 |
| 주식선택권 | 5,000,000원 | 자기주식처분이익 | 3,000,000원 |

① 2,000,000원 증가　　　　　　　　② 20,000,000원 증가
③ 22,000,000원 증가　　　　　　　　④ 28,000,000원 증가

해설

• 자본항목의 변화
　자본증가 : 자기주식　　　　22,000,000
　자본증가 : 자기주식처분이익　3,000,000
　자본감소 : 주식선택권　　　(5,000,000)
　　　　　　　　　　　　　　20,000,000

친절한 경석씨　주식결제형 주식기준보상 회계처리

보고기간말	• 재측정없이 부여일 공정가치로 측정하고 기대권리소멸률을 반영한 보상원가를 용역제공비율(=당기말까지 기간÷용역제공기간)에 따라 가득기간에 걸쳐 인식
	(차) 주식보상비용(당기비용) xxx (대) 주식선택권(자본) xxx
가득일이후	• 회계처리 없음.
권리행사시	(차) 현금(행사가격) xxx (대) 자본금(액면)[1] xxx
	(차) 주식선택권 xxx (대) 주식발행초과금(대차차액)[2] xxx
	➡자기주식교부시는 [1]은 자기주식, [2]는 자기주식처분이익으로 처리함.
권리소멸시	• 인식한 보상원가는 환입하지 않으며, 주식선택권은 다른 자본계정으로 계정대체가능.
	(차) 주식선택권 xxx (대) 소멸이익(자본) xxx

정답 : ②

핵심유형특강 106 　　　현금결제형 주식기준보상 주식보상비용

㈜삼일은 20x1년초 대표이사에게 3년동안 용역제공조건으로 현금결제형 주가차액보상권을 부여하였다. 현금결제형 주식기준보상과 관련하여 20x1년 주식보상비용 계산시 필요한 괄호 안의 정보가 올바르지 않은 것은?

$$20x1년 주식보상비용 = 부여된 권리수 × (ㄱ) × (ㄴ) × \frac{1년}{(ㄷ)}$$

① ㄱ : 1 – 연평균기대권리소멸률
② ㄴ : 부여일 현재 주가차액보상권의 공정가치
③ ㄷ : 용역제공기간
④ ㄴ : 보고기간말 현재 주가차액보상권의 공정가치

해설

• 주가차액보상권은 보고기간말 현재의 공정가로 재측정하므로, 부여일 현재 주가차액보상권의 공정가치는 필요한 자료가 아니다.

정답 : ②

핵심유형특강 107 　　　　　법인세회계 회계처리

다음 중 이연법인세자산·부채와 관련한 회계처리를 가장 올바르게 수행한 회계담당자는?

① 오대리 : 난 어제 이연법인세자산·부채를 계산하면서 유동성·비유동성을 구분하느라 밤새 한숨도 못 잤어.
② 박대리 : 이연법인세 자산과 부채는 현재가치 할인하지 않는 것이 맞아.
③ 이대리 : 이연법인세자산·부채 계산에 적용되는 세율을 차이 발생시점의 한계세율로 인식했어.
④ 김대리 : 이연법인세자산·부채를 계산할 때 미수이자와 같은 일시적차이는 제외하고 영구적 차이만 고려했어.

해설

- ① 이연법인세자산·부채는 비유동자산(비유동부채)로만 표시한다.
  ③ 차이 발생시점의 한계세율(X) → 소멸시점의 미래예상세율(평균세율)
  ④ 영구적차이는 제외하고 일시적차이를 고려한다.

정답 : ②

핵심유형특강 108 　　　　　1차연도 이연법인세자산·부채 계산

㈜삼일은 20x1년에 사업을 개시하였으며 20x1년 당기순이익은 2,000,000원이다. 세무조정내역은 가산할 일시적차이이 1,000,000원뿐이며 일시적차이가 소멸하는 회계기간의 미래예상세율은 다음과 같다. 차감할 일시적차이가 사용될 수 있는 과세소득의 발생가능성이 높다고 가정할 경우 ㈜삼일의 20x1년 재무상태표에 계상될 이연법인세자산·부채는 얼마인가?

	20x2년	20x3년	20x4년
가산할 일시적차이	200,000원	300,000원	500,000원
법인세율	20%	30%	40%

① 이연법인세자산 150,000원　　　　② 이연법인세자산 330,000원
③ 이연법인세부채 150,000원　　　　④ 이연법인세부채 330,000원

해설

- 가산할 일시적차이=△유보=이연법인세부채
  → 200,000x20%+300,000x30%+500,000x40%=330,000

정답 : ④

핵심유형특강 109 　　　　　재고자산 원가흐름 가정의 회계정책 변경

20x1년에 설립한 ㈜상일은 재고자산의 원가흐름에 대한 가정을 20x1년까지 선입선출법으로 원가결정을 하였으나 20x2년부터 가중평균법으로 변경하였다. 원가흐름에 대한 가정에 따라 재고자산의 장부금액은 다음과 같다. ㈜상일이 가중평균법으로의 회계정책의 변경에 대한 소급효과를 모두 결정할 수 있는 경우 회계변경으로 20x2년말 이익잉여금에 미치는 영향은 얼마인가?

구분	20x1년말	20x2년말
선입선출법	45,000원	50,000원
가중평균법	35,000원	45,000원

① 5,000원 증가 　　　　　　　　　　　　② 10,000원 증가
③ 5,000원 감소 　　　　　　　　　　　　④ 10,000원 감소

해설

• 재고자산 분석(가중평균법과 비교한 선입선출법 금액)
　20x1년 : 기말재고 10,000원 과대계상 → 매출원가 10,000원 과소계상 → 이익 10,000원 과대계상
　20x2년 : 기초재고 10,000원 과대계상 → 매출원가 10,000원 과대계상 → 이익 10,000원 과소계상
　20x2년 : 기말재고 5,000원 과대계상 → 매출원가 5,000원 과소계상 → 이익 5,000원 과대계상
• 이익잉여금 분석

	20x1년	20x2년
20x1년 기말과대	이익 10,000 과대계상	이익 10,000 과소계상
20x2년 기말과대		이익 5,000 과대계상
	이익 10,000 과대계상	이익 5,000 과소계상

→총이익 5,000 과대계상(이익 10,000 과대계상+이익 5,000 과소계상)
∴이익잉여금 5,000 감소시키는 처리를 해야 한다.

정답 : ③

핵심유형특강 110 　　　　　감가상각방법의 회계추정 변경

㈜상일은 20x1년초 1,000,000원에 취득한 기계장치(내용연수 10년, 잔존가치 0원)에 대한 감가상각방법을 정률법으로 상각하여 오고 있다. ㈜상일은 20x3년 1월 1일부터 상각방법을 정액법으로 변경하였다. 정률법을 적용한 감가상각비가 다음과 같을 때, 20x3년의 감가상각비는 얼마인가?

구분	20x1년	20x2년
정률법	200,000원	160,000원

① 20,000원 　　　　　　　　　　　　② 40,000원
③ 60,000원 　　　　　　　　　　　　④ 80,000원

해설

• [1단계] 변경된 시점의 장부금액 계산 : 1,000,000-(200,000+160,000)=640,000
• [2단계] 새로운 추정치와 추정방법을 위 장부금액에 반영하여 감가상각비 계산 : 640,000÷8년=80,000

정답 : ④

핵심유형특강 111   오류수정 회계처리

다음 중 오류수정에 관한 설명으로 가장 옳은 것은?

① 중요한 오류가 발생한 과거기간의 재무제표가 비교표시되는 경우에도 그 재무정보를 재작성할 필요는 없다.
② 중요한 오류란 재무이용자의 의사결정에 영향을 미치는 오류를 말한다.
③ 전기오류의 수정은 반드시 오류가 발견된 기간의 당기손익으로 보고한다.
④ 재고자산 단위원가 결정방법을 선입선출법에서 가중평균법으로 변경하는 것은 오류수정에 해당된다.

해설

• ① 재작성하여 수정한다
  ③ 전기오류의 수정은 오류가 발견된 기간의 당기손익으로 보고하지 않는다
  ④ 회계정책의 변경에 해당한다.

정답 : ②

핵심유형특강 112   기본주당이익 계산방법

다음 중 기본주당이익의 계산에 관한 설명으로 가장 올바르지 않은 것은?

① 당해 회계기간과 관련된 누적적 우선주에 대한 세후배당금은 배당금의 지급이 결의된 경우에만 당기순손익에서 차감한다.
② 기본주당이익은 지배기업의 보통주에 귀속되는 특정 회계기간의 당기순손익을 그 기간의 가중평균유통보통주식수로 나누어 계산한다.
③ 당기 중에 무상증자를 실시한 경우 당해 사건이 있기 전의 유통보통주식수를 비교표시되는 최초기간의 개시일에 그 사건이 일어난 것처럼 비례적으로 조정한다.
④ 채무를 변제하기 위하여 보통주를 발행하는 경우, 채무변제일이 가중평균유통보통주식수를 산정하기 위한 보통주유통일수 계산의 기산일이 된다.

해설

• 누적적 우선주는 배당금을 지급하지 못하였을 경우 그 부족액을 후년도의 이익에서 충당할 수 있는 우선주를 말하며, 누적적 우선주의 배당금은 배당결의 여부에 관계없이 손실이 발생한 경우에도 당해 회계기간과 관련된 세후배당금을 차감하여 산정한다.

예시 전기당기순손실 50,000원, 당기순이익 200,000원, 전기,당기 모두 유통보통주식은 1,000주, 우선주는 비참가적, 누적적 우선주. 당기에 전기분과 당기분 우선주배당 30,000원씩 60,000원을 배당키로 결의함.

- 전기 기본EPS : $\dfrac{-50,000-30,000}{1,000주} = -80$

- 당기 기본EPS : $\dfrac{200,000-30,000}{1,000주} = 170 \rightarrow \dfrac{200,000-60,000}{1,000주} = 140(X)$

*배당결의하지 않은 경우에도 위와 동일함!

친절한 경석씨   보통주유통일수를 계산하는 기산일의 사례

구분	기산일
현금납입의 경우('일반적 유상증자')	• 현금을 받을 권리가 발생하는 날
보통주나 우선주 배당금을 자발적으로 재투자하여 보통주 발행시	• 배당금의 재투자일
채무상품의 전환으로 인하여 보통주를 발행하는 경우	• 최종이자발생일의 다음날
기타금융상품에 대하여 이자지급·원금상환 대신 보통주를 발행시	• 최종이자발생일의 다음날
채무를 변제하기 위하여 보통주를 발행하는 경우('출자전환')	• 채무변제일
현금 이외의 자산을 취득하기 위하여 보통주를 발행하는 경우	• 그 자산의 취득을 인식한 날
용역의 대가로 보통주를 발행하는 경우	• 용역제공일

정답 : ①

핵심유형특강 113 　　　　　　　가중평균유통보통주식수 계산

다음은 ㈜상일의 11기(20x1년 1월 1일 ~ 20x1년 12월 31일) 당기순이익과 자본금 변동상황에 대한 자료이다. 이를 이용하여 ㈜상일의 20x1년도 유통보통주식수를 구하면?

　ㄱ. 당기순이익 : 100,000,000원

　ㄴ. 자본금변동사항(액면금액 500원)

	보통주자본금	우선주자본금
기초	5,000주 2,500,000원	2,000주 1,000,000원
5월 1일 무상증자(30%)	1,500주 750,000원	600주 300,000원

　ㄷ. 20x1년 9월 1일에 자기주식(보통주) 1,200주를 1,200,000원에 취득

　ㄹ. 무상신주의 배당기산일은 원구주에 따르며, 유통보통주식수는 월할로 계산

① 4,600주　　　　　　　　　　　　　② 5,000주
③ 6,100주　　　　　　　　　　　　　④ 6,500주

해설

• $(5,000주+1,500주) \times \dfrac{12}{12} - 1,200주 \times \dfrac{4}{12} = 6,100주$

정답 : ③

핵심유형특강 114 　　　　　　　희석주당이익 산정시 잠재적보통주

희석주당이익은 실제 발행된 보통주뿐만 아니라 보통주로 전환될 수 있는 잠재적보통주까지 감안하여 산출한 주당이익을 말한다.

$$희석주당익 = \frac{희석당기순이익}{가중평균유통보통주식수 + 잠재적보통주}$$

다음 중 잠재적보통주에 해당하는 것으로 가장 올바르지 않은 것은?

① 회사가 보유하고 있는 자기주식
② 보통주로 전환할 수 있는 전환우선주
③ 사업인수나 자산취득과 같이 계약상 합의에 따라 조건이 충족되면 발행하는 보통주
④ 보통주로 전환할 수 있는 전환사채

해설

• 자기주식은 기본주당이익 산정에 있어 자기주식의 취득시점 이후부터 매각시점까지의 기간 동안 가중평균유통보통주식수에 포함하지 아니한다.
• 잠재적보통주는 다음과 같다.[K-IFRS 제1033호 문단7]
　㉠ 보통주로 전환할 수 있는 금융부채나 지분상품 →예 전환사채, 전환우선주
　㉡ 옵션과 주식매입권 →예 신주인수권, 주식선택권
　㉢ 사업인수·자산취득과 같이 계약상 합의에 따라 조건이 충족되면 발행하는 보통주 →예 조건부발행보통주

정답 : ①

핵심유형특강 115 — 희석주당이익 계산

㈜삼일의 20x1년 가중평균유통보통주식수는 3,000주이고 잠재적보통주식수는 1,000주이다. 기본주당이익을 계산하기 위한 당기순이익은 3,000,000원이고 잠재적보통주식으로 인한 당기순이익 증가를 반영한 희석당기순이익은 3,200,000원이다. 우선주배당금이 400,000원인 경우 희석주당순이익은 얼마인가?

① 1,000원 　　　　　　　② 800원
③ 7,50원 　　　　　　　④ 700원

해설

• 희석당기순이익=보통주당기순이익+전환우선주배당금 등
→희석당기순이익이 문제에 주어져 있으므로 이를 그대로 이용한다.
• 희석주당이익= $\dfrac{희석당기순이익}{가중평균유통보통주식수 + 잠재적보통주식수}$

→∴ $\dfrac{3,200,000}{3,000주 + 1,000주}$ =800

정답 : ②

핵심유형특강 116 — 지분법 유의적 영향력 유무의 검토

지분법은 투자자가 피투자자에 대해 유의적인 영향력을 행사할 수 있는 경우에 적용한다. 다음 중 유의적인 영향력을 행사할 수 있는 경우는 어느 것인가(A회사는 투자자, B회사는 피투자자이다)?

① A회사는 B회사의 주식을 15% 보유하고 있으며 지분율 이외의 다른 조건은 존재하지 않는다.
② A회사는 6개월 이후에 매각할 목적으로 B회사의 의결권 있는 주식을 25% 취득하여 적극적으로 매수자를 찾고 있는 중이다.
③ A회사는 B회사의 주식을 10% 보유하고 있으나 A회사의 모회사가 B회사의 주식 30%를 보유하고 있다.
④ A회사는 B회사의 주식을 10% 보유하고 있으나 이사회에 과반수가 참여하여 의결권을 행사 할 수 있다.

해설

• ① 20%이상이어야 한다.
② 일반적으로 매각예정비유동자산으로 분류된다.
③ A는 B에 대하여 유의적인 영향력이 없으며(∵20%이상이 아님), 모회사가 B에 대하여 유의적인 영향력이 있다.
(∵20%이상임)

참고 '간접'의 의미

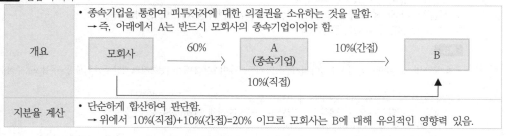

개요	• 종속기업을 통하여 피투자자에 대한 의결권을 소유하는 것을 말함. → 즉, 아래에서 A는 반드시 모회사의 종속기업이어야 함.
지분율 계산	• 단순하게 합산하여 판단함. → 위에서 10%(직접)+10%(간접)=20% 이므로 모회사는 B에 대해 유의적인 영향력 있음.

정답 : ④

핵심유형특강 117 — 관계기업 영업권 계산

㈜상일은 20x1년 1월 1일 ㈜미영의 보통주 4,000주(총발행주식수 10,000주)를 주당 1,000원에 취득하였다. 주식취득일 현재 ㈜미영의 순자산 공정가치가 10,000,000원인 경우 영업권은 얼마인가?

① 0원　　　　　　　　　　　　　　　　② 20,000원
③ 60,000원　　　　　　　　　　　　　④ 100,000원

해설

- 영업권=취득원가-순자산공정가치x지분율
  → ∴ 4,000주x1,000-10,000,000x40%=0

정답 : ①

핵심유형특강 118 — 화폐성·비화폐성항목 구분

다음 중 화폐성 항목만으로 구성된 것은?

① 매입채무, 미지급금, 단기차입금　　　② 미지급금, 선수금, 기계장치
③ 재고자산, 매입채무, 선급금　　　　　④ 매출채권, 투자부동산, 자본금

해설

- 화폐성항목 : 현금, 매출채권, 미수금, 대여금, 매입채무, 미지급금, 차입금, 미지급비용, 미수수익

정답 : ①

핵심유형특강 119 — 외화자산·부채의 환산

다음 중 외화자산 및 외화부채의 환산에 관한 설명으로 가장 올바르지 않은 것은?

① 화폐성 외화자산·부채는 보고기간말 현재의 환율로 환산한다.
② 비화폐성 외화자산·부채 중 역사적원가로 측정하는 항목은 당해 자산 또는 부채 거래일의 환율로 환산한다.
③ 화폐성 자산의 예로는 현금및현금성자산, 장·단기 매출채권 등이 있으며, 화폐성 부채의 예로는 매입채무, 장·단기차입금, 사채 등이 있다.
④ 비화폐성 외화자산·부채 중 공정가치로 측정하는 항목은 당해 자산·부채의 최초 거래일의 환율로 환산한다.

해설

- 거래일의 환율(X) → 공정가치 결정일의 환율(O)

친절한 경석씨 — 화폐성·비화폐성항목의 기말환산

화폐성항목	• 마감환율(보고기간말환율)로 환산하고 외환차이는 당기손익 처리		
비화폐성항목	구분	적용환율	외환차이 처리
	역사적원가측정항목 (예)유형자산 원가모형)	거래일환율	외환차이 없음
	공정가치측정항목 (예)유형자산 재평가모형)	공정가치결정일환율	당기손익인 경우 → 당기손익
			기타포괄손익인 경우 → 기타포괄손익

정답 : ④

핵심유형특강 120   외환손익

㈜삼일은 20x1년 3월 30일 기계장치를 2,500달러에 구입하였으며 이에 대한 결제일은 20x2년 4월 1일이다. 이에 따라 각 시점의 환율은 다음과 같다.

ㄱ. 20X1년 03월 30일의 환율	:	1,000원/달러
ㄴ. 20X1년 12월 31일의 환율	:	1,200원/달러
ㄷ. 20X2년 04월 01일의 환율	:	1,100원/달러

상기 거래와 관련하여 ㈜삼일이 20x2년 중 계상할 외환차손익(외환손익)은 얼마인가?

① 외환차익(외환이익) : 100,000원
② 외환차손(외환손실) : 150,000원
③ 외환차익(외환이익) : 250,000원
④ 외환차손(외환손실) : 200,000원

해설

• 부채(미지급금)는 환율이 떨어지면 이익이다.
• 외환차익(외환이익) : $2,500×(1,200-1,100)=250,000

정답 : ③

핵심유형특강 121   외화매출채권 외환차이 계산

㈜삼일은 자동차 제조업을 영위하는 코스닥 등록업체로서 대미 수출에 주력하고 있다. 20x1회계연도(20x1.1.1 ~ 20x1.12.31)중 발생한 수출실적이 다음과 같을 경우 물음에 답하시오.

(1) 수출액 및 대금회수일

수출일	수출액	대금회수일
20x1.6.11	$10,000	20x2.3.10

(2) 일자별 환율

일자	20x1.6.11	20x1.12.31
환율	1,200원/$	1,250원/$

(3) 기타정보

상기 수출대금은 계약상 대금회수일에 이상 없이 모두 회수되었으며, 상기 수출과 관련된 매출채권 이외의 채권·채무는 없다.

㈜삼일의 20x1년 재무제표 중 재무상태표상 매출채권과 포괄손익계산서상 외화환산손익 및 외환차손익을 바르게 짝지은 것은?

	매출채권	외화환산손익	외환차손익
①	12,500,000원	손실 500,000원	–
②	12,000,000원	–	손실 500,000원
③	12,500,000원	이익 500,000원	–
④	12,000,000원	–	이익 500,000원

해설

• 20x1.6.11
(차) 외화매출채권 $10,000×1,200 = 12,000,000   (대) 매출   12,000,000
• 20x1.12.31
(차) 외화매출채권   500,000   (대) 외화환산이익 $10,000×(1,250 - 1,200) = 500,000

정답 : ③

핵심유형특강 122   파생상품 기능

다음 중 파생금융상품의 기능에 관한 설명으로 올바르지 않은 것은?

① 투기의 유인을 막고 위험을 최소화할 수 있다.
② 미래시장가격의 예측이 가능하다.
③ 자금흐름의 탄력성이 증대된다.
④ 금융비용 절감이 가능하다.

해설

• 파생상품은 기본적으로 투기의 목적으로 이용되므로 투기의 기회를 제공하는 기능을 한다.

정답 : ①

핵심유형특강 123   선물거래의 특징

다음 중 선물거래의 특징이 아닌 것은?

① 증거금제도   ② 일일정산제도
③ 비표준화계약   ④ 정산소

해설

• 비표준화계약(X) → 표준화계약(O)
  - 선물거래는 현재 합의된 가격으로 미래에 표준화된 특정대상을 인수할 것을 불특정다수와 약정한 조직화된 시장인 장내거래(선물거래소)에서의 계약으로, 거래증거금이 필요하며 일일정산제도가 있다.
  - 비표준화계약은 선도거래의 특징이다.

정답 : ③

핵심유형특강 124   선물과 옵션의 특징

다음 중 선물(futures)과 옵션(option)의 설명으로 가장 올바르지 않은 것은?

① 선물의 경우에는 권리나 의무 중 하나만 부담하지만 옵션의 경우에는 거래시 권리와 의무를 모두 부담한다.
② 선물거래의 경우 매일매일의 평가손익을 증거금에 반영하는 체계적인 과정인 '일일정산제도'가 있다.
③ 유럽식 옵션은 만기일에만 권리를 행사할 수 있으나 미국형 옵션은 만기일 이전에 언제라도 권리를 행사할 수 있다.
④ 선물과 옵션 모두 위험회피목적과 투자목적을 가지고 있다.

해설

• 선물의 경우에는 권리와 의무를 모두 부담하지만 옵션의 경우에는 거래시 권리나 의무 중 하나만 부담한다.

정답 : ①

핵심유형특강 125 　　　　　　　　　　　　　　　 파생상품 회계처리

● 다음 중 파생상품과 관련한 회계처리에 관한 설명으로 가장 올바르지 않은 것은?

① 현금흐름위험회피회계시 손익은 모두 당기손익으로 계상한다.
② 매매목적의 파생상품은 공정가치로 평가한다.
③ 위험회피대상항목은 공정가치나 미래현금흐름의 변동위험에 노출된 자산, 부채, 확정계약, 발생가능성이 매우 높은 예상 거래 또는 해외사업장에 관한 순투자를 말한다.
④ 파생상품은 해당 계약에 따라 발생된 권리와 의무를 자산, 부채로 인식하여 재무제표에 계상한다.

해설

• 현금흐름위험회피회계의 평가손익 처리
　- 위험회피에 효과적인 부분 : 기타포괄손익
　- 위험회피에 효과적이지 못한 부분 : 당기손익

정답 : ①

핵심유형특강 126 　　　　　　　　　　　　　　　 리스의 분류

● 리스가 금융리스인지 운용리스인지는 계약의 형식보다는 거래의 실질에 달려있다. 리스가 일반적으로 금융리스로 분류되는 상황의 사례로 가장 옳지 않은 것은?

① 리스이용자가 선택권을 행사할 수 있는 날의 공정가치보다 충분히 낮을 것으로 예상되는 가격으로 기초자산을 매수할 수 있는 선택권을 가지고 있고, 그 선택권을 행사할 것이 리스약정일 현재 상당히 확실한 경우
② 계약의 다른 속성들을 고려할 때 기초자산의 소유에 따른 위험과 보상의 대부분을 이전하지 않는다는 점이 분명한 경우
③ 리스기간 종료시점 이전에 기초자산의 소유권이 리스이용자에게 이전되는 리스
④ 기초자산의 소유권이 이전되지는 않더라도 리스기간이 기초자산의 경제적 내용연수의 상당 부분(major part)을 차지하는 경우

해설

• 계약의 다른 속성들을 고려할 때 기초자산의 소유에 따른 위험과 보상의 대부분을 이전하지 않는다는 점이 분명하다면 그 리스는 운용리스로 분류한다.

 리스의 분류유형과 금융리스 사례

분류유형	금융리스	• 기초자산의 소유에 따른 위험과 보상의 대부분을 이전하는 리스
	운용리스	• 기초자산의 소유에 따른 위험과 보상의 대부분을 이전하지 않는 리스

❖일반적으로 금융리스로 분류되는 상황의 예는 다음과 같다.

금융리스 사례	소유권이전약정	• 종료시점 이전에 소유권이 리스이용자에게 이전되는 리스
	염가매수선택권	• 선택권을 행사할 수 있는 날의 공정가치보다 충분히 낮을 것으로 예상되는 가격으로 매수할 수 있는 선택권을 가지고 있고, 그 선택권을 행사할 것이 리스약정일 현재 상당히 확실한 경우
	리스기간기준	• 소유권이 이전되지는 않더라도 리스기간이 경제적내용연수의 상당 부분을 차지하는 경우
	공정가치기준	• 리스약정일 현재 리스료의 현재가치가 적어도 공정가치의 대부분에 해당하는 경우
	범용성없는 자산	• 리스이용자만이 주요한 변경없이 사용할수 있는 경우

정답 : ②

핵심유형특강 127 | 리스료와 리스의 분류 및 인식

다음 중 리스에 관한 설명 중 올바르지 않은 것은?

① 리스이용자의 입장에서 보증잔존가치와 무보증잔존가치는 모두 리스료에 포함한다.
② 리스는 리스약정일을 기준으로 운용리스나 금융리스로 분류한다.
③ 금융리스이용자는 리스개시일에 리스료의 현재가치에 해당하는 금액을 금융리스부채로 인식한다.
④ 금융리스에서 리스제공자가 리스채권으로 인식할 금액은 리스료의 현재가치와 무보증잔존가치의 현재가치를 합한 금액이다.

해설

• 무보증잔존가치는 리스료에 포함되지 않는다.

정답 : ①

핵심유형특강 128 | 리스료의 구성

다음 중 리스료에 포함되는 항목으로 가장 올바르지 않은 것은?

① 리스기간 종료시점의 잔존가치 중 보증되지 않은 금액
② 지수나 요율(이율)에 따라 달라지는 변동리스료
③ 리스이용자가 매수선택권을 행사할 것이 상당히 확실한 경우에 그 매수선택권의 행사가격
④ 고정리스료

해설

• 무보증잔존가치는 리스료의 구성항목에 해당되지 않는다.

친절한 경석씨 **리스료의 구성항목**

고정리스료	• 지급액에서 변동리스료를 뺀 금액(리스인센티브는 차감)
변동리스료	• 시간경과가 아닌 지수·요율(이율)에 따라 달라지는 리스료
매수선택권행사가격 (소유권이전금액)	• 리스이용자가 매수선택권을 행사할 것이 상당히 확실할 경우 그 매수선택권의 행사가격(또는 소유권이전금액)
종료선택권행사가격	• 리스기간이 리스이용자의 종료선택권 행사를 반영하는 경우에 그 리스를 종료하기 위하여 부담하는 금액
보증잔존가치	① 리스이용자의 경우 : 잔존가치보증에 따라 리스이용자가 지급할 것으로 예상되는 금액 ② 리스제공자의 경우 : 다음의 자의 잔존가치보증액 - 리스이용자와 리스이용자의 특수관계자 - 리스제공자와 특수 관계에 있지 않고 보증의무를 이행할 재무적 능력이 있는 제3자

정답 : ①

핵심유형특강 129 | **리스용어의 정의**

다음 중 ( )안에 들어갈 용어로 가장 올바른 것은?

> 리스이용자의 ( )은 리스이용자가 비슷한 경제적 환경에서 비슷한 기간에 걸쳐 비슷한 담보로 사용권자산과 가치가 비슷한 자산 획득에 필요한 자금을 차입한다면 지급해야 하는 이자율을 말한다.

① 내재이자율
② 증분차입이자율
③ 증분리스이자율
④ 시장이자율

해설

• 리스이용자의 증분차입이자율에 대한 정의에 해당한다.

정답 : ②

핵심유형특강 130 | **리스용어의 정의**

리스약정일 현재 리스제공자가 수령하는 리스료와 무보증잔존가치의 현재가치와 리스자산의 공정가치 및 리스제공자의 리스개설직접원가의 합계액을 일치시키는 이자율은 다음 중 무엇인가?

① 내재이자율
② 증분차입이자율
③ 가중평균차입이자율
④ 시장이자율

해설

• 리스용어의 정의 중 내재이자율에 대한 내용이다.

정답 : ①

핵심유형특강 131   **리스용어의 정의**

다음 중 리스거래의 용어에 관한 설명으로 가장 올바르지 않은 것은?

① 운용리스란 기초자산의 소유에 따른 위험과 보상의 대부분을 리스이용자에게 이전하는 리스를 말한다.
② 리스개시일이란 리스제공자가 리스이용자에게 기초자산을 사용할 수 있게 하는 날을 말한다.
③ 리스료란 기초자산 사용권과 관련하여 리스기간에 리스이용자가 리스제공자에게 지급하는 금액을 말한다.
④ 경제적 내용연수란 하나 이상의 사용자가 자산을 경제적으로 사용할 수 있을 것으로 예상하는 기간이나 자산에서 얻을
   것으로 예상하는 생산량 또는 이와 비슷한 단위 수량을 말한다.

해설

• 운용리스(X) → 금융리스(O)

친절한 경석씨   **리스용어의 정의 주요사항**

리스약정일	• 리스계약일과 리스의 주요 조건에 대하여 계약당사자들이 합의한 날 중 이른 날 🔍주의 리스는 리스약정일에 분류함.
리스개시일	• 리스제공자가 리스이용자에게 기초자산을 사용할수 있게 하는 날 🔍주의 리스에 따른 자산, 부채, 수익, 비용의 최초인식일임.(즉, 회계처리시점)
리스료	• 리스이용자가 리스제공자에게 지급하는 금액 ➡고정리스료+변동리스료+매수선택권행사가격(소유권이전금액)+종료선택권행사가격+보증잔존가치

내재이자율	• 소유권이전이 확실하지 않은 경우 다음 산식을 성립시키게 하는 할인율
	
	       (리스료+무보증잔존가치)의 현재가치 = 공정가치 + 리스개설직접원가(제공자)
	          '리스총투자' '리스순투자'

정답 : ①

핵심유형특강 132	리스제공자 금융리스 회계처리

리스제공자인 ㈜삼일은 20x1년초 ㈜용산과 금융리스계약을 체결하였다. 다음 자료에 의해 ㈜삼일의 20x1년말 재무상태표상 리스채권의 장부금액을 구하면 얼마인가?

> ㄱ. 20x1년말부터 매년말 85,420원의 리스료를 수수하기로 하였다.
> ㄴ. ㈜삼일이 20x1년초 인식한 리스채권의 장부금액은 250,000원이다.
> ㄷ. 내재이자율은 10%이다.

① 164,580원   ② 189,580원
③ 202,540원   ④ 250,000원

해설

• 20x1년초 리스채권 : 250,000
• 20x1년말 회계처리

(차) 현금	85,420	(대) 이자수익	250,000x10%=25,000
		리스채권(대차차액)	60,420

• 20x1년말 리스채권 장부금액 : 250,000-60,420=189,580

친절한 경석씨   **리스제공자 금융리스 회계처리 개괄**

리스개시일	• (차) 리스채권 xxx (대) 선급리스자산 xxx 현금(리스개설직접원가) xxx	
	리스채권	□ (리스료+무보증잔존가치)를 내재이자율로 할인한 현재가치 = 공정가치(신규취득시 취득원가)+리스개설직접원가
보고기간말	• (차) 현금 xxx (대) 이자수익 xxx 리스채권	
	이자수익	□ 리스채권 장부금액×내재이자율

정답 : ②

핵심유형특강 133 　　　　　리스제공자 판매형리스 회계처리

기계장치를 제조 및 판매하고 있는 ㈜상일은 20x1년 1월 1일에 ㈜용산에게 금융리스 방식으로 기계장치를 1대 인도하였다. 이 기계장치의 제조원가는 700,000원이고, 공정가치(정상판매가격)는 900,000원이다. 이 거래와 관련하여 20x1년 12월 31일로 종료되는 회계연도에 ㈜상일이 인식할 리스관련 이익은 얼마인가? 단, 무보증잔존가치는 없다고 가정한다.

> ㄱ. 리스료를 내재이자율(10%)로 할인한 현재가치 : 1,020,000원
>
> ㄴ. 리스료를 시장이자율(12%)로 할인한 현재가치 : 1,000,000원

① 200,000원 　　　　　　　　　　　　② 308,000원
③ 900,000원 　　　　　　　　　　　　④ 1,008,000원

해설

- 매출액 : Miin[1,000,000, 900,000]=900,000
- 매출원가 : 700,000-0=700,000
- 이자수익 : 900,000x12%=108,000
∴리스관련 이익 : 900,000-700,000+108,000=308,000

 친절한 경석씨 **리스제공자 판매형리스 회계처리 개괄**

매 출 액	• (차) 리스채권　　　　　　　xxx　　　(대) 매출　　　　　　　xxx	
	매출액	☐ Min[리스료를 시장이자율로 할인한 현재가치, 공정가치]
매출원가	• (차) 매출원가　　　　　　　xxx　　　(대) 상품　　　　　　　xxx	
	매출원가	☐ 취득(제조)원가 – 무보증잔존가치를 시장이자율로 할인한 현재가치 →취득(제조)원가 : 장부금액과 다른 경우에는 장부금액 적용
	참고 실전문제에서는 일반적으로 무보증잔존가치는 없다고 출제되므로 취득(제조)원가를 매출원가로 계상하면 됨.	
보고기간말	• (차) 현금　　　　　　　xxx　　　(대) 이자수익　　　　　　　xxx 　　　　　　　　　　　　　　　　　　　리스채권	
	이자수익	☐ 리스채권 장부금액×시장이자율

정답 : ②

핵심유형특강 134　　　　　　　　　　　　　리스이용자 회계처리

리스제공자인 ㈜삼일은 20x1년초 ㈜용산과 다음과 같은 조건의 금융리스계약을 체결하였다. 동 리스와 관련하여 ㈜용산이 20x1년 계상할 감가상각비를 구하면 얼마인가?

> ㄱ. 리스기간 : 8년
> ㄴ. 기초자산 : 내용연수 10년, 잔존가치 0원
> ㄷ. 리스료 : 매년초 37,500원 지급
> ㄹ. 리스개시일 현재 리스료의 현재가치 : 300,000원
> ㅁ. 리스개시일 현재 공정가치 : 300,000원
> ㅂ. ㈜삼일의 감가상각방법 : 정액법 적용
> ㅅ. 리스기간 종료후 소유권을 ㈜용산에 이전함.

① 0원　　　　　　　　　　　　　　　　② 30,000원
③ 33,330원　　　　　　　　　　　　　　④ 36,110원

해설

- 사용권자산(리스부채) : 300,000
- 감가상각대상금액 : 300,000-0=300,000
- 감가상각기간 : 10년(내용연수)
- 20x1년 감가상각비 : 300,000÷10년=30,000

친절한 경석씨　리스이용자 회계처리 개괄

리스개시일	• (차) 사용권자산(원가)　　　　　xxx　　(대) 리스부채　　　　　　　　　xxx 　　　　　　　　　　　　　　　　　　　　　현금(리스개설직접원가)　　　xxx	
	리스부채	❑ 지급되지 않은 리스료를 내재이자율로 할인한 현재가치 (내재이자율 산정불가시는 리스이용자의 증분차입이자율로 할인)
보고기간말	• (차) 이자비용　　　　　　xxx　　(대) 현금　　　　　　　　xxx 　　　　리스부채　　　　　xxx 　(차) 감가상각비　　　　xxx　　(대) 감가상각누계액　　　xxx	
	이자비용	❑ 리스부채 장부금액×내재이자율
	감가상각	

구분	감가상각대상금액	감가상각기간
소유권이전O	원가-추정잔존가	내용연수
소유권이전X	원가-보증잔존가	Min[리스기간, 내용연수]

인식면제	• 리스이용자는 단기리스와 소액 기초자산 리스에 대하여는 사용권자산과 리스부채를 인식하지 않기로 선택할 수 있다. • 이 경우에 리스이용자는 해당 리스에 관련되는 리스료를 리스기간에 걸쳐 정액 기준이나 다른 체계적인 기준에 따라 비용으로 인식한다.

정답 : ②

핵심유형특강 135 　　　　리스이용자 감가상각비 계산

㈜용산은 ㈜삼일리스와 기계장치에 대해서 다음과 같은 금융리스계약을 체결하였다.

> ㄱ. 리스료 총액 : 5,000,000원(매년 말 1,000,000원씩 5회 후불지급)
> ㄴ. 내재이자율 : 연 10%
> ㄷ. 리스기간 : 5년
> ㄹ. 리스자산의 취득금액은 리스약정일인 20x1년 1월 1일 현재 공정가치와 일치함.
> ㅁ. 리스자산 내용연수는 5년으로 내용연수 종료시 잔존가치는 없으며, 정액법으로 상각함.
> ㅂ. 연금현가계수(5년, 10%) : 3.79079

㈜용산이 리스자산에 대하여 20x1년에 인식할 감가상각비는 얼마인가(단, 소수점 이하는 반올림한다)?
① 758,158원　　　　　　　　　　　② 833,974원
③ 909,091원　　　　　　　　　　　④ 1,000,000원

해설

- 사용권자산 : 1,000,000x3.79079=3,790,790
- 감가상각비 : (3,790,790-0)÷5년=758,158

참고 리스기간과 내용연수가 동일하므로 소유권이전 여부는 고려할 필요가 없이 5년을 적용한다.

정답 : ①

핵심유형특강 136 　　　리스이용자 인식면제(소액 기초자산 리스)

㈜서울은 20x1년 1월 1일에 ㈜부산과 리스기간 3년의 차량운용리스계약을 체결하였다. 리스계약서상 리스료의 지급기일은 다음과 같다. 리스이용자인 ㈜부산이 20x1년에 인식해야 할 리스료(비용)는 얼마인가? 단, 기초자산은 소액자산에 해당하여 사용권자산과 리스부채를 인식하지 않기로 선택하였으며, 리스료에 대하여는 리스이용자의 효익의 형태를 더 잘 나타내는 다른 체계적인 기준은 없다고 가정한다.

지급기일	리스료(비용)
20x1년 12월 31일	1,500,000원
20x2년 12월 31일	2,000,000원
20x3년 12월 31일	2,500,000원

① 1,500,000원　　　　　　　　　　② 2,000,000원
③ 2,500,000원　　　　　　　　　　④ 6,000,000원

해설

- (1,500,000+2,000,000+2,500,000)÷3=2,000,000

 친절한 경석씨　리스이용자 인식면제

> ㅁ 리스제공자는 금융리스나 운용리스로 분류하나 리스이용자는 분류하지 않는다.
> ㅁ 리스이용자는 다음에 대하여는 사용권자산과 리스부채를 인식하지 않기로 선택할 수 있다.
>> ① 단기리스　　　② 소액 기초자산 리스
>
> 이 경우에 리스이용자는 해당 리스에 관련되는 리스료를 리스기간에 걸쳐 정액 기준이나 다른 체계적인 기준에 따라 비용으로 인식한다. 다른 체계적인 기준이 리스이용자의 효익의 형태를 더 잘 나타내는 경우에는 그 기준을 적용한다.

정답 : ②

핵심유형특강 137   **리스의 분류**

● 다음 중 일반적으로 금융리스로 분류되는 항목으로 가장 올바르지 않은 것은?

① 리스약정일 현재 리스료의 현재가치가 적어도 기초자산 공정가치의 대부분인 경우
② 단기리스 또는 소액 기초자산 리스
③ 리스기간 종료시점 이전에 기초자산의 소유권이 리스이용자에게 이전되는 경우
④ 리스이용자가 선택권을 행사할 수 있는 날의 공정가치보다 충분히 낮을 것으로 예상되는 가격으로 매수할 수 있는 선택권을 가지고 있고, 그 선택권을 행사할 것이 리스약정일 현재 상당히 확실한 경우

해설

• 단기리스 또는 소액 기초자산 리스에 대하여는 리스이용자는 사용권자산과 리스부채를 인식하지 않기로 선택할 수 있다. 이 경우에 리스이용자는 해당 리스에 관련되는 리스료를 리스기간에 걸쳐 정액 기준이나 다른 체계적인 기준에 따라 비용으로 인식한다. 다른 체계적인 기준이 리스이용자의 효익의 형태를 더 잘 나타내는 경우에는 그 기준을 적용한다.

정답 : ②

핵심유형특강 138   **회계거래와 현금흐름 활동 구분**

● 다음은 현금흐름과 활동을 짝지은 것이다. 잘못 짝지어 진 것은?

① 선수금의 증가 : 영업활동
② 기타포괄손익-공정가치측정금융자산의 취득 : 투자활동
③ 매출채권의 회수 : 투자활동
④ 단기차입금의 상환 : 재무활동

해설

• 매출채권의 회수는 영업활동이다.

정답 : ③

핵심유형특강 139   **투자활동현금흐름 계산**

● ㈜삼일은 기중에 다음과 같은 자금의사결정을 하였다. 아래의 의사결정으로 인한 현금흐름 중 투자활동 관련 순현금흐름은 얼마인가?

매출채권의 회수	800,000원	차입금의 상환	1,000,000원
유형자산의 처분	500,000원	기타포괄손익-공정가치측정금융자산	1,000,000원
유상증자	2,000,000원	급여의 지급	500,000원
배당금의 지급	300,000원		

① 500,000원 현금유출   ② 500,000원 현금유입
③ 800,000원 현금유출   ④ 800,000원 현금유입

해설

• 500,000(유형자산의 처분)-1,000,000(기타포괄손익-공정가치측정금융자산의 취득)=-500,000(유출)

정답 : ①

세무회계

제1주차
핵심유형특강

제2주차
핵심유형특강

제3주차
최신유형특강

제4주차
기출변형특강

핵심유형특강 140 　　　　　　　　　　　　과세요건

과세권자가 납세의무자에게 세금을 부과하기 위해서는 과세요건을 법에서 규정하고 있어야 한다. 과세요건으로 가장 올바르지 않은 것은?

| ㄱ. 납세의무자 | ㄴ. 과세물건 | ㄷ. 국세기본법 |
| ㄹ. 과세표준 | ㅁ. 세율 | ㅂ. 과세관청 |

① ㄱ, ㄴ
② ㄴ, ㄷ
③ ㄹ, ㅁ
④ ㄷ, ㅂ

해설

• 과세요건 : 납세의무자, 과세물건, 과세표준, 세율

정답 : ④

핵심유형특강 141 　　　　　　　　　　　　조세의 분류

다음 중 조세의 분류기준에 따른 구분과 조세항목을 연결한 것으로 가장 올바르지 않은 것은?

	분류기준	구분	조세항목
①	과세권자	국세	법인세, 소득세, 부가가치세
		지방세	취득세, 등록면허세, 주민세
②	사용용도의 특정여부	보통세	법인세, 소득세, 부가가치세
		목적세	도시계획세
③	조세부담의 전가여부	직접세	법인세, 소득세
		간접세	부가가치세
④	납세의무자의 인적사항 고려여부	독립세	법인세, 소득세
		부가세	교육세

해설

• 납세의무자의 인적사항 고려여부에 따른 분류 : 인세(소득세)와 물세(부가가치세)

정답 : ④

핵심유형특강 142　　　　　　　국세기본법상 기간과 기한의 정의

다음 중 기간과 기한에 관한 설명으로 가장 올바르지 않은 것은?

① 기간을 일·주·월·연으로 정한 때에는 기간의 초일은 기간 계산시 산입하지 않는 것을 원칙으로 한다.
② 기한이란 일정한 시점의 도래로 인하여 법률효과가 발생·소멸하거나 또는 일정한 시점까지 의무를 이행하여야 하는 경우에 그 기간을 말한다.
③ 기간의 계산은 국세기본법 또는 그 세법에 특별한 규정이 있는 것을 제외하고는 민법을 따른다.
④ 국세기본법에서 규정하는 서류의 제출에 관한 기한이 공휴일, 토요일 또는 근로자의 날인 경우에는 그 공휴일 등의 다음날을 기한으로 한다.

해설

• 그 기간을 말한다.(X) → 그 시점을 말한다.(O)

 친절한 경석씨　**기간과 기한 개요**

기간	적용	• 국세기본법 또는 그 세법에 특별한 규정이 있는 것을 제외하고는 민법에 따름. 　🔎주의 ∴규정이 있는 경우는 민법보다 우선 • 세법상 기간계산은 역법적 계산방법에 의함.
	기산점	• 원칙 : 초일불산입 • 초일산입 : ㉠ 오전 0시부터 시작하는 경우 ㉡ 연령계산시 출생일을 산입 　**참고** 기산점이 공휴일인 경우 다음날이 아닌 공휴일부터 기산함.
	만료점	• 일·주·월·년으로 정한 때 : 말일산입(공휴일이면 다음날) 　예 5.1에서 60일이 되는 날 : 기산일 5.2 ∴6.30 • 주·월·년으로 정한 때(역에 따라 계산) : 해당일 전일(해당일이 없으면 그 월의 말일) 　예 5.1에서 두 달이 되는 날 : 기산일 5.2 ∴7.1
기한	정의	• 법률효과가 발생·소멸하거나, 일정시점까지 의무를 이행하여야 하는 경우에 그 시점
	기한특례	• 신고·신청·청구·서류제출·통지·납부·징수의 기한이 공휴일, 토요일(일요일), 근로자의 날(5월1일)에 해당하는 때 ⇨ 그 다음 날이 기한
	우편신고	• 발신주의(통신일부인이 찍힌 날=우편날짜도장이 찍힌 날))에 의해 신고한 것으로 봄.
	전자신고	• 국세청장에게 전송된 때 신고된 것으로 봄.

정답 : ②

핵심유형특강 143　　　　　　　　국세기본법상 서류송달

다음 중 국세기본법상 서류의 송달에 관한 설명으로 가장 옳은 것은?

① 서류의 송달에 대한 효력은 원칙적으로 발송주의에 의한다.
② 소득세 납부고지서의 송달을 우편으로 할 때는 일반우편으로 하여야 한다.
③ 정보통신망의 장애로 납부고지서의 전자송달이 불가능한 경우에는 교부에 의해서만 송달할 수 있다.
④ 납부고지서를 송달받아야 할 자의 주소를 주민등록표에 의해 확인할 수 없는 경우, 서류의 주요 내용을 공고한 날부터 14일이 지나면 서류 송달이 된 것으로 본다.

해설

• ① 도달주의를 원칙으로 하며 전자송달·공시송달의 경우는 특례규정을 두고 있다.
　② 납부고지·독촉·강제징수 등을 우편에 의하고자 할 때에는 등기우편으로 하여야 한다.
　③ 정보통신망의 장애로 전자송달 불능시는 우편 또는 교부송달에 의해 송달할 수 있다.
　저자주 ②와 ③은 재경관리사 수준을 벗어나는 내용입니다. 참고로만 검토하기 바랍니다.

정답 : ④

핵심유형특강 144   국세기본법상 특수관계인

다음 중 국세기본법 상 특수관계인에 대한 설명으로 가장 올바르지 않은 것은?

① 본인이 법인인 경우 해당 법인의 임원은 특수관계인에 해당한다.
② 본인이 법인인 경우 해당 법인에 지배적인 영향력을 행사하는 주주는 특수관계인에 해당한다.
③ 본인이 개인인 경우 해당 개인은 8촌 이내의 인척은 특수관계인에 해당한다.
④ 본인이 법인인 경우 해당법인의 임원과 생계를 같이 친족은 특수관계인에 해당한다.

해설

• 8촌이내의 인척(×) → 3촌이내의 인척(O)

 친절한 경석씨   **국세기본법상 특수관계인의 판단과 범위**

판단	• 쌍방관계로 판단함. →즉, A입장에서 B가 특수관계인이 아니어도 B입장에서 A가 특수관계인이면 A입장에서도 B는 특수관계인이다.	
범위	친족관계	• 4촌이내 혈족, 3촌이내 인척, 배우자(사실혼 포함) 등
	경제적관계	• 임원·사용인 등 ♀주의 법인 출자자는 모두 특수관계인이나, 소액주주(1%미만)는 특수관계인에서 제외 (단, 소액주주라 하더라도 제배주주와 특수관계에 있으면 특수관계인에 해당함)
	지배관계	• 30%이상 출자자와 사실상 영향력 행사자 등

정답 : ③

핵심유형특강 145   국세부과의 원칙·세법적용의 원칙

다음 중 국세부과와 세법적용의 원칙에 관한 설명으로 가장 올바르지 않은 것은?

① 근거과세원칙이란 장부 등 직접적인 자료에 입각하여 납세의무를 확정해야 한다는 원칙이다.
② 신의성실의 원칙이란 납세자가 그 의무를 이행할 때에는 신의에 따라 성실하게 하여야 한다는 원칙으로 세무공무원의 직무수행에는 적용되지 않는다.
③ 조세법률주의에 따르면 법률에 의하지 않고서는 조세당국이 조세를 부과·징수할 수 없다.
④ 실질과세원칙은 조세평등주의를 구체화한 국세부과원칙이다.

해설

• 신의성실의 원칙은 납세자와 세무공무원 쌍방에 모두 요구되는 원칙이다.

정답 : ②

핵심유형특강 146 신의성실원칙 적용요건

● 다음 중 학설과 판례에 의해 신의성실의 원칙에서 과세관청의 행위에 대해 신의성실의 원칙을 적용하기 위한 요건으로
가장 올바르지 않은 것은?

① 납세자의 신뢰의 대상이 되는 과세관청의 공적 견해표시가 있어야 한다.
② 납세자가 과세관청의 견해표시를 신뢰하고, 그 신뢰에 납세자의 귀책사유가 없어야 한다.
③ 납세자가 과세관청의 견해표시에 대한 신뢰를 기초로 하여 어떤 행위를 하여야 한다.
④ 과세관청이 당초의 견해표시에 해당하는 적법한 행정처분을 하여야 한다.

해설

• 당초의 견해표시에 해당하는(X) → 당초의 견해표시에 반하는(O)
*[추가 적용요건] 과세관청의 그러한 배신적 처분으로 인하여 납세자가 불이익을 받아야 한다.

정답 : ④

핵심유형특강 147 세법적용의 원칙

● 다음 중 국세기본법에 따른 세법적용의 원칙에 대한 설명으로 가장 올바르지 않은 것은?

① 세법을 적용할 때에는 과세의 형평과 해당 조항의 합목적성에 비추어 납세자의 재산권이 부당하게 침해되지 않도록 하여
야 한다.
② 국세를 납부할 의무가 성립한 소득, 수입, 재산, 행위 또는 거래에 대하여 그 성립 후의 새로운 세법에 따라 소급하여 과세될
수 있다.
③ 세무공무원이 그 재량에 의해 직무를 수행함에 있어서 과세의 형평과 해당 세법의 목적에 비추어 일반적으로 적당하다고
인정되는 한계를 엄수하여야 한다.
④ 세법에 특별한 규정이 있는 경우를 제외하고는 과세표준을 조사, 결정할 때에는 해당 납세의무자가 계속하여 적용하고
있는 기업회계의 기준이나 관행으로써 일반적으로 공정하다고 인정되는 것은 존중하여야 한다.

해설

• 입법상 소급과세금지 : 국세를 납부할 의무가 성립한 소득·수익·재산·행위 또는 거래에 대해서는 그 성립 후의 새로운 세법에 따라 소급하
여 과세하지 아니한다.

 친절한 경석씨 **세법적용의 원칙**

재산권부당침해금지		• 세법을 해석·적용할 때에는 과세의 형평과 해당조항의 합목적성에 비추어 납세자의 재산권이 부당히 침해되지 아니하도록 하여야 함.
소급과세금지	입법상 소급과세금지	• 국세를 납부할 의무가 성립한 소득·수익·재산·행위 또는 거래에 대해서는 그 성립 후의 새로운 세법에 따라 소급하여 과세치 않음.
	행정(해석)상 소급과세금지	• 세법의 해석이나 국세행정의 관행이 일반적으로 납세자에게 받아들여진 후에는 그 해석이나 관행에 의한 행위 또는 계산은 정당한 것으로 보며 새로운 해석이나 관행에 의하여 소급하여 과세치 않음.
		○주의 유리한 소급효는 인정(통설) / 부진정소급(성립전 시행) 허용 →부진정소급과세 : 과세기간 중 세법이 개정되는 경우 개정된 세법을 그 과세기간개시일부터 적용하는 것을 말함.(예 20x1년 9월 소득세율이 고율로 개정된 경우 고율의 세율을 20x1.1.1분부터 적용)
세무공무원재량한계		• 세무공무원이 그 재량으로 직무를 수행할 때에는 과세의 형평과 해당 세법의 목적에 비추어 일반적으로 적당하다고 인정되는 한계를 엄수해야 함.
기업회계존중		• 세무공무원이 국세의 과세표준을 조사·결정할 때에는 해당 납세의무자가 계속하여 적용하고 있는 기업회계의 기준 또는 관행으로서 일반적으로 공정·타당하다고 인정되는 것은 이를 존중하여야 함. ○주의 다만, 세법에 특별한 규정이 있는 것은 그러하지 아니함.

정답 : ②

핵심유형특강 148 — 세법적용의 원칙 구성항목

다음 중 세법적용의 원칙에 해당하는 것은?

ㄱ. 납세자 재산권 부당침해 금지의 원칙	ㄴ. 신의성실의 원칙	ㄷ. 세무공무원 재량의 한계
ㄹ. 기업회계존중의 원칙	ㅁ. 소급과세의 금지	

① ㄱ, ㄴ
② ㄴ, ㄷ, ㅁ
③ ㄱ, ㄷ, ㄹ, ㅁ
④ ㄱ, ㄴ, ㄷ, ㄹ, ㅁ

해설

• 신의성실의 원칙은 국세부과의 원칙에 해당한다.

정답 : ③

핵심유형특강 149 — 세법적용의 원칙 항목별 내용

다음 중 국세기본법상 세법적용의 원칙에 관한 설명으로 가장 올바르지 않은 것은?

① 세법을 해석·적용할 때에는 과세의 형평과 해당 조항의 합목적성에 비추어 납세자의 재산권이 부당하게 침해되지 않도록 하여야 한다.
② 세법에 특별한 규정이 있는 경우를 제외하고는 과세표준을 조사·결정함에 있어서 해당 납세의무자가 계속하여 적용하고 있는 기업회계의 기준이나 관행으로서 일반적으로 공정·타당하다고 인정되는 것은 이를 존중하여야 한다.
③ 세무공무원이 재량으로 직무를 수행할 때에는 과세의 형평과 해당 세법의 목적에 비추어 일반적으로 적당하다고 인정되는 한계를 엄수하여야 한다.
④ 소급과세금지의 원칙에서는 소급 적용하는 것이 납세자에게 더 유리한 경우라고 할지라도 소급과세는 불가능하다.

해설

• 유리한 소급효는 인정되는 것이 통설이다.(즉, 소급과세가 납세자에게 유리한 경우 소급과세를 인정)
  → 소급과세금지의 원칙은 납세자의 법적 안정성과 신뢰이익을 보호하기 위한 것인데, 납세자에게 오히려 유리한 소급효는 이러한 취지에 반하지 않기 때문이다.

정답 : ④

핵심유형특강 150  수정신고의 적용과 기한

다음 중 수정신고에 관한 설명으로 가장 올바르지 않은 것은?

① 법정신고기한까지 과세표준과 세액을 신고한 자 및 기한 후 과세표준 신고를 한 자는 수정신고를 할 수 있다.
② 과세표준신고서에 기재된 결손금액 또는 환급세액이 세법에 따라 신고하여야 할 금액을 초과할 때에는 수정신고를 할 수 있다.
③ 수정신고기한은 따로 규정되어 있지 않고 관할세무서장이 결정 또는 경정하여 통지하기 전까지 제척기간과 관계없이 수정신고 할 수 있다.
④ 수정신고를 법정신고기한 경과후 2년 이내에 한 자에 대해서 기간 경과 정도에 따라 과소신고·초과환급신고 가산세의 일정비율을 경감한다.

해설

• 수정신고기한은 따로 규정되어 있지 않고 관할세무서장이 결정 또는 경정하여 통지하기 전으로서 부과제척기간이 끝나기 전까지 수정신고할 수 있다.

참고 국세의 부과제척기간

부과	• 부과란 국가가 납세의무를 확정하는 절차를 말함. →즉, 이미 성립한 납세의무에 대해 국가가 결정, 부과취소 등의 행정처분에 의해 이를 확정하는 절차를 가리킴.
제척기간	• 제척기간이란 부과권이라는 일정한 권리의 법정존속기간임. →따라서, 부과제척기간이란 국가가 결정, 부과취소 등을 할 수 있는 기간을 의미함.
설정이유	• 부과제척기간이 없다면 국가는 영원히 부과권을 행사할 수 있기 때문에 납세의무자는 장기간 불안정한 상태에 놓이게 됨. 이를 방지하고 조세법률관계를 조속히 안정시킴으로써 납세의무자의 법적 안정성을 보장하기 위하여 국세의 부과제척기간을 설정하고 있음.

친절한 경석씨 수정신고·경정청구 비교

	수정신고	경정청구
적격	• 신고기한까지 신고한 자 및 기한후신고한 자	• 신고기한까지 신고한 자 및 기한후신고한 자
사유	• 유리하게 신고(세액과소/결손·환급과대)	• 불리하게 신고(세액과대/결손·환급과소)
기한	• 결정 또는 경정하여 통지하기 전까지 (단, 부과제척기간이 끝나기 전까지)	• 원칙: 법정신고기한이 지난 후 5년이내 →증액 결정·경정분 : 안 날부터 90일내(법정신고기한이 지난 후 5년이내로 한정함) →소정 후발적사유 발생분 : 후발적사유가 발생한 것을 안 날부터 3월이내
가산세 감면	• 과소신고가산세·영세율과세표준신고불성실가산세를 다음과 같이 감면함. <table><tr><td>1개월이내</td><td>90%</td></tr><tr><td>1개월초과 3개월이내</td><td>75%</td></tr><tr><td>3개월초과 6개월이내</td><td>50%</td></tr><tr><td>6개월초과 1년이내</td><td>30%</td></tr><tr><td>1년초과 1년 6개월이내</td><td>20%</td></tr><tr><td>1년 6개월초과 2년이내</td><td>10%</td></tr></table>🔎주의 경정할 것을 미리 알고 수정신고서를 제출한 경우에는 가산세를 감면하지 않음.	–
통지기한	• 통지없음	• 통지있음

정답 : ③

핵심유형특강 151 　　　　수정신고와 경정청구 및 가산세

다음 중 국세기본법상 수정신고와 경정 등의 청구 및 가산세의 부과와 감면에 관한 설명으로 가장 올바르지 않은 것은?

① 과세표준신고서를 법정신고기한까지 제출한 자는 과세표준신고서에 기재된 결손금액이 세법에 따라 신고하여야 할 결손 금액을 초과할 때에는, 원칙적으로 관할 세무서장이 각 세법에 따라 해당 국세의 과세표준과 세액을 결정 또는 경정하여 통지하기 전까지 과세표준수정신고서를 제출할 수 있다.

② 정부는 국세기본법에 따라 가산세를 부과하는 경우 납세자가 의무를 이행하지 아니한 데 대한 정당한 사유가 있는 때에는 해당 가산세를 부과하지 아니한다.

③ 과세표준신고서를 법정신고기한까지 제출한 자는 최초의 신고·결정에서 과세표준 및 세액의 계산 근거가 된 거래 또는 행위 등이 그에 관한 소송에 대한 판결에 의하여 다른 것으로 확정되었을 때에는 그 사유가 발생한 것을 안 날부터 3개월 이내에 결정 또는 경정을 청구할 수 있다.

④ 정부는 과세전적부심사 결정·통지기간에 그 결과를 통지하지 아니한 경우에는 해당 가산세액을 전액 감면한다.

해설

• 전액 감면한다.(X) → 50% 감면한다.(O)

친절한 경석씨　국세기본법상 가산세 감면 정리

<table>
<tr><td rowspan="3">일정률감면</td><td colspan="2">㉠ 법정신고기한이 지난후 수정신고일의 기간에 따라 과소신고가산세·영세율과세표준신고불성실가산세를 다음과 같이 감면함.</td></tr>
<tr><td>1개월이내</td><td>90%</td></tr>
</table>

1개월이내	90%
1개월초과 3개월이내	75%
3개월초과 6개월이내	50%
6개월초과 1년이내	30%
1년초과 1년 6개월이내	20%
1년 6개월초과 2년이내	10%

㉡ 법정신고기한이 지난후 기한후신고일의 기간에 따라 무신고가산세를 다음과 같이 감면함.

1개월이내	50%
1개월초과 3개월이내	30%
3개월초과 6개월이내	20%

㉢ 과세전적부심사 결정·통지기간에 그 결과를 통지하지 않은 경우 결정·통지가 지연됨으로써 해당기간에 부과되는 납부지연가산세(납부불성실가산세)의 50%를 감면함.

100%감면	㉠ 천재지변 등의 기한연장사유에 해당하는 경우 ㉡ 납세자가 의무를 이행하지 아니한 데 대한 정당한 사유가 있는 경우

저자주 위 표의 ㉢과 100%감면은 재경관리사 수준을 벗어나는 내용입니다. 참고로만 검토하기 바랍니다.

정답 : ④

핵심유형특강 152   경정청구의 활용

● 다음의 내용에 해당하는 제도로 ( )안에 들어갈 내용으로 가장 옳은 것은?

> 연말정산시 소득 및 세액공제 항목 중 일부를 누락한 사람들이 많다. 국세청에서 간소화 서비스를 제공하면서 각종 영수증을 일일이 챙기는 부담은 덜었지만 1년에 한번 하는 연말정산이다보니 빠뜨리는 경우가 많다.
> 이런 경우 활용할 수 있는 ( )제도는 연말정산시 제대로 신고를 하지 못해 세금을 환급받지 못한 사람들에게 환급받을 수 있는 기회를 주는 제도이다.

① 경정청구   ② 수시부과
③ 수정신고   ④ 기한후신고

해설

• 경정청구는 이미 신고한 과세표준 및 세액이 과대(또는 이미 신고한 결손금액 또는 환급세액이 과소)한 경우 과세관청으로 하여금 이를 정정하여 결정·경정하도록 촉구하는 납세의무자의 청구를 말한다.
  →∴연말정산 신고시 소득 및 세액공제 중 일부를 누락한 경우, 과세표준 및 세액의 과대 또는 환급세액의 과소가 나타나므로 경정청구를 통해 정정할 수 있다.

정답 : ①

핵심유형특강 153   기한후신고의 적용과 가산세 감면

● 다음 중 기한후신고제도에 관한 설명으로 가장 올바르지 않은 것은?

① 무신고에 따른 미납부가산세 부담을 줄일 수 있는 기회를 부여한 제도이다.
② 법정신고기한이 지난 후 1개월 이내에 기한후신고를 한 경우 무신고가산세의 20%를 감면한다.
③ 관할세무서장이 세법에 따라 해당 국세의 과세표준과 세액(가산세 포함)을 결정하여 통지하기 전까지 기한후과세표준신고서를 제출할 수 있다.
④ 기한후과세표준신고서를 제출한 자로서 세법에 따라 납부하여야 할 세액이 있는 자는 그 세액을 납부하여야 한다.

해설

• 법정신고기한이 지난 후 1개월 이내에 기한후신고를 한 경우 무신고가산세의 50%를 감면한다.

친절한 경석씨   기한후신고 개괄

신고자적격	• 법정신고기한까지 무신고자	
신고기한	• 결정하여 통지하기 전까지 해야 함.	
가산세감면	• 법정신고기한이 지난후 기한후신고일의 기간에 따라 무신고가산세를 감면함.	
	1개월이내	50%
	1개월초과 3개월이내	30%
	3개월초과 6개월이내	20%
	✎주의 결정할 것을 미리 알고 기한후신고한 경우는 감면을 적용하지 않음.	
통지기한	• 기한후신고일로부터 3개월이내에 통지해야 함.	

정답 : ②

핵심유형특강 154 — 경정청구·수정신고·기한후신고

다음 중 조세의 신고절차에 관한 설명으로 가장 올바르지 않은 것은?

① 경정청구는 원칙적으로 법정신고기한 경과 후 5년 이내에 해야 한다.
② 당초 신고시 과세표준 및 세액을 과소신고 한 경우에는 수정신고를 할 수 있다.
③ 기한후신고제도를 활용한 경우 일정신고기한 내에 신고하지 아니함에 따른 가산세를 부담하지 아니한다.
④ 법정신고기한이라 함은 각 세법에 규정하는 과세표준과 세액에 대한 신고기한 또는 신고서제출기한을 말한다.

해설

• 가산세를 부담한다. 다만, 기한후신고일의 기간에 따라 감면이 적용될 수 있다.

정답 : ③

핵심유형특강 155 — 국세의 환급

다음 중 국세환급금 및 국세환급가산금에 관한 설명으로 가장 올바르지 않은 것은?

① 국세환급금이란 국가가 징수한 세금 중 과오납, 이중납부 등의 사유로 납세자에게 반환하는 환급세액을 말한다.
② 납세자에게 체납된 국세가 있는 경우에도 국세환급금은 체납된 국세에 충당할 수 없다.
③ 국세환급가산금이란 국세환급금을 충당 또는 지급하는 경우 그 국세환급금에 가산되는 법정이자를 말한다.
④ 국세환급가산금에 대한 권리는 행사할 수 있는 때로부터 5년간 행사하지 않으면 소멸시효가 완성된다.

해설

• 납세자에게 체납된 국세가 있는 경우에는 국세환급금은 체납된 국세에 충당해야 한다.

 친절한 경석씨 국세환급

의의	• 국세환급금은 과오납·초과납부·이중납부 등의 사유로 납세자에게 반환하는 세액을 말함.
환급절차	① 국세환급금의 결정 ② 체납액이 있는 경우 그 체납액에 우선 충당 ③ 충당후 잔액을 지급
국세환급가산금	• 국세환급금에 가산되는 법정이자상당액을 말함. ➡ 단순한 이자일뿐, 환급기한을 지키지 못해 지급해 주는 것이 아님.
소멸시효	• 국세환급금과 국세환급가산금에 관한 권리는 이를 행사할 수 있는 때로부터 5년간 행사 하지 않으면 소멸시효가 완성함.

정답 : ②

핵심유형특강 156   사전적·사후적 권리구제

다음 중 사후적 권리구제에 해당하지 않는 것은?

① 이의신청   ② 과세전적부심사
③ 심사청구   ④ 심판청구

해설

• 과세전적부심사는 사전적권리구제에 해당한다.

 친절한 경석씨   **사전적(국세처분전) 권리구제와 사후적(국세처분후) 권리구제**

사전적(국세처분전) 권리구제	• 과세전적부심사
사후적(국세처분후) 권리구제	• 사후적(국세처분후) 권리구제의 선택가능한 불복절차 ㉠ 이의신청 → 심사청구 또는 심판청구 → 행정소송 ㉡ 심사청구 또는 심판청구 → 행정소송 ㉢ 감사원심사청구 → 행정소송

정답 : ②

핵심유형특강 157   가산세의 성격과 부과

다음 중 국세기본법상 가산세에 관한 설명으로 가장 올바르지 않은 것은?

① 가산세란 세법에서 규정하는 의무의 성실한 이행을 확보하기 위하여 세법에 따라 산출한 세액에 가산하여 징수하는 금액을 말한다. 다만, 가산금은 여기에 포함하지 않는다.
② 가산세는 해당 의무가 규정된 세법의 해당 국세의 세목으로 한다.
③ 국세를 감면하는 경우에는 가산세는 그 감면하는 국세에 포함한다.
④ 납세자가 의무를 이행하지 아니한 데 대한 정당한 사유가 있는 때에는 해당 가산세를 부과하지 아니한다.

해설

• ② 가산세는 해당 의무가 규정된 세법의 해당 국세의 세목으로 한다.
    →즉, 소득세에 대한 가산세는 그 자체가 소득세의 일부이다.
• ③ 국세를 감면하는 경우에 가산세는 그 감면대상에 포함시키지 아니하는 것으로 한다.
    →즉, 국세의 감면과 가산세의 감면은 독립적인 별도의 사항이다.(가산세의 감면을 받고자 하는 경우에 가산세 감면신고서를 제출하여야 한다.)

정답 : ③

핵심유형특강 158　　일반과소신고가산세 계산

㈜상일은 20x1년 법인세 신고시 접대비 한도초과액 10,000,000원에 대한 세무조정을 누락하고 법인세를 신고납부하였다. 접대비 수정전 법인세 신고내역이 다음과 같을 때 수정신고시 부담해야 하는 과소신고가산세는 얼마인가(단, 20x1년의 법인세율은 2억이하 9%, 2억초과 200억이하는 19%이며, 해당 누락은 부정행위로 인한 것이 아니다.)

ㄱ. 법인세 과세표준	390,000,000원
ㄴ. 법인세 산출세액	58,000,000원
ㄷ. 법인세 공제·감면세액	37,000,000원
ㄹ. 차감납부할 세액	21,000,000원

① 100,000원　　　　　　　　　　　② 150,000원
③ 160,000원　　　　　　　　　　　④ 190,000원

해설

• 암기사항 : 일반과소신고가산세=과소신고납부세액×10%
• 일반과소신고가산세 : 과소신고납부세액(10,000,000×19%)×10%=190,000

정답 : ④

핵심유형특강 159　　소득처분과 사후관리

다음 세무조정사항 중 소득처분의 귀속자에게 추가적인 과세나 사후관리가 불필요한 것은?

① 기업업무추진비 한도초과액　　　　② 감가상각비 한도초과액
③ 임원퇴직금 한도초과액　　　　　　④ 대손충당금 한도초과액

해설

• 기업업무추진비한도초과액은 기타사외유출로 소득처분하므로 추가과세나 사후관리가 불필요하다.
• 임원퇴직금한도초과액은 상여로 소득처분하므로 귀속자에 대한 추가과세가 필요하다.
• 감가상각비한도초과액, 대손충당금한도초과액은 유보로 소득처분하므로 추인시까지 사후관리가 필요하다.

친절한 경석씨　소득처분 유형 요약

익금산입 손금불산입	• 자산과소·부채과대계상(O) →세무상 순자산 〉 회계상 순자산	유보	사후관리(O) (∵추인)
	• 자산과소·부채과대계상(X) • 유출(O) • 외부귀속자존재(O)	배당	사후관리(O) (∵추가과세)
		상여	
		기타소득	
		기타사외유출	사후관리(X)
	• 자산과소·부채과대계상(X) • 유출(X) • 외부귀속자존재(X)	기타	사후관리(X)
손금산입 익금불산입	• 자산과대·부채과소계상(O) →세무상 순자산〈회계상 순자산	△유보	사후관리(O) (∵추인)
	• 자산과대·부채과소계상(X)	기타	사후관리(X)

정답 : ①

핵심유형특강 160   자본금과적립금조정명세서 을표 기입사항

다음 세무조정 중 '자본금과적립금조정명세서(을)'에 나타나지 않는 항목은 어느 것인가?

① 익금불산입된 유형자산평가차익
② 이월결손금을 보전하기 위하여 익금불산입된 채무면제이익
③ 손금불산입된 감가상각한도초과액
④ 손금불산입된 건설중인자산에 대한 특정차입금 이자비용

해설

• '유보'나 '△유보'로 소득처분되지 않는 것을 고르는 문제이다.
• ① 익금불산입(△유보) ② 익금불산입(기타) ③ 손금불산입(유보) ④ 손금불산입(유보)

정답 : ②

핵심유형특강 161   익금항목 해당여부

다음 중 법인세법상 익금항목에 해당하지 않는 것은? (단, 당해 법인은 이월결손금이 없다고 가정한다.)

① 작년 과다납부로 당기에 환급받은 재산세 1억원
② 본사 건물의 여유 공간을 임대하고 받은 임대료 2억원
③ 기타포괄손익-공정가치측정금융자산의 시가 상승으로 인한 평가차익 3억원
④ 대주주로부터 건물을 무상으로 증여받아 인식한 자산수증이익 5억원

해설

• 법인세법상 유가증권은 원가법에 의하므로 기타포괄손익-공정가치측정금융자산평가이익을 인정하지 않는다.
* 재산세는 손금항목이므로 환급액은 반대로 익금항목에 해당하며 임대료와 자산수증이익도 익금항목에 해당한다.

정답 : ③

핵심유형특강 162 　　　　　익금불산입항목의 성격별 분류

익금불산입항목은 법인의 순자산을 증가시키는 거래이긴 하나, 특정 목적을 위하여 익금에 산입하지 않는 항목들이다. 다음 중 익금불산입항목의 성격이 다른 것을 고르면?

① 자산수증이익·채무면제이익 중 이월결손금의 보전에 충당된 금액
② 감자차익
③ 합병차익 및 분할차익
④ 이월익금

해설

* 회사가 1기 매출을 2기의 매출로 계상한 경우, 1기의 익금으로 과세했으므로 회사의 2기 매출은 익금불산입한다. 이 경우 2기의 매출계상액은 이월익금에 해당한다.
* 이월익금은 이중과세방지의 성격이 있으며, 나머지(①,②,③)는 자본거래 성격이다.

친절한 경석씨　익금불산입항목의 성격별 분류

자본거래에 대한 익금불산입	• 주식발행초과금 • 감자차익 • 합병(분할)차익 • 자산수증이익·채무면제이익 중 이월결손금의 보전에 충당된 금액
이중과세방지를 위한 익금불산입	• 이월익금 • 법인세환급금 • 수입배당금 익금불산입액
기타 성격의 익금불산입	• 자산의 평가이익(법소정 평가이익 제외) • 부가가치세 매출세액 • 국세·지방세 과오납금의 환급금이자

정답 : ④

핵심유형특강 163 　　　　　손금항목 해당여부

다음 중 법인세법상 손금 및 손금불산입 항목에 관한 설명으로 가장 올바르지 않은 것은?

① 업무무관 부동산의 수선유지비는 손금으로 인정되지 않는다.
② 출자임원에 대한 사용자부담 건강보험료는 손금으로 인정된다.
③ 파손, 부패 등으로 인해 계상한 재고자산평가차손은 손금으로 인정된다.
④ 주식할인발행차금은 회사의 순자산을 감소시키므로 손금으로 인정된다.

해설

* 자본·출자의 납입과 관련하여 발생하는 주식발행초과금과 주식할인발행차금은 각각 익금불산입, 손금불산입 항목이다.

정답 : ④

핵심유형특강 164   세무조정 발생여부

다음은 제조업을 영위하는 ㈜삼일의 법인세 세무조정과 관련한 자료이다. 가장 옳지 않은 것은 무엇인가?

① 장부에 계상한 당기손익-공정가치측정금융자산에 대한 평가이익을 익금불산입하고 △유보로 소득처분하였다.
② 전기오류수정이익(영업외수익)으로 인식한 전기 재산세 환급액(환부이자 제외)을 익금불산입하고 기타사외유출로 소득처분하였다.
③ 임원에게 지급한 상여금이 급여지급기준에 의한 상여금을 초과하여 해당 초과액을 손금불 산입하였다.
④ 수해로 인한 이재민 구호금품 지급액을 특례기부금으로 보아 특례기부금 한도 내에서 손금으로 처리하였다.

해설 ⌇

• 재산세는 손금항목이므로 환급액은 반대로 익금항목에 해당한다. 따라서, 회사가 환급액을 수익으로 계상했으므로 세무조정은 없다.

정답 : ②

핵심유형특강 165 　　　　인건비의 손금인정 여부

다음 중 법인세법상 인건비의 손금산입 및 손금불산입에 관한 설명으로 올바른 것은?

① 직원에게 지급하는 퇴직금은 모두 손금산입된다.
② 지배주주 및 그와 특수관계가 있는 임직원에게 지급한 인건비는 모두 손금불산입한다.
③ 비상근임원에게 지급하는 보수는 모두 손금불산입한다.
④ 직원에게 지급하는 상여금 중 급여지급기준에 의한 상여금 지급액은 손금으로 인정된다.

해설 ⌇

• ① 직원에게 지급하는 퇴직금은 모두 손금산입되나, 임원에게 지급하는 퇴직금은 법소정 손금한도액을 초과하여 지급한 경우 그 초과액을 손금불산입한다.
  ② 지배주주 및 그와 특수관계에 있는 임직원에게 정당한 사유없이 동일직위에 있는 지배주주 등 외의 임직원에게 지급하는 금액을 초과하여 지급한 경우 그 초과금액은 이를 손금불산입한다.
  ③ 비상근임원에게 지급하는 보수는 손금에 산입하는 것이 원칙이나, 부당행위계산부인에 해당하는 경우에는 손금불산입한다.
  ④ 임원에게 지급하는 상여금 중 정관·주주총회(사원총회) 또는 이사회의 결의에 의하여 결정된 급여지급기준에 의하여 지급하는 금액을 초과하여 지급한 경우 그 초과금액은 이를 손금불산입한다. 그러나 직원에게 지급하는 상여금은 이러한 제한을 받지 아니하고 손금으로 인정된다.

친절한 경석씨　인건비의 손금산입 및 손금불산입

손금항목	손금불산입항목
• 합명·합자회사 금전·현물·신용출자사원 급여	• 합명·합자회사 노무출자사원 급여 • 비상근임원 부당행위계산부인 해당분 • 지배주주 및 그와 특수관계가 있는 임원·직원에게 동일직위자보다 초과하여 지급하는 분
• 직원에 대한 상여금 • 급여지급기준 내의 임원상여금	• 급여지급기준 초과 임원상여금 →급여지급기준 : 정관, 주주총회·이사회결의
• 현실적 퇴직시 직원의 퇴직금 • 현실적 퇴직시 한도내의 임원퇴직금 **임원퇴직금 한도액** ① 정관·(정관의 위임)퇴직급여규정 : 그 금액 ② 그 외 : 퇴직전 1년 총급여×10%×근속연수 　→총급여 : 손금불산입인건비·비과세 제외 　→근속연수 : 1월 미만 절사	• 비현실적 퇴직(예 임원의 연임)에 의한 퇴직금 →업무무관가지급금으로 봄. • 현실적 퇴직시 임원퇴직금 한도초과액
• 직장문화비(직장회식비)·직장체육비, 우리사주조합운영비, 직장어린이집운영비(직장보육시설운영비) • 국민건강보험·고용보험의 사용자 부담분 • 사회통념상 타당하다고 인정되는 범위의 경조금 　⚲주의 임원·직원 등 불문하고 손금으로 인정함.	－

정답 : ①

핵심유형특강 166   법인세법상 현실적퇴직과 비현실적퇴직

법인이 임원 또는 사용인에게 지급하는 퇴직금은 임원 또는 사용인이 현실적으로 퇴직하는 경우 지급하는 것에 한하여 손금에 산입할 수 있다. 현실적인 퇴직의 세법상 의의에 대한 다음 대화 중 가장 잘못된 주장을 하고 있는 사람은 누구인가?

> 홍과장 : 인사부장이 임원으로 취임하며 퇴직급여를 실제로 지급한 경우 현실적인 퇴직으로 볼 수 있습니다.
> 정과장 : 연임된 임원에게 퇴직금을 지급하는 것은 현실적인 퇴직으로 볼 수 없습니다.
> 박과장 : 상근임원이 비상근임원으로 된 경우에는 현실적인 퇴직으로 볼 수 있습니다.
> 김과장 : 임원이 아닌 경리부장님께 근로자퇴직급여보장법의 규정에 따라 퇴직금을 중간정산하여 지급하는 것은 현실적인 퇴직
> 으로 볼 수 없습니다.

① 홍과장   ② 정과장
③ 박과장   ④ 김과장

해설

- 임원·직원에게 퇴직금을 중간정산하여 지급하는 것은 현실적퇴직으로 본다.
  - → **참고** 퇴직금의 중간정산 : 퇴직금제도를 설정한 경우 사용자는 주택구입 등 긴급한 자금이 필요한 법정사유로 근로자의 요구가 있는 경우에는 근로자가 퇴직하기 전에 해당 근로자가 계속 근로한 기간에 대한 퇴직금을 미리 정산하여 지급할 수 있다. 이 경우 미리 정산하여 지급한 후의 퇴직금 산정을 위한 계속근로연수는 정산시점부터 새로이 기산한다.[근로자퇴직급여보장법 8조 2항]

친절한 경석씨   **법인세법상 현실적퇴직과 비현실적퇴직[법인령 44②, 법기통 26-44…1]**

현실적퇴직	비현실적퇴직
㉠ 직원이 임원으로 취임한 때 ㉡ 상근임원이 비상근임원으로 된 경우 ㉢ 임원·직원이 그 법인의 조직변경·합병·분할 또는 사업양도에 의하여 퇴직한 때 ㉣ 근로자퇴직급여보장법에 따라 퇴직급여를 중간정산하여 지급한 때 ㉤ 임원에게 정관 또는 정관에서 위임된 퇴직급여지급규정에 따른 경우로서 장기요양 등의 사유로 중간정산하여 퇴직급여를 지급한 때	㉠ 임원이 연임된 경우 ㉡ 법인의 대주주 변동으로 인하여 계산의 편의, 기타 사유로 전 직원에게 퇴직급여를 지급한 경우 ㉢ 외국법인의 국내지점 종업원이 본점(본국)으로 전출하는 경우 ㉣ 정부투자기관 등이 민영화됨에 따라 전 종업원의 사표를 일단 수리한 후 다시 채용한 경우 ㉤ 근로자퇴직급여 보장법에 따라 퇴직급여를 중간정산하기로 하였으나 이를 실제로 지급하지 않은 경우

* ♀주의 비현실적퇴직의 경우 퇴직금은 업무무관가지급금으로 봄.(현실적퇴직이 있을 때 비로소 손금에 산입됨.)

회사				세법			
(차) 퇴직급여	100	(대) 현금	100	(차) 가지급금	100	(대) 현금	100

→[세무조정] 손금불산입 100(유보)

정답 : ④

핵심유형특강 167 　　　　　　　　**임원상여한도초과 세무조정**

다음은 ㈜삼일의 제6기(20x1년 1월 1일~20x1년 12월 31일) 인건비 내역이다. 급여지급규정에 의하여 임원과 직원의 상여금은 급여의 40%를 지급하도록 하고 있는 경우 필요한 세무조정으로 가장 옳은 것은(단, 본사의 인건비는 판매비와 관리비로 기록하였고, 건설본부의 인건비는 당기말 현재 공사가 진행 중인 자산과 관련된 것이므로 회계장부에 건설중인자산으로 기록하였다.)?

구분		급여	상여금
본 사	임원	150,000,000원	50,000,000원
	직원	350,000,000원	170,000,000원
건설본부	임원	100,000,000원	70,000,000원
	직원	200,000,000원	120,000,000원
합계		800,000,000원	410,000,000원

① (손금불산입) 상여금한도초과 30,000,000(상여)
② (손금불산입) 상여금한도초과 100,000,000(상여)
③ (손금산입) 건설중인자산 30,000,000(△유보), (손금불산입) 상여금한도초과 30,000,000(상여)
④ (손금산입) 건설중인자산 100,000,000(△유보), (손금불산입) 상여금한도초과 100,000,000(상여)

해설

• 회사가 본사 인건비는 비용(판매비와 관리비), 건설본부 인건비는 자산(건설중인자산)으로 처리한 상황이다.
　→임원상여금은 한도초과액을 손금불산입하나, 직원(사용인)에 대한 상여금은 전액 손금으로 인정한다.
• ㉠ 본사 임원상여한도초과액 : 50,000,000-150,000,000×40%=△10,000,000(한도미달-전액 손금인정)

회사	세법
(차) 비용 720,000,000 (대) 현금 720,000,000	(차) 비용 720,000,000 (대) 현금 720,000,000

　→세무조정 없음.
　㉡ 건설본부 임원상여한도초과액 : 70,000,000-100,000,000×40%=30,000,000

회사	세법
(차) 자산 460,000,000 (대) 현금 490,000,000 　　 자산 30,000,000	(차) 자산 460,000,000 (대) 현금 490,000,000 　　 손불 30,000,000

　　→손금산입 자산감액 30,000,000(△유보), 손금불산입 상쇄 30,000,000(상여)
∴[최종세무조정] 손금산입 30,000,000(△유보), 손금불산입 30,000,000(상여)

친절한 경석씨 **인건비 분류와 처리**

영업부(본사)인건비	공장인건비	건설본부인건비
지출확정연도의 손금	자산(제품) 계상후 판매시 손금화	자산(건설중인자산) 계상후 상각이나 처분시 손금화

정답 : ③

핵심유형특강 168 　　　　　　　　　業務無關資産의 法人稅法上 處理

다음 중 법인세법상 업무무관자산에 대한 세무상 처리방법에 관한 설명으로 옳지 않은 것은?

① 업무무관자산 취득시 지출한 취득세와 등록비용은 취득부대비용으로 취득원가에 가산한다.
② 업무무관자산에 대한 감가상각비, 유지비, 수선비 등은 손금불산입한다.
③ 업무무관자산 등에 대한 지급이자는 손금불산입한다.
④ 업무무관자산 처분시 자산의 장부가액은 손금으로 인정하지 않는다.

해설

• 업무무관자산도 그 처분손익은 각각 익금과 손금에 해당한다. 즉, 일반적인 자산양도시와 동일하게 양도금액을 익금, 장부금액을 손금으로 처리한다.

 **업무무관자산의 단계별 세무조정**

구분	세법상 처리방법	세무조정
취득단계	업무무관자산이라도 취득세 등은 취득부대비용이므로 자산의 취득가액에 가산한다.	[손금불산입] 취득세 등 (유보)
보유단계	업무무관 자산에 대한 감가상각비·유지비·수선비·관리비·재산세 등은 업무무관자산의 유지비용이므로 손금불산입한다.	[손금불산입] 수선비·관리비·재산세(기타사외유출) [손금불산입] 감가상각비(유보)
처분단계	법인의 순자산을 감소시키므로 그 자산의 장부가액을 손금에 산입한다.	[손금산입] 업무무관자산(△유보)

정답 : ④

핵심유형특강 169 | **세무조정과 법인세산출세액 계산**

● 다음 자료를 기초로 ㈜삼일의 제1기(20x1년 1월 1일 ~ 20x1년 12월 31일) 법인세 산출세액을 계산하면 얼마인가?

〈자료 1〉

손익계산서

㈜삼일	20x1.1.1 ~ 20x1.12.31	(단위 : 원)
매 출 액		950,000,000
매 출 원 가		600,000,000
(생략)		….
급 여		121,000,000
감 가 상 각 비		14,000,000
세 금 과 공 과		5,000,000
이 자 비 용		21,000,000
(중략)		….
법인세비용차감전순이익		210,000,000

〈자료 2〉
– 손익계산서의 수익과 비용은 다음 사항을 제외하고는 모두 세법상 적정하게 계상되어 있다.
ㄱ. 급여 121,000,000원에는 대표이사에 대한 상여금 한도초과액 5,000,000원과 종업원에 대한 상여금 한도초과액 25,000,000원이 포함되어 있다.
ㄴ. 감가상각비 14,000,000원에 대한 세법상 감가상각범위액은 15,000,000원이다.
ㄷ. 세금과공과 5,000,000원에는 신호위반으로 인한 과태료 1,000,000원이 포함되어 있다.
ㄹ. 이자비용 21,000,000원에는 기말 현재 건설중인 공장건물과 관련된 특정차입금에 대한 이자 9,000,000원이 포함되어 있다.
ㅁ. 매출액과 매출원가는 기업회계와 세무회계상의 금액이 동일하다.
ㅂ. 법인세율은 과세표준 2억원 이하에 대해서는 9%, 2억원 초과 200억원 이하분에 대해서는 19%이다.

① 20,000,000원
② 22,750,000원
③ 27,000,000원
④ 30,000,000원

해설

• 세무조정
  - 손금불산입 임원상여한도초과 5,000,000(상여)
  - 손금불산입 과태료 1,000,000(기타사외유출)
  - 손금불산입 건설자금이자 9,000,000(유보)
• 각사업연도소득금액(=과세표준) : 210,000,000+5,000,000+1,000,000+9,000,000=225,000,000
• 산출세액 : 200,000,000x9%+25,000,000x19%=22,750,000

정답 : ②

핵심유형특강 170   증빙불비가산세 적용

● 다음 중 증빙불비가산세와 관련하여 가장 잘못된 주장을 하고 있는 사람은 누구인가?

> 김대리 : 세법에서 요구하고 있는 적법한 증빙은 계산서, 세금계산서, 신용카드매출전표 및 현금영수증 등을 말합니다.
> 문과장 : 세법은 모든 거래에 대하여 법적증빙을 요구하고 있지는 않습니다. 예를 들어, 거래 건당 금액이 일정금액 이하인 경우에는 영수증을 수취하여도 가산세를 부담하지 않습니다.
> 홍차장 : 증빙불비로 손금불산입되는 기업업무추진비 지출금액에 대해서도 가산세가 부과됩니다.
> 송부장 : 법인이 아닌 농민으로부터 재화를 공급받은 경우에는 영수증을 수취하여도 일반적으로 가산세를 부담하지 않습니다.

① 김대리   ② 문과장   ③ 홍차장   ④ 송부장

해설

• 증빙불비가산세는 기업업무추진비 이외의 기타 지출로 사업자로부터 공급받고 그 금액이 3만원을 초과하는 경우로서 적격증명서류가 아닌 영수증 등을 수취한 경우에만 부과된다.

정답 : ③

핵심유형특강 171   원천징수 여부에 따른 미수이자 세무조정

● 제조업을 영위하는 ㈜삼일이 제15기(20x1년 1월 1일 - 20x1년 12월 31일)에 1년 만기 해외 예금(만기 : 20x2년 6월 30일)에 대한 기간경과분 이자수익 20억원을 수익으로 계상한 경우 세무조정으로 가장 옳은 것은(단, 해외예금 이자는 원천징수대상에 해당하지 않는다)?

① 세무조정 없음   ② (익금산입) 이자수익 20억원(유보)
③ (익금불산입) 이자수익 20억원(△유보)   ④ (익금불산입) 이자수익 40억원(△유보)

해설

• 원천징수되지 않는 이자소득에 대한 미수이자 계상액은 익금으로 인정된다. 따라서, 세무조정은 없다.

정답 : ①

핵심유형특강 172   법인세법상 자산평가

● 다음 중 법인세법상 자산의 평가방법에 관한 설명으로 가장 올바르지 않은 것은?

① 법인세법상 자산의 평가는 원칙적으로 원가법에 의한다.
② 법인이 재고자산의 평가방법을 신고하지 않은 경우 선입선출법을 적용한다.
③ 유가증권평가방법을 신고하지 않은 경우 총평균법을 적용한다.
④ 외화환산손익은 미실현손익이므로 어떠한 경우에도 세무상 손익으로 인정되지 않는다.

해설

• 화폐성 외화자산·부채에 대하여 다음과 같이 매매기준율 등에 의해 평가한 금액을 익금 또는 손금으로 인정한다.
    ㉠ 일반법인 : 마감환율평가방법으로 신고한 경우 인정
    ㉡ 금융회사 : 인정

정답 : ④

핵심유형특강 173 　　　　　　　　 재고자산 평가와 세무조정

㈜상일은 재고자산 평가방법을 총평균법으로 신고하였으나 평가방법 변경신고를 하지 아니하고 후입선출법에 의하여 기말재고자산을 평가하였다. 각 평가방법에 따른 재고자산평가금액이 다음 자료와 같을 경우 필요한 세무조정으로 가장 옳은 것은(단, ㈜상일은 부동산매매기업이 아님)?

총평균법에 의한 기말재고자산 평가액	10,000,000원
이동평균법에 의한 기말재고자산 평가액	11,000,000원
선입선출법에 의한 기말재고자산 평가액	12,000,000원
후입선출법에 의한 기말재고자산 평가액	9,000,000원

① (익금산입) 재고자산평가감 1,000,000원(유보)
② (익금산입) 재고자산평가감 3,000,000원(유보)
③ (손금산입) 재고자산평가증 1,000,000원(△유보)
④ (손금산입) 재고자산평가증 2,000,000원(△유보)

해설

• 임의변경 사유
　㉠ 당초 신고한 평가방법 외의 방법으로 평가한 경우
　㉡ 변경신고기한 후에 변경신고하고 변경신고한 방법으로 평가한 경우
• 당초에 신고한 평가방법(총평균법) 외의 방법(후입선출법)으로 평가하였으므로 임의변경에 해당한다.

회사 평가액	• 9,000,000(후입선출법)
세법 평가액	• Max[㉠ 총평균법(당초신고방법) ㉡ 선입선출법(무신고시방법)] →Max[㉠ 10,000,000 ㉡ 12,000,000] = 12,000,000

→[세무조정] 손금불산입(익금산입) 재고자산평가감(기말과소=매출원가과대) 3,000,000(유보)

정답 : ②

핵심유형특강 174 　　　　　　　　　　 법인세법 개괄

다음 중 법인세법에 관한 설명으로 가장 올바르지 않은 것은?

① 약정에 의해 거래처에 대한 매출채권을 포기한 금액도 세법상 기업업무추진비에 포함된다.
② 채무면제이익 중 세무상 이월결손금의 보전에 충당된 금액은 익금불산입 항목으로 규정하고 있으며, 이 때의 이월결손금은 발생연도의 제한을 받지 않는다.
③ 사업연도 중 재해로 인해 사업용 자산가액의 20% 이상을 상실하여 납세하기가 곤란하다고 인정되는 경우 그 상실된 자산의 가액을 한도로 재해손실세액공제를 받을 수 있다.
④ 재고자산 평가방법을 변경하고자 하는 법인은 변경할 평가방법을 적용하고자 하는 사업연도의 종료일 이전 2월이 되는 날까지 신고하여야 한다.

해설

• 2월(X) → 3월(O)

정답 : ④

핵심유형특강 175 | 당기손익-공정가치측정금융자산 세무조정

제조업을 영위하는 ㈜삼일은 제4기(20x3.1.1~12.31) 사업연도 중 단기적 매매차익 목적으로 ㈜삼일전자의 주식 100주를 주당 10,000원에 취득하였다. 제4기 결산일과 제5기 처분시점에 한국채택국제회계기준에 따라 다음과 같이 회계처리한 경우 제4기와 제5기의 세무조정이 법인세 과세표준에 미치는 영향으로 가장 옳은 것은?(FVPL금융자산≒당기손익-공정가치측정금융자산)

〈제4기 결산일 주당 15,000원으로 시가 상승〉

(차) FVPL금융자산	500,000	(대) FVPL금융자산평가이익	500,000

〈제5기 20x4. 1. 15 주당 13,000원에 모두 처분〉

(차) 현금	1,300,000	(대) FVPL금융자산	1,500,000
FVPL금융자산처분손실	200,000		

	제4기	제5기
①	영향없음	영향없음
②	500,000원 감소	영향없음
③	500,000원 감소	200,000원 증가
④	500,000원 감소	500,000원 증가

해설

• 제4기

		회사			
(차)	FVPL금융자산	500,000	(대)	FVPL금융자산평가이익(당기손익)	500,000

	세법
	- 없음 -

→세무조정 : 익금불산입 평가이익 500,000(△유보)
→과세표준에 미치는 영향 : 500,000원 감소

• 제5기

		회사			
(차)	현금	1,300,000	(대)	FVPL금융자산	1,500,000
	FVPL금융자산처분손실	200,000			

		세법			
(차)	현금	1,300,000	(대)	FVPL금융자산	1,000,000
				FVPL금융자산처분이익	300,000

→세무조정 : 익금산입 처분이익 500,000(유보)
→과세표준에 미치는 영향 : 500,000원 증가

정답 : ④

핵심유형특강 176　　법인세법상 평가손실 특례

다음 중 법인세법상 손금으로 인정되는 평가손실로 가장 올바르지 않은 것은?

① ㈜서울은 보유중인 주식을 발행한 법인이 파산하여 동 주식에 대한 평가손실을 계상하였다.
② ㈜부산은 단기간 내의 매매차익을 목적으로 취득한 당기손익–공정가치측정금융자산에 대하여 결산일에 시가 하락에 따른 평가손실을 계상하였다.
③ ㈜대구는 세법상 재고자산평가방법을 저가법으로 신고하고, 동 재고자산에 대한 평가손실을 계상하였다.
④ ㈜광주는 홍수로 침수된 공장설비에 대하여 평가손실을 계상하였다.

해설

- ① 주식발행법인이 파산하여 계상한 평가손실은 손금으로 인정된다.
  ② 유가증권에 대한 일반적인 평가손익은 인정되지 않으므로 손금불산입의 세무조정을 한다.
  ③ 평가방법을 저가법으로 신고하고 계상한 저가법평가손실은 손금으로 인정된다.
  　→Ｑ주의 평가방법을 원가법으로 신고하고 계상한 저가법평가손실은 손금으로 인정되지 않는다.
  ④ 천재지변(홍수)으로 인한 유형자산 평가손실(손상차손)은 손금으로 인정된다.

친절한 경석씨　법인세법상 인정되는 평가손실

재고자산	㉠ 저가법으로 신고시 저가법평가로 인한 평가손 ㉡ 파손·부패로 인한 평가손 등 →유행경과로 인한 평가차손은 손금불산입
유가증권 (₩1,000 제외)	㉠ 부도발생·회생계획인가결정·부실징후기업이 된 다음의 경우 평가손실 　－ 주권상장법인이 발행한 주식 　－ 특수관계없는 비상장법인이 발행한 주식 　　→5% 이하이고, 취득가 10억원 이하시는 특수관계없는 것으로 봄. 　－ 중소기업창투회사 등 보유 창업자 등 발행주식 ㉡ 주식 발행법인이 파산한 경우 유가증권 평가손실
유형자산	㉠ 시설개체·기술낙후로 인한 생산설비폐기손실(₩1,000 제외) ㉡ 천재·지변·폐광·법령수용·화재로 인한 평가손

정답 : ②

핵심유형특강 177　　법인세법상 감가상각의 적용

다음 중 법인세법상 감가상각비에 관한 설명으로 가장 올바르지 않은 것은?

① 기계장치의 감가상각방법을 무신고 시에는 정률법을 적용한다.
② 유형·무형자산에 대한 자본적 지출액은 기존 유형·무형자산의 장부가액에 합산하여 그 자산의 내용연수를 그대로 적용하여 감가상각한다.
③ 유형자산의 잔존가액은 0(영), 무형자산의 잔존가액은 취득가액의 10%로 하는 것이 원칙이다.
④ 사업연도 중에 취득하여 사업에 사용한 감가상각자산에 대한 상각범위액은 사업에 사용한 날부터 당해 사업연도 종료일까지의 월수에 따라 계산한다.

해설

- 유형·무형자산은 모두 잔존가액을 0(영)으로 하는 것이 원칙이다.

정답 : ③

핵심유형특강 178 　　　　　　감가상각 시부인계산

㈜삼일은 20x1.1.1.에 기계장치를 100,000,000원에 취득하였다. 본사는 세법상 기계장치에 대한 감가상각방법을 정액법으로 내용연수를 5년으로 신고하였으며 잔존가치는 없다고 가정한다. 회사가 20x2년 감가상각비로 18,000,000원을 계상한 경우 다음 각 상황에 따른 세무조정으로 가장 옳은 것은?

> 상황 1. 전기 상각부인액이 2,000,000원이 있는 경우
> 상황 2. 전기 시인부족액이 1,000,000원이 있는 경우
> 상황 3. 전기 상각부인액이나 전기 시인부족액이 없는 경우

	상황1	상황2	상황3
①	손금산입 2,000,000원	세무조정없음	세무조정없음
②	손금불산입 2,000,000원	손금산입 1,000,000원	손금불산입 2,000,000원
③	손금불산입 2,000,000원	손금불산입 1,000,000원	손금산입 1,000,000원
④	손금산입 2,000,000원	세무조정없음	손금불산입 2,000,000원

해설

• 당기 상각부인액(시인부족액) 계산

회사계상 감가상각비	상각범위액	상각부인액(시인부족액)
18,000,000	100,000,000÷5년 = 20,000,000	시인부족액 △2,000,000

• 상황1 : 전기 상각부인액 2,000,000원이 있으므로 시인부족액 2,000,000원은 손금산입(△유보) 한다.
　상황2 : 전기 상각부인액이 없으므로 시인부족액 2,000,000은 소멸계산한다.(세무조정 없음)
　상황3 : 전기 상각부인액이 없으므로 시인부족액 2,000,000은 소멸계산한다.(세무조정 없음)
　→즉, 전기 상각부인액이 있는 상황1의 경우에만 손금산입(△유보) 세무조정이 발생한다.

 친절한 경석씨 　감가상각 시부인계산 원리

구분	명칭	세무조정
회사계상액>상각범위액	상각부인액	㉠ 상각부인액을 손금불산입(유보)하여 차기이월 ㉡ 차기이후 시인부족액 발생시, 시인부족액 범위 내에서 손금산입(△유보)
회사계상액<상각범위액	시인부족액	㉠ 별도 세무조정 없음.(소멸) ㉡ 이월된 상각부인액이 있는 경우, 시인부족액 범위내에서 손금산입(△유보)

🔍주의 ∴상각부인액이 있고 다음연도에 감가상각을 하지 않더라도 손금산입함. 왜냐하면, 감가상각을 하지 않으면 상각범위액만 큼 시인부족액이 발생하기 때문임.

보론 시부인단위 : 개별자산별로 시부인 계산함. →∴자산간에 상각부인액과 시인부족액을 상계 불가함.

정답 : ①

핵심유형특강 179   감가상각비 시부인 구조

일반기업회계기준을 적용하고 있는 ㈜상일은 제17기(20x1년 1월 1일~20x1년 12월 31일) 사업연도 개시일에 기계장치를 10억원에 구입하고 아래와 같이 감가상각하였다. 다음 중 감가상각비에 관한 세무조정으로 가장 옳은 것은 (단, 회사는 세무상 기계장치의 상각방법은 정액법, 내용연수는 5년으로 신고하였고, 감가상각의제 적용 대상 법인이 아니다)?

구분	제17기	제18기	제19기	제20기
회사계상 감가상각비	–	1억원	9억원	–
감가상각범위액	2억원	2억원	2억원	2억원

① 제17기에 회계상 감가상각비를 계상하지 않았으므로 별도 세무조정을 해야 한다.
② 제18기에 부족한 감가상각비 1억원을 손금산입한다.
③ 제19기에 과다하게 상각한 7억원을 손금불산입한다.
④ 제20기에 회계상 감가상각이 종료되었으므로 별도의 세무조정이 없다.

해설

• 연도별 상각부인액(시인부족액)

제17기	제18기	제19기	제20기
시인부족액 2억원	시인부족액 1억원	상각부인액 7억원	시인부족액 2억원

• ① 전기 상각부인액이 없으므로 시인부족액 2억원은 소멸한다.(세무조정 없음)
  ② 전기 상각부인액이 없으므로 시인부족액 1억원은 소멸한다.(세무조정 없음)
  ③ 상각부인액 7억원은 손금불산입(유보) 한다.
  ④ 전기 상각부인액 7억원이 있으므로 시인부족액 2억원은 손금산입(△유보) 한다.

＊저자주 K-IFRS(한국채택국제회계기준) 적용법인은 감가상각비 손금산입특례에 의해 결산조정에 대한 예외로서 과소계상한 감가상각비를 신고조정으로 손금산입할 수 있습니다.

정답 : ③

핵심유형특강 180   유형·무형자산 감가상각비 세무조정

다음 자료에 의한 ㈜상일의 제16기(20x1.1.1~20x1.12.31) 감가상각에 대한 세무조정이 과세표준에 미치는 영향으로 옳은 것은?

구분	건물	기계장치	영업권
회사계상상각비	5,000,000원	4,000,000원	1,000,000원
세법상 상각범위액	6,000,000원	3,000,000원	1,200,000원
내용연수	40년	10년	5년
전기이월상각부인액	1,500,000원	–	–

① 영향없음
② 100,000원 감소
③ 200,000원 감소
④ 1,000,000원 감소

해설

• 건물 : 전기이월상각부인액이 있으므로 당기 시인부족액 1,000,000원을 손금산입한다.
• 기계장치 : 한도초과액 1,000,000원을 손금불산입한다.
• 영업권 : 전기이월상각부인액이 없으므로 당기 시인부족액 200,000원에 대해 세무조정이 없다.
∴ 과세표준에 미치는 영향은 없다.

정답 : ①

핵심유형특강 181 　　　　　　　　개별자산별 감가상각 시부인

다음은 ㈜상일의 유형자산 감가상각과 관련한 자료이다. 세무조정으로 올바른 것은(단, K-IFRS 도입에 따라 추가로 손금산입되는 감가상각비는 없는 것으로 한다)?

구분	기초상각부인액	비용계상액	상각범위액	시부인액
P	–	120만원	60만원	60만원
Q	–	30만원	45만원	△15만원
R	–	45만원	30만원	15만원
S	75만원	300만원	330만원	△30만원

① (손금불산입) 75만원(유보), (손금산입) 45만원(△유보)
② (손금불산입) 75만원(유보), (손금산입) 30만원(△유보)
③ (손금불산입) 75만원(유보)
④ (손금산입) 30만원(△유보)

해설

- P : 손금불산입 60만원(유보)
- Q : 세무조정 없음
- R : 손금불산입 15만원(유보)
- S : 손금산입 30만원(△유보)

정답 : ②

핵심유형특강 182 　　　　　　　　　감가상각비 세무조정

다음 법인세법상 감가상각 범위액과 관련한 토의 내용 중 가장 잘못된 설명을 하고 있는 사람은 누구인가?

① 박장군 : 감가상각비는 신고조정사항이므로 상각범위액과의 차액을 손금산입하는 것이 가능합니다.
② 김효은 : 사업연도 중 양도한 자산도 사업연도 개시일부터 양도일까지의 감가상각비를 계상하는 것이 원칙입니다.
③ 진형준 : 감가상각자산에 대한 자본적 지출액은 감가상각자산의 장부가액에 합산하여 그 자산의 내용연수를 그대로 적용하여 감가상각해야 합니다.
④ 이장희 : 사업연도 중에 취득하여 사업에 사용한 감가상각자산에 대한 상각범위액은 사업에 사용한 날부터 당해 사업연도 종료일까지의 월수에 따라 계산해야 합니다.

해설

- 감가상각비는 원칙적으로 결산조정사항이다.

정답 : ①

핵심유형특강 183 세법상 자본적지출·수익적지출[1]

㈜삼일은 당기 중 사업용 유형자산의 수선비 지출에 대하여 다음과 같은 대화를 나누었다. ㈜ 삼일의 담당자들 중 세법의 내용에 가장 부합하지 않게 주장하는 사람은 누구인가?

> 김부장 : 지난 12월에 시행된 대규모 옥외창고(A) 지붕설치 공사로 인해 다들 수고가 많았습니다. 다들 아시다시피 신규 설치비 용이 총 1억원이 발생했는데, 제가 알기로는 수선비가 그 실질에 따라 자산의 취득원가를 구성하기도 하고 혹은 당기비 용으로 처리되기도 합니다. 이를 자본적지출과 수익적지출로 구분하기도 하는데, 이번 옥외창고(A)의 신규지붕 설치 공사건에 대한 세무상 처리가 어떻게 되는지 설명해 주실분 계십니까?
> 정과장 : 통상 지붕수리 비용은 수선비로 하여 당기비용 처리하면 되나, 이번 경우는 신규 설치이고 금액이 크고 자산의 내용연수 를 증가시키기 때문에 자산의 취득원가로 처리하면 될 것이라고 생각합니다.
> 윤대리 : 자산의 취득원가로 처리한다는 것은 옥외창고(A)에 대한 자본적지출로 처리해야 한다는 의미인 것 같은데, 제가 알기 로는 결산팀에서는 이미 장부상 수선비로 하여 당기비용 처리한 것으로 알고 있습니다. 따라서, 세무조정시 해당 수선비 를 자산의 취득원가에 포함하여 감가상각범위액을 계산하고, 동시에 동 수선비를 감가상각비계상액에 포함하여 감가 상각 한도시부인을 수행하면 될 것입니다.
> 최대리 : 한편, 기존 창고(B)에 설치되어 있던 지붕이 노후화로 말미암아, 빗물이 조금씩 새고 있습니다. 따라서, 다음 달 중에 보완공사를 할 예정에 있습니다. 물론, 동 보완공사로 인해 창고의 내용연수가 연장되거나 하지는 않습니다만, 단순한 수리 같은 경우도 건물과 관련된 비용이라고 볼 수 있으므로 동 보완공사에 소요되는 비용은 이번 옥외창고(A) 건과 마찬가지로 창고에 대한 자본적지출로 처리하도록 하겠습니다.

① 김부장 ② 정과장 ③ 윤대리 ④ 최대리

해설

- 옥외창고(A) 지붕 설치비용 1억원
  - 자본적지출(내용연수를 연장시키거나 자산의 가치를 증가시키는 수선비)로 처리한다.
  - 자본적지출을 비용처리하였으며 '전액 손금인정' 항목에 해당하지 않으므로 즉시상각의제가 적용된다.
    (즉시상각의제의 처리 : 감가상각시부인 계산시에 회사계상감가상각비로 보며 상각범위액에도 포함됨)
- 기존창고(B) 지붕 보완공사비용
  - 수익적지출(원상회복이나 능률유지를 위하여 지출한 수선비)로 처리한다.

친절한 경석씨 취득을 위한 지출 및 자본적지출을 비용처리시 「전액 손금인정」 항목

❑ 다음의 경우는 취득을 위한 지출 및 자본적지출을 비용처리시에도 예외적으로 시부인계산을 거치지 않고 전액 손금으로 인정함.
  →즉, 즉시상각의제 적용제외

소액자산	• 자산의 취득가액이 거래단위별로 100만원 이하인 경우로 다음을 제외한 것
	㉠ 고유업무의 성질상 대량으로 보유하는 자산
	㉡ 사업의 개시 또는 확장을 위하여 취득한 자산
단기사용자산	• ㉠ 어업에 사용되는 어구(어선용구 포함)
	㉡ 영화필름, 공구(금형은 제외), 가구, 전기기기, 가스기기, 가정용 기구·비품, 시계, 시험기기, 측정기기 및 간판
	㉢ 대여사업용 비디오테이프·음악용 콤팩트디스크로서 취득가액 30만원 미만인 것
	㉣ 전화기(휴대용 전화기 포함) 및 개인용컴퓨터(주변기기 포함)
수선비지출	• ㉠ 개별자산별 수선비 지출액이 600만원 미만인 경우
	㉡ 개별자산별 수선비 지출액이 전기말 F/P상 자산 장부가의 5%에 미달하는 경우
	㉢ 3년 미만의 기간마다 주기적인 수선을 위하여 지출하는 경우

정답 : ④

핵심유형특강 184   **세법상 자본적지출·수익적지출[2]**

㈜삼일은 당기 중 사업용 유형자산에 대하여 다음과 같은 수선비를 지출하였다. 다음 중 세법의 내용에 맞지 않는 주장을 하는 사람은 누구인가?

> 이부장 : 작년에 본관건물에 엘리베이터 설치공사로 총 1억원이 발생하였는데 제가 알기로는 수선비가 그 성격에 따라 자산의 취득원가를 구성하기도 하고 혹은 당기비용으로 처리되기도 합니다. 이를 자본적지출과 수익적지출로 구분하기도 하는데 본 건에 대한 세무상 처리가 어떻게 되나요?
>
> 김과장 : 통상적인 건물 수선유지비는 당기비용 처리를 하면 되나 이번 경우는 금액이 크고 자산의 내용연수를 연장시키는 지출이므로 자산의 취득원가로 처리하여야 합니다.
>
> 성대리 : 자산의 취득원가로 처리하는 것은 자본적지출로 처리한다는 의미인데, 제가 알기로는 이미 회계부서에서 판매관리비로 비용처리한 것으로 알고 있습니다. 따라서, 세무조정시 해당 수선비를 자산의 취득원가에 포함하여 감가상각범위액을 계산하고 동시에 동 수선비를 감가상각비 계상액에 포함하여 감가상각 한도시부인을 수행하여야 합니다.
>
> 이대리 : 한편, 다음달 중에 본관건물에 대한 보완공사를 할 예정에 있습니다. 물론 동 보완공사는 건물의 내용연수가 연장되거나 하지는 않습니다. 그러나, 단순한 수리같은 경우에도 자산의 취득과 관련된 지출이므로 이번 경우와 마찬가지로 자본적지출로 처리하여야 할 것 같습니다.

① 이부장   ② 김과장
③ 성대리   ④ 이대리

해설

• 성능향상을 가져오지 않는 원상회복과 같은 단순한 수리 및 교체 등의 공사는 수익적지출에 해당한다.

정답 : ④

핵심유형특강 185   자본적지출과 상각범위액

㈜삼일은 기계장치를 20x1년 1월 20일에 취득하여 당기말 현재 보유 중이다. 다음 자료에 의할 경우 제7기(20x2.1.1 ~20x2.12.31)의 상각범위액은?

> ㄱ. 기계취득가액 : 10억원
>
> ㄴ. 신고내용연수 : 5년
>
> ㄷ. 상각률 : 정액법 0.2, 정률법 0.451
>
> ㄹ. 전기말 감가상각누계액 : 4천만원
>
> ㅁ. 20x2.7.1 기계장치에 대한 자본적지출 : 1억원
>
> ㅂ. 20x2년 9월 20일 기계장치에 대한 수익적지출 : 1천만원
>
> ㅅ. 신고 감가상각방법 : 정액법

① 90,000,000원   ② 100,000,000원
③ 110,000,000원   ④ 220,000,000원

해설

• 상각범위액 : (10억원+1억원)x0.2=2.2억원
• 자본적지출은 기초에 발생한 것으로 가정하여 기초가액에 합산 계산한다.

 친절한 경석씨 상각범위액 계산

상각방법별 상각범위액	정액법	• 기초취득가x상각률
	정률법	• (기초취득가-기초감가상각누계액+기초부인액)x상각률
상각범위액 특수문제	신규취득자산	• 월할상각하며, 상각범위액은 다음과 같음. ➡정상적 상각범위액x$\dfrac{\text{사용한 월수}}{\text{사업연도 월수}}$
	자본적지출	• 기초에 발생한 것으로 가정하여 장부가액에 합산함.

정답 : ④

핵심유형특강 186   세무조정 여부 판단

●── 제조업을 영위하는 ㈜삼일의 김철수 대리는 후임을 위해 세무조정시 유의할 사항을 손익계산서 항목별로 작성하고 있다. 김대리가 작성한 다음의 내용 중 가장 올바르지 않은 것은?

① 배당금수익 : 수입배당금 익금불산입 적용여부를 검토한다.
② 이자수익 : 미수수익을 익금불산입 했는지 검토한다.
③ 퇴직금 : 임원에게 지급한 퇴직금을 전액 손금불산입 했는지 검토한다.
④ 기부금 : 비지정기부금을 손금불산입 했는지 검토한다.

해설

• ① 배당금수익 : 수입배당금 익금불산입 적용여부를 검토한다.〈옳은 설명〉
  배당금 지급법인 단계에서 이미 법인세가 과세된 재원으로 법인주주가 배당금을 받는 경우, 이를 익금으로 과세한다면 이중과세의 문제점이 있으므로 이를 해소키 위해 배당금의 일정비율 만큼을 익금불산입하고 기타로 소득처분한다.('수입배당금 익금불산입')

② 이자수익 : 미수수익을 익금불산입했는지 검토한다.〈옳은 설명〉
  원천징수되는 미수수익(미수이자 xxx / 이자수익 xxx) 계상시 익금불산입하고 △유보로 소득처분한다.

이자수익 손익귀속	원칙	• 소득세법상에 따른 이자소득의 수입시기(실제로 받은 날 또는 받기로 한 날) 　→현금주의 또는 권리확정주의
	특례	• 기간경과분(미수이자)을 수익계상시 원천징수되지 않는 이자수익(예 국외이자)에 한하여 인정

③ 퇴직금 : 임원에게 지급한 퇴직금을 전액 손금불산입했는지 검토한다.〈틀린 설명〉
  임원퇴직금은 전액 손금불산입 대상이 아니며, 법인세법상 임원퇴직금 한도액까지는 손금으로 인정된다.

임원퇴직금 한도액
❑ 정관 (정관의 위임)퇴직급여규정 : 그 금액 ❑ 그 외 : 퇴직전 1년 총급여(손금불산입인건비·비과세 제외)×10%×근속연수(1월 미만 절사)

④ 기부금 : 비지정기부금을 손금불산입했는지 검토한다.〈옳은 설명〉
  비지정기부금(예 신용협동조합, 새마을금고, 정당·동창회·종친회·향우회에 지급한 기부금 등)은 손금불산입하고 그 기부받은 자의 구분에 따라 다음과 같이 소득처분한다.(기본통칙)

주주·출자자(출자임원 제외)	• 배당
임원·직원	• 상여
그 외의 자	• 기타사외유출

정답 : ③

핵심유형특강 187   기업업무추진비·기부금 개괄

●── 다음은 김삼일 회계사가 기업업무추진비와 기부금에 관해 거래처 담당자에게 자문한 내용이다. 가장 올바르지 않은 것은?

① 직원이 조직한 조합·단체가 법인인 경우에는 그 조합·단체에 지출한 복리시설비는 세법상 기업업무추진비에 해당하므로 기업업무추진비 한도를 감안하여 지출행위를 결정해야 한다.
② 불우이웃을 돕기 위해 지출한 기부금은 특례기부금이며 한도계산시 기준소득금액의 10%에 해당하는 금액을 한도로 손금인정 받을 수 있으므로 기부금 지출계획 수립시 우선적으로 고려하여야 합니다.
③ 광고선전 목적으로 달력 등을 불특정 다수인에게 기증한 것은 기업업무추진비로 보지 않기 때문에 세무조정시 기업업무추진비 사용금액에 포함시키지 않습니다.
④ 기부금을 지출할 경우 기부금 모금단체가 세법상 특례기부금 또는 일반기부금 단체인지 확인하여야 합니다. 세법상 적정한 기부금단체 이외의 단체에 지출한 기부금은 비지정기부금으로 전액 손금 부인되기 때문입니다.

해설

• 불우이웃을 돕기 위해 지출한 기부금 : 일반기부금

정답 : ②

핵심유형특강 188 　　　　　　　기부금 구분과 귀속시기

다음 중 법인세법상 기부금에 대한 설명으로 가장 옳지 않은 것은?

① 기부금은 특수관계 없는 자에게 사업과 직접적인 관련없이 지출하는 재산의 증여가액을 말한다.
② 법인세법과 조세특례제한법에서 규정하고 있지 않은 기부금은 모두 비지정기부금에 해당한다.
③ 천재·지변으로 인한 이재민의 구호금품 가액과 불우이웃을 돕기 위하여 지출하는 금액은 일반기부금에 해당한다.
④ 기부금은 현금주의에 의하여 손금으로 인정되므로 미지급기부금을 손금으로 계상한 경우 동 기부금은 전액 손금불산입한다.

해설

• 천재·지변으로 인한 이재민의 구호금품 가액 : 특례기부금

정답 : ③

핵심유형특강 189 　　　　　　　기업업무추진비와 기부금

다음은 김상일 회계사가 기업업무추진비와 기부금에 관해 거래처 담당자에게 자문한 내용이다. 가장 올바르지 않은 것은?

① 직원이 조직한 조합·단체가 법인인 경우에는 그 조합·단체에 지출한 복리시설비는 세법상 기업업무추진비에 해당하므로 기업업무추진비 한도를 감안하여 지출행위를 결정해야 한다.
② 세법상 적정한 기부금단체 이외의 단체에 지출한 기부금은 비지정기부금으로 전액 손금 부인되므로 기부금단체가 특례 또는 일반기부금 단체인지 확인해야 합니다.
③ 광고선전 목적으로 달력 등을 불특정 다수인에게 기증한 것은 기업업무추진비로 보지 않기 때문에 세무조정시 기업업무추진비 사용금액에 포함시키지 않습니다.
④ 기부금은 기부행위가 이루어진 사업연도에 손금으로 인정되므로 실제로 지급하지 아니한 기부금을 미지급으로 하여 손금으로 계상한 경우 동 기부금은 해당 사업연도에 전액 손금으로 인정됩니다.

해설

• 기부금의 귀속시기는 실제 지출한 사업연도('현금주의')이므로 당기 미지급기부금(미지급금)은 손금불산입한다.

당기	(차) 기 부 금　xxx　(대) 미지급금　xxx	세무조정 : 손금불산입(유보)
차기	(차) 미지급금　xxx　(대) 현　금　xxx	세무조정 : 손금산입(△유보)

친절한 경석씨　유사비용의 구분

업무관련성	지출대상	과목분류	손금인정여부	규정취지
업무관련O	특정고객	**기업업무추진비**	한도내 손금	원만한 거래관계 유지 목적
	불특정다수	**광고선전비**	전액 손금	구매의욕 높여 판매촉진 목적
	임원·직원	**복리후생비**	전액 손금	복리후생 증진 목적
업무관련X	특정단체 등	**기부금**	한도내 손금 (or 전액 손불)	기업이익의 사회환원 목적

정답 : ④

핵심유형특강 190　　　　　　　　　　　　**간주기업업무추진비**

다음 중 법인세법상 기업업무추진비로 보는 금액이 아닌 것은?

① 직원이 조직한 조합 또는 단체(법인에 한함)에 지출한 복리시설비
② 연간 3만원을 초과하여 특정인에게 기증한 광고선전물품
③ 기업업무추진비 관련 부가가치세 매입세액 불공제액
④ 업무와 관련하여 거래처에 지출한 교제비 및 사례금

해설

• 연간 5만원을 초과하여 특정인에게 기증한 광고선전물품을 기업업무추진비로 본다.

광고선전목적 기증물품	불특정다수	• 전액 손금	
	특정인	1인당 연간 5만원 이하	• 전액 손금
		1인당 연간 5만원 초과	• 전액 기업업무추진비

친절한 경석씨　**간주기업업무추진비**

❑ 기업업무추진비인지 여부는 계정과목 여하에도 불구하고 그 실질에 따라 판단함.
　→∴기업업무추진비를 비용으로 계상한 것뿐만 아니라 이하의 지출(간주기업업무추진비)과 제조원가, 건설중인자산, 유형자산 및 무형자산의 원가로 계상한 경우에도 실질이 기업업무추진비라면 이를 기업업무추진비로 봄.

간주기업업무추진비	• ㉠ 직원이 조직한 조합·단체(조합·단체가 법인인 경우에 한함)에 지출한 복리시설비 　㉡ 약정에 의하여 매출채권을 포기한 금액 　㉢ 접대 관련 VAT매입세액불공제액과 접대한 자산에 대한 VAT매출세액 　㉣ 연간 5만원을 초과하여 특정인에게 기증한 광고선전물품 　→단, 3만원 이하의 물품 제공시에는 5만원 한도를 적용하지 않음.(즉, 5만원 초과여부 계산시 불포함)

정답 : ②

핵심유형특강 191	적격증명과 기업업무추진비 손금인정 여부

다음 중 법인세법상 기업업무추진비 한도계산시 건당 3만원을 초과하는 기업업무추진비로 전액 손금불산입되는 항목은?

① 매입자발행세금계산서를 발행하여 지출하는 기업업무추진비
② 사업자등록을 하지 않은 개인사업자에게 기타소득 원천징수영수증을 발행하여 지출하는 기업업무추진비
③ 법인 명의의 신용카드를 사용하여 지출한 기업업무추진비
④ 농어민으로부터 직접 재화를 공급받고 법적증빙을 수취하지 아니한 기업업무추진비

해설

• 농어민으로부터 직접 재화를 공급받은 경우는 법적증빙(적격증명서류)을 구비하기 어려운 점을 감안하여 손금으로 인정하되, 다만, 그 대가를 금융회사를 통하여 지급하고 과세표준신고시 송금명세서를 첨부한 경우에 한정하여 손금으로 인정한다.

저자주 ∴선지 ④의 경우에도 지출사실이 객관적으로 명백한 경우(대가를 금융회사를 통하여 지급하는 등의 단서조항)에는 한도내에서 손금으로 인정될 수 있으므로 본 문제는 출제오류에 해당하며 정답없음으로 처리되어야 합니다. 출제에 있어 좀더 충분한 검토과정과 신중한 출제가 필요하다고 사료됩니다.

친절한 경석씨 **3만원초과 기업업무추진비 손금인정 여부**

손금인정O	㉠ 법인 명의 신용카드(직불카드, 기명식선불카드 등) 지출액 ㉡ 세금계산서, 계산서, 매입자발행세금계산서, 현금영수증 지출액 ㉢ 원천징수영수증(미등록 개인사업자로부터 용역을 제공받고 발급하는 사업소득·기타소득 원천징수영수증)을 발행하여 지출하는 기업업무추진비 ㉣ 지출사실이 객관적으로 명백한 경우로서 적격증명서류를 구비하기 어려운 다음의 지출 - 농어민으로부터 직접 재화를 공급받은 경우로 그 대가를 금융회사를 통하여 지급하고 과세표준신고시 송금명세서를 첨부한 경우의 지출액 - 국외지역 기업업무추진비로서, 현금 외에 다른 지출수단이 없는 경우의 지출액 ㉤ 현물기업업무추진비(자가생산품)
손금인정X	㉠ 법인 명의가 아닌 신용카드 등 사용액 ㉡ 영수증, 금전등록기, 위장가맹점발급 신용카드매출전표 지출액 ㉢ 현물기업업무추진비(외부구입상품)

정답 : ④(주관처 입장)

핵심유형특강 192   기업업무추진비 세무조정

다음은 ㈜상일의 제22기(20x1년 1월 1일 ~ 20x1년 12월 31일) 기업업무추진비 보조원장을 요약정리한 것이다. 다음 중 ㈜상일의 제22기 세무조정으로 가장 옳은 것은(단, 법인세법상 기업업무추진비한도액은 20,000,000원이다.)?

적요	금액	비고
거래처 기업업무추진비(1건)	500,000원	증빙 미수취분
거래처 기업업무추진비(5건)	100,000원	건당 2만원인 영수증 5매 수취
거래처 기업업무추진비(1건)	200,000원	경조금
거래처 기업업무추진비(23건)	22,200,000원	신용카드매출전표 수취분
합계	23,000,000원	

① (손금불산입) 증빙없는 기업업무추진비 500,000원(상여)
② (손금불산입) 기업업무추진비한도초과액 3,000,000원(기타사외유출)
③ (손금불산입) 증빙없는 기업업무추진비 500,000원(상여)
 (손금불산입) 기업업무추진비한도초과액 2,500,000원(기타사외유출)
④ (손금불산입) 증빙없는 기업업무추진비 600,000원(상여)
 (손금불산입) 기업업무추진비한도초과액 2,400,000원(기타사외유출)

해설

• 기업업무추진비 세무조정
〈1순위〉 손금불산입 증빙불비 기업업무추진비 500,000(대표자상여)
〈2순위〉 건당 3만원(경조금 20만원) 초과 신용카드 등 미사용액 : 없음
〈3순위〉 손금불산입 기업업무추진비한도초과 (23,000,000 – 500,000) – 20,000,000 = 2,500,000(기타사외유출)

 기업업무추진비 시부인

시부인	〈1순위〉	• 증빙불비/업무무관	손금불산입(대표자상여)
	〈2순위〉	• 건당 3만원(경조금은 20만원초과)초과 신용카드등미사용액	손금불산입(기타사외유출)
	〈3순위〉	• 기업업무추진비해당액 – 한도	손금불산입(기타사외유출)
일반한도		• $12,000,000$(중소기업 : $36,000,000$) $\times \dfrac{\text{사업연도월수}}{12}$ + 수입금액 × 적용률	

정답 : ③

핵심유형특강 193　　　　지급이자손금불산입 : 건설자금이자

다음 중 법인세법상 건설자금이자 손금불산입에 관한 설명으로 가장 올바르지 않은 것은?

① 자본화대상 자산의 취득과 직접 관련하여 개별적으로 차입된 자금(특정차입금)에 대한 지급이자는 자본화해야 한다.
② 자본화대상 자산에는 사업용 유형자산 및 무형자산뿐만 아니라 투자자산과 제조 등에 장기간 소요되는 재고자산을 포함한다.
③ 당기말까지 건설이 완료되지 않은 상각자산의 특정차입금 이자를 비용계상한 경우에는 당기에 손금불산입하고 차기 이후에는 건설 완료 후 상각부인액으로 의제한다.
④ 건설자금이자는 업무무관자산에 대한 지급이자보다 선순위로 지급이자 손금불산입 규정을 적용한다.

해설

- ① 특정차입금이자는 법인세법상 자본화를 강제하고 있다.(일반차입금이자는 자본화 선택)
  ② 법인세법상 건설자금이자 대상 자산은 사업용 유형자산·무형자산만 포함한다.

구분	법인세법	기업회계
대상자산	• 사업용 유형·무형자산	• 유형·무형·투자·장기재고자산
특정차입금이자	• 자본화 강제	• 한국채택국제회계기준 : 모두 자본화 강제
일반차입금이자	• 자본화 선택	• 일반기업회계기준　　 : 모두 자본화 선택

③ 건설자금이자를 비용계상한 경우 세무조정

구분	당기말 건설완료 여부	세무조정(세무상 처리)
상각자산	건설완료 O	• 즉시상각의제 적용 →당기 회사계상감가상각비와 상각범위액에 포함계산
	건설완료 X	• 손금불산입(유보) →위 금액은 상각부인액으로 간주하여 완료연도 상각범위액에 포함하여 시부인함.
비상각자산(토지)	-	• 손금불산입(유보) →처분시 추인

④ 지급이자 손금불산입 순서는 다음과 같다.

손금불산입 순서	소득처분
〈1순위〉 채권자불분명 사채이자	• ㉠ 원천징수분 : 기타사외유출 ㉡ 그외 분 : 대표자상여
〈2순위〉 비실명 채권·증권 이자 　　　　(지급받은 자 불분명 채권·증권이자)	
〈3순위〉 건설자금이자	• 유보
〈4순위〉 업무무관자산 등에 대한 지급이자	• 기타사외유출

정답 : ②

핵심유형특강 194   **업무무관자산 지급이자손금불산입 산식**

다음은 업무무관자산 등에 대한 지급이자손금불산입에 대한 계산식을 나타낸 것이다. 다음 공식에 관한 설명으로 가장 올바르지 않은 것은?

$$\text{손금불산입액} = \text{지급이자} \times \frac{\text{업무무관자산적수} + \text{업무무관가지급금적수}}{\text{차입금적수}}$$

	항목	금액
①	지급이자	미지급이자는 포함한다.
②	업무무관자산적수	법인의 업무에 직접 사용되지 않는 부동산을 포함한다.
③	업무무관자산적수	업무무관자산가액은 차입연도말 현재 시가로 계산한다.
④	차입금적수	차입금에는 선순위의 손금불산입액 지급이자부인액은 제외한다.

해설

• 차입연도말 현재 시가(X) → 취득가액(O)

정답 : ③

핵심유형특강 195   **퇴직급여충당금·퇴직연금충당금**

다음 중 법인세법상 퇴직급여충당금과 퇴직연금충당금에 대한 설명으로 가장 올바르지 않은 것은?

① 퇴직급여충당금 설정액 중 한도초과액은 손금불산입하고 유보로 소득처분한다.
② 퇴직연금충당금은 법인의 장부에 비용으로 계상한 경우에만 손금으로 산입할 수 있는 결산조정사항이다.
③ 임원 또는 직원이 현실적으로 퇴직함으로써 법인이 직원 등에게 퇴직금을 지급할 때에 이미 손금으로 계상된 퇴직급여충당금이 있으면 그 퇴직급여충당금에서 먼저 지급하여야 한 다.
④ 퇴직급여충당금 한도액 계산시 총급여액이란 근로제공으로 인한 봉급·상여·수당 등을 말하는 것으로 손금불산입되는 인건비와 인정상여 등은 포함하지 않는다.

해설

• 퇴직연금충당금은 신고조정사항으로서 법인이 비용으로 계상치 않더라도 한도액까지 손금산입이 가능하다.

정답 : ②

핵심유형특강 196 | 퇴직급여충당금 한도초과액 계산

다음은 ㈜삼일의 제9기(20x1.1.1~20x1.12.31) 퇴직급여충당금 관련자료이다. 자료를 이용하여 법인세법상 퇴지급여충당금 한도초과액을 계산하면 얼마인가?

재무상태표

㈜삼일		20x1.12.31		(단위 : 원)
재고자산	170,000,000	퇴직급여충당금		145,000,000
유형자산	180,000,000	자본		205,000,000
계	350,000,000			350,000,000

ㄱ. 퇴직급여 지급대상이 되는 총급여 : 40,000,000원

ㄴ. 당기 퇴직급여전입액 : 5,000,000원

ㄷ. 기초 퇴직급여충당금 : 155,000,000원

ㄹ. 전기말 퇴직급여충당금부인누계액 : 138,750,000원

ㅁ. 재무상태표상 기말 퇴직급여충당금은 일시퇴직기준 퇴직금추계액과 보험수리적기준에 의한 퇴직금추계액 중 큰 금액을 충당금으로 설정한 것이다.

ㅂ. 퇴직금전환금 : 5,000,000원

〈퇴직급여충당금 손금산입한도=Min(ㄱ, ㄴ)〉

ㄱ. 총급여액기준 : 퇴직급여 지급대상이 되는 임원 총급여×5%

ㄴ. 퇴직금추계액기준 : 퇴직금추계액×0%+퇴직금전환금−세무상퇴직급여충당금잔액

① 0원
② 1,000,000원
③ 2,000,000원
④ 3,000,000원

해설

- 퇴직급여충당금 계정흐름 추정

감소	15,000,000	기초퇴충	155,000,000
기말퇴충	145,000,000	설정(전입)	5,000,000

- 퇴직급여충당금한도액 : 2,000,000

$$\text{Min} \begin{cases} 40,000,000 \times 5\% = 2,000,000 \\ 145,000,000 \times 0\% + 5,000,000 - (155,000,000 - 15,000,000 - 138,750,000) = 3,750,000 \end{cases}$$

- 한도초과액 : 5,000,000-2,000,000=3,000,000

정답 : ④

핵심유형특강 197 　　　　　　　　　퇴직급여충당금조정명세서

다음은 제조업을 영위하는 ㈜상일의 퇴직급여충당금조정명세서이다. 아래 퇴직급여충당금조정명세서의 '퇴직급여 지급대상이 되는 임원 또는 직원에게 지급한 총급여액'은 100,000,000원이나 직원의 실수로 200,000,000원으로 기록되어 있음을 발견하였다. 다음의 퇴직급여충당금조정명세서를 취득하여 작업할 경우 퇴직급여충당금 한도초과 액은 얼마인가?

사업	20x1. 1. 1 ~	퇴직급여충당금 조정명세서	법인명	㈜상일
연도	20x1.12.31		사업자등록번호	100-80-12345

1. 퇴직급여충당금 조정

「법인세법 시행령」제60조 제1항에 따른 한도액	① 퇴직급여 지급대상이 되는 임원 또는 직원에게 지급한 총급여액(⑲의 계)		② 설정률	③ 한도액 (①×②)	비 고
	200,000,000		5/100	10,000,000	

「법인세법 시행령」제60조 제2항 및 제3항에 따른 한도액	④ 장부상 충당금 기초잔액	⑤ 확정기여형 퇴직연금자의 퇴직연금 설정 전 기계상된 퇴직급여충당금	⑥ 기중 충당금 환입액	⑦ 기초충당금 부인누계액	⑧ 기중 퇴직금 지급액	⑨ 차감액 (④-⑤-⑥ -⑦-⑧)
	40,000,000			5,000,000	30,000,000	5,000,000
	⑩ 추계액 대비 설정액 (㉒×설정률)		⑪ 퇴직금전환금	⑫ 설정률 감소에 따른 환입을 제외하는 금액 MAX(⑨-⑩-⑪, 0)		⑬ 누적한도액 (⑩-⑨+⑪+⑫)
	0		45,000,000			40,000,000

한도초과액 계산	⑭ 한도액 MIN(③, ⑬)	⑮ 회사계상액		⑯ 한도초과액 (⑮-⑭)
	10,000,000	20,000,000		10,000,000

① 한도초과액 없음　　　　　　　　　　② 13,250,000원
③ 15,000,000원　　　　　　　　　　　④ 20,000,000원

해설

• 퇴직급여충당금 한도

$$\text{Min}\begin{cases} 100,000,000 \times 5\% = 5,000,000 \\ 0 - (40,000,000 - 30,000,000 - 5,000,000) + 45,000,000 = 40,000,000 \end{cases} = 5,000,000$$

∴퇴직급여충당금 한도초과 : 20,000,000-5,000,000=15,000,000

정답 : ③

핵심유형특강 198 　　　　　확정기여형·확정급여형 퇴직연금

다음 중 법인세법상 퇴직급여충당금과 퇴직연금충당금에 대한 설명으로 가장 올바르지 않은 것은?

① 기업회계(일반기업회계기준)에서는 결산일 현재의 퇴직급여추계액 전액을 퇴직급여충당금으로 설정하는데 비하여, 법인세법에서는 퇴직급여충당금의 손금산입에 일정한 한도가 있다.
② 퇴직급여충당금을 손금에 산입하기 위해서는 반드시 법인의 장부에 손금으로 계상하여야 하며 신고조정에 의하여는 손금에 산입할 수 없다.
③ 임원 또는 직원이 현실적으로 퇴직함으로써 법인이 직원 등에게 퇴직금을 지급할 때에 이미 손금으로 계상된 퇴직급여충당금이 있으면 그 퇴직급여충당금에서 먼저 지급하여야 한다.
④ 확정기여형 퇴직연금의 경우에는 종전의 퇴직보험과 동일하게 처리하나 확정급여형 퇴직연금의 경우에는 법인이 부담한 기여금을 전액 손금산입한다.

해설

• ① 법인세법상 퇴직급여충당금은 일정한 한도를 설정하고 있다.
→따라서, 법인세법상 퇴직급여충당금한도액과 당기 중 회계상 전입한 퇴직급여충당금설정액을 비교하여 한도초과액을 손금불산입한다.
② 퇴직급여충당금은 결산조정 사항이므로 법인의 손금에 산입하기 위해서는 다음의 회계처리와 같이 반드시 법인의 장부에 손금으로 계상하여야 한다.

(차) 퇴직급여(비용)　　xxx　　　(대) 퇴직급여충당금　　xxx

③ 퇴직금지급시 처리방법 : 퇴직금 지급대상이 되는 임원 또는 직원이 현실적으로 퇴직함으로써 법인이 직원 등에게 퇴직금을 지급할 때에는 이미 손금으로 계상된 퇴직급여충당금이 있으면 그 퇴직급여충당금에서 먼저 지급하여야 한다.[법인세법 제33조 2항]
④ 반대의 설명이다. 즉, 부담한 기여금을 전액 손금산입하는 것은 확정기여형 퇴직연금이다.
→확정기여형(DC : Defined Contribution) : 전액 손금인정
　확정급여형(DB : Defined Benefit) : 한도내 손금인정

정답 : ④

핵심유형특강 199   **퇴직연금 손금산입액 계산**

다음 자료를 기초로 확정급여형 퇴직연금으로 손금에 산입할 수 있는 금액을 구하면?

ㄱ. 당기말 퇴직급여충당금 잔액(추계액)	:	5,000만원
ㄴ. 당기말 세무상 퇴직급여충당금 잔액	:	750만원
ㄷ. 당기말 퇴직연금운용자산 잔액	:	4,000만원
ㄹ. 세법상 퇴직연금충당금 이월잔액	:	3,000만원

① 750만원   ② 1,000만원
③ 1,250만원   ④ 2,000만원

해설

- 확정급여형퇴직연금은 신고조정사항이므로 손금에 산입할 수 있는 금액은 한도액과 동일하다.

$$\rightarrow Min \begin{cases} \text{퇴직급여계계액}(5,000만원) - \text{세무상기말퇴충잔액}(750만원) \\ \text{기말퇴직연금운용자산잔액}(4,000만원) \end{cases} (-) \text{세무상이월퇴연충잔액}(3,000만원)$$

$$=1,000만원$$

저자주 재경관리사 시험에서 퇴직연금충당금 한도계산은 시험수준을 벗어납니다. 그러나 출제가 되고 있는 관계로 한도산식 정도 참고로 검토하기 바랍니다.

친절한 경석씨   **퇴직연금충당금[확정급여형 퇴직연금부담금의 손금산입]**

신고조정사항	• 부담금을 한도(손금산입범위액)에 미달하여 비용계상시에도 신고조정으로 손금산입함. →세무조정 : 비용계상한 부담금 - 한도(손금산입범위액) $\Rightarrow \begin{cases} (+)이면, 손금불산입(유보) \\ (-)이면, 손금산입(\triangle유보) \end{cases}$ **비교** 확정기여형 퇴직연금은 법인이 부담한 기여금을 전액 손금에 산입함.
한도 (손금산입범위액)	$\square \ Min \begin{cases} \text{퇴직급여추계액} - \text{세무상기말퇴충잔액} \\ \text{기말퇴직연금운용자산잔액} \end{cases} (-) \text{세무상이월퇴연충잔액}$ ♀주의∴기말퇴직연금운용자산이 0원이면 (-)이므로 한도는 0원이 됨.

퇴직급여추계액	• Max[㉠ 일시퇴직기준 ㉡ 보험수리기준]
세무상기말퇴충잔액	• 기말F/P퇴충 - 기말부인액누계
기말퇴직연금운용자산잔액	• 기초잔액 - 기중감소액(기중수령) + 기중납입액
세무상이월퇴연충잔액	• 기초F/P퇴연충 - 기중감소액 - 부인액누계 + 신고조정손금산입액(△유보잔액)

정답 : ②

핵심유형특강 200   대손금과 대손충당금 일반사항

다음 중 대손금 및 대손충당금에 관한 설명으로 옳지 않은 것은?

① 대손충당금은 매출활동을 통해 발생한 외상매출금과 받을어음에만 설정할 수 있으므로 대여금 및 미수금 등에 대해서는 대손충당금을 설정할 수 없다.
② 일반법인의 경우 대손충당금 설정한도는 설정대상 채권금액에 1%와 대손실적률 중 큰 비율을 곱한 금액이다.
③ 법인세법상 대손으로 인정된 금액 중 회수된 금액은 회수된 날이 속하는 사업연도의 익금이다.
④ 손금불산입된 대손충당금 한도초과액은 유보로 소득처분한다.

해설

• ① 매출채권(외상매출금/받을어음)과 대여금 및 미수금 모두 대손충당금 설정대상채권에 해당한다.

② 일반법인 대손충당금 한도액 : 설정대상채권 × $Max \begin{cases} 1\% \\ \text{대손실적률} = \dfrac{\text{당기 세무상 대손금}}{\text{직전 세무상 채권잔액}} \end{cases}$

③ 대손금으로 인정된 금액(손금산입되었던 것) 중 회수된 금액은 회수한 날이 속하는 사업연도에 익금에 산입한다.(한편, 대손처리하였으나 손금불산입한 금액은 이를 회수하여도 익금에 산입하지 아니한다.)

[회수시 세무조정]

회계처리	세무상처리	
대손상각비로 계상시 (현금 xxx / 대손상각비 xxx)	모두 수익계상으로 간주함. {대충으로 계상시에도 대충증가로 기말설정 대손비가 감소하므로}	㉠ 손금산입되었던 것일 때 →세무조정 없음
대손충당금과 상계시 (현금 xxx / 대손충당금 xxx)		㉡ 손금불산입되었던 것일 때 →익금불산입(△유보)

참고 대손시 세무조정

회계처리	세무상처리	
대손상각비로 계상시 (대손상각비 xxx / 채권 xxx)	모두 비용계상으로 간주함. {대충과 상계시에도 대충감소로 기말설정 대손비가 증가하므로}	㉠ 대손요건 충족 O →세무조정 없음
대손충당금과 상계시 (대손충당금 xxx / 채권 xxx)		㉡ 대손요건 충족 X →손금불산입(유보)

④ 대손충당금 한도초과액 : F/P대손충당금기말잔액 - 한도액 ⇒손금불산입(유보)
→동 금액은 다음기 자동추인됨 : 손금산입(△유보)

친절한 경석씨 대손충당금 설정대상채권의 범위

설정대상채권 O	설정대상채권 X
㉠ 매출채권 : 상품판매가액·용역사업수입금액 미수액 ㉡ 대여금 : 소비대차계약 대여액, 금전소비대차 대여액 ㉢ 기타채권 : 어음상 채권(받을어음), 미수금 **참고** 부도어음 등 결산조정대손사유를 충족한 채권이라도 결산상 대손처리하지 않은 경우에는 설정대상 채권에 포함함.	㉠ 특수관계인에 대한 업무무관가지급금 ㉡ 채무보증(보증채무의 대위변제)으로 인한 구상채권 ㉢ 매각거래에 해당하는 할인어음과 배서양도어음 ㉣ 특수관계있는 자로부터 자산을 고가로 매입함으로써 매수법인에게 부당행위계산부인이 적용되는 경우 매도법인의 시가초과액 상당의 채권 **참고** ㉠,㉡,㉢ : 대손처리불가 채권 ㉣ : 대손처리가능 채권(즉, 대손처리시 인정)

정답 : ①

핵심유형특강 201 　　　　　　　　신고조정 대손사유의 처리

㈜삼일은 다음 내용을 손익계산서에 비용처리하였다. ㈜삼일의 제10기(20x1년 1월 1일 ～ 20x1년 12월 31일) 각사업연도소득금액 계산시 손금불산입되는 금액은 얼마인가?

ㄱ. 업무무관자산 수선유지비	5,000,000원
ㄴ. 국민건강보험료(사용자부담분)	12,000,000원
ㄷ. 제10기 사업연도에 납부한 과태료	5,000,000원
ㄹ. 제9기 사업연도에 상법상 소멸시효가 완성된 외상매출금	2,000,000원

① 10,000,000원　　　　　　　　　② 12,000,000원
③ 22,000,000원　　　　　　　　　④ 24,000,000원

해설

• 국민건강보험료(사용자부담분)는 복리후생비로서 손금산입항목에 해당하며, 나머지는 손금불산입항목이다.
• 제9기에 소멸시효가 완성된 외상매출금은 신고조정항목으로서 강제계상(제9기에 손금산입하지 않으면 차기 이후연도에 손금산입 불가) 항목에 해당하므로 제10기의 손금으로 인정되지 않는다. 다만, 제9기에 손금산입하지 못한 경우는 경정청구가 가능하다.
∴ 손금불산입금액(ㄱ+ㄷ+ㄹ) : 5,000,000+5,000,000+2,000,000=12,000,000

정답 : ②

핵심유형특강 202 　　　　　　　　법인세법상 대손인정액 집계

다음은 제조업을 영위하는 ㈜삼일의 당기 말 채권 내역이다. 당기 중 세법상 대손금으로 인정받을 수 있는 금액의 합계는 얼마인가?(단, ㈜삼일은 중소기업에 해당하지 않으며 아래의 사유가 발생할 때 모두 대손처리 하였음.)

일자	내역	비고
1.10	외상매출금 4,000,000원	동 일자에 거래처의 부도가 발생하였고 당기말 현재 회수되지 아니함. 거래처는 중소기업에 해당하고 수표나 어음은 수령하지 않음.
5.10	대여금 2,000,000원	특수관계인인 계열사에 대한 대여금으로 민법상 소멸시효가 완성됨.
9.12	구상채권 1,000,000원	계열사에 대한 보증을 대위변제하고 발생한 구상채권으로 회수가 불가능하다는 판단으로 대손처리함.

① 2,000,000원　　　　　　　　　② 3,000,000원
③ 5,000,000원　　　　　　　　　④ 6,000,000원

해설

• 1.10 : ㈜삼일이 중소기업이 아니므로 대손사유에 해당하지 않는다.
• 5.10 : 소멸시효가 완성되었으므로 대손금으로 인정된다.
• 9.12 : 채무보증으로 인한 구상채권은 대손대상으로 인정되는 채권 자체가 아니다.
∴ 5.10의 대여금 2,000,000원만 세법상 대손금으로 인정받을 수 있다.

정답 : ①

핵심유형특강 203   대손충당금 세무조정 구조

다음은 제조업을 영위하는 ㈜삼일의 대손충당금 변동내역이다. 대손충당금의 세무조정에 관한 설명으로 가장 올바르지 않은 것은?

대손채권상각	10,000,000원	전기이월*)	30,000,000원
기말잔액	40,000,000원	당기설정	20,000,000원
	50,000,000원		50,000,000원

*) 전기이월액 30,000,000원 중 세무상 부인된 유보금액은 10,000,000원이다.

① 대손충당금은 결산조정사항으로 장부에 비용으로 계상한 경우에만 손금인정이 가능하다.
② 전기이월액 중 세무상 부인된 금액 10,000,000원은 전액 손금산입한다.
③ 대손충당금 손금산입 한도액은 세무상 설정대상채권 잔액에 대해 1%와 대손실적률 중 큰 비율을 곱하여 계산한다.
④ 회사의 당기 대손상각비 설정액 20,000,000원과 세무상 손금산입 한도액을 비교하여 손금불산입 금액을 계산한다.

해설

- 기말잔액 40,000,000원과 세무상 손금산입 한도액을 비교하여 손금불산입 금액을 계산한다.

정답 : ④

핵심유형특강 204 　　　대손충당금 한도초과액과 을표 기입방법

다음은 ㈜삼일의 제7기(20x1.1.1 ~ 20x1.12.31) 대손충당금과 관련한 사항이다. 아래 자료를 이용 하여 대손충당금에 관한 세무조정 결과를 자본금과적립금조정명세서(을)에 기입하고자 할 때 빈 칸에 들어갈 금액으로 올바르게 짝지은 것은?

> ㄱ. 결산서상 대손충당금 내역
> 　 – 기초 대손충당금 잔액 : 25,000,000원
> 　 – 당기 대손처리액 : 5,000,000원(소멸시효 당기 완성)
> 　 – 당기 추가 설정액 : 3,000,000원
> ㄴ. 전기 대손충당금 부인액 : 10,000,000원
> ㄷ. 세법상 대손충당금 설정대상채권금액 : 500,000,000원
> ㄹ. 당기 대손실적률 : 2%

과목 또는 사항	기초잔액	감소	증가	기말잔액
대손충당금한도초과액	10,000,000	(ㄱ)	xxx	(ㄴ)

	(ㄱ)	(ㄴ)		(ㄱ)	(ㄴ)
①	10,000,000	3,000,000	②	10,000,000	9,000,000
③	10,000,000	13,000,000	④	0	18,000,000

해설

- 기말대손충당금 : 25,000,000(기초대충)+3,000,000(설정)-5,000,000(감소)=23,000,000
- 대손충당금한도액 : 500,000,000xMax[1%, 2%]=10,000,000
  - 전기부인액 자동추인 : 손금산입 10,000,000(△유보)
  - 한도초과액 : 손금불산입 23,000,000-10,000,000=13,000,000(유보)

과목 또는 사항	기초잔액	감소	증가	기말잔액
대손충당금한도초과액	10,000,000	(ㄱ)10,000,000	13,000,000	(ㄴ)13,000,000

친절한 경석씨　자본금과적립금조정명세서 을표 감소·증가 란의 기입방법

감소	• **기초잔액(유보 또는 △유보)의 소멸(추인)분을** 기입 　㈜ 기초잔액이 유보 1,000이고 당기에 '손금산입 1,000(△유보)'로 추인된 경우 　→감소란에 △1,000이 아니라 1,000으로 기입함. 　㈜ 기초잔액이 유보 △1,000이고 당기에 '손금불산입 1,000(유보)'로 추인된 경우 　→감소란에 1,000이 아니라 △1,000으로 기입함.
증가	• 기초잔액의 추인이 아니라 **당기 유보 또는 △유보의 새로운 발생분**인 경우 기입 　㈜ 대손충당금한도초과 기초잔액이 유보 1,000이고, 당기에 '손금산입 1,000(△유보)'로 추인되었고, '손금불산입 당기한도초과액 500(유보)'가 발생한 경우 　　 　㈜ 재고자산평가감 기초잔액이 유보 1,000이고, 당기에 '손금산입 1,000(△유보)'로 추인되었고, '손금산입 재고자산평가증 500(△유보)'가 발생한 경우

과목 또는 사항	기초잔액	감소	증가	기말잔액
대손충당금한도초과액	1,000	1,000	500	500

과목 또는 사항	기초잔액	감소	증가	기말잔액
재고자산평가감	1,000	1,000	△500	△500

정답 : ③

핵심유형특강 205   준비금과 충당금

다음 중 준비금 및 충당금에 관한 설명으로 가장 올바르지 않은 것은?

① 조세특례제한법상 준비금은 설정대상법인에 대해 별다른 제한이 없다.

② 비영리내국법인의 고유목적사업준비금은 법인세법에 근거하고 있다.

③ 준비금은 손금에 산입한 후 환입하거나 비용과 상계하기 때문에 손금에 산입하는 사업연도에 조세부담을 경감시키고 환입하거나 상계하는 연도에 조세부담을 증가시키게 된다.

④ 수선충당금은 법인세법에서는 손금으로 인정되는 충당금으로 열거되어 있지 않기 때문에 손금으로 인정되지 않는다.

해설

• ① 조세특례제한법상 신용회복목적회사의 손실보전준비금이 규정되어 있어 설정대상에 제한이 있으며, 특수업종인 관계로 그 적용사례가 미미한 실정이다.

• ④ 법인세법상 인정되는 충당금은 퇴직급여충당금, 대손충당금, 일시상각충당금(압축기장충당금)으로서 제한적으로 인정되므로, 회사가 설정하는 그 밖의 충당금은 모두 손금으로 인정되지 아니한다.

친절한 경석씨   준비금의 의의와 종류

의의	• 미래에 지출할 비용 등에 충당하거나 장래에 발생할 손실보전을 목적으로 일정금액을 손금산입 후, 그 후 환입하거나 비용과 상계하는 것을 준비금이라 함. →손금산입 연도에는 조세부담을 경감시키고, 환입 또는 상계하는 연도에 조세부담을 증가시켜 이를 통해 조세의 이연효과가 발생하여 기간이익을 얻게 되므로 조세의 납부를 일정기간 유예하는 조세지원제도임.
법인세법상 준비금	• ㉠ 보험업 영위법인 : 책임준비금, 비상위험준비금, 해약환급금준비금 • ㉡ 비영리내국법인 : 고유목적사업준비금 →회계기준에서 인정함.(단, K-IFRS에서는 비상위험준비금·해약환급금준비금의 적립을 인정하지 않기 때문에 잉여금처분신고조정으로 손금에 산입함)
조세특례제한법상 준비금	• 신용회복목적회사의 손실보전준비금 등 →회계기준에서 인정하지 않음.

계상방법	결산조정	회계처리	(차) 전입액(비용) xxx (대) 준비금(충당부채) xxx
		환입시	(차) 준비금 xxx (대) 환입(수익) xxx
	잉여금처분 신고조정	회계처리	(차) 이익이여금 xxx (대) 준비금(임의적립금) xxx ▶세무조정 : 손금산입 xxx(△유보)
		환입시	(차) 준비금 xxx (대) 이익잉여금 xxx ▶세무조정 : 익금산입 xxx(유보)

* **보론** 잉여금처분신고조정 가능대상

㉠ 비상위험준비금, 해약환급금준비금, 고유목적사업준비금

㉡ 조세특례제한법상 준비금

정답 : ①

핵심유형특강 206 | 준비금 개괄

다음 중 준비금에 관한 설명으로 가장 올바르지 않은 것을 고르시오.

> ㄱ. 준비금은 중소기업 지원 중 조세정책적 목적에서 조세의 일부를 일정기간 유예하는 제도이다.
> ㄴ. 준비금은 손금에 산입하는 사업연도에는 조세부담이 감소하고 환입하는 사업연도에는 조세부담이 증가한다.
> ㄷ. 법인세법상 준비금은 책임준비금, 비상위험준비금, 고유목적사업준비금 등이 있다.
> ㄹ. 조세특례제한법상 준비금은 기업회계기준에서 인정된다.

① ㄱ   ② ㄴ   ③ ㄷ   ④ ㄹ

해설

• 조세특례제한법상 준비금은 기업회계기준에서 인정되지 않는다.

정답 : ④

핵심유형특강 207 | 부당행위계산부인 적용요건과 적용대상

다음 중 법인세법상 부당행위계산부인 규정에 관한 설명으로 가장 올바르지 않은 것은?

① 부당행위계산부인의 규정이 적용되기 위해서는 특수관계인 사이에서 이루어진 거래이어야 한다.
② 특수관계인과의 거래이지만 그 법인의 소득에 대한 조세부담이 부당히 감소하지 않은 경우 부당행위계산부인 규정이 적용되지 않는다.
③ 직원에 대한 경조사비 대여액은 부당행위계산부인 규정에 의해 인정이자 계산대상 가지급금에 해당한다.
④ 비출자 또는 소액주주인 임원에게 사택을 제공하는 경우에는 부당행위계산부인 규정을 적용하지 아니한다.

해설

• 직원에 대한 경조사비 대여액은 법인세법상 가지급금 제외대상으로 규정되어 있다.

친절한 경석씨 **부당행위계산부인 적용요건과 적용대상(조세부당감소 사례)**

적용요건	특수관계	• 특수관계인과의 거래이어야 함. 주의 소액주주(1%미만)는 특수관계인에서 제외하나, 소액주주라 하더라도 지배주주와 특수관계에 있으면 특수관계인에 해당함.
	조세부당 감소	• 조세부담을 부당히 감소시킨 것으로 인정될 것 주의 법률적 하자는 불문 →거래자체는 유효 →세금만 재계산
	현저한 이익	• 현저한 이익분여가 있을 것(단, 이하 적용대상 ㉠ ~ ㉣에 한함.) →단, 상장주식의 장내거래의 경우는 제외함.(즉, 적용치 않음) →현저한 이익 = (시가−거래가차액) ≧ 시가×5% or (시가−거래가차액)≧3억원
적용대상		• [조세부당감소 사례] ㉠ 자산을 시가보다 높은 가액에 매입·현물출자 받았거나 그 자산을 과대상각 ㉡ 자산을 무상 또는 시가보다 낮은 가액으로 양도·현물출자 ㉢ 금전 그 밖의 자산·용역을 무상·시가보다 낮은 이율·요율이나 임대료로 대부하거나 제공한 경우[단, 주주가 아닌 임원(소액주주인 임원 포함) 및 직원에게 사택을 제공시는 제외] ㉣ 금전 그 밖의 자산·용역을 시가보다 높은 이율·요율이나 임차료로 차용하거나 제공받은 경우 ㉤ 무수익자산을 매입·현물출자 받았거나 그 자산에 대한 비용을 부담 ㉥ 불량자산(채권)을 차환(양수), 출연금을 대신 부담, 불공정자본거래(증자,감자,합병,분할 등) ㉦ 파생상품에 근거한 권리를 불행사 등으로 이익을 분여하는 경우

정답 : ③

핵심유형특강 208   부당행위계산부인 적용대상

다음 중 법인세법상 부당행위계산부인 대상이 아닌 것을 고르시오.

> ㄱ. 자산을 시가보다 낮은 가격(시가와 5% 이상 차이남)으로 매입한 때
> ㄴ. 무수익자산을 매입 또는 현물출자 받았거나 그 자산에 대한 비용을 부담한 때
> ㄷ. 자산을 무상 또는 시가보다 낮게 양도 또는 현물출자 한 때
> ㄹ. 불량자산을 차환하거나 불량채권을 양도한 때

① ㄱ, ㄹ   ② ㄱ, ㄴ
③ ㄷ, ㄹ   ④ ㄴ, ㄷ

해설

- ㄱ : 시가보다 낮은 가격으로 매입한 때(X) → 시가보다 높은 가격으로 매입한 때(O)
- ㄹ : 불량채권을 양도한 때(X) → 불량채권을 양수한 때(O)

정답 : ①

핵심유형특강 209   부당행위계산부인 적용여부

㈜삼일은 20x1년 12월 11일에 회사의 소액주주가 아닌 주주에게 시가 3억원인 토지를 장부가인 5억원에 매도하고 다음과 같이 회계처리하였다. 해당 토지 처분과 관련하여 필요한 세무조정으로 가장 옳은 것은?

(차) 현금	5억원	(대) 토지	5억원

① (익금산입) 고가양도 2억원(배당)
② (익금산입) 고가양도 2억원(배당), (손금산입) 토지 2억원(△유보)
③ (익금산입) 토지 2억원(유보)
④ 세무조정 없음

해설

- 부당행위계산부인의 대상 : 고가매입/저가양도 →고가양도는 그대로 인정하므로 세무조정은 없다.

정답 : ④

| 핵심유형특강 210 | 부당행위계산부인의 적용 |

다음 중 법인세법상 부당행위계산의 부인에 관한 설명으로 옳은 것을 모두 고른 것은?

> ㄱ. 법인이 특수관계인으로부터 무수익자산을 8억원에 매입한 경우에는 부당행위계산의 부인을 적용한다.
> ㄴ. 부당행위계산의 부인은 법인과 특수관계에 있는 자 간의 거래를 전제로 하지 않는다.
> ㄷ. 부당행위계산의 부인에서 특수관계의 존재 여부는 해당 법인과 법령이 정하는 일정한 관계에 있는 자를 말하며, 이 경우 해당 법인도 그 특수관계인의 특수관계인으로 본다.
> ㄹ. 부당행위계산의 부인을 적용할 때 시가가 불분명한 경우에는 부동산가격공시 및 감정평가에 관한 법률에 의한 감정평가법인이 감정한 가액과 상속세 및 증여세법에 따른 보충적 평가방법을 준용하여 평가한 가액 중 큰 금액을 시가로 한다.

① ㄱ, ㄴ   ② ㄱ, ㄷ
③ ㄴ, ㄹ   ④ ㄷ, ㄹ

해설

• ㄱ : 무수익자산을 매입·현물출자 받았거나 그 자산에 대한 비용을 부담하는 경우는 조세부당감소사례로 규정하고 있으므로 부당행위계산부인을 적용한다.

| 적용대상 | • [조세부당감소 사례]
㉠ 자산을 시가보다 높은 가액에 매입·현물출자 받았거나 그 자산을 과대상각
㉡ 자산을 무상 또는 시가보다 낮은 가액으로 양도·현물출자
㉢ 금전, 자산·용역을 무상·시가보다 낮은 이율·요율이나 임대료로 대부하거나 제공[단, 주주가 아닌 임원(소액주주인 임원 포함) 및 직원에게 사택을 제공시는 제외]
㉣ 금전, 자산·용역을 시가보다 높은 이율·요율이나 임차료로 차용하거나 제공받은 경우
㉤ 무수익자산을 매입·현물출자 받았거나 그 자산에 대한 비용을 부담
㉥ 불량자산(채권)을 차환(양수), 출연금을 대신 부담, 불공정자본거래(증자,감자,합병 등)
㉦ 파생상품에 근거한 권리를 불행사 등으로 이익을 분여하는 경우 |

• ㄴ : 부당행위계산의 부인은 법인과 특수관계에 있는 자 간의 거래를 전제로 한다.

| 적용요건 | • ㉠ 특수관계인과의 거래이어야 함.
  ♀주의 소액주주(1%미만)는 특수관계인에서 제외하나, 소액주주라 하더라도 지배주주와 특수관계에 있으면 특수관계인에 해당함.
㉡ 조세부담을 부당히 감소시킨 것으로 인정될 것
㉢ 현저한 이익분여가 있을 것(단, 위 적용대상 ㉠ ~ ㉣에 한함.)
→ 단, 상장주식의 장내거래의 경우는 제외함.(즉, 적용치 않음)
→ 현저한 이익 = (시가-거래가차액) ≧ 시가×5% or (시가-거래가차액)≧3억원 |

• ㄷ : 특수관계의 판단은 쌍방관계를 기준으로 판단한다. 즉, 어느 일방입장에서 특수관계에 해당하면 이들 상호간은 특수관계인에 해당한다.
→ 따라서, 해당 법인도 그 특수관계인의 특수관계인으로 본다.

• ㄹ : 부당행위계산부인 적용시 시가가 불분명한 경우에는 다음을 차례로 적용하여 계산한 금액에 따른다.(둘 중 큰 금액을 시가로 하는 것이 아님)

| 〈1순위〉 | • 감정평가법인 등(감정평가법인, 감정평가사를 말함)이 감정한 가액이 있는 경우 그 가액(감정한 가액이 둘 이상인 경우에는 그 감정한 가액의 평균액) 다만, 주식 등은 제외함. |
| 〈2순위〉 | • 상증세법에 따른 보충적 평가방법을 준용하여 평가한 가액 |

정답 : ②

핵심유형특강 211 | 부당행위계산부인 대상 가지급금 여부

다음 중 법인세법상 부당행위계산부인 대상인 가지급금에 해당하는 것은?

① 미지급한 급여에 대한 소득세를 법인이 대납한 금액
② 직원(중소기업이 아닌 일반기업 근무자)의 주택임차를 위한 전세자금 대여액
③ 소득의 귀속이 불분명하여 대표자에게 상여처분한 금액에 대한 소득세를 법인이 납부한 금액
④ 직원에 대한 학자금 대여액

해설

• 직원(중소기업이 아닌 일반기업 근무자)의 주택임차를 위한 전세자금 대여액 : 가지급금에 해당
  →직원(중소기업 근무자)의 주택임차를 위한 전세자금 대여액 : 제외대상 가지급금

친절한 경석씨 부당행위계산부인 제외대상 가지급금

㉠ 미지급소득에 대한 소득세를 법인이 납부(대납)하고 이를 가지급금 등으로 계상한 금액
㉡ 귀속불분명 등으로 대표자에게 상여처분한 금액에 대한 소득세를 법인이 납부하고 이를 가지급금으로 계상한 금액
㉢ 우리사주조합 또는 그 조합원에게 해당 우리사주조합이 설립된 회사의 주식취득에 소요되는 자금을 대여한 금액
㉣ 국민연금법에 의하여 근로자가 지급받은 것으로 보는 퇴직금전환금
㉤ 국외에 자본을 투자한 내국법인이 해당 국외투자법인에 종사하거나 종사할 자의 여비·급료·기타비용을 대신하여 부담하고 이를 가지급금 등으로 계상한 금액
㉥ 직원에 대한 월정급여액의 범위에서의 일시적인 급료의 가불금
㉦ 중소기업에 근무하는 직원(지배주주 등인 직원은 제외한다)에 대한 주택구입 또는 전세자금의 대여액
  ➡️주의 비중소기업 임원·직원에 대한 주택구입 또는 전세자금의 대여액 : 가지급금에 해당함.
㉧ 직원 및 그 자녀에 대한 학자금의 대여액
㉨ 직원에 대한 경조사비 대여액
  ➡️주의 임원은 직원이 아니므로 다음은 가지급금에 해당함.
    - 임원에 대한 급료의 가불금
    - 중소기업에 근무하는 임원에 대한 주택구입 또는 전세자금의 대여액
    - 임원 및 그 자녀에 대한 학자금의 대여액
    - 임원에 대한 경조사비 대여액

정답 : ②

핵심유형특강 212   법인세 신고·납부

다음 중 법인세 신고·납부에 관한 설명으로 가장 올바르지 않은 것은?

① 법인세 납세의무가 있는 내국법인은 각 사업연도 종료일이 속하는 달의 말일부터 3개월 이내에 법인세 과세표준과 세액을 신고하여야 한다.

② 법인세 과세표준 신고시 개별 내국법인의 재무상태표, 포괄손익계산서 등의 첨부서류는 제출하지 않아도 된다.

③ 각 사업연도소득금액이 없거나 결손금이 있는 경우에도 법인세 신고기간 내에 과세표준과 세액을 신고하여야 한다.

④ 법인세는 신고기한 내에 납부하여야 하나 납부할 세액이 일정 금액을 초과할 경우 분납할 수 있다.

해설

• 재무상태표, 포괄손익계산서 등의 필수적 첨부서류를 제출하지 않은 경우는 무신고로 본다.

친절한 경석씨   법인세 납세절차

기납부세액	중간예납세액	• 전기실적기준(50%)과 중간예납기간의 실적기준 중 선택함.
	원천징수세액	• 2가지 소득(이자소득과 배당소득 중 투자신탁이익)을 대상으로 함.
	수시부과세액	• 조세채권의 조기 확보를 위함.
신고납부	신고납부기한	• 각사업연도종료일이 속하는 달의 말일부터 3개월(성실신고확인서를 제출하는 경우에는 4개월) 이내 신고납부 →주의 각사업연도소득금액이 없거나 결손법인도 신고해야 함. ＊보론 외부감사대상은 소정사유로 신청시 신고기한을 1개월의 범위에서 연장가능
	필수첨부서류	• ㉠ 재무상태표 ㉡ 포괄손익계산서 ㉢ 이익잉여금처분계산서 ㉣ 세무조정계산서 →주의 필수적 첨부서류 미첨부의 경우는 무신고로 봄.
분납		• 납부할 세액이 1천만원을 초과하는 경우 1월(중소기업은 2월) 이내에 분납가능함.

정답 : ②

핵심유형특강 213   소득세법상 원천징수대상 소득

다음 중 소득세법상 원천징수의무가 있는 소득을 모두 고른 것은?

ㄱ. 비영업대금의 이익	ㄴ. 배당소득	ㄷ. 사업소득(의료·보건용역)
ㄹ. 양도소득	ㅁ. 국외에서 지급하는 근로소득	

① ㄱ, ㄴ, ㄷ   ② ㄱ, ㄴ, ㄹ
③ ㄴ, ㄷ, ㄹ   ④ ㄱ, ㄷ, ㅁ

해설

• 원천징수가 없는 소득 : 부동산임대소득, 양도소득, 국외소득

 원천징수대상과 원천징수세율 주요사항

금융소득	• 직장공제회 초과반환금	기본세율
	• 비실명금융소득(비실명이자소득, 비실명배당소득)	45%(90%)
	• 법원보증금 이자, 1거주자로 보는 법인 아닌 단체(무분배)의 금융소득	14%
	• 출자공동사업자 배당소득	25%
	• 일반적 이자소득, 일반적 배당소득	14%
	• 비영업대금의 이익	25%
사업소득	• 인적용역과 의료보건용역	3%
	• 봉사료	5%
근로소득	• 일반근로자	기본세율
	• 일용근로자	6%
연금소득	• 공적연금	기본세율
	• 사적연금	다양
기타소득	• 일반적인 경우(3억원 초과 복권당첨소득)	20%(30%)
퇴직소득	-	기본세율

정답 : ①

핵심유형특강 214 · 비거주자 종합과세대상

다음 중 종합과세대상에 해당하지 않는 사람은 누구인가?

① 국내사업장이 없는 비거주자 김삼일씨의 배당소득과 사업소득
② 거주자에 해당하는 김길동씨의 사업소득
③ 국내사업장이 없는 비거주자 양희현씨의 부동산소득
④ 국내사업장이 있는 비거주자 김영희씨의 배당소득과 사업소득

해설

- 비거주자 종합과세대상 : 국내사업장 귀속소득 / 부동산소득
  → ∴ ①은 분리과세

 친절한 경석씨 **비거주자 과세방법**

소득구분	과세방법
㉠ 국내사업장이 있는 경우 그 국내사업장에 귀속되는 소득	종합과세
㉡ 부동산소득(양도소득 제외) →국내사업장 유무 불문	
㉢ 퇴직소득·양도소득	분류과세
㉣ 그 밖의 모든 소득	분리과세

정답 : ①

핵심유형특강 215 · 개인·법인 사업소득 비교

다음은 소득세법상 사업소득금액과 법인세법상 각 사업연도 소득금액의 차이점에 대한 설명이다. 가장 옳지 않은 것은?

① 재고자산의 자가소비에 관하여 법인세법에서는 규정이 없으나(부당행위계산부인 가능) 소득세법에서는 개인사업자가 재고자산을 자가사용으로 소비하거나 이를 사용인 또는 타인에게 지급한 경우에는 총수입금액에 산입한다.
② 종업원 및 대표자에 대한 급여는 각 사업연도 소득금액의 계산에 있어서 손금으로 인정되며 사업소득금액의 계산에 있어서도 필요경비로 인정된다.
③ 유가증권처분손익은 각 사업연도 소득금액의 계산에 있어서 익금 및 손금으로 보지만 사업소득금액의 계산에 있어서는 총수입금액 및 필요경비로 보지 아니한다.
④ 수입이자와 수입배당금은 각 사업연도 소득금액의 계산에 있어서 익금으로 보나 사업소득금액의 계산에 있어서는 총수입금액으로 보지 아니한다.

해설

- 대표자 급여는 소득세법상 사업소득금액 계산시 필요경비로 인정되지 않는다.

정답 : ②

핵심유형특강 216 　　　　　　개인·법인 사업소득금액 계산 차이점

다음은 제조업을 영위하는 사업자의 20x1년 소득관련 자료이다. 사업자가 개인사업자(복식부기의무자)인 경우의 사업소득금액과 법인사업자인 경우의 각사업연도소득금액을 계산하면 각각 얼마인가?

> (1) 20x1년도 손익계산서상 당기순이익은 300,000,000원이다.
> (2) 인건비에는 대표자인 거주자 김삼일씨의 급여 90,000,000원과 회계부장으로 근무중인 배우자 급여 24,000,000원이 포함되어 있다.
> (3) 영업외손익에는 다음의 항목이 포함되어 있다.
> 　　가. 이자수익 20,000,000원
> 　　나. 기계장치처분이익 5,000,000원
> 　　다. 유가증권처분손실 15,000,000원
> 　　라. 이자수익은 모두 현금으로 수령하였으며, 기계장치·유가증권과 관련한 세무상 유보잔액은 없다.

	개인사업자 사업소득금액	법인사업자 각사업연도소득금액
①	300,000,000원	350,000,000원
②	350,000,000원	300,000,000원
③	370,000,000원	350,000,000원
④	385,000,000원	300,000,000원

해설

• 개인사업자
 - 인건비 : 대표자 인건비는 필요경비로 인정되지 아니하며, 대표자 가족은 사업에 종사하는 경우 필요경비로 인정한다. →법인은 모두 손금
 - 이자수익 : 사업소득에서 제외하고 별도의 이자소득으로 과세한다. →법인은 익금
 - 기계장치처분이익 : 복식부기의무자에 한하여 사업용 유형자산처분이익(부동산제외)을 과세한다. →법인도 익금
 - 유가증권처분손실 : 필요경비로 인정되지 아니한다. →법인은 손금
• 세무조정

	개인사업자	법인사업자
당기순이익	300,000,000	300,000,000
본인급여	필요경비불산입 90,000,000	-
이자수익	총수입금액불산입 (20,000,000)	-
유가증권처분손실	필요경비불산입 15,000,000	-
	385,000,000	300,000,000

정답 : ④

핵심유형특강 217   **근로소득 과세방법**

다음 중 소득세법상 근로소득에 대한 설명으로 가장 올바르지 않은 것은?

① 근로소득금액은 총급여액에서 근로소득공제를 차감하여 계산한다.
② 일직료, 숙직료 또는 여비와 같이 실비변상적인 성격의 급여는 비과세 근로소득에 해당한다.
③ 식사 또는 기타 음식물을 제공받지 않는 조건으로 근로자가 받는 식사대는 금액과 관련없이 전액 비과세된다.
④ 근로소득 이외에 다른 소득이 없는 근로소득자의 경우 원칙적으로 연말정산을 통해 모든 납세절차가 종결되며 별도의
  종합소득신고를 하지 않아도 된다.

해설
───

• 전액 비과세(X) → 월 20만원 이하 비과세(O)

정답 : ③

핵심유형특강 218   **연금소득 과세방법**

다음 중 소득세법상 연금소득 과세구조에 관한 설명으로 가장 올바르지 않은 것은?

① 산업재해보상보험법에 따라 받는 연금은 비과세한다.
② 국민연금 납입액은 종합소득금액 계산시 전액 소득공제한다.
③ 과세이연된 퇴직소득금액을 연금외 수령한 경우 기타소득으로 과세된다.
④ 연금계좌인출액 중 연금소득에 해당하는 금액이 연 1,500만원 이하인 경우에는 선택에 따라 저율분리과세를 적용받을
  수 있다.

해설
───

• 과세이연된 퇴직소득금액(=이연퇴직소득 : 퇴직금을 연금계좌에 입금하여 퇴직소득세가 과세되지 않고 과세이연된 금액)을 연금외수
  령한 경우 퇴직소득으로 과세한다.

친절한 경석씨 **연금소득 과세방법 주요사항**

소득구분	공적연금	연금소득의 범위(연금수령)		연금외수령
		• 국민연금·공무원연금·군인연금 등에 따라 받는 연금		퇴직소득
	사적연금 {연금계좌 연금저축 퇴직연금}	연금소득의 범위(연금수령)		연금외수령
		운용수익	• 연금계좌 운용실적에 따라 증가된 금액	기타소득
		불입액(세액공제분)	• 연금계좌세액공제를 받은 불입액	기타소득
		이연퇴직소득	• 퇴직금으로 불입(불입시 과세이연분)	퇴직소득
비과세	• 공적연금관련법의 유족·장애·상이연금, 산업재해보상보험법의 각종연금, 국군포로 연금			
소득금액	• 연금소득금액=총연금액(비과세,분리과세제외) – 연금소득공제(한도 : 900만원)			

과세방법	• 종합과세하되, 사적연금(무조건분리과세대상인 이연퇴직소득 등은 제외) 총연금액이 1,500만원 이하인 경우
	  저율 선택적분리과세 가능
	  →단, 1,500만원 초과시에도 선택적분리과세가 가능하나 고율(15%) 분리과세가 적용됨.			

정답 : ③

핵심유형특강 219   기타소득 분류와 과세방법

다음 중 소득세법상 기타소득에 관한 다음 설명으로 가장 올바르지 않은 것은?

① 상표권의 대여로 인한 소득은 기타소득으로 분류되며, 양도로 인한 소득도 기타소득으로 분류된다.
② 기타소득은 종합과세되는 것이 원칙이나, 기타소득금액이 연 200만원 이하인 경우 분리과세를 선택할 수 있다.
③ 복권당첨소득은 기타소득으로 분류되나 무조건 분리과세이므로 별도로 종합과세되지 않는다.
④ 고용관계 없는 자가 다수인에게 강연을 하고 받은 강연료는 기타소득으로 분류하며, 최소한 총수입금액의 60%를 필요경비로 인정한다.

해설

• 연 200만원 이하(X) → 연 300만원 이하(O)

정답 : ②

핵심유형특강 220   결손금·이월결손금 공제와 공제배제

다음 중 소득세법상 결손금 및 이월결손금 공제에 관한 설명으로 가장 올바르지 않은 것은?

① 사업소득(주거용 건물임대업 포함)에서 발생한 결손금은 근로소득금액–연금소득금액–기타소득금액–배당소득금액–이자소득금액에서 순서대로 공제하고 공제 후 남은 결손금은 다음연도로 이월시킨다.
② 부동산임대업(주거용 건물임대업 제외)에서 발생한 결손금은 다른 소득금액에서 공제하지 아니하며 다음연도로 이월시킨다.
③ 부동산임대업(주거용 건물임대업 제외)에서 발생한 결손금은 부동산임대업의 소득금액에서 공제한다.
④ 해당 과세기간의 소득금액이 대해서 추계신고를 한 경우 이월결손금 공제규정을 적용하지 않는다. 다만, 천재지변이나 그 밖의 불가항력으로 인한 추계신고의 경우 등은 그렇지 않다.

해설

• (일반)사업소득(주거용 건물임대업 포함)에서 발생한 결손금은 근로소득금액–연금소득금액–기타소득금액–이자소득금액–배당소득금액에서 순서대로 공제하고 공제 후 남은 결손금은 다음연도로 이월시킨다.
  →단, 공제적용대상 결손금은 일반사업결손금은 부동산임대업소득금액에서 공제후 금액이며, 주거용건물임대업결손금은 일반사업소득금액과 부동산임대업소득금액에서 공제후 금액이다.

 친절한 경석씨   사업소득 결손금과 이월결손금 공제방법

구분	결손금[*]	이월결손금
일반사업 (주거용건물임대업 포함)	• 공제순서 : 근→연→기→이→배	• 공제순서 : 사→근→연→기→이→배 🔎주의 10년(2020년 이후분 : 15년) 이월공제
부동산임대업 (주거용건물임대업 제외)	• 무조건 이월	• 부동산임대업소득금액에서만 공제 🔎주의 10년(2020년 이후분 : 15년) 이월공제

[*]⑦ 일반사업결손금 : 부동산임대업소득금액에서 공제후 금액
  ⓛ 주거용건물임대업결손금 : 일반사업·부동산임대업소득금액에서 공제후 금액
* **보론** 추계신고·추계조사결정시는 이월결손금 공제배제함.(단, 천재지변, 불가항력으로 장부멸실시는 제외)

정답 : ①

핵심유형특강 221 　　　　소득세법상 결손금·이월결손금 통산

개인사업자인 김상일씨는 20x1년 사업부진으로 부동산임대소득(주거용 건물임대업 제외)과 사업소득에서 결손금이 발생 하였다. 20x1년과 20x2년 종합소득금액은 각각 얼마인가(단, 아래의 소득은 모두 종합과세대상 이며 △는 결손금을 나타내며 아래의 소득 이외의 종합소득은 없는 것으로 가정한다)?

구분	20x1년	20x2년
부동산임대소득금액	△3,000,000원	5,000,000원
일반사업소득금액	△10,000,000원	12,000,000원
근로소득금액	20,000,000원	23,000,000원

	20x1년	20x2년
①	5,000,000원	40,000,000원
②	10,000,000원	37,000,000원
③	15,000,000원	30,000,000원
④	20,000,000원	35,000,000원

해설

• 20x1년 : 부동산임대소득의 결손금은 다음연도로 무조건 이월하며, 사업소득의 결손금은 근로소득에서 공제한다.
→∴ 20,000,000-10,000,000=10,000,000
• 20x2년 : 20x1년에서 이월된 부동산임대소득의 결손금은 당기 부동산임대소득에서 공제한다.
→∴ (5,000,000-3,000,000)+12,000,000+23,000,000=37,000,000

정답 : ②

핵심유형특강 222 　　　　종합소득 기본공제대상 해당여부

다음 중 소득세법상 기본공제대상자에 관한 설명으로 가장 올바르지 않은 것은?

① 부양가족이 장애인에 해당하는 경우에는 연령제한을 받지 않는다.
② 계부, 계모, 의붓자녀도 해당될 수 있다.
③ 직계비속이 장애인이고 그 직계비속의 배우자가 장애인인 경우 당해 배우자는 기본공제대상자에 포함되지 않는다.
④ 공제대상자에서 위탁아동이란 아동복지법에 따라 6개월 이상 위탁양육한 위탁아동을 의미한다.

해설

• 장애인은 소득요건은 있으나 연령요건은 없다.
• 재혼시 배우자의 직계비속(의붓자녀)과 직계존속이 재혼시 배우자(계부, 계모)도 소득요건/연령요건을 충족하는 생계부양 가족인 경우 기본공제대상자에 포함된다.
• 직계비속이 장애인이고 그 직계비속의 배우자가 장애인인 경우 당해 배우자는 소득요건 충족시 기본공제대상자에 포함된다.

정답 : ③

핵심유형특강 223   근로소득 연말정산[1]

다음 중 근로소득 연말정산에 관한 설명으로 가장 올바르지 않은 것은?

① 일반적으로 다음해 2월분 급여를 지급하는 때에 연말정산을 수행한다.
② 퇴직한 경우 퇴직한 달의 급여를 지급하는 때 연말정산한다.
③ 주택마련저축공제 요건에 해당하는 세대주인지를 판단하려면 과세기간 종료일 현재의 상황에 의하여 판단한다.
④ 맞벌이 부부의 자녀보험료는 자녀에 대한 기본공제를 받지 않은 배우자가 공제받을 수 있다.

해설

• 자녀에 대한 기본공제를 받은 배우자가 공제받을 수 있다.

정답 : ④

핵심유형특강 224   근로소득 연말정산[2]

다음 중 근로소득 연말정산에 관한 설명으로 가장 올바르지 않은 것은?

① 일반적으로 다음해 2월분 급여를 지급하는 때에 연말정산을 수행한다.
② 퇴직한 경우 퇴직한 달의 급여를 지급하는 때 연말정산한다.
③ 공적연금보험료 납입액은 전액 연금보험료공제가 가능하다.
④ 기본공제대상자 중 70세 이상인 자가 있는 경우 1명당 150만원의 경로우대자공제를 적용받는다.

해설

• 150만원(X) → 100만원(O)

정답 : ④

핵심유형특강 225   종합소득산출세액 계산

다음 자료는 거주자 김삼일씨의 소득금액이다. 종합소득산출세액을 계산하면 얼마인가?(단, 모든 소득은 국내에서 발생한 것이다.)

ㄱ. 근로소득금액	: 50,000,000원
ㄴ. 부동산임대사업소득금액	: 12,000,000원
ㄷ. 기타소득금액(분리과세 대상이 아님)	: 30,000,000원
ㄹ. 종합소득공제	: 20,000,000원

〈종합소득세율〉

종합소득 과세표준	세율
5,000만원 초과 8,800만원 이하	624만원+5,000만원 초과금액의 24%
8,800만원 초과 1.5억원 이하	1,536만원+8,800만원 초과금액의 35%

① 6,780,000원   ② 9,160,000원
③ 10,000,000원   ④ 11,520,000원

해설

• 과세표준 : 50,000,000+12,000,000+30,000,000-20,000,000=72,000,000
• 산출세액 : 6,240,000+(72,000,000-50,000,000)x24%=11,520,000

정답 : ④

핵심유형특강 226 　　　　　　　　　　　　 근로자·사업자 비교

장난감을 만드는 개인회사를 운영하고 있는 장개인씨는 지난 5월말 종합소득세 신고를 해야한다는 담당세무사의 말에 따라 종합소득세 신고를 하였다. 하지만 직장생활을 하는 주변 친구들은 별도의 신고를 하지 않는다는 것을 알고 담당세무사인 한기장씨를 찾아갔다. 다음은 장개인씨가 한기장씨와 나눈 대화이다. 한기장씨의 답변 중 가장 올바르지 않은 것은(단, 장개인씨는 소득세법상 성실사업자가 아니다)?

> 〈대화1〉
> 장개인 : 종합소득세 신고를 5월말까지 해야 하는 것입니까?
> 한기장 : 네, 사업소득이 있는 개인은 5월말까지 사업소득에 대한 세금을 신고해야 합니다.
> 〈대화2〉
> 장개인 : 하지만 직장생활을 하는 제 친구들은 종합소득세 신고를 하지 않는 것으로 알고 있습니다.
> 한기장 : 근로소득만 있는 분께서 연말정산을 한 경우에는 별도로 종합소득세를 신고하지 않아도 됩니다.
> 〈대화3〉
> 장개인 : 그렇다면 저는 보험료나 의료비, 교육비 그리고 신용카드 사용액 등은 공제받을 수 없나요?
> 한기장 : 그렇지는 않습니다. 사업소득만 있는 사람도 종합소득세 신고시 보험료, 의료비, 교육비 등으로 지출한 금액을 일정 한도내에서 공제 가능합니다.
> 〈대화4〉
> 장개인 : 사업소득자는 표준세액공제가 가능하다고 들었습니다.
> 한기장 : 네, 사업소득자로서 근로소득이 없는 사람도 표준세액공제를 적용받을 수 있습니다.

① 대화1　　　　　② 대화2　　　　　③ 대화3　　　　　④ 대화4

해설

• 항목별세액공제(보험료·의료비·교육비세액공제 등)는 원칙적으로 근로소득자에게 적용된다.

친절한 경석씨　특별세액공제 적용방법

근로소득O		• '항목별세액공제·특별소득공제·월세세액공제'와 '표준세액공제(13만원)' 중 선택 →항목별세액공제 : 보험료세액공제, 의료비세액공제, 교육비세액공제, 기부금세액공제 →특별소득공제 : 보험료공제(건강보험료 등), 주택자금공제
근로소득X	일반적인 경우	• 표준세액공제(7만원)+기부금세액공제 🔍**주의** 사업소득만 있는자는 표준세액공제만 적용하며 기부금은 필요경비산입 **참고**　성실신고확인대상사업자로서 성실신고확인서 제출자 ❏ 다음 중 선택 ㉠ 표준세액공제(7만원)+기부금세액공제 ㉡ 조특법상 의료비·교육비·월세세액공제+기부금세액공제
	소득세법상 성실사업자	조특법상 추가요건 갖춘 성실사업자
		기타 성실사업자

	조특법상 추가요건 갖춘 성실사업자	• 다음 중 선택 ㉠ 표준세액공제(12만원)+기부금세액공제 ㉡ 조특법상 의료비·교육비·월세세액공제+기부금세액공제
	기타 성실사업자	• 표준세액공제(12만원)+기부금세액공제 **참고**　성실신고확인대상사업자로서 성실신고확인서 제출자 ❏ 다음 중 선택 ㉠ 표준세액공제(12만원)+기부금세액공제 ㉡ 조특법상 의료비·교육비·월세세액공제+기부금세액공제

정답 : ③

핵심유형특강 227　　　　　자녀세액공제액 계산

다음은 거주자 김상일씨의 자녀에 관한 자료이다. 해당 자료를 이용하여 김상일씨가 적용 가능한 자녀세액공제액은 얼마인가?

자녀	연령	소득종류 및 금액
김첫째(3년전 입양)	17세	소득없음
김둘째	15세	소득없음
김셋째(올해 출산)	0세	소득없음

① 1,050,000원　　　　　② 1,250,000원
③ 1,300,000원　　　　　④ 1,950,000원

해설

- 다자녀 관련(8세이상 기본공제대상 2명) : 350,000
  출산 관련(셋째 출산) : 700,000
∴자녀세액공제 : 350,000+700,000=1,050,000

친절한 경석씨　자녀세액공제액

다자녀관련	대상	• 종합소득있는 거주자로 8세이상의 기본공제대상 자녀(입양자·위탁아동)가 있는 경우
	공제액	㉠ 1명 : 15만원 ㉡ 2명 : 35만원 ㉢ 3명이상 : 35만원+(자녀수 - 2명)×30만원
출산관련	대상	• 종합소득이 있는 거주자로 기본공제대상 출생·입양자가 있는 경우
	공제액	㉠ 첫째 : 30만원 ㉡ 둘째 : 50만원 ㉢ 셋째이상 : 70만원

정답 : ①

핵심유형특강 228　　　　　자녀세액공제 적용방법

다음 중 소득세법상 자녀세액공제에 관한 설명으로 가장 올바르지 않은 것은?

① 거주자의 기본공제대상자에 해당하는 자녀(8세 이상)가 3명 이상인 경우 2명을 초과하는 인원부터는 1명당 35만원씩 공제된다.
② 자녀세액공제는 입양자에겐 적용되지 않는다.
③ 종합소득이 있는 거주자로 기본공제대상 자녀가 있는 경우 적용한다.
④ 해당 과세기간에 첫째를 출산한 경우 연 30만원 공제된다.

해설

- 입양자·위탁아동을 포함하여 적용한다.

정답 : ②

핵심유형특강 229 의료비세액공제 공제요건과 공제율

다음 중 소득세법상 의료비세액공제에 관한 설명으로 가장 올바르지 않은 것은?

① 외국의 의료기관에 지출하는 의료비는 의료비세액공제 대상에서 제외된다.
② 근로소득이 있는 거주자는 소득 및 연령조건을 미충족한 기본공제대상자에 대하여도 의료비세액공제 적용이 가능하다.
③ 건강증진을 위한 의약품 구입비용은 공제대상 의료비에 해당하지 않는다.
④ 의료비세액공제는 원칙적으로 세액공제대상 금액의 20%로 한다.

해설

• 의료비세액공제는 원칙적으로 세액공제대상 금액의 15%로 한다.

 의료비세액공제

지출대상	• 연령·소득에 제한 없는 기본공제대상자	
공제대상 의료비	• 진료·진찰·질병예방비, 의약품(한약 포함)구입비, 장애인보장구(휠체어 등)·보청기구입비 • 의료기기 구입·임차비용, 시력보정용 안경 또는 콘텍트렌즈로 1인당 연 50만원 이내 금액 • 장애인활동지원급여(노인장기요양보험법) 비용 중 실제지출 본인부담금(본인일부부담금) • 산후조리원에 산후조리·요양대가로 지급한 비용으로 출산 1회당 200만원 이내 금액	
제외대상 의료비	• 국외의료기관 의료비, 미용·성형수술비, 건강증진의약품 구입비(보약)	
공제액	일반의료비	• 대상 : 이하 특정의료비 이외의 일반적인 의료비 　ㅁ Min[(일반의료비 – 총급여×3%), 700만원]×15% 　　⇓ 　'(–)이면 0으로 계산'
	특정의료비	• 대상 : 본인·경로우대자(종료일기준 65세이상)·장애인·6세이하자(개시일기준) 　ㅁ [특정의료비 – (총급여×3% – 일반의료비)]×15% 　　⇓ 　'(–)이면 0으로 계산'

정답 : ④

핵심유형특강 230	교육비세액공제 대상액 계산

다음은 근로소득자(일용근로자 아님)인 이주원씨가 자녀들을 위해 지출한 교육비 내역이다. 교육비세액공제 대상액을 계산하면 얼마인가?

자녀의 연령 및 소득			자녀의 교육비 지출액	
장남	29세(대학원생) : 소득금액 없음	장남	대학원 수업료 : 12,000,000원	
차남	23세(대학생) : 사업소득금액 150만원	차남	대학교 수업료 : 8,000,000원	
장녀	15세(중학생) : 소득금액 없음	장녀	중학교 수업료 : 3,000,000원	

① 23,000,000원 　　　　　　　② 12,000,000원
③ 11,000,000원 　　　　　　　④ 3,000,000원

해설

- 교육비세액공제 기본전제 : 연령에 제한 없는 기본공제대상자(소득요건은 있음)
- ㄱ. 장남 : 대학원생 학비의 경우 본인만 대상이므로 장남은 공제대상에 해당하지 않는다.
  ㄴ. 차남 : 소득금액 100만원 초과이므로 공제대상에 해당하지 않는다.
  ㄷ. 장녀 : 공제대상에 해당한다.
- ∴공제대상 교육비 : 3,000,000(장녀)

 친절한 경석씨　　**교육비세액공제 개괄**

지출대상	• 연령에 제한 없는 기본공제대상자(소득요건은 있음) 　→장애인특수교육비공제의 경우는 연령·소득에 제한 없는 기본공제대상자
공제대상 교육기관	• 초·중등·고등학교, 평생교육시설(전공대학), 원격대학, 학위취득과정, 대학(원) 　어린이집, 유치원, 법소정 학원과 체육시설
본인 공제범위	• 대학원생도 포함 →[한도] 없음
부양가족 공제범위	• 배우자, 직계비속, 형제자매 →[한도] 대학생(기타의 자) : 1인당 9백만원(3백만원) 　🔎주의 직계존속과 대학원생 제외
공제액	• ㉠본　　　인 : (교육비 - 비과세장학금 등)×15% 　㉡부양가족 : Min[(교육비 - 비과세장학금 등), 공제대상별한도]×15%

정답 : ④

핵심유형특강 231   교육비세액공제액 계산

다음 자료를 바탕으로 근로소득자 김삼일씨의 소득세법상 교육비세액공제액을 계산하면 얼마인가?

· 본인의 대학원 학비	: 600만원
· 총급여액이 500만원이 있는 배우자의 대학 학비	: 400만원
· 15세인 장녀의 중학교 학비	: 250만원
· 7세인 차녀의 유치원 학비	: 150만원

① 800,000원   ② 1,200,000원
③ 1,500,000원   ④ 2,100,000원

해설

• 교육비세액공제 기본전제 : 연령에 제한 없는 기본공제대상자(소득요건은 있음)
• 본 인 : 대학원생 학비의 경우 본인만 대상이므로 본인은 공제대상에 해당한다.
     →[공제액] 6,000,000×15%=900,000
• 배우자 : 소득요건(소득금액 100만원 이하 또는 총급여 500만원 이하)에 부합하므로 공제대상에 해당한다. 부양가족인 대학생의 공제대상액의 한도는 900만원이다.
     →[공제액] Min[㉠ 4,000,000 ㉡ 9,000,000]×15%=600,000
• 장 녀 : 공제대상에 해당한다. 부양가족인 대학생 이외 자의 공제대상액의 한도는 300만원이다.
     →[공제액] Min[㉠ 2,500,000 ㉡ 3,000,000]×15%=375,000
• 차 녀 : 공제대상에 해당한다. 부양가족인 대학생 이외 자의 공제대상액의 한도는 300만원이다.
     →[공제액] Min[㉠ 1,500,000 ㉡ 3,000,000]×15%=225,000
∴교육비세액공제액 : 900,000+600,000+375,000+225,000=2,100,000

정답 : ④

핵심유형특강 232   맞벌이 부부 세액공제 적용방법

맞벌이 부부인 A씨와 B씨는 각각 연간 근로소득금액이 150만원을 초과한다. 다음 중 부부의 세액공제와 관련하여 올바른 것은?

① 두 사람은 모두 근로소득에 대한 신고납부의무가 있으므로 자녀 등 부양가족에 대해서는 두 소득자 모두 각각 공제받을 수 있다.
② 종합소득이 있는 거주자의 기본공제대상자에 해당하는 자녀에 대해서 자녀세액공제를 적용할 수 있다.
③ A씨가 B씨를 위해 지급한 교육비는 A씨의 소득에서 공제받을 수 있다.
④ A씨의 기본공제대상자에 해당하는 자녀(8세 이상)가 2명인 경우 일반공제로 연 35만원을 공제받을 수 있다.

해설

• 총급여가 500만원인 경우 근로소득금액은 500만원-500만원x70%=150만원
     →∴ 근로소득금액이 150만원을 초과(=총급여 500만원 초과)하므로 기본공제대상 소득요건을 충족하지 않는다.
• ① 다른 자의 부양가족에도 해당시는 그 중 1인의 공제대상 가족으로 한다.
     ③ B씨는 소득요건을 충족하지 않으므로 교육비세액공제 대상에 해당하지 않는다.
     ④ 20만원(X) → 35만원(O)

정답 : ②

핵심유형특강 233 　　　　　　　　개인·법인 공통 공제사항

다음의 소득공제와 세액공제 중 개인과 법인 모두에게 적용될 수 있는 것은?

① 외국납부세액공제　　　② 배당세액공제　　　③ 신용카드소득공제　　　④ 기장세액공제

해설

• 개인과 법인 모두에게 적용되는 사항 : 외국납부세액공제, 재해손실세액공제

정답 : ①

핵심유형특강 234 　　　　　　　　　　　　퇴직소득

다음 중 소득세법상 퇴직소득에 관한 설명으로 가장 올바르지 않은 것은?

① 사용자부담금을 기초로 하여 현실적퇴직을 원인으로 지급받는 소득은 퇴직소득으로 본다.
② 퇴직소득산출세액은 퇴직소득과세표준에 소득세법 기본세율을 직접 적용하여 계산한다.
③ 과세이연된 퇴직소득금액을 연금외수령한 경우 퇴직소득으로 과세한다.
④ 퇴직소득에 대한 총수입금액의 수입시기는 원칙적으로 퇴직을 한 날로 한다.

해설

• 기본세율을 직접 적용하여 계산하는 것이 아니라, 법소정 방법에 의해 계산한다.

 친절한 경석씨 **퇴직소득**

❑ 퇴직소득 범위

공적연금	• 공적연금 관련법에 따라 받는 일시금(지연지급 이자 포함)
현실적퇴직	• 사용자부담금을 기초로 현실적인 퇴직을 원인으로 지급받는 소득
유사소득	• 과학기술발전장려금, 건설근로자의 퇴직공제금

❑ 현실적퇴직과 비현실적퇴직

현실적 퇴직으로 보지 않는 경우 [퇴직급여를 실제로 받지 않은 경우 퇴직으로 보지 않을 수 있는 경우]	현실적 퇴직으로 보는 경우 [퇴직급여를 미리 지급받은(중간지급) 경우 그 지급받은 날에 퇴직으로 보는 경우]
• 종업원이 임원이 된 경우 • 법인의 상근임원이 비상근임원이 된 경우 • 비정규직근로자가 정규직근로자로 전환된 경우 • 합병·분할 등 조직변경, 사업양도, 직·간접 출자관계법인으로의 전출이 이루어진 경우	• 근로자퇴직급여보장법에 따라 근로자가 주택구입 등 긴급한 자금이 필요한 사유로 퇴직 전에 미리 중간정산하여 지급받은 경우 • 근로자퇴직급여보장법(제38조)에 따라 퇴직연금제도가 폐지되는 경우

❑ 퇴직소득산출세액 계산('연분연승법'을 적용)

퇴직소득공제 용어정의	• 이하 근속연수공제와 환산급여공제를 퇴직소득공제라 함.
퇴직소득과세표준	• 환산급여[(퇴직소득금액-근속연수공제)$\times\dfrac{12배}{근속연수}$]-환산급여공제
퇴직소득산출세액	• 퇴직소득과세표준×기본세율×$\dfrac{근속연수}{12배}$

❑ 퇴직소득 과세방법

원천징수	• 퇴직소득 지급시 원천징수의무자가 원천징수하여 납부함.
확정신고	• 원천징수○ ➡ 다음달 10일까지 납부 ➡ 확정신고 ×

정답 : ②

핵심유형특강 235   **양도소득세 과세대상**

다음 중 양도소득세의 과세대상에 해당하지 않는 것은?

① 건물의 현물출자
② 비상장법인이 발행한 주식 양도소득
③ 고가주택에 해당하지 않는 1세대 1주택의 양도
④ 임대하던 점포를 양도하는 경우

해설

• 고가주택에 해당하지 않는 1세대 1주택의 양도 : 비과세

정답 : ③

핵심유형특강 236   **양도차익의 가액 적용**

다음 중 소득세법상 양도소득세에 관한 설명으로 올바르지 않은 것은?

① 소득세법상 양도자산의 취득시기 및 양도시기는 원칙적으로 대금청산일을 기준으로 한다.
② 양도소득세 계산시 양도가액 및 취득가액은 양도 및 취득시의 실지거래가액과 추계방법 중 선택하여 적용하는 것이 가능하다.
③ 장기보유특별공제는 등기된 토지 및 건물을 3년이상 보유한 경우 보유기간 등에 따라 공제율을 달리하여 적용한다.
④ 양도소득세율은 양도소득세 대상자산에 따라 상이하게 적용된다.

해설

• 양도가액과 취득가액은 실지거래가액을 적용하는 것이 원칙이다.

정답 : ②

핵심유형특강 237   **부가가치세 총설**

다음 중 부가가치세법에 관한 설명으로 가장 올바르지 않은 것은?

① 부가가치세는 납세의무자와 담세자가 동일한 직접세에 해당한다.
② 부가가치세는 원칙적으로 모든 재화 또는 용역의 공급을 과세대상으로 하는 일반소비세에 해당한다.
③ 부가가치세법상 사업자란 영리목적의 유무에 불구하고 사업상 독립적으로 재화 또는 용역을 공급하는 자를 말한다.
④ 부가가치세는 원칙적으로 사업자별로 종합과세 하지 않고 사업장별로 과세한다.

해설

• 부가가치세는 납세의무자와 담세자가 일치하지 않는 간접세에 해당한다.

정답 : ①

핵심유형특강 238　　　　부가가치세 납세의무자

다음 중 부가가치세법상 납세의무자에 관한 설명으로 올바른 것은?

① 부가가치세의 납세의무자는 재화 또는 용역을 공급받는 사업자이다.
② 과세사업과 면세사업을 겸업하는 겸업사업자는 면세사업자로 분류된다.
③ 신규로 사업을 개시하는 사업자는 사업장마다 사업자등록을 하여야 한다.
④ 과세사업자가 면세대상 재화와 용역을 공급하는 경우에는 부가가치세가 과세된다.

해설

• ① 공급받는 사업자(X) → 공급하는 사업자(O)
② 면세사업자(X) → 과세사업자(O)
④ 면세대상 재화 또는 용역을 공급하는 경우에는 면세된다.

정답 : ③

핵심유형특강 239　　　　사업자등록

다음 중 부가가치세법상 사업자등록에 관한 설명으로 가장 올바르지 않은 것은?

① 면세사업자의 경우 부가가치세법상 사업자등록의무가 배제되나 법인세법 또는 소득세법상 사업자등록은 하여야 한다.
② 신규로 사업을 개시하고자 하는 자는 사업개시일 전이라도 사업자등록을 할 수 있다.
③ 사업개시일로부터 10일 이내에 사업자등록을 신청하지 아니한 경우 미등록가산세를 적용받는다.
④ 사업자등록신청을 받은 세무서장은 원칙적으로 2일 내에 사업자등록증을 발급하여야 한다.

해설

• 10일 이내(X) → 20일 이내(O)

정답 : ③

핵심유형특강 240　　　　부가가치세법상 사업장

다음 중 부가가치세법상 사업장에 관한 설명으로 가장 올바르지 않은 것은?

① 한명의 사업자가 여러 개의 사업장을 보유하는 경우 각 사업장별로 신고·납부하여야 하며 각 사업장마다 별도의 사업자등록을 해야한다.
② 사업자가 자기의 사업과 관련하여 생산한 재화를 직접 판매하기 위해 판매시설을 갖춘 직매장은 사업장에 해당한다.
③ 재화의 보관·관리 시설을 갖춘 장소로서 사업자가 관할세무서장에게 설치신고를 한 하치장은 사업장에 해당한다.
④ 기존사업장을 가지고 있는 사업자가 기존사업장 외의 법소정의 임시사업장을 개설하는 경우 그 임시사업장은 기존사업장에 포함된다.

해설

• 직매장은 사업장으로 보나, 하치장·임시사업장은 별개의 사업장으로 보지 않는다.

정답 : ③

핵심유형특강 241 부가가치세 과세대상[1]

다음 중 부가가치세 과세대상에 대한 설명으로 가장 옳은 것은?

① 사업을 포괄적으로 양도하는 경우 이는 재화의 공급에 해당하므로 과세대상이다.
② 고용관계에 의하여 근로를 제공하는 것은 부가가치세 과세대상인 용역의 공급으로 보지 아니한다.
③ 대가를 받지 않고 타인에게 무상으로 용역을 공급하는 것은 부가가치세 과세대상으로 보지 않는다.
④ 재화를 담보로 제공한 경우는 부가가치세 과세대상이다.

해설

• ① 사업양도는 재화의 공급으로 보지 않으므로 과세대상이 아니다.
  ③ 용역의 무상공급
    - 원칙 : 과세대상으로 보지 않음.
    - 예외 : 특수관계인간 부동산 무상임대용역은 과세대상으로 함.
  ④ 담보제공은 재화의 공급으로 보지 않으므로 과세대상이 아니다.

정답 : ②

핵심유형특강 242 부가가치세 과세대상[2]

다음 중 부가가치세 과세대상에 관한 설명으로 가장 옳은 것은?

① 재화란 재산적 가치가 있는 물건과 권리이므로 주식은 물론 특허권도 과세대상에 해당된다.
② 재화의 수입에 대해서는 수입자가 사업자인 경우에만 부가가치세 과세대상으로 본다.
③ 대가를 받지 않고 타인에게 무상으로 용역을 공급하는 것은 원칙적으로 부가가치세 과세대상으로 보지 않는다.
④ 건설업자가 건설자재의 전부 또는 일부를 부담하는 경우에는 재화의 공급으로 본다.

해설

• ① 유가증권(주식, 사채, 상품권)은 재화로 보지 않으므로 과세대상에 해당하지 않는다.
  ② 재화의 수입에 대해서는 수입자가 사업자인지 여부를 불문하고 부가가치세 과세대상으로 본다.
  ③ 용역의 무상공급은 원칙적으로 부가가치세 과세대상으로 보지 않는다.
    →단, 사업자가 특수관계인에게 사업용 부동산의 임대용역 등 대통령령으로 정하는 용역을 공급하는 것은 용역의 공급으로 본다.
  ④ 건설업은 자재부담 여부에 관계없이 무조건 용역의 공급으로 본다.

정답 : ③

핵심유형특강 243 부가가치세 과세대상[3]

다음 중 부가가치세 과세대상에 관한 설명으로 가장 옳은 것은?

① 재화란 재산적 가치가 있는 물건과 권리이므로 주식은 물론 특허권도 과세대상에 해당된다.
② 용역의 공급은 물론 용역의 수입도 과세대상이다.
③ 주된 거래인 재화의 공급이 과세대상이고 부수재화의 공급이 면세대상인 경우 주된 재화의 공급은 과세하고 부수재화의 공급은 면세한다.
④ 건설업은 용역의 공급으로 본다.

해설

• ① 유가증권(주식, 사채, 상품권)은 재화로 보지 않으므로 과세대상에 해당하지 않는다.
  ② 용역의 수입은 과세대상이 아니다.
  ③ 주된 재화가 과세대상이면 부수재화도 과세한다.

정답 : ④

핵심유형특강 244 　　　　　　　　　간주공급 적용대상

다음 중 부가가치세법상 재화의 공급에 관한 설명으로 가장 올바르지 않은 것은(단, 취득한 재화는 정상적으로 매입세액을 공제받은 것으로 가정함)?

① 사업자가 사업을 폐업할 때, 취득한 재화 중 남아있는 재화는 자기에게 공급한 것으로 본다.
② 사업자가 자기의 과세사업과 관련하여 취득한 재화를 자기의 면세사업에 사용한 경우에는 재화의 공급으로 본다.
③ 주사업장총괄납부 신청을 한 사업자가 판매목적으로 타사업장으로 반출한 경우에는 재화의 공급으로 보지 않는다.
④ 사업자가 자기의 사업과 관련하여 생산 또는 취득한 재화를 작업복·작업화·작업모로 사용한 경우 재화의 공급으로 본다.

해설

• 실비변상적, 복리후생적 목적(예 작업복·작업화·작업모)으로 사용한 경우는 공급의제(개인적 공급) 제외대상이다.

정답 : ④

핵심유형특강 245 　　　　　　　　과세대상과 간주공급 해당여부

다음은 회계사 김상일씨의 홈페이지에 있는 문의사항들이다. 다음 문의사항에 대한 답변 중 가장 옳지 않은 것은?

> 문의1 : 안녕하세요. 정육점을 운영하고 있습니다. 음식점에 사용하는 기계를 정육점에서 사용하는 경우 부가가치세가 과세된다고 하는데 맞나요?
> 답변1 : 맞습니다. 과세사업을 위해 취득한 재화를 면세사업을 위해 사용하는 경우에는 간주공급에 해당되어 부가가치세를 과세합니다.
> 문의2 : 건설회사에 근무하는 근로자인데요, 저희 회사 직원들에게 무상으로 회사에서 기념품을 제공하였습니다. 이 기념품은 외부에서 구입시 매입세액공제를 받지 못했는데, 부가가치세 과세대상인 재화의 공급인가요?
> 답변2 : 직원에게 무상으로 제공한 기념품은 간주공급으로 과세되는 것이 원칙이지만 기념품 구입시 매입세액공제를 받지 않은 경우 재화의 공급으로 보지 않습니다.
> 문의3 : 얼마 전부터 주택을 임대하고 월세를 받고 있습니다. 주택임대료가 부가가치세 과세대상에 해당하나요? 토지의 면적은 주택건축면적의 2배입니다.
> 답변3 : 맞습니다. 부동산의 임대는 부가가치세가 과세되는 용역의 공급에 해당합니다.
> 문의4 : 공장을 운영하고 있습니다. 제가 직원들에게 지급한 작업복, 작업모 등도 부가가치세 과세대상입니까?
> 답변4 : 아닙니다. 사업장 내에서 복리후생적인 목적으로 사용하는 작업복, 작업모 등의 지급은 재화의 간주공급에 해당되지 않습니다. 그러므로 부가가치세 과세대상이 아닙니다.

① 답변1　　　　　　　　　　　　　　　② 답변2
③ 답변3　　　　　　　　　　　　　　　④ 답변4

해설

• 주택임대용역(부수토지 포함)은 면세대상이다.

정답 : ③

핵심유형특강 246 　　　　　　사업상 증여(간주공급) 해당여부

다음 중 부가가치세법상 간주공급의 한 유형인 사업상 증여에 관한 설명으로 가장 올바르지 않은 것은?

① 부가가치세법에서는 과세의 형평을 위하여 자기사업과 관련하여 생산 또는 취득한 재화를 고객에게 증여시 이를 공급으로 보도록 하고 있다.
② 사업자가 제품을 구매하는 고객에게 구입액의 비율에 따라 기증품을 증여하는 것은 사업상 증여에 해당하지 않는다.
③ 매입세액이 공제되지 아니한 재화라도 고객에게 증여하는 것은 사업상 증여에 해당한다.
④ 사업상 증여시 세금계산서를 발급할 필요가 없다.

해설

• ① 사업상증여는 간주공급(공급의제)의 항목에 해당한다.
　② 기증품을 증여하는 것은 사업상증여에 해당하지 않으므로 재화의 공급으로 보지 않는다.
　③ 매입세액이 불공제되었던 재화는 간주공급(공급의제)을 적용하지 않는다.
　　매입세액이 불공제되었던 재화의 간주공급(공급의제) 적용여부는 다음과 같다.

자가공급 중 직매장반출(판매목적 타사업장 반출)	• 간주공급 적용O
기타(면세전용, 비영업용소형승용차, 개인적공급, 사업상증여, 폐업시잔존재화)	• 간주공급 적용X

　④ 사업상증여는 세금계산서 발급면제대상이므로 세금계산서를 발급할 필요가 없다. 간주공급에 대한 세금계산서 발급의무는 다음과 같다.

자가공급 중 직매장반출(판매목적 타사업장 반출)	• 발급의무대상
기타(면세전용, 비영업용소형승용차, 개인적공급, 사업상증여, 폐업시잔존재화)	• 발급면제대상

친절한 경석씨　사업상증여 적용제외

부수공급	• 증여하는 재화의 대가가 주된 거래인 재화 공급의 대가에 포함되는 것
견본품	• 사업을 위하여 대가를 받지 않고 다른 사업자에게 인도하거나 양도하는 견본품
광고선전용재화	• 불특정다수인에게 무상으로 배포하는 광고선전용재화
특별재난지역물품	• 재난 및 안전관리 기본법의 적용을 받아 특별재난지역에 공급하는 물품
자기적립마일리지결제분	• 자기적립마일리지 등으로만 전부를 결제받고 공급하는 재화

보론 세부고찰
　㉠ 판매장려물품지급분 : 재화의 공급으로 보며 시가를 공급가액에 포함함.(사업상증여O)
　→ **비교** 판매장려금수입액 : 공급가액에 포함하지 않는다.
　　　　판매장려금지급액 : 공급가액에서 차감하지 않는다.
　㉡ 기증품 : 구입액의 비율에 따라 증여하는 것으로 재화의 공급으로 보지 않음.(사업상증여X)
　㉢ 경품 : 고객 중 추첨을 통해 당첨자에게 제공하는 것으로 재화의 공급으로 봄.

정답 : ③

핵심유형특강 247   영세율 적용대상

다음 중 부가가치세법상 영세율이 적용되는 거래에 해당하는 것은?

ㄱ. 재화의 수출	ㄴ. 가공되지 아니한 식료품의 국내판매
ㄷ. 선박·항공기의 외국항행 용역	ㄹ. 내국신용장에 의하여 공급하는 재화

① ㄱ   ② ㄱ, ㄴ
③ ㄱ, ㄴ, ㄹ   ④ ㄱ, ㄷ, ㄹ

해설

• 미가공식료품의 국내판매 : 면세대상

 영세율 적용대상

• 내국물품(선박에 채집된 수산물 포함)을 외국으로 반출하는 것	• 수출대행수수료 : 10% 과세
• 내국신용장·구매확인서에 의한 수출 (과세기간종료후 25일 이내에 개설·발급받은 것이어야 함)	• 과세기간종료후 25일 경과하여 개설 →10% 과세
• 중계무역수출, 위탁판매수출, 외국인도수출, 위탁가공무역수출	-
• 국외에서 제공하는 용역(내국법인으로부터의 재도급 포함)	• 거래상대방·대가지급방법 불문
• 선박·항공기의 외국항행 용역 (국내 → 국외, 국외 → 국내, 국외 → 국외로의 수송)	• 부수공급분도 영세율 적용
• 국내에서 비거주자·외국법인에게 공급하는 법소정 재화·용역	-
• 수출재화임가공용역 (수출업자와 직접도급계약 또는 내국신용장에 의해 공급)	-
• 외국항행 선박·항공기·원양어선에 공급	-
• 국내주재 외교공관·국제연합 등·미합중국군대에 공급	-
• 국내에서 국내사업장 없는 비거주자, 외국법인에 법소정 공급	• 외국환은행에서 원화 등으로 받는 것

정답 : ④

핵심유형특강 248   소비지국과세원칙의 적용

제조업을 영위하는 ㈜상일은 일본의 사업자 ㈜상이로부터 반도체 부품을 100만원에 수입하고 대가를 지급하려 한다. 일본의 부가가치세율이 5%, 한국의 부가가치세율이 10%인 경우 ㈜상일이 ㈜상이에게 지급해야 할 금액에 대한 설명으로 가장 옳은 것은(단, 관세 등은 고려하지 않는다)?

① 반도체 대가 100만원에 일본의 부가가치세율에 따른 부가가치세 5만원을 지급한다.
② 반도체 대가 100만원에 한국의 부가가치세율에 따른 부가가치세 10만원을 지급한다.
③ 반도체 대가 100만원만 지급하고 부가가치세는 한국의 세관장에게 10만원을 납부한다.
④ 반도체 대가 100만원만 지급하고 부가가치세는 일본의 세관장에게 5만원을 납부한다.

해설

• 수출자 일본의 ㈜상이는 영세율이 적용되므로 ㈜상이에 100만원만 지급하며, 소비지국과세원칙에 의해 한국의 부가가치세율 10%를 적용한 10만원을 한국의 세관장이 징수하고 수입자에게 수입세금계산서를 발급한다.

정답 : ③

핵심유형특강 249 영세율과 세금계산서 발급

다음은 컴퓨터제조업을 영위하는 ㈜상일의 20x1년 제1기 확정신고를 위한 자료이다. 세금계산서는 적법하게 수수하였다. 20x1년 4월 1일부터 6월 30일 까지의 매출거래 내역은 아래와 같다. (ㄱ)에 들어갈 금액으로 올바른 것은?

ㄱ. 세금계산서 발행 매출액(VAT 미포함)	30,000,000원
ㄴ. 신용카드 매출전표 발행분(VAT 포함)	22,000,000원
ㄷ. 영수증발행(VAT 포함)	22,000,000원
ㄹ. 내국신용장에 의한 공급분(Local 수출분)	10,000,000원
ㅁ. 직수출분	12,000,000원

구분		금액	세율	세액
과세표준 및 매출세액	과세 세금계산서 발급분		10/100	
	매입자발행 세금계산서		10/100	
	신용카드·현금영수증 발행분		10/100	
	기타		10/100	
	영세율 세금계산서 발급분		0/100	
	기타	(ㄱ)	0/100	

① 0원 ② 10,000,000원
③ 12,000,000원 ④ 20,000,000원

해설

• 내국신용장에 의한 공급분(Local 수출분) : 영세율 '세금계산서 발급분'란에 10,000,000원을 기록한다.
• 직수출분 : 영세율 '기타'란에 12,000,000원을 기록한다.

친절한 경석씨 **영세율대상의 세금계산서 발급의무**

발급의무대상	• 내국신용장·구매확인서에 의한 수출 • 수출재화임가공용역
발급면제대상	• 직수출 • 국외에서 제공하는 용역 • 항공기의 외국항행 용역 • 국내에서 비거주자·외국법인에게 공급하는 법소정 일정한 재화·용역 • 외국항행 선박·항공기·원양어선에 공급하는 재화·용역 • 국내주재 외교공관·국제연합·국제기구·국제연합군·미국군에 공급하는 재화·용역

정답 : ③

핵심유형특강 250   **영세율과 면세 비교**

다음은 영세율과 면세제도를 비교한 내용이다. 다음 중 옳지 않은 것을 고른 것은?

구분	영세율	면세
ㄱ. 기본취지	국제적 이중과세방지	부가가치세 역진성완화
ㄴ. 면세정도	부분면세제도	완전면세제도
ㄷ. 세금계산서 발급의무	있음	없음
ㄹ. 매출처별세금계산서합계표 제출의무	있음	없음

① ㄱ   ② ㄴ
③ ㄷ   ④ ㄹ

해설

- 영세율 : 매출세액이 발생하지 아니하는 반면 사업자가 부담한 매입세액은 전액 환급받게 되어 부가가치세 부담이 완전히 면제된다. 이처럼 당해 거래단계에서 창출된 부가가치분만 아니라 그 이전단계에서 창출된 부가가치에 대하여도 과세되지 않기 때문에 이를 완전면세제도라고 한다.
- 면세 : 영세율과는 달리 매입한 재화 또는 용역에 대하여 부담한 매입세액을 환급받을 수 없다. 따라서 면세사업자가 부담한 매입세액은 원가에 가산되어 다음 거래상대방에게 전가될 수밖에 없다. 이처럼 당해 거래에서 창출된 부가가치에 대하여는 과세하지 아니하나 그 이전 단계에서 창출된 부가가치까지 면제하는 것이 아니므로 이를 부분면세제도(=불완전면세제도)라고 한다.
  →면세사업자는 부가가치세법상의 매출처별세금계산서합계표 제출의무는 없다.(면세사업자도 세금계산서를 수취하며, 소득세 또는 법인세 납세의무가 있는 경우에는 소득세·법인세법상 매입처별세금계산서합계표 제출의무는 있다.)

친절한 경석씨   **영세율과 면세 비교**

구분	영세율	면세
취지(목적)	• 국제적 이중과세방지	• 부가가치세의 역진성 완화
대상	• 수출 등 외화획득거래	• 생활필수품 등
성격	• 완전면세제도	• 부분면세제도(불완전면세제도)
매출세액(거래징수의무)	• 영[영세율로 거래징수(T/I발급)]	• 없음
매입세액	• 환급O(매입세액공제)	• 환급X(매입세액불공제)
부가가치세법상 사업자등록의무	• 있음	• 없음 →소득세·법인세법상 사업자등록함
세금계산서발급	• 있음	• 없음
신고납부의무	• 있음	• 없음
매출처별세금계산서 합계표제출의무	• 있음	• 없음
매입처별세금계산서 합계표제출의무	• 있음(by 부가가치세법)	• 있음(by 소득세·법인세법)

정답 : ②

핵심유형특강 251 　　　　　　　　　　**과세·면세 겸용주택 임대**

다음은 단층인 겸용주택의 임대와 관련된 사항이다. 면세되는 건물과 토지의 면적은 얼마인가?

경우1(도시지역 안)	경우2(도시지역 안)
(1) 주택 50㎡이고 점포 40㎡	(1) 주택 40㎡이고 점포 50㎡
(2) 부수토지 270㎡	(2) 부수토지 270㎡

	경우1		경우2	
	면세건물	면세토지	면세건물	면세토지
①	90㎡	270㎡	40㎡	120㎡
②	90㎡	150㎡	40㎡	120㎡
③	50㎡	150㎡	40㎡	200㎡
④	90㎡	270㎡	90㎡	200㎡

해설

• 경우1 : '주택 〉상가(점포)'이므로 전부주택이다.
　- 건물 : ㉠ 주택(면세) 90㎡ ㉡ 상가(과세) 0㎡
　- 토지 : ㉠ 주택(면세) 270㎡ [한도] 90×5배=450㎡ ㉡ 상가(과세) 270-270=0㎡
• 경우2 : '주택 ≤ 상가(점포)'이므로 주택면적만 주택이다.
　- 건물 : ㉠ 주택(면세) 40㎡ ㉡ 상가(과세) 50㎡
　- 토지 : ㉠ 주택(면세) $270 \times \frac{40}{90} = 120㎡$ [한도] 40×5배=200㎡ ㉡ 상가(과세) 270-120=150㎡

친절한 경석씨 **겸용주택 임대시 과세·면세의 판정(단층건물의 경우)**

과세·면세대상	• 주택과 부수토지 임대 : 면세 • 상가와 부수토지 임대 : 과세		
면적판정	구분	건물	주택부수토지
	주택면적〉상가면적	전부 주택	• 주택부수토지 = 총토지면적 [한도] 주택면적×5배(도시지역 밖은 10배)
	주택면적≦상가면적	주택면적만 주택	• 주택부수토지 = 총토지면적 × $\frac{주택면적}{건물면적}$ [한도] 주택면적×5배(도시지역 밖은 10배)

정답 : ①

핵심유형특강 252 | **겸영사업자 안분계산**

다음은 과세사업과 면세사업을 함께 영위하는 ㈜상일의 부가가치세 관련 자료이다. 예정신고와 관련한 설명으로 가장 올바르지 않은 것은?

> (1) 1월 1일 ~ 3월 31일까지의 제품공급가액(부가가치세 제외금액)
>   가. 과세공급가액 : 120,000,000원
>   나. 면세공급가액 : 80,000,000원
> (2) 1월 1일 ~ 3월 31일까지의 매입세액
>   가. 과세사업 관련 매입세액 : 4,000,000원(불공제 대상 1,000,000원 포함)
>   나. 면세사업 관련 매입세액 : 2,000,000원
>   다. 과세·면세사업 공통매입세액 : 1,000,000원

① 제1기 예정신고시 부가가치세 매출세액은 12,000,000원이다.
② 면세공급가액 80,000,000원에 대해서는 계산서 또는 영수증을 발급하여야 한다.
③ 과세사업 관련 매입세액 중 불공제 대상과 면세사업 관련 매입세액은 매입세액공제를 받을 수 없다.
④ 공통매입세액은 직전 과세기간의 총공급가액 중 과세공급가액의 비율로 안분하여 공제한다.

해설

• 직전 과세기간(X) → 당해 예정신고기간(O)

> **참고** 예정신고시 공통매입세액 중 면세 매입세액(불공제액) : $1,000,000 \times \dfrac{80,000,000}{120,000,000+80,000,000} = 400,000$
>
> 예정신고시 매입세액 공제액 : (4,000,000-1,000,000)+(1,000,000-400,000)=3,600,000

친절한 경석씨 **겸영사업자 안분계산**

공통공급가액 안분계산	❑ 과세관련 공급가액 = 공통공급가액 $\times \dfrac{\text{직전과세기간 과세공급가액}}{\text{직전과세기간 총공급가액}}$
공통매입세액 안분계산	❑ 면세관련 매입세액 = 공통매입세액 $\times \dfrac{\text{당해과세기간 면세공급가액}}{\text{당해과세기간 총공급가액}}$

정답 : ④

핵심유형특강 253 | **매입세액불공제 대상 구분**

과세사업을 영위하는 ㈜상일이 부가가치세 신고시 매입세액을 공제받을 수 있는 항목을 고르시오.

| ㄱ. 기업업무추진비 | ㄴ. 토지 | ㄷ. 비영업용소형승용차 |
| ㄹ. 기계장치 | ㅁ. 본사건물 | |

① ㄱ, ㄴ
② ㄷ, ㄹ
③ ㄹ, ㅁ
④ ㄴ, ㅁ

해설

• 매입세액불공제 대상 : 기업업무추진비, 토지. 비영업용소형승용차

정답 : ③

핵심유형특강 254   의제매입세액공제

다음은 제조업을 영위하는 과세사업자인 ㈜삼일의 10월 1일부터 12월 31일까지 자료이다. 제2기 확정신고시 공제받을 수 있는 매입세액은 얼마인가?(단, 중소기업에 해당하지 않으며 세금계산서를 수령하였고 의제매입세액은 면세로 구입한 농·축·수·임산물 매입가액의 102분의 2를 적용하며 이는 부가가치세법상 규정하는 한도 이내의 금액이라고 가정한다.)?

매입내역	매입가액	매입세액
기계장치	500,000,000원	50,000,000원
비영업용소형승용차	60,000,000원	6,000,000원
원재료	30,000,000원	3,000,000원
면세로 구입한 농산물	20,400,000원	-
비품	60,000,000원	6,000,000원

① 23,000,000원
② 56,000,000원
③ 58,000,000원
④ 59,400,000원

해설

• $50,000,000 + 3,000,000 + 20,400,000 \times \dfrac{2}{102} + 6,000,000 = 59,400,000$

• 비영업용소형승용차는 매입세액불공제 대상이다.

정답 : ④

핵심유형특강 255   세금계산서 발급과 면제

다음 중 부가가치세법상 세금계산서에 대한 설명 중 가장 올바른 것은?

① 간이과세자는 공급받는 자의 요청이 있을 때는 세금계산서를 발급할 수 있다.
② 부동산임대용역에서 실제임대료 및 간주임대료는 세금계산서 발급의무가 면제된다.
③ 재화나 용역의 공급시기 이전에 공급대가의 전부 또는 일부를 받은 경우에는 그 받은 대가에 대하여 세금계산서의 발행이 가능하다.
④ 주사업장총괄납부 또는 사업자단위신고납부 승인을 받은 사업자도 직매장반출 등 타인에게 직접 판매할 목적으로 다른 사업장에 재화를 반출하는 경우 세금계산서를 발급해야 한다.

해설

- ① 간이과세자의 증빙발급
  ㉠ 일반적인 간이과세자(원칙) : 세금계산서 발급의무가 있다.
  ㉡ 영수증의무발급 간이과세자 : 상대방이 세금계산서 발급을 요구할 경우에도 발급이 불가하다.
- ② 부동산임대용역의 세금계산서 발급
  ㉠ 실제임대료 : 세금계산서 발급의무가 있다.
  ㉡ 간주임대료 : 세금계산서 발급이 불가하다.
- ③ 다음의 경우 세금계산서를 발급한 때를 공급시기로 보며 적법한 세금계산서 인정한다.〈선발급특례〉
  ㉠ 공급시기 전에 대가의 전부·일부를 받고 세금계산서(영수증)를 발급한 경우
  ㉡ 공급시기 전에 세금계산서를 발급하고 발급일로부터 7일 이내에 대가를 받은 경우
  ㉢ 공급시기 전에 세금계산서를 발급하고 발급일로부터 7일이 지난 후 대가를 받은 경우에도 다음 중 하나에 해당하는 경우

  > i) 계약서 등에 대금청구시기와 지급시기를 따로 적고 그 사이의 기간이 30일 이내
  > ii) 발급일이 속하는 과세기간에 재화·용역의 공급시기가 도래

- ④ 판매목적 타사업장 반출(직매장 반출)에 대한 취급
  ㉠ 일반적인 경우(주사업장총괄납부사업자 또는 사업자단위신고납부사업자 아닌 자)에는 재화의 공급으로 보므로(간주공급) 세금계산서를 발급하여야 한다.
  ㉡ 주사업장총괄납부사업자 또는 사업자단위신고납부사업자의 경우에는 재화의 공급으로 보지 않으므로 세금계산서를 발급하지 않는다.(단, 주사업장총괄납부사업자가 세금계산서를 발급하고 관할 세무서장에게 신고한 경우에는 그대로 재화의 공급으로 인정한다.)

정답 : ③

핵심유형특강 256   세금계산서 발급의무와 발급면제

다음 중 부가가치세법상 세금계산서에 관한 설명으로 가장 옳지 않은 것은?

① 주사업장총괄납부 또는 사업자단위신고납부 승인을 받은 사업자도 직매장반출 등 타인에게 직접 판매할 목적으로 다른 사업장에 재화를 반출하는 경우 세금계산서를 발급해야 한다.
② 부동산임대용역에서 간주임대료는 세금계산서 발급의무가 면제된다.
③ 위탁판매의 경우 수탁자는 위탁자의 명의로 된 세금계산서를 발급해야 한다.
④ 세금계산서는 재화 또는 용역의 공급시기에 발급되는 것이 원칙이나 공급시기가 도래하기 전에 대가의 전부 또는 일부를 받은 경우 그 받은 대가에 대하여 세금계산서를 발급할 수 있다.

해설

- 직매장반출시 세금계산서 발급의무자는 주사업장총괄납부 또는 사업자단위신고납부 승인을 받지 않은 사업자이다.

정답 : ①

핵심유형특강 257   세금계산서 발급요건

다음 중 세금계산서에 관한 설명으로 가장 올바르지 않은 것은?

① 전자세금계산서는 발급일의 다음날이 전송기일이다.
② 위탁판매의 경우 수탁자는 위탁자의 명의로 된 세금계산서를 발급해야 한다.
③ 세금계산서 작성시 공급품목과 단가는 필요적 기재사항이다.
④ 세금계산서는 재화 또는 용역의 공급시기에 발급되는 것이 원칙이나 공급시기가 도래하기 전에 대가의 전부 또는 일부를 받은 경우 그 받은 대가에 대하여 세금계산서를 발급할 수 있다.

해설

• 필요적 기재사항 : 공급자의 등록번호와 성명(명칭), 공급받는자의 등록번호, 공급가액과 세액, 작성연월일

정답 : ③

핵심유형특강 258   부가가치세 신고·납부·환급

다음 중 부가가치세의 신고 및 납부, 환급에 관한 설명으로 가장 올바르지 않은 것은?

① 사업자는 각 예정신고기간 또는 과세기간이 끝난 후 25일 이내에 사업장 관할 세무서장에게 과세표준을 신고하고 세액을 자진납부하여야 한다.
② 일반환급세액은 각 예정 및 확정신고기한이 지난 후 30일 이내에 환급한다.
③ 매월 또는 매 2월마다 조기환급받고자 하는 자는 조기환급기간이 지난 후 25일 이내에 조기환급신고서를 제출하여야 한다.
④ 당해 과세기간 중 대손이 발생하였거나 대손금이 회수되었을 경우 확정신고시에 대손세액을 가감한다.

해설

• 과세기간별로 확정신고기한이 지난 후 30일내 환급한다. → 즉, 예정신고기간에 대한 환급은 없으며, 확정시 정산한다.

친절한 경석씨 부가가치세 환급

일반환급	• 각 과세기간별로 그 확정신고기한이 지난 후 30일내 환급해야 함. ◑주의 예정신고기간 환급세액은 원칙적으로 환급치 않고, 확정시 정산함.(납부세액차감)					
조기환급	대상	• ㉠ 재화·용역공급에 영세율이 적용되는 때 ㉡ 사업설비(감가상각자산에 한함)를 신설·취득·확장하는 때 ㉢ 사업자가 재무구조개선계획을 이행 중인 경우				
	환급방법	❖[예정신고기간별·과세기간별조기환급] • 조기환급을 받고자 하는 자가 예정신고서 또는 확정신고서를 제출한 경우에는 환급에 관해 신고한 것으로 보며, • 예정신고기한·확정신고기한이 지난 후 15일내 환급해야 함. ❖[영세율 등 조기환급기간별 조기환급] • '영세율 등 조기환급기간'이란 예정신고기간 또는 과세기간최종 3월중 매월 또는 매 2월을 말함.				

영세율 등 조기환급기간	제1기 과세기간					
	예정신고기간			과세기간최종3월		
	1월	2월	3월	4월	5월	6월
'매월'	○	○		○	○	
'매2월'	○ (1,2월)			○ (4,5월)		

• 조기환급받고자 하는 자는 영세율 등 조기환급기간이 끝난 날부터 25일 이내에 신고하며, 조기환급신고기한이 지난 후 15일내에 환급해야 함.

정답 : ②

핵심유형특강 259   부가가치세 가산세 중복적용배제

다음 중 부가가치세 가산세에 관한 설명으로 가장 올바르지 않은 것은?

① 미등록가산세가 적용되는 부분에 대하여는 세금계산서불성실가산세 또는 매출처별세금계산서합계표 제출불성실가산세를 적용하지 아니한다.
② 세금계산서지연발급가산세가 적용되는 경우에는 매출처별세금계산서합계표 제출불성실가산세가 적용되지 않는다.
③ 과소신고·초과환급신고가산세가 적용되는 경우 납부지연가산세(납부불성실·환급불성실가산세)가 적용되지 않는다.
④ 2%의 가산세율이 적용되는 세금계산서 미발급 공급가액에 대해서는 세금계산서불성실가산세를 우선 적용하고 매출처별세금계산서합계표 제출불성실가산세를 적용하지 아니한다.

해설

• 과소신고가산세와 납부지연가산세(납부불성실가산세)는 별개의 가산세로 각각 적용되므로 중복적용배제와 무관하다.

정답 : ③

핵심유형특강 260   일반과세자·간이과세자

다음 중 부가가치세법상 일반과세자와 간이과세자에 관한 설명으로 가장 올바르지 않은 것은?

① 간이과세자의 납부세액은 공급대가에 업종별 부가가치율을 곱한 것에 10%의 세율을 적용해서 계산한다.
② 간이과세는 개인사업자를 대상으로 하므로 법인사업자는 간이과세를 적용받지 못한다.
③ 간이과세자는 확정신고를 할 필요가 없고 세무서에서 고지한 세액을 납부하는 것으로 모든 납세의무가 종결된다.
④ 간이과세자는 간이과세를 포기함으로써 일반과세자가 될 수 있다.

해설

• 간이과세자는 과세기간(1/1~12/31)의 과세표준과 납부세액을 그 과세기간이 끝난 후 25일 이내에 확정신고를 하여야 한다.(이 경우 예정부과기간의 납부세액은 공제하고 납부한다.)

 친절한 경석씨   **간이과세자 신고납부**

예정부과	부과징수(원칙)	• 직전과세기간에 대한 납부세액의 1/2을 예정부과기간(1/1~6/30)의 납부세액으로 결정하여 예정부과기간이 끝난 후 25일 이내까지 징수 **참고** 단, 징수금액이 50만원 미만시는 제외(징수하지 않음)
	신고납부(예외)	• ㉠ 예정신고납부선택 : 휴업·사업부진 등으로 예정부과기간의 공급대가(납부세액)가 직전과세기간의 1/3에 미달시는 예정부과기한(7/25)까지 신고납부 가능 • ㉡ 예정신고납부강제 : 예정부과기간에 세금계산서를 발급한 간이과세자는 예정부과기한까지 신고납부해야 함.
확정신고		• 과세기간(1/1~12/31)의 과세표준과 납부세액을 그 과세기간이 끝난 후 25일(폐업하는 경우에는 폐업일이 속하는 달의 다음 달 25일) 이내에 확정신고를 해야 함. →이 경우 예정부과기간의 납부세액은 공제하고 납부함.

정답 : ③

원가관리회계

핵심유형특강 261 — 원가관리회계의 목적

다음 보기 중 원가회계에서 제공하는 원가정보에 관한 설명으로 옳은 것은?

> ㄱ. 외부공표용 재무제표에 계상될 매출원가와 기말재고자산 평가의 근거가 된다.
> ㄴ. 경영자·종업원에 대한 활동의 성과를 평가하기 위한 기본적인 원가정보를 제공한다.
> ㄷ. 제조와 영업활동 등에 대한 원가정보를 제공하여 합리적인 의사결정 위한 기초 자료를 제공한다.

① ㄱ   ② ㄴ
③ ㄱ, ㄴ   ④ ㄱ, ㄴ, ㄷ

해설

• 원가관리회계의 목적인 제품원가계산, 통제(성과평가), 계획(의사결정)에 대한 설명으로서 모두 옳다.

정답 : ④

핵심유형특강 262 — 원가관리회계 용어의 정의

다음 원가회계와 관련된 용어에 대한 설명으로 올바르지 않은 것은?

①	원가동인	원가대상의 총원가에 변화를 유발시키는 요인을 말하며 제품의 경우 생산량, 작업시간, 작업준비횟수 등이 원가동인이다.
②	원가행태	일정기간 동안 조업도 수준의 변화에 따른 총원가발생액의 변동양상을 말하며 변동원가와 고정원가 등이 있다.
③	원가집합	원가대상에 직접적으로 추적할 수 없는 간접원가를 모아 둔 것으로 여기에 집계된 원가는 둘 이상의 원가 대상에 배분되어야 할 공통원가이다.
④	조 업 도	직접적인 대응이나 간접적인 원가배분방법에 의한 원가측정을 통하여 원가가 집계되는 활동이나 항목으로 이에 대한 전통적인 예로는 제품, 부품이 있으나 최근에는 활동, 작업 등으로 다양화되고 있다.

해설

• ④는 '원가대상'에 대한 설명이다.

정답 : ④

핵심유형특강 263   원가의 일반적 특성

다음 중 원가의 일반적인 특성에 대한 설명으로 가장 올바르지 않은 것은?

① 기업의 수익획득 활동에 필요한 용품을 단순히 구입하는 것 만으로는 원가가 되지 않으며 이를 소비해야 비로소 원가가 된다.
② 원가는 정상적인 경제활동 과정에서 소비된 가치와 비정상적인 상황에서 발생한 가치의 감소분을 모두 포함한다.
③ 경제적 가치를 가지고 있는 요소만이 원가가 될 수 있다.
④ 발생한 제조원가 중 기업의 수익획득에 따라 사용되지 않은 부분은 자산으로, 수익획득에 사용된 부분은 비용으로 재무제표에 계상된다.

해설

• 비정상적인 상황에서 발생한 가치의 감소분은 포함하지 않는다.

 원가의 특성

경제적 가치	• 경제적 가치를 가지고 있는 요소만이 원가가 될 수 있음. → 예 제조에 사용된 공기·바람 : 원가X(∵경제적 가치 없음)
정상적인 소비액	• 비정상적인 상황에서 발생한 가치의 감소분은 불포함. → 예 정상감모분은 원가에 산입, 비정상감모분은 원가에 불산입
물품·서비스의 소비액	• 단순히 구입하는 것 만으로는 원가가 될 수 없음.(이를 소비해야 비로소 원가가 됨) → 예 구입한 공장용 토지는 소비되어 없어지는 것이 아니므로 원가가 아니라 자산임.
경제활동에서 발생	• 제조·판매활동과 관계없이 발생되는 물품·서비스의 소비는 원가가 되지 않음. → 예 자금조달과 관련하여 발생하는 이자비용은 원가에 불산입

정답 : ②

핵심유형특강 264   매몰원가의 정의

다음 중 매몰원가에 관한 설명으로 가장 옳은 것은?

① 선택한 대안 이외의 대안 중 최선의 대안을 선택했을 경우의 원가
② 특정 대안에 합리적으로 선택할 수 없는 원가
③ 과거의 의사결정에 의하여 이미 발생하였기 때문에 미래 의사결정에 영향을 받지 않는 원가
④ 미래의 의사결정 대안간에 차이가 나는 원가

해설

• ③은 매몰원가의 정의이다.

 매몰원가와 기회원가

매몰원가	• 과거 의사결정의 결과로 이미 발생한 원가로, 의사결정에 영향을 미치지 않는 비관련원가 예시 구기계 취득원가 100(감가상각누계액 30), 신기계구입 고려중 → 매몰원가 : 취득원가 100 또는 장부금액 70 → 의사결정 : 신기계로 인한 수익창출액이 구입가보다 크면 구입함.
기회원가	• 특정대안의 선택으로 포기해야 하는 가장 큰 효익 예시 FM편의점과 GS편의점의 시간당 알바수익이 각각 ₩3,000과 ₩5,000일 때, 여친과 수다를 떨며 즐겁게 1시간 보내는 경우의 기회원가는 ₩5,000임 🔎주의 기회원가는 관리적 차원에서 사용되는 원가개념이며, 회계장부에는 실제 원가만이 기재되므로 기회원가는 회계장부에 기록되지 않음.

정답 : ③

핵심유형특강 265   의사결정원가

철수와 철수의 친구인 동칠과의 대화내용이다. 의사결정과 관련하여 괄호안에 들어 갈 단어로 올바른 것은?

> 철수 : 동칠아 아직 결혼 소식 없어?
>
> 동칠 : 그러게 말야, 더 이상 나이 먹기 전에 결혼을 해야 하는데 영희는 결혼 생각이 없는 것 같아. 헤어져야 할지 말아야 할지
>   고민이야.
>
> 철수 : 잘 생각해서 판단해. 네가 영희와 사귀기 위해 한 데이트 비용, 시간 등이 정말 많은데 헤어지면 너무 아깝지 않겠어?
>
> 동칠 : 정말 아깝긴 하지. 그러나 그런 것들은 전부 (   )일 뿐이야. 이미 과거에 지출한 원가여서 내가 영희와 헤어질 것인가를
>   결정하는 것과는 관계가 없어. 하지만 알면서도 너무 아깝지 말야.

① 매몰원가   ② 추적가능원가
③ 추적불능원가   ④ 기회원가

해설 ◇

• 영희와 사귀기 위해 발생한 비용은 과거의 의사결정으로 인하여 이미 발생한 원가로서 영희와의 이별여부 의사결정에 영향을 미치지
  않는 매몰원가(sunk cost)이다.

정답 : ①

핵심유형특강 266   의사결정관련 원가의 분류[1]

다음은 로스쿨과 관련된 기사내용이다. 의사결정과 관련하여 괄호 안에 들어갈 용어는 무엇인가?

> 로스쿨의 연간 등록금은 최소 8백만원에서 최대 2천만원이 넘는 곳까지 천차만별이다. 하지만 등록금보다 더 큰 부담은
> (   )로 볼 수 있다. 직장에서 휴직을 허용하고, 로스쿨 진학비용을 부담하여 주지 않는 한 직장인이 로스쿨에 다니려면
> 사표를 내야한다. 연봉이 3천만원인 직장인이 로스쿨을 다니기 위해 사표를 낸다면 3년동안 (   )가 1억원에 이른다.
> 사립대 로스쿨에 들어간다면 (   )와 등록금까지 감안하여 2억원에 이르는 돈을 투자해야 한다.

① 추적불능원가   ② 추적가능원가
③ 기회원가   ④ 지출원가

해설 ◇

① 추적불능원가 : 여러 원가대상과 관련하여 발생하는 원가로 특정원가대상에 개별적으로 추적이 어려운 원가
    → 예 제조간접원가
② 추적가능원가 : 특정원가대상에 대해 직접 추적할 수 있는 원가
    → 예 직접재료원가, 직접노무원가
③ 기회원가 : 선택된 대안 이외의 다른 대안 중 최선의 대안을 선택했더라면 얻을 수 있었던 최대이익 또는 최소비용
    → 예 생산시설 계속이용시의 기회원가는 포기한 임대료 수익
④ 지출원가 : 특정대안을 선택함으로써 발생하는 실제 현금지출액
    → 예 구설비를 신설비로 대체할 경우, 신규설비의 취득원가에서 구설비의 매각대금을 공제한 금액

정답 : ③

핵심유형특강 267　　　　　　　　　　　**의사결정관련 원가의 분류[2]**

다음의 사례에서 밑줄 친 부분이 의미하는 것은?

> 김삼일씨는 최근 큰 고민에 빠져있다. 지인으로부터 A회사가 앞으로 사업성이 좋다는 정보를 들어서 확인도 하지 않고 A사의 주식을 대량 매입하였으나, 기대와는 달리 A사의 주식이 연일 하락하고 있기 때문이다. 지금이라도 보유한 주식을 처분해야 할지 고민을 하고 있으나 이미 매입한 평균 주식단가가 너무 높아 이러지도 저러지도 못하고 있는 상황이다.

① 매몰원가　　　　　　　　　　　　　② 기회원가
③ 추적불능원가　　　　　　　　　　　④ 회피가능원가

해설

• 매몰원가 : 과거의 의사결정으로 인하여 이미 발생한 원가로서 대안간에 차이가 발생하지 않는 원가
　→에 경제적 진부화로 인해 더 이상 사용하지 못하는 시설의 미상각잔액
• 회피가능원가 : 특정대안을 선택하지 않음으로써 절약되는 원가. 즉, 경영자의 의사결정에 따라 절약할 수 있는 원가
　→에 교육훈련비, 광고비

정답 : ①

핵심유형특강 268　　　　　　　　　　　　**원가배분기준의 선택**

원가배분은 공통원가를 원가대상에 합리적으로 대응시키는 과정이다. 다음의 원가배분기준선택사항 중 합리적인 원가배분을 위하여 가정 우선적으로 고려하여야 하는 방법은?

① 원가집합과의 인과관계
② 모든 원가대상에 균등하게 배분
③ 비재무적 배부기준
④ 입수비용이 가장 저렴한 배부기준

해설

• 가장 우선적 고려사항은 '인과관계'이다.

정답 : ①

핵심유형특강 269   **원가배분과 배분기준**

다음 중 원가배분에 관한 설명으로 가장 올바르지 않은 것은?

① 원가배분이란 공통원가를 일정한 배부기준에 따라 원가대상에 합리적으로 대응시키는 과정이다.
② 보조부문은 제조활동에 직접 기여하지 않으므로 원가배분대상에 해당하지 않는다.
③ 원가배분기준 설정시 가능하면 배분대상과 배분대상원가 간의 인과관계를 고려하여 배분기준을 설정해야 한다.
④ 원가배분은 배분방법의 결정에 담당자의 임의성이 개입될 수 있는 문제점이 존재한다.

해설

• 보조부문은 직접적인 제조활동이 일어나지는 않으나 제조부문을 지원하는 부문이므로 인과관계를 반영하여 제조부문에
  배분한 후 다시 최종적으로 제품에 배분한다.(즉, 기간원가로 처리하지 않는다.)

 원가배분의 유형

보조부문원가 배분	• 보조부문원가를 제조부문(또는 제조공정)에 배분하는 것
제조간접원가 배분	• 제조간접원가를 개별제품(또는 개별작업)에 배분하는 것(개별원가계산의 핵심)
완성품·기말재공품에 배분	• 제조공정에 집계된 제조원가를 그 제조공정에서 완성된 완성품과 아직 미완성 상태인 기말재공품에 배분하는 것(종합원가계산의 핵심)

정답 : ②

핵심유형특강 270   **부담능력에 의한 원가배분**

다음은 원가배분과 관련된 내용이다. ㈜삼일의 가전사업부문이 부담해야하는 기부금은 얼마인가? (단, 기부금 계산시 소수점 둘째자리에서 반올림한다.)

A아동생활복지시설을 후원하고 있는 ㈜삼일은 건설, 가전, 바이오, 자동차 등 4개 사업부문이 골고루 기부금을 나누어 내기로 했다. 금년도 기부금 10억원은 각 사업부문 매출액 기준에 따라 차등배분된다. 각 부문들의 매출액은 건설 800억원, 가전 600억원, 바이오 400억원, 자동차 200억원이다.

① 2억원   ② 3억원
③ 4억원   ④ 5억원

해설

• 가전사업부문에 배분되는 기부금 : $10억원 \times \dfrac{600억원}{800억원 + 600억원 + 400억원 + 200억원} = 3억원$

정답 : ②

핵심유형특강 271   원가배분기준의 적용

다음은 신문기사의 일부를 발췌한 내용이다. 올바르게 설명한 것은 무엇인가?

> ㈜삼일은 넥슨 야구구단의 후원금 100억원을 4개 사업부문에서 매출액 기준에 따라 차등 배분하여 지불하기로 했다. 이에 따라 야구구단 유니폼 의상의 로고는 그룹사의 로고로 변경되었다.

① ㈜삼일은 후원금에 대하여 상호배분법을 적용하여 원가배분한다.
② ㈜삼일은 후원금을 완성품원가와 재공품원가로 구분한다.
③ ㈜삼일은 후원금에 대하여 부담능력기준을 적용하여 원가배분한다.
④ ㈜삼일은 후원금에 대하여 수혜기준을 적용한다.

해설

• 매출액 기준에 따라 배분한 것은 각 사업부문의 수익창출능력(원가부담능력)에 비례하여 배분한 것이므로 부담능력기준을 적용하여 배분한 것이다.
→ if, 각 사업부문의 매출액증가액에 비례하여 배분했다면 수혜기준을 적용한 것이다.

정답 : ③

핵심유형특강 272   제조원가명세서의 구성

제조원가명세서의 최종결과금액은 무엇을 의미하는가?

① 당기에 완성되어 제품으로 대체된 총제조원가
② 당기에 현금 지출된 투입원가
③ 당기에 완성된 산출물에 대한 당기 투입원가
④ 당기에 투입 발생된 모든 원가

해설

• 제조원가명세서의 최종결과금액=당기제품제조원가
⇒ 당기에 완성되어 제품으로 대체된 총제조원가 ⇒당기에 완성된 산출물에 대한 투입원가

참고 당기제품제조원가에는 기초재공품의 원가와 당기 투입원가가 혼합되어 있으므로 ③과 같이 '당기 투입원가'로 표현하면 틀린 설명이다.

정답 : ①

핵심유형특강 273   제조기업의 경영활동

다음 중 제조원가의 흐름과 관련된 설명으로 옳지 않은 것은?

① 제조기업의 경영활동은 구매, 제조, 판매 및 재고과정의 세가지 과정으로 나누어진다.
② 노동력의 구입은 구매과정에서 발생하는 것으로 직접노무원가의 대상이 된다.
③ 제조과정은 구매과정에서 구입한 생산요소들을 결합하여 제품을 제조하는 과정으로 기업의 외부에서 이루어지는 활동이다.
④ 판매 및 재고과정은 제조과정에서 산출된 제품을 기업외부에 판매하는 활동과 아직 판매되지 않은 제품을 재고자산으로 관리하는 활동이다.

해설

• 제조과정은 기업의 외부에서 이루어지는 활동이 아니라 기업의 내부에서 이루어지는 활동이다.

 친절한 경석씨   제조기업의 경영활동 과정 구분

구매과정	• 제품제조에 필요한 각종 요소를 구입하는 과정으로, 기업외부에서 이루어지는 활동 ⊙ 원재료의 구입 : 직접재료원가의 대상이 됨. ⓒ 노동력의 구입 : 직접노무원가의 대상이 됨. ⓒ 생산설비의 구입 등 : 제조간접원가의 대상이 됨.
제조과정	• 구매과정에서 구입한 생산요소들을 결합하여 제품을 제조하는 과정으로, 기업의 내부에서 이루어지는 활동 →제조과정에서 수행되는 활동들은 제품원가계산과 밀접한 관련이 있음.
판매/재고과정	• 제조과정에서 산출된 제품을 기업외부에 판매하는 활동과 아직 판매되지 않은 제품을 재고자산으로 관리하는 활동

정답 : ③

핵심유형특강 274   원가대상과 원가추정

다음 중 원가행태분석에 관한 설명으로 가장 올바르지 않은 것은?

① 원가대상을 무엇으로 정의하는 지에 따라 변동원가가 될 수도 있고 고정원가가 될 수도 있으므로 원가대상을 정확하게 설정하여야 한다.
② 원가추정을 위해서는 종속변수(추정대상원가)를 가장 잘 설명할 수 있는 독립변수(조업도등)를 선택하여야 한다.
③ 회귀분석법은 과거의 자료를 이용하여 원가함수를 추정하는 방법이다.
④ 관련범위는 의사결정과 관련된 개념이므로 원가함수를 추정함에 있어서는 고려대상이 아니다.

해설

• ① 예를들어, 자금팀과 운용팀으로 구성된 회계부서가 있는 경우 회계부서장의 급여는 원가대상을 회계부서로 하는 경우는 고정원가이나 원가대상을 팀으로 하는 경우는 각 팀의 조업도(노무시간)에 비례하여 배분되는 변동원가이다.
• ② 예를들어, 복리후생비(종속변수)의 변동양상을 추정하는 경우에는 이를 가장 설명할 수 있는 독립변수로 종업원수를 선택하여야 한다.
• ③ 회귀분석법은 통계학적 원가추정기법으로서 참고사항이다.
• ④ 관련범위는 원가행태(일정기간동안 조업도 수준의 변화에 따른 총원가발생액의 변동양상)의 회계적 추정치가 타당한 조업도의 범위를 말하므로 원가함수를 추정함에 있어 반드시 고려되어야 한다.

정답 : ④

핵심유형특강 275 — 제조간접원가배부율 추정

㈜삼일은 개별원가계산제도를 채택하고 있으며, 제품 A의 작업원가표가 아래와 같을 때 제조간접원가배부율(직접노동시간당)은 얼마인가?

ㄱ. 직접재료 투입액	100,000원
ㄴ. 직접노동시간	200시간
ㄷ. 직접노무원가 임률	500원/시간
ㄹ. 제품 A의 제조원가	360,000원

① 500원　　　　　　　　　　　　　② 750원
③ 800원　　　　　　　　　　　　　④ 1,000원

해설

• 제조간접원가배부율을 A 라 하면,
　→ 360,000=100,000+200시간×500+200시간×A 에서, A=800

정답 : ③

핵심유형특강 276 — 제조간접원가 예정배부율 추정

㈜삼일은 최근 공장의 원가행태를 분석하여 아래와 같은 제조간접원가 추정액을 계산할 수 있는 산식을 완성하였다. 회사의 연간 기계가동시간을 4,000시간으로 예상하는 경우 제조간접원가 예정배부율은 얼마인가?

연간 제조간접원가추정액=4,000,000+@2,000×기계가동시간

① 기계가동시간당 3,000원　　　　　② 기계가동시간당 4,000원
③ 기계가동시간당 5,000원　　　　　④ 기계가동시간당 6,000원

해설

• $\dfrac{4,000,000+@2,000\times4,000시간}{4,000시간}$ =3,000/기계가동시간

정답 : ①

핵심유형특강 277   정상개별원가계산의 제조간접원가 배부차이

㈜삼일은 직접노동시간을 기준으로 제조간접원가를 예정배부하고 있으며 연간 제조간접원가는 2,000,000원, 연간 직접노동시간은 5,000시간으로 예상하고 있으나 실제로는 4,000시간 발생하였다. 실제 제조간접원가 2,000,000 원이 발생한 경우 #A의 예정배부와 실제배부의 제조간접원가차이는 얼마인가?

	#A	#B	계
예상직접노동시간	3,000시간	2,000시간	5,000시간
실제직접노동시간	2,000시간	2,000시간	4,000시간

① 100,000원   ② 200,000원
③ 300,000원   ④ 400,000원

해설

• 제조간접비예정배부율 : $\dfrac{2,000,000}{5,000시간}$ =400/시간

  제조간접비실제배부율 : $\dfrac{2,000,000}{4,000시간}$ =500/시간

• 배부차이 분석

예정배부	실제배부
2,000시간×400	2,000시간×500

차이금액 200,000

정답 : ②

핵심유형특강 278   종합원가계산 WAM과 FIFO 차이점

다음 중 평균법과 선입선출법에 의한 종합원가계산의 차이점에 관한 설명으로 가장 올바르지 않은 것은?

① 평균법은 완성품환산량 산출시 기초재공품은 당기에 착수된 것으로 간주한다.
② 선입선출법은 완성품환산량 산출시 기초재공품과 당기투입량을 구분한다.
③ 평균법의 원가배분대상액은 기초재공품원가와 당기투입원가의 합계액이다.
④ 선입선출법의 완성품환산량 단위당 원가에는 전기의 원가가 포함되어 있다.

해설

• 선입선출법은 당기발생원가를 당기완성품환산량으로 나누어 완성품환산량 단위당 원가를 계산하므로, 선입선출법의 완성품환산량 단위당 원가에는 전기의 원가가 포함되어 있지 않다.

정답 : ④

핵심유형특강 279　　　**종합원가계산 선입선출법 기말재공품원가 계산구조**

다음은 선입선출법(FIFO)에 의한 기말재공품원가를 계산하는 식을 나타낸 것이다. 괄호안에 들어갈 내용으로 적절한 것은?

$$당기발생원가 \times \frac{기말재공품의\ 완성품환산량}{(\qquad\qquad\qquad)} = 기말재공품원가$$

① 기초재공품수량+당기투입수량-기말재공품수량
② 당기완성품수량+기말재공품의 완성품환산량
③ 기초재공품의 완성품환산량+당기완성품수량-기말재공품의 완성품환산량
④ 당기완성품수량+기말재공품의 완성품환산량-기초재공품의 완성품환산량

해설

• 당기발생투입분의 완성품환산량(=당기완성품수량+기말재공품의 완성품환산량-기초재공품의 완성품환산량)에서 기말재공품의 완성품환산량이 차지하는 비율에 의해 계산한다.

정답 : ④

핵심유형특강 280　　　**원재료 투입시점과 완성품환산량**

제조업을 영위하는 ㈜상일은 선입선출법을 이용하여 종합원가계산을 하며 원재료는 공정의 55% 진행시점에서 전량 투입되고 가공원가는 공정 중 고르게 투입된다. 50%가 완료된 재공품의 완성품환산량에는 다음 중 어떤 원가가 포함되는가?

	재료원가	가공원가
①	불포함	불포함
②	불포함	포함
③	포함	불포함
④	포함	포함

해설

• 선입선출법 완성품환산량

[1단계]물량흐름		[2단계]완성품환산량	
		재료비(55%에 투입)	가공비(균등발생)
기초완성	?	?	?
당기완성	?	?	?
기 말	x(50%)	0	$x \times 50\%$

→ ∴ 재료원가는 아직 투입되지 않았다.(불포함) / 가공원가는 50% 투입되었다.(포함)

정답 : ②

핵심유형특강 281   표준원가의 종류

다음의 표준원가의 종류에 관한 설명 중 가장 올바르지 않은 것은?

① 표준의 내용을 어떻게 설정하는가에 따라 원가관리에 더 적합할 수 있고 예산관리에 유용하게 이용될 수 있는 것은 이상적 표준이다.
② 차이분석시 일반적으로 불리한 원가차이를 발생시켜 종업원의 동기부여에 역효과를 가져올 수 있는 것은 이상적 표준이다.
③ 기업 경영에 있어 비교적 장기간에 이르는 과거의 실적치를 통계적으로 평균화하고 미래의 예상추세를 감안하여 결정되는 것은 정상적 표준이다.
④ 표준원가계산제도에서 표준원가는 일반적으로 현실적 표준원가를 의미하며 실제원가와 현실적 표준의 차이는 정상에서 벗어난 비효율을 의미한다.

해설

• 이상적 표준(X) → 현실적 표준(O)

친절한 경석씨   표준원가의 종류별 특징

이상적 표준	• 이상적 표준(ideal standards)이란 기존의 설비와 제조공정에서 정상적인 기계고장, 정상감손 및 근로자의 휴식시간 등을 고려하지 않고 최선의 조건하에서만 달성할 수 있는 이상적인 목표하의 최저목표원가임. • 이상적 표준은 이를 달성하는 경우가 거의 없기 때문에 항상 불리한 차이가 발생되며, 이에 따라 종업원의 동기부여에 역효과를 초래함. • 실제원가와의 차이가 크게 발생하므로 재고자산평가나 매출원가산정에 적합하지 않음. →그러나 이상적 표준이 전혀 의미가 없는 것은 아니고 현실적 표준을 설정하기 위한 출발점으로서의 의미를 갖음.

정상적 표준	• 정상적 표준(normal standards)이란 정상적인 조업수준이나 능률수준에 대하여 설정된 표준원가임.
	  →여기서 정상이란 경영활동에서 이상 또는 우발적인 상황을 제거한 것을 의미함.
	• 정상적 표준은 경영에 있어 비교적 장기간에 이르는 과거의 실적치를 통계적으로 평균화하고 여기에 미래의 예상추세를 감안하여 결정됨.
	  →따라서, 경제상태가 비교적 안정된 경우에는 재고자산가액 산정과 매출원가계산에 가장 적합하며 원가관리를 위한 성과평가의 척도가 될 수 있음.

현실적 표준	• 현실적 표준(practical standards)이란 경영의 실제활동에서 열심히 노력하면 달성될 것으로 기대되는 표준원가임. →이는 정상적인 기계고장과 근로자의 휴식시간을 허용하며, 작업에 참여하는 평균적인 근로자들이 합리적이면서 매우 효율적으로 노력을 하면 달성될 수 있는 표준임. • 현실적 표준과 실제원가와의 차이는 정상에서 벗어난 비효율로서 차이발생에 대해 경영자의 주의를 환기시키는 신호가 된다는 점에서 경영자에게 매우 유용함. • 현실적 표준은 설정내용에 따라서 원가관리에 더욱 적합할 수 있고 예산관리에도 유용하게 이용될 수 있음. • 표준원가계산제도에서의 표준원가라 하면 일반적으로 현실적 표준원가를 의미함.

정답 : ①

핵심유형특강 282   표준원가계산 직접재료원가 구입가격차이

㈜삼일은 표준원가계산제도를 채택하고 있으며, 당기의 예산생산량은 1,000개이나 실제생산량은 600개이다. 당기 중 직접재료 1,000kg를 300,000원에 외상으로 구입하여 800kg을 사용하였다. 직접재료의 기초재고는 없으며, 제품 단위당 표준직접재료원가는 아래와 같다. 직접재료원가 가격차이를 (a)사용시점에 분리했을 경우와 (b)구입시점에 분리했을 경우의 가격차이는 얼마인가?

> 직접재료가 : 2kg × 200 = 400원

① (a) 80,000 유리 (b) 100,000 유리   ② (a) 80,000 불리 (b) 100,000 불리
③ (a) 80,000 유리 (b) 100,000 불리   ④ (a) 80,000 불리 (b) 100,000 유리

해설

- AQ=800kg, AQ'=1,000kg, AP : 300,000÷1,000kg=300, SP=200
- (a)사용가격차이

AQ × AP	AQ × SP
800kg×300	800kg×200

             80,000(불리)

- (b)구입가격차이

AQ' × AP	AQ' × SP
1,000kg×300	1,000kg×200

             100,000(불리)

정답 : ②

핵심유형특강 283   표준원가계산 직접재료원가 구입가격차이와 SP 추정

구입시점에서 직접재료원가 가격차이를 분리하기 위한 자료이다. 직접재료원가 단위당 표준원가는 얼마인가?

기초재고액(실제원가)	160,000원	기말재고액(실제원가)	145,000원
생산과정 투입액(실제원가)	400,000원	단위당 실제구입가격	200원
불리한 구입가격차이	61,600원		

① 152원   ② 168원   ③ 176원   ④ 184원

해설

- AP(단위당 실제구입가격)=200
- AQ'(구입량) 추정

기초원재료	160,000	투입액(사용액)	400,000
구입액(AQ'×AP)	?	기말원재료	145,000

→구입액(AQ'×AP)=385,000
→AP=200 이므로 구입량(AQ')=1,925단위
- SP(단위당 표준원가) 계산

AQ' × AP	AQ' × SP
1,925단위×200=385,000	1,925단위×SP

             61,600(불리)

→SP(단위당 표준원가)=168

정답 : ②

핵심유형특강 284   직접재료원가 능률차이 계산

㈜상일의 직접재료원가에 대한 자료는 다음과 같다. ㈜상일의 직접재료원가 능률차이는 얼마인가?

제품실제생산량	2,000개	kg당 실제재료원가	400원
제품 1개당 표준투입수량	6kg	직접재료원가 kg당 표준가격	200원
제품 1개당 실제투입수량	5kg		

① 200,000원(불리)   ② 200,000원(유리)   ③ 400,000원(불리)   ④ 400,000원(유리)

해설

• 직접재료비 차이분석

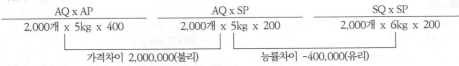

AQ x AP	AQ x SP	SQ x SP
2,000개 x 5kg x 400	2,000개 x 5kg x 200	2,000개 x 6kg x 200

가격차이 2,000,000(불리)   능률차이 -400,000(유리)

정답 : ④

핵심유형특강 285   시장수요·공급과 표준원가계산 차이분석

원재료 시장의 수요와 공급상황에 따라 발생하는 차이는 다음 중 무엇인가?
① 직접재료원가 능률차이   ② 직접재료원가 가격차이   ③ 직접노무원가 능률차이   ④ 직접노무원가 가격차이

해설

• 원재료 수요 〈 원재료 공급 : 구매가격 하락 →일반적으로 직접재료원가 유리한 가격차이 발생
• 원재료 수요 〉 원재료 공급 : 구매가격 상승 →일반적으로 직접재료원가 불리한 가격차이 발생

정답 : ②

핵심유형특강 286   직접재료원가 가격차이 발생원인

다음 중 직접재료원가 가격차이가 발생하는 원인에 대한 설명으로 올바르지 않은 것은?

① 원재료 시장의 수요와 공급상황에 따라 발생할 수 있다.
② 원재료 구매담당자의 업무능력에 따라 유리하거나 불리한 차이가 발생할 수 있다.
③ 표준을 설정할 때 고려한 품질수준과 상이한 품질의 원재료를 구입함에 따라 가격차이가 발생할 수 있다.
④ 생산과정에서 원재료를 효율적으로 사용하지 못함으로써 발생할 수 있다.

해설

• ① 당초보다 물가가 하락하면 구매가격 하락으로 유리한 가격차이가, 당초보다 물가가 상승하면 구매가격 상승으로 불리한 가격차이가 일반적으로 발생한다.
② 원재료 구매담당자의 업무능력에 따라 저가구입시는 유리한 가격차이가, 고가구입시는 불리한 가격차이가 발생한다.
③ 저품질의 원재료는 저가이므로 유리한 가격차이가, 고품질의 원재료는 고가이므로 불리한 가격차이가 발생한다.
④ 원재료를 효율적으로 소량 사용시는 유리한 능률차이가, 비효율적으로 낭비하여 대량 사용시는 불리한 능률차이가 발생한다.

정답 : ④

핵심유형특강 287 　　　　　　　표준원가계산 직접노무원가 차이분석

다음은 20x1년 3월 ㈜삼일의 직접노무원가에 관한 자료이다. 다음 설명 중 옳지 않은 것은 어느 것인가?

ㄱ. 표준 직접노무시간	4,000시간
ㄴ. 실제 직접노무시간	4,100시간
ㄷ. 직접노무원가 임률차이	82,000원(불리)
ㄹ. 표준임률	200원/시간

① 직접노무원가 실제원가는 902,000원이다.
② 직접노무원가 표준원가는 820,000원이다.
③ 직접노무원가 총차이는 102,000원(불리)이다.
④ 직접노무원가 능률차이는 20,000원 불리한 차이이다.

해설

- SQ=4,000시간, AQ=4,100시간, SP=200
- 직접노무원가 차이분석

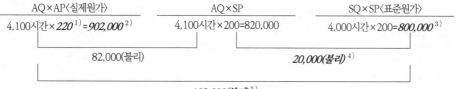

[1] 실제임률(AP) : (4,100시간×AP)-(4,100시간×200)=82,000 에서, AP=220
[2] 직접노무원가 실제원가 : 4,100시간×AP(220)=902,000
[3] 직접노무원가 표준원가 : 4,000시간×200=800,000
[4] 직접노무원가 능률차이 : (4,100시간×200)-(4,000시간×200)=20,000
[5] 직접노무원가 총차이 : 902,000-800,000=102,000(불리)
∴직접노무원가 표준원가는 820,000원이 아니라 800,000원이다.

정답 : ②

핵심유형특강 288 　　　　　　　초과근무와 표준원가계산 차이분석

초과근무시간에 대한 할증임금 지급으로 발생한 직접노무원가 초과지급액은 다음 중 어떤 형태로 가장 잘 반영되는가?

① 직접재료원가 가격차이　　　　　　　② 직접노무원가 임률차이
③ 제조간접원가 능률차이　　　　　　　④ 제조간접원가 조업도차이

해설

- 표준임률(SP)보다 실제임률(AP)이 커지므로 직접노무원가 불리한 임률차이(가격차이)를 발생시킨다.

정답 : ②

핵심유형특강 289 　　　　　**직접노무원가 차이분석과 실제작업시간 추정**

다음은 당기 12월 ㈜삼일의 직접노무원가에 관한 자료이다. 12월의 제품단위당 실제작업시간은?

ㄱ. 실제제품생산량	5,000개
ㄴ. 실제직접노무원가 발생액	21,000,000원
ㄷ. 제품단위당 표준시간	5시간
ㄹ. 직접노무원가 임률차이	3,000,000(유리)
ㅁ. 직접노무원가 능률차이	4,000,000(불리)

① 5시간　　　　　　　　　　　　② 6시간
③ 7시간　　　　　　　　　　　　④ 8시간

해설

• 직접노무원가 차이분석

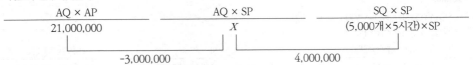

$$\begin{array}{ccccc}
AQ \times AP & & AQ \times SP & & SQ \times SP \\
21,000,000 & & X & & (5,000개 \times 5시간) \times SP
\end{array}$$

-3,000,000 　　　　　4,000,000

→ 21,000,000 - X = -3,000,000 에서, X = 24,000,000
→ 24,000,000 - (5,000개 × 5시간) × SP = 4,000,000 에서, SP = 800
→ AQ × 800 = 24,000,000 에서, AQ = 30,000시간
∴ 30,000시간 ÷ 5,000개 = 6시간

정답 : ②

핵심유형특강 290 　　　　　　　**표준원가 차이분석 방법**

다음 중 표준원가 차이분석에 대한 설명으로 가장 올바르지 않은 것은?

① 수량차이(능률차이)는 사전에 설정된 표준단가에 실제수량과 표준수량과의 차이를 곱하여 산출된다.
② 가격차이는 실제단가와 표준단가의 차이에 정해진 표준수량을 곱하여 산출된다.
③ 직접재료원가 가격차이는 재료를 구입하는 시점에 분리할 수도 있고, 재료를 사용하는 시점에 분리할 수도 있다.
④ 불리한 직접노무원가 가격차이가 발생하였다면 표준임률이 실제임률에 비하여 저렴하였다는 의미이다.

해설

• ① 능률차이(AQ×SP - SQ×SP)는 'SP×(AQ - SQ)'와 동일하다.
　→즉, 능률차이는 사전에 정해진 표준단가(SP)에 실제수량(AQ)과 표준수량(SQ)의 차액을 곱한 것이다.
② 가격차이(AQ×AP - AQ×SP)는 '(AP - SP)×AQ'와 동일하다.
　→즉, 가격차이는 실제단가(AP)와 표준단가(SP)의 차액에 실제 사용한 수량(AQ)을 곱한 것이다.
③ 직접재료원가 가격차이는 재료를 구입하는 시점에 구입수량에 대하여 분리하는 방법과 재료를 사용하는 시점에 실제투입수량(실제 사용량)에 대하여 분리하는 2가지 방법이 있다.
④ 불리한 직접노무원가 가격차이가 발생하였다면 'AQ×AP - AQ×SP'가 (+)인 경우로서 AP〉SP가 된다.
　→즉, 실제임률(AP)이 표준임률(SP)보다 높다는 의미이다.(=표준임률이 실제임률에 비하여 저렴)

정답 : ②

핵심유형특강 291   표준원가계산 차이발생 원인

다음의 차이분석에 대한 설명으로 가장 올바르지 않은 것은?

① 원재료 구매담당자의 업무능력에 따라 유리하거나 불리한 직접재료원가 가격차이가 발생할 수 있다.
② 노사협상 등에 의해 임금이 상승한다면 불리한 직접노무원가 가격차이가 발생할 수 있다.
③ 일반적으로 생산부문 책임자의 감독소홀이나 일정계획의 차질은 직접노무원가 능률차이를 발생시키나 변동제조간접원
가 능률차이에는 영향을 주지 않는다.
④ 표준을 결정할 때와 다른 경기 변동으로 인해 직접재료원가 가격차이가 발생할 수 있다.

해설

① 원재료 구매담당자의 업무능력에 따라 저가구입시는 유리한 차이가, 고가구입시는 불리한 가격차이가 발생한다.
② 근로자의 임금인상 요구가 관철되는 경우 실제임률이 상승하여 불리한 직접노무원가 가격차이가 발생한다.
③ 변동제조간접원가 배부율이 노동시간과 관련된 경우 변동제조간접원가 능률차이가 발생하는 원인은 다음과 같이 직접노무원가 능률
차이가 발생하는 원인과 동일하다.

   i) 노동의 비능률적 사용으로 인해 직접노무원가는 물론 변동제조간접원가에서도 능률차이가 발생할 수 있다.
   ii) 생산에 투입되는 원재료의 품질정도에 따라 투입되는 노동시간이 영향을 받으므로 이에 의해서도 변동제조간접원가 능률차이가
      발생할 수 있다.
   iii) 생산부문 책임자의 감독소홀이나 일정계획 등의 차질로 인하여 변동제조간접원가 능률차이가 발생할 수 있다.

④ 당초보다 물가가 하락하면 구매가격 하락으로 유리한 차이가, 당초보다 물가가 상승하면 구매가격 상승으로 불리한 차이가 일반적으로
발생한다.

정답 : ③

핵심유형특강 292   표준원가계산 변동제조간접원가 차이분석

㈜삼일의 제조간접원가에 대한 자료는 다음과 같다. 제조간접원가의 배부기준으로 직접노동시간을 사용하고 있다.
변동제조간접원가 소비차이(예산차이)는 얼마인가?

ㄱ. 실제제조간접원가 발생액	15,000원
ㄴ. 실제고정제조간접원가 발생액	6,000원
ㄷ. 실제직접노동시간	800시간
ㄹ. 표준직접노동시간	600시간
ㅁ. 직접노동시간당 변동제조간접원가 표준배부율	10원

① 1,000원 불리   ② 2,000원 불리
③ 1,000원 유리   ④ 2,000원 유리

해설

• 실제VOH 발생액 : 15,000(실제OH 발생액)-6,000(실제FOH 발생액)=9,000
• 변동제조간접원가 소비차이분석

정답 : ①

핵심유형특강 293 ⎪ 변동제조간접원가 차이분석과 실제생산량 추정

㈜삼일은 제조간접비를 직접노무시간에 따라 배부하며 기준조업도(직접노무시간)는 30,000시간/월 이다. 제품 1단위를 생산하는데 표준직접노무시간은 3시간이다. 20x1년 9월의 발생자료는 다음과 같다. ㈜삼일의 20x1년 9월 실제 제품생산량은 몇단위인가?

| 실제 직접노무시간 | 28,000 시간 | 변동제조간접원가 실제발생액 | 37,800원 |
| 소비차이 | 4,200원 유리 | 능률차이 | 3,000원 유리 |

① 8,500단위
② 9,000단위
③ 9,500단위
④ 10,000단위

해설

• 변동제조간접비 차이분석

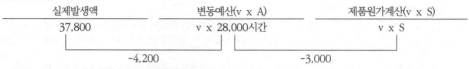

| 실제발생액 | 변동예산(v x A) | 제품원가계산(v x S) |
| 37,800 | v x 28,000시간 | v x S |

-4,200   -3,000

→ 37,800-(v x 28,000시간)=-4,200 에서, v=1.5
→ (1.5 x 28,000시간)-(1.5 x S)=-3,000 에서, S=30,000시간
∴ S(30,000시간)=실제생산량x3시간 이므로, 실제생산량=10,000단위

정답 : ④

핵심유형특강 294 ⎪ 표준원가계산 차이분석의 상호관계[1]

㈜삼일은 변동제조간접원가의 배부기준으로 직접노동시간을 사용하고 있다. 직접노무원가 능률차이가 30,000원(불리)이 발생하였다고 할 때 다음 중 옳은 것은?

① 직접재료원가 가격차이가 불리하게 나타난다.
② 변동제조간접원가 예산차이(소비차이)가 불리하게 나타난다.
③ 변동제조간접원가 능률차이가 불리하게 나타난다.
④ 고정제조간접원가 조업도차이가 유리하게 나타난다.

해설

• 변동제조간접원가 배부율이 노동시간과 관련된 경우, 노동의 비능률적 사용 등으로 인한 실제노동시간(AQ)의 증가로 직접노무원가 불리한 능률차이(AQ>SQ)가 발생하면 이는 변동제조간접원가 불리한 능률차이(vA>vS) 발생의 원인이 된다.

참고 변동제조간접원가(VOH)와 직접노무원가(DL) 차이분석의 상호관계

• 변동제조간접원가 배부율이 노동시간과 관련된 경우 변동제조간접원가 능률차이가 발생하는 원인은 다음과 같이 직접노무원가 능률차이가 발생하는 원인과 동일함.

　㉠ 노동의 비능률적 사용으로 인해 DL은 물론 VOH에서도 능률차이가 발생할 수 있음.
　㉡ 생산에 투입되는 원재료의 품질정도에 따라 투입되는 노동시간이 영향을 받으므로 이에 의해서도 VOH 능률차이가 발생할 수 있음.
　㉢ 생산부문 책임자의 감독소홀이나 일정계획 등의 차질로 인하여 VOH 능률차이가 발생할 수 있음.

정답 : ③

핵심유형특강 295 | **표준원가계산 차이분석의 상호관계[2]**

㈜상일은 변동제조간접원가의 배부기준으로 직접노무시간을 사용하고 있다. 직접노무원가의 임률차이가 30,000원 (유리), 직접노무원가 능률차이가 20,000원(불리)이 발생하였다고 할 때 다음 중 옳은 것은?

> 가. 표준을 설정할 때보다 저임률의 미숙한 노동자가 투입되는 경우 직접노무원가의 능률차이가 불리하게 나타날 수 있다.
> 나. 생산부문 책임자의 감독소홀이나 일정계획 등의 차질이 있는 경우 직접노무원가의 능률차이가 불리하게 나타날 수 있다.
> 다. 변동제조간접원가의 능률차이가 불리하게 나타난다.

① 가, 나   ② 가, 다
③ 나, 다   ④ 가, 나, 다

해설

• 가 : 저임률로 인해 직접노무원가 유리한 임률차이(AP⟨SP)가 발생하지만, 이로 인해 투입시간이 증가하여 직접노무원가 불리한 능률차이(AQ⟩SQ)가 발생한다.
• 나 : 투입시간이 증가하여 직접노무원가 불리한 능률차이(AQ⟩SQ)가 발생한다.
• 다 : 직접노무원가 불리한 능률차이(AQ⟩SQ)가 발생하면 이는 변동제조간접원가 불리한 능률차이(vA⟩vS) 발생의 원인이 된다.

정답 : ④

핵심유형특강 296 | **표준원가계산 고정제조간접원가 조업도차이**

㈜상일은 직접노동시간을 기준으로 고정제조간접원가를 배부하고 있다. 당기 고정제조간접원가에 대한 자료는 다음 과 같다.

구분	예산	실제
직접노동시간	8,000시간	9,000시간
고정제조간접원가	4,000원	5,000원

제품 단위당 표준 직접노동시간은 4시간이고, 당기 실제생산량은 2,500개이다. 또한 회사는 기준조업도로 예산조업 도를 사용한다. 이 경우 당기 고정제조간접원가 조업도차이는 얼마인가?

① 500원 유리   ② 500원 불리
③ 1,000원 유리   ④ 1,000원 불리

해설

• F=4,000, N=8,000시간, f=$\frac{4,000}{8,000시간}$=0.5/시간, S=2,500개×4시간=10,000시간
• 고정제조간접원가 조업도차이분석

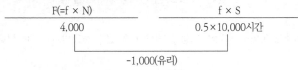

$$\underline{\quad\quad F(=f \times N)\quad\quad}\quad\quad\underline{\quad\quad f \times S\quad\quad}$$
$$\quad\quad 4,000 \quad\quad\quad\quad\quad\quad 0.5 \times 10,000시간$$
$$\quad\quad\quad\quad\quad -1,000(유리)$$

정답 : ③

핵심유형특강 297   **표준원가계산 차이분석과 책임의 귀속**

다음 중 표준원가계산제도하의 차이분석에 관한 설명으로 가장 올바르지 않은 것은?

① 직접노무원가 임률차이가 유리하다면 실제임률이 표준임률에 비하여 작다는 것이다.
② 고정제조간접원가 실제발생액이 고정제조간접원가 예산에 비하여 과다하게 발생하였다면 불리한 예산차이가 발생하게 된다.
③ 직접재료원가 가격차이에 대한 책임은 생산담당자가 지는 것이 바람직하다.
④ 가격차이란 실제단가와 표준단가의 차이에 실제 사용한 재화의 수량을 곱한 것이다.

해설

- ① 직접노무원가 임률차이가 유리하다면, 'AQ×AP − AQ×SP'가 (−)인 경우로서 AP〈SP가 된다.
  →즉, 실제임률(AP)이 표준임률(SP)에 비하여 저렴하다는 것이다.
  ② 고정제조간접원가 실제발생액이 예산에 비하여 과다하게 발생하였다면, '실제발생액 − F'가 (+)인 경우이므로 불리한 예산차이가 발생하게 된다.
  ③ 직접재료원가 가격차이(AQ×AP − AQ×SP)는 원재료의 구매가격과 관련하여 발생하므로 구매담당자가 책임을 진다.
  →한편, 직접재료원가 능률차이는 생산과정에서 원재료의 효율적 사용여부와 관련하여 발생하므로 생산담당자가 책임을 진다.
  ④ 가격차이(AQ×AP − AQ×SP)는 '(AP − SP)×AQ'와 동일하다.
  →즉, 가격차이는 실제단가(AP)와 표준단가(SP)의 차액에 실제 사용한 수량(AQ)을 곱한 것이다.

정답 : ③

핵심유형특강 298   **표준원가계산 원가차이 매출원가조정법**

표준원가계산에서 원가차이의 배분방법인 매출원가조정법에 관한 설명으로 틀린 것은?

① 원가차이가 중요하지 않은 경우 매출원가조정법을 적용할 수 있다.
② 유리한 원가차이는 매출원가에서 차감하며 불리한 원가차이는 매출원가에 가산한다.
③ 매출원가조정법을 사용하면 비례배분법을 사용하는 경우보다 당기순이익이 증가한다.
④ 원가차이가 모두 매출원가에서 조정되므로 재공품과 제품계정 모두 표준원가로 기재된다.

해설

- 원가차이가 매출원가에 가감되므로 모든 원가차이를 당기손익에 반영하게 되며 이에 따라 불리한 차이의 경우는 비례배분법보다 순이익이 감소, 유리한 차이의 경우는 비례배분법보다 순이익이 증가한다.

정답 : ③

핵심유형특강 299   **원가회피개념과 원가계산방법**

다음 중 원가회피개념에 입각하여 미래에 동일한 원가의 발생을 예상할 수 있는 변동원가만 자산성을 인정하는 원가계산방법은 무엇인가?

① 정상원가계산   ② 결합원가계산
③ 전부원가계산   ④ 변동원가계산

해설

- 전부원가계산 : 원가부착개념에 입각(FOH도 제조원가)
- 변동원가계산 : 원가회피개념에 입각(FOH는 비용처리)

정답 : ④

핵심유형특강 300 　　　　　전부·변동원가계산의 원가개념

다음 괄호 안에 들어갈 알맞은 용어를 고르면?

> 전부원가계산제도는 (A)개념에 근거를 두고 있다. (A)개념이란 제품생산과 관련한 원가는 원가의 행태에 관계없이 모두 제품의 원가로 보는 것이다. 변동원가계산제도는 (B)개념에 근거를 두고 있다. (B)개념이란 발생한 원가가 미래에 동일한 원가의 발생을 방지할 수 없다면 그 원가는 자산성을 인정할 수 없다는 것이다.

	A	B		A	B
①	원가부착	원가회피	②	원가회피	원가부착
③	원가부착	기간원가	④	원가회피	기간원가

해설

• 전부원가계산 : 원가부착개념에 입각[고정제조간접원가(FOH)도 제조원가]

내용	• 전부원가계산은 제조원가 전부 즉, 직접재료원가, 직접노무원가, 변동제조간접원가, 고정제조간접원가를 제품원가로 보는 원가계산방법이다. →전부원가계산제도는 원가부착개념(cost attach concept)에 근거를 두고 있으며, 원가부착개념이란 제품생산과 관련한 원가는 원가의 행태에 관계없이 모두 제품의 원가로 보는 것이다. 즉, 고정제조간접원가도 당연히 제품생산에 필수적으로 수반되는 원가이기 때문에 자산성을 인정하여 재고자산의 가액에 포함시키는 것이다.

• 변동원가계산 : 원가회피개념에 입각[고정제조간접원가(FOH)는 비용처리]

내용	• 변동원가계산은 제조원가를 변동원가와 고정원가로 구분하여 변동제조원가만을 제품원가에 포함시키고, 고정제조원가는 기간원가로 처리하는 원가계산방법이다. →변동원가계산제도는 원가회피개념(cost avoidance concept)에 근거를 두고 있으며, 원가회피개념이란 발생한 원가가 미래에 동일한 원가의 발생을 방지할 수 없다면 그 원가는 자산성을 인정할 수 없다는 것이다. 즉, 고정제조간접원가의 경우 제품의 생산량과 관련이 있다기 보다는 설비능력과 밀접한 관련이 있으며, 조업도 변동에 따라 원가가 변동하지 않고 시간이 경과함에 따라 회피할 수 없는 원가이기 때문에 재고자산의 가액에 포함시켜서는 안되며 기간원가로 처리해야 한다는 것이다.

* **비교** 초변동원가계산 : 초원가회피개념(직접노무원가/변동제조간접원가/고정제조간접원가를 운영비용처리)

정답 : ①

핵심유형특강 301 전부원가계산·변동원가계산·초변동원가계산 비교

다음 자료를 참고하여 ㈜삼일의 전부원가계산에 따른 매출총이익, 변동원가계산에 따른 공헌이익, 초변동원가계산에 따른 재료처리량공헌이익(현금창출공헌이익)을 구하시오. 단, 기초제품과 기말제품은 없으며 ㈜삼일은 당기 20,000개를 생산하여 전량판매하였다.

제품 단위당 판매가격	1,000원
제품단위당 직접재료원가	200원
제품단위당 직접노무원가	120원
제품단위당 변동제조간접원가	50원
제품단위당 변동판매비와관리비	30원
고정제조간접원가	5,000,000원
고정판매비와관리비	2,000,000원

	전부원가계산 매출총이익	변동원가계산 공헌이익	초변동원가계산 재료처리량공헌이익
①	12,300,000원	12,300,000원	14,000,000원
②	7,600,000원	12,300,000원	12,800,000원
③	11,800,000원	12,000,000원	14,000,000원
④	7,600,000원	12,000,000원	16,000,000원

해설

• 전부원가계산 매출총이익 : 20,000개×@1,000-[20,000개×(@200+@120+@50)+5,000,000]=7,600,000
• 변동원가계산 공헌이익 : 20,000개×@1,000-[20,000개×(@200+@120+@50)+20,000개×@30]=12,000,000
• 초변동원가계산 재료처리량공헌이익(현금창출공헌이익) : 20,000개×@1,000-20,000개×@200=16,000,000

친절한 경석씨 전부원가계산·변동원가계산·초변동원가계산 비교

구분	전부원가계산	변동(직접)원가계산	초변동원가계산
근본적차이	• 원가부착개념 ➡FOH도 제조원가 (판매시 비용화)	• 원가회피개념 ➡FOH는 비용처리	• 초원가회피개념 ➡DL/VOH/FOH를 비용처리
제조원가	• DM+DL+VOH+FOH	• DM+DL+VOH	• DM
손익계산서	• 전통적I/S(기능별I/S)	• 공헌이익I/S(행태별I/S)	• 초변동원가계산I/S
영업이익	• 매출액 (-)매출원가(DM+DL+VOH+FOH) 매출총이익 (-)판관비(변동+고정) 영업이익	• 매출액 (-)매출원가(DM+DL+VOH) (-)변동판관비 공헌이익 (-)FOH+고정판관비 영업이익	• 매출액 (-)제품수준변동원가(DM) 재료처리량(현금창출)공헌이익 (-)운영비용(DL+VOH+FOH+판관비) 영업이익
의사결정	• 장기의사결정에 유리	• 단기의사결정에 유리	-
보고	• 외부보고용	• 내부관리용 ➡∴전부원가계산으로 전환하여 외부보고해야 함.	

정답 : ④

핵심유형특강 302 　전부·초변동원가계산 영업이익 차이조정

다음 자료를 바탕으로 전부원가계산에 의한 영업이익을 계산하면 얼마인가?

기초 재고자산에 포함된 가공원가	:	2,000,000원
기말 재고자산에 포함된 가공원가	:	3,000,000원
초변동원가계산의 영업이익	:	5,000,000원

① 3,000,000원　　　　　　　　　② 4,000,000원
③ 5,000,000원　　　　　　　　　④ 6,000,000원

해설

• 전부원가계산 영업이익 　　　　　　　　　　　　A
  (+) 기초에 포함된 가공원가(DL, VOH, FOH) 　2,000,000
  (−) 기말에 포함된 가공원가(DL, VOH, FOH) 　(3,000,000)
  초변동원가계산 영업이익 　　　　　　　　　5,000,000
  → ∴ A = 6,000,000

 친절한 경석씨　**전부·변동·초변동원가계산 영업이익 차이조정**

전부원가계산에 의한 영업이익	전부원가계산에 의한 영업이익	변동원가계산에 의한 영업이익
(+) 기초에 포함된 FOH (−) 기말에 포함된 FOH	(+) 기초에 포함된 DL, VOH, FOH (−) 기말에 포함된 DL, VOH, FOH	(+) 기초에 포함된 DL, VOH (−) 기말에 포함된 DL, VOH
변동원가계산에 의한 영업이익	초변동원가계산에 의한 영업이익	초변동원가계산에 의한 영업이익

정답 : ④

핵심유형특강 303   표준전부원가계산의 순이익

● 다음은 ㈜삼일의 표준변동원가계산제도하의 제조원가내역이며 고정제조간접원가차이는 없다.

> ㄱ. 표준변동원가계산하의 당기순이익 4,000,000원
>
> ㄴ. 고정제조간접원가 실제발생액(전기와 동일) 8,800,000원
>
> ㄷ. 물량의 흐름
>
> | 기초제품 | 1,000개 | 판 매 | 4,000개 |
> |---|---|---|---|
> | 당기생산 | 4,400개 | 기말제품 | 1,400개 |
> | | 5,400개 | | 5,400개 |
>
> ㄹ. 재고자산 평가방법 : 선입선출법
>
> ㅁ. 재공품 재고는 없고 전기의 생산량 및 표준원가는 당기와 동일함

다음 중 표준전부원가계산의 당기순이익은 얼마인가?

① 4,300,000원   ② 4,430,000원

③ 4,700,000원   ④ 4,800,000원

해설

- FOH배부율 : 8,800,000÷4,400개=@2,000/개

- 전부원가계산에 의한 이익 x

  (+) 기초에 포함된 FOH 1,000개×@2,000   =   2,000,000

  (-) 기말에 포함된 FOH 1,400개×@2,000   =   (2,800,000)

  변동원가계산에 의한 이익   4,000,000

  →x=4,800,000

정답 : ④

핵심유형특강 304   전부·변동원가계산 영업이익 차이조정

● ㈜삼일의 재고자산 및 매출원가의 구성이 다음과 같을 때, 변동원가계산에 의한 영업이익과 전부원가계산에 의한 영업이익의 차이는 얼마인가?

구분	수량	변동원가	고정원가
기초제품	1,000단위	1,000,000원	600,000원
기말제품	600단위	600,000원	450,000원
매출원가	5,000단위	6,000,000원	3,200,000원

① 0원   ② 50,000원

③ 100,000원   ④ 150,000원

해설

- 전부원가계산 영업이익 A

  (+) 기초에 포함된 FOH   600,000

  (-) 기말에 포함된 FOH   (450,000)

  변동원가계산 영업이익 A+150,000

  →∴(A+150,000)-A=150,000

정답 : ④

핵심유형특강 305 — 전부·변동원가계산과 생산량 추정

다음은 ㈜상일의 전부원가계산과 변동원가계산에 의한 순이익을 비교한 자료이다. 전부원가계산의 영업이익이 변동원가계산에 비해 10,000원 만큼 많다면 생산량은 몇 개인가?

생산량	?	판매량	1,000개
판매단가	200원	고정판매관리비	20,000원
고정제조원가	26,000원	단위당 변동판매관리비	20원
단위당 변동제조원가	40원	월초재고	없음

① 800개
③ 1,625개
② 1,400개
④ 1,800개

해설

• 계정흐름이 다음과 같으므로 →단위당FOH=$\dfrac{26,000}{X}$

기초	0	판매량	1,000
생산량	X	기말	X-1,000

• 전부원가계산 영업이익	A+10,000
(+)기초에 포함된 FOH	0
(-)기말에 포함된 FOH	$(X-1,000)$개 × $\dfrac{26,000}{X}$
변동원가계산 영업이익	A

→$(X-1,000)$개 × $\dfrac{26,000}{X}$=10,000 에서, X=1,625개

정답 : ③

핵심유형특강 306 　　　　전부·변동원가계산과 고정제조간접원가 추정

㈜상일의 6월 중 영업자료는 아래와 같다. 전부원가계산에 의한 영업이익이 변동원가계산에 의한 영업이익보다 24,000원 더 크다면 6월 발생한 고정제조간접원가는 얼마인가?(재고자산은 평균법으로 평가한다)

생산량	1,600개
판매량	1,200개
기초재고량	400개 (단위당 고정제조간접원가 40원)

① 84,000원　　　　　　　　　　　② 92,000원
③ 100,000원　　　　　　　　　　 ④ 108,000원

해설

- 전부원가계산 영업이익 　　　　　　　$A+24,000$
  - (+) 기초에 포함된 FOH 　　　　　 400개×40
  - (-) 기말에 포함된 FOH 　　　　　 800개×B
  - 변동원가계산 영업이익 　　　　　　A

→ 400개×40-800개×B=-24,000
→ B(기말에 포함된 단위당FOH)=50
→ 기초에 포함된 FOH : 400개×40=16,000
→ 기말에 포함된 FOH : 800개×50=40,000

- 생산량에 포함된 FOH(6월 고정제조간접원가)를 X라 하면,

기초재고 400개(FOH=16,000)	판 매 량 1,200개(FOH=?)
생 산 량 1,600개(FOH=X)	기말재고 800개(FOH=40,000)

→단위당평균FOH : $\dfrac{16,000+X}{400개+1,600개}$

∴800개×$\dfrac{16,000+X}{400개+1,600개}$=40,000, X=84,000

정답 : ①

핵심유형특강 307   **조업도가 생산량인 경우 전부·변동 영업이익 차이**

다음 자료에 의하여 전부원가계산과 변동원가계산의 이익차이를 계산하면 얼마인가(단, 전기와 당기의 고정제조간접
원가배부율은 동일하며 차이계정은 매출원가에서 조정한다)?

기준조업도	100,000단위	조업도차이(유리한 차이)	15,000원
기초제품	10,000단위	기말제품	25,000단위
판매수량	95,000단위		

① 22,500원   ② 27,000원
③ 32,000원   ④ 37,000원

해설

- '10,000단위+생산량-25,000단위=95,000단위'에서, 생산량=110,000단위
- 조업도가 생산량이므로 S(실제산출량에 허용된 표준조업도)는 실제생산량 그 자체가 된다.

변동예산(f x N)	제품원가계산(f x S)
f x 100,000단위	f x 110,000단위

$$-15,000$$

→ f(FOH배부율)=1.5
- 전부원가계산영업이익을 X라 하면,
  변동원가계산영업이익은 X+(10,000단위x1.5)-(25,000단위x1.5)=X-22,500
∴ X-(X-22,500)=22,500

정답 : ①

핵심유형특강 308   **초변동원가계산 의의와 특징**

다음 중 초변동원가계산에 관한 설명으로 가장 올바르지 않은 것은?
① 초변동원가계산에 의한 영업이익은 단위당 현금창출공헌이익에 판매수량을 곱하고 운영비용을 차감하여 계산한다.
② 생산량이 증가할수록 영업이익이 감소되므로 재고자산보유를 최소화하도록 유인을 제공한다.
③ 제조간접원가에 포함되는 혼합원가를 임의로 고정원가와 변동원가로 구분할 필요없이 모두 기간비용으로 처리하기에
  혼합원가의 주관적 구분이 불필요하다.
④ 전부원가계산제도와 마찬가지로 원가부착개념에 근거를 두고 있다.

해설

- 초변동원가계산은 직접노무원가, 변동제조간접원가, 고정제조간접원가를 모두 비용(운영비용) 처리하므로, 변동원가계산과 마찬가지
  로 원가회피개념에 근거를 두고 있다.
  →따라서, 생산관련 직접노무원가, 변동제조간접원가, 고정제조간접원가가 모두 비용화되어 생산량 증가시 이익감소를 초래하므로 생
  산량을 감소시켜 재고를 최소화하려는 유인이 발생한다.

정답 : ④

| 핵심유형특강 309 | 전부·변동·초변동원가계산 영업이익 차이조정 |

아래 자료와 관련하여 ㈜삼일의 초변동원가계산에 의한 영업이익이 3,000,000원이라고 할 경우 변동원가계산의 영업이익과 전부원가계산에 따른 영업이익은 얼마인가?(단, 기초와 기말재공품은 없다)?

제품단위당 직접재료원가	100원	제품단위당 직접노무원가	120원
제품단위당 변동제조간접원가	30원	제품단위당 변동판매비와관리비	20원
제품단위당 고정제조간접원가	40원	제품단위당 고정판매비와관리비	10원
기초제품재고수량	1,000개	기말제품재고수량	2,000개

	변동원가계산 영업이익	전부원가계산 영업이익
①	3,150,000원	3,190,000원
②	3,140,000원	3,180,000원
③	3,160,000원	3,170,000원
④	3,120,000원	3,160,000원

해설

• 영업이익 차이조정 정리

전부원가계산에 의한 영업이익	전부원가계산에 의한 영업이익	변동원가계산에 의한 영업이익
(+)기초재공품,제품에 포함된 FOH (-)기말재공품,제품에 포함된 FOH	(+)기초재공품,제품에 포함된 DL,VOH,FOH (-)기말재공품,제품에 포함된 DL,VOH,FOH	(+)기초재공품,제품에 포함된 DL,VOH (-)기말재공품,제품에 포함된 DL,VOH
변동원가계산에 의한 영업이익	초변동원가계산에 의한 영업이익	초변동원가계산에 의한 영업이익

• 변동원가계산영업이익+1,000개x(120+30)-2,000개x(120+30)=3,000,000
→변동원가계산영업이익=3,150,000
• 전부원가계산영업이익+1,000개x(120+30+40)-2,000개x(120+30+40)=3,000,000
→전부원가계산영업이익=3,190,000

정답 : ①

| 핵심유형특강 310 | CVP분석의 의의와 가정 |

다음 중 CVP분석에 대한 설명으로 가장 올바른 것은?

① 다양한 조업도 수준에서 원가와 이익의 관계를 분석하는 기법이다.
② 화폐의 시간가치를 고려하는 장기적인 손익기법이다.
③ 기초적인 CVP분석에 있어 원가함수는 선형이라는 가정이 필요하지만 수익함수는 선형이라는 가정이 필요하지 않다.
④ 공헌이익률은 원가구조와 밀접히 관련이 있으며 총원가 중 변동원가 비율이 높으면 공헌이익률도 높게 나타난다.

해설

• ② 화폐의 시간가치를 무시하며, 화폐의 시간가치가 중요하지 않을 정도의 단기간이라고 가정한다.
③ 수익과 원가의 행태가 확실히 결정되어 있고 관련범위 내에서 모두 선형으로 가정한다.
④ '변동비율+공헌이익률=1'에서 변동원가 비율이 높으면 공헌이익률은 낮게 나타난다.

정답 : ①

핵심유형특강 311　　　　　　　　　　　　　　**공헌이익의 개념**

냉면집을 운영하고 있는 ㈜상일냉면은 냉면 한그릇을 6,000원에 판매하고 있으며 냉면 한 그릇을 판매하는데 소요되는 원가가 4,000원(고정제조간접원가 제외)이다. 금일 냉면을 100그릇을 판매하여 20만원의 이익이 발생하였다고 할 경우 이익의 개념은 무엇인가?

① 매출총이익　　　　　　　　　　　　　② 영업이익
③ 공헌이익　　　　　　　　　　　　　　④ 당기순이익

해설
- 매출액에서 변동원가를 차감한 금액은 공헌이익이 된다.

정답 : ③

핵심유형특강 312　　　　　　　　　　　　　**판매량 증가시 CVP분석**

다음 중 CVP분석에서 판매수량이 증가하는 경우에 대한 설명으로 가장 올바른 것은?

① 변동비율이 증가한다.　　　　　　　　② 손익분기점 판매량이 감소한다.
③ 고정원가가 증가한다.　　　　　　　　④ 공헌이익이 증가한다.

해설

- ① 변동비율$=\dfrac{\text{단위당변동비}}{\text{단위당판매가}}$　→∴ 판매량 증가시 영향없음.

　② BEP판매량$=\dfrac{\text{고정비}}{\text{단위당판매가} - \text{단위당변동비}}$　→∴ 판매량 증가시 영향없음.

　③ 고정원가=조업도와 무관하게 발생 →∴ 판매량 증가시 영향없음.

　④ 공헌이익=(단위당판매가-단위당변동비)x판매량 →∴ 판매량 증가시 증가함.

정답 : ④

핵심유형특강 313   **손익분기점 판매량 계산[1]**

다음의 주어진 자료를 이용하여 손익분기점 판매량을 계산하면 얼마인가(단, 판매비와관리비는 고려하지 않음)?

단위당 판매가격	300원
단위당 직접노무원가	20원
단위당 직접재료원가	100원
제조간접원가 : 1,000개 생산시 200,000원, 2,000개 생산시 280,000원	

① 1,000개　　　　　　　　　　　　② 1,200개
③ 1,400개　　　　　　　　　　　　④ 1,500개

해설

• 제조간접원가를 Y, 생산량을 X, 고정제조간접원가를 a, 단위당 변동제조간접원가를 b라고 하면, $Y=a+bX$
　㉠ 200,000=a+bx1,000개 ㉡ 280,000==a+bx2,000개 →연립하면, a=120,000, b=80
• 단위당공헌이익 : 300-(100+20+80)=100
• BEP판매량 : $\frac{120,000}{100}$=1,200개

정답 : ②

핵심유형특강 314   **손익분기점 판매량 계산[2]**

㈜삼일의 활동원가에 대한 자료는 다음과 같다. 재료처리에 대한 활동분석 결과 재료처리활동원가는 변동원가와 고정원가의 행태를 모두 가지고 있는 원가로 파악되었다. 이 경우 ㈜삼일의 1년간 손익분기점 판매수량은 얼마인가?

단위당 판매가격	:	3,000원
단위당 직접재료원가	:	1,200원
재료처리활동(과거자료)	:	100개 생산 262,000원, 200개 생산 342,000원

① 180단위　　　　　　　　　　　　② 182단위
③ 185단위　　　　　　　　　　　　④ 190단위

해설

• 고정원가를 a, 단위당 변동원가를 b라고 하면,
　㉠ 262,000=a+bx100개 ㉡ 342,,000=a+bx200개 →연립하면, a=182,000, b=800
• BEP판매량 : $\frac{182,000}{3,000-(1,200+800)}$=182단위

정답 : ②

핵심유형특강 315 — 손익분기점 판매량·매출액 계산

다음은 원가·조업도·이익(CVP)분석과 관련된 신문기사이다. (A)와 (B)는 각각 얼마인가? (단, 한달은 30일로 가정한다.)

> **〈월세 1억원 내는 커피숍 하루 (A) 팔아야 남는다.〉**
>
> 서울 홍대 인근에 위치한 커피전문점의 월세는 평균 1억원이다. 업계에 따르면 매장면적 및 위치에 따라 차이는 있지만 최소 하루 매출이 (B)는 되어야 손익분기점을 맞출 수 있는 것으로 나타났다. 이는 5,000원짜리 커피를 하루 (A) 판매해야 달성할 수 있다는 의미이다. 커피 한잔의 평균변동원가는 잔당 1,000원이고, 인건비, 임차료 등의 월평균 고정원가는 1억 2천만원 이라고 밝혔다.

	A	B		A	B
①	800잔	4,000,000원	②	900잔	4,500,000원
③	1,000잔	5,000,000원	④	1,200잔	6,000,000원

해설

- A(하루 BEP판매량) : $\dfrac{120,000,000 \div 30일}{5,000-1,000} = 1,000$잔
- B(하루 BEP매출액) : 1,000잔x5,000=5,000,000

정답 : ③

핵심유형특강 316 — 안전한계율 계산

㈜삼일은 단위당 판매가격이 400원, 단위당 변동원가가 200원인 제품을 생산하여 판매하고 있다. 당기의 판매량이 20,000개이고 고정원가는 2,000,000원이다. ㈜삼일의 안전한계율을 계산하면 얼마인가?

① 50% ② 40%
③ 30% ④ 20%

해설

- 안전한계율=$\dfrac{영업이익}{공헌이익} = \dfrac{20,000개 \times 400 - 20,000개 \times 200 - 2,000,000}{20,000개 \times 400 - 20,000개 \times 200} = 50\%$

* [별해]매출액=20,000개x400=8,000,000

   안전한계율=$\dfrac{매출액 - BEP매출액}{매출액} = \dfrac{8,000,000 - \dfrac{2,000,000}{(400-200)\div 400}}{8,000,000} = 50\%$

정답 : ①

핵심유형특강 317 민감도분석

㈜삼일의 과거 생산량과 총제조원가는 다음과 같다. 지난 2년간 고정원가 및 단위당 변동원가은 변화가 없었다. 20x3년에 고정원가 총액이 20% 증가하고 단위당 변동원가가 40% 감소하였다면 생산량이 6,000개일 때 총제조원가는 얼마인가?

	20x1년	20x2년
생산량	2,000개	4,000개
총제조원가	50,000,000원	70,000,000원

① 36,000,000원
② 48,000,000원
③ 60,000,000원
④ 72,000,000원

해설

- 고정원가를 a, 단위당 변동원가를 b라고 하면,
  ㉠ 50,000,000=a+bx2,000개 ㉡ 70,000,000=a+bx4,000개 →연립하면, a=30,000,000, b=10,000
- 20x3년 증감된 원가계산
  ㉠ 고정원가 : 30,000,000x120%=36,000,000 ㉡ 단위당 변동원가 : 10,000x60%=6,000
- 총제조원가 : 36,000,000+6,000x6,000개=72,000,000

정답 : ④

핵심유형특강 318 CVP분석 세부고찰

다음 중 CVP분석에 관한 설명으로 가장 올바르지 않은 것은?

① 공헌이익률은 원가구조와 밀접한 관련이 있으며 변동원가 비중이 높으면 공헌이익률이 낮게 나타난다.
② 영업레버리지도가 3이라는 의미는 매출액이 1% 변화할 때 영업이익이 3% 변화한다는 의미이다.
③ 법인세를 고려하는 경우 손익분기점 분석결과는 변화한다.
④ 모든 원가는 변동원가와 고정원가로 분류할 수 있다고 가정한다.

해설

- ① 공헌이익률= $\dfrac{\text{매출액} - \text{변동비}}{\text{매출액}}$ 이므로, 변동비가 증가하면 공헌이익률은 감소한다.

  ② 영업레버리지도(3)= $\dfrac{\text{영업이익변화율}}{\text{매출액변화율}}$ 이므로, 매출액이 1% 변화할 때 영업이익이 3% 변화한다.

  ③ 손익분기점은 이익이 0인 판매량(매출액)이므로 이익이 0이면 법인세가 없다. 따라서, 손익분기점은 법인세가 존재하든 법인세가 존재하지 않든 영향없이 동일하다.

정답 : ③

핵심유형특강 319   **CVP분석에 의한 단위당금액 추정**

㈜삼일은 제품 10,000개를 판매하여 세전영업이익 2,000,000원을 달성하는 것을 목표로 하고 있다. 이에 대한 고정원가는 4,000,000원이고 공헌이익률은 30%이다. ㈜삼일의 제품 단위당판매가격과 제품 단위당변동원가는 각각 얼마인가?(회사는 단일제품을 생산·판매하며 판매가격은 연중 일정하다고 가정한다.)

	단위당판매가격	단위당변동원가		단위당판매가격	단위당변동원가
①	500원	350원	②	1,000원	700원
③	1,500원	1,050원	④	2,000원	1,400원

해설

- 목표이익을 위한 매출액 : $\dfrac{4,000,000 + 2,000,000}{30\%}$ =20,000,000

  →단위당판매가격(p) : 20,000,000÷10,000개=2,000

- 공헌이익률(30%)= $\dfrac{2,000 - b}{2,000}$

  →단위당변동원가(b) : 1,400

정답 : ④

핵심유형특강 320   **영업레버리지 의의**

다음 중 영업레버리지에 관한 설명으로 가장 올바르지 않은 것은?

① 영업레버리지란 영업고정원가가 지렛대의 작용을 함으로써 매출액의 변화율 보다 영업이익의 변화율이 확대되는 효과이다.
② 영업레버리지는 손익분기점에서 멀어질수록 -1 또는 1의 값에 가까워 지게 된다.
③ 영업레버리지도가 높다는 것은 그 기업의 영업이익이 많다는 것을 나타낸다.
④ 영업고정원가의 비중이 큰 기업은 영업레버리지가 크며 영업고정원가의 비중이 적은 기업은 영업레버리지가 작다.

해설

- 영업레버리지도가 높다는 것이 그 기업의 영업이익이 많다는 것을 나타내는 것은 아니며, 또한 기업운영이 좋다는 것을 나타내는 것도 아니다. 단지 매출액이 증가하거나 감소함에 따라 영업이익이 좀 더 민감하게 반응한다는 것을 의미한다.

  예 DOL=6일 때 매출이 20%증가하면 영업이익은 120%증가, 매출이 20%감소하면 영업이익은 120%감소함.

  → 즉, 고정비의 비중이 큰 원가구조를 가지고 있는 기업일수록 레버리지 효과가 커서 불경기에는 큰 타격을 입고 반면에 호경기에는 막대한 이익을 얻음.

  * 저자주 다음은 수준을 초과하므로 참고만 하기 바랍니다.
  　　⊖DOL : BEP에 접근할수록 무한대(∞)
  　　⊝DOL : BEP를 초과할수록 1에 접근
  　　⊜DOL : BEP에 미달할수록 -1에 접근

정답 : ③

핵심유형특강 321   **영업레버리지도 계산**

㈜삼일은 단위당 판매가격이 500원, 단위당 변동원가가 200원인 제품을 생산·판매하고 있으며 4분기 예산자료는 다음과 같다. 영업레버리지도(DOL)를 계산하면 얼마인가?

매출액	16,000,000원	변동원가	6,400,000원	공헌이익	9,600,000원
고정원가	4,800,000원	영업이익	4,800,000원		

① 2배   ② 2.5배
③ 3배   ④ 4배

해설

- DOL : $\dfrac{공헌이익\,(9,600,000)}{영업이익\,(4,800,000)} = 2$

정답 : ①

핵심유형특강 322   **ABC와 전통적 원가계산방법의 비교**

㈜삼일은 현재 직접노동시간에 기초하여 제조간접비를 직접노동시간당 100,000원씩 배부하는 방법을 적용하고 있다. ㈜삼일은 보다 정확한 원가계산을 위해 활동기준원가계산을 도입하고자 하며, 이를 위한 활동중심점별 원가동인과 활동원가 배부율은 다음과 같다.

제조관련활동	배부기준으로 사용된 원가동인	배부기준 단위당 제조간접원가
기계활동	부품의 수	부품당 1,000원
조립활동	직접노동시간	시간당 10,000원
검사활동	검사기간	분당 6,000원

200개의 부품, 직접노동시간 4시간, 검사기간 10분이 소요되는 1번의 작업(batch)으로 100단위의 제품이 제조되었다면, 활동기준원가계산방법을 적용하는 경우 전통적 원가계산방법에 비해 제품 단위당 제조간접원가가 얼마나 증가 또는 감소하는가?

① 1,000원 감소   ② 1,000원 증가
③ 2,000원 감소   ④ 2,000원 증가

해설

- 전통적 원가계산방법(노동시간을 기준으로 OH 배부)에 의한 단위당OH : $\dfrac{4시간 \times 100,000}{100단위} = 4,000$

- 활동기준원가계산방법에 의한 단위당OH : $\dfrac{200개 \times 1,000 + 4시간 \times 10,000 + 10분 \times 6,000}{100단위} = 3,000$

∴3,000 - 4,000 = -1,000(감소)

정답 : ①

핵심유형특강 323   활동기준경영관리(ABM)의 실행수단

활동기준경영관리(ABM)에서 비부가가치활동을 제거함으로써 고객에게 유리한 서비스를 제공할 수 있는 능력을 갖추고 이를 개선하기 위해 공정개선과 원가절감의 관점에서 경영과정을 집중적으로 연구하는 것을 무엇이라고 하는가?

① 가치분석
② 차이분석
③ 원가동인
④ 선형계획법

해설

• 가치분석(value analysis)이란 모든 적합한 활동이 가장 적절한 방법으로 수행되도록 보장하는 것을 목적으로 공정개선과 원가절감의 관점에서 경영과정을 집중적으로 연구하는 것을 말한다. 활동기준원가계산정보를 이용한 가치분석은 비부가가치활동을 제거함으로써 고객에게 유리한 서비스를 제공할 수 있는 능력을 갖추고, 이를 개선하기 위한 것이므로 고객의 가치창조측면에서 절대로 소홀히 할 수 없는 분석이다.

정답 : ①

핵심유형특강 324   품질원가(COQ) 개괄

다음 중 품질원가에 관한 설명으로 올바르지 않은 것은?

① 무결함관점(zero-defects view)은 품질원가를 최소화하기 위해서는 불량률이 0이 되어야 한다고 보는 관점으로서 통제원가를 증가시켜 불량률이 0에 가깝게 되면 통제원가와 실패원가가 함께 감소한다고 본다.
② 허용가능품질관점(acceptable quality view)은 품질원가를 최소화하기 위하여 어느 정도의 불량률은 허용하여야 한다고 보는 관점으로서 통제원가와 실패원가는 상반관계가 존재한다고 본다.
③ 내부실패원가와 외부실패원가는 불량품이 생산된 결과로서 발생하는 원가이므로 실패원가라고 한다.
④ 품질관리시스템 기획, 공급업체 평가, 품질교육, 공정 엔지니어링 등에 소요되는 원가는 평가원가에 해당한다.

해설

• 품질관리시스템 기획, 공급업체 평가, 품질교육, 공정 엔지니어링 등에 소요되는 원가는 불량품 생산을 예방하기 위해 발생하는 원가로서 '예방원가'에 해당된다.

  저자주 위 ①,②의 내용은 재경관리사 시험 수준을 초과하므로 참고만 하기 바란다.

정답 : ④

핵심유형특강 325   사후품질원가(실패원가)

다음 중 불량품이 고객에게 인도되기 전에 발견됨으로써 발생하는 원가로 공손품, 작업폐물, 재검사, 작업중단 등으로 발생하는 품질원가로 가장 옳은 것은?

① 평가원가
② 예방원가
③ 내부실패원가
④ 외부실패원가

해설

• 품질원가 종류

사전품질원가	예방원가	• 불량품 생산을 예방하기 위해 발생하는 원가
(통제원가)	평가원가	• 불량품을 적발하기 위해 발생하는 원가
사후품질원가	내부실패원가	• 불량품이 고객에게 인도되기 전에 발견됨으로써 발생하는 원가
(실패원가)	외부실패원가	• 불량품이 고객에게 인도된 후에 발견됨으로써 발생하는 원가

정답 : ③

핵심유형특강 326 · 유휴설비 부족시 특별주문 관련원가

매월 1,000단위의 제품을 생산하는 ㈜상일의 단위당 판매가격은 700원이고 단위당 변동원가는 500원이며 고정원가는 월 300,000원이다. ㈜상일은 ㈜용산으로부터 400단위의 특별주문을 받았다. 현재 유휴설비능력은 특별주문 수량보다 부족한 상황이며, 특별주문을 수락할 경우 주문처리를 위한 비용 900원이 추가로 발생한다. 다음 중 특별주문에 대한 의사결정을 함에 있어 관련항목으로만 구성된 것은 어느 것인가?

① 특별주문 수락 전의 단위당 고정원가, 단위당 변동원가, 특별주문 처리비용
② 특별주문가, 단위당 변동원가, 특별주문 처리비용, 기존판매량 감소분의 공헌이익
③ 특별주문 수락 후의 단위당 고정원가, 특별주문 처리비용, 기존판매량 감소분의 공헌이익
④ 특별주문가, 특별주문 처리비용, 특별주문 수락 후의 단위당 고정원가, 기존판매량 감소분의 공헌이익

해설

• 고정원가(고정제조간접원가)는 특별주문에 대한 의사결정을 함에 있어 비관련원가이다.
  →그러나, 고정원가가 특별주문으로 증감하는 경우에는 의사결정에 고려한다.

 친절한 경석씨 특별주문 수락·거부 의사결정

고려사항	• 특별주문으로 증가되는 수익(특별주문가격)과 변동원가 • 유휴설비능력이 있는 경우 유휴설비의 대체용도를 통한 이익상실분(기회원가) • 유휴설비능력이 없는 경우 기존 정규매출감소로 인한 공헌이익상실분 • 유휴설비능력이 없는 경우 설비능력 확충시 추가적 설비원가 ◯주의 고정원가(FOH,고정판관비)는 특별주문의 수락여부와 관계없이 일정하게 발생하므로 일반적으로 분석에서 제외하나, 조업도 수준에 따라 증감하는 경우에는 고려함.
주문수락 의사결정	㉠ 유휴설비능력이 존재하는 경우 □ 증분수익 > 증분원가 ㉡ 유휴설비능력이 존재하고 대체적 용도가 있는 경우 □ 증분수익 > 증분원가+기회원가 ㉢ 유휴설비능력이 존재하지 않는 경우 □ 증분수익 > 증분원가+추가설비원가+기존판매량 감소분의 공헌이익

정답 : ②

핵심유형특강 327 　　　　　　　　　　　　　外부구입과 허용가능 구입가격

㈜상일은 제품 X의 생산을 위하여 부품 Y를 특별생산하여 수출하고 있다. ㈜상일의 부품 Y에 대한 원가자료는 다음과 같다.

부품 단위당 직접재료원가	500원	부품 단위당 직접노무원가	100원
부품 단위당 변동제조간접원가	200원	부품 Y관련 고정제조간접원가	300,000원
생산량	5,000단위		

㈜상일은 현재 원가절감을 위하여 부품Y의 외부구매를 검토하고 있다. 부품을 외부에서 구입하더라도 고정제조간접원가는 계속하여 발생할 것이다. ㈜상일이 최대한 허용할 수 있는 부품의 단위당 구입가격은 얼마인가?

① 600원　　　　　　　　　　　　　　　② 800원
③ 850원　　　　　　　　　　　　　　　④ 900원

해설

- 증분비용 - 증가 : (5,000단위xA)
　　　　　감소 : 5,000단위x(500+100+200)=4,000,000
　　　　　　　　　　4,000,000-5,000xA
　→ 4,000,000-5,000xA≧0 에서, A≦800

정답 : ②

핵심유형특강 328 　　　　　　　　　　　　　자가제조·외부구입 의사결정

㈜상일은 부품 A를 자가제조하고 있으며, 이와 관련된 연간 생산 및 원가자료는 다음과 같다.

직접재료원가	20,000원	변동직접노무원가	13,000원
변동제조간접원가	2,000원	고정제조간접원가	30,000원
생산량	200단위		

최근 외부업체로부터 부품 A 200단위를 단위당 400원에 공급하겠다는 제안을 받았다. 부품 A을 전량 외부에서 구입하면, 기존 설비를 임대하여 연간 20,000원의 수익을 창출할 수 있다. 외부업체의 제안을 수용하면, 자가제조보다 연간 얼마나 유리(또는 불리)한가? 단, 고정제조간접원가는 회피불가능하다.

① 25,000원 불리　　　　　　　　　　　② 15,000원 불리
③ 15,000원 유리　　　　　　　　　　　④ 25,000원 유리

해설

- 외부구입의 경우
　증분수익 – 증가 : 　20,000
　증분비용 – 증가 : 　200단위x400=(80,000)
　　　　　감소 : 　20,000+13,000+2,000=35,000
　증분손익 　　　　　　　(25,000)

정답 : ①

핵심유형특강 329 　　　　　　　　최소대체가격 계산

㈜삼일의 반도체사업부는 반도체를 생산하고 있으며 연간 생산능력은 100,000단위이다. ㈜삼일의 원가자료는 아래와 같다. 고정원가는 생산량과 관련없이 연간 일정하게 발생한다.

단위당 외부판매가격	: 600원
단위당 변동원가	: 400원
단위당 고정원가(연간 100,000단위 기준)	: 100원

㈜삼일의 가전사업부에서는 연간 20,000단위의 반도체를 외부에서 580원에 조달하고 있다. 회사가 생산하는 제품 전량을 외부시장에 판매가능하고 내부대체시 단위당 변동원가를 30원 절감할 수 있는 경우, 회사 전체의 이익극대화를 위한 반도체의 단위당 최소대체가격은 얼마인가?

① 400원 　　　　　　　　　　　　② 500원
③ 570원 　　　　　　　　　　　　④ 600원

해설

- 공급사업부(반도체사업부) 최소TP=대체시지출원가+정규매출상실공헌이익-대체시절감원가
- 대체시지출원가(단위당변동비+증분단위당고정비) : 400+0=400
  정규매출상실공헌이익 : 600-400=200(전량을 외부에 판매가능하므로 이를 대체시 외부판매를 포기해야 함)
  대체시절감원가 : 30
- 최소TP : 400+200-30=570

정답 : ③

핵심유형특강 330 　　　　　　　　공정한 성과평가 기준

완전경쟁시장이 존재하는 경우 분권화된 사업부 조직에서 사업부간 공정한 성과평가를 위한 기준으로 가장 적절한 것은?

① 원가 또는 시가 중 낮은 가액 　　　② 시장가격
③ 위탁가격 　　　　　　　　　　　④ 변동원가

해설

- 시장가격은 시장에서 형성되는 가장 객관적인 가격이므로 각 사업부간 성과평가를 공정하게 할 수 있는 수단으로서 유용하게 이용된다. 다만, 재화나 용역이 거래되는 완전경쟁시장이 존재하지 않는 경우에는 사용할 수 없다.

정답 : ②

핵심유형특강 331 투자안의 회수기간 계산[1]

㈜상일은 40,000원에 기계를 구입할 예정이며, 이 기계를 정액법에 의하여 5년간 상각하기로 하고 잔존가치는 없을 것으로 추정하고 있다. 이 기계로 인하여 ㈜상일은 연간 8,000원의 현금이 유입될 것으로 판단하고 있다. 이 투자안의 회수기간은 얼마인가?

① 약 3.5년　　　　② 약 5년
③ 약 7.5년　　　　④ 약 10년

해설

- 40,000÷8,000=5년
  참고 법인세를 고려한다고 하여도 다음과 같이 매년 현금흐름은 8,000으로 동일하므로 회수기간도 동일하게 5년이다.
  → 매년 현금흐름 : ⅰ)+ⅱ)=8,000
  ⅰ) 법인세차감후 현금유입 : 8,000x(1-세율)
  ⅱ) 감가상각비 절세효과 : 8,000x세율

정답 : ②

핵심유형특강 332 투자안의 회수기간 계산[2]

㈜상일은 10,000원에 기계를 구입할 예정이며, 이 기계를 정액법에 의하여 5년간 감가상각하기로 하고 잔존가치는 없을 것으로 추정하고 있다. 이 기계는 매년 법인세비용 차감전 기준으로 5,000원의 현금유입을 발생시킬 수 있다. 이 투자안의 회수기간은 얼마인가(단, 감가상각비이외에 추가적인 비용은 발생하지 않으며, 법인세율은 40%이다)?

① 약 3.65년　　　　② 약 2.63년
③ 약 4.11년　　　　④ 약 4.25년

해설

- 매년 현금유입 : ㉠+㉡=3,800
  ㉠ 법인세차감후 현금유입 : 5,000x(1-40%)=3,000
  ㉡ 감가상각비 절세효과 : (10,000÷5년)x40%=800
- 회수기간 : 2년+1년x$\frac{10,000-(3,800+3,800)}{3,800}$=약 2.63년

정답 : ②

핵심유형특강 333 순현재가치법(NPV법)의 특징

다음 중 순현재가치법(NPV법)에 관한 설명으로 가장 올바르지 않은 것은?

① 투자안에 대한 회계적이익을 고려하여 계산하기 간편하다.
② 독립적 투자안에 대한 의사결정시 순현재가치(NPV)가 0(영)보다 크면 투자안을 채택한다.
③ 순현재가치법(NPV법)에 의하면 기업의 가치를 극대화할 수 있는 투자안을 선택할 수 있다.
④ 상호 독립적인 투자안의 경우에는 가치가산의 원칙이 성립한다.

해설

- NPV법은 회계적이익이 아니라 현금흐름을 고려한다.

정답 : ①

핵심유형특강 334 　　　　　　　　　　책임중심점과 통제책임부문

책임회계제도에 기반을 둔 경영체제가 운영되기 위해서는 책임중심점이 있어야 한다. 책임중심점별로 통제책임을 지는 부문의 연결이 가장 올바른 것은?

① 원가중심점 – 분권화된 조직　　　　　　　　　② 수익중심점 – 구매부문
③ 이익중심점 – 판매부서　　　　　　　　　　　④ 투자중심점 – 제조부문

해설

- 원가중심점 – 제조부문, 수익중심점 – 판매부서, 이익중심점 – 판매부서, 투자중심점 – 분권화된 조직
- 판매부서는 목표매출의 달성에 책임이 있으므로 수익중심점(revenue center) 또는 이익중심점(profit center)으로 운영될 수 있다.

> **참고** 그러나, 수익중심점으로 판매부서를 운영하는 것보다 이익중심점으로 판매부서를 운영하는 것이 일반적으로 보다 바람직하다고 할 수 있다. 왜냐하면 수익에 대해서만 책임을 지는 수익중심점보다는 매출에 따른 수익뿐만 아니라 수익을 창출하는 데 부수적으로 발생하는 비용에 대하여도 책임을 지게 함으로써 수익과 그에 관련된 비용을 함께 고려하는 이익중심점으로 판매부서를 운영하는 것이 보다 정확한 판매부서의 성과평가가 가능할 것이기 때문이다.

정답 : ③

핵심유형특강 335 　　　　　　　　　　　책임중심점의 구분

다음 중 원가와 수익 모두에 대해서 통제책임을 지는 책임중심점은 무엇인가?

① 원가중심점　　　　　　　　　　　　　　　② 수익중심점
③ 이익중심점　　　　　　　　　　　　　　　④ 생산중심점

해설

- 이익중심점(profit center)이란 원가와 수익 모두에 대해서 통제책임을 지는 책임중심점을 말하며, 성과평가의 기준을 이익으로 할 경우 해당 경영자는 공헌이익 개념에 의해서 관리를 수행할 것이고 이로 인해 회사전체적 입장에서 최적의 의사결정에 근접할 수 있다.

 책임중심점의 분류

원가중심점	• 통제가능한 원가의 발생만 책임을 지는 가장 작은 활동단위로서의 책임중심점(예 제조부문)
수익중심점	• 매출액에 대해서만 통제책임을 지는 책임중심점(예 판매부서 및 영업소) →수익중심점은 산출물만을 화폐로 측정하여 통제할 뿐 투입물과 산출물 모두에 의해 결정되는 이익에 대해서는 책임을 지지 않음. →그러나 매출액만으로 성과평가를 하게 되면 기업전체적으로 잘못된 의사결정을 야기 가능함.(불량채권의 발생, 원가절감의 경시 등 여러 가지 문제점에 노출될 수 있기 때문임.)
이익중심점	• 원가와 수익 모두에 대해서 통제책임을 지는 책임중심점 →이익중심점은 전체 조직이 될 수도 있지만 조직의 한 부분, 즉 판매부서, 각 지역(점포)단위 등으로 설정될 수도 있는데 이 경우 책임중심점이란 이익중심점을 뜻하는 것이 일반적임. →이익중심점은 수익중심점에 비해 유용한 성과평가기준이 됨. 성과평가의 기준을 이익으로 할 경우 해당 경영자는 공헌이익 개념에 의해서 관리를 수행할 것이고 이로 인해 회사전체적 입장에서 최적의 의사결정에 근접할 수 있음.
투자중심점	• 원가·수익 및 투자의사결정도 책임지는 책임중심점으로 가장 포괄적 개념임. →기업이 제품별 또는 지역별로 별도의 독립적인 조직으로 분리될 정도로 규모가 커져 제품별 또는 지역별 사업부로 분권화된 경우, 이 분권화조직이 투자중심점에 해당함.

정답 : ③

핵심유형특강 336 　　　　　　　　　　원가중심점과 수익중심점 차이분해

●─── 다음 중 이익중심점인 판매부서의 성과평가시 나타나지 않는 항목은?

　① 수율차이　　　　　　　　　　　　　② 매출조업도차이
　③ 매출배합차이　　　　　　　　　　　④ 시장점유율차이

해설

• 수율차이는 원가중심점 성과평가시 나타나는 항목에 해당한다.

 친절한 경석씨 **원가중심점과 수익중심점의 차이분해**

원가중심점 (DM,DL)	가격차이		
	능률차이	배합차이	
		수율차이	
수익중심점 (판매부서)	매출가격차이		
	매출조업도차이	매출배합차이	
		매출수량차이	시장점유율차이
			시장규모차이

정답 : ①

핵심유형특강 337 　　　　　　　　　　　배합비율과 원가의 증감

●─── ㈜상일은 제품A를 생산하기 위하여 두가지 재료(재료Ⅰ과 재료Ⅱ)가 필요하다. ㈜상일은 제품생산과 관련하여 재료Ⅰ과 재료Ⅱ의 투입비율(수량)을 각각 5대 5로 보았으나 실제로는 6대 4로 투입되었다. 재료Ⅰ과 재료Ⅱ의 단위당 매입가격이 각각 200원, 300원인 경우 재료 배합의차이로 재료원가가 예상했던 것보다 실제로 얼마나 변화하였는가?

　① 2% 증가　　　　　　　　　　　　　② 2% 감소
　③ 4% 증가　　　　　　　　　　　　　④ 4% 감소

해설

• 제품A 1개 생산시 예상투입량을 5개와 5개, 실제투입량을 6개와 4개로 단순화하여 가정해 보면,
　- 제품단위당 예상원가 가정액 : 5개x200+5개x300=2,500
　- 제품단위당 실제원가 가정액 : 6개x200+4개x300=2,400
• 예상했던 2,500에서 100감소 →∴ $\frac{100}{2,500}$ =4%(감소)

정답 : ④

핵심유형특강 338 | **매출조업도차이 계산**

㈜삼일은 판매부서를 성과평가하려고 한다. 아래의 지표가 주어졌을 때 매출조업도차이는 얼마인가?

| 예산판매가격 | 3,000원/1단위 | 예산변동원가 | 2,200원/1단위 | 실제판매가격 | 3,200원/1단위 |
| 예산매출수량 | 300단위 | 실제매출수량 | 280단위 | | |

① 58,000원(불리)　　　　　　　② 58,000원(유리)
③ 16,000원(불리)　　　　　　　④ 16,000원(유리)

해설

• SP(단위당예산공헌이익) : 3,000-2,200=800

AQ × SP	SQ × SP
280단위×800	300단위×800

-16,000(불리)

정답 : ③

핵심유형특강 339 | **매출가격차이·매출조업도차이**

㈜삼일은 컴퓨터를 생산하여 판매하고 있다. 올해 컴퓨터 판매와 관련된 자료는 다음과 같다. 이 경우 매출가격차이와 매출조업도차이의 합계액(유리한 차이는 가산 불리한 차이는 차감)은 얼마인가?

	예산	실제
판매수량	10,000단위	11,000단위
단위당 판매가격	300원	280원
단위당 변동제조원가	200원	180원
단위당 변동판매비용	30원	40원

① -220,000원　　　　　　　② -150,000원
③ -70,000원　　　　　　　④ 150,000원

해설

• 단위당예산공헌이익 : 300-(200+30)=70
• 매출가격차이 분석(단위당판매가로 분석)

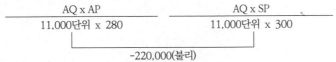

AQ x AP	AQ x SP
11,000단위 x 280	11,000단위 x 300

-220,000(불리)

• 매출조업도차이 분석(단위당예산공헌이익으로 분석)

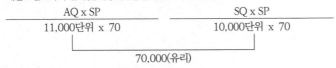

AQ x SP	SQ x SP
11,000단위 x 70	10,000단위 x 70

70,000(유리)

→ ∴ -220,000+70,000=-150,000

정답 : ②

핵심유형특강 340 · **투자수익률법(ROI)의 장·단점[1]**

다음 중 투자수익률법(ROI)의 장점으로 가장 올바르지 않은 것은?

① 투자수익률은 화폐의 시간가치를 고려하기 때문에 장기적인 성과지표로 사용한다.
② 사업부의 이익뿐만 아니라 투자액도 함께 고려하는 성과평가 기준이다.
③ 매출액이익률과 자산회전율로 구분하여 분석이 가능하다.
④ 사업부의 이익뿐만 아니라 투자액도 함께 고려하는 성과평가 기준이기 때문에 경영자가 각 사업부 투자액에 대한 통제권한이 있는 경우 해당 경영자의 성과측정 지표로 사용한다.

해설

• 투자수익률 산식

$$ROI = \frac{영업이익}{영업자산(투자액)} = \frac{영업이익}{매출액} \times \frac{매출액}{영업자산} = 매출액영업이익률 \times 자산회전율$$

→회계적이익에 기초하므로 화폐의 시간가치를 고려하지 않는다는 단점이 있다.

정답 : ①

핵심유형특강 341 · **투자수익률법(ROI법)의 장·단점[2]**

다음 중 투자수익률법의 장점과 가장 거리가 먼 것은?

① 사전에 설정한 자본비용을 초과하는 이익이 기대되는 사업에 대한 투자를 유도한다.
② 사업부의 이익뿐만 아니라 투자액도 함께 고려하는 성과평가 기준이다.
③ 매출액이익률과 자산회전율로 구분하여 분석이 가능하다.
④ 회사전체의 최저필수수익률을 상회하는 투자안이 개별투자중심점의 투자수익률보다 낮기 때문에 투자가 포기되는 준최적화 현상이 발생한다.

해설

• 준최적화현상(회사전체 최저필수수익률을 상회하는 좋은 투자안이 개별 투자중심점의 투자수익률 보다 낮기 때문에 투자가 포기되어 회사 전체이익에 불리한 의사결정이 이루어짐.)의 발생은 ROI법의 장점이 아니라 가장 큰 문제점 중의 하나로서, 이러한 문제점은 잔여이익(RI)으로 해결가능하다.

정답 : ④

핵심유형특강 342 　　　　투자수익률(ROI) 증감분석

㈜삼일은 다음과 같은 방법을 사용하여 성과를 평가하고 있다.

$$\frac{1,200,000원(매출액)}{1,000,000원(영업자산)} \times \frac{240,000원(영업이익)}{1,200,000원(매출액)} = 24\%(투자수익률)$$

다른 조건이 일정할 때, ㈜삼일이 투자수익률(ROI) 30%를 달성하기 위한 영업자산 감소액은 얼마인가?

① 200,000원　　　　　　　　　　　② 220,000원
③ 240,000원　　　　　　　　　　　④ 250,000원

해설

• ROI 30%를 달성하기 위한 영업자산을 A라 하면,

$$\rightarrow \frac{1,200,000}{A} \times \frac{240,000}{1,200,000} = 30\% \text{ 에서, } A = 800,000$$

∴영업자산 감소액 : 1,000,000−800,000=200,000

정답 : ①

핵심유형특강 343 　　　　BSC의 성과평가지표

다음 중 균형성과표의 관점과 그에 대한 적절한 성과평가지표를 연결한 것으로 가장 올바르지 않은 것은?

① 재무적 관점 – 총자산수익률, 시장점유율
② 고객 관점 – 고객만족도, 고객수익성
③ 내부프로세스 관점 – 서비스대응시간, 배송시간
④ 학습과 성장 관점 – 종업원만족도, 이직률

해설

• 시장점유율은 고객관점에서의 성과측정치이다.

 친절한 경석씨 **BSC(균형성과표)의 관점별 성과평가지표(성과측정치)**

재무적관점		• 성과측정치 : ROI, RI, EVA, 매출액증가율, 매출액 이익률, 제품별수익성, 자산수익률
고객관점		• 성과측정치 : 시장점유율, 고객충성도, 고객만족도, 신규고객수, 고객수익성
내부프로세스관점	혁신프로세스	• 성과측정치 : 신제품 개발수, 신제품과 개발기간, 특허취득건수
	운영프로세스	• 성과측정치 : 수율, 능률차이, 불량률, 품질원가, 적시배송률
	판매후 프로세스	• 성과측정치 : 불량건수, 불량품 교체시간, 첫통과율, 서비스대응시간
학습과 성장관점		• 성과측정치 : 종업원만족도, 종업원유지도, 이직률, 종업원생산성, 기술수준

정답 : ①

핵심유형특강 344 균형성과표(BSC)의 장·단점

다음 중 균형성과표(BSC)의 장점으로 가장 올바르지 않은 것은?

① 각 기업내부프로세스관점과 외부적 측정치에 대한 부분을 모두 고려한다.
② 기업이 추구하는 정량적 목표와 경제상황 등의 다양한 변수를 고려한다.
③ 고객만족, 고객유지, 고객수익성 등 고객의 관점에서 관리지표를 사용한다.
④ 재무적인 관점을 중시하여 이를 바탕으로 정형화된 측정수단을 제공한다.

해설

• 재무적 관점 외에 고객, 내부프로세스, 학습과 성장이라는 비재무적 관점도 함께 고려하며, 정형화된 측정수단을 제공해 주지 못한다는 단점이 있다.

정답 : ④

핵심유형특강 345 경제적부가가치(EVA)의 특징

경제적부가가치와 관련하여 다음 중 맞는 설명은 무엇인가?

① 자본비용이 높아지고 세후순영업이익은 변동이 없다면 경제적부가가치는 일반적으로 감소한다.
② 세후순영업이익계산시 감가상각비만큼 재투자된다고 간주하여 감가상각비는 별도로 차감하지 않으므로 운용리스자산의 감가상각비도 따로 고려해 줄 필요가 없다.
③ 투하자본이 증가하면 반드시 실질 기업가치가 증가한다.
④ 경제적부가가치는 손익계산서상의 당기순이익보다 항상 높다.

해설

• ① 'EVA=세후영업이익-투하자본×가중평균자본비용'이므로 (가중평균)자본비용이 높아지고 세후순영업이익은 변동이 없다면 EVA는 일반적으로 감소한다.
② NOPLAT(세후순영업이익)는 감가상각비를 차감하여 계산한 EBIT(세전영업이익)에서 법인세비용등을 차감한 영업상의 이익이다.
③ 'EVA=세후영업이익-투하자본×가중평균자본비용'에서 투하자본이 증가하면 EVA가 감소하므로 실질기업가치가 감소한다.
④ EVA는 타인자본비용(이자비용)뿐만 아니라 자기자본비용(배당금)도 고려하는 성과지표이므로 손익계산서상의 순이익보다 낮다.

정답 : ①

핵심유형특강 346　　　가중평균자본비용 계산

다음 자료를 이용하여 가중평균자본비용을 구하시오.

투하자본	:	100억원(차입금 55억원, 자기자본 45억원)
차입금이자율	:	5%
자기자본이자율	:	12%
법인세율	:	20%

① 6.0%　　　　　　　　　　　　② 6.5%
③ 7.0%　　　　　　　　　　　　④ 7.6%

해설

• WACC : $\dfrac{55억원 \times 5\% \times (1-20\%) + 45억원 \times 12\%}{55억원 + 45억원} = 7.6\%$

정답 : ④

핵심유형특강 347　　　경제적부가가치(EVA) 증대방안[1]

다음의 경제적부가가치(EVA)를 증대시키기 위한 방안 중 가장 올바르지 않은 것은?

① 다른 조건이 일정하다고 가정하면, 자본비용을 줄여야 한다.
② 다른 조건이 일정하다고 가정하면, 비영업자산을 늘려야 한다.
③ 다른 조건이 일정하다고 가정하면, 매출액을 늘려야 한다.
④ 다른 조건이 일정하다고 가정하면, 판매비와관리비를 줄여야 한다.

해설

• 경제적부가가치(EVA) = 세후영업이익 – 투하자본(투자액) × 가중평균자본비용
　→ '투하자본 = (총자산 – 유동부채)'이며, 투하자본 계산시 비영업자산은 제외한다.
∴ 비영업자산은 경제적부가가치(EVA) 증대방안과 무관하다.(투하자본 계산시 비영업자산은 제외되므로)
• EVA[세후영업이익 – 투하자본(투자액) × 가중평균자본비용] 증대방안

세후영업이익 증대	• 매출증대 • 제조원가·판관비 절감
투하자본 감소	• 재고·고정자산 매출채권의 적정유지나 감소 • 유휴설비 처분 • 매출채권회전율을 높힘(매출채권 회수기일단축) • 재고자산회전율을 높힘(재고자산 보유기간을 줄임)
가중평균자본비용 개선	• 고율의 차입금 상환

정답 : ②

핵심유형특강 348   경제적부가가치(EVA) 증대방안[2]

다음 중 경제적부가가치를 증대시키기 위한 방안으로 가장 올바르지 않은 것은?

① 자본구조 최적화를 통해 자본비용을 절감한다.
② 유휴설비 등 비효율적으로 관리되고 있는 자산을 매각한다.
③ 생산활동의 효율적 관리를 통해 적정수준의 재고자산을 유지한다.
④ 조직 분위기를 위해 적자사업부를 계속 유지한다.

해설

• EVA = 세후영업이익 - 투하자본(투자액)×가중평균자본비용
• ① 자본비용(가중평균자본비용)을 절감하면 EVA는 증대된다.
   ② 유휴설비 등 비효율적으로 관리되고 있는 자산을 매각하면 투하자본이 감소하므로 EVA는 증대된다.
   ③ 재고수준을 높이면 투하자본이 증가하여 EVA가 감소하므로 재고수준을 높이지 않는 것이 EVA 증대를 가져올 수 있다.
   ④ 적자사업부를 계속 유지할 경우 영업이익에 악영향을 미치므로 EVA가 감소될 수 있다.

정답 : ④

핵심유형특강 349   경제적부가가치(EVA) 증감

다음 중 경제적부가가치(EVA)와 관련된 설명으로 가장 올바르지 않은 것은?

① 경제적부가가치 증대방안 중의 하나는 재고수준을 높이는 것이다.
② 경제적부가가치는 외부보고를 위한 목적보다는 진정한 사업부의 성과평가를 위한 내부관리회계 필요성에서 대두된 개념이다.
③ 매출채권 회수기일을 단축할 경우 경제적부가가치가 높아진다.
④ 투하자본의 회전율을 높이면 매출액이익률이 동일하더라도 경제적부가가치는 높아진다.

해설

• 'EVA=세후영업이익-투하자본×가중평균자본비용'이므로, 재고수준을 높이면 투하자본이 증가하여 EVA가 감소한다.

정답 : ①

재경관리사 고득점 단기합격 최종정리서

CAM [Certified Accounting Manager]

FINAL

FINALLY FINAL

제3주차. 최신유형특강

[신유형기출뽀개기]

POTENTIALITY
PASSION
PROFESSION

3P는 여러분의 무한한 잠재적 능력과 반드시 성취하겠다는 열정을 토대로 전문가의 길로 나아가는 세무라이선스 파이널시리즈의 학습정신입니다.
세무라이선스는 여러분의 무한한 잠재력과 열정을 믿습니다.
수험생 여러분의 합격을 응원합니다.

재경관리사 기출문제특강

FINAL

Certified Accounting Manager

최신유형특강

[신유형기출뽀개기]

SEMOOLICENCE

3P
3D
3P
FINAL
3P

POTENTIALITY
PASSION
PROFESSION

3P는 여러분의 무한한 잠재력 능력과
반드시 성취하겠다는 열정을 무너뜨 전
문가적인 길로 나아가는 에듀파이낸스 와
이상사리즈의 학습 방선입니다.

수험생 여러분의 합격을 응원합니다.

재무회계

| 최신유형특강 1 | 재무보고개념체계 목적과 위상 | 난이도 ★ ★ ☆ | 정답 ④ |

다음 중 '재무보고를 위한 개념체계'의 목적과 위상에 관한 설명으로 가장 올바르지 않은 것은?

① 특정 거래나 다른 사건에 적용할 회계기준이 없거나 회계기준에서 회계정책 선택이 허용되는 경우에 재무제표 작성자가 일관된 회계정책을 개발하는 데 도움을 준다.
② 모든 이해관계자가 회계기준을 이해하고 해석하는 데 도움을 준다.
③ 한국회계기준위원회가 일관된 개념에 기반하여 한국채택국제회계기준을 제·개정하는 데 도움을 준다.
④ 개념체계와 한국채택국제회계기준이 상충될 경우에는 개념체계가 우선한다.

해설

• 개념체계는 회계기준(=한국채택국제회계기준)이 아니다. 따라서 개념체계의 어떠한 내용도 회계기준이나 회계기준의 요구사항에 우선하지 아니한다.
→ ∴개념체계와 한국채택국제회계기준이 상충될 경우에는 한국채택국제회계기준이 개념체계보다 우선한다.

ⓘ 길라잡이 개념체계의 목적과 위상

개념체계 목적	회계기준위원회	• 한국회계기준위원회가 일관된 개념에 기반하여 한국채택국제회계기준 (=회계기준)을 제·개정하는데 도움을 줌.
	재무제표 작성자	• 특정 거래나 다른 사건에 적용할 회계기준이 없거나 회계기준에서 회계 정책 선택이 허용되는 경우에 재무제표 작성자가 일관된 회계정책을 개 발하는 데 도움을 줌.
	기타 이해관계자	• 모든 이해관계자가 회계기준을 이해하고 해석하는 데 도움을 줌.
개념체계 위상	회계기준과의 관련성	• 개념체계는 회계기준이 아님. ◯주의 따라서 개념체계의 어떠한 내용도 회계기준이나 회계기준의 요구 사항에 우선하지 아니함.

제1주차
핵심유형특강

제2주차
최신유형특강

제3주차
최신유형특강

제4주차
기출변형특강

| 최신유형특강 2 | 국제회계기준의 도입효과 | 난이도 | ★ ★ ☆ | 정답 | ① |

우리나라는 2011년부터 모든 상장사에 대하여 국제회계기준을 전면 도입하였다. 다음 중 이에 따른 효과에 대한 설명으로 가장 올바르지 않은 것은?

① 회계정보의 국제적 비교가능성이 제고된 반면 재무제표에 대한 신뢰성은 낮아졌다.
② 각국의 회계기준이 별도로 운영됨에 따라 발생했던 비용손실이 절감되었다.
③ 국제적 합작계약 등에서 상호이해가능성이 증가되었다.
④ 해외사업 확장을 촉진하여 자본시장의 활성화에 기여할 수 있었다.

해설

• 통일된 회계기준에 의하여 재무제표가 작성되므로 회계정보의 국제적 비교가능성은 물론 재무제표에 대한 신뢰성도 증가되었다.

ℹ️ 길라잡이 국제회계기준의 필요성과 도입효과

| 필요성 | • 오늘날에는 세계화로 인하여 글로벌 경영이 보편화되면서 자금조달이나 해외증시에 상장을 위하여 자국의 회계원칙에 따라 작성된 재무제표를 다른 국가의 회계원칙에 따라 수정해야 하는 일이 흔하게 되었다. 이에 따라 각국의 회계기준이 별도로 운영됨에 따른 비용손실이 매우 커지게 되었으며 국경을 초월하여 투자를 하고 있는 국제적인 투자자들에게도 각국 재무제표의 비교가능성과 투명성의 부족은 자본자유화의 걸림돌이 되었다. |
| 도입효과 | • 국제적으로 통일된 회계기준에 의하여 재무제표가 작성되면 해외자금조달이나 투자시 추가적으로 다른 국가의 회계원칙에 따라 재무제표를 재작성할 필요가 없으므로 이에 대한 노력과 비용을 절감할 수 있고, 회계정보의 국제적 비교가능성과 신뢰성이 제고될 수 있다. 뿐만 아니라 국제적 합작계약에서 상호이해가능성을 증진시킬 수 있다. 가속화된 자본자유화 추세에 발맞추어 해외사업확장을 촉진하여 자본시장의 활성화에도 기여할 수 있을 것으로 기대된다. |

| 최신유형특강 3 | 재무정보의 질적특성 | 난이도 | ★ ★ ☆ | 정답 | ③ |

다음 중 유용한 재무정보의 질적 특성에 관한 설명으로 가장 올바르지 않은 것은?

① 목적적합한 재무정보는 정보이용자의 의사결정에 차이가 나도록 할 수 있다. 재무정보에 예측가치, 확인가치 또는 이 둘 모두가 있다면 그 재무정보는 의사결정에 차이가 나도록 할 수 있다.
② 표현충실성은 모든 면에서 정확한 것을 의미하지는 않는다. 오류가 없다는 것은 현상의 기술에 오류나 누락이 없고, 보고 정보를 생산하는 데 사용되는 절차의 선택과 적용 시 절차상 오류가 없음을 의미한다. 이 맥락에서 오류가 없다는 것은 모든 면에서 완벽하게 정확하다는 것을 의미하지는 않는다.
③ 검증가능성은 합리적인 판단력이 있고 독립적인 서로 다른 관찰자가 어떤 서술이 표현충실성이라는데, 비록 반드시 완전히 일치하지는 못더라도, 의견이 일치할 수 있다는 것을 의미한다. 계량화된 정보가 검증가능하기 위해서 단일 점추정치이어야 한다.
④ 비교가능성, 검증가능성, 적시성 및 이해가능성은 목적적합하고 충실하게 표현된 정보의 유용성을 보강시키는 질적 특성이다. 때로는 하나의 보강적 질적 특성이 다른 질적 특성의 극대화를 위해 감소되어야 할 수도 있다.

해설

• 계량화된 정보가 검증가능하기 위해서 단일 점추정치이어야 할 필요는 없다.

ℹ️ 길라잡이 재무정보의 보강적 질적특성 : 검증가능성

• 정보가 나타내고자 하는 경제적 현상을 충실히 표현하는지를 이용자들이 확인하는데 도움을 줌.
• 합리적인 판단력이 있고 독립적인 서로 다른 관찰자가 어떤 서술이 표현충실성이라는데, 비록 반드시 완전히 일치하지는 않더라도, 합의에 이를 수 있다는 것을 의미함.
• 계량화된 정보가 검증가능하기 위해서 단일 점 추정치이어야 할 필요는 없음. 가능한 금액의 범위 및 관련된 확률도 검증될 수 있음.

| 최신유형특강 4 | 보강적 질적특성의 적용과 원가제약 | 난이도 | ★ ★ ☆ | 정답 | ④ |

다음 중 재무제표의 질적 특성에 대한 설명으로 가장 올바르지 않은 것은?

① 재무정보가 제공되기 위해서는 반드시 해당 정보 보고의 효익이 관련 원가를 정당화 할 수 있어야 한다.
② 비교가능성과 검증가능성은 보강적 질적 특성에 해당한다.
③ 목적적합성과 충실한 표현은 근본적 질적 특성에 해당한다.
④ 보강적 질적 특성은 가능한 극대화 되어야 하며 근본적 질적 특성의 극대화를 위해 감소되거나 포기될 수 없다.

해설

• 보강적 질적특성은 가능한 극대화되어야 하며, 보강적 질적특성이 다른 질적특성의 극대화를 위해 감소되어야 할 수도 있다.

ℹ️ 길라잡이 보강적 질적특성 적용과 질적특성의 원가제약

보강적 질적특성 적용	• 보강적 질적특성은 가능한 한 극대화되어야 함. →그러나 보강적 질적특성은 정보가 목적적합하지 않거나 나타내고자 하는 바를 충실하게 표현하지 않으면, 개별적으로든 집단적으로든 그 정보를 유용하게 할 수 없음. • 보강적 질적특성을 적용하는 것은 어떤 규정된 순서를 따르지 않는 반복적인 과정이며, 때로는 하나의 보강적 질적특성이 다른 질적 특성의 극대화를 위해 감소되어야 할 수도 있음.
질적특성의 원가제약	• 원가는 재무보고로 제공될 수 있는 정보에 대한 포괄적 제약요인임. →재무정보의 보고에는 원가가 소요되고, 정보 보고의 효익이 그 원가를 정당화한다는 것이 중요함. →모든 이용자가 목적적합하다고 보는 모든 정보를 일반목적재무보고서에서 제공은 가능치 않음.

| 최신유형특강 5 | 재무제표 기본가정 | 난이도 | ★ ☆ ☆ | 정답 | ② |

다음 중 재무제표의 기본가정에 대한 설명으로 가장 올바르지 않은 것은?

① 기본가정이란 회계이론 전개의 기초가 되는 사실들을 의미한다.
② 기업에 경영활동을 청산할 의도나 필요성이 있더라도 계속기업의 가정에 따라 재무제표를 작성한다.
③ 목적적합성은 재무제표를 통해 제공되는 정보가 갖추어야 할 근본적인 질적 특성이지만 개념체계에서 규정하는 기본가정에 해당하지는 않는다.
④ 재무회계개념체계에서는 계속기업을 기본가정으로 규정한다.

해설

• 기업이 청산할 의도나 필요가 있다면 재무제표는 계속업과는 다른 기준에 따라 작성되어야 한다.

ℹ️ 길라잡이 재무제표 기본가정

□ 개념체계상 재무제표는 '계속기업'을 가정하여 작성

• 재무제표는 일반적으로 보고기업이 계속기업이며 예측가능한 미래에 영업을 계속할 것이라는 가정 하에 작성됨. 따라서 기업이 청산을 하거나 거래를 중단하려는 의도가 없으며, 그럴 필요도 없다고 가정함.
• 만약 그러한 의도나 필요가 있다면, 재무제표는 계속기업과는 다른 기준에 따라 작성되어야 함. 그러한 경우라면, 사용된 기준을 재무제표에 기술함.

참고 속기업 관련 파생개념 : 기간개념, 유동성배열, 감가상각, 역사적원가주의

최신유형특강 6	재무제표 표시 일반사항	난이도 ★★☆ 정답 ③

●── 다음 중 재무제표 작성과 관련된 설명으로 가장 올바르지 않은 것은?

① 경영진이 경영활동의 중단 이외에 다른 현실적 대안이 없는 경우 재무제표는 계속기업의 기준 하에 작성되지 않는다.
② 원칙적으로 당기 재무제표에 보고되는 모든 금액에 대해 전기 비교정보를 공시하여야 한다.
③ 재무제표와 주석에 적용하는 중요성의 기준은 항상 일치시켜야 한다.
④ 자산과 부채는 원칙적으로 상계하지 않으나 매출채권에 대한 대손충당금을 순액으로 측정하여 보고하는 것은 상계표시에 해당하지 않는다.

해설

• 재무제표와 주석에 적용하는 중요성의 기준은 다를 수 있다.
→즉, 재무제표에는 중요하지 않아 구분하여 표시하지 않은 항목이라도 주석에서는 구분 표시해야 할 만큼 충분히 중요할 수 있다.

ⓘ 길라잡이 문제와 관련된 재무제표 표시 일반사항 내용

계속기업	평가	• 경영진은 재무제표를 작성할 때 계속기업으로서의 존속가능성을 평가해야 함. →계속기업의 가정이 적절한지의 여부를 평가할 때 경영진은 적어도 보고기간말로부터 향후 12개월 기간에 대하여 이용가능한 모든 정보를 고려함.
	작성	• 경영진이 기업을 청산하거나 경영활동을 중단할 의도를 가지고 있지 않거나, 청산 또는 경영활동의 중단 외에 다른 현실적 대안이 없는 경우가 아니면 계속기업을 전제로 재무제표를 작성함.
	공시	• 계속기업으로서의 존속능력에 유의적인 의문이 제기될 수 있는 사건이나 상황과 관련된 중요한 불확실성을 알게 된 경우, 경영진은 그러한 불확실성을 공시하여야 함. • 재무제표가 계속기업의 기준하에 작성되지 않는 경우에는 그 사실과 함께 재무제표가 작성된 기준 및 그 기업을 계속기업으로 보지 않는 이유를 공시하여야 함.
비교정보		• 한국채택국제회계기준이 달리 허용하거나 요구하는 경우를 제외하고는 당기 재무제표에 보고되는 모든 금액에 대해 전기 비교정보를 표시함. →당기 재무제표를 이해하는데 목적적합하다면 서술형 정보의 경우에도 비교정보를 표시함. • 최소한, 두 개의 재무상태표와 두 개의 포괄손익계산서, 두 개의 별개 손익계산서(표시하는 경우), 두 개의 현금흐름표, 두 개의 자본변동표 그리고 관련 주석을 표시해야 함.
중요성과 통합표시		• 유사한 항목은 중요성 분류에 따라 재무제표에 구분하여 표시함. 상이한 성격이나 기능을 가진 항목은 구분하여 표시함. →다만, 중요하지 않은 항목은 성격이나 기능이 유사한 항목과 통합하여 표시할 수 있음. ♀주의 재무제표와 주석에 적용하는 중요성의 기준은 다를 수 있음. 즉, 재무제표에는 중요하지 않아 구분하여 표시하지 않은 항목이라도 주석에서는 구분 표시해야 할 만큼 충분히 중요할 수 있음.
상계	원칙	• 한국채택국제회계기준에서 요구하거나 허용하지 않는 한 자산과 부채 그리고 수익과 비용은 상계하지 아니함. →그러나, 재고자산에 대한 재고자산평가충당금과 매출채권에 대한 대손충당금(손실충당금)과 같은 평가충당금을 차감하여 관련 자산을 순액으로 측정하는 것은 상계표시에 해당하지 아니함.
	예외	• 동일 거래에서 발생하는 수익과 관련비용의 상계표시가 거래나 그 밖의 사건의 실질을 반영한다면 그러한 거래의 결과는 상계하여 표시함. →예 ① 투자자산 및 영업용자산을 포함한 비유동자산의 처분손익은 처분대가에서 그 자산의 장부금액과 관련처분비용을 차감하여 표시함. ② 충당부채와 관련된 지출을 제3자와의 계약관계(예 : 공급자의 보증약정)에 따라 보전받는 경우, 당해 지출과 보전받는 금액은 상계하여 표시할 수 있음. ③ 외환손익 또는 단기매매 금융상품에서 발생하는 손익과 같이 유사한 거래의 집합에서 발생하는 차익과 차손은 순액으로 표시함.(그러나 그러한 차익과 차손이 중요한 경우에는 구분하여 표시함.)

최신유형특강 7 | 재무상태표 표시 | 난이도 ★ ★ ☆ 정답 ②

다음 중 재무상태표 작성방법에 관한 설명으로 가장 옳은 것은?

① 재무상태표의 형식이나 계정과목순서에 대해서 강제규정을 두고 있다.
② 기업이 정상영업주기 내에 실현될 것으로 예상되거나 정상영업주기 내에 판매하거나 소비될 의도가 있는 자산은 유동자산으로 분류한다.
③ 재무상태표를 작성할 때 반드시 유동성배열법을 사용하여야 한다.
④ 보고기간 현재의 결제기간이 12개월 이내의 장기차입금에 대해 보고기간 후 재무제표 발행승인일 전에 지급기일을 장기로 재조정하는 약정이 체결되었다면 비유동부채로 분류한다.

해설

• ① 기업마다 재무상태표의 양식 및 재무상태표에 포함할 항목을 재량적으로 결정가능하다.
③ 유동성 순서에 따른 표시방법(=유동성배열법)이 신뢰성 있고 더욱 목적적합한 정보를 제공하는 경우를 제외하고는 유동자산과 비유동자산, 유동부채와 비유동부채로 재무상태표에 구분하여 표시(=유동성·비유동성 구분법)한다.
④ 보고기간후 재무제표발행승인일 전에 지급기일 장기 재조정약정이 체결되었더라도, 보고기간일 현재 기준으로 12개월 이내에 결제일이 도래하면 유동부채로 분류한다.

★ 보론 유동부채·비유동부채 관련 기타사항

ㄱ 매입채무는 보고기간 후 12개월 후에 결제일이 도래한다 하더라도 유동부채로 분류함.
ㄴ 보고기간 후 12개월 내 만기도래시에도 기존 대출계약조건에 따라 보고기간 후 적어도 12개월 이상 부채를 차환·연장할 것으로 기대하고 있고, 그런 재량권이 있다면 비유동부채로 분류함.
→재량권이 없다면 유동부채로 분류함.
ㄷ 장기차입약정을 위반했을 때 즉시 상환을 요구할 수 있는 채무는 보고기간 후 재무제표발행승인일 전에 대여자(채권자)가 상환을 요구하지 않기로 합의하더라도 유동부채로 분류함.

최신유형특강 8 | 기타포괄손익 항목[1] | 난이도 ★ ☆ ☆ 정답 ②

다음 중 포괄손익계산서에서 당기순손익과 총포괄손익 간에 차이를 발생시키는 항목으로 가장 옳은 것은?

① 투자부동산 평가손익
② 확정급여제도의 재측정요소
③ 당기손익-공정가치 측정 금융자산 평가손익
④ 자기주식처분이익

해설

• 당기순손익과 총포괄손익 간에 차이를 발생시키는 항목은 기타포괄손익이다.
• ① 투자부동산평가손익 : 당기손익
② 확정급여제도의 재측정요소 : 기타포괄손익
③ 당기손익-공정가치측정금융자산 평가손익 : 당기손익
④ 자기주식처분이익 : 자본요소(자본 가산항목)

ⓘ 길라잡이 기타포괄손익 항목 종류

ㄱ FVOCI금융자산 평가손익(기타포괄손익-공정가치측정금융자산평가손익)
ㄴ 재평가잉여금
ㄷ 확정급여제도의 재측정요소(보험수리적손익)
ㄹ 해외사업장 외화환산차이
ㅁ 현금흐름위험회피 파생상품평가손익(위험회피에 효과적인 부분)

최신유형특강 9 　　　**기타포괄손익 항목[2]** 　　　난이도 ★ ★ ☆ 　정답 ②

다음 중 포괄손익계산서의 구성요소 중 기타포괄손익으로 분류될 항목으로 가장 적절하지 않은 것은?

① 유형자산의 재평가잉여금
② 관계기업에 대한 지분법평가이익
③ 기타포괄손익-공정가치측정 금융자산의 평가손실
④ 해외사업장의 재무제표 환산으로 인한 손익

해설

• 기타포괄손익은 포괄손익계산서의 구성요소로서 당기순손익과 총포괄손익 간에 차이를 발생시키는 항목이다.
• 관계기업에 대한 지분법 평가로 발생하는 손익은 당기손익이나 기타포괄손익으로 인식한다.
　– 당기손익 : 피투자회사가 당기순손익 보고시 '지분법손익'
　– 기타포괄손익 : 피투자회사의 기타포괄손익이 증감시 '지분법자본변동(=관계기업기타포괄손익)'

최신유형특강 10 　　　**기타포괄손익의 당기손익 재분류 여부** 　　　난이도 ★ ★ ☆ 　정답 ①

다음 중 기타포괄손익 항목 중 후속적으로 당기손익으로 재분류 되지 않는 항목은?

① 재평가잉여금의 변동
② 해외사업장의 재무재표 환산으로 인한 손익
③ 현금흐름위험회피의 위험회피수단평가손익 중 효과적인 부분
④ 관계기업의 재분류되는 기타포괄손익에 대한 지분

해설

• K-IFRS에서는 유형자산의 재평가시 인식하는 재평가잉여금에 대하여 후속적으로 당기손익으로 재분류(대체)하지 못하도록 규정하고 있다.(단, 관련 유형자산이 제거될 때 재평가잉여금을 이익잉여금으로 직접 대체할 수는 있음.)

저자주 참고로, 재평가잉여금을 후속적으로 당기손익으로 재분류하지 못하도록 규정하고 있는 이유는 재평가잉여금을 인식했던 자산을 선택적으로 처분함으로써 당기손익을 수월하게 조작할 수 있는 문제점을 방지하기 위함입니다.

ⓘ길라잡이 기타포괄손익의 종류와 후속적인 당기손익으로의 재분류 여부

재분류O	• FVOCI금융자산 평가손익(채무상품), 해외사업장 외화환산차이 • 현금흐름위험회피 파생상품평가손익(위험회피에 효과적인 부분) • 지분법자본변동(관계기업·공동기업의 재분류되는 기타포괄손익에 대한 지분)
재분류X	• 재평가잉여금의 변동, 확정급여제도 재측정요소, FVOCI 선택 지분상품 금융자산 평가손익 • FVPL 지정 금융부채의 신용위험 변동에 따른 공정가치 평가손익 • 지분법자본변동(관계기업·공동기업의 재분류되지 않는 기타포괄손익에 대한 지분)

최신유형특강 11 | **보고기간후 사건** | 난이도 ★ ★ ☆ | 정답 ④

다음 중 재무제표 보고기간 후에 발생한 사건에 대한 설명으로 가장 올바르지 않은 것은?

① 수정을 요하지 않는 보고기간 후 사건의 예로 보고기간 말과 재무제표 발행 승인일 사이에 투자자산의 공정가치의 하락을 들 수 있다.

② 수정을 요하지 않는 보고기간 후 사건으로서 중요한 것은 그 범주별로 사건의 성격이나 재무적 영향에 대한 추정치 등을 공시하여야 한다.

③ 수정을 요하는 보고기간 후 사건의 예로 보고기간 말 이전에 구입한 자산의 취득원가나 매각한 자산의 대가를 보고기간 후에 결정하는 경우 등을 들 수 있다.

④ 수정을 요하는 보고기간 후 사건이란 보고기간 후에 발생한 상황을 나타내는 사건을 말한다.

해설

• ① 보고기간말과 재무제표 발행승인일 사이에 투자자산의 공정가치(시장가치) 하락은 수정을 요하지 않는 보고기간후사건의 대표적인 사례에 해당한다.
  →공정가치의 하락은 일반적으로 보고기간말의 상황과 관련된 것이 아니라 보고기간 후에 발생한 상황이 반영된 것이므로, 그 투자자산에 대해서 재무제표에 인식된 금액을 수정하지 아니한다.

② 수정을 요하지 않는 보고기간후사건이 중요한 경우에, 이를 공시하지 않는다면 특정 보고기업에 대한 일반목적재무제표에 기초하여 내리는 주요이용자의 의사결정에 영향을 줄 것으로 합리적으로 예상할 수 있다. 따라서 수정을 요하지 않는 보고기간후사건으로서 중요한 것은 그 범주별로 다음 사항을 공시한다.[K-IFRS 제1010호 문단21]

㉠ 사건의 성격
㉡ 사건의 재무적 영향에 대한 추정치. 그러한 추정을 할 수 없는 경우에는 이에 대한 설명

③ 보고기간말 이전에 구입한 자산의 취득원가나 매각한 자산의 대가를 보고기간 후에 결정하는 경우는 수정을 요하는 보고기간후사건의 예로 규정되어 있다.

④ 수정을 요하는 보고기간후사건이란 보고기간말에 존재하였던 상황에 대해 증거를 제공하는 사건을 말한다.(수정을 요하지 않는 보고기간후사건 : 보고기간 후에 발생한 상황을 나타내는 사건)

| 최신유형특강 12 | 수정을 요하지 않는 보고기간후사건 | 난이도 ★ ★ ☆ | 정답 ① |

다음 중 보고기간후사건에 관한 회계처리로 가장 올바르지 않은 것은(단, 보고기간말은 20X1년 12월 31일이며, 재무제표 발행 승인일은 20X2년 3월 10일이라고 가정한다)?

① 20X1년 12월 31일 공정가치로 평가한 당기손익-공정가치 측정 금융자산의 공정가치가 20X2년 1월 20일 하락하여 추가적인 평가손실을 20X1년 재무제표에 인식하였다.

② 20X2년 2월 10일에 순실현가능가치 미만의 가격으로 재고자산을 판매하여 이미 인식한 20X1년말 현재의 해당 재고자산의 순실현가능가치 금액을 수정하였다.

③ 20X1년 5월부터 진행 중이던 소송의 결과가 20X2년 1월에 확정되어 이미 인식한 손실금액과의 차이를 20X1년 재무제표에 추가로 인식하였다.

④ 20X1년 12월 2일에 취득한 기계장치의 취득원가가 20X2년 1월 10일 확정되어 이미 인식한 20X1년 말 현재의 해당 기계장치의 금액을 수정하였다.

해설

• 수정을 요하는 보고기간후사건을 반영하기 위하여 재무제표에 인식된 금액을 수정한다.(수정을 요하는 보고기간후사건의 영향으로 재무제표에 이미 인식한 금액은 수정하고, 재무제표에 인식하지 아니한 항목은 새로 인식하여야 한다.)

• ① 수정불요 : 보고기간말과 재무제표 발행승인일 사이에 투자자산(예 FVPL금융자산)의 공정가치(시장가치) 하락은 수정을 요하지 않는 보고기간후사건의 대표적인 사례에 해당한다.

  ② 수정필요 : 보고기간말에 이미 자산손상이 발생되었음을 나타내는 정보를 보고기간 후에 입수하는 경우나 이미 손상차손을 인식한 자산에 대하여 손상차손금액의 수정이 필요한 정보를 보고기간 후에 입수하는 경우는 수정을 요하는 보고기간후사건에 해당한다. 다음과 같은 예를 들 수 있다.
  ㉠ 보고기간후의 매출처파산은 일반적으로 보고기간말에 고객 신용이 손상되었음을 확인해준다.
  ㉡ 보고기간후의 재고자산 판매는 보고기간말의 순실현가능가치에 대한 증거를 제공할 수 있다.

  ③ 수정필요 : 보고기간말에 존재하였던 현재의무가 보고기간 후에 소송사건의 확정에 의해 확인되는 경우 수정을 요하는 보고기간후사건에 해당한다.

  ④ 수정필요 : 보고기간말 이전에 구입한 자산의 취득원가나 매각한 자산의 대가를 보고기간 후에 결정하는 경우는 수정을 요하는 보고기간후사건에 해당한다.

| 최신유형특강 13 | 중간재무보고서에 포함할 구성요소 | 난이도 | ★ ☆ ☆ | 정답 | ④ |

다음 중 중간재무보고서에 포함시켜야 할 구성요소로 가장 올바르지 않은 것은?

① 요약재무상태표
② 요약포괄손익계산서
③ 선별적 주석
④ 요약이익잉여금처분계산서

해설

• 중간재무보고서는 최소한 다음의 구성요소를 포함하여야 한다.[K-IFRS 제1034호 문단8]

> 요약재무상태표, 요약포괄손익계산서, 요약자본변동표, 요약현금흐름표, 선별적 주석

• 중간재무보고서의 최소 내용은 요약재무제표와 선별적 주석을 포함하는 것으로 보며, 중간재무보고서에 요약재무제표와 선별적 주석이 아닌 전체 재무제표를 포함할 수 있다.[K-IFRS 제1034호 문단6,7]
  →∴이익잉여금처분계산서나 제조원가명세서는 재무제표에 포함되지 않으므로 중간재무보고서의 구성요소가 아니다.

| 최신유형특강 14 | 중간재무보고서 작성 | 난이도 | ★ ★ ★ | 정답 | ④ |

기업은 회계정보의 적시성 확보를 위하여 중간재무보고서를 작성한다. 다음 중 이와 관련된 설명으로 가장 올바르지 않은 것은?

① 연차재무제표에 적용하는 회계정책을 일관성 있게 적용하여 작성하여야 한다.
② 중간재무보고에는 주관이 많이 개입되므로 회계정보의 신뢰성을 낮출 수 있다는 문제점이 있다.
③ 최종적인 연차재무제표의 결과는 보고기간 중 몇 번의 중간보고가 이루어지는지와 무관하다.
④ 요약재무상태표, 요약포괄손익계산서, 요약자본변동표, 요약현금흐름표 및 연차재무제표에서 요구하는 모든 주석사항이 포함되어야 한다.

해설

• 적시성과 재무제표 작성 비용의 관점에서 또한 이미 보고된 정보와의 중복을 방지하기 위하여 연차재무제표에 비하여 적은 정보를 공시할 수 있다. 중간재무보고서의 최소 내용은 요약재무제표와 선별적 주석을 포함하는 것으로 본다.
• 직전의 전체 연차재무제표를 갱신하는 정보를 제공하기 위하여 작성한 것으로 본다. 따라서 중간재무보고서는 새로운 활동, 사건, 환경에 중점을 두며 이미 보고정보를 반복하지 않는다.

★ **저자주** 세무사·회계사 시험에서 가볍게 언급되는 내용들로서, 재경관리사 시험수준을 초과하는 내용들입니다.

| 최신유형특강 15 | 재고자산의 적용범위 | 난이도 | ★ ★ ☆ | 정답 | ③ |

다음 중 재고자산에 관한 설명으로 가장 올바르지 않은 것은?

① 고객에 대한 판매를 목적으로 구입한 상품, 미착품, 적송품은 모두 재고자산에 포함된다.
② 제품 또는 반제품의 제조를 위한 과정에 있는 미완성 자산도 재고자산에 포함된다.
③ 토지 및 건물 등의 부동산은 재고자산으로 분류될 수 없으며 모든 기업에서 유형자산으로 분류한다.
④ 영업활동의 일환인 서비스를 제공하기 위해 사용될 원재료 및 소모품은 재고자산으로 분류된다.

해설

• 재고자산 : 정상적인 영업과정에서 판매를 위해 보유 중인 자산
  →부동산매매업의 토지·건물은 판매목적 보유자산이므로 유형자산이 아닌 재고자산으로 분류된다.

  비교 사용목적보유 : 유형자산

최신유형특강 16 | **재고자산과 유형자산의 구분** | 난이도 ★ ★ ☆ 정답 ①

다음 중 재무상태표상 재고자산으로 분류되어야 할 항목으로 가장 올바르지 않은 것은?

① 의류회사에서 공장의 일부를 폐쇄하면서 처분하고자 하는 설비자산
② 자동차제조회사의 공장에서 생산 중에 있는 미완성 엔진
③ 건설회사에서 분양사업을 위해 신축하는 건물
④ 부동산매매업을 영위하는 기업에서 보유하는 판매목적 토지

해설

• ① 의류회사에서 공장의 일부를 폐쇄하면서 처분하고자 하는 설비자산
→사용목적 보유자산이므로 유형자산 또는 요건충족시 매각예정비유동자산으로 분류된다.
② 자동차제조회사의 공장에서 생산 중에 있는 미완성 엔진
→판매(제품판매)목적 보유자산이므로 재고자산(재공품)으로 분류된다.
③ 건설회사에서 분양사업을 위해 신축하는 건물
→판매(건물분양)목적 보유자산이므로 재고자산으로 분류된다.
④ 부동산매매업을 영위하는 기업에서 보유하는 판매목적 토지
→판매(부동산매매)목적 보유자산이므로 재고자산으로 분류된다.

최신유형특강 17 | **외화매입시 재고자산 매입원가** | 난이도 ★ ★ ☆ 정답 ②

자동차부품제조업을 영위하고 있는 ㈜삼일은 당기 중 원자재를 후불 조건으로 수입하는 과정에서 다음과 같은 항목의 원가가 발생하였다. 동 매입거래에 의하여 재무상태표 상에 증가하게 될 재고자산의 가액은 얼마인가(단, 거래당시의 환율은 @1,100원이다)?

ㄱ. 재고자산의 매입원가	USD 1,000
ㄴ. 매입할인	USD 120
ㄷ. 운송보험료	80,000원
ㄹ. 재고자산 매입관리부서 인원의 매입기간 인건비	20,000원

① 968,000원   ② 1,048,000원
③ 1,118,000원   ④ 1,140,000원

해설

• 매입할인은 매입원가에서 차감한다.
• 운송보험료는 매입원가에 가산한다.
• 매입관리부서 인원의 인건비는 일반적인 판관비(영업비용)에 해당한다.
∴재고자산 가액 : $1,000×1,100 - $120×1,100+80,000 = 1,048,000

최신유형특강 18	재고자산 수량결정방법	난이도 ★★☆ 정답 ③

다음 중 재고자산의 수량결정방법과 관련된 설명으로 가장 올바르지 않은 것은?

① 계속기록법에서는 장부상의 재고잔량을 기말재고수량으로 결정한다.
② 계속기록법에서는 기중 언제라도 장부상에서 재고수량을 파악할 수 있다.
③ 실지재고조사법에서는 실지재고조사를 통해 기말재고수량을 파악하므로 재고장에 입고기록 및 출고기록을 일절 수행하지 않는다.
④ 실지재고조사법에서는 기말재고를 먼저 확정한 뒤에 당기판매수량을 계산한다.

해설

• 실지재고조사법(periodic inventory method)은 상품재고장에 입고기록만 할 뿐, 출고기록을 하지 않는다.
  →계속기록법(perpetual inventory method)은 상품의 입·출고시마다 수량을 계속적으로 기록한다.

ℹ️ **길라잡이** 재고자산의 수량결정

계속기록법	• 상품의 입·출고시마다 수량을 계속적으로 기록하는 방법으로 장부상 재고잔량을 기말재고수량으로 결정하는 방법임. 계속기록법 산식은 다음과 같음. ❏ 기초재고수량 + 당기매입수량 – 당기판매수량 = 기말재고수량 →계속기록법에 의할 경우 기초재고수량, 당기매입수량, 당기판매수량이 모두 기입되므로 언제든지 장부상의 재고수량을 파악할 수 있음.
실지재고조사법	• 정기적으로 실지재고조사를 통하여 재고수량을 파악하는 방법으로 상품재고장에 입고기록만 할 뿐, 출고기록을 하지 않음. 실지재고조사법 산식은 다음과 같음. ❏ 기초재고수량 + 당기매입수량 – 기말재고수량(실사) = 당기판매수량 →즉, 기초재고수량과 당기매입수량만 기록하고 당기판매수량은 기말에 실지재고조사를 한 후에 일괄적으로 파악하는 방법임.

최신유형특강 19	이동평균법 기말재고자산금액	난이도 ★★☆ 정답 ①

재고자산 평가방법으로 이동평균법을 적용하고 있는 ㈜삼일의 재고자산수불부가 다음과 같을 때, ㈜삼일의 기말재고자산 금액으로 가장 옳은 것은(단, 기말재고자산 실사결과 확인된 재고수량은 600개이다)?

	수량	단가	금액
전기이월	1,000개	80원	80,000원
3월 5일 구입	200개	110원	22,000원
4월 22일 판매	800개		
6월 8일 구입	200개	120원	24,000원
기말	600개		

① 58,000원   ② 62,000원
③ 68,000원   ④ 72,000원

해설

• 4월 22일 현재 이동평균단가 : $(80,000 + 22,000) \div (1,000개 + 200개) = @85$
• 매출원가 : $800개 \times @85 = 68,000$
• 기말재고 : $(80,000 + 22,000 + 24,000) - 68,000 = 58,000$

| 최신유형특강 20 | 총평균법과 이동평균법 매출원가 | 난이도 ★ ★ ☆ | 정답 ① |

다음은 재고자산에 대하여 가중평균법을 적용하고 있는 ㈜삼일의 자료이다. ㈜삼일이 실지재고조사법을 적용하는 경우와 계속기록법을 적용하는 각각의 경우 20X1년도 매출원가 금액은 얼마인가?

일자	적요	수량	단가	금액
20X1.01.01	기초재고	1,000개	@100	100,000원
20X1.03.29	매 입	2,000개	@115	230,000원
20X1.06.12	매 출	(2,500개)		
20X1.09.24	매 입	500개	@180	90,000원
20X1.12.31	기말재고	1,000개		

	실지재고조사법	계속기록법
①	300,000원	275,000원
②	275,000원	300,000원
③	250,000원	275,000원
④	300,000원	250,000원

해설

- 실지재고조사법(총평균법)
  - 평균단가 : $\dfrac{100,000 + 230,000 + 90,000}{1,000개 + 2,000개 + 500개}$ =@120
  - 매출원가 : 2,500개×@120 = 300,000
- 실지재고조사법(이동평균법)
  - 6/12 이동평균단가 : $\dfrac{100,000 + 230,000}{1,000개 + 2,000개}$ =@110
  - 매출원가 : 2,500개×@110 = 275,000

| 최신유형특강 21 | 기말재고자산 평가 일반사항 | 난이도 ★ ★ ☆ | 정답 ③ |

다음 중 재고자산의 평가와 관련된 설명으로 가장 올바르지 않은 것은?

① 가중평균법으로 재고자산을 평가하고자 할 때 계속기록법에 따라 장부를 기록하는 경우에는 이동평균법을 적용하여야 한다.
② 선입선출법에 의하면 실지재고조사법과 계속기록법 중 어느것을 사용하는지에 관계없이 한 회계기간에 계상될 기말재고자산 및 매출원가의 금액이 동일하게 산정된다.
③ 선입선출법은 실제 물량의 흐름을 고려하여 기말 재고액을 결정하는 방법이다.
④ 특정 프로젝트별로 생산되는 제품 또는 서비스의 원가는 개별법을 사용하여 결정한다.

해설

- 선입선출법은 먼저 매입된 재고자산이 먼저 판매된다는 가정하에 가장 최근에 매입된 항목을 기말재고액으로 결정하는 방법이다.
  →선입선출 가정은 일반적으로 물량흐름과 일치(유사)하므로 개별법과 유사한 결과를 얻을 수 있다는 장점이 있을 뿐, 선입선출법 자체가 실제 물량흐름을 고려하여 기말재고액을 결정하는 방법인 것은 아니다.
  (예) 모래, 시멘트, 석탄 등 야적해서 판매하는 재고의 실제 물량흐름은 나중에 매입한 것이 먼저 판매됨)

최신유형특강 22 | **재고자산평가방법과 상대적 크기 분석** | 난이도 ★ ★ ★ 정답 ②

다음은 ㈜상일의 20X1년 재고수불부이다. ㈜상일은 20X1년 1월 1일에 설립되었으며, ㈜상일의 김사장은 기말재고자산을 총평균법으로 평가할지 선입선출법으로 평가할지 고민 중이다. 재고자산평가방법에 대한 다음의 설명 중 가장 올바르지 않은 것은?

	수량	단가	금액
5/5 구입	3,000개	2,000원	6,000,000원
6/6 구입	7,000개	3,000원	21,000,000원
9/9 판매	8,500개		
기말	1,500개		
(단, 매출총이익률=매출총이익/매출액)			

① 기말재고자산금액은 선입선출법을 적용했을 때보다 총평균법을 적용하였을 경우 450,000원만큼 작다.
② 매출총이익률은 선입선출법을 적용했을 때보다 총평균법을 적용했을 경우 상대적으로 더 크다.
③ 매출원가는 선입선출법을 적용했을 때보다 총평균법을 적용하였을 경우 450,000원만큼 크다.
④ 당기순이익은 선입선출법을 적용했을 때보다 총평균법을 적용하였을 경우 450,000원만큼 작다.

해설

- 매출액을 A라 가정하며, 매출액은 총평균법, 선입선출법 모두 동일하다.

  총평균법의 평균단가 : $\dfrac{6,000,000 + 21,000,000}{3,000개 + 7,000개}$ =@2,700
- 기말재고 – ㉠ 총평균법 : 1,500개×@2,700 = 4,050,000 ㉡ 선입선출법 : 1,500개×@3,000 = 4,500,000
  →∴선입선출법을 적용했을 때보다 총평균법을 적용하였을 경우 450,000원 만큼 작다.
- 매출원가 – ㉠ 총평균법 : 27,000,000 – 4,050,000 = 22,950,000 ㉡ 선입선출법 : 27,000,000 – 4,500,000 = 22,500,000
  →∴선입선출법을 적용했을 때보다 총평균법을 적용하였을 경우 450,000원 만큼 크다.
- 매출총이익(당기순이익) – ㉠ 총평균법 : A – 22,950,000(매출원가) ㉡ 선입선출법 : A – 22,500,000(매출원가)
  →∴선입선출법을 적용했을 때보다 총평균법을 적용하였을 경우 450,000원 만큼 작다.
- 매출총이익률 – ㉠ 총평균법 : $\dfrac{A - 22,950,000}{A}$ ㉡ 선입선출법 : $\dfrac{A - 22,500,000}{A}$
  →∴선입선출법을 적용했을 때보다 총평균법을 적용했을 경우 상대적으로 더 작다.

| 최신유형특강 23 | 재고자산 평가 | 난이도 ★ ★ ☆ | 정답 ② |

다음 중 재고자산의 평가에 관한 설명으로 가장 올바르지 않은 것은?

① 재고자산은 취득원가와 순실현가능가치 중 낮은 금액으로 측정한다.
② 원재료의 현행대체원가가 장부금액보다 낮게 추정된다면 예외 없이 재고자산평가손실이 발생한다.
③ 상품 및 제품의 순실현가능가액은 예상판매가격에서 추가예상원가 및 기타 판매비용을 차감한 금액으로 추정한다.
④ 재고자산의 판매가 계약에 의해 확정되어 있는 경우 순실현가능가액은 그 계약가격이다.

해설

• 제품이 원가이상으로 판매 예상하는 경우에는 예외적으로 그 생산에 투입하기 위해 보유하는 원재료를 감액하지 않는다.
  →즉, 평가손실을 인식하지 않는다.

ⓘ길라잡이 재고자산 저가법 적용시가

일반적인 경우	• 순실현가능가치	판매로 실현을 기대하는 순매각금액 →즉, '예상판매금액 – 추가예상원가와 판매비용'
원재료	• 현행대체원가	현재 매입하거나 재생산하는데 소요되는 금액
확정판매계약	• ㉠ 계약분 : 계약금액 ㉡ 계약초과분 : 일반판매가격	

🔎주의 제품이 원가이상으로 판매예상하는 경우에는 그 생산에 투입하기 위해 보유하는 원재료를 감액하지 않음.(즉, 평가손실을 인식하지 않음.)

| 최신유형특강 24 | 원재료의 저가법 적용여부 | 난이도 ★ ★ ★ | 정답 ① |

단일 제품을 생산하는 ㈜삼일은 제품생산에 투입될 취득원가 100,000원의 원재료와 제조원가 200,000원의 제품 재고를 보유하고 있다. 원재료의 현행대체원가가 90,000원이고 제품의 순실현가능가치가 230,000원일 때, 저가법에 의한 재고자산평가손실은(단, 기초에 재고자산평가충당금은 없다.)?

① 0원
② 10,000원
③ 20,000원
④ 30,000원

해설

• 원재료는 현행대체원가, 제품은 순실현가능가치를 적용시가로 하여 저가법을 적용한다.
• 제　품 : 순실현가능가치가 원가를 초과하므로 저가법 평가손실을 인식하지 않는다.
  원재료 : 제품(NRV=230,000)이 원가(200,000) 이상으로 판매 예상되므로 제품 생산에 투입하기 위해 보유하는 원재료를 감액하지 않는다. 따라서, 원재료도 저가법에 의한 평가손실을 인식하지 않는다.

최신유형특강 25 | **재고자산 저가법과 재평가(환입)** | 난이도 ★ ★ ☆ | 정답 | ①

재고자산은 매년 결산일 현재의 순실현가능가치와 취득원가를 비교하여 둘 중 낮은 금액으로 측정한다. 다음 중 이와 관련된 설명으로 가장 올바르지 않은 것은?

① 한번 손상된 재고자산은 그 후속기간에 환입될 수 없다.
② 저가법은 원칙적으로 재고자산 항목별로 적용한다.
③ 기업은 매 후속기간에 순실현가능가치를 재평가한다.
④ 순실현가능가치의 중요한 하락은 물리적 손상뿐만 아니라 기술적 진부화에 의해서도 발생할 수 있다.

해설

• 매 후속기간에 순실현가능가치를 재평가한다. 재고자산의 감액을 초래했던 상황이 해소되거나 경제상황의 변동으로 순실현가능가 치가 상승한 명백한 증거가 있는 경우에는 최초의 장부금액을 초과하지 않는 범위 내에서 평가손실을 환입한다. 그 결과 새로운 장 부금액은 취득원가와 수정된 순실현가능가치 중 작은 금액이 된다. 판매가격의 하락 때문에 순실현가능가치로 감액한 재고항목을 후속기간에 계속 보유하던 중 판매가격이 상승한 경우가 이에 해당한다.[K-IFRS 제1002호 문단33]

최신유형특강 26 | **재고자산감모손실·평가손실** | 난이도 ★ ★ ★ | 정답 | ④

다음은 ㈜삼일의 20X1회계연도 결산시 재고자산과 관련된 자료이다. 재고자산과 관련된 결산수정분개가 당기손익에 미치는 영향으로 가장 옳은 것은?

ㄱ. 결산수정분개전 기말재고자산 장부상 수량	100개
ㄴ. 결산수정분개전 기말재고자산 장부상 매입단가	200원/개
ㄷ. 기말재고자산 실사수량	95개
ㄹ. 기말재고자산의 예상판매가격	160원/개
ㅁ. 기말재고자산의 예상판매비용	예상판매가격의 5%

① 4,800원 증가   ② 5,560원 증가
③ 4,800원 감소   ④ 5,560원 감소

해설

• 재고자산감모손실·평가손실은 비용이나 매출원가로 처리하므로 처리방법 불문하고 당기이익을 감소시킨다.
• 개당 순실현가능가치(NRV) : 160 - 160×5% = 152
• 재고자산감모손실과 재고자산평가손실 계산

장부수량×단위당원가 (100개×@200 = 20,000)	실제수량×단위당원가 (95개×@200 = 19,000)	실제수량×단위당시가 (95개×@152 = 14,440)

재고자산감모손실 1,000   재고자산평가손실 4,560

∴당기손익에 미치는 영향 : 1,000+4,560 = 5,560(감소)

★ **저자주** 문제의 명확한 성립을 위해 '단, 20x1년 기초재고자산의 재고자산평가충당금은 없다'를 추가하기 바랍니다.

| 최신유형특강 27 | 매출원가(신) 계산 | 난이도 ★ ★ ★ | 정답 ② |

다음 자료에서 재고자산평가손실은 ㈜상일의 재고자산이 진부화되어 발생하였다. 다음 중 ㈜상일의 20X2년 포괄손익계산서상 매출원가는 얼마인가? 단, ㈜상일은 재고자산감모손실과 재고자산평가손실을 모두 매출원가에 반영한다.

20X1년 12월 31일 재고자산	400,000원
20X2년 매입액	1,000,000원
20X2년 재고자산평가손실	550,000원
20X2년 재고자산감모손실(정상감모)	20,000원
20X2년 12월 31일 재고자산(평가손실과 감모손실 차감 후)	300,000원

① 1,000,000원 ② 1,100,000원
③ 1,120,000원 ④ 1,670,000원

해설

• 이하 도표에 해당 금액을 대입하여 매출원가(구)를 먼저 계산한다.

기초재고	400,000
당기매입	1,000,000

‖

① 매출원가(구)[평가·감모손실 반영전](?)	**530,000**
② 평가손실	550,000
③ 정상감모손실	20,000
④ 비정상감모손실	0
⑤ 기말재고[평가·감모손실 반영후]	300,000

• 매출원가(신) = ①+②+③+④ : 530,000+550,000+20,000+0 = 1,100,000

최신유형특강 28　　　**기말재고 순장부금액**　　난이도 ★ ★ ★　정답 ①

다음 중 ㈜삼일의 재무상태표상 재고자산으로 표시될 순장부금액은 얼마인가?

	장부수량	단위당 장부금액	실사수량	단위당 순실현가능가치
상 품	1,500개	@100	1,500개	@90
제 품	5,000개	@500	4,500개	@1,000
재공품	2,000개	@250	2,000개	@300

① 2,885,000원　　　　　　　　　② 3,150,000원
③ 5,235,000원　　　　　　　　　④ 5,735,000원

해설

• ⚡**고속철** 기말재고 순장부금액 : (1,500개×@90)+(4,500개×@500)+(2,000개×@250)=2,885,000

*⚡참고 재고자산감모손실·평가손실 분석
　㉠ 재고자산감모손실(제품) : (5,000개-4,500개)×@500=250,000 →상품·재공품은 감모손실이 없다.

장부수량(5,000개)×단위당원가(@500)=2,500,000	실제수량(4,500개)×단위당원가(@500)=2,250,000

　　　　　　　　　재고자산감모손실(250,000)

　→(차) 재고자산감모손실(매출원가) 250,000 (대) 재고자산(제품) 250,000
　㉡ 재고자산평가손실(상품) : 1,500개×(@100-@90)=15,000 →제품·재공품은 평가손실이 없다.

실제수량(1,500개)×단위당원가(@100)=150,000	실제수량(1,500개)×단위당시가(@90)=135,000

　　　　　　　　　재고자산평가손실(15,000)

　→(차) 재고자산평가손실(매출원가) 15,000 (대) 재고자산평가충당금(재고자산차감) 15,000
　㉢ 기말재고 순장부금액 : (1,500개×@100+5,000개×@500+2,000개×@250)-(250,000+15,000)=2,885,000

최신유형특강 29 | **매출총이익률에 의한 재고손실액 추정** | 난이도 ★★★ | 정답 ④

㈜삼일은 8월 21일 발생한 홍수로 인하여 보유하고 있던 재고자산이 손상되었다. ㈜삼일의 당기 회계자료 중 일부는 다음과 같다. 매출총이익률이 20%라고 할 때 홍수로 인한 재고손실액은 얼마인가(단, ㈜삼일은 모든 판매와 구매를 외상으로 하고 있다)?

> (1) 재고자산 : 1/1 500,000원, 8/21 ?
> 　　매출채권 : 1/1 2,000,000원, 8/21 2,400,000원
> (2) 1월 1일부터 8월 21일까지 발생한 거래
> 　　매출채권 현금회수액 : 7,000,000원
> 　　매입액 : 6,300,000원
> (3) 8월 21일 현재 도착지 인도조건의 매입 중인 운송상품 10,000원이 있다.
> (4) 손상된 재고자산의 처분가치 : 200,000원

① 662,000원　　　　　　　　　　② 670,000원
③ 672,000원　　　　　　　　　　④ 680,000원

해설

• 발생주의 순매출액 : 　　　　X
　매출채권 증가 : 　(400,000)
　현금주의 매출액 　7,000,000

　→X(발생주의 순매출액) = 7,400,000
• 매출원가 : 7,400,000(순매출액)×(1 - 20%) = 5,920,000
• 도착지조건 미착상품은 도착해야 소유권이 이전되므로 회계처리상 매입액 6,300,000원에 포함되어 있지 않다.
• 기말재고(홍수시점) : 500,000(1월 1일) + 6,300,000(매입액) - 5,920,000(매출원가) = 880,000
∴홍수로 인한 재고손실액 : 880,000 - 200,000(처분가치) = 680,000

ℹ 길라잡이 매출총이익률법 산식 적용

매출총이익률이 주어질 때	• 매출원가 = 매출액×(1 - 매출총이익률)
원가가산이익률(= 원가대비매출총이익률)이 주어질 때	• 매출원가 = 매출액÷(1 + 원가가산이익률)

최신유형특강 30	유형자산 취득후 기말장부금액	난이도 ★ ★ ☆	정답 ②

다음은 의류 제조업을 영위하는 ㈜상일이 20X1년 1월 1일에 취득한 자산의 목록이다. 동 자산의 취득으로 인하여 20X1년말에 증가할 유형자산의 금액은 얼마인가(단, ㈜상일은 모든 상각대상 유형자산에 대하여 내용연수 4년, 정액법, 잔존가치 0원을 적용한다)?

ㄱ. 본사 사옥 건설을 위해 취득한 토지	10억원
ㄴ. 임대수익을 얻을 목적으로 취득한 건물	8억원
ㄷ. 재고자산의 운송을 위해 취득한 설비자산	2억원
ㄹ. 제조공장 내 구축물을 자체 건설하는데 소요된 원가(20X1년말 현재 건설중임.)	1억원

① 12억원　　　② 12.5억원　　　③ 13억원　　　④ 21억원

해설

- 20x1년말에 증가할 유형자산의 금액 ⇒ 20x1년초 취득한 유형자산의 감가상각후 장부금액
- ㄱ : 본사 사옥 건설을 위해 취득한 토지 = 유형자산
  ㄴ : 임대수익을 얻을 목적으로 취득한 건물 = 투자부동산
  ㄷ : 재고자산의 운송을 위해 취득한 설비자산 = 유형자산
  ㄹ : 제조공장 내 구축물을 자체 건설하는데 소요된 원가(20x1년말 현재 건설중임) = 유형자산(건설중인자산)
- 토지(ㄱ)와 건설중인자산(ㄹ)은 감가상각대상이 아니므로 설비자산(ㄷ)에 대한 감가상각비만을 반영하여 20x1년말에 증가할 유형 자산의 금액을 계산한다.
  →20x1년말에 증가할 유형자산의 금액 : 10억+(2억 - 2억÷4년)+1억 = 12.5억

최신유형특강 31	유형자산 인식과 후속원가	난이도 ★ ★ ★	정답 ④

다음 중 유형자산의 인식에 관한 설명으로 가장 옳은 것은?

① 안전 또는 환경상의 이유로 취득하는 유형자산은 직접적인 미래 경제적 효익을 기대할 수 없으므로 자산으로 인식할 수 없다.
② 일상적인 수선·유지와 관련하여 발생하는 후속적 원가는 해당 유형자산의 장부금액에 포함된다.
③ 사용 중이던 유형자산의 일부가 대체될 때 발생하는 원가는 항상 수선비(비용)으로 인식한다.
④ 유형자산의 정기적인 종합검사 과정에서 발생하는 원가가 인식기준을 충족한다면 해당 유형자산의 일부가 대체되는 것으로 본다.

해설

- ① 안전 또는 환경상의 이유로 취득하는 유형자산은 그 자체로는 직접적인 미래경제적효익을 얻을 수 없지만, 다른 자산에서 미래경 제적효익을 얻기 위하여 필요할 수 있다. 이러한 유형자산은 당해 유형자산을 취득하지 않았을 경우보다 관련 자산으로부터 미래 경제적효익을 더 많이 얻을 수 있게 해주기 때문에 자산으로 인식할 수 있다.[K-IFRS 제1016호 문단11]
- ② 일상적인 수선·유지와 관련하여 발생하는 원가는 해당 유형자산의 장부금액에 포함하여 인식하지 아니한다. 이러한 원가는 발생 시점에 당기손익으로 인식한다.[K-IFRS 제1016호 문단12]
- ③ 유형자산 일부를 대체시 발생하는 원가가 인식기준을 충족시는 이를 해당 유형자산의 장부금액에 포함하여 인식한다. 대체되는 부분의 장부금액은 제거 규정에 따라 제거한다.[K-IFRS 제1016호 문단13]
- ④ 정기적인 종합검사과정에서 발생하는 원가가 인식기준 충족시는 유형자산의 일부가 대체되는 것으로 보아 해당 유형자산의 장부 금액에 포함하여 인식한다. 이 경우 직전에 이루어진 종합검사에서의 원가와 관련되어 남아 있는 장부금액(물리적 부분의 장부금 액과는 구별됨)을 제거한다.[K-IFRS 제1016호 문단14]

최신유형특강 32 | 유형자산 일반사항 | 난이도 ★ ★ ☆ | 정답 ①

다음 중 유형자산에 관한 설명으로 가장 올바르지 않은 것은?

① 일상적인 수선유지와 관련하여 발생한 원가는 해당 유형자산의 장부금액에 포함한다.
② 유형자산은 인식시점의 원가로 측정하며, 원가는 자산을 취득하기 위하여 자산의 취득시점이나 건설시점에서 지급한 현금 또는 현금성자산이나 제공한 기타 대가의 공정가치를 말한다.
③ 감가상각방법은 해당 자산에 내재되어 있는 미래경제적 효익의 예상소비형태를 가장 잘 반영하는 방법에 따라 선택한다.
④ 유형자산의 정기적인 종합검사 과정에서 발생하는 원가가 인식기준을 충족한다면 해당 유형자산의 일부가 대체되는 것으로 보아 해당 유형자산의 장부금액에 포함한다.

해설

• 일상적인 수선·유지와 관련하여 발생하는 원가는 해당 유형자산의 장부금액에 포함하여 인식하지 아니한다. 이러한 원가는 발생시점에 당기손익으로 인식한다.[K-IFRS 제1016호 문단12]

ⓘ 길라잡이 유형자산 후속원가

수선·유지	• 일상적인 수선·유지 관련원가는 발생시점에 당기손익으로 인식함.
정기교체	**사례** 용광로의 내화벽돌 교체, 항공기의 좌석 등 내부설비 교체 • 인식기준을 충족하는 경우에는 해당 유형자산의 장부금액에 포함하여 인식하고, 대체되는 부분의 장부금액은 제거함.
종합검사	**사례** 항공기의 결함에 대한 정기적인 종합검사 • 인식기준을 충족하는 경우에는 해당 유형자산의 장부금액에 포함하여 인식하고, 직전 종합검사에서의 원가와 관련되어 남아 있는 장부금액을 제거함. 🔍주의 해당 유형자산을 매입·건설할 때 종합검사와 관련된 원가를 분리하여 인식하였는지 여부와 관계없이 위와 같이 회계처리함.

최신유형특강 33 | **유형자산 취득원가 포함여부[1]** | 난이도 ★ ★ ☆ | 정답 ③

전자기기 제조업을 영위하는 ㈜상일은 당기 중 신제품 A의 출시를 위해 필요한 유형자산 B를 취득하였다. 이와 관련된 지출항목이 다음과 같다고 할 때, 유형자산 B의 취득원가로 계상될 금액은 얼마인가?

지출항목	금액
유형자산 B의 매입가격	100,000,000원
최초의 운송	5,000,000원
설치 및 조립	3,000,000원
신제품 A를 시장에 소개하기 위한 광고	5,000,000원
정상적인 가동 여부를 확인하는데 소요된 원가	2,000,000원
유형자산 B의 관리 업무를 담당하는 직원에 대한 급여	10,000,000원

① 100,000,000원 ② 108,000,000원
③ 110,000,000원 ④ 115,000,000원

해설

• 신제품 A를 시장에 소개하기 위한 광고 : 판관비(광고비)
  유형자산 B의 관리 업무를 담당하는 직원에 대한 급여 : 판관비(급여)
∴유형자산 B의 취득원가 : 100,000,000+5,000,000+3,000,000+2,000,000=110,000,000

ⓘ 길라잡이 유형자산 취득원가 포함 항목

㉠ 관세 및 환급 불가능한 취득관련 세금(취득세, 등록세)을 가산하고 매입할인과 리베이트 등을 차감한 구입가격
  → ♀주의 보유자산 재산세와 자동차세는 비용처리함.
㉡ 경영진이 의도하는 방식으로 가동하는데 필요한 장소와 상태에 이르게 하는데 직접 관련되는 다음과 같은 원가
  • 유형자산의 매입 또는 건설과 직접적으로 관련되어 발생한 종업원급여
  • 설치장소 준비원가, 최초의 운송 및 취급 관련 원가, 설치원가 및 조립원가
  • 유형자산이 정상적 작동여부를 시험하는 과정에서 발생하는 원가
    비교 시제품의 순매각금액 : ㉠ 일반기업회계기준 - 원가차감 ㉡ K-IFRS - 당기손익
  • 전문가에게 지급하는 수수료, 구입시 중개수수료·보험료
㉢ 자산을 해체, 제거, 복구하는데 소요될 것으로 최초에 추정되는 원가(=복구원가)

제1주차
빈출유형특강

제2주차
핵심유형특강

제3주차
최신유형특강

제4주차
기출변형특강

| 최신유형특강 34 | 유형자산 취득원가 포함여부[2] | 난이도 | ★ ★ ☆ | 정답 | ④ |

㈜삼일의 재무상태표에 유형자산으로 표시되는 기계장치의 취득금액은 얼마인가?

(1) 매입금액	:	600,000원
(2) 설치장소까지의 운송비	:	30,000원
(3) 관세 및 취득세	:	10,000원
(4) 시운전비	:	50,000원
(5) 매입할인	:	20,000원
(6) 다른 기계장치의 재배치 과정에서 발생한 원가	:	50,000원

① 620,000원   ② 650,000원   ③ 660,000원   ④ 670,000원

해설

• 취득금액 : 600,000(매입금액)+30,000(운송비)+10,000(관세·취득세)+50,000(시운전비)−20,000(매입할인)=670,000
→다른 기계장치의 재배치 과정에서 발생하는 원가는 당해 기계장치의 취득금액에 포함하지 않는다.

길라잡이 유형자산 취득원가 불포함 사례[K-IFRS 제1016호 문단20]

| 개요 | • 경영진이 의도하는 방식으로 가동될 수 있는 장소·상태에 이른 후에는 원가를 더 이상 인식하지 않음. 따라서, 유형자산을 사용·이전하는 과정에서 발생하는 원가는 유형자산의 장부금액에 포함하여 인식하지 아니함. |
| 사례 | • 예를 들어 다음과 같은 원가는 유형자산의 장부금액에 포함하지 아니함.
  ㉠ 유형자산이 경영진이 의도하는 방식으로 가동될 수 있으나 아직 실제로 사용되지는 않고 있는 경우 또는 가동수준이 완전조업도 수준에 미치지 못하는 경우에 발생하는 원가
  ㉡ 유형자산과 관련된 산출물에 대한 수요가 형성되는 과정에서 발생하는 가동손실과 같은 초기 가동손실
  ㉢ 기업의 영업 전부 또는 일부를 재배치하거나 재편성하는 과정에서 발생하는 원가 |

| 최신유형특강 35 | 유형자산 취득과 장기미지급금 | 난이도 | ★ ★ ★ | 정답 | ④ |

㈜삼일은 20X1년 1월 1일에 기계장치를 총 8,000,000원을 지급하는 조건으로 취득하였다. 단, 지급조건은 기계장치 구입시점에 현금 5,000,000원을 지급하고 나머지 3,000,000원은 무이자부 약속어음을 발행하여 지급하는 것이다. 이 약속어음은 매연도말에 1,000,000원씩 3회 분할지급하는 조건이며, 약속어음 발행당시의 시장이자율은 연 12% 이다. 이자율 12%, 기간 3년일 경우 정상연금 현재가치계수는 2.4018이고, 1원의 현재가치계수는 0.7118이다. ㈜삼일의 기계장치 취득을 기록하기 위한 회계처리에 대한 설명으로 가장 옳은 것은(단, ㈜삼일은 현재가치할인차금 계정을 사용하여 회계처리하는 방법을 선택하고 있다)?

① 기계장치의 취득원가는 8,000,000원이며 장기미지급금 계정(대변)에 기록되는 금액은 3,000,000원 이다.
② 장기미지급금 계정(대변)에 기록되는 금액은 2,401,800원이고, 현재가치할인차금 계정 대변에 598,200원이 기록된다.
③ 기계장치의 취득원가는 7,135,400원이고, 현재가치할인차금 계정의 차변에는 864,600원이 기록된다.
④ 기계장치의 취득원가는 7,401,800원이다.

해설

• 현재가치 : 5,000,000+1,000,000×2.4018=7,401,800

| 20x1년 1월 1일 | (차) | 기계장치 | 7,401,800 | (대) | 현금 | 5,000,000 |
| | | 현재가치할인차금 | 598,200 | | 장기미지급금 | 3,000,000 |

• ① 기계장치의 취득원가는 7,401,800원이다.
② 장기미지급금 계정(대변)에 기록되는 금액은 3,000,000원이다.
③ 기계장치의 취득원가는 7,401,800원이고, 현재가치할인차금 계정의 차변에는 598,200원이 기록된다.

최신유형특강 36 | **유형자산 취득원가와 일괄구입** | 난이도 ★ ★ ☆ 정답 ④

다음 중 유형자산의 취득원가에 관한 설명으로 가장 올바르지 않은 것은?

① 토지는 취득세, 등록세 등 취득부대원가를 가산한 금액을 취득원가로 한다.
② 토지만 사용할 목적으로 토지와 건물을 일괄구입하는 경우 일괄구입대가 모두 토지의 취득원가로 처리한다.
③ 토지와 건물 일괄구입 후 기존 건물을 철거할 때 발생하는 건물철거비용은 토지의 원가에 가산한다.
④ 토지와 건물 일괄구입 후 기존 건물 철거로 발생한 폐자재들을 처리하는 비용이 발생하는 경우 당기손실로 처리한다.

해설

• 토지와 건물 일괄구입 후 기존건물 철거로 발생한 건물철거비용(폐자재처분수입은 차감, 폐자재처리비용은 가산)은 토지의 취득원가로 처리한다.
  →∴폐자재들을 처리하는 비용이 발생하는 경우 이는 당기손실이 아닌 토지의 취득원가로 처리한다.

ⓘ 길라잡이 유형자산 일괄구입

토지만 사용목적	• 새 건물을 신축할 목적으로 기존 건물이 있는 토지를 구입하여 기존건물을 철거하고 새 건물을 신축하는 경우 　→ 건물철거비용(폐자재처분수입은 차감, 폐자재처리비용은 가산)은 토지취득원가로 처리 　🔍주의 이 경우는 일괄구입이 아니므로, 토지취득원가＝총일괄구입가＋건물철거비용 등
모두 사용목적	• 개별자산의 공정가치비율로 안분하여 원가를 산정함. 　→공통부대원가가 아닌 취·등록세와 같은 개별비용은 각각 개별적으로 배분함. 　**예시** 토지(공정가치 400)와 건물(공정가치 100)을 일괄하여 200에 구입함. 　　→토지 : 200×400/500=160, 건물 : 200×100/500=40 • 건물을 업무에 사용하고 감가상각도 하던 중 사용 중인 건물을 철거하고 새로운 건물을 신축하는 경우에는 기존 건물의 장부금액과 철거비용은 당기비용(처분손실)처리함.

최신유형특강 37   **자산관련 정부보조금 일반사항**   난이도 ★ ★ ☆   정답 ④

다음 중 회사가 정부보조금으로 취득한 유형자산이 있을 경우와 관련된 설명으로 가장 올바르지 않은 것은?

① 정부보조금 회계처리 방법 결정에 있어서 기업에 어느 정도의 재량권이 부여되어 있다.
② 정부보조금은 재무상태표에 이연수익으로 표시할 수 있다.
③ 정부보조금은 재무상태표에 관련자산에서 차감하는 방법으로 표시할 수 있다.
④ 정부보조금을 관련자산에서 차감하는 방법으로 표시하는 경우 유형자산 장부금액은 유형자산 취득금액으로 한다.

해설

• 관련 자산에서 차감하는 방법으로 표시하는 경우 장부금액은 취득금액에서 정부보조금을 차감한 금액으로 한다.

ⓘ 길라잡이   **자산관련 정부보조금 회계처리**

개요	• 정부보조금을 수령하여 유형자산을 취득시 정부보조금은 재무상태표에 자산에서 차감(자산차감법)하거나 이연수익(이연수익법)으로 표시하는 방법 중 한 가지 방법을 선택 가능함. • 자산차감법의 경우 유형자산의 장부금액은 취득금액에서 정부보조금을 차감한 금액임.

회계처리 (선택)	자산차감법(원가차감법)				이연수익법			
	자산취득시				자산취득시			
	(차) 자산	xxx	(대) 현금	xxx	(차) 자산	xxx	(대) 현금	xxx
	현금	xxx	보조금(자산차감)	xxx	현금	xxx	이연수익(부채)	xxx
	감가상각시				감가상각시			
	(차) 감가상각비	xxx	(대) 감가상각누계액	xxx	(차) 감가상각비	xxx	(대) 감가상각누계액	xxx
	보조금	xxx	감가상각비	xxx	이연수익	xxx	보조금수익	xxx

| 최신유형특강 38 | 유형자산 교환 취득원가(상업적실질 결여) | 난이도 ★ ★ ☆ | 정답 ① |

㈜서울은 사용 중이던 차량운반구 A를 ㈜부산이 사용하던 차량운반구 B와 교환하였다. 이 교환과 관련하여 ㈜서울은 공정가치의 차액 300,000원을 현금으로 지급하였다. 이 경우 ㈜서울이 차량운반구 B의 취득원가로 인식해야 할 금액은 얼마인가(단, 동 거래는 상업적 실질이 결여된 거래임)?(단위 : 원)

	차량운반구 A	차량운반구 B
취득원가	3,500,000	4,000,000
감가상각누계액	1,200,000	1,500,000
공정가치	1,700,000	2,000,000

① 2,600,000원   ② 2,300,000원
③ 2,000,000원   ④ 1,700,000원

해설

- 유형자산 교환거래가 상업적실질 결여이므로 제공한 자산(차량운반구A)의 장부금액을 취득한 자산(차량운반구B)의 취득원가로 계상한 후, 현금지급액을 취득원가에 가산한다.
- 교환시점 회계처리

(차) 차량운반구B(차량운반구A 장부금액)	2,300,000	(대) 차량운반구A	3,500,000
감가상각누계액(차량운반구A)	1,200,000		
(차) 차량운반구B	300,000	(대) 현금	300,000

∴차량운반구B 취득원가 : 2,300,000 + 300,000 = 2,600,000

i 길라잡이 유형자산 교환시 취득원가

상업적실질 존재	원칙	• 취득원가 = 제공자산공정가치 ± 현금수수액
	취득자산 공정가치가 더 명백한 경우	• 취득원가 = 취득자산공정가치
	취득자산과 제공자산의 공정가치를 신뢰성있게 측정할수 없는 경우	• 취득원가 = 제공자산장부금액 ± 현금수수액
상업적실질 결여	• 취득원가 = 제공자산장부금액 ± 현금수수액	

| 최신유형특강 39 | 유형자산 감가상각 일반사항 | 난이도 | ★ ☆ ☆ | 정답 | ② |

다음 중 유형자산의 감가상각에 관한 설명으로 가장 올바르지 않은 것은?

① 감가상각방법은 자산의 미래경제적효익이 소비될 것으로 예상되는 형태를 반영한다.
② 감가상각방법은 적어도 매 회계연도 말에 재검토하며, 재검토 결과 자산에 내재된 미래경제적효익의 예상되는 소비형태에 유의적인 변동이 있다면 이를 반영하기 위하여 감가상각방법을 변경한다. 이러한 변경은 회계정책의 변경으로 회계처리한다.
③ 채석장이나 매립지 등을 제외하고는 토지의 내용연수가 무한하므로 감가상각하지 않는다.
④ 정률법은 내용연수 초기에 감가상각비를 많이 계상하다가 내용연수 후기로 갈수록 감가상각비를 적게 계상하는 방법인데, 이를 체감잔액법이라고도 한다.

해설

• 자산에 내재된 미래경제적효익의 예상되는 소비형태가 유의적으로 달라졌다면 달라진 소비형태를 반영하기 위하여 감가상각방법을 변경하며, 그러한 변경은 회계추정의 변경으로 회계처리한다.[K-IFRS 제1016호 문단61]

ⓘ 길라잡이 유형자산 감가상각

의의	• 자산 이용에 따라 효익이 발생하는 기간에 체계적·합리적 방법에 의한 원가의 배분과정 →감가상각대상액 = 취득원가 – 잔존가치
상각방법	• 미래경제적효익의 예상 소비형태를 가장 잘 반영하는 방법에 따라 선택함. →적어도 매 회계기간말에 재검토하며, 감가상각방법의 변경은 회계추정의 변경으로 처리함.
동시취득	• 토지·건물을 동시 취득시에도 분리가능한 자산이므로 별개의 자산으로 회계처리함. →건물이 위치한 토지 가치가 증가하더라도 건물의 감가상각대상금액에는 영향을 미치지 않음.
토지	• 원칙적으로 채석장·매립지 등을 제외하고는 토지의 내용연수는 무한하므로 감가상각하지 않음.

| 최신유형특강 40 | 감가상각방법별 감가상각비 금액 비교 | 난이도 ★☆☆ | 정답 ① |

㈜삼일은 20X1년 1월 1일 내용연수 5년, 잔존가치 500,000원인 기계장치를 5,000,000원에 취득하였다. 다음 감가 상각방법 중 20X1년 감가상각비로 인식되는 금액이 가장 작은 것은?

① 정액법
② 정률법(상각률 : 0.451)
③ 생산량비례법(추정 총생산제품수량 : 6,000개 중 20X1년 생산량 1,500개)
④ 연수합계법

해설

- ① 정액법 감가상각비 : $(5,000,000 - 500,000) \times \frac{1}{5} = 900,000$

  ② 정률법 감가상각비 : $5,000,000 \times 0.451 = 2,255,000$

  ③ 생산량비례법 감가상각비 : $(5,000,000 - 500,000) \times \frac{1,500개}{6,000개} = 1,125,000$

  ④ 연수합계법 감가상각비 : $(5,000,000 - 500,000) \times \frac{5}{1+2+3+4+5} = 1,500,000$

길라잡이 감가상각방법별 감가상각비

정액법	• 감가상각대상액 $\times \frac{1}{내용연수}$	정률법	• 기초장부금액 $\times$ 상각률
연수합계법	• 감가상각대상액 $\times \frac{연수의 역순}{내용연수합계}$	생산량비례법	• 감가상각대상액 $\times \frac{당기 생산량}{총 예정 생산량}$
이중체감법	• 기초장부금액 $\times \frac{2}{내용연수}$		

| 최신유형특강 41 | 자본적지출시 유형자산 장부금액 | 난이도 ★★☆ | 정답 ② |

㈜삼일이 보유하고 있는 건물의 20X3년말 장부금액은 얼마인가?

20X1년초 건물을 1,000,000원에 취득하였다. 건물의 내용년수는 5년이고, 잔존가치는 0원이며, 정 액법으로 감가상각하기로 하였다. 20X3년초 건물 엘리베이터 설치비용 100,000원을 지출하였으며 이로 인해 건물의 기능이 향상되어 내용연수가 2년 연장되었다(유형자산의 인식요건을 충족함)

① 500,000원   ② 560,000원
③ 640,000원   ④ 700,000원

해설

- 유형자산 인식요건을 충족하는 자본적지출은 장부금액에 가산한다.
- 20x3년초 자본적지출 전 장부금액 : 1,000,000 - (1,000,000 - 0) × 2년/5년 = 600,000
- 20x3년초 자본적지출 후 장부금액 : 600,000 + 100,000(자본적지출) = 700,000
- 20x3년 감가상각비 : 700,000 ÷ (3년 + 2년) = 140,000
- ∴20x3년말 장부금액 : 700,000 - 140,000 = 560,000

| 최신유형특강 42 | 유형자산 재평가모형 장부금액 | 난이도 ★ ★ ☆ | 정답 ④ |

㈜삼일의 20X2년말 기계장치의 장부금액은 얼마인가?

> ㈜삼일은 20X1년초 기계장치 1대를 50,000원에 취득하였다. 동 기계장치의 내용년수는 5년이고, 잔존가치는 없으며 감가상각방법은 정액법을 채택하기로 하였다. ㈜삼일은 이 기계장치에 대해 재평가모형을 적용하고 있으며, 20X2년말의 공정가치는 100,000원이었다.(전액제거법으로 회계처리한다)

① 50,000원   ② 60,000원
③ 80,000원   ④ 100,000원

해설

• 재평가모형의 경우 매년 말 유형자산 장부금액은 공정가치와 일치한다.

참고 회계처리(20x1년말 공정가치를 200,000원으로 가정)

20x1년초	(차)	기계장치		50,000	(대)	현금	50,000
20x1년말	(차)	감가상각비	50,000÷5년=10,000		(대)	감가상각누계액	10,000
	(차)	감가상각누계액		10,000	(대)	재평가잉여금	160,000
		기계장치		150,000			
20x2년말	(차)	감가상각비	200,000÷4년=50,000		(대)	감가상각누계액	50,000
	(차)	감가상각누계액		50,000	(대)	기계장치	100,000
		재평가잉여금		50,000			

길라잡이 재평가손익 처리방법

최초재평가	재평가증가액	• '장부금액 < 공정가치' →재평가잉여금(자본 : 기타포괄손익)
	재평가감소액	• '장부금액 > 공정가치' →재평가손실(손익)
재평가이후 후속재평가	재평가손실 인식후 재평가잉여금이 발생	◉ 전기재평가손실 • 재평가이익(손익) ◉ 나머지 금액 • 재평가잉여금(자본)
	재평가잉여금 인식후 재평가손실이 발생	◉ 전기재평가잉여금 • 재평가잉여금과 상계 ◉ 나머지 금액 • 재평가손실(손익)

최신유형특강 43 | **일반차입금 자본화이자율 계산** | 난이도 ★★☆ | 정답 ②

㈜삼일은 연구개발을 전담할 연구소를 신축하기로 하였다. 이와 관련하여 20X1년 1월 1일에 50,000,000원을 지출하였고, 연구소는 20X3년 중에 완공될 예정이다. 회사의 차입금 현황이 다음과 같을 경우 20X1년도 일반차입금에 대한 자본화 이자율은 얼마인가(단, 차입금은 모두 만기가 3년 후이고 적수계산시 월할계산을 가정한다)?

차입처	차입일	차입금	연이자율	용도
K은행	20X1년 1월 1일	10,000,000원	6%	일반차입금
S은행	20X1년 7월 1일	20,000,000원	9%	일반차입금

① 6%   ② 7.5%   ③ 8%   ④ 9%

해설

- 일반차입금차입원가 : $10,000,000 \times 6\% \times 12/12 + 20,000,000 \times 9\% \times 6/12 = 1,500,000$
- 연평균일반차입금 : $10,000,000 \times 12/12 + 20,000,000 \times 6/12 = 20,000,000$
- 자본화이자율 : $\dfrac{일반차입금차입원가(1,500,000)}{연평균일반차입금(20,000,000)} = 7.5\%$

ⓘ 길라잡이 차입원가 자본화액

특정차입금 자본화금액	일반차입금 자본화금액 [한도] 일반차입금차입원가
□ 특정차입금 차입원가 - 일시투자수익	□ (연평균지출액 - 연평균특정차입금[1]) × 자본화이자율 → 자본화이자율 = $\dfrac{일반차입금차입원가}{연평균일반차입금}$ [1] 일시예치금 차감액

최신유형특강 44 | **자본화 차입원가(일반+특정)** | 난이도 ★★★ | 정답 ②

㈜삼일은 20X1년 1월 1일 임직원 연수동의 건설에 착공하였다. 회사가 20X1년 중 동 연수동 신축과 관련하여 지출한 금액은 다음과 같으며 완공까지는 약 3년이 소요될 예정이다.

지출일	지출액	비고
20X1년 1월 1일	10,000,000원	공사착공
20X1년 7월 1일	8,000,000원	
20X1년 9월 1일	9,000,000원	

한편, 회사의 차입금 현황은 다음과 같다. ㈜삼일이 20X1년에 자본화 할 차입원가는 얼마인가?

차입처	차입일	차입금	연이자율	용도
K은행	20X1.01.01	8,000,000	10%	특정목적차입금
S은행	20X1.07.01	20,000,000	8%	일반목적차입금

① 800,000원   ② 1,520,000원   ③ 1,600,000원   ④ 2,400,000원

해설

- 연평균지출액 : $10,000,000 \times 12/12 + 8,000,000 \times 6/12 + 9,000,000 \times 4/12 = 17,000,000$
- 자본화이자율 : $\dfrac{20,000,000 \times 8\% \times 6/12 = 800,000}{20,000,000 \times 6/12 = 10,000,000} = 8\%$
- 자본화 차입원가 : ㉠+㉡=1,520,000
  ㉠ 특정 : $8,000,000 \times 10\% \times 12/12 = 800,000$
  ㉡ 일반 : $(17,000,000 - 8,000,000 \times 12/12) \times 8\% = 720,000$ [한도] 800,000(자본화이자율의 분자금액)

| 최신유형특강 45 | 유형자산 손상 일반사항 | 난이도 ★ ★ ★ 정답 ③ |

다음 중 유형자산의 손상에 관한 설명으로 가장 옳은 것은?

① 유형자산에 대해 재평가모형을 적용하는 경우 손상차손을 인식하지 않는다.
② 자산의 회수가능액은 순공정가치와 사용가치 중 작은 금액이다.
③ 기업은 매 보고기간말마다 자산손상을 시사하는 징후가 있는지를 검토하여야 한다.
④ 자산손상을 시사하는 징후가 있는지를 검토할 때는 경제상황과 같은 외부정보는 고려하지 않는다.

해설

• ① 유형자산에 대해 재평가모형을 적용하는 경우에도 손상차손을 인식한다.
  →재평가잉여금을 감소시키고 그 차액을 손상차손으로 인식한다.
  ② 자산의 회수가능액은 순공정가치와 사용가치 중 큰 금액이다.
  ④ 자산손상을 시사하는 징후가 있는지를 검토할 때는 내부정보(내부정보원천)와 외부정보(외부정보원천)를 모두 고려한다.

참고 자산손상 징후 검토시 최소한 고려할 사항

내부정보 (내부정보원천)	• ㉠ 자산이 진부화하거나 물리적으로 손상된 증거를 얻을 수 있다. ㉡ 자산의 사용 범위나 사용 방법에서 기업에 불리한 영향을 미치는 유의적 변화가 회계기간 중에 일어났거나 가까운 미래에 일어날 것으로 예상된다. 이 변화에는 자산의 유휴화, 자산을 사용하는 영업부문을 중단하거나 구조 조정할 계획, 예상 시점보다 앞서 자산을 처분할 계획, 비한정 내용연수를 유한 내용연수로 재평가하기 등을 포함한다. ㉢ 자산의 경제적 성과가 예상수준에 미치지 못하거나 못할 것으로 예상되는 증거를 내부보고에서 얻을 수 있다.
외부정보 (외부정보원천)	• ㉠ 회계기간 중에 자산의 시장가치가 시간의 경과나 정상적인 사용에 따라 하락할 것으로 예상되는 수준보다 유의적으로 더 하락하였다는 관측가능한 징후가 있다. ㉡ 기업이 영업하는 기술·시장·경제·법률 환경이나 해당 자산을 사용하여 재화나 용역을 공급하는 시장에서 기업에 불리한 영향을 미치는 유의적 변화가 회계기간 중에 일어났거나 가까운 미래에 일어날 것으로 예상된다. ㉢ 시장이자율이 회계기간 중에 상승하여 자산의 사용가치를 계산할 때 사용하는 할인율에 영향을 미쳐 자산의 회수가능액이 중요하게 감소할 가능성이 높다. ㉣ 기업의 순자산 장부금액이 기업의 시가총액보다 많다.

| 최신유형특강 46 | 유형자산 손상차손환입액 | 난이도 ★ ★ ☆ | 정답 ② |

㈜상일은 20X1년 1월 1일에 기계장치(내용연수는 5년, 잔존가치는 없음)를 100,000원에 취득하였다. ㈜상일은 기계장치에 대하여 원가모형을 적용하고 있으며, 감가상각방법으로 정액법을 사용한다. 20X1년말에 동 기계장치의 회수가능액이 40,000원으로 하락하여 손상차손을 인식하였다. 그러나 20X2년말에 동 기계장치의 회수가능액이 80,000원으로 회복되었다. 20X2년말에 인식할 손상차손환입액은 얼마인가?

① 20,000원
③ 40,000원
② 30,000원
④ 50,000원

해설

• 손상차손환입액 : Min[㉠ 손상되지 않았을 경우의 장부금액 ㉡ 회수가능액] - 손상후 장부금액
  →손상되지 않았을 경우의 장부금액 : 100,000-100,000×2년/5년=60,000
  →회수가능액 : 80,000
  →손상후 장부금액 : 40,000 - 40,000×1년/4년=30,000
∴Min[㉠ 60,000 ㉡ 80,000] - 30,000 = 30,000

참고 회계처리

20x1년 1월 1일	(차) 기계장치	100,000	(대) 현금	100,000
20x1년 12월 31일	(차) 감가상각비	20,000	(대) 감가상각누계액	20,000
	(차) 손상차손	40,000	(대) 손상차손누계액	40,000
20x2년 12월 31일	(차) 감가상각비	10,000	(대) 감가상각누계액	10,000
	(차) 손상차손누계액	30,000	(대) 손상차손환입	30,000

길라잡이 유형자산 손상차손과 손상차손환입

| 손상차손 | • 손상차손액 = 장부금액 - 회수가능액
• 회수가능액 = Max[순공정가치, 사용가치] → 순공정가치 : 매각금액 - 처분부대원가
사용가치 : 기대미래현금흐름의 현재가치
• (차) 유형자산손상차손(당기손익) xxx (대) 손상차손누계액(유형자산 차감) xxx |
| 손상차손환입 | • 손상차손환입액 = Min[㉠ 손상되지 않았을 경우의 장부금액 ㉡ 회수가능액] - 손상후 장부금액
• (차) 손상차손누계액 xxx (대) 유형자산손상차손환입(당기손익) xxx |

최신유형특강 47 유형자산 제거와 회계처리 추정 난이도 ★ ★ ★ 정답 ②

제조업을 영위하는 ㈜삼일은 20X1년 1월 1일에 경리과장이 사용할 컴퓨터를 5,000,000원에 취득해서 사용하다가 20X3년 7월 1일에 3,500,000원에 처분하면서 다음과 같이 500,000원의 처분이익을 계상하였다. ㈜삼일은 이 컴퓨터에 대해 내용연수 5년, 잔존가치 0원, 정액법을 적용하여 감가상각해 왔다. 당신이 ㈜삼일의 담당회계사라면 이 회계처리에 대해 ㈜삼일의 경리과장에게 바르게 조언한 것은?

㈜삼일의 회계처리			
(차) 현금	3,500,000	(대) 컴퓨터	5,000,000
감가상각누계액	2,000,000	유형자산처분이익	500,000

① 회사는 처분한 컴퓨터의 전기말 재무상태표상 장부금액과 당기중 처분가액과의 차액을 처분이익으로 계상하였으므로 회사의 회계처리는 적정합니다.
② 회사는 당기 6개월분에 대한 감가상각비 500,000원을 계상하지 않았으며, 유형자산처분이익 500,000원을 과소계상 하였으므로 당기순이익에 미치는 영향은 없습니다.
③ 포괄손익계산서에 유형자산처분이익으로 1,500,000원이 계상되어야 적정하지만 금액적으로 차액이 별로 중요하지 않은 것으로 판단됩니다.
④ ①, ②, ③ 모두 올바른 조언임.

해설

• 20x1년/20x2년 감가상각누계액 : (5,000,000 - 0)×2년/5년 = 2,000,000
• 20x3년 7월 1일 처분시점 감가상각비 : [(5,000,000 - 0)÷5년]×6/12 = 500,000
→ ∴회사는 처분시점 감가상각비 500,000을 누락하여, 감가상각누계액을 2,000,000을 상계하였다.
• 올바른 회계처리

처분시 회계처리	(차) 현금	3,500,000	(대) 비품(컴퓨터)	5,000,000
	감가상각누계액	2,500,000	유형자산처분이익	1,000,000

• 이익에 미치는 영향 분석

회사의 처리	올바른 처리
감가상각비 : 0 / 처분이익 : 500,000	감가상각비 : 500,000 / 처분이익 : 1,000,000

∴이익에의 영향은 없음

최신유형특강 48 무형자산의 정의(인식요건) 난이도 ★ ☆ ☆ 정답 ③

다음 중 관련된 원가의 발생이 재무제표상 무형자산으로 인식되기 위하여 갖추어야 할 요건으로 가장 올바르지 않은 것은?
① 식별 가능할 것
② 통제 가능할 것
③ 사업결합으로 취득할 것
④ 미래 경제적 효익의 발생과 연관될 것

해설

• 무형자산의 정의와 인식조건

정의	• 물리적 실체는 없지만 식별가능하고, 통제하고 있으며 미래경제적효익이 있는 비화폐성자산
인식조건	• ㉠ 자산에서 발생하는 미래경제적효익이 기업에 유입될 가능성이 높다. ㉡ 자산의 원가를 신뢰성 있게 측정할 수 있다.

최신유형특강 49 | **내부창출 무형자산 인식** | 난이도 ★ ☆ ☆ | 정답 ①

다음 중 내부적으로 창출한 무형자산의 인식에 대한 설명으로 가장 올바르지 않은 것은?

① 내부적으로 창출한 영업권은 일정 요건을 충족하는 경우 무형자산으로 인식한다.
② 내부프로젝트에서 발생한 원가 중 연구단계에서 발생한 원가는 항상 발생한 기간의 비용으로 인식한다.
③ 개발단계는 연구단계보다 훨씬 더 진전되어 있는 상태이므로 무형자산의 식별이 가능하다.
④ 생산 전 또는 사용 전의 시제품과 모형을 설계, 제작 및 시험하는 활동은 일반적으로 개발단계에 해당한다.

해설

• 사업결합으로 취득한 영업권[=외부구입(유상취득) 영업권]은 신뢰성있는 측정이 가능하므로 무형자산으로 인식한다. 반면, 내부적으로 창출한 영업권은 원가를 신뢰성있게 측정할 수 없고 기업이 통제하고 있는 식별가능한 자원이 아니기 때문에 무형자산으로 인식하지 않는다.

최신유형특강 50 | **연구·개발단계 지출의 비용인식** | 난이도 ★ ★ ★ | 정답 ③

다음은 ㈜삼일이 20X1년 중 신제품 A의 연구 및 개발활동과 관련하여 발생시킨 원가의 내역이다. 이와 관련하여 당해 포괄손익계산서에 비용으로 계상될 금액은 모두 얼마인가(단, 신제품 A와 관련하여 계상된 무형자산은 20X1년 7월 1일부터 사용이 가능하며 내용연수 5년, 정액법으로 상각한다.)?

일자	세부내역	금액
20X1.01.01	연구단계에서 발생한 지출	200,000원
20X1.03.01	개발단계에서 발생한 지출로 자산인식 조건을 만족시키지 못함	1,500,000원
20X1.04.01	개발단계에서 발생한 지출로 자산인식조건을 만족시킴	500,000원
20X1.05.01	프로젝트 개발과 관련된 내부개발 소프트웨어로 자산인식 조건을 만족시킴	800,000원

① 1,300,000원
② 1,700,000원
③ 1,830,000원
④ 1,960,000원

해설

• 연구비(비용) : 200,000
  경상개발비(비용) : 1,500,000
  개발비(자산) : 500,000(개발단계 자산조건만족)+800,000(내부개발소프트웨어 자산조건만족) = 1,300,000
• 상각개시시점 : 자산이 사용가능한 때부터 시작〈∴20x1년 상각비 계상기간은 6개월(7/1~12/31)〉
  → 20x1년 인식할 개발비상각비 : (1,300,000÷5년)×6/12 = 130,000
∴20x1년 총비용 : 200,000+1,500,000+130,000 = 1,830,000

ℹ️ 길라잡이 연구·개발단계 지출의 처리와 소프트웨어

연구·개발단계지출	연구단계활동 지출	• 비용(연구비)
	개발단계활동 지출	• 자산인식요건 충족O : 무형자산(개발비) • 자산인식요건 충족X : 비용(경상개발비)
소프트웨어	내부개발소프트웨어	• 자산인식조건 충족시 '개발비'의 과목으로 무형자산 처리
	외부구입소프트웨어	• 자산인식조건 충족시 '소프트웨어'의 과목으로 무형자산 처리

| 최신유형특강 51 | 무형자산 상각 개시시점 | 난이도 | ★ ★ ☆ | 정답 | ① |

㈜삼일은 20X1년 7월 1일 기계장치 A를 100억원에 취득한 후 이를 신약개발활동에 사용하고 있다. 동 활동이 개발비의 인식요건을 충족하며, 당기 말 현재 동 신약개발활동이 계속 진행 중이라면 ㈜삼일이 당기 포괄손익계산서에 비용으로 인식할 금액은 얼마인가(단, 기계장치 A는 내용연수 5년, 정액법으로 상각한다.)?

① 0억원 　　　② 10억원 　　　③ 20억원 　　　④ 100억원

해설

- 개발활동에 사용하는 기계장치의 감가상각비를 개발비 인식기준 충족시점(=개발단계에 돌입한 시점)에 무형자산으로 인식한다.
- 개발비(무형자산)는 사용가능시점(=신약 생산·판매가 개시되는 시점)부터 상각한다.
- ∴신약개발활동이 진행 중이므로 상각비(비용)로 계상할 금액은 없다.

| 최신유형특강 52 | 무형자산 상각[1] | 난이도 | ★ ★ ☆ | 정답 | ④ |

다음 중 무형자산의 상각에 대한 설명으로 가장 올바르지 않은 것은?

① 내용연수가 유한한 무형자산은 내용연수 동안 상각을 하고, 내용연수가 비한정인 무형자산은 상각을 하지 않는다.
② 무형자산의 상각방법은 자산의 경제적 효익이 소비되는 형태를 반영해야 하며, 소비되는 형태를 신뢰성 있게 결정할수 없는 경우에는 정액법을 사용한다.
③ 내용연수가 비한정인 무형자산은 상각을 하지 않고, 손상징후에 관계없이 최소 매년 손상검사를 수행하여 손상차손을 인식한다.
④ 무형자산의 잔존가치와 상각기간, 상각방법을 적어도 매 회계연도 말에 검토하며, 검토결과 잔존가치, 상각기간, 상각방법을 변경하는 경우에는 회계추정의 변경으로 보고 소급적용하여 회계처리한다.

해설

- 회계추정의 변경은 전진법으로 회계처리한다.(회계정책의 변경은 소급법으로 회계처리한다.)

ⓘ 길라잡이 무형자산 잔존가치·상각기간·상각방법 변경

잔존가치 변경	• 잔존가치는 적어도 매 회계연도 말에는 검토한다. 잔존가치의 변동은 회계추정의 변경으로 처리한다.[K-IFRS 제1038호 문단102]
상각기간·상각방법 변경	• 내용연수가 유한한 무형자산의 상각기간과 상각방법은 적어도 매 회계연도 말에 검토한다. 자산의 예상 내용연수가 과거의 추정치와 다르다면 상각기간을 이에 따라 변경한다. 자산이 갖는 미래경제적효익의 예상소비형태가 변동된다면, 변동된 소비형태를 반영하기 위하여 상각방법을 변경한다. 그러한 변경은 회계추정의 변경으로 회계처리한다.[K-IFRS 제1038호 문단104]

최신유형특강 53	무형자산 상각[2]	난이도	★ ★ ☆	정답	①

다음 중 무형자산의 상각에 관한 설명으로 가장 올바르지 않은 것은?

① 내용연수가 비한정인 무형자산은 상각하지 않고, 내용연수가 유한한 무형자산으로 변경할 수 없다.
② 내용연수가 유한한 무형자산은 자산을 사용할 수 있는 때부터 상각한다.
③ 내용연수가 유한한 무형자산의 상각방법은 자산의 경제적 효익이 소비되는 형태를 반영한 방법이어야 한다.
④ 내용연수가 유한한 무형자산의 상각기간과 상각방법은 적어도 매 회계연도 말에 검토한다.

해설

• 내용연수가 비한정인 무형자산(=상각하지 않는 무형자산)에 대하여 사건과 상황이 그 자산의 내용연수가 비한정이라는 평가를 계속하여 정당화하는지를 매 회계기간에 검토한다. 사건과 상황이 그러한 평가를 정당화하지 않는 경우에 비한정 내용연수를 유한 내용연수로 변경하는 것은 회계추정의 변경으로 회계처리한다.[K-IFRS 제1038호 문단109]

ⓘ 길라잡이 무형자산 상각 세부고찰

상각여부	내용연수가 유한	• 내용연수가 유한한 무형자산은 내용연수에 걸쳐 상각함.
	내용연수가 비한정	• 내용연수가 비한정인 무형자산은 상각하지 않음. →매년 또는 손상징후가 있을 때 손상검사를 수행함. →'비한정'이라는 용어는 '무한(infinite)'을 의미하지 않음.
잔존가치 증감		• 잔존가치는 해당자산의 장부금액과 같거나 큰 금액으로 증가할 수도 있으며, 잔존가치가 이후에 장부금액보다 작은 금액으로 감소될 때까지는 상각액은 영(0)이 됨.
상각중지		• 매각예정으로 분류되는 날과 재무상태표에서 제거되는 날 중 이른 날에 중지함. →즉, 더 이상 사용하지 않을 때도 상각을 중지하지 아니함. 다만, 완전히 상각하거나 매각예정으로 분류되는 경우에는 상각을 중지함.
검토와 변경		• 잔존가치·상각기간·상각방법은 적어도 매 회계기간말에 검토함. • 잔존가치·상각기간·상각방법의 변경은 회계추정의 변경으로 회계처리함.

최신유형특강 54	무형자산 상각[3]	난이도	★ ★ ★	정답	④

다음 중 무형자산의 상각에 대한 설명으로 가장 올바르지 않은 것은?

① 내용연수가 유한한 무형자산은 내용연수동안 상각하지만 내용연수가 비한정인 무형자산은 상각하지 않는다.
② 무형자산의 잔존가치는 처분으로 회수가능한 금액을 근거로 하여 추정하며, 적어도 매 회계기간말에 검토한다.
③ 무형자산의 상각방법을 변경하는 경우에는 회계추정의 변경으로 본다.
④ 내용연수가 비한정인 무형자산이란 내용연수가 무한하여 미래 경제적 효익이 무한할 것으로 기대되는 무형자산을 의미한다.

해설

• 무형자산의 내용연수가 '비한정'이라는 용어는 '무한(infinite)'을 의미하지 않는다.[K-IFRS 제1038호 문단91]
→왜냐하면, 무형자산의 내용연수를 추정하는 시점에서 여러 가지 요인을 종합적으로 고려하여 볼 때 미래경제적효익의 지속연수를 결정하지 못할 뿐이지, 그렇다고 해서 미래경제적효익이 무한히 지속될 것으로 보는 것은 아니기 때문이다.(참고로, K-IFRS의 적용사례에는 무형자산의 내용연수 평가에 대한 다양한 사례를 제시하고 있다.)

| 최신유형특강 55 | 무형자산 후속측정 | 난이도 ★ ★ ★ | 정답 ② |

다음 중 무형자산의 후속 측정에 관한 설명으로 가장 올바르지 않은 것은?

① 내용연수가 비한정인 무형자산은 최소한 1년에 1회 이상의 손상검사가 이루어져야 한다.
② 손상검토시 회수가능액은 순공정가치와 사용가치 중 작은 금액을 기준으로 판단한다.
③ 무형자산의 경제적 효익이 소비되는 형태를 신뢰성 있게 결정할 수 없는 경우 정액법으로 상각한다.
④ 무형자산의 잔존가치, 상각기간 및 상각방법의 적정성에 대하여 매 보고기간 말에 재검토하여야 한다.

해설

• 유형자산과 동일하게 무형자산 손상검토시 회수가능액은 순공정가치와 사용가치 중 큰 금액을 기준으로 판단한다.
★ **저자주** 무형자산 손상 회계처리는 기본적으로 유형자산 손상과 동일합니다.

| 최신유형특강 56 | 무형자산 재평가 | 난이도 ★ ★ ★ | 정답 ③ |

다음 중 무형자산의 후속 측정에 관한 설명으로 가장 올바르지 않은 것은?

① 내용연수가 비한정인 무형자산은 최소한 1년에 1회 이상의 손상검사가 이루어져야 한다.
② 손상검토시 회수가능액은 순공정가치와 사용가치 중 큰 금액을 기준으로 판단한다.
③ 자산의 장부금액이 재평가로 인하여 증가된 경우 원칙적으로 그 증가액은 당기손익(재평가이익)으로 인식한다.
④ 특정 무형자산을 재평가할 때, 동일한 유형 내의 무형자산 유형 전체를 재평가한다.

해설

• 무형자산의 장부금액이 재평가로 인하여 증가된 경우에 그 증가액은 기타포괄손익으로 인식하고 재평가잉여금의 과목으로 자본에 가산한다. 그러나 그 증가액 중 그 자산에 대하여 이전에 당기손익으로 인식한 재평가감소에 해당하는 금액이 있다면 그 금액을 한도로 당기손익으로 인식한다.[K-IFRS 제1038호 문단85]

ℹ️ 길라잡이 무형자산 재평가 세부고찰

재평가모형 불허사항		㉠ 이전에 자산으로 인식하지 않은 무형자산의 재평가는 허용되지 않음. ㉡ 원가가 아닌 금액으로 무형자산을 최초로 인식시는 재평가가 허용되지 않음.
적용 특수사례		• 재평가모형은 자산을 원가로 최초에 인식한 후에 적용하나, 다음의 특수사례가 있음.
	일부인식시	• 일부 과정이 종료될 때까지 인식기준을 충족하지 않아서 원가의 일부만 자산인식시는 그 자산 전체에 대하여 재평가모형을 적용할 수 있음.
	정부보조 취득시	• 공정가치가 아닌 명목상 금액으로 인식한 무형자산에 대해서도 재평가모형을 적용할 수 있음.
활성시장 특수사례	동일분류내 재평가 불가시	• 재평가 자산과 같은 분류내의 자산을 활성시장이 없어서 재평가할 수 없는 경우 원가에서 상각누계액·손상차손누계액을 차감한 금액으로 표시함.
	공정가치 결정불가시	• 재평가한 자산의 공정가치를 더 이상 활성시장을 기초로 측정할 수 없는 경우에는 장부금액은 활성시장을 기초로 한 최종 재평가일의 재평가금액에서 이후의 상각누계액·손상차손누계액을 차감한 금액으로 함.
	추후 공정가치 결정가능시	• 자산의 공정가치를 이후의 측정일에 활성시장을 기초로 하여 결정할 수 있는 경우에는 그 날부터 재평가모형을 적용함.
회계처리		• 기본적으로 유형자산 재평가와 동일함.

| 최신유형특강 57 | 다양한 무형자산의 집계 | 난이도 ★ ★ ★ | 정답 ① |

다음 나열된 항목 중 무형자산에 해당되는 금액의 합계는 얼마인가?

미래의 기술에 관한 지식 탐구활동 지출액	140,000원
내부적으로 창출된 브랜드의 가치평가금액	200,000원
천연가스의 탐사 권리 취득을 위한 지출액	160,000원
개발단계 지출로 자산인식 조건을 만족하는 금액	320,000원
사업결합으로 취득한 고객목록 평가금액	180,000원

① 660,000원
② 800,000원
③ 820,000원
④ 1,000,000원

해설

- 미래의 기술에 관한 지식 탐구활동 지출액
  - 연구단계활동(연구결과나 기타 지식을 탐색하는 활동)에 해당하므로 '연구비' 과목으로 비용처리한다.
- 내부적으로 창출된 브랜드의 가치평가금액
  - 사업을 전체적으로 개발하는데 발생한 원가와 구별할 수 없으므로 무형자산으로 인식하지 않는다.
- 천연가스의 탐사 권리 취득을 위한 지출액
  - 탐사 권리 취득을 위한 지출액은 탐사평가자산의 최초 인식액에 해당하므로 무형자산('시추권') 처리한다.
- 개발단계 지출로 자산인식 조건을 만족하는 금액
  - 자산요건을 충족하는 개발단계활동 지출은 '개발비' 과목으로 무형자산 처리한다.
- 사업결합으로 취득한 고객목록 평가금액
  - 내부창출이 아닌 사업결합으로 유상취득한 고객목록이므로 영업권과 분리하여 무형자산 처리한다.
∴무형자산에 해당하는 금액의 합계 : 160,000(탐사평가자산)+320,000(개발비)+180,000(고객목록) = 660,000

길라잡이 탐사평가자산 일반사항[K-IFRS 제1106호]

의의	• 탐사평가자산이란 광물자원에 대한 탐사권리를 획득한 때부터 광물자원 추출의 기술적 실현가능성·상업화가능성을 제시할 수 있는 시점까지의 사이에 발생한 지출로서, 기업의 회계정책에 따라 자산으로 인식한 것을 말함.
최초인식	• 인식시점에 원가로 측정하며, 최초로 측정할 때 포함할 수 있는 지출의 예는 다음과 같음. ☐ 탐사 권리의 취득, 지형학적 등 연구, 탐사를 위한 시추, 굴착, 표본추출, 평가관련 활동
분류	• 탐사평가자산은 유형자산이나 무형자산으로 분류하고 이 분류를 일관되게 적용함. →무형자산을 개발하기 위해 소모된 유형자산 금액은 무형자산원가를 구성함. 그러나 무형자산을 개발하기 위해 유형자산을 사용하더라도 유형자산에서 무형자산으로 변경되는 것은 아님.
후속측정	• 탐사평가자산을 인식한 후에는 원가모형이나 재평가모형을 적용함.
재분류	• 광물자원 추출에 대한 기술적 실현가능성·상업화가능성을 제시할 수 있는 시점에는 더 이상 탐사평가자산으로 분류하지 아니함. →재분류하기 전에 손상을 검토하여 손상차손을 인식함.

길라잡이 브랜드·고객목록 회계처리

내부적으로 창출한 것	• 무형자산으로 인식하지 않음.
사업결합(또는 외부구입)으로 취득한 것	• 영업권과 분리하여 무형자산으로 인식함.

참고 브랜드, 고객목록에 대한 취득후(또는 완성후)의 지출은 항상 발생시점에 당기손익으로 인식함.
→이는 내부에서 창출하였는지 사업결합(외부구입)으로 취득하였는지에 관계없이 당기손익 처리함.

최신유형특강 58 | **투자부동산 해당여부** | 난이도 ★ ★ ☆ 정답 ④

●── 다음은 ㈜삼일이 보유하고 있는 자산의 내역이다. 투자부동산으로 계정분류되어야 할 금액으로 가장 적절한 것은?

ㄱ. 장기 시세차익을 얻기 위하여 보유하고 있는 토지	100,000,000원
ㄴ. 장래 사용목적을 결정하지 못한 채로 보유하고 있는 건물	80,000,000원
ㄷ. 직원 연수원으로 사용할 목적의 건물	50,000,000원
ㄹ. 금융리스로 제공한 토지	40,000,000원

① 90,000,000원   ② 100,000,000원
③ 140,000,000원   ④ 180,000,000원

해설

• 투자부동산으로 계정분류 되어야 할 금액 : 100,000,000+80,000,000 = 180,000,000
→자가사용부동산(직원 연수원으로 사용할 목적의 건물)과 금융리스로 제공한 토지는 투자부동산에 해당하지 않는다.

ⓘ 길라잡이 투자부동산에 해당하지 않는 항목

| 투자부동산X [예시] | • 통상영업과정에서 판매 또는 이를 위하여 건설·개발 중인 부동산
→[예] 가까운 장래에 판매하거나 개발하여 판매하기 위한 목적으로만 취득한 부동산
• 자가사용부동산
→미래에 자가사용하기 위한 부동산, 미래에 개발 후 자가사용할 부동산, 종업원이 사용하고 있는 부동산(종업원이 시장요율로 임차료를 지급하고 있는지는 관계없음), 처분 예정인 자가사용부동산을 포함함.
• 금융리스로 제공한 부동산 |

최신유형특강 59   **투자부동산의 후속측정**   난이도 ★ ★ ★   정답 ④

다음 중 투자부동산의 후속적 측정에 대한 설명으로 가장 올바르지 않은 것은?

① 원가모형으로 측정해 오던 투자부동산이 매각예정으로 분류된다면 별도의 기준서에 따라 처리하여야 한다.
② 최초 인식 이후 투자부동산의 평가방법을 원가모형으로 선택한 경우에는 모든 투자부동산에 대하여 원가모형을 적용한다.
③ 공정가치모형을 선택한 경우에는 해당 투자부동산이 감가상각대상자산인 경우에도 감가상각은 수행하지 않는다.
④ 공정가치모형에서 공정가치를 산정할 때에는 매각, 또는 다른 형태의 처분으로 발생할 수 있는 거래원가를 차감하여야 한다.

해설

• 투자부동산의 공정가치를 산정할 때에는 매각이나 다른 형태의 처분으로 발생할 수 있는 거래원가를 차감하지 않고 산정한다.

★ **저자주** 다소 지엽적인 내용에 대한 출제로 사료됩니다. '길라잡이' 위주로 참고하여 재출제에 대비하기 바랍니다.

ℹ️ **길라잡이** **투자부동산 인식 후의 측정 세부고찰**

회계정책 선택	• 최초 인식후 공정가치모형과 원가모형 중 하나를 선택하여 모든 투자부동산에 적용함.
원가모형	• 최초 인식후 평가방법을 원가모형으로 선택한 경우에는 모든 투자부동산에 대하여 유형자산 원가모형에 따라 측정함. →감가상각대상자산인 경우 유형자산과 동일하게 감가상각비를 인식함. →매각예정으로 분류하는 조건을 충족하는 경우에는 기준서 제1105호 '매각예정비유동자산과 중단영업'에 따라 처리함.
공정가치모형	• 공정가치모형을 선택한 경우에는 최초 인식후 모든 투자부동산을 공정가치로 측정함. →공정가치 변동으로 발생하는 손익은 발생한 기간의 당기손익에 반영함.(감가상각대상자산인 경우에도 감가상각은 수행하지 않음.) →공정가치는 측정일에 시장참여자 사이의 정상거래에서 자산을 매도할 때 받거나 부채를 이전할 때 지급하게 될 가격을 말함. 투자부동산의 공정가치를 산정할 때에는 매각이나 다른 형태의 처분으로 발생할 수 있는 거래원가를 차감하지 않고 산정함. →투자부동산을 공정가치로 측정해 온 경우라면 비교할만한 시장의 거래가 줄어들거나 시장가격 정보를 쉽게 얻을 수 없게 되더라도, 당해 부동산을 처분할 때까지 또는 자가사용부동산으로 대체하거나 통상적인 영업과정에서 판매하기 위하여 개발을 시작하기 전까지는 계속하여 공정가치로 측정함.

최신유형특강 60 　　　**투자부동산 공정가치모형 회계처리** 　　　난이도 ★ ★ ☆ 정답 ④

제조업을 영위하는 ㈜상일은 임대수익을 얻기 위한 목적으로 20X1년 1월 1일 건물을 1억원에 취득하였다. 공정가치모형을 적용할 경우 동 건물과 관련하여 ㈜상일이 20X2년말에 수행할 회계처리로 가장 옳은 것은(단, ㈜상일은 건물을 5년간 사용 가능할 것으로 예상하고 있다)?

〈건물의 공정가치〉
20X1년말 : 95,000,000원
20X2년말 : 90,000,000원

①	(차) 감가상각비	20,000,000	(대) 감가상각누계액	20,000,000	
②	(차) 투자부동산평가손실	2,000,000	(대) 투자부동산	2,000,000	
③	(차) 감가상각비	20,000,000	(대) 감가상각누계액	20,000,000	
	투자부동산	15,000,000	투자부동산평가이익	15,000,000	
④	(차) 투자부동산평가손실	5,000,000	(대) 투자부동산	5,000,000	

해설

• 투자부동산이 공정가치모형이므로 감가상각없이 공정가치 증감을 평가손익으로 인식한다.
• 20x2년말 평가손익 : 90,000,000(20x2년말 공정가치) – 95,000,000(20x1년말 공정가치) = △5,000,000(손실)

20x1년초	(차) 투자부동산	100,000,000	(대) 현금	100,000,000
20x1년말	(차) 투자부동산평가손실	5,000,000	(대) 투자부동산	5,000,000
20x2년말	(차) 투자부동산평가손실	5,000,000	(대) 투자부동산	5,000,000

***참고** 원가모형이라면 감가상각비(100,000,000÷5년=20,000,000)를 인식한다.(잔존가치는 없다고 가정)

20x1년초	(차) 투자부동산	100,000,000	(대) 현금	100,000,000
20x1년말	(차) 감가상각비	20,000,000	(대) 감가상각누계액	20,000,000
20x2년말	(차) 감가상각비	20,000,000	(대) 감가상각누계액	20,000,000

최신유형특강 61	투자부동산 계정대체 사유	난이도 ★ ★ ★ 정답 ②

다음 중 한국채택국제회계기준 하에서 투자부동산으로의 계정대체가 가능한 경우는?

① 제3자에게 금융리스제공을 개시한 경우
② 제3자에게 운용리스제공을 개시한 경우
③ 자가사용을 개시한 경우
④ 정상적인 영업과정에서 판매하기 위한 개발을 개시한 경우

해설

• ① 제3자에게 금융리스제공을 개시한 경우 : 투자부동산에 해당하지 않으므로 계정대체와 무관하다.
② 제3자에 대한 운용리스 제공의 약정의 경우 : 재고자산에서 투자부동산으로 대체한다.
③ 자가사용을 개시한 경우 : 투자부동산에서 자가사용부동산으로 대체한다.
  →∴투자부동산으로의 계정대체가 가능하지 않다.
④ 통상적인 영업과정에서 판매할 목적으로 개발을 시작한 경우 : 투자부동산에서 재고자산으로 대체한다.
  →∴투자부동산으로의 계정대체가 가능하지 않다.

길라잡이 투자부동산 계정대체 사유

자가사용의 개시나 자가사용을 목적으로 개발을 시작	• 투자부동산 ➡ 자가사용부동산
통상적인 영업과정에서 판매할 목적으로 개발을 시작	• 투자부동산 ➡ 재고자산
자가사용의 종료	• 자가사용부동산 ➡ 투자부동산
제3자에 대한 운용리스 제공의 약정	• 재고자산 ➡ 투자부동산

최신유형특강 62	투자부동산 계정대체 회계처리	난이도 ★ ★ ★ 정답 ②

다음 중 투자부동산의 계정대체에 관한 설명으로 가장 올바르지 않은 것은?

① 원가모형 적용 임대수익 목적의 건물을 자가사용으로 전환하면 유형자산으로 분류하고 별도의 손익은 인식하지 않는다.
② 공정가치모형 적용 임대수익 목적의 건물을 자가사용으로 전환하면 유형자산으로 분류하고 대체시점에서 발생한 재평가차액을 기타포괄손익으로 인식한다.
③ 자가사용건물을 제3자에게 운용리스로 제공하는 경우에는 투자부동산으로 분류한다.
④ 자가사용건물의 사용이 종료되면 투자부동산으로 대체한다.

해설

• 공정가치모형 적용 임대수익 목적의 건물을 자가사용으로 전환하면 유형자산으로 분류하고, 변경시점에 투자부동산평가손익을 인식 후 공정가치로 대체한다.

길라잡이 투자부동산 계정대체 세부고찰(회계처리)

투자부동산에 원가모형 적용시		• 대체전 자산의 장부금액으로 대체함.(∴별도 손익이 발생하지 않음)
투자부동산에 공정가치모형 적용시	투자부동산 ➡ 자가사용부동산	• 변경시점에 투자부동산평가손익 인식후 공정가치로 대체
	투자부동산 ➡ 재고자산	
	자가사용부동산 ➡ 투자부동산	• 변경시점의 장부금액과 공정가치의 차액은 유형자산 재평가모형과 동일한 방법으로 회계처리
	재고자산 ➡ 투자부동산	• 재고자산 장부금액과 대체시점의 공정가치의 차액은 당기손익으로 인식

| 최신유형특강 63 | 투자부동산의 유형자산으로의 계정대체 | 난이도 ★ ★ ★ | 정답 ③ |

㈜삼일은 20X1년 3월 1일에 임대수익을 얻을 목적으로 건물을 1,000,000원에 취득하여 공정가치 모형을 적용하여 회계처리하기로 하였다. ㈜삼일은 동 건물을 20X2년 10월 1일에 본사사옥으로 사용 목적을 변경하고, 즉시 사용하기 시작하였다. 동 건물의 20X1년 12월 31일과 20X2년 10월 1일의 공정가치는 각각 900,000원과 1,100,000원이었으며, 유형자산으로 대체된 상기 건물에 대해서 ㈜삼일은 원가모형을 적용하기로 하였다. 20X2년 10월 1일 현재 동 건물의 내용연수는 10년이고, 잔존가치는 없는 것으로 추정하였다. 상기 건물에 대한 회계처리가 ㈜삼일의 20X2년 당기순손익에 미치는 영향은(단, 감가상각비의 계산이 필요한 경우 정액법을 적용하여 월할 계산하기로 한다)?

① 당기순이익 90,000원 감소　　② 당기순이익 27,500원 감소
③ 당기순이익 172,500원 증가　　④ 당기순이익 200,000원 증가

해설

• 투자부동산을 변경시점(대체시점)에 공정가치로 평가하여 평가손익을 먼저 인식한 후, 유형자산(건물)으로 대체한다.

20x1년 3월 1일	(차) 투자부동산	1,000,000	(대) 현금	1,000,000
20x1년 12월 31일	(차) 투자부동산평가손실	100,000[1]	(대) 투자부동산	100,000
20x2년 10월 1일	(차) 투자부동산	200,000[2]	(대) 투자부동산평가이익	200,000
	(차) 건물	1,100,000	(대) 투자부동산	1,100,000
20x2년 12월 31일	(차) 감가상각비	27,500[3]	(대) 감가상각누계액	27,500

[1] 900,000 - 1,000,000 = △100,000(평가손실)
[2] 1,100,000 - 900,000 = 200,000(평가이익)
[3] (1,100,000 ÷ 10년) × 3/12 = 27,500
∴20x2년 당기순손익에 미치는 영향 : 200,000(투자부동산평가이익) - 27,500(감가상각비) = 172,500(증가)

| 최신유형특강 64 | 금융자산 범위 | 난이도 ★ ★ ☆ | 정답 ④ |

다음 중 금융자산에 해당하지 않는 것은?

① 다른 기업의 지분상품
② 거래상대방에게서 현금 등 금융자산을 수취할 계약상 권리
③ 잠재적으로 유리한 조건으로 거래상대방과 금융자산이나 금융부채를 교환하기로 한 계약상 권리
④ 기업이 자신의 지분으로 결제되거나 결제될 수 있는 계약으로서 수취할 자기지분상품 수량이 확정된 비파생상품

해설

• 금융자산은 다음의 자산을 말한다.[K-IFRS 제1032호 문단11]

> ㉠ 현금
> ㉡ 다른 기업의 지분상품
> ㉢ 다음 중 어느 하나에 해당하는 계약상 권리
> 　ⓐ 거래상대방에게서 현금 등 금융자산을 수취할 계약상 권리
> 　ⓑ 잠재적으로 유리한 조건으로 거래상대방과 금융자산이나 금융부채를 교환하기로 한 계약상 권리
> ㉣ 기업 자신의 지분상품('자기지분상품')으로 결제하거나 결제할 수 있는 다음 중 하나의 계약
> 　ⓐ 수취할 자기지분상품의 수량이 변동 가능한 비파생상품
> 　ⓑ 확정 수량의 자기지분상품을 확정 금액의 현금 등 금융자산과 교환하여 결제하는 방법 외의 방법으로 결제하거나 결제할 수 있는 파생상품.

최신유형특강 65 | **금융상품 일반사항** | 난이도 ★ ★ ★ 정답 ②

다음 중 금융상품에 대한 설명으로 가장 올바르지 않은 것은?

① 금융상품은 금전신탁, 중개어음 등 금융기관의 정형화된 상품뿐만 아니라 비정형적인 계약상의 권리(의무)를 포함한다.
② 사용권자산과 무형자산(예: 특허권, 상표권)은 금융자산에 해당한다.
③ 금융리스는 금융상품에 해당하지만 운용리스는 금융상품에 해당하지 않는다.
④ 미래경제적효익이 현금 등 금융자산을 수취할 권리가 아니라 재화나 용역의 수취인 자산은 금융자산이 아니다.

해설

• 사용권자산과 무형자산(예 : 특허권, 상표권)은 금융자산이 아니다.

금융자산 O	• 현금및현금성자산, 대여금, 매출채권, 미수금, 미수수익, FVPL금융자산, FVOCI금융자산, AC금융자산, 금융기관 취급 기타금융상품
금융자산 X	• 재고자산, 유형자산, 무형자산, 사용권자산, 선급비용, 선급금, 계약에 의하지 않은 자산, 법인세관련 자산(이연법인세자산)

참고 금융상품에 포함여부

㉠ 금융리스의 경우 대출약정에 따른 원금과 이자의 지급액을 혼합한 것과 실질적으로 동일한 일련의 지급액을 수취할 권리와 지급할 의무가 각각 리스제공자와 리스이용자에게 있다. 반면에 운용리스의 경우 리스제공자는 미래 기간에 자산을 사용하게 하는 대가로 용역수수료와 유사한 대가를 수취하게 된다. 따라서 금융리스는 금융상품에 해당하지만 운용리스는 금융상품에 해당되지 않는다.
→그러나 실물자산(예 재고자산, 유형자산), 사용권자산과 무형자산(예 특허권, 상표권)은 금융자산이 아니다. 그 이유는 이러한 실물자산이나 무형자산에 대한 통제는 현금 등 금융자산이 유입될 기회를 제공하지만, 현금 등 금융자산을 수취할 현재의 권리를 발생시키지 않기 때문이다.
㉡ 미래경제적효익이 현금 등 금융자산을 수취할 권리가 아니라 재화나 용역의 수취인 자산(예 선급비용)은 금융자산이 아니다.
→마찬가지로 선수수익과 대부분의 품질보증의무와 같은 항목도 현금 등 금융자산을 지급할 계약상 의무가 아니라 재화나 용역의 인도를 통하여 당해 항목과 관련된 경제적효익이 유출될 것이므로 금융부채가 아니다.
→그러나, 미지급비용과 미수수익은 미래경제적효익이 현금 등 금융자산을 지급하거나 수취할 계약상 권리나 의무이므로 금융부채와 금융자산이다.
㉢ 계약에 의하지 않은 부채나 자산은 금융부채나 금융자산이 아니다. 이러한 예로는 정부가 부과하는 법적 요구사항에 따라 발생하는 법인세와 관련된 부채를 들 수 있다. 충당부채에서 정의하고 있는 의제의무도 계약에서 발생한 것이 아니며 금융부채가 아니다.

금융자산의 분류 난이도 ★ ★ ☆ 정답 ④

다음 중 금융자산의 분류에 대한 설명으로 가장 올바르지 않은 것은?

① 원리금 수취와 매도의 목적을 모두 가지고 있는 경우 기타포괄손익-공정가치 측정 금융자산으로 분류한다.
② 원리금 수취만의 목적으로 보유하는 채무상품에 대해 회계불일치를 제거하기 위해 최초 인식 시점에 당기손익-공정가치 측정 금융자산으로 지정할 수 있다.
③ 기타포괄손익-공정가치 측정 금융자산 취득시 지출된 거래원가는 금융자산의 취득원가에 가산한다.
④ 단기매매 목적으로 보유하는 지분상품에 대한 공정가치 변동을 기타포괄손익으로 인식하기로 선택한 경우 기타포괄손익-공정가치 측정 금융자산으로 분류한다.

해설

• ③ FVPL금융자산(당기손익-공정가치측정금융자산)의 거래원가만 당기비용으로 인식하며, 그 외의 금융자산은 취득원가(공정가치)에 가산한다.
• ④ 단기매매목적 외의 지분상품에 대한 공정가치 변동을 기타포괄손익으로 인식하기로 선택한 경우 FVOCI금융자산(기타포괄손익-공정가치측정금융자산)으로 분류한다.
→단기매매목적 외의 지분상품 중 FVOCI금융자산(기타포괄손익-공정가치측정금융자산)으로 지정한 것을 제외하고는 FVPL금융자산(당기손익-공정가치측정금융자산)으로 분류한다.

길라잡이 금융자산 분류

• 사업모형과 현금흐름특성에 근거하여 다음과 같이 분류·측정함.

	분류·측정	충족조건	해당증권
원칙	AC금융자산 [상각후원가측정]	• ㉠ 현금흐름수취목적 사업모형일 것 ㉡ 원리금지급만으로 구성된 현금흐름일 것	채무상품
	FVOCI금융자산 [기타포괄손익-공정가치측정]	• ㉠ 현금흐름수취와 금융자산매도목적 사업모형일 것 ㉡ 원리금지급만으로 구성된 현금흐름일 것	채무상품
	FVPL금융자산 [당기손익-공정가치측정]	• 그 외 모든 금융자산 →예 단기매매항목	지분상품 채무상품 파생상품

• 최초인식시점에 다음과 같이 측정하기로 선택할 수 있음.

	분류·측정	충족조건	해당증권
선택	FVOCI금융자산 [기타포괄손익-공정가치측정]	• 단기매매항목이 아닐 것	지분상품
	FVPL금융자산 [당기손익-공정가치측정]	• 회계불일치를 제거하거나 유의적으로 줄이기 위한 경우일 것	지분상품 채무상품

최신유형특강 67 | 손상차손 인식대상 금융자산 | 난이도 ★ ☆ ☆ | 정답 ④

다음 중 손상차손 인식 대상 금융자산에 해당하는 것은?

① 당기손익-공정가치측정금융자산(지분상품)
② 당기손익-공정가치측정금융자산(채무상품)
③ 기타포괄손익-공정가치측정금융자산(지분상품)
④ 기타포괄손익-공정가치측정금융자산(채무상품)

해설

• 금융자산 손상대상 : AC금융자산과 FVOCI금융자산(채무상품)

ⓘ 길라잡이 금융자산의 손상인식

손상대상	• ㉠ AC금융자산[= 상각후원가금융자산] ㉡ FVOCI금융자산(채무상품)[= 기타포괄손익-공정가치측정금융자산(채무상품)]

기대손실모형	• 신용이 손상되지 않은 경우에도 기대신용손실을 추정하여 인식함.
	• 신용이 손상된 경우(손상발생의 객관적 증거가 있는 경우)
	  ☐ 재무적 어려움, 채무불이행, 연체와 같은 계약위반
	  ☐ 차입조건의 불가피한 완화, 파산가능성
	  ☐ 재무구조조정가능성, 활성시장의 소멸, 크게 할인가격으로 매입하거나 창출

최신유형특강 68 | 금융자산 손상대상과 인식 | 난이도 ★ ★ ★ | 정답 ③

다음 중 금융자산의 손상에 대한 설명으로 가장 올바르지 않은 것은?

① 신용이 손상되지 않은 경우 금융상품의 신용위험이 유의적으로 증가하지 않았다면 보고기간 말에 12개월 기대신용손실금액에 해당하는 금액으로 손실충당금을 측정한다.
② 상각후원가측정금융자산의 손상차손은 당기비용 처리하고 손실충당금을 설정한다.
③ 기타포괄손익-공정가치측정금융자산으로 분류되는 채무상품의 손상차손은 손실충당금을 설정하여 금융상품의 장부금액에서 차감하여 표시한다.
④ 상각후원가측정금융자산과 기타포괄손익-공정가치측정금융자산으로 분류되는 채무상품에 대해서 손상차손을 인식할 수 있다.

해설

• 기타포괄손익-공정가치측정금융자산의 손실충당금을 인식하고 측정하는데 손상 요구사항을 적용한다. 그러나 해당 손실충당금은 기타포괄손익에서 인식하고 재무상태표에서 금융자산의 장부금액을 줄이지 아니한다.[K-IFRS 제1109호 문단5.5.2] 즉, FVOCI금융자산에 대해서 인식하는 손상차손은 손실충당금으로 인식하지 않고 기타포괄손익(FVOCI금융자산평가손익)에서 조정한다.
→[이유] FVOCI금융자산의 보고기간말 장부금액은 공정가치로 표시되어야 하는데, 손상차손을 인식하면서 이를 손실충당금의 변동으로 회계처리하면 장부금액(손실충당금이 차감된 순액)이 공정가치와 다른 금액으로 표시되는 문제가 발생한다. 따라서 기타포괄손익으로 인식했던 평가손익에서 조정한다. 이렇게 회계처리하면 공정가치로 인식했던 재무상태표상 금융자산의 장부금액은 줄어들지 않는다.

ⓘ 길라잡이 금융자산 손상대상과 기대신용손실 인식방법

손상대상
·
회계처리
	• ㉠ AC금융자산[= 상각후원가금융자산]
	  →(차) 손상차손(당기손익) xxx (대) 손실충당금(자산차감) xxx
	㉡ FVOCI금융자산(채무상품)[= 기타포괄손익-공정가치측정금융자산(채무상품)]
	  →(차) 손상차손(당기손익) xxx (대) 평가이익(기타포괄손익) xxx		

기대신용손실 (손실충당금) 인식방법	신용손상 O	• 전체기간 기대신용손실을 손실충당금으로 인식	
	신용손상 X	신용위험 유의적 증가 O	• 전체기간 기대신용손실을 손실충당금으로 인식
		신용위험 유의적 증가 X	• 12개월 기대신용손실을 손실충당금으로 인식

최신유형특강 69	FVPL금융자산 평가손익	난이도 ★ ★ ☆	정답 ①

㈜상일의 단기매매목적으로 취득한 금융자산의 취득, 처분내역은 다음과 같다. 다음 자료를 이용하여 물음에 답하시오. (㈜상일의 결산일은 12월 31일이며, 시가를 공정가치로 본다)

20X1.1.7	주당 액면금액이 500원인 ㈜용산의 주식 10주를 주당 2,000원에 취득하였다.
20X1.9.10	㈜용산 주식 중 4주를 주당 3,000원에 처분하였다.
20X1.12.31	㈜용산 주식의 시가는 주당 3,000원이었다.
20X2.4.10	㈜용산 주식 중 2주를 주당 2,000원에 처분하였다.
20X2.12.31	㈜용산 주식의 시가는 주당 1,500원이다.

20X1년 ㈜상일의 포괄손익계산서에 보고될 당기손익-공정가치 측정 금융자산의 평가손익은 얼마인가?

① 평가이익 6,000원
② 평가이익 10,000원
③ 평가손실 5,000원
④ 평가손실 6,000원

해설

• 20x1년 중 처분(4주) 후 20x1년말 보유 주식수 : 10주 - 4주(처분) = 6주
• 20x1년말 평가손익 : 6주 × (3,000 - 2,000) = 6,000(이익)

참고 회계처리

20x1.1.7	(차) FVPL금융자산	10주×2,000=20,000	(대) 현금		20,000
20x1.9.10	(차) 현금	4주×3,000=12,000	(대) FVPL금융자산		4주×2,000=8,000
			처분이익		4,000
20x1.12.31	(차) FVPL금융자산	6,000	(대) 평가이익	6주×(3,000-2,000)=6,000	
20x2.4.10	(차) 현금	2주×2,000=4,000	(대) FVPL금융자산		2주×3,000=6,000
	처분손실	2,000			
20x2.12.31	(차) 평가손실	4주×(3,000-1,500)=6,000	(대) FVPL금융자산		6,000

최신유형특강 70	FVOCI금융자산(지분상품) 손익 구분	난이도 ★ ★ ☆	정답 ①

㈜서울은 ㈜용산의 주식을 취득하고 기타포괄손익-공정가치 측정 금융자산으로 분류하였다. 해당 주식과 관련하여 인식하게 될 계정과목 중 당기손익에 반영되는 항목으로 가장 옳은 것은?

① 주식보유로 인한 배당수익
② 주식처분으로 인한 처분손익
③ 공정가치평가로 인한 평가손익
④ 주식취득과 관련하여 발생한 거래원가

해설

• ① 주식(지분법이 적용되는 관계기업투자주식을 제외) 보유에서 수취하는 배당금은 배당금수익 처리한다.
→따라서, '주식보유로 인한 배당수익'은 당기손익에 반영되는 항목이다.
② FVOCI금융자산(지분상품)은 손상차손은 물론 처분손익도 인식하지 않는다.
→따라서, '주식처분으로 인한 처분손익'은 당기손익에 반영되는 항목이 아니다.
③ FVOCI금융자산(지분상품)의 공정가치와 장부금액의 차액은 기타포괄손익(자본) 처리한다.
→따라서, '공정가치평가로 인한 평가손익'은 당기손익에 반영되는 항목이 아니다.
④ FVPL금융자산의 거래원가만 당기비용으로 인식하며, 그 외의 금융자산은 취득원가(공정가치)에 가산한다.
→따라서, '주식취득과 관련하여 발생한 거래원가'는 당기손익에 반영되는 항목이 아니다.

최신유형특강 71	FVOCI금융자산(지분상품) 처분의 손익효과	난이도 ★ ★ ★	정답 ①

㈜상일은 20X1년 1월 1일 ㈜광주가 발행한 주식 100주를 주당 10,000원에 취득하고, 기타포괄손익-공정가치측정 금융자산으로 분류하였다. 20X1년말 ㈜광주가 발행한 주식의 주당 공정가치는 12,000원이다. ㈜상일은 동 주식 전부를 20X2년 6월 30일에 주당 13,000원에 처분하였다. 주식의 취득과 처분시 거래원가는 발생하지 않았다고 가정할 때, 상기 주식에 대한 회계처리가 ㈜상일의 20X2년도 당기순손익과 기타포괄손익에 미치는 영향은 각각 얼마인가?

① 당기순손익 영향없음, 기타포괄손익 100,000원 증가
② 당기순손익 100,000원 증가, 기타포괄손익 100,000원 증가
③ 당기순손익 200,000원 증가, 기타포괄손익 100,000원 증가
④ 당기순손익 300,000원 증가, 기타포괄손익 100,000원 증가

해설

• FVOCI금융자산(지분상품)은 손상차손은 물론 처분손익도 인식하지 않는다.(이로 인해 기타포괄손익인 평가손익을 다른 자본계정 으로 대체하지 않는 한 평가손익이 그대로 재무상태표에 남아있게 된다.)
• 회계처리

20x1년 1월 1일	(차) FVOCI금융자산	1,000,000	(대) 현금	1,000,000
20x1년 12월 31일	(차) FVOCI금융자산	200,000	(대) 평가이익	200,000[1]
20x2년 6월 30일	(차) FVOCI금융자산	100,000	(대) 평가이익	100,000[2]
	(차) 현금	1,300,000[3]	(대) FVOCI금융자산	1,300,000

[1] 100주×(12,000 - 10,000)=200,000   [2] 100주×(13,000 - 12,000)=100,000   [3] 100주×13,000 = 1,300,000

• 20x2년도 당기순손익에 미치는 영향 : 처분손익을 인식하지 않으므로 당기순손익에 미치는 영향은 없다.
  20x2년도 기타포괄손익에 미치는 영향 : 100,000(평가이익) 증가

ⓘ 길라잡이 FVOCI금융자산(지분상품) 평가와 처분

평가손익	자본처리	• 공정가치와 장부금액의 차액 : 기타포괄손익(자본)으로 처리함. 　♀주의 평가이익과 평가손실은 발생시 상계하여 표시함.
	재분류불가	• 평가손익은 후속적으로 당기손익으로 재분류하지 않음.(재순환 불가) 　→즉, 다른 자본계정(이익잉여금)으로 대체는 가능함. 　**비교** FVOCI금융자산(채무상품)평가손익은 제거시 당기손익으로 재분류함.
처분손익	선평가	• 처분시 공정가치(=처분금액)로 먼저 평가하여 평가손익을 인식함.
	처분손익 인식불가	• 처분손익을 인식하지 않음. 　**예시** 장부금액 ₩90, 처분금액(=공정가치) ₩100인 경우

선평가	(차) FVOCI금융자산	10	(대) 평가이익	10
처 분	(차) 현금	100	(대) FVOCI금융자산	100

최신유형특강 72   **AC금융자산 이자수익**   난이도 ★ ★ ☆ 정답 ③

㈜삼일은 20X1년 1월 1일에 다음과 같은 조건의 회사채를 취득하였으며, 회사가 이 사채를 상각후원가측정금융자산으로 분류할 경우 20X2년 12월 31일에 인식해야 할 이자수익을 계산한 것으로 옳은 가장 것은(단, 소수점 이하는 절사한다)?

ㄱ. 발행일 : 20X1년 1월 1일	ㄴ. 액면가액 : 1,000,000원
ㄷ. 만기일 : 20X3년 12월 31일	ㄹ. 표시이자율 : 8%(매년 말 지급조건)
ㅁ. 취득원가 : 950,266원(유효이자율 10%)	

① 80,000원   ② 95,267원
③ 96,529원   ④ 100,000원

해설

• 회계처리

20x1년 1월 1일	(차) AC금융자산	950,266	(대) 현금	950,266
20x1년 12월 31일	(차) 현금	1,000,000×8%=80,000	(대) 이자수익	950,266×10%=95,027
	AC금융자산	15,027		
20x2년 12월 31일	(차) 현금	1,000,000×8%=80,000	(대) 이자수익	(950,266+15,027)×10%=96,529
	AC금융자산	16,529		

★ **저자주** 문제의 명확한 성립을 위해 누락된 단서인 '단, 기대신용손실은 없다고 가정한다.'를 추가하기 바랍니다.

ℹ️ **길라잡이** AC금융자산(상각후원가) 회계처리

이자수익	산식	□ 이자수익 = 총장부금액(손상전 상각후원가)×최초유효이자율	
	→손실충당금 인식후에도 신용이 손상되기 전까지는 총장부금액에 유효이자율을 적용함.		
기대신용손실 [손실충당금]	• 신용이 손상되지 않은 경우에도 손상차손(당기손익)과 손실충당금(자산차감)을 인식함. • 전기 손실충당금이 있는 경우 당기말 손실충당금과의 차액을 손상차손(환입)으로 인식함.		
	신용손상 X	신용위험 유의적 증가 O	• 전체기간 기대신용손실을 손실충당금으로 인식
		신용위험 유의적 증가 X	• 12개월 기대신용손실을 손실충당금으로 인식
처분손익	• 처분금액과 순장부금액(=총장부금액-손실충당금)의 차액을 처분손익으로 인식함. →단, 처분일까지 미수이자는 이자수익으로 우선 인식함.		

| 최신유형특강 73 | FVOCI금융자산 취득원가 및 거래원가 | 난이도 ★ ★ ★ | 정답 ④ |

㈜상일은 20X1년 1월 1일 다음과 같은 조건의 회사채에 투자하기로 하였다. 동 투자사채의 취득과 관련하여 유출될 현금은 얼마인가(소수점 이하 첫째 자리에서 반올림한다.)? 단, ㈜상일은 동 투자사채를 기타포괄손익-공정가치측정금융자산으로 분류하였다.

> ㄱ. 액면금액 : 200,000,000원 　　　　ㄴ. 만기일 : 20X2년 12월 31일
> ㄷ. 액면이자율 : 12%, 매년 말 지급 조건　　ㄹ. 시장이자율 : 8%
> ㅁ. 금융거래 수수료 : 액면금액의 0.5%

① 186,479,592원　　　　　　　　② 200,000,000원
③ 214,266,118원　　　　　　　　④ 215,266,118원

해설

• 액면이자 : 200,000,000×12%=24,000,000
• 현재가치(=취득과 관련하여 유출될 현금=취득원가) : $\frac{24,000,000}{1.08}+\frac{24,000,000+200,000,000}{1.08^2}=214,266,118$
• 거래원가(금융거래수수료) : 200,000,000×0.5%=1,000,000 → 취득원가(공정가치)에 가산한다.
∴취득과 관련하여 유출될 현금(=취득원가) : 214,266,118+1,000,000=215,266,118

★ **저자주** 현가계수가 주어지지 않은 경우이므로, 직접 현금흐름을 할인하여 구해야 합니다.

i 길라잡이 금융자산 인식시 거래원가 처리

| FVPL금융자산(당기손익-공정가치측정금융자산) | • 발생 즉시 당기비용으로 인식 |
| 그 외 금융자산 | • 공정가치에 가산 |

| 최신유형특강 74 | FVOCI금융자산(채무상품) 처분손익 | 난이도 ★ ★ ★ | 정답 ④ |

㈜삼일은 20X1년 1월 1일에 다음과 같은 조건의 회사채를 취득하였으며, 이 사채를 기타포괄손익-공정가치 측정 금융자산으로 분류하였다. ㈜삼일이 이 회사채를 20X2년 1월 1일에 현금 990,000원에 처분하였다. ㈜삼일이 처분 시점에서 인식해야 할 금융자산처분손익은 얼마인가(단, 계산금액은 소수점 첫째자리에서 반올림하고, 가장 근사치를 답으로 선택한다.)?

ㄱ. 발행일 : 20X1년 1월 1일	ㄴ. 액면가액 : 1,000,000원
ㄷ. 만기일 : 20X3년 12월 31일	ㄹ. 표시이자율 : 10%(매년 말 지급조건)
ㅁ. 취득원가 : 951,963원(유효이자율 12%)	ㅂ. 20X1년 12월 31일 사채의 공정가치 : 980,000원

① 금융자산처분손실 10,000원
② 금융자산처분이익 10,000원
③ 금융자산처분손실 23,801원
④ 금융자산처분이익 23,801원

해설

• 회계처리

20x1년 1월 1일	(차)	FVOCI금융자산	951,963	(대)	현금	951,963
20x1년 12월 31일	(차)	현금	100,000[1]	(대)	이자수익	114,236[2]
		FVOCI금융자산	14,236			
	(차)	FVOCI금융자산	13,801	(대)	평가이익(기타포괄손익)	13,801[3]
20x2년 1월 1일 (처분시점)	(차)	FVOCI금융자산	10,000[4]	(대)	평가이익(기타포괄손익)	10,000
	(차)	현금	990,000	(대)	FVOCI금융자산	990,000
	(차)	평가이익	23,801[5]	(대)	**처분이익**	**23,801**

[1] $1,000,000 \times 10\% = 100,000$ [2] $951,963 \times 12\% = 114,236$ [3] $980,000 - (951,963 + 14,236) = 13,801$
[4] $990,000 - 980,000 = 10,000$ [5] $13,801 + 10,000 = 23,801$

⚡**고속철** 원가법(상각후원가)에 의한 처분손익과 동일함. →$990,000 - (951,963 + 14,236) = 23,801$(이익)

⚡**저자주** 문제의 명확한 성립을 위해 누락된 단서인 '단, 기대신용손실은 없다고 가정한다.'를 추가하기 바랍니다.

ℹ️**길라잡이** FVOCI금융자산(채무상품) 평가와 처분

평가손익	산식	□ 최초평가시 평가손익 = 당기공정가치 - 총장부금액
		□ 최초평가후 평가손익 = 당기공정가치 - (전기공정가치 + 상각액)
	• 평가손익(발생시 상계)은 기타포괄손익 처리하며, 자산 제거시 당기손익으로 재분류함.	
	비교 FVOCI금융자산(지분상품)의 평가손익은 당기손익으로 재분류하지 않음.	
기대신용손실	• 신용이 손상되지 않은 경우에도 손상차손(당기손익)과 평가손익(기타포괄손익)을 인식함.	
	비교 AC금융자산 : 손상차손(당기손익)과 손실충당금(자산차감)을 인식함.	
	• 전기말 기대신용손실과의 차액을 손상차손(환입)으로 인식함.	
처분손익	• 처분시 공정가치(=처분금액)로 먼저 선평가하여 평가손익(기타포괄손익)을 인식함.	

처분손익	선평가	(차) FVOCI금융자산	xxx	(대) 평가이익(기타포괄손익)	xxx
	처분	(차) 현금	xxx	(대) FVOCI금융자산	xxx
	재분류	(차) 평가이익(기타포괄손익누계)	xxx	(대) 처분이익	xxx

최신유형특강 75 · FVOCI금융자산(채무상품) 처분 회계처리 · 난이도 ★★★ · 정답 ③

㈜삼일은 20X1년 3월 28일 200,000원에 취득한 채권을 기타포괄손익-공정가치측정 금융자산으로 분류하였다. 20X1년 12월 31일 채권의 공정가치가 250,000원이었고, 이를 20X2년 3월 30일에 280,000원에 매도하였다. 다음 중 처분일의 회계처리로 가장 옳은 것은(단, 취득 시점 표시이자율과 시장이자율은 동일하며, 이자는 무시한다)?

① (차) 현금   280,000원   (대) 기타포괄손익-공정가치측정금융자산 200,000원
           처분이익   80,000원

② (차) 현금   280,000원   (대) 기타포괄손익-공정가치측정금융자산 200,000원
           평가이익(기타포괄손익)   80,000원

③ (차) 현금   280,000원   (대) 기타포괄손익-공정가치측정금융자산 250,000원
    평가이익(기타포괄손익)   50,000원   처분이익   80,000원

④ (차) 현금   280,000원   (대) 기타포괄손익-공정가치측정금융자산 200,000원
    평가이익(기타포괄손익)   50,000원   처분이익   130,000원

해설

- FVOCI금융자산(채무상품)의 평가손익(기타포괄손익)은 후속적으로 제거(처분)시 당기손익으로 재분류한다.
  → **비교** FVOCI금융자산(지분상품)의 평가손익은 후속적으로 제거(처분)시 당기손익으로 재분류하지 아니한다.
- 20x1년말 평가이익 : 250,000 - 200,000 = 50,000

선평가	(차) FVOCI금융자산	30,000	(대) 평가이익	280,000 - 250,000 = 30,000
처분	(차) 현금	280,000	(대) FVOCI금융자산	280,000
재분류	(차) 평가이익	50,000 + 30,000 = 80,000	(대) 처분이익	80,000

저자주 문제의 명확한 성립을 위해 누락된 단서인 '단, 기대신용손실은 없다고 가정한다.'를 추가하기 바랍니다.

최신유형특강 76	AC금융자산의 재분류	난이도 ★ ★ ★ 정답 ④

● ─── 다음 중 상각후원가측정금융자산에 관한 설명으로 가장 올바르지 않은 것은?

① 상각후원가측정금융자산을 당기손익-공정가치측정금융자산으로 재분류하는 경우 재분류일 공정가치로 대체한다.
② 원리금 수취와 매도가 목적인 채무상품은 기타포괄손익-공정가치측정금융자산으로 분류한다.
③ 상각후원가측정금융자산을 기타포괄손익-공정가치측정금융자산으로 재분류하는 경우 공정가치로 대체하되 평가손익을 기타포괄손익으로 인식한다.
④ 상각후원가측정금융자산을 재분류할 때 최초 취득일의 액면이자율을 사용하고 조정하지 않는다.

해설

• AC금융자산의 재분류 후 이자수익 인식〈금액은 임의 가정치임〉
㉠ FVPL금융자산으로 재분류한 경우 : 취득일의 액면이자율을 사용하여 인식한다.

(차) 현금	6,000	(대) 이자수익	액면금액×액면이자율=6,000

㉡ FVOCI금융자산으로 재분류한 경우 : 취득일의 유효이자율을 사용하여 인식하고 조정하지 않는다.

(차) 현금	6,000	(대) 이자수익	장부금액×유효이자율(취득일)=9,306
FVOCI금융자산	3,306		

→AC금융자산을 재분류할 때, FVOCI금융자산으로 재분류시는 취득일의 유효이자율을 사용한다.

*비교 FVPL금융자산을 AC금융자산이나 FVOCI금융자산으로 재분류한 경우에는 재분류일의 현행 시장이자율을 사용하여 조정한다.(즉, 유효이자율 재산정 필요)

ⓘ 길라잡이 AC금융자산의 재분류

AC ➡ FVPL	재분류금액	• 재분류일의 공정가치로 측정함.
	재분류손익	• 공정가치와 재분류 전 장부금액의 차액은 당기손익 처리
AC ➡ FVOCI	재분류금액	• 재분류일의 공정가치로 측정함.
	재분류손익	• 공정가치와 재분류 전 장부금액의 차액은 기타포괄손익 처리
	재분류이후 이자수익	• 재분류 전 장부금액과 유효이자율을 그대로 적용함.(처음부터 FVOCI금융자산인 것처럼 처리) →재분류 전 유효이자율을 변경하지 않고 그대로 사용함.

| 최신유형특강 77 | 위험·보상의 이전 및 보유 사례 | 난이도 ★★★ | 정답 ① |

다음 중 양도자가 소유에 따른 위험과 보상의 대부분을 이전하는 경우에 해당하는 예로 가장 옳은 것은?

① 금융자산을 아무런 조건이 없이 매도한 경우
② 유가증권대여계약을 체결한 경우
③ 양도자가 매도 후에 미리 정한 가격 또는 매도가격에 양도자에게 금전을 대여하였더라면 그 대가로 받았을 이자수익을 더한 금액으로 양도자산을 재매입하는 거래의 경우
④ 양도자가 양수자에게 발생가능성이 높은 대손의 보상을 보증하면서 단기 수취채권을 매도한 경우

해설

• 금융자산을 아무런 조건 없이 매도한 경우는 양도자가 소유에 따른 위험과 보상의 대부분을 이전하는 경우에 해당하는 예이다.

참고 양도자가 위험과 보상의 대부분을 보유하는 경우의 예(즉, 금융자산을 제거하지 않고 계속 인식)

㉠ 양도자가 매도 후에 미리 정한 가격으로 또는 매도가격에 양도자에게 금전을 대여하였더라면 그 대가로 받았을 이자수익을 더한 금액으로 양도자산을 재매입하는 거래의 경우
㉡ 유가증권대여계약을 체결한 경우
㉢ 시장위험 익스포저를 양도자에게 다시 이전하는 총수익스왑 체결과 함께 금융자산을 매도한 경우
㉣ 양도자가 매도한 금융자산에 대한 콜옵션을 보유하고 있거나 양수자가 해당 금융자산에 대한 풋옵션을 보유하고 있으며, 해당 콜옵션이나 풋옵션이 현재까지 깊은 내가격 상태이기 때문에 만기 이전에 해당 옵션이 외가격 상태가 될 가능성이 매우 낮은 경우(=행사가능성 높음)
㉤ 양도자가 발생가능성이 높은 신용손실의 보상을 양수자에게 보증하면서 단기 수취채권을 매도한 경우

ⓘ 길라잡이 금융자산의 제거조건

권리소멸	• 금융자산의 현금흐름에 대한 계약상 권리가 소멸한 경우		
현금흐름양도	• 금융자산의 현금흐름을 수취할 계약상 권리를 양도한 경우 →본 조건을 만족시는 이하의 위험과 보상의 이전여부를 추가로 고려함.		
	위험과 보상		**회계처리**
	이전O		• 금융자산을 제거
	보유O		• 금융자산을 계속인식
	이전X/보유X	금융자산을 통제X	• 금융자산을 제거
		금융자산을 통제O	• 지속적관여 정도까지 금융자산을 계속인식
이전과 통제	① 양도자가 위험과 보상의 대부분을 이전하는 경우의 예는 다음과 같음. • 금융자산을 아무런 조건 없이 매도한 경우 • 양도자가 매도한 금융자산을 재매입시점의 공정가치로 재매입할 수 있는 권리를 보유하고 있는 경우 • 양도자가 매도한 금융자산에 대한 콜옵션을 보유하고 있거나 양수자가 당해 금융자산에 대한 풋옵션을 보유하고 있지만, 당해 콜옵션이나 풋옵션이 깊은 외가격 상태이기 때문에 만기 이전에 당해 옵션이 내가격 상태가 될 가능성이 매우 낮은 경우 ② 양수자가 자산을 제3자에게 매도할수 있는 실질적 능력을 가지고 있으면 양도자는 양도자산에 대한 통제를 상실한 것임.		

| 최신유형특강 78 | 금융자산 제거 경제적 실질 판단요소 | 난이도 | ★ ★ ☆ | 정답 | ② |

다음 중 금융자산 제거의 경제적 실질 판단 요소에 포함되는 사항으로 가장 올바르지 않은 것은?

① 금융자산의 현금흐름 양도에 대한 판단
② 법률상 금융자산의 이전여부
③ 금융자산의 소유에 따른 위험과 보상의 이전여부
④ 금융자산에 대한 통제권 상실여부

해설

• 법률상 금융자산의 이전여부는 금융자산 제거의 경제적 실질 판단 요소에 포함되지 않는다.

| 최신유형특강 79 | 금융상품 및 금융부채 일반사항 | 난이도 | ★ ★ ★ | 정답 | ④ |

다음 중 금융상품에 대한 설명으로 가장 올바르지 않은 것은?

① 금융상품은 거래당사자에게 금융자산을 발생시키고 동시에 거래상대방에게 금융부채나 지분상품을 발생시키는 모든 계약을 말한다.
② 매입채무와 미지급금은 금융부채에 해당한다.
③ 현금및현금성자산, 매출채권, 다른 기업의 지분상품 및 채무상품은 금융자산에 해당한다.
④ 잠재적으로 유리한 조건으로 거래상대방과 금융자산이나 금융부채로 교환하기로 한 계약상 권리는 금융부채이다.

해설

• 잠재적으로 유리한 조건으로 거래상대방과 금융자산이나 금융부채를 교환하기로 한 계약상 권리는 금융자산이다.

ⓘ 길라잡이 금융상품 정의 및 금융부채 범위

금융상품	정의	• 거래 당사자 어느 한쪽에게는 금융자산이 생기게 하고 동시에 거래상대방에게 금융부채나 지분상품(자본)이 생기게 하는 모든 계약을 말함. **참고** 금융상품을 수취, 인도, 교환하는 계약상 권리·의무는 그 자체로 금융상품임.
	분류	• 금융상품은 다시 금융자산, 금융부채, 지분상품(=자산에서 모든 부채를 차감한 후의 잔여지분을 나타내는 모든 계약)으로 분류함.
금융부채 범위		• ㉠ 다음 중 어느 하나에 해당하는 계약상 의무 　ⓐ 거래상대방에게 현금 등 금융자산을 인도하기로 한 계약상 의무 　ⓑ 잠재적으로 불리한 조건으로 거래상대방과 금융자산이나 금융부채를 교환하기로 한 계약상 의무 ㉡ 자기지분상품으로 결제하거나 결제할 수 있는 다음 중 하나의 계약 　ⓐ 인도할 자기지분상품의 수량이 변동 가능한 비파생상품 　ⓑ 확정 수량의 자기지분상품을 확정 금액의 현금 등 금융자산과 교환하여 결제하는 방법외의 방법으로 결제하거나 결제할 수 있는 파생상품

| 최신유형특강 80 | 금융부채·지분상품 분류 | 난이도 | ★ ★ ★ | 정답 | ① |

다음 중 한국채택국제회계기준에 의한 금융상품의 발행자가 금융상품을 금융부채(financial liability)와 지분상품(equity instrument)으로 분류할 때에 관한 설명으로 가장 올바르지 않은 것은?

① 잠재적으로 불리한 조건으로 거래상대방과 금융자산이나 금융부채를 교환하기로 한 계약상 의무는 금융자산으로 분류한다.
② 향후 현대자동차 에쿠스 5대의 가치에 해당하는 확정되지 않은 금액의 현금을 대가로 자기지분상품 380주를 인도하는 계약은 지분상품으로 분류하지 않는다.
③ 발행자가 보유자에게 미래의 시점에 확정된 금액을 의무적으로 상환해야 하는 의무가 있는 우선주는 금융부채로 분류한다.
④ 삼일회계법인과 동일한 공정가치에 해당하는 자기지분상품을 인도할 계약은 인도할 자기지분상품의 수량이 확정되지 않았으므로 금융부채로 분류한다.

해설

• ① 잠재적으로 불리한 조건으로 거래상대방과 금융자산이나 금융부채를 교환하기로 한 계약상 의무는 금융자산이 아니라 금융부채로 분류한다.
② '미확정금액 & 확정수량(380주)' 이므로 금융부채로 분류한다.

	수량이 확정(확정수량)	수량이 미확정(미확정수량)
미래수취대가 확정(확정금액)	지분상품	금융부채
미래수취대가 미확정(미확정금액)	금융부채	금융부채

③ 보유자에 대한 상환의무가 있거나 보유자가 상환청구권이 있는 상환우선주는 금융부채로 분류한다.
④ '미확정수량' 이므로 미래 수취대가 확정·미확정 불문하고 금융부채로 분류한다.(위 ②의 표 참조)

| 최신유형특강 81 | 금융부채와 지분상품 구분 | 난이도 | ★ ★ ★ | 정답 | ③ |

다음 중 지분상품으로 분류될 수 있는 계약으로 가장 옳은 것은?

① 100억의 가치에 해당하는 지분상품을 인도할 계약
② 100킬로그램의 금의 가치에 해당하는 현금에 상응하는 지분상품을 인도할 계약
③ 액면 100억의 사채에 대한 상환 대신 1만주의 주식으로 교환할 계약
④ 공모가액의 80% 해당하는 현금을 대가로 주식 1만주를 인도할 계약

해설

• 자기지분상품으로 결제되는 파생상품 계약의 구분

	수량이 확정(확정수량)	수량이 미확정(미확정수량)
미래수취대가 확정(확정금액)	지분상품	금융부채
미래수취대가 미확정(미확정금액)	금융부채	금융부채

① '확정금액(100억) & 미확정수량' 이므로 금융부채로 분류한다.
② '미확정금액 & 미확정수량' 이므로 금융부채로 분류한다.
③ '확정금액(100억) & 확정수량(1만주)' 이므로 지분상품으로 분류한다.
④ '미확정금액 & 확정수량(1만주)' 이므로 금융부채로 분류한다.

최신유형특강 82 | **금융부채의 분류** | 난이도 ★ ★ ★ | 정답 ②

다음 중 금융부채의 분류에 관한 설명으로 가장 올바르지 않은 것은?

① 당기손익-공정가치 측정 금융부채는 단기매매금융부채와 당기손익인식지정금융부채로 나누어진다.
② 부채가 단기매매활동 자금조달에 사용된다는 사실만으로도 당해부채를 단기매매금융부채로 분류하기에 충분하다.
③ 위험회피수단으로 회계처리하지 아니하는 파생상품부채는 단기매매금융부채에 해당한다.
④ 당기손익인식항목으로 지정될 경우 서로 다른 기준에 따라 자산이나 부채를 측정하거나 그에 따른 손익을 인식함으로써 발생할 수 있는 인식이나 측정의 불일치가 제거되거나 유의적으로 감소된다면 당기손익인식금융부채로 지정할 수 있다.

해설 ⸜

• 부채가 단기매매활동의 자금조달에 사용된다는 사실만으로는 당해 부채를 단기매매금융부채로 분류할 수 없다.

ⓘ **길라잡이** 금융부채 분류

상각후원가측정금융부채 【AC금융부채】	• FVPL금융부채와 기타금융부채를 제외한 모든 금융부채 →예 매입채무, 미지급금, 차입금, 사채 등
당기손익-공정가치측정금융부채 【FVPL금융부채】	• 다음 중 하나의 조건을 충족하는 금융부채를 말함. 　㉠ 단기매매금융부채 : 단기매매항목의 정의를 충족 　　- 주로 단기간에 재매입할 목적으로 부담한다. 　　- 최초인식시점에 공동으로 관리하는 특정 금융상품 포트폴리오의 일부로 　　　운용형태가 단기적 이익획득 목적이라는 증거가 있다. 　　- 파생상품이다.(즉, 가치변동이 있다.) 　　　→단, 금융보증계약인 파생상품이나 위험회피수단으로 지정되고 위험회 　　　　피에 효과적인 파생상품은 제외함. 　㉡ 당기손익인식지정금융부채 　　- 최초 인식시점에 당기손익-공정가치측정 항목으로 지정함. ♀주의 부채가 단기매매활동의 자금조달에 사용된다는 사실만으로는 당해 부채를 　　　 단기매매금융부채로 분류할 수 없음.
기타금융부채	• ㉠ 금융자산 양도관련 부채 : 양도가 제거조건을 충족하지 못하거나 지속적관여접 　근법이 적용되는 경우에 생기는 금융부채 ㉡ 금융보증계약에 따른 금융부채 ㉢ 시장이자율보다 낮은 이자율로 대출하기로 한 대출약정 ㉣ 사업결합에서 취득자가 인식하는 조건부대가

최신유형특강 83 ┃ 사채발행 기본사항 ┃ 난이도 ★ ☆ ☆ ┃ 정답 ③

다음의 빈칸에 들어갈 말로 가장 적절한 것끼리 묶인 것은?

> 사채는 (㉠)로 후속 측정한다. 만약 사채발행 시점에 시장이자율이 계약상 액면이자율보다 더 큰 경우에는 사채가 (㉡)되는데 이 경우에는 (㉠)가 만기로 갈수록 점점 증가하게 된다.

	㉠	㉡
①	공정가치	할인발행
②	공정가치	할증발행
③	상각후원가	할인발행
④	상각후원가	할증발행

해설

• 사채는 유효이자율법에 의해 상각후원가로 측정하며, 할인발행시 상각후원가(장부금액)는 매기 증가한다.

ⓘ 길라잡이 사채 할인발행과 할증발행 비교

*할인·할증발행 : 이자비용(유효이자) = 장부금액×시장이자율

	발행조건	당기말 장부금액	이자비용	상각액
할인발행	액면이자율〈시장이자율	전기말 장부금액 + 상각액 (장부금액은 매기 증가)	이자비용 매기 증가	이자비용 – 액면이자 (매기 증가)
할증발행	액면이자율〉시장이자율	전기말 장부금액 – 상각액 (장부금액은 매기 감소)	이자비용 매기 감소	액면이자 – 이자비용 (매기 증가)

최신유형특강 84 ┃ 사채할인발행 1차연도말 장부금액 ┃ 난이도 ★ ☆ ☆ ┃ 정답 ①

㈜삼일은 20X1년 1월 1일 액면금액 1,000,000원, 액면이자율 연 8%(매년 말 이자지급), 만기 3년인 회사채를 950,244원에 발행하였다. 발행당시 유효이자율은 연 10%이었으며, 사채할인발행차금에 대하여 유효이자율법으로 상각하고 있다. ㈜삼일의 20X1년말 재무상태표에 표시할 사채의 장부금액은 얼마인가(단, 소수점은 반올림한다)?

① 965,268원
② 989,752원
③ 1,000,000원
④ 1,045,268원

해설

• 20x1년 12월 31일 사채할인발행차금상각액 : 950,244×10% – 1,000,000×8% = 15,024
∴20x1년 12월 31일의 장부금액 : 950,244 + 15,024 = 965,268

＊참고 회계처리

20x1.1.1	(차) 현금 사채할인발행차금	950,244 49,756	(대) 사채	1,000,000
20x1.12.31	(차) 이자비용	950,244×10% = 95,024	(대) 현금 사채할인발행차금	1,000,000×8% = 80,000 15,024

최신유형특강 85	사채할인발행 2차연도말 장부금액	난이도 ★ ★ ☆	정답 ③

㈜삼일은 20X1년초 만기 3년, 액면이자율 5%, 액면금액 100,000원의 사채를 87,565 원에 할인발행하였다. 사채발행시점의 유효이자율이 10%라면 20X2년말에 ㈜삼일의 재무상태표 상 동 사채의 순장부금액은 얼마로 평가되겠는가(단, 소수점 첫째자리에서 반올림한다)?

① 91,322원
② 93,765원
③ 95,454원
④ 100,000원

해설

- 20x1년 12월 31일 사채할인발행차금상각액 : 87,565×10% - 100,000×5% = 3,757
  - →20x1년 12월 31일의 장부금액 : 87,565 + 3,757 = 91,322
- 20x2년 12월 31일 사채할인발행차금상각액 : 91,322×10% - 100,000×5% = 4,132
  - →20x2년 12월 31일의 장부금액 : 91,322 + 4,132 = 95,454

*[별해] 유효이자율법에 의한 상각표

일자	유효이자(10%)	액면이자(5%)	상각액	장부금액
20x1년 1월 1일				87,565
20x1년 12월 31일	87,565×10% = 8,757	100,000×5% = 5,000	8,757 - 5,000 = 3,757	87,565 + 3,757 = 91,322
20x2년 12월 31일	91,322×10% = 9,132	100,000×5% = 5,000	9,132 - 5,000 = 4,132	91,322 + 4,132 = **95,454**
20x3년 12월 31일	95,454×10% = 9,546	100,000×5% = 5,000	9,546 - 5,000 = 4,546	95,454 + 4,546 = 100,000

* **참고** 회계처리

20x1년 1월 1일	(차)	현금	87,565	(대)	사채	100,000
		사채할인발행차금	12,435			
20x1년 12월 31일	(차)	이자비용	8,757	(대)	현금	5,000
					사채할인발행차금	3,757
20x2년 12월 31일	(차)	이자비용	9,132	(대)	현금	5,000
					사채할인발행차금	4,132
20x3년 12월 31일	(차)	이자비용	9,546	(대)	현금	5,000
					사채할인발행차금	4,546
	(차)	사채	100,000	(대)	현금	100,000

최신유형특강 86 | **사채할증발행과 사채상환** | 난이도 ★ ★ ★ | 정답 ②

다음 중 ㈜삼일의 20X1년 12월 31일 사채 관련 분개에 관한 설명으로 가장 옳은 것은(소수점 이하는 반올림한다)?

> ㈜삼일은 20X1년 1월 1일 사채(액면 100,000원, 표시이자율 10%, 이자는 매년 말에 지급, 만기일은 20X3년 12월 31일이고, 유효이자율은 8%)를 발행하였다. 20X1년 12월 31일에 사채를 105,000원에 상환하였다.(가치계산표 : 3년 8% 단일금액의 현재가치=0.7938, 3년 8% 정상연금의 현재가치 =2.5771)

① 3년동안 사채의 총이자비용은 8,412원이다.
② 사채의 장부금액은 103,563원이다.
③ 사채상환손실은 3,563원이다.
④ 사채할증발행차금상각액은 2,000원이다.

해설

★ **저자주** 문제의 명확한 성립을 위해 선지 ②,③,④에 누락된 '20x1년말'을 추가하기 바랍니다.
- 발행금액(현재가치) : 10,000×2.5771+100,000×0.7938=105,151
- 사채할증발행차금 : 105,151-100,000=5,151
- 유효이자율법에 의한 상각표

일자	액면이자(10%)	유효이자(8%)	상각액	장부금액
20x1년 1월 1일				105,151
20x1년 12월 31일	10,000	105,151×8%=8,412	10,000-8,412=1,588	105,151-1,588=103,563

- ① ⚡**고속철** 할증발행시 총이자비용=총액면이자-총사채할증발행차금
  →총액면이자(10,000×3년)-총사채할증발행차금(5,151)=24,849
  ② 20x1년말 장부금액 : 103,563〈유효이자율법에 의한 상각표 참조!〉
  ③ 20x1년말 사채상환손익 : 장부금액(103,563)-상환금액(105,000)=△1,437(상환손실)
  ④ 20x1년말 사채할증발행차금상각액 : 1,588〈유효이자율법에 의한 상각표 참조!〉

★ **참고** 회계처리

20x1년 1월 1일	(차)	현금	105,151	(대)	사채	100,000
					사채할증발행차금	5,151
20x1년 12월 31일	(차)	이자비용	8,412	(대)	현금	10,000
		사채할증발행차금	1,588			
	(차)	사채	100,000	(대)	현금	105,000
		사채할증발행차금	3,563			
		사채상환손실	1,437			

| 최신유형특강 87 | 이자지급일·결산일 불일치 사채상환 | 난이도 ★ ★ ★ | 정답 ① |

20X1년 4월 1일 발행한 사채(액면 1,000,000원, 표시이자율 10%, 이자지급일 매년 3월 31일 후급, 만기 20X4년 3월 31일)를 20X2년 4월 1일 공정가치(단, 공정가치는 아래의 현가계수 자료를 이용해서 계산하시오)로 상환할 경우 이 사채의 조기상환손익은 얼마인가(단, 단수차이로 인해 오차가 있다면 가장 근사치를 선택하며, 20X1년 4월 1일과 20X2년 4월 1일의 시장이자율은 각각 8%와 10%이다)?

	8%		10%	
	1원의 현가계수	연금현가계수	1원의 현가계수	연금현가계수
2년	0.8573	1.7833	0.8264	1.7355
3년	0.7938	2.5771	0.7513	2.4868

① 사채상환이익 35,680원   ② 사채상환이익 90,780원
③ 사채상환손실 35,680원   ④ 사채상환손실 90,780원

해설

- 발행금액(현재가치) : $100,000 \times 2.5771 + 1,000,000 \times 0.7938 = 1,051,510$
- 사채할증발행차금 : $1,051,510 - 1,000,000 = 51,510$
- 유효이자율법에 의한 상각표

일자	액면이자 (10%)	유효이자 (8%)	상각액	장부금액
20x1년 4월 1일				1,051,510
20x2년 3월 31일	100,000	1,051,510×8%=84,120	100,000 - 84,120 = 15,880	1,051,510 - 15,880 = 1,035,630

- 20x2년 4월 1일 공정가치(= 미래 2년분 현금흐름을 10%로 할인한 현재가치) ⇒상환금액
  $100,000 \times 1.7355 + 1,000,000 \times 0.8264 = 999,950$
- 20x2년 4월 1일 사채상환손익 : 장부금액(1,035,630) - 상환금액(999,950) = 35,680(상환이익)

참고 회계처리

20x1년 4월 1일	(차) 현금	1,051,510	(대) 사채	1,000,000
			사채할증발행차금	51,510
20x1년 12월 31일	(차) 이자비용	63,090[1]	(대) 미지급이자	75,000[2]
	사채할증발행차금	11,910[3]		
20x2년 3월 31일	(차) 이자비용	21,030[4]	(대) 현금	100,000
	미지급이자	75,000		
	사채할증발행차금	3,970[5]		
	(차) 사채	1,000,000	(대) 현금	999,950
	사채할증발행차금	35,630	사채상환이익	35,680

[1] $1,051,510 \times 8\% \times \frac{9}{12} = 63,090$ [2] $100,000 \times \frac{9}{12} = 75,000$ [3] $15,880 \times \frac{9}{12} = 11,910$

[4] $1,051,510 \times 8\% \times \frac{3}{12} = 21,030$ [5] $15,880 \times \frac{3}{12} = 3,970$

최신유형특강 88   **금융부채 일반사항**   난이도 ★ ★ ☆ 정답 ④

다음 중 금융부채에 관한 설명으로 가장 올바르지 않은 것은?

① 금융부채는 원칙적으로 최초인식시 공정가치로 인식한다.
② 당기손익-공정가치측정 금융부채와 관련되는 거래원가는 당기손익으로 처리한다.
③ 사채의 상환손익이 발생하는 이유는 상환일의 시장이자율이 발행일의 시장이자율과 다르기 때문이다.
④ 연속상환사채의 발행금액은 사채로부터 발생하는 미래현금흐름의 사채 상환시점의 시장이자율로 할인한 현재가치가 된다.

해설

- 연속상환사채의 발행금액은 일반사채와 동일하게 사채로부터 발생하는 미래현금흐름의 사채 발행시점의 시장이자율로 할인한 현재가치이다.

참고 사채상환손익이 발생하는 이유

☐ 사채상환시점의 시장이자율이 변동되어 현재가치(사채의 실질가치)가 변동되기 때문임.

→즉, 현재가치(=사채의 실질가치=사채가격) : $\dfrac{\text{이자}}{(1+r)} + \cdots\cdots + \dfrac{\text{이자}+\text{원금}}{(1+r)^n}$

   ㉠ 시장이자율(r)이 상승하면 현재가치(사채의 실질가치) 하락으로 싼가격에 상환하므로 상환이익이 발생.
   ㉡ 시장이자율(r)이 하락하면 현재가치(사채의 실질가치) 상승으로 비싼가격에 상환하므로 상환손실이 발생함.

ⓘ 길라잡이 금융부채 인식

최초인식	• 금융부채는 금융상품의 계약당사자가 되는 때에만 재무상태표에 인식함. • 최초 인식시점에는 공정가치로 측정함.					
거래원가	FVPL금융부채	• 발생즉시 당기비용으로 인식				
		(차) 현금	100	(대) 금융부채	100	
		수수료비용	10	현금	10	
	그 외 금융부채	• 공정가치에서 차감				
		(차) 현금	100	(대) 금융부채	100	
		할인차금	10	현금	10	

| 최신유형특강 89 | 복합금융상품의 정의 | 난이도 | ★ ☆ ☆ | 정답 | ① |

다음의 빈칸에 들어갈 말로 가장 적절한 것은 무엇인가?

(㉠)은 사채소유자가 일정한 조건 하에 전환권을 행사할 수 있는 사채로서, 권리를 행사하면 보통주로 전환되는 사채를 말한다. 반면에, (㉡)은 유가증권 소유자가 사전에 약정된 가격으로 보통주의 발행을 청구할 수 있는 권리가 부여된 사채를 말한다.

	㉠	㉡
①	전환사채	신주인수권부사채
②	신주인수권부사채	전환사채
③	영구채	회사채
④	회사채	영구채

해설

• 복합금융상품의 종류

전환사채	• 유가증권의 소유자가 일정한 조건하에 보통주로의 전환권을 행사할 수 있는 사채로서, 전환권을 행사하면 보통주로 전환되는 사채
신주인수권부사채	• 유가증권의 소유자가 일정한 조건하에 신주인수권을 행사하여 보통주 발행을 청구할 수 있는 권리가 부여된 사채
전환우선주	• 유가증권의 소유자가 일정한 조건하에 전환권을 행사할 수 있는 우선주로서, 전환권을 행사하면 보통주로 전환되는 우선주
교환사채	• 유가증권의 소유자가 사채발행자가 보유하고 있는 유가증권과 교환을 청구할 수 있는 권리가 부여된 사채

참고 회사채와 영구채

회사채	• 기업이 시설투자나 운영 등의 장기자금을 조달하기 위해 발행하는 채권을 말함. →채권은 발행 주체에 따라 국가가 발행하는 국채, 지방자치단체가 발행하는 지방채, 특별법인이 발행하는 특수채, 금융기관이 발행하는 금융채, 주식회사가 발행하는 회사채로 구분됨.
영구채	• 원금상환 없이 이자만 영구히 지급하는 채권을 말함. →즉, 만기가 없는 채권으로 신종자본증권(하이브리드채권)이라고도 함.

| 최신유형특강 90 | 전환사채 개념 | 난이도 | ★ ☆ ☆ | 정답 | ① |

다음 중 사채 보유자의 희망에 따라 주식으로 전환 할 수 있는 권리가 내재되어 있는 사채를 무엇이라 하는가?

① 전환사채　　　　　　　　　　② 영구채
③ 신주인수권부사채　　　　　　④ 회사채

해설

• 전환사채 : 유가증권의 소유자가 일정한 조건하에 보통주로의 전환권을 행사할 수 있는 사채로서, 전환권을 행사하면 보통주로 전환되는 사채

최신유형특강 91	복합금융상품의 종류	난이도 ★ ★ ☆	정답 ③

다음 중 복합금융상품의 종류와 그에 대한 설명으로 가장 올바르지 않은 것은?

① 전환사채란 유가증권 소유자가 일정한 조건하에 보통주로의 전환권을 행사할 수 있는 사채로서, 전환권을 행사하면 보통주로 전환되는 사채이다.
② 신주인수권부사채란 유가증권의 소유자가 일정한 조건하에 신주인수권을 행사하여 보통주 발행을 청구할 수 있는 권리가 부여된 사채이다.
③ 전환우선주란 유가증권의 소유자가 일정한 조건하에 우선권을 행사할 수 있는 우선주로서, 우선권을 행사하면 보통주로 전환되는 우선주이다.
④ 교환사채란 유가증권의 소유자가 사채발행자가 보유하고 있는 유가증권과 교환을 청구할 수 있는 권리가 부여된 사채이다.

해설

• 우선권(X) → 전환권(O)

최신유형특강 92	전환사채 상환할증금 인식시점	난이도 ★ ★ ☆	정답 ③

다음 중 전환사채에 대한 설명으로 가장 올바르지 않은 것은?

① 전환사채는 전환사채소유자가 일정한 조건 하에 전환권을 행사할 수 있는 사채로, 일반사채보다 표면금리가 낮게 책정된다.
② 전환권에 대한 대가가 자본으로 분류되는 전환사채는 복합금융상품에 해당한다.
③ 전환되지 못했을 경우 투자자에게 지급되는 상환할증금은 지급이 확정된 시점에서 인식한다.
④ 전환권조정은 사채할인발행차금과 마찬가지로 상환기간동안 유효이자율법을 적용하여 상각하고 상각된 금액은 이자비용으로 인식한다.

해설

• 전환사채 만기에 주식으로 전환되지 못했을 경우 투자자에게 지급되는 상환할증금은 발행시점에서 인식한다.

길라잡이 전환사채 기본사항

장점(회사입장)	• 전환권 부여로 인해 액면이자율을 낮게 하여 발행할 수 있음. →∴액면이자율 〈 보장수익률 〈 유효이자율
현재가치	• 원리금과 상환할증금을 전환권없는 일반사채 유효이자율로 할인한 금액
전환권대가(자본 가산항목)	• 전환권대가(자본) = 발행금액 − 현재가치
전환권조정(전환사채에서 차감)	• 전환권조정 = 전환권대가+상환할증금

길라잡이 전환사채 액면발행 회계처리

발행시점 (액면발행)	(차) 현금(발행금액)	xxx	(대) 전환사채(액면금액 = 발행금액)	xxx
	(차) 전환권조정(전환사채 차감)	xxx	(대) 전환권대가(발행금액 − 현재가치)	xxx
			상환할증금(전환사채 가산)	xxx
이자지급시점	(차) 이자비용	xxx	(대) 현금(액면이자)	xxx
			전환권조정(상각액)	xxx
전환시점	(차) 전환사채	xxx	(대) 전환권조정(미상각액)	xxx
	상환할증금	xxx	자본금	xxx
	전환권대가	xxx	주식발행초과금(대차차액)	xxx
상환시점	(차) 전환사채	xxx	(대) 현금	xxx
	상환할증금	xxx		

최신유형특강 93   **전환사채의 부채요소와 자본요소**   난이도 ★ ★ ☆   정답 ④

전환사채의 발행금액이 3,000,000원이고 전환사채의 발행요건과 동일한 요건으로 발행하되 전환권이 부여되지 않은 사채의 가치가 2,500,000원인 경우, 전환사채의 발행금액 중 2,500,000원은 (ㄱ)(으)로, 전환권가치인 500,000원은 (ㄴ)(으)로 분리하여 표시한다. 다음 중 ㄱ, ㄴ에 들어갈 가장 올바른 용어들로 짝지어진 것은?

	ㄱ	ㄴ
①	금융부채	금융부채
②	지분상품(자본)	지분상품(자본)
③	지분상품(자본)	금융부채
④	금융부채	지분상품(자본)

해설

• 전환사채는 부채요소와 자본요소를 모두 가지고 있는 복합금융상품이다.

요소구분	▫ ㉠ 부채요소(금융부채) = 일반사채 : 현금 등 금융자산을 인도하기로 하는 계약 ㉡ 자본요소(지분상품) = 전환권 : 확정수량 보통주로 전환할 수 있는 권리를 보유자에게 부여하는 콜옵션 ▫ 자본요소는 잔여지분이라는 정의와 일관되도록 하기 위해, 부채요소해당액(사채현재가치)을 먼저 측정하고, 발행금액에서 부채요소해당액을 차감한 금액으로 자본요소해당액을 측정하도록 규정하고 있다. →발행금액 – 부채요소해당액(현재가치) = 자본요소해당액(전환권가치)

• 전환권대가 : 3,000,000 – 2,500,000 = 500,000
부채(금융부채) : 3,000,000 – 500,000(전환권대가) = 2,500,000
자본(지분상품) : 500,000(전환권대가)

최신유형특강 94 | **전환사채 일반사항** | 난이도 ★★☆ | 정답 ②

다음 중 전환사채에 관한 설명으로 가장 옳은 것은?

① 전환사채는 부채요소와 자산요소를 모두 가지고 있는 복합금융상품을 의미한다.
② 전환사채의 전환권조정은 사채할인발행차금과 유사하게 상환기간동안 유효이자율법을 적용하여 상각하고 상각된 금액은 이자비용으로 인식한다.
③ 사전에 약정된 가격으로 보통주의 발행을 청구할 수 있는 권리가 부여된 사채를 의미한다.
④ 상환할증금지급조건에 의해 발행된 상환할증금은 전환사채의 액면금액에서 차감하여 표시한다.

해설

• ① 전환사채는 부채요소와 자본요소를 모두 가지고 있는 복합금융상품이다.

요소구분	ㅁ ㉠ 부채요소(금융부채) = 일반사채 : 현금 등 금융자산을 인도하기로 하는 계약 ㅁ ㉡ 자본요소(지분상품) = 전환권 : 확정수량 보통주로 전환할 수 있는 권리를 보유자에게 부여하는 콜옵션 ㅁ 자본요소는 잔여지분이라는 정의와 일관되도록 하기 위해, 부채요소해당액(사채현재가치)을 먼저 측정하고, 발행금액에서 부채요소해당액을 차감한 금액으로 자본요소해당액을 측정하도록 규정하고 있다. →발행금액 – 부채요소해당액(현재가치) = 자본요소해당액(전환권가치)

② 전환권조정은 이자지급시점에 다음과 같이 이자비용으로 인식되므로 옳은 설명이다.

발행시점 (액면발행)	(차) 현금(발행금액)	xxx	(대) 전환사채(액면금액 = 발행금액)	xxx
	(차) 전환권조정(전환사채 차감)	xxx	(대) 전환권대가(발행금액 – 현재가치)	xxx
			상환할증금(전환사채 가산)	xxx
이자지급시점	(차) 이자비용	xxx	(대) 현금(액면이자)	xxx
			전환권조정(상각액)	xxx

③ 보통주의 발행을 청구할 수 있는 권리가 부여된 사채는 신주인수권부사채이다.

전환사채	• 유가증권의 소유자가 일정한 조건하에 보통주로의 전환권을 행사할 수 있는 사채로서, 전환권을 행사하면 보통주로 전환되는 사채
신주인수권부사채	• 유가증권의 소유자가 일정한 조건하에 신주인수권을 행사하여 보통주 발행을 청구할 수 있는 권리가 부여된 사채

④ 상환할증금은 전환사채에 가산하여 표시한다.

최신유형특강 95 | **전환사채 부채요소** | 난이도 ★★☆ | 정답 ②

다음 자료를 이용하여 전환사채 발행일에 ㈜상일이 부채로 계상할 금액을 계산하면 얼마인가?

㈜ 삼일은 다음과 같은 조건으로 전환사채를 액면발행하였다.
ㄱ. 액면금액 : 3,000,000원
ㄴ. 액면이자 : 지급하지 않음
ㄷ. 발행일 : 20X1년 1월 1일
ㄹ. 만기일 : 20X3년 12월 31일 (3년)
ㅁ. 상환할증금 : 390,000원
ㅂ. 전환사채가 일반사채인 경우의 시장이자율 : 12%(12%, 3년의 현재가치계수는 0.7118이다)
ㅅ. 전환권대가는 자본으로 분류됨.

① 2,135,400원 ② 2,413,002원 ③ 3,000,000원 ④ 3,390,000원

해설

• 전환사채 발행일에 부채로 계상할 금액 : 부채요소해당액(=일반사채현재가치)
∴(3,000,000+390,000)×0.7118=2,413,002

최신유형특강 96　　　　　　　**전환사채 총괄 회계처리[1]**　　　　난이도 ★ ★ ★　정답 ④

㈜삼일은 20X1년 1월 1일에 다음과 같은 조건으로 전환사채를 발행하였다. 전환사채 발행에 관한 설명으로 가장 올바르지 않은 것은?

> ㄱ. 액면금액 : 1,000,000원　　　　　　　　ㄴ. 액면이자율 : 10%(매년말 이자지급)
> ㄷ. 발행금액 : 1,000,000원　　　　　　　　ㄹ. 상환할증금 : 100,000원
> ㅁ. 동일한 조건의 일반사채의 경우의 발행금액 : 900,000원　　ㅂ. 만기 : 3년

① 사채발행일에는 전환사채 발행으로 부채가 900,000원 증가한다.
② 사채발행일에는 전환사채 발행으로 자본(전환권대가)이 100,000원 증가한다.
③ 이 전환사채와 관련한 이자비용은 동일한 조건의 일반사채에 대한 유효이자율을 적용하여 산정한다.
④ 만기에 지급하는 금액은 액면금액에 이자비용과 상환할증금을 포함한 1,100,000원이다.

해설

• 상환할증금 : 100,000 →전환사채에 가산하는 형식으로 기재
　현재가치 : 900,000 →동일한 조건의 일반사채의 경우의 발행금액 = 일반사채 유효이자율로 할인한 금액
　전환권대가 : 1,000,000(발행금액) - 900,000(현재가치) = 100,000
　전환권조정 : 100,000(전환권대가) + 100,000(상환할증금) = 200,000 →전환사채에서 차감하는 형식으로 기재

발행시점 회계처리	(차) 현금	1,000,000	(대) 전환사채(액면 = 발행금액)	1,000,000
	(차) 전환권조정	200,000	(대) 전환권대가(발행금액 - 현재가치)	100,000
			상환할증금	100,000

발행일 부분재무상태표(액면발행/할증상환조건)		
부채	전환사채	1,000,000
	전환권조정	(200,000)
	상환할증금	100,000
		900,000
기타자본요소	전환권대가	100,000

• 만기에 지급하는 금액
　㉠ 미전환의 경우 : 100,000(액면이자) + 1,000,000(원금) + 100,000(상환할증금) = 1,200,000
　㉡ 40%전환의 경우 : 1,200,000(미전환시 지급액) × 60% = 720,000
　→∴만기지급액은 고정액 1,100,000원이 아니라 전환권 행사 여부에 따라 상이하다.

최신유형특강 97 | **전환사채 총괄 회계처리[2]** | 난이도 ★ ★ ★ | 정답 ④

㈜삼일은 20X1년 1월 1일에 다음과 같은 조건으로 전환사채를 발행하였다. 다음 중 동 전환사채에 관한 설명으로 가장 올바르지 않은 것은?

> ㄱ. 액면금액 : 10,000,000원
> ㄴ. 액면이자율 : 5%(매년 말 이자지급)
> ㄷ. 발행금액 : 10,000,000원
> ㄹ. 상환할증금 : 1,000,000원(만기까지 주식으로 전환하지 않을 경우 만기에 지급)
> ㅁ. 동일한 조건의 일반사채인 경우의 발행가액 : 8,200,000원
> ㅂ. 만기 : 3년
> ㅅ. 발행시 사채발행비는 발생하지 아니함.
> ㅇ. 전환권대가는 자본으로 분류됨.

① 동 전환사채의 발행금액 10,000,000원에는 전환권대가 1,800,000원이 포함되어 있다.
② 상환할증금을 지급하는 조건이므로 보장수익률은 액면이자율 5%보다 높을 것이다.
③ 동 전환사채와 관련한 이자비용은 동일한 조건의 일반사채에 대한 유효이자율을 적용하여 산정한다.
④ 전환권 행사시 ㈜삼일의 총자산은 증가한다.

해설

• 전환사채는 전환사채보유자의 요구에 따라 주식으로 전환할 수 있는 권리가 내재되어 있어 일반적으로 일반사채보다 액면이자가 낮게 책정되어 발행된다.(전환권 부여로 인해 액면이자율을 낮게 하여 발행할 수 있음.)
  → ∴액면이자율 〈 보장수익률 〈 유효이자율
• 상환할증금 : 1,000,000 →전환사채에 가산하는 형식으로 기재
  현재가치 : 8,200,000 →동일한 조건의 일반사채의 경우의 발행금액 = 일반사채 유효이자율로 할인한 금액
  전환권대가 : 10,000,000(발행금액) − 8,200,000(현재가치) = 1,800,000
  전환권조정 : 1,800,000(전환권대가) + 1,000,000(상환할증금) = 2,800,000 →전환사채에서 차감하는 형식으로 기재

발행시점 회계처리	(차) 현금	10,000,000	(대) 전환사채(액면 = 발행금액)	10,000,000
	(차) 전환권조정	2,800,000	(대) 전환권대가(발행금액 − 현재가치)	1,800,000
			상환할증금	1,000,000

발행일 부분재무상태표(액면발행/할증상환조건)

부채		전환사채	10,000,000
		전환권조정	(2,800,000)
		상환할증금	1,000,000
			8,200,000
기타자본요소		전환권대가	1,800,000

• 전환권이 행사되면 자본금이 증가하고 부채(사채)가 소멸한다. 즉, 전환 전의 부채·자본 합계액은 전환 후 부채·자본 합계액과 동일하다.
  → ∴전환권이 행사되어도 자산에는 영향이 없다.

전환권 행사 회계처리	(차) 전환사채	×××	(대) 전환권조정(미상각액)	×××
	상환할증금	×××	자본금	×××
	전환권대가	×××	주식발행초과금(대차차액)	×××

| 최신유형특강 98 | 충당부채 인식 | 난이도 ★ ☆ ☆ 정답 ① |

다음 중 재무상태표에 충당부채를 인식하는 경우로 짝지어진 것은?

금액추정가능성 자원유출가능성	신뢰성있게 추정가능	추정 불가능
가능성이 높음	(ㄱ)	(ㄴ)
가능성이 높지 않음	-	-
가능성이 아주 낮음	(ㄷ)	-

① (ㄱ)
② (ㄱ), (ㄴ)
③ (ㄱ), (ㄷ)
④ (ㄱ), (ㄴ), (ㄷ)

해설

• 충당부채와 우발부채의 인식은 다음과 같다.

금액추정가능성 자원유출가능성	신뢰성있게 추정가능	추정불가능
가능성이 높음	충당부채로 인식	우발부채로 주석공시
가능성이 어느 정도 있음(높지 않음)	우발부채로 주석공시	
가능성이 희박(아주 낮음)	공시하지 않음	공시하지 않음

• (ㄱ) : 충당부채, (ㄴ) : 우발부채, (ㄷ) : 공시하지 않음

최신유형특강 99 | 충당부채 인식사례 | 난이도 ★ ★ ☆ 정답 ④

다음 중 충당부채로 인식될 수 있는 사례로 가장 올바르지 않은 것은(단, 해당 의무를 이행하기 위하여 필요한 금액을 신뢰성있게 추정할 수 있다고 가정한다)?

① 회사의 소비자 소송사건에 대하여 패소가능성이 높다는 법률전문가의 의견이 있는 경우
② 토지 오염원을 배출하고 있는 회사에 대하여 토지의 정화에 관한 법률 제정이 확실시 되는 경우
③ 제품에 대해 만족하지 못하는 고객에게 법적의무가 없음에도 불구하고 환불해주는 정책을 펴고 있으며, 고객에게 이 사실이 널리 알려져 있는 경우
④ 회사의 특정 사업부문의 미래 영업손실이 예상되는 경우

해설

• 충당부채 인식여부 분석

①	현재의무	법률전문가의 의견에 근거하여 볼 때 현재의무가 존재한다.
	유출가능성	가능성이 높다.
	인식여부	의무를 이행하기 위한 금액에 대한 최선의 추정치로 충당부채를 인식한다.
②	현재의무	토지 정화를 요구하는 법률 제정이 확실하므로 의무발생사건은 토지의 오염이다.
	유출가능성	가능성이 높다.
	인식여부	토지 정화원가에 대한 최선의 추정치로 충당부채를 인식한다.
③	현재의무	판매한 제품을 기업이 환불해 줄 것이라는 정당한 기대를 고객이 갖게 되기 때문에 제품판매는 의제의무를 생기게 하는 의무발생사건이다.
	유출가능성	가능성이 높다. 일정비율의 제품이 환불을 통해 반품된다.
	인식여부	환불원가의 최선의 추정치로 충당부채를 인식한다.
④	미래의 예상 영업손실은 충당부채로 인식하지 아니한다. →미래의 예상 영업손실은 부채의 정의에 부합하지 않을 뿐만 아니라 충당부채의 인식기준도 충족하지 못한다.(즉, 현재의무가 없다.) 한편, 미래에 영업손실이 예상되는 경우에는 영업과 관련된 자산이 손상되었을 가능성이 있으므로 '자산손상'에 따라 손상검사를 수행한다.	

ℹ️ 길라잡이 충당부채와 우발부채의 인식

	금액추정가능성 자원유출가능성	신뢰성있게 추정가능	추정불가능
개요	가능성이 높음	충당부채로 인식	우발부채로 주석공시
	가능성이 어느 정도 있음	우발부채로 주석공시	
	가능성이 아주 낮음(거의 없음)	공시하지 않음	공시하지 않음
	비교 충당부채는 재무제표에 부채로 인식하나, 우발부채는 부채로 인식하지 않음.		
충당부채 인식요건	• 과거사건의 결과로 현재의무(법적의무나 의제의무)가 존재한다. • 해당 의무를 이행하기 위하여 경제적효익이 있는 자원이 유출될 가능성이 높다. • 해당 의무의 이행에 소요되는 금액을 신뢰성있게 추정할 수 있다.		

최신유형특강 100 | 충당부채의 인식과 측정 | 난이도 ★★★ 정답 ④

다음 중 충당부채에 관한 설명으로 가장 올바르지 않은 것은?

① 미래의 예상 영업손실은 부채의 정의에 부합하지 못할 뿐 아니라 충당부채의 인식기준도 충족하지 못하기 때문에 충당부채로 인식하지 않는다.

② 계약상의 의무에 따라 발생하는 회피 불가능한 원가가 당해 계약 때문에 받을 것으로 기대되는 경제적 효익을 초과하는 계약을 체결한 경우에는 관련된 현재의무를 충당부채로 인식한다.

③ 구조조정을 완료하는 날까지 발생할 것으로 예상하는 영업손실은 충당부채로 인식하지 않지만 손실부담계약과 관련된 예상영업손실은 충당부채로 인식한다.

④ 구조조정의 일환으로 관련 자산을 매각할 때 예상처분이익은 구조조정충당부채를 측정하는 데 반영한다.

해설

• ③ 구조조정을 완료하는 날까지 생길 것으로 예상되는 영업손실은 충당부채로 인식하지 아니한다. 다만 손실부담계약과 관련된 예상 영업손실은 충당부채로 인식한다.[K-IFRS 제1037호 문단82]

• ④ 구조조정의 일환으로 자산의 매각을 계획하는 경우라도 구조조정과 관련하여 예상되는 자산 처분이익은 문단51(예상되는 자산 처분이익은 충당부채를 측정하는 데 고려하지 아니한다.)에 따라 구조조정충당부채를 측정하는데 고려하지 아니한다.[K-IFRS 제1037호 문단83]

★ 저자주 ③과 ④는 세무사·회계사 시험에서 언급되는 내용으로서, 재경관리사 시험수준을 초과하는 내용입니다. 그러나 출제가 된 만큼 문구정도만 숙지하여 재출제에 대비하기 바랍니다.

ⓘ 길라잡이 손실부담계약 세부고찰

의의	• 계약상의 의무에 따라 발생하는 회피 불가능한 원가가 당해 계약에 의하여 받을 것으로 기대되는 경제적효익을 초과하는 계약을 말함. →예 손실이 예상되는 확정매입계약
충당부채 인식	• 손실부담계약을 체결한 경우에는 관련된 현재의무를 충당부채로 인식함.
회피불가능한 원가	☐ Min { 계약을 이행하기 위하여 필요한 원가 / 계약을 이행하지 못하였을때 지급하여야 할 보상금 또는 위약금 }

최신유형특강 101 | 기댓값에 의한 충당부채 계상 | 난이도 ★★★ 정답 ③

㈜삼일은 제조상의 결함이나 하자에 대하여 1년간 제품보증을 시행하고 있다. 20X1년에 판매된 5,000,000원의 제품에서 중요하지 않은 결함이 발견된다면 50,000원의 수리비용이 발생하고, 치명적인 결함이 발생하면 200,000원의 수리비용이 발생할 것으로 예상한다. 20X1년의 매출액 5,000,000원에 대하여 판매된 제품의 80%에는 하자가 없을 것으로 예상하고, 제품의 15%는 중요하지 않은 결함이 발견될 것으로 예상하고, 5%는 치명적인 결함이 있을 것으로 예상하였다. ㈜삼일이 20X1년말에 인식할 충당부채의 금액은 얼마인가?

① 7,500원   ② 10,000원   ③ 17,500원   ④ 32,500원

해설

• 충당부채로 인식하여야 하는 금액과 관련된 불확실성은 상황에 따라 판단한다. 다수의 항목과 관련되는 충당부채를 측정하는 경우에 해당 의무는 가능한 모든 결과에 관련된 확률을 가중평균하여 추정한다.(이러한 통계적 추정방법을 '기댓값'이라고 함.) 따라서 특정 금액의 손실이 생길 확률(예 60%나 90%)에 따라 충당부채로 인식하는 금액은 달라지게 된다.[K-IFRS 제1037호 문단39]

• 수리비용과 발생확률

구분	수리비용	발생확률
하자가 없는 경우(전혀 결함이 발생하지 않는 경우)	0원	80%
중요하지 않은(사소한) 결함이 발생할 경우	50,000원	15%
치명적인(중요한) 결함이 발생할 경우	200,000원	5%

→충당부채(수리비용의 기댓값) : (0원×80%)+(50,000원×15%)+(200,000원×5%)=17,500원

★ 저자주 K-IFRS 제1037호 문단39의 사례를 문제화한 것으로 재경관리사 시험수준을 고려할 때 다소 무리한 출제로 사료됩니다.

| 최신유형특강 102 | 충당부채 변제와 자산인식액 | 난이도 ★ ★ ★ | 정답 ③ |

㉜상일은 소송에 패소할 경우를 대비하여 의무이행을 위하여 지급할 금액을 보험회사가 변제해주는 보험에 가입하였다. ㉜상일이 소송으로 지급할 금액이 10억원이며 보험회사로부터 11억원을 변제 받을 것이 확실한 경우, 변제받을 금액과 관련하여 ㉜상일이 재무상태표 상 자산으로 인식할 금액은 얼마인가?

① 0원   ② 1억원   ③ 10억원   ④ 11억원

해설

• 제3자가 변제할 것이 확실한 금액(11억원)을 자산(미수금)으로 인식하되, 자산인식금액은 충당부채(10억원) 금액을 초과할 수 없으므로 자산인식액은 10억원이 된다.

회계처리							
방법[1]				방법[2]			
(차) 비용	10억원	(대) 충당부채	10억원	(차) 미수금	10억원	(대) 충당부채	10억원
미수금	10억원	수익	10억원				

ℹ️ 길라잡이 충당부채 변제

재무상태표
(총액인식)
	• 의무금액 총액을 부채로 인식
	• 제3자가 변제할 것이 확실한 금액만 자산으로 인식
	  →단, 자산인식액은 충당부채금액 초과불가함.
	  🔍주의 ∴충당부채와 제3자 변제관련자산을 상계치 않음.							

손익계산서 (순액인식가능)	• 수익은 충당부채의 인식과 관련된 비용과 상계가능함.							
	방법[1]				방법[2]			
	(차) 비용	1,000	(대) 충당부채	1,000	(차) 비용	800	(대) 충당부채	1,000
	미수금	200	수익	200	미수금	200		

최신유형특강 103 | **충당부채기준서 실무적용지침사례** | 난이도 ★★★ 정답 ②

다음은 소송사건 사례에 대한 자료이다. 소송사건과 관련하여 해당연도에 해당하는 충당부채 또는 우발부채로 인식하는 방법에 대한 설명으로 올바르지 않은 것은?

> 20X0년 결혼식 후에 10명이 사망하였는데, 기업이 판매한 제품 때문에 식중독이 생겼을 가능성이 있다. 그 기업에 손해배상을 청구하는 법적 절차가 시작되었으나, 기업은 그 책임에 대해 이의를 제기하였다. 법률 전문가는 20X0년 12월 31일로 종료하는 연차 재무제표의 발행승인일까지는 기업에 책임이 있는지 밝혀지지 않을 가능성이 높다고 조언하였다. 그러나 법률 전문가는 20X1년 12월 31일로 종료하는 연차 재무제표를 작성할 때에는 소송 사건의 진전에 따라 기업에 책임이 있다고 밝혀질 가능성이 높다고 조언하였다.

① 20X0년 12월 31일 과거 의무발생사건의 결과로 생기는 현재의무는 재무제표가 승인되는 시점에 사용 가능한 증거에 따르면 과거 사건의 결과로 생기는 의무는 없다.
② 20X0년 12월 31일 충당부채를 인식하지 아니한다. 다만 유출될 가능성이 희박하지 않다면 그 사항을 충당부채로 공시한다.
③ 20X1년 12월 31일 과거 의무발생사건의 결과로 생기는 현재의무는 사용 가능한 증거에 따르면 현재의무가 존재한다.
④ 20X1년 12월 31일 의무를 이행하기 위한 금액의 최선의 추정치로 충당부채를 인식한다.

해설

• 20x0년 12월 31일 충당부채를 인식하지 아니한다. 다만, 유출될 가능성이 희박하지 않다면 그 사항을 우발부채로 공시한다.
* **참고** 본 문제는 K-IFRS 제1037호에서 제시한 적용사례이다. 구체적인 분석을 하면 다음과 같다.
㉠ 20x0년 12월 31일

현재의무	• 재무제표(F/S) 승인시점에 사용가능한 증거에 근거하여 볼 때 과거사건에 따른 의무는 없다.
결론	• 충당부채를 인식하지 아니한다. →유출될 가능성이 희박하지 않다면(=유출가능성이 어느 정도 있음) 그러한 사항을 우발부채로 공시한다.

㉡ 20x1년 12월 31일

현재의무	• 사용가능한 증거에 근거하여 볼 때 현재의무가 존재한다.
유출가능성	• 가능성이 높다.
결론	• 의무를 이행하기 위한 금액에 대한 최선의 추정치로 충당부채를 인식한다.

최신유형특강 104	제품보증시 보증비용 계산	난이도 ★ ★ ☆	정답 ④

전자제품을 판매하는 ㈜삼일은 확신유형의 보증으로 판매 후 1년간 판매한 제품에서 발생하는 결함을 무상으로 수리해 주고 있다. 과거의 판매경험에 의하면 제품보증비용은 매출액의 5%가 발생할 것으로 예상된다. ㈜삼일의 20X1년도 매출액이 200억원이고 20X1년 중 발생된 제품보증비용이 7억원인 경우, 포괄손익계산서에 계상되는 20X1년도 제품 보증비는 얼마인가?

① 0억원　　　　　② 3억원　　　　　③ 7억원　　　　　④ 10억원

해설

• 20x1년 제품보증비(추정보증비) : 200억원×5% = 10억원
* **참고** 20x1년말 제품보증충당부채 : 10억원 - 7억원(실제 제품보증비 발생액) = 3억원

ⓘ **길라잡이** 제품보증충당부채 회계처리

20x1년 매출과 보증비 실제 발생시	(차) 현금	200억원	(대) 매출	200억원
	(차) 보증비	7억원	(대) 현금	7억원
20x1년 결산시	(차) 보증비	3억원	(대) 제품보증충당부채	3억원
	→추정보증비가 10억원인 경우로 이미 인식분 7억원을 차감하여 계상			
20x2년 실제 발생시	(차) 제품보증충당부채	xxx	(대) 현금	xxx
	→if, 추후 유효기간 경과시는 제품보증충당부채 잔액을 환입함.			

최신유형특강 105	제품보증충당부채 기말잔액	난이도 ★ ★ ★	정답 ②

㈜삼일은 판매일로부터 1년간 판매한 제품에 발생하는 하자를 무상으로 수리해주는 제품보증정책(확신유형의 보증)을 시행하고 있다. 제품보증비용은 매출액의 2%가 발생할 것으로 예측된다. 각 회계연도의 매출액과 실제 제품보증 발생액이 다음과 같은 경우 20X2년 말 재무상태표상 제품보증충당부채로 계상할 금액은 얼마인가?

	20X1년	20X2년
매출액	10,000,000원	14,000,000원
20X1년 판매분에 대한 제품보증비용	50,000원	100,000원
20X2년 판매분에 대한 제품보증비용	-	120,000원

① 60,000원　　　　② 160,000원　　　　③ 180,000원　　　　④ 280,000원

해설

• 1년간 보증조건이므로, 20x1년 매출분에 대하여는 20x2년말 계상할 제품보증충당부채는 없다.
　→따라서, 20x2년 매출분에 대하여만 제품보증충당부채 잔액을 계산하여야 한다.
• 20x2년말 제품보증충당부채 : 14,000,000×2% - 120,000(실제 제품보증비 발생액) = 160,000
* **참고** 회계처리

20x1년	매출시	(차) 현금(매출채권)	10,000,000	(대) 매출	10,000,000
	보증시	(차) 보증비	50,000	(대) 현금	50,000
	결산시	(차) 보증비	150,000	(대) 제품보증충당부채	150,000[1]
20x2년	매출시	(차) 현금(매출채권)	14,000,000	(대) 매출	14,000,000
	보증시	(차) 제품보증충당부채	100,000	(대) 현금	220,000
		보증비	120,000		
	결산시	(차) 제품보증충당부채	50,000	(대) 제품보증충당부채환입	50,000[2]
		(차) 보증비	160,000	(대) 제품보증충당부채	160,000[3]

[1] 10,000,000×2% - 50,000 = 150,000　[2] 150,000 - 100,000 = 50,000　[3] 14,000,000×2% - 120,000 = 160,000

최신유형특강 106	주식발행(유상증자) 회계처리	난이도 ★ ★ ☆ 정답 ②

결산일이 12월 31일인 ㈜삼일의 유상증자 관련 자료는 다음과 같을 때 유상증자시 행할 분개로 옳은 것은?

> · 20X1년 5월 1일에 현금을 납입받고 보통주 2,000주를 유상증자하였다.
> · 주당 액면금액과 발행가액은 각각 5,000원과 7,000원이다.
> · 유상증자와 직접 관련된 원가 200,000원이 발생하였다.
> · 장부에 1,000,000원의 주식발행초과금이 계상되어 있다.

① (차) 현금　　　　13,800,000　　(대) 자본금　　　　　　　13,800,000
② (차) 현금　　　　13,800,000　　(대) 자본금　　　　　　　10,000,000
　　　　　　　　　　　　　　　　　　　주식발행초과금　　　　3,800,000
③ (차) 현금　　　　14,000,000　　(대) 자본금　　　　　　　10,000,000
　　　　　　　　　　　　　　　　　　　주식발행초과금　　　　4,000,000
④ (차) 현금　　　　14,000,000　　(대) 자본금　　　　　　　10,000,000
　　　　　　　　　　　　　　　　　　　주식발행초과금　　　　4,000,000
　　(차) 신주발행비　　200,000　　(대) 현금　　　　　　　　　200,000

해설

• 주식발행시 직접관련원가(예 신주발행비)는 주식발행금액에서 차감한다.
→ (차) 현금　2,000주×7,000 - 200,000 = 13,800,000　(대) 자본금　2,000주×5,000 = 10,000,000
　　　　　　　　　　　　　　　　　　　　　　　　　　　　주식발행초과금(대차차액)　3,800,000

참고 만약, 할인발행된 경우라면 주식할인발행차금은 계상되어 있는 주식발행초과금과 상계한다.

ℹ️ 길라잡이 　주식발행 회계처리

할증발행	(차) 현금　　　　　　　　 xxx　(대) 자본금(액면)　 xxx 　　　　　　　　　　　　　　　　　주식발행초과금　 xxx	• 주식할인발행차금과 주식발행초과금은 발생순서에 관계없이 우선 서로 상계함.
할인발행	(차) 현금　　　　　　　　 xxx　(대) 자본금(액면)　 xxx 　　주식할인발행차금　 xxx	
신주발행비	– 주식발행금액에서 차감 –	• 액면·할인발행시 : 주식할인발행차금 증액 • 할증발행시 : 주식발행초과금 감액

| 최신유형특강 107 | 자기주식의 개념과 회계처리 | 난이도 | ★ ★ ☆ | 정답 | ② |

다음 중 자기주식에 관한 설명으로 가장 올바르지 않은 것은?

① 주식을 발행한 회사가 자사발행주식을 재취득한 주식을 말한다.
② 자기주식의 매각이나 소각에 따른 손실은 자기주식처분이익으로 우선 상계한다.
③ 상법상 자기주식취득은 주가수준 유지나 stock option과 같은 특별한 경우에 한하여 인정하고 있다.
④ 자기주식처분에 따른 손실에 대한 자기주식처분이익 상계 후 잔액은 결손금 처리순서에 준하여 처리한다.

해설

- 자기주식의 매각(재발행)에 따른 손실(자기주식처분손실)은 자기주식처분이익으로 우선 상계하며, 자기주식의 소각에 따른 손실(감자차손)은 감자차익으로 우선 상계한다.

ⓘ 길라잡이 자기주식 일반사항

자기주식	• 주식회사가 기발행된 자사발행주식을 매입 또는 증여에 의하여 재취득한 주식을 말함.		
취득목적	• 최근 자본시장에서는 주가하락을 방지하고 안정된 주가수준을 유지하기 위해 자기주식을 취득하기도 하고 stock option과 같이 전문경영자 등에 대한 보상을 위해 취득하기도 함. →자기계산으로 자기주식을 취득하면 자본환급과 동일한 결과가 생겨 회사재산의 기초를 위태롭게 할 위험성이 있으므로 상법에서는 일정한 경우에만 예외적으로 취득을 인정하고 있음.		
회계처리	취득시	• 자기주식[부(-)의 자본항목]은 취득원가로 기록함. →매각목적이든 소각목적이든 불문	
	재발행시 (매각)	• 자기주식처분손실[부(-)의 자본항목]은 자기주식처분이익[자본 가산항목]과 우선적으로 상계하고 그 잔액은 결손금 처리순서에 준하여 처리함.	
	소각시	• 감자차손[부(-)의 자본항목]을 감자차익[자본 가산항목]과 우선적으로 상계하고 그 잔액은 결손금의 처리순서에 준하여 처리함.	
	수증시	• 취득시 : 회계처리 없음. • 처분시 : (차) 현금 xxx (대) 자기주식처분이익 xxx	

| 최신유형특강 108 | 자기주식거래 | 난이도 ★★★ 정답 ④ |

㈜삼일은 20X1년 10월 1일에 자기주식 150주(주당 액면 5,000원)를 주당 6,000원에 취득하고, 20X1년 11월 2일 50주를 주당 7,000원에, 50주는 20X1년 12월 5일 주당 5,500에 매각하였다. 나머지 50주는 20X1년 12월 31일 주당 6,500원에 매각하였다. 다음 설명 중 가장 옳은 것은?(단, 20X1년 10월 이전에 자기주식 거래는 없었다.)

① 20X1년 10월 1일 거래로 자본이 100,000원 증가한다.
② 20X1년 11월 2일 거래로 자본잉여금이 100,000원 증가한다.
③ 20X1년 12월 5일 거래로 자본이 75,000원이 감소한다.
④ 20X1년 12월 31일 거래로 자본이 325,000원 증가한다.

해설

• 20x1년 회계처리

10/1	(차) 자기주식(자본감소)	150주×6,000=900,000	(대) 현금	900,000
11/2	(차) 현금	50주×7,000=350,000	(대) 자기주식(자본증가)	300,000
			자기주식처분이익(자본증가)	50,000
12/5	(차) 현금	50주×5,500=275,000	(대) 자기주식(자본증가)	300,000
	자기주식처분이익(자본감소)	25,000		
12/31	(차) 현금	50주×6,500=325,000	(대) 자기주식(자본증가)	300,000
			자기주식처분이익(자본증가)	25,000

• ① 20x1년 10월 1일 거래로 자본이 900,000원 감소한다.
→ 고속철 자본증감액 = 현금유출입액 →현금감소 900,000(자본감소)

② 20x1년 11월 2일 거래로 자본잉여금(자기주식처분이익)이 50,000원 증가한다.

③ 20x1년 12월 5일 거래로 자본이 275,000원 증가한다.
→ 고속철 자본증감액 = 현금유출입액 →현금증가 275,000(자본증가)

④ 20x1년 12월 31일 거래로 자본이 325,000원 증가한다.
→ 고속철 자본증감액 = 현금유출입액 →현금증가 325,000(자본증가)

최신유형특강 109 | **이익잉여금 처분 일반사항** | 난이도 ★★☆ 정답 ③

다음 중 이익잉여금 처분에 관한 설명으로 가장 올바르지 않은 것은?

① 이익준비금은 현금배당의 10% 이상을 자본금의 1/2이 될 때까지 의무적립한다.
② 현금배당은 자산과 자본의 감소를 유발한다.
③ 주식할인발행차금 상각으로 이익잉여금을 처분하면 자본금은 증가하고 자본총계는 변함이 없다.
④ 주식배당은 자본금은 증가하나 자본총계는 변함이 없다.

해설

• ② (차) 이익잉여금(자본감소) xxx (대) 현금(자산감소) xxx →자산과 자본 모두 감소
　③ (차) 이익잉여금(자본감소) xxx (대) 주식할인발행차금(자본증가) xxx →자본금·자본총계에 영향없음.
　④ (차) 이익잉여금(자본감소) xxx (대) 자본금(자본증가) xxx →자본총계는 불변이나, 자본금은 증가

참고 이익잉여금처분계산서 양식

이익잉여금처분계산서		
20x1년 1월 1일부터 12월 31일까지		
xxx회사		처분확정일 : 20x2. 2. 22
Ⅰ. 미처분이익잉여금		xxx
전기이월미처분이익잉여금	xxx	
회계정책변경누적효과/전기오류수정손익	xxx	
중간배당액	(xxx)	
당기순이익	xxx	
Ⅱ. 임의적립금이입액		xxx
합계		xxx
Ⅲ. 이익잉여금처분액		(xxx)
〈1순위〉 이익준비금	xxx	
〈2순위〉 기타법정적립금	xxx	
〈3순위〉 이익잉여금처분에 의한 상각액	xxx	
〈4순위〉 배당금(현금배당과 주식배당 구분기재)	xxx	
〈5순위〉 임의적립금	xxx	
Ⅳ. 차기이월미처분이익잉여금		xxx

제1주차 민법·헌법특강
제2주차 핵심유형특강
제3주차 최신유형특강
제4주차 기출변형특강

최신유형특강 110   **처분후 차기이월미처분이익잉여금**   난이도 ★ ★ ☆   정답 ②

결산일이 12월 31일인 ㈜삼일의 20X1년 12월 31일 재무상태표의 이익준비금은 100,000원, 임의적립금은 50,000원, 미처분이익잉여금은 300,000원이다. 20X1년 재무제표에 대한 결산승인은 20X2년 3월 23일에 개최된 주주총회에서 이루어졌으며, 그 내용이 다음과 같을 때, 20X2년 3월 23일 현재 미처분이익잉여금은 얼마인가?

> · 주식할인발행차금 상계 30,000원
> · 현금배당 60,000원
> · 이익준비금적립 : 법정 최소금액(자본금의 1/2에 미달)

① 160,000원   ② 204,000원   ③ 210,000원   ④ 234,000원

해설

• 이익준비금은 현금배당액의 10%이상을 자본금의 50%에 달할 때까지 적립한다.
→따라서, 이익준비금 최소적립액은 일반적으로 '현금배당×10%'이다.

미처분이익잉여금(중간배당 차감 및 당기순이익 가산 후 금액) :	300,000
임의적립금 이입액 :	0
이익잉여금처분액	
〈1순위〉 이익준비금 :	(60,000×10%=6,000)
〈2순위〉 기타법정적립금 :	(0)
〈3순위〉 이익잉여금처분에 의한 상각액(주식할인발행차금 등) :	(30,000)
〈4순위〉 배당금(현금배당 및 주식배당) :	(60,000)
〈5순위〉 임의적립금 :	(0)
차기이월미처분이익잉여금	204,000

| 최신유형특강 111 | 자본변동표 구성항목 | 난이도 | ★ ☆ ☆ | 정답 | ③ |

다음 중 ㈜삼일의 자본변동표에 표시되지 않는 항목으로 가장 옳은 것은?

① 당기순손실의 발생
② 유상증자에 따른 신주발행
③ 기계장치의 취득
④ 자기주식의 취득

해설

• 자본변동표는 자본의 각 항목별 기초잔액, 변동사항, 기말잔액을 표시해 주는 재무보고서로서, 자본을 구성하고 있는 각 분류별 납입자본, 각 분류별 기타포괄손익의 누계액과 이익잉여금의 누계액 등에 대한 포괄적인 정보를 제공해 준다.
  →기계장치의 취득은 재무상태표 비유동자산에 표시되는 항목이므로, 자본변동표에는 표시되지 않는다.

| 최신유형특강 112 | 고객과의 계약에서 생기는 수익 일반사항 | 난이도 | ★ ★ ☆ | 정답 | ① |

다음 중 고객과의 계약에서 생기는 수익에 관한 설명으로 가장 올바르지 않은 것은?

① 고객에게 이전할 재화나 용역에 대하여 받을 권리를 갖게 될 대가의 회수가능성이 높지 않더라도 계약에 상업적 실질이 존재하고 이전할 재화나 용역의 지급조건을 식별할 수 있으면 고객과의 계약으로 회계처리한다.
② 수익을 인식하기 위해서는 [고객과의 계약 식별-수행의무 식별-거래가격 산정-거래가격을 계약 내 수행의무에 배분-수행의무를 이행할 때 수익인식]의 단계를 거친다.
③ 거래가격 산정시 제 3자를 대신해서 회수한 금액은 제외되어야 하며, 변동대가, 비현금대가 및 고객에게 지급할 대가 등이 미치는 영향을 고려하여야 한다.
④ 자산은 고객이 그 자산을 통제할 때 이전된다.

해설

• 다음 기준을 모두 충족하는 때에만, K-IFRS 제1115호 '고객과의 계약에서 생기는 수익'의 적용범위에 포함되는 고객과의 계약으로 회계처리한다.

승인과 확약	• 계약 당사자들이 계약을 서면으로, 구두로, 그 밖의 사업 관행에 따라 승인하고 각자의 의무를 수행하기로 확약한다.
권리 식별가능	• 이전할 재화나 용역과 관련된 각 당사자의 권리를 식별할 수 있다.
지급조건 식별가능	• 이전할 재화나 용역의 지급조건을 식별할 수 있다.
상업적실질 존재	• 계약에 상업적 실질이 있다. →계약의 결과로 기업의 미래현금흐름의 위험·시기·금액이 변동될 것으로 예상된다.
높은 회수가능성	• 고객에게 이전할 재화·용역에 대하여 받을 권리를 갖게 될 대가의 회수가능성이 높다. →대가의 회수 가능성이 높은지를 평가할 때에는 지급기일에 고객이 대가(금액)를 지급할 수 있는 능력과 지급할 의도만을 고려한다. 기업이 고객에게 가격할인(price concessions)을 제공할 수 있기 때문에 대가가 변동될 수 있다면, 기업이 받을 권리를 갖게 될 대가는 계약에 표시된 가격보다 적을 수 있다.

최신유형특강 113 | **수익 일반사항** | 난이도 ★ ★ ★ 정답 ③

다음 중 수익에 관한 설명으로 가장 올바르지 않은 것은?

① 수익은 정상적인 경영활동에서 발생하는 경제적 효익의 총유입을 말하며, 자산의 증가 또는 부채의 감소 형태로 나타난다. 다만, 주주의 지분참여로 인한 자본증가는 수익에 포함되지 않는다.

② 수익은 고객에게 기업의 재화나 용역을 제공하고 대가를 받기로 한 계약에서 발생하는 것으로 부가가치세처럼 제3자를 대신해서 받는 것은 수익으로 보지 않는다.

③ 복수의 계약을 하나의 상업적 목적으로 일괄 협상하는 경우에도 복수의 계약에서 약속한 재화나 용역이 단일 수행의무에 해당하지 않는다면 둘 이상의 계약을 하나의 계약으로 회계처리할 수 없다.

④ 정유사가 특정지역 고객수요를 적시에 충족시키기 위해 서로 유류를 교환하기로 한 계약같이 고객에게 판매를 쉽게 하기 위해 같은 사업 영역에 있는 기업간의 비화폐성 교환은 수익으로 보지 않는다.

해설

• 계약의 결합[K-IFRS 제1115호 문단 17]
  다음 기준 중 하나 이상을 충족한다면(즉, 다음 기준 중 하나만 충족해도 됨), 같은 고객(또는 그 고객의 특수관계자)과 동시에 또는 가까운 시기에 체결한 둘 이상의 계약을 결합하여 단일 계약으로 회계처리한다.

  ㉠ 복수의 계약을 하나의 상업적 목적으로 일괄 협상한다.
  ㉡ 한 계약에서 지급하는 대가(금액)는 다른 계약의 가격이나 수행에 따라 달라진다.
  ㉢ 복수의 계약에서 약속한 재화나 용역(또는 각 계약에서 약속한 재화나 용역의 일부)은 단일 수행의무에 해당한다.

i 길라잡이 K-IFRS 제1115호 '고객과의 계약에서 생기는 수익' 적용범위

적용대상	• 계약 상대방이 고객인 경우에만 그 계약에 적용함.
적용제외	• ㉠ 리스계약, 보험계약, 금융상품 ㉡ 고객이나 잠재적 고객에게 판매를 쉽게 하기 위해 행하는 같은 사업 영역에 있는 기업 사이의 비화폐성 교환(예) 두 정유사가 서로 다른 특정지역에 있는 고객의 수요를 적시에 충족하기 위해, 두 정유사끼리 유류를 교환하기로 합의한 계약에는 적용하지 않음.)

★ **저자주** ③과 ④는 재경관리사 시험수준을 초과하는 내용이나 출제가 된 만큼 가볍게 검토 바랍니다.

| 최신유형특강 114 | 거래가격 산정과 배분 | 난이도 ★ ★ ★ | 정답 ② |

무선통신사업을 영위하는 ㈜상일은 20X1년 1월 1일 고객에게 24개월간 통신서비스를 제공하고 핸드폰 단말기를 판매하였다. 계약금액과 개별 판매시 공정가치가 아래와 같을 때 ㈜상일이 20X1년 수익으로 인식할 금액은 얼마인가 (금융요소는 무시한다)?

수행의무	계약금액	공정가치(개별판매시)
핸드폰 단말기	24만원	40만원
통신서비스	월 4만원	월 5만원

① 72만원   ② 75만원   ③ 88만원   ④ 100만원

해설

• 총계약금액 : 240,000+40,000×24개월=1,200,000
• 개별판매가격
  - 핸드폰 단말기 : 400,000
  - 통신서비스 : 50,000×24개월=1,200,000
• 20x1년 핸드폰 단말기 매출액 : $1,200,000 \times \frac{400,000}{400,000+1,200,000} = 300,000$
• 20x1년 통신서비스 매출액 : $(1,200,000 \times \frac{1,200,000}{400,000+1,200,000}) \times \frac{12개월}{24개월} = 450,000$
∴20x1년 수익(매출액)으로 인식할 금액 : 300,000+450,000=750,000

i 길라잡이 수익인식모형 4단계 : 거래가격의 배분

배분목적	• 약속한 재화·용역을 이전하고 그 대가로 받을 권리를 갖게 될 금액을 나타내는 금액으로 각 수행의무 (또는 구별되는 재화나 용역)에 거래가격을 배분하는 것임.
비례배분	• 계약 개시시점에 개별판매가격을 산정하고 이에 비례하여 거래가격을 배분함.

최신유형특강 115 | **장기할부판매 현재가치할인차금상각표** | 난이도 ★ ★ ☆ | 정답 ③

㈜서울은 20X1년 1월초 ㈜부산에 상품을 할부판매하고 할부금을 매년 말에 2,000,000원씩 3년간 회수하기로 하였다. ㈜상일이 작성한 현재가치할인차금 상각표가 다음과 같을 때, 다음 항목 중 매년 값이 증가하는 항목으로 가장 옳은 것은?

일자	할부금 회수액	이자수익	매출채권 원금회수액	매출채권 장부금액
20X1.1.1				4,803,660
20X1.12.31	2,000,000	576,439	1,423,561	xxx
20X2.12/31				
20X3.12.31				

① 할부금 회수액
② 이자수익
③ 매출채권 원금회수액
④ 매출채권 장부금액

해설

• 매출채권 장부금액은 매출채권 원금회수액만큼 매년 감소하며, 할부금회수액은 매년 2,000,000원으로 일정
  →매출채권 장부금액이 매년 감소하므로, 이자수익(=매출채권 장부금액×유효이자율)도 매년 감소한다.
  →할부금회수액은 매년 일정, 이자수익은 매년 감소하므로, 매출채권 원금회수액(=할부금회수액-이자수익)은 매년 증가한다.

※참고 상각표 작성〈20x3년말은 단수차이 조정함.〉 & 회계처리

일자	할부금 회수액	이자수익(r=12%) 〈유효이자〉	매출채권 원금회수액 〈순채권회수액〉	매출채권 장부금액
20x1.01.01				4,803,660
20x1.12.31	2,000,000	4,803,660×12%=576,439	2,000,000-576,439=1,423,561	4,803,660-1,423,561=3,380,099
20x2.12.31	2,000,000	3,380,099×12%=405,612	2,000,000-405,612=1,594,388	3,380,099-1,594,388=1,785,711
20x3.12.31	2,000,000	1,785,711×12%=214,289	2,000,000-214,289=1,785,711	1,785,711-1,785,711=0

20x1년초	(차) 매출채권	6,000,000	(대) 매출	4,803,660
			현재가치할인차금	1,196,340
	(차) 매출원가	xxx	(대) 상품	xxx
20x1년말	(차) 현금	2,000,000	(대) 매출채권	2,000,000
	(차) 현재가치할인차금	576,439	(대) 이자수익	576,439
20x2년말	(차) 현금	2,000,000	(대) 매출채권	2,000,000
	(차) 현재가치할인차금	405,612	(대) 이자수익	405,612
20x3년말	(차) 현금	2,000,000	(대) 매출채권	2,000,000
	(차) 현재가치할인차금	214,289	(대) 이자수익	214,289

| 최신유형특강 116 | 건설계약의 계약수익 | 난이도 | ★ ☆ ☆ | 정답 | ④ |

다음 중 건설계약의 계약수익과 관련된 설명으로 가장 올바르지 않은 것은?

① 계약수익은 건설사업자가 발주자로부터 지급받을 건설계약금액에 근거하여 계상한다.
② 계약수익은 수령하였거나 수령할 대가의 공정가치로 측정한다.
③ 계약수익은 최초에 합의된 계약금액과 공사변경, 보상금 및 장려금에 따라 추가되는 금액으로 구성되어 있다.
④ 계약수익은 진행률과 관계없이 청구한 금액으로 인식한다.

해설

• 계약수익은 진행기준을 적용하여 진행률에 따라 인식한다.

길라잡이 계약수익 일반사항

측정	• 건설업자가 발주자로부터 지급받을 건설계약금액에 근거하여 계상하며, 수령하였거나 수령할 대가의 공정가치로 측정함. →계약수익은 미래 불확실성에 따라 증감가능함. 주의 수익과 계약원가에 대한 추정치의 변경은 회계추정의 변경으로 처리함.
구성항목	• ① 최초에 합의한 계약금액 ② 공사변경, 보상금 및 장려금에 따라 추가되는 금액
수익인식방법	• 장·단기 모두 진행기준에 의함. →∵기간에 걸쳐 이행하는 수행의무

| 최신유형특강 117 | 계약원가의 구성항목 | 난이도 ★ ★ ☆ | 정답 ③ |

㈜삼일은 ㈜서울로부터 건설공사를 수주하였다. 건설계약과 관련한 계약원가의 구성은 다음과 같을 때, (나)항에 들어갈 구성 항목으로 가장 옳은 것은?

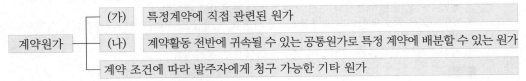

① 판매원가
② 생산설비와 건설장비의 임차원가
③ 건설인력의 급여지급에 대한 사무처리 원가
④ 계약에 사용된 생산설비와 건설장비의 감가상각비

해설

• ① 판매원가 : 계약활동에 귀속될 수 없거나 특정계약에 배분할 수 없는 원가이므로 건설계약의 원가에서 제외한다.
  ② 생산설비와 건설장비의 임차원가 : 특정계약에 직접 관련된 원가인 (가)에 해당한다.
  ③ 건설인력의 급여지급에 대한 사무처리 원가 : 계약활동 전반에 귀속될 수 있는 공통원가로서 특정계약에 배분할 수 있는 원가인 (나)에 해당한다.
  ④ 계약에 사용된 생산설비와 건설장비의 감가상각비 : 특정계약에 직접 관련된 원가인 (가)에 해당한다.

ℹ 길라잡이 계약원가 구성항목과 제외항목

구성항목	계약직접원가	❖특정계약에 직접 관련된 원가 • 현장감독을 포함한 현장인력의 노무원가, 건설에 사용된 재료원가 • 계약에 사용된 생산설비·건설장비의 감가상각비와 임차원가 • 생산설비, 건설장비 및 재료를 현장으로 운반하거나 현장에서 운반하는 데 소요되는 원가, 계약과 직접 관련된 설계와 기술지원 원가 • 예상하자보수원가를 포함한 복구·보증공사의 추정원가, 제3자의 보상금청구
	계약공통원가	❖계약활동 전반에 귀속될 수 있는 공통원가로서 특정계약에 배분할 수 있는 원가 • 보험료, 특정 계약에 직접 관련되지 않은 설계와 기술지원 원가 • 건설간접원가(건설인력의 급여지급에 대한 사무처리원가를 포함), 차입원가
	기타원가	❖계약조건에 따라 발주자에게 청구할 수 있는 기타 원가 • 계약조건에 보상받을 수 있도록 규정된 일부 일반관리원가와 개발원가
제외항목		❖계약활동에 귀속될 수 없거나 특정계약에 배분할 수 없는 원가 • 계약에 보상이 명시되어 있지 않은 일반관리원가 • 판매원가 • 계약에 보상이 명시되어 있지 않은 연구개발원가 • 특정계약에 사용하지 않는 유휴 생산설비나 건설장비의 감가상각비

| 최신유형특강 118 | 건설계약 진행률 추정 | 난이도 ★★☆ | 정답 ④ |

㈜삼일건설은 20X1년 1월 1일에 대전시로부터 교량건설을 총공사계약액 50,000,000원에 수주하였다. 공사기간은 20X1년 1월 1일부터 20X3년 12월 31일까지이다. 추정 총계약원가는 40,000,000원으로 공사기간 동안 변동이 없으며, 회사는 누적발생계약원가에 기초하여 공사진행률을 측정하고 있다. 20X1년과 20X2년 계약수익이 다음과 같을 때 20X2년말 공사진행률을 계산한 것으로 가장 옳은 것은?

> ㄱ. 20X1년 계약수익 : 20,000,000원
> ㄴ. 20X2년 계약수익 : 10,000,000원

① 10%   ② 2%   ③ 40%   ④ 60%

해설

• 당기계약수익 = 총건설계약금액 × 진행률 - 전기계약수익
• 10,000,000(20x2년 계약수익) = 50,000,000 × 20x2년말 진행률 - 20,000,000(20x1년 계약수익)
　→ ∴20x2년말 진행률 = 60%

| 최신유형특강 119 | 건설계약의 공시 | 난이도 ★☆☆ | 정답 ② |

다음은 ㈜삼일건설의 재무제표에 대한 주석이다. 다음 괄호 안에 들어갈 용어로 가장 옳은 것은?

건설계약과 관련하여 진행기준에 의하여 수익을 인식하고 있습니다. 계약활동의 진행률은 진행단계를 반영하지 못하는 계약원가를 제외하고 수행한 공사에 대하여 발생한 누적계약원가를 추정 총계약원가로 나눈 비율로 측정하고 있습니다. 누적발생가에 인식한 이익을 가산한 금액이 진행청구액을 초과하는 금액은 (　　　　)(으)로 표시하고 있습니다.

① 공사선수금   ② 계약자산
③ 계약부채   ④ 계약수익

해설

• 미성공사(= 누적계약수익 = 누적발생원가에 인식한 이익을 가산한 금액)가 진행청구액(= 계약대금청구액)을 초과하는 금액은 미청구공사(계약자산)로 표시한다.

ℹ️ 길라잡이 건설계약의 공시방법

| 미성공사금액 〉 진행청구액 | • 차액을 '미청구공사(계약자산)' 과목으로 자산처리 |
| 미성공사금액 〈 진행청구액 | • 차액을 '초과청구공사(계약부채)' 과목으로 부채처리 |

| 재무상태표 표시 | 〈유동자산〉 **미청구공사(계약자산)** 미성공사　　5,000 진행청구액　4,000　1,000 | 〈유동부채〉 **초과청구공사(계약부채)** 진행청구액　　4,000 미성공사　　3,000　1,000 |

| 최신유형특강 120 | 2차연도 미청구공사·초과청구공사 계산 | 난이도 ★ ★ ★ | 정답 ③ |

상일건설은 20X1년 건설공사를 계약금액 1,500,000원에 수주하였다. 각 회계연도 말 ㈜상일건설의 계약원가와 계약대금 청구액 및 회수액에 대한 정보가 다음과 같다. ㈜상일이 20X1년과 20X2년 재무상태표상 인식해야 할 계약자산(계약부채) 금액은 얼마인가?

	20X1년	20X2년	20X3년
누적발생계약원가(A)	200,000원	600,000원	1,300,000원
추정총계약원가(B)	1,000,000원	1,200,000원	1,300,000원
누적진행률(A/B)	20%	50%	100%
대금청구액	250,000원	550,000원	700,000원
대금회수액	200,000원	400,000원	900,000원

	20X1년	20X2년
①	계약부채 50,000원	계약부채 50,000원
②	계약부채 50,000원	계약자산 50,000원
③	계약자산 50,000원	계약부채 50,000원
④	계약자산 50,000원	계약자산 50,000원

해설

- 20x1년말 미성공사 : 200,000(계약원가) + 100,000(계약이익) = 300,000
  20x1년말 미청구공사(계약자산) : 300,000(미성공사) − 250,000(진행청구액) = 50,000
- 20x2년말 미성공사 : 300,000(20x1년말 미성공사) + 400,000(계약원가) + 50,000(계약이익) = 750,000
  20x1년말 초과청구공사(계약부채) : 800,000(진행청구액) − 750,000(미성공사) = 50,000

⚡고속철 '미성공사 = 누적계약수익'이므로, 20x1년말 300,000, 20x2년말 750,000이 미성공사금액이 된다.

참고 회계처리

20x1년	계약원가 발생	(차) 미성공사	200,000	(대) 현금	200,000
	계약대금 청구	(차) 공사미수금	250,000	(대) 진행청구액	250,000
	계약대금 수령	(차) 현금	200,000	(대) 공사미수금	200,000
	계약손익인식	(차) 계약원가 미성공사	200,000 100,000	(대) 계약수익	300,000
20x2년	계약원가 발생	(차) 미성공사	400,000	(대) 현금	400,000
	계약대금 청구	(차) 공사미수금	550,000	(대) 진행청구액	550,000
	계약대금 수령	(차) 현금	400,000	(대) 공사미수금	400,000
	계약손익인식	(차) 계약원가 미성공사	400,000 50,000	(대) 계약수익	450,000

최신유형특강 121 | **손실예상 건설계약 회계처리** | 난이도 ★ ★ ☆ | 정답 ①

㈜서울은 ㈜마포로부터 건설공사를 수주하였다. ㈜마포와 체결한 건설공사에서 손실이 발생할 것으로 예상되는 경우 ㈜서울이 수행할 회계처리로 가장 옳은 것은?

① 건설계약에서 예상되는 손실액은 당기에 즉시 비용으로 인식한다.
② 건설계약에서 예상되는 손실액은 진행률에 따라 비용으로 인식한다.
③ 건설계약에서 예상되는 손실액은 공사완료시점에 비용으로 인식한다.
④ 건설계약에서 예상되는 손실액은 전기에 인식했던 수익에서 직접 차감한다.

해설

• 총계약원가가 총계약수익을 초과할 가능성이 높은 경우(건설계약 총예상손실)에 예상되는 손실은 즉시 당기비용으로 인식한다.
  →계약 전체에서 손실발생이 예상되는 경우 예상되는 손실을 즉시 인식한다. 즉, 보수적인 관점에서 예상손실을 진행된 부분만큼 인식하지 않고 예상시점에 조기 인식하는 것이다.

저자주 참고로, K-IFRS 제1115호 '고객과의 계약에서 생기는 수익'에서는 계약 전체에서 손실 발생이 예상되는 경우에 대한 회계처리를 명시적으로 언급하고 있지 않습니다.(K-IFRS 제1115호 '고객과의 계약에서 생기는 수익'이 공포되면서 종전 K-IFRS 제1011호 '건설계약'은 더 이상 적용되지 않습니다. 그러나 제1115호에서는 건설계약의 회계처리에 적용할 구체적인 계정이나 분개 등이 언급되어 있지 않아 제1115호의 내용만으로는 건설계약을 어떻게 회계처리해야 하는지 명확하지 않은 상태이긴 하나, 종전 제1011호에 의한 회계처리를 실제 적용하더라도 문제는 없을 것으로 판단하고 있는 것이 현재 회계학계의 입장입니다.)

최신유형특강 122 | **종업원급여와 퇴직급여제도의 유형** | 난이도 ★ ★ ☆ | 정답 ④

다음 중 종업원급여에 대한 설명으로 가장 올바르지 않은 것은?

① 확정급여채무의 현재가치란 종업원이 당기와 과거기간에 근무용역을 제공하여 발생한 채무를 기업이 결제하는 데 필요한 예상 미래 지급액의 현재가치(사외적립자산 차감 전)를 의미한다.
② 종업원급여는 단기종업원급여, 퇴직급여, 기타장기종업원급여, 해고급여의 네 가지 범주를 포함한다.
③ 단기종업원급여는 종업원이 관련 근무용역을 제공하는 연차 보고기간 후 12개월이 되기 전에 모두 결제될 것으로 예상되는 종업원급여로 해고급여는 제외한다.
④ 확정급여제도는 기업이 종업원 퇴직시 약정된 퇴직급여의 지급을 약속한 것으로 그 운용과 위험을 종업원이 부담한다.

해설

• 확정급여제도는 기업이 종업원 퇴직시 약정된 퇴직급여의 지급을 약속한 것으로 그 운용과 위험을 기업이 부담한다.

길라잡이 **퇴직급여제도 비교**

	기업의 부담	종업원수령액	위험부담자
확정기여제도(DC형)	출연금액에 한정 (기여금 납부함으로써 모든 의무가 종결됨.)	불확정적	종업원
확정급여제도(DB형)	변동적	확정적	기업

최신유형특강 123 | **퇴직급여제도 일반사항[1]** | 난이도 ★ ☆ ☆ | 정답 ③

다음 중 퇴직급여에 관한 설명으로 가장 올바르지 않은 것은?

① 퇴직급여제도는 확정기여제도와 확정급여제도를 포함한다.
② 당기근무원가는 당기에 종업원이 근무용역을 제공함에 따라 발생하는 확정급여채무의 현재가치 증가액을 말한다.
③ 확정급여제도에서는 사외적립자산을 출연하는데 이때 사외적립자산은 장부금액으로만 측정한다.
④ 확정기여제도는 기업이 기여금을 불입함으로써 퇴직급여와 관련된 모든 의무가 종료된다.

해설

• 사외적립자산은 기금(보험회사)이 보유하고 있는 자산을 말하며, 보고기간말에 공정가치로 측정하고 재무상태표에 확정급여채무에서 차감하여 표시한다.

최신유형특강 124 | **퇴직급여제도 일반사항[2]** | 난이도 ★ ★ ☆ | 정답 ④

다음 중 퇴직급여제도에 관한 설명으로 가장 옳은 것은?

① 확정급여제도에서 가입자의 미래급여금액은 사용자나 가입자가 출연하는 기여금과 기금의 운영 효율성 및 투자수익에 따라 결정된다.
② 확정기여제도는 보험수리적 평가기법에 따라 퇴직 후 예상급여를 확정시키고 이에 대한 지급을 기업이 보증하는 형태이다.
③ 확정급여제도에서는 사외적립자산을 출연하는데 이때 사외적립자산은 장부금액으로만 측정한다.
④ 재측정요소는 후속 기간에 당기손익으로 재분류되지 않으며, 자본 내에서 대체할 수 있다.

해설

• ① 확정기여제도에서 가입자의 미래급여금액은 사용자나 가입자가 출연하는 기여금과 기금의 운영 효율성 및 투자수익에 따라 결정된다.
② 확정급여제도는 보험수리적 평가기법에 따라 퇴직 후 예상급여를 확정시키고 이에 대한 지급을 기업이 보증하는 형태이다.
③ 확정급여제도에서는 사외적립자산을 출연하는데 이때 사외적립자산은 공정가치로 측정한다.

ℹ️ 길라잡이 재분류조정(기타포괄손익으로 인식되었으나 당기손익으로 재분류된 금액) 발생여부 구분

재분류조정이 발생하는 기타포괄손익	재분류조정이 발생하지 않는 기타포괄손익
• FVOCI금융자산평가손익(채무상품)	• 재평가잉여금의 변동
• 해외사업장외화환산차이	• 보험수리적손익(확정급여제도 재측정요소)
• 현금흐름위험회피파생상품평가손익(위험회피 효과적 부분)	• FVOCI금융자산평가손익(지분상품)

최신유형특강 125 | **확정기여제도 미달납부 회계처리** | 난이도 ★ ☆ ☆ | 정답 ④

㈜삼일은 20X1년 도입한 확정기여형 종업원 퇴직급여제도를 운영하고 있다. 20X1년 종업원 근무용역에 따라 납부할 퇴직급여기여금은 300,000원이다. 20X1년 10월 31일 1차 납부금액은 120,000원이다. 미납금액의 납부기일은 20X2년 3월 31일이다. 20X1년 12월말 퇴직급여회계처리로 가장 옳은 것은?

① (차) 퇴직급여   120,000   (대) 퇴직급여부채   120,000
② (차) 퇴직급여   120,000   (대) 미지급비용   120,000
③ (차) 퇴직급여   180,000   (대) 퇴직급여부채   180,000
④ (차) 퇴직급여   180,000   (대) 미지급비용   180,000

해설

- 확정기여제도에서 기업은 기여금을 약정금액 이상의 추가납부의무가 없으므로 기여금을 불입함으로써 퇴직급여와 관련된 모든 의무가 종료되며, 당해 회계기간에 대하여 회사가 납부하여야 할 부담금(기여금)을 퇴직급여(비용)로 인식한다.(퇴직급여 xxx / 현금 xxx)
- 만약 기납부금액이 납부해야 할 기여금보다 적은 경우 일정기간 종업원이 근무용역을 제공하였을 때 기업은 해당 근무용역과 교환하여 확정기여제도하에서 납부해야 할 기여금 중 이미 납부한 기여금을 차감한 금액을 부채(미지급비용)로 인식한다.

| 20x1.10.31 | (차) 퇴직급여 | 120,000 | (대) 현금 | 120,000 |
| 20x1.12.31 | (차) 퇴직급여 | 180,000 | (대) 미지급비용 | 300,000 - 120,000 = 180,000 |

ⓘ 길라잡이 확정기여제도의 의의 및 특성

- 확정기여제도란 기업이 기금에 출연하기로 약정한 금액을 납부하고, 기금의 책임하에 종업원에게 급여를 지급하는 제도로 당해 기금이 모든 종업원급여를 지급할 수 있을 정도로 충분한 자산을 보유하지 못하더라도 기업에게는 추가 납부의 의무가 없는 퇴직급여제도이다. 기업이 부담하는 채무는 당해 기간의 기여금으로 결정되므로 채무나 비용을 측정하기 위해 보험수리적 가정을 세울 필요가 없고 그 결과 사외적립자산의 운용에 따른 기대수익과 실제수익의 차이로 인한 손익이 발생할 가능성도 없다.

최신유형특강 126 | **확정급여제도의 손익처리** | 난이도 ★ ☆ ☆ | 정답 ③

다음 중 확정급여형 퇴직급여제도와 관련하여 당기손익으로 인식되는 항목으로 가장 올바르지 않은 것은?

① 당기근무원가   ② 이자원가
③ 보험수리적손익   ④ 과거근무원가

해설

- 보험수리적손익(확정급여채무의 재측정손익)은 기타포괄손익으로 인식한다.
  ① 당기근무원가 : (차) 퇴직급여(당기손익) xxx (대) 확정급여채무 xxx
  ② 이자원가 : (차) 퇴직급여(당기손익) xxx (대) 확정급여채무 xxx
  ③ 보험수리적손익 : : (차) 재측정손실(기타포괄손익) xxx (대) 확정급여채무 xxx
  ④ 과거근무원가 : (차) 퇴직급여(당기손익) xxx (대) 확정급여채무 xxx

***참고** 재측정요소의 다음 3가지는 기타포괄손익으로 인식한다.
  ㉠ 확정급여채무의 재측정손익(보험수리적손익)
  ㉡ 사외적립자산의 재측정손익(투자손익 : 실제수익 - 기대수익)
  ㉢ 순확정급여자산('사외적립자산〉확정급여채무'인 경우)의 자산인식상한 초과액

최신유형특강 127 | **확정급여제도 손익 구분** | 난이도 ★ ★ ☆ 정답 ②

다음의 빈칸에 들어갈 말로 가장 적절한 것끼리 묶인 것은?

> 확정급여제도의 회계처리에서 당기근무원가, 과거근무원가와 정산으로 인한 손익, 순확정급여부채
> 및 사외적립자산의 순이자는 (㉠)으로 인식한다.
> 보험수리적손익, 순확정급여부채(자산)의 순이자에 포함된 금액을 제외한 사외적립자산의 수익, 순확
> 정급여부채(자산)의 순이자에 포함된 금액을 제외한 자산인식상한 효과의 변동은 (㉡)으로 인식한다.

	㉠	㉡
①	당기손익	당기손익
②	당기손익	기타포괄손익
③	기타포괄손익	당기손익
④	기타포괄손익	기타포괄손익

해설

• 다음은 당기손익으로 인식한다.
㉠ 당기근무원가
→ (차) 퇴직급여(당기손익) xxx (대) 확정급여채무 xxx
㉡ 과거근무원가
→ (차) 퇴직급여(당기손익) xxx (대) 확정급여채무 xxx
㉢ 정산으로 인한 손익
→ (차) 확정급여채무 xxx (대) 사외적립자산 xxx
  정산손실(당기손익) xxx   현금 xxx
㉣ 순확정급여부채 및 사외적립자산의 순이자
→ (차) 퇴직급여(이자원가) xxx (대) 확정급여채무 xxx
  (차) 사외적립자산 xxx (대) 퇴직급여(이자수익) xxx

• 재측정요소의 다음 3가지는 기타포괄손익으로 인식한다.
㉠ 확정급여채무의 재측정손익(보험수리적손익)
→ (차) 재측정손실(기타포괄손익) xxx (대) 확정급여채무 xxx
㉡ 사외적립자산의 재측정손익(투자손익 : 실제수익 - 기대수익)
→ (차) 사외적립자산 xxx (대) 재측정이익(기타포괄손익) xxx
㉢ 순확정급여자산('사외적립자산'>확정급여채무'인 경우)의 자산인식상한 초과액
→ (차) 재측정손실(기타포괄손익) xxx (대) 사외적립자산조정충당금 xxx

★ 저자주 본 문제는 세무사 기출문제의 지문을 그대로 인용한 문제로, 재측정요소에 대한 구체적인 내용은 재경관리사 시험수준을
초과하므로 참고만 하기 바랍니다.

최신유형특강 128 | **사외적립자산 일반사항** | 난이도 ★ ★ ☆ 정답 ①

확정급여제도하에서 기업은 미래에 종업원에게 지급할 퇴직급여의 수급권을 보장하기 위하여 사외기금제도를 이용한다. 다음 중 사외적립자산에 대한 설명으로 가장 옳은 것은?

① 사외적립자산은 공정가치로 측정한다.
② 사외적립자산과 확정급여채무는 차감하지 않고 재무상태표에 각각 자산과 부채로 표시한다.
③ 당해 회계기간에 대하여 회사가 사외에 적립한 기여금은 비용으로 인식한다
④ 사외적립자산은 재측정요소가 발생하지 않는다.

해설

• ② 사외적립자산은 공정가치로 측정하며, 확정급여채무의 현재가치에서 차감하여 순확정급여부채(자산)의 과목으로 하여 재무상태표에 표시한다.
  →확정급여채무(현재가치) – 사외적립자산(공정가치) = 순확정급여부채
③ 당해 회계기간에 대하여 회사가 적립한 기여금은 자산으로 인식한다.
  →(차) 사외적립자산 xxx (대) 현금 xxx
④ 사외적립자산은 재측정요소가 발생한다.(재측정손익 : 사외적립자산실제투자수익 – 사외적립자산이자수익)
  →재측정요소는 사외적립자산의 예상치 못한 변동을 말하며 기타포괄손익으로 인식한다.

ⓘ 길라잡이 사외적립자산 회계처리

기여금 적립시	(차) 사외적립자산	xxx	(대) 현금	xxx
이자수익(수익발생)	(차) 사외적립자산	xxx	(대) 퇴직급여(이자수익)	xxx
퇴직시(퇴직급여지급)	(차) 확정급여채무	xxx	(대) 사외적립자산	xxx

최신유형특강 129	사외적립자산 공정가치 계산	난이도 ★★★ 정답 ②

㈜삼일은 확정급여형 퇴직급여제도를 시행하고 있다. 20X1년말 사외적립자산의 공정가치 금액은 얼마인가? 단, 20X1년에 기여금의 추가불입 및 퇴사자는 없다고 가정한다.

ㄱ. 20X1년초 사외적립자산의 공정가치	:	2,000,000원
ㄴ. 당기근무원가	:	800,000원
ㄷ. 사외적립자산의 기대수익	:	200,000원
ㄹ. 사외적립자산의 실제수익	:	150,000원

① 2,050,000원 ② 2,150,000원
③ 2,200,000원 ④ 3,000,000원

해설

- 당기근무원가 : (차) 퇴직급여 800,000 (대) 확정급여채무 800,000
- 사외적립자산 기대수익 : (차) 사외적립자산 200,000 (대) 퇴직급여 200,000
- 사외적립자산 재측정요소(실제수익 – 기대수익) : (차) 재측정손실 50,000 (대) 사외적립자산 50,000
  → '실제수익 – 기대수익'이 (+)이면 재측정이익, (-)이면 재측정손실
∴20x1년말 사외적립자산 공정가치 : 2,000,000 + 200,000 – 50,000 = 2,150,000

ⓘ 길라잡이 확정급여제도 회계처리 순서

① 과거근무원가(증가시)	(차) 퇴직급여	xxx	(대) 확정급여채무	xxx
② 퇴직급여 지급	(차) 확정급여채무	xxx	(대) 사외적립자산	xxx
③ 사외적립자산 적립	(차) 사외적립자산	xxx	(대) 현금	xxx
④ 확정급여채무 이자원가	(차) 퇴직급여	xxx	(대) 확정급여채무	xxx
⑤ 확정급여채무 당기근무원가	(차) 퇴직급여	xxx	(대) 확정급여채무	xxx
⑥ 확정급여채무 재측정요소(보험수리적손익)	(차) 재측정손실	xxx	(대) 확정급여채무	xxx
⑦ 사외적립자산 기대수익(이자수익)	(차) 사외적립자산	xxx	(대) 퇴직급여	xxx
⑧ 사외적립자산 재측정요소(실제수익-기대수익)	(차) 사외적립자산	xxx	(대) 재측정이익	xxx

최신유형특강 130	확정급여채무 증감항목	난이도 ★☆☆ 정답 ④

다음 중 확정급여채무의 현재가치 증감 항목으로 가장 올바르지 않은 것은?

① 당기근무원가
② 확정급여채무의 이자원가
③ 확정급여채무에서 발생한 보험수리적손익
④ 사외적립자산의 이자수익

해설

- 사외적립자산 기대수익(이자수익) : (차) 사외적립자산 xxx (대) 퇴직급여 xxx

| 최신유형특강 131 | 확정급여제도와 당기비용 | 난이도 | ★ ★ ★ | 정답 | ② |

㈜삼일은 확정급여형 퇴직급여제도를 시행하고 있다. 확정급여채무의 현재가치와 사외적립자산의 공정가치 변동내역이 다음과 같을 경우 20X1년 당기비용으로 인식할 금액은 얼마인가?

〈확정급여채무의 현재가치〉	
20X1.1.1	100,000원
당기근무원가	10,000원
이자원가	3,000원
보험수리적손익	200원
20X1.12.31	113,200원

〈사외적립자산의 공정가치〉	
20X1.1.1	50,000원
사외적립자산의 적립	5,000원
사외적립자산의 기대수익	1,000원
재측정요소	0원
20X1.12.31	56,000원

① 11,000원
② 12,000원
③ 12,200원
④ 13,000원

해설

• 회계처리

사외적립자산 적립	(차) 사외적립자산	5,000	(대) 현금	5,000
확정급여채무 이자원가	(차) 퇴직급여	3,000	(대) 확정급여채무	3,000
확정급여채무 당기근무원가	(차) 퇴직급여	10,000	(대) 확정급여채무	10,000
확정급여채무 재측정요소(보험수리적손익)	(차) 재측정손실(기타포괄손익)	200	(대) 확정급여채무	200
사외적립자산 기대수익(이자수익)	(차) 사외적립자산	1,000	(대) 퇴직급여	1,000

∴20x1년 당기비용 : 3,000+10,000-1,000=12,000

| 최신유형특강 132 | 주식기준보상거래 일반 | 난이도 | ★ ★ ☆ | 정답 | ① |

다음 중 주식기준보상거래에 관한 설명으로 가장 올바르지 않은 것은?

① 주식기준보상거래는 종업원에게만 부여하고 거래상대방에게 부여하지는 않는다.
② 주식결제형 주식기준보상거래로 재화나 용역을 제공받는 경우에는 자본의 증가를 인식하고, 현금결제형 주식기준보상거래로 재화나 용역을 제공받는 경우에는 부채를 인식한다.
③ 주식결제형 주식기준보상거래에서 종업원으로부터 용역을 제공받는 경우에는 제공받는 용역의 공정가치를 일반적으로 신뢰성 있게 측정할 수 없으므로 부여한 지분상품의 공정가치에 기초하여 측정한다.
④ 현금결제형 주식기준보상거래에서 기업은 부채가 결제될 때까지 매 보고기간 말과 결제일에 부채의 공정가치를 재측정하고, 공정가치 변동액을 당기손익으로 인식한다.

해설

• 주식기준보상약정은 특정 가득조건이 있다면 그 가득조건이 충족되는 때에 거래상대방에게 대가를 받을 권리를 획득하게 하는 기업과 종업원을 포함한 거래상대방 사이의 계약이므로, 주식기준보상거래는 종업원과 거래상대방 모두에게 부여한다.

ⓘ 길라잡이 주식기준보상 보상원가 측정(거래상대방이 종업원인 경우)

적용순서	보상원가	측정기준일	비고
〈1순위〉	• 제공받는 재화·용역 공정가치	일반적으로 추정불가	
〈2순위〉	• 부여한 지분상품 공정가치	부여일	재측정하지 않음
〈3순위〉	• 부여한 지분상품 내재가치(=주가 - 행사가격)	제공받는 날	재측정(기말 & 가득기간이후)

→ **참고** 거래상대방이 종업원이 아닌 경우는 모두 제공받는 날을 기준으로 위 순위대로 측정함.

| 최신유형특강 133 | 주식기준보상 용어의 정의 | 난이도 | ★ ★ ☆ | 정답 | ② |

다음에서 제시하고 있는 주식기준보상의 내용 중 (가), (나), (다)에 들어갈 용어들로 올바르게 짝지어진 것은?

주식기준보상약정에 따라 거래상대방이 기업의 지분상품 등을 받을 권리를 획득하게 하는 용역을 기업이 제공받는지를 결정짓는 조건을 (가)이라 하며, 여기에는 (나)와(과) 특정기간 중 용역을 제공하고 특성 성과목표를 달성해야하는 (다)으로 구분된다.

	(가)	(나)	(다)
①	보상원가	용역제공조건	성과조건
②	가득조건	용역제공조건	성과조건
③	주식선택권	보상원가	가득조건
④	성과조건	보상원가	가득조건

해설

• 가득조건에 대한 K-IFRS 용어정의는 다음과 같다.

가득조건 정의	• 가득조건이란 주식기준보상약정에 따라 거래상대방이 현금, 그 밖의 자산, 또는 기업의 지분상품을 받을 권리를 획득하게 하는 용역을 기업이 제공받을지를 결정짓는 조건을 말한다.	
가득조건 구분	• 가득조건은 다음과 같이 용역제공조건과 성과조건으로 구분된다.	
	용역제공조건	• 거래상대방에게 특정기간 기업에 용역을 제공하도록 요구하는 가득조건
	성과조건	• 거래상대방이 특정기간 용역을 제공하고 특정 성과목표를 달성할 것을 요구하는 가득조건

참고 성과조건은 다시 시장성과조건과 비시장성과조건으로 구분된다.
　㉠ 시장성과조건 : 지분상품 시장가격과 관련되는 조건 →예 주가
　㉡ 비시장성과조건 : 지분상품 시장가격과 관련없는 영업관련 조건 →예 판매액(매출), 이익, 시장점유율

| 최신유형특강 134 | 주식결제형 주식기준보상 보상원가 측정 | 난이도 | ★ ☆ ☆ | 정답 | ① |

다음 중 주식결제형 주식기준보상(주식선택권)과 관련하여 괄호 안에 들어갈 단어로 가장 옳은 것은?

종업원 및 유사용역제공자에게 제공받은 용역의 보상원가는 부여한 지분상품의 공정가치에 수량을 곱한 금액으로 산정한다. 부여한 지분상품의 공정가치를 신뢰성 있게 추정할 수 있는 경우 지분상품의 공정가치는 (　　) 현재로 측정한다.

① 부여일　　②퇴사일
③ 입사일　　④ 결산일

해설

• 주식기준보상 보상원가 측정(거래상대방이 종업원인 경우)

적용순서	보상원가	측정기준일	비고
〈1순위〉	• 제공받는 재화·용역 공정가치	일반적으로 추정불가	
〈2순위〉	• 부여한 지분상품 공정가치	**부여일**	재측정하지 않음
〈3순위〉	• 부여한 지분상품 내재가치(=주가 - 행사가격)	제공받는 날	재측정(기말 & 가득기간이후)

참고 거래상대방이 종업원이 아닌 경우는 모두 제공받는 날을 기준으로 위 순위대로 측정함.

최신유형특강 135	주식기준보상거래 일반	난이도 ★ ☆ ☆	정답 ③

다음 중 주식기준보상거래에 관한 설명으로 가장 올바르지 않은 것은?

① 주식결제형 주식기준보상거래는 기업이 재화나 용역을 제공받는 대가로 자신의 지분상품을 부여하는 것이다.

② 현금결제형 주식기준보상거래는 기업이 재화나 용역을 제공받는 대가로 기업의 지분상품의 가격에 기초하여 현금 등을 지급하는 것이다.

③ 주식결제형 주식기준보상거래의 보상원가 산정시 지분상품의 공정가치는 부여일 현재로 측정하고 이후에 공정가치가 변동되는 경우 변동분을 반영한다.

④ 선택형 주식기준보상거래는 결제방식으로 현금 지급이나 기업의 지분상품 발행을 선택할 수 있다.

해설

• 주식결제형 주식기준보상거래의 보상원가 산정시 지분상품의 공정가치는 재측정 없이 부여일 공정가치로 측정하고 기대권리소멸률을 반영한 보상원가를 용역제공비율(=당기말까지 기간÷용역제공기간)에 따라 가득기간에 걸쳐 인식한다.

최신유형특강 136	주식기준보상 회계처리 개괄	난이도 ★ ★ ☆	정답 ③

다음 중 주식기준보상 회계처리에 관한 설명으로 가장 올바르지 않은 것은?

① 주식선택권 행사로 신주가 발행되는 경우 행사가격이 액면금액을 초과하는 부분은 주식발행초과금으로 처리한다.

② 가득기간 중 각 회계기간에 인식할 주식보상비용은 당기말 인식할 누적보상원가에서 전기말까지 인식한 누적보상원가를 차감하여 계산한다.

③ 종업원에게 제공받은 용역 보상원가는 부여일 이후 지분상품 공정가치 변동을 반영하여 측정한다.

④ 주식선택권의 권리를 행사하지 않아 소멸되는 경우에도 과거에 인식한 보상원가를 환입하지 않고 계속 자본항목으로 분류한다.

해설

• 종업원으로부터 제공받는 용역의 공정가치는 일반적으로 신뢰성있게 측정할 수 없을 것이기 때문에 부여일의 지분상품의 공정가치에 기초하여 측정하며, 부여한 지분상품의 공정가치는 추후 가치가 변동하는 경우에도 추정치를 변경하지 않는다. 즉, 재측정하지 않는다.

ⓘ 길라잡이 주식결제형 주식기준보상

보고기간말	• 재측정없이 부여일 공정가치로 측정하고 기대권리소멸률을 반영한 보상원가를 용역제공비율(=당기말까지 기간÷용역제공기간)에 따라 가득기간에 걸쳐 인식		
	(차) 주식보상비용(당기비용)	xxx (대) 주식선택권(자본)	xxx
가득일이후	• 회계처리 없음.		
권리행사시	(차) 현금	xxx (대) 자본금(액면)[1]	xxx
	주식선택권	xxx 주식발행초과금(대차차액)[2]	xxx
	→자기주식교부시는 [1]은 자기주식, [2]는 자기주식처분이익으로 처리함.		
권리소멸시	• 인식한 보상원가는 환입하지 않으며, 주식선택권은 다른 자본계정으로 계정대체가능.		
	(차) 주식선택권	xxx (대) 소멸이익(자본)	xxx

최신유형특강 137 | **현금결제형 주식기준보상거래 일반사항** | 난이도 ★ ☆ ☆ 정답 ②

다음 중 현금결제형 주식기준보상거래에 대한 설명으로 가장 올바르지 않은 것은?

① 제공받는 재화나 용역과 그 대가로 부담하는 부채를 부채의 공정가치로 측정한다.
② 기업이 재화나 용역을 제공받는 대가로 자신의 지분상품을 부여하는 거래이다.
③ 부채가 결제될 때까지 매 보고기간 말과 결제일에 부채의 공정가치를 재측정한다.
④ 공정가치의 변동액은 당기손익으로 회계처리한다.

해설

• 기업이 재화나 용역을 제공받는 대가로 자신의 지분상품을 부여하는 것은 주식결제형 주식기준보상거래이다.

길라잡이 현금결제형 주식기준보상 회계처리

보상원가 측정	• 보상원가 : 주가차액보상권의 공정가치로 측정 • 측정 : 매 보고기간말 공정가치를 재측정하고, 공정가치의 변동액은 당기손익으로 인식
보고기간말	• 주가차액보상권은 보고기간말 공정가치로 재측정하고 기대권리소멸률을 반영한 보상원가를 용역제공비율에 따라 가득기간에 걸쳐 인식 (차) 주식보상비용(당기비용) xxx (대) 장기미지급비용(부채) xxx
가득일이후	• 가득일 이후에도 매 보고기간말의 공정가치를 기준으로 보상원가를 재측정하고 보상원가의 재측정으로 변동한 금액은 주식보상비용과 장기미지급비용으로 처리
권리행사시	• 우선 공정가치 변동분을 당기손익으로 인식한 후, 상계할 장기미지급비용의 장부금액과 현금결제액(=내재가치=주가-행사가격)의 차액을 주식보상비용으로 인식 (차) 주식보상비용 xxx (대) 장기미지급비용 xxx (차) 장기미지급비용 xxx (대) 현금(내재가치) xxx 주식보상비용 xxx **참고** 권리행사기간 종료시 장기미지급비용을 환입하여 당기손익으로 인식함.

최신유형특강 138 | **주식보상비용 계산시 필요한 정보** | 난이도 ★ ☆ ☆ 정답 ④

㈜삼일은 20X1년 1월 1일 임원 10명에게 용역제공 조건으로 주식결제형 주식선택권을 부여하였다. 주식결제형 주식기준보상과 관련하여 20X2년 주식보상비용 계산시 필요한 정보로 가장 올바르지 않은 것은?

① 용역제공기간(가득기간)   ② 부여된 지분상품의 수량
③ 연평균기대권리소멸률   ④ 보고기간말 현재 주가차액보상권의 공정가치

해설

• 주식결제형 주식기준보상은 재측정을 하지 않으므로 보고기간말 공정가치는 필요한 정보가 아니다.
  →그러나, 현금결제형 주식기준보상은 재측정을 하므로 보고기간말 공정가치는 필요한 정보이다.

최신유형특강 139 | 법인세회계 일반사항[1] | 난이도 ★ ★ ☆ 정답 ①

다음 중 법인세회계에 관한 설명으로 가장 올바르지 않은 것은?

① 이연법인세자산은 유동자산과 비유동자산으로 구분된다.
② 이연법인세부채는 비유동부채로만 계상한다.
③ 차감할일시적차이가 사용될 수 있는 미래과세소득의 발생 가능성이 높은 경우에 이연법인세자산을 인식한다.
④ 일시적차이가 소멸될 것으로 예상되는 기간의 과세소득에 적용될 것으로 기대되는 평균세율을 적용하여 이연법인세자산·부채를 측정한다.

해설

• 이연법인세자산(이연법인세부채)는 비유동자산(비유동부채)로 계상한다.
• **저자주** K-IFRS 제1012호(법인세)에서는 이연법인세자산·부채의 유동·비유동 구분에 대하여 규정하고 있지 않습니다. 그러나 K-IFRS 제1001호(재무제표 표시)에 따라 기업이 자산과 부채를 유동·비유동 구분법을 선택한 경우에는 이연법인세자산·부채를 비유동항목으로 분류하여야 합니다.
→기업이 재무상태표에 유동자산과 비유동자산, 그리고 유동부채와 비유동부채로 구분하여 표시하는 경우, 이연법인세자산(부채)은 유동자산(부채)으로 분류하지 아니한다.[K-IFRS 제1001호 문단56]

🛈 길라잡이 법인세회계 의의·대상·공시방법

의의	• 법인세부담액을 손익계산서상 법인세비용으로 계상하게 되면 회계이익과 무관한 금액이 계상되므로, 수익·비용의 올바른 대응을 위해 법인세부담액을 배분함. • 이연법인세자산(= 차감할일시적차이) : 회계이익 〈 과세소득 →유보(익금산입)존재 → 반대조정으로 미래에 세금 덜냄. → ∴자산성있음. • 이연법인세부채(= 가산할일시적차이) : 회계이익 〉 과세소득 →△유보(손금산입)존재 → 반대조정으로 미래에 세금 더냄. → ∴부채성있음.
대상	• ㉠ 일시적차이 ㉡ 미사용 세무상결손금의 이월액 ㉢ 미사용 세액공제의 이월액
공시방법	• 이연법인세자산(부채)는 비유동으로만 표시하고 소정 요건을 충족하는 경우 상계하여 표시 • 현재가치평가를 하지 않음.

최신유형특강 140 | **법인세회계 일반사항[2]** | 난이도 ★ ★ ☆ 정답 ③

다음 중 법인세회계에 관한 설명으로 가장 올바르지 않은 것은?

① 법인세회계의 이론적 근거는 수익·비용대응의 원칙이다.
② 차감할 일시적차이는 이연법인세자산을 발생시킨다.
③ 이연법인세자산과 부채는 현재가치로 할인한다.
④ 일시적차이로 인해 법인세비용과 당기법인세에 차이가 발생한다.

해설

- ① 법인세부담액(당기법인세)을 포괄손익계산서상 법인세비용으로 계상하게 되면 회계이익과 무관한 금액이 계상되므로, 수익·비용의 올바른 대응을 위해 법인세부담액을 배분한다.
  ② 차감할 일시적차이 ⇒ 유보 ⇒ 이연법인세자산
  ③ 이연법인세 자산과 부채는 할인하지 아니한다.
  →이연법인세 자산과 부채를 신뢰성 있게 현재가치로 할인하기 위해서는 각 일시적차이의 소멸시점을 상세히 추정하여야 한다. 많은 경우 소멸시점을 실무적으로 추정할 수 없거나 추정이 매우 복잡하다. 따라서 이연법인세 자산과 부채를 할인하도록 하는 것은 적절하지 않다. 또한 할인을 강요하지 않지만 허용한다면 기업 간 이연법인세 자산과 부채의 비교가능성이 저해될 것이다. 따라서 K-IFRS에서는 이연법인세자산과 부채를 할인하지 않도록 하였다.
  ④ 일시적차이로 인한 이연법인세자산(부채)의 계상으로 법인세비용이 그 만큼 증감한다.

이연법인세자산이 계상되는 경우				이연법인세부채가 계상되는 경우			
(차) 법인세비용	400	(대) 당기법인세	500	(차) 법인세비용	650	(대) 당기법인세	500
이연법인세자산	100					이연법인세부채	150

최신유형특강 141 | **이연법인세자산 인식 항목** | 난이도 ★ ☆ ☆ 정답 ②

다음 중 이연법인세자산으로 인식할 수 있는 항목으로 가장 올바르지 않은 것은?

① 차감할 일시적차이
② 가산할 일시적차이
③ 미사용 세무상결손금
④ 미사용 세액공제

해설

- ① 차감할 일시적 차이의 법인세효과는 미래 법인세부담을 감소시키기 때문에 차감할 일시적차이가 사용될 수 있는 과세소득의 발생가능성이 높은 경우에 차감할 일시적차이에 대하여 이연법인세자산을 인식한다.
  ② 가산할 일시적 차이가 발생하면 미래 과세소득이 증가하게 되어 미래 납부할 법인세를 증가시킨다. 이로 인하여 미래 자산 유출이 증가하게 되어 이를 이연법인세부채로 계상한다. 이연법인세자산과는 달리 이연법인세부채의 경우에는 실현가능성을 검토하지 않고 바로 부채로 계상한다.
  ③ 결손금이 발생하게 되면 차기 이후 회계연도의 이익발생시 납부할 법인세가 감소되는 효과가 나타나므로 이연법인세자산을 계상한다.
  ④ 이월세액공제액이 발생하게 되면 차기 이후 회계연도의 이익발생시 납부할 법인세가 감소되는 효과가 나타나므로 이연법인세자산을 계상하게 된다. 다만, 미사용 세무상결손금이나 일시적차이를 일으키는 유보사항과는 달리 세액공제액은 전액이 법인세 산출세액에서 직접 차감되므로 이월세액공제액을 이연법인세자산 금액으로 계상한다.

최신유형특강 142 | **일시적차이 발생 항목** | 난이도 ★ ☆ ☆ | 정답 ②

다음 중 재무상태표상 자산·부채의 장부금액과 세무회계상 자산·부채의 가액인 세무기준액의 일시적차이를 발생시키는 항목으로 가장 옳은 것은?

① 감가상각비 한도초과액
② 접대비 한도초과액
③ 기부금 한도초과액
④ 임원퇴직금 한도초과액

해설

- 일시적차이를 발생시키는 항목 ⇒ 유보(△유보)로 소득처분되는 항목
- ① 감가상각비 한도초과액 : 손금불산입(유보)
  ② 접대비 한도초과액 : 손금불산입(기타사외유출)
  ③ 기부금 한도초과액 : 손금불산입(기타사외유출)
  ④ 임원퇴직금 한도초과액 : 손금불산입(상여)

최신유형특강 143 | **이연법인세자산 인식여부와 영향** | 난이도 ★ ★ ★ | 정답 ②

㈜삼일은 결손이 누적되고 미래 과세소득이 발생하지 않을 것이라 판단하여 미사용 세무상 결손금에 대하여 더이상 이연법인세자산을 인식하지 않기로 하였다. 전기까지 인식하였던 세무상 결손금에 대한 이연법인세자산을 더이상을 인식하지 않을 경우 ㈜삼일의 재무제표에 미치는 영향으로 가장 옳은 것은?

① 부채비율(부채/자본)의 감소
② 당기순이익의 감소
③ 법인세비용의 감소
④ 법인세비용차감전순이익의 감소

해설

- 전기까지 인식하였던 세무상 결손금에 대한 이연법인세자산을 더 이상 인식하지 않는 회계처리를 할 경우 이연법인세자산이 제거되고 법인세비용이 증가한다.

  (차) 법인세비용(비용증가) xxx (대) 이연법인세자산(자산감소) xxx

- ㉠ 법인세비용 증가 → 당기순이익 감소 → 이익잉여금 감소 → 자본 감소 → 부채비율($= \dfrac{부채}{자본}$) 증가
  ㉡ 법인세비용차감전순이익에는 영향이 없다.

| 최신유형특강 144 | 이연법인세자산·부채 도출과 법인세비용 | 난이도 ★ ★ ★ | 정답 ① |

㈜삼일의 20X1년도 법인세와 관련한 세무조정사항은 다음과 같다. 20X0년 12월 31일 현재 이연법인세자산과 이연법인세부채의 잔액은 없었다. 법인세법상 당기손익-공정가치측정금융자산평가이익은 익금불산입하고 기타 법인세법과의 차이는 손금불산입한다. 20X1년도의 포괄손익계산서의 법인세비용은 얼마인가(단, 이연법인세자산의 실현가능성은 높으며, 법인세율은 20%이고 이후 변동이 없다고 가정한다.)?

| 법인세비용차감전순이익 : 2,000,000원 | 기업업무추진비 한도초과액 : 100,000원 |
| 감가상각비 한도초과액 : 60,000원 | 당기손익-공정가치측정금융자산평가이익 : 20,000원 |

① 420,000원 ② 424,000원
③ 436,000원 ④ 440,000원

해설

- 세무조정 내역
  - 손금불산입 기업업무추진비한도초과액 100,000(기타사외유출)
  - 손금불산입 감가상각비한도초과액 60,000(유보)
  - 익금불산입 FVPL금융자산평가이익 20,000(△유보)
- 미지급법인세(당기법인세) : (2,000,000＋100,000＋60,000－20,000)×20%＝428,000
- 이연법인세자산 : 60,000(유보)×20%－20,000(△유보)×20%＝8,000
- 회계처리

| (차) 법인세비용(대차차액) | 420,000 | (대) 미지급법인세(당기법인세) | 428,000 |
| 이연법인세자산 | 8,000 | | |

★ 저자주 본 문제는 관세사 기출문제로서, 재경관리사 시험에 그대로 출제되었습니다.

ⓘ 길라잡이 이연법인세 계산구조

대상	• 일시적차이(유보)
공시	• 이연법인세자산(부채)는 비유동자산(부채)로만 표시하고 소정 요건을 충족하는 경우 상계하여 표시 • 현재가치평가를 하지 않음.
절차	• [1단계] 미지급법인세(과세소득×당기세율) ＝(세전순이익±영구적차이±일시적차이)×당기세율 [2단계] 이연법인세자산(부채) ＝유보(△유보)×미래예상세율(평균세율) [3단계] 법인세비용＝대차차액에 의해 계산 ♀주의 이연법인세자산(부채)은 당기세율이 아니라 소멸시점의 미래예상세율을 적용함.

2차연도 법인세비용 계산 난이도 ★ ★ ☆ 정답 ③

다음은 ㈜상일의 20X1년과 20X2년말의 법인세회계와 관련된 내역이다. 20X2년도에 ㈜상일이 계상하여야 할 법인세 비용은 얼마인가?

	20X1년말	20X2년말
이연법인세자산	10,000원	50,000원
이연법인세부채	30,000원	10,000원
20X2년 당기법인세	200,000원	

① 110,000원   ② 120,000원
③ 140,000원   ④ 190,000원

해설

• ㉠ 20x2년말 이연법인세자산 50,000이 계상되어야 하므로, 20x1년말 현재 계상되어 있는 이연법인세자산 10,000에 40,000을 추가로 계상한다.
  ㉡ 20x2년말 이연법인세부채 10,000이 계상되어야 하므로, 20x1년말 현재 계상되어 있는 이연법인세부채 30,000 중 20,000을 제거한다.

• 법인세비용은 대차차액으로 구한다.

→ (차) 법인세비용(대차차액)   140,000   (대) 미지급법인세(당기법인세)   200,000
      이연법인세자산   40,000
      이연법인세부채   20,000

| 최신유형특강 146 | 2차연도말 이연법인세부채 추정 | 난이도 ★ ★ ★ | 정답 ② |

다음은 ㈜상일의 20X1년과 20X2년말의 법인세회계와 관련된 내역이다. 20X2년말 ㈜상일의 이연법인세부채 금액은 얼마인가?

	20X1년말	20X2년말
이연법인세자산	10,000원	50,000원
이연법인세부채	50,000원	?
20X2년 당기법인세	200,000원	
20X2년 법인세비용	150,000원	

① 10,000원   ② 40,000원   ③ 60,000원   ④ 100,000원

해설

• 20x2년말 이연법인세자산은 50,000이 되도록 회계처리하여야 한다.
  →20x1년말 계상되어 있는 이연법인세자산이 10,000이므로 추가로 이연법인세자산 40,000을 계상한다.
• 회계처리 추정

(차) 법인세비용   150,000   (대) 미지급법인세(당기법인세)   200,000
      이연법인세자산   40,000
      이연법인세부채(대차차액)   10,000

• 위 회계처리에서 이연법인세부채 10,000이 감소한다.
  →∴20x2년말 이연법인세부채 : 50,000 – 10,000 = 40,000

| 최신유형특강 147 | 건설계약 세무조정과 이연법인세자산·부채 | 난이도 ★ ★ ★ | 정답 ④ |

㈜상일은 20X1년초에 설립된 회사로 장기건설계약과 관련된 수익을 재무보고 목적으로는 진행기준을 적용하여 인식하고, 세무신고 목적으로는 완성기준을 적용하여 인식한다.

연도	진행기준	완성기준
20X1년	500,000원	300,000원

법인세율이 30%일 경우 상기 자료를 토대로 ㈜상일이 20X1년말 인식할 이연법인세자산(부채)의 금액은 얼마인가?

① 이연법인세자산 30,000원   ② 이연법인세자산 60,000원
③ 이연법인세부채 30,000원   ④ 이연법인세부채 60,000원

해설

• 세무조정 : 익금불산입 500,000 – 300,000 = 200,000(△유보)

| 회사계상 수익(by 진행기준) = 500,000 | 세무상 수익(by 완성기준) = 300,000 |

익금불산입 200000(△유보)

• 이연법인세부채((△유보) : 200,000 × 30% = 60,000

참고 회계처리

(차) 법인세비용(대차차액)   xxx   (대) 미지급법인세(당기법인세)   xxx
                                        이연법인세부채   60,000

저자주 당기 설립되었고 장기건설계약(완성 : 20x2년 이후) 관련 수익 자료를 제시하고 있으므로 완성기준에 의한 수익은 계상될 수 없습니다.(20x1년 완성기준 수익=0) 따라서, 엄밀히 말해 문제가 성립되지 않는다고 보면 되겠습니다.

최신유형특강 148	법인세회계 표시·공시	난이도 ★ ★ ☆	정답 ②

다음 중 법인세 관련 자산, 부채, 비용(수익)의 재무제표 표시와 공시에 관한 설명으로 가장 올바르지 않은 것은?

① 과거기간의 당기법인세에 대하여 당기에 인식한 조정사항은 주석으로 공시한다.
② 당기법인세자산과 당기법인세부채는 항상 상계하여 표시한다.
③ 이연법인세자산(부채)은 비유동으로 구분한다.
④ 당기법인세자산(부채)은 유동으로 구분한다.

해설

• ① 과거기간의 당기법인세에 대하여 당기에 인식한 조정사항은 주석으로 공시한다.[K-IFRS 제1012호 문단80]
  → 저자주 K-IFRS 제1012호 문단80의 공시사항에 규정된 내용입니다. 지엽적이므로 참고만하기 바랍니다.
• ② 당기법인세자산과 당기법인세부채는 항상 상계하여 표시하는 것이 아니라, K-IFRS 제1012호 문단71에 규정하고 있는 소정의 요건을 모두 충족하는 경우에만 상계하여 표시한다.(이하 '가이드' 참조!)
• ③ 이연법인세자산(이연법인세부채)는 비유동자산(비유동부채)로 계상한다.
• ④ 당기법인세자산 : 과거기간 납부금액이 납부할 금액을 초과시 환급받을 미수법인세를 의미
    당기법인세부채 : 당기 및 과거기간에 대한 당기법인세 중 납부되지 않은 미지급법인세를 의미
    →미수법인세(미지급법인세)는 유동자산(유동부채)로 표시한다.

ⓘ 길라잡이 법인세회계의 상계표시

당기법인세자산 당기법인세부채	• 다음 조건을 모두 충족하는 경우에만 상계하여 유동자산(부채)로 분류함. 　㉠ 인식된 금액에 대한 법적으로 집행가능한 상계권리를 가지고 있다. 　㉡ 순액결제하거나, 자산을 실현하는 동시에 부채를 결제할 의도가 있다.
이연법인세자산 이연법인세부채	• 다음 조건을 모두 충족하는 경우에만 상계하여 비유동자산(부채)로 분류함. 　㉠ 당기법인세자산·부채를 상계할 수 있는 법적으로 집행가능한 권리를 가지고 있다. 　㉡ 이연법인세자산과 이연법인세부채가 다음의 각 경우에 동일한 과세당국에 의해서 부과되는 법인세와 관련되어 있다. 　　ⓐ 과세대상기업이 동일한 경우 　　ⓑ 과세대상기업은 다르지만 당기법인세 부채와 자산을 순액결제할 의도가 있거나, 유의적 금액의 이연법인세부채가 결제되거나 이연법인세자산이 회수될 미래의 각 회계기간마다 자산을 실현하는 동시에 부채를 결제할 의도가 있는 경우

최신유형특강 149	유형자산 관련 회계추정변경 사항	난이도 ★ ☆ ☆	정답 ④

회계추정의 변경이란 기업환경의 변화, 새로운 정보의 획득 또는 경영의 축적에 따라 지금까지 사용해 오던 회계적 추정치의 근거와 방법 등을 바꾸는 것을 말한다. 다음 중 유형자산과 관련된 회계추정의 변경에 해당하지 않는 것은?

① 감가상각방법의 변경　　　　　　② 내용연수의 변경
③ 잔존가치의 변경　　　　　　　　④ 원가모형을 재평가모형으로 변경

해설

• 유형자산의 원가모형을 재평가모형으로 변경하는 것은 회계정책의 변경에 해당한다.

ⓘ 길라잡이 회계정책변경 사례

재고자산 원가흐름의 가정 변경	•예 선입선출법에서 가중평균법으로 변경
유형자산과 무형자산의 측정기준 변경	•예 원가모형에서 재평가모형으로 변경
투자부동산의 측정기준 변경	•예 원가모형에서 공정가치모형으로 변경

최신유형특강 150	회계변경·오류수정 일반사항	난이도	★ ★ ★	정답	②

● 다음 중 회계변경과 오류수정에 관한 설명으로 가장 올바르지 않은 것은?

① 회계정책의 변경을 반영한 재무제표가 거래, 기타 사건 또는 상황이 재무상태, 재무성과 또는 현금흐름에 미치는 영향에 대하여 신뢰성 있고 더 목적적합한 정보를 제공하는 경우에는 회계정책을 변경할 수 있다.
② 전기오류수정은 중요한 오류라 할지라도 당기손익에 반영한다.
③ 제조원가 계산시 수율 변경은 회계추정으로 본다.
④ 회계정책의 변경으로 인한 누적효과를 합리적으로 결정하기 어려운 경우에 실무적으로 소급적용이 가능한 가장 이른 회계기간에 반영한다.

해설

• 전기오류의 수정은 오류가 발견된 기간의 당기손익으로 보고하지 않는다. 따라서 과거 재무자료의 요약을 포함한 과거기간의 정보는 실무적으로 적용할 수 있는 최대한 앞선 기간까지 소급재작성한다.

최신유형특강 151	감가상각방법 변경과 회계추정변경 처리	난이도	★ ★ ☆	정답	③

● 다음 중 대화의 주제인 감가상각방법에 대한 설명으로 가장 올바르지 않은 것은?

> 공장장 : 김대리, 작년에 새로 설치한 기계장치 말이야. 절삭부분 마모가 너무 심해. 요즘처럼 물량이 많으면 내년 말에는 교체해야 되겠어.
> 김대리 : 공장장님, 구입품의서에는 5년은 쓸 수 있다고 되어 있었는데 마모된 부품만 교체하면 계속 사용할 수 있지 않습니까?
> 공장장 : 그 부품이 이 장치의 핵심일세. 그걸 교체하느니 새로 사는게 나을걸세.
> 김대리 : 그러면 생산물량에 따라서 교체시기가 달라지는 겁니까?
> 공장장 : 그렇지, 최근 들어 물량이 엄청나게 늘지 않았는가. 이 기계로는 총 300만대 이상은 생산 못해. 예년에 우리가 연평균 60만대씩 생산했으니 5년동안 사용할 거라고 생각했었는데, 올해는 벌써 100만대를 넘었어. 아무래도 교체 시기를 앞당겨야 할 것 같네.
> 김대리 : 알겠습니다. 이사님께 보고드려서 감가상각방법을 정액법에서 생산량비례법으로 바꾸고 교체 관련 예산이 적기에 반영되도록 노력하겠습니다.
> 공장장 : 고맙네.

① 감가상각방법은 최소 매 회계연도 말에 재검토가 필요하다.
② 감가상각방법의 변경은 회계추정의 변경으로 처리한다.
③ 감가상각방법의 변경과 관련하여 김대리는 비교 표시되는 전기 재무제표를 재작성해야 한다.
④ 유형자산의 감가상각방법은 자산의 미래경제적효익이 소비되는 형태를 반영하여 결정해야 한다.

해설

• 회계추정의 변경효과는 당기손익에 포함하여 전진적으로 인식한다.
  → 즉, 과거에 보고된 재무제표에 대해서는 어떠한 수정도 하지 않으며, 회계변경으로 인한 누적효과를 전혀 반영하지 않고 당기와 미래기간에만 변경된 회계처리방법을 적용한다.

ℹ️ 길라잡이 회계변경의 처리

회계정책변경	• 처리 : (원칙)소급법 →전기재무제표 재작성O
회계추정변경	• 처리 : 전진법 →전기재무제표 재작성X 🔍주의 회계정책의 변경인지 회계추정의 변경인지 구분하는 것이 어려운 경우에는 이를 회계추정의 변경으로 봄.

최신유형특강 152 | **기말재고자산 오류수정과 이익분석[1]** | 난이도 ★ ★ ★ 정답 ④

㈜삼일은 20X2년에 처음으로 회계감사를 받았는데, 기말상품재고에 대하여 다음과 같은 오류가 발견되었다. 20X1년 및 20X2년에 ㈜삼일이 보고한 당기순이익이 다음과 같을 때, 20X2년의 오류수정 후 당기순이익은 얼마인가?(단, 법인세효과는 무시한다)

	당기순이익	기말상품재고오류
20X1년	30,000원	3,000원 과대평가
20X2년	35,000원	2,000원 과소평가

① 30,000원   ② 36,000원
③ 38,000원   ④ 40,000원

해설

• 오류분석

	20x1년	20x2년
20x1년 기말과대 3,000	이익과대 3,000[1]	이익과소 3,000[2]
20x2년 기말과소 2,000	-	이익과소 2,000[3]
합계	**이익과대 3,000**	**이익과소 5,000**

[1] 20x1년 매출원가과소 3,000 → 20x1년 이익과대 3,000
[2] 20x2년 기초과대 3,000 → 20x2년 매출원가과대 3,000 → 20x2년 이익과소 3,000
[3] 20x2년 매출원가과대 2,000 → 20x2년 이익과소 2,000

• 20x2년 오류수정후 당기순이익
  20x2년 이익과소 5,000이므로 이익이 5,000만큼 증가되어야 한다. → ∴35,000 + 5,000 = 40,000

참고 이익잉여금에의 영향
  2년에 걸쳐 총이익 2,000 과소계상(= 20x1년 이익과대 3,000 + 20x2년 이익과소 5,000)이므로, 오류수정후 이익잉여금은 2,000 증가되어야 한다.

최신유형특강 153 | 기말재고자산 오류수정과 이익분석[2] | 난이도 ★ ★ ★ 정답 ④

㈜상일의 20X3년말 회계감사과정에서 발견된 기말재고자산 관련 오류사항은 다음과 같다.

20X1년말	20X2년말	20X3년말
5,000원 과대	2,000원 과대	3,000원 과대

위의 오류사항을 반영하기 전 20X3년말 이익잉여금은 100,000원, 20X3년도 당기순이익은 30,000원이었다. 오류를 수정한 후의 20X3년말 이익잉여금(A)과 20X3년도 당기순이익(B)은 각각 얼마인가(단, 오류는 중요한 것으로 가정한다)?

	(A)	(B)
①	90,000원	27,000원
②	97,000원	27,000원
③	90,000원	29,000원
④	97,000원	29,000원

해설

• 오류분석

	20x1년	20x2년	20x3년
20x1년 기말과대 5,000	이익과대 5,000[1]	이익과소 5,000[2]	-
20x2년 기말과대 2,000	-	이익과대 2,000[3]	이익과소 2,000[4]
20x3년 기말과대 3,000	-	-	이익과대 3,000[5]
합계	이익과대 5,000	이익과소 3,000	이익과대 1,000

[1] 20x1년 매출원가과소 5,000 → 20x1년 이익과대 5,000
[2] 20x2년 기초과대 5,000 → 20x2년 매출원가과대 5,000 → 20x2년 이익과소 5,000
[3] 20x2년 매출원가과소 2,000 → 20x2년 이익과대 2,000
[4] 20x3년 기초과대 2,000 → 20x3년 매출원가과대 2,000 → 20x3년 이익과소 2,000
[5] 20x3년 매출원가과소 3,000 → 20x3년 이익과대 3,000

• 20x3년 오류수정후 당기순이익
20x3년 이익과대 1,000이므로 이익이 1,000만큼 감소되어야 한다.
→ ∴30,000 - 1000 = 29,000

• 20x3년 오류수정후 이익잉여금
3년에 걸쳐 총이익 3,000 과대계상(= 20x1년 이익과대 5,000 + 20x2년 이익과소 3,000 + 20x3년 이익과대 1,000)이므로, 오류수정후 이익잉여금은 3,000 감소되어야 한다.
→ ∴100,000 - 3000 = 97,000

최신유형특강 154 | EPS·PER를 이용한 주가 계산 | 난이도 ★ ★ ☆ 정답 ④

다음 정보를 이용하여 ㈜상일의 주가를 계산하시오.

1. 업종 평균 주가수익률(PER)=10배
2. ㈜상일의 주당이익(EPS)=500원

① 5원   ② 50원   ③ 500원   ④ 5,000원

해설

• 주가수익비율(PER) : 주가가 EPS의 몇 배인지를 나타내는 지표 → PER = 주가 ÷ EPS
• PER(10) = 주가 ÷ EPS(500)
→ ∴주가 = 5,000

| 최신유형특강 155 | 유상증자·자기주식취득과 EPS | 난이도 | ★ ★ ★ | 정답 | ③ |

다음은 ㈜삼일의 20X1 회계연도(20X1년 1월 1일~20X1년 12월 31일) 당기순이익과 자본금 변동상황에 대한 자료이다. ㈜삼일의 20X1년도 보통주 기본주당이익은 얼마인가?

> ㄱ. 당기순이익 500,000,000원
> ㄴ. 자본금변동사항(액면 5,000원)
>
> | | 보통주자본금 |
> |---|---|
> | - 1.1 기초 | 50,000주 250,000,000원 |
> | - 4.1 유상증자(30%) | 15,000주 75,000,000원 |
> | - 10.1 자기주식구입 | (5,000)주 (25,000,000원) |
>
> *유통보통주식수 계산시 월할계산을 가정한다.
> *4.1 유상증자시 시가이하로 유상증자 하지 아니함.
> ㄷ. 20X1 회계연도 이익에 대한 배당(현금배당)
> - 우선주 : 20,000,000원

① 4,000원
② 6,000원
③ 8,000원
④ 10,000원

해설

• 가중평균유통보통주식수 계산

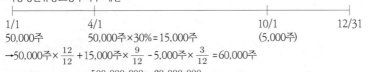

$$\rightarrow 50,000주 \times \frac{12}{12} + 15,000주 \times \frac{9}{12} - 5,000주 \times \frac{3}{12} = 60,000주$$

• 기본주당이익(EPS) : $\dfrac{500,000,000 - 20,000,000}{60,000주} = 8,000$

i 길라잡이 가중평균유통보통주식수의 산정

우선주	• 발행된 총주식수에서 우선주식수를 차감
자기주식	• 보유기간(취득~매각)동안 유통보통주식수에서 제외 　○주의 기초에 발행주식수 10주, 자기주식수 1주인 경우 유통주식수 9주로 계산
무상증자·주식배당·주식분할	• 기초에 실시된 것으로 간주 　→단, 기중 유상증자 발행신주는 유상증자의 납입일에 실시된 것으로 간주
유상증자	• 일반적인 경우(공정가치이상 유상증자) 납입일을 기준으로 가중평균

| 최신유형특강 156 | EPS계산시 발행주식수·유통주식수의 구분 | 난이도 | ★ ★ ★ | 정답 | ② |

㈜삼일의 20X1년초 자본의 일부 내역은 다음과 같다.

	보통주	우선주
액면금액	5,000원	5,000원
발행주식수	15,000주	2,000주
자기주식	1,000주	0주

다음은 20X1년 중 주식수의 변동내역이다.

20X1년 4월 30일	보통주 유상증자 1,000주 발행	20X1년 10월 31일	보통주 자기주식 300주 취득
20X1년 6월 30일	보통주 유상증자 500주 발행	20X1년 11월 30일	보통주 자기주식 160주 재발행

20X1년의 가중평균유통보통주식수는 얼마인가(단, 유통발행주식수는 월수로 계산하여 가장 근사치를 선택한다)?

① 14,853주 ② 14,880주
③ 15,000주 ④ 15,200주

해설

• 가중평균유통보통주식수 계산과 관련하여 발행주식수와 유통주식수는 동일할 수도 있지만 다를 수도 있다.
  →예 기초시점에 1,000주를 발행한 상태에서 100주를 재매입하여 자기주식으로 보유하고 있다면 발행주식수는 1,000주이나 유통주식수는 900주이다.
• 가중평균유통보통주식수 계산

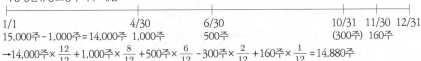

$$14,000주 \times \frac{12}{12} + 1,000주 \times \frac{8}{12} + 500주 \times \frac{6}{12} - 300주 \times \frac{2}{12} + 160주 \times \frac{1}{12} = 14,880주$$

| 최신유형특강 157 | 희석주당순이익 계산 | 난이도 | ★ ★ ☆ | 정답 | ③ |

㈜삼일의 20X1년 가중평균유통보통주식수는 3,000주이며, 기본주당순이익은 6,000원이다. 희석당기순이익은 19,250,000원이며 잠재적 보통주식수는 500주일 경우 희석주당순이익으로 가장 옳은 것은?

① 4,500원 ② 5,000원
③ 5,500원 ④ 6,000원

해설

• 희석주당순이익 : $\dfrac{희석당기순이익(19,250,000)}{가중평균유통보통주식수(3,000주) + 잠재적보통주식수(500주)} = 5,500$
  →기본주당순이익 6,000보다 5,500으로 감소했으므로 희석효과가 있다.(∴희석주당순이익은 5,500으로 인정된다.)

길라잡이 기본주당이익·희석주당이익의 산정

기본주당이익	• 보통주당기순이익 = 당기순이익 – 우선주배당금 • 기본주당이익 = $\dfrac{보통주당기순이익}{가중평균유통보통주식수}$
희석주당이익	• 희석당기순이익 = 보통주당기순이익 + 전환우선주배당금 + 전환사채이자등의 비용 $\times (1 - t)$ • 희석주당이익 = $\dfrac{희석당기순이익}{가중평균유통보통주식수 + 잠재적보통주식수}$

| 최신유형특강 158 | 관계기업에 대한 유의적 영향력 | 난이도 | ★ ★ ★ | 정답 | ② |

다음 중 관계기업 투자주식의 회계에 관한 설명으로 가장 올바르지 않은 것은?

① 유의적인 영향력 판단에는 지분율 기준과 실질 영향력 기준이 있다.
② 유의적인 영향력을 판단함에 있어 피투자자에 대한 의결권은 투자자의 지분율과 지배기업이 보유하고 있는 지분율의 합계로 계산한다.
③ 투자자가 직접으로 또는 간접으로 피투자자에 대한 의결권의 20% 미만을 소유하고 있다면 유의적인 영향력이 없는 것으로 본다.
④ 경영진의 상호교류가 이루어지는 경우 유의적인 영향력이 있는 것으로 본다.

해설

• 유의적인 영향력을 판단함에 있어 피투자자에 대한 의결권은 투자자의 지분율과 종속기업이 보유하고 있는 지분율의 단순 합계로 계산한다.

ⓘ 길라잡이 유의적인 영향력

원칙	• 직·간접으로 의결권의 20%이상 소유시 명백한 반증이 있는 경우를 제외하고는 유의적인 영향력이 있는 것으로 보아 지분법을 적용함.
예외	❖20%미만 이더라도 유의적인 영향력이 있는 경우 • 의사결정기구·정책결정과정에 참여하는 경우와 필수적 기술정보를 제공하는 경우 　🔍주의 일반적 기술정보제공이 아님. • 중요한 거래가 있는 경우와 경영진의 상호 교류가 이루어지는 경우 ❖유의적인 영향력이 있어도 지분법적용을 배제하는 경우 • 12개월 이내에 매각할 목적으로 투자주식을 취득하여 적극적으로 매수자를 찾고 있는 일시보유 목적의 투자주식 　→매각예정비유동자산으로 분류함.

최신유형특강 159	유의적 영향력과 지분법 적용	난이도 ★ ★ ★ 정답 ②

다음 중 지분법과 관련된 설명으로 가장 올바르지 않은 것은?

① 투자자가 직접 또는 간접으로 피투자자에 대한 의결권의 20% 이상을 소유하고 있다면 명백한 반증이 없는 한 유의적인 영향력이 있는 것으로 본다.

② 기업이 해당 피투자자에 대하여 유의적인 영향력이 있는지 여부를 평가할 때에는 다른 기업이 보유한 잠재적 의결권은 고려하지 않는다.

③ 투자자의 보고기간종료일과 관계기업의 보고기간종료일이 다른 경우, 관계기업은 투자자의 재무제표와 동일한 보고기간종료일의 재무제표를 재작성한다.

④ 유의적인 영향력이란 투자자가 피투자자의 재무정책과 영업정책에 관한 의사결정에 참여할 수 있는 능력을 말한다.

해설

• 기업이 해당 피투자자에 대하여 유의적인 영향력이 있는지 여부를 평가할 때에는 다른 기업이 보유한 잠재적 의결권도 고려하여야 한다.

ℹ️ 길라잡이 지분율기준 유의적 영향력 세부고찰

원칙	• 투자자가 직접으로 또는 간접(예 종속기업을 통하여)으로 피투자자에 대한 의결권의 20%이상을 소유하고 있다면 명백한 반증이 있는 경우를 제외하고는 유의적인 영향력이 있는 것으로 보아 지분법을 적용함.
고려사항	• 유의적인 영향력 판단을 위한 지분율 계산에 고려할 사항은 다음과 같음. ⊙ 유의적인 영향력을 판단함에 있어 피투자자에 대한 의결권은 투자자의 지분율과 종속기업이 보유하고 있는 지분율의 단순합계로 계산함. ⓛ 기업이 해당 피투자자에 대하여 유의적인 영향력이 있는지 여부를 평가할 때에는, 다른 기업이 보유한 잠재적 의결권(예 주식매입권, 주식콜옵션, 보통주식으로 전환할 수 있는 채무상품이나 지분상품, 또는 그 밖의 유사한 금융상품)을 포함하여 현재 행사할 수 있거나 전환할 수 있는 잠재적 의결권의 존재와 영향을 고려하여야 함.

참고 '간접'의 의미와 지분율 계산 사례

개요	• 종속기업을 통하여 피투자자에 대한 의결권을 소유하는 것을 말함. → 즉, 아래에서 A는 반드시 모회사의 종속기업이어야 함. 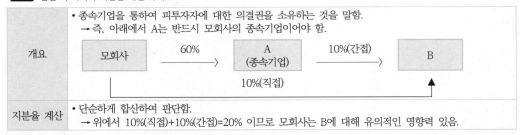
지분율 계산	• 단순하게 합산하여 판단함. → 위에서 10%(직접)+10%(간접)=20% 이므로 모회사는 B에 대해 유의적인 영향력 있음.

저자주 본 문제는 회계사 · 세무사 시험에서는 빈출되고 있는 문제에 해당하나, 재경관리사 시험수준을 고려할 때 다소 무리한 출제로 사료됩니다. 출제가 된 만큼 문구 정도 숙지 바랍니다.

최신유형특강 160	지분법 회계처리	난이도 ★ ☆ ☆	정답 ③

다음 중 지분법 회계처리에 관한 설명으로 가장 올바르지 않은 것은?

① 영업권의 상각은 허용되지 않는다.
② 염가매수차익이 발생하는 경우 취득한 기간의 당기순손익에 포함한다.
③ 투자회사가 수취하게 될 배당금 금액은 취득한 기간의 당기순손익에 포함한다.
④ 관계기업투자주식의 장부금액이 '영(0)' 이하가 될 경우 지분변동액에 대한 인식을 중지한다.

해설

• 지분법을 적용함에 있어 피투자회사(관계기업)로부터 배당금을 수령시는 투자주식을 감소시킨다.

ⓘ 길라잡이 투자차액 처리와 지분법 중지

투자차액 처리	• 영업권금액을 도출하면 다음과 같음. 　　　□ 영업권 = 취득원가 - 순자산공정가 × 지분율 • 취득원가 - 순자산공정가 × 지분율 ⟹ $\begin{cases}(+):영업권 ~ 상각X/손상대상O\\(-):염가매수차익 ~ 당기수익(지분법이익)\end{cases}$
지분법 중지	• 관계기업(피투자회사)의 손실을 반영하여 관계기업투자주식의 장부금액이 영(0) 이하가 될 경우에는 지분법적용을 중지하고 관계기업투자주식의 장부금액은 영(0)으로 처리함. 　**이유** 유한책임 : 즉, 피투자회사 자본잠식에 대해 추가적 손실을 부담할 필요없음.

최신유형특강 161	지분법손익 계산	난이도 ★ ★ ★	정답 ②

㈜삼일은 20X1년초에 ㈜용산의 주식 25%를 1,000,000원에 취득하면서 유의적인 영향력을 행사할 수 있게 되었다. 취득일 현재 ㈜용산의 순자산 장부금액은 4,000,000원이며, 자산 및 부채의 장부금액은 공정가치와 동일하다. ㈜용산은 20X1년도에 당기순이익 800,000원과 기타포괄이익 100,000원을 보고하였다. ㈜삼일이 20X1년 중에 ㈜용산으로부터 중간배당금 50,000원을 수취하였다면, ㈜삼일이 20X1년도 당기손익으로 인식할 지분법이익은 얼마인가?

① 185,000원　　　　　　　　　② 200,000원
③ 212,500원　　　　　　　　　④ 225,000원

해설

• 지분법이익 : 800,000(당기순이익) × 25% = 200,000
　→기타포괄손익의 증감은 기타포괄이익으로 인식하며, 배당금을 수령시는 투자주식을 감소시킨다.

＊참고 ㈜삼일 회계처리

취득시(20x1년초)	(차) 관계기업투자주식	1,000,000	(대) 현금	1,000,000
중간배당금 수취(20x1년 중)	(차) 현금	50,000	(대) 관계기업투자주식	50,000
기타포괄이익 보고시(20x1년말)	(차) 관계기업투자주식	25,000	(대) 지분법자본변동	25,000
당기순이익 보고시(20x1년말)	(차) 관계기업투자주식	200,000	(대) 지분법이익	200,000

ⓘ 길라잡이 취득일이후 지분법 회계처리

당기순이익 보고시	• '피투자회사의 순이익 × 지분율'만큼 지분법이익(당기손익)을 인식함. 　→(차) 관계기업투자주식　xxx　(대) 지분법이익　xxx
배당시	• 배당결의시 : (차) 미수배당금　xxx　(대) 관계기업투자주식　xxx • 배당수령시 : (차) 현금　xxx　(대) 미수배당금　xxx 　⟳주의 지분법에서는 피투자회사가 배당을 하면 순자산이 감소하므로 투자주식을 감소시키는 처리를 하며, 배당금수익을 인식하는 것이 아님.
기타포괄손익 증감시	• '피투자회사의 기타포괄손익 × 지분율'만큼 지분법자본변동(기타포괄손익)을 인식함. 　→(차) 관계기업투자주식　xxx　(대) 지분법자본변동　xxx

| 최신유형특강 162 | 기타포괄이익과 지분법 장부금액 | 난이도 ★ ★ ★ 정답 ③ |

㈜삼일은 20X1년 1월 1일에 ㈜용산의 보통주 30%를 3,000,000원에 취득하였고 그 결과 ㈜용산의 의사결정에 유의적인 영향력을 행사할 수 있게 되었다. ㈜용산에 대한 재무정보 및 기타 관련정보가 다음과 같을 경우 ㈜삼일의 20X1년말 현재 관계기업투자주식의 장부금액은 얼마인가?

㈜용산에 대한 재무정보
ㄱ. 20X1년 1월 1일 현재 순자산장부금액 : 9,000,000원(공정가치와 동일)
ㄴ. 20X1년 총포괄이익 : 1,000,000원(기타포괄이익 200,000원 포함)
*㈜용산의 20X1년 중 순자산 장부금액 변동은 당기순이익 및 기타포괄이익으로 인한 것 외에 없다고 가정한다.

① 3,000,000원
② 3,240,000원
③ 3,300,000원
④ 3,360,000원

해설

• 당기순이익 : 1,000,000(총포괄이익) − 200,000(기타포괄이익) = 800,000
• 지분법자본변동 : 200,000(기타포괄이익)×30% = 60,000 →기타포괄손익의 증감은 기타포괄손익으로 인식
• 지분법이익 : 800,000(당기순이익)×30% = 240,000
• 관계기업투자주식 장부금액 : 3,000,000+60,000+240,000 = 3,300,000

참고 ㈜삼일 회계처리

취득시(20x1년초)	(차) 관계기업투자주식	3,000,000	(대) 현금	3,000,000
기타포괄이익 보고시(20x1년말)	(차) 관계기업투자주식	60,000	(대) 지분법자본변동	60,000
당기순이익 보고시(20x1년말)	(차) 관계기업투자주식	240,000	(대) 지분법이익	240,000

최신유형특강 163	지분법적용과 평가차액 조정	난이도 ★ ★ ★	정답 ②

20X1년초에 ㈜삼일은 ㈜용산의 주식 30%를 1,000,000원에 취득하면서 ㈜용산에 대해 유의적인 영향력을 갖게 되었다. 20X1년초 ㈜용산의 순자산 장부금액은 2,000,000원이었으며, 건물을 제외한 자산과 부채에 대해서는 공정 가치와 장부금액이 일치하였다. 동 건물의 공정가치는 장부금액보다 200,000원 높게 평가되었으며, 잔존내용연수 5년, 잔존가치 0원, 정액법으로 감가상각하고 있다. ㈜용산의 20X1년 당기순이익이 300,000원 일 경우, ㈜삼일의 20X1년말 재무제표상 관계기업투자주식의 장부금액은 얼마인가?

① 98,000원
② 1,078,000원
③ 1,090,000원
④ 1,102,000원

해설

- 건물의 평가차액(200,000)을 ㈜용산의 감가상각시에 평가차액 조정액[(200,000×지분율)÷내용연수]을 관계기업투자주식에서 차감한다. →(차) 지분법이익(지분법손실) xxx (대) 관계기업투자주식 xxx
- 20x1년말 관계기업투자주식 장부금액 계산

취득원가	:	= 1,000,000
당기순이익	: 300,000×30% =	90,000
평가차액조정액	: (200,000×30%)÷5년 =	(12,000)
		1,078,000

***참고** ㈜삼일 회계처리

취득시(20x1년초)	(차) 관계기업투자주식	1,000,000	(대) 현금	1,000,000
당기순이익 보고시(20x1년말)	(차) 관계기업투자주식	90,000	(대) 지분법이익	90,000
평가차액조정(20x1년말)	(차) 지분법이익	12,000	(대) 관계기업투자주식	12,000

***저자주** 지분법 적용과 관련하여 평가차액의 조정을 묻는 문제로서, 재경관리사 시험수준을 초과하는 무리한 출제로 사료됩니다. 다만, 회계사·세무사 등 전문직 시험에서는 빈출되고 있는 문제입니다.

ⓘ 길라잡이 평가차액 조정

산식	취득원가 – 순자산장부가×지분율 = (순자산공정가 – 순자산장부가)×지분율 + 영업권
	'더 지불한 금액' '내가 과대평가한 금액' '추가지불액'
	⇩ ⇩
	평가차액 투자차액
	⌕주의 순자산공정가와 순자산장부가가 일치하는 경우는 차이 전액이 영업권이 됨.

평가차액	• 평가차액은 실현(비용화)되는 방법에 따라 상각하여 투자주식에 차감함.
	→회계처리 : (차) 지분법이익(지분법손실) xxx (대) 관계기업투자주식 xxx

차액조정	대상	조정시점	조정액
	재고자산	매출시 (∵'재고과소→매출원가과소→이익과대→투자주식과대)	평가차액×지분율
	건물	감가상각시 (∵'건물과소→감가상각비과소→이익과대→투자주식과대)	(평가차액×지분율)÷내용연수
	토지	처분시 (∵'토지과소→처분이익과대→이익과대→투자주식과대)	평가차액×지분율

최신유형특강 164	기능통화와 표시통화[1]	난이도 ★ ★ ☆ 정답 ①

●— 다음 중 기능통화와 표시통화에 관한 설명으로 가장 올바르지 않은 것은?

① 기능통화란 영업활동이 이루어지는 주된 경제환경의 통화로서 기업의 본사가 속해있는 국가의 통화를 의미한다.

② 표시통화란 재무제표를 표시할 때 사용하는 통화로서 기업은 어떤 통화든지 표시통화로 사용할 수 있다.

③ 기업의 표시통화와 기능통화가 다른 경우에는 경영성과와 재무상태를 표시통화로 환산하여 재무제표에 보고한다.

④ 기능통화로 외화거래를 최초로 인식하는 경우에 거래일의 외화와 기능통화 상의 현물환율을 외화금액에 적용하여 기록한다.

해설

• 기능통화란 영업활동이 이루어지는 주된 경제환경의 통화로, 장부에 기록(거래인식)하는 통화이다.

ℹ️ 길라잡이 기능통화와 표시통화

기능통화	• 영업활동이 이루어지는 주된 경제환경의 통화로, 장부에 기록(거래인식)하는 통화 →기능통화 이외의 통화는 모두 외화에 해당함. • 기능통화는 일단 결정된 이후에는 원칙적으로 변경불가함. →기능통화가 변경되는 경우에는 기능통화가 변경된 날의 환율을 사용하여 모든 항목을 새로운 기능통화로 환산하여 전진적용함.
표시통화	• 재무제표를 표시할 때 사용하는 통화 →국내영업기업의 기능통화는 원화로서 이는 표시통화와 동일함. • 기업은 어떤 통화든지 표시통화로 사용할 수 있으나, 기능통화와 표시통화가 다른 경우에는 기능통화를 표시통화로 환산하여 재무제표에 보고해야 함. • 기능통화를 표시통화로 환산시 환산차이는 기타포괄손익으로 인식함. **예시** ㉠ 국내영업기업 달러화는 외화 → 이를 환산한 원화는 기능통화 → 원화는 표시통화와 동일 ㉡ 미국현지법인 엔화는 외화 → 이를 환산한 달러화는 기능통화(장부기록) → 이를 환산한 원화는 표시통화

최신유형특강 165   **기능통화와 표시통화[2]**   난이도 ★ ★ ★   정답 ①

㈜삼일은 기계장치를 제조 판매하는 기업이다. 아래 자료를 이용하여 물음에 답하라.

> ㄱ. ㈜삼일이 생산하는 기계장치의 수요자 중 90%는 유럽연합(EU)에 속한 국가의 회사이고, 나머지 10%는 미국의 회사이다. 따라서 ㈜삼일은 영업활동이 이루어지는 주된 경제 환경인 유럽의 법규와 제품규격에 맞게 제품을 생산하며, 제품의 가격 역시 해당 기준 충족 여부에 따라 차이가 있다.
>
> ㄴ. ㈜삼일의 매매계약서에 표시된 기계장치 제품의 가격은 수요자가 속한 국가의 통화인 유로(€) 또는 달러($)로 표시하고, 제품이 판매되는 거래일의 국제환율을 적용하여 구매자로부터 유럽 통화인 유로(€)로 수령하여 보유 관리한다. ㈜삼일이 기계장치를 제조하는데 필요한 부품의 매입과 제작에 종사하는 근로자의 임금지급 결제통화는 한국통화인 원(₩)이다.

기능통화, 표시통화의 정의와 ㈜삼일의 경영환경을 고려하여 자료에서 제시된 통화들을 모두 분류할 때 다음 중 가장 옳은 것은?

	기능통화	표시통화
①	유로	원
②	유로	달러
③	달러	원
④	원	달러

해설

- 기능통화(영업활동이 이루어지는 주된 경제환경의 통화) : 주요지표(이하 '참고')에 의해 유로화이다.
- 표시통화(재무제표를 표시할 때 사용하는 통화) : ㈜삼일은 우리나라 기업이므로 원화이다.
- 외화 : 기능통화 이외의 통화인 원화와 달러화이다.

참고 기능통화 결정

주된 경제환경	• 일반적으로 영업활동이 이루어지는 주된 경제환경은 주로 현금을 창출하고 사용하는 환경을 말함.	
기능통화 결정의 필요성	• 기능통화가 결정되어야 외화의 범위가 결정되고 이에 따라 기업이 외화거래를 하고 있는지를 결정할 수 있음.	
기능통화 결정시 고려사항	❖기능통화를 결정할 때는 다음의 사항을 고려함.	
	주요지표	• ㉠ 재화·용역의 공급가격에 주로 영향을 미치는 통화 ㉡ 위 공급가격을 주로 결정하는 경쟁요인·법규가 있는 국가의 통화 ㉢ 재화를 공급하거나 용역을 제공하는데 드는 노무원가, 재료원가와 그 밖의 원가에 주로 영향을 미치는 통화
	보조지표	• 다음 사항도 기능통화의 증거가 될 수 있음. ㉠ 재무활동(즉, 채무상품이나 지분상품의 발행)으로 조달되는 통화 ㉡ 영업활동에서 유입되어 통상적으로 보유하는 통화

★ **저자주** 본 문제는 공인회계사 기출문제로서, 재경관리사 시험수준을 고려할 때 다소 무리한 출제로 사료됩니다.

최신유형특강 166 | **외화표시재무제표의 외화환산** | 난이도 ★ ★ ☆ 정답 ③

다음 중 재무제표의 외화환산에 관한 설명으로 가장 올바르지 않은 것은?

① 기능통화와 표시통화가 다른 경우 표시통화로 재무상태와 경영성과를 환산하여 보고해야 한다.
② 연결실체는 연결재무제표를 작성하기 위하여 각 기업의 경영성과와 재무상태를 같은 통화로 표시한다.
③ 포괄손익계산서의 수익과 비용은 마감환율을 적용한다.
④ 재무제표의 환산에서 생기는 외환차이는 기타포괄손익으로 인식한다.

해설

• 재무제표의 외화환산과 관련하여 포괄손익계산서의 수익과 비용은 해당 거래일의 환율을 적용하되 환율이 유의적으로 변동하지 않을 경우에는 해당 기간의 평균환율을 적용할 수 있다.

ⓘ 길라잡이 외화표시재무제표 환산

의의	• 영업활동이 이루어지는 주된 경제 환경의 통화인 기능통화와 재무제표 표시통화가 다른 경우 기능통화로 표시된 재무제표를 표시통화로 환산해야함.		
환산차이 (해외사업장환산차이)	• 재무상태표와 포괄손익계산서의 환산에서 생기는 외환차이는 기타포괄손익으로 인식함.		
환산방법	자산(마감환율)	부채(마감환율)	
		자본(거래일환율)	
	비용(거래일환율 or 평균환율)	수익(거래일환율 or 평균환율)	
		외환차이(대차차이)	

최신유형특강 167 | 비상각자산(토지) 재평가모형 외화환산 | 난이도 ★★★ 정답 ④

㈜삼일은 20X1년 4월 1일에 유형자산으로 분류되는 토지를 $10,000에 취득하였다. ㈜삼일은 유형자산에 대해 재평가모형을 적용하고 있으며, 매년 말에 공정가치로 재평가한다. 20X1년말 토지의 공정가치가 $15,000일 경우, ㈜삼일이 20X1년말에 인식할 재평가잉여금(기타포괄손익)은 얼마인가(단, ㈜삼일의 기능통화는 원화이며, 관련 환율은 다음과 같다)?

일자	20X1년 4월 1일	20X1년 12월 31일
환율(₩/$)	1,000	1,200

① 2,000,000원
② 3,000,000원
③ 5,000,000원
④ 8,000,000원

해설

• 20x1년말 재평가잉여금(기타포괄손익) : ($15,000×1,200) - ($10,000×1,000)=8,000,000

20x1년 4월 1일(환율 : 1,000/1$)	(차) 외화토지	10,000,000	(대) 현금	10,000,000
20x1년 12월 31일(환율 : 1,200/1$)	(차) 외화토지	8,000,000	(대) 재평가잉여금	8,000,000

* 저자주 비상각자산 재평가모형 외화환산은 난이도 자체를 떠나 재경관리사 시험과는 어울리지 않는 어색한 출제로서, 적절하지 않은 무리한 출제로 사료됩니다. 다만, 출제가 된 만큼 이하 '참고'에서 구체적 내용은 제시하도록 하겠습니다.

* 참고 비상각자산(토지) 외화환산

환산방법	원가모형	거래일환율	• 환율변동효과(외환차이) 없음.
	재평가모형	공정가치 결정일환율	• 손익을 당기손익(재평가손실)으로 인식하는 경우 →그 손익에 포함된 환율변동효과(외환차이)도 당기손익 • 손익을 기타포괄손익(재평가잉여금)으로 인식하는 경우 →그 손익에 포함된 환율변동효과(외환차이)도 기타포괄손익

[예시] 공정가치결정일환율을 적용한다 함은 장부금액이 언제의 금액인지를 검토하여 그때의 환율을 적용함을 의미함.(무조건 기말환율을 적용하는 화폐성항목과 다름.)

	20x1년초(거래일)	20x1년말(재평가O)	20x2년말(재평가X)
장부금액	$100	$130	$130
환율적용	20x1년초 환율	20x1년말 환율	20x1년말 환율 (∴회계처리 없음)

[기타] '그 손익에 포함된 환율변동효과도 기타포괄손익'의 의미

→ B 를 기타포괄손익으로 인식하는 경우 A , B , C 전체를 기타포괄손익 처리함.

| 최신유형특강 168 | 선물거래의 개념 | 난이도 | ★ ☆ ☆ | 정답 | ① |

다음 중 파생상품과 관련하여 괄호 안에 들어갈 단어로 가장 옳은 것은?

> (   )는 수량·규격·품질 등이 표준화되어 있는 특정 대상에 대하여 현재 시점에서 결정된 가격에 의해 미래 일정시점에 인도·인수할 것을 약정한 계약으로서 조직화된 시장에서 정해진 방법으로 거래되는 것을 말한다.

① 선물거래   ② 투기거래
③ 스왑거래   ④ 헷지거래

해설

• 선물거래는 수량·규격·품질 등이 표준화되어 있는 특정 대상에 대하여 현재 시점에서 결정된 가격에 의해 미래 일정시점에 인도·인수할 것을 약정한 계약으로서 조직화된 시장에서 정해진 방법으로 거래되는 것을 말한다.

ℹ️ 길라잡이 | 파생상품의 종류

선물	• 현재 합의된 가격으로 미래 표준화된 특정대상을 인수할 것을 불특정다수와 약정한 조직화된 시장인 장내거래(선물거래소)에서의 계약 →예 배추밭떼기 : 3개월 후에 ₩100에 산다는 계약 • 거래증거금이 필요하며 일일정산제도가 있음.	• 무조건 계약을 이행해야함. • 권리와 의무 모두 존재
선도	• 선물과 동일하나 장외거래이며 특정인과의 계약임. →장외거래이므로 상대방의 신용상태파악이 필수적임.	
옵션	• 특정대상을 일정기간 내에 미리 정해진 가격으로 사거나 팔수 있는 권리에 대한 계약 →예 3개월 후에 ₩1,000에 살 수 있는 권리를 ₩100에 사는 계약을 한 경우 3개월 후에 가격동향을 판단하여 가격이 오르면 권리를 행사함. →미국형옵션 : 만기 전에 언제라도 권리행사 가능 →유럽형옵션 : 만기에만 권리행사 가능	• 계약파기 가능 • 권리나 의무중 하나만 존재
스왑	• 거래 쌍방 간에 상품 또는 경제적조건을 서로 맞바꾸는 것	

최신유형특강 169 | **위험회피유형 구분** | 난이도 ★ ★ ★ 정답 ②

㈜삼일은 6개월 후에 $2,000의 재고자산을 구입할 예정이며 현재 환율은 1,000원/$ 이다. 그러나 6개월 후에 환율이 1,100원/$ 으로 상승한다면 재고자산의 매입으로 인한 현금 유출액은 당초 계획보다 증가하게 될 것이다. ㈜삼일은 이를 회피하기 위하여 6개월 후에 $2,000를 $1당 1,050원에 매입하는 통화선도계약을 체결하였다. 해당 거래의 위험회피유형으로 가장 옳은 것은?

① 공정가치위험회피
② 현금흐름위험회피
③ 해외사업장순투자위험회피
④ 매매목적위험회피

해설

• 현금흐름위험회피 : 위험회피대상항목이 미래에 예상되는 거래로서 당해 거래에 따른 미래현금흐름변동을 상쇄(회피)하기 위하여 파생상품을 이용하는 것을 말함.
  ㉠ 6개월 후에 $2,000의 재고자산을 구입할 예정
    →위험회피대상항목이 미래에 예상되는 거래
  ㉡ 6개월 후에 $2,000를 $1당 1,050원에 매입하는 통화선도계약을 체결
    →미래현금흐름변동을 상쇄(회피)하기 위하여 파생상품을 이용

ℹ️ 길라잡이 **공정가치위험회피 사례 비교검토**

거래내용	• ㈜삼일은 상품 $1,000를 외상으로 매입하고 대금을 6개월 후에 달러($)로 지급하기로 하였다. 이 경우 ㈜삼일은 외화매입채무 $1,000가 환율변동위험에 노출되게 되어 이를 회피하기 위하여 약정된 환율로 6개월 후 $1,000를 매입하는 통화선도계약을 체결하였다.

• 공정가치위험회피 : 위험회피대상항목이 자산, 부채, 확정계약으로서 당해 항목의 공정가치변동을 상쇄(회피)하기 위하여 파생상품을 이용하는 것을 말함.
  ㉠ 상품 $1,000를 외상으로 매입하고 대금을 6개월 후에 달러($)로 지급
    →위험회피대상항목이 부채(매입채무)
  ㉡ 약정된 환율로 6개월 후 $1,000를 매입하는 통화선도계약을 체결
    →부채(매입채무)의 공정가치변동을 상쇄(회피)하기 위하여 파생상품을 이용

최신유형특강 170   **리스의 분류와 리스료 및 리스채권**   난이도 ★ ★ ☆   정답 ②

다음 중 리스에 관한 설명으로 가장 옳은 것은?

① 금융리스의 경우 리스이용자의 입장에서 보증잔존가치와 무보증잔존가치는 모두 리스료에 포함한다.
② 금융리스에서 리스제공자가 리스채권으로 인식할 금액은 리스료의 현재가치와 무보증잔존가치의 현재가치를 합한 금액이다.
③ 지수나 요율(이율)에 따라 달라지는 변동리스료는 리스료에 포함되지 않는다.
④ 리스이용자는 각 리스를 운용리스나 금융리스로 분류한다.

해설 〵

- ① 무보증잔존가치는 리스료의 구성항목에 포함되지 않는다.
  ③ 변동리스료는 리스료의 구성항목에 포함된다.
  ④ 리스제공자는 금융리스나 운용리스로 분류하나, 리스이용자는 분류하지 않는다.

ⓘ 길라잡이   **리스료의 구성항목**

고정리스료	• 지급액에서 변동리스료를 뺀 금액(리스인센티브는 차감)
변동리스료	• 시간경과가 아닌 지수·요율(이율)에 따라 달라지는 리스료
매수선택권행사가격 (소유권이전금액)	• 리스이용자가 매수선택권을 행사할 것이 상당히 확실한 경우 그 매수선택권의 행사가격(또는 소유권이전금액)
종료선택권행사가격	• 리스기간이 리스이용자의 종료선택권 행사를 반영하는 경우에 그 리스를 종료하기 위하여 부담하는 금액

보증잔존가치	• ① 리스이용자의 경우 : 잔존가치보증에 따라 지급할 것으로 예상되는 금액
	② 리스제공자의 경우 : 다음의 자의 잔존가치보증액
	   - 리스이용자와 리스이용자의 특수관계자
	   - 리스제공자와 특수관계에 있지 않고 보증의무 이행할 재무적 능력이 있는 제3자

최신유형특강 171 | **리스 용어의 정의** | 난이도 ★ ★ ☆ | 정답 ④

다음 중 리스와 관련된 용어에 대한 설명으로 가장 올바르지 않은 것은?

① 리스총투자는 금융리스에서 리스제공자가 받게 될 리스료와 무보증잔존가치의 합계액을 말한다.
② 리스순투자는 리스총투자를 리스의 내재이자율로 할인한 금액을 말하며, 리스개시일 현재 기초자산의 공정가치와 리스제공자가 지출한 리스개설직접원가로 구성된다.
③ 변동리스료는 리스기간 중에 기초자산의 사용권에 대하여 리스이용자가 리스제공자에게 지급하는 리스료의 일부로서 시간의 경과가 아닌 리스개시일 후 사실이나 상황의 변화 때문에 달라지는 부분을 말한다.
④ 내재이자율은 리스제공자의 목표수익률을 의미하며, 내재이자율 산정 시에는 리스료만을 고려하고 무보증잔존가치는 제외한다.

해설

• 내재이자율은 리스료 및 무보증잔존가치의 현재가치 합계액을 기초자산의 공정가치와 리스제공자의 리스개설직접원가의 합계액과 동일하게 하는 할인율을 말한다.
→내재이자율은 엄밀히 말해 목표수익률과 동일한 개념이 아니며, 내재이자율은 리스료와 무보증잔존가치 모두를 고려하여 산정된다.

ⓘ 길라잡이 내재이자율 세부고찰

계산구조	• 소유권이전이 확실하지 않은 경우 다음 산식을 성립시키게 하는 할인율 (리스료+무보증잔존가치)의 현재가치 = 공정가치 + 리스개설직접원가(리스제공자) '리스총투자'　　　　　　　　　　'리스순투자'	
비교분석 **참고사항**	목표수익률 (목표투자수익률)	• 리스료를 산정하기 위하여 리스제공자가 사전적(ex-ante)으로 설정한 이자율을 말함.
	내재이자율	• 리스료가 결정된 이후 사후적(ex-post)으로 해당 리스거래에서 리스제공자가 얻게 되는 수익률을 말함.

최신유형특강 172 리스제공자 이자수익 난이도 ★ ★ ★ 정답 ①

㈜삼일리스는 20X1년 1월 1일(리스약정일)에 ㈜한강(리스이용자)와 기계장치에 대한 금융리스계약을 체결하였으며, 관련 자료는 다음과 같다. 이러한 리스거래로 인하여 ㈜삼일리스가 인식할 20X1년 이자수익은 얼마인가(단, 계산금액은 소수점 첫째자리에서 반올림함을 원칙으로 하고, 가장 근사치를 답으로 선택한다)?

> ㄱ. 리스기간 : 3년(리스기간 종료시 ㈜한강은 소유권을 이전 받음)
> ㄴ. 리스료 총액 : 150,000원(매 50,000원씩 매년 말 3회 후불)
> ㄷ. 기초자산의 취득원가 : 120,092원(리스약정일의 공정가치와 동일)
> ㄹ. 기초자산의 내용연수와 잔존가치 : 내용연수 5년, 잔존가치 20,092원
> ㅁ. 리스의 내재이자율 : 연 12%
> ㅂ. 이자율 12%, 3년 연금현가계수 : 2.40183
>   이자율 12%, 3년 현가계수 : 0.71178

① 14,411원   ② 24,411원
③ 27,744원   ④ 35,589원

해설

- 20x1년초 리스채권[공정가치(신규취득시 취득원가)] : 120,092 〈또는 50,000×2.40183 = 120,092〉
- 20x1년 인식할 이자수익 : 120,092×12% = 14,411

참고 ㈜삼일리스 회계처리

20x1년초	(차) 리스채권	120,092	(대) 선급리스자산	120,092
20x1년말	(차) 현금	50,000	(대) 이자수익	14,411
			리스채권(대차차액)	35,589

길라잡이 리스제공자 회계처리

리스개시일	• (차) 리스채권	xxx	(대) 선급리스자산	xxx
			현금(리스개설직접원가)	xxx
	리스채권	❏ (리스료+무보증잔존가치)를 내재이자율로 할인한 현가 = 공정가치(신규취득시 취득원가)+리스개설직접원가		
보고기간말	• (차) 현금	xxx	(대) 이자수익	xxx
			리스채권	xxx
	이자수익	❏ 리스채권 장부금액×내재이자율		

최신유형특강 173 판매형리스 일반사항 난이도 ★ ★ ★ 정답 ②

다음 중 제조자나 판매자인 리스제공자의 금융리스에 관한 설명으로 가장 올바르지 않은 것은?

① 리스제공자가 인식할 매출액은 기초자산의 공정가치와 리스료의 현재가치 중 적은 금액으로 한다.
② 리스제공자가 인식할 매출액 계산시 리스료의 현재가치는 리스제공자의 증분차입이자율로 할인하여 계산한다.
③ 리스제공자가 인식할 매출원가는 원칙적으로 기초자산의 원가에서 무보증잔존가치의 현재가치를 차감한 금액으로 한다.
④ 리스제공자가 인식할 매출원가의 계산시 리스자산의 원가와 리스자산의 장부금액이 다를 경우에는 기초자산의 장부금액에서 무보증잔존가치의 현재가치를 차감한 금액을 매출원가로 한다.

해설

• 판매형리스에서 리스제공자가 인식할 매출액 계산시 리스료의 현재가치는 시장이자율로 할인하여 계산한다.

ⓘ 길라잡이 판매형리스 회계처리

거래형태	• 제조자나 판매자가 제조·구매한 자산을 금융리스방식으로 판매하는 경우의 리스를 말함. →∴리스자산을 정상판매시 매출손익과 리스기간 이자수익의 두 종류의 이익이 발생함.		
매출액	• (차) 리스채권	xxx (대) 매출	xxx
	매출액	❏ Min[리스료를 시장이자율로 할인한 현재가치, 공정가치]	
매출원가	• (차) 매출원가	xxx (대) 상품	xxx
	매출원가	❏ 취득(제조)원가 – 무보증잔존가치를 시장이자율로 할인한 현재가치 →취득(제조)원가 : 장부금액과 다른 경우에는 장부금액 적용	
보고기간말	• (차) 현금	xxx (대) 이자수익 리스채권	xxx xxx
	이자수익	❏ 리스채권 장부금액×시장이자율	

리스이용자 사용권자산 난이도 ★★★ 정답 ③

㈜삼일은 20X1년 1월 1일 ㈜용산리스로부터 기계장치를 3년간 리스하기로 하고, 매년 말 고정리스료로 1,000,000원씩 지급하기로 하였다. 리스계약을 체결하는 과정에서 ㈜삼일은 100,000원의 리스개설직접원가를 지출하였고, ㈜용산리스는 50,000원의 리스개설직접원가를 지출하였다. 동 기계장치는 원가모형을 적용하고 내용연수는 5년이며 정액법으로 감가상각한다. 리스기간 종료시 동 기계장치는 ㈜용산리스에 반환하는 조건이다. 리스개시일 현재 ㈜용산리스의 내재이자율은 알 수 없으며, ㈜삼일의 증분차입이자율은 10%이다. ㈜삼일이 리스개시일에 인식할 사용권자산은 얼마인가?

기간	단일금액 1원의 현재가치(할인율 10%)	정상연금 1원의 현재가치 (할인율 10 %)
3년	0.7513	2.4869

① 2,486,900원
② 2,536,900원
③ 2,586,900원
④ 2,636,900원

해설

• 리스부채 : 1,000,000(고정리스료)×2.4869 = 2,486,900
→ 내재이자율을 알 수 없는 경우에는 리스이용자의 증분차입이자율로 할인하여 리스부채를 계산한다.
• 리스개시일에 인식할 사용권자산 : 2,486,900(리스부채) + 100,000(리스이용자 리스개설직접원가) = 2,586,900

참고 회계처리

20x1년초(리스개시일)	(차) 사용권자산	2,586,900	(대) 리스부채	2,486,900
			현금	100,000
20x1년말(보고기간말)	(차) 이자비용 2,486,900×10%=248,690 리스부채 751,310		(대) 현금	1,000,000
	(차) 감가상각비 2,586,900÷Min[3년,5년]=862,300		(대) 감가상각누계액	862,300

길라잡이 리스이용자 회계처리

리스개시일	• (차) 사용권자산(원가) xxx (대) 리스부채 xxx 현금(리스개설직접원가) xxx		
	리스부채	❑ 지급되지 않은 리스료를 내재이자율로 할인한 현재가치 (내재이자율 산정불가시는 리스이용자의 증분차입이자율로 할인)	
보고기간말	• (차) 이자비용 xxx (대) 현금 xxx 리스부채 xxx (차) 감가상각비 xxx (대) 감가상각누계액 xxx		
	이자비용	❑ 리스부채 장부금액×내재이자율	
	감가상각	구분	감가상각대상금액	감가상각기간
		소유권이전O	원가-추정잔존가	내용연수
		소유권이전X	원가-보증잔존가	Min[리스기간, 내용연수]

최신유형특강 175 | **리스이용자 이자비용과 감가상각비** | 난이도 ★ ★ ★ 정답 ④

㈜삼일리스는 20X1년 1월 1일(리스약정일)에 ㈜대구(리스이용자)와 기계장치에 대한 금융리스계약을 체결하였으며, 관련자료는 다음과 같다. 이러한 리스거래로 인하여 리스이용자인 ㈜대구가 20X1년에 인식할 이자비용과 감가상각비의 합계액은 얼마인가(단, 계산금액은 소수점 첫째자리에서 반올림함을 원칙으로 하고, 가장 근사치를 답으로 선택한다)?

> ㄱ. 리스기간 : 3년(리스기간 종료시 ㈜대구는 소유권을 이전 받음)
> ㄴ. 리스료 총액 : 300,000원(매 100,000원씩 매년 말 3회 후불)
> ㄷ. 리스자산의 취득원가 : 240,183원(리스약정일의 공정가치와 동일)
> ㄹ. 리스자산의 내용연수와 잔존가치 : 내용연수 5년, 잔존가치 40,183원
> ㅁ. 리스의 내재이자율 : 연 12%
> ㅂ. 이자율 1 %, 3년 연금현가계수 : 2.40183
> 이자율 12%, 3년 현가계수 : 0.71178

① 24,018원   ② 28,822원
③ 40,000원   ④ 68,822원

해설

• 사용권자산(= 리스부채) : 100,000×2.40183 = 240,183 →감가상각기간은 소유권이전이 있으므로 내용연수 5년
• 20x1년 이자비용 : 240,183×12% = 28,822
• 20x1년 감가상각비 : [240,183 - 40,183(추정잔존가치)] ÷ 5년 = 40,000
∴28,822(이자비용) + 40,000(감가상각비) = 68,822

참고 회계처리

20x1년초(리스개시일)	(차)	사용권자산	240,183	(대)	리스부채	240,183
20x1년말(보고기간말)	(차)	이자비용	28,822	(대)	현금	100,000
		리스부채	71,178			
	(차)	감가상각비	40,000	(대)	감가상각누계액	40,000

최신유형특강 176 | 현금흐름표의 유용성 | 난이도 ★ ★ ☆ 정답 ③

다음 중 흑자도산하는 기업을 조기에 파악하기 위한 적합한 재무제표로 가장 옳은 것은?

① 재무상태표
② 포괄손익계산서
③ 현금흐름표
④ 자본변동표

해설

• 순이익이 크게 보고된 기업이라 할지라도 현금유동성(현금보유량)이 작은 경우에는 이익의 질(quality of profit)이 떨어져 흑자경영인 상태에서 도산할 수 있는 위험이 존재한다. 현금흐름표는 이러한 현금유동성에 대한 구체적 정보를 제공해 준다.

ℹ️ 길라잡이 현금흐름표의 유용성

영업활동현금흐름·당기순이익 차이에 관한 정보	• 간접법을 적용하여 작성된 현금흐름표에서는 포괄손익계산서상의 당기순이익에 현금의 유출이 없는 비용 등을 가산하고, 현금의 유입이 없는 수익 등을 차감하여 영업활동에서 조달된 현금을 파악함으로써 기업의 가장 중요한 활동인 수익획득활동으로부터 조달된 현금에 대한 유용한 정보를 제공한다.
투자활동에 관한 정보	• 조달된 현금을 어떠한 투자활동에 사용하였는가에 대한 구체적인 정보를 제공해 주며, 투자활동과 관련된 자산의 감소를 통하여 유입 현금정보를 제공한다.
재무활동에 관한 정보	• 회사의 고유한 영업활동(수익창출활동) 이외에 재무활동 현금흐름의 내역을 보여준다. →즉, 어떠한 재무활동에 의해 현금이 조달되었고, 장기부채의 상환 등 어떠한 재무활동에 얼마만큼의 현금을 사용하였는가에 관한 정보를 제공한다.
미래현금흐름에 관한 정보	• 포괄손익계산서와 함께 이용함으로써 미래의 현금흐름액, 시기 및 불확실성을 예측하는 데 도움을 준다.
부채상환능력과 배당금지급능력에 관한 정보	• 기업의 현금창출능력에 대한 정보를 제공함으로써 부채상환능력과 배당의 지급과 같은 지속적인 영업활동 가능여부에 대한 판단을 가능하게 한다.

최신유형특강 177 | 현금흐름표 작성 일반사항 | 난이도 ★ ★ ☆ 정답 ③

다음 중 현금흐름표의 작성에 관한 설명으로 가장 올바르지 않은 것은?

① 자산 취득시 직접 관련된 부채를 인수하는 경우는 비현금거래로 현금흐름표에서 제외한다.
② 영업활동 현금흐름을 직접법으로 보고하면 간접법에 비해 미래현금흐름을 추정하는데 보다 유용한 정보를 제공한다.
③ 단기매매목적으로 보유하는 계약에서 발생하는 현금유출입은 투자활동 현금흐름이다.
④ 주식의 취득이나 상환에 따른 소유주에 대한 현금유출은 재무활동 현금흐름이다.

해설

• 영업활동 현금흐름의 예는 다음과 같다.[K-IFRS 제1007호 문단14]

> ㉠ 재화의 판매와 용역 제공에 따른 현금유입
> ㉡ 로열티, 수수료, 중개료 및 기타수익에 따른 현금유입
> ㉢ 재화와 용역의 구입에 따른 현금유출
> ㉣ 종업원과 관련하여 직·간접으로 발생하는 현금유출
> ㉤ 법인세의 납부 또는 환급. 다만 재무활동과 투자활동에 명백히 관련되는 것은 제외한다.
> **㉥ 단기매매목적으로 보유하는 계약에서 발생하는 현금유입과 현금유출**

• 기업은 단기매매목적으로 유가증권이나 대출채권을 보유할 수 있으며, 이 때 유가증권이나 대출채권은 판매를 목적으로 취득한 재고자산과 유사하다. 따라서 단기매매목적으로 보유하는 유가증권의 취득과 판매에 따른 현금흐름은 영업활동으로 분류한다. 마찬가지로 금융회사의 현금 선지급이나 대출채권은 주요 수익창출활동과 관련되어 있으므로 일반적으로 영업활동으로 분류한다.
• 직접법은 당기순이익에서 조정을 거쳐 현금의 흐름을 사후적으로 확인하는 간접법에 비하여 영업거래의 다양한 원천별 현금의 흐름 내역을 일목요연하게 제시해 줌으로써 진정한 의미에서의 현금흐름을 파악할 수 있는 방법으로 미래현금흐름을 추정하는 데 보다 유용한 정보를 제공한다.

최신유형특강 178	현금흐름표 활동과 작성방법[1]	난이도 ★ ☆ ☆ 정답 ④

다음 중 현금흐름표에 관한 설명으로 가장 올바르지 않은 것은?

① 현금흐름표는 회계기간 동안 발생한 현금흐름을 영업활동, 투자활동 및 재무활동으로 분류하여 보고한다.
② 영업활동은 기업의 주요 수익창출활동, 그리고 투자활동이나 재무활동이 아닌 기타의 활동을 말한다.
③ 투자활동은 유·무형자산, 다른 기업의 지분상품이나 채무상품 등의 취득과 처분활동, 제3자에 대한 대여 및 회수활동 등을 포함한다.
④ 간접법을 적용하여 표시한 영업활동 현금흐름은 직접법에 의한 영업활동 현금흐름에서는 파악할 수 없는 정보를 제공하기 때문에 미래현금흐름을 추정하는 데 보다 유용한 정보를 제공한다.

해설

• 직접법은 당기순이익에서 조정을 거쳐 현금의 흐름을 사후적으로 확인하는 간접법에 비하여 영업거래의 다양한 원천별 현금의 흐름 내역을 일목요연하게 제시해 줌으로써 진정한 의미에서의 현금흐름을 파악할 수 있는 방법으로 미래현금흐름을 추정하는 데 보다 유용한 정보를 제공한다.
→즉, 현금유입의 발생원천과 현금유출의 운용에 관한 개별정보는 미래현금흐름의 예측에 더 유용하다.
→한편, 직접법은 현금흐름을 개별 항목별로 파악할 수 있기 때문에 전문회계지식이 없더라도 그 내용을 쉽게 파악할 수 있는 장점이 있다.

최신유형특강 179	현금흐름표 활동과 작성방법[2]	난이도 ★ ★ ☆ 정답 ②

다음 중 현금흐름표에 대한 설명으로 가장 올바르지 않은 것은?

① 현금흐름표는 기업의 현금흐름을 나타내는 표로서 현금의 변동내용을 명확하게 보고하기 위하여 당해 회계기간에 속하는 현금의 유입과 유출내용을 적정하게 표시하는 보고서이다.
② 법인세로 인한 현금흐름은 영업활동과 투자활동에 명백히 관련되지 않는 한 재무활동 현금흐름으로 분류한다.
③ 현금흐름표에서는 기업의 경영활동에 따른 현금흐름을 영업활동·투자활동·재무활동으로 구분한다.
④ 현금흐름표를 작성하는 방법은 영업활동 현금흐름을 어떻게 계산하느냐에 따라 간접법과 직접법으로 구분된다.

해설

• 법인세로 인한 현금흐름은 재무활동·투자활동에 명백히 관련되지 않는 한 영업활동 현금흐름으로 분류한다.
→즉, 영업활동으로 분류가 원칙이며, 투자활동이나 재무활동으로의 분류도 가능하다.

ⓘ 길라잡이 현금흐름표 양식

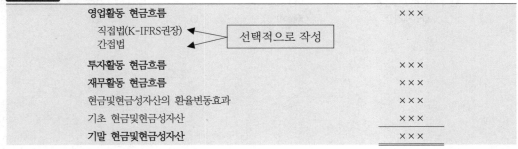

영업활동 현금흐름	×××
직접법(K-IFRS권장) / 간접법 ← 선택적으로 작성	
투자활동 현금흐름	×××
재무활동 현금흐름	×××
현금및현금성자산의 환율변동효과	×××
기초 현금및현금성자산	×××
기말 현금및현금성자산	×××

최신유형특강 180 | 리스부채 원금상환 현금흐름 활동 분류 | 난이도 ★ ☆ ☆ | 정답 ③

다음 중 리스이용자의 리스부채 원금상환에 따라 발생하는 현금흐름의 분류로 가장 옳은 것은?

① 영업활동
② 투자활동
③ 재무활동
④ 영업활동, 투자활동 또는 재무활동 중 기업의 자율선택

해설

• 리스부채 원금상환에 따라 발생하는 현금흐름은 재무활동 현금흐름으로 분류한다.

ⓘ 길라잡이 재무활동 현금흐름 사례[K-IFRS 제1007호 문단17]

> ㉠ 주식이나 기타 지분상품의 발행에 따른 현금유입
> ㉡ 주식의 취득이나 상환에 따른 소유주에 대한 현금유출
> ㉢ 담보·무담보부사채 및 어음의 발행과 기타 장·단기차입에 따른 현금유입
> ㉣ 차입금의 상환에 따른 현금유출
> ㉤ 리스이용자의 리스부채 상환에 따른 현금유출

최신유형특강 181 | 이자·배당금 현금흐름 활동 구분 | 난이도 ★ ★ ☆ | 정답 ①

다음 중 이자와 배당금의 수취 및 지급에 따른 현금흐름에 관한 설명으로 가장 올바르지 않은 것은?

① 이자수입은 손익의 결정에 영향을 미치므로 영업활동 현금흐름으로만 분류해야 한다.
② 유형자산 처분에 따른 현금유입은 투자활동으로 분류한다.
③ 이자지급은 재무자원을 획득하는 원가로 보아 재무활동 현금흐름으로 분류할 수 있다.
④ 배당금수입은 투자자산에 대한 수익으로 보아 투자활동 현금흐름으로 분류할 수 있다.

해설

• 이자수입은 투자활동현금흐름으로도 분류할 수 있다.

ⓘ 길라잡이 현금흐름 구분시 주의사항

구분	영업활동현금흐름	투자활동현금흐름	재무활동현금흐름	비고
이자수입·배당수입	O	O	-	선택가능
이자지급·배당지급	O	-	O	선택가능
단기매매(FVPL)금융자산	O	-	-	단기매매목적
법인세지급	O(원칙)	O	O	-

최신유형특강 182 — 현금주의 이자비용 유출액[1] 난이도 ★★☆ 정답 ①

㈜삼일은 20X1년에 설립되었으며, 20X1년에 아래와 같은 이자비용 회계처리를 수행하였다. ㈜삼일이 20X1년 현금흐름표에 인식할 이자지급액으로 가장 옳은 것은?

| (차) 이자비용 | 1,100,000원 | (대) 미지급비용 | 800,000원 |
| | | 현금 | 300,000원 |

① 300,000원 ② 500,000원 ③ 600,000원 ④ 1,000,000원

해설

- 20x1년(당기)에 설립되었으므로 현금주의 유출액 분석시 관련 자산·부채는 당기 이자비용 회계처리에 계상한 미지급비용(미지급이자)만을 고려하면 된다. 또한 유출액 분석이므로 분석시 (-)로 출발한다.
- 이자지급액(현금주의 유출액) 계산

발생주의 이자비용	(1,100,000)
미지급비용(미지급이자) 증가	800,000
현금주의 이자비용	(300,000)

ℹ 길라잡이 발생주의의 현금주의 전환 : 이자비용

이자비용 유출액	• (-)로 출발하며, 자산의 증감은 역방향으로, 부채의 증감은 순방향으로 가감하여 분석
	이자비용 유출액〈금액은 가정치임〉
	발생주의이자비용 (10,000) → (-)로 출발함에 주의!
	사채할인발행차금(현재가치할인차금)상각액 1,000
	미지급이자증가(or선급이자감소) 2,000
	유출액(현금주의이자비용) (7,000)
	➡ (차) 이자비용 100 (대) 현금 80 / 사채할인발행차금 20
	직접법 • 사채할인발행차금을 계산시 가산
	간접법 • 사채할인발행차금을 당기순이익에 가산

최신유형특강 183 — 현금주의 이자비용 유출액[2] 난이도 ★★★ 정답 ②

㈜삼일의 20X1년도 포괄손익계산서상 이자비용은 100,000원이다. 다음 자료를 이용하여 ㈜삼일이 20X1년도에 현금으로 지급한 이자금액을 계산하면 얼마인가?

구분	20X0년 12월 31일	20X1년 12월 31일
미지급이자	10,000원	25,000원
선급이자	10,000원	5,000원

① 70,000원 ② 80,000원 ③ 90,000원 ④ 100,000원

해설

- 유출액 분석이므로 분석시 (-)로 출발한다.
- 이자지급액(현금주의 유출액) 계산

발생주의 이자비용	(100,000)
미지급이자 증가	15,000
선급이자 감소	5,000
현금주의 이자비용	(80,000)

| 최신유형특강 184 | 투자활동 순현금흐름 | 난이도 ★ ★ ★ | 정답 ② |

㈜삼일은 20X1년 포괄손익계산서상 기계장치와 관련하여 감가상각비 15,000원, 처분이익 30,000원을 보고하였다. 다음 자료를 이용하여 20X1년 기계장치 처분으로 인한 투자활동 순현금흐름을 계산하면 얼마인가?(단, 기중 기계장치의 취득은 없다)

구분	20X0년 12월 31일	20X1년 12월 31일
기계장치	100,000원	60,000원
감가상각누계액	(30,000원)	(25,000원)
장부금액	70,000원	35,000원

① 45,000원 유입
② 50,000원 유입
③ 65,000원 유입
④ 70,000원 유입

해설

• **고속철** 다음의 계정에 관련 자료를 기입하여 대차차액으로 처분순액(장부금액)을 먼저 계산한다.

기초순액(장부금액)	70,000	처분순액(장부금액)	A
		감가상각비	15,000
취득	0	기말순액(장부금액)	35,000

→A(처분된 기계장치 장부금액) = 20,000

• 처분 회계처리 추정
(차) 현금(처분금액) B (대) 기계장치(장부금액) 20,000
기계장치처분이익 30,000

→B(처분금액) = 50,000
∴현금유입(처분금액) = 50,000, 현금유출(취득) = 0 →순현금흐름 : 50,000 - 0 = 50,000(유입)

| 최신유형특강 185 | 현금흐름표 분석 | 난이도 ★ ★ ★ | 정답 ① |

다음은 ㈜삼일의 현금흐름표상 활동별 현금유출·입을 표시한 것이다. 다음 중 ㈜삼일의 현금흐름표에 대한 분석으로 가장 올바르지 않은 것은?

영업활동 현금흐름	투자활동 현금흐름	재무활동 현금흐름
현금유입(+)	현금유출(-)	현금유출(-)

① 영업활동 현금흐름이 (+)이므로, 분명 당기순이익이 발생했을 것이다.
② 유형자산의 처분으로 투자활동 현금흐름을 (+)로 만들 수 있다.
③ 영업활동 현금흐름을 증가시키기 위해 배당금의 지급은 재무활동 현금흐름으로 분류할 수 있다.
④ 재무활동 현금흐름이 (-)이니 차입금상환, 배당금지급 등이 있었을 것이다.

해설

• ① 당기순손익에서 출발하여 조정사항을 가감하여 영업활동현금흐름을 도출하므로, 당기순손실인 경우에도 조정사항 가감액의 크기에 따라 영업활동현금흐름이 (+)가 될 수 있다. 따라서, 당기순이익이 발생했을 것이라고 단정지을 수 없다.
② 유형자산의 처분은 투자활동 현금유입이므로, (-)상황을 (+)로 만드는 것이 가능하다.
③ 배당금지급은 영업활동 또는 재무활동으로 분류가능하며, 만약 배당금지급을 영업활동으로 분류한 경우라면 이를 재무활동으로 분류하여 영업활동 현금유출의 감소를 통한 영업활동현금흐름의 증가가 가능하다.
④ (-)의 재무활동현금흐름을 야기시킨 원인으로, 재무활동 현금유출인 차입금상환과 배당금지급(재무활동으로 분류한 경우)이 있었다고 추정할 수 있다.

세무회계

최신유형특강 186 | 조세의 개념 | 난이도 ★ ☆ ☆ | 정답 ③

다음 중 조세에 관한 설명으로 가장 올바르지 않은 것은?

① 조세는 금전납부가 원칙이다.
② 조세는 법률에 규정된 과세요건을 충족한 모든 자에게 부과된다.
③ 위법행위에 대한 제재를 목적을 두고 있는 벌금, 과태료는 조세에 해당한다.
④ 조세는 납세자가 납부한 세액에 비례하여 개별적 보상을 제공하지 않는다.

해설

• 조세는 국가 또는 지방자치단체의 경비충당을 위한 재정수입을 조달할 목적으로 부과되므로, 위법행위에 대한 제재에 그 목적을 두고 있는 벌금·과료·과태료는 조세가 아니다.

ⓘ 길라잡이 조세의 개념

과세주체	• 조세를 부과하는 주체는 국가 또는 지방자치단체임. →∴공공단체가 공공사업에 필요한 경비충당을 하여 부과하는 공과금은 조세가 아님.
과세목적	• 조세는 국가 또는 지방자치단체의 경비충당을 위한 재정수입을 조달할 목적으로 부과됨. →∴위법행위에 대한 제재에 그 목적을 두고 있는 벌금·과료·과태료는 조세가 아님.
조세법률주의	• 조세는 법률에 규정된 과세요건을 충족한 모든 자에게 부과됨. →조세의 과세요건은 법률에 정하도록 하고 있는데 이를 '조세법률주의'라고 함.
금전납부원칙	• 조세는 금전납부가 원칙임. →다만, 상속세 및 증여세법 등에서 특수한 경우에 물납을 허용하고 있음.
일반보상성	• 조세는 직접적인 반대급부 없이 부과됨. 물론 납세의무자는 국가가 제공하는 국방·치안 기타 사회복지의 혜택을 받지만, 이것은 자기가 납부한 조세와 비례하여 주어지는 직접적 반대급부(개별적 보상)는 아니며, 조세는 단지 일반적 보상만을 제공함. →∴개별적 보상계약에 의해 제공되는 용역에 대한 대가인 수수료·사용료 등과는 다름.

최신유형특강 187 | 조세의 개념과 분류 | 난이도 ★ ☆ ☆ | 정답 ②

다음 중 조세의 개념과 분류에 관한 설명으로 가장 옳은 것은?

① 세금은 직접적인 반대급부 없이 부과되므로 개별보상에 해당한다.
② 직접세와 간접세는 납세의무자와 담세자의 일치여부로 구분하는 것이다.
③ 목적세란 세수의 용도를 특정하여 징수하는 조세로, 현재 우리나라의 목적세로는 교육세, 농어촌특별세, 소득세, 법인세가 있다.
④ 세금은 그 과세권자가 누구인지에 따라서 국세, 지방세, 관세의 3가지로 분류한다.

해설

- ① 조세는 직접적인 반대급부 없이 부과된다. 물론 납세의무자는 국가가 제공하는 국방·치안 기타 사회복지의 혜택을 받지만, 이것은 자기가 납부한 조세와 비례하여 주어지는 직접적 반대급부(개별보상)는 아니다. 조세는 단지 일반적 보상만을 제공한다.
  ③ 소득세, 법인세는 세수의 용도가 특정되지 아니한 보통세에 해당한다.
  ④ 조세는 그 과세권자가 누구인지에 따라 국세, 지방세로 나누어진다.(국세는 다시 내국세, 관세, 부가세로 분류된다.)

ⓘ 길라잡이 | 조세의 분류

과세권자	국세	• 국가가 부과·징수	예 내국세(직접세, 간접세), 관세, 부가세(교육세)
	지방세	• 지자체가 부과·징수	예 취득세, 등록면허세, 주민세
사용용도 특정여부	보통세	• 세수용도가 특정 X	예 법인세, 소득세, 부가가치세
	목적세	• 세수용도가 특정 O	예 교육세, 농어촌특별세, 지역자원시설세, 지방교육세
조세부담의 전가여부	직접세	• 납세의무자 = 담세자	예 법인세, 소득세
	간접세	• 납세의무자 ≠ 담세자	예 부가가치세, 개별소비세, 주세, 교통·에너지·환경세
인적사항 고려여부	인세	• 인적측면에 주안점을 두어 부과	예 소득세, 법인세
	물세	• 물적측면에 주안점을 두어 부과	예 부가가치세, 재산세
과세물건의 측정단위	종가세	• 과세물건을 금액으로 측정	예 법인세, 소득세, 주세(주정 제외)
	종량세	• 과세물건을 수량으로 측정	예 주세(주정), 인지세(단순정액세율인 경우)
독립된 세원 유무여부	독립세	• 독립된 세원에 부과	예 법인세, 소득세
	부가세	• 다른 조세(=본세)에 부가	예 교육세, 농어촌특별세

최신유형특강 188 | 과세요건 | 난이도 ★ ★ ☆ | 정답 ②

다음 중 과세요건과 관련한 설명으로 가장 올바르지 않은 것은?

① 과세요건이란 납세의무의 성립에 필요한 법률상의 요건을 말한다.
② 세법에 의하여 국세를 납부할 의무(국세를 징수하여 납부할 의무를 포함)가 있는 자를 납세자라고 하며 과세요건에 해당한다.
③ 과세물건이란 조세부과의 목표가 되거나 과세의 원인이 되는 소득, 수익, 재산, 사실행위 등의 조세 객체를 말하며 과세요건에 해당한다.
④ 세율이란 과세의 한 단위에 대하여 징수하는 조세의 비율을 말하며 과세요건에 해당한다.

해설

- 과세요건에 해당하는 자는 납세의무자이지 납세자가 아니다.
  →납세의무자란 세법에 의하여 국세를 납부할 의무(국세를 징수하여 납부할 의무를 제외)가 있는 자를 말한다.(즉, 법률상 조세채무를 부담하는 자를 납세의무자라고 한다.)
  →납세자 = 납세의무자 + 징수납부의무자

최신유형특강 189 | **과세요건 적용사례** | 난이도 ★★☆ 정답 ④

과세요건이란 납세의무 성립에 필요한 법률상의 요건을 말한다. 다음 자료를 이용하여 창문세의 과세요건을 정의할 경우 가장 올바르지 않은 것은?

> (1) 창문세는 1696년에 도입된 영국의 조세제도로, 집에 붙어 있는 창문의 수에 따라 세금이 결정되었다.
> (2) 여섯 개가 넘는 창문을 가진 집만 과세대상이 되었으며, 일곱 개에서 아홉 개까지의 창문이 달린 집은 창문당 2실링, 열 개 이상의 창문이 달린 집은 창문당 4실링의 세금을 내야 했다.
> (3) 창문세는 1851년 주택세를 만들 때까지 지속되었고, 그 시기 창문세를 피하기 위해 사람들이 건물의 창문을 막아버리면서, 영국에는 창문이 없는 옛 건물을 볼 수 있다.

① 납세의무자 : 집주인(또는 해당 집의 거주자) ② 과세물건(과세대상) : 창문
③ 과세표준 : 창문의 개수 ④ 세율 : 10%

해설

• 창문의 개수가 과세표준이므로 종가세가 아닌 종량세(세액＝창문 개수당 일정액)에 해당한다.
　→따라서, 세율은 10%가 될 수 없다.

참고　창문세(Window Tax)

❑ 1696년에 영국 정부가 주택에 달린 창문의 개수에 따라 부여한 조세제도를 말한다. 본래 1303년 프랑스에서 필립 4세에 의해 처음 고안되었지만 오래 지속되지 못하고 폐지된 이후 영국 정부가 이를 도입하면서 널리 알려지게 되었다. 영국에서는 1851년 주택세 제도가 도입되기까지 약 150년 동안 지속되었다.

❑ 영국에서 처음 창문세가 도입되고 몇 차례에 걸친 세율 및 구간 조정이 있은 후 창문 개수가 7개 이상인 집이 과세대상이 되었으며 창문이 많을수록 세금이 많이 부과되었다. 창문세 도입 이전에는 주택이 보유한 벽난로 개수에 따라 세금을 부여하는 난로세가 있었는데, 징수를 위해 집안에 들어가 난로 개수를 일일이 세기가 현실적으로 쉽지 않자 이를 대체하기 위해 영국 정부가 채택한 제도가 바로 창문세였다. 당시에는 유리의 대량생산이 어려워 유리창이 부유함의 상징이었고 외관상으로도 확인이 용이했기 때문이다. 그러나 사람들은 세금을 줄이거나 피하기 위해 창문을 합판 등으로 가려 숨기거나 아예 창문을 막아버리는 선택을 하는 경우가 많았다. 이로 인해 세수는 영국 정부의 의도대로 잘 걷히지 않았으며 영국 국민들은 햇빛이 들지 않는 건물에 사는 불편함을 겪게 됨으로써 창문세는 잘못된 조세정책을 대표하는 하나의 사례로 평가된다.

최신유형특강 190	국세기본법과 세법과의 관계	난이도 ★★☆	정답 ②

다음 중 조세법의 기본원칙에 관한 설명으로 가장 올바르지 않은 것은?

① 조세평등주의란 조세법의 입법과 조세의 부과 및 징수과정에서 모든 납세의무자는 평등하게 취급되어 야 한다는 원칙을 말한다.
② 국세기본법에서 규정하고 있는 실질과세의 원칙에 반하는 규정을 다른 세법에서 규정하고 있는 경우 국세기본법에서 규정하고 있는 실질과세의 원칙을 우선하여 적용한다.
③ 신의성실의 원칙이란 납세자가 그 의무를 이행하거나 세무공무원이 그 직무를 수행함에 있어서 신의에 따라 성실히 하여야 한다는 원칙을 말한다.
④ 납세의무자가 세법에 따라 장부를 갖추어 기록하고 있는 경우에는 해당 국세 과세표준의 조사와 결정은 그 장부와 이에 관계되는 증거자료에 의하여야 한다.

해설

• 국세기본법에서 규정하고 있는 실질과세의 원칙에 반하는 규정을 다른 세법에서 규정하고 있는 경우, 다른 세법에서 규정하고 있는 실질과세의 원칙을 우선하여 적용한다.
  →예 상속증여세법에 따른 명의신탁재산의 증여의제규정(권리의 이전이나 그 행사에 등기 등이 필요한 재산의 실제소유자와 명의 자가 다른 경우에는 실질과세원칙에도 불구하고 그 명의자로 등기를 한 날에 그 재산의 가액을 명의자가 실제 소유자로부터 증여를 받은 것으로 간주하고 증여세를 부과함.)

길라잡이 국세기본법과 세법과의 관계에 대한 현행 규정

• 국세에 관하여 세법에 별도의 규정이 있는 경우를 제외하고는 국세기본법에서 정하는 바에 따른다.[국세기본법 제3 조 ①]
  →즉, 국세기본법에 정한 모든 규정에 대해서 다른 세법에 별도 규정이 있는 경우 그 다른 세법이 우선 적용된다.

| 최신유형특강 191 | 기간과 기한 | 난이도 ★ ★ ☆ | 정답 ③ |

다음 중 법인세법상 기간과 기한에 관한 설명으로 가장 올바르지 않은 것은?

① 기간이란 어느 일정시점에서 다른 일정시점까지의 계속된 시간을 말한다.
② 기간의 계산은 세법에 특별한 규정이 있는 경우를 제외하고는 민법의 역법적 계산방법에 따른다.
③ 우편으로 과세표준신고서를 제출한 경우에는 도착한 날에 신고된 것으로 본다.
④ 기간말일이 공휴일에 해당하는 때에는 그 다음 날로 기간이 만료된다.

해설

• 우편으로 과세표준신고서, 과세표준수정신고서, 경정청구서 또는 과세표준신고·과세표준수정신고·경정청구와 관련된 서류를 제출한 경우 우편법에 따른 우편날짜도장이 찍힌 날에 신고되거나 청구된 것으로 본다. →즉, 발신주의에 의한다.

길라잡이 기간과 기한 개요

기간	적용	• 국세기본법 또는 그 세법에 특별한 규정이 있는 것을 제외하고는 민법에 따름. 　Ϙ주의 ∴규정이 있는 경우는 민법보다 우선 • 세법상 기간계산은 역법적 계산방법에 의함.
	기산점	• 원칙 : 초일불산입 • 초일산입 : ㉠ 오전 0시부터 시작하는 경우 ㉡ 연령계산시 출생일을 산입 　참고 기산점이 공휴일인 경우 다음날이 아닌 공휴일부터 기산함.
	만료점	• 일·주·월·년으로 정한 때 : 말일산입(공휴일이면 다음날) 　예 5.1에서 60일이 되는 날 : 기산일 5.2 ∴6.30 • 주·월·년으로 정한 때(역에 따라 계산) : 해당일 전일(해당일이 없으면 그 월의 말일) 　예 5.1에서 두 달이 되는 날 : 기산일 5.2 ∴7.1
기한	정의	• 법률효과가 발생·소멸하거나, 일정시점까지 의무를 이행하여야 하는 경우에 그 시점
	기한특례	• 신고·신청·청구·서류제출·통지·납부·징수의 기한이 공휴일, 토요일(일요일), 근로자의 날(5월1일)에 해당하는 때 ➡ 그 다음 날이 기한
	우편신고	• 발신주의(통신일부인이 찍힌 날=우편날짜도장이 찍힌 날))에 의해 신고한 것으로 봄.
	전자신고	• 국세청장에게 전송된 때 신고된 것으로 봄.

| 최신유형특강 192 | 우편신고·우편송달의 효력발생시기 | 난이도 ★ ☆ ☆ | 정답 ④ |

다음 중 납세자의 우편신고와 과세관청의 우편송달의 효력발생시기에 관한 설명으로 가장 옳은 것은?

① 모두 도달주의에 의한다.
② 모두 발신주의에 의한다.
③ 납세자의 우편신고는 도달주의, 과세관청의 우편송달은 발신주의에 의한다.
④ 납세자의 우편신고는 발신주의, 과세관청의 우편송달은 도달주의에 의한다.

해설

• 우편신고의 효력발생시기 : 우편날짜도장이 찍힌 날 →'발신주의'
• 우편송달의 효력발생시기 : 도달한 때 →'도달주의'

길라잡이 신고와 송달의 효력발생시기

신고	우편신고	• 우편날짜도장이 찍힌 날(찍히지 아니하였거나 불분명시에는 통상 걸리는 배송일수를 기준으로 발송한 날로 인정되는 날)에 신고된 것으로 봄.
	전자신고	• 국세청장에게 전송된 때에 신고된 것으로 봄.
송달	우편·교부송달	• 도달한 때 효력발생
	전자송달	• 전자우편주소에 입력된 때 도달한 것으로 보아 효력발생
	공시송달	• 공고한 날부터 14일이 지나면 송달이 된 것으로 보아 효력발생

최신유형특강 193 | **국세기본법상 서류송달** | 난이도 ★ ★ ★ | 정답 ③

다음 중 국세기본법상 송달에 관한 내용으로 가장 올바르지 않은 것은?

① 정보통신망의 장애로 납부고지서의 전자송달이 불가능한 경우에는 교부에 의해서만 송달할 수 있다.
② 서류는 교부, 우편 또는 전자송달에 의하여 송달함을 원칙으로 한다. 다만, 주소불명 등의 사유로 송달할 수 없는 경우에는 공시 송달에 의한다.
③ 서류의 송달에 대한 효력은 원칙적으로 도달주의에 의하나, 공시송달 등의 경우는 특례규정을 두고 있다.
④ 국세기본법 또는 세법에 규정하는 서류는 그 명의인의 주소·거소·영업소 또는 사무소에 송달하는 것을 원칙으로 한다.

해설

• 정보통신망의 장애로 납부고지서의 전자송달이 불가능한 경우에는 교부 또는 우편의 방법으로 송달할 수 있다.
★ 저자주 위 내용은(①번 선지)은 재경관리사 시험수준을 초과하는 내용이나 출제가 된 만큼 가볍게 검토 바랍니다.

i 길라잡이 **서류송달**

송달장소	• 명의인(수신인)의 주소·거소·영업소·사무소(전자송달은 명의인의 전자우편주소)에 송달	
송달방법	• 우편송달, 교부송달, 전자송달, 공시송달 →단, 공시송달은 주소불명 등의 사유로 서류를 송달할 수 없는 경우에 한함.	
효력발생	우편·교부송달	• 도달한 때 효력발생
	전자송달	• 전자우편주소에 입력된 때 도달한 것으로 보아 효력발생
	공시송달	• 공고한 날로부터 14일이 지나면 송달이 된 것으로 보아 효력발생

최신유형특강 194 | **서류의 신고와 송달** | 난이도 ★ ★ ☆ | 정답 ①

다음의 국세기본법상 서류의 신고와 송달에 대한 설명 중 가장 올바르지 않은 것은?

① 전자신고의 경우에 해당 신고서 등을 국세정보통신망에 입력된 때에 신고된 것으로 보지만, 전자송달의 경우에는 송달받을 자가 지정한 전자우편주소에 입력된 후 수신확인이 되었을 때 도달된 것으로 본다.
② 공시송달의 경우 서류의 주요 내용을 공고한 날부터 14일이 경과하면 송달된 것으로 본다.
③ 교부·우편송달은 그 송달을 받아야 할 자에게 도달한 때로부터 효력이 발생한다.
④ 서류의 송달은 도달주의를, 우편신고의 경우에는 발신주의를 원칙으로 한다.

해설

• 전자송달의 경우에는 송달받을 자가 지정한 전자우편주소에 입력된 때(국세정보통신망에 저장하는 경우에는 저장된 때)에 그 송달을 받아야 할 자에게 도달한 것으로 본다. 수신확인 여부와 무관하다.
 →여기서 도달은 상대방의 지배권 내에 들어가 사회통념상 일반적으로 그 사실을 알 수 있는 상태에 있음으로 족하다.(국세기본법 기본통칙)

최신유형특강 195	특수관계인	난이도	★ ★ ★	정답	①

다음 중 세법상 특수관계인에 대한 설명으로 가장 올바르지 않은 것은?

① 어느 일방을 기준으로 특수관계에 해당하더라도 상대방의 특수관계인 여부에는 직접 영향을 미치지 않는 일방관계가 적용된다.
② 특수관계자인 배우자는 사실혼 관계에 있는 자를 포함한다.
③ 법인과 경제적 연관관계가 있는 임원은 특수관계인에 해당한다.
④ 법인과 경영지배관계에 있는 주주는 특수관계인에 해당한다.

해설

• 특수관계는 일방관계가 아니라 쌍방관계로 판단한다. 즉, 어느 일방입장에서 특수관계에 해당하면 이들 상호간은 특수관계인에 해당한다.

🛈 길라잡이 국세기본법상 특수관계인의 판단과 범위

판단	• 쌍방관계로 판단함. →즉, A입장에서 B가 특수관계인이 아니어도 B입장에서 A가 특수관계인이면 A입장에서도 B는 특수관계인이다.	
범위	친족관계	• 4촌이내 혈족, 3촌이내 인척, 배우자(사실혼 포함) 등
	경제적관계	• 임원·사용인 등 🔎주의 법인 출자자는 모두 특수관계인이나, 소액주주(1%미만)는 특수관계인에서 제외 (단, 소액주주라 하더라도 제배주주와 특수관계에 있으면 특수관계인에 해당함)
	지배관계	• 30%이상 출자자와 사실상 영향력 행사자 등

최신유형특강 196	국세부과원칙	난이도	★ ☆ ☆	정답	③

다음 중 국세기본법상 국세부과의 원칙에 관한 설명으로 가장 올바르지 않은 것은?

① 납세자가 그 의무를 이행할 때에는 신의에 따라 성실하게 하여야 한다. 세무공무원이 그 직무를 수행할 때에도 또한 같다.
② 세무서장이 종합소득 과세표준과 세액을 경정하는 경우 거주자가 추계 신고한 경우에도 소득금액을 계산할 수 있는 장부 기타 증빙서류를 비치, 기장하고 있는 때에는 그 장부 기타 증빙서류에 근거하여 실지조사 결정하여야 한다.
③ 세무공무원이 재량으로 직무를 수행할 때에는 과세의 형평과 해당 세법의 목적에 비추어 일반적으로 적당하다고 인정되는 한계를 엄수하여야 한다.
④ 명의신탁부동산을 매각처분한 경우에는 양도의 주체 및 납세의무자는 원칙적으로 명의수탁자가 아니고 명의신탁자이다.

해설

• ① 납세자가 그 의무를 이행할 때에는 신의에 따라 성실하게 하여야 한다. 세무공무원이 그 직무를 수행할 때에도 또한 같다.
　→ 국세부과원칙 : 신의성실원칙
② 세무서장이 종합소득 과세표준과 세액을 경정하는 경우 거주자가 추계 신고한 경우에도 소득금액을 계산할 수 있는 장부 기타 증빙서류를 비치, 기장하고 있는 때에는 그 장부 기타 증빙서류에 근거하여 실지조사 결정하여야 한다.
　→ 국세부과원칙 : 근거과세원칙
③ 세무공무원이 재량으로 직무를 수행할 때에는 과세의 형평과 해당 세법의 목적에 비추어 일반적으로 적당하다고 인정되는 한계를 엄수하여야 한다.
　→ 세법적용원칙 : 세무공무원재량한계
④ 명의신탁부동산을 매각처분한 경우에는 양도의 주체 및 납세의무자는 원칙적으로 명의수탁자가 아니고 명의신탁자이다.
　→ 국세부과원칙 : 실질과세원칙

최신유형특강 197 | **국세부과의 원칙 항목의 개념** | 난이도 ★ ☆ ☆ | 정답 ①

● 다음 내용과 가장 밀접한 관련이 있는 국세부과의 원칙으로 가장 옳은 것은?

> • 사업자등록명의자와는 별도로 사실상의 사업자가 있는 경우에는 사실상의 사업자를 납세의무자로 본다(국기통 14 - 0…1).
> • 회사의 주주로 명의상 등재되어 있더라도 회사의 대표자가 임의로 등재한 것일 뿐 회사의 주주로서 권리행사를 한 사실이 없는 경우에는 그 명의자인 주주를 세법상 주주로 보지 않는다(국기통 14 - 0…3).
> • 공부상 등기·등록 등이 타인의 명의로 되어 있더라도 사실상 당해 사업자가 취득하여 사업에 공하였음이 확인되는 경우에는 이를 그 사실상 사업자의 사업용자산으로 본다(국기통 14 - 0…4).
> • 명의신탁부동산을 매각처분한 경우에는 양도의 주체 및 납세의무자는 명의수탁자가 아니고 명의신탁자이다(국기통 14 - 0…6).

① 실질과세의 원칙   ② 근거과세의 원칙   ③ 조세감면사후관리의 원칙   ④ 신의성실의 원칙

해설

• 귀속이 명의일 뿐 사실상의 귀속자가 따로 있는 경우에는 사실상의 귀속자를 납세의무자로 하여 적용한다는 실질과세원칙의 사례들이다.

최신유형특강 198 | **국세부과원칙의 실무사례** | 난이도 ★ ★ ☆ | 정답 ①

● 다음 내용과 관련이 있는 국세부과의 원칙으로 가장 옳은 것은?

> 〈사실관계〉
> • '론스타 펀드 Ⅲ-버뮤다'와 '론스타 펀드 Ⅲ-US'(이하 "원고"라 함)가 각각 37.99%, 60%를 투자하여 벨기에에 설립한 스타홀딩스는 스타타워 주식 전부를 20x1년 12월 28일에 매각하여 양도차익 2,451억원을 실현함.
> • 스타홀딩스는 벨기에의 거주자로서 한-벨 조세조약에 의거하여 주식양도로 인한 소득에 대하여 비과세·면세 신청서를 제출함.
> • 과세관청(피고)은 스타홀딩스를 실질적인 소득, 자산의 지배와 관리권이 없이 조세회피목적을 위해 설립된 도관회사로 보아 한-벨 조세조약을 적용하지 아니하고, 실질적인 귀속자인 원고를 하나의 비거주자로 보아 부동산주식(소법 §119 9호)의 양도로 인한 소득에 대하여 소득세를 부과함.

① 실질과세의 원칙   ② 근거과세의 원칙   ③ 소급과세 금지의 원칙   ④ 신의성실의 원칙

해설

• 사건의 실제내용

> 지난 2000년에 론스타펀드Ⅲ(버뮤다)와 론스타펀드Ⅲ(미국), 허드코파트너스코리아로 구성된 론스타펀드Ⅲ는 벨기에에 설립한 스타홀딩스를 통해 서울 역삼동 스타타워를 인수했다가 되팔아 2천 450억원의 차익을 남겼다. 스타홀딩스는 벨기에의 거주자로서 한국과 벨기에의 조세조약에 따라 주식양도로 인한 소득세 면제신청서를 제출하였다. 이에 역삼세무서는 스타홀딩스를 조세회피를 위한 회사로 보아 한-벨 조세조약을 적용하지 않고 자산의 지분 38%와 60%를 가진 론스타펀드Ⅲ(버뮤다)와 론스타펀드Ⅲ(미국)에 양도소득세 388억 4천여만원과 613억 6천여만원을 각각 부과하였다.

• 형식이나 외관에 불구하고 거래의 실질에 따라 세법을 해석해야 한다는 실질과세원칙에 대한 내용이다.
  →즉, 양도차익을 실제 갖는 주체가 론스타펀드Ⅲ인지, 론스타펀드Ⅲ가 벨기에에 세운 스타홀딩스인지의 쟁점에 대하여 벨기에 스타홀딩스는 거주지인 벨기에에서는 정상적인 사업활동이 없고 형식상 거래 당사자의 역할만 수행한 회사로서 론스타펀드Ⅲ가 국내에서 조세를 회피하기 위해 설립한 도관회사에 불과하므로 양도소득의 실질귀속자에 해당한다고 볼 수 없다는 실질과세원칙에 따른 부과 내용이다.

＊저자주 하위 시험인 회계관리1급에 출제되었던 문제로서, 재경관리사 시험에 그대로 다시 출제되었습니다.

최신유형특강 199 | **신의성실원칙과 공적견해 표명 판단기준** | 난이도 ★★★ 정답 ②

다음은 신의성실의 원칙의 적용요건에 관한 설명이다. 신의성실의 원칙을 적용하기 위한 과세관청의 "공적인 견해표현"에 해당하는 것은?

> ㄱ. 납세자의 신뢰의 대상이 되는 과세관청의 공적견해표시가 있어야 한다.
> ㄴ. 납세자가 과세관청의 견해표시를 신뢰하고, 그 신뢰에 납세자의 귀책사유가 없어야 한다.
> ㄷ. 납세자가 과세관청의 견해표시에 대한 신뢰를 기초로 하여 어떤 행위를 하여야 한다.
> ㄹ. 과세관청이 당초의 견해표시에 반하는 적법한 행정처분을 하여야 한다.
> ㅁ. 과세관청의 그러한 배신적 처분으로 인하여 납세자가 불이익을 받아야 한다.

① 세무서담당자의 구두설명
② 국세청법규과의 서면질의회신
③ 국세상담센터의 전화안내
④ 홈택스사이트의 Q&A

해설

• 과세관청의 공적인 견해표시(표명)는 원칙적으로 일정한 책임있는 지위에 있는 세무공무원에 의하여 명시적으로 이루어짐을 필요로 한다.[대법원 판결]

공적인 견해표시에 해당O	•예 국세청법규과의 서면질의 회신
공적인 견해표시에 해당X	•예 국세종합상담센터 전화안내, 홈택스 Q&A, 세무서 담당자의 구두설명

ⓘ 길라잡이 신의성실의 원칙

의의	• 납세자가 그 의무를 이행하거나 세무공무원이 그 직무를 수행함에 있어서 신의에 따라 성실히 하여야 한다는 원칙 →조세법의 기본원칙이면서, 국세부과의 원칙에 해당함. ♀주의 납세자와 과세관청 쌍방 모두에 요구되는 원칙임.
적용요건	• ㉠ 과세관청의 공적견해 표시가 있어야 함. →예 양도가 비과세라고 국세청(세무서) 회신받음. ㉡ 납세자가 귀책사유 없이 어떤 행위를 해야 함. →예 비과세라고 믿고 자산을 양도 ㉢ 과세관청의 당초 견해표시와 다른 적법한 행정처분과 납세자의 불이익 →예 과세
적용효과	• 적법처분일지라도 신의칙위반으로 취소 → **참고** 취소이지 무효가 아님.

제1주차 전술유형특강

제2주차 핵심유형특강

제3주차 최신유형특강

제4주차 기출변형특강

최신유형특강 200 | **공적견해 표명과 국세부과원칙** | 난이도 ★ ☆ ☆ | 정답 ③

● 다음 내용과 관련이 있는 국세부과의 원칙으로 가장 옳은 것은?

> 철 수 : 작년 부가가치세 신고시 A거래처와의 거래에 대해서 국세종합상담센터에 부가가치세 관련
> 상담받은 답변을 토대로 처리했음에도 불구하고 이번 세무조사에서 A거래처에 대한 부가세
> 처리가 부가가치세법상 적절하지 않다고 합니다. 분명, 사전 국세종합상담센터에서 받은 답
> 변과 유사예규를 토대로 처리한 것인데 왜 과세가 되어야 하는지 모르겠습니다.
> 국세청 : 국세종합상담센터의 답변은 단순한 상담내지 안내수준인 행정서비스의 한 방법이고, 국세청
> 예규 또한 과세관청 내부의 세법해석 기준 및 집행기준을 시달한 행정규칙에 불과하므로 과세
> 관청의 상담 및 예규는 납세자가 신뢰하는 공적인 견해표명에 해당되지 않습니다.

① 실질과세의 원칙   ② 근거과세의 원칙   ③ 신의성실의 원칙   ④ 엄격해석의 원칙

해설

• 신의성실의 원칙은 납세자가 그 의무를 이행하거나 세무공무원이 그 직무를 수행함에 있어서 신의에 따라 성실히 하여야 한다는 원
칙을 말한다.
• 과세관청의 공적인 견해표시(표명)는 원칙적으로 일정한 책임있는 지위에 있는 세무공무원에 의하여 명시적으로 이루어짐을 필요로
한다.[대법원 판결]

| 공적인 견해표시에 해당O | •예) 국세청법규과의 서면질의 회신 |
| 공적인 견해표시에 해당X | •예) 국세종합상담센터 전화안내, 홈택스 Q&A, 세무서 담당자의 구두설명 |

최신유형특강 201 | **근거과세의 원칙** | 난이도 ★ ★ ★ | 정답 ②

● 다음 중 국세기본법상 근거과세의 원칙에 관한 설명으로 가장 올바르지 않은 것은?

① 근거과세의 원칙이란 장부 등 직접적인 자료에 입각하여 납세의무를 확정하여야 한다는 원칙이다.
② 국세를 조사·결정할 때 장부의 기록 내용이 사실과 다르거나, 장부의 기록에 누락된 것이 있을 때에는,
장부 전체에 대하여 정부가 조사한 사실에 따라 결정할 수 있다.
③ 정부는 장부의 기록 내용과 다른 사실 또는 장부 기록에 누락된 것을 조사하여 결정하였을 때에는, 정부
가 조사한 사실과 결정의 근거를 결정서에 적어야 한다.
④ 행정기관의 장은 해당 납세의무자 또는 그 대리인이 요구하면, 제3항의 결정서를 열람 또는 복사하게
하거나, 그 등본 또는 초본이 원본과 일치함을 확인하여야 한다.

해설

• 장부 전체에 대하여(X) → 그 부분에 대해서만(O)

ℹ️ 길라잡이 근거과세원칙

☐ 근거과세의 원칙이란 장부 등 직접적인 자료에 따라 납세의무를 확정해야 한다는 원칙임.

실지조사결정	• 납세의무자가 세법에 따라 장부를 갖추어 기록하고 있는 경우에는 해당 국세 과세표준의 조사와 결정은 그 장부와 이와 관계되는 증거자료에 의하여야 함.
결정근거의 부기	• 국세를 조사·결정할 때 장부의 기록 내용이 사실과 다르거나 장부의 기록에 누락된 것이 있을 때에는 「그 부분에 대해서만」 정부가 조사한 사실에 따라 결정할 수 있으며, 정부는 이처럼 장부의 기록 내용과 다른 사실 또는 장부 기록에 누락된 것을 조사하여 결정하였을 때에는 정부가 조사한 사실과 결정의 근거를 결정서에 적어야 함.
결정서열람·복사 **참고사항**	• 행정기관의 장은 해당 납세의무자 또는 그 대리인이 요구하면 결정서를 열람 또는 복사하게 하거나 그 등본 또는 초본이 원본과 일치함을 확인하여야 함. →이 경우 요구는 구술(口述)로 함. 다만, 해당 행정기관의 장이 필요하다고 인정할 때에는 열람하거나 복사한 사람의 서명을 요구할 수 있음.

최신유형특강 202 | **소급과세금지원칙** | 난이도 ★ ★ ☆ | 정답 ③

다음 중 소급과세의 금지 원칙에 대한 설명으로 가장 올바르지 않은 것은?

① 국세를 납부할 의무가 성립한 소득에 대하여 그 성립 후의 새로운 법에 따라 소급하여 과세할 수 없다.
② 국세청의 해석이 일반적으로 납세자에게 받아들여진 후에는 새로운 해석에 의하여 소급하여 과세할 수 없다.
③ 납세자에게 불리한 소급효 뿐만 아니라 유리한 소급효 역시 인정되지 않는 것이 통설이다.
④ 과세기간 중에 법률의 개정이 있는 경우 이미 진행한 과세기간분에 대해 소급과세하는 부진정 소급효는 허용된다.

해설

• 유리한 소급효는 인정되는 것이 통설이다.(즉, 소급과세가 납세자에게 유리한 경우 소급과세를 인정)
→소급과세금지의 원칙은 납세자의 법적 안정성과 신뢰이익을 보호하기 위한 것인데, 납세자에게 오히려 유리한 소급효는 이러한 취지에 반하지 않기 때문이다.

ⓘ 길라잡이 소급과세금지원칙

입법상 소급과세금지	• 국세를 납부할 의무가 성립한 소득·수익·재산·행위 또는 거래에 대해서는 그 성립 후의 새로운 세법에 따라 소급하여 과세치 않음.
행정(해석)상 소급과세금지	• 세법의 해석이나 국세행정의 관행이 일반적으로 납세자에게 받아들여진 후에는 그 해석이나 관행에 의한 행위 또는 계산은 정당한 것으로 보며 새로운 해석이나 관행에 의하여 소급하여 과세치 않음.

*🔎주의 유리한 소급효는 인정(통설) / 부진정소급(성립전 시행) 허용
→부진정소급과세 : 과세기간 중 세법이 개정되는 경우 개정된 세법을 그 과세기간개시일부터 적용하는 것을 말함.(예 20x1년 9월 소득세율이 고율로 개정된 경우 고율의 세율을 20x1.1.1분부터 적용)

| 최신유형특강 203 | 경정청구 일반사항 | 난이도 ★★☆ 정답 ③ |

다음 중 국세기본법상 경정청구에 관한 설명으로 가장 올바르지 않은 것은?

① 결손금을 과소신고한 경우에도 경정청구를 할 수 있다.
② 법정신고기한이 지난 후 5년 이내에 청구하여야 한다.
③ 결정 또는 경정으로 인하여 증가된 과세표준 및 세액에 대해서는 해당 처분이 있음을 안 날로부터 60일 이내에 경정청구를 할 수 있다.
④ 소송에 대한 판결 등의 후발적 사유가 발생하였을 경우 그 사유가 발생한 것을 안 날로부터 3개월 이내 결정 또는 경정을 청구할 수 있다.

해설

• 결정 또는 경정으로 인하여 증가된 과세표준 및 세액에 대해서는 해당 처분이 있음을 안 날로부터 90일 이내에 경정청구를 할 수 있다.

길라잡이 경정청구 개괄

청구자적격(경정청구권자)		• 법정신고기한까지 신고한 자 및 기한후신고한 자
경정청구사유		• 과세표준·세액을 과다신고하거나 결손금액·환급세액을 과소신고한 경우 →즉, 불리하게 신고시 발생함.
경정청구기한	원칙	• 법정신고기한이 지난 후 5년 이내
	예외	• ㉠ 결정·경정으로 인해 증가된 과세표준·세액에 대해서는 해당 처분이 있음을 안 날로부터 90일 이내(법정신고기한이 지난후 5년 이내에 한함) ㉡ 소송에 대한 판결 등의 후발적 사유가 발생하였을 경우에는 그 사유가 발생한 것을 안 날로부터 3개월 이내
		*주의 과세관청의 부과처분이 아직 없는 상태라면 경정청구를 반드시 거친 후 조세쟁송(이의신청 등)으로 이행해야 함. →바로 조세쟁송으로 이행 불가
통지기한		• 청구를 받은 날로부터 2개월 이내

최신유형특강 204   **과다납부의 구제**   난이도 ★ ★ ☆ 정답 ④

㈜상일은 법인세를 신고납부하면서 원천징수당한 기납부세액을 차감하지 않고 법인세를 과오납부하였음을 신고 직후에 알게 되었다. 이 경우 과오납한 세금을 환급받기 위한 조치에 관한 설명으로 가장 옳은 것은?

① 이의신청·심사청구 또는 심판청구를 통해서만 환급받을 수 있다.
② 법인세는 신고납부제도를 취하고 있으므로 당초의 신고를 경정하기 위하여 수정신고를 하여야 한다.
③ 당초 신고를 잘못하였으므로 환급받을 수 없다.
④ 당초에 신고한 과세표준과 세액의 경정을 청구하면 환급받을 수 있다.

해설

• 당초 납세자에게 불리하게 과다납부한 경우에는 경정청구를 통해 환급받을 수 있다.

경정청구 의의	• 이미 신고한 과세표준·세액이 과대(또는 이미 신고한 결손금액·환급세액이 과소)한 경우 과세관청으로 하여금 이를 정정하여 결정·경정하도록 촉구하는 납세의무자의 청구를 말한다.
경정청구 청구권자	• 당초 법정신고기한까지 과세표준신고서를 제출한 경우 및 기한후신고를 한 경우 경정청구가 가능하다.(무신고자로서 기한후신고를 한 자도 경정청구가 가능하다.)

→경정청구 : 이미 신고한 과세표준 및 세액이 과대(또는 이미 신고한 결손금액 또는 환급세액이 과소)한 경우 과세관청으로 하여금 이를 정정하여 결정·경정하도록 촉구하는 납세의무자의 청구를 말한다.
• ① 과세관청의 부과처분이 없는 상태에서는 반드시 경정청구를 거친 후 조세쟁송불복절차(이의신청·심사청구 또는 심판청구 등)로 이행하여야 한다.
→경정청구가 받아들여지는 경우 조세쟁송에 의하지 아니하고도 과다납부한 세액을 환급받을 수 있으며, 과세관청이 적법한 경정청구에 거부시에는 거부처분이 성립되므로 조세쟁송을 통해 구제받을 수 있다.
② 수정신고는 당초 납세자에게 유리하게 과소납부한 경우 행하는 절차이므로 환급과 무관하다.
③ 과다납부한 세액을 경정청구를 통해 환급받을 수 있다.

최신유형특강 205   **기한후신고와 가산세 감면**   난이도 ★ ★ ★ 정답 ②

다음 중 기한후 신고제도에 대한 설명으로 가장 올바르지 않은 것은?

① 법정신고기한 경과 후 1개월 이내에 기한후 신고를 한 경우 무신고가산세의 50%를 감면한다.
② 법정신고기한 경과 후 3개월 뒤 기한후 신고를 한 경우 무신고가산세를 감면하지 않는다.
③ 기한후과세표준신고서를 제출한 자로서 세법에 따라 납부하여야 할 세액이 있는 자는 그 세액을 납부하여야 한다.
④ 관할세무서장이 세법에 의하여 당해 국세의 과세표준과 세액을 결정하여 통지하기 전까지 기한후과세표준신고서를 제출할 수 있다.

해설

• 법정신고기한이 지난 후 3개월 초과 6개월 이내에 기한후신고 한 경우에는 무신고가산세의 20%를 감면한다.

ⓘ 길라잡이 기한후신고 개괄

신고자적격	• 법정신고기한까지 무신고자	
신고기한	• 결정하여 통지하기 전까지 해야 함.	
가산세감면	• 법정신고기한이 지난후 기한후신고일의 기간에 따라 무신고가산세를 감면함.	
	1개월이내	50%
	1개월초과 3개월이내	30%
	3개월초과 6개월이내	20%
	○주의 결정할 것을 미리 알고 기한후신고한 경우는 감면을 적용하지 않음.	
통지기한	•기한후신고일로부터 3개월이내에 통지해야 함.	

| 최신유형특강 206 | 조세쟁송 불복절차의 종류 | 난이도 | ★ ★ ★ | 정답 | ① |

사후적권리구제제도는 과세처분에 불복이 있는 자가 처분행정청에 대해서 그 처분을 취소하거나 변경을 구하는 제도로, 과세처분을 한 해당 세무서나 관할 지방국세청에 제기하는 'A', 국세청에 제기하는 'B', 국무총리실 조세심판원에 제기하는 '심판청구', 감사원에 제기하는 '감사원 심사청구', 행정소송법에 의하여 법원에 제기하는 'C'이 (가) 있다. 다음 중 'A', 'B', 'C'에 들어갈 용어로 가장 옳은 것은?

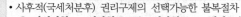

	A		B		C
①	이의신청	→	심사청구	→	행정소송
②	심사청구	→	행정소송	→	이의신청
③	행정소송	→	심사청구	→	이의신청
④	행정소송	→	이의신청	→	심판청구

해설

• 불복청구서 제출처

	이의신청	심사청구	심판청구	감사원심사청구	행정소송
불복청구서 제출처	세무서장·지방국세청장	국세청장	조세심판원장	감사원장	행정법원

ⓘ 길라잡이 사후적(납세고지서 수령후) 권리구제제도

개괄	• 사후적(국세처분후) 권리구제의 선택가능한 불복절차 ㄱ 이의신청 → 심사청구 또는 심판청구 → 행정소송 ㄴ 심사청구 또는 심판청구 → 행정소송 ㄷ 감사원심사청구 → 행정소송
절차	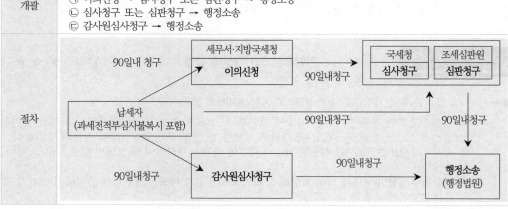

| 최신유형특강 207 | 이의신청·심사청구·심판청구 | 난이도 ★ ★ ☆ | 정답 ② |

다음 중 국세기본법상 이의신청, 심사청구 및 심판청구에 관한 설명으로 가장 올바르지 않은 것은?

① 국세기본법에 따른 동일한 처분에 대하여 심사청구와 심판청구를 중복하여 제기할 수 없다.
② 이의신청을 하려면 납세고지서를 받은 날로부터 30일 이내에 신청하여야 한다.
③ 심판청구에 대한 결정이 있으면 해당 행정청은 결정의 취지에 따라 즉시 필요한 처분을 하여야 한다.
④ 납세자는 행정소송을 제기하고자 하는 경우에는 결정통지서를 받은 날(결정통지 전이라도 그 결정기간이 지난날)로부터 90일 이내에 서류를 제출해야 한다.

해설

• 이의신청은 해당 처분이 있음을 안 날(처분의 통지를 받은 때에는 그 받은 날)부터 90일 이내에 제기해야 한다.

| 최신유형특강 208 | 과세전적부심사와 불복제도 | 난이도 ★ ★ ☆ | 정답 ④ |

다음 중 납세자권리구제에 관한 설명으로 가장 올바르지 않은 것은?

① 국세처분을 받기 전에 납세의무자의 청구에 의해 그 국세처분의 타당성을 미리 심사하는 제도로서 과세전적부심사가 있다.
② 세무조사결과에 관하여 납세의무자가 과세전적부심사를 청구하려면 세무조사결과통지서를 받은 날로부터 30일 이내에 통지서를 보낸 해당 세무서장(또는 지방국세청장)에게 청구서를 제출하여야 한다.
③ 국세의 과세처분 등이 있는 경우에 그 처분에 불복이 있는 자가 처분행정청에 대해서 그 처분을 취소하거나 변경을 구하는 제도로서 이의신청, 심사청구, 심판청구 및 행정소송이 있다.
④ 납세자가 심사청구 또는 심판청구를 하기 위해서는 이의신청을 거쳐야만 한다.

해설

• 사후적(국세처분후) 권리구제의 선택가능한 불복절차는 다음과 같다.〈모두 90일내 청구〉
  ㉠ 이의신청 → 심사청구 또는 심판청구 → 행정소송
  ㉡ 심사청구 또는 심판청구 → 행정소송
  ㉢ 감사원심사청구 → 행정소송
∴이의신청을 거치지 아니하고 곧바로 심사청구 또는 심판청구를 할 수 있다. 따라서, 이의신청은 임의적 절차에 해당한다.

ⓘ 길라잡이 과세전적부심사[사전적(국세처분전) 권리구제]

청구인적격	• 세무조사 결과에 대한 서면통지 또는 과세예고통지를 받은 자
청구기한	• 통지를 받은 날부터 30일 이내에 통지를 한 세무서장이나 지방국세청장에게 통지내용의 적법성에 관한 심사를 청구할 수 있음. **참고** 다만, 법령과 관련하여 국세청장의 유권해석을 변경하여야 하거나 새로운 해석이 필요한 것 등 법소정 일정한 사항에 대해서는 국세청장에게 청구할 수 있음.
통지	• 청구를 받은 세무서장, 지방국세청장 또는 국세청장은 각각 국세심사위원회의 심사를 거쳐 결정을 하고 그 결과를 청구를 받은 날부터 30일 이내에 청구인에게 통지해야 함.

최신유형특강 209 | **국세기본법상 납세자권리구제제도[1]** | 난이도 ★ ★ ☆ | 정답 ④

다음 중 국세기본법에 규정되어 있는 납세자권리구제 제도에 대한 설명으로 가장 올바르지 않은 것은?

① 사전권리구제제도에는 과세전적부심사가 있고, 사후권리구제제도에는 이의신청, 심사청구, 심판청구의 행정심판과 행정소송이 있다.
② 이의신청을 거친 후 심사청구를 하려면 이의신청에 대한 결정의 통지를 받은 날부터 90일 이내에 제기하여야 한다.
③ 위법한 처분에 대한 행정소송은 행정소송법에 불구하고 국세기본법에 따른 심사청구 또는 심판청구 및 감사원법에 따른 심사청구와 그에 대한 결정을 거치지 아니하면 제기할 수 없다.
④ 세무조사결과통지 또는 과세예고통지를 받은 납세자는 과세전적부심사를 90일 이내에 청구할 수 있으며 청구받은 과세관청은 이에 대해서 30일 이내에 결정하여야 한다.

해설

• 세무조사 결과에 대한 서면통지나 과세예고통지를 받은 자는 통지를 받은 날부터 30일 이내에 과세전적부심사(사전적 권리구제제도)를 청구할 수 있으며, 과세전적부심사 청구를 받은 세무서장·지방국세청장 또는 국세청장은 각각 국세심사위원회의 심사를 거쳐 결정(심사거부/불채택/채택)하고 그 결과를 청구를 받은 날부터 30일 이내에 청구인에게 통지해야 한다.
• 사후적(국세처분후) 권리구제의 선택가능한 불복절차는 다음과 같다.〈모두 90일내 청구〉
  ㉠ 이의신청 → 심사청구 또는 심판청구 → 행정소송
  ㉡ 심사청구 또는 심판청구 → 행정소송
  ㉢ 감사원심사청구 → 행정소송
  ∴행정소송은 심사청구·심판청구 또는 감사원심사청구를 거치지 아니하면 제기할 수 없다.

최신유형특강 210 | **국세기본법상 납세자권리구제제도[2]** | 난이도 ★ ★ ☆ | 정답 ③

다음 중 납세자의 권리구제제도에 관한 설명으로 가장 올바르지 않은 것은?

① 납세고지서가 나오기 전에 구제받을 수 있는 사전권리구제제도에는 과세전적부심사가 있다.
② 사후권리구제제도에는 이의신청, 심사청구, 심판청구의 행정심판과 행정소송이 있다.
③ 행정소송은 조세심판원에 제기하여야 하며, 조세심판원 이외에 제기한 경우 행정소송의 효력이 발생하지 아니한다.
④ 이의신청은 처분이 있음을 안 날부터 90일 이내에 과세관청에 신청하여야 한다.

해설

• 행정소송은 행정법원에 제기하여야 한다.

	이의신청	심사청구	심판청구	감사원심사청구	행정소송
불복청구서 제출처	세무서장·지방국세청장	국세청장	조세심판원장	감사원장	행정법원

길라잡이 사전적(국세처분전) 권리구제와 사후적(국세처분후) 권리구제

사전적(국세처분전) 권리구제	• 과세전적부심사
사후적(국세처분후) 권리구제	• 사후적(국세처분후) 권리구제의 선택가능한 불복절차 ㉠ 이의신청 → 심사청구 또는 심판청구 → 행정소송 ㉡ 심사청구 또는 심판청구 → 행정소송 ㉢ 감사원심사청구 → 행정소송

최신유형특강 211 | **소멸시효 중단사유** | 난이도 ★ ☆ ☆ | 정답 ④

다음 중 국세기본법상 소멸시효 중단사유로 가장 올바르지 않은 것은?

① 납부고지　　　　　　② 독촉
③ 교부청구　　　　　　④ 압류·매각의 유예

해설

• 압류·매각의 유예기간은 소멸시효 중단 사유가 아니라 소멸시효 정지 사유이다.

길라잡이 소멸시효 중단·정지 사유

소멸시효 중단 사유	• ㉠ 납부고지 ㉡ 독촉 ㉢ 교부청구 ㉣ 압류
소멸시효 정지 사유	• ㉠ 세법에 따른 분납기간, 압류·매각의 유예기간, 연부연납기간 ㉡ 납부고지의 유예, 지정납부기한·독촉장 등에 정하는 기한의 연장, 징수유예기간 ㉢ 사해행위취소소송이나 채권자대위소송이 진행중인 기간 ㉣ 체납자가 국외에 6개월 이상 계속 체류하는 경우 해당 국외 체류기간

최신유형특강 212 | **소멸시효 정지사유** | 난이도 ★ ☆ ☆ | 정답 ④

국세기본법상 소멸시효 정지사유가 아닌 것은?

① 분납　　　　　　② 징수유예
③ 압류·매각의 유예　　　　　　④ 압류

해설

• 압류는 소멸시효 정지 사유가 아니라 소멸시효 중단 사유이다.

최신유형특강 213 | **무신고가산세 적용시 부정행위** | 난이도 ★ ★ ☆ | 정답 ④

다음 중 국세기본법상 무신고가산세 또는 과소신고가산세 부과시 부정행위로 보는 것이 아닌 것은?

① 이중장부의 작성　　　　　　② 거짓 증빙의 수취
③ 고의적으로 장부를 비치하지 아니하는 행위　　④ 세법상의 신고를 하지 아니하는 행위

해설

• 세법상의 신고를 하지 아니하는 행위는 조세의 부과와 징수를 불가능하게 하거나 현저히 곤란하게 하는 적극적 행위로 보지 아니하며 일반적인 무신고가산세를 적용한다.

길라잡이 무신고가산세

가산세액	• ㉠ 부정행위로 인한 무신고가 아닌 경우 : 일반적인 경우 →무신고납부세액×20% ㉡ 부정행위로 인한 무신고인 경우 : 일반적인 경우 →무신고납부세액×40%
부정행위	• 이중장부의 작성 등 장부의 거짓 기장, 거짓 증빙 또는 거짓 문서의 작성·수취 • 장부와 기록의 파기, 재산의 은닉, 소득·수익·행위·거래의 조작 또는 은폐 • 고의적으로 장부를 작성하지 않거나 비치하지 않는 행위 등

| 최신유형특강 214 | 가산세 감면 일반사항 | 난이도 ★ ★ ★ | 정답 ② |

다음 중 국세기본법상 가산세의 감면에 관한 설명으로 가장 옳은 것은?

① 국세를 감면하는 경우에 가산세는 그 감면하는 국세에 포함한다.
② 법인세 과세표준과 세액의 경정이 있을 것을 미리 알고 수정신고를 한 경우에 가산세를 감면하지 아니한다.
③ 가산세의 감면을 받고자 하는 경우에도 가산세 감면신고서를 제출하지 않아도 된다.
④ 법정신고기한이 지난 후 3년이 되는 날에 수정신고를 한 경우 과소신고가산세의 감면을 받을 수 있다.

해설

- ① 국세를 감면하는 경우에 가산세는 그 감면대상에 포함시키지 아니하는 것으로 한다.
   → 즉, 국세의 감면과 가산세의 감면은 독립적인 별도의 사항이다.(가산세의 감면을 받고자 하는 경우에 가산세 감면신고서를 제출하여야 한다.)
- ③ 가산세의 감면을 받고자 하는 경우에는 가산세 감면신고서를 제출하여야 한다.
- ④ 법정신고기한이 지난 후 2년 내에 수정신고 한 경우에만 과소신고가산세의 감면을 받을 수 있다.

수정신고 가산세감면	• 과소신고가산세·영세율과세표준신고불성실가산세를 다음과 같이 감면함.			
	1개월이내	90%	6개월초과 1년이내	30%
	1개월초과 3개월이내	75%	1년초과 1년 6개월이내	20%
	3개월초과 6개월이내	50%	1년 6개월초과 2년이내	10%
	♀주의 경정할 것을 미리 알고 수정신고서를 제출한 경우에는 가산세를 감면하지 않음.			

| 최신유형특강 215 | 가산세의 종류와 전액감면 | 난이도 ★ ★ ★ | 정답 ① |

다음 중 가산세 부과에 관한 설명으로 가장 올바르지 않은 것은?

① 무신고가산세는 납세의무자가 법정신고기한까지 세법에 따른 국세의 과세표준 신고를 하지 아니한 경우로서 해당 무신고가 부정행위로 인한 경우에는 무신고납부세액의 20%가 된다.
② 원천징수 등 납부지연가산세는 국세의 원천징수의무자가 징수하여야 할 세액을 세법에 따른 납부기한까지 납부하지 아니하거나 과소납부한 경우의 가산세를 말한다.
③ 납부지연가산세는 납세의무자가 세법에 따른 납부기한까지 국세를 납부하지 아니하거나 납부하여야 할 세액보다 적게 납부한 경우의 가산세를 말한다.
④ 가산세를 부과하는 경우 그 부과의 원인이 천재지변 등의 기한연장 사유 또는 납세의무자가 의무를 이행하지 않은 것에 대한 정당한 사유가 있을 때에는 해당 가산세를 부과하지 않는다.

해설

- 무신고가 부정행위로 인한 경우 무신고가산세는 일반적으로 무신고납부세액의 40%가 된다.

참고 다음의 경우 가산세를 100% 전액 감면한다.
   ㉠ 천재지변 등의 기한연장사유에 해당하는 경우
   ㉡ 납세자가 의무를 이행하지 아니한 데 대한 정당한 사유가 있는 경우

최신유형특강 216 | **법인세법상 과세소득** | 난이도 ★ ★ ☆ 정답 ②

다음 중 법인세법상 과세소득에 관한 설명으로 가장 올바르지 않은 것은?

① 각 사업연도 소득이란 회계학상 계속기업의 가정 아래 매기마다 반복적으로 계산되는 소득을 말한다.
② 청산소득이란 모든 법인이 해산(합병 또는 분할에 의한 해산 제외)하는 경우에 발생하는 소득을 말한다.
③ 토지 등 양도소득에 대한 법인세는 주택, 별장 및 비사업용 토지 등의 양도소득에 대하여 과세하며 비과세법인을 제외한 모든 법인이 부담해야 한다.
④ 법인세법상 소득금액은 각 사업연도의 법인의 순자산증가액을 화폐단위로 표시한 가액을 말한다.

해설

• 청산소득이란 영리내국법인이 해산(합병 또는 분할에 의한 해산 제외)하는 경우에 발생하는 소득을 말한다.

ⓘ 길라잡이 **법인세법상 과세소득의 범위**

☐ 법인세법은 포괄적 소득개념으로서의 순자산증가설의 입장을 취하고 있음. 순자산증가설에 따르면 법인세법상의 소득금액은 각 사업연도의 법인의 순자산증가액으로서 그 증가액이 화폐적 수치로써 표시된 가액을 말함. 일반적으로 법인의 과세소득은 다음과 같이 분류할 수 있음.

각사업연도소득	• 회계학상의 계속기업의 가정 아래 매기마다 반복적으로 계산되는 소득을 말함. →각사업연도소득에 대한 법인세는 가장 기본적이고 전형적인 것으로, 일반적으로 법인세라 하면 이를 의미함.
청산소득	• 영리내국법인이 해산(합병 또는 분할에 의한 해산 제외)하는 경우에 발생하는 소득을 말함.
토지 등 양도소득	• 법에서 정하고 있는 주택, 별장, 주택을 취득하기 위한 권리로써 조합원입주권과 분양권, 비사업용 토지의 양도소득에 대하여는 비과세법인을 제외한 모든 법인이 '토지 등 양도소득에 대한 법인세'의 납세의무를 짐.
미환류소득	• 상호출자제한기업집단에 속하는 영리내국법인이 기업소득 중 일정금액 이상을 투자, 임금 등으로 사회에 환류하지 않은 소득을 말함. →이는 기업소득이 가계소득으로 흘러 들어가는 선순환을 위해서 추가과세하는 소득임.

| 최신유형특강 217 | 법인의 유형과 납세의무 | 난이도 | ★ ★ ☆ | 정답 | ② |

다음 중 법인세 납세의무자에 관한 설명으로 가장 올바르지 않은 것은?

① 외국법인은 국내원천소득에 대해서만 각 사업연도의 소득에 대한 법인세 납세의무를 진다.
② 외국에 본점을 둔 단체로서 국내에 사업의 실질적 관리장소가 소재한 경우에는 이를 외국법인으로 본다.
③ 외국법인은 본점이 있는 외국에서 해산을 하기 때문에 국내에서 청산소득이 발생하지 않아 청산소득에 대한 납세의무가 없다.
④ 내국법인 중 국가 또는 지방자치단체(지방자치단체조합을 포함)는 법인세 납세의무가 없다.

해설

• ① 외국법인은 각사업연도소득에 대하여는 국내원천소득에 대해서만 법인세 납세의무를 진다.(한편, 비영리외국법인은 수익사업소득에 한정한다.)

	각사업연도소득	청산소득	토지 등 양도소득
영리내국법인	국내외 모든소득	과세	과세
비영리내국법인	국내외 수익사업소득	비과세	과세
영리외국법인	국내원천소득	비과세	과세
비영리외국법인	국내원천 수익사업소득	비과세	과세

② 외국에 본점을 둔 단체이더라도 국내에 사업의 실질적 관리장소가 소재한 경우에는 이를 내국법인으로 본다.
③ 비영리법인의 경우에는 해산으로 인한 잔여재산을 구성원에게 분배할 수 없고 보통 이를 다른 비영리법인이나 국가에 인도해야 하기 때문에, 그리고 외국법인의 경우에는 해산이 본점소재지인 외국에서 행해지기 때문에 청산소득에 대해 법인세를 부과할 수 없다.(∴비영리법인과 외국법인은 청산소득에 대한 납세의무가 없다.)
④ 국가 또는 지방자치단체(지방자치단체조합을 포함)는 비과세법인이므로 법인세 납세의무가 없다.

ℹ️ 길라잡이 법인의 유형

내국법인과 외국법인	내국법인	• 본점·주사무소(또는 사업의 실질적 관리장소)가 국내에 있는 법인 **참고** ㉠ 본점(지점) : 영리법인인 경우 ㉡ 주사무소(분사무소) : 비영리법인이나 개인인 경우
	외국법인	• 본점·주사무소가 외국에 있는 단체(국내에 사업의 실질적 관리장소가 소재하지 않은 경우에만 해당함)로서 시행령의 기준에 해당하는 법인 🔍주의 ∴법인세법상 외국법인은 외국법에 의해 설립된 법인이 아님. 🔍주의 ∴외국에 본점을 둔 법인이더라도 사업의 실질적 관리장소가 국내인 경우는 내국법인으로 봄.
영리법인과 비영리법인	영리법인	• 영리를 목적으로 하는 법인
	비영리법인	• 학술·종교·자선 기타 영리 아닌 사업을 목적으로 하는 법인 **보론** ㉠ 국가·지자체(지자체조합) : 비과세법인(일체 납세의무 없음) ㉡ 외국정부·외국지자체 : 비영리외국법인으로 봄. ㉢ 법인으로 보는 법인격없는 단체 : 비영리내국법인으로 봄.

| 최신유형특강 218 | 미환류소득에 대한 법인세 일반사항 | 난이도 ★ ★ ★ | 정답 ④ |

다음 중 법인세법상 미환류소득 법인세에 관한 설명으로 가장 올바르지 않은 것은?

① 미환류소득에 대한 법인세 납부의무가 있는 법인은 각사업연도의소득에 대한 법인세액에 추가하여 미환류소득에 대한 법인세를 납부해야 한다.
② 독점규제 및 공정거래에 관한 법률의 상호출자제한기업집단에 속하는 내국법인이 적용대상 법인이다.
③ 미환류소득에서 차기환류적립금, 이월된 초과환류액을 차감한 금액의 20%를 미환류소득 법인세로 납부한다.
④ 초과환류액 발생시 그 다음 5개 사업연도 동안 미환류소득에서 공제할 수 있다.

해설

• 해당 사업연도에 초과환류액이 있는 경우에는 그 초과환류액을 그 다음 2개 사업연도까지 이월하여 그 다음 2개 사업연도 동안 미환류소득에서 공제할 수 있다.
★ **저자주** 미환류소득법인세는 한시적 규정인 관계로 회계사·세무사 시험에서도 잘 다뤄지지 않는 분야(각각 1번 출제됨)로 재경관리사 시험수준을 고려할 때 다소 어색한 출제에 해당합니다.

ⓘ 길라잡이 미환류소득에 대한 법인세[2025년말까지 한시적으로 적용]

개요	• 상호출자제한기업집단에 속하는 내국법인이 투자, 임금, 상생협력출연금 등으로 사회에 환류하지 않은 소득(=미환류소득)이 있는 경우 일반법인세에 추가납부해야 함. →취지 : 기업소득이 투자로 이어지고 임금증가를 위해 흘러가는 선순환 구조를 유도
적용대상법인 (납세의무자)	• 각 사업연도종료일 현재 '독점규제 및 공정거래에 관한 법률'에 따른 상호출자제한기업집단에 속하는 내국법인에 대해서만 과세함. **참고** '자기자본 500억 초과 법인(중소기업 등 제외)'은 세법개정으로 적용대상에서 삭제됨.
미환류소득 계산	• 다음 중 한 가지를 선택하여 신고해야 함. ⊙ 투자포함방법 : (기업소득×70%) - 환류액(투자액 + 임금증가액+상생협력출연금) ⓒ 투자제외방법 : (기업소득×15%) - 환류액(임금증가액+상생협력출연금) → {계산금액이 (+)인 경우 : 미환류소득 계산금액이 (−)인 경우 : 초과환류액 →다음 2개 사업연도연도 까지 이월공제가능
미환류소득법인세 계산구조	**미환류소득** →기업소득×70%(or15%) - 환류액 =(+)미환류소득 (−) 차기환류적립금 →당기 미환류소득을 차기·차차기에 환류를 위해 적립한 금액 (−) 이월된 초과환류액 →전기·전전기 초과환류액 중 당기로 이월된 금액 **과세대상 미환류소득** (×) 세율(20%) **미환류소득법인세** →일반법인세에 추가하여 납부

| 최신유형특강 219 | 법인의 사업연도 | 난이도 | ★ ★ ☆ | 정답 | ③ |

다음 중 법인세법상 사업연도에 관한 설명으로 가장 옳은 것은?

① 법인의 사업연도는 법령 또는 정관상에서 정하고 있는 회계기간을 우선적으로 적용하며 원칙적으로 1년을 초과할 수 있다.

② 법령 또는 정관상에 회계기간이 규정되어 있지 않은 법인의 사업연도는 일률적으로 1월 1일부터 12월 31일까지로 한다.

③ 사업연도를 변경하려는 법인은 직전 사업연도 종료일로부터 3개월 이내에 사업연도변경신고서를 제출하여 이를 납세지 관할세무서장에게 신고하여야 한다.

④ 법인설립 이전에 발생한 손익은 법인세 과세대상 손익에서 제외한다.

해설 ⊘

• ① 법인의 사업연도는 원칙적으로 1년을 초과할 수 없다.
  ② 법령 또는 정관상에 회계기간이 규정되어 있지 않은 법인의 사업연도는 법인설립신고 또는 사업자등록시 신고한 사업연도로 한다.
  ④ 최초사업연도 개시일 전에 생긴 손익을 사실상 그 법인에 귀속시킨 것이 있는 경우, 조세포탈의 우려가 없는 때에는 최초사업연도의 기간이 1년을 초과하지 않는 범위 내에서 이를 해당 법인의 최초사업연도의 손익에 산입할 수 있다.

ℹ️ 길라잡이 법인의 사업연도

사업연도	〈1순위〉	• 법령·정관에서 정하는 1회계기간으로 하되 1년 초과 불가 →예 회계기간이 1년 6개월이면 1년과 6월을 각각의 사업연도로 봄. 🔎주의 ∴사업연도로 임의기간을 선택 가능
	〈2순위〉	• 규정이 없는 경우는 법인설립신고 또는 사업자등록과 함께 사업연도를 신고
	〈3순위〉	• 신고도 없는 경우는 1월 1일부터 12월 31일을 사업연도로 함. 🔎주의 단, 신설법인의 최초사업연도는 설립등기일부터 12월 31일 보론 신설법인의 최초사업연도 개시일은 설립등기일로 함. 다만, 최초사업연도 개시일 전에 생긴 손익을 사실상 그 법인에 귀속시킨 것이 있는 경우, 조세포탈의 우려가 없는 때에는 최초사업연도의 기간이 1년을 초과하지 않는 범위 내에서 이를 해당 법인의 최초사업연도의 손익에 산입할 수 있음. 이 경우 최초사업연도의 개시일은 해당 법인에 귀속시킨 손익이 최초로 발생한 날로 함.
사업연도 변경		• 직전사업연도 종료일부터 3월 이내 신고(예 20x3년부터 변경시 : 20x3.3.31까지 신고) 🔎주의 변경하고자 하는 사업연도 종료일부터 3월 이내 신고가 아님.

| 최신유형특강 220 | 사업연도 변경 사례적용 | 난이도 ★ ★ ★ | 정답 ③ |

㈜삼일은 20x2년부터 사업연도를 변경하기로 하고 20x2년 4월 20일에 사업연도 변경신고를 하였다. 다음 중 법인세법상 사업연도의 구분으로 가장 옳은 것은(단, ㈜삼일은 법령에 따라 사업연도가 정하여지는 법인이 아님)?

> (1) 변경 전 사업연도(제13기) : 20x1년 1일 1일 - 20x1년 12월 31일
> (2) 변경하려는 사업연도 : 7월 1일 - 다음 연도 6월 30일

① 제14기 : 20x2년 1월 1일 - 20x2년 4월 20일
② 제14기 : 20x2년 1월 1일 - 20x2년 6월 30일
③ 제14기 : 20x2년 1월 1일 - 20x2년 12월 31일
④ 제15기 : 20x2년 4월 21일 - 20x2년 12월 31일

해설

- 사업연도를 변경하려는 법인은 그 법인의 직전 사업연도 종료일부터 3개월 이내에 납세지 관할세무서장에게 이를 신고하여야 한다.[법인법 7①]〈예 20x3년부터 변경시 : 20x3.3.31까지 신고〉
 →법인이 위 신고를 기한까지 하지 아니한 경우에는 그 법인의 사업연도는 변경되지 아니한 것으로 본다. 다만, 법령에 따라 사업연도가 정하여지는 법인의 경우 관련 법령의 개정에 따라 사업연도가 변경된 경우에는 신고를 하지 아니한 경우에도 그 법령의 개정 내용과 같이 사업연도가 변경된 것으로 본다.[법인법 7②]
- 변경신고기한을 지난 후 변경신고를 하였으므로 제14기에는 변경되지 않고, 그 다음 사업연도부터 사업연도가 변경된다. 본 문제에 대한 사업연도의 적용은 다음과 같다.

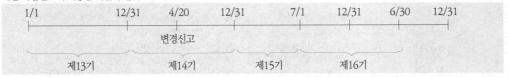

- **저자주** 본 문제는 세무사 기출문제로서 재경관리사 시험에 그대로 출제되었습니다. 문제의 난이도를 떠나 기한내 미신고에 대한 법인세법 규정(법인법 7②)은 재경관리사 시험수준을 초과하는 내용에 해당합니다.

ⓘ 길라잡이 법인의 사업연도 변경

개요		• 직전사업연도 종료일부터 3월 이내 신고(예 20x3년부터 변경시 : 20x3.3.31) ♀주의 변경하고자 하는 사업연도 종료일부터 3월 이내 신고가 아님.
세부고찰 **참고사항**	기한내 미신고	• 변경신고기한 내에 신고하지 않은 경우에는 변경되지 않은 것으로 봄. →그 다음 사업연도부터 변경됨.
	사업연도의제	• 사업연도가 변경된 경우 종전사업연도개시일부터 변경사업연도개시일 전날까지를 1사업연도로 함. →단, 그 기간이 1개월 미만시 변경된 사업연도에 그 기간을 포함함. (∴이 경우에는 예외적으로 사업연도가 1년을 초과할 수 있음)
	자동변경	• 법령에 따라 사업연도가 정하여지는 법인의 경우 관련 법령의 개정에 따라 사업연도가 변경된 경우에는 변경신고를 하지 아니한 경우에도 그 법령의 개정내용과 같이 사업연도가 변경된 것으로 봄.

| 최신유형특강 221 | 세무조정 일반사항 | 난이도 ★ ★ ☆ | 정답 ③ |

다음 중 세무조정에 관한 설명으로 가장 올바르지 않은 것은?

① 신고조정이란 세무조정계산서에 익금 또는 손금에 산입하는 것을 말한다.
② 결산조정이란 결산서상에 수익 또는 비용으로 계상하는 형식에 의한 조정을 말한다.
③ 본래의 세무조정은 결산조정만을 의미한다.
④ 결산조정사항 이외의 익금·손금항목은 모두 신고조정사항이다.

해설

• 결산조정사항이란 반드시 장부에 기장처리해야만 세무회계상 손금으로 인정받을 수 있는 사항 즉, 결산과정에서 세무조정하는 항목을 말한다. 신고조정사항은 기업회계 결산시 기장처리하지 않고 법인세 과세표준신고의 과정에서 세무조정계산서에만 계상함으로써 세무회계상 인정받을 수 있는 세무조정사항이다.
• 결산조정은 회사의 결산서(장부)에 반영하는 것이므로, 본래의 세무조정은 세무조정계산서에 익금 또는 손금을 계상하는 신고조정만을 의미한다.
  → 즉, 결산조정은 엄격히 말해서 결산절차에 관한 것이며 세무조정이라고 볼 수 없다. 따라서 본래의 세무조정(좁은 의미의 세무조정)은 신고조정만을 가리키는 것이다.

ℹ️ 길라잡이 결산조정·신고조정

결산조정	의의	• 비용을 과소계상시 손금산입할 수 없는 것으로 과대계상시만 손금불산입함.

	특징	• ㉠ 임의계상
		  → 법인이 손금으로 계상하고자하는 연도에 손비로 계상할 수 있음.
		  ㉡ 오직 손금사항에서만 발생하며, 손금산입이 불가하므로 경정청구도 불가함.

	항목	• 감가상각비 → K-IFRS 적용법인은 신고조정도 허용됨.
		• 대손금 → 신고조정하는 대손사유(예 소멸시효완성)도 있음
		• 대손충당금·퇴직급여충당금 → 퇴직연금충당금은 신고조정사항
		• 법인세법상 준비금(원칙) → 고유목적사업준비금 등은 잉여금처분 신고조정가능
		  ★**보론** 잉여금처분 신고조정 가능대상
		  ㉠ 법인세법상 준비금 중 고유목적사업준비금, 비상위험준비금, 해약환급금준비금
		  ㉡ 조세특례제한법상 준비금
		• 천재·지변·폐광·법령수용·화재로 인한 유형자산평가손

신고조정	의의	• 수익·비용을 과소계상시 반드시 익금산입·손금산입해야 하는 것으로 과대계상시 역시 익금불산입·손금불산입함.

	특징	• ㉠ 강제계상
		  → 당해 손금산입하지 않으면 차기이후 연도에 손금산입불가함.
		  ㉡ 익금·손금사항 모두에서 발생하며, 손금산입 등이 가능하므로 이를 못한 경우 경정청구 가능함.(예 전기 소멸시효완성 외상매출금을 손금산입하지 못한 경우, 당기에 경정청구 가능)

최신유형특강 222 | 세무조정 여부[1] | 난이도 ★ ★ ★ | 정답 ①

다음 중 법인세법상 세무조정이 요구되는 항목으로 옳은 것을 모두 고르면?

> ㄱ. 유상증자 시 주식액면을 초과하여 발행한 금액을 손익계산서상 영업외수익으로 계상하였다.
> ㄴ. 지방세 과오납금의 환급금에 대한 이자를 수령하고 이자수익으로 계상하였다.
> ㄷ. 영유아보육법에 따라 설치한 직장어린이집의 운영비를 지출하고 복리후생비로 비용 처리하였다.
> ㄹ. 사용인에 대한 확정기여형 퇴직연금의 부담금을 납입하고 퇴직급여로 비용 처리하였다.

① ㄱ, ㄴ
② ㄱ, ㄹ
③ ㄴ, ㄷ
④ ㄷ, ㄹ

해설

- ㄱ : 주식발행초과금은 자본·출자의 납입이므로 익금불산입항목이다.
  →회사가 영업외수익으로 계상한 경우 세무조정 : 익금불산입(기타)
- ㄴ : 환부이자(지방세 과오납금의 환급금에 대한 이자)는 익금불산입항목이다.
  →회사가 이자수익으로 계상한 경우 세무조정 : 익금불산입(기타)
- ㄷ : 영유아보육법에 따라 설치한 직장어린이집의 운영비는 손금에 산입한다.(by 법인세법시행령)
  →회사가 복리후생비로 비용처리한 경우 세무조정은 없다.
- ㄹ : 확정기여형 퇴직연금의 부담금 납입액은 법인세법상 전액 손금으로 인정한다.
  →회사가 퇴직급여로 비용처리한 경우 세무조정은 없다.

최신유형특강 223 | 세무조정 여부[2] | 난이도 ★ ★ ☆ | 정답 ①

다음 중 법인세 세무조정이 필요 없는 경우로 가장 옳은 것은?

① 이자비용에 대해 발생주의에 따라 미지급비용을 계상하였다.
② 지배주주와 특수관계가 있는 직원에게 특별한 사유없이 초과지급한 인건비를 비용으로 계상하였다.
③ 보유중인 당기손익-공정가치측정금융자산을 보고기간 종료일 현재의 공정가치로 평가하여 평가이익이 발생하였다.
④ 중소기업이 아닌 법인이 진행률을 계산할 수 있는 장기 도급공사에 대하여 완성기준으로 수익을 인식하였다.

해설

- ① 이자비용은 발생주의에 따른 회계처리가 제한없이 허용된다.
  →따라서, 발생주의에 따라 미지급비용(미지급이자)을 계상한 경우 이를 인정하므로 세무조정은 필요없다.

이자비용 손익귀속	• 원칙 : 소득세법에 따른 이자소득의 수입시기(실제로 지급한 날 또는 지급하기로 한 날) →현금주의 또는 지급의무확정주의 • 특례 : 기간경과분(미지급이자)을 비용계상시 이를 인정〈발생주의 수용〉

- ② 지배주주와 특수관계가 있는 직원에게 특별한 사유없이 초과지급한 인건비는 손금불산입항목이다.
  →따라서, 이를 비용으로 계상하였으므로 손금불산입(상여) 세무조정이 필요하다.
- ③ 유가증권에 대하여는 평가손익을 인정하지 않는다.
  →따라서, 평가이익(당기손익)을 부인하는 익금불산입(△유보) 세무조정이 필요하다.
- ④ 용역제공 등(도급공사)에 따른 손익의 귀속은 진행기준이 원칙이다.
  →따라서, 진행기준에 따른 익금산입(손금산입)의 세무조정이 필요하다.

용역제공 손익귀속	• 장·단기 불문하고 진행기준(원칙) 보론 ㉠ 중소기업의 계약기간 1년 미만 용역매출은 인도기준 가능함. 　　　㉡ 회계기준에 따라 인도기준으로 손익을 계상한 경우에는 인도기준 가능함.

| 최신유형특강 224 | 유보(을표 관리 항목)의 발생여부 | 난이도 ★ ★ ★ | 정답 ④ |

다음은 제조업을 영위하는 영리내국법인 ㈜삼일의 제14기 사업연도 세무조정(모두 적법한 세무조정임) 내역이다. 다음 세무조정 중 『자본금과 적립금조정명세서(을)』에 적어서 관리하여야 하는 것이 아닌 것은?

① 「보험업법」등 법률에 의하지 않은 유형자산의 평가차익을 수익으로 계상함에 따라 익금불산입하였다.
② 당기말 현재 건설 중인 공장건물의 취득에 소요되는 특정차입금에 대한 지급이자를 이자비용으로 계상함에 따라 이를 손금불산입하였다.
③ 국고보조금을 지급받아 사업용 고정자산을 취득하는 데에 사용하였으며, 과세이연 요건을 충족함에 따라 일시상각충당금을 손금산입하였다.
④ 채무의 출자전환으로 발생한 채무면제이익(수익으로 계상함)을 이월결손금(제10기 발생분)을 보전하는 데에 충당하고 익금불산입하였다.

해설

- 자본금과적립금조정명세서(을) : 유보(△유보)를 관리하는 서식
- ① 보험업법이나 그 밖의 법률에 따른 유형·무형자산 평가이익은 익금산입항목에 해당하나, 보험업법이나 그 밖의 법률에 의하지 않은 임의평가증은 익금으로 인정되지 않으므로 회사가 이를 수익으로 계상한 경우 익금불산입(소득처분 : △유보)한다.
  ② 당기말까지 건설이 완료되지 않은 상각자산의 특정차입금 이자를 비용계상한 경우에는 당기에 손금불산입(소득처분 : 유보)한다.
  →동 금액은 차기 이후에는 건설완료 후 상각부인액으로 의제한다.(즉, 상각부인액으로 간주하여 건설완료 연도 상각범위액에 포함하여 시부인함.)
  ③ 국고보조금은 익금에 해당한다. 그러나 일시상각충당금을 손금산입(△유보)하여 세부담의 증가를 상쇄할 수 있다.
  →결산조정[전입액(비용) xxx / 일시상각충당금 xxx]과 신고조정[손금산입(△유보)] 모두 가능하다.
  →이처럼 미리 손금산입한 금액은 추후 감가상각비와 상계되거나 처분이익에 포함되어 세부담증가를 가져오므로, 차기이후 비용을 미리 인정함으로써 법인세 부담을 이연시키기 위한 제도라고 할 수 있다.
  ④ 채무면제이익(채무의 출자전환시 채무면제이익을 포함) 중 발생연도에 제한없는 세무상 이월결손금 보전에 충당시 이를 익금불산입(소득처분 : 기타)한다.

| 일반적인 출자전환 회계처리 | (차) 차입금(채무액 = 발행가액) 10,000 | (대) 자본금(액면가액) 5,000
주식발행초과금(시가 – 액면가액) 2,000
채무면제이익(채무액 – 시가) 3,000 |

★ **저자주** 일시상각충당금(③)과 채무의 출자전환(④)에 대한 구체적 내용은 세무사·회계사 시험에서 언급되는 내용들로서, 재경관리사 시험수준을 초과하는 사항들입니다.

| 최신유형특강 225 | 소득처분과 소득세과세 | 난이도 ★ ☆ ☆ | 정답 ③ |

다음 중 소득의 귀속자에게 소득세가 부과되지 않는 소득처분은 무엇인가?

① 상여　　　　② 기타소득　　　　③ 유보　　　　④ 배당

해설

- 사외유출 중 배당, 상여, 기타소득으로 소득처분된 경우 귀속자에게 추가과세(소득세)가 이루어진다.

ℹ 길라잡이 사외유출의 귀속과 사후관리(추가과세)

	귀속자	소득세	원천징수
배당	• 주주 등(임원·직원 제외)	배당소득(인정배당)	O
상여	• 임원·직원(주주 등 포함) 　♀주의 ∴출자임원 : 상여	근로소득(인정상여)	O
기타사외유출	• 국가, 지자체, 법인(법인주주), 개인사업자	X	X
기타소득	• 위 외의 자	기타소득(인정기타소득)	O

최신유형특강 226   기타사외유출 소득처분 항목[1]   난이도 ★ ☆ ☆   정답 ③

다음 중 기타사외유출로 처분하는 항목이 아닌 것은?

① 기업업무추진비 한도초과액
② 업무무관자산 관련 지급이자
③ 대손충당금 한도초과액
④ 채권자불분명사채이자에 대한 원천징수액

해설

- 대손충당금 한도초과액 유보로 소득처분하는 대표적인 항목에 해당한다.
- ①,②,④는 특례에 의해 무조건 기타사외유출로 소득처분하는 항목에 해당한다.

ℹ️ 길라잡이 소득처분특례

귀속불분명특례	• 사외유출된 것은 분명하나 그 귀속자가 불분명한 경우 대표자상여로 처분함.
기타사외유출특례	• 다음의 세무조정사항은 귀속자를 묻지 않고 무조건 기타사외유출로 처분해야 함. 　㉠ 임대보증금 간주익금(간주임대료), 기부금한도초과액 　㉡ 기업업무추진비한도초과액, 3만원초과 증빙미수취 기업업무추진비 　㉢ 채권자불분명사채이자, 비실명이자 손금불산입액 중 원천징수세액 　㉣ 업무무관자산 등 지급이자 손금불산입액

최신유형특강 227   기타사외유출 소득처분 항목[2]   난이도 ★ ★ ☆   정답 ③

다음 거래에 대한 세무조정 결과 기타사외유출로 소득처분하는 것은?

① 대주주에 대한 사택유지비용을 손익계산서에 비용으로 계상하였다.
② 토지를 취득하며 부담한 취득세를 손익계산서에 비용으로 계상하였다.
③ 간이영수증을 받고 10만원을 지출한 금액을 손익계산서에 접대비로 계상하였다.
④ 대표이사에게 업무무관 가지급금을 이자를 받지 않고 대여해 주었다.

해설

- ① 대주주에 대한 사택유지비용을 손익계산서에 비용으로 계상하였다.
  →주주 등(소액주주 등은 제외) 또는 출연자인 임원 또는 그 친족이 사용하고 있는 사택의 유지비·관리비·사용료와 이와 관련되는 지출금은 업무무관비용으로서, 손금불산입하며 귀속이 주주(대주주)이므로 배당으로 소득처분한다.[세무조정 : 손금불산입(배당)]
- ② 토지를 취득하며 부담한 취득세를 손익계산서에 비용으로 계상하였다.
  →해당 토지의 자산인 취득세를 비용처리하였으므로 손금불산입하고 순자산의 차이를 발생시키므로 유보로 소득처분한다.[세무조정 : 손금불산입(유보)]
- ③ 간이영수증을 받고 10만원을 지출한 금액을 손익계산서에 기업업무추진비(접대비)로 계상하였다.
  →3만원 초과 신용카드 등 미사용액이므로 손금불산입하고 특례에 의해 무조건 기타사외유출로 소득처분한다.[세무조정 : 손금불산입(기타사외유출)]
- ④ 대표이사에게 업무무관 가지급금을 이자를 받지 않고 대여해 주었다.
  →㉠ 특수관계인 업무무관가지급금이므로 인정이자 전액을 익금산입하고 귀속이 임원(대표이사)이므로 상여로 소득처분한다.
  　　[세무조정 : 익금산입(상여)]
  　㉡ 특수관계인 업무무관가지급금이므로 지급이자의 일정액을 손금불산입하고 특례에 의해 무조건 기타사외유출로 소득처분한다.
  　　[세무조정 : 손금불산입(기타사외유출)]

★ **저자주** 만약 문제 질문이 '~ 기타사외유출로 소득처분할 수 있는 것은?'인 경우에는 ④번도 정답이 될 수 있습니다.

최신유형특강 228 | **의제배당 일반사항** | 난이도 ★ ★ ☆ | 정답 ①

다음 중 법인세법상 의제배당에 관한 설명으로 가장 올바르지 않은 것은?

① 법인이 자본잉여금을 자본전입하여 주주인 법인이 취득하는 주식은 배당으로 의제한다.
② 자본감소 등으로 인해 주주가 취득하는 금전과 그 밖의 재산가액의 합계액이 주주가 해당 주식을 취득하기 위하여 사용한 금액을 초과하는 경우 그 초과 금액을 의제배당 금액으로 한다.
③ 의제배당이란 법인의 잉여금 중 사내에 유보되어 있는 이익이 일정한 사유로 주주나 출자자에게 귀속되는 경우 이를 실질적으로 현금배당과 유사한 경제적 이익으로 보아 과세하는 제도이다.
④ 법인의 해산·합병 및 분할 등으로 인해 보유하던 주식 대신 받는 금전 등 재산가액의 합계액이 주식 취득가격을 초과하는 경우도 의제배당에 해당한다.

해설

• 의제배당이란 법인의 잉여금 중 사내에 유보되어 있는 이익이 일정한 사유로 주주나 출자자에게 귀속되는 경우 형식상 배당이 아니더라도 이를 실질적으로 현금배당과 유사한 경제적 이익으로 보아 과세하는 제도로서, 의제배당은 익금산입항목이다.(즉, 상법상의 이익배당이나 잉여금의 분배절차에 의한 것은 아니지만, 법인의 이익적립금에 상당하는 자산이 주주 등에게 귀속되는 경우에는 이익의 배당을 한 것과 동일한 경제적 효과를 가지므로 이를 배당소득으로 간주하여 익금항목으로 규정하고 있다.)
• 자본잉여금을 자본전입한 경우 모두 의제배당에 해당되는 것이 아니라, 일부 자본잉여금(예 일반적인 주식발행초과금)의 경우는 자본전입시에도 의제배당에 해당되지 않는다.

ⓘ 길라잡이 의제배당

사유	• ⊙ 잉여금의 자본전입으로 인한 의제배당(무상주배당) 　 ♀주의 자본잉여금을 자본전입하여 취득하는 주식 중 일부는 익금으로 보지 않음. 　　→예 일반적인 주식발행초과금의 자본전입은 의제배당이 아님. ⓛ 자본감소·해산·합병·분할 등으로 인한 의제배당 　 수령한 금전 등 재산가액이 동 주식을 취득시 금액을 초과시 그 차액이 의제배당	
세무조정	회사의 처리(주주) - 회계처리없음 - →세무조정 : 익금산입 xxx(유보) ♀주의 의제배당은 세무상으로 주식의 취득원가를 구성함.	세무상 처리 (차) 주식　　　xxx (대) 배당수익　　　xxx

---

최신유형특강 229 | **익금불산입항목** | 난이도 ★ ☆ ☆ | 정답 ②

익금불산입 항목은 법인의 순자산을 증가시키는 거래이기는 하나 세무상으로는 익금에 산입하지 않는 항목들이다. 익금불산입 항목에 대한 다음 설명 중 가장 올바르지 않은 것은?

① 자본충실화 목적으로 주식발행초과금은 익금에 산입하지 않는다.
② 의제배당은 상법상 이익의 배당이 아니므로 익금에 산입하지 않는다.
③ 부가가치세 매출세액은 회사의 수익이 아니므로 익금에 산입하지 않는다.
④ 국세·지방세 과오납금의 환급금에 대한 이자는 국가 등이 초과징수한 것에 대한 보상의 일종이므로 정책적으로 익금에 산입하지 않는다.

해설

• 의제배당이란 법인의 잉여금 중 사내에 유보되어 있는 이익이 일정한 사유로 주주나 출자자에게 귀속되는 경우 형식상 배당이 아니더라도 이를 실질적으로 현금배당과 유사한 경제적 이익으로 보아 과세하는 제도로서, 의제배당은 익금산입항목이다.(즉, 상법상의 이익배당이나 잉여금의 분배절차에 의한 것은 아니지만, 법인의 이익적립금에 상당하는 자산이 주주 등에게 귀속되는 경우에는 이익의 배당을 한 것과 동일한 경제적 효과를 가지므로 이를 배당소득으로 간주하여 익금항목으로 규정하고 있다.)

최신유형특강 230 | 익금 해당여부[1] | 난이도 ★ ★ ★ | 정답 ①

다음 중 법인세법 상 익금에 관한 설명으로 가장 옳은 것은?

① 내국법인이 외국자회사로부터 수입배당금액을 받은 경우 그 외국자회사의 소득에 대하여 부과된 외국법인세액 중 그 수입배당금액에 대응하는 금액이 세액공제된 경우에는 이를 익금으로 간주한다.
② 영리내국법인이 특수관계인인 법인으로부터 유가증권을 시가보다 낮은 가액으로 매입하여 보유하는 경우 시가와 매입가액의 차액은 그 유가증권을 매입한 사업연도의 익금으로 본다.
③ 채무의 출자전환으로 주식을 발행함에 있어서 그 주식의 시가를 초과하여 발행된 금액은 이월결손금 보전에 충당하더라도 익금에 산입한다.
④ 영리내국법인이 보유하던 주식에 대하여 받은 주식배당은 익금에 산입하지 아니한다.

해설

• ① 내국법인은 국내·외소득을 불문하고 우리나라 법인세가 과세되므로, 국외소득에 대해 우리나라 법인세와 원천지국의 법인세를 동시에 부담하는 국제적 이중과세가 발생한다. 따라서, 이러한 국제적 이중과세를 조정하기 위해 외국납부세액공제를 규정하고 있다. 즉, 과세표준에 국외원천소득이 포함되어 있는 경우로서 그 국외원천소득에 대하여 외국법인세액을 납부한 경우에는 외국납부세액을 세액공제(외국납부세액공제)할 수 있다.

외국법인세액 범위	직접납부외국법인세액	• 내국법인 자신이 납부한 외국법인세액
	간접납부외국법인세액	• 내국법인 소득금액에 외국자회사로부터의 수입배당금액이 포함되어 있는 경우, 외국자회사가 납부한 외국법인세액 (=외국법인세액 중 수입배당금액에 대응하는 금액) • 간접납부외국법인세액(세액공제된 경우에 한정함)은 익금으로 간주하여 소득금액에 합산한다. **참고** 외국자회사 수입배당금익금불산입 규정이 적용되는 경우에는 외국납부세액공제를 적용하지 아니함.

참고 간접납부외국법인세액을 익금으로 간주하는 이유

☐ 본래 수입배당금액은 외국자회사의 외국법인세가 차감된 후의 금액인데, 이것을 그 법인세가 차감되기 전의 상태로 복귀시켜 우리나라 법인세를 계산한 후 외국자회사의 법인세를 세액공제해 주어야 외국법인세의 과세효과가 완전히 취소될 수 있기 때문이다.

② 특수관계있는 개인으로부터 유가증권을 시가보다 저가매입시 그 차액을 익금산입(유보)한다.
→매입처가 개인이 아니라 법인이다.
→세무조정 : 없음.(저가매입액을 그대로 유가증권 취득가로 인정한다.)

예시 대표이사로부터 유가증권 매입 : 취득가액 80(시가 100), 처분가 60

☐ ㉠ 취득시 →세무조정 : 익금산입 20(유보)

회사				세법			
(차) 유가증권	80	(대) 현금	80	(차) 유가증권	100	(대) 현금	80
						수익(익금)	20

㉡ 처분시 →세무조정 : 손금산입 20(△유보)

회사				세법			
(차) 현금	60	(대) 유가증권	80	(차) 현금	60	(대) 유가증권	100
손실	20			손실	40		

③ 익금항목인 채무면제이익(채무의 출자전환으로 주식을 발행함에 있어서 그 주식의 시가를 초과하여 발행된 금액) 중 세무상 이월결손금에 충당된 금액은 익금불산입항목이다.

일반적인 출자전환 회계처리	(차) 차입금[발행가액(채무액)]	8,500	(대) 자본금(액면가액)	5,000
			주식발행초과금(시가 - 액면가액)	1,500
			채무면제이익(발행가액 - 시가)	2,000

④ 잉여금의 자본전입인 주식배당은 법인세법상 의제배당에 해당하므로 익금에 산입된다.

최신유형특강 231 | **익금 해당여부[2]** | 난이도 ★ ★ ☆ | 정답 ④

다음 중 법인세법상 익금항목에 해당하지 않는 것은?

① 외국납부세액공제를 받는 경우 외국자회사 소득에 대해 부과된 외국법인세액 중 그 수입배당금액에 대응하는 금액
② 부동산임대업을 주업으로 하는 차입금과다법인의 임대보증금에 정기예금이자율을 곱하여 계산한 금액상당액
③ 특수관계에 있는 개인으로부터 저가로 매입한 유가증권의 매입가액과 시가와의 차액
④ 이월결손금보전에 충당된 채무면제이익

해설

• ① 내국법인 소득금액에 외국자회사로부터의 수입배당금액이 포함되어 있는 경우 외국자회사가 납부한 외국법인세액(=외국법인세액 중 수입배당금액에 대응하는 금액)을 간접납부외국법인세액이라 하며, 간접납부외국법인세액(세액공제된 경우에 한정함)은 익금으로 간주하여 소득금액에 합산한다.
  ② 영리내국법인으로 부동산임대업을 주업으로 하는 차입금 과다법인이 부동산 또는 그 부동산상의 권리 등을 대여하고 받은 보증금 등에서 발생한 수입금액이 동 보증금 등에 대한 정기예금 이자상당액에 미달하는 경우에는 시행령이 정하는 일정금액을 각사업연도 소득금액계산상 익금에 산입한다.〈간주임대료=간주익금〉

> **참고** 간주임대료(간주익금)를 익금산입하여 과세하는 이유
>
> ☐ 동 규정은 임대보증금을 이용하여 세부담없이 부동산투자를 계속하는 것을 방지하고 개인사업자와의 세부담 형평을 위하여 임대보증금에 정기예금이자율(=금융회사 등의 정기예금이자율을 참작하여 기획재정부령이 정하는 이자율)을 곱하여 계산한 금액상당액은 임대수입으로 보아 과세하겠다는 취지이다.

  ③ 특수관계있는 개인으로부터 유가증권을 시가보다 저가매입시 그 차액은 익금산입항목이다.
  ④ 채무면제이익은 익금산입항목이나, 발생연도에 제한없는 세무상 이월결손금에 충당된 금액은 익금불산입항목이다.

최신유형특강 232 | 익금과 익금불산입항목 | 난이도 ★ ★ ☆ | 정답 ②

다음은 ㈜상일의 분개장의 일부이다. ㈜상일의 경리부장은 각각의 분개에 대해 다음과 같은 근거로 세무조정을 해야 한다고 주장하고 있다. 경리부장의 주장 중 현행 법인세법상 가장 올바르지 않은 것은?

〈분개장〉

(a)	(차)	자본금	500,000	(대)	현금	300,000
					감자차익	200,000
(b)	(차)	현금	50,000	(대)	이자수익	50,000
(c)	(차)	기부금	400,000	(대)	미지급금	400,000
(d)	(차)	현금	600,000	(대)	부가세예수금	600,000

① (a) - 감자차익은 회계상 자본잉여금항목이며, 법인세법상 익금불산입항목이므로 세무조정을 할 필요가 없다.

② (b) - 지방세 과오납금에 대한 환급이자를 수령한 것으로 이는 세무상 익금에 해당하므로 세무조정을 할 필요가 없다.

③ (c) - 세법상 기부금의 손익귀속시기는 실제로 현금이 지출되는 시점이므로 연도 말까지 미지급한 기부금을 손금불산입하고 유보로 소득처분해야 한다.

④ (d) - 부가가치세 매출세액을 수익이 아닌 부채항목으로 계상한 것은 세법상으로도 타당하므로 세무조정을 할 필요가 없다.

해설

• ① 감자차익은 익금불산입항목이다. 회사가 수익계상하지 않았으므로 세무조정은 없다.
② 환급금의 이자는 익금불산입항목이다. 회사가 수익계상하였으므로 세무조정을 해야 한다.
 →세무조정 : 익금불산입 50,000(기타)
③ 현금지출이 없어 미지급금(예 어음교부) 처리한 기부금은 세무조정을 해야 한다.

| 미지급기부금 | • 당기 : (차) 기 부 금 400,000 (대) 미지급금 400,000 | • 손금불산입 400,000(유보) |
| | • 차기 : (차) 미지급금 400,000 (대) 현 금 400,000 | • 손금산입 400,000(△유보) |

④ 부가가치세매출세액은 익금불산입항목이다. 회사가 수익계상하지 않았으므로 세무조정은 없다.

| 최신유형특강 233 | 채무의 출자전환 회계처리 | 난이도 ★ ★ ★ 정답 ② |

㈜삼일은 제17기(20x1년 1월 1일~20x1년 12월 31일)에 채무에 대한 출자전환을 하였는데, 채무의 가액은 8,500원, 발행 당시 주식의 시가는 6,500원 그리고 주식의 액면가액은 5,000원이었다. ㈜삼일의 제17기에 법인세법상 주식발행액면초과액과 채무면제이익은 각각 얼마인가?

	주식발행액면초과액	채무면제이익
①	1,000원	1,500원
②	1,500원	2,000원
③	1,000원	2,000원
④	1,500원	1,500원

해설

• 주식발행액면초과액 : 6,500(시가) - 5,000(액면가액) = 1,500
• 채무면제이익 : 8,500(발행가액 = 채무액) - 6,500(시가) = 2,000

★ **저자주** 세무회계 시험에서 채무의 출자전환에 관한 회계처리를 묻는 것은 상당히 부적절한 어색한 출제에 해당합니다. 굳이 법인세법상 의미를 찾는다면 채무의 출자전환시 발생하는 채무면제이익(기업회계상으로는 채무조정이익)이 법인세법상 규정된 익금산입항목인 채무면제이익과 동일하게 취급된다는 것이며 익금불산입항목인 주식발행초과금에는 채무의 출자전환에 따른 채무면제이익은 제외된다는 것이 되겠습니다.

ⓘ 길라잡이 채무의 출자전환시 회계처리와 주식발행가액의 법인세법상 취급

일반적인 출자전환 회계처리	(차) 차입금[발행가액(채무액)]	8,500	(대) 자본금(액면가액)		5,000
			주식발행초과금(시가 - 액면가액)		1,500
			채무면제이익[발행가액(채무액) - 시가]		2,000

주식발행가액의 법인세법상 취급	구분	구성요소		과세여부
	자본금	액면가액		익금제외
	발행가액(채무액) - 액면가액	주식발행초과금	시가 - 액면가액	익금불산입항목
		채무면제이익	발행가액 - 시가	익금산입항목

| 최신유형특강 234 | 손금과 손금불산입항목 | 난이도 ★ ★ ☆ | 정답 ④ |

다음 중 법인세법상 손금 및 손금불산입 항목에 관한 설명으로 가장 올바르지 않은 것은?

① 업무무관 부동산의 유지비는 손금으로 인정되지 않는다.
② 출자임원에 대한 사용자부담 의료보험료는 손금으로 인정된다.
③ 저가법으로 신고한 재고자산평가차손은 손금으로 인정된다.
④ 주식할인발행차금은 회사의 순자산을 감소시키므로 손금으로 인정된다.

해설

- ① 업무무관자산을 취득·관리함으로써 생기는 비용·유지비·수선비 및 이와 관련되는 비용은 손금으로 인정되지 않는다.
  ② 복리후생비(건강보험료) 사용자부담분은 지출대상이 임원, 직원(사용인), 지배주주 등의 여부를 불문하고 모두 한도없이 손금으로 인정된다.
  ③ 법인세법상 재고자산에 대하여는 다음에 대한 평가손실을 손금으로 인정한다.
    - 평가방법을 저가법으로 신고시 저가법 평가로 인한 평가손실
    - 파손·부패로 인한 평가손실(신고방법 불문)
  ④ 주식할인발행차금은 자본거래에 의한 것으로 순자산 감소임에도 불구하고 손금으로 인정되지 않는다.
    →주식발행초과금 역시 자본거래에 의한 것으로 순자산 증가임에도 불구하고 익금으로 인정되지 않는다.

| 최신유형특강 235 | 손금항목 일반사항 | 난이도 ★ ★ ☆ | 정답 ④ |

다음 중 손금에 관한 설명으로 가장 올바르지 않은 것은?

① 직원에게 지급하는 퇴직금은 전액 손금에 산입된다.
② 비영업용 소형승용차의 취득 및 유지와 관련된 부가가치세 매입세액은 손금에 산입된다.
③ 임원에 대한 복리후생비는 손금에 산입된다.
④ 이사회에서 정한 퇴직금지급규정이 존재하는 경우 세법에 정하는 퇴직금 한도에 우선하여 적용된다.

해설

- ① 직원(사용인)에게 지급하는 퇴직금은 전액 손금산입된다.
    → **비교** 임원에게 지급하는 퇴직금은 손금한도액을 초과하여 지급한 경우 그 초과액을 손금불산입한다.
  ② 비영업용 소형승용차의 취득 및 유지와 관련된 부가가치세 매입세액은 부가가치세법상 매입세액불공제 대상이나 법인세법상 손금에 산입되는 항목이다.

부가가치세법상 불공제매입세액의 손금 인정여부
☐ 일반적인 경우(비영업용소형승용차·기업업무추진비·면세사업·토지 관련) : 손금산입
☐ 의무불이행(세금계산서관련·사업자등록신청전 매입세액), 사업무관매입세액 : 손금불산입

③ 복리후생비는 임원·직원 등 불문하고 모두 손금으로 인정된다.
④ 세법에 정하는 퇴직금한도(정관 또는 정관의 위임에 따라 주주총회에서 정한 퇴직급여규정)가 적용된다.
    → **참고** 상여금은 정관·주주총회에서 정한 급여규정뿐만 아니라 이사회에서 정한 급여규정도 인정된다.

최신유형특강 236 | **임원 인건비 세무조정** | 난이도 ★ ★ ★ 정답 ②

● 다음 자료에 의할 경우 ㈜상일의 제17기(20x1년 1월 1일 ~ 20x1년 12월 31일)에 김삼일 이사(주주에 해당함)의 인건비 중 손금불산입되는 금액은 얼마인가?

> ㄱ. 김삼일 이사는 ㈜상일에 3년 9개월간 근무하다가 20x1년 12월 31일에 퇴직하였다.
> ㄴ. ㈜상일은 김삼일 이사에게 퇴직급여 15,000,000원을 지급하였다. ㈜상일은 퇴직급여충당금을 설정하지 않으며, 임원퇴직급여 규정도 두고 있지 않다.
> ㄷ. 퇴직직전 1년간 김삼일 이사에게 지급한 급여액은 24,000,000원이며 상여금은 10,000,000원(정관규정의 지급한도를 초과한 2,000,000원 포함)
> ㄹ. 급여액 등 인건비는 모두 손익계산서상 비용으로 회계처리되었다.

① 2,000,000원   ② 5,000,000원
③ 6,000,000원   ④ 8,000,000원

해설

• 손금불산입금액 : ㉠+㉡ = 5,000,000
  ㉠ 임원상여금한도초과액 : 손금불산입 2,000,000(상여)
  ㉡ 퇴직급여규정이 없으므로 한도산식(=퇴직전 1년 총급여×10%×근속연수)에 의해 한도를 계산한다.
   - 총급여(임원상여금한도초과액·비과세 제외) : 24,000,000 + (10,000,000 - 2,000,000) = 32,000,000
   - 근속연수(1월 미만 절사) : $3\frac{9}{12}$ 년
   - 임원퇴직금한도액 : $32,000,000 × 10\% × 3\frac{9}{12} = 12,000,000$
   - 임원퇴직금한도초과액 : 손금불산입 15,000,000 - 12,000,000 = 3,000,000(상여)

ℹ️ 길라잡이 │ 인건비의 손금산입 및 손금불산입

손금항목	손금불산입항목
• 합명·합자회사 금전·현물·신용출자사원 급여	• 합명·합자회사 노무출자사원 급여 • 비상근임원 부당행위계산부인 해당분 • 지배주주 및 그와 특수관계가 있는 임원·직원에게 동일직위 자보다 초과하여 지급하는 분
• 직원에 대한 상여금 • 급여지급기준 내의 임원상여금	• 급여지급기준 초과 임원상여금 →급여지급기준 : 정관, 주주총회·이사회결의

• 현실적 퇴직시 직원의 퇴직금
• 현실적 퇴직시 한도내의 임원퇴직금
 	
<table><tr><td colspan="2" align="center">임원퇴직금 한도액</td></tr><tr><td colspan="2">① 정관·(정관의 위임)퇴직급여규정 : 그 금액
② 그 외 : 퇴직전 1년 총급여×10%×근속연수
  →총급여 : 손금불산입인건비·비과세 제외
  →근속연수 : 1월 미만 절사</td></tr></table>
	• 비현실적 퇴직(예 임원의 연임)에 의한 퇴직금
	  →업무무관가지급금으로 봄.
	• 현실적 퇴직시 임원퇴직금 한도초과액

• 직장문화비(직장회식비)·직장체육비, 우리사주조합운영비, 직장어린이집운영비(직장보육시설운영비) • 국민건강보험·고용보험의 사용자 부담분 • 사회통념상 타당하다고 인정되는 범위의 경조금 🔍주의 임원·직원 등 불문하고 손금으로 인정함.	-

최신유형특강 237   **손금산입 여부 검토**   난이도 ★ ★ ★   정답 ①

다음은 제조업을 영위하는 내국법인인 ㈜삼일이 제5기 사업연도(20x1년 1월 1일~20x1년 12월 31일)에 계상한 비용이다. 각사업연도소득금액 계산시 손금에 산입되지 아니하는 금액은 얼마인가?

> 가. 지배주주 갑에게 지급한 여비 1,000,000원(갑은 ㈜삼일의 임원 또는 사용인이 아님)
> 나. 대표이사 을에게 지급한 상여금 2,500,000원(주주총회에서 결의된 급여지급기준 내의 금액임)
> 다. 제5기 사업연도에 지출한 업무무관자산에 대한 수선비 1,200,000원
> 라. 판매한 제품의 판매장려금으로서 사전약정 없이 지급한 금액 1,400,000원

① 2,200,000원   ② 2,500,000원
③ 3,600,000원   ④ 3,700,000원

해설

• 항목별 손금산입 여부 검토

가	❖지배주주 갑에게 지급한 여비 1,000,000원[갑은 ㈜삼일의 임원 또는 직원(사용인)이 아님] →법인이 임원 또는 직원(사용인)이 아닌 지배주주 등(특수관계에 있는 자를 포함)에게 지급한 여비는 해당 사업연도의 소득금액을 계산할 때 손금에 산입하지 아니한다.[법인령46]
나	❖대표이사 을에게 지급한 상여금 2,500,000원(주주총회에서 결의된 급여지급기준 내의 금액임) →임원상여금 한도초과액(급여지급기준 초과금액)은 손금에 산입하지 아니한다. 따라서, 2,500,000원은 급여지급기준 내의 금액이므로 전액 손금에 산입한다.
다	❖제5기 사업연도에 지출한 업무무관자산에 대한 수선비 1,200,000원 →업무무관자산을 취득·관리함으로써 생기는 수선비 등은 손금에 산입하지 아니한다.
라	❖판매한 제품의 판매장려금으로서 사전약정 없이 지급한 금액 1,400,000원 →판매한 상품·제품의 판매장려금 및 판매수당 등 판매와 관련된 부대비용(판매장려금 및 판매수당의 경우 사전약정 없이 지급하는 경우를 포함)은 손금에 산입한다.[법인령19]

∴손금에 산입되지 아니하는 금액 : 1,000,000(가)+1,200,000(다)=2,200,000

★ 저자주 '가'와 '라'는 재경관리사 시험내용을 초과하나, 출제가 된 만큼 가볍게 숙지하기 바랍니다.

| 최신유형특강 238 | 업무무관경비 일반사항 | 난이도 ★ ★ ☆ | 정답 ④ |

다음 중 법인세법상 업무무관경비 관련 손금불산입항목에 관한 설명으로 가장 올바르지 않은 것은?

① 업무무관경비 관련 손금불산입항목의 범위에는 업무무관부동산 및 업무무관자산의 취득과 관리에 따른 비용, 유지비, 수선비와 이에 관련있는 비용이 포함된다.
② 출자자(소액주주 제외)나 출연자인 임원 또는 그 친족이 사용하고 있는 사택의 유지비, 사용료 및 이에 관련되는 지출금은 업무무관경비에 속한다.
③ 업무무관부동산 및 업무무관자산을 취득하기 위한 자금의 차입과 관련있는 비용 또한 업무무관경비에 포함된다.
④ 업무무관자산의 취득에 따른 취득세 등은 취득부대비용으로 인정하지 아니하므로 자산의 취득가액에 산입하지 아니한다.

해설

• 업무무관자산이라도 취득에 따른 취득세 등은 취득부대비용이므로 자산의 취득가액에 산입한다.
  →만약, 회사가 업무무관자산 취득세 등을 비용계상한 경우 손금불산입(유보)로 세무조정한다.

ⓘ 길라잡이 업무무관경비 손금불산입 항목

업무무관자산 취득·관리비용	• 업무무관부동산 및 업무무관자산을 취득·관리함으로써 생기는 비용·유지비·수선비 및 이와 관련되는 비용
타인사용 장소 등의 비용	• 법인이 직접 사용하지 않고 다른 사람(비출자임원과 소액주주임원 및 직원은 제외)이 주로 사용하고 있는 장소·건축물·물건 등의 유지비·관리비·사용료와 이와 관련되는 지출금
사택관련 비용	• 주주 등(소액주주 제외)이거나 출연자인 임원 또는 그 친족이 사용하고 있는 사택의 유지비·관리비·사용료와 이와 관련되는 지출금
업무무관자산 차입비용	• 업무무관부동산 및 업무무관자산을 취득하기 위한 자금의 차입과 관련되는 비용
뇌물	• 뇌물(외국공무원에 대한 뇌물 포함)에 해당하는 금전과 금전 이외의 자산 및 경제적 이익의 합계액
노조전임자 급여	• 노동조합 및 노동관계조정법을 위반하여 노조전임자에게 지급하는 급여 **참고** 노동조합 및 노동관계조정법에서는 노조전임자(=노동조합 업무에만 종사하는 자)는 사용자로부터 어떠한 급여도 지급받아서는 안된다고 규정하고 있는데, 이 규정에도 불구하고 노조전임자에게 지급하는 급여는 위법비용이므로 업무무관비용으로 손금불산입함.

ⓘ 길라잡이 업무무관자산의 단계별 세무조정

구분	세법상 처리방법	세무조정
취득단계	• 업무무관자산이라도 취득세 등은 취득부대비용이므로 자산의 취득가액에 가산함.	[손금불산입] 취득세 등 (유보)
보유단계	• 업무무관 자산에 대한 감가상각비·유지비·수선비·관리비·재산세 등은 업무무관자산의 유지비용이므로 손금불산입함.	[손금불산입] 수선비·관리비·재산세(기타사외유출) [손금불산입] 감가상각비(유보)
처분단계	• 법인의 순자산을 감소시키므로 그 자산의 장부가액을 손금에 산입함.	[손금산입] 업무무관자산(△유보)

| 최신유형특강 239 | 업무무관경비 손금불산입 | 난이도 | ★ ★ ☆ | 정답 | ③ |

다음 중 법인세법상 업무무관경비 손금불산입 항목에 관한 내용으로 가장 올바르지 않은 것은?

① 업무무관부동산 및 업무무관자산의 취득·관리에 따른 비용·유지비·수선비와 이에 관련되는 비용
② 법인이 직접 사용하지 않고 타인(비출자임원·소액주주인 임원 및 직원을 제외함)이 주로 사용하는 장소·건축물·물건 등의 유지비·관리비·사용료와 이에 관련되는 지출금
③ 직원이 사용하고 있는 사택의 유지비·사용료와 이에 관련되는 지출금
④ 형법상 뇌물(외국공무원에 대한 뇌물 포함)에 해당하는 금전과 금전 이외의 자산 및 경제적 이익

해설

• 사택관련 비용 손금불산입 대상 : 주주 등(소액주주 제외)이거나 출연자인 임원 또는 그 친족
  →∴비출자임원·소액주주 및 소액주주임원·직원이 사용하고 있는 사택유지비 등은 손금산입항목에 해당한다.

| 최신유형특강 240 | 조세공과금의 손금 인정여부 | 난이도 | ★ ★ ★ | 정답 | ④ |

다음의 조세공과금 중 손금으로 인정되는 것으로 가장 옳은 것은?

① 법인세 및 법인지방소득세
② 징벌적 목적의 손해배상금
③ 비사업용토지에 대한 재산세
④ 부가가치세법에 따라 공제되지 않는 매입세액(의무불이행이나 사업과 관련 없는 경우에 해당하지 않음)

해설

• ① 법인세(지방소득세)는 조세 중 대표적인 손금불산입항목이다.
  ② 법소정 징벌적 목적의 손해배상금은 손금불산입항목이다.
  ③ 재산세는 손금산입항목에 해당하나, 업무무관부동산(비사업용토지)에 대한 재산세는 손금불산입항목이다.
  ④ 부가가치세법에 따른 일반적인 불공제매입세액은 손금산입항목에 해당한다.(단, 의무불이행이나 사업과 관련 없는 경우 매입세액은 손금불산입항목이다.)

ⓘ 길라잡이 조세·공과금 중 손금산입 및 손금불산입항목

손금산입	• 재산세, 종합부동산세, 지체상금, 연체금, 연체이자, 연체료, 연체가산금 　♀주의 업무무관부동산 재산세·종합부동산세 : 손금불산입항목
손금불산입	• 법인세(지방소득세, 농어촌특별세), 가산세, 가산금, 강제징수비, 벌금, 과태료, 임의출연금, 폐수배출부담금, 징벌목적 손해배상금, VAT매입세액 　♀주의 부가가치세법상 불공제매입세액의 손금 인정여부 　　ⓐ 일반적인 경우(비영업용소형승용차·기업업무추진비·면세사업·토지 관련) : 손금산입 　　ⓑ 의무불이행(세금계산서관련·사업자등록신청전 매입세액), 사업무관매입세액 : 손금불산입

| 최신유형특강 241 | 조세 및 환급금·환급금이자 세무조정 | 난이도 | ★ ★ ☆ | 정답 | ③ |

다음 자료를 바탕으로 ㈜삼일이 제20기에 수행하여야 하는 세무조정으로 가장 옳은 것은?

> (1) ㈜삼일은 제19기에 업무용 건물의 재산세 200만원을 현금으로 납부하였고 다음과 같이 회계처리
> 하였다.
> - (차) 세금과공과(재산세) 2,000,000원 (대) 현금 2,000,000원
> (2) 제20기에 재산세 과오납 사유가 발생하여 100만원의 재산세 환급금과 10만원의 과오납급의 환급
> 가산금을 지급받았고 다음과 같이 회계처리하였다.
> - (차) 현금 1,100,000원 (대) 잡이익 1,100,00원

① (익금산입) 100,000원
③ (익금불산입) 100,000원
② (익금산입) 1,100,000원
④ (익금불산입) 1,100,00원

해설 ⌇

• 제19기
　재산세는 손금산입항목이다. 회사가 세금과공과로 비용처리했으므로 세무조정은 없다.
• 제20기
　㉠ 전기분 재산세 환급액은 재산세가 손금산입항목이므로 환급액은 반대로 익금산입항목이다. 회사가 잡이익으로 수익처리했으므
　　로 세무조정은 없다.
　㉡ 국세·지방세의 환급금에 대한 이자는 국세·지방세의 환급액 자체가 익금에 해당하는지의 여부에 관계없이 무조건 익금불산입항
　　목이다.(∵국가 등이 초과징수한 것에 대한 보상의 일종이므로) 회사가 잡이익으로 수익처리했으므로 세무조정을 한다.
　　→[세무조정] 익금불산입 100,000(기타)
★ **저자주** 환급금이자의 세법상 용어는 국세이면 '환급가산금', 지방세이면 '환부이자'가 되겠습니다. 따라서, 재산세는 지방세이므로 문제
　　자료 (2)의 '환급가산금'을 '환부이자'로 수정바랍니다.

| 최신유형특강 242 | 손익귀속사업연도 일반원칙[1] | 난이도 | ★ ☆ ☆ | 정답 | ② |

다음 중 법인세법상 손익귀속시기에 관한 설명으로 가장 올바르지 않은 것은?

① 법인세법상 손익귀속시기는 기업회계기준과 다를 수 있다.
② 금융보험업 이외의 법인이 이자비용을 발생주의에 따라 회계처리한 경우에도 법인세법상 이를 인정하
　지 않으므로 반드시 세무조정을 하여야 한다.
③ 임대료 지급기간이 1년을 초과하는 경우 이미 경과한 기간에 대응하는 임대료 상당액과 비용을 각각
　해당 사업연도의 익금과 손금으로 한다.
④ 원칙적으로 제품 판매의 경우 법인세법상 손익귀속시기는 인도시점이다.

해설 ⌇

• ① 손익귀속시기와 관련하여 기업회계는 발생주의 및 실현주의를 채택하고 있는 것에 반해, 법인세법은 권리의무확정주의를 채택하
　　고 있다. 따라서, 법인세법상 손익귀속시기는 기업회계기준과 다를 수 있다.
　② 법인이 이자비용을 발생주의에 따라 회계처리한 경우 법인세법상 이를 인정하므로 세무조정은 없다.
　　→즉, 기간경과분(미지급이자)을 비용계상시 이를 인정한다.〈발생주의 수용〉
　③ 임대료 지급기간이 1년을 초과하는 경우 발생주의를 강제하므로 이미 경과한 기간에 대응하는 임대료 상당액과 비용을 각각 해
　　당 사업연도의 익금과 손금으로 한다.

| 임대료수익 | • 원칙 : 지급일(지급약정일) →단, 계약에 지급일이 정해지지 않은 경우 실제 지급받은 날
• 특례 : ㉠ 기간경과분(미수임대료)을 회계기준에 따라 수익계상시 이를 인정〈발생주의수용〉
　　　　㉡ 임대료지급기간이 1년을 초과(예 2년치를 2년후 일시지급시 임대료지급기간은 2년)하는 경우 기간
　　　　경과분(미수임대료)을 수익으로 인식〈발생주의 강제〉
　　　　→즉, 1년 초과시 회사 계상여부에 관계없이 미수임대료를 무조건 익금산입함. |

　④ 상품(매매목적용 부동산 제외), 제품, 기타 생산품의 판매시 손익귀속시기는 인도한 날(인도시점)이다.

최신유형특강 243 | 손익귀속사업연도 일반원칙[2] | 난이도 ★ ★ ☆ 정답 ④

다음 중 법인세법상 손익귀속사업연도의 일반원칙으로 가장 올바르지 않은 것은?

① 기업회계에서 발생주의 및 실현주의를 채택하고 있는 것에 반해, 법인세법에서는 권리의무확정주의를 채택하고 있다.
② 위탁매매에 있어서의 판매손익 귀속시기는 수탁자가 위탁 재화를 판매한 시점이다.
③ 건설업의 수익·비용 귀속시기는 진행기준이 원칙이나 중소기업인 법인이 수행하는 계약기간 1년 미만의 건설의 경우에는 그 건설 목적물의 인도일이 속하는 사업연도로 할 수 있다.
④ 일반법인에 대한 지급이자의 비용 귀속시기는 기간경과분을 비용으로 계상한 경우에도 불구하고 실제로 지급한 날 또는 지급하기로 한 날이 속하는 사업연도이다.

해설

• ① 권리의무확정주의 : 법인세법은 각 사업연도의 익금·손금의 귀속사업연도는 그 익금·손금이 확정된 날이 속하는 사업연도로 한다. 즉, 원칙적으로 익금은 권리가 확정된 시점에 귀속되고 손금은 의무가 확정된 시점에 귀속된다.
② 위탁판매란 상품 등의 판매를 타인에게 위탁하고 수수료를 지급하는 판매형태이므로 위탁자가 수탁자에게 상품 등을 적송한 것은 아직 인도하였다고 볼 수 없다. 따라서 위탁자의 입장에서는 위탁매매인, 즉 수탁자가 상품 등을 판매한 날에 손익을 인식하여야 할 것이며, 이 점에 대하여는 기업회계나 세법에서 동일하게 규정하고 있다.
③ 건설업(용역제공)의 익금(수익)·손금(비용) 귀속시기는 진행기준이 원칙이다. 다만, 다음 중 어느 하나에 해당하는 경우에는 그 목적물의 인도일이 속하는 사업연도의 익금과 손금에 산입할 수 있다.
  ㉠ 중소기업인 법인이 수행하는 계약기간이 1년 미만인 건설 등의 경우
   →이는 중소기업이 단기건설 등을 기업회계의 진행기준에 따라 결산서에 수익과 비용으로 회계처리한 경우에도 인도기준으로 신고조정할 수 있다는 것이다.
  ㉡ 기업회계기준에 따라 그 목적물의 인도일이 속하는 사업연도의 수익과 비용으로 계상한 경우
   →기업회계기준에서 분양공사 등의 예약매출은 인도기준으로 분양수익과 분양원가를 인식해야 하는데, 이처럼 기업회계기준에 따라 인도기준으로 수익과 비용을 계상한 경우에는 법인세법에서도 인도기준을 적용하여 익금과 손금을 인식할 수 있다.
④ 이자비용(지급이자)은 소득세법에 따른 이자소득의 수입시기가 속하는 사업연도의 손금으로 한다.(실제로 지급한 날 또는 지급하기로 한 날) 다만, 결산을 확정할 때 이미 경과한 기간에 대응하는 이자(=미지급이자)를 해당 사업연도의 손비로 계상한 경우에는 그 계상한 사업연도의 손금으로 한다.

ⓘ 길라잡이 이자소득·이자비용·배당수익·임대료수익의 손익귀속

이자수익	• 원칙 : 소득세법에 따른 이자소득의 수입시기(실제로 받은 날 또는 받기로 한 날) →현금주의 또는 권리확정주의 **보론** 금융보험업 : 현금주의(실제로 수입한 날)에 의하되, 선수입이자는 제외함. • 특례 : 기간경과분(미수이자)을 수익계상시 원천징수되지 않는 이자수익(예 국외이자)에 한하여 인정 **보론** 금융보험업 : 기간경과분을 수익계상시 원천징수되지 않는 이자수익(대부분임)에 한하여 인정
이자비용	• 원칙 : 소득세법에 따른 이자소득의 수입시기(실제로 지급한 날 또는 지급하기로 한 날) →현금주의 또는 지급의무확정주의 • 특례 : 기간경과분(미지급이자)을 비용계상시 이를 인정〈발생주의 수용〉 ◯주의 이자비용은 이자수익의 경우와는 달리 발생주의에 따른 회계처리가 제한없이 허용됨.
배당소득	• 소득세법에 따른 배당소득의 수입시기(실제로 받은 날, 잉여금처분결의일 등)
금융보험업 수입보험료	• 원칙 : 현금주의(실제로 수입한 날)에 의하되, 선수입보험료는 제외함. • 특례 : 기간경과분(미수보험료)을 수익계상시 이를 인정
임대료수익	• 원칙 : 지급일(지급약정일) →단, 계약에 지급일이 정해지지 않은 경우는 실제 지급받은 날 • 특례 : ㉠ 기간경과분(미수임대료)을 회계기준에 따라 수익계상시 이를 인정〈발생주의 수용〉 ㉡ 임대료지급기간이 1년을 초과(예 2년치를 2년후 일시지급시 임대료지급기간은 2년)하는 경우 기간경과분(미수임대료)을 수익으로 인식〈발생주의 강제〉 →즉, 1년 초과시 회사 계상여부에 관계없이 미수임대료를 무조건 익금산입함.

＊참고 금융보험업의 위 이자수익·수입보험료의 귀속시기(현금주의)에도 불구하고, 보험회사가 보험계약과 관련하여 수입하거나 지급하는 이자·할인액 및 보험료 등으로서 보험업법에 따른 책임준비금 산출에 반영되는 항목은 보험감독회계기준에 따라 수익·손비로 계상한 사업연도의 익금·손금으로 함.〈발생주의 수용〉

최신유형특강 244 | **장기할부판매 손익의 귀속** | 난이도 ★ ☆ ☆ | 정답 ①

다음 법인세법상 손익귀속에 대한 설명으로 가장 올바르지 않은 것은?

① 장기할부판매손익은 실제 현금이 회수되는 기간에 인식하는 것이 원칙이다.
② 장기할부조건의 경우 인도한 사업연도에 채권의 현재가치평가금액을 익금으로 할 수 있다.
③ 단기용역제공계약의 경우 작업진행률을 기준으로 하여 계산한 수익과 비용을 각 사업연도 익금과 손금에 산입한다.
④ 장기할부판매의 경우 회수하였거나 회수할 금액과 이에 대응하는 비용을 익금과 손금으로 회계처리한 경우 이를 인정한다.

해설

• 장기할부판매에 대하여는 명목가치인도기준, 현재가치인도기준, 회수기일도래기준이 인정된다.
  →현금회수기준은 인정되지 아니한다.

길라잡이 장기할부판매 손익의 귀속

장기할부판매 요건	• 자산의 판매·양도로서 다음의 요건을 모두 갖춘 것을 말함. ㄱ 판매금액·수입금액을 월부·연부 기타의 지불방법에 따라 2회 이상으로 분할하여 수입 ㄴ 인도일의 다음 날부터 최종할부금의 지급일까지의 기간이 1년 이상
원칙 명목가치인도기준	• 자산판매·양도의 일반원칙에 따라 인도기준에 의해 손익을 인식하도록 규정함. **명목가치인도기준 회계처리(1차연도)** (차) 장기매출채권 6,000,000 (대) **매출** 6,000,000 (차) 현금(회수액) 2,000,000 (대) 장기매출채권 2,000,000
특례 현재가치인도기준	• 회계기준에 따른 현재가치평가액과 현재가치할인차금(유효이자율법)을 익금에 산입가능 **현재가치인도기준 회계처리(1차연도)** (차) 장기매출채권 6,000,000 (대) **매출** 4,973,800 현재가치할인차금 1,026,200 (차) 현금(회수액) 2,000,000 (대) 장기매출채권 2,000,000 (차) 현재가치할인차금(상각액) 497,380 (대) **이자수익** 497,380
특례 회수기일도래기준 (=회수약정일기준)	• 장부상 회수하였거나 회수할 금액과 이에 대응하는 비용을 각각 익금(수익)과 손금(비용)으로 회계처리한 경우에는 이를 인정함. **참고 '회수하였거나 회수할 금액'의 의미** ☐ '회수하였거나 회수할 금액'이란 회수기일이 도래한 금액을 의미한다. 즉, 회수한 금액은 회수기일이 도래한 금액 중 실제로 회수한 금액을 가리키며, 회수할 금액은 회수기일이 도래하였으나 기말 현재 아직 회수하지 못한 금액을 가리키는 것이다.(따라서, 미회수분은 포함하되 선회수분은 포함하지 않음) **보론** 중소기업은 인도기준으로 인식시에도 회수기일도래기준으로 신고조정할 수 있음.

최신유형특강 245 | **이자수익의 손익귀속** | 난이도 ★ ★ ★ | 정답 ②

제조업을 영위하는 ㈜상일은 제21기 사업연도(20x1년 1월 1일 ~ 12월 31일) 7월 1일에 1년 만기 정기적금(이자는 만기 수령조건)에 가입하였다. 당해 적금의 만기시 이자수령액은 12,000,000원이고, 회사는 제21기 기말 결산시 손익계산서에 기간경과분 이자수익을 계상하였다. 이러한 회계처리에 대한 회사의 제22기 사업연도의 세무조정으로 옳은 것은(단, 정기적금 이자는 원천징수 대상에 해당한다)?

① 세무조정 없음
② (익금산입) 이자수익 6,000,000원(유보)
③ (익금불산입) 이자수익 6,000,000원(△유보)
④ (익금산입) 이자수익 12,000,000원(유보)

해설

• 제21기 세무조정〈원천징수대상은 기간경과분 이자수익을 인정하지 않음.〉

회사				세법
(차) 미수이자	6,000,000	(대) 이자수익	6,000,000	-

→[세무조정] 익금불산입 6,000,000(△유보)
• 제22기 세무조정〈제21기 △유보를 반대 세무조정으로 유보추인한다.〉

회사					세법			
(차) 현금	12,000,000	(대) 미수이자	6,000,000	(차) 현금	12,000,000	(대) 이자수익	12,000,000
		이자수익	6,000,000				

→[세무조정] 익금산입 6,000,000(유보)

참고 if, 원천징수대상이 아닌 경우는 기간경과분 이자수익을 인정하므로 제21기와 제22기에 세무조정은 없다.

ⓘ 길라잡이 **이자소득의 손익귀속시기**

이자수익	• 원칙 : 소득세법에 따른 이자소득의 수입시기(실제로 받은 날 또는 받기로 한 날) →현금주의 또는 권리확정주의 **보론** 금융보험업 : 현금주의(실제로 수입한 날)에 의하되, 선수입이자는 제외함. • 특례 : 기간경과분(미수이자)을 수익계상시 원천징수되지 않는 이자수익(예 국외이자)에 한하여 인정 **보론** 금융보험업 : 기간경과분을 수익계상시 원천징수되지 않는 이자수익(대부분임)에 한하여 인정

| 최신유형특강 246 | 세무조정의 적정성 여부 | 난이도 ★ ★ ★ | 정답 ② |

다음은 ㈜삼일(금융업을 영위함)의 세무조정 과정에서 작성된 소득금액조정합계표 양식과 세무조정 근거를 서술한 것이다. 세무조정을 수행한 다음 항목 중 법인세법상 가장 올바르지 않은 것은?

〈소득금액조정합계표〉

익금산입 및 손금불산입			손금산입 및 익금불산입		
과목	금액	소득처분	과목	금액	소득처분
임원상여금한도초과	1,500,000원	상여	미수이자	1,000,000원	유보
외화환산손실	500,000원	유보	법인세환급액	400,000원	기타
합계	1,500,000원			1,400,000원	

〈세무조정 근거〉

ㄱ) 임원상여금한도초과
  -임원에게 특별한 사유없이 급여지급기준에 의한 상여금을 초과하여 지급한 금액을 손금불산입하였다.
ㄴ) 외화환산손실
  -외화매출채권을 기준환율로 평가하여 계상한 외화환산손실은 세무상 손금이 아니므로 이를 손금불산입하였다.
ㄷ) 미수이자
  -국내은행에 가입한 정기예금으로부터 발생한 기간경과분 미수이자 해당액을 익금불산입하였다.
ㄹ) 법인세환급액
  -작년에 납부한 법인세에 대한 당기 환급액을 회계상 수익으로 인식하여 이를 익금불산입하였다.

① 임원상여금한도초과   ② 외화환산손실   ③ 미수이자   ④ 법인세환급액

해설

- ㄱ) 임원상여금한도초과
  직원상여금은 전액 손금으로 인정하나, 임원상여금은 한도초과액을 손금으로 인정하지 아니한다.
  →∴손금불산입하고 상여로 소득처분한다.
- ㄴ) 외화환산손실
  ㈜삼일이 금융회사이므로 화폐성외화자산·부채는 사업연도종료일 현재의 매매기준율(=기준환율) 등에 의해 평가하며 외화환산손익은 익금·손금으로 인정한다.
  →∴세무조정은 없다.
- ㄷ) 미수이자
  기간경과분(미수이자)을 수익계상시 원천징수되지 않는 이자수익(예 국외이자)에 한하여 익금으로 인정한다.
  →∴원천징수대상인 국내은행 정기예금이자에 대해 인식한 미수이자는 익금불산입하고 △유보로 소득처분한다.
- ㄹ) 법인세환급액
  전기분 법인세 환급액은 법인세가 손금불산입항목이므로 환급액은 반대로 익금불산입항목이다.
  →∴수익으로 계상하였으므로 익금불산입하고 기타로 소득처분한다.

ⓘ 길라잡이 외화환산손익과 외환차손익[화폐성외화자산·부채]

외화환산손익	일반법인	• 거래일환율평가방법(취득일·발생일 현재의 매매기준율 등으로 평가)과 마감환율평가방법(사업연도종료일 현재의 매매기준율 등으로 평가) 중 신고해야 함. →단, 최초로 마감환율평가방법을 신고하여 적용하기 이전에는 거래일환율평가방법을 적용해야함. 【참고】 매매기준율=기준환율=시장평균환율 • 마감환율평가방법을 신고한 경우에만 평가손익(환산손익)을 익금·손금으로 인정함. →신고한 평가방법은 그 후의 사업연도에도 계속하여 적용해야 함. 다만, 신고한 평가방법을 적용한 사업연도를 포함하여 5개 사업연도가 지난 후에는 다른 방법으로 신고를 하여 변경된 평가방법을 적용할 수 있음.
	금융회사	• 사업연도종료일 현재의 매매기준율 등에 의해 평가함.
외환차손익		• 내국법인이 회수하거나 상환하는 외화채권·채무의 원화금액과 원화기장액의 차익·차손은 당해 사업연도의 익금·손금에 산입함. →즉, 일반법인·금융회사 모두 사업연도종료일 현재의 매매기준율 등에 의해 평가함.

최신유형특강 247 | **자산·부채 평가와 손익귀속** | 난이도 ★ ★ ☆ | 정답 ①

다음 중 영리내국법인의 자산·부채의 취득 및 평가와 손익의 귀속사업연도에 관한 설명으로 가장 올바르지 않은 것은?

① 재고자산 평가방법을 신고하지 아니하여 무신고에 따른 평가방법을 적용하는 경우에는 총평균법을 이용한다.

② 은행법에 의한 인가를 받아 설립된 은행이 보유하는 화폐성외화자산·부채는 사업연도 종료일 현재의 기획재정부령으로 정하는 매매기준율 또는 재정된 매매기준율로 평가하여야 한다.

③ 중소기업 법인이 장기할부조건으로 자산을 판매하거나 양도한 경우에는 그 장기할부조건에 따라 각 사업연도에 회수하였거나 회수할 금액과 이에 대응하는 비용을 각각 해당 사업연도의 익금과 손금에 산입할 수 있다.

④ 중소기업 법인이 수행하는 계약기간 1년 미만 건설용역의 경우에는 그 목적물의 인도일이 속하는 사업연도에 익금과 손금을 산입할 수 있다.

해설

- ① 재고자산 평가방법을 신고하지 아니하여 무신고에 따른 평가방법을 적용하는 경우에는 선입선출법(매매목적용 부동산은 개별법)을 이용한다.
  →무신고와 임의변경(신고한 평가방법 이외의 방법으로 평가)시 평가는 다음과 같다.

구분	무신고시	임의변경시
재고자산	선입선출법	$Max\begin{cases}\text{무신고시 평가방법에 의한 가액}\\\text{당초신고방법에 의한 가액}\end{cases}$
유가증권	총평균법	
재고자산 중 매매목적용 부동산	개별법	

② 금융회사의 화폐성외화자산·부채는 사업연도 종료일 현재의 매매기준율 등에 의해 평가한다.
  →**비교** 일반법인 : 마감환율평가방법(사업연도종료일 현재의 매매기준율 등으로 평가)을 신고한 경우에만 평가손익(환산손익)을 익금·손금으로 인정한다.

③ 법인세법은 장기할부판매에 대하여 명목가치인도기준, 현재가치인도기준, 회수기일도래기준(=회수하였거나 회수할 금액과 이에 대응하는 비용을 각각 해당 사업연도의 익금과 손금에 산입)을 모두 인정한다.
  →한편, 중소기업은 인도기준으로 인식시에도 회수기일도래기준으로 신고조정할 수 있다.

④ 법인세법은 용역제공 등에 대하여 진행기준을 원칙으로 하나, 특례에 의해 중소기업이 수행하는 계약기간 1년 미만 건설용역의 경우에는 그 목적물의 인도일이 속하는 사업연도에 익금과 손금을 산입할 수 있다.
  →이는 중소기업이 단기건설 등을 기업회계의 진행기준에 따라 결산서에 수익과 비용으로 회계처리한 경우에도 인도기준으로 신고조정할 수 있다는 것이다.

최신유형특강 248	재고자산·유가증권 평가	난이도 ★ ★ ☆ 정답 ①

다음 중 법인세법상 재고자산 및 유가증권의 평가방법에 관한 설명으로 가장 올바르지 않은 것은?

① 법인이 보유한 주식의 평가는 선입선출법, 총평균법, 이동평균법 중 법인이 납세지 관할 세무서장에게 신고한 방법에 의한다.
② 법인의 재고자산평가는 원가법과 저가법 중 법인이 납세지 관할세무서장에게 신고한 방법에 의한다.
③ 법인의 재고자산평가는 자산과목별로 구분하여 종류별·영업장별로 각각 다른 방법으로 평가할 수 있다.
④ 법인이 재고자산평가와 관련하여 신고한 평가방법 이외의 방법으로 평가한 경우에는 무신고 시의 평가방법과 당초에 신고한 방법 중 평가가액이 큰 평가방법에 의한다.

해설

• ① 법인이 보유한 유가증권의 평가는 원가법에 의하며 구체적으로 다음과 같은 방법으로 평가한다.
  ㉠ 채권인 경우 : 개별법, 총평균법, 이동평균법
  ㉡ 채권 외의 유가증권(주식)인 경우 : 총평균법, 이동평균법
  →∴선입선출법은 유가증권(채권/주식) 평가방법으로 인정되지 않는다.
② 재고자산평가는 원가법(개별법, 선입선출법, 후입선출법, 총평균법, 이동평균법, 매출가격환원법)과 저가법 중 선택하여 신고한 방법에 의한다.
  →◎주의 따라서, 회계기준에 의해 저가법평가손실을 계상하였더라도 세법상 원가법을 채택한 경우라면 평가손실을 손금으로 인정하지 않는다.
③ 재고자산평가는 호별(자산과목별)로 구분하여 종류별·영업장별로 각각 다른 방법으로 평가할 수 있다.
  →호별 : 〈제1호〉 제품·상품 〈제2호〉 반제품·재공품 〈제3호〉 원재료 〈제4호〉 저장품
  → **예시** 재고자산평가방법의 적용

㉠ 호별(자산과목별)	㉡ 종류별	㉢ 영업장별
〈제1호〉 제 품 : 선입선출법	제품 $\begin{cases} A제품 : 선입선출법 \\ B제품 : 총평균법 \end{cases}$	A제품 $\begin{cases} 갑공장 : 선입선출법 \\ 을공장 : 이동평균법 \end{cases}$
〈제3호〉 원재료 : 개 별 법		

④ 무신고와 임의변경(신고한 평가방법 이외의 방법으로 평가)시 평가

구분	무신고시	임의변경시
재고자산	선입선출법	$Max \begin{cases} 무신고시 평가방법에 의한 가액 \\ 당초신고방법에 의한 가액 \end{cases}$
유가증권	총평균법	
재고자산 중 매매목적용 부동산	개별법	

최신유형특강 249 | **유가증권 취득·평가·처분 세무조정** | 난이도 ★★★ | 정답 ②

다음은 제조업을 영위하는 ㈜상일이 유가증권에 대해 다음과 같이 회계처리한 경우 유보(또는 △유보)로 소득처분할 금액을 바르게 짝지은 것은(사업연도는 1월 1일부터 12월 31일까지이다)?

> ㄱ. 20x1년 중 특수관계인인 개인으로부터 시가 1,000,000원인 유가증권(A 주식)을 900,000원에 매입하여 해당 금액으로 계상하였다.
> ㄴ. 20x1년말 유가증권(A주식)의 시가는 1,300,000원으로 300,000원의 평가이익을 장부에 계상하였다.
> ㄷ. 20x2년 중 20x1년에 취득한 유가증권을 1,300,000원에 매각하면서 처분이익 100,000원을 계상하였다.

	20x1년	20x2년
①	유보 100,000원	△유보 100,000원
②	△유보 200,000원	유보 200,000원
③	유보 300,000원	△유보 300,000원
④	△유보 400,000원	유보 400,000원

해설

• 당기 : 취득 및 기말평가시 세무조정

회사				세법			
(차) 유가증권	900,000	(대) 현금	900,000	(차) 유가증권	1,000,000	(대) 현금	900,000
						수익(익금)	100,000

→[세무조정] 익금산입 100,000(유보)
〈∵특수관계있는 개인으로부터 유가증권을 시가보다 저가매입 : 차액 익금산입〉

회사				세법			
(차) 유가증권	300,000	(대) 평가이익	300,000		-		

→[세무조정] 익금불산입 300,000(△유보)

• 차기 : 처분시 세무조정

회사				세법			
(차) 현금	1,300,000	(대) 유가증권	1,200,000	(차) 현금	1,300,000	(대) 유가증권	1,000,000
		처분이익	100,000			처분이익	300,000

→[세무조정] 익금산입 200,000(유보)

★⚡**고속철** 처분시 세무조정 : '유보잔액(△유보잔액)×처분비율' 만큼 추인하면 된다.
　　→△유보200,000×100% : 익금산입 200,000(유보)

★**저자주** 출제오류에 해당하며, 문제의 성립을 위해 박스 자료의 내용을 다음과 같이 수정바랍니다.
　- 자료 ㄴ : '시가는 1,300,000원'을 '시가는 1,200,000원'으로 수정
　- 자료 ㄴ : '300,000원의 평가이익'을 '300,000원의 평가이익(당기손익)'으로 수정
　- 자료 ㄷ : '1,300,000원에 매각하면서'를 '1,300,000원에 전부 매각하면서'로 수정

| 최신유형특강 250 | 재고자산평가(임의변경/착오계상) | 난이도 | ★ ★ ★ | 정답 | ③ |

다음 자료에 의하여 제조업을 영위하는 ㈜삼일의 제20기(20x1년 1월 1일~12월 31일) 세법에 따른 재고자산평가액으로 옳은 것은?

> ㄱ. 회사는 제20기 10월 20일에 제품의 평가방법을 총평균법에서 이동평균법으로 변경신고하고, 실제로 장부에 이동평균법에 따른 평가액을 기록하였다.
> ㄴ. 저장품은 신고한 평가방법인 총평균법으로 평가하였으나, 계산 실수로 500,000원을 과소계상하였다.
> ㄷ. 제20기 재고자산에 대한 총평균법, 이동평균법, 선입선출법에 따른 평가액은 다음과 같다.
>
> | 구분 | 총평균법 | 이동평균법 | 선입선출법 |
> |---|---|---|---|
> | 제품 | 19,000,000원 | 18,000,000원 | 20,000,000원 |
> | 저장품 | 8,000,000원 | 6,800,000원 | 8,800,000원 |

① 26,500,000원   ② 27,000,000원
③ 28,000,000원   ④ 28,500,000원

해설

• 임의변경 사유
 ㉠ 당초 신고한 평가방법 외의 방법으로 평가한 경우
 ㉡ 변경신고기한 후에 변경신고하고 변경신고한 방법으로 평가한 경우
• 제 품 : 변경신고기한(제20기 9월 30일) 후에 변경신고하였으므로 세법상 제20기는 그대로 총평균법, 제21기부터 이동평균법이 적용된다. 한편, 회사는 변경신고 후에 변경신고한 방법인 이동평균법을 적용하였으므로 임의변경에 해당한다.

회사 평가액	• 이동평균법 18,000,000
세법 평가액	• Max[㉠ 총평균법 : 19,000,000 ㉡ 선입선출법 : 20,000,000] = **20,000,000**

  참고 [세무조정] 손금불산입 재고자산평가감(기말과소=매출원가과대) 2,000,000(유보)
• 저장품 : 당초 신고방법에 의한 계산착오는 임의변경으로 보지 아니하며 그 차액만을 세무조정한다.

회사 평가액	• 총평균법 8,000,000 - 500,000 = 7,500,000
세법 평가액	• 총평균법 **8,000,000**

  참고 [세무조정] 손금불산입 재고자산평가감(기말과소=매출원가과대) 500,000(유보)
∴세법에 따른 재고자산평가액 : 20,000,000(제품) + 8,000,000(저장품) = 28,000,000

ⓘ 길라잡이 재고자산·유가증권 평가

평가방법 신고	신고기한	• 설립일·수익사업개시일이 속하는 사업연도의 과세표준 신고기한 내 →예 20x1.1.1에 설립시 20x2.3.31까지 신고 **참고** 기한 경과후 신고시는 그 신고일이 속하는 사업연도까지는 무신고의 평가방법에 따르고 그 다음 사업연도부터 신고한 평가방법에 의함. →예 20x1년초 설립. 20x3.3.31 총평균법 최초신고시 20x3년까지는 무신고로 보아 선입선출법으로 평가하고 20x4년부터 총평균법으로 평가
	변경신고	• 적용하고자 하는 사업연도의 종료일 이전 3월이 되는 날까지〈승인·요건 불요〉 →예 20x1년에 적용하고자 할 때 20x1.9.30까지 신고 🔎주의 기한 경과후 신고시는 당기는 신고가 없는 것으로 보며 차기부터 적용함. 따라서, 기한 경과후 신고한 방법으로 평가시는 임의변경에 해당함.

무신고·임의변경 평가	구분	무신고시 평가방법	임의변경시 평가방법
	재고자산	선입선출법	Max{당초 신고방법에 의한 가액 / 무신고시 평가방법에 의한 가액
	유가증권	총평균법	
	매매목적용 부동산	개별법	

🔎주의 당초 신고방법에 의한 계산착오 : 임의변경이 아니며 그 차액만을 세무조정함.

최신유형특강 251 | **평가손실의 인정여부** | 난이도 ★ ★ ☆ 정답 ④

제빵업을 영위하는 ㈜삼일은 20x1년 결산시 다음과 같은 평가손실을 계상하였다. 다음 중 세무상 손금으로 인정되는 것으로 옳은 것은?

> ㄱ. 장부금액 1억원인 기계장치가 태풍으로 파손되어 처분가능한 시가인 1천만원으로 감액하고 손상차손 9천만원을 계상하였다.
> ㄴ. 제품인 빵이 유통기한 경과로 부패하여 전량 폐기처분하고 재고자산폐기손실 1억원을 계상하였다.

① 모두 인정되지 않음   ② ㄱ   ③ ㄴ   ④ ㄱ, ㄴ

해설

• 천재지변(태풍)으로 인한 유형자산 평가손실(손상차손)은 법인세법상 손금으로 인정되는 항목이다.
• 부패로 인한 재고자산 평가손실(폐기손실)은 법인세법상 손금으로 인정되는 항목이다.

ⓘ **길라잡이** 법인세법상 인정되는 평가손실

재고자산	• ㉠ 저가법으로 신고시 저가법평가로 인한 평가손 • ㉡ 파손·부패로 인한 평가손(신고방법 불문) →유행경과로 인한 평가차손은 손금불산입

유가증권
(₩1,000 제외)
	• ㉠ 부도발생·회생계획인가결정·부실징후기업이 된 다음의 경우 평가손실
	  - 주권상장법인이 발행한 주식
	  - 특수관계없는 비상장법인이 발행한 주식
	    →5% 이하이고, 취득가 10억원 이하시는 특수관계없는 것으로 봄.
	  - 중소기업창투회사 등 보유 창업자 등 발행주식
	• ㉡ 주식 발행법인이 파산한 경우 유가증권 평가손실

유형자산	• ㉠ 시설개체·기술낙후로 인한 생산설비폐기손실(₩1,000 제외) • ㉡ 천재지변·폐광·법령수용·화재로 인한 평가손

최신유형특강 252 | **법인세법상 감가상각의 특징** | 난이도 ★ ★ ☆ 정답 ①

다음 중 법인세법상 감가상각의 특징에 관한 설명으로 가장 올바르지 않은 것은?

① 과대상각과 과소상각 모두 허용되지 않는다.
② 법인이 각 사업연도에 감가상각자산에 대한 감가상각을 할 것인가의 여부는 법인의 내부의사결정에 의한다.
③ 내용연수를 법정화하여 추정을 배제한다.
④ 감가상각 방법으로 정액법·정률법·생산량비례법을 허용한다.

해설

• 법인세법상 감가상각은 과소상각은 허용되나, 과대상각은 허용되지 않는다.
  →법인이 각 사업연도에 감가상각자산에 대한 감가상각을 할 것인가의 여부는 법인의 내부의사결정에 의하며('임의상각제도'), 법인이 감가상각비를 손금에 계상하더라도 동 손금이 모두 용인되는 것이 아니라 법에서 정한 감가상각비의 한도액을 초과하여 계상한 금액은 손금불산입된다.

ⓘ **길라잡이** 회계상 감가상각과의 비교사항

	회계	세법
잔존가액	• 추정잔존가액	• 원칙 : 0(영)
내용연수	• 경제적내용연수	• 법정화하여 추정을 배제
감가상각방법	• 정액법, 정률법, 생산량비례법 기타 합리적인 방법	• 정액법, 정률법, 생산량비례법
감가상각용인	• 과소상각 불허, 과대상각 불허	• 과소상각 허용, 과대상각 불허

| 최신유형특강 253 | 감가상각비 시부인 일반사항 | 난이도 | ★ ☆ ☆ | 정답 | ④ |

다음 중 법인세법상 감가상각비의 시부인계산에 관한 설명으로 가장 올바르지 않은 것은?

① 회사가 계상한 감가상각비와 상각범위액의 차액을 상각부인액 또는 시인부족액이라고 한다.
② 상각부인액은 손금불산입(유보)로 세무조정하고 차기 이후 시인부족액이 발생하면 그 시인부족액의 범위 내에서 손금산입(△유보)로 추인한다.
③ 시인부족액은 전기로부터 이월된 상각부인액이 없는 경우 손금에 산입하는 세무조정을 할 필요가 없다.
④ 법인의 각 사업연도 감가상각액의 시부인은 개별 감가상각자산별로 계산하며, 한 자산의 상각부인액과 다른 자산의 시인부족액은 서로 상계하는 것이 원칙이다.

해설

• 법인의 각 사업연도 감가상각액의 시부인은 개별 감가상각자산별로 계산한 금액에 의한다. 따라서, 한 자산의 상각부인액과 다른 자산의 시인부족액은 서로 상계할 수 없으며 각각 별도의 세무조정과정을 거쳐야 한다.

| 최신유형특강 254 | 감가상각시 취득가액 | 난이도 | ★ ★ ★ | 정답 | ③ |

다음의 법인세법상 감가상각범위액 결정요소 중 취득가액에 관한 설명으로 가장 올바르지 않은 것은?

① 자본적지출은 자산의 취득원가에 가산되어 이후 감가상각과정을 통해 손금에 산입되나 수익적 지출은 지출당시에 당기비용으로 처리된다.
② 재해로 멸실되어 자산의 본래 용도에 이용할 가치가 없는 건축물 등의 복구는 자본적지출에 해당한다.
③ 시설의 개체 또는 기술의 낙후로 인하여 생산설비의 일부를 폐기한 경우에는 당해 자산의 장부가액에서 1만원을 공제한 금액을 폐기일이 속하는 사업연도의 손금에 산입할 수 있다.
④ 개별자산별로 수선비로 지출한 금액이 600만원 미만인 경우 시부인 계산과정을 거치지 않고 전액 손금으로 인정할 수 있다.

해설

• 시설의 개체 또는 기술의 낙후로 인하여 생산설비의 일부를 폐기한 경우에는 당해 자산의 장부가액에서 1천원을 공제한 금액을 결산조정에 의해 폐기일이 속하는 사업연도의 손금에 산입할 수 있다.

ⓘ 길라잡이 취득을 위한 지출 및 자본적지출을 비용처리시 전액 손금인정 항목

▢ 다음의 경우는 취득을 위한 지출 및 자본적지출을 비용처리시에도 예외적으로 시부인계산을 거치지 않고전액 손금으로 인정함. →즉, 즉시상각의제 적용제외

소액자산	• 자산의 취득가액이 거래단위별로 100만원 이하인 경우로 다음을 제외한 것 ㉠ 고유업무의 성질상 대량으로 보유하는 자산 ㉡ 사업의 개시 또는 확장을 위하여 취득한 자산
단기사용자산	• ㉠ 어업에 사용되는 어구(어선용구 포함) ㉡ 영화필름, 공구(금형은 제외), 가구, 전기기기, 가스기기, 가정용 기구·비품, 시계, 시험기기, 측정기기 및 간판 ㉢ 대여사업용 비디오테이프·음악용 콤팩트디스크로서 취득가액이 30만원 미만인 것 ㉣ 전화기(휴대용 전화기 포함) 및 개인용컴퓨터(주변기기 포함)
수선비지출	• ㉠ 개별자산별 수선비 지출액이 600만원 미만인 경우 ㉡ 개별자산별 수선비 지출액이 전기말 재무상태표상 자산 장부가액의 5%에 미달하는 경우 ㉢ 3년 미만의 기간마다 주기적인 수선을 위하여 지출하는 경우

최신유형특강 255 | 기준내용연수와 신고내용연수 적용 | 난이도 ★★★ | 정답 ④

다음 중 법인세법상 기준내용연수 및 신고내용연수에 관한 설명으로 가장 올바르지 않은 것은?

① 내용연수는 자산을 취득한 날이 속하는 사업연도의 법인세과세표준 신고기한까지 관할세무서장에게 신고하여야 한다.
② 내용연수를 신고하지 않은 경우에는 기준내용연수를 적용하며 이를 이후 사업연도에도 계속 적용해야 한다.
③ 신고내용연수는 기준내용연수의 상하 25% 범위 내에서 선택하여 납세지 관할세무서장에게 신고한 경우 적용한다.
④ 개발비는 법에서 정한 기준내용연수만을 적용하여야 한다.

해설

• 시험연구용자산과 무형자산은 내용연수범위가 없으므로 기준내용연수만 적용한다.[즉, 기준내용연수 상하 25% 범위(='내용연수범위') 내에서 선택신고가 없음]→단, 무형자산 중 개발비와 사용수익기부자산은 제외한다.

참고 개발비와 사용수익기부자산의 내용연수 적용

	신고시	무신고시
개발비	• 20년 이내의 신고한 내용연수	• 5년
사용수익기부자산	• 사용수익기간	• 사용수익기간

→사용수익기부자산 : 금전 외의 자산을 국가 등에 기부 후 사용, 수익을 얻는 경우 장부가액을 말함.

길라잡이 감가상각자산 내용연수

기준내용연수		• 감가상각자산의 내용연수는 법인세법시행규칙의 〈별표〉에서 자산별·업종별로 내용연수를 세분하여 자세히 규정하고 있으며, 이를 기준내용연수라 함.
신고내용연수	선택신고	• 기준내용연수 상하 25% 범위(='내용연수범위') 내에서 선택하여 신고 →예 기준내용연수가 8년인 경우 : 6년 ~ 10년 사이에서 선택하여 신고 주의 무신고시는 기준내용연수를 적용함.(법인이 적용한 신고내용연수 또는 기준내용연수는 이후 사업연도에도 그 내용연수를 계속 적용해야 함.)
	적용배제	• 시험연구용자산과 무형자산(개발비,사용수익기부자산 제외)은 기준내용연수만 적용함.
신고기한		• 자산을 취득한 날이 속하는 사업연도의 법인세 과세표준 신고기한까지 신고해야 함.

최신유형특강 256 | 내용연수 신고기한 사례적용 | 난이도 ★☆☆ | 정답 ④

도매업을 영위하는 ㈜삼일은 전기까지 매장을 임차하여 사용하다 당기(20x1년 1월 1일~20x1년 12월 31일) 중 건물을 최초로 취득하고 세무상 감가상각 내용연수를 신고하고자 한다. 건물의 취득일자가 20x1년 5월 14일인 경우 세무상 감가상각내용연수 신고는 언제까지 해야 하는가? 단, 국세기본법에 따른 기한 연장의 특례(기한이 공휴일, 토요일, 일요일 등인 경우 그 다음날)는 고려하지 않는다.

① 20x1년 6월 30일
② 20x1년 9월 30일
③ 20x1년 12월 31일
④ 20x2년 3월 31일

해설

• 당기에 취득한 자산의 내용연수는, 자산을 취득한 날이 속하는 사업연도(당기)의 법인세 과세표준 신고기한(차기 3월 31일)까지 관할세무서장에게 신고하여야 한다.

| 최신유형특강 257 | 법인세법상 감가상각의 적용 | 난이도 | ★ ★ ★ | 정답 | ① |

㈜삼일의 사업용 유·무형자산에 대한 세무상 처리 중 가장 옳은 것은?

① 기계장치에 대하여 내용연수를 신고하지 않아 기준내용연수를 적용하여 상각범위액을 산출하였다.
② 사업연도 중에 취득한 감가상각자산에 대한 상각범위액은 사업에 사용하기 시작한 날과 관계없이 취득한 날부터 사업연도 종료일까지의 월수에 따라 계산하였다.
③ 차량운반구에 대하여 자본적지출에 해당하는 수선비 3,000,000원을 지출하고 수선비로 비용처리하였다.
④ 유형자산의 잔존가액은 0(영), 무형자산의 잔존가액은 취득가액의 5%로 처리하였다.

해설

• ① 기계장치에 대하여 내용연수를 신고하지 않아 기준내용연수를 적용하여 상각범위액을 산출하였다.
    →〈세무상 옳은 처리임.〉
    내용연수는 기준내용연수 상하 25% 범위 내에서 선택하여 신고해야 하나, 내용연수를 신고하지 않은 경우에는 기준내용연수를 적용한다.
  ② 사업연도 중에 취득한 감가상각자산에 대한 상각범위액은 사업에 사용하기 시작한 날과 관계없이 취득한 날부터 사업연도 종료일까지의 월수에 따라 계산하였다.
    →〈세무상 틀린 처리임.〉
    사업연도 중에 취득한 감가상각자산에 대한 상각범위액은 사업에 사용한 날부터 사업연도 종료일까지의 월수에 따라 계산한다.
  ③ 차량운반구에 대하여 자본적지출에 해당하는 수선비 3,000,000원을 지출하고 수선비로 비용처리하였다.
    →〈세무상 옳은 처리임.〉
    개별자산별 수선비 지출액이 600만원 미만인 경우 자본적지출을 비용처리시에도 예외적으로 시부인계산을 거치지 않고 전액 손금으로 인정한다.(즉, 즉시상각의제 적용제외)
  ④ 유형자산의 잔존가액은 0(영), 무형자산의 잔존가액은 취득가액의 5%로 처리하였다.
    →〈세무상 틀린 처리임.〉
    유형·무형자산 모두 잔존가액을 0(영)으로 하는 것이 원칙이다.

★ **저자주** 선지 ③번도 옳은 설명이므로 복수정답으로 처리되어야 하며, 충분한 검토과정과 신중한 출제가 필요하다고 사료됩니다. 한편, 문제오류를 정정하여 선지 ③의 수선비 3,000,000원을 7,000,000원으로 변경할 경우 이에 대한 해설은 다음과 같습니다.

  ③ 차량운반구에 대하여 자본적지출에 해당하는 수선비 7,000,000원을 지출하고 수선비로 비용처리하였다.
    →〈세무상 틀린 처리임.〉
    개별자산별 수선비 지출액이 600만원 미만인 경우 자본적지출을 비용처리시에도 예외적으로 시부인계산을 거치지 않고 전액 손금으로 인정한다.(즉, 즉시상각의제 적용제외) 그러나, 수선비 지출액이 600만원 이상인 경우는 즉시상각의제가 적용되며 회사계상감가상각비로 보아 시부인 계산을 하게 된다.

ⓘ 길라잡이 감가상각시 잔존가액

| 원칙 | • 유형·무형자산의 구분없이 잔존가액은 0(영)으로 함. |
| 정률법상각시 잔존가액특례 | • 취득가액의 5%를 잔존가액으로 한 상각률을 적용하여 상각범위액을 계산하되, 미상각잔액이 최초로 취득가액의 5% 이하가 되는 사업연도에 미상각잔액을 상각범위액에 가산하여 시부인함. |

| 최신유형특강 258 | 정률법 상각범위액 및 세무조정 | 난이도 ★ ★ ★ | 정답 ④ |

㈜삼일은 제조업을 영위하는 법인이다. 회사가 보유한 기계장치에 대한 감가상각자료는 다음과 같다. 제20기 사업연도(20x2년 1월 1일 ~ 20x2년 12월 31일)에 ㈜삼일이 행하여야 할 기계장치의 감가상각에 대한 세무조정으로 가장 옳은 것은?

> ㄱ. 기계장치 취득가액 : 100,000,000원
> ㄴ. 기계장치 취득일 : 20x1년 1월 1일
> ㄷ. 감가상각방법 및 상각률 : 정률법(상각률 0.451)
> ㄹ. 감가상각비 장부상 계상금액 : 20x1년 50,000,000원, 20x2년 20,000,000원
> ㅁ. ㈜삼일은 한국채택국제회계기준(K-IFRS)을 적용하지 않는다.

① (손금불산입) 감가상각시부인액 4,900,000원(유보)
② (손금산입) 감가상각시인부족액 4,900,000원(△유보)
③ (손금불산입) 감가상각시부인액 4,759,900원(유보)
④ (손금산입) 감가상각시인부족액 4,759,900원(△유보)

해설

- 전기 상각부인액(시인부족액) 계산

회사계상 감가상각비	상각범위액	상각부인액(시인부족액)
50,000,000	100,000,000 × 0.451 = 45,100,000	상각부인액 4,900,000

[세무조정] 상각부인액 4,900,000원을 손금불산입한다.
　　　→손금불산입 4,900,000(유보)

- 당기 상각부인액(시인부족액) 계산

회사계상 감가상각비	상각범위액	상각부인액(시인부족액)
20,000,000	(100,000,000 - 50,000,000 + 4,900,000) × 0.451 = 24,759,900	시인부족액 △4,759,900

[세무조정] 전기 상각부인액 4,900,000원이 있으므로 시인부족액 4,759,900원을 손금산입한다.
　　　→손금산입 4,759,900(△유보)

참고 K-IFRS 적용법인은 감가상각비 손금산입에 있어 결산조정뿐만 아니라 신고조정도 허용된다.

ℹ 길라잡이 상각범위액 계산

상각방법별 상각범위액	정액법	• 기초취득가 × 상각률
	정률법	• (기초취득가 - 기초감가상각누계액 + 기초부인액) × 상각률
상각범위액 특수문제	신규취득자산	• 월할상각하며, 상각범위액은 다음과 같음. □ 정상적 상각범위액 × $\dfrac{\text{사용한 월수(1월 미만은 1월로 함)}}{\text{사업연도 월수}}$
	자본적지출	• 기초에 발생한 것으로 가정하여 장부가액에 합산함.

| 최신유형특강 259 | 감가상각범위액 결정요소 | 난이도 ★ ★ ☆ | 정답 ① |

다음 중 법인세법상 감가상각범위액의 결정요소에 관한 설명으로 가장 올바르지 않은 것은?

① 감가상각자산의 내용연수는 법인세법시행규칙 〈별표〉에서 자산별·업종별로 규정하고 있는 기준내용연수를 일괄적으로 적용한다.
② 세법은 유형·무형자산의 구분없이 잔존가액을 0(영)으로 하고 있다.
③ 사업의 폐지로 임대차계약에 따라 임차한 사업장의 원상회복을 위하여 시설물을 철거하는 경우 당해 자산의 장부가액에서 1천원을 공제한 금액을 폐기일이 속하는 사업연도의 손금에 산입할 수 있다.
④ 감가상각자산의 취득가액은 취득당시의 자산가액과 법인이 자산을 취득하여 법인 고유의 목적사업에 사용할 때까지의 제반비용을 포함하며, 건설자금이자도 포함한다.

해설

• ① 감가상각자산의 내용연수는 원칙적으로 신고내용연수를 우선적으로 적용하며, 내용연수를 신고하지 않은 경우 법인세법시행규칙의 〈별표〉에서 자산별·업종별로 규정하고 있는 기준내용연수를 적용한다.

기준내용연수		• 감가상각자산의 내용연수는 법인세법시행규칙의 〈별표〉에서 자산별·업종별로 내용연수를 세분하여 자세히 규정하고 있으며, 이를 기준내용연수라 함.
신고내용연수	선택신고	• 기준내용연수 상하 25% 범위(='내용연수범위') 내에서 선택하여 신고 →예 기준내용연수가 8년인 경우 : 6년 ~ 10년 사이에서 선택하여 신고 💡주의 무신고시는 기준내용연수를 적용함.
	적용배제	• 시험연구용자산과 무형자산(개발비,사용수익기부자산 제외)은 기준내용연수만 적용함.

② 세법은 유형·무형자산의 구분없이 잔존가액을 0(영)으로 하고 있다.(다만, 정률법상각시 잔존가액특례를 규정하고 있다.)

원칙	• 유형·무형자산의 구분없이 잔존가액은 0(영)으로 함.
정률법상각시 잔존가액특례	• 취득가액의 5%를 잔존가액으로 한 상각률을 적용하여 상각범위액을 계산하되, 미상각잔액이 최초로 취득가액의 5% 이하가 되는 사업연도에 미상각잔액을 상각범위액에 가산하여 시부인함.

③ 다음 중 어느 하나에 해당하는 경우에는 해당 자산의 장부가액에서 1천원(비망가액)을 공제한 금액을 폐기일이 속하는 사업연도의 손금에 산입할 수 있다.

☐ 시설의 개체 또는 기술의 낙후로 인하여 생산설비의 일부를 폐기한 경우
☐ 사업의 폐지로 또는 사업장의 이전으로 임대차계약에 따라 임차한 사업장의 원상회복을 위하여 시설물을 철거하는 경우

④ 감가상각자산의 취득가액은 취득당시의 자산가액과 법인이 자산을 취득하여 법인 고유의 목적사업에 직접 사용할 때까지의 제반비용을 포함한다. 즉, 자산이 고유기능을 발휘할 수 있는 시점까지 투입된 비용은 자본화하는 것이며, 이에는 건설자금이자도 포함한다.

| 최신유형특강 260 | 감가상각방법 무신고 세무조정 | 난이도 ★ ★ ★ 정답 ② |

다음의 자료를 근거로 하여 손금불산입되는 금액의 합계를 구하면 얼마인가(단, 법인은 감가상각방법을 신고하지 않았다)?

구분	건물	기계
당기감가상각비	1,650,000원	2,700,000원
세무상 감가상각범위액 - 정률법 - 정액법	1,449,000원 600,000원	2,347,500원 937,500원

① 553,500원
② 1,402,500원
③ 1,762,500원
④ 1,987,500원

해설

• 법인세법에 규정된 감가상각방법 무신고시의 감가상각방법은 다음과 같다.
  ㉠ 건물 : 정액법
  ㉡ 기계 : 정률법
• 손금불산입액 합계 : ㉠+㉡=1,402,500
  ㉠ 건물 감가상각비한도초과액 : 1,650,000(당기감가상각비) − 600,000(정액법 상각범위액) = 1,050,000
  ㉡ 기계 감가상각비한도초과액 : 2,700,000(당기감가상각비) − 2,347,500(정률법 상각범위액) = 352,500

길라잡이 감가상각방법신고와 무신고시 감가상각방법

	상각방법(선택신고)	무신고시 상각방법
건물, 무형자산	• 정액법	정액법
일반유형자산(기계장치 등)	• 정액법, 정률법 中 선택	정률법
광업권	• 정액법, 생산량비례법 中 선택	생산량비례법
광업용 유형자산	• 정액법, 정률법, 생산량비례법 中 선택	생산량비례법

최신유형특강 261   **자본적지출·무신고와 상각범위액**   난이도 ★ ★ ★   정답 ④

㈜삼일은 기계장치를 20x1년 1월 29일에 취득하여 당기말 현재 보유중이다. 다음 자료에 의할 경우 당해 사업연도 (20x2년 1월 1일 ~ 20x2년 12월 31일)의 감가상각범위액은?

> ㄱ. 기계의 취득가액 : 500,000,000원
> ㄴ. 신고내용연수 : 10년
> ㄷ. 상각률 : 정액법 0.1, 정률법 0.259
> ㄹ. 전기말 감가상각누계액 : 40,000,000원
> ㅁ. 20x2년 9월 19일 기계장치에 대한 자본적 지출 : 100,000,000원
> ㅂ. 신고 감가상각방법 : 무신고

① 56,000,000원   ② 60,000,000원
③ 145,040,000원   ④ 155,400,000원

해설

- 법인세법에 규정된 기계장치(일반유형자산)의 감가상각방법 무신고시의 방법은 정률법이다.
- 자본적지출은 기초에 발생한 것으로 가정하여 기존의 감가상각자산의 장부가액(기초가액)에 합산 계산하며, 그 자산의 내용연수를 그대로 적용하여 감가상각한다.
- 사업연도 중에 취득하여 사업에 사용한 감가상각자산에 대한 상각범위액은 사업에 사용한 날부터 당해 사업연도 종료일까지의 월수에 따라 계산한다. 이 경우 월수는 1개월 미만의 일수는 1개월로 한다.
- 전기 감가상각비 시부인 : 세무조정 없음.

$$40,000,000(회사계상액=전기말\ 감가상각누계액) - 500,000,000 \times 0.259 \times \frac{12^{*)}}{12} = \triangle 89,500,000(시인부족액)$$

→ 1월 29일에 취득하여 1개월 미만의 일수이나 1개월로 하므로 총 12개월로 계산한다.
- 당기 상각범위액 : [(500,000,000 + 100,000,000) - 40,000,000 + 0] × 0.259 = 145,040,000

ⓘ 길라잡이   **상각범위액 계산**

상각방법별 상각범위액	정액법	• 기초취득가 × 상각률
	정률법	• (기초취득가 - 기초감가상각누계액 + 기초부인액) × 상각률
상각범위액 특수문제	신규취득자산	• 월할상각하며, 상각범위액은 다음과 같음. □ 정상적 상각범위액 × $\dfrac{사용한\ 월수(1월\ 미만은\ 1월로\ 함)}{사업연도\ 월수}$
	자본적지출	• 기초에 발생한 것으로 가정하여 장부가액에 합산함.

최신유형특강 262 | **감가상각 일반사항** | 난이도 ★ ★ ☆ | 정답 ①

다음 중 법인세법상 감가상각비에 관한 설명으로 가장 올바르지 않은 것은?

① 시설의 개체 또는 기술의 낙후로 인하여 생산설비의 일부를 폐기한 경우 시부인 계산과정을 거치지 않고 해당 자산의 장부가액 전액을 손금으로 인정할 수 있다.
② 유형자산의 잔존가액은 0(영)으로 하는 것이 원칙이다.
③ 기계장치의 감가상각방법을 신고하지 아니한 경우에는 정률법을 적용한다.
④ 사업연도 중에 취득하여 사업에 사용한 감가상각자산에 대한 상각범위액은 사업에 사용한 날부터 당해 사업연도 종료일까지의 월수에 따라 계산한다.

해설

- ① 시설의 개체 또는 기술의 낙후로 인하여 생산설비의 일부를 폐기한 경우 시부인 계산과정을 거치지 않고 해당 자산의 장부가액에서 1천원을 공제한 금액을 손금에 산입할 수 있으므로 틀린 설명이다.
- ② 유형자산의 잔존가액은 0(영)으로 하는 것이 원칙이므로 옳은 설명이다. 다만, 특례를 인정한다.

원칙	• 유형·무형자산의 구분없이 잔존가액은 0(영)으로 함.
정률법상각시 잔존가액특례	• 취득가액의 5%를 잔존가액으로 한 상각률을 적용하여 상각범위액을 계산하되, 미상각잔액이 최초로 취득가액의 5% 이하가 되는 사업연도에 미상각잔액을 상각범위액에 가산하여 시부인함.

- ③ 감가상각방법 무신고시 일반적인 유형자산(예 기계장치)에 대하여는 정률법을 적용하므로 옳은 설명이다.

	상각방법(선택신고)	무신고시 상각방법
건물, 무형자산	• 정액법	정액법
일반유형자산(기계장치 등)	• 정액법, 정률법 中 선택	정률법
광업권	• 정액법, 생산량비례법 中 선택	생산량비례법
광업용 유형자산	• 정액법, 정률법, 생산량비례법 中 선택	생산량비례법

- ④ 신규취득자산의 상각범위액은 사용한 날을 기준으로 월수에 따라 계산하므로 옳은 설명이다.(이 경우 취득일을 기준으로 하는 것이 아님에 주의하여야 한다.)

최신유형특강 263 | **특례기부금의 범위** | 난이도 ★ ☆ ☆ | 정답 ②

다음 중 법인세법상 특례기부금에 속하지 아니하는 것은?

① 천재지변으로 인한 이재민을 위한 구호금품
② 의료법에 따른 의료법인의 고유목적사업비로 지출하는 기부금
③ 사립학교, 비영리교육재단, 기능대학 등 법정교육기관에 연구비로 지출하는 기부금
④ 국립대학병원, 서울대학교 병원, 사립학교가 운영하는 병원에 시설비로 지출하는 기부금

해설

- ①,③,④ : 특례기부금
- ② 의료법에 따른 의료법인의 고유목적사업비로 지출하는 기부금 : 일반기부금

길라잡이 기부금의 구분

특례기부금 〈50%한도 기부금〉	• 국가·지자체에 무상기증하는 금품, 국방헌금과 국군장병 위문금품 • 천재·지변 이재민 구호금품 • 사립학교 등 법정교육기관(병원제외)과 한국장학재단 시설비·교육비·장학금·연구비 • 국립대학병원 등 특정병원과 사립학교가 운영하는 병원 시설비·교육비·연구비 • 사회복지공동모금회 등 전문모금기관에 지출
우리사주조합기부금 〈30%한도 기부금〉	• 우리사주제도를 실시하는 회사의 법인주주가 우리사주 취득을 위한 재원 마련을 위해 우리사 주조합(우리사주제도 실시 회사의 근로자가 출자)에 지출하는 기부금 　주의 법인(우리사주제도를 실시하는 회사)이 자신의 우리사주조합에 직접 출연하는 자사주 　　　장부가액이나 금품 : 전액 손금인정
일반기부금 〈10%한도 기부금〉	• 사회복지법인(시설), 어린이집·유치원·학교·평생교육시설, 인허가받은 학술연구단체 등 • 종교단체, 의료법인, 국민건강보험공단, 사내근로복지기금, 대한적십자사, 근로복지공단 • 학교 등의 장이 추천하는 개인에게 교육비·연구비 또는 장학금 • 공익신탁으로 신탁하는 기부금, 해외일반기부금단체와 국제기구에 지출 • 사회복지·문화·예술 등 공익목적으로 지출(불우이웃돕기성금, 근로복지기금출연금)
비지정기부금 〈전액 손금불산입〉	• 위에 열거된 것 외의 기부금은 모두 비지정기부금에 속함. →ⓔ 신용협동조합, 새마을금고, 정당, 동창회·종친회·향우회에 지급한 기부금 등

| 최신유형특강 264 | 기부금 일반사항 | 난이도 ★ ★ ☆ | 정답 ② |

다음 중 법인세법상 기부금에 관한 설명으로 가장 올바르지 않은 것은?

① 법인이 우리사주조합에 지출하는 기부금은 소득금액의 30% 범위 내에서 손금에 산입한다.
② 신용협동조합 또는 새마을금고에 지출하는 기부금은 일반기부금이다.
③ 일반기부금의 한도초과액은 해당 사업연도의 다음 사업연도 개시일부터 10년 이내에 끝나는 각 사업연도에 이월하여 손금산입할 수 있다.
④ 법인이 기부금을 미지급금으로 계상한 경우에는 실제로 이를 지출할 때까지 기부금으로 보지 않는다.

해설

• ① 우리사주조합기부금은 우리사주제도를 실시하는 회사의 법인주주가 우리사주 취득을 위한 재원 마련을 위해 우리사주조합에 지출하는 기부금을 말하며 소득금액의 30% 범위내에서 손금에 산입한다.

참고	우리사주조합 관련 기부금·출연금의 세무처리(우리사주제도 실시 회사를 A법인이라 가정함)
□ ㉠ A법인 근로자(조합원)가 우리사주조합에 출자한 출자금 : 소득공제 ㉡ A법인 법인주주가 우리사주조합에 기부한 기부금 : 기부금 손금산입(우리사주조합기부금) ㉢ A법인 개인주주가 우리사주조합에 기부한 기부금 : 기부금필요경비산입·기부세액공제 ㉣ A법인이 자신의 우리사주조합에 직접 출연하는 자사주 장부가액이나 금품 : 전액 손금인정	

② 특례·일반·우리사주조합기부금 이 외의 기부금은 모두 비지정기부금에 속하며, 신용협동조합 또는 새마을금고에 지출하는 기부금은 대표적인 비지정기부금이다.

③ 특례기부금과 동일하게 일반기부금도 그 한도초과액은 해당 사업연도의 다음 사업연도 개시일부터 10년 이내에 끝나는 각 사업연도에 이월하여 손금산입한도액의 범위에서 손금에 산입한다.

④ 기부금은 현금주의에 의하여 손금으로 계상되므로 법인이 실제로 지급하지 아니한 기부금(미지급기부금)을 손금에 계상한 경우 실제로 이를 지출할 때까지 기부금으로 보지 않으며 동 금액을 손금불산입한다.

미지급기부금	• 당기 : (차) 기 부 금　xxx (대) 미지급금　xxx	• 세무조정 : 손금불산입(유보)
	• 차기 : (차) 미지급금　xxx (대) 현　금　xxx	• 세무조정 : 손금산입(△유보)
가지급기부금	• 당기 : (차) 가지급금　xxx (대) 현　금　xxx	• 세무조정 : 손금산입(△유보)
	• 차기 : (차) 기 부 금　xxx (대) 가지급금　xxx	• 세무조정 : 손금불산입(유보)

→ **비교** 기업업무추진비 : 접대행위가 이루어진 사업연도(발생주의)

| 최신유형특강 265 | 특례·일반기부금 한도초과액 | 난이도 | ★ ★ ★ | 정답 | ② |

다음은 ㈜삼일의 제12기(2022년 1월 1일 ~ 2022년 12월 31일) 기부금 관련 자료이다. ㈜삼일의 기부금 관련 손금불산입액은 얼마인가(단, 기부금 조정금액은 없으며, 비과세소득 및 소득공제 금액은 없다)?

ㄱ. 소득 자료 : 차가감 소득금액 100,000,000원, 세무상 이월결손금 70,000,000원
ㄴ. 기부금 지출액 : 법정기부금 50,000,000원, 지정기부금 20,000,000원

· 법정기부금 손금산입 한도액 : (차감전소득금액−세무상이월결손금)×50%
· 지정기부금 손금산입 한도액 : (차감전소득금액−세무상이월결손금−법정기부금손금산입액)×10%

① 10,000,000원
② 15,000,000원
③ 60,000,000원
④ 65,000,000원

해설

- 기부금 조정금액이 없으므로 전기 한도초과액의 이월 손금산입은 고려할 필요가 없다.
- 기준소득금액 : 100,000,000(차가감소득금액)+50,000,000(특례)+20,000,000(일반)=170,000,000
- 특례기부금 한도초과액 계산
  ㉠ 한도 : [170,000,000(기준소득금액) − 70,000,000(이월결손금)]×50%=50,000,000
  ㉡ 한도초과 : 50,000,000(특례기부금) − 50,000,000(한도)=0
    →[세무조정] 없음
- 일반기부금 한도초과액 계산
  ㉠ 한도 : [170,000,000(기준소득금액) − 70,000,000(이월결손금) − 50,000,000(특례손금용인액)]×10%=5,000,000
  ㉡ 한도초과 : 20,000,000(일반기부금) − 5,000,000(한도)=15,000,000
    →[세무조정] 손금불산입 15,000,000(기타사외유출)
∴기부금 관련 손금불산입액 : 0(특례기부금)+15,000,000(일반기부금)=15,000,000

ⓘ 길라잡이 기부금한도

한도계산 산식	❑ 특례기부금 한도 : (기준소득금액 − 이월결손금)×50% ❑ 일반기부금 한도 : (기준소득금액 − 이월결손금 − 특례손금용인액)×10%
	→기준소득금액 : 차가감소득금액+특례·일반기부금 →이월결손금 : 과세표준 계산상 공제가능한 이월결손금 →특례손금용인액 : 한도초과이월액의 손금산입액을 포함한 금액임.

최신유형특강 266	기부금의 귀속시기	난이도 ★★★ 정답 ④

다음 중 법인세법상 기부금의 손익귀속시기에 관한 설명으로 가장 올바르지 않은 것은?

① 기부금의 손금귀속시기는 현금주의에 의한다.

② 기부금을 미지급금으로 계상한 경우에는 실제로 이를 지출할 때까지는 기부금으로 보지 않는다.

③ 기부금의 지출을 위하여 어음을 발행한 경우에는 그 어음이 실제로 결제된 날에 기부금을 지출한 것으로 본다.

④ 기부금의 지출을 위하여 수표를 발행한 경우에는 해당 수표를 발행한 날에 지출한 것으로 본다.

해설

• 기부금의 지출로 수표를 발행한 경우에는 해당 수표를 발행한 날이 아니라 교부한 날에 지출한 것으로 본다.
  → **참고** ㉠ 교부한 날 : 수표를 수취인에게 인도한 날 ㉡ 발행한 날 : 수표 권면 발행일에 표시되어 있는 날
  ★ **저자주** 재경관리사 시험수준을 초과하는 다소 지엽적인 출제로 사료됩니다. 출제가 된 만큼 문구 정도 숙지 바랍니다.

ⓘ 길라잡이 기부금의 귀속시기

원칙	• 실제로 지출한 사업연도(현금주의)
어음·수표 **참고사항**	• 어음발행 : 그 어음이 실제로 결제된 날에 지출한 것으로 봄. • 수표발행 : 해당 수표를 교부한 날에 지출한 것으로 봄.

최신유형특강 267	기부금 한도·귀속시기·현물기부금	난이도 ★★★ 정답 ③

다음 중 법인세법상 기부금에 관한 설명으로 가장 옳은 것은?

① 기부금은 현금주의에 의하여 손금에 계상한다. 다만, 법인이 실제로 지급하지 아니한 기부금을 미지급으로 하여 손금에 계상한 경우에는 이를 해당 사업연도의 기부금으로 본다.

② 기부금을 금전 외의 자산으로 제공하는 경우 기부금의 종류에 불문하고 장부가액으로 평가한다.

③ 기부금을 손금에 산입할 때 이월된 기부금을 우선 손금에 산입하고, 남은 기부금공제 한도 내에서 해당 사업연도에 지출한 기부금을 손금에 산입한다.

④ 특례기부금은 기준소득금액의 100% 범위 내에서 손금에 산입한다.

해설

• ① 기부금은 현금주의에 의하여 손금에 계상한다. 따라서, 법인이 실제로 지급하지 아니한 기부금을 미지급으로 하여 손금에 계상한 경우에는 이를 해당 사업연도의 기부금으로 보지 아니하며 손금불산입 세무조정을 한다.

미지급기부금	• 당기 : (차) 기 부 금 xxx (대) 미지급금 xxx	• 세무조정 : 손금불산입(유보)
	• 차기 : (차) 미지급금 xxx (대) 현 금 xxx	• 세무조정 : 손금산입(△유보)

  → **비교** 기업업무추진비 : 접대행위가 이루어진 사업연도(발생주의)

② 현물기부금(기부금을 금전 외의 자산으로 제공하는 경우의 기부금)은 기부금의 종류(기부대상)에 관계없이 장부가액으로 평가하는 것이 아니라, 기부금의 종류에 따라 다음의 구분에 따라 장부가액이나 시가로 평가한다.

특례기부금, 통상적인 일반기부금	• 장부가액
특수관계인 일반기부금, 비지정기부금	• Max[장부가액, 시가]

  → **비교** 현물기업업무추진비의 평가 : Max[장부가액, 시가]

③ 옳은 설명이다. 사례를 들어 구체적으로 설명하면 다음과 같다.

예시 전기특례기부금이월액 1,000, 당기특례기부금 2,500, 차가감소득금액 9,000, 공제가능 이월결손금 700

□ 기준소득금액 : 9,000+2,500=11,500, 특례기부금한도 : (11,500-700)×50%=5,400
□ 〈1순위〉 전기이월 손금산입 : Min[1,000, 5,400]=1,000(기타)
  〈2순위〉 특례기부금 한도초과(미달) : 2,500-(5,400-1,000)=△1,900(한도미달) →∴전액 손금인정

④ 특례기부금은 기준소득금액의 50% 범위 내에서 손금에 산입한다.

최신유형특강 268 | 기부금의 세무상 처리 | 난이도 ★ ★ ★ 정답 ③

다음 중 제11기(20x1년 1월 1일~20x1년 12월 31일) ㈜삼일이 행한 기부금에 대한 세무상 처리로 가장 옳은 것은?

① 영업자가 조직한 법정단체에 대한 특별회비를 일반기부금으로 처리하였다.
② 비지정기부금을 전액 손금불산입하고 대표자상여로 소득처분하였다.
③ 기준소득금액에서 이월결손금을 차감한 금액의 50%를 특례기부금의 손금한도액으로 계산하였다.
④ 토지를 특례기부금으로 현물기부하고 기부할 당시의 토지의 시가를 기부금으로 계상하였다.

해설

• ① 영업자가 조직한 법정단체(=법인이거나 주무관청에 등록된 조합 또는 협회)에 지급한 회비는 세무상 다음과 같이 처리한다.

일반회비[*]	• 전액 손금
특별회비	• ㉠ 일반적인 경우 : 손금 ㉡ 일반기부금단체에 해당하는 경우 : 일반기부금

[*]일반회비는 조합 또는 협회가 법령 또는 정관이 정하는 바에 따른 정상적인 회비징수 방식에 의하여 경상경비 충당 등을 목적으로 조합원 또는 회원에게 부과하는 회비로 함.

→∴특별회비는 모두 일반기부금으로 처리하는 것이 아니라, 해당여부에 따라 손금 또는 일반기부금으로 처리한다.

② 비지정기부금은 손금불산입하고 그 기부받은 자의 구분에 따라 다음과 같이 소득처분한다.(기본통칙)

주주·출자자(출자임원 제외)	• 배당
임원·직원	• 상여
그 외의 자	• 기타사외유출

→∴비지정기부금은 모두 대표자상여로 소득처분하는 것이 아니라, 기부받은 자에 따라 소득처분한다.

④ 현물기부금(기부금을 금전 외의 자산으로 제공하는 경우 기부금)의 기부자산가액은 기부금종류(기부대상)에 따라 다음과 같이 평가한다.

특례기부금, 통상적인 일반기부금	• 장부가액
특수관계인 일반기부금, 비지정기부금	• Max[장부가액, 시가]

→∴토지를 특례기부금으로 현물기부한 경우에는 토지의 장부가액을 기부금으로 계상해야 한다.

| 최신유형특강 269 | 기부금의제 고가매입 | 난이도 ★ ★ ★ 정답 ② |

㈜상일은 특수관계인이 아닌 다른 법인으로부터 사업용 토지를 15억원(시가 10억원)에 매입하였다. 다음 중 당해 토지매입거래에 관한 설명으로 가장 옳은 것은?

① 토지의 세무상 취득가액은 실제로 지급한 15억원이다.
② 의제기부금은 2억원이며, 이에 대하여는 별도의 세무조정을 하여야 한다.
③ 시가를 초과하여 지급한 대가에 해당하는 5억원을 손금불산입하여야 한다.
④ 세무조정이 불필요하다.

해설

- 특수관계없는 자(다른 법인)로부터의 고가매입에 해당하므로, 매입가액과 정상가액의 차액은 기부금으로 본다.
- 고가매입 의제기부금 : 매입가액(15억원) - 정상가액(10억원×130%=13억원) = 2억원
- 세무조정(건물의 장부가액을 50억원으로 가정)

회사				세법			
(차) 토지	15억원	(대) 현금	15억원	(차) 토지	13억원	(대) 현금	15억원
				기부금	2억원		

㉠ 손금산입 기부금 2억원(△유보)
㉡ 위 세무조정으로 손금산입한 기부금이 어떤 기부금인가에 따라 추가적 세무조정을 한다.
  i) 특례기부금이나 일반기부금인 경우 : 추가적인 세무조정없이 기부금 한도계산으로 이행한다.
  ii) 비지정기부금인 경우 : 추가적인 세무조정을 한다.(손금불산입 비지정기부금 2억원)
    →비지정기부금은 손금불산입하고 기부받은 자의 구분에 따라 다음과 같이 소득처분한다.(기본통칙)

주주·출자자(출자임원 제외)	• 배당
임원·직원	• 상여
그 외의 자	• 기타사외유출

저자주 만약, 매입가액이 13억원이라면 정상가액(10억×130%=13억원)과 동일하므로 세무조정은 없습니다.
- ① 토지의 세무상 취득가액은 실제로 지급한 15억원에서 의제기부금 2억원을 차감한 13억원이다.
- ② 의제기부금은 2억원이며, 이에 대하여는 별도의 세무조정[손금산입 기부금 2억원(△유보)]을 하여야 한다.
- ③ 시가를 초과하여 지급한 대가에 해당하는 5억원을 손금불산입하는 것이 아니다.
- ④ 세무조정이 필요하다.

길라잡이 기부금의제와 부당행위계산부인 비교

특수관계 X (기부금의제)	㉠ 고가매입 : (매입가액 - 정상가액) →정상가액 = 시가×130% ㉡ 저가양도 : (정상가액 - 양도가액) →정상가액 = 시가×70%	정상가액과 비교
특수관계 O (부당행위계산부인)	㉠ 고가매입 : (매입가액 - 시가) ㉡ 저가양도 : (시가 - 양도가액)	시가와 비교

| 최신유형특강 270 | 기부금의제 저가양도[1] | 난이도 ★ ★ ★ | 정답 ① |

용산역에 위치한 ㈜상일은 투자 목적으로 회사 주변의 건물을 소유하고 있다. ㈜상일의 김상일대표이사는 자신의 향우회로부터 60억원의 현금을 받는 조건으로 회사의 건물을 매각하라는 제안을 받았고, 동 제안을 수락할 경우 어떤 효과가 있을지 고민하고 있다. 동 건물의 시가는 100억원이다. 건물을 위의 조건으로 매각할 경우 다음 중 올바른 세무조정은 어느 것인가(단, 대표이사 향우회는 ㈜상일과 특수관계자가 아니다)?

① 손금불산입 비지정기부금 10억원
② 손금불산입 일반기부금 10억원
③ 손금불산입 특례기부금 30억원
④ 손금불산입 비지정기부금 40억원

해설

• 특수관계없는 자(향우회)에 대한 저가양도에 해당하므로, 정상가액과 양도가액의 차액은 기부금으로 본다.
• 저가양도 의제기부금(비지정기부금) : 정상가액(100억원×70%=70억원) – 양도가액(60억원) = 10억원
• 세무조정(건물의 장부가액을 50억원으로 가정)

		회사					세법		
(차) 현금	60억원	(대)	건물(장부가)	50억원	(차) 현금	60억원	(대)	건물(장부가)	50억원
			처분이익	10억원	기부금	10억원		처분이익	20억원

㉠ 손금산입 기부금 10억원(기타), 익금산입 처분이익 10억원(기타) 〈상쇄되므로 세무조정 생략〉
→과세소득에 아무런 영향도 미치지 않으므로 생략해도 무방하며, 생략하였더라도 실제로는 이러한 세무조정이 이미 이루어진 것과 같다.
㉡ 위 세무조정으로 손금산입한 기부금이 어떤 기부금인가에 따라 추가적 세무조정을 한다.
  ⅰ) 특례기부금이나 일반기부금인 경우 : 추가적인 세무조정없이 기부금 한도계산으로 이행한다.
  ⅱ) 비지정기부금인 경우 : 추가적인 세무조정을 한다.(손금불산입 비지정기부금 10억원)
    →비지정기부금은 손금불산입하고 기부받은 자의 구분에 따라 다음과 같이 소득처분한다.(기본통칙)

주주·출자자(출자임원 제외)	• 배당
임원·직원	• 상여
그 외의 자	• 기타사외유출

∴[최종세무조정] 손금불산입 비지정기부금 10억원(기타사외유출)

저자주 만약, 양도가액이 70억원이라면 정상가액(100억×70%=70억원)과 동일하므로 세무조정은 없습니다.

최신유형특강 271	기부금의제 저가양도[2]	난이도 ★ ★ ★	정답 ③

㈜상일은 지방자치단체(특수관계 없음)에 정당한 사유 없이 시가 1억원인 토지를 5천만원에 양도하고 다음과 같이 회계처리하였다. 이 거래와 관련된 세무상 처리를 설명한 것으로 가장 옳은 것은?

(차) 현금	5천만원	(대) 토지	7천만원
토지처분손실	2천만원		

① 순자산이 감소되므로 토지처분손실을 전액 손금에 산입한다.
② 토지처분손실 2천만원을 손금불산입한다.
③ 토지처분손실 2천만원을 기부금으로 보아 기부금 세무조정에 반영한다.
④ 부당한 거래로 보아 5천만원을 익금에 산입한다.

해설

• 특수관계없는 자(지방자치단체)에 대한 저가양도에 해당하므로, 정상가액과 양도가액의 차액은 기부금으로 본다.
• 저가양도 의제기부금(비지정기부금) : 정상가액(1억원×70%=7천만원) – 양도가액(5천만원) = 2천만원
• 세무조정

회사				세법			
(차) 현금	5천만원	(대) 토지(장부가)	7천만원	(차) 현금	5천만원	(대) 토지(장부가)	7천만원
처분손실	2천만원			기부금	2천만원		

㉠ 손금산입 기부금 2천만원(기타), 손금불산입 처분손실 2천만원(기타) 〈상쇄되므로 세무조정 생략〉
　→과세소득에 아무런 영향도 미치지 않으므로 생략해도 무방하며, 생략하였더라도 실제로는 이러한 세무조정이 이미 이루어진 것과 같다.
㉡ 위 세무조정으로 손금산입한 기부금이 어떤 기부금인가에 따라 추가적 세무조정을 한다.
　ⅰ) 특례기부금이나 일반기부금인 경우 : 추가적인 세무조정없이 기부금 한도계산으로 이행한다.
　ⅱ) 비지정기부금인 경우 : 추가적인 세무조정을 한다.(손금불산입 비지정기부금 2천만원)
　　→비지정기부금은 손금불산입하고 기부받은 자의 구분에 따라 다음과 같이 소득처분한다.(기본통칙)

주주·출자자(출자임원 제외)	• 배당
임원·직원	• 상여
그 외의 자	• 기타사외유출

∴[최종세무조정] 손금불산입 비지정기부금 2천만원(기타사외유출)

★ **저자주** 만약, 양도가액이 7천만원이라면 정상가액(1억원×70%=7천만원)과 동일하므로 세무조정은 없습니다. 한편, 본 문제는 선지 ②번도 옳은 설명이므로 복수정답으로 처리되어야 합니다.

최신유형특강 272 　　　　　　　　**기업업무추진비 일반사항** 　　　　난이도 ★★★ 정답 ④

다음 중 법인세법상 기업업무추진비에 대한 설명으로 가장 올바르지 않은 것은?

① 광고·선전목적으로 달력 등을 불특정 다수인에게 기증한 것은 일반적으로 기업업무추진비로 보지 않고 전액 손금으로 인정한다.
② 현물기업업무추진비는 제공한 때의 시가가 장부가액보다 낮은 경우에는 장부가액에 의하여 기업업무추진비를 계산한다.
③ 특정 거래처에게 광고선전물품으로 15,000원 상당의 달력과 23,000원 상당의 컵을 기증하였다면 38,000원을 기업업무추진비로 본다.
④ 기업업무추진비 관련 VAT 매입세액 불공제액은 기업업무추진비로 보지 아니한다.

해설

• ① 광고선전목적 물품의 기증대상이 불특정다수인 경우에는 전액 손금으로 인정한다.

광고선전목적 기증물품	불특정다수	• 전액 손금	
	특정인	1인당 연간 5만원 이하	• 전액 손금
		1인당 연간 5만원 초과	• 전액 기업업무추진비

② 현물기업업무추진비의 평가 : Max[㉠ 장부가액 ㉡ 시가]
　→∴제공한 때 시가가 장부가액보다 낮은 경우(시가<장부가액)는 장부가액에 의하여 계산한다.
③ 특정인(특정거래처)에 기증한 광고선전물품이 5만원 이하이면 광고선전비(전액 손금), 5만원 초과하면 기업업무추진비로 본다. (단, 3만원 이하의 물품은 5만원 초과 여부 계산시 아예 포함하지 않음)
　→∴달력과 컵은 모두 3만원 이하로서 5만원 초과 여부 계산시 아예 제외되므로, 기업업무추진비로 간주될 금액은 없다.

> **참고** 　15,000원 상당의 달력, 35,000원 상당의 컵, 40,000원 상당의 탁상달력을 기증시
>
> ❏ 3만원 이하인 달력을 제외하고 5만원 초과여부를 계산하면,
> 　5만원 초과(35,000원+40,000원=75,000원)이므로 75,000원을 기업업무추진비로 본다.

④ 접대 관련 지출에 관련된 부가가치세 매입세액불공제액도 기업업무추진비로 간주된다.

간주기업업무추진비	• ㉠ 직원이 조직한 조합·단체(조합·단체가 법인인 경우함)에 지출한 복리시설비 ㉡ 약정에 의하여 매출채권을 포기한 금액 ㉢ 접대 관련 VAT매입세액불공제액과 접대자산에 대한 VAT매출세액 ㉣ 연간 5만원을 초과하여 특정인에게 기증한 광고선전물품 　→단, 3만원 이하의 물품 제공시에는 5만원 한도를 적용하지 않음.(즉, 5만원 초과여부 계산시 불포함)

★ **저자주** 본 문제는 ③번도 틀린 지문이므로 출제오류에 해당하며, 복수정답(③번과 ④번)으로 처리되어야 합니다.

최신유형특강 273　　　　**세무조정의 적합성여부**　　　난이도 ★ ★ ☆　정답 ③

다음 사항들은 ㈜삼일의 제 10 기 사업연도(20x1년 1월 1일～20x1년 12월 31일)의 법인세 계산을 위해 수행한 세무조정의 내용이다. 다음 중 가장 올바르지 않은 것은?

① 증빙이 없는 5만원 초과 기업업무추진비에 대하여 손금불산입하고 대표자 상여로 소득처분하였다.
② 영업사원의 교통위반범칙금에 대하여 손금불산입하고 기타사외유출로 소득처분하였다.
③ 법인이 업무용 자산을 임차하고 지급하는 임차료를 손금불산입하고 유보 소득처분하였다.
④ 임원이 사용한 업무용승용차 관련비용 중 업무사용금액에 해당하지 않는 금액을 손금불산입하고 상여로 소득처분하였다.

해설

- ① 증빙불비(증빙누락) 기업업무추진비는 직접부인 기업업무추진비로서, 손금불산입하고 귀속불분명이므로 대표자상여로 소득처분한다.
- ② 업무와 관련하여 발생한 교통사고벌과금(교통사고범칙금)은 징벌효과를 감소시키지 않기 위한 취지로 손금불산입하며 국가·지자체가 귀속이므로 기타사외유출로 소득처분한다.
- ③ 자산의 임차료는 대표적인 손금항목이므로 비용으로 계상한 경우 세무조정은 없다.
- ④ 법인의 업무용승용차 관련비용 중 업무사용금액(관련비용×업무사용비율)에 해당하지 않는 금액은 손금불산입하며 귀속자에 따라 소득처분(귀속이 임원이면 상여)한다.

최신유형특강 274　　　　**지급이자손금불산입 유형 구분**　　　난이도 ★ ☆ ☆　정답 ①

다음의 내용은 지급이자손금불산입의 유형 중 무엇에 대한 설명인가?

사업용 유형자산 및 무형자산의 매입·제작·건설에 소요되는 차입금에 대한 건설기간 중의 지급이자 또는 이와 유사한 성질의 지출금을 말한다. 이는 자산의 취득원가에 가산하도록 규정되어 있으므로, 발생기간의 비용으로 계상한 경우에는 이를 손금불산입하여야 한다.

① 건설자금이자　　　　　　② 비실명 채권·증권의 이자상당액
③ 채권자불분명 사채이자　　④ 업무무관자산 등에 대한 지급이자

해설

- 법인세법상 지급이자손금불산입 유형 중 건설자금이자의 개요에 대한 설명이다.

길라잡이　건설자금이자의 세법·기업회계 비교

구분	법인세법	기업회계
대상자산	• 사업용 유형·무형자산	• 유형·무형·투자·장기재고자산
특정차입금이자	• 자본화 강제	• 한국채택국제회계기준 : 모두 자본화 강제
일반차입금이자	• 자본화 선택	• 일반기업회계기준　 : 모두 자본화 선택

| 최신유형특강 275 | 지급이자손금불산입 항목별 검토 | 난이도 ★ ★ ★ | 정답 ③ |

㈜삼일의 담당 회계사인 김세무 회계사가 ㈜삼일의 제7기 사업연도(20x1년 1월 1일~20x1년 12월 31일) 지급이자 손금불산입에 대하여 자문한 다음 내용 중 가장 옳은 것은?

① 회사가 사채를 빌려다 쓰고 사채업자에게 지급하는 이자는 채권자가 누구인지 실명으로 밝히더라도 변칙적인 자금거래로 보아 전액 손금불산입합니다.

② 법인세법에서는 자본화 대상자산의 취득과 직접 관련하여 개별적으로 차입된 자금(특정차입금)에 대한 이자만을 자본화할 수 있으므로 일반차입금에 대한 이자는 자본화할 수 없습니다.

③ 업무에 직접 사용되지 않는 자동차를 보유하게 되면 지급이자 중 일정 금액이 손금불산입되므로 업무에 직접 사용하지 아니하는 자동차를 취득하는 것은 신중하게 검토해야 합니다.

④ 채권의 이자를 당해 채권의 발행법인이 직접 지급하는 경우에는 해당 이자를 전액 손금불산입하고 대표자상여로 소득처분합니다.

해설

- ① 채권자불분명사채이자 손금불산입 : 금융기관에서 자금을 조달하기 어려운 경우 금융기관이 아닌 개인이나 법인으로부터 자금을 차입할 수 있는데, 이를 사채(私債)라 한다. 법인이 사채이자를 지급하고 사채권자를 불분명하게 처리하면 사채권자에 대하여 제대로 과세할 수 없다. 따라서 이를 규제하기 위해 채권자가 불분명한 사채(私債)의 이자는 손금불산입하고 원천징수세액은 기타사외유출로 잔액은 대표자상여로 소득처분한다. 따라서, 채권자가 불분명한 경우에만 손금불산입 규정을 적용하며 채권자가 누구인지 분명한 경우에는 손금불산입 규정을 적용하지 아니한다.

- ② 건설자금이자 손금불산입 : 법인세법에서는 자본화 대상자산의 취득과 직접 관련하여 개별적으로 차입된 자금(특정차입금)에 대한 지급이자는 자본화하도록 강제하고 있으며, 자본화 대상자산을 취득하기 위해 일반적으로 차입된 자금(일반차입금)에 대한 이자는 자본화를 선택할 수 있도록 규정하고 있다.

구분	법인세법	기업회계
대상자산	• 사업용 유형·무형자산	• 유형·무형·투자·장기재고자산
특정차입금이자	• 자본화 강제	• 한국채택국제회계기준 : 모두 자본화 강제
일반차입금이자	• 자본화 선택	• 일반기업회계기준　 : 모두 자본화 선택

- ③ 업무무관자산 등 관련이자 손금불산입 : 업무에 직접 사용하지 않는 자산(예 업무에 직접 사용하지 않는 부동산·자동차·선박·항공기, 서화·골동품 등)을 보유하는 경우 지급이자 중 일정 금액이 손금불산입된다.

- ④ 비실명채권이자 손금불산입 : 채권의 이자를 당해 채권의 발행법인이 직접 지급하는 경우에 그 지급사실이 객관적으로 인정되지 아니하는 이자는 손금불산입하고 원천징수세액은 기타사외유출로 잔액은 대표자상여로 소득처분한다.

최신유형특강 276 | 기타사외유출 소득처분 지급이자 | 난이도 ★ ★ ☆ 정답 ②

다음의 지급이자 중 기타사외유출로 소득처분되는 금액은 모두 얼마인가?

(1) 채권자불분명 사채이자	: 10,000,000원
(2) 비실명 채권, 증권의 이자 중 원천징수세액	: 5,000,000원
(3) 공장건물의 취득과 관련한 특정차입금의 지급이자	: 12,000,000원
(4) 재고자산의 취득과 관련한 특정차입금의 지급이자	: 15,000,000원
(5) 토지의 취득과 관련한 일반차입금의 지급이자	: 5,000,000원
(6) 사업용이 아닌 토지(업무무관자산에 해당)의 취득과 관련한 지급이자	: 23,000,000원

① 23,000,000원 ② 28,000,000원
③ 33,000,000원 ④ 48,000,000원

해설

★ 저자주 문제의 명확한 성립을 위해 자료 (1)에 누락된 문구를 추가하여 '(1) 채권자불분명 사채이자(원천징수세액 제외)'로 수정바랍니다.

• (1) 채권자불분명 사채이자(원천징수세액 제외) : 10,000,000원
  →[세무조정] 손금불산입 10,000,000(대표자상여)
  〈대표자상여로 소득처분하되, 원천징수세액은 기타사외유출로 소득처분한다.〉
 (2) 비실명 채권, 증권의 이자 중 원천징수세액 : 5,000,000원
  →[세무조정] 손금불산입 5,000,000(**기타사외유출**)
  〈대표자상여로 소득처분하되, 원천징수세액은 기타사외유출로 소득처분한다.〉
 (3) 공장건물의 취득과 관련한 특정차입금의 지급이자 : 12,000,000원
  →[세무조정] 손금불산입 12,000,000(유보)
  〈∵특정차입금 이자는 법인세법상 자본화가 강제되는 건설자금이자이다.〉
 (4) 재고자산의 취득과 관련한 특정차입금의 지급이자 : 15,000,000원
  →[세무조정] 손금인정(세무조정대상이 아님)
  〈∵건설자금이자 규정은 유형·무형자산에만 적용된다.〉
 (5) 토지의 취득과 관련한 일반차입금의 지급이자 : 5,000,000원
  →[세무조정] 손금인정(세무조정대상이 아님) 또는 손금불산입 5,000,000(유보)
  〈∵일반차입금 이자는 법인세법상 자본화 선택사항이다.〉
 (6) 사업용이 아닌 토지(업무무관자산에 해당)의 취득과 관련한 지급이자 : 23,000,000원
  →[세무조정] 손금불산입 23,000,000(**기타사외유출**)
  〈∵업무무관자산 등 지급이자 손금불산입은 특례에 의해 무조건 기타사외유출로 소득처분한다.〉
∴기타사외유출로 소득처분되는 금액 : 5,000,000[(2)] + 23,000,000[(6)] = 28,000,000

| 최신유형특강 277 | 업무무관자산 등 지급이자 손금불산입 | 난이도 | ★ ★ ★ | 정답 | ④ |

다음 중 법인세법상 업무무관자산 등 지급이자 손금불산입에 관한 설명으로 가장 올바르지 않은 것은?

① 지급이자 손금불산입하는 가지급금은 특수관계인에 대한 업무무관가지급금을 말한다.
② 유예기간 중 업무에 사용하지 않고 양도하는 부동산은 업무무관자산에 해당한다.
③ 지급이자는 선순위로 손금불산입된 금액을 제외한다.
④ 지급이자는 타인에게서 자금을 차용하는데 대응하여 지급되는 금융비용으로서 미지급이자는 제외하되 미경과이자는 포함한다.

해설 。

• 지급이자는 타인에게서 자금을 차용하는데 대응하여 지급되는 금융비용으로서 미지급이자는 포함하되 미경과이자는 제외한다.

i 길라잡이 **업무무관자산 등 지급이자 손금불산입**

대상	업무무관자산 [평가 : 취득가액]	부동산	• 업무에 직접 사용하지 않는 부동산 • 유예기간(일반적으로 2년) 중에 업무에 직접 사용하지 않고 양도하는 부동산
		동산	• 서화 및 골동품 • 업무에 직접 사용하지 않는 자동차·선박·항공기
	업무무관가지급금		• 업무와 관련없는 특수관계인에 대한 자금대여액 ◔주의 이자수령 유무 불문함.(즉, 적정이자 수령시에도 불문하고 특수관계인 업무무관가지급금으로 계산대상임)
지급이자			• 미지급이자는 포함하되, 미경과이자(선급이자)는 제외됨.
손금불산입액			$\square$ 지급이자 $\times \dfrac{\text{업무무관자산적수} + \text{업무무관가지급금적수 [분자의 한도] 분모}}{\text{차입금적수}}$ →선순위 부인된 지급이자·차입금적수 제외하고 계산함.

최신유형특강 278 | **인건비·기업업무추진비·지급이자** | 난이도 ★★☆ 정답 ①

다음 중 법인세법상 영리내국법인의 인건비, 기업업무추진비 및 지급이자에 관한 설명으로 가장 올바르지 않은 것은?

① 법인이 임원 또는 사용인에게 지급하는 상여금 중 이사회의 결의에 의하여 결정된 급여지급기준을 초과하여 지급한 경우 그 초과금액은 손금에 산입하지 아니한다.

② 비상근임원에게 지급하는 보수는 부당행위계산부인에 해당하는 경우를 제외하고 이를 손금에 산입한다.

③ 법인이 그 사용인이 조직한 조합 또는 단체에 복리시설비를 지출한 경우 당해 조합이나 단체가 법인인 때에는 이를 기업업무추진비로 본다.

④ 건설자금에 충당한 차입금 이자 중 특정차입금에 대한 지급이자는 건설 등이 준공된 날까지 이를 자본적 지출로 하여 그 원본에 가산한다.

해설

• ① 임원에게 지급하는 상여금 중 정관·주주총회(사원총회) 또는 이사회의 결의에 의하여 결정된 급여지급기준에 의하여 지급하는 금액을 초과하여 지급한 경우 그 초과금액은 이를 손금불산입한다. 그러나 직원(사용인)에게 지급하는 상여금은 이러한 제한을 받지 아니하고 전액 손금으로 인정된다.

② 상근이 아닌 법인의 임원(비상근임원)에게 지급하는 보수는 손금에 산입하는 것이 원칙이나, 부당행위계산부인에 해당하는 경우에는 손금에 산입하지 않는다.[법인령 43④]

③ 기업업무추진비로 보는 사항을 정리하면 다음과 같다.

간주기업업무추진비	• ㉠ 직원이 조직한 조합·단체(조합·단체가 법인에 한함)에 지출한 복리시설비 ㉡ 약정에 의하여 매출채권을 포기한 금액 ㉢ 접대 관련 VAT매입세액불공제액과 접대한 자산에 대한 VAT매출세액 ㉣ 연간 5만원을 초과하여 특정인에게 기증한 광고선전물품

④ 특정차입금이자는 법인세법상 자본화를 강제한다.(∴회사가 특정차입금이자를 비용으로 계상시에는 손금불산입하고 유보로 소득처분한다.)

| 최신유형특강 279 | 항목별 세무조정 | 난이도 | ★ ★ ☆ | 정답 | ③ |

다음 중 법인세법상 세무조정에 관한 설명으로 가장 올바르지 않은 것만을 모두 고른 것은?

> ㄱ. 기업업무추진비, 일반기부금, 임원에 대한 퇴직급여의 경우 세법에서 정한 일정한 한도를 초과하는 금액은 손금불산입된다.
> ㄴ. 영리내국법인이 특수관계 없는 개인으로부터 유가증권을 시가보다 낮은 가액으로 양수했을때, 그 시가와 실제 양수가액과의 차액은 익금이 아니다.
> ㄷ. 해당 법인의 주주 등(소액주주 등 제외)이 사용하고 있는 사택의 유지비·관리비·사용료는 손금에 산입된다.
> ㄹ. 유형자산의 취득에 사용된 특정차입금 중 건설 등이 준공된 후에 남은 차입금에 대한 이자는 손금에 산입하지 않는다.

① ㄱ, ㄴ   ② ㄴ, ㄷ
③ ㄷ, ㄹ   ④ ㄱ, ㄹ

해설

• ㄱ : 기업업무추진비한도초과액은 손금불산입하고 특례에 의해 무조건 기타사외유출로 소득처분한다.
　일반기부금 한도초과액은 손금불산입하고 특례에 의해 무조건 기타사외유출로 소득처분한다.
　임원퇴직금한도초과액은 손금불산입하고 귀속이 임원이므로 상여로 소득처분한다.
• ㄴ : 특수관계있는 개인으로부터 유가증권을 시가보다 저가매입시 그 차액을 익금산입(유보)한다.
　→따라서, 특수관계없는 개인으로부터 시가보다 저가매입시는 취득가는 양수가액(매입가액) 그대로 인정되며, 시가와 양수가액의 차액은 익금이 아니므로 세무조정은 없다.
• ㄷ : 주주 등(소액주주 제외) 또는 출자임원과 그 친족이 사용하고 있는 사택의 유지비·관리비·사용료와 이와 관련되는 지출금은 손금에 산입하지 않는다.
　→ **비교** 비출자임원·소액주주임원·직원이 사용하고 있는 사택유지비 등은 손금산입항목에 해당한다.
• ㄹ : 특정차입금의 이자(건설자금이자)는 법인세법상 자본화를 강제하므로 이는 자산의 취득원가에 가산한다. 그러나 건설 등이 준공된 후에 남은 특정차입금의 이자는 일반적인 이자비용과 동일하므로 손금에 산입한다.

최신유형특강 280 | **퇴직급여충당금 한도초과액** | 난이도 ★★☆ 정답 ③

㈜삼일의 제9기 사업연도(20x1년 1월 1일~20x1년 12월 31일)의 법인세법상 퇴직급여충당금 한도초과액은 얼마인가?

ㄱ. 퇴직급여충당금 내역

퇴직급여충당금			(단위 : 원)
당기지급액	2,000,000	기초잔액	7,000,000
기말잔액	8,500,000	당기전입액	3,500,000
	10,500,000		10,500,000

ㄴ. 기초잔액 중에는 한도초과로 부인된 금액 1,000,000원이 포함되어 있다.
ㄷ. 당기지급액은 모두 현실적인 퇴직으로 인한 것이다.
ㄹ. 퇴직급여의 지급대상이 되는 임원 또는 사용인에게 지급한 총급여와 상여금 : 110,000,000원
ㅁ. 기말 현재 퇴직금 추계액 : 8,000,000원(일시퇴직기준과 보험수리적 기준에 의한 퇴직금추계액이 동일하다.)
ㅂ. 기말 현재 퇴직전환금 계상액 : 5,000,000원

① 없음
② 1,500,000원
③ 2,500,000원
④ 3,500,000원

해설

- 퇴직급여충당금 한도 : Min[㉠ 급여액기준 ㉡ 추계액기준] = 1,000,000
  ㉠ 급여액기준 : 110,000,000×5% = 5,500,000
  ㉡ 추계액기준 : 8,000,000×0% - (7,000,000 - 2,000,000 - 1,000,000) + 5,000,000 = 1,000,000
- ∴퇴직급여충당금 한도초과액 : 3,500,000(퇴직급여충당금설정액=당기전입액) - 1,000,000(한도) = 2,500,000

길라잡이 | 퇴직급여충당금 한도 계산

한도액	• Min $\begin{cases} 총급여액 \times 5\% \\ 퇴직금추계액 \times 0\% - 세무상이월퇴충잔액 + 퇴직금전환금잔액 \end{cases}$	
세부고찰	총급여액	• 1년 미만 근속자도 퇴직급여지급규정이 있으면 설정가능함. **제외대상** ㉠ 손금불산입되는 인건비(임원상여한도초과액 등) ㉡ 인정상여, 퇴직으로 받는 소득으로 퇴직소득에 속하지 않는 소득 ㉢ 확정기여형퇴직연금 등이 설정된 자
	퇴직금추계액	• Max[㉠ 일시퇴직기준 퇴직급여추계액 ㉡ 보험수리기준 퇴직급여추계액]
	퇴직금전환금	• 당기말 F/P에 계상된 잔액으로, 국민연금관리공단에 납부한 국민연금전환금
	세무상이월퇴중잔액	• 기초F/P퇴충 - 당기F/P상감소액 - 부인액누계(유보금액)

| 최신유형특강 281 | 퇴직연금충당금 일반사항 | 난이도 ★ ★ ★ | 정답 ① |

다음 중 퇴직연금충당금에 관한 설명으로 가장 올바르지 않은 것은?

① 확정기여형 퇴직연금에 가입한 경우 일정 한도액의 범위 내에서 퇴직연금충당금을 손금산입한다.
② 퇴직급여추계액은 퇴직연금충당금 손금한도액에 영향을 미친다.
③ 퇴직연금충당금은 신고조정사항이므로 이를 결산시 비용으로 계상하지 않았더라도 세무상 손금산입 한도액까지는 신고조정에 의해 손금산입할 수 있다.
④ 퇴직연금운용자산 당기말 잔액이 0원인 경우에는 확정급여형 퇴직연금충당금 설정한도액이 0원이 된다.

해설

• 확정기여형 퇴직연금에 가입한 경우 법인이 부담한 기여금을 전액 손금에 산입하나, 확정급여형 퇴직연금에 가입한 경우에는 일정 한도액의 범위 내에서 손금산입한다.
→ ㉠ 확정기여형(DC : Defined Contribution) : 전액 손금인정
　　㉡ 확정급여형(DB : Defined Benefit) : 한도내 손금인정

ℹ️ **길라잡이** 퇴직연금충당금[확정급여형 퇴직연금부담금의 손금산입]

신고조정사항	• 부담금을 한도(손금산입범위액)에 미달하여 비용계상시에도 신고조정으로 손금산입함. →세무조정 : 비용계상한 부담금 - 한도(손금산입범위액) ⇒ {(+)이면, 손금불산입(유보) 　　　　　　　　　　　　　　　　　　　　　　　　　　　　　　　 (-)이면, 손금산입(△유보) **비교** 확정기여형 퇴직연금은 법인이 부담한 기여금을 전액 손금에 산입함.
한도 (손금산입범위액)	❑ Min{퇴직급여추계액 - 세무상기말퇴충잔액 　　　　기말퇴직연금운용자산잔액　　　　　} (-) 세무상이월퇴연충잔액 🔍주의∴기말퇴직연금운용자산이 0원이면 (-)이므로 한도는 0원이 됨.

퇴직급여추계액	• Max[㉠ 일시퇴직기준 ㉡ 보험수리기준]
세무상기말퇴충잔액	• 기말F/P퇴충 - 기말부인액누계
기말퇴직연금운용자산잔액	• 기초잔액 - 기중감소액(기중수령) + 기중납입액
세무상이월퇴연충잔액	• 기초F/P퇴연충 - 기중감소액 - 부인액누계 + 신고조정손금산입액 (△유보잔액)

| 최신유형특강 282 | 신고조정 대손사유 | 난이도 ★ ☆ ☆ | 정답 ② |

다음 중 법인세법상 신고조정으로 대손금의 손금처리가 가능한 것은?

① 채무자의 파산, 강제집행, 사업의 폐지, 사망, 실종, 행방불명으로 인하여 회수할 수 없는 채권
② 상법·민법·어음수표법에 따라 소멸시효가 완성된 채권
③ 회수기일을 6개월 이상 경과한 채권 중 채권가액이 30만원 이하의 채권
④ 부도발생일로부터 6개월 이상 경과한 수표 또는 어음 상의 채권(다만, 채무자의 재산에 대해 저당권을 설정하고 있는 경우를 제외)

해설

• ① 채무자의 파산, 강제집행, 사업의 폐지, 사망, 실종, 행방불명으로 인하여 회수할 수 없는 채권 : 결산조정
　② 상법·민법·어음수표법에 따라 소멸시효가 완성된 채권 : 신고조정
　③ 회수기일을 6개월 이상 경과한 채권 중 채권가액이 30만원 이하의 채권 : 결산조정
　④ 부도발생일로부터 6개월 이상 경과한 수표 또는 어음상의 채권(다만, 채무자의 재산에 대해 저당권을 설정하고 있는 경우를 제외) : 결산조정

최신유형특강 283 | 대손충당금 설정대상채권 포함여부 | 난이도 ★ ☆ ☆ | 정답 ④

다음 중 법인세법상 대손충당금 설정대상 채권이 아닌 것은?

① 소비대차계약에 의하여 타인에게 대여한 금액
② 금전소비대차계약에 의하여 타인에게 대여한 금액
③ 상품의 판매가액의 미수액
④ 매각거래에 해당하는 배서양도어음

해설

• 매각거래에 해당하는 할인어음과 배서양도어음은 실질적으로 당해 법인의 채권이 아니므로 대손충당금 설정대상채권에 포함하지 않는다.
  → **참고** 소비대차계약 : 당사자의 일방[대주(貸主)]이 금전 기타 대체물의 소유권을 상대방[차주(借主)]에게 이전할 것을 약정하고 상대방은 이전받은 물건을 전량 소비한 뒤, 이후 동종·동질·동량의 물건으로 대신 갚을 것을 약정함으로써 성립하는 계약을 말한다.(例 돈이나 쌀 등을 빌려 소비하고, 나중에 다른 돈이나 쌀로 갚는 경우) 금전소비대차는 그 가운데 가장 대표적인 것이다. 한편, 차주(借主)가 빌린 물건 그 자체를 반환하지 않고 다른 동종·동질·동량의 것으로 반환하는 점에서 사용대차나 임대차와 구별된다.

최신유형특강 284 | 대손충당금 한도초과액 | 난이도 ★ ★ ★ | 정답 ③

제조업을 영위하는 ㈜삼일의 제22기 사업연도(20x1년 1월 1일~20x1년 12월 31일)의 대손충당금 한도초과액은 얼마인가?

> (1) 결산서상 대손충당금 내역
>   ① 기초대손충당금 잔액 : 20,000,000원
>   ② 권미회수에 따른 감소액 : 9,000,000원
>   ③ 당기 추가설정액 : 27,000,000원
>   ④ 기말잔액 : 38,000,000원
> (2) 당기 세무상 대손충당금 설정대상채권액 : 200,000,000원
> (3) 전기 세무상 대손충당금 설정대상채권액 : 300,000,000원
> (4) 전기말 기준으로 대손부인된 채권은 없다고 가정한다.

① 24,000,000원   ② 29,000,000원   ③ 32,000,000원   ④ 36,000,000원

해설

• 대손충당금 계정흐름

채권미회수에 따른 감소액(당기 대손)	9,000,000	기초대손충당금	20,000,000
기말대손충당금(기말잔액)	38,000,000	당기 추가설정액	27,000,000

• 대손실적률 : $\dfrac{\text{당기 세무상 대손금}(=\text{채권미회수에 따른 감소액})}{\text{직전 세무상 채권잔액}(=\text{전기 세무상 대손충당금 설정대상채권잔액})} = \dfrac{9,000,000}{300,000,000} = 3\%$
• 대손충당금 한도 : $200,000,000 \times \text{Max}[1\%, 3\%] = 6,000,000$
• 대손충당금 한도초과액 : 38,000,000(기말잔액) - 6,000,000(한도) = 32,000,000

ℹ️ 길라잡이 대손충당금 한도와 세무조정

대손충당금 한도	• 설정대상채권 × Max $\begin{cases} 1\% \\ \text{대손실적률} = \dfrac{\text{당기 세무상 대손금}}{\text{직전 세무상 채권잔액}} \end{cases}$ 🔍**주의** 당기 세무상 대손금이 없다면 설정률은 1%가 됨.
한도초과액	• 한도초과액 : F/P상 대손충당금 기말잔액 - 한도액 ⇒ 손금불산입(유보) →다음기 자동추인됨 : 손금산입(△유보)

최신유형특강 285 · 준비금의 종류 · 난이도 ★ ☆ ☆ 정답 ④

다음 중 법인세법상 손금으로 인정되는 준비금이 아닌 것은?
① 책임준비금
② 비상위험준비금
③ 고유목적사업준비금
④ 손실보전준비금

해설

• 손실보전준비금은 법인세법이 아니라 조세특례제한법상의 준비금이다.
  ㉠ 법인세법 : 책임준비금, 비상위험준비금, 해약환급금준비금, 고유목적사업준비금
  ㉡ 조세특례제한법 : 손실보전준비금

ⓘ 길라잡이 준비금의 의의와 종류

의의	• 미래에 지출할 비용 등에 충당하거나 장래에 발생할 손실보전을 목적으로 일정금액을 손금산입 후, 그 후 환입하거나 비용과 상계하는 것을 준비금이라 함. →손금산입 연도에는 조세부담을 경감시키고, 환입 또는 상계하는 연도에 조세부담을 증가시켜 이를 통해 조세의 이연효과가 발생하여 기간이익을 얻게 되므로 조세의 납부를 일정기간 유예하는 조세지원제도임.		
법인세법상 준비금	• ㉠ 보험업 영위법인 : 책임준비금, 비상위험준비금, 해약환급금준비금 ㉡ 비영리내국법인 : 고유목적사업준비금 →회계기준에서 인정함.(단, K-IFRS에서는 비상위험준비금·해약환급금준비금의 적립을 인정하지 않기 때문에 잉여금처분신고조정으로 손금에 산입함)		
조세특례제한법상 준비금	• 신용회복목적회사의 손실보전준비금 등 →회계기준에서 인정하지 않음.		
계상방법	결산조정	회계처리	(차) 전입액(비용) xxx (대) 준비금(충당부채) xxx
		환입시	(차) 준비금 xxx (대) 환입(수익) xxx
	잉여금처분 신고조정	회계처리	(차) 이익잉여금 xxx (대) 준비금(임의적립금) xxx ▶세무조정 : 손금산입 xxx(△유보)
		환입시	(차) 준비금 xxx (대) 이익잉여금 xxx ▶세무조정 : 익금산입 xxx(유보)
		* **보론** 잉여금처분신고조정 가능대상 ㉠ 비상위험준비금, 해약환급금준비금, 고유목적사업준비금 ㉡ 조세특례제한법상 준비금	

최신유형특강 286 | **부당행위계산부인 조세부당감소 사례** | 난이도 ★★★ 정답 ④

영리내국법인 ㈜삼일의 제14기(20x1년 1월 1일~20x1년 12월 31일) 거래이다. 부당행위계산의 부인과 관련하여 제14기에 세무조정이 필요하지 않은 경우는(단, 甲, 乙은 모두 거주자이며, ㈜삼일의 가중평균차입이자율은 5%임)?

① ㈜삼일의 발행주식의 30%를 출자하고 있는 내국법인 ㈜삼이에게 20x1년 4월 1일 운영자금 10억원을 3년간 무상으로 대여해준 경우

② 20x1년 1월 1일 ㈜삼일의 출자임원(지분율 1%) 甲에게 3년간 주택매입자금 3억원을 무상으로 대여해 준 경우

③ ㈜삼일의 임원에 대한 임면권을 사실상 행사하는 창업주 명예회장 乙이 법인 설립 시부터 사용하는 사택 (무수익자산임)의 연간 유지비 1억원을 ㈜삼일이 20x1년말 현재까지 전액 부담하고 있는 경우

④ 20x1년 3월 5일 ㈜삼일과 특수관계 없는 자에게 시가 10억원인 토지를 8억원에 매각한 경우

해설

• ① 부당행위계산부인 조세부당감소 사례 중 금전을 무상 대부한 경우에 해당한다.
• ② 부당행위계산부인 조세부당감소 사례 중 금전을 무상 대부한 경우에 해당한다.
　→지분율 1%미만이 특수관계인에서 제외되는 소액주주이므로, 지분율 1%는 소액주주가 아니다.
• ③ 부당행위계산부인 조세부당감소 사례 중 무수익자산에 대한 비용을 부담하는 경우에 해당한다.
• ④ 저가양도 의제기부금(10억×70%-8억)이 없으므로 기부금의제 세무조정이 발생하지 않으며, 회사의 처리를 그대로 인정한다.
　→즉, 시가인 정상가액(10억×70%=7억)보다 저가에 양도한 것이 아니므로 기부금의제가 아니다.

ⓘ 길라잡이 **부당행위계산부인 적용요건과 적용대상(조세부당감소 사례)**

적용요건	특수관계	• 특수관계인과의 거래이어야 함. 　Q주의 소액주주(1%미만)는 특수관계인에서 제외하나, 소액주주라 하더라도 지배주주와 특수관계에 있으면 특수관계인에 해당함.
	조세부당감소	• 조세부담을 부당히 감소시킨 것으로 인정될 것 　Q주의 법률적 하자는 불문 →거래자체는 유효 →세금만 재계산
	현저한 이익	• 현저한 이익분여가 있을 것(단, 이하 적용대상 ㉠ ~ ㉣에 한함.) 　→단, 상장주식의 장내거래의 경우는 제외함.(즉, 적용치 않음) 　→현저한 이익 = (시가-거래가차액) ≧ 시가×5% or (시가-거래가차액)≧3억원
적용대상		• [조세부당감소 사례] 　㉠ 자산을 시가보다 높은 가액에 매입·현물출자 받았거나 그 자산을 과대상각 　㉡ 자산을 무상 또는 시가보다 낮은 가액으로 양도·현물출자 　㉢ 금전 그 밖의 자산·용역을 무상·시가보다 낮은 이율·요율이나 임대료로 대부하거나 제공한 경우[단, 주주가 아닌 임원(소액주주인 임원 포함) 및 직원에게 사택을 제공시는 제외] 　㉣ 금전 그 밖의 자산·용역을 시가보다 높은 이율·요율이나 임차료로 차용하거나 제공받은 경우 　㉤ 무수익자산을 매입·현물출자 받았거나 그 자산에 대한 비용을 부담 　㉥ 불량자산(채권)을 차환(양수), 출연금을 대신 부담, 불공정자본거래(증자,감자,합병,분할 등) 　㉦ 파생상품에 근거한 권리를 불행사 등으로 이익을 분여하는 경우

최신유형특강 287   **부당행위계산부인 일반사항**   난이도 ★ ★ ★   정답 ③

●── 다음 중 법인세법상 부당행위계산부인규정에 관한 설명으로 가장 올바르지 않은 것은?

① 임원에 대한 경조사비 대여액은 인정이자 계산대상 가지급금에 해당한다.
② 법인의 임원·사용인은 법인의 특수관계인에 해당한다.
③ 법인의 대주주와 생계를 같이하는 친족은 법인의 특수관계인에 해당하지 아니한다.
④ 특수관계인이라 함은 그 쌍방관계를 각각 특수관계인으로 하는바, 어느 일방을 기준으로 특수관계에 해당하면 이들 상호간에 특수관계가 있는 것으로 본다.

해설

• ① 직원에 대한 경조사비 대여액은 인정이자 계산대상 가지급금으로 보지 아니하나, 임원에 대한 경조사비 대여액은 인정이자 계산대상 가지급금에 해당한다.
• ③ 법인의 대주주와 생계를 같이하는 친족은 법인의 특수관계인에 해당한다.

저자주 특수관계인의 범위에 대한 규정 내용은 상당히 복잡하여 출제를 기피하는 내용에 해당됩니다. 그러나 출제가 된 만큼 가볍게 문구 정도 숙지바랍니다.

ℹ️ 길라잡이 부당행위계산부인 제외대상 가지급금

☐ 다음에 해당하는 자금의 대여는 가지급금으로 보지 아니함.

• ㉠ 미지급소득에 대한 소득세를 법인이 납부(대납)하고 이를 가지급금 등으로 계상한 금액
  ㉡ 귀속불분명 등으로 대표자에게 상여처분한 금액에 대한 소득세를 법인이 납부하고 이를 가지급금으로 계상한 금액
  ㉢ 우리사주조합 또는 그 조합원에게 해당 우리사주조합이 설립된 회사의 주식취득에 소요되는 자금을 대여한 금액
  ㉣ 국민연금법에 의하여 근로자가 지급받은 것으로 보는 퇴직금전환금
  ㉤ 국외에 자본을 투자한 내국법인이 해당 국외투자법인에 종사하거나 종사할 자의 여비·급료·기타비용을 대신하여 부담하고 이를 가지급금등으로 계상한 금액
  ㉥ 직원에 대한 월정급여액의 범위에서의 일시적인 급료의 가불금
  ㉦ 중소기업에 근무하는 직원(지배주주등인 직원은 제외한다)에 대한 주택구입 또는 전세자금의 대여액
  　→🔎주의 비중소기업 임원·직원에 대한 주택구입 또는 전세자금의 대여액 : 가지급금에 해당함.
  ㉧ 직원 및 그 자녀에 대한 학자금의 대여액
  ㉨ 직원에 대한 경조사비 대여액
  　→🔎주의 임원은 직원이 아니므로 다음은 가지급금에 해당함.
  　　　　- 임원에 대한 급료의 가불금
  　　　　- 중소기업에 근무하는 임원에 대한 주택구입 또는 전세자금의 대여액
  　　　　- 임원 및 그 자녀에 대한 학자금의 대여액
  　　　　- 임원에 대한 경조사비 대여액

| 최신유형특강 288 | 부당행위계산부인 고가매입과 감가상각 | 난이도 ★★★ | 정답 ① |

다음 자료를 이용하여 제조업을 영위하는 ㈜상일의 제7기 사업연도(20x1년 1월 1일~12월 31일) 각사업연도소득금액을 계산하면 얼마인가?

> (1) ㈜상일은 제7기 사업연도 7월에 특수관계인(개인주주)으로부터 시가 1억원인 건물을 2억원에 매입하고 대가를 전액 지불하였다.
> (2) ㈜상일은 건물의 취득가액을 장부상 2억원으로 계상하고, 신고내용연수(20년)에 따라 5,000,000원을 감가상각비로 계상하였다.
> (3) 결산서상 당기순이익은 50,000,000원이며, 위 자료 외의 다른 세무조정은 없는 것으로 가정한다.

① 52,500,000원
② 65,000,000원
③ 152,500,000원
④ 155,000,000원

해설

- 특수관계인으로부터 시가를 초과하여 고가매입시 동 시가초과액은 이익의 분여로 인정되므로 익금산입하며 상여 등으로 소득처분하고 동시에 동액은 자산과대평가분에 해당하므로 손금산입(△유보)으로 소득처분한다.
- 고가매입 부당행위계산부인 대상 금액 : 매입가액(2억원) - 시가(1억원) = 1억원

회사				세법			
(차) 건물	2억원	(대) 현금	2억원	(차) 건물(시가)	1억원	(대) 현금	2억원
				부당행위	1억원		

참고 부당행위계산부인 적용요건 : ㉠ 특수관계 ㉡ 조세부당감소 ㉢ 현저한이익(고가매입·저가양도시)
→현저한이익요건 추가검토 : (2억원 - 1억원)≧1억원×5% 또는 (거래가 - 시가)≧3억원

【1단계】 취득시	• [세무조정] 손금산입 1억원(△유보) : 자산감액 세무조정 　　　　　 익금산입 1억원(배당) : 상쇄세무조정〈귀속이 개인주주〉
【2단계】 감가상각시	• 회사의 감가상각비 5,000,000 중 50%(=$\frac{1억 원}{2억 원}$)는 세법상 인정되는 감가상각비 자체가 아님. • [세무조정] 손금불산입 5,000,000×50% = 2,500,000(유보)
【3단계】 감가상각시부인	• 회사감가상각비 : 5,000,000 - 2,500,000(위 손금불산입액) = 2,500,000 상각범위액 : (1억원÷20년)×$\frac{6}{12}$ =2,500,000 • [세무조정] 없음

∴각사업연도소득금액 : 50,000,000 - 1억원(손금산입)+1억원(익금산입)+2,500,000(손금불산입)=52,500,000

저자주 본 문제에서는 감가상각방법을 언급하고 있지 않습니다. 건물은 법인세법상 신고가능한 방법이 정액법이며 무신고시에도 정액법이기 때문입니다.(즉, 무조건 정액법이 적용됨)

ⓘ 길라잡이 기부금의제와 부당행위계산부인 비교

특수관계 X (기부금의제)	• ㉠ 고가매입 : (매입가액 - 정상가액) →정상가액 = 시가×130% ㉡ 저가양도 : (정상가액 - 양도가액) →정상가액 = 시가×70%	정상가액과 비교
특수관계 O (부당행위계산부인)	• ㉠ 고가매입 : (매입가액 - 시가) ㉡ 저가양도 : (시가 - 양도가액)	시가와 비교

최신유형특강 289	기부금한도초과액과 이월결손금 추정	난이도 ★ ★ ☆	정답 ④

㈜삼일의 제17기(20x1년 1월 1일~20x1년 12월 31일) 법인세 과세표준 및 세액조정계산서상에 표시되는 항목별 금액이 다음과 같을 때 기부금한도초과액과 이월결손금 당기공제액의 합계액은 얼마인가(부호는 동일하게 보아 계산한다)?

> 1. 결산서상 당기순이익 : 150,000,000원
> 2. 세무조정금액
>   가. 익금산입 : 30,000,000원
>   나. 손금산입 : 10,000,000원
> 3. 차가감소득금액 : 170,000,000원
> 4. 각 사업연도소득금액 : 175,000,000원(기부금한도초과이월액 손금산입액은 없다)
> 5. 과세표준 : 135,000,000원(비과세소득과 소득공제액은 없다)

① 15,000,000원   ② 30,000,000원
③ 35,000,000원   ④ 45,000,000원

해설

• 법인세 과세표준 계산구조

결산서상 당기순이익	→	150,000,000
(+) 익금산입·손금불산입	→	(+) 30,000,000
(-) 손금산입·익금불산입	→	(-) 10,000,000
차가감소득금액	→	170,000,000
(+) 기부금한도초과액	→	(+) A
(-) 전기기부금손금산입	→	(-) 0
각사업연도소득금액	→	175,000,000
(-) 이월결손금	→	(-) B
(-) 비과세소득	→	(-) 0
(-) 소득공제	→	(-) 0
과세표준	→	135,000,000

• 170,000,000 + A - 0 = 175,000,000 → A(기부금한도초과액) = 5,000,000
  175,000,000 - B - 0 - 0 = 135,000,000 → B(이월결손금 당기공제액) = 40,000,000
∴ 5,000,000(기부금한도초과액) + 40,000,000(이월결손금 당기공제액) = 45,000,000

최신유형특강 290 | **법인세 산출세액(중소기업/사업연도 6개월)** | **난이도** ★ ★ ★ | **정답** ②

다음 자료를 기초로 중소기업인 ㈜상일의 제10기(20x2년 1월 1일~6월 30일) 사업연도의 법인세 산출세액을 계산하면 얼마인가?

> ㄱ. 손익계산서상의 당기순이익 : 160,000,000원
> ㄴ. 제10기 사업연도의 세무조정금액
>   - 익금산입·손금불산입 : 150,000,000원
>   - 손금산입·익금불산입 : 100,000,000원
> ㄷ. 제8기 사업연도(20x1년 1월 1일~6월 30일)에 발생한 결손금 중 미공제된 금액 : 20,000,000원
> ㄹ. 제10기 사업연도의 손익계산서상 당기순이익에는 공익신탁의 신탁재산에서 생긴 소득 10,000,000원이 포함되어 있다.
> ㅁ. 법인세율은 과세표준 2억원 이하에 대해서는 9%, 2억원 초과 200억원 이하분에 대해서는 19%이다.

① 18,000,000원   ② 24,200,000원
③ 36,000,000원   ④ 52,000,000원

해설

- 각사업연도소득금액 : 160,000,000(당기순이익)+150,000,000(익금산입·손금불산입)-100,000,000(손금산입·익금불산입)+0(기부금한도초과액)-0(전기기부금손금산입액)=210,000,000
- 과세표준 〈중소기업의 이월결손금 공제한도 : 각사업연도소득×100%〉
210,000,000(각사업연도소득금액)-20,000,000(이월결손금)-10,000,000[비과세소득(공익신탁소득)]-0(소득공제)
=180,000,000
- 사업연도가 1년 미만인 경우 산출세액 계산

1년기준으로 과세표준을 환산하여 세액을 계산한 후 원래대로 안분계산함.
□ $\left\{ 과세표준 \times \dfrac{12}{사업연도월수} \right\} \times \dfrac{사업연도월수}{12}$

  참고 사업연도월수 : 1개월 미만은 1월로 함.

- 과세표준의 환산(1년기준으로 과세표준을 환산) : $180,000,000 \times \dfrac{12}{6} = 360,000,000$
- 과세표준의 환산액에 대한 세율적용액 : 200,000,000×9%+(360,000,000-200,000,000)×19%=48,400,000
- 산출세액(6개월기준으로 세액을 안분) : $48,400,000 \times \dfrac{6}{12} = 24,200,000$

ℹ️ 길라잡이 법인세 납부세액 계산구조

차가감소득금액	• 결산서상당기순이익+익금산입·손금불산입-손금산입·익금불산입
각사업연도소득금액	• 차가감소득금액+기부금한도초과액-전기기부금손금산입액
과세표준	• 각사업연도소득금액-세무상 이월결손금-비과세소득-소득공제
산출세액	• 과세표준×세율
총부담세액	• 산출세액-세액감면·세액공제+가산세
차감납부할세액	• 총부담세액-기납부세액+토지 등 양도소득에 대한 법인세

최신유형특강 291 · 최저한세의 개요 · 난이도 ★ ☆ ☆ · 정답 ②

다음에서 설명하고 있는 것으로 가장 옳은 것은?

> • 조세정책적 목적에 의해 조세감면을 적용받는 경우라도 과다한 조세감면은 과세형평에 어긋나며 국가의 조세수입을 감소시키므로 일정한도의 세액을 납부하도록 하고 있는바, 이러한 일정한도의 세액을 말한다.
> • 조세특례제한법상 모든 조세특례 및 감면을 대상으로 하나, 다른 법률(법인세법, 제방세법 등) 상의 조세특례 및 감면은 그 대상이 아니다.

① 외국납부세액공제
③ 수시부과세액
② 최저한세
④ 원천징수세액

해설

• 최저한세의 규정 취지와 적용대상 감면에 대한 설명이다.

ⓘ 길라잡이 · 최저한세

의의	• 과다 조세감면 배제로 최소한 일정수준(='최저한세') 이상의 조세를 부담시키기 위한 제도				
적용대상	A	조세특례제한법상 익금불산입	B	조세특례제한법상 세액공제	
		조세특례제한법상 손금산입			
		조세특례제한법상 비과세		조세특례제한법상 세액감면	
		조세특례제한법상 소득공제			
최저한세	Max	㉠ 감면후세액 : A고려산출세액 - B			
		㉡ 최저한세 : A무고려과세표준 × { 과표 100억 이하분 : 10% / 과표 100억 ~ 1,000억 이하분 : 12% / 과표 1,000억 초과분 : 17% }			중소기업 7%
	☐ '㉠(감면후세액) >㉡(최저한세)'인 경우 : ㉠이 최저한세				
	☐ '㉠ < ㉡'인 경우 : ㉡이 최저한세로 ㉠ 계산시 차감분을 가산해주는 배제절차 있음.				

최신유형특강 292 · 법인세 과세표준 확정신고기한 · 난이도 ★ ☆ ☆ · 정답 ②

다음 중 사업연도가 1월 1일에서 12월 31일인 법인의 20x1년 각사업연도소득에 관한 법인세 과세표준의 확정신고기한은 언제인가? 단, 성실신고 확인서를 제출하지 않았고 연장신청도 하지 않았다고 가정하며, 국세기본법에 따른 기한 연장의 특례(기한이 공휴일, 토요일, 일요일 등인 경우 그 다음날)는 고려하지 않는다.

① 20x1년 12월 31일
③ 20x2년 4월 30일
② 20x2년 3월 31일
④ 20x2년 5월 31일

해설

• 과세표준 확정신고(성실신고확인서 제출대상X) : 각사업연도종료일이 속하는 달의 말일부터 3개월 이내에 신고·납부해야 한다.
 →∴20x1년 12월 31일이 속하는 달의 말일부터 3개월이 되는 20x2년 3월 31일이 확정신고기한이다.

| 최신유형특강 293 | 법인세 기납부세액 | 난이도 ★★★ 정답 ③ |

다음 중 법인세 신고납부제도에 관한 설명으로 가장 올바르지 않은 것은?

① 중간예납이란 각 사업연도 기간이 6개월을 초과하는 법인이 6개월간을 중간예납기간으로 하여 법인세법에 따라 신고납부하는 규정으로써, 각 사업연도 기간이 6개월 이하인 내국법인은 중간예납대상에서 제외된다.

② 중간예납세액은 중간예납기간이 경과한 날로부터 2개월 이내에 신고·납부하여야 한다.

③ 내국법인에게 배당소득금액을 지급하는 자는 원천징수세율을 적용하여 계산한 금액에 상당하는 법인세를 징수하여 그 징수일이 속하는 달의 다음달 10일까지 납세지에 납부하여야 한다.

④ 법인세법에서는 법인세포탈의 우려가 있어 조세채권을 조기에 확보하여야 할 것으로 인정되는 경우에 사업연도 중이라도 법인세를 수시로 부과할 수 있다.

해설

• 법인이 받는 일반적인 배당소득은 원천징수대상이 아니다.
→집합투자기구로부터의 이익 중 투자신탁의 이익만 원천징수대상에 해당한다.

길라잡이 법인세 중간예납

적용	• 중간예납한 경우 1년분 세액을 계산 후 중간예납액을 기납부세액으로 차감 • 사업연도가 6월을 초과하는 법인이 대상 →사업연도 변경과 무관하게 사업연도개시일부터 6월간을 중간예납기간으로 함.	
세액계산 [선택]	전기실적기준	• 중간예납세액 = 직전사업연도 부담세액×50%
	가결산기준	• 중간예납세액 = 중간예납기간을 실제 결산한 세액
신고납부	• 중간예납기간 경과 후 2월 이내에 신고·납부	

길라잡이 법인세법상 원천징수

지급받는 자가 법인인 경우 지급하는 자가 원천징수하여 납부함.			
원천징수대상과 세율	이자소득	• 일반적인 이자소득	14%
		• 비영업대금의 이익	25%
	배당소득	• 집합투자기구로부터의 이익 중 투자신탁의 이익	14%
	주의 국외에서 지급하는 이자소득은 원천징수를 하지 않음. 주의 일반적인 배당소득은 원천징수대상이 아님.		
납부	• 징수일이 속하는 달의 다음 달 10일까지 납세지 관할세무서 등에 납부해야 함.		

최신유형특강 294 | **법인세 신고납부** | 난이도 ★ ★ ★ | 정답 ①

다음 중 법인세의 신고 및 납부에 관한 설명으로 가장 올바르지 않은 것은?

① 직전사업연도 부담세액의 50%를 중간예납세액으로 하여 법정기한 내에 신고·납부하여야 한다.
② 내국법인에게 이자소득금액을 지급하는 자는 이자소득금액의 14%(비영업대금의 이익은 25%)를 원천징수하여 납부하여야 한다.
③ 과세표준을 신고할 때 개별내국법인의 재무상태표와 포괄손익계산서를 제출하지 아니한 경우에는 신고하지 않은 것으로 본다.
④ 법인이 납부할 세액이 4천만원인 경우에는 2천만원을 기한 내에 납부하고 나머지 2천만원은 일정기한이 경과한 후에 분납할 수 있다.

해설

• ① 중간예납세액은 전기실적기준(=직전사업연도 산출세액 기준)과 가결산기준(=해당 중간예납기간 법인세액 기준) 중 어느 하나의 방법을 선택하여 계산한다. 전기실적기준에 의해 신고납부하는 것이 아니다.

세액계산 [선택]	전기실적기준	• 중간예납세액 = 직전사업연도 부담세액×50%
	가결산기준	• 중간예납세액 = 중간예납기간을 실제 결산한 세액

② 법인세법상 원천징수대상은 이자소득금액과 투자신탁의 이익이며, 이자소득금액의 경우 14%(비영업대금의 이익은 25%)를 원천징수하여 납부하여야 한다.
③ 재무상태표, 포괄손익계산서 등의 첨부서류는 필수적 첨부서류로서 반드시 제출하여야 하며, 제출하지 않은 경우는 무신고로 본다.
④ 납부할 세액이 2천만원을 초과하는 경우 해당 세액의 50% 이하의 금액을 분납할 수 있다. 따라서, 납부할 세액이 4천만원인 경우 4천만원의 50%인 2천만원을 일정기한이 경과한 후에 분납할 수 있다.(즉, 2천만원을 기한 내에 납부하고 나머지 2천만원은 분납)

최신유형특강 295 | **법인세신고 제출서류와 무신고 여부** | 난이도 ★ ☆ ☆ | 정답 ③

다음 중 법인세 과세표준 신고시 첨부하지 않으면 무신고로 보는 서류로 가장 올바르지 않은 것은(단, 상장법인을 가정한다)?

① 개별법인의 재무상태표
② 개별법인의 포괄손익계산서
③ 개별법인의 제조원가명세서
④ 이익잉여금처분계산서

해설

• 법인세 과세표준 신고시 필수적 첨부서류를 첨부하지 않은 경우에는 무신고로 본다. 제조원가명세서는 필수적 첨부서류에 해당하지 않으므로 이를 첨부하지 않은 경우에도 무신고로 보지 아니한다.

ℹ️ **길라잡이 법인세 과세표준 신고시 제출서류**

	과세표준의 신고는 '법인세 과세표준 및 세액신고서'에 의하되, 다음의 서류를 첨부해야 함.
필수적 첨부서류	• 기업회계기준을 준용하여 작성한 개별내국법인의 재무상태표, 포괄손익계산서 • 이익잉여금처분계산서(또는 결손금처리계산서) • 세무조정계산서(='법인세 과세표준 및 세액조정계산서') *◯주의 필수적 첨부서류를 첨부하지 않은 경우는 무신고로 봄.
그 밖의 서류	• 세무조정계산서 부속서류, 현금흐름표(외감법대상에 한함)

| 최신유형특강 296 | 최대분납가능금액과 분납기한 | 난이도 | ★ ★ ★ | 정답 | ② |

중소기업인 ㈜삼일의 제21기(20x1년 1월 1일~12월 31일)사업연도의 법인세 납부세액은 30,000,000원이다. ㈜삼일의 최대 분납가능금액과 분납기한을 가장 올바르게 연결한 것은[단, 국세기본법에 따른 기한 연장의 특례(기한이 공휴일, 토요일, 일요일 등인 경우 그 다음날)는 고려하지 않을 것]?

	최대 분납가능금액	분납기한
①	15,000,000원	20x2.4.30
②	15,000,000원	20x2.5.31
③	20,000,000원	20x2.4.30
④	20,000,000원	20x2.5.31

해설

• 분납기한
법인세납부기한(20x2년 3월 31일)이 지난 날부터 1개월(중소기업은 2개월) 이내에 분납한다.
→ ∴ 중소기업이므로 법인세납부기한(20x2년 3월 31일)이 지난 날부터 2개월이 되는 20x2년 5월 31일이 분납기한이 된다.
(**비교**) 일반기업인 경우 분납기한 : 20x2년 4월 30일)
• 최대분납가능금액
납부할 세액이 2천만원을 초과하는 경우 분납가능금액은 해당 세액의 50% 이하의 금액이다.
→ ∴ 최대분납가능금액 : 30,000,000×50% = 15,000,000
〈즉, 15,000,000원은 3월 31일까지 납부, 최대분납가능금액 15,000,000원은 5월 31일까지 납부〉

길라잡이 법인세 분납

적용	• 납부할 세액이 1천만원을 초과하는 경우 납부기한이 지난 날부터 1개월(중소기업은 2개월) 이내에 분납가능함.	
분납액 산정	구분	분납가능금액
	납부할 세액이 2천만원 이하인 경우	1천만원을 초과하는 금액
	납부할 세액이 2천만원을 초과하는 경우	해당 세액의 50% 이하의 금액

| 최신유형특강 297 | 법인세법상 신고납부기한 종합 | 난이도 ★ ★ ☆ | 정답 ③ |

● 다음 중 사업연도가 1월 1일~12월 31일인 법인(중소기업 아님)의 20x1년 사업연도에 대한 법인세 관련 신고 · 납부기한을 표시한 것으로 가장 올바르지 않은 것은(단, 아래의 날짜는 공휴일 또는 토요일이 아닌 것으로 가정함)?

	구분	신고·납부기한
①	중간예납 신고	20x1년 8월 31일
②	과세표준 확정신고	20x2년 3월 31일
③	법인세 분납	20x2년 5월 31일
④	성실신고확인서 제출대상인 경우의 과세표준 확정신고	20x2년 4월 30일

해설 ◦

• 법인세 분납 : 법인세납부기한(차기 3월 31일)이 지난 날부터 1개월(중소기업은 2개월) 이내에 분납
  →∴중소기업이 아니므로 법인세납부기한(차기 3월 31일)이 지난 날부터 1개월이 되는 차기 4월 30일이 분납기한이 된다.

ℹ️ 길라잡이 세법상 기한 총정리

국세기본법	수정신고	• 결정 또는 경정하여 통지하기 전까지
	경정청구	• 원칙 : 법정신고기한이 지난 후 5년 이내
	기한후신고	• 결정하여 통지하기 전까지
	과세전적부심사 청구	• 청구대상이 된 통지를 받은 날부터 30일 이내
법인세법	사업연도변경 신고	• 직전사업연도 종료일부터 3월 이내
	납세지변경 신고	• 변경일로부터 15일 이내
	재고·유가 평가방법 신고	• 설립일·수익사업개시일이 속하는 사업연도의 과세표준신고기한
	재고·유가 평가방법 변경신고	• 적용하고자 하는 사업연도의 종료일 이전 3월이 되는 날까지
	감가상각 내용연수신고	• 취득일이 속하는 사업연도 과세표준 신고기한까지
	감가상각방법 신고	• 영업개시일(취득일)이 속하는 사업연도 과세표준 신고기한 이내
	법인세 중간예납	• 중간예납기간(개시일부터 6월)이 지난 날부터 2개월 이내
	과세표준 확정신고	• 각사업연도종료일이 속하는 달의 말일부터 3개월 이내 (성실신고확인서 제출대상은 4개월 이내)
	법인세 분납	• 법인세납부기한이 지난 날부터 1개월(중소기업 2개월) 이내
소득세법	납세지 변경신고	• 변경일로부터 15일 이내
	원천징수 납부	• 징수일의 다음달 10일까지
	소득세 중간예납	• 11월 30일까지
	매매차익 예정신고	• 매매일이 속하는 달의 말일부터 2월 이내
	사업장현황신고	• 과세기간종료일의 다음연도 2월 10일
	종합소득세 확정신고	• 다음연도 5월 31일까지
	소득세 분납	• 소득세납부기한이 지난 날부터 1개월(중소기업 2개월) 이내
	양도소득세 예정신고	• 부동산 등 : 양도일이 속하는 달의 말일부터 2월 이내 • 주식 : 양도일이 속하는 반기의 말일부터 2월 이내
부가가치세법	사업자등록	• 사업개시일로부터 20일 이내
	사업자등록증 발급	• 신청일로부터 2일 이내
	임시사업장 개설·폐쇄신고	• 개설 : 개시일로부터 10일 이내, 폐쇄 : 개시일로부터 10일 이내
	주사업장총괄납부 신청	• 총괄납부하고자 하는 과세기간 개시 20일 전까지
	전자세금계산서 전송	• 발급일의 다음 날까지
	매입자발행세금계산서 신청	• 공급 과세기간 종료일로부터 1년 이내
	예정·확정신고	• 예정신고기간·과세기간이 끝난 후 25일 이내
	간이과세포기신고	• 일반과세의 적용을 받고자 하는 달의 전달 마지막 날까지

| 최신유형특강 298 | 소득세 계산구조 | 난이도 ★ ☆ ☆ | 정답 ③ |

다음 중 소득세 계산구조에 대한 설명으로 가장 올바르지 않은 것은?

① 개인의 세금부담능력(담세력)은 소득의 증가에 비례하여 누진적으로 증가하므로 누진과세를 채택하고 있다.

② 소득세법은 원칙적으로 열거주의에 의해 과세대상 소득을 규정하고 있으므로, 열거되지 아니한 소득은 비록 담세력이 있더라도 과세되지 않는다.(이자·배당소득 제외)

③ 퇴직소득 및 양도소득은 다른 소득과 합산하지 않고 별도로 과세하는 분리과세 방식이 적용된다.

④ 소득세법상 소득금액은 총수입금액에서 필요경비를 차감하여 계산하며, 다만 이자소득과 배당소득에 대하여는 필요경비를 인정하지 아니한다.

해설

• 퇴직소득 및 양도소득은 다른 소득과 합산하지 않고 별도로 과세하는 분류과세 방식이 적용된다.
→퇴직소득과 양도소득은 장기간에 걸쳐 발생한 소득이 일시에 실현되는 특징을 가지고 있으므로 이들을 무차별적으로 종합과세하여 누진세율을 적용한다면 그 실현되는 시점에 부당하게 높은 세율을 적용받는 현상인 결집효과(bunching effect)가 발생한다. 이러한 점을 고려하여 현행 소득세법은 이들 소득을 별도로 분류과세하고 있다.

비교 분리과세 : 기간별로 합산하지 않고 소득이 지급될 때 소득세를 원천징수함으로써 과세종결하는 것

ⓘ 길라잡이 소득세의 특징

과세범위	열거주의	• 소득원천설을 근간 → **비교** 법인세 : 포괄주의(순자산증가설)
	유형별포괄주의 (일부채택)	• ㉠ 이자소득 : 금전의 사용대가 성격이 있는 것도 과세 • ㉡ 배당소득 : 수익분배 성격이 있는 것도 과세
과세단위	• 개인단위과세 →단, 일정요건하의 공동사업합산과세를 적용함.	
과세방법	원칙	• 종합과세
	예외	• ㉠ 분리과세('완납적원천징수') : 원천징수로 과세종결(확정신고X) 예 일용근로소득, 복권당첨소득 등 • ㉡ 분류과세 : 퇴직·양도소득은 종합소득과는 별도로 개별과세함. • ㉢ 비과세 : 과세제외 ♀주의 분리과세소득을 제외한 원천징수된 소득은 일단 종합소득에 포함하여 확정신고하며 원천징수세액을 기납부세액으로 공제함.('예납적원천징수')
기타사항	• 직접세, 신고납세제도, 초과누진세율(누진과세), 인세(인적공제제도)	

| 최신유형특강 299 | 법인세와 소득세 과세방법 비교 | 난이도 ★ ☆ ☆ | 정답 ④ |

다음 중 법인세와 소득세의 과세방법에 관한 설명으로 가장 올바르지 않은 것은?

① 법인세와 소득세는 모두 신고납세제도를 적용하고 있다.

② 소득세는 매년 1월 1일부터 12월 31일까지를 과세기간으로 함을 원칙으로 한다.

③ 소득세 중 퇴직소득과 양도소득은 분류과세한다.

④ 법인세는 제한적 열거주의 과세방식을 채택하고 있는 반면 소득세는 원칙적으로 포괄주의 과세방식을 채택하고 있다.

해설

• 법인세는 원칙적으로 포괄주의 과세방식을 채택하고 있는 반면 소득세는 제한적 열거주의 과세방식(단, 이자·배당소득은 열거되지 않은 소득이라도 유사한 소득을 포함하는 유형별 포괄주의 방식 병행)을 채택하고 있다.

소득세 납세의무자 난이도 ★ ☆ ☆ 정답 ③

다음 중 소득세의 납세의무자에 관한 설명으로 가장 올바르지 않은 것은?

① 소득세의 납세의무자는 자연인인 개인에 한정된다.
② 비거주자에 대하여는 국내원천소득에 대해서만 소득세를 과세한다.
③ 1거주자로 보는 법인 아닌 단체의 경우 그 단체의 소득을 단체구성원들의 다른 소득과 합산하여 과세한다.
④ 국내에 주소를 두거나 1과세기간 중 183일이상 거소를 둔 개인을 거주자라고 한다.

해설

• 1거주자로 보는 법인 아닌 단체의 경우 해당 단체가 1거주자로서 소득세를 납부할 의무를 지는 것이며, 그 단체의 소득을 단체구성원들의 다른 소득과 합산하여 과세하는 것이 아니다.

길라잡이 소득세 납세의무자

거주자	정의	• 국내에 주소를 두거나 1과세기간 중 183일 이상 거소를 둔 개인	
		거소	• 주소지 외의 장소 중 상당기간에 걸쳐 거주하는 장소로 주소와 같이 밀접한 일반적 생활관계가 형성되지 않는 장소
		거소를 둔 기간	• 입국한 날의 다음 날부터 출국한 날까지
		보론 소득세의 납세의무자는 자연인인 개인에 한정됨.	
	납세의무	• 국내외 모든 원천소득에 대해 납세의무를 짐.(=무제한납세의무)	
비거주자	정의	• 거주자가 아닌 개인	
	납세의무	• 국내원천소득에 대해서만 납세의무를 짐.(=제한납세의무)	
법인 아닌 단체	• 국내에 주사무소(또는 사업의 실질적 관리장소)를 둔 경우에는 거주자로, 그 밖의 경우에는 비거주자로 보아 소득세법을 적용하며 소득세 과세방법은 다음과 같음.		
		모든 구성원에게 이익을 분배	• 구성원별로 소득세 또는 법인세(구성원이 법인인 경우) 납부의무
		일부 구성원에게만 이익을 분배	• ㉠ 확인되는 부분 : 구성원별로 납세의무 • ㉡ 확인되지 않는 부분 : 1거주자(1비거주자)로 보아 소득세 납세의무
		구성원에게 이익을 무분배	• 1거주자(1비거주자)로 보아 소득세 납세의무
	참고 다음 중 어느 하나에 해당시 모든 구성원에게 이익을 분배하는 경우임. ⓐ 구성원간 이익분배비율이 정해져 있고 해당 구성원별로 이익분배비율이 확인되는 경우 ⓑ 구성원간 이익분배비율이 정해져 있지 않지만 사실상 구성원별로 이익이 분배되는 것으로 확인되는 경우		

최신유형특강 301	소득세법상 과세기간	난이도 ★ ☆ ☆	정답 ①

소득세법상 과세기간에 관한 설명으로 가장 올바르지 않은 것은?

① 소득세법상 과세기간은 매년 1월 1일부터 12월 31일까지가 원칙이나, 1년 이내에서 개인의 선택에 따라 과세기간을 조정 할 수 있다.

② 납세의무자가 사망한 경우에는 1월 1일부터 사망일까지를 과세기간으로 간주한다.

③ 신규사업자의 해당하는 경우 1월 1일부터 12월 31일까지를 1 과세기간으로 한다.

④ 주소 또는 거소를 이전한 출국에 해당하는 경우 1월 1일부터 출국한 날까지를 과세기간으로 간주한다.

해설

• 소득세법상 과세기간은 임의로 정할 수 없다.

　→ **비교** 법인세법상 법인의 사업연도는 1년 내에서 임의로 선택 가능하다.

ℹ️ 길라잡이 소득세법상 과세기간

원칙	• 1월 1일~12월 31일 　🔎주의 임의로 과세기간을 정할 수 없음. 　**비교** 법인의 사업연도는 1년 내에서 임의로 선택 가능함.
예외	• ㉠ 사망시 　　　 : 1월 1일~사망한 날까지 　 ㉡ 국외이전시 : 1월 1일~출국한 날까지 　🔎주의 폐업·신규사업개시 불문 위 예외(2가지) 제외하고 무조건 1월 1일~12월 31일임. 　　→예 1월 1일~폐업한날(X), 사업개시일~12월 31일(X)

최신유형특강 302	소득세법상 납세지	난이도 ★ ★ ☆	정답 ③

다음 중 소득세법상 납세지에 관한 설명으로 가장 올바르지 않은 것은?

① 거주자의 납세지는 주소지로 하는 것이 원칙이다.

② 비거주자의 납세지는 국내사업장의 소재지로 하며, 국내사업장이 없는 경우에는 국내원천소득이 발생하는 장소로 한다.

③ 개인사업자의 납세지는 납세자가 자유롭게 선택할 수 있다.

④ 국내사업장이 2 이상이 있는 비거주자의 경우에는 주된 국내사업장 소재지를 납세지로 한다.

해설

• 개인사업자의 납세지는 주소지이다.(납세자가 자유롭게 선택 불가)

　→다만, 개인사업자가 사업장소재지를 납세지로 신청한 때에는 그 사업장소재지를 납세지로 지정할 수 있다.

ℹ️ 길라잡이 소득세법상 납세지

거주자	• 주소지 〈단, 주소지가 없는 경우 거소지〉 　🔎주의 개인사업자 　　㉠ 원칙 : 주소지(사업장소재지가 아님.) 　　㉡ 예외 : 사업장소재지로 신청시는 그 사업장소재지로 지정할 수 있음.
비거주자	• 국내사업장소재지 〈단, 국내사업장이 없는 경우에는 국내원천소득이 발생하는 장소〉 　🔎주의 국내사업장이 2 이상 있는 경우는 주된 국내사업장의 소재지 　**참고** 주된 국내사업장을 판단할 수 없는 경우[소득령 5①] 　　〈1순위〉 비거주자가 납세지로 신고한 장소 　　〈2순위〉 신고하지 않은 경우는 국세청장 또는 관할지방국세청장이 지정하는 장소
변경신고	• 거주자·비거주자는 납세지가 변경된 경우 변경된 날로부터 15일 이내에 그 변경 후의 납세지 관할세무서장에게 신고해야 함. 　→이 경우 부가가치세법상 사업자등록정정을 한 경우는 변경신고를 한 것으로 봄.

최신유형특강 303	이자소득의 범위	난이도 ★★☆ 정답 ①

다음 중 소득세법상 이자소득에 관한 설명으로 가장 올바르지 않은 것은?

① 자금대여를 영업으로 하는 자가 금전을 대여하여 얻은 이익은 이자소득으로 과세된다.
② 보험기간이 10년 미만인 저축성보험의 보험차익은 이자소득으로 과세된다.
③ 이자소득을 발생시키는 거래·행위와 파생상품이 결합된 경우 해당 파생상품의 거래·행위로부터의 이익은 이자소득으로 과세된다.
④ 동일직장이나 동일직종에 종사하는 근로자로 구성된 공제조합 또는 공제회로부터 받는 공제회 반환금 중 납입원금을 초과하는 금액은 이자소득으로 과세된다.

해설 ⊙

• 자금대여를 영업으로 하는 자가 금전을 대여하여 얻은 이익은 이자소득이 아니라 사업소득으로 과세된다.

비영업대금의 이익 [이자소득]	• 금전대여를 사업목적으로 하지 않는 자가 일시·우발적으로 금전을 대여함에 따라 지급받는 이자를 말함.[소득령 26③]
영업대금의 이익 [사업소득]	• 대금업을 하는 거주자임을 대외적으로 표방하고 계속·반복적으로 불특정다수인을 상대로 금전을 대여하는 경우에는 금융업(대금업)으로 봄.[소기통 16-3]

ℹ️ 길라잡이 이자소득의 범위

예금이자	• 국내 또는 국외 불문
채권·증권의 이자와 할인액	• 발행주체 불문(국가, 지자체, 내국법인, 외국법인 및 국내지점)
채권·증권의 환매조건부 매매차익	• 비교 일반적인 채권매매차익 : 과세제외(미열거소득)
10년 미만 저축성보험 보험차익	• 비교 10년 이상 저축성보험 보험차익 : 법정요건 갖춘 경우 비과세
비영업대금의 이익	• 비교 대외표방한 대금업(영업대금)의 이익 : 사업소득
직장공제회 초과반환금(99.1.1이후 가입)	• 같은 직장이나 직종에 종사하는 근로자로 구성된 공제회·공제조합으로부터 받는 공제회 반환금 중 납입원금을 초과하는 금액
유형별 포괄주의 이자소득	• 위와 유사한 소득으로 금전사용에 따른 대가의 성격이 있는 것
파생상품의 거래·행위로부터의 이익	• 위 이자소득을 발생시키는 거래 또는 행위와 파생상품이 결합된 경우 해당 파생상품의 거래 또는 행위로부터의 이익

최신유형특강 304 | 이자소득의 수입시기 | 난이도 ★ ★ ★ 정답 ①

다음 중 소득세법상 이자소득의 수입시기에 관한 설명으로 가장 올바르지 않은 것은?

① 기명채권 등의 이자와 할인액 : 그 지급을 받은날
② 보통예금의 이자 : 실제로 이자를 지급받는 날
③ 저축성보험의 보험차익 : 보험금 또는 환급금의 지급일
④ 직장공제회의 초과반환금 : 약정에 따른 납입금 추가이익 및 반환금 추가이익의 지급일

해설

• 기명채권 등의 이자와 할인액의 수입시기는 약정에 따른 이자지급 개시일이다.
　→무기명채권 등의 이자와 할인액의 수입시기 : 그 지급을 받은 날

ⓘ 길라잡이 **이자소득 수입시기**

양도가능 채권 등의 이자와 할인액	기명의 경우	• 약정에 따른 이자지급 개시일
	무기명의 경우	• 그 지급을 받은 날
직장공제회 초과반환금	• 약정에 따른 납입금 초과이익 및 반환금 추가이익의 지급일	
비영업대금의 이익	• 약정에 따른 이자지급일 　→약정이 없거나 약정일 전에 지급하는 경우 : 그 이자지급일	
채권·증권의 환매조건부 매매차익	• 약정에 따른 해당 채권·증권의 환매수일·환매도일 　→기일 전에 환매수·환매도하는 경우 : 그 환매수일·환매도일	
유형별 포괄주의 이자소득	• 약정에 따른 상환일 →기일 전에 상환하는 경우 : 그 상환일	
보통예금·정기예금·정기적금·부금의 이자	• 실제로 이자를 지급받은 날 　→기타의 경우 : 원본전입일, 해약일, 연장일, 만료일	
통지예금의 이자	• 인출일	
저축성보험의 보험차익	• 지급일 →기일 전에 해지하는 경우 : 그 해지일	
양도가능 채권 등의 보유기간 이자상당액	• 채권 등의 매도일 또는 이자 등의 지급일	
위의 이자소득이 발생하는 상속재산이 상속되거나 증여되는 경우	• 상속개시일 또는 증여일	

최신유형특강 305 **금융소득(이자·배당소득) 수입시기** 난이도 ★ ★ ★ 정답 ③

다음 중 금융소득에 대한 총수입금액의 수입시기로 가장 옳은 것은?

① 무기명 공채의 경우 : 약정에 의한 이자지급개시일
② 보통예금 · 정기예금의 경우 : 이자의 발생일
③ 저축성보험의 보험차익 : 보험금 또는 환급금의 지급일
④ 잉여금처분에 의한 배당의 경우 : 실제로 지급받는 날

해설

- ① 무기명 공채의 경우 : 그 지급을 받은 날
  ② 보통예금·정기예금의 경우 : 실제로 이자를 지급받은 날
    → ㉠ 원본에 전입하는 뜻의 특약이 있는 이자는 그 특약에 의하여 원본에 전입된 날
      ㉡ 해약으로 인하여 지급되는 이자는 그 해약일
      ㉢ 계약기간을 연장하는 경우에는 그 연장하는 날
      ㉣ 정기예금연결정기적금의 경우 정기예금의 이자는 정기예금 또는 정기적금이 해약되거나 정기적금의 저축기간이 만료되는 날
  ④ 잉여금처분에 의한 배당의 경우 : 잉여금처분결의일

ⓘ 길라잡이 배당소득 수입시기

실지배당	기명주식 이익배당(잉여금처분 배당)	• 잉여금처분결의일
	무기명주식 이익배당	• 그 지급을 받은 날 **참고** 상법상 무기명주식제도는 폐지되었으나, 외국발행 무기명 주식을 보유가능하므로 규정을 존치하고 있음.
의제배당	• ㉠ 감자 등 : 감자결의일, 퇴사·탈퇴일 ㉡ 해산 : 잔여재산가액확정일 →🔍주의 해산등기일(X) ㉢ 합병, 분할 : 합병등기일, 분할등기일 ㉣ 잉여금 자본금 전입 : 자본금 전입결정일	
인정배당	• 약정에 따른 이자지급일 →약정이 없거나 약정일 전에 지급하는 경우 : 그 이자지급일	

최신유형특강 306 | **과세대상 배당소득** | 난이도 ★ ★ ★ | 정답 ④

다음 중 소득세법상 과세되는 배당소득을 모두 고르면?

> ㄱ. 일반적인 이익배당
> ㄴ. 개인종합관리계좌(ISA)에서 발생한 배당소득
> ㄷ. 집합투자기구로부터의 이익

① ㄱ   ② ㄱ, ㄴ   ③ ㄷ   ④ ㄱ, ㄷ

해설

- ㄱ. 일반적인 이익배당 : 대표적인 과세대상 배당소득에 해당한다.
- ㄴ. 개인종합관리계좌(ISA)에서 발생한 배당소득 : 비과세 또는 분리과세한다.

> **참고** 개인종합자산관리계좌(ISA : Individual Savings Account)[by 조세특례제한법]
> ☐ 개인종합자산관리계좌에서 발생하는 이자소득과 배당소득의 합계액에 대해서는 비과세한도금액까지는 소득세를 부과하지 않으며 비과세한도금액을 초과하는 금액에 대해서는 저율 분리과세를 적용함.
> - 개인종합자산관리계좌 이자·배당소득의 합계액
>   - ㉠ 비과세한도금액(일반형 : 200만원) 이하 금액 : 소득세 비과세
>   - ㉡ 비과세한도금액(일반형 : 200만원) 초과 금액 : 저율(9%) 분리과세

- ㄷ. 집합투자기구로부터의 이익 : 배당소득으로 과세한다.

★ **저자주** 개인종합관리계좌(ISA)에서 발생한 배당소득도 분리과세로 과세대상이 될 수 있으므로 본 문제는 출제오류에 해당하며 '정답없음'으로 처리되어야 합니다. 충분한 검토과정과 신중한 출제가 필요하다고 사료됩니다.

ⓘ 길라잡이 배당소득의 범위 주요사항

일반적인 이익배당			• 잉여금처분 등에 의한 실질배당임.	
의제배당	의제배당사유		• ㉠ 잉여금자본전입(무상주배당) : 이익잉여금, 자본잉여금(예) 소각 당시 시가가 취득가액을 초과하거나 소각일로부터 2년 이내에 자본전입하는 자기주식소각이익) 🔍주의 주식발행초과금의 자본전입은 의제배당이 아님. ㉡ 감자, 해산, 합병·분할시 취득재산과 취득가액의 차액	
	취득재산평가	주식	잉여금 자본전입	• 일반적인 경우 : 액면가액 • 주식배당 : 발행가액
			감자·해산	• 시가
			합병·분할	• 과세이연요건충족O : 종전의 장부가액 →합병대가 일부를 금전, 그 밖의 재산으로 받은 경우는 Min[종전의 장부가액, 시가] • 과세이연요건충족X : 시가
		기타		• 시가
인정배당			• 법인세법에 따라 배당으로 소득처분된 금액	
집합투자기구로부터의 이익			• 투자신탁의 이익	
출자공동사업자			• 출자만하고 이익을 분배받는 자의 소득(by 손익분배비율)	
유형별포괄주의 배당소득			• 예) 문화펀드	

| 최신유형특강 307 | 무조건분리과세대상 금융소득[1] | 난이도 | ★ ☆ ☆ | 정답 | ② |

다음 중 무조건 분리과세대상 금융소득이 아닌 것은?

① 비실명 이자소득
② 국외에서 받은 금융소득
③ 직장공제회 초과반환금
④ 법인으로 보는 단체 이외의 단체가 금융기관으로 부터 받는 이자소득 및 배당소득

해설

• ① 비실명 이자소득 : 무조건분리과세
　② 국외에서 받은 금융소득 : 무조건종합과세
　③ 직장공제회 초과반환금 : 무조건분리과세
　④ 법인으로 보는 단체 이외의 단체가 금융기관으로 부터 받는 이자소득 및 배당소득 : 무조건분리과세

ⓘ 길라잡이 금융소득의 구분

구분	범위	원천징수세율
무조건분리과세	• 직장공제회 초과반환금	기본세율
	• 비실명금융소득(비실명이자소득, 비실명배당소득)	45%(90%)
	• 법원보증금 이자, 1거주자로 보는 법인 아닌 단체(무분배)의 금융소득	14%
무조건종합과세	• 원천징수대상이 아닌 국외금융소득, 원천징수되지 않은 국내금융소득	-
	• 출자공동사업자 배당소득	25%
조건부종합과세	• 일반적 이자소득, 일반적 배당소득	14%
	• 비영업대금의 이익	25%

| 최신유형특강 308 | 무조건분리과세대상 금융소득[2] | 난이도 | ★ ☆ ☆ | 정답 | ① |

다음 중 무조건 분리과세대상 금융소득에 해당되는 것으로 가장 옳은 것은?

① 법원보증금 등의 이자
② 국외금융소득
③ 출자공동사업자의 배당소득
④ 국내금융소득 중 원천징수하지 않은 금융소득

해설

• ① 법원보증금 등의 이자 : 무조건분리과세
　② 국외금융소득 : 무조건종합과세
　③ 출자공동사업자의 배당소득 : 무조건종합과세
　④ 국내금융소득 중 원천징수하지 않은 금융소득 : 무조건종합과세

| 최신유형특강 309 | 금융소득종합과세 소득구분과 적용 | 난이도 | ★ ★ ☆ | 정답 | ④ |

다음 중 금융소득의 과세방법에 관한 설명으로 가장 올바르지 않은 것은?

① 이자, 배당소득 중 국외에서 받은 금융소득과 같이 원천징수 되지 않는 금융소득은 무조건 종합과세한다.
② 비실명금융소득의 경우 종합소득에 합산하지 아니하고 원천징수로써 납세의무가 종결된다.
③ 종합과세대상 금융소득이 2,000만원 이하인 경우에는 누진세율이 적용되지 않는다.
④ 종합과세 되는 경우 종합과세대상금액 총액에 Gross-up이 적용된다.

해설

- ③ 판정대상액(종합과세대상 금융소득)이 2,000만원 이하인 경우에는 누진세율(=기본세율)이 적용되지 않는다.(즉, 조건부종합과세 대상은 분리과세하며, 무조건종합과세대상은 14%세율을 적용한다.)
- ④ 종합과세되는 경우 14%세율이 적용되는 부분에 대하여는 Gross-up을 적용하지 않는다.(즉, 2천만원 초과분에 대해서만 Gross-up을 한다.)

ⓘ 길라잡이 금융소득종합과세의 적용

- ☐ 판정대상액 = 무조건종합과세대상 + 조건부종합과세대상
- ☐ 종합과세되는 금융소득 구성순서 : 이자소득 → G·U대상아닌 배당소득 → G·U대상인 배당소득

구분	분리과세 금융소득	종합과세되는 금융소득		세율적용
판정대상액〉2천만원	-	조건부종합과세대상 무조건종합과세대상	2천만원 초과분 〈Gross-up O〉	기본세율
			2천만원 〈Gross-up X〉	14%세율
판정대상액≦2천만원	조건부종합과세대상	무조건종합과세대상		14%세율

최신유형특강 310 | **금융소득금액(Gross-up 고려X)** | **난이도** ★ ★ ☆ | **정답** ③

●── 다음의 자료를 이용하여 거주자 김삼일씨의 소득 중 종합과세할 총금융소득금액을 계산하면 얼마인가(단, Gross-up은 고려하지 않는다)?

ㄱ. 비상장법인인 A법인의 소액주주로서 받은 현금배당금	:	10,000,000원
ㄴ. 주권상장법인인 B법인의 소액주주로서 받은 현금배당금	:	8,000,000원
ㄷ. C은행의 정기예금이자	:	3,000,000원
ㄹ. 비실명이자소득금액	:	5,000,000원

① 3,000,000원
② 18,000,000원
③ 21,000,000원
④ 26,000,000원

해설

• 금융소득 구분
  ㄱ. 비상장법인인 A법인의 소액주주로서 받은 현금배당금 10,000,000원 : 조건부종합과세대상
  ㄴ. 주권상장법인인 B법인의 소액주주로서 받은 현금배당금 8,000,000원 : 조건부종합과세대상
  ㄷ. C은행의 정기예금이자 3,000,000원 : 조건부종합과세대상
  ㄹ. 비실명 이자소득금액 5,000,000원 : 무조건분리과세대상
• 판정대상액 : 무조건종합과세대상(0) + 조건부종합과세대상(21,000,000) = 21,000,000
  →판정대상액이 2천만원을 초과하므로 모두 종합과세한다.
∴종합과세할 총금융소득금액(Gross-up 고려X) : 21,000,000(금융소득 총수입금액)

참고 Gross-up을 고려하는 경우 금융소득금액 계산

❑ 판정대상액이 2천만원을 초과하므로 모두 종합과세한다.

〈3순위〉 Gross-up대상인 배당소득 1,000,000	➡ Gross-up
〈3순위〉 Gross-up대상인 배당소득 17,000,000	
〈2순위〉 Gross-up대상아닌 배당소득 0	
〈1순위〉 이자소득 3,000,000	

∴종합과세할 총금융소득금액(Gross-up 고려O) : 21,000,000 + 1,000,000 × 10% = 21,100,000

| 최신유형특강 311 | 사업소득 총수입금액과 필요경비 | 난이도 ★ ★ ☆ | 정답 ① |

다음 중 사업소득에 관한 설명으로 가장 옳은 것은?

① 개인사업자가 재고자산을 가사용으로 소비한 경우 총수입금액에 산입한다.
② 개인사업자가 출자금을 인출하는 경우 가지급금인정이자를 계산하여 총수입금액에 산입한다.
③ 복식부기의무자의 경우 유형자산처분손익은 어떤 경우에도 사업소득에 포함하지 않는다.
④ 1주택을 소유하는 자의 주택임대소득(기준시가 9억원을 초과하는 주택 포함)에 대해서는 비과세가 적용된다.

해설

- ② 개인사업체에는 법정자본금이 없으며 개인사업자는 필요하면 언제든지 출자금을 인출할 수 있다. 따라서 개인사업자가 인출하는 자금은 가지급금이 아니므로 인정이자계산 등의 규제를 받지 아니한다.
- ③ 유형자산처분손익은 일시·우발적 소득이므로 과세제외하는 것이 원칙이나, 복식부기의무자의 부동산을 제외한 사업용유형자산처분소득은 사업소득에 포함한다.
- ④ 1주택을 소유하는 자의 주택임대소득(기준시가 12억원을 초과하는 주택 및 국외소재주택 제외)에 대해서는 비과세가 적용된다.

길라잡이 사업소득 비과세 주요사항

논·밭 임대소득	• 논·밭을 작물 생산에 이용하게 함으로써 발생하는 소득
주택임대소득	• 1주택을 소유하는 자의 주택임대소득(기준시가 12억원을 초과하는 주택 및 국외소재주택 제외)
농어가부업소득	• 농어가부업규모의 축산소득 • 위 규모초과분과 기타부업(고공품·민박 등) 합계액 3천만원 이하인 소득
전통주제조소득	• 전통주를 수도권밖 읍·면지역에서 제조하여 발생하는 합계액 1,200만원 이하인 소득
산림소득	• 조림기간 5년 이상인 임지·임목의 벌채·양도로 발생하는 합계액 1,200만원 이하인 소득

제1주차 빈출유형특강

제2주차 완성유형특강

제3주차 최신유형특강

제4주차 기출변형특강

| 최신유형특강 312 | 부동산임대소득 일반사항 | 난이도 ★ ★ ★ | 정답 ③ |

다음 중 소득세법상 부동산임대소득에 관한 설명으로 가장 올바르지 않은 것은?

① 부동산임대소득은 사업소득에 포함하여 과세된다.
② 부동산임대업에서 장기간의 임대료(선세금)를 미리 일시에 받는 경우 발생주의에 따라 수익을 인식한다.
③ 전기료 및 수도료 등 공공요금으로 수령하는 금액은 총수입금액에 산입한다.
④ 임대인이 부동산 등을 임대하고 임대보증금을 받는 경우에는 실제 반환의무가 있는 보증금 외에 수령하는 금액이 없더라도 간주임대료를 계산하여 총수입금액에 산입하여야 한다.

해설

• 전기료 및 수도료 등 공공요금으로 수령하는 금액은 총수입금액에 불산입한다.
  →단, 공공요금 명목으로 지급받는 금액이 공공요금 납부액을 초과시 그 초과액은 총수입금액에 산입한다.

ⓘ 길라잡이 사업소득 중 부동산임대소득

임대료	• 선세금이 있는 경우 : 당해수입금액 = 선세금×(당해임대월수÷계약월수) 〈발생주의〉

간주임대료	• ㉠ 적용배제 : 원칙적으로 주택과 그 부수토지
	  ㉡ 간주임대료 계산
	  ☐ (임대보증금적수 - 건설비적수[1]) × 정기예금이자율 × 1/365(366) - 금융수익[2]
	  [1]자본적지출은 포함하되, 토지를 제외한 금액 [2]수입이자·할인료, 배당금
	  →추계결정시 간주임대료 : 임대보증금적수× 정기예금이자율 × 1/365(366)

공공요금	• 전기료, 수도료 : 총수입금액불산입 →단, 공공요금 납부액을 초과하는 경우에는 그 초과액은 총수입금액산입함.
관리비	• 청소비, 난방비 : 총수입금액산입 →단, 청소·난방사업이 임대사업과 객관적으로 구분되는 경우에는 일반사업소득으로 함.

| 최신유형특강 313 | 부동산임대소득 총수입금액 | 난이도 ★ ★ ★ | 정답 ③ |

다음 자료를 참고하여 20x8년 거주자 이철수의 세법상 부동산임대사업소득 총수입금액은 얼마인가(단, 소수점 첫째 자리에서 반올림한다)?

1. 임대자산의 취득내역(토지가격 제외함)

구분	취득일자	취득가액
사무실	20x1.10.10	50,000,000원

2. 임대자산의 임대현황

구분	월임대료	임대보증금	임대기간
사무실	200,000원	100,000,000원	20x8.1.1.~20x8.6.30

3. 임대보증금은 정기예금에 가입하여 이자수익 200,000원을 수령하였고, 기획재정부령이 정하는 정기예금이자율은 1.2%이다.

① 97,534원
② 1,200,000원
③ 1,297,534원
④ 1,497,534원

해설

• 부동산임대 총수입금액 : ㉠+㉡=1,297,534
  ㉠ 임대료 : 200,000×6개월=1,200,000

  ㉡ 간주임대료 : $(100{,}000{,}000 \times 181일 - 50{,}000{,}000 \times 181일) \times 1.2\% \times \frac{1}{365} - 200{,}000 = 97{,}534$

| 최신유형특강 314 | 근로소득 과세항목 | 난이도 ★ ★ ★ | 정답 ④ |

다음 중 근로소득으로 과세되는 항목을 모두 고른 것은 무엇인가?

> ㄱ. 법인세법에 의해 상여로 처분된 금액(인정상여)
> ㄴ. 연 또는 월단위로 받는 여비
> ㄷ. 종업원이 출퇴근을 위하여 차량을 제공받는 경우의 운임
> ㄹ. 사내근로복지기금으로부터 무주택근로자가 지급받는 주택보조금
> ㅁ. 회사에 기여한 공로를 인정받아 지급받는 공로금

① ㄱ, ㄴ   ② ㄱ, ㄷ, ㄹ
③ ㄴ, ㄷ, ㅁ   ④ ㄱ, ㄴ, ㅁ

해설

• 인정상여(ㄱ), 여비(ㄴ), 공로금(ㄹ)은 근로소득으로 과세되는 항목으로 규정되어 있다.

ℹ️ 길라잡이 근로소득으로 보지 않는 항목

근로자 교육훈련비	• 사용자가 근로자의 업무능력향상 등을 위하여 연수기관 등에 위탁하여 연수를 받게 하는 경우에 근로자가 지급받는 교육훈련비
차량운임	• 종업원이 출·퇴근을 위하여 차량을 제공받는 경우의 운임
장학금·주택보조금	• 사내근로복지기금으로부터 근로자 또는 근로자의 자녀가 지급받는 장학금(학자금)과 무주택근로자가 지급받는 주택보조금 등
경조금	• 근로자에게 지급한 경조금 중 사회통념상 타당하다고 인정되는 금액
퇴직급여적립액	• 퇴직급여로 지급되기 위하여 적립되는 급여(근로자가 적립금액 등을 선택할 수 없는 것으로서 기획재정부령으로 정하는 방법에 따라 적립되는 경우에 한정)

| 최신유형특강 315 | 일용근로자 원천징수세액 | 난이도 ★ ★ ☆ | 정답 ① |

㈜삼일은 일용근로자로 근무하는 김삼일씨에게 일당 600,000원을 지급하였다. 일용근로자인 김삼일씨가 부담할 세액을 계산하면 얼마인가?

① 12,150원   ② 14,850원   ③ 18,000원   ④ 27,000원

해설

• $[(600,000 - 150,000) \times 6\%] - 27,000 \times 55\% = 12,150$ → ⚡고속철 $(600,000 - 150,000) \times 6\% \times 45\% = 12,150$

ℹ️ 길라잡이 일용근로자 과세방법

일용근로자	• 동일 고용주에게 3개월 이상 계속하여 고용되어 있지 않은 사람을 말함.
과세방법	• 무조건 분리과세(원천징수로써 과세가 종결됨)
원천징수세액	• 산출세액[(일급여 - 근로소득공제[*]) × 6%] - 근로소득세액공제[산출세액 × 55%] [*] 150,000원

| 최신유형특강 316 | 근로소득 과세여부[1] | 난이도 ★★☆ 정답 ③ |

다음 중 소득세가 과세되는 근로소득은?

① 고용보험법에 따라 받는 육아기 근로시간 단축 급여
② 월 20만원의 6세 이하 자녀에 대한 보육비
③ 근로자 자녀에 대한 장학금 지급액
④ 월정액급여 210만원인 생산직근로자(직전 과세기간 총급여는 2,500만원)가 1년간 받은 야간근로수당 240만원

해설

• 근로자 자녀에 대한 장학금(학자금)은 근로소득에 포함하는 항목으로 규정되어 있다.[소득령 38①]

길라잡이 장학금(=학자금)에 대한 근로소득 과세여부 정리

[소득령 38①]	• 종업원이 받는 학자금·장학금(종업원의 수학중인 자녀가 사용자로부터 받는 학자금·장학금을 포함)은 근로소득에 포함되는 것으로 함.
[세법해석례-소득]	• 사내근로복지기금으로부터 근로자 또는 근로자의 자녀가 지급받는 장학금(학자금)은 근로소득으로 보지 아니함.
[소득령 11]	• 초·중등교육법(예초등학교,중학교,고등학교) 및 고등교육법(예대학교)에 따른 학교와 직업훈련시설의 입학금·수업료·수강료 그 밖의 공납금 중 다음 요건을 갖춘 근로자 본인의 학자금은 비과세 근로소득으로 함. ⓐ 업무와 관련 있는 교육·훈련일 것 ⓑ 지급기준에 따라 받을 것 ⓒ 교육·훈련기간이 6월 이상인 경우 교육·훈련 후 당해교육기간을 초과하여 근무하지 않는 경우 지급받은 금액을 반납할 것
[소득법 12(3)]	• 교육기본법 따라 받는 장학금 중 대학생이 근로를 대가로 지급받는 장학금(대학에 재학하는 대학생에 한정)은 비과세 근로소득으로 함.

길라잡이 생산직근로자 초과근로수당 비과세

❏ 월정액급여 210만원 이하로서 직전과세기간 총급여액이 3,000만원 이하인 근로자가 받는 다음의 금액

구분	비과세대상 초과근로수당	비과세 한도
생산직근로자	연장·야간·휴일근로수당	연 240만원
광산근로자, 일용근로자	연장·야간·휴일근로수당	전액 비과세
선원근로자	선원법에 따라 받는 생산수당	연 240만원

| 최신유형특강 317 | 근로소득 과세여부[2] | 난이도 | ★ ★ ☆ | 정답 | ① |

다음 중 소득세가 과세되는 근로소득은?

① 연·월차수당으로서 100만원 이내의 금액
② 여비로서 실비변상정도의 지급액
③ 소방공무원이 받는 월 20만원 이내의 화재진화수당
④ 기자의 취재수당으로서 월 20만원 이내의 금액

해설

- ① 연·월차수당은 전액 근로소득 과세대상이다.
- ② 여비의 명목으로 지급되는 연액 또는 월액의 급여는 근로소득에 포함되나, 일직료·숙직료 또는 여비로서 실비변상 정도의 금액은 비과세한다.[소득령 38①][소득령 12]

ℹ️ 길라잡이 근로소득 비과세 기타사항 정리

- ☐ 월 20만원 이내 자가운전보조금 : 종업원소유(임차) 차량으로 직접 사업주의 업무를 수행하고 실제여비를 지급받지 않으면서 별도 지급기준에 따라 받는 금액
- ☐ 월 20만원 이내의 기자의 취재수당, 월 20만원 이내의 시행령상 벽지수당
- ☐ 월 20만원 이내 소방공무원 함정근무수당·화재진화수당 등, 월 20만원 이내 초·중등법 교원 연구보조비
- ☐ 천재·지변 기타 재해로 인하여 받는 급여, 영유아보육법시행령에 따라 사업주가 부담하는 보육비용
- ☐ 고용보험법상 실업급여, 육아휴직급여, 육아기 근로시간 단축급여, 출산전후휴가급여
- ☐ 국민건강보험법, 고용보험법, 노인장기요양보험법에 따라 국가·지자체·사용자가 부담하는 보험료
- ☐ 근로자·배우자의 출산, 6세 이하(과세기간 개시일 기준) 자녀 보육관련 월 20만원 이내의 금액
- ☐ 직무발명보상금으로 연 700만원 이하의 금액(단, 지배주주 및 친족관계자가 받는 금액은 제외)
- ☐ 단체순수보장성보험과 단체환급부보장성보험의 보험료 중 연 70만원 이하 사용자부담 보험료
- ☐ 공무원이 국가·지자체로부터 공무 수행과 관련하여 받는 상금과 부상 중 연 240만원 이내의 금액

| 최신유형특강 318 | 근로소득 비과세 | 난이도 | ★ ★ ☆ | 정답 | ② |

㈜상일에 근무하는 김철수 대리의 20x1년 급여지급 내역과 관련한 설명으로 가장 올바르지 않은 것은?

ㄱ. 월급여 : 3,000,000원(상여, 자녀보육수당, 중식대 제외)
ㄴ. 상여 : 연간 4,000,000원
ㄷ. 6세 이하 자녀보육수당 : 월 100,000원
ㄹ. 중식대 : 월 100,000원(식사를 제공받지 않음)

① 6세 이하의 자녀 보육과 관련하여 사용자로부터 받는 급여로서 월 20만원 이내의 금액은 비과세한다.
② 근로자가 식사를 제공받는지와 관계없이 월 20만원 이내의 식사대는 비과세한다.
③ 법인세법에 따라 상여로 처분된 금액도 근로소득에 해당한다.
④ 근로소득금액 계산시 비과세소득은 총급여에서 제외된다.

해설

- 식사를 제공받지 않는 경우에 한하여 월 20만원 이내의 식사대를 비과세한다.
  → 식사를 제공받는 경우에는 식사대는 전액 과세한다.

ℹ️ 길라잡이 식대 비과세

사내급식이나 이와 유사한 방식으로 제공받는 식사 기타 음식물	• 비과세
식사를 제공받지 않는 경우 월 20만원 이내의 식사대	• 비과세
식사를 제공받는 경우 식사대	• 전액 과세
식사를 제공받지 않는 경우 월 30만원의 식사대	• 월 10만원 과세

최신유형특강 319	근로소득 수입시기와 과세금액 집계	난이도 ★ ★ ★	정답 ③

● 다음은 김삼일씨에게 지급된 상여금과 ㈜삼일의 법인세 신고시 김삼일씨에게 처분된 것으로 인정된 익금산입액에 대한 명세서 내용이다. 주어진 내용에 따라 김삼일씨의 20x2년 근로소득 과세금액을 구하면 얼마인가?

ㄱ. 주주총회에서 잉여금 처분결의에 따라 지급된 상여금 내역

대상사업연도	처분결의일	지급일	금액
20x1년도	20x2.2.20	20x2.3.10	2,000,000원
20x2년도	20x3.2.15	20x3.6.25	1,800,000원

ㄴ. 법인세 신고시 익금산입으로 인정된 금액에 대한 명세서 내역

대상사업연도	결산확정일	법인세신고일	금액
20x1년도	20x2.2.20	20x2.3.10	3,000,000원
20x2년도	20x3.2.15	20x3.3.25	1,800,000원

① 1,800,000원　　　② 3,000,000원　　　③ 3,800,000원　　　④ 6,800,000원

해설

• 근로소득 수입시기 - ㉠ 잉여금처분상여 : 잉여금처분결의일 ㉡ 인정상여 : 근로를 제공한 날
∴당기 근로소득 과세금액 : 2,000,000(잉여금처분상여)+1,800,000(인정상여)=3,800,000

ⓘ 길라잡이　근로소득 수입시기와 지급시기의제

	급여	• 근로를 제공한 날
근로소득 수입시기	잉여금처분상여	• 해당 법인의 잉여금처분결의일
	인정상여	• 해당 사업연도 중의 근로를 제공한 날
	임원퇴직소득 소득세법상 한도초과 근로소득 의제액	• 주식매수선택권을 행사한 날
	주식매수선택권	• 지급받거나 지급받기로 한 날
지급시기의제	1월부터 11월분을 12월말까지 미지급한 경우	• 12월 31일에 지급한 것으로 보아 원천징수함.
	12월분을 다음연도 2월말까지 미지급한 경우	• 2월 말일에 지급한 것으로 보아 원천징수함.

최신유형특강 320	근로소득 일반사항	난이도 ★ ★ ☆	정답 ①

● 다음 중 소득세법상 근로소득에 관한 설명으로 가장 올바르지 않은 것은?

① 소액주주인 임원이 사택을 제공받음으로써 얻는 이익은 근로소득에 해당한다.
② 퇴직함으로써 받는 소득으로서 퇴직소득에 속하지 아니하는 소득은 근로소득에 해당한다.
③ 종업원의 소유차량을 종업원이 직접 운전하여 사용자의 업무수행에 이용하고 시내출장 등에 소요된 실제여비를 받는 대신에 그 소요경비를 당해 사업체의 규칙 등에 의하여 정하여진 지급기준에 따라 받는 금액 중 월 20만원 이내의 금액에 대해서는 소득세를 과세하지 아니한다.
④ 잉여금처분에 의한 상여의 경우 당해 법인의 잉여금처분결의일을 근로소득의 수입시기로 한다.

해설

• 사택제공이익 비과세대상 : 비출자임원, 소액주주임원, 종업원, 국가·지자체로부터 지급받는 사람
　➡ **비교** 사택제공이익 과세대상 : 출자임원

최신유형특강 321 | **연금소득 과세방법** | 난이도 ★ ★ ☆ | 정답 ③

다음 중 연금소득에 관한 설명으로 가장 올바르지 않은 것은?

① 개인이 가입한 연금 상품에 기인해 수령한 사적연금도 연금소득으로 과세된다.
② 산업재해보상보험법에 따라 받는 각종 연금은 연금소득으로 과세되지 않는다.
③ 연금소득금액 계산시 필요경비인정방식과 연금소득공제방식 중 선택하여 적용 가능하다.
④ 연금소득에 대한 수입시기는 연금을 지급받거나 받기로 한 날로 한다.

해설

• ③ 연금소득금액은 총연금액에서 연금소득공제액을 차감하여 계산한다.
　→연금소득공제방식만 적용 가능하다.
• ④ 연금소득의 수입시기는 다음과 같다.(즉, 지급받거나 받기로 한 날)

공적연금소득	• 연금을 지급받기로 한 날
사적연금소득(연금계좌에서 받는 연금소득)	• 연금을 수령한 날
그 밖의 연금소득	• 해당 연금을 지급받은 날

길라잡이 연금소득 과세방법 주요사항

소득구분	공적연금	연금소득의 범위(연금수령)		연금외수령
		• 국민연금·공무원연금·군인연금 등에 따라 받는 연금		퇴직소득
	사적연금 {연금계좌 (연금저축/퇴직연금)}	연금소득의 범위(연금수령)		연금외수령
		운용수익	• 연금계좌 운용실적에 따라 증가된 금액	기타소득
		불입액(세액공제분)	• 연금계좌세액공제를 받은 불입액	기타소득
		이연퇴직소득	• 퇴직금으로 불입(불입시 과세이연분)	퇴직소득
비과세	• 공적연금관련법의 유족·장애·상이연금, 산업재해보상보험법의 각종연금, 국군포로 연금			
소득금액	• 연금소득금액=총연금액(비과세,분리과세제외) - 연금소득공제(한도 : 900만원)			
과세방법	• 종합과세하되, 사적연금(무조건분리과세대상인 이연퇴직소득 등은 제외) 총연금액이 1,500만원 이하인 경우 저율 선택적분리과세 가능 　→단, 1,500만원 초과시에도 선택적분리과세가 가능하나 고율(15%) 분리과세가 적용됨.			

최신유형특강 322	기타소득 범위[1]	난이도 ★ ★ ☆ 정답 ①

다음 중 소득세법상 기타소득에 해당하는 것을 모두 고르면?

> ㄱ. 고용관계 없이 다수인에게 강연을 하고 강연료 등 대가를 받은 용역
> ㄴ. 계약의 위약으로 받는 위약금
> ㄷ. 법인세법상 기타소득으로 처분된 소득
> ㄹ. 업무와 관계 있는 사보게재 원고료

① ㄱ, ㄴ, ㄷ   ② ㄱ, ㄷ, ㄹ
③ ㄱ, ㄴ, ㄷ, ㄹ   ④ ㄱ, ㄴ, ㄹ

해설

- ㄱ. 고용관계 없이 다수인에게 강연을 하고 강연료 등 대가를 받은 용역 : 기타소득(일시적 인적용역대가)
  ㄴ. 계약의 위약으로 받는 위약금 : 기타소득
  ㄷ. 법인세법상 기타소득으로 처분된 소득 : 기타소득(인정기타소득)
  ㄹ. 업무와 관계있는 사보게재 원고료 : 근로소득

소설가가 소설을 쓰고 받는 원고료	• 사업소득
업무와 관계있는 사보게재 원고료, 신규채용시험·사내교육출제수당	• 근로소득
사원이 업무와 관계없이 독립된 자격에 의해 사보 등에 원고를 게재하고 받는 대가	• 기타소득
고용관계없는 타회사의 신규채용시험·사내교육출제수당	• 기타소득

ⓘ 길라잡이 기타소득 범위 주요사항

무형자산 양도·대여	• 광업권, 산업재산권, 영업권(점포임차권 포함) 등 각종 권리의 양도·대여 🔎주의 토지·건물·부동산에 관한 권리와 함께 양도하는 영업권 : 양도소득

대여·사용대가	• 저작자 외의 자가 저작권 등의 양도·사용대가로 받는 금품
	  🔎주의 저작자가 받는 금품 : 사업소득
	• 공익사업과 관련하여 지역권·지상권을 설정·대여로 발생하는 소득
	  🔎주의 공익사업과 관련없는 일반적인 지역권·지상권의 설정·대여소득 : 사업소득
	• 물품(유가증권포함) 또는 장소를 일시 대여하고 사용료로 받는 금품
	• 통신판매중개자를 통해 물품·장소를 대여하고 받는 연 500만원 이하 사용료
	• 영화필름·방송용테이프 등의 자산 또는 권리의 양도·대여·사용대가

일시적 인적용역	• 고용관계없이 다수인에게 강연을 하고 받는 강연료 • 라디오·텔레비전 등을 통해 해설·계몽·연기의 심사 등을 하고 받는 대가 • 변호사 등 전문적 지식을 가진 자가 그 지식을 활용하여 받는 보수 또는 대가
불로소득	• 복권·경품권·추첨권·슬롯머신 당첨금품, 상금·현상금·포상금 등

기타	• 계약의 위약·해약으로 인해 받는 위약금·배상금·이자 및 주택입주지체상금
	• 문예창작소득(원고료·인세 등), 뇌물, 알선수재·배임수재에 의해 받는 금품
	• 주식매수선택권행사이익(퇴직후 행사 또는 고용관계없이 부여받아 행사)
	  비교 근무기간 중 주식매수선택권 행사이익 : 근로소득
	• 종업원이 퇴직후 지급받는 직무발명보상금(단, 700만원 이하 비과세)
	  비교 근무기간 중 지급받는 직무발명보상금 : 근로소득(단, 700만원 이하 비과세)
	• 특수관계인으로부터 얻는 일정한 경제적 이익(예 노조전임자가 지급받는 급여)
	• 종교인소득
	  🔎주의 근로소득으로 원천징수 또는 종교인이 근로소득으로 신고시 : 근로소득
	• 사례금, 인정기타소득, 법소정 서화·골동품 양도소득, 재산권알선수수료
	• 사적연금 법소정 연금외수령분

최신유형특강 323   **기타소득 범위[2]**   난이도 ★ ★ ☆   정답 ④

다음 중 기타소득에 관한 설명으로 가장 올바르지 않은 것은?

① 저작자가 아닌 자가 저작권 사용료를 받는 경우는 기타소득에 해당하지만 저작자인 경우에는 사업소득에 해당한다.

② 계약의 위약으로 인하여 받는 위약금은 기타소득에 해당한다.

③ 사례금은 기타소득에 해당한다.

④ 일시적인 문예창작소득은 사업소득에 해당한다.

해설

• ① 저작자 외의 자가 저작권의 양도 또는 사용의 대가로 받는 금품은 기타소득으로 하며, 구체적으로 다음과 같이 구분된다.

저작권 등 사용료	저작자 자신에게 귀속	• 사업소득
	저작자 외의 자에게 귀속	• 기타소득

② 계약의 위약 또는 해약으로 인하여 받는 소득으로서 다음의 항목은 기타소득으로 한다.

> ㉠ 위약금 ㉡ 배상금 ㉢ 부당이득반환시 지급받는 이자(주택입주지체상금 등)

③ 사례금은 기타소득으로 한다.

➡ **참고** 여기서 사례금이란 사무처리·역무제공 등과 관련하여 사례의 뜻으로 지급받는 금품을 말한다.

④ 문예창작소득(문예·학술·미술·음악·사진에 속하는 창작품에 대한 원작자로서 받는 소득으로서 원고료, 저작권사용료인 인세, 미술·음악·사진에 속하는 창작품에 대하여 받는 대가)은 기타소득으로 하며, 소득분류의 구체적인 사례는 다음과 같다.

소설가가 소설을 쓰고 받는 원고료	• 사업소득
업무와 관계있는 사보게재 원고료, 신규채용시험·사내교육출제수당	• 근로소득
사원이 업무와 관계없이 독립된 자격에 의해 사보 등에 원고를 게재하고 받는 대가	• 기타소득
고용관계없는 타회사의 신규채용시험·사내교육출제수당	• 기타소득

| 최신유형특강 324 | 기타소득금액 계산 | 난이도 ★ ☆ ☆ | 정답 ① |

다음은 근로자 김상일씨의 20x1년도 기타소득금액 자료이다. 김상일씨의 종합과세될 기타소득금액은 얼마인가(단, 분리과세 신청은 하지 않았다)?

• 복권당첨금	5,000,000원
• 강연료(필요경비 차감 후)	4,000,000원
• 법인세법상 기타로 처분된 금액	2,000,000원

① 6,000,000원   ② 7,500,000원
③ 11,000,000원   ④ 12,500,000원

해설

• 복권당첨금은 무조건분리과세 대상이다.
• 종합과세될 기타소득금액 : 4,000,000(필요경비 차감 후 강연료)+2,000,000(인정기타소득)=6,000,000

★ **저자주** 문제의 명확한 성립을 위해 자료 박스 '법인세법상 기타로 처분된 금액'을 '법인세법상 기타소득으로 처분된 금액'으로 수정바랍니다.

ⓘ 길라잡이 기타소득 과세방법

원천징수	• 국내에서 거주자 또는 비거주자에게 기타소득을 지급하는 자는 원천징수하여 그 징수일이 속하는 달의 다음달 10일까지 납부하여야 한다. • 원천징수세액 : 기타소득금액×20% →복권당첨소득의 경우는 3억원 초과시 그 초과분은 30%를 적용함. →사적연금(연금계좌) 연금외수령 기타소득의 경우는 15%를 적용함.
무조건분리과세	• ㉠ 복권당첨소득 등 ㉡ 사적연금(연금계좌) 연금외수령 기타소득 ㉢ 서화·골동품의 양도로 발생하는 소득
선택적분리과세	• 기타소득금액(무조건분리과세와 무조건종합과세 제외)이 연 300만원 이하인 경우 ⓞ주의 기타소득금액이므로 필요경비 차감 후 금액을 기준으로 함.
과세최저한	• 일반적인 기타소득금액이 건별로 5만원 이하인 경우 소득세를 과세하지 않음. →단, 사적연금(연금계좌) 연금외수령 기타소득은 과세최저한을 적용 제외함.(즉, 건별 5만원 이하인 경우에도 15%로 소득세를 과세함)

| 최신유형특강 325 | 선택적분리과세 항목 | 난이도 ★ ☆ ☆ | 정답 ② |

다음 중 종합소득금액 계산시 선택적 분리과세가 가능한 소득을 모두 고른 것은?

ㄱ. 배당소득   ㄴ. 연금소득   ㄷ. 기타소득   ㄹ. 사업소득

① ㄱ, ㄴ   ② ㄴ, ㄷ   ③ ㄷ, ㄹ   ④ ㄱ, ㄹ

해설

• 선택적분리과세가 가능한 소득
 - 연금소득 : 사적연금소득(이연퇴직소득 등 제외)의 합계액이 연 1,500만원 이하인 경우
 - 기타소득 : 기타소득금액(무조건분리과세 등 제외)이 300만원 이하인 경우

| 최신유형특강 326 | 종합소득 과세표준(금융소득 포함) | 난이도 ★ ★ ★ | 정답 ③ |

다음 자료는 거주자 김상일씨의 20x1년도 소득금액이다. 김상일씨의 20x1년 종합소득 과세표준을 계산하면 얼마인가?

• 정기예금 등 이자소득	5,000,000원
• 비영업대금이익	10,000,000원
• 비상장법인배당소득	6,000,000원
• 사업소득금액	100,000,000원
• 종합소득공제	20,000,000원

① 81,000,000원

② 101,000,000원

③ 101,100,000원

④ 101,660,000원

해설

• 금융소득금액 계산

㉠ 금융소득 구분

　ㄱ. 정기예금 등 이자소득 5,000,000원 : 조건부종합과세대상

　ㄴ. 비영업대금이익 10,000,000원 : 조건부종합과세대상

　ㄷ. 비상장법인 배당소득 6,000,000원 : 조건부종합과세대상

㉡ 판정대상액 : 무조건종합과세대상(0) + 조건부종합과세대상(21,000,000) = 21,000,000

→판정대상액이 2천만원을 초과하므로 모두 종합과세한다.

〈3순위〉 Gross-up대상인 배당소득 1,000,000	➡ Gross-up
〈3순위〉 Gross-up대상인 배당소득 5,000,000	
〈2순위〉 Gross-up대상아닌 배당소득 0	
〈1순위〉 이자소득 15,000,000	

㉢ 종합과세할 금융소득금액(Gross-up 고려O) : 21,000,000 + 1,000,000 × 10% = 21,100,000

• 종합소득금액 : 21,100,000(금융소득금액) + 100,000,000(사업소득금액) = 121,100,000

∴과세표준 : 121,100,000(종합소득금액) - 20,000,000(종합소득공제) = 101,100,000

ℹ️ 길라잡이 금융소득종합과세의 적용

☐ 판정대상액 = 무조건종합과세대상 + 조건부종합과세대상

☐ 종합과세되는 금융소득 구성순서 : 이자소득 → G·U대상아닌 배당소득 → G·U대상인 배당소득

구분	분리과세 금융소득	종합과세되는 금융소득		세율적용
판정대상액＞2천만원	-	조건부종합과세대상 무조건종합과세대상	2천만원 초과분 〈Gross-up O〉	기본세율
			2천만원 〈Gross-up X〉	14%세율
판정대상액≦2천만원	조건부종합과세대상	무조건종합과세대상		14%세율

최신유형특강 327 | **기본공제와 추가공제 대상** | 난이도 ★ ★ ☆ 정답 ③

다음 소득세법상 종합소득공제에 관한 설명으로 가장 올바르지 않은 것은?

① 경로우대공제는 만 70세 이상인 경우에 적용된다.
② 기본공제대상자가 아닌 자는 추가공제대상자가 될 수 없다.
③ 거주자와 생계를 같이하는 장애인 아들은 소득과 관계없이 그 거주자의 기본공제대상자가 된다.
④ 부양가족공제시 부양가족에는 계부·계모 및 의붓자녀도 해당된다.

해설

• 기본공제대상 판정시 장애인은 연령요건은 없으나 소득요건은 적용된다.

ⓘ 길라잡이 인적공제 주요사항

기본공제	❖기본공제액 = 기본공제대상인원수×150만원			
	기본공제대상		요건	
	본인(나)		• 요건없음(무조건 공제대상)	
	배우자	소득	• 소득금액 100만원 이하(근로소득만 있는 경우 : 총급여 500만원 이하)	
		연령	• 요건없음	
	생계부양가족	소득	• 소득금액 100만원 이하(근로소득만 있는 경우 : 총급여 500만원 이하)	
		연령	• 나와 배우자의 직계존속(계부·계모 포함)	• 60세 이상
			• 나와 배우자의 직계비속*)(의붓자녀 포함)	• 20세 이하
			• 나와 배우자의 형제자매	• 20세 이하 or 60세 이상
			• 위탁아동(6월이상 양육)과 장애인 🔍주의 위탁아동과 장애인도 소득요건은 있음.	-
	🔍주의 *)직계비속(입양자)과 배우자가 모두 장애인인 경우는 그 배우자도 포함			
	생계부양가족		• 배우자, 직계비속, 주거형편에 따라 별거하는 직계존속 포함 • 취학, 사업상 형편 등으로 주소를 일시퇴거한 부양가족도 포함	
	공제대상판정	원칙	• 해당 과세기간 종료일의 현재의 상황에 따름.	
		예외	• 적용대상 연령에 해당하는 날이 하루라도 있으면 공제대상임. • 사망자와 장애치유자는 사망일 전일, 치유일 전일 상황에 의함.	
추가공제 [<기본전제> 기본공제대상자]	경로우대공제	• 70세 이상		• 1명당 100만원
	장애인공제	• 장애인인 경우		• 1명당 200만원
	부녀자공제	• 거주자(종합소득금액 3천만원 이하)가 남편(배우자)있는 여성 또는 남편없는 여성으로 부양가족있는 세대주		• 연 50만원
	한부모공제	• 거주자가 배우자없는 자로 기본공제 직계비속이 있는 자		• 연 100만원
	🔍주의 부녀자공제와 한부모공제가 동시에 적용되는 경우 한부모공제를 적용함.(중복적용 배제)			

| 최신유형특강 328 | 인적공제액 계산 | 난이도 ★ ★ ★ 정답 ② |

다음은 20x1년 근로소득에 대한 연말정산 과정에서 거주자 김성실(여, 45세)씨가 계산한 자신의 인적공제 계산내역이다. 부양가족 공제는 우선적으로 김성실씨가 공제받는 것으로 가정할 때, 아래의 부양가족현황을 참고하여 김성실씨의 인적공제금액을 계산한 내용 중 가장 올바르지 않은 것은?

〈부양가족 현황〉

부양가족	연령	소득종류 및 금액
김성실(본인)	45세	근로소득금액 1억원
배우자	43세	소득없음
모친	61세	소득없음
장남(장애인)	25세	소득없음
장녀	4세	소득없음

〈인적공제액〉

ㄱ. 기본공제액=750만원
- 5명(본인,배우자,모친,장남,장녀)×150만원=750만원
ㄴ. 추가공제액=300만원
- 경로우대공제액=1명(모친)×100만원=100만원
- 장애인공제액=1명(장남)×200만원=200만원
ㄷ. 부녀자공제액=해당사항 없음

① 기본공제액 750만원
② 경로우대공제액 100만원
③ 장애인공제액 200만원
④ 부녀자공제액 0원

해설

• 기본공제 : 5명[본인, 배우자, 모친, 장남(장애인), 장녀]×150만원=750만원
  →본인은 연령·소득제한 없이 무조건 기본공제대상자이다.
  →장애인은 연령제한이 없다.
• 추가공제(전제조건 : 위 기본공제대상자일 것) : 200만원(장애인공제)
  →모친은 70세 이상이 아니므로 경로우대공제는 적용되지 않는다.
  →본인(김성실)이 부녀자가 아니므로 부녀자공제는 적용될 여지가 없다.
∴인적공제 합계 : 750만원+200만원=950만원

최신유형특강 329 | **종합소득공제(인적공제) 일반사항** | 난이도 ★ ★ ☆ | 정답 ②

다음 중 종합소득공제에 관한 설명으로 가장 옳은 것은?

① 기본공제대상자가 아닌 경우에도 추가공제대상자가 될 수 있다.
② 생계를 같이하는 부양가족으로 75세의 장애인인 아버지(연간소득 없음)가 포함되어 있다면 아버지에 대하여 기본공제 150만원과 추가공제 중 경로우대공제 100만원, 장애인공제 200만원을 적용한다.
③ 배우자는 나이, 소득금액 제한없이 기본공제 150만원을 적용한다.
④ 직계비속이 해당 과세기간 중 19세로 대학생이 된 경우에는 기본공제대상자가 될 수 없다.

해설

• ① 기본공제대상자가 아닌 경우에는 추가공제대상자가 될 수 없다.
  ③ 배우자는 나이제한은 없으나 소득제한(소득금액 100만원 이하)은 있다.
  ④ 직계비속이 해당 과세기간 중 19세가 된 경우에는 20세 이하이므로 기본공제대상자가 될 수 있다.

최신유형특강 330 | **인적공제 중 추가공제 일반사항** | 난이도 ★ ★ ★ | 정답 ①

다음 중 종합소득공제 인적공제의 추가공제에 관한 설명으로 가장 올바르지 않은 것은?

① 해당 과세기간에 종합소득금액이 4천만원 이하인 배우자가 있는 여성거주자인 경우 연 50만원의 부녀자공제를 적용한다.
② 한부모공제와 부녀자공제 동시에 적용되는 경우 한부모공제를 적용한다.
③ 거주자의 기본공제대상자 중 장애인복지법에 따른 장애인이 있는 경우에는 연 200만원의 장애인공제를 적용한다.
④ 거주자의 기본공제대상자가 70세 이상인 경우에는 연 100만원의 경로우대공제를 적용한다.

해설

• 해당 과세기간에 종합소득금액이 3천만원 이하인 거주자가, 배우자가 없는 여성으로서 부양가족이 있는 세대주이거나 배우자가 있는 여성인 경우 연 50만원의 부녀자공제를 적용한다.

ⓘ 길라잡이 추가공제 주요사항

추가공제 [<기본전제>] [기본공제대상자]	경로우대공제	• 70세 이상	• 1명당 100만원
	장애인공제	• 장애인인 경우	• 1명당 200만원
	부녀자공제	• 거주자(종합소득금액 3천만원 이하)가 남편(배우자)있는 여성 또는 남편없는 여성으로 부양가족있는 세대주	• 연 50만원
	한부모공제	• 거주자가 배우자없는 자로 기본공제 직계비속이 있는 자	• 연 100만원

○주의 부녀자공제와 한부모공제가 동시에 적용되는 경우 한부모공제를 적용함.(중복적용 배제)

| 최신유형특강 331 | 신용카드사용소득공제 일반사항 | 난이도 | ★ ★ ★ | 정답 | ① |

신용카드 등 사용금액 소득공제에 관한 다음 설명 중 가장 올바르지 않은 것은?

① 해외에서 지출한 신용카드 사용액도 신용카드 소득공제 대상에 포함된다.
② 신용카드 사용액이 총급여의 25%를 초과하는 경우에만 소득공제액이 발생한다.
③ 신용카드 사용금액은 본인뿐만 아니라 나이요건을 불문한 기본공제대상인 배우자, 부양가족 사용분(형제자매는 제외)을 포함한다.
④ 도서, 공연, 박물관, 미술관 사용분에 대해서는 일반 신용카드 사용분보다 높은 공제율이 적용된다.

해설

• 신용카드 등 사용금액에서 국외사용금액은 제외한다.(즉, 공제대상이 아니다.)

길라잡이 신용카드사용소득공제 개괄

공제조건	• 신용카드·현금영수증·직불카드 등 연간 사용금액이 총급여의 25%를 초과하는 경우 적용함.
카드사용자	• 근로소득자 본인, 기본공제대상 배우자, 연령제한 없는 기본공제대상 직계존속·직계비속
공제우대사항	• 전통시장, 대중교통, 도서·공연·박물관 등 사용액은 일반사용액보다 높은 공제율을 적용함.
공제배제 사용액	• 국외사용액, 각종 보험료, 수업료 등의 각종 교육비, 제세공과금(국세·지방세 등), 리스료, 상품권 등 유가증권 구입비, 취득세 등 부과 재산 구입비용, 국가 등에 지급하는 사용료·수수료(단, 우정사업조직 소포우편물 방문접수 배달용역은 공제대상임), 차입금 이자상환액, 정치자금, 사업성소득의 비용 등

| 최신유형특강 332 | 신용카드소득공제 제외대상사용액 | 난이도 | ★ ★ ★ | 정답 | ④ |

다음 중 소득세법상 신용카드 소득공제 대상에서 제외되는 항목으로 묶인 것은?

> ㄱ. 국민연금법에 의한 연금보험료
> ㄴ. 지방자치단체에 납부하는 지방세
> ㄷ. 취득세 또는 등록세가 부과되는 재산의 구입비용
> ㄹ. 상품권 등 유가증권 구입비
> ㅁ. 리스료

① ㄱ, ㄴ, ㄷ, ㄹ
② ㄱ, ㄴ, ㄹ, ㅁ
③ ㄴ, ㄷ, ㄹ, ㅁ
④ ㄱ, ㄴ, ㄷ, ㄹ, ㅁ

해설

• ㄱ(각종 보험료), ㄴ(제세공과금), ㄷ(취득세 등 부과 재산 구입비용), ㄹ(상품권 등 유가증권 구입비), ㅁ(리스료) 모두 신용카드소득공제 제외대상사용액 항목으로 규정하고 있다.[조특령 121의2⑥]

| 최신유형특강 333 | 금융소득종합과세시 세액계산특례 | 난이도 ★ ★ ★ | 정답 ① |

다음 자료는 거주자 김상일씨의 20x1년 소득금액이다. 종합소득산출세액을 계산하면 얼마인가(단, 모든 소득은 국내에서 발생한 것이다)?

ㄱ. 이자소득금액(비영업대금의 이익이 아님)	:	10,000,000원	
ㄴ. 배당소득금액(현금배당)	:	20,000,000원	
ㄷ. 근로소득금액	:	80,000,000원	
ㄹ. 부동산임대사업소득금액	:	20,000,000원	
ㅁ. 기타소득금액(분리과세 대상이 아님)	:	30,000,000원	
ㅂ. 종합소득공제	:	20,000,000원	

*배당소득 가산율은 10%이다.

〈종합소득세율〉

종합소득 과세표준	세율
5,000만원 초과 8,800만원 이하	624만원＋5,000만원 초과금액의 24%
8,800만원 초과 1억 5,000만원 이하	1,536만원＋8,800만원 초과금액의 35%

① 29,710,000원 ② 31,370,000원 ③ 34,100,000원 ④ 34,870,000원

해설

* **저자주** 출제오류를 바로잡기 위해 문제 자료 'ㄴ. 배당소득금액(현금배당)'을 'ㄴ. 국내상장법인 배당소득(현금배당)'으로 수정바랍니다.
* 금융소득금액 계산
  ㉠ 금융소득 구분
  ㄱ. 이자소득금액(비영업대금의 이익이 아님) 10,000,000원 : 조건부종합과세대상
  ㄴ. 상장법인 배당소득(현금배당) 20,000,000원 : 조건부종합과세대상
  ㉡ 판정대상액 : 무조건종합과세대상(0)＋조건부종합과세대상(30,000,000)＝30,000,000
  →판정대상액이 2천만원을 초과하므로 모두 종합과세한다.

〈3순위〉 Gross-up대상인 배당소득 10,000,000	➡ Gross-up
〈3순위〉 Gross-up대상인 배당소득 10,000,000	
〈2순위〉 Gross-up대상아닌 배당소득 0	
〈1순위〉 이자소득 10,000,000	

  ㉢ 종합과세할 금융소득금액(Gross-up 고려○) : 30,000,000(금융소득총수입금액)＋10,000,000×10%＝31,000,000
* 종합소득금액 : 31,000,000(금융)＋80,000,000(근로)＋20,000,000(부동산임대)＋30,000,000(기타)＝161,100,000
* 과세표준 : 161,000,000(종합소득금액) － 20,000,000(종합소득공제)＝141,000,000
* 산출세액 : Max[㉠＝일반산출세액, ㉡＝비교산출세액]＝29,710,000
  ㉠ 2천만원×14%＋(141,000,000 － 2천만원)×기본세율
  →2,800,000＋[15,360,000＋(121,000,000 － 88,000,000)×35%]＝29,710,000
  ㉡ 30,000,000×14%＋(141,000,000 － 31,000,000)×기본세율
  →4,200,000＋[15,360,000＋(110,000,000 － 88,000,000)×35%]＝27,260,000

ⓘ 길라잡이 금융소득종합과세시 세액계산특례

판정대상액 2천만원초과	❑ 산출세액계산 : Max[㉠＝일반산출세액, ㉡＝비교산출세액] 　㉠ 2천만원×14%＋(과세표준 － 2천만원)×기본세율 　㉡ 금융소득총수입금액×14%(비영업대금이익 25%)＋(과세표준 － 금융소득금액)×기본세율 →금융소득총수입금액 : Gross-up이 제외된 금액 →금융소득금액 : Gross-up이 제외된 금액 & 사업소득결손금 공제 전의 금액
판정대상액 2천만원이하 **참고사항**	❑ 산출세액계산 　금융소득총수입금액×14%(비영업대금이익 25%)＋(과세표준 － 금융소득금액)×기본세율

최신유형특강 334 | **소득세법상 세액공제[1]** | 난이도 ★ ★ ☆ 정답 ④

다음 중 소득세법상 세액공제에 관한 설명으로 가장 올바르지 않은 것은?

① 모든 근로자는 일률적으로 근로소득에 대한 산출세액에서 일정기준에 따라 계산한 근로소득세액공제액을 공제할 수 있다.

② 거주자의 종합소득금액에 Gross-up된 배당소득금액이 합산된 경우에는 당해 배당소득에 가산된 금액을 산출세액에서 공제한다.

③ 거주자의 종합소득에 국외원천소득이 포함되어 있는 경우 국외에서 납부한세액이 있는 때에는 외국납부세액공제를 적용할 수 있다.

④ 모든 사업소득자는 과세표준 확정신고시 복식부기에 따라 해당 재무제표를 제출하는 경우 기장세액공제가 적용된다.

해설

• 기장세액공제의 공제대상은 모든 사업자가 아니라 간편장부대상자이다. 적용대상을 정리하면 다음과 같다.

종합소득자	• 자녀세액공제, 연금계좌세액공제, 기부금세액공제, 표준세액공제, 배당세액공제(배당소득자), 외국납부세액공제(국외원천소득자)
근로소득자	• 보험료세액공제, 의료비세액공제, 교육비세액공제, 근로소득세액공제, 월세세액공제
사업자	• 기장세액공제(간편장부대상자), 재해손실세액공제, 전자계산서발급세액공제

ⓘ 길라잡이 **기장세액공제**

적용대상	• 간편장부대상자가 복식부기에 따라 기장하여 소득금액을 계산하고 기업회계기준을 준용하여 작성한 재무상태표·손익계산서와 그 부속서류 및 합계잔액시산표와 조정계산서를 제출하는 경우 ♤주의 복식부기의무자와 간편장부를 제출한 간편장부대상자는 공제대상이 아님.
공제액	▫ 종합소득산출세액 × $\dfrac{\text{기장된 사업소득금액}}{\text{종합소득금액}}$ × 20% 【한도 : 100만원】

최신유형특강 335	소득세법상 세액공제[2]	난이도 ★ ★ ★ 정답 ②

다음 중 소득세법상 세액공제에 대한 설명으로 가장 옳은 것은?

① 연간 소득금액이 1,000만원인 자녀에 대해서도 자녀세액공제를 신청할 수 있다.
② 근로소득이 없는 사업소득자는 보험료세액공제를 받을 수 없다.
③ 어린이집, 유치원에 납부한 급식비는 교육비세액공제를 받을 수 없다.
④ 연금계좌세액공제는 근로소득자만 적용받을 수 있다.

해설

- ① 자녀세액공제의 공제대상자는 기본공제대상 8세 이상 자녀이므로 소득요건(소득금액 100만원 이하) 불충족시는 공제대상자가 아니다.
  ② 보험료세액공제는 근로소득자만 가능하다. 따라서, 근로소득이 없는 사업소득자는 보험료세액공제를 받을 수 없다.
  ③ 학교급식법, 유아교육법, 영유아보육법 등에 따라 급식을 실시하는 학교, 유치원, 어린이집, 학원 및 체육시설(초등학교 취학 전 아동의 경우만 해당)에 지급한 급식비는 교육비세액공제를 받을 수 있다.[소득령 118의6 ①]
  ④ 연금계좌세액공제는 종합소득자가 대상이다.(연금계좌는 연금저축과 퇴직연금을 말한다.)
- ★ **저자주** 선지 ③은 재경관리사 시험수준을 초과하는 내용이나 출제가 된 만큼 가볍게 검토 바랍니다.

ⓘ 길라잡이 소득세법상 세액공제의 적용대상

종합소득자	• 자녀세액공제, 연금계좌세액공제, 기부금세액공제, 표준세액공제, 배당세액공제(배당소득자), 외국납부세액공제(국외원천소득자)
근로소득자	• 보험료세액공제, 의료비세액공제, 교육비세액공제, 근로소득세액공제, 월세세액공제
사업자	• 기장세액공제(간편장부대상자), 재해손실세액공제, 전자계산서발급세액공제

ⓘ 길라잡이 자녀세액공제

다자녀 관련	대상	• 종합소득있는 거주자로 기본공제대상 8세 이상의 자녀(입양자/위탁아동)가 있는 경우
	공제액	• ㉠ 1명 : 15만원 ㉡ 2명 : 35만원 ㉢ 3명이상 : 35만원+(자녀수 - 2명)×30만원
출산 관련	대상	• 종합소득이 있는 거주자로 기본공제대상 출생·입양자가 있는 경우
	공제액	• ㉠ 첫째 : 30만원 ㉡ 둘째 : 50만원 ㉢ 셋째이상 : 70만원

ⓘ 길라잡이 근로소득자 보험료세액공제

일반보장성	대상	• 기본공제대상자가 피보험자인 일반보장성보험료 →만기환급금 ≤ 납입보험료인 생명보험·상해보험·손해보험(자동차보험) 등
	공제액	• Min[일반보장성보험료, 100만원]×12%
장애인전용보장성	대상	• 기본공제대상자 중 장애인이 피보험자인 장애인전용보장성보험료
	공제액	• Min[장애인전용보장성보험료, 100만원]×15%

최신유형특강 336 | **소득세법상 세액공제[3]** | 난이도 ★★★ 정답 ④

다음 중 소득세법상 세액공제에 관한 설명으로 가장 올바르지 않은 것은?

① 종합소득이 있는 거주자의 기본공제대상자에 해당하는 자녀로서 8세 이상의 사람에 대해서는 자녀세액공제를 받을 수 있다.

② 기장세액공제액이 100만원을 초과하는 경우에는 100만원을 공제한다.

③ 근로소득이 있는 거주자로서 소득공제나 세액공제 신청을 하지 아니한 경우에는 연 13만원의 표준세액공제를 적용받을 수 있다.

④ 사업자가 천재지변이나 그 밖의 재해로 자산총액 15% 이상에 해당하는 자산을 상실하여 납세가 곤란하다고 인정되는 경우에는 재해손실세액공제를 받을 수 있다.

해설

• 사업자가 천재지변이나 그 밖의 재해로 자산총액 20% 이상에 해당하는 자산을 상실하여 납세가 곤란하다고 인정되는 경우에는 재해손실세액공제를 받을 수 있다.

ⓘ 길라잡이 재해손실세액공제

적용대상	• 사업자가 천재지변 그 밖의 재해로 자산총액의 20% 이상에 상당하는 자산을 상실하여 납세가 곤란하다고 인정되는 경우 🔎주의 개인과 법인 모두에 공통으로 적용되는 세액공제 : 외국납부세액공제, 재해손실세액공제
공제액	☐ 사업소득에 대한 소득세액(=종합소득세액$^{*)}$ × $\dfrac{\text{사업소득금액}}{\text{종합소득금액}}$) × 재해상실비율(= $\dfrac{\text{상실자산가액}}{\text{상실전자산가액}}$) 【한도 : 상실된 자산가액】 $^{*)}$종합소득세액은 배당세액공제·기장세액공제·외국납부세액공제액을 차감한 후의 세액을 말함.

| 최신유형특강 337 | 특별세액공제 일반사항 | 난이도 | ★ ★ ☆ | 정답 | ④ |

다음 중 소득세법상 특별세액공제에 관한 설명으로 가장 옳은 것은?

① 특별세액공제에는 보험료, 의료비, 교육비, 신용카드공제 등이 포함된다.
② 근로소득자는 표준세액공제를 선택 할 수 없다.
③ 연간 소득금액이 1,000만원인 자녀에 대해서도 자녀세액공제를 신청할 수 있다.
④ 근로소득이 없는 사업소득자는 보험료 세액공제를 받을 수 없다.

해설

• ① 특별세액공제에는 보험료, 의료비, 교육비, 기부금 등이 포함된다.
  ② 근로소득자도 표준세액공제(13만원)를 선택 할 수 있다.
  ③ 자녀세액공제는 특별세액공제와 무관하다.(자녀세액공제는 일반세액공제에 해당한다.)

ⓘ 길라잡이 특별세액공제 적용방법

근로소득O		• '항목별세액공제·특별소득공제·월세세액공제'와 '표준세액공제(13만원)' 중 선택 →항목별세액공제 : 보험료세액공제, 의료비세액공제, 교육비세액공제, 기부금세액공제 →특별소득공제 : 보험료공제(건강보험료 등), 주택자금공제
근로소득X	일반적인 경우	• 표준세액공제(7만원)＋기부금세액공제 ♀주의 사업소득만 있는자는 표준세액공제만 적용하며 기부금은 필요경비 산입함. **참고** 성실신고확인대상사업자로서 성실신고확인서 제출자 □ 다음 중 선택 ㉠ 표준세액공제(7만원)＋기부금세액공제 ㉡ 조특법상 의료비·교육비·월세세액공제＋기부금세액공제
	소득세법상 성실사업자	조특법상 추가요건 갖춘 성실사업자
		기타 성실사업자

근로소득X	소득세법상 성실사업자	조특법상 추가요건 갖춘 성실사업자	• 다음 중 선택 ㉠ 표준세액공제(12만원)＋기부금세액공제 ㉡ 조특법상 의료비·교육비·월세세액공제＋기부금세액공제
		기타 성실사업자	• 표준세액공제(12만원)＋기부금세액공제 **참고** 성실신고확인대상사업자로서 성실신고확인서 제출자 □ 다음 중 선택 ㉠ 표준세액공제(12만원)＋기부금세액공제 ㉡ 조특법상 의료비·교육비·월세세액공제＋기부금세액공제

| 최신유형특강 338 | 특별세액공제 대상과 적용 | 난이도 ★★★ 정답 ③ |

다음 중 소득세법상 세액공제에 관한 설명으로 가장 올바르지 않은 것은?

① 근로소득이 있는 자는 표준세액공제 13만원과 특별세액공제 중 선택하여 적용할 수 있다.
② 보험료세액공제는 일반보장성보험과 장애인전용보장성보험 각각에 대해 100만원까지 세액공제 대상이 된다.
③ 의료비세액공제는 본인의료비외에 지출한 의료비가 전혀 없더라도, 본인이 지출한 의료비 전액에 대해 세액공제 적용이 가능하다.
④ 기부금세액공제는 한도가 존재하며, 한도를 초과하는 금액은 10년간 이월하여 공제가 가능하다.

해설

• 본인의료비만 있는 경우 의료비세액공제액 : [본인의료비 – (총급여×3% – 0)]×15%
→따라서, 본인이 지출한 의료비 전액에 대해 세액공제가 가능한 것이 아니다.

길라잡이 의료비세액공제 공제액

공제액	일반의료비	• 대상 : 이하 특정의료비 이외의 일반적인 의료비 ☐ Min[(일반의료비 – 총급여×3%), 700만원]×15% ⇩ '(-)이면 0으로 계산'
	특정의료비	• 대상 : 본인·경로우대자(종료일기준 65세이상)·장애인·6세이하 자(개시일기준) ☐ [특정의료비 – (총급여×3% – 일반의료비)]×15% ⇩ '(-)이면 0으로 계산'

길라잡이 기부금세액공제

대상	• 종합소득이 있는 거주자(사업소득만 있는 자 제외)가 지출한 기부금 →사업소득만 있는 자는 필요경비산입을 적용함. →기본공제대상자(다른 거주자의 기본공제를 적용받은 자 제외, 연령불문)의 기부금도 대상임.
공제방법	• 법소정 한도내에서 세액공제함. →한도초과액은 10년간 이월공제함.

| 최신유형특강 339 | 의료비세액공제 공제대상의료비[1] | 난이도 ★☆☆ 정답 ③ |

다음 중 의료비 세액공제 대상 의료비지출액에 해당하지 않는 것은?

① 정밀건강진단비로 지출한 비용   ② 뇌졸중환자 휠체어를 구입하기 위한 비용
③ 암치료를 위해 외국대학병원에 지급한 비용   ④ 보청기 구입을 위해 지출한 비용

해설

• 국외의 의료기관에 지출하는 의료비는 의료비세액공제 공제대상 의료비에 해당하지 않는다.

길라잡이 의료비세액공제 개괄

지출대상	• 연령·소득에 제한 없는 기본공제대상자
공제대상의료비	• 진료·진찰·질병예방비, 의약품(한약 포함)구입비, 장애인보장구(휠체어 등)·보청기구입비 • 의료기기 구입·임차비용, 시력보정용 안경 또는 콘텍트렌즈로 1인당 연 50만원 이내 금액 • 장애인활동지원급여(노인장기요양보험법) 비용 중 실제지출 본인부담금(본인일부부담금) • 산후조리원에 산후조리·요양대가로 지급한 비용으로 출산 1회당 200만원 이내 금액
제외대상의료비	• 국외의료기관 의료비, 미용·성형수술비, 건강증진의약품 구입비(보약)

| 최신유형특강 340 | 의료비세액공제 공제대상의료비[2] | 난이도 ★ ★ ★ | 정답 ② |

다음은 근로소득자(일용근로자 아님)인 나철수씨가 부양가족을 위해 지출한 내역이다. 연말정산시 세액공제대상 의료비는 모두 얼마인가?

구분	연령 및 소득	의료비 지출금액
ⓐ 본인의 건강검진비	50세이며, 급여총액 50,000,000원	1,500,000원
ⓑ 장남의 시력보정용 안경구입비	20세이며, 소득금액 없음	800,000원
ⓒ 장녀의 미용목적의 쌍꺼풀수술비	19세이며, 소득금액 없음	1,500,000원
ⓓ 부친의 보청기구입비	75세이며, 이자소득금액 5,000,000원	7,000,000원

① 8,500,000원　　② 9,000,000원　　③ 9,300,000원　　④ 10,100,000원

해설

• 의료비세액공제 기본전제 : 연령·소득에 제한 없는 기본공제대상자
• ⓐ 본인의 건강검진비 1,500,000원 : 공제대상의료비에 해당한다.〈진료·진찰·질병예방비〉
  ⓑ 장남의 시력보정용 안경구입비 800,000원 : 공제대상의료비에 해당한다.(단, 50만원 이내 금액)
  ⓒ 장녀의 미용목적의 쌍꺼풀수술비 1,500,000원 : 제외대상의료비에 해당한다.〈미용·성형수술비〉
  ⓓ 부친의 보청기구입비 7,000,000원 : 공제대상의료비에 해당한다.
∴세액공제대상 의료비 : 1,500,000(본인)+500,000(장남)+7,000,000(부친)=9,000,000

최신유형특강 341	교육비세액공제 공제대상자 집계	난이도 ★ ★ ☆ 정답 ②

●── 다음 중 거주자 김상일씨의 교육비세액공제 대상을 모두 고른 것은(자료상의 가족은 모두 생계를 같이 하고 있다)?

〈교육비지출 현황〉

	관계	교육비 지출내역	연령(만)	소득종류 및 금액
ㄱ	본인	대학원 학비	38세	근로소득금액 1억원
ㄴ	배우자	대학교 학비	36세	사업소득 200만원
ㄷ	여동생	대학교 학비	27세	소득 없음
ㄹ	딸	유치원비	5세	소득 없음

① ㄱ, ㄴ, ㄷ   ② ㄱ, ㄷ, ㄹ   ③ ㄴ, ㄷ, ㄹ   ④ ㄱ, ㄴ, ㄷ, ㄹ

해설

- 교육비세액공제 기본전제 : 연령에 제한 없는 기본공제대상자(소득요건은 있음)
- ㄱ. 본인 : 대학원생 학비의 경우 본인만 대상이므로 본인은 공제대상에 해당한다.
  ㄴ. 배우자 : 소득금액 100만원 초과이므로 공제대상에 해당하지 않는다.
  ㄷ. 여동생(형제자매) : 연령제한이 없으므로 20세 이하 또는 60세 이상이 아니어도 공제대상에 해당한다.
  ㄹ. 딸(직계비속) : 취학 전 아동의 유치원은 공제대상 교육기관이므로 유치원비는 공제대상에 해당한다.
- ★ 저자주 문제의 명확한 성립을 위해 문제자료 '사업소득 200만원'을 '사업소득금액 200만원'으로 수정바랍니다.

길라잡이 교육비세액공제 개괄

지출대상	• 연령에 제한 없는 기본공제대상자(소득요건은 있음) →장애인특수교육비공제의 경우는 연령·소득에 제한 없는 기본공제대상자
공제대상 교육기관	• 초·중등·고등학교, 평생교육시설(전공대학), 원격대학, 학위취득과정, 대학(원) 어린이집, 유치원, 법소정 학원과 체육시설
본인 공제범위	• 대학원생도 포함 →[한도] 없음
부양가족 공제범위	• 배우자, 직계비속, 형제자매 →[한도] 대학생(기타의 자) : 1인당 9백만원(3백만원) 〇주의 직계존속과 대학원생 제외
공제액	• ㉠ 본　　인 : (교육비 - 비과세장학금 등)×15% ㉡ 부양가족 : Min[(교육비 - 비과세장학금 등), 공제대상별한도]×15%

최신유형특강 342 **특별세액공제 적용과 교육비세액공제** 난이도 ★★☆ 정답 ④

다음 중 소득세법상 종합소득공제와 세액공제에 대한 대화에서 가장 올바르지 않은 설명을 하고 있는 사람은 누구인가?

> 김서울 : 저는 근로소득자인데요, 제가 쓴 교육비뿐만 아니라 배우자, 직계존속, 직계비속을 위한 교육비 모두가 공제대상인 줄 알았는데 그게 아니더라고요. 직계존속을 위한 교육비는 공제대상이 아니더군요.
> 이경기 : 아, 그렇군요. 저도 근로소득자인데요, 올해 연말정산시 특별세액공제신청서를 제출하지 않았는데 그러면 항목별 특별세액공제 대신 표준세액공제 13만원만 적용 받는 것이 맞나요?
> 박부산 : 네, 맞아요. 저는 근로소득이 없고 사업소득만 있어서 항목별 특별세액공제를 적용 받지 못해 좀 아쉽네요. 얼마 전 둘째 딸이 수술을 받아서 의료비지출이 많았거든요.
> 조대전 : 아, 정말 아쉽군요. 저는 둘째 아들을 위해 대학 등록금을 지출했는데 아들이 20세가 넘어 기본공제대상자가 아니기 때문에 교육비세액공제를 받을 수 없었어요.

① 김서울   ② 이경기   ③ 박부산   ④ 조대전

해설

• 교육비세액공제의 공제대상은 연령에 제한이 없는 기본공제대상자이므로 20세가 넘어도 공제받을 수 있다.

최신유형특강 343 **특별세액공제 세부고찰** 난이도 ★★★ 정답 ③

다음 중 소득세법상 특별세액공제에 관한 설명으로 가장 올바르지 않은 것은?

① 외국의 의료기관에 지출하는 의료비는 의료비세액공제 대상에서 제외된다.
② 소득세 또는 증여세가 비과세 되는 소득으로 지출한 교육비는 교육비세액공제 대상에서 제외된다.
③ 보험료, 의료비, 교육비세액공제액의 합계액이 근로소득에 대한 종합소득산출세액을 초과하는 경우 그 초과금액은 5년간 이월하여 세액공제가 가능하다.
④ 의료비와 교육비세액공제는 나이 요건을 충족하지 못한 기본공제대상자에 대한 지출액도 대상금액에 포함된다.

해설

• 근로소득이 있는 거주자에게 적용되는 보장성보험료세액공제, 의료비세액공제, 교육비세액공제 및 월세세액공제 규정에 따른 세액공제의 합계액이 그 거주자의 해당 과세기간의 근로소득에 대한 종합소득산출세액(=종합소득산출세액 × $\frac{근로소득금액}{종합소득금액}$)을 초과하는 경우 그 초과하는 금액은 없는 것으로 한다.[소득법 61①]

최신유형특강 344 | 기부금세액공제 일반사항 | 난이도 ★★★ 정답 ④

다음 중 소득세법상 기부금 세액공제에 관한 설명으로 가장 올바르지 않은 것은?

① 기부금 세액공제 한도를 초과하는 금액은 10년간 이월하여 공제한다.
② 기부금 세액공제는 해당 거주자의 기본공제대상자가 지출한 기부금도 대상금액에 포함된다.
③ 기부금지출액이 1천만원을 초과하는 경우, 그 초과분에 대해서는 30%의 공제율이 적용된다.
④ 근로소득이 있는 거주자만이 기부금세액공제 적용이 가능하다.

해설

• 기부금세액공제의 적용대상은 종합소득이 있는 거주자(사업소득만 있는 자 제외)이다.
* **저자주** 선지 ③의 기부금세액공제액 계산을 위한 구간별세액공제율에 대한 내용은 참고만 하기 바랍니다.

ℹ️ 길라잡이 기부금세액공제

대상	• 종합소득이 있는 거주자(사업소득만 있는 자 제외)가 지출한 기부금 →사업소득만 있는 자는 필요경비산입을 적용함. →기본공제대상자(다른 거주자의 기본공제를 적용받은 자 제외, 연령불문)의 기부금도 대상임.
공제방법	• 법소정 한도내에서 세액공제함. →한도초과액은 10년간 이월공제함.

ℹ️ 길라잡이 소득세법상 세액공제의 적용대상

종합소득자	• 자녀세액공제, 연금계좌세액공제, 기부금세액공제, 표준세액공제, 배당세액공제(배당소득자), 외국납부세액공제(국외원천소득자)
근로소득자	• 보험료세액공제, 의료비세액공제, 교육비세액공제, 근로소득세액공제, 월세세액공제
사업자	• 기장세액공제(간편장부대상자), 재해손실세액공제, 전자계산서발급세액공제

최신유형특강 345 | 퇴직소득 범위 | 난이도 ★★☆ 정답 ④

다음 중 소득세법상 퇴직소득으로 과세되는 항목으로 묶인 것은 무엇인가?

ㄱ. 국민연금법에 따라 받는 일시금
ㄴ. 사용인부담금을 기초로 하여 비현실적인 퇴직을 원인으로 지급받는 소득
ㄷ. 퇴직소득 지연지급에 따른 이자

① ㄱ   ② ㄱ, ㄴ   ③ ㄴ, ㄷ   ④ ㄱ, ㄷ

해설

• 사용자부담금을 기초로 하여 비현실적 퇴직이 아니라 현실적 퇴직을 원인으로 지급받는 소득을 퇴직소득으로 한다.

ℹ️ 길라잡이 퇴직소득 개괄

퇴직소득 범위	공적연금	• 공적연금 관련법에 따라 받는 일시금(지연지급 이자 포함)
	현실적퇴직	• 사용자부담금을 기초로 현실적퇴직을 원인으로 지급받는 소득
	유사소득	• 과학기술발전장려금, 건설근로자의 퇴직공제금
퇴직소득 과세방법	원천징수	• 퇴직소득 지급시 원천징수의무자가 원천징수하여 납부함.
	확정신고	• 원천징수O → 다음달 10일까지 납부 → 확정신고X
퇴직소득 수입시기	• 퇴직한 날 →국민연금일시금, 건설근로자의 퇴직공제금은 지급받은 날	

최신유형특강 346   **원천징수 일반사항**   난이도 ★★☆   정답 ②

다음 중 소득세법상 원천징수에 관한 설명으로 가장 올바르지 않은 것은?

① 분리과세대상소득은 원천징수로써 납세의무가 종결된다.
② 원천징수에 있어서 세금을 부담하는 담세자와 실제 신고·납부하는 자는 동일하다.
③ 소득을 지급받는 자가 법인인 경우에는 법인세법을, 개인인 경우에는 소득세법을 적용하여 원천징수한다.
④ 국외에서 지급하는 소득에 대하여는 원천징수를 하지 않는다.

해설

- 원천징수란 원천징수의무자(지급자)가 소득을 지급할 때 납세의무자(소득자)가 내야 할 세금을 미리 징수하여 정부에 납부하는 제도이다. 즉, 원천징수의무자는 납세의무자에게 그 소득에 대한 원천징수세액을 차감한 잔액만을 지급하고 그 원천징수한 세액은 정부에 납부하게 된다. 따라서, 원천징수에 있어서는 세금을 실제로 부담하는 납세의무자와 이를 신고·납부하는 원천징수의무자는 서로 다르게 된다.

ⓘ 길라잡이 원천징수의 종류

예납적 원천징수	• 원천징수 후 원천징수된 소득을 종합소득에 포함하여 확정신고하며 원천징수세액을 기납부세액으로 공제 → ∴원천징수로 납세의무가 종결되지 않으며 확정신고 필요
완납적 원천징수 (분리과세)	• 원천징수로 과세가 종결됨. → ∴원천징수로 납세의무가 종결되며 확정신고 불필요

최신유형특강 347   **원천징수의 장점**   난이도 ★★☆   정답 ④

다음 중 소득세법상 원천징수에 관한 설명으로 가장 올바르지 않은 것은?

① 원천징수는 세원의 원천에서 세금을 일괄 징수하여 세원의 탈루를 최소화할 수 있다.
② 원천징수는 조세수입의 조기확보와 정부재원조달의 평준화를 기한다.
③ 원천징수는 징세비용절약과 징수사무의 간소화를 기한다.
④ 원천징수는 납세의무자 입장에서 세금부담을 집중시킨다.

해설

- 납세의무자의 입장에서 원천징수는 세금부담을 집중시키는 것이 아니라 세금부담을 분산시킨다.
  → ∵원천징수는 소득이 발생하는 원천에서 직접 세금을 납부하므로 세금을 일시에 큰 금액으로 납부하는 부담을 줄일 수 있기 때문이다.

ⓘ 길라잡이 원천징수의 장점[원천징수제도가 채택되고 있는 이유]

탈세방지	• 납세의무자의 숫자가 대단히 많아 일괄적 세원관리가 어려운 문제점을 해결하기 위해 그 세원이 발생하는 원천에서 세금을 일괄징수하여 세원의 탈루를 최소화할 수 있다는 측면에서 광범위하게 활용되고 있음.
조세수입 조기확보와 평준화	• 정부에서는 소득이 발생할 때마다 원천징수를 함으로써 조세수입을 조기확보할 수 있고 정부재원조달의 평준화를 기할 수 있음.
징세비용절약과 징수사무간소화	• 원천징수의무자가 정부를 대신하여 원천징수를 하게 되므로 징세비용절약과 징수사무의 간소화를 기할 수 있음.
납세의무자의 세금부담 분산	• 납세의무자의 입장에서 원천징수는 세금부담을 분산시킴.

최신유형특강 348 | 원천징수 납부기한 | 난이도 ★ ☆ ☆ | 정답 ③

㈜삼일은 2022년 10월 25일 사업소득자 최영희씨의 사업소득 10,000,000원에 대해 3%(지방소득세 제외) 300,000원을 원천징수하고 나머지 금액을 지급하였다. 원천징수의무자인 ㈜삼일의 원천징수 신고·납부기한으로 가장 옳은 것은? 단, 국세기본법에 따른 기한 연장의 특례(기한이 공휴일, 토요일, 일요일 등인 경우 그 다음날)는 고려하지 않는다.

① 20x1년 10월 25일
② 20x1년 10월 31일
③ 20x1년 11월 10일
④ 20x1년 11월 30일

해설

- 원천징수세액은 그 징수일(10월 25일)이 속하는 달의 다음달 10일(11월 10일)까지 이를 납세지 관할세무서에 납부하여야 한다.
  →원천징수(tax withholding)란 원천징수의무자가 소득 또는 수입금액을 지급할 때 납세의무자가 내야 할 세금을 미리 징수하여 정부에 납부하는 제도이다. 즉, 원천징수의무자는 납세의무자에게 그 소득에 대한 원천징수세액을 차감한 잔액만을 지급하고 그 원천징수한 세액은 정부에 납부하게 된다. 원천징수에 있어서는 세금을 실제로 부담하는 납세의무자와 이를 신고·납부하는 원천징수의무자는 서로 다르게 된다.
  →원천징수의무자는 원천징수이행상황신고서를 원천징수 관할세무서장에게 제출하여야 한다.

최신유형특강 349 | 소득세 원천징수와 원천징수세율[1] | 난이도 ★ ☆ ☆ | 정답 ③

다음은 소득세법상 원천징수세율에 관한 내용이다. 틀린 것은?

① 일반적인 이자소득과 배당소득의 원천징수세율은 지급액의 14%이다.
② 비영업대금의 이익의 경우 원천징수세율은 25%이다.
③ 일용근로자의 근로소득의 원천징수세율은 8%이다.
④ 실지명의가 확인되지 아니하는 이자소득의 경우의 원천징수세율은 45%이다.

해설

- 일용근로자의 근로소득의 원천징수세율은 6%이다.

ℹ️ 길라잡이 원천징수대상과 원천징수세율 주요사항

금융소득	• 직장공제회 초과반환금	기본세율
	• 비실명금융소득(비실명이자소득, 비실명배당소득)	45%(90%)
	• 법원보증금 이자, 1거주자로 보는 법인 아닌 단체(무분배)의 금융소득	14%
	• 출자공동사업자 배당소득	25%
	• 일반적 이자소득, 일반적 배당소득	14%
	• 비영업대금의 이익	25%
사업소득	• 인적용역과 의료보건용역	3%
	• 봉사료	5%
근로소득	• 일반근로자	기본세율
	• 일용근로자	6%
연금소득	• 공적연금	기본세율
	• 사적연금	다양
기타소득	• 일반적인 경우(3억원 초과 복권당첨소득)	20%(30%)
분류과세	• ㉠ 퇴직소득 : 기본세율 ㉡ 양도소득 : 원천징수 없음	

| 최신유형특강 350 | 소득세 원천징수와 원천징수세율[2] | 난이도 | ★ ★ ☆ | 정답 | ④ |

다음 중 소득세법상 원천징수에 관한 설명으로 가장 옳은 것은?

① 실지명의가 확인되지 아니하는 배당소득에 대해서는 25%의 세율을 적용하여 원천징수한다.
② 인적용역과 의료·보건용역 등의 특정사업소득수입금액은 5%의 세율을 적용하여 원천징수한다.
③ 3억원을 초과한 복권당첨소득에 대해서는 20%의 세율을 적용하여 원천징수한다.
④ 원천징수는 국내에서 지급하는 경우에 한하여 적용된다.

해설

• ① 실지명의가 확인되지 아니하는 배당소득에 대해서는 45%(또는 90%)의 세율을 적용하여 원천징수한다.
  ② 인적용역과 의료·보건용역 등의 특정사업소득수입금액은 3%의 세율을 적용하여 원천징수한다.
  ③ 3억원을 초과한 복권당첨소득에 대해서는 30%의 세율을 적용하여 원천징수한다.

| 최신유형특강 351 | 연말정산 공제항목 | 난이도 | ★ ★ ★ | 정답 | ③ |

다음 중 연말정산 공제항목에 관한 설명으로 가장 올바르지 않은 것은?

① 일본에 있는 병원에서 치료를 받고 지급한 의료비는 의료비공제를 받을 수 없다.
② 본인을 위해 자동차종합보험에 가입하고 납부한 보험료도 보험료공제 대상에 해당한다.
③ 자동차리스료를 신용카드로 지급한 경우에도 신용카드 등 사용금액에 대한 소득공제를 적용 받을 수 있다.
④ 고등학생 자녀의 학교 수업료 뿐만 아니라 급식비나 교과서 구입비도 교육비공제대상에 해당한다.

해설

• ① 국외의료기관 의료비는 의료비세액공제 제외대상 의료비이다.
  →∴일본에 있는 병원에서 치료를 받고 지급한 의료비는 의료비세액공제를 받을 수 없다.
  ② 보험료세액공제는 보장성보험인 생명보험·상해보험·손해보험(자동차보험) 등을 대상으로 한다.
  →∴본인을 위해 자동차종합보험에 가입하고 납부한 보험료도 보험료세액공제 대상에 해당한다.
  ③ 리스료는 신용카드 등 사용금액에 대한 소득공제의 적용배제 사용액이다.
  →∴자동차리스료를 신용카드로 지급시는 신용카드 등 사용금액에 대한 소득공제를 적용 받을 수 없다.
  ④ 교육비세액공제 대상 교육비의 범위에는, 급식을 실시하는 학교, 유치원, 어린이집, 학원 및 체육시설(취학 전 아동)에 지급한 급식비와 초등학교·중학교·고등학교·특수학교에서 구입한 교과서대금이 포함된다.[소득령 118의6①]
  →∴고등학생 자녀의 학교 수업료 뿐만 아니라 급식비나 교과서 구입비도 교육비세액공제대상에 해당한다.

| 최신유형특강 352 | 양도소득세 과세대상[1] | 난이도 ★ ★ ★ | 정답 ② |

다음 중 양도소득세 과세대상은 몇 개인가?

> ㄱ. 헬스클럽이용권을 양도한 경우
> ㄴ. 토지의 무상이전(채무의 이전 없음)
> ㄷ. 직전 사업연도말 현재 코스닥상장법인의 주식합계액이 0.5%(시가 10억)를 보유한 주주가 양도하는 주식양도소득
> ㄹ. 토지·건물·부동산에 관한 권리와 함께 양도하는 영업권

① 1개   ② 2개   ③ 3개   ④ 4개

해설

- ㄱ. 헬스클럽이용권을 양도한 경우 : 특정시설물이용권은 **양도소득세 과세대상이다.**
  ㄴ. 토지의 무상이전(채무의 이전 없음) : 무상이전은 증여세 과세대상이다.(양도소득세 과세대상이 아니다.)
  ㄷ. 직전 사업연도말 현재 코스닥상장법인의 주식합계액이 0.5%(시가 10억)를 보유한 주주가 양도하는 주식양도소득 : 대주주가 아닌 자의 상장주식 증권시장(장내) 양도분은 양도소득세 과세대상이 아니다.
  ㄹ. 토지·건물·부동산에 관한 권리와 함께 양도하는 영업권 : **양도소득세 과세대상이다.**

ⓘ 길라잡이 양도소득세 과세대상

부동산등	토지·건물		• 등기불문
	부동산에 관한 권리	지상권·전세권	• 등기불문
		부동산임차권	• 등기된 것
		부동산을 취득할 수 있는 권리	• 예 아파트당첨권
	기타자산	영업권	• 토지·건물·부동산에 관한 권리와 함께 양도하는 영업권
		특정시설물이용권	• 예 골프회원권, 헬스클럽이용권
		특정주식A	• 부동산비율≧50%, 소유비율>50%인 모든 업종회사로서, 양도비율≧50%
		특정주식B	• 부동산비율≧80%인 특수업종회사(골프·스키장·휴양콘도미니엄 등)로서, 1주만 양도해도 과세
주식	비상장주식		• 원칙적으로 대주주·소액주주 불문하고 모두 과세
	상장주식		• ㉠ 대주주 장내 양도분 ㉡ 장외 양도분 ○주의 ∴장내 대주주 이외의 자 양도분은 과세하지 않음.
파생상품			• 국내 장내파생상품 → 예 코스피200선물, 코스피200옵션 등 • 해외 장내파생상품, 주가지수 관련 장외파생상품
신탁수익권			• 신탁의 이익을 받을 권리(수익증권 및 투자신탁의 수익권 등은 제외)

보론 대주주(지분율 및 시가총액 기준)의 판정

□ 코스피상장 1%(코스닥상장 : 2%) 이상 또는 코스피상장 50억원(코스닥상장 : 50억원) 이상
  코넥스상장 4%(비상장 : 4%) 이상 또는 코넥스상장 50억원(비상장 : 50억원) 이상

| 최신유형특강 353 | 양도소득세 과세대상[2] | 난이도 | ★ ★ ★ | 정답 | ③ |

다음 중 소득세법상 양도소득에 관한 설명으로 가장 올바르지 않은 것은?

① 양도소득세 과세대상 자산인 건물에는 건물에 부속된 시설물과 구축물을 포함한다.
② 부동산 임차권은 등기된 임차권만 양도소득세 과세대상에 포함된다.
③ 신탁의 이익을 받을 권리(금전신탁수익증권, 투자신탁 수익권의 그 양도로 발생하는 소득이 배당소득
으로 과세되는 경우 제외)의 양도로 발생하는 소득은 양도소득세 과세대상에 포함되지 않는다.
④ 부동산의 취득시기가 도래하기 전에 해당 부동산을 취득할 수 있는 권리는 양도소득세 과세대상에 포함
된다.

해설

• ① 양도소득세 과세대상 자산인 토지·건물과 관련하여, 토지는 '공간정보의 구축 및 관리 등에 관한 법률'에 따라 지적공부에 등록하
여야 할 지목에 해당하는 것을 말하며, 건물에는 건물에 부속된 시설물과 구축물을 포함한다.[소득법 94①]
② 양도소득세 과세대상인 부동산에 관한 권리에 해당하는 부동산임차권은 등기된 것만이 포함된다.
　→ **참고** 등기되지 않은 부동산임차권 양도는 기타소득인 점포임차권에 포함되는 경우가 있을 수 있다.
③ 신탁의 이익을 받을 권리(금전신탁수익증권, 투자신탁 수익권의 그 양도로 발생하는 소득이 배당소득으로 과세되는 경우 제외)의
양도로 발생하는 소득은 양도소득세 과세대상에 포함된다.
④ 양도소득세 과세대상에 해당하는 부동산을 취득할 수 있는 권리는, 부동산의 취득시기가 도래하기 전에 해당 부동산을 취득할 수
있는 권리로서 그 사례로 아파트당첨권(분양권), 토지상환채권 등이 있다.
★ **저자주** 재경관리사 시험수준을 고려할 때 난이도와는 별개로 다소 지엽적인 출제에 해당합니다.

| 최신유형특강 354 | 양도소득세 과세대상[3] | 난이도 | ★ ★ ★ | 정답 | ② |

다음 중 양도소득세 과세대상은 몇 개인가?

- 토지의 현물출자
- 건물의 무상이전
- 임대하던 점포를 양도한 경우
- 1세대 1주택(고가주택)에 해당하는 주택의 양도
- 직전 사업연도말 현재 상장법인의 총발행주식의 0.5%(시가 5억)를 보유한 주주가 보유주식을 전부
매각한 경우(단, 장외거래에 해당하지 않음)
- 부동산상의 권리와 함께 양도하는 영업권

① 2개　　　　　　　② 3개　　　　　　　③ 4개　　　　　　　④ 5개

해설

• 토지의 현물출자 : 매도·교환·현물출자 등은 모두 양도의 범위에 해당하므로, **양도소득세 과세대상이다.**
• 건물의 무상이전 : 무상이전은 증여세 과세대상이다.(양도소득세 과세대상이 아니다.)
• 임대하던 점포를 양도한 경우 : 상가건물의의 양도는 **양도소득세 과세대상이다.**
　→ **비교** 점포임차권의 양도 : 기타소득 과세대상이다.
• 1세대 1주택(고가주택)의 양도 : 1세대 1주택이더라도 고가주택은 **양도소득세 과세대상이다.**
• 직전 사업연도말 현재 상장법인의 총발행주식의 0.5%(시가 5억)를 보유한 주주가 보유주식을 전부 매각한 경우(단, 장외거래에 해
당하지 않음) : 대주주가 아닌 자의 상장주식 증권시장(장내) 양도분은 양도소득세 과세대상이 아니다.
• 부동산상의 권리와 함께 양도하는 영업권 : **양도소득세 과세대상이다.**
　→ **비교** 사업사용자산(토지·건물·부동산에 관한 권리)과 별개로 양도하는 영업권 : 기타소득 과세대상이다.

| **양도소득세 일반사항[1]** | 난이도 ★ ★ ☆ | 정답 ③

다음 중 양도소득에 관한 설명으로 가장 올바르지 않은 것은?

① 상장주식에 대하여는 원칙적으로 양도소득세 대상이 아니나, 대주주 거래분과 장외거래분에 한해서 양도소득세를 과세한다.

② 1세대 1주택(고가주택 제외)과 그 부수토지의 양도로 인한 소득에 대해서는 비과세를 적용한다.

③ 소유권이전의 형식을 띠고 있는 양도담보는 양도소득세 과세대상에 포함된다.

④ 거주자가 토지 및 건물을 양도한 경우 양도한 날이 속하는 달의 말일부터 2개월 이내에 양도소득세 신고 및 납부하여야 한다.

해설

- 양도란 자산에 대한 등기 또는 등록과 관계없이 매도, 교환, 법인에 대한 현물출자 등을 통하여 그 자산을 유상으로 사실상 이전하는 것을 말한다. 그러나 환지처분, 양도담보는 양도로 보지 아니한다.

> **참고** | 환지처분과 양도담보
>
> ❑ 환지처분
> 도시개발사업 등에 의하여 사업구역 내의 토지소유자에게 종전의 토지 대신에 그 구역 내의 다른 토지로 바꾸어주는 처분을 환지처분이라 하며, 이는 사실상의 유상이전을 수반하므로 본래 양도에 해당하지만 공익사업의 원활한 수행을 위하여 이를 특별히 양도의 범위에서 제외하고 있다.
>
> ❑ 양도담보
> 양도담보란 다음 거래의 경우, 채무이행시 소유권을 반환받는 것을 말한다.(∴실질적 양도가 아님)
>
>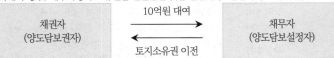
>
> 채권자 (양도담보권자) — 10억원 대여 → ← 토지소유권 이전 — 채무자 (양도담보설정자)
>
> 양도담보는 비록 소유권이전의 형식을 띠고 있기는 하지만 그 실질이 채권담보에 지나지 않으므로 이를 양도의 범위에서 제외하고 있다.(다만, 양도담보계약을 체결한 후 채무불이행으로 인하여 변제에 충당한 때에는 그 때에 이를 양도한 것으로 본다.)

| 최신유형특강 356 | 양도소득세 일반사항[2] | 난이도 ★ ★ ☆ | 정답 ③ |

다음 중 양도소득세에 대하여 가장 올바르지 않은 주장을 하는 사람은 누구인가?

① 김철수 : 취득시기 및 양도시기는 원칙적으로 "대금청산일"을 기준으로 한다.
② 김영희 : KOSPI 200선물의 거래로 발생하는 소득에 대해서는 양도소득세가 과세된다.
③ 김영수 : 주식시장을 활성화하기 위하여 상장주식에 대해서는 양도소득세를 비과세한다.
④ 김순희 : 거주자가 20x1년 5월 8일에 토지를 양도한 경우 20x1년 7월 31일까지 양도소득 과세표준 예정신고를 하여야 한다.

해설

• 주식시장의 활성화를 위하여 상장주식에 대하여는 원칙적으로 양도소득세를 과세하지 않는다. 그러나 이러한 점을 이용해 변칙증여를 하는 경우가 있으므로 이를 방지하기 위하여 대주주 거래분(=대주주 장내 양도분)과 장외 양도분은 양도소득세를 과세한다.

| 보론 | 대주주(지분율 및 시가총액 기준)의 판정 |

❑ 코스피상장 1%(코스닥상장 : 2%) 이상 또는 코스피상장 50억원(코스닥상장 : 50억원) 이상
　코넥스상장 4%(비상장 : 4%) 이상 또는 코넥스상장 50억원(비상장 : 50억원) 이상

ℹ️ 길라잡이 양도소득세 과세대상 세부고찰[주식·파생상품·신탁수익권]

용어정의	증권시장	• 코스피시장(=유가증권시장 : 대기업. 중견기업), 코스닥시장(중소기업, 벤처기업), 코넥스시장(초기 중소기업)
	(주권)상장주식	• 증권시장에 상장된 주식
	장외거래	• 증권시장에서의 거래에 의하지 않은 거래
주식	비상장주식	• 원칙적으로 대주주·소액주주 불문하고 모두 과세
	상장주식	• ㉠ 대주주 장내 양도분 ㉡ 장외 양도분 　🔎주의 ∴장내 대주주 이외의 자 양도분은 과세하지 않음.
파생상품		• 국내 장내파생상품 →예 코스피200선물, 코스피200옵션 등
		• 해외 장내파생상품, 주가지수 관련 장외파생상품
신탁수익권		• 신탁의 이익을 받을 권리(수익증권 및 투자신탁의 수익권 등은 제외)

| 최신유형특강 357 | 양도소득세 계산구조 일반사항 | 난이도 ★ ★ ☆ | 정답 ③ |

다음 중 양도소득세에 관한 설명으로 가장 올바르지 않은 것은?

① 토지, 건물, 부동산에 관한 권리는 원칙적으로 실지거래가액에 의해서 양도차익을 계산한다.
② 토지·건물로서 등기되고 보유기간이 3년 이상인 것은 장기보유특별공제 적용대상이다.
③ 취득가액, 설비비에 개량비, 자본적 지출액을 포함하고 양도비용을 제외한 금액을 필요경비로 한다.
④ 거주자가 토지 및 건물을 양도하는 경우에는 양도한 날이 속하는 달의 말일부터 2개월 이내에 납세지 관할세무서장에게 신고하고 그 세액을 납부하여야 한다.

해설

• 취득가액·설비비와 개량비·자본적 지출액·양도비용을 합한 금액을 필요경비로 한다.

길라잡이 양도소득금액 계산절차

양도가액		
(-) 취득가액·기타필요경비		
양도차익		
(-) 장기보유특별공제		
양도소득금액		

양도가액(원칙)	• 실지거래가액		
취득가액(원칙)	• 실지거래가액		
기타필요경비	• 설비비와 개량비·자본적 지출액·양도비용		
장기보유특별공제 (등기자산)	과세되는 1세대 1주택		기타 토지·건물
	보유 3년 이상	양도차익×공제율 ⇩ [한도] 80%	보유 3년 이상 · 양도차익×공제율 ⇩ [한도] 30%
	[적용제외] 미등기자산		

| 최신유형특강 358 | 소득세 중간예납 | 난이도 ★ ★ ☆ | 정답 ③ |

다음은 소득세법상 중간예납에 관한 설명으로 가장 올바르지 않은 것은?

① 중간예납은 1년간 소득에 대한 소득세를 분할 예납하게 하여 정부의 세수조기확보 및 납세자의 자금부담을 분산시킬 수 있어 효율적이다.
② 소득세 중간예납대상자는 종합소득이 있는 거주자 중 사업소득이 있는 자이다.
③ 중간예납이란 매년 1월 1일부터 6월 30일까지의 기간동안의 소득에 대해 소득세를 납부하는 것이며, 납부기한은 8월 31일이다.
④ 해당 과세기간 중 신규로 사업을 시작하는 경우 중간예납 대상에서 제외한다.

해설

• 중간예납세액의 납부기한은 11월 30일이다.

길라잡이 소득세 중간예납

중간예납의무자	• 종합소득이 있는 자 중 사업소득이 있는 거주자 →∴퇴직·양도소득은 중간예납이 없으며, 신규사업개시자는 중간예납의무가 없음.
고지납부(원칙)	• ㉠ 11월 1일 ~ 11월 15일까지 관할세무서장이 고지서로 통지 ㉡ 11월 30일까지 납부
소액부징수	• 중간예납세액이 50만원 미만인 경우에는 징수하지 않음.

| 최신유형특강 359 | 소득세 신고납부[1] | 난이도 ★ ★ ☆ | 정답 ② |

● 다음 중 소득세법상 신고납부에 관한 설명으로 가장 올바르지 않은 것은?

① 양도소득세 과세대상에 해당하는 주식을 양도하는 자는 양도일이 속하는 반기의 말일로부터 2개월 이 내에 예정신고를 하여야 한다.

② 사업소득이 있는 자는 6개월간의 소득세를 미리 납부하는 중간예납제도 적용대상으로서, 8월 말까지 중간예납하여야 한다.

③ 근로소득만 있는 자는 연말정산으로 모든 납세절차가 종결되기 때문에 확정신고는 원칙적으로 하지 않아도 된다.

④ 소득세법상 사업자는 사업자의 기본사항과 휴·폐업 사실 등을 기재한 현황보고서를 해당 과세기간의 다음연도 2월 10일까지 보고하여야 한다.

해설

• ① 양도소득과세표준 예정신고

| 신고기한 | 부동산 등 | • 양도일이 속하는 달의 말일부터 2월 내 |
| | 주식 | • 양도일이 속하는 반기의 말일부터 2월 내 |

② 중간예납 납부기한 : 11월 30일

③ 근로소득자만 있는 자의 확정신고 : 연말정산으로 모든 납세절차가 종결되기 때문에 확정신고는 원칙적으로 하지 않아도 된다.

④ 사업장현황신고 : 사업자(해당 과세기간 중 사업을 폐업 또는 휴업한 사업자를 포함)는 사업장별로 사업실적, 시설현황 및 인건비 등 기본사항과 휴·폐업 사실 등을 기재한 현황보고서를 해당 과세기간의 다음연도 2월 10일까지 사업장 소재지 관할세무서장에 게 보고하여야 한다. 다만, 부가가치세법에 따른 사업자가 부가가치세법 규정에 따라 예정신고 또는 확정신고를 한 때에는 사업 장현황신고를 한 것으로 본다.

ⓘ 길라잡이 소득세 납세절차

중간예납	중간예납의무자	• 종합소득이 있는 자 중 사업소득이 있는 거주자 →∴퇴직·양도소득은 중간예납이 없으며, 신규사업개시자는 의무가 없음.
	고지납부(원칙)	• ㉠ 11월 1일 ~ 11월 15일까지 관할세무서장이 고지서로 통지 ㉡ 11월 30일까지 납부
	소액부징수	• 중간예납세액이 50만원 미만인 경우에는 징수하지 않음.
매매차익예정신고	대상	• 부동산매매업자의 토지와 건물
	신고납부	• 매매일이 속하는 달의 말일부터 2개월이 되는 날까지 신고납부 Ⓞ주의 매매차익이 없거나 매매차손시에도 예정신고는 해야 함.
사업장현황신고	신고대상	• 개인사업자중 부가가치세 면세사업자
	신고기한	• 해당 과세기간일의 다음연도 2월 10일 →휴·폐업신고시는 그 신고와 함께 병행신고 해야 함. Ⓞ주의 사업장현황신고로 확정신고가 면제되는 것은 아님.
	신고면제	• 부가가치세법상 예정신고 또는 확정신고한 때 →∴면세사업자만 대상! **참고** 개인사업자는 해당 사업자의 현황을 다음연도 2월 10일까지 신고해야함. 이 경우 예정신고나 확정신고시는 사업장현황신고를 한 것으로 보므로 결국 사업장현황신고 의무자는 면세사업자가 됨.
확정신고	신고납부	• 다음연도 5.1~5.31까지 신고납부 →Ⓞ주의 과표가 없거나 결손시도 신고함.
	분납	• 납부할 세액이 1천만원을 초과시는 분납가능('법인세법'과 동일)

| 최신유형특강 360 | 소득세 신고납부[2] | 난이도 | ★ ★ ☆ | 정답 | ① |

다음 중 소득세법상 신고·납부에 관한 설명으로 가장 옳은 것은?

① 소득세 중간예납 적용대상은 원칙적으로 종합소득이 있는 거주자 중 사업소득이 있는 자로 한다.
② 부가가치세법에 따른 사업자가 예정신고 또는 확정신고를 한 경우에도 사업장 현황신고를 하여야 한다.
③ 근로소득만 있는 거주자도 소득세 확정신고 의무가 있다.
④ 소득세 과세표준과 세액의 결정 및 경정방법은 추계조사를 원칙으로 한다.

해설

• ② 사업자(해당 과세기간 중 사업을 폐업 또는 휴업한 사업자를 포함)는 사업장별로 사업실적, 시설현황 및 인건비 등 기본사항과 휴·폐업 사실 등을 기재한 현황보고서를 해당 과세기간의 다음연도 2월 10일까지 사업장 소재지 관할세무서장에게 보고하여야 한다. 다만, 부가가치세법에 따른 사업자가 부가가치세법 규정에 따라 예정신고 또는 확정신고를 한 때에는 사업장현황신고를 한 것으로 본다.
③ 근로소득만 있는 거주자는 연말정산으로 과세종결하므로 소득세 확정신고 의무가 없다.
④ 과세표준과 세액의 결정 또는 경정방법은 실지조사에 의하는 경우와 추계조사에 의하는 경우가 있으며, 장부 기타 증빙서류를 근거로 하여 실지조사에 의하는 것을 원칙으로 하되 실지조사를 할 수 없는 경우에만 추계조사에 의한다.

ⓘ길라잡이 소득세 결정과 경정

결정사유	• 무신고시 관할세무서장(지방국세청장)은 세액 등을 결정함.
경정사유	• 신고는 했으나 신고내용에 탈루 또는 오류가 있는 때에는 정부가 경정함.
결정·경정방법	원칙 : 실지조사	• 과세표준신고서 및 그 첨부서류에 의하거나, 비치·기장한 장부와 기타 증빙서류에 의하여 과세표준과 세액을 결정 또는 경정하는 것
	예외 : 추계조사	• 과세표준을 조사함에 있어 필요한 장부와 증빙서류가 없거나 중요한 부분이 미비하거나 기장의 내용이 시설규모, 종업원수 등에 비추어 허위임이 명백하여 이를 기초로 조사할 수 없는 경우에는 단순경비율 및 기준경비율에 의한 방법 등에 따라 결정하거나 경정함.

| 최신유형특강 361 | 소득세 신고 일반사항 | 난이도 | ★ ★ ☆ | 정답 | ① |

다음 중 개인의 소득세 신고에 관한 내용으로 가장 올바르지 않은 것은?

① 사업장 현황신고는 부가가치세 면세사업자의 총수입금액을 파악하기 위한 제도로써 다음연도 1월 10일까지 자진신고하여야 한다.
② 종합소득세 확정신고는 다음연도 5월말까지이다.
③ 매년 정기예금이자 1,500만원 이외의 소득이 없는 김철수 할아버지는 종합소득세 확정신고를 안해도 된다.
④ 매년 근로소득 총수입금액 1억 이외의 다른 소득이 없는 김삼일씨는 종합소득세 확정신고를 안해도 된다.

해설

• ① 사업장 현황신고의 신고기한은 다음연도 2월 10일까지이다.
② 종합소득 확정신고는 다음연도 5.1~5.31까지(=5월말까지) 신고납부한다.
③ 정기예금이자 1,500만원 이외의 소득이 없는 경우 금융소득 2천만원 이하로 분리과세로 과세종결되므로 종합소득세 확정신고를 안해도 된다.
④ 근로소득 이외의 다른 소득이 없는 경우 연말정산으로 과세종결되므로 종합소득세 확정신고를 안해도 된다.

최신유형특강 362　　　　**소득세 확정신고의무자**　　　　난이도 ★ ☆ ☆　정답 ③

● 소득세 과세표준 확정신고 의무자는 누구인가?

① 공적연금소득만 있는 자　　　　　　② 연말정산대상인 사업소득만 있는 자
③ 종합소득금액만 있는 자　　　　　　④ 퇴직소득만 있는 자

해설

• 종합소득금액이 있는 자는 종합소득 확정신고를 하여야 한다.

ⓘ **길라잡이** **확정신고의무와 면제**

신고납부	• 다음 연도 5.1~5.31까지 신고납부(성실신고확인대상자는 5.1~6.30까지 신고납부) 　🔍주의 과세표준이 없거나 결손시도 신고해야함.
신고의무면제	• ㉠ 근로소득만 있는 자　　　　　　→∵연말정산으로 과세종결 　㉡ 공적연금소득만 있는 자　　　　→∵연말정산으로 과세종결 　㉢ 연말정산 사업소득만 있는 자　→∵연말정산으로 과세종결 　㉣ 퇴직소득만 있는 자　　　　　　→∵원천징수로 과세종결 　㉤ 분리과세소득만 있는 자　　　　→∵원천징수로 과세종결 　㉥ 예정신고를 한자　　　　　　　→∵확정신고 불필요

최신유형특강 363　　　　**총부가가치 계산**　　　　난이도 ★ ★ ☆　정답 ③

● 원재료 생산업자가 생산한 원료를 ㈜삼일에게 2,000,000원에 판매하고, ㈜삼일은 제품을 생산하여 도매업자인 ㈜용산에게 5,000,000원에 판매하였다. 그 후 ㈜용산은 소매업자인 ㈜강남에게 7,000,000원에 판매하고, ㈜강남은 소비자 김삼일에게 10,000,000원에 판매한 경우 전체 거래에서 창출된 총 부가가치금액을 구하면 얼마인가?

① 1,000,000원　　　② 8,000,000원　　　③ 10,000,000원　　　④ 24,000,000원

해설

• 부가가치란 사업자가 생산활동 또는 유통과정을 통하여 새로이 창출한 가치의 증가액을 말하는 것으로서 일반적으로는 재화 또는 용역의 매출액에서 원재료 등 외부로부터 구입한 중간생산물의 가치를 차감한 순생산액으로 정의된다.(예 어떤 도매상이 생산자로부터 상품을 15,000원에 매입한 후 이를 소비자에게 20,000원에 파는 경우 부가가치는 가치의 상승액인 5,000원)

• 창출된 총부가가치(=누적된 부가가치 총액)는 각 단계별 부가가치 합계로서 최종공급가액(10,000,000원)과 동일하다.
　→각 단계별 부가가치 합계

```
원재료 생산업자  :                              2,000,000
㈜삼일        :5,000,000 - 2,000,000 =      3,000,000
㈜용산(도매업자) :7,000,000 - 5,000,000 =      2,000,000
㈜강남(소매업자) :10,000,000 - 7,000,000 =     3,000,000
                                           10,000,000
```

| 최신유형특강 364 | 부가가치세 일반사항[1] | 난이도 ★ ★ ☆ 정답 ③ |

다음 중 우리나라 부가가치세에 관한 설명으로 가장 올바르지 않은 것은?

① 면세사업만을 영위하는 사업자는 부가가치세법상의 사업자 등록의무가 없다.
② 재화를 수입하는 자는 사업자인지 여부에 관계없이 모두 납세의무가 있다.
③ 부가가치세법상 사업자의 요건을 충족하기 위해서는 영리를 목적으로 거래하여야 한다.
④ 부수재화의 과세대상여부는 주된재화의 과세여부에 의해서 결정된다.

해설

• 부가가치세법상 사업자의 요건을 충족하기 위해서는 사업목적이 영리이든 비영리이든 관계가 없다.
  →부가가치세의 담세자는 최종소비자이므로, 비영리사업자라 하더라도 소비자에게 조세를 전가하기 위해서는 납세의무자로서 부가
  가치세를 거래징수하여야 하며, 또한 조세의 중립성을 유지하기 위해서도 사업목적이 영리이든 비영리이든 관계없이 납세의무를
  부담하도록 할 필요가 있기 때문이다.

ⓘ 길라잡이 부가가치세법상 사업자의 요건

재화·용역공급	• 과세 재화·용역을 공급하는 사업자는 사업자등록, 거래징수와 무관하게 납세의무를 짐.
계속·반복성	• 부가가치를 창출해 낼 수 있는 정도의 사업형태를 갖추고 계속·반복적인 의사로 재화·용역을 공급해야 함. ♀주의∵한 두번의 일시적 공급은 납세의무 없음.(예 장기간이 소요되는 단 한번의 용역을 제공하는 경우나, 사업자가 아닌 자가 채권·채무관계로 취득한 재화를 일시적으로 판매하는 경우는 납세의무가 없음)
독립성	• 재화 또는 용역의 공급을 사업상 독립적으로 해야 함. ♀주의∵종업원이 공급하는 것은 납세의무 없음.(고용주 납세의무짐)
영리목적불문	• 사업성 판단에 영리목적 여부는 불문함. ♀주의∵국가·지자체 등도 납세의무자임.

최신유형특강 365 | **부가가치세 일반사항[2]** | 난이도 ★★☆ 정답 ④

다음 중 부가가치세에 대하여 가장 옳은 주장을 하는 사람은 누구인가?

① 김철수 : 부가가치세가 과세되는 재화란 재산 가치가 있는 유체물을 말한다. 따라서 동력이나 열과 같은 무체물은 부가가치세 과세대상이 아니다.

② 김영희 : 우리나라의 부가가치세 제도는 전단계거래액공제법을 채택하고 있다.

③ 김영수 : 재화의 수입은 수입자가 사업자인 경우에만 부가가치세가 과세된다. 따라서 사업자가 아닌 개인이 재화를 수입하는 경우에는 부가가치세가 과세되지 않는다.

④ 김순희 : 간접세에 대한 국제적 중복과세의 문제를 해결하기 위하여 수입국에서만 간접세를 과세할 수 있도록 소비지국과세원칙을 채택하고 있다.

해설

• ① 재화란 재산가치가 있는 물건과 권리를 말한다. 물건에는 전기, 가스, 열 등 관리할 수 있는 자연력을 포함한다.(즉, 과세대상이다.)

물건	• ㉠ 상품, 제품, 원료, 기계, 건물 등 모든 유체물 ㉡ 전기, 가스, 열 등 관리할 수 있는 자연력	- 화폐·수표·어음·주식·사채 : 재화X - 물·흙·퇴비·자연석·온천수 : 재화O
권리	• 광업권 등 물건 외 재산적 가치가 있는 모든 것	- 권리의 양도 : 재화의 공급 - 권리의 대여 : 용역의 공급

② 부가가치세는 거래시 마다 매출액에 세율을 곱하여 매출세액을 계산한 다음 매입액에 세율을 곱한 매입세액을 매출세액에서 차감하여 적용하는 전단계세액공제법을 채택하고 있다.

→전단계거래액공제법 : 매출액과 매입액이 모두 집계되는 과세기간이 지나야 납부세액을 알 수 있다.
　전단계세액공제법 : 거래시 마다 납부세액을 품목별로 알 수 있다.

③ 재화의 수입의 경우에는 수입자가 사업자인지 여부를 불문하고 과세대상으로 한다.(예 외국여행 중에 구입한 카메라, TV 등을 국내에 반입하는 경우에도 재화의 수입으로 보아 부가가치세가 과세됨)

→이는 수입하는 재화에 대하여도 국내생산 재화의 경우와 동일한 세부담이 되도록 함으로써 국내생산 재화와의 과세형평을 유지하고 국내산업을 보호하기 위한 것이다.

최신유형특강 366 부가가치세 일반사항[3] 난이도 ★ ★ ☆ 정답 ①

다음 중 부가가치세에 관한 설명으로 가장 올바르지 않은 것은?

① 부가가치세의 납세의무자는 재화 또는 용역을 공급하는 사업자이므로 일반 개인이 수입하는 재화에 대하여는 부가가치세가 과세되지 아니한다.

② 부수재화 또는 용역의 과세범위, 공급장소, 공급시기 등은 모두 주된 재화 또는 용역의 공급에 따라 판단한다.

③ 금융업(면세)을 영위하는 사업자가 사업용 고정자산(과세)을 매각한 경우 부가가치세가 과세되지 아니한다.

④ 건설업은 주된 재화의 일부 또는 전부를 사업자가 공급하더라도 용역의 공급으로 본다.

해설

- 재화를 수입할 때 수입자는 공급받는 자에 지나지 않으므로, 사업자 해당여부 또는 사용목적 등에 관계없이 부가가치세를 납부할 의무가 있다. 즉, 재화의 수입의 경우에는 수입자가 사업자인지 여부를 불문하고 과세대상으로 한다. 따라서, 개인이 수입하는 재화에 대하여도 재화의 수입으로 과세된다.(예 외국여행 중에 구입한 카메라, TV 등을 국내에 반입하는 경우에도 재화의 수입으로 보아 부가가치세가 과세됨)
  →이는 수입하는 재화에 대하여도 국내생산 재화의 경우와 동일한 세부담이 되도록 함으로써 국내생산 재화와의 과세형평을 유지하고 국내산업을 보호하기 위한 것이다.

ⓘ 길라잡이 부수재화·용역의 과세·면세 여부

㉠ 주된 거래(공급)에 부수하여 공급되는 재화·용역
 - 해당 대가가 주된 재화·용역의 공급에 대한 대가에 통상적으로 포함되어 공급되는 것
 - 거래관행으로 보아 통상적으로 주된 재화·용역의 공급에 부수하여 공급되는 것으로 인정되는 것

주된재화·용역	부수재화·용역	부수재화·용역의 과세·면세여부
과세대상(예 피아노)	과세대상(예 의자)	과세
과세대상(예 조경공사)	면세대상(예 수목)	과세
면세대상(예 미술학원)	과세대상(예 실습도구)	면세
면세대상(예 생선)	면세대상(예 소금)	면세

㉡ 주된 사업에 부수하여 공급되는 재화·용역
 - 주된 사업과 관련하여 우연히 또는 일시적으로 공급되는 것
 - 주된 사업과 관련하여 주된 재화·용역의 생산·제공 과정에서 필연적으로 생기는 재화(부산물 등)

주된사업	부수재화·용역	부수재화·용역의 과세·면세여부
과세사업(예 제조업)	과세대상(예 건물매각)	과세
과세대상(예 제조업)	면세대상(예 토지매각)	**면세**
면세대상(예 은행업)	과세대상(예 건물매각)	면세
면세대상(예 은행업)	면세대상(예 토지매각)	면세

최신유형특강 367 부가가치세 일반사항[4] 난이도 ★★☆ 정답 ③

다음 중 부가가치세에 대해 가장 올바르지 않은 주장을 하는 사람은 누구인가?

① 김민정 : 사업설비를 취득하는 경우 부가가치세 조기환급 신청이 가능합니다.
② 강영희 : 세금계산서의 필요적 기재사항의 전부 또는 일부가 기재되지 아니하거나 사실과 다를 경우 적법한 세금계산서로 보지 않으며, 가산세 등의 불이익이 있습니다.
③ 정수정 : 부가가치세는 납세의무자와 담세자가 동일하므로 직접세에 해당합니다.
④ 문철수 : 사업자란 사업목적이 영리이든 비영리이든 관계없이 사업상 독립적으로 재화 또는 용역을 공급하는 자를 말합니다.

해설

• ① 다음의 경우에는 수출과 설비투자에 대한 지원 등을 위하여 조기환급할 수 있다.

> ㉠ 재화·용역공급에 영세율이 적용되는 때
> ㉡ 사업설비(감가상각자산에 한함)를 신설·취득·확장(증축)하는 때
> ㉢ 사업자가 재무구조개선계획을 이행 중인 경우

• ③ 부가가치세는 납세의무자와 담세자가 일치하지 않는 간접세에 해당한다.

최신유형특강 368 부가가치세법상 납세의무자 일반사항[1] 난이도 ★★☆ 정답 ②

다음 중 부가가치세 납세의무자인 사업자에 관한 설명으로 가장 옳은 것은?

① 영세율을 적용받는 사업자는 부가가치세법상의 사업자 등록의무가 없다.
② 과세사업자가 사업개시일로부터 20일 이내에 사업자등록을 하지 아니한 경우에는 미등록가산세의 적용을 받는다.
③ 주사업장총괄납부사업자는 본점 또는 주사무소에서 모든 사업장의 부가가치세를 총괄하여 신고 및 납부할 수 있다.
④ 겸영사업자는 부가가치세 납세의무가 없으므로 면세사업자로 분류한다.

해설

• ① 영세율을 적용받는 사업자도 세율만 0%를 적용할 뿐 부가가치세법상의 과세사업자이므로 부가가치세법상 사업자등록의무 등 제반 의무가 있다.
• ③ 주사업장총괄납부는 납부(환급)에 국한하여 적용한다.
  →신고, 사업자등록, 세금계산서 작성·발급, 과세표준과 세액계산, 결정·경정 등은 각 사업장별로 행한다.
• ④ 겸영사업자는 일반과세사업과 면세사업(비과세사업 포함)을 함께 영위하는 자를 말하며, 부가가치세법상 과세사업자로 분류한다.
  →**참고** 여기서 '비과세사업'이란 부가가치세가 과세되지 아니하는 재화 또는 용역을 공급하는 사업을 말한다.[부가법 10①] 그 예로는 카지노업이나 금융지주회사의 자회사 자금대여와 같이 재화·용역의 성격상 부가가치 창출이 발생할 수 없는 경우와 용역을 무상공급하는 경우를 들 수 있다.[대법원판결]

ⓘ 길라잡이 부가가치세 납세의무

과세사업자	• 일반과세자, 간이과세자 →영세율사업자와 겸영사업자[과세＋면세(비과세사업 포함)] : 과세사업자 • 부가가치세법상 제반 의무가 있음. 　♀주의 과세사업자라도 면세대상을 공급시는 VAT가 면제됨.
면세사업자	• 부가가치세법상 사업자가 아니므로 납세의무 없음. →매출시 부가가치세가 제외된 계산서를 발급함. 　♀주의 면세사업자는 매출세액이 없고 매입세액을 공제받지 못하며, 부가가치세법상 사업자등록, 세금계산서 발급, 과세표준신고 등의 제반 의무가 없음. 다만, 매입세금계산서를 수취할 수는 있음.

최신유형특강 369   **부가가치세법상 납세의무자 일반사항[2]**   난이도 ★ ★ ☆ 정답 ②

다음 중 부가가치세 납세의무자에 관한 설명으로 가장 올바르지 않은 것은?

① 사업목적이 영리이든 비영리이든 관계없이 납세의무를 부담하므로 국가·지방자치단체도 납세의무자가 될 수 있다.
② 계속·반복적인 의사로 재화 또는 용역을 공급하는 자에 해당하더라도 사업자등록을 하지 않은 경우에는 납세의무자에 해당하지 않는다.
③ 고용관계에 따라 근로를 제공하는 종업원은 납세의무자에 해당하지 않는다.
④ 재화를 수입하는 자는 사업자인지 여부에 관계없이 납세의무자에 해당한다.

해설

• 과세대상 재화 또는 용역을 공급하는 사업자는 사업자등록, 거래징수와 무관하게 납세의무를 진다.
　→부가가치세 납세의무자는 사업상 재화 또는 용역을 공급하는 자이다. 사업에 대한 명문의 규정은 없으나 판례는 부가가치를 창출해 낼 수 있는 정도의 사업형태를 갖추고 계속적·반복적인 의사로 재화 또는 용역을 공급하는 자라고 해석하고 있다. 즉 일정한 인적·물적 설비와 거래의 계속성 및 반복성을 사업의 판단기준으로 보고 있는 것이다. 따라서 장기간이 소요되는 단 한번의 용역을 제공하는 경우나, 사업자가 아닌 자가 채권·채무관계로 취득한 재화를 일시적으로 판매하는 경우에는 납세의무가 없다. 그러나 사업이라고 인정되면, 사업자등록을 하지 않았거나 거래시 부가가치세를 공급받는 자로부터 징수하지 않았더라도 부가가치세 납세의무가 있다.

최신유형특강 370   **부가가치세법상 사업자 일반사항[1]**   난이도 ★ ★ ☆ 정답 ③

부가가치세 납세의무자인 사업자에 관한 설명으로 가장 옳은 것은?

① 영세율을 적용받는 사업자는 부가가치세법상의 사업자 등록의무가 없다.
② 과세사업자가 사업개시일이 속하는 과세기간으로부터 20 일 이내에 사업자등록을 하지 아니한 경우에는 미등록가산세의 적용을 받는다.
③ 사업자단위과세사업자는 본점 또는 주사무소에서 모든 사업장의 부가가치세를 총괄하여 신고 및 납부한다.
④ 사업자란 영리목적으로 재화나 용역을 공급하는 자를 말한다.

해설

• ① 영세율을 적용받는 사업자도 세율만 0%를 적용할 뿐 부가가치세법의 과세사업자이므로 부가가치세법상 사업자등록의무 등 제반 의무가 있다.
② 사업개시일이 속하는 과세기간으로부터(X) → 사업개시일로부터(O)
④ 부가가치세법상 사업자의 요건을 충족하기 위해서는 사업목적이 영리이든 비영리이든 관계가 없다.
　→부가가치세의 담세자는 최종소비자이므로, 비영리사업자라 하더라도 소비자에게 조세를 전가하기 위해서는 납세의무자로서 부가가치세를 거래징수하여야 하며, 또한 조세의 중립성을 유지하기 위해서도 사업목적이 영리이든 비영리이든 관계없이 납세의무를 부담하도록 할 필요가 있기 때문이다.

최신유형특강 371 | **부가가치세법상 사업자 일반사항[2]** | 난이도 ★ ★ ☆ | 정답 ③

다음 중 부가가치세 납세의무자인 사업자에 관한 설명으로 가장 옳은 것은?

① 면세사업자는 매출세액을 거래 징수할 필요는 없으나 매입세액 공제는 받는다.
② 면세사업자는 부가가치세법 상 사업자등록 후 면세사업자 신청을 해야 한다.
③ 겸영사업자는 일반과세사업과 면세사업(비과세사업 포함)을 함께 영위하는 자를 말한다.
④ 집에 있는 폐품을 일시적으로 파는 경우에는 사업성이 있는 경우에 해당한다.

해설

• ① 면세사업자는 매출세액을 거래 징수할 필요는 없으며 매입세액을 공제받지 못한다.
  →따라서, 면세사업자가 부담한 매입세액은 원가에 가산되어 다음 거래상대방에게 전가될 수밖에 없으며, 이처럼 면세제도는 당해 거래에서 창출된 부가가치에 대하여는 과세하지 아니하나 그 이전 단계에서 창출된 부가가치까지 면제하는 것이 아니므로 부분면세제도라고 한다.
  ② 면세사업자는 부가가치세법상 사업자가 아니므로 부가가치세의 납세의무를 지지 않으며 부가가치세법에 따른 협력의무도 지지 않는다.
  →따라서, 소득세법과 법인세법의 규정에 따라 사업자등록, 장부의 작성, 계산서의 발급과 제출 등의 협력의무를 지게 된다.
  ③ 겸영사업자는 일반과세사업과 면세사업(비과세사업 포함)을 함께 영위하는 자를 말한다.
  →**참고** 여기서 '비과세사업'이란 부가가치세가 과세되지 아니하는 재화 또는 용역을 공급하는 사업을 말한다.[부가법 10①] 그 예로는 카지노업이나 금융지주회사의 자회사 자금대여와 같이 재화·용역의 성격상 부가가치 창출이 발생할 수 없는 경우와 용역을 무상공급하는 경우를 들 수 있다.[대법원판결]
  ④ 집에 있는 폐품을 일시적으로 파는 경우에는 사업성이 있는 경우에 해당하지 않는다. 부가가치세법은 계속·반복성에 대해 언급하지 않고 있으나, 재화 또는 용역의 공급행위가 계속·반복적이어야 사업자가 될 수 있다는 것이 학설과 판례의 일치된 견해이다.
  →즉, 단순히 한두 번 정도 재화와 용역을 공급하는 것으로는 사업성이 인정될 수 없으며, 부가가치를 창출해 낼 수 있는 정도의 사업형태를 갖추고 계속적·반복적인 의사로 재화 또는 용역을 공급하는 경우에 사업자로 본다.

최신유형특강 372 | **부가가치세법상 사업자 일반사항[3]** | 난이도 ★ ★ ☆ | 정답 ③

다음 중 부가가치세법상 사업자에 관한 설명으로 가장 올바르지 않은 것은?

① 사업자는 면세사업자와 과세사업자로 구분한다.
② 단순히 한두 번 정도의 재화와 용역을 공급하는 행위는 사업성이 인정될 수 없다.
③ 영세율을 적용받는 사업자는 부가가치세법상의 사업자 등록의무가 없다.
④ 과세와 면세사업을 겸영하는 자를 겸영사업자라 하며 겸영사업자도 부가가치세 납세의무가 있다.

해설

• ② 부가가치세법은 계속·반복성에 대해 언급하지 않고 있으나, 재화 또는 용역의 공급행위가 계속·반복적이어야 사업자가 될 수 있다는 것이 학설과 판례의 일치된 견해이다.
  →즉, 단순히 한두 번 정도 재화와 용역을 공급하는 것으로는 사업성이 인정될 수 없으며, 부가가치를 창출해 낼 수 있는 정도의 사업형태를 갖추고 계속적·반복적인 의사로 재화 또는 용역을 공급하는 경우에 사업자로 본다.
• ③ 영세율을 적용받는 사업자도 세율만 0%를 적용할 뿐 부가가치세법상의 과세사업자이므로 부가가치세법상 사업자등록의무 등 제반 의무가 있다.

| 최신유형특강 373 | 사업자등록 | 난이도 ★ ★ ☆ 정답 ③ |

다음 중 부가가치세법상 사업자등록에 관한 설명으로 가장 올바르지 않은 것은?

① 면세사업자는 실질적인 납세의무자가 아니므로, 부가가치세법상 사업자등록의무가 없다.
② 신규로 사업을 개시하고자 하는 자는 사업개시일 전이라도 사업자등록을 할 수 있다.
③ 간이과세자인 경우 사업개시일 이후 1개월 후까지 사업자등록을 신청하지 아니한 경우에도 미등록가산세를 적용받지 않는다.
④ 사업자등록신청을 받은 세무서장은 원칙적으로 2일내에 사업자등록증을 발급하여야 한다.

해설

• 일반과세자의 경우 사업개시일부터 20일 이내에 사업자등록을 신청하지 않은 경우 공급가액의 1%를 미등록가산세로 부과한다. 한편, 간이과세자의 경우는 일반과세자의 규정을 준용하되 공급대가의 0.5%를 미등록가산세로 부과한다.

ⓘ 길라잡이 사업자등록

신청	등록	• 사업장마다 사업개시일부터 20일 내에 등록해야 함. • 신규사업자는 사업개시일 전 등록도 가능함.
	신청장소	• 전국 모든 세무서 →사업장 관할이 아닌 다른 관할세무서에서도 가능함.
	등록의무자	• 과세사업자(영세율사업자 포함), 겸영사업자, 면세포기자 　→부가가치세법상 사업자등록시 소득세·법인세법상 등록한 것으로 봄 　보론 면세사업자는 부가가치세법상 사업자등록의무는 없으나 소득세·법인세법상 사업자등록은 해야 하며, 면세사업자가 추가로 과세사업을 겸영하려는 경우 사업자등록정정신고시 부가가치세법에 따른 사업자등록신청을 한 것으로 봄.
발급		• 신청일로부터 2일 이내 →단, 사업장 시설·현황 확인을 위해 발급기한을 5일 이내에서 연장가능
사후관리	등록정정 사유	• 상호변경, 사업종류변동, 사업장이전, 임대차계약 내용의 변경 　♀주의 사업자의 주소변경은 정정사유가 아님. • 통신판매업자가 사이버몰의 명칭 또는 인터넷 도메인이름을 변경 • 법인의 대표자 변경, 상속으로 인한 사업자 명의 변경 　♀주의 일반적 개인사업자의 대표자 변경 : 정정사유(X), 폐업사유(O) 　　　　증여로 인한 사업자 명의 변경 : 정정사유(X), 폐업사유(O) • 공동사업자의 구성원 또는 출자지분 변경 • 사업자단위과세사업자 총괄사업장 변경, 종된사업장 신설·이전·휴업·폐업
	휴·폐업	• 사업자등록증을 첨부하여 지체없이 휴·폐업신고서 제출 • 세무서장은 등록말소하고 등록증을 회수 또는 회수불가시 말소사실 공시
미등록시 불이익	가산세	• 미등록가산세 : 사업개시일부터 등록신청일 전일까지 공급가액의 1%
	매입세액 불공제	• 등록 신청 전 거래에 대한 매입세액불공제 　♀주의 다만, 공급 과세기간이 끝난후 20일내 등록신청시 등록신청일부터 공급시기가 속하는 과세기간 기산일(1/1 또는 7/1)까지 역산한 기간 내의 것은 공제함. 　예 사업개시 3/1, 등록신청 7/14 　　　→매입세액공제 : 1/1~7/13까지분, 미등록가산세 : 3/1~7/13 공급가액×1%

| 최신유형특강 374 | 사업자등록의무 여부 | 난이도 | ★ ★ ★ | 정답 | ③ |

다음 중 새롭게 부가가치세법상 사업자등록을 해야 하는 사람을 모두 고르면?

> 김순희 : 이번에 초등학생을 대상으로 한 수학학원을 오픈할 예정이예요. 정부인허가 받는데 시간이
> 꽤 걸렸지만 아이들을 위해 수업할 생각을 하니 너무 기쁘네요.
> 김영희 : 저희 지역사회를 위한 신문을 반기별로 발간하려고 해요. 신문 구독료만으로는 운영이 어려워
> 광고도 함께 할 생각입니다.
> 김영수 : 이번 시즌 화장품에 대한 반응이 좋아서 이달 안으로 용산구에 직매장을 추가로 설치해서 판매
> 량을 더욱 더 늘릴 예정입니다.
> 김철수 : 의류재고가 계속 늘어나 현재 창고로는 수용하기가 힘들어 새롭게 보관만을 목적으로 한 창고
> 를 임차하여 세무서에 설치신고를 완료했습니다.

① 김순희, 김철수   ② 김순희, 김영수
③ 김영희, 김영수   ④ 김영희, 김철수

해설

- 김순희 : 인허가 받는 교육용역(학원, 강습소, 훈련원 등)은 면세대상이므로 부가가치세법상의 사업자등록의무는 없다.(소득세·법인
세법상의 사업자등록을 한다.)
- 김영희 : 신문은 면세이며 광고는 과세대상이므로 겸영사업자에 해당한다. 겸영사업자는 과세사업자로 보므로 부가가치세법상의 사
업자등록을 해야 한다.
- 김영수 : 직매장은 사업장으로 보므로 사업장별 과세원칙에 따라 별도로 사업자등록을 해야 한다.
- 김철수 : 하치장은 사업장으로 보지 않으므로 사업자등록의무는 없다.(하치장을 둔 날부터 10일 이내에 하치장 관할세무서장에게
하치장 설치신고서를 제출하는 것으로 족하다.)

ℹ️ 길라잡이 직매장·하치장·임시사업장

직매장	• 직매장이란 사업자가 자기의 사업과 관련하여 생산 또는 취득한 재화를 직접 판매하기 위하여 판매시설을 갖춘 장소를 말함. 　🔍주의 직매장은 사업장으로 봄.(∴사업자등록 필요) • 판매목적 타사업장 반출(직매장반출)은 재화의 공급으로 간주함. 　→단, 주사업장총괄납부·사업자단위과세사업자의 직매장반출은 재화의 공급으로 보지 않음
하치장	• 재화를 보관하고 관리할 수 있는 시설만을 갖춘 장소로서 사업자가 관할세무서장에게 그 설치신고(하치장을 둔 날부터 10일 이내)를 한 장소를 말함. 　🔍주의 하치장은 사업장으로 보지 않음.
임시사업장	• 기존사업장을 가지고 있는 사업자가 기존사업장 외에 각종 경기대회나 박람회 등 행사가 개최되는 장소에 개설한 임시사업장으로서 그 개설신고된 장소를 말함. 　🔍주의 임시사업장은 사업장으로 보지 않음.(즉, 기존사업장에 포함되는 것으로 함) 　개설신고 ・ 개시일부터 10일 이내〈설치기간이 10일 이내인 경우는 개설신고 생략가능〉 　폐쇄신고 ・ 폐쇄일부터 10일내

최신유형특강 375 　　　과세기간 일반사항　　　 난이도 ★ ★ ★ 정답 ④

다음 중 부가가치세법상 과세기간에 관한 설명으로 가장 올바르지 않은 것은?

① 신규사업자의 경우 사업개시일부터 개시일이 속하는 과세기간의 종료일까지를 최초 과세기간으로 한다.
② 폐업자의 경우 폐업일이 속하는 과세기간 개시일부터 폐업일까지를 최종 과세기간으로 한다.
③ 공급대가의 변동으로 간이과세자가 일반과세자로 변경되는 경우 그 변경되는 연도의 1월 1일부터 6월 30일까지는 간이과세규정이 적용된다.
④ 확정신고시에는 예정신고시 이미 신고한 과세표준과 세액을 포함하여 과세기간의 말일부터 25일 이내에 각 사업장 관할세무서장에게 과세표준과 세액을 신고·납부하여야 한다.

해설

• 확정신고시에는 예정신고시 이미 신고한 과세표준과 세액을 제외한다.
　→단, 예정신고시 누락분은 포함한다.

ℹ️ 길라잡이　과세유형변경과 과세기간 적용

과세유형 적용기간	• 1년의 공급대가 수준에 따라 다음 해의 7/1부터 그 다음 해의 6/30까지를 일반과세 또는 간이과세를 적용함.

• **예시1** 일반과세자의 20x1년 '공급대가 < 1억400만원' 인 경우【일반과세자 ➡ 간이과세자】
　㉠ 간이과세 적용기간 : 20x2.7.1~20x3.6.30
　㉡ 따라서, 20x2년의 과세유형 적용은 다음과 같음.
　　i) 20x2.1.1~6.30 : 일반과세　ii) 20x2.7.1~12.31 : 간이과세(과세기간 6개월이라는 특례가 적용됨.)
　∴과세유형이 변경되는 해에 간이과세규정이 적용되는 과세기간 : 그 변경이후 7/1~12/31까지

• **예시2** 간이과세자의 20x1년 '공급대가≧1억400만원' 인 경우【간이과세자 ➡ 일반과세자】
　㉠ 일반과세 적용기간 : 20x2.7.1~20x3.6.30
　㉡ 따라서, 20x2년의 과세유형 적용은 다음과 같음.
　　i) 20x2.1.1~6.30 : 간이과세(과세기간 6개월이라는 특례가 적용됨.)　ii) 20x2.7.1~12.31 : 일반과세
　∴과세유형이 변경되는 해에 간이과세규정이 적용되는 과세기간 : 그 변경이전 1/1~6/30까지

제1주차
기출문제특강

제2주차
최신유형특강

제3주차
최신유형특강

제4주차
기출변형특강

| 최신유형특강 376 | 사업장 관련 기본개념 | 난이도 ★ ★ ★ | 정답 ② |

다음 중 사업장에 관한 설명으로 가장 옳은 것은?

① 사업장이란 사업을 하기 위하여 거래의 전부가 일어나야 하며, 거래의 일부를 하는 고정된 장소는 사업장으로 볼 수 없다.
② 부가가치세 납세지란 납세의무를 이행함에 있어서 기준이 되는 장소로서 세법에서 정한 각종 신고의무를 이행하고 세액을 납부하기 위한 관할세무서를 결정하는 의미를 가지고 있으며, 납세지는 원칙적으로 각 사업장이다.
③ 총괄납부신청을 한 경우에는 신고는 주된 사업장에서 할 수 있고, 납부는 각 사업장에서 하여야 한다.
④ 수탁자가 납세의무자가 되는 경우 해당 신탁재산의 등기부상 소재지 또는 그 사업에 관한 업무를 총괄하는 장소는 사업장이 될 수 없다.

해설

• ① 사업장이란 사업을 하기 위하여 거래의 전부 또는 일부를 하는 고정된 장소를 말한다.
　→∴사업을 하기 위하여 거래의 전부가 일어나야 하는 것은 아니므로, 거래의 일부를 하는 고정된 장소도 사업장으로 볼 수 있다.
③ 주사업장총괄납부신청을 한 경우에는 납부에 국한하여 주된 사업장에서 행한다
　→∴신고, 사업자등록, 세금계산서 작성·발급, 과세표준과 세액계산, 결정·경정 등은 각 사업장별로 하여야 한다.
④ 신탁재산(신탁법 등에 따른 신탁재산을 말하며, 신탁재산의 관리·처분·운용 등을 통해 발생한 소득·재산을 포함함)과 관련된 재화·용역을 공급하는 때에는 수탁자가 신탁재산별로 각각 별도의 납세의무자로서 부가가치세를 납부할 의무가 있다.(예 수탁자 명의로 임대하는 경우의 부동산관리신탁은 수탁자가 납세의무 짐.) 이 경우 수탁자는 해당 수탁재산을 사업장으로 보아 신탁재산별로 사업자등록을 신청해야 하며, 신청시 신탁재산의 등기부상소재지 또는 신탁업무총괄장소를 사업장으로 한다.

길라잡이 부가가치세 납세지 기본사항

납세지의 의미	• 납세의무를 이행함에 있어서 기준이 되는 장소로서 세법에서 정한 각종 신고의무를 이행하고 세액을 납부하기 위한 관할세무서를 결정하는 의미를 가짐.
사업장별 과세원칙	• 부가가치세의 납세지는 원칙적으로 각 사업장임.(각 사업장마다 신고·납부·사업자등록) 　**예외** 주사업장총괄납부, 사업자단위과세
사업장의 개념	• 사업을 하기 위하여 거래의 전부 또는 일부를 하는 고정된 장소를 말함. 　♀주의 사업장이란 사업을 하기 위하여 거래의 전부가 일어나야 하는 것은 아님. 　→거래라 함은 과세대상 재화·용역을 공급하는 것을 의미하므로 단순한 업무연락·원재료 생산 재고자산 보관만을 하는 장소는 사업장에 해당하지 않음.
신탁과 사업장 **참고사항**	• 신탁재산과 관련된 공급시에는 수탁자가 신탁재산별로 각각 별도의 납세의무자로서 부가가치세를 납부할 의무가 있음.(예 수탁자 명의로 임대시의 부동산관리신탁) • 수탁자는 수탁재산을 사업장으로 보아 신탁재산별로 사업자등록을 신청해야 하며, 신청시 신탁재산의 등기부상소재지 또는 신탁업무총괄장소를 사업장으로 함.

저자주 본 문제 선지 ④번의 신탁관련 부가가치세 납세의무자 및 사업장에 대한 내용은 회계사·세무사 시험용으로서 재경관리사 시험수준을 고려할 때 다소 어색한 출제에 해당합니다. 이런 문제 대신에 실무적응력을 높힐 수 있는 목적적합한 문제개발을 도모하기를 시험주관처에 권장해 봅니다.

| 최신유형특강 377 | 부가가치세법상 사업장[1] | 난이도 ★ ☆ ☆ 정답 ① |

다음 중 부가가치세법상 사업장에 관한 설명으로 가장 올바르지 않은 것은?

① 건설업을 영위하는 법인의 경우 건설하는 장소를 사업장으로 본다.
② 제조업의 경우 최종 제품을 완성하는 장소를 사업장으로 본다.
③ 부동산임대업의 경우 그 부동산의 등기부상의 소재지를 사업장으로 본다.
④ 사업장을 설치하지 않은 경우 해당 사업자의 주소 또는 거소를 사업장으로 본다.

해설

• 건설업은 사업자가 법인인 경우에는 그 법인의 등기부상의 소재지(등기부상 지점소재지 포함), 개인인 경우에는 업무총괄장소를 사업장으로 한다.

ⓘ 길라잡이 사업장(납세지)

사업장	광업	• 광업사무소 소재지
	제조업	• 최종제품완성장소 →따로 포장만 하거나 용기의 충전만을 하는 장소는 제외 　Ｏ주의 판매장소가 아님.
	건설업, 운수업 부동산매매업	• 법인인 경우 : 법인등기부상 소재지 • 개인인 경우 : 업무총괄장소
	부동산임대업	• 부동산의 등기부상 소재지
	무인자동판매기	• 업무총괄장소 →Ｏ주의 무인자동판매기 설치장소가 아님.
	국가 등 공급사업	• 업무총괄장소(또는 수입자·수탁자·대리인의 업무총괄장소)
	비거주자·외국법인	• 국내사업장소재지
사업장 판정	사업장신청	• 위 이외 장소도 신청에 의해 사업장으로 등록가능 →Ｏ주의 단, 무인판매기 제외
	사업장미설치	• 사업장을 설치하지 않은 경우에는 사업자의 주소(거소)를 사업장으로 봄. 　보론 사업장을 설치하지 아니하고 사업자등록도 하지 아니한 경우에는 결정·경정할 당시의 주소(거소)를 사업장으로 함.
기타사항		• 직매장은 사업장으로 보나, 하치장과 임시사업장은 사업장으로 보지 않음. 　보론 ㉠ 임시사업장 개설신고 : 개시일부터 10일 이내⟨설치기간 10일내이면 개설신고 생략가능⟩ 　　　 ㉡ 임시사업장 폐쇄신고 : 폐쇄일부터 10일내

최신유형특강 378 | **부가가치세법상 사업장[2]** | 난이도 ★ ★ ☆ | 정답 ②

다음 중 부가가치세 납세지인 사업장에 관한 설명으로 가장 옳은 것은?

① 제조업의 경우 최종제품을 완성하는 장소를 사업장으로 하며, 이 경우 따로 제품의 포장만을 하거나 용기에 충전만을 하는 장소를 포함한다.
② 무인자동판매기를 통하여 재화·용역을 공급하는 사업의 경우 그 사업에 관한 업무를 총괄하는 장소를 사업장으로 한다.
③ 부동산매매업의 경우 부동산의 등기부상의 소재지를 사업장으로 한다.
④ 임시사업장은 사업장으로 보며, 직매장은 사업장으로 보지 않는다.

해설 ⌀

• ① 제조업의 경우 최종제품을 완성하는 장소를 사업장으로 하며, 이 경우 따로 제품의 포장만을 하거나 용기에 충전만을 하는 장소는 제외한다.
③ 부동산매매업은 사업자가 법인인 경우에는 그 법인의 등기부상의 소재지(등기부상 지점소재지 포함), 개인인 경우에는 업무를 총괄하는 장소를 사업장으로 한다.
  →**비교** 부동산임대업의 사업장 : 부동산의 등기부상 소재지
④ 직매장은 사업장으로 보며, 임시사업장은 사업장으로 보지 않는다.

최신유형특강 379 | **재화의 공급 일반사항** | 난이도 ★ ★ ☆ | 정답 ③

다음 중 부가가치세법상 재화의 공급에 관한 설명으로 가장 올바르지 않은 것은?

① 사업자가 주요자재의 전부 또는 일부를 부담하고 해당 재화에 공작을 가해 새로운 재화를 만드는 가공계약은 재화의 공급에 해당된다.
② 사업자가 다른 재화를 인도받거나 용역을 제공받는 교환계약에 의해 재화를 인도하는 교환계약은 재화의 공급에 해당된다.
③ 사업양도계약에 의해 해당 사업장의 권리와 의무를 일괄승계하는 계약은 재화의 공급에 해당된다.
④ 사업자가 사업을 폐업할 때 취득한 재화(매입세액을 공제받음) 중 남아있는 재화는 자기에게 공급한 것으로 본다.

해설 ⌀

• 사업양도(사업에 관한 모든 권리와 의무를 포괄적으로 승계시키는 것)는 재화의 공급으로 보지 않는다.
  →사업의 양도를 재화의 공급으로 보지 않는 것은 사업양도에 대하여 부가가치세를 과세할 경우 사업양수인에게 불필요한 자금부담이 발생하는 것을 방지하기 위한 정책적 배려 때문이다.

ℹ️ 길라잡이 **재화의 공급(실질공급)**

❏ 재화의 공급이란 계약상·법률상 모든 원인에 의하여 재화를 인도 또는 양도하는 것을 말함.	
⌀주의 ⑦ 담보제공과 사업양도는 재화의 공급으로 보지 않음.	
ⓒ 재화의 무상공급 : 과세O →단, 견본품의 무상공급 : 과세X	
매매계약	• 현금판매, 외상판매, 할부판매, 장기할부판매, 조건부판매, 기한부판매, 위탁판매 등
가공계약	• 주요자재의 전부·일부를 부담하고 공작을 가하여 만든 재화를 인도하는 것 **비교** ⑦ 자재부담 없이 가공만하여 인도 : 용역의 공급 ⓒ 자재부담 불문, 건설업 : 무조건 용역의 공급으로 봄.
교환계약	• 재화의 인도대가로서 다른 재화(용역)를 인도(제공)받는 교환계약
기타사항	• 경매, 수용, 현물출자, 대물변제 등 **비교** 법률(국세징수법 등)에 따른 공매·경매·수용 : 재화의 공급X

최신유형특강 380	재화의 공급 및 특례	난이도 ★ ★ ☆ 정답 ③

다음 중 부가가치세법에 따른 재화의 공급에 대한 설명으로 가장 올바르지 않은 것은?

① 재화의 공급은 계약상 또는 법률상의 모든 원인에 의해 재화를 인도 또는 양도하는 것으로 한다.

② 위탁매매 또는 대리인에 의한 매매를 할 때에는 위탁자 또는 본인이 직접 재화를 공급하거나 공급받은 것으로 본다. 다만, 위탁자 또는 본인을 알 수 없는 경우에는 그렇지 않다.

③ 질권·저당권 또는 양도담보의 목적으로 동산·부동산 및 부동산상의 권리를 제공하는 경우 재화의 공급으로 본다.

④ 세금계산서를 발급받지 않아 매입세액을 공제받지 못한 재화를 면세사업에 사용하는 경우에는 재화의 공급에 해당하지 않는다.

해설

- ② 위탁자를 알 수 없는 익명 거래시에는 위탁자는 수탁자에게, 수탁자는 거래상대방에게 각각 세금계산서를 발급한다.
- ③ 재화를 담보로 제공하는 것은 재화의 공급으로 보지 아니한다. 담보의 제공이란 질권, 저당권 또는 양도담보의 목적으로 동산·부동산 및 부동산상의 권리를 제공하는 것을 말한다. 이는 외형상 재화의 인도가 있는 것으로 보이나 담보권자가 채권의 우선변제권을 획득하는 것일 뿐 실질적으로 재화의 소비권을 취득하는 것이 아니므로 재화의 공급으로 보지 않는 것이다.

길라잡이 재화의 공급으로 보지 않는 특례

담보제공	• 질권·저당권·양도담보의 목적으로 동산·부동산·부동산상의 권리를 제공하는 것
사업양도	• 사업장별로 그 사업에 관한 모든 권리와 의무를 포괄적으로 승계시키는 것(이 경우 미수금, 미지급금, 업무무관자산을 포함하지 않고 승계시킨 경우에도 그 사업을 포괄적으로 승계시킨 것으로 봄.) →세금계산서 발급X & 양수자 매입세액공제X • 다만, 사업양수시 양수자 대리납부제도에 따라 그 사업을 양수받는 자가 대가를 지급하는 때에 그 대가를 받은 자로부터 부가가치세를 징수하여 납부한 경우에는 재화의 공급으로 봄. →세금계산서 발급O & 양수자 매입세액공제O
조세의 물납	• 사업용 자산을 상속증여세법·지방세법에 따라 물납하는 것
신탁재산 소유권이전	• ㉠ 위탁자로부터 수탁자에게 신탁재산을 이전하는 경우 ㉡ 신탁의 종료로 인하여 수탁자로부터 위탁자에게 신탁재산을 이전하는 경우 ㉢ 수탁자가 변경되어 새로운 수탁자에게 신탁재산을 이전하는 경우
사용·소비·반출	• 사업자가 자기 사업과 관련하여 생산하거나 취득한 재화를 자기의 과세사업을 위하여 다음의 예시와 같이 사용하거나 소비하는 경우에는 재화의 공급으로 보지 않음. ㉠ 자기의 다른 사업장에서 원료·자재 등으로 사용·소비하기 위하여 반출하는 경우 ㉡ 자기 사업상의 기술개발을 위하여 시험용으로 사용·소비하는 경우 ㉢ 수선비 등에 대체하여 사용·소비하는 경우 ㉣ 사후무료 서비스제공을 위하여 사용·소비하는 경우 ㉤ 불량품교환·광고선전상품진열 등의 목적으로 다른 사업장으로 반출하는 경우
법률상 공매·경매·수용	• 국세징수법상 공매, 민사집행법상 경매, 도시·주거환경정비법 등에 의한 수용

| 최신유형특강 381 | 사업의 양도 | 난이도 ★ ★ ★ 정답 ② |

다음 중 부가가치세법상 사업의 양도에 관한 설명으로 가장 올바르지 않은 것은?

① 포괄적 사업양도에 해당하는 경우 재화의 공급으로 보지 아니한다.
② 포괄적 사업양도란 사업에 관한 모든 권리와 의무를 양수자에게 승계하는 것을 말하며 사업과 관련이 없는 미수금이나 미지급금을 승계하지 않을 경우 포괄적 사업양도에 해당하지 아니한다.
③ 포괄적 사업양도에 대해 양수자가 부가가치세를 대리납부한 경우 해당 부가가치세는 양수자 매입세액 공제대상에 포함된다.
④ 사업의 양도에 대해 부가가치세에서 예외를 두는 것은 양수인에게 불필요한 자금부담이 발생하는 것을 방지하기 위한 정책적 배려차원이다.

해설

• 사업의 양도란 사업장별로 그 사업에 관한 모든 권리와 의무를 포괄적으로 승계시키는 것을 말하며, 이 경우 미수금, 미지급금, 업무와 관련이 없는 자산을 포함하지 않고 승계시킨 경우에도 그 사업을 포괄적으로 승계시킨 것으로 본다.

ℹ️ 길라잡이 사업양도 세부고찰

과세여부	• 사업의 양도는 재화의 공급으로 보지 않음. →사업양도에 대하여 부가가치세를 과세할 경우 사업양수인에게 불필요한 자금부담이 발생하는 것을 방지하기 위한 정책적 배려 때문임.
규정내용	• 사업장별로 그 사업에 관한 모든 권리와 의무를 포괄적으로 승계시키는 것(이 경우 미수금, 미지급금, 업무무관자산을 포함하지 않고 승계시킨 경우에도 그 사업을 포괄적으로 승계시킨 것으로 봄.) □ 세금계산서 발급X & 양수자 매입세액공제X • 다만, 사업양수시 양수자 대리납부제도에 따라 그 사업을 양수받는 자가 대가를 지급하는 때에 그 대가를 받은 자로부터 부가가치세를 징수하여 납부한 경우에는 재화의 공급으로 봄. □ 세금계산서 발급O & 양수자 매입세액공제O

최신유형특강 382 | **간주공급(공급의제) 유형[1]** | 난이도 ★ ☆ ☆ | 정답 ④

다음 중 부가가치세법상 재화의 공급에 관한 설명으로 가장 올바르지 않은 것은(단, 해당재화는 매입세액공제를 받았음을 가정한다)?

① 과세사업을 위해 생산·취득한 재화를 부가가치세 면세사업을 위하여 사용·소비하는 경우에는 재화의 공급으로 본다.

② 과세사업을 위하여 생산·취득한 재화를 비영업용 소형승용차의 유지를 위하여 사용하는 경우에는 재화의 공급으로 본다.

③ 사업자가 자기의 사업과 관련하여 생산한 재화를 개인적인 목적으로 사용하는 것은 재화의 공급으로 본다.

④ 사업자 단위과세를 적용받는 사업자가 자기사업과 관련하여 생산·취득한 재화를 타인에게 직접 판매할 목적으로 다른 사업장에 반출하는 경우에는 재화의 공급으로 본다.

해설

• 사업장이 둘 이상인 사업자가 사업과 관련하여 생산·취득한 재화를 판매할 목적으로 다른 사업장에 반출하는 것은 재화의 공급으로 본다. 다만, 다음에 해당하는 경우는 재화의 공급으로 보지 아니한다.
  ㉠ 사업자가 사업자단위과세사업자로 적용 받는 과세기간에 자기의 다른 사업장에 반출하는 경우
  ㉡ 사업자가 주사업장총괄납부의 적용을 받는 과세기간에 자기의 다른 사업장에 반출하는 경우(다만, 세금계산서를 발급하고 관할 세무서장에게 예정신고 또는 확정신고를 한 경우는 제외한다.)

ⓘ 길라잡이 간주공급 유형과 적용제외

자가공급	• 과세재화의 면세사업전용 →예 택시사업 사용건물을 시내버스용으로 전환 **적용제외** 이미 매입세액불공제되었던 재화 • 비영업용소형승용차로 사용 또는 유지에 사용 →예 운수사업차량을 직원 출퇴근용으로 사용 **적용제외** 이미 매입세액불공제되었던 재화 • 주사업장총괄납부·사업자단위과세적용자 아닌 자의 판매목적 직매장반출 →단, 주사업장총괄납부자라도 착오로 세금계산서 발급하고 신고시는 공급으로 봄. ⚲주의 당초 매입세액불공제 여부와 무관하게 적용함.
폐업시 잔존재화	• 자기에게 공급하는 것으로 봄 **적용제외** 이미 매입세액불공제되었던 재화 ⚲주의 간주공급 과세시, 추후 판매하는 것은 사업자 공급이 아니므로 납세의무가 없음.
개인적 공급	• 사업상 관련 생산·취득재화를 자기나 사용인의 개인적 목적·기타 목적으로 사용·소비하는 경우로 무대가 또는 저가의 경우 →∴시가대로 양도시는 재화공급임. **적용제외** 작업복·작업모 등, 직장연예·문화비, 경조사 관련 재화(연간 10만원 한도), 설날·추석·창립기념일·생일 관련 재화(연간 10만원 한도), 이미 매입세액불공제되었던 재화
사업상 증여	• 사업관련 생산·취득재화를 고객·불특정다수인에게 증여하는 것 **적용제외** 견본품, 광고선전용 재화, 부수재화, 이미 매입세액불공제되었던 재화

최신유형특강 383 | **간주공급(공급의제) 유형[2]** | 난이도 ★ ★ ★ | 정답 ②

● 다음 중 재화의 간주공급에 대한 설명으로 가장 올바르지 않은 것은?

① 자가공급 : 사업자가 자기의 과세사업을 위하여 취득한 재화를 자기의 면세사업을 위하여 직접 사용하는 것은 매입세액 공제만 받고 면세로 재화를 공급하는 효과가 있으므로 간주공급으로 본다.

② 개인적 공급 : 사업자가 생산한 햄세트를 종업원에게 추석 선물로 제공하는 것은 부가가치세 부담없이 재화를 개인적인 목적으로 사용하는 효과가 있으므로 금액에 상관없이 간주공급으로 본다.

③ 사업상 증여 : 사업자가 자기가 생산한 TV를 자기의 고객에게 무상으로 증여하는 것은 부가가치세 부담없이 재화를 공급하는 효과가 있으므로 간주공급으로 본다.

④ 폐업시 잔존재화 : 사업자가 사업을 폐업할 때에 자기가 취득한 재화 중 남아 있는 재화는 부가가치세 매입세액 공제만 받고 부가가치세 부담이 없어지는 효과가 있으므로 간주공급으로 본다.

해설 ⊙

• 개인적 공급은 간주공급(공급의제)으로 과세대상에 해당하나, 실비변상적이거나 복리후생목적인 다음의 경우는 재화의 공급으로 보지 않는다.

> ☐ ㉠ 사업을 위해 착용하는 작업복, 작업모 및 작업화를 제공하는 경우
> ㉡ 직장연예 및 직장문화와 관련된 재화를 제공하는 경우
> ㉢ 경조사와 관련된 재화를 제공하는 경우〈단, 1명당 연간 10만원한도〉
> ㉣ 설날·추석, 창립기념일 및 생일 등과 관련된 재화를 제공하는 경우〈단, 1명당 연간 10만원한도〉
> *⊙주의 ∴㉢, ㉣의 경우 10만원을 초과하는 경우 해당 초과액에 대해서는 재화의 공급으로 봄.

∴사업자가 생산한 햄세트를 종업원에게 추석 선물로 제공하는 것은 1명당 연간 10만원한도까지는 재화의 공급으로 보지 않으며, 10만원을 초과하는 경우 해당 초과액에 대해서는 재화의 공급으로 본다.

최신유형특강 384 | **과세대상거래 여부** | 난이도 ★ ★ ★ 정답 ②

다음 중 부가가치세법의 과세대상거래에 관한 설명으로 가장 올바르지 않은 것은?

① 사업자가 자기재화의 판매촉진을 위하여 거래상대자의 판매실적에 따라 일정률의 장려금품을 재화로 제공하는 것은 재화의 공급으로 본다.

② 신탁재산을 위탁자로부터 수탁자로 이전하거나 수탁자로부터 위탁자로 이전하는 경우에는 각각 재화의 공급으로 본다.

③ 사업자가 자기의 사업과 관련하여 생산하거나 취득한 재화를 수선비 등에 대체하여 사용하거나 소비하는 경우에는 재화의 공급으로 보지 않는다.

④ 사업자가 자기의 사업과 관련하여 사업장 내에서 그 사용인에게 음식용역을 무상으로 제공하는 것은 용역의 자가공급으로 보아 부가가치세를 과세하지 않는다.

해설

• ① 판매장려물품지급분은 재화의 공급(사업상증여)으로 보며 시가를 공급가액에 포함한다.

→ **비교** ㉠ 판매장려금수입액 : 공급가액에 포함하지 않는다.
　　　　 ㉡ 판매장려금지급액 : 공급가액에서 차감하지 않는다.

② 다음과 같은 신탁재산의 소유권 이전은 재화의 공급으로 보지 않는다.

> ㉠ 위탁자로부터 수탁자에게 신탁재산을 이전하는 경우
> ㉡ 신탁의 종료로 인하여 수탁자로부터 위탁자에게 신탁재산을 이전하는 경우
> ㉢ 수탁자가 변경되어 새로운 수탁자에게 신탁재산을 이전하는 경우

③ 사업자가 자기 사업과 관련하여 생산하거나 취득한 재화를 자기의 과세사업을 위하여 다음의 예시와 같이 사용하거나 소비하는 경우에는 재화의 공급으로 보지 않는다.

> ㉠ 자기의 다른 사업장에서 원료·자재 등으로 사용·소비하기 위하여 반출하는 경우
> ㉡ 자기 사업상의 기술개발을 위하여 시험용으로 사용·소비하는 경우
> ㉢ 수선비 등에 대체하여 사용·소비하는 경우
> ㉣ 사후무료 서비스제공을 위하여 사용·소비하는 경우
> ㉤ 불량품교환·광고선전상품진열 등의 목적으로 다른 사업장으로 반출하는 경우

④ 자기의 사업을 위해 용역을 공급(예 사용인에게 음식용역 무상제공, 사용인 질병·부상을 무상치료, 다른 사업장에 용역을 공급)하는 경우 용역의 자가공급으로 보며, 단, 현행 자가공급으로 과세되는 용역을 규정하지 않고 있으므로 부가가치세를 과세하지 않고 있다.

최신유형특강 385 | **간주공급(공급의제) 일반사항[1]** | 난이도 ★ ★ ★ 정답 ④

다음 중 부가가치세법상 간주공급에 관한 설명으로 가장 올바르지 않은 것은?

① 간주공급에 해당하는 경우 해당 과세표준은 일반적으로 시가에 의해 계산되나 직매장 등 반출시에는 취득가액으로 한다.
② 개인적공급 및 사업상 증여에 해당하는 간주공급의 경우 세금계산서 발행의무가 면제된다.
③ 자가공급, 개인적공급, 사업상 증여의 간주공급 시기는 당해 용도에 사용 또는 소비되는 때이다.
④ 폐업시 잔존재화로 과세된 경우로서 추후 해당 재화를 판매하는 경우에는 재화의 공급에 해당되어 납세의무가 있다.

해설

• ③ 자가공급 중 직매장반출의 공급시기는 반출하는 때, 사업상증여의 공급시기는 증여하는 때이다.
  ④ 폐업시 잔존재화로 과세된 경우 추후 이를 판매하는 것은 사업자로서 재화를 공급하는 것이 아니므로 납세의무가 없다.

★ **저자주** 선지 ③번도 올바르지 않은 설명이므로 복수정답으로 처리되어야 합니다. 충분한 검토과정과 신중한 출제가 필요하다고 사료됩니다.

ⓘ 길라잡이 간주공급의 과세표준 개괄

자가공급 중 직매장반출(판매목적 타사업장 반출)	• 취득가액
기타(면세전용, 비영업용소형승용차, 개인적공급, 사업상증여, 폐업시잔존재화)	• 시가

ⓘ 길라잡이 간주공급의 세금계산서 발급의무

자가공급 중 직매장반출(판매목적 타사업장 반출)	• 발급의무대상
기타(면세전용, 비영업용소형승용차, 개인적공급, 사업상증여, 폐업시잔존재화)	• 발급면제대상

ⓘ 길라잡이 간주공급의 공급시기

	면세전용	• 사용·소비하는 때
자가공급	비영업용소형승용차로 사용 또는 그 유지에 사용	• 사용·소비하는 때
	직매장반출	• 반출하는 때
폐업시 잔존재화	• 폐업일	
개인적공급	• 사용·소비하는 때	
사업상증여	• 증여하는 때	

최신유형특강 386 | **간주공급(공급의제) 일반사항[2]** | 난이도 ★★★ 정답 ④

다음 중 간주공급에 관한 설명으로 가장 올바르지 않은 것은?

① 주사업장총괄납부사업자가 판매목적 타사업장 반출시 세금계산서를 발급하는 경우에는 재화의 공급으로 본다.
② 개인적 공급의 공급시기는 당해 용도에 사용한 때이며, 폐업시 잔존재화의 간주공급시기는 폐업일이 된다.
③ 사업을 위하여 무상으로 다른 사업자에게 인도 또는 양도하는 견본품은 사업상 증여에 해당하지 않는다.
④ 자가공급의 경우 해당 재화를 사용하는 때 세금계산서를 발급해야 한다.

해설

• ① 판매목적 타사업장 반출(직매장 반출)에 대한 취급
  ㉠ 일반적인 경우(주사업장총괄납부사업자 또는 사업자단위신고납부사업자 아닌 자)에는 재화의 공급으로 보므로(간주공급) 세금계산서를 발급하여야 한다.
  ㉡ 주사업장총괄납부사업자 또는 사업자단위신고납부사업자의 경우에는 재화의 공급으로 보지 않으므로 세금계산서를 발급하지 않는다.(단, 주사업장총괄납부사업자가 세금계산서를 발급하고 관할 세무서장에게 신고한 경우에는 그대로 재화의 공급으로 인정한다.)
• ④ 자가공급 중 직매장반출의 공급시기(세금계산서 발급시기)는 반출하는 때이며, 자가공급 중 직매장반출만 세금계산서 발급의무가 있다.

최신유형특강 387 | **재화의 공급 해당여부** | 난이도 ★★☆ 정답 ①

다음 중 부가가치세법상 재화의 공급에 해당하지 않는 것은?

① 사업을 위해 착용하는 작업복, 작업모 및 작업화를 제공하는 경우
② 사업을 폐업하는 때에 잔존하는 재화
③ 교환계약에 의하여 인도하는 재화
④ 현금판매하는 것으로서 구입시 매입세액공제를 받지 못한 재화

해설

• ① 개인적 공급은 간주공급(공급의제)으로 과세대상에 해당하나, 실비변상적이거나 복리후생목적인 다음의 경우는 재화의 공급으로 보지 않는다.
  ㉠ 사업을 위해 착용하는 작업복, 작업모 및 작업화를 제공하는 경우
  ㉡ 직장연예 및 직장문화와 관련된 재화를 제공하는 경우
  ㉢ 경조사와 관련된 재화를 제공하는 경우〈단, 1명당 연간 10만원한도〉
  ㉣ 설날·추석, 창립기념일 및 생일 등과 관련된 재화를 제공하는 경우〈단, 1명당 연간 10만원한도〉
  *♡주의 ∴㉢, ㉣의 경우 10만원을 초과하는 경우 해당 초과액에 대해서는 재화의 공급으로 봄.

② 폐업시 잔존재화는 간주공급으로 과세대상에 해당한다.
  →폐업시 잔존재화란 사업자가 사업을 폐업하는 경우 또는 사업개시전 등록한 자가 사실상 사업을 시작하지 아니하게 된 경우에 남아있는 재화를 말하며, 폐업시 잔존재화의 경우 이미 매입세액을 공제받았으나 폐업후 잔존재화를 판매하거나 개인적 목적 등으로 사용하는 때에는 사실상 과세하기 어렵기 때문에 이를 폐업시점에서 재화의 공급으로 의제하여 부가가치세를 과세한다.
③ 재화의 인도대가로 다른 재화(용역)를 인도(제공)받는 교환계약은 실질적 공급으로 과세대상에 해당한다.
④ 현금판매는 실질적 공급으로서 구입시 매입세액공제 및 불공제를 불문하고 과세대상에 해당한다.

최신유형특강 388 | 용역의 공급 일반사항 | 난이도 ★ ★ ★ 정답 ③

다음 중 부가가치세법상 용역의 공급에 관한 설명으로 가장 올바르지 않은 것은?

① 건설업에 있어서는 건설업자가 건설자재의 전부 또는 일부를 부담하는 경우에도 용역의 공급으로 본다.
② 고용관계에 의한 근로의 제공은 용역의 공급으로 보지 않는다.
③ 사업자가 자기의 사업을 위해 직접 용역을 공급하는 경우에는 용역의 공급에 해당된다.
④ 제조가공업자가 상대방으로부터 인도받은 재화에 주요 자재를 전혀 부담하지 아니하고 단순히 가공만 하는 것은 용역의 공급으로 본다.

해설

• 사업자가 자신의 용역을 자기의 사업을 위하여 대가를 받지 아니하고 공급함으로써 다른 사업자와의 과세형평이 침해되는 경우에는 자기에게 용역을 공급하는 것으로 본다.('용역의 자가공급') 이 경우 그 용역의 범위는 대통령령으로 정한다. 그러나 현재 대통령령 (시행령)으로 용역의 자가공급으로 과세되는 용역을 규정하지 않고 있으므로 실질적으로 용역의 자가공급은 과세대상으로 하고 있지 않다.(즉, 과세대상인 용역의 공급에 해당되지 않는다.)

ⓘ 길라잡이 용역의 공급

의의	• 용역의 공급이란 계약상·법률상 모든 원인에 의해 역무를 제공하거나 재화·시설물·권리를 사용하게 하는 것을 말함. ◯주의 ∴㉠ 권리의 양도 : 재화의 공급 ㉡ 권리의 대여 : 용역의 공급
용역의 공급 범위	• 건설업은 자재부담 여부에 관계없이 용역의 공급으로 봄. • 인도받은 재화에 자재부담 없이 단순히 가공만 하여 주는 것은 용역의 공급으로 봄. • 산업상·상업상·과학상의 지식·경험·숙련에 관한 정보제공은 용역의 공급으로 봄. ◯주의 고용관계에 의한 근로의 제공은 용역의 공급으로 보지 않음.(∵인적독립성 위배)
용역의 자가공급	• 자기의 사업을 위해 용역을 공급(예 사용인에게 음식용역 무상제공, 사용인 질병·부상을 무상치료, 다른 사업장에 용역을 공급)하는 경우 자가공급으로 봄. →단, 현행 과세용역을 규정하지 않고 있으므로 부가가치세를 과세하지 않고 있음.
용역의 무상공급	• 용역의 공급으로 보지 않음. →단, 특수관계인 부동산임대용역 : 과세O

최신유형특강 389 | **재화의 수입 일반사항** | 난이도 ★ ★ ☆ | 정답 ③

다음 중 재화 및 용역의 수입에 대한 설명으로 가장 올바르지 않은 것은?

① 수출신고를 한 재화로서 선적되지 아니한 것을 보세구역에서 반입하는 것은 재화의 수입으로 보지 아니한다.

② 재화의 수입에 대한 납세의무자가 재화의 수입에 대하여 관세법에 따라 관세를 세관장에게 신고하고 납부하는 경우에는 재화의 수입에 대한 부가가치세를 함께 신고하고 납부하여야 한다.

③ 수입하는 재화에 대하여는 당해 수입자가 사업자가 아닌 경우 부가가치세가 과세되지 않는다.

④ 수출신고를 마치고 선적이 완료된 물품을 국내로 다시 반입하는 경우는 재화의 수입에 해당한다.

해설

• 재화의 수입의 경우에는 수입자가 사업자인지 여부를 불문하고 과세대상으로 한다.(예) 외국여행 중에 구입한 카메라, TV 등을 국내에 반입하는 경우에도 재화의 수입으로 보아 부가가치세가 과세됨)
  → 이는 수입하는 재화에 대하여도 국내생산 재화의 경우와 동일한 세부담이 되도록 함으로써 국내생산 재화와의 과세형평을 유지하고 국내산업을 보호하기 위한 것이다.

ⓘ 길라잡이 | **재화의 수입**

개요	• 재화의 수입은 외국으로부터 우리나라에 들어온 물품과, 수출신고가 수리된 물품으로서 선적이 완료되었던 물품을 우리나라의 영토 및 권리가 미치는 곳에 반입하는 것을 말함.
	외국공급자 ⇐ 거래징수X ⇐ 수입자 ⇒ 거래징수O ⇒ 세관장
	🔎주의 수입자가 사업자인지 여부를 불문하고 과세대상으로 함.
해당여부	재화의 수입 O • 수출신고와 선적이 완료된 물품이 수출되지 않고 다시 국내로 재반입되는 경우 →∵수출의 공급시기는 선적일이므로 선적완료된 물품은 외국물품으로 간주함.
	재화의 수입 X • 수출신고를 한 재화로서 선적되지 아니한 것을 보세구역에서 반입하는 경우
신고납부	• 관세를 세관장에게 신고납부시는 재화의 수입에 대한 부가가치세를 함께 신고납부해야 함.

| 최신유형특강 390 | 재화의 공급시기 | 난이도 | ★ ★ ★ | 정답 | ② |

다음 중 부가가치세법상 재화의 공급시기에 관한 설명으로 가장 올바르지 않은 것은?

① 재화의 공급으로 보는 가공의 경우에는 가공된 재화를 인도하는 때를 재화의 공급시기로 본다.
② 폐업시 잔존재화의 공급시기는 원칙적으로 폐업신고일이다.
③ 내국신용장에 의하여 공급하는 재화의 공급시기는 재화를 인도하는 때이다.
④ 공급단위를 구획할 수 없는 재화를 계속적으로 공급하는 경우에는 각 대가의 각 부분을 받기로 한 때가 공급시기이다.

해설

• 폐업시 잔존재화의 공급시기는 폐업신고일이 아니라 폐업일이다.
→ **참고** 폐업일은 사업장별로 그 사업을 실질적으로 폐업하는 날(폐업한 날이 분명하지 아니한 경우에는 폐업신고서의 접수일)로 한다.[부가령 7③]

| 최신유형특강 391 | 재화·용역의 공급시기 | 난이도 | ★ ★ ☆ | 정답 | ② |

다음 중 부가가치세법상 공급시기에 관한 설명으로 가장 옳은 것은?

① 반환조건부판매, 동의조건부판매 그 밖의 조건부 및 기한부판매의 경우 실제로 대가를 수령하는 때를 공급시기로 한다.
② 2과세기간 이상에 걸쳐 부동산임대용역을 제공하고 그 대가를 선·후불로 받는 경우 예정신고기간 또는 과세기간의 종료일을 공급시기로 한다.
③ 내국신용장에 의하여 공급하는 재화의 공급시기는 수출재화의 선(기)적일로 한다.
④ 위탁판매 또는 대리인에 의한 매매의 경우 위탁자 또는 대리인의 공급을 기준으로 하여 공급시기 규정을 적용한다.

해설

• ① 반환조건부판매, 동의조건부판매 그 밖의 조건부 및 기한부판매의 경우 그 조건이 성취되거나 기한이 지나 판매가 확정되는 때를 공급시기로 한다.
② 부동산임대용역 안분계산 임대료의 공급시기는 예정신고기간 또는 과세기간 종료일이다.
③ 내국신용장에 의하여 공급하는 재화의 공급시기는 인도되는 때이다.
→이는 내국신용장수출업자가 수출업자에게 납품(공급)하는 경우로서 국내거래에 해당한다.
비교 내국신용장에 의해 수출하는 재화의 공급시기 : 선(기)적일
④ 위탁판매 또는 대리인에 의한 매매의 경우 위탁자 또는 대리인의 공급을 기준으로 하여 공급시기 규정을 적용한다.

ⓘ 길라잡이 용역의 공급시기

㉠ 통상적인 용역의 공급(단기할부조건부 포함)	• 역무제공완료일
㉡ 장기할부조건부·기타조건부공급, 공급단위 구획불가 계속적 공급	• 대가의 각 부분을 받기로 한 때
㉢ 완성도기준지급조건부공급, 중간지급조건부공급	• 대가의 각 부분을 받기로 한 때[1]
㉣ 상기 ㉠~㉢ 이외의 경우	• 역무제공완료되고 공급가액확정된 때
㉤ 부동산임대용역 일반적인 임대료	• 대가의 각 부분을 받기로 한 때
㉥ 부동산임대용역 간주임대료, 부동산임대용역 안분계산 임대료	• 예정신고기간 또는 과세기간 종료일
㉦ 둘 이상 과세기간에 계속적 일정용역[2]을 제공하고 선불수령	• 예정신고기간 또는 과세기간 종료일
위 모든 공급시기 도래전에 대가받고 세금계산서·영수증 발급시 ○주의 무대가로 발급 제외	• 발급한때

[1]단, 역무제공완료일 이후 받기로 한 대가의 부분에 대해서는 역무제공완료일을 공급시기로 봄.
[2] i) 헬스클럽장 등 스포츠센터 운영사업자가 연회비를 미리 받고 회원들에게 시설을 이용하게 하는 것
 ii) 상표권 사용계약을 할 때 사용대가 전액을 일시불로 받고 상표권을 사용하게 하는 것

최신유형특강 392 | **공급시기와 과세표준** | 난이도 ★ ★ ☆ | 정답 ③

다음은 핸드폰를 판매하는 ㈜삼일의 거래내역이다. 제1기 예정신고 및 확정신고시의 과세표준은 각각 얼마인가?

> ㄱ. 2월 5일 : 핸드폰 1대를 100,000원에 현금판매함
> ㄴ. 3월 6일 : 핸드폰 3대를 300,000원에 할부판매하고 대금을 당월부터 매월 50,000원씩 회수함
> ㄷ. 3월 15일 : 핸드폰 10대를 1,000,000원에 할부판매하고 대금을 당월부터 매월 50,000원씩 회수함

	예정신고	확정신고
①	200,000원	300,000원
②	200,000원	1,200,000원
③	450,000원	150,000원
④	1,400,000원	0원

해설

• ㄱ : 현금판매의 공급시기는 인도되는 때(2/5)이다.
  ㄴ : 할부판매(단기)의 공급시기는 인도되는 때(3/6)이다.
  ㄷ : 장기할부판매의 공급시기는 대가의 각 부분을 받기로 한 때(3/15, 4/15, 5/15, 6/15 등)이다.
• 과세표준 계산

거래일자	예정신고 과세표준	확정신고 과세표준
2/5(현금판매)	100,000	-
3/6(할부판매)	300,000	-
3/15(장기할부판매)	50,000	50,000+50,000+50,000=150,000
합계	450,000	150,000

제1주차 비급여유형특강

제2주차 적중유형특강

제3주차 최신유형특강

제4주차 기출변형특강

최신유형특강 393 | **할부판매 공급시기와 과세표준** | 난이도 ★★★ 정답 ①

다음 자료는 ㈜삼일의 재화 및 용역의 제공 내역이다. 이 자료를 기초로 ㈜삼일의 20x1년 제1기 예정신고 및 확정신고 시의 부가가치세 과세표준을 계산하면?

(1) 20x1년 1월 17일 노트북 1대를 1,000,000원에 현금 판매하였다. 판매시 매출에누리 100,000원 이 발생하였다.
(2) 20x1년 1월 30일 노트북 2대를 2,000,000원에 외상 판매하였다.
(3) 20x1년 2월 20일 외상 판매 대금을 기일보다 일찍 회수하여 200,000원을 할인해 주었다.
(4) 20x1년 3월 1일 노트북 10대를 총액 10,000,000원에 할부판매하고 대금을 당월부터 매월 1,000,000원씩 회수하기로 하였으며 실제로 회수기일은 정확히 지켜졌다.
(5) 20x1년 3월 10일 노트북 10대를 총액 10,000,000원에 할부판매하고 대금을 당월부터 매월 500,000원씩 회수하기로 하였으며 실제로 회수기일은 정확히 지켜졌다.

	예정신고시의 과세표준	확정신고시의 과세표준
①	13,200,000원	1,500,000원
②	13,400,000원	1,500,000원
③	23,200,000원	0원
④	23,400,000원	1,000,000원

해설

• 현금판매, 외상판매, 할부판매(단기할부) 공급시기 : 인도되는 때
  장기할부판매 공급시기 : 대가의 각 부분을 받기로 한 때
• 과세표준 계산

거래일자	예정신고 과세표준(1월~3월)	예정신고 과세표준(4월~6월)
1/17(현금판매)	1,000,000 - 100,000 = 900,000	-
1/30 & 2/20(외상판매)	2,000,000 - 200,000 = 1,800,000	-
3/1(단기할부)	10,000,000	-
3/10(장기할부)	500,000〈3월분〉	500,000×3 = 1,500,000〈4월·5월·6월분〉
계	13,200,000	1,500,000

최신유형특강 394 | **거래형태별 공급시기** | 난이도 ★★★ 정답 ②

다음은 제조업을 영위하는 ㈜상일의 거래내역이다. 20x1년 제2기 예정신고기간(20x1년 7월 1일~20x1년 9월 30일)의 과세표준은 얼마인가?

> (1) 20x1년 6월 5일에 제품을 반환조건부로 판매(인도)하고, 그 대금 1,500,000원을 수령함. 20x1년 7월 5일에 반환기간이 종료되어 판매가 확정됨.
> (2) 20x1년 7월 5일에 제품을 장기할부판매하고 그 대금을 7월 5일부터 20회에 걸쳐 매월 1,000,000원씩 회수하기로 약정함.
> (3) 20x1년 7월 5일에 제품을 다음의 조건으로 판매함.
>   가. 계약금 2,000,000원을 20x1년 7월 5일에 수령
>   나. 중도금 3,000,000원을 20x1년 9월 5일에 수령
>   다. 잔금 5,000,000원을 20x1년 11월 5일에 수령하고 제품을 인도

① 3,000,000원 ② 4,500,000원
③ 8,000,000원 ④ 9,500,000원

해설

- (1) 조건부판매의 공급시기 : 조건이 성취되어 판매가 확정되는 때
  → ∴공급시기가 7/5이므로 1,500,000원은 예정신고기간(7/1~9/30)의 과세표준에 포함된다.
  (2) 장기할부판매의 공급시기 : 대가의 각 부분을 받기로 한 때
  → ∴공급시기가 7/5, 8/5, 9/5이므로 3,000,000원은 예정신고기간(7/1~9/30)의 과세표준에 포함된다.
  (3) 현금판매의 공급시기 : 인도되는 때
  → ∴공급시기가 11/5이므로 10,000,000원은 예정신고기간(7/1~9/30)의 과세표준에 포함되지 않는다.
  → ⊙주의 6월(계약금 다음날부터 인도일) 이상이 아니므로 중간지급조건부공급이 아니며, 분할 수령 전 제품인도가 아니므로 할부판매도 아니다. 단순히 선수금을 수령한 일반적인 현금판매에 해당한다.
- 예정신고기간(7/1~9/30) 과세표준 : 1,500,000+3,000,000=4,500,000
- ★저자주 문제의 명확한 성립을 위해 누락된 단서인 '단, 거래내역의 금액은 부가가치세를 포함하지 않은 금액이다.'를 추가하기 바랍니다.

ℹ️ 길라잡이 장기할부판매·중간지급·완성도기준지급조건부공급〈공급시기 : 대가의 각 부분을 받기로 한 때〉

장기할부판매	• 할부판매란 재화를 공급하고(인도하고) 대가를 2회 이상 분할하여 지급하는 것으로 이중 인도일 다음날부터 최종할부금지급기일까지의 기간이 1년 이상인 것을 장기할부판매라고 함. 예 차량을 1/1에 인도하고 대금을 3회 분할하여 매년 말 500만원씩 회수
중간지급조건부공급	• 계약금을 받기로 한 날의 다음 날부터 재화를 인도하는 날까지 기간이 6개월 이상으로서, 그 기간 이내에 계약금 외의 대가를 분할하여 받는 경우를 말함. 예 1/1 계약금, 5/1 중도금, 9/1 잔금받고 차량을 인도
완성도기준지급조건부공급	• 재화의 완성비율에 따라 대금을 지급받는 것을 말함. 예 선박건조대금 10억원 : 계약시 10%, 50%완성시 60%, 인도시 30% 지급약정

| 최신유형특강 395 | 영세율 일반사항 | 난이도 | ★ ★ ☆ | 정답 | ④ |

다음 중 부가가치세법상 영세율에 관한 설명으로 가장 올바르지 않은 것은?

① 영세율은 소비지국과세원칙에 따른 이중과세문제를 해소하기 위한 취지로 제정된 제도이다.
② 영세율을 적용 할 경우 전 거래단계에 대한 완전면세가 가능하다.
③ 면세사업자가 영세율을 적용받기 위해서는 면세를 포기해야만 한다.
④ 영세율이 적용되는 직수출 거래라 하더라도 세금계산서는 발행해야 한다.

해설

• 직수출하는 재화의 경우에는 세금계산서 발급의무가 면제된다.
  →그러나, 내국신용장 또는 구매확인서에 의한 간접수출의 경우에는 재화의 공급자인 사업자가 수출업자에게 세금계산서를 발급하여야 한다.(이 경우 발급되는 세금계산서의 세액란에는 매출세액이 "0"이 되므로 "영세율"이라고 기재한다.)

| 최신유형특강 396 | 면세 일반사항 | 난이도 | ★ ★ ☆ | 정답 | ① |

다음 중 부가가치세법상 면세에 관한 설명으로 가장 올바르지 않은 것은?

① 면세는 부가가치세의 역진성을 해소하기 위한 완전면세제도이다.
② 면세사업자는 과세표준의 신고, 사업자등록, 세금계산서 발급 등에 관한 부가가치세상의 제반의무가 없다.
③ 면세의 포기는 면세사업자가 면세포기사유에 해당하는 경우에 한해서만 가능하다.
④ 면세사업자가 면세를 포기하는 경우 3년간은 면세적용을 받을 수 없다.

해설

• 완전면세와 부분면세

영세율제도(완전면세)	• 영세율을 적용하면 매출세액이 발생하지 아니하는 반면 사업자가 부담한 매입세액은 전액 환급받게 되어 부가가치세 부담이 완전히 면제됨. 이처럼 영세율 제도는 당해 거래단계에서 창출된 부가가치뿐만 아니라 그 이전단계에서 창출된 부가가치에 대하여도 과세되지 않기 때문에 이를 완전면세제도라고 함.
면세제도(부분면세)	• 면세사업자는 영세율과는 달리 매입한 재화 또는 용역에 대하여 부담한 매입세액을 환급받을 수 없음. 따라서 면세사업자가 부담한 매입세액은 원가에 가산되어 다음 거래상대방에게 전가될 수밖에 없음. 이처럼 면세제도는 당해 거래에서 창출된 부가가치에 대하여는 과세하지 아니하나 그 이전 단계에서 창출된 부가가치까지 면제하는 것이 아니므로 이를 부분면세제도(=불완전면세제도)라고 함.

ℹ️ 길라잡이 면세 일반사항

의의	• 매출세액은 없지만 매입세액은 환급되지 않음. →따라서, 부분면세에 해당함. • 부가가치세법상 사업자가 아니므로 원칙적으로 납세의무 없음. • 세금계산서 발급이 불가함.(계산서를 발급함) • 소득세·법인세법상 매입처별세금계산서합계표제출 및 사업자등록 의무 있음.	
취지	• 부가가치세의 역진성완화	
면세포기 [언제든지 포기신고 가능]	포기대상 (포기사유)	• ㉠ 영세율이 적용되는 재화·용역 ㉡ 학술연구단체·기술연구단체가 공급하는 재화·용역
	포기절차	• 관할세무서장에게 면세포기 신고하고, 지체없이 사업자등록해야 함. • 면세포기신고 후 3년간은 면세 적용을 받지 못함.

최신유형특강 397 | 면세적용대상 구분[1] | 난이도 ★ ☆ ☆ | 정답 ③

다음 중 최대리의 부가가치세에 관한 대화 내용으로 가장 올바르지 않은 것은?

①	김계장 : 저 어제 여자친구와 한강에 위치한 레스토랑에서 근사한 저녁식사를 하였습니다. 최대리 : 어제 지불한 음식값에 부가가치세가 포함되어 있습니다.
②	이과장 : 우리 아이가 이번 중간고사 전교 1등을 해서, 선물로 스마트폰을 사주었습니다. 최대리 : 아실지 모르겠지만 그 스마트폰 가격 안에는 부가가치세가 포함되어 있습니다.
③	곽과장 : 수박을 저렴한 가격에 판매하고 있어서 한 개에 1만원씩, 2개를 사왔습니다. 최대리 : 저렴한 가격에 구매하셨지만 그 수박 가격에도 부가가치세가 포함되어 있습니다.
④	감부장 : 프로야구 입장권 가격에도 부가가치세가 포함되어 있나요? 최대리 : 예, 감부장님. 프로야구 입장권 가격에도 부가가치세가 포함되어 있습니다.

해설

- 레스토랑 음식값, 스마트폰, 프로야구 입장권(직업운동경기) : 과세대상
  수박(미가공식용농산물) : 면세대상

길라잡이 면세 적용대상

• 미가공식료품(식용 농·축·수·임산물)〈국내·국외산〉
  미가공 비식용 농·축·수·임산물〈국내산〉
	• 쌀·과일(복숭아, 수박) : 면세
	  복숭아통조림·맛김·떡 : 과세

• 수돗물, 연탄과 무연탄	• 생수·전기·유연탄·갈탄·착화탄 : 과세
• 여객운송용역(시내버스·시외버스·지하철)	• 항공기·우등고속버스·전세버스·택시·자동차대여사 업·고속철도·특수선박 : 과세
• 주택임대용역(부수토지 포함)	• 상가임대(부수토지 포함) : 과세
• 여성용 생리처리 위생용품, 영유아용 분유와 기저귀	–

• 의료보건용역과 혈액
  (조산사, 간호사, 안마사, 장의사, 수의사 포함)
	• 수의사의 법소정 애완견 진료용역 : 과세
	  미용목적 성형수술·피부시술 : 과세
	  단순 의약품 판매 : 과세
	  약사의 조제용역 : 면세

• 인·허가받은 교육용역(학원, 강습소, 훈련원 등)	• 무도학원·자동차운전학원 : 과세 무허가 강습소 : 과세
• 도서 및 도서대여용역, 신문·잡지·관보·뉴스통신	• 광고 : 과세
• 예술창작품, 비영리예술·문화행사, 비직업(아마추어) 운동경기	• 골동품·프로야구입장권 : 과세
• 도서관·과학관·박물관·미술관·동물원·식물원·전쟁기념관 입장	• 영화관 입장 : 과세
• 토지의 공급(판매)	• 토지임대, 건물공급 : 과세
• 은행업, 보험업 등 금융보험용역	• 은행수입이자 : 면세
• 저술가, 작곡가, 국선변호인 등 인적용역	• 회계사, 세무사, 변호사 등 : 과세
• 우표, 인지, 증지, 복권, 공중전화, 200원 이하의 담배	• 수집용우표, 가입전화, 휴대폰 : 과세
• 국가·지자체·공익단체가 공급하는 것	• 소포우편물 방문접수 배달용역 : 과세
• 국가·지자체·공익단체에 무상 공급하는 것	• 유상공급 : 과세
• 국민주택공급과 국민주택건설용역	• 국민주택 규모초과 : 과세 국민주택임대 : 면세(∵주택임대)

최신유형특강 398	면세적용대상 구분[2]	난이도 ★ ☆ ☆	정답 ④

다음 중 부가가치세법상 면세대상으로 가장 올바르지 않은 것은?

① 생리대, 연탄, 무연탄 등 기초생필품   ② 쌀 등 미가공식료품

③ 의료보건용역   ④ 항공기, 택시 등 여객운송용역

해설

- 항공기·우등고속버스·전세버스·택시·자동차대여사업·고속철도·특수선박 : 과세
  → **비교** 시내버스·시외버스·지하철 : 면세

최신유형특강 399	면세의 실무적용(산후조리원)	난이도 ★ ★ ☆	정답 ③

다음은 산후조리원 이용요금의 부가가치세 면세에 관한 신문기사의 일부를 발췌한 것이다. 대화 내용 중 가장 올바르지 않은 설명을 하고 있는 사람은?

> **서울시, 산후조리원 이용요금 공개한다**
>
> 서울시 김갑동 복지건강실장은"앞으로 산후조리원에 대한 지속적인 점검을 실시해 산후조리원 부가가치세 면세금의 혜택을 서울시 산모들에게 돌아갈 수 있도록 적극적으로 노력할 것이며 부가가치세 면세 후 요금 인하 불이행 산후조리원은 세무조사를 의뢰하고 향후 저소득 산모도 산후조리원을 이용할 수 있는 방안을 강구하겠다"고 밝혔다.

① 철수 : 산후조리원이 면세사업자가 되었으니 부가가치세법상 세금계산서 발급, 과세표준 신고 등 의무를 부담하지 않는다.

② 영희 : 산후조리원이 매입한 재화 또는 용역에 대해 부담한 매입세액은 공제받을 수 없다.

③ 영수 : 산후조리원이 부담한 매입세액을 공제받기 위해 면세를 포기할 경우 5년간은 면세적용을 받을 수 없다.

④ 순희 : 산후조리원도 부가가치세가 과세되는 재화 또는 용역을 공급 받는 때에는 그에 대한 부가가치세를 부담해야 한다.

해설

- 면세포기는 영세율이 적용되는 경우 등 일정사유가 있는 경우에 한하여 할 수 있는 것이며, 동 일정사유에 해당하여 면세를 포기할 경우 3년간은 면세적용을 받을 수 없다.

| 최신유형특강 400 | 영세율과 면세의 매입세액 처리 | 난이도 ★ ★ ☆ | 정답 ① |

다음 자료를 바탕으로 회사 입장에서 영세율 제도와 면세 제도에 따라 부가가치세 납부 또는 환급세액을 계산할 경우 어떤 제도가 얼마나 유리한지 알맞게 짝지어진 것을 고르시오.

구분	영세율	면세
매출액	20,000,000원(수출)	20,000,000원(면세-국내매출)
매입액	10,000,000원(과세)	10,000,000원(과세)
부가가치(매출액-매입액)	10,000,000원	10,000,000원

① 영세율제도가 1,000,000원 유리함
② 영세율제도가 2,000,000원 유리함
③ 면세제도가 1,000,000원 유리함
④ 면세제도가 2,000,000원 유리함

해설

• 영세율은 매입세액(10,000,000×10%=1,000,000)을 전액 환급받으나, 면세는 환급이 없다.

길라잡이 영세율과 면세 비교

구분	영세율	면세
취지(목적)	• 국제적 이중과세방지	• 부가가치세의 역진성 완화
대상	• 수출 등 외화획득거래	• 생활필수품 등
성격	• 완전면세제도	• 부분면세제도(불완전면세제도)
매출세액(거래징수의무)	• 영[영세율로 거래징수(T/I발급)]	• 없음
매입세액	• 환급O(매입세액공제)	• 환급X(매입세액불공제)
부가가치세법상 사업자등록의무	• 있음	• 없음 →소득세·법인세법상 사업자등록함
세금계산서발급	• 있음	• 없음
신고납부의무	• 있음	• 없음
매출처별세금계산서합계표제출의무	• 있음	• 없음
매입처별세금계산서합계표제출의무	• 있음(by 부가가치세법)	• 있음(by 소득세·법인세법)

최신유형특강 401 | 과세표준계산의 일반원칙 | 난이도 ★ ★ ☆ 정답 ③

다음 중 부가가치세 과세표준에 관한 설명으로 가장 올바르지 않은 것은?

① 재화를 공급하고 금전 이외의 대가를 받는 경우에는 자기가 공급한 재화의 시가를 과세표준으로 한다.
② 폐업하는 경우 남은 재고자산은 시가를 과세표준으로 한다.
③ 공급받는 자에게 도달하기 전에 공급자의 부주의로 인한 파손, 훼손 또는 멸실된 재화의 가액은 과세표준에 포함한다.
④ 손해배상금은 일반적으로 과세표준에 포함하지 아니한다.

해설

• 공급받는 자에게 도달하기 전에 파손, 훼손 또는 멸실된 재화의 가액은 과세표준에 포함하지 않는다.

ⓘ 길라잡이 부가가치세 과세표준과 포함여부

과세표준(공급가액)	• 금전으로 수령 : 그 대가 〈VAT포함여부 불분명시 : 포함된 것으로 봄〉 • 금전 이외 수령, 특수관계인 재화 저가·무상, 특수관계인 용역 저가 : 공급한 것의 시가 • 수입재화 : 관세의 과세가격＋관세＋교육세·농특세＋개소세·주세 등
공급가액에 포함O	• 판매장려물품지급분의 시가, 대가의 일부로 받는 운송비·포장비등
공급가액에 포함X	• 판매장려금수입액, 연체이자, 도달전 파손·훼손·멸실된 재화, 공급과 직접 관련없는 국고보조금 등, 구분기재된 종업원 봉사료(수입금액에 계상시는 제외), 자기적립마일리지, 반환의무 있는 보증금·입회금, 손해배상금, 위약금
공급가액에서 차감O	• 매출에누리와 환입, 매출할인
공급가액에서 차감X	• 판매장려금지급액, 대손금(∵대손세액공제가 적용됨.), 하자보증금

최신유형특강 402 | 부가가치세 과세표준 일반사항 | 난이도 ★ ★ ★ 정답 ①

다음 중 부가가치세 과세표준에 관한 설명으로 가장 올바르지 않은 것은?

① 거래처의 자금악화로 이번 달 제품공급에 대한 대가를 해당 거래처가 제작한 제품으로 받은 경우 거래처가 제공한 제품의 시가를 과세표준으로 한다.
② 임대사업자인 아버지가 자신의 아들에게 소유중인 상가의 임대서비스를 제공하는 경우 통상의 임대료 시가액을 과세표준으로 한다.
③ 대손금과 판매촉진을 위해 거래처에 지급하는 장려금은 과세표준에서 공제하지 아니한다.
④ 폐업시 잔존재화는 시가를 과세표준으로 한다.

해설

• ① 금전 외의 대가를 받는 경우는 자기가 공급한 것(공급자의 제품)의 시가를 과세표준으로 한다.
• ② 용역의 무상공급은 원칙적으로 과세대상으로 보지 않는다. 다만, 특수관계인간 부동산 무상임대용역은 과세대상으로 한다.

| 최신유형특강 403 | 부가가치세 과세표준 계산 | 난이도 | ★ ★ ★ | 정답 | ② |

다음은 제조업을 영위하는 ㈜삼일의 20x1년 제1기 예정신고기간에 발생한 거래이다. 20x1년 제1기 예정신고기간의 과세표준은 얼마인가(단, 모든 금액에는 부가가치세가 포함되지 아니하였다)?

> (1) 특수관계인에게 제품을 5,000,000원(시가 8,000,000원)에 판매하였다.
> (2) 제3자에게 제품을 장기할부조건으로 판매하였으며, 총 판매대금은 24,000,000원이다. 이 중 20x1년 제1기 예정신고기간동안 회수하기로 약정된 금액은 3,000,000원이나 실제로 회수된 금액은 4,000,000원이다.
> (3) 제3자에게 10,000,000원 상당의 제품을 판매하고 이 중 2,000,000원은 ㈜삼일이 적립한 마일리지로 결제하였으며, 나머지는 현금으로 결제하였다.
> (4) 거래처에 판매장려 목적으로 현금 4,000,000원과 당사의 제품(원가 : 3,000,000원, 시가 4,000,000원)을 제공하였다.

① 21,000,000원   ② 23,000,000원
③ 24,000,000원   ④ 27,000,000원

해설

- ㄱ. 8,000,000 : 특수관계인에 대한 저가공급은 공급한 것의 시가를 과세표준으로 한다.
- ㄴ. 3,000,000 : 장기할부는 대가의 각 부분을 받기로 한 때가 공급시기이므로 회수약정액이 과세표준이다.
- ㄷ. 8,000,000 : 자기적립마일리지는 과세표준에 포함하지 않는다.
- ㄹ. 4,000,000 : 판매장려금지급액은 공급가액에서 차감하지 않으며, 판매장려물품은 시가를 과세표준으로 한다.
- ∴과세표준 : 8,000,000+3,000,000+8,000,000+4,000,000 = 23,000,000

| 최신유형특강 404 | 부가가치세 과세표준과 포함여부 | 난이도 | ★ ★ ★ | 정답 | ① |

다음 중 부가가치세법상 과세표준에 포함되거나 과세표준에서 공제하지 않는 것은 몇 개인가?

> ㄱ. 매출에누리와 매출환입
> ㄴ. 거래처의 부도 등으로 인하여 회수할 수 없는 매출채권 등의 대손금
> ㄷ. 재화 또는 용역의 공급과 직접 관련되지 않은 국고보조금
> ㄹ. 판매촉진 등을 위하여 거래수량이나 거래금액에 따라 지급하는 판매장려금
> ㅁ. 재화 또는 용역을 공급한 후 대금의 조기회수를 사유로 당초의 공급가액에서 할인해준 금액

① 2개   ② 3개
③ 4개   ④ 5개

해설

- 과세표준에 포함되거나 과세표준에서 공제되지 않는 것 : ㄴ, ㄹ
  - → ㄱ : 매출에누리와 매출환입은 공급가액에서 차감한다.
  - ㄴ : 대손금은 공급가액에서 차감(공제)하지 않는다.
  - ㄷ : 공급과 직접 관련되지 않는 국고보조금은 공급가액에 포함하지 않는다.
  - ㄹ : 판매장려금지급액은 공급가액에서 차감(공제)하지 않는다.
  - ㅁ : 매출할인은 공급가액에서 차감한다.

최신유형특강 405 | **과세표준계산 특례 일반사항** | 난이도 ★ ★ ★ | 정답 ③

다음 중 부가가치세 과세표준 계산 특례에 관한 설명으로 가장 옳은 것은?

① 재화의 자가공급 등 간주공급에 대한 과세표준은 당해 재화의 장부가액에 의한다.
② 간주공급 재화가 감가상각자산일 경우에는 중고재화로서 일반적인 거래대상이 아니기 때문에 객관적인 정상가격을 산정하기 어려우므로 재화의 취득가액을 당해 재화의 시가로 본다.
③ 부동산임대용역을 제공하고 임대보증금이나 전세금을 받는 경우에는 임대보증금 등을 운용하여 발생하리라고 예상되는 이자상당액을 임대료로 간주하여 과세표준에 산입한다.
④ 부가가치세가 면세되는 토지와 과세되는 건물을 일괄 양도하였다면 건물 등의 공급가액은 실지거래가액이 있더라도 기준시가에 따라 안분 계산한다.

해설 ⊙

• ① 재화의 자가공급 등 간주공급에 대한 과세표준은 당해 재화의 시가에 의한다. 다만, 직매장반출(판매목적 타사업장 반출)의 경우에는 원칙적으로 취득가액을 과세표준으로 한다.
② 간주공급 재화가 감가상각자산일 경우에는 중고재화로서 일반적인 거래대상이 아니기 때문에 객관적인 정상가격을 산정하기 어려우므로 다음 산식에 의한 가액을 당해 재화의 시가로 본다.(간주시가)

ⓐ 건물·구축물   : 시가(간주시가) = 취득가액×(1 − 5%×경과과세기간수)
ⓑ 기타상각자산 : 시가(간주시가) = 취득가액×(1 − 25%×경과과세기간수)

③ 부동산임대용역을 제공하고 임대보증금이나 전세금을 받는 경우에는 임대보증금 등을 운용하여 발생하리라고 예상되는 이자상당액을 임대료로 간주하여 과세표준에 산입한다.

$$\Box \text{ 간주임대료} = \text{임대보증금(전세금)적수} \times \text{정기예금이자율} \times \frac{1}{365(366)}$$

④ 부가가치세가 면세되는 토지와 과세되는 건물을 일괄 양도하였다면 건물 등의 공급가액은 실지거래가액에 의한다. 단, 실지거래가액의 구분이 불분명한 경우 법소정 방법으로 안분계산한다.

ⓘ 길라잡이 간주공급 과세표준

감가상각자산	건물·구축물	• 시가(간주시가) = 취득가액×(1 − 5%×경과과세기간수)
	기타상각자산	• 시가(간주시가) = 취득가액×(1 − 25%×경과과세기간수)
비상각자산		• 시가
직매장반출		• 원칙 : 취득가액

□ 경과과세기간수 : 취득과세기간개시일 ~ 간주공급과세기간개시일

ⓘ 길라잡이 직매장반출 과세표준 세부고찰

원칙	• 취득가액
취득가액에 일정액을 더하여 자기의 다른 사업장에 반출하는 경우	• 취득가액 + 일정액
개별소비세, 주세 및 교통·에너지·환경세가 부과되는 재화인 경우	• 개별소비세등의 과세표준 + 개별소비세·주세 + 교육세·농어촌특별세 + 교통·에너지·환경세

| 최신유형특강 406 | 부동산임대 과세표준 계산 | 난이도 ★ ★ ☆ | 정답 ③ |

다음은 상가건물을 임대하는 ㈜삼일의 임대관련 자료이다. 20x1년 제2기 확정신고기간(20x1년 10월 1일 ~ 20x1년 12월 31일)의 부가가치세 과세표준은 얼마인가?

> ㄱ. 임대기간 : 20x1년 1월 1일~20x1년 12월 31일(단, 1년은 365일로 가정함)
> ㄴ. 월임대료 : 2,000,000원(임대료는 매월 말에 지급받기로 함)
> ㄷ. 임대보증금 : 1,000,000,000원
> ㄹ. 국세청장이 정하는 정기예금이자율 : 3.65%로 가정

① 6,000,000원
② 9,200,000원
③ 15,200,000원
④ 42,500,000원

해설

- 임대료(세금계산서발급O) : 2,000,000×3개월(10/1~12/31) = 6,000,000

  간주임대료(세금계산서발급X) : 1,000,000,000×92일(10/1~12/31)×3.65%×$\frac{1}{365}$ = 9,200,000

∴ 과세표준 : 6,000,000 + 9,200,000 = 15,200,000

ⓘ 길라잡이 부동산임대 과세표준

임대료	❏ 공급가액 = 월임대료×해당월수 또는 선불·후불 임대료×과세대상기간월수 ÷ 계약기간월수	
	→초월산입/말월불산입(1개월 미만시 개시일 월은 1개월, 종료일 월은 산입하지 않음)	
간주임대료	❏ 공급가액 = 임대보증금(전세금)적수×정기예금이자율×$\frac{1}{365(366)}$	
	참고 부동산을 임차하여 다시 임대용역을 제공(=전대/전전세)하는 경우 당해기간의 임대보증금(전세금)은 임차시 지불한 임대보증금(전세금)을 차감한 금액으로 함.	
	→공급가액 = (임대보증금적수 – 임차보증금적수)×정기예금이자율×$\frac{1}{365(366)}$	
관리비	원칙	• 부동산임대와 관련하여 받는 관리비는 과세표준에 포함함.
	예외	• 임차인이 부담할 공공요금을 별도로 구분징수한 경우에는 과세표준에 포함되지 않음.

최신유형특강 407   **겸영사업자 공통공급가액 안분계산[1]**   난이도 ★ ★ ☆   정답 ②

과세사업과 면세사업을 겸영하고 있는 ㈜삼일은 두 사업에서 공통으로 사용하고 있던 재화를 매각하였다. 다음 자료를 보고 ㈜삼일의 20x2년 제1기 예정신고시 공통사용재화와 관련된 매출세액을 계산하면 얼마인가?

> • 공통사용재화 취득일 : 20x2년 1월 2일
> • 공통사용재화 공급일 : 20x2년 3월 28일
> • 공통사용재화 공급가액 : 20,000,000원(부가가치세 미포함)
> • 과세사업과 면세사업의 공급가액
>
> | 구분 | 20x1년 1기 | 20x1년 2기 |
> |---|---|---|
> | 과세 | 1억원 | 2억원 |
> | 면세 | 3억원 | 3억원 |
> | 계 | 4억원 | 5억원 |

① 500,000원   ② 800,000원
③ 1,200,000원   ④ 1,500,000원

해설

• 과세관련 공급가액 : 공통공급가액(20,000,000)×직전과세공급비율($\frac{2억\ 원}{5억\ 원}$)=8,000,000

∴매출세액 : 8,000,000×10%=800,000

ℹ 길라잡이   겸영사업자 안분계산

공통공급가액 안분계산	❑ 과세관련 공급가액 = 공통공급가액 × $\dfrac{\text{직전과세기간 과세공급가액}}{\text{직전과세기간 총공급가액}}$
공통매입세액 안분계산	❑ 면세관련 매입세액 = 공통매입세액 × $\dfrac{\text{당해과세기간 면세공급가액}}{\text{당해과세기간 총공급가액}}$

최신유형특강 408   **겸영사업자 공통공급가액 안분계산[2]**   난이도 ★ ★ ★   정답 ②

수산물 및 농산물을 수출 및 국내판매하고 있는 ㈜삼일이 20x1년 9월 20일 농산물 포장에 사용하던 포장기계를 30,000,000원에 매각하였다. 다음 자료에 의거하여 동 기계매출에 대한 20x1년 제2기 부가가치세 과세표준을 계산하면 얼마인가?

> (1) 포장용 기계의 매매일자 : 20x1. 9. 20
> (2) 20x1년 제1기 수산물의 공급가액
>   - 수출(영세율) : 50,000,000원, 국내판매(면세) : 50,000,000원
> (3) 20x1년 제1기 농산물의 공급가액
>   - 수출(영세율) : 200,000,000원, 국내판매(면세) : 300,000,000원

① 0원   ② 12,000,000원
③ 15,000,000원   ④ 30,000,000원

해설

• 공통공급가액(영세율/면세) : 30,000,000
  →농산물 포장에 사용하던 재화이므로 직전과세기간 농산물 공급가액비율로 안분계산한다.
  →과세관련 공급가액(공통공급가액 안분계산) : $30,000,000 \times \dfrac{200,000,000}{200,000,000+300,000,000} = 12,000,000$

∴과세표준 : 12,000,000(과세관련 공급가액)+0(수산물과 농산물 영세율) = 12,000,000

| 최신유형특강 409 | 겸영사업자 공통매입세액 안분계산[1] | 난이도 | ★ ★ ★ | 정답 | ③ |

다음은 겸영사업자인 ㈜삼일의 20x1년 제2기 확정신고기간(20x1년 1월 1일~20x1년 12월 31일)의 매입 및 공급과 관련된 자료이다. ㈜삼일이 20x1년 제2기 확정신고시 공제받을 수 있는 매입세액은 얼마인가?

(1) 매입가액
  가. 과세사업에 사용할 부품 : 50,000,000원
  나. 면세사업에 사용할 부품 : 40,000,000원
  다. 과세사업과 면세사업에 공통으로 사용할 부품 : 30,000,000원
(2) 공급가액
  가. 20x1년 제2기 과세공급가액 : 200,000,000원
  나. 20x1년 제2기 면세공급가액 : 100,000,000원
(3) 과세사업과 면세사업에 공통으로 사용된 재화의 실지귀속은 불분명하며, 자료에 제시된 금액에는 부가가치세가 포함되어 있지 않다.

① 5,000,000원 ② 6,000,000원
③ 7,000,000원 ④ 8,000,000원

해설

• 공통매입세액 : 30,000,000 × 10% = 3,000,000

→매입세액불공제액(공통매입세액 안분계산) : $3,000,000 \times \dfrac{100,000,000}{200,000,000 + 100,000,000} = 1,000,000$

• 면세분 매입세액(40,000,000 × 10%)과 면세분 공통매입세액(1,000,000)은 공제받지 못한다.

∴공제받을 수 있는 매입세액 : 50,000,000 × 10% + (3,000,000 − 1,000,000) = 7,000,000

| 최신유형특강 410 | 겸영사업자 공통매입세액 안분계산[2] | 난이도 | ★ ★ ☆ | 정답 | ③ |

과일도매업(면세)과 과일통조림제조업(과세)을 영위하는 ㈜삼일은 두 사업에 공통으로 사용할 목적으로 기계장치를 1억원에 매입(매입일 20x2년 3월 28일, 공통매입세액 10,000,000원)하였다. 과세기간별 공급가액이 다음과 같을 때 20x2년 제1기 당해 기계장치의 매입과 관련하여 불공제되는 매입세액의 총 금액은 얼마인가?

구분	20x1년 7월 1일~12월 31일	20x2년 1월 1일~3월 31일	20x2년 4월 1일~6월 30일
과일도매업	20,000,000원	30,000,000원	40,000,000원
과일통조림제조업	80,000,000원	70,000,000원	60,000,000원
합계	100,000,000원	100,000,000원	100,000,000원

① 2,000,000원 ② 3,000,000원
③ 3,500,000원 ④ 4,000,000원

해설

• 매입세액불공제액(공통매입세액 안분계산)

$10,000,000 \times \dfrac{30,000,000 + 40,000,000}{(30,000,000 + 40,000,000) + (70,000,000 + 60,000,000)} = 3,500,000$

최신유형특강 411 | **겸영사업자 공통매입세액 정산** | 난이도 ★ ★ ★ | 정답 ①

택시사업과 시내버스사업을 운영하는 ㈜삼일은 두 사업에 공통으로 사용할 목적으로 기계장비를 20x1년 9월 15일에 15,000,000원(부가세 제외)에 매입하였다. ㈜삼일의 공급가액의 내역이 다음과 같을 때 제2기 확정신고에 있어서 이 기계장비의 매입세액 중 불공제되는 금액은?

구분	20x1년 7월 1일~9월 30일	20x1년 10월 1일~12월 31일	합계
택시사업	3억원	2억원	5억원
시내버스사업	7억원	8억원	15억원
합계	10억원	10억원	20억원

① 75,000원
② 1,050,000원
③ 1,125,000원
④ 1,200,000원

해설

- 택시사업 : 과세, 시내버스사업 : 면세, 공통매입세액 : $15,000,000 \times 10\% = 1,500,000$

- 예정신고시 매입세액불공제액(공통매입세액 안분계산) : $1,500,000 \times \dfrac{7억}{3억 + 7억} = 1,050,000$

- 확정신고시 매입세액불공제액(공통매입세액 정산) : $1,500,000 \times \dfrac{15억}{5억 + 15억} - 1,050,000 = 75,000$

ⓘ 길라잡이 겸영사업자 공통매입세액 정산

정산방법	• 예정신고시에는 예정신고기간 총공급가액에 대한 면세공급가액의 비율에 따라 안분계산 □ 면세관련 매입세액 = 공통매입세액 × $\dfrac{\text{당해과세기간 면세공급가액}}{\text{당해과세기간 총공급가액}}$ • 확정신고시 정산함.
세부고찰	**사례** 겸영사업자인 ㈜합격의 20x1년 3월 15일 공통매입세액은 1,000,000원 표 →ⓐ 예정신고시 불공제액 : $1,000,000 \times \dfrac{6억}{10억} = 600,000$ ⓑ 확정신고시 불공제액 : $1,000,000 \times \dfrac{14억}{20억} - 600,000 = 100,000$ ∴공통매입세액 1,000,000원 중 공제되는 매입세액은 300,000원임.

세부고찰 표 내용:

구분	과세사업 공급가액	면세사업 공급가액	합계
20x1년 1월 1일~3월 31일	4억원	6억원	10억원
20x1년 4월 1일~6월 30일	2억원	8억원	10억원
합계	6억원	14억원	20억원

최신유형특강 412 | 대손세액공제 일반사항 | 난이도 ★ ★ ☆ 정답 ④

다음 중 부가가치세법상의 대손세액공제에 관한 설명으로 가장 올바르지 않은 것은?

① 대손세액은 대손금액(부가가치세가 포함된 금액)의 110분의 10으로 한다.
② 대손세액공제를 받고자 하는 사업자는 부가가치세 확정신고서에 대손세액공제신고서와 대손사실을 증명하는 서류를 첨부하여 관할세무서장에게 제출하여야 한다.
③ 대손세액공제는 재화의 공급일로부터 10년이 경과된 날이 속하는 과세기간에 대한 확정신고기한까지 대손세액공제요건이 확정된 대손액에 한한다.
④ 받을어음에 대한 대손세액공제를 받기 위해서는 부도발생일로부터 1년이 경과해야 한다.

해설

• 받을어음에 대한 대손사유 : 부도발생 6월 이상 지난 중소기업이 보유하는 부도발생 전의 외상매출금

ⓘ 길라잡이 대손세액공제

대손세액 공제액	• 공급일로부터 10년이 지난 날이 속하는 과세기간에 대한 확정신고기한까지 확정된 것에 한함. 　　　□ 대손세액공제액 ＝ 대손금액(VAT포함) $\times \dfrac{10}{110}$
대손사유	• ㉠ 소득세·법인세법에 따라 대손금으로 인정되는 경우 　(소멸시효완성·부도발생 6월 이상 어음, 부도발생 6월 이상 중소기업보유 외상매출금 등) 　㉡ 회생계획인가결정에 따라 채무를 출자전환하는 경우 　→이 경우 대손금액은 출자전환하는 시점의 출자전환된 매출채권 장부가액과 출자전환으로 취득한 　주식의 시가와의 차액으로 함. 　㉢ 출자전환된 매출채권 장부가액이 150, 출자전환으로 취득한 주식의 시가가 40인 경우 　　i) 대손금액 : 150-40=110　　ii) 대손세액공제액 : 110×10/110=10
공제시기	• 확정신고시만 적용 →예정신고시 적용불가함.
서류제출	• 확정신고서에 대손세액공제신고서와 대손사실입증서류를 첨부하여 제출해야 함.

| 최신유형특강 413 | 부가가치세 환급세액 계산 | 난이도 | ★ ★ ☆ | 정답 | ② |

다음 자료에 따라 20x1년 제1기 예정신고시 ㈜삼일의 부가가치세 환급세액을 계산하면 얼마인가?

> 다음은 20x1년 중 발생한 거래로 부가가치세가 제외된 금액이다.
> · 1월 10일 기계장치 매입 및 설치 : 100,000,000원(10개월 할부)
> · 2월 15일 상품 매입 : 10,000,000원(세금계산서에 거래처 사업자등록번호 및 상호 누락)
> · 2월 25일 상품 매출 : 25,000,000원(매출에누리 2,000,000원 포함)
> · 3월 5일 비영업용 승용차 매입 : 40,000,000원(일시불)

① 700,000원
② 7,700,000원
③ 8,700,000원
④ 12,700,000원

해설

• 세금계산서 필요적 기재사항 부실기재 : 매입세액불공제
  비영업용소형승용차 구입관련 매입세액 : 매입세액불공제
  매출에누리는 공급가액에서 차감한다.

[세금계산서 필요적 기재사항]	
㉠ 공급자의 등록번호와 성명(명칭)	㉡ 공급받는 자의 등록번호
㉢ 공급가액과 부가가치세액	㉣ 작성연월일

• 납부세액(환급세액) 계산
  매출세액 :(25,000,000 - 2,000,000)×10% = 2,300,000
  매입세액 :100,000,000×10%   = (10,000,000)
  환급세액   (7,700,000)

길라잡이 매입세액불공제 항목

매입처별세금계산서합계표관련	• 미제출, 부실기재(등록번호, 공급가액)
세금계산서관련	• 미수취, 부실기재(필요적기재사항)
사업무관련매입세액	-
비영업용소형승용차의 구입·임차·유지관련	**참고** 운수용등이 아닌 1,000cc 초과 8인승 이하 자동차 →∴화물트럭, 경차, 9인승 이상은 공제가능
기업업무추진비(접대비)지출관련 면세사업관련, 토지관련	-
사업자등록 신청전 매입세액	• 단, 공급시기가 속하는 과세기간이 끝난 후 20일 이내에 등록신청한 경우 그 공급시기내 매입세액은 공제가능함.

최신유형특강 414 | **매입세액 일반사항[1]** | 난이도 ★ ★ ★ | 정답 ③

다음 중 부가가치세법상 매입세액에 관한 설명으로 가장 올바르지 않은 것은?

① 의제매입세액은 해당 면세 농산물 등의 사용시점이 아닌 구입시점에 공제한다.
② 기업업무추진비 및 이와 유사한 비용의 지출에 관련된 매입세액은 매출세액에서 공제되지 않는다.
③ 의제매입세액은 국내 농산물 등을 매입하는 경우에만 적용된다.
④ 사업자가 일반과세자로부터 재화 또는 용역을 공급받고 부가가치세액이 별도로 구분 가능한 신용카드 매출전표 등을 교부 받은 경우 신용카드매출전표 등 수취명세서를 제출하고, 신용카드매출전표 등을 보관하면 부가가치세액을 매입세액으로 공제받을 수 있다.

해설

• 의제매입세액 공제액은 '면세농산물 등의 매입가액×공제율'로서, 이 경우 매입가액은 운임 등 부대비용을 제외한 매입원가로 계산하며 수입되는 농산물 등의 경우에는 관세의 과세가격으로 규정하고 있다.
∴의제매입세액은 국내 농산물 등을 매입하는 경우뿐만 아니라 국외 농산물 등을 수입하는 경우에도 적용된다.

ⓘ 길라잡이 **의제매입세액**

의의	• 면세매입 후의 공급이 과세되는 경우 면세매입가액의 일정률 상당액을 매입세액으로 공제
규정취지	• 중간단계에서 면세를 적용하고 그 후의 단계에서 과세를 적용함으로써 발생하는 면세의 중복효과를 해소하고, 소비자들의 세부담을 경감시키기 위해서 도입됨.
적용요건	• ㉠ 일반과세자일 것 →♀주의 ∴법인사업자는 적용대상이나, 간이과세자는 적용제외 ㉡ 면세로 농·축·수·임산물을 공급받아야 할 것 ㉢ 면세로 공급받은 농·축·수·임산물을 제조·가공한 재화 또는 용역이 과세대상일 것 ㉣ 면세농산물 등을 공급받은 사실을 증명하는 서류를 제출할 것
면세매입가액	• 매입가액은 운임 등 부대비용을 제외한 순수매입원가(수입품은 관세의 과세가격)로 계산함. →♀주의 ∴국외 농산물 등을 수입하는 경우에도 적용됨.
공제시기	• 일반적인 매입세액과 동일하게 사용시점이 아니라 구입시점에 공제함. • 예정신고, 확정신고시 모두 적용하며, 예정시 미공제분은 확정시 공제가능함.

| 최신유형특강 415 | 매입세액 일반사항[2] | 난이도 | ★ ★ ☆ | 정답 | ② |

다음 중 부가가치세법상 매입세액공제에 관한 설명으로 가장 올바르지 않은 것은?

① 사업자가 일반과세자로부터 재화를 공급받고 세금계산서 대신 부가가치세액이 별도로 구분 가능한 신용카드 매출전표 등을 발급 받은 경우 신용카드 매출전표 등 수령명세서를 제출하고 해당 전표를 보관하면 매입세액 공제를 받을 수 있다.
② 재화를 공급받은 자가 발행한 매입자발행세금계산서는 원칙적으로 공제 받을 수 있는 세금계산서에 해당되지 않는다.
③ 사업자등록전의 매입세액은 원칙적으로 공제되지 않는다.
④ 의제매입세액은 해당 면세 농산물 등의 사용시점이 아닌 구입시점에 공제된다.

해설

• 매입자발행세금계산서는 공제 받을 수 있는 세금계산서에 해당한다.

ℹ️ 길라잡이 매입자발행세금계산서

개요	• 세금계산서발급의무자가 세금계산서를 발급하지 않은 경우 공급받은 자(면세사업자 포함)가 관할세무서장의 확인을 받아 발행한 세금계산서를 말함. →매입자발행세금계산서합계표를 제출한 경우 매입세액으로 공제가능함.
발행대상금액	• 거래 건당 공급대가 5만원 이상인 경우
신청기한	• 공급시기가 속하는 과세기간의 종료일부터 1년 이내 →입증서류를 첨부하여 신청인의 관할세무서장에게 거래사실의 확인을 신청
기타절차	• ㉠ 신청인 관할세무서장은 7일 이내에 신청서 등을 공급자 관할세무서장에게 송부함. ㉡ 공급자 관할세무서장은 거래사실여부를 확인하고, 확인 결과를 통지함. ㉢ 거래사실 확인 통지를 받은 신청인은 공급자 관할세무서장이 확인한 거래일자를 작성일자로 하여 매입자발행세금계산서를 발행하여 공급자에게 발급함.

| 최신유형특강 416 | 의제매입세액공제 적용요건 | 난이도 | ★ ★ ☆ | 정답 | ① |

다음 중 부가가치세 의제매입세액공제를 적용받기 위해 충족해야할 요건이 아닌 것은?

① 면세사업자일 것
② 면세로 농·축·수·임산물을 공급받아야 할 것
③ 면세로 공급받은 농·축·수·임산물을 제조, 가공한 재화 또는 용역이 과세대상일 것
④ 면세농산물 등을 공급받은 사실을 증명하는 서류를 제출할 것

해설

• 의제매입세액공제의 적용대상은 과세사업자 중 일반과세자이다.
→∴법인사업자는 적용대상이나, 면세사업자와 간이과세자는 적용제외

최신유형특강 417 | 세금계산서의 기능 | 난이도 ★ ☆ ☆ | 정답 ①

다음 중 세금계산서의 기능으로 가장 올바르지 않은 것은?

① 재화 및 용역의 공급계약서
② 청구서 또는 영수증
③ 부가가치세를 징수하였음을 증명하는 세금영수증
④ 거래여부를 확인하는 거래증빙자료 또는 기장의 기초자료

해설

• 세금계산서는 쌍방을 구속시키는 성격을 갖는 계약서 기능은 없다.

ⓘ **길라잡이** 세금계산서 기본사항

세금계산서의 기능	• 송장(일반적인 거래의 경우), 청구서(외상거래의 경우), 대금영수증(현금거래의 경우) 세금영수증(부가가치세 징수증명), 거래증빙자료, 기장기초자료, 소득세·법인세 과세자료 ○주의 계약서의 기능은 없음.
필요적 기재사항	• ㉠ 공급자의 등록번호와 성명(명칭)　　　㉡ 공급받는 자의 등록번호 　㉢ 공급가액과 부가가치세액　　　　　　㉣ 작성연월일 ○주의 공급받는 자의 성명(상호), 공급연월일, 주소, 단가수량은 필요적 기재사항이 아님

보론 영수증
㉠ 공급받는자와 세액을 제외한 필요적 기재사항이 기재된 증빙으로 정규세금계산서가 아님.
㉡ 공급대가(VAT포함액)가 기재됨.
㉢ 금전등록기계산서와 신용카드매출전표 등은 영수증으로 봄.
㉣ 최종소비자를 대상으로 하는 사업자가 신용카드기 등 기계적 장치에 의해 영수증을 발급시는 공급가액과 세액을 반드시 구분기재해야 함.

| 최신유형특강 418 | 세금계산서 발급의무 일반사항 | 난이도 | ★ ★ ★ | 정답 | ① |

다음 중 부가가치세와 관련한 자문내용으로 가장 올바르지 않은 것은?

① 〈자문 1〉 간이과세자의 경우에도 상대방이 발급을 요구할 경우 세금계산서를 발행해야 합니다.
② 〈자문 2〉 세금계산서 발급의무가 있는 사업자가 재화 또는 용역을 공급하고 거래시기에 세금계산서를 발급하지 않는 경우 그 재화 또는 용역을 공급받은 자는 관할 세무서장의 확인을 받아 매입자발행세금계산서를 발행할 수 있습니다.
③ 〈자문 3〉 위탁판매의 경우 일반적으로 수탁자가 재화를 인도하는 때에 수탁자가 위탁자를 공급자로 하여 세금계산서를 발급해야 합니다.
④ 〈자문 4〉 부동산 임대용역 중 간주임대료가 적용되는 부분에 대해서는 세금계산서 교부의무가 면제됩니다.

해설

- 간이과세자의 증빙발급
  ㉠ 일반적인 간이과세자(원칙) : 세금계산서 발급의무가 있다.
  ㉡ 영수증의무발급 간이과세자 : 상대방이 세금계산서 발급을 요구할 경우에도 발급이 불가하다.

ℹ 길라잡이 영수증발급대상

영수증발급대상	세금계산서발급을 요구시
㉠ 미용·욕탕 및 유사서비스업, 여객운송업(전세버스 제외), 입장권발행사업 ㉡ 영수증의무발급 간이과세자	• 발급불가 →단, ㉠의 경우 감가상각자산 공급은 발급해야 함.
㉠ 소매업 ㉡ 세무사, 변호사 등 인적용역(사업자 공급분 제외) ㉢ 주로 소비자대상 사업자	• 발급가능 →단, 신용카드매출전표를 발급한 경우는 발급불가

ℹ 길라잡이 세금계산서 발급면제(발급불가)

	발급면제
• 택시, 노점, 행상, 무인판매기	
• 간주공급	발급면제〈♀주의 단, 직매장반출은 세금계산서 발급의무 있음〉
• 특정 영세율 대상	직수출 개념의 영세율 대상은 발급면제〈그 외는 발급의무 있음〉
• 간주임대료, 면세사업자	무조건 세금계산서 발급불가〈♀주의 임대료는 세금계산서 발급의무 있음〉

최신유형특강 419 **세금계산서 일반사항[1]** 난이도 ★ ★ ☆ 정답 ③

다음 중 부가가치세법상 세금계산서 및 영수증에 관한 설명으로 가장 올바르지 않은 것은?

① 과세사업자는 세금계산서를 발행할 수 있으며, 간이과세자도 원칙적으로 세금계산서를 발행할 수 있다.

② 재화나 용역의 공급 전에 세금계산서를 발행하고 7일 이내에 대가를 지급받은 경우 공급받는 자는 발급받은 세금계산서로 매입세액을 공제 받을 수 있다.

③ 위탁판매의 경우 수탁자는 수탁자 자신의 명의로 된 세금계산서를 발급하여야 한다.

④ 과세대상 수입재화에 대해서는 세관장이 부가가치세를 징수하는 때에 수입세금계산서를 발급한다.

해설

• 위탁판매의 경우 수탁자는 위탁자 명의로 된 세금계산서를 발급하여야 한다.

★ 저자주 문제의 명확한 성립을 위해 선지 ②의 '재화나 용역의 공급 전에'를 '재화나 용역의 공급시기 전에'로 수정바랍니다.

ⓘ 길라잡이 위탁판매 등의 세금계산서발급 특례

수탁자가 재화를 인도하는 경우	• 수탁자는 위탁자를 공급자로 하여 세금계산서를 발급함. →즉, 수탁자는 위탁자 명의로 된 세금계산서를 발급함.
위탁자가 재화를 직접 인도하는 경우	• 위탁자가 세금계산서를 발급할 수 있으며, 수탁자의 사업자등록번호를 부기함.
위탁매입의 경우	• 공급자가 위탁자를 공급받는 자로 하여 세금계산서를 발급하며, 수탁자의 사업자등록번호를 부기함.

최신유형특강 420 **세금계산서 일반사항[2]** 난이도 ★ ★ ★ 정답 ②

다음 중 부가가치세법상 세금계산서에 관한 설명으로 가장 올바르지 않은 것은?

① 수정세금계산서는 당초에 세금계산서를 발급 한 경우에만 가능하며 폐업한 사업자는 폐업 전 거래에 대해서 수정세금계산서를 발급 할 수 없다.

② 영세율이 적용되는 공급은 세금계산서 발급의무가 면제되어 구매확인서에 의한 간접수출시에도 세금계산서를 발급할 필요가 없다.

③ 발급 받은 매입세금계산서상 공급대상 재화의 수량과 단가가 잘못 기재된 경우라도 매입공제가 가능하다.

④ 관계증빙서류에 의해 실제 거래사실이 확인되는 경우 당해 거래일자를 작성연월일로 작성하여 실제 공급일이 속하는 달의 다음달 10일까지 세금계산서를 발급할 수 있다.

해설

• ① 수정세금계산서는 당초에 세금계산서를 발급한 경우에만 발급이 가능하므로 다음의 경우는 수정세금계산서 발급이 불가하며, 세금계산서 미발급에 해당한다.

> ㉠ 당초 세금계산서를 발급하지 않은 경우
> ㉡ 과세거래를 면세거래로 보아 세금계산서가 아닌 계산서를 발급한 경우

② 영세율이 적용되는 공급 중 내국신용장·구매확인서에 의한 수출, 수출재화임가공용역 등은 세금계산서 발급의무가 있다.

③ 발급받은 매입세금계산서상 공급대상 재화의 수량과 단가는 필요적 기재사항이 아니라 임의적 기재사항이므로 잘못 기재된 경우라도 매입공제가 가능하다.(필요적 기재사항은 공급자의 등록번호와 성명, 공급받는자의 등록번호, 공급가액과 세액, 작성연월일이다.)

④ 다음의 경우 공급일이 속하는 달의 다음달 10일까지 세금계산서 발급 가능

> ㉠ 거래처별로 달의 1일부터 말일까지 공급가액을 합하여 말일 자를 작성연월일로 발급
> ㉡ 거래처별로 달의 1일부터 말일까지 기간 이내에서 사업자가 임의로 정한 기간의 공급가액을 합하여 그 기간 종료일을 작성연월일로 발급
> ㉢ 관계증빙에 의해 실제거래사실이 확인되는 경우로서 거래일자를 작성연월일로 발급

최신유형특강 421 | **세금계산서 일반사항[3]** | 난이도 ★ ★ ★ | 정답 ①

다음 중 부가가치세법상 세금계산서 및 영수증에 관한 설명으로 가장 올바르지 않은 것은?

① 소매업을 영위하는 일반과세자는 공급받는 자가 사업자등록증을 제시하고 세금계산서의 발급을 요구하더라도 세금계산서를 발급할 의무가 없다.

② 사업자가 공급시기가 되기 전에 재화 또는 용역에 대한 대가의 전부를 받고 세금계산서를 발급하는 경우에는 이를 적법한 세금계산서로 인정한다.

③ 위탁판매의 경우 수탁자가 재화를 인도하는 때에는 수탁자가 위탁자를 공급자로 하여 세금계산서를 발급한다.

④ 부동산임대용역 중 간주임대료가 적용되는 부분에 대해서는 세금계산서 발급의무가 면제된다.

해설

• ① 소매업은 상대방이 세금계산서의 발급을 요구하는 경우에는 영수증 대신 세금계산서를 발급해야 한다.

② 다음의 경우 세금계산서를 발급한 때를 공급시기로 보며 적법한 세금계산서 인정한다.〈선발급 특례〉
　　㉠ 공급시기 전에 대가의 전부·일부를 받고 세금계산서(영수증)를 발급한 경우
　　㉡ 공급시기 전에 세금계산서를 발급하고 발급일로부터 7일 이내에 대가를 받은 경우
　　㉢ 공급시기 전에 세금계산서를 발급하고 발급일로부터 7일이 지난 후 대가를 받은 경우에도 다음 중 하나에 해당하는 경우

ⅰ) 계약서 등에 대금청구시기와 지급시기를 따로 적고 그 사이의 기간이 30일 이내
ⅱ) 발급일이 속하는 과세기간에 재화·용역의 공급시기가 도래

③ 위탁판매의 세금계산서발급 특례는 다음과 같다.

수탁자가 재화를 인도하는 경우	• 수탁자는 위탁자를 공급자로 하여 세금계산서를 발급함. →즉, 수탁자는 위탁자 명의로 된 세금계산서를 발급함.
위탁자가 재화를 직접 인도하는 경우	• 위탁자가 세금계산서를 발급할 수 있으며, 수탁자의 사업자등록번호를 부기함.

④ 임대료는 세금계산서 발급의무가 있으나, 간주임대료는 발급이 불가하다.(발급의무면제)

최신유형특강 422 | **세금계산서 발급 일반사항** | 난이도 ★ ★ ★ 정답 ④

다음 중 부가가치세법상 세금계산서에 관한 설명으로 가장 올바르지 않은 것은?

① 공급시기가 되기 전에 세금계산서를 발급하고 그 세금계산서 발급일부터 7일 이내에 대가를 받으면 해당 세금계산서를 발급한 때를 재화 또는 용역의 공급시기로 본다.

② 위탁판매의 경우 수탁자가 재화를 인도할 때에는 수탁자가 위탁자를 공급하는 자로 하여 세금계산서를 발급하는 것이 원칙이다.

③ 공급시기가 되기 전에 재화 또는 용역에 대한 대가의 전부 또는 일부를 받고, 이와 동시에 그 받은 대가에 대하여 세금계산서를 발급하면 그 세금계산서를 발급하는 때를 공급시기로 본다.

④ 법인사업자와 전자세금계산서 의무발급 개인사업자 외의 사업자는 전자세금계산서를 발급하고 전송할 수 없다.

해설

• 전자세금계산서의 의무발급대상자가 아닌 사업자도 원하면 전자세금계산서를 발급할 수 있다.(즉, 의무발급대상자가 아닌 개인사업자는 선택에 의해 발급가능하다.)

i 길라잡이 세금계산서 선발급·후발급 특례

선발급 특례	• 다음의 경우 세금계산서를 발급한 때를 공급시기로 봄. ㄱ 공급시기 전에 대가의 전부·일부를 받고 세금계산서(영수증)를 발급한 경우 ㄴ 공급시기 전에 세금계산서를 발급하고 발급일로부터 7일 이내에 대가를 받은 경우 ㄷ 공급시기 전에 세금계산서를 발급하고 발급일로부터 7일이 지난 후 대가를 받은 경우에도 다음 중 하나에 해당하는 경우 　i) 계약서 등에 대금청구시기와 지급시기를 따로 적고 그 사이의 기간이 30일 이내 　ii) 발급일이 속하는 과세기간에 재화·용역의 공급시기가 도래 • 다음의 경우에는 대가 수령여부를 불문하고 세금계산서를 발급한 때를 공급시기로 봄. ㄱ 장기할부판매로 재화를 공급하거나 장기할부조건부로 용역을 공급 ㄴ 전력이나 그 밖의 공급단위 구획불가 재화를 계속적으로 공급 ㄷ 공급단위 구획불가 용역을 계속적으로 공급
후발급 특례	• 다음의 경우 공급일이 속하는 달의 다음달 10일까지 세금계산서 발급 가능 ㄱ 거래처별로 달의 1일부터 말일까지 공급가액을 합하여 말일 자를 작성연월일로 발급 ㄴ 거래처별로 달의 1일부터 말일까지 기간 이내에서 사업자가 임의로 정한 기간의 공급가액을 합하여 그 기간 종료일을 작성연월일로 발급 ㄷ 관계증빙에 의해 실제거래사실이 확인되는 경우로서 거래일자를 작성연월일로 발급

최신유형특강 423 | **전자세금계산서** | 난이도 ★★☆ 정답 ③

다음 중 전자세금계산서에 대한 설명으로 가장 올바르지 않은 것은?

① 전자세금계산서 의무발급대상자가 아닌 사업자도 전자세금계산서를 발급할 수 있다.
② 전자세금계산서를 발급하고 전자세금계산서 발급명세를 국세청에 전송하지 않거나 지연전송하면 가산세를 부과한다.
③ 전자세금계산서는 법인사업자만이 발급 가능하다.
④ 전자세금계산서를 발급하거나 발급받고 전자세금계산서 발급명세를 해당 재화 또는 용역의 공급시기가 속하는 과세기간 마지막 날의 다음 달 11일까지 국세청장에게 전송한 경우에는 해당 예정신고 또는 확정신고시 매출·매입처별 세금계산서합계표를 제출하지 아니할 수 있다.

해설

• 전자세금계산서 의무발급대상자에는 법인사업자뿐만 아니라 법소정 공급가액(수입금액) 이상인 개인사업자도 해당된다.

길라잡이 전자세금계산서

의무발급 사업자	• ㉠ 법인사업자 ㉡ 직전연도 사업장별 공급가액 합계액이 8천만원 이상인 개인사업자 　주의 의무발급사업자가 아닌 개인사업자도 원하면 발급가능함.
전송기한	• 전자세금계산서 발급시 발급명세를 발급일의 다음날까지 국세청장에게 전송해야 함.
가산세	지연전송가산세	• 전송기한이 지난후 확정신고한까지 전송한 경우 →공급가액×0.3%
	미전송가산세	• 전송기한이 지난후 확정신고한까지 전송하지 않은 경우 →공급가액×0.5%
인센티브	• 전자세금계산서 발급(수취)명세를 공급시기가 속하는 과세기간(예정신고기간) 마지막 날의 다음달 11일까지 전송시 매출·매입처별세금계산서합계표를 제출하지 아니할 수 있음.

최신유형특강 424 | **부가가치세 일반사항** | 난이도 ★★☆ 정답 ④

다음 중 부가가치세의 일반 사항에 관한 설명으로 가장 올바르지 않은 것은?

① 매입시 매입세금계산서를 발급받지 않은 경우 매입세액공제가 불가능하다.
② 재화의 공급 이전에 세금계산서를 발급하고 그 세금계산서 발급일로부터 7일 이내에 대가를 받은 경우 세금계산서를 발급한 때에 재화를 공급한 것으로 본다.
③ 일반환급세액은 확정신고기한 경과 후 30일 이내에 환급한다.
④ 의제매입세액은 면세농산물 등을 사용한 날이 속하는 과세기간의 매출세액에서 공제한다.

해설

• ① 세금계산서 미수취 매입액은 매입세액 공제요건 위배로 매입세액공제가 불가능하다.
② 다음의 경우 세금계산서를 발급한 때를 공급시기로 보며 적법한 세금계산서로 인정한다.〈선발급 특례〉
　㉠ 공급시기 전에 대가의 전부·일부를 받고 세금계산서(영수증)를 발급한 경우
　㉡ 공급시기 전에 세금계산서를 발급하고 발급일로부터 7일 이내에 대가를 받은 경우
　㉢ 공급시기 전에 세금계산서를 발급하고 발급일로부터 7일이 지난 후 대가를 받은 경우에도 다음 중 하나에 해당하는 경우
　　 i) 계약서 등에 대금청구시기와 지급시기를 따로 적고 그 사이의 기간이 30일 이내
　　 ii) 발급일이 속하는 과세기간에 재화·용역의 공급시기가 도래
③ 일반환급세액은 확정신고기한 경과 후 30일 이내에 환급한다.
　→참고로, 환급은 예정신고시에 환급세액이 발생하여도 이를 환급하지 아니하고 확정신고시 납부할 세액에서 차감하며, 차감후 환급세액이 발생하는 경우에 환급한다.
④ 의제매입세액은 면세농산물 등을 공급받거나 구입한 날이 속하는 과세기간의 매출세액에서 공제한다.
　→즉, 구입시점에 공제하며 사용시점을 기준으로 공제하는 것이 아니다. 한편, 예정신고기간에 구입하였으나 그 기간에 공제받지 못한 것은 확정신고시 의제매입세액공제를 받을 수 있다.

| 최신유형특강 425 | 과세표준 신고 일반사항 | 난이도 ★ ★ ☆ | 정답 ② |

다음은 자동차를 제조하여 판매하는 ㈜삼일의 20x1년 4월 1일부터 20x1년 6월 30일까지의 거래내역이다. 20x1년 제1기 확정신고와 관련한 설명으로 가장 옳은 것은?

〈매출내역〉
면세사업자에게 판매한 금액 : 30,000,000원(부가가치세 별도)
과세사업자에게 판매한 금액 : 20,000,000원(부가가치세 별도)
〈매입내역〉
원재료 매입금액(세금계산서 수령) : 33,000,000원(부가가치세 포함)

① 과세사업자에게 판매한 20,000,000원은 과세표준에 포함하지 않는다.
② 면세사업자에게 판매한 30,000,000원은 과세표준에 포함해야 한다.
③ 원재료 매입시 부담한 부가가치세 3,300,000원은 매입세액으로 공제한다.
④ 20x1년 제1기 예정신고시 누락한 매출금액은 확정신고시 과세표준에 포함해 신고할 수 없다.

해설

• 과세재화를 공급하는 경우에는 그 상대방이 과세사업자인지, 면세사업자인지 불문하고 공급가액을 과세표준에 포함시켜야 한다.
• ① 과세사업자에게 판매한 20,000,000원은 과세표준에 포함해야 한다.
  ③ 원재료 매입시 부담한 부가가치세 300,000원은 매입세액으로 공제한다.
  ④ 예정신고시 누락한 매출금액은 확정신고시 과세표준에 포함해 신고할 수 있다.

최신유형특강 426 | 부가가치세 가산세[1] | 난이도 ★ ★ ☆ 정답 ③

다음 중 부가가치세법상 가산세에 관한 설명으로 가장 올바르지 않은 것은?

① 미등록가산세는 과세사업자가 사업자등록을 신청하지 않은 경우 부과하는 가산세이다.
② 예정신고시 제출하여야 할 매출처별세금계산서합계표를 확정신고시 제출하면 지연제출가산세를 적용한다.
③ 세금계산서의 필요적 기재사항을 부실 기재한 경우에도 별도로 가산세를 부과하지 않는다.
④ 신고불성실가산세와 납부불성실가산세는 중복하여 적용될 수 있다.

해설

• ① 미등록가산세 : 공급가액×1% →공급가액 : 사업개시일~등록신청일 직전일까지의 공급가액
　② 매출처별세금계산서합계표지연제출가산세(예정분을 확정시 제출) : 공급가액×0.3%
　③ 세금계산서부실기재가산세(필요적 기재사항을 부실 기재) : 공급가액×1%
　④ 신고불성실가산세와 납부불성실가산세(납부지연가산세)는 국세기본법에 이관되어 규정되어 있으며, 별개의 가산세로 각각 적용되므로 중복적용배제와 무관하다. 즉, 중복하여 적용될 수 있다.

ℹ️ 길라잡이 부가가치세 가산세 주요사항

미등록관련	• 사업개시일로부터 20일내 사업자등록하지 않은 경우 : 공급가액×1% →공급가액 : 사업개시일~등록신청일 직전일까지의 공급가액			
세금계산서관련 (공급자)	세금계산서		지연발급[1]·부실기재	• 공급가액×1%
			미발급[2]·허위발급/가공발급	• 공급가액×2%/3%
	매출처별세금계산서합계표		미제출·부실기재	• 공급가액×0.5%
			지연제출(예정분을 확정시 제출)	• 공급가액×0.3%
	[1]공급시기후 확정신고기한내 발급　　[2]공급시기후 확정신고기한내 미발급			
중복적용배제	• 미등록가산세가 적용되는 부분에 대해서는 세금계산서불성실가산세와 매출처별세금계산서합계표제출불성실가산세는 적용하지 않음. • 세금계산서불성실가산세와 매출처별세금계산서합계표제출불성실가산세가 동시에 적용되는 경우에는 매출처별세금계산서합계표제출불성실가산세는 적용하지 않음.			

보론 영세율 첨부서류 미제출시에도 영세율과세표준 과소신고(무신고)가산세가 적용됨.

최신유형특강 427 **부가가치세 가산세[2]** 난이도 ★ ★ ☆ 정답 ①

다음 중 부가가치세에 대한 가산세가 부과되는 경우가 아닌 것은?

① 예정신고시 매입처별세금계산서 합계표를 제출하지 않고 확정신고시 제출한 경우
② 가공세금계산서를 발행한 경우
③ 재화를 공급받고 타인 명의로 세금계산서를 발급받은 경우
④ 사업자등록을 하지 않은 경우

해설

• ① 예정신고시 매입처별세금계산서합계표를 제출하지 않고 확정신고시 제출한 경우 : 가산세 없음
  → **비교** 매출처별세금계산서합계표를 예정신고시 제출분을 확정신고시 제출시(지연제출) : 가산세 있음
  ② 가공세금계산서를 발행한 경우
  → 세금계산서발급불성실(가공발급)가산세 부과 : 공급가액×3%
  ③ 재화를 공급받고 타인 명의로 세금계산서를 발급받은 경우
  → 세금계산서발급불성실(허위발급)가산세 부과 : 공급가액×2%
  ④ 사업자등록을 하지 않은 경우
  → 미등록가산세 부과 : 공급가액×1%

ℹ️ 길라잡이 부가가치세 가산세[공급받는 재]

세금계산서 관련	지연수취	• 공급시기 후 확정신고기한 내 수취하고 매입세액공제 받은 경우	공급가액×0.5%
	가공수취	• 실질공급 없는 세금계산서 수취	공급가액×3%
	허위수취	• 실제공급자 아닌 자 명의로 세금계산서를 수취	공급가액×2%
매입처별T/I 합계표관련	경정시 제출	• 미제출·부실기재로 경정시 T/I에 의해 매입세액공제 받는 경우	공급가액×0.5%
		• 신용카드매출전표수령명세서 미제출로 경정시 신용카드매출전표 등을 제출하여 매입세액공제 받는 경우	공급가액×0.5%
	과다기재	• 합계표 등의 공급가액을 사실과 다르게 과다 기재시	공급가액×0.5%

비교 매출처별세금계산서합계표를 예정신고시 제출분을 확정신고시 제출시(지연제출) : 가산세 있음
매입처별세금계산서합계표를 예정신고시 제출분을 확정신고시 제출시(지연제출) : 가산세 없음

최신유형특강 428 | **부가가치세 가산세[3]** | 난이도 ★ ★ ★ | 정답 ③

다음 중 부가가치세법상 가산세에 관한 설명으로 가장 올바르지 않은 것은?

① 예정신고와 납부에 있어서는 해당 예정신고기간에 대한 과세표준과 납부세액으로 하되 가산세는 제외한다.

② 매출처별세금계산서합계표를 제출하지 않은 경우에는 가산세가 부과되나 매입처별세금계산서합계표를 제출하지 않은 경우에는 가산세가 부과되지 않는다.

③ 전자세금계산서 발급의무자가 발급기간 내에 종이세금계산서를 발급하면 가산세가 부과되지 않는다.

④ 사업개시일부터 20일 이내에 사업자등록을 신청하지 아니한 경우에는 미등록가산세가 부과된다.

해설

• ① 확정신고시에만 적용되는 사항(=예정신고시에는 적용되지 않는 사항)
  - 대손세액공제, 전자신고세액공제, 가산세
• ② 매입처별세금계산서합계표의 미제출(스스로 매입세액공제를 포기)에 대하여는 가산세가 부과되지 않는다. 다만, 경정시 제출 등으로 매입세액공제를 받는 등의 법소정 사유가 있는 경우에는 가산세가 부과된다.
• ③ 전자세금계산서발급의무자가 전자세금계산서를 발급하지 않고 세금계산서 발급시기에 전자세금계산서 외의 세금계산서(예 종이세금계산서)를 발급한 경우 가산세가 부과된다.

ⓘ 길라잡이 전자세금계산서 관련 가산세

지연전송	• 전자세금계산서발급명세 전송기한(=발급일의 다음 날)이 지난 후 공급시기 과세기간에 대한 확정신고기한까지 전송한 경우	공급가액×0.3%
미전송	• 전자세금계산서발급명세 전송기한(=발급일의 다음 날)이 지난 후 공급시기 과세기간에 대한 확정신고기한까지 전송하지 않은 경우	공급가액×0.5%
미발급	• 전자세금계산서발급의무자가 세금계산서 발급시기에 전자세금계산서 외의 세금계산서(예 종이세금계산서)를 발급한 경우	공급가액×1%

최신유형특강 429 | 간이과세자 일반사항[1] | 난이도 ★ ★ ☆ | 정답 ②

다음 중 부가가치세법상 간이과세자에 대한 설명으로 가장 올바르지 않은 것은?

① 간이과세자는 간이과세를 포기하고 일반과세자가 될 수 있다.
② 간이과세자는 예외사항에 해당하더라도 세금계산서를 발급할 수 없다.
③ 간이과세자는 대손세액공제를 적용하지 않는다.
④ 간이과세자는 해당 과세기간에 대한 공급대가의 합계액이 4,800만원 미만이면 납부의무(재고납부세액 제외)를 면제한다.

해설

• 간이과세자의 증빙발급
 ㉠ 일반적인 간이과세자(원칙) : 세금계산서 발급의무가 있다.
 ㉡ 영수증의무발급 간이과세자 : 상대방이 세금계산서 발급을 요구할 경우에도 발급이 불가하다.

ⓘ 길라잡이 | 간이과세자 주요사항

적용대상	• 직전 연도의 공급대가가 1억400만원 미만인 개인사업자 ◉주의 법인은 간이과세자가 될 수 없으며, 도매업·제조업 등의 경우 간이과세가 배제됨.	
납부면제	• 당해과세기간(1년) 공급대가가 4,800만원 미만시 납부의무를 면제함.	
포기제도	• 간이과세 포기 가능 →포기(적용)하고자하는 달의 전달 마지막 날까지 신고	
증빙발급	• 원칙적으로 세금계산서 발급의무 있음(∴세금계산서 관련 가산세 있음.) →영수증의무발급 간이과세자 : 신규사업자, 직전연도 공급대가 4,800만원 미만 사업자	
예정부과 (원칙)	• 직전과세기간(1년) 납부세액의 1/2을 예정부과기간(1/1~6/30)이 끝난 후 25일 이내까지 징수 →예외 : 사업부진 등의 경우는 예정신고납부 선택, 세금계산서 발급자는 예정신고 강제	
계산구조	납부세액	• 과세표준(공급대가)×업종별부가가치율×10%
	공제세액	• 세금계산서 등 수취 세액공제 : 매입액(공급대가)×0.5% • 신용카드매출전표등발급세액공제 : 발행·결제금액×1.3% [한도] 1,000만원 ◉주의 대손세액공제와 의제매입세액공제가 없음.(전자세금계산서발급세액공제 있음)

최신유형특강 430 | 간이과세자 일반사항[2] | 난이도 ★ ★ ☆ | 정답 ①

다음 중 간이과세제도에 관한 설명으로 가장 옳은 것은?

① 간이과세제도를 채택하고 있는 이유는 영세사업자의 경우 납세편의와 세부담경감을 위하여 매출액에 일정률을 적용하여 간단하게 과세하기 위함이다.
② 간이과세자도 대손세액공제 적용이 가능하다.
③ 간이과세자란 업종에 관계없이 직전 연도의 공급대가(부가가치세를 포함한 가액)의 합계액이 1억 400만원에 미달하는 개인사업자를 말한다.
④ 간이과세자는 간이과세를 포기하여 일반과세자가 될 수 없다.

해설

• ① 사업자는 거래시마다 부가가치세를 거래징수하여야 하고 이를 장부에 기장하여야 하며, 각 과세기간별로 매출세액에서 매입세액을 차감하여 납부세액을 계산하여야 한다. 그러나 영세사업자의 경우 납세편의와 세부담경감을 위하여 매출액에 일정률을 적용하여 과세하는 간이과세제도를 택하고 있다.
② 일반과세자와 달리, 간이과세자는 대손세액공제와 의제매입세액공제가 없다.
③ 일반과세자는 일반과세 배제업종이 없으나, 간이과세자는 광업·제조업 등 간이과세 배제업종이 있다.
④ 일반과세자는 일반과세포기제도가 없으나, 간이과세자는 간이과세포기제가 있으므로 간이과세를 포기하여 일반과세자가 될 수 있다.

원가관리회계

| 최신유형특강 431 | 원가의 개념적 분류 | 난이도 ★ ☆ ☆ | 정답 ② |

다음은 원가의 분류에 대한 설명이다. 괄호 안에 들어갈 용어로 가장 옳은 것은?

> 원가란 특정목적을 달성하기 위해 소멸된 경제적 자원의 희생을 화폐가치로 측정한 것으로 발생한 원가 중 기업의 수익획득에 아직 사용되지 않은 부분은 (a)(으)로, 수익획득에 사용된 부분은 (b)(으)로 재무제표에 계상되며 수익획득에 기여하지 못하고 소멸된 부분은 (c)(으)로 계상된다.

① (a) 자산, (b) 손실, (c) 비용
② (a) 자산, (b) 비용, (c) 손실
③ (a) 손실, (b) 비용, (c) 자산
④ (a) 비용, (b) 자산, (c) 손실

해설

• 원가란 특정목적을 달성하기 위해 소멸된 경제적 자원의 희생을 화폐가치로 측정한 것으로 다음과 같이 분류한다.

미소멸원가	(a) 자산	• 수익획득에 아직 사용되지 않은 부분(예 재고자산)
소멸원가	(b) 비용	• 수익획득에 사용된 부분(예 매출원가)
	(c) 손실	• 수익획득에 기여하지 못하고 소멸된 부분(예 화재손실)

| 최신유형특강 432 | 원가회계의 한계점 | 난이도 ★ ★ ☆ | 정답 ② |

다음 중 원가회계의 한계점 등에 대한 설명으로 올바르지 않은 것은?

① 화폐단위로 표시되는 계량적 자료로서, 비화폐성 정보와 질적인 정보는 제공하지 못한다.
② 원가회계는 객관적으로 측정가능한 회계자료를 기초로 수익과 비용을 인식한다. 그러나 재무회계는 경영자의 목적에 따라 다양한 회계절차를 적용해야 하는 어려움이 있다.
③ 제품의 원가는 기업이 채택하고 있는 원가회계방법에 의하여 자동적으로 계산되기 때문에 특정한 시점에서 원가회계가 모든 의사결정에 목적적합한 원가정보를 제공할 수는 없다.
④ 경영자는 어떤 의사결정을 할 때 원가회계가 제공하는 정보가 그 의사결정에 부합되는 정보인지 여부를 사전에 충분히 검토해야 한다.

해설

• 재무회계는 객관적으로 측정가능한 회계자료를 기초로 수익과 비용을 인식하며 정해진 회계절차를 적용한다. 그러나 원가회계는 경영자의 목적에 따라 다양한 회계절차를 적용해야 하는 어려움이 있다.

ℹ️ 길라잡이 원가회계의 한계점

계량적 정보	• 원가회계가 제공하는 정보는 화폐단위로 표시되는 계량적 자료이나, 경영자가 계획을 수립하고 통제를 수행할 때는 질적인 정보와 함께 기업의 외부정보도 필요함. →원가회계는 비화폐성 정보와 질적인 정보는 제공하지 못함.
다양한 회계절차	• 재무회계는 객관적으로 측정가능한 회계자료를 기초로 수익과 비용을 인식함. →원가회계는 경영자의 목적에 따라 다양한 회계절차를 적용해야 하는 어려움이 있음.
목적적합성 불충족	• 제품의 원가는 기업이 채택하고 있는 원가회계방법에 의하여 자동적으로 계산되는 것이기 때문에 특정한 시점에서 원가회계가 모든 의사결정에 목적적합한 원가정보를 제공할 수는 없음. →따라서 경영자는 어떤 의사결정을 할 때 원가회계가 제공하는 정보가 그 의사결정에 부합되는 정보인지를 사전에 충분히 검토해야 함.

최신유형특강 433	원가회계 용어의 개념	난이도 ★ ☆ ☆	정답 ①

다음 설명과 관련된 원가회계 용어로 가장 옳은 것은?

> ㄱ. 직접적인 대응이나 간접적인 원가배분방법에 의한 원가측정을 통하여 원가가 집계되는 활동이나 항목
> ㄴ. 이것에 대한 전통적인 예로는 제품, 부문 등이 있으나 최근에는 활동(activity), 작업(operation) 등으로 다양화 되고 있음

① 원가대상
② 원가집합
③ 원가동인
④ 원가배분

해설

• 원가대상(=원가집적대상)의 의의와 사례

원가대상의 의의	• 원가대상은 직접적인 대응이나 간접적인 원가배분방법에 의한 원가측정을 통하여 원가가 집계되는 활동이나 항목을 말함. →구체적인 원가대상은 경영자의 의사결정 목적에 따라 선택된다. →원가대상이 결정되어야 원가측정이 가능하고 원가측정에 의하여 원가가 집계된다.
원가대상의 사례	전통적 원가대상 ┃ • 제품, 부문 다양한 원가대상 ┃ • 활동, 작업, 서비스, 프로젝트, 프로그램, 공장전체

★ **저자주** 신유형에 해당하는 문제이긴 하나 기초적인 문제이므로 절대 틀려서는 안되는 문제에 해당합니다.

ℹ **길라잡이** 원가회계 용어 주요사항

원가대상 (원가집적대상)	• 직접대응이나 간접적 원가배분에 의한 원가측정을 통해 원가집계가 되는 활동, 항목, 단위 예 제품, 부문, 공정, 활동, 작업, 서비스, 프로젝트, 프로그램, 공장전체 →구체적인 원가대상은 경영자의 의사결정 목적에 따라 선택됨.
원가집합	• 원가대상에 직접적으로 추적할 수 없는 간접원가(배분되어야 할 공통원가)들을 모아둔 것
원가배분	• 원가집합에 집계된 간접원가를 일정한 배부기준에 따라 원가대상에 배분하는 과정 저자주 원가배부 : 엄밀히 말해 원가대상이 제품으로 한정될 때 사용하는 용어이나, 수험목적상으로는 원가배분과 혼용되어 사용되고 있습니다.
조업도	• 협의 : 일정기간 동안 생산설비의 이용정도 • 광의 : 일정기간 동안 원가대상의 원가변동에 가장 큰 영향을 주는 원가동인(예 생산량, 판매량)
원가동인	• 원가대상의 총원가에 변화를 유발시키는 요인 →⚠주의 매우 다양함.(예 제품 : 생산량, 작업시간)
원가행태	• 조업도(원가동인)의 변동에 따른 원가발생액의 변동양상(예 변동원가, 고정원가)
관련범위	• 원가·조업도간 일정관계가 유지되는 조업도 범위로, 변동·고정원가 구분이 타당한 조업도 구간

최신유형특강 434 · 원가의 분류 · 난이도 ★ ★ ☆ · 정답 ①

원가는 경영자의 의사결정 목적에 따라 여러 가지로 분류할 수 있다. 다음 원가의 분류에 대한 설명으로 가장 옳은 것은?

① 특정대안을 선택하지 않음으로써 절약되는 원가 즉, 경영자의 의사결정에 따라 절약 가능한 원가를 회피가능원가라 한다.
② 원가가 발생한 경로를 최종 제품까지 추적하여 해당 제품별로 추적가능성이 있는지에 따라 제품원가와 기간원가로 분류한다.
③ 수익과의 대응관계에 따라 직접원가와 간접원가로 분류한다. 즉, 어떤 원가가 직접원가 또는 간접원가로 분류되느냐에 따라 기간손익이 크게 영향을 받기 때문에 특히 중요한 의미를 갖는다.
④ 선택된 대안 이외의 다른 대안 중 최선의 대안을 선택했더라면 얻을 수 있었던 최대이익 혹은 최소비용을 매몰원가(sunk costs)라 한다.

해설

• ② 추적가능성이 있는지에 따라 직접원가와 간접원가로 분류한다.
  ③ 수익과의 대응관계에 따라 제품원가(생산원가)와 기간원가로 분류한다.
  ④ 선택된 대안 이외의 다른 대안 중 최선의 대안을 선택했더라면 얻을 수 있었던 최대이익 혹은 최소비용을 기회원가(opportunity costs)라 한다.

🛈 길라잡이 원가의 분류

제조원가	직접재료원가	• 특정제품에 직접추적가능한 원재료 사용액
	직접노무원가	• 특정제품에 직접추적가능한 노동력 사용액
	제조간접원가	• 직접재료비와 직접노무비를 제외한 제조활동에 사용한 모든 요소 ♀주의 따라서, 간접재료비와 간접노무비는 제조간접원가임.
제조활동관련 (수익대응)	제품원가 (생산원가)	• 판매시 매출원가로 비용화됨. →예 제조원가, 공장직원인건비, 공장건물감가상각비
	기간원가	• 발생시 비용처리함. →예 판관비(광고선전비, 본사직원 인건비, 본사사옥감가상각비) ♀주의 제품 광고선전비 : 상품이든 제품이든 모두 판관비임.
추적가능성	직접원가	• 특정원가대상에 직접적으로 추적할 수 있는 원가 →예 직접재료원가(주요재료비, 부품비), 직접노무원가(임금)
	간접원가	• 특정원가대상에 직접적으로 추적할 수 없는 원가 →예 제조간접원가 : 간접재료비(보조재료비), 간접노무비(공장감독자급여)
원가행태	변동원가	• 조업도에 비례하여 총원가가 증가하는 원가 →예 직접재료원가, 직접노무원가, 동력비(전기요금)
	고정원가	• 조업도와 무관하게 총원가가 일정한 원가 →예 공장 임차료·보험료·재산세·감가상각비
의사결정관련	관련원가	• 대안간에 차이가 나는 미래원가(의사결정에 영향을 미치는 원가)
	매몰원가	• 과거 의사결정 결과로 이미 발생한 원가(의사결정에 영향을 미치지 않는 원가)
	기회원가	• 특정대안의 선택으로 포기해야 하는 가장 큰 효익〈관련원가〉
	회피가능원가	• 의사결정에 따라 절약할 수 있는(피할 수 있는) 원가〈관련원가〉 →회피불능원가 : 특정대안 선택과 관계없이 계속 발생하는 원가〈비관련원가〉
통제가능성	통제가능원가	• 관리자가 원가발생에 영향을 미칠 수 있는 원가〈성과평가시 고려해야함.〉
	통제불능원가	• 관리자가 원가발생에 영향을 미칠수 없는 원가〈성과평가시는 배제해야함.〉

최신유형특강 435 | 원가의 분류와 원가종류[1] | 난이도 ★ ☆ ☆ | 정답 ③

원가는 경영자의 의사결정 목적에 따라 다음과 같이 여러 가지로 분류할 수 있다. 다음 중 원가 분류가 올바른 것으로 짝지어진 것은?

> ㄱ. 원가행태에 따른 분류
> ㄴ. 추적가능성에 따른 분류
> ㄷ. 의사결정과의 관련성에 따른 분류
> ㄹ. 통제가능성에 따른 분류

> A. 직접원가와 간접원가
> B. 변동원가와 고정원가
> C. 관련원가와 매몰원가
> D. 미소멸원가와 소멸원가

	원가의 분류	원가 종류
①	ㄱ	A
②	ㄴ	B
③	ㄷ	C
④	ㄹ	D

해설

- ㄱ. 원가행태에 따른 분류 : 변동원가와 고정원가(B)
  ㄴ. 추적가능성에 따른 분류 : 직접원가와 간접원가(A)
  ㄷ. 의사결정과의 관련성에 따른 분류 : 관련원가와 매몰원가(C)
  ㄹ. 통제가능성에 따른 분류 : 통제가능원가와 통제불능원가
- **보론** 미소멸원가와 소멸원가

미소멸원가	• 과거의 거래나 사건의 결과로 획득되어 미래에 경제적효익을 제공할 수 있는, 즉 용역잠재력이 소멸되지 않은 원가를 미소멸원가라고 하며 재무상태표에 자산으로 계상된다.		
소멸원가	• 미래에 더 이상 경제적 효익을 제공할 수 없는, 즉 용역잠재력이 소멸된 원가를 소멸원가라고 하며 수익획득에의 공헌 여부에 따라 비용 또는 손실로 계상된다.		
	미소멸원가	자산	• 수익획득에 아직 사용되지 않은 부분(예 재고자산)
	소멸원가	비용	• 수익획득에 사용된 부분(예 매출원가)
		손실	• 수익획득에 기여하지 못하고 소멸된 부분(예 화재손실)

원가의 분류와 원가종류[2] 난이도 ★ ☆ ☆ 정답 ③

원가는 경영자의 의사결정 목적에 따라 다음과 같이 여러 가지로 분류할 수 있다. 다음 중 원가 분류가 올바른 것으로 짝지어진 것은?

ㄱ. 의사결정과의 관련성에 따른 분류 ㄴ. 실제지출유무에 따른 분류 ㄷ. 원가 발생시점에 따른 분류 ㄹ. 원가의 회피가능성에 대한 분류

A. 지출원가와 기회원가 B. 회피가능원가와 회피불가능원가 C. 매몰원가와 미래원가 D. 관련원가와 비관련원가

	원가의 분류	원가 종류
①	ㄱ	A
②	ㄴ	B
③	ㄷ	C
④	ㄹ	D

해설

- ㄱ. 의사결정과의 관련성에 따른 분류 : 관련원가와 비관련원가(D)
- ㄴ. 실제지출유무에 따른 분류 : 지출원가와 기회원가(A)
- ㄷ. 원가 발생시점에 따른 분류 : 매몰원가와 미래원가(C)
- ㄹ. 원가의 회피가능성에 따른 분류 : 회피가능원가와 회피불가능원가(B)

ⓘ 길라잡이 **의사결정시 필요한 원가용어와 정의**

의사결정 관련성	관련원가	• 대안간에 차이가 나는 미래원가〈의사결정과 관련O〉
	비관련원가	• 과거원가이거나 대안 간에 차이가 나지 않는 미래원가〈의사결정과 관련X〉
실제지출유무	지출원가	• 미래에 현금 등의 지출을 수반하는 원가(실제지출O)
	기회원가	• 자원을 현재 용도 이외의 다른 용도에 사용할 경우 얻을 수 있는 최대금액(실제지출X)〈관련원가〉
발생시점	매몰원가	• 과거 발생한 역사적 원가로서 현재·미래에 회수불가한 원가〈비관련원가〉
	미래원가	• 미래에 발생할 원가
회피가능성	회피가능원가	• 의사결정에 따라 절약할 수 있는(피할 수 있는) 원가〈관련원가〉
	회피불능원가	• 특정대안을 선택하는 것과 관계없이 동일하게 발생하는 원가〈비관련원가〉

| 최신유형특강 437 | 관련원가와 비관련원가 구분 | 난이도 ★ ☆ ☆ | 정답 ③ |

㈜삼일은 기계장치 A를 10,000,000원(추정내용연수 5년, 추정잔존가치 1,000,000원, 정액법 상각)에 취득하여 4년 동안 사용하다가 기계장치 B(취득원가 12,500,000원으로 추정)로 교체할 것인지를 의사결정하고자 한다. 이 경우 기계장치 A의 처분가액은 3,000,000원으로 추정된다. 다음 중 기계장치의 교체 의사결정시 관련원가(relevant cost)는 무엇인가?

① 기계장치 A의 취득원가, 기계장치 A의 추정잔존가치
② 기계장치 A의 취득원가, 기계장치 A의 장부가액
③ 기계장치 A의 처분가액, 기계장치 B의 취득원가
④ 기계장치 A의 장부가액, 기계장치 A의 처분가액

해설

• 과거의 의사결정으로 인하여 이미 발생한 원가로서 의사결정에 영향을 미치지 않는 매몰원가(sunk cost)인 기계장치A의 취득원가(또는 장부가액)는 비관련원가이다.
• 기계장치B로 교체시 관련원가(교체하지 않는 대안과 차이가 나는 차액원가)
  - 증분수익 : 기계장치A의 처분가액, 기계장치B로 인한 수익창출액
  - 증분비용 : 기계장치B의 취득원가

| 최신유형특강 438 | 기회원가의 적용 | 난이도 ★ ☆ ☆ | 정답 ② |

㈜삼일은 공장의 화재로 창고에 보관중이던 제품 5,000,000원이 손상되었다. 이 제품을 손상된 상태에서 처분하면 200,000원에 처분가능하나 회사는 300,000원의 비용을 추가 투입하여 손상부분을 수선한 후 1,000,000원에 처분하기로 하였다. 이처럼 수선 후 처분하는 경우 기회비용은 얼마인가?

① 100,000원   ② 200,000원
③ 300,000원   ④ 500,000원

해설

• 기회비용 : 특정대안(300,000원의 비용을 투입하여 수선한 후 처분하는 경우)의 선택으로 포기해야 하는 효익
  ⇒수선하지 않고 손상된 상태에서 처분하는 경우의 처분가 200,000원
• **비교** 과거의 의사결정으로 인하여 이미 발생한 원가로서 의사결정에 영향을 미치지 않는 제품 5,000,000원은 매몰원가(sunk cost)이다.

ℹ️ 길라잡이 매몰원가와 기회원가

매몰원가 (sunk cost)	• 과거 의사결정의 결과로 이미 발생한 원가로, 의사결정에 영향을 미치지 않는 비관련원가 **예시** 구기계 취득원가 100(감가상각누계액 30), 신기계구입 고려중 → 매몰원가 : 취득원가 100 또는 장부금액 70 → 의사결정 : 신기계로 인한 수익창출액이 구입가보다 크면 구입함.
기회원가 (opportunity cost)	• 특정대안의 선택으로 포기해야 하는 가장 큰 효익 **예시** CU편의점과 GS편의점의 시간당 알바수익이 각각 3,000원과 5,000원일 때, 여친과 수다를 떨며 즐겁게 1시간 보내는 경우의 기회원가는 5,000원임 🔍주의 기회원가는 관리적 차원에서 사용되는 원가개념이며, 회계장부에는 실제원가만이 기재되므로 기회원가는 회계장부에 기록되지 않음.

| 최신유형특강 439 | 원가배분기준 | 난이도 | ★ ★ ☆ | 정답 | ① |

●── 원가배분에서 가장 중요한 문제는 원가배분 기준의 설정이다. 다음 중 원가배분 기준에 대한 설명으로 가장 올바르지 않은 것은?

① 부담능력기준은 원가배분대상의 원가부담능력에 비례하여 공통원가를 배분하는 기준으로, 품질검사원가를 품질검사시간을 기준으로 배분하는 경우가 대표적인 예이다.

② 수혜기준은 원가배분대상이 공통원가로부터 제공받은 경제적 효익의 정도에 따라 원가를 배분하는 기준으로 수익자 부담의 원칙에 입각한 배분기준이다.

③ 인과관계기준은 원가배분대상과 배분대상 원가간의 인과관계를 통하여 특정원가를 원가배분대상에 대응시키는 배분기준이다.

④ 공정성과 공평성기준은 공정성과 공평성에 따라 공통원가를 원가배분대상에 배분해야 한다는 원칙을 강조하는 포괄적인 기준이다.

해설

• 품질검사원가를 품질검사시간을 기준으로 배분하는 경우는 부담능력기준이 아니라 인과관계기준의 대표적인 예이다.

ⓘ 길라잡이 원가배분기준

인과관계기준 (cause and effect criterion)	• 원가대상과 배분대상원가 간의 인과관계에 따라 원가를 배분하는 기준으로 가장 이상적인 원가배분기준임. →예 품질검사원가를 품질검사시간을 기준으로 배분 　　공장직원 회식비를 각 부문종업원수에 따라 배분
수혜기준 (benefits received criterion)	• 원가대상이 공통원가로부터 제공받는 경제적효익의 크기에 따라 원가를 배분하는 기준('수익자부담원칙'에 입각한 배분기준임.) →예 광고선전비를 사업부별 매출액이 아닌 매출증가액을 기준으로 배분
부담능력기준 (ability to bear criterion)	• 원가부담능력(수익창출능력)에 따라 원가를 배분하는 기준 →예 본사에서 발생하는 각 지점관리와 관련된 공통원가를 각 지점의 매출액을 기준으로 배분
공정성·공평성기준 (fairness and equity criterion)	• 공정성·공평성에 의하여 공통원가를 원가배분대상에 배분해야 한다는 원칙을 강조하는 포괄적인 기준 →정부와의 계약에서 상호 만족할만한 가격설정을 위한 수단으로 주로 사용

| 최신유형특강 440 | 원가배분의 목적 | 난이도 ★ ★ ☆ 정답 ④ |

공통원가를 일정한 배부기준에 따라 하나 또는 둘 이상의 원가대상에 합리적으로 대응시키는 원가배분(cost allocation)의 목적과 가장 거리가 먼 것은?

① 기업의 순이익 측정에 영향을 미치는 재고자산 가액과 매출원가를 측정하여 외부보고를 위한 재무제표를 작성하기 위하여
② 합리적 원가배분을 통하여 적정가격을 설정함으로써 제품가격의 정당성을 확보하기 위하여
③ 최적의 자원배분을 위한 경제적 의사결정과 관련된 원가정보 파악을 위하여
④ 보조부문원가를 제품원가에 포함시킴으로써 당기의 이익을 크게 보고하기 위하여

해설 ⊘
- 보조부문의 활동은 제조활동을 보조하기 위한 것이므로 보조부문에서 발생한 원가는 당연히 제조원가이다. 따라서, 보조부문원가를 최종제품의 원가에 포함시켜(보조부문원가를 제조부문에 배분한 후 다시 최종적으로 제품에 배분) 보다 정확한 제조원가를 산정하기 위한 목적으로 보조부문의 원가를 제조부문에 배분하는 것이다.
  →보조부문원가의 배분이 이익의 조작목적으로 이루어지는 것은 아니다.

ⓘ 길라잡이 원가배분의 목적

계획적 예산편성	• 회사의 미래계획수립 또는 최적의 자원배분을 위한 경제적 의사결정과 관련된 원가정보를 파악하기 위하여 원가를 배분해야 함.
성과측정 및 평가	• 원가배분은 경영자와 종업원의 행동과 동기부여에 영향을 미칠 수 있기 때문에 그들의 행동이 조직의 목적과 일치하도록 합리적으로 원가배분을 해야 함. →배분된 원가는 이후 성과평가의 기준으로 활용될 수 있음.
제품원가계산	• 기업의 순이익 측정에 영향을 미치는 외부보고를 위한 재고자산의 가액과 매출원가를 정확히 산출하여 주주, 채권자 등 이해관계자들에게 합리적인 정보를 제공하기 위하여 원가를 배분해야 함.
가격결정	• 합리적인 원가배분을 통하여 적정가격을 설정함으로써 제품가격의 정당성을 입증할 수 있고 매출증가에 기여할 수 있음.

제1주차
기출문제특강

제2주차
핵심유형특강

제3주차
최신유형특강

제4주차
기출변형특강

최신유형특강 441 | **원가의 개념 등 일반사항** | 난이도 ★ ★ ☆ 정답 ③

다음 중 원가의 개념과 관련된 설명으로 올바른 설명을 모두 고르시오.

> ㄱ. 경영자는 원가배분 대상과 배분대상 원가간의 인과관계에 의한 원가배분이 경제적으로 실현가능한 경우에는 인과관계기준에 의하여 원가를 배분하여야 한다.
> ㄴ. 당기제품제조원가란 당기 중에 완성된 제품의 제조원가이며, 당기총제조원가에 기초재공품재고액은 가산하고, 기말재공품재고액은 차감하여 구한다.
> ㄷ. 원가행태란 원가대상의 총원가에 변화를 유발시키는 요인을 말한다.
> ㄹ. 원가는 미래에 경제적 효익을 제공할 수 있는 용역잠재력을 갖는지에 따라 관련원가와 기회원가로 분류한다.
> ㅁ. 제품생산을 위해 구입한 공장 건물은 소비되어 없어지는 것이 아니기 때문에 원가가 아니라 자산에 해당된다.

① ㄱ, ㄴ, ㄷ   ② ㄱ, ㄴ, ㄹ
③ ㄱ, ㄴ, ㅁ   ④ ㄴ, ㄹ, ㅁ

해설

• ㄷ : 원가대상의 총원가에 변화를 유발시키는 요인은 원가행태가 아니라 원가동인이다.
• ㄹ : 원가는 미래에 경제적 효익을 제공할 수 있는 용역잠재력을 갖는지 여부에 따라 다음과 같이 미소멸원가와 소멸원가로 분류한다.(이는 자산과의 관련성에 따른 분류이다.)

미소멸원가	• 과거의 거래나 사건의 결과로 획득되어 미래에 경제적효익을 제공할 수 있는, 즉 용역잠재력이 소멸되지 않은 원가를 미소멸원가라고 하며 재무상태표에 자산으로 계상된다.		
소멸원가	• 미래에 더 이상 경제적 효익을 제공할 수 없는, 즉 용역잠재력이 소멸된 원가를 소멸원가라고 하며 수익획득에의 공헌 여부에 따라 비용 또는 손실로 계상된다.		
	미소멸원가	자산	• 수익획득에 아직 사용되지 않은 부분(예 재고자산)
	소멸원가	비용	• 수익획득에 사용된 부분(예 매출원가)
		손실	• 수익획득에 기여하지 못하고 소멸된 부분(예 화재손실)

최신유형특강 442 | **정상원가계산 개념** | 난이도 ★ ☆ ☆ 정답 ③

직접재료원가와 직접노무원가는 실제원가로, 제조간접원가는 사전에 정해놓은 예정배부율로 측정하는 원가계산방법은 무엇인가?

① 전부원가계산   ② 종합원가계산
③ 정상원가계산   ④ 표준원가계산

해설

• 원가계산방법은 원가요소의 실제성에 따라(원가측정에 따라) 다음과 같이 분류된다.

	실제원가계산	정상원가계산	표준원가계산
직접재료원가	실제원가	실제원가	표준원가
직접노무원가	실제원가	실제원가	표준원가
제조간접원가	**실제원가**	**예정배부액**	**표준배부액**

| 최신유형특강 443 | 당기총제조원가 계산 | 난이도 ★ ★ ☆ | 정답 ③ |

다음은 ㈜삼일의 원가관련 자료이다. 직접노무원가는 가공원가의 80%라고 할 때, ㈜삼일의 당기총제조원가는 얼마인가?

	기초재고액	8,000원
직접재료원가	당기매입액	36,000원
	기말재고액	12,000원
	전기말 미지급액	7,000원
직접노무원가	당기지급액	66,000원
	당기말 미지급액	5,000원

① 64,000원   ② 80,000원
③ 112,000원   ④ 134,000원

해설

- 직접재료원가(DM) : 8,000(기초재고액)+36,000(당기매입액)-12,000(기말재고액)=32,000
- 노무원가 관련 당기지급액(66,000)의 구성 : 전기말미지급액(7,000)+당기분지급액+차기선급액(0)
  →당기분지급액=59,000
- 직접노무원가(DL) : 59,000(당기분지급액)+5,000(당기말미지급액)=64,000
- 직접노무원가(64,000)=[직접노무원가(64,000)+제조간접원가]×80% →제조간접원가(OH)=16,000
- ∴당기총제조원가 : 32,000(DM)+64,000(DL)+16,000(OH)=112,000

ℹ️ 길라잡이 당기총제조원가의 구성(기초원가와 가공원가 계산)

직접재료원가(DM)	• 기초원재료+당기매입-기말원재료
직접노무원가(DL)	• 지급임금+미지급임금 **예시** 당월지급 100(전월미지급분 10, 당월분 60, 차월선급분 30), 당월분미지급 50일 때 → DL : 60+50=110
제조간접원가(OH)	• 제조간접원가(OH)=변동제조간접원가(VOH)+고정제조간접원가(FOH) 예 간접재료비, 간접노무비, 공장건물 감가상각비와 보험료
기초원가(기본원가)	• 직접재료원가(DM)+직접노무원가(DL)
가공원가(전환원가)	• 직접노무원가(DL)+제조간접원가(OH)

최신유형특강 444 | 제조기업의 원가흐름 | 난이도 ★ ★ ☆ | 정답 ①

20X1년 1월 5일에 영업을 시작한 ㈜삼일은 20X1년 12월 31일에 직접재료재고 5,000원, 재공품재고 10,000원, 제품재고 20,000원을 가지고 있다. 그런데 20X2년 들어 영업실적이 부진하자 동년 6월에 재료와 재공품 재고를 남겨두지 않고 제품으로 생산한 뒤 싼 가격으로 제품을 모두 처분하고 공장을 폐쇄하였다. ㈜삼일의 20X2년의 원가를 큰 순서대로 정리하면?

① 매출원가 〉당기제품제조원가 〉당기총제조원가
② 매출원가 〉당기총제조원가 〉당기제품제조원가
③ 당기총제조원가 〉당기제품제조원가 〉매출원가
④ 모두 금액이 같다.

해설

• 당기제품제조원가 : 당기총제조원가+기초재공품(10,000) – 기말재공품(0)
  매출원가 : 당기제품제조원가+기초제품(20,000) – 기말제품(0)
• ∴매출원가 〉당기제품제조원가 〉당기총제조원가

★ 저자주 본 문제는 회계사 기출문제로서, 재경관리사 시험에 그대로 출제되었습니다.

ⓘ 길라잡이 제조기업의 원가흐름

계정흐름	원재료		재공품		제품	
	기초원재료 당기매입	사용액(DM) 기말원재료	기초재공품 당기총제조원가	당기제품제조원가 기말재공품	기초제품 당기제품제조원가	제품매출원가 기말제품
당기총제조원가	• 직접재료원가(DM)＋직접노무원가(DL)＋제조간접원가(OH)					
당기제품제조원가	• 기초재공품＋당기총제조원가 – 기말재공품					
제품매출원가	• 기초제품＋당기제품제조원가 – 기말제품					

| 최신유형특강 445 | 매출총이익률을 통한 기말제품 추정 | 난이도 ★ ★ ★ | 정답 ② |

㈜상일의 원가자료가 다음과 같을 때 기말제품재고액은 얼마인가?

매출액	200,000원
매출총이익률	30%
기초제품재고액	10,000원
제조간접원가	32,000원
기초재공품재고	25,000원
기말재공품재고	8,000원

*직접재료원가는 기본원가의 50%이고, 직접노무원가는 가공원가의 60%이다.

① 13,000원 ② 15,000원
③ 21,000원 ④ 28,000원

해설

• 매출총이익률을 A 라 하면, '매출원가 = 매출액×(1 - A)' →매출원가 : 200,000×(1 - 30%) = 140,000

매출총이익률이 주어진 경우 매출원가 계산	• 매출원가 = 매출액×(1 - 매출총이익률)
원가가산이익률이 주어진 경우 매출원가 계산	• 매출원가 = $\dfrac{매출액}{1+원가가산이익률}$

• 직접노무원가(DL)는 가공원가(DL+OH)의 60%이므로, DL = (DL+32,000)×60% →DL = 48,000
• 직접재료원가(DM)는 기본원가(DM+DL)의 50%이므로, DM = (DM+48,000)×50% →DM = 48,000
• 당기총제조원가 : 48,000(DM)+48,000(DL)+32,000(OH) = 128,000
• 당기제품제조원가 : 25,000(기초재공품)+128,000(당기총제조원가) - 8,000(기말재공품) = 145,000
• 기말제품 : 10,000(기초제품)+145,000(당기제품제조원가) - 140,000(매출원가) = 15,000

* **고속철** 실전에서는 다음의 계정에 해당액을 직접 기입하여 대차차액으로 구한다.

기초재공품	25,000	매출원가	200,000×(1 - 30%) = 140,000
기초제품	10,000		
직접재료원가	48,000		
직접노무원가	48,000	기말재공품	8,000
제조간접원가	32,000	기말제품	?

최신유형특강 446 **준변동원가의 특징** 난이도 ★ ☆ ☆ 정답 ③

다음 중 준변동원가에 관한 설명으로 가장 옳은 것은?

① 조업도의 증가에 따라 원가총액과 단위당 원가가 증가한다.
② 조업도의 변동과 무관하게 원가총액이 일정하다.
③ 조업도의 변동과 무관하게 원가총액이 일정한 원가와 조업도의 증가에 따라 원가총액이 비례하여 증가하는 원가를 모두 가지고 있다.
④ 조업도가 특정범위를 벗어나면 일정액만큼 증가 또는 감소한다.

해설 ◦

• 준변동원가($y = a + bx$) : 조업도의 변동에 관계없이 총원가가 일정한 고정원가(a)와 조업도의 변동에 따라 총원가가 비례하여 변동하는 변동원가(bx)의 두 가지 요소를 모두 가지고 있는 원가를 말한다.(혼합원가)
  →예 통신요금 : 월 기본요금 50,000원에 100시간 초과사용시 초과시간당 5,000원 추가 납부

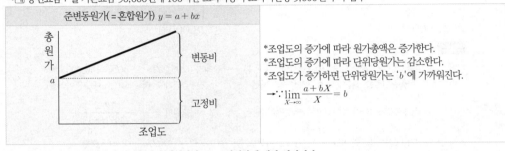

준변동원가(= 혼합원가) $y = a + bx$

*조업도의 증가에 따라 원가총액은 증가한다.
*조업도의 증가에 따라 단위당원가는 감소한다.
*조업도가 증가하면 단위당원가는 'b'에 가까워진다.
→ $\because \lim_{X \to \infty} \dfrac{a + bX}{X} = b$

• ② 조업도의 변동과 무관하게 원가총액이 일정하다. ⇒ 고정원가에 대한 설명이다.
  ④ 조업도가 특정범위를 벗어나면 일정액만큼 증가 또는 감소한다. ⇒ 준고정원가에 대한 설명이다.

| 최신유형특강 447 | 준변동원가 원가함수 분석 | 난이도 | ★ ★ ☆ | 정답 | ① |

㈜삼일의 과거 원가자료를 바탕으로 총제조간접원가를 추정한 원가함수는 다음과 같다. 이에 관한 설명으로 가장 올바르지 않은 것은?(단, 조업도는 기계시간이다.)

$$y = 200{,}000 + 38x$$

① 200,000은 기계시간당 고정제조간접원가를 의미한다.
② x는 기계시간을 의미한다.
③ 38은 기계시간당 변동제조간접원가를 의미한다.
④ 조업도가 1,000기계시간일 경우 총제조간접원가는 238,000원으로 추정된다.

해설

• ① 200,000은 기계시간당 고정제조간접원가를 의미하는 것이 아니라 총고정제조간접원가를 의미한다.
　→조업도수준에 관계없이[조업도(x)=0인 경우에도] 일정액이 발생하는 고정원가

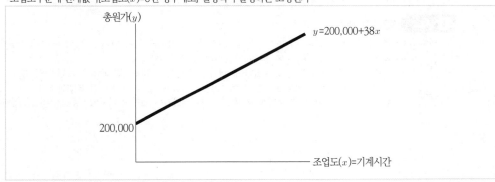

② x는 조업도로서, 독립변수(원가동인)인 기계시간을 의미한다.
③ 38은 원가함수(1차함수)의 기울기로서, 조업도단위당(=기계시간당) 변동제조간접원가를 의미한다.
④ y=200,000+38x 에서, x(조업도)에 1,000을 대입하면 y(총원가=총제조간접원가)는 238,000이 된다.

최신유형특강 448 | **원가추정 일반사항** | 난이도 ★ ★ ☆ 정답 ④

다음 중 원가추정에 대한 설명으로 가장 올바르지 않은 것은?

① 원가추정의 목적은 계획과 통제 및 의사결정에 유용한 미래원가를 추정하기 위함이다.
② 원가추정은 조업도와 원가 사이의 관계를 규명하여 원가함수를 추정하는 것이다.
③ 원가추정시 원가에 영향을 미치는 요인은 조업도 뿐이라고 가정한다.
④ 원가추정시 전범위에서 단위당 변동원가와 총고정원가가 일정하다고 가정한다.

해설

• 원가행태는 관련범위 내에서 선형(직선)이라고 가정한다. 즉, 관련범위 내에서 단위당변동원가와 총고정원가가 일정하다고 가정한다.
→여기서 관련범위는 원가행태의 회계적 추정치가 타당한 조업도의 범위(현실적으로 달성할 수 있는 최대조업도와 최저조업도)를
말하며, 관련범위를 벗어나는 경우 실제로는 비선형(곡선)원가함수가 될 수도 있으므로 전 범위가 아니라 관련범위 내에서는 선형
이라고 가정하는 것이다.

저자주 실제로 독립변수와 종속변수간의 관계는 선형이 아닌 경우가 일반적이며, 이러한 비선형원가함수의 대표적인 예가 '학습곡선'입
니다. 이는 세무사 · 회계사 시험수준에 해당하므로 설명은 생략합니다.

i 길라잡이 원가추정 개괄

의의	• 조업도(독립변수 x)와 원가(종속변수 y) 사이의 관계를 규명하여 원가함수($y=a+bx$)를 추정하는 것
목적	• 계획과 통제 및 의사결정에 유용한 미래원가를 추정하기 위함. →예 원가함수($y=a+bx$)를 추정하여, 만약 x(조업도)=1,000시간일 경우 y(원가)의 계산
가정	• ㉠ 원가에 영향을 미치는 요인은 조업도뿐임. →즉, 조업도만이 유일한 독립변수임. ㉡ 원가행태는 관련범위 내에서 선형임. →즉, 관련범위 내에서 단위당변동원가와 총고정원가가 일정

최신유형특강 449 | **원가추정방법과 장·단점** | 난이도 ★ ★ ★ | 정답 ②

원가를 추정하는 방법 중 변동비와 고정비의 분류에 있어서 원가담당자의 주관이 개입될 수 있다는 단점을 가진 원가추정방법은 무엇인가?

① 공학적 분석방법　　　　　　　② 계정분석법
③ 고저점법　　　　　　　　　　④ 회귀분석법

해설

- 계정분석법과 산포도법은 분석자의 주관적 판단이 개입될 수 있다는 단점이 있다.
- ★ **저자주** 원가추정방법에 대한 내용은 고저점법을 제외하고는 재경관리사 시험수준에 비추어 매우 지엽적인 사항에 해당합니다. 그러나 출제가 된 만큼 이하 '가이드' 정도 참고로 숙지 바랍니다.

ⓘ 길라잡이 | 원가추정방법

공학적 방법	개요	• 투입과 산출 사이의 관계를 계량적으로 분석하여 원가함수를 추정하는 방법 • 과거자료를 이용할 수 없는 경우에도 이용 가능한 유일한 방법임. 　(이하 방법은 과거자료를 이용하여 추정하는 방법임)
	장점	• 정확성이 높고, 과거의 원가자료를 이용할 수 없는 경우에도 사용가능함.
	단점	• 제조간접원가의 추정에는 적용이 어렵고, 시간과 비용이 많이 소요됨.
계정분석법	개요	• 분석자의 전문적인 판단에 따라 각 계정과목에 기록된 원가를 변동원가와 고정원가로 분석하여 추정하는 방법
	장점	• 시간과 비용이 적게 소요됨.
	단점	• 단일기간 원가자료를 이용하므로 비정상적인 상황이 반영될 수 있고, 분석자의 주관적 판단이 개입될 수 있음.
산포도법	개요	• 조업도와 원가의 실제치를 도표에 점으로 표시하고 눈대중으로 이러한 점들을 대표하는 원가추정선을 도출하여 원가함수를 추정하는 방법
	장점	• 적용이 간단하고 이해하기 쉽고, 시간과 비용이 적게 소요되며, 예비적 검토시 많이 활용될 수 있음.
	단점	• 분석자의 주관적 판단이 개입될 수 있음.
회귀분석법	개요	• 독립변수가 한 단위 변화함에 따른 종속변수의 평균적 변화량을 측정하는 통계적 방법에 의하여 원가함수를 추정하는 방법
	장점	• 객관적이고, 정상적인 원가자료를 모두 이용하며, 다양한 통계자료를 제공함.
	단점	• 통계적 가정이 충족되지 않을 경우에는 무의미한 결과가 산출될 수 있으며, 적용이 어려움.
고저점법	개요	• 최고조업도와 최저조업도의 원가자료를 이용하여 원가함수를 추정하는 방법
	장점	• 객관적이고, 시간과 비용이 적게 소요됨.
	단점	• 비정상적인 결과가 도출될 수 있으며, 원가함수가 모든 원가자료를 대표하지 못함.

최신유형특강 450 | **고저점법에 의한 총제조원가 추정** | 난이도 ★ ★ ☆ | 정답 ③

㈜삼일의 월별 원가자료이다. 고저점법을 이용하여 5월달 직접노동시간이 9,500시간으로 예상된다면 총제조원가를 추정하면 얼마인가?

월별	직접노동시간	총제조원가
1월	8,000시간	1,150,000원
2월	12,000시간	1,400,000원
3월	6,000시간	500,000원
4월	4,000시간	600,000원

① 950,000원
② 1,025,000원
③ 1,150,000원
④ 1,300,000원

해설

• 고저점법은 최고조업도와 최저조업도의 원가자료를 이용하여 원가함수를 추정하는 방법이다.
• 고저점법에 의한 원가함수($y = a + bx$) 추정
  - b(시간당변동원가) = $\dfrac{1,400,000 - 600,000}{12,000시간 - 4,000시간}$ = 100
  → 따라서, 추정함수는 $y = a + 100x$
  - 임의의 점($x = 4,000$시간, $y = 600,000$)을 '$y = a + 100x$'에 대입하면 $a = 200,000$
  → 따라서, 추정함수는 $y = 200,000 + 100x$
∴5월달 총제조원가 추정액 : $200,000 + 100 \times 9,500$시간 = 1,150,000

★ 저자주 저자는 1차함수를 추정하는 본 내용을 이해할 수 없다고 호소하는 수험생을 종종 보며 난감해지곤 합니다. 중학교 1학년 수학을 다시 검토해 주시기 바랍니다.

ℹ️ 길라잡이 고저점법에 의한 원가함수 추정

의의	• 최고조업도와 최저조업도의 원가자료로 원가함수($y = a + bx$)를 추정
단위당변동원가 추정	• 단위당변동원가 = $\dfrac{최고조업도원가 - 최저조업도원가}{최고조업도 - 최저조업도}$
최고·최저점 선택	• 조업도를 기준으로 최고조업도, 최저조업도인 점을 선택함. 🔾주의 최고원가, 최저원가를 기준으로 선택하는 것이 아님.

최신유형특강 451 | 원가추정방법과 특징 | 난이도 ★ ★ ☆ | 정답 ③

다음 중 원가추정방법에 관한 설명으로 가장 올바르지 않은 것은?

① 공학적 방법은 과거의 원가 자료를 이용할 수 없는 경우에도 사용 가능한 원가추정방법이다.
② 계정분석법과 산포도법은 분석자의 주관적 판단이 개입될 수 있는 원가추정방법이다.
③ 고저점법은 최고원가와 최저원가의 조업도자료를 이용하여 원가함수를 추정하는 방법이다.
④ 고저점법과 회귀분석법은 객관적인 원가추정방법이다.

해설

- 고저점법은 최고조업도와 최저조업도의 원가자료를 이용하여 원가함수를 추정하는 방법이다.

사례 고저점법에 의한 원가함수 추정

월별	직접노동시간	제조간접원가
7월	1,050시간	21,000원
8월	850시간	14,000원
9월	1,100시간	20,000원
10월	600시간	15,000원

- 최고원가(21,000원)와 최저원가(14,000원)인 7월/8월을 이용하는 것이 아니라, 최고조업도(1,050시간)와 최저조업도(600시간)인 7월/10월을 이용하여 원가함수를 추정함.
- 추정한 1차 원가함수 : $y = 9,000 + 10x$ 〈중1 수학 참조!〉

최신유형특강 452 | 고저점법의 적용 | 난이도 ★ ☆ ☆ | 정답 ①

다음 중 고저점법에 관한 설명으로 가장 올바르지 않은 것은?

① 최고원가와 최저원가의 자료를 이용하여 원가함수를 추정하는 방법이다.
② 시간과 비용이 적게 소요된다.
③ 비정상적인 결과가 도출될 수 있다.
④ 원가함수가 모든 원가자료를 대표하지 못한다.

해설

- 고저점법은 최고조업도와 최저조업도의 원가자료를 이용하여 원가함수를 추정하는 방법이다.

길라잡이 고저점법의 장·단점

장점	• 객관적이고, 시간과 비용이 적게 소요됨.
단점	• 비정상적인 결과가 도출될 수 있으며, 원가함수가 모든 원가자료를 대표하지 못함.

최신유형특강 453 | 회귀분석법의 장·단점 | 난이도 ★ ★ ★ 정답 ④

━━ 원가추정을 위한 방법에는 공학적 방법, 계정분석법, 산포도법, 고저점법, 회귀분석법 등이 있다. 다음 중 회귀분석법에 대한 설명으로 가장 올바르지 않은 것은?

① 독립변수가 한 단위 변화함에 따른 종속변수의 평균적 변화량을 측정하는 통계적 방법에 의하여 원가함수를 추정하는 방법이다.
② 통계적 가정이 충족되지 않을 경우에는 무의미한 결과가 산출될 수 있다.
③ 정상적인 원가자료를 모두 이용한다.
④ 상대적으로 적용이 간단하나 분석자의 주관적 판단이 개입될 수 있다는 단점이 있다.

해설

• 회귀분석법은 적용이 어렵다는 단점이 있으며, 분석자의 주관적 판단이 개입될 수 있다는 단점이 있는 것은 원가추정방법 중 계정분석법과 산포도법에 대한 설명이다.
• 저자주 원가추정방법에 대한 내용은 고저점법을 제외하고는 재경관리사 시험수준에 비추어 매우 지엽적인 사항에 해당합니다.

최신유형특강 454 | 개별원가계산의 특징 | 난이도 ★ ★ ☆ 정답 ①

━━ 다음 중 개별원가계산에 관한 설명으로 가장 옳은 것은?

① 제조간접원가는 개별작업과 관련하여 직접적으로 추적할 수 없으므로 이를 배부하는 절차가 필요하다.
② 개별원가계산은 해당 제품이나 공정으로 직접 추적할 수 있기 때문에 실제원가계산만 가능하다.
③ 개별원가계산은 제품원가를 개별작업별로 구분하여 집계하므로 제조직접비와 제조간접비의 구분이 중요하지 않다.
④ 각 작업별로 원가가 계산되기 때문에 원가계산자료가 상세하고 복잡하며 오류가 발생할 가능성이 적어진다.

해설

• ② 개별원가계산은 원가요소의 실제성(원가측정방법)에 따라 실제개별원가계산, 정상개별원가계산, 표준개별원가계산 모두 가능하다.
  ③ 개별원가계산은 개별제품별 또는 개별작업별로 원가가 집계되기 때문에 직접원가와 간접원가의 구분이 중요하다.(즉, 제조간접원가의 배부절차가 반드시 필요하다.) 직접원가에 해당하는 직접재료원가와 직접노무원가는 해당 제품이나 공정으로 직접 추적할 수 있기 때문에 발생된 원가를 그대로 집계하면 되지만, 간접원가에 해당하는 제조간접원가는 개별제품이나 공정에 직접적인 대응이 불가능하므로 원가계산 기말에 일정한 기준을 사용하여 배부해야 한다.
  ④ 개별원가계산은 다음과 같은 장점과 단점이 있다.

장점	단점
• 제품별로 정확한 원가계산이 가능함. • 제품별 손익분석 및 계산이 용이함. • 개별제품별로 효율성을 통제할 수 있고, 개별작업별 실제를 예산과 비교하여 미래예측에 이용가능	• 비용·시간이 많이 발생함. (∵각 작업별로 원가가 계산되기 때문) • 원가계산자료가 상세하고 복잡해짐에 따라 오류가 발생할 가능성이 많아짐.

최신유형특강 455 | 개별원가계산의 생산형태 | 난이도 ★ ★ ☆ | 정답 ③

다음 중 개별원가계산제도를 이용하는 것이 적합한 제품으로 가장 옳은 것은?

① 자동화된 공정에서 대량 생산하는 공구
② 동일한 공정에서 대량 생산하는 자동차
③ 특별주문에 의해 제작하는 군함
④ 특정디자인을 대량 생산하는 기성의류

해설

- 개별원가계산의 생산형태 : 주문에 따른 다품종 소량생산방식
  → 예 조선업(특별주문에 의해 제작하는 군함), 기계제작업, 건설업
- 종합원가계산의 생산형태 : 동종제품의 대량 연속생산방식
  → 예 제분업, 시멘트업, 정유업, 자동화된 공정에서 대량 생산하는 공구, 동일한 공정에서 대량 생산하는 자동차, 특정디자인을 대량 생산하는 기성의류

최신유형특강 456 | 개별원가계산과 종합원가계산 비교 | 난이도 ★ ☆ ☆ | 정답 ④

다음은 종합원가계산과 개별원가계산을 비교하여 설명한 것이다. 가장 올바르지 않은 것은?

① 개별원가계산은 고객의 주문에 따라 제품을 생산하는 주문생산에 적용되며, 종합원가계산은 표준규격 제품을 연속적으로 대량생산하는 형태에 적용된다.
② 개별원가계산은 제조과정을 통하여 특정제품이 다른 제품과 구분되어 가공되며, 종합원가계산은 동일 규격의 제품이 반복하여 생산된다.
③ 개별원가계산은 원가보고서를 각 작업별로 작성하며, 종합원가계산은 원가보고서를 각 공정별로 작성한다.
④ 개별원가계산에서 제품은 완성수량에 단위당 평균제조원가를 곱하여 계산하고, 종합원가계산에서 재고자산의 평가는 작업이 완성된 것은 제품계정으로 대체되고 미완성된 작업은 재공품이 된다.

해설

- 종합원가계산에서 제품은 완성수량에 단위당 평균제조원가를 곱하여 계산하고, 개별원가계산에서 재고자산의 평가는 작업이 완성된 것은 제품계정으로 대체되고 미완성된 작업은 재공품이 된다.

ℹ️ 길라잡이 **개별원가계산과 종합원가계산 비교**

	개별원가계산	종합원가계산
생산형태	• 주문에 따른 다품종 소량생산방식 → 예 조선업, 기계제작업, 건설업	• 동종제품의 대량 연속생산방식 → 예 제분업, 섬유업, 시멘트업, 정유업
원가집계	• 제조원가는 각 작업별로 집계	• 제조원가는 각 공정별로 집계
기말재공품평가	• 평가문제 발생치 않음(∴정확함.)	• 평가문제 발생함(∴부정확함.)
핵심과제	• 제조간접원가배부(작업원가표)	• 완성품환산량계산(제조원가보고서)
기타사항	• 제품단위당 원가는 작업원가표에 집계된 제조원가를 작업한 수량으로 나누어 계산함. • 재고자산 평가에 있어서 작업이 완성된 것은 제품계정으로 대체되고, 미완성된 작업은 재공품이 됨.	• 일정기간에 발생한 총원가를 총생산량으로 나누어 단위당 평균제조원가를 계산함. • 제품은 완성수량에, 재공품은 기말재공품완성품환산량에 단위당 평균제조원가를 곱하여 계산함.

| 최신유형특강 457 | 개별원가계산 일반사항[1] | 난이도 ★ ☆ ☆ | 정답 ③ |

다음 중 개별원가계산에 관한 설명으로 가장 올바르지 않은 것은?

① 주문받은 작업별로 원가를 집계하기 때문에 직접원가와 간접원가의 구분이 중요하지 않다.
② 다양한 제품을 주문에 의해 생산하는 경우에도 적합한 원가계산제도이다.
③ 개별원가계산을 적용하는 경우에도 제조간접원가의 배분절차가 필요하다.
④ 회계법인 등과 같이 수요자의 주문에 기초하여 서비스를 제공하는 경우에 이용할 수 있다.

해설

• 개별원가계산은 개별제품별 또는 개별작업별로 원가가 집계되기 때문에 직접원가와 간접원가의 구분이 중요하다.(즉, 제조간접원가의 배부절차가 반드시 필요하다.) 직접원가에 해당하는 직접재료원가와 직접노무원가는 해당 제품이나 공정으로 직접 추적할 수 있기 때문에 발생된 원가를 그대로 집계하면 되지만, 간접원가에 해당하는 제조간접원가는 개별제품이나 공정에 직접적인 대응이 불가능하므로 원가계산 기말에 일정한 기준을 사용하여 배부해야 한다.

| 최신유형특강 458 | 개별원가계산 일반사항[2] | 난이도 ★ ★ ☆ | 정답 ④ |

다음 중 개별원가계산에 관한 설명으로 가장 올바르지 않은 것은?

① 수요자의 요구에 따라 개별적으로 제품을 생산하는 업종에서 주로 사용한다.
② 직접원가와 간접원가의 구분이 중요하다.
③ 개별작업에 집계되는 실제원가를 예산액과 비교하여 미래예측에 이용할 수 있다.
④ 각 작업별로 원가가 계산되기 때문에 비용과 시간이 절약된다.

해설

• ① 개별원가계산은 일반적으로 종류를 달리하는 제품 또는 프로젝트를 개별적으로 생산 혹은 제작하는 형태에 적용하는 원가계산방법이다. 따라서 개별원가계산은 조선업, 기계제작업, 플랜트건설업 등과 같이 수요자의 주문에 기초하여 수요자의 요구에 따라 개별적으로 제품을 생산하는 업종에서 주로 사용하고 있다.
② 개별원가계산은 개별제품별 또는 개별작업별로 원가가 집계되기 때문에 직접원가와 간접원가의 구분이 중요하다.(즉, 제조간접원가의 배부절차가 반드시 필요하다.) 직접원가에 해당하는 직접재료원가와 직접노무원가는 해당 제품이나 공정으로 직접 추적할 수 있기 때문에 발생된 원가를 그대로 집계하면 되지만, 간접원가에 해당하는 제조간접원가는 개별제품이나 공정에 직접적인 대응이 불가능하므로 원가계산 기말에 일정한 기준을 사용하여 배부해야 한다.
③ 개별원가계산은 작업원가표에 의해 개별제품별로 효율성을 통제할 수 있으므로 개별작업에 집계되는 실제원가를 예산액과 비교하여 미래예측에 이용할 수 있다.
④ 개별원가계산은 각 작업별로 원가가 계산되기 때문에 비용과 시간이 많이 발생한다는 단점이 있다.

최신유형특강 459 개별원가계산의 일반적 절차 난이도 ★ ★ ☆ 정답 ④

다음 중 일반적인 개별원가계산절차를 나열한 것으로 가장 옳은 것은?

> ㄱ. 집계된 제조간접원가를 배부하기 위한 배부기준을 설정한다.
> ㄴ. 원가집적대상이 되는 개별작업을 파악한다.
> ㄷ. 원가배부기준에 따라 제조간접원가 배부율을 계산하여 개별작업에 배부한다.
> ㄹ. 개별작업에 대한 제조직접원가를 계산하여 개별작업에 직접 추적한다.
> ㅁ. 개별작업에 직접 대응되지 않는 제조간접원가를 파악한다.

① ㄱ-ㄴ-ㄷ-ㄹ-ㅁ   ② ㄴ-ㄱ-ㄹ-ㅁ-ㄷ
③ ㄴ-ㄱ-ㅁ-ㄷ-ㄹ   ④ ㄴ-ㄹ-ㅁ-ㄱ-ㄷ

해설

• 일반적인 개별원가계산절차는 다음과 같으며, 직접원가와 간접원가를 구분하는 것이 중요하다.

【1단계】	• 원가집적대상이 되는 개별작업을 파악한다.
【2단계】	• 개별작업에 대한 제조직접원가를 계산하여 개별작업에 직접 추적한다.
【3단계】	• 개별작업에 직접 대응되지 않는 제조간접원가를 파악한다. →제조간접원가는 공장전체를 하나의 원가집합으로 보아 집계할 수도 있고 각 부문별로 집계할 수도 있다.
【4단계】	• 제3단계에서 집계된 제조간접원가를 배부하기 위한 배부기준을 설정한다.
【5단계】	• 원가배부기준에 따라 제조간접원가 배부율을 계산하여 개별작업에 배부한다.

최신유형특강 460 개별원가계산의 절차 세부고찰 난이도 ★ ★ ★ 정답 ①

다음 중 개별원가계산의 절차에 관한 설명으로 가장 올바르지 않은 것은?

① 개별원가계산에서 작업원가표는 통제계정이며 재공품 계정은 보조계정이 된다.
② 원가가 작업원가표에 기재되면 동일한 금액이 재공품계정의 차변에 기록된다.
③ 제조원가 중 직접원가는 발생시점에 작업원가표에 기록된다.
④ 재료출고청구서로 생산부서에 출고된 원재료가 간접재료원가일 경우에는 제조간접원가 통제계정에 기입한다.

해설

• ① 개별원가계산에서 재공품계정은 통제계정이 되고 각각의 작업원가표는 보조계정이 된다.
   →즉, 작업원가표는 재공품계정에 의해서 통제되는 보조기록인 것이다. 진행 중인 모든 작업에 대한 작업원가표는 하나의 독립된 보조원장이 되고 진행 중인 모든 작업의 작업원가표상 원가잔액의 합계액은 재공품계정의 잔액과 일치하게 된다.
② 원가가 작업원가표에 기재되면 동일한 금액이 재공품계정의 차변에 기록되며, 제품이 완성되면 그에 해당하는 작업원가가 재공품계정에서 제품계정으로 대체된다.
③ 제조원가 중 직접원가에 해당하는 재료원가와 노무원가는 발생시점에 작업원가표에 기록된다.
   →그러나, 제조간접원가는 개별작업별로 직접 대응이 불가능하기 때문에 원가계산 기말에 일정한 배부기준에 의한 배부율에 의해 작업원가표에 기록된다.
④ 직접재료는 재료출고청구서에 의해 생산부서로 출고된다. 이 재료출고청구서에는 출고되는 재료의 종류, 수량, 단위당 원가 등이 기록되며, 출고된 재료가 어떤 작업지시서와 관련이 있는지 명시된다. 출고된 재료가 직접원가를 구성할 경우에는 해당 작업의 재공품계정에 바로 기입하고 간접원가일 경우에는 제조간접원가 통제계정에 기입한다.

(차) 재공품(직접재료원가)	xxx	(대) 원재료	xxx
제조간접원가(간접재료원가)	xxx		

최신유형특강 461 | **제조간접원가 배부 일반사항** | 난이도 ★ ☆ ☆ | 정답 ④

다음 중 제조간접원가의 배부와 관련된 설명으로 가장 올바르지 않은 것은?

① 제조부문에서 발생하는 감독자의 급료, 공장 건물에 대한 재산세 및 감가상각비 등과 같이 제품과의 직접적인 관련성을 찾기가 어려운 제조간접원가는 제품원가로 부과하기 위한 배부절차가 필요하다.
② 모든 제조간접원가를 하나의 원가집합(공장전체)에 집계하고 단일의 배부기준을 사용하여 배부하는 방법을 "공장전체 제조간접원가 배부율"이라고 한다.
③ 제조간접원가를 복수의 원가집합(제조부문)에 집계하고, 제조부문별로 서로 다른 배부기준을 사용하여 각각 배부하는 방법을 "부문별 제조간접원가 배부율"이라고 한다.
④ 공장전체 제조간접원가 배부율은 공장전체 제조간접원가를 부문별 배부기준으로 나눠서 구하며, 배부된 제조간접원가는 부문별 배부기준을 공장전체배부율로 곱하여 구한다.

해설

• 공장전체 제조간접원가 배부율은 공장전체 제조간접원가를 공장전체 배부기준으로 나눠서 구하며, 배부된 제조간접원가는 공장전체 배부기준을 공장전체배부율로 곱하여 구한다.

길라잡이 공장전체·부문별 제조간접원가배부

공장전체 제조간접원가배부	• 공장전체제조간접원가배부율 = $\dfrac{공장전체제조간접원가}{공장전체배부기준}$ ⚲주의 공장전체제조간접원가배부율을 사용시는 보조부문원가를 배분할 필요가 없음.
부문별 제조간접원가배부	• 부문별제조간접원가배부율 = $\dfrac{부문별제조간접원가}{부문별배부기준}$ →공장전체제조간접원가배부에 비하여 보다 정확한 제조간접원가 배부가 이루어짐.

최신유형특강 462 | **직접노무원가 기준 제조간접원가 배부** | 난이도 ★ ★ ☆ | 정답 ③

㈜삼일은 개별원가계산제도를 사용하고 있으며, 제조간접원가를 직접노무원가 발생액에 비례하여 배부한다. 다음의 원가자료에서 작업지시서 #111과 #112는 완성이 되었으나, #113은 미완성이다. 기초재공품이 없다면 기말재공품원가는 얼마인가?

	#111	#112	#113	합계
직접재료원가	30,000원	10,000원	20,000원	60,000원
직접노무원가	24,000원	5,200원	10,800원	40,000원
제조간접원가	( )	9,100원	( )	( )

① 38,900원　② 42,000원　③ 49,700원　④ 54,000원

해설

• 기말재공품 : 미완성인 작업지시서 #113의 총원가
• #112 직접노무원가(5,200)×A = 제조간접원가(9,100) 에서, A = 1.75
　→즉, 제조간접원가 배부액은 직접노무원가의 1.75배
• 기말재공품원가(#113) : 직접재료원가(20,000)+직접노무원가(10,800)+제조간접원가(10,800×1.75) = 49,700

참고 총제조간접원가(OH) 계산 : 5,200×OH배부율($\frac{OH}{40,000}$) = 9,100 에서, OH = 70,000

길라잡이 제조간접원가 배부

의의	• 제조간접원가의 발생과 높은 상관관계를 가진 배부기준을 정하여 각 제품에 배부
배부기준	• ㉠ 복리후생비 : 각 부문의 종업원수 ㉡ 임차료 : 각 부문의 점유면적
배부율	• 제조간접비배부율 = 제조간접원가 ÷ 배부기준(조업도)

| 최신유형특강 463 | 제조간접원가 배부기준별 배부액 차이 | 난이도 | ★ ★ ★ | 정답 | ② |

㈜삼일은 일반형 전화기와 프리미엄 전화기 두 종류의 제품을 생산하고 있다. 4월 한 달 동안 생산한 두 제품의 작업원가표는 아래와 같다.

	일반형 전화기	프리미엄 전화기
직접재료 투입액	400,000원	600,000원
직접노동시간	100시간	200시간
직접노무원가 임률	1,000원/시간	2,000원/시간

㈜삼일은 실제 발생한 제조간접원가를 실제조업도에 의해 배부하는 원가계산방식을 채택하고 있다. 동 기간 동안 발생한 회사의 총제조간접원가는 3,000,000원이며, 제조간접원가를 직접노동시간 기준으로 배부할 경우와 직접노무원가 기준으로 배부할 경우 4월 한 달 동안 생산한 프리미엄 전화기의 제조원가 차이는 얼마인가?

① 0원   ② 400,000원   ③ 1,000,000원   ④ 1,800,000원

해설

• 프리미엄전화기의 제조원가 차이는 제조간접원가 배부액 차이와 동일하다.(∵직접재료원가와 직접노무원가는 동일함.)

	직접노동시간 기준 배부	직접노무시간 기준 배부
제조간접원가배부율	$\dfrac{3,000,000}{100시간 + 200시간} = 10,000$	$\dfrac{3,000,000}{100시간 \times 1,000 + 200시간 \times 2,000} = 6$
제조간접원가배부액	200시간×10,000 = 2,000,000	(200시간×2,000)×6 = 2,400,000
배부액 차이	2,400,000 - 2,000,000 = 400,000	

| 최신유형특강 464 | 보조부문원가의 배분방법 구분 | 난이도 | ★ ☆ ☆ | 정답 | ③ |

다음 빈칸에서 설명하고 있는 원가배분방법은 무엇인가?

보조부문간의 상호 관련성을 모두 고려하는 배분방법으로서 보조부문 사이에 용역수수관계가 존재할 때 각 보조부문간의 용역수수관계를 방정식을 통해 계산한 다음 보조부문원가를 배부하는 방법

① 직접배분법   ② 단계배분법   ③ 상호배분법   ④ 간접배분법

해설

• 보조부문 상호간의 용역수수관계를 어느 정도 인식하는지에 따라 직접배분법, 단계배분법, 상호배분법으로 구분되며, 이 중 보조부문간의 상호 관련성을 모두 고려하는(즉, 보조부문간 용역수수관계를 완전히 인식) 배분방법은 상호배분법이다.

ℹ️ 길라잡이 보조부문원가 배분방법별 특징

직접배분법 (direct method)	• 보조부문 상호간에 행해지는 용역의 수수를 완전히 무시하고 보조부문원가를 각 제조부문이 사용한 용역의 상대적 비율에 따라 제조부문에 직접 배분하는 방법 →보조부문원가는 다른 보조부문에 전혀 배분되지 않게 됨.
단계배분법 (step method)	• 보조부문원가의 배분순서를 정하여 그 순서에 따라 단계적으로 보조부문원가를 다른 보조부문과 제조부문에 배분하는 방법 →한 보조부문원가를 다른 보조부문에도 배분하게 되나, 먼저 배분된 보조부문에는 다른 보조부문원가가 배분되지 않음.(보조부문간의 용역수수관계를 일부 인식)
상호배분법 (reciprocal method)	• 보조부문간의 상호 관련성을 모두 고려하는 배분방법으로 가장 논리적인 방법임. →각 보조부문간의 용역수수관계를 방정식을 통해 계산하여 보조부문원가를 배분하게 됨. (보조부문간의 용역수수관계를 완전히 인식)

최신유형특강 465 | 보조부문원가 단계배부법과 직접배부법 | 난이도 ★★★ 정답 ④

㈜삼일은 보조부문원가를 배부하는 방법으로 단계배부법과 직접배부법을 검토하고 있다. 단계배부법을 적용하는 경우 동력부문원가부터 먼저 적용한다. 다음 설명 중 가장 옳은 것은?

구분	제조부문		보조부문	
	기계가공부문	조립부문	공장관리부문	동력부문
발생원가	64,000원	73,000원	48,000원	69,000원
공장면적	2,400㎡	1,600㎡	800㎡	500㎡
전력량	1,200kw	800kw	300kw	200kw

① 기계가공부문에 대체된 동력부문 대체액은 단계배부법이 직접배부법보다 크다.
② 기계가공부문에 대체된 공장관리부문 대체액은 직접배부법이 단계배부법보다 크다.
③ 조립부문에 대체된 동력부문 대체액은 두 방법 간에 5,400원의 차이가 있다.
④ 조립부문에 대체된 공장관리부문 대체액은 두 방법 간에 3,600원의 차이가 있다.

해설

• 공장관리부문은 공장면적, 동력부문은 전력량에 따라 배분한다.
  🔍**주의** 자가부문소비가 있는 경우 자신의 사용비율은 제외시키고 나머지 부문 사용비율로 배분한다.
    〈그 이유에 대하여는 저자의 FINAL '세무사·회계사 회계학(강경석 저, 도서출판 탐진) 참조!〉

• 직접배부법

	동력부문	공장관리부문	기계가공부문	조립무문
배분전원가	69,000	48,000	64,000	73,000
동력부문	(69,000)	–	$69,000 \times \dfrac{1,200}{1,200+800} = 41,400$	$69,000 \times \dfrac{800}{1,200+800} = 27,600$
공장관리부문	–	(48,000)	$48,000 \times \dfrac{2,400}{2,400+1,600} = 28,800$	$48,000 \times \dfrac{1,600}{2,400+1,600} = 19,200$
배분후원가	0	0	134,200	119,800

• 단계배부법

	동력부문	공장관리부문	기계가공부문	조립무문
배분전원가	69,000	48,000	64,000	73,000
동력부문	(69,000)	$69,000 \times \dfrac{300}{1,200+800+300}$ $=9,000$	$69,000 \times \dfrac{1,200}{1,200+800+300}$ $=36,000$	$69,000 \times \dfrac{800}{1,200+800+300}$ $=24,000$
공장관리부문	–	(57,000)	$57,000 \times \dfrac{2,400}{2,400+1,600}$ $=34,200$	$57,000 \times \dfrac{1,600}{2,400+1,600}$ $=22,800$
배분후원가	0	0	134,200	119,800

• ① 기계가공부문에 대체된 동력부문 대체액은 단계배부법(36,000)이 직접배부법(41,400)보다 작다.
② 기계가공부문에 대체된 공장관리부문 대체액은 직접배부법(28,800)이 단계배부법(34,200)보다 작다.
③ 조립부문에 대체된 동력부문 대체액은 두 방법 간에 3,600원(= 27,600 - 24,000)의 차이가 있다.
④ 조립부문에 대체된 공장관리부문 대체액은 두 방법 간에 3,600원(= 22,800 - 19,200)의 차이가 있다.

★ **저자주** 본 문제는 회계사·세무사 시험에서 출제되는 '자가부문소비용역'을 포함시킨 문제로, 출제자가 재경관리사 시험내용에 대한 검토없이 시험수준을 간과하고 출제한 것으로서 충분한 검토과정과 신중한 출제가 필요하다고 사료됩니다.

최신유형특강 466	보조부문원가 상호배분법의 의의	난이도 ★ ★ ☆	정답 ②

다음 중 상호배부법에 대한 설명으로 가장 올바르지 않은 것은?

① 배분할 총원가는 자기부문의 발생원가와 다른 부문으로부터 배분된 원가의 합으로 표시된다.
② 다른 보조부문에 대한 용역제공비율이 큰 보조부문부터 배부해야 원가배분 왜곡이 없다.
③ 보조부문과 제조부문의 배부전 원가 합계와 배부후 원가 합계는 같다.
④ 보조부문 상호간의 용역수수를 완전히 반영한다.

해설

• 보조부문원가의 배분순서를 고려하는 것은 단계배분법이다. 상호배분법은 배분순서와 무관하다.

ⓘ 길라잡이 상호배분법 의의와 계산사례

의의	• 보조부문간 용역수수관계를 완전히 인식하는 방법임. →가장 논리적이며, 계산이 가장 정확함. • 배분될 총원가 = 자가부문원가 + 다른 보조부문으로부터 배분된 원가 • 보조부문과 제조조부문의 배분전원가합계와 배분후원가합계는 동일함.(직접배분/단계배분 동일)			
계산사례		A(보조)	B(보조)	X(제조)	Y(제조)
	배분전원가	200,000	100,000	300,000	400,000
	A	(277,778)	277,778×2/10	277,778×5/10	277,778×3/10
	B	155,556×5/10	(155,556)	155,556×1/10	155,556×4/10
	배분후원가	0	0	454,445	545,555
	*A = 200,000 + 0.5B, B = 100,000 + 0.2A를 연립하면, →A = 277,778, B = 155,556				

최신유형특강 467	보조부문원가배분 : 상호배분법	난이도 ★ ★ ★	정답 ③

두 개의 제조부문과 두 개의 보조부문으로 이루어진 ㈜상일의 부문간 용역수수에 관련된 자료는 다음과 같다. 상호배분법을 사용할 경우 조각부문에 배분되는 보조부문의 원가는 얼마인가?(단, 소수점 첫째자리에서 반올림한다)

> 보조부문 : 창고부문, 전력부문 / 제조부문 : 조각부문, 도료부문
> - 창고부문의 제공용역 : 전력(40%), 조각(30%), 도료(30%)
> - 전력부문의 제공용역 : 창고(20%), 조각(50%), 도료(30%)
> - 각 부문별 발생원가 : 창고(200,000원), 전력(800,000원)

① 391,304원   ② 404,348원   ③ 595,652원   ④ 956,522원

해설

• 배분될 총원가 = 자가부문원가 + 다른 보조부문으로부터 배분된 원가
• 창고부문의 배분될 총원가를 A, 전력부문의 배분될 총원가를 B라 하면,
  ㉠ A = 200,000 + 0.2B ㉡ B = 800,000 + 0.4A →연립하면, A = 391,304, B = 956,520
∴조각부문에 배분되는 보조부문원가 : (391,304×30%) + (956,520×50%) = 595,651≒595,652

	창고부문(보조)	전력부문(보조)	조각부문(제조)	도료부문(제조)
배분전원가	200,000	800,000	?	?
창고부문(보조)	(391,304)	391,304×40%=156,522	391,304×30%=117,391	391,304×30%=117,391
전력부문(보조)	956,520×20%=191,304	(956,520)	956,520×50%=478,260	956,520×30%=286,956
배분후원가	0	0	?	?

★ **저자주** 누락된 단서인 '단수차이로 인해 오차가 있는 경우 가장 근사치를 선택한다'를 추가바랍니다.

최신유형특강 468	이중배분율법 일반사항	난이도 ★ ★ ☆	정답 ④

다음 중 보조부문원가 배분방법인 이중배분율법에 관한 설명으로 가장 올바르지 않은 것은?

① 보조부문의 원가를 원가행태에 따라 고정원가와 변동원가로 분류하여 다른 배분기준을 적용하는 방법이다.
② 고정원가는 제조부문에서 사용할 수 있는 최대사용가능량을 기준으로 배분한다.
③ 변동원가는 실제 용역사용량을 기준으로 배분한다.
④ 단일배분율법에 비해 사용하기가 간편하지만 부문의 최적의사결정이 조직전체의 차원에서는 최적의 사결정이 되지 않을 수 있다는 문제점이 있다.

해설

- 이중배분율법(dual rate method)이란 보조부문의 원가를 원가행태에 따라 고정원가와 변동원가로 분류하여 각각 다른 배분기준 (최대사용가능량/실제사용량)을 적용하는 방법이다.
- 단일배분율법(single rate method)이란 보조부문원가를 변동원가와 고정원가로 구분하지 않고 전체 보조부문원가를 단일 기준인 용역의 실제사용량에 따라 배분하는 방법이다. 이 방법은 이중배분율법에 비해서 사용하기가 간편하지만 원가행태에 따른 정확한 배분이 되지 않기 때문에 부문의 최적의사결정이 조직전체의 차원에서는 최적의사결정이 되지 않을 수 있다는 문제점이 있다.

i 길라잡이 이중배분율법 세부고찰

단일배분율법	• 고정원가와 변동원가 구분없이 하나의 배부기준(실제사용량)으로 배분 ♀주의 보조부문이 1개인 경우에는 직접배분법, 단계배분법, 상호배분법의 계산 결과는 동일함.
이중배분율법	• 고정원가 : 최대사용가능량을 기준으로 배분 • 변동원가 : 실제사용량을 기준으로 배분 ♀주의 이중배분율법인 경우에도 직접배분법·단계배분법·상호배분법이 동일하게 적용됨.

사례 단일배분율법과 이중배분율법 비교

회사에는 하나의 보조부문 A(전력공급)와 두 개의 제조부문 X, Y가 있다. 단일배분율법, 이중배분율법에 의하는 경우에 제조부문 Y의 배분후 원가는?

	제조부문X	제조부문Y
최대사용가능량	500kwh	1,500kwh
실제사용량	500kwh	500kwh

	보조부문A	제조부문X	제조부문Y
제조간접원가(변동원가)	100,000원	140,000원	160,000원
제조간접원가(고정원가)	200,000원	160,000원	240,000원

→⊙ 단일배분율법
- 배분액 : 300,000×500/1,000 = 150,000
- 배분후원가 : 400,000 + 150,000 = 550,000

ⓛ 이중배분율법
- 변동원가배분액 : 100,000×500/1,000 = 50,000, 고정원가배분액 : 200,000×1,500/2,000 = 150,000
- 배분후원가 : 400,000 + (50,000 + 150,000) = 600,000

최신유형특강 469 | **보조부문원가와 단일·이중배분율법** | 난이도 ★ ★ ★ | 정답 ③

㈜삼일은 A와 B의 두 제조부문이 있으며, 제조과정에서 필요한 설비의 수선을 할 수 있는 수선부문을 보조부문으로 두고 있다. 두 제조부문의 최대사용가능시간은 A가 4,000시간이고 B가 6,000시간이며 실제로 사용한 수선시간은 A가 4,000시간이고 B가 4,000시간이다. 고정원가는 6,000,000원이며 변동원가는 4,000,000원이다. 단일배부율을 사용하는 경우에 이중배분율을 사용하는 경우와 비교하여 제조부문 A에 배부되는 수선부문원가는 얼마나 차이가 나는가?

① 400,000원   ② 500,000원
③ 600,000원   ④ 700,000원

해설

- 보조부문이 1개인 경우에는 직접배분법, 단계배분법, 상호배분법의 계산 결과는 동일하다.
  → ∵직접배분법, 단계배분법, 상호배분법은 보조부문간 용역수수의 인식정도에 따른 구분이며, 보조부문이 1개인 경우에는 보조부문간 용역수수가 발생하지 않기 때문이다.
- 단일배분율법에 의해 제조부문 A에 배부되는 수선부문원가〈실제사용시간 기준〉
  - $(6,000,000+4,000,000) \times \dfrac{4,000시간}{4,000시간 + 4,000시간} = 5,000,000$
- 이중배분율법에 의해 제조부문 A에 배부되는 수선부문원가
  - ㉠ 고정원가 배부액〈최대사용시간 기준〉 : $6,000,000 \times \dfrac{4,000시간}{4,000시간 + 6,000시간} = 2,400,000$
  - ㉡ 변동원가 배부액〈실제사용시간 기준〉 : $4,000,000 \times \dfrac{4,000시간}{4,000시간 + 4,000시간} = 2,000,000$
  - → $2,400,000 + 2,000,000 = 4,400,000$
  - ∴단일배분율법과 이중배분율법의 차이금액 : $5,000,000 - 4,400,000 = 600,000$

최신유형특강 470 | **보조부문과 제조간접원가배부율** | 난이도 ★ ★ ☆ | 정답 ③

다음 중 원가배부에 관한 설명으로 가장 옳은 것은?

① 부문별 제조간접원가 배부율을 사용하는 경우에는 보조부문원가 배분방법에 의해 제조간접원가 배부율이 영향을 받지 않는다.
② 이중배분율법은 변동원가와 고정원가를 구분해서 변동원가는 최대사용가능량을 기준으로 배분하고 고정원가는 서비스의 실제사용량을 기준으로 배분한다.
③ 공장전체 제조간접원가 배부율을 사용하는 경우에는 보조부문원가 배분방법에 의해 제조간접원가 배부율이 영향을 받지 않는다.
④ 단계배분법과 상호배분법에서는 배분순서와 관계없이 배분 후의 결과는 일정하게 계산된다.

해설

- ① 부문별 제조간접원가배부율을 사용하는 경우에는 보조부문원가 배분방법(직접배분법, 단계배분법, 상호배분법)에 따라 부문별(제조부문별) 제조간접원가가 달라지고, 이에 따라 부문별 제조간접원가배부율이 상이해 진다.
  ② 이중배분율법은 변동원가와 고정원가를 구분해서 변동원가는 실제사용량을 기준으로 배분하고 고정원가는 서비스의 최대사용가능량을 기준으로 배분한다.
  ③ 공장전체 제조간접원가배부율을 사용하는 경우에는 보조부문원가 배분방법(직접배분법, 단계배분법, 상호배분법)에 관계없이 어떤 방법에 의하더라도 보조부문원가 총액이 동일하게 제조부문에 집계되므로 공장전체 제조간접원가배부율이 영향을 받지 않는다.
  ④ 단계배분법은 배분순서에 따라 배분 후의 결과가 달라진다. 따라서, 배분순서의 결정이 중요하다.

최신유형특강 471 | **원가배분 일반사항** | 난이도 ★ ☆ ☆ | 정답 ③

다음 중 보조부문과 제조부문을 포함한 원가배분의 절차에 대한 설명으로 올바르지 않은 것은?

① 부문공통원가의 배분은 공통적으로 발생한 원가를 회사의 각 부문에 배분하는 과정이다.
② 보조부문원가의 배분은 보조부문에 집계되거나 보조부문이 배분받은 공통원가를 제조부문에 배분하는 과정이다.
③ 제조간접원가의 배부는 제조부문에 집계된 원가를 제품제조원가와 판매관리비로 배부하는 과정이다.
④ 제품원가계산은 제품별로 집계된 제조원가를 기초로 매출원가와 재고자산가액을 산출하는 과정이다.

해설

• 제조간접원가의 배부는 개별제품(개별작업)에 직접대응되지 않는 제조간접원가를 배부기준에 따라 개별제품 또는 개별작업에 배부하는 과정이다.

ℹ️ 길라잡이 원가배분의 유형

보조부문원가 배분	• 보조부문원가를 제조부문(또는 제조공정)에 배분하는 것
제조간접원가 배분	• 제조간접원가를 개별제품(또는 개별작업)에 배분하는 것(개별원가계산의 핵심)
완성품·기말재공품에 배분	• 제조공정에 집계된 제조원가를 그 제조공정에서 완성된 완성품과 아직 미완성 상태인 기말재공품에 배분하는 것(종합원가계산의 핵심)

최신유형특강 472 | **종합원가계산 특징과 장점** | 난이도 ★ ★ ☆ | 정답 ②

종합원가계산의 특징 및 장단점에 대한 설명 중 올바른 것을 모두 고르시오.

ㄱ. 특정기간 동안 특정 공정에서 생산된 제품은 원가측면에서 서로가 동일하다고 가정한다. 즉 제품원가를 평균개념에 의해서 산출한다.
ㄴ. 원가의 집계가 공정별로 이루어지는 것이 아니기 때문에 개별작업별로 작업지시서를 작성해야 한다.
ㄷ. 동일제품을 연속적으로 대량생산하지만 일반적으로 어떤 공정에 있어서든지 기말시점에서는 부분적으로 가공이 완료되지 않은 재공품이 존재하게 된다.
ㄹ. 원가통제와 성과평가가 공정별로 이루어지는 것이 아니라 개별작업별로 이루어진다.
ㅁ. 기장절차가 간단한 편이므로 시간과 비용이 절약된다.

① ㄱ, ㄴ, ㄷ
② ㄱ, ㄷ, ㅁ
③ ㄴ, ㄷ, ㄹ
④ ㄷ, ㄹ, ㅁ

해설

• ㄴ : 원가의 집계가 개별작업별로 이루어지는 것이 아니라 공정별로 이루어지기 때문에 개별작업별로 작업지시서를 작성할 필요는 없다.
• ㄹ : 원가통제와 성과평가가 개별작업별로 이루어지는 것이 아니라 공정별로 이루어진다.

ℹ️ 길라잡이 종합원가계산 특징과 장점

특징	• 특정기간 동안 특정공정에서 생산된 제품은 원가측면에서 서로가 동일하다고 가정함 →즉, 제품원가를 평균개념에 의해서 산출함. • 원가의 집계가 개별작업별로 이루어지는 것이 아니라 공정별로 이루어지기 때문에 개별작업별로 작업지시서를 작성할 필요는 없음. • 동일제품을 연속적으로 대량생산하지만 모든 생산공정이 원가계산기간말에 종료되는 것은 아니므로 어떤 공정에 있어서든지 기말시점에는 부분적으로 가공이 완료되지 않은 재공품이 존재하게 됨. • 원가통제와 성과평가가 개별작업별로 이루어지는 것이 아니라 공정별로 이루어 짐.
장점	• 개별원가계산에 비하여 기장절차가 간단하므로 시간과 비용이 절약됨. • 원가관리·통제가 제품별이 아닌 공정이나 부문별로 수행되므로 원가에 대한 책임중심점이 명확해짐.

| 최신유형특강 473 | 종합원가계산 일반사항 | 난이도 | ★ ☆ ☆ | 정답 | ④ |

다음 중 종합원가계산에 관한 설명으로 가장 올바르지 않은 것은?

① 동일한 과정을 거쳐서 생산된 제품은 동질적이기 때문에 각 제품의 단위당 원가도 동일하다고 가정한다.
② 개별원가계산에 비하여 기장절차가 간단하므로 시간과 비용이 절약된다.
③ 원가관리 및 통제가 공정이나 부문별로 수행되므로 원가에 대한 책임중심점이 명확해진다.
④ 기초재공품이 없을 경우, 선입선출법에 의한 제품제조원가가 평균법에 의한 제품제조원가보다 적게 나타난다.

해설

- 평균법은 기초재공품원가와 당기제조원가를 구별하지 않고 이를 가중평균하여 당기완성품과 기말재공품원가를 계산하는 방법이다. 즉, 당기 이전의 기초재공품 작업분도 마치 당기에 작업이 이루어진 것으로 간주하는 방법이다.
- 선입선출법은 기초재공품을 먼저 가공하여 완성시킨 후에 당기착수량을 가공한다는 가정에 따라 당기완성품과 기말재공품원가를 계산하는 방법이다. 즉, 당기 이전의 기초재공품 작업분과 당기 작업분을 별도로 구분하는 방법이다.
- 평균법과 선입선출법의 가장 큰 차이점은 원가계산시 기초재공품원가와 당기투입원가를 구분하느냐의 여부에 있다고 할 수 있다. 따라서, 기초재공품이 없을 경우 양 방법에 의한 계산결과는 동일해진다.

ℹ️ 길라잡이 종합원가계산의 장점과 단점

장점	• 개별원가계산에 비하여 기장절차가 간단하므로 시간과 비용이 절약됨. • 원가관리·통제가 제품별이 아닌 공정이나 부문별로 수행되므로 원가에 대한 책임중심점이 명확해짐.
단점	• 개별작업별로 원가집계가 되지 않고 전공정을 대상으로 원가정보를 요약하기 때문에 기장절차가 단순화되는 반면, 지나친 단순화로 인하여 상세한 정보를 상실할 가능성이 있음. • 각 공정에서 실제 발생한 원가를 기초로 종합원가계산을 하게 되면 원가계산기간의 종료시점까지 원가를 결정할 수 없으므로 이미 완성된 제품이라 하더라도 원가계산을 할 수 없게 됨. • 특정공정에서 생산된 제품은 원가측면에서 서로 동일하다고 가정하고 있지만 항상 이런 가정이 성립하는 것은 아님. 　→또한 산출물들이 동질적이라 하더라도 원가계산을 위해서는 기말재공품의 완성도 측정이 요구되나, 이러한 완성도 측정에는 회계담당자의 주관적 판단이 개입되게 됨. • 다양한 제품을 생산하는 경우에는 필연적으로 원가의 배분이 필요하게 되며, 이 경우 정확한 평균원가의 계산이 더욱 어렵게 됨.

제1주차 빈출유형특강
제2주차 핵심유형특강
제3주차 최신유형특강
제4주차 기출변형특강

최신유형특강 474	종합원가계산 회계처리	난이도 ★ ★ ☆ 정답 ④

종합원가계산의 회계처리에서 원가흐름을 2개의 공정을 가정하고 분개하였다. 다음 중 각 상황에 대한 분개의 예시가 가장 올바르지 않은 것은?

① 제1공정에서 원가 발생시

(차) 재공품(1공정)	xxx	(대)재료	xxx
		미지급임금	xxx
		제조간접원가	xxx

② 제1공정에서 제2공정으로 대체시

(차) 재공품(2공정)	xxx	(대)재공품(1공정)	xxx
(전공정대체원가)		(차공정대체원가)	

③ 제2공정에서 원가발생시

(차) 재공품(2공정)	xxx	(대)재료	xxx
		미지급임금	xxx
		제조간접원가	xxx

④ 제2공정에서 완성품원가의 대체시

(차) 배분제조비	xxx	(대)재공품(2공정)	xxx

해설

• 종합원가계산에서는 제조과정에서 발생한 원가를 회계처리하기 위하여 재공품계정을 설정하며, 이 경우 공정이 단순할 경우에는 하나의 재공품계정만 설정하여도 되지만 공정이 많을 경우에는 공정별로 재공품계정을 설정하여 회계처리하여야 한다.
• 제조공정이 2개인 경우 완성품원가는 다음과 같이 회계처리한다.

제2공정에서 완성품원가의 대체시	(차) 제품	xxx	(대) 재공품(2공정)	xxx
제품의 매출시	(차) 매출원가	xxx	(대) 제품	xxx

최신유형특강 475 | **종합원가계산 계산절차** | 난이도 ★ ☆ ☆ 정답 ①

종합원가계산에서는 완성품원가와 기말재공품원가는 일반적으로 다섯 단계를 거쳐 계산된다. 종합원가계산의 절차가 가장 옳은 것은?

> ㄱ. 각 공정의 물량흐름 파악
> ㄴ. 원가요소별 완성품환산량 단위당 원가계산
> ㄷ. 원가요소별 원가배분대상액 파악
> ㄹ. 원가요소별 완성품환산량 계산
> ㅁ. 완성품원가와 기말재공품원가 계산

① ㄱ→ㄹ→ㄷ→ㄴ→ㅁ ② ㄱ→ㄷ→ㄹ→ㄴ→ㅁ
③ ㄱ→ㄹ→ㄷ→ㅁ→ㄴ ④ ㄴ→ㄹ→ㄷ→ㄱ→ㅁ

해설

• 종합원가계산 계산절차

일반절차	평균법	선입선출법
①=ㄱ : 물량흐름 파악	• 완성품수량, 기말수량과 완성도	• 기초수량과 완성도, 완성품수량, 기말수량과 완성도
②=ㄹ : 완성품환산량 계산	• 원가요소별 완성품환산량	• 원가요소별 당기분 완성품환산량
③=ㄷ : 배분할 원가 파악	• 기초재공품원가+당기발생원가	• 당기발생원가
④=ㄴ : 완성품환산량단위원가 계산	• $\dfrac{총원가}{완성품환산량}$	• $\dfrac{당기발생원가}{당기분완성품환산량}$
⑤=ㅁ : 완성품·기말재공품에 원가배분	-	• 완성품에 기초재공품 별도 가산

최신유형특강 476 | **종합원가계산 기말재공품원가 계산** | 난이도 ★ ☆ ☆ 정답 ③

㈜삼일은 종합원가계산을 채택하고 있다. 원재료는 공정시작시점에서 전량 투입되며 가공원가는 공정전반에 걸쳐서 균등하게 발생한다. 기말재공품 수량은 250개이며, 가공원가의 완성도는 30%이다. 완성품환산량 단위당 직접재료원가와 가공원가가 각각 130원, 90원이라면 기말재공품 원가는 얼마인가?

① 23,400원 ② 34,740원
③ 39,250원 ④ 39,600원

해설

• 기말재공품 완성품환산량

[1단계] 물량흐름

완성	?
기말	250(30%)

[2단계] 완성품환산량

재료비	가공비
?	?
250	250×30%=75
?	?

• 기말재공품원가 = 완성품환산량 × 완성품환산량단위당원가
→ ∴ 250×@130+75×@90 = 39,250

| 최신유형특강 477 | 종합원가계산 평균법 기말재공품 가공비 | 난이도 ★ ★ ☆ | 정답 ① |

㈜삼일은 단일제품을 대량으로 생산하고 있으며, 평균법에 의한 종합원가계산을 채택하고 있다. 원재료는 공정초기에 모두 투입되고, 가공원가는 공정전반에 걸쳐 균등하게 발생하고 있다. 기초재공품은 5,000단위이고 당기착수량은 21,000단위이며 기말재공품은 2,000단위(진척도 40%)이다. 기초재공품에 포함된 가공원가가 33,200원이고 당기발생 가공원가가 190,000원이면 기말재공품에 포함된 가공원가는 얼마인가?

① 7,200원
② 8,000원
③ 8,400원
④ 9,200원

해설

• 완성품수량 : (5,000단위 + 21,000단위) - 2,000단위 = 24,000단위
• 가공비 완성품환산량 : 완성(24,000) + 기말(2,000 × 40% = 800) = 24,800
• 가공비 완성품환산량단위당원가 : $\dfrac{33,200 + 190,000 = 223,200}{24,800}$ = @9
• 기말재공품에 포함된 가공원가 : 800 × @9 = 7,200

★ **저자주** 실전에서는 무조건 이하와 같이 제조원가명세서 틀로 풀이할 것을 권장합니다.

• 평균법

[1단계] 물량흐름		[2단계] 완성품환산량	
		재료비	가공비
완성	24,000		24,000
기말	2,000(40%)		2,000 × 40% = 800
	26,000		24,800
[3단계] 총원가요약			
기초			33,200
당기발생			190,000
			223,200
[4단계] 환산량단위당원가(cost/unit)			÷ 24,800
			‖
			@9

→기말재공품에 포함된 가공원가 : 800 × @9 = 7,200

ⓘ 길라잡이 종합원가계산 평균법 계산절차

【1단계】	• 물량흐름을 파악 →완성품수량, 기말수량과 완성도
【2단계】	• 원가요소별(전공정비, 재료비, 가공비)로 완성품환산량 계산
【3단계】	• 원가요소별로 기초재공품원가와 당기발생원가를 합한 총원가 계산
【4단계】	• 원가요소별로 완성품환산량단위당원가를 계산 →완성품환산량단위당원가 = 원가요소별총원가 ÷ 원가요소별완성품환산량
【5단계】	• 완성품원가와 기말재공품원가 계산 →완성품원가 = 원가요소별완성품환산량 × 원가요소별환산량단위당원가

최신유형특강 478 | **기말재공품 완성도 추정** | 난이도 ★ ★ ☆ | 정답 ④

다음은 ㈜삼일의 원가자료이다. ㈜삼일이 평균법을 사용한 가공원가의 완성품환산량이 1,900개일 경우 기말재공품의 완성도(%)는 얼마인가(단, 가공원가는 공정전반에 걸쳐 균등하게 발생한다)?

〈수량〉

기초재공품수량	200개(60%)
착수수량	1,800개
완성수량	1,600개
기말재공품수량	400개(? %)

① 40% ② 50%
③ 60% ④ 75%

해설

• 평균법〈완성도를 A라고 가정〉

[1단계] 물량흐름

완성	1,600
기말	400(A)
	2,000

[2단계] 완성품환산량

	재료비	가공비
	1,600	1,600
	400	400×A
	2,000	1,600+400×A

∴ $1,600+400 \times A = 1,900$ 에서, $A = 75\%$

| 최신유형특강 479 | 선입선출법 기말재공품원가 | 난이도 | ★ ★ ☆ | 정답 | ② |

㈜삼일은 종합원가계산을 채택하고 있으며, 선입선출법에 의하여 완성품환산량을 계산한다. 재료는 공정초기에 전량 투입되며 가공원가는 공정전반에 걸쳐 균등하게 발생한다. ㈜삼일의 기말재공품 원가는 얼마인가?

수량	기초재공품 400개(완성도50%)	완성품 1,000개
	착수량 800개	기말재공품 200개(완성도80%)
원가	재료원가	가공원가
기초재공품원가	200,000원	500,000원
당기발생원가	2,000,000원	3,000,000원

① 900,000원
② 1,000,000원
③ 1,050,000원
④ 1,125,000원

해설

• 선입선출법

[1단계] 물량흐름

[2단계] 완성품환산량

		재료비	가공비
기초완성	400(50%)	0	$400 \times (1 - 50\%) = 200$
당기완성	$1,000 - 400 = 600$	600	600
기 말	200(80%)	200	$200 \times 80\% = 160$
	1,200	800	960

[3단계] 총원가요약

당기발생		2,000,000	3,000,000
		2,000,000	3,000,000

[4단계] 환산량단위당원가(cost/unit)

		÷ 800	÷ 960
		‖	‖
		@2,500	@3,125

[5단계] 원가배분

완성품원가 : $(200,000 + 500,000) + 600 \times @2,500 + 800 \times @3,125 = 4,700,000$
기말재공품원가 : $200 \times @2,500 + 160 \times @3,125 = 1,000,000$

ⓘ 길라잡이 종합원가계산 선입선출법 계산절차

【1단계】	• 물량흐름을 파악 →기초수량과 완성도, 완성품수량, 기말수량과 완성도
【2단계】	• 원가요소별(전공정비, 재료비, 가공비)로 당기분 완성품환산량 계산
【3단계】	• 원가요소별로 당기발생원가를 계산
【4단계】	• 원가요소별로 완성품환산량단위당원가를 계산 →완성품환산량단위당원가 = 원가요소별당기발생원가 ÷ 원가요소별당기분완성품환산량
【5단계】	• 완성품원가와 기말재공품원가 계산 →완성품원가 = 기초재공품원가 + 원가요소별완성품환산량 × 원가요소별환산량단위당원가

최신유형특강 480 | **평균법·선입선출법 금액계산 비교** | 난이도 ★★★ 정답 ④

㈜삼일은 종합원가계산방법을 사용하고 있다. 재료는 공정초기에 전량 투입되며, 가공원가는 공정전반에 걸쳐 균등하게 발생한다. 기초재공품의 가공원가 완성도는 60%였고, 기말재공품의 가공원가 완성도는 40%였다. 다음 설명 중 가장 올바르지 않은 것은?

	물량자료	재료원가	가공원가
기초재공품	100개	20,000원	9,000원
당기착수	200개	52,000원	34,200원
당기완성량	200개		
기말재공품	100개		

① 선입선출법의 완성품환산량은 재료원가 200개, 가공원가 180개이며 기초재공품의 완성품환산량은 재료원가 100개, 가공원가 60개이다. 선입선출법 완성품환산량에 기초재공품완성품환산량을 가산하면 평균법 완성품환산량이다.
② 선입선출법의 경우 전기의 완성품환산량 단위당 원가는 재료원가 200원, 가공원가 150원이며, 당기의 완성품환산량 단위당 원가는 재료원가 260원, 가공원가 190원이다.
③ 선입선출법의 완성품에 포함된 재료원가가 평균법보다 작다.
④ 평균법의 완성품에 포함된 가공원가가 선입선출법보다 작다.

해설

• 평균법

[1단계] 물량흐름 | [2단계] 완성품환산량

		재료비	가공비
완성	200	200	200
기말	100(40%)	100	100×40%=40
	300	300	240

환산량단위당원가(cost/unit): $\frac{20,000+52,000}{300}=240$ / $\frac{9,000+34,200}{240}=180$

• 선입선출법

[1단계] 물량흐름 | [2단계] 완성품환산량

		재료비	가공비
기초완성	100(60%)	0	100×(1-60%)=40
당기완성	200-100=100	100	100
기말	100(40%)	100	100×40%=40
	300	200	180

환산량단위당원가(cost/unit): $\frac{52,000}{200}=260$ / $\frac{34,200}{180}=190$

• ① 기초재공품(전기작업분) 100개(60%) 자체의 완성품환산량은 재료원가 100개, 가공원가 100×60%=60개이다.
→ ㉠ 재료원가 : 200(선입선출법완성품환산량)+100(기초재공품완성품환산량)=300(평균법완성품환산량)
㉡ 가공원가 : 180(선입선출법완성품환산량)+60(기초재공품완성품환산량)=240(평균법완성품환산량)
② 선입선출법 전기 완성품환산량단위당원가
→ ㉠ 재료원가 : 20,000÷100개=200 / ㉡ 가공원가 : 9,000÷60개=150
③ 완성품에 포함된 재료원가
→ ㉠ 평균법 : 200개×@240=48,000 / ㉡ 선입선출법 : 20,000+100개×@260=46,000
④ 완성품에 포함된 가공원가
→ ㉠ 평균법 : 200개×@180=36,000 / ㉡ 선입선출법 : 9,000+140개×@190=35,600

최신유형특강 481	기초재공품 완성도 추정	난이도 ★ ★ ★	정답 ④

㈜삼일은 종합원가계산제도를 채택하고 있으며, 원재료는 공정의 초기에 전량 투입되며, 가공원가는 공정 전반에 걸쳐서 진척도에 따라 균등하게 발생한다. 재료원가의 경우 평균법에 의한 완성품환산량은 2,000단위이고, 선입선출법에 의한 완성품환산량은 1,500단위이다. 또한 가공원가의 경우 평균법에 의한 완성품환산량 1,800단위이고, 선입선출법에 의한 완성품환산량은 1,400단위이다. 기초재공품의 진척도는 몇 %인가?

① 50%   ② 60%   ③ 70%   ④ 80%

해설

- ㉠ 기초재공품수량 계산 : 2,000단위 - 1,500단위 = 500단위
  ㉡ 기초재공품 완성도(A) 계산 : 1,800단위 - 1,400단위 = 500단위 × A → ∴A = 80%
- **고속철** 재료가 공정초에 전량 투입되는 경우
  - ㉠ WAM재료비완성품환산량 - FIFO재료비완성품환산량 = 기초재공품수량
  - ㉡ WAM가공비완성품환산량 - FIFO가공비완성품환산량 = 기초재공품수량×기초완성도
- **저자주** 본 문제는 세무사 기출문제로서, 재경관리사 시험에 그대로 출제되었습니다. 실전 문제에서는 반드시 위 '고속철' 풀이법에 의해 계산하여야 합니다. 반드시 숙지 바랍니다.

최신유형특강 482	기말재공품완성도 : 모든 원가 균등발생	난이도 ★ ★ ★	정답 ②

다음은 ㈜삼일의 당기 생산활동과 관련된 자료이다.

> - 기초재공품 : 없음, 완성품수량 : 1,000단위
> - 당기착수량 : 1,500단위(당기투입원가 240,000원)

모든 제조원가는 공정 진척정도에 따라 투입되는 것으로 가정할 때 완성품환산량 단위당 원가가 200원이면 기말재공품의 완성도는 얼마인가?

① 30%   ② 40%   ③ 50%   ④ 60%

해설

- 평균법(기초재공품이 없으므로 선입선출법에 의한 결과와 동일하다.) : 기말재공품 완성도를 A 라고 가정
  🔍주의 모든 제조원가가 공정 진척정도에 따라 투입되므로, 재료비도 공정 진척정도에 따라 투입된다.

[1단계] 물량흐름

		[2단계] 완성품환산량	
		재료비	가공비
완성	1,000	1,000	1,000
기말	500(A)	500 × A	500 × A
	1,500	1,000 + 500 × A	1,000 + 500 × A

∴당기발생재료비를 X, 당기발생가공비를 Y라하면, $X + Y = 240,000$이므로,

$$\frac{X}{1,000 + 500 \times A} + \frac{Y}{1,000 + 500 \times A} = \frac{X + Y}{1,000 + 500 \times A} = \frac{240,000}{1,000 + 500 \times A} = 200 \text{ 에서, } A = 40\%$$

최신유형특강 483 | 표준원가의 특징과 적용 | 난이도 ★★☆ | 정답 ①

다음 중 표준원가계산에 관한 설명으로 가장 올바르지 않은 것은?

① 표준원가는 일단 사전에 한번 결정되면 가능한 변경 또는 조정해서는 안된다.
② 원가요소의 표준은 수량과 가격에 대하여 각각 설정한다.
③ 표준원가는 회사의 제반사정을 고려하여 현실적으로 달성 가능하도록 설정한다.
④ 표준원가계산은 사전에 객관적이고 합리적인 방법에 의하여 산정한 표준원가를 이용하여 제조원가를 계산하는 경우에 적용한다.

해설

• 표준원가는 한번 설정된 영구불변의 원가가 아니라 기업 내적인 요소나 기업 외부환경의 변화에 따라 수시로 수정을 필요로 하는 원가이다. 만약, 이러한 표준원가의 적정성을 사후 관리하지 않을 경우 미래 원가계산을 왜곡할 소지가 있다.

ⓘ 길라잡이 현실적 표준

의의	• 표준원가의 종류는 이상적 표준, 정상적 표준, 현실적 표준으로 나눌 수 있음. →표준원가계산제도에서의 표준원가라 하면 일반적으로 현실적 표준원가를 의미함.
현실적 표준	• 경영의 실제활동에서 열심히 노력하면 달성될 것으로 기대되는 표준원가임. →이는 정상적인 기계고장과 근로자 휴식시간을 허용하며, 작업에 참여하는 평균적인 근로자들이 합리적이면서 매우 효율적으로 노력을 하면 달성될 수 있는 표준임. • 현실적 표준과 실제원가와의 차이는 정상에서 벗어난 비효율로서 차이발생에 대해 경영자의 주의를 환기시키는 신호가 된다는 점에서 경영자에게 매우 유용함. • 현실적 표준은 설정내용에 따라서 원가관리에 더욱 적합할 수 있고 예산관리에도 유용하게 이용될 수 있음.

최신유형특강 484 | 표준원가계산 일반사항 | 난이도 ★★☆ | 정답 ①

다음은 표준원가계산제도의 도입과 관련된 논의이다. 논의의 내용 중 올바른 것을 모두 고른 것은?

가. 표준원가를 설정할 때 경영의 실제활동에서 열심히 노력하면 달성할 수 있는 현실적 표준을 설정해야 합니다.
나. 현실적 표준을 설정하면 표준원가계산제도를 도입하는 의의가 없습니다. 표준은 최선의 조건하에서 달성 가능한 이상적인 목표하의 최적목표원가로 설정해야 종업원으로 하여금 최선을 다하도록 동기부여 할 수 있습니다.
다. 표준원가와 실제발생원가의 차이를 성과평가 및 보상과 연계하는 경우, 종업원은 자신에게 불리한 예외사항을 숨기려고 할 유인이 있습니다. 따라서 표준원가계산제도의 정보는 예산수립 등의 계획에만 사용하고, 통제 도구로는 사용하지 않는 것이 바람직합니다.

① 가
② 나
③ 가, 나
④ 나, 다

해설

• 가(옳은설명) : 표준원가를 설정할 때 경영의 실제활동에서 열심히 노력하면 달성할 수 있는 현실적 표준을 설정해야 하며, 표준원가계산제도에서의 표준원가라 하면 일반적으로 현실적 표준원가를 의미한다.
　나(틀린설명) : 이상적 표준(최선의 조건하에서만 달성 가능한 이상적인 목표하의 최저목표원가)은 이를 달성하는 경우가 거의 없기 때문에 항상 불리한 차이가 발생되며, 이에 따라 종업원의 동기부여에 역효과를 초래한다.
　다(틀린설명) : 표준원가계산제도에서는 달성목표인 표준원가와 실제원가를 비교하여 실제원가가 표준원가 범위 내에서 발생하고 있는지를 파악함으로써 원가통제를 보다 효과적으로 수행할 수 있다. 따라서, 표준원가계산제도를 통제의 도구로 사용하는 것이 바람직하다.

최신유형특강 485	표준원가계산의 장점과 단점	난이도 ★ ★ ☆ 정답 ④

다음 중 표준원가계산에 관한 설명으로 가장 올바르지 않은 것은?

① 표준원가제도는 전부원가계산 및 변동원가계산제도 모두에 적용할 수 있다.
② 표준원가를 기준으로 제품원가계산을 하게 되면 원가계산이 신속해진다.
③ 원가발생의 예외를 관리하여 통제하기에 적절한 원가계산방법이다.
④ 표준원가계산제도를 채택할 경우 계량적인 정보를 무시할 가능성이 있다.

해설

• ① 원가계산방법은 다음과 같이 결합되어 다양한 방법이 가능하다.(예 표준전부원가계산, 표준변동원가계산)

제품원가의 구성요소(원가구성)	원가요소의 실제성여부(원가측정)	생산형태(제품의 성격)
전부원가계산 변동원가계산	실제원가계산 정상원가계산 표준원가계산	개별원가계산 종합원가계산

② 표준원가계산에서는 단위당표준원가가 설정되어 있기 때문에 원가흐름에 대한 가정(평균법, 선입선출법, 후입선출법 등)이 필요 없으며 단지 물량만 파악하면 되므로 원가계산이 신속하고 간편해 진다.
　→ **비교** 실제원가계산에서는 제품이 완성되었어도 실제원가가 집계되어야만 제품원가계산을 할 수 있다.
③ 표준원가계산제도에서 일반적으로 표준은 원가발생의 기대치를 표현하는 것이기 때문에 경영자는 표준원가와 실제원가의 차이 중 중요한 부분에 대해서만 관심을 가지고 개선책을 강구하는 예외에 의한 관리(management by exception)를 할 수 있게 되며, 표준원가와 실제원가의 차이를 원가통제의 책임과 관련시켜 효과적인 원가통제를 수행할 수 있다.
　→예외에 의한 관리를 통해 표준원가와 실제원가의 차이 중 중요한 부분에 대해서만 관심을 가지게 된다. 다만, 중요한 불리한 차이든지 중요한 유리한 차이든지 중요한 차이는 모두 검토한다.
④ 표준원가계산제도를 채택할 경우 비계량적인 정보를 무시할 가능성이 있다. 예를 들어 표준원가달성을 지나치게 강조할 경우 제품의 품질을 희생시킬 수 있고, 납품업체에 표준원가를 기초로 지나친 원가절감을 요구할 경우 관계가 악화될 수도 있다.
　→한편, 표준원가계산제도는 계량적 정보에 의해서만 성과평가가 이루어진다.

ⓘ 길라잡이 표준원가계산의 유용성(목적)

원가관리와 통제	• 표준원가와 실제원가를 비교하여 실제원가가 표준원가 범위 내에서 발생하는지를 파악함으로써 원가통제를 보다 효과적으로 수행할 수 있음. →예외에 의한 관리가 가능 • 차이분석 결과는 경영자에게 보고되며, 그것은 차기 표준·예산설정에 피드백됨.
예산편성(계획)	• 표준원가가 설정되어 있으면 예산을 설정하는데 용이할 수 있음.
재무제표작성	• 표준원가는 과학적이고 통계적인 수치를 이용하기 때문에 재고자산가액과 매출원가 산출시 근거가 되는 보다 진실한 원가정보를 제공할 수 있다는 장점이 있음.
업무간소화와 신속성	• 표준원가계산에서는 단위당표준원가가 설정되어 있기 때문에 원가흐름에 대한 가정이 필요 없으며 단지 물량만 파악하면 되므로 원가계산이 신속하고 간편해 짐. 　→제품완성과 동시에 원가를 계산할 수 있음.

최신유형특강 486 | **표준원가계산의 유용성과 한계** | 난이도 ★ ☆ ☆ 정답 ④

다음 중 표준원가와 표준원가계산제도에 관한 설명으로 가장 올바르지 않은 것은?

① 표준원가란 특정제품을 생산하는데 발생할 것으로 예상되는 원가를 사전에 결정한 것이다.
② 예산수립에 사용될 수 있다.
③ 표준원가와 실제원가의 차이를 분석함으로써 효과적인 원가통제를 수행할 수 있다.
④ 계량정보와 비계량정보를 모두 포함하는 종합적인 원가계산제도이다.

해설

• 표준원가계산제도를 채택할 경우 비계량적인 정보를 무시할 가능성이 있다. 예를 들어 표준원가달성을 지나치게 강조할 경우 제품의 품질을 희생시킬 수 있고, 납품업체에 표준원가를 기초로 지나친 원가절감을 요구할 경우 관계가 악화될 수도 있다.
→한편, 표준원가계산제도는 계량적 정보에 의해서만 성과평가가 이루어진다.

ⓘ 길라잡이 표준원가계산의 한계점

산정의 객관성 문제	• 표준원가는 사전에 과학적·통계적 방법으로 적정원가를 산정하는 것이 필수적이나, 적정원가 산정에 객관성이 보장되기 힘들고 많은 비용이 소요됨.
수시 수정 필요	• 표준원가는 한번 설정된 영구불변의 원가가 아니라 내적요소·외부환경 변화에 따라 수시로 수정을 필요로 하는 원가임. 만약, 이러한 표준원가의 적정성을 사후 관리하지 않을 경우 미래원가 계산을 왜곡할 소지가 있음.
비계량정보 무시	• 표준원가계산제도를 채택할 경우 비계량적인 정보를 무시할 가능성이 있음. 예 표준원가달성을 지나치게 강조할 경우 제품의 품질을 희생시킬 수 있고, 납품업체에 표준원가를 기초로 지나친 원가절감을 요구할 경우 관계가 악화될 수도 있음.
질적 예외사항 무시	• 예외에 의한 관리기법을 사용할 때에는 어느 정도의 예외사항을 중요한 예외사항으로 판단하여 관리할 것인가를 결정해야 하나, 이러한 예외사항에 대해서 객관적인 기준이 없을 경우 대개 양적인 정보만으로 판단하기 때문에 질적인 예외사항을 무시하기 쉬움. 또한, 중요한 예외사항에 대해서만 관심을 집중하게 되면 허용범위 내에서 발생하는 실제원가의 증감추세와 같은 중요한 정보를 간과할 수 있음.
동기부여 문제	• 예외에 의한 관리는 근로자에게 동기부여 측면에서 문제가 발생할 수 있음. 만일 성과평가가 중요한 예외사항에 의해서만 결정된다면 근로자는 자신에게 불리한 예외사항을 숨기려고 할 것이고, 원가가 크게 절감된 예외사항에 대해서 보상을 받지 못한다면 이에 대한 불만이 누적되고 동기부여가 되지 않을 수 있기 때문임.

최신유형특강 487 | **차이분석 일반사항** | 난이도 ★ ★ ☆ 정답 ②

다음 중 차이분석에 대한 설명으로 올바르지 않은 것은 모두 몇 개인가?

> 가. 차이분석이란 표준원가와 실제원가를 비교하여 그 차이를 분석하는 것으로서 일종의 투입-산출 분석이다.
> 나. 직접재료원가 차이분석시 표준투입량은 사전에 미리 설정해 놓은 최대 조업도에 대한 표준투입량이다.
> 다. 가격차이는 실제원가와 실제투입량에 대한 표준원가와의 차이이다.
> 라. 능률차이는 실제투입량에 대한 표준원가와 표준투입량에 대한 표준원가와의 차이이다.

① 0개 ② 1개
③ 2개 ④ 3개

해설

- 가(옳은설명) : 차이분석이란 표준원가와 실제원가를 비교하여 그 차이를 분석하는 것으로서 일종의 투입 - 산출 분석이다.
  → 여기서 투입은 실제로 투입된 원가이며, 산출은 실제산출량의 생산에 허용된 표준원가이다. 즉, 특정기간 동안에 발생한 실제투입원가와 실제생산량에 허용된 표준원가를 비교하여 차이를 구하며, 이렇게 계산된 차이를 총차이라고 한다.
- 나(틀린설명) : 표준투입량(SQ)은 최대조업도에 대한 표준투입량이 아니라, 실제산출량의 생산에 허용된 투입량을 말한다.
- 다(옳은설명) : 가격차이는 실제원가(AQ×AP)와 실제투입량에 대한 표준원가(AQ×SP)와의 차이이다. 즉, 실제가격에 실제투입량을 곱한 금액과 표준가격에 실제투입량을 곱한 금액의 차이이다.
- 라(옳은설명) : 능률차이는 실제투입량에 대한 표준원가(AQ×SP)와 표준투입량에 대한 표준원가(SQ×SP)와의 차이이다. 즉, 표준가격에 실제투입량을 곱한 금액과 표준가격에 표준투입량을 곱한 금액의 차이이다.

| 최신유형특강 488 | 직접재료원가 차이분석과 AP 계산 | 난이도 ★★★ 정답 ② |

다음은 표준원가계산제도를 채택하고 있는 ㈜상일의 직접재료원가 표준원가와 실제원가의 차이에 관한 자료이다. ㈜상일의 제품 1단위당 직접재료 표준투입량은 얼마인가? 단, ㈜상일은 직접재료원가 가격차이를 사용시점에서 분리하고 있다.

실제원가	직접재료원가 실제사용량 3,200kg, @₩11/kg
	실제완성품 생산수량 2,000단위
원가차이	직접재료원가 가격차이 9,600원(유리한 차이)
	직접재료원가 능률차이 2,800원(불리한 차이)

① 1.3kg ② 1.5kg
③ 2.0kg ④ 2.5kg

해설

- AQ = 3,200kg, AP = 11
- 직접재료원가 차이분석〈제품 1단위당 직접재료 표준투입량을 A라고 가정〉

| AQ×AP | AQ×SP | SQ×SP |
| 3,200kg×11 | 3,200kg×SP[1] | 2,000단위×A[2]×SP |

-9,600(유리) 2,800(불리)

[1] (3,200kg×11) - (3,200kg×SP) = -9,600(유리) 에서, SP(kg당 표준가격) = 14
[2] (3,200kg×14) - (2,000단위×A×14) = 2,800(불리) 에서, A = 1.5kg

i 길라잡이 직접재료원가 차이분석 구조[사용시점분리의 경우]

| 기호정의 | • AQ : 실제사용량, AP : 실제가격, SQ : 실제생산량에 허용된 표준사용량, SP : 표준가격 |

DM 차이분석	실제	변동예산	제품원가계산(배부)
	AQ×AP 〈실제원가〉	AQ×SP 〈실제사용량의 표준원가〉	SQ×SP 〈실제생산량에 허용된 표준사용량의 표준원가〉
	가격차이	능률차이(수량차이)	
	→(+)이면 불리한차이, (-)이면 유리한차이		

최신유형특강 489	직접재료원가 가격차이·능률차이[1]	난이도 ★ ★ ☆ 정답 ①

㈜삼일은 총 재료비 100,000원인 원재료 50,000단위로 완제품 50,000단위를 생산하는 표준예산을 수립하였다. 실제 생산품은 50,000단위였고, 원재료는 45,000단위가 투입 되었으며 원재료의 단위당 원가는 2.10원이었다. 직접재료비의 가격차이와 능률차이는 얼마인가?

	가격차이	사용차이
①	4,500 불리	10,000 유리
②	5,000 유리	10,500 불리
③	5,000 불리	10,500 유리
④	10,000 유리	4,500 불리

해설

• SP : 100,000÷50,000단위(원재료) = 2
• 직접재료원가 차이분석

AQ×AP	AQ×SP	SQ×SP
45,000단위(원재료)×2.10	45,000단위(원재료)×2	50,000단위(원재료)×2

가격차이 4,500(불리)   능률차이 − 10,000(유리)

★저자주 문제에서 능률차이를 묻고 있으므로 용어 일관성 오류에 해당하는 선지의 '사용차이'를 '능률차이'로 수정바랍니다. 한편, 능률차이는 수량차이라고도 하며 사용차이는 일반적 용어가 아닙니다.

최신유형특강 490	직접재료원가 가격차이·능률차이[2]	난이도 ★ ★ ☆ 정답 ③

다음은 표준원가계산을 사용하는 ㈜삼일의 직접재료원가에 관한 자료이다. 원재료의 실제 구입가격이 총 1,950억원이라고 할 때, 직접재료원가 가격차이와 능률차이는 각각 얼마인가(단, 가격차이는 사용시점에 분리한다고 가정한다)?

ㄱ. 실제구입량	25,000Ton	ㄴ. 실제사용량	24,000Ton
ㄷ. 실제생산량	15,000단위	ㄹ. 예상생산량	16,000단위
ㅁ. 단위당 표준투입량	1.8Ton	ㅂ. 톤당 표준가격	8,000,000원

	가격차이	능률차이
①	50억(유리)	160억(유리)
②	50억(유리)	304억(유리)
③	48억(유리)	240억(유리)
④	48억(유리)	384억(유리)

해설

• AP : 1,950억÷25,000톤 = 7,800,000, AQ = 24,000톤, SQ : 15,000단위×1.8톤 = 27,000톤, SP = 8,000,000
• 직접재료원가 차이분석

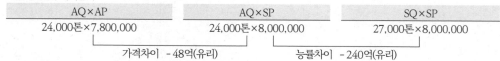

AQ×AP	AQ×SP	SQ×SP
24,000톤×7,800,000	24,000톤×8,000,000	27,000톤×8,000,000

가격차이 − 48억(유리)   능률차이 − 240억(유리)

최신유형특강 491 | **가격차이와 능률차이 분리 이유** | 난이도 ★ ★ ★ | 정답 ④

다음 중 실제원가와 표준원가의 차이를 가격차이와 능률차이로 분리하는 이유로 가장 올바르지 않은 것은?

① 관리자의 통제 가능한 범위에 대한 성과평가가 이루어져야 하기 때문이다.
② 구입을 책임지는 부서와 사용에 대한 책임을 지는 부서가 같지 않기 때문이다.
③ 구입과 사용에 대한 통제는 각각 이루어져야 하기 때문이다.
④ 직접재료원가 가격차이를 구입시점에서 분리하는 경우에는 원가차이의 발생 원인을 신속하게 규명할 수 없기 때문이다.

해설

• 직접재료원가 가격차이는 직접재료를 구입시점분리와 사용시점분리의 두 가지 방법이 있다. 직접재료원가 가격차이를 구입시점에서 분리하는 경우에는 원가차이의 발생 원인을 신속하게 규명할 수 있어 구매담당자가 이를 즉시 인식하여 수정조치를 취할 수 있다는 장점이 있다. 이러한 구입시점분리와 사용시점분리는 가격차이를 산정하는 방법일 뿐, 원가차이를 가격차이와 능률차이로 분리하는 이유와는 전혀 무관한 설명이다.

ⓘ 길라잡이 가격차이와 능률차이를 분리하는 이유

통제시점차이	• 구입(구입가격) 통제와 사용(사용량) 통제는 각각 다른 시점에서 이루어져야 하기 때문임. →즉, 구입가격에 대한 통제는 구입시점에서 이루어져야 하고 사용(량)에 대한 통제는 사용시점에서 이루어져야 함.
책임부서차이	• 구입가격에 대한 책임을 지는 부서와 사용량에 대한 책임을 지는 부서가 서로 다르기 때문임. →즉, 관리자는 자신이 통제 가능한 범위 내에서만 책임을 져야 하기 때문에 차이의 책임소재에 따라 분리하는 것이 필요함.

| 최신유형특강 492 | 직접노무원가 가격차이 | 난이도 | ★ ★ ☆ | 정답 | ③ |

다음은 표준원가계산제도를 채택하고 있는 ㈜삼일의 12월 중 생산활동과 관련한 직접노무비에 대한 자료이다. 직접노무비 가격차이는 얼마인가?

직접노무비 표준임률	10,000원/시간
직접노무비 실제임률	9,000원/시간
허용표준 직접작업시간	8,500시간
직접노무비 유리한 능률차이	15,000,000원

① 5,000,000원 (유리)　　　　　　② 5,000,000원 (불리)
③ 7,000,000원 (유리)　　　　　　④ 7,000,000원 (불리)

해설

• SP = 10,000, AP = 9,000, SQ = 8,500시간
• 직접노무원가 차이분석

AQ×AP	AQ×SP	SQ×SP
AQ×9,000	AQ×10,000	8,500시간×10,000

　　　　　　　　?　　　　　　　　　　　　－ 15,000,000(유리)

→(AQ×10,000) – (8,500시간×10,000) = – 15,000,000 에서, AQ = 7,000시간
∴가격차이(임률차이) : (7,000시간×9,000) – (7,000시간×10,000) = – 7,000,000(유리)

ⓘ 길라잡이 | 직접노무원가 차이분석 구조

기호정의	• AQ : 실제투입시간, AP : 실제가격, SQ : 실제생산량에 허용된 표준시간, SP : 표준가격
DL 차이분석	실제　　　　　　변동예산　　　　　　제품원가계산(배부) AQ×AP　　　　　AQ×SP　　　　　　　SQ×SP 〈실제원가〉　　〈실제투입시간의 표준원가〉　〈실제생산량에 허용된 표준투입시간의 표준원가〉 　　　　가격차이(임률차이)　　　　　능률차이(시간차이) →(+)이면 불리한차이, (-)이면 유리한차이

최신유형특강 493	표준직접노동시간의 개념	난이도 ★ ☆ ☆	정답 ③

다음 중 표준원가계산제도에서 차이분석시 이용하는 표준직접노동시간으로 가장 옳은 것은?

① 표준산출량에 허용된 표준직접노동시간
② 표준산출량에 허용된 실제직접노동시간
③ 실제산출량에 허용된 표준직접노동시간
④ 실제산출량에 허용된 실제직접노동시간

해설

- SQ(또는 S) : 실제산출량(생산량)에 허용된 표준직접노동시간(표준조업도)

  예시 직접노무원가 차이분석 : 실제생산량 1,000단위, 단위당 표준시간 2시간인 경우
  → SQ(표준직접노동시간) : 1,000단위 × 2시간 = 2,000시간

최신유형특강 494	직접노무원가 능률차이 발생원인	난이도 ★ ★ ★	정답 ④

다음 중 직접노무원가 능률차이에 대한 설명으로 가장 올바르지 않은 것은?

① 투입되는 재료의 품질에 따라 직접노무원가 능률차이가 발생할 수 있다.
② 생산부문 책임자의 감독소홀에 의해 직접노무원가 능률차이가 발생할 수 있다.
③ 기술 수준이 낮은 근로자를 투입했을 경우에 직접노무원가 능률차이가 발생할 수 있다.
④ 작업량 증가에 따른 초과근무 수당이 지급될 경우 직접노무원가 능률차이가 발생할 수 있다.

해설

- 작업량 증가에 따른 초과근무 수당이 지급될 경우 시간당임률이 증가되어('AP>SP') 직접노무원가 가격차이가 발생할 수 있다.

ℹ 길라잡이 직접노무원가 차이의 발생원인

가격차이 발생원인	• ㉠ 생산에 투입되는 노동력의 질에 따라 발생할 수 있음. 　→예 저임률의 비숙련노동자가 투입되어도 될 작업에 고임률의 숙련노동자를 투입할 경우 ㉡ 생산부문에서 작업량의 증가에 따라 초과근무수당을 지급할 경우 ㉢ 노사협상 등에 의하여 임금이 상승할 경우
능률차이 발생원인	• ㉠ 노동의 비능률적인 사용으로 인하여 발생할 수 있음. 　→예 기술수준이 높은 근로자에 비해 기술수준이 낮은 근로자는 작업수행에 보다 많은 시간을 필요로 할 것이므로 능률차이가 발생하게 됨. ㉡ 생산에 투입되는 원재료의 품질정도에 따라 투입되는 노동시간이 영향을 받으므로 이에 의해서도 발생할 수 있음. ㉢ 생산부문 책임자의 감독소홀이나 일정계획 등의 차질로 인하여 발생할 수 있음.

최신유형특강 495 | 변동제조간접원가 차이분석과 실제DL 계산 | 난이도 ★ ★ ☆ 정답 ③

㈜삼일은 직접노무원가와 변동제조간접원가의 표준원가 산정에 동일한 조업도를 적용하고 있다. 다음 자료에 의하여 실제 발생한 총 직접노무원가는 얼마인가?

변동제조간접원가 실제발생액 :	175,000원
변동제조간접원가 표준배부율 :	80원
변동제조간접원가 소비차이 :	25,000원(유리)
직접노무원가 실제임률 :	30원

① 70,000원 ② 72,500원
③ 75,000원 ④ 77,500원

해설

• 실제발생한 총직접노무원가 : 실제직접노동시간(A)×직접노무원가실제임률(30)
  → ∴이하 VOH차이분석에서 A = 2,500시간이므로, 실제발생한 총직접노무원가 = 2,500시간×30 = 75,000

실제발생액	$v \times A$	$v \times S$
175,000	80×A	

$-25,000$(유리)

ℹ️ 길라잡이 변동제조간접원가 차이분석 구조

기호정의	• N : 기준조업도, V : VOH예산, v : VOH배부율($= \dfrac{V}{N}$) S : 실제생산량에 허용된 표준조업도, A : 실제조업도

	실제	변동예산	제품원가계산(배부)
VOH 차이분석	실제발생액 〈실제원가〉	$v \times A$ 〈실제조업도기준 변동제조간접원가 예산〉	$v \times S$ 〈실제생산량에 허용된 변동제조간접원가 예산〉
		예산차이(소비차이)	능률차이
	→ (+)이면 불리한차이, (-)이면 유리한차이		

최신유형특강 496	변동제조간접원가 능률차이	난이도 ★ ★ ☆	정답 ③

㈜삼일의 표준원가계산제도는 직접작업시간을 제조간접비 배부기준으로 사용한다. ㈜삼일의 원가차이분석 자료를 이용할 경우, 변동제조간접비 능률차이는 얼마인가?

제조간접비 실제발생액	15,000원
고정제조간접비 실제발생액	7,200원
실제작업시간	3,500시간
표준작업시간	3,800시간
변동제조간접비 표준배부율	작업시간당 2.5원

① 950원 불리   ② 750원 불리   ③ 750원 유리   ④ 950원 유리

해설

- A =3,500시간, S =3,800시간, v =2.5
- 변동제조간접원가 차이분석

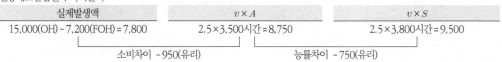

실제발생액	$v \times A$	$v \times S$
15,000(OH) - 7,200(FOH) = 7,800	2.5×3,500시간=8,750	2.5×3,800시간=9,500

소비차이 - 950(유리)   능률차이 - 750(유리)

최신유형특강 497	변동제조간접원가 차이분석과 실제생산량 추정	난이도 ★ ★ ★	정답 ④

㈜삼일은 제조간접비를 직접노무시간에 따라 배부하며, 제품 1단위를 생산하는데 표준직접노무시간은 3 시간이다. 20X1년 9월의 발생자료와 변동제조간접원가 차이분석은 다음과 같다.

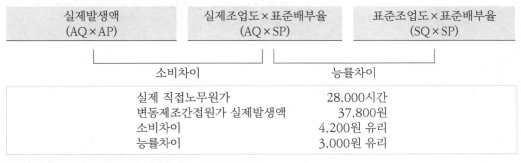

실제발생액 (AQ×AP)	실제조업도×표준배부율 (AQ×SP)	표준조업도×표준배부율 (SQ×SP)
소비차이		능률차이

실제 직접노무원가	28,000시간
변동제조간접원가 실제발생액	37,800원
소비차이	4,200원 유리
능률차이	3,000원 유리

㈜삼일의 20X1년 9월 실제 제품생산량은 몇 단위인가?

① 8,500단위   ② 9,000단위   ③ 9,500단위   ④ 10,000단위

해설

- S =실제생산량×3시간, A =28,000시간, 실제발생액=37,800
- 변동제조간접원가 차이분석

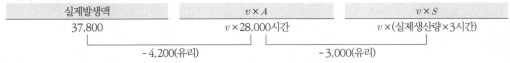

실제발생액	$v \times A$	$v \times S$
37,800	v×28,000시간	v×(실제생산량×3시간)

- 4,200(유리)   - 3,000(유리)

→37,800 - v×28,000시간 = - 4,200 에서, v =1.5
→(1.5×28,000시간) - 1.5×(실제생산량×3시간) = - 3,000 에서, 실제생산량 = 10,000단위

최신유형특강 498　　　　　　　　**변동제조간접원가 차이분석**　　　　난이도 ★ ★ ★ 정답 ①

●— ㈜상일의 7월 제조활동과 관련된 자료이다. 변동제조간접원가 소비차이는 얼마인가?

> • 제품의 생산량 1,000단위
> • 생산량 단위당 실제노동시간 10시간, 단위당 표준노동시간 11시간
> • 노동시간당 표준임률 @50원
> • 변동제조간접원가 표준 노동시간당 @20원
> • 실제 변동제조간접원가는 직접노무원가 실제발생액의 40%
> • 직접노무원가 임률차이 50,000원(유리)

① 20,000원 유리　　　　　　　　　　② 20,000원 불리
③ 40,000원 불리　　　　　　　　　　④ 40,000원 유리

해설 ⌇

• AQ($=A$) : 1,000단위×10시간 = 10,000시간, SP(노동시간당 표준임률) = 50, $v(=\frac{V}{N})=20$
• 직접노무원가 차이분석

AQ×AP	AQ×SP
10,000시간×AP	10,000시간×50

　　　　　　　　　　　　임률차이 - 50,000(유리)

→(10,000시간×AP) - (10,000시간×50) = - 50,000 에서, AP = 45
→직접노무원가 실제발생액(AQ×AP) : 10,000시간×45 = 450,000
• 변동제조간접원가 차이분석

실제발생액	$v \times A$
450,000×40% = 180,000	20×10,000시간

　　　　　　　　소비차이(예산차이) - 20,000(유리)

최신유형특강 499　　　　**기준조업도의 개념**　　　난이도 ★ ★ ★　정답 ②

다음 표준제조간접원가를 결정하기 위한 기준조업도와 관련된 내용 중 가장 올바르지 않은 것은?

① 기준조업도는 단순하고 이해하기 쉬워야 한다.
② 기준조업도는 물량 기준보다는 금액 기준으로 설정하는 것이 바람직하다.
③ 기준조업도와 제조간접원가의 발생 사이에는 인과관계가 존재하여야 한다.
④ 사전에 설정된 제조간접원가 예산을 기준조업도로 나누어 표준배부율을 계산한다.

해설

- ② 기준조업도는 될 수 있으면 금액보다는 물량기준으로 설정해야 한다.
　→왜냐하면 금액을 기준조업도로 사용할 경우에는 물가변동의 영향을 받기 때문이다.
- ④ 고정제조간접원가배부율(f) = $\dfrac{F(FOH예산)}{N(기준조업도)}$, 변동제조간접원가배부율($v$) = $\dfrac{V(VOH예산)}{N(기준조업도)}$

참고 기준조업도란 기준조업도에서 설정한 예산투입량 단위당 표준고정제조간접원배부액을 산출하기 위하여 사용되는 조업도이다. 다시 말하면 제품에 대한 원가계산을 하기 위한 목적으로 선정되는 것이 기준조업도이다. 제품원가계산을 위한 기준조업도의 선택은 최고경영자가 내리는 판단의 문제로서 제품원가가 제품가격결정 등과 같은 경영의사결정에 크게 영향을 미치는 경우에는 기준조업도 선정에 의해 제품원가(배부액)가 달라지므로 기준조업도의 선택 문제는 대단히 중요해 진다. 최근의 추세에 의하면 이론적 최대조업도, 실제적 최대조업도 보다는 정상조업도나 종합예산조업도(연간기대조업도)가 많이 선택되어지고 있다.

ℹ️ 길라잡이 기준조업도 선정시 주의사항

인과관계	• 기준조업도와 제조간접원가의 발생간에 인과관계가 존재해야 함.
물량기준	• 기준조업도는 될 수 있으면 금액보다는 물량기준으로 설정해야 한다. 　→왜냐하면 금액을 기준조업도로 사용할 경우에는 물가변동의 영향을 받기 때문임.
단순성	• 기준조업도는 단순하고 이해하기 쉬워야 함.

| 최신유형특강 500 | 고정제조간접원가 조업도차이 | 난이도 ★ ★ ☆ 정답 ② |

㈜삼일은 표준원가계산제도를 사용하고 있다. 다음 자료에 의할 때 ㈜삼일의 2월의 고정제조간접비 조업도차이는 얼마인가?

실제직접노무시간	14,000시간
실제생산량에 허용된 표준직접노무시간	15,000시간
고정제조간접비 발생액	60,000원
고정제조간접비 예산액	54,000원
기준조업도(직접노무시간)	12,000시간

① 6,000원 유리
② 13,500원 유리
③ 6,000원 불리
④ 13,500원 불리

해설

- $S = 15,000$시간, $F = 54,000$, $N = 12,000$시간 $\rightarrow \therefore f = \dfrac{F(54,000)}{N(12,000\text{시간})} = 4.5$
- 고정제조간접원가 차이분석

실제발생액	$F(= f \times N)$	$f \times S$
60,000	54,000	$4.5 \times 15,000$시간$= 67,500$

예산차이 6,000(불리) 조업도차이 - 13,500(유리)

ⓘ 길라잡이 고정제조간접원가 차이분석 구조

기호정의	• N : 기준조업도, F : FOH예산, f : FOH배부율$(= \frac{F}{N})$, S : 실제생산량에 허용된 표준조업도		
FOH 차이분석	실제	변동예산	제품원가계산(배부)
	실제발생액	$F(= f \times N)$	$f \times S$
	예산차이	조업도차이	
	→(+)이면 불리한차이, (-)이면 유리한차이		

| 최신유형특강 501 | 고정제조간접원가 차이분석 기본사항 | 난이도 ★ ☆ ☆ 정답 ④ |

다음 중 ㈜삼일의 고정제조간접원가 차이분석에 관한 설명으로 가장 올바르지 않은 것은?

① 고정제조간접원가 실제발생액과 고정제조간접원가 배부액과의 차이를 고정제조간접원가 총차이라고 한다.
② 고정제조간접원가 실제발생액과 고정제조간접원가 예산과의 차이를 고정제조간접원가 예산차이라고 한다.
③ 고정제조간접원가 예산과 고정제조간접원가 배부액과의 차이를 고정제조간접원가 조업도차이라고 한다.
④ 고정제조간접원가 예산은 실제산출량에 허용된 표준조업도에 조업도 단위당 표준배부율을 곱하여 계산한 금액을 의미한다.

해설

- 고정제조간접원가 예산은 기준조업도(N)에 조업도 단위당 표준배부율(f)을 곱하여 계산한 금액을 의미한다.
- 고정제조간접원가 배부액은 실제산출량에 허용된 표준조업도(S)에 조업도 단위당 표준배부율(f)을 곱하여 계산한 금액이다.

최신유형특강 502 | **고정제조간접원가 항목별 차이분석** | 난이도 ★ ★ ★ 정답 ②

㈜삼일의 생산 및 원가와 관련된 자료는 다음과 같다. 이와 관련된 설명 중 가장 올바르지 않은 것은?

기준조업도	:	10,000시간
제품 단위당 표준노동시간	:	9시간
제품의 실제 생산량	:	1,200단위
고정제조간접원가 실제발생액	:	1,870,000원
고정제조간접원가 예산차이	:	130,000원(유리)

① 고정제조간접원가 표준원가는 2,160,000원이다.
② 실제생산량에 허용된 표준조업도는 10,000시간이다.
③ 고정제조간접원가 총차이는 290,000원 유리하게 나타난다.
④ 고정제조간접원가 조업도차이는 160,000원 유리하게 나타난다.

해설

- N = 10,000시간, S(실제생산량에 허용된 표준노동시간) = 1,200단위 × 9시간 = 10,800시간, 실제발생액 = 1,870,000
- 고정제조간접원가 차이분석

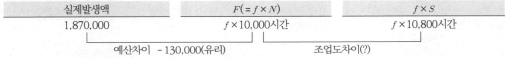

실제발생액	$F(= f \times N)$	$f \times S$
1,870,000	$f \times$ 10,000시간	$f \times$ 10,800시간

예산차이 - 130,000(유리)   조업도차이(?)

→ 1,870,000 - ($f \times$ 10,000시간) = - 130,000 에서, f = 200
- ① 고정제조간접원가 표준원가($f \times S$) : 200 × 10,800시간 = 2,160,000
  ② 실제생산량에 허용된 표준조업도(실제생산량에 허용된 표준노동시간) : 10,800시간
  ③ 고정제조간접원가 총차이 : 1,870,000 - (200 × 10,800시간) = - 290,000(유리)
  ④ 고정제조간접원가 조업도차이 : (200 × 10,000시간) - (200 × 10,800시간) = - 160,000(유리)

최신유형특강 503 | **2분법과 제조간접원가배부액** | 난이도 ★ ★ ★ 정답 ①

표준원가계산을 사용하고 있는 ㈜삼일의 1월 제조간접원가에 대한 자료는 다음과 같다.

> 제조간접원가 변동예산 : 600,000원+직접노동시간×10원
> 실제산출량에 허용된 표준노동시간 : 15,000시간

회사는 2분법에 의하여 제조간접원가 차이분석을 하고 있다. 1월 중 불리한 예산차이 50,000원과 유리한 조업도차이 100,000원이 발생하였다면 1월의 제조간접원가 배부액은 얼마인가?

① 850,000원
② 800,000원
③ 750,000원
④ 700,000원

해설

• 변동제조간접원가(VOH), 고정제조간접원가(FOH) 차이분석

기호정의	• A : 실제조업도, N : 기준조업도, V : VOH예산, F : FOH예산, v : VOH배부율($=\dfrac{V}{N}$) f : FOH배부율($=\dfrac{F}{N}$), S : 실제생산량에 허용된 표준조업도		
VOH 차이분석	실제 실제발생액	변동예산 $v \times A$	제품원가계산(배부) $v \times S$
	예산차이(소비차이)	능률차이	
FOH 차이분석	실제 실제발생액	변동예산 $F(=f \times N)$	제품원가계산(배부) $f \times S$
	예산차이	조업도차이	

→제조간접원가 2분법의 예산차이·조업도차이
 ㉠ 예산차이 : VOH소비차이(VOH실제 $- v \times A$)+VOH능률차이($v \times A - v \times S$)+FOH예산차이(FOH실제 $- F$)
  ⇒OH실제 $- v \times S - F$
 ㉡ 조업도차이 : $F - f \times S$
→제조간접원가 배부액 : VOH배부액($v \times S$)+FOH배부액($f \times S$)
• 문제자료에 의해, $F = 600,000$, $v = 10$, $S = 15,000$시간
• VOH배부액 : $v(10) \times S(15,000$시간$) = 150,000$
 FOH배부액 : $F(600,000) - f \times S = -100,000$(유리한 조업도차이) → $f \times S = 700,000$
∴제조간접원가 배부액 : $150,000(v \times S) + 700,000(f \times S) = 850,000$

최신유형특강 504 | **2분법 차이분석 구조** | 난이도 ★ ★ ☆ | 정답 ②

다음 중 2분법에 의한 제조간접원가차이 분석에 대한 설명으로 가장 옳은 것은?

① 예산차이에는 변동제조간접원가차이만이 포함되며, 조업도차이에는 고정제조간접원가차이만이 포함된다.

② 예산차이에는 변동제조간접원가차이와 고정제조간접원가차이의 일부가 포함되며, 조업도차이에는 고정제조간접원가차이의 일부만이 포함된다.

③ 예산차이에는 변동제조간접원가차이의 일부만이 포함되며, 조업도차이에는 변동제조간접원가차이의 일부와 고정제조간접원가차이가 포함된다.

④ 예산차이와 조업도차이에는 모두 변동제조간접원가차이와 고정제조간접원가차이가 포함된다.

해설

- ① 예산차이에는 고정제조간접원가차이(FOH예산차이)도 포함된다.
- ② 예산차이에는 변동제조간접원가차이(VOH소비차이/VOH능률차이)와 고정제조간접원가차이의 일부(FOH예산차이)가 포함되며, 조업도차이에는 고정제조간접원가차이의 일부(FOH조업도차이)만이 포함된다.
- ③ 예산차이에는 변동제조간접원가차이의 모두(VOH소비차이/VOH능률차이)가 포함되며, 조업도차이에는 변동제조간접원가차이는 포함되지 않는다.
- ④ 예산차이에는 모두 변동제조간접원가차이와 고정제조간접원가차이가 포함되나, 조업도차이에는 변동제조간접원가차이가 포함되지 않는다.

ⓘ 길라잡이 제조간접원가(OH) 차이분석방법〈변동제조간접원가(VOH)와 고정제조간접원가(FOH)〉

4분법	3분법	2분법	1분법
VOH소비차이	소비차이	예산차이	OH배부차이(총차이)
FOH예산차이			
VOH능률차이	능률차이		
FOH조업도차이	조업도차이	조업도차이	

최신유형특강 505 　　　　원가차이의 배분방법 　　　　난이도 ★ ★ ★ 정답 ①

다음 중 원가차이의 배분 방법에 관한 설명으로 가장 올바르지 않은 것은?

① 매출원가조정법이란 모든 원가차이를 매출원가에 가감하는 방법으로서, 불리한 원가차이는 매출원가에 차감하고 유리한 원가차이는 매출원가에서 가산한다.

② 기타손익법은 표준은 정상적 공손이나 비능률을 감안하여 설정한 것이기 때문에 이를 벗어난 차이에 대해서는 원가성이 없다고 보는 견해이다.

③ 총원가 비례배분법은 재고자산 계정과 매출채권 계정의 총원가(기말잔액)를 기준으로 원가차이를 배분하는 방법이다.

④ 원가요소별 비례배분법은 재고자산 계정과 매출원가 계정의 원가요소를 기준으로 각 해당되는 원가요소의 원가차이를 배분하는 방법이다.

해설

• 매출원가조정법의 경우 불리한 차이는 매출원가에 가산하고 유리한 차이는 매출원가에서 차감한다.

ℹ️ 길라잡이 표준원가계산 원가차이 배분(조정)방법

매출원가조정법	• 모든 원가차이를 매출원가에 가감하는 방법(원가차이가 중요치 않은 경우 적용) → ⑦ 불리한 차이 : 매출원가에 가산　ⓒ 유리한 차이 : 매출원가에서 차감					
	원가차이 분석	(차) 재공품(SQ×SP)	70,000	(대) 원재료(AQ×AP)	100,000	
		가격차이(불리)	40,000	능률차이(유리)	10,000	
	원가차이 배분	(차) 매출원가	40,000	(대) 가격차이(불리)	40,000	
		(차) 능률차이(유리)	10,000	(대) 매출원가	10,000	
	• 모두 매출원가에서 조정되므로 재공품과 제품계정은 모두 표준원가로 계속 기록됨.					
총원가비례배분법	• 재고자산(재공품, 제품)과 매출원가의 총원가를 기준으로 원가차이를 배분하는 방법					
원가요소별비례배분법	• 재고자산(재공품, 제품)과 매출원가의 원가요소(DM,DL,OH)를 기준으로 각 해당하는 원가요소의 원가차이를 배분하는 방법					
기타손익법 (영업외손익법)	• 모든 원가차이를 기타손익으로 처리하는 방법 → ⑦ 불리한 차이 : 기타비용　ⓒ 유리한 차이 : 기타수익 • 이론적 근거는 표준은 정상적인 공손이나 비능률을 감안하여 설정되므로 이를 벗어난 차이는 원가성이 없다고 보아 별도항목인 기타손익으로 표시해야 한다는 것임.					

최신유형특강 506 | **표준원가 차이분석보고서 세부고찰** | 난이도 ★ ★ ★ | 정답 ③

다음은 동일한 제품을 대량생산하고 있는 ㈜삼일의 표준원가 차이분석 보고서의 일부이다. 보고서에 대 한 분석내용으로 가장 올바르지 않은 것은?

〈표준원가 차이분석 보고서〉

1. 연초 설정 단위당 표준원가

	표준수량	표준가격	표준원가
직접재료원가	10kg	50원/kg	500원
직접노무원가	10시간	40원/시간	400원
제조간접원가	10kg	80원/kg	800원
제품단위당표준원가			1,700원

2. 연말 수원공장 단위당 실제원가

	실제수량	실제가격	실제원가
직접재료원가	9kg	52원/kg	468원
직접노무원가	10시간	39원/시간	390원
제조간접원가			720원
제품단위당실제원가			1,578원

3. 연말 평택공장 단위당 실제원가

	실제수량	실제가격	실제원가
직접재료원가	12kg	49원/kg	588원
직접노무원가	11시간	40원/시간	440원
제조간접원가			900원
제품단위당실제원가			1,928원

① 원가 절감 측면에서 수원공장이 평택공장에 비해 효율적으로 생산하였다.
② 수원공장이 직접재료원가 수량측면에서 평택공장보다 효율적이다.
③ 수원공장이 직접노무원가 수량측면에서 평택공장보다 비효율적이다.
④ 수원공장이 제조간접원가 측면에서 평택공장보다 효율적이다.

해설

• 분석내용 총괄〈원가(수량)발생액이 작으면 더 효율적〉

구분	효율성기준	수원공장	평택공장	분석내용
① 원가절감측면	제품단위당실제원가	1,578원	1,928원	수원공장이 더 효율적
② 직접재료원가 수량측면	직접재료원가 실제수량	9kg	12kg	수원공장이 더 효율적
③ 직접노무원가 수량측면	직접노무원가 실제수량	10시간	11시간	수원공장이 더 효율적
④ 제조간접원가 측면	제조간접원가 실제원가	720원	900원	수원공장이 더 효율적

최신유형특강 507 | 원가계산제도 일반사항 | 난이도 ★ ★ ☆ 정답 ①

다음 중 원가계산제도에 대한 설명으로 가장 올바르지 않은 것은?

① 정상원가계산에서는 직접재료원가만을 실제원가로 측정하고 노무원가와 제조간접원가는 사전에 정해 놓은 배부율에 의해 배부한다.
② 표준원가계산에 의할 경우 비계량 정보를 무시할 가능성이 있다.
③ 정상원가계산은 평준화원가계산이라고도 한다.
④ 실제원가계산에 의할 경우 기말이 되어야 제조간접원가의 실제 발생액과 배부기준의 총계가 확정된다.

해설

• ① 정상원가계산은 직접재료원가와 직접노무원가를 실제원가로 측정하고 제조간접원가는 사전에 정해 놓은 제조간접원가 예정배부율에 의해 배부된 원가로 측정하는 방법이다.

	실제원가계산	정상원가계산	표준원가계산
직접재료원가	실제원가	실제원가	표준원가
직접노무원가	실제원가	실제원가	표준원가
제조간접원가	**실제원가**	**예정배부액**	**표준배부액**

② 표준원가계산제도는 계량적 정보에 의해서만 성과평가가 이루어진다. 표준원가계산제도를 채택할 경우 비계량적인 정보를 무시할 가능성이 있다.
→예를 들어, 표준원가달성을 지나치게 강조할 경우 제품의 품질을 희생시킬 수 있고, 납품업체에 표준원가를 기초로 지나친 원가절감을 요구할 경우 관계가 악화될 수도 있다.
③ 정상원가계산은 예정원가계산 또는 평준화원가계산이라고도 한다.
→제조간접원가 예정배부율(=제조간접원가예산÷예정조업도)은 1년동안 계속 적용한다. 따라서, 제조간접원가 예정배부율은 실제원가계산에서의 월별로 상이한 제조간접원가 실제배부율을 평균화한 것으로 생각할 수 있다. 다시 말하면, 동일제품에 배부되는 투입량(조업도) 단위당 제조간접원가배부액은 같아야 한다는 관점에서 일정기간내에 생산되는 동종제품의 투입량 단위당 제조간접원가부담액을 균등하게 해준다.
④ 제조간접원가는 직접재료원가나 직접노무원가와 달리 개별제품에 직접 추적할 수 없으므로 일정한 배부기준에 의하여 배부하는 과정이 필요하다. 실제원가계산에 의할 경우 기말이 되어서야 제조간접원가 실제발생액과 배부기준의 총계가 확정된다. 따라서 제조간접원가의 배부가 기말까지 지연되고 그 결과 제품원가계산이 지연된다는 문제점이 있다.
→즉, 실제발생원가와 실제조업도는 기말이 되어야 확정되므로 제조간접원가 실제배부율은 기말이 되기까지 계산되지 않는다. 따라서, 기말이 될 때까지 제조간접원가를 배부할 수 없어 결과적으로 제품원가계산이 지연된다.

최신유형특강 508 | **전부·변동·초변동원가계산 기본적 비교사항** | 난이도 ★ ☆ ☆ | 정답 ②

다음 중 원가계산방법과 특징이 짝지어진 것으로 가장 올바르지 않은 것은?

① 전부원가계산 – 기업 외부 공시 목적의 기능적 손익계산서를 작성하는데 이용된다.
② 변동원가계산 – 모든 제조간접원가는 기간원가로 처리된다.
③ 변동원가계산 – 공헌이익 손익계산서의 작성에 이용된다.
④ 초변동원가계산 – 원가회피 개념에 근거를 두고 있다.

해설

• 변동원가계산 : 변동제조간접원가는 제조원가, 고정제조간접원가는 기간원가(기간비용)로 처리한다.

i 길라잡이 **전부원가계산·변동원가계산·초변동원가계산의 기본적 차이점**

구분	전부원가계산	변동원가계산	초변동원가계산
근본적 차이	• 원가부착개념 →FOH도 제조원가	• 원가회피개념 →FOH는 비용처리	• 초원가회피개념 →DL,VOH,FOH를 운영비용처리
제조(제품)원가	• DM+DL+VOH+FOH	• DM+DL+VOH	• DM
기간비용	• 판관비	• FOH,판관비	• DL,OH,판관비
손익계산서	• 전통적I/S(기능별I/S)	• 공헌이익I/S(행태별I/S)	• 초변동원가I/S
의사결정	• 장기의사결정에 유리	• 단기의사결정에 유리	• 단기의사결정에 유리
보고	• 외부보고용	• 내부관리용	• 내부관리용

최신유형특강 509 | **초변동원가계산 일반사항** | 난이도 ★ ☆ ☆ | 정답 ③

다음 중 초변동원가계산에 관한 설명으로 가장 올바르지 않은 것은?

① 내부계획과 통제, 단기적 의사결정에 활용된다.
② 재료처리량 공헌이익을 계산하여 의사결정에 활용한다.
③ 제품원가는 직접재료원가와 변동제조간접원가로 구성된다.
④ 기간비용은 '직접노무원가+제조간접원가+판매비와 관리비'로 계산된다.

해설

• 초변동원가계산의 제품원가(제조원가)는 직접재료원가만으로 구성된다.

최신유형특강 510　　　　　**전부·변동원가계산의 차이점**　　　　난이도 ★ ☆ ☆　정답 ①

다음 중 변동원가계산과 전부원가계산의 차이점을 설명한 것으로 가장 올바르지 않은 것은?

① 변동원가계산을 적용하여 원가산정을 하게 되면 모든 제조원가가 기말재공품에 포함된다.
② 변동원가계산은 내부계획과 통제 등 경영관리를 하기 위한 목적이다.
③ 변동원가계산에 있어 고정원가는 원가회피가능성이 없으므로 기간비용으로 처리해야 한다.
④ 변동원가계산을 적용하게 되면 생산량은 이익에 영향을 주지 않는다.

해설

• 변동원가계산을 적용하여 원가산정을 하게 되면 고정제조간접원가가 모두 당기비용으로 처리되어 고정제조간접원가가 기말재공품에 포함되지 않는다.

ⓘ 길라잡이　전부원가계산과 변동원가계산의 기본적 차이점

구분	전부원가계산	변동원가계산
근본적 차이	• 원가부착개념 →FOH도 제조원가	• 원가회피개념 →FOH는 비용처리
제조원가	• DM+DL+VOH+FOH	• DM+DL+VOH
손익계산서	• 전통적 손익계산서(기능별I/S) →매출액/매출총이익/영업이익	• 공헌이익 손익계산서(행태별I/S) →매출액/공헌이익/영업이익
이익함수	• π(이익) = f(판매량 & 생산량) →이익이 생산량에 의해서도 영향 받으므로(생산량을 증가시키면 FOH배부액이 감소하고 이익이 증가) 생산량조절에 따른 이익조작가능성이 존재함.	• π(이익) = f(판매량) →이익이 판매량 변화에만 영향을 받으므로 생산량조절에 따른 이익조작 방지 가능
보고	• 외부보고용(기업회계기준 인정O)	• 내부관리용(기업회계기준 인정X)

최신유형특강 511	변동원가계산의 유용성	난이도 ★ ★ ☆	정답 ④

다음 중 변동원가계산의 유용성에 관한 설명으로 가장 올바르지 않은 것은?

① 원가통제와 성과평가에 유용하게 활용할 수 있다.
② 고정원가가 이익에 미치는 영향을 비교적 쉽게 파악할 수 있다.
③ 이익계획과 예산편성에 필요한 CVP 관련 자료를 쉽게 확보할 수 있다.
④ 고정원가를 부문이나 제품에 배분하지 않기 때문에 부문별, 제품별 의사결정 문제에 왜곡을 초래할 수 있다.

해설

• 변동원가계산은 공통적인 고정원가를 부문이나 제품별로 배분하지 않기 때문에 부문별, 제품별 의사결정 문제에 왜곡을 초래하지 않는다.(즉, 변동원가와 고정원가가 분리되고 공헌이익도 제시되므로 증분이익 분석이 용이해져 의사결정에 유용함.)
→반면, 전부원가계산은 공통적인 고정원가를 부문이나 제품별로 배부하기 때문에 부문별, 제품별 의사결정 문제에 왜곡을 초래할 가능성이 존재한다.

ⓘ 길라잡이 변동원가계산의 유용성

CVP자료 확보 용이	• 이익계획과 예산편성에 필요한 CVP(원가 - 조업도 - 이익)에 관련된 자료를 변동원가계산제도에 의한 공헌손익계산서로부터 쉽게 얻을 수 있음.
이익은 판매량의 함수	• 특정기간의 이익이 생산량에 의해 영향을 받지 않음. →즉, 제품의 판매가격, 원가, 매출배합 등이 일정하다면 이익은 오직 판매량에 의해 결정되기 때문에 매출액의 변동과 동일한 방향으로 변화하게 됨.
높은 이해가능성	• 이익은 매출액과 동일한 방향으로 움직이므로 경영자의 입장에서 이해하기 쉬움.
의사결정 왜곡차단	• 공통적인 고정원가를 부문이나 제품별로 배분하지 않기 때문에 부문별, 제품별 의사결정 문제에 왜곡을 초래하지 않음.
고정원가 영향파악 용이	• 특정기간의 고정원가가 손익계산서에 총액으로 표시되기 때문에 고정원가가 이익에 미치는 영향을 쉽게 알 수 있음.
원가통제·성과평가에 유용	• 변동원가계산을 표준원가 및 변동예산과 같이 사용하면 원가통제와 성과평가에 유용하게 활용할 수 있다.

최신유형특강 512	변동원가계산 사용 목적	난이도 ★ ☆ ☆	정답 ③

다음 중 변동원가계산을 사용하는 목적으로 가장 올바르지 않은 것은?

① 판매부문성과의 정확한 평가
② 합리적인 제품제조 의사결정
③ 외부공시용 재무제표 작성
④ 이익계획의 효과적인 수립

해설

• ① 공통적인 고정원가를 부문별로 배분하지 않기 때문에 부문별 의사결정문제에 왜곡을 초래하지 않으므로 판매부문의 정확한 성과평가에 유용하다.
② 공통적인 고정원가를 제품별로 배분하지 않기 때문에 제품별 의사결정문제에 왜곡을 초래하지 않으므로 합리적인 제품제조 의사결정에 유용하다.
③ 변동원가계산제도는 기업회계기준에서 인정하는 원가계산제도가 아니므로, 외부공시용(외부보고용) 재무제표 작성을 위해서는 전부원가계산제도에 의하여야 한다.
④ 이익계획과 예산편성에 필요한 CVP(원가 - 조업도 - 이익)에 관련된 자료를 변동원가계산제도에 의한 공헌이익손익계산서로부터 쉽게 얻을 수 있으므로 이익계획의 효과적인 수립에 유용하다.

최신유형특강 513	변동원가계산의 한계점	난이도 ★ ★ ☆ 정답 ④

다음 중 변동원가계산의 한계에 관한 설명으로 가장 올바르지 않은 것은?

① 원가행태의 구분이 현실적으로 쉽지 않다.
② 일반적으로 인정된 회계원칙에 의한 외부보고용 회계정보로 활용될 수 없다.
③ 고정원가의 중요성을 간과할 수 있어 가격결정과 관련된 잘못된 의사결정을 할 수 있다.
④ 공통적인 고정원가를 부문이나 제품에 배부하므로 부문별, 제품별 의사결정 문제에 왜곡을 초래할 수 있다.

해설

• 변동원가계산은 공통적인 고정원가를 부문이나 제품별로 배분하지 않기 때문에 부문별, 제품별 의사결정 문제에 왜곡을 초래하지 않는다.(즉, 변동원가와 고정원가가 분리되고 공헌이익도 제시되므로 증분이익 분석이 용이해져 의사결정에 유용함.)
→반면, 전부원가계산은 공통적인 고정원가를 부문이나 제품별로 배부하기 때문에 부문별, 제품별 의사결정 문제에 왜곡을 초래할 가능성이 존재한다.

ⓘ 길라잡이 변동원가계산의 한계점

고정원가 중요성 간과	• 변동원가계산만을 의사결정에 사용하면 고정원가의 중요성을 간과하기 쉬워 잘못된 의사결정을 할 수 있음. →즉, 제품의 가격은 고정원가를 회수할 수 있도록 결정되어야 하나 변동원가만을 이용하면 장기적인 가격결정에 왜곡이 생길 수 있음.
외부보고자료로 이용불가	• GAAP가 아니므로 기업회계측면의 외부보고자료로서 이용될 수 없음.
원가행태 구분의 어려움	• 변동원가계산의 기초가 되는 원가행태구분이 쉽지 않음. →즉, 전체원가 중에서 변동·고정원가를 구분해내기가 현실적으로 어려움.
비용의 변동원가화	• 장기계획에서는 거의 모든 비용들을 변동원가로 간주할 수 있음. →왜냐하면 단기적으로는 고정원가라 하더라도 장기적인 관점에서는 계획생산량에 필요한 수준으로 고정원가를 조정할 수 있기 때문임.

| 최신유형특강 514 | 재고수준과 전부·변동 영업이익 | 난이도 ★ ★ ★ | 정답 ② |

다음 중 모든 조건이 동일할 경우 어떠한 상황에서 변동원가계산에 의한 영업이익이 전부원가계산에 의한 영업이익보다 작게 나타나는가?

① 판매량이 생산량보다 많을 때
② 생산량이 판매량보다 많을 때
③ 고정판매비와 관리비가 증가할 때
④ 고정판매비와 관리비가 감소할 때

해설

- '생산량〉판매량'인 경우 재고증가량에 포함된 고정제조간접원가만큼 전부원가계산의 영업이익이 더 크다.
  → '생산량〉판매량'인 경우 '기말재고〉기초재고'이므로 영업이익 차이조정 논리로 설명하면 다음과 같다.

전부원가계산 영업이익	X
(+) 기초에 포함된 고정제조간접원가(FOH)	A
(−) 기말에 포함된 고정제조간접원가(FOH)	$A + \alpha$
변동원가계산 영업이익	$X - \alpha$

길라잡이 변동·전부원가계산의 재고수준과 영업이익 크기[단위당FOH 불변 가정시]

재고불변 (기초재고 = 기말재고) (생산량 = 판매량)	• 전부원가계산 이익 = 변동원가계산 이익			
	기초재고	100	판매량	300
	생산량	300	기말재고	100
재고증가 (기초재고〈기말재고) (생산량〉판매량)	• 전부원가계산 이익〉변동원가계산 이익			
	기초재고	100	판매량	200
	생산량	300	기말재고	200
재고감소 (기초재고〉기말재고) (생산량〈판매량)	• 전부원가계산 이익〈변동원가계산 이익			
	기초재고	200	판매량	300
	생산량	200	기말재고	100

| 최신유형특강 515 | 전부원가계산 영업이익 계산 | 난이도 ★ ★ ☆ 정답 ② |

20X1년에 영업을 시작한 ㈜삼일은 당기에 1,000단위의 제품을 생산하여 800단위의 제품을 판매하였다. 당기의 판매가격 및 원가자료가 다음과 같을 때, 전부원가계산의 영업이익은 얼마인가?

판매가격	100원
제품단위당 직접재료원가	25원
제품단위당 직접노무원가	20원
제품단위당 변동제조간접원가	6원
제품단위당 변동판매비와관리비	5원
고정제조간접원가	20,000원
고정판매비와관리비	6,200원

① 9,000원　　　　　　　　　　② 13,000원
③ 19,200원　　　　　　　　　　④ 23,200원

해설

- 전부원가계산에서는 고정제조간접원가(FOH)도 제조원가로 처리한다.
  → 반면, 변동원가계산에서는 고정제조간접원가(FOH)를 기간비용으로 처리한다.
- 물량흐름(제품계정) : 당기 초에 영업활동을 시작하였으므로 기초제품재고는 없다.

기초제품재고	0	판매량	800단위
생산량	1,000단위	기말제품재고	200단위

- 단위당FOH : 20,000(FOH) ÷ 1,000단위(생산량) = 20
- 단위당제조원가 : 25(단위당DM) + 20(단위당DL) + 6(단위당VOH) + 20(단위당FOH) = 71
- 영업이익 : 매출총이익(800단위×100 - 800단위×71) - 판관비(800단위×5+6,200) = 13,000

비교 변동원가계산에 의한 영업이익 계산
  - 단위당제조원가 : 25(단위당DM) + 20(단위당DL) + 6(단위당VOH) = 51
  - 공헌이익 : 800단위×100 - 800단위×(25+20+6+5) = 35,200
  - 영업이익 : 35,200 - (20,000+6,200) = 9,000

참고 영업이이익 차이조정

전부원가계산 영업이익	13,000
(+) 기초에 포함된 고정제조간접원가(FOH)	0
(-) 기말에 포함된 고정제조간접원가(FOH)	200단위×20=4,000
변동원가계산 영업이익	9,000

길라잡이 전부원가계산·변동원가계산·초변동원가계산 영업이익 계산 비교

전부원가계산	변동원가계산	초변동원가계산
• 매출액 (-)매출원가(DM+DL+VOH+FOH) 매출총이익 (-)판관비(변동+고정) 영업이익	• 매출액 (-)매출원가(DM+DL+VOH) (-)변동판관비 공헌이익 (-)FOH+고정판관비 영업이익	• 매출액 (-)제품수준변동원가(DM) 재료처리량(현금창출)공헌이익 (-)운영비용(DL+VOH+FOH+판관비) 영업이익

| 최신유형특강 516 | 초변동원가계산 영업이익 계산 | 난이도 ★ ★ ☆ | 정답 ① |

다음 자료를 이용하여 초변동원가계산에 의한 영업이익을 계산하면 얼마인가?

판매수량=생산수량	20,000개	제품단위당 판매가격	400원
제품단위당 직접재료원가	50원	제품단위당 직접노무원가	30원
제품단위당 변동제조간접원가	70원	제품단위당 변동판매비	120원
고정제조간접원가	500,000원	고정판매비와관리비	1,100,000원

① 1,000,000원
② 2,600,000원
③ 5,400,000원
④ 7,000,000원

해설

- 초변동원가계산 영업이익 계산

매출액	:	20,000개×400 =	8,000,000
제품수준변동원가(DM)	:	20,000개×50 =	(1,000,000)
재료처리량(현금창출)공헌이익			7,000,000
운영비용(DL+VOH+변동판관비+FOH+고정판관비)	:	20,000개×(30+70+120)+500,000+1,100,000 =	(6,000,000)
영업이익	:		1,000,000

★ **저자주** 문제의 명확한 성립을 위해 누락된 단서인 '단, 기초 제품재고는 없다.'를 추가하기 바랍니다.

최신유형특강 517	전부·변동원가계산과 FOH 추정	난이도 ★ ★ ★ 정답 ③

● 20X1년 3월에 영업을 시작한 서울회사는 선입선출법에 의한 실제원가계산제도를 채택하고 있으며, 20X1년 3월과 4월의 생산과 판매에 관한 자료는 다음과 같다.

	3월	4월
생산량	8,000단위	9,000단위
판매량	7,000단위	10,000단위

20X1년 4월 중 전부원가계산에 의한 영업이익이 변동원가계산에 의한 영업이익보다 200,000원이 작다고 할 때, 3월 고정제조간접원가는 얼마인가?

① 1,000,000원 ② 1,200,000원
③ 1,600,000원 ④ 2,000,000원

해설

• 계정흐름(3월에 영업을 시작하였으므로 3월 기초재고는 없다.)

3월				4월			
기초	0단위	판매량	7,000단위	기초	1,000단위	판매량	10,000단위
생산량	8,000단위	기말	1,000단위	생산량	9,000단위	기말	0단위

• 전부원가계산 영업이익(4월) A
  (+) 기초에 포함된 고정제조간접원가(FOH)   1,000단위 × B
  (-) 기말에 포함된 고정제조간접원가(FOH)   0
  변동원가계산 영업이익(4월) $A + 200,000$

→$A + (1,000$단위$× B) - 0 = A + 200,000$ 에서, B(기초에 포함된 단위당FOH) = 200
∴3월 고정제조간접원가 : 8,000단위(생산량) × 200 = 1,600,000

ⓘ 길라잡이   **전부·변동·초변동원가계산 영업이익 차이조정**

전부원가계산에 의한 영업이익	전부원가계산에 의한 영업이익	변동원가계산에 의한 영업이익
(+) 기초재공품,제품에 포함된 FOH	(+) 기초재공품,제품에 포함된 DL,VOH,FOH	(+) 기초재공품,제품에 포함된 DL,VOH
(-) 기말재공품,제품에 포함된 FOH	(-) 기말재공품,제품에 포함된 DL,VOH,FOH	(-) 기말재공품,제품에 포함된 DL,VOH
변동원가계산에 의한 영업이익	초변동원가계산에 의한 영업이익	초변동원가계산에 의한 영업이익

| 최신유형특강 518 | 전부·변동·초변동원가계산 영업이익 | 난이도 ★ ★ ★ | 정답 ① |

㈜삼일의 20X1년 재고자산 물량 자료는 다음과 같다. ㈜삼일의 제조간접비 및 판매비와관리비 중 약 50%는 변동비성 원가이다. 다음 중 각 원가계산 방법을 적용했을 때 당기 영업이익이 큰 순서대로 나열한 것으로 가장 옳은 것은?

기초재고수량	10,000개
당기제조	20,000개
당기판매	25,000개
기말재고수량	5,000개

① 초변동원가계산 〉 변동원가계산 〉 전부원가계산
② 전부원가계산 〉 변동원가계산 〉 초변동원가계산
③ 초변동원가계산 = 변동원가계산 〉 전부원가계산
④ 초변동원가계산 〉 변동원가계산 = 전부원가계산

해설

• 계정흐름 : '생산량〈판매량 ⇒ '기초재고〉기말재고'

기초	10,000개	판매량	25,000개
생산량	20,000개	기말	5,000개

• 전부원가계산과 변동원가계산 영업이익 차이조정 : 변동원가계산영업이익〉전부원가계산영업이익

전부원가계산 영업이익	X
(+) 기초에 포함된 고정제조간접원가(FOH)	A
(-) 기말에 포함된 고정제조간접원가(FOH)	$A - \alpha$
변동원가계산 영업이익	$X + \alpha$

• 변동원가계산과 변동원가계산 영업이익 차이조정 : 변동원가계산영업이익〈초변동원가계산영업이익

변동원가계산 영업이익	X
(+) 기초에 포함된 직접노무원가,변동제조간접원가(DL,VOH)	B
(-) 기말에 포함된 직접노무원가,변동제조간접원가(DL,VOH)	$B - \beta$
초변동원가계산 영업이익	$X + \beta$

∴초변동원가계산영업이익〉변동원가계산영업이익〉전부원가계산영업이익

★ 저자주 문제의 명확한 성립을 위해 누락된 단서인 '단, 기초제품의 단위당변동제조원가와 고정제조간접원가는 당기와 같으며, 재공품은 없다'를 추가하기 바랍니다.

| 최신유형특강 519 | 전부·변동원가계산과 생산량 추정 | 난이도 ★ ★ ★ | 정답 ① |

㈜삼일은 당기 초에 영업을 개시하였고 단일 제품을 생산하고 있다. ㈜삼일은 당기에 3,500개의 제품을 판매하였으며, 제품단위당 변동제조원가는 8원, 변동판매관리비는 2원이다. 당기 전부원가계산의 영업이익은 변동원가계산의 영업이익보다 2,000원 크다. 만약 전부원가계산의 제품단위당 제조원가가 12원이라면, ㈜삼일의 당기 제품 생산량은 얼마인가?

① 4,000개   ② 4,200개
③ 4,500개   ④ 4,700개

해설

• 단위당FOH : 12(단위당제조원가) - 8(단위당변동제조원가) = 4
• 계정흐름

| 기초 | 0개 | 판매량 | 3,500개 |
| 생산량 | X | 기말 | $(X-3,500)$개 |

• 전부원가계산 영업이익 $A+2,000$
  (+) 기초에 포함된 고정제조간접원가(FOH)   0
  (-) 기말에 포함된 고정제조간접원가(FOH) $(X-3,500) \times 4$
  변동원가계산 영업이익 A

  →$(A+2,000)+0-(X-3,500) \times 4 = A$ 에서, $X=4,000$개

최신유형특강 520 | **변동·전부원가계산 영업이익 차이조정** | 난이도 ★★★ 정답 ②

다음은 ㈜삼일의 생산과 매출에 대한 자료이다.

〈제조간접원가〉

변동제조간접원가	500원/제품단위당
고정제조간접원가	1,500,000원

〈생산과 매출에 대한 자료〉

기초제품재고	20,000단위
생산량	200,000단위
판매량	210,000단위

고정제조간접원가 배부율을 계산하기 위한 기준조업도는 300,000단위이며, 과대 또는 과소배부된 제조간접원가는 전액 매출원가에서 조정된다. 변동원가계산에 의한 순이익이 500,000원일 때 전부원가계산에 의한 순이익은 얼마인가(단, 고정제조간접원가 배부율은 기초제품과 당기제품에 동일하게 적용된다)?

① 400,000원 ② 450,000원
③ 500,000원 ④ 550,000원

해설

- 고정제조간접원가배부율(단위당FOH) : $\dfrac{1,500,000}{300,000단위}=5$

  →문제 단서에 의해 기초제품과 당기생산량의 고정제조간접원가배부율(단위당FOH)은 동일하다.
- 물량흐름(제품계정)

기초제품재고	20,000단위(단위당FOH=5)	판매량	210,000단위(단위당FOH=5)
생산량	200,000단위(단위당FOH=5)	기말제품재고	10,000단위(단위당FOH=5)

- 전부원가계산 영업이익 X

(+) 기초에 포함된 고정제조간접원가(FOH)	20,000단위×5 = 100,000
(-) 기말에 포함된 고정제조간접원가(FOH)	10,000단위×5 = 50,000
변동원가계산 영업이익	500,000

→∴ X = 450,000

★**저자주** 정상원가계산과 표준원가계산인 경우에도 실제원가계산하의 차이조정과 동일하게 접근하면 됩니다. 그 이유와 구체적 내용은 저자의 'FINAL'세무사·회계사 회계학(강경석 저, 도서출판 탐진)' 교재를 참고바랍니다.

최신유형특강 521	전부·변동원가계산 차이조정	난이도 ★★★ 정답 ②

20X1년 3월에 영업을 시작한 ㈜상일은 선입선출법에 의한 실제원가계산제도를 채택하고 있으며, 20X1년 3월과 4월의 생산과 판매에 관한 자료는 다음과 같다.

	3월	4월
생산량	8,000단위	9,000단위
판매량	7,000단위	10,000단위
고정제조간접원가	1,600,000원	1,620,000원

20X1년 4월 중 변동원가계산에 의한 영업이익이 1,200,000원이라고 할 때, 전부원가계산에 의한 영업이익은 얼마인가?

① 800,000원
② 1,000,000원
③ 1,200,000원
④ 1,400,000원

해설

• 계정흐름(3월에 영업을 시작하였으므로 3월 기초재고는 없다.)

	3월				4월		
기초	0단위	판매량	7,000단위	기초	1,000단위	판매량	10,000단위
생산량	8,000단위	기말	1,000단위	생산량	9,000단위	기말	0단위

→ ㉠ 3월 생산량과 4월 기초재고의 단위당FOH : $\frac{1,600,000}{8,000단위}$ = @200

㉡ 4월 생산량의 단위당FOH : $\frac{1,620,000}{9,000단위}$ = @180

• 전부원가계산 영업이익(4월) A
  (+) 기초에 포함된 고정제조간접원가(FOH)   1,000단위×@200
  (-) 기말에 포함된 고정제조간접원가(FOH)   0
  변동원가계산 영업이익(4월)   1,200,000

∴ A +(1,000단위×@200) – 0 = 1,200,000 에서, A (전부원가계산 영업이익) = 1,000,000

최신유형특강 522   **변동·초변동원가계산 영업이익 차이조정**   난이도 ★ ★ ☆   정답 ①

㈜상일의 초변동원가계산에 의한 영업이익이 5,000,000원이라고 할 때 아래의 자료를 이용하여 변동원가계산에 의한 영업이익을 구하면 얼마인가(단, 기초와 기말 재공품 재고는 존재하지 않는다)?

기초제품재고수량	3,000개
기말제품재고수량	2,000개
제품단위당 고정제조간접원가	500원
제품단위당 변동제조간접원가	400원
제품단위당 직접노무원가	200원

① 4,400,000원   ② 4,500,000원
③ 5,400,000원   ④ 5,500,000원

해설

- 변동원가계산 영업이익 X
  - (+) 기초에 포함된 고정제조간접원가(DL,VOH)   (3,000단위×200)+(3,000단위×400)=1,800,000
  - (-) 기말에 포함된 고정제조간접원가(DL,VOH)   (2,000단위×200)+(2,000단위×400)=1,200,000

  초변동원가계산 영업이익   5,000,000

  → ∴ $X = 4,400,000$

최신유형특강 523   **CVP분석의 목적**   난이도 ★ ☆ ☆   정답 ③

다음 중 CVP 분석의 목적으로 가장 옳은 것은?

① 품질관리에서 발생하는 낭비요소를 파악하는데 유용하다.
② 변동원가와 고정원가의 상관관계를 파악하는데 유용하다.
③ 다양한 조업도수준에서 원가와 이익의 관계를 분석하는데 유용하다.
④ 기업의 비재무적 성과를 파악하는데 유용하다.

해설

- ① 품질원가(cost of quality) 분석은 품질관리에서 발생하는 낭비요소를 파악하는데 유용하다.
  - →즉, 품질원가 분석의 목적은 기업의 경영활동에서 발생하는 품질원가를 식별하고 측정함으로써 낭비를 없애고 적극적인 이익 개선을 위한 방안을 모색하기 위한 것이다.
- ② 원가행태(cost behavior) 분석은 변동원가와 고정원가의 상관관계를 파악하는데 유용하다.
  - →즉, 원가행태 분석의 목적은 조업도의 변동에 따라 원가발생액이 일정한 양상으로 변화할 때 그 변화행태(변동원가/고정원가)를 파악하는데 있다.
- ③ CVP(cost-volume-profit) 분석은 다양한 조업도 수준에서 원가와 이익의 관계를 분석하는데 유용하다.
  - →즉, CVP분석의 목적은 조업도의 변화가 원가(비용), 수익 및 이익에 어떠한 영향을 미치는가를 분석하는데 있다.
- ④ 균형성과표(balanced scorecard)는 기업의 비재무적 성과를 파악하는데 유용하다.
  - →즉, 균형성과표의 목적은 재무적 측정치뿐만 아니라 비재무적 측정치(고객, 내부프로세스, 학습과 성장)까지 포함한 전략적 성과평가를 하는데 있다.

| 최신유형특강 524 | 공헌이익률을 통한 영업이익 추정 | 난이도 | ★ ★ ☆ | 정답 | ① |

㈜삼일의 20X1년도 매출액은 500,000원, 손익분기점 매출액은 350,000원, 공헌이익률은 30%이다. ㈜삼일의 20X1년도 순이익은 얼마인가?

① 45,000원   ② 50,000원
③ 55,000원   ④ 60,000원

해설

- 손익분기점(BEP)매출액(350,000) = $\dfrac{\text{고정원가}}{\text{공헌이익률(30\%)}}$ → 고정원가 = 105,000
- 공헌이익 : 매출액(500,000)×공헌이익률(30%) = 150,000
- 순이익(영업이익) : 공헌이익(150,000) - 고정원가(105,000) = 45,000

ℹ️ 길라잡이 공헌이익률 산식 정리

공헌이익률	☐ 공헌이익률 = $\dfrac{\text{총공헌이익}}{\text{매출액}}$ = $\dfrac{\text{단위당공헌이익}}{\text{단위당판매가격}}$
	• 총공헌이익 = 단위당공헌이익×판매량 = 공헌이익률×매출액 • 영업이익 = 단위당공헌이익×판매량 - 고정비 = 공헌이익률×매출액 - 고정비

| 최신유형특강 525 | 판매가격 변동시 손익분기점 증감 | 난이도 | ★ ★ ★ | 정답 | ① |

㈜삼일은 지난해에 제품 10,000단위를 판매하여 1,000,000원의 이익을 보고하였으며 손익분기점은 8,000단위였다. 만약 판매가격을 제품단위당 100원 감소시키면, 새로운 손익분기점은 몇 단위인가?

① 10,000단위   ② 13,000단위
③ 14,000단위   ④ 15,000단위

해설

- 단위당공헌이익을 c, 고정원가를 F라 하면,
  ㉠ 이익보고액 산식 : c×10,000단위 - F = 1,000,000 ㉡ 손익분기점 산식 : c×8,000단위 - F = 0
  → 위 두 식을 연립하면, c = 500, F = 4,000,000
- 단위당판매가격을 100원 감소시키면 c(단위당공헌이익 = 단위당판매가격 - 단위당변동원가)도 100원 감소한다.
  → 즉, 단위당판매가격을 100원 감소시키면 c(단위당공헌이익)는 400원이 된다.
- ∴새로운 손익분기점(BEP)판매량 : $\dfrac{4,000,000}{400}$ = 10,000단위

★ 저자주 본 문제는 회계사 기출문제로서, 재경관리사 시험에 그대로 출제되었습니다.

ℹ️ 길라잡이 영업이익과 손익분기점 기본산식

영업이익	• 영업이익 = 매출액 - 변동원가 - 고정원가 = 단위당판매가격×판매량 - 단위당변동원가×판매량 - 고정원가 = 단위당공헌이익×판매량 - 고정원가
BEP산식	• ㉠ BEP판매량 : $\dfrac{\text{고정비}(=FOH+\text{고정판관비})}{\text{단위당공헌이익}}$ ㉡ BEP매출액 : $\dfrac{\text{고정비}(=FOH+\text{고정판관비})}{\text{공헌이익률}}$

| 최신유형특강 526 | 손익분기점을 통한 이익증가액 추정 | 난이도 ★★☆ | 정답 ① |

제조업을 영위하는 ㈜상일의 재무자료를 분석할 경우 변동원가 60,000원, 고정원가 5,000,000원일 때, 손익분기점 매출수량이 500단위이다. ㈜상일이 손익분기점을 넘어 추가로 1단위 판매시 증가하는 이익은 얼마인가?

① 10,000원　　　　　　　　　　　② 40,000원
③ 60,000원　　　　　　　　　　　④ 70,000원

해설

- 단위당변동원가: $\frac{60,000}{500단위} = 120$
- 손익분기점 판매량(500단위) = $\frac{고정원가(5,000,000)}{단위당판매가격 - 단위당변동원가(120)}$ →단위당판매가격 = 10,120
- 판매량을 x, 이익을 y라 하면, $y = 10,120x - 120x - 5,000,000 \Rightarrow y = 10,000x - 5,000,000$
  → ∴x가 1단위 증가시 y증가액은 1차함수의 기울기 10,000과 동일

*[별해] 이해를 돕기 위해 다음과 같이 풀이할 수도 있다.

판매량	이익	이익증가액
500단위(BEP)	10,000×500단위 - 5,000,000 = 0	10,000
501단위	10,000×501단위 - 5,000,000 = 10,000	

| 최신유형특강 527 | 목표이익을 위한 판매량[1] | 난이도 ★★☆ | 정답 ④ |

다음은 신제품 도입과 관련한 ㈜상일의 회의내용이다. 다음 중 괄호 안에 들어갈 수량으로 가장 옳은 것은(단, 세금은 없는 것으로 가정한다)?

> 사장 : 이전에 지시한 신제품 도입에 대한 타당성검토는 잘 이루어지고 있습니까?
> 상무 : 일단 원가·조업도·이익(CVP)분석으로 대략적인 윤곽은 드러났습니다.
> 생산부장 : 신제품 제조원가에 대한 내역이 다음과 같이 조사되었습니다.
>
> | 제품 단위당 예상 판매가격 | 5,000원 |
> |---|---|
> | 제품 단위당 예상 변동원가 | 3,000원 |
> | 예상 총 고정원가 | 1억원 |
>
> 영업부장 : 사장님께서 지시하신 목표이익 2억원을 달성하기 위해서는 (　　)를 생산하여 판매하면 됩니다.
> 사장 : 좋습니다. 이것으로 오늘 회의는 마치겠습니다.

① 10,000개　　　　　　　　　　　② 50,000개
③ 100,000개　　　　　　　　　　④ 150,000개

해설

- 단위당공헌이익 : 5,000(단위당판매가격) - 3,000(단위당변동원가) = 2,000
- 목표이익을 위한 판매량 : $\frac{1억원(고정원가) + 2억원(목표이익)}{2,000(단위당공헌이익)} = 150,000개$

길라잡이 목표이익분석 산식 정리[법인세를 고려하지 않는 경우]

판매량	매출액
• 단위당공헌이익×판매량 = 고정원가+목표이익	• 공헌이익률×매출액 = 고정원가+목표이익
▫ 목표이익을 위한 판매량= $\frac{고정원가 + 목표이익}{단위당공헌이익}$	▫ 목표이익을 위한 매출액= $\frac{고정원가 + 목표이익}{공헌이익률}$

최신유형특강 528	목표이익을 위한 판매량[2]	난이도 ★ ★ ☆ 정답 ④

㈜삼일은 단위당 20,000원의 제품을 판매하고 있으며, 공헌이익률은 20%이다. 전기에 5,000단위를 판매하여 8,000,000원의 영업이익을 달성하였다면, 당기에 전기 대비 두 배의 영업이익을 달성하기 위하여 회사는 몇 단위를 판매하여야 하는가?

① 4,000단위   ② 5,000단위
③ 6,000단위   ④ 7,000단위

해설

- 전기 자료 분석
  - 공헌이익률(20%) = $\dfrac{\text{단위당공헌이익}}{\text{단위당판매가격}(20,000)}$ →단위당공헌이익 = 4,000
  - 5,000단위(판매량)×4,000(단위당공헌이익) - 고정원가 = 8,000,000(이익) →고정원가 = 12,000,000
- 당기 목표이익 : 8,000,000×2배 = 16,000,000
- 목표이익 1,600,000원을 위한 판매량 : $\dfrac{12,000,000(\text{고정원가}) + 16,000,000(\text{목표이익})}{4,000(\text{단위당공헌이익})}$ = 7,000단위

최신유형특강 529	목표이익을 위한 매출액[1]	난이도 ★ ★ ☆ 정답 ④

㈜용산의 손익분기점 매출액은 4,500,000원이고, 공헌이익률은 30%이다. ㈜용산이 600,000원의 영업이익을 달성하고자 한다면 총매출액은 얼마이어야 하는가?

① 4,800,000원   ② 5,200,000원
③ 5,600,000원   ④ 6,500,000원

해설

- 손익분기점 매출액(4,500,000) = $\dfrac{\text{고정원가}}{\text{공헌이익률}(30\%)}$ →고정원가 = 1,350,000
- 목표이익 600,000원을 위한 매출액 : $\dfrac{\text{고정원가}(1,350,000) + \text{목표이익}(600,000)}{\text{공헌이익률}(30\%)}$ = 6,500,000

최신유형특강 530	목표이익을 위한 매출액[2]	난이도 ★ ★ ★ 정답 ④

㈜삼일의 식품사업부를 총괄하는 김철수 전무는 해외식품사업부의 김영수 부장에게 총 매출액의 20%의 이익 달성을 지시하였다. 김영수 부장의 분석 결과 해외식품사업부의 변동비는 매출액의 70%, 연간 고정비는 30,000원이다. 총 매출액의 20%의 이익을 달성하기 위한 목표 매출은 얼마인가?

① 150,000원   ② 200,000원
③ 250,000원   ④ 300,000원

해설

- 공헌이익률 : 1 - 변동비율(70%) = 30%
- 목표이익을 위한 매출액을 S라고 하면, $S = \dfrac{\text{고정원가}(30,000) + \text{목표이익}(S \times 20\%)}{\text{공헌이익률}(30\%)}$ 에서, $S = 300,000$

⚡고속철 다음 산식에 의해 바로 계산할 수 있다. 가능한 산식을 암기할 것을 권장한다.

$$\text{목표이익률}(20\%)을 위한 매출액 = \frac{\text{고정원가}}{\text{공헌이익률} - \text{목표이익률}} \rightarrow \frac{30,000}{30\% - 20\%} = 300,000$$

최신유형특강 531 | **CVP도표의 비용선 분석** | 난이도 ★ ★ ★ | 정답 ③

다음은 CVP그래프이다. B지점과 비교하여 A지점의 단위당 변동원가와 단위당 고정원가는 어떻게 변하는가?

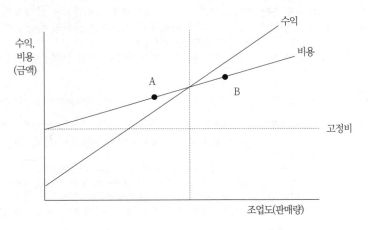

① 단위당 변동원가는 더 크며, 단위당 고정원가는 같다.
② 단위당 변동원가와 단위당 고정원가 모두 크다.
③ 단위당 변동원가는 같으며, 단위당 고정원가는 더 크다.
④ 단위당 변동원가와 단위당 고정원가 모두 같다.

해설

- 비용선의 원가함수 : Y(총원가) $= a$(고정원가) $+ b \times X$(판매량)
  → 비용선의 기울기(b) = 단위당변동원가$\left(\dfrac{변동원가}{판매량}\right)$
- ㉠ 단위당변동원가 : 비용선의 어느 점에서든 b(비용선의 기울기)로 동일하다.
  ㉡ 단위당고정원가 : '$\dfrac{고정원가}{판매량}$' 이며, 고정원가는 일정하므로 판매량이 작은 A가 더 크다.

길라잡이 CVP도표의 기울기

X축이 판매량(조업도)인 경우	수익선의 기울기	• 매출액 ÷ 판매량 ⇒ 단위당판매가격
	비용선의 기울기	• 변동원가 ÷ 판매량 ⇒ 단위당변동원가
X축이 매출액인 경우	수익선의 기울기	• 매출액 ÷ 매출액 ⇒ 1
	비용선의 기울기	• 변동원가 ÷ 매출액 ⇒ 변동비율

최신유형특강 532	CVP분석 일반사항	난이도 ★ ★ ☆	정답 ④

다음 중 CVP 분석에 관한 설명으로 가장 올바르지 않은 것은?

① 원가·조업도·이익 도표의 수평축이 조업도일 경우 수익선의 기울기는 단위당 판매가격을 나타낸다.
② 원가·조업도·이익 도표의 수평축이 조업도일 경우 비용선의 기울기는 단위당 변동원가를 나타낸다.
③ 안전한계가 높을수록 기업의 안전성이 높다고 할 수 있다.
④ 영업레버리지도(DOL)가 높을수록 영업이익이 많다는 의미이므로 기업운영이 좋다고 할 수 있다.

해설

- ① CVP도표의 수평축(X축)이 조업도(판매량)일 경우 수익선의 기울기는 '$\frac{매출액}{판매량}$'이므로 단위당판매가격을 나타낸다.

  ② CVP도표의 수평축(X축)이 조업도(판매량)일 경우 비용선의 기울기는 '$\frac{변동원가}{판매량}$'이므로 단위당변동원가를 나타낸다.

  ③ 안전한계(=매출액-손익분기점매출액)는 손실을 발생시키지 않으면서 허용할 수 있는 매출액의 최대 감소액을 의미하므로 기업의 안전성을 측정하는 지표로 많이 사용된다.
  →예 안전한계가 400이라 함은 매출액이 400 감소해도 안전하다는 의미이다.(∵손실을 보지 않으므로)

  ④ 영업레버리지도가 높다는 것이 그 기업의 영업이익이 많다는 것을 나타내는 것은 아니며, 또한 기업운영이 좋다는 것을 나타내는 것도 아니다. 단지 매출액이 증가하거나 감소함에 따라 영업이익이 좀 더 민감하게 반응한다는 것을 의미한다.
  예시 영업레버리지도(DOL)=6인 경우, 매출이 20%증가하면 영업이익은 120%증가, 매출이 20%감소하면 영업이익은 120% 감소한다.
  → 즉, 고정원가의 비중이 큰 원가구조를 가지고 있는 기업일수록 레버리지효과가 커서 불경기에는 큰 타격을 입고 반면에 호경기에는 막대한 이익을 얻는다.

최신유형특강 533	안전한계와 영업레버리지	난이도 ★ ★ ☆	정답 ④

다음 중 안전한계와 영업레버리지에 관한 설명으로 가장 올바르지 않은 것은?

① 안전한계는 손실을 발생시키지 않으면서 허용할 수 있는 매출액의 최대 감소액을 의미하므로 기업의 안전성을 측정하는 지표로 많이 사용된다.
② 안전한계가 높을수록 기업의 안전성이 높다고 말할 수 있으며, 안전한계가 낮을수록 기업의 안전성에 문제가 있다고 말할 수 있다.
③ 영업레버리지는 영업레버리지도(DOL)를 이용하여 측정할 수 있으며, 영업레버리지도(DOL)는 공헌이익을 영업이익으로 나누어 계산한다.
④ 영업레버리지는 고정원가로 인하여 매출액의 변화액보다 영업이익의 변화액이 더 커지는 현상을 말한다.

해설

- ① 안전한계(=매출액-손익분기점매출액)는 손실을 발생시키지 않으면서 허용할 수 있는 매출액의 최대 감소액을 의미하므로 기업의 안전성을 측정하는 지표로 많이 사용된다.
  →예 안전한계가 400이라 함은 매출액이 400 감소해도 안전하다는 의미이다.(∵손실을 보지 않으므로)
  ② 안전한계가 위 ①과 같이 안전성을 측정하는 지표로 많이 사용되므로 안전한계가 높을수록 기업의 안전성이 높다고 말할 수 있으며, 안전한계가 낮을수록 기업의 안전성에 문제가 있다고 판단할 수 있다.
  →경영자가 좀 더 높은 안전한계수준을 원한다면 손익분기점을 낮추거나 회사의 전반적인 매출수준을 늘리기 위한 노력을 해야 한다.
  ③ 영업레버리지도(DOL)는 다음과 같이 다양하게 계산할 수 있다.
  $$\square \ DOL = \frac{영업이익변화율}{매출액변화율} = \frac{공헌이익}{영업이익} = \frac{매출액-변동비}{매출액-변동비-고정비} = \frac{1}{안전한계율}$$
  ④ 영업레버리지는 고정원가로 인하여 매출액의 변화율보다 영업이익의 변화율이 더 커지는 현상을 말한다.
  →즉, 변화액이 아니라 변화율로 측정한다.

| 최신유형특강 534 | CVP 항목별 분석[1] | 난이도 ★ ★ ☆ | 정답 ③ |

㈜삼일의 20X1년 공헌이익 손익계산서는 다음과 같다. 다음 설명 중 옳은 것은?

매 출 액	50,000원
변동원가	30,000원
공헌이익	20,000원
고정원가	15,000원
영업이익	5,000원

① 공헌이익률은 60%이다.　　　　　② 손익분기점 매출액은 40,000원이다.
③ 안전한계율은 25%이다.　　　　　④ 영업레버리지도는 5이다.

해설

- ① 공헌이익률 : $\dfrac{공헌이익\,(20,000)}{매출액\,(50,000)} = 40\%$

  ② 손익분기점(BEP) 매출액 : $\dfrac{고정원가\,(15,000)}{공헌이익률\,(40\%)} = 37,500$

  ③ 안전한계율 : $\dfrac{매출액\,(50,000) - BEP매출액\,(37,500)}{매출액\,(50,000)} = 25\%$

  ④ 영업레버리지도(DOL) : $\dfrac{공헌이익\,(20,000)}{영업이익\,(5,000)} = 4$ 또는 $\dfrac{1}{안전한계율\,(25\%)} = 4$

| 최신유형특강 535 | CVP 항목별 분석[2] | 난이도 ★ ★ ☆ | 정답 ③ |

㈜삼일의 재무팀 직원들이 식사 중에 나눈 다음의 대화 중 가장 올바르지 않은 설명은 무엇인가?

> 대리 : 부장님, 이 식당은 맛집으로 소문이 나서 그런지 사람들이 정말 많네요.
> 부장 : 그래, 나도 항상 여기서 식사를 할 때마다 그런 생각이 들어.
> 대리 : 월 이익이 얼마일까요?
> 부장 : ① 냉면 한 그릇에 6,000원이고, 한 그릇을 만들 때마다 2,000원 정도의 비용이 들어갈 것으로 생각되니까, 단위당 공헌이익은 4,000원, 공헌이익률은 67%정도 겠군.
> 대리 : ② 임대료와 인건비 등 고정비를 한달에 500만원 수준으로 가정하면 손익분기 판매량은 월 1,250그릇이 되네요.
> 부장 : ③ 그렇지, 목표이익이 1,000만원이라면 그것보다 2,000그릇을 더 팔야겠군.
> 대리 : ④ 세금을 고려하면 목표 판매량은 더 많아져야 할테니 생각보다 쉽지 않겠어요.

해설

- ① 공헌이익률 : $\dfrac{단위당공헌이익\,(4,000)}{단위당판매가격\,(6,000)} ≒ 67\%$

  ② 손익분기점(BEP)판매량 : $\dfrac{고정원가\,(5,000,000)}{단위당공헌이익\,(4,000)} = 1,250그릇$

  ③ 목표이익 10,000,000원을 위한 판매량 : $\dfrac{고정원가\,(5,000,000) + 목표이익\,(10,000,000)}{단위당공헌이익\,(4,000)} = 3,750그릇$

  →목표이익이 10,000,000원이라면 BEP판매량보다 2,500그릇(= 3,750그릇 − 1,250그릇)을 더 팔아야 한다.

  ④ 만약 법인세율이 20%라고 가정하면,

  세후목표이익 10,000,000원을 위한 판매량 : $\dfrac{고정원가\,(5,000,000) + \dfrac{세후목표이익\,(10,000,000)}{1 - 20\%}}{단위당공헌이익\,(4,000)} = 4,375그릇$

  →세금을 고려하면 판매량은 더 많아져야 한다.

최신유형특강 536 | **민감도분석 : 고정원가와 BEP판매량** | 난이도 ★ ★ ☆ | 정답 ①

● 단위당 판매단가와 단위당 변동원가는 변함이 없고 고정원가만 20% 증가하였을 경우 손익분기점 매출수량은 어떻게 변화하는가?

① 20% 증가한다.
② 20% 보다 많게 증가한다.
③ 20% 보다 적게 증가한다.
④ 상황에 따라 달라진다.

해설

- 단위당공헌이익 = 단위당판매단가 – 단위당변동원가
  →단위당판매단가와 단위당변동원가가 변함이 없으므로 단위당공헌이익도 변함이 없다.
- 단위당공헌이익을 A, 고정비를 F라고 할 때, 손익분기점(BEP) 판매량의 변화는, $\dfrac{F}{A} \rightarrow \dfrac{1.2F}{A} = \dfrac{F}{A} \times 1.2$

∴고정원가가 20% 증가하면 손익분기점(BEP) 판매량도 20% 증가한다.

최신유형특강 537 | **영업레버리지와 민감도분석** | 난이도 ★ ★ ★ | 정답 ④

● ㈜삼일의 20X1년도 영업이익은 100,000원이고 영업레버리지도(DOL)는 7이다. 만일 경기호황으로 인하여 20X2년도 판매량이 20% 증가한다면 영업이익은 얼마가 될 것으로 예상되는가? (단, 20X1년과 20X2년의 단위당 판매가격, 단위당 변동원가, 총고정원가는 동일하다고 가정한다.)

① 120,000원
② 140,000원
③ 200,000원
④ 240,000원

해설

- 기호정의 : 단위당판매가격 p, 단위당변동원가 b, 판매량 Q, 고정원가 F
- 영업레버리지도(7) = $\dfrac{\text{공헌이익} = (p-b)Q}{\text{영업이익} = (p-b)Q - F = 100,000} \rightarrow 7 = \dfrac{(p-b)Q}{100,000}$ 에서, $(p-b)Q = 700,000$
  →700,000 – F = 100,000 에서, F = 600,000
- 20x2년 공헌이익〈단서에 의해 p와 b는 20x1년과 20x2년 동일〉
  Q가 1.2Q로 변동되었으므로, 20x2년 공헌이익 = $(p-b)1.2Q$ = 700,000×1.2 = 840,000
- 20x2년 영업이익〈단서에 의해 F는 20x1년과 20x2년 동일〉
  840,000(공헌이익) – 600,000(F) = 240,000

최신유형특강 538 | **민감도분석 : 판매가증가시 공헌이익증가율** | 난이도 ★ ★ ★ | 정답 ④

● 20X1년도에 ㈜삼일의 변동원가는 매출액의 60%였다. 20X2년도에 경영자가 단위당 판매가격을 10% 인상하였을 경우, 20X1년 대비 20X2년도의 공헌이익증가율은?(단, 판매량과 단위당 변동원가 및 고정원가는 동일하다고 가정한다.)

① 10%
② 15%
③ 20%
④ 25%

해설

- **예시** 단위당판매가격 100원, 판매량 10개, 단위당변동원가 60원인 경우로 가정
  - 판매량과 단위당변동원가 동일하다고 하였으므로 연도별 공헌이익은 다음과 같다.
    ㉠ 20x1년 공헌이익 : 매출액(10개×100) – 변동원가(10개×60) = 400
    ㉡ 20x2년 공헌이익 : 매출액[10개×(100×110%)] – 변동원가(10개×60) = 500

∴20x1년 대비 20x2년도의 공헌이익증가율 : $\dfrac{500-400}{400}$ = 25%

★ **저자주** 민감도분석은 다양한 case를 고려할 때 수험용으로는 임의 가정치로 접근하기 바랍니다.

최신유형특강 539 | **민감도분석 : 판매가증가시 영업이익증가율** | 난이도 ★ ★ ★ | 정답 ④

㈜삼일의 20X1년 공헌이익은 400,000원이고, 영업이익은 100,000원이다. 만일 20X2년에 판매량이 40% 증가한다면 영업이익의 증가율은 얼마가 될 것으로 예상되는가(단, 20X1년과 20X2년의 단위당 판매가격, 단위당 변동원가, 총고정원가는 동일하다고 가정한다)?

① 10% ② 40% ③ 60% ④ 160%

해설

- 공헌이익(400,000) - 고정원가 = 영업이익(100,000) →총고정원가 = 300,000
- **예시** 단위당판매가격 100원, 단위당변동원가 60원, 20x1년 판매량 10,000개인 경우로 가정
  - 단위당판매가격, 단위당변동원가, 총고정원가가 동일하다고 하였으므로 연도별 영업이익은 다음과 같다.
    - ㉠ 20x1년 영업이익 : 매출액(10,000개×100) - 변동원가(10,000개×60) - 300,000 = 100,000
    - ㉡ 20x2년 영업이익 : 매출액[(10,000개×140%)×100] - 변동원가[(10,000개×140%)×60] - 300,000 = 260,000
- ∴20x1년 대비 20x2년도의 영업이익증가율 : $\dfrac{260,000 - 100,000}{100,000}$ = 160%
- * [별해] 영업레버리지도 = $\dfrac{영업이익변화율(X)}{매출액변화율(40\%)}$ = $\dfrac{공헌이익(400,000)}{영업이익(100,000)}$ →X = 1.6(160%)

최신유형특강 540 | **민감도분석 : 판매가인하시 영업이익** | 난이도 ★ ★ ☆ | 정답 ①

㈜삼일의 제품에 대한 예상 손익자료는 다음과 같다. 제품의 판매가격을 20% 인하하면 판매량은 30% 증가할 것으로 예상된다. 만약 ㈜삼일이 20%의 가격인하를 단행한다면 영업이익은 얼마인가?

예상 매출액	5,000,000원
제품단위당 판매가격	1,000원
제품단위당 변동원가	600원
총 고정원가	1,000,000원

① 300,000원 ② 350,000원
③ 400,000원 ④ 450,000원

해설

- 판매가격 인하 전 예상판매량 : 5,000,000(예상매출액) ÷ 1,000(제품단위당판매가격) = 5,000단위
  판매가격 인하 후 예상판매량 : 5,000단위×130% = 6,500단위
- ∴판매가격 인하 후 영업이익 : 6,500단위×(1,000×80%) - 6,500단위×600 - 1,000,000 = 300,000

최신유형특강 541 | **민감도분석 : 고정원가증감** | 난이도 ★ ★ ☆ | 정답 ③

다음 중 단위당 판매가격과 단위당 변동원가가 불변이고 총고정원가가 증가할 경우 가장 옳은 것은?

① 총공헌이익이 감소한다.
② 총공헌이익은 증가한다.
③ 손익분기점 총매출액이 증가한다.
④ 손익분기점 총매출액이 감소한다.

해설

- 총공헌이익 = (단위당판매가격 − 단위당변동원가) × 판매량
  →단위당판매가격과 단위당변동원가가 불변이므로 총공헌이익도 불변이다.
- 공헌이익률 = $\dfrac{단위당판매가격 - 단위당변동원가}{단위당판매가격}$
  →단위당판매가격과 단위당변동원가가 불변이므로 공헌이익률도 불변이다.
- 손익분기점(BEP)매출액 = $\dfrac{고정원가}{공헌이익률}$
  →공헌이익률은 불변이나, 고정원가가 증가하여 손익분기점(BEP)매출액은 증가한다.

ⓘ 길라잡이 공헌이익률과 손익분기점(BEP) 산식

공헌이익률	▫ 공헌이익률 = $\dfrac{총공헌이익}{매출액}$ = $\dfrac{단위당공헌이익}{단위당판매가격}$
	• 총공헌이익 = 매출액 − 변동원가 = 단위당공헌이익 × 판매량 = 공헌이익률 × 매출액
BEP산식	• ㉠ BEP판매량 : $\dfrac{고정비(=FOH+고정판관비)}{단위당공헌이익}$ ㉡ BEP매출액 : $\dfrac{고정비(=FOH+고정판관비)}{공헌이익률}$

최신유형특강 542 | **민감도분석 : 영업이익 유지와 고정원가증감** | 난이도 ★ ★ ★ | 정답 ③

다음은 ㈜삼일의 영업활동에 대한 자료이다.

제품단위당 변동원가	60원
공헌이익률	40%
손익분기점 매출액	1,000,000원

제품단위당 판매가격과 변동원가가 변하지 않을 때 제품판매량이 5,000단위 증가한다면 영업이익이 변동되지 않게 고정원가를 추가적으로 얼마만큼 증가시킬 수 있는가?

① 100,000원   ② 150,000원   ③ 200,000원   ④ 250,000원

해설

- 손익분기점매출액(1,000,000) = $\dfrac{고정원가}{공헌이익률(40\%)}$ →고정원가 = 400,000
- 공헌이익률(40%) = $\dfrac{단위당판매가격 - 단위당변동원가(60)}{단위당판매가격}$ →단위당판매가격 = 100
- 단위당공헌이익 : 단위당판매가격(100) − 단위당변동원가(60) = 40
- 판매량 증가 : 5,000단위 ⇒ 공헌이익 증가 : 5,000단위 × 40 = 200,000 ⇒ ∴고정원가 200,000 증가 가능
*[별해] 판매량을 Q라 하면, 영업이익은 '단위당공헌이익 × Q − 고정원가', 이하 '㉠=㉡'이 되는 X를 구한다.
      ㉠ 현재의 영업이익 : 40 × Q − 400,000
      ㉡ 판매량 5,000단위 증가시 고정원가증가액(X) 반영 영업이익 : 40 × (Q + 5,000단위) − (400,000 + X)
      →40 × Q − 400,000 = 40 × (Q + 5,000단위) − (400,000 + X) 에서, X = 200,000

최신유형특강 543 | **활동기준원가계산(ABC)의 절차** | 난이도 ★ ☆ ☆ 정답 ③

다음 중 활동기준원가계산의 절차로 가장 옳은 것은?

| ⓐ 각 활동별로 제조간접원가를 집계 | ⓑ 활동별 원가동인(배부기준)의 결정 | ⓒ 활동분석 |
| ⓓ 제조간접원가 배부율의 결정 | ⓔ 원가대상별 원가계산 |

① ⓐ - ⓓ - ⓑ - ⓒ - ⓔ
② ⓐ - ⓔ - ⓓ - ⓑ - ⓒ
③ ⓒ - ⓐ - ⓑ - ⓓ - ⓔ
④ ⓔ - ⓐ - ⓓ - ⓑ - ⓒ

해설

• 활동기준원가계산의 절차

[1단계] 활동분석	• 기업의 기능을 여러 가지 활동으로 구분하여 분석함. →활동이란 자원을 사용하여 가치를 창출하는 작업으로서 ABC에서는 크게 4가지(단위 수준활동, 배치수준활동, 제품유지활동, 설비유지활동)로 나눔.
[2단계] 제조간접원가 집계	• 각 활동별로 제조간접원가를 집계함.
[3단계] 원가동인(배부기준) 결정	• 활동별 원가동인(배부기준)을 결정함 →원가를 가장 직접적으로 변동시키는 것이 무엇인가를 파악
[4단계] 제조간접원가배부율 결정	• 활동별 제조간접원가 배부율을 결정함. →활동별 제조간접원가 배부율 = $\dfrac{활동별 제조간접원가}{활동별 배부기준(원가동인)}$
[5단계] 원가계산	• 원가대상(제품, 고객, 서비스 등)별로 원가계산함. →원가대상(제품, 고객, 서비스 등)별 배부액 = Σ(소비된 활동수 × 활동별 제조간접원가배부율)

최신유형특강 544 | **활동기준원가계산(ABC)의 장·단점** | 난이도 ★ ★ ☆ 정답 ②

다음 중 활동기준원가계산의 장점으로 가장 올바르지 않은 것은?

① 제조간접원가를 활동을 기준으로 배부함으로써 원가계산이 정확해진다.
② 활동분석과 원가동인의 파악에 소요되는 비용과 시간이 거의 발생하지 않는다.
③ 활동기준원가계산으로 인한 원가절감이 가능하다.
④ 활동기준원가계산은 장기적으로 회사 전체의 효율성을 향상시킨다.

해설

• 활동기준원가계산(ABC)은 활동분석과 원가동인의 파악에 소요되는 비용과 시간이 크다는 단점이 있다.

ⓘ 길라잡이 활동기준원가계산의 장점과 단점

장점	• ⊙ 제조간접원가를 활동을 기준으로 배부함으로써 원가계산이 정확해짐. ⓛ 활동기준원가계산으로 인한 원가절감이 가능함. ⓒ 활동기준원가계산은 의사결정과 성과평가에 유용함. ⓔ 활동기준원가계산은 장기적으로 회사 전체의 효율성을 향상시킴. ⑩ 종전 제조간접원가 배부방법은 재무회계 목적의 원가정보만을 제공하였으나, 활동기준원가계산은 활동 에 대한 정보를 제공함으로써 관리회계 목적의 정보도 제공할 수 있음.
단점	• ⊙ 활동분석과 원가동인의 파악에 소요되는 비용과 시간이 큼. ⓛ 제조간접원가 중 원가동인을 파악할 수 없는 설비유지활동(⑩ 공장의 감독자급료, 공장 감가상각비)에 대해서는 직접노무원가, 직접노동시간, 기계시간 등과 같은 전통적 배부기준을 사용하여 배부할 수 밖 에 없음. ⓒ 제조간접원가를 발생시키는 기업의 활동을 명확하게 정의하고 구분하는 기준이 존재하지 않음. ⓔ 새로운 체제로 전환하게 되면 기존 체제에 익숙한 구성원들이 반발할 수 있음.

최신유형특강 545	활동기준원가계산(ABC) 활동의 구분	난이도 ★ ★ ★ 정답 ①

활동기준원가계산의 첫 번째 절차는 활동분석을 실시하여 활동을 4가지로 분류하는 것이다. 다음에서 설명하고 있는 활동중심점으로 가장 옳은 것은?

> • 제품종류에 따라 특정제품을 회사의 생산품목으로 유지하는 활동
> (예) 특정제품의 설계와 연구개발 및 A/S 활동

① 제품유지활동   ② 배치(batch)수준활동
③ 단위수준활동   ④ 설비유지활동

해설

• 제품종류에 따라 특정제품을 회사의 생산품목으로 유지하는 활동(예 특정제품 설계와 연구개발 및 A/S활동)
→제품유지활동에 대한 설명이다.

★ 저자주 본 문제는 회계사·세무사 시험에서는 빈출되고 있는 활동원가계층구조에 대한 문제로서, 재경관리사 시험수준을 고려할 때 다소 무리한 출제로 사료됩니다. 출제가 된 만큼 가볍게 숙지 바랍니다.

ℹ️ 길라잡이 활동의 구분

활동중심점(활동원가계층구조)	원가동인	추적가능한 원가
단위수준활동 〈제품생산량에 따라 비례하는 활동〉 예 직접재료원가투입활동, 동력소비활동, 직접노동활동, 기계활동 등	기계시간 노동시간 생산량	노무원가 동력원가 공장소모품
배치수준활동(묶음수준활동) 〈일정량(batch : 묶음)에 대한 생산이 이루어질 때마다 수행되는 활동〉 예 구매주문활동, 작업준비활동, 품질검사활동, 금형교환활동 등	주문횟수 검사시간 작업준비횟수	주문원가 품질검사원가 작업준비노무원가 재료취급원가
제품유지활동 〈제품종류에 따라 특정제품을 회사의 생산 품목으로 유지하는 활동〉 예 특정제품의 설계와 연구개발 및 A/S활동 등	시험횟수 시험시간 부품종류수	제품설계원가 설비시험원가 부품관리원가
설비유지활동(설비유지수준활동) 〈다양한 제품생산을 위하여 기본적인 설비유지를 위한 활동〉 예 공장관리활동, 건물임차활동, 안전유지활동 등	기계시간 노동시간 종업원수	공장감독자급여 공장감가상각비 종업원훈련원가

| 최신유형특강 546 | | 품질원가 | | 난이도 ★ ★ ☆ | 정답 ④ |

다음 중 품질원가에 관한 설명으로 가장 올바르지 않은 것은?

① 품질원가란 불량품이 생산되지 않도록 하거나 불량품이 생산된 결과로 발생하는 모든 원가를 말한다.
② 예방원가란 불량품의 생산을 예방하기 위한 원가로 품질교육원가, 예방설비 유지원가 등이 있다.
③ 내부실패원가와 외부실패원가는 불량품이 생산된 결과로써 발생하는 원가이므로 실패원가라고 한다.
④ 일반적으로 예방원가와 평가원가가 증가하면 실패원가도 증가하게 된다.

해설

• 일반적으로 통제원가(예방원가와 평가원가)가 증가하면 불량률이 감소하므로, 실패원가(내부실패원가와 외부실패원가)도 감소한다.

i 길라잡이 품질원가(COQ)

의의	• 품질원가(COQ)란 불량품이 생산되지 않도록 하거나, 생산된 결과로 발생하는 모든 원가를 말함.
품질원가 종류	❖통제원가(사전품질원가) ➡ 통제원가가 증가할수록 불량률은 감소함(∴역관계) <table><tr><td>예방원가</td><td>평가원가</td></tr><tr><td>• 불량품 생산을 예방키 위해 발생하는 원가 ㉠ 품질관리시스템 기획원가, 예방설비 유지 ㉡ 공급업체 평가원가, 품질·생산직원교육원가 ㉢ 설계·공정·품질 엔지니어링원가</td><td>• 불량품을 적발키 위해 발생하는 원가 ㉠ 원재료나 제품의 검사·시험원가 ㉡ 검사설비 유지원가 ㉢ 현장·생산라인검사원가</td></tr></table>❖실패원가(사후품질원가) ➡ 불량률이 증가할수록 실패원가는 증가함(∴정관계) <table><tr><td>내부실패원가</td><td>외부실패원가</td></tr><tr><td>• 불량품이 고객에게 인도되기 전에 발견됨으로써 발생하는 원가 ㉠ 공손품원가, 작업폐물원가 ㉡ 재작업원가, 재검사원가 ㉢ 작업중단원가</td><td>• 불량품이 고객에게 인도된 후에 발견됨으로써 발생하는 원가 ㉠ 고객지원원가(소비자 고충처리비), 보증수리원가, 교환원가 ㉡ 반품원가(반품운송,재작업,재검사 포함) ㉢ 손해배상원가, 판매기회상실에 따른 기회비용</td></tr></table>
품질원가 최소점	• 전통적 관점 : 허용가능품질수준(AQL) • 최근의 관점 : 불량률이 0인 무결함수준

최신유형특강 547 | **예방원가 집계** | 난이도 ★ ★ ☆ 정답 ③

노트북을 제조하여 판매하는 ㈜삼일의 20X1년도 품질과 관련된 재무적 자료는 아래와 같다.

품질교육 및 훈련	38,000원
원재료 검사 및 시험	5,000원
교환비용	3,000원
원자재 공급사 평가	2,000원
재작업품	1,500원
손해배상	3,000원

위의 자료에 근거하여 품질원가 중 예방원가금액은 얼마인가?

① 18,000원 ② 38,000원
③ 40,000원 ④ 45,000원

해설

- 예방원가가 : 38,000(품질교육 및 훈련)+2,000(원자재 공급사 평가) = 40,000
  →원재료 검사 및 시험 : 평가원가
  →재작업품 : 내부실패원가
  →교환비용, 손해배상 : 외부실패원가

최신유형특강 548 | **내부실패원가 해당 사례** | 난이도 ★ ☆ ☆ 정답 ②

품질원가는 예방원가, 평가원가, 내부실패원가, 외부실패원가로 분류한다. 다음 중 내부실패원가에 해당하는 것은?

① 공급업체 평가 ② 재작업
③ 반품 ④ 보증수리

해설

- 내부실패원가는 불량품이 고객에게 인도되기 전에 발견됨으로써 발생하는 원가이다.
  →예 공손품원가, 작업폐물원가, 재작업원가, 재검사원가, 작업중단원가
- ① 공급업체 평가원가 : 예방원가 ③ 반품원가 : 외부실패원가 ④ 보증수리원가 : 외부실패원가

| 최신유형특강 549 | 목표원가계산의 절차 | 난이도 ★ ★ ★ | 정답 ② |

다음의 목표원가계산의 절차를 올바르게 나타낸 것은 무엇인가?

> ⓐ 목표원가 달성을 위한 가치공학을 수행
> ⓑ 잠재 고객의 요구를 충족하는 제품의 개발
> ⓒ 목표가격에서 목표이익을 고려하여 목표원가를 산출
> ⓓ 고객이 인지하는 가치와 경쟁기업의 가격 등을 고려하여 목표가격을 선택

① ⓐ → ⓑ → ⓒ → ⓓ
② ⓑ → ⓓ → ⓒ → ⓐ
③ ⓒ → ⓑ → ⓐ → ⓓ
④ ⓓ → ⓐ → ⓒ → ⓑ

해설

- 목표원가계산(Target Costing, 원가기획)은 목표가격으로부터 목표원가를 도출하고, 제조이전단계에서 가치공학 등을 수행하여 목표원가를 달성하고자 하는 원가관리기법으로 제조단계가 아닌 제조이전단계(설계·개발단계)에서의 원가절감을 강조한다.
- 목표원가계산의 절차

【1단계】	• 잠재 고객의 요구를 충족하는 제품의 개발한다.
【2단계】	• 고객이 인지하는 가치와 경쟁기업의 가격 등을 고려하여 목표가격을 선택한다.
【3단계】	• 목표가격에서 목표이익을 고려하여 목표원가를 산출한다.
【4단계】	• 목표원가 달성을 위한 가치공학(value engineering)을 수행한다. **보론** 가치공학 : R&D, 설계, 제조, 마케팅, 유통 및 고객서비스에 이르는 모든 면을 체계적으로 평가, 개선하여 고객의 요구를 충족하면서 원가를 절감하는 것

| 최신유형특강 550 | 의사결정시 원가용어 | 난이도 ★ ☆ ☆ | 정답 ① |

다음 중 의사결정 시에 필요한 원가용어와 그에 대한 정의를 연결한 것으로 가장 올바르지 않은 것은?

① 관련원가는 과거원가이거나 대안 간에 차이가 나지 않는 미래원가이다.
② 지출원가는 미래에 현금 등의 지출을 수반하는 원가이다.
③ 기회원가는 자원을 현재 용도 이외의 다른 용도에 사용할 경우 얻을 수 있는 최대금액이다.
④ 매몰원가는 과거에 발생한 역사적 원가로서 현재 또는 미래에 회수할 수 없는 원가이다.

해설

- 과거원가이거나 대안 간에 차이가 나지 않는 미래원가는 관련원가가 아니라 비관련원가의 정의이다.

길라잡이 의사결정시 필요한 원가용어와 정의

의사결정 관련성	관련원가	• 대안간에 차이가 나는 미래원가〈의사결정과 관련O〉
	비관련원가	• 과거원가이거나 대안 간에 차이가 나지 않는 미래원가〈의사결정과 관련X 〉
실제지출유무	지출원가	• 미래에 현금 등의 지출을 수반하는 원가(실제지출O)
	기회원가	• 자원을 현재 용도 이외의 다른 용도에 사용할 경우 얻을 수 있는 최대금액(실제지출X)〈관련원가〉
발생시점	매몰원가	• 과거 발생한 역사적 원가로서 현재·미래에 회수불가한 원가〈비관련원가〉
	미래원가	• 미래에 발생할 원가
회피가능성	회피가능원가	• 의사결정에 따라 절약할 수 있는(피할 수 있는) 원가〈관련원가〉
	회피불능원가	• 특정대안을 선택하는 것과 관계없이 동일하게 발생하는 원가〈비관련원가〉

| 최신유형특강 551 | 관련원가 해당항목 집계 | 난이도 | ★ ☆ ☆ | 정답 | ② |

다음 제시된 원가 중 의사결정을 위한 관련원가에 해당되는 원가의 합으로 옳은 것은?

| 기회원가 | 10,000원 | 매몰원가 | 20,000원 |
| 회피가능원가 | 15,000원 | 회피불능원가 | 6,000원 |

① 16,000원   ② 25,000원
③ 26,000원   ④ 35,000원

해설

• 관련원가 : 10,000(기회원가)+15,000(회피가능원가)=25,000
  →매몰원가와 회피불능원가는 의사결정과 무관한 대표적인 비관련원가에 해당한다.

| 최신유형특강 552 | 관련원가 해당항목 | 난이도 | ★ ★ ☆ | 정답 | ② |

㈜삼일은 흠집이 있는 제품 A를 4개 보유하고 있다. 흠집이 없는 정상적 제품 A의 판매가격은 300원이다. 제품 A의 생산에는 단위당 변동제조원가 80원과 단위당 고정제조원가 20원이 투입되었다. 흠집이 있는 제품 A를 외부에 단위당 150원에 처분하려면 단위당 판매관리비가 15원이 소요될 것으로 추정된다. 이 의사결정에 고려될 관련원가로 가장 옳은 것은?

① 단위당 변동제조원가 80원   ② 단위당 판매관리비 15원
③ 단위당 고정제조원가 20원   ④ 정상판매가격 300원

해설

• 정상판매가 불가능한 제품을 그대로 보유할지, 비정상적 판매가격(헐값)에라도 외부판매할지의 의사결정에서 동 의사결정에 영향을 미치는 관련원가는 처분시 단위당 판매관리비가 된다.(①,③ : 매몰원가로 비관련원가)
• 제품A를 처분하는 경우

증분수익	– 증가	: 매출액 4개×150	=	600
증분비용	– 증가	: 변동판매관리비 4개×15	=	(60)
증분손익				540

최신유형특강 553 | **증분분석과 의사결정** | 난이도 ★ ★ ☆ | 정답 ①

㈜삼일의 경영자는 명상센터의 직영운영과 임대운영의 형태를 고민하고 있다. 직영운영의 경우 연간 매출액은 50,000,000원, 변동비율은 60%, 고정원가는 10,000,000원으로 예상된다. 반면 임대운영의 경우에는 매월 1,200,000원의 임대료를 받을 수 있다. 다만, 임대시에도 직영시의 고정원가 중 50%는 회피 불가능할 것으로 판단하고 있다. 다음 중 ㈜삼일의 경영자는 어떤 결정을 내리는 것이 유리한가?

① 직영시 600,000원 유리
② 임대시 600,000원 유리
③ 직영시 400,000원 유리
④ 임대시 400,000원 유리

해설

• 직영운영시 연간 변동원가 : 50,000,000(매출액)×60%(변동비율)=30,000,000
• 임대운영하는 경우

증분수익	– 증가	임대수익 1,200,000×12개월	= 14,400,000
	– 감소	공헌이익 50,000,000(매출액)−30,000,000(변동원가)	= (20,000,000)
증분비용	– 감소	회피가능고정원가 10,000,000×(1−50%)	= 5,000,000
증분손익			(600,000)

∴임대운영의 경우 증분손실 600,000원이 발생한다.
→역으로, 직영운영시 증분이익 600,000원이 발생한다.(즉, 직영운영시 600,000원 유리하다.)

최신유형특강 554 | **특별주문과 영업이익 증감 : 유휴능력 충분** | 난이도 ★ ★ ☆ 정답 ③

㈜삼일의 손익계산서는 다음과 같다.

매출액	₩2,000,000
매출원가	1,000,000
매출총이익	1,000,000
판매비와관리비	500,000
영업이익	₩500,000

제품의 단위당 판매가격은 200원이며, 매출원가와 판매비와관리비 중 50%는 고정원가로 구성되어 있을 때, 회사가 제품 단위당 90원에 500단위의 추가 주문을 받아들인다면 회사의 영업이익에 미치는 영향은 어떠한가?(단, 유휴 생산능력은 충분하다)

① 5,000원 감소   ② 30,000원 감소
③ 7,500원 증가   ④ 45,000원 증가

해설

- 판매수량 : 2,000,000(매출액) ÷ 200(단위당판매가격) = 10,000단위
  단위당변동매출원가 : (1,000,000×50%) ÷ 10,000단위 = 50
  단위당변동판매비와관리비 : (500,000×50%) ÷ 10,000단위 = 25
- 추가주문을 받아들이는 경우

증분수익 - 증가 :	주문액 500단위×90	=	45,000
증분비용 - 증가 :	변동원가 500단위×(50+25)	=	(37,500)
증분손익			7,500

ⓘ 길라잡이 | **특별주문 수락·거부 의사결정**

고려사항	• 특별주문으로 증가되는 수익(특별주문가격)과 변동원가 • 유휴설비능력이 있는 경우 유휴설비의 대체용도를 통한 이익상실분(기회원가) • 유휴설비능력이 없는 경우 기존 정규매출감소로 인한 공헌이익상실분 • 유휴설비능력이 없는 경우 설비능력 확충시 추가적 설비원가 🔎주의 고정원가(FOH,고정판관비)는 특별주문의 수락여부와 관계없이 일정하게 발생하므로 일반적으로 분석에서 제외하나, 조업도 수준에 따라 증감하는 경우에는 고려함.

주문수락
의사결정
	⊙ 유휴설비능력이 존재하는 경우
	    ☐ 증분수익 > 증분원가
	ⓛ 유휴설비능력이 존재하고 대체적 용도가 있는 경우
	    ☐ 증분수익 > 증분원가+기회원가
	ⓒ 유휴설비능력이 존재하지 않는 경우
	    ☐ 증분수익 > 증분원가+추가설비원가+기존판매량 감소분의 공헌이익

최신유형특강 555	특별주문 : 유휴능력 부족	난이도 ★ ★ ★ 정답 ①

㈜상일의 20X1년 수익과 원가 및 이익의 예산금액을 요약하면 다음과 같다.

매출액 (50,000단위, @100)	5,000,000원
변동원가(50,000단위, @60)	3,000,000원
공헌이익(50,000단위, @40)	2,000,000원
고정원가	1,500,000원
영업이익	500,000원

㈜상일의 연간 최대생산능력은 70,000단위이다. 20X1년초에 ㈜마포가 단위당 90원에 25,000단위를 사겠다고 특별주문을 했다. 만약 ㈜상일이 이 특별주문을 수락한다면, 20X1년 영업이익은 예산보다 얼마나 증가 또는 감소하겠는가?

① 550,000원 증가   ② 550,000원 감소
③ 650,000원 감소   ④ 750,000원 증가

해설

• 현재생산 50,000단위, 최대생산능력 70,000단위
　→∴특별주문 25,000단위 수락시 현재생산 5,000단위의 정규매츨을 감소시켜야 한다.
• 특별주문을 수락하는 경우

증분수익 - 증가	: 25,000단위×90	=	2,250,000
- 감소	: 정규매출감소 공헌이익상실액 5,000단위×(100 - 60)	=	(200,000)
증분비용 - 증가	: 25,000단위×60	=	(1,500,000)
증분손익			550,000

∴특별주문을 수락한다면 영업이익은 550,000원 증가한다.

| 최신유형특강 556 | 제품라인 유지·폐지 의사결정[1] | 난이도 | ★ ★ ☆ | 정답 | ③ |

다음의 자료를 바탕으로 A제품라인의 폐지시 예상되는 증분이익은 얼마인가?

- ㈜삼일은 사무용품을 제조·판매하고 있으며, 제품생산을 위하여 A, B, C 제품제조라인을 운영하고 있다. 회사는 고정원가를 각 제품에 배분하는 기준으로 매출액을 사용하고 있다. 라인별 분석결과 A제품라인에서 100,000원의 손실이 발생하여 A제품라인을 폐지할 것인지를 고려하고 있다.

A제품라인 당기 중 손익

매출액	변동원가	공헌이익	고정원가	순이익
1,000,000	600,000	400,000	500,000	(100,000)

- A제품라인의 폐지시 고정원가 중 400,000원이 회피가능하며, 유휴설비를 임대하여 당기에 300,000원의 임대수익이 예상된다.

① 100,000원
② 200,000원
③ 300,000원
④ 400,000원

해설

- A제품라인을 폐지하는 경우

증분수익 - 증가	: 임대수익	=	300,000
- 감소	: 공헌이익	=	(400,000)
증분비용 - 감소	: 회피가능고정원가	=	400,000
증분손익			300,000

ⓘ 길라잡이 　제품라인 유지·폐지 의사결정

고려사항	• 회사전체의 이익에 미치는 영향을 기준으로 폐지여부를 결정함. 　→제품라인의 유지·폐지 문제에서는 제품라인 자체의 이익을 고려하여 결정하는 것이 아니라, 기업 전체적인 입장(goal congruence)에서 전체 이익에 미치는 영향을 분석해야 함. • 폐지로 인한 회피가능고정비 존재시 이 또한 고려함. 　→제품라인을 폐지할 경우 매출액과 변동원가는 사라지지만 고정원가는 회피가능고정원가와 회피 불가능고정원가로 나눌 수 있기 때문임.
제품라인폐지 의사결정	❑ 제품라인의 공헌이익 < (회피가능고정원가+기회원가)

최신유형특강 557 | 제품라인 유지·폐지 의사결정[2] | 난이도 ★ ★ ☆ 정답 ③

㈜삼일은 3가지 제품을 생산·판매하고 있으며, 관련된 변동손익계산서는 다음과 같다. 손실이 발생하는 A제품의 생산라인을 폐지하더라도 고정비 32,000원 중 7,000원은 계속발생하며, 다른 제품에 미치는 영향이 없다고 가정할 때 A제품 생산라인의 폐지여부와 회사의 이익에 미치는 영향은 어떠한가?

	A	B	C	계
매 출 액	150,000	400,000	100,000	650,000
변 동 비	(120,000)	(280,000)	(60,000)	(460,000)
공헌이익	30,000	120,000	40,000	190,000
고 정 비	(32,000)	(90,000)	(30,000)	(152,000)
순 이 익	(2,000)	30,000	10,000	38,000

① A제품 생산라인을 폐지하는 것이 유지하는 것보다 순이익이 5,000원 증가한다.
② A제품 생산라인을 폐지하는 것이 유지하는 것보다 순이익이 7,000원 증가한다.
③ A제품 생산라인을 유지하는 것이 폐지하는 것보다 순이익이 5,000원 증가한다.
④ 제품 생산라인을 유지하는 것이 폐지하는 것보다 순이익이 7,000원 증가한다.

해설

• A제품라인을 폐지하는 경우

증분수익 - 감소 : 공헌이익	=	(30,000)
증분비용 - 감소 : 회피가능고정원가 32,000 - 7,000	=	25,000
증분손익		(5,000)

∴A제품 생산라인을 폐지하는 경우 5,000원의 증분손실이 발생한다.
⇒A 제품 생산라인을 유지하는 것이 폐지하는 것보다 순이익이 5,000원 증가한다.

최신유형특강 558 | 자가제조·외부구입시 비재무적정보 | 난이도 ★ ★ ☆ 정답 ④

㈜삼일은 부품의 자가제조 또는 외부구입에 대한 의사결정을 하려고 한다. 이때 고려해야 하는 비재무적 정보에 관한 설명 중 가장 올바르지 않은 것은?

① 부품을 자가제조할 경우 부품의 공급업자에 대한 의존도를 줄일 수 있는 장점이 있다.
② 부품을 자가제조할 경우 기존 외부공급업자와의 유대관계를 상실하는 단점이 있다.
③ 부품을 자가제조할 경우 향후 급격한 주문의 증가로 회사의 생산능력을 초과할 때 제품을 외부구입하기 어려울 수 있다는 단점이 있다.
④ 부품을 자가제조할 경우 생산관리를 외부에 의존해야 하므로 품질관리가 매우 어렵다.

해설

• 외부구입의 경우 부품의 품질유지를 외부공급업자에게 의존하는 위험이 존재하나, 자가제조의 경우는 부품 공급업자에 대한 의존도를 줄일 수 있어 품질관리를 보다 쉽게 할 수 있다는 장점이 있다.

ⓘ 길라잡이 자가제조·외부구입시 비재무적 정보

고려해야할 비재무적 정보	• 자가제조의 경우는 부품 공급업자에 대한 의존도를 줄일 수 있으며, 품질관리를 보다 쉽게 할 수 있다는 장점이 있음. • 자가제조의 경우는 공급업자에 대한 의존도를 줄임으로써 공급업자와의 관계를 상실하여 향후에 급격한 주문의 증가로 회사의 생산능력이 초과할 때 제품을 외부구입하기가 쉽지 않을 수 있음. (별도의 추가적 시설투자가 필요하므로 많은 비용이 발생하는 단점이 있음.) • 제품에 특별한 지식·기술이 요구될 때 자가제조를 하며 품질을 유지하기가 쉽지 않을 수 있음.

최신유형특강 559	제한된 자원과 생산의 우선순위	난이도	★ ★ ★	정답	③

●── 다음은 ㈜삼일의 제품별 예산자료의 일부이다. 사용가능한 총 기계시간이 연간 300시간일 때, 이익을 극대화하기 위해서는 세 제품을 각각 몇 단위씩 생산·판매하여야 하는가?

	제품 A	제품 B	제품 C
단위당 공헌이익	200원	150원	300원
단위당 기계시간	4시간	2시간	5시간
최대 수요량(연간)	50단위	100단위	50단위

	제품 A	제품 B	제품 C
①	50단위	50단위	0단위
②	0단위	25단위	50단위
③	0단위	100단위	20단위
④	12단위	0단위	50단위

해설

• 제한된 자원이 존재할 때 제한된 자원단위당 공헌이익이 가장 큰 것을 먼저 생산해야 하므로, 제한된 자원인 기계시간당 공헌이익이 가장 큰 것을 우선적으로 생산하여야 한다.

	제품A [최대수요량 50단위]	제품B [최대수요량 100단위]	제품C [최대수요량 50단위]
단위당공헌이익	200	150	300
단위당기계시간	4시간	2시간	5시간
기계시간당 단위당공헌이익	$\frac{200}{4시간}=50$	$\frac{150}{2시간}=75$	$\frac{300}{5시간}=60$
생산우선순위	【3순위】	【1순위】	【2순위】

• 이익극대화 생산량 〈제한된 자원 : 300기계시간〉

제품	생산량	소요기계시간	공헌이익
제품B	100단위	100단위×2시간=200시간	100단위×150=15,000
제품C	20단위	20단위×5시간=100시간	20단위×300=6,000
제품A	0단위	-	-
계		300시간	21,000

★ **저자주** 회계사·세무사 시험에서는 일반적으로 '달성가능한 최대공헌이익'을 묻습니다.(정답 : 21,000)

ℹ️ 길라잡이 제한된 자원의 사용

제한된 자원(제약조건)이 없을 때	• 단위당 공헌이익이 큰 제품을 생산
제한된 자원이 하나 있을 때	• 제한된 자원단위당 공헌이익이 큰 제품을 생산 →즉, 제한된 자원 한단위로 얻을 수 있는 공헌이익이 큰 제품을 생산

| 최신유형특강 560 | 특별가격결정방법 | 난이도 ★ ☆ ☆ | 정답 ④ |

신제품출시 초기에 높은 시장점유율을 얻기 위한 가격정책으로 초기시장진입가격을 낮게 설정하는 가격정책은?

① 약탈가격 ② 입찰가격 ③ 상층흡수가격 ④ 시장침투가격

해설

• 시장침투가격에 대한 설명이다.

ℹ️ 길라잡이 특별가격결정방법

신제품 가격결정	상층흡수가격	• 단기간의 이익을 극대화하기 위해서 초기시장진입가격은 높게 설정을 하고, 점진적으로 시장점유율을 높이기 위해 가격을 내리는 가격정책 →제품 가격탄력성이 낮고 시장의 제품진입이 한정되어 있는 제품에 적합
	시장침투가격	• 초기에 높은 시장점유율을 얻기 위한 가격정책으로 초기시장진입가격을 낮게 설정하는 것 →특히 제품의 가격탄력성이 높고, 고정원가의 비율이 높은 제품에 적합
입찰가격		• 공헌이익법이 사용되며, 결정시 경제상황, 경쟁자, 높은 이익률 및 회전율 등도 고려함.
약탈적 가격정책		• 경쟁자를 시장에서 축출하기 위해 일시적으로 가격을 인하하는 정책 →경쟁자가 없어진 후 다시 가격을 인상하여 이익을 얻기 위한 가격정책임.

| 최신유형특강 561 | 원가가산가격결정(회계학적 가격결정) | 난이도 ★ ★ ★ | 정답 ③ |

다음 중 가격결정방식 중에서 원가가산가격결정방법에 대한 설명으로 가장 올바르지 않은 것은?

① 원가에 적정 이윤을 가산하여 결정하기 때문에 적정이윤을 확보할 수 있다.
② 장기적인 관점의 관련원가인 변동원가와 고정원가를 고려하여 가격을 결정한다.
③ 한계수익과 한계비용이 일치하는 점에서 제품의 판매가격이 결정되므로 기업의 이익이 극대화된다.
④ 원가를 계산하는 방법에 따라 공헌이익접근법, 전부원가접근법, 총원가접근법으로 분류된다.

해설

• 한계수익(MR)과 한계비용(MC)이 일치하는 점에서 제품의 판매가격이 결정되는 것은 경제학적 가격결정방법이다.

ℹ️ 길라잡이 가격결정방법

경제학적 가격결정		• 한계수익과 한계비용이 일치하는 점에서 기업이익이 극대화된다고 가정하므로, 최적판매가격은 한계수익과 한계비용이 일치하는 점에서 결정됨.	
원가가산 가격결정	공헌이익 접근법	• FOH와 고정판관비를 회수하고 적정이익을 얻을 수 있도록 가격을 설정 이익가산율 — 이익가산항목 ⇒ FOH/고정판관비/목표이익 / 기준원가 ⇒ 변동원가(DM/DL/VOH/변동판관비)	
	전부원가 접근법	• 판관비를 원가부분에서 고려하는 것이 아니라 원가가산항목(이익가산항목)으로 포함시키고 적정이익을 얻을 수 있도록 가격을 설정 이익가산율 — 이익가산항목 ⇒ 변동판관비/고정판관비/목표이익 / 기준원가 ⇒ 전부원가(DM/DL/VOH/FOH)	
	총원가 접근법	• 판관비를 포함한 모든 원가를 기준원가(기초원가)에 포함시키고 원가가산항목(이익가산항목)은 목표이익만을 고려해주는 것 이익가산율 — 이익가산항목 ⇒ 목표이익 / 기준원가 ⇒ 총원가(DM/DL/VOH/FOH/변동판관비/고정판관비)	
목표(원가) 가격결정		• 시장지향적인 가격결정방법으로서, 시장에서 경쟁우위를 확보할 수 있는 목표가격(잠재고객이 기꺼이 지불할 용의가 있는 가격)을 판매가격으로 결정하는 것을 말함.	

최신유형특강 562	대체가격(TP) 결정시 고려사항	난이도 ★ ★ ☆ 정답 ②

다음 중 대체가격 결정시 고려할 사항으로 가장 올바르지 않은 것은?

① 각 사업부의 성과를 공정하게 평가할 수 있는 방법으로 결정되어야 한다.
② 준최적화 현상이 발생하더라도 각 사업부의 이익극대화가 이루어지도록 결정되어야 한다.
③ 각 사업부의 경영자가 자율적으로 의사결정을 하여 대체가격을 결정해야 한다.
④ 각 사업부 관리자의 경영노력에 대한 동기부여가 가능하도록 결정되어야 한다.

해설 。

• 목표일치성기준에 따라 각 사업부의 이익극대화뿐만 아니라 기업전체의 이익도 극대화 할 수 있는 방향으로 대체가격을 결정하여야 한다.

ⓘ 길라잡이 대체가격(transfer price) 결정시 고려할 기준

목표일치성기준	• 각 사업부목표뿐 아니라 기업전체목표도 극대화할 수 있는 방향으로 결정해야 한다는 기준 →개별사업부 관점에서는 최적이지만 기업전체의 관점에서는 최적이 되지 않는 상황을 준최적화 현상이라고 하며, 대체가격결정시 준최적화 현상이 발생하지 않도록 해야 함.
성과평가기준	• 각 사업부의 성과를 공정하게 평가할 수 있는 방법으로 대체가격이 결정되어야 한다는 기준 →대체가격이 합리적으로 결정되지 않으면 성과평가는 공정성을 상실하고 각 사업부 관리자의 이익창출 의욕을 감퇴시킴으로써 분권화의 목적을 달성하지 못할 가능성이 있음.
자율성기준	• 각 사업부의 경영자가 자율적으로 의사결정을 하고 대체가격을 결정해야 한다는 기준 →자율성으로 인하여 준최적화가 발생가능하므로, 다른 기준보다는 중요성이 떨어짐.

최신유형특강 563 | **대체가격(이전가격)제도 도입검토** | 난이도 ★ ★ ★ 정답 ③

㈜삼일은 서로 독립적으로 운영되는 중간사업부와 최종사업부로 이루어져 있다. 중간사업부는 중간제품을 생산해 이를 최종사업부에 공급하거나 경쟁적인 외부시장에 판매한다. 최종사업부는 중간제품을 가공하여 이를 외부시장에 판매한다. 회사의 최고경영자는 사업부의 자율경영을 촉진하기 위해 중간제품에 대한 사내대체가격제도의 도입을 검토 중이다. 이와 관련된 설명으로 가장 올바르지 않은 것은?

① 회사 전체에 이익이 되도록 사내대체가격제도를 운영하기 위해서는 최종사업부가 중간제품을 외부로부터 구입하는 것을 허용해야 한다.
② 중간제품에 대한 경쟁적인 외부시장이 있을 경우에는 원칙적으로 외부시장가격을 사내대체가격으로 채택하는 것이 장기적으로 회사의 이익 증대에 유리하다.
③ 이익중심점인 중간사업부로 하여금 공정개선 및 기술혁신을 통한 원가절감을 이루도록 하기 위해서는 시장가격보다 고정원가를 포함한 단위당 제품원가를 사내대체가격으로 채택하는 것이 효과적이다.
④ 회사가 중간사업부를 이익중심점 또는 투자중심점으로 설정하기 위해서는 사내대체가격제도의 도입이 필요하다.

해설

• 대체가격을 결정하는 것은 사업부 간의 이해관계가 대립되므로 목표일치성기준, 성과평가기준, 자율성기준을 고려하여 결정하여야 하며, 일반적으로 사용되는 대체가격의 결정방법에는 시장가격기준, 원가기준, 협상가격기준이 있다.
• 고정원가를 포함한 단위당 제품원가를 사내대체가격으로 채택하면 중간사업부(공급사업부)가 대체로 인하여 발생하는 원가를 전부 보상받게 되므로 공정개선 및 기술혁신을 통한 원가절감 노력을 기울이지 않는 문제점이 생긴다.
  →즉, 원가기준의 경우 중간사업부가 원가절감을 이루도록 동기를 부여하지 못한다. 중간사업부에서 발생한 원가가 모두 최종사업부로 대체되므로 중간사업부의 비능률이 그대로 최종사업부에 전가되기 때문이다.
★저자주 본 문제는 회계사 기출문제로서, 재경관리사 시험에 그대로 출제되었습니다.

ℹ️ 길라잡이 원가기준 대체가격 결정방법 개요

의의	• 원가기준은 대체되는 재화나 용역의 원가를 기준으로 대체가격을 결정하는 방법임.
문제점	• ㉠ 준최적화현상이 나타날 가능성이 항상 존재함. 　→∵공급부서는 대체를 통한 이익이 없을 수 있어 비대체 가능하므로 회사전체의 최적의사결정과 각 사업부의 최적의사결정이 다르게 나타날 가능성 존재함. • ㉡ 각 사업부의 성과평가를 공정하게 할 수 없음. 　→∵원가를 기준으로 대체가격을 결정할 경우 공급사업부에서는 이익이 발생하지 않고 대체로 인한 모든 이익은 수요사업부가 차지하기 때문임. • ㉢ 공급사업부가 원가통제를 수행하도록 동기부여를 하지 못함. 　→∵공급사업부에서 발생한 원가가 모두 수요사업부로 대체되며 결과적으로 공급사업부의 비능률이 그대로 수요사업부에 전가되기 때문임.

| 최신유형특강 564 | 유휴시설 여부와 내부대체 결정 | 난이도 ★ ★ ★ | 정답 ③ |

㈜삼일은 두 개의 사업부 A, B로 구성되어 있다. A사업부는 단위당 변동비가 100원인 부품을 제조하고 있는데 이를 170원에 외부에 판매할 수도 있고 B사업부에 대체할 수도 있다. B사업부가 이 부품을 외부에서 구입할 수 있는 가격은 180원이다. 회사전체의 이익극대화를 위한 B사업부의 의사결정으로 가장 옳은 것은?

① 외부에서 구입하는 경우와 A사업부에서 구입하는 경우 차이가 없다.
② 외부에서 구입하여야 한다.
③ A사업부에서 구입하여야 한다.
④ 유휴생산시설이 있으면 외부에서 구입한다.

해설

• 수요사업부(B사업부)의 최대대체가격 : 외부구매시장이 있음 →최대TP = 180
• 공급사업부(A사업부) 최소대체가격 : 외부판매시장이 있음
　㉠ 유휴생산시설이 없는 경우 : 100+(170 - 100)= 170

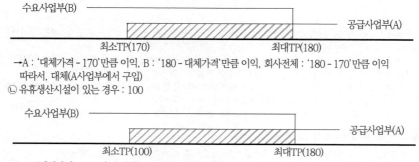

　→A : '대체가격 - 170'만큼 이익, B : '180 - 대체가격'만큼 이익, 회사전체 : '180 - 170'만큼 이익
　　따라서, 대체(A사업부에서 구입)
　㉡ 유휴생산시설이 있는 경우 : 100

수요사업부(B)　　　　　　　　　　　　　　　　　　　　　　　　공급사업부(A)
　　　　　　　최소TP(100)　　　　　　　　　　　최대TP(180)

　→A : '대체가격 - 100'만큼 이익, B : '180 - 대체가격'만큼 이익, 회사전체 : '180 - 100'만큼 이익
　　따라서, 대체(A사업부에서 구입)
∴회사전체의 이익극대화를 위해 어떤 경우이든 B사업부는 A사업부에서 구입하여야 한다.

ⓘ 길라잡이 최대·최소대체가격(TP) 계산

최대대체가격 [수요사업부]	외부구매시장 없는 경우	❑ 판매가격 - 대체후단위당지출원가 →대체후단위당지출원가 = 추가가공원가 + 증분단위당고정비 + 단위당추가판매비
	외부구매시장 있는 경우	❑ Min[① 외부구입가격 ② 판매가격 - 대체후단위당지출원가] ♀주의 대체후지출없이 판매시 일반적으로 판매가>외부구입가, 즉, 최대TP=외부구입가
최소대체가격 [공급사업부]	외부판매시장 없는 경우	❑ 대체시단위당지출원가 - 대체시절감원가 →대체시단위당지출원가 = 단위당변동비 + 증분단위당고정비
	외부판매시장 있는 경우	㉠ 유휴시설이 없는 경우 ❑ 대체시단위당지출원가+정규매출상실공헌이익 - 대체시절감원가 ㉡ 유휴시설이 있는 경우 ❑ 대체시단위당지출원가+타용도사용포기이익 - 대체시절감원가

　　　　대체가격(TP)결정　　　　 난이도 ★ ★ ★ 　정답 ④

㈜삼일은 A, B 두 개의 사업부를 갖고 있다. 사업부 A는 부품을 생산하여 사업부 B에 대체하거나 외부에 판매할 수 있다. 완제품을 생산하는 사업부 B는 부품을 사업부 A에서 매입하거나 외부시장에서 매입할 수 있다. 사업부 A와 B의 단위당 자료는 다음과 같다. A, B 두 사업부 사이의 대체가격결정과 관련된 다음의 설명 중 가장 옳은 것은?

사업부 A		사업부 B	
부품 외부판매가격	11,000원	최종제품 외부판매가격	25,000원
변동원가	7,000원	추가변동원가	10,000원
고정원가	3,000원	고정원가	3,000원

① 사업부 A는 부품을 외부에 단위당 11,000원에 팔 수 있으므로 사업부 B에 11,000 원 이하로 공급해서는 안 된다.

② 사업부 B는 외부에서 부품을 단위당 11,000원에 매입할 수 있더라도 사업부 A로부터 부품을 단위당 12,000원 이하로 구입하면 이익을 올릴 수 있으므로 대체가격을 12,000원 이하로 결정하면 된다.

③ 사업부 A에 유휴생산시설이 없는 경우 사업부 B가 외부에서 부품을 단위당 10,000원에 매입할 수 있더라도 회사 전체의 이익을 위해서 두 사업부는 내부대체를 하여야 한다.

④ 사업부 B가 외부공급업체로부터 부품을 구입할 수 없다면 사업부 A는 유휴생산시설이 없더라도 외부판매를 줄이고 사업부 B에 부품을 공급하는 것이 회사전체의 이익에 도움이 된다.

해설

• ① 공급사업부(A)의 최소대체가격(최소TP)은 유휴시설 유무에 따라 다음과 같이 달라진다.
　ㄱ 유휴시설이 없는 경우 최소TP : 7,000+(11,000-7,000)-0=11,000
　ㄴ 유휴시설이 있는 경우 최소TP : 7,000+0-0=7,000 →∴11,000이하도 가능
② 수요사업부(B)의 최대TP(외부구매시장 있음) : Min[ㄱ 11,000 ㄴ 25,000-10,000]=11,000
　공급사업부(A)의 최소TP(외부판매시장 있음) : 위 ①과 같이 11,000(or 7,000)

　→∴대체가격은 11,000(or 7,000)에서 11,000 사이에서 결정되어야 한다.
③ 수요사업부(B)의 최대TP(외부구매시장 있음) : Min[ㄱ 10,000 ㄴ 25,000-10,000]=10,000
　공급사업부(A)의 최소TP(외부판매시장 있음 & 유휴시설이 없음) : 7,000+(11,000-7,000)-0=11,000

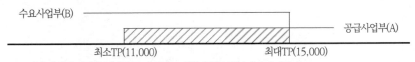

　→∴회사 전체의 이익을 위해서 두 사업부는 내부대체를 하지 않는 것이 유리하다.
④ 수요사업부(B)의 최대TP(외부구매시장 없음) : 25,000-10,000=15,000
　공급사업부(A)의 최소TP(외부판매시장 있음 & 유휴시설이 없음) : 7,000+(11,000-7,000)-0=11,000

수요사업부(B) ──────────────────────────── 공급사업부(A)
　　　　최소TP(11,000)　　　　　　　최대TP(15,000)

　→∴회사 전체의 이익을 위해서 두 사업부는 내부대체를 하는 것이 유리하다.

★ 저자주 본 문제는 세무사 기출문제로서, 금액만 일부 바꿔 재경관리사 시험에 그대로 출제되었습니다. 본 문제의 난이도는 별개로 하더라도 재경관리사 시험에는 다소 어울리지 않는 무리한 출제로 사료됩니다.

| 최신유형특강 566 | 최대·최소대체가격과 회사전체이익 | 난이도 ★ ★ ★ | 정답 ① |

㈜삼일은 A, B 두 개의 사업부를 가지고 있다. A사업부는 부품 갑을 생산하여 외부에 판매하거나 B사업부에 내부대체 할 수 있다. A사업부의 연간 생산 및 판매자료는 다음과 같다.

최대생산능력	10,000개
외부수요량	7,000개
단위당 판매가격	400원
단위당 변동원가	170원

B사업부는 부품 갑을 필요한 수량만큼 외부시장에서 420원에 구입할 수 있다. 만약 A사업부가 2,000개의 부품을 B사업부에 내부대체한다면 대체수량 1개당 회사전체이익이 얼마만큼 증가 또는 감소하겠는가?

① 250원 증가　　　② 250원 감소　　　③ 270원 증가　　　④ 270원 감소

해설

• 수요사업부(B)의 최대TP(외부구매시장 있음) : 420(외부구입가)
• 공급사업부(A)의 최소TP(외부판매시장 있음 & 내부대체량이 최대생산능력 내에 있으므로 유휴생산시설이 있는 경우임) : 170(대체 시단위당지출원가=단위당변동원가)

→∴회사 전체의 이익을 위해서 두 사업부는 내부대체를 하는 것이 유리하다.
　　㉠ 수요사업부(B) : (최대TP - 대체가격) 만큼 이익
　　㉡ 공급사업부(A) : (대체가격 - 최소TP) 만큼 이익
　　㉢ 회사전체 : 420 - 170 = 250 만큼 1개당 이익 증가

최신유형특강 567 | **자본예산 일반사항[1]** | 난이도 ★ ★ ☆ | 정답 ③

다음 중 자본예산에 관한 설명으로 가장 올바르지 않은 것은?

① 자본예산은 고정자산에 대한 효율적인 투자 수행을 위해 투자안의 타당성을 평가하는 기법이다.
② 자본예산은 고정자산에 대한 투자안의 현금흐름이나 이익에 미치는 영향을 평가하는 기법이다.
③ 자본예산은 기업의 장·단기적 경영계획에 바탕을 둔 장·단기투자에 관한 의사결정이다.
④ 자본예산에 의한 투자는 불확실성(경제상황, 소비자 선호, 기술진보 등)으로 인한 위험이 크다.

해설

• 자본예산은 기업의 장기적 경영계획에 바탕을 둔 장기투자에 관한 의사결정이다.

ⓘ 길라잡이 자본예산의 의의와 특징

의의	• 자본예산(capital budgeting)이란 고정자산에 대한 효율적인 투자 수행을 위해 투자안의 타당성을 평가하고 투자안의 현금흐름이나 이익에 미치는 영향을 평가하는 기법임. • 자본예산은 기업의 장기적 경영계획에 바탕을 둔 장기투자에 관한 의사결정으로서 건물 또는 생산시설에 대한 투자 등 투자에 의한 영향이 1년 이상에 걸쳐 나타남.
특징	• ⊙ 자본예산에 의한 투자는 거액의 자금이 동원되므로, 투자의 성패가 기업운명을 좌우할 수 있음. ⓒ 자본예산에 의한 투자는 장기간이 소요되므로 투자된 자금이 장기간 고정됨. ⓒ 자본예산에 의한 투자는 기업의 장기 예측에 따른 의사결정이므로 불확실성(경제상황, 소비자 선호, 기술진보 등)으로 인한 위험이 큼.

최신유형특강 568 | **자본예산 일반사항[2]** | 난이도 ★ ☆ ☆ | 정답 ④

다음 중 자본예산에 대한 설명으로 가장 올바르지 않은 것은?

① 자본예산이란 고정자산에 대한 효율적인 투자 수행을 위해 투자안의 타당성을 평가하고 투자안의 현금흐름이나 이익에 미치는 영향을 평가하는 기법이다.
② 현금흐름추정의 기본원칙으로는 증분기준, 세후기준, 감가상각비의 감세효과 고려, 이자비용 미고려 등이 있다.
③ 자본예산모형에는 화폐의 시간적 가치를 고려하는 할인모형과 화폐의 시간적 가치를 고려하지 않는 비할인모형이 있다.
④ 할인모형에는 회수기간법과 회계적이익률법이 있고 비할인모형에는 순현재가치법과 내부수익률법이 있다.

해설

• 할인모형(화폐의 시간가치를 고려하는 모형) : 순현재가치법(NPV법), 내부수익률법(IRR법)
• 비할인모형(화폐의 시간가치를 고려하지 않는 모형) : 회수기간법, 회계적이익률법(ARR법)

ⓘ 길라잡이 자본예산 모형의 분류

비할인모형 〈화폐의 시간가치 고려X〉	• 회계적이익률법(ARR법)	비현금모형 〈손익계산서상 순이익에 기초〉
	• 회수기간법	
할인모형 〈화폐의 시간가치 고려O〉	• 순현재가치법(NPV법)	현금모형 〈실제 현금흐름에 기초〉
	• 내부수익률법(IRR법)	
	• 수익성지수법(PI법)	

최신유형특강 569	회계적이익률법(ARR)의 장·단점	난이도 ★ ☆ ☆ 정답 ②

다음의 투자의사결정 방법이 갖는 장점으로 가장 옳은 것은?

> • 독립 투자안에 대한 투자결정시 투자대상의 회계적이익률이 기업에서 기준한 회계적이익률 보다 높으면 투자안을 채택한다.
> • 여러 투자안에 대한 투자결정시 가장 높은 회계적이익률을 가진 투자안을 채택한다.

① 화폐의 시간가치를 고려한다.
② 분석의 기초자료가 재무제표이기에 자료확보가 용이하다.
③ 목표수익률을 설정하는데 자의적 판단이 개입되지 않는다.
④ 계산이 간편하며, 투자안에 대한 현금흐름을 고려하고 있다.

해설

• ① 화폐의 시간가치가 무시된다.
  ③ 목표수익률을 설정하는 데 자의적인 판단이 개입된다.
  ④ 투자안에 대한 현금흐름이 아닌 회계적 이익에 기초하고 있다.

길라잡이 회계적이익률법(ARR법)

회계적이익률	최초투자액기준APR	평균투자액기준 APR
	$\frac{연평균순이익}{최초투자액}$	$\frac{연평균순이익}{연평균투자액(=\frac{최초투자액+잔존가치}{2})}$
	○주의 현금흐름표에서 '영업현금흐름 = 순이익+감가상각비'이므로 →∴순이익 = 영업현금흐름 – 감가상각비	
의사결정	상호독립적 투자안	• '투자안의 ARR > 목표ARR'이면 채택
	상호배타적 투자안	• ARR이 가장 큰 투자안 채택
장점	• ⊙ 계산이 간편하고 이해하기가 용이하며, 회수기간법과는 달리 수익성을 고려함. ⓛ 투자안 분석의 기초자료가 재무제표이기 때문에 자료확보가 용이함.	
단점	• ⊙ 화폐의 시간가치가 무시됨. ⓛ 현금흐름이 아닌 회계적 이익에 기초하고 있음. ⓒ 목표수익률을 설정하는데 자의적인 판단이 개입됨.	

최신유형특강 570 | **자본예산모형의 구분** | 난이도 ★ ☆ ☆ | 정답 ②

다음 중 투자안으로부터 얻어지는 현금유입액의 현재가치와 투자에 소요되는 현금유출액의 현재가치를 같게 해주는 할인율을 산출하는 자본예산모형으로 가장 옳은 것은?

① 수익성지수(PI)법
② 내부수익률(IRR)법
③ 회계적이익률(ARR)법
④ 순현재가치(NPV)법

해설

- 내부수익률(IRR) : 현금유입액의 현재가치와 현금유출액의 현재가치를 같게 해주는 할인율
- ★**저자주** 신유형에 해당하는 문제이긴 하나 기초적인 문제이므로 절대 틀려서는 안되는 문제에 해당합니다.

ⓘ 길라잡이 **내부수익률법(IRR법)**

의의	☐ IRR : '현금유입의 현재가치 = 현금유출의 현재가치'로 만드는 할인율
	🔎주의 결국, IRR은 'NPV=0'인 할인율임.
	보론 IRR은 자본비용의 손익분기점이라는 의미를 갖음.(즉, 자본비용보다 크면 이익)
의사결정	상호독립적 투자안 ・'IRR 〉 자본비용'이면 채택
	상호배타적 투자안 ・IRR이 가장 큰 투자안 채택
장점	・㉠ 현금흐름과 화폐의 시간가치를 고려함.
	㉡ 회계적 수치와 무관하므로 자의적 요인을 제거 가능함.
단점	・㉠ 내부수익률로 재투자된다고 가정하므로 지나치게 낙관적이라는 문제점이 있음.
	㉡ IRR을 계산하기가 어려움.(∵보간법이나 시행착오법 사용)
	㉢ IRR은 금액이 아닌 비율(투자규모 무시)이므로 가치가산원칙이 성립치 않음.
	㉣ 현금흐름에 따라서는 IRR이 복수이거나, IRR이 존재치 않을 수 있는 문제점이 있음.

| 최신유형특강 571 | 순현재가치법(NPV법) 일반사항 | 난이도 ★ ★ ☆ 정답 ② |

다음 중 순현재가치법(NPV 법)에 관한 설명으로 가장 올바르지 않은 것은?

① 투자기간 동안의 현금흐름을 자본비용으로 재투자한다고 가정한다.
② 순현재가치를 계산할 때 사용하는 할인율인 자본비용의 산출이 간단하다.
③ 독립적인 투자안에 대한 의사결정시 순현재가치가 0(영)보다 크면 수익성이 있는 것으로 판단되어 투자안을 채택한다.
④ 복수투자안의 순현재가치는 그 복수투자안을 구성하는 개별투자안 각각의 순현재가치를 합산한 것과 같다.

해설

• 순현재가치법(NPV법)은 투자안의 할인율(자본비용)을 정하기가 어렵다는 단점이 있다.
→즉, 내부수익률법과 순현재가치법 모두 화폐의 시간가치를 고려하여 복리계산을 적용하므로 정확한 자본비용의 추정에 어려움이 있다.

참고 가치가산의 원칙(value additivity principle) : 상호 독립적인 투자안 A와 B가 있을 때, 두 투자안의 결합순현재가치는 각 투자안의 순현재가치의 합과 같은 것을 말한다. →NPV(A+B) = NPV(A) + NPV(B)

길라잡이 순현재가치법(NPV법)

의의	□ NPV(순현재가치) = 현금유입의 현재가치 – 현금유출의 현재가치
	주의 할인율 : 자본비용(=최저필수수익률=최저요구수익률)
의사결정	상호독립적 투자안	• 'NPV > 0'인 투자안 채택
	상호배타적 투자안	• NPV가 가장 큰 투자안 채택
장점	• ㉠ 자본비용으로 재투자된다고 가정하므로 현실적임. ㉡ 비할인모형에서 무시되고 있는 화폐의 시간적 가치를 고려함. ㉢ 현금흐름과 기대치와 자본비용만이 고려되고 회계적 수치와는 무관하므로 자의적 요인을 제거할 수 있음. ㉣ 가치가산원칙[NPV(A+B)=NPV(A)+NPV(B)]이 성립함. ㉤ 기업의 가치를 극대화할 수 있는 투자안을 선택할 수 있음. →즉, 채택된 모든 투자안의 순현재가치는 곧 그 기업의 가치가 됨.
단점	• ㉠ 투자안의 할인율(자본비용)을 정하기가 어려움. ㉡ 확실성하에서만 성립하는 모형이므로, 불확실성하에서 적용하기 어려움.

최신유형특강 572 | **자본예산 분석기법별 특징** | 난이도 ★ ★ ☆ | 정답 ①

다음 중 자본예산의 분석기법에 대한 설명으로 가장 올바르지 않은 것은?

① 회계적이익률법은 현금흐름을 투자액으로 나누어 계산하여 투자안을 평가하는 방법이다.
② 순현재가치법은 기업가치의 증가분을 화폐액으로 평가하기 때문에 가치가산의 법칙이 적용된다.
③ 회수기간법에 의한 투자안의 평가는 각 투자안의 회수기간을 계산하여 회수기간이 가장 짧은 투자안을 선택하는 방법이다.
④ 내부수익률법은 복수의 내부수익률이 존재할 수 있다.

해설

- ① 회계적이익률법(연평균순이익 ÷ 연평균투자액)은 현금흐름이 아니라 회계적이익을 투자액으로 나누어 계산하여 투자안을 평가하는 방법이다.
  ② 순현재가치법(현금유입의 현재가치 – 현금유출의 현재가치)은 가치가산의 원칙이 성립한다는 장점이 있다.
  → 가치가산의 원칙(value additivity principle) : 상호 독립적인 투자안 A와 B가 있을 때, 두 투자안의 결합순현재가치는 각 투자안의 순현재가치의 합과 같은 것을 말한다. → NPV(A+B) = NPV(A) + NPV(B)
  ③ 회수기간법(투자액 ÷ 연간현금유입액)은 현금유입으로 투자비용을 회수시 소요기간으로 평가하기 때문에 일반적으로(상호배타적 투자안) 회수기간이 가장 짧은 투자안을 선택하는 의사결정을 한다.
  ④ 일반적으로 내부수익률('현금유입의 현재가치=현금유출의 현재가치'로 만드는 할인율)은 하나만 존재하지만 투자기간 동안 현금의 유입과 유출이 반복되는 등의 특수한 경우에는 내부수익률이 복수가 존재하게 되어 정확한 투자안 평가가 어렵다는 단점이 있다.
  예 최초투자액이 1,600원이며 투자시점에서 1년 후에는 10,000원의 현금유입을 얻을 수 있고 2년 후에는 10,000원의 현금유출이 있을 것으로 예측되는 경우
  → '$\frac{10,000}{(1+r)} = 1,600 + \frac{10,000}{(1+r)^2}$'로 만드는 할인율(내부수익률) r은 25%와 400% 2개이다.

최신유형특강 573 | **직접재료원가 배합차이와 수율차이** | 난이도 ★★★ 정답 ①

다음은 ㈜상일이 생산하는 제품에 대한 단위당 표준원가 중 원재료에 관한 자료이다.

	수량표준	가격표준
원재료 A	2kg	20원/kg
원재료 B	3kg	10원/kg

㈜상일은 당기 중 8,000개의 제품을 완성하였고, 기초재공품과 기말재공품은 없었다. 원재료의 실제사용량이 A가 14,000kg(kg당 22원)이고 B가 28,000kg(kg당 9원)일 경우, 재료(a) 배합차이와 (b) 수율차이는 얼마인가?

① (a) 28,000 유리, (b) 28,000 불리
② (a) 28,000 불리, (b) 28,000 유리
③ (a) 36,400 유리, (b) 28,400 불리
④ (a) 36,400 불리, (b) 28,400 유리

해설

• 직접재료원가 배합차이와 수율차이 분석

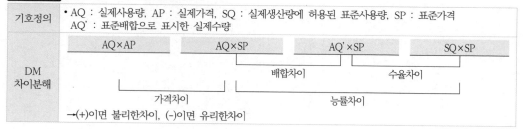

AQ×AP	AQ×SP	AQ'×SP	SQ×SP
14,000kg×22	14,000kg×20	(42,000kg×40%)×20	(8,000개×2kg)×20
28,000kg×9	28,000kg×10	(42,000kg×60%)×10	(8,000개×3kg)×10

배합차이 - 28,000(유리) 수율차이 28,000(불리)
가격차이 0 능률차이 0

ⓘ 길라잡이 직접재료원가 차이분해[복수원재료]

기호정의	• AQ : 실제사용량, AP : 실제가격, SQ : 실제생산량에 허용된 표준사용량, SP : 표준가격 AQ' : 표준배합으로 표시한 실제수량
DM 차이분해	AQ×AP AQ×SP AQ'×SP SQ×SP 배합차이 수율차이 가격차이 능률차이 →(+)이면 불리한차이, (-)이면 유리한차이

최신유형특강 574 | **직접재료원가 수율차이** | 난이도 ★ ★ ★ | 정답 ④

㈜삼일은 제조업을 영위하는 기업으로서 A제품 생산과 관련된 자료는 다음과 같다.

구분	A제품
제품단위당 표준원가	직접재료(가) 10개, 단위당 100원 / 직접재료(나) 5개, 단위당 200원
제품 생산량	500개
A제품 생산시 실제투입량	직접재료(가) 4,500개 / 직접재료(나) 2,400개

위의 자료를 이용하여 직접재료원가의 수율차이를 계산하면 얼마인가?

① 10,000 불리한 차이
② 10,000 유리한 차이
③ 80,000 불리한 차이
④ 80,000 유리한 차이

해설

• AQ'(표준배합으로 표시한 실제수량)
  - 직접재료(가) : $(4,500개 + 2,400개) \times \dfrac{10개}{10개 + 5개} = 4,600개$
  - 직접재료(나) : $(4,500개 + 2,400개) \times \dfrac{5개}{10개 + 5개} = 2,300개$

• 직접재료원가 배합차이와 수율차이 분석

AQ×AP	AQ×SP	AQ'×SP	SQ×SP
4,500개×?	4,500개×100	4,600개×100	(500단위×10개)×100
2,400개×?	2,400개×200	2,300개×200	(500단위×5개)×200

배합차이 10,000(불리) 　수율차이 -80,000(유리)

가격차이 ? 　능률차이 -70,000(유리)

★ **저자주** 문제의 명확한 성립을 위해 제품생산량 '500개'를 '500단위'로 수정바랍니다.

| 최신유형특강 575 | 직접재료원가 배합·수율차이와 생산량 추정 | 난이도 | ★ ★ ★ | 정답 | ② |

다음은 ㈜삼일의 제품생산 관련 자료이다. 아래 자료에서 직접재료원가의 배합차이는 20,000원 불리한 차이이고, 수율차이는 100,000원 유리한 차이일 경우 제품생산량은 몇 단위인가?

> 제품단위당 표준원가
> - 직접재료 A 30개(단위당 10원)
> - 직접재료 B 10개(단위당 20원)
> 직접재료 실제투입량
> - 직접재료 A 88,000개
> - 직접재료 B 32,000개

① 3,000단위
③ 3,500단위
② 3,200단위
④ 3,800단위

해설

• AQ'(표준배합으로 표시한 실제수량)

㉠ 직접재료A : $(88,000개 + 32,000개) \times \dfrac{30개}{30개 + 10개} = 90,000개$

㉡ 직접재료B : $(88,000개 + 32,000개) \times \dfrac{10개}{30개 + 10개} = 30,000개$

• 직접재료원가 차이분석〈실제 제품생산량을 X라고 가정〉

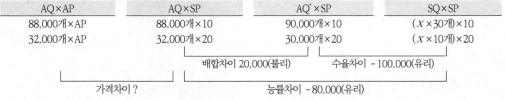

AQ×AP	AQ×SP	AQ'×SP	SQ×SP
88,000개×AP	88,000개×10	90,000개×10	(X×30개)×10
32,000개×AP	32,000개×20	30,000개×20	(X×10개)×20

배합차이 20,000(불리)   수율차이 -100,000(유리)

가격차이 ?   능률차이 -80,000(유리)

→(90,000개×10 + 30,000개×20) - [(X×30개)×10 + (X×10개)×20] = -100,000 에서, X = 3,200단위

| 최신유형특강 576 | 매출배합차이와 매출수량차이 | 난이도 ★ ★ ★ | 정답 ① |

㉠상일은 A, B 의 두 가지 제품을 생산하여 판매한다. 20X1년 예산과 실제자료는 다음과 같다. 20X1년도 매출배합차이와 매출수량차이는 얼마인가?

〈20X1년도 예산〉

제품 종류	단위당 판매가격	단위당 변동원가	판매수량 및 비율	
			수량	비율
A	800원	500원	4,000개	40%
B	600원	400원	6,000개	60%
합계			10,000개	100%

〈20X1년도 실제결과〉

제품 종류	단위당 판매가격	단위당 변동원가	판매수량 및 비율	
			수량	비율
A	780원	510원	4,950개	45%
B	560원	390원	6,050개	55%
합계			11,000개	100%

	매출배합차이	매출수량차이
①	55,000원 유리	240,000원 유리
②	55,000원 불리	240,000원 불리
③	60,000원 유리	235,000원 유리
④	60,000원 불리	235,000원 불리

해설

- 단위당예산공헌이익 – ㉠ 제품A : 800 - 500 = 300 ㉡ 제품B : 600 - 400 = 200
- 매출조업도차이 분해

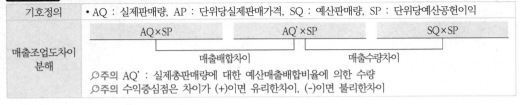

AQ×SP	AQ'×SP	SQ×SP
4,950개×300	11,000개×40%×300	4,000개×300
6,050개×200	11,000개×60%×200	6,000개×200

매출배합차이 55,000(유리)   매출수량차이 240,000(유리)

ⓘ 길라잡이 매출배합차이와 매출수량차이 계산

기호정의	• AQ : 실제판매량, AP : 단위당실제판매가격, SQ : 예산판매량, SP : 단위당예산공헌이익
매출조업도차이 분해	AQ×SP AQ'×SP SQ×SP 매출배합차이 매출수량차이 ⚲주의 AQ' : 실제총판매량에 대한 예산매출배합비율에 의한 수량 ⚲주의 수익중심점은 차이가 (+)이면 유리한차이, (-)이면 불리한차이

최신유형특강 577	투자수익률 일반사항	난이도 ★★☆ 정답 ④

사업부제에서 투자수익률을 이용하여 각 사업부의 성과를 평가할 때의 문제점으로 가장 옳은 것은?

① 사업부의 이익만을 고려하므로 투자중심점의 성과평가기준으로 적절하지 않다.
② 영업이익과 투자자본을 재조정하기 위한 수정사항이 많고 불명확하다.
③ 소규모 투자중심점보다 대규모 투자중심점이 상대적으로 유리한 성과평가를 받는다.
④ 투자중심점의 투자수익률 극대화 노력이 회사 전체적으로 채택하는 것이 유리한 투자안을 부당하게 기각할 가능성이 있다.

해설

• ① 투자수익률[= 영업이익 ÷ 영업자산(투자액)]은 이익뿐만 아니라 투자액도 함께 고려하는 성과평가기준이다.
  →따라서, 사업부의 경영자가 자신의 사업부 투자액에 대한 통제권한이 있는 경우 그 경영자의 성과측정 지표로 더욱 유용하게 사용될 수 있다.
② 경제적부가가치(EVA)에 대한 설명이다. 즉, 경제적부가가치(EVA)는 영업이익과 투하자본을 경제적 의미로 재조정하기 위한 수정사항이 많고 명확하지 않다는 문제점이 있다.
  → **저자주** 본 내용은 회계사·세무사 시험에서 언급되는 내용이므로 가볍게 문구정도 참고바랍니다.
③ 투자수익률은 비율로 표시되므로 투자규모가 서로 다른 투자중심점간의 성과평가 및 비교에 유용하다.
  →반면, 잔여이익[= 영업이익 - 영업자산(투자액)×최저필수수익률]은 금액으로 표시하므로 투자수익률이 동일한 경우 규모가 작은 소규모 투자중심점보다 규모가 큰 대규모 투자중심점의 잔여이익이 크게 나와 상대적으로 유리한 성과평가를 받는다.
④ 투자수익률은 개별투자중심점의 현재 투자수익률보다 낮은 투자안이긴 하나 회사전체 최저필수수익률을 상회하는 좋은 투자안인 경우에도 동 사업에 대한 투자를 기피(부당하게 기각)하게 된다는 문제점이 있으므로, 준최적화현상(회사전체 최저필수수익률을 상회하는 좋은 투자안이 개별 투자중심점의 투자수익률 보다 낮기 때문에 투자가 포기되어 회사 전체이익에 불리한 의사결정이 이루어짐)이 발생한다.

길라잡이 투자수익률(ROI) 주요사항

ROI 계산	□ 투자수익률(ROI) $= \dfrac{영업이익}{영업자산(투자액)} = \dfrac{영업이익}{매출액} \times \dfrac{매출액}{영업자산}$ = 매출액영업이익률×자산회전율
장점	• 비율로 표시되므로 투자규모가 서로 다른 투자중심점간의 성과평가 및 비교에 유용
단점	• 준최적화현상이 발생함. →회사전체 최저필수수익률을 상회하는 좋은 투자안이 개별투자중심점의 투자수익률 보다 낮기 때문에 투자가 포기되어 회사전체이익에 불리한 의사결정이 이루어짐.('잔여이익'으로 해결가능) • 회계적이익에 기초하므로 성과평가와 의사결정(현금흐름에 기초)의 일관성이 결여 • 화폐의 시간가치를 고려하지 않음.(단기적 성과 강조)
증대방안	• 매출액증대와 원가의 감소, 진부화된 투자자산의 처분(감소)

최신유형특강 578	투자수익률(ROI)의 특징	난이도 ★★☆ 정답 ①

다음 중 투자중심점의 성과지표로 투자수익률(return on investment, ROI)을 사용할 때의 특징으로 가장 옳은 것은?

① 자본예산기법은 장기적인 관점인데 반하여 투자수익률은 단기적인 성과를 강조한다.
② 현금의 흐름을 기준으로 성과를 평가하므로 적용되는 회계기준과 무관한 결과를 도출한다.
③ 사업부의 경영자가 자신의 사업부 투자액에 대한 통제권한이 있더라도 그 경영자의 성과측정 지표로 활용될 수 없다.
④ 준최적화 현상이 발생하지 않는다.

해설

- ① 투자수익률은 화폐의 시간가치를 고려하지 않기 때문에 자본예산기법(순현재가치법, 내부수익률법)에 의한 성과평가에 비하여 단기적인 성과를 강조한다.
- ② 투자수익률은 현금의 흐름이 아닌 회계이익을 기준으로 성과를 평가하므로 업종에 따라 각 투자중심점에 서로 다른 회계원칙이 적용되는 경우 이로 인한 영향을 고려해야 한다.
- ③ 투자수익률[영업이익 ÷ 영업자산(투자액)]은 사업부의 이익뿐만 아니라 투자액도 함께 고려하는 성과평가 기준이기 때문에, 사업부의 경영자가 자신의 사업부 투자액에 대한 통제권한이 있는 경우 그 경영자의 성과측정 지표로 더욱 유용하게 사용될 수 있다.
- ④ 투자수익률은 준최적화(= 회사전체 최저필수수익률을 상회하는 좋은 투자안이 개별투자중심점의 투자수익률 보다 낮기 때문에 투자가 포기되어 회사전체이익에 불리한 의사결정이 이루어지는 것)가 발생할 수 있는 문제점을 갖고 있다.

최신유형특강 579	투자수익률(ROI) 증대방안	난이도 ★★★ 정답 ④

투자수익률(ROI)은 영업이익을 투자액으로 나누어 계산한 수익성 지표이다. 다음 중 투자수익률의 증대 방안으로 가장 올바르지 않은 것은?

① 매출액의 증가
② 판매비와관리비의 감소
③ 매출채권 회전기간의 감소
④ 총자산회전율의 감소

해설

- ROI $= \dfrac{\text{영업이익 (매출액 - 매출원가, 판관비, 기타비용)}}{\text{영업자산 (현금, 매출채권, 재고자산, 유형자산, 기타자산)}} =$ 매출액이익률$\left(\dfrac{\text{영업이익}}{\text{매출액}}\right) \times$ 자산회전율$\left(\dfrac{\text{매출액}}{\text{영업자산}}\right)$
- ① 매출액의 증가 : 분자 증가 → ROI 증가

  참고 매출액은 매출액이익률의 분모와 자산회전률의 분자에 모두 표시된다. 따라서 매출액의 증가와 감소가 매출액이익률과 자산회전률에 동일한 증가와 감소 효과를 가져올 것이므로 투자수익률과 매출액은 아무런 상관이 없다고 생각하는 것은 잘못이다. 왜냐하면 분권화된 특정사업부가 투자액의 증가없이 판매활동에 노력을 많이 기울인 결과로 매출액을 증대시킬 경우, 이로 인한 영업이익의 증가율이 매출액의 증가율보다 커질 수 있기 때문이다.
- ② 판매비와관리비의 감소 : 분자 증가 → ROI 증가
- ③ 매출채권회전기간의 감소 : 매출채권회전(회수)기간 $= \dfrac{365일}{\text{매출채권회전율}}$

  매출채권회전기간 감소 → 매출채권회전율 증가 → 보유 매출채권 감소 → 분모 감소 → ROI 증가
- ④ 자산회전율 감소 → ROI 감소

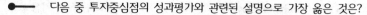

최신유형특강 580 | **투자중심점 성과평가** | 난이도 ★ ★ ☆ 정답 ③

다음 중 투자중심점의 성과평가와 관련된 설명으로 가장 옳은 것은?

① 투자중심점의 성과평가를 위해서는 각 사업부 경영자에게 배부되는 통제가능한 투자액을 고려하지 않고 매출액이나 공헌이익 등의 지표들만을 반영하는 것이 적절하다.

② 투자수익률은 화폐의 시간가치를 고려하지 않기 때문에 순현재가치법이나 내부수익률법과 같은 자본예산기법에 의한 성과평가에 비하여 장기적인 성과를 강조한다.

③ 잔여이익을 성과평가 기준으로 사용할 경우 투자수익률법이 가지고 있는 준최적화 문제를 해결할 수 있다.

④ 투자수익률법은 투자규모가 다른 투자중심점을 상호 비교하기가 어렵다는 문제점이 있는 반면에 잔여이익법에는 이런 문제점이 없다.

해설

• ① 수익 또는 이익중심점으로서 판매부문의 성과를 평가할 때는 매출액이나 공헌이익 등의 지표를 사용한다. 그러나 일반적으로 이러한 지표들은 단순한 수익의 크기만을 나타내기 때문에 투자중심점의 성과평가 기준으로는 부적절하다. 따라서 투자중심점의 성과를 평가할 때는 각 사업부 경영자에게 배부되는 통제가능한 투자액까지 고려하는 투자수익률, 잔여이익, 경제적부가가치 등을 기준으로 삼는다. 왜냐하면 투자중심점은 이익뿐만 아니라 투자의사결정, 즉 자산의 활용도까지도 책임을 져야 하기 때문이다.

② 투자수익률은 화폐의 시간가치를 고려하지 않기 때문에 순현재가치법이나 내부수익률법과 같은 자본예산기법에 의한 성과평가에 비하여 단기적인 성과를 강조한다.

③ 잔여이익에서 각 사업부의 경영자는 최저필수수익률을 초과하는 모든 투자안을 수락하게 되므로 투자중심점과 회사전체의 이익을 동시에 극대화할 수 있다. 따라서 준최적화현상이 발생하지 않는다.

→반면, 투자수익률은 회사전체 최저필수수익률을 상회하는 좋은 투자안이 개별투자중심점의 투자수익률 보다 낮기 때문에 투자가 포기되어 회사전체이익에 불리한 의사결정이 이루어지는 준최적화현상이 발생한다.('잔여이익'으로 해결가능)

④ 투자수익률법은 비율로 표시되므로 투자규모가 다른 투자중심점간의 성과평가 및 비교에 유용하다는 장점이 있다. 반면에, 잔여이익은 금액에 의하므로 투자규모가 서로 다른 투자안에 대한 성과평가시 상호 비교하기가 어렵다는 문제점이 있다.

최신유형특강 581	예산의 종류	난이도	★ ☆ ☆	정답	①

기업은 미래의 불확실성에 대처하기 위하여 계획을 수립하며, 이러한 계획의 일부분으로서 예산을 편성한다. 예산은 다양하게 분류할 수 있는데 조업도의 변동에 따라 조정되어 작성되는 예산을 무엇이라 하는가?

① 변동예산   ② 고정예산   ③ 종합예산   ④ 운영예산

해설

• 조업도의 변동에 따라 조정되어 작성되는 예산은 변동예산이다.
  →즉, 변동예산은 일정 범위의 조업도 변동에 따라 사후에 조정되어 작성되는 예산이다.

> **예시** 실제생산량이 2,500단위, 실제 단위당원가가 @10인 경우
>
> | 실제 | 변동예산 | 고정예산 |
> |---|---|---|
> | 2,500단위 | 2,500단위 | 2,000단위 |
> | 2,500단위×@10 | 2,500단위×@15 | 2,000단위×@15 |
>
> 비교(변동예산)
> 비교(고정예산)

ⓘ 길라잡이 예산의 종류

예산편성대상	종합예산	• 기업전체를 대상으로 작성되는 예산으로서, 모든 부문예산을 종합한 것
	부문예산	• 기업내의 특정부문을 대상으로 작성되는 예산
예산편성성격	운영예산	• 구매·생산·판매 등의 영업활동에 대한 예산
	재무예산	• 설비투자·자본조달 등의 투자와 재무활동에 대한 예산
예산편성방법	고정예산	• 조업도의 변동을 고려하지 않고 특정조업도를 기준으로 작성되는 예산
	변동예산	• 조업도의 변동에 따라 조정되어 작성되는 예산

최신유형특강 582	예산편성 대상에 따른 분류	난이도	★ ★ ☆	정답	①

다음 중 예산편성 대상에 따른 분류에 해당하는 것으로 가장 옳은 것은?

① 종합예산   ② 재무예산   ③ 고정예산   ④ 변동예산

해설

• 예산 편성대상에 따라 종합예산과 부문예산으로 분류된다.

최신유형특강 583	예산 일반사항	난이도	★ ★ ☆	정답	③

다음 중 예산에 관한 설명으로 가장 올바르지 않은 것은?

① 예산이란 공식적인 경영계획을 화폐단위로 표현한 것이다.
② 예산은 조직원들에게 동기를 부여함과 동시에 의사전달과 조정의 역할을 수행한다.
③ 예산 편성성격에 따라 종합예산과 부문예산으로 분류된다.
④ 고정예산은 조업도의 변동을 고려하지 않고 특정조업도를 기준으로 작성된다.

해설

• 예산 편성성격에 따라 운영예산과 재무예산으로 분류된다.

| 최신유형특강 584 | 고정예산과 변동예산의 차이 | 난이도 ★★☆ 정답 ① |

다음 중 고정예산과 변동예산의 차이에 관한 설명으로 가장 옳은 것은?

① 고정예산은 특정 조업도 수준에 대하여 편성한 예산이고, 변동예산은 관련범위 내의 여러 조업도 수준에 대하여 편성한 예산이다.
② 변동예산은 변동원가만을 고려하고, 고정예산은 변동원가와 고정원가 모두를 고려한다.
③ 고정예산의 범위는 회사전체인 반면, 변동예산의 범위는 특정부서에 한정된다.
④ 변동예산에서는 권한이 하부 경영자들에게 위양되나, 고정예산에서는 그렇지 않다.

해설

• ② 변동예산과 고정예산은 동일하게 변동원가와 고정원가 모두를 고려하여 편성한다.
  ③ 고정예산은 목표달성도(효과성) 측정에 이용할 수 있으므로 이익중심점(판매부문)을 범위로 하며, 변동예산은 실제조업도에 허용된 변동예산과 실제결과를 비교하여 원가통제를 할 수 있으므로 원가중심점(생산부문)을 범위로 한다.
  ④ 고정예산은 분권적 조직에서 분권화의 이점을 최대한 활용할 수 있는 책임중심점인 이익중심점을 범위로 하므로 권한이 하부 경영자들에게 위양된다. 그러나 변동예산은 그렇지 않다.
★ **저자주** 문제의 선지 ③,④는 재경관리사 시험내용에서 벗어나므로 참고만 하기 바랍니다.

길라잡이 고정예산과 변동예산

고정예산 (static budget)	• 특정조업도를 기준으로 하여 사전에 수립되는 단일 예산 →특정기간동안의 조업도(생산량)의 변화여부를 고려하지 않고 하나의 조업도수준을 기준으로 편성하는 예산 →실제 결과는 사전에 수립된 조업도 수준에서의 예산과 비교됨. • 예산설정 기간에 예상된 특정조업도의 목표달성 정도에 대한 정보만 제공할 뿐 특정산출량에 대하여 사용된 투입량의 정도에 대한 정보를 제공하지 못함. • 통제를 위한 정보로서는 부적합하며, 경영관리적 측면에서도 큰 의미를 갖지 못함.
변동예산 (flexible budget)	• 일정 범위의 조업도 변동에 따라 사후에 조정되어 작성되는 예산 →실제원가를 실제조업도수준의 예산원가와 비교함. • 사전에 계획된 목표의 달성정도는 물론 특정산출량에 대하여 사용된 투입량 정도에 관한 정보도 제공함. • 경영관리적 측면에서 성과평가 및 통제에 유용함. • 고정예산은 총액 개념이고, 변동예산은 단위당 개념으로 구분할 수 있음. • 변동예산과 고정예산은 동일하게 변동원가와 고정원가 모두를 고려하여 편성함. **예시** 실제생산량이 2,500단위, 실제 단위당원가가 @10인 경우

실제	변동예산	고정예산
2,500단위	2,500단위	2,000단위
2,500단위×@10	2,500단위×@15	2,000단위×@15

비교(변동예산)

비교(고정예산)

최신유형특강 585 | **고정예산의 특징** | 난이도 ★ ★ ☆ | 정답 ①

다음 중 고정예산에 대한 설명으로 가장 옳은 것은?

① 특정수준의 조업도를 기준으로 하여 사전에 수립되는 예산이다.
② 특정기간의 조업도의 변화여부를 고려하여 고정예산을 조정할 필요가 있다.
③ 특정산출량에 대하여 사용된 투입량의 정도에 대한 정보를 제공한다.
④ 통제를 위한 정보로서 적합하며 경영관리적 측면에서 큰 의미를 갖는다.

해설

- ① 고정예산은 특정조업도를 기준으로 하여 사전에 수립되는 단일 예산이다.
  →변동예산은 일정 범위의 조업도 변동에 따라 사후에 조정되어 작성되는 예산이다.
- ② 고정예산은 특정기간 동안의 조업도의 변화여부를 고려하지 않고 하나의 조업도수준을 기준으로 편성하는 예산이다.
- ③ 고정예산은 예산설정 기간에 예상된 특정조업도의 목표달성 정도에 대한 정보만 제공할 뿐 특정산출량에 대하여 사용된 투입량의 정도에 대한 정보를 제공하지 못한다.
- ④ 사전에 계획된 목표의 달성정도는 물론 특정산출량에 대하여 사용된 투입량 정도에 관한 정보도 제공하므로 경영관리적 측면에서 성과평가 및 통제에 유용한 것은 변동예산이다.

최신유형특강 586 | **변동예산 사용 목적** | 난이도 ★ ★ ☆ | 정답 ②

다음 중 변동예산을 사용하는 목적에 대한 설명으로 가장 옳은 것은?

① 기준조업도 수준에서 예산원가와 실제원가를 비교 평가하기 위하여
② 실제조업도 수준에서 예산원가와 실제원가를 비교 평가하기 위하여
③ 하부 경영자들에게 권한을 위양하기 위하여
④ 예산설정에 소요되는 총시간을 감소시키기 위하여

해설

- 고정예산·변동예산의 기본적인 사용 목적
  ㉠ 고정예산 : 실제원가와 기준조업도 수준에서 예산원가를 비교평가
  ㉡ 변동예산 : 실제조업도 수준에서 실제원가와 예산원가를 비교평가

| 최신유형특강 587 | 변동예산의 편성과 총원가 | 난이도 ★★★ | 정답 ② |

㈜삼일은 20X1년부터 예산을 수립하며 미래의 불확실성에 대비하기로 하였다. 당사의 20X1년도 예산자료 및 실제생산결과 자료는 다음과 같다.

구분	20X1년 연간예산	20X1년 실제생산결과
직접재료비	36,000,000원	32,000,000원
직접노무비	12,000,000원	10,000,000원
변동제조간접비	36,000,000원	31,000,000원
고정제조간접비	6,000,000원	5,500,000원
생산량	12,000개	10,000개

위의 자료를 이용하여 변동예산제도를 사용할 때, 총원가의 합계는 얼마인가?

① 75,500,000원 ② 76,000,000원
③ 79,000,000원 ④ 89,500,000원

해설

• 변동예산은 실제조업도를 기준으로 사후에 편성되는 예산이다.
→ ○주의 고정원가(FOH,고정판관비)는 변동예산·고정예산이 동일한 금액으로 작성된다.
• 20x1년 연간예산(고정예산)의 단위당원가 계산
  - 직접재료비 : 36,000,000 ÷ 12,000개 = @3,000
  - 직접노무비 : 12,000,000 ÷ 12,000개 = @1,000
  - 변동제조간접비 : 36,000,000 ÷ 12,000개 = @3,000
• 성과보고서(관리적 목적을 위한 변동원가계산 손익계산서)

		실제	변동예산	고정예산
	매출액	?	?	?
변동비	직접재료비	32,000,000	10,000개×@3,000 = 30,000,000	12,000개×@3,000 = 36,000,000
	직접노무비	10,000,000	10,000개×@1,000 = 10,000,000	12,000개×@1,000 = 12,000,000
	변동제조간접비	31,000,000	10,000개×@3,000 = 30,000,000	12,000개×@3,000 = 36,000,000
	변동판매관리비	-	-	-
	공헌이익	?	?	?
고정비	고정제조간접비	5,500,000	6,000,000	6,000,000
	고정판매관리비	-	-	-
	영업이익	?	?	?

→실제와 변동예산 비교 : 실제원가를 실제조업도수준의 예산원가와 비교하여 관리한다.
→실제와 고정예산 비교 : 실제결과를 사전수립된 조업도수준의 예산과 비교하여 목표달성 여부를 판단한다.
∴변동예산제도를 사용할 때 총원가 합계 : 30,000,000 + 10,000,000 + 30,000,000 + 6,000,000 = 76,000,000

최신유형특강 588	종합예산 : 판매예산	난이도 ★★★ 정답 ②

책상을 생산해서 판매하는 ㈜상일은 20X1년의 종합예산을 편성하고자 한다. 이를 위해 수집한 자료는 다음과 같다.

> (1) 20X0년도의 책상의 판매가격은 10,000원, 판매량은 1,000개였다. 20X1년도 판매가격은 20X0년 실질GDP 성장률 10%만큼을 인상하여 판매하고, 예상판매량도 실질GDP 성장률만큼 증가하리라 예상하고 있다.
> (2) 제품의 기말재고 수량은 당해 예상판매량의 10% 수준을 유지하도록 한다.

다음 중 ㈜상일의 20X1년의 판매예산으로 가장 옳은 것은?

① 11,900,000원   ② 12,100,000원
③ 12,400,000원   ④ 12,600,000원

해설

• 판매예산(= 예산매출액) : (1,000개×110%)×(10,000원×110%) = 12,100,000
→자료 '(2)'는 판매예산의 다음 단계인 생산량예산(제조예산, 기말재고예산)에 필요한 자료이므로, 판매예산을 계산시에는 현혹자료에 해당한다.

★ **저자주** 종합예산의 편성 및 계산과 관련된 내용은 세무사·회계사 시험에서는 빈출되고 있는 문제에 해당하나, 재경관리사 시험수준을 고려할 때 난이도와는 별개로 다소 어울리지 않는 어색한 출제로 사료됩니다.

최신유형특강 589	책임중심점과 책임범위	난이도 ★★☆ 정답 ②

다음 중 책임중심점과 책임범위에 대하여 잘못 짝지어진 것은?

① 원가중심점 – 통제가능한 원가   ② 수익중심점 – 매출액, 매출원가
③ 이익중심점 – 수익, 원가   ④ 투자중심점 – 수익, 원가, 투자 의사결정

해설

• 수익중심점은 매출액에 대해서만 통제책임을 진다.
→수익중심점은 산출물만을 화폐로 측정하여 통제할 뿐 투입물과 산출물 모두에 의해 결정되는 이익(매출액 – 매출원가)에 대해서는 책임을 지지 않는다.

ⓘ 길라잡이 책임중심점의 분류

원가중심점	• 통제가능한 원가의 발생만 책임을 지는 가장 작은 활동단위로서의 책임중심점(예 제조부문)
수익중심점	• 매출액에 대해서만 통제책임을 지는 책임중심점(예 판매부서 및 영업소) →수익중심점은 산출물만을 화폐로 측정하여 통제할 뿐 투입물과 산출물 모두에 의해 결정되는 이익에 대해서는 책임을 지지 않음. →그러나 매출액만으로 성과평가를 하게 되면 기업전체적으로 잘못된 의사결정을 야기 가능함.(불량채권의 발생, 원가절감의 경시 등 여러 가지 문제점에 노출될 수 있기 때문임.)
이익중심점	• 원가와 수익 모두에 대해서 통제책임을 지는 책임중심점 →이익중심점은 전체 조직이 될 수도 있지만 조직의 한 부분, 즉 판매부서, 각 지역(점포)단위 등으로 설정될 수도 있는데 이 경우 책임중심점이란 이익중심점을 뜻하는 것이 일반적임. →이익중심점은 수익중심점에 비해 유용한 성과평가기준이 됨. 성과평가의 기준을 이익으로 할 경우 해당 경영자는 공헌이익 개념에 의해서 관리를 수행할 것이고 이로 인해 회사전체적 입장에서 최적의 의사결정에 근접할 수 있음.
투자중심점	• 원가수익 및 투자의사결정도 책임지는 책임중심점으로 가장 포괄적 개념임. →기업이 제품별 또는 지역별로 별도의 독립적인 조직으로 분리될 정도로 규모가 커져 제품별 또는 지역별 사업부로 분권화된 경우, 이 분권화조직이 투자중심점에 해당함.

최신유형특강 590	책임중심점별 특징	난이도 ★★☆ 정답 ②

다음 중 산출물만을 화폐로 측정하여 통제할 뿐 투입물과 산출물 모두에 의해 결정되는 이익에 대해서는 책임을 지지 않는 책임중심점으로 가장 옳은 것은?

① 원가중심점　　② 수익중심점　　③ 이익중심점　　④ 투자중심점

해설

- 수익중심점 : 매출액에 대해서만 통제책임을 지는 책임중심점(예 판매부서 및 영업소)
  →수익중심점은 산출물만을 화폐로 측정하여 통제할 뿐 투입물과 산출물 모두에 의해 결정되는 이익에 대해서는 책임을 지지 않는다.

최신유형특강 591	책임중심점의 구분	난이도 ★☆☆ 정답 ④

원가 및 수익뿐만 아니라 투자의사결정에 대해서도 책임을 지는 책임중심점으로서 성과평가시 가장 포괄적인 책임중심점이며, 기업이 제품별 또는 지역별로 별도의 독립적인 조직으로 분리될 정도로 규모가 커져 제품별 또는 지역별 사업부로 분권화된 경우, 이 분권화조직이 해당되는 책임중심점은 무엇인가?

① 원가중심점　　② 수익중심점　　③ 이익중심점　　④ 투자중심점

해설

- 투자중심점(investment center)이란 원가 및 수익뿐만 아니라 투자의사결정에 대해서도 책임을 지는 책임중심점으로서 가장 포괄적인 개념이다. 기업이 제품별 또는 지역별로 별도의 독립적인 조직으로 분리될 정도로 규모가 커져 제품별 또는 지역별 사업부로 분권화된 경우, 이 분권화조직이 투자중심점에 해당한다.
  →수익중심점이나 이익중심점을 성과평가할 때는 매출액이나 공헌이익 등을 고려하나, 투자중심점의 성과평가는 투자수익률(ROI)이나 잔여이익(RI) 등 기타의 성과평가기법에 의해 결정된다. 그 이유는 투자중심점은 이익뿐만 아니라 투자의사결정, 즉 자산의 활용도까지도 책임을 져야하기 때문이다.

최신유형특강 592	책임회계제도의 장점	난이도 ★ ★ ★ 정답 ③

다음 중 책임회계제도에 관한 설명으로 가장 올바르지 않은 것은?

① 책임회계는 분권화된 조직행태로 이루어지기 쉬운데 이 경우 신속한 의사결정 및 대응, 부문관리자 동기부여의 장점이 있다.
② 책임회계는 각 개인 및 조직단위별로 경영계획과 통제가 이루어지는 관리통제시스템의 최종단계이다.
③ 책임회계는 제품원가계산과 재무보고 목적을 위해 원가정보를 제공한다.
④ 책임회계제도는 실제 성과와 예산과의 차이를 쉽게 파악할 수 있게 해준다.

해설

• 제품원가계산과 재무보고 목적을 위해 원가정보를 제공하는 것은 책임회계가 아니라 전통적 회계이다.

ⓘ 길라잡이 책임회계제도의 장점

분권화의 장점 공유	• 책임회계제도실시는 곧 권한과 책임의 위임을 의미함. 따라서 책임회계는 분권화된 조직형태로 이루어지기 쉬운데 이 경우 신속한 의사결정 및 대응, 부문관리자에의 동기부여 등 분권화 경영이 갖는 제반 장점도 갖게 됨.
관리통제의 최종단계	• 책임회계는 각 개인 및 조직단위별로 경영계획과 통제가 이루어지는 관리통제시스템의 최종단계임. 따라서 책임회계단계에서는 책임회계 이전의 단계에서 적용된 공헌이익접근법, 변동원가·표준원가계산 등의 모든 관리기법이 적용될 수 있음.
원가·수익관리의 효율성	• 전통적 회계에서는 제품원가계산과 재무보고목적을 위해 원가정보를 제공하였으나, 책임회계제도에서는 특정원가나 수익에 대해서 누가 책임져야 할 것인가를 명확히 규정하기 때문에 그 책임자로 하여금 원가와 수익의 관리를 효율적으로 수행할 수 있게 해줌.
예외에 의한 관리 가능	• 책임회계제도는 실제성과와 예산과의 차이를 쉽게 파악할 수 있게 해줌으로써 경영자가 각 개인 및 조직단위별로 발생한 차이 중 어떤 부분에 더 많은 관심과 노력을 투입해야 하는지를 쉽게 알 수 있어 예외에 의한 관리가 가능함.

최신유형특강 593	투자중심점 성과평가[1]	난이도 ★ ★ ★ 정답 ①

다음 중 성과평가에 관한 설명으로 가장 올바르지 않은 것은?

① 투자중심점의 바람직한 성과지표는 매출액이나 공헌이익 등이다.
② 투자중심점은 다른 유형의 책임중심점보다 가장 분권화된 중심점이다.
③ 판매부서를 수익중심점으로 보기보다는 이익중심점으로 보는 것이 더 바람직하다.
④ 투자수익률은 매출액이익률과 자산회전율로 구분하여 분석할 수 있다.

해설

• ① 수익중심점이나 이익중심점을 성과평가할 때는 매출액이나 공헌이익 등을 고려하나, 투자중심점의 성과평가는 투자수익률(ROI)이나 잔여이익(RI), 경제적부가가치(EVA) 등의 성과지표(성과평가기법)에 의한다. 왜냐하면 투자중심점은 이익뿐만 아니라 투자의사결정, 즉 자산의 활용도까지도 책임을 져야 하기 때문이다.
② 기업이 제품별 또는 지역별로 별도의 독립적인 조직으로 분리될 정도로 규모가 커져 제품별 또는 지역별 사업부로 분권화된 경우 이 분권화조직이 투자중심점에 해당하므로, 투자중심점은 다른 유형의 책임중심점보다 가장 분권화된 중심점이다.
③ 판매부서는 목표매출의 달성에 책임이 있으므로 수익중심점 또는 이익중심점으로 운영될 수 있다. 그러나, 수익중심점으로 판매부서를 운영하는 것보다 이익중심점으로 판매부서를 운영하는 것이 일반적으로 보다 바람직하다고 할 수 있다. 왜냐하면 수익에 대해서만 책임을 지는 수익중심점보다는 매출에 따른 수익뿐만 아니라 수익을 창출하는데 부수적으로 발생하는 비용에 대하여도 책임을 지게 함으로써 수익과 그에 관련된 비용을 함께 고려하는 이익중심점으로 판매부서를 운영하는 것이 보다 정확한 판매부서의 성과평가가 가능할 것이기 때문이다.
④ 투자수익률은 매출액이익률과 자산회전율로 구분하여 분석할 수 있다. 즉, '투자수익률=매출액이익률×자산회전율'로 계산할 수도 있다.

최신유형특강 594 | **투자중심점 성과평가[2]** | 난이도 ★ ★ ☆ 정답 ③

다음 중 투자중심점 성과평가에 관한 설명으로 가장 올바르지 않은 것은?

① 투자수익율(ROI)은 투자규모가 다른 투자중심점을 상호 비교하기가 용이하다.
② 잔여이익(RI)은 각 투자중심점과 회사전체의 목표일치성을 충족시킬 수 있다.
③ 경제적부가가치(EVA)를 기준으로 성과평가를 하는 경우에는 산업간 위험의 차이에 대해서 쉽게 조정할 수 있다.
④ 경제적부가가치(EVA)는 자기자본에 대한 자본비용을 고려하여 성과평가를 할 수 있다.

해설

• ① 투자수익률은 비율로 표시되므로 투자규모가 다른 투자중심점간의 성과평가 및 비교에 유용하다는 장점이 있다.(반면에, 잔여이익은 금액에 의하므로 투자규모가 서로 다른 투자안에 대한 성과평가시 상호 비교하기가 어렵다는 문제점이 있다.)
  ② 투자중심점의 이익극대화가 기업전체적인 이익극대화와 같을 때 목표일치성을 충족한다고 말할 수 있다. 투자수익률의 경우는 준최적화(투자중심점의 성과극대화가 회사 전체의 성과극대화를 가져오지 못하는 현상으로 회사전체 최저필수수익률을 상회하는 좋은 투자안이 개별 투자중심점의 투자수익률 보다 낮기 때문에 투자가 포기되는 현상)가 발생할 수 있으므로 목표일치성을 충족시킬 수 없으나, 잔여이익의 경우는 투자자금에 여유가 있는 한 최저필수수익률을 초과하는 투자안을 모두 채택하게 되어 준최적화가 발생하지 않으므로 목표일치성을 충족시킬 수 있다.
  ③ 잔여이익을 기준으로 성과평가를 하는 경우에는 산업간 위험의 차이에 대해서 쉽게 조정할 수 있다. 위험이 매우 높은 투자를 하는 투자중심점에 대해서는 최저필수수익률을 약간 높이고 비교적 안정적인 투자를 하는 투자중심점에 대해서는 최저필수수익률을 약간 낮추면 된다.
  ④ 경제적부가가치는 타인자본비용(이자비용)뿐 아니라 자기자본비용(배당금)도 비용으로 고려하는 성과지표이다.[즉, 당기순이익이 자기자본에 대한 자본비용(배당금)을 고려하지 않는 이익개념인 반면에, 경제적부가가치(EVA)는 자기자본에 대한 자본비용을 고려한 이익개념이다.]

ⓘ 길라잡이 투자수익률(ROI)·잔여이익(RI)·경제적부가가치(EVA)의 장점

ROI 장점	• ㉠ 사업부의 이익뿐만 아니라 투자액도 함께 고려하는 성과평가 기준임. 　　→따라서, 사업부의 경영자가 자신의 사업부 투자액에 대한 통제권한이 있는 경우 그 경영자의 성과측정 지표로 더욱 유용하게 사용될 수 있음. ㉡ 투자규모가 다른 투자중심점을 상호 비교하기가 용이함.
RI 장점	• ㉠ 투자중심점과 회사전체의 목표일치성을 충족시킬 수 있음. 　　→즉, 투자자금에 여유가 있는 한 최저필수수익률을 초과하는 투자안을 경영자가 모두 채택하게 되므로 투자중심점과 회사전체의 잔여이익을 동시에 극대화시킬 수 있음. ㉡ 잔여이익으로 성과평가시는 산업간 위험의 차이에 대해서 쉽게 조정할 수 있음. 　　→위험이 매우 높은 투자를 하는 투자중심점에 대해서는 최저필수수익률을 약간 높이고, 비교적 안정적인 투자를 하는 투자중심점에 대해서는 최저필수수익률을 약간 낮추면 됨.
EVA 장점	• ㉠ 잔여이익과 마찬가지로 투자중심점과 회사전체의 목표일치성을 충족시킬 수 있음. ㉡ 투자중심점의 자본조달비용이 다를 경우 서로 다른 가중평균자본비용을 사용하여 성과평가를 할 수 있음. ㉢ 고유의 영업활동만을 반영하여 성과평가를 하므로 투자중심점 고유의 경영성과를 측정하는데 보다 유용함. ㉣ 자기자본에 대한 자본비용을 고려하여 성과평가를 할 수 있음.(즉, 배당금도 비용처리함.)

최신유형특강 595	판매부서 성과평가와 통제불가능차이	난이도 ★ ☆ ☆ 정답 ④

다음 중 이익중심점인 기업의 판매부서가 일반적으로 통제할 수 없는 차이는 무엇인가?

① 매출가격차이
② 매출배합차이
③ 시장점유율차이
④ 시장규모차이

해설

• 판매부서 차이분해

판매부서 (수익중심점 or 이익중심점)	• 매출가격차이〈통제가능차이〉		
	• 매출조업도차이		매출배합차이〈통제가능차이〉
		매출수량차이	시장점유율차이〈통제가능차이〉
			시장규모차이〈통제불가능차이〉

→기업의 입장에서 볼 때 시장의 총수요를 나타내는 시장규모는 통제불가능요소이다.

최신유형특강 596	판매부서 성과평가와 차이분석	난이도 ★ ★ ☆ 정답 ②

다음 중 이익중심점인 판매부서의 성과평가시 복수제품을 판매하는 경우에만 나타나는 차이는 무엇인가?

① 매출가격차이
② 매출배합차이
③ 매출조업도차이
④ 시장점유율차이

해설

• 매출배합차이는 실제판매수량하에서 실제와 예산매출배합의 차이가 공헌이익에 미치는 영향을 나타내는 것으로, 서로 다른 공헌이익을 가지고 있는 복수제품들의 상대적 비율에 의해 영향을 받는 차이이다. 따라서, 판매부서의 성과평가시 복수제품을 판매하는 경우에만 나타나는 차이이다.

참고 ㉠ DM 배합차이 발생원인 : 투입재료의 대체성 때문임.(예 원재료P를 많이 원재료Q를 적게 투입가능)
ⓛ DL 배합차이 발생원인 : 투입노동의 대체성 때문임.(예 숙련공, 미숙련공을 서로 대체하여 생산가능)
ⓒ 매출배합차이 발생원인 : 제품 상호간의 수요의 이전가능성이 존재하기 때문임.

길라잡이 원가중심점과 수익중심점 차이분해

원가중심점(DM/DL)	• 가격차이		
	• 능률차이		배합차이
			수율차이
수익중심점(판매부서)	• 매출가격차이		
	• 매출조업도차이		매출배합차이
		매출수량차이	시장점유율차이
			시장규모차이

최신유형특강 597 **사업부별 성과평가** 난이도 ★ ★ ★ 정답 ③

다음 중 사업부별 성과평가에 관한 설명으로 가장 옳은 것은?

① 통제가능원가와 통제불능원가의 구분은 불가능하므로 구분할 필요가 없다. ·
② 특정사업부로의 추적가능성에 따라 사업부별 추적가능고정원가와 공통고정원가로 구분하지 않는 것이 바람직하다.
③ 여러 사업부에 공통으로 관련되는 공통고정원가를 특정사업부에 임의로 배분하는 경우 성과의 왜곡이 발생할 수 있다.
④ 특정사업부의 경영자에 대한 성과평가시 통제불능원가를 포함하는 것이 바람직하다.

해설

• ① 통제가능원가와 통제불능원가를 반드시 구분하여야 하며, 통제불능항목은 성과평가시 제외되어야 한다.
② 특정 사업부문의 추적가능성에 따라 사업부별 추적가능고정원가와 공통고정원가로 구분하는 것이 바람직하다.

고정원가의 분류		
원가의 종류	추적가능성	통제가능성
통제가능고정원가	**추적가능**	**통제가능**
통제불능고정원가	추적가능	통제불능
공통고정원가	추적불능	통제불능

③ 공통고정원가란 여러 사업부에서 공통적으로 사용되는 고정원가로서 특정사업부에 추적이 불가능한 원가이다. 예를 들면 본사건물의 감가상각비, 회사전체적인 광고선전비, 최고경영자의 급료 등이 포함된다. 이러한 공통고정원가는 여러 사업부에서 공통적으로 사용되는 고정원가이므로 특정사업부에 부과시키거나 임의로 배분해서는 안되며 총액으로 관리해야 한다.
④ 특정사업부의 경영자에 대한 성과평가시 추적가능하고 통제가능한 원가만을 포함하는 것이 바람직하다.

최신유형특강 598 **사업부별 성과평가시 포함할 고정원가** 난이도 ★ ★ ☆ 정답 ④

사업부별 성과평가시 사업부경영자의 성과를 평가할 때 포함하여야 하는 원가는 무엇인가?

① 추적불가능한 고정원가
② 공통 고정원가
③ 통제불가능한 고정원가
④ 추적가능하고 통제가능한 고정원가

해설

• 특정사업부의 경영자에 대한 성과평가시 추적가능하고 통제가능한 원가만을 포함하는 것이 바람직하다.

길라잡이 사업부별 성과평가 고려사항

원가구분	• 통제가능원가·통제불능원가를 반드시 구분해야 하며, 통제불능항목은 성과평가시 제외되어야 함. • 추적가능성에 따라 사업부별 추적가능고정원가와 공통고정원가로 구분하는 것이 바람직함. <table><tr><td colspan="3">고정원가의 분류</td></tr><tr><td>원가의 종류</td><td>추적가능성</td><td>통제가능성</td></tr><tr><td>통제가능고정원가</td><td>추적가능</td><td>통제가능</td></tr><tr><td>통제불능고정원가</td><td>추적가능</td><td>통제불능</td></tr><tr><td>공통고정원가</td><td>추적불능</td><td>통제불능</td></tr></table>→사업부 경영자에 대한 성과평가시 추적가능하고 통제가능한 원가만을 포함하는 것이 바람직함.
공통 고정원가	• 공통고정원가란 여러 사업부에서 공통적으로 사용되는 고정원가로서 특정사업부에 추적이 불가능한 원가임.(예 본사건물 감가상각비, 회사전체적인 광고선전비, 최고경영자의 급료) →이러한 공통고정원가는 여러 사업부에서 공통적으로 사용되는 고정원가이므로 특정사업부에 부과시키거나 임의로 배분해서는 안되며 총액으로 관리해야 함.

| 최신유형특강 599 | 사업부별 성과평가측정치 | 난이도 ★ ★ ★ | 정답 ② |

다음은 ㈜삼일의 20X1년도 이익중심점으로 분류되는 A사업부의 요약손익계산서이다. A사업부 경영자의 성과평가목적에 가장 적합한 이익은 얼마인가?

공헌이익	₩1,000,000
추적가능통제가능고정원가	100,000
사업부경영자공헌이익	₩900,000
추적가능통제불능고정원가	200,000
사업부공헌이익	₩700,000
공통고정원가배분액	300,000
순이익	₩400,000

① 공헌이익 1,000,000원
② 사업부경영자공헌이익 900,000원
③ 사업부공헌이익 700,000원
④ 순이익 400,000원

해설

• 특정사업부의 경영자에 대한 성과평가시 추적가능하고 통제가능한 원가만을 포함하는 것이 바람직하다.
→사업부경영자공헌이익은 공헌이익에서 사업부경영자가 통제할 수 있는 고정원가를 차감한 것으로 사업부경영자 개인의 성과평가목적에 가장 적합한 이익개념이다.

비교 사업부의 성과평가목적에 가장 적합한 이익개념 : 사업부공헌이익

ℹ️ 길라잡이 성과평가측정치로서의 이익 분류

공헌이익	• 매출액에서 변동원가를 차감한 금액으로, 목표이익달성을 위한 조업도 선택, 제품배합의 결정 등 단기적 계획설정에 유용한 이익개념 →그러나 고정원가 중 일부는 통제가능원가이고 고정원가와 변동원가의 비율을 어느 정도 조절할 수 있기 때문에 사업부경영자의 성과평가에는 유용하지 못함.
사업부경영자공헌이익	• 공헌이익에서 사업부경영자가 통제할 수 있는 고정원가를 차감한 것으로 사업부경영자의 성과평가목적에 가장 적합한 이익개념 →왜냐하면, 부문경영자가 통제가능한 모든 활동이 여기에 포함되어 있기 때문임.
사업부공헌이익	• 사업부경영자공헌이익에서 사업부가 단기적으로 통제할 수 없으나 사업부에 직접 추적 또는 배분가능한 고정원가를 차감한 것으로 사업부의 성과평가목적에 가장 적합한 이익개념 →'사업부마진'이라고도 하며, 특정사업부에서 발생한 모든 수익과 원가가 포함되기 때문에 사업부 자체의 수익성을 평가하는 데 유용함. 특히 특정사업부의 설비대체, 투자안분석, 투자수익률분석 등 장기적 의사결정에 중요한 정보를 제공함.
순이익	• 사업부공헌이익에서 공통고정원가(추적불능/통제불능)와 법인세비용을 차감한 이익

최신유형특강 600 | 균형성과표(BSC) 구성요소(4가지 관점) | 난이도 ★ ☆ ☆ | 정답 ③

다음에서 설명하는 균형성과표(BSC)의 관점으로 가장 옳은 것은?

> • 혁신·운영·판매 후 서비스라는 3단계의 프로세스를 가진다.
> • 평가수단으로는 서비스 대응시간, 주문-배달기간 등이 있다.
> • 개별적인 외부 고객의 기대로부터 성과에 대한 요구를 도출할 수 있다.

① 재무적 관점   ② 고객 관점
③ 내부프로세스 관점   ④ 학습과 성장 관점

해설

• 균형성과표(BSC)의 구성요소(재무적 관점, 고객 관점, 내부프로세스 관점, 학습과 성장 관점) 중 내부프로세스 관점에 대한 설명이다.

내부프로세스 관점	• 균형성과표의 접근방법은 내부프로세스 성과에 대한 요구가 개별적인 외부 고객의 기대로부터 도출될 수 있도록 유도함. • 주요 3단계 프로세스 및 성과측정시 　㉠ 혁신프로세스 : 현재와 미래고객의 욕구를 충족시키기 위한 완전히 새로운 제품과 서비스의 창출 　　→성과측정치 : 신제품 개발수, 신제품 개발기간, 특허취득건수 　㉡ 운영프로세스 : 현재 고객에게 현재의 제품과 서비스를 효율적이고 신뢰성있게 생산 및 판매 　　→성과측정치 : 수율, 능률차이, 불량률, 품질원가, 적시배송률(주문-배달기간) 　㉢ 판매후서비스 프로세스 : 고객평가에 주의, A/S등을 통하여 고객을 만족시키는 과정 　　→성과측정치 : 불량건수, 불량품 교체시간, 첫통과율, 서비스 대응시간

최신유형특강 601 | 경제적부가가치(EVA)의 특징 | 난이도 ★ ★ ★ | 정답 ①

다음 중 경제적부가가치(EVA)에 관한 설명으로 가장 올바르지 않은 것은?

① 경제적부가가치는 기업의 영업, 투자, 재무활동을 모두 반영한 이익개념이다.
② 경제적부가가치는 자기자본에 대한 자본비용을 고려한 이익개념이다.
③ 주주관점에서 기업의 경영성과를 보다 정확히 측정하는데 도움이 된다.
④ 투자중심점과 회사전체의 목표일치성을 충족시킬 수 있다.

해설

• 경제적부가가치(EVA)는 기업의 영업활동만을 반영한 이익개념이다.
　→당기순이익은 기업의 영업, 투자, 재무활동을 모두 반영한 이익개념이다.
• 경제적부가가치(EVA)는 잔여이익(RI)과 마찬가지로 투자중심점과 회사전체의 목표일치성을 충족시킬 수 있다.

ⓘ 길라잡이   **당기순이익과 경제적부가가치 비교**

당기순이익	경제적부가가치
• 기업의 영업, 투자, 재무활동을 모두 반영한 이익개념	• 고유의 영업활동만을 반영한 이익개념 　→∴기업 고유의 경영성과를 측정하는데 보다 유용함.
• 자기자본에 대한 자본비용(배당금)을 고려하지 않은 이익개념	• 자기자본에 대한 자본비용(배당금)도 비용으로 고려하는 이익개념(성과지표) 　→∴주주관점에서 기업의 경영성과를 보다 정확히 측정할 수 있음.

| 최신유형특강 602 | 경제적부가가치(EVA) 일반사항 | 난이도 | ★ ★ ☆ | 정답 | ③ |

다음 중 경제적부가가치(EVA)에 관한 설명으로 가장 올바르지 않은 것은?

① EVA는 투자중심점이 고유의 영업활동에서 세금, 타인자본과 자기자본에 대한 자본비용을 초과하여 벌어들인 이익을 의미한다.
② EVA는 고유의 영업활동에서 창출된 순가치의 증가분을 의미한다.
③ EVA는 자기자본에 대한 자본비용을 고려하지 않고 성과평가를 한다.
④ EVA는 발생주의 회계수치를 성과측정목적에 맞게 수정하여 계산한다.

해설

• 당기순이익이 자기자본에 대한 자본비용(배당금)을 고려하지 않는 이익개념인 반면에, 경제적부가가치(EVA)는 그동안 무시해 왔던 자기자본에 대한 자본비용(배당금)도 비용으로 고려하는 이익개념 및 성과평가지표이다.(∴주주관점에서 기업의 경영성과를 보다 정확히 측정할 수 있다.)

→ **참고** 따라서, 경제적부가가치(EVA)는 손익계산서상 순이익보다 낮다.

ⓘ 길라잡이 경제적부가가치(EVA)의 특징

• ㉠ 경제적부가가치(EVA)는 투자중심점이 고유의 영업활동에서 세금, 타인자본과 자기자본에 대한 자본비용을 초과하여 벌어들인 이익을 의미함.
  ㉡ 경제적부가가치(EVA)는 고유의 영업활동에서 창출된 순가치의 증가분을 의미함.
  ㉢ 경제적부가가치(EVA)는 그동안 무시해 왔던 자기자본에 대한 자본비용 고려하므로 주주관점에서의 이익개념임.
  ㉣ 경제적부가가치(EVA)는 발생주의 회계수치를 성과측정목적에 맞게 수정하여 계산함.

| 최신유형특강 603 | 경제적부가가치(EVA) 계산 산식 | 난이도 | ★ ☆ ☆ | 정답 | ① |

다음 중 경제적부가가치를 구하는 방법으로 가장 옳은 것은?

① 세후순영업이익 – 투하자본×가중평균자본비용
② 세후순영업이익 – 투하자본×타인자본비용
③ 영업이익 – 투하자본×가중평균자본비용
④ 영업이익 – 영업자산×최저필수수익률

해설

• EVA는 세후금액으로 계산하며 가중평균자본비용을 적용한다.
• EVA(경제적부가가치) = 세후영업이익 – 투하자본(투자액)×가중평균자본비용
  = 세후영업이익 – (총자산 – 유동부채)×가중평균자본비용
  = 세후영업이익 – (비유동부채+자기자본)×가중평균자본비용
  = 세후영업이익 – (순운전자본+비유동자산)×가중평균자본비용

• 가중평균자본비용 = $\dfrac{\text{부채의 시장가치} \times \text{부채이자율}(1-t) + \text{자본의 시장가치} \times \text{자기자본비용}(\%)}{\text{부채의 시장가치} + \text{자본의 시장가치}}$

★ 저자주 신유형에 해당하는 문제이긴 하나 기초적인 문제이므로 절대 틀려서는 안되는 문제에 해당합니다.

최신유형특강 604	기중평균자본비용과 EVA 계산(법인세고려)	난이도 ★★★ 정답 ②

다음 ㈜삼일의 20X1년 자료를 토대로 가중평균자본비용과 EVA(경제적부가가치)를 계산하면 각각 얼마인가? 단, 자기자본의 장부가치와 시장가치는 일치한다고 가정한다.

법인세차감전영업이익	100,000,000원
부채(장기차입금, 연이자율 12%)	150,000,000원
자기자본(주주 요구수익률 15%)	350,000,000원
법인세율	20%

	가중평균자본비용	EVA(경제적부가가치)
①	13.38%	9,500,000원
②	13.38%	13,100,000원
③	14.10%	9,500,000원
④	14.10%	13,100,000원

해설

• 가중평균자본비용 $= \dfrac{\text{부채의시장가치} \times \text{부채이자율}(1-t) + \text{자본의시장가치} \times \text{자기자본비용}(\%)}{\text{부채의시장가치} + \text{자본의시장가치}}$

$\rightarrow \dfrac{150,000,000 \times 12\% \times (1-20\%) + 350,000,000 \times 15\%}{150,000,000 + 350,000,000} = 13.38\%$

• 경제적부가가치(EVA) = 세후영업이익 − (비유동부채+자기자본)×가중평균자본비용

$\rightarrow 100,000,000 \times (1-20\%) - (150,000,000 + 350,000,000) \times 13.38\% = 13,100,000$

최신유형특강 605	경제적부가가치(EVA) 계산[1]	난이도 ★ ★ ★ 정답 ④

다음은 ㈜상일의 재무상태표와 포괄손익계산서 자료의 일부이다.

항목	금액	항목	금액
유동자산(영업자산)	12,000원	유동부채(무이자부채)	6,000원
비유동자산(영업자산)	8,000원	세전영업이익	4,000원

㈜상일의 가중평균자본비용 계산에 관련된 자료가 다음과 같을 때 경제적부가가치(EVA)는?(단, 법인세율은 30%이다.)

타인자본	14,000원	이자율 10%
자기자본	14,000원	자기자본비용 14%

① 600원   ② 840원   ③ 1,270원   ④ 1,330원

해설

- 세후영업이익 : $4,000 \times (1 - 30\%) = 2,800$
- 투하자본 : 총자산(영업자산) – 유동부채 → $(12,000 + 8,000) - 6,000 = 14,000$
- 가중평균자본비용 : $\dfrac{14,000 \times 10\%(1 - 30\%) + 14,000 \times 14\%}{14,000 + 14,000} = 10.5\%$
- 경제적부가가치(EVA) : $2,800 - 14,000 \times 10.5\% = 1,330$

ℹ️ 길라잡이 경제적부가가치(EVA) 계산

특징	• 타인자본비용(이자비용)뿐 아니라 자기자본비용(배당금)도 비용으로 고려하는 성과지표임. 　🔍주의 ∵EVA는 I/S상 순이익보다 낮음. 　🔍주의 EVA는 비재무적측정치는 고려하지 않음. 　❏ 경제적부가가치(EVA) = 세후영업이익 – 투하자본(투자액)×가중평균자본비용 　　　　　　　　　　　　= 세후영업이익 – (총자산 – 유동부채)×가중평균자본비용 　　　　　　　　　　　　= 세후영업이익 – (비유동부채＋자기자본)×가중평균자본비용 　　　　　　　　　　　　= 세후영업이익 – (순운전자본＋비유동자산)×가중평균자본비용
계산산식	• 가중평균자본비용 = $\dfrac{부채의시장가치 \times 부채이자율(1-t) + 자본의시장가치 \times 자기자본비용(\%)}{부채의시장가치 + 자본의시장가치}$ • 투하자본 계산시 비영업자산은 제외하며, 유동부채 계산시 영업부채가 아닌 이자발생부채인 단기차입금·유동성장기차입금 제외 **＊참고** 투하자본 계산시 재무상태표 도해 

최신유형특강 606 | **경제적부가가치(EVA) 계산[2]** | 난이도 ★ ★ ★ | 정답 ①

다음은 ㈜삼일의 재무상태표와 포괄손익계산서 자료의 일부이다. ㈜삼일의 경제적부가가치(EVA)를 계산하면 얼마인가(단, 유동부채 중 2,000원은 단기차입금이며, 가중평균자본비용은 10%, 법인세율은 30%이다.)?

항목	금액	항목	금액
유동자산(영업자산)	12,000원	유동부채	8,000원
비유동자산(영업자산)	8,000원	세전영업이익	4,000원

① 1,400원　　　② 1,600원　　　③ 2,000원　　　④ 2,600원

해설

• 세후영업이익 : $4,000 \times (1 - 30\%) = 2,800$
• 투하자본 : 총자산(영업자산) - 유동부채(영업부채가 아닌 이자발생부채인 단기차입금 제외)
  → $(12,000 + 8,000) - (8,000 - 2,000) = 14,000$
• 경제적부가가치(EVA) : $2,800 - 14,000 \times 10\% = 1,400$

최신유형특강 607 | **경제적부가가치(EVA) 계산[3]** | 난이도 ★ ★ ★ | 정답 ②

㈜삼일은 X, Y 사업부로 구성되어 있다. 각 사업부는 투자중심점으로 운영되고 있으며, 경제적부가가치로 성과평가를 받고 있다. 각 사업부의 20X1년 실제자료는 다음과 같다(단, 총자산은 모두 영업자산이며, 유동부채는 모두 무이자부채이다).

구분	X사업부	Y사업부
총 자 산	100,000원	400,000원
유동부채	20,000원	100,000원
영업이익	40,000원	80,000원

㈜삼일의 가중평균자본비용 계산과 관련된 자료는 다음과 같다.

	시장가액	자본비용
타인자본	750,000원	10%
자기자본	250,000원	20%

법인세율이 20%일 때 Y사업부의 경제적부가가치는 얼마인가?

① 30,000원　　　② 31,000원　　　③ 32,000원　　　④ 33,000원

해설

• 경제적부가가치(EVA) = 세후영업이익 - (총자산 - 유동부채) × 가중평균자본비용
• 세후영업이익(Y사업부) : $80,000 \times (1 - 20\%) = 64,000$
• 가중평균자본비용 : $\dfrac{750,000 \times 10\% \times (1 - 20\%) + 250,000 \times 20\%}{750,000 + 250,000} = 11\%$
• 경제적부가가치(EVA) : $64,000 - (400,000 - 100,000) \times 11\% = 31,000$

★ **저자주** 본 문제는 회계사 기출문제로서, 재경관리사 시험에 그대로 출제되었습니다.

최신유형특강 608	**경제적부가가치와 영업이익 추정**	난이도 ★ ★ ★	정답 ②

㈜상일의 분권화된 자동차 사업부는 투자중심점으로 간주된다. 자동차 사업부의 영업활동과 관련된 자료가 다음과 같을 경우 영업이익은 얼마인가?

총자산	2,000,000원
영업관련유동부채	500,000원
경제적부가가치	30,000원
영업이익	(?)원

*투하자본은 40%의 타인자본(이자율 15%)과 60%의 자기자본(자기자본비용 20%)으로 구성되어 있으며 법인세는 존재하지 않는다.

① 250,000원　　② 300,000원　　③ 350,000원　　④ 400,000원

해설

- 투하자본을 A라 하면, 가중평균자본비용 : $\dfrac{0.4A \times 15\% + 0.6A \times 20\%}{0.4A + 0.6A} = 18\%$
- 경제적부가가치(30,000) = 영업이익 - (2,000,000 - 500,000) × 18% → ∴영업이익 = 300,000

최신유형특강 609	**경제적부가가치(EVA) 증대방안**	난이도 ★ ★ ☆	정답 ④

다음 중 경제적 부가가치를 증대시키기 위한 방안으로 가장 옳은 것은?

① 타인자본을 축소하고 자기자본을 증가시키면 경제적부가가치는 항상 증가한다.
② 자본비용보다 적은 수익을 달성하더라도 과거의 수익율을 초과하는 투자를 계속 진행한다.
③ 유휴설비 등은 차기년도의 재투자를 위해 매각하지 않고 유지한다.
④ 재고자산의 보유기간과 매출채권의 회수기간을 줄인다.

해설

- EVA = 세후영업이익 - 투하자본(투자액) × 가중평균자본비용
- ① 타인자본을 축소하고 자기자본(일반적으로 자기자본이자율이 타인자본이자율보다 큼)을 증가시키면 가중평균자본비용이 증가하므로 일반적으로 EVA는 감소한다.
② 투자의 중단을 검토하여야 한다. 그러나 투자를 계속 진행함으로 인해 EVA의 증가를 가져오지 못한다.
③ 유휴설비 등 비효율적으로 관리되고 있는 자산을 매각해야 투하자본이 감소하여 EVA가 증대된다.
④ 재고자산 보유기간을 줄이거나(=재고자산회전율이 높아짐), 매출채권 회수기간을 줄이면(=매출채권회전율이 높아짐) 투하자본 감소로 EVA가 증대된다.

ⓘ 길라잡이　경제적부가가치(EVA) 증대방안

	세후영업이익 증대	• 매출증대, 제조원가·판관비 절감
증대방안	투하자본 감소	• 재고·고정자산 매출채권의 적정유지나 감소 • 유휴설비 처분 • 매출채권회전율을 높임(매출채권 회수기일단축) • 재고자산회전율을 높임(재고자산 보유기간을 줄임)
	가중평균자본비용 개선	• 고율의 차입금 상환

재경관리사 고득점 단기합격 최종정리서

CAM [Certified Accounting Manager]

FINAL

FINALLY FINAL

제4주차. 기출변형특강

[기타유형뽀개기]

POTENTIALITY
PASSION
PROFESSION

3P는 여러분의 무한한 잠재적 능력과 반드시 성취하겠다는 열정을 토대로 전문가
의 길로 나아가는 세무라이선스 파이널시리즈의 학습정신입니다.
세무라이선스는 여러분의 무한한 잠재력과 열정을 믿습니다.
수험생 여러분의 합격을 응원합니다.

기출변형특강

기존 기출문제의 형식은 그대로 유지하되 선지의 일부를 교체하여 출제하거나 제시자료의 일부를 전혀 다른 내용으로 대체하여 출제하는 문제들이 상당수 출제되고 있는 바, 이들을 취합하여 기출변형특강에 모두 제시하였습니다. 기출변형문제인 경우에도 추가적인 이론 설명이 필요하다고 판단되는 경우에는 추가이론을 'POINT'란을 통해 완벽히 제시하였습니다.

재경관리사 기출문제특강

FINAL

Certified Accounting Manager

기출변형특강

[기타유형뽀개기]

SEMOOLICENCE

3P
3P
FINAL
3P
POTENTIALITY
PASSION
PROFESSION

재무회계

재무보고의 필요성	난이도	下	정답	④

다음 중 재무보고의 필요성에 대한 설명으로 가장 올바르지 않은 것은?

① 주주는 투자와 관련된 의사결정에 유용한 재무정보를 얻을 수 있다.
② 채권자는 원리금 상환능력 등의 판단에 유용한 재무정보를 얻을 수 있다.
③ 정부(국세청 등)는 과세표준 결정 등에 유용한 재무정보를 얻을 수 있다.
④ 종업원이나 경영자는 외부 이해관계자가 아닌 내부 이해관계자이므로 필요하지 않다.

해설

• 종업원은 급여인상에 대한 협상이나 이직에 대한 의사결정을 위해 회사에 대한 재무적 정보를 필요로 하며, 경영자는 필요 자금이나 미래의 성장과 같은 예측을 위해 회사의 재무적 정보를 필요로 한다.

POINT 이해관계자에 따른 재무보고의 필요성

주주	• 투자한 주식의 주가가 상승할 경우 이를 매각하여 처분이익을 얻으려고 하거나, 보유하는 동안 주식을 통해 배당을 받고자 함. →따라서, 주주는 새로운 회사에 투자할 것인가의 여부와 기존투자액을 변경 또는 유지할 것인가를 결정하기 위해서 회사의 재무적 정보를 필요로 함.
채권자	• 회사에 자금을 빌려주고 일정기간동안 이자를 받으며 빌려준 돈을 상환받는 데 관심이 있음. →따라서, 채권자는 자금을 더 빌려줄 것인가의 여부를 결정짓고 회사의 상환능력을 평가하기 위한 재무적 정보를 필요로 함.
정부(국세청 등)	• 과세를 위한 과세표준 결정 등을 위해 회사의 재무적 정보를 필요로 함.
종업원	• 자신들이 회사에 기여한 생산성과 회사가 그 대가를 지급할 수 있는지의 능력을 판단하여 급여인상에 대한 협상을 함. 또한 다른 회사로 이직하는 것이 나은지 아니면 계속 현재의 회사에서 일하는 것이 나은지에 대한 판단을 해야 할 때가 있음. →따라서, 이러한 의사결정을 위해서 회사에 대한 재무적 정보를 필요로 함.
경영자	• 올바른 경영을 하기 위해서 회사가 필요로 하는 자금은 얼마인지 또한 회사가 미래에 어디까지 성장할 수 있는지를 예측하여야만 하므로, 예측을 위해서 회사의 재무적 정보를 필요로 함.

일반목적재무보고의 목적과 주요이용자	난이도	⊕	정답	②

다음 중 일반목적재무보고의 목적에 관한 설명으로 가장 올바르지 않은 것은?

① 일반목적재무보고의 목적은 현재 및 잠재적 투자자, 대여자 및 기타 채권자가 기업에 자원을 제공하는 것에 대한 의사결정을 할 때 유용한 보고기업 재무정보를 제공하는 것이다.
② 현재 및 잠재적 투자자, 대여자 및 기타채권자에 해당하지 않는 기타 당사자들(예를 들어, 감독당국)이 일반목적재무보고서가 유용하다고 여긴다면 이들도 일반목적재무보고의 주요 대상에 포함된다.
③ 보고기업의 경제적 자원과 청구권의 성격 및 금액에 대한 정보는 정보이용자가 보고기업의 재무적 강점과 약점을 식별하는 데 도움을 줄 수 있다.
④ 보고기업의 경제적 자원과 청구권의 변동은 그 기업의 재무성과, 그리고 채무상품 또는 지분상품의 발행과 같은 그 밖의 사건 또는 거래에서 발생한다.

해설

• 현재 및 잠재적 투자자, 대여자 및 그 밖의 채권자는 정보를 제공하도록 직접 요구할 수 없고, 필요로 하는 정보의 많은 부분을 일반목적재무보고서에 의존해야만 한다. 따라서 그들이 주요이용자이다.
→보고기업의 경영진도 해당 기업에 대한 재무정보에 관심이 있다. 그러나 경영진은 그들이 필요로 하는 재무정보를 내부에서 구할 수 있기 때문에 일반목적재무보고서에 의존할 필요가 없다.
→그 밖의 당사자들, 예를 들어 규제기관(감독당국), 일반대중도 일반목적재무보고서가 유용하다고 여길 수 있다. 그렇더라도 일반목적재무보고서는 이러한 그 밖의 집단을 주요 대상으로 한 것이 아니다.
∴규정상 감독당국(규제기관), 경영진, 일반대중은 일반목적재무보고의 주요대상에 포함하지 않는다.

K-IFRS와 일반기업회계기준 특징	난이도	①	정답	②

다음 중 한국채택국제회계기준과 일반기업회계기준의 특징으로 가장 올바르지 않은 것은?

① 한국채택국제회계기준은 연결재무제표를 기본 재무제표로 제시하고 있다.
② 한국채택국제회계기준은 재무제표의 구체적인 양식이나 계정과목을 정형화하고 있다.
③ 일반기업회계기준은 자본항목을 자본금, 자본잉여금, 자본조정, 기타포괄손익누계액, 이익잉여금(결손금)으로 구분하고 있다.
④ 한국채택국제회계기준은 자산과 부채에 대한 공정가치 적용이 확대되고 있다.

해설

• 한국채택국제회계기준은 상세하고 구체적인 회계처리 방법을 제시하지 않는 원칙중심의 회계기준이다.
→회계처리, 재무제표의 구체적인 양식이나 계정과목을 정형화하지 않고 다양성과 재량을 부여한다.

🔍 POINT 국제회계기준의 특징

원칙중심	• 기본원칙과 방법론만 제시 🔍주의 규칙중심이 아님. →회계처리, 양식, 계정과목을 정형화하지 않고 다양성과 재량을 부여
연결재무제표중심	• 연결재무제표를 기본재무제표로 제시 🔍주의 별도재무제표 중심이 아님.
공시강화	• 주석을 통한 많은 공시항목을 요구함.
공정가치확대	• 원칙적으로 자산·부채의 공정가치 측정을 요구
협업제정	• 독자적이 아닌 각국의 협업을 통해 제정

| 예측가치와 확인가치 | 난이도 | ⊕ | 정답 | ③ |

다음 중 정보이용자의 의사결정에 차이가 나도록 하는 목적적합한 재무정보에 대한 설명으로 가장 올바르지 않은 것은?

① 재무정보에 예측가치와 확인가치 또는 둘 모두가 있다면 의사결정에 차이가 나도록 할 수 있다.
② 미래 결과를 예측하기 위해 사용하는 절차의 투입요소로 사용될 수 있다면 그 정보는 예측가치를 갖는다.
③ 재무정보가 과거 평가에 대해 피드백을 제공, 즉 확인하거나 변경시킨다면 예측가치를 가진다.
④ 재무정보가 예측가치를 가지기 위해서는 그 자체로 예측치가 될 필요는 없다.

해설

• 재무정보가 과거 평가에 대해 피드백을 제공한다면 즉, 과거 평가를 확인하거나 변경시킨다면 확인가치를 갖는다.

❗POINT 근본적 질적특성 개괄

목적적합성	예측가치와 확인가치	• 이용자들이 미래 결과를 예측하기 위해 사용하는 절차의 투입요소로 재무정보가 사용될 수 있다면 그 재무정보는 예측가치를 갖음. →재무정보가 과거 평가에 대해 피드백을 제공한다면(과거 평가를 확인하거나 변경시킨다면) 확인가치를 갖음. • 재무정보가 예측가치를 갖기 위해서 그 자체가 예측치 또는 예상치일 필요는 없음.
	중요성	• 정보가 누락·잘못기재된 경우 일반목적재무보고서에 근거하여 이루어지는 주요이용자의 의사결정에 영향을 줄 수 있다면 그 정보는 중요한 것임. • 중요성은 개별기업 재무보고서 관점에서 해당 정보와 관련된 항목의 성격이나 규모 또는 이 둘 모두에 근거하여 해당 기업에 특유한 측면의 목적적합성을 의미함.
표현충실성	완전한 서술 중립적 서술 오류없는 서술	• 오류가 없다는 것은 현상의 기술에 오류나 누락이 없고, 보고정보를 생산하는데 사용되는 절차의 선택과 적용시 절차상 오류가 없음을 의미함. →즉, 오류가 없다는 것은 모든 면에서 완벽, 정확하다는 것을 의미하지는 않음.

| 목적적합성과 표현충실성의 내용 | 난이도 | ⊕ | 정답 | ① |

다음 중 목적적합성과 표현충실성에 관한 설명으로 가장 올바르지 않은 것은?

① 표현충실성은 모든 면에서 정확한 것을 의미한다.
② 재무정보가 유용하기 위해서는 목적적합한 현상을 표현하는 것뿐만 아니라 나타내고자 하는 현상을 충실하게 표현해야 한다.
③ 표현충실성을 위해 서술은 완전하고, 중립적이며, 오류가 없어야 할 것이다.
④ 목적적합한 재무정보는 정보이용자의 의사결정에 차이가 나도록 할 수 있다.

해설

• 표현충실성은 모든 면에서 정확한 것을 의미하지는 않는다.[K-IFRS 개념체계 문단2.18]
→오류가 없다는 것은 현상의 기술에 오류나 누락이 없고, 보고 정보를 생산하는데 사용되는 절차의 선택과 적용시 절차상 오류가 없음을 의미한다. 이 맥락에서 오류가 없다는 것은 모든 면에서 완벽하게 정확하다는 것을 의미하지는 않는다.

| 보강적 질적특성의 적용과 원가제약 | 난이도 | ⊕ | 정답 | ③ |

다음 중 재무정보의 질적 특성에 관한 설명으로 가장 옳은 것은?

① 적시성과 이해가능성은 근본적 질적 특성에 해당한다.
② 목적적합성과 표현충실성은 보강적 질적 특성에 해당한다.
③ 보강적 질적 특성은 가능한 극대화 되어야 하나 하나의 보강적 질적특성이 다른 질적 특성의 극대화를 위해 감소되어야 할 수도 있다.
④ 재무정보가 제공되기 위해서는 해당 정보 보고의 효익이 관련 원가를 정당화 할 수 있어야 하는 것은 아니다.

해설

• ① 비교가능성, 검증가능성, 적시성, 이해가능성 : 보강적 질적특성
  ② 목적적합성(예측가치와 확인가치, 중요성), 표현충실성 : 근본적 질적특성
  ③ 보강적 질적특성은 가능한 한 극대화되어야 한다. 그러나 보강적 질적특성은 정보가 목적적합하지 않거나 나타내고자 하는 바를 충실하게 표현하지 않으면, 개별적으로든 집단적으로든 그 정보를 유용하게 할 수 없다. 한편, 보강적 질적특성을 적용하는 것은 어떤 규정된 순서를 따르지 않는 반복적인 과정이며, 때로는 하나의 보강적 질적특성이 다른 질적 특성의 극대화를 위해 감소되어야 할 수도 있다.
  ④ 원가는 재무보고로 제공될 수 있는 정보에 대한 포괄적 제약요인이다. 재무정보의 보고에는 원가가 소요되고, 해당 정보 보고의 효익이 그 원가를 정당화한다는 것이 중요하다.

| 재무제표 요소 중 자산의 측정 | 난이도 | ⊕ | 정답 | ① |

다음 중 자산의 측정방법에 대한 설명으로 가장 타당한 것은?

① 역사적원가 : 자산의 취득 또는 창출에 발생한 원가의 가치로서, 자산을 취득 또는 창출하기 위하여 지급한 대가와 거래원가를 포함한다.
② 공정가치 : 기업이 자산의 사용과 궁극적인 처분으로 얻을 것으로 기대하는 현금흐름 또는 그 밖의 경제적효익의 현재가치이다.
③ 사용가치 : 측정일 현재 동등한 자산의 원가로서 측정일에 지급할 대가와 그 날에 발생할 거래원가를 포함한다.
④ 현행원가 : 측정일에 시장참여자 사이의 정상거래에서 자산을 매도할 때 받게 될 가격이다.

해설

• ② 사용가치(자산) ③ 현행원가(자산) ④ 공정가치(자산)

❗POINT 재무제표 요소의 측정

역사적원가	자산		• 지급한대가+거래원가(예 건물취득시 취득세)
	부채		• 수취한대가 - 거래원가(예 사채발행시 사채발행비)
현행가치	공정가치	자산	• 시장참여자 사이의 정상거래에서 자산매도시 받게 될 가격
		부채	• 시장참여자 사이의 정상거래에서 부채이전시 지급하게 될 가격
	사용가치(자산)		• 자산사용과 처분으로 기대하는 현금흐름 및 그 밖의 경제적효익의 현재가치
	이행가치(부채)		• 부채이행시 이전해야 하는 현금 및 그 밖의 경제적자원의 현재가치
	현행원가	자산	• 측정일에 동등한 자산의 원가로서 측정일에 지급할 대가(측정일에 발생할 거래원가 포함) →즉, 자산구입시 지급대가를 의미함.
		부채	• 측정일에 동등한 부채에 대해 수취할 수 있는 대가(측정일에 발생할 거래원가 차감) →즉, 부채발생시 수취대가를 의미함.

재무제표 표시 일반사항	난이도	⊕	정답	②

다음 중 재무제표 작성에 관한 설명으로 가장 올바르지 않은 것은?

① 비교정보를 포함한 전체 재무제표는 적어도 1년마다 작성되어야 한다.
② 재무제표 본문과 주석에 적용하는 중요성의 기준은 항상 일치하여야 한다.
③ 중요하지 않은 항목은 성격이나 기능이 유사한 항목과 통합하여 표시할 수 있다.
④ 한국채택국제회계기준을 준수하여 재무제표를 작성하는 기업은 그 사실을 주석에 기재하여야 한다.

해설

• 재무제표와 주석에 적용하는 중요성의 기준은 다를 수 있다.
  →즉, 재무제표에는 중요하지 않아 구분하여 표시하지 않은 항목이라도 주석에서는 구분 표시해야 할 만큼 충분히 중요할 수 있다.

❗POINT 문제와 관련된 재무제표 표시 일반사항 내용

K-IFRS 준수	•K-IFRS에 따라 작성된 재무제표는 공정하게 표시된 재무제표로 봄. •K-IFRS를 준수하여 작성하는 기업은 준수 사실을 주석에 명시적이고 제한없이 기재함. •K-IFRS의 요구사항을 모두 충족한 경우가 아니라면 준수하여 작성되었다고 기재해서는 안됨. •부적절한 회계정책은 이에 대하여 공시·주석·보충자료를 통해 설명하더라도 정당화될 수 없음. 　→극히 드문 상황으로서 K-IFRS의 요구사항을 준수하는 것이 오히려 개념체계에서 정하고 있는 재무제표의 목적과 상충되어 재무제표이용자의 오해를 유발할 수 있다고 경영진이 결론을 내리는 경우에는, 관련 감독체계가 이러한 요구사항으로부터의 일탈을 의무화하거나 금지하지 않는다면 소정 항목을 공시하고 K-IFRS의 요구사항을 달리 적용함.
중요성과 통합표시	•유사한 항목은 중요성 분류에 따라 재무제표에 구분하여 표시함. 상이한 성격이나 기능을 가진 항목은 구분하여 표시함. 　→다만, 중요하지 않은 항목은 성격이나 기능이 유사한 항목과 통합하여 표시할 수 있음. 　🔎주의 재무제표와 주석에 적용하는 중요성의 기준은 다를 수 있음. 즉, 재무제표에는 중요하지 않아 구분하여 표시하지 않은 항목이라도 주석에서는 구분 표시해야 할 만큼 충분히 중요할 수 있음.
보고빈도	•전체 재무제표(비교정보를 포함)는 적어도 1년마다 작성함. •보고기간종료일을 변경하여 재무제표의 보고기간이 1년을 초과하거나 미달하는 경우 재무제표 해당 기간뿐만 아니라 다음 사항을 추가로 공시함. 　⑤ 보고기간이 1년을 초과하거나 미달하게 된 이유 　ⓒ 재무제표에 표시된 금액이 완전하게 비교가능하지는 않다는 사실

재무제표 표시(재무상태표 작성기준)	난이도	ⓣ	정답	③

다음 중 재무상태표의 작성기준으로 가장 올바르지 않은 것은?

① 한국채택국제회계기준에서 요구하거나 허용하지 않는 한 자산과 부채 그리고 수익과 비용은 상계하지 않는다.
② 중요하지 않은 항목은 성격이나 기능이 유사한 항목과 통합하여 표시할 수 있다.
③ 재무상태표에 포함될 항목은 세부적으로 명시되어 있으며, 기업의 재량에 따라 추가 또는 삭제하는 것은 허용되지 않는다.
④ 유동성 순서에 따른 표시방법이 신뢰성 있고 더욱 목적적합한 정보를 제공하는 경우를 제외하고는 유동자산과 비유동자산, 유동부채와 비유동부채로 재무상태표에 구분하여 표시한다.

해설

• 재무상태표의 양식 및 포함항목 등을 재량적으로 결정가능하다.

❗ POINT 재무제표 표시 일반사항 개괄

K-IFRS 준수	• K-IFRS를 준수하여 작성하는 기업은 그 준수사실을 주석에 명시적이고 제한없이 기재함. • 부적절한 회계정책은 공시·주석·보충자료를 통해 설명하더라도 정당화될 수 없음.
계속기업	• 경영진은 재무제표작성시 계속기업으로서의 존속가능성을 평가해야함.
발생기준	• 기업은 현금흐름정보를 제외하고는 발생기준 회계를 사용하여 재무제표를 작성함.
중요성과 통합표시	• 유사한 항목은 중요성 분류에 따라 F/S에 구분표시하며, 상이한 성격·기능을 가진 항목은 구분표시함. →다만, 중요치 않은 항목은 성격·기능이 유사한 항목과 통합표시 가능함.
상계	• K-IFRS에서 요구하거나 허용하지 않는 한 자산·부채, 수익·비용은 상계하지 아니함. →단, 재고자산평가충당금과 대손충당금(손실충당금)과 같은 평가충당금을 차감하여 관련자산을 순액으로 측정하는 것은 상계표시에 해당하지 아니함.
보고빈도	• 전체 재무제표(비교정보를 포함)는 적어도 1년마다 작성함.
비교정보	• 최소한 두 개의 재무상태표와 두 개씩의 그외 재무제표·관련주석을 표시해야 함.
표시의 계속성	• 표시·분류는 소정사항의 경우를 제외하고는 매기 동일해야함.

포괄손익계산서 표시[1]　　난이도 ⑤　　정답 ④

다음 중 포괄손익계산서의 작성과 관련된 설명으로 가장 올바르지 않은 것은?

① 단일포괄손익계산서 또는 별개의 손익계산서와 포괄손익계산서 중 하나의 양식을 선택할 수 있다.
② 포괄손익은 크게 당기손익과 기타포괄손익으로 구성된다.
③ 영업이익은 수익에서 매출원가 및 판매비와관리비에 해당하는 비용을 차감하여 산출한 금액이다.
④ 비용을 성격별로 분류하여 손익계산서를 작성한 기업은 비용의 기능별 배부에 대한 내용을 주석에 추가적으로 공시하여야 한다.

해설

• 비용을 기능별로 분류하는 기업은 감가상각비, 기타 상각비와 종업원급여비용을 포함하여 비용의 성격에 대한 추가 정보를 공시한다. [K-IFRS 제1001호 문단104]

ⓘ POINT 비용 분류방법(이하 둘 중 선택 적용)

성격별 분류법	• 비용은 그 성격별로 통합함.(즉, 각 항목의 유형별로 구분표시) →예) 감가상각비, 원재료구입, 운송비, 종업원급여, 광고비 등 • 매출원가를 다른 비용과 분리하여 공시하지 않음. • 기능별로 재배분하지 않으므로 적용이 간단함.(미래현금흐름 예측에는 유용함)
기능별 분류법 (=매출원가법)	• 비용은 그 기능별로 분류함. →예) 매출원가, 물류원가, 관리활동원가 등 • 적어도 매출원가를 다른 비용과 분리하여 공시함. • 목적적합하나, 자의적인 기능별 배분과 판단이 개입될 수 있음. • 기능별로 분류시에는 성격별 분류에 따른 추가공시가 필요함.

포괄손익계산서 표시[2]　　난이도 ⊕　　정답 ③

다음 중 포괄손익계산서에 관한 설명으로 가장 올바르지 않은 것은?

① 포괄손익계산서는 일정기간 동안 소유주의 투자나 소유주에 대한 분배거래를 제외한 기타거래에서 발생하는 순자산의 변동내용을 표시하는 동태적 보고서이다.
② 포괄손익계산서는 단일의 포괄손익계산서를 작성하거나 당기순손익을 표시하는 손익계산서와 포괄손익계산서를 포함하는 2개의 보고서로 작성될 수 있다.
③ 포괄손익계산서에서 비용을 표시할 때는 기능별로 분류하여 표시하여야 한다.
④ 기타포괄손익항목은 관련 법인세효과를 차감한 순액으로 표시하거나 세전금액으로 표시하고 관련 법인세효과는 단일 금액으로 합산하여 표시하는 방법이 가능하다.

해설

• 기업은 비용의 성격별 또는 기능별 분류방법 중에서 신뢰성 있고 더욱 목적적합한 정보를 제공할 수 있는 방법을 선택적용하여 당기손익으로 인식한 비용의 분석내용을 표시한다.

포괄손익계산서 표시[3]

| 난이도 | ⊕ | 정답 | ② |

다음 중 포괄손익계산서에 대한 설명으로 가장 올바르지 않은 것은?

㈜삼일 20X1년 1월 1일부터 20X1년 12월 31일까지

매출	xxx
매출원가	(xxx)
매출총이익	xxx
판매비와관리비	(xxx)
영업이익	xxx
법인세비용	(xxx)
당기순이익	xxx
기타포괄이익	xxx
총포괄이익	xxx

① 포괄손익계산서는 기타포괄손익을 후속적으로 당기순이익으로 재분류되는 항목과 재분류되지 않는 항목을 구분하여 표시한다.
② 기타포괄손익 항목은 관련 법인세 효과를 차감한 순액으로 표시해야만 한다.
③ 포괄손익계산서에서 비용을 기능별 분류를 하는 경우 주석에 성격별 분류 내용을 공시해야 한다.
④ 포괄손익계산서를 작성할 때 '단일 포괄손익계산서' 또는 '별개의 손익계산서와 포괄손익계산서' 중 하나의 양식을 선택하여 표시할 수 있다.

해설

• 기타포괄손익의 항목은 다음 중 한 가지 방법으로 표시할 수 있다.
  ㉠ 관련 법인세효과를 차감한 순액으로 표시
  ㉡ 기타포괄손익의 항목과 관련된 법인세효과 반영 전 금액으로 표시하고, 각 항목들에 관련된 법인세효과는 단일 금액으로 합산하여 표시

수정을 요하는 보고기간후사건

| 난이도 | ⊕ | 정답 | ④ |

다음 중 수정을 요하는 보고기간 후 사건에 해당하는 것을 모두 고른 것은?

ㄱ. 보고기간 말에 존재하였던 현재의무가 보고기간 후에 소송사건의 확정에 의해 확인되는 경우
ㄴ. 보고기간 말에 이미 자산손상이 발생되었음을 나타내는 정보를 보고기간 후에 입수하는 경우
ㄷ. 보고기간 말 이전에 구입한 자산의 취득원가나 매각한 자산의 대가를 보고기간 후에 결정하는 경우
ㄹ. 재무제표가 부정확하다는 것을 보여주는 부정이나 오류를 발견한 경우

① ㄱ, ㄴ, ㄷ
② ㄱ, ㄷ, ㄹ
③ ㄴ, ㄷ, ㄹ
④ ㄱ, ㄴ, ㄷ, ㄹ

해설

• 모두 수정을 요하는 보고기간후사건에 해당한다.
  → 보고기간말에 이미 자산손상이 발생되었음을 나타내는 정보를 보고기간 후에 입수하는 경우나 이미 손상차손을 인식한 자산에 대하여 손상차손금액의 수정이 필요한 정보를 보고기간 후에 입수하는 경우는 수정을 요하는 보고기간후사건에 해당한다. 다음과 같은 예를 들 수 있다.
    ㉠ 보고기간후의 매출처파산은 일반적으로 보고기간말에 고객 신용이 손상되었음을 확인해준다.
    ㉡ 보고기간후의 재고자산 판매는 보고기간말의 순실현가능가치에 대한 증거를 제공할 수 있다.

보고기간후사건과 계속기업	난이도	⊕	정답	①

다음 중 보고기간후사건에 관한 설명으로 가장 올바르지 않은 것은?

① 보고기간 후에 기업의 청산이 확정되었더라도 재무제표는 계속기업의 기준에 기초하여 작성하고 청산 관련 내용을 주석에 기재한다.
② 보고기간 후에 배당을 선언한 경우, 그 배당금을 보고기간 말의 부채로 인식하지 않는다.
③ 보고기간 말 이전에 계류중인 소송사건이 보고기간 후에 확정되어 금액수정을 요하는 경우 재무제표의 수정이 필요하다.
④ 보고기간후사건이란 보고기간 말과 재무제표 발행승인일 사이에 발생한 유리하거나 불리한 사건을 말한다.

해설

- 경영진이 보고기간후에 기업을 청산하거나 경영활동을 중단할 의도를 가지고 있거나, 청산 또는 경영활동의 중단 외에 다른 현실적 대안이 없다고 판단하는 경우에는 계속기업의 기준에 따라 재무제표를 작성해서는 아니된다.[K-IFRS 제1010호 문단14]
  → 만약, 계속기업의 가정이 더 이상 적절하지 않다면 그 효과가 광범위하게 미치므로, 단순히 원래의 회계처리방법 내에서 이미 인식한 금액을 조정하는 정도가 아니라 회계처리방법을 근본적으로 변경해야 한다.[K-IFRS 제1010호 문단15]

공시 [K-IFRS 제1010호 문단16]	⊙ 재무제표가 계속기업의 기준 하에 작성되지 않은 경우 ⓒ 계속기업으로서의 존속 능력에 대해 유의적인 의문이 제기될 수 있는 사건이나 상황과 관련된 중요한 불확실성을 경영진이 알게 된 경우

POINT 보고기간후사건과 배당금

부채 인식여부	• 보고기간후에 지분상품 보유자에 대해 배당을 선언한 경우 그 배당금을 보고기간말의 부채(미지급배당금)로 인식하지 아니함.[K-IFRS 제1010호 문단12] → ∵보고기간 후부터 재무제표 발행승인일 전 사이에 배당을 선언한 경우 보고기간말에 어떠한 의무도 존재하지 않으므로 보고기간말에 부채로 인식하지 아니함.[K-IFRS 제1010호 문단13] ♤주의 따라서, 보고기간말 재무상태표 이익잉여금은 이익잉여금처분 전의 재무상태를 표시함.				
회계처리	보고기간말(20x1년)	- 회계처리 없음 -			
	배당선언시(20x2년)	(차) 이익잉여금	xxx	(대) 미지급배당금(부채)	xxx
	배당지급시(20x2년)	(차) 미지급배당금(부채)	xxx	(대) 현금	xxx

특수관계자 해당여부	난이도	⊕	정답	①

다음 중 당해기업의 특수관계자로 가장 올바르지 않은 것은?

① 당해기업과 통상적인 업무 관계를 맺고 있는 경우
② 당해기업 또는 그 지배기업의 주요 경영진의 일원인 경우
③ 보고기업에 공동지배력이 있는 경우
④ 보고기업에 유의적인 영향력이 있는 경우

해설

- 기업과 단순히 통상적인 업무 관계를 맺고 있는 자금제공자, 노동조합, 공익기업 그리고 보고기업에 지배력, 공동지배력 또는 유의적인 영향력이 없는 정부부처와 정부기관(기업 활동의 자율성에 영향을 미치거나 기업의 의사결정과정에 참여할 수 있다 하더라도 상관없음)은 특수관계자가 아니다.
- 개인의 경우 다음 중 어느 하나에 해당한다면 보고기업과 특수관계가 있는 것으로 본다.

> ⊙ 보고기업에 지배력 또는 공동지배력이 있는 경우
> ⓒ 보고기업에 유의적인 영향력이 있는 경우
> ⓒ 보고기업 또는 그 지배기업의 주요 경영진의 일원인 경우

| 특수관계자 공시 | 난이도 | ⊕ | 정답 | ② |

다음 중 특수관계자와의 거래에 관한 공시에 대한 설명으로 가장 올바르지 않은 것은?

① 수익·비용거래 및 채권·채무 거래 등에 대하여 그 성격이 유사한 항목은 통합하여 공시할 수 있다.
② 보고대상기간 중에 아무런 거래도 존재하지 않았다면 지배기업과 종속기업 사이의 관계에 대한 공시는 생략할 수 있다.
③ 지배기업, 종속기업, 관계기업 등 공시의 대상이 되는 특수관계자의 범주별로 해당 거래를 분류하여 공시한다.
④ 주요 경영진에 대한 보상의 총액 및 그 구성 내역을 공시한다.

해설

• 특수관계자 거래가 없더라도 특수관계 자체가 기업의 당기순손익과 재무상태에 영향을 줄 수 있다. 지배기업과 그 종속기업 사이의 관계는 거래의 유무에 관계없이 공시한다.

① POINT 특수관계자 공시사항

지배·종속 공시사항	• 지배기업과 그 종속기업 사이의 관계는 거래의 유무에 관계없이 공시 • 지배기업의 명칭을 공시 • 최상위지배자와 지배기업이 다른 경우에는 최상위지배자의 명칭도 공시 　⦿주의 기업과 단순히 통상적인 업무 관계를 맺고 있는 자금제공자, 노동조합, 공익기업 그리고 보고기업에 지배력, 공동지배력 또는 유의적인 영향력이 없는 정부부처와 정부기관(기업 활동의 자율성에 영향을 미치거나 기업의 의사결정과정에 참여할 수 있다 하더라도 상관없음)은 특수관계자가 아님.
주요경영진 공시사항	• 주요 경영진에 대한 보상의 총액 • 분류별 금액 →단기종업원급여, 퇴직급여, 기타장기급여, 해고급여, 주식기준보상
기타 공시사항	• 특수관계자거래가 있는 경우 F/S에 미치는 특수관계의 잠재적 영향파악에 필요한 거래, 약정을 포함한 채권·채무 잔액에 대한 정보뿐만 아니라 특수관계의 성격도 공시

| 현금및현금성자산 집계 | 난이도 | ⊕ | 정답 | ④ |

다음 중 재무상태표상에 기재될 현금및현금성자산 잔액은 얼마인가?

| 양도성예금증서(60일 만기) | 100,000원 | 배당금지급통지표 | 130,000원 |
| 환매채(90일 만기) | 90,000원 | 당좌예금 | 100,000원 |

① 290,000원　　　　　　　　　　② 320,000원
③ 330,000원　　　　　　　　　　④ 420,000원

해설

• 100,000(양도성예금증서)+130,000(배당금지급통지표)+90,000(환매채)+100,000(당좌예금)=420,000
　→양도성예금증서(60일 만기) : 취득당시 만기가 3개월 이내인 단기금융상품이므로 현금성자산에 해당한다.
　→환매채(90일 만기) : 3개월 이내의 환매조건이므로 현금성자산에 해당한다.

		난이도	㊦	정답	④

재고자산 취득원가 고려사항

다음 중 재고자산에 관한 설명으로 가장 올바르지 않은 것은?

① 재고자산의 매입원가는 매입가격에 취득과정에 직접 관련된 매입운임, 하역료 및 기타 원가를 가산한 금액이다.
② 매입할인 및 리베이트는 매입원가를 결정할 때 차감한다.
③ 재고자산의 전환원가는 직접노무원가 등 생산과 직접 관련된 원가를 포함한다.
④ 재고자산 구입 후 상품의 하자로 인해 매입대금을 할인받는 경우 항상 당기수익으로 인식한다.

해설

• 매입에누리(재고자산 구입후 상품의 하자로 매입대금을 할인받는 경우)는 매입원가를 결정할 때 차감한다.

❗POINT 재고자산 취득원가 일반사항

취득원가 범위	매입원가	• 매입가격에 수입관세와 제세금(과세당국으로부터 추후 환급받을 수 있는 금액은 제외), 매입운임, 하역료를 가산 • 매입할인(에누리,환출), 리베이트 항목은 매입원가를 결정할 때 차감
	전환원가	• 제조기업에서 완제품으로 전환하는데 발생하는 직접노무비와 제조간접비
	기타원가	• 재고자산을 현재의 장소에 현재의 상태로 이르게 하는데 발생한 원가
매입운임	선적지인도기준	• 매입자가 부담 → ∴매입자의 재고자산 취득원가에 가산
	도착지인도기준	• 판매자가 부담 → ∴판매자의 판매비(매출운임)로 계상
비용처리 원가		• ㉠ 재료원가, 노무원가, 기타 제조원가 중 비정상적으로 낭비된 원가 ㉡ 후속 생산단계에 투입하기 전에 보관이 필요한 경우 이외의 보관원가 ㉢ 재고자산을 현재장소에 현재 상태로 이르게 하는데 기여하지 않은 관리간접원가 ㉣ 판매원가

이동평균법 매출원가

		난이도	㊥	정답	①

㈜삼일은 상품재고자산의 단위원가 결정방법으로 이동평균법을 채택하고 있다. ㈜삼일의 20X1년 재고자산과 관련된 자료가 다음과 같을 때 ㈜삼일이 20X1년 포괄손익계산서에 매출원가로 인식할 금액은 얼마인가(단, 재고자산 감모손실은 없다.)?

구분	단위	단위원가
기초재고(1.1)	100개	@100
매입(3.5)	300개	@200
매출(6.15)	300개	
매입(11.10)	100개	
매출(12.22)	50개	@225
실사 결과 재고수량(12.31)	150개	

① 62,500원 ② 65,000원
③ 66,000원 ④ 67,500원

해설

• 6월 15일 현재 이동평균단가 : (100개×100+300개×200)÷(100개+300개)=@175
• 12월 22일 현재 이동평균단가 : (100개×175+100개×225)÷(100개+100개)=@200
∴매출원가 : 6월 15일 매출원가(300개×@175)+12월 22일 매출원가(50개×@200)=62,500

이동평균법 기말재고자산금액	난이도	㊥	정답	③

재고자산 평가방법으로 이동평균법을 적용하고 있는 ㈜삼일의 재고자산수불부가 다음과 같을 때, ㈜삼일의 기말재고자산 금액으로 가장 옳은 것은(단, 기말재고자산 실사결과 확인된 재고수량은 400개이다)?

	수량	단가	금액
전기이월	1,000개	90원	90,000원
3월 5일 구입	200개	150원	30,000원
4월 22일 판매	900개		
6월 8일 구입	200개	110원	22,000원
7월 12일 판매	100개		
기말	400개		

① 36,000원 ② 38,400원
③ 41,600원 ④ 44,000원

해설

- 4월 22일 현재 이동평균단가 : (90,000 + 30,000) ÷ (1,000개 + 200개) = @100
  →매출원가 : 900개 × @100 = 90,000
- 7월 12일 현재 이동평균단가 : (300개 × 100 + 22,000) ÷ (300개 + 200개) = @104
  →매출원가 : 100개 × @104 = 10,400
- 기말재고 : (90,000 + 30,000 + 22,000) - (90,000 + 10,400) = 41,600

선입선출법 매출원가	난이도	㊦	정답	②

㈜삼일은 재고자산을 선입선출법으로 평가하고 있다. 기말재고자산 실사결과 확인된 재고수량은 3,500개이며, 전기이월분은 모두 전기 말에 일괄하여 매입한 것이다. 다음의 재고수불부에 따르면 매출원가는 얼마인가?

	수량	단가	금액
전기이월	1,000개	2,000원	2,000,000원
5월 5일 구입	1,500개	2,500원	3,750,000원
7월 8일 판매	1,200개		
9월 3일 구입	1,000개	2,800원	2,800,000원
10월 7일 판매	1,500개		
기말	800개		

① 6,210,000원 ② 6,310,000원
③ 6,600,000원 ④ 6,950,000원

해설

- 선입선출법 가정에 의해 총판매분 2,700개(7/8 1,200개와 10/7 1,500개)는 먼저 매입된 수량이 먼저 판매된 것으로 보아 매출원가를 계산한다.
- 매출원가 : (1,000개 × @2,000) + (1,500개 × @2,500) + (200개 × 2,800) = 6,310,000
- **저자주** 출제오류에 해당합니다. '기말재고자산 실사결과 확인된 재고수량은 3,500개'를 '기말재고자산 실사결과 확인된 재고수량은 800개'로 수정바랍니다.

	선입선출법과 이동평균법 기말재고 계산	난이도	⊕	정답	①

다음은 ㈜삼일의 20X1년 재고자산수불부이다. ㈜삼일의 재고자산을 선입선출법으로 평가하는 경우와 이동평균법으로 평가하는 경우 재고자산수불부상의 7월 31일 현재 각각의 재고자산 금액은 얼마인가?

	수량	단가	금액
6월 1일 재고자산	3,000개	2,500원	7,500,000원
6월 5일 구입	2,000개	2,000원	4,000,000원
6월 30일 판매	3,500개		
7월 1일 구입	1,000개	1,800원	1,800,000원
7월 20일 판매	2,000개		

① 선입선출법 900,000원, 이동평균법 1,050,000원
② 선입선출법 900,000원, 이동평균법 1,250,000원
③ 선입선출법 1,250,000원, 이동평균법 900,000원
④ 선입선출법 1,250,000원, 이동평균법 1,050,000원

해설

- 선입선출법 기말재고 : 500개×1,800=900,000
- 6월 30일 현재 이동평균단가 : (7,500,000+4,000,000)÷(3,000개+2,000개)=@2,300
  →매출원가 : 3,500개×@2,300=8,050,000
  7월 20일 현재 이동평균단가 : (1,500개×2,300+1,800,000)÷(1,500개+1,000개)=@2,100
  →매출원가 : 2,000개×@2,100=4,200,000
  이동평균법 기말재고 : (7,500,000+4,000,000+1,800,000) - (8,050,000+4,200,000)=1,050,000

	총평균법과 선입선출법 기말재고 차이	난이도	⊕	정답	④

다음은 ㈜삼일의 재고수불부이다. ㈜삼일이 기말재고자산을 총평균법과 선입선출법으로 각각 평가할 경우 두 평가금액의 차이는 얼마인가?

구분	단위	단위원가
기초재고(1.1)	1,000개	@100
매입(3.5)	500개	@120
매입(5.15)	1,500개	@140
매입(11.10)	200개	@150
총 판매가능수량	3,200개	
매출(4.22)	1,500개	
매출(9.29)	1,000개	
총 판매수량	2,500개	
기말재고(12.31)	700개	

① 2,500원 ② 7,500원 ③ 10,000원 ④ 12,500원

해설

- 총평균법 기말재고 : $700개 \times @\frac{(1,000개 \times 100) + (500개 \times 120) + (1,500개 \times 140) + (200개 \times 150)}{3,200개} = 87,500$
- 선입선출법 기말재고 : 5/15매입분(500개×140)+11/10매입분(200개×150)=100,000
∴두 평가금액의 차이 : 100,000 - 87,500=12,500

| 시용판매가 있는 경우 기말재고 계산 | 난이도 | ⊕ | 정답 | ③ |

㈜삼일은 재고자산을 선입선출법에 의하여 평가하고 있다. 다음의 자료를 토대로 ㈜삼일의 20X1년 기말재고자산의 금액을 측정한 것으로 가장 옳은 것은?

	장부수량	취득단가	장부금액
전기이월	3,000개	@12,000	36,000,000원
구입(20X1.07.01)	2,000개	@14,000	28,000,000원
시용판매(20X1.11.25)(*)	4,800개		
구입(20X1.12.22)	1,500개	@14,500	21,750,000원
차기이월	1,700개		

(*)㈜삼일은 당기 중 4,800개를 시용판매 하였으나 그 중 300개는 고객이 기말 현재까지 매입의사를 표시하지 않고 있다.

① 24,550,000원
② 24,650,000원
③ 28,750,000원
④ 29,000,000원

해설 ☜

• 시용판매 개수 : 4,800개 − 300개(매입의사 미표시분) = 4,500개
• 기말재고 : 500개 × @14,000 + 21,750,000 = 28,750,000

ⓘ POINT 시송품의 수익인식

• 매입자가 매입의사표시를 한 날 수익인식.
  →∴매입의사표시 없는 시송품은 창고에 없을지라도 기말재고에 포함.

매출원가(신) 계산	난이도	㉰	정답	①

다음 자료에서 재고자산평가손실은 ㈜상일의 재고자산이 진부화되어 발생하였다. 자료를 바탕으로 ㈜상일의 20X2년 포괄손익계산서상 매출원가를 계산하면 얼마인가?(단, ㈜상일은 재고자산평가손실과 정상재고자산감모손실을 매출원가에 반영하고, 비정상재고자산감모손실은 기타비용으로 처리하고 있다.)

20X1년 12월 31일 재고자산	400,000원
20X2년 매입액	1,000,000원
20X2년 재고자산평가손실	500,000원
20X2년 재고자산감모손실(정상감모)	50,000원
20X2년 재고자산감모손실(비정상감모)	20,000원
20X2년 12월 31일 재고자산(모든 평가손실과 감모손실 차감 후)	300,000원

① 1,080,000원
② 1,100,000원
③ 1,120,000원
④ 1,400,000원

해설

• 이하 도표에 해당 금액을 대입하여 매출원가(구)를 먼저 계산한다.

기초재고	400,000
당기매입	1,000,000

‖

① 매출원가(구)[평가·감모손실 반영전](?)	530,000
② 평가손실	500,000
③ 정상감모손실	50,000
④ 비정상감모손실	20,000
⑤ 기말재고[평가·감모손실 반영후]	300,000

• 매출원가(신) = ① + ② + ③ : 530,000 + 500,000 + 50,000 = 1,080,000

비교 만약, 문제에 '재고자산감모손실과 재고자산평가손실을 모두 매출원가에 반영한다'라고 제시한 경우
→ 매출원가(신) = ① + ② + ③ + ④ : 530,000 + 500,000 + 50,000 + 20,000 = 1,100,000

재고자산 관련 비용총액 계산[1]	난이도	㉡	정답	②

다음 자료에서 재고자산평가손실은 ㈜삼일의 재고자산이 진부화되어 발생하였다. 다음 자료 중 ㈜삼일의 20X2년 포괄손익계산서상 매출원가 등 관련비용은 얼마인가?

20X1년 12월 31일 재고자산	500,000원
20X2년 매입액	2,000,000원
20X2년 재고자산평가손실	200,000원
20X2년 재고자산감모손실(정상감모)	100,000원
20X2년 12월 31일 재고자산(평가손실과 감모손실 차감 후)	1,200,000원

① 1,200,000원   ② 1,300,000원
③ 1,400,000원   ④ 1,500,000원

해설

• 이하 도표에 해당 금액을 대입하여 매출원가(구)를 먼저 계산한다.

기초재고	500,000
당기매입	2,000,000

‖

① 매출원가(구)[평가·감모손실 반영전](?)	**1,000,000**
② 평가손실	200,000
③ 정상감모손실	100,000
④ 비정상감모손실	0
⑤ 기말재고[평가·감모손실 반영후]	1,200,000

• 비용총액(매출원가 등 관련비용) = ①+②+③+④ : 1,200,000+200,000+100,000+0 = 1,300,000

재고자산 관련 비용총액 계산[2]

| | | 난이도 | ㊥ | 정답 | ④ |

다음 자료에서 재고자산평가손실은 ㈜삼일의 재고자산이 진부화되어 발생하였다. 다음 자료 중 ㈜삼일의 20X2년 포괄손익계산서상 매출원가 등 관련비용은 얼마인가?

20X1년 12월 31일 재고자산	1,000,000원
20X2년 매입액	3,000,000원
20X2년 재고자산평가손실	300,000원
20X2년 재고자산감모손실(정상감모)	200,000원
20X2년 12월 31일 재고자산(평가손실과 감모손실 차감 전)	1,500,000원

① 2,500,000원   ② 2,700,000원   ③ 2,800,000원   ④ 3,000,000원

해설

• 이하 도표에 해당 금액을 대입하여 매출원가(구)를 먼저 계산한다.

| 기초재고 | 1,000,000 |
| 당기매입 | 3,000,000 |

‖

① 매출원가(구)[평가·감모손실 반영전](?)	**2,500,000**
② 평가손실	300,000
③ 정상감모손실	200,000
④ 비정상감모손실	0
⑤ 기말재고[평가·감모손실 반영후]	1,500,000 - (300,000+200,000) = 1,000,000

• 비용총액(매출원가 등 관련비용) = ①+②+③+④ : 2,500,000+300,000+200,000+0 = 3,000,000

유형자산 취득원가 포함여부

| | | 난이도 | ㊦ | 정답 | ③ |

다음 중 유형자산의 취득원가에 포함되는 요소가 아닌 것으로 올바르게 짝지어진 것은?

ㄱ. 설치장소 준비를 위한 지출	ㄴ. 최초의 운송 및 취급관련 원가
ㄷ. 보유중인 건물에 대하여 부과되는 재산세	ㄹ. 취득세
ㅁ. 매입할인	

① ㄱ, ㄴ, ㄷ   ② ㄴ, ㄹ, ㅁ   ③ ㄷ, ㅁ   ④ ㄱ, ㄴ, ㄷ, ㄹ, ㅁ

해설

• 보유중인 건물에 대하여 부과되는 재산세 : 비용처리한다.
  매입할인 : 매입가격(구입가격)에서 차감한다.

❗POINT 유형자산 취득원가 포함 항목

㉠ 관세 및 환급 불가능한 취득관련 세금(취득세, 등록세)을 가산하고 매입할인과 리베이트 등을 차감한 구입가격
  →❗주의 보유자산 재산세와 자동차세는 비용처리함.
㉡ 경영진이 의도하는 방식으로 가동하는데 필요한 장소와 상태에 이르게 하는데 직접 관련되는 다음과 같은 원가

- 유형자산의 매입 또는 건설과 직접적으로 관련되어 발생한 종업원급여
- 설치장소 준비원가, 최초의 운송 및 취급 관련 원가, 설치원가 및 조립원가
- 유형자산이 정상적 작동여부를 시험하는 과정에서 발생하는 원가
  비교 시제품의 순매각금액 : ㉠ 일반기업회계기준 - 원가차감 ㉡ K-IFRS - 당기손익
- 전문가에게 지급하는 수수료, 구입시 중개수수료·보험료

㉢ 자산을 해체, 제거, 복구하는데 소요될 것으로 최초에 추정되는 원가(=복구원가)

제1주차
빈출유형특강

제2주차
핵심유형특강

제3주차
최신유형특강

제4주차
기출변형특강

| 유형자산 후속측정(재평가) | 난이도 | ⓣ | 정답 | ④ |

다음 중 유형자산의 후속측정에 관한 설명으로 가장 올바르지 않은 것은?

① 기업은 원가모형과 재평가모형 중 하나를 회계정책으로 선택하여 유형자산의 유형별로 동일하게 적용하여야 한다.
② 재평가모형이란 취득일 이후 재평가일의 공정가치로 해당 자산금액을 수정하고, 당해 공정가치에서 재평가일 이후의 감가상각누계액과 손상차손누계액을 차감한 금액을 장부금액으로 공시한다.
③ 재평가로 인하여 자산이 증가된 경우 그 증가액은 기타포괄이익으로 인식하고 재평가잉여금의 과목으로 자본(기타포괄손익누계액)에 가산한다.
④ 재평가로 인하여 자산이 감소된 경우 그 감소액은 기타포괄손실로 인식하고 재평가잉여금의 과목으로 자본(기타포괄손익누계액)에 차감한다.

해설

• 재평가로 인하여 자산이 감소된 경우 재평가손실의 과목으로 당기손익 처리한다.(단, 재평가잉여금이 계상되어 있는 경우는 재평가잉여금과 상계한 후 재평가손실을 인식한다.)

❗POINT 재평가손익 처리방법

최초재평가	재평가증가액	• '장부금액 〈 공정가치' →재평가잉여금(자본 : 기타포괄손익)
	재평가감소액	• '장부금액 〉 공정가치' →재평가손실(당기손익)
재평가이후 후속재평가	재평가손실 인식후 재평가잉여금이 발생	◉ 전기재평가손실 • 재평가이익(당기손익)
		◉ 나머지 금액 • 재평가잉여금(자본)
	재평가잉여금 인식후 재평가손실이 발생	◉ 전기재평가잉여금 • 재평가잉여금과 상계
		◉ 나머지 금액 • 재평가손실(당기손익)

| 유형자산(토지) 재평가와 순이익에의 영향 | 난이도 | ⊕ | 정답 | ② |

㈜삼일은 20X1년초에 토지를 10,000원에 구입하였으며, 이 토지에 대해 재평가모형을 적용하여 매년 말에 재평가하였다. 토지는 20X1년말에 15,000원, 20X2년말에 7,000원으로 각각 재평가되었다. 20X2년말에 시행한 토지의 재평가가 ㈜삼일의 20X2년도 당기순이익에 미치는 영향은 얼마인가?

① 영향 없음
③ 5,000원 감소
② 3,000원 감소
④ 8,000원 감소

해설

• 재평가로 인하여 자산이 감소된 경우 재평가손실의 과목으로 당기손익 처리한다.(단, 전기재평가잉여금이 계상되어 있는 경우는 동 금액과 상계한 후 나머지 금액을 재평가손실로 처리한다.)
• 20x1년말 재평가증가액 : 15,000 - 10,000 = 5,000(재평가잉여금)
• 20x2년말 재평가감소액 : 7,000 - 15,000 = △8,000
 - 전기재평가잉여금 5,000과 상계한다.
 - 나머지 3,000은 재평가손실(당기손익)로 인식한다. →∴당기순이익은 3,000 감소한다.

참고 회계처리

20x1년초(취득시)	(차) 토지	10,000	(대) 현금	10,000
20x1년말(재평가)	(차) 토지	5,000	(대) 재평가잉여금	5,000
20x2년말(재평가)	(차) 재평가잉여금	5,000	(대) 토지	8,000
	재평가손실	3,000		

유형자산 후속측정(재평가와 제거)	난이도	⊕	정답	①

다음 중 유형자산의 후속측정에 관한 설명으로 가장 올바르지 않은 것은?

① 당해 자산이 폐기되거나 제거될 때에는 해당 자산과 관련하여 자본(기타포괄손익누계액)에 계상된 재평가잉여금을 당기손익으로 재분류한다.

② 재평가모형은 취득일 이후 재평가일의 공정가치로 해당 자산금액을 수정하고, 당해 공정가치에서 재평가일 이후의 감가상각누계액과 손상차손누계액을 차감한 금액을 장부금액으로 공시한다.

③ 재평가로 인하여 자산이 증가된 경우 그 증가액은 기타포괄이익으로 인식하고 재평가잉여금의 과목으로 자본(기타포괄손익누계액)에 가산한다.

④ 재평가로 인하여 자산이 감소된 경우 그 감소액은 당기손실로 인식한다.

해설

• ① 어떤 유형자산 항목과 관련하여 자본에 계상된 재평가잉여금은 그 자산이 제거될 때 이익잉여금으로 직접 대체할 수 있다. 자산이 폐기되거나 처분될 때에 재평가잉여금 전부를 이익잉여금으로 대체하는 것이 그러한 경우에 해당될 수 있다.[K-IFRS 제1016호 문단41]
   →즉, 재평가잉여금은 재분류조정이 발생하지 않는 기타포괄손익이므로 자산이 폐기되거나 제거될 때 재평가잉여금을 당기손익으로 재분류할 수 없다. 다만, 이익잉여금으로 대체하는 것은 가능하다.
• ③ 자산의 장부금액이 재평가로 인하여 증가된 경우에 그 증가액은 기타포괄손익으로 인식하고 재평가잉여금의 과목으로 자본에 가산한다. 그러나 동일한 자산에 대하여 이전에 당기손익으로 인식한 재평가감소액이 있다면 그 금액을 한도로 재평가증가액만큼 당기손익으로 인식한다.[K-IFRS 제1016호 문단39]
• ④ 자산의 장부금액이 재평가로 인하여 감소된 경우에 그 감소액은 당기손익으로 인식한다. 그러나 그 자산에 대한 재평가잉여금의 잔액이 있다면 그 금액을 한도로 재평가감소액을 기타포괄손익으로 인식한다.[K-IFRS 제1016호 문단40]

유형자산 손상 일반사항	난이도	⊕	정답	④

다음 중 유형자산의 손상에 관한 설명으로 가장 올바르지 않은 것은?

① 기업은 매보고기간 말마다 자산손상을 시사하는 징후가 있는지를 검토하고 그러한 징후가 있다면 당해 자산의 회수가능가액을 추정하여 회수가능액이 장부금액에 미달하는 경우 손상차손을 인식한다.

② 자산손상을 시사하는 징후가 있는지를 검토할 때는 외부정보와 내부정보 모두 고려해야 한다.

③ 자산의 회수가능액은 당해 자산의 순공정가치와 사용가치 중 큰 금액이다.

④ 유형자산에 대하여 손상차손 또는 손상차손환입을 인식한 후에는 재평가모형을 적용한 경우에만 수정된 장부금액에서 잔존가치를 차감한 금액에 기초하여 잔존내용연수에 걸쳐 감가상각을 한다.

해설

• 유형자산에 대하여 손상차손 또는 손상차손환입을 인식한 후에는 원가모형을 적용하든 재평가모형을 적용하든 관계없이 수정된 장부금액에서 잔존가치를 차감한 금액에 기초하여 잔존내용연수에 걸쳐 감가상각을 한다.

● POINT 유형자산 손상 회계처리

손상차손
(당기손익)
	• 손상차손액 : 장부금액 – 회수가능액
	  →(차) 유형자산손상차손 xxx (대) 손상차손누계액(유형자산 차감) xxx
	• 회수가능액 = Max[순공정가치, 사용가치] → 순공정가치 : 매각금액 – 처분부대원가
	                                                      사용가치 : 기대미래현금흐름의 현재가치

손상차손환입 (당기손익)	• 환입액 : Min[손상되지 않았을 경우의 장부금액, 회수가능액] - 손상후 장부금액 →(차) 손상차손누계액 xxx (대) 유형자산손상차손환입 xxx

| 무형자산의 정의(인식요건) | 난이도 | ⑤ | 정답 | ④ |

다음 중 무형자산으로 인식하기 위하여 필요한 조건이 아닌 것은?

① 자산의 물리적인 형체는 없지만 식별가능해야 한다.
② 자산으로부터 발생하는 미래 경제적효익이 기업에 유입될 가능성이 높아야 한다.
③ 자산의 원가를 신뢰성 있게 측정할 수 있어야 한다.
④ 사업결합에 의해 취득한 자산이어야 한다.

해설

• 무형자산의 정의와 인식조건

| 정의 | • 물리적 실체는 없지만 식별가능하고, 통제하고 있으며 미래경제적효익이 있는 비화폐성자산 |
| 인식조건 | • ① 자산에서 발생하는 미래경제적효익이 기업에 유입될 가능성이 높다.
② 자산의 원가를 신뢰성 있게 측정할 수 있다. |

| 무형자산 및 비용인식 항목[1] | 난이도 | ⑤ | 정답 | ① |

다음 중 재무상태표에 무형자산으로 보고하기 어려운 항목은?

① 프로젝트 연구단계에서 발생한 지출　　② 어업권
③ 저작권　　　　　　　　　　　　　　　④ 프랜차이즈

해설

• 내부 프로젝트의 연구단계에서는 미래경제적효익을 창출할 무형자산이 존재한다는 것을 제시할 수 없기 때문에, 내부 프로젝트의 연구단계에서 발생한 지출은 발생시점에 비용으로 인식한다.

ⓘPOINT 연구단계와 개발단계 지출의 처리

의의	• 인식기준을 충족하는지를 평가하기 위해 무형자산 창출과정을 연구단계와 개발단계로 구분함. 🔎주의 무형자산을 창출하기 위해 내부 프로젝트를 연구단계와 개발단계로 구분할 수 없는 경우에는 발생한 지출은 모두 연구단계에서 발생한 것으로 봄.	
회계처리	연구단계활동 지출	• 비용(연구비)
	개발단계활동 지출	• 자산인식요건 충족O : 무형자산(개발비) • 자산인식요건 충족X : 비용(경상개발비)

| 무형자산 및 비용인식 항목[2] | 난이도 | ⑤ | 정답 | ④ |

다음 중 무형자산에 해당하지 않는 것은?

① 특허권　　　　　　　　　　　　　　　② 사업결합으로 취득한 영업권
③ 무형자산 인식요건을 충족한 개발비　　④ 새로운 지식을 얻고자 하는 활동에 지출한 연구비

해설

• 새로운 지식을 얻고자 하는 활동에 지출한 연구비는 '연구단계활동'에 해당하므로 발생시점에 비용으로 인식한다.(내부 프로젝트의 연구단계에서는 미래경제적효익을 창출할 무형자산이 존재한다는 것을 제시할 수 없기 때문에, 내부 프로젝트의 연구단계에서 발생한 지출은 발생시점에 비용으로 인식한다.)

연구단계활동과 개발단계활동의 구분

| 난이도 | ⊕ | 정답 | ① |

다음 중 내부적으로 창출한 무형자산에 관한 설명으로 가장 올바르지 않은 것은?

① 무형자산을 창출하기 위한 내부 프로젝트를 연구단계와 개발단계로 구분할 수 없는 경우에는 그 프로젝트에서 발생한 지출은 모두 개발단계에서 발생한 것으로 본다.
② 내부 프로젝트의 연구단계에서는 미래경제적효익을 창출할 무형자산이 존재한다는 것을 제시할 수 없기 때문에 연구단계에서 발생한 지출은 발생한 기간의 비용으로 인식한다.
③ 내부적으로 창출한 영업권은 원가를 신뢰성 있게 측정할 수 없고 기업이 통제하고 있는 식별가능한 자원이 아니기 때문에 자산으로 인식하지 아니한다.
④ 재료, 장치, 제품, 공정, 시스템이나 용역에 대한 여러 가지 대체안을 탐색하는 활동은 연구단계에 속하는 활동의 일반적인 예에 해당한다.

해설

• ① 무형자산을 창출하기 위한 내부 프로젝트를 연구단계와 개발단계로 구분할 수 없는 경우에는 그 프로젝트에서 발생한 지출은 모두 연구단계에서 발생한 것으로 본다.
• ③ 사업결합으로 취득한 영업권[=외부구입(유상취득) 영업권]은 신뢰성있는 측정이 가능하므로 무형자산으로 인식한다. 반면, 내부적으로 창출한 영업권은 원가를 신뢰성있게 측정할 수 없고 기업이 통제하고 있는 식별가능한 자원이 아니기 때문에 무형자산으로 인식하지 않는다.

⚠ POINT 연구단계활동과 개발단계활동

의의	• 인식기준을 충족하는지를 평가하기 위해 무형자산 창출과정을 연구단계와 개발단계로 구분함. 🔍주의 무형자산을 창출하기 위해 내부 프로젝트를 연구단계와 개발단계로 구분할 수 없는 경우에는 발생한 지출은 모두 연구단계에서 발생한 것으로 봄.	
회계처리	연구단계활동 지출	• 비용(연구비)
	개발단계활동 지출	• 자산인식요건 충족O : 무형자산(개발비) • 자산인식요건 충족X : 비용(경상개발비)
연구활동	• 새로운 지식을 얻고자 하는 활동 • 연구결과나 기타 지식을 탐색, 평가, 최종 선택, 응용하는 활동 • 재료·장치·제품·공정·시스템등에 대한 여러 가지 대체안을 탐색하는 활동 • 새롭거나 개선된 재료·장치·제품·공정·시스템 등에 대한 여러 가지 대체안을 제안, 설계, 평가, 최종 선택하는 활동	
개발활동	• 생산이나 사용 전의 시제품과 모형을 설계, 제작, 시험하는 활동 • 새로운 기술과 관련된 공구, 지그, 주형, 금형등을 설계하는 활동 • 상업적 생산 목적으로 실현가능한 경제적 규모가 아닌 시험공장을 설계, 건설, 가동하는 활동 • 신규 또는 개선된 재료·장치·제품·공정·시스템등에 대하여 최종적으로 선정된 안을 설계, 제작, 시험하는 활동	

내부적으로 창출한 무형자산	난이도	⊕	정답	④

다음 중 내부적으로 창출한 무형자산에 관한 설명으로 가장 올바르지 않은 것은?

① 재료, 장치, 제품, 공정, 시스템이나 용역에 대한 여러 가지 대체안을 탐색하는 활동에서 발생한 지출은 비용으로 인식한다.

② 내부 프로젝트의 연구단계에서는 미래경제적효익을 창출할 무형자산이 존재한다는 것을 제시할 수 없기 때문에, 내부 프로젝트의 연구단계에서 발생한 지출은 발생시점에 비용으로 인식한다.

③ 무형자산을 창출하기 위한 내부 프로젝트를 연구단계와 개발단계로 구분할 수 없는 경우에는 그 프로젝트에서 발생한 지출은 모두 연구단계에서 발생한 것으로 본다.

④ 내부적으로 창출한 고객목록, 브랜드 등은 개별식별이 어렵기 때문에 영업권으로 인식한다.

해설

• 내부적으로 창출한 브랜드, 제호, 출판표제, 고객 목록과 이와 실질이 유사한 항목은 사업을 전체적으로 개발하는 데 발생한 원가와 구별할 수 없으므로 무형자산으로 인식하지 아니한다.[K-IFRS 제1038호 문단64]

→브랜드, 제호, 출판표제, 고객목록, 그리고 이와 실질이 유사한 항목(외부에서 취득하였는지 또는 내부적으로 창출하였는지에 관계 없이)에 대한 취득이나 완성 후의 지출은 발생시점에 항상 당기손익으로 인식한다. 왜냐하면 그러한 지출은 사업을 전체적으로 개발하기 위한 지출과 구분할 수 없기 때문이다.[K-IFRS 제1038호 문단20]

연구개발지출과 소프트웨어 회계처리	난이도	⊕	정답	②

다음은 ㈜상일의 프로젝트 개발활동과 관련된 지출내용이다. 무형자산(개발비)으로 회계처리가 가능한 금액은 얼마인가?

프로젝트	금액	내용
가	350,000원	프로젝트 연구단계에서의 지출
나	900,000원	프로젝트 개발단계에서의 지출로 자산 인식조건을 만족시킴.
다	1,000,000원	프로젝트 개발단계에서의 지출로 자산 인식조건을 만족시키지 못함.
라	250,000원	프로젝트 개발과 관련된 내부개발 소프트웨어로 자산 인식조건을 만족시킴.

① 900,000원 ② 1,150,000원
③ 1,500,000원 ④ 1,600,000원

해설

• 당기비용
연구단계지출(350,000 = 연구비)과 자산인식조건을 만족시키지 못하는 개발단계지출(1,000,000 = 경상개발비)
→350,000 + 1,000,000 = 1,350,000

• 무형자산(개발비)
자산인식조건 만족 개발단계지출(900,000)과 자산인식조건 만족 내부개발소프트웨어(250,000)
→900,000 + 250,000 = 1,150,000

❗ POINT 연구개발지출과 소프트웨어의 처리

연구개발지출	연구단계활동 지출	• 비용(연구비)
	개발단계활동 지출	• 자산인식요건 충족O : 무형자산(개발비) • 자산인식요건 충족X : 비용(경상개발비)
소프트웨어	내부개발소프트웨어	• 자산인식요건 충족시 '개발비'의 과목으로 무형자산 처리
	외부구입소프트웨어	• 자산인식요건 충족시 '소프트웨어'의 과목으로 무형자산 처리

다양한 무형자산의 집계

| 난이도 | ⊕ | 정답 | ① |

다음 항목 중 무형자산에 해당되는 금액의 합계는 얼마인가?

새로운 지식을 얻고자 하는 활동 지출액	140,000원
내부적으로 창출된 브랜드의 가치평가금액	200,000원
내부적으로 창출된 영업권의 가치평가금액	160,000원
개발단계 지출로 자산인식 조건을 만족하는 금액	320,000원
사업결합으로 취득한 고객목록 평가금액	180,000원

① 500,000원　　② 660,000원　　③ 800,000원　　④ 860,000원

해설

• 새로운 지식을 얻고자 하는 활동 지출액
 - 연구단계활동에 해당하므로 '연구비' 과목으로 비용처리한다.
• 내부적으로 창출된 브랜드의 가치평가금액
 - 사업을 전체적으로 개발하는데 발생한 원가와 구별할 수 없으므로 무형자산으로 인식하지 않는다.
• 내부적으로 창출된 영업권의 가치평가금액
 - 사업결합으로 취득한 영업권(=외부구입 영업권)은 신뢰성있는 측정이 가능하므로 무형자산으로 인식하나, 내부창출영업권은 원가를 신뢰성있게 측정할 수 없고 기업이 통제하고 있는 식별가능한 자원이 아니기 때문에 무형자산으로 인식하지 않는다.
• 개발단계 지출로 자산인식 조건을 만족하는 금액
 - 자산요건을 충족하는 개발단계활동 지출은 '개발비' 과목으로 무형자산 처리한다.
• 사업결합으로 취득한 고객목록 평가금액
 - 내부창출이 아닌 사업결합으로 유상취득한 고객목록이므로 영업권과 분리하여 무형자산 처리한다.
∴무형자산에 해당하는 금액의 합계 : 320,000(개발비)+180,000(고객목록)=500,000

❗ POINT 브랜드·고객목록 회계처리

내부적으로 창출한 것	• 무형자산으로 인식하지 않음.
사업결합(또는 외부구입)으로 취득한 것	• 영업권과 분리하여 무형자산으로 인식함.

참고 브랜드, 고객목록에 대한 취득후(또는 완성후)의 지출은 항상 발생시점에 당기손익으로 인식함.
 →이는 내부에서 창출하였는지 사업결합(외부구입)으로 취득하였는지에 관계없이 당기손익 처리함.

무형자산 상각 일반사항[1]

| 난이도 | ⊕ | 정답 | ③ |

다음 중 무형자산의 상각에 관한 설명으로 가장 올바르지 않은 것은?

① 내용연수가 유한한 무형자산은 내용연수동안 상각하지만 내용연수가 비한정인 무형자산은 상각하지 않는다.
② 무형자산의 잔존가치는 처분으로 회수가능한 금액을 근거로 하여 추정하며, 적어도 매 회계기간말에 검토한다.
③ 상각기간이나 상각방법을 변경하는 경우에는 회계정책의 변경으로 본다.
④ 상각하지 않는 무형자산에 대하여 매 회계기간마다 내용연수가 비한정이라는 평가가 정당한지 검토한다.

해설

• ③ 내용연수가 유한한 무형자산의 상각기간과 상각방법은 적어도 매 회계연도 말에 검토한다. 자산의 예상 내용연수가 과거의 추정치와 다르다면 상각기간을 이에 따라 변경한다. 자산이 갖는 미래경제적효익의 예상소비형태가 변동된다면, 변동된 소비형태를 반영하기 위하여 상각방법을 변경한다. 그러한 변경은 회계추정의 변경으로 회계처리한다.[K-IFRS 제1038호 문단104]
 ④ 상각하지 않는 무형자산에 대하여 사건과 상황이 그 자산의 내용연수가 비한정이라는 평가를 계속하여 정당화하는지를 매 회계기간에 검토한다. 사건과 상황이 그러한 평가를 정당화하지 않는 경우에 비한정 내용연수를 유한 내용연수로 변경하는 것은 회계추정의 변경으로 회계처리한다.[K-IFRS 제1038호 문단109]

무형자산 상각 일반사항[2]	난이도	⊕	정답	③

다음 중 무형자산의 상각에 관한 설명으로 가장 올바르지 않은 것은?

① 내용연수가 유한한 무형자산은 자산을 사용할 수 있는 때부터 상각을 시작한다.
② 내용연수가 비한정인 무형자산은 감가상각하지 않고, 매 회계기간마다 내용연수가 비한정이라는 평가가 정당한지 검토한다.
③ 내용연수가 유한한 무형자산은 경제적효익이 소비되는 형태를 신뢰성 있게 결정할 수 없는 경우에는 정률법을 적용하여 상각한다.
④ 내용연수가 유한한 무형자산은 잔존가치뿐만 아니라 상각기간과 상각방법을 적어도 매 회계연도말에 검토한다.

해설

- ① 내용연수가 유한한 무형자산의 상각대상금액은 내용연수 동안 체계적인 방법으로 배분하여야 한다. 상각은 자산을 사용할 수 있는 때부터 시작한다.[K-IFRS 제1038호 문단97]
- ② 내용연수가 비한정인 무형자산은 상각하지 아니한다.[K-IFRS 제1038호 문단107]
  →상각하지 않는 무형자산에 대하여 사건과 상황이 그 자산의 내용연수가 비한정이라는 평가를 계속하여 정당화하는지를 매 회계기간에 검토한다. 사건과 상황이 그러한 평가를 정당화하지 않는 경우에 비한정 내용연수를 유한 내용연수로 변경하는 것은 회계추정의 변경으로 회계처리한다.[K-IFRS 제1038호 문단109]
- ③ 무형자산의 상각방법은 자산의 경제적 효익이 소비될 것으로 예상되는 형태를 반영한 방법이어야 한다. 다만, 그 형태를 신뢰성 있게 결정할 수 없는 경우에는 정액법을 사용한다.[K-IFRS 제1038호 문단97]
- ④ 잔존가치는 적어도 매 회계연도 말에는 검토하며, 잔존가치의 변동은 회계추정의 변경으로 처리한다.[K-IFRS 제1038호 문단102]
  →내용연수가 유한한 무형자산의 상각기간과 상각방법은 적어도 매 회계연도 말에 검토한다. 자산의 예상 내용연수가 과거의 추정치와 다르다면 상각기간을 이에 따라 변경한다. 자산이 갖는 미래경제적효익의 예상소비형태가 변동된다면, 변동된 소비형태를 반영하기 위하여 상각방법을 변경한다. 그러한 변경은 회계추정의 변경으로 회계처리한다.[K-IFRS 제1038호 문단104]
- ★ **저자주** 유형자산과 달리 무형자산은 감가상각이 아니라 '상각'이라는 용어이어야 합니다. 지문 ②에서 '감가상각하지 않고'라는 문구는 출제오류에 해당합니다.

무형자산 후속측정	난이도	⊕	정답	④

다음 중 무형자산의 후속 측정에 관한 설명으로 가장 옳은 것은?

① 내용연수가 비한정인 무형자산은 최소한 3년에 1회 이상의 손상검사가 이루어져야 한다.
② 손상검토시 회수가능액은 순공정가치와 사용가치 중 작은 금액을 기준으로 판단한다.
③ 무형자산의 경제적 효익이 소비되는 형태를 신뢰성 있게 결정할 수 없는 경우 정률법으로 상각한다.
④ 무형자산의 잔존가치, 상각기간 및 상각방법의 적정성에 대하여 매 보고기간 말에 재검토하여야 한다.

해설

- ① 다음의 각 경우에 회수가능액과 장부금액을 비교하여 내용연수가 비한정인 무형자산의 손상검사를 수행하여야 한다.[K-IFRS 제1038호 문단108]

㉠ 매년	㉡ 무형자산의 손상을 시사하는 징후가 있을 때

- ② 유형자산과 동일하게 무형자산 손상검토시 회수가능액은 순공정가치와 사용가치 중 큰 금액을 기준으로 판단한다.[K-IFRS 제1038호 문단111]
  → **저자주** 무형자산 손상 회계처리는 기본적으로 유형자산 손상과 동일합니다.
- ③ 무형자산의 상각방법은 자산의 경제적 효익이 소비될 것으로 예상되는 형태를 반영한 방법이어야 한다. 다만, 그 형태를 신뢰성 있게 결정할 수 없는 경우에는 정액법을 사용한다.[K-IFRS 제1038호 문단97]
- ④ 잔존가치는 적어도 매 회계연도 말에는 검토한다.[K-IFRS 제1038호 문단102]
  상각기간과 상각방법은 적어도 매 회계연도 말에 검토한다.[K-IFRS 제1038호 문단104]

투자부동산 해당여부[1]

난이도 ㉗ **정답** ④

다음 중 투자부동산과 관련된 내용으로 올바르지 않은 것은?

① 투자부동산은 임대수익이나 시세차익 또는 둘 다를 얻기 위하여 소유자가 보유하거나 리스이용자가 사용권자산으로 보유하고 있는 부동산을 말한다.
② 장래 용도를 결정하지 못한 채로 보유하고 있는 토지는 투자부동산에 해당되는 경우의 예이다.
③ 미래에 투자부동산으로 사용하기 위하여 건설 또는 개발 중인 부동산은 투자부동산으로 분류하여야 한다.
④ 정상적인 영업과정에서 판매를 위한 부동산이나 이를 위하여 건설 또는 개발 중인 부동산은 투자부동산으로 분류하여야 한다.

해설

• 통상적인 영업과정에서 판매를 위한 부동산이나 이를 위하여 건설 또는 개발 중인 부동산은 투자부동산에 해당하지 않는다.
* **저자주** K-IFRS 개정으로 '정상적인'은 '통상적인'으로 문구가 변경되었으니 참고바랍니다.

❗POINT 투자부동산의 정의·일반적 분류·해당여부

투자부동산 정의	• 투자부동산은 임대수익이나 시세차익 또는 둘 다를 얻기 위하여 소유자가 보유하거나 리스이용자가 사용권자산으로 보유하고 있는 부동산을 말함.	
부동산 일반적 분류	임대수익·시세차익목적 보유	• 투자부동산
	재화생산·용역제공·관리목적 보유	• 유형자산(자가사용부동산)
	통상적 영업과정에서 판매목적 보유	• 재고자산
투자부동산 해당여부	투자부동산O [예시]	• 장기시세차익을 얻기 위하여 보유하고 있는 토지 →통상적인 영업과정에서 단기간에 판매하기 위하여 보유하는 토지 제외 • 장래 용도를 결정하지 못한 채로 보유하고 있는 토지 • 직접소유하고 운용리스로 제공하는 건물 • 운용리스로 제공하기 위하여 보유하는 미사용 건물 • 미래에 투자부동산으로 사용하기 위하여 건설·개발중인 부동산
	투자부동산X [예시]	• 통상영업과정에서 판매 또는 이를 위하여 건설·개발 중인 부동산 • 자가사용부동산 • 금융리스로 제공한 부동산

투자부동산 해당여부[2]

난이도 ㉗ **정답** ①

다음 중 투자부동산으로 분류되지 않는 것은?

① 정상적인 영업과정에서 단기간에 판매하기 위하여 보유하는 토지
② 미래에 투자부동산으로 사용하기 위하여 건설 또는 개발 중인 부동산
③ 장기 시세차익을 얻기 위하여 보유하고 있는 토지
④ 장래 용도를 결정하지 못한 채로 보유하고 있는 토지

해설

• 장기 시세차익을 얻기 위하여 보유하고 있는 토지는 투자부동산에 해당하나, 통상적인 영업과정에서 단기간에 판매하기 위하여 보유하는 토지는 제외한다.[K-IFRS 제1040호 문단8]

투자부동산 공정가치모형 평가손익

| 난이도 | ⊕ | 정답 | ① |

●── ㈜삼일은 20X1년초에 임대수익을 얻을 목적으로 건물을 100,000,000원에 취득하였다. 취득당시 건물의 내용연수는 10년, 잔존가치 20,000,000원이며 감가상각방법은 정액법이다. ㈜삼일은 투자부동산을 공정가치 모형으로 평가하고 있으며, 20X1년말과 20X2년말에 건물의 공정가치는 각각 100,000,000원과 120,000,000원이었다. ㈜삼일이 투자부동산과 관련하여 20X2년에 당기손익으로 인식할 금액은 얼마인가?

① 이익 20,000,000원
② 손실 20,000,000원
③ 이익 36,000,000원
④ 손실 36,000,000원

해설

• 공정가치모형이므로 당기손익에 미치는 영향은 공정가치 증가분인 평가이익이 된다.
→20x2년 평가이익 : 120,000,000(20x2년말 공정가치) - 100,000,000(20x1년말 공정가치) = 20,000,000

20x1년초	(차) 투자부동산	100,000,000	(대) 현금	100,000,000
20x1년말	- 회계처리 없음 -			
20x2년말	(차) 투자부동산	20,000,000	(대) 투자부동산평가이익	20,000,000

참고 원가모형이라면 당기손익에 미치는 영향은 감가상각비[(100,000,000 - 20,000,000)÷10년=8,000,000]이다.

금융자산의 분류

| 난이도 | ⊕ | 정답 | ④ |

●── 다음 중 금융자산의 분류에 대한 설명으로 가장 올바르지 않은 것은?

① 일반적으로 지분증권은 당기손익-공정가치측정 금융자산으로 분류한다.
② 단기매매항목이 아닌 지분상품은 최초 인식시 기타포괄손익-공정가치측정 금융자산으로 지정할 수 있다.
③ 원리금 수취 목적의 채무상품은 상각후원가측정금융자산으로 분류한다.
④ 파생상품은 기타포괄손익-공정가치측정 금융자산으로 분류한다.

해설

• 파생상품은 'AC금융자산과 FVOCI금융자산의 충족조건을 만족시키지 못하는 그 외 모든 금융자산'에 해당하므로, FVPL금융자산(당기손익-공정가치측정금융자산)으로 분류된다.

❗POINT 금융자산 분류

	• 사업모형과 현금흐름특성에 근거하여 다음과 같이 분류·측정함.		
	분류·측정	충족조건	해당증권
원칙	AC금융자산 [상각후원가측정]	• ㉠ 현금흐름수취목적 사업모형일 것 ㉡ 원리금지급만으로 구성된 현금흐름일 것	채무상품
	FVOCI금융자산 [기타포괄손익-공정가치측정]	• ㉠ 현금흐름수취와 금융자산매도목적 사업모형일 것 ㉡ 원리금지급만으로 구성된 현금흐름일 것	채무상품
	FVPL금융자산 [당기손익-공정가치측정]	• 그 외 모든 금융자산 →㉲ 단기매매항목	지분상품 채무상품 파생상품
	• 최초인식시점에 다음과 같이 측정하기로 선택할 수 있음.		
	분류·측정	충족조건	해당증권
선택	FVOCI금융자산 [기타포괄손익-공정가치측정]	• 단기매매항목이 아닐 것	지분상품
	FVPL금융자산 [당기손익-공정가치측정]	• 회계불일치를 제거하거나 유의적으로 줄이기 위한 경우일 것	지분상품 채무상품

| FVOCI금융자산 기타포괄손익 상계 | 난이도 | ⊕ | 정답 | ③ |

●── ㈜삼일의 20X1 년말 재무상태표에 표시될 기타포괄손익-공정가치측정금융자산의 기타포괄손익누계액은 얼마인가?

> ㈜삼일은 20X0년초 기타포괄손익-공정가치측정금융자산을 취득하였다. 취득시 공정가치는 100,000
> 원이고, 취득관련수수료는 10,000원이다. 20X0년말 동 금융자산의 공정가치는 100,000원이다.
> 20X1년말 동 금융자산의 공정가치는 150,000원이다.

① 10,000원　　　　② 20,000원　　　　③ 40,000원　　　　④ 50,000원

해설

- 거래원가(취득관련수수료)는 취득원가(공정가치)에 가산한다.
- FVOCI금융자산의 평가이익과 평가손실은 발생시 상계하여 계상한다.
- 회계처리

20x0년초	(차)	FVOCI금융자산	110,000	(대)	현금	100,000
					현금	10,000
20x0년말	(차)	평가손실	10,000[1]	(대)	FVOCI금융자산	10,000
20x1년말	(차)	FVOCI금융자산	50,000	(대)	평가손실	10,000[2]
					평가이익	40,000[2]

[1]110,000 - 100,000 = 10,000　　[2]150,000 - 100,000 = 50,000

* **고속철** 20x1년말 기타포괄손익누계액 : 150,000(20x1년말 공정가치) − 110,000(20x0년초 취득원가) = 40,000

* **저자주** 만약, 기타포괄손익에의 영향을 물으면?
　→20x0년 기타포괄손익 10,000 감소, 20x1년 기타포괄손익 50,000 증가

❗POINT 금융자산 인식시 거래원가 처리

| FVPL금융자산(당기손익-공정가치측정금융자산) | • 발생 즉시 당기비용으로 인식 |
| 그 외 금융자산 | • 공정가치에 가산 |

❗POINT FVOCI금융자산(지분상품) 평가와 처분

평가손익	자본처리	• 공정가치와 장부금액의 차액 : 기타포괄손익(자본)으로 처리함.　🔾주의 평가이익과 평가손실은 발생시 상계하여 표시함.
	재분류불가	• 평가손익은 후속적으로 당기손익으로 재분류하지 않음.(재순환 불가)　→즉, 다른 자본계정(이익잉여금)으로 대체는 가능함.　**비교** FVOCI금융자산(채무상품)평가손익은 제거시 당기손익으로 재분류함.
처분손익	선평가	• 처분시 공정가치(=처분금액)로 먼저 평가하여 평가손익을 인식함.
	처분손익 인식불가	• 처분손익을 인식하지 않음.　**예시** 장부금액 ₩90, 처분금액(=공정가치) ₩100인 경우

| 선평가 | (차) FVOCI금융자산 | 10 | (대) 평가이익 | 10 |
| 처 분 | (차) 현금 | 100 | (대) FVOCI금융자산 | 100 |

| 금융자산·금융부채의 의의와 해당항목 | 난이도 | ⊕ | 정답 | ③ |

다음 중 금융상품에 관한 설명으로 가장 올바르지 않은 것은?

① 금융상품은 거래당사자에게 금융자산을 발생시키고 동시에 거래상대방에게 금융부채나 지분상품을 발생시키는 모든 계약을 말한다.
② 잠재적으로 유리한 조건으로 거래상대방과 금융자산이나 금융부채를 교환하기로 한 계약상 권리는 금융자산이다.
③ 매입채무와 미지급금, 미지급법인세는 금융부채에 해당한다.
④ 현금및현금성자산, 매출채권, 다른 기업의 지분상품 및 채무상품은 금융자산에 해당한다.

해설

• 미지급법인세는 금융부채에 해당하지 아니한다.
→계약에 의하지 않은 부채나 자산은 금융부채나 금융자산이 아니다. 이러한 예로는 정부가 부과하는 법적 요구사항에 따라 발생하는 법인세와 관련된 부채(미지급법인세)를 들 수 있다.

❓POINT 금융상품 해당항목

금융자산 해당여부	금융자산 O	• 현금및현금성자산, 대여금, 매출채권, 미수금, 미수수익, FVPL금융자산, FVOCI금융자산, AC금융자산, 금융기관취급 기타금융상품
	금융자산 X	• 재고자산, 유형자산, 무형자산, 사용권자산, 선급비용, 선급금, 계약에 의하지 않은 자산, 법인세관련 자산(이연법인세자산)
금융부채 해당여부	금융부채 O	• 매입채무, 지급어음, 차입금, 사채, 미지급금, 미지급비용, 금융리스부채, 금융보증계약, 상환우선주(보유자에게 상환청구권이 있는 경우)
	금융부채 X	• 선수금, 선수수익, 품질보증의무, 당기법인세부채(미지급법인세), 이연법인세부채, 충당부채, 의제의무

| 사채할증발행 발행금액 | 난이도 | ⓣ | 정답 | ③ |

㈜삼일은 20X1년 1월 1일에 만기 3년, 액면금액 100,000,000원, 표시이자율 10%인 사채를 발행하였다. 이자는 매년 말에 지급되고 사채 발행시점의 유효이자율은 8%라고 할 때 사채의 발행가액은 얼마인가?

| 8% | 1년 | 2년 | 3년 | 합계 |
| 현가계수 | 0.92593 | 0.85734 | 0.79383 | 2.57710 |

① 95,025,800원
③ 105,154,000원
② 100,000,000원
④ 106,245,000원

해설

• '액면이자율(10%) 〉 시장이자율(8%)' ⇒ 할증발행에 해당한다.
• 액면이자 : 100,000,000 × 10% = 10,000,000
• 현금흐름
 - 20x1년말 이자 10,000,000, 20x2년말 이자 10,000,000, 20x3년말 원리금 10,000,000 + 100,000,000 = 110,000,000
• [방법1] 발행금액 : 10,000,000 × 0.92593 + 10,000,000 × 0.85734 + 110,000,000 × 0.79383 = 105,154,000
 [방법2] 발행금액 : 10,000,000 × 2.57710 + 100,000,000 × 0.79383 = 105,154,000

사채할인발행시 정액법상각 오류의 영향

| 난이도 | ㊥ | 정답 | ② |

㈜삼일은 사채를 할인발행하고, 사채할인발행차금에 대하여 유효이자율법으로 상각하지 않고 정액법을 적용하여 상각하였다. 이러한 오류가 발행연도 재무제표에 미치는 영향을 바르게 지적한 것은?

	사채의 장부금액	당기순이익
①	과대계상	과대계상
②	과대계상	과소계상
③	과소계상	과대계상
④	과소계상	과소계상

해설

- 할인발행시 장부금액 : 액면금액 – 사채할인발행차금잔액
  할인발행시 이자비용 : 액면이자 + 사채할인발행차금상각액
- 사채 할인발행시 유효이자율법에 의한 사채할인발행차금상각액은 작은 금액에서 큰 금액으로 매기 증가한다.
  → 발행연도(1차연도)의 상각액 크기는 유효이자율법보다 정액법하의 상각액이 더 크다.
- 정액법을 적용한 경우
  ㉠ 사채할인발행차금상각액 과대계상 → 사채할인발행차금잔액 과소계상 → 사채장부금액 과대계상
  ㉡ 사채할인발행차금상각액 과대계상 → 이자비용 과대계상 → 당기순이익 과소계상

2차연도 사채이자비용

| 난이도 | ㊦ | 정답 | ③ |

㈜삼일은 다음과 같은 조건으로 사채를 발행하였다. 20X2년도에 인식할 이자비용은 얼마인가(단, 계산금액은 소수점 첫째자리에서 반올림하고, 가장 근사치를 답으로 선택한다)?

> ㄱ. 액면금액 : 1,000,000원
> ㄴ. 발행일 : 20X1년 1월 1일
> ㄷ. 만기일 : 20X3년 12월 31일
> ㄹ. 액면이자율 및 이자지급조건 : 연10%, 매년 말 지급
> ㅁ. 발행일의 시장이자율 : 연 12%
> ㅂ. 이자율 12%, 3년 정상연금현가계수 : 2.40183
>   이자율 12%, 3년 현가계수 : 0.71178

① 100,000원　　　② 114,236원　　　③ 115,944원　　　④ 117,857원

해설

- 발행금액 : 100,000×2.40183 + 1,000,000×0.71178 = 951,963
- 20x1년말 사채할인발행차금 상각액 : 951,963×12% – 100,000 = 14,236
- 20x1년말 장부금액 : 951,963 + 14,236 = 966,199
- 20x2년말 이자비용(유효이자) : 966,199×12% = 115,944

참고 회계처리

20x2년말	(차) 이자비용	115,944	(대) 현금	100,000
			사채할인발행차금	15,944

사채할인발행의 경우 총이자비용 | 난이도 ⊕ | 정답 ③

㈜삼일은 20X1년 1월 1일 액면금액 1,000,000원, 표시이자율 5%, 만기 3년인 사채를 922,687원에 할인발행하였다. 사채의 발행당시 유효이자율이 12%일 때 ㈜삼일이 사채발행으로 인하여 만기 3년 동안 인식해야 할 총 이자비용을 계산한 것으로 가장 옳은 것은?

① 150,000원 ② 240,000원 ③ 227,313원 ④ 317,313원

해설

*⚡고속철 사채할인발행시 만기까지 총이자비용 : 총액면이자＋총사채할인발행차금
　　　　　사채할증발행시 만기까지 총이자비용 : 총액면이자－총사채할증발행차금

• 총사채할인발행차금 : 1,000,000 - 922,687 = 77,313
• 만기 3년동안 인식해야 할 총이자비용 : 총액면이자(50,000×3년)＋총사채할인발행차금(77,313)＝227,313

사채할증발행의 경우 총이자비용 | 난이도 ⊕ | 정답 ③

㈜삼일은 20X1년 1월 1일에 만기 3년, 액면금액 100,000,000원, 표시이자율 10%인 사채를 발행하였다. 이자는 매년 말에 지급되고 사채발행시점의 유효이자율은 8%라고 할 때 ㈜삼일이 동 사채의 발행기간에 걸쳐 인식하게 될 이자비용은 총 얼마인가?

구분	1년	2년	3년	합계
8%	0.92593	0.85734	0.79383	2.57710

① 20,974,200원 ② 23,755,000원
③ 24,846,000원 ④ 30,000,000원

해설

*⚡고속철 사채할인발행시 만기까지 총이자비용 : 총액면이자＋총사채할인발행차금
　　　　　사채할증발행시 만기까지 총이자비용 : 총액면이자－총사채할증발행차금

• 발행금액(현재가치) : 10,000,000×2.57710＋100,000,000×0.79383＝105,154,000
　→총사채할증발행차금 : 105,154,000 - 100,000,000 = 5,154,000
• 총이자비용 : 총액면이자(10,000,000×3년) - 총사채할증발행차금(5,154,000)＝24,846,000

| 복합금융상품 일반사항 | 난이도 | ⊕ | 정답 | ④ |

다음 중 복합금융상품에 관한 설명으로 가장 올바르지 않은 것은?

① 전환사채란 유가증권 소유자가 일정한 조건하에 보통주로의 전환권을 행사할 수 있는 사채로서, 전환권을 행사하면 보통주로 전환되는 사채이다.
② 신주인수권부사채란 유가증권의 소유자가 일정한 조건하에 신주인수권을 행사하여 보통주 발행을 청구할 수 있는 권리가 부여된 사채이다.
③ 전환우선주란 유가증권의 소유자가 일정한 조건하에 전환권을 행사할 수 있는 우선주로서, 전환권을 행사하면 보통주로 전환되는 우선주이다.
④ 복합금융상품의 발행금액에서 지분상품(자본)의 공정가치를 차감한 잔액은 금융부채로 인식한다.

해설

• 전환사채는 부채요소(금융부채, 현재가치)와 자본요소(지분상품, 전환권대가)를 모두 가지고 있는 복합금융상품이다. 〈발행금액 – 부채요소(금융부채, 현재가치) = 자본요소(지분상품, 전환권대가)〉
  → 자본요소(전환권대가)는 잔여지분이라는 정의와 일관되도록 하기 위해, 부채요소(현재가치)를 먼저 측정하고, 발행금액에서 부채요소를 차감한 금액으로 자본요소를 측정하도록 규정하고 있다.
  → ∴발행금액에서 금융부채의 공정가치를 차감한 잔액을 지분상품(자본)으로 인식한다.

⊙ POINT 복합금융상품의 종류

전환사채	• 유가증권의 소유자가 일정한 조건하에 보통주로의 전환권을 행사할 수 있는 사채로서, 전환권을 행사하면 보통주로 전환되는 사채
신주인수권부사채	• 유가증권의 소유자가 일정한 조건하에 신주인수권을 행사하여 보통주 발행을 청구할 수 있는 권리가 부여된 사채
전환우선주	• 유가증권의 소유자가 일정한 조건하에 전환권을 행사할 수 있는 우선주로서, 전환권을 행사하면 보통주로 전환되는 우선주
교환사채	• 유가증권의 소유자가 사채발행자가 보유하고 있는 유가증권과 교환을 청구할 수 있는 권리가 부여된 사채

| 충당부채 인식요건 | 난이도 | ⓣ | 정답 | ③ |

다음 중 충당부채를 재무상태표에 부채로 인식할 수 있는 요건에 해당하지 않는 것은?

① 과거사건의 결과로 현재 의무가 존재한다.
② 당해 의무를 이행하기 위하여 경제적 효익이 있는 자원이 유출될 가능성이 매우 높다.
③ 지출의 시기 및 금액을 확실히 추정할 수 있다.
④ 해당 의무를 이행하기 위하여 필요한 금액을 신뢰성 있게 추정할 수 있다.

해설

• 충당부채 용어정의 : 충당부채는 지출하는 시기 또는 금액이 불확실한 부채이다. [K-IFRS 제1037호 문단10]
• **저자주** ②번 지문은 문제오류에 해당합니다. '당해 의무'를 '해당 의무'로 수정하기 바라며, '매우 높다'를 '높다'로 수정바랍니다.

⊙ POINT 충당부채 인식요건[K-IFRS 제1037호 문단14]

*충당부채는 다음의 요건을 모두 충족하는 경우에 인식함.

현재의무	• 과거사건의 결과로 현재의무(법적의무나 의제의무)가 존재한다.
자원유출	• 해당 의무를 이행하기 위하여 경제적 효익이 있는 자원을 유출할 가능성이 높다.
금액추정	• 해당 의무를 이행하기 위하여 필요한 금액을 신뢰성 있게 추정할 수 있다.

충당부채 인식과 회계처리

| 난이도 | ㉠ | 정답 | ④ |

다음 중 ㈜삼일의 충당부채에 관한 회계처리로 가장 올바르지 않은 것은?

① 판매시점으로부터 2년간 품질을 보증(확신유형의 보증)하는 조건으로 제품을 판매하여 20X1년 중에 판매한 제품에 대해 추정한 보증수리비용을 충당부채로 인식하였다.
② 충당부채를 계상할 때 현재의무의 이행에 소요되는 지출에 대한 보고기간종료일 현재의 최선의 추정치를 산출하였다.
③ 충당부채의 명목가액과 현재가치의 차이가 중요하여 예상 지출의 현재가치로 충당부채를 평가하였다.
④ 화재, 폭발 또는 기타 재해에 의한 재산상의 손실에 대비한 보험에 가입하고 있지 않아 이의 멸실에 대비하여 충당부채를 계상하였다.

해설

• 화재 등으로 인한 미래 멸실액은 충당부채 인식요건을 충족하지 않으므로 충당부채를 계상하지 않는다.
  →충당부채는 다음의 요건을 모두 충족하는 경우에 인식한다.

  ㉠ 현재의무가 존재 ㉡ 자원유출 가능성이 높음. ㉢ 금액을 신뢰성 있게 추정할 수 있음.

충당부채의 인식

| 난이도 | ⊕ | 정답 | ② |

다음 중 충당부채에 관한 설명으로 가장 올바르지 않은 것은?

① 충당부채를 인식하기 위해서는 과거에 사건이나 거래가 발생하여 현재 의무가 존재하여야 한다.
② 충당부채를 반드시 재무상태표에 금액으로 인식할 필요는 없으며, 주석으로 공시해도 된다.
③ 충당부채를 설정하는 의무에는 법적의무 또는 의제의무가 포함된다.
④ 화재, 폭발 등의 재해에 의한 재산상의 손실에 대비한 보험에 가입하고 있지 않을 때 보험 미가입으로 인하여 재무상태표에 인식하여야 할 부채는 없다.

해설

• ② 충당부채 : 반드시 재무제표에 부채로 인식하여야 한다.
  →우발부채 : 부채로 인식할 수 없으며 주석으로 공시한다.
  →우발자산 : 자산으로 인식할 수 없으며 경제적효익 유입가능성이 높은 경우에만 주석으로 공시한다.
④ 화재 등으로 인한 미래 멸실액은 충당부채 인식요건을 충족하지 않으므로 충당부채를 계상하지 않는다.
  →충당부채는 다음의 요건을 모두 충족하는 경우에 인식한다.

  ㉠ 현재의무(법적의무나 의제의무) 존재 ㉡ 자원유출 가능성 높음 ㉢ 신뢰성있는 금액추정 가능

❗POINT 충당부채·우발부채·우발자산 인식

	충당부채	우발부채	우발자산
조건	유출가능성이 높다 and 측정가능	유출가능성이 높다 or 유출가능성이 높더라도 측정불가능	유입가능성이 높다
인식	F/S에 부채인식	주석공시(F/S인식불가)	주석공시(F/S인식불가)
	그 외의 사항은 아예 공시하지 않음		

우발부채·우발자산

| 난이도 | ㊤ | 정답 | ② |

다음 중 우발부채 및 우발자산에 관한 설명으로 가장 올바르지 않은 것은?

① 우발자산은 과거사건에 의해 발생하였으나, 기업이 전적으로 통제할 수 없는 하나 이상의 불확실한 미래사건의 발생 여부에 의하여서만 그 존재가 확인되는 잠재적 자산을 의미한다.
② 우발부채는 재무상태표상 부채로 인식하고, 유형별로 그 성격을 주석에 추가적으로 설명한다.
③ 과거사건에 의하여 발생하였으나, 그 의무를 이행하기 위하여 경제적효익을 갖는 자원이 유출될 가능성이 높지 않은 경우에는 우발부채로 인식한다.
④ 우발부채의 경우 당해 의무를 이행하기 위하여 경제적 효익이 있는 자원을 유출할 가능성이 희박한 경우에는 공시하지 아니한다.

해설

• 우발부채는 재무상태표상 부채로 인식할 수 없으며, 주석으로 공시한다.

❗POINT 충당부채와 우발부채의 인식

금액추정가능성 〳 자원유출가능성	신뢰성있게 추정가능	추정불가능
가능성이 높음	충당부채로 인식	우발부채로 주석공시
가능성이 어느 정도 있음(높지 않음)	우발부채로 주석공시	우발부채로 주석공시
가능성이 희박(아주 낮음)	공시하지 않음	공시하지 않음

우선주 배당액(누적적·비참가적)

| 난이도 | ⊕ | 정답 | ③ |

㈜삼일은 20X1년초 설립된 회사로 설립시에 보통주와 우선주를 모두 발행하였다. 설립일 이후 자본금의 변동은 없었으며, 20X3년 12월 31일 현재 보통주자본금과 우선주자본금은 다음과 같다. ㈜삼일은 설립된 이후 어떠한 배당도 하지 않았으나 20X3년 12월 31일로 종료되는 회계연도의 정기주주총회에서 배당금 총액을 300,000원으로 선언할 예정일 경우, 우선주 주주에게 배분될 배당금은 얼마인가?

구분	주당액면금액	발행주식수	자본금
보통주	1,000원	1,000주	1,000,000원
우선주(*)	1,000원	500주	500,000원

*누적적·비참가적 우선주, 배당률 10%

① 25,000원　　　　② 50,000원　　　　③ 150,000원　　　　④ 300,000원

해설

• 우선주가 누적적 우선주이므로, '우선주의 배당률에 해당하는 금액(=우선주자본금×배당률)'을 누적분을 우선주에 배당하고, 나머지 금액 모두를 보통주에게 배당한다.
• 우선주배당금 : ㉠+㉡=150,000
　㉠ 누적분(20x1년/20x2년) : [500,000(우선주자본금)×10%(배당률)]×2년=100,000
　㉡ 당기분(20x3년) : 500,000(우선주자본금)×10%(배당률)=50,000
＊참고 보통주배당금 : 500,000(배당금총액)-150,000(우선주배당금)=350,000

| 자본과 주식 세부고찰 | 난이도 | ㊥ | 정답 | ③ |

다음은 20X1년말 ㈜삼일의 주요 재무정보의 일부이다. ㈜삼일은 20X1년에 신설된 법인으로 당기에 추가적인 증자 및 배당은 존재하지 않았다. ㈜삼일의 20X1년 당기순이익은 1,000,000,000원이고, 1주당 액면금액은 10,000원일 때 20X1년말 현재 자본에 관한 설명으로 가장 올바르지 않은 것은?

자본금	10,000,000,000원
주식발행초과금	3,000,000,000원
이익잉여금	1,000,000,000원
자본총계	14,000,000,000원

① ㈜삼일의 발행주식수는 1,000,000주이다.
② ㈜삼일의 주식발행금액은 주당 13,000원이다.
③ ㈜삼일의 20X1년 주당이익은 1,400원이다.
④ ㈜삼일의 법정자본금은 10,000,000,000원이다.

해설

- ① 발행주식수 : 10,000,000,000(자본금)÷10,000(주당 액면금액) = 1,000,000주
  ② 주당 주식발행금액 : (10,000,000,000+3,000,000,000)÷1,000,000주=@13,000
  ③ 주당이익(EPS) : $\dfrac{1,000,000,000(당기순이익)}{1,000,000주}$ =1,000
  ④ 법정자본금 : 10,000,000,000(자본금)
- **저자주** 문제의 명확한 성립을 위해 누락된 단서인 '단, 설립시 발행한 우선주는 없다.'를 추가하기 바랍니다.

자기주식거래 일반사항	난이도	⑪	정답	②

다음 중 자기주식의 취득 및 처분에 관한 회계처리에 관한 설명으로 가장 올바르지 않은 것은?

① 자기주식을 취득하는 경우 취득원가를 자본에서 차감하는 형식으로 기재한다.
② 자기주식을 처분하는 경우 처분가액과 취득원가와의 차액을 자기주식처분손익으로 기타포괄손익에 반영한다.
③ 자기주식을 소각하는 경우 액면금액과 취득원가와의 차액을 감자차손익으로 반영한다.
④ 자기주식을 보유하고 있는 기간동안 자기주식에 대한 평가손익은 인식하지 않는다.

해설

• 자기주식처분손익은 기타포괄손익이 아니라 자본에 가감하는 항목이다.

⚠ POINT 자기주식 회계처리

취득시	(차) 자기주식 xxx (대) 현금 xxx			
재발행시 (처분)	**재발행가 > 취득원가** (차) 현금 xxx (대) 자기주식 xxx 자기주식처분이익 xxx		**재발행가 < 취득원가** (차) 현금 xxx (대) 자기주식 xxx 자기주식처분손실 xxx	
소각시	**액면금액 > 취득원가** (차) 자본금(액면) xxx (대) 자기주식 xxx 감자차익 xxx		**액면금액 < 취득원가** (차) 자본금(액면) xxx (대) 자기주식 xxx 감자차손 xxx	
수증시	**취득시** - 회계처리 없음 -		**처분시** (차) 현금 xxx (대) 자기주식처분이익 xxx	

☐ 취득시 자기주식은 취득원가로 기록하며, 자기주식은 부(-)의 자본항목으로 표시함.
☐ 자기주식처분손실(감자차손)은 부(-)의 자본항목으로 표시한 후 이익잉여금으로 상각하며, 자기주식처분이익(감자차익)은 자본에 가산하여 표시함.
☐ 자기주식처분손실(감자차손)과 자기주식처분이익(감자차익)은 발생순서에 관계없이 서로 상계함.

이익잉여금 처분 일반사항	난이도	⑪	정답	④

다음 중 이익잉여금의 처분거래로 가장 올바르지 않은 것은?

① 이익준비금의 적립
② 현금배당
③ 임의적립금의 적립
④ 자기주식의 처분

해설

• ① 이익준비금(법정적립금) 적립 : (차) 이익잉여금 xxx (대) 이익준비금 xxx
② 현금배당 : (차) 이익잉여금 xxx (대) 현금 xxx
③ 임의적립금 적립 : (차) 이익잉여금 xxx (대) 임의적립금 xxx
④ 자기주식의 처분(재발행) : (차) 현금 xxx (대) 자기주식 xxx
　　　　　　　　　　　　　　　　　　　　　　　　　　자기주식처분이익 xxx

→기타 이익잉여금 처분거래 : 주식배당, 이익잉여금처분에 의한 상각액(주식할인발행차금, 감자차손 등)

고객과의 계약에서 생기는 수익 일반사항 | 난이도 ⊕ | 정답 ②

다음 중 고객과의 계약에서 생기는 수익에 관한 설명으로 가장 옳은 것은?

① 고객에게 이전할 재화나 용역에 대하여 받을 권리를 갖게 될 대가의 회수가능성이 높지 않더라도 계약에 상업적 실질이 존재하고 이전할 재화나 용역의 지급조건을 식별할 수 있으면 고객과의 계약으로 회계처리한다.
② 수익을 인식하기 위해서는 [고객과의 계약 식별 – 수행의무 식별 – 거래가격 산정 – 거래가격을 계약내 수행의무에 배분 – 수행의무를 이행할 때 수익인식]의 단계를 거친다.
③ 거래가격 산정시 제3자를 대신해서 회수한 금액도 포함되어야 하며, 변동대가, 비현금대가 및 고객에게 지급할 대가 등이 미치는 영향을 고려하여야 한다.
④ 자산은 고객이 그 자산을 통제하지 않더라도 인도하였을 때 이전된다.

해설

• ① 다음 기준을 모두 충족하는 때에만, K-IFRS 제1115호 '고객과의 계약에서 생기는 수익'의 적용범위에 포함되는 고객과의 계약으로 회계처리한다. 따라서, 고객에게 이전할 재화나 용역에 대하여 받을 권리를 갖게 될 대가의 회수가능성이 높은 경우에만 고객과의 계약으로 회계처리한다.[K-IFRS 제1115호 문단9]

승인과 확약	• 계약 당사자들이 계약을 서면으로, 구두로, 그 밖의 사업 관행에 따라 승인하고 각자의 의무를 수행하기로 확약한다.
권리 식별가능	• 이전할 재화나 용역과 관련된 각 당사자의 권리를 식별할 수 있다.
지급조건 식별가능	• 이전할 재화나 용역의 지급조건을 식별할 수 있다.
상업적실질 존재	• 계약에 상업적 실질이 있다. →계약의 결과로 기업의 미래현금흐름의 위험·시기·금액이 변동될 것으로 예상된다.
높은 회수가능성	• 고객에게 이전할 재화·용역에 대하여 받을 권리를 갖게 될 대가의 회수가능성이 높다. →대가의 회수 가능성이 높은지를 평가할 때에는 지급기일에 고객이 대가(금액)를 지급할 수 있는 능력과 지급할 의도만을 고려한다. 기업이 고객에게 가격할인(price concessions)을 제공할 수 있기 때문에 대가가 변동될 수 있다면, 기업이 받을 권리를 갖게 될 대가는 계약에 표시된 가격보다 적을 수 있다.

② 거래가격은 고객에게 약속한 재화나 용역을 이전하고 그 대가로 기업이 받을 권리를 갖게 될 것으로 예상하는 금액이며, 제3자를 대신해서 회수한 금액(예 일부 판매세)은 제외한다.[K-IFRS 제1115호 문단47]
④ 고객에게 약속한 재화나 용역, 즉 자산을 이전하여 수행의무를 이행할 때(또는 기간에 걸쳐 이행하는 대로) 수익을 인식한다. 자산은 고객이 그 자산을 통제할 때(또는 기간에 걸쳐 통제하게 되는 대로) 이전된다.[K-IFRS 제1115호 문단31]

수행의무 이행형태와 수익인식 | 난이도 ⊕ | 정답 ②

기업은 고객에게 약속한 재화나 용역을 이전하여 수행의무를 이행할 때 수익을 인식하여야 하는데, 만약 수행의무가 한 시점에 이행되는 경우라면 고객이 약속된 자산을 통제하고 기업이 의무를 이행하는 시점에서 수익을 인식한다. 여기서 고객이 자산을 통제하는 시점의 예로 가장 올바르지 않은 것은?

① 판매기업이 자산에 대해 현재 지급청구권이 있다.
② 판매기업에게 자산의 법적 소유권이 있다.
③ 판매기업이 자산의 물리적 점유를 이전하였다.
④ 자산의 소유에 따른 유의적인 위험과 보상이 고객에게 있다.

해설

• 판매기업에게 자산의 법적 소유권이 있다.(X) → 고객에게 자산의 법적 소유권이 있다.(O)

| 할부판매 매출총이익과 이자수익 | 난이도 | ⊕ | 정답 | ① |

●—— ㈜서울은 20X1년 1월 1일 ㈜용산에 상품을 할부로 판매하였다. 상품의 원가는 7,000,000원이며, 할부대금은 매년 말 3,000,000원씩 3년간 회수하기로 하였다. 또한 시장이자율은 10%이며, 연금현가계수(10%, 3년)는 2.48685 이다. 동 할부매출과 관련하여 ㈜서울이 20X1년에 인식할 매출총이익과 이자수익은 각각 얼마인가(단, 소수점 이하 는 반올림한다)?

	매출총이익	이자수익
①	460,550원	746,055원
②	746,055원	1,200,000원
③	2,000,000원	994,740원
④	2,000,000원	1,200,000원

해설

• 20x1년 매출총이익 계산

매출액(현가) : 3,000,000×2.48685 = 7,460,550

매출원가 : (7,000,000)

460,550

• 20x1년 이자수익 : 7,460,550×10%=746,055

참고 회계처리

20x1년초	(차) 매출채권	9,000,000	(대) 매출	3,000,000×2.48685=7,460,550
			현재가치할인차금	1,539450
	(차) 매출원가	7,000,000	(대) 상품	7,000,000
20x1년말	(차) 현금	3,000,000	(대) 매출채권	3,000,000
	(차) 현재가치할인차금	746,055	(대) 이자수익	7,460,550×10%=746,055

선수금에 포함된 유의적인 금융요소

| 난이도 | ⊕ | 정답 | ④ |

㈜삼일은 20X1년 1월 1일에 ㈜대전과 계약을 체결하면서 20X2년말에 상품(재고자산)을 이전하기로 약속하였다. ㈜삼일이 동 계약 체결일에 ㈜대전으로부터 상품대금으로 100,000원을 수령한 경우 ㈜삼일은 어느 보고기간에 얼마의 수익을 인식하여야 하는가? 단, ㈜삼일의 증분차입이자율은 연 5%라고 가정하고 상품의 이전은 계약대로 이루어졌다고 가정한다.

① 20X1년에 100,000원을 수익으로 인식   ② 20X2년에 100,000원을 수익으로 인식
③ 20X2년에 105,000원을 수익으로 인식   ④ 20X2년에 110,250원을 수익으로 인식

해설

• 매출액 계산

선수금	:	100,000
20x1년 이자비용 :	100,000×5%=	5,000
20x2년 이자비용 :	(100,000+5,000)×5%=	5,250
20x2년 매출액		110,250

참고 회계처리

20x1년초	(차)	현금	100,000	(대)	계약부채	100,000
20x1년말	(차)	이자비용	5,000	(대)	계약부채	5,000
20x2년말	(차)	이자비용	5,250	(대)	계약부채	5,250
	(차)	계약부채	110,250	(대)	매출	110,250

반품권이 있는 판매의 매출원가

| 난이도 | ⊕ | 정답 | ① |

㈜삼일은 20X1년 12월 31일 ㈜반품에 50,000,000원(원가 30,000,000원)의 제품을 판매하고 1년 이내 반품할 수 있는 권리를 부여하였다. 인도일 현재 10,000,000원(원가 6,000,000원)이 반품될 것으로 예상된다면 ㈜삼일이 20X1년에 인식할 매출원가는 얼마인가?

① 24,000,000원   ② 34,000,000원
③ 44,000,000원   ④ 54,000,000원

해설

• 예상반품률 : 10,000,000÷50,000,000=20%
• 매출원가 : 30,000,000×(1-20%)=24,000,000

❗POINT 반품권이 있는 판매 회계처리(반품가능성 예측가능한 경우)

수익인식	(차)	현금	50,000,000	(대)	매출(판매예상분)	40,000,000[1]
					환불부채(반품예상분)	10,000,000[2]
원가인식	(차)	매출원가(판매예상분)	24,000,000[3]	(대)	제품	30,000,000
		반품제품회수권(반품예상분)	6,000,000[4]			

[1]50,000,000×80%=40,000,000 [2]50,000,000×20%=10,000,000
[3]30,000,000×80%=24,000,000 [4]30,000,000×20%=6,000,000

반품권이 있는 판매의 매출총이익 | 난이도 ⊕ | 정답 ③

㈜삼일은 20X2년 3월 1일 ㈜용산에 상품 10,000개를 10,000,000원(원가 7,000,000원)에 외상으로 판매하고 6개월 이내에 반품할 수 있는 권리는 부여하였다. 회사의 과거 경험에 따르면 판매일 현재 전체 매출 중 500개가 반품될 것으로 예상되고, 예상이 합리적이라면 ㈜삼일이 해당 상품의 인도일에 인식해야 할 매출총이익을 계산한 것으로 가장 옳은 것은?

① 2,500,000원 　　② 2,650,000원 　　③ 2,850,000원 　　④ 3,000,000원

해설

- 반품예상액 : $10,000,000 \times \dfrac{500개}{10,000개} = 500,000$(원가 : $7,000,000 \times \dfrac{500개}{10,000개} = 350,000$)
- 예상반품률 : $500,000 \div 10,000,000 = 5\%$
- 매출액 : $10,000,000 \times (1 - 5\%) = 9,500,000$
- 매출원가 : $7,000,000 \times (1 - 5\%) = 6,650,000$
- ∴매출총이익 : $9,500,000 - 6,650,000 = 2,850,000$

POINT 반품권이 있는 판매 회계처리(반품가능성 예측가능한 경우)

수익인식	(차) 현금	10,000,000	(대) 매출(판매예상분)	9,500,000[1)]
			환불부채(반품예상분)	500,000[2)]
원가인식	(차) 매출원가(판매예상분)	6,650,000[3)]	(대) 제품	7,000,000
	반품제품회수권(반품예상분)	350,000[4)]		

[1)]$10,000,000 \times 95\% = 9,500,000$　[2)]$10,000,000 \times 5\% = 500,000$
[3)]$7,000,000 \times 95\% = 6,650,000$　[4)]$7,000,000 \times 5\% = 350,000$

계약수익과 계약원가의 인식[1] | 난이도 ⊕ | 정답 ②

다음 중 건설계약에 관한 설명으로 가장 올바르지 않은 것은?

① 공사가 완료된 후에 일정 기간 발생하는 하자보수원가를 추정하여 하자보수비로 인식하고 상대계정으로 하자보수충당부채를 인식한다.
② 진행률 계산 시 발주자에게서 받은 기성금과 선수금도 공사의 정도를 반영하기 때문에 포함해야 한다.
③ 계약수익은 수령하였거나 수령할 대가의 공정가치로 측정한다.
④ 진행률은 보고기간 말마다 다시 측정하며 진행률의 변동은 회계추정의 변경으로 회계처리한다.

해설

- 계약의 진행률은 계약의 성격에 따라 원가비율, 측량비율(예)노동시간비례법), 물리적 완성비율 등으로 측정할 수 있다. 그러나 발주자에게서 수령한 기성금과 선수금은 수행의무의 이행정도를 반영하지 못하므로 진행률로 사용할 수 없다.

계약수익과 계약원가의 인식[2]

| 난이도 | ⊕ | 정답 | ③ |

다음 중 건설계약의 수익과 원가 인식방법에 관한 설명으로 가장 옳은 것은?

① 계약수익은 진행률과 관계없이 청구한 금액으로 인식한다.
② 하도급계약에 따라 수행될 공사에 대해 하도급자에게 선급한 금액은 진행률 산정을 위한 누적발생원가에 포함시켜야 한다.
③ 총계약원가가 총계약수익을 초과하는 경우, 예상되는 손실을 즉시 당기비용으로 인식한다.
④ 건설계약의 결과를 신뢰성 있게 추정할 수 없는 경우, 건설계약과 관련한 계약수익과 계약원가는 보고기간 말 현재 계약활동의 진행률을 기준으로 각각 수익과 비용으로 인식한다.

해설 ⌇

- ① 건설계약의 결과를 신뢰성있게 추정할 수 있는 경우, 건설계약과 관련한 계약수익과 계약원가는 보고기간말 현재 계약활동의 진행률을 기준으로 각각 수익과 비용으로 인식한다.
- ② 하도급계약에 따라 수행될 공사에 대해 하도급자에게 선급한 금액은 진행률 산정을 위한 누적발생원가에서 제외시켜야 한다.
- ④ 건설계약의 결과를 신뢰성있게 추정할 수 없는 경우, 계약수익은 계약원가의 범위 내에서 회수가능성이 높은 금액만 인식하며, 발생한 원가는 모두 당해 기간의 비용으로 인식한다.

건설계약 1차연도 계약자산·계약부채

| 난이도 | ⊕ | 정답 | ① |

㈜서울은 20X1년 2월 5일에 ㈜부산과 공장건설계약을 맺었다. 총공사계약액은 150,000,000원이며 ㈜서울은 누적발생계약원가에 기초하여 진행률을 산정하여 진행기준에 따라 수익을 인식한다. ㈜서울의 건설계약과 관련한 20X1년 자료는 다음과 같다. ㈜서울의 20X1년말 재무상태표상 계약자산 또는 계약부채의 금액은 얼마인가?

누적발생원가	추정총계약원가	공사대금청구액
30,000,000원	100,000,000원	50,000,000원

① 계약부채 5,000,000원
② 계약부채 10,000,000원
③ 계약자산 5,000,000원
④ 계약자산 10,000,000원

해설 ⌇

- 20x1년 계약수익 : $150,000,000 \times \frac{30,000,000}{100,000,000} = 45,000,000$

- 20x1년 계약이익 : 45,000,000(계약수익) – 30,000,000(계약원가) = 15,000,000

- 20x1년말 미성공사 : 30,000,000(계약원가) + 15,000,000(계약이익) = 45,000,000

- 20x1년말 계약부채(=초과청구공사) : 50,000,000(진행청구액) – 45,000,000(미성공사) = 5,000,000

* ⚡고속철 '미성공사 = 누적계약수익'이므로, 누적계약수익 45,000,000이 미성공사금액이 된다.

* 참고 20x1년 회계처리

계약원가 발생	(차) 미성공사	30,000,000	(대) 현금	30,000,000
계약대금 청구	(차) 공사미수금	50,000,000	(대) 진행청구액	50,000,000
계약대금 수령	(차) 현금	xxx	(대) 공사미수금	xxx
계약손익인식	(차) 계약원가	30,000,000	(대) 계약수익	45,000,000
	미성공사	15,000,000		

2차연도 건설계약손익

| 난이도 | ⊕ | 정답 | ② |

㈜상일건설은 ㈜용산과 20X1년 7월 1일 총 계약금액 50,000,000원의 공장신축공사계약을 체결하였다. 회사가 진행기준으로 수익을 인식한다면 ㈜상일건설의 20X2년 계약이익은 얼마인가? 단, ㈜상일건설은 누적발생원가에 기초하여 진행률을 산정한다.

	20X1년	20X2년
누적발생계약원가	10,000,000원	30,000,000원
추정총계약원가	40,000,000원	40,000,000원
공사대금청구액(연도별)	15,000,000원	20,000,000원

① 4,000,000원　　　② 5,000,000원　　　③ 7,500,000원　　　④ 8,000,000원

해설

• 20x2년 계약손익 : $(50,000,000 \times \frac{30,000,000}{40,000,000} - 50,000,000 \times \frac{10,000,000}{40,000,000}) - (30,000,000 - 10,000,000) = 5,000,000$

• 연도별 계약손익 계산

구분	20x1년	20x2년
진행률	$\frac{10,000,000}{40,000,000} = 25\%$	$\frac{30,000,000}{40,000,000} = 75\%$
계약수익	$50,000,000 \times 25\% = 12,500,000$	$50,000,000 \times 75\% - 12,500,000 = 25,000,000$
계약원가	10,000,000	$30,000,000 - 10,000,000 = 20,000,000$
계약손익	2,500,000	5,000,000

손실예상 건설계약 회계처리

| 난이도 | ⑦ | 정답 | ① |

다음은 ㈜상일건설의 재무제표에 대한 주석이다. 다음 괄호 안에 들어갈 용어로 가장 옳은 것은?

> 건설계약과 관련하여 진행기준에 의하여 수익을 인식하고 있습니다. 계약활동의 진행률은 진행단계를 반영하지 못하는 계약원가를 제외하고 수행한 공사에 대하여 발생한 누적계약원가를 추정 총계약원가로 나눈 비율로 측정하고 있습니다. 총계약원가가 총계약수익을 초과할 가능성이 높은 경우에 예상되는 손실은 (　　　　　　　) 당기비용으로 인식하고 있습니다.

① 즉시　　　　　　　　　　　　② 진행률에 따라
③ 이연하여　　　　　　　　　　④ 공사완료시점에

해설

• 총계약원가가 총계약수익을 초과할 가능성이 높은 경우(건설계약 총예상손실)에 예상되는 손실은 즉시 당기비용으로 인식한다.
→계약 전체에서 손실발생이 예상되는 경우 예상되는 손실을 즉시 인식한다. 즉, 보수적인 관점에서 예상손실을 진행된 부분만큼 인식하지 않고 예상시점에 조기 인식하는 것이다.

★저자주 참고로, K-IFRS 제1115호 '고객과의 계약에서 생기는 수익'에서는 계약 전체에서 손실 발생이 예상되는 경우에 대한 회계처리를 명시적으로 언급하고 있지 않습니다.(K-IFRS 제1115호 '고객과의 계약에서 생기는 수익'이 공포되면서 종전 K-IFRS 제1011호 '건설계약'은 더 이상 적용되지 않습니다. 그러나 제1115호에서는 건설계약의 회계처리에 적용할 구체적인 계정이나 분개 등이 언급되어 있지 않아 제1115호의 내용만으로는 건설계약을 어떻게 회계처리해야 하는지 명확하지 않은 상태이긴 하나, 종전 제1011호에 의한 회계처리를 실제 적용하더라도 문제는 없을 것으로 판단하고 있는 것이 현재 회계학계의 입장입니다.)

| 총예상손실의 경우 2차연도 계약손익 | 난이도 | ㊥ | 정답 | ③ |

㈜서울은 ㈜부산과 총공사계약금액 11,000,000원에 공장건설계약을 체결하였다. 총공사기간은 계약일로부터 3년이고 건설계약과 관련된 연도별 자료는 다음과 같다. 진행률은 누적발생계약원가에 기초하여 계산한다고 할 때, 20X2년에 인식할 계약손익은 얼마인가?

	20X1년	20X2년	20X3년
당기발생원가	3,000,000원	5,400,000원	3,600,000원
추가예정원가	7,000,000원	3,600,000원	-
대금청구액	4,000,000원	4,500,000원	1,500,000원
대금회수액	3,500,000원	4,000,000원	2,500,000원

① 700,000원 계약손실
② 1,000,000원 계약손실
③ 1,300,000원 계약손실
④ 2,100,000원 계약손실

해설

- 20x2년 추정총계약원가 계산
  3,000,000(20x1년 발생원가)+5,400,000(20x2년 발생원가)+3,600,000(추가예정원가) = 12,000,000
- 건설계약금액(11,000,000)보다 추정총계약원가(12,000,000)가 더 크므로, 건설계약 전체에 총예상손실이 발생하는 상황이다. 따라서, 예상손실을 즉시 비용인식한다.
- 연도별 계약손익 계산

구분	20x1년	20x2년
진행률	$\dfrac{3,000,000}{3,000,000+7,000,000}=30\%$	$\dfrac{3,000,000+5,400,000}{3,000,000+5,400,000+3,600,000}=70\%$
계약수익	11,000,000×30% = 3,300,000	11,000,000×70% - 3,300,000 = 4,400,000
계약원가	3,000,000	5,400,000+**300,000**$^{*)}$=5,700,000
계약손익	300,000	△1,300,000

$^{*)}$예상손실 : 3,600,000 - 11,000,000×(1 - 70%) = 300,000

⚡고속철 예상손실 = 추가소요원가 - 계약금액×(1 - 현재진행률)

| 확정기여제도와 확정급여제도 비교 | 난이도 | ㊦ | 정답 | ① |

다음 중 퇴직급여에 관한 설명으로 가장 올바르지 않은 것은?

① 확정급여제도란 보험수리적위험과 투자위험을 종업원이 부담하는 퇴직급여제도를 의미한다.
② 확정급여채무의 현재가치는 예측단위적립방식으로 계산된다.
③ 확정기여제도란 기업이 기금에 출연하기로 약정한 금액을 납부하고, 기금의 책임하에 종업원에게 급여를 지급하는 퇴직급여제도이다.
④ 확정급여제도의 경우 사외적립자산은 공정가치로 측정하여 재무상태표에 인식되는 순확정급여부채를 결정할 때 차감한다.

해설

- 확정급여제도는 보험수리적 위험과 투자위험을 기업이 부담하는 퇴직급여제도이다.

❗POINT 퇴직급여제도 비교

	기업의 부담	종업원수령액	위험부담자
확정기여제도(DC형)	출연금액에 한정 (기여금 납부함으로써 모든 의무가 종결됨.)	불확정적	종업원
확정급여제도(DB형)	변동적	확정적	기업

제1주차
빈출유형특강

제2주차
핵심유형특강

제3주차
최신유형특강

제4주차
기출변형특강

종업원급여와 퇴직급여제도	난이도	ⓣ	정답	③

● 다음 중 종업원급여(퇴직급여)의 회계처리에 관한 설명으로 가장 올바르지 않은 것은?

① 확정기여제도(DC 형)를 도입한 기업은 기여금의 운용결과에 따라 추가납부 의무가 없다.
② 확정급여제도(DB 형)는 기업이 기여금을 불입한다해도 퇴직급여와 관련된 모든 의무가 종료된다고 볼 수 없다.
③ 확정급여채무(DB 형)의 현재가치를 계산할 때 종업원 이직률, 조기퇴직률, 임금상승률, 할인율 등의 가정은 상황 변화에 관계없이 전기와 동일한 값을 적용한다.
④ 확정급여채무와 사외적립자산의 재측정요소는 기타포괄손익으로 인식한다.

해설

- ① 확정기여제도에서의 기업의 부담은 출연금액에 한정된다. 따라서, 운용결과에 따라 추가납부 의무가 없다.
  ② 기여금 불입으로 모든 의무가 종료되는 것은 확정기여제도이며, 확정급여제도는 기업의 부담이 변동적이므로 기여금을 불입한다 해도 퇴직급여와 관련된 모든 의무가 종료된다고 볼 수 없다.
  ③ 보험수리적 가정은 상황변화에 따라 상이한 값을 적용한다.
  ④ 재측정요소는 확정급여채무나 사외적립자산의 예상치 못한 변동을 말하며, 기타포괄손익으로 인식하므로 올바른 설명이다.

확정급여제도 일반사항	난이도	⊕	정답	④

● 다음 중 퇴직급여에 관한 설명으로 가장 올바르지 않은 것은?

① 확정급여제도란 보험수리적위험과 투자위험을 기업이 부담하는 퇴직급여제도를 의미한다.
② 확정급여채무의 현재가치는 예측단위적립방식으로 계산된다.
③ 순확정급여부채(자산)의 재측정요소는 기타포괄손익으로 인식하고 후속기간에 당기손익으로 재분류하지 않는다.
④ 확정급여제도의 경우 사외적립자산은 공정가치로 측정하여 재무상태표에 인식되는 순확정급여부채를 결정할 때 가산한다.

해설

- 확정급여제도의 경우 사외적립자산은 공정가치로 측정하여 재무상태표에 인식되는 순확정급여부채를 결정할 때 차감한다.

❶ POINT 재분류조정(기타포괄손익으로 인식되었으나 당기손익으로 재분류된 금액) 발생여부 구분

재분류조정이 발생하는 기타포괄손익	재분류조정이 발생하지 않는 기타포괄손익
• FVOCI금융자산평가손익(채무상품)	• 재평가잉여금의 변동
• 해외사업장외화환산차이	• 보험수리적손익(확정급여제도 재측정요소)
• 현금흐름위험회피파생상품평가손익(위험회피 효과적 부분)	• FVOCI금융자산평가손익(지분상품)

❶ POINT 확정급여제도의 재무제표 표시

재무상태표	• 확정급여채무(현재가치)에서 사외적립자산(공정가치)을 차감금액을 순확정급여부채로 표시 ☐ 순확정급여부채 = 확정급여채무(현재가치) − 사외적립자산(공정가치)
포괄손익계산서	• 포괄손익계산서에는 다음의 금액을 퇴직급여로 계상함. ☐ 퇴직급여 = 당기근무원가 + (확정급여채무 이자원가 − 사외적립자산의 수익)

사외적립자산 공정가치 계산	난이도	㊥	정답	④

㈜삼일은 확정급여형 퇴직급여제도를 시행하고 있다. 20X1년말 사외적립자산의 공정가치 금액은 얼마인가(단, 20X1년에 중도퇴사자는 없다)?

ㄱ. 20X1년초 사외적립자산의 공정가치 :	2,000,000원
ㄴ. 기여금의 불입 :	800,000원
ㄷ. 사외적립자산의 기대수익 :	200,000원
ㄹ. 사외적립자산의 실제수익 :	150,000원

① 2,050,000원 ② 2,150,000원 ③ 2,200,000원 ④ 2,950,000원

해설

- 기여금의 불입(사외적립자산 적립) : (차) 사외적립자산 800,000 (대) 현금 800,000
- 사외적립자산 기대수익 : (차) 사외적립자산 200,000 (대) 퇴직급여 200,000
- 사외적립자산 재측정요소(실제수익 – 기대수익) : (차) 재측정손실 50,000 (대) 사외적립자산 50,000
  → '실제수익 – 기대수익'이 (+)이면 재측정이익, (-)이면 재측정손실
- ∴20x1년말 사외적립자산 공정가치 : 2,000,000+800,000+200,000-50,000=2,950,000

POINT 확정급여제도 회계처리 순서

① 과거근무원가(증가시)	(차) 퇴직급여	xxx	(대) 확정급여채무	xxx
② 퇴직급여 지급	(차) 확정급여채무	xxx	(대) 사외적립자산	xxx
③ 사외적립자산 적립	(차) 사외적립자산	xxx	(대) 현금	xxx
④ 확정급여채무 이자원가	(차) 퇴직급여	xxx	(대) 확정급여채무	xxx
⑤ 확정급여채무 당기근무원가	(차) 퇴직급여	xxx	(대) 확정급여채무	xxx
⑥ 확정급여채무 재측정요소(보험수리적손익)	(차) 재측정손실	xxx	(대) 확정급여채무	xxx
⑦ 사외적립자산 기대수익(이자수익)	(차) 사외적립자산	xxx	(대) 퇴직급여	xxx
⑧ 사외적립자산 재측정요소(실제수익-기대수익)	(차) 사외적립자산	xxx	(대) 재측정이익	xxx

주식결제형 주식기준보상 주식보상비용	난이도	㊤	정답	②

㈜삼일은 20X1년 1월 1일 임원 10명에게 2년의 용역제공조건(20X1년 1월 1일부터 20X2년 12월 31일)으로 1인당 주식결제형 주식선택권 100개를 부여하였다. 부여일 현재 주식선택권의 단위당 공정가치는 100원으로 추정되며 추정권리상실률은 20%로 예상되는 경우 ㈜삼일이 20X1년 중 인식할 주식보상비용은 얼마인가?

① 40,000원 ② 50,000원
③ 80,000원 ④ 100,000원

해설

- 행사가능주식수 : (10명×100개)×80%=800주
- 주식결제형의 주식보상비용은 재측정없이 부여일의 공정가치로 측정하며, 권리상실비율의 변동이 없으므로 20x1년말, 20x2년말 동일한 금액의 주식보상비용이 인식된다.
- 20x1년말, 20x2년말 주식보상비용 : 800주×100×$\frac{1}{2}$=40,000

참고 회계처리

20x1년말	(차) 주식보상비용	800주×100×1/2=40,000	(대) 주식선택권	40,000
20x2년말	(차) 주식보상비용	800주×100×2/2 - 40,000=40,00	(대) 주식선택권	40,000

1차연도 이연법인세자산·부채 계산[1] 난이도 ⓣ 정답 ①

㈜삼일은 20X1년에 사업을 개시하였으며 20X1년 당기순이익은 2,000,000원이다. 당기 세무조정으로 인하여 20X1년말에는 미래 법인세부담을 경감시키는 차감할 일시적차이 500,000원이 존재한다. ㈜삼일의 20X1년 재무상태표에 계상될 이연법인세자산·부채는 얼마인가(단, 일시적 차이가 소멸될 것으로 예상되는 기간의 과세소득에 적용될 것으로 기대되는 평균세율은 30%이고 이연법인세자산·부채 인식요건을 모두 만족한다)?

① 이연법인세자산 150,000원 ② 이연법인세자산 210,000원
③ 이연법인세부채 150,000원 ④ 이연법인세부채 210,000원

해설

• 유보(차감할 일시적차이) 500,000
• 이연법인세자산 : 500,000×30%=150,000

참고 회계처리
(차) 법인세비용(대차차액)　　　xxx　(대) 미지급법인세(당기법인세)　　　xxx
　　　이연법인세자산　　　150,000

POINT 이연법인세 계산절차

절차	• [1단계] 미지급법인세(과세소득×당기세율) 　　　　=(세전순이익±영구적차이±일시적차이)×당기세율 [2단계] 이연법인세자산(부채) 　　　　=유보(△유보)×미래예상세율(평균세율) [3단계] 법인세비용=대차차액에 의해 계산 ♀주의 이연법인세자산(부채)은 당기세율이 아니라 소멸시점의 미래예상세율을 적용함.

1차연도 이연법인세자산·부채 계산[2] 난이도 ⓣ 정답 ②

다음은 ㈜삼일의 20X1년 이연법인세 계산에 필요한 자료이다. 다음 자료를 토대로 이연법인세부채 금액을 계산하시오.

ㄱ. 가산할 일시적차이(20X4년에 2,000,000원 전액 실현)	2,000,000원
ㄴ. 20X4년 예상되는 평균세율	10%
ㄷ. 3년, 1원의 현가계수	0.6086

① 121,720원 ② 200,000원
③ 1,217,200원 ④ 2,000,000원

해설

• 이연법인세회계는 현재가치평가를 하지 않으므로, '3년, 1원의 현가계수'는 현혹자료에 해당된다.
• 가산할 일시적차이=△유보
• 이연법인세부채 : 2,000,000×10%=200,000

참고 회계처리
(차) 법인세비용(대차차액)　　　xxx　(대) 미지급법인세(당기법인세)　　　xxx
　　　　　　　　　　　이연법인세부채　　　200,000

저자주 20x1년에 설립(사업개시)되었다는 단서가 있어야 명확한 출제가 되므로, 아쉬운 출제로 사료됩니다!

| 1차연도 이연법인세자산·부채 계산[3] | 난이도 | ⊕ | 정답 | ④ |

20X1년초 사업을 개시한 ㈜삼일의 과세소득과 관련된 다음 자료를 이용하여 20X1년말 재무상태표상의 이연법인세자산(부채)금액을 구하면 얼마인가?

법인세비용차감전순이익	4,000,000원
가산(차감)조정	
기업업무추진비한도초과액	600,000원
감가상각비한도초과액	900,000원
제품보증충당부채 설정액	500,000원
과세표준	6,000,000원
세율	25%

〈 추가자료 〉
ㄱ. 차감할 일시적차이가 사용될 수 있는 미래과세소득의 발생가능성은 높다고 가정한다.
ㄴ. 감가상각비한도초과액에 대한 일시적차이는 20X2년, 20X3년, 20X4년에 걸쳐 300,000원씩 소멸하며, 제품보증충당부채 설정액에 대한 일시적차이는 20X3년 소멸할것으로 예상된다. 일시적차이가 소멸될 것으로 예상되는 기간의 과세소득에 적용될 것으로 기대되는 평균세율은 다음과 같다.

연도	20X2년	20X3년	20X4년
세율	25%	30%	30%

① 이연법인세부채 225,000
② 이연법인세자산 255,000
③ 이연법인세부채 325,000
④ 이연법인세자산 405,000

해설

• 세무조정 내역
 - 손금불산입 기업업무추진비한도초과액 600,000(기타사외유출)
 - 손금불산입 감가상각비한도초과액 900,000(유보)
 - 손금불산입 제품보증충당부채설정액 500,000(유보)
• 이연법인세자산(유보) : 300,000×25%+(300,000+500,000)×30%+300,000×30%=405,000

참고 회계처리

(차) 법인세비용(대차차액) 1,095,000 (대) 미지급법인세(당기법인세) 6,000,000×25%=1,500,000
 이연법인세자산 405,000

2차연도 이연법인세자산·부채
난이도 ⊕   정답 ②

㈜삼일의 과세소득과 관련된 다음 자료를 이용하여 20X1년말 재무상태표상의 이연법인세자산(부채) 금액을 구하면 얼마인가?

법인세비용차감전순이익	4,000,000원
가산(차감)조정	
일시적차이가 아닌 차이	600,000원
일시적차이	900,000원
과세표준	5,500,000원(세율:25%)

〈 추가자료 〉
ㄱ. 일시적차이가 사용될 수 있는 미래과세소득의 발생가능성은 높다고 가정한다.
ㄴ. 일시적차이는 20X2년, 20X3년, 20X4년에 걸쳐 300,000원씩 소멸하며, 일시적차이가 소멸될 것으로 예상되는 기간의 과세소득에 적용될 것으로 기대되는 평균세율은 30%로 동일하다.
ㄷ. 20X0년말 재무상태표상 이연법인세자산(부채)은 없다.

① 이연법인세부채 225,000원
② 이연법인세자산 270,000원
③ 이연법인세부채 325,000원
④ 이연법인세자산 370,000원

해설

- 유보(차감할 일시적차이) 900,000
- 미지급법인세(당기법인세) : 5,500,000×25% = 1,375,000
- 이연법인세자산 : 300,000×30%+300,000×30%+300,000×30% = 270,000
- 회계처리

(차) 법인세비용(대차차액)	1,105,000	(대) 미지급법인세(당기법인세)	1,375,000
이연법인세자산	270,000		

| **이연법인세자산·부채와 법인세비용[1]** | 난이도 | ⊕ | 정답 | ① |

다음은 20X1년초에 설립된 ㈜삼일의 20X1년도 법인세 관련 자료이다. 20X1년도 법인세비용(A)과 20X1년말 이연법인세자산(B)은 각각 얼마인가?(단, 차감할 일시적 차이의 미래 실현가능성은 높다.)

> · 법인세비용차감전순이익 : 500,000원
> · 감가상각비 한도초과액(일시적차이) : 100,000원
> · 20X1년 법인세율은 30%이며, 20X2년부터는 영구적으로 20%의 법인세율이 적용됨

	(A)	(B)
①	160,000원	20,000원
②	165,000원	20,000원
③	165,000원	30,000원
④	160,000원	30,000원

해설

- 유보(차감할 일시적차이) 100,000
- 미지급법인세(당기법인세) : (500,000+100,000)×30%=180,000
- 이연법인세자산 : 100,000×20%=20,000
- 회계처리

| (차) 법인세비용(대차차액) | 160,000 | (대) 미지급법인세(당기법인세) | 180,000 |
| 이연법인세자산 | 20,000 | | |

🔍 POINT 이연법인세 계산구조

대상	· 일시적차이(유보)
공시	· 이연법인세자산(부채)는 비유동자산(부채)로만 표시하고 소정 요건을 충족하는 경우 상계하여 표시 · 현재가치평가를 하지 않음.

절차	· **[1단계]** 미지급법인세(과세소득×당기세율)
	  =(세전순이익±영구적차이±일시적차이)×당기세율
	  [2단계] 이연법인세자산(부채)
	  =유보(△유보)×미래예상세율(평균세율)
	  [3단계] 법인세비용=대차차액에 의해 계산
	  🔎주의 이연법인세자산(부채)은 당기세율이 아니라 소멸시점의 미래예상세율을 적용함.

이연법인세자산·부채와 법인세비용[2]	난이도	⊕	정답	②

㈜삼일은 20X1년에 영업을 개시하였다. ㈜삼일의 과세소득과 관련된 자료는 다음과 같다. 20X1년말 재무상태표에 계상될 이연법인세자산(부채)(A)과 포괄손익계산서에 계상될 법인세비용(B)는 각각 얼마인가?

법인세비용차감전순이익	3,000,000원
가산(차감)조정	
일시적차이가 아닌 차이	600,000원
일시적차이	800,000원
과세표준	4,400,000원(세율:30%)

〈 추가자료 〉
ㄱ. 일시적차이가 사용될 수 있는 미래과세소득의 발생가능성은 높다고 가정한다.
ㄴ. 일시적차이는 20X2년, 20X3년에 걸쳐 400,000원씩 소멸하며, 미래에도 세율의 변동은 없는 것으로 가정한다.

		(A)	(B)
①	이연법인세부채	180,000원	1,140,000원
②	이연법인세자산	240,000원	1,080,000원
③	이연법인세부채	420,000원	1,320,000원
④	이연법인세자산	420,000원	1,560,000원

해설

- 유보(차감할 일시적차이) 800,000
- 미지급법인세(당기법인세) : 4,400,000×30% = 1,320,000
- 이연법인세자산 : 400,000×30%+400,000×30% = 240,000
- 회계처리

(차) 법인세비용(대차차액)	1,080,000	(대) 미지급법인세(당기법인세)	1,320,000
이연법인세자산	240,000		

| 회계정책변경 사항 | 난이도 | ⓣ | 정답 | ④ |

다음 중 회계정책의 변경에 해당하지 않은 것은?

① 재고자산 원가흐름의 가정변경
② 유형자산의 측정기준 변경
③ 투자부동산의 측정기준 변경
④ 유형자산 잔존가치의 변경

해설

• 유형자산 내용연수, 잔존가치, 감가상각방법을 변경하는 것은 회계추정의 변경에 해당한다.

❗POINT 회계추정치의 예[K-IFRS 제1008호 문단32]

기대신용손실에 대한 손실충당금	• 기업회계기준서 제1109호 '금융상품' 적용
재고자산 항목의 순실현가능가치	• 기업회계기준서 제1002호 '재고자산' 적용
자산이나 부채의 공정가치	• 기업회계기준서 제1113호 '공정가치 측정' 적용
유형자산 항목의 감가상각비 (내용연수, 잔존가치, 감가상각방법)	• 기업회계기준서 제1016호 '유형자산' 적용
보증의무에 대한 충당부채	• 기업회계기준서 제1037호 '충당부채, 우발부채, 우발자산' 적용

| 측정기준 변경의 처리 | 난이도 | ⓣ | 정답 | ① |

㈜상일은 유형자산의 측정기준을 원가모형에서 재평가모형으로 변경하였다. 유형자산에 대하여 재평가모형을 적용하는 것이 재무상태, 재무성과 또는 현금흐름에 미치는 영향에 대하여 신뢰성 있고 더 목적적합한 정보를 제공하는 경우 해당 측정기준의 변경은 다음 중 어디에 해당하는가?

① 회계정책의 변경
② 회계추정의 변경
③ 오류수정
④ 관련법규의 개정

해설

• 유형자산의 측정기준을 원가모형에서 재평가모형으로 변경 : 회계정책의 변경

❗POINT 회계정책변경 사례

재고자산 원가흐름의 가정 변경	• 예 선입선출법에서 가중평균법으로 변경
유형자산과 무형자산의 측정기준 변경	• 예 원가모형에서 재평가모형으로 변경
투자부동산의 측정기준 변경	• 예 원가모형에서 공정가치모형으로 변경

| 감가상각방법의 회계추정변경 | 난이도 | ⊕ | 정답 | ④ |

㈜삼일은 20X1년 7월 1일 500,000원 (내용연수 5년, 잔존가치 100,000원)에 건물을 취득하고, 20X1년말 정액법으로 감가상각하였다. 그런데 ㈜삼일은 건물에 내재된 미래경제적효익의 예상되는 소비형태의 유의적인 변동을 반영하기 위하여, 20X2년초부터 감가상각방법을 연수합계법으로 변경하고 잔존내용연수는 3년, 잔존가치는 없는 것으로 재추정하였다. 20X2년말 건물의 장부금액은 얼마인가?(감가상각은 월할 상각하며, 건물에 대한 손상차손누계액은 없다.)

① 125,000원　　② 180,000원　　③ 195,000원　　④ 230,000원

해설

- 20x1년 감가상각비 : [(500,000-100,000)÷5년]×6/12 = 40,000
- 감가상각방법 변경은 회계추정변경이므로 변경효과를 전진적으로 인식한다.(잔존내용연수 = 3년)
  ㉠ 20x2년초 장부금액 : 500,000 - 40,000 = 460,000
  ㉡ 20x2년말 감가상각비 : (460,000 - 0)×3/(1+2+3) = 230,000
  ㉢ 20x2년말 장부금액 : 460,000 - 230,000 = 230,000

POINT 회계변경의 처리

| 회계정책변경 | • 처리 : (원칙)소급법 →전기재무제표 재작성O |
| 회계추정변경 | • 처리 : 전진법 →전기재무제표 재작성X
🔎주의 회계정책의 변경인지 회계추정의 변경인지 구분하는 것이 어려운 경우에는 이를 회계추정의 변경으로 봄. |

| EPS·PER를 이용한 주가 계산 | 난이도 | ⊕ | 정답 | ① |

다음 정보를 이용하여 ㈜삼일의 주가를 계산하시오.

1. 업종 평균 주가수익률(PER)	10배
2. ㈜삼일의 당기순이익	50,000원
3. ㈜삼일의 가중평균유통보통주식수	1,000주

① 500원　　② 5,000원　　③ 10,000원　　④ 100,000원

해설

- 주가수익비율(PER) : 주가가 EPS의 몇 배인지를 나타내는 지표 → PER = 주가÷EPS
- EPS : 50,000(당기순이익)÷1,000주(가중평균유통보통주식수) = 50
- PER(10) = 주가÷EPS(50) →∴주가 = 500

가중평균유통보통주식수 산정방법

| 난이도 | ⊕ | 정답 | ① |

다음 중 가중평균유통보통주식수 산정방법에 대하여 가장 올바른 설명을 하고 있는 사람은?

① 이부장 : 자기주식은 취득시점 이후부터 매각시점까지의 기간동안 가중평균유통보통주식수에 포함하지 않습니다.
② 김차장 : 당기 중 무상증자를 실시한 경우, 무상증자를 실시한 날짜를 기준일로 하여 가중평균유통주식수를 계산합니다.
③ 정과장 : 당기 중 유상증자로 보통주 발행된 경우 기초에 실시된 것으로 간주하여 주식수를 조정합니다.
④ 박사원 : 가중평균유통보통주식수에는 결산기말 현재 발행된 우선주식수를 포함해야 합니다.

해설

• ② 당기 중 무상증자를 실시한 경우 기초에 실시된 것으로 간주하여 주식수를 조정한다.
  ③ 당기 중 유상증자로 보통주가 발행된 경우 그 납입일을 기준으로 주식수를 조정한다.
  ④ 가중평균유통보통주식수에는 우선주식수는 제외한다.

❗POINT 가중평균유통보통주식수의 산정

우선주	• 발행된 총주식수에서 우선주식수를 차감
자기주식	• 보유기간(취득~매각)동안 유통보통주식수에서 제외 🔎주의 기초에 발행주식수 10주, 자기주식 1주인 경우 유통주식수 9주로 계산
무상증자·주식배당·주식분할	• 기초에 실시된 것으로 간주 →단, 기중 유상증자 발행신주는 유상증자의 납입일에 실시된 것으로 간주
유상증자	• 일반적인 경우(공정가치이상 유상증자) 납입일을 기준으로 가중평균

자기주식취득·유상증자와 EPS

| 난이도 | ⊕ | 정답 | ③ |

㈜삼일의 20X1년 당기순이익은 3,000,000원이다. ㈜삼일의 20X1년 1월 1일 유통보통주식수는 10,000주이며, 4월 1일 자기주식 1,000주를 취득하였고, 10월 1일에는 유상증자를 통해 3,000주를 발행하였다. 20X1년 우선주배당금이 400,000원인 경우, ㈜삼일의 20X1년 기본주당순이익은 얼마인가?(단, 가중평균유통주식수는 월수로 계산한다)

① 300원   ② 280원   ③ 260원   ④ 240원

해설

• 가중평균유통보통주식수 계산

```
├──────────┼──────────────────────┼──────────┤
1/1        4/1                   10/1        12/31
50,000주   (1,000주)             3,000주
```

$$\rightarrow 10{,}000주 \times \frac{12}{12} - 1{,}000주 \times \frac{9}{12} + 3{,}000주 \times \frac{3}{12} = 10{,}000주$$

• 기본주당이익(EPS) : $\frac{3{,}000{,}000 - 400{,}000}{10{,}000주} = 260$

★**저자주** 문제의 명확한 성립을 위해 누락된 단서인 '단, 유상신주의 발행금액과 공정가치는 동일하다고 가정한다'를 추가하기 바랍니다.

유상증자·자기주식취득과 EPS

난이도 ⊕ 정답 ②

㈜상일의 20X1년 보통주 발행주식수 변동상황은 다음과 같다. 20X1년의 당기순이익이 2,600,000원일 경우, 20X1년의 기본주당순이익은 얼마인가?(단, 가중평균유통보통주식수는 월할로 계산한다)

일자	내용	주식수
20X1년 1월 1일	기초 유통보통주식수	12,000주
20X1년 3월 1일	공정가치로 유상증자	3,000주
20X1년 7월 1일	자기주식 취득	3,000주

① 150원　　　　　② 200원　　　　　③ 250원　　　　　④ 300원

해설

• 가중평균유통보통주식수 계산

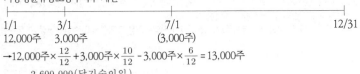

→ $12,000주 \times \frac{12}{12} + 3,000주 \times \frac{10}{12} - 3,000주 \times \frac{6}{12} = 13,000주$

• EPS : $\frac{2,600,000(당기순이익)}{13,000주} = 200$

저자주 문제의 명확한 성립을 위해 누락된 단서인 '단, 우선주는 없다.'를 추가하기 바랍니다.

유의적인 영향력이 있는 경우

난이도 ⊤ 정답 ②

지분법은 투자자가 피투자자에 대해 유의적인 영향력을 행사할 수 있는 경우에 적용한다. 다음 중 유의적인 영향력을 행사할 수 있는 경우에 해당하는 것으로 가장 올바르지 않은 것은?

① 피투자자의 이사회나 이에 준하는 의사결정기구에 참여하는 경우
② 투자자와 피투자자가 동일지배하에 있는 경우
③ 투자자와 피투자자 사이의 중요한 거래가 있는 경우
④ 필수적 기술정보를 제공하는 경우

해설

• 기업이 다음 중 하나 이상에 해당하는 경우 일반적으로 유의적인 영향력을 보유한다는 것이 입증된다.[K-IFRS 제1028호 문단6]

　　⊙ 피투자자의 이사회나 이에 준하는 의사결정기구에 참여
　　ⓒ 배당이나 다른 분배에 관한 의사결정에 참여하는 것을 포함하여 정책결정과정에 참여
　　ⓒ 기업과 피투자자 사이의 중요한 거래
　　ⓔ 경영진의 상호 교류
　　ⓜ 필수적 기술정보의 제공

| 관계기업 유의적 영향력과 내부거래 | 난이도 | ㉴ | 정답 | ④ |

다음 중 관계기업투자주식의 회계처리에 관한 설명으로 가장 올바르지 않은 것은?

① 유의적인 영향력 판단에는 지분율 기준과 실질 영향력 기준이 있다.
② 유의적인 영향력을 판단함에 있어 피투자자에 대한 의결권은 투자자의 지분율과 종속기업이 보유하고 있는 지분율의 단순합계로 계산한다.
③ 실질영향력기준이 적용되지 않을 경우 투자자가 직접 또는 간접으로 피투자자에 대한 의결권의 20% 미만을 소유하고 있다면 유의적인 영향력이 없는 것으로 본다.
④ 투자자와 관계기업 사이의 상향거래나 하향거래에서 발생한 당기손익에 대하여 투자자는 그 관계기업에 대한 투자지분과 관련된 손익까지만 투자자의 재무제표에 인식한다.

해설

• 투자자와 관계기업 사이의 상향거래(관계기업이 투자자에게 판매하는 등의 거래)나 하향거래(투자자가 관계기업에게 판매하는 등의 거래)에서 발생한 당기손익에 대하여 투자자는 그 관계기업에 대한 투자지분과 무관한 손익까지만 투자자의 재무제표에 인식한다.
 →즉, 내부거래로 발생한 관계기업의 당기손익 중 투자자의 지분은 제거한다.

★**저자주** 내부미실현손익의 제거에 대한 내용은 고급회계 분야로서 재경관리사 시험수준을 초과하므로 수험목적상 위 문구정도 숙지하기 바랍니다.

❗POINT 유의적인 영향력

원칙	• 직·간접으로 의결권의 20%이상 소유시 명백한 반증이 있는 경우를 제외하고는 유의적인 영향력이 있는 것으로 보아 지분법을 적용함.
예외	❖20%미만 이더라도 유의적인 영향력이 있는 경우 　• 의사결정기구·정책결정과정에 참여하는 경우와 필수적 기술정보를 제공하는 경우 　　🔍주의 일반적 기술정보제공이 아님. 　• 중요한 거래가 있는 경우와 경영진의 상호 교류가 이루어지는 경우 ❖유의적인 영향력이 있어도 지분법적용을 배제하는 경우 　• 12개월 이내에 매각할 목적으로 투자주식을 취득하여 적극적으로 매수자를 찾고 있는 일시보유목적의 투자주식 　　→매각예정비유동자산으로 분류함.

★**참고** '간접'의 의미

개요	• 종속기업을 통하여 피투자자에 대한 의결권을 소유하는 것을 말함. → 즉, 아래에서 A는 반드시 모회사의 종속기업이어야 함. 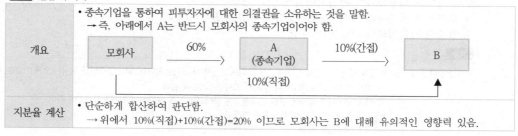
지분율 계산	• 단순하게 합산하여 판단함. → 위에서 10%(직접)+10%(간접)=20% 이므로 모회사는 B에 대해 유의적인 영향력 있음.

지분법 회계처리	난이도	ⓗ	정답	①

다음 중 지분법 회계처리에 관한 설명으로 가장 올바르지 않은 것은?

① 지분법은 취득시점에서 관계기업투자주식을 공정가치로 측정한다.
② 피투자회사의 당기순이익 중 투자회사의 지분에 해당하는 금액은 투자회사의 지분법이익으로 보고된다.
③ 피투자회사가 배당금지급을 결의한 시점에 투자회사가 수취하게 될 배당금 금액을 관계기업투자주식에서 직접 차감한다.
④ 투자자와 관계기업 사이의 내부거래에서 발생한 당기손익에 대하여 투자자는 그 관계기업에 대한 투자지분과 무관한 손익까지만 투자자의 재무제표에 인식한다.

해설

• ① 지분법은 취득시점에서 관계기업투자주식을 취득원가로 측정한다.
• ④ 투자자와 관계기업 사이의 상향거래(관계기업이 투자자에게 판매하는 등의 거래)나 하향거래(투자자가 관계기업에게 판매하는 등의 거래)에서 발생한 당기손익에 대하여 투자자는 그 관계기업에 대한 투자지분과 무관한 손익까지만 투자자의 재무제표에 인식한다.(즉, 내부거래로 발생한 관계기업의 당기손익 중 투자자의 지분은 제거한다.)

> **저자주** 내부미실현손익의 제거에 대한 내용은 고급회계 분야로서 재경관리사 시험수준을 초과하므로 수험목적상 위 문구정도 숙지하기 바랍니다.

❗POINT 취득일이후 지분법 회계처리

당기순이익 보고시	• '피투자회사의 순이익 × 지분율'만큼 지분법이익(당기손익)을 인식함. →(차) 관계기업투자주식　　　xxx　(대) 지분법이익　　　xxx
배당시	• 배당결의시 : (차) 미수배당금 xxx (대) 관계기업투자주식　　xxx • 배당수령시 : (차) 현금　　　xxx (대) 미수배당금　　　xxx 🔎주의 지분법에서는 피투자회사가 배당을 하면 순자산이 감소하므로 투자주식을 감소시키는 처리를 하며, 배당금수익을 인식하는 것이 아님.
기타포괄손익 증감시	• '피투자회사의 기타포괄손익 × 지분율'만큼 지분법자본변동(기타포괄손익)을 인식함. →(차) 관계기업투자주식 xxx (대) 지분법자본변동　　xxx

지분법 배당금 회계처리	난이도	ⓣ	정답	③

㈜서울은 관계기업 ㈜용산으로부터 배당금 10,000원을 수령하였다. ㈜서울이 지분법회계처리를 적용할 경우 해당 배당금과 관련하여 수행할 회계처리로 가장 옳은 것은?

①	(차) 현금	10,000	(대) 배당금수익	10,000원
②	(차) 현금	10,000	(대) 지분법이익	10,000원
③	(차) 현금	10,000	(대) 관계기업투자주식	10,000원
④	(차) 현금	10,000	(대) 이익잉여금	10,000원

해설

• 지분법을 적용함에 있어 피투자회사(관계기업)로부터 배당금을 수령시는 투자주식을 감소시킨다.

❗POINT 배당금수령과 지분법

배당 회계처리	• 배당결의시 : (차) 미수배당금　xxx　(대) 관계기업투자주식　xxx • 배당수령시 : (차) 현금　　　xxx　(대) 미수배당금　　　xxx 🔎주의 지분법에서는 피투자회사가 배당을 하면 순자산이 감소하므로 투자주식을 감소시키는 처리를 하며, 배당금수익을 인식하는 것이 아님.

제1주차 핵심이론특강
제2주차 핵심유형특강
제3주차 최신유형특강
제4주차 기출변형특강

| 지분법이익 계산 | | 난이도 | ㉺ | 정답 | ③ |

20X1년 1월 1일 ㈜삼일은 ㈜용산의 보통주 30%를 850,000원에 취득하여 유의적인 영향력을 행사하게 되었으며, 취득 당시 ㈜용산의 순자산 장부금액과 공정가치는 2,000,000원으로 동일하였다. 20X1년 ㈜용산의 자본은 아래와 같으며, 20X1년 7월 1일 중간배당으로 100,000원을 주주들에게 지급하였고 그 외 자본의 변동은 모두 당기순이익으로 인한 것이다. (단위 : 원)

	20X1년 1월 1일	20X1년 12월 31일
자본금	900,000	900,000
이익잉여금	1,100,000	1,300,000
합계	2,000,000	2,200,000

20X1년말 ㈜삼일이 포괄손익계산서에 인식할 지분법이익은 얼마인가?

① 60,000원　　　　② 75,000원　　　　③ 90,000원　　　　④ 120,000원

해설

• 20x1년 ㈜용산 이익잉여금 변동 내역 분석
  1,100,000(20x1년초) - 100,000(중간배당) + 당기순이익 = 1,300,000(20x1년말)
  →∴당기순이익=300,000
• 20x1년말 ㈜삼일 지분법이익 : 300,000(당기순이익)×30% = 90,000

참고 ㈜삼일 회계처리

취득시(20x1년초)	(차)	관계기업투자주식	850,000	(대)	현금	850,000
중간배당금 수취(20x1.7.1)	(차)	현금	xxx	(대)	관계기업투자주식	xxx
당기순이익 보고시(20x1년말)	(차)	관계기업투자주식	90,000	(대)	지분법이익	90,000

| 기능통화와 표시통화 | | 난이도 | ⊕ | 정답 | ④ |

다음 중 기능통화와 표시통화에 관한 설명으로 가장 올바르지 않은 것은?

① 기능통화란 영업활동이 이루어지는 주된 경제 환경의 통화이다.
② 기능통화로 외화거래를 최초로 인식하는 경우에 거래일의 외화와 기능통화 사이의 현물환율을 외화금액에 적용하여 기록한다.
③ 표시통화란 재무제표를 표시할 때 사용하는 통화이다.
④ 표시통화와 기능통화는 반드시 동일한 화폐로 사용하여야 한다.

해설

• 기업은 어떤 통화든지 표시통화로 사용할 수 있다.(기능통화와 표시통화가 다른 경우에는 기능통화를 표시통화로 환산하여 재무제표에 보고해야 함.)
  →표시통화와 기능통화는 반드시 동일한 화폐로 사용하여야 하는 것은 아니다.

환율변동효과와 외화환산

| 난이도 | ⊕ | 정답 | ② |

다음 중 기능통화에 의한 외화거래의 보고에 관한 설명으로 가장 올바르지 않은 것은?

① 기능통화로 외화거래를 최초로 인식하는 경우에 거래일의 외화와 기능통화 사이의 현물환율을 외화금 액에 적용하여 기록한다.
② 역사적원가로 측정하는 비화폐성 외화항목은 마감환율로 매 보고기간말 환산한다
③ 화폐성항목의 결제시점에 생기는 외환차이는 그 외환차이가 생기는 회계기간의 당기손익으로 인식한다.
④ 비화폐성항목에서 생긴 손익을 기타포괄손익으로 인식하는 경우에 그 손익에 포함된 환율변동효과도 기타포괄손익으로 인식한다.

해설

• 역사적원가로 측정하는 비화폐성 외화항목은 마감환율이 아니라 거래일환율로 환산한다.

! POINT 화폐성·비화폐성항목의 기말환산

화폐성항목	• 마감환율(보고기간말환율)로 환산하고 외환차이는 당기손익 처리		
비화폐성항목	**구분**	**적용환율**	**외환차이 처리**
	역사적원가측정항목 (예)유형자산 원가모형)	거래일환율	외환차이 없음
	공정가치측정항목 (예)유형자산 재평가모형)	공정가치결정일환율	당기손익인 경우 → 당기손익
			기타포괄손익인 경우 → 기타포괄손익

재고자산평가손실의 환산

| 난이도 | ⊕ | 정답 | ① |

㈜상일은 20X1년 4월 1일에 재고자산을 $2,000에 매입하여 보고기간 말 현재 보유중이다. 매입 시점의 현물환율은 1,000원/$이며, 보고기간말 현물환율은 1,300원/$이다. 20X1년 12월 31일에 재고자산의 순실현가능가치가 $1,600일 경우 ㈜상일이 인식할 재고자산평가손실은 얼마인가?

① 0원
② 400,000원
③ 520,000원
④ 640,000원

해설

• 장부금액은 거래일환율, 순실현가능가치는 마감환율로 환산하여 순실현가능가치가 작은 경우 평가손실을 인식한다.
• 장부금액   : $2,000×@1,000 = 2,000,000
  순실현가능가치 : $1,600×@1,300 = (2,080,000)
  평가손실   0
→오히려, 순실현가능가치가 더 크므로 재고자산평가손실은 발생하지 않는다.

! POINT 재고자산 저가법에 따른 환산

장부금액	• 거래일환율(그 금액이 결정된 날의 환율)로 환산
순실현가능가치(NRV)	• 마감환율(그 가치가 결정된 날의 환율)로 환산
평가손실	• 장부금액-Min[장부금액, 순실현가능가치] →즉, 순실현가능가치가 장부금액 보다 작은 경우 평가손실을 인식

| 외화자산의 환산 | 난이도 | ⊕ | 정답 | ① |

●── ㈜삼일의 20X1년(20X1년 1월 1일~20X1년 12월 31일) 중 발생한 수출실적이 다음과 같을 경우 20X1년말 재무상태 표상 매출채권으로 인식되는 금액은 얼마인가(단, 기능통화는 원화이다)?

ㄱ. 수출액 및 대금회수일

수출일	수출액	대금회수일
20X1.5.10	$200,000	20X2.1.2
20X1.7.15	$50,000	20X2.2.14

ㄴ. 일자별 환율

일자	20X1.5.10	20X1.7.15	20X1.12.31	20X2.1.2
환율	1,100원/$	1,120원/$	1,070원/$	1,110원/$

ㄷ. 기타정보
상기 수출대금은 대금회수일에 이상 없이 모두 회수되었으며, 상기 수출과 관련된 매출채권 이외의 채권은 없다.

① 267,500,000원   ② 275,000,000원
③ 276,000,000원   ④ 277,500,000원

해설

- 20x1년말 재무상태표상 매출채권 : 20x1년말의 환율로 환산한 금액
→ $200,000×1,070+$50,000×1,070 = 267,500,000

참고 회계처리

20x1.5.10	(차) 외화매출채권	$200,000×1,100 = 220,000,000	(대) 매출	220,000,000
20x1.7.15	(차) 외화매출채권	$50,000×1,120 = 56,000,000	(대) 매출	56,000,000
20x1.12.31	(차) 외환손실(외화환산손실)	8,500,000[1]	(대) 외화매출채권	8,500,000

[1]$200,000×(1,100 − 1,070)+$50,000×(1,120 − 1,070) = 8,500,000

외화표시재무제표의 외화환산[1]

난이도 ⊕ **정답** ④

다음 중 환율변동효과와 관련하여 괄호 안에 들어갈 단어로 가장 옳은 것은?

기능통화와 표시통화가 다른 경우 표시통화로 재무상태와 경영성과를 환산하여 보고해야 한다. 재무상태표의 자산과 부채 환산에는 보고기간말의 마감환율을 적용하고 포괄손익계산서의 수익과 비용 환산에는 해당 거래일의 환율을 적용한다. 이 때 발생하는 환산차이는 (   )으로 인식한다.

① 영업손익   ② 당기손익   ③ 이익잉여금   ④ 기타포괄손익

해설

• 외화표시재무제표의 환산에서 생기는 외환차이(환산차이)는 기타포괄손익으로 인식한다.

❓POINT 외화표시재무제표 환산

의의	• 영업활동이 이루어지는 주된 경제 환경의 통화인 기능통화와 재무제표 표시통화가 다른 경우 기능통화로 표시된 재무제표를 표시통화로 환산해야함.
환산차이 (해외사업장환산차이)	• 재무상태표와 포괄손익계산서의 환산에서 생기는 외환차이는 기타포괄손익으로 인식함.
환산방법	자산(마감환율) / 부채(마감환율) / 자본(거래일환율) / 비용(거래일환율 or 평균환율) / 수익(거래일환율 or 평균환율) / 외환차이(대차차이)

환산방법 세부표:

자산(마감환율)	부채(마감환율)
	자본(거래일환율)
비용(거래일환율 or 평균환율)	수익(거래일환율 or 평균환율)
	외환차이(대차차이)

외화표시재무제표의 외화환산[2]

난이도 ⊕ **정답** ①

다음 중 환율변동효과와 관련하여 괄호 안에 들어갈 단어로 가장 옳은 것은?

기능통화와 표시통화가 다른 경우 표시통화로 재무상태와 경영성과를 환산하여 보고해야 한다. 재무상태표의 자산과 부채는 (ㄱ)을 적용하고, 포괄손익계산서의 수익과 비용은 (ㄴ)을 적용하되 환율이 유의적으로 변동하지 않을 경우에는 해당 기간의 평균환율을 적용할 수 있다.

	ㄱ	ㄴ
①	보고기간 말의 마감환율	해당 거래일의 환율
②	해당 거래일의 환율	보고기간 말의 마감환율
③	해당 기간의 평균환율	보고기간 말의 마감환율
④	해당 기간의 평균환율	해당 거래일의 환율

해설

• 외화표시재무제표 환산방법(적용환율)

자산(마감환율)	부채(마감환율)
	자본(거래일환율)
비용(거래일환율 or 평균환율)	수익(거래일환율 or 평균환율)
	외환차이(대차차이)

→수익·비용은 거래일의 환율을 일일이 제시하기 어려우므로, 환율이 유의적으로 차이나지 않는다면 평균환율의 적용도 가능하다. 그러나 환율이 유의적으로 변동한 경우에는 평균환율을 사용하는 것은 부적절하다.

외화표시재무제표의 외화환산[3]

| 난이도 | ⊕ | 정답 | ① |

다음 중 환율변동효과와 관련하여 괄호 안에 들어갈 단어로 가장 옳은 것은?

> 기능통화와 표시통화가 다른 경우 표시통화로 재무상태와 경영성과를 환산하여 보고해야 한다. 재무상태표의 자산과 부채는 (ㄱ)을 적용하고, 포괄손익계산서의 수익과 비용은 (ㄴ)을 적용하되 환율이 유의적으로 변동하지 않을 경우에는 (ㄷ)을 적용할 수 있다.

	ㄱ	ㄴ	ㄷ
①	보고기간말의 마감환율	해당 거래일의 환율	해당기간의 평균환율
②	보고기간말의 마감환율	해당기간의 평균환율	해당 거래일의 환율
③	해당기간의 평균환율	보고기간말의 마감환율	해당 거래일의 환율
④	해당기간의 평균환율	해당 거래일의 환율	보고기간말의 마감환율

해설

• 외화표시재무제표 환산방법(적용환율)

	부채(마감환율)
자산(마감환율)	자본(거래일환율)
비용(거래일환율 or 평균환율)	수익(거래일환율 or 평균환율)
	외환차이(대차차이)

→수익·비용은 거래일의 환율을 일일이 제시하기 어려우므로, 환율이 유의적으로 차이나지 않는다면 평균환율의 적용도 가능하다. 그러나 환율이 유의적으로 변동한 경우에는 평균환율을 사용하는 것은 부적절하다.

외화표시재무제표의 외화환산[4]

| 난이도 | ⊕ | 정답 | ① |

한국에서 영업을 하는 ㈜서울의 미국 현지법인인 ㈜LA는 20X1년초 설립되었으며, ㈜LA의 기능통화인 달러화로 작성한 20X1년말 재무상태표는 다음과 같다. ㈜LA의 재무상태표를 표시통화인 원화로 환산시 자산에 적용할 환율로 가장 옳은 것은?

자산	$4,000	부채	$1,000
		자본금	$2,000
		이익잉여금 (당기순이익)	$1,000

① 보고기간말의 마감환율   ② 회사 설립일의 환율
③ 평균환율   ④ 역사적 환율

해설

• 외화표시재무제표 환산방법(적용환율)

	부채(마감환율)
자산(마감환율)	자본(거래일환율)
비용(거래일환율 or 평균환율)	수익(거래일환율 or 평균환율)
	외환차이(대차차이)

| 외화표시재무제표의 외화환산[5] | | | 난이도 | ⊕ | 정답 | ② |

한국에서 영업을 하는 ㈜서울의 미국 현지법인인 ㈜엘에이의 재무제표이다. ㈜엘에이는 20X1년초 설립되었으며, ㈜엘에이의 기능통화인 달러화로 작성한 20X1년말 재무상태표는 다음과 같다. ㈜엘에이의 재무상태표를 표시통화인 원화로 환산시 환율이 유의적으로 변동할 경우 부채에 적용할 환율로 가장 옳은 것은?

자산	$4,000	부채	$1,000
		자본금	$2,000
		이익잉여금 (당기순이익)	$1,000
합계	$4,000	합계	$4,000

① 해당 거래일의 환율
③ 평균환율

② 보고기간말의 마감환율
④ 차입시 환율

해설

• 외화표시재무제표 환산방법(적용환율)

자산(마감환율)	부채(마감환율)
	자본(거래일환율)
비용(거래일환율 or 평균환율)	수익(거래일환율 or 평균환율)
	외환차이(대차차이)

| 기능통화·표시통화 및 외화거래 | | | 난이도 | ⊕ | 정답 | ① |

다음 중 기능통화, 표시통화 및 외화거래에 대한 설명으로 가장 올바르지 않은 것은?

① 재무제표를 표시통화로 환산할 때 발생하는 환산차이는 당기손익으로 인식한다.
② 외화거래를 보고기간 말에 기능통화로 환산할 때 화폐성항목은 마감환율로 환산하고, 외환차이를 당기손익으로 인식한다.
③ 외화거래를 보고기간 말에 기능통화로 환산할 때 역사적원가로 측정하는 비화폐성항목은 거래일의 환율로 환산하기 때문에, 외환차이가 발생하지 않는다.
④ 외화거래를 보고기간 말에 기능통화로 환산할 때 공정가치로 측정하는 비화폐성항목은 공정가치가 결정된 날의 환율로 환산하며, 외환차이는 당기손익 또는 기타포괄손익으로 인식한다.

해설

• 외화표시재무제표의 환산에서 생기는 외환차이(환산차이)는 기타포괄손익으로 인식한다.

| 선물과 옵션 | 난이도 | ⊕ | 정답 | ① |

다음 중 선물(futures)과 옵션(option)에 관한 설명으로 가장 올바르지 않은 것은?

① 미국형 옵션은 만기일에만 권리를 행사할 수 있는 옵션이며, 유럽형 옵션은 만기일 이전에는 언제라도 권리를 행사할 수 있는 옵션이다.
② 선물거래에는 매일매일의 평가손익을 증거금에 반영하는 체계적인 과정인 '일일정산제도'가 있다.
③ 선물과 옵션 모두 파생상품에 해당한다.
④ 선물과 옵션 모두 위험회피기능을 가지고 있다.

해설

• 유럽형 옵션은 만기일에만 권리를 행사할 수 있으나, 미국형 옵션은 만기일 이전에 언제라도 권리를 행사할 수 있다.

⚠ POINT 파생상품의 종류

선물	• 현재 합의된 가격으로 미래에 표준화된 특정대상을 인수할 것을 불특정다수와 약정한 조직화된 시장인 장내거래(선물거래소)에서의 계약 →예 배추밭떼기 : 3개월 후에 ₩100에 산다는 계약 • 거래증거금이 필요하며 일일정산제도가 있음.	• 무조건 계약을 이행해야함. • 권리와 의무 모두 존재
선도	• 선물과 동일하나 장외거래이며 특정인과의 계약임. →장외거래이므로 상대방의 신용상태파악이 필수적임.	
옵션	• 특정대상을 일정기간 내에 미리 정해진 가격으로 사거나 팔수 있는 권리에 대한 계약 →예 3개월 후에 ₩1,000에 살 수 있는 권리를 ₩100에 사는 계약을 한 경우 3개월 후에 가격동향을 판단하여 가격이 오르면 권리를 행사함. →미국형옵션 : 만기 전에 언제라도 권리행사 가능 　유럽형옵션 : 만기에만 권리행사 가능	• 계약파기 가능 • 권리나 의무중 하나만 존재
스왑	• 거래 쌍방 간에 상품 또는 경제적조건을 서로 맞바꾸는 것	

파생상품회계 일반원칙	난이도	⊕	정답	④

다음 중 파생상품회계의 일반원칙에 관한 설명으로 가장 올바르지 않은 것은?

① 매매목적으로 보유하고 있는 파생상품의 평가손익은 당기손익으로 처리한다.
② 위험회피회계를 적용하기 위해서는 일정한 요건을 충족해야 한다.
③ 공정가치 위험회피회계에서 위험회피수단에 대한 손익은 당해 회계연도의 당기손익으로 인식한다.
④ 현금흐름 위험회피회계에서 위험회피에 효과적이지 않은 부분은 당해 회계연도의 기타포괄손익으로 인식한다.

해설 ᵒ
• 현금흐름 위험회피회계에서 위험회피에 효과적이지 않은 부분은 당해 회계연도의 당기손익으로 인식한다.

🛈 POINT 파생상품평가손익의 처리
❖ 파생상품은 계약상 권리·의무에 따라 자산·부채로 재무제표에 계상하며, 평가손익은 다음과 같이 처리함.

매매목적[1]	• 당기손익	
공정가치위험회피[2]	• 당기손익	
현금흐름위험회피[3]	위험회피에 효과적인 부분	• 기타포괄손익
	위험회피에 효과적이지 못한 부분	• 당기손익

[1] 매매목적으로 파생상품을 이용하는 것을 말함.
[2] 위험회피대상항목이 자산, 부채, 확정계약으로서 당해 항목의 공정가치변동을 상쇄하기 위하여 파생상품을 이용하는 것을 말함.
[3] 위험회피대상항목이 미래에 예상되는 거래로서 당해 거래에 따른 미래현금흐름변동을 상쇄하기 위하여 파생상품을 이용하는 것을 말함.

파생상품평가손익	난이도	⊤	정답	③

다음 거래목적 중 파생상품평가손익을 당기손익으로 처리하지 않는 것은?

① 매매목적으로 체결한 파생상품의 평가손익
② 공정가치위험회피 목적으로 체결한 파생상품의 평가손익
③ 현금흐름위험회피 목적으로 체결한 파생상품의 평가손익 중 위험회피에 효과적인 부분
④ 현금흐름위험회피 목적으로 체결한 파생상품의 평가손익 중 위험회피에 효과적이지 못한 부분

해설 ᵒ
• 현금흐름위험회피 목적으로 체결한 파생상품의 평가손익 중 위험회피에 효과적인 부분 : 기타포괄손익

제1주차
기출변형특강

제2주차
핵심유형특강

제3주차
최신유형특강

제4주차
기출변형특강

| 파생상품 일반사항 | 난이도 | ⊕ | 정답 | ③ |

다음 중 파생상품과 관련한 회계처리에 대한 설명으로 가장 올바르지 않은 것은?

① 파생상품은 당해 계약상의 권리와 의무에 따라 자산 또는 부채로 인식하여 재무제표에 계상하여야 한다.
② 내재파생상품은 파생상품이 아닌 주계약을 포함하는 복합상품의 구성요소이며, 복합상품의 현금흐름 중 일부를 독립적인 파생상품의 경우와 유사하게 변동시키는 금융상품을 말한다.
③ 위험회피수단으로 지정되지 않고 매매목적 등으로 보유하고 있는 파생상품의 평가손익은 기타포괄손익으로 계상해야 한다.
④ 위험회피대상항목은 공정가치 변동위험 또는 미래현금흐름 변동위험에 노출된 자산, 부채, 확정계약 또는 미래에 예상되는 거래를 말한다.

해설

• 위험회피수단으로 지정되지 않고 매매목적 등으로 보유하고 있는 파생상품의 평가손익은 당기손익으로 계상해야 한다.

참고 비파생금융상품과 내재파생상품

파생상품은 원금 이상의 손실을 입을 수 있는 것인데 반해, 비파생금융상품은 주식과 같이 종이 조각이 되면 끝이 나는 즉, 원금 이상의 손실을 입지 않는 것을 의미한다. 한편, 내재파생상품은 전환사채의 전환권과 같은 경우를 예로 들 수 있으며 만약 전환권이 독립적으로 거래·양도 등이 가능하면 내재파생상품이 아니다. 이 경우 내재파생상품을 주계약과 분리하여 파생상품으로 처리한다.

| 파생상품의 적용 | 난이도 | ⊕ | 정답 | ② |

㈜삼일은 원재료 $2,000을 외상으로 매입하고, 대금을 9개월 후에 달러($)로 지급하기로 하였다. 이 경우 ㈜삼일의 외화매입채무 $2,000은 환율변동위험에 노출되게 되었다. 해당 거래와 관련하여 환율변동위험을 회피할 수 있는 방법으로 가장 옳은 것은?

① 약정된 환율로 9개월 후 $2,000을 매도하는 통화선도계약을 체결한다.
② 약정된 환율로 9개월 후 $2,000을 매입하는 통화선도계약을 체결한다.
③ 약정된 환율로 9개월 후 $2,000을 거래할 수 있는 콜옵션을 매입한다.
④ 약정된 환율로 9개월 후 $2,000을 거래할 수 있는 풋옵션을 매도한다.

해설

• 9개월 후의 외화대금 지급분 $2,000를 일정 안정된 환율로 매입하는 통화선도 매입계약을 체결한다.

리스제공자 리스채권 계산	난이도	⊕	정답	②

㈜상일리스는 20X2년 1월 1일 ㈜용산과 기계장치에 대한 금융리스계약을 다음과 같이 체결하였다. 20X2년말 ㈜상일리스가 인식해야 할 리스채권을 계산한 것으로 가장 옳은 것은(단, 소수점은 반올림한다)?

ㄱ. 리스료 : 매년 말 200,000원씩 지급	ㄴ. 20X2년 1월 1일 현재 리스채권의 현가 : 758,158 원
ㄷ. 내재이자율 : 10%	ㄹ. 리스기간 : 5년

① 124,184원　　　　② 633,974원　　　　③ 758,158원　　　　④ 800,000원

해설

• 20x2년초 리스채권 : 758,158
• 20x2년말 회계처리

(차) 현금　　　　200,000　(대) 이자수익　　　　　　758,158×10%=75,816
　　　　　　　　　　　　　　　　리스채권(대차차액)　　　　124,184

∴20x2년말 인식해야 할 리스채권(= 20x2년말 리스채권 장부금액) : 758,158 - 124,184 = 633,974

리스이용자 감가상각비 계산[1]	난이도	⊕	정답	③

㈜상일리스는 20X1년 1월 1일에 매기말 12,000원 지급조건의 금융리스계약을 체결하고 4년간의 리스기간종료후 소유권을 ㈜용산에 이전하기로 하였다. 리스약정일 현재의 리스료의 현가는 40,000원이고, 리스자산의 내용연수 5년, 잔존가치 0원, 감가상각방법이 정액법인 경우 20X1년의 ㈜용산의 감가상각비는 얼마인가?

① 0원　　　　② 10,000원　　　　③ 8,000원　　　　④ 12,000원

해설

• 사용권자산(리스부채) : 40,000(리스료의 현재가치)
• 감가상각대상금액 : 40,000 - 0(추정잔존가치) = 40,000
• 감가상각기간 : 소유권이전이 있으므로 내용연수 5년 적용
• 20x1년 감가상각비 : 40,000÷5년 = 8,000

⚠ POINT 리스이용자 회계처리

리스개시일	• (차) 사용권자산(원가)　　　xxx　(대) 리스부채　　　　　　　　xxx 　　　　　　　　　　　　　　　　　　　현금(리스개설직접원가)　　xxx		
	리스부채	▢ 지급되지 않은 리스료를 내재이자율로 할인한 현재가치 (내재이자율 산정불가시는 리스이용자의 증분차입이자율로 할인)	
보고기간말	• (차) 이자비용　　　　　　　xxx　(대) 현금　　　　　　　　　xxx 　　　리스부채　　　　　　　xxx 　(차) 감가상각비　　　　　　xxx　(대) 감가상각누계액　　　　xxx		
	이자비용	▢ 리스부채 장부금액×내재이자율	
	감가상각	구분	감가상각대상금액	감가상각기간
		소유권이전O	원가-추정잔존가	내용연수
		소유권이전X	원가-보증잔존가	Min[리스기간, 내용연수]

리스이용자 감가상각비 계산[2]

| | 난이도 | ⊕ | 정답 | ③ |

㉜상일리스는 20X1년 1월 1일(리스약정일)에 ㉜대구(리스이용자)와 기계장치에 대한 금융리스계약을 체결하였으며, 관련 자료는 다음과 같다. 이러한 리스거래로 인하여 리스이용자인 ㉜대구가 20X1년에 인식할 감가상각비는 얼마인가(단, 계산금액은 소수점 첫째자리에서 반올림함을 원칙으로 하고, 가장 근사치를 답으로 선택한다)?

> ㄱ. 리스기간 : 3년(리스기간 종료시 ㉜대구는 소유권을 이전 받음)
> ㄴ. 리스료 총액 : 300,000원(매 100,000원씩 매년 말 3회 후불)
> ㄷ. 기초자산의 취득원가 : 240,183원(리스약정일의 공정가치와 동일)
> ㄹ. 기초자산의 내용연수와 잔존가치 : 내용연수 5년, 잔존가치 40,183원
> ㅁ. 리스의 내재이자율 : 연 12%
> ㅂ. 이자율 12%, 3년 연금현가계수 : 2.40183
>   이자율 12%, 3년 현가계수 : 0.71178

① 24,018원   ② 28,822원   ③ 40,000원   ④ 68,822원

해설

• 사용권자산(리스부채) : 100,000×2.40183 = 240,183
• 감가상각대상금액 : 240,183 - 40,183(추정잔존가치) = 200,000
• 감가상각기간 : 소유권이전이 있으므로 내용연수 5년 적용
• 20x1년 감가상각비 : 200,000÷5년 = 40,000

참고 회계처리

20x1년초(리스개시일)	(차) 사용권자산	240,183	(대) 리스부채	240,183
20x1년말(보고기간말)	(차) 이자비용	240,183×12% = 28,822	(대) 현금	100,000
	리스부채	71,178		
	(차) 감가상각비	40,000	(대) 감가상각누계액	40,000

리스이용자 감가상각비 계산[3]

| | 난이도 | ⊕ | 정답 | ② |

㉜상일리스는 20X1년 1월 1일 ㉜용산과 금융리스계약을 체결하였다. 20X1년 ㉜용산이 사용권자산에 대해 인식할 감가상각비(정액법 적용)는 얼마인가?

> ㄱ. 리스기간 : 20X1년 1월 1일~20X4년 12월 31 일
> ㄴ. 기초자산 내용연수 : 5년
> ㄷ. 기초자산 잔존가치 : 0(영)
> ㄹ. 리스료 지급방법 : 리스기간 동안 매년 말 지급
> ㅁ. 리스실행일 현재 리스료의 현재가치 : 400,000원
> ㅂ. ㉜용산의 리스개설직접원가 : 100,000원
> ㅅ. 리스기간 종료 후 소유권을 ㉜용산에 이전하기로 하였다.

① 80,000원   ② 100,000원   ③ 133,333원   ④ 144,444원

해설

• 사용권자산(리스부채) : 400,000(리스료의 현재가치)+100,000(리스개설직접원가) = 500,000
• 감가상각대상금액 : 500,000 - 0(추정잔존가치) = 500,000
• 감가상각기간 : 소유권이전이 있으므로 내용연수 5년 적용
• 20x1년 감가상각비 : 500,000÷5년 = 100,000

현금흐름표 작성 일반사항	난이도	⊕	정답	②

다음 중 현금흐름표에 대한 설명으로 올바르지 않은 것은?

① 현금흐름표는 영업활동에 관한 정보뿐만 아니라 투자활동 및 재무활동에 관한 정보도 제공한다.
② 직접법과 간접법은 영업활동뿐만 아니라 투자활동 및 재무활동도 현금흐름표상 표시방법이 다르다.
③ 직접법은 현금흐름을 개별 항목별로 파악할 수 있기 때문에 전문회계지식이 없더라도 그 내용을 쉽게 파악할 수 있다.
④ 현금흐름표상 현금및현금성자산은 보유현금과 요구불예금(이상 '현금') 및 현금성자산을 말한다.

해설

• 직접법, 간접법은 영업활동을 표시하는 방법이므로, 직접법과 간접법 모두에서 투자활동, 재무활동 표시방법은 동일하다.

POINT 현금흐름표 양식

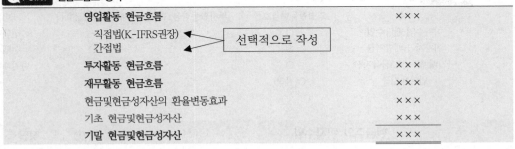

영업활동 현금흐름	×××
직접법(K-IFRS권장)	
간접법	
투자활동 현금흐름	×××
재무활동 현금흐름	×××
현금및현금성자산의 환율변동효과	×××
기초 현금및현금성자산	×××
기말 현금및현금성자산	×××

(직접법(K-IFRS권장), 간접법 → 선택적으로 작성)

현금흐름표상 활동의 구분	난이도	⊤	정답	③

제조업을 영위하는 ㈜삼일의 다음 거래에 따른 결과를 현금흐름표상 영업활동, 투자활동 및 재무활동 현금흐름으로 나타낸 것이다. 가장 올바르지 않은 것은?

① 유형자산의 취득에 따른 현금유출 – 투자활동 현금흐름
② 원재료 구입에 따른 현금유출 – 영업활동 현금흐름
③ 매출채권 매각에서 발생하는 현금유입 – 투자활동 현금흐름
④ 주식의 발행에 따른 현금유입 – 재무활동 현금흐름

해설

• 매출채권을 증가 또는 감소시키는 요소(예 외상매출, 매출채권 회수, 매출채권 매각·양도 등)는 영업활동 현금흐름에서 분석한다.

POINT 영업활동 현금흐름 사례[K-IFRS 제1007호 문단14]

• 영업활동 현금흐름은 주로 기업의 주요 수익창출활동에서 발생한다. 따라서 영업활동 현금흐름은 일반적으로 당기순손익의 결정에 영향을 미치는 거래나 그 밖의 사건의 결과로 발생한다. 영업활동 현금흐름의 예는 다음과 같다.
　㉠ 재화의 판매와 용역 제공에 따른 현금유입
　㉡ 로열티, 수수료, 중개료 및 기타수익에 따른 현금유입
　㉢ 재화와 용역의 구입에 따른 현금유출
　㉣ 종업원과 관련하여 직·간접으로 발생하는 현금유출
　㉤ 법인세의 납부 또는 환급. 다만 재무활동과 투자활동에 명백히 관련되는 것은 제외한다.
　㉥ 단기매매목적으로 보유하는 계약에서 발생하는 현금유입과 현금유출

제1주차
민법요약특강

제2주차
핵심요약특강

제3주차
최신유형특강

제4주차
기출변형특강

이자·배당금 현금흐름 활동 구분	난이도	⊕	정답	③

다음 중 이자와 배당금의 수취 및 지급에 따른 현금흐름에 관한 설명으로 가장 올바르지 않은 것은?

① 금융회사의 경우 이자수입은 일반적으로 영업활동 현금흐름으로 분류한다.
② 이자지급은 재무자원을 획득하는 원가로 보아 재무활동 현금흐름으로 분류할 수 있다.
③ 배당금지급은 기업이 배당금을 지급할 수 있는 능력이 있는지 여부를 판단하는데 도움을 주기위해 투자활동 현금흐름으로 분류할 수 있다.
④ 배당금수입은 투자자산에 대한 수익으로 보아 투자활동 현금흐름으로 분류할 수 있다.

해설

• 배당금지급은 영업활동이나 재무활동으로 분류하며, 투자활동으로 분류할 수 없다.

POINT 현금흐름 구분시 주의사항

구분	영업활동현금흐름	투자활동현금흐름	재무활동현금흐름	비고
이자수입·배당수입	O	O	-	선택가능
이자지급·배당지급	O	-	O	선택가능
단기매매(FVPL)금융자산	O	-	-	단기매매목적
법인세지급	O(원칙)	O	O	-

현금주의 이자수익	난이도	⊕	정답	④

다음은 ㈜삼일의 이자수익과 관련된 재무제표 자료이다. ㈜삼일의 20X2년 현금흐름표에 표시될 이자수취액은 얼마인가?

ㄱ. 재무상태표 관련자료

구분	20X2년 12월 31일	20X1년 12월 31일
미수이자	20,000원	30,000원
선수이자	40,000원	20,000원

ㄴ. 포괄손익계산서 관련자료

구분	20X2년	20X1년
이자수익	200,000원	150,000원

① 190,000원　　② 200,000원　　③ 210,000원　　④ 230,000원

해설

• 유입액 분석이므로 분석시 (+)로 출발한다.
• 이자수취액(현금주의 유입액) 계산

발생주의 이자수익	200,000
미수이자 감소	10,000
선수이자 증가	20,000
현금주의 이자수익	230,000

간접법과 영업활동현금흐름	난이도	⊕	정답	③

㈜삼일의 20X1년도 당기순이익은 91,000원이다. 다음에 제시된 자료를 이용하여 ㈜삼일의 20X1년도 영업활동현금 흐름을 구하면 얼마인가(단, 이자지급 및 법인세납부는 영업활동으로 분류한다)?

유형자산처분손실	3,000원	사채상환이익	2,000원
사채의 감소	7,000원	미지급이자의 증가	2,000원
재고자산(순액)의 증가	3,000원	매출채권(순액)의 증가	2,000원
매입채무의 증가	3,000원	미지급법인세의 감소	3,000원

① 68,000원   ② 87,000원   ③ 89,000원   ④ 91,000원

해설

• 91,000(당기순이익)+3,000(유형자산처분손실)−2,000(사채상환이익)+2,000(미지급이자증가)−3,000(재고자산증가)−2,000(매출채권증가)+3,000(매입채무증가)−3,000(미지급법인세감소)=89,000

! POINT 간접법 영업활동현금흐름 계산구조

〈출발점〉 법인세비용차감전순이익		
현금수입·지출이 없는 손익계정	• 감가상각비, 금융자산평가손익 • 이자비용, 이자수익, 배당수익[*)]	• 비용 → 가산 • 수익 → 차감
투자·재무활동관련 손익계정	• 자산처분손익, 부채상환손익	
영업활동관련 자산·부채계정	• 매출채권(순액), 선수금, 매입채무, 선급금 • 재고자산(순액), 미수수익, 선급비용 • 선수수익, 미지급비용, FVPL금융자산	• 자산증(감) → 차감(가산) • 부채증(감) → 가산(차감)

[*)]영업활동으로 분류되는 경우 가감조정을 해주는 이유는 현금흐름표 양식상 이들을 직접법을 적용한 것처럼 별도로 표시해주기 때문임.

🔎주의 영업활동관련 자산·부채계정 관련손익(예 매출채권 대손상각비, FVPL금융자산평가이익·처분이익, 재고자산감모손실, 퇴직급여 등)은 위의 현금수입·지출이 없는 손익계정에서 고려치 않음. 따라서, 영업활동과 관련없는 대여금이나 미수금 해당분 대손상각비는 위의 현금수입·지출이 없는 손익계정에서 고려(가산)함.

투자활동 순현금흐름 집계	난이도	⊕	정답	④

㈜삼일은 기중에 다음과 같은 자금의사결정을 하였다. 아래의 의사결정으로 인한 현금흐름 중 투자활동 관련 순현금흐름은 얼마인가?

매출채권의 회수	950,000원	차입금의 상환	1,000,000원
유형자산의 처분	800,000원	관계기업투자주식의 취득	1,000,000원
유상증자	2,000,000원	급여의 지급	500,000원
배당금의 지급	800,000원	무형자산의 취득	500,000원

① 500,000원 현금유입 ② 500,000원 현금유출
③ 700,000원 현금유입 ④ 700,000원 현금유출

해설

• 800,000(유형자산의 처분) − 1,000,000(관계기업투자주식의 취득) − 500,000(무형자산의 취득) = − 700,000

참고 매출채권의 회수, 급여의 지급 : 영업활동현금흐름
차입금의 상환, 유상증자 : 재무활동현금흐름
배당금의 지급 : 영업활동현금흐름 또는 재무활동현금흐름 중 선택

❗POINT 투자활동현금흐름의 예[K-IFRS 제1007호 문단16]

㉠ 유형자산, 무형자산 및 기타 장기성 자산의 취득·처분
㉡ 다른 기업의 지분상품이나 채무상품 및 공동기업 투자지분의 취득·처분
㉢ 제3자에 대한 선급금 및 대여금과 선급금 및 대여금의 회수(금융회사의 현금 선지급과 대출채권 제외)
㉣ 선물계약, 선도계약, 옵션계약 및 스왑계약

현금흐름표 분석	난이도	⊕	정답	②

다음은 ㈜삼일의 현금흐름표상 활동별 현금유출·입을 표시한 것이다. ㈜삼일의 현금흐름표에 대한 분석으로 가장 올바르지 않은 것은?

영업활동 현금흐름	투자활동 현금흐름	재무활동 현금흐름
현금유입(+)	현금유출(−)	현금유출(−)

① 당기순손실이 발생하더라도 영업활동 현금흐름은 (+)가 될 수 있다.
② 유형자산의 처분으로 대규모 처분손실이 발생한 투자활동 현금흐름은 (−)가 될 수 있다.
③ 배당금의 지급은 재무활동 현금흐름으로 분류할 수 있다.
④ 이자의 지급은 재무활동 현금흐름으로 분류할 수 있다.

해설

① 당기순이익에서 출발하여 조정사항을 가감하여 영업활동현금흐름을 도출하므로, 당기순손실인 경우에도 조정사항 가감액의 크기에 따라 영업활동현금흐름이 (+)가 될 수 있다.
② 유형자산의 처분은 처분손실 발생과 무관하게 투자활동 현금유입이므로, 투자활동 현금흐름에 무조건 (+)효과로 작용한다.
③ 배당금지급은 영업활동 또는 재무활동으로 분류가능하며, 만약 배당금지급을 영업활동으로 분류한 경우라면 이를 재무활동으로 분류하여 영업활동 현금유출의 감소를 통한 영업활동현금흐름의 증가가 가능하다.
④ 이자지급은 영업활동 또는 재무활동으로 분류가능하며, 만약 이자지급을 영업활동으로 분류한 경우라면 이를 재무활동으로 분류하여 영업활동 현금유출의 감소를 통한 영업활동현금흐름의 증가가 가능하다.

세무회계

조세의 개념	난이도	⊕	정답	③

다음 중 조세의 개념에 관한 설명으로 가장 옳은 것은?

① 공공단체가 공공사업에 필요한 경비에 충당하기 위하여 부과하는 공과금도 조세에 해당한다.
② 조세는 위법행위에 대한 제재에 목적을 두고 있는 과태료와 그 성격이 매우 유사하다.
③ 조세법률주의에 따라 조세의 과세요건은 법률로 규정해야 한다.
④ 조세는 납부하는 금액에 비례하여 반대급부가 제공된다.

해설

• ① 공공단체가 공공사업에 필요한 경비에 충당하기 위하여 부과하는 공과금은 조세가 아니다.
　　→∵조세는 부과하는 주체가 국가 또는 지방자치단체이다.
  ② 조세는 위법행위에 대한 제재에 목적을 두고 있는 과태료와 그 성격이 다르다.
　　→∵조세의 목적은 국가 또는 지방자치단체의 경비충당을 위한 재정수입 조달이다.
  ④ 조세는 직접적인 반대급부 없이 부과된다.

🄿 POINT 조세의 개념

과세주체	• 조세를 부과하는 주체는 국가 또는 지방자치단체임. →∵공공단체가 공공사업에 필요한 경비충당을 위하여 부과하는 공과금은 조세가 아님.
과세목적	• 조세는 국가 또는 지방자치단체의 경비충당을 위한 재정수입을 조달할 목적으로 부과됨. →∵위법행위에 대한 제재에 그 목적을 두고 있는 벌금·과료·과태료는 조세가 아님.
조세법률주의	• 조세는 법률에 규정된 과세요건을 충족한 모든 자에게 부과됨. →조세의 과세요건은 법률에 정하도록 하고 있는데 이를 '조세법률주의'라고 함.
금전납부원칙	• 조세는 금전납부가 원칙임. →다만, 상속세 및 증여세법 등에서 특수한 경우에 물납을 허용하고 있음.
일반보상성	• 조세는 직접적인 반대급부 없이 부과됨. 물론 납세의무자는 국가가 제공하는 국방·치안 기타 사회복지의 혜택을 받지만, 이것은 자기가 납부한 조세와 비례하여 주어지는 직접적 반대급부(개별적 보상)는 아니며, 조세는 단지 일반적 보상만을 제공함. →∵개별적 보상계약에 의해 제공되는 용역에 대한 대가인 수수료·사용료 등과는 다름.

조세의 분류[1]	난이도	⊕	정답	③

다음 중 조세의 분류에 관한 설명으로 가장 옳은 것은?

① 과세권자에 따라 국세와 관세로 나눈다.
② 법인세는 조세의 사용용도가 특정된 목적세에 해당한다.
③ 소득세는 납세자의 인적사항이 고려되는 인세(人稅)에 해당한다.
④ 부가가치세는 입법상 조세부담의 전가를 예상하고 있는 직접세에 해당한다.

해설

• ① 과세권자에 따라 국세와 지방세로 나눈다.
  ② 법인세는 조세의 사용용도가 특정되지 않은 보통세에 해당한다.
  ④ 부가가치세는 입법상 조세부담의 전가를 예상하고 있는 간접세에 해당한다.

조세의 분류[2]

난이도	⊕	정답	①

다음 중 조세의 분류기준에 따른 구분과 세목을 연결한 것으로 가장 올바르지 않은 것은?

	분류기준	구분	조세항목
①	과세권자	국세	법인세, 소득세, 부가가치세
		지방세	취득세, 등록면허세, 농어촌특별세
②	사용용도의 특정여부	보통세	법인세, 소득세, 부가가치세
		목적세	지방교육세
③	조세부담의 전가여부	직접세	법인세, 소득세
		간접세	부가가치세
④	납세의무자의 인적사항 고려여부	인세	법인세, 소득세
		물세	재산세

해설

• 농어촌특별세는 지방세가 아니라 국세에 해당한다.

⚠ POINT 국세의 체계

내국세	직접세		• 법인세, 소득세, 상속세, 증여세, 종합부동산세
	간접세	소비세	• 부가가치세, 개별소비세, 주세, 교통·에너지·환경세
		유통세	• 인지세, 증권거래세
관세			–
부가세	• 교육세, 농어촌특별세		

국세기본법상 기간과 기한

난이도	⊕	정답	①

다음 중 세법상 기간과 기한의 규정에 대한 설명으로 가장 옳은 것은?

① 기간을 일·주·월·연으로 정한 때에는 기간의 초일은 기간 계산시 산입하지 않는다(단, 기간이 오전 0시 부터 시작하는 경우에는 초일을 산입한다).
② 기간말일이 공휴일에 해당하는 경우 그 전일이 기간 만료일이다.
③ 우편으로 과세표준신고서를 제출하는 경우 우편물이 도달하는 날에 신고된 것으로 본다.
④ 기간계산은 반드시 국세기본법 또는 세법의 규정에 따른다.

해설

• ② 기간말일이 공휴일에 해당하는 경우 그 다음날이 기간 만료일이다.
  ③ 우편으로 과세표준신고서, 과세표준수정신고서, 경정청구서 또는 과세표준신고·과세표준수정신고·경정청구와 관련된 서류를 제 출한 경우 우편법에 따른 우편날짜도장이 찍힌 날에 신고되거나 청구된 것으로 본다.
    →즉, 발신주의에 의한다.
  ④ 기간계산은 국세기본법 또는 그 세법에 특별한 규정이 있는 것을 제외하고는 민법의 역법적 계산방법에 따른다.

| 국세기본법상 서류송달 | 난이도 | ㉯ | 정답 | ④ |

다음 중 국세기본법상 서류의 송달에 관한 설명으로 가장 옳은 것은?

① 서류의 송달에 대한 효력은 원칙적으로 발송주의에 의한다.
② 국세기본법 또는 세법에 규정하는 서류는 그 명의인의 주소에만 송달하여야 한다.
③ 정보통신망의 장애로 납세고지서의 전자송달이 불가능한 경우에는 교부에 의해서만 송달할 수 있다.
④ 납세고지서를 송달받아야 할 자의 주소를 주민등록표에 의해 확인할 수 없는 경우, 서류의 주요 내용을 공고한 날부터 14일이 지나면 서류 송달이 된 것으로 본다.

해설

• ① 송달의 효력발생시기

| 원칙 | • 도달한 때에 효력이 발생한다.(도달주의) |
| 예외 | • ㉠ 송달받을 자가 지정한 전자우편주소에 입력된 때에 도달한 것으로 본다.
㉡ 서류의 주요내용을 공고한 날부터 14일이 지나면 송달이 된 것으로 본다. |

② 국세기본법 또는 세법에서 규정하는 서류는 그 명의인(서류에 수신인으로 지정되어 있는 자를 말함.)의 주소, 거소, 영업소 또는 사무소(전자송달인 경우에는 명의인의 전자우편주소를 말함.)에 송달한다.
③ 정보통신망의 장애로 납부고지서의 전자송달이 불가능한 경우에는 교부 또는 우편의 방법으로 송달할 수 있다.

★ 저자주 위 내용 ③번 선지는 재경관리사 시험수준을 초과하는 내용이나 출제가 된 만큼 가볍게 검토 바랍니다.

POINT 서류송달

송달장소	• 명의인(수신인)의 주소·거소·영업소·사무소(전자송달은 명의인의 전자우편주소)에 송달		
송달방법	• 우편송달, 교부송달, 전자송달, 공시송달 →단, 공시송달은 주소불명 등의 사유로 서류를 송달할 수 없는 경우에 한함.		
효력발생	우편·교부송달	• 도달한 때 효력발생
	전자송달	• 전자우편주소에 입력된 때 도달한 것으로 보아 효력발생
	공시송달	• 공고한 날로부터 14일이 지나면 송달이 된 것으로 보아 효력발생

특수관계인

| 난이도 | ㊥ | 정답 | ② |

다음 중 세법상 특수관계인에 관한 설명으로 가장 올바르지 않은 것은?

① 개인의 3촌이내의 인척은 특수관계인에 해당한다.
② 특수관계인인 배우자는 사실혼 관계에 있는 자를 제외한다.
③ 법인과 경제적 연관관계가 있는 임원은 특수관계인에 해당한다.
④ 법인과 경영지배관계에 있는 주주는 특수관계인에 해당한다.

해설

• 특수관계인인 배우자는 사실상의 혼인관계에 있는 자를 포함한다.
• **저자주** 사실상의 혼인관계에 있는 자를 포함시킨다는 내용은 국세기본법 시행령에서 규정하고 있으므로 다소 지엽적인 출제로 사료됩니다.

POINT 국세기본법상 특수관계인의 판단과 범위

판단	• 쌍방관계로 판단함. →즉, A입장에서 B가 특수관계인이 아니어도 B입장에서 A가 특수관계인이면 A입장에서도 B는 특수관계인이다.	
범위	친족관계	• 4촌이내 혈족, 3촌이내 인척, 배우자(사실혼 포함) 등
	경제적관계	• 임원·사용인 등 주의 법인 출자자는 모두 특수관계인이나, 소액주주(1%미만)는 특수관계인에서 제외 (단, 소액주주라 하더라도 지배주주와 특수관계에 있으면 특수관계인에 해당함)
	지배관계	• 30%이상 출자자와 사실상 영향력 행사자 등

국세부과의 원칙 항목의 개념[1]

| 난이도 | ㊦ | 정답 | ④ |

국세부과의 원칙 중 법적 형식이나 외관에 관계없이 실질에 따라 세법을 해석하고 과세요건사실을 인정해야 한다는 것은 어떤 원칙에 입각한 것인가?

① 소급과세금지의 원칙　　　　② 조세법률주의
③ 공평과세의 원칙　　　　　　④ 실질과세의 원칙

해설

• 실질과세의 원칙은 법적 형식이나 외관에 관계없이 실질에 따라 세법을 해석하고 과세요건사실을 인정해야한다는 것으로, 조세평등주의를 구체화한 원칙이다.

POINT 실질과세원칙[형식·외관에 불구하고 실질에 따라 과세]

귀속에 관한 실질과세	• 납세의무자의 판정시 실질에 따름. →귀속이 명의일 뿐이고 사실상 귀속되는 자가 따로 있는 때에 사실상 귀속자를 납세의무자로 하여 적용
거래내용에 관한 실질과세	• 과세물건의 판정시 실질에 따름.

참고 조세회피방지 위한 경제적 실질주의

□ 제3자를 통한 간접적인 방법이나 둘 이상의 행위 또는 거래를 거치는 방법으로 이 법 또는 세법의 혜택을 부당하게 받기 위한 것으로 인정되는 경우에는 그 경제적 실질 내용에 따라 당사자가 직접 거래를 한 것으로 보거나 연속된 하나의 행위 또는 거래를 한 것으로 보아 이 법 또는 세법을 적용한다.

국세부과의 원칙 항목의 개념[2]	난이도	㉠	정답	③

● 국세기본법에서는 명의신탁부동산을 매각 처분한 경우 명의수탁자가 아닌 명의신탁자를 양도의 주체 및 납세의무자로 보고 있다. 이와 관련한 국세부과의 원칙으로 가장 옳은 것은?

① 신의성실의 원칙
② 근거과세의 원칙
③ 실질과세의 원칙
④ 조세감면의 사후관리

해설

• 귀속이 명의일 뿐 사실상의 귀속자가 따로 있는 경우에는 사실상의 귀속자를 납세의무자로 하여 적용한다는 실질과세원칙의 사례이다.

국세부과원칙과 세법적용원칙	난이도	⊕	정답	①

● 다음 중 국세기본법상 국세부과의 원칙 및 세법적용의 원칙에 대한 설명으로 가장 올바르지 않은 것은?

① 세무공무원이 그 의무를 이행할 때 신의에 따라 성실하게 할 것을 요구하는 신의성실의 원칙은 납세자에게는 적용되지 않는다.
② 소급과세금지의 원칙이란 세법의 해석이나 국세행정의 관행이 일반적으로 납세자에게 받아들여진 후에는 새로운 해석이나 관행에 의하여 소급하여 과세하지 아니하는 것을 말한다.
③ 실질과세의 원칙은 조세평등주의를 구체화한 국세부과의 원칙이다.
④ 근거과세의 원칙이란 장부 등 직접적인 자료에 입각하여 납세의무를 확정하여야 한다는 원칙이다.

해설

• 신의성실원칙은 납세자와 세무공무원 쌍방에 모두 요구되는 원칙이다.

❗POINT 국세부과의 원칙

실질과세원칙	❖형식·외관에 불구하고 실질에 따라 세법을 해석해야 함. 〈조세평등주의를 구체화한 원칙〉	
	귀속에 관한 실질과세	• 납세의무자의 판정시 실질에 따름. →귀속이 명의일 뿐이고 사실상 귀속되는 자가 따로 있는 때에 사실상 귀속자를 납세의무자로 하여 적용
	거래내용에 관한 실질과세	• 과세물건의 판정시 실질에 따름.
신의성실원칙	의의	• 납세자가 그 의무를 이행하거나 세무공무원이 그 직무를 수행함에 있어서 신의에 따라 성실히 하여야 한다는 원칙 🔍주의 납세자와 과세관청 쌍방 모두에 요구되는 원칙임.
	적용요건	• ㉠ 과세관청의 공적견해 표시가 있어야 함. →예 양도가 비과세라고 국세청(세무서) 회신받음. ㉡ 납세자가 귀책사유 없이 어떤 행위를 해야 함. →예 비과세라고 믿고 자산을 양도 ㉢ 당초 견해표시와 다른 적법한 행정처분과 납세자의 불이익 →예 과세
	적용효과	• 적법처분일지라도 신의칙위반으로 취소 **참고** 취소이지 무효가 아님.
근거과세원칙	실지조사결정	• 조사와 결정은 장부, 증거자료에 의하여야 함.
	결정근거부기	• 장부기록내용이 사실과 다르거나 누락시는 '그 부분에 대해서만' 조사한 사실에 따라 결정할 수 있으며, 이 경우 그 조사한 사실과 결정의 근거를 결정서에 적어야 함.
조세감면 사후관리	운용범위지정	• 국세감면시 감면세액 상당 자금·자산의 운용범위를 정할 수 있음.
	감면취소·징수	• 운용범위를 벗어난 자산에 상당하는 감면세액은 세법에서 정하는 바에 따라 감면을 취소하고 징수할 수 있음.

제1주차 빈출유형특강

제2주차 최신유형특강

제3주차 최신유형특강

제4주차 기출변형특강

세법적용의 원칙 항목별 내용	난이도	⑪	정답	①

다음 중 세법적용원칙에 관한 설명으로 가장 올바르지 않은 것은?

① 일반적으로 납세자에게 받아들여진 세법의 해석이 변경된 경우 종전의 해석에 따른 과세는 소급하여 수정되어야 한다.

② 기업회계나 관행상 공정·타당하다고 인정되고, 이에 대한 세법상 특별한 규정이 없는 경우라면 납세의무자가 계속 적용하고 있는 회계상 처리는 존중되어야 한다.

③ 세무공무원은 그 재량으로 직무를 수행할 때에는 과세의 형평과 해당 세법의 목적에 비추어 일반적으로 적당하다고 인정되는 한계를 엄수하여야 한다.

④ 세법의 해석 및 적용에 있어서는 과세의 형평과 해당 조항의 합목적성에 비추어 납세자의 재산권이 부당하게 침해되지 않도록 해야 한다.

해설

• 행정(해석)상 소급과세금지 : 세법의 해석이나 국세행정의 관행이 일반적으로 납세자에게 받아들여진 후에는 그 해석이나 관행에 의한 행위 또는 계산은 정당한 것으로 보며 새로운 해석이나 관행에 의하여 소급하여 과세되지 아니한다.

◆ POINT 세법적용의 원칙

재산권부당침해금지	• 세법을 해석·적용할 때에는 과세의 형평과 해당조항의 합목적성에 비추어 납세자의 재산권이 부당히 침해되지 아니하도록 하여야 함.		
소급과세금지	입법상 소급과세금지	• 국세를 납부할 의무가 성립한 소득·수익·재산·행위 또는 거래에 대해서는 그 성립 후의 새로운 세법에 따라 소급하여 과세치 않음.	
	행정(해석)상 소급과세금지	• 세법의 해석이나 국세행정의 관행이 일반적으로 납세자에게 받아들여진 후에는 그 해석이나 관행에 의한 행위 또는 계산은 정당한 것으로 보며 새로운 해석이나 관행에 의하여 소급하여 과세치 않음.	
	⌕주의 유리한 소급효는 인정(통설) / 부진정소급(성립전 시행) 허용 →부진정소급과세 : 과세기간 중 세법이 개정되는 경우 개정된 세법을 그 과세기간개시일부터 적용하는 것을 말함.(예 20x1년 9월 소득세율이 고율로 개정된 경우 고율의 세율을 20x1.1.1분부터 적용)		
세무공무원재량한계	• 세무공무원이 그 재량으로 직무를 수행할 때에는 과세의 형평과 해당 세법의 목적에 비추어 일반적으로 적당하다고 인정되는 한계를 엄수해야 함.		
기업회계존중	• 세무공무원이 국세의 과세표준을 조사·결정할 때에는 해당 납세의무자가 계속하여 적용하고 있는 기업회계의 기준 또는 관행으로서 일반적으로 공정·타당하다고 인정되는 것은 이를 존중하여야 함. ⌕주의 다만, 세법에 특별한 규정이 있는 것은 그러하지 아니함.		

세법적용의 원칙 항목의 개념	난이도	ⓗ	정답	①

세법의 해석이나 국세행정의 관행이 일반적으로 납세자에게 받아들여진 후에는 새로운 해석이나 관행에 의하여 소급하여 과세되지 아니하는 것은 어떤 원칙에 입각한 것인가?

① 소급과세금지의 원칙 ② 조세법률주의
③ 공평과세의 원칙 ④ 실질과세의 원칙

해설

• 행정상 소급과세금지(= 해석에 관한 소급과세금지)에 대한 설명이다.

❶ POINT 소급과세금지원칙

입법상 소급과세금지	• 국세를 납부할 의무가 성립한 소득·수익·재산·행위 또는 거래에 대해서는 그 성립 후의 새로운 세법에 따라 소급하여 과세치 않음.
행정(해석)상 소급과세금지	• 세법의 해석이나 국세행정의 관행이 일반적으로 납세자에게 받아들여진 후에는 그 해석이나 관행에 의한 행위 또는 계산은 정당한 것으로 보며 새로운 해석이나 관행에 의하여 소급하여 과세치 않음.

*☞주의 유리한 소급효는 인정(통설) / 부진정소급(성립전 시행) 허용
→부진정소급과세 : 과세기간 중 세법이 개정되는 경우 개정된 세법을 그 과세기간개시일부터 적용하는 것을 말함.(예 20x1년 9월 소득세율이 고율로 개정된 경우 고율의 세율을 20x1.1.1분부터 적용)

소급과세금지원칙	난이도	⊕	정답	③

다음 중 소급과세금지에 관한 내용으로 가장 올바르지 않은 것은?

① 납세의무가 이미 성립한 경우에는 새로운 세법을 적용하는 것을 금지한다.
② 유리한 소급효는 인정된다는 것이 통설이다.
③ 과세기간 중에 법률개정이나 해석의 변경이 있는 경우에도 이미 진행한 과세기간분에 대해 소급과세하는 부진정소급효는 허용되지 않는다.
④ 세법의 해석이나 국세행정의 관행이 일반적으로 납세자에게 받아 들여진 후에는 그 해석이나 관행에 의한 행위 또는 계산은 정당한 것으로 보며, 새로운 해석이나 관행에 의하여 소급하여 과세되지 아니한다.

해설

• 유리한 소급효는 인정(즉, 소급과세가 납세자에게 유리한 경우 소급과세를 인정)되는 것이 통설이며, 과세기간 중에 법률개정이나 해석의 변경이 있는 경우 이미 진행한 과세기간분에 대해 소급과세하는 부진정소급효가 허용된다.

수정신고와 경정청구

난이도	⊕	정답	①

다음 중 수정신고와 경정청구에 관한 설명으로 가장 올바르지 않은 것은?

① 법정신고기한 내에 과세표준신고를 한 납세의무자에 한하여 수정신고 혹은 경정청구를 할 수 있다.
② 원칙적으로 수정신고는 관할세무서장이 당해 국세에 대한 과세표준과 세액의 결정 또는 경정 통지를 하기 전으로서 국세부과의 제척기간이 끝나기 전까지 할 수 있다.
③ 납세의무자가 당초 신고시 과세표준 및 세액을 과다신고하거나 결손금액 또는 환급세액을 과소신고한 경우에 경정청구를 할 수 있다.
④ 법정신고기한 경과 후 3개월 초과 6개월 이내에 수정신고시 과소신고가산세를 50% 감면 받을 수 있다.

해설

• 법정신고기한까지 과세표준신고를 한 납세의무자 및 기한후신고를 한 납세의무자는 수정신고 혹은 경정청구를 할 수 있다.

과다납부의 구제

난이도	⊕	정답	①

㈜삼일은 이자 수령시 원천징수된 세액을 납부할 세액에서 차감하지 않고 법인세를 신고·납부하였다. 조세부담을 최소화하기 위해 과다납부한 법인세에 대해 ㈜삼일이 수행할 절차에 대한 설명으로 가장 옳은 것은?

① 과다하게 신고·납부되었으므로 경정청구를 통하여 환급을 받아야 한다.
② 당초 법정신고기한까지 과세표준신고서를 제출하지 아니한 경우에도 경정청구가 가능하다.
③ 과다하게 신고·납부된 법인세는 경정청구 혹은 수정신고를 통해 환급받을 수 없다.
④ 과다하게 신고·납부된 법인세는 행정소송을 통해서만 환급을 받을 수 있다.

해설

• 당초 납세자에게 불리하게 과다납부한 경우에는 경정청구를 통해 환급받을 수 있다.

경정청구 의의	• 이미 신고한 과세표준·세액이 과대(또는 이미 신고한 결손금액·환급세액이 과소)한 경우 과세관청으로 하여금 이를 정정하여 결정·경정하도록 촉구하는 납세의무자의 청구를 말한다.
경정청구 청구권자	• 당초 법정신고기한까지 과세표준신고서를 제출한 경우 및 기한후신고를 한 경우 경정청구가 가능하다.(무신고자로서 기한후신고를 한 자도 경정청구가 가능하다.)

• ③ 과다하게 신고·납부된 법인세는 경정청구를 통해 환급받을 수 있다.(수정신고는 당초 납세자에게 유리하게 과소납부한 경우 행하는 절차이므로 환급과 무관하다.)
④ 과세관청의 부과처분이 없는 상태에서는 반드시 경정청구를 거친 후 조세쟁송불복절차(이의신청·심사청구·심판청구·행정소송 등)로 이행하여야 한다.
→경정청구가 받아들여지는 경우 조세쟁송에 의하지 아니하고도 과다납부한 세액을 환급받을 수 있으며, 과세관청이 적법한 경정청구에 거부시에는 거부처분이 성립되므로 조세쟁송을 통해 구제받을 수 있다.

★ **저자주** 당초 법정신고기한까지 과세표준신고서를 제출하지 아니한 경우에도 기한후신고를 한 경우에는 경정청구가 가능하므로 선지 ②번도 옳은 설명입니다. 따라서 복수정답으로 처리되어야 합니다. 충분한 검토과정과 신중한 출제가 필요하다고 사료됩니다.

국세환급금과 국세환급가산금

| 난이도 | ⊕ | 정답 | ③ |

다음 중 국세의 환급에 관한 설명으로 가장 올바르지 않은 것은?

① 국세환급금이란 납세의무자가 국세 및 강제징수비로서 납부한 금액 중 잘못 납부하거나 초과하여 납부한 금액이 있거나 세법에 따라 환급하여야 할 환급세액(세법에 따라 환급세액에서 공제하여야 할 세액이 있을 때에는 공제한 후에 남은 금액)이 있을 때 환급을 결정한 금액을 말한다.
② 국세환급금은 다른 세금과 상계하여 충당한 후 남은 잔액을 납세자에게 지급하여야 한다.
③ 납세자의 국세환급금에 관한 권리는 이를 행사할 수 있는 때로부터 10년간 행사하지 않으면 소멸시효가 완성한다.
④ 국세환급가산금이란 국세환급금을 충당 또는 지급하는 경우 그 국세환급금에 가산되는 법정이자 상당액을 말한다.

해설

• 납세자의 국세환급금과 국세환급가산금에 관한 권리는 행사할 수 있는 때부터 5년간 행사하지 않으면 소멸시효가 완성된다.

참고 소멸시효 : 오랜 기간동안 권리를 행사하지 않는 경우 그 권리를 소멸시키는 제도

POINT 국세환급

의의	• 국세환급금은 과오납·초과납부·이중납부 등의 사유로 납세자에게 반환하는 세액을 말함.
환급절차	• ㉠ 국세환급금의 결정 ㉡ 체납액이 있는 경우 그 체납액에 우선 충당 ㉢ 충당후 잔액을 지급
국세환급가산금	• 국세환급금에 가산되는 법정이자상당액을 말함. →단순한 이자일뿐, 환급기한을 지키지 못해 지급해 주는 것이 아님.
소멸시효	• 국세환급금과 국세환급가산금에 관한 권리는 이를 행사할 수 있는 때로부터 5년간 행사 하지 않으면 소멸시효가 완성함.

소멸시효 중단·정지사유

| 난이도 | ⊤ | 정답 | ④ |

다음 중 국세기본법상 소멸시효 정지사유에 해당하는 것으로 가장 옳은 것은?

① 납부고지
② 독촉
③ 압류
④ 체납자가 국외에 6개월 이상 계속 체류하는 경우 해당 국외 체류 기간

해설

• 납부고지, 독촉, 압류는 소멸시효 중단 사유에 해당한다.

POINT 소멸시효 중단·정지 사유

소멸시효 중단 사유	• ㉠ 납부고지 ㉡ 독촉 ㉢ 교부청구 ㉣ 압류
소멸시효 정지 사유	• ㉠ 세법에 따른 분납기간, 압류·매각의 유예기간, 연부연납기간 ㉡ 납부고지의 유예, 지정납부기한·독촉장 등에 정하는 기한의 연장, 징수유예기간 ㉢ 사해행위취소소송이나 채권자대위소송이 진행중인 기간 ㉣ 체납자가 국외에 6개월 이상 계속 체류하는 경우 해당 국외 체류기간

가산세	난이도	⊕	정답	④

세법이 규정하는 의무를 위반한 경우 국세기본법 또는 개별 세법에서 정하는 바에 따라 가산세를 적용하고 있다. 다음 중 가산세와 관련하여 가장 잘못된 주장을 하고 있는 사람은 누구인가?

> 최과장 : 납세의무자가 법정 신고기한 내에 세법에 따른 과세표준신고서를 제출하지 아니한 경우에는 무신고가산세가 적용됩니다.
> 문과장 : 납세자가 법정신고기한 내에 신고한 과세표준이 세법에 신고하여야 할 과세표준에 미달한 경우에는 과소신고가산세가 적용됩니다.
> 홍대리 : 원천징수한 세액을 납부기한이 경과하여 납부하거나 납부하지 아니한 경우 원천징수 등 납부지연가산세가 적용됩니다.
> 허대리 : 납세자가 세법에 따른 납부기한 내에 국세를 납부하지 아니하거나 납부한 세액이 납부하여야 할 세액에 미달한 경우에 납부지연가산세가 적용되나, 납세자가 환급받은 세액이 세법에 따라 환급받아야 할 세액을 초과하는 경우에는 별도의 가산세가 적용되지 않습니다.

① 최과장　　② 문과장　　③ 홍대리　　④ 허대리

해설

• 납세자가 환급받은 세액이 세법에 따라 환급받아야 할 세액을 초과하는 경우(=초과환급받은 경우)에도 납부지연가산세가 적용된다.

❗POINT 무신고가산세

가산세액	• ㉠ 부정행위로 인한 무신고가 아닌 경우 : 일반적인 경우 →무신고납부세액×20% • ㉡ 부정행위로 인한 무신고인 경우 : 일반적인 경우 →무신고납부세액×40%
부정행위	• 이중장부의 작성 등 장부의 거짓 기장, 거짓 증빙 또는 거짓 문서의 작성·수취 • 장부와 기록의 파기, 재산의 은닉, 소득·수익·행위·거래의 조작 또는 은폐 • 고의적으로 장부를 작성하지 않거나 비치하지 않는 행위 등

가산세 부과 사유	난이도	⊕	정답	③

다음 중 세법상 가산세를 부과하지 않는 경우로 가장 옳은 것은?

① 영리내국법인이 장부의 비치기장의무를 이행하지 아니한 경우
② 원천징수의무자인 법인이 원천징수한 세액을 납부기한이 경과한 후에 납부하는 경우
③ 거래처 임직원 경조사비로 1,000,000만원을 지출한 경우
④ 납세의무자가 법정 신고기한까지 과세표준신고를 하지 않은 경우

해설

• ① 영리내국법인이 장부의 비치기장의무를 이행하지 아니한 경우
　→장부의 기록·보관 불성실가산세(법인세법)
② 원천징수의무자인 법인이 원천징수한 세액을 납부기한이 경과한 후에 납부하는 경우
　→원천징수 납부지연가산세(국세기본법)
③ 거래처 임직원 경조사비로 1,000,000원을 지출한 경우
　→20만원 초과 기업업무추진비로 신용카드 등 미사용액에 해당하므로 손금불산입하며, 적격증명서류수취불성실가산세(=증빙불비가산세)는 적용하지 않는다.(법인세법)
④ 납세의무자가 법정 신고기한까지 과세표준신고를 하지 않은 경우
　→무신고가산세(국세기본법)

| 법인세법상 과세소득 | 난이도 | ⊕ | 정답 | ② |

다음 중 법인세법상 과세소득에 관한 설명으로 가장 올바르지 않은 것은?

① 청산소득이라 함은 영리내국법인이 해산(합병 또는 분할에 의한 해산 제외)하는 경우에 발생하는 소득을 말한다.
② 자기자본이 500억원이 넘는 중소기업의 미환류소득은 법인세법상 과세소득이다.
③ 비과세 법인을 제외한 모든 법인은 토지 등 양도소득에 대한 법인세의 납세의무를 진다.
④ 법인세법은 포괄적 소득의 개념으로서의 순자산증가설의 입장을 취하고 있다.

해설

- 미환류소득에 대한 법인세 적용대상 : 상호출자제한기업집단에 속하는 영리내국법인
- ★ 저자주 '자기자본이 500억원을 넘는 법인(단, 중소기업 등은 제외)'도 미환류소득에 대한 법인세의 적용대상이었으나, 세법개정으로 동 규정은 삭제되었습니다.

POINT 법인세법상 과세소득의 범위

□ 법인세법은 포괄적 소득개념으로서의 순자산증가설의 입장을 취하고 있음. 순자산증가설에 따르면 법인세법상의 소득금액은 각 사업연도의 법인의 순자산증가액으로서 그 증가액이 화폐적 수치로써 표시된 가액을 말함. 일반적으로 법인의 과세소득은 다음과 같이 분류할 수 있음.

각사업연도소득	• 회계학상의 계속기업의 가정 아래 매기마다 반복적으로 계산되는 소득을 말함. →각사업연도소득에 대한 법인세는 가장 기본적이고 전형적인 것으로, 일반적으로 법인세라 하면 이를 의미함.
청산소득	• 영리내국법인이 해산(합병 또는 분할에 의한 해산 제외)하는 경우에 발생하는 소득을 말함.
토지 등 양도소득	• 법에서 정하고 있는 주택, 별장, 주택을 취득하기 위한 권리로써 조합원입주권과 분양권, 비사업용 토지의 양도소득에 대하여는 비과세법인을 제외한 모든 법인이 '토지 등 양도소득에 대한 법인세'의 납세의무를 짐.
미환류소득	• 상호출자제한기업집단에 속하는 법인이 기업소득 중 일정금액 이상을 투자, 임금 등으로 사회에 환류하지 않은 소득을 말함.(납세의무자 : 영리내국법인) →이는 기업소득이 가계소득으로 흘러 들어가는 선순환을 위해서 추가과세하는 소득임.

| 법인유형별 납세의무[1] | 난이도 | ⊤ | 정답 | ② |

다음 중 법인세법상 납세의무에 관한 설명으로 가장 올바르지 않은 것은?

① 법인이 아닌 단체도 법인세 납세의무를 지는 경우가 있다.
② 외국의 정부는 국내에서 수익사업을 하는 경우라도 법인세의 납세의무를 지지 않는다.
③ 법인은 영리를 추구하는지 여부에 따라 영리법인과 비영리법인으로 구분된다.
④ 비영리내국법인은 청산소득에 대하여 납세의무가 없다.

해설

- 외국정부는 비영리외국법인으로 보므로 국내원천 수익사업소득에 대한 법인세 납세의무를 진다.
- ★ 참고 ㉠ 법인으로 보는 법인격없는 단체 : 비영리내국법인
  ㉡ 외국정부·지자체 : 비영리외국법인
  ㉢ 국가·지자체 : 비과세법인(일체의 납세의무 없음)

POINT 법인유형별 납세의무

	각사업연도소득	청산소득	토지 등 양도소득
영리내국법인	국내외 모든소득	과세	과세
비영리내국법인	국내외 수익사업소득	비과세	과세
영리외국법인	국내원천소득	비과세	과세
비영리외국법인	국내원천 수익사업소득	비과세	과세

법인유형별 납세의무[2]

| 난이도 | ㉠ | 정답 | ① |

다음 중 법인세의 납세의무자에 관한 설명으로 가장 올바르지 않은 것은?

① 외국영리법인도 미환류소득에 대한 법인세 납세의무가 있다.
② 비영리법인도 토지 등 양도소득에 대한 법인세가 과세된다.
③ 내국영리법인은 국외에서 발생한 당해 법인의 소득에 대해서도 납세의무를 진다.
④ 비영리내국법인은 국내의 수익사업소득에 대한 법인세 납세의무가 있다.

해설

• 미환류소득은 기업소득 중 일정금액 이상을 투자, 임금 등으로 사회에 환류하지 않은 소득을 말하며, 영리내국법인(단, 상호출자제한기업집단에 속하는 법인)에 한하여 납세의무가 있다.

법인유형별 납세의무[3]

| 난이도 | ㉠ | 정답 | ③ |

다음 중 법인의 납세의무에 관한 설명으로 가장 올바르지 않은 것은?

① 토지 등 양도소득에 대한 법인세는 영리법인·비영리법인, 내국법인·외국법인에 관계없이 모두 부담한다.
② 미환류소득에 대한 법인세는 영리내국법인만 부담한다.
③ 청산소득에 대한 법인세는 내국법인·외국법인에 관계없이 영리법인만 부담한다.
④ 비영리법인의 경우 수익사업에서 발생한 소득에 대해서만 납세의무를 진다.

해설

• 영리내국법인에 한하여 청산소득에 대한 법인세 납세의무를 진다.

> **참고**   영리내국법인에게만 청산소득에 대한 법인세 납세의무를 지우는 이유
>
> ❏ 비영리법인의 경우에는 해산으로 인한 잔여재산을 구성원에게 분배할 수 없고 보통 이를 다른 비영리법인이나 국가에 인도해야 하기 때문에, 그리고 외국법인의 경우에는 해산이 본점소재지인 외국에서 행해지기 때문에 청산소득에 대해 법인세를 부과할 수 없는 것이다.

법인의 과세소득과 납세의무

| 난이도 | ㉠ | 정답 | ② |

다음 중 법인세법에 관한 설명으로 가장 올바르지 않은 것은?

① 비영리목적으로 설립된 법인이 고유목적 사업이 아닌 수익사업에서 발생한 소득에는 법인세가 과세된다.
② 외국법인에 대해서도 청산소득에 대한 법인세가 과세된다.
③ 각 사업연도 소득에서 이월결손금, 비과세소득, 소득공제를 차감하면 법인세 과세표준이 된다.
④ 토지 등 양도소득에 대한 법인세는 부동산투기의 억제를 목적으로 하므로 법인의 종류에 따라 차별하지 아니한다.

해설

• 외국법인은 본점이 있는 외국에서 해산을 하기 때문에 국내에서 청산소득이 발생하지 않아 청산소득에 대한 납세의무가 없다.(영리내국법인에게만 청산소득에 대한 법인세 납세의무가 있다.)

> **참고**   영리내국법인에게만 청산소득에 대한 법인세 납세의무를 지우는 이유
>
> ❏ 비영리법인의 경우에는 해산으로 인한 잔여재산을 구성원에게 분배할 수 없고 보통 이를 다른 비영리법인이나 국가에 인도해야 하기 때문에, 그리고 외국법인의 경우에는 해산이 본점소재지인 외국에서 행해지기 때문에 청산소득에 대해 법인세를 부과할 수 없는 것이다.

법인의 사업연도[1]

난이도 ⊕ **정답** ①

다음 중 법인세법상 사업연도에 대한 설명으로 가장 옳은 것은?

① 법인의 사업연도는 1년을 초과하지 않는 범위 안에서 법령 또는 정관상에서 정하고 있는 회계기간을 우선적으로 적용한다.
② 법령 또는 정관상에 회계기간이 규정되어있지 않는 법인의 경우, 해당 법인이 관할세무서장에게 신고한 사업연도를 적용하며 이 경우 신고에 따라 회계기간이 1년을 초과할 수도 있다.
③ 사업연도를 변경하려는 법인은 변경하려는 사업연도의 종료일 전 3개월 이내에 사업연도변경신고서를 관할세무서장에게 제출하여 신고하여야 한다.
④ 법인설립 이전에 발생한 손익은 신설법인의 최초사업연도에 귀속시킬 수 없다.

해설

• ① 사업연도는 우선적으로 법령이나 법인의 정관 등에서 정하는 1회계기간으로 한다. 다만, 그 기간은 1년을 초과하지 못한다.
② 법령 또는 정관상에 회계기간이 규정되어 있지 않은 법인의 사업연도는 법인설립신고 또는 사업자등록시 신고한 사업연도로 하며, 이 경우에도 신고에 따라 사업연도가 1년을 초과할 수 없다.
③ 사업연도를 변경하려는 법인은 직전사업연도 종료일부터 3월 이내 사업연도변경신고서를 관할세무서장에게 제출하여 신고하여야 한다.
④ 최초사업연도 개시일 전에 생긴 손익을 사실상 그 법인에 귀속시킨 것이 있는 경우, 조세포탈의 우려가 없는 때에는 최초사업연도의 기간이 1년을 초과하지 않는 범위 내에서 이를 해당 법인의 최초사업연도의 손익에 산입할 수 있다.

❗POINT 법인의 사업연도

사업연도	〈1순위〉	• 법령·정관에서 정하는 1회계기간으로 하되 1년 초과 불가 →예 회계기간이 1년 6개월이면 1년과 6월을 각각의 사업연도로 봄. 🔍주의 ∴사업연도로 임의기간을 선택 가능
	〈2순위〉	• 규정이 없는 경우는 법인설립신고 또는 사업자등록과 함께 사업연도를 신고
	〈3순위〉	• 신고도 없는 경우는 1월 1일부터 12월 31일을 사업연도로 함. 🔍주의 단, 신설법인의 최초사업연도는 설립등기일부터 12월 31일 **보론** 신설법인의 최초사업연도 개시일은 설립등기일로 함. 다만, 최초사업연도 개시일 전에 생긴 손익을 사실상 그 법인에 귀속시킨 것이 있는 경우, 조세포탈의 우려가 없는 때에는 최초사업연도의 기간이 1년을 초과하지 않는 범위 내에서 이를 해당 법인의 최초사업연도의 손익에 산입할 수 있음. 이 경우 최초사업연도의 개시일은 해당 법인에 귀속시킨 손익이 최초로 발생한 날로 함.
사업연도 변경		• 직전사업연도 종료일부터 3월 이내 신고(예 20x3년부터 변경시 : 20x3.3.31까지 신고) 🔍주의 변경하고자 하는 사업연도 종료일부터 3월 이내 신고가 아님.

법인의 사업연도[2]

난이도 ⊕   정답 ②

다음 중 법인세법상 사업연도에 관한 설명으로 가장 올바르지 않은 것은?

① 법인의 사업연도는 법령 또는 정관상에서 정하고 있는 회계기간을 우선적으로 적용하며 원칙적으로 1년을 초과할 수 없다.
② 사업연도를 변경하려는 법인은 적용 사업연도의 개시일 3개월 전에 사업연도변경신고서를 제출하여 납세지 관할세무서장에게 신고하여야 한다.
③ 신설법인의 최초사업연도 개시일은 설립등기일이다.
④ 법인설립 이전에 발생한 손익은 신설법인의 최초사업연도의 손익에 산입할 수 있다.

해설

• 사업연도를 변경하려는 법인은 직전 사업연도의 종료일부터 3개월 이내에 사업연도변경신고서를 제출하여 납세지 관할세무서장에게 신고하여야 한다.(예 20x3년부터 변경시 : 20x3.3.31까지 신고)

법인의 사업연도[3]

난이도 ⊕   정답 ②

다음 중 법인세법상 사업연도에 관한 설명으로 가장 올바르지 않은 것은?

① 법인의 사업연도는 법령 또는 정관상에서 정하고 있는 회계기간을 우선적으로 적용하며 원칙적으로 1년을 초과할 수 없다.
② 법인설립 이전에 발생한 손익은 발기인의 소득이므로 신설법인의 최초 사업연도에 귀속시킬 수 없다.
③ 신설법인의 최초 사업연도 개시일은 설립등기일이다.
④ 법령 또는 정관상에 사업연도가 규정되어 있지 않은 경우에는 법인이 관할세무서장에게 신고한 사업연도를 적용하며, 신고하지 않은 경우에는 1월 1일에서 12월 31일까지를 사업연도로 한다.

해설

• 최초사업연도 개시일 전에 생긴 손익을 사실상 그 법인에 귀속시킨 것이 있는 경우, 조세포탈의 우려가 없는 때에는 최초사업연도의 기간이 1년을 초과하지 않는 범위 내에서 이를 해당 법인의 최초사업연도의 손익에 산입할 수 있다.

| 사업연도 변경 사례적용 | 난이도 | ㉯ | 정답 | ④ |

㈜삼일은 법령에 따라 사업연도가 정해진 법인은 아니며 20x2년부터 사업연도를 변경하기로 하였다. 20x2년 5월 30일에 사업연도를 변경신고를 한 경우 법인세법상 사업연도의 구분으로 가장 옳은 것은?

> 가. 변경 전 사업연도 제10기 : 20x1년 1월 1일 ~ 20x1년 12월 31일
> 나. 변경하려는 사업연도 : 7월 1일 ~ 다음 연도 6월 30일

① 제11기 : 20x2년 1월 1일 ~ 20x2년 6월 30일
② 제11기 : 20x2년 1월 1일 ~ 20x3년 5월 30일
③ 제12기 : 20x2년 7월 1일 ~ 20x3년 6월 30일
④ 제13기 : 20x3년 7월 1일 ~ 20x4년 6월 30일

해설

- 사업연도를 변경하려는 법인은 그 법인의 직전 사업연도 종료일부터 3개월 이내에 납세지 관할세무서장에게 이를 신고하여야 한다. [법인법 7①]〈예 20x3년부터 변경시 : 20x3.3.31까지 신고〉
  →법인이 위 신고를 기한까지 하지 아니한 경우에는 그 법인의 사업연도는 변경되지 아니한 것으로 본다. 다만, 법령에 따라 사업연도가 정하여지는 법인의 경우 관련 법령의 개정에 따라 사업연도가 변경된 경우에는 신고를 하지 아니한 경우에도 그 법령의 개정 내용과 같이 사업연도가 변경된 것으로 본다.[법인법 7②]
- 변경신고기한을 지난 후 변경신고를 하였으므로 제11기에는 변경되지 않고, 그 다음 사업연도부터 사업연도가 변경된다. 본 문제에 대한 사업연도의 적용은 다음과 같다.

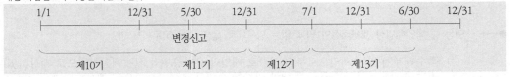

저자주 본 문제는 세무사 기출문제로서 재경관리사 시험에 그대로 출제되었습니다. 문제의 난이도를 떠나 기한내 미신고에 대한 법인세법 규정(법인법 7②)은 재경관리사 시험수준을 초과하는 내용에 해당합니다.

❗POINT 법인의 사업연도 변경

개요		• 직전사업연도 종료일부터 3월 이내 신고(예 20x3년부터 변경시 : 20x3.3.31) 🔎주의 변경하고자 하는 사업연도 종료일부터 3월 이내 신고가 아님.
세부고찰 **참고사항**	기한내 미신고	• 변경신고기한 내에 신고하지 않은 경우에는 변경되지 않은 것으로 봄. →그 다음 사업연도부터 변경됨.
	사업연도의제	• 사업연도가 변경된 경우 종전사업연도개시일부터 변경사업연도개시일 전날까지를 1사업연도로 함. →단, 그 기간이 1개월 미만시 변경된 사업연도에 그 기간을 포함함. (∴이 경우에는 예외적으로 사업연도가 1년을 초과할 수 있음)
	자동변경	• 법령에 따라 사업연도가 정하여지는 법인의 경우 관련 법령의 개정에 따라 사업연도가 변경된 경우에는 변경신고를 하지 아니한 경우에도 그 법령의 개정내용과 같이 사업연도가 변경된 것으로 봄.

결산조정과 신고조정	난이도	⊕	정답	④

다음 중 법인세법상 세무조정에 관한 설명으로 가장 올바르지 않은 것은?

① 결산조정사항은 회사장부에 비용으로 계상해야만 손금으로 인정되나 신고조정사항은 장부에 비용으로 계상하지 않아도 인정된다.
② 결산조정사항은 경정청구 대상에서 제외되나 신고조정사항은 경정청구의 대상이 된다.
③ 결산조정사항을 당해 사업연도에 비용으로 계상하지 아니한 경우라도 그 이후 사업연도에 결산상 비용으로 계상하면 손금으로 인정된다.
④ 결산조정사항에는 자산의 상각, 충당금 및 준비금의 손금산입, 자산의 평가차손, 잉여금의 처분 등이 포함된다.

해설

• ①,②,③
 - 결산조정은 결산상 회계처리한 경우에만 손금으로 인정하는 항목으로 회계처리에 의하여 손금귀속시기를 조절할 수 있으며, 손금산입 세무조정이 불가하므로 경정청구도 불가하다.(반면, 신고조정은 손금산입이 가능하므로 이를 못한 경우 경정청구가 가능하다.)
• ④
 - 잉여금처분은 잉여금처분의 별도 절차에 의한 경우 신고조정이 인정될 수는 있으나, 결산조정사항과는 무관하다.

세무조정 여부	난이도	⊕	정답	④

다음 중 법인세법상 세무조정이 필요 없는 항목으로 옳은 것을 모두 고르면?

ㄱ. 특수관계에 있는 개인으로부터 저가로 매입한 유가증권을 실제매입가액으로 계상하였다.
ㄴ. 지방세 과오납금의 환급금에 대한 이자를 수령하고 이자수익으로 계상하였다.
ㄷ. 장기할부판매시 발생한 채권에 대하여 K-IFRS에서 정하는 바에 따라 현재가치로 평가하여 현재가치할인차금을 계상하였다.
ㄹ. 사용인에 대한 확정기여형 퇴직연금의 부담금을 납입하고 퇴직급여로 비용 처리하였다.

① ㄱ, ㄴ   ② ㄱ, ㄹ   ③ ㄴ, ㄷ   ④ ㄷ, ㄹ

해설

• ㄱ : 특수관계있는 개인으로부터 시가보다 저가로 매입한 유가증권은 시가와 매입가의 차액을 익금산입(유보)로 세무조정한다.
  예시 실제매입가액 80, 시가 100인 경우

회사				세법			
(차) 유가증권(실제매입가액)	80	(대) 현금	80	(차) 유가증권(시가)	100	(대) 현금	80
						수익(익금)	20

  →[세무조정] 익금산입 20(유보)
• ㄴ : 환부이자(지방세 과오납금의 환급금에 대한 이자)는 익금불산입항목이다.
  →[세무조정] 회사가 이자수익으로 계상한 경우 : 익금불산입(기타)
• ㄷ : 장기할부판매에 대하여는 명목가치인도기준, 현재가치인도기준, 회수기일도래기준이 모두 인정된다.
  예시 회사가 현재가치로 평가하여 현재가치할인차금을 계상한 경우

현재가치인도기준 회계처리(1차연도)			
(차) 장기매출채권	6,000,000	(대) **매출**	4,973,800
		현재가치할인차금	1,026,200
(차) 현금(회수액)	2,000,000	(대) 장기매출채권	2,000,000
(차) 현재가치할인차금(상각액)	497,380	(대) **이자수익**	497,380

  →[세무조정] 회사가 적용한 현재가치인도기준을 인정한다. : 세무조정은 없다.
• ㄹ : 확정기여형 퇴직연금의 부담금 납입액은 법인세법상 전액 손금으로 인정한다.
  →[세무조정] 회사가 퇴직급여로 비용처리한 경우 : 세무조정은 없다.

| 소득처분 일반사항[1] | 난이도 | ⊕ | 정답 | ④ |

다음 중 소득처분에 관한 설명으로 가장 올바르지 않은 것은?

① 소득의 귀속자가 출자자이면서 임원인 출자임원의 경우 상여로 처분한다.
② 기타사외유출 처분시 귀속자의 소득에 포함되어 이미 과세되었으므로 추가 과세는 하지 않으며 이에 법인의 원천징수의무도 없다.
③ 유보는 세무조정금액의 효과가 사외로 유출되지 않고 사내에 남아있는 것으로 인정하는 처분이다.
④ 업무무관자산을 대표자가 사용하고 있는 경우 업무무관자산에 관한 차입금이자 손금불산입금액은 대표자 상여로 처분한다.

해설

• 업무무관자산 등 지급이자 손금불산입액은 특례에 의해 무조건 기타사외유출로 소득처분한다.

❗POINT 사외유출의 귀속과 사후관리(추가과세)

		귀속자	소득세	원천징수
배당	• 주주 등(임원·직원 제외)		배당소득(인정배당)	O
상여	• 임원·직원(주주 등 포함) 🔎주의∴출자임원 : 상여		근로소득(인정상여)	O
기타사외유출	• 국가, 지자체, 법인(법인주주), 개인사업자		X	X
기타소득	• 위 외의 자		기타소득(인정기타소득)	O

❗POINT 소득처분특례

귀속불분명특례	• 사외유출된 것은 분명하나 그 귀속자가 불분명한 경우 대표자상여로 처분함.
기타사외유출특례	• 다음의 세무조정사항은 귀속자를 묻지않고 무조건 기타사외유출로 처분해야 함. 　㉠ 임대보증금 간주익금(간주임대료), 기부금한도초과액 　㉡ 기업업무추진비한도초과액, 3만원초과 증빙미수취 기업업무추진비 　㉢ 채권자불분명사채이자, 비실명이자 손금불산입액 중 원천징수세액 　㉣ 업무무관자산 등 지급이자 손금불산입액

| 소득처분 일반사항[2] | 난이도 | ⊕ | 정답 | ③ |

다음 중 소득처분에 관한 설명으로 가장 올바르지 않은 것은?

① 손금불산입사항으로 사외유출된 것이 분명하나, 귀속자가 불분명한 경우에는 대표자에 대한 상여로 처분한다.
② 기타사외유출의 경우 법인세를 과세하는 것 이외의 추가적 과세가 없다.
③ 소득의 귀속자가 출자임원인 경우 배당으로 처분한다.
④ 소득처분 중 기타는 사후관리가 불필요하다.

해설

• 소득의 귀속자가 출자임원(출자자이면서 임원)인 경우 상여로 소득처분한다.

소득처분 일반사항[3]

| 난이도 | ⓣ | 정답 | ④ |

다음 중 법인세법상 소득처분에 대한 설명으로 가장 올바르지 않은 것은?

① 익금산입액이 개인사업자에게 귀속되는 경우에는 기타사외유출로 처분한다.
② 유보로 처분된 익금산입액은 세무상 자기자본을 증가시킨다.
③ 채권자 불분명 사채이자 중 원천징수분을 제외한 금액은 대표자에 대한 상여로 처분한다.
④ 출자자 및 출자임원에게 귀속되는 소득은 모두 배당으로 처분한다.

해설

• ① 사외유출의 귀속이 국가, 지자체, 법인(법인주주), 개인사업자인 경우 소득처분은 기타사외유출이다.
  ② 세무상자기자본＝회계상자기자본±유보 →∴유보로 처분된 익금산입액은 세무상자기자본을 증가시킨다.
  ③ 채권자 불분명 사채이자는 대표자상여로 소득처분하되, 원천징수세액은 기타사외유출로 소득처분한다.
  ④ 출자자(개인주주)는 배당으로, 출자임원은 상여로 소득처분한다.(단, 법인주주 : 기타사외유출)

기타사외유출 소득처분 항목[1]

| 난이도 | ⊕ | 정답 | ② |

다음 자료에 의할 경우 ㈜삼일의 제18기(20x1년 1월 1일~20x1년 12월 31일) 세무조정사항의 소득처분 중 기타사외유출 금액은 얼마인가?

> ㈜삼일의 제18기 세무조정사항은 다음과 같다.
> ㄱ. 채권자불분명 사채이자 100,000원(원천징수분 제외 금액임)
> ㄴ. 임원상여금한도초과액 150,000원(해당 임원은 주주임)
> ㄷ. 법인세비용 250,000원과 감가상각부인액 150,000원
> ㄹ. 기업업무추진비한도초과액 100,000원과 기부금한도초과액 50,000원

① 370,000원   ② 400,000원   ③ 420,000원   ④ 520,000원

해설

• ㄱ. 채권자불분명 사채이자(원천징수분 제외 금액) : 대표자상여〈∵귀속자가 불분명〉
  ㄴ. 임원상여금한도초과액(해당 임원은 주주) : 상여〈∵출자임원〉
  ㄷ. 법인세비용 : 기타사외유출〈∵귀속자가 국가〉, 감가상각부인액 : 유보
  ㄹ. 기업업무추진비한도초과액 : 기타사외유출〈∵특례〉, 기부금한도초과액 : 기타사외유출〈∵특례〉
• 기타사외유출 금액 : 250,000(법인세비용)＋100,000(기업업무추진비한도초과액)＋50,000(기부금한도초과액)＝400,000

기타사외유출 소득처분 항목[2] | 난이도 ⊕ | 정답 ④

다음 중 법인세법상 반드시 기타사외유출로 소득처분하는 경우로 가장 올바르지 않은 것은?

① 소득의 귀속이 다른 내국법인의 각 사업연도 소득을 구성하는 경우
② 기부금 한도초과액
③ 임대보증금에 대한 간주임대료
④ 익금에 산입한 금액이 사외에 유출되지 아니한 경우

해설

- ① 소득의 귀속자가 법인(내국법인의 각사업연도소득을 구성하는 경우에 한함)인 경우에는 기타사외유출로 소득처분한다.
  ② 기부금(특례·일반기부금) 한도초과액은 특례에 의해 반드시(무조건) 기타사외유출로 소득처분한다.
  ③ 임대보증금에 대한 간주익금(간주임대료)은 특례에 의해 반드시(무조건) 기타사외유출로 소득처분한다.
  ④ 익금에 산입한 금액이 사외에 유출되지 아니한 경우는 유보 또는 기타로 소득처분한다.

소득처분의 유형 | 난이도 ⓗ | 정답 ②

다음 항목에 대한 세무조정의 결과 공통적으로 발생하는 법인세법상 소득처분은?

| ㄱ. 퇴직급여충당금한도초과액 |
| ㄴ. 대손충당금한도초과액 |
| ㄷ. 감가상각비한도초과액 |

① 배당   ② 유보   ③ 상여   ④ 기타사외유출

해설

- 퇴직급여충당금한도초과액, 대손충당금한도초과액, 감가상각비한도초과액 →유보로 처분하는 대표 항목이다.

❗POINT 법인세법상 유보(△유보)로 소득처분하는 항목 정리

유보	• 익금산입 유가증권 저가매입(유보), 익금산입 의제배당(유보), 손금불산입 재고자산평가감(유보) • 손금불산입 감가상각비한도초과(유보), 손금불산입 미지급기부금(유보), 손금불산입 건설자금이자(유보) • 손금불산입 퇴직급여충당금한도초과(유보), 손금불산입 대손충당금한도초과(유보)
△유보	• 익금불산입 임의평가증 자산감액(△유보), 익금불산입 미수이자(△유보), 손금산입 준비금(△유보) • 익금불산입 FVPL금융자산평가이익(△유보), 손금산입 이월상각부인액(△유보) • 손금산입 가지급기부금(△유보), 손금산입 전기대손충당금한도초과액추인(△유보)

유보(을표 관리 항목)의 발생여부[1]	난이도	ⓣ	정답	④

● 다음 중 자본금과 적립금조정명세서(을)에 기재해야 하는 세무조정 사항에 해당하는 것은?

① 기부금 한도초과액 ② 자기주식처분이익의 익금산입
③ 임원상여금 한도초과액 ④ 감가상각비 한도초과액

해설

• 자본금과적립금조정명세서(을) : 유보(△유보)를 관리하는 서식
• ① 기부금 한도초과액 : '기타사외유출'로 소득처분
  ② 자기주식처분이익의 익금산입 : '기타'로 소득처분

자기주식처분손익	• 익금산입 또는 손금산입항목에 해당함.(단, 양도금액은 익금, 장부금액은 손금) ➡ **비교** 기업회계 : 자본항목
자기주식소각손익	• 감자차익(감자차손)이므로 익금불산입 또는 손금불산입항목에 해당함. ➡ **비교** 기업회계 : 자본항목 〈∴기업회계에 따라 계상시 세무조정 없음〉

  ③ 임원상여금 한도초과액 : '상여'로 소득처분
  ④ 감가상각비 한도초과액 : '유보'로 소득처분

유보(을표 관리 항목)의 발생여부[2]	난이도	ⓣ	정답	①

● 법인세법상 세무조정사항 중 다음의 서식에서 차기 이후 사후관리가 필요 없는 것은?

[별지 제50호 서식(을)]   (뒤 쪽)

사업 연도	20x1.01.01. - 20x1.12.31	자본금과 적립금조정명세서(을)		법인명	㈜삼일
세무조정유보소득계산					
① 과목 또는 사항	② 기초잔액	당기 중 증감		⑤ 기말잔액 (익기초잔액)	비고
		③ 감소	④ 증가		

① 기부금 한도초과액 ② 대손충당금 한도초과액
③ 감가상각비 한도초과액 ④ 퇴직급여충당금 한도초과액

해설

• 자본금과적립금조정명세서(을) : 유보(△유보)를 관리하는 서식
  →유보는 차기이후 반대 세무조정으로 추인되므로 사후관리가 필요하다.
• ① 기부금 한도초과액 : '기타사외유출'로 소득처분
  ② 대손충당금 한도초과액 : '유보'로 소득처분
  ③ 감가상각비 한도초과액 : '유보'로 소득처분
  ④ 퇴직급여충당금 한도초과액 : '유보'로 소득처분

익금산입항목 집계[1]	난이도	㊦	정답	①

다음 중 법인세법상 익금으로 인정되는 금액은 얼마인가?

ㄱ. 전기분 법인세 환급액	6,000,000원
ㄴ. 자산수증이익(이월결손금 보전에 사용되지 않음)	10,000,000원
ㄷ. 유형·무형자산 양도가액	3,000,000원
ㄹ. 사무실 임대료 수익	2,000,000원

① 15,000,000원   ② 16,000,000원   ③ 19,000,000원   ④ 21,000,000원

해설

• ㄱ. 전기분 법인세 환급액 : 법인세가 손금불산입항목이므로 환급액은 익금불산입항목
  ㄴ. 자산수증이익(이월결손금 보전에 사용되지 않음) : 익금산입항목
  → **비교** 발생연도에 제한없는 세무상 이월결손금에 충당분 : 익금불산입항목
  ㄷ. 자산 양도가액 : 익금산입항목
  ㄹ. 사무실 임대료 수익(임대업을 영위하지 않는 법인이 일시적으로 임대하고 받는 수입) : 익금산입항목
• 익금으로 인정되는 금액 : 10,000,000(ㄴ)+3,000,000(ㄷ)+2,000,000(ㄹ)=15,000,000

익금산입항목 집계[2]	난이도	⊕	정답	②

다음 중 법인세법상 익금으로 인정되는 금액은 얼마인가?

ㄱ. 부가가치세 매출세액	6,000,000원
ㄴ. 자산수증이익(이월결손금 보전에 충당되지 않음)	10,000,000원
ㄷ. 유형·무형자산 양도가액	3,000,000원
ㄹ. 사무실 임대료 수익	2,000,000원
ㅁ. 이익잉여금 자본전입으로 인한 의제배당	1,000,000원
ㅂ. 합병차익	3,000,000원

① 15,000,000원   ② 16,000,000원   ③ 19,000,000원   ④ 25,000,000원

해설

• 부가가치세 매출세액 6,000,000 : 익금불산입항목
  → **비교** 부가가치세 매입세액 : 손금불산입항목
• 자산수증이익(이월결손금의 보전에 충당되지 않음) 10,000,000원 : **익금산입항목**
• 자산 양도가액 3,000,000원 : **익금산입항목**
  → **비교** 장부가액 : 손금산입항목
• 사무실 임대료 수익 2,000,000원 : **익금산입항목**
• 이익잉여금 자본전입으로 인한 의제배당 1,000,000원 : **익금산입항목**

세무조정	회사의 처리(주주)	세무상 처리
	- 회계처리없음 -	(차) 주식 xxx (대) 배당수익 xxx
	→세무조정 : 익금산입 xxx(유보)	
	🔍주의 의제배당은 세무상으로 주식의 취득원가를 구성함.	

• 합병차익 3,000,000원 : 익금불산입항목
  → **비교** K-IFRS : 염가매수차익(합병차익)으로 당기수익 처리
∴익금으로 인정되는 금액 : 10,000,000+3,000,000+2,000,000+1,000,000=16,000,000

익금산입항목 집계[3]

| 난이도 | ⓣ | 정답 | ③ |

다음 중 법인세법상 익금에 산입되는 금액은 얼마인가?

(1) 부가가치세 매출세액	200,000원
(2) 법인세 과오납금의 환급금에 대한 이자	100,000원
(3) 채무면제이익(이월결손금 보전에 충당되지 않음)	100,000원
(4) 상품판매로 받은 금액	300,000원
(5) 감자차익	100,000원

① 300,000원　　② 400,000원　　③ 500,000원　　④ 600,000원

해설

- 부가가치세 매출세액 200,000원 : 익금불산입항목
  → **비교** 부가가치세 매입세액 : 손금불산입항목
- 법인세 과오납금의 환급금에 대한 이자 100,000원 : 익금불산입항목
  →국세·지방세의 환급금에 대한 이자는 국세·지방세의 환급액 자체가 익금에 해당하는지의 여부에 관계없이 무조건 익금불산입항목이다.(∵국가 등이 초과징수한 것에 대한 보상의 일종이므로)
- 채무면제이익(이월결손금 보전에 충당되지 않음) 100,000원 : **익금산입항목**
  → **비교** 채무면제이익(이월결손금 보전에 충당됨) : 익금불산입항목
- 상품판매로 받은 금액(=매출액) 300,000원 : **익금산입항목**
- 감자차익 : 익금불산입항목
  → **비교** 기업회계 : 자본항목 〈∴기업회계에 따라 계상시 세무조정 없음〉
∴익금에 산입되는 금액 : 100,000+300,000=400,000

익금산입항목 집계[4]

| 난이도 | ⊕ | 정답 | ③ |

다음 중 법인세법상 익금으로 인정되는 금액은 얼마인가?

ㄱ. 전기분 법인세 환급액	6,000,000원
ㄴ. 자산수증이익(이월결손금 보전에 사용되지 않음)	10,000,000원
ㄷ. 유형·무형자산 양도가액	3,000,000원
ㄹ. 부가가치세 매출세액	2,000,000원
ㅁ. 간접외국납부세액	6,000,000원

① 15,000,000원　　② 16,000,000원　　③ 19,000,000원　　④ 21,000,000원

해설

- ㄱ. 전기분 법인세 환급액 6,000,000원 : 법인세가 손금불산입항목이므로 환급액은 익금불산입항목
- ㄴ. 자산수증이익(이월결손금 보전에 사용되지 않음) 10,000,000원 : **익금산입항목**
  → **비교** 이월결손금에 사용분 : 익금불산입항목
- ㄷ. 자산 양도가액 3,000,000원 : **익금산입항목**
  → **비교** 장부가액 : 손금산입항목
- ㄹ. 부가가치세 매출세액 2,000,000원 : 익금불산입항목
  → **비교** 부가가치세 매입세액 : 손금불산입항목
- ㅁ. 간접외국납부세액 6,000,000 : **익금산입항목**
∴익금으로 인정되는 금액 : 10,000,000+3,000,000+6,000,000=19,000,000

| 익금불산입항목 집계[1] | 난이도 | ⑤ | 정답 | ② |

다음 중 법인세법상 익금에 해당하지 않는 금액은 얼마인가?

• 부가세 매출세액	6,000,000원
• 자산수증이익(이월결손금 보전에 사용됨)	10,000,000원
• 유형·무형자산 양도가액	3,000,000원
• 사무실 임대료 수익	2,000,000원

① 15,000,000원 ② 16,000,000원 ③ 19,000,000원 ④ 21,000,000원

해설

• ㄱ. 부가가치세 매출세액 6,000,000원 : 익금불산입항목
  → **비교** 부가가치세 매입세액 : 손금불산입항목
• ㄴ. 자산수증이익(이월결손금 보전에 사용됨) 10,000,000원 : 익금불산입항목
  → **비교** 자산수증이익[이월결손금 보전에 충당(사용)되지 않음] : 익금산입항목
• ㄷ. 자산(유형·무형자산) 양도가액 3,000,000원 : 익금산입항목
• ㄹ. 사무실 임대료 수익 2,000,000원 : 익금산입항목
• 익금에 해당하지 않는금액 : 6,000,000(ㄱ)+10,000,000(ㄴ)=16,000,000

| 익금불산입항목 집계[2] | 난이도 | ⊕ | 정답 | ② |

다음 중 법인세법상 익금에 해당하지 않는 금액은 얼마인가?

• 부가세 매출세액	6,000,000원
• 자산수증이익(이월결손금 보전에 사용됨)	10,000,000원
• 유형·무형자산 양도가액	3,000,000원
• 일반적인 유형·무형자산 평가이익	2,000,000원
• 특수관계인인 개인으로부터 유가증권 저가매입액	5,000,000원

① 16,000,000원 ② 18,000,000원 ③ 21,000,000원 ④ 23,000,000원

해설

• 부가가치세 매출세액 6,000,000원 : 익금불산입항목
  → **비교** 부가가치세 매입세액 : 손금불산입항목
• 자산수증이익(이월결손금 보전에 사용됨) 10,000,000원 : 익금불산입항목
  → **비교** 자산수증이익[이월결손금 보전에 충당(사용)되지 않음] : 익금산입항목
• 자산(유형·무형자산) 양도가액 3,000,000원 : 익금산입항목
• 일반적인 자산(유형·무형자산)평가이익 2,000,000원 : 익금불산입항목
  → **비교** 보험업법이나 그 밖의 법률에 의한 자산(유형·무형자산)평가이익 : 익금산입항목
• 특수관계인인 개인으로부터 유가증권을 시가보다 저가매입시 그 차액 5,000,000원 : 익금산입항목
∴익금에 해당하지 않는금액 : 6,000,000+10,000,000+2,000,000=18,000,000
★ **저자주** 문제의 명확한 성립을 위해 '특수관계인인 개인으로부터 유가증권 저가매입액'을 '특수관계인인 개인으로부터 유가증권을 시가보다 저가매입시 그 차액'으로 수정바랍니다.

익금과 익금불산입항목[1]

난이도	㊦	정답	②

다음 중 익금의 세무조정에 대한 설명으로 가장 올바르지 않은 것은?

① 법인이 최대주주인 대표이사로부터 유가증권을 시가보다 낮은 가액을 매입하는 경우 익금산입으로 세무조정한다.
② 전기분 법인세 환급액은 익금산입으로 세무조정한다.
③ 자산수증이익 중 이월결손금보전에 충당된 금액은 익금불산입으로 세무조정한다.
④ 법인이 불공정한 유상증자를 통해 특수관계인으로부터 이익을 분여받은 경우 익금산입으로 세무조정한다.

해설

- ① 특수관계있는(최대주주) 개인(대표이사)으로부터 유가증권을 시가보다 저가매입시 그 차액은 익금산입항목이다.
  ② 전기분 법인세 환급액은 법인세가 손금불산입항목이므로 환급액은 반대로 익금불산입항목이다.
  ③ 자산수증이익은 익금산입항목이나, 이월결손금(발생연도 제한없는 세무상 이월결손금) 보전에 충당된 금액은 익금불산입항목이다.
  ④ 법인이 불공정 자본거래(증자·감자·합병 등)를 통해 특수관계인으로부터 분여받은 이익은 익금으로 본다.
    →이는 자본거래와 관련한 특수관계인간의 이익분여행위에 대하여 부당행위계산부인을 할 수 있도록 함으로써 동일거래에 대한 개인주주의 증여세 과세와 형평을 유지할 수 있도록 한 규정이다.

익금과 익금불산입항목[2]

난이도	⊕	정답	③

㈜삼일의 경리부장은 20x1년 회계처리에 대하여 다음과 같은 근거로 세무조정을 수행하였다. 경리부장이 수행한 세무조정 중 법인세법상 가장 올바르지 않은 것은?

〈분개장〉

(a)	(차)	현금	800,000	(대)	자본금	500,000
					주식발행초과금	300,000
(b)	(차)	현금	50,000	(대)	이자수익	50,000
(c)	(차)	기부금	400,000	(대)	미지급금	400,000
(d)	(차)	외화매출채권	600,000	(대)	외화환산이익	600,000

① (a) 주식발행초과금을 자본잉여금으로 회계처리한 것은 세법상으로도 타당하므로 아무런 조정도 하지 않았다.
② (b) 지방세 과오납금에 대한 환급이자를 수령한 것으로 이는 세무상 익금에 해당하지 않으므로 익금불산입하고 기타로 소득처분하였다.
③ (c) 세법상 기부금의 손익귀속시기는 실제로 현금이 지출되는 시점이므로 연도말까지 미지급한 기부금을 손금불산입하고 기타사외유출로 소득처분하였다.
④ (d) 외화매출채권은 화폐성 외화자산이므로 환산이익을 인식한 회계처리는 세법상으로도 타당하므로 아무런 조정도 하지 않았다.

해설

- ① 주식발행초과금은 익금불산입항목이다. 회사가 수익계상하지 않았으므로 세무조정은 없다.
  ② 환급이자는 익금불산입항목이다. 회사가 수익계상하였으므로 세무조정을 해야 한다. →세무조정 : 익금불산입 50,000(기타)
  ③ 현금지출이 없어 미지급금(例 어음교부) 처리한 기부금은 손금불산입하고 기타사외유출이 아니라 유보로 세무조정을 해야 한다.
  ④ 화폐성외화자산·부채에 대하여는 세무상 원칙적으로 평가손익(환산손익)을 인정하므로 세무조정은 없다.
- **저자주** 일반법인(비금융회사)은 법인세법상 마감환율평가방법을 신고한 경우에만 평가손익(환산손익)을 익금·손금으로 인정하므로, 마감환율평가방법을 신고했다는 단서가 누락된 선지 ④의 경우 엄밀히 말해 옳은 설명으로 볼 수 없겠습니다.

익금 일반사항[1]	난이도	㉤	정답	②

다음 중 법인세법상 익금에 관한 설명으로 가장 올바르지 않은 것은?

① 자산수증이익과 채무면제이익은 익금이지만 세무상 이월결손금의 보전에 충당된 부분은 익금불산입 항목이다.
② 법인이 특수관계인인 개인 또는 법인으로부터 유가증권을 시가보다 낮은 가액으로 매입하는 경우 동 매입가액과 시가의 차액은 익금으로 본다.
③ 손금에 산입한 금액이 환입된 경우 동 금액은 익금이다.
④ 자기주식의 양도금액은 익금에 해당하며, 그 장부가액은 손금에 해당한다.

해설

• ① 자산수증이익과 채무면제이익 : 익금산입항목
   →단, 세무상 이월결손금의 보전에 충당된 부분 : 익금불산입항목
• ② 법인이 특수관계인인 개인으로부터 유가증권을 시가보다 낮은 가액으로 매입하는 경우 동 매입가액과 시가의 차액은 익금으로 본다.
   →즉, 매입처가 개인인 경우에 한하여 적용하며, 매입처가 법인인 경우에는 적용대상이 아니다.
• ③ 손금에 산입한 금액이 환입된 경우 동 금액은 익금이다.
   →또한 손금에 불산입한 금액이 환입된 경우 동 금액은 익금불산입이다.

환입(환급)액	손금산입 되었던 경우(예 재산세)	• 환입(환급)시 익금산입
	손금불산입 되었던 경우(예 법인세)	• 환입(환급)시 익금불산입

• ④ 자기주식의 양도금액은 익금에 해당하며, 그 장부가액은 손금에 해당한다.
   →결과적으로 자기주식처분손익은 익금 또는 손금에 해당한다.〈기업회계상으로는 자본항목임〉

익금 일반사항[2]	난이도	㉤	정답	①

다음 중 법인세법상 익금에 관한 설명으로 가장 올바르지 않은 것은?

① 자기주식소각이익은 익금에 산입한다.
② 보험업법에 따른 유형자산 평가이익은 익금에 산입한다.
③ 전기 손금으로 인정된 재산세가 환급되는 경우에는 이를 익금에 산입한다.
④ 특수관계인인 개인으로부터 유가증권을 저가매입하는 경우, 시가와 매입가액의 차액은 익금으로 본다.

해설

• ① 자기주식소각이익은 감자차익이므로 익금불산입항목에 해당한다.

자기주식처분손익	• 익금산입 또는 손금산입항목에 해당함.(단, 양도금액은 익금, 장부금액은 손금) 　→**비교** 기업회계 : 자본항목
자기주식소각손익	• 감자차익(감자차손)이므로 익금불산입 또는 손금불산입항목에 해당함. 　→**비교** 기업회계 : 자본항목〈∴기업회계에 따라 계상시 세무조정 없음〉

• ② 보험업법이나 그 밖의 법률에 의한 자산(유형·무형자산)평가이익 : 익금산입항목
   →**비교** 일반적인 자산(유형·무형자산)평가이익 : 익금불산입항목
• ③ 전기분 재산세 환급액은 재산세가 손금산입항목이므로 환급액은 반대로 익금산입항목이다.
   →🔎주의 국세·지방세의 환급금에 대한 이자는 국세·지방세의 환급액 자체가 익금에 해당하는지의 여부에 관계없이 무조건 익금 불산입항목이다.(∵국가 등이 초과징수한 것에 대한 보상의 일종이므로)
• ④ 특수관계있는 개인으로부터 유가증권을 시가보다 저가매입시 그 차액을 익금산입(유보)한다.

| 익금불산입항목 일반사항 | 난이도 | ⊕ | 정답 | ④ |

다음 중 법인세법상 익금불산입 항목에 관한 설명으로 가장 올바르지 않은 것은?

① 국세 및 지방세 과오납금의 환급금에 대한 이자는 익금에 산입하지 않는다.
② 법인세는 지출 당시 손금으로 인정받지 못하고 법인세의 환급액도 익금에 산입하지 않는다.
③ 자산수증이익·채무면제이익 중 이월결손금의 보전에 충당된 금액은 익금에 산입하지 않는다.
④ 자본거래를 통해 특수관계인으로부터 분여받은 이익은 항상 익금에 산입하지 않는다.

해설

• ① 국세·지방세의 환급금에 대한 이자는 국세·지방세의 환급액 자체가 익금에 해당하는지의 여부에 관계없이 무조건 익금불산입항목이다.(∵국가 등이 초과징수한 것에 대한 보상의 일종이므로)
② 법인세는 대표적인 손금불산입 조세항목이며 법인세 환급액도 반대로 익금불산입항목이다.

환입(환급)액	손금산입 되었던 경우(예 재산세)	• 환입(환급)시 익금산입
	손금불산입 되었던 경우(예 법인세)	• 환입(환급)시 익금불산입

③ 자산수증이익·채무면제이익(세무상 이월결손금의 보전에 충당되지 않은 금액)은 익금산입항목이다.
➡ **비교** 발생연도에 제한없는 세무상 이월결손금에 충당분 : 익금불산입항목
④ 법인이 자본거래(증자, 감자, 합병 등)를 통해 특수관계인으로부터 분여받은 이익은 익금으로 본다.
➡이는 자본거래와 관련한 특수관계인간의 이익분여행위에 대하여 부당행위계산부인을 할 수 있도록 함으로써 동일거래에 대한 개인주주의 증여세 과세와 형평을 유지할 수 있도록 한 규정이다.
➡ **참고** 불공정자본거래 세무상 처리

이익을 분여한 자(손실을 입은 자)	이익을 분여받은 자
• 【영리법인】 부당행위계산부인 적용 ➡익금산입(기타사외유출*) : 소득처분특례 *)귀속자가 개인 등인 경우로서 귀속자에게 증여세가 과세되지 않으면 배당·상여로 소득처분함.	• 【영리법인】 법인세 과세 ➡익금산입(유보) : 취득가액에 포함
• 【개인·비영리법인】 세무상 문제 없음	• 【개인·비영리법인】 증여세 과세(증여의제)

세무조정과 각사업연도소득금액 계산	난이도	⊕	정답	③

다음 자료에 의할 경우 ㈜삼일의 제17기(20x1년 1월 1일 ~ 20x1년 12월 31일) 각 사업연도소득금액은 얼마인가?

1. 제17기의 손익계산서

손익계산서

㈜삼일	20x1년 1월 1일 ~ 20x1년 12월 31일	(단위 : 원)
매출액		850,000,000
매출원가		550,000,000
	(중략)	...
급여		95,000,000
세금과공과		7,000,000
이자비용		15,000,000
	(중략)	...
법인세비용차감전순이익		110,000,000

2. 세무조정 관련 추가정보
  가. 매출액에는 제17기 거래인 매출액 10,000,000원과 매출원가 8,000,000원이 누락되어 있으며, 세법상 매출액이 아닌 금액 5,000,000원이 포함되어 있다.
  나. 급여에는 세법상 임원상여금 한도초과액 15,000,000원이 포함되어 있다.
  다. 세금과공과에는 세법상 손금불산입되는 2,000,000원이 포함되어 있다.
  라. 이자비용에는 세법상 손금불산입되는 5,000,000원이 포함되어 있다.

① 19,000,000원 ② 24,000,000원 ③ 129,000,000원 ④ 134,000,000원

해설

• 세무조정
 - 가 : 익금산입 매출누락 10,000,000, 손금산입 매출원가누락 8,000,000, 익금불산입 매출과대계상 5,000,000
 - 나 : 손금불산입 임원상여한도초과 15,000,000
 - 다 : 손금불산입 세금과공과 2,000,000
 - 라 : 손금불산입 이자비용 5,000,000
• 각사업연도소득금액
 110,000,000(법인세비용차감전순이익) + 10,000,000 - 8,000,000 - 5,000,000 + 15,000,000 + 2,000,000 + 5,000,000
 = 129,000,000

손금불산입항목 집계[1]

| 난이도 | ⊕ | 정답 | ① |

다음 자료에 의할 경우 ㈜상일의 제18기(20x1년 1월 1일 ~ 20x1년 12월 31일) 각 사업연도소득금액 계산시 손금불산입되는 금액은 얼마인가?

> 1. 주식할인발행차금 1,000,000원
> 2. 대표이사에게 지급한 퇴직금 15,000,000원(퇴직금지급기준금액 : 12,000,000원)
> 3. 환경개선부담금 2,000,000원, 폐수배출부담금 3,500,000원
> 4. 직장보육시설운영비 4,000,000원

① 7,500,000원 ② 9,500,000원 ③ 10,000,000원 ④ 13,500,000원

해설

• 1,000,000(주식할인발행차금)+3,000,000(임원퇴직금한도초과)+3,500,000(폐수배출부담금)=7,500,000

❗POINT 손금과 손금불산입항목

손금항목	손금불산입항목
• 합명·합자회사 금전·현물·신용출자사원 급여	• 합명·합자회사 노무출자사원 급여 • 비상근임원 부당행위계산부인 해당분 • 지배주주 및 그와 특수관계가 있는 임원·직원에게 동일직위 자보다 초과하여 지급하는 분
• 직원에 대한 상여금 • 급여지급기준 내의 임원상여금	• 급여지급기준 초과 임원상여금 →급여지급기준 : 정관, 주주총회·이사회결의

• 현실적 퇴직시 직원의 퇴직금
• 현실적 퇴직시 한도내의 임원퇴직금
 	
임원퇴직금 한도액
① 정관·(정관의 위임)퇴직급여규정 : 그 금액
② 그 외 : 퇴직전 1년 총급여×10%×근속연수
  →총급여 : 손금불산입인건비·비과세 제외
  →근속연수 : 1월 미만 절사
	• 비현실적 퇴직(예 임원의 연임)에 의한 퇴직금
	  →업무무관가지급금으로 봄.
	• 현실적 퇴직시 임원퇴직금 한도초과액

• 비출자임원·소액주주임원·직원 사택유지비	• 주주 등(소액주주 제외) 또는 출자임원과 그 친족이 사용하고 있는 사택유지비·관리비·사용료 • 업무무관자산 취득차입비용·유지비·감가상각비
• 종합부동산세, 재산세 🔎주의 업무무관부동산 재산세·종합부동산세 : 손금불산입항목 • 지체상금, 연체금, 연체이자, 연체료, 연체가산금	• 법인세(지방소득세, 농어촌특별세), 가산세, 가산금, 강제징수비, 벌금, 과태료, 징벌목적 손해배상금

• 직장문화비(직장회식비)·직장체육비, 우리사주조합운영비, 직장어린이집운영비(직장보육시설운영비)
• 국민건강보험·고용보험의 사용자 부담분
• 사회통념상 타당하다고 인정되는 범위의 경조금
  🔎주의 임원·직원 등 불문하고 손금으로 인정함.
	• 주식할인발행차금, 폐수배출부담금, VAT매입세액
	  보론 부가가치세법상 불공제매입세액
	    ㉠ 일반적인 경우 : 손금산입
	    ㉡ 의무불이행(세금계산서관련·사업자등록신청전 매입세액), 사업무관매입세액 : 손금불산입

| 손금불산입항목 집계[2] | 난이도 | ⊕ | 정답 | ② |

㈜삼일은 다음 내용을 손익계산서에 비용처리하였다. ㈜삼일의 제10기(20x1년 1월 1일~20x1년 12월 31일) 각 사업연도소득금액 계산시 손금불산입되는 금액은 얼마인가?

> ㄱ. 업무무관자산 수선유지비 5,000,000원
> ㄴ. 국민건강보험료 12,000,000원(사용자부담분)
> ㄷ. 제10기 사업연도에 납부한 과태료 5,000,000원
> ㄹ. 제9기 사업연도에 상법상 소멸시효가 완성된 외상매출금 2,000,000원

① 10,000,000원 ② 12,000,000원 ③ 22,000,000원 ④ 24,000,000원

해설

- ㄱ : 업무무관자산을 취득·관리함으로써 생기는 비용·유지비·수선비 및 이와 관련되는 비용은 손금으로 인정되지 않는다.
- ㄴ : 건강보험료 사용자부담분은 지출대상이 임원, 직원(사용인), 지배주주 등의 여부를 불문하고 모두 한도없이 손금으로 인정된다.
- ㄷ : 징벌효과를 감소시키지 않기 위한 취지로 벌금, 과태료는 손금에 산입하지 않는다.
- ㄹ : 9기에 소멸시효가 완성된 외상매출금은 9기에 신고조정으로 손금산입되었으나, 회사가 10기에 이를 손익계산서에 비용(대손금) 처리했으므로 손금불산입한다.
  → 신고조정사항은 강제계상항목으로서 당기 손금산입하지 않으면 차기 이후연도에 손금산입이 불가한 특징이 있다.
  → 따라서, 만약 회사가 9기에 손금산입 세무조정을 하지 못한 경우라면 이에 대한 경정청구가 가능한 것이며, 10기에 비용(대손금) 처리한 것에 대한 손금불산입 세무조정은 동일하게 행하여야 한다.
- 손금불산입되는 금액 : 5,000,000(ㄱ)+5,000,000(ㄷ)+2,000,000(ㄹ) = 12,000,000

| 손금불산입항목 집계[3] | 난이도 | ⊥ | 정답 | ② |

다음 자료는 ㈜삼일의 손익계산서에 비용처리된 내역이다. 이 중 법인세법상 손금불산입되는 금액은 얼마인가?

> 1. 직장체육비 2,000,000원
> 2. 출자임원(소액주주 아님)에 대한 사택유지비 2,000,000원
> 3. 업무 수행과 관련하여 발생한 직원의 교통벌과금 500,000원
> 4. 국민건강보험료(사용자부담분) 1,500,000원

① 2,000,000원 ② 2,500,000원 ③ 3,500,000원 ④ 4,000,000원

해설

- 직장체육비 2,000,000원
  - 복리후생비(직장체육비, 직장문화비, 직장회식비, 우리사주조합운영비, 직장어린이집운영비, 국민건강보험·고용보험의 사용자 부담분, 사회통념상 타당하다고 인정되는 범위의 경조금)는 지출대상이 임원, 직원, 지배주주 등의 여부를 불문하고 모두 한도없이 손금으로 인정된다.
- 출자임원(소액주주 아님)에 대한 사택유지비 2,000,000원
  - 주주 등(소액주주 제외) 또는 출자임원과 그 친족이 사용하고 있는 사택유지비·관리비·사용료는 손금불산입 항목이다.
- 업무 수행과 관련하여 발생한 직원의 교통벌과금 500,000원
  - 징벌효과를 감소시키지 않기 위한 취지로 벌금, 과태료는 손금에 산입하지 않는다.
- 국민건강보험료(사용자부담분) 1,500,000원
  - 건강보험료 사용자부담분은 지출대상이 임원, 직원, 지배주주 등의 여부를 불문하고 모두 한도없이 손금으로 인정된다.
- ∴ 손금불산입금액 : 2,000,000(출자임원 사택유지비)+교통벌과금(500,000) = 2,500,000

손금인정액 집계	난이도	⊕	정답	②

● 다음 중 법인세법상 손금으로 인정되는 금액은 얼마인가(단, 손금인정을 위한 기타 요건은 갖추었다고 가정한다)?

• 업무용승용차 관련 비용 중 사적사용비용	5,000,000원
• 주식할인발행차금	3,000,000원
• 사용자로서 부담하는 국민건강보험료	1,500,000원
• 임직원을 위한 직장보육시설비	3,700,000원

① 1,500,000원　　② 5,200,000원　　③ 7,200,000원　　④ 10,200,000원

해설

• 업무용승용차 관련비용 중 사적사용비용(=관련비용 중 업무사용금액에 해당하지 아니하는 금액)은 손금불산입하며, 주식할인발행차금은 자본거래에 의한 것으로 순자산 감소임에도 불구하고 손금으로 인정되지 않는다.
• 복리후생비(사용자로서 부담하는 국민건강보험료, 임직원을 위한 직장보육시설비)는 지출대상이 임원, 직원, 지배주주 등의 여부를 불문하고 모두 한도없이 손금으로 인정된다.
∴손금인정액 : 1,500,000(사용자부담 건강보험료)+3,700,000(임직원을 위한 직장보육시설비)=5,200,000

❓ POINT 업무용승용차 관련비용 세무조정

적용대상	• 개별소비세 과세대상 승용자동차(일반적으로 매입세액불공제 대상)		
업무용승용차 관련비용	• 감가상각비, 유류비, 수선비, 자동차세, 통행료 등 업무용승용차의 취득·유지 관련비용		
감가상각 강제 (신고조정)	• 상각방법·내용연수의 신고불문		
	상각방법	• 정액법	
	내용연수	• 5년	
	→∴회사상각액이 상각범위액에 미달시 신고조정으로 손금산입(△유보)		
비업무사용액 손금불산입	• 임직원 전용 자동차보험에 가입한 경우 관련비용(위 손금산입액 포함) 중 업무사용금액에 해당하지 아니하는 금액(사적사용비용)은 손금불산입함.(귀속자에 따라 소득처분, 귀속불분명시는 대표자상여)		
	업무사용금액	• 관련비용×업무사용비율	
	업무사용비율	• 운행기록작성시 = $\dfrac{\text{업무용사용거리}}{\text{총주행거리}}$	
	• 임직원 전용 자동차보험에 가입하지 아니한 경우와 법인업무용 자동차번호판 미부착시, 업무사용금액은 0으로 하여 전액 손금불인정함.		
감가상각비한도초과액 손금불산입	• 업무사용금액 중 감가상각비 상당액(=감가상각비×업무사용비율)은 연간 800만원 한도로 하며 한도초과액은 손금불산입(유보)함. →차기 이후 한도미달액 한도로 손금추인함.		
처분손실의 이월손금산입	• 처분손실 중 800만원 초과액은 손금불산입(기타사외유출) • 초과액은 다음사업연도부터 800만원을 균등하게 손금산입(기타) 　예 초과액이 2,200만원인 경우 　　→3개연도에 걸쳐 800만원, 800만원, 600만원 각각 손금산입		

손금산입항목과 손금불산입항목	난이도	㊦	정답	④

다음 중 손금불산입 항목으로 가장 올바르지 않은 것은?

① 강제징수비
② 잉여금 처분항목
③ 제반 법령이나 행정명령을 위반하여 부과된 벌금·과료·과태료
④ 세법상 재고자산평가방법을 저가법으로 신고한 법인이 계상한 재고자산평가손실

해설

- ① 강제징수비(체납처분비)를 손금으로 인정하면 그에 대한 법인세 상당액만큼의 강제징수비를 국가가 대신 부담해준 결과가 되기 때문에 강제징수비(체납처분비)는 손금으로 인정하지 아니한다.
  →강제징수비(체납처분비)를 회사가 손비로 계상한 경우 : 손금불산입(기타사외유출)
- ② 손금은 자본 또는 출자의 환급, 잉여금의 처분 및 법인세법에서 규정하는 것은 제외하고 해당 법인의 순자산을 감소시키는 거래로 인하여 발생하는 손비(손실 또는 비용)의 금액으로 한다.[법인법 19①]
  →이익처분(잉여금처분)에 의해 지급하는 상여금을 회사가 손비로 계상한 경우 : 손금불산입(상여)
- ③ 벌금·과료·과태료를 손금으로 인정하면 징벌효과가 감소되므로 벌금·과료·과태료는 손금으로 인정하지 아니한다.
  →벌금·과료·과태료를 회사가 손비로 계상한 경우 : 손금불산입(기타사외유출)
- ④ 법인세법상 재고자산에 대하여는 다음에 대한 평가손실을 손금으로 인정한다.

> ❑ 평가방법을 저가법으로 신고시 저가법 평가로 인한 평가손실
> ❑ 파손·부패로 인한 평가손실(신고방법 불문)

손금불산입항목 일반사항	난이도	⊕	정답	④

다음 중 법인세법상 손금불산입 항목에 관한 설명으로 가장 올바르지 않은 것은?

① 주식을 액면에 미달하는 가액으로 발행하는 경우 그 액면에 미달하는 금액인 주식할인발행차금은 손금불산입항목이다.
② 잉여금 처분항목은 확정된 소득의 처분사항이므로 잉여금의 처분을 손비로 계상한 경우 동 금액은 원칙적으로 손금으로 인정되지 않는다.
③ 제반 법령이나 행정명령을 위반하여 부과된 벌금·과료·과태료를 손금으로 인정해 주면 징벌효과가 감소되므로 손금으로 인정되지 않는다.
④ 세법상 업무무관자산을 처분한 경우 당해 자산의 장부가액은 업무와 관련 없는 지출액이므로 손금으로 인정되지 않는다.

해설

- 업무무관자산도 그 처분손익은 각각 익금과 손금에 해당한다. 즉, 일반적인 자산양도시와 동일하게 양도금액을 익금, 장부금액을 손금으로 처리한다.

❗ POINT 업무무관자산의 단계별 세무조정

구분	세법상 처리방법	세무조정
취득단계	• 업무무관자산이라도 취득세 등은 취득부대비용이므로 자산의 취득가액에 가산함.	[손금불산입] 취득세 등 (유보)
보유단계	• 업무무관 자산에 대한 감가상각비·유지비·수선비·관리비·재산세 등은 업무무관자산의 유지비용이므로 손금불산입함.	[손금불산입] 수선비·관리비·재산세(기타사외유출) [손금불산입] 감가상각비(유보)
처분단계	• 법인의 순자산을 감소시키므로 그 자산의 장부가액을 손금에 산입함.	[손금산입] 업무무관자산(△유보)

| 인건비의 손금인정 여부 | 난이도 | ⑤ | 정답 | ④ |

다음 중 법인세법상 인건비 중에서 손금불산입 대상 항목이 아닌 것은?

① 이사회 결의에 의하여 결정된 급여지급기준을 초과한 임원상여금
② 정관 또는 퇴직급여지급규정에 의하여 정해진 퇴직급여기준을 초과하는 임원퇴직금
③ 정관 또는 퇴직급여지급규정이 없는 경우 법인세법에 의한 산식을 초과하는 임원퇴직금
④ 주주총회 결의에 의해 결정된 직원에 대한 상여금지급기준 초과액

해설

• 임원에게 지급하는 상여금 중 정관·주주총회(사원총회) 또는 이사회의 결의에 의하여 결정된 급여지급기준에 의하여 지급하는 금액을 초과하여 지급한 경우 그 초과금액은 이를 손금불산입한다. 그러나 직원에게 지급하는 상여금은 이러한 제한을 받지 아니고 전액 손금으로 인정된다.

POINT 인건비의 손금산입 및 손금불산입

손금항목	손금불산입항목
• 합명·합자회사 금전·현물·신용출자사원 급여	• 합명·합자회사 노무출자사원 급여 • 비상근임원 부당행위계산부인 해당분 • 지배주주 및 그와 특수관계가 있는 임원·직원에게 동일직위자보다 초과하여 지급하는 분
• 직원에 대한 상여금 • 급여지급기준 내의 임원상여금	• 급여지급기준 초과 임원상여금 →급여지급기준 : 정관, 주주총회·이사회결의

• 현실적 퇴직시 직원의 퇴직금
• 현실적 퇴직시 한도내의 임원퇴직금
 	
임원퇴직금 한도액
① 정관·(정관의 위임)퇴직급여규정 : 그 금액
② 그 외 : 퇴직전 1년 총급여×10%×근속연수
  →총급여 : 손금불산입인건비·비과세 제외
  →근속연수 : 1월 미만 절사
	• 비현실적 퇴직(例 임원의 연임)에 의한 퇴직금
	  →업무무관가지급금으로 봄.
	• 현실적 퇴직시 임원퇴직금 한도초과액

• 직장문화비(직장회식비)·직장체육비, 우리사주조합운영비, 직장어린이집운영비(직장보육시설운영비) • 국민건강보험·고용보험의 사용자 부담분 • 사회통념상 타당하다고 인정되는 범위의 경조금 ⊙주의 임원·직원 등 불문하고 손금으로 인정함.	-

| 임원상여한도초과 세무조정 | 난이도 | ④ | 정답 | ④ |

다음은 ㈜삼일의 제5기(20x1년 1월 1일~20x1년 12월 31일) 인건비 내역이다. 급여지급규정에 의하여 임원과 사용인의 상여금은 급여의 40%를 지급하도록 하고 있는 경우 필요한 세무조정으로 가장 옳은 것은(단, 본사의 인건비는 판매비와 관리비로 기록하였고, 건설본부의 인건비는 당기말 현재 공사가 진행 중인 자산과 관련된 것이므로 회계장부에 건설중인자산으로 기록하였다)?

구분		급여	상여금
본사	임원	150,000,000원	70,000,000원
	직원	350,000,000원	170,000,000원
건설본부	임원	100,000,000원	60,000,000원
	직원	200,000,000원	120,000,000원
합계		800,000,000원	420,000,000원

① (손금불산입) 상여금 한도초과액 20,000,000원(상여)
② (손금불산입) 상여금 한도초과액 30,000,000원(상여)
③ (손금산입) 건설 중인 자산 20,000,000원(△유보), (손금불산입) 상여금 한도초과액 20,000,000원(상여)
④ (손금산입) 건설 중인 자산 20,000,000원(△유보), (손금불산입) 상여금 한도초과액 30,000,000원(상여)

해설

• 회사가 본사 인건비는 비용(판매비와 관리비), 건설본부 인건비는 자산(건설중인자산)으로 처리한 상황이다.
  →임원상여금은 한도초과액을 손금불산입하나, 직원(사용인)에 대한 상여금은 전액 손금으로 인정한다.
• ㉠ 본사 임원상여한도초과액 : 70,000,000 - 150,000,000×40% = 10,000,000

회사				세법			
(차) 비용	730,000,000	(대) 현금	740,000,000	(차) 비용	730,000,000	(대) 현금	740,000,000
비용	10,000,000			손불	10,000,000		

  →손금불산입 임원상여한도초과액 10,000,000(상여)
  ㉡ 건설본부 임원상여한도초과액 : 60,000,000 - 100,000,000×40% = 20,000,000

회사				세법			
(차) 자산	460,000,000	(대) 현금	480,000,000	(차) 자산	460,000,000	(대) 현금	480,000,000
자산	20,000,000			손불	20,000,000		

  →손금산입 자산감액 20,000,000(△유보), 손금불산입 상쇄 20,000,000(상여)
∴[최종세무조정] 손금산입 20,000,000(△유보), 손금불산입 30,000,000(상여)

❗POINT 인건비 분류와 처리

영업부(본사)인건비	공장인건비	건설본부인건비
지출확정연도의 손금	자산(제품) 계상후 판매시 손금화	자산(건설중인자산) 계상후 상각이나 처분시 손금화

| 법인세법상 손금인정여부 | 난이도 | ⊕ | 정답 | ④ |

다음 중 법인세법상 손금불산입 항목에 관한 설명으로 가장 올바르지 않은 것은?

① 법령이나 행정명령을 위반하여 부과된 벌금, 과태료를 손비로 계상한 경우 동 금액은 손금으로 인정되지 않는다.
② 잉여금 처분항목은 확정된 소득의 처분사항이므로 잉여금의 처분을 손비로 계상한 경우 동 금액은 원칙적으로 손금으로 인정되지 않는다.
③ 토지에 대한 취득세는 토지 취득을 위한 부대비용이므로 취득시점에 손금으로 인정되지 않고 토지의 취득금액에 포함된다.
④ 직원이 사용하고 있는 사택의 유지비, 사용료와 이에 관련되는 지출금은 손금에 산입하지 아니한다.

해설

• 주주 등(소액주주 등은 제외) 또는 출자자인 임원 또는 그 친족이 사용하고 있는 사택의 유지비·관리비·사용료와 이와 관련되는 지출금은 손금에 산입하지 않는다.
→∴직원이 사용하고 있는 경우는 손금에 산입한다.

참고 세무조정
① 벌금, 과태료를 회사가 손비로 계상한 경우 : 손금불산입(기타사외유출)
② 잉여금의 처분을 회사가 손비로 계상한 경우 : 손금불산입(기타)
③ 토지에 대한 취득세를 회사가 손비로 계상한 경우 : 손금불산입(유보)

| 업무무관경비 손금불산입 | 난이도 | ⊕ | 정답 | ③ |

다음 중 법인세법상 업무무관경비의 손금불산입 항목에 대한 내용으로 가장 올바르지 않은 것은?

① 업무무관부동산 및 업무무관자산을 취득하기 위한 자금의 차입과 관련되는 비용
② 법인이 직접 사용하지 않고 타인(비출자임원·소액주주인 임원 및 직원을 제외함)이 주로 사용하는 장소·건축물·물건 등의 유지비·관리비·사용료와 이에 관련되는 지출금
③ 출자자(소액주주 포함)가 사용하고 있는 사택의 유지비·사용료와 이에 관련되는 지출금
④ 형법상 뇌물(외국공무원에 대한 뇌물 포함)에 해당하는 금전과 금전 이외의 자산 및 경제적 이익

해설

• 사택관련 비용 손금불산입 대상 : 주주 등(소액주주 제외)이거나 출자자인 임원 또는 그 친족
→∴비출자임원·소액주주 및 소액주주임원·직원이 사용하고 있는 사택유지비 등은 손금산입항목에 해당한다.

⚠ POINT 업무무관경비 손금불산입 항목

업무무관자산 취득·관리비용	• 업무무관부동산 및 업무무관자산을 취득·관리함으로써 생기는 비용·유지비·수선비 및 이와 관련되는 비용
타인사용 장소 등의 비용	• 법인이 직접 사용하지 않고 다른 사람(비출자임원과 소액주주임원 및 직원은 제외)이 주로 사용하고 있는 장소·건축물·물건 등의 유지비·관리비·사용료와 이와 관련되는 지출금
사택관련 비용	• 주주 등(소액주주 제외)이거나 출자자인 임원 또는 그 친족이 사용하고 있는 사택의 유지비·관리비·사용료와 이와 관련되는 지출금
업무무관자산 차입비용	• 업무무관부동산 및 업무무관자산을 취득하기 위한 자금의 차입과 관련되는 비용
뇌물	• 뇌물(외국공무원에 대한 뇌물 포함)에 해당하는 금전과 금전 이외의 자산 및 경제적 이익의 합계액
노조전임자 급여	• 노동조합 및 노동관계조정법을 위반하여 노조전임자에게 지급하는 급여 **참고** 노동조합 및 노동관계조정법에서는 노조전임자(=노동조합 업무에만 종사하는 자)는 사용자로부터 어떠한 급여도 지급받아서는 안된다고 규정하고 있는데, 이 규정에도 불구하고 노조전임자에게 지급하는 급여는 위법비용이므로 업무무관비용으로 손금불산입함.

조세 세무조정[1]   난이도 ⊕   정답 ②

㈜삼일은 20x1년도 재산세 660,000원(가산세 60,000원 포함)을 신고기한 경과후 납부하고 아래와 같이 회계처리하였다. 이에 대한 올바른 세무조정은?

> (차) 세금과공과 660,000 (대) 현금 660,000

① (손금불산입) 세금과공과 660,000원(기타사외유출)
② (손금불산입) 세금과공과 60,000원(기타사외유출)
③ (손금불산입) 세금과공과 660,000원(상여)
④ (손금불산입) 세금과공과 60,000원(상여)

해설

• 재산세는 손금산입항목이다. 회사가 세금과공과로 비용처리했으므로 세무조정은 없다.
→[세무조정] 없음
• 가산세는 손금불산입항목이다. 회사가 세금과공과로 비용처리했으므로 손금불산입하고 귀속이 국가·지자체이므로 기타사외유출로 소득처분한다.
→[세무조정] 손금불산입 가산세 60,000(기타사외유출)

❗POINT 조세·공과금 중 손금산입 및 손금불산입항목

손금산입	• 재산세, 종합부동산세, 지체상금, 연체금, 연체이자, 연체료, 연체가산금 　🔍주의 업무무관부동산 재산세·종합부동산세 : 손금불산입항목
손금불산입	• 법인세(지방소득세, 농어촌특별세), 가산세, 가산금, 강제징수비, 벌금, 과태료, 임의출연금, 폐수배출부담금, 징벌목적 손해배상금, VAT매입세액 　🔍주의 부가가치세법상 불공제매입세액의 손금 인정여부 　　㉠ 일반적인 경우(비영업용소형승용차·기업업무추진비·면세사업·토지 관련) : 손금산입 　　㉡ 의무불이행(세금계산서관련·사업자등록신청전 매입세액), 사업무관매입세액 : 손금불산입

조세 세무조정[2]   난이도 ⊕   정답 ②

㈜삼일은 20x1년도 업무용 건물에 대한 종합부동산세 928,000원(납부지연가산세 28,000원 포함)을 신고기한 경과후 납부하고 아래와 같이 회계처리하였다. 이에 대한 세무조정으로 가장 옳은 것은?

> (차) 세금과공과 928,000원 (대) 현금 928,000원

① (손금불산입) 세금과공과 928,000원(기타사외유출)
② (손금불산입) 세금과공과 28,000원(기타사외유출)
③ (손금불산입) 세금과공과 928,000원(상여)
④ (손금불산입) 세금과공과 28,000원(상여)

해설

• 종합부동산세는 손금산입항목이다. 회사가 세금과공과로 비용처리했으므로 세무조정은 없다.
→[세무조정] 없음
• 가산세는 손금불산입항목이다. 회사가 세금과공과로 비용처리했으므로 손금불산입하고 귀속이 국가·지자체이므로 기타사외유출로 소득처분한다.
→[세무조정] 손금불산입 가산세 28,000(기타사외유출)

| 복리후생비의 손금항목 해당여부 | 난이도 | ⊕ | 정답 | ④ |

다음은 ㈜삼일의 임원 또는 사용인을 위하여 지출한 복리후생비 보조원장의 일부이다. 이 중 법인세법상 손금으로 인정받지 못하는 금액은 얼마인가?

복리후생비
20x1년 1월 1일~20x1년 12월 31일

㈜삼일 (단위 : 원)

월/일	적요	금액
01/23	우리사주조합운영비	5,000,000
01/25	건강검진비	500,000
02/03	대주주인 임원에 대한 사택유지비	3,000,000
02/13	이익처분에 의하여 지급하는 상여금	2,000,000
02/27	고용보험료(사용자부담분)	500,000
03/10	폐수배출부담금	1,000,000

① 3,000,000원   ② 5,000,000원   ③ 5,500,000원   ④ 6,000,000원

해설

• 우리사주조합운영비, 건강검진비, 고용보험료(사용자부담분) : 손금산입항목
  →♀주의 복리후생비[직장문화비(직장회식비)·직장체육비, 우리사주조합운영비, 직장어린이집운영비(직장보육시설운영비), 국민건강보험·고용보험의 사용자 부담분, 사회통념상 타당하다고 인정되는 범위의 경조금]는 임원·직원 등 불문하고 손금으로 인정한다.
• 대주주인 임원에 대한 사택유지비 : 출자임원(소액주주임원 제외) 사택유지비는 손금불산입항목이다.
• 이익처분에 의하여 지급하는 상여금 : 손금은 자본 또는 출자의 환급, 잉여금의 처분 및 법인세법에서 규정하는 것은 제외하고 해당 법인의 순자산을 감소시키는 거래로 인하여 발생하는 손비(손실 또는 비용)의 금액으로 한다.[법인법 19①] →∴이익처분(잉여금처분)에 의하여 지급하는 상여금은 손금불산입항목이다.
• 폐수배출부담금 : 법령에 따른 의무의 불이행 또는 금지·제한 등의 위반에 대한 제재로서 부과되는 것이므로 손금불산입항목이다.
∴손금 불인정 금액 : 3,000,000(사택유지비)+2,000,000(이익처분상여)+1,000,000(폐수배출부담금)=6,000,000

POINT 인건비의 손금인정 여부

인건비의 구분		직원	임원
㉠ 일반급여		O	O
㉡ 상여금	일반적인 상여금	O	△ (급여지급기준 한도내 손금인정)
	이익처분에 의해 지급되는 상여금	X	X
㉢ 퇴직급여		O	△ (일정한 한도내 손금인정)
㉣ 복리후생비		열거된 것 및 그와 유사한 것에 한정하여 손금인정	

제1주차
기출유형특강

제2주차
핵심유형특강

제3주차
최신유형특강

제4주차
기출변형특강

손익의 귀속시기 일반사항[1]   난이도 ㊦   정답 ④

다음 중 법인세법상 손익의 귀속사업연도에 관한 설명으로 가장 올바르지 않은 것은?

① 위탁판매는 수탁자가 상품 등을 판매한 날에 손익을 인식한다.
② 부동산의 양도는 대금청산일, 소유권이전등기일, 인도일 또는 사용수익일 중 빠른 날에 손익을 인식한다.
③ 중소기업의 경우 장기할부판매는 결산상 인도기준으로 인식한 경우에도 회수기일도래기준을 적용할 수 있다.
④ 기부금은 발생주의로 손익을 인식한다.

해설

• 기부금의 손익귀속시기 : 실제로 지출한 사업연도(현금주의)

미지급기부금	• 당기 : (차) 기 부 금 xxx (대) 미지급금 xxx	• 세무조정 : 손금불산입(유보)
	• 차기 : (차) 미지급금 xxx (대) 현　금 xxx	• 세무조정 : 손금산입(△유보)
가지급기부금	• 당기 : (차) 가지급금 xxx (대) 현　금 xxx	• 세무조정 : 손금산입(△유보)
	• 차기 : (차) 기 부 금 　xxx (대) 가지급금 xxx	• 세무조정 : 손금불산입(유보)

→ **비교** 기업업무추진비 : 접대행위가 이루어진 사업연도(발생주의)

❗POINT 일반적인 손익의 귀속

원칙	• 익금과 손금의 귀속시기는 그 익금과 손금이 확정된 날로 함.(='권리의무확정주의') 　◎주의 손익의 귀속사업연도에 대하여 세법에 특별한 규정이 있으면 그에 따르고 규정이 없는 경우에만 기업회계기준 및 관행을 보충적으로 적용함.
재고자산판매 단기할부판매	• 인도한 날 　→재고자산인 부동산은 제외함.
부동산판매	• 대금청산일(원칙), 소유권이전등기일, 인도일, 사용수익일 중 빠른 날
위탁판매	• 수탁자가 매매한날
장기할부판매	• ㉠ 명목가치에 의한 인도기준 ㉡ 현재가치에 의한 인도기준 ㉢ 회수기일도래기준 　**보론** 중소기업은 인도기준으로 인식시에도 회수기일도래기준으로 신고조정할 수 있음.
용역제공	• 장·단기 불문하고 진행기준(원칙) 　**보론** ㉠ 중소기업의 계약기간 1년 미만 용역매출은 인도기준 가능함. 　　　㉡ 회계기준에 따라 인도기준으로 손익을 계상한 경우에는 인도기준 가능함.

손익의 귀속시기 일반사항[2]   난이도 ⊕   정답 ④

다음 중 법인세법 상 손익의 귀속시기에 관한 설명으로 가장 올바르지 않은 것은?

① 익금과 손금은 권리·의무가 확정되는 사업연도에 인식하는 것을 원칙으로 한다.
② 손익의 귀속사업연도는 법인세법의 규정을 우선 적용하고 법인세법에 규정되지 않은 사항에 대해서는 일반적으로 인정된 기업회계기준 등을 따르도록 하고 있다.
③ 일반적인 상품판매의 경우 인도일이 속하는 날에 손익을 인식한다.
④ 부동산의 양도손익은 소유권 이전 등기일에 상관없이 대금청산일에 인식한다.

해설

• 상품 등 외의 자산의 양도(=부동산양도)는 그 대금을 청산한 날로 한다. 다만, 대금을 청산하기 전에 소유권 등의 이전등기(등록을 포함)를 하거나 당해 자산을 인도하거나 상대방이 당해 자산을 사용수익하는 경우에는 그 이전등기일(등록일을 포함)·인도일 또는 사용수익일 중 빠른 날로 한다.
　→즉, 대금청산일·소유권이전등기일·인도일 또는 사용수익일 중 빠른 날을 손익귀속시기로 한다.

손익의 귀속시기 일반사항[3]

난이도 ⊕ **정답** ②

● 다음 중 법인세법상 손익의 귀속 사업연도에 관한 설명으로 가장 올바르지 않은 것은?

① 법인세법의 손익인식기준은 권리·의무확정주의를 원칙으로 하며, 기업회계와의 조화를 위하여 발생주의도 인정하고 있다.

② 법인세법 규정이 회계기준 또는 관행과 다른 경우에는 회계기준 또는 관행에 의한다.

③ 장기할부판매손익은 원칙적으로 인도기준에 따라 손익을 인식하도록 하고 있다.

④ 단기용역제공계약의 경우 작업진행률을 기준으로 하여 계산한 수익과 비용을 각 사업연도 익금과 손금에 산입한다.

해설

• ① 손익의 귀속사업연도는 법인세법과 기업회계기준 간에 기간귀속의 차이일 뿐이고 손익의 절대적 크기를 결정하는 문제가 아니기 때문에 기업회계와 조화를 이루어 세무조정에 드는 납세협력비용을 줄일 필요가 있다. 따라서 법인세법은 권리의무확정주의를 원칙으로 하되, 법인이 기업회계기준에서 정한 방법에 따라 결산서에 수익과 비용으로 계상한 경우에는 법인세법에서도 해당 금액을 익금과 손금으로 인정하는 수용특례를 규정하고 있다.

→ 예 이자비용과 관련하여 기간경과분(미지급이자)을 비용계상시 이를 인정〈발생주의 수용〉
임대수익과 관련하여 기간경과분(미수임대료)을 수익계상시 이를 인정〈발생주의 수용〉

② 손익의 귀속 사업연도에 대하여 세법에 특별한 규정이 있으면 해당 규정에 따르고, 세법에 규정이 없는 경우에만 기업회계기준 및 관행을 보충적으로 적용한다.(즉, 법인세법 규정이 회계기준 또는 관행과 다른 경우에는 법인세법을 적용한다.)

→ 예 법인세법은 직원 인건비는 손금으로 규정하고 있지만, 해당 인건비를 어떤 자산이나 비용으로 처리할지 특별한 규정을 두고 있지 않다. 이러한 경우에는 기업회계기준을 보충적으로 적용하여 해당 직원의 근무내용에 따라 제조원가, 건설중인자산, 판관비로 배분하여 수익·비용대응원칙에 따라 손금에 산입한다.

③ 장기할부판매 손익귀속 – ㉠ 원칙 : 인도기준 ㉡ 특례 : 인도기준(현재가치), 회수기일도래기준

④ 용역제공계약 손익귀속 – ㉠ 원칙 : 진행기준(장·단기 불문) ㉡ 특례 : 인도기준

손익의 귀속시기 일반사항[4]

난이도 ⊕ **정답** ①

● 다음 중 법인세법상 손익귀속시기에 대한 설명으로 가장 올바르지 않은 것은?

① 장기할부판매 : 현금이 회수되는 때

② 상품, 제품 등의 판매 : 상품 등을 인도한 날

③ 건설·제조 기타 용역의 제공 : 진행기준

④ 지급이자 : 지급의무확정주의(발생주의에 따라 회계처리시 인정)

해설

• 장기할부판매에 대하여는 명목가치인도기준, 현재가치인도기준, 회수기일도래기준이 모두 인정되나, 회수기준(현금회수기준)은 인정되지 않는다.

• 지급이자(이자비용)의 손익귀속은 다음과 같다.

이자비용	• 원칙 : 소득세법에 따른 이자소득의 수입시기(실제로 지급한 날 또는 지급하기로 한 날) →현금주의 또는 지급의무확정주의 • 특례 : 기간경과분(미지급이자)을 비용계상시 이를 인정〈발생주의 수용〉 ⌕주의 이자비용은 이자수익의 경우와는 달리 발생주의에 따른 회계처리가 제한없이 허용됨.

손익의 귀속시기 일반사항[5]	난이도	㉯	정답	④

다음 중 법인세법상 손익의 귀속시기에 대한 설명으로 가장 올바르지 않은 것은?

① 원천징수되지 아니하는 이자소득에 대해 발생주의에 따라 장부상 미수수익을 계상한 경우 익금으로 인정한다.
② 임대료 지급기간이 1년을 초과하는 경우 이미 경과한 기간에 대응하는 임대료 상당액과 비용은 이를 각각 당해 사업연도의 익금과 손금으로 한다.
③ 부동산의 경우 대금청산일, 소유권이전등기일, 인도일, 사용수익일 중 가장 빠른날을 귀속시기로 한다.
④ 법인이 잉여금처분으로 수입하는 배당금은 실제 배당금을 지급받는 날이 속하는 사업연도의 익금에 산입한다.

해설

• 법인이 받는 배당소득의 손익의 귀속사업연도는 소득세법에 따른 배당소득의 수입시기로 한다.
→소득세법상 실지배당(일반적인 배당)의 수입시기[소득령 46]

㉠ 무기명주식의 이익배당 : 지급을 받은 날
㉡ 잉여금의 처분에 의한 배당 : 잉여금 처분결의일

∴법인이 잉여금처분으로 수입하는 배당금은 잉여금 처분결의일 속하는 사업연도의 익금에 산입한다.

참고 무기명주식 제도

❑ 2014년 개정된 상법에서는 무기명주식 제도를 폐지하였으나, 다른 국가의 법에 따라 발행된 무기명주식을 여전히 보유할 수 있으므로 소득세법 시행령에서는 동 규정을 그대로 존치하고 있음.

❓POINT 이자소득·이자비용·배당수익·임대료수익의 손익귀속

이자수익	• 원칙 : 소득세법에 따른 이자소득의 수입시기(실제로 받은 날 또는 받기로 한 날) →현금주의 또는 권리확정주의 **보론** 금융·보험업 : 현금주의(실제로 수입한 날)에 의하되, 선수입이자는 제외함. • 특례 : 기간경과분(미수이자)을 수익계상시 원천징수되지 않는 이자수익(예 국외이자)에 한하여 인정 **보론** 금융·보험업 : 기간경과분을 수익계상시 원천징수되지 않는 이자수익(대부분임)에 한하여 인정
이자비용	• 원칙 : 소득세법에 따른 이자소득의 수입시기(실제로 지급한 날 또는 지급하기로 한 날) →현금주의 또는 지급의무확정주의 • 특례 : 기간경과분(미지급이자)을 비용계상시 이를 인정〈발생주의 수용〉 🔍주의 이자비용은 이자수익의 경우와는 달리 발생주의에 따른 회계처리가 제한없이 허용됨.
배당소득	• 소득세법에 따른 배당소득의 수입시기(실제로 받은 날, 잉여금처분결의일 등)
금융·보험업 수입보험료	• 원칙 : 현금주의(실제로 수입한 날)에 의하되, 선수입보험료는 제외함. • 특례 : 기간경과분(미수보험료)을 수익계상시 이를 인정
임대료수익	• 원칙 : 지급일(지급약정일) →단, 계약에 지급일이 정해지지 않은 경우는 실제 지급받은 날 • 특례 : ㉠ 기간경과분(미수임대료)을 회계기준에 따라 수익계상시 이를 인정〈발생주의 수용〉 ㉡ 임대료지급기간이 1년을 초과(예 2년치를 2년후 일시지급시 임대료지급기간은 2년)하는 경우 기간경과분(미수임대료)을 수익으로 인식〈발생주의 강제〉 →즉, 1년 초과시 회사 계상여부에 관계없이 미수임대료를 무조건 익금산입함.

| 손익의 귀속시기 일반사항[6] | 난이도 | ⊕ | 정답 | ① |

다음 중 법인세법상 손익의 귀속시기에 관한 설명으로 가장 올바르지 않은 것은?

① 제조업을 영위하는 법인이 이자지급일 이전에 기간 경과분을 이자비용으로 계상하는 경우 해당 사업연도의 손금으로 인정되지 아니한다.
② 중소기업의 단기 건설용역의 경우에는 그 목적물이 인도되는 사업연도의 익금과 손금에 산입할 수 있다.
③ 금융회사 등이 수입하는 이자 등은 원칙적으로 현금주의에 의해 수익의 귀속사업연도를 결정하되 선수입이자 등은 제외한다.
④ 중소기업이 장기할부조건으로 자산을 판매하고 결산서상 인도기준으로 손익을 인식한 경우에도 신고조정을 통해 회수기준으로 익금과 손금에 산입할 수 있다.

해설

• ① 기간경과분(미지급이자)을 이자비용으로 계상하는 경우 손금으로 인정된다.

| 이자비용 | • 원칙 : 소득세법에 따른 이자소득의 수입시기(실제로 지급한 날 또는 지급하기로 한 날)
→현금주의 또는 지급의무확정주의
• 특례 : 기간경과분(미지급이자)을 비용계상시 이를 인정〈발생주의 수용〉
🔎주의 이자비용은 이자수익의 경우와는 달리 발생주의에 따른 회계처리가 제한없이 허용됨. |

② 중소기업의 단기 건설용역(=중소기업인 법인이 수행하는 계약기간이 1년 미만인 건설)의 경우에는 인도기준을 인정한다.

| 원칙
진행기준
[장·단기 불문] | • 건설·제조 기타 용역(도급공사 및 예약매출을 포함)의 제공으로 인한 익금과 손금은 그 목적물의 착수일이 속하는 사업연도부터 그 목적물의 인도일이 속하는 사업연도까지 그 목적물의 건설 등을 완료한 정도('작업진행률')를 기준으로 하여 계산한 수익과 비용을 각각 해당 사업연도의 익금과 손금에 산입함. |
| 특례
인도기준 | • 다만, 다음 중 어느 하나에 해당하는 경우에는 그 목적물의 인도일이 속하는 사업연도의 익금과 손금에 산입할 수 있음.
㉠ 중소기업인 법인이 수행하는 계약기간이 1년 미만인 건설 등의 경우
→이는 중소기업이 단기건설 등을 기업회계의 진행기준에 따라 결산서에 수익과 비용으로 회계처리한 경우에도 인도기준으로 신고조정할 수 있다는 것임.
㉡ 기업회계기준에 따라 그 목적물의 인도일이 속하는 사업연도의 수익과 비용으로 계상한 경우
→기업회계기준에서 분양공사 등의 예약매출은 인도기준으로 분양수익과 분양원가를 인식해야 하는데, 이처럼 기업회계기준에 따라 인도기준으로 수익과 비용을 계상한 경우에는 법인세법에서도 인도기준을 적용하여 익금과 손금을 인식할 수 있음. |

③ 금융회사(금융보험업)의 이자수익은 원칙적으로 현금주의에 의하되, 선수입이자는 제외한다.

| 이자수익 | • 원칙 : 소득세법에 따른 이자소득의 수입시기(실제로 받은 날 또는 받기로 한 날)
→현금주의 또는 권리확정주의.
보론 금융보험업 : 현금주의(실제로 수입한 날)에 의하되, 선수입이자는 제외함.
• 특례 : 기간경과분(미수이자)을 수익계상시 원천징수되지 않는 이자수익에 한하여 인정
보론 금융보험업 : 기간경과분을 수익계상시 원천징수되지 않는 이자수익에 한하여 인정 |

④ 중소기업이 장기할부조건으로 자산을 판매하고 결산서상 인도기준으로 손익을 인식한 경우에도 신고조정을 통해 회수기일도래기준으로 익금과 손금에 산입할 수 있다.

| 장기할부판매
손익귀속시기 | • 원칙 : 자산판매·양도의 일반원칙에 따라 인도기준(명목가치나 현재가치)에 의해 손익을 인식하도록 규정함. |
| 특례
회수기일도래기준
(=회수약정일기준) | • 장부상 회수하였거나 회수할 금액과 이에 대응하는 비용을 각각 익금(수익)과 손금(비용)으로 회계처리한 경우에는 이를 인정함.
참고 '회수하였거나 회수할 금액'의 의미
□ '회수하였거나 회수할 금액'이란 회수기일이 도래한 금액을 의미함. 즉, 회수한 금액은 회수기일이 도래한 금액 중 실제로 회수한 금액을 가리키며, 회수할 금액은 회수기일이 도래하였으나 기말 현재 아직 회수하지 못한 금액을 가리키는 것임.(따라서, 미회수분은 포함하되 선회수분은 포함하지 않음)
보론 중소기업은 인도기준으로 인식시에도 회수기일도래기준으로 신고조정할 수 있음. |

★ **저자주** 선지 ④의 경우 '회수기준'이 아니라 '회수기일도래기준'이 되어야 합니다. 따라서, 선지 ④번도 틀린 설명이며 복수정답으로 처리되어야 합니다. 충분한 검토과정과 신중한 출제가 필요하다고 사료됩니다.

| 손익의 귀속시기 일반사항[7] | 난이도 | ⊕ | 정답 | ④ |

다음 중 법인세법상 손익의 귀속사업연도에 관한 설명으로 가장 올바르지 않은 것은?

① 장기할부판매손익은 원칙적으로 인도기준에 의하여 손익을 인식한다.
② 부동산의 양도는 대금청산일, 소유권이전등기일, 인도일 또는 사용수익일 중 빠른 날에 손익을 인식한다.
③ 중소기업의 경우 장기할부판매는 결산상 인도기준으로 인식한 경우에도 회수기일도래기준을 적용할 수 있다.
④ 금융회사 등 이외의 일반법인이 발생주의에 따라 미수수익을 계상한 경우 원천징수되는 이자소득에 한해 인정한다.

해설

• 일반법인이 발생주의에 따라 미수수익(미수이자)을 계상한 경우 원천징수되지 않는 이자소득에 한해 인정한다.

| 이자수익 | • 원칙 : 소득세법에 따른 이자소득의 수입시기(실제로 받은 날 또는 받기로 한 날)
→현금주의 또는 권리확정주의
보론 금융보험업 : 현금주의(실제로 수입한 날)에 의하되, 선수입이자는 제외함.
• 특례 : 기간경과분(미수이자)을 수익계상시 원천징수되지 않는 이자수익(예 국외이자)에 한하여 인정
보론 금융보험업 : 기간경과분을 수익계상시 원천징수되지 않는 이자수익(대부분임)에 한하여 인정 |

| 장기할부판매 손익귀속 세무조정 | 난이도 | ⊕ | 정답 | ① |

㈜삼일은 제20기(20x1년 1월 1일~20x1년 12월 31일)에 회사가 제조한 기계를 할부판매하고 다음과 같이 회계처리 하였다. 제20기 회사에 필요한 세무조정으로 가장 옳은 것은(단, 매출원가는 고려하지 않는다)?

ㄱ. 계약일 : 20x1년 2월 25일
ㄴ. 판매금액 : 50,000,000원
ㄷ. 대금결제조건 : 20x1년 2월 25일 계약금 5,000,000원, 6개월이 경과할 때마다 9,000,000원씩 5회에 분할하여 결제함
ㄹ. 회사의 회계처리 : 회사는 당기에 50,000,000원을 매출로 인식함

① 세무조정 없음
② (익금불산입) 할부매출액 36,000,000원(△유보)
③ (익금불산입) 할부매출액 41,000,000원(△유보)
④ (익금불산입) 할부매출액 44,000,000원(△유보)

해설

• 장기할부판매 세무조정
  ㉠ 회사가 인식한 매출액 : 판매금액 50,000,000원 전액을 매출로 인식〈명목가치 인도기준〉
  ㉡ 법인세법상 손익귀속 : 명목가치 인도기준, 현재가치 인도기준, 회수기일도래기준 모두 인정
  →장기할부판매에 대해 회사의 명목가치 인도기준에 의한 처리를 인정하므로 세무조정은 없다.

저자주 문제의 명확한 성립을 위해 누락된 단서를 추가하여 '단, ㈜삼일은 중소기업이 아니며 매출원가는 고려하지 않는다.'로 수정바랍니다.

재고자산·유가증권평가	난이도	⊕	정답	④

다음 중 법인세법상 자산의 평가방법에 관한 설명으로 가장 올바르지 않은 것은?

① 재고자산 종류별로 다른 평가방법을 적용할 수 있다.
② 재고자산의 평가방법을 신고하지 않은 경우 선입선출법(매매목적용 부동산은 개별법)을 적용한다.
③ 유가증권평가방법을 신고하지 않은 경우 총평균법을 적용한다.
④ 유가증권평가방법을 변경할 경우 선입선출법과 당초 신고한 방법으로 평가한 금액 중 큰 금액으로 평가한다.

해설

• ① 재고자산평가는 호별(자산과목별)로 구분하여 종류별·영업장별로 각각 다른 방법으로 평가할 수 있다.
  ② 재고자산평가방법 무신고시 평가방법 : 선입선출법(매매목적용 부동산은 개별법)
  ③ 유가증권평가방법 무신고시 평가방법 : 총평균법
  ④ 유가증권평가방법을 임의변경시 평가방법 : 총평균법(무신고시 평가방법)과 당초 신고한 방법으로 평가한 금액 중 큰 금액으로 평가

★**저자주** 문제의 명확한 성립을 위해 선지 ④번 '유가증권평가방법을 변경할 경우 ~'를 '유가증권평가방법을 임의로 변경한 경우 ~'로 수정 바랍니다.

❓POINT 재고자산·유가증권 무신고와 임의변경(신고한 평가방법 이외의 방법으로 평가)시 평가

구분	무신고시	임의변경시
재고자산	선입선출법	Max $\begin{cases} \text{당초 신고방법에 의한 가액} \\ \text{무신고시 평가방법에 의한 가액} \end{cases}$
유가증권	총평균법	
재고자산 중 매매목적용 부동산	개별법	

자본적지출 대상	난이도	⊕	정답	③

다음 중 법인세법상 자본적 지출과 관련된 지출로 성격이 가장 다른 것은?

① 냉·난방장치의 설치
② 재해로 멸실되어 본래의 용도에 이용가치가 없는 기계장치의 복구
③ 재해를 입은 자산에 대한 외장의 복구
④ 빌딩의 피난시설 설치

해설

• 수익적지출 : 재해를 입은 자산에 대한 외장의 복구와 같이 원상회복이나 능률유지를 위하여 지출한 수선비 등을 말한다.(지출당시에 당기비용으로 처리됨)
• 자본적지출 : 감가상각자산의 내용연수를 연장시키거나 해당 자산의 가치를 현실적으로 증가시키기 위하여 지출한 수선비를 말한다.(자산의 취득원가에 가산되어 감가상각과정을 통해 손금에 산입됨)

❓POINT 수익적지출과 자본적지출 사례

수익적지출 사례[법인칙 17]	자본적지출 사례[법인령 31②]
㉠ 건물 또는 벽의 도장	㉠ 본래의 용도를 변경하기 위한 개조
㉡ 파손된 유리나 기와의 대체	㉡ 엘리베이터 또는 냉난방장치의 설치
㉢ 기계의 소모된 부속품 또는 벨트의 대체	㉢ 빌딩 등에 있어서 피난시설 등의 설치
㉣ 자동차 타이어의 대체	㉣ 재해 등으로 멸실 또는 훼손되어 본래의 용도에 이용할 가치가 없는 건축물·기계·설비 등의 복구
㉤ 재해를 입은 자산에 대한 외장의 복구·도장 및 유리의 삽입	㉤ 그 밖에 개량·확장·증설 등 위의 지출과 유사한 성질의 것
㉥ 기타 조업가능한 상태의 유지 등 위와 유사한 것	

감가상각범위액 관련 일반사항	난이도	⊕	정답	①

다음 법인세법상 감가상각 범위액과 관련한 토의 내용 중 가장 올바르지 않은 설명을 하고 있는 사람은 누구인가?

① 박과장 : 감가상각비는 결산조정사항이므로 한국채택국제회계기준을 도입하여 결산상 감가상각비가 감소한 경우에도 신고조정으로 손금산입하는 것은 불가능합니다.

② 김대리 : 사업연도 중 양도한 자산도 사업연도 개시일부터 양도일까지의 감가상각비를 계상하는 것이 원칙이나 법인세법상으로는 양도자산은 감가상각비 시부인을 하지 않습니다.

③ 이부장 : 감가상각자산에 대한 자본적 지출액은 감가상각자산의 장부가액에 합산하여 그 자산의 내용연수를 그대로 적용하여 감가상각해야 합니다.

④ 최사원 : 사업연도 중에 취득하여 사업에 사용한 감가상각자산에 대한 상각범위액은 사업에 사용한 날부터 당해 사업연도 종료일까지의 월수에 따라 계산해야 합니다.

해설

• 'K-IFRS(한국채택국제회계기준) 적용법인의 감가상각비 손금산입특례'에 의해 K-IFRS 적용법인은 예외적으로 신고조정으로 손금산입하는 것이 가능하다.

> **참고**   K-IFRS 적용법인에 대한 감가상각비 신고조정 허용 이유
>
> ▢ K-IFRS에서는 내용연수와 상각방법은 적어도 사업연도말에 재검토하여 그 추정치나 상각방법을 변경하여 과거의 감가상각비는 수정하지 않고 당기 이후의 기간에만 전진적용함. 이에 따르면 사업연도말에 내용연수가 연장되거나 내용연수 초기에 정률법에서 정액법으로 상각방법이 변경되는 경우에는 회사계상액이 K-IFRS를 적용하기 전 종전감가상각비보다 적어져(감소하여) 법인세 부담이 증가하게 됨.
> →따라서, 'K-IFRS(한국채택국제회계기준) 적용법인의 감가상각비 손금산입특례'는 K-IFRS 도입에 따라 감가상각비가 과소계상되는 경우 결산조정의 원칙에 대한 예외로서 그 과소계상한 감가상각비를 신고조정으로 손금산입할 수 있게 하여 법인세 부담을 완화하려는데 그 취지가 있음.

> **❗POINT**   **상각범위액 특수문제[주의사항]**
>
> | 신규취득자산 | • 사업연도 중에 취득하여 사업에 사용한 감가상각자산에 대한 상각범위액은 사업에 사용한 날부터 당해 사업연도 종료일까지의 월수에 따라 계산함.

 ▢ 상각범위액 = 정상적 상각범위액 × $\dfrac{\text{사용한 월수}}{\text{사업연도 월수}}$

→이 경우 월수는 역에 따라 계산하되 1개월 미만의 일수는 1개월로 함. |
> |---|---|
> | 양도자산 | • 사업연도 중 양도한 자산은 사업연도 개시일부터 양도일까지의 감가상각비를 계상하는 것이 원칙이나 법인세법상으로는 양도자산은 감가상각비 시부인을 하지 아니함.(시부인계산 없이 기존부인액을 전액 손금추인함.)
→이는 감가상각비와 자산처분손익이 서로 상계되어 과세소득이 동일하게 계산되기 때문임.즉, 상각부인액을 손금불산입했다가 처분으로 즉시 손금산입하므로 세무조정의 실익이 없음.

예시   기존부인액(유보)이 30이 있는 경우

▢ ㉠ 시부인계산 없이 기존부인액을 손금추인하는 경우 : 손금산입 30(△유보)
  ㉡ 시부인계산하는 경우 : ⅰ) 시부인 결과(가정치) - 손금불산입 20(유보)
                         ⅱ) 양도자산 손금추인 - 손금산입 50(△유보)
→∴㉠과 같이 하면 됨.[㉡처럼 시부인계산해도 손금산입 30(△유보)로 동일하기 때문] |
> | 자본적지출 | • 기존의 감가상각자산에 대한 자본적지출액은 기존의 감가상각자산의 장부가액에 합산하여 그 자산의 내용연수를 그대로 적용하여 감가상각함.
→즉, 월할상각하지 않음(자본적지출이 발생한 이후의 월수를 고려하지 않음.) |

| 기부금의 구분[1] | 난이도 | ⓣ | 정답 | ② |

다음 기부금 중 세법상 성격이 다른 것으로 가장 옳은 것은?

① 사회복지공동모금회에 지출하는 기부금
② 의료법인의 고유목적사업비로 지출하는 기부금
③ 사립학교 시설비를 위해 지출하는 기부금
④ 천재·지변으로 인한 이재민을 위한 구호금품

해설 ⌇

• ① 사회복지공동모금회에 지출하는 기부금 : 특례기부금
  ② 의료법인의 고유목적사업비로 지출하는 기부금 : 일반기부금
  ③ 사립학교 시설비를 위해 지출하는 기부금 : 특례기부금
  ④ 천재·지변으로 인한 이재민을 위한 구호금품 : 특례기부금

❗POINT 기부금의 구분

특례(기부금) 〈50%한도 기부금〉	• 국가·지자체에 무상기증하는 금품, 국방헌금과 국군장병 위문금품 • 천재·지변 이재민 구호금품 • 사립학교 등 법정교육기관(병원제외)과 한국장학재단 시설비·교육비·장학금·연구비 • 국립대학병원 등 특정병원과 사립학교가 운영하는 병원 시설비·교육비·연구비 • 사회복지공동모금회 등 전문모금기관에 지출
우리사주조합기부금 〈30%한도 기부금〉	• 우리사주제도를 실시하는 회사의 법인주주가 우리사주 취득을 위한 재원 마련을 위해 우리사 주조합(우리사주제도 실시 회사의 근로자가 출자)에 지출하는 기부금 　⚲주의 법인(우리사주제도를 실시하는 회사)이 자신의 우리사주조합에 직접 출연하는 자사주 　　　　장부가액이나 금품 : 전액 손금인정
일반기부금 〈10%한도 기부금〉	• 사회복지법인(시설), 어린이집·유치원·학교·평생교육시설, 인허가받은 학술연구단체 등 • 종교단체, 의료법인, 국민건강보험공단, 사내근로복지기금, 대한적십자사, 근로복지공단 • 학교, 평생교육시설 등의 장이 추천하는 개인에게 교육비·연구비 또는 장학금 • 공익신탁으로 신탁하는 기부금, 해외일반기부금단체와 국제기구에 지출 • 사회복지·문화·예술 등 공익목적으로 지출(불우이웃돕기성금, 근로복지기금출연금)
비지정기부금 〈전액 손금불산입〉	• 위에 열거된 것 외의 기부금은 모두 비지정기부금에 속함. 　→예 신용협동조합, 새마을금고, 정당, 동창회·종친회·향우회에 지급한 기부금 등

| 기부금의 구분[2] | 난이도 | ⓣ | 정답 | ④ |

다음 기부금 중 종류가 다른 것은 무엇인가?

① 국방헌금
② 사립학교 시설비를 위해 지출한 기부금
③ 천재지변으로 인한 이재민을 위한 구호금품
④ 평생교육시설의 장이 추천하는 개인에게 교육비, 연구비 또는 장학금을 지출하는 기부금

해설 ⌇

• ① 국방헌금 : 특례(법정)기부금
  ② 사립학교 시설비를 위해 지출한 기부금 : 특례(법정)기부금
  ③ 천재지변으로 인한 이재민을 위한 구호금품 : 특례(법정)기부금
  ④ 평생교육시설의 장이 추천하는 개인에게 교육비·연구비 또는 장학금을 지출하는 기부금 : 일반(지정)기부금

| 특례기부금 한도초과액 | 난이도 | ⊕ | 정답 | ② |

다음은 제조업을 영위하는 ㈜상일의 제7기(20x1년 1월 1일 ~ 20x1년 12월 31일) 사업연도 기부금에 관한 자료이다. ㈜상일의 제7기 사업연도 법정기부금 한도초과액은 얼마인가?

> (1) 당기순이익 100,000,000원, 특례기부금 80,000,000원, 일반기부금 12,000,000원
> (2) 기부금 외의 익금산입·손금불산입액 13,000,000원(비지정기부금 4,000,000원 포함)이며, 손금산입·익금불산입액은 없음.
> (3) 공제가능한 이월결손금은 80,000,000원(각사업연도소득의 100%를 한도로 이월결손금을 공제받는 법인임)

① 4,750,000원   ② 17,500,000원   ③ 62,500,000원   ④ 80,000,000원

해설

• 차가감소득금액 : 100,000,000(당기순이익) + 13,000,000(익금산입·손금불산입) = 113,000,000
  기준소득금액 : 113,000,000(차가감소득금액) + 80,000,000(특례기부금) + 12,000,000(일반기부금) = 205,000,000
  특례기부금 한도 : [205,000,000(기준소득금액) – 80,000,000(이월결손금)] × 50% = 62,500,000
• 특례기부금 한도초과액 : 80,000,000(특례기부금) – 62,500,000(한도) = 17,500,000

ⓘ POINT 기부금한도 및 한도초과액

기부금 한도	☐ 특례기부금 한도 : (기준소득금액 – 이월결손금) × 50% ☐ 일반기부금 한도 : (기준소득금액 – 이월결손금 – 특례손금용인액) × 10% →기준소득금액 : 차가감소득금액 + 특례·일반기부금 →이월결손금 : 과세표준 계산상 공제가능한 이월결손금 →특례손금용인액 : 이하 한도초과이월액의 손금산입액을 포함한 금액임.
특례기부금 일반기부금 한도초과액	☐ 10년간 이월하여 먼저 발생한 이월액부터 한도액 범위내에서 우선 손금산입(기타) ☐ 한도초과(한도미달) = 기부금지출액 – (한도 – 이월액 손금산입액) **예시** 전기 특례기부금 한도초과 이월액 1,000, 당기 특례기부금 2,500, 당기 일반기부금 1,200, 차가감소득금액 9,000, 공제가능 이월결손금 700 →기준소득금액 : 9,000 + 2,500 + 1,200 = 12,700, 특례기부금한도 : (12,700 – 700) × 50% = 6,000 →⟨1순위⟩ 한도초과 이월액 손금산입 : Min[1,000, 6,000] = 1,000(기타) 　⟨2순위⟩ 특례기부금 한도초과(미달) : 2,500 – (6,000 – 1,000) = △2,500[세무조정없음] →일반기부금 한도 : [12,700 – 700 – (2,500 + 1,000)] × 10% = 850 →⟨3순위⟩ 일반기부금 한도초과(미달) : 손금불산입 1,200 – 850 = 350(기타사외유출)

| 기부금 일반사항[1] | 난이도 | ㉧ | 정답 | ④ |

다음 중 법인세법상 기부금에 관한 설명으로 가장 올바르지 않은 것은?

① 기부금은 특수관계가 없는 자에게 사업과 직접 관련없이 무상으로 지출하는 재산적 증여가액을 말한다.
② 대표이사 동창회에 지출한 기부금은 비지정기부금으로 전액 손금불산입 된다.
③ 특례기부금 한도초과액은 그 다음 사업연도의 개시일로부터 10년 이내에 종료하는 사업연도에 이월하여 손금에 산입할 수 있다.
④ 특례기부금을 금전 외의 자산으로 제공하는 경우 MAX[시가, 장부가액]으로 평가한다.

해설

• 현물기부금(기부금을 금전 외의 자산으로 제공하는 경우 기부금)의 기부자산가액은 기부금종류(기부대상)에 따라 다음과 같이 평가한다. 따라서, 현물 특례기부금은 장부가액으로 평가한다.

| 특례기부금, 통상적인 일반기부금 | • 장부가액 |
| 특수관계인 일반기부금, 비지정기부금 | • Max[장부가액, 시가] |

→ **비교** 현물기업업무추진비의 평가 : Max[장부가액, 시가]

| 기부금 일반사항[2] | 난이도 | ⊕ | 정답 | ③ |

다음 중 법인세법상 기부금에 관한 설명으로 가장 올바르지 않은 것은?

① 특례기부금은 회사의 기준소득금액에서 이월결손금을 차감한 금액의 50%에 해당하는 금액을 손금산입 한도로 한다.
② 이월결손금을 각사업연도소득의 80%를 한도로 공제받는 법인의 경우 기부금의 손금산입 한도계산시 차감하는 이월결손금 공제액도 기준소득금액의 60%를 한도로 한다.
③ 특수관계인(일반기부금단체)에게 금전 외의 자산으로 기부한 경우 당해 기부금은 시가와 장부가액 중 작은 금액으로 한다.
④ 특례기부금을 금전 외의 자산으로 제공한 경우 당해 기부금은 장부가액으로 평가한다.

해설

• 특수관계인(일반기부금단체)에게 금전 외의 자산으로 기부한 경우 당해 기부금은 시가와 장부가액 중 큰 금액으로 한다.〈Max[장부가액, 시가]〉

저가양도 기부금의제금액 계산	난이도	ⓣ	정답	②

㈜상일은 지방자치단체(특수관계 없음)에 정당한 사유없이 시가 10억원인 건물을 6억원에 양도하였다. 이 거래와 관련하여 ㈜상일이 기부금으로 의제할 금액은 얼마인가?

① 없음   ② 1억원   ③ 3억원   ④ 4억원

해설

- 특수관계없는 자(지방자치단체)에 대한 저가양도에 해당하므로, 정상가액과 양도가액의 차액은 기부금으로 본다.
- 저가양도 의제기부금(비지정기부금) : 정상가액(10억원×70%=7억원) - 양도가액(6억원) = 1억원

참고   기부금의제 저가양도 세무조정〈건물의 장부가액을 8억원으로 가정〉

회사				세법			
(차) 현금	6억원	(대) 건물(장부가)	8억원	(차) 현금	6억원	(대) 건물(장부가)	8억원
처분손실	2억원			기부금	1억원		
				처분손실	1억원		

→[세무조정] 손금산입 기부금 1억원(기타), 손금불산입 처분손실 1억원(기타)〈상쇄되므로 세무조정 생략〉
    (과세소득에 아무런 영향도 미치지 않으므로 생략해도 무방하며, 생략하였더라도 실제로는 이러한 세무조정이 이미 이루어진 것과 같다.)
→위 세무조정으로 손금산입한 기부금이 어떤 기부금인가에 따라 추가적 세무조정을 한다.
   ㉠ 특례기부금이나 일반기부금인 경우 : 추가적인 세무조정없이 기부금 한도계산으로 이행한다.
   ㉡ 비지정기부금인 경우 : 추가적인 세무조정을 한다.(손금불산입 비지정기부금 1억원)

기업업무추진비 일반사항[1]	난이도	⊕	정답	②

㈜상일의 담당 회계사인 김상일회계사가 ㈜상일의 제7기 사업연도(20x1년 1월 1일～20x1년 12월 31일) 기업업무추진비에 대하여 자문한 다음 내용 중 가장 올바르지 않은 것은?

① 기업업무추진비를 금전이 아닌 현물로 제공한 경우에는 시가와 장부가액 중 큰 금액을 기업업무추진비로 보아야 합니다.
② 기업업무추진비와 관련된 부가가치세 매입세액은 불공제되며, 전액 손금불산입하여야 합니다.
③ 문화 관련 기업업무추진비는 일반기업업무추진비 한도액의 20% 범위 내에서 추가로 손금에 산입합니다.
④ 20x1년 12월에 신용카드로 접대 행위를 하고, 20x2년 1월에 신용카드 대금을 결제한 경우에는 이를 20x1년의 기업업무추진비로 처리하여야 합니다.

해설

- ① 현물로 접대하는 경우에는 '시가와 장부가액 중 큰 금액'으로 평가한다. →Max[장부가액, 시가]
  ② 기업업무추진비 관련 지출에 관련된 부가가치세 매입세액불공제액은 기업업무추진비로 간주된다.
    →∴기업업무추진비 한도 내에서 손금으로 인정된다.

    ❑ 간주기업업무추진비
       ㉠ 직원이 조직한 조합·단체(조합·단체가 법인인 경우에 한함)에 지출한 복리시설비
       ㉡ 약정에 의하여 매출채권을 포기한 금액
       ㉢ 접대 관련 VAT매입세액불공제액과 접대한 자산에 대한 VAT매출세액
       ㉣ 연간 5만원을 초과하여 특정인에게 기증한 광고선전물품

③ 기업업무추진비 한도 : ㉠+㉡

    ❑ ㉠ 일반기업업무추진비한도액
       ㉡ 문화기업업무추진비한도액 : Min[지출액, 일반기업업무추진비한도액×20%]

④ 기업업무추진비의 귀속시기는 접대행위가 이루어진 사업연도(발생주의)이다.

기업업무추진비 일반사항[2]

| 난이도 | ㊤ | 정답 | ③ |

다음 중 법인세법상 기업업무추진비 세무조정에 관한 설명으로 가장 올바르지 않은 것은?

① 기업업무추진비 기본한도액은 1,200만원(중소기업은 3,600만원)이며 사업연도가 12개월 미만인 경우 개월 수에 따라 안분하여야 한다. 이 경우 1개월 미만의 일수는 1개월로 한다.
② 기업업무추진비 한도액 계산시 수입금액이란 기업회계기준에 따라 계산한 매출액을 말하며, 매출에누리 등을 차감하고 부산물매각액을 포함한 금액이다.
③ 일반수입금액과 특정수입금액이 동시에 발생한 경우 특정수입금액, 일반수입금액의 순서로 한도율을 적용하며, 특정수입금액에 대하여는 추가적으로 10%를 곱하여 수입금액기준한도액을 산출한다.
④ 문화기업업무추진비 한도액은 문화기업업무추진비지출액과 일반기업업무추진비한도액의 20%에 해당하는 금액 중 적은 금액으로 한다.

해설

- ③ 일반수입금액과 특정수입금액(특수관계인과의 거래에서 발생한 수입금액)이 동시에 발생한 경우에는 일반수입금액, 특정수입금액 순서로 수입금액 적용률을 곱한 후 특정수입금액에 대해서는 추가적으로 10%를 곱해서 수입금액기준한도액을 산출한다.
- ④ 기업업무추진비 한도 : ㉠+㉡

> ❑ ㉠ 일반기업업무추진비한도액
> ㉡ 문화기업업무추진비한도액 : Min[지출액, 일반기업업무추진비한도액×20%]

기업업무추진비 손금불산입액 합계[1]

| 난이도 | ㊤ | 정답 | ③ |

다음은 ㈜삼일의 제5기 사업연도(20x1년 1월 1일~20x1년 12월 31일) 기업업무추진비 관련 지출내역이다. ㈜삼일의 제5기 사업연도 기업업무추진비 관련 모든 손금불산입액의 합계액은 얼마인가?

(1) 기업업무추진비 지출액 : 200,000,000원(신용카드 등 미사용 기업업무추진비 15,000,000원 포함)
(2) 매출액 : 45,000,000,000원(특수관계인간 거래액 10,000,000,000원 포함)
(3) ㈜삼일은 중소기업에 속하지 아니하며 제조업을 영위하고 있음.
(4) 기업업무추진비 한도계산시 수입금액 100억원 이하는 0.3%, 100억원 초과 500억원 이하는 0.2%를 적용

① 15,000,000원 ② 94,000,000원 ③ 106,000,000원 ④ 185,000,000원

해설

- 손금불산입 3만원초과 신용카드등미사용액 15,000,000(기타사외유출)
- 수입금액 구분 : ㉠ 특수관계인수입금액 : 100억
  ㉡ 일반수입금액 : 450억 - 100억(특수관계인수입금액) = 350억
- 기업업무추진비(접대비) 한도액 : $12,000,000 \times \frac{12}{12} + 100억 \times 0.3\% + 250억 \times 0.2\% + 100억 \times 0.2\% \times 10\% = 94,000,000$
- 기업업무추진비(접대비) 해당액 : 200,000,000 - 15,000,000 = 185,000,000
- 기업업무추진비(접대비) 한도초과액 : 185,000,000 - 94,000,000 = 91,000,000
- ∴손금불산입액 합계 : 15,000,000(신용카드등미사용액) + 91,000,000(한도초과액) = 106,000,000

❗ POINT 특수관계인 수입금액이 있는 경우 기업업무추진비 한도

한도	• $12,000,000$(중소기업 : $36,000,000$) $\times \frac{사업연도월수}{12}$ + 수입금액×적용률×10%
적용	• 일반수입금액부터 순차로 적용률 적용 예시 중소기업이 아니며, 일반수입금액 95억, 특수관계인 수입금액 10억인 경우 →한도 : 1,200만원 + 95억×30/10,000 + 5억×30/10,000×10% + 5억×20/10,000×10%

기업업무추진비 손금불산입액 합계[2]　　난이도 ㊥　정답 ④

다음은 제조업을 영위하는 중소기업인 ㈜상일의 제21기(20x1년 1월 1일~20x1년 12월 31일) 기업업무추진비 관련 자료이다. 기업업무추진비 관련 세무조정으로 인한 손금불산입액의 총합계액은 얼마인가?

> ㄱ. 기업업무추진비지출액 : 45,000,000원
> 　[이 중 신용카드 등 법정증빙서류를 수취하지 못한 금액 1,000,000원(1건) 포함]
> ㄴ. 손익계산서상 매출액 : 20억원(이 중 특수관계인에 대한 매출액 2억원 포함)
> ㄷ. 기업업무추진비 손금한도액 계산시 수입금액기준한도액 계산에 필요한 적용률은 수입금액 100억원 이하분에 대하여 0.3%이다.
> ㄹ. 기업업무추진비 손금한도액 계산시, 중소기업의 기본한도금액은 36,000,000원이다.

① 2,000,000원　　② 2,540,000원　　③ 3,000,000원　　④ 3,540,000원

해설

• 손금불산입 3만원초과 신용카드등미사용액 1,000,000(기타사외유출)
• 기업업무추진비(접대비) 한도액 : $36,000,000 \times \frac{12}{12} + (20억 - 2억) \times 0.3\% + 2억 \times 0.3\% \times 10\% = 41,460,000$
• 기업업무추진비(접대비) 해당액 : 45,000,000 - 1,000,000 = 44,000,000
• 기업업무추진비(접대비) 한도초과액 : 44,000,000 - 41,460,000 = 2,540,000
∴손금불산입액 합계 : 1,000,000(신용카드등미사용액) + 2,540,000(한도초과액) = 3,540,000

기업업무추진비 손금불산입액 합계[3]　　난이도 ㊥　정답 ①

중소기업이며 제조업을 영위하는 ㈜상일의 제22기 사업연도(20x1년 1월 1일~20x1년 12월 31일)의 기업업무추진비와 관련된 자료가 다음과 같을 경우, 세무조정으로 인한 손금불산입액의 총합계는 얼마인가?

> ㄱ) 기업업무추진비지출액 : 26,000,000원
> 　[기업업무추진비로 신용카드 등을 사용하지 않고 영수증을 받은 금액 2,000,000원(1건) 포함]
> ㄴ) 손익계산서상 매출액 : 400,000,000원(매출액은 전액 제조업에서 발생한 금액으로서 특수관계인과 거래분은 없다)
> ㄷ) 사업연도 중 중단된 사업부문(소매업)의 매출액 50,000,000원(손익계산서상 매출액에는 포함되어 있지 않으며, 특수관계인 거래분 없음)
> ㄹ) 기업업무추진비 손금한도액 계산시 수입금액기준한도액 계산에 필요한 적용률은 수입금액 100억원 이하분에 대하여 0.3%이다.

① 2,000,000원　　② 5,100,000원　　③ 8,000,000원　　④ 11,100,000원

해설

• 손금불산입 3만원초과 신용카드등미사용액 2,000,000(기타사외유출)
• 기업업무추진비 한도액 : $36,000,000 \times \frac{12}{12} + (400,000,000 + 50,000,000) \times 0.3\% = 37,350,000$

　→**참고** 한도계산시 수입금액은 기업회계기준에 따라 계산한 매출액이므로 사업연도 중 중단된 사업부문의 매출액을 포함한다.
• 기업업무추진비 해당 : 26,000,000 - 2,000,000 = 24,000,000
• 기업업무추진비 한도초과액 : 24,000,000 - 37,350,000 = △13,350,000(한도미달)
∴손금불산입액 합계 : 2,000,000(신용카드등미사용액) + 0(한도초과액) = 2,000,000

기업업무추진비와 기부금[1]	난이도	⊕	정답	④

다음 중 기업업무추진비와 기부금에 관한 설명으로 가장 올바르지 않은 것은?

① 20x1 사업연도에 접대하고 미지급금 계상한 기업업무추진비는 20x1 사업연도에 손금처리한다.
② 20x1 사업연도에 기부하기로 약정하고, 20x2 사업연도에 지출한 기부금은 20x2 사업연도에 손금처리한다.
③ 현물로 기부한 특례기부금은 장부가액으로 평가한다.
④ 현물로 접대하는 경우에는 시가로 평가한다.

해설

• 현물로 접대하는 경우에는 '시가와 장부가액 중 큰 금액'으로 평가한다.

기업업무추진비와 기부금[2]	난이도	⊤	정답	④

다음 중 법인세법상 기업업무추진비와 기부금에 관한 설명으로 가장 올바르지 않은 것은?

① 기업업무추진비는 교제비·사례금 기타 명목여하에 불구하고 이와 유사한 성질의 비용으로서 법인의 업무와 관련하여 지출한 금액이다.
② 기부금은 특정인 등에게 사업과 직접적인 관련 없이 지출되는 재산적 증여가액을 말한다.
③ 광고·선전목적으로 달력 등을 불특정 다수인에게 기증한 것은 일반적으로 기업업무추진비로 보지 않고 전액 손금으로 인정한다.
④ 현물로 기부할 경우 기부자산가액은 기부대상과 관계없이 시가로 평가한다.

해설

• ① 기업업무추진비는 교제비·사례금 기타 명목여하에 불구하고 이와 유사한 성질의 비용으로서 법인의 업무와 관련하여 지출한 금액이다. 법인세법 조문 내용을 그대로 옮기면 다음과 같다.
→기업업무추진비란 접대, 교제, 사례 또는 그 밖에 어떠한 명목이든 상관없이 이와 유사한 목적으로 지출한 비용으로서 내국법인이 직접 또는 간접적으로 업무와 관련이 있는 자와 업무를 원활하게 진행하기 위하여 지출한 금액을 말한다.[법인법 25①]
② 기부금은 특정인(특정단체) 등에게 사업(업무)과 직접적인 관련 없이 지출하는 재산적 증여가액을 말하며, 무상지출에 대한 세법상 처리는 다음과 같이 구분된다.

업무관련성이 있는 경우	특정고객	기업업무추진비	한도내 손금산입
	불특정다수	광고선전비	전액 손금인정
	임원·직원(사용인)	복리후생비	전액 손금인정
업무관련성이 없는 경우	특정인(특정단체) 등	기부금	한도내 손금산입

③ 광고선전목적으로 불특정 다수인에게 기증한 것은 일반적으로 기업업무추진비로 보지 않고 전액 손금으로 인정하며, 연간 5만원을 초과하여 특정인에게 기증한 광고선전물품을 기업업무추진비로 본다.

광고선전목적 기증물품	불특정다수	• 전액 손금	
	특정인	1인당 연간 5만원 이하	• 전액 손금
		1인당 연간 5만원 초과	• 전액 기업업무추진비

④ 현물기부금(기부금을 금전 외의 자산으로 제공하는 경우 기부금)의 기부자산가액은 기부금종류(기부대상)에 따라 다음과 같이 장부가액이나 시가로 평가한다.

특례(법정)기부금, 통상적인 일반(지정)기부금	• 장부가액
특수관계인 일반(지정)기부금, 비지정기부금	• Max[장부가액, 시가]

→ **비교** 현물기업업무추진비(접대비)의 평가 : Max[장부가액, 시가]

기업업무추진비와 기부금[3]	난이도	㉯	정답	③

㈜삼일의 담당 회계사인 김자문 회계사는 제22기(20x1년 1월 1일~20x1년 12월 31일)의 기업업무추진비와 기부금에 대하여 다음과 같이 자문하였다. 김자문 회계사가 자문한 내용 중 가장 올바르지 않은 것은?

① 기업업무추진비 지출액에 대해서는 반드시 법적 증빙을 수취하는 습관을 가지셔야 합니다. 건당 3만원 초과 기업업무추진비 지출액에 대하여 법적 증빙을 수취하지 않고 간이영수증을 수취한다면 동 금액은 세법상 전액 손금 부인되기 때문입니다.

② 건당 20만원 이하의 경조사비의 경우에는 법정증빙서류를 수취하지 않더라도 손금불산입되지 않습니다.

③ 우리사주조합에 지출한 기부금은 법인세법상 소득금액의 10% 범위 내에서 손금인정 받을 수 있으므로, 기부금 지출 계획을 마련할 시에 우선적으로 고려하셔야 할 것입니다.

④ 기부금을 지출할 경우 기부금 모금 단체가 세법상 적정한 모금단체인지 확인할 필요가 있습니다. 세법상 적정한 기부금 단체 이외의 단체에 납부한 기부금은 세법상 비지정기부금으로서 전액 손금 부인되기 때문입니다.

해설

- ① 3만원 초과 신용카드 등 미사용액은 손금불산입한다. 시부인 구조는 다음과 같다.

시부인	〈1순위〉	• 증빙불비/업무무관	손금불산입 (대표자상여)
	〈2순위〉	• 건당 3만원(경조금은 20만원초과)초과 신용카드등미사용액	손금불산입 (기타사외유출)
	〈3순위〉	• 기업업무추진비해당액 – 한도	손금불산입 (기타사외유출)
일반한도	\multicolumn{3}{l}{• $12,000,000(중소기업 : 36,000,000) \times \dfrac{사업 연도월수}{12} + 수입금액 \times 적용률$}

② 건당 20만원 초과 경조사비로 법정증빙서류를 수취하지 않은 경우 손금불산입된다.
　→∴건당 20만원 이하의 경조사비의 경우에는 법정증빙서류를 수취하지 않더라도 손금불산입되지 않는다.

③ 우리사주조합에 지출한 기부금은 법인세법상 소득금액의 30% 범위 내에서 손금인정 받을 수 있다.

④ 세법상 적정한 기부금 단체 이외의 단체(예 신용협동조합, 새마을금고, 정당, 동창회·종친회·향우회에 지급한 기부금 등)에 납부한 기부금은 세법상 비지정기부금으로서 전액 손금불산입하고 그 기부받은 자의 구분에 따라 소득처분한다.

주주·출자자(출자임원 제외)	• 배당
임원·직원	• 상여
그 외의 자	• 기타사외유출

지급이자손금불산입 소득처분[1]

| 난이도 | ⓣ | 정답 | ② |

다음 지급이자 손금불산입 항목 중 대표자상여로 소득처분해야 하는 것을 모두 고르면?

> ㄱ. 채권자가 불분명한 사채의 이자(원천징수세액 제외)
> ㄴ. 비실명 채권·증권의 이자상당액(원천징수세액 제외)
> ㄷ. 건설자금이자
> ㄹ. 업무무관자산 등에 대한 지급이자

① ㄴ   ② ㄱ, ㄴ   ③ ㄱ, ㄹ   ④ ㄷ, ㄹ

해설

• ㄷ : 건설자금이자는 사업용 유형·무형자산의 매입·제작·건설에 소요되는 차입금에 대한 건설기간 중의 지급이자 또는 이와 유사한 성질의 지출금을 말한다. 이는 원칙적으로 자산의 취득원가에 가산하도록 규정되어 있으므로 발생기간의 비용으로 계상한 경우에는 이를 손금불산입하고 유보로 소득처분한다.
• ㄹ : 업무무관자산을 보유하거나 특수관계자에게 업무와 무관한 가지급금 등을 지급한 경우 업무무관자산 등에 상당하는 지급이자는 손금불산입하며, 특례에 의해 무조건 기타사외유출로 소득처분한다.

🅠 POINT 지급이자 손금불산입 순서와 소득처분[원천징수를 고려하는 경우]

손금불산입 순서	소득처분
〈1순위〉 채권자불분명 사채이자	• ㉠ 원천징수분 : 기타사외유출
〈2순위〉 비실명 채권·증권 이자(지급받은 자가 불분명한 채권·증권이자)	㉡ 그외 분 : 대표자상여
〈3순위〉 건설자금이자	• 유보
〈4순위〉 업무무관자산 등에 대한 지급이자	• 기타사외유출

지급이자손금불산입 소득처분[2]

| 난이도 | ⓣ | 정답 | ② |

다음 중 법인세법상 지급이자 손금불산입의 소득처분으로 가장 올바르지 않은 것은?

① 채권자불분명 사채이자 : 대표자상여(원천징수상당액은 기타사외유출)
② 비실명 채권·증권의 이자상당액 : 기타소득
③ 건설자금이자 : 유보
④ 업무무관자산 등 관련 이자 : 기타사외유출

해설

• 채권·증권의 이자·할인액 또는 차익을 당해 채권·증권의 발행법인이 직접 지급하는 경우에 그 지급사실이 객관적으로 인정되지 아니하는 이자·할인액 또는 차익을 손금으로 인정하지 않으며, 동 손금불산입액은 대표자에 대한 상여로 본다. 그러나 동 이자에 대한 원천징수세액 상당액은 기타사외유출로 소득처분한다.

대표자상여 소득처분 지급이자

| 난이도 | ⓗ | 정답 | ② |

다음 지급이자 손금불산입 항목 중 대표자상여로 소득처분해야 하는 것을 모두 고르면?

> ㄱ. 채권자가 불분명한 사채의 이자(원천징수세액 제외)
> ㄴ. 비실명 채권·증권의 이자상당액(원천징수세액 제외)
> ㄷ. 건설자금이자
> ㄹ. 업무무관자산 등 관련 이자

① ㄴ   ② ㄱ, ㄴ   ③ ㄱ, ㄹ   ④ ㄷ, ㄹ

해설

- ㄱ. 채권자가 불분명한 사채의 이자(원천징수세액 제외)
  →[세무조정] 손금불산입 xxx(**대표자상여**)
  〈대표자상여로 소득처분하되, 원천징수세액은 기타사외유출로 소득처분한다.〉
  ㄴ. 비실명 채권·증권의 이자상당액(원천징수세액 제외)
  →[세무조정] 손금불산입 xxx(**대표자상여**)
  〈대표자상여로 소득처분하되, 원천징수세액은 기타사외유출로 소득처분한다.〉
  ㄷ. 건설자금이자
  →[세무조정] 손금불산입 xxx(유보)
  ㄹ. 업무무관자산 등 관련 이자
  →[세무조정] 손금불산입 xxx(기타사외유출)
  〈업무무관자산 등 지급이자 손금불산입은 특례에 의해 무조건 기타사외유출로 소득처분한다.〉

유보 소득처분 지급이자

| 난이도 | ⓗ | 정답 | ③ |

다음 지급이자 손금불산입 항목 중 유보로 소득처분해야 하는 것을 모두 고르면?

> ㄱ. 채권자가 불분명한 사채의 이자(원천징수세액 제외)
> ㄴ. 비실명 채권·증권의 이자상당액(원천징수세액 제외)
> ㄷ. 건설자금이자
> ㄹ. 업무무관자산 등 관련 이자

① ㄴ   ② ㄱ, ㄴ   ③ ㄷ   ④ ㄷ, ㄹ

해설

- ㄱ. 채권자가 불분명한 사채의 이자(원천징수세액 제외)
  →[세무조정] 손금불산입 xxx(대표자상여)
  〈대표자상여로 소득처분하되, 원천징수세액은 기타사외유출로 소득처분한다.〉
  ㄴ. 비실명 채권·증권의 이자상당액(원천징수세액 제외)
  →[세무조정] 손금불산입 xxx(대표자상여)
  〈대표자상여로 소득처분하되, 원천징수세액은 기타사외유출로 소득처분한다.〉
  ㄷ. 건설자금이자
  →[세무조정] 손금불산입 xxx(**유보**)
  ㄹ. 업무무관자산 등 관련 이자
  →[세무조정] 손금불산입 xxx(기타사외유출)
  〈업무무관자산 등 지급이자 손금불산입은 특례에 의해 무조건 기타사외유출로 소득처분한다.〉

| 업무무관자산 등 지급이자 손금불산입액 | 난이도 | ⑰ | 정답 | ③ |

㈜상일은 20x1년 1월 1일 자회사(특수관계인)에 업무와 관련없이 100,000,000원을 법인세법상 적정이자율로 대여(대여기간 : 20x1년 1월 1일~20x2년 12월 31일)하였다. ㈜상일의 제21기(20x1년 1월 1일~20x1년 12월 31일)의 지급이자가 6,000,000원, 차입금적수가 730억원인 경우 업무무관자산 등 관련 지급이자 손금불산입액은 얼마인가(단, 선순위로 손금불산입된 지급이자는 없다)?

① 없음　　② 2,000,000원　　③ 3,000,000원　　④ 6,000,000원

해설

• 손금불산입액 : $6,000,000(지급이자) \times \dfrac{업무무관가지급금적수 : 100,000,000 \times 365일}{차입금적수 : 730억원} = 3,000,000$

POINT 업무무관자산 등 지급이자 손금불산입

대상	업무무관자산 [평가 : 취득가액]	부동산	• 업무에 직접 사용하지 않는 부동산 • 유예기간(일반적으로 2년) 중에 업무에 직접 사용하지 않고 양도하는 부동산
		동산	• 서화 및 골동품 • 업무에 직접 사용하지 않는 자동차·선박·항공기
	업무무관가지급금		• 업무와 관련없는 특수관계인에 대한 자금대여액 🔎주의 이자수령 유무 불문함.(즉, 적정이자 수령시에도 불문하고 특수관계인 업무무관가지급금으로 계산대상임)
지급이자	• 미지급이자는 포함하되, 미경과이자(선급이자)는 제외됨.		
손금불산입액	☐ 지급이자 $\times \dfrac{업무무관자산적수 + 업무무관가지급금적수 \ [분자의 한도] \ 분모}{차입금적수}$ →선순위 부인된 지급이자·차입금적수 제외하고 계산함.		

퇴직금과 퇴직급여충당금 일반사항	난이도	⑪	정답	④

다음 중 법인세법상 퇴직금 및 퇴직급여충당금에 관한 설명으로 가장 올바르지 않은 것은?

① 퇴직하는 종업원에게 지급하는 퇴직금은 전액 손금으로 인정된다.
② 퇴직급여충당금의 손금산입은 결산조정사항이다.
③ 퇴직급여충당금 전입액은 일정한 한도 내에서만 손금으로 인정된다.
④ 법인세법상 한도를 초과하여 설정된 퇴직급여충당금은 손금불산입되고 기타사외유출로 소득처분된다.

해설

• ① 퇴직하는 직원(종업원)에게 지급하는 퇴직금은 전액 손금으로 인정된다. 반면, 퇴직하는 임원에게 지급하는 퇴직금은 임원퇴직금 한도 내에서 손금으로 인정된다.
• ④ 법인세법상 한도를 초과하여 설정된 퇴직급여충당금은 손금불산입되고 유보로 소득처분된다.

❗POINT 퇴직급여충당금 의의

일정한도내 손금인정	• 퇴직급여충당금 한도초과액은 손금불산입하고 유보로 소득처분함.
한도초과액(손금불산입액)	• 퇴직급여충당금설정액 - 한도 → **비교** 대손충당금은 기말잔액과 한도를 비교함. 퇴직급여충당금 계정흐름 감소(퇴직) xxx / 기초 xxx 기말 xxx / 설정 xxx
결산조정사항	• 퇴직급여충당금을 손금에 산입하기 위해서는 장부에 손금으로 계상해야 함. →(차) 퇴직급여 xxx (대) 퇴직급여충당금 xxx • 퇴직급여충당금 한도미달액은 손금산입하지 않음.

퇴직급여충당금 일반사항	난이도	⊕	정답	③

다음 중 법인세법상 퇴직급여충당금에 관한 설명으로 가장 올바르지 않은 것은?

① 퇴직급여충당금 설정액 중 한도초과액은 손금불산입하고 유보로 소득처분한다.
② 퇴직급여충당금은 법인의 장부에 비용으로 계상한 경우에만 손금에 산입할 수 있는 결산조정사항이다.
③ 퇴직금추계액은 일시퇴직기준 퇴직급여추계액과 보험수리적기준에 의한 퇴직급여추계액 중 작은 금액으로 한다.
④ 퇴직급여충당금 한도액 계산 시 기준이 되는 총급여액이란 근로제공으로 인한 봉급·상여·수당 등을 말하는 것으로 손금불산입되는 인건비와 인정상여 등은 포함되지 않는다.

해설

• 퇴직금추계액은 일시퇴직기준 퇴직급여추계액과 보험수리적기준에 의한 퇴직급여추계액 중 큰 금액으로 한다.

❗POINT 퇴직급여충당금 한도 계산

한도액	• $Min \begin{cases} 총급여액 \times 5\% \\ 퇴직금추계액 \times 0\% - 세무상이월퇴충잔액 + 퇴직금전환금잔액 \end{cases}$	
세부고찰	총급여액	• 1년 미만 근속자도 퇴직급여지급규정이 있으면 설정가능함. **제외대상** ㉠ 손금불산입되는 인건비(임원상여한도초과액 등) ㉡ 인정상여, 퇴직으로 받는 소득으로 퇴직소득에 속하지 않는 소득 ㉢ 확정기여형퇴직연금 등이 설정된 자
	퇴직금추계액	• Max[㉠ 일시퇴직기준 퇴직급여추계액 ㉡ 보험수리적기준 퇴직급여추계액]
	퇴직금전환금	• 당기말 F/P에 계상된 잔액으로, 국민연금관리공단에 납부한 국민연금전환금
	세무상이월퇴중잔액	• 기초F/P퇴충 - 당기F/P상감소액 - 부인액누계(유보금액)

퇴직급여충당금 한도액 | 난이도 ⊕ | 정답 ④

(㈜삼일의 제7기(20x1년 1월 1일~20x1년 12월 31일)의 퇴직급여 지급대상 임직원 총급여액 235,000,000원, 일시퇴직기준 추계액 120,000,000원, 보험수리적 기준 추계액 95,000,000원, 국민연금전환금 10,000,000원, 퇴직급여충당금 기초잔액 135,000,000원, 기중 퇴직급지급액 30,000,000원, 퇴직급여충당금부인누계액 100,000,000원이었다. 다음 중 법인세법상 퇴직급여충당금의 손금산입 한도 금액으로 가장 옳은 것은?

① 2,000,000원   ② 3,000,000원   ③ 4,000,000원   ④ 5,000,000원

해설

• 퇴직급여충당금 한도 : Min[㉠ 급여액기준 ㉡ 추계액기준] = 5,000,000
  ㉠ 급여액기준 : 235,000,000 × 5% = 11,750,000
  ㉡ 추계액기준 : 120,000,000 × 0% - (135,000,000 - 30,000,000 - 100,000,000) + 10,000,000 = 5,000,000

대손금과 대손충당금 일반사항 | 난이도 ⊕ | 정답 ③

다음 중 법인세법상 대손금과 대손충당금에 관한 설명으로 가장 옳은 것은?
① 채무보증으로 인하여 발생한 구상채권(독점규제 및 공정거래에 관한 법률에 따른 채무보증 제외)에 대해서는 대손충당금을 설정할 수 있다.
② 대손충당금 한도미달액은 손금산입하고 △유보로 소득처분한다.
③ 법인세법상 대손금으로 인정된 금액 중 회수된 금액은 회수된 날이 속하는 사업연도의 익금이다.
④ 대손충당금은 매출활동을 통해 발생한 외상매출금과 받을어음에만 설정할 수 있으므로 대여금, 미수금 등에 대해서는 대손충당금을 설정할 수 없다.

해설

• ① 채무보증으로 인하여 발생한 구상채권(독점규제 및 공정거래에 관한 법률에 따른 채무보증 등 법령에서 허용하는 일정 채무보증은 제외)은 설정대상채권이 아니므로 대손충당금을 설정할 수 없다.

대손처리불가 채권(설정대상채권에서도 제외됨.)
㉠ 특수관계인 업무무관가지급금
㉡ 채무보증(보증채무의 대위변제)으로 인한 구상채권
㉢ 대손세액공제를 받은 VAT매출세액 미수금

② 대손충당금은 결산조정사항이므로 한도미달액에 대하여는 손금산입 세무조정을 하지 않는다.
③ 대손금으로 인정된 금액(손금산입되었던 것) 중 회수된 금액은 회수한 날이 속하는 사업연도에 익금에 산입한다.(한편, 대손처리하였으나 손금불산입한 금액은 이를 회수하여도 익금에 산입하지 아니한다.)
[회수시 세무조정]

회계처리	세무상처리	
대손상각비로 계상시 (현금 xxx / 대손상각비 xxx)	모두 수익계상으로 간주함. {대충으로 계상시에도 대충증가로 기 말설정 대손비가 감소하므로}	㉠ 손금산입되었던 것일 때 →세무조정 없음
대손충당금과 상계시 (현금 xxx / 대손충당금 xxx)		㉡ 손금불산입되었던 것일 때 →익금불산입(△유보)

참고 대손시 세무조정

회계처리	세무상처리	
대손상각비로 계상시 (대손상각비 xxx / 채권 xxx)	모두 비용계상으로 간주함. {대충과 상계시에도 대충감소로 기 말설정 대손비가 증가하므로}	㉠ 대손요건 충족 O →세무조정 없음
대손충당금과 상계시 (대손충당금 xxx / 채권 xxx)		㉡ 대손요건 충족 X →손금불산입(유보)

④ 매출채권(외상매출금/받을어음)과 대여금 및 미수금 모두 대손충당금 설정대상채권에 해당한다.

| 대손처리대상 채권 여부 | 난이도 | ⑤ | 정답 | ③ |

다음 중 법인세법상 대손처리 할 수 있는 채권으로 가장 옳은 것은?

① 특수관계인에 대한 업무무관가지급금
② 보증채무의 대위변제로 인한 구상채권
③ 물품의 수출로 인하여 발생한 채권
④ 대손세액공제를 받은 부가가치세 매출세액 미수금

해설

• 원칙적으로 모든 채권에 대한 대손금은 손금으로 인정하나, 다음의 경우는 실제로 대손이 발생했다고 보기 어려우므로 이를 대손(손실)처리시 손금불산입 세무조정을 한다.

대손처리불가 채권(대손충당금 한도 계산시 설정대상채권에서도 제외됨.)
㉠ 특수관계인 업무무관가지급금
㉡ 채무보증(보증채무의 대위변제)으로 인한 구상채권
㉢ 대손세액공제를 받은 VAT매출세액 미수금

POINT 대손충당금 설정대상채권의 범위

설정대상채권 O	설정대상채권 X
㉠ 매출채권 : 상품판매가액·용역사업수입금액 미수액 ㉡ 대여금 : 소비대차계약 대여액, 금전소비대차 대여액 ㉢ 기타채권 : 어음상 채권(받을어음), 미수금 **참고** 부도어음 등 결산조정대손사유를 충족한 채권이라도 결산상 대손처리하지 않은 경우에는 설정대상 채권에 포함함.	㉠ 특수관계인에 대한 업무무관가지급금 ㉡ 채무보증(보증채무의 대위변제)으로 인한 구상채권 ㉢ 매각거래에 해당하는 할인어음과 배서양도어음 ㉣ 특수관계있는 자로부터 자산을 고가로 매입함으로써 매수법인에게 부당행위계산부인이 적용되는 경우 매도법인의 시가초과액 상당의 채권 **참고** ㉠,㉡,㉢ : 대손처리불가 채권 ㉣ : 대손처리가능 채권(즉, 대손처리시 인정)

세무조정의 적정성 판단	난이도	⊕	정답	①

다음은 ㈜삼일의 제3기 사업연도(20x1년 1월 1일~20x1년 12월 31일) 법인세 계산을 위한 기초자료이다. 회사가 수행한 세무조정 내용 중 가장 올바르지 않은 것은?

〈관련 자료〉

가. 기부금
 - 기부금에는 대표이사 향우회에 지출한 비지정기부금 지출액 8,000,000원이 포함되어 있다.
 - 특례기부금 지출액은 10,000,000원이며 법인세법상 특례기부금 한도액은 18,000,000원이다.
나. 기업업무추진비
 - 1년간 지출된 기업업무추진비 총액은 15,000,000원이며 모두 적격증빙을 수취하였다. 법인세법상 기업업무추진비 한도액은 13,000,000원이다.
다. 상여금
 - 상여금에는 임원에게 급여지급기준을 초과하여 지급한 금액 3,000,000원이 포함되어 있다.
라. 전기대손충당금한도초과액
 - 전기대손상각비한도시부인 계산 결과 한도초과액 3,000,000원이 당기에 이월되었다.

〈세무조정 내용〉

익금산입 및 손금불산입			손금산입 및 익금불산입		
과목	금액	소득처분	과목	금액	소득처분
㉠ 비지정기부금	8,000,000	유보	㉣ 전기대손충당금한도초과액	3,000,000	△유보
㉡ 기업업무추진비한도초과액	2,000,000	기타사외유출			
㉢ 임원상여금한도초과액	3,000,000	상여			
합계	13,000,000		합계	3,000,000	

① ㉠　　　　② ㉡　　　　③ ㉢　　　　④ ㉣

해설

• ㉠ 비지정기부금은 손금불산입하고 그 기부받은 자의 구분에 따라 다음과 같이 소득처분한다.(기본통칙)

주주·출자자(출자임원 제외)	• 배당
임원·직원	• 상여
그 외의 자	• 기타사외유출

→∴대표이사 향우회에 지출한 비지정기부금은 그 기부받은 자가 향우회이므로 유보가 아니라 기타사외유출로 소득처분하여야 한다.
★ **저자주** 다만, 문제의 명확한 성립을 위해 자료의 '향우회'를 '향우회(사단법인)'으로 수정바랍니다.
㉡ 기업업무추진비 한도초과액은 손금불산입하고 특례에 의해 무조건 기타사외유출로 소득처분한다.
㉢ 임원상여금한도초과액은 손금불산입하고 귀속이 임원이므로 상여로 소득처분한다.
→상여금은 원칙적으로 모두 손금산입되나, 임원에게 지급하는 상여금 중 정관, 주주총회(사원총회), 이사회결의에 의하여 결정된 급여지급기준에 의한 상여금을 초과하여 지급하는 금액은 손금불산입한다. 즉, 직원에게 지급하는 상여금은 전액 손금산입하나 임원에게 지급하는 상여금은 손금산입하되 한도초과액은 손금불산입하도록 하고 있다.
㉣ 대손충당금한도초과액은 대표적인 자동추인유형에 해당하므로 전기 대손충당금한도초과액은 당기에 무조건 손금산입(△유보)으로 추인된다.

참고 자동추인되는 이유 & 당기설정액이 아닌 기말잔액과 한도를 비교하는 이유

❑ 법인세법은 기업회계기준의 보충법을 회사가 총액법(대손충당금 잔액을 전액 환입 후 총액을 설정)으로 처리했다고 간주함.(이하 금액은 가정치임.)

당기상계	3,000,000	전기이월	10,000,000
		(전기 대손충당금한도초과 1,000,000원 포함)	
차기이월	12,000,000	당기설정	5,000,000

㉠ 회사환입액 : 10,000,000 - 3,000,000 = 7,000,000
　세법환입액 : (10,000,000 - 1,000,000) - 3,000,000 = 6,000,000
　→∴[세무조정] 익금불산입(손금산입) 1,000,000(△유보) : 자동추인
㉡ 회사설정액 : 12,000,000
　→∴총액법에 의할 경우 설정액은 기말잔액(차기이월)과 일치함.(한도액과 비교하여 손금불산입함.)

중소기업 절세전략 모색

| 난이도 | ㉯ | 정답 | ② |

다음은 제조업을 영위하는 중소기업인 ㈜상일의 법인세 절세전략에 대한 회의내용이다. 이 중에서 세법의 내용에 가장 적합하지 않은 주장을 하고 있는 사람은 누구인가?

> 김부장 : 이번에 우리 회사가 출시한 제품이 시장에서 반응이 좋아 당기순이익이 크게 증가할 것으로 예상됩니다. 하지만 이익이 늘어나는 만큼 법인세도 늘어나므로 이에 대한 적절한 대책이 필요하다고 생각됩니다.
> 정과장 : 퇴직급여충당금에 대하여 퇴직연금에 가입하는 것이 필요합니다. 퇴직연금에 가입하면 세무상 손금으로 산입할 수 있는 한도가 증가하여 법인세 부담을 줄일 수 있습니다.
> 이대리 : 회사의 당기 대손실적률이 0.5%일 것으로 예상되지만, 중소기업이므로 설정대상채권 장부가액의 2%까지 대손충당금을 손금산입할 수 있습니다.
> 한대리 : 법소정 자산에 투자합시다. 그러면 투자금액의 일정률에 해당하는 세액공제를 받을 수 있습니다.
> 강주임 : 우리 회사는 제조업을 영위하는 중소기업이며 사업장이 충청도에 있으므로, 원칙적으로 중소기업특별세액감면의 적용대상입니다. 이에 대해서 심도있게 검토를 해야 한다고 생각합니다.
> 김부장 : 여러분의 의견을 잘 들었습니다. 앞으로 이를 고려하여 절세전략을 수립하겠습니다.

① 정과장　　　　　② 이대리　　　　　③ 한대리　　　　　④ 강주임

해설

- 대손충당금 한도는 설정대상채권의 세무상 장부가액에 1%와 대손실적률 중 큰 금액을 곱하여 계산하며, 대손충당금한도와 중소기업여부는 무관하다. 즉, 중소기업 조세지원이 없다.

❗POINT 법인세법상 중소기업 지원제도(혜택)

- 기업업무추진비한도액의 증액(36,000,000원), 부도발생일로부터 6월 이상 경과한 외상매출금 대손금 손금산입
- 이월결손금공제한도 증액(100%), 법인세 분납기간 연장(2월내), 낮은 최저한세율 적용(7%)
  🔍주의 대손충당금한도 증액, 법인세율 인하와 같은 조세지원은 없음.

준비금 일반사항	난이도	⊕	정답	②

다음 중 준비금에 관한 설명으로 가장 올바르지 않은 것은?

① 비영리내국법인은 법인세법에 따라 고유목적사업준비금을 손금에 산입할 수 있다.
② 준비금은 법인세법에서만 규정하고 있고, 조세특례제한법에서 규정하는 준비금은 현재 없다.
③ 보험업을 영위하는 법인은 책임준비금을 손금에 산입할 수 있다.
④ 전입한 준비금은 일정기간이 지난 후에 다시 익금산입하여야 한다.

해설

• 준비금은 법인세법과 조세특례제한법에 모두 규정되어 있다.
  ⊙ 법인세법 : 책임준비금, 비상위험준비금, 해약환급금준비금, 고유목적사업준비금
  ⓛ 조세특례제한법 : 손실보전준비금

• **저자주** 준비금은 본래 재경관리사 시험수준과 어울리지 않는 문제에 해당하나 출제가 되고 있으므로 이하 'POINT'에 제시한 내용 정도 숙지하기 바랍니다. 한편, 선지 ④가 명확히 옳은 문장이 되기 위해서는 이하 둘 중 하나가 되어야 하니 참고하여 수정바랍니다.
  ⊙ '전입한 준비금은 일정기간이 지난 후에 다시 환입하여야 한다'
  ⓛ '손금산입한 준비금은 일정기간이 지난 후에 다시 익금산입하여야 한다'

❓ POINT 준비금의 의의와 종류

의의	• 미래에 지출할 비용 등에 충당하거나 장래에 발생할 손실보전을 목적으로 일정금액을 손금산입 후, 그 후 환입하거나 비용과 상계하는 것을 준비금이라 함. →손금산입 연도에는 조세부담을 경감시키고, 환입 또는 상계하는 연도에 조세부담을 증가시켜 이를 통해 조세의 이연효과가 발생하여 기간이익을 얻게 되므로 조세의 납부를 일정기간 유예하는 조세지원제도임.				
법인세법상 준비금	• ⊙ 보험업 영위법인 : 책임준비금, 비상위험준비금, 해약환급금준비금 ⓛ 비영리내국법인 : 고유목적사업준비금 →회계기준에서 인정함.(단, K-IFRS에서는 비상위험준비금·해약환급금준비금의 적립을 인정하지 않기 때문에 잉여금처분신고조정으로 손금에 산입함)				
조세특례제한법상 준비금	• 신용회복목적회사의 손실보전준비금 등 →회계기준에서 인정하지 않음.				
계상방법	결산조정	회계처리	(차) 전입액(비용)	xxx	(대) 준비금(충당부채)	xxx
		환입시	(차) 준비금	xxx	(대) 환입(수익)	xxx
	잉여금처분 신고조정	회계처리	(차) 이익이여금	xxx	(대) 준비금(임의적립금)	xxx
			▶세무조정 : 손금산입 xxx(△유보)			
		환입시	(차) 준비금	xxx	(대) 이익잉여금	xxx
			▶세무조정 : 익금산입 xxx(유보)			
	보론 잉여금처분신고조정 가능대상 ⊙ 비상위험준비금, 해약환급금준비금, 고유목적사업준비금 ⓛ 조세특례제한법상 준비금					

부당행위계산부인 적용요건과 적용대상	난이도	⊕	정답	③

다음 중 법인세법상 부당행위계산부인 규정에 관한 설명으로 가장 올바르지 않은 것은?

① 중소기업에 근무하는 직원에게 주택임차자금을 대여하는 경우에는 복리후생적 지출로 보아 부당행위
계산부인 규정을 적용하지 않는다.
② 특수관계인과의 거래라고 하더라도 그 법인의 소득에 대한 조세부담이 감소하지 않은 경우 부당행위계
산부인 규정이 적용되지 않는다.
③ 부당행위계산부인 규정이 적용되기 위해서는 원칙적으로 특수관계인 사이에서 이루어진 거래이어야 한다.
④ 회사가 사택을 출자임원(지분율 1%)에게 무상으로 제공하는 경우에는 부당행위계산부인 규정을 적용
하지 않는다.

해설

- ① 중소기업에 근무하는 직원에 대한 주택구입 또는 전세자금의 대여액은 가지급금으로 보지 않으므로 부당행위계산부인 규정을
적용하지 않는다.
  - → **비교** 비중소기업 임원·직원에 대한 주택구입 또는 전세자금의 대여액 : 가지급금에 해당한다.
- ④ 출자임원에 대한 사택제공 : 부당행위계산부인 적용대상에 해당한다.
  - → **비교** 비출자임원, 소액주주(1%미만)임원, 직원에 대한 사택제공은 부당행위계산부인 적용대상이 아니다.

❶ POINT 부당행위계산부인 적용요건과 적용대상(조세부담감소 사례)

적용요건	특수관계	• 특수관계인과의 거래이어야 함. 🔎주의 소액주주(1%미만)는 특수관계인에서 제외하나, 소액주주라 하더라도 지배주주와 특수관계에 있으면 특수관계인에 해당함.
	조세부당감소	• 조세부담을 부당히 감소시킨 것으로 인정될 것 🔎주의 법률적 하자는 불문 →거래자체는 유효 →세금만 재계산
	현저한 이익	• 현저한 이익분여가 있을 것(단, 이하 적용대상 ㉠ ~ ㉣에 한함.) →단, 상장주식의 장내거래의 경우는 제외함.(즉, 적용치 않음) →현저한 이익 = (시가-거래가액) ≧ 시가×5% or (시가-거래가액)≧3억원
적용대상		• [조세부당감소 사례] ㉠ 자산을 시가보다 높은 가액에 매입·현물출자 받았거나 그 자산을 과대상각 ㉡ 자산을 무상 또는 시가보다 낮은 가액으로 양도·현물출자 ㉢ 금전 그 밖의 자산·용역을 무상·시가보다 낮은 이율·요율이나 임대료로 대부하거나 제공한 경우[단, 주주가 아닌 임원(소액주주인 임원 포함) 및 직원에게 사택을 제공시는 제외] ㉣ 금전 그 밖의 자산·용역을 시가보다 높은 이율·요율이나 임차료로 차용하거나 제공받은 경우 ㉤ 무수익자산을 매입·현물출자 받았거나 그 자산에 대한 비용을 부담 ㉥ 불량자산(채권)을 차환(양수), 출연금을 대신 부담, 불공정자본거래(증자,감자,합병,분할 등) ㉦ 파생상품에 근거한 권리를 불행사 등으로 이익을 분여하는 경우

☐ 다음에 해당하는 자금의 대여는 가지급금으로 보지 아니함.

- ㉠ 미지급소득에 대한 소득세를 법인이 납부(대납)하고 이를 가지급금 등으로 계상한 금액
  ㉡ 귀속불분명으로 대표자에게 상여처분한 금액에 대한 소득세를 법인이 납부하고 이를 가지급금으로 계상한 금액
  ㉢ 우리사주조합 또는 그 조합원에게 해당 우리사주조합이 설립된 회사의 주식취득에 소요되는 자금을 대여한 금액
  ㉣ 국민연금법에 의하여 근로자가 지급받은 것으로 보는 퇴직금전환금
  ㉤ 국외에 자본을 투자한 내국법인이 해당 국외투자법인에 종사하거나 종사할 자의 여비·급료·기타비용을 대신하여
    부담하고 이를 가지급금등으로 계상한 금액
  ㉥ 직원에 대한 월정급여액의 범위에서의 일시적인 급료의 가불금
  ㉦ 중소기업에 근무하는 직원(지배주주등인 직원은 제외한다)에 대한 주택구입 또는 전세자금의 대여액
    →🔎주의 비중소기업 임원·직원에 대한 주택구입 또는 전세자금의 대여액 : 가지급금에 해당함.
  ㉧ 직원 및 그 자녀에 대한 학자금의 대여액
  ㉨ 직원에 대한 경조사비 대여액
    →🔎주의 임원은 직원이 아니므로 다음은 가지급금에 해당함.
      - 임원에 대한 급료의 가불금
      - 중소기업에 근무하는 임원에 대한 주택구입 또는 전세자금의 대여액
      - 임원 및 그 자녀에 대한 학자금의 대여액
      - 임원에 대한 경조사비 대여액

| 부당행위계산부인 고가매입 | 난이도 | ⊕ | 정답 | ② |

●── ㈜삼일은 당기에 회사의 대표이사로부터 시가 2억원인 건물을 3억원에 매입하였다. 회사는 당해 매입가액을 건물의 취득가액으로 계상하고, 감가상각비는 계상하지 아니하였다. 동 건물의 신고내용연수는 40년이다. 다음 중 당기 세무조정으로 가장 옳은 것은(단, ㈜삼일은 건물매입대금을 매입시점에 현금으로 전액 지급하였다)?

① (손금산입) 건물 1억원(△유보)
② (손금산입) 건물 1억원(△유보), (손금불산입) 고가매입액 1억원(상여)
③ (손금불산입) 고가매입액 1억원(상여), (손금불산입) 감가상각비 2,500,000원(유보)
④ (손금불산입) 건물 1억원(유보)

해설

- 부당행위계산부인 고가매입에 대한 세무조정을 묻는 문제이다. 고가매입은 부당행위계산부인에서 가장 많이 나타나는 사례인데, 법인이 특수관계인으로부터 시가를 초과하여 고가로 자산을 매입하였을 경우 동 시가초과액은 이익의 분여로 인정되므로 익금산입하며 그 귀속자에 따라 상여 등으로 소득처분하고 동시에 동액은 자산과대평가분에 해당하므로 손금산입(△유보)으로 소득처분한다.
- 고가매입 부당행위계산부인 대상 금액 : 매입가액(3억원) - 시가(2억원) = 1억원

회사				세법			
(차) 건물	3억원	(대) 현금	3억원	(차) 건물(시가)	2억원	(대) 현금	3억원
				부당행위	1억원		

→[세무조정] 손금산입 1억원(△유보) : 자산감액 세무조정
　　　　　익금산입 1억원(상여) : 상쇄세무조정〈귀속이 대표이사이므로 상여로 소득처분한다.〉
　　　🔍주의.∴저가양도와는 달리 고가매입시는 소득금액에 영향이 없음.

참고 부당행위계산부인 적용요건 : ㉠ 특수관계 ㉡ 조세부당감소 ㉢ 현저한이익(고가매입·저가양도시)
　　→현저한이익요건 추가검토 : (3억원 - 2억원)≧2억원×5% 또는 (거래가 - 시가)≧3억원

저자주 부당행위계산부인 고가매입이 건물과 같은 상각자산인 경우에는 회사의 고가매입분 상당 감가상각비에 대한 손금불산입과 감가상각비 시부인이라는 복잡한 세무조정이 발생합니다. 따라서, 본 문제는 회사가 감가상각비를 계상하지 않은 것으로 단순화하여 출제되었습니다.

| 부당행위계산부인 저가양도 | 난이도 | ⊕ | 정답 | ③ |

●── ㈜삼일은 20x1년 1월 1일에 시가 10억원(장부가액 4억원)인 토지를 회사의 대표이사에게 양도하고 유형자산처분이익 2억원을 인식하였다. 토지 매각과 관련하여 20x1년에 필요한 세무조정으로 가장 옳은 것은(단, 증여세는 고려하지 않는다)?

① (익금산입) 부당행위계산부인(저가양도) 2억원(상여)
② (익금산입) 부당행위계산부인(저가양도) 3억원(상여)
③ (익금산입) 부당행위계산부인(저가양도) 4억원(상여)
④ (익금산입) 부당행위계산부인(저가양도) 6억원(상여)

해설

- 부당행위계산부인 저가양도에 대한 세무조정을 묻는 문제이다. 법인이 특수관계인에게 자산을 무상 또는 시가보다 낮은 가액으로 양도하거나 현물출자하는 경우에는 시가에 미달하는 금액이 바로 이익의 분여인 것이므로 동 미달액을 익금산입하고 귀속자에 따라 상여·배당 등으로 소득처분한다.
- 저가양도 부당행위계산부인 대상 금액 : 시가(10억원) - 양도가액(6억원) = 4억원

회사				세법			
(차) 현금	6억원	(대) 토지	4억원	(차) 현금	6억원	(대) 토지	4억원
		처분이익	2억원	부당행위	4억원	처분이익	6억원

→[세무조정] 익금산입 4억원(상여)

참고 부당행위계산부인 적용요건 : ㉠ 특수관계 ㉡ 조세부당감소 ㉢ 현저한이익(고가매입·저가양도시)
　　→현저한이익요건 추가검토 : (10억원 - 6억원)≧10억원×5% 또는 (10억원 - 6억원)≧3억원

부당행위계산부인과 기부금의제 : 저가양도	난이도	㊥	정답	②

㈜삼일은 A에게 정당한 사유 없이 시가 10억원의 토지를 5억원에 양도하였다. 개별 상황이 다음과 같은 경우 각 상황에 따른 의제기부금 금액과 부당행위계산부인 대상 금액으로 각각 가장 옳은 것은?

> 상황1. A가 ㈜삼일의 특수관계인이 아닌 경우
> 상황2. A가 ㈜삼일의 특수관계인인 경우

	상황1	상황2
①	2억원	2억원
②	2억원	5억원
③	5억원	2억원
④	5억원	5억원

해설

- [상황1] 기부금의제
  - 특수관계없는 자에게 정당한 사유없이 자산을 정상가액(시가±30% : 즉, 고가매입시는 '시가×130%', 저가양도시는 '시가×70%')보다 낮은 가액으로 양도하거나 정상가액보다 높은 가액으로 매입함으로써 실질적으로 증여한 것으로 인정되는 금액은 기부금으로 본다.
  - 저가양도 의제기부금 : 정상가액(10억원×70%) − 양도가액(5억원) = 2억원

참고	기부금의제 저가양도 세무조정〈토지의 장부가액을 8억원으로 가정〉						
	회사			세법			
(차) 현금	5억원	(대) 토지	8억원	(차) 현금	5억원	(대) 토지	8억원
처분손실	3억원			기부금	2억원		
				처분손실	1억원		

  → [세무조정] 손금산입 기부금 2억원(기타), 손금불산입 처분손실 2억원(기타)〈상쇄되므로 세무조정 생략〉
    (과세소득에 아무런 영향도 미치지 않으므로 생략해도 무방하며, 생략하였더라도 실제로는 이러한 세무조정이 이미 이루어진 것과 같다.)
  → 위 세무조정으로 손금산입한 기부금이 어떤 기부금인가에 따라 추가적 세무조정을 한다.
    ㉠ 특례기부금이나 일반기부금인 경우 : 추가적인 세무조정없이 기부금 한도계산으로 이행한다.
    ㉡ 비지정기부금인 경우 : 추가적인 세무조정을 한다.(손금불산입 비지정기부금 2억원)

- [상황2] 부당행위계산부인
  - 특수관계인에게 자산을 시가보다 낮은 가액에 양도하거나 높은 가액으로 매입함으로써 이익을 분여한 경우 부당행위를 부인하여 세무조정을 한다.
  - 저가양도 부당행위계산부인 대상 금액 : 시가(10억원) − 양도가액(5억원) = 5억원

참고	부당행위계산부인 저가양도 세무조정〈토지의 장부가액을 8억원으로 가정〉						
	회사			세법			
(차) 현금	5억원	(대) 토지	8억원	(차) 현금	5억원	(대) 토지	8억원
처분손실	3억원			부당행위	5억원	처분이익	2억원

  → [세무조정] 익금산입 부당행위계산부인 5억원(=손금불산입 처분손실 3억원+익금산입 처분이익 2억원)
  → 현저한이익요건 추가검토 : (10억원 − 5억원)≧10억원×5% 또는 (10억원 − 5억원)≧3억원

❶ POINT 기부금의제와 부당행위계산부인 비교

특수관계 X (기부금의제)	• ㉠ 고가매입 : (매입가액 − 정상가액) → 정상가액 = 시가×130% • ㉡ 저가양도 : (정상가액 − 양도가액) → 정상가액 = 시가×70%	정상가액과 비교
특수관계 O (부당행위계산부인)	• ㉠ 고가매입 : (매입가액 − 시가) • ㉡ 저가양도 : (시가 − 양도가액)	시가와 비교

특수관계인 업무무관가지급금 고려사항[1] 난이도 ㊦ 정답 ④

㈜삼일의 20x1년도에 대한 법인세 세무조정을 수행하던 중 ㈜삼일이 법인의 대표이사에게 업무와 관련없는 가지급금을 계상하고 있는 것이 발견되었다. 이 경우 고려해야 할 사항이 아닌 것은?

① 업무무관자산 등에 대한 지급이자 손금불산입 세무조정
② 가지급금인정이자 세무조정
③ 대손충당금에 대한 세무조정
④ 기부금에 대한 세무조정

해설

• 특수관계인 업무무관가지급금은 기부금 세무조정과는 무관하며 고려사항이 아니다.

⚠ POINT 특수관계인 업무무관가지급금에 대한 세법상 불이익(규제)

세법상 불이익	• ㉠ 업무무관가지급금에 대한 지급이자 : 손금불산입(기타사외유출)
	  ㉡ 업무무관가지급금은 대손처리 불가 채권에 해당(대손충당금 설정대상채권에도 불포함)
	  ㉢ 업무무관가지급금에 대한 인정이자 : 익금산입(상여 등)

특수관계인 업무무관가지급금 고려사항[2] 난이도 ㊦ 정답 ③

법인세법에서는 '특수관계인에게 법인의 업무에 직접적인 관련이 없이 대여한 자금'을 업무무관 가지급금으로 보아 불이익을 주고 있다. 업무무관 가지급금에 대한 법인세법상 처리내용 중 옳은 것을 모두 고르면?

ㄱ. 업무무관가지급금에 대하여 이자를 받지 않거나 또는 법인세법상 적정이자율보다 낮은 이율로 대여한 경우 적정이자율로 계산한 이자상당액 또는 이자상당액과의 차액을 익금산입한다.
ㄴ. 업무무관가지급금에 대하여 설정한 대손충당금은 손금으로 인정되지 않는다.
ㄷ. 업무무관가지급금 관련 지급이자는 전액 손금 인정된다.
ㄹ. 업무무관가지급금을 대손 처리한 경우 손금으로 인정되지 않는다.

① ㄱ, ㄴ, ㄷ   ② ㄴ, ㄷ, ㄹ   ③ ㄱ, ㄴ, ㄹ   ④ ㄱ, ㄴ, ㄷ, ㄹ

해설

• 법인이 특수관계인에게 업무와 무관한 가지급금을 지급한 경우 이에 상당하는 지급이자는 손금불산입한다.

특수관계인 업무무관가지급금 고려사항[3] 난이도 ⊕ 정답 ③

다음 중 업무무관가지급금에 관한 법인세법상 처리내용 중 옳은 것을 모두 고르면?

ㄱ. 업무무관가지급금에 대하여 이자를 받지 않거나 또는 법인세법상 적정이자율보다 낮은 이율로 대여한 경우 적정이자율로 계산한 이자상당액 또는 이자상당액과의 차액을 익금산입한다.
ㄴ. 업무무관가지급금에 대하여 설정한 대손충당금은 손금으로 인정되지 않는다.
ㄷ. 업무무관가지급금에 대한 손금불산입 대상 지급이자는 미지급이자를 제외하고 미경과이자를 포함한다.

① ㄱ   ② ㄴ   ③ ㄱ, ㄴ   ④ ㄱ, ㄴ, ㄷ

해설

• 특수관계인 업무무관가지급금에 대한 손금불산입 대상 지급이자는 미지급이자를 포함하고 미경과이자(선급이자)를 제외한다.

| 가지급금인정이자 계산 | 난이도 | ㊦ | 정답 | ② |

㈜삼일은 대표이사인 홍길동씨에게 업무와 관련 없이 자금을 대여하고 있으며, 동 대여금의 20x1년 적수는 1,000,000,000원이다. 20x1년 중 대표이사로부터 60,000원의 이자를 수령하였으며 ㈜삼일의 가중평균차입이자율이 7%인 경우 필요한 세무조정으로 가장 옳은 것은(단, 인정이자 계산시 가중평균차입이자율 적용, 1년은 365일, 소수점 첫째 자리에서 반올림한다)?

① (익금불산입) 가지급금 인정이자 131,781원(상여)
② (익금산입) 가지급금 인정이자 131,781원(상여)
③ (익금불산입) 가지급금 인정이자 191,781원(상여)
④ (익금산입) 가지급금 인정이자 191,781원(상여)

해설

- 인정이자 익금산입액 : $(1,000,000,000 \times 7\% \times \frac{1}{365}) - 60,000$(수입이자) = 131,781
- 세무조정 : 익금산입 131,781(상여) →귀속이 대표이사(임원)이므로 상여로 소득처분한다.

❗POINT 가지급금인정이자 익금산입

| 익금산입액 | • 인정이자(가지급금적수×이자율×$\frac{1}{365(366)}$) - 수입이자
→가지급금적수 : 지급일(초일) 포함, 회수일 제외
→이자율 : 원칙적으로 가중평균차입이자율을 적용함.(예외적으로 당좌대출이자율 적용함) |

| 법인세법상 이월결손금 일반사항 | 난이도 | ㊦ | 정답 | ① |

다음 중 법인세법상 이월결손금에 관한 설명으로 가장 올바르지 않은 것은?

① 과세표준 계산시 미공제된 이월결손금은 발생연도와 금액에 상관없이 모두 공제 가능하다.
② 손익계산서상 당기순손실과 법인세법상 결손금이 항상 일치하는 것은 아니다.
③ 각사업연도소득금액에서 세법상 공제 가능한 이월결손금을 공제한 금액을 초과하는 비과세소득은 다음 사업연도로 이월되지 않고 소멸한다.
④ 각 사업연도의 익금총액보다 손금총액이 큰 경우 동 차액을 결손금이라 하며, 동 결손금이 다음 사업연도로 이월되는 경우 이를 법인세법상 이월결손금이라 한다.

해설

- 미공제된 이월결손금은 공제하기 위한 발생연도제한(15년/10년)과 금액적 한도(각사업연도소득의 80%)가 있으므로 발생연도와 금액에 상관없이 모두 공제 가능한 것이 아니다.

❗POINT 이월결손금 공제요건

공제기간내 발생분	• 각사업연도 개시일전 15년(2020.1.1. 전에 개시하는 사업연도 발생분은 10년) 이내에 개시한 사업연도에서 발생한 결손금일 것 →즉, 이월공제시한 : ㉠ 2020년 이후 발생분은 15년 ㉡ 2019년 이전 발생분은 10년
미공제분	• 당기 전에 미공제된 이월결손금일 것 →즉, 과거에 이미공제분과 자산수증이익·채무면제이익으로 상계된 것은 공제불가
한도내 금액	• 공제대상 이월결손금은 각사업연도소득의 80%를 한도로 하여 공제함. → **참고** 다음의 법인은 100%를 한도로 함. • 조특법상 중소기업, 회생계획(기업개선계획, 경영정상화계획)을 이행 중인 법인 • 사업재편계획 승인을 받은 법인, 유동화거래를 목적으로 설립된 소정 법인 • 유동화전문회사 등에 대한 소득공제 대상 법인

법인세 과세표준 계산 일반사항[1]

| 난이도 | ⊕ | 정답 | ④ |

다음 중 법인세법상 과세표준의 계산에 대한 설명으로 가장 올바르지 않은 것은?

① 과세표준은 각사업연도소득에서 이월결손금, 비과세소득, 소득공제를 순서대로 차감하여 계산한다.
② 공제대상 이월결손금은 각사업연도소득의 80%(중소기업과 회생계획 이행중 기업 등은 100%) 범위에서 공제한다.
③ 각사업연도소득금액에서 이월결손금을 공제한 금액을 초과하는 비과세소득은 다음 사업연도로 이월되지 않고 소멸한다.
④ 자산수증이익이나 채무면제이익에 의해 충당된 이월결손금은 과세표준 계산시 공제 가능하다.

해설

• 과세표준 : 각사업연도소득금액 - 이월결손금[1순위] - 비과세소득[2순위] - 소득공제[3순위]
  🔎주의 비과세소득과 원칙적으로 소득공제는 이월공제가 없다.
• 자산수증이익이나 채무면제이익에 의해 충당된 이월결손금은 과세표준 계산시 공제 불가능하다.

❗POINT 과세표준계산과 이월결손금공제

과세표준계산	차가감소득금액	• 당기순이익+익금산입·손금불산입-손금산입·익금불산입
	각사업연도소득금액	• 차가감소득금액+기부금한도초과-전기기부금손금산입
	과세표준	• 각사업연도소득금액-이월결손금[1순위]-비과세소득[2순위]-소득공제[3순위] 🔎주의 비과세소득과 원칙적으로 소득공제는 이월공제가 없음.
이월결손금공제	공제시한	• ㉠ 2020년 이후 발생분 : 15년 ㉡ 2019년 이전 발생분 : 10년
	공제불가	• 과거 이미 공제분과 자산수증이익·채무면제이익으로 상계된 것
	공제순서	• 먼저 발생분부터 순차공제하며 임의선택하여 공제불가
	공제배제	• 과세표준 추계결정·경정시에는 공제하지 않음. →단, 불가항력에 의한 장부멸실로 추계결정시는 공제

법인세 과세표준 계산 일반사항[2]

| 난이도 | ⊕ | 정답 | ② |

다음 중 법인세법상 과세표준 계산에 관한 설명으로 가장 올바르지 않은 것은?

① 소득공제는 조세정책적 목적에서 일정한 요건에 해당하는 경우 소득금액에서 일정액을 공제하여 주는 제도이다.
② 과세표준은 각사업연도소득에서 이월결손금, 소득공제, 비과세소득을 순서대로 공제하여 계산한다.
③ 자산수증이익이나 채무면제이익에 의해 충당된 이월결손금은 과세표준 계산시 공제하지 않는다.
④ 결손금은 이월공제가 가능하나, 소득공제는 이월공제가 불가능하다.

해설

• 과세표준은 각사업연도소득에서 이월결손금, 비과세소득, 소득공제를 순서대로 공제하여 계산한다.
★**저자주** 법인세법에 따른 유동화전문회사 등에 대한 소득공제의 경우 초과배당금액에 대한 이월공제가 가능합니다. 즉, 소득공제는 원칙적으로 이월공제가 없으나 법소정 이월 소득공제의 요건을 갖춘 경우 이월공제가 가능합니다. 따라서, 선지 ④가 옳은 문장이 되기 위해서는 '~ 소득공제는 원칙적으로 이월공제가 불가능하다'로 수정되어야 합니다.

법인세 과세표준 계산 일반사항[3]

| 난이도 | ⊕ | 정답 | ② |

다음 중 법인세법상 과세표준의 계산에 대한 설명으로 가장 올바르지 않은 것은?

① 과세표준은 각사업연도소득에서 이월결손금, 비과세소득, 소득공제를 순서대로 공제하여 계산한다.
② 비과세소득과 소득공제는 이월공제가 가능하나, 결손금은 이월공제가 불가능하다.
③ 자산수증이익이나 채무면제이익에 충당된 이월결손금은 과세표준 계산시 공제하지 않는다.
④ 소득공제는 조세정책적 목적에서 일정한 요건에 해당하는 경우 소득금액에서 일정액을 공제하여 주는 제도이다.

해설

• 비과세소득 : 이월공제가 불가능하다.(이월공제가 없다.)
• 소득공제 : 원칙적으로 이월공제가 불가능하다.
→ **참고** 법인세법에 따른 유동화전문회사 등에 대한 소득공제의 경우 초과배당금액에 대한 이월공제가 가능하다.(즉, 소득공제는 원칙적으로 이월공제가 없으나 법소정 이월 소득공제의 요건을 갖춘 경우 이월공제가 가능하다.)
• 결손금 : 이월공제가 가능하다.

법인세 과세표준 계산시 고려항목

| 난이도 | ⑦ | 정답 | ④ |

다음 중 법인세의 계산구조에 따라 과세표준 계산시 고려되는 항목으로 가장 올바르지 않은 것은?

① 소득공제
② 이월결손금
③ 비과세소득
④ 기납부세액

해설

• 각사업연도소득금액에서 세무상 이월결손금, 비과세소득, 소득공제를 순차로 차감하여 과세표준을 계산한다.
→ 기납부세액은 세액 계산시 고려한다.

POINT 법인세 납부세액 계산구조

차가감소득금액	• 결산서상당기순이익 + 익금산입·손금불산입 – 손금산입·익금불산입
각사업연도소득금액	• 차가감소득금액 + 기부금한도초과액 – 전기기부금손금산입액
과세표준	• 각사업연도소득금액 – 세무상 이월결손금 – 비과세소득 – 소득공제
산출세액	• 과세표준 × 세율
총부담세액	• 산출세액 – 세액감면·세액공제 + 가산세
차감납부할세액	• 총부담세액 – 기납부세액 + 토지 등 양도소득에 대한 법인세

과세표준 계산구조	난이도	㊦	정답	①

㈜삼일의 당기(20x1년 1월 1일~20x1년 12월 31일) 결산서상 당기순이익은 150,000,000원이며 세무조정 결과 익금산입·손금불산입 금액은 40,000,000원, 손금산입·익금불산입 금액은 80,000,000원이 발생하였다. 당기말 현재 공제가능한 세무상 이월결손금이 100,000,000원인 경우 ㈜삼일의 법인세 과세표준을 계산하면 얼마인가(단, ㈜삼일은 중소기업이며, 기부금, 비과세소득, 소득공제 금액은 없다)?

① 10,000,000원   ② 44,000,000원   ③ 66,000,000원   ④ 110,000,000원

해설

- 150,000,000(당기순이익)+40,000,000(익금산입)−80,000,000(손금산입)−100,000,000(이월결손금)=10,000,000
- **참고** 중소기업이므로 이월결손금 공제한도는 각사업연도소득의 100%이다.
  (비중소기업은 각사업연도소득의 80%를 한도로 공제함.)

법인세법 항목별 규정사항	난이도	㊥	정답	②

다음 중 법인세법에 관한 설명으로 가장 올바르지 않은 것은?
① 기업업무추진비한도액 계산시 수입금액이라 함은 회계상 계산한 매출액을 의미한다.
② 기부금을 금전 외의 자산으로 제공하는 경우 기부금의 종류에 관계없이 시가로 평가한다.
③ 사업연도 중 재해로 인하여 사업용 자산가액의 20% 이상을 상실하여 납세하기가 곤란하다고 인정되는 경우 그 상실된 자산의 가액을 한도로 재해손실세액공제를 받을 수 있다.
④ 약정에 의해 거래처에 대한 매출채권을 포기한 금액도 세법상 기업업무추진비에 포함된다.

해설

- ① 기업업무추진비한도액 계산시 수입금액이란 기업회계기준에 따라 계산한(회계상 계산한) 매출액을 말한다.
  →이 경우 매출액에는 사업연도 중에 중단된 사업부문의 매출액을 포함한다.
  →기업회계기준에 따라 계산한 매출액은 총매출액에서 매출에누리와 매출환입 및 매출할인을 차감한 순액으로 표시하므로 기업업무추진비한도액 계산시 수입금액은 순매출액을 적용한다.
  →부산물, 작업폐물 등의 매각액은 매출액에 포함한다.
- ② 현물기부금(기부금을 금전 외의 자산으로 제공하는 경우의 기부금)은 기부금의 종류에 관계없이 시가로 평가하는 것이 아니라, 기부금의 종류에 따라 다음의 구분에 따라 장부가액이나 시가로 평가한다.

특례기부금, 통상적인 일반기부금	• 장부가액
특수관계인 일반기부금, 비지정기부금	• Max[장부가액, 시가]

- ③ 법인세법상 재해손실세액공제에 대한 옳은 설명이다.
  →참고로, 재해손실세액공제는 소득세법에서도 동일하게 적용된다.
- ④ 기업업무추진비인지 여부는 계정과목 여하에도 불구하고 그 실질에 따라 판단한다. 따라서, 기업업무추진비를 비용으로 계상한 것뿐만 아니라 이하의 지출(간주기업업무추진비)과 제조원가, 건설중인자산, 유형자산 및 무형자산의 원가로 계상한 경우에도 실질이 기업업무추진비라면 이를 기업업무추진비로 본다. 즉, 간주기업업무추진비에 해당하는 약정에 의해 거래처에 대한 매출채권을 포기한 금액도 세법상 기업업무추진비에 포함된다.

간주기업업무추진비		
㉠ 직원이 조직한 조합 또는 단체(조합 또는 단체가 법인인 경우에 한함)에 지출한 복리시설비		
㉡ 약정에 의하여 매출채권을 포기한 금액		
㉢ 기업업무추진비 관련 VAT매입세액 불공제액과 접대한 자산에 대한 VAT매출세액		
㉣ 연간 5만원을 초과하여 특정인에게 기증한 광고선전물품(단, 3만원 이하의 물품 제공시에는 5만원 한도를 적용하지 않음. →즉, 5만원 초과여부 계산시 불포함)		
광고선전물품 (광고선전목적 기증물품)	불특정다수	• 전액 손금
	특정인	1인당 연간 5만원 이하 ‧ • 전액 손금
		1인당 연간 5만원 초과 ‧ • 전액 기업업무추진비

| 절세전략 모색 | | 난이도 | ㊥ | 정답 | ② |

다음은 제조업을 영위하는 ㈜삼일의 법인세 절세전략에 대한 회의 내용이다. 다음 중 가장 적합하지 않은 주장을 하고 있는 사람은 누구인가?

> 이부장 : 이번에 우리 회사가 출시한 제품이 시장에서 반응이 좋아 회사의 당기순이익이 크게 증가할 것으로 예상됩니다. 하지만 이익이 늘어나는 만큼 법인세도 늘어나므로 이에 대한 적절한 대책이 필요하다고 생각됩니다.
> 김차장 : 퇴직연금에 가입하는 것이 필요합니다. 퇴직연금에 가입하면 세무상 부인된 퇴직급여충당금 범위 내에서 손금산입이 가능합니다.
> 정과장 : 연구개발과 관련하여 발생한 비용 중 법에서 정한 비용은 일정비율만큼 소득공제가 가능합니다. 따라서, 연구개발비 중 소득공제가 가능한 비용을 검토해야 합니다.
> 박과장 : 사업용자산을 취득하는데 투자하도록 합시다. 그러면 투자금액의 일정률에 해당하는 세액공제를 받을 수 있습니다.
> 장대리 : 재고자산 평가방법을 신고하지 않았어도 파손된 재고에 대해서는 장부상 재고자산평가손실을 계상한 경우 이는 세법상 손금으로 인정받을 수 있어 과세표준이 줄어들게 됩니다.
> 이부장 : 여러분의 의견을 잘 들었습니다. 앞으로 이를 고려하여 절세전략을 수립하겠습니다.

① 김차장　　　　　② 정과장　　　　　③ 박과장　　　　　④ 장대리

해설

• 연구개발과 관련하여 발생한 비용 중 법에서 정한 비용은 일정비율만큼 소득공제가 아니라 세액공제가 가능하다.(=연구·인력개발비 세액공제)

❗POINT 법인세법상 인정되는 평가손실

재고자산	• ㉠ 저가법으로 신고시 저가법평가로 인한 평가손 • ㉡ 파손·부패로 인한 평가손(신고방법 불문) →유행경과로 인한 평가차손은 손금불산입
유가증권 (₩1,000 제외)	• ㉠ 부도발생·회생계획인가결정·부실징후기업이 된 다음의 경우 평가손실 　- 주권상장법인이 발행한 주식 　- 특수관계없는 비상장법인이 발행한 주식 　　→5% 이하이고, 취득가 10억원 이하시는 특수관계없는 것으로 봄. 　- 중소기업창투사 등 보유 창업자 등 발행주식 • ㉡ 주식 발행법인이 파산한 경우 유가증권 평가손실
유형자산	• ㉠ 시설개체·기술낙후로 인한 생산설비폐기손실(₩1,000 제외) • ㉡ 천재지변·폐광·법령수용·화재로 인한 평가손

법인세 신고납부[1]	난이도	⊕	정답	③

● 다음 중 법인세의 신고와 납부에 대한 다음의 설명 중 가장 옳은 것은?

① 법인세 납세의무가 있는 내국법인은 각 사업연도 종료일이 속하는 달의 말일로부터 2개월 이내에 법인세 과세표준과 세액을 신고하여야 한다.
② 법인세 과세표준 신고시 개별법인의 재무상태표, 포괄손익계산서 및 합계잔액시산표를 첨부하지 않으면 무신고로 본다.
③ 각 사업연도 소득금액이 없거나 결손금이 있는 경우에도 법인세 과세표준 신고의무가 있다.
④ 납부할 세액이 1천만원을 초과하는 경우 납부기한이 경과한 날로부터 2개월(중소기업은 1개월)내에 분납할 수 있다.

해설

- ① 법인세 납세의무가 있는 내국법인은 각 사업연도 종료일이 속하는 달의 말일로부터 3개월 이내에 법인세 과세표준과 세액을 신고하여야 한다.
- ② 법인세 과세표준 신고시 개별법인의 재무상태표, 포괄손익계산서는 필수적 첨부서류이므로 첨부하지 않으면 무신고로 본다. 그러나 합계잔액시산표는 필수적 첨부서류가 아니므로 첨부하지 않아도 무신고로 보지 아니한다.
- ④ 납부할 세액이 1천만원을 초과하는 경우 납부기한이 경과한 날로부터 1개월(중소기업은 2개월)내에 분납할 수 있다.

❶ POINT 법인세 납세절차

기납부세액	중간예납세액	• 전기실적기준(50%)과 중간예납기간의 실적기준 중 선택함.
	원천징수세액	• 2가지 소득(이자소득과 배당소득 중 투자신탁이익)을 대상으로 함.
	수시부과세액	• 조세채권의 조기 확보를 위함.
신고납부	신고납부기한	• 각사업연도종료일이 속하는 달의 말일부터 3개월(성실신고확인서를 제출하는 경우에는 4개월) 이내 신고납부 →🔍주의 각사업연도소득금액이 없거나 결손법인도 신고해야 함. ＊ **보론** 외부감사대상은 소정사유로 신청시 신고기한을 1개월의 범위에서 연장가능
	필수첨부서류	• ㉠ 재무상태표 ㉡ 포괄손익계산서 ㉢ 이익잉여금처분계산서 ㉣ 세무조정계산서 →🔍주의 필수적 첨부서류 미첨부의 경우는 무신고로 봄.
분납		• 납부할 세액이 1천만원을 초과하는 경우 1월(중소기업은 2월) 이내에 분납가능함.

법인세 신고납부[2]

난이도 ⊕ 정답 ③

다음 중 법인세 신고·납부에 관한 설명으로 가장 옳은 것은?

① 법인세 납세의무가 있는 내국법인은 각 사업연도 종료일부터 3개월 이내에 법인세 과세표준과 세액을 신고하여야 한다.
② 법인세 과세표준 신고시 개별 내국법인의 재무상태표, 포괄손익계산서 등의 첨부서류는 제출하지 않아도 된다.
③ 각 사업연도소득금액이 없거나 결손금이 있는 경우에도 법인세 신고기간 내에 과세표준과 세액을 신고하여야 한다.
④ 법인세는 신고기한 내에 납부하여야 하나 납부할 세액이 일정 금액을 초과할 경우 연부연납할 수 있다.

해설

• ① 법인세 납세의무가 있는 내국법인은 각 사업연도 종료일이 속하는 달의 말일부터 3개월(성실신고확인서를 제출하는 경우에는 4개월) 이내에 과세표준과 세액을 신고하여야 한다.(각사업연도소득금액이 없거나 결손금이 있는 경우에도 마찬가지이다.)
• ② 재무상태표, 포괄손익계산서 등의 첨부서류는 필수적 첨부서류로서 반드시 제출하여야 하며, 제출하지 않은 경우는 무신고로 본다. 법인세 과세표준 신고시 제출서류는 다음과 같다.

과세표준의 신고는 '법인세 과세표준 및 세액신고서'에 의하되, 다음의 서류를 첨부해야 함.	
필수적 첨부서류	• 기업회계기준을 준용하여 작성한 개별내국법인의 재무상태표, 포괄손익계산서 • 이익잉여금처분계산서(또는 결손금처리계산서) • 세무조정계산서(='법인세 과세표준 및 세액조정계산서')
그 밖의 서류	• 세무조정계산서 부속서류, 현금흐름표(외감법대상에 한함)

• ④ 법인세는 신고기한 내에 납부하여야 하나 납부할 세액이 일정 금액을 초과할 경우 분납할 수 있다.

참고 연부연납

□ 조세의 일부를 법정신고기한을 경과하여 납부할 수 있도록 연장하여 주는 제도가 연납인데, 연납에는 분납과 연부연납이 있다. 연부연납은 분납에 비해 장기간에 걸쳐 나누어 납부하며 이는 납세의무자로 하여금 납세자금을 준비하도록 하는 목적으로 연기하여 주는 제도이다. 현행 세법상 상속세와 증여세에 대하여 연부연납을 규정하고 있다.

법인세 신고납부[3]

난이도 ⓣ 정답 ④

다음 중 법인세법의 신고와 납부에 관한 설명으로 가장 올바르지 않은 것은?

① 법인세 납세의무가 있는 내국법인은 각 사업연도 종료일이 속하는 달의 말일로부터 3개월(내국법인이 성실신고확인서를 제출하는 경우에는 4개월)이내에 법인세 과세표준과 세액을 신고하여야 한다.
② 각 사업연도의 기간이 6개월을 초과하는 법인은 사업연도 개시일부터 6개월을 중간예납기간으로 하여 중간예납기간이 경과한 날로부터 2개월 이내에 그 기간에 대한 법인세를 신고 납부하여야 한다.
③ 납부할 세액이 1천만원을 초과하는 경우 납부기한이 경과한 날로부터 1개월(중소기업은 2개월)내에 분납할 수 있다.
④ 각 사업연도 소득금액이 없거나 결손금이 있는 경우 법인세 신고를 하지 않을 수 있다.

해설

• 각사업연도소득금액이 없거나 결손금이 있는 경우에도 법인세 신고기간 내에 과세표준과 세액의 신고를 하여야 한다.

❓ POINT 법인세 중간예납

적용		• 중간예납한 경우 1년분 세액을 계산 후 중간예납액을 기납부세액으로 차감 • 사업연도가 6월을 초과하는 법인이 대상 →사업연도 변경과 무관하게 사업연도개시일부터 6월간을 중간예납기간으로 함.
세액계산 [선택]	전기실적기준	• 중간예납세액 = 직전사업연도 부담세액×50%
	가결산기준	• 중간예납세액 = 중간예납기간을 실제 결산한 세액
신고납부		• 중간예납기간 경과 후 2월 이내에 신고·납부

법인세 신고납부[4]	난이도	⊕	정답	③

다음 중 법인세의 신고와 납부에 대한 설명으로 가장 옳은 것은?

① 법인세 납세의무가 있는 모든 내국법인은 각 사업연도 종료일이 속하는 달의 말일로부터 4개월 이내에 법인세 과세표준과 세액을 신고하여야 한다.

② 법인세 과세표준 신고시 필수적 첨부서류인 개별법인의 재무상태표, 포괄손익계산서 및 합계잔액시산표를 첨부하여야 한다.

③ 각 사업연도 소득금액이 없거나 결손금이 있는 경우에도 법인세 과세표준 신고의무가 있다.

④ 중간예납시 직전사업연도 부담세액의 50%를 중간예납세액으로 납부하여야 하므로 전기 납부세액이 없는 경우 중간예납을 할 필요가 없다.

해설

- ① 법인세 납세의무가 있는 내국법인은 각 사업연도 종료일이 속하는 달의 말일로부터 3개월 이내에 법인세 과세표준과 세액을 신고하여야 한다.
  ② 합계잔액시산표는 필수적 첨부서류가 아니다.

필수적 첨부서류	• 기업회계기준을 준용하여 작성한 개별내국법인의 재무상태표, 포괄손익계산서 • 이익잉여금처분계산서(또는 결손금처리계산서) • 세무조정계산서(='법인세 과세표준 및 세액조정계산서') *🔍주의 필수적 첨부서류를 첨부하지 않은 경우는 무신고로 봄.

- ④ 중간예납은 전기실적기준(중간예납세액 = 직전사업연도 부담세액×50%)과 가결산기준(중간예납세액 = 중간예납기간을 실제 결산한 세액) 중 선택하여 계산한다. 따라서, 전기 납부세액이 없는 경우는 전기실적기준으로 계산할 수 없으므로 가결산기준에 따라 중간예납을 한다.

법인세 신고납부[5]	난이도	⊕	정답	②

다음 중 법인세의 신고와 납부에 관한 설명으로 가장 올바르지 않은 것은?

① 납부할 세액이 1천만원을 초과하는 경우 납부기한이 경과한 날부터 1개월(중소기업은 2개월)이내에 분납할 수 있다.

② 외부감사대상 법인이 감사가 종결되지 아니하였다는 사유로 신고기한의 연장을 신청한 경우 2개월까지 신고기한을 연장할 수 있다.

③ 외부감사 대상 법인이 전자신고를 통해 법인세 과세표준을 신고한 경우에는 과세표준 및 세액신고서를 대표자가 서명날인하여 5년간 보관하여야 한다.

④ 각 사업연도 소득금액이 없거나 결손금이 있는 경우에도 법인세 신고를 하여야 한다.

해설

- 외부감사대상 법인이 감사가 종결되지 아니하였다는 사유로 신고기한의 연장을 신청한 경우 2개월이 아니라 1개월까지 신고기한을 연장할 수 있다.

❗ POINT 법인세 신고납부 세부고찰

외부감사대상법인 신고기한연장	• 감사가 종결되지 아니하여 결산이 확정되지 아니하였다는 사유로 신고기한 연장을 신청한 경우 그 신고기한을 1개월의 범위에서 연장할 수 있음. →단, 이자상당액(기한 연장일수에 대통령령으로 정하는 이자율을 적용)을 납부해야함.
외부감사대상법인 보관의무	• 외부감사대상법인이 전자신고를 통해 법인세과세표준을 신고한 경우에는 법인세과세표준및세액 신고서(별지 제1호 서식)에 대표자가 서명날인하여 5년간 보관하여야 함.

| 소득세 일반사항[1] | 난이도 | ⓣ | 정답 | ① |

다음 중 소득세에 관한 설명으로 가장 올바르지 않은 것은?

① 분리과세대상 소득은 일단 소득을 지급하는 시점에 원천징수를 하되 추후 납세의무를 확정할 때 이를 다시 정산하는 방법을 말한다.

② 소득세법은 열거주의에 의하여 과세대상 소득을 규정하고 있으므로 열거되지 아니한 소득은 비록 담세력이 있더라도 과세되지 않는다. 다만, 예외적으로 이자소득과 배당소득은 열거되지 않은 소득이라도 유사한 소득을 포함하는 유형별 포괄주의를 채택하고 있다.

③ 소득세법은 부부라 하더라도 개인단위과세제도를 원칙으로 한다.

④ 퇴직소득과 양도소득은 다른 소득과 합산하지 않고 별도로 과세한다.

해설

• 분리과세대상 소득은 기간별로 합산하지 않고 그 소득이 지급될 때 소득세를 징수함으로써 과세를 종결하는 소득을 말한다.
  →[원천징수의 종류]

예납적 원천징수	• 일단 소득을 지급하는 시점에 원천징수를 하되 추후 납세의무를 확정할 때 이를 다시 정산하는 방법을 말함. →즉, 원천징수의 대상이 된 소득도 과세표준에 포함하여 세액을 계산한 후 원천징수된 세액은 기납부세액으로 공제받는 방식으로 근로소득자의 연말정산이 예납적 원천징수의 대표적인 예임.
완납적 원천징수 (분리과세)	• 원천징수로써 별도의 확정신고 절차없이 당해 소득에 대한 납세의무가 종결되는 경우의 원천징수를 말함. →분리과세대상소득의 경우 완납적 원천징수로 모든 납세의무가 종결됨.

❗POINT 소득세의 특징

과세범위	열거주의	• 소득원천설을 근간 → **비교** 법인세 : 포괄주의(순자산증가설)
	유형별포괄주의 (일부채택)	• ㉠ 이자소득 : 금전의 사용대가 성격이 있는 것도 과세 • ㉡ 배당소득 : 수익분배 성격이 있는 것도 과세
과세단위		• 개인단위과세 →단, 일정요건하의 공동사업합산과세를 적용함.
과세방법	원칙	• 종합과세
	예외	• ㉠ 분리과세('완납적원천징수') : 원천징수로 과세종결(확정신고X) 예 일용근로소득, 복권당첨소득 등 • ㉡ 분류과세 : 퇴직·양도소득은 종합소득과는 별도로 개별과세함. • ㉢ 비과세 : 과세제외 🔎주의 분리과세소득을 제외한 원천징수된 소득은 일단 종합소득에 포함하여 확정신고하며 원천징수세액을 기납부세액으로 공제함.('예납적원천징수')
기타사항		• 직접세, 신고납세제도, 초과누진세율(누진과세), 인세(인적공제제도)

| 소득세 일반사항[2] | | 난이도 | ⑦ | 정답 | ② |

다음 중 소득세에 관한 설명으로 가장 올바르지 않은 것은?

① 소득세법은 원칙적으로 열거주의에 의해 과세대상소득을 규정하고 있으며 예외적으로 이자 및 배당소득에 한하여 유형별 포괄주의를 채택하고 있다.
② 소득세법은 부부인 경우에 한하여 소득을 합산하여 소득세를 신고·납부하는 것을 허용하고 있다.
③ 소득세법은 신고납세제도를 채택하고 있으므로 납세의무자의 확정신고로 과세표준과 세액이 확정된다.
④ 소득세법은 소득의 증가에 따라 세율이 증가하는 누진과세를 채택하고 있다.

해설

• 소득세법은 부부라 하더라도 개인단위과세제도를 원칙으로 한다.

> **예외** 공동사업합산과세
> ☐ 거주자 1인과 특수관계인이 공동사업자에 포함되어 있는 경우로서 손익분배비율을 거짓으로 정하는 등의 사유가 있는 경우에는 공동사업의 소득분배 규정(손익분배비율에 따른 소득분배)에 불구하고 그 특수관계인의 소득금액은 주된 공동사업자(=손익분배비율이 큰 공동사업자)의 소득금액으로 봄.
> →즉, 공동사업시 손익분배비율을 거짓으로 정하는 등의 사유가 있는 경우에 한하여 합산과세 함.

★ **저자주** 참고로, 부부합산과세는 과거 헌법재판소 헌법불합치 판결로 폐지된 바 있습니다.

| 소득세 일반사항[3] | | 난이도 | ⊕ | 정답 | ④ |

다음 중 소득세법에 관한 설명으로 가장 옳은 것은?

① 소득세법은 열거주의에 의해 과세대상소득을 규정하고 있으므로 열거되지 아니한 모든 소득은 과세되지 않는다.
② 개인별 소득을 기준으로 과세하는 개인단위과세제도를 원칙으로 하나, 부부인 경우에는 합산과세한다.
③ 신규사업자의 과세기간은 사업개시일로부터 12월 31일까지의 기간을 1과세기간으로 한다.
④ 소득세는 신고납세제도를 채택하고 있으므로 납세의무자는 과세기간의 다음연도 5월 1일~5월 31일까지 과세표준확정신고를 함으로써 소득세가 확정된다.

해설

• ① 소득세법은 원칙적으로 열거주의에 의해 과세대상소득을 규정하고 있으나, 예외적으로 이자·배당소득은 열거되지 않은 소득이라도 유사한 소득을 포함하는 유형별 포괄주의를 채택하고 있다.(즉, 이자·배당소득은 금전의 사용대가 및 수익분배의 성격이 있는 것은 구체적으로 법 조문으로 나열하지 않아도 과세할 수 있다.)
② 소득세법은 개인별 소득을 기준으로 과세하는 개인단위과세제도를 원칙으로 하며, 부부라 하더라도 개인단위로 과세한다.
③ 신규사업자의 경우에도 과세기간은 1월 1일부터 12월 31일까지의 기간을 1과세기간으로 한다.
→∵1월 1일부터 사업개시일 전까지 사업소득 이외의 다른 종합소득이 발생할 수 있기 때문이다.

| 소득세 일반사항[4] | 난이도 | 下 | 정답 | ① |

다음 중 우리나라의 소득세에 관한 설명으로 가장 올바르지 않은 것은?

① 소득세법상 과세기간은 원칙적으로 1월 1일부터 12월 31일까지이나 사업자인 경우에는 법인과 같이 과세기간을 임의로 정하여 신고할 수 있다.

② 국내에 주소를 두거나 183일 이상의 거소를 둔 개인을 거주자라 하며, 거주자는 국내 및 국외원천소득에 대하여 소득세를 과세한다.

③ 거주자가 아닌 자를 비거주자라 하며 국내원천소득에 대해서만 소득세 납세의무가 있다.

④ 거주자가 주소 또는 거소의 국외이전으로 인하여 비거주자가 되는 경우, 1월 1일부터 출국한 날까지의 소득금액에 대하여 소득세를 부과한다.

해설

• 소득세법상 과세기간은 임의로 정할 수 없다.
  → **비교** 법인세법상 법인의 사업연도는 1년 내에서 임의로 선택 가능하다.

| 소득세의 특징[1] | 난이도 | 下 | 정답 | ③ |

다음 중 우리나라의 소득세에 관한 설명으로 가장 올바르지 않은 것은?

① 원칙적으로 개인별로 과세하는 개인단위 과세제도이다.

② 개인의 인적사항을 고려하여 부담능력에 따른 과세를 채택하고 있다.

③ 원칙적으로 포괄주의 과세제도이다.

④ 소득세는 신고납세제도를 채택하고 있으므로 납세의무자의 확정신고로 과세표준과 세액이 확정된다.

해설

• 소득세는 원칙적으로 열거된 소득에 대해서 과세하는 열거주의 과세제도이다.
  → 단, 예외적으로 이자·배당소득은 열거되지 않은 소득이라도 유사한 소득을 포함하는 유형별 포괄주의를 채택하고 있다.(즉, 이자·배당소득은 금전의 사용대가 및 수익분배의 성격이 있는 것은 구체적으로 법 조문으로 나열하지 않아도 과세할 수 있다.)

소득세의 특징[2]	난이도	⊕	정답	①

● ── 다음 중 소득세의 특징에 관한 설명으로 가장 올바르지 않은 것은?

① 소득세법은 개인별 소득을 기준으로 과세하는 개인단위과세제도를 원칙으로 한다. 다만, 가족이 공동으로 사업을 경영하는 경우는 예외없이 합산과세한다.

② 퇴직소득과 양도소득을 다른 소득과 합산하지 않고 별도로 과세하는 이유는 장기간에 걸쳐 발생한 소득이 일시에 실현되는 특징 때문이다.

③ 소득세법은 열거주의에 의하여 과세대상 소득을 규정하고 있으므로 열거되지 아니한 소득은 과세되지 않는다. 다만, 예외적으로 이자소득과 배당소득은 유사한 소득을 포함하는 유형별 포괄주의를 채택하고 있다.

④ 분리과세는 기간별로 합산하지 않고 그 소득이 지급될 때 소득세를 징수함으로써 과세를 종결하는 방법이다.

해설

• ① 가족이 공동으로 사업을 경영하는 경우(공동사업) 손익분배비율을 거짓으로 정하는 등의 사유가 있는 경우에 한하여 합산과세 한다.

보론	공동사업합산과세

☐ 거주자 1인과 특수관계인이 공동사업자에 포함되어 있는 경우로서 손익분배비율을 거짓으로 정하는 등의 사유가 있는 경우에는 공동사업의 소득분배 규정(손익분배비율에 따른 소득분배)에 불구하고 그 특수관계인의 소득금액은 주된 공동사업자(=손익분배비율이 큰 공동사업자)의 소득금액으로 봄.
→즉, 공동사업시 손익분배비율을 거짓으로 정하는 등의 사유가 있는 경우에 한하여 합산과세 함.

② 퇴직소득 및 양도소득은 다른 소득과 합산하지 않고 별도로 과세하는 분류과세 방식이 적용된다.
→퇴직소득과 양도소득은 장기간에 걸쳐 발생한 소득이 일시에 실현되는 특징을 가지고 있으므로 이들을 무차별적으로 종합과세하여 누진세율을 적용한다면 그 실현되는 시점에 부당하게 높은 세율을 적용받는 현상인 결집효과(bunching effect)가 발생한다. 이러한 점을 고려하여 현행 소득세법은 이들 소득을 별도로 분류과세하고 있다.

소득세의 특징[3]	난이도	⊤	정답	①

● ── 다음 중 소득세의 특징에 관한 설명으로 가장 올바르지 않은 것은?

① 분류과세는 기간별로 합산하지 않고 그 소득이 지급될 때 소득세를 원천징수함으로써 과세를 종결하는 방법이다.

② 퇴직소득과 양도소득을 다른 소득과 합산하지 않고 별도로 과세하는 이유는 장기간에 걸쳐 발생한 소득이 일시에 실현되는 특징 때문이다.

③ 소득세법은 개인별 소득을 기준으로 과세하는 개인단위과세제도를 원칙으로 한다.

④ 소득세법은 열거주의에 의하여 과세대상 소득을 규정하고 있으므로 열거되지 아니한 소득은 과세되지 않는다. 다만, 예외적으로 이자소득과 배당소득은 유사한 소득을 포함하는 유형별 포괄주의를 채택하고 있다.

해설

• 분리과세는 기간별로 합산하지 않고 그 소득이 지급될 때 소득세를 원천징수함으로써 과세를 종결하는 방법이다.

※비교 분류과세 : 종합소득과는 별도로 구분하여 과세하는 방식(퇴직소득·양도소득)

| 소득세법상 과세기간 | 난이도 | ㊦ | 정답 | ④ |

다음 중 소득세법상 과세기간에 관한 설명으로 가장 옳은 것은?

① 소득세의 과세기간은 원칙적으로 1월 1일부터 12월 31일까지 1년으로 하는 것이나, 법인세법과 마찬가지로 개인의 선택에 따라 과세기간을 임의로 정할 수 있다.
② 거주자가 사업을 개시한 경우 과세기간은 사업개시일부터 12월 31일까지로 하는 것이 원칙이다.
③ 거주자가 사업을 폐업한 경우 과세기간은 1월 1일부터 폐업일까지로 하는 것이 원칙이다.
④ 거주자가 주소 또는 거소를 국외로 이전(이하 '출국')하여 비거주자가 되는 경우의 과세기간은 1월 1일부터 출국한 날까지로 한다.

해설

• ① 소득세법상 과세기간은 임의로 정할 수 없다.
→ **비교** 법인세법상 법인의 사업연도는 1년 내에서 임의로 선택 가능하다.
② 거주자가 사업을 개시한 경우에도 1월 1일부터 12월 31일까지를 과세기간으로 한다.
→ ∵1월 1일부터 사업개시일 전까지 사업소득 이 외의 다른 종합소득이 발생할 수 있기 때문이다.
③ 거주자가 폐업을 하는 경우에도 1월 1일부터 12월 31일까지를 과세기간으로 한다.
→ ∵폐업일부터 12월 31일까지 사업소득 이 외의 다른 종합소득이 발생할 수 있기 때문이다.

POINT 소득세법상 과세기간

원칙	• 1월 1일~12월 31일 주의 임의로 과세기간을 정할 수 없음. **비교** 법인의 사업연도는 1년 내에서 임의로 선택 가능함.
예외	• ㉠ 사망시 : 1월 1일~사망한 날까지 ㉡ 국외이전시 : 1월 1일~출국한 날까지 주의 폐업·신규사업개시 불문 위 예외(2가지) 제외하고 무조건 1월 1일~12월 31일임. →예 1월 1일~폐업한날(X), 사업개시일~12월 31일(X)

소득세법상 과세기간과 납세지[1]

| 난이도 | ⊕ | 정답 | ④ |

다음 중 소득세법상 과세기간 및 납세지에 대한 설명으로 가장 올바르지 않은 것은?

① 거주자가 사망한 경우 1월 1일부터 사망일 까지를 과세기간으로 한다.
② 거주자가 폐업을 하는 경우에 1월 1일부터 12월 31일까지를 과세기간으로 한다.
③ 거주자의 납세지는 주소지로 하는 것이 원칙이다.
④ 비거주자의 납세지는 국내원천소득이 발생하는 장소로 하는 것이 원칙이다.

해설

• 비거주자의 납세지는 국내사업장의 소재지로 하는 것이 원칙이며, 국내사업장이 없는 경우에는 국내원천소득이 발생하는 장소로 한다.

❗POINT 소득세법상 납세지

거주자	• 주소지 〈단, 주소지가 없는 경우 거소지〉 🔍주의 개인사업자 　　㉠ 원칙 : 주소지(사업장소재지가 아님.) 　　㉡ 예외 : 사업장소재지로 신청시는 그 사업장소재지로 지정할 수 있음.
비거주자	• 국내사업장소재지 〈단, 국내사업장이 없는 경우에는 국내원천소득이 발생하는 장소〉 🔍주의 국내사업장이 2 이상 있는 경우는 주된 국내사업장의 소재지 　　**참고** 주된 국내사업장을 판단할 수 없는 경우[소득령 5①] 　　〈1순위〉 비거주자가 납세지로 신고한 장소 　　〈2순위〉 신고하지 않은 경우는 국세청장 또는 관할지방국세청장이 지정하는 장소
변경신고	• 거주자·비거주자는 납세지가 변경된 경우 변경된 날로부터 15일 이내에 그 변경 후의 납세지 관할 세무서장에게 신고해야 함. 　→이 경우 부가가치세법상 사업자등록정정을 한 경우는 변경신고를 한 것으로 봄.

소득세법상 과세기간과 납세지[2]

| 난이도 | ㉠ | 정답 | ③ |

다음 중 소득세법상 과세기간 및 납세지에 대한 설명으로 가장 올바르지 않은 것은?

① 소득세법상 과세기간은 매년 1월 1일부터 12월 31일까지로 함을 원칙으로 한다.
② 거주자가 폐업을 하거나 신규로 사업을 시작한 경우에도 1월 1일 부터 12월 31일까지를 과세기간으로 한다.
③ 거주자와 비거주자의 납세지는 모두 주소지로 하는 것이 원칙이다.
④ 사업소득이 있는 거주자는 사업장소재지를 납세지로 신청할 수 있다.

해설

• 비거주자의 납세지는 국내사업장의 소재지로 하는 것이 원칙이며, 국내사업장이 없는 경우에는 국내원천소득이 발생하는 장소로 한다.

소득세법상 과세기간과 납세지[3]

| 난이도 | ⊕ | 정답 | ③ |

다음 중 소득세법상 과세기간 및 납세지에 관한 설명으로 가장 옳은 것은?

① 소득세법상 과세기간은 매년 1월 1일부터 12월 31일까지가 원칙이나 납세의무자가 1년의 범위 내에서 신청할 수 있다.
② 거주자가 폐업을 한 경우 1월 1일부터 폐업일까지를 과세기간으로 한다.
③ 사업소득이 있는 거주자는 사업장소재지를 납세지로 신청할 수 있다.
④ 거주자와 비거주자의 납세지는 모두 주소지로 하는 것이 원칙이다.

해설

• ① 소득세법상 과세기간은 임의로 정할 수 없다.
　→ **비교** 법인세법상 법인의 사업연도는 1년 내에서 임의로 선택 가능하다.
② 거주자가 폐업을 한 경우에도 1월 1일부터 12월 31일까지를 과세기간으로 한다.
　→ ∵폐업일부터 12월 31일까지 사업소득 이 외의 다른 종합소득이 발생할 수 있기 때문이다.
③ 사업자도 원칙적으로 주소지가 납세지이나, 사업장소재지로 신청시는 그 사업장소재지로 지정할 수 있다.
④ 거주자의 납세지는 주소지로 하는 것이 원칙이나, 비거주자의 납세지는 국내사업장의 소재지로 하는 것이 원칙이며 국내사업장이 없는 경우에는 국내원천소득이 발생하는 장소로 한다.

필요경비 인정여부

| 난이도 | ⑪ | 정답 | ④ |

다음 중 필요경비가 인정되지 않는 소득을 모두 고른 것은?

| ㄱ. 기타소득 | ㄴ. 사업소득 | ㄷ. 이자소득 | ㄹ. 배당소득 |

① ㄱ, ㄴ　　　　② ㄱ, ㄷ　　　　③ ㄷ　　　　④ ㄷ, ㄹ

해설

• 필요경비가 인정되는 소득 : ㉠ 종합소득 중 사업소득·기타소득 ㉡ 분류과세소득 중 양도소득
* **보론** 사업소득은 분리과세가 없으며, 부동산임대소득은 원천징수가 없다.

❶ POINT 종합소득금액 계산구조

이자소득	배당소득	사업소득	근로소득	연금소득	기타소득
(-) 비 과 세 (-) 분리과세	(-) 비 과 세 (-) 분리과세	(-) 비 과 세 -	(-) 비 과 세 (-) 분리과세	(-) 비 과 세 (-) 분리과세	(-) 비 과 세 (-) 분리과세
총수입금액	총수입금액	총수입금액	총수입금액	총수입금액	총수입금액
-	(+) 귀속법인세	(-) 필요경비	(-) 근로소득공제	(-) 연금소득공제	(-) 필요경비
이자소득금액	배당소득금액	사업소득금액	근로소득금액	연금소득금액	기타소득금액

* **주의** 다음의 소득금액은 종합소득금액 집계시 제외함.

　㉠ 2천만원을 초과하지 않는 조건부종합과세대상 이자소득금액(∵분리과세됨)
　㉡ 복권당첨소득 등의 기타소득금액(∵분리과세됨)
　㉢ 양도소득금액과 퇴직소득금액(∵분류과세됨)

이자소득의 수입시기
난이도 ㉩ 정답 ①

다음 중 소득세법상 이자소득의 수입시기에 관한 설명으로 가장 올바르지 않은 것은?
① 비영업대금의 이익 : 실제로 이자를 지급받는 날
② 무기명채권 등의 이자와 할인액 : 그 지급을 받은날
③ 저축성보험의 보험차익 : 보험금 또는 환급금의 지급일
④ 직장공제회의 초과반환금 : 약정에 따른 납입금 추가이익 및 반환금 추가이익의 지급일

해설

• 비영업대금의 이익의 수입시기는 약정에 따른 이자지급일이다.
→약정이 없거나 약정일 전에 지급하는 경우 : 그 이자지급일

POINT 이자소득 수입시기

양도가능 채권 등의 이자와 할인액	기명의 경우	• 약정에 따른 이자지급 개시일
	무기명의 경우	• 그 지급을 받은 날
직장공제회 초과반환금		• 약정에 따른 납입금 초과이익 및 반환금 추가이익의 지급일
비영업대금의 이익		• 약정에 따른 이자지급일 →약정이 없거나 약정일 전에 지급하는 경우 : 그 이자지급일
채권·증권의 환매조건부 매매차익		• 약정에 따른 해당 채권·증권의 환매수일·환매도일 →기일 전에 환매수·환매도하는 경우 : 그 환매수일·환매도일
유형별 포괄주의 이자소득		• 약정에 따른 상환일 →기일 전에 상환하는 경우 : 그 상환일
보통예금·정기예금·정기적금·부금의 이자		• 실제로 이자를 지급받은 날 →기타의 경우 : 원본전입일, 해약일, 연장일, 만료일
통지예금의 이자		• 인출일
저축성보험의 보험차익		• 지급일 →기일 전에 해지하는 경우 : 그 해지일
양도가능 채권 등의 보유기간 이자상당액		• 채권 등의 매도일 또는 이자 등의 지급일
위의 이자소득이 발생하는 상속재산이 상속되거나 증여되는 경우		• 상속개시일 또는 증여일

무조건분리과세대상 금융소득	난이도	⑦	정답	①

다음 중 무조건 분리과세대상 금융소득으로 가장 올바르지 않은 것은?

① 출자공동사업자의 배당소득
② 법원보증금 등의 이자
③ 직장공제회 초과반환금
④ 법인으로 보는 단체 이외의 단체 중 수익을 구성원에게 분배하지 아니하는 단체가 단체명을 표시하여
   금융거래를 함으로써 금융기관으로부터 받는 이자소득 및 배당소득

해설
- ① 출자공동사업자 배당소득 : 무조건종합과세
  ② 법원보증금 등의 이자 : 무조건분리과세
  ③ 직장공제회 초과반환금 : 무조건분리과세
  ④ 법인으로 보는 단체 이외의 단체 중 수익을 구성원에게 분배하지 아니하는 단체가 단체명을 표시하여 금융거래를 함으로써 금융
  기관으로부터 받는 이자소득 및 배당소득 : 무조건분리과세

무조건종합과세대상 금융소득[1]	난이도	⑦	정답	②

다음 중 소득세법상 무조건 종합과세대상이 되는 금융소득에 해당되지 않는 것은?

① 국외에서 받은 배당소득
② 직장공제회 초과반환금
③ 원천징수가 누락된 국내에서 지급받는 금융소득
④ 출자공동사업자의 배당소득

해설
- ① 국외에서 받은 배당소득 : 무조건종합과세
  ② 직장공제회 초과반환금 : 무조건분리과세
  ③ 원천징수가 누락된 국내에서 지급받는 금융소득 : 무조건종합과세
  ④ 출자공동사업자의 배당소득 : 무조건종합과세
- ★ 저자주 문제의 명확한 성립을 위해 선지 ①을 '국외에서 받은 배당소득(국내 대리인이 원천징수한 것은 제외)'로 수정바랍니다.

무조건종합과세대상 금융소득[2]	난이도	⑦	정답	①

다음 중 무조건 종합과세대상 금융소득에 해당되는 것으로 가장 옳은 것은?

① 국외에서 지급받는 금융소득   ② 상장법인 소액주주가 받는 배당금
③ 비실명금융소득   ④ 직장공제회 초과반환금

해설
- ① 국외에서 받은 배당소득 : 무조건종합과세
  ② 상장법인 소액주주가 받는 배당금 : 조건부종합과세
  ③ 비실명 금융소득 : 무조건분리과세
  ④ 직장공제회 초과반환금 : 무조건분리과세

금융소득금액(Gross-up 고려O)[1]	난이도	㊥	정답	④

● 다음은 거주자 김삼일씨의 금융소득(이자소득과 배당소득)과 관련된 자료이다. 김삼일씨의 금융소득 중 종합과세되는 금융소득금액은 얼마인가?

ㄱ. 국내 예금이자	15,000,000원
ㄴ. 비상장 내국법인으로부터 받은 현금배당금	15,000,000원
ㄷ. 외국법인으로부터 받은 현금배당금(원천징수되지 않음)	5,000,000원
단, 배당소득 가산율은 10%이다.	

① 15,000,000원   ② 16,650,000원   ③ 35,000,000원   ④ 36,500,000원

해설 ⟋

• 금융소득 구분
  ㄱ. 국내 예금이자 15,000,000원 : 조건부종합과세대상
  ㄴ. 비상장 내국법인으로부터 받은 현금배당금 15,000,000원 : 조건부종합과세대상
  ㄷ. 외국법인으로부터 받은 현금배당금(원천징수되지 않음) 5,000,000원 : 무조건종합과세대상
• 판정대상액 : 무조건종합과세대상(5,000,000)+조건부종합과세대상(30,000,000)=35,000,000
→판정대상액이 2천만원을 초과하므로 모두 종합과세한다.

〈3순위〉Gross-up대상인 배당소득 15,000,000 ➡ Gross-up
〈2순위〉Gross-up대상아닌 배당소득 5,000,000
〈1순위〉이자소득 15,000,000

∴종합과세되는 금융소득금액(Gross-up 고려O) : 35,000,000(금융소득 총수입금액)+15,000,000×10%=36,500,000

! POINT 금융소득종합과세의 적용

☐ 판정대상액 = 무조건종합과세대상+조건부종합과세대상
☐ 종합과세되는 금융소득 구성순서 : 이자소득 → G·U대상아닌 배당소득 → G·U대상인 배당소득

구분	분리과세 금융소득	종합과세되는 금융소득		세율적용
판정대상액>2천만원	-	조건부종합과세대상 무조건종합과세대상	2천만원 초과분 〈Gross-up O〉	기본세율
			2천만원 〈Gross-up X〉	14%세율
판정대상액≤2천만원	조건부종합과세대상	무조건종합과세대상		14%세율

! POINT 귀속법인세제도(Gross-up)

취지	• 법인세가 과세된 재원으로 배당시 배당소득으로 과세하면 이중과세의 문제가 발생함. →∴귀속법인세를 배당소득에 가산후 이를 배당세액공제하여 이중과세를 조정함.
Gross-up 제외대상 배당소득	• 외국법인으로부터의 배당 • 분리과세대상 배당 • 종합과세되는 배당소득 중 14%세율 적용분 →∴2천만원 초과분에 대해서만 Gross-up을 함. • 자본잉여금[자기주식소각이익(감자차익) 등] 자본전입 의제배당
Gross-up 금액	• Gross-up대상 배당소득×10%

금융소득금액(Gross-up 고려)[2]	난이도	⊕	정답	③

다음 자료에 의하여 거주자 김삼일씨의 20x1년 소득 중 종합과세할 금융소득금액을 계산하면 얼마인가(배당소득 가산율은 10%이다)?

ㄱ. 현금배당	:	30,000,000원
ㄴ. 주식배당	: 상장법인 25,000,000원, 비상장법인 20,000,000원	
ㄷ. 은행예금이자	:	10,000,000원
ㄹ. 직장공제회 초과반환금	:	20,000,000원

① 85,000,000원   ② 91,500,000원   ③ 93,250,000원   ④ 113,250,000원

해설

- 금융소득 구분
  - ㄱ. 현금배당 30,000,000원 : 조건부종합과세대상
  - ㄴ. 주식배당 - 상장법인 25,000,000원 / 비상장법인 20,000,000원 : 조건부종합과세대상
  - ㄷ. 은행예금이자 10,000,000원 : 조건부종합과세대상
  - ㄹ. 직장공제회 초과반환금 20,000,000원 : 무조건분리과세대상
- 판정대상액 : 무조건종합과세대상(0)+조건부종합과세대상(85,000,000)=85,000,000
  →판정대상액이 2천만원을 초과하므로 모두 종합과세한다.

〈3순위〉 Gross-up대상인 배당소득 65,000,000	⇒ Gross-up
〈3순위〉 Gross-up대상인 배당소득 10,000,000	
〈2순위〉 Gross-up대상아닌 배당소득 0	
〈1순위〉 이자소득 10,000,000	

∴종합과세되는 금융소득금액(Gross-up 고려) : 85,000,000(금융소득총수입금액)+65,000,000×10%=91,500,000

금융소득금액(Gross-up 고려O)[3] | 난이도 ㉡ | 정답 ④

다음의 자료를 이용하여 거주자 김삼일씨의 소득 중 종합과세할 총 금융소득금액을 계산하면 얼마인가(배당소득가산율은 10%이다)?

ㄱ. 국내은행으로부터 수령한 정기예금이자	:	4,000,000원
ㄴ. 외국은행으로부터 수령한 정기예금이자	:	3,000,000원
ㄷ. 비실명이자 소득금액	:	1,500,000원
ㄹ. 상장법인 현금배당	:	25,000,000원
ㅁ. 비상장법인 주식배당	:	10,000,000원

① 39,000,000원　　② 41,090,000원　　③ 42,000,000원　　④ 44,200,000원

해설

• 금융소득 구분
  ㄱ. 국내은행으로부터 수령한 정기예금이자 4,000,000원 : 조건부종합과세대상
  ㄴ. 외국은행으로부터 수령한 정기예금이자 3,000,000원 : 무조건종합과세대상
  ㄷ. 비실명이자 소득금액 1,500,000원 : 무조건분리과세대상
  ㄹ. 상장법인 현금배당 25,000,000원 : 조건부종합과세대상
  ㅁ. 비상장법인 주식배당 10,000,000원 : 조건부종합과세대상
• 판정대상액 : 무조건종합과세대상(3,000,000)+조건부종합과세대상(39,000,000)=42,000,000
  →판정대상액이 2천만원을 초과하므로 모두 종합과세한다.

〈3순위〉 Gross-up대상인 배당소득　　➡ Gross-up 22,000,000
〈3순위〉 Gross-up대상인 배당소득 13,000,000
〈2순위〉 Gross-up대상아닌 배당소득 0
〈1순위〉 이자소득 7,000,000

∴종합과세되는 금융소득금액(Gross-up 고려O) : 42,000,000(금융소득총수입금액)+42,000,000×10%=44,200,000

| 금융소득금액(Gross-up 고려)[4] | 난이도 | ㊥ | 정답 | ② |

다음 자료에 의하여 거주자 김영희씨의 종합과세되는 금융소득금액을 계산하면 얼마인가?

> 1. 20x1년에 수령한 배당금 등의 내역은 다음과 같다.
>   (1) 주권상장법인으로부터 받은 현금배당 : 10,000,000원
>   (2) 비상장법인으로부터 받은 현금배당 : 10,000,000원
>   (3) 서울은행의 정기예금이자 : 5,000,000원
>   (4) 비실명이자 소득금액 : 5,000,000원
> 2. 배당소득 가산율은 10%이다.

① 25,000,000원   ② 25,500,000원   ③ 30,330,000원   ④ 33,300,000원

해설

• 금융소득 구분
  ㄱ. 주권상장법인으로부터 받은 현금배당 10,000,000원 : 조건부종합과세대상
  ㄴ. 비상장법인으로부터 받은 현금배당 10,000,000원 : 조건부종합과세대상
  ㄷ. 서울은행의 정기예금이자 5,000,000원 : 조건부종합과세대상
  ㄹ. 비실명이자 소득금액 : 무조건분리과세대상
• 판정대상액 : 무조건종합과세대상(0) + 조건부종합과세대상(25,000,000) = 25,000,000
  →판정대상액이 2천만원을 초과하므로 모두 종합과세한다.

〈3순위〉 Gross-up대상인 배당소득 5,000,000	➡ Gross-up
〈3순위〉 Gross-up대상인 배당소득 15,000,000	
〈2순위〉 Gross-up대상아닌 배당소득 0	
〈1순위〉 이자소득 5,000,000	

∴종합과세되는 금융소득금액(Gross-up 고려이) : 25,000,000(금융소득총수입금액) + 5,000,000 × 10% = 25,500,000

| | 사업소득 총수입금액과 필요경비 | 난이도 | ⊕ | 정답 | ① |

다음 중 사업소득에 관한 설명으로 가장 올바르지 않은 것은?

① 개인사업의 경우 대표자의 급여와 건강보험료는 필요경비로 인정되지 아니한다.
② 개인사업자가 인출하는 자금은 가지급금이 아니므로 인정이자계산 등의 규제를 받지 아니한다.
③ 개인사업자가 재고자산을 가사용으로 소비하는 경우 이를 총수입금액에 산입한다.
④ 이자수익은 이자소득으로 과세하므로 사업소득에서 제외한다.

해설

• 개인사업에 있어서 대표자는 사업경영주체로서 고용관계에 있지 아니하고 급여를 지급받아도 그것은 출자금의 인출에 불과하므로 필요경비에 산입되지 않는다. 다만, 대표자(사업자 본인)의 건강보험료는 공과금 성격이므로 이는 필요경비로 인정된다.

ⓘ POINT 개인의 사업소득금액과 법인의 각사업연도소득금액 계산시 차이점

구분	소득세법(개인사업자)	법인세법(법인사업자)
이자·배당금수익	• 사업소득에서 제외(별도 과세)	• 각사업연도소득에 포함
유형자산처분손익	• 총수입금액불산입(필요경비불산입) 　주의 복식부기의무자의 처분이익(부동산제외)은 　사업소득에 포함함.	• 익금산입(손금산입)
유가증권처분손익	• 총수입금액불산입(필요경비불산입)	• 익금산입(손금산입)
출자자의 자금인출	• 출자금의 반환으로 봄(∴인정이자X)	• 업무무관가지급금으로 봄(∴인정이자O)
자산수증이익 채무면제이익	• 사업관련 : 총수입금액산입 • 사업무관 : 총수입금액불산입	• 익금산입
인건비	• 대표자 : 필요경비불산입 • 사업종사 대표자가족 : 필요경비산입 　주의 대표자 건강보험료 등은 필요경비임.	• 대표자 : 손금산입 • 사업종사 대표자가족 : 손금산입
퇴직급여충당금	• 대표자는 설정불가	• 대표자도 설정대상
재고자산 자가소비	• 시가를 총수입금액산입	• 규정없음(단, 부당행위계산부인 가능)

| 개인사업자 사업소득금액[1] | 난이도 | ㉡ | 정답 | ③ |

다음 자료를 보고 복식부기 의무자인 개인사업자 김상일씨의 2019 년 사업소득금액을 계산하면 얼마인가?

ㄱ. 손익계산서상 당기순이익(부동산임대업 제외)	200,000,000원
ㄴ. 손익계산서에는 다음과 같은 수익과 비용이 포함되어 있다.	
- 본인에 대한 급여	30,000,000원
- 회계부장으로 근무하는 배우자의 급여	25,000,000원
- 배당금수익	5,000,000원
- 기계장치처분이익	3,000,000원
- 세금과공과 중 벌금	2,000,000원

① 177,000,000원 ② 197,000,000원 ③ 227,000,000원 ④ 232,000,000원

해설

• 개인사업자 세무조정
- 본인(대표자＝사업주)에 대한 급여 30,000,000원 : **필요경비불산입**
  →개인사업에 있어서 대표자는 사업경영주체로서 고용관계에 있지 아니하고 급여를 지급받아도 그것은 출자금의 인출에 불과하므로 필요경비에 산입되지 아니하며 퇴직급여충당금 설정대상자도 아니다.
- 회계부장으로 근무하는 배우자의 급여 25,000,000원 : 필요경비로 인정
  →사업에 근무하는 대표자 가족 인건비는 필요경비로 인정한다.
- 배당금수익 5,000,000원 : **총수입금액불산입**
  →이자수익과 배당금수익은 사업소득에서 제외한다. 별도의 이자소득과 배당소득으로 과세한다.
- 기계장치처분이익 3,000,000원 : 총수입금액으로 인정한다.
  →유형자산처분이익은 일시·우발적 소득이므로 과세제외하는 것이 원칙이나, 복식부기의무자의 부동산을 제외한 사업용유형자산 처분소득은 사업소득에 포함한다.
- 세금과공과 중 벌금 2,000,000원 : **필요경비불산입**
  →제반 법령위반으로 부과된 벌금은 징벌효과 감소의 방지를 위해 필요경비로 인정하지 않는다.
∴사업소득금액 : 200,000,000(당기순이익)＋30,000,000－5,000,000＋2,000,000＝227,000,000

| 개인사업자 사업소득금액[2] | 난이도 | ㉯ | 정답 | ② |

다음은 복식부기의무자인 거주자 김삼일씨가 운영하는 회사의 손익계산서에서 일부 발췌한 자료이다. 김삼일씨의 사업소득금액은 얼마인가?

(1) 손익계산서상 당기순이익	70,000,000원
(2) 손익계산서에는 다음과 같은 수익과 비용이 포함되어 있다.	
가. 대표자에 대한 급여	10,000,000원
나. 예금이자수익	2,500,000원
다. 배당금수익	2,000,000원
라. 토지처분이익(해당 토지의 양도로 발생하는 소득은 양도소득에 해당함)	9,000,000원
마. 기계장치처분손실	3,000,000원

① 59,500,000원　　② 66,500,000원　　③ 69,500,000원　　④ 75,500,000원

해설

- 개인사업자 세무조정
- 본인(대표자=사업주)에 대한 급여 10,000,000원 : **필요경비불산입**
  →개인사업에 있어서 대표자는 사업경영주체로서 고용관계에 있지 아니하고 급여를 지급받아도 그것은 출자금의 인출에 불과하므로 필요경비에 산입되지 아니하며 퇴직급여충당금 설정대상자도 아니다.
- 예금이자수익 2,500,000원 : **총수입금액불산입**
  →이자수익은 사업소득에서 제외한다. 별도의 이자소득으로 과세한다.
- 배당금수익 2,000,000원 : **총수입금액불산입**
  →배당금수익은 사업소득에서 제외한다. 별도의 배당소득으로 과세한다.
- 토지처분이익 9,000,000원 : **총수입금액불산입**
  →복식부기의무자의 사업용유형자산처분소득은 사업소득에 포함하나, 부동산은 과세제외한다. 따라서 복식부기의무자의 부동산(토지)이므로 과세제외하며 양도소득세가 과세된다.
- 기계장치처분손실 3,000,000원 : 필요경비로 인정한다.
  →유형자산처분이익은 일시·우발적 소득이므로 과세제외하는 것이 원칙이나, 복식부기의무자의 부동산을 제외한 사업용유형자산처분소득은 사업소득에 포함한다.
∴사업소득금액 : 70,000,000(당기순이익)+10,000,000-2,500,000-2,000,000-9,000,000=66,500,000

개인사업자 사업소득금액[3]	난이도	㊥	정답	④

다음 자료를 보고 개인사업자(복식부기의무자) 김상일씨의 20x5년의 사업소득금액을 계산하면 얼마인가?

ㄱ. 손익계산서상 당기순이익	400,000,000원
ㄴ. 손익계산서에는 다음과 같은 수익과 비용이 포함되어 있다. 　　(아래 기술한 내용 이외에는 모두 세법상 적정하게 계상되어 있음)	
- 본인에 대한 급여	50,000,000원
- 배당금수익	5,000,000원
- 유형자산(기계장치)처분이익	10,000,000원
- 세금과공과 중 벌금	2,000,000원
ㄷ. 이월결손금 70,000,000원(20x1년 사업소득에서 발생함)	

① 199,000,000원　　② 267,000,000원　　③ 367,000,000원　　④ 377,000,000원

해설

• 개인사업자 세무조정
- 본인(대표자=사업주)에 대한 급여 50,000,000원 : **필요경비불산입**
→개인사업에 있어서 대표자는 사업경영주체로서 고용관계에 있지 아니하고 급여를 지급받아도 그것은 출자금의 인출에 불과하므로 필요경비에 산입되지 아니하며 퇴직급여충당금 설정대상자도 아니다.
- 배당금수익 5,000,000원 : **총수입금액불산입**
→이자수익과 배당금수익은 사업소득에서 제외한다. 별도의 이자소득과 배당소득으로 과세한다.
- 유형자산(기계장치)처분이익 10,000,000원 : 총수입금액으로 인정한다.
→유형자산처분이익은 일시·우발적 소득이므로 과세제외하는 것이 원칙이나, 복식부기의무자의 부동산을 제외한 사업용유형자산 처분소득은 사업소득에 포함한다.
- 세금과공과 중 벌금 2,000,000원 : **필요경비불산입**
→제반 법령위반으로 부과된 벌금은 징벌효과 감소의 방지를 위해 필요경비로 인정하지 않는다.
∴사업소득금액 : 400,000,000(당기순이익)+50,000,000-5,000,000+2,000,000-70,000,000=377,000,000

| 근로소득 과세여부 | | 난이도 | ⊕ | 정답 | ④ |

다음 중 근로소득에 포함되sms 항목을 모두 고르면?

ㄱ. 비출자임원과 종업원이 사택을 제공받음으로써 얻는 이익
ㄴ. 근로자에게 지급한 경조금 중 사회통념상 타당하다고 인정되는 금액
ㄷ. 주주총회 등의 결의에 의하여 상여로 받은 소득
ㄹ. 사내근로복지기금으로부터 근로자가 지급받은 장학금
ㅁ. 시간외근무수당 및 통근수당
ㅂ. 벽지수당 및 해외근무수당

① ㄱ, ㄴ, ㄷ ② ㄱ, ㄷ, ㅁ ③ ㄴ, ㄹ, ㅂ ④ ㄷ, ㅁ, ㅂ

해설

- ㄱ. 비출자임원과 종업원이 사택을 제공받음으로써 얻는 이익 : 비과세(출자임원인 경우에만 과세함.)
- ㄴ. 근로자에게 지급한 경조금 중 사회통념상 타당하다고 인정되는 금액 : 비과세(근로소득으로 보지 않도록 규정)
- ㄷ. 주주총회 등의 결의에 의하여 상여로 받은 소득 : 과세(일반적인 근로소득에 해당)
- ㄹ. 사내근로복지기금으로부터 근로자가 지급받은 장학금 : 비과세[세법해석례-소득]
- ㅁ. 시간외근무수당 및 통근수당 : 과세(각종수당은 과세항목에 해당)
- ㅂ. 벽지수당 및 해외근무수당 : 과세(각종수당은 과세항목에 해당)
  - **참고** 단, 기획재정부령이 정하는 일정 벽지에 근무함으로 인하여 받는 월 20만원 이내의 벽지수당은 비과세한다.[소득령 12]

❗POINT 사택제공이익과 주택자금대여이익

사택제공이익	• 비과세대상 : 비출자임원, 소액주주임원, 종업원, 국가·지자체로부터 지급받는 사람 🔎주의 ∴과세대상 : 출자임원
주택자금대여이익	• 비과세대상 : 중소기업 종업원 →단, 다음에 해당하는 중소기업 종업원은 제외함.(과세) ㉠ 중소기업이 개인사업자인 경우 : 친족관계에 있는 종업원 ㉡ 중소기업이 법인사업자인 경우 : 지배주주인 종업원

정리	출자임원	비출자임원(소액주주임원)	종업원
사택제공이익	과세 O	과세 X	과세 X
주택자금대여이익	과세 O	과세 O	과세 O 〈단, 중소기업 종업원 : 과세X〉

| 근로소득 일반사항[1] | 난이도 | ⊕ | 정답 | ② |

다음 중 소득세법상 근로소득에 관한 설명으로 가장 올바르지 않은 것은?

① 사내근로복지기금을 통하지 않은 자녀학자금은 원칙적으로 근로소득에 포함된다.
② 근로자 또는 그 배우자의 출산이나 6세 이하 자녀의 보육과 관련하여 사용자로부터 지급받는 급여는 전액 비과세한다.
③ 근로소득금액 계산시 총급여액에서 실제로 소요된 필요경비 대신에 근로소득공제를 차감한다.
④ 근로소득 이외에 다른 소득이 없는 근로소득자의 경우에는 연말정산을 통해 모든 납세절차가 종결되어 과세표준확정신고를 하지 않아도 된다.

해설

• 근로자 또는 그 배우자의 출산이나 6세 이하 자녀의 보육과 관련하여 사용자로부터 지급받는 급여는 월 20만원 이내의 금액을 비과세한다.

❗POINT 일반근로자 과세방법

근로소득금액	• 총급여액(비과세 제외, 인정상여 포함) - 근로소득공제 　→근로소득공제 : 근로기간 1년 미만시에도 월할계산하지 않음. & 이월공제 없음.
원천징수	• 간이세액표에 따라 원천징수하여 그 징수일의 다음달 10일까지 납부함.
연말정산	• 다음연도 2월분의 근로소득을 지급할 때 연말정산을 함. 　→근로소득만 있다고 가정시 소득세 결정세액에서 매월(1월~12월) 간이세액표 원천징수세액을 차감하여 추가납부(다음달 10일까지)나 환급함. 　→중도퇴직시는 퇴직한 달 급여지급시 정산후 다음 달 10일까지 납부
확정신고	• 다른 소득이 없는 경우 : 연말정산으로 과세종결　　　→∴확정신고 필요X • 다른 소득이 있는 경우 : 다른 소득과 합산하여 종합과세 →∴확정신고 필요O

| 근로소득 일반사항[2] | 난이도 | ⊤ | 정답 | ① |

다음 중 근로소득에 관한 설명으로 가장 올바르지 않은 것은?

① 국외건설현장에서 근로를 제공하고 받은 급여 중 월 700만원 이내의 금액은 소득세가 비과세된다.
② 근로자에게 실비를 보상해주는 정도의 지급액은 소득세를 부과하지 않는다.
③ 근로소득이란 고용계약 또는 이와 유사한 계약에 의하여 근로를 제공하고 받는 대가를 말한다.
④ 근로소득금액은 총급여액에서 근로소득공제를 적용한 금액으로 한다.

해설

• 국외건설현장에서 근로를 제공하고 받은 급여 중 월 500만원 이내의 금액은 소득세가 비과세된다.

❗POINT 국외근로소득 비과세

일반적인 경우	• 국외에서 근로를 제공하고 받은 보수 중 월 100만원 이내의 금액 　→단, 원양어업 선박, 국외 등을 항행하는 선박 또는 국외 등의 건설현장 등에서 근로(설계 및 감리업무를 포함)를 제공하고 받는 보수의 경우에는 월 500만원 이내의 금액
공무원의 경우	• 공무원 등이 국외에서 근무하고 받는 수당 중 국내에서 근무할 경우에 지급받을 금액 상당액을 초과하여 받는 금액

근로소득 총급여 계산[1]	난이도	㉯	정답	③

김상일씨의 20x1년 급여내역이 다음과 같을 때 과세대상 총급여액은 얼마인가?(단, 김상일씨는 1년 동안 계속 근무하였다)

> - 월급여액 : 2,000,000원
> - 상여 : 월급여액의 400%
> - 연월차수당 : 2,000,000원
> - 가족수당 : 1,000,000원
> - 자녀학자금 : 500,000원
> - 식사대 : 1,200,000원(월 100,000원. 단, 식사 또는 기타 음식물을 제공받지 않음)
> - 차량유지비 : 3,000,000 원(월 250,000원)
> - 회사로부터 법인세법상 상여로 처분된 금액 : 1,000,000원

① 35,000,000원   ② 36,500,000원   ③ 37,100,000원   ④ 39,500,000원

해설

• 총급여 계산 고려사항
- 각종 수당(연월차수당, 가족수당)은 원칙적으로 모두 과세대상이다.
- 본인(일정요건)을 제외한 자녀학자금은 원칙적으로 모두 과세대상이다.
- 식사를 제공받지 않는 경우 월 20만원 이내의 식사대는 비과세대상이다.(∴월 100,000원이므로 비과세)
- 자가운전보조금(차량유지비)은 월 20만원 이내 금액은 비과세대상이다.(∴월 50,000원 과세)
- 인정상여도 총급여에 포함된다.
∴총급여
 2,000,000×12개월+2,000,000×400%+2,000,000+1,000,000+500,000+50,000×12개월+1,000,000=37,100,000

POINT 근로소득 비과세 기타사항 정리

☐ 월 20만원 이내 자가운전보조금 : 종업원소유(임차) 차량으로 직접 사업주의 업무를 수행하고 실제여비를 지급받지 않으면서 별도 지급기준에 따라 받는 금액
☐ 월 20만원 이내의 기자의 취재수당, 월 20만원 이내의 시행령상 벽지수당
☐ 월 20만원 이내 소방공무원 함정근무수당·화재진화수당 등, 월 20만원 이내 초·중등법 교원 연구보조비
☐ 천재·지변 기타 재해로 인하여 받는 급여, 영유아보육법시행령에 따라 사업주가 부담하는 보육비용
☐ 고용보험법상 실업급여, 육아휴직급여, 육아기 근로시간 단축급여, 출산전후휴가급여
☐ 국민건강보험법, 고용보험법, 노인장기요양보험법에 따라 국가·지자체·사용자가 부담하는 보험료
☐ 근로자·배우자의 출산, 6세 이하(과세기간개시일 기준) 자녀 보육관련 월 20만원 이내의 금액
☐ 직무발명보상금으로 연 700만원 이하의 금액(단, 지배주주 및 친족관계자가 받는 금액은 제외)
☐ 단체순수보장성보험과 단체환급부보장성보험의 보험료 중 연 70만원 이하 사용자부담 보험료
☐ 공무원이 국가·지자체로부터 공무 수행과 관련하여 받는 상금과 부상 중 연 240만원 이내의 금액

근로소득 총급여 계산[2]

| 난이도 | ㉯ | 정답 | ② |

㈜상일에 근무하는 김철수 대리의 20x1년 급여지급내역이 다음과 같을 때 과세대상 총급여액은 얼마인가?(단, 김철수 대리는 1년 동안 계속 근무하였다)

> ㄱ. 월급여 : 3,000,000원(자녀보육수당, 중식대 제외)
> ㄴ. 상여 : 4,000,000원
> ㄷ. 6세 이하 자녀보육수당 : 월 100,000원
> ㄹ. 중식대 : 월 150,000원(구내식당에서 별도의 식사를 제공받고 있음)
> ㅁ. 자가운전보조금 : 3,000,000원(월 250,000원, 종업원 소유차량을 업무에 사용하고 소요비용을
>   별도로 지급받지 않음)
> ㅂ. ㈜삼일로부터 법인세법상 상여로 처분된 금액: 1,000,000원

① 41,600,000원   ② 43,400,000원   ③ 44,600,000원   ④ 45,800,000원

해설

• 총급여 계산 고려사항
  - 자녀보육수당은 월 20만원 이내 금액은 비과세대상이다.(∴월 100,000원이므로 비과세)
  - 식사를 제공받는 경우 식사대(중식대)는 전액 과세대상이다.(∴월 150,000원 과세)
  - 자가운전보조금은 월 20만원 이내 금액은 비과세대상이다.(∴월 50,000원 과세)
  - 인정상여도 총급여에 포함된다.
  ∴총급여
    3,000,000×12개월+4,000,000+150,000×12개월+50,000×12개월+1,000,000=43,400,000

근로소득 총급여 계산[3]

| 난이도 | ㉯ | 정답 | ③ |

중소기업인 ㈜용산에 근무하는 김상일씨의 20x1년 급여내역이 다음과 같을 때 과세대상 총급여액은 얼마인가? (단, 김상일씨는 당해 1년 동안 계속 근무하였다)

> - 월급여액 : 2,000,000원
> - 상여 : 월급여액의 400%
> - 연월차수당 : 2,000,000원
> - 가족수당 : 1,000,000원
> - 주택자금대여이익 : 500,000원
> - 식사대 : 1,200,000원(월 100,000원. 단, 식사 또는 기타 음식물을 제공받음)
> - 자가운전보조금 : 3,000,000원(월 250,000원)
> - 회사로부터 법인세법상 상여로 소득처분된 금액 : 1,000,000원

① 36,600,000원   ② 37,200,000원   ③ 37,800,000원   ④ 38,300,000원

해설

• 총급여 계산 고려사항
  - 각종 수당(연월차수당, 가족수당)은 원칙적으로 모두 과세대상이다.
  - 본인(일정요건)을 제외한 자녀학자금은 원칙적으로 모두 과세대상이다.
  - 중소기업 종업원의 주택자금대여이익은 비과세대상이다.
  - 식사를 제공받는 경우 식사대는 전액 과세한다.
  - 자가운전보조금(차량유지비)은 월 20만원 이내 금액은 비과세대상이다.(∴월 50,000원 과세)
  - 인정상여도 총급여에 포함된다.
  ∴총급여
    2,000,000×12개월+2,000,000×400%+2,000,000+1,000,000+1,200,000+50,000×12개월+1,000,000=37,800,000

근로소득금액 계산	난이도	⊕	정답	④

●── 다음 자료에 의하여 거주자 김삼일씨의 20x1년 근로소득금액을 계산하면 얼마인가?

> ㄱ. 월급여 : 2,000,000원(자녀보육수당, 중식대 제외)
> ㄴ. 상여 : 월급여의 500%
> ㄷ. 6세 이하 자녀 보육수당 : 월 250,000원
> ㄹ. 중식대 : 월 100,000원(식사를 별도 제공받음)
> ㅁ. 연월차수당 : 2,000,000원
> ㅂ. 거주자는 당해 1년 동안 계속 근무하였다.

총급여액	근로소득공제액
1,500만원 초과 4,500만원 이하	750만원+1,500만원 초과액×15%
4,500만원 초과 1억원 이하	1,200만원+3,000만원 초과액×5%

① 18,320,000원　　② 22,890,000원　　③ 24,690,000원　　④ 26,880,000원

해설

- 총급여 계산 고려사항
  - 6세이하 자녀 보육수당은 월 20만원 이내 금액은 비과세대상이다.(∴월 50,000원 과세)
  - 식사를 제공받는 경우 식사대는 전액 과세대상이다.
  - 각종 수당(연월차수당)은 원칙적으로 모두 과세대상이다.
- 총급여 : $2,000,000 \times 12 + 2,000,000 \times 500\% + 50,000 \times 12 + 100,000 \times 12 + 2,000,000 = 37,800,000$
- 근로소득공제 : $7,500,000 + (37,800,000 - 15,000,000) \times 15\% = 10,920,000$
- 근로소득금액 : $37,800,000 - 10,920,000 = 26,880,000$

① POINT 식대 비과세

사내급식이나 이와 유사한 방식으로 제공받는 식사 기타 음식물	• 비과세
식사를 제공받지 않는 경우 월 20만원 이내의 식사대	• 비과세
식사를 제공받는 경우 식사대	• 전액 과세
식사를 제공받지 않는 경우 월 30만원의 식사대	• 월 10만원 과세

| 연금소득 과세방법 | 난이도 | ⊕ | 정답 | ③ |

소득세법상 연금소득에 관한 설명으로 가장 올바르지 않은 것은?

① 국민연금법, 공무원연금법 등에 따라 받는 유족연금 및 장애연금은 연금소득으로 과세되지 않는다.
② 연금소득금액은 총연금액에서 연금소득공제액을 차감하여 계산되며, 연금소득공제는 최대 900만원까지만 적용 가능하다.
③ 연금소득은 종합과세하는 것이 원칙이나 연 1,500만원 이하인 경우에는 분리과세 해야만 한다.
④ 연금소득을 지급하는 자는 그에 대한 소득세를 원천징수하여 그 징수일이 속하는 달의 다음달 10일까지 정부에 납부하여야 한다.

해설

• 사적연금[무조건분리과세(예 이연퇴직소득을 연금수령) 제외] 총연금액이 연 1,500만원 이하인 경우에는 저율의 선택적분리과세(=종합과세와 분리과세 중 선택)가 가능하다.
→사적연금[무조건분리과세(예 이연퇴직소득을 연금수령) 제외] 총연금액이 연 1,500만원 초과인 경우에는 고율의 선택적분리과세(=종합과세와 분리과세 중 선택)가 가능하다.

| 연금소득 종합과세와 분리과세 | 난이도 | ⊕ | 정답 | ③ |

다음 중 소득세법에 관한 설명으로 가장 올바르지 않은 것은?

① 이자소득과 배당소득은 법령에 열거되지 않은 경우라도 유사한 소득에 대해서는 소득세를 과세한다.
② 소득세는 신고납세제도를 채택하고 있으므로 납세의무자의 확정신고로 과세표준과 세액이 확정된다.
③ 거주자의 경우 연금소득은 종합과세하는 것이 원칙이므로 분리과세하는 연금소득은 없다.
④ 예납적 원천징수의 경우 원천징수의 대상이 된 소득도 과세표준에 포함하여 세액을 계산한 후 원천징수된 세액을 기납부세액으로 공제받는다.

해설

• 사적연금의 경우 무조건분리과세와 선택적분리과세하는 연금소득이 있다.

❓ POINT 연금소득 종합과세와 분리과세

공적연금	원천징수	• 연금소득간이세액표에 따라 원천징수하여 다음 달 10일까지 납부	
	연말정산	• 다음연도 1월분 지급시(사망시는 사망일 다음다음달 말일까지) 연말정산	
	과세방법	• 종합과세하되, 공적연금소득만 있는 경우 확정신고 면제	
사적연금	원천징수	• 원천징수('지급금액×원천징수세율')하여 다음 달 10일까지 납부 →연말정산하지 않음.	
	과세방법	• 종합과세하되, 무조건분리과세와 선택적분리과세 적용	
		무조건 분리과세	• 이연퇴직소득을 연금수령하는 연금소득 • 운용수익·불입액(세액공제분)을 의료목적·천재지변이나 그 밖의 부득이한 사유로 인출하는 연금소득
		선택적 분리과세	• 사적연금 총연금액이 1,500만원 이하인 경우 저율 선택적분리과세 →단, 1,500만원 초과시에도 선택적분리과세가 가능하나 고율(15%) 분리과세가 적용됨.

기타소득 범위	난이도	㉦	정답	④

● ―― 다음의 보기에 나열된 소득 중 기타소득이 아닌 것은?

① 일시적인 문예창작소득　　　　　　② 주택입주 지체상금
③ 복권당첨소득　　　　　　　　　　　④ 저작자가 수령하는 저작권 사용료

해설

• 저작자 외의 자가 저작권의 양도 또는 사용의 대가로 받는 금품은 기타소득으로 하며, 구체적으로 다음과 같이 구분된다.

저작권 등 사용료	저작자 자신에게 귀속	• 사업소득
	저작자 외의 자에게 귀속	• 기타소득

기타소득 과세방법	난이도	㉦	정답	①

● ―― 다음 중 기타소득에 관한 설명으로 가장 올바르지 않은 것은?

① 국내에서 거주자 또는 비거주자에게 기타소득을 지급하는 자는 기타소득금액의 25%에 해당하는 세액을 원천징수하여 그 징수일이 속하는 달의 다음달 10일까지 납부하여야한다.
② 기타소득은 종합과세하는 것이 원칙이나 복권당첨소득은 무조건 분리과세한다.
③ 기타소득은 이자·배당·사업·근로·연금·퇴직·양도소득 이외의 소득으로서 소득세법에서 열거하고 있는 소득을 의미한다.
④ 기타소득의 수입시기는 그 지급을 받은 날이다.

해설

• 국내에서 거주자 또는 비거주자에게 기타소득을 지급하는 자는 기타소득금액의 20%에 해당하는 세액을 원천징수하여 그 징수일이 속하는 달의 다음달 10일까지 납부하여야한다.

★ **저자주** 문제의 명확한 성립을 위해 선지 ④를 '기타소득의 수입시기는 일반적인 경우 그 지급을 받은 날이다.'로 수정바랍니다.(즉, '일반적인 경우' 추가)

❗POINT 기타소득 과세방법

원천징수	• 국내에서 거주자 또는 비거주자에게 기타소득을 지급하는 자는 원천징수하여 그 징수일이 속하는 달의 다음달 10일까지 납부하여야 한다. • 원천징수세액 : 기타소득금액×20% 　→복권당첨소득의 경우는 3억원 초과시 그 초과분은 30%를 적용함. 　→사적연금(연금계좌) 연금외수령 기타소득의 경우는 15%를 적용함.
무조건분리과세	• ㉠ 복권당첨소득 등 　㉡ 사적연금(연금계좌) 연금외수령 기타소득 　㉢ 서화·골동품의 양도로 발생하는 소득
선택적분리과세	• 기타소득금액(무조건분리과세와 무조건종합과세 제외)이 연 300만원 이하인 경우 　♀주의 기타소득금액이므로 필요경비 차감 후 금액을 기준으로 함.
과세최저한	• 일반적인 기타소득금액이 건로로 5만원 이하인 경우 소득세를 과세하지 않음. 　→단, 사적연금(연금계좌) 연금외수령 기타소득은 과세최저한을 적용 제외함.(즉, 건별 5만원 이하인 경우에도 15%로 소득세를 과세함)

기타소득 복권당첨금 실수령액

| 난이도 | ㉯ | 정답 | ② |

다음은 ㈜상일 직원들의 대화 내용이다. 소득세법상 가장 올바르지 않은 설명을 하고 있는 사람은 누구인가?

> 안부장 : 최대리, 로또 2억원 당첨됐다면서요? 축하해요.
> 최대리 : 고마워요. 근데 세금이 엄청날 거 같아요. 소득세 20%에 지방소득세 2%를 원천징수할 것 같거든요.
> 김사원 : 아! 로또 당첨되면 세금을 22% 공제하는군요. 그러면, 로또 10억원 당첨되면 실수령액은 7억 8천만원 정도 이겠네요.
> 안부장 : 그건 그렇고, 로또 당첨금도 있고 하니 최대리 내년에 종합소득확정신고 해야 하나요?
> 하과장 : 아닐 거예요. 기타소득은 종합과세 하는 것이 원칙이지만, 복권당첨소득은 분리과세 될 거예요.
> 안부장 : 그런데 종합소득확정신고는 언제 하나요?
> 이차장 : 신고납부기한이 다음연도 5월말까지예요.

① 최대리 　　　　② 김사원 　　　　③ 하과장 　　　　④ 이차장

해설

- 복권당첨금 소득세(원천징수세액) : 3억원×20%+3억원초과분×30%
  →지방소득세 : 소득세(원천징수세액)×10%
- 복권당첨금 소득세(원천징수세액) : 3억원×20%+(10억원−3억원)×30%=2.7억원
  →지방소득세 : 2.7억원×10%=0.27억원
- ∴실수령액 : 10억원−(2.7억원+0.27억원)=7.03억원

기타소득 일반사항[1]

| 난이도 | ㉯ | 정답 | ① |

소득세법상 기타소득에 대한 다음 설명 중 가장 옳지 않은 것은?

① 법인세법에 따라 처분된 기타소득의 수입시기는 그 지급을 받은 날이다.
② 기타소득은 종합과세하는 것이 원칙이나 기타소득금액이 연 300만원 이하인 경우 분리과세를 선택할 수 있다.
③ 복권당첨소득은 기타소득으로 분류되며 무조건 분리과세되므로 별도로 종합과세 되지 않는다.
④ 고용관계 없는 자가 다수인에게 강연을 하고 받는 강연료는 기타소득으로 분류되며 총수입금액의 60%를 필요경비로 인정한다.

해설

- ① 법인세법에 따라 처분된 기타소득(인정기타소득)의 수입시기는 그 법인의 해당 사업연도의 결산확정일이다.
- ④ 인적용역의 일시제공으로 인한 대가(고용관계없는 자가 다수인에게 강연을 하고 받은 강연료 등)의 필요경비는 'Max[확인경비, 총수입금액×60%]'이다.
- ★저자주 선지 ④도 옳지 않은 설명이므로 복수정답으로 처리되어야 합니다. 충분한 검토과정과 신중한 출제가 필요하다고 사료됩니다. 참고로, 옳은 설명이기 위해서는 '~ 총수입금액의 60%'를 '~ 최소한 총수입금액의 60%'로 수정하여야 합니다.

❓POINT 기타소득 수입시기

일반적인 기타소득	• 그 지급을 받은 날
법인세법에 따라 처분된 기타소득	• 그 법인의 해당 사업연도의 결산확정일
산업재산권 등을 양도	• 그 대금청산일, 자산인도일 또는 사용·수익일 중 빠른 날 →다만, 대금을 청산하기 전에 자산을 인도 또는 사용·수익하였으나 대금이 확정되지 아니한 경우에는 그 대금 지급일로 함.
계약금이 위약금·해약금으로 대체되는 경우의 기타소득	• 계약의 위약 또는 해약이 확정된 날
연금계좌에서 연금외수령한 기타소득	• 연금외수령한 날

기타소득 일반사항[2]	난이도	⊕	정답	④

다음 중 소득세법상 기타소득에 관한 설명으로 가장 올바르지 않은 것은?

① 고용관계 없는 자가 다수인에게 강연을 하고 받는 강연료는 기타소득으로 분류되며 증빙이 없더라도 총수입금액의 60%를 필요경비 인정률로 적용받을 수 있다.
② 국가지정문화재로 지정된 서화·골동품의 양도로 발생하는 소득은 기타소득으로 과세되지 않는다.
③ 복권당첨소득은 기타소득으로 분류되며 무조건 분리과세되므로 별도로 종합과세 되지 않는다.
④ 기타소득은 종합과세하는 것이 원칙이나 기타소득금액이 연 300만원 이하인 경우 무조건 분리과세 된다.

해설

• 기타소득은 종합과세하는 것이 원칙이나 기타소득금액이 연 300만원 이하인 경우 종합과세와 분리과세 중 선택할 수 있다.(=선택적 분리과세)

소득세 과세여부	난이도	⊕	정답	①

다음 거주자가 받은 소득내역 중 소득세가 과세되는 것으로 가장 옳은 것은?

① 강연료 1천만원
② 학술·종교·제사·자선·기타 공익을 목적으로 하는 공익신탁에서 발생한 이익 1천만원
③ 국민연금법에 의하여 지급받은 유족연금 1천만원
④ 발명진흥법에 의한 직무발명에 대하여 사용자로부터 받는 보상금으로 월 10만원

해설

• ① 강연료 1천만원
  →일시적인 인적용역의 대가 : 기타소득 과세
 ② 학술·종교·제사·자선·기타 공익을 목적으로 하는 공익신탁에서 발생한 이익 1천만원
  →이자소득 비과세(공익신탁의 이익은 다른 소득으로 분류되는 경우에도 모두 비과세함.)
 ③ 국민연금법에 의하여 지급받은 유족연금 1천만원
  →연금소득 비과세
 ④ 발명진흥법에 의한 직무발명에 대하여 사용자로부터 받는 보상금으로 월 10만원
  →근로소득(또는 퇴직후 받는 경우는 기타소득) 비과세 [비과세 한도] 연 700만원

종합소득금액 집계[1]

| 난이도 | ㉮ | 정답 | ② |

거주자인 김상일씨의 20x1년도 소득자료는 다음과 같다. 이에 의하여 20x2년 5월말까지 신고해야 할 종합소득금액은 얼마인가?

ㄱ. 근로소득금액	22,000,000원
ㄴ. 양도소득금액	13,000,000원
ㄷ. 사업소득금액	15,000,000원
ㄹ. 퇴직소득금액	20,000,000원
ㅁ. 기타소득금액	4,800,000원

① 37,000,000원　　② 41,800,000원　　③ 57,000,000원　　④ 65,200,000원

해설

• 종합소득금액 : 22,000,000(근로소득금액)+15,000,000(사업소득금액)+4,800,000(기타소득금액)=41,800,000
→양도소득금액·퇴직소득금액은 별도로 분류과세되므로 종합소득금액에 포함되지 않는다.

Q POINT 종합소득금액 계산구조

이자소득	배당소득	사업소득	근로소득	연금소득	기타소득
(-) 비 과 세 (-) 분리과세	(-) 비 과 세 (-) 분리과세	(-) 비 과 세 -	(-) 비 과 세 (-) 분리과세	(-) 비 과 세 (-) 분리과세	(-) 비 과 세 (-) 분리과세
총수입금액	총수입금액	총수입금액	총수입금액	총수입금액	총수입금액
-	(+) 귀속법인세	(-) 필요경비	(-) 근로소득공제	(-) 연금소득공제	(-) 필요경비
이자소득금액	배당소득금액	사업소득금액	근로소득금액	연금소득금액	기타소득금액

*♡주의 다음의 소득금액은 종합소득금액 집계시 제외함.
　㉠ 2천만원을 초과하지 않는 조건부종합과세대상 이자소득금액(∵분리과세됨)
　㉡ 복권당첨소득 등의 기타소득금액(∵분리과세됨)
　㉢ 양도소득금액과 퇴직소득금액(∵분류과세됨)

종합소득금액 집계[2]

| 난이도 | ⊕ | 정답 | ② |

김영인씨의 20x1년도 소득자료는 다음과 같다. 아래 자료를 기초로 20x2년 5월말까지 신고해야 할 종합소득금액을 계산하면 얼마인가?

ㄱ. 근로소득금액	12,000,000원
ㄴ. 퇴직소득금액	13,000,000원
ㄷ. 사업소득금액	15,000,000원
ㄹ. 기타소득금액*⁾	4,800,000원
ㅁ. 이자소득금액(정기예금이자)	15,200,000원

*⁾기타소득금액은 강사료 수입으로 필요경비를 공제한 후의 금액임

① 27,000,000원　　② 31,800,000원　　③ 42,200,000원　　④ 47,000,000원

해설

• 종합소득금액 : 12,000,000(근로소득금액)+15,000,000(사업소득금액)+4,800,000(기타소득금액)=31,800,000
→퇴직소득금액 별도로 분류과세되므로 종합소득금액에 포함되지 않으며, 이자소득금액은 2천만원 이하이므로 분리과세된다.

종합소득금액 집계[3]

| 난이도 | ⊕ | 정답 | ④ |

● 김영인씨의 20x1년도 소득자료는 다음과 같다. 아래 자료를 기초로 20x2년 5월말까지 신고해야 할 종합소득금액을 계산하면 얼마인가?

ㄱ. 근로소득금액	12,000,000원
ㄴ. 퇴직소득금액	13,000,000원
ㄷ. 사업소득금액	15,000,000원
ㄹ. 기타소득금액*)	4,800,000원
ㅁ. 이자소득금액(정기예금이자)	20,200,000원

*)기타소득금액은 강사료 수입으로 필요경비를 공제한 후의 금액임

① 27,000,000원　　② 31,800,000원　　③ 47,200,000원　　④ 52,000,000원

해설

• 종합소득금액 : 12,000,000(근로)+15,000,000(사업)+4,800,000(기타)+20,200,000(이자)=52,000,000
→퇴직소득금액 별도로 분류과세되므로 종합소득금액에 포함되지 않으며, 이자소득금액은 2천만원 초과하므로 종합과세된다.

사업소득 결손금·이월결손금 공제[1]

| 난이도 | ⊕ | 정답 | ④ |

● 다음 중 소득세법상 결손금 공제에 대한 설명으로 가장 옳은 것은?
① 사업소득에서 발생한 결손금은 이자소득금액→배당소득금액→근로소득금액→연금소득금액→기타소득금액에서 순서대로 공제한다.
② 주거용 건물임대업에서 발생한 결손금은 다른 부동산임대업에서 발생한 결손금과 마찬가지로 다른 소득금액에서 공제할 수 없다.
③ 부동산임대업에서 발생한 이월결손금은 다른 소득금액에서 공제할 수 있다.
④ 2019년 발생한 이월결손금은 발생연도 종료일로부터 10년 내에 종료하는 과세기간의 소득금액 계산 시 먼저 발생한 것부터 순차로 공제한다.

해설

• ① (일반)사업소득에서 발생한 결손금은 근로소득금액→연금소득금액→기타소득금액→이자소득금액→배당소득금액에서 순서대로 공제한다.
→단, 공제적용대상 (일반)사업결손금은 부동산임대업소득금액에서 공제후 금액이다.
② 주거용 건물임대업에서 발생한 결손금도 위 ①과 동일하게 근로소득금액→연금소득금액→기타소득금액→이자소득금액→배당소득금액에서 순서대로 공제한다.
→단, 공제적용대상 주거용건물임대업결손금은 일반사업소득금액과 부동산임대업소득금액에서 공제후 금액이다.
③ 부동산임대업에서 발생한 이월결손금은 다른 소득금액에서 공제할 수 없다.(무조건 이월한다.)

❗ POINT 사업소득 결손금과 이월결손금 공제방법

구분	결손금*)	이월결손금
일반사업 (주거용건물임대업 포함)	• 공제순서 : 근→연→기→이→배	• 공제순서 : 사→근→연→기→이→배 ◎주의 10년(2020년 이후분 : 15년) 이월공제
부동산임대업 (주거용건물임대업 제외)	• 무조건 이월	• 부동산임대업소득금액에서만 공제 ◎주의 10년(2020년 이후분 : 15년) 이월공제

*)㉠ 일반사업결손금 : 부동산임대업소득금액에서 공제후 금액 ㉡ 주거용건물임대업결손금 : 일반사업·부동산임대업소득금액에서 공제후 금액
**보론 추계신고·추계조사결정시는 이월결손금 공제배제함.(단, 천재지변, 불가항력으로 장부멸실시는 제외)

사업소득 결손금·이월결손금 공제[2]

난이도 ⊕ **정답** ①

다음 중 소득세법상 결손금 및 이월결손금 공제에 관한 설명으로 가장 올바르지 않은 것은?

① 해당과세기간의 소득금액에 추계신고하는 경우에는 이월결손금 공제규정을 적용한다.
② 2019년 발생한 이월결손금은 발생종료일로부터 10년 이내에 종료하는 과세기간의 소득금액 계산시 먼저 발생한 것부터 순차로 공제한다.
③ 사업소득의 결손금은 법에서 정한 순서에 따라 공제한다.
④ 부동산임대업(주거용 건물 임대업 제외)에서 발생한 결손금은 다른 소득금액과 통산하지 않고 다음 연도로 이월시킨다.

해설

• 해당 과세기간의 소득금액에 대해서 추계신고(비치·기록한 장부와 증명서류에 의하지 않은 신고)를 하거나 추계조사결정하는 경우에는 이월결손금 공제규정을 적용하지 않는다.
→다만, 천재지변이나 그 밖의 불가항력으로 장부나 그 밖의 증명서류가 멸실되어 추계신고를 하거나 추계조사결정을 하는 경우에는 그렇지 않다.[소득법 45④]

사업소득 결손금·이월결손금 공제[3]

난이도 ⊕ **정답** ④

다음 중 소득세법상 결손금 및 이월결손금 공제에 대한 설명으로 가장 옳은 것은?

① 사업소득에서 발생한 결손금은 이자소득금액→배당소득금액→근로소득금액→연금소득금액→기타소득금액에서 순서대로 공제한다.
② 주거용 건물임대업에서 발생한 결손금은 다른 부동산임대업에서 발생한 결손금과 마찬가지로 다른 소득금액에서 공제할 수 없다.
③ 부동산임대업에서 발생한 이월결손금은 다른 소득금액에서 공제할 수 있다.
④ 결손금은 발생연도 종료일로부터 15년(2020년 1월 1일 전에 개시하는 과세연도에 발생한 결손금 10년)이내에 먼저 발생한 과세기간의 이월결손금부터 순차로 공제한다.

해설

• ① 사업소득에서 발생한 결손금은 근로소득금액→연금소득금액→기타소득금액→이자소득금액→배당소득금액에서 순서대로 공제한다.
→단, 공제적용대상 결손금은 일반사업결손금은 부동산임대업소득금액에서 공제후 금액이다.
② 주거용 건물임대업에서 발생한 결손금은 근로소득금액→연금소득금액→기타소득금액→이자소득금액→배당소득금액에서 순서대로 공제한다.
→단, 공제적용대상 주거용건물임대업결손금은 일반사업소득금액과 부동산임대업소득금액에서 공제후 금액이다.
③ 부동산임대업에서 발생한 이월결손금은 다른 소득금액에서 공제할 수 없고, 부동산임대업의 소득금액에서만 공제한다.

종합소득 과세표준[1]

난이도	㉯	정답	①

다음은 20x1년 김상일씨의 소득 내역이다. 김상일씨의 20x1년도 종합소득 과세표준을 계산하면 얼마인가?

ㄱ. 비영업대금이익	10,000,000원	ㄴ. 사업소득금액	50,000,000원
ㄷ. 근로소득금액	70,000,000원	ㄹ. 퇴직소득금액	80,000,000원
ㅁ. 양도소득금액	30,000,000원	ㅂ. 종합소득공제	40,000,000원

① 80,000,000원 ② 90,000,000원 ③ 120,000,000원 ④ 200,000,000원

해설

• 비영업대금이익(조건부종합과세대상)은 2천만원 이하이므로 분리과세하며, 퇴직소득과 양도소득은 분류과세한다.
• 종합소득금액 : 50,000,000(사업소득금액)+70,000,000(근로소득금액) = 120,000,000
∴과세표준 : 120,000,000(종합소득금액) - 40,000,000(종합소득공제) = 80,000,000

! POINT 금융소득종합과세의 적용

☐ 판정대상액 = 무조건종합과세대상+조건부종합과세대상
☐ 종합과세되는 금융소득 구성순서 : 이자소득 → G·U대상아닌 배당소득 → G·U대상인 배당소득

구분	분리과세 금융소득	종합과세되는 금융소득		세율적용
판정대상액>2천만원	-	조건부종합과세대상 무조건종합과세대상	2천만원 초과분 〈Gross-up O〉	기본세율
			2천만원 〈Gross-up X〉	14%세율
판정대상액≦2천만원	조건부종합과세대상	무조건종합과세대상		14%세율

종합소득 과세표준[2]

난이도	㉯	정답	①

다음은 20x1년 김상일씨의 소득 내역이다. 김상일씨의 20x1년 종합소득 과세표준을 계산하면 얼마인가?

ㄱ. 비실명금융소득	20,000,000원	ㄴ. 사업소득금액	40,000,000원
ㄷ. 근로소득금액	80,000,000원	ㄹ. 퇴직소득금액	90,000,000원
ㅁ. 양도소득금액	50,000,000원	ㅂ. 종합소득공제	40,000,000원

① 80,000,000원 ② 100,000,000원 ③ 130,000,000원 ④ 240,000,000원

해설

• 비실명금융소득(무조건분리과세대상)은 분리과세하며, 퇴직소득과 양도소득은 분류과세한다.
• 종합소득금액 : 40,000,000(사업소득금액)+80,000,000(근로소득금액) = 120,000,000
∴과세표준 : 120,000,000(종합소득금액) - 40,000,000(종합소득공제) = 80,000,000

! POINT 금융소득의 구분

구분	범위	원천징수세율
무조건분리과세	• 직장공제회 초과반환금	기본세율
	• 비실명금융소득(비실명이자소득, 비실명배당소득)	45%(90%)
	• 법원보증금 이자, 1거주자로 보는 법인 아닌 단체(무분배)의 금융소득	14%
무조건종합과세	• 원천징수대상이 아닌 국외금융소득, 원천징수되지 않은 국내금융소득	-
	• 출자공동사업자 배당소득	25%
조건부종합과세	• 일반적 이자소득, 일반적 배당소득	14%
	• 비영업대금의 이익	25%

인적공제액 계산[1]	난이도	㉬	정답	③

다음 중 거주자 김삼일씨(남성)의 부양가족 현황이다. 김삼일씨가 소득공제로 적용받을 수 있는 인적공제(기본공제와 추가공제)의 합계는 얼마인가?

가족구성원	연령	소득종류 및 금액
김삼일	42세	종합소득금액 5,000만원
배우자	40세	소득 없음
부친(장애인)	72세	소득 없음
모친	68세	사업소득금액 500만원
딸	10세	소득 없음
아들	8세	소득 없음

① 900만원   ② 950만원   ③ 1,050만원   ④ 1,200만원

해설

• 기본공제 : 5명[본인, 배우자, 부친(경로우대자/장애인), 딸, 아들]×150만원=750만원
　→모친은 소득금액 100만원 이하에 해당하지 않으므로 기본공제대상에서 제외된다.
• 추가공제(전제조건 : 위 기본공제대상자일 것) : 장애인공제(200만원)+경로우대자공제(100만원)=300만원
　→추가공제는 사유수로 계산하므로 부친은 장애인공제와 경로우대자공제 모두 적용한다.
∴인적공제 합계 : 750만원+300만원=1,050만원

POINT 인적공제 주요사항

❖기본공제액 = 기본공제대상인원수×150만원

기본공제대상		요건	
본인(나)		• 요건없음(무조건 공제대상)	
배우자	소득	• 소득금액 100만원 이하(근로소득만 있는 경우 : 총급여 500만원 이하)	
	연령	• 요건없음	
생계부양가족	소득	• 소득금액 100만원 이하(근로소득만 있는 경우 : 총급여 500만원 이하)	
	연령	• 나와 배우자의 직계존속(계부·계모 포함)	• 60세 이상
		• 나와 배우자의 직계비속[*](의붓자녀 포함)	• 20세 이하
		• 나와 배우자의 형제자매	• 20세 이하 or 60세 이상
		• 위탁아동(6월이상 양육)과 장애인 ⌕주의 위탁아동과 장애인도 소득요건은 있음.	-

⌕주의 *)직계비속(입양자)과 배우자가 모두 장애인인 경우는 그 배우자도 포함

기본공제	생계부양가족	• 배우자, 직계비속, 주거형편에 따라 별거하는 직계존속 포함 • 취학, 사업상 형편 등으로 주소를 일시퇴거한 부양가족도 포함	
	공제대상판정	원칙	• 해당 과세기간 종료일의 현재의 상황에 따름.
		예외	• 적용대상 연령에 해당하는 날이 하루라도 있으면 공제대상임. • 사망자와 장애치유자는 사망일 전일, 치유일 전일 상황에 의함.

추가공제 [<기본전제> 기본공제대상자]	경로우대공제	• 70세 이상	• 1명당 100만원
	장애인공제	• 장애인인 경우	• 1명당 200만원
	부녀자공제	• 거주자(종합소득금액 3천만원 이하)가 남편(배우자)있는 여성 또는 남편없는 여성으로 부양가족있는 세대주	• 연 50만원
	한부모공제	• 거주자가 배우자없는 자로 기본공제 직계비속이 있는 자	• 연 100만원

⌕주의 부녀자공제와 한부모공제가 동시에 적용되는 경우 한부모공제를 적용함.(중복적용 배제)

제1주차 핵심유형특강
제2주차 핵심유형특강
제3주차 최신유형특강
제4주차 기출변형특강

| 인적공제액 계산[2] | 난이도 | ㉯ | 정답 | ③ |

다음은 거주자 김삼일씨(남성)의 20x1년 부양가족 현황이다. 김삼일씨가 소득공제로 적용받을 수 있는 인적공제(기본공제와 추가공제)의 합계는 얼마인가?

가족구성원	연령	소득종류 및 금액
김삼일	42세	종합소득금액 5,000만원
배우자	40세	총급여 500만원
부친(장애인)	80세	소득 없음
모친	71세	사업소득금액 500만원
딸	10세	소득 없음
아들	8세	소득 없음

① 900만원　　　　② 950만원　　　　③ 1,050만원　　　　④ 1,150만원

해설

• 기본공제 : 5명[본인, 배우자, 부친(경로우대자/장애인), 딸, 아들]×150만원=750만원
  →배우자는 소득요건(총급여 500만원 이하)에 해당하므로 기본공제대상에 포함된다.
  →모친은 소득금액 100만원 이하에 해당하지 않으므로 기본공제대상에서 제외된다.
• 추가공제(전제조건 : 위 기본공제대상일 것) : 장애인공제(200만원)+경로우대자공제(100만원)=300만원
  →추가공제는 사유수로 계산하므로 부친은 장애인공제와 경로우대자공제 모두 적용한다.
∴인적공제 합계 : 750만원+300만원=1,050만원

| 인적공제 일반사항 | 난이도 | ⊕ | 정답 | ③ |

다음 중 소득세법상 종합소득금액과세표준 계산 시 인적공제에 관한 설명으로 가장 올바르지 않은 것은?

① 인적공제제도는 거주자의 최저생계비보장 및 부양가족의 상황에 따라 세부담에 차별을 두어 부담능력에 따른 과세를 실현하기 위한 제도이다.
② 모든 거주자는 별도의 조건 없이 본인에 대한 기본공제 150만원을 적용받을 수 있다.
③ 소득세법상 일정 요건을 충족하면 추가로 공제해주는 경로우대공제 및 장애인공제 등은 비록 기본공제대상자에서 제외되었더라도 적용 가능하다.
④ 인적공제대상자의 판정시기는 해당 과세기간 종료일인 12월 31일 현재의 상황에 의한다.

해설

• 소득세법상 일정 요건을 충족하면 추가로 공제해주는 경로우대공제 및 장애인공제 등은 기본공제대상자에서 제외된 경우에는 적용 불가능하다.(즉, 기본공제대상자만 추가공제대상자가 될 수 있다.)
* **저자주** 문제의 명확한 성립을 위해 선지 ④를 '인적공제대상자의 판정시기는 원칙적으로 해당 과세기간 종료일인 12월 31일 현재의 상황에 의한다.'로 수정바랍니다.(즉, '원칙적으로' 추가)

❓ POINT 공제대상자 판정시기

원칙	• 공제대상배우자·공제대상부양가족·공제대상장애인 또는 공제대상경로우대자에 해당하는지 여부의 판정은 해당 과세기간 종료일인 12월 31일 현재의 상황에 의함.
예외	• 연령기준이 정해진 공제의 경우 해당 과세기간 중에 기준연령에 해당하는 날(해당 나이가 되는 첫날)이 있는 경우 공제대상자가 됨. →예 2x01.5.1생인 자녀가 있는 경우 2x21.12.31 현재 만 20세를 초과하나, 2x21.5.1에 만 20세가 되었으므로 2x21년도에 대한 연말정산시 기본공제를 받을 수 있음.

| 신용카드사용소득공제 | 난이도 | ⊕ | 정답 | ④ |

다음은 김상일 회계사의 홈페이지에 있는 연말정산에 대한 상담사례들을 모은 것이다. 다음 상담사례의 답변 중 가장 올바르지 않은 것은?

(질문1)

　안녕하세요. 김삼일 회계사님.

　제가 사고로 인해 이번달에 병원에서 MRI 촬영을 했는데 이것도 의료비공제가 됩니까? 가뜩이나 MRI 촬영비도 비싼데 공제도 안된다면 사고난 곳이 더 아플 것 같습니다.

　▪ 답변1

　MRI 촬영비가 진료, 질병예방 목적으로 의료기관에 지급된 경우에는 의료비 공제대상입니다.

(질문2)

　수고가 많으십니다. 저는 봉급생활자인데 자동차종합보험료도 보험료 공제를 받을 수 있습니까?

　▪ 답변2

　자동차종합보험은 보장성보험이므로 지급된 보험료가 보험료공제 대상이 됩니다.

(질문3)

　아이가 아파서 미국에서 수술을 받았습니다. 해당 의료비는 세액공제를 받을 수 있나요?

　▪ 답변3

　국외에서 지출한 의료비는 세액공제가 불가능합니다.

(질문4)

　올해 대학에 입학하는 자녀의 대학등록금 900만원을 신용카드로 납부하였습니다. 신용카드로 결제한 대학교 등록금도 신용카드 공제대상이 되나요?

　▪ 답변4

　신용카드로 결제한 대학교 등록금은 신용카드 세액공제 대상에 해당합니다.

---

① 답변1　　　　② 답변2　　　　③ 답변3　　　　④ 답변4

해설

• 교육비[유아교육법(유치원), 초·중등교육법(초등·중등·고등학교), 고등교육법(대학교 등), 특별법에 따른 학교 및 영유아보호법에 따른 어린이집에 납부하는 수업료·입학금·보육비용 기타 공납금]는 신용카드사용액으로 인정되지 않는다.(즉, 공제대상이 아니다.)

★ **저자주** 문제의 명확한 성립을 위해 답변4의 '신용카드 세액공제'를 '신용카드 소득공제'로 수정바랍니다. 충분한 검토과정과 신중한 출제가 필요하다고 사료됩니다.

ⓘ POINT 신용카드사용소득공제 개괄

공제조건	• 신용카드·현금영수증·직불카드 등 연간 사용금액이 총급여의 25%를 초과하는 경우 적용함.
카드사용자	• 근로소득자 본인, 기본공제대상 배우자, 연령제한 없는 기본공제대상 직계존속·직계비속
공제우대사항	• 전통시장, 대중교통, 도서·공연·박물관 등 사용액은 일반사용액보다 높은 공제율을 적용함.
공제배제 사용액	• 국외사용액, 각종 보험료, 수업료 등의 각종 교육비, 제세공과금(국세·지방세 등), 리스료, 상품권 등 유가증권 구입비, 취득세 등 부과 재산 구입비용, 국가 등에 지급하는 사용료·수수료(단, 우정사업조직 소포우편물 방문접수 배달용역은 공제대상임), 차입금 이자상환액, 정치자금, 사업성소득의 비용 등

종합소득공제와 세액공제	난이도	⊕	정답	②

다음 중 종합소득공제 및 세액공제에 관한 설명으로 가장 올바르지 않은 것은?

① 부양가족인 아버지가 만 70세 이상이면서 장애인인 경우, 아버지에 대한 인적공제 해당 금액은 총 450만원이다.

② 기본공제대상자인 자녀가 20x1년 중에 만 20세가 되었다면, 20x1년도에 대한 연말정산시 기본공제를 받을 수 없다.

③ 해외에서 지출한 신용카드 사용액은 신용카드소득공제 대상에 포함되지 않는다.

④ 의료비세액공제는 근로소득이 있는 거주자가 나이 및 소득의 제한을 받지 않는 기본공제대상자를 위하여 지출한 의료비에 대해 적용된다.

해설

• ① 부양가족인 아버지가 만 70세 이상이면서 장애인인 경우 인적공제 해당 금액 : ㉠+㉡ =450만원
  ㉠ 기본공제 : 150만원
  ㉡ 추가공제 : 경로우대공제(100만원)+장애인공제(200만원)=300만원

• ② 기본공제대상자인 자녀가 당기 중에 만 20세가 되었다면 당기말 현재로는 만 20세를 초과하나, 당기 중에 만 20세에 해당하는 날이 있으므로 공제대상자에 해당한다. 따라서 연말정산시 기본공제를 받을 수 있다.

소득세법상 세액공제 일반사항	난이도	⊕	정답	④

다음 중 소득세법상 세액공제에 관한 설명으로 가장 올바르지 않은 것은?

① 보험료, 의료비, 교육비, 월세 세액공제액의 합계액이 그 거주자의 해당 과세기간의 근로소득에 대한 종합소득산출세액을 초과하는 경우 그 초과하는 금액은 없는 것으로 한다.

② 사업자가 천재·지변 기타 재해로 인하여 자산총액의 20% 이상을 상실한 경우 재해손실세액공제가 적용된다.

③ 간편장부대상자가 복식부기에 따라 기장하여 사업소득금액을 계산하고 재무제표를 제출하는 경우 기장세액공제가 적용된다.

④ 기장세액공제액이 200만원을 초과하는 경우에는 그 초과하는 금액은 없는 것으로 한다.

해설

• ① 특별세액공제의 한도 : 근로소득이 있는 거주자에게 적용되는 보장성보험료세액공제, 의료비세액공제, 교육비세액공제 및 월세 세액공제 규정에 따른 세액공제의 합계액이 그 거주자의 해당 과세기간의 근로소득에 대한 종합소득산출세액(=종합소득산출세액× $\frac{근로소득금액}{종합소득금액}$)을 초과하는 경우 그 초과하는 금액은 없는 것으로 한다.[소득법 61①]

• ④ 기장세액공제액이 100만원을 초과하는 경우에는 그 초과하는 금액은 없는 것으로 한다.(즉, 한도=100만원)

❗POINT 기장세액공제

적용대상	• 간편장부대상자가 복식부기에 따라 기장하여 소득금액을 계산하고 기업회계기준을 준용하여 작성한 재무상태표·손익계산서와 그 부속서류 및 합계잔액시산표와 조정계산서를 제출하는 경우 ↪주의 복식부기의무자와 간편장부를 제출한 간편장부대상자는 공제대상이 아님.
공제액	❑ 종합소득산출세액 × $\frac{기장된\ 사업소득금액}{종합소득금액}$ × 20% 【한도 : 100만원】

| 퇴직소득 일반사항[1] | 난이도 | ⊕ | 정답 | ③ |

다음 중 소득세법상 퇴직소득에 관한 설명으로 가장 올바르지 않은 것은?

① 사용자 부담금을 기초로 하여 현실적퇴직을 원인으로 지급받는 소득은 퇴직소득으로 본다.
② 법인의 상근임원이 비상근임원이 된 경우는 현실적 퇴직으로 본다.
③ 과세이연된 퇴직소득금액을 연금외수령한 경우 퇴직소득으로 과세한다.
④ 퇴직소득에 대한 총수입금액의 수입시기는 원칙적으로 퇴직을 한 날로 한다.

해설

- ② 퇴직급여를 실제로 지급받지 않고 법인의 상근임원이 비상근임원이 된 경우는 퇴직으로 보지 않을 수 있다.(비현실적 퇴직으로 본다.)
- ③ 사적연금(연금계좌)의 이연퇴직소득(과세이연된 퇴직소득금액)의 과세는 다음과 같다.

	연금소득의 범위(연금수령)	연금외수령
운용수익	• 연금계좌 운용실적에 따라 증가된 금액	기타소득
불입액(세액공제분)	• 연금계좌세액공제를 받은 불입액	기타소득
이연퇴직소득	• 퇴직금으로 불입(불입시 과세이연분)	**퇴직소득**

❗POINT 퇴직소득 개괄

퇴직소득 범위	공적연금	• 공적연금 관련법에 따라 받는 일시금(지연지급 이자 포함)
	현실적퇴직	• 사용자부담금을 기초로 현실적퇴직을 원인으로 지급받는 소득
	유사소득	• 과학기술발전장려금, 건설근로자의 퇴직공제금
퇴직소득 과세방법	원천징수	• 퇴직소득 지급시 원천징수의무자가 원천징수하여 납부함.
	확정신고	• 원천징수O → 다음달 10일까지 납부 → 확정신고X
퇴직소득 수입시기	• 퇴직한 날 →국민연금일시금, 건설근로자의 퇴직공제금은 지급받은 날	

❗POINT 소득세법상 비현실적 퇴직과 현실적 퇴직

현실적 퇴직으로 보지 않는 경우 {퇴직급여를 실제로 받지 않은 경우 퇴직으로 보지 않을 수 있는 경우}	현실적 퇴직으로 보는 경우 {퇴직급여를 미리 지급받은(중간지급) 경우 그 지급받은 날에 퇴직으로 보는 경우}
• 종업원이 임원이 된 경우 • 법인의 상근임원이 비상근임원이 된 경우 • 비정규직근로자가 정규직근로자로 전환된 경우 • 합병·분할 등 조직변경, 사업양도, 직·간접 출자관계법인으로의 전출이 이루어진 경우	• 근로자퇴직급여보장법에 따라 근로자가 주택구입 등 긴급한 자금이 필요한 사유로 퇴직 전에 미리 중간정산하여 지급받은 경우 • 근로자퇴직급여보장법(제38조)에 따라 퇴직연금제도가 폐지되는 경우

퇴직소득 일반사항[2]	난이도	㊥	정답	①

● 다음 중 퇴직소득에 관한 설명으로 가장 올바르지 않은 것은?

① 퇴직급여를 실제로 지급받지 않고 종업원이 임원이 된 경우는 현실적 퇴직으로 본다.
② 퇴직소득에 대한 총수입금액의 수입시기는 퇴직을 한 날로 한다.
③ 퇴직소득공제는 근속연수에 따른 공제액과 환산급여에 따른 공제액을 합계한 금액이다.
④ 퇴직소득 산출세액은 연분연승법을 적용하여 계산한다.

해설

• 퇴직급여를 실제로 지급받지 않고 종업원이 임원이 된 경우는 퇴직으로 보지 않을 수 있다.(비현실적 퇴직으로 본다.)

❗POINT 퇴직소득산출세액 계산['연분연승법'을 적용]

퇴직소득공제 용어정의	• 이하 근속연수공제와 환산급여공제를 퇴직소득공제라 함.
퇴직소득과세표준	• 환산급여[(퇴직소득금액 – 근속연수공제) × $\dfrac{12배}{근속연수}$] – 환산급여공제
퇴직소득산출세액	• 퇴직소득과세표준 × 기본세율 × $\dfrac{근속연수}{12배}$

원천징수 일반사항	난이도	㊦	정답	③

● 다음 중 소득세법상 원천징수에 관한 설명으로 가장 올바르지 않은 것은?

① 예납적 원천징수에 해당하면 별도의 확정신고가 필요하다.
② 정부는 원천징수를 통해 조세수입을 조기에 확보할 수 있다.
③ 기타소득에 대한 원천징수세율과 이자소득에 대한 원천징수세율은 동일하다.
④ 완납적 원천징수에 해당하면 별도의 확정신고가 불필요하다.

해설

• 기타소득에 대한 원천징수세율(20% 등)과 이자소득에 대한 원천징수세율(14% 등)은 상이하다.

❗POINT 원천징수대상과 원천징수세율 주요사항

금융소득	• 직장공제회 초과반환금	기본세율
	• 비실명금융소득(비실명이자소득, 비실명배당소득)	45%(90%)
	• 법원보증금 이자, 1거주자로 보는 법인 아닌 단체(무분배)의 금융소득	14%
	• 출자공동사업자 배당소득	25%
	• 일반적 이자소득, 일반적 배당소득	14%
	• 비영업대금의 이익	25%
사업소득	• 인적용역과 의료보건용역	3%
	• 봉사료	5%
근로소득	• 일반근로자	기본세율
	• 일용근로자	6%
연금소득	• 공적연금	기본세율
	• 사적연금	다양
기타소득	• 일반적인 경우(3억원 초과 복권당첨소득)	20%(30%)
퇴직소득	–	기본세율

연말정산 일반사항[1]

| 난이도 | ㉯ | 정답 | ① |

다음 중 연말정산에 관한 설명으로 가장 올바르지 않은 것은?

① 중도 퇴직한 경우에는 퇴직한 해의 다음연도 3월 말에 연말정산한다.
② 20x2년 2월분 급여를 지급할 때 20x1년도 지급한 연간 총급여액에 대해 연말정산한다.
③ 국외의료기관에 지급한 비용은 의료비세액공제를 받을 수 없다.
④ 맞벌이 부부의 자녀교육비는 자녀에 대한 기본공제를 받은 자가 공제받을 수 있다.

해설

• 중도 퇴직한 경우에는 퇴직한 달의 급여를 지급하는 때 연말정산한다.

POINT 연말정산 주요사항

개요		• 근로소득만 있다고 가정시 소득세 결정세액에서 매월(1월~12월) 간이세액표 원천징수세액을 차감하여 환급하거나 추가납부(다음달 10일까지)하는 절차를 말함.
연말정산시기	원칙	• 다음연도 2월분 급여를 지급하는 때
	중도퇴직	• 퇴직한 달의 급여를 지급하는 때
	반기별납부	• 반기별 납부승인을 받은 경우도 2월분 급여를 지급하는 때 정산함. →2월분 급여를 2월말까지 지급하지 못한 경우에도 2월 말일에 지급한 것으로 보아 연말정산을 해야 함. →다만, 납부(환급)세액은 7월 10일까지 납부 또는 납부할세액에서 조정가능

연말정산 일반사항[2]

| 난이도 | ㊀ | 정답 | ④ |

다음 중 근로소득 연말정산과 관련한 내용으로 가장 올바르지 않은 것은?

① 퇴직한 경우에는 퇴직한 달의 급여를 지급하는 때 정산한다.
② 근로소득을 지급하는 자가 다음해 2월분 급여를 지급하는 때에 1년간의 총급여액에 연말정산을 한다.
③ 소득공제를 받으려면 소득공제에 필요한 서류를 제출하여야 한다.
④ 반기별 납부승인을 받은 경우에는 8월분 급여를 지급하는 때 정산한다.

해설

• 반기별 납부승인을 받은 경우도 2월분 급여를 지급하는 때 정산하며 2월분 급여를 2월말까지 지급하지 못한 경우에도 2월 말일에 지급한 것으로 보아 연말정산을 하여야 한다.

연말정산 일반사항[3]

| 난이도 | ㊥ | 정답 | ④ |

근로소득 연말정산에 대한 다음 설명 중 가장 올바르지 않은 것은?

① 일반적으로 다음 해 2월분 급여를 지급하는 때에 1년간의 총급여에 대한 근로소득세액을 정산하는 절차를 말한다.
② 중도 퇴직한 경우에는 퇴직한 달의 급여를 지급하는 때 정산한다.
③ 해외에서 지출한 신용카드 사용액은 신용카드소득공제 대상에 포함되지 않는다.
④ 자동차보험은 보험료세액공제를 받을 수 없다.

해설

• 보험료세액공제는 보장성보험료를 대상으로 하며, 보장성보험이란 만기환급되는 금액이 납입보험료를 초과하지 아니하는(=만기환급금≦납입보험료) 생명·상해·손해보험(자동차보험) 등을 말한다.[소득령 118의4②]
  →∴자동차보험은 보험료세액공제를 받을 수 있다.

POINT 보험료세액공제

일반보장성	대상	• 기본공제대상자가 피보험자인 일반보장성보험료 →만기환급금 ≦ 납입보험료인 생명보험·상해보험·손해보험(자동차보험) 등
	공제액	• Min[일반보장성보험료, 100만원]×12%
장애인전용보장성	대상	• 기본공제대상자 중 장애인이 피보험자인 장애인전용보장성보험료
	공제액	• Min[장애인전용보장성보험료, 100만원]×15%

연말정산 일반사항[4]

| 난이도 | ㊥ | 정답 | ③ |

다음 중 근로소득 연말정산에 관한 설명으로 가장 올바르지 않은 것은?

① 일반적으로 다음 해 2월분 급여를 지급하는 때에 1년간의 총급여에 대한 근로소득세액을 정산하는 절차를 말한다.
② 중도 퇴직한 경우에는 퇴직한 달의 급여를 지급하는 때 정산한다.
③ 해외에서 지출한 신용카드 사용액도 신용카드소득공제 대상에 포함된다.
④ 자동차보험은 보험료세액공제의 대상이다.

해설

• ③ 신용카드 국외 사용액은 신용카드사용액으로 인정되지 않는다.(즉, 공제대상이 아니다.)
• ④ 보험료세액공제는 보장성보험료를 대상으로 하며, 보장성보험이란 만기환급되는 금액이 납입보험료를 초과하지 아니하는(=만기환급금≦납입보험료) 생명·상해·손해보험(자동차보험) 등을 말한다.[소득령 118의4②]
  →∴자동차보험은 보험료세액공제를 받을 수 있다.

| 연말정산 상담사례 | | 난이도 | ⊕ | 정답 | ③ |

다음은 김삼일 회계사의 홈페이지에 있는 연말정산에 대한 상담사례들을 모은 것이다. 다음 상담사례의 답변 중 가장 올바르지 않은 것은?

(질문1)
　안녕하세요. 김삼일 회계사님.
　제가 사고로 인해 이번달에 병원에서 MRI 촬영을 했는데 이것도 의료비공제가 됩니까? 가뜩이나 MRI 촬영비도 비싼데 공제도 안된다면 사고난 곳이 더 아플 것 같습니다.
■ 답변1
　MRI 촬영비가 진료, 질병예방 목적으로 의료기관에 지급된 경우에는 의료비 공제대상입니다.
(질문2)
　수고가 많으십니다. 저는 봉급생활자인데 자동차종합보험료도 보험료 공제를 받을 수 있습니까?
■ 답변2
　자동차종합보험은 보장성보험이므로 지급된 보험료가 보험료공제 대상이 됩니다.
(질문3)
　아이가 아파서 미국에서 수술을 받았습니다. 해당 의료비는 세액공제를 받을 수 있나요?
■ 답변3
　국내뿐만 아니라 국외에서 지출한 의료비도 세액공제가 가능합니다.
(질문4)
　올해 대학에 입학하는 자녀의 대학등록금 900만원을 신용카드로 납부하였습니다. 신용카드로 결제한 대학교 등록금도 신용카드 공제대상이 되나요?
■ 답변4
　신용카드로 결제한 대학교 등록금은 신용카드 세액공제 대상이 되지 아니합니다.

① 답변1　　② 답변2　　③ 답변3　　④ 답변4

해설

• 국외의료기관 의료비는 의료비세액공제 제외대상 의료비이다.

보론 신용카드사용소득공제 공제배제사용액
☐ 국외사용액, 각종 보험료, 수업료 등의 각종 교육비, 제세공과금(국세·지방세 등), 리스료, 상품권 등 유가증권 구입비, 취득세 등 부과 재산 구입비용, 국가 등에 지급하는 사용료·수수료(단, 우정사업조직 소포우편물 방문접수 배달용역은 공제대상임), 차입금 이자상환액, 정치자금, 사업성소득의 비용 등

POINT 의료비세액공제 개괄

지출대상	• 연령·소득에 제한 없는 기본공제대상자
공제대상의료비	• 진료·진찰·질병예방비, 의약품(한약 포함)구입비, 장애인보장구·보청기구입비 • 의료기기 구입·임차비용, 시력보정용 안경 또는 콘텍트렌즈로 1인당 연 50만원 이내 금액 • 장애인활동지원급여(노인장기요양보험법) 비용 중 실제지출 본인부담금(본인일부부담금) • 산후조리원에 산후조리·요양대가로 지급한 비용으로 출산 1회당 200만원 이내 금액
제외대상의료비	• 국외의료기관 의료비, 미용·성형수술비, 건강증진의약품 구입비(보약)

양도소득세 과세대상[1]	난이도	㊦	정답	②

● 다음 중 양도소득세 과세대상자산이 아닌 것은?

① 부동산을 취득할 수 있는 권리　　　　② 업무용 차량의 양도
③ 대주주소유 상장주식　　　　　　　　④ 과점주주가 보유하는 부동산과다보유법인 주식

해설

• ① 부동산을 취득할 수 있는 권리 : 양도소득세 과세대상이다.〈부동산에 관한 권리〉
　② 업무용 차량의 양도 : 양도소득세 과세대상이 아니다.〈양도소득세 미열거소득〉
　③ 대주주소유 상장주식 : 양도소득세 과세대상이다.
　④ 과점주주가 보유하는 부동산과다보유법인 주식 : 양도소득세 과세대상이다.〈특정주식A〉

양도소득세 과세대상[2]	난이도	㊦	정답	③

● 다음 중 양도소득세가 과세되는 소득은?

① 1세대 1주택(고가주택 아님)의 양도소득　　② 사업용 기계장치처분이익
③ 비상장법인의 주식양도소득　　　　　　　④ 소액주주가 양도한 상장법인의 주식

해설

• ① 1세대 1주택은 비과세 대상이다.(단, 고가주택은 과세대상)
　② 사업용 기계장치처분이익은 양도소득세 미열거소득이다.
　③ 비상장주식은 원칙적으로 대주주, 소액주주 불문하고 모두 과세대상이다.
　④ 소액주주가 양도한 장내(증권시장) 상장주식은 과세대상이 아니다.(대주주 양도분만 과세대상이다.)
　　→ **참고** 증권시장이란 코스피시장(=유가증권시장 : 대기업. 중견기업), 코스닥시장(중소기업, 벤처기업), 코넥스시장(초기 중소기업)을 말함.
　　　　　　㉠ (주권)상장주식 : 위 증권시장에 상장된 주식
　　　　　　㉡ 장외거래 : 위 증권시장에서의 거래에 의하지 않은 거래

① POINT 주식에 대한 양도소득세 과세여부

(주권)상장주식		비상장주식
【장내거래(증권시장)】	【장외거래】	
대주주 (과세O)	대주주 (과세O)	대주주 (과세O)
소액주주 (과세X)	소액주주 (과세O)	소액주주*) (과세O)

*)금융투자협회가 운영하는 K-OTC(장외주식시장)를 통한 소액주주의 중소기업·중견기업 주식의 양도는 비과세

| 양도소득세 과세대상[3] | 난이도 | ⓣ | 정답 | ④ |

다음 중 양도소득세 과세대상자산이 아닌 것은?

① 부동산을 취득할 수 있는 권리   ② 과점주주가 보유하는 부동산과다보유법인 주식
③ 대주주소유 상장주식   ④ 사업사용자산과 별개로 양도하는 영업권

해설

- ① 부동산을 취득할 수 있는 권리 : 양도소득세 과세대상이다.〈부동산에 관한 권리〉
② 과점주주가 보유하는 부동산과다보유법인 주식 : 양도소득세 과세대상이다.〈특정주식A〉
③ 대주주소유 상장주식 : 양도소득세 과세대상이다.
④ 사업사용자산(=토지·건물·부동산에 관한 권리)과 별개로 양도하는 영업권 : 기타소득으로 과세한다.
  → **비교** 사업사용자산(=토지·건물·부동산에 관한 권리)과 함께 양도하는 영업권 : 양도소득세 과세대상

| 양도소득세 과세대상[4] | 난이도 | ⊕ | 정답 | ③ |

다음 중 양도소득세 과세대상에 해당하는 것들을 모두 고르면?

> ㄱ. 토지의 현물출자
> ㄴ. 등기된 부동산의 임차권 양도
> ㄷ. 1세대 1주택(고가주택 아님)의 양도
> ㄹ. 임대하던 점포를 양도한 경우

① ㄱ, ㄴ   ② ㄱ, ㄹ   ③ ㄱ, ㄴ, ㄹ   ④ ㄱ, ㄷ, ㄹ

해설

- ㄱ. 토지의 현물출자 : 매도·교환·현물출자 등은 모두 양도의 범위에 해당하므로, **양도소득세 과세대상이다.**
ㄴ. 등기된 부동산 임차권의 양도 : 부동산에 관한 권리로, **양도소득세 과세대상이다.**
ㄷ. 1세대 1주택(고가주택 아님)의 양도 : 고가주택이 아닌 1세대 1주택은 양도소득세 비과세대상이다.
ㄹ. 임대하던 점포를 양도한 경우 : 상가건물의의 양도는 **양도소득세 과세대상이다.**
  → **비교** 점포임차권의 양도 : 기타소득 과세대상이다.

양도소득세 계산구조 일반사항	난이도	⊕	정답	②

● ── 다음 중 양도소득세에 관한 설명으로 가장 올바르지 않은 것은?

① 토지, 건물, 부동산에 관한 권리는 원칙적으로 실지거래가액에 의해서 양도차익을 계산한다.
② 보유기간이 3년 이상인 건물(등기여부 불문)은 장기보유특별공제 적용대상이다.
③ 골프장업을 영위하는 법인(자산 총액 중 부동산의 비율이 80%이상)이 발행한 주식을 1주 이상 양도하는 경우에는 양도소득세가 과세된다.
④ 거주자가 토지 및 건물을 양도하는 경우에는 양도한 날이 속하는 달의 말일부터 2개월 이내에 납세지 관할세무서장에게 신고하고 그 세액을 납부하여야 한다.

해설

• ① 양도차익(양도가액과 취득가액) : 원칙적으로 모두 실지거래가액에 의해서 계산한다.
  ② 장기보유특별공제는 등기된 토지 및 건물을 3년이상 보유한 경우 적용한다.
    →미등기자산은 장기보유특별공제 적용제외 대상이다.
  ③ 특정주식A[부동산비율≥80%인 특수업종회사(골프·스키장·휴양콘도미니엄 등) 주식는 1주만 양도해도 과세대상이다.
  ④ 양도소득과세표준 예정신고

신고기한	부동산 등	• 양도일이 속하는 달의 말일부터 2월 내
	주식	• 양도일이 속하는 반기의 말일부터 2월 내

양도차익과 양도소득과세표준[1]	난이도	⊕	정답	③

● ── 다음은 거주자 김상일씨가 20x1년에 양도한 토지(등기된 토지로 사업용임)와 관련된 자료이다. 해당 토지의 양도로 인한 양도차익 및 양도소득 과세표준은 각각 얼마인가?

ㄱ. 양도당시의 실지거래가	50,000,000원
ㄴ. 취득당시의 실지거래가	20,000,000원
ㄷ. 양도비용(중개수수료 등)	5,000,000원
단, 장기보유특별공제율은 20 %를 적용한다.	

	양도차익	양도소득 과세표준
①	17,500,000원	17,500,000원
②	20,000,000원	20,000,000원
③	25,000,000원	17,500,000원
④	30,000,000원	20,000,000원

해설

• 양도차익 : 양도가액(50,000,000) - 취득가액(20,000,000) - 기타필요경비(5,000,000) = 25,000,000
• 양도소득금액 : 양도차익(25,000,000) - 장기보유특별공제(25,000,000×20%) = 20,000,000
• 양도소득과세표준 : 양도소득금액(20,000,000) - 양도소득기본공제(2,500,000) = 17,500,000
★ **저자주** 문제의 명확한 성립을 위해 자료 박스의 단서를 '단, 장기보유특별공제의 공제요건을 충족하며 공제율은 20%로 가정한다.'로 수정바랍니다.

양도차익과 양도소득과세표준[2]

난이도 ⊕ 정답 ③

다음 자료를 이용하여 등기된 토지의 양도로 인한 양도소득세 과세표준을 계산하면 얼마인가?

> ㄱ. 양도가액 : 120,000,000원(양도당시 기준시가 : 80,000,000원)
> ㄴ. 취득가액 : 60,000,000원(취득당시 기준시가 : 40,000,000원)
> ㄷ. 양도비용 : 2,000,000원
> ㄹ. 보유기간 : 2x01년 5월 6일에 취득하여 2x10년 8월 10일에 양도
> ㅁ. 장기보유특별공제율(9년 이상 10년 미만 보유) : 18%
> ㅂ. 위 토지 외의 다른 양도소득세 과세대상 자산을 양도하지 아니함.

① 36,860,000원 ② 39,360,000원 ③ 45,060,000원 ④ 47,560,000원

해설

• 양도차익 : 양도가액(120,000,000) - 취득가액(60,000,000) - 기타필요경비(2,000,000) = 58,000,000
• 양도소득금액 : 양도차익(58,000,000) - 장기보유특별공제(58,000,000×18%) = 47,560,000
• 양도소득과세표준 : 양도소득금액(47,560,000) - 양도소득기본공제(2,500,000) = 45,060,000

양도소득 기본사항

난이도 ⊕ 정답 ④

다음 중 양도소득에 관한 설명으로 가장 올바르지 않은 것은?

① 토지를 현물출자하는 경우 양도소득세 과세대상에 해당한다.
② 대주주가 양도하는 상장법인의 주식은 양도소득세 과세대상이다.
③ 부동산에 관한 권리의 양도는 양도소득세 과세대상이다.
④ 양도소득기본공제는 자산그룹별로 각각 250만원을 공제하며 '미등기양도자산'에 대해서도 동일하게 적용한다.

해설

• ① 양도란 자산에 대한 등기 또는 등록과 관계없이 매도, 교환, 법인에 대한 현물출자 등을 통하여 그 자산을 유상으로 사실상 이전하는 것을 말한다. 따라서, 토지를 현물출자하는 경우 양도소득세 과세대상에 해당한다.
• ④ 양도소득기본공제는 자산그룹별로 각각 250만원을 공제하며 미등기양도자산에 대해서는 적용배제한다.

| 소득세 중간예납 | 난이도 | ⊕ | 정답 | ③ |

다음 중 소득세법상 중간예납에 관한 설명으로 가장 올바르지 않은 것은?

① 중간예납은 1년간 소득에 대한 소득세를 분할 예납하게 하여 정부의 세입 충족면에서나 납세자의 자금 부담을 분산시킬 수 있어 효율적이다.
② 소득세 중간예납대상자는 종합소득이 있는 거주자 중 사업소득이 있는 자이다.
③ 중간예납이란 매년 1월 1일부터 6월 30일까지의 기간동안의 소득에 대해 소득세를 납부하는 것이며, 납부기한은 8월 30일이다.
④ 중간예납세액이 50만원 미만일 경우 중간예납세액을 징수하지 아니한다.

해설

• 중간예납세액의 납부기한은 11월 30일이다.

❗POINT 소득세 중간예납

중간예납의무자	• 종합소득이 있는 자 중 사업소득이 있는 거주자 →∴퇴직·양도소득은 중간예납이 없으며, 신규사업개시자는 중간예납의무가 없음.
고지납부(원칙)	• ㉠ 11월 1일 ~ 11월 15일까지 관할세무서장이 고지서로 통지 ㉡ 11월 30일까지 납부
소액부징수	• 중간예납세액이 50만원 미만인 경우에는 징수하지 않음.

| 소득세 신고납부[1] | 난이도 | ⊕ | 정답 | ① |

다음 중 소득세법상 신고 · 납부에 관한 설명으로 가장 올바르지 않은 것은?

① 양도소득세 과세대상에 해당하는 주식을 양도한 자는 양도일이 속하는 달의 말일로부터 2개월 이내에 예정신고를 하여야 한다.
② 소득세법상 중간예납대상자는 종합소득이 있는 거주자 중 사업소득이 있는 자이다.
③ 소득세법상 중간예납을 하여야 할 자는 중간예납세액을 11월 30일까지 납부하여야 한다.
④ 소득세는 원칙적으로 신고납부제도이므로 납세의무는 과세표준과 세액의 신고에 따라 확정된다.

해설

• 양도소득과세표준 예정신고

신고기한	부동산 등	• 양도일이 속하는 달의 말일부터 2월 내
	주식	• 양도일이 속하는 반기의 말일부터 2월 내

소득세 신고납부[2]

| 난이도 | ⊕ | 정답 | ③ |

다음 중 소득세법상 신고납부에 관한 내용으로 가장 올바르지 않은 것은?

① 소득세의 과세기간은 개인의 임의대로 변경할 수 없다.
② 사업소득이 있는 자는 6개월간의 소득세를 미리 납부하는 중간예납제도 적용대상이다.
③ 부가가치세법에 의한 예정·확정신고를 한 사업자도 사업장의 현황보고서를 다음연도 3월 31일까지 보고하여야 한다.
④ 근로소득만이 있는 자는 연말정산으로 모든 납세절차가 종결되기 때문에 확정신고는 원칙적으로 하지 않아도 된다.

해설

• 사업자(해당 과세기간 중 사업을 폐업 또는 휴업한 사업자를 포함)는 사업장별로 사업실적, 시설현황 및 인건비 등 기본사항과 휴·폐업 사실 등을 기재한 현황보고서를 해당 과세기간의 다음연도 2월 10일까지 사업장 소재지 관할세무서장에게 보고하여야 한다. 다만, 부가가치세법에 따른 사업자가 부가가치세법 규정에 따라 예정신고 또는 확정신고를 한 때에는 사업장현황신고를 한 것으로 본다.

POINT 사업장현황신고

신고대상	• 개인사업자중 부가가치세 면세사업자
신고기한	• 해당 과세기간일의 다음연도 2월 10일 →휴·폐업신고시는 그 신고와 함께 병행신고 해야 함. 🔍주의 사업장현황신고로 확정신고가 면제되는 것은 아님.
신고면제	• 부가가치세법상 예정신고 또는 확정신고한 때 →∴면세사업자만 대상! **참고** 개인사업자는 해당 사업자의 현황을 다음연도 2월 10일까지 신고해야함. 이 경우 예정신고나 확정신고시는 사업장현황신고를 한 것으로 보므로 결국 사업장현황신고 의무자는 면세사업자가 됨.

소득세 신고납부[3]

| 난이도 | ⊕ | 정답 | ② |

다음 중 소득세법상 신고납부에 관한 설명으로 가장 올바르지 않은 것은?

① 부동산에 관한 권리를 양도한 경우 양도일이 속하는 달의 말일부터 2개월 이내에 예정신고를 하여야 한다.
② 소득세법상 사업자는 사업자의 기본사항과 휴·폐업 사실 등을 기재한 현황보고서를 해당 과세기간의 다음연도 3월 10일까지 보고하여야 한다.
③ 근로소득만 있는 자는 연말정산으로 모든 납세절차가 종결되기 때문에 확정신고는 원칙적으로 하지 않아도 된다.
④ 사업소득이 있는 자는 6개월간의 소득세를 미리 납부하는 중간예납제도 적용대상으로서, 11월 말까지 중간예납세액을 납부하여야 한다.

해설

• ① 양도소득과세표준 예정신고

신고기한	부동산 등	• 양도일이 속하는 달의 말일부터 2월 내
	주식	• 양도일이 속하는 반기의 말일부터 2월 내

• ② 사업자(해당 과세기간 중 사업을 폐업 또는 휴업한 사업자를 포함)는 사업장별로 사업실적, 시설현황 및 인건비 등 기본사항과 휴·폐업 사실 등을 기재한 현황보고서를 해당 과세기간의 다음연도 2월 10일까지 사업장 소재지 관할세무서장에게 보고하여야 한다. 다만, 부가가치세법에 따른 사업자가 부가가치세법 규정에 따라 예정신고 또는 확정신고를 한 때에는 사업장현황신고를 한 것으로 본다.

부가가치세의 특징	난이도	㊦	정답	①

다음 중 부가가치세법에 관한 설명으로 가장 옳은 것은?

① 부가가치세는 원칙적으로 모든 재화 또는 용역을 과세대상으로 하는 일반소비세에 해당한다.
② 부가가치세는 납세의무자와 실질적인 담세자가 일치하는 직접세이다.
③ 부가가치세는 일정기간 동안 사업자가 공급한 매출액에서 매입액을 차감하여 부가가치를 계산한 다음 세율을 적용하는 전단계거래액공제방법을 채택하고 있다.
④ 부가가치세는 2단계 누진세율을 적용한다.

해설

- ② 부가가치세는 납세의무자와 실질적인 담세자가 일치하지 않는 간접세이다.
  → 부가가치세법에서는 재화 또는 용역을 공급하는 사업자가 이를 공급받는 사업자로부터 부가가치세액을 거래징수하여 납부하도록 하고 있다. 따라서 납세의무자는 재화 또는 용역을 공급하는 사업자이지만, 실제 담세자는 재화 또는 용역의 최종 소비자이다.
- ③ 부가가치세는 거래시 마다 매출액에 세율을 곱하여 매출세액을 계산한 다음 매입액에 세율을 곱한 매입세액을 매출세액에서 차감하여 적용하는 전단계세액공제법을 채택하고 있다.
  → 전단계거래액공제법 : 매출액과 매입액이 모두 집계되는 과세기간이 지나야 납부세액을 알 수 있다.
  전단계세액공제법 : 거래시 마다 납부세액을 품목별로 알 수 있다.
- ④ 부가가치세는 단일비례세율(10%)을 적용한다.

부가가치세법상 사업자	난이도	⊕	정답	②

다음 중 부가가치세법상 사업자에 관한 설명으로 가장 올바르지 않은 것은?

① 사업자가 되기 위해서는 영리목적의 유무와는 무관하다.
② 단순히 한두 번 정도의 재화와 용역을 공급하는 행위에 대하여도 독립적인 경우 사업성이 인정된다.
③ 면세사업자는 부가가치세법의 적용을 받지 아니하므로 매출세액을 거래징수할 필요가 없으며, 반면에 매입세액을 공제받을 수도 없다.
④ 과세사업자에 해당하더라도 면세대상 재화·용역을 공급하면 부가가치세가 면제된다.

해설

- ① 사업자가 되기 위해서는 영리목적의 유무와는 무관하다.
  → 부가가치세의 담세자는 최종소비자이므로, 비영리사업자라 하더라도 소비자에게 조세를 전가하기 위해서는 납세의무자로서 부가가치세를 거래징수하여야 하며, 또한 조세의 중립성을 유지하기 위해서도 사업목적이 영리이든 비영리이든 관계없이 납세 의무를 부담하도록 할 필요가 있기 때문이다.
- ② 부가가치세법은 계속·반복성에 대해 언급하지 않고 있으나, 재화 또는 용역의 공급행위가 계속·반복적이어야 사업자가 될 수 있다는 것이 학설과 판례의 일치된 견해이다.
  → 즉, 단순히 한두 번 정도 재화와 용역을 공급하는 것으로는 사업성이 인정될 수 없으며, 부가가치를 창출해 낼 수 있는 정도의 사업형태를 갖추고 계속적·반복적인 의사로 재화 또는 용역을 공급하는 경우에 사업자로 본다.(예) 집에 있는 폐품을 일시적으로 파는 경우에는 사업성이 있는 경우에 해당하지 않는다.)

참고 사업자요건 세부고찰

❑ 부가가치세 납세의무자는 사업상 재화 또는 용역을 공급하는 자이다. 사업에 대한 명문의 규정은 없으나 판례는 부가가치를 창출해 낼 수 있는 정도의 사업형태를 갖추고 계속적·반복적인 의사로 재화 또는 용역을 공급하는 자라고 해석하고 있다. 즉 일정한 인적·물적 설비와 거래의 계속성 및 반복성을 사업의 판단기준으로 보고 있는 것이다. 따라서 장기간이 소요되는 단 한번의 용역을 제공하는 경우나, 사업자가 아닌 자가 채권·채무관계로 취득한 재화를 일시적으로 판매하는 경우에는 납세의무가 없다. 그러나 사업이라고 인정되면, 사업자등록을 하지 않았거나 거래시 부가가치세를 공급받는 자로부터 징수하지 않았더라도 부가가치세 납세의무가 있다.

부가가치세 일반사항[1]

| 난이도 | ⊕ | 정답 | ③ |

다음 부가가치세와 관련된 재경담당자들의 대화 내용 중 가장 올바르지 않은 설명을 하고 있는 사람은 누구인가?

> 김부장 : 부가가치세 납세의무자인 사업자는 1년에 네 번 부가가치세를 신고·납부해야 한다.
> 이차장 : 주된 사업장에서 총괄납부하더라도 세금계산서는 각 사업장에서 발급하여야 하며, 신고도 각 사업장별로 이행하여야 한다.
> 박과장 : 면세사업자도 사업자이므로 부가가치세법에 따라 사업자등록을 하여야 한다.
> 최사원 : 비영리사업자라 하더라도 부가가치세 과세되는 재화 또는 용역을 공급하는 경우에는 부가가치세를 거래징수할 의무가 있다.

① 김부장   ② 이차장   ③ 박과장   ④ 최사원

해설

- 김부장 : 부가가치세는 개인은 원칙적으로 2번, 법인은 원칙적으로 4번 신고납부한다.
- 이차장 : 주사업장총괄납부는 납부(환급)에 국한하여 적용한다. 신고, 사업자등록, 세금계산서 작성·발급, 과세표준과 세액계산, 결정·경정 등은 각 사업장별로 이행한다.
- 박과장 : 면세사업자는 부가가치세 납세의무자가 아니므로 부가가치세법상 사업자등록, 세금계산서 발급, 과세표준신고 등의 제반 의무에서 제외된다. 면세사업자는 소득세법 또는 법인세법에 따라 사업자등록을 하여야 한다.
- 최사원 : 부가가치세의 담세자는 최종소비자이므로, 비영리사업자라 하더라도 소비자에게 조세를 전가하기 위해서는 납세의무자로서 부가가치세를 거래징수하여야 한다. 또한 조세의 중립성을 유지하기 위해서도 사업목적이 영리이든 비영리이든 관계없이 납세의무를 부담하도록 할 필요가 있다.
- **저자주** 엄밀히 말해 선지 ①번(김부장)도 올바르지 않은 설명이므로 복수정답으로 처리되어야 합니다. 충분한 검토과정과 신중한 출제가 필요하다고 사료됩니다.

부가가치세 일반사항[2]

| 난이도 | ⊕ | 정답 | ④ |

다음 중 부가가치세법에 관한 설명으로 가장 옳은 것은?

① 부가가치세는 납세의무자와 담세자가 동일한 직접세에 해당한다.
② 부가가치세는 원칙적으로 특정한 재화 또는 용역의 공급만을 과세대상으로 하는 특정소비세에 해당한다.
③ 개인사업자는 사업상 독립적으로 재화 또는 용역을 공급하더라도 부가가치세법상 사업자에 해당되지 않는다.
④ 부가가치세는 원칙적으로 사업자별로 종합과세 하지 않고 사업장별로 과세한다.

해설

- ① 부가가치세는 납세의무자와 담세자가 일치하지 않는 간접세에 해당한다.
  → 부가가치세법에서는 재화 또는 용역을 공급하는 사업자가 이를 공급받는 사업자로부터 부가가치세액을 거래징수하여 납부하도록 하고 있다. 따라서 납세의무자는 재화 또는 용역을 공급하는 사업자이지만, 실제 담세자는 재화 또는 용역의 최종 소비자이다.
  ② 부가가치세는 원칙적으로 모든 재화 또는 용역의 공급을 과세대상으로 하는 일반소비세에 해당한다.
  → 소비세란 재화 또는 용역을 구입하거나 사용하는 사실에서 담세능력을 파악하고, 이에 대하여 과세하는 조세를 말한다.
  ③ 부가가치세법상 사업자란 영리이든 비영리이든 관계없이 사업상 독립적으로 재화 또는 용역을 공급하는 자를 말한다.
  → 개인과 법인(국가·지방자치단체·지방자치단체조합 포함) 및 법인격 없는 사단·재단 그 밖의 단체를 포함한다.
  ④ 부가가치세는 사업장별 과세원칙에 따라 원칙적으로 각 사업장마다 신고·납부하여야 하며 각 사업장마다 사업자등록을 하여야 한다.
  → 다만, 예외적으로 사업자의 납세편의를 위해 주사업장총괄납부와 사업자단위과세제도를 규정하고 있다.

제1주차
법인세완성특강

제2주차
실전유형특강

제3주차
최신유형특강

제4주차
기출변형특강

부가가치세 일반사항[3]

난이도 ⑥　　**정답** ④

다음 중 부가가치세에 대한 설명으로 가장 올바르지 않은 것은?

① 부가가치세는 부담하는 자와 납부의무자가 다른 간접세이다.
② 부가가치세의 납세의무자는 재화나 용역을 공급하는 사업자이며 국가나 지방자치단체가 포함된다.
③ 부가가치세는 최종소비자에 이르기까지 모든 거래단계에서 창출된 부가가치에 대하여 각 단계별로 과세하는 다단계과세방법을 따르고 있다.
④ 부가가치세는 원칙적으로 사업자별로 과세한다.

해설

• ① 부가가치세법에서는 재화 또는 용역을 공급하는 사업자가 이를 공급받는 사업자로부터 부가가치세액을 거래징수하여 납부하도록 하고 있다. 따라서 납세의무자는 재화 또는 용역을 공급하는 사업자이지만, 실제 담세자는 재화 또는 용역의 최종 소비자이다.
　② 부가가치세의 납세의무자인 사업자는 사업목적이 영리이든 비영리이든 관계없이 사업상 독립적으로 재화 또는 용역을 공급하는 자를 말하므로, 개인과 법인(국가·지방자치단체 포함) 및 법인격없는 사단·재단 또는 그 밖의 단체를 포함한다.
　④ 부가가치세는 원칙적으로 사업장별 과세원칙에 따라 사업장별로 과세한다.(다만, 예외적으로 사업자의 납세편의를 위해 주사업장총괄납부와 사업자단위과세를 규정하고 있다.)

> **보론** 사업장별 과세원칙
>
> ❏ 부가가치세는 각 사업장마다 신고·납부하여야 하며 각 사업장마다 사업자등록을 하여야 함.
> **예외** ㉠ 주사업장총괄납부 : 신고는 각 사업장에서 하되, 납부만은 주된 사업장에서 할 수 있음.
> 　　　　㉡ 사업자단위과세 : 본점(주사무소)에서 사업자등록을 하고, 그 등록번호로 세금계산서를 발급하며 본점(주사무소)에서 신고·납부할 수 있음.

부가가치세 과세기간[1]

난이도 ⑥　　**정답** ②

다음 중 부가가치세법상 과세기간에 관한 설명으로 가장 올바르지 않은 것은?

① 부가가치세는 1년을 2과세기간으로 나누어 매 6개월마다 확정신고·납부하도록 규정하고 있다.
② 신규사업자의 경우 사업자등록일로부터 등록한 연도의 12월 31일까지를 최초 과세기간으로 한다.
③ 간이과세자의 경우 과세기간을 1월 1일부터 12월 31일로 적용한다.
④ 폐업자는 폐업일이 속하는 과세기간 개시일부터 폐업일까지를 최종 과세기간으로 한다.

해설

• 신규사업자는 사업개시일부터 개시일이 속하는 과세기간의 종료일까지를 최초 과세기간으로 한다.
　→다만, 사업개시일 이전에 사업자등록을 신청한 경우에는 그 신청한 날부터 신청일이 속하는 과세기간의 종료일까지를 최초 과세기간으로 한다.

> **❗POINT** 부가가치세 과세기간

계속사업자 과세기간	일반과세자 과세기간(6개월)	• ㉠ 제1기 : 1/1~6/30 ㉡ 제2기 : 7/1~12/31
	간이과세자 과세기간(1년)	• 1/1~12/31
신규사업자 최초과세기간	• 사업개시일~과세기간종료일 　→단, 사업개시전 사업자등록신청시 : 등록신청일~과세기간종료일	
폐업자 최종과세기간	• 과세기간개시일~폐업일	
간이과세포기시 과세기간	〈포기신고 : 일반과세의 적용을 받고자하는 달의 전달 마지막날까지 신고〉 • 과세기간개시일~포기신고일이 속하는 달의 마지막날[간이과세적용] • 다음달 1일~과세기간종료일[일반과세적용]	
보론 ㉠ 법인은 원칙적으로 개인과 달리 예정신고의무(1/1~3/31, 7/1~9/30)가 있음. 　　㉡ 예정신고분은 확정신고시 제외, 예정신고누락분은 확정시 포함, 확정시 누락분은 경정청구·수정신고		

부가가치세 과세기간[2]

| 난이도 | ⑦ | 정답 | ③ |

다음 중 부가가치세 과세기간에 관한 설명으로 가장 올바르지 않은 것은?

① 신규사업자의 최초과세기간은 사업개시일부터 그 날이 속하는 과세기간의 종료일까지로 하는 것이 원칙이다.
② 사업개시일 이전에 사업자등록을 신청한 경우의 과세기간은 그 신청일부터 그 신청일이 속하는 과세기간의 종료일까지로 한다.
③ 폐업자의 최종과세기간은 폐업일이 속하는 과세기간의 개시일부터 폐업일이 속하는 달의 말일까지로 한다.
④ 간이과세자의 과세기간은 1월 1일부터 12월 31일까지로 한다.

해설

• 폐업자의 최종과세기간은 폐업일이 속하는 과세기간의 개시일부터 폐업일까지로 한다.

부가가치세 과세기간[3]

| 난이도 | ⑦ | 정답 | ④ |

다음 중 부가가치세법상 과세기간에 관한 설명으로 가장 올바르지 않은 것은?

① 간이과세자의 경우 과세기간을 1월 1일 부터 12월 31일로 적용한다.
② 신규사업자가 사업개시일 전에 사업자등록을 한 경우에는 그 신청일부터 신청일이 속하는 과세기간의 종료일까지를 최초 과세기간으로 한다.
③ 폐업자는 폐업일이 속하는 과세기간 개시일부터 폐업일까지를 최종 과세기간으로 한다.
④ 부가가치세의 과세기간은 1년을 4과세기간으로 나누어 3개월마다 신고·납부하도록 하고 있다.

해설

• 부가가치세의 과세기간은 1년을 2과세기간으로 나누어 6개월마다 확정신고·납부하도록 하고 있다.
  →구체적으로는 개인은 원칙적으로 2번, 법인은 원칙적으로 4번 신고납부한다.(단, 간이과세자의 과세기간은 1월 1일부터 12월 31일까지 1년으로 한다.)

부가가치세 과세기간[4]

| 난이도 | ⑦ | 정답 | ② |

다음 중 부가가치세 과세기간에 관한 설명으로 가장 올바르지 않은 것은?

① 부가가치세는 자진신고에 의해 운영되고 있고 법인사업자는 1년에 네 번 부가가치세를 신고·납부해야 한다.
② 부가가치세 신고·납부기한은 신고기간이 끝난 후 20일까지이다.
③ 신규사업자가 사업개시일 전에 사업자등록을 신청한 경우에는 그 신청한 날부터 신청일이 속하는 과세기간의 종료일까지를 최초 과세기간으로 한다.
④ 폐업자는 폐업일이 속하는 과세기간 개시일부터 폐업일까지를 최종 과세기간으로 한다.

해설

• 부가가치세 신고·납부기한은 예정신고기간(과세기간)이 끝난 후 25일 이내이다.(단, 폐업하는 경우에는 폐업일이 속하는 달의 다음 달 25일 이내)

| 부가가치세 과세기간[5] | 난이도 | ⊕ | 정답 | ④ |

다음 중 부가가치세법상 과세기간에 관한 설명으로 가장 옳은 것은?

① 간이과세자의 과세기간은 1년을 2과세기간으로 나누어 6개월마다 신고·납부하도록 하고 있다.
② 폐업자는 폐업일이 속하는 과세기간 개시일부터 폐업일이 속하는 과세기간 종료일까지를 최종 과세기간으로 한다.
③ 신규사업자가 사업개시일 전에 사업자등록을 신청한 경우에는 사업개시일부터 신청일이 속하는 과세기간의 종료일까지를 최초 과세기간으로 한다.
④ 간이과세자가 간이과세를 포기함으로써 일반과세자로 되는 경우 그 적용을 받고자 하는 달의 전달 마지막 날까지 간이과세 포기신고를 해야한다.

해설

• ① 일반과세자의 과세기간은 1년을 2과세기간으로 하며, 간이과세자의 과세기간은 1년으로 한다.
  ② 폐업자는 폐업일이 속하는 과세기간 개시일부터 폐업일까지를 최종 과세기간으로 한다.
  ③ 신규사업자가 사업개시일 전에 사업자등록을 신청한 경우에는 사업자등록 신청일부터 신청일이 속하는 과세기간의 종료일까지를 최초 과세기간으로 한다.

| 사업장 일반사항[1] | 난이도 | ⊕ | 정답 | ① |

다음 중 부가가치세법상 사업장에 관한 설명으로 가장 올바르지 않은 것은?

① 제조업의 경우 최종제품을 완성하는 장소를 사업장으로 하며, 이 경우 따로 제품의 포장만을 하거나 용기에 충전만을 하는 장소를 포함한다.
② 사업자가 자기의 사업과 관련하여 생산한 재화를 직접 판매하기 위해 판매시설을 갖춘 직매장은 사업장에 해당한다.
③ 한명의 사업자가 여러 개의 사업장을 보유하는 경우 각 사업장별로 신고·납부하여야 하며 각 사업장마다 별도의 사업자등록을 해야 한다.
④ 기존사업장을 가지고 있는 사업자가 기존사업장 외의 법소정의 임시사업장을 개설하는 경우 그 임시사업장은 기존사업장에 포함된다.

해설

• 제조업의 경우 최종제품을 완성하는 장소를 사업장으로 하며, 이 경우 따로 제품의 포장만을 하거나 용기에 충전만을 하는 장소는 제외한다.

❗POINT 사업장(납세지)

	광업	• 광업사무소 소재지
사업장	제조업	• 최종제품완성장소 →따로 포장만 하거나 용기의 충전만을 하는 장소는 제외 　🔎주의 판매장소가 아님.
	건설업, 운수업 부동산매매업	• 법인인 경우 : 법인등기부상 소재지 • 개인인 경우 : 업무총괄장소
	부동산임대업	• 부동산의 등기부상 소재지
	무인자동판매기	• 업무총괄장소 →🔎주의 무인자동판매기 설치장소가 아님.
	국가 등 공급사업	• 업무총괄장소(또는 수임자·수탁자·대리인의 업무총괄장소)
	비거주자·외국법인	• 국내사업장소재지
기타사항		• 직매장은 사업장으로 보나, 하치장과 임시사업장은 사업장으로 보지 않음. 　**보론** ㉠ 임시사업장 개설신고 : 개시일부터 10일 이내〈설치기간 10일내이면 개설신고 생략가능〉 　　　　 ㉡ 임시사업장 폐쇄신고 : 폐쇄일부터 10일내

| 사업장 일반사항[2] | 난이도 | ㉗ | 정답 | ③ |

다음 중 부가가치세법상 사업장에 관한 설명으로 가장 올바르지 않은 것은?

① 건설업의 경우 법인은 등기부상 소재지, 개인은 업무총괄장소를 사업장으로 한다.
② 제조업의 경우 최종 제품을 완성하는 장소를 사업장으로 본다.
③ 부동산임대업의 경우 사업에 관한 업무총괄장소를 사업장으로 본다.
④ 사업장을 설치하지 않은 경우 해당 사업자의 주소 또는 거소를 사업장으로 본다.

해설

• 부동산임대업의 사업장은 그 부동산의 등기부상 소재지이다.
  → **비교** 부동산매매업은 사업자가 법인인 경우에는 그 법인의 등기부상의 소재지(등기부상 지점소재지 포함), 개인인 경우에는 업무총괄장소를 사업장으로 한다.

| 주사업장총괄납부[1] | 난이도 | ⊕ | 정답 | ① |

다음 중 부가가치세법상 주사업장 총괄납부에 관한 설명으로 가장 올바르지 않은 것은?

① 법인의 지점은 본점을 대신하여 주된 사업장이 될 수 없다.
② 총괄납부하려는 자는 주사업장총괄납부신청서를 총괄납부하고자 하는 과세기간 개시 20일 전에 주사업장 관할 세무서장에게 제출하여야 한다.
③ 주사업장 총괄납부는 총괄납부할 과세기간 개시일부터 적용한다.
④ 주사업장 총괄납부를 하는 경우에도 사업자등록은 각 사업장마다 이행하여야 한다.

해설

• 법인의 경우에는 지점(분사무소)을 주된 사업장으로 할 수 있다. 즉, 법인은 본점(주사무소)과 지점(분사무소) 중 선택가능하다.
  → **참고** ㉠ 본점(지점) : 영리법인인 경우 ㉡ 주사무소(분사무소) : 개인이나 비영리법인인 경우

◉ POINT 주사업장총괄납부

의의	• 제조장에서 직매장에 반출시 사업장별과세원칙에 의하는 경우 제조장은 매입세액(환급세액)만 발생하고, 직매장은 납부세액(매출세액)만 발생함. 이때 직매장 매출세액은 신고기한 내에 납부하나, 제조장 매입세액에 대한 환급은 확정신고기한이 지난 후 30일내에 환급되므로 납부·환급 기간차이로 인해 이 기간동안 사업자는 불필요한 자금부담을 지게 되는 문제점이 있음. ▶이러한 문제점의 해소를 해 현행 다음의 규정을 두고 있음. ㉠ 주사업장총괄납부·사업자단위과세제도 ㉡ 총괄납부 등 아닌 자의 직매장반출 공급의제
주된 사업장 (주사업장)	법인	• 본점(주사무소) 또는 지점(분사무소) → ∴선택가능
	개인(일반과세자)	• 주사무소 → ∴선택불가
신청	• 총괄납부하려는 과세기간 개시 20일전에 주사업장 관할세무서장에게 신청〈승인불요〉 →신규사업자 : 사업자등록증 받은 날부터 20일 이내 신청 →추가사업장 개설자 : 추가사업장의 사업개시일부터 20일 이내 신청
효력	총괄납부(환급)	• 납부(환급)에 국한하여 적용 ♀주의∴신고, 사업자등록, 세금계산서 작성·발급, 과세표준과 세액계산, 결정·경정 등은 각 사업장별로 행함.
	직매장반출 공급의제 배제	• 공급의제하지 않더라도 자금부담 문제점이 자동해소되기 때문임.

주사업장총괄납부[2]	난이도	⊕	정답	②

다음 중 부가가치세법의 주사업장 총괄납부에 대한 설명으로 가장 올바르지 않은 것은?

① 총괄납부하려는 자는 주사업장총괄납부신청서를 총괄납부하고자 하는 과세기간 개시 20일 전에 주사업장 관할 세무서장에게 제출하여야 한다.
② 법인의 지점은 본점을 대신하여 주된 사업장이 될 수 없다.
③ 주사업장 총괄납부를 하기 위해서는 주사업장 관할 세무서장의 승인은 필요하지 않다.
④ 주사업장 총괄납부에 따라 납부하던 사업자가 총괄납부 포기신고를 하면 각 사업장에서 납부가 가능하다.

해설

• ② 법인의 경우에는 지점(분사무소)을 주된 사업장으로 할 수 있다. 즉, 법인은 본점(주사무소)과 지점(분사무소) 중 선택가능하다.
　→ **참고** ㉠ 본점(지점) : 영리법인인 경우 ㉡ 주사무소(분사무소) : 개인이나 비영리법인인 경우
• ③ 주사업장총괄납부는 신청사항임에도 불구하고 승인절차 없이 신청만으로 적용한다.
　→ **참고** ㉠ 신청 : 원칙적으로 승인 및 통지절차 있음 ㉡ 신고 : 승인 및 통지절차 없음

사업장별과세원칙과 예외	난이도	⊕	정답	③

다음 중 부가가치세 납세지인 사업장에 관한 내용으로 가장 올바르지 않은 것은?

① 부가가치세는 원칙적으로 각 사업장별로 납부하나, 하치장은 사업장으로 보지 않는다.
② 사업자가 주사업장 총괄납부를 신청하면 주사업장에서 다른 사업장의 세액까지 총괄하여 납부할 수 있다.
③ 주사업장 총괄납부를 하는 경우 사업자등록은 주사업장을 대표로 하여 한곳으로만 등록하여야 한다.
④ 사업자단위과세제도에 따라 사업자단위 신고·납부를 하는 경우에는 사업자등록 및 세금계산서의 발급과 수령까지도 단일화하여 본점 또는 주사무소에서 수행할 수 있다.

해설

• 주사업장총괄납부는 납부(환급)에 국한하여 적용한다.
　→신고, 사업자등록, 세금계산서 작성·발급, 과세표준과 세액계산, 결정·경정 등은 각 사업장별로 행한다.

부가가치세 사업자 일반사항[1]	난이도	⊕	정답	④

다음 중 부가가치세 납세의무자인 사업자에 관한 설명으로 가장 올바르지 않은 것은?

① 면세사업만을 영위하는 사업자는 부가가치세법상의 사업자 등록의무가 없다.
② 사업자란 사업상 독립적으로 재화나 용역을 공급하는 자를 말한다.
③ 과세사업자라 하더라도 면세대상 재화·용역을 공급하는 경우에는 부가가치세가 면제된다.
④ 주사업장 총괄납부를 신청한 사업자는 본점 또는 주사무소에서 모든 사업장의 부가가치세를 총괄하여 납부뿐만 아니라 신고도 가능하다.

해설

• 주사업장총괄납부는 납부(환급)에 국한하여 적용한다.
　→신고, 사업자등록, 세금계산서 작성·발급, 과세표준과 세액계산, 결정·경정 등은 각 사업장별로 행한다.

부가가치세 사업자 일반사항[2]

난이도 ⊕ 정답 ②

다음 중 부가가치세법상 사업자에 대한 설명으로 가장 옳은 것은?

① 사업자는 크게 면세사업자와 간이과세자로 나뉜다.
② 단순히 한두 번 정도의 재화와 용역을 공급하는 행위는 사업성이 인정될 수 없다.
③ 영세율을 적용받는 사업자는 부가가치세법상의 사업자 등록의무가 없다.
④ 과세와 면세사업을 겸영하는 자를 겸영사업자라 하며 겸영사업자도 부가가치세 납세의무가 없다.

해설

• ① 부가가치세법상 사업자는 크게 과세사업자와 면세사업자로 구분한다.
   →과세사업자는 다시 일반과세자와 간이과세자로 구분한다.
 ② 부가가치세법은 계속·반복성에 대해 언급하지 않고 있으나, 재화 또는 용역의 공급행위가 계속·반복적이어야 사업자가 될 수 있다는 것이 학설과 판례의 일치된 견해이다.
   →즉, 단순히 한두 번 정도 재화와 용역을 공급하는 것으로는 사업성이 인정될 수 없으며, 부가가치를 창출해 낼 수 있는 정도의 사업형태를 갖추고 계속적·반복적인 의사로 재화 또는 용역을 공급하는 경우에 사업자로 본다.
 ③ 영세율을 적용받는 사업자도 세율만 0%를 적용할 뿐 부가가치세법상의 과세사업자이므로 부가가치세법상 사업자등록의무 등 제반 의무가 있다.
 ④ 겸영사업자는 부가가치세법상 과세사업자이므로 부가가치세 납세의무가 있다.

부가가치세 사업자 일반사항[3]

난이도 ⊕ 정답 ④

다음 중 부가가치세 납세의무자인 사업자에 관한 설명으로 가장 옳은 것은?

① 영세율을 적용받는 사업자는 부가가치세법상의 사업자 등록의무가 없다.
② 비영리사업자는 납세의무자가 아니므로 부가가치세를 거래징수하지 않아도 된다.
③ 주사업장 총괄납부 사업자는 본점 또는 주사무소에서 모든 사업장의 부가가치세를 총괄하여 신고 및 납부할 수 있다.
④ 겸영사업자는 일반과세사업과 면세사업을 함께 영위하는 자를 말한다.

해설

• ① 영세율을 적용받는 사업자도 세율만 0%를 적용할 뿐 부가가치세법상의 과세사업자이므로 부가가치세법상 사업자등록의무 등 제반 의무가 있다.
 ② 부가가치세법상 사업자의 요건을 충족하기 위해서는 사업목적이 영리이든 비영리이든 관계가 없다. 부가가치세의 담세자는 최종소비자이므로, 비영리사업자라 하더라도 소비자에게 조세를 전가하기 위해서는 납세의무자로서 부가가치세를 거래징수하여야 하며, 또한 조세의 중립성을 유지하기 위해서도 사업목적이 영리이든 비영리이든 관계없이 납세의무를 부담하도록 할 필요가 있기 때문이다.
 ③ 주사업장총괄납부는 납부(환급)에 국한하여 적용한다. 신고, 사업자등록, 세금계산서 작성·발급, 과세표준과 세액계산, 결정·경정 등은 각 사업장별로 행한다.

부가가치세 과세대상 기본사항	난이도	⊕	정답	①

● 다음 중 부가가치세 과세대상에 관한 설명으로 가장 올바르지 않은 것은?

① 재화란 재산적 가치가 있는 물건과 권리이므로 주식은 물론 특허권도 과세대상에 해당된다.

② 재화의 수입에 대해서는 수입자가 사업자는 물론 비사업자인 경우에도 부가가치세가 과세된다.

③ 대가를 받지 않고 타인에게 무상으로 용역을 공급하는 것은 원칙적으로 부가가치세 과세대상으로 보지 않는다.

④ 건설업자가 건설자재의 전부 또는 일부를 부담하는 경우에는 용역의 공급으로 본다.

해설

• ① 재화란 재산적 가치가 있는 물건과 권리를 말하며, 유가증권(주식, 사채, 상품권)은 재화로 보지 않으므로 과세대상에 해당하지 않는다.

물건	• ㉠ 상품, 제품, 원료, 기계, 건물 등 모든 유체물 ㉡ 전기, 가스, 열 등 관리할 수 있는 자연력	- 화폐·수표·어음·주식·사채 : 재화X - 물·흙·퇴비·자연석·온천수 : 재화O
권리	• 광업권 등 물건 외 재산적 가치가 있는 모든 것	- 권리의 양도 : 재화의 공급 - 권리의 대여 : 용역의 공급

• ③ 용역의 무상공급의 과세여부는 다음과 같다.
  - 원칙 : 과세대상으로 보지 않는다.
  - 예외 : 특수관계인간 부동산 무상임대용역은 과세대상으로 한다.

부가가치세 과세대상 여부	난이도	⊕	정답	③

● 다음 중 부가가치세 과세대상에 관한 설명으로 가장 올바르지 않은 것은?

① 재화를 담보로 제공하는 것은 부가가치세 과세대상이 되지 아니한다.

② 교환계약에 의하여 재화를 인도 또는 양도하는 것은 부가가치세 과세 대상이다.

③ 사업을 포괄적으로 양도한 경우 이는 재화의 공급에 해당하므로 과세 대상이다.

④ 대가를 받지 아니하고 타인에게 용역을 공급하는 것은 원칙적으로 부가가치세 과세대상이 되지 아니한다.

해설

• ① 재화를 담보로 제공하는 것은 재화의 공급으로 보지 아니한다. 담보의 제공이란 질권, 저당권 또는 양도담보의 목적으로 동산·부동산 및 부동산상의 권리를 제공하는 것을 말한다. 이는 외형상 재화의 인도가 있는 것으로 보이나 담보권자가 채권의 우선변제권을 획득하는 것일 뿐 실질적으로 재화의 소비권을 취득하는 것이 아니므로 재화의 공급으로 보지 않는 것이다.

② 재화의 인도대가로서 다른 재화를 인도받거나 용역을 제공받는 교환계약에 의하여 재화를 인도 또는 양도하는 것은 재화의 실질적 공급에 해당한다.

③ 사업의 양도란 사업장별로 그 사업에 관한 모든 권리와 의무를 포괄적으로 승계시키는 것을 말하며, 이는 재화의 공급으로 보지 아니한다. 사업의 양도를 재화의 공급으로 보지 않는 것은 사업양도에 대하여 부가가치세를 과세할 경우 사업양수인에게 불필요한 자금부담이 발생하는 것을 방지하기 위한 정책적 배려 때문이다.

④ 대가를 받지 아니하고 타인에게 용역을 공급하는 것은 용역의 공급으로 보지 아니한다. 다만, 사업자가 특수관계인에게 사업용 부동산의 임대용역 등 대통령령으로 정하는 용역을 공급하는 경우, 용역의 공급으로 보아 시가로 과세한다. 용역의 무상공급을 과세대상에서 제외하는 것은 재화와 달리 용역의 경우에는 시가를 확인하기 어려우며, 용역은 주로 인적역무로서 무상으로 공급되는 인적용역에 대하여 과세하는 것은 바람직하지 않을 뿐 아니라 현실적으로 어렵다는 이유 때문이다.

간주공급(공급의제) 적용대상	난이도	⊕	정답	④

다음 중 부가가치세법상 재화의 공급에 관한 설명으로 가장 올바르지 않은 것은?

① 사업자 단위과세를 적용받는 사업자가 자기사업과 관련하여 생산 또는 취득한 재화를 타인에게 직접 판매할 목적으로 다른 사업장에 반출하는 경우에는 재화의 공급으로 보지 아니한다.

② 사업자가 자기의 과세사업과 관련하여 취득한 재화(매입세액을 공제받음)를 자기의 면세사업에 전용한 경우에는 재화의 공급으로 본다.

③ 주사업장총괄납부 신청을 한 사업자가 판매목적으로 타사업장에 반출하는 경우에는 이를 재화의 공급으로 보지 아니한다.

④ 사업자가 자기의 사업과 관련하여 취득한 재화(매입세액공제를 받음)를 직장 연예 및 직장 문화 관련으로 사용한 경우에는 재화의 공급으로 본다.

해설

• 주사업장총괄납부·사업자단위과세사업자 아닌 자의 직매장반출이 간주공급에 해당한다.
• 개인적 공급은 간주공급(공급의제)으로 과세대상에 해당하나, 실비변상적이거나 복리후생목적인 다음의 경우는 재화의 공급으로 보지 않는다.

> ☐ ㉠ 사업을 위해 착용하는 작업복, 작업모 및 작업화를 제공하는 경우
> ㉡ 직장연예 및 직장문화와 관련된 재화를 제공하는 경우
> ㉢ 경조사와 관련된 재화를 제공하는 경우〈단, 1명당 연간 10만원한도〉
> ㉣ 설날·추석, 창립기념일 및 생일 등과 관련된 재화를 제공하는 경우〈단, 1명당 연간 10만원한도〉
> *◎주의 ∴㉢, ㉣의 경우 10만원을 초과하는 경우 해당 초과액에 대해서는 재화의 공급으로 봄.

재화의 공급 해당여부	난이도	⊕	정답	③

다음 중 부가가치세법상 재화의 공급에 해당하지 않는 것은?

① 사업을 폐지하는 때에 잔존하는 재화
② 교환계약에 의하여 인도하는 재화
③ 사업상 증여하는 것으로 구입시 매입세액공제를 받지 못한 재화
④ 총괄납부 신청을 하지 아니한 자가 직매장으로 반출하는 재화

해설

• ① 폐업시 잔존재화는 간주공급으로 과세대상에 해당한다.
  → 폐업시 잔존재화란 사업자가 사업을 폐업하는 경우 또는 사업개시전 등록한 자가 사실상 사업을 시작하지 아니하게 된 경우에 남아있는 재화를 말하며, 폐업시 잔존재화의 경우 이미 매입세액을 공제받았으나 폐업후 잔존재화를 판매하거나 개인적 목적 등으로 사용하는 때에는 사실상 과세하기 어렵기 때문에 이를 폐업시점에서 재화의 공급으로 의제하여 부가가치세를 과세한다.
② 재화의 인도대가로 다른 재화(용역)를 인도(제공)받는 교환계약은 실질적 공급으로 과세대상에 해당한다.
③ 매입세액이 불공제되었던 재화는 간주공급(공급의제)을 적용하지 않는다.
  → 매입세액이 불공제되었던 재화의 간주공급(공급의제) 적용여부는 다음과 같다.

자가공급 중 직매장반출(판매목적 타사업장 반출)	• 간주공급 적용O
기타(면세전용, 비영업용소형승용차, 개인적공급, 사업상증여, 폐업시잔존재화)	• 간주공급 적용X

④ 판매목적 타사업장 반출(직매장 반출)에 대한 취급
  ㉠ 일반적인 경우(주사업장총괄납부사업자 또는 사업자단위신고납부사업자 아닌 자)에는 재화의 공급으로 보므로(간주공급) 세금계산서를 발급하여야 한다.
  ㉡ 주사업장총괄납부사업자 또는 사업자단위신고납부사업자의 경우에는 재화의 공급으로 보지 않는다.(단, 주사업장총괄납부사업자가 세금계산서를 발급하고 관할 세무서장에게 신고한 경우에는 그대로 재화의 공급으로 인정한다.)

재화의 공급 일반사항	난이도	㊦	정답	②

다음 중 부가가치세법에 따른 재화의 공급에 관한 설명으로 가장 올바르지 않은 것은?

① 재화의 공급은 계약상 또는 법률상의 모든 원인에 의해 재화를 인도 또는 양도하는 것으로 한다.

② 위탁매매 또는 대리인에 의한 매매를 할 때에는 위탁자 또는 본인을 알 수 없는 경우라도 위탁자 또는 본인이 직접 재화를 공급하거나 공급받은 것으로 본다.

③ 질권·저당권 또는 양도담보의 목적으로 동산·부동산 및 부동산상의 권리를 제공하는 경우 재화의 공급으로 보지 않는다.

④ 세금계산서를 발급받지 않아 매입세액을 공제받지 못한 재화를 면세사업에 사용하는 경우에는 재화의 공급에 해당하지 않는다.

해설

- ② 위탁매매 또는 대리인에 의한 매매를 할 때에는 위탁자 또는 본인이 직접 재화를 공급하거나 공급받은 것으로 본다. 다만, 위탁자 또는 본인을 알 수 없는 경우에는 그렇지 않다.
- ③ 재화를 담보로 제공하는 것은 재화의 공급으로 보지 아니한다. 담보의 제공이란 질권, 저당권 또는 양도담보의 목적으로 동산·부동산 및 부동산상의 권리를 제공하는 것을 말한다. 이는 외형상 재화의 인도가 있는 것으로 보이나 담보권자가 채권의 우선변제권을 획득하는 것일 뿐 실질적으로 재화의 소비권을 취득하는 것이 아니므로 재화의 공급으로 보지 않는 것이다.

❶ POINT 위탁판매 세금계산서 발급특례

위탁자가 직접재화 인도시	• 위탁자가 세금계산서 발급 • 수탁자 등록번호를 부기함(덧붙여 적음).
수탁자가 재화 인도시	• 수탁자가 위탁자 명의의 세금계산서 발급함.
위탁자를 알 수 없는 익명 거래시	• 위탁자는 수탁자에게, 수탁자는 거래상대방에게 각각 발급함.

❶ POINT 재화의 공급으로 보지 않는 특례

담보제공	• 질권·저당권·양도담보의 목적으로 동산·부동산·부동산상의 권리를 제공하는 것
사업양도	• 사업별로 그 사업에 관한 모든 권리와 의무를 포괄적으로 승계시키는 것(이 경우 미수금, 미지급금, 업무무관자산을 포함하지 않고 승계시킨 경우에도 그 사업을 포괄적으로 승계시킨 것으로 봄.) 　→세금계산서 발급X & 양수자 매입세액공제X • 다만, 사업양수시 양수자 대리납부제도에 따라 그 사업을 양수받는 자가 대가를 지급하는 때에 그 대가를 받은 자로부터 부가가치세를 징수하여 납부한 경우에는 재화의 공급으로 봄. 　→세금계산서 발급O & 양수자 매입세액공제O
조세의 물납	• 사업용 자산을 상속증여세법·지방세법에 따라 물납하는 것
신탁재산 소유권이전	• ㉠ 위탁자로부터 수탁자에게 신탁재산을 이전하는 경우 　㉡ 신탁의 종료로 인하여 수탁자로부터 위탁자에게 신탁재산을 이전하는 경우 　㉢ 수탁자가 변경되어 새로운 수탁자에게 신탁재산을 이전하는 경우
사용·소비·반출	• 사업자가 자기 사업과 관련하여 생산하거나 취득한 재화를 자기의 과세사업을 위하여 다음의 예시와 같이 사용하거나 소비하는 경우에는 재화의 공급으로 보지 않음. 　㉠ 자기의 다른 사업장에서 원료·자재 등으로 사용·소비하기 위하여 반출하는 경우 　㉡ 자기 사업상의 기술개발을 위하여 시험용으로 사용·소비하는 경우 　㉢ 수선비 등에 대체하여 사용·소비하는 경우 　㉣ 사후무료 서비스제공을 위하여 사용·소비하는 경우 　㉤ 불량품교환·광고선전상품진열 등의 목적으로 다른 사업장으로 반출하는 경우
법률상 공매·경매·수용	• 국세징수법상 공매, 민사집행법상 경매, 도시·주거환경정비법 등에 의한 수용

| 부가가치세 과세대상[1] | 난이도 | ㊥ | 정답 | ④ |

다음 중 부가가치세 과세대상에 관한 설명으로 옳은 것을 모두 고르면?

ㄱ. 재화 또는 용역의 공급은 부가가치세 과세대상이며, 재화의 수입은 부가가치세 과세대상에 해당되지 않는다.

ㄴ. 고용관계에 의해 근로를 제공하는 것은 부가가치세 과세대상인 용역의 공급이 아니다.

ㄷ. 용역의 무상공급은 부가가치세법상 용역의 공급으로 보지 않지만 특수관계인에게 무상으로 제공하는 부동산임대용역은 시가로 과세한다.

ㄹ. 사업자가 사업과 관련하여 생산 또는 취득한 재화를 직장체육비나 직장연예비로 사용하는 경우 부가가치세 과세대상에 포함되지 않는다.

① ㄱ, ㄴ   ② ㄴ, ㄷ   ③ ㄱ, ㄴ, ㄹ   ④ ㄴ, ㄷ, ㄹ

해설

• ㄱ. 재화의 수입도 부가가치세 과세대상에 해당한다.
ㄴ. 고용관계에 의한 근로의 제공은 사업상 독립적으로 용역을 공급하는 것이 아니므로 용역의 공급으로 보지 아니한다.(인적독립성 위배)
ㄷ. 용역의 무상공급을 원칙적으로 과세대상에서 제외하는 것은 재화와 달리 용역의 경우에는 시가를 확인하기 어려우며, 용역은 주로 인적역무로서 무상으로 공급되는 인적용역에 대하여 과세하는 것은 바람직하지 않을 뿐 아니라 현실적으로 어렵다는 이유 때문이다.
ㄹ. 개인적 공급은 간주공급(공급의제)으로 과세대상에 해당하나, 실비변상적이거나 복리후생목적인 다음의 경우는 재화의 공급으로 보지 않는다.

> ☐ ㉠ 사업을 위해 착용하는 작업복, 작업모 및 작업화를 제공하는 경우
> ㉡ 직장연예 및 직장문화와 관련된 재화를 제공하는 경우
> ㉢ 경조사와 관련된 재화를 제공하는 경우〈단, 1명당 연간 10만원한도〉
> ㉣ 설날·추석, 창립기념일 및 생일 등과 관련된 재화를 제공하는 경우〈단, 1명당 연간 10만원한도〉
> *주의 ∴㉢, ㉣의 경우 10만원을 초과하는 경우 해당 초과액에 대해서는 재화의 공급으로 봄.

🅿 POINT 용역의 공급

의의	• 용역의 공급이란 계약상·법률상 모든 원인에 의해 역무를 제공하거나 재화·시설물·권리를 사용하게 하는 것을 말함. 🔎주의 ∴㉠ 권리의 양도 : 재화의 공급 ㉡ 권리의 대여 : 용역의 공급
용역의 공급 범위	• 건설업은 자재부담 여부에 관계없이 용역의 공급으로 봄. • 인도받은 재화에 자재부담 없이 단순히 가공만 하여 주는 것은 용역의 공급으로 봄. • 산업상·상업상·과학상의 지식·경험·숙련에 관한 정보제공은 용역의 공급으로 봄. 🔎주의 고용관계에 의한 근로의 제공은 용역의 공급으로 보지 않음.(∵인적독립성 위배)
용역의 자가공급	• 자기의 사업을 위해 용역을 공급(⑩ 사용인에게 음식용역 무상제공, 사용인 질병·부상을 무상치료, 다른 사업장에 용역을 공급)하는 경우 자가공급으로 봄. →단, 현행 과세용역을 규정하지 않고 있으므로 부가가치세를 과세하지 않고 있음.
용역의 무상공급	• 용역의 공급으로 보지 않음. →단, 특수관계인 부동산무상임대용역 : 과세O

부가가치세 과세대상[2]	난이도	⊕	정답	①

○── 다음 중 부가가치세 과세대상에 관한 설명으로 가장 옳은 것은?

① 총괄납부승인을 얻은 자가 직매장으로 재화를 반출하는 경우에는 재화의 공급으로 보지 아니한다.
② 건설업자가 건설자재의 전부 또는 일부를 부담하는 경우에도 재화의 공급으로 본다.
③ 사업을 위하여 대가를 받지 아니하고 다른 사업자에게 인도하거나 양도하는 견본품은 재화의 공급에 해당한다.
④ 대가수령 여부와 관계없이 타인에게 용역을 공급하는 것은 부가가치세 과세 대상이다.

해설 ⤸

• ① 사업장이 둘 이상인 사업자가 사업과 관련하여 생산·취득한 재화를 판매할 목적으로 다른 사업장에 반출(직매장반출)하는 것은 재화의 공급으로 본다. 다만, 다음에 해당하는 경우는 재화의 공급으로 보지 아니한다.
   ㉠ 사업자가 사업자단위과세사업자로 적용을 받는 과세기간에 자기의 다른 사업장에 반출하는 경우
   ㉡ 사업자가 주사업장총괄납부의 적용을 받는 과세기간에 자기의 다른 사업장에 반출하는 경우(다만, 세금계산서를 발급하고 관할세무서장에게 예정신고 또는 확정신고를 한 경우는 제외한다.)
  ② 건설업은 무조건 용역의 공급으로 본다.
  ③ 무상으로 견본품을 공급하는 것은 재화의 공급에 해당하지 않는다.
  ④ 용역의 무상공급은 원칙적으로 과세대상으로 보지 않는다.(다만, 특수관계인간 부동산 무상임대용역은 과세대상으로 한다.)

재화의 공급시기[1]	난이도	⊤	정답	③

○── 다음 중 부가가치세법상 재화의 공급시기에 관한 설명으로 옳은 것은 몇 개인가?

> ㄱ. 현금판매·외상판매에 의한 재화의 공급 : 재화가 인도되거나 이용 가능하게 되는 때
> ㄴ. 조건부 판매 : 조건이 성취되는 때
> ㄷ. 장기할부판매 : 대가의 각 부분을 받기로 한 때
> ㄹ. 무인판매기에 의한 판매 : 재화가 인도되는 때

① 1개   ② 2개   ③ 3개   ④ 4개

해설 ⤸

• 무인판매기에 의한 판매 : 무인판매기에서 현금을 꺼내는 때(현금을 인취하는 때)

❗POINT 재화의 공급시기

현금판매, 외상판매, 할부판매(단기), 가공계약, 내국신용장에 의한 공급	• 인도되는 때
장기할부판매, 완성도기준지급조건부공급, 중간지급조건부공급 전력 등 공급 단위 구획 불가 재화를 계속적 공급시	• 대가의 각 부분을 받기로 한 때
조건부판매(반환조건부, 동의조건부), 기한부판매	• 조건성취·기한경과로 판매확정시
폐업시 잔존재화, 공급시기가 폐업일 이후 도래시	• 폐업일 →◯주의 폐업신고일(X)
간주공급 중 사업상증여 / 직매장반출	• 증여하는 때 / 반출하는 때
기타 간주공급	• 사용·소비하는 때
무인판매기	• 현금을 꺼내는 때(인취하는 때)
위탁판매	• 수탁자의 공급일
수출하는 재화(내국신용장에 의해 수출하는 재화 포함)	• 선적일
수입하는 재화, 국내에 공급되는 보세구역수입재화	• 수입신고수리일(수입면허일)
상품권	• 재화가 실제로 인도되는 때
위 모든 공급시기 도래전에 대가받고 세금계산서·영수증 발급시 ◯주의 무대가로 발급 제외	• 발급한때

재화의 공급시기[2]

난이도 ⊕ **정답** ④

다음 중 부가가치세법상 재화와 용역의 공급시기에 관한 설명으로 가장 올바르지 않은 것은?

① 수출재화의 공급 : 수출 재화의 선(기)적일
② 완성도기준지급조건부 판매 : 대가의 각 부분을 받기로 한 때
③ 조건부판매 : 조건이 성취되어 판매가 확정된 때
④ 판매목적 타사업장 반출 : 재화를 사용하거나 소비하는 때

해설

• 판매목적 타사업장 반출(직매장반출)의 공급시기 : 재화를 반출하는 때
★ **저자주** 문제의 명확한 성립을 위해 '재화와 용역의 공급시기에 관한 설명~'을 '재화의 공급시기에 관한 설명~'으로 수정바랍니다.

재화·용역의 공급시기[1]

난이도 ⊕ **정답** ④

다음 중 부가가치세법상 재화와 용역의 공급시기에 관한 설명으로 가장 올바르지 않은 것은?

① 수출재화의 공급 : 수출 재화의 선·(기)적일
② 장기할부판매 : 대가의 각 부분을 받기로 한 때
③ 조건부판매 : 조건이 성취되어 판매가 확정된 때
④ 부동산 임대용역 : 임대계약 종료시점

해설

• 부동산임대용역은 계속적 공급이므로 대가의 각 부분을 받기로 한 때를 공급시기로 한다. 그러나 2과세기간 이상에 걸쳐 부동산임대용역을 제공하고 그 대가를 선불 또는 후불로 받는 경우에는 당해 금액을 월수로 안분한 금액을 공급가액으로 하며 이 경우 그 공급시기는 예정신고기간 또는 과세기간의 종료일로 한다.
→한편, 전세금 또는 임대보증금을 받는 경우 간주임대료는 그 공급시기를 예정신고기간 또는 과세기간의 종료일로 한다.

POINT 용역의 공급시기

㉠ 통상적인 용역의 공급(단기할부조건부 포함)	• 역무제공완료일
㉡ 장기할부조건부·기타조건부공급, 공급단위 구획불가 계속적 공급	• 대가의 각 부분을 받기로 한 때
㉢ 완성도기준지급조건부공급, 중간지급조건부공급	• 대가의 각 부분을 받기로 한 때[1]
㉣ 상기 ㉠~㉢ 이외의 경우	• 역무제공완료되고 공급가액확정된 때
㉤ 부동산임대용역 일반적인 임대료	• 대가의 각 부분을 받기로 한 때
㉥ 부동산임대용역 간주임대료, 부동산임대용역 안분계산 임대료	• 예정신고기간 또는 과세기간 종료일
㉦ 둘 이상 과세기간에 계속적 일정용역[2]을 제공하고 선불수령	• 예정신고기간 또는 과세기간 종료일
위 모든 공급시기 도래전에 대가받고 세금계산서·영수증 발급시 ♡주의 무대가로 발급 제외	• 발급한때

[1]단, 역무제공완료일 이후 받기로 한 대가의 부분에 대해서는 역무제공완료일을 공급시기로 봄.
[2] i) 헬스클럽장 등 스포츠센터 운영사업자가 연회비를 미리 받고 회원들에게 시설을 이용하게 하는 것
ii) 상표권 사용계약을 할 때 사용대가 전액을 일시불로 받고 상표권을 사용하게 하는 것

재화·용역의 공급시기[2]	난이도	⊕	정답	④

● 다음 중 부가가치세법상 재화와 용역의 공급시기에 관한 설명으로 가장 올바르지 않은 것은?

① 통상적인 용역공급 : 역무의 제공이 완료되는 때
② 중간지급조건부 : 대가의 각 부분을 받기로 한 때
③ 사업상 증여 : 재화를 증여하는 때
④ 내국신용장에 의해 수출하는 재화 : 수출재화의 선·기적일

해설

• 내국신용장에 의하여 공급하는 재화의 공급시기는 인도되는 때이다.
→ 이는 내국신용장수출업자가 수출업자에게 납품(공급)하는 경우로서 국내거래에 해당한다.
비교 내국신용장에 의해 수출하는 재화의 공급시기 : 선(기)적일
★ **저자주** 모두 옳은 설명이므로 '정답없음'으로 처리되어야 합니다. 충분한 검토과정과 신중한 출제가 필요하다고 사료됩니다.

영세율과 세금계산서 발급	난이도	⊕	정답	②

● 다음은 ㈜삼일의 제2기 부가가치세 확정신고를 위한 자료이다. (ㄱ)에 들어갈 금액으로 가장 옳은 것은?

```
ㄱ. 국내판매분
 - 세금계산서 발행 매출액      30,000,000원(부가가치세 제외)
 - 신용카드매출전표 발행분      22,000,000원(부가가치세 포함)
ㄴ. 내국신용장에 의한 수출      10,000,000원
ㄷ. 직수출분                  12,000,000원
```

구분			금액	세율	세액
과세표준 및 매출세액	과세	세금계산서 발급분		10/100	
		매입자발행세금계산서		10/100	
		신용카드·현금영수증발행분		10/100	
		기타(정규영수증 외 수취분)		10/100	
	영세율	세금계산서 발급분	(ㄱ)	0/100	
		기타		0/100	

① 0원　　② 10,000,000원　　③ 12,000,000원　　④ 22,000,000원

해설

• 내국신용장에 의한 수출 : 영세율 '세금계산서 발급분'란에 10,000,000원을 기록한다.
• 직수출분 : 영세율 '기타'란에 12,000,000원을 기록한다.

❶ POINT 영세율대상의 세금계산서 발급의무

발급의무대상	• 내국신용장·구매확인서에 의한 수출 • 수출재화임가공용역
발급면제대상	• 직수출 • 국외에서 제공하는 용역, 항공기의 외국항행 용역 • 국내에서 비거주자·외국법인에게 공급하는 법소정 일정한 재화·용역 • 외국항행 선박·항공기·원양어선에 공급하는 재화·용역 • 국내주재 외교공관·국제연합·국제기구·국제연합군·미국군에 공급하는 재화·용역

면세의 의의와 면세포기	난이도	⊕	정답	④

다음 중 부가가치세법상 면세에 관한 설명으로 가장 올바르지 않은 것은?

① 면세는 부가가치세의 역진성을 해소하기 위한 불완전면세제도이다.

② 면세사업자는 과세표준의 신고, 사업자등록, 세금계산서 발급 등에 관한 부가가치세상의 제반의무가 없다.

③ 면세의 포기는 면세사업자가 면세포기사유에 해당하는 경우에 한해서만 가능하다.

④ 면세사업자가 면세를 포기하는 경우 1년간은 면세적용을 받을 수 없다.

해설

• 면세포기를 신고한 사업자는 신고한 날부터 3년간은 면세를 적용받지 못한다.

→ **참고** 면세포기를 신고한 사업자가 3년이 지난 뒤 다시 면세를 받으려면 면세적용신고서를 제출하여야 하며 면세적용신고서를 제출하지 않으면 계속하여 면세를 포기한 것으로 본다.

❗POINT 면세 일반사항

의의	• 매출세액은 없지만 매입세액은 환급되지 않음. →따라서, 부분면세에 해당함. • 부가가치세법상 사업자가 아니므로 원칙적으로 납세의무 없음. • 세금계산서 발급이 불가함.(계산서를 발급함) • 소득세·법인세법상 매입처별세금계산서합계표제출 및 사업자등록 의무 있음.
취지	• 부가가치세의 역진성완화
면세포기 [언제든지 포기신고 가능]	**포기대상** **(포기사유)** : • ㉠ 영세율이 적용되는 재화·용역 ㉡ 학술연구단체·기술연구단체가 공급하는 재화·용역 **포기절차** : • 관할세무서장에게 면세포기 신고하고, 지체없이 사업자등록해야 함. • 면세포기신고 후 3년간은 면세 적용을 받지 못함.

과세·면세 적용대상 구분[1]	난이도	⊕	정답	②

다음은 김상일씨의 20x1년도 1월 가계부 지출내역이다. 지출금액에 포함된 부가가치세의 합계는 얼마인가(단, 공급자는 부가가치세법에 따라 적정하게 부가가치세를 거래징수 하였다고 가정한다)?

일자	적요	금액
1월 14일	국민주택 월세	330,000원
1월 21일	영화 관람권	22,000원
1월 27일	택시 이용	11,000원

① 2,000원   ② 3,000원   ③ 32,000원   ④ 33,000원

해설

• 국민주택 월세(주택임대) : 면세 → **비교** 국민주택공급 : 면세

• 영화관람권(영화관입장) : 과세 → **비교** 도서관·과학관·박물관·미술관·동물원·식물원·전쟁기념관 입장 : 면세

• 택시이용 : 과세 → **비교** 시내버스·시외버스·지하철 : 면세

∴부가가치세의 합계(과세) : $22,000 \times \frac{10}{110} + 11,000 \times \frac{10}{110} = 3,000$

과세·면세 적용대상 구분[2]	난이도	⊕	정답	①

다음은 김상일씨의 20x1년도 1월 가계부 지출내역이다. 지출금액에 포함된 부가가치세의 합계는 얼마인가(단, 공급자는 부가가치세법에 따라 적정하게 부가가치세를 거래징수 하였다고 가정한다)?

일자	적요	금액
1월 14일	국민주택 월세	330,000원
1월 21일	잡지 구독료	33,000원
1월 27일	비행기 이용	110,000원

① 10,000원　　　　② 13,000원　　　　③ 33,000원　　　　④ 40,000원

해설

• 국민주택 월세(주택임대) : 면세 → **비교** 국민주택공급 : 면세
• 잡지구독료 : 면세
• 비행기(항공기) 이용 : 과세 → **비교** 시내버스·시외버스·지하철 : 면세
∴부가가치세의 합계(과세) : $110,000 \times \frac{10}{110} = 10,000$

영세율과 면세 비교[1]	난이도	⑪	정답	③

다음은 영세율과 면세를 비교한 것이다. 가장 올바르지 않은 것은?

구분	영세율	면세
목적	ㄱ. 국제적인 이중과세 방지	부가가치세의 역진성 완화
성격	완전면세제도	ㄴ. 부분면세제도
매출시	ㄷ. 거래징수의무 없음	거래징수의무 있음
매입시	환급받음(매입세액공제)	ㄹ. 환급되지 아니함(매입세액불공제)

① ㄱ　　　　② ㄴ　　　　③ ㄷ　　　　④ ㄹ

해설

• 영세율사업자는 거래징수의무(세금계산서발급의무)가 있으나 면세사업자는 거래징수의무가 없다.
　→다만, 영세율사업자는 영(0)의 세율로 거래징수하므로 거래징수할 세액은 없다.

⊕ POINT 영세율과 면세 비교

구분	영세율	면세
취지(목적)	• 국제적 이중과세방지	• 부가가치세의 역진성 완화
대상	• 수출 등 외화획득거래	• 생활필수품 등
성격	• 완전면세제도	• 부분면세제도(불완전면세제도)
매출세액(거래징수의무)	• 영[영세율로 거래징수(T/I발급)]	• 없음
매입세액	• 환급O(매입세액공제)	• 환급X(매입세액불공제)
부가가치세법상 사업자등록의무	• 있음	• 없음 →소득세·법인세법상 사업자등록함
세금계산서발급	• 있음	• 없음
신고납부의무	• 있음	• 없음
매출처별세금계산서합계표제출의무	• 있음	• 없음
매입처별세금계산서합계표제출의무	• 있음(by 부가가치세법)	• 있음(by 소득세·법인세법)

| 영세율과 면세 비교[2] | 난이도 | 下 | 정답 | ① |

다음 중 부가가치세법상 면세와 영세율에 관한 설명으로 가장 옳은 것은?

① 면세의 경우에는 세금계산서를 발급하지 않으나, 영세율의 경우 세금계산서를 발급하여야 하는 경우가 있다.
② 영세율은 부분면세제도이고, 면세는 완전면세제도이다.
③ 영세율과 면세 모두 매입세액공제는 가능하나 면세의 경우 환급은 받을 수 없다.
④ 면세사업자의 경우에도 매출처별세금계산서합계표 제출의무는 있다.

해설

• ① 면세의 경우에는 세금계산서를 발급하지 않으나, 영세율의 경우 세금계산서를 발급하여야 하는 경우가 있다.
  → 영세율 세금계산서 발급의무대상 : 내국신용장·구매확인서에 의한 수출, 수출재화임가공용역
  ② 영세율은 완전면세제도이고, 면세는 부분면세제도이다.
  → ㉠ 영세율 : 매출세액이 발생하지 아니하는 반면 사업자가 부담한 매입세액은 전액 환급받게 되어 부가가치세 부담이 완전히 면제된다. 이처럼 당해 거래단계에서 창출된 부가가치뿐만 아니라 그 이전단계에서 창출된 부가가치에 대하여도 과세되지 않기 때문에 이를 완전면세제도라고 한다.
  ㉡ 면세 : 영세율과는 달리 매입 재화 또는 용역에 대하여 부담한 매입세액을 환급받을 수 없다. 따라서 면세사업자가 부담한 매입세액은 원가에 가산되어 다음 거래상대방에게 전가될 수밖에 없다. 이처럼 당해 거래에서 창출된 부가가치에 대하여는 과세하지 아니하나 그 이전 단계에서 창출된 부가가치까지 면제하는 것이 아니므로 이를 부분면세제도(=불완전면세제도)라고 한다.
  ③ 면세는 매입세액공제가 불가능하며 환급받을 수 없다.
  ④ 면세사업자는 부가가치세법상의 매출처별세금계산서합계표 제출의무는 없다.(면세사업자도 세금계산서를 수취하며, 소득세 또는 법인세 납세의무가 있는 경우에는 소득세·법인세법상 매입처별세금계산서합계표 제출의무는 있다.)

| 영세율과 면세 비교[3] | 난이도 | 下 | 정답 | ① |

다음 중 부가가치세 영세율과 면세에 관한 설명으로 가장 올바르지 않은 것은?

① 영세율 제도가 국제적인 이중과세를 방지하는 효과가 있다면, 면세 제도는 부가가치세의 역진성을 완화하는 효과가 있다.
② 영세율사업자와 면세사업자는 세금계산서 발급 등의 부가가치세법에서 규정하고 있는 제반 사항을 준수해야 할 의무가 있다.
③ 영세율 적용대상자는 매입세액을 공제받지만, 면세사업자는 매입세액을 공제받지 못한다.
④ 사업자가 토지를 공급하는 때에는 면세에 해당하나, 주택부수토지를 제외한 토지의 임대용역을 공급하는 때에는 원칙적으로 과세에 해당한다.

해설

• 영세율을 적용받는 사업자도 세율만 0%를 적용할 뿐 부가가치세법상의 과세사업자이므로 부가가치세법상 사업자등록의무 등 제반의무가 있다. 반면, 면세사업자는 부가가치세법상의 사업자가 아니므로 원칙적으로 부가가치세법상의 제반의무가 없다.

과세표준 일반사항[1]	난이도	⊕	정답	②

다음 중 부가가치세 과세표준에 관한 설명으로 가장 올바르지 않은 것은?

① 매출에누리와 매출환입, 매출할인액은 과세표준에 포함하지 아니한다.
② 판매장려금은 과세표준에서 공제한다.
③ 금전 이외의 대가를 받는 경우에는 자기가 공급한 재화 또는 용역의 시가를 과세표준으로 한다.
④ 폐업시 잔존재화에 대하여는 시가를 과세표준으로 한다.

해설

• 판매장려금지급액은 공급가액(과세표준)에서 차감하지 않는다.(=공제하지 않는다.)
→ **비교** ㉠ 판매장려금수입액 : 공급가액에 포함하지 않는다.
  ㉡ 판매장려물품지급분은 재화의 공급(사업상증여)으로 보며 시가를 공급가액에 포함한다.

❓POINT 부가가치세 과세표준과 포함여부

과세표준(공급가액)	• 금전으로 수령 : 그 대가 〈VAT포함여부 불분명시 : 포함된 것으로 봄〉 • 금전 이외 수령, 특수관계인 재화 저가·무상, 특수관계인 용역 저가 : 공급한 것의 시가 • 수입재화 : 관세의 과세가격＋관세＋교육세·농특세＋개소세·주세 등
공급가액에 포함O	• 판매장려물품지급분의 시가, 대가의 일부로 받는 운송비·포장비등
공급가액에 포함X	• 판매장려금수입액, 연체이자, 도달전 파손·훼손·멸실된 재화, 공급과 직접 관련없는 국고보조금 등, 구분기재된 종업원 봉사료(수입금액에 계상시는 제외), 자기적립마일리지, 반환의무 있는 보증금·입회금, 손해배상금, 위약금
공급가액에서 차감O	• 매출에누리와 환입, 매출할인
공급가액에서 차감X	• 판매장려금지급액, 대손금(∵대손세액공제가 적용됨.), 하자보증금

과세표준 일반사항[2]	난이도	⊕	정답	②

다음 중 부가가치세 과세표준에 관한 설명으로 가장 올바르지 않은 것은?

① 과세표준이란 세액산출의 기초가 되는 과세대상의 수량 또는 가액을 말한다.
② 재화를 공급하고 금전 이외의 대가를 받는 경우에는 자기가 받은 재화의 시가를 과세표준으로 한다.
③ 대손금의 경우 과세표준에서 공제하지 아니한다.
④ 공급받는 자에게 도달하기 전에 공급자의 부주의로 인한 파손, 훼손, 멸실된 재화의 가액은 과세표준에 포함하지 아니한다.

해설

• 재화를 공급하고 금전 이외의 대가를 받는 경우에는 자기가 공급한 재화의 시가를 과세표준으로 한다.

| 부가가치세 과세표준 계산[1] | 난이도 | ㉡ | 정답 | ② |

다음은 제조업과 건설업을 영위하는 ㈜삼일의 제2기 예정신고기간(20x1년 7월 1일 20x1년 9월 30일)에 발생한 거래이다. 해당 예정신고기간의 과세표준은 얼마인가?

(1) 특수관계인 매출액 5,000,000원(시가 10,000,000원)
(2) 특수관계인 이외의 매출액 50,000,000원(매출에누리 3,000,000원과 매출할인액 1,000,000원이 차감된 금액임)
(3) 회사가 공급한 재화와 직접 관련되지 않은 국고보조금 20,000,000원
(4) 거래처 파산으로 인한 대손금 10,000,000원

① 55,000,000원 　② 60,000,000원 　③ 62,000,000원 　④ 64,000,000원

해설

- 특수관계인에게 저가공급한 경우는 시가(10,000,000)를 과세표준으로 한다.
- 매출에누리와 매출할인은 공급가액에서 차감하며, 문제에서의 특수관계인 이외의 매출액 50,000,000원은 이미 적정하게 차감된 후의 금액이다.
- 국고보조금은 공급가액에 포함하지 않는다.
- 대손금은 공급가액에서 차감하지 않으므로 매출액에서 차감하지 않는다.
∴과세표준 : 10,000,000 + 50,000,000 = 60,000,000

| 부가가치세 과세표준 계산[2] | 난이도 | ㉡ | 정답 | ② |

다음은 제조업을 영위하는 ㈜삼일의 제1기 예정신고기간(20x1년 1월 1일~20x1년 3월 31일)에 발생한 거래이다. 해당 예정신고기간의 과세표준은 얼마인가?

(1) 특수관계인 매출액 5,000,000원(시가 10,000,000원)
(2) 특수관계인 이외의 매출액 50,000,000원(매출에누리 3,000,000원과 매출할인액 1,000,000원 차감 전 금액임)
(3) 회사가 공급한 재화와 직접 관련되지 않은 국고보조금 10,000,000원
(4) 거래처 파산으로 인한 대손금 10,000,000원

① 51,000,000원 　② 56,000,000원 　③ 60,000,000원 　④ 70,000,000원

해설

- 특수관계인에게 저가공급한 경우는 시가(10,000,000)를 과세표준으로 한다.
- 매출에누리와 매출할인은 공급가액에서 차감한다.
- 국고보조금은 공급가액에 포함하지 않는다.
- 대손금은 공급가액에서 차감하지 않으므로 매출액에서 차감하지 않는다.
∴과세표준 : 10,000,000 + 50,000,000 - (3,000,000 + 1,000,000) = 56,000,000

부가가치세 과세표준 계산[3]	난이도	㉴	정답	③

다음 자료를 이용하여 부가가치세 과세표준을 구하면 얼마인가?

ㄱ. 외상매출액(매출에누리 1,000,000 원이 차감된 금액)	370,000,000원
ㄴ. 거래처 파산으로 인한 대손금	10,000,000원
ㄷ. 금전으로 지급한 판매장려금	5,000,000원
ㄹ. 외상매출금의 지급지연으로 인해 수령한 연체이자	2,000,000원

① 355,000,000원   ② 360,000,000원   ③ 370,000,000원   ④ 385,000,000원

해설

• 매출에누리는 공급가액에서 차감하며, 문제에서의 외상매출액 370,000,000원은 이미 적정하게 차감된 후의 금액이다.
• 대손금은 공급가액에서 차감하지 않으므로 외상매출액 370,000,000원에서 차감하지 않는다.
• 판매장려금지급액은 공급가액에서 차감하지 않으므로 무시한다.
• 연체이자는 공급가액에 포함하지 않으므로 무시한다.
∴과세표준은 가감사항없이 그대로 370,000,000원이 된다.

부가가치세 과세표준 계산[4]	난이도	㉴	정답	③

다음 자료를 이용하여 부가가치세 과세표준을 구하면 얼마인가?

ㄱ. 특수관계가 없는 자에 대한 외상매출액 (매출에누리 5,000,000원, 매출할인 10,000,000원이 차감되어 있음)	200,000,000원
ㄴ. 특수관계인에 대한 재화매출액(시가 50,000,000 원)	40,000,000원
ㄷ. 상가건물의 처분액	700,000,000원
ㄹ. 하치장 용도로 사용하던 토지의 처분액	15,000,000원

① 250,000,000원   ② 940,000,000원   ③ 950,000,000원   ④ 965,000,000원

해설

• 매출에누리와 매출할인은 공급가액에서 차감하며, 문제에서의 특수관계가 없는 자에 대한 외상매출액 200,000,000원은 이미 적정하게 차감된 후의 금액이다.
• 특수관계인에게 저가공급한 경우는 시가(50,000,000)를 과세표준으로 한다.
• 상가건물의 처분액은 일반적인 실질공급에 해당한다.
• 토지의 공급(처분)은 면세대상이다.
∴과세표준 : 200,000,000+50,000,000+700,000,000=950,000,000

매입세액공제액 집계	난이도	⊕	정답	②

다음 자료를 이용하여 음식점업을 영위하고 있는 김삼일씨의 제2기 예정신고기간의 매입세액공제액을 계산하면 얼마인가? 음식점업(과세유흥장소 아님)의 의제매입세액공제율은 108분의 8이며, 공제한도를 초과하지 않는다고 가정한다.

> ㄱ. 세금계산서 수령 매입액(부가가치세 제외금액) : 50,000,000원
> ㄴ. 세금계산서 수령분 중 기업업무추진비 관련 매입액(부가가치세 제외금액) : 5,000,000원
> ㄷ. 면세로 구입한 농산물(계산서 수령) : 27,000,000원
> ㄹ. 영수증 수령 비품매입액(부가가치세 포함) : 4,400,000원

① 4,500,000원　　　② 6,500,000원　　　③ 6,900,000원　　　④ 7,400,000원

해설

• 매입세액공제액 집계

일반매입세액(세금계산서) : 50,000,000×10% - 5,000,000×10% = 4,500,000
의제매입세액(계산서)　　 :　　　　　27,000,000×8/108 = 2,000,000
　　　　　　　　　　　　　　　　　　　　　　　　　　　　6,500,000

→기업업무추진비(접대비)관련 세금계산서 매입세액은 매입세액불공제 항목이다.
• 증빙요건을 갖추지 못한 영수증 수령분은 매입세액공제액 집계에서 아예 제외한다.

거래상대방과 과세표준	난이도	⊕	정답	②

다음은 자동차를 제조하여 판매하는 ㈜삼일의 20x1년 4월 1일부터 20x1년 6월 30일까지의 거래내역이다. 20x1년 제1기 확정신고와 관련한 설명으로 가장 옳은 것은?

> 〈매출내역〉
> 면세사업자에게 판매한 금액 : 30,000,000원(부가가치세 별도)
> 과세사업자에게 판매한 금액 : 20,000,000원(부가가치세 별도)
> 〈매입내역〉
> 원재료 매입금액(세금계산서 수령) : 33,000,000원(부가가치세 포함)

① 과세사업자에게 판매한 20,000,000원은 과세표준에 포함하지 않는다.
② 면세사업자에게 판매한 30,000,000원은 과세표준에 포함해야 한다.
③ 원재료 매입시 부담한 부가가치세 3,300,000원은 매입세액으로 공제한다.
④ 20x1년 제1기 예정신고시 누락한 매출금액은 확정신고시 과세표준에 포함해 신고할 수 없다.

해설

• ① 과세사업자에게 판매한 공급가액 20,000,000원은 증빙이 없는 경우(예 세금계산서를 발급하지 않은 증빙이 없는 현금매출)에도 모두 과세표준에 포함해야 한다.
  ② 과세재화 공급시는 상대방이 과세사업자인 면세사업자인지를 불문하고 공급가액을 과세표준에 포함한다.
  　→∴면세사업자에게 판매한 공급가액 30,000,000원은 과세표준에 포함해야 한다.
  ③ 세금계산서를 수령한 공제가능 매입이므로 3,000,000(=33,000,000×10/110)을 매입세액으로 공제한다.
  　→매출과 달리 매입은 세금계산서 등 증빙을 구비한 경우에 한하여 매입세액을 공제한다.
  ④ 확정신고시에는 예정신고시 이미 신고한 과세표준과 세액을 제외하고 신고한다. 다만, 예정신고시 누락분은 포함하여 신고할 수 있다.

제1주차
비출유형특강

제2주차
최신유형특강

제3주차
최신유형특강

제4주차
기출변형특강

| 매입세액불공제 구분[1] | 난이도 | ⊕ | 정답 | ④ |

다음은 제조업을 영위하는 과세업자인 ㈜삼일의 20x1년 10월 1일부터 12월 31일까지의 매입내역이다. 20x1년 제2기 확정신고시 공제받을 수 있는 매입세액은 얼마인가(단, 필요한 경우 적정하게 세금계산서를 수령하였다)?

매입내역	매입가액(부가가치세 포함)
기계장치	550,000,000원
비영업용소형승용차	66,000,000원
원재료	33,000,000원
비품	66,000,000원
기업업무추진비 관련 매입액	11,000,000원

① 50,000,000원　　② 56,000,000원　　③ 57,000,000원　　④ 59,000,000원

해설

• 공제받을 수 있는 매입세액〈VAT포함액인 매입가액이 주어졌으므로 매입세액을 별도로 계산해야 한다.〉

$550,000,000(기계장치) \times \frac{10}{110} + 33,000,000(원재료) \times \frac{10}{110} + 66,000,000(비품) \times \frac{10}{110} = 59,000,000$

→매입세액불공제 : 비영업용승용차분, 기업업무추진비 관련분

⚠ POINT 매입세액불공제 항목

매입처별세금계산서합계표관련	• 미제출, 부실기재(등록번호, 공급가액)
세금계산서관련	• 미수취, 부실기재(필요적기재사항)
사업무관매입세액	-
비영업용소형승용차의 구입·임차·유지관련	• 참고 운수용등이 아닌 1,000cc 초과 8인승 이하 자동차 →∴화물트럭, 경차, 9인승 이상은 공제가능
기업업무추진비 지출관련 면세사업관련, 토지관련	-
사업자등록 신청전 매입세액	• 단, 공급시기가 속하는 과세기간이 끝난 후 20일 이내에 등록신청한 경우 그 공급시기내 매입세액은 공제가능함.

| 매입세액불공제 구분[2] | 난이도 | ⊕ | 정답 | ① |

다음은 제조업을 영위하는 과세사업자인 ㈜삼일의 20x1년 10월 1일부터 12월 31일까지의 매입내역이다. 20x1년 제2기 확정신고시 공제받을 수 있는 매입세액은 얼마인가(단, 필요한 경우 적정하게 세금계산서를 수령하였다)?

매입내역	매입가액	매입세액
기계장치	500,000,000원	50,000,000원
비영업용 소형승용차	60,000,000원	6,000,000원
토지 조성을 위한 자본적 지출	30,000,000원	3,000,000원
비품(영수증 수령)	60,000,000원	6,000,000원

① 50,000,000원　　② 56,000,000원　　③ 57,000,000원　　④ 59,000,000원

해설

• 공제받을 수 있는 매입세액 : 50,000,000(기계장치)

→매입세액불공제 : 비영업용소형승용차분, 토지관련분, 세금계산서 미수취분(영수증수령)

차가감납부세액(가산세포함) 계산	난이도	下	정답	③

다음의 자료를 통해서 부가가치세 차가감납부세액을 계산하면 얼마인가(단, 면세로 매입한 금액 중 의제매입세액공제대상은 없다고 가정한다)?

> (1) 공급가액 : 10,000,000원(면세공급가액 2,000,000원 포함)
> (2) 매입가액 : 5,000,000원(면세 매입금액 500,000원, 기타 불공제 매입금액 1,000,000원 포함)
> (3) 세금계산서 불성실가산세 : 5,000원
> (단, 위의 공급가액과 매입가액은 모두 부가가치세가 포함되지 않은 금액이다.)

① 305,000원　　　　② 405,000원　　　　③ 455,000원　　　　④ 505,000원

해설

- 매출세액 : $(10,000,000 - 2,000,000) \times 10\% = 800,000$
  매입세액 : $(5,000,000 - 500,000 - 1,000,000) \times 10\% = 350,000$
- ∴ 800,000(매출세액) - 350,000(매입세액) + 5,000(가산세) = 455,000

세금계산서발급 일반사항	난이도	⊕	정답	②

다음 중 부가가치세법상 세금계산서에 관한 설명으로 가장 올바르지 않은 것은?

① 사업자의 편의를 위하여 일정기간의 거래액을 합계하여 한 번에 세금계산서를 발급할 수 있다.
② 부동산임대용역은 실제임대료와 간주임대료 모두 세금계산서 발급 의무가 면제된다.
③ 재화나 용역의 공급 전에 세금계산서를 발행하고 7일 이내에 대가를 지급받은 경우 공급받는 자는 발급받은 세금계산서로서 매입세액을 공제받을 수 있다.
④ 수정세금계산서는 당초에 세금계산서를 발급한 경우에만 적용되는 것이다.

해설

- 부동산임대용역의 세금계산서 발급
  ㉠ 실제임대료 : 세금계산서 발급의무가 있다. ㉡ 간주임대료 : 세금계산서 발급이 불가하다.

⚠ POINT 세금계산서 선발급·후발급 특례

선발급 특례	• 다음의 경우 세금계산서를 발급한 때를 공급시기로 봄. 　㉠ 공급시기 전에 대가의 전부·일부를 받고 세금계산서(영수증)를 발급한 경우 　㉡ 공급시기 전에 세금계산서를 발급하고 발급일로부터 7일 이내에 대가를 받은 경우 　㉢ 공급시기 전에 세금계산서를 발급하고 발급일로부터 7일이 지난 후 대가를 받은 경우에도 다음 중 하나에 해당하는 경우 　　i) 계약서 등에 대금청구시기와 지급시기를 따로 적고 그 사이의 기간이 30일 이내 　　ii) 발급일이 속하는 과세기간에 재화·용역의 공급시기가 도래 • 다음의 경우에는 대가 수령여부를 불문하고 세금계산서를 발급한 때를 공급시기로 봄. 　㉠ 장기할부판매로 재화를 공급하거나 장기할부조건부로 용역을 공급 　㉡ 전력이나 그 밖의 공급단위 구획불가 재화를 계속적으로 공급 　㉢ 공급단위 구획불가 용역을 계속적으로 공급
후발급 특례	• 다음의 경우 공급일이 속하는 달의 다음달 10일까지 세금계산서 발급 가능 　㉠ 거래처별로 달의 1일부터 말일까지 공급가액을 합하여 말일 자를 작성연월일로 발급 　㉡ 거래처별로 달의 1일부터 말일까지 기간 이내에서 사업자가 임의로 정한 기간의 공급가액을 합하여 그 기간 종료일을 작성연월일로 발급 　㉢ 관계증빙에 의해 실제거래사실이 확인되는 경우로서 거래일자를 작성연월일로 발급

세금계산서 일반사항[1]

| 난이도 | ⊕ | 정답 | ① |

다음 중 부가가치세법상 세금계산서 및 영수증에 관한 설명으로 가장 올바르지 않은 것은?

① 일반과세자는 세금계산서를 발급할 수 있으나, 간이과세자는 세금계산서를 발급할 수 없다.
② 위탁판매의 경우 수탁자는 위탁자의 명의로 된 세금계산서를 발급하여야 한다.
③ 재화나 용역의 공급 전에 세금계산서를 발행하고 7일 이내에 대가를 지급받은 경우 공급받는 자는 발급받은 세금계산서로 매입세액을 공제 받을 수 있다.
④ 과세대상 수입재화에 대해서는 세관장이 부가가치세를 징수하는 때에 수입세금계산서를 발급한다.

해설

• 간이과세자의 증빙발급
  ㉠ 일반적인 간이과세자(원칙) : 세금계산서 발급의무가 있다.
  ㉡ 영수증의무발급 간이과세자 : 상대방이 세금계산서 발급을 요구할 경우에도 발급이 불가하다.
★ 저자주 문제의 명확한 성립을 위해 선지 ③의 '재화나 용역의 공급 전에'를 '재화나 용역의 공급시기 전에'로 수정바랍니다.

❗POINT 일반과세자·간이과세자 비교

구분	일반과세자	간이과세자
적용대상	간이과세자 이외의 사업자	직전연도 공급대가 1억400만원 미만 개인사업자
배제업종	일반과세배제업종 없음	간이과세배제업종 있음
매출세액	공급가액×10%	공급대가×업종별부가가치율×10%
세금계산서 등 매입세액	매입세액 전액	공급대가×0.5%
대손세액공제/의제매입세액공제	있음	없음
세금계산서발급	세금계산서 발급 원칙	세금계산서 발급 원칙 (영수증의무발급자 제외)
과세기간	6개월	1년
납부면제	없음	있음
포기제도	일반과세포기제도 없음	간이과세포기제도 있음

세금계산서 일반사항[2]

| 난이도 | ⊕ | 정답 | ① |

다음 중 세금계산서에 관한 설명으로 가장 올바르지 않은 것은?

① 영세율 적용대상의 경우 세금계산서 교부의무가 없다.
② 필요적 기재사항이 일부라도 기재되지 아니하거나 기재된 사항이 사실과 다를 때에는 적법한 세금계산서로 인정되지 않는다.
③ 세금계산서는 원칙적으로 재화 또는 용역의 공급시기에 발급한다.
④ 한 번 발행된 세금계산서라도 기재사항에 착오나 정정사유가 있다면 수정세금계산서를 발행할 수 있다.

해설

• 영세율이 적용되는 공급 중 내국신용장·구매확인서에 의한 수출, 수출재화임가공용역 등은 세금계산서 발급의무가 있다.

❗POINT 영세율대상의 세금계산서 발급의무

발급의무대상	• 내국신용장·구매확인서에 의한 수출 • 수출재화임가공용역
발급면제대상	• 직수출 • 국외에서 제공하는 용역, 항공기의 외국항행 용역 • 국내에서 비거주자·외국법인에게 공급하는 법소정 일정한 재화·용역 • 외국항행 선박·항공기·원양어선에 공급하는 재화·용역 • 국내주재 외교공관·국제연합·국제기구·국제연합군·미국군에 공급하는 재화·용역

간이과세자 일반사항[1]	난이도	㊦	정답	③

다음 중 부가가치세법상 간이과세자에 관한 설명으로 가장 올바르지 않은 것은?

① 간이과세자는 개인사업자를 대상으로 하므로 법인사업자는 간이과세를 적용받지 못한다.
② 간이과세자는 간이과세를 포기함으로써 일반과세자가 될 수 있다.
③ 간이과세자는 부가가치세법상 사업자가 아니다.
④ 간이과세자의 납부세액은 공급대가에 업종별 부가가치율을 곱한 것에 10%의 세율을 적용해서 계산한다.

해설

• 부가가치세법상 사업자는 공급대가 규모를 기준으로 일반과세자와 간이과세자로 구분된다.

❗POINT **간이과세자 주요사항**

적용대상	• 직전 연도의 공급대가가 1억400만원 미만인 개인사업자 　　🔎주의 법인은 간이과세자가 될 수 없으며, 도매업·제조업 등의 경우 간이과세가 배제됨.		
납부면제	• 당해과세기간(1년) 공급대가가 4,800만원 미만시 납부의무를 면제함.		
포기제도	• 간이과세 포기 가능 →포기(적용)하고자하는 달의 전달 마지막 날까지 신고		
증빙발급	• 원칙적으로 세금계산서 발급의무 있음(∴세금계산서 관련 가산세 있음.) 　→영수증의무발급 간이과세자 : 신규사업자, 직전연도 공급대가 4,800만원 미만 사업자		
예정부과 (원칙)	• 직전세기간(1년) 납부세액의 1/2을 예정부과기간(1/1~6/30)이 끝난 후 25일 이내까지 징수 　→예외 : 사업부진 등의 경우는 예정신고납부 선택, 세금계산서 발급자는 예정신고 강제		
계산구조	납부세액	• 과세표준(공급대가)×업종별부가가치율×10%	
	공제세액	• 세금계산서 등 수취 세액공제 : 매입액(공급대가)×0.5% • 신용카드매출전표등발급세액공제 : 발행·결제금액×1.3% [한도] 1,000만원 　🔎주의 대손세액공제와 의제매입세액공제가 없음.(전자세금계산서발급세액공제 있음)	

간이과세자 일반사항[2]	난이도	⊕	정답	③

다음 중 부가가치세법상 일반과세자와 간이과세자에 관한 설명으로 가장 올바르지 않은 것은?

① 법인은 일반과세자이며 간이과세자가 될 수 없다.
② 직전 연도의 공급대가의 합계액이 4,800만원을 초과하는 간이과세자는 세금계산서를 발급하여야 한다.
③ 모든 간이과세자는 의제매입세액공제가 가능하다.
④ 간이과세자는 간이과세를 포기함으로써 일반과세자가 될 수 있다.

해설

• 간이과세자는 일반과세자와 달리 의제매입세액공제가 없다.(폐지되었음)

참고	간이과세자에 대한 의제매입세액공제 적용배제 이유
▫	일반과세자와 달리 간이과세자는 부가가치율을 사용하여 납부세액(공급대가×업종별부가가치율×10%)을 계산한다. 이처럼 업종별부가가치율[매출액 – 매입액)÷매출액] 산정시 면세농산물 등의 매입액이 반영되어 있는데 간이과세자에 대한 의제매입세액공제를 다시 적용하면 이중공제에 해당한다. 이러한 이유로 간이과세자에 대한 의제매입세액공제를 적용하지 않고 있다.

원가관리회계

원가회계의 영역(원가회계의 목적)	난이도	ⓣ	정답	④

● **다음 중 원가회계 영역이 아닌 것은?**

① 제품원가계산   ② 계획과 통제   ③ 의사결정   ④ 재무제표 작성

해설

• 재무제표의 작성은 재무회계의 영역(재무회계의 목적)에 해당한다.

🄠 POINT   **원가회계의 영역(원가회계의 목적)**

❖ 원가회계는 F/P의 재고자산가액을 결정하고 I/S상의 매출원가를 결정하는데 필요한 원가자료를 제공할 뿐만 아니라 계획과 통제, 의사결정에 유용한 원가자료를 제공하는 회계분야이며, 그 영역은 다음과 같음.

제품원가계산	• 제조하는 제품의 원가를 결정하여 매출원가와 기말재고자산의 가액을 결정하는 것임. →제조기업의 당기제품제조원가를 계산하는 과정을 의미하며 제품원가계산 정보는 외부공표용 재무제표에 계상될 매출원가와 기말재고자산평가의 근거자료가 됨.
계획과 통제	• 미래경영활동 수행을 위한 계획을 수립하고(Plan), 이를 실행하며(Do), 실행 후의 실제결과를 계획과 비교하여 성과평가를 수행하는(See) 일련의 과정을 의미함.
의사결정	• 선택가능 여러 대안 중 목적을 가장 잘 달성하는 최선의 대안을 선택하는 과정을 의미함.

원가의 일반적인 특성	난이도	⊕	정답	②

● **다음 중 원가의 일반적인 특성으로 보기 가장 어려운 것은?**

① 기업의 수익획득 활동에 필요한 물품을 단순히 구입하는 것만으로는 원가가 되지 않으며 이를 소비해야 비로소 원가가 된다.
② 원가는 정상적인 경제활동 과정에서 소비된 가치와 비정상적인 상황에서 발생한 가치의 감소분을 모두 포함한다.
③ 경제적 가치를 가지고 있는 요소만이 원가가 될 수 있다.
④ 발생한 제조원가 중 기업의 수익획득에 아직 사용되지 않은 부분은 자산으로, 수익획득에 사용된 부분은 비용으로 재무제표에 계상된다.

해설

• 원가는 정상적인 경제활동 과정에서 소비된 가치만을 포함하고 비정상적인 상황에서 발생한 가치의 감소분은 포함하지 않는다.
  →예 제품의 제조과정에서 정상적으로 발생하는 감모분은 원가에 산입되지만 비정상적으로 발생하는 감모분은 원가에 산입되지 않는다.

🄠 POINT   **원가의 특성**

경제적 가치	• 경제적 가치를 가지고 있는 요소만이 원가가 될 수 있음. →예 제조에 사용된 공기·바람 : 원가X(∵경제적 가치 없음)
정상적인 소비액	• 비정상적인 상황에서 발생한 가치의 감소분은 불포함. →예 정상감모분은 원가에 산입, 비정상감모분은 원가에 불산입
물품·서비스의 소비액	• 단순히 구입하는 것 만으로는 원가가 될 수 없음.(이를 소비해야 비로소 원가가 됨) →예 구입한 공장용 토지는 소비되어 없어지는 것이 아니므로 원가가 아니라 자산임.
경제활동에서 발생	• 제조·판매활동과 관계없이 발생되는 물품·서비스의 소비는 원가가 되지 않음. →예 자금조달과 관련하여 발생하는 이자비용은 원가에 불산입

제조원가 포함 항목	난이도	ㅎ	정답	③

다음 중 제조업을 영위하고 있는 ㈜상일의 제조원가에 포함될 수 있는 항목으로 가장 적절한 것은?

① 인터넷을 이용한 제품 광고선전비
② 사용하던 기계의 처분으로 인한 유형자산처분손실
③ 공장설비에 대한 화재보험료
④ 본사건물에 대한 감가상각비

해설

• ① 광고선전비는 상품이든 제품이든 모두 판관비(영업비용)이다.
  ② 유형자산처분손실은 영업외비용이다.
  ③ 공장관련 제비용(화재보험료·감가상각비·임차료·감독자급료·수도광열비)은 제조원가(제조간접원가)이다.
  ④ 본사건물에 대한 감가상각비, 제품판매목적으로 구입한 매장 건물(=직매장)의 감가상각비는 판관비이다.

🄿 POINT 제조원가

직접재료원가(DM)	• 특정제품에 직접추적가능한 원재료 사용액
직접노무원가(DL)	• 특정제품에 직접추적가능한 노동력 사용액
제조간접원가(OH)	• 직접재료비와 직접노무비를 제외한 제조활동에 사용한 모든 요소 🔍주의 따라서, 간접재료원가와 간접노무원가는 제조간접원가임.

총제조원가 기초 계산	난이도	ㅎ	정답	④

㈜상일은 개별원가계산제도를 채택하고 있다. "제품 Y" 와 관련된 자료가 다음과 같은 경우 제조원가는 얼마인가?

ㄱ. 직접재료투입액	200,000원
ㄴ. 직접노동시간	100시간
ㄷ. 직접노무원가 임률	800원/시간
ㄹ. 전력사용시간	500시간
ㅁ. 제조간접원가배부율(전력사용시간당)	700원

① 200,000원   ② 280,000원   ③ 550,000원   ④ 630,000원

해설

• 총제조원가 : 직접재료원가(200,000)＋직접노무원가(100시간×800)＋제조간접원가(500시간×700)＝630,000

매몰원가(Sunk-cost)	난이도	㊦	정답	①

●── 다음은 철수와 친구 동철이의 대화내용이다. 의사 결정과 관련하여 괄호 안에 들어 갈 용어는 무엇인가?

> 철수 : 동철아, 아직 결혼 소식 없어?
> 동철 : 그러게 말야. 더 이상 나이 먹기 전에 결혼을 해야겠는데 영희는 결혼 생각이 없는 거 같아. 헤어져
> 야 할지 말아야 할지 고민이야.
> 철수 : 잘 생각해서 판단해. 네가 영희와 사귀기 위해 쓴 데이트비용, 시간 등이 정말 많은데 헤어지면
> 너무 아깝지 않겠어?
> 동철 : 물론 아깝긴 하지. 그러나, 그런 것들은 전부 (   )일 뿐이야. 이미 과거에 지출된 원가라서
> 내가 영희와 헤어질 것인가를 결정하는 것과는 관계가 없어. 하지만 알면서도 자꾸 미련이 남아.

① 매몰원가   ② 추적가능원가   ③ 추적불능원가   ④ 기회원가

해설
- 매몰원가는 과거 의사결정의 결과로 이미 발생한 원가(역사적원가)로 현재 또는 미래에 회수할 수 없는 원가를 의미하며 새로운 의사결정에 영향을 미치지 않는 비관련원가를 말한다.
  →∴데이트비용, 시간 등은 매몰원가가 된다.

제조원가의 구성	난이도	㊦	정답	③

●── 다음 중 A, B 에 해당하는 용어로 가장 옳은 것은?

> A : 당기에 완성되어 제품으로 대체된 완성품의 제조원가
> B : 당기에 판매된 제품의 제조원가

① A : 당기총제조원가   B : 당기제품제조원가   ② A : 당기총제조원가   B : 매출원가
③ A : 당기제품제조원가 B : 매출원가   ④ A : 당기제품제조원가 B : 당기총제조원가

해설
- 제조기업의 계정흐름

원재료		재공품		제품	
기초원재료	사용액(DM)	기초재공품	당기제품제조원가	기초제품	**제품매출원가**
당기매입	기말원재료	**당기총제조원가**	기말재공품	**당기제품제조원가**	기말제품

- 당기총제조원가 : 제조과정에 투입된 모든 제조원가
  ⇒직접재료원가(DM)+직접노무원가(DL)+제조간접원가(OH)
- 당기제품제조원가 : 당기에 완성되어 제품으로 대체된 완성품의 제조원가
  ⇒기초재공품+당기총제조원가-기말재공품
- 제품매출원가 : 당기에 판매된 제품의 제조원가
  ⇒기초제품+당기제품제조원가-기말제품

원가흐름과 매출원가	난이도	⊕	정답	③

다음은 ㈜삼일의 제조원가명세서(약식)와 관련된 자료이다. 아래 자료를 이용하여 ㈜삼일의 당기제품제조원가와 매출원가를 계산하면 얼마인가?(단, 기초제품원가 50,000원, 기말제품원가 100,000원)

제조원가명세서
(20X1년 1월 1일 ~ 20X1년 3월 31일

ㄱ.	직접재료원가		
	기초원재료재고액	30,000원	
	당기원재료매입액	300,000원	
	기말원재료재고액	20,000원	
ㄴ.	직접노무원가		90,000원
ㄷ.	제조간접원가		150,000원
ㄹ.	기초재공품		100,000원
ㅁ.	기말재공품		50,000원

	당기제품제조원가	매출원가
①	550,000원	500,000원
②	600,000원	500,000원
③	600,000원	550,000원
④	610,000원	550,000원

해설

- 직접재료원가 : 30,000(기초원재료)+300,000(당기원재료매입)-20,000(기말원재료)=310,000
- 당기총제조원가 : 310,000(직접재료원가)+90,000(직접노무원가)+150,000(제조간접원가)=550,000
- 당기제품제조원가 : 100,000(기초재공품)+550,000(당기총제조원가)-50,000(기말재공품)=600,000
- 매출원가 : 50,000(기초제품)+600,000(당기제품제조원가)-100,000(기말제품)=550,000

고속철 실전에서는 다음의 계정에 해당액을 직접 기입하여 대차차액으로 매출원가를 구한다.

기초재공품	100,000	매출원가	?
기초제품	50,000		
직접재료원가	310,000		
직접노무원가	90,000	기말재공품	50,000
제조간접원가	150,000	기말제품	100,000

POINT 제조기업의 원가흐름

계정흐름	원재료		재공품		제품	
	기초원재료 당기매입	사용액(DM) 기말원재료	기초재공품 당기총제조원가	당기제품제조원가 기말재공품	기초제품 당기제품제조원가	제품매출원가 기말제품
당기총제조원가	• 직접재료원가(DM)+직접노무원가(DL)+제조간접원가(OH)					
당기제품제조원가	• 기초재공품+당기총제조원가-기말재공품					
제품매출원가	• 기초제품+당기제품제조원가-기말제품					

| 당기총제조원가의 구성 | 난이도 | ㊦ | 정답 | ③ |

1월중 22,000원의 직접재료를 매입하였다. 1월중 발생한 제조간접원가는 47,000원이었고 총제조원가는 96,000원이었다. 직접재료의 1월초 재고가 5,000원이었고 1월말 재고가 8,000원이었다. 또한 기초재공품은 9,000원이고, 기말재공품은 21,000원이다. 1월중 직접노무원가는 얼마인가?

① 13,000원   ② 28,000원   ③ 30,000원   ④ 36,000원

해설

• 직접재료원가 : 5,000(기초원재료)+22,000(당기매입원재료)-8,000(기말원재료)=19,000
• 당기총제조원가(96,000)=직접재료원가(19,000)+직접노무원가+제조간접원가(47,000)→직접노무원가=30,000

| 원가흐름과 기초재공품 계산 | 난이도 | ㊦ | 정답 | ④ |

다음은 ㈜삼일의 20X1년 제조원가와 관련된 자료이다. 기초재공품은 얼마인가?

직접재료원가	30,000원	직접노무원가	10,000원
제조간접원가	20,000원	기말재공품	5,000원
당기제품제조원가	70,000원	기말제품	4,000원

① 10,000원   ② 11,000원   ③ 14,000원   ④ 15,000원

해설

• 당기총제조원가 : 30,000(직접재료원가)+10,000(직접노무원가)+20,000(제조간접원가)=60,000
• 기초재공품+60,000(당기총제조원가)-70,000(당기제품제조원가)=5,000(기말재공품)
  →기초재공품=15,000

| 원가흐름과 가공원가 계산 | 난이도 | ⊕ | 정답 | ① |

㈜삼일의 20X1년 12월 매출원가는 3,000,000원이다. 제조간접원가는 직접노무원가의 25%였으며, 기타 관련 자료는 다음과 같은 경우 20X1년 12월의 가공원가는 얼마인가?

	20X1년 12월 1일	20X1년 12월 31일
직접재료	100,000원	300,000원
재공품	300,000원	200,000원
제품	1,200,000원	1,300,000원
*20X1년 12월 중 직접재료 구입액 : 1,200,000원		

① 2,000,000원   ② 2,200,000원   ③ 2,400,000원   ④ 2,600,000원

해설

• 직접재료원가 : 100,000(기초직접재료)+1,200,000(직접재료구입액)-300,000(기말직접재료)=1,000,000
• 당기제품제조원가 : 3,000,000(매출원가)+1,300,000(기말제품)-1,200,000(기초제품)=3,100,000
• 당기총제조원가 : 3,100,000(당기제품제조원가)+200,000(기말재공품)-300,000(기초재공품)=3,000,000
∴당기총제조원가(3,000,000)=직접재료원가(1,000,000)+가공원가(직접노무원가+제조간접원가)
  →가공원가(직접노무원가+제조간접원가)=2,000,000

기말재공품 추정

| 난이도 | ⊕ | 정답 | ① |

㈜상일의 20X1년 기초와 기말의 재고자산은 다음과 같다.

	1월 1일(기초)	12월 31일(기말)
원재료	100,000원	300,000원
재공품	600,000원	?
제 품	400,000원	900,000원

㈜상일의 20X1년 중에 발생한 원가는 다음과 같다.

원재료 매입원가	1,200,000원
직접노무원가 발생액	2,000,000원
제조간접원가 발생액	3,800,000원

㈜상일의 20X1년 매출원가가 6,500,000원이었다면 20X1년말 기말재공품 재고원가는 얼마인가?

① 400,000원   ② 600,000원   ③ 800,000원   ④ 1,000,000원

해설

- 직접재료원가(DM) : 100,000(기초원재료) + 1,200,000(당기매입원재료) – 300,000(기말원재료) = 1,000,000
- 당기총제조원가 : 1,000,000(DM) + 2,000,000(DL) + 3,800,000(OH) = 6,800,000
- 당기제품제조원가 : 6,500,000(매출원가) + 900,000(기말제품) – 400,000(기초제품) = 7,000,000
- 기말재공품 : 600,000(기초재공품) + 6,800,000(당기총제조원가) – 7,000,000(당기제품제조원가) = 400,000

⚡고속철 실전에서는 다음의 계정에 해당액을 직접 기입하여 대차차액으로 구한다.

기초재공품	600,000	매출원가	6,500,000
기초제품	400,000		
직접재료원가	1,000,000		
직접노무원가	2,000,000	기말재공품	?
제조간접원가	3,800,000	기말제품	900,000

매출총이익률을 통한 기말재공품 추정

| 난이도 | ⊕ | 정답 | ④ |

㈜상일은 매출총이익을 매출액의 25%로 설정하고 있다. 다음의 자료에서 ㈜상일의 기말재공품은 얼마인가?

직접재료원가	1,500,000원	직접노무원가	900,000원
제조간접원가	1,100,000원	당기매출액	8,000,000원
기초제품	4,000,000원	기말제품	1,200,000원
기초재공품	1,250,000원	기말재공품	?

① 1,250,000원   ② 1,300,000원   ③ 1,500,000원   ④ 1,550,000원

해설

- 매출총이익률을 A라 하면, '매출원가 = 매출액 × (1 – A)' → 매출원가 : 8,000,000 × (1 – 25%) = 6,000,000
- 당기총제조원가 : 1,500,000(DM) + 900,000(DL) + 1,100,000(OH) = 3,500,000
- 매출원가(6,000,000) = 기초제품(4,000,000) + 당기제품제조원가(x) – 기말제품(1,200,000) → x = 3,200,000
- 당기제품제조원가(3,200,000) = 기초재공품(1,250,000) + 당기총제조원가(3,500,000) – 기말재공품(y) → y = 1,550,000

매출총이익률을 통한 제조간접원가 추정	난이도	⊕	정답	②

㈜삼일의 다음 자료를 이용하여 당기 발생하는 제조간접원가를 계산하면 얼마인가?

직접재료원가	60,000원	직접노무원가	200,000원
기초재공품원가	50,000원	기말재공품원가	60,000원
기초제품원가	70,000원	기말제품원가	100,000원
매출액	500,000원	매출총이익률	30%

① 120,000원　　② 130,000원　　③ 140,000원　　④ 150,000원

해설

- 매출총이익률을 A라 하면, '매출원가 = 매출액 × (1 - A)' → 매출원가 : 500,000 × (1 - 30%) = 350,000
- 당기제품제조원가 : 매출원가(350,000) + 기말제품(100,000) - 기초제품(70,000) = 380,000
- 당기총제조원가 : 당기제품제조원가(380,000) + 기말재공품(60,000) - 기초재공품(50,000) = 390,000
- 당기총제조원가(390,000) = 직접재료원가(60,000) + 직접노무원가(200,000) + 제조간접원가
  → ∴ 제조간접원가 = 130,000

제조원가명세서 포함항목	난이도	ⓣ	정답	④

다음 중 우리나라 기업의 제조원가명세서에 포함되지 않는 항목은?

① 당기제품제조원가　　　　　② 당기총제조원가
③ 직접재료원가　　　　　　　④ 매출원가

해설

- 제조원가명세서는 재공품계정의 변동과 동일하며 최종결과금액으로 당기제품제조원가(= 당기에 완성되어 제품으로 대체된 총제조원가)를 보여준다. → 매출원가는 포괄손익계산서에 포함되어 표시된다.

❗ POINT 제조원가명세서 양식[금액은 임의 가정치임]

제조원가명세서 20x1년 1월 1일부터 20x1년 3월 31일까지		
I. 직접재료원가		3,000,000원
기초원재료재고액	300,000원	
당기원재료매입액	6,000,000원	
기말원재료재고액	(3,300,000원)	
II. 직접노무원가		2,000,000원
III. 제조간접원가		3,000,000원
IV. 당기총제조원가		8,000,000원
V. 기초재공품		1,000,000원
VI. 기말재공품		(500,000원)
VII. 당기제품제조원가		8,500,000원

| 원가행태별 원가구분[1] | 난이도 | ⑮ | 정답 | ④ |

다음에서 설명하고 있는 원가를 원가행태에 따라 분류하고자 할 때 가장 적절한 것은?

> 특정범위의 조업도 내에서는 총원가가 일정하지만 조업도가 특정범위를 벗어나면 일정액만큼 증감하는 원가

① 변동원가 　　　 ② 준변동원가 　　　 ③ 고정원가 　　　 ④ 준고정원가

해설

• 준고정원가 : 일정범위의 조업도 내에서는 총원가가 일정하지만 조업도가 일정범위를 벗어나면 총원가가 증가 또는 감소하는 원가를 말한다. 준고정원가는 계단형태를 보이기 때문에 계단원가(step costs)라고도 한다.
→ 예) 병원의 급료를 분석해 보니 간호사의 급료는 월 20일 근무기준으로 지급되며, 월 20일 초과 근무하는 경우에는 초과 근무일수에 관계없이 기본급에 1,000,000원이 추가적으로 지급된다. 이 경우 간호사 급료의 원가행태는 준고정원가이다.
(㉠ 근무일수 20일이하 : A(기본급) ⇒고정액 ㉡ 근무일수 20일초과 : B(기본급+1,000,000) ⇒고정액

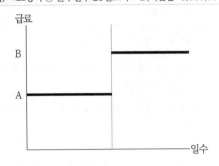

참고 통화료는 조업도의 변동에 관계없이 총원가가 일정한 고정원가(예: 기본요금 15,000원)와 조업도의 변동에 따라 총원가가 비례하여 변동하는 변동원가(예 : 10초당 18원)가 혼합된 준변동원가(=혼합원가)이다.

| 원가행태별 원가구분[2] | 난이도 | ⊕ | 정답 | ③ |

다음에서 설명하고 있는 원가를 원가행태에 따라 분류하고자 할 때 가장 옳은 것은?

> 조업도의 증감에 따라 총원가는 일정하나, 단위당 원가는 조업도의 증가(감소)에 따라 감소(증가)하는 원가

① 준고정원가 　　　 ② 준변동원가 　　　 ③ 고정원가 　　　 ④ 변동원가

해설

• 고정원가 : 조업도의 변동에 관계없이 총원가가 일정한 원가를 말하며, 조업도의 증감에 따라 총원가는 일정하나 단위당 원가는 조업도의 증가(감소)에 따라 감소(증가)한다.
→ 예) 고정원가가 90,000원인 경우 고정원가의 총원가와 단위당원가

조업도(판매량)	0단위	1단위	2단위	3단위
총원가(총비용)	90,000	90,000	90,000	90,000
단위당원가(단위당비용)	-	90,000	45,000	30,000

제1주차
비출유형특강

제2주차
핵심유형특강

제3주차
최신유형특강

제4주차
기출변형특강

| | 고저점법에 의한 총제조원가 추정 | 난이도 | ⊕ | 정답 | ② |

㈜삼일의 과거 2년간 생산량과 총제조원가는 다음과 같다.

	20X1년	20X2년
생산량	1,000개	2,000개
총제조원가	50,000,000원	70,000,000원

지난 2년간 고정원가총액 및 단위당 변동원가는 변화가 없었다. 20X3년에 생산량이 3,000개일 때 총제조원가는 얼마인가?

① 60,000,000원　　② 90,000,000원　　③ 110,000,000원　　④ 120,000,000원

해설

- 고저점법은 최고조업도와 최저조업도의 원가자료를 이용하여 원가함수를 추정하는 방법이다.
- 고저점법에 의한 원가함수($y=a+bx$) 추정

  - b(시간당변동원가) $= \dfrac{70,000,000-50,000,000}{2,000개-1,000개} = 20,000$

  →따라서, 추정함수는 $y=a+20,000x$
  - 임의의 점($x=1,000$개 $y=50,000,000$)을 '$y=a+20,000x$'에 대입하면 $a=30,000,000$

  →따라서, 추정함수는 $y=30,000,000+20,000x$
  ∴20x3년 총제조원가 추정액 : $30,000,000+20,000 \times 3,000개 = 90,000,000$

★ **저자주** 저자는 1차함수를 추정하는 본 내용을 이해할 수 없다고 호소하는 수험생을 종종 보며 난감해지곤 합니다. 중학교 1학년 수학을 다시 검토해 주시기 바랍니다.

| | 개별원가계산의 장·단점 | 난이도 | ⊕ | 정답 | ② |

다음 중 개별원가계산의 장점에 대한 설명으로 가장 올바르지 않은 것은?

① 종합원가계산에 비해 상대적으로 보다 정확한 원가계산이 가능하다.
② 종합원가계산에 비하여 제조간접원가의 배부문제가 없고 기장절차가 간단하므로 시간과 비용이 절약된다.
③ 제품별 손익분석 및 계산이 비교적 용이하다.
④ 작업원가표에 의해 개별 제품별로 효율성을 통제할 수 있고 개별 작업에 집계되는 실제원가를 예산액과 비교하여 미래예측에 이용할 수 있다.

해설

- ① 개별원가계산은 제품별로 정확한 원가계산이 가능하다. 즉, 작업원가표를 통해서 집계한 제조원가를 제품수량으로 나누어 단위당 제품원가를 산출하기 때문에 원가를 정확히 계산할 수 있다.
- ② 개별원가계산은 제조간접원가 배부가 핵심과제이며, 각 작업별로 원가가 계산되기 때문에 비용과 시간이 많이 발생하고 기장절차가 복잡하다.

❓POINT 개별원가계산의 장점과 단점

장점	단점
• 제품별로 정확한 원가계산이 가능함. • 제품별 손익분석 및 계산이 용이함. • 개별제품별로 효율성을 통제할 수 있고, 개별작업별 실제를 예산과 비교하여 미래예측에 이용가능	• 비용·시간이 많이 발생함. 　(∵각 작업별로 원가가 계산되기 때문) • 원가계산자료가 상세하고 복잡해짐에 따라 오류가 발생할 가능성이 많아짐.

개별원가계산 일반사항[1]

| 난이도 | ㉠ | 정답 | ③ |

다음 중 개별원가계산에 대한 설명으로 가장 옳은 것은?

① 개별원가계산은 제품을 반복적으로 생산하는 업종에 적합한 원가제도이다.
② 개별원가계산은 제품별로 원가를 집계하기 때문에 간접원가의 구분은 중요하지 않다.
③ 개별원가계산은 개별작업에 집계되는 실제원가와 예산을 비교하여 미래예측에 이용할 수 있다.
④ 개별원가계산은 식료품업, 화학산업, 조선업 등에 적합하다.

해설

• ① 개별원가계산은 수요자의 요구에 따라 개별적으로 제품을 생산하는 업종에 적합한 원가계산제도이다.
  ② 개별원가계산은 개별제품별 또는 개별작업별로 원가가 집계되기 때문에 직접원가와 간접원가의 구분이 중요하다.(즉, 제조간접원가의 배부절차가 반드시 필요하다.) 직접원가에 해당하는 직접재료원가와 직접노무원가는 해당 제품이나 공정으로 직접 추적할 수 있기 때문에 발생된 원가를 그대로 집계하면 되지만, 간접원가에 해당하는 제조간접원가는 개별제품이나 공정에 직접적인 대응이 불가능하므로 원가계산 기말에 일정한 기준을 사용하여 배부해야 한다.
  ④ 개별원가계산 적합 업종 : 주문에 따른 다품종 소량생산 →예 조선업, 기계제작업, 건설업
  (종합원가계산 적합 업종 : 동종제품의 대량 연속생산 →예 식료품업, 화학산업, 제분·섬유·시멘트·정유업)

개별원가계산 일반사항[2]

| 난이도 | ⊕ | 정답 | ③ |

다음 중 개별원가계산에 관한 설명으로 가장 올바르지 않은 것은?

① 여러 종류의 제품을 주문에 의해 생산하거나 또는 동종의 제품을 일정 간격을 두고 비반복적으로 생산하는 업종에 적합한 원가계산제도이다.
② 각 제품별로 원가를 집계하기 때문에 제품에 직접대응이 불가능한 제조간접원가의 구분이 중요한 의미를 갖는다.
③ 개별원가계산은 제조간접원가의 배부절차가 반드시 필요하므로, 개별원가계산을 사용하면서 변동원가계산제도를 채택할 수 없다.
④ 제조과정에서 발생한 원가는 개별제품별로 작성된 작업원가표에 집계되므로 재공품원가를 집계하는 것이 용이하다.

해설

• ② 개별원가계산은 개별제품별 또는 개별작업별로 원가가 집계되기 때문에 직접원가와 간접원가의 구분이 중요하다.(즉, 제조간접원가의 배부절차가 반드시 필요하다.) 직접원가에 해당하는 직접재료원가와 직접노무원가는 해당 제품이나 공정으로 직접 추적할 수 있기 때문에 발생된 원가를 그대로 집계하면 되지만, 간접원가에 해당하는 제조간접원가는 개별제품이나 공정에 직접적인 대응이 불가능하므로 원가계산 기말에 일정한 기준을 사용하여 배부해야 한다.
• ③ 원가계산방법은 다음과 같이 결합되어 다양한 방법이 가능하다.

제품원가의 구성요소(원가구성)	원가요소의 실제성여부(원가측정)	생산형태(제품의 성격)
전부원가계산 변동원가계산	실제원가계산 정상원가계산 표준원가계산	개별원가계산 종합원가계산

| 개별원가계산과 종합원가계산 비교 | 난이도 | ⑪ | 정답 | ② |

다음 중 개별원가계산과 종합원가계산에 관한 설명으로 가장 올바르지 않은 것은?

① 소량주문생산의 경우에는 개별원가계산이 적합하며, 대량연속생산의 경우에는 종합원가계산이 적합하다.
② 종합원가계산은 원가관리 및 통제가 제품별이나 작업별로 수행되므로 개별원가계산에 비해 책임회계 및 통제가 용이하다.
③ 개별원가계산은 제품별로 손익분석 및 계산이 용이한 반면, 종합원가계산은 관리비용이 적다.
④ 조선업, 기계제작업 등에서는 개별원가계산을, 섬유업, 제분업 등에서는 종합원가계산을 사용한다.

해설

• 종합원가계산은 원가관리 및 통제가 제품별이나 작업별이 아닌 공정이나 부문별로 수행되므로 원가에 대한 책임중심점이 명확해진다.

◉ POINT 개별원가계산과 종합원가계산 비교

	개별원가계산	종합원가계산
생산형태	• 주문에 따른 다품종 소량생산방식 →예) 조선업, 기계제작업, 건설업	• 동종제품의 대량 연속생산방식 →예) 제분업, 섬유업, 시멘트업, 정유업
원가집계	• 제조원가는 각 작업별로 집계	• 제조원가는 각 공정별로 집계
기말재공품평가	• 평가문제 발생치 않음(∴정확함.)	• 평가문제 발생함(∴부정확함.)
핵심과제	• 제조간접가배부(작업원가표)	• 완성품환산량계산(제조원가보고서)
기타사항	• 제품단위당 원가는 작업원가표에 집계된 제조원가를 작업한 수량으로 나누어 계산함. • 재고자산 평가에 있어서 작업이 완성된 것은 제품계정으로 대체되고, 미완성된 작업은 재공품이 됨.	• 일정기간에 발생한 총원가를 총생산량으로 나누어 단위당 평균제조원가를 계산함. • 제품은 완성수량에, 재공품은 기말재공품완성품환산량에 단위당 평균제조원가를 곱하여 계산함.

| 제조간접원가 실제배부와 총제조원가[1] | 난이도 | ⑪ | 정답 | ① |

㈜삼일은 제조간접원가를 직접노무시간에 비례하여 실제배부한다. 1월중 발생한 원가자료가 다음과 같을 경우, 작업지시서 #03와 관련된 총제조원가는 얼마인가?

1월중 발생한 제조간접원가 총액	: 2,400,000원
1월중 발생한 총 실제직접노무시간	: 200시간
작업지시서 #03에 투입된 직접노무시간	: 150시간
작업지시서 #03 직접재료원가	: 1,340,000원
작업지시서 #03 직접노무원가	: 760,000원

① 3,900,000원 ② 4,000,000원 ③ 4,200,000원 ④ 4,500,000원

해설

• 제조간접원가실제배부율 : $\frac{2,400,000}{200시간} = 12,000/시간$
• 작업지시서 #03 제조간접원가 : 150시간×12,000 = 1,800,000
• 작업지시서 #03 총제조원가 : 1,340,000(DM)+760,000(DL)+1,800,000(OH)=3,900,000

| 제조간접원가 실제배부와 총제조원가[2] | 난이도 | ⊕ | 정답 | ③ |

㈜삼일은 일반형 전화기와 프리미엄 전화기 두 종류의 제품을 생산하고 있다. 4월 한 달 동안 생산한 두 제품의 작업원가표는 아래와 같다.

	일반형 전화기	프리미엄 전화기
직접재료 투입액	400,000원	600,000원
직접노동시간	100시간	200시간
직접노무원가 임률	1,000원/시간	2,000원/시간

㈜삼일은 실제 발생한 제조간접원가를 실제조업도에 의해 배부하는 원가계산방식을 채택하고 있다. 동 기간 동안 발생한 회사의 총제조간접원가는 3,000,000원이며, 제조간접원가를 직접노무원가 기준으로 배부할 경우 4월 한 달 동안 생산한 일반형 전화기와 프리미엄 전화기의 총제조원가 차이는 얼마인가?

① 1,000,000원   ② 1,800,000원   ③ 2,300,000원   ④ 2,500,000원

해설

• 직접추적이 가능한 직접재료원가·직접노무원가는 일반형전화기와 프리미엄전화기 각각에 집계하며, 직접 추적이 불가능한 제조간 접원가는 직접노무원가를 기준으로 배분한다.
• 직접노무원가 - ㉠ 일반형전화기 : 100시간×1,000 = 100,000 ㉡ 프리미엄전화기 : 200시간×2,000 = 400,000
• 제조간접원가(OH)배부율 : $\dfrac{3,000,000(총제조간접원가)}{100,000(일반형의\,DL) + 400,000(프리미엄의\,DL)}$ = @6
• 제조원가 계산

	일반형전화기	프리미엄전화기
직접재료원가	400,000원	600,000원
직접노무원가	100,000원	400,000원
제조간접원가 배분액	100,000×@6(OH배부율) = 600,000원	400,000×@6(OH배부율) = 2,400,000원
계	1,100,000원	3,400,000

∴일반형전화기와 프리미엄전화기 총제조원가 차이 : 3,400,000 - 1,100,000 = 2,300,000

직접노동시간 기준 제조간접원가 배부

| 난이도 | ㊦ | 정답 | ③ |

㈜삼일은 직접노동시간을 기준으로 제조간접원가를 예정배부하고 있으며 연간 제조간접원가는 2,000,000원으로, 연간 직접노동시간은 40,000시간으로 예상하고 있다. 20X1년 12월 중 작업지시서 #A와 #B를 시작하여 #A만 완성되었다면 제품제조원가(a)와 재공품원가(b)는 얼마인가(단, 월초에 재공품은 없다고 가정한다)?

	#A	#B	계
직접재료원가	230,000원	130,000원	360,000원
직접노무원가	100,000원	50,000원	150,000원
직접노동시간	3,000시간	2,000시간	5,000시간

① a : 330,000원, b : 180,000원　　② a : 450,000원, b : 260,000원
③ a : 480,000원, b : 280,000원　　④ a : 600,000원, b : 400,000원

해설

• 제품제조원가(a) : 완성품 작업지시서 #A의 총원가 / 재공품원가(b) : 기말재공품 작업지시서 #B의 총원가
• 제조간접원가배부율 : $\dfrac{2,000,000}{40,000시간} = 50$
• 제품제조원가(a) : 직접재료원가(230,000)+직접노무원가(100,000)+제조간접원가(3,000시간×50)=480,000
　재공품원가(b) : 직접재료원가(130,000)+직접노무원가(50,000)+제조간접원가(2,000시간×50)=280,000

POINT 제조간접원가 배부

의의	• 제조간접원가의 발생과 높은 상관관계를 가진 배부기준을 정하여 각 제품에 배부
배부기준	• ㉠ 복리후생비 : 각 부문의 종업원수 ㉡ 임차료 : 각 부문의 점유면적
배부율	• 제조간접비배부율 = 제조간접원가 ÷ 배부기준(조업도)

직접노무원가 기준 제조간접원가 배부

| 난이도 | ㊦ | 정답 | ② |

㈜삼일은 개별원가계산제도를 채택하고 있다. 제조간접원가는 직접노무원가의 150%이다. 작업 #101에서 발생한 직접재료원가는 300,000원이며, 제조간접원가는 450,000원이다. 또한 작업 #201에서 발생한 직접재료원가는 250,000원이며, 직접노무원가는 195,000원이다. 작업 #101과 작업 #201에서 발생한 총원가는 각각 얼마인가?

	#101총원가	#201총원가		#101총원가	#201총원가
①	975,000	542,500	②	1,050,000	737,500
③	975,000	737,500	④	1,050,000	542,500

해설

• 원가집계

	작업 #101	작업 #201
직접재료원가(DM)	300,000	250,000
직접노무원가(DL)	DL	195,000
제조간접원가(OH)	DL[1]×150%=450,000	195,000×150%=292,500

[1]DL=300,000

• 총원가 계산
　- 작업 #101 : 300,000+300,000+450,000=1,050,000
　- 작업 #201 : 250,000+195,000+292,500=737,500

기초원가 기준 제조간접원가 배부

난이도 ⊕ **정답** ④

다음은 개별원가계산제도를 이용하고 있는 ㈜삼일의 원가계산 자료이다. 제조간접원가는 기초원가(prime costs)를 기준으로 배부한다. 작업#1과 작업#3은 완성되었고, 작업#2는 미완성되었다. ㈜삼일이 기말재공품으로 계상할 금액은 얼마인가?

원가항목	작업#1	작업#2	작업#3	합계
기초재공품	2,000원	4,000원	-	6,000원
직접재료원가	2,800원	3,000원	2,200원	8,000원
직접노무원가	4,000원	5,000원	3,000원	12,000원
제조간접원가	( )	( )	( )	6,000원

① 10,200원　　② 12,500원　　③ 13,600원　　④ 14,400원

해설

- 기말재공품 : 미완성인 작업#2의 총원가
- 제조간접원가배부율 : $\dfrac{제조간접원가(6,000)}{기초원가(8,000+12,000)}$ = 기초원가 1원당 0.3원
- 기말재공품원가(작업#2의 총원가) : 기초재공품(4,000)+DM(3,000)+DL(5,000)+OH(8,000×0.3) = 14,400

제조간접원가배부액 추정

난이도 ⊕ **정답** ③

㈜삼일은 개별원가계산제도를 채택하고 있으며, 직접노무원가를 기준으로 제조간접원가를 배분한다. 20X1년의 제조간접원가배부율은 200%이며 제조지시서 #11와 관련된 총제조원가는 210,000원이다. 제조지시서 #11는 20X1년 중에 시작되어 완성되었으며, 원가 발생 세부내역은 다음과 같다. B부문 제조간접원가 배부액은 얼마인가?

구분	A부문	B부문
직접재료원가	40,000원	20,000원
직접노무원가	30,000원	?
제조간접원가	60,000원	?

① 20,000원　　② 30,000원　　③ 40,000원　　④ 60,000원

해설

- 총제조원가(210,000) = (40,000+30,000+60,000)+(20,000+B부문 직접노무원가+B부문 직접노무원가×200%)
  →B부문 직접노무원가=20,000
- ∴B부문 제조간접원가 배부액 : B부문 직접노무원가×200% ⇒20,000×200% = 40,000

| 부문별 제조간접원가 배부 | 난이도 | ⊕ | 정답 | ④ |

㈜삼일은 개별원가계산제도를 채택하고 있으며, 직접노무원가를 기준으로 제조간접원가를 배부한다. 20X1년의 제조간접원가배부율은 X부문에 대해서는 30%, Y부문에 대해서는 40%이다. 제조지시서 #105는 20X1년 중에 시작되어 완성되었으며, 원가 발생액과 관련된 자료가 다음과 같은 경우 제조지시서 #105와 관련된 총제조원가는 얼마인가?

구분	X부문	Y부문	합계
직접재료원가	800,000원	500,000원	
직접노무원가	1,000,000원		
제조간접원가		200,000원	
합계			

① 1,800,000원　② 2,300,000원　③ 2,800,000원　④ 3,300,000원

해설

• 제조지시서 #105 총제조원가 : ㉠+㉡=3,300,000
  ㉠ 800,000+1,000,000+1,000,000×30%=2,100,000
  ㉡ $500,000+\dfrac{200,000}{40\%}+200,000=1,200,000$

! POINT 부문별 제조간접원가 배부방법

공장전체배부	• 공장전체제조간접원가 배부율을 산정하여 배부하는 방법 　♀주의 공장전체제조간접원가 배부율을 사용시는 보조부문원가를 배분할 필요가 없음.
부문별배부	• 각 제조부문별로 배부율을 산정하여 배부하는 방법 　→공장전체배부보다 더 정확함.

| 보조부문원가의 배분방법 구분 | 난이도 | ⊤ | 정답 | ④ |

다음 중 보조부문간의 용역수수를 부분적으로만 반영하는 방법은 무엇인가?

① 직접배부법　　　② 간접배부법
③ 상호배부법　　　④ 단계배부법

해설

• 보조부문원가의 배분방법에는 보조부문 상호간의 용역수수관계를 어느 정도 인식하는지에 따라 직접배분법, 단계배분법, 상호배분법으로 구분되며, 이 중 보조부문간의 용역수수를 부분적으로 일부 인식하여 반영하는 배분방법은 단계배분법이다.

★ **저자주** '간접배분법'은 보조부문원가 배분방법이 아니며, 단순히 4지 선다를 구성하기 위한 현혹문구에 해당합니다. 한편, '배부'는 원가대상이 제품으로 한정될 때 사용하는 용어이므로 정확히는 '배분'이 맞는 용어이나 서로 혼용되고 있습니다.

! POINT 보조부문원가 배분방법별 특징

직접배분법 (direct method)	• 보조부문 상호간에 행해지는 용역의 수수를 완전히 무시하고 보조부문원가를 각 제조부문이 사용한 용역의 상대적 비율에 따라 제조부문에 직접 배분하는 방법 　→보조부문원가는 다른 보조부문에 전혀 배분되지 않게 됨.
단계배분법 (step method)	• 보조부문원가의 배분순서를 정하여 그 순서에 따라 단계적으로 보조부문원가를 다른 보조부문과 제조부문에 배분하는 방법 　→한 보조부문원가를 다른 보조부문에도 배분하게 되나, 먼저 배분된 보조부문에는 다른 보조부문원가가 배분되지 않음.(보조부문간의 용역수수관계를 일부 인식)
상호배분법 (reciprocal method)	• 보조부문간의 상호 관련성을 모두 고려하는 배분방법으로 가장 논리적인 방법임. 　→각 보조부문간의 용역수수관계를 방정식을 통해 계산하여 보조부문원가를 배분하게 됨.(보조부문간의 용역수수관계를 완전히 인식)

보조부문원가 배분방법의 특징[1]

난이도 ㅏ 정답 ②

다음 중 보조부문원가의 배부방법인 직접배부법, 단계배부법, 상호배부법에 관한 설명으로 가장 올바르지 않은 것은?

① 가장 논리적인 보조부문원가의 배부방법은 상호배부법이다.
② 보조부문원가를 어떤 배부방법으로 제조부문에 배부하느냐에 따라 공장 전체의 제조간접원가가 달라진다.
③ 보조부문의 원가를 각 제조부문이 사용한 용역의 상대적 비율에 따라 각 제조부문에 직접 배부하는 방법은 직접배부법이다.
④ 배부순서가 중요한 계산방법은 단계배부법이다.

해설

• 보조부문원가 배분방법(직접배분법, 단계배분법, 상호배분법)에 관계없이 어떤 방법에 의하더라도 보조부문원가 총액은 모두 제조부문에 배분되므로 공장전체의 제조간접원가는 달라지지 않는다.

보조부문원가 배분방법의 특징[2]

난이도 ㅏ 정답 ②

다음 중 보조부문원가의 배분방법인 직접배분법, 단계배분법, 상호배분법에 관한 설명으로 가장 옳은 것은?

① 보조부문 간의 용역수수관계를 고려하는 가장 합리적인 보조부문원가의 배분방법은 직접배분법이다.
② 배분순서가 중요한 계산방법은 단계배분법이다.
③ 용역의 수수관계를 완전히 무시하고 보조부문의 원가를 각 제조부문이 사용한 용역의 상대적 비율에 따라 각 제조부문에 직접 배분하는 방법은 상호배분법이다.
④ 보조부문원가의 배분방법에 따라 공장 전체의 제조간접원가가 달라진다.

해설

• ① 보조부문 간의 용역수수관계를 고려하는 가장 합리적인 보조부문원가의 배분방법은 보조부문간의 상호 관련성을 모두 고려하는 상호배분법이다.
③ 용역의 수수관계를 완전히 무시하고 보조부문의 원가를 각 제조부문이 사용한 용역의 상대적 비율에 따라 각 제조부문에 직접 배분하는 방법은 직접배분법이다.
④ 보조부문원가 배분방법(직접배분법, 단계배분법, 상호배분법)에 관계없이 어떤 방법에 의하더라도 보조부문원가 총액은 모두 제조부문에 배분되므로 공장전체의 제조간접원가는 달라지지 않는다.

제1주차
비용원가특강

제2주차
객관식특강

제3주차
최신유형특강

제4주차
기출변형특강

| 보조부문원가 배분방법 일반사항 | | 난이도 | ⓣ | 정답 | ③ |

다음 중 보조부문의 원가배부 방법에 관한 설명으로 가장 올바르지 않은 것은?

① 직접배분법이란 보조부문 상호간에 행해지는 용역의 수수를 완전히 무시하고 보조부문의 원가를 배분하는 방법이다.
② 단계배분법이란 보조부문원가의 배분순서를 정하여 그 순서에 따라 단계적으로 보조부문 원가를 다른 보조부문과 제조부문에 배분하는 방법이다.
③ 직접배분법의 경우 각 제조부문이 사용한 용역의 상대적인 비율에 따라 각 보조부문 원가가 다른 보조부문에 배분된다.
④ 단계배분법의 경우에도 보조부문간의 용역수수관계를 일부 인식하며, 보조부문간의 배분순위 결정이 부적절한 경우 원가가 왜곡될 수 있다.

해설

• 직접배분법의 경우 각 제조부문이 사용한 용역의 상대적인 비율에 따라 각 보조부문 원가가 제조부문에만 배분된다.(즉, 각 제조부문이 사용한 용역의 상대적인 비율에 따라 각 제조부문에 직접 배분하는 방법이다.)

| 보조부문원가배분 : 직접배분법 | | 난이도 | ⓣ | 정답 | ③ |

㈜삼일은 두 개의 제조부문 C, D와 두 개의 보조부문 A, B를 두고 있다. 보조부문 A와 B의 발생원가는 각각 400,000원과 480,000원이며, 각 부문의 용역수수관계는 다음과 같다. 직접배분법을 사용할 경우 C가 배분받은 보조부문원가는 얼마인가?

사용 제공	보조부문		제조부문	
	A	B	C	D
A	-	20%	30%	50%
B	40%	-	40%	20%

① 280,000원　　② 330,000원　　③ 470,000원　　④ 675,000원

해설

• 직접배분법은 보조부문 상호간에 행해지는 용역의 수수를 완전히 무시하고 보조부문원가를 각 제조부문이 사용한 용역의 상대적 비율에 따라 제조부문에 직접 배분한다.
→보조부문원가는 다른 보조부문에 전혀 배분되지 않게 된다.

• 제조부문C가 배분받은 보조부문원가 : $400,000 \times \dfrac{30\%}{30\%+50\%} + 480,000 \times \dfrac{40\%}{40\%+20\%} = 470,000$

	A	B	C	D
배분전원가	400,000	480,000	?	?
A	(400,000)	-	$400,000 \times \dfrac{30\%}{30\%+50\%} = 150,000$	$400,000 \times \dfrac{50\%}{30\%+50\%} = 250,000$
B	-	(480,000)	$480,000 \times \dfrac{40\%}{40\%+20\%} = 320,000$	$480,000 \times \dfrac{20\%}{40\%+20\%} = 160,000$
배분후원가	0	0	?	?

| 보조부문원가배분 : 단계배분법 | 난이도 | ⊕ | 정답 | ④ |

㈜삼일은 단계배부법을 이용하여 보조부문원가를 배부하고 있다. 다음의 자료를 이용하여 물음에 답하시오. 단, 보조부문 A의 원가부터 배부한다

제공	사용	보조부문		제조부문		합계
		A	B	갑	을	
부문원가		6,000원	7,000원	12,000원	15,000원	40,000원
A		-	30%	30%	40%	100%
B		25%	-	33%	42%	100%

위의 자료에서 보조부문 B가 제조부문 갑에 배부해야 하는 금액은 얼마인가?

① 2,450원　　　② 3,080원　　　③ 3,744원　　　④ 3,872원

해설

• 단계배분법에서는 먼저 배분된 보조부문에는 다른 보조부문원가가 배분되지 않는다.
→즉, 보조부문A에는 보조부문B가 배분되지 않는다.

• 보조부문B가 제조부문 갑에 배부해야 하는 금액 : $(7,000+6,000 \times 30\%) \times \dfrac{33\%}{33\%+42\%} = 3,872$

	A	B	갑	을
배분전원가	6,000	7,000	12,000	15,000
A	(6,000)	6,000×30%=1,800	6,000×30%=1,800	6,000×40%=2,400
B	-	(8,800)	$8,800 \times \dfrac{33\%}{33\%+42\%} = 3,872$	$8,800 \times \dfrac{42\%}{33\%+42\%} = 4,928$
배분후원가	0	0	17,672	22,328

| 보조부문원가배분 : 단계배분법 | 난이도 | ⊕ | 정답 | ③ |

원목가구 제조회사인 ㈜상일은 두 개의 제조부문(조각부와 도료부)과 두 개의 보조부문(창고부와 전력부)으로 구성되어 있다. 각 부문에서 발생한 원가 및 부문간의 용역관계는 다음과 같다.

제공 \ 사용	제조부문		보조부문		합계
	조각부	도료부	창고부	전력부	
창고부	40%	50%	-	10%	100%
전력부	30%	50%	20%	-	100%
발생원가	800,000	400,000	200,000	600,000	2,000,000

위 자료에 따라 보조부문 상호간의 용역수수에 의한 배분방법 중 단계배분법을 사용하여 보조부문 원가를 각 제조부문에 배분하기 위한 계산과정에서 괄호 안에 들어갈 금액에 대한 설명이 가장 올바르지 않은 것은(단, 창고부문원가부터 먼저 배분한다)?

제공 \ 사용	제조부문		보조부문	
	조각부	도료부	창고부	전력부
각 부문의 발생원가	800,000	400,000	200,000	600,000
보조부문의 원가배부				
창고부	괄호1( )	괄호2( )		
전력부	괄호3( )	괄호4( )		

① "괄호1"은 80,000원이다.
② "괄호2"는 100,000원이다.
③ "괄호3"은 180,000원이다.
④ 직접배분법을 사용할 경우 "괄호4"는 375,000원이다.

해설

• 단계배분법에서는 먼저 배분된 보조부문에는 다른 보조부문원가가 배분되지 않는다.
　→즉, 보조부문 창고부에는 보조부문 전력부가 배분되지 않는다.

	조각부	도료부	창고부	전력부
배분전원가	800,000	400,000	200,000	600,000
창고부	200,000×40%=**80,000**	200,000×50%=**100,000**	(200,000)	200,000×10%=20,000
전력부	$620,000 \times \dfrac{30\%}{30\%+50\%}$ =**232,500**	$620,000 \times \dfrac{50\%}{30\%+50\%}$ =**387,500**	-	(620,000)
배분후원가	1,112,500	887,500	0	0

• 직접배분법의 경우 보조부문 상호간에 행해지는 용역의 수수를 완전히 무시하고 각 제조부문이 사용한 용역의 상대적인 비율에 따라 각 보조부문 원가가 제조부문에만 배분된다.
　→직접배분법을 사용할 경우 괄호4 : $600,000 \times \dfrac{50\%}{30\%+50\%}$ =375,000

제조간접원가 예정배부와 총제조원가

| 난이도 | ㊤ | 정답 | ② |

㈜삼일은 직접노무비를 기준으로 제조간접비를 예정배부하고 있다. 다음은 ㈜삼일의 20X1년 12월 원가 자료이다. 다음 자료에 따라 12월에 완성된 제품 #101의 제조원가(정상원가)를 계산하면 얼마인가?

ㄱ. 당월 제조간접비 발생총액	5,000,000원
ㄴ. 당월 직접노무비 발생총액	12,500,000원
ㄷ. 제조간접비 예정배부율	직접노무비 1원당 0.5원
ㄹ. 제품 #101 의 직접원가	직접재료비 800,000원, 직접노무비 500,000원

① 1,300,000원　　② 1,550,000원　　③ 3,800,000원　　④ 10,300,000원

해설

- 제조간접원가예정배부율 : 0.5/직접노무비 1원당 →제조간접원가예산과 예정조업도로 사전에 결정된 금액
- 제품 #101 제조간접원가 : 500,000(#101의 직접노무비)×0.5 = 250,000
- 제품 #101 총제조원가(정상원가) : 800,000(DM)+500,000(DL)+250,000(OH) = 1,550,000

❗POINT 정상개별원가계산 예정배부

| 제조간접원가예정배부율 | 제조간접원가예정배부율 = $\dfrac{\text{제조간접원가 예산}}{\text{예정조업도}}$ |
| 예정배부액 | 실제조업도(배부기준의 실제발생량)×제조간접원가예정배부율 |

정상개별원가계산 제조간접원가 배부차이

| 난이도 | ㊤ | 정답 | ② |

㈜삼일은 제조간접원가를 직접노무시간을 기준으로 배부하고 있다. 총 제조간접원가 추정액은 1,500,000원이고, 추정 직접노무시간은 300,000시간이다. 전기 말 제조간접원가는 2,100,000원이고, 실제 사용 직접노무시간은 400,000시간이다. 전기 제조간접원가 과소 또는 과대 배부액은 얼마인가?

① 100,000원 과대배부　　　　　　② 100,000원 과소배부
③ 600,000원 과대배부　　　　　　④ 600,000원 과소배부

해설

- 제조간접원가예정배부율 : $\dfrac{1,500,000}{300,000시간}$ = 5/시간

| 예정배부액 | 실제발생액 |
| 400,000시간×5 = 2,000,000 | 2,100,000 |

－100,000(과소배부)

| 종합원가계산 일반사항 | 난이도 | ⑦ | 정답 | ② |

다음 중 종합원가계산에 관한 설명으로 가장 올바르지 않은 것은?

① 종합원가계산의 원가요소별 단위당 원가는 완성품환산량에 기초하여 계산된다.
② 원가의 집계는 공정과 상관없이 개별작업별로 작업지시서를 통해 이루어진다.
③ 특정기간 동안 특정공정에서 가공된 제품은 원가측면에서 서로가 동일하다고 가정한다. 즉 제품원가를 평균개념에 의해서 산출한다.
④ 일반적으로 표준규격제품을 연속적으로 대량생산하는 형태에 적용된다.

해설

• 원가의 집계가 개별작업별로 이루어지는 것이 아니라 공정별로 이루어지기 때문에 개별작업별로 작업지시서를 작성할 필요는 없다.

❶ POINT 종합원가계산 특징과 장점

특징	• 특정기간 동안 특정공정에서 생산된 제품은 원가측면에서 서로가 동일하다고 가정함 →즉, 제품원가를 평균개념에 의해서 산출함. • 원가의 집계가 개별작업별로 이루어지는 것이 아니라 공정별로 이루어지기 때문에 개별작업별로 작업지시서를 작성할 필요는 없음. • 동일제품을 연속적으로 대량생산하지만 모든 생산공정이 원가계산기간말에 종료되는 것은 아니므로 어떤 공정에 있어서든지 기말시점에는 부분적으로 가공이 완료되지 않은 재공품이 존재하게 됨. • 원가통제와 성과평가가 개별작업별로 이루어지는 것이 아니라 공정별로 이루어 짐.
장점	• 개별원가계산에 비하여 기장절차가 간단하므로 시간과 비용이 절약됨. • 원가관리·통제가 제품별이 아닌 공정이나 부문별로 수행되므로 원가에 대한 책임중심점이 명확해짐.

| 종합원가계산의 특징 | 난이도 | ⊕ | 정답 | ④ |

다음 중 종합원가계산의 설명 중 옳은 것은?

ㄱ. 종합원가계산은 소품종 대량생산에 적합한 원가계산방법이다.
ㄴ. 종합원가계산에서 물량은 환산량보다 항상 작거나 같다.
ㄷ. 기초재공품이 없는 경우 선입선출법과 평균법에 의한 완성품환산량이 동일하다.
ㄹ. 평균법에 의한 종합원가계산에서는 기초재공품이 그 기간에 착수되어 생산된 것처럼 취급한다.

① ㄱ   ② ㄱ, ㄴ   ③ ㄱ, ㄹ   ④ ㄱ, ㄷ, ㄹ

해설

• ㄱ(옳은설명) : 종합원가계산은 소품종 대량생산에 적합한 원가계산방법이다.(즉, 단일 종류의 제품으로 연속적으로 대량생산하는 제분업, 시멘트업, 정유업 등의 업종에 적합하다.)
　　　　　　→반면, 개별원가계산은 주문에 따른 다품종 소량생산에 적합한 원가계산방법이다.
ㄴ(틀린설명) : 종합원가계산에서 환산량(완성품환산량)은 물량에 완성도를 곱하여 계산하므로, 물량은 환산량보다 항상 크거나 같다.
ㄷ(옳은설명) : 평균법과 선입선출법의 가장 큰 차이점은 원가계산시 기초재공품원가와 당기투입원가를 구분하느냐의 여부에 있다고 할 수 있다. 따라서, 기초재공품이 없을 경우 양 방법에 의한 계산결과는 동일해진다. 즉, 기초재공품이 없는 경우 선입선출법과 평균법에 의한 완성품환산량이 동일하다.
ㄹ(옳은설명) : 평균법은 기초재공품원가와 당기투입원가를 구별하지 않고 이를 합한 총원가를 가중평균하여 완성품과 기말재공품에 배분하는 방법으로 당기 이전의 기초재공품 작업분도 마치 당기에 작업이 이루어진 것으로 간주하는 방법이다. 즉, 기초재공품이 그 기간에 착수되어 생산된 것처럼 취급한다.

종합원가계산 방법 비교[1]

| 난이도 | ⊕ | 정답 | ③ |

다음 중 종합원가계산의 평균법과 선입선출법에 관한 설명으로 가장 옳은 것은?

① 선입선출법에 의한 종합원가계산은 기초재공품이 그 기간에 착수되어 생산된 것처럼 취급한다.
② 선입선출법이 적용되는 종합원가계산에서 기초재공품의 원가는 당기에 전부 완성품원가에 포함된다.
③ 기초재공품이 없는 경우 종합원가계산에서의 제조원가는 평균법과 선입선출법이 동일하게 계산된다.
④ 평균법이 적용되는 종합원가계산의 경우 완성품환산량은 당기 작업량을 의미한다.

해설

• ① 평균법은 기초재공품이 당기에 착수되어 생산된 것처럼 취급한다.
→ 즉, 기초재공품의 제조를 당기 이전에 착수하였음에도 불구하고 당기에 착수한 것으로 가정하여, 기초재공품원가와 당기발생원가를 구분치 않고 합한 금액을 완성품과 기말재공품에 안분계산한다.
② 평균법에서는 전기에 투입한 기초재공품원가와 당기투입원가의 합계액을 완성품원가와 기말재공품원가로 배분하는 반면에, 선입선출법에서는 기초재공품원가는 전부 완성품원가에 포함시키고 당기투입원가는 완성품원가와 기말재공품원가로 배분한다.
③ 평균법과 선입선출법의 가장 큰 차이점은 원가계산시 기초재공품원가와 당기투입원가를 구분하느냐의 여부에 있다고 할 수 있다. 따라서, 기초재공품이 없을 경우 양 방법에 의한 계산결과는 동일해진다.
④ 선입선출법은 기초재공품과 당기투입량을 구분하여 완성품환산량 계산시 기초재공품의 전기완성도를 차감한다. 따라서, 선입선출법의 완성품환산량은 당기 작업량을 의미한다.
★ **저자주** 선지 ②번도 옳은 설명이므로 복수정답(②,③)으로 처리하여야 합니다.

종합원가계산 방법 비교[2]

| 난이도 | ⊕ | 정답 | ② |

다음 중 종합원가계산에 관한 설명이 가장 올바르지 않게 짝지어진 것은?

① 평균법 – 완성품환산량 산출시 기초재공품은 당기에 투입된 것으로 간주한다.
② 평균법 – 원가 통제의 관점에서 상대적으로 유용한 정보를 제공한다.
③ 선입선출법 – 완성품원가는 기초재공품원가와 당기 투입원가 중 완성품에 배분된 금액의 합계이다.
④ 선입선출법 – 기말재공품은 모두 당기 투입분으로 이루어진 것으로 보고 물량의 흐름을 파악한다.

해설

• ① 평균법은 완성품환산량 산출시 기초재공품은 당기에 투입(착수)한 것으로 간주한다. 즉, 기초재공품의 제조를 당기 이전에 착수하였음에도 불구하고 당기에 착수한 것으로 가정하여, 기초재공품원가와 당기발생원가를 구분치 않고 합한 금액을 완성품과 기말재공품에 안분계산한다.
② 평균법은 당기에 계산된 단위당 원가가 당기에 투입된 제조원가뿐만 아니라, 기초재공품에 포함되어 있던 당기 이전에 발생한 원가에 의해서도 영향을 받기 때문에 전기의 작업능률과 당기의 작업능률이 혼합되어 원가통제상으로 유용한 정보를 제공하지 못한다.
③ 선입선출법은 기초재공품을 우선적으로 완성시킨 후 당기착수물량을 가공한다고 가정하므로 기초재공품원가는 전액이 완성품원가를 구성하며, 당기발생원가(당기투입원가)만 완성품과 기말재공품에 안분계산한다.
④ 선입선출법은 기초재공품을 우선적으로 완성시킨 후 당기착수물량을 가공한다고 가정하므로 기말재공품원가는 당기발생원가(당기투입원가)로만 구성된다.

선입선출법과 평균법 특징

| 난이도 | ⊕ | 정답 | ② |

다음 중 종합원가계산제도를 적용함에 있어 선입선출법과 평균법에 관한 설명으로 가장 올바르지 않은 것은?

① 평균법 적용하의 완성품환산량은 선입선출법 적용하의 완성품환산량보다 크거나 같다.
② 선입선출법은 완성품환산량 계산시 기초재공품을 당기에 착수한 것으로 간주한다.
③ 원재료 단가 산정시 선입선출법을 사용하는 기업이라 할지라도 종합원가계산제도 적용시 평균법을 사용할 수 있다.
④ 기초재공품이 없는 경우 평균법과 선입선출법의 완성품환산량 단위당 원가는 같다.

해설

• ① 평균법은 완성품환산량 산출시 기초재공품은 당기에 착수한 것으로 간주하므로 기초재공품의 기완성도(전기완성도)를 고려하지 않는다. 반면, 선입선출법은 기초재공품과 당기투입량을 구분하여 완성품환산량 계산시 기초재공품의 기완성도(전기완성도)를 차감한다. 따라서, 평균법 적용하의 완성품환산량은 선입선출법 적용하의 완성품환산량보다 크다.(기초재공품이 없는 경우는 같아진다.)
② 평균법은 완성품환산량 계산시 기초재공품을 당기에 착수한 것으로 간주한다.
　→즉, 기초재공품의 제조를 당기 이전에 착수하였음에도 불구하고 당기에 착수한 것으로 가정하여, 기초재공품원가와 당기발생원가를 구분치 않고 합한 금액을 완성품과 기말재공품에 안분계산한다.
③ 원재료의 단가산정방법(서로 다른 가격에 원재료를 구입한 경우)과 원가계산방법(종합원가계산)은 별개의 문제이므로 원재료 단가 산정시 선입선출법을 사용하는 기업이라 할지라도 종합원가계산제도 적용시 평균법을 사용할 수 있다.
④ 평균법과 선입선출법의 가장 큰 차이점은 원가계산시 기초재공품원가와 당기투입원가를 구분하느냐의 여부에 있다고 할 수 있다. 따라서, 기초재공품이 없을 경우 양 방법에 의한 계산결과는 동일해진다.
　→즉, 기초재공품이 없는 경우 평균법과 선입선출법의 완성품환산량, 완성품환산량단위당원가, 완성품원가, 기말재공품원가 등이 모두 동일하다.

평균법 종합원가계산

| 난이도 | ⓣ | 정답 | ④ |

다음 중 평균법을 적용한 공정별 원가계산에 관한 설명으로 가장 올바르지 않은 것은?

① 평균법은 기초재공품 모두를 당기에 착수, 완성한 것처럼 가정한다.
② 평균법은 완성품환산량의 평균단가를 이용해서 원가를 배분하므로 기초재공품원가가 완성품과 기말재공품에 평균적으로 배분된다.
③ 평균법은 착수 및 원가발생시점에 관계없이 당기완성량의 평균적 원가를 계산한다.
④ 평균법은 기초재공품원가와 당기제조원가를 구별하여 계산하는 방법이다.

해설

• 기초재공품원가와 당기제조원가를 구별하여 계산하는 방법은 선입선출법이다.
　→평균법은 기초재공품원가와 당기제조원가를 구별하지 않고 이를 가중평균하여 당기완성품과 기말재공품원가를 계산하는 방법이다. 즉, 당기 이전의 기초재공품 작업분도 마치 당기에 작업이 이루어진 것으로 간주하는 방법이다. 선입선출법은 기초재공품을 먼저 가공하여 완성시킨 후에 당기착수량을 가공한다는 가정에 따라 당기완성품과 기말재공품원가를 계산하는 방법이다. 즉, 당기 이전의 기초재공품 작업분과 당기 작업분을 별도로 구분하는 방법이다. 평균법과 선입선출법의 가장 큰 차이점은 원가계산시 기초재공품원가와 당기투입원가를 구분하느냐의 여부에 있다고 할 수 있다. 따라서, 기초재공품이 없을 경우 양 방법에 의한 계산결과는 동일해진다.

| 평균법·선입선출법 종합원가계산 비교[1] | 난이도 | ⊕ | 정답 | ④ |

다음 중 종합원가계산에 관한 설명으로 가장 올바르지 않은 것은?

① 평균법에서는 기초재공품도 당기에 착수한 것으로 간주한다. 즉, 완성품환산량 계산시 기초재공품의 완성도는 고려할 필요가 없다.

② 선입선출법을 적용하여 완성품환산량의 단위당 원가를 계산하는 경우 기초재공품에 포함된 원가를 고려하지 않는다.

③ 기초재공품이 없는 경우 선입선출법에 의한 경우와 평균법에 의한 완성품환산량은 같다.

④ 선입선출법을 이용하는 상황에서 기말재공품 완성도가 실제보다 과소평가되어 원가계산이 이루어지면 기말재공품원가가 과소평가되고 완성품원가도 과소평가된다.

해설

• ① 평균법은 기초재공품원가와 당기제조원가를 구별하지 않고 이를 가중평균하여 당기완성품과 기말재공품원가를 계산하는 방법이다. 즉, 당기 이전의 기초재공품 작업분도 마치 당기에 작업이 이루어진 것으로 간주하는 방법이다.(∴완성품환산량 계산시 기초재공품의 완성도는 고려할 필요가 없다.)
  →반면, 선입선출법은 기초재공품을 먼저 가공하여 완성시킨 후에 당기착수량을 가공한다는 가정에 따라 당기완성품과 기말재공품원가를 계산하는 방법이다. 즉, 당기 이전의 기초재공품 작업분과 당기 작업분을 별도로 구분하는 방법이다.
• ② 선입선출법은 기초재공품을 우선적으로 완성시킨 후 당기착수물량을 가공한다고 가정하므로 기말재공품원가는 당기발생원가로만 구성되고, 기초재공품원가는 전액이 완성품원가를 구성하며, 당기발생원가만 완성품과 기말재공품에 안분계산한다. 따라서, 완성품환산량의 단위당 원가를 계산하는 경우 기초재공품에 포함된 원가를 고려하지 않는다.
• ③ 평균법과 선입선출법의 가장 큰 차이점은 원가계산시 기초재공품원가와 당기투입원가를 구분하느냐의 여부에 있다고 할 수 있다. 따라서, 기초재공품이 없을 경우 양 방법에 의한 계산결과는 동일해진다.
• ④ 기말재공품 완성도를 과소평가할 경우
  ㉠기말재공품 완성품환산량 과소
  ㉡완성품환산량이 과소해지면 투입된 원가는 일정하므로 완성품환산량단위당원가 과대
  ㉢완성품의 완성품환산량은 변화가 없으므로 완성품환산량단위당원가의 과대로 완성품원가(당기제품제조원가)는 과대
  ㉣상대적으로 기말재공품(재공품계정)의 원가는 과소(재고자산 과소)
  ㉤'기초제품+당기제품제조원가-기말제품=매출원가'에서 제품계정에는 영향이 없으나, 당기제품제조원가의 과대로 인해 매출원가가 과대평가되고 영업이익(당기순이익)이 과소평가된다.
  ㉥영업이익(당기순이익)이 과소평가되므로 이익잉여금이 과소계상된다.

| 평균법·선입선출법 종합원가계산 비교[2] | 난이도 | ⊕ | 정답 | ① |

다음 중 종합원가계산의 평균법과 선입선출법에 대한 비교 설명 중 가장 올바르지 않은 것은?

① 평균법의 경우 완성품원가는 기초재공품원가와 당기투입원가 중 완성분으로 구분되지만, 선입선출법의 경우 당기완성량에 완성품환산량 단위당 원가를 곱한 금액이다.

② 평균법의 경우 원가배분 대상액은 기초재공품원가와 당기투입원가의 합계액이지만, 선입선출법의 경우 기초재공품원가는 완성품원가의 일부가 되며, 당기투입원가는 완성품과 기말재공품에 배분한다.

③ 평균법의 경우 완성품환산량 단위당 원가에는 전기의 원가가 포함되어 있지만, 선입선출법의 경우 당기투입원가로만 구성된다.

④ 평균법의 경우 완성품환산량 산출시 기초재공품은 당기에 착수된 것으로 간주한다. 즉, 평균법은 기초재공품의 완성도를 무시하지만, 선입선출법은 기초재공품과 당기투입량을 구분한다.

해설

• 선입선출법의 경우 완성품원가는 기초재공품원가와 당기투입원가 중 완성분으로 구분되지만, 평균법의 경우 당기완성량에 완성품환산량 단위당 원가를 곱한 금액이다.

종합원가계산과 기말재공품 원가증가 요인	난이도	㊥	정답	①

㈜상일은 평균법에 의한 종합원가계산을 채택하고 있다. 기초와 기말의 재공품 물량은 동일하나 기초에 비하여 재공품 기말 잔액이 증가하였다. 다음 중 이 현상을 설명할 수 있는 것으로 가장 옳은 것은?

① 전년도에 비해 노무임률이 상승하였다.
② 전년도에 비해 제조간접원가가 감소하였다
③ 기초보다 기말의 재공품 완성도가 감소하였다.
④ 전년도에 비해 판매량이 감소하였다.

해설

• 기말재공품원가 : <u>완성품환산량</u> × <u>완성품환산량단위당원가</u>

$$\Downarrow \qquad\qquad \Downarrow$$

$$\text{'물량} \times \text{완성도'} \qquad \text{'}\frac{\text{원가}}{\text{총완성품환산량}}\text{'}$$

→따라서, 물량이 동일한 경우 ㉠ 완성도가 증가되거나 ㉡ 원가가 증가되면, 기말재공품원가가 증가한다.

• ① 전년도에 비해 노무임률이 상승 →원가증가
  ② 전년도에 비해 제조간접원가가 감소 →원가감소
  ③ 기초보다 기말의 재공품 완성도가 감소 →완성도감소
  ④ 전년도에 비해 판매량이 감소 →판매량은 원가의 상승요소가 아님.

종합원가계산 평균법 기말재공품 계산구조	난이도	㊦	정답	②

다음은 평균법에 의한 기말재공품원가를 계산하는 식을 나타낸 것이다. 괄호 안에 들어갈 내용으로 적절한 것은?

$$(\text{기초재공품원가} + \text{당기발생원가}) \times \frac{\text{기말재공품의 완성품환산량}}{(\qquad\qquad)} = \text{기말재공품원가}$$

① 기초재공품수량 + 당기투입수량 – 기말재공품수량
② 완성품수량 + 기말재공품의 완성품환산량
③ 기초재공품의 완성품환산량 + 완성품수량 – 기말재공품의 완성품환산량
④ 완성품수량 + 기말재공품의 완성품환산량 – 기초재공품의 완성품환산량

해설

• 평균법
  기말재공품원가 : (기초재공품원가+당기발생원가)× $\frac{\text{기말재공품의 완성품환산량}}{\text{완성품수량} + \text{기말재공품의 완성품환산량}}$

→총완성품환산량(완성품수량+기말재공품의 완성품환산량)에서 기말재공품의 완성품환산량이 차지하는 비율에 의해 계산한다.

비교 선입선출법
  기말재공품원가 : 당기발생원가× $\frac{\text{기말재공품의 완성품환산량}}{\text{완성품수량} + \text{기말재공품의 완성품환산량} - \text{기초재공품의 완성품환산량}}$

→당기발생투입분의 완성품환산량(완성품수량+기말재공품의 완성품환산량 - 기초재공품의 완성품환산량)에서 기말재공품의 완성품환산량이 차지하는 비율에 의해 계산한다.

평균법 완성품환산량단위당원가 계산	난이도	⊕	정답	③

다음은 ㈜삼일의 원가자료이다. ㈜삼일은 평균법을 이용하여 종합원가계산을 하며, 원재료는 공정시작시점에서 전량 투입되고 가공원가는 공정전반에 걸쳐 균등하게 발생한다.

〈수량〉

기초재공품수량	0개	완성수량	1,400개
착수수량	1,800개	기말재공품수량	400개(50%)

〈원가〉

	재료원가	가공원가
당기발생원가	990,000원	720,000원

㈜삼일의 (ㄱ) 재료원가와 (ㄴ) 가공원가의 완성품환산량 단위당 원가는 얼마인가?

	ㄱ	ㄴ		ㄱ	ㄴ
①	450원	350원	②	450원	400원
③	550원	450원	④	550원	400원

해설

• 평균법

[1단계] 물량흐름

		[2단계] 완성품환산량	
		재료비	가공비
완성	1,400	1,400	1,400
기말	400(50%)	400	400×50%=200
	1,800	1,800	1,600

[3단계] 총원가요약

기초		0	0
당기발생		990,000	720,000
		990,000	720,000

[4단계] 환산량단위당원가(cost/unit)

		÷1,800	÷1,600
		‖	‖
		@550	@450

[5단계] 원가배분

완성품원가 : 1,400×@550+1,400×@450=1,400,000
기말재공품원가 : 400×@550+200×@450=310,000

| 재료원가·가공원가 cost/unit | 난이도 | ⊕ | 정답 | ③ |

㈜삼일은 단일공정에서 단일제품을 대량으로 생산하고 있다. 재료는 공정의 착수시점에서 전액 투입하며, 가공원가는 공정전반에 걸쳐 균등하게 발생한다. 공정에 대한 자료는 다음과 같다.

ㄱ. 기초재공품	없음
ㄴ. 당기투입량	400,000개
ㄷ. 당기완성량	320,000개
ㄹ. 기말재공품 수량(가공원가의 완성도)	80,000개(50%)
ㅁ. 당기투입원가	직접재료원가 4,000,000원, 가공원가 1,800,000원

직접재료원가와 가공원가에 대한 완성품환산량 단위당 원가는 각각 얼마인가?

① 직접재료원가   5원 / 가공원가   10원
② 직접재료원가   10원 / 가공원가 4.5원
③ 직접재료원가   10원 / 가공원가   5원
④ 직접재료원가 12.5원 / 가공원가 5.6원

해설

• 종합원가계산을 적용하는 경우 평균법과 선입선출법의 가장 큰 차이점은 원가계산시 기초재공품원가와 당기투입원가를 구분하느냐의 여부에 있다고 할 수 있다. 따라서, 기초재공품이 없을 경우 양 방법에 의한 계산결과는 동일해진다. 즉, 기초재공품이 없는 경우 선입선출법과 평균법에 의한 완성품환산량이 동일하다.
• 완성품환산량단위당원가 계산

[1단계] 물량흐름

		재료비	가공비
완성	320,000	320,000	320,000
기말	80,000(50%)	80,000	80,000×50%=40,000
	400,000	400,000	360,000

[2단계] 완성품환산량 (재료비 / 가공비 열 위)

[3단계] 총원가요약

		재료비	가공비
기초		0	0
당기발생		4,000,000	1,800,000
		4,000,000	1,800,000

[4단계] 환산량단위당원가(cost/unit)   ÷400,000   ÷360,000
‖   ‖
@10   @5

[5단계] 원가배분
완성품원가　：320,000×@10+320,000×@5=4,800,000
기말재공품원가：80,000×@10+40,000×@5=1,000,000

평균법·선입선출법 완성품환산량	난이도	㊦	정답	③

다음은 ㈜삼일의 원가자료이다. 원재료는 공정시작 시점에서 전량 투입되고 가공원가는 공정전반에 걸쳐 균등하게 발생한다. ㈜삼일의 종합원가계산 방법에 따른 가공원가 완성품환산량이 올바른 것은?

기초재공품수량	600개	(60%)
당기착수량	1,900개	
당기완성량	2,000개	
기말재공품수량	500개	(70%)

① 평균법, 1,750개   ② 평균법, 1,990개
③ 선입선출법, 1,990개   ④ 선입선출법, 2,350개

해설

- 평균법 완성품환산량의 계산

[1단계] 물량흐름

완성	2,000
기말	500(70%)
	2,500

[2단계] 완성품환산량

재료비	가공비
2,000	2,000
500	500×70% = 350
2,500	**2,350**

- 선입선출법 완성품환산량의 계산

[1단계] 물량흐름

기초완성	600(60%)
당기완성	2,000 - 600 = 1,400
기 말	500(70%)
	2,500

[2단계] 완성품환산량

재료비	가공비
0	600×(1 - 60%) = 240
1,400	1,400
500	500×70% = 350
1,900	**1,990**

| | 선입선출법 완성품원가 | 난이도 | ⊕ | 정답 | ④ |

㈜삼일은 선입선출법을 이용한 종합원가계산제도를 채택하고 있다. 원재료는 공정초기에 모두 투입되고, 가공원가는 공정전반에 걸쳐 균등하게 발생하고 있다. 물량흐름 및 원가관련 정보는 다음과 같을 때, 완성품원가는 얼마인가?

	수량	완성도	재료원가	가공원가
기초재공품	2,000개	50%	8,000원	10,000원
당기투입	30,000개	-	120,000원	280,000원
기말재공품	4,000개	25%		

① 200,000원　　② 290,000원　　③ 374,000원　　④ 392,000원

해설

• 선입선출법

　[1단계] 물량흐름

		[2단계] 완성품환산량	
		재료비	가공비
기초완성	2,000(50%)	0	2,000×(1-50%)=1,000
당기완성	28,000-2,000=26,000	26,000	26,000
기　말	4,000(25%)	4,000	4,000×25%=1,000
	32,000	30,000	28,000

　[3단계] 총원가요약

당기발생	120,000	280,000
	120,000	280,000

　[4단계] 환산량단위당원가(cost/unit)

	÷30,000	÷28,000
	‖	‖
	@4	@10

　[5단계] 원가배분

　　완성품원가 　　: (8,000+10,000)+26,000×@4+27,000×@10=392,000
　　기말재공품원가 : 4,000×@4+1,000×@10=26,000

❓POINT 종합원가계산 선입선출법 계산절차

【1단계】	• 물량흐름을 파악 →기초수량과 완성도, 완성품수량, 기말수량과 완성도
【2단계】	• 원가요소별(전공정비, 재료비, 가공비)로 당기분 완성품환산량 계산
【3단계】	• 원가요소별로 당기발생원가를 계산
【4단계】	• 원가요소별로 완성품환산량단위당원가를 계산 　→완성품환산량단위당원가 = 원가요소별당기발생원가÷ 원가요소별당기분완성품환산량
【5단계】	• 완성품원가와 기말재공품원가 계산 　→완성품원가 = 기초재공품원가+ 원가요소별완성품환산량×원가요소별환산량단위당원가

선입선출법 기초재공품 완성도 추정

| 난이도 | ⊕ | 정답 | ② |

다음은 ㈜삼일의 원가자료이다. 원재료는 공정초기에 전량 투입되고 가공원가는 공정전반에 걸쳐 균등하게 투입된다. ㈜삼일이 선입선출법을 적용하여 계산한 가공원가의 당기 완성품환산량이 1,800개일 경우 기초재공품의 완성도(%)는 얼마인가?

<수량>
기초재공품수량	200개(? %)
당기투입량	1,800개
완성품수량	1,600개
기말재공품수량	400개(70%)

① 20%   ② 40%   ③ 50%   ④ 70%

해설

• 선입선출법〈완성도를 A라고 가정〉

[1단계] 물량흐름

		[2단계] 완성품환산량	
		재료비	가공비
기초완성	200(A)	0	$200 \times (1-A)$
당기완성	1,600 − 200 = 1,400	1,400	1,400
기 말	400(70%)	400	$400 \times 70\% = 280$
	2,000	1,800	1,800

$\therefore 200 \times (1-A) + 1,400 + 280 = 1,800$ 에서, A = 40%

선입선출법 기말재공품 완성도 추정

| 난이도 | ⊕ | 정답 | ④ |

다음은 ㈜삼일의 원가자료이다. ㈜삼일이 선입선출법을 사용한 가공원가의 당기 완성품환산량이 1,640개일 경우 기말재공품의 완성도(%)는 얼마인가(단, 가공원가는 공정전반에 걸쳐 균등하게 발생한다)?

<수량>
기초재공품	400개(60%)
당기투입량	1,600개
당기완성품	1,400개
기말재공품	600개(? %)

① 40%   ② 50%   ③ 60%   ④ 80%

해설

• 선입선출법〈완성도를 A라고 가정〉

[1단계] 물량흐름

		[2단계] 완성품환산량	
		재료비	가공비
기초완성	400(60%)	0	$400 \times (1-60\%) = 160$
당기완성	1,400 − 400 = 1,000	1,000	1,000
기 말	600(A)	600	$600 \times A$
	2,000	1,600	$1,160 + 600 \times A$

$\therefore 1,160 + 600 \times A = 1,640$ 에서, A = 80%

기말재공품 완성도 과소평가의 영향	난이도	㊥	정답	①

㈜삼일은 단일의 생산공장에서 단일의 제품을 생산하고 있다. 결산시 원가계산을 실시함에 있어서 회계직원이 기말재공품에 대한 완성도를 실제 90%보다 낮은 70%로 평가하여 결산을 하였다. 당기에 생산된 제품은 모두 판매되어 기말에 제품재고액은 없으며, 당해 재공품과 관련되는 상황 이외에 다른 오류는 없다. 이러한 재공품의 환산 오류결과로 표시된 결산재무제표에 대하여 가장 옳은 것은?

① 이익잉여금 과소계상   ② 영업이익 과대계상
③ 매출원가 과소계상   ④ 재고자산 과대계상

해설

• 기말재공품 완성도를 과소평가할 경우
　㉠ 기말재공품 완성품환산량 과소
　㉡ 완성품환산량이 과소해지면 투입된 원가는 일정하므로 완성품환산량단위당원가가 과대
　㉢ 완성품의 완성품환산량은 변화가 없으므로 완성품환산량단위당원가의 과대로 완성품원가(당기제품제조원가)는 과대
　㉣ 상대적으로 기말재공품(재공품계정)의 원가는 과소(재고자산 과소)
　㉤ '기초제품＋당기제품제조원가 - 기말제품＝매출원가'에서 제품계정에는 영향이 없으나, 당기제품제조원가의 과대로 인해 매출원가가 과대평가되고 영업이익(당기순이익)이 과소평가된다.
　㉥ 영업이익(당기순이익)이 과소평가되므로 이익잉여금이 과소계상된다.

＊비교 기말재공품 완성도를 과대평가할 경우〈위와 반대의 결과〉
　㉠ 기말재공품 완성품환산량 과대
　㉡ 완성품환산량이 과대해지면 투입된 원가는 일정하므로 완성품환산량단위당원가가 과소
　㉢ 완성품의 완성품환산량은 변화가 없으므로 완성품환산량단위당원가의 과소로 완성품원가(당기제품제조원가)는 과소
　㉣ 상대적으로 기말재공품(재공품계정)의 원가는 과대(재고자산 과대)
　㉤ '기초제품＋당기제품제조원가 - 기말제품＝매출원가'에서 제품계정에는 영향이 없으나, 당기제품제조원가의 과소로 인해 매출원가가 과소평가되고 영업이익(당기순이익)이 과대평가된다.
　㉥ 영업이익(당기순이익)이 과대평가되므로 이익잉여금이 과대계상된다.

기말재공품 완성도 과대평가의 영향	난이도	㊥	정답	③

㈜상일은 당기 기말재공품의 완성도가 50%인데 이를 80%로 잘못 파악하였다. 기초재공품은 없다고 가정할 때 이 과대계상 오류가 완성품환산량 단위당 원가와 기말재공품원가에 어떠한 영향을 미치는가?

	완성품환산량단위당원가	기말재공품원가
①	과대평가	과대평가
②	과대평가	과소평가
③	과소평가	과대평가
④	과소평가	과소평가

해설

- 기말재공품 완성도를 과대평가할 경우
  ㉠ 기말재공품 완성품환산량 과대
  ㉡ 완성품환산량이 과대해지면 투입된 원가는 일정하므로 완성품환산량단위당원가가 과소
  ㉢ 완성품의 완성품환산량은 변화가 없으므로 완성품환산량단위당원가의 과소로 완성품원가(당기제품제조원가)는 과소
  ㉣ 상대적으로 기말재공품(재공품계정)의 원가는 과대(재고자산 과대)
  ㉤ '기초제품＋당기제품제조원가 - 기말제품＝매출원가'에서 제품계정에는 영향이 없으나, 당기제품제조원가의 과소로 인해 매출원가가 과소평가되고 영업이익(당기순이익)이 과대평가된다.
  ㉥ 영업이익(당기순이익)이 과대평가되므로 이익잉여금이 과대계상된다.

＊비교 기말재공품 완성도를 과소평가할 경우〈위와 반대의 결과〉
  ㉠ 기말재공품 완성품환산량 과소
  ㉡ 완성품환산량이 과소해지면 투입된 원가는 일정하므로 완성품환산량단위당원가가 과대
  ㉢ 완성품의 완성품환산량은 변화가 없으므로 완성품환산량단위당원가의 과대로 완성품원가(당기제품제조원가)는 과대
  ㉣ 상대적으로 기말재공품(재공품계정)의 원가는 과소(재고자산 과소)
  ㉤ '기초제품＋당기제품제조원가 - 기말제품＝매출원가'에서 제품계정에는 영향이 없으나, 당기제품제조원가의 과대로 인해 매출원가가 과대평가되고 영업이익(당기순이익)이 과소평가된다.
  ㉥ 영업이익(당기순이익)이 과소평가되므로 이익잉여금이 과소계상된다.

기초재공품 수량 추정	난이도	㊥	정답	④

㈜상일은 단일제품을 생산하고 있으며, 종합원가계산제도를 채택하고 있다. 직접재료는 공정이 시작되는 시점에서 100% 투입되며, 가공원가는 공정 전체에 걸쳐 균등하게 발생한다. 평균법과 선입선출법에 의한 가공원가의 완성품환산량은 각각 85,000단위와 73,000단위이다. 기초재공품의 가공원가 완성도가 30%라면, 기초재공품수량은 몇 단위인가?

① 12,000단위   ② 25,000단위   ③ 36,000단위   ④ 40,000단위

해설

- 85,000단위(WAM가공비완성품환산량) - 73,000단위(FIFO가공비완성품환산량) = 기초재공품수량×30%
  →∴기초재공품수량＝40,000단위

＊고속철 재료가 공정초에 전량 투입되는 경우
  ㉠ WAM재료비완성품환산량 - FIFO재료비완성품환산량 = 기초재공품수량
  ㉡ WAM가공비완성품환산량 - FIFO가공비완성품환산량 = 기초재공품수량×기초완성도

＊저자주 실전 문제에서는 반드시 위 '고속철' 풀이법에 의해 계산하여야 합니다. 반드시 숙지 바랍니다.

표준원가계산의 유용성(목적)[1]

난이도 ㉦ 정답 ①

다음 중 표준원가계산의 목적과 가장 거리가 먼 것은?
① 제조기술의 향상
② 원가통제
③ 기장사무의 신속화
④ 제조원가 예산수립

해설

• 표준원가계산을 적용하여 제품제조기술을 향상시키고자 하는 것은 아니다. 어떠한 원가계산제도를 채택하는지는 제품제조기술의 향상에 영향을 미치지 않는다.

POINT 표준원가계산의 유용성(목적)

원가관리와 통제	•표준원가와 실제원가를 비교하여 실제원가가 표준원가 범위 내에서 발생하는지를 파악함으로써 원가통제를 보다 효과적으로 수행할 수 있음. →예외에 의한 관리가 가능 •차이분석 결과는 경영자에게 보고되며, 그것은 차기 표준·예산설정에 피드백됨.
예산편성(계획)	•표준원가가 설정되어 있으면 예산을 설정하는데 용이할 수 있음.
재무제표작성	•표준원가는 과학적이고 통계적인 수치를 이용하기 때문에 재고자산가액과 매출원가 산출시 근거가 되는 보다 진실한 원가정보를 제공할 수 있다는 장점이 있음.
업무간소화와 신속성	•표준원가계산에서는 단위당표준원가가 설정되어 있기 때문에 원가흐름에 대한 가정이 필요 없으며 단지 물량만 파악하면 되므로 원가계산이 신속하고 간편해 짐. →제품완성과 동시에 원가를 계산할 수 있음.

표준원가계산의 유용성(목적)[2]

난이도 ⊕ 정답 ④

다음 중 표준원가계산의 유용성으로 가장 올바르지 않은 것은?
① 재무제표 상의 재고자산가액과 매출원가를 산출할 때 근거가 되는 원가정보를 제공할 수 있다.
② 실제원가와 표준원가를 분석하여 효율적으로 원가를 통제할 수 있다.
③ 예산편성을 위한 원가자료를 수집하는 데 소요되는 시간을 절약할 수 있다.
④ 표준원가는 기업의 활동과 성과를 실제 발생한 수치로 표시할 수 있다.

해설

• 표준원가는 정상적이고 효율적인 영업상태에서 특정제품을 생산하는데 발생할 것으로 예상되는 원가이다.
→기업의 활동과 성과를 실제 발생한 수치로 표시할 수 있는 것은 실제원가계산에 대한 설명이다.

표준원가계산의 장점

난이도 ⊕ 정답 ③

다음 중 표준원가계산의 장점을 모두 고른 것은?

ㄱ. 예외에 의한 관리를 통한 원가관리 및 통제가 가능함
ㄴ. 효율적인 예산 편성
ㄷ. 적정원가의 산정에 있어 객관성의 확보가 용이함
ㄹ. 회계업무의 간소화 및 신속한 원가보고

① ㄱ, ㄴ
② ㄱ, ㄷ
③ ㄱ, ㄴ, ㄹ
④ ㄱ, ㄴ, ㄷ, ㄹ

해설

• 표준원가는 사전에 과학적이고 통계적인 방법으로 적정원가를 산정하는 것이 필수적이나, 이러한 적정원가의 산정에 객관성이 보장되기 힘들고 많은 비용이 소요된다는 한계점을 가지고 있다.

표준원가시스템의 특징

난이도	⊕	정답	③

다음 중 표준원가시스템의 특징을 가장 잘 설명한 것은?

① 책임을 명확히 하고 종업원의 동기를 유발시킬 수 없다.
② 표준과 일치하는 원가항목을 중점적으로 검토하여야 한다.
③ 원가통제를 포함한 표준원가는 원가절감을 유도할 수 있다.
④ 모든 중요한 불리한 차이는 검토해야 하나 중요한 유리한 차이는 검토할 필요가 없다.

해설

- ① 표준원가시스템(예외에 의한 관리 제외)은 책임을 명확히 하여 종업원의 동기를 유발시키는 방법이다.
  → **참고** 다만, 예외에 의한 관리는 근로자에게 동기부여 측면에서 문제가 발생할 수 있다. 만일 성과평가가 중요한 예외사항에 의해서만 결정된다면 근로자는 자신에게 불리한 예외사항을 숨기려고 할 것이고, 원가가 크게 절감된 예외사항에 대해서 보상을 받지 못한다면 이에 대한 불만이 누적되고 동기부여가 되지 않을 수 있기 때문이다.
- ② 표준원가에 일치하는(근접하는) 원가항목보다 표준원가에서 크게 벗어나는 항목을 중점적으로 관리해야 한다.
- ③ 효율적 달성치인 표준원가를 설정하여 실제 발생원가와 비교함으로써 원가통제를 통한 원가절감을 유도할수 있다. 즉, 표준원가계산제도는 성격상 원가절감을 위한 원가통제를 포함한다.
- ④ 표준에서 벗어나는 차이 중 사전에 설정된 허용범위를 벗어나는 경우에만 검토하면 되며, 이를 '예외에 의한 관리'라고 한다. 표준원가계산은 예외에 의한 관리를 통해 표준원가와 실제원가의 차이 중 중요한 부분에 대해서만 관심을 가지게 된다. 다만, 중요한 불리한 차이든지 중요한 유리한 차이든지 중요한 차이는 모두 검토한다.

표준원가계산제도 특징과 적용

난이도	⊕	정답	④

다음 중 표준원가시스템에 관한 설명으로 가장 옳은 것은?

① 표준원가시스템은 책임을 명확히 하여 종업원의 동기를 유발시키는 방법으로는 적절하지 않다.
② 관리목적상 표준원가에 근접하는 원가항목을 보다 중점적으로 관리해야 한다.
③ 원가통제를 포함한 표준원가시스템을 잘 활용하여도 원가감소를 유도할 수는 없다.
④ 표준원가와 실제발생원가의 차이분석 시 중요한 불리한 차이뿐만 아니라 중요한 유리한 차이도 검토할 필요가 있다.

해설

- ① 표준원가시스템은 책임을 명확히 하여 종업원의 동기를 유발시키는 방법이다.
- ② 표준원가에 근접하는 항목보다 표준원가에서 크게 벗어나는 항목을 중점적으로 관리해야 한다.
- ③ 효율적 달성치인 표준원가를 설정하여 실제 발생원가와 비교함으로써 원가통제를 통한 원가절감을 유도할수 있다. 즉, 표준원가계산제도는 성격상 원가절감을 위한 원가통제를 포함한다.
- ④ 예외에 의한 관리를 통해 표준원가와 실제원가의 차이 중 중요한 부분에 대해서만 관심을 가지게 된다. 다만, 중요한 불리한 차이든지 중요한 유리한 차이든지 중요한 차이는 모두 검토한다.

| | 표준원가계산의 적용 | 난이도 | ⑪ | 정답 | ① |

다음 중 표준원가와 표준원가계산제도에 관한 설명으로 가장 올바르지 않은 것은?

① 표준원가는 가장 이상적인 상황에서 달성 가능한 추정치로 설정하는 것이 일반적이다.
② 표준원가는 기본적으로 제품단위당 원가 항목의 수량표준과 가격표준으로 이루어진다.
③ 표준원가와 실제발생원가의 차이 중 중요한 부분에 대해 관심을 가지고 관리하는 예외에 의한 관리가 가능하다.
④ 표준원가계산제도는 성과평가 및 보상을 위한 자료로 사용될 수 있다.

해설

• ① 표준원가계산제도에서의 표준원가라 하면 일반적으로 이상적 표준이 아니라 현실적 표준(경영의 실제활동에서 열심히 노력하면 달성될 것으로 기대되는 표준원가)을 의미한다.
• ④ 표준원가계산제도는 변동예산 및 책임회계제도와 결합함으로써 성과평가 및 보상을 위한 자료로 사용된다.

POINT 현실적 표준

의의	• 표준원가의 종류는 이상적 표준, 정상적 표준, 현실적 표준으로 나눌 수 있음. →표준원가계산제도에서의 표준원가라 하면 일반적으로 현실적 표준원가를 의미함.
현실적 표준 (Practical)	• 경영의 실제활동에서 열심히 노력하면 달성될 것으로 기대되는 표준원가임. →이는 정상적인 기계고장과 근로자 휴식시간을 허용하며, 작업에 참여하는 평균적인 근로자들이 합리적이면서 매우 효율적으로 노력을 하면 달성될 수 있는 표준임. • 현실적 표준과 실제원가와의 차이는 정상에서 벗어난 비효율로서 차이발생에 대해 경영자의 주의를 환기시키는 신호가 된다는 점에서 경영자에게 매우 유용함. • 현실적 표준은 설정내용에 따라서 원가관리에 더욱 적합할 수 있고 예산관리에도 유용하게 이용될 수 있음.

| | 표준원가의 종류와 개념 | 난이도 | ⑪ | 정답 | ④ |

다음에서 설명하고 있는 표준원가의 종류는 무엇인가?

기존의 설비와 제조공정에서 정상적인 기계고장, 정상감손 및 근로자의 휴식시간 등을 고려하지 않고 최선의 조건하에서만 달성할 수 있는 이상적인 목표하의 최저목표원가를 의미

① 현실적 표준 ② 정상적 표준 ③ 중간적 표준 ④ 이상적 표준

해설

• 표준원가의 종류는 표준원가를 설정할 때에 가격, 능률, 조업도와 경영자의 목표에 관한 다양한 수준에서 어떠한 수치를 택하는가에 따라 이상적 표준, 정상적 표준, 현실적 표준으로 나눌 수 있다.
→이상적 표준(ideal standards)이란 기존의 설비와 제조공정에서 정상적인 기계고장, 정상감손 및 근로자의 휴식시간 등을 고려하지 않고 최선의 조건하에서만 달성할 수 있는 이상적인 목표하의 최저목표원가이다.

POINT 이상적 표준

이상적 표준 (ideal)	• 기존설비·제조공정에서 정상적 기계고장, 정상감손 및 근로자 휴식시간 등을 고려하지 않고 최선의 조건하에서만 달성할 수 있는 이상적인 목표하의 최저목표원가임. • 이상적 표준은 이를 달성하는 경우가 거의 없기 때문에 항상 불리한 차이가 발생되며, 이에 따라 종업원의 동기부여에 역효과를 초래함. • 실제원가와의 차이가 크게 발생하므로 재고자산평가나 매출원가산정에 적합하지 않음. →그러나 전혀 의미없는 것은 아니고 현실적 표준 설정을 위한 출발점으로서의 의미를 갖음.

표준원가의 종류와 특징	난이도	㊥	정답	①

다음 표준원가의 종류에 관한 설명 중 가장 올바르지 않은 것은?

① 표준원가와 실제원가와의 차이가 가장 적게 발생하여 매출원가 산정에 가장 적합한 것은 이상적 표준이다.
② 차이분석시 일반적으로 불리한 원가차이를 발생시켜 종업원의 동기부여에 역효과를 가져올 수 있는 것은 이상적 표준이다.
③ 기업 경영과 관련된 비교적 장기간의 과거 실적치를 통계적으로 평균화하고 미래 예상추세를 감안하여 결정되는 것은 정상적 표준이다.
④ 표준원가계산제도에서 표준원가는 일반적으로 현실적 표준원가를 의미하며 실제원가와 현실적 표준의 차이는 정상에서 벗어난 비효율을 의미한다.

해설

• 표준원가와 실제원가와의 차이가 가장 적게 발생하여 매출원가 산정에 가장 적합한 것은 정상적 표준이다.

표준원가계산제도 일반사항[1]	난이도	㊤	정답	④

다음 중 표준원가계산제도에 관한 설명으로 올바르지 않은 것을 모두 고르면?

> ㄱ. 변동원가계산제도에서 적용할 수 있다.
> ㄴ. 직접재료원가 가격차이를 원재료 구입시점에서 분리하든 사용시점에서 분리하든 직접재료원가 능률차이에는 영향을 주지 않는다.
> ㄷ. 원가통제를 포함한 표준원가시스템을 잘 활용하여도 원가절감을 유도할 수는 없다.
> ㄹ. 기말에 원가차이를 매출원가에서 조정할 경우 불리한 차이는 매출원가에서 차감하고 유리한 차이는 매출원가에 가산한다.

① ㄱ, ㄷ   ② ㄱ, ㄹ   ③ ㄴ, ㄷ   ④ ㄷ, ㄹ

해설

• ㄱ(옳은설명) : 원가계산방법은 다음과 같이 결합되어 다양한 방법이 가능하다.(예 표준전부원가계산, 표준변동원가계산)

제품원가의 구성요소 (원가구성)	원가요소의 실제성여부 (원가측정)	생산형태 (제품의 성격)
전부원가계산 변동원가계산	실제원가계산 정상원가계산 표준원가계산	개별원가계산 종합원가계산

ㄴ(옳은설명) : 분리시점에 따라 직접재료원가 가격차이는 상이(사용가격차이/구입가격차이)하나, 직접재료원가 가격차이를 구입시점에서 분리하든 사용시점에서 분리하든 능률차이($AQ \times SP - SQ \times SP$)는 모두 동일하게 계산하므로 분리시점은 능률차이에는 영향을 주지 않는다.

ㄷ(틀린설명) : 효율적 달성치인 표준원가를 설정하여 실제 발생원가와 비교함으로써 원가통제를 통한 원가절감을 유도할수 있다. 즉, 표준원가계산제도는 성격상 원가절감을 위한 원가통제를 포함한다.

ㄹ(틀린설명) : 매출원가조정법의 경우 다음과 같이 불리한 차이는 매출원가에 가산하고 유리한 차이는 매출원가에서 차감한다.

> • 매출원가조정법 : 모든 원가차이를 매출원가에 가감하는 방법
> → ㉠ 불리한 차이 : 매출원가에 가산 ㉡ 유리한 차이 : 매출원가에서 차감

원가차이 분석	(차) 재공품($SQ \times SP$)	70,000	(대) 원재료($AQ \times AP$)	100,000
	가격차이(불리)	40,000	능률차이(유리)	10,000
원가차이 배분	(차) 매출원가	40,000	(대) 가격차이(불리)	40,000
	(차) 능률차이(유리)	10,000	(대) 매출원가	10,000

> • 모두 매출원가에서 조정되므로 재공품과 제품계정은 모두 표준원가로 계속 기록됨.

표준원가계산제도 일반사항[2]

| 난이도 | ⓣ | 정답 | ④ |

다음 중 표준원가계산의 의의에 관한 설명으로 가장 올바르지 않은 것은?

① 표준원가계산을 사용하면 제품원가계산을 신속하게 할 수 있다.
② 표준원가를 사용하여 원가관리와 예산편성 등에 활용할 수 있다.
③ 표준원가를 기업 회계시스템에 도입하여 사용하는 것을 표준원가계산제도라고 한다.
④ 표준원가는 제품 제조와 관련된 예상원가를 가격표준과 수량표준을 사용하여 사전 또는 사후에 결정한 것이다.

해설

• 표준원가는 제품 제조와 관련된 예상원가를 가격표준과 수량표준을 사용하여 사전에 결정한 것이다.
  →표준원가는 사전에 결정하며, 사후에 결정하지 않는다.

표준원가계산제도 일반사항[3]

| 난이도 | ⓣ | 정답 | ① |

다음 중 표준원가계산제도에 대한 설명으로 가장 올바르지 않은 것은?

① 비계량적인 정보를 활용하여 의사결정에 사용할 수 있다.
② 표준원가계산제도란 제품을 생산하는데 발생할 것으로 예상되는 원가를 사전에 결정하여 원가계산을 하는 제도이다.
③ 예외에 의한 관리로 효과적인 원가통제가 가능하다.
④ 사전에 설정된 표준원가를 적용하여 원가자료 수집에 소요되는 시간을 절약할 수 있다.

해설

• ① 표준원가계산제도는 계량적 정보에 의해서만 성과평가가 이루어진다. 따라서, 표준원가계산제도를 채택할 경우 비계량적인 정보를 무시할 가능성이 있다. 예를 들어 표준원가달성을 지나치게 강조할 경우 제품의 품질을 희생시킬 수 있고, 납품업체에 표준원가를 기초로 지나친 원가절감을 요구할 경우 관계가 악화될 수도 있다.
② 표준원가계산은 단위당표준원가를 사전에 설정하여 원가계산을 하는 제도이다.
③ 표준원가계산제도에서 일반적으로 표준은 원가발생의 기대치를 표현하는 것이기 때문에 경영자는 표준원가와 실제원가의 차이 중 중요한 부분에 대해서만 관심을 가지고 개선책을 강구하는 예외에 의한 관리(management by exception)를 할 수 있게 되며, 표준원가와 실제원가의 차이를 원가통제의 책임과 관련시켜 효과적인 원가통제를 수행할 수 있다.
  →예외에 의한 관리를 통해 표준원가와 실제원가의 차이 중 중요한 부분에 대해서만 관심을 가지게 된다. 다만, 중요한 불리한 차이든지 중요한 유리한 차이든지 중요한 차이는 모두 검토한다.
④ 표준원가계산은 단위당표준원가가 설정되어 있기 때문에 원가흐름에 대한 가정(평균법, 선입선출법, 후입선출법 등)이 필요 없으며 단지 물량만 파악하면 되므로 원가계산이 신속하고 간편해 진다.
  →**비교** 실제원가계산에서는 제품이 완성되었어도 실제원가가 집계되어야만 제품원가계산을 할 수 있다.

| 표준원가계산제도 고려사항 | 난이도 | ⊕ | 정답 | ④ |

다음 중 표준원가와 표준원가계산에 관한 설명으로 가장 올바르지 않은 것은?

① 표준원가는 사전에 과학적이고 통계적인 방법으로 적정원가를 산정하는 것이 필수적이나, 표준원가의 산정에 객관성이 보장되기 힘들고 많은 비용이 소요되는 단점이 있을 수 있다.

② 표준원가는 기업 내적인 요소나 기업 외부환경의 변화에 따라 수시로 수정을 필요로 하는 원가이기 때문에, 사후 관리하지 않을 경우 향후 원가계산을 왜곡할 소지가 있다.

③ 표준원가의 달성을 위하여 납품업체에 표준원가를 기초로 지나친 원가절감을 요구할 경우 관계가 악화될 수 있으므로 신중을 기해야 한다.

④ 경영자는 금액의 중요성과 상관없이 표준원가와 실제원가의 모든 차이에 대해 반드시 관심을 가지고 개선책을 강구해야 한다.

해설

• 일반적으로 표준은 원가발생의 기대치를 표현하는 것이기 때문에 경영자는 표준원가와 실제원가의 차이 중 중요한 부분에 대해서만 관심을 가지고 개선책을 강구하는 예외에 의한 관리(management by exception)를 하게 되며, 표준원가계산에서 예외에 의한 관리기법을 사용할 때에는 어느 정도의 예외사항을 중요한 예외사항으로 판단하여 관리할 것인가를 결정해야 한다.

❗POINT **표준원가계산의 한계점**

산정의 객관성 문제	• 표준원가는 사전에 과학적·통계적 방법으로 적정원가를 산정하는 것이 필수적이나, 적정원가 산정에 객관성이 보장되기 힘들고 많은 비용이 소요됨.
수시 수정 필요	• 표준원가는 한번 설정된 영구불변의 원가가 아니라 내적요소·외부환경 변화에 따라 수시로 수정을 필요로 하는 원가임. 만약, 이러한 표준원가의 적정성을 사후 관리하지 않을 경우 미래원가 계산을 왜곡할 소지가 있음.
비계량정보 무시	• 표준원가계산제도를 채택할 경우 비계량적인 정보를 무시할 가능성이 있음. 예 표준원가달성을 지나치게 강조할 경우 제품의 품질을 희생시킬 수 있고, 납품업체에 표준원가를 기초로 지나친 원가절감을 요구할 경우 관계가 악화될 수도 있음.
질적 예외사항 무시	• 예외에 의한 관리기법을 사용할 때에는 어느 정도의 예외사항을 중요한 예외사항으로 판단하여 관리할 것인가를 결정해야 하나, 이러한 예외사항에 대해서 객관적인 기준이 없을 경우 대개 양적인 정보만으로 판단하기 때문에 질적인 예외사항을 무시하기 쉬움. 또한, 중요한 예외사항에 대해서만 관심을 집중하게 되면 허용범위 내에서 발생하는 실제원가의 증감추세와 같은 중요한 정보를 간과할 수 있음.
동기부여 문제	• 예외에 의한 관리는 근로자에게 동기부여 측면에서 문제가 발생할 수 있음. 만일 성과평가가 중요한 예외사항에 의해서만 결정된다면 근로자는 자신에게 불리한 예외사항을 숨기려고 할 것이고, 원가가 크게 절감된 예외사항에 대해서 보상을 받지 못한다면 이에 대한 불만이 누적되고 동기부여가 되지 않을 수 있기 때문임.

가격차이와 능률차이 계산방법	**난이도**	㊦	**정답**	②

다음 중 차이분석의 가격차이와 능률차이 계산방법으로 가장 옳은 것은?

① 가격차이=(표준가격-실제가격)×표준투입량
② 능률차이=(실제투입량-표준투입량)×표준가격
③ 가격차이=(표준가격-표준투입량)×실제가격
④ 능률차이=(표준가격-실제가격)×표준수량

해설

• 가격차이 : 실제투입량(AQ)에 실제가격(AP)을 곱한 금액과 실제투입량(AQ)에 표준가격(SP)을 곱한 금액의 차이이다.[(실제가격-표준가격)×실제투입량]
  →즉, 가격차이는 실제원가와 실제투입량에 대한 표준원가와의 차이이다.
• 능률차이 : 실제투입량(AQ)에 표준가격(SP)을 곱한 금액과 표준투입량(SQ)에 표준가격(SP)을 곱한 금액의 차이이다.[(실제투입량-표준투입량)×표준가격]
  →즉, 능률차이는 실제투입량에 대한 표준원가와 표준투입량에 대한 표준원가와의 차이이다.

차이분석 일반사항[1]	**난이도**	㊦	**정답**	②

다음 중 차이분석에 관한 내용으로 가장 올바르지 않은 것은?

① 유리한 차이란 실제원가가 표준원가보다 작아 영업이익을 증가시키는 차이를 의미한다.
② 가격차이는 실제투입량에 대한 표준원가와 표준투입량에 대한 표준원가와의 차이를 의미한다.
③ 불리한 차이란 실제원가가 표준원가보다 커 영업이익을 감소시키는 차이를 의미한다.
④ 총차이란 실제원가와 표준투입량에 대한 표준원가와의 차이를 의미한다.

해설

• ① 유리한 차이의 경우 매출원가조정법·비례배분법에서는 매출원가에서 차감하며, 기타손익법에서는 기타수익으로 처리하므로 영업이익을 증가시키는 차이를 의미한다.
  〈매출원가조정법의 경우 – 금액은 임의 가정치임〉

원가차이분석	(차) 재공품(SQ×SP)	70,000	(대) 원재료(AQ×AP)	100,000
	가격차이(불리)	40,000	능률차이(유리)	10,000
원가차이배분	(차) 매출원가	40,000	(대) 가격차이(불리)	40,000
	(차) 능률차이(유리)	10,000	(대) 매출원가	10,000

② 가격차이는 실제원가〈AQ×AP〉와 실제투입량에 대한 표준원가〈AQ×SP〉와의 차이를 의미한다.
  →실제투입량에 대한 표준원가〈AQ×SP〉와 표준투입량에 대한 표준원가〈SQ×SP〉와의 차이는 능률차이를 의미한다.
③ 불리한 차이의 경우 매출원가조정법·비례배분법에서는 매출원가에 가산하며, 기타손익법에서는 기타비용으로 처리하므로 영업이익을 감소시키는 차이를 의미한다.
④ 총차이는 실제원가〈AQ×AP〉와 표준투입량에 대한 표준원가〈SQ×SP〉와의 차이를 의미한다.

차이분석 일반사항[2]	난이도	⊕	정답	④

다음 중 차이분석에 관한 내용으로 가장 올바르지 않은 것은?

① 유리한 차이란 실제원가가 표준원가보다 작아 영업이익을 증가시키는 차이를 의미한다.
② 능률차이는 실제투입량에 대한 표준원가와 표준투입량에 대한 표준원가와의 차이를 의미한다.
③ 가격차이는 실제원가와 실제투입량에 대한 표준원가와의 차이를 의미한다.
④ 총차이란 실제발생원가에서 목표산출량에 허용된 표준원가를 차감한 차이를 의미한다.

해설

• ① 유리한 차이의 경우 매출원가조정법·비례배분법에서는 매출원가에서 차감하며, 기타손익법에서는 기타수익으로 처리하므로 영업이익을 증가시키는 차이를 의미한다.
〈매출원가조정법의 경우 – 금액은 임의 가정치임〉

원가차이분석	(차)	재공품(SQ×SP)	70,000	(대)	원재료(AQ×AP)	100,000
		가격차이(불리)	40,000		능률차이(유리)	10,000
원가차이배분	(차)	매출원가	40,000	(대)	가격차이(불리)	40,000
	(차)	능률차이(유리)	10,000	(대)	매출원가	10,000

② 능률차이는 실제투입량에 대한 표준원가〈AQ×SP〉와 표준투입량에 대한 표준원가〈SQ×SP〉와의 차이를 의미한다.
③ 가격차이는 실제발생원가〈AQ×AP〉와 실제투입량에 대한 표준원가〈AQ×SP〉와의 차이를 의미한다.
④ 총차이는 실제발생원가〈AQ×AP〉와 실제산출량에 허용된 표준원가〈SQ×SP〉와의 차이를 의미한다.
　(또는 실제발생원가〈AQ×AP〉와 표준투입량에 대한 표준원가〈SQ×SP〉와의 차이)

직접재료원가 기본적 차이분석	난이도	⊕	정답	②

㈜삼일의 생산 및 원가와 관련된 자료는 다음과 같다.

실제 생산량	1,100개
단위당 실제 직접재료 사용량	3.2kg
단위당 표준 직접재료 사용량	3kg
kg당 실제 직접재료원가	28원
kg당 표준 직접재료원가	30원

이와 관련된 설명으로 가장 올바르지 않은 것은?
① 직접재료원가 표준원가는 99,000원이다.
② 직접재료원가 실제원가는 92,400원이다.
③ 직접재료원가 가격차이는 7,040원 유리하게 나타난다.
④ 직접재료원가 능률차이는 6,600원 불리하게 나타난다.

해설

• 직접재료원가 차이분석

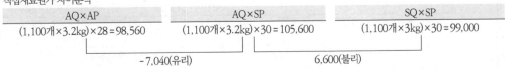

AQ×AP	AQ×SP	SQ×SP
(1,100개×3.2kg)×28=98,560	(1,100개×3.2kg)×30=105,600	(1,100개×3kg)×30=99,000
−7,040(유리)	6,600(불리)	

• ① 직접재료원가 표준원가=SQ×SP ⇒99,000 ② 직접재료원가 실제원가=AQ×AP ⇒98,560

| 직접재료원가 능률차이 | | 난이도 | ⊕ | 정답 | ① |

㈜삼일의 직접재료원가에 대한 자료는 다음과 같다. 직접재료원가의 능률차이는 얼마인가?

제품예산생산량	2,000개
제품실제생산량	2,500개
kg당 실제재료원가	400원
제품 1개당 표준투입수량	4kg
직접재료원가 kg당 표준가격	300원
직접재료원가 가격차이(불리한차이)	900,000원

① 300,000원(유리) ② 300,000원(불리)
③ 600,000원(유리) ④ 600,000원(불리)

해설

• 직접재료원가 차이분석

AQ×AP	AQ×SP	SQ×SP
(2,500개×$x$kg)×400	(2,500개×$x$kg)×300	(2,500개×4kg)×300

가격차이 900,000(불리)   능률차이 ?

→(2,500개×$x$kg)×400 - (2,500개×$x$kg)×300 = 900,000 에서, x = 3.6
∴직접재료원가 능률차이 : (2,500개×3.6kg)×300 - (2,500개×4kg)×300 = - 300,000(유리)

| 직접재료원가 차이분석과 실제생산량 추정 | | 난이도 | ⊕ | 정답 | ③ |

㈜삼일은 표준원가계산제도를 채택하고 있다. 20X1년 직접재료원가와 관련된 표준 및 실제원가 자료가 다음과 같을 때, 20X1년의 실제 제품생산량은 몇 단위인가?

실제 발생 직접재료원가	28,000원
직접재료단위당 실제구입원가	35원
제품단위당 표준재료투입량	9개
직접재료원가 가격차이	4,000원 불리
직접재료원가 수량차이	3,000원 유리

① 80단위 ② 90단위 ③ 100단위 ④ 110단위

해설

• AQ×AP = 28,000원, AP(실제구입원가) = 35 →AQ×35 = 28,000원 에서, AQ = 800개

AQ×AP	AQ×SP	SQ×SP
800개×35 = 28,000	800개×SP[1]	SQ[2]×SP

4,000(불리)   - 3,000(유리)

[1]28,000 - 800개×SP = 4,000 에서, SP = 30
[2]800개×SP(30) - SQ×SP(30) = - 3,000 에서, SQ = 900개
• 900개(SQ) = 실제제품생산량×9개(제품단위당 표준재료투입량) 에서, 실제제품생산량 = 100단위

| 직접재료원가 차이분석과 SP 계산 | 난이도 | 下 | 정답 | ② |

㈜상일의 직접재료원가에 대한 자료는 다음과 같다. ㈜상일이 가격차이를 사용시점에서 분류하는 경우, ㈜상일의 직접재료원가 kg당 표준가격은 얼마인가?

직접재료실제투입수량	1,500kg
직접재료원가 kg 당 실제가격	15원
직접재료원가 가격차이	7,500원(불리)

① 5원   ② 10원   ③ 15원   ④ 20원

해설

- AQ = 1,500kg, AP = 15
- 직접재료원가 차이분석

AQ×AP	AQ×SP	SQ×SP
1,500kg×15	1,500kg×SP	

7,500(불리)

→(1,500kg×15) - (1,500kg×SP) = 7,500 에서, SP(kg당 표준가격) = 10

| 직접재료원가 차이분석과 AP 계산 | 난이도 | 下 | 정답 | ④ |

㈜상일의 직접재료원가에 대한 자료는 다음과 같다. ㈜상일의 직접재료원가 kg당 실제가격은 얼마인가?

직접재료실제투입수량	10,000kg
직접재료원가 kg당 표준가격	400원
직접재료원가 가격차이(사용시점에 분리)	1,000,000원(불리)

① 220원   ② 300원   ③ 420원   ④ 500원

해설

- AQ = 10,000kg, SP = 400
- 직접재료원가 차이분석

AQ×AP	AQ×SP	SQ×SP
10,000kg×AP	10,000kg×400	

1,000,000(불리)

→(10,000kg×AP) - (10,000kg×400) = 1,000,000 에서, AP(kg당 실제가격) = 500

| 직접재료원가 차이분석 | | 난이도 | ⊕ | 정답 | ③ |

㈜삼일은 표준원가계산을 이용하여 당월에 발생된 차이를 분석한 결과, 가격차이 100,000원(불리), 능률차이 54,000원(유리)이었다. 괄호 (A), (B)에 들어가는 금액과 수량으로 가장 옳은 것은?

실제수량	단위당 실제원가	단위당 표준원가	생산량	단위당 표준수량
10,000kg	@100	(A)	5,300개	(B)

	A	B		A	B
①	@100	2kg	②	@100	3kg
③	@90	2kg	④	@90	3kg

해설

• AQ = 10,000kg, AP = 100

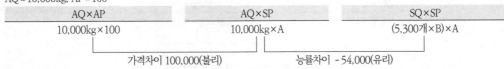

AQ×AP	AQ×SP	SQ×SP
10,000kg×100	10,000kg×A	(5,300개×B)×A

가격차이 100,000(불리) 　 능률차이 -54,000(유리)

→10,000kg×100 - 10,000kg×A = 100,000 에서, A = 90
→10,000kg×90 - (5,300개×B)×90 = -54,000 에서, B = 2kg

★ 저자주 출제오류에 해당합니다. 문제의 성립을 위해 표의 문구를 다음과 같이 수정바랍니다.
- 단위당 실제원가 → kg당 실제원가, 단위당 표준원가 → kg당 표준원가
- 단위당 표준수량 → 개당 표준수량

| 직접재료원가 가격차이 발생원인 | | 난이도 | ⊕ | 정답 | ① |

다음 중 직접재료원가 가격차이에 대한 설명 중 가장 올바르지 않은 것은?

① 기술혁신에 따라 직접재료원가 가격차이가 발생할 수 있다.
② 재료의 품질수준 차이에 의해 직접재료원가 가격차이가 발생할 수 있다.
③ 재료 구매 담당자의 능력에 따라 직접재료원가 가격차이가 발생할 수 있다.
④ 재료 시장의 수요와 공급 상황에 따라 직접재료원가 가격차이가 발생할 수 있다.

해설

• ① 기술혁신에 의해 원재료 투입량이 감소하여 유리한 능률차이가 발생한다. 즉, 가격차이가 아닌 능률차이 발생에 대한 설명이다.
  ② 저품질원재료는 저가이므로 유리한 가격차이가, 고품질원재료는 고가이므로 불리한 가격차이가 발생한다.
  ③ 원재료 구매담당자의 업무능력에 따라 저가구입시는 유리한 가격차이가, 고가구입시는 불리한 가격차이가 발생한다.
  ④ 당초보다 물가가 하락하면 구매가격 하락으로 유리한 가격차이가, 당초보다 물가가 상승하면 구매가격 상승으로 불리한 가격차이가 일반적으로 발생한다.

❶ POINT 직접재료원가 차이의 발생원인

가격차이 발생원인	• ㉠ 가격차이는 원재료 시장의 수요와 공급 상황에 따라 발생할 수 있음. ㉡ 원재료 구매담당자의 업무능력에 따라 유리하거나 불리한 가격차이가 발생할 수 있음. ㉢ 표준설정시 품질과 상이한 품질의 원재료를 구입함에 따라 가격차이가 발생할 수 있음. ㉣ 표준을 설정할 때와 다른 경기 변동에 따라 가격차이가 발생할 수 있음.
능률차이 발생원인	• ㉠ 생산과정에서 원재료를 효율적으로 사용하지 못함으로써 능률차이가 발생할 수 있음. ㉡ 표준을 설정할 때와 다른 품질의 원재료를 사용함으로써 능률차이가 발생할 수 있음. ㉢ 점진적인 기술혁신에 의하여 능률차이가 발생할 수 있음.

| 직접노무원가 가격차이 계산식 | 난이도 | 下 | 정답 | ④ |

다음 중 직접노무원가 가격차이의 계산식을 올바르게 나타낸 것은?

① (표준직접노무시간 – 실제직접노무시간)×표준임률
② (실제직접노무시간 – 표준직접노무시간)×실제임률
③ (표준임률 – 실제임률)×표준직접노무시간
④ (실제임률 – 표준임률)×실제직접노무시간

해설

- 가격차이 : 실제직접노무시간(AQ)에 실제임률(AP)을 곱한 금액과 실제직접노무시간(AQ)에 표준임률(SP)을 곱한 금액의 차이이다.
  [(실제임률 – 표준임률)×실제직접노무시간]
  →즉, 가격차이는 실제원가와 실제직접노무시간에 대한 표준원가와의 차이이다.
- 능률차이 : 실제직접노무시간(AQ)에 표준임률(SP)을 곱한 금액과 표준직접노무시간(SQ)에 표준임률(SP)을 곱한 금액의 차이이다.
  [(실제직접노무시간 – 표준직접노무시간)×표준임률]
  →즉, 능률차이는 실제직접노무시간에 대한 표준원가와 표준직접노무시간에 대한 표준원가와의 차이이다.

| 직접노무원가 능률차이 계산식 | 난이도 | 下 | 정답 | ② |

다음 중 직접노무원가 능률차이의 계산식을 올바르게 나타낸 것은?

① 실제임률×(실제작업시간 – 표준작업시간)
② 표준임률×(실제작업시간 – 표준작업시간)
③ (실제임률 – 표준임률)×실제작업시간
④ (실제임률 – 표준임률)×표준작업시간

해설

- 가격차이 : 실제직접노무시간(AQ)에 실제임률(AP)을 곱한 금액과 실제직접노무시간(AQ)에 표준임률(SP)을 곱한 금액의 차이이다.
  [(실제임률 – 표준임률)×실제직접노무시간]
  →즉, 가격차이는 실제원가와 실제직접노무시간에 대한 표준원가와의 차이이다.
- 능률차이 : 실제직접노무시간(AQ)에 표준임률(SP)을 곱한 금액과 표준직접노무시간(SQ)에 표준임률(SP)을 곱한 금액의 차이이다.
  [(실제직접노무시간 – 표준직접노무시간)×표준임률]
  →즉, 능률차이는 실제직접노무시간에 대한 표준원가와 표준직접노무시간에 대한 표준원가와의 차이이다.

직접노무원가 차이분석과 항목별 추정	난이도	⊕	정답	①

㈜삼일의 직접노무원가와 관련된 자료는 다음과 같다.

표준 직접노무시간	11,000시간	실제 직접노무시간	10,000시간
직접노무원가 가격차이	20,000원(유리)	직접노무원가 실제원가	150,000원

이와 관련된 설명 중 가장 올바르지 않은 것은?

① 직접노무원가 표준원가는 180,000원이다.
② 직접노무원가 시간당 실제임률은 15원이다.
③ 직접노무원가 시간당 표준임률은 17원이다.
④ 직접노무원가 능률차이는 17,000원 유리하게 나타난다.

해설

• SQ(표준직접노무시간) = 11,000시간, AQ(실제직접노무시간) = 10,000시간, AQ×AP = 150,000원

AQ×AP	AQ×SP	SQ×SP
10,000시간×AP = 150,000	10,000시간×SP	11,000시간×SP

$$- 20,000$$

• ③ 150,000 - (10,000시간×SP) = - 20,000 에서, SP(시간당 표준임률) = 17
  ① 직접노무원가 표준원가 : 11,000시간×SP(17) = 187,000
  ② 10,000시간×AP = 150,000 에서, AP(시간당 실제임률) = 15
  ④ 10,000시간×SP(17) - 11,000시간×SP(17) = - 17,000(유리)

직접노무원가 능률차이[1]	난이도	⊕	정답	④

㈜삼일의 20X1년 4월 직접노무비의 자료는 다음과 같다. 직접노무비 능률차이는 얼마인가?

직접노무비 임률차이	3,000원(불리)
실제직접노동시간	40,000시간
실제발생액	126,000원
표준직접노동시간	41,000시간

① 3,000원 불리   ② 3,000원 유리   ③ 3,075원 불리   ④ 3,075원 유리

해설

• AQ×AP = 126,000, AQ = 40,000시간, SQ = 41,000시간
• 직접노무원가 차이분석

AQ×AP	AQ×SP	SQ×SP
126,000	40,000시간×SP	41,000시간×SP
	임률차이 3,000(불리)	능률차이 ?

→126,000 - 40,000시간×SP = 3,000 에서, SP = 3.075
∴(40,000시간×3.075) - 41,000시간×3.075 = - 3,075(유리)

직접노무원가 능률차이[2]	난이도	中	정답	③

㈜삼일은 표준원가계산제도를 사용하고 있다. 제품 단위당 직접노무원가 수량표준은 3시간, 임률표준은 20원이다. 제품 실제생산량은 1,500개이며, 이와 관련하여 실제로 직접노무시간 4,600시간, 직접노무원가 91,000원이 발생하였다고 할 때, 직접노무원가 능률차이는 얼마인가?

① 1,000원 불리　　　② 1,000원 유리　　　③ 2,000원 불리　　　④ 2,000원 유리

해설

- SQ = 3시간, SP = 20, AQ = 4,600시간
- 직접노무원가 차이분석

AQ×AP	AQ×SP	SQ×SP
	4,600시간×20	1,500개×3시간×20

능률차이 2,000(불리)

직접노무원가 차이분석과 단위당AQ 추정	난이도	上	정답	③

다음은 20X1년 ㈜삼일의 직접노무원가에 관한 자료이다. 20X1년 ㈜삼일의 제품단위당 실제직접노무시간은 얼마인가?

ㄱ.실제제품생산량	5,000개
ㄴ.실제직접노무원가 발생액	21,000,000원
ㄷ.제품단위당 표준직접노무시간	5시간
ㄹ.직접노무원가 가격차이	3,000,000원(유리)
ㅁ.직접노무원가 능률차이	4,800,000원(불리)

① 5시간　　　② 5.25시간　　　③ 6.25시간　　　④ 6.5시간

해설

- 직접노무원가 차이분석

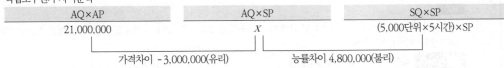

AQ×AP	AQ×SP	SQ×SP
21,000,000	X	(5,000단위×5시간)×SP

가격차이 -3,000,000(유리)　　　능률차이 4,800,000(불리)

- 21,000,000 - X = -3,000,000 에서, X = 24,000,000
- 24,000,000 - (5,000단위×5시간)×SP = 4,800,000 에서, SP = 768
- AQ×768 = 24,000,000 에서, AQ = 31,250시간
- ∴제품단위당 실제직접노무시간 : 31,250시간÷5,000단위 = 6.25시간

저자주 문제의 명확한 성립을 위해 실제제품생산량 '5,000개'를 '5,000단위'로 수정바랍니다.

직접노무원가 가격·능률차이	난이도	㉠	정답	④

다음은 표준원가계산을 사용하는 ㈜삼일의 노무원가에 관한 자료이다. ㈜삼일의 직접노무원가 가격차이와 능률차이로 가장 옳은 것은?

ㄱ. 생산수량	1,000단위	ㄴ. 단위당 표준 투입시간	4시간
ㄷ. 단위당 실제 투입시간	3.5시간	ㄹ. 시간당 표준 임률	10,000원
ㅁ. 실제 노무비 발생액	38,500,000원		

	가격차이	능률차이		가격차이	능률차이
①	3,500,000원(유리)	0원	②	3,500,000원(불리)	5,000,000원(불리)
③	3,500,000원(유리)	5,000,000원(유리)	④	3,500,000원(불리)	5,000,000원(유리)

해설

• 직접노무원가 차이분석

AQ×AP	AQ×SP	SQ×SP
38,500,000	(1,000단위×3.5시간)×10,000	(1,000단위×4시간)×10,000

가격차이 3,500,000(불리)   능률차이 - 5,000,000(유리)

직접노무원가 능률차이 발생원인	난이도	㉡	정답	①

다음 중 직접노무원가 능률차이의 발생 원인으로 가장 올바르지 않은 것은?

① 단순한 작업에 고임률의 숙련된 노동자를 투입
② 노동의 비능률적 사용
③ 생산에 투입되는 원재료의 품질 향상
④ 생산부문 책임자의 감독 소홀

해설

• 저임률의 비숙련노동자가 투입되어도 될 작업(단순한 작업)에 고임률의 숙련된 노동자를 투입할 경우에는 직접노무원가 가격차이(AP>SP)의 발생원인이 된다.

❗POINT 직접노무원가 차이의 발생원인

가격차이 발생원인	• ㉠ 생산에 투입되는 노동력의 질에 따라 발생할 수 있음. 　→㉑ 저임률의 비숙련노동자가 투입되어도 될 작업에 고임률의 숙련노동자를 투입할 경우 ㉡ 생산부문에서 작업량의 증가에 따라 초과근무수당을 지급할 경우 ㉢ 노사협상 등에 의하여 임금이 상승할 경우
능률차이 발생원인	• ㉠ 노동의 비능률적인 사용으로 인하여 발생할 수 있음. 　→㉑ 기술수준이 높은 근로자에 비해 기술수준이 낮은 근로자는 작업수행에 보다 많은 시간을 필요로 할 것이므로 능률차이가 발생하게 됨. ㉡ 생산에 투입되는 원재료의 품질정도에 따라 투입되는 노동시간이 영향을 받으므로 이에 의해서도 발생할 수 있음. ㉢ 생산부문 책임자의 감독소홀이나 일정계획 등의 차질로 인하여 발생할 수 있음.

변동제조간접원가 차이분석 : 실제발생액

난이도	⊕	정답	②

㈜상일의 변동제조간접원가와 관련한 자료가 다음 과 같을 때 변동제조간접원가 실제 발생액은 얼마인가?

실제작업시간기준 변동제조간접원가 예산	185,000원
변동제조간접원가 소비차이	14,000원(유리)

① 157,000원 　　② 171,000원 　　③ 185,000원 　　④ 199,000원

해설

• 변동제조간접원가 차이분석

실제발생액	$v \times A$	$v \times S$
X	185,000	

$-14,000$(유리)

• $X - 185,000 = -14,000$ 에서, $X = 171,000$

❗POINT 변동제조간접원가 차이분석 구조

기호정의	• N : 기준조업도, V : VOH예산, v : VOH배부율 $(= \dfrac{V}{N})$ S : 실제생산량에 허용된 표준조업도, A : 실제조업도

	실제	변동예산	제품원가계산(배부)
VOH 차이분석	실제발생액 〈실제원가〉	$v \times A$ 〈실제조업도기준 변동제조간접원가 예산〉	$v \times S$ 〈실제생산량에 허용된 변동제조간접원가 예산〉

　　　　　　　　　　　예산차이(소비차이)　　　　　　　　능률차이

→(+)이면 불리한차이, (−)이면 유리한차이

변동제조간접원가 차이분석 : $v \times S$ 계산

난이도	⊕	정답	②

㈜상일의 변동제조간접원가와 관련한 자료가 다음과 같을 때 실제생산량에 허용된 변동제조간접원가 예산은 얼마인가?

실제작업시간기준 변동제조간접원가 예산	2,400,000원
변동제조간접원가 능률차이	200,000원(불리)

① 2,000,000원 　　② 2,200,000원 　　③ 2,400,000원 　　④ 3,000,000원

해설

• 변동제조간접원가 차이분석

실제발생액	$v \times A$	$v \times S$
	2,400,000	X

200,000(불리)

• $2,400,000 - X = 200,000$ 에서, $X = 2,200,000$

변동제조간접원가 소비차이 계산	난이도	ⓣ	정답	③

● ㈜삼일의 생산 및 원가와 관련된 자료는 다음과 같다. 변동제조간접원가 소비차이는 얼마인가?

변동제조간접원가 실제 발생액	6,000,000원
실제 투입시간에 허용된 표준 변동제조간접원가	6,500,000원
실제 산출량에 허용된 표준 변동제조간접원가	6,200,000원

① 300,000원(유리)　　② 300,000원(불리)　　③ 500,000원(유리)　　④ 500,000원(불리)

해설

• 변동제조간접원가 차이분석

실제발생액	$v \times A$	$v \times S$
6,000,000	6,500,000	6,200,000

소비차이 −500,000(유리)　　능률차이 300,000(불리)

변동제조간접원가 능률차이 계산	난이도	ⓣ	정답	①

● ㈜삼일의 변동제조간접원가와 관련한 자료가 다음과 같을 때 변동제조간접원가 능률차이는 얼마인가?

변동제조간접원가 실제 발생액	7,000,000원
실제작업시간기준 변동제조간접원가 예산	7,235,000원
실제생산량에 허용된 변동제조간접원가 예산	7,100,000원

① 135,000원(불리)　　② 135,000원(유리)　　③ 235,500원(불리)　　④ 235,500원(유리)

해설

• 변동제조간접원가 차이분석

실제발생액	$v \times A$	$v \times S$
7,000,000	7,235,000	7,100,000

소비차이 −235,000(유리)　　능률차이 135,000(불리)

고정제조간접원가 조업도차이 계산	난이도	⊕	정답	③

㈜삼일은 표준원가제도를 사용하고 있다. 표준노무시간은 제품 한 단위당 5시간이다. 제품의 실제생산량은 2,120단위이고 고정제조간접원가 실제발생액은 24,920,000원이다. ㈜삼일의 고정제조간접원가는 노무시간을 기준으로 배부되며 기준조업도는 10,000노무시간이다. 고정제조간접원가 예산차이가 4,360,000원 유리하다면 조업도차이는 얼마인가?

① 1,233,600원 유리
② 1,233,600원 불리
③ 1,756,800원 유리
④ 1,756,800원 불리

해설

- S(실제생산량에 허용된 표준조업도) = 2,120단위 × 5시간 = 10,600시간, 실제발생액 = 24,920,000, N = 10,000시간
- 고정제조간접원가 차이분석

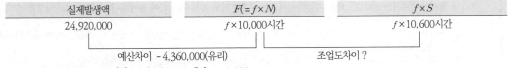

실제발생액	$F(= f \times N)$	$f \times S$
24,920,000	$f \times 10,000$시간	$f \times 10,600$시간

예산차이 − 4,360,000(유리)　　　　조업도차이 ?

→ 24,920,000 − $f \times 10,000$시간 = − 4,360,000 에서, f = 2,928
∴ 2,928 × 10,000시간 − 2,928 × 10,600시간 = − 1,756,800(유리)

표준원가 차이분석 상호관계[1]	난이도	⊕	정답	③

㈜삼일은 변동제조간접원가의 배부기준으로 직접노동시간을 사용하고 있다. 직접노무원가 가격차이가 50,000원(유리), 직접노무원가 능률차이가 30,000원(불리), 직접재료원가 능률차이가 10,000원(유리)이 발생하였다고 할 때, 다음 중 가장 옳은 것은?

① 직접재료원가 가격차이가 불리하게 나타난다.
② 변동제조간접원가 소비차이가 불리하게 나타난다.
③ 변동제조간접원가 능률차이가 불리하게 나타난다.
④ 고정제조간접원가 조업도차이가 유리하게 나타난다.

해설

- 변동제조간접원가 배부율이 노동시간과 관련된 경우, 노동의 비능률적 사용 등으로 인한 실제노동시간(AQ)의 증가로 직접노무원가 불리한 능률차이(AQ>SQ)가 발생하면 이는 변동제조간접원가 불리한 능률차이(vA>vS) 발생의 원인이 된다.

❓POINT 표준원가계산 차이분석의 상호관계

직접재료원가	• 품질이 떨어지는 원재료를 매우 저렴한 가격으로 구매한 경우 저가구매(AP<SP)로 직접재료원가 유리한 가격차이가 발생하지만, 반대로 투입되는 재료의 수량이나 작업시간이 많아져(AQ>SQ) 불리한 능률차이가 발생함.
직접노무원가	• 저임률의 미숙한 노동자가 투입되는 경우 저임률로 인해 직접노무원가 유리한 임률차이(AP<SP)가 발생하지만, 이로 인해 투입시간이 증가하여 직접노무원가 불리한 능률차이(AQ>SQ)가 발생함.
변동제조간접원가 직접노무원가	• 변동제조간접원가 배부율이 노동시간과 관련된 경우 변동제조간접원가 능률차이가 발생하는 원인은 다음과 같이 직접노무원가 능률차이가 발생하는 원인과 동일함. 　㉠ 노동의 비능률적 사용으로 인해 직접노무원가는 물론 변동제조간접원가에서도 능률차이가 발생할 수 있음. 　㉡ 생산에 투입되는 원재료의 품질정도에 따라 투입되는 노동시간이 영향을 받으므로 이에 의해서도 변동제조간접원가 능률차이가 발생할 수 있음. 　㉢ 생산부문 책임자의 감독소홀이나 일정계획 등의 차질로 인하여 변동제조간접원가 능률차이가 발생할 수 있음.

제1주차
핵심유형특강

제2주차
핵심유형특강

제3주차
최신유형특강

제4주차
기출변형특강

표준원가 차이분석 상호관계[2]

| 난이도 | ㊤ | 정답 | ④ |

다음 중 표준원가 차이분석에 관한 설명으로 가장 올바르지 않은 것은?

① 원재료의 효율적 이용으로 투입량이 절감된 경우 직접재료원가에 있어 유리한 능률차이가 발생할 것이다.
② 품질이 떨어지는 원재료를 매우 저렴한 가격으로 구매한 경우 직접재료원가에 있어 유리한 가격차이가 발생할 것이나, 이로 인하여 불리한 능률차이가 발생할 수 있다.
③ 공장노무자의 비능률적 업무수행으로 인해 직접노무원가에 있어 불리한 능률차이가 발생할 수 있다.
④ 노동의 능률적 혹은 비능률적 사용은 변동제조간접원가 능률차이에 전혀 영향을 미치지 않는다.

해설

• ① 원재료의 효율적 이용으로 투입량이 절감된 경우 직접재료원가에 있어 유리한 능률차이가 발생할 것이다.
　→'AQ<SQ'이므로 직접재료원가 유리한 능률차이가 발생한다.
② 품질이 떨어지는 원재료를 매우 저렴한 가격으로 구매한 경우 직접재료원가에 있어 유리한 가격차이가 발생할 것이나, 이로 인하여 불리한 능률차이가 발생할 수 있다.
　→저가 구매('AP<SP')로 직접재료원가 유리한 가격차이가 발생하지만, 반대로 투입되는 재료의 수량이나 작업시간이 많아져('AQ>SQ') 불리한 능률차이가 발생한다.
③ 공장노무자의 비능률적 업무수행으로 인해 직접노무원가에 있어 불리한 능률차이가 발생할 수 있다.
　→투입시간이 증가하여('AQ>SQ') 직접노무원가 불리한 능률차이가 발생한다.

> **보론** 노사협상 등에 의해 임금이 상승한다면 실제임률이 상승하여 불리한 직접노무원가 가격차이가 발생하며, 표준을 결정할 때와 다른 경기 변동으로 인해 당초보다 물가가 하락하면 구매가격 하락으로 유리한 차이가 발생하고 당초보다 물가가 상승하면 구매가격 상승으로 불리한 차이가 일반적으로 발생한다.

④ 노동의 능률적 혹은 비능률적 사용은 변동제조간접원가 능률차이에 전혀 영향을 미치지 않는다.
　→변동제조간접원가 배부율이 노동시간과 관련된 경우 변동제조간접원가 능률차이가 발생하는 원인은 직접노무원가 능률차이가 발생하는 원인과 동일하다. 즉, 노동의 비능률적 사용으로 인해 직접노무원가는 물론 변동제조간접원가에서도 능률차이가 발생할 수 있다.

표준원가계산 차이분석과 책임의 귀속

| 난이도 | ⊕ | 정답 | ② |

다음 중 표준원가에 관한 설명으로 가장 올바르지 않은 것은?

① 유리한 직접노무원가 가격차이가 발생하였다면 실제임률이 표준임률에 비하여 저렴하였다는 의미이다.
② 직접재료원가 가격차이를 재료 사용시점에 분리한다면 직접재료원가 가격차이에 대한 책임은 생산담당자가 지는 것이 바람직하다.
③ 고정제조간접원가 실제발생액이 고정제조간접원가 예산에 비하여 과다하게 발생하였다면 불리한 예산차이가 발생하게 된다.
④ 가격차이는 실제단가와 예산단가의 차액에 실제 사용한 재화나 용역의 수량을 곱하여 산출된다.

해설

• ① 직접노무원가 가격차이(임률차이)가 유리하다면, 'AQ×AP - AQ×SP'가 (-)인 경우로서 AP<SP가 된다.
　→즉, 실제임률(AP)이 표준임률(SP)에 비하여 저렴하다는 것이다.
② 직접재료원가 가격차이(사용가격차이 또는 구입가격차이)는 원재료의 구매가격과 관련하여 발생하므로 구매담당자가 책임을 진다.
　→한편, 직접재료원가 능률차이는 생산과정에서 원재료의 효율적 사용여부와 관련하여 발생하므로 생산담당자가 책임을 진다.
③ 고정제조간접원가 실제발생액이 예산에 비하여 과다하게 발생하였다면, '실제발생액 - F'가 (+)인 경우이므로 불리한 예산차이가 발생하게 된다.
④ 가격차이(AQ×AP - AQ×SP)는 '(AP - SP)×AQ'와 동일하다.
　→즉, 가격차이는 실제단가(AP)와 표준단가(SP)의 차액에 실제 사용한 수량(AQ)을 곱한 것이다.

표준원가계산 원가차이 조정[1]	난이도	㊥	정답	①

다음 중 표준원가계산에서 원가차이의 처리방법인 매출원가조정법에 관한 설명으로 가장 올바르지 않은 것은?

① 매출원가조정법을 사용하면 비례배분법을 사용하는 경우보다 당기순이익이 크게 나타난다.
② 유리한 원가차이는 매출원가에서 차감하며 불리한 원가차이는 매출원가에 가산한다.
③ 매출원가조정법은 모든 원가차이를 매출원가에 가감하여 차이를 조정한다.
④ 매출원가조정법에서는 재공품과 제품 계정은 모두 표준원가로 기록된다.

해설

• 원가차이가 매출원가에 가감되므로 모든 원가차이를 당기손익에 반영하게 되며 이에 따라 불리한 차이의 경우는 비례배분법보다 순이익이 감소, 유리한 차이의 경우는 비례배분법보다 순이익이 증가한다.

★ **저자주** 문제의 명확한 성립을 위해 선지 ①의 '～ 당기순이익이 크게 나타난다.'를 '～ 당기순이익이 항상 크게 나타난다.'로 수정바랍니다.

⚠ POINT 표준원가계산 원가차이 배분(조정)방법

매출원가조정법	• 모든 원가차이를 매출원가에 가감하는 방법(원가차이가 중요치 않은 경우 적용)				
	→㉠ 불리한 차이 : 매출원가에 가산 ㉡ 유리한 차이 : 매출원가에서 차감				
	원가차이 분석	(차) 재공품($SQ \times SP$)	70,000	(대) 원재료($AQ \times AP$)	100,000
		가격차이(불리)	40,000	능률차이(유리)	10,000
	원가차이 배분	(차) 매출원가	40,000	(대) 가격차이(불리)	40,000
		(차) 능률차이(유리)	10,000	(대) 매출원가	10,000
	• 모두 매출원가에서 조정되므로 재공품과 제품계정은 모두 표준원가로 계속 기록됨.				
총원가비례배분법	• 재고자산(재공품, 제품)과 매출원가의 총원가를 기준으로 원가차이를 배분하는 방법				
원가요소별비례배분법	• 재고자산(재공품, 제품)과 매출원가의 원가요소(DM,DL,OH)를 기준으로 각 해당하는 원가요소의 원가차이를 배분하는 방법				
기타손익법 (영업외손익법)	• 모든 원가차이를 기타손익으로 처리하는 방법				
	→㉠ 불리한 차이 : 기타비용 ㉡ 유리한 차이 : 기타수익				
	• 이론적 근거는 표준은 정상적인 공손이나 비능률을 감안하여 설정되므로 이를 벗어난 차이는 원가성이 없다고 보아 별도항목인 기타손익으로 표시해야 한다는 것임.				

표준원가계산 원가차이 조정[2]	난이도	㊥	정답	①

다음 중 표준원가계산의 원가차이 처리방법으로서 매출원가조정법에 관한 설명으로 가장 올바르지 않은 것은?

① 매출원가조정법을 사용하면 비례배분법을 사용하는 경우보다 당기순이익이 항상 크게 나타난다.
② 유리한 원가차이는 매출원가에서 차감하며 불리한 원가차이는 매출원가에 가산한다.
③ 원가차이가 중요하지 않은 경우 매출원가조정법을 적용할 수 있다.
④ 배부차이가 모두 매출원가에서 조정되므로 재공품과 제품 계정은 모두 정상원가로 기록된다.

해설

• ① 원가차이가 매출원가에 가감되므로 모든 원가차이를 당기손익에 반영하게 되며 이에 따라 불리한 차이의 경우는 비례배분법보다 순이익이 감소, 유리한 차이의 경우는 비례배분법보다 순이익이 증가한다.
• ④ 원가차이가 모두 매출원가에서 조정되므로 재공품과 제품 계정은 모두 표준원가로 기록된다.

★ **저자주** 선지 ④번은 정상원가계산의 배부차이 처리방법인 매출원가조정법에 대한 내용입니다. 출제오류에 해당하며 정답은 ①번과 ④번 복수정답으로 처리되어야 합니다. 충분한 검토과정과 신중한 출제가 필요하다고 사료됩니다.

| 전부원가계산 제조원가(재고자산가액) | 난이도 | ⓣ | 정답 | ③ |

다음 중 전부원가계산에서 재고자산가액에 포함되는 원가항목을 모두 올바르게 나열한 것은?

① 직접재료원가
② 직접재료원가, 직접노무원가, 변동제조간접원가
③ 직접재료원가, 직접노무원가, 변동제조간접원가, 고정제조간접원가
④ 직접재료원가, 직접노무원가, 변동제조간접원가, 변동판매비와관리비

해설

• 전부원가계산은 고정제조간접원가(FOH)를 제조원가(재고자산가액)에 포함시킨다.
  →반면, 변동원가계산은 고정제조간접원가(FOH)를 기간비용으로 처리한다.

❗POINT 전부원가계산과 변동원가계산의 기본적 차이점

구분	전부원가계산	변동원가계산
근본적 차이	• 원가부착개념 →FOH도 제조원가	• 원가회피개념 →FOH는 비용처리
제조원가	• DM+DL+VOH+FOH	• DM+DL+VOH
손익계산서	• 전통적I/S(기능별I/S) →매출액/매출총이익/영업이익	• 공헌이익I/S(행태별I/S) →매출액/공헌이익/영업이익
이익함수	• π(이익) = f(판매량 & 생산량) →이익이 생산량에 의해서도 영향 받으므로(생산량을 증가시키면 FOH배부액이 감소하고 이익이 증가) 생산량조절에 따른 이익조작가능성이 존재함.	• π(이익) = f(판매량) →이익이 판매량 변화에만 영향을 받으므로 생산량조절에 따른 이익조작 방지 가능
보고	• 외부보고용(기업회계기준 인정O)	• 내부관리용(기업회계기준 인정X)

| 초변동원가계산 제조원가(재고자산가액) | 난이도 | ⓣ | 정답 | ① |

다음 중 초변동원가계산에서 재고자산가액에 포함되는 원가항목을 모두 올바르게 나열한 것은?

① 직접재료원가
② 직접재료원가, 직접노무원가, 변동제조간접원가
③ 직접재료원가, 직접노무원가, 변동제조간접원가, 고정제조간접원가
④ 직접재료원가, 직접노무원가, 변동제조간접원가, 변동판매비와관리비

해설

• 초변동원가계산 현금창출(재료처리량)공헌이익 : 매출액 - 직접재료원가(DM)
  초변동원가계산 영업이익 : 현금창출(재료처리량)공헌이익 - 운영비용(DL,VOH,FOH,판관비)
• 초변동원가계산은 직접노무원가(DL), 변동제조간접원가(VOH), 고정제조간접원가(FOH)를 모두 비용(운영비용) 처리하므로, 변동원가계산과 마찬가지로 원가회피개념에 근거를 두고 있다.

원가부착개념 원가계산방법	난이도	㊦	정답	③

제품의 생산에는 원가의 모든 요소가 공헌하므로 변동원가는 물론 고정원가도 제품의 원가에 포함되어야 한다는 개념하에서 계산되는 원가계산방법은 무엇인가?

① 정상원가계산   ② 종합원가계산   ③ 전부원가계산   ④ 변동원가계산

해설

- ① 정상원가계산 : 직접재료원가와 직접노무원가는 실제원가로 측정하지만 제조간접원가는 사전에 정해 놓은 제조간접원가 예정배부율에 의해 배부된 원가로 측정하는 원가측정에 따른(원가요소 실제성에 따른) 원가계산방법
  ② 종합원가계산 : 원가를 공정이나 부문별로 원가를 집계한 다음, 집계한 원가를 각 공정이나 부문에서 생산한 총산출물의 수량으로 나누어 산출물의 단위당 원가를 구하는 평균화과정(=동일한 과정을 거쳐서 생산된 제품은 동질적이기 때문에 각 제품의 단위당 원가역시 동일하다고 가정하는 것)에 기초한 방법으로 단일 종류의 제품을 연속적으로 대량생산하는 업종에 적합한 원가계산방법
  ③ 전부원가계산 : 제조원가 전부 즉, 직접재료원가, 직접노무원가, 변동제조간접원가, 고정제조간접원가를 제품원가로 보는 원가계산방법
  →전부원가계산제도는 원가부착개념(cost attach concept)에 근거를 두고 있으며, 원가부착개념이란 제품생산과 관련한 원가는 원가의 행태에 관계없이 모두 제품의 원가로 보는 것이다. 즉, 고정제조간접원가도 당연히 제품생산에 필수적으로 수반되는 원가이기 때문에 자산성을 인정하여 재고자산의 가액에 포함시키는 것이다.
  ④ 변동원가계산 : 제조원가를 변동원가와 고정원가로 구분하여 변동제조원가만을 제품원가에 포함시키고, 고정제조원가는 기간원가로 처리하는 원가계산방법
  →변동원가계산제도는 원가회피개념(cost avoidance concept)에 근거를 두고 있으며, 원가회피개념이란 발생한 원가가 미래에 동일한 원가의 발생을 방지할 수 없다면 그 원가는 자산성을 인정할 수 없다는 것이다. 즉, 고정제조간접원가의 경우 제품의 생산량과 관련이 있다기 보다는 설비능력과 밀접한 관련이 있으며, 조업도 변동에 따라 원가가 변동하지 않고 시간이 경과함에 따라 회피할 수 없는 원가이기 때문에 재고자산의 가액에 포함시켜서는 안되며 기간원가로 처리해야 한다는 것이다.

변동원가계산의 원가개념	난이도	㊦	정답	③

발생한 원가가 미래의 동일한 원가의 발생을 방지할 수 없다면, 그 원가는 자산성을 인정할 수 없다는 원가회피개념에 근거를 두고 있는 원가계산방법은 무엇인가?

① 정상원가계산   ② 종합원가계산   ③ 변동원가계산   ④ 전부원가계산

해설

- 변동원가계산제도는 원가회피개념(cost avoidance concept)에 근거를 두고 있으며, 원가회피개념이란 발생한 원가가 미래에 동일한 원가의 발생을 방지할 수 없다면 그 원가는 자산성을 인정할 수 없다는 것이다. 즉, 고정제조간접원가의 경우 제품의 생산량과 관련이 있다기 보다는 설비능력과 밀접한 관련이 있으며, 조업도 변동에 따라 원가가 변동하지 않고 시간이 경과함에 따라 회피할 수 없는 원가이기 때문에 재고자산의 가액에 포함시켜서는 안되며 기간원가로 처리해야 한다는 것이다.

| 변동원가계산 일반사항 | 난이도 | ⑰ | 정답 | ② |

● 다음 중 변동원가계산에 관한 설명으로 가장 올바르지 않은 것은?

① 변동원가계산은 원가회피개념에 근거를 두고 있다.
② 일반적으로 인정된 회계원칙에 의한 외부보고 목적으로 사용 가능하다.
③ 특정 기간의 이익이 생산량에 영향을 받지 않는다.
④ 부문별, 제품별 의사결정 문제에 왜곡을 초래하지 않는다.

해설

• ① 변동원가계산은 원가회피개념에 근거를 두고 고정제조간접원가를 비용 처리한다.
　→반면, 전부원가계산은 원가부착개념에 근거를 두고 고정제조간접원가도 제조원가 처리한다.
② 변동원가계산은 GAAP(기업회계기준)에서 인정하지 않으며 내부 의사결정 목적으로 이용된다.
　→반면, GAAP(기업회계기준)는 외부보고 목적으로 전부원가계산을 인정한다.
③ 변동원가계산은 판매량만이 영업이익에 영향을 미친다.(이익이 생산량에 영향을 받지 않는다.)
　→반면, 전부원가계산은 생산량증감에 따라 고정제조간접원가배부액이 증감하여 이익이 증감하므로 판매량뿐만 아니라 생산량
　도 영업이익에 영향을 미친다.
④ 변동원가계산은 공통적인 고정원가를 부문이나 제품별로 배분하지 않기 때문에 부문별, 제품별 의사결정 문제에 왜곡을 초래하
　지 않는다.(즉, 변동원가와 고정원가가 분리되고 공헌이익도 제시되므로 증분이익 분석이 용이해져 의사결정에 유용함.)
　→반면, 전부원가계산은 공통적인 고정원가를 부문이나 제품별로 배부하기 때문에 부문별, 제품별 의사결정 문제에 왜곡을 초래
　할 가능성이 존재한다.

| 전부·변동·초변동원가계산 일반사항[1] | 난이도 | ⊕ | 정답 | ② |

● 다음 중 변동원가계산, 전부원가계산 및 초변동원가 계산에 대한 설명으로 가장 올바르지 않은 것은?

가. 전부원가계산에서는 표준원가를 사용할 수 없다.
나. 변동원가계산에서는 고정제조간접원가를 기간비용으로 인식한다.
다. 초변동원가계산은 판매가 수반되지 않는 상황에서 생산량이 많을수록 영업이익이 낮게 계산되므
　로 불필요한 재고누적 방지효과가 변동원가계산보다 크다.
라. 전부원가계산은 생산량이 이익에 아무런 영향을 미치지 않는다.

① 가, 다　　　　② 가, 라　　　　③ 나, 라　　　　④ 나, 다

해설

• 가(틀린설명) : 원가계산방법은 다음과 같이 결합되어 다양한 방법이 가능하다.(예) 표준전부원가계산, 표준변동원가계산)

제품원가의 구성요소 (원가구성)	원가요소의 실제성여부 (원가측정)	생산형태 (제품의 성격)
전부원가계산 변동원가계산	실제원가계산 정상원가계산 표준원가계산	개별원가계산 종합원가계산

나(옳은설명) : 변동원가계산은 원가회피 개념에 근거하여 고정제조간접원가를 전액 기간비용 처리한다.
다(옳은설명) : 변동원가계산은 고정제조간접원가만 비용화하나, 초변동원가계산은 생산관련 직접노무원가, 변동제조간접원가, 고
　　　　　 정제조간접원가가 모두 비용화되어 생산량 증가시 더 큰 이익감소를 초래하므로 생산량을 감소시켜 재고를 최소화
　　　　　 하려는 유인이 더 크게 발생한다.(불필요한 재고누적 방지효과가 변동원가계산보다 크다.)
　　　　　→즉, 생산량이 증가할수록 영업이익 감소되므로 경영자가 불필요한 제품 생산을 최소화하고 판매에 보다 집중하도
　　　　　　록 유도한다.
라(틀린설명) : 전부원가계산은 생산량증감에 따라 고정제조간접원가배부액이 증감하여 이익이 증감하므로 판매량뿐만 아니라 생산
　　　　　 량도 영업이익에 영향을 미친다.
　　　　　→반면, 변동원가계산은 제품 판매량만이 영업이익에 영향을 미친다.

전부·변동·초변동원가계산 일반사항[2]   난이도 ⑪   정답 ①

다음 중 변동원가계산, 전부원가계산 및 초변동원가계산에 관한 설명으로 가장 올바르지 않은 것은?

① 표준원가는 변동원가계산에는 사용될 수 없고 전부원가계산에서만 사용된다.
② 전부원가계산에서 계산된 영업이익은 판매량뿐만 아니라 생산량의 변화에도 영향을 받는다.
③ 전부원가계산에서는 고정제조간접원가를 제품원가로 인식한다.
④ 초변동원가계산은 직접재료원가만을 제품원가에 포함하고 나머지 제조원가는 모두 기간비용으로 처리한다.

해설

• 원가계산방법은 다음과 같이 결합되어 다양한 방법이 가능하다.(예) 표준전부원가계산, 표준변동원가계산)

제품원가의 구성요소(원가구성)	원가요소의 실제성여부(원가측정)	생산형태(제품의 성격)
전부원가계산 변동원가계산	실제원가계산 정상원가계산 표준원가계산	개별원가계산 종합원가계산

변동원가계산 특징[1]   난이도 ⑪   정답 ②

변동원가계산에 의한 손익계산서와 관련된 내용 중 옳은 것을 모두 나열한 것은?

> ㄱ. 공헌이익을 계산한다.
> ㄴ. 변동제조간접원가를 기간비용으로 처리한다.
> ㄷ. 고정제조간접원가는 공헌이익 산출에 포함되지 않는다.
> ㄹ. 제품생산량이 영업이익에 영향을 미친다.
> ㅁ. 판매비와관리비를 변동비와 고정비로 분리하여 보고한다.

① ㄱ, ㄴ, ㄷ   ② ㄱ, ㄷ, ㅁ   ③ ㄴ, ㄷ, ㄹ   ④ ㄴ, ㄷ, ㅁ

해설

• 변동원가계산 손익계산서

공헌이익손익계산서	
매출액	xxx
(-) 매출원가[직접재료원가+직접노무원가+변동제조간접원가]	(xxx)
(-) 변동판매비와관리비	(xxx)
공헌이익	xxx
(-) 고정제조간접원가	(xxx)
(-) 고정판매비와관리비	(xxx)
영업이익	

• ㄴ : 변동원가계산은 변동제조간접원가가 아니라 고정제조간접원가를 기간비용으로 처리한다.
  ㄹ : 변동원가계산은 제품판매량만이 영업이익에 영향을 미친다.(생산량은 이익에 영향을 미치지 않는다.)
   →반면, 전부원가계산은 생산량증감에 따라 FOH배부액이 증감하여 이익이 증감하므로 판매량뿐만 아니라 생산량도 영업이익에 영향을 미친다.

변동원가계산 특징[2]

| 난이도 | ⊕ | 정답 | ② |

● 다음 설명 중 변동원가계산제도의 특징을 모두 고르시오.

> 가. 변동원가계산제도는 기업회계기준에서 인정하는 원가계산제도이다.
> 나. 특정기간의 이익이 생산량에 의해 영향을 받는다.
> 다. 고정원가가 손익계산서에 총액으로 표시되기 때문에 고정원가가 이익에 미치는 영향을 쉽게 알
>   수 있다.
> 라. 변동원가계산제도에서 매출액과 이익은 동일한 방향으로 움직이기 때문에 경영자의 입장에서 이
>   해하기 쉽다.

① 가, 나   ② 다, 라   ③ 가, 나, 다   ④ 나, 다, 라

해설

• 가 : 변동원가계산제도는 기업회계기준에서 인정하는 원가계산제도가 아니며, 외부공시용(외부보고용) 재무제표 작성을 위해서는
       전부원가계산제도에 의하여야 한다.
  나 : 전부원가계산은 생산량증감에 따라 고정제조간접원가배부액이 증감하여 이익이 증감하므로 영업이익이 판매량뿐만 아니라 생
       산량의 변화에도 영향을 받는다. 반면, 변동원가계산은 제품 판매량만이 영업이익에 영향을 미친다.

❶POINT 변동원가계산의 유용성

CVP자료 확보 용이	• 이익계획과 예산편성에 필요한 CVP(원가 - 조업도 - 이익)에 관련된 자료를 변동원가계산제도에 의한 공헌손익계산서로부터 쉽게 얻을 수 있음.
이익은 판매량의 함수	• 특정기간의 이익이 생산량에 의해 영향을 받지 않음. → 즉, 제품의 판매가격, 원가, 매출배합 등이 일정하다면 이익은 오직 판매량에 의해 결정되기 때문에 매출액의 변동과 동일한 방향으로 변화하게 됨.
높은 이해가능성	• 이익은 매출액과 동일한 방향으로 움직이므로 경영자의 입장에서 이해하기 쉬움.
의사결정 왜곡차단	• 공통적인 고정원가를 부문이나 제품별로 배분하지 않기 때문에 부문별, 제품별 의사결정 문제에 왜곡을 초래하지 않음.
고정원가 영향파악 용이	• 특정기간의 고정원가가 손익계산서에 총액으로 표시되기 때문에 고정원가가 이익에 미치는 영향을 쉽게 알 수 있음.
원가통제·성과평가에 유용	• 변동원가계산을 표준원가 및 변동예산과 같이 사용하면 원가통제와 성과평가에 유용하게 활용할 수 있다.

변동원가계산의 유용성[1]

난이도 ⊕   정답 ③

다음 중 변동원가계산의 유용성에 관한 설명으로 가장 올바르지 않은 것은?

① 예산편성에 필요한 원가, 조업도, 이익에 관련된 자료를 얻는데 유용하다.
② 공통부문의 고정원가를 사업부나 제품별로 배분하지 않으므로 사업부별 또는 제품별 의사결정문제에 왜곡을 초래하지 않는다.
③ 이익이 생산량에 영향을 받으므로 불필요한 재고의 누적을 막을 수 있다.
④ 표준원가와 변동예산과 같이 사용하면 원가통제와 성과평가에 유용하게 활용할 수 있다.

해설

• ② 변동원가계산은 공통적인 고정원가를 부문이나 제품별로 배분하지 않기 때문에 부문별, 제품별 의사결정 문제에 왜곡을 초래하지 않는다.(즉, 변동원가와 고정원가가 분리되고 공헌이익도 제시되므로 증분이익 분석이 용이해져 의사결정에 유용함.)
  →반면, 전부원가계산은 공통적인 고정원가를 부문이나 제품별로 배부하기 때문에 부문별, 제품별 의사결정 문제에 왜곡을 초래할 가능성이 존재한다.
• ③ 변동원가계산은 판매량만이 영업이익에 영향을 미친다. 따라서, 이익이 생산량에 의해 영향을 받지 않으므로 바람직하지 못한 재고의 누적을 방지할 수 있다.
  →반면, 전부원가계산은 생산량증감에 따라 고정제조간접원가배부액이 증감하여 이익이 증감하므로 판매량량뿐만 아니라 생산량도 영업이익에 영향을 미친다. 따라서, 생산량을 증가시켜 손실을 줄이거나 이익을 증가시킬 수 있으므로 생산과잉으로 인한 바람직하지 못한 불필요한 재고의 누적을 유발할 수 있다.

변동원가계산의 유용성[2]

난이도 ⊕   정답 ④

다음 중 변동원가계산의 유용성으로 가장 올바르지 않은 것은?

① 이익계획과 예산편성에 필요한 자료를 용이하게 획득할 수 있다.
② 특정기간의 이익이 생산량에 영향을 받지 않는다.
③ 표준원가 및 변동예산과 함께 사용하면 원가통제와 성과평가에 유용하게 활용할 수 있다.
④ 제조간접원가에 포함되는 혼합원가의 주관적 구분이 불필요하다.

해설

• ④는 초변동원가계산의 유용성에 대한 설명이다.
  →즉, 초변동원가계산은 혼합원가의 주관적 구분이 불필요하다. 제조간접원가에 포함되는 혼합원가를 임의로 고정원가와 변동원가로 구분할 필요없이 모두 기간비용으로 처리하기에 변동원가계산에서 발생할 수 있는 자의적인 해석이 개입될 여지가 없다.

| 변동원가계산 손익계산서 특징 | 난이도 | ⓣ | 정답 | ③ |

다음 중 변동원가계산 하의 손익계산서와 관련된 설명으로 가장 올바르지 않은 것은?

① 매출액에서 모든 변동원가를 차감하여 공헌이익을 구한다.
② 고정제조간접원가는 공헌이익 산출에 포함되지 않는다.
③ 고정제조간접원가는 제품원가로 처리한다.
④ 판매비와 관리비는 변동원가와 고정원가로 분리하여 작성한다.

해설

• 변동원가계산 손익계산서

공헌이익손익계산서	
매출액	xxx
(-) 매출원가[직접재료원가+직접노무원가+변동제조간접원가]	(xxx)
(-) 변동판매비와관리비	(xxx)
공헌이익	xxx
(-) 고정제조간접원가	(xxx)
(-) 고정판매비와관리비	(xxx)
영업이익	

• 변동원가계산은 고정제조간접원가를 기간비용으로 처리한다.

| 초변동원가계산의 특징 | 난이도 | ⓣ | 정답 | ③ |

다음 중 초변동원가계산방법에 관한 설명으로 가장 올바르지 않은 것은?

① 매출액에서 판매된 제품의 직접재료원가를 차감하여 현금창출 공헌이익을 계산한다.
② 직접노무원가와 제조간접원가도 운영비용에 포함하여 기간비용으로 처리한다.
③ 초변동원가계산방법도 외부보고목적의 재무제표 작성에 이용될 수 있다.
④ 초변동원가계산방법이 변동원가계산방법보다 불필요한 재고누적 방지효과가 크다.

해설

• ① 초변동원가계산 현금창출(재료처리량)공헌이익 : 매출액 – 직접재료원가(DM)
  ② 초변동원가계산 영업이익 : 현금창출(재료처리량)공헌이익 - 운영비용(DL,VOH,FOH,판관비)
    →초변동원가계산은 직접노무원가(DL), 변동제조간접원가(VOH), 고정제조간접원가(FOH)를 모두 기간비용(운영비용) 처리한다.
  ③ 외부보고목적의 재무제표 작성에 이용되는 방법은 전부원가계산방법이다.
  ④ 변동원가계산은 고정제조간접원가만 비용화하나, 초변동원가계산은 생산관련 직접노무원가, 변동제조간접원가, 고정제조간접원 가가 모두 비용화되어 생산량 증가시 더 큰 이익감소를 초래하므로 생산량을 감소시켜 재고를 최소화하려는 유인이 더 크게 발생 한다.(불필요한 재고누적 방지효과가 변동원가계산보다 크다.)
    →즉, 생산량이 증가할수록 영업이익 감소되므로 경영자가 불필요한 제품 생산을 최소화하고 판매에 보다 집중하도록 유도한다.

| 전부·변동원가계산 일반사항 | 난이도 | ⊕ | 정답 | ① |

다음 중 전부원가계산과 변동원가계산에 관한 설명으로 가장 올바르지 않은 것은?

① 당기 생산량이 판매량보다 많으면, 전부원가계산의 영업이익이 변동원가계산의 영업이익보다 항상 크다.
② 변동원가계산의 영업이익은 판매량에 따라 달라진다.
③ 변동원가계산에서는 고정제조간접원가를 기간비용으로 처리한다.
④ 전부원가계산에서는 과잉생산의 유인이 있다.

해설

- ① 당기 생산량이 판매량보다 많은 경우, 전부원가계산 영업이익이 항상 크려면 전기·당기의 단위당FOH(단위당고정제조간접원가)가 불변해야 한다.(매기 동일) 따라서, 당기 생산량의 단위당FOH보다 전기 단위당FOH(기초재고에 포함된 단위당FOH)가 더 큰 경우에는 변동원가계산의 영업이익이 더 클 수도 있다.
- ② 변동원가계산의 영업이익은 판매량에 따라 달라진다. 생산량은 이익에 영향을 주지 않는다.
- ③ 변동원가계산은 원가회피 개념에 근거하여 고정제조간접원가를 기간비용 처리한다.
- ④ 전부원가계산은 생산량증감에 따라 FOH배부액이 증감하여 이익이 증감하므로 영업이익이 판매량뿐만 아니라 생산량의 변화에도 영향을 받는다. 따라서, 생산량을 증가시켜 손실을 줄이거나 이익을 증가시킬 수 있으므로 생산과잉으로 인한 바람직하지 못한 불필요한 재고의 누적을 유발할 수 있다.

POINT 변동·전부원가계산의 재고수준과 영업이익 크기[단위당FOH 불변 가정시]

재고불변 (기초재고 = 기말재고) (생산량 = 판매량)	• 전부원가계산 이익 = 변동원가계산 이익			
	기초재고	100	판매량	300
	생산량	300	기말재고	100
재고증가 (기초재고<기말재고) (생산량>판매량)	• 전부원가계산 이익>변동원가계산 이익			
	기초재고	100	판매량	200
	생산량	300	기말재고	200
재고감소 (기초재고>기말재고) (생산량<판매량)	• 전부원가계산 이익<변동원가계산 이익			
	기초재고	200	판매량	300
	생산량	200	기말재고	100

| 변동원가계산 영업이익 계산[1] | | 난이도 | ① | 정답 | ② |

㈜상일은 20X1년 1월 1일 영업을 개시하였으며, A제품을 50,000단위 생산하여 개당 800원에 판매하였다. 20X1년 A제품의 제조원가에 관한 자료는 다음과 같다. 변동원가계산방법에 의한 A제품의 영업이익은 얼마인가?

	변동비	고정비
직접재료비	단위당 200원	-
직접노무비	단위당 80원	-
제조간접비	단위당 40원	8,000,000원

① 8,000,000원 ② 16,000,000원 ③ 18,000,000원 ④ 24,000,000원

해설

• 영업이익 : 매출액(50,000단위×800) - 변동원가[50,000단위×(200+80+40)] - 고정원가(8,000,000) = 16,000,000

❗POINT 전부원가계산·변동원가계산·초변동원가계산 영업이익 계산 비교

전부원가계산	변동원가계산	초변동원가계산
• 매출액 (-) 매출원가(DM+DL+VOH+FOH) 매출총이익 (-) 판관비(변동+고정) 영업이익	• 매출액 (-) 매출원가(DM+DL+VOH) (-) 변동판관비 공헌이익 (-) FOH+고정판관비 영업이익	• 매출액 (-) 제품수준변동원가(DM) 재료처리량(현금창출)공헌이익 (-) 운영비용(DL+VOH+FOH+판관비) 영업이익

| 변동원가계산 영업이익 계산[2] | | 난이도 | ① | 정답 | ① |

변동원가계산에 의한 공헌이익 손익계산서 작성을 위한 자료가 아래와 같을 경우 변동원가계산에 의한 영업이익은 얼마인가?

판매수량	4,500개
단위당 판매가격	3,500원/개
단위당 변동제조원가	2,300원/개
단위당 변동판매비와관리비	300원/개
고정제조간접원가	2,000,000원
고정판매비와관리비	500,000원

① 1,550,000원 ② 2,050,000원 ③ 3,400,000원 ④ 3,550,000원

해설

• 영업이익 : 매출액(4,500개×3,500) - 변동원가[4,500개×(2,300+300)] - 고정원가(2,000,000+500,000) = 1,550,000

| 변동원가계산 영업이익 계산[3] | 난이도 | ⊤ | 정답 | ② |

20X1년 1월 1일에 영업을 개시한 ㈜삼일은 단일제품을 생산, 판매하며 20X1년 한 해 동안 총 2,000단위를 생산하여 1,500단위(단위당 판매가격 1,800원)를 판매하였다. 20X1년에 발생한 추가정보가 다음과 같을 경우 변동원가계산에 의한 ㈜삼일의 영업이익은 얼마인가?

	고정원가	단위당 변동원가
직접재료원가	-	300원
직접노무원가	-	250원
제조간접원가	300,000원	150원
판매비와관리비	200,000원	200원

① 825,000원　　② 850,000원　　③ 900,000원　　④ 925,000원

해설

• 영업이익 : 매출액(1,500단위×1,800) - 변동원가[1,500단위×(300+250+150+200)] - 고정원가(300,000+200,000) = 850,000

| 초변동원가계산 재료처리량공헌이익 | 난이도 | ⊕ | 정답 | ③ |

삼일전자의 20X1년 2월의 제품 생산 및 판매와 관련된 자료는 다음과 같다. 초변동원가계산을 이용한 삼일전자의 20X1년 2월의 재료처리량 공헌이익은 얼마인가?

생산량	3,000개
판매량	2,800개
판매가격	250원
직접재료원가	80원
직접노무원가	20원
변동제조간접원가	30원
고정제조간접원가	25원
*단 기초 제품재고는 없다.	

① 336,000원　　② 420,000원　　③ 476,000원　　④ 510,000원

해설

• 초변동원가계산 재료처리량공헌이익 계산

매출액	:	2,800개×250 =	700,000
제품수준변동원가[직접재료원가(DM)]	:	2,800개×80 =	(224,000)
재료처리량(현금창출)공헌이익	:		476,000

★ **저자주** 문제의 성립을 위해 누락된 단서인 '단, 금액은 개당 단가이다.'를 추가하기 바랍니다.

| 변동원가계산 총매출액 추정 | 난이도 | ⑪ | 정답 | ② |

● ㈜삼일의 7월 한달 간 변동원가계산에 대한 자료이다. 7월의 총매출액은 얼마인가?

제품 단위당 판매가격	7,000원
단위당 변동원가	4,500원
총고정원가	2,300,000원
영업이익	8,750,000원

① 19,890,000원   ② 30,940,000원   ③ 38,590,000원   ④ 42,500,000원

해설

- 판매량을 Q라 하면, 매출액(Q×7,000) − 변동원가(Q×4,500) − 고정원가(2,300,000) = 영업이익(8,750,000)
  →Q(판매량) = 4,420단위
- 총매출액 : 4,420단위(판매량)×7,000(단위당판매가격) = 30,940,000

| 전부·변동원가계산 기말제품재고액 | 난이도 | ⊕ | 정답 | ① |

● ㈜삼일은 당기 초에 영업활동을 시작하여 당기에 제품 500단위를 생산하였으며, 당기의 원가자료는 다음과 같다(단, 기말재공품은 없다). 당기 판매량이 300단위였다면, 전부원가계산에 의한 기말제품재고액과 변동원가계산에 의한 기말제품재고액의 차이는 얼마인가?

단위당 직접재료원가	300원
단위당 직접노무원가	200원
단위당 변동제조간접원가	100원
단위당 변동판매비와관리비	150원
고정제조간접원가	100,000원
고정판매비와관리비	150,000원

① 40,000원   ② 60,000원   ③ 80,000원   ④ 100,000원

해설

- 전부원가계산에서는 고정제조간접원가(FOH)도 제조원가로 처리한다.
  →반면, 변동원가계산에서는 고정제조간접원가(FOH)를 기간비용으로 처리한다.
- 물량흐름(제품계정) : 당기 초에 영업활동을 시작하였으므로 기초제품재고는 없다.

| 기초제품재고 | 0 | 판매량 | 300단위 |
| 생산량 | 500단위 | 기말제품재고 | 200단위 |

- ㉠ 전부원가계산에 의한 기말제품재고액 계산
  - 단위당FOH : 100,000(FOH)÷500단위(생산량) = 200
  - 단위당제조원가 : 300(단위당DM)+200(단위당DL)+100(단위당VOH)+200(단위당FOH) = 800
  - 기말제품재고액 : 200단위×800 = 160,000
- ㉡ 변동원가계산에 의한 기말제품재고액 계산
  - 단위당제조원가 : 300(단위당DM)+200(단위당DL)+100(단위당VOH) = 600
  - 기말제품재고액 : 200단위×600 = 120,000
- ∴양 방법에 의한 기말제품재고액 차이 : 160,000(전부) − 120,000(변동) = 40,000

* **고속철** 기초제품재고가 없으므로 기말제품재고에 포함된 FOH만큼 차이가 난다.
  →전부원가계산(200단위×200) − 변동원가계산(0) = 40,000

변동·전부원가계산의 기말재고 차이

난이도	㉠	정답	④

20X1 년 ㈜상일은 신제품 A를 500단위 생산하였는데 이에 대한 단위당 변동원가는 10원이고 단위당 고정원가는 3원이다. 20X1년에 신제품에 대한 기초재고액은 없었으며 기말재고 수량만이 100단위일 경우, 전부원가계산방법 대신에 변동원가계산방법을 적용한다면 20X1년 12월 31일의 기말재고액은 전부원가계산방법에 비해 얼마나 변동할 것인가?

① 100원 증가　　　② 100원 감소　　　③ 300원 증가　　　④ 300원 감소

해설

- ㉠ 변동원가계산의 기말재고 구성항목 : 직접재료원가, 직접노무원가, 변동제조간접원가
  ㉡ 전부원가계산의 기말재고 구성항목 : 직접재료원가, 직접노무원가, 변동제조간접원가, 고정제조간접원가
- 변동원가계산의 경우 고정제조간접원가(FOH)가 전액 비용처리되므로, 변동원가계산방법을 적용한다면 전부원가계산에 의한 기말 재고에 포함되어 있는 고정제조간접원가(FOH)만큼 기말재고가 감소한다.
  →전부원가계산에 의한 기말재고에 포함되어 있는 고정제조간접원가(FOH) : 100단위×@3 = 300

전부·변동원가계산과 기말제품수량 추정

난이도	㉡	정답	②

㈜상일은 아래 영업자료를 참고하여 전부원가계산과 변동원가계산에 의한 순이익을 비교하고 있다. 전부원가계산의 영업이익이 변동원가계산에 비해 120,000원만큼 많다면 기말제품재고량은 몇 개인가?

생산량	2,500개	판매량	?
고정제조원가	500,000원	고정판매관리비	100,000원

*단, 기초재고 및 재공품재고는 없음

① 500개　　　② 600개　　　③ 800개　　　④ 1,000개

해설

- 당기 생산량의 단위당FOH : $\dfrac{500,000}{2,500단위} = 200$
- 계정흐름

기초	0단위	판매량	$(2,500 - X)$단위
생산량	2,500단위	기말	X단위

- 전부원가계산 영업이익 　　　　　　　　　　　　　$A + 120,000$
  (+) 기초에 포함된 고정제조간접원가(FOH) 　　　　　　 0
  (-) 기말에 포함된 고정제조간접원가(FOH) 　　　　　 $X \times 200$
  변동원가계산 영업이익 　　　　　　　　　　　　　A
  →$(A + 120,000) + 0 - X \times 200 = A$ 에서, $X = 600$단위

전부·변동원가계산과 생산량 추정	난이도	⊕	정답	③

올해 개업한 ㈜삼일의 원가자료이다. 전부원가계산 하의 영업이익이 변동원가계산하의 영업이익보다 20,000원이 많다면, 생산수량은 몇 개인가?

매출액	350,000원
단위당 판매가격	1,000원
단위당 변동제조원가	300원
단위당 고정제조간접원가	250원

① 80개   ② 350개   ③ 430개   ④ 520개

해설

- 계정흐름(올해 개업하였으므로 기초재고는 없다.)

기초	0개	판매량	350,000(매출액)÷1,000(단위당판매가격)=350개
생산량	X개	기말	$(X-350)$개

- 전부원가계산 영업이익 $A+20,000$
  (+) 기초에 포함된 고정제조간접원가(FOH)   0
  (-) 기말에 포함된 고정제조간접원가(FOH) $(X-350)\times250$
  변동원가계산 영업이익 A

→$(A+20,000)+0-(X-350)\times250=A$ 에서, $X=430$개

? POINT 전부·변동·초변동원가계산 영업이익 차이조정

전부원가계산에 의한 영업이익	전부원가계산에 의한 영업이익	변동원가계산에 의한 영업이익
(+) 기초재공품,제품에 포함된 FOH (-) 기말재공품,제품에 포함된 FOH	(+) 기초재공품,제품에 포함된 DL,VOH,FOH (-) 기말재공품,제품에 포함된 DL,VOH,FOH	(+) 기초재공품,제품에 포함된 DL,VOH (-) 기말재공품,제품에 포함된 DL,VOH
변동원가계산에 의한 영업이익	초변동원가계산에 의한 영업이익	초변동원가계산에 의한 영업이익

전부·변동원가계산 영업이익 차이조정	난이도	下	정답	②

㈜상일전자의 20X1년 제품 생산 및 판매와 관련된 자료는 다음과 같다. 전부원가계산에 의한 영업이익이 260,000원일 경우, 변동원가계산을 이용한 ㈜상일전자의 20X1 년 영업이익은 얼마인가?

매출량	3,000개(단위당 판매가격 200원)
기말제품재고량	500개(단, 기초제품재고는 없다)
변동판매관리비	50,000원
단위당 변동직접원가	60원
단위당 변동제조간접원가	20원
단위당 고정제조간접원가	5원
단, 고정판매관리비는 발생하였으나 금액은 알 수 없다.	

① 220,000원 ② 257,500원 ③ 258,000원 ④ 260,000원

해설

• 전부원가계산 영업이익		260,000
(+) 기초에 포함된 고정제조간접원가(FOH)		0
(-) 기말에 포함된 고정제조간접원가(FOH)	500개×@5 = 2,500	
변동원가계산 영업이익		257,500

전부·변동원가계산과 판매량 추정	난이도	中	정답	①

㈜상일은 12월 중 아래 영업자료를 참고하여 전부원가계산과 변동원가계산에 의한 순이익을 비교하고 있다. 전부원가계산의 영업이익이 변동원가계산에 비해 75,000원 만큼 크다면 판매량은 몇 개인가?

생산량	2,000개	판매량	?
고정제조원가	300,000원	고정판매관리비	75,000원
(단, 월초재고는 없음)			

① 1,500개 ② 1,600개 ③ 1,800개 ④ 2,000개

해설

- 당기 생산량의 단위당FOH : $\frac{300,000}{2,000개} = 150$
- 계정흐름

기초	0개	판매량	X
생산량	2,000개	기말	$(2,000 - X)$개

• 전부원가계산 영업이익	$A + 75,000$
(+) 기초에 포함된 고정제조간접원가(FOH)	0
(-) 기말에 포함된 고정제조간접원가(FOH)	$(2,000 - X)$개×150
변동원가계산 영업이익	A

→ $(A + 75,000) + 0 - (2,000 - X)$개×150 $= A$ 에서, $X = 1,500$개

| 전부·변동원가계산과 FOH 추정 | 난이도 | ㊥ | 정답 | ③ |

20X1년 1월에 영업을 시작한 삼일회사는 선입선출법에 의한 실제원가계산제도를 채택하고 있으며, 20X1년 1월의 생산과 판매에 관한 자료는 다음과 같다.

	1월
생산량	10,000단위
판매량	7,000단위

20X1년 1월 중 전부원가계산에 의한 영업이익이 변동원가계산에 의한 영업이익보다 300,000원이 크다고 할 때, 1월 고정제조간접원가는 얼마인가?

① 300,000원   ② 500,000원   ③ 1,000,000원   ④ 2,000,000원

해설

• 계정흐름(1월에 영업을 개시하였으므로 기초재고는 없다.)

기초	0단위	판매량	7,000단위
생산량	10,000단위	기말	3,000단위

• 전부원가계산 영업이익 $A + 300,000$
  (+) 기초에 포함된 고정제조간접원가(FOH)   0
  (-) 기말에 포함된 고정제조간접원가(FOH)   3,000단위 $\times B$
  변동원가계산 영업이익 A

→$(A + 300,000) + 0 - 3,000$단위$\times B = A$ 에서, B(기말에 포함된 단위당FOH) = 100
∴1월 고정제조간접원가 : 10,000단위(생산량)$\times 100 = 1,000,000$

| CVP분석 기본가정[1] | 난이도 | ㊦ | 정답 | ① |

다음 중 원가 - 조업도 - 이익분석에서 고려하지 않는 가정은?

① 수익과 원가행태는 관련범위 내에서 곡선적이다.
② 모든 원가는 변동원가와 고정원가로 나누어질 수 있다.
③ 단위당 판매가격과 단위당 변동원가는 일정하다.
④ 생산량과 판매량이 일치한다.

해설

• 수익과 원가행태는 관련범위 내에서 곡선적이 아니라 선형(직선)이다.

! POINT CVP분석의 기본가정

원가행태의 구분	• 모든 원가를 변동원가와 고정원가로 분리할 수 있다고 가정
선형성	• 수익과 원가의 행태가 확실히 결정되어 있고 관련범위 내에서 선형으로 가정 →단위당판매가격과 단위당변동원가는 일정
생산량·판매량의 일치성	• 생산량과 판매량은 일치하는 것으로 가정하여 생산량이 모두 판매된 것으로 가정 →즉, 재고수준이 일정, 동일하거나 하나도 없다고 가정
독립변수의 유일성	• 원가와 수익은 유일한 독립변수인 조업도에 의하여 결정된다고 가정
화폐의 시간가치 무시	• 화폐의 시간가치가 중요하지 않을 정도의 단기간이라고 가정 →∴단기투자의사결정에 유용한 분석방법임. →인플레이션을 무시한다는 한계점을 갖음.
일정한 매출배합	• 복수제품인 경우에는 매출배합이 일정하다고 가정
수익원천의 단일성	• 수익은 오직 매출로부터만 발생한다고 가정

CVP분석 기본가정[2]

난이도	㉠	정답	③

다음 중 CVP 분석에 대한 설명으로 가장 올바르지 않은 것은?

① 모든 원가는 변동원가와 고정원가로 분류할 수 있다고 가정한다.
② 수익과 원가의 행태는 관련범위 내에서 선형이라고 가정한다.
③ 화폐의 시간가치를 고려하여 분석한다.
④ 복수제품인 경우 매출배합이 일정하다고 가정한다.

해설

• CVP분석은 화폐의 시간가치를 고려하지 않는 분석이다.
→즉, 현재가치개념을 사용하지 않고 명목가치로만 수익과 비용을 평가하여 의사결정을 한다. 따라서 화폐의 시간가치를 배제하는 단기모델이라는 점과 화폐가치가 변할 수 있는 인플레이션을 무시한다는 제반 한계점을 갖는다.

CVP분석 기본가정[3]

난이도	㉠	정답	③

다음 중 CVP 분석에 필요한 가정으로 가장 올바르지 않은 것은?

① 원가와 수익은 유일한 독립변수인 조업도에 의하여 결정된다.
② 모든 원가는 변동원가와 고정원가로 분류할 수 있다.
③ 제품의 종류가 복수인 경우에는 판매량 변화에 따라 매출의 배합이 변동한다.
④ 판매량만큼 생산하는 것으로 가정함으로써 기초재고자산과 기말재고자산의 변화가 손익에 영향을 미치지 않는 것으로 본다.

해설

• 복수제품인 경우에는 매출배합이 일정하다고 가정한다.

CVP분석의 기본가정과 일반사항

난이도	㉠	정답	②

다음 중 원가 – 조업도 – 이익(CVP) 분석에 관한 설명으로 가장 올바르지 않은 것은?

① 수익과 원가의 행태는 관련범위 내에서 선형이다.
② 공헌이익이 총고정원가보다 큰 경우에는 손실이 발생한다.
③ 기초재고자산과 기말재고자산이 손익에 영향을 미치지 않는다.
④ 손익분기점에서는 순이익이 0이므로 법인세가 없다.

해설

• ① CVP분석은 수익과 원가의 행태가 확실히 결정되어 있고 관련범위 내에서 선형으로 가정한다.
② '공헌이익 – 총고정원가 = 이익' 이므로 공헌이익이 총고정원가보다 큰 경우에는 손실이 아니라 이익이 발생한다.
③ CVP분석은 생산량과 판매량은 일치하는 것으로 가정하여 생산량이 모두 판매된 것으로 가정함으로써, 기초재고자산과 기말재고자산이 손익에 영향을 미치지 않는 것으로 간주한다.
④ 손익분기점은 이익이 0인 판매량(매출액)이므로 이익이 0이면 법인세가 없다. →[참고] 따라서, 손익분기점은 법인세가 존재하든 법인세가 존재하지 않든 영향없이 동일하다.

CVP분석의 기본가정과 특징	난이도	ⓣ	정답	①

다음 중 CVP 분석에 관한 설명으로 가장 올바르지 않은 것은?

① 장기적인 의사결정 방법이다.
② 복수의 제품을 생산할 경우 매출배합은 항상 일정하다고 가정한다.
③ 모든 원가는 변동원가와 고정원가로 구분할 수 있다고 가정한다.
④ 화폐의 시간가치를 고려하지 않는다.

해설 〆

• ① CVP분석은 1년 이내의 단기투자의사결정에 유용한 분석방법이다.(화폐의 시간가치가 중요하지 않을 정도의 단기간이라고 가정
  한다.)
    →'자본예산'은 장기적인 의사결정 방법이다.
  ② CVP분석은 복수제품인 경우 매출배합은 일정하다고 가정한다.
    →매출배합이 일정하다는 것은 결국 한 종류의 제품만을 생산한다는 것과 동일한 개념이 된다. 만일 매출배합이 일정하지 않고
      수시로 변경된다면 각기 다른 공헌이익을 가지는 여러 가지 제품의 판매량의 변화 때문에 하나의 손익분기점이 아닌 여러 개의
      손익분기점이 도출되기 때문이다.
  ③ CVP분석은 모든 원가는 변동원가와 고정원가로 분류할 수 있다고 가정한다.
    →그러므로 조업도의 변동과 관련된 원가행태에 대한 정확한 정보가 필수적이다.
  ④ CVP분석은 화폐의 시간가치를 고려하지 않는 분석이다.
    →즉, 현재가치개념을 사용하지 않고 명목가치로만 수익과 비용을 평가하여 의사결정을 한다. 따라서 화폐의 시간가치를 배제하
      는 단기모델이라는 점과 화폐가치가 변할 수 있는 인플레이션을 무시한다는 제반 한계점을 갖는다.

CVP분석 일반사항[1]	난이도	ⓣ	정답	①

다음 중 CVP 분석에 관한 설명으로 가장 옳은 것은?

① 다양한 조업도수준에서 원가와 이익의 관계를 분석하는 기법이다.
② 제품원가를 최소화하는 조업도를 파악하는데 유용하다.
③ 기초적인 CVP 분석에 있어 원가함수는 선형이라는 가정이 필요하지만 수익함수는 선형이라는 가정이
  필요하지 않다.
④ 공헌이익률은 원가구조와 밀접한 관련이 있으며, 총원가 중 변동원가 비중이 높으면 공헌이익률도 높게
  나타난다.

해설 〆

• ② CVP분석은 다양한 조업도 수준에서 원가와 이익의 관계를 분석하는데 유용한 기법이며, 제품원가를 최소화하는 조업도를 파악
  하기 위한 분석기법은 아니다.
  ③ 수익과 원가의 행태가 확실히 결정되어 있고 관련범위 내에서 모두 선형으로 가정한다.
  ④ 공헌이익률 = $\dfrac{\text{매출액} - \text{변동원가}}{\text{매출액}}$ 이므로, 변동원가 비중이 높으면(증가하면) 공헌이익률이 낮게 나타난다.
    →또는, '변동비율+공헌이익률 = 1'에서 변동원가 비율이 높으면 공헌이익률은 낮게 나타난다.

❶ POINT 변동비율 산식 정리

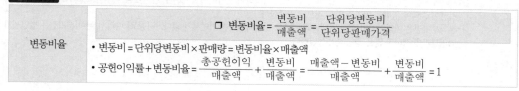

변동비율	▢ 변동비율 = $\dfrac{\text{변동비}}{\text{매출액}}$ = $\dfrac{\text{단위당변동비}}{\text{단위당판매가격}}$
	• 변동비 = 단위당변동비×판매량 = 변동비율×매출액
	• 공헌이익률+변동비율 = $\dfrac{\text{총공헌이익}}{\text{매출액}}$ + $\dfrac{\text{변동비}}{\text{매출액}}$ = $\dfrac{\text{매출액} - \text{변동비}}{\text{매출액}}$ + $\dfrac{\text{변동비}}{\text{매출액}}$ = 1

CVP분석 일반사항[2]	난이도	⊕	정답	④

다음 중 CVP 분석에 관한 설명으로 가장 올바르지 않은 것은?

① 단위당 판매단가는 판매량의 변동과 무관하게 일정하고, 단위당 변동원가도 조업도의 변동과 관계없이 항상 일정하다는 가정이 필요하다.
② 화폐의 시간가치를 고려하지 않으므로 장기적 의사결정에의 활용에 있어 한계점을 갖는다.
③ 다양한 조업도수준에서 원가와 이익의 관계를 분석하는데 유용하다.
④ 매출액의 변화가 기업의 순이익에 미치는 영향을 파악하는데 있어서는 공헌이익률보다 공헌이익 개념이 더 유용하다.

해설

• ① CVP분석은 수익과 원가의 행태는 관련범위 내에서 선형이라고 가정한다. 즉, 단위당 판매단가는 판매량의 변동과 관계없이 일정하고, 단위당 변동원가 역시 조업도의 변동과 관계없이 항상 일정하다고 가정한다.
② CVP분석은 화폐의 시간가치를 고려하지 않는 분석이다. 즉, 현재가치개념을 사용하지 않고 명목가치로만 수익과 비용을 평가하여 의사결정을 한다. 따라서 화폐의 시간가치를 배제하는 단기모델이라는 점과 화폐가치가 변할 수 있는 인플레이션을 무시한다는 제반 한계점을 갖는다. 한편, CVP분석은 1년 이내의 단기투자의사결정에 유용한 분석방법(화폐의 시간가치가 중요하지 않을 정도의 단기간이라고 가정한다.)인 반면에 '자본예산'은 장기적인 의사결정 방법이다.
③ CVP(cost-volume-profit) 분석은 다양한 조업도 수준에서 원가와 이익의 관계를 분석하는데 유용하다. 즉, CVP분석의 목적은 조업도의 변화가 원가(비용), 수익 및 이익에 어떠한 영향을 미치는가를 분석하는데 있다.
④ 공헌이익률($=\frac{공헌이익}{매출액}$)은 공헌이익의 개념을 비율개념으로 나타낸 것이다. 공헌이익률은 매출액 중 몇 퍼센트가 고정원가의 회수 및 이익창출에 공헌하였는가를 나타내는 것으로 매출액의 변화가 기업의 순이익에 미치는 영향을 분석할 때 공헌이익보다 유용하게 사용된다.
  → 예 공헌이익이 ₩10으로 동일한 A, B 두 제품이 있을 경우 어느 제품을 집중관리해야 하는지에 대한 의사결정시 공헌이익률은 합리적인 판단기준을 제공한다. 즉, A의 가격은 ₩50, B의 가격은 ₩40일 때 공헌이익률 개념을 도입하면 A의 공헌이익률은 20%, B의 공헌이익률은 25%로서 B를 집중관리하는 것이 필요하다는 판단을 할 수 있다.

손익분기점(BEP) 산식 적용	난이도	①	정답	②

다음 중 손익분기점에서의 공헌이익과 일치하는 항목은?

① 매출액　　② 고정원가
③ 변동원가　　④ 매출액-변동원가-고정원가

해설

• 손익분기점은 이익익 0이므로, 매출액 - 변동원가 - 고정원가 = 0
  → ∴ '매출액 - 변동원가 = 공헌이익' 이므로, 공헌이익 = 고정원가

POINT 이익방정식과 공헌이익 산식 정리

이익방정식	□ 영업이익 = 매출액 - 변동원가[1] - 고정원가[2] = 단위당판매가격×판매량 - 단위당변동원가×판매량 - 고정원가
	[1]변동원가 = 변동제조원가 + 변동판매관리비　　[2]고정원가 = 고정제조간접원가 + 고정판매관리비
공헌이익	□ 총공헌이익 = 매출액 - 변동원가 = 단위당판매가격×판매량 - 단위당변동원가×판매량 □ 단위당공헌이익 = $\frac{총공헌이익}{판매량}$ = 단위당판매가격 - 단위당변동원가
	• 총공헌이익 = 단위당공헌이익×판매량 • 영업이익 = 총공헌이익 - 고정원가 = 단위당공헌이익×판매량 - 고정원가

| 손익분기점(BEP) 판매량 | 난이도 | ⓣ | 정답 | ③ |

● 다음은 신제품 도입과 관련한 ㈜삼일의 회의내용이다. 다음 중 괄호 안에 들어갈 수량으로 가장 옳은 것은(단, 세금은 없는 것으로 가정한다)?

> 사 장 : 이전에 지시한 신제품 도입에 대한 타당성검토는 잘 이루어지고 있습니까?
> 상 무 : 일단 원가·조업도·이익(CVP)분석으로 대략적인 윤곽은 드러났습니다.
> 생산부장 : 신제품 제조원가에 대한 내역이 다음과 같이 조사되었습니다.
>
> | 제품 단위당 예상 판매가격 | 5,000원 |
> | 제품 단위당 예상 변동원가 | 3,000원 |
> | 예상 총 고정원가 | 2억원 |
>
> 영업부장 : 사장님께서 지시하신 목표이익 1억원을 달성하기 위해 노력을 할 것이며, 우선 손익분기점을 달성하기 위해서는 ( )를 생산하여 판매하면 됩니다.
> 사 장 : 좋습니다. 이것으로 오늘 회의는 마치겠습니다.

① 10,000개   ② 50,000개   ③ 100,000개   ④ 150,000개

해설

• 단위당공헌이익 : 5,000(단위당판매가격) - 3,000(단위당변동원가) = 2,000
• 손익분기점(BEP)판매량 : $\dfrac{200,000,000(고정원가)}{2,000(단위당공헌이익)}$ = 100,000개

참고 손익분기점(BEP)매출액 : $\dfrac{고정원가(200,000,000)}{공헌이익률(2,000 \div 5,000)}$ = 500,000,000원

❗POINT 손익분기점분석 기본산식

손익분기점	• 손익분기점(BEP)은 이익을 0으로 만드는 판매량 또는 매출액을 의미함.
기본산식	• 매출액 - 변동비(변동제조원가와 변동판관비) - 고정비(고정제조간접원가와 고정판관비) = 0 →매출액 - 변동비 = 고정비, 공헌이익 = 고정비 →단위당공헌이익×판매량 = 고정비, 공헌이익률×매출액 = 고정비
BEP산식	• ㉠ BEP판매량 : $\dfrac{고정비(=FOH+ 고정판관비)}{단위당공헌이익}$ ㉡ BEP매출액 : $\dfrac{고정비(=FOH+ 고정판관비)}{공헌이익률}$

| 손익분기점(BEP) 매출액 | 난이도 | ⊕ | 정답 | ③ |

다음 자료를 이용하여 계산한 ㈜삼일의 20X1년 손익분기점 매출액은?

단위당 판매가격	2,000원
단위당 변동제조원가	500원
단위당 변동판매비와관리비	200원
연간 고정제조간접원가	1,350,000원
연간 고정판매비와관리비	1,250,000원

① 2,000,000원　　② 2,700,000원　　③ 4,000,000원　　④ 5,200,000원

해설

- 단위당변동원가 : 500(단위당변동제조원가)＋200(단위당변동판매비와관리비)＝700
- 단위당공헌이익 : 2,000(단위당판매가격)－700(단위당변동원가)＝1,300
- 공헌이익률 : $\frac{1,300(단위당공헌이익)}{2,000(단위당판매가격)}$＝65%
- 고정원가 : 1,350,000(고정제조간접원가)＋1,250,000(고정판매비와관리비)＝2,600,000
- 손익분기점(BEP) 매출액 : $\frac{2,600,000(고정원가)}{65\%(공헌이익률)}$＝4,000,000

❗POINT 영업이익·공헌이익률·손익분기점(BEP) 산식

이익방정식	☐ 영업이익 ＝ 매출액 － 변동원가[1] － 고정원가[2]
	＝ 단위당판매가격×판매량 － 단위당변동원가×판매량 － 고정원가
	[1]변동원가 ＝ 변동제조원가＋변동판매관리비　　[2]고정원가 ＝ 고정제조간접원가＋고정판매관리비
공헌이익률	☐ 공헌이익률 ＝ $\frac{총공헌이익}{매출액}$ ＝ $\frac{단위당공헌이익}{단위당판매가격}$
	• 총공헌이익 ＝ 매출액 － 변동원가 ＝ 단위당공헌이익×판매량 ＝ 공헌이익률×매출액
BEP산식	• ㉠ BEP판매량 : $\frac{고정비(＝FOH＋고정판관비)}{단위당공헌이익}$　　㉡ BEP매출액 : $\frac{고정비(＝FOH＋고정판관비)}{공헌이익률}$

| 손익분기점을 통한 단위당판매가격 추정 | 난이도 | ⑤ | 정답 | ② |

제조업을 영위하는 ㈜삼일의 재무자료를 분석할 경우 변동원가 30,000원, 고정원가 5,000,000원일 때, 손익분기점 매출수량이 500단위이다. ㈜삼일이 제조하여 판매하는 제품의 단위당 판매가격은 얼마인가?

① 10,000원　　　　40,000원　　　③ 60,000원　　　④ 70,000원

해설

- 손익분기점(BEP)판매량 : $\frac{고정원가(5,000,000)}{단위당공헌이익[＝단위당판매가격－변동원가(30,000)]}$＝500단위
- →∴단위당판매가격＝40,000

목표이익을 위한 판매량[1]

난이도 ⊕ **정답** ③

㈜삼일의 제품 단위당 판매가격과 원가자료는 다음과 같다. ㈜삼일이 영업이익 700,000원을 달성하기 위한 판매량은 얼마인가?

단위당 판매가격	500원
단위당 직접재료원가	90원
단위당 직접노무원가(변동원가)	60원
단위당 변동제조간접원가	70원
단위당 변동판매비와관리비	30원
연간 고정원가	800,000원

① 4,000단위 ② 5,000단위 ③ 6,000단위 ④ 7,000단위

해설

• 단위당변동원가 : 90(단위당DM)+60(단위당DL)+70(단위당VOH)+30(단위당변동판관비) = 250
• 단위당공헌이익 : 500(단위당판매가격) - 250(단위당변동원가) = 250
• 목표이익 700,000원을 위한 판매량 : $\frac{800,000(고정원가)+700,000(목표이익)}{250(단위당공헌이익)}$ = 6,000단위

저자주 문제의 명확한 성립을 위해 누락된 단서인 '단, 법인세는 없다고 가정한다.'를 추가하기 바랍니다.

❗POINT 목표이익분석 산식 정리[법인세를 고려하지 않는 경우]

판매량	매출액
• 단위당공헌이익×판매량=고정원가+목표이익	• 공헌이익률×매출액=고정원가+목표이익
▫ 목표이익을 위한 판매량= $\frac{고정원가+목표이익}{단위당공헌이익}$	▫ 목표이익을 위한 매출액= $\frac{고정원가+목표이익}{공헌이익률}$

목표이익을 위한 판매량[2]

난이도 ⊕ **정답** ④

㈜삼일은 야구공을 제조하여 개당 10,000원에 판매하고 있다. 야구공 제조에 사용되는 변동원가는 개당 5,000원이고 고정원가는 한 달에 2,000,000원이다. ㈜삼일이 월간 1,500,000원의 영업이익을 얻기 위해서는 몇 개의 야구공을 생산·판매하여야 하는가?

① 400개 ② 500개 ③ 600개 ④ 700개

해설

• 단위당공헌이익 : 10,000(단위당판매가격) - 5,000(단위당변동원가) = 5,000
• 목표이익 1,500,000원을 위한 판매량 : $\frac{2,000,000(고정원가)+1,500,000(목표이익)}{5,000(단위당공헌이익)}$ = 700단위(개)

저자주 문제의 명확한 성립을 위해 누락된 단서인 '단, 법인세는 없다고 가정한다.'를 추가하기 바랍니다.

손익분기점판매량과 목표이익 달성 판매량	난이도	⊕	정답	④

● 다음 자료를 이용하여 손익분기점 판매량과 영업이익 1,300,000원을 달성하기 위한 판매량을 계산하면얼마인가?

판매가격	4,000원/단위
변동제조원가	1,500원/단위
변동판매비와관리비	1,200원/단위
총고정제조간접원가	2,340,000원

	손익분기점 판매량	영업이익 달성 판매량
①	936개	1,456개
②	936개	1,936개
③	1,800개	2,125개
④	1,800개	2,800개

해설

- 단위당변동원가 : 1,500(단위당변동제조원가) + 1,200(단위당변동판매비와관리비) = 2,700
- 단위당공헌이익 : 4,000(단위당판매가격) − 2,700(단위당변동원가) = 1,300
- 손익분기점(BEP) 판매량 : $\dfrac{2,340,000(\text{고정 원가})}{1,300(\text{단위당공헌이익})}$ = 1,800단위
- 목표이익 1,300,000원을 위한 판매량 : $\dfrac{2,340,000(\text{고정원가}) + 1,300,000(\text{목표이익})}{1,300(\text{단위당공헌이익})}$ = 2,800단위

★ **저자주** 문제의 명확한 성립을 위해 누락된 단서인 '단, 법인세는 없다고 가정한다.'를 추가하기 바랍니다. 한편, 통일성에 오류가 있는 선지 ①,②,③,④의 '~개'를 '~단위'로 수정바랍니다.

안전한계의 개념	난이도	⊤	정답	①

● 다음은 회의 중에 일어난 사장과 이사의 대화이다. 원가·조업도·이익(CVP) 분석과 관련하여 괄호 안에 들어갈 용어는 무엇인가?

> 사장 : 재무담당이사! 올해 우리 회사 매출은 손익분기점 매출액을 얼마나 초과하나?
> 이사 : 10억원만큼 초과합니다. 이것을 (   )(이)라고 합니다.
> 사장 : (   )? 처음 듣는 용어군.
> 이사 : (   )는(은) 손실을 발생시키지 않으면서 허용할 수 있는 매출액의 최대 감소액을 의미하며, 기업의 안정성을 측정하는 지표로 많이 사용됩니다.

① 안전한계   ② 공헌이익   ③ 영업이익   ④ 목표이익

해설

- 안전한계(= 매출액 − 손익분기점 매출액)는 손익분기점(BEP) 매출액을 초과하는 매출액을 말한다.
  →즉, 이익달성의 위험정도를 나타내는 일종의 민감도분석 형태의 지표이다.
- 안전한계는 손실을 발생시키지 않으면서 허용할 수 있는 매출액의 최대 감소액을 의미하므로 기업의 안정성을 측정하는 지표로 많이 사용된다.
  →즉, 안전한계가 높을수록 기업의 안정성이 높다고 말할 수 있으며, 안전한계가 낮을수록 기업의 안정성에 문제가 있다고 판단할 수 있다. 경영자가 좀 더 높은 안전한계수준을 원한다면 손익분기점을 낮추거나 회사의 전반적인 매출수준을 늘리기 위한 노력을 해야 한다.

| 안전한계율 계산 | | 난이도 | ⓣ | 정답 | ③ |

㈜삼일은 단위당 판매가격이 800원, 단위당 변동원가가 600원인 제품을 생산판매하고 있으며, 다음과 같이 4분기 예산자료를 작성하였다.

매출액	₩16,000,000
변동원가	12,000,000
공헌이익	₩4,000,000
고정원가	1,800,000
영업이익	₩2,200,000

위와 같은 예산 하에서 안전한계율을 계산하면 얼마인가?

① 45%   ② 50%   ③ 55%   ④ 60%

해설

• 안전한계율 $= \dfrac{\text{영업이익}}{\text{공헌이익}} = \dfrac{2,200,000}{4,000,000} = 55\%$

*[별해] 안전한계율 $= \dfrac{\text{매출액} - BEP\text{매출액}}{\text{매출액}} = \dfrac{16,000,000 - \dfrac{1,800,000}{4,000,000 \div 16,000,000}}{16,000,000} = 55\%$

❗POINT 안전한계 산식 정리

안전한계	☐ 안전한계 = 매출액 - 손익분기점(BEP)매출액
	• 손실을 발생시키지 않으면서 허용할 수 있는 매출액의 최대감소액을 의미함.
안전한계율	☐ 안전한계율 $= \dfrac{\text{안전한계}}{\text{매출액}} = \dfrac{\text{매출액} - \text{손익분기점매출액}}{\text{매출액}} = \dfrac{\text{판매량} - \text{손익분기점판매량}}{\text{판매량}}$
	• 안전한계율 $= \dfrac{\text{영업이익}}{\text{공헌이익}} = \dfrac{1}{\text{영업레버리지도}}$
	• 안전한계율 × 공헌이익률 $= \dfrac{\text{공헌이익} - \text{고정비}}{\text{매출액}} = \dfrac{\text{이익}}{\text{매출액}} = \text{매출액이익률}$

손익분기점매출액과 안전한계율 계산

| 난이도 | ⊕ | 정답 | ② |

단일 제품을 제조 및 판매하는 ㈜삼일의 단위당 판매가격은 1,000원이고(단위당 변동원가 600원) 연간 고정원가는 300,000원이다. ㈜삼일이 20X1년의 목표 매출 수량으로 1,000단위를 설정한 경우, 손익분기점매출액 및 안전한계율로 가장 옳은 것은?

	손익분기점매출액	안전한계율
①	750,000원	75%
②	750,000원	25%
③	500,000원	25%
④	500,000원	75%

해설

• 단위당판매가격 1,000, 단위당변동원가 600, 고정원가 300,000

- 손익분기점매출액 : $\dfrac{고정원가(300,000)}{공헌이익률(400 \div 1,000)} = 750,000$

• 단위당판매가격 1,000, 단위당변동원가 600, 고정원가 300,000, 목표매출수량 1,000단위

- 안전한계율 $= \dfrac{영업이익}{공헌이익} = \dfrac{1,000단위 \times 1,000 - 1,000단위 \times 600 - 300,000}{1,000단위 \times 1,000 - 1,000단위 \times 600} = 25\%$

*[별해] 안전한계율 $= \dfrac{매출액 - BEP매출액}{매출액} = \dfrac{1,000단위 \times 1,000 - 750,000}{1,000단위 \times 1,000} = 25\%$

CVP 항목별 분석[1]

| 난이도 | ⊕ | 정답 | ③ |

㈜삼일은 회계프로그램을 판매하는 회사로 단위당 판매가격은 40원이며, 단위당 변동원가는 30원이다. 연간 고정원가는 30,000원이며 당기에 10,000원의 이익을 목표로 하고 있다. 다음 설명 중 가장 올바르지 않은 것은?

① 공헌이익률은 25%이다.
② 단위당 공헌이익은 10원이다.
③ 목표이익을 달성하려면 150,000원의 매출을 하여야 한다.
④ 손익분기점 매출액은 120,000원이다.

해설

• ① 공헌이익률 : $\dfrac{단위당판매가격(40) - 단위당변동원가(30)}{단위당판매가격(40)} = 25\%$

② 단위당공헌이익 : 단위당판매가격(40) - 단위당변동원가(30) = 10

③ 목표이익 10,000원을 위한 매출액 : $\dfrac{고정원가(30,000) + 목표이익(10,000)}{공헌이익률(25\%)} = 160,000$

④ 손익분기점(BEP) 매출액 : $\dfrac{고정원가(30,000)}{공헌이익률(25\%)} = 120,000$

저자주 문제의 명확한 성립을 위해 누락된 단서인 '단, 법인세는 고려하지 않는다.'를 추가하기 바랍니다.

CVP 항목별 분석[2]

| 난이도 | ㊥ | 정답 | ④ |

㈜삼일은 단일제품을 생산·판매하고 있다. 단위당 판매가격은 48원, 단위당 변동원가는 36원, 연간 고정원가는 25,000원이다. 회사는 올해의 목표이익을 11,000원으로 책정하고 있다. 다음 설명 중 가장 올바르지 않은 것은? (단, 법인세는 고려하지 않는다)

① 공헌이익률은 25%이다.
② 손익분기점 매출액은 100,000원이다.
③ 목표이익을 달성한 경우 안전한계율은 약 30.6%이다.
④ 목표이익을 달성하기 위해서는 3,050단위의 제품을 팔아야 한다.

해설

- ① 단위당공헌이익 : 단위당판매가격(48) - 단위당변동원가(36) = 12

  → 공헌이익률 : $\dfrac{\text{단위당공헌이익}(12)}{\text{단위당판매가격}(48)} = 25\%$

  ② 손익분기점(BEP)매출액 : $\dfrac{\text{고정원가}(25,000)}{\text{공헌이익률}(25\%)} = 100,000$

  ④ 목표이익 11,000원을 위한 판매량 : $\dfrac{\text{고정원가}(25,000) + \text{목표이익}(11,000)}{\text{단위당공헌이익}(12)} = 3,000$단위

  ③ 매출액 : 단위당판매가격(48) × 판매량(3,000단위) = 144,000

  → 안전한계율 : $\dfrac{\text{매출액}(144,000) - \text{손익분기점매출액}(100,000)}{\text{매출액}(144,000)} \fallingdotseq 30.55\% \Rightarrow$ 약 30.6%

  [별해] $\dfrac{\text{영업이익}(11,000)}{\text{공헌이익}(3,000단위 \times 48 - 3,000단위 \times 36)} \fallingdotseq 30.55\% \Rightarrow$ 약 30.6%

영업레버리지 일반사항[1]

| 난이도 | ㊦ | 정답 | ③ |

다음 영업레버리지에 관한 설명 중 옳지 않은 것은?

① 영업레버리지란 고정원가로 인하여 매출액의 변화율보다 영업이익의 변화율이 더 커지는 현상을 말한다.
② 영업레버리지는 영업레버리지도로 측정하는데, 영업레버리지도는 공헌이익을 영업이익으로 나누어 계산한다.
③ 어떤 기업의 영업레버리지도가 7일 경우 경기불황으로 인하여 매출액이 20% 감소하면 영업이익은 40% 감소할 것이다.
④ 영업레버리지도는 손익분기점 근처에서 가장 크고 매출액이 증가함에 따라 점점 작아진다.

해설

- 어떤 기업의 DOL = 7일 경우 경기불황으로 매출액이 20% 감소하면 영업이익은 140%(= 20%×7) 감소한다.

영업레버리지 일반사항[2]

| 난이도 | ⊕ | 정답 | ① |

다음 중 영업레버리지에 관한 설명으로 올바른 것만 짝지은 것은?

> 가. 영업레버리지란 영업고정비가 지렛대 작용을 함으로써 매출액 변화율보다 영업이익 변화율이 확대되는 효과이다.
> 나. 일반적으로 한 기업의 영업레버리지도는 손익분기점 부근에서 가장 크며, 매출액이 증가함에 따라 점점 작아진다.
> 다. 영업레버리지도가 높다는 것은 그 기업의 영업이익이 충분히 많다는 것을 의미한다.

① 가, 나   ② 나, 다   ③ 가, 다   ④ 가, 나, 다

해설

• 영업레버리지도가 높다는 것이 그 기업의 영업이익이 많다는 것을 나타내는 것은 아니며, 또한 기업운영이 좋다는 것을 나타내는 것도 아니다. 단지 매출액이 증가하거나 감소함에 따라 영업이익이 좀 더 민감하게 반응한다는 것을 의미한다.
  예 DOL=6일 때 매출이 20%증가하면 영업이익은 120%증가, 매출이 20%감소하면 영업이익은 120%감소함.
    →즉, 고정비의 비중이 큰 원가구조를 가지고 있는 기업일수록 레버리지 효과가 커서 불경기에는 큰 타격을 입고 반면에 호경기에는 막대한 이익을 얻음.

영업레버리지 일반사항[3]

| 난이도 | ⊕ | 정답 | ① |

영업레버리지도(Degree of Operating Leverage)에 대한 다음의 설명 중 가장 옳은 것은(단, 모든 경우에 영업이익은 0보다 크다고 가정한다)?

① 영업레버리지란 매출액의 변화율보다 영업이익의 변화율이 확대되는 효과이다.
② 고정원가가 감소하면 영업레버리지도는 높아진다.
③ 매출액이 증가하여도 영업레버리지도는 일정하다.
④ 영업레버리지도는 손익분기점 부근에서 가장 작다.

해설

• ② 영업레버리지도(DOL)$=\dfrac{\text{영업이익변화율}}{\text{매출액변화율}}=\dfrac{\text{공헌이익}}{\text{영업이익}}=\dfrac{\text{매출액}-\text{변동비}}{\text{매출액}-\text{변동비}-\text{고정비}}$
    →고정비가 감소하면 분모가 커져 영업레버리지도는 낮아진다.
  ③ 매출액이 증가하면 영업레버리지도는 낮아진다.
    →단, 매출액이 증가함에 따라 점점 감소하여 1에 접근한다.
  ④ 영업레버리지도는 손익분기점 부근에서 가장 크다.

제1주차
빈출유형특강
제2주차
핵심유형특강
제3주차
최신유형특강
제4주차
기출변형특강

활동기준원가계산(ABC)의 특징	난이도	㊦	정답	①

● 다음은 활동기준원가계산(ABC)에 관한 설명으로 가장 올바르지 않은 것은?

① 개별원가계산제도와는 결합되어 함께 사용될 수 있으나, 종합원가계산제도와는 함께 사용될 수 없다는 한계점이 존재한다.

② 일반적으로 활동기준원가계산은 전통적 원가계산제도보다 더 다양한 원가동인 요소를 고려한다.

③ 제조간접원가의 비중이 과거보다 커진 것이 활동기준원가계산제도를 도입하는 주된 배경이다.

④ 활동 및 활동원가의 분석을 통하여 원가통제를 보다 효과적으로 수행할 수 있다.

해설

- ① 활동기준원가계산(ABC)은 제조간접원가를 활동별로 배부하는 것일 뿐 개별원가계산, 종합원가계산과 독립된 원가계산 방법이 아니다. 즉, ABC는 개별원가계산, 종합원가계산에 모두 사용가능하다.
- ② 활동기준원가계산(ABC)은 기업의 기능을 여러 가지 활동으로 구분하여 분석하며 각 활동별로 제조간접원가를 집계하고 활동별 원가동인(배부기준)을 결정하므로 전통적인 원가계산제도 보다 더 다양한 원가동인 요소를 고려한다.
- ③ 산업이 고도화되고 고객의 요구가 다양해짐에 따라 제조환경도 다품종 소량생산으로 바뀌고 있으며 생산기술이 발달하고 제조과정이 자동화됨으로 인하여 제조원가에서 직접노무원가가 차지하는 비중은 줄어든 반면 제조간접원가의 비중은 과거보다 훨씬 커졌다. 이와 같이 늘어난 제조간접원가를 전통적 원가배부기준인 직접노무원가, 직접노동시간 등을 기준으로 제품에 배부하는 방법으로는 제품원가를 정확히 계산하는 것이 힘들게 되어 새로운 원가계산제도가 필요하게 되어 활동기준원가계산(ABC)이 도입되었다.
- ④ 활동기준원가계산(ABC)은 제품원가를 계산하기 위해 활동을 분석하는 과정에서 부가가치활동(value added activity)과 비부가가치활동(non-value added activity)을 구분하여 비부가가치활동을 제거하거나 감소시킴으로써 생산시간을 단축할 수도 있고 활동별로 원가를 관리함으로써 상대적으로 많은 원가를 발생시키는 활동들을 줄여나갈 수 있기 때문에 원가절감이 가능하므로 원가통제를 보다 효과적으로 수행할 수 있다.

활동기준원가계산(ABC) 일반사항	난이도	⊕	정답	④

● 다음 중 활동기준원가계산에 관한 설명으로 가장 올바르지 않은 것은?

① 제품과 고객이 매우 다양하고 생산공정이 복잡한 경우, 일반적으로 전통적인 원가계산방법에 비하여 보다 정확한 제품원가 정보를 제공한다.

② 활동의 분석을 통하여 보다 원가를 효율적으로 절감하고 통제할 수 있다.

③ 활동기준으로 원가계산을 수행하므로 제품구성이 변화하는 경우에도 신축적으로 원가계산이 가능하다.

④ 개별원가계산이나 종합원가계산과 독립적으로 사용해야만 하는 새로운 원가계산방법이다.

해설

- ② 활동기준원가계산(ABC)은 제품원가를 계산하기 위해 활동을 분석하는 과정에서 부가가치활동(value added activity)과 비부가가치활동(non-value added activity)을 구분하여 비부가가치활동을 제거하거나 감소시킴으로써 생산시간을 단축할 수도 있고 활동별로 원가를 관리함으로써 상대적으로 많은 원가를 발생시키는 활동들을 줄여나갈 수 있기 때문에 원가절감이 가능하므로 원가통제를 보다 효과적으로 수행할 수 있다.
- ④ 활동기준원가계산(ABC)은 제조간접원가를 활동별로 배부하는 것일 뿐 개별원가계산, 종합원가계산과 독립된 원가계산 방법이 아니다. 즉, ABC는 개별원가계산, 종합원가계산에 모두 사용가능하다. 한편, 활동기준원가계산(ABC)은 제조업뿐만 아니라 서비스업도 적용가능하다.

활동기준원가계산의 효익 증가조건 난이도 ㊥ 정답 ②

다음 중 활동기준원가계산제도의 도입에 따른 효익이 크게 나타날 수 있는 기업의 조건이 아닌 것은?

① 아주 큰 비중의 간접원가가 한 두 개의 원가집합을 사용해서 배부되는 경우
② 기존의 원가시스템이 확립된 후에 제조하는 제품의 종류가 크게 감소하고 있는 경우
③ 복잡한 제품은 수익성이 높게 나타나고, 간단한 제품에서는 손실이 발생되는 것처럼 보이는 경우
④ 생산량, 작업량, 제조과정의 다양성 때문에 제품의 자원소비가 다양한 경우

해설

- ① 활동기준원가계산(ABC)은 원가를 활동별로 세분화하여 배부하여 원가왜곡을 방지하고 제조간접원가의 추적가능성을 향상시켜 정확한 원가자료를 산출해 내는 장점으로 인해 제조간접원가의 비중이 큰 기업에 매우 적합하다. 따라서, 아주 큰 비중의 간접원 가가 한 두개의 원가집합을 사용해서 배부되는 경우에는 효익이 크게 나타날 수 있다.
- ② 활동기준원가계산(ABC)은 고객의 다양한 소비욕구로 인한 현대의 다품종 소량생산체제에 적합하므로, 제품의 종류가 크게 감소 하고 있는 경우에는 효익이 크게 나타날 수 없다.
- ③ 활동기준원가계산(ABC)은 원가계산의 정확성이 의심되는 경우에 그 효과를 크게 볼 수 있다. 즉, 복잡한 제품은 수익성이 높게 나타나고 간단한 제품에서는 손실이 발생되는 것처럼 보이는 경우와 같이 원가왜곡이 존재할 가능성이 있는 기업은, 활동기준 원가계산(ABC)을 도입하면 원가왜곡이 감소되므로 그 효과를 크게 볼 수 있다.
- ④ 전통적 원가계산은 제품이 직접 자원을 소비하여 생산된다고 보지만, 활동기준원가계산(ABC)은 기업이 제조과정에서 수행하는 개별활동들이 자원을 소비하게 되고 개별제품은 이러한 활동들을 소비함으로써 생산된다고 본다. 따라서, 제품의 자원소비가 다 양한 경우 활동별로 세분화하여 배부하는 활동기준원가계산(ABC)을 도입하면 효익이 크게 나타날 수 있다.
- ★ **저자주** 이따금 지문을 변경하여 출제되고 있는 문제이긴 하나, 회계사·세무사 시험용에 해당되며 재경관리사 시험수준을 고려할 때 다소 무리한 출제로 사료됩니다. 출제가 되고 있는 만큼 문구 정도 숙지 바랍니다.

수명주기원가계산(LCC)의 유용성 난이도 ㊦ 정답 ④

다음 중 수명주기원가계산의 유용성으로 가장 올바르지 않은 것은?

① 제품 또는 서비스의 수명주기 동안 모든 가치사슬단계에서 발생하는 수익과 비용에 대한 집계를 가능하 게 하여 프로젝트 전체에 대한 이해가 향상된다.
② 제조이전단계에서 대부분의 제품원가가 결정된다는 인식을 토대로 연구개발단계와 설계단계에서부 터 원가절감을 위한 노력을 기울여야 한다는 것을 강조한다.
③ 프로젝트와 관련하여 언제 어떤 가치사슬단계에서 얼마만큼의 원가가 발생하는지를(비율로) 알게됨으 로써 상이한 가치사슬단계에서 원가발생의 상호관계 파악이 가능하다.
④ 재무적 관점에 의한 단기적 성과 및 원가관리에 유용하다.

해설

- 수명주기원가계산(LCC)은 장기적 관점의 원가절감 및 원가관리에 유용하다.

❓POINT 수명주기원가계산(LCC) 주요사항

의의	• 수명주기원가계산(LCC)은 제품수명주기 동안 상위활동(=제조이전단계=초기단계 : 연구개발, 설계), 제조, 하위활동(=제조이후단계 : 마케팅, 유통, 고객서비스)에서 발생하는 모든 원가를 제품별로 집계하는 원가 계산제도임. • 수명주기원가계산(LCC)은 연구개발에서 고객서비스에 이르기까지 제품수명주기의 각 단계별 수익과 비용을 추정함과 동시에 각 단계별로 수익창출 및 원가절감을 위해 취해진 제반 활동의 결과를 평가하기 위한 장기적 관점의 원가계산제도임. →단기적 관점의 원가절감을 유도하는 것이 아님.
특징	• 제조이전단계(=초기단계)에서 대부분의 제품원가가 결정된다는 인식을 토대로 연구개발단계와 제품 설 계단계에서부터 원가절감을 위한 노력을 기울여야 한다는 것을 강조함. • 제품 또는 서비스의 수명주기 매 단계마다 모든 가치사슬단계에서 발생하는 수익과 비용에 대한 집계를 가능하게 하여 프로젝트 전체에 대한 이해가 향상됨.

수명주기원가계산(LCC) 일반사항	난이도	⊕	정답	②

다음 중 수명주기원가계산에 관한 설명으로 가장 올바르지 않은 것은?

① 가치사슬 관점에서 제품수명주기 초기단계에서의 원가절감을 강조한다.
② 제조활동 이후의 하위활동은 원가계산시 고려하지 않는다.
③ 제품 또는 서비스의 수명주기 매 단계마다 모든 가치사슬단계에서 발생하는 수익과 비용에 대한 집계를 가능하게 하여 프로젝트 전체에 대한 이해가 향상된다.
④ 장기적 관점의 원가절감 및 원가관리에 유용하다.

해설

• 수명주기원가계산(LCC)은 제품수명주기 동안 상위활동(=제조이전단계=초기단계 : 연구개발, 설계), 제조, 하위활동(=제조이후단계 : 마케팅, 유통, 고객서비스)에서 발생하는 모든 원가를 제품별로 집계하는 원가계산제도이다. 따라서, 제조활동 이후의 하위활동(마케팅, 유통, 고객서비스) 원가가 원가계산에 포함된다.

외부실패원가 해당항목	난이도	ⓣ	정답	④

품질원가는 예방원가, 평가원가, 내부실패원가, 외부실패원가로 분류한다. 다음 중 외부실패원가에 해당하는 것은?

① 공급업체 평가   ② 재작업
③ 공손품   ④ 보증수리

해설

• 외부실패원가 : 불량품이 고객에게 인도된 후에 발견됨으로써 발생하는 원가
• ① 공급업체 평가 : 예방원가
  ② 재작업 : 내부실패원가
  ③ 공손품 : 내부실패원가
  ④ 보증수리 : 외부실패원가

❗POINT 품질원가(COQ)

의의	• 품질원가(COQ)란 불량품이 생산되지 않도록 하거나, 생산된 결과로 발생하는 모든 원가를 말함.	
품질원가 종류	❖통제원가(사전품질원가) ➡ 통제원가가 증가할수록 불량률은 감소함(∵역관계)	
	예방원가	**평가원가**
	• 불량품 생산을 예방키 위해 발생하는 원가 ㄱ 품질관리시스템 기획원가, 예방설비 유지 ㄴ 공급업체 평가원가, 품질·생산직원교육원가 ㄷ 설계·공정·품질 엔지니어링원가	• 불량품을 적발키 위해 발생하는 원가 ㄱ 원재료나 제품의 검사·시험원가 ㄴ 검사설비 유지원가 ㄷ 현장·생산라인검사원가
	❖실패원가(사후품질원가) ➡ 불량률이 증가할수록 실패원가는 증가함(∵정관계)	
	내부실패원가	**외부실패원가**
	• 불량품이 고객에게 인도되기 전에 발견됨으로써 발생하는 원가 ㄱ 공손품원가, 작업폐물원가 ㄴ 재작업원가, 재검사원가 ㄷ 작업중단원가	• 불량품이 고객에게 인도된 후에 발견됨으로써 발생하는 원가 ㄱ 고객지원원가(소비자 고충처리비), 보증수리원가, 교환원가 ㄴ 반품원가(반품운송,재작업,재검사 포함) ㄷ 손해배상원가, 판매기회상실에 따른 기회비용
품질원가 최소점	• 전통적 관점 : 허용가능품질수준(AQL) • 최근의 관점 : 불량률이 0인 무결함수준	

| 특별주문 수락·거부 의사결정[1] | 난이도 | ⊕ | 정답 | ④ |

㈜상일의 생산 및 판매에 대한 자료는 다음과 같다.

제품단위당 판매가격	80원
제품단위당 변동제조원가	25원
고정제조간접원가	400,000원
고정판매비	200,000원
연간 생산능력	20,000단위
연간 판매량	15,000단위

최근 고객사로부터 제품 3,000단위를 단위당 40원에 공급해 달라는 특별주문을 받았다. 특별주문에 대하여 ㈜상일이 취할 행동으로 가장 옳은 것은(단, 특별주문 수락으로 인한 기존 판매수량 및 판매가격에는 영향이 없다)?

① 특별주문의 가격이 시장가격보다 낮으므로 주문을 거절하여야 한다.
② 제품단위당 제조원가가 45원이므로 주문을 거절하여야 한다.
③ 제안을 받아들일 경우 15,000원의 이익이 추가로 발생하므로 주문을 수락하여야 한다.
④ 제안을 받아들일 경우 45,000원의 이익이 추가로 발생하므로 주문을 수락하여야 한다.

해설
━━━━━━━━━━━━━━━━━━━━━━━━━━━━━━━━━━━━━

• 특별주문 수락의 경우
 증분수익 - 증가 : 3,000단위×@40 = 120,000
 증분비용 - 증가 : 3,000단위×@25 = (75,000)
 증분손익   45,000
 →∴특별주문을 수락할 경우(제안을 받아들일 경우) 45,000원의 증분이익이 발생하므로 주문을 수락한다.

❓ POINT 특별주문 수락·거부 의사결정

고려사항	• 특별주문으로 증가되는 수익(특별주문가격)과 변동원가 • 유휴설비능력이 있는 경우 유휴설비의 대체용도를 통한 이익상실분(기회원가) • 유휴설비능력이 없는 경우 기존 정규매출감소로 인한 공헌이익상실분 • 유휴설비능력이 없는 경우 설비능력 확충시 추가적 설비원가 🔎주의 고정원가(FOH,고정판관비)는 특별주문의 수락여부와 관계없이 일정하게 발생하므로 일반적으로 분석에서 제외하나, 조업도 수준에 따라 증감하는 경우에는 고려함.
주문수락 의사결정	㉠ 유휴설비능력이 존재하는 경우 　　　　　□ 증분수익 > 증분원가 ㉡ 유휴설비능력이 존재하고 대체적 용도가 있는 경우 　　　　　□ 증분수익 > 증분원가+기회원가 ㉢ 유휴설비능력이 존재하지 않는 경우 　　□ 증분수익 > 증분원가+추가설비원가+기존판매량 감소분의 공헌이익

특별주문 수락·거부 의사결정[2]　　난이도 ㊥　　정답 ①

㈜삼일의 손익계산서는 다음과 같다.

제품단위당 판매가격	1,200원
매출액	7,200,000원
매출원가	3,200,000원
매출총이익	4,000,000원
판매비와관리비	2,700,000원
영업이익	1,300,000원

매출원가 중 1/4과 판매비와관리비 중 2/3가 고정비이다. 유휴생산능력이 있다고 할 경우, 제품단위당 700원에 500단위의 제품에 대한 추가주문을 받아들인다면 회사의 영업이익에 미치는 영향은 얼마인가(단, 추가주문 수락이 기존주문에 미치는 영향은 없는 것으로 가정한다)?

① 75,000원 증가　　② 75,000원 감소　　③ 125,000원 증가　　④ 125,000원 감소

해설

- 판매량 : 7,200,000(매출액)÷1,200(단위당판매가격)=6,000단위
- 단위당 변동매출원가 : (3,200,000×3/4)÷6,000단위=400
  단위당 변동판매비와관리비 : (2,700,000×1/3)÷6,000단위=150
- 특별주문 수락의 경우
  증분수익 – 증가 : 500단위×@700　　　= 　350,000
  증분비용 – 증가 : 500단위×(400+150) = 　(275,000)
  증분손익　　　　　　　　　　　　　　　75,000
  →∴특별주문을 수락할 경우(제안을 받아들일 경우) 75,000원의 증분이익이 발생한다.
- ★ **저자주** 문제의 명확한 성립을 위해 누락된 단서인 '주문을 수락하더라도 고정원가에는 아무런 영향을 초래하지 않는다.'를 추가하기 바랍니다.

특별주문과 관련·비관련원가 항목　　난이도 ㊦　　정답 ②

㈜삼일은 특별주문요청을 받았다. 현재 여유생산시설이 있는 상황이라면 이 회사의 경영자가 특별주문의 수락여부 의사결정에서 고려하지 않아도 되는 원가는?

① 직접재료원가　　　　　　　　　② 고정제조간접원가
③ 직접노무원가　　　　　　　　　④ 변동제조간접원가

해설

- 고정원가(고정제조간접원가)는 특별주문에 대한 의사결정을 함에 있어 비관련원가이다.
  →그러나, 고정원가가 특별주문으로 증감하는 경우에는 의사결정에 고려한다.

제품라인 유지·폐지 의사결정	난이도	下	정답	①

㈜삼일의 프로젝트 A에 대한 매출액은 200,000원, 변동원가는 100,000원이고, 고정원가는 200,000원이다. 고정원가 중 100,000원은 프로젝트 A를 포기하더라도 계속하여 발생하는 금액이다. 만약 ㈜삼일이 프로젝트 A를 포기한다면 회사의 순이익은 어떻게 변화하는가?

① 변화없음.　　② 100,000원 감소　　③ 100,000원 증가　　④ 200,000원 감소

해설

• 프로젝트A를 포기하는 경우

증분수익 - 감소 : 공헌이익 200,000(매출액) - 100,000(변동원가)	= (100,000)
증분비용 - 감소 : 고정원가 200,000(총고정원가) - 100,000(계속발생분)	= 100,000
증분손익	0

∴프로젝트A를 포기한다면 회사전체 순이익은 변화가 없다.(증분손익 0원)

참고 총액접근법

프로젝트A의 현재 손익	프로젝트A 포기시 손익	
공헌이익 : 200,000 - 100,000 = 100,000	-	
고정원가 : 200,000	100,000(계속발생분)	
△100,000	△100,000	→증분손익 0

POINT 제품라인 유지·폐지 의사결정

고려사항	• 회사전체의 이익에 미치는 영향을 기준으로 폐지여부를 결정함. →제품라인의 유지·폐지 문제에서는 제품라인 자체의 이익을 고려하여 결정하는 것이 아니라, 기업 전체적인 입장(goal congruence)에서 전체 이익에 미치는 영향을 분석해야 함. • 폐지로 인한 회피가능고정비 존재시 이 또한 고려함. →제품라인을 폐지할 경우 매출액과 변동원가는 사라지지만 고정원가는 회피가능고정원가와 회피불가능고정원가로 나눌 수 있기 때문임.
제품라인폐지 의사결정	□ 제품라인의 공헌이익 < (회피가능고정원가+기회원가)

| | 제품라인 유지·폐지와 회사전체 이익 영향 | 난이도 | ⊕ | 정답 | ④ |

다음은 세 사업부문(A, B, C)을 보유한 ㈜삼일의 손익자료이다. 다음 중 자료에 관한 분석으로 가장 올바르지 않은 것은?(단위 : 원)

	A사업부	B사업부	C사업부	전체
매출액	4,000	3,000	2,000	9,000
변동원가	2,400	2,000	1,200	5,600
공헌이익	1,600	1,000	800	3,400
회피불능고정원가	1,900	1,200	400	3,500
이익(손실)	(300)	(200)	400	(100)

① 사업부 A, B 를 폐쇄하면 회사의 전체손실은 2,700원이 된다.
② 사업부 B, C 를 폐쇄하면 회사의 전체손실은 1,900원이 된다.
③ 사업부 A, C 를 폐쇄하면 회사의 전체손실은 2,500원이 된다.
④ 사업부 A, B, C 모두를 폐쇄하면 이익(또는 손실)이 0원이 된다.

해설

• 사업부문이 폐쇄되더라도 회피불능고정원가는 계속 발생하므로 이를 그 금액만큼 손실로 고려하여야 한다.
• ① A,B를 폐쇄시 전체손익 : C의 손익(400) – A,B의 회피불능고정원가(1,900+1,200) = △2,700

   [별해] A,B를 폐쇄하는 경우
   증분수익 – 감소 : 공헌이익 1,600+1,000 = (2,600)
   증분비용 – 없음 : ———0———
   증분손익   (2,600)
   →∴전체손익 : – 100 – 2,600 = △2,700

② B,C를 폐쇄시 전체손익 : A의 손익(△300) – B,C의 회피불능고정원가(1,200+400) = △1,900
③ A,C를 폐쇄시 전체손익 : B의 손익(△200) – A,C의 회피불능고정원가(1,900+400) = △2,500
④ A,B,C를 모두 폐쇄하면 회피불능고정원가(1,900+1,200+400 = 3,500)만큼 손실이 커진다.

   [별해] A,B,C를 폐쇄하는 경우
   증분수익 – 감소: 공헌이익 1,600+1,000+800 = (3,400)
   증분비용 – 없음: ———0———
   증분손익   (3,400)
   →∴전체손익 : – 100 – 3,400 = △3,500

| 자가제조·외부구입 의사결정시 고려사항 | 난이도 | ⊕ | 정답 | ④ |

㈜삼일은 제조에 필요한 부품을 자가제조할 것인지 아니면 외부구입할 것인지의 여부에 대한 의사결정을 하려고 한다. 다음 설명 중 가장 옳은 것은?

① 변동원가는 모두 비관련원가로 보아 의사결정을 하는데 영향을 미치지 않는다.
② 회피불가능한 고정원가는 관련원가로 의사결정을 하는데 반드시 고려하여야 한다.
③ 외부구입원가가 회피가능원가보다 큰 경우에는 외부구입하는 것이 바람직하다.
④ 기존설비를 다른 용도로 사용함에 따라 발생할 수 있는 기회비용도 함께 고려해야 한다.

해설

• ① 변동원가는 의사결정에 영향을 미치는 관련원가에 해당하는 항목이다.
  ② 회피가능고정원가는 관련원가이므로 의사결정을 하는데 반드시 고려하여야 하나, 회피불능고정원가는 비관련원가이므로 의사결정을 하는데 고려하지 않는다.
  ③ 외부구입원가가 회피가능원가(변동원가, 회피가능고정원가 등)보다 작은 경우에 외부구입한다.

❗POINT 자가제조·외부구입 의사결정

고려사항	• 자가제조시 관련원가와 외부구입가격을 고려 　🔍주의 자가제조시 증감하는 고정원가도 관련원가이므로 이도 고려함. 　　→ 예 자가제조시 추가 고용 감독자급료 • 외부구입시 다음을 고려함. 　㉠ 기존설비 임대가 가능한 경우 : 임대수익을 고려 　㉡ 기존설비로 다른 제품 생산시 : 관련수익과 변동원가를 고려(＝다른 제품 공헌이익) 　㉢ 회피가능고정원가는 관련원가, 회피불능고정원가는 비관련원가임.
고려해야할 비재무적 정보	• 자가제조의 경우는 부품 공급업자에 대한 의존도를 줄일 수 있으며, 품질관리를 보다 쉽게 할 수 있다는 장점이 있음. • 자가제조의 경우는 공급업자에 대한 의존도를 줄임으로써 공급업자와의 관계를 상실하여 향후에 급격한 주문의 증가로 회사의 생산능력이 초과할 때 제품을 외부구입하기가 쉽지 않을 수 있음.(별도의 추가적 시설투자가 필요하므로 많은 비용이 발생하는 단점이 있음.) • 제품에 특별한 지식·기술이 요구될 때 자가제조를 하며 품질을 유지하기가 쉽지 않을 수 있음.
외부구입 의사결정	㉠ 기존설비의 대체용도가 있는 경우 　□ 증분수익(변동원가＋회피가능고정원가＋기회원가) ＞ 증분비용(외부구입원가) ㉡ 기존설비의 대체용도가 없는 경우 　□ 증분수익(변동원가＋회피가능고정원가) ＞ 증분비용(외부구입원가)

| 자가제조·외부구입시 비재무적정보 | 난이도 | ⊕ | 정답 | ④ |

㈜삼일은 부품의 자가제조 또는 외부구입에 대한 의사결정을 하려고 한다. 이 때 고려해야 하는 비재무적 정보에 대한 설명 중 가장 올바르지 않은 것은?

① 부품을 자가제조 할 경우 부품의 공급업자에 대한 의존도를 줄일 수 있는 장점이 있다.
② 부품을 자가제조 할 경우 기존 외부공급업자와의 유대관계를 상실하게 되는 단점이 있다.
③ 부품을 외부구입 할 경우 향후 주문량의 변동에 유연하게 대응할 수 있다는 장점이 있다.
④ 부품을 외부구입 할 경우 제품에 특별한 지식이나 기술이 요구될 때 품질을 유지하기 위한 관리가 별도로 필요하게 되는 단점이 있다.

해설

• 부품을 자가제조 할 경우 제품에 특별한 지식이나 기술이 요구될 때 품질을 유지하기 위한 관리가 별도로 필요하게 되는 단점이 있다.

| 자가제조·외부구입 의사결정 | 난이도 | ⊕ | 정답 | ③ |

선박 제조회사인 ㈜상일이 소형모터 10,000개를 자가제조하는 경우, 단위당 원가는 다음과 같다.

직접재료원가	7원
직접노무원가	3원
변동제조간접원가	2원
특수기계 감가상각비	2원
공통제조간접원가 배부액	5원
제품원가	19원

외부 회사에서 ㈜상일에 소형모터 10,000개를 단위당 18원에 공급할 것을 제안하였다. ㈜상일이 외부업체의 공급 제안을 수용하는 경우, 소형모터 제작을 위하여 사용하던 특수기계는 다른 용도로 사용 및 처분이 불가능하며, 소형 모터에 배부된 공통제조간접원가의 40%를 절감할 수 있다. ㈜상일이 외부업체의 공급제안을 수용한다면, 자가제조 하는 것보다 얼마나 유리 또는 불리한가?

① 30,000원 불리　　② 30,000원 유리　　③ 40,000원 불리　　④ 40,000원 유리

해설

• 외부구입의 경우

증분비용 - 증가 : 구입액　　　　　　　　　　　　　　　　= (10,000개×18)
　　　　 - 감소 : 원가감소 10,000단위×(7+3+2)+(10,000개×5)×40% = $\underline{140,000}$
증분손익　　　　　　　　　　　　　　　　　　　　　　　　(40,000)

→∴외부구입의 경우 증분손실 40,000원이 발생한다.(즉, 자가제조보다 40,000원 불리하다.)

| 외부구입과 지불가능 최대가격 | 난이도 | ⊕ | 정답 | ② |

㈜상일이 자기제조하고 있는 부품의 원가자료는 다음과 같다.

부품단위당 직접재료원가	1,200원
부품단위당 직접노무원가(변동원가)	800원
부품단위당 변동제조간접원가	400원
고정제조간접원가	10,000,000원
생산량	50,000단위

부품을 자기제조하지 않는 경우 고정제조간접원가의 30%를 회피할 수 있다면 부품을 외부구입할 때 지불할 수 있는 최대가격은 얼마인가?

① 2,400원　　　② 2,460원　　　③ 2,540원　　　④ 2,600원

해설

• 외부구입의 경우

증분비용 - 증가 : 구입액　　　　　　　　　　　　　　　　= (50,000단위×A)
　　　　 - 감소 : 원가감소 50,000단위×(1,200+800+400)+10,000,000×30% = $\underline{123,000,000}$
증분손익　　　　　　　　　　　　　　　　　　　　　123,000,000 - 50,000단위×A

→123,000,000 - 50,000단위×A≧0 에서, A≦2,460

의사결정과 관련원가	난이도	⊕	정답	②

다음 중 의사결정에 관한 설명으로 가장 올바르지 않은 것은?

① 고정원가가 당해 의사결정과 관계없이 계속 발생한다면 고정원가는 비관련원가이다.
② 현재 시설능력을 100 % 활용하고 있는 기업이 특별주문의 수락 여부를 고려할 때 동 주문생산에 따른 추가 시설 임차료는 고려할 필요가 없다.
③ 제품라인을 폐지한 후 유휴생산시설을 이용하여 발생시키는 수익은 의사결정 시 고려하여야 한다.
④ 부품의 자가제조 또는 외부구입 의사결정시 회피가능원가가 외부구입원가보다 큰 경우에는 외부구입하는 것이 바람직하다.

해설

- ① 회피가능고정원가(고정원가가 당해 의사결정으로 감소)만이 관련원가이며, 회피불능고정원가(고정원가가 당해 의사결정과 관계없이 계속 발생)는 비관련원가이다.
- ② 유휴생산능력이 없거나 부족한 때에는 특별주문을 수락할 경우 기존 설비능력이 부족하기 때문에 설비능력을 확충하게 된다. 따라서, 이 경우에는 특별주문의 수락으로 인한 설비원가 및 추가 시설 임차료 등을 모두 고려해야 된다. 추가 시설 임차료는 의사결정시 고려해야 할 관련원가이다.
- ③ 제품라인을 폐지함에 따라 유휴생산시설이 발생하는데 기업은 그러한 유휴생산시설을 임대를 주거나 다른 제품 생산에 이용하게 되며 그에 따라 발생하는 수익은 제품라인의 폐지여부 의사결정에 있어서 관련원가가 되므로 의사결정시 고려해야 한다.
- ④ 일반적인 경우 '회피가능원가(변동원가+회피가능고정원가)〉외부구입원가'인 경우에는 외부구입하는 것이 바람직하다.
  →단, 유휴시설의 활용이 가능한 경우에는 '(회피가능원가+유휴시설 활용 이익증가)〉외부구입원가'인 경우에 외부구입하는 것이 바람직하다.

추가가공여부 의사결정	난이도	⊕	정답	③

㈜삼일은 진부화된 의류 500 벌을 보유하고 있다. 이 제품에 대한 총제조원가는 45,000,000원이었으나 현재로는 의류 한벌당 25,000원에 처분하거나, 11,000,000원을 투입하여 개조한 후 의류 한 벌당 50,000원에 판매할 수 있는 상황이다. 다음 설명 중 가장 옳은 것은?

① 그대로 의류 한벌당 25,000원에 처분하면 32,500,000원의 손실이 발생하므로 처분해서는 안된다.
② 개조하여 판매하면 11,000,000원의 추가적인 손실이 발생한다.
③ 개조하여 판매하는 것이 그대로 처분하는 것보다 1,500,000원 만큼 유리하다.
④ 11,000,000원의 추가비용을 지출하지 않고 의류 한벌당 25,000원에 판매하는 것이 유리하다.

해설

- 개조한 후 판매의 경우

증분수익 - 증가 : 500벌×(@50,000 - @25,000) = 12,500,000
증분비용 - 증가 : 추가공원가   = (11,000,000)
증분손익   1,500,000

→∴개조하여 판매하는 경우(추가가공하는 경우) 1,500,000원의 증분이익이 발생하므로 개조하여 판매한다.

참고 총액접근법

그대로 처분하는 경우	개조한 후 판매의 경우	
매출 : 500벌×25,000 = 12,500,000	매출 : 500벌×50,000 = 25,000,000	→증분수익 12,500,000
원가 : 45,000,000	원가 : 45,000,000+11,000,000 = 56,000,000	→증분비용 11,000,000
△32,500,000	△31,000,000	→증분이익 1,500,000

- ① 그대로 한 벌당 25,000원에 처분하면 32,500,000원의 손실이 발생하긴 하나, 제품을 그대로 보유하고 있는 선택의 경우는 총제조원가(45,000,000원)만큼 손실을 보므로 처분이나 개조후 판매를 통해 손실을 줄이는게 낫다.
- ② 개조하여 판매하면 그대로 처분하는 경우에 비해 1,500,000원의 추가적인 이익이 발생한다.
- ④ 11,000,000원의 추가비용을 지출하여 의류 한 벌당 50,000원에 판매하는 것이 가장 유리하다.

| 특별가격결정방법 | 난이도 | ⑤ | 정답 | ③ |

다음의 조건에 적합한 가격결정 방법으로 가장 옳은 것은?

> • 단기이익을 극대화하기 위한 초기시장진입가격 결정이다.
> • 제품의 가격탄력성이 낮고 시장에 제품 진입이 한정되어 있다.

① 입찰가격   ② 시장침투가격   ③ 상층흡수가격   ④ 약탈적 가격정책

해설

• 단기간의 이익을 극대화하기 위해서 초기시장진입가격은 높게 설정을 하고, 점진적으로 시장점유율(market share)을 높이기 위해
가격을 내리는 가격정책으로 제품의 가격탄력성이 낮고 시장의 제품생산능력이 한정되어 있는 제품에 적합한 가격정책
→상층흡수가격에 대한 설명이다.

ⓘ 길라잡이 **특별가격결정방법**

신제품 가격결정	상층흡수가격	• 단기간의 이익을 극대화하기 위해서 초기시장진입가격은 높게 설정을 하고, 점진적으로 시장점유율을 높이기 위해 가격을 내리는 가격정책 →제품 가격탄력성이 낮고 시장의 제품진입이 한정되어 있는 제품에 적합
	시장침투가격	• 초기에 높은 시장점유율을 얻기 위한 가격정책으로 초기시장진입가격을 낮게 설정하는 것 →특히 제품의 가격탄력성이 높고, 고정원가의 비율이 높은 제품에 적합
입찰가격		• 공헌이익법이 사용되며, 결정시 경제상황, 경쟁자, 높은 이익률 및 회전율 등도 고려함.
약탈적 가격정책		• 경쟁자를 시장에서 축출하기 위해 일시적으로 가격을 인하하는 정책 →경쟁자가 없어진 후 다시 가격을 인상하여 이익을 얻기 위한 가격정책임.

대체가격 계산	난이도	⊕	정답	③

㈜상일의 A사업부는 LED를 생산하고 있으며, 연간 생산능력은 100,000단위이다. ㈜상일의 A사업부 수익과 원가자료는 다음과 같다.

단위당 외부판매가격	300원
단위당 변동원가	150원
단위당 고정원가(연간 100,000단위 기준)	9원

㈜상일은 텔레비전을 생산하는 B사업부도 보유하고 있다. B사업부는 현재 연간 10,000단위의 LED를 단위당 290원에 외부에서 조달하고 있다. A사업부가 생산하는 제품 전량을 외부시장에 판매할 수 있고 사내대체시 단위당 변동원가 20원을 절감할 수 있다면, 각 사업부 및 회사 전체의 이익극대화 입장에서 LED의 단위당 대체가격은 얼마인가?

① 150원　　　② 159원　　　③ 280원　　　④ 300원

해설

- 수요사업부(B사업부)의 최대대체가격(최대TP) : 외부구매시장이 있음
  - 최대TP = 290(외부구입가격)
- 공급사업부(A사업부)의 최소대체가격(최소TP) : 외부판매시장이 있음 & 유휴시설이 없음
  - 최소TP = 대체시단위당지출원가 + 정규매출상실공헌이익 - 대체시절감원가
  - →㉠ 대체시단위당지출원가(= 단위당변동비 + 증분단위당고정비) : 150 + 0 = 150
    ㉡ 정규매출상실공헌이익 : 300(단위당외부판매가격) - 150(단위당변동원가) = 150
      (전량을 외부에 판매가능하므로 이를 대체시 외부판매를 포기해야 한다.)
    ㉢ 대체시절감원가 : 20
  - 최소대체가격(최소TP) : 150 + 150 - 20 = 280
- 대체가격 범위

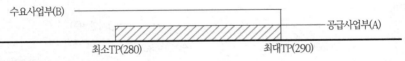

수요사업부(B)　　　　　　　　　　　　　　　　　공급사업부(A)

최소TP(280)　　　　　　　　　　최대TP(290)

❓ POINT 최대·최소대체가격(TP) 계산

최대대체가격 [수요사업부]	외부구매시장 없는 경우	▢ 판매가격 - 대체후단위당지출원가 →대체후단위당지출원가 = 추가가공원가 + 증분단위당고정비 + 단위당추가판매비
	외부구매시장 있는 경우	▢ Min[① 외부구입가격 ② 판매가격 - 대체후단위당지출원가] 🔍주의 대체후지출없이 판매시 일반적으로 판매가>외부구입가, 즉, 최대TP=외부구입가
최소대체가격 [공급사업부]	외부판매시장 없는 경우	▢ 대체시단위당지출원가 - 대체시절감원가 →대체시단위당지출원가 = 단위당변동비 + 증분단위당고정비
	외부판매시장 있는 경우	㉠ 유휴시설이 없는 경우 　▢ 대체시단위당지출원가 + 정규매출상실공헌이익 - 대체시절감원가 ㉡ 유휴시설이 있는 경우 　▢ 대체시단위당지출원가 + 타용도사용포기이익 - 대체시절감원가

최소대체가격(최소TP) 계산[1]

| 난이도 | ㉯ | 정답 | ③ |

㈜삼일의 A사업부는 모터를 생산하고 있으며, 연간 생산능력은 300,000단위이다. ㈜삼일의 A사업부 수익과 원가자료는 다음과 같다.

단위당 외부판매가격	700원
단위당 변동원가	570원
단위당 고정원가(연간 300,000단위 기준)	350원

㈜삼일은 냉장고를 생산하는 B사업부도 보유하고 있다. B사업부는 현재 연간 10,000단위의 모터를 단위당 680원에 외부에서 조달하고 있다. 회사가 생산하는 제품 전량을 외부시장에 판매할 수 있고 사내대체시 단위당 변동원가 30원을 절감할 수 있다면, 회사 전체의 이익극대화 입장에서 모터의 단위당 최소대체가격은 얼마인가?

① 570원   ② 600원   ③ 670원   ④ 700원

해설

• 수요사업부(B사업부)의 최대대체가격(최대TP) : 외부구매시장이 있음
 - 최대TP = 680(외부구입가격)
• 공급사업부(A사업부)의 최소대체가격(최소TP) : 외부판매시장이 있음 & 유휴시설이 없음
 - 최소TP = 대체시단위당지출원가 + 정규매출상실공헌이익 - 대체시절감원가
 →㉠ 대체시단위당지출원가(= 단위당변동비 + 증분단위당고정비) : 570 + 0 = 570
   ㉡ 정규매출상실공헌이익 : 700(단위당외부판매가격) - 570(단위당변동원가) = 130
     (전량을 외부에 판매가능하므로 이를 대체시 외부판매를 포기해야 한다.)
   ㉢ 대체시절감원가 : 30
 - 최소대체가격(최소TP) : 570 + 130 - 30 = 670
• 대체가격 범위

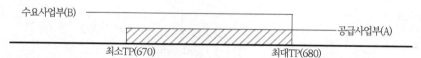

```
수요사업부(B)
                  ┌─────────////////////─────────┐
                                                          공급사업부(A)
        ───────────┼──────────────────────────────┼──────────────
              최소TP(670)                      최대TP(680)
```

저자주 문제의 명확한 성립을 위해 '회사가 생산하는 제품 전량을 외부시장에 판매할 수 있고~'를 'A사업부가 생산하는 제품 전량을 외부시장에 판매할 수 있고~'로 수정바랍니다.

| 최소대체가격(최소TP) 계산[2] | 난이도 | ㉯ | 정답 | ③ |

㈜삼일의 엔진사업부는 엔진을 생산하고 있으며 연간 생산능력은 100,000단위이고 수익과 원가자료는 다음과 같다.

단위당 외부판매가격	500원
단위당 변동제조원가	270원
단위당 변동판매관리비	10원
단위당 고정제조원가(연간 100,000 단위 기준)	50원
단위당 고정판매관리비	30원

㈜삼일은 자동차를 생산하는 완성차사업부도 보유하고 있다. 완성차사업부는 연간 10,000단위의 엔진을 단위당 490원에 외부에서 조달하고 있다. 엔진사업부가 유휴 생산시설이 없다면 사내대체를 허용할 수 있는 엔진의 단위당 최소대체가격은 얼마인가(단, 사내대체시 변동판매비는 발생하지 않음)?

① 370원   ② 480원   ③ 490원   ④ 500원

해설

- 공급사업부(엔진사업부)의 최소대체가격(최소TP) : 외부판매시장이 있음 & 유휴시설이 없음
  - 최소TP = 대체시단위당지출원가 + 정규매출상실공헌이익 - 대체시절감원가
- ㉠ 대체시단위당지출원가(= 단위당변동비 + 증분단위당고정비) : 270 + 0 = 270
  →사내대체시 변동판관비는 발생하지 않으므로 단위당변동비에 포함시키지 않는다.
- ㉡ 정규매출상실공헌이익 : 500(단위당외부판매가격) - 280(단위당변동원가) = 220
  →전량을 외부에 판매가능하므로 이를 대체시 외부판매를 포기해야 한다.
- ㉢ 대체시절감원가 : 0
- 최소대체가격(최소TP) : 270 + 220 - 0 = 490
- ★ **저자주** 문제의 명확한 성립을 위해 '단, 사내대체시 변동판매비는 발생하지 않음'을 '단, 사내대체시 변동판매관리비는 발생하지 않음'으로 수정바랍니다.

유휴시설 여부와 내부대체 결정	난이도	㊥	정답	④

㈜삼일은 두 개의 사업부 A, B로 구성되어 있다. A사업부는 단위당 변동비가 100원인 부품을 제조하고 있는데 이를 170원에 외부에 판매할 수도 있고 B사업부에 대체할 수도 있다. B사업부가 이 부품을 외부에서 구입할 수 있는 가격은 160원이다. 회사전체의 이익극대화를 위한 B 사업부의 의사결정으로 가장 옳은 것은?

① A사업부에서 구입하여야 한다.
② 외부에서 구입하여야 한다.
③ 외부에서 구입하는 경우와 A사업부에서 구입하는 경우 차이가 없다.
④ 유휴생산능력이 있으면 A사업부에서, 없으면 외부에서 구입한다.

해설

• 수요사업부(B사업부)의 최대대체가격 : 외부구매시장이 있음 →최대TP = 160
• 공급사업부(A사업부) 최소대체가격 : 외부판매시장이 있음
  ㉠ 유휴생산시설이 없는 경우 : 100+(170 - 100)=170

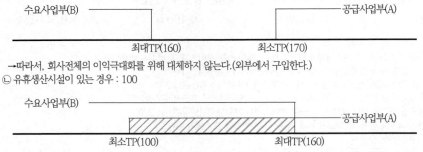

  →따라서, 회사전체의 이익극대화를 위해 대체하지 않는다.(외부에서 구입한다.)
  ㉡ 유휴생산시설이 있는 경우 : 100

  →A : '대체가격 - 100'만큼 이익, B : '180 - 대체가격'만큼 이익, 회사전체 : '180 - 100'만큼 이익
    따라서, 회사전체의 이익극대화를 위해 대체한다.(A사업부에서 구입)

| 현금흐름추정의 기본원칙[1] | 난이도 | ⓣ | 정답 | ② |

장기의사결정시에는 미래 현금흐름을 추정하는 것이 중요하다. 다음 중 장기의사결정을 위한 현금흐름 추정의 기본원칙이 아닌 것은?

① 이자비용은 할인율을 통해 반영되므로 현금흐름 산정시 이자비용은 없는 것으로 가정한다.
② 법인세는 회사가 통제할 수 없기 때문에 현금흐름을 추정할 때 고려해서는 안 된다.
③ 명목현금흐름은 명목할인율로 할인해야 하며, 실질현금흐름은 실질할인율로 할인해야 한다.
④ 감가상각비 감세효과는 현금흐름을 추정할 때 고려해야 한다.

해설

• 법인세는 현금유출에 해당하므로 현금흐름을 추정할 때 고려하여야 한다.
→단, 현금흐름을 파악할 때에는 법인세를 차감한 후의 금액을 기준으로 해야 한다.(세후기준)

❗POINT 자본예산시 현금흐름추정의 기본원칙

증분기준	• 투자안의 증분현금흐름(대안간에 차이가 나는 현금흐름)을 사용함. →∴매몰원가 제외
세후기준	• 현금흐름을 파악할 때에는 법인세를 차감한 후의 금액을 기준으로 함.
감가상각비	• 감가상각비는 현금유출이 아니나, 감가상각비의 감세효과(절세효과)는 현금유입 처리함.
이자비용	• 자본비용(할인율)에 반영되어 있으므로 이자비용은 고려하지 않음. →현금흐름의 계산에서 이자비용을 계산하고 다시 할인율을 적용하는 것은 이중계산이 되므로, 이자비용이 전혀 없는 상황을 가정하여 현금흐름을 추정해야 함.
인플레이션	• 명목현금흐름은 명목할인율로, 실질현금흐름은 실질할인율로 할인해야 함.

| 현금흐름추정의 기본원칙[2] | 난이도 | ⓣ | 정답 | ① |

다음 중 장기의사결정을 위한 자본예산 과정의 현금흐름 추정원칙으로 가장 옳은 것은?

① 감가상각비는 기업이 납부하는 법인세를 감소시키는 감세효과를 가진다.
② 현금흐름 파악시 법인세 차감전 금액을 기준으로 한다.
③ 증분현금흐름을 측정할 때 과거의 투자결정에 의한 매몰원가를 포함한다.
④ 현금흐름계산에서 이자비용을 포함하여 계산한다.

해설

• ① 감가상각비는 현금유출이 아니나, 기업이 납부하는 법인세를 감소시키는 감세효과를 가진다. 감가상각비의 감세효과(절세효과)는 현금유입 처리한다.
• ② 법인세는 현금유출에 해당하므로 현금흐름을 추정할 때 고려하여야 한다. 단, 현금흐름을 파악할 때에는 법인세 차감후의 금액을 기준으로 한다.(세후기준)
• ③ 증분현금흐름을 측정할 때 과거의 투자결정을 통해서 이미 현금유출이 이루어진 매몰원가는 투자안의 채택여부에 따라 변동되는 것이 아니기 때문에 현금흐름추정에 있어서는 제외해야 한다.
• ④ 이자비용은 현금유출이지만 현재가치를 계산할 때 사용되는 할인율(자본비용)을 통해 반영되는 항목이다. 따라서, 현금흐름의 계산에서 이자비용을 계산하고 다시 할인율을 적용하는 것은 이중계산이 되므로, 이자비용이 전혀 없는 상황을 가정하여 현금흐름을 추정해야 한다.

| 현금흐름추정의 기본원칙[3] | 난이도 | ⓣ | 정답 | ④ |

다음 중 자본예산을 편성하기 위한 현금흐름추정의 기본원칙으로 가장 올바르지 않은 것은?

① 증분기준에 의한 현금흐름을 추정해야하므로 이미 현금유출이 이루어진 매몰원가는 현금흐름추정시 고려하지 않는다.
② 법인세와 관련된 비용은 명백한 현금의 유출에 해당하므로 현금흐름추정시 현금의 유출로 반영해야 한다.
③ 감가상각비는 현금의 유출에 해당하지 않으므로 현금흐름추정시 현금의 유출로 보지 않는다.
④ 이자비용은 명백한 현금의 유출에 해당하므로 현금흐름추정시 현금의 유출로 반영해야 한다.

해설

• ① 증분현금흐름을 측정할 때 과거의 투자결정을 통해서 이미 현금유출이 이루어진 매몰원가는 투자안의 채택여부에 따라 변동되는 것이 아니기 때문에 현금흐름 추정에 있어서는 제외해야 한다.(고려하지 않는다.)
  ② 법인세는 명백한 현금의 유출에 해당하므로 현금흐름 추정시 현금의 유출로 반영해야 한다.
    →단, 현금흐름을 파악할 때에는 법인세 차감후의 금액을 기준으로 해야 한다.(세후기준)
  ③ 감가상각비는 현금유출에 해당하지 않으므로 현금흐름 추정시 현금의 유출로 보지 않는다.
    →그러나, 기업이 납부하는 법인세를 감소시키는 감세효과를 가진다. 감가상각비의 감세효과(절세효과)는 현금유입 처리한다.
  ④ 이자비용은 명백한 현금유출이지만 현재가치를 계산할 때 사용되는 할인율(자본비용)을 통해 반영되는 항목이다. 따라서, 현금흐름의 계산에서 이자비용을 계산하고 다시 할인율을 적용하는 것은 이중계산이 되므로, 이자비용이 전혀 없는 상황을 가정하여 현금흐름을 추정해야 한다.

| 자본예산 일반사항 | 난이도 | ⓣ | 정답 | ④ |

다음 중 자본예산모형에 관한 설명으로 가장 올바르지 않은 것은?

① 투자안의 타당성을 평가하기 위하여 투자안의 현금흐름이나 이익에 미치는 영향을 평가하는 방법이다.
② 자본예산모형 중 화폐의 시간적 가치를 고려하는 할인모형에는 순현재가치법과 내부수익률법이 있다.
③ 자본예산모형 중 화폐의 시간적 가치를 고려하지 않는 모형은 비할인모형이다.
④ 자본예산모형 중 실제 현금흐름으로 자본예산을 실행하는 현금모형에는 회수기간법과 회계적이익률법이 있다.

해설

• 현금모형(실제 현금흐름에 기초) : 순현재가치법(NPV법), 내부수익률법(IRR법)
• 비현금모형(손익계산서상 순이익에 기초) : 회수기간법, 회계적이익률법(ARR법)

POINT 자본예산 모형의 분류

비할인모형 〈화폐의 시간가치 고려X〉	• 회계적이익률법(ARR법)	비현금모형 〈손익계산서상 순이익에 기초〉
	• 회수기간법	
할인모형 〈화폐의 시간가치 고려O〉	• 순현재가치법(NPV법)	현금모형 〈실제 현금흐름에 기초〉
	• 내부수익률법(IRR법)	
	• 수익성지수법(PI법)	

회수기간법의 장·단점[1]

난이도 ⊕ 정답 ①

다음은 ㈜상일의 신규투자담당 팀장과의 인터뷰 내용이다. 괄호 안에 들어갈 말로 가장 올바르지 않은 것은?

> 기자 : 신규 투자 기획팀에서 15년 동안 팀장을 맡고 계신데 신규 투자에 대한 타당성 검토에는 어떠한
> 모형들이 사용됩니까?
> 팀장 : 여러 모형이 있지만 우리 회사에서는 회수기간법, 순현재가치법, 내부수익률법, 수익성지수법을
> 이용하여 타당성 검토를 합니다.
> 기자 : 그렇다면, 그 중에서 가장 중요시 하는 모형이 있습니까?
> 팀장 : 물론입니다. 투자안마다 약간 다르긴 하지만 우리 회사는 회수기간법을 가장 중요시 합니다.
> 왜냐하면 (   )

① 회수기간이 짧을수록 높은 수익률을 얻게되는 투자안이기 때문입니다.
② 투자자금을 빨리 회수하는 투자안을 선택하여 기업의 유동성확보에 도움을 줄 수 있기 때문입니다.
③ 현금흐름의 할인을 고려하지 않고 계산할 수도 있는 장점이 있기 때문입니다.
④ 회수기간이 짧을수록 안전한 투자안이라는 위험지표로서의 정보를 제공하기 때문입니다.

해설

• 회수기간의 장단은 위험지표(안전성여부)로서의 정보를 제공할 뿐이며 수익률 여부와는 무관하다.
  →회수기간법은 투자원금이 빨리 회수될수록 더 바람직한 투자라는 기본전제를 바탕으로 한 투자안 평가기법으로서, 회수기간 이후
  의 현금흐름을 무시하므로 수익성 자체를 고려하지 않는 평가기법이다.

POINT 회수기간법(비할인모형,비현금모형)

의의	• 회수기간법은 현금유입으로 투자비용을 회수시 소요기간으로 평가함.	
	☐ 회수기간 = 투자액 ÷ 연간현금유입액	
의사결정	상호독립적 투자안	• '회수기간<목표(기준)회수기간'이면 채택
	상호배타적 투자안	• 회수기간이 가장 짧은 투자안 채택
장점	• ㉠ 계산이 간단하고 쉽기 때문에 이해하기 쉽고 많은 투자안 평가시는 시간·비용을 절약 가능함.	
	㉡ 위험지표로서의 정보를 제공함.(즉, 회수기간이 짧은 투자안일수록 안전한 투자안임)	
	㉢ 회수기간이 짧을수록 빨리 회수하므로, 기업의 유동성확보와 관련된 의사결정에 유용함.	
단점	• ㉠ 회수기간 이후의 현금흐름을 무시함(즉, 수익성을 고려하지 않음)	
	㉡ 화폐의 시간가치를 무시함.	
	㉢ 목표회수기간을 설정하는데 자의적인 판단이 개입됨.	

회수기간법의 장·단점[2]

난이도 ⊕ 정답 ③

다음 중 회수기간법에 관한 설명으로 가장 올바르지 않은 것은?

① 많은 투자안을 평가할 경우 시간과 비용을 절약할 수 있다.
② 화폐의 시간가치를 고려하지 않는다.
③ 회수기간 전후의 현금흐름을 파악하여 수익성을 고려한다.
④ 위험지표로서의 정보를 제공한다.

해설

• 회수기간법은 투자원금이 빨리 회수될수록 더 바람직한 투자라는 기본전제를 바탕으로 한 투자안 평가기법으로서, 회수기간 이후의
  현금흐름을 무시하므로 수익성 자체를 고려하지 않는 평가기법이다.

| 회수기간법 의사결정 | | 난이도 | ⊕ | 정답 | ② |

다음 자료에 의하여 의사결정을 할 경우 가장 옳은 것은?

㈜삼일은 210,000원에 기계를 구입하고자 할 때, 조건은 다음과 같다.
• 5년 이내에 회수가 되어야 한다.
• 연중 현금흐름은 일정하게 발생한다고 가정하며, 회수기간이 짧은 기계를 선택한다.

연도	기계 A 연간 원가절감액	기계 B 연간 원가절감액
1	100,000원	50,000원
2	50,000원	50,000원
3	30,000원	50,000원
4	20,000원	50,000원
5	20,000원	50,000원

① 기계 A를 구입한다.
② 기계 B를 구입한다.
③ 둘 중 어떤 것을 구입해도 관계없다.
④ 기계 A, B 모두 조건에 충족하지 않아 구입하지 않는다.

해설

• 5년이내 210,000원 회수조건 충족여부 검토
 ㉠ 기계A : 5년이내 원가절감액(=회수액)이 220,000(=100,000+50,000+30,000+20,000+20,000)이므로 충족O
 ㉡ 기계B : 5년이내 원가절감액(=회수액)이 250,000(=50,000+50,000+50,000+50,000+50,000)이므로 충족O
• 회수기간 계산

 ㉠ 기계A : $4년+1년 \times \dfrac{210,000-(100,000+50,000+30,000+20,000)}{20,000}=4.5년$

 ㉡ 기계B : $4년+1년 \times \dfrac{210,000-(50,000+50,000+50,000+50,000)}{50,000}=4.2년$

∴회수기간이 짧은 기계B를 구입하는 의사결정을 한다.

ⓘ 길라잡이 회수기간법과 회수기간 계산

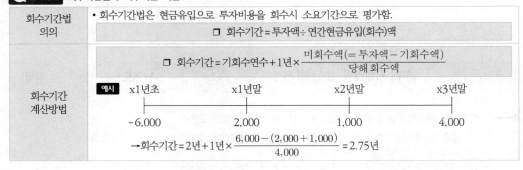

회수기간법 의의	• 회수기간법은 현금유입으로 투자비용을 회수시 소요기간으로 평가함. □ 회수기간 = 투자액 ÷ 연간현금유입(회수)액
회수기간 계산방법	□ 회수기간 = 기회수연수 + 1년 × $\dfrac{미회수액(=투자액-기회수액)}{당해 회수액}$ **예시** x1년초 ──── x1년말 ──── x2년말 ──── x3년말 　　　-6,000　　2,000　　1,000　　4,000 →회수기간 = 2년 + 1년 × $\dfrac{6,000-(2,000+1,000)}{4,000}=2.75년$

| 순현재가치법 일반사항 | 난이도 | ⑮ | 정답 | ② |

다음 중 순현재가치법(NPV 법)에 관한 설명으로 가장 올바르지 않은 것은?

① 상호 독립적인 투자안의 경우에는 가치가산의 원칙이 성립한다.
② 순현재가치법은 화폐의 시간가치를 고려하지 않는다.
③ 순현재가치법에 의하면 기업의 가치를 극대화할 수 있는 투자안을 선택할 수 있다.
④ 독립적 투자안에 대한 의사결정시 순현재가치(NPV)가 0(영)보다 크면 투자안을 채택한다.

해설

• 순현재가치법은 할인모형이므로 화폐의 시간가치를 고려한다.

참고 가치가산의 원칙(value additivity principle) : 상호 독립적인 투자안 A와 B가 있을 때, 두 투자안의 결합순현재가치는 각 투자안의 순현재가치의 합과 같은 것을 말한다. →NPV(A+B) = NPV(A)+NPV(B)

| 순현재가치법(NPV법)과 내부수익률법(IRR법)[1] | 난이도 | ⑮ | 정답 | ① |

다음 중 순현재가치(NPV)법과 내부수익률(IRR)법에 대한 설명으로 가장 올바르지 않은 것은?

① 내부수익률법은 가치가산의 원칙이 적용되나 순현재가치법은 그렇지 않다.
② 내부수익률법은 투자안의 내부수익률이 자본비용을 상회하면 그 투자안을 채택한다.
③ 두 방법 모두 화폐의 시간적 가치를 고려하는 방법이다.
④ 순현재가치법은 투자안의 순현재가치가 '0(영)'보다 크면 그 투자안을 채택한다.

해설

• 가치가산의 원칙(value additivity principle) : 상호 독립적인 투자안 A와 B가 있을 때, 두 투자안의 결합순현재가치는 각 투자안의 순현재가치의 합과 같은 것을 말한다. →NPV(A+B) = NPV(A)+NPV(B)
• 가치가산의 원칙이 성립하는 것은 내부수익률법이 아니라 순현재가치법이다.

POINT 순현재가치법(NPV법)의 우월성

순현재가치법(NPV법)	내부수익률법(IRR법)
• 계산이 간단 - NPV = 현금유입현가 – 현금유출현가 • 자본비용으로 재투자된다고 가정하므로 현실적임. • 금액으로 투자결정 - 독립적 : 'NPV 〉 0'인 투자안 채택 - 배타적 : NPV가 가장 큰 투자안 채택 • 가치가산원칙(value additivity principle)이 성립	• 계산이 복잡(IRR이 2개이상도 존재 가능) - IRR : '현금유입현가 = 현금유출현가'가 되는 할인율 • 내부수익률로 재투자된다고 가정하므로 지나치게 낙관적임. • 비율로 투자결정(자본비용=최저필수수익률) - 독립적 : '내부수익률(IRR) 〉 자본비용'이면 채택 - 배타적 : 내부수익률(IRR)이 가장 큰 투자안 채택 • 가치가산원칙(value additivity principle)이 불성립

순현재가치법(NPV법)과 내부수익률법(IRR법)[2]

| 난이도 | ⑤ | 정답 | ① |

다음 중 순현재가치법과 내부수익률법에 관한 설명으로 가장 올바르지 않은 것은?

① 순현재가치법과 내부수익률법에 따른 투자안 평가결과는 항상 동일하다.
② 순현재가치법은 투자기간동안 현금흐름을 자본비용으로 재투자한다고 가정한다.
③ 내부수익률법은 투자안의 내부수익률이 자본비용을 상회하면 그 투자안을 채택한다.
④ 두 방법 모두 화폐의 시간적 가치를 고려하는 방법이다.

해설

• 내부수익률이란 현금유입의 현재가치와 현금유출의 현재가치를 같게 하는 할인율을 말하며, 이는 순현재가치를 0으로 하는 할인율이므로, 단일투자안을 대상으로 평가할 때에는 순현재가치법이나 내부수익률법 모두 동일한 결론을 얻는다. 그러나 둘 이상의 상호독립적인 투자안의 우선순위를 결정하거나 상호 배타적인 투자안을 평가할 때 순현재가치법과 내부수익률법은 경우에 따라 서로 다른 결과를 가져올 수 있다.

순현재가치법과 NPV 계산

| 난이도 | ⑤ | 정답 | ① |

㈜삼일은 내용연수가 3년인 기계장치에 투자하려고 하고 있다. 기계장치를 구입하면, 1년째에는 5,000,000원, 2년째에는 4,000,000원, 그리고 3년째에는 3,000,000원의 현금지출운용비를 줄일 것으로 판단하고 있다. 회사의 최저필수수익률은 12%이고 기계장치에 대한 투자액의 현재가치는 8,000,000원 이라고 할 때, 기계장치에 대한 투자안의 순현재가치(NPV)는 얼마인가(단, 이자율 12%의 1원당 현재가치는 1년은 0.9, 2년은 0.8, 3년은 0.7이며 법인세는 없는 것으로 가정한다)?

① 1,800,000원　　② 1,900,000원　　③ 2,000,000원　　④ 2,100,000원

해설

• 현금흐름 추정

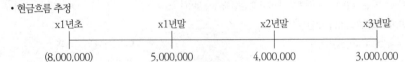

• NPV(순현재가치) : (5,000,000×0.9+4,000,000×0.8+3,000,000×0.7) - 8,000,000 = 1,800,000
★ **저자주** 문제의 명확한 성립을 위해 '단, 현금지출운용비 감소효과는 매년 말에 발생한다'를 추가바랍니다.

❗POINT 순현재가치법(NPV법)

의의	☐ NPV(순현재가치) = 현금유입의 현재가치 - 현금유출의 현재가치	
	🔎주의 할인율 : 자본비용(= 최저필수수익률 = 최저요구수익률)	
의사결정	상호독립적 투자안	• 'NPV > 0'인 투자안 채택
	상호배타적 투자안	• NPV가 가장 큰 투자안 채택

자본예산과 순영업현금흐름	난이도	㉰	정답	②

㈜삼일은 신제품 생산 및 판매를 위하여 새로운 설비를 구입하려고 한다. 관련자료는 다음과 같다.

신설비 취득원가	50,000,000원
내용연수	5년
잔존가치	5,000,000원
4년 후 추정처분가치	없음
매년 예상되는 매출액	35,000,000원
매년 예상되는 현금영업비용(감가상각비 제외)	17,000,000원

감가상각방법은 정액법을 사용하고, 법인세율은 30%이다. 감가상각비 이외의 모든 수익과 비용은 현금으로 거래한다. 새로운 설비의 구입으로 인한 매년도 영업활동으로 인한 순현금흐름은 얼마인가?

① 12,600,000원   ② 15,300,000원   ③ 15,600,000원   ④ 21,600,000원

해설

• 순영업현금흐름에 고려할 사항 : 매출액, 현금비용, 감가상각비절세효과, 원가절감액
• 매년 감가상각비 : (50,000,000 - 5,000,000)÷5년 = 9,000,000
• 매년 순영업현금흐름

세후 매출액	: 35,000,000×(1-30%) =	24,500,000
세후 현금영업비용	: 17,000,000×(1-30%) =	(11,900,000)
감가상각비 절세효과 :	9,000,000×30% =	2,700,000
		15,300,000

ⓘ 길라잡이 자본예산시 투자기간현금흐름(순영업현금흐름)

영업현금흐름	• 매출증가액, 현금비용증가액 등 →법인세차감후금액을 현금유입·유출 처리
감가상각비 절세효과	• 현금유입 처리 □ 감가상각비 절세효과 : 감가상각비×세율
원가절감액	• 투자로 인한 원가절감액을 현금유입 처리 • 원가절감액(비용감소액)으로 인한 증세효과를 현금유출 처리 □ 원가절감액 증세효과 : 원가절감액×세율

제1주차
비출유형특강
제2주차
핵심유형특강
제3주차
차산유형특강
제4주차
기출변형특강

순현재가치법의 경제성분석 오류[1]

난이도 ㊥ **정답** ③

㈜삼일의 경영진은 새로운 투자안을 검토 중이며, 경영진이 분석한 이 투자안의 NPV 는 0보다 큰 값이 산출되었다. 그러나 재무담당자인 갑의 분석에 의하면 이 투자안은 경제성이 없는 것으로 판단된다. 갑의 분석이 옳다고 했을 때, 이 기업의 경영진은 경제성분석 과정에서 어떤 오류를 범하였겠는가?

① 자본비용을 너무 높게 추정하였다.
② 투자종료시점의 투자안의 처분가치를 너무 낮게 추정하였다.
③ 현금영업비용을 너무 낮게 추정하였다.
④ 투자시점의 투자세액공제액을 현금흐름에 포함시키지 않았다.

해설

• 경영진은 NPV를 과대계상한 오류를 범한 상황이다. 따라서, NPV값이 커지는 상황을 고르면 된다.
  → 즉, 현금유입의 현재가치가 커지거나, 현금유출의 현재가치가 작아지는 상황을 고르면 된다.
• ① 자본비용을 너무 높게 추정하였다.
  → 높은 할인율(자본비용)로 현금흐름을 할인하면 주된 현금흐름인 현금유입의 현재가치는 작아지므로 NPV(순현재가치)가 작아진다.
  → 즉, 현금유입 현재가치 $= \dfrac{C_1}{1+r} + \dfrac{C_2}{(1+r)^2} \cdots\cdots \dfrac{C_n}{(1+r)^n}$ 에서, r(할인율)이 커지면 현재가치는 작아진다.
  ② 투자종료시점의 투자안의 처분가치를 너무 낮게 추정하였다.
  → 투자종료시점의 잔존가치 처분은 자산처분손익의 법인세 효과를 고려하여 현금유입 처리하므로 이를 너무 낮게 추정한 경우 현금유입의 현재가치는 작아지므로 NPV(순현재가치)가 작아진다.
  ③ 현금영업비용을 너무 낮게 추정하였다.
  → 현금영업비용을 너무 낮게 추정한 경우 현금유출의 현재가치가 작아지므로 NPV(순현재가치)가 커진다.
  ④ 투자시점의 투자세액공제액을 현금흐름에 포함시키지 않았다.
  → 투자세액공제에 따른 법인세 공제액은 투자시점의 현금유입 처리하므로 이를 현금흐름에 포함시키지 않은 경우 현금유입의 현재가치는 작아지므로 NPV(순현재가치)가 작아진다.

순현재가치법의 경제성분석 오류[2]

난이도 ㊥ **정답** ①

㈜삼일의 경영진은 새로운 투자안을 검토 중이며, 경영진이 분석한 이 투자안의 순현재가치(NPV)는 영(0)보다 큰 값이 산출되었다. 그러나 재무담당자인 김하준 팀장이 분석해 보았을 때는, 이 투자안의 순현재가치(NPV)가 영(0)보다 작아 경제성이 없는 것으로 판단하였다. 김하준 팀장의 분석이 옳다고 가정했을 때, 이 기업의 경영진은 순현재가치(NPV)를 산출하는 과정에서 어떤 오류를 범하였을 가능성이 있겠는가?

① 세금을 차감하기 전의 금액을 기준으로 계산하였다.
② 투자종료시점의 투자안의 처분가치를 너무 낮게 추정하였다.
③ 자본비용을 너무 높게 추정하였다.
④ 투자시점의 투자세액공제액을 현금흐름에 포함시키지 않았다.

해설

• 경영진은 NPV를 과대계상한 오류를 범한 상황이다. 따라서, NPV값이 커지는 상황을 고르면 된다.
  → 즉, 현금유입의 현재가치가 커지거나, 현금유출의 현재가치가 작아지는 상황을 고르면 된다.
• ① 세금을 차감하기 전의 금액으로 계산하였다.
  → 세금을 차감하기 전의 금액으로 현금흐름을 할인하면 주된 현금흐름인 현금유입의 현재가치는 커지므로 NPV(순현재가치)가 커진다.

| 판매부서 성과평가 | 난이도 | ⊕ | 정답 | ① |

다음 중 판매부서의 성과평가에 대한 설명으로 가장 옳은 것은?

① 판매부서의 성과평가는 예산매출액과 실제매출액의 비교를 통해 이루어진다.
② 판매부서 성과평가시 포함되는 변동원가는 제조부서의 능률차이를 배제하기 위해 판매활동과 제조활동에 관련된 변동원가를 모두 표준원가로 기록한다.
③ 매출총차이는 매출가격차이와 매출수량차이로 구분된다.
④ 이익중심점보다 수익중심점으로 판매부서를 운영하는 것이 바람직하다.

해설

- ② 생산부서의 성과보고서에 표시되는 실제변동원가는 제조과정에서 실제로 발생된 변동원가인 반면, 판매부서의 성과보고서에 포함되는 실제변동원가는 제조부서의 능률 또는 비능률에 의한 원가차이를 배제하기 위해 판매활동과 관련된 것만 실제변동원가이고 제조활동과 관련된 것은 표준변동원가로 기록된다.
- ③ 매출총차이는 매출가격차이와 매출조업도차이로 구분된다.
  → 매출조업도차이는 매출배합차이와 매출수량차이로 구분된다.
  → 매출수량차이는 시장점유율차이와 시장규모차이로 구분된다.
- ④ 판매부서는 목표매출의 달성에 책임이 있으므로 수익중심점(revenue center) 또는 이익중심점(profit center)으로 운영될 수 있다. 그러나, 수익중심점으로 판매부서를 운영하는 것보다 이익중심점으로 판매부서를 운영하는 것이 보다 바람직하다고 할 수 있다. 왜냐하면 수익에 대해서만 책임을 지는 수익중심점보다는 매출에 따른 수익뿐만 아니라 수익을 창출하는데 부수적으로 발생하는 비용에 대하여도 책임을 지게 함으로써 수익과 그에 관련된 비용을 함께 고려하는 이익중심점으로 판매부서를 운영하는 것이 보다 정확한 판매부서의 성과평가가 가능할 것이기 때문이다.

POINT 원가중심점과 수익중심점 차이분해

원가중심점(DM/DL)	• 가격차이		
	• 능률차이	배합차이	
		수율차이	
수익중심점(판매부서)	• 매출가격차이		
	• 매출조업도차이	매출배합차이	
		매출수량차이	시장점유율차이
			시장규모차이

매출가격차이와 매출조업도차이 계산[1]

| 난이도 | ㉯ | 정답 | ④ |

㈜삼일은 계산기를 생산하여 판매하고 있다. 올해 계산기의 예산매출수량 및 단위당 판매가격은 각각 10,000단위와 200원이며, 단위당 표준변동제조원가와 표준변동판매비는 각각 120원과 30원이다. 올해 실제 매출수량과 단위당 판매가격은 다음과 같다. 이 경우 (a) 매출가격차이와 (b) 매출조업도차이는 각각 얼마인가?

| 생산 및 매출수량 | 11,000단위 |
| 단위당 판매가격 | 180원 |

	매출가격차이	매출조업도차이
①	50,000원 유리	220,000원 불리
②	50,000원 불리	220,000원 유리
③	220,000원 유리	50,000원 불리
④	220,000원 불리	50,000원 유리

해설

• 단위당예산공헌이익 : 200 – (120+30) = 50
• 매출가격차이 분석(단위당판매가격으로 분석)

AQ×AP	AQ×SP
11,000단위×180=1,980,000	11,000단위×200=2,200,000

매출가격차이 – 220,000(불리)

• 매출조업도차이 분석(단위당예산공헌이익으로 분석)

AQ×SP	SQ×SP
11,000단위×50=550,000	10,000단위×50=500,000

매출조업도차이 50,000(유리)

POINT 매출가격차이와 매출조업도차이 계산

기호정의	• AQ : 실제판매량, AP : 단위당실제판매가격 SQ : 예산판매량, SP : 단위당예산판매가격(또는 단위당예산공헌이익)
매출총차이 분해	AQ×AP　　　AQ×SP　　　SQ×SP 　　매출가격차이　　　매출조업도차이 ⌕주의 매출가격차이는 단위당판매가격으로, 매출조업도차이는 단위당예산공헌이익으로 측정 ⌕주의 수익중심점은 차이가 (+)이면 유리한차이, (-)이면 불리한차이

| 매출가격차이와 매출조업도차이 계산[2] | 난이도 | ⊕ | 정답 | ② |

㈜삼일의 20X1년 고정예산 대비 실적자료는 다음과 같다. 동 자료를 토대로 당초 예상보다 영업이익이차이가 나는 원인을 (i) 매출가격차이, (ii) 변동원가차이, (iii) 고정원가차이 이외에 중요한 차이항목인 매출조업도차이를 추가하여 경영진에게 의미 있게 요약·보고하고자 한다. 매출가격차이와 매출조업도차이의 금액은 얼마인가?

	실적	고정예산
판매량	500개	300개
단위당 판매가격	20원	22원
단위당 변동원가	12원	10원
단위당 공헌이익	8원	12원
고정원가	1,400원	1,800원

	매출가격차이	매출조업도차이
①	1,000원 유리	2,000원 유리
②	1,000원 불리	2,400원 유리
③	1,000원 유리	2,400원 유리
④	1,000원 불리	2,000원 유리

해설

- 단위당예산공헌이익 : 22 - 10 = 12 〈자료에 주어짐〉
- 매출가격차이 분석(단위당판매가격으로 분석)

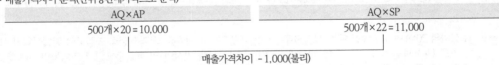

AQ×AP	AQ×SP
500개×20 = 10,000	500개×22 = 11,000

매출가격차이 - 1,000(불리)

- 매출조업도차이 분석(단위당예산공헌이익으로 분석)

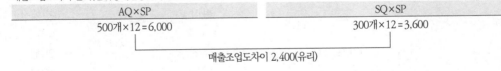

AQ×SP	SQ×SP
500개×12 = 6,000	300개×12 = 3,600

매출조업도차이 2,400(유리)

| 매출조업도차이 계산 | | 난이도 | ⊕ | 정답 | ① |

㈜삼일의 12월 예산 및 실제성과는 다음과 같다. 매출조업도차이는 얼마인가?

	실제	예산
단위당 판매가격	90원	88원
단위당 변동원가	36원	35원
고정제조간접원가	50,000원	48,000원
고정판매관리비	15,000원	18,000원
판매량	2,000단위	2,200단위

① 2,000원 불리 ② 10,000원 유리 ③ 4,000원 유리 ④ 10,600원 불리

해설

• 단위당예산공헌이익 : 88 - 35 = 53
• 매출조업도차이 분석(단위당예산공헌이익으로 분석)

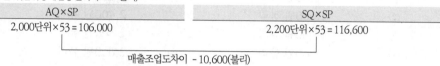

AQ×SP	SQ×SP
2,000단위×53 = 106,000	2,200단위×53 = 116,600

매출조업도차이 - 10,600(불리)

| 고정예산과 매출조업도차이 | | 난이도 | ⊕ | 정답 | ① |

㈜삼일의 20X1년 고정예산 대비 실적자료는 다음과 같다. 동 자료를 토대로 당초 예상보다 영업이익이 차이가 나는 원인을 (ⅰ) 매출가격차이, (ⅱ) 변동원가차이, (ⅲ) 고정원가차이 이외에 중요한 차이항목인 매출조업도차이를 추가하여 경영진에게 의미 있게 요약·보고하고자 한다. 매출조업도차이의 금액은 얼마인가?

	실적	고정예산
판매량	400개	300개
단위당 판매가격	18원	20원
단위당 변동원가	12원	10원
단위당 공헌이익	6원	10원
고정원가	1,400원	1,800원

① 1,000원 유리 ② 1,000원 불리 ③ 1,800원 유리 ④ 1,800원 불리

해설

• 단위당예산공헌이익 : 20 - 10 = 10 〈자료에 주어짐〉
• 매출조업도차이 분석(단위당예산공헌이익으로 분석)

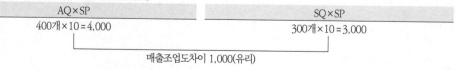

AQ×SP	SQ×SP
400개×10 = 4,000	300개×10 = 3,000

매출조업도차이 1,000(유리)

| 매출배합차이와 매출수량차이 | 난이도 | ㊥ | 정답 | ① |

㈜상일은 A와 B의 두 제품을 생산 · 판매하고 있다. 예산에 의하면 제품 A의 단위당 공헌이익은 20원이고, 제품 B의 공헌이익은 4원이다. 20X1년의 예산매출수량은 제품 A가 800단위, 제품 B는 1,200단위로 총 2,000단위였다. 그러나 실제매출수량은 제품 A가 500단위, 제품 B가 2,000단위로 총 2,500단위였다. ㈜상일의 20X1년 매출배합차이와 매출수량차이를 계산하면 각각 얼마인가?

	매출배합차이	매출수량차이
①	8,000원 불리	5,200원 유리
②	8,000원 유리	5,200원 불리
③	5,200원 불리	8,000원 유리
④	5,200원 유리	8,000원 불리

해설

• 매출조업도차이 분해

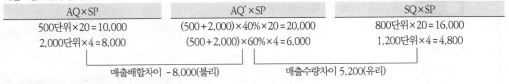

AQ×SP	AQ'×SP	SQ×SP
500단위×20 = 10,000	(500+2,000)×40%×20 = 20,000	800단위×20 = 16,000
2,000단위×4 = 8,000	(500+2,000)×60%×4 = 6,000	1,200단위×4 = 4,800

매출배합차이 - 8,000(불리)   매출수량차이 5,200(유리)

POINT 매출배합차이와 매출수량차이 계산

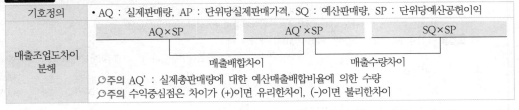

기호정의	• AQ : 실제판매량, AP : 단위당실제판매가격, SQ : 예산판매량, SP : 단위당예산공헌이익
매출조업도차이 분해	AQ×SP AQ'×SP SQ×SP
	매출배합차이 매출수량차이
	◯주의 AQ' : 실제총판매량에 대한 예산매출배합비율에 의한 수량
	◯주의 수익중심점은 차이가 (+)이면 유리한차이, (-)이면 불리한차이

시장점유율차이 계산	난이도	⊕	정답	①

㈜삼일은 복사기를 판매한다. ㈜삼일은 20X1년 복사기 시장규모가 80,000대일 것으로 예측했으나, 실제 시장규모는 70,000대로 집계되었다. 20X1년 예산판매량은 8,000대이고 단위당 예산공헌이익은 50원이었으나 20X1년 실제판매량은 8,400대이고 단위당 실제공헌이익은 40원이었다. 20X1년 ㈜삼일의 시장점유율차이를 구하면 얼마인가?

① 70,000원 유리   ② 80,000원 유리   ③ 70,000원 불리   ④ 80,000원 불리

해설

- ㉠ 실제점유율 : $\dfrac{8,400대(실제판매량)}{70,000대(실제시장규모)}=12\%$ ㉡ 예산점유율 : $\dfrac{8,000대(예산판매량)}{80,000대(예산시장규모)}=10\%$
- 매출수량차이의 분해

AQ×AP	AQ×SP	SQ×SP
70,000개×12%×50=420,000	70,000개×10%×50=350,000	?

시장점유율차이 70,000(유리)   시장규모차이

❗POINT 시장점유율차이와 시장규모차이 계산

매출수량차이 분해	AQ×AP	AQ×SP	SQ×SP
	시장점유율차이	시장규모차이	
	🔎주의 수익중심점은 차이가 (+)이면 유리한차이, (−)이면 불리한차이		
AQ×AP	• 실제규모×실제점유율×단위당가중평균예산공헌이익(BACM)		
AQ×SP	• 실제규모×예산점유율×단위당가중평균예산공헌이익(BACM)		
SQ×SP	• 예산규모×예산점유율×단위당가중평균예산공헌이익(BACM)		

*참고 단위당가중평균예산공헌이익(BACM)의 계산 사례

예산자료	제품	단위당판매가격	단위당변동원가	단위당공헌이익	판매량
	A	100원	30원	70원	600단위
	B	40원	20원	20원	400단위

→단위당가중평균예산공헌이익(BACM) : $70\times\dfrac{600}{1,000}+20\times\dfrac{400}{1,000}=50$

투자수익률 계산[1]

난이도	㊤	정답	②

㈜삼일의 영업이익은 80,000원이며, 평균투자액은 200,000원이다. ㈜삼일의 투자수익률로 가장 옳은 것은?

① 30% 　　② 40% 　　③ 50% 　　④ 60%

해설

• 투자수익률(ROI) : $\dfrac{80,000(\text{영업이익})}{200,000(\text{영업자산} = \text{투자액})} = 40\%$

❗ POINT 투자수익률(ROI) 주요사항

ROI 계산	□ 투자수익률(ROI) = $\dfrac{\text{영업이익}}{\text{영업자산(투자액)}}$ = $\dfrac{\text{영업이익}}{\text{매출액}} \times \dfrac{\text{매출액}}{\text{영업자산}}$ = 매출액영업이익률×자산회전율
장점	• 비율로 표시되므로 투자규모가 서로 다른 투자중심점간의 성과평가 및 비교에 유용
단점	• 준최적화현상이 발생함. →회사전체 최저필수수익률을 상회하는 좋은 투자안이 개별투자중심점의 투자수익률 보다 낮기 때문에 투자가 포기되어 회사전체이익에 불리한 의사결정이 이루어짐.('잔여이익'으로 해결가능) • 회계적이익에 기초하므로 성과평가와 의사결정(현금흐름에 기초)의 일관성이 결여 • 화폐의 시간가치를 고려하지 않음.(단기적 성과 강조)
증대방안	• 매출액증대와 원가의 감소, 진부화된 투자자산의 처분(감소)

투자수익률 계산[2]

난이도	㊤	정답	②

㈜삼일은 두 개의 사업부가 있으며, <가>사업부와 <나>사업부의 당해연도 영업활동 자료는 다음과 같다.

구분	<가>사업부	<나>사업부
매출액	100,000,000원	80,000,000원
공헌이익률	20%	25%
추적가능고정비	10,000,000원	5,000,000원
평균투자자본	50,000,000원	30,000,000원

위의 자료를 이용하여 ㈜삼일의 최저필수수익률이 10%라고 할 때, <가>사업부의 투자수익률을 계산하면 얼마인가?

① 10% 　　② 20% 　　③ 30% 　　④ 40%

해설

• 투자수익률(ROI) : 영업이익(100,000,000×20% - 10,000,000)÷투자액(50,000,000) = 20%

투자수익률(ROI)의 단점	난이도	⊕	정답	④

다음 중 투자중심점의 성과지표로 투자수익률(return on investment, ROI)을 사용할 때의 단점으로 가장 옳은 것은?

① 규모가 다른 투자중심점의 성과비교가 곤란하다.
② 사전에 설정한 자본비용을 초과하는 이익이 기대되는 사업에 대한 투자를 유도한다.
③ 매출액이익률과 자산회전율로 구분하여 분석이 가능하다.
④ 현재의 투자수익률보다 낮은 투자수익률이 기대되는 사업에 대한 투자를 기피하게 된다.

해설

- ① 투자수익률은 비율로 표시되므로 투자규모가 서로 다른 투자중심점간의 성과평가 및 비교에 유용하다.
  ② 투자수익률이 사전에 설정한 자본비용을 초과하는(이익이 기대되는) 사업에 대한 투자를 유도한다. 이는 투자수익률의 단점이 아니라 장점에 해당한다.
  ③ 투자수익률[= 영업이익 ÷ 영업자산(투자액) = 매출액이익률×자산회전율]은 매출액이익률과 자산회전율로 구분하여 분석이 가능하다. 이는 투자수익률의 단점이 아니라 장점에 해당한다.
  ④ 투자수익률은 개별투자중심점의 현재 투자수익률보다 낮은 투자안이긴 하나 회사전체 최저필수수익률을 상회하는 좋은 투자안인 경우에도 동 사업에 대한 투자를 기피하게 된다는 단점이 있다.
    →준최적화현상(회사전체 최저필수수익률을 상회하는 좋은 투자안이 개별 투자중심점의 투자수익률 보다 낮기 때문에 투자가 포기되어 회사 전체이익에 불리한 의사결정이 이루어짐.)의 발생은 투자수익률의 가장 큰 단점(문제점) 중의 하나이다.

투자수익률(ROI) 일반사항[1]	난이도	⊕	정답	④

다음 중 투자수익률법(return on investment, ROI)에 대한 설명으로 가장 올바르지 않은 것은?

① 투자규모가 다른 투자중심점을 상호 비교하기가 용이하다.
② 사업부의 이익뿐만 아니라 투자액도 함께 고려하는 성과평가 기준이다.
③ 매출액이익률과 자산회전율로 구분하여 분석이 가능하다.
④ 회사전체의 최저필수수익률을 상회하는 투자안이 개별투자중심점의 투자수익률보다 낮기 때문에 투자가 포기되는 준최적화 현상이 발생하지 않는다.

해설

- ① 투자수익률은 비율로 표시되므로 투자규모가 서로 다른 투자중심점간의 성과평가 및 비교에 유용하다.
  ② 투자수익률[= 영업이익 ÷ 영업자산(투자액)]은 이익뿐만 아니라 투자액도 함께 고려하는 성과평가기준이다.
    →따라서, 사업부의 경영자가 자신의 사업부 투자액에 대한 통제권한이 있는 경우 그 경영자의 성과측정 지표로 더욱 유용하게 사용될 수 있다.
  ③ 투자수익률[= 영업이익 ÷ 영업자산(투자액) = 매출액이익률×자산회전율]은 매출액이익률과 자산회전율로 구분하여 분석이 가능하다.
  ④ 투자수익률은 개별투자중심점의 현재 투자수익률보다 낮은 투자안이긴 하나 회사전체 최저필수수익률을 상회하는 좋은 투자안인 경우에도 동 사업에 대한 투자를 기피하게 된다는 단점이 있으므로, 준최적화현상(회사전체 최저필수수익률을 상회하는 좋은 투자안이 개별 투자중심점의 투자수익률 보다 낮기 때문에 투자가 포기되어 회사 전체이익에 불리한 의사결정이 이루어짐)이 발생한다.

투자수익률 일반사항[2]	난이도	⊕	정답	①

다음 중 투자수익률(return on investment, ROI)에 근거한 성과평가의 특징으로 가장 올바르지 않은 것은?

① 일반적으로 매출액이익률이 감소하는 경우 투자수익률은 증가된다.
② 사업부의 이익뿐만 아니라 투자액도 함께 고려하는 성과평가 기준이다.
③ 매출액이익률과 자산회전율로 구분하여 분석이 가능하다.
④ 회사전체의 최저필수수익률을 상회하는 투자안이 개별투자중심점의 투자수익률보다 낮기 때문에 투자가 포기되는 준최적화 현상이 발생하지 않도록 유의해야 한다.

해설

• '투자수익률 = 영업이익 ÷ 영업자산(투자액) = 매출액이익률 × 자산회전율'에서 매출액이익률이 증가하는 경우 투자수익률은 증가된다.

투자수익률(ROI) 적용시 고려사항	난이도	⊕	정답	④

다음은 K프로젝트 도입에 대한 가전사업부의 강부장과 김과장의 회의 내용이다. 이와 관련하여 부문 성과평가에 투자수익률(ROI)을 적용할 경우 유의사항으로 가장 옳은 것은?

> 김과장 : 부장님, 사장님께서 도입하시려고 하는 K프로젝트의 투자수익률(ROI)을 검토한 결과 12%로, 현재 저희 가전사업부 투자수익률(ROI)인 15% 보다 낮습니다. 이를 저희 사업부에서 실시하게 될 경우 저희 사업부의 투자수익률(ROI)이 낮아지게 됩니다.
> 강부장 : 그렇다면 사장님께서는 왜 K프로젝트를 도입하시려고 하시는 것이지?
> 김과장 : 그것은 회사 전체의 투자수익률(ROI)은 10% 수준인데 K프로젝트의 투자수익률은 그보다 높기 때문입니다.
> 강부장 : 그렇군. 회사 전체적인 관점에서는 수익성을 높여 주지만, 우리 사업부 입장에서는 그렇지 않다는 말이군. 그렇다면, K프로젝트 추진을 반대해야겠어..

① 투자수익률을 극대화하기 위해 매출액이익률은 증가시키고 자산회전율은 감소시키도록 해야 한다.
② 현금의 흐름이 아닌 회계이익을 기준으로 성과를 평가하므로 업종에 따라 각 투자중심점에 서로 다른 회계원칙이 적용되더라도 이로 인한 영향은 고려하지 않아도 된다.
③ 투자규모의 차이를 고려하지 않고 이익 금액만을 비교하여 평가하므로 각기 다른 투자중심점의 성과를 직접적으로 비교하기가 어렵다는 점을 고려해야 한다.
④ 투자중심점의 투자수익률 극대화 노력이 기업전체적으로는 이익의 감소를 초래하여 준최적화 현상이 발생하지 않도록 유의해야 한다.

해설

• ① '투자수익률 = 영업이익 ÷ 영업자산(투자액) = 매출액이익률 × 자산회전율'에서 매출액이익률과 자산회전율이 증가해야 투자수익률이 극대화된다.
② 투자수익률은 현금의 흐름이 아닌 회계이익을 기준으로 성과를 평가하므로 업종에 따라 각 투자중심점에 서로 다른 회계원칙이 적용되는 경우, 이로 인한 영향을 고려해야 한다.
③ 투자수익률법은 비율에 의하므로 투자규모가 서로 다른 투자안에 대한 성과평가 및 비교에 유용하다는 장점이 있다.
　　▶**비교** 잔여이익은 금액에 의하므로 투자규모가 서로 다른 투자안에 대한 성과평가시 상호 비교하기가 어렵다는 문제점이 있다.
④ 투자수익률은 준최적화(= 회사전체 최저필수수익률을 상회하는 좋은 투자안이 개별투자중심점의 투자수익률 보다 낮기 때문에 투자가 포기되어 회사전체이익에 불리한 의사결정이 이루어지는 것)가 발생할 수 있는 문제점을 갖고 있다.
　　▶투자수익률의 준최적화의 문제점은 잔여이익으로 해결 가능하다.

투자중심점 성과평가 : 잔여이익

| 난이도 | ⊕ | 정답 | ② |

㈜삼일은 선박을 생산하여 판매하는 조선회사로서, 분권화된 세 개의 제품별 사업부를 운영하고 있다. 이들은 모두 투자중심점으로 설계되어 있으며, 회사의 최저필수수익률은 10%이다. 각 사업부의 영업자산, 영업이익 및 매출액에 관한 정보는 다음과 같다. 각 사업부를 잔여이익법으로 평가했을 경우 잔여이익이 높은 사업부의 순서로 알맞은 것은?

구분	군함사업부	여객선사업부	화물선사업부
평균영업자산	500,000원	1,000,000원	2,000,000원
영업이익	100,000원	170,000원	230,000원
매출액	1,000,000원	3,000,000원	2,000,000원

① 군함→여객선→화물선
② 여객선→군함→화물선
③ 화물선→여객선→군함
④ 여객선→화물선→군함

해설

• 사업부별 잔여이익 계산
 - 군함사업부 : 100,000(영업이익) - 500,000(영업자산)×10%(최저필수수익률) = 50,000
 - 여객선사업부 : 170,000(영업이익) - 1,000,000(영업자산)×10%(최저필수수익률) = 70,000
 - 화물선사업부 : 230,000(영업이익) - 2,000,000(영업자산)×10%(최저필수수익률) = 30,000
• 잔여이익이 높은 순서 : 여객선사업부(70,000) 〉 군함사업부(50,000) 〉 화물선사업부(30,000)

❗POINT 잔여이익(RI) 주요사항

잔여이익 계산	☐ 잔여이익(RI) = 영업이익 - 영업자산(투자액)×최저필수수익률
	🔎주의 투자수익률(ROI)에 의한 의사결정과 잔여이익(RI)에 의한 의사결정은 일치하지 않음. → 즉, 투자수익률(ROI)에서는 채택되어도 잔여이익(RI)에서는 기각 가능
장점	• 준최적화현상이 발생하지 않음. →각 사업부의 경영자는 최저필수수익률을 초과하는 모든 투자안을 수락하게 되므로 투자중심점과 회사전체의 이익을 동시에 극대화 가능
단점	• 금액으로 표시하므로 각 사업부의 투자규모가 상이할 경우 사업부간 성과 비교에 한계가 있음. • 투자수익률(ROI)과 마찬가지로 회계적이익에 기초하므로 성과평가와 의사결정의 일관성이 결여

잔여이익 계산 기초사항

| 난이도 | ⓣ | 정답 | ③ |

다음은 ㈜삼일의 컨설팅부분 20X1년 재무자료이다. ㈜삼일의 컨설팅부문 20X1년 잔여이익은 얼마인가?

매출액	100,000,000원
영업이익	7,000,000원
평균 영업자산	20,000,000원
최저필수수익률	15%

① 900,000원
② 3,000,000원
③ 4,000,000원
④ 7,000,000원

해설

• 잔여이익(RI) = 영업이익 - 영업자산(투자액)×최저필수수익률
∴7,000,000 - 20,000,000×15% = 4,000,000

잔여이익법의 특징	난이도	㊦	정답	③

다음 중 잔여이익법에 관한 설명으로 가장 올바르지 않은 것은?

① 투자수익률법에 의하여 부당하게 거부되는 투자안이 잔여이익법에서 수락될 수도 있다.
② 투자규모가 다른 투자중심점을 상호 비교하기가 어렵다.
③ 잔여이익법에 의하여 수락되는 투자안은 투자수익률법에 의해서도 수락되므로 두 방법은 상호보완적이다.
④ 투자수익률법의 준최적화 현상을 유발하는 문제점을 극복하기 위하여 잔여이익의 개념이 출현하였다.

해설

- 잔여이익법은 금액, 투자수익률법은 비율에 의하므로 채택(수락)되는 투자안이 상이할 수 있다.
  - ㉠ 투자수익률(ROI) = $\dfrac{영업이익}{영업자산(투자액)}$
  - ㉡ 잔여이익(RI) = 영업이익 − 영업자산(투자액) × 최저필수수익률

잔여이익에 의한 신규투자	난이도	㊥	정답	①

㈜삼일의 사업부 X는 현재의 부문투자수익률보다는 높으나 최저필수수익률에 미달하는 투자계획을 고려하고 있는 반면 사업부 Y는 투자자본에 대한 최저필수수익률을 초과하는 수익률이 기대되나 현재의 부문투자수익률보다 낮은 투자계획을 고려하고 있다. 잔여이익을 극대화시키려고 한다면 각 부문은 어떤 의사결정을 하여야 하는가?

	사업부 X	사업부 Y
①	기각	채택
②	기각	기각
③	채택	채택
④	채택	기각

해설

- X사업부 : 최저필수수익률에 미달하는 수익률이 기대된다.
  - →따라서, '영업이익＜투자액×최저필수수익률'이며 잔여이익이 (−)이므로 기각
- Y사업부 : 최저필수수익률을 초과하는 수익률이 기대된다.
  - →따라서, '영업이익＞투자액×최저필수수익률'이며 잔여이익이 (+)이므로 채택

참고 결국, 잔여이익에 의해 성과평가가 이루어질 경우 각 사업부는 최저필수수익률을 초과하는 신규투자안은 채택하지만 최저필수수익률에 미달하는 신규투자안은 기각하게 된다.

| 투자중심점 성과평가 일반사항 | 난이도 | ⑪ | 정답 | ② |

다음 중 투자중심점의 성과평가에 관한 설명으로 가장 올바르지 않은 것은?

① 투자중심점은 원가 및 수익뿐만 아니라 투자의사결정에 대해서도 책임을 지는 책임중심점으로서 가장 포괄적인 책임중심점이다.
② 잔여이익은 투자규모가 서로 다른 투자중심점의 성과를 상호 비교하기가 용이하다는 장점이 있다.
③ 투자중심점은 투자수익률, 잔여이익, 경제적부가가치 등으로 성과를 평가한다.
④ 투자수익률은 준최적화 현상을 유발할 수 있다는 문제점이 있다.

해설

- ② 투자수익률법은 비율에 의하므로 투자규모가 서로 다른 투자안에 대한 성과평가 및 비교에 유용하다는 장점이 있는 반면, 잔여이익은 투자규모가 서로 다른 투자안에 대한 성과평가시 상호 비교하기가 어렵다는 문제점이 있다.
- ④ 투자수익률은 개별투자중심점의 현재 투자수익률보다 낮은 투자안이긴 하나 회사전체 최저필수수익률을 상회하는 좋은 투자안인 경우에도 동 사업에 대한 투자를 기피하게 된다는 단점이 있다.
  →즉, 준최적화현상(회사전체 최저필수수익률을 상회하는 좋은 투자안이 개별 투자중심점의 투자수익률 보다 낮기 때문에 투자가 포기되어 회사 전체이익에 불리한 의사결정이 이루어짐.)의 발생은 투자수익률의 가장 큰 단점(문제점) 중의 하나이다.

| 투자수익률(ROI)과 잔여이익(RI) 계산 | 난이도 | ⊕ | 정답 | ③ |

다음은 ㈜상일의 A와 B의 두 개의 사업부와 관련한 성과평가 자료이다. 다음 중 ㈜상일의 투자수익률과 잔여이익으로 가장 옳은 것은(단, 최저필수수익률은 4%임)?

구분	A사업부	B사업부
평균영업자산	100억원	200억원
영업이익	20억원	35억원

① A사업부의 투자수익률은 20%이며, B사업부의 투자수익률은 15%이다.
② A사업부의 투자수익률은 15%이며, B사업부의 투자수익률은 20%이다.
③ A사업부의 잔여이익은 16억이며, B사업부의 잔여이익은 27억이다.
④ A사업부의 잔여이익은 16억이며, B사업부의 잔여이익은 20억이다.

해설

- 사업부별 투자수익률(ROI)과 잔여이익(RI) 계산

구분	A사업부	B사업부
투자수익률	$\frac{20억원(영업이익)}{100억원(영업자산)}=20\%$	$\frac{35억원(영업이익)}{200억원(영업자산)}=17.5\%$
잔여이익	20억원 - 100억원(영업자산)×4% = 16억원	35억원 - 200억원(영업자산)×4% = 27억원

| 투자수익률(ROI)과 잔여이익(RI) 비교 | 난이도 | ⊕ | 정답 | ① |

㈜상일은 A, B 두 개의 사업부만 두고 있다. 투자수익률과 잔여이익을 이용하여 사업부를 평가할 때 관련 설명으로 가장 옳은 것은?(단, 최저필수수익률은 6%라고 가정한다.)

구분	A사업부	B사업부
투자금액	250,000,000원	300,000,000원
감가상각비	25,000,000원	28,000,000원
영업이익	20,000,000원	22,500,000원

① A사업부가 투자수익률로 평가하든 잔여이익으로 평가하든 더 우수하다.
② B사업부가 투자수익률로 평가하든 잔여이익으로 평가하든 더 우수하다.
③ 투자수익률로 평가하는 경우 B사업부, 잔여이익으로 평가하는 경우 A사업부가 각각 더 우수하다.
④ 투자수익률로 평가하는 경우 A사업부, 잔여이익으로 평가하는 경우 B사업부가 각각 더 우수하다.

해설

• 투자수익률(ROI)와 잔여이익(RI) 계산 및 성과평가

㉠ 투자수익률(ROI) = $\dfrac{\text{영업이익}}{\text{영업자산(투자금액)}}$ ㉡ 잔여이익(RI) = 영업이익 − 영업자산(투자금액) × 최저필수수익률

	A사업부	B사업부	성과평가
투자수익률	$\dfrac{20,000,000}{250,000,000}$ = 8%	$\dfrac{22,500,000}{300,000,000}$ = 7.5%	A가 우수
잔여이익	20,000,000 − 250,000,000 × 6% = 5,000,000	22,500,000 − 300,000,000 × 6% = 4,500,000	A가 우수

→ ∴ A사업부가 투자수익률로 평가하든 잔여이익으로 평가하든 더 우수하다.

책임중심점의 책임범위[1]	난이도	⑤	정답	④

● 다음 중 책임을 지는 범위가 가장 넓은 책임중심점은 무엇인가?

① 원가중심점
② 수익중심점
③ 이익중심점
④ 투자중심점

해설

• 투자중심점(investment center)은 원가 및 수익뿐만 아니라 투자의사결정에 대해서도 책임을 지는 책임중심점으로서 책임을 지는 범위가 가장 넓은 가장 포괄적인 개념이다.

❗POINT 책임중심점의 분류

원가중심점	• 통제가능한 원가의 발생만 책임을 지는 가장 작은 활동단위로서의 책임중심점(예 제조부문)
수익중심점	• 매출액에 대해서만 통제책임을 지는 책임중심점(예 판매부서 및 영업소) →수익중심점은 산출물만을 화폐로 측정하여 통제할 뿐 투입물과 산출물 모두에 의해 결정되는 이익에 대해서는 책임을 지지 않음. →그러나 매출액만으로 성과평가를 하게 되면 기업전체적으로 잘못된 의사결정을 야기 가능함.(불량채권의 발생, 원가절감의 경시 등 여러 가지 문제점에 노출될 수 있기 때문임.)
이익중심점	• 원가와 수익 모두에 대해서 통제책임을 지는 책임중심점 →이익중심점은 전체 조직이 될 수도 있지만 조직의 한 부분, 즉 판매부서, 각 지역(점포)단위 등으로 설정될 수도 있는데 이 경우 책임중심점이란 이익중심점을 뜻하는 것이 일반적임. →이익중심점은 수익중심점에 비해 유용한 성과평가기준이 됨. 성과평가의 기준을 이익으로 할 경우 해당 경영자는 공헌이익 개념에 의해서 관리를 수행할 것이고 이로 인해 회사전체적 입장에서 최적의 의사결정에 근접할 수 있음.
투자중심점	• 원가수익 및 투자의사결정도 책임지는 책임중심점으로 가장 포괄적 개념임. →기업이 제품별 또는 지역별로 별도의 독립적인 조직으로 분리될 정도로 규모가 커져 제품별 또는 지역별 사업부로 분권화된 경우, 이 분권화조직이 투자중심점에 해당함.

책임중심점의 책임범위[2]	난이도	⑤	정답	①

● 다음 중 책임중심적의 종류에 대한 설명으로 가장 올바르지 않은 것은?

① 원가중심점이란 통제 불가능한 원가의 발생에 대해서만 책임을 지는 가장 작은 활동단위로서의 책임중심점이다.
② 수익중심점은 매출액에서 대해서만 통제책임을 지는 책임중심점이다.
③ 이익중심점은 원가와 수익 모두에 대해서 통제책임을 지는 책임중심점이다.
④ 투자중심점은 원가 및 수익 뿐만 아니라 투자의사결정에 대해서도 책임을 지는 책임중심점이다.

해설

• 원가중심점(cost center)은 통제가능한 원가의 발생에 대해서만 책임을 지는 가장 작은 활동단위로서의 책임중심점이다. 가장 대표적인 원가중심점은 제조부문이라고 할 수 있다.

| 책임중심점과 통제책임 | 난이도 | ⓗ | 정답 | ④ |

다음 중 책임회계제도에 대한 설명으로 가장 올바르지 않은 것은?

① 책임중심점이란 경영관리자가 특정활동에 대해 통제할 책임을 지는 조직의 부문을 말한다.
② 책임중심점은 책임의 성격 및 책임범위에 따라 원가중심점, 수익중심점, 이익중심점 및 투자중심점으로 분류할 수 있다.
③ 수익중심점은 매출액에 대해서만 통제책임을 지는 책임중심점으로 기업의 최종산출물인 제품 또는 서비스의 판매수익을 창출하는데 일차적인 책임을 진다.
④ 원가중심점은 특정 원가의 발생에만 통제책임을 지는 책임중심점으로 판매부서 및 영업소 등이 원가중심점의 예가 될 수 있다.

해설

• 판매부서 및 영업소는 원가중심점이 아니라 수익중심점의 예에 해당한다.
  →제조부문 등이 원가중심점의 예가 될 수 있다.

| 성과평가제도 고려사항 | 난이도 | ⊕ | 정답 | ② |

다음 중 책임회계제도의 성과평가시 고려해야 할 사항으로 가장 올바르지 않은 것은?

① 기업 구성원들의 성과극대화 노력이 기업전체목표의 극대화로 연결될 수 있도록 설계하여야 한다.
② 성과평가의 결과가 기업에 신속하게 보고될 수 있도록 경제성보다 적시성을 최우선적으로 고려하여야 한다.
③ 각 책임중심점의 행동에 미치는 영향을 적절히 고려하여야 한다.
④ 성과평가치의 성과측정오류가 최소화되도록 설계되어야 한다.

해설

• 효율적인 성과평가제도는 적시성과 경제성을 적절히 고려해야 한다.
  →성과평가 결과가 신속하게 보고되고 조정될 때 적시성이 있다고 한다. 따라서 성과평가를 수행하는 경우 많은 시간과 비용을 투입하면 더욱 정확한 평가는 가능할지 몰라도, 적시성과 경제성(비용 대 효익) 측면에서는 문제가 있을 수 있다. 반대로 적은 시간과 비용을 투입하면 적시성과 경제성은 얻을 수 있겠지만 정확한 성과평가는 어려울 것이다.

Q POINT 효율적인 성과평가제도 설계를 위해 고려해야 할 사항

목표일치성	• 각 책임중심점들의 이익극대화가 기업전체적인 이익극대화와 같을 때 목표가 일치한다고 말할 수 있음. 즉, 효율적인 성과평가제도는 구성원들의 성과극대화 노력이 기업전체목표의 극대화로 연결될 수 있도록 설계되어야 함.
성과평가의 오차	• 각 책임중심점의 성과평가 수행과정에서 성과측정 오류가 발생하는 것이 일반적인데, 효율적 성과평가제도는 성과평가치의 성과측정오류가 최소화되도록 설계되어야 함.
적시성과 경제성	• 성과평가 결과가 신속하게 보고되고 조정될 때 적시성이 있다고 함. 따라서 성과평가를 수행하는 경우 많은 시간·비용을 투입하면 더욱 정확한 평가는 가능할지 몰라도 적시성과 경제성(비용 대 효익) 측면에서는 문제가 있을 수 있음. 반대로 적은 시간·비용을 투입하면 적시성과 경제성은 얻을 수 있겠지만 정확한 성과평가는 어려울 것임. 따라서 효율적인 성과평가제도는 적시성과 경제성을 적절히 고려해야 함.
행동에 미치는 영향	• 성과평가를 한다는 사실 자체가 각 책임중심점의 행동에 영향을 미치게 됨. 예를 들어, 매출액을 성과평가의 측정치로 설정한다면 각 책임중심점은 매출액을 다른 어떤 요소들보다도 중요시하게 될 것임. 이에 따라 매출액 순이익률이나 채권의 안전성 등의 요인들이 무시되어 오히려 순이익이 감소할 수도 있음. • 이와 같이 성과를 측정한다는 사실 자체가 피평가자의 행위에 영향을 미치는 현상을 하이젠버그 불확실성원칙이라 함. 따라서, 효율적인 성과평가제도는 각 책임중심점의 행동에 미치는 영향을 적절히 고려해야만 함.

책임회계와 성과보고서[1]   난이도 ⊕   정답 ②

다음 중 책임회계에 근거한 성과보고서에 관한 설명으로 가장 옳은 것은?

① 통제가능원가의 실제발생액과 예산과의 차이를 포함시키지 않는 것이 바람직하다.
② 예외에 의한 관리가 가능하도록 작성하여야 한다.
③ 예산과 실적간의 차이 원인을 분석하기 위해 작성되며 해당 관리자에게 전달하지 않는 것이 바람직하다.
④ 통제가능원가와 통제불능원가를 구분할 필요는 없다.

해설

- ① 책임회계에 의한 성과평가를 위해서는 조직 전체적으로 예산(표준)과 실적(실제발생액)간의 차이를 발견하고 그 차이의 원인이 어떤 부문에서 어떠한 이유에 의해 발생하였는지 분석해야 하며, 이러한 목적을 달성하기 위하여 실적(실제발생액)과 예산과의 차이를 포함시켜 비교하여 작성한 표가 성과보고서(performance report)이다.
- ② 책임회계제도에 근거한 성과보고서는 실제 성과와 예산과의 차이를 쉽게 파악할 수 있게 해줌으로써 경영자가 각 개인 및 조직단위별로 발생한 차이 중 어떤 부분에 더 많은 관심과 노력을 투입해야 하는지를 쉽게 알 수 있어 예외에 의한 관리(management by exceptions)가 가능하다.
- ③ 성과보고서가 예산과 실적치 간의 차이 원인에 관한 추가정보와 더불어 해당 관리자에게 전달되면 관리자들은 현행 운영활동을 개선하기 위한 조치를 강구하거나 미래 계획을 수정하여 이를 새로운 예산에 반영하며, 새로이 마련된 예산은 다시금 당기 운영 예산이 되는 순환주기가 계속되는 것이므로 성과보고서는 해당 관리자에게 전달되는 것이 바람직하다.
- ④ 성과보고서에 통제불가능원가는 제외되거나 통제가능원가와 구분하여 표시되어야 한다. 왜냐하면 각 책임중점은 통제가능항목에 의해 규정된 책임범위에 대해서만 책임을 지며, 각 책임중점의 책임범위를 벗어나는 통제불가능항목에 대해서는 책임이 없기 때문에 통제불가능항목은 각 책임중점의 성과평가시 제외되는 것이 원칙이기 때문이다.

책임회계와 성과보고서[2]   난이도 ⊕   정답 ②

다음 중 책임회계에 근거한 성과보고서에 관한 설명으로 가장 옳은 것은?

① 통제가능원가와 통제불가능원가를 반드시 구분할 필요는 없다.
② 통제가능원가의 실제와 표준간의 차이를 포함시켜야 한다.
③ 해당 책임중점에 배분된 고정제조간접원가는 통제가능원가에 포함시켜야 한다.
④ 회사의 비공식적인 조직상의 권한과 책임에 따라 보고서를 작성하는 것이 바람직하다.

해설

- ① 성과보고서에 통제불가능원가는 제외되거나 통제가능원가와 구분하여 표시되어야 한다. 왜냐하면 각 책임중점은 통제가능항목에 의해 규정된 책임범위에 대해서만 책임을 지며, 각 책임중점의 책임범위를 벗어나는 통제불가능항목에 대해서는 책임이 없기 때문에 통제불가능항목은 각 책임중점의 성과평가시 제외되는 것이 원칙이기 때문이다.
- ② 책임회계에 의한 성과평가를 위해서는 조직 전체적으로 예산(표준)과 실적(실제발생액)간의 차이를 발견하고 그 차이의 원인이 어떤 부문에서 어떠한 이유에 의해 발생하였는지 분석해야 하며, 이러한 목적을 달성하기 위하여 실적(실제발생액)과 예산과의 차이를 포함시켜 비교하여 작성한 표가 성과보고서(performance report)이다.
- ③ 해당 책임중점에 배분된 고정제조간접원가는 통제불가능원가이다.
- ④ 회사의 공식적인 조직상의 권한과 책임에 따라 보고서를 작성하는 것이 바람직하다.

책임회계와 성과보고서[3]

| 난이도 | ㉦ | 정답 | ③ |

다음 중 책임회계제도 하에서 작성되는 성과보고서에 관한 설명으로 가장 옳은 것은?

① 원가는 통제가능원가와 통제불가능원가의 구분이 불가능하므로 통합하여 작성한다.
② 책임중심점으로의 추적가능성에 따라 책임중심점별 원가와 공통원가로 구분하지 않는 것이 바람직하다.
③ 여러 책임중심점에서 공통으로 사용되는 공통고정원가는 특정사업부에 부과시키거나 임의로 배분하는 경우 성과의 왜곡이 발생할 수 있으므로 총액으로 관리해야 한다.
④ 특정 책임중심점의 경영자에 대한 성과평가시 통제불가능원가를 포함하는 것이 바람직하다.

해설

• ① 성과보고서에 통제불가능원가는 제외되거나 통제가능원가와 구분하여 표시되어야 한다. 왜냐하면 각 책임중심점은 통제가능항목에 의해 규정된 책임범위에 대해서만 책임을 지며, 각 책임중심점의 책임범위를 벗어나는 통제불가능항목에 대해서는 책임이 없기 때문에 통제불가능항목은 각 책임중심점의 성과평가시 제외되는 것이 원칙이기 때문이다.
② 책임중심점으로의 추적가능성에 따라 책임중심점별 원가와 공통원가로 구분하는 것이 바람직하다.
③ 공통고정원가란 여러 책임중심점에서 공통적으로 사용되는 고정원가로서 특정 책임중심점에 추적이 불가능한 원가이다. 예를 들면 본사건물의 감가상각비, 회사전체적인 광고선전비, 최고경영자의 급료 등이 포함된다. 이러한 공통고정원가는 여러 책임중심점에서 공통적으로 사용되는 고정원가이므로 특정 책임중심점에 부과시키거나 임의로 배분해서는 안되며 총액으로 관리해야 한다.
④ 특정 책임중심점의 경영자에 대한 성과평가시 추적가능하고 통제가능한 원가만을 포함하는 것이 바람직하다.(통제불가능원가는 제외하는 것이 바람직하다.)

사업부별 성과평가측정치

| 난이도 | ㉦ | 정답 | ③ |

다음은 ㈜삼일의 20X1년도 이익중심점의 통제책임이 있는 A사업부의 공헌이익 손익계산서이다. A사업부의 성과평가목적에 가장 적합한 이익은 얼마인가?

매출액	5,000,000원
변동원가	2,000,000원
공헌이익	3,000,000원
추적가능·통제가능고정원가	500,000원
사업부경영자공헌이익	2,500,000원
추적가능·통제불능고정원가	500,000원
사업부공헌이익	2,000,000원
공통고정원가배분액	400,000원
법인세비용차감전순이익	1,600,000원
법인세비용	600,000원
순이익	1,000,000원

① 3,000,000원 ② 2,500,000원 ③ 2,000,000원 ④ 1,000,000원

해설

• 사업부공헌이익은 사업부경영자공헌이익에서 사업부가 단기적으로 통제할 수 없으나 사업부에 직접 추적 또는 배분가능한 고정원가를 차감한 것으로 사업부의 성과평가목적에 가장 적합한 이익개념이다.
비교 사업부 경영자 개인의 성과평가목적에 가장 적합한 이익개념 : 사업부경영자공헌이익

제1주차
빈출유형특강

제2주차
최신유형특강

제3주차
최신유형특강

제4주차
기출변형특강

| 균형성과표의 적용 | 난이도 | ⊕ | 정답 | ② |

다음 중 균형성과표(BSC, Balanced Scorecard)에 관한 설명으로 가장 올바르지 않은 것은?

① 균형성과표는 재무적인 성과지표를 중심으로 하는 전통적인 성과측정제도의 문제점을 보완할 수 있는 성과측정시스템으로 인식되고 있다.
② 균형성과표는 조직의 수익성을 최종적인 목표로 설정하기 때문에 네가지 관점의 성과지표 중에서 학습과 성장관점의 성과지표를 가장 중시한다.
③ 조직구성원들이 조직의 전략을 이해하여 달성하도록 만들기 위해, 균형성과표에서는 전략과 정렬된 핵심성과지표를 설정한다.
④ 전략 달성에 초점을 맞춘 조직을 구성하여 조직구성원들이 전략을 달성하는데 동참할 수 있도록 유도한다.

해설

• 기업의 목표는 궁극적으로 재무적 성과를 향상시키는 것이므로 재무적 관점의 성과측정치는 여전히 중요한 성과지표이다. 균형성과표는 4가지 관점의 성과지표 중에서 재무적 관점의 성과지표를 가장 중시한다.

| 균형성과표의 장점 | 난이도 | ⊕ | 정답 | ③ |

다음 중 균형성과표(BSC)의 장점으로 가장 올바르지 않은 것은?

① 재무적 관점에 의한 단기적 성과와 고객관점, 기업내부프로세스 관점, 학습과 성장 관점에 의한 장기적 성과 간의 균형을 이룰 수 있다.
② 기존의 재무적 측정치와 고객, 기업내부프로세스, 학습과 성장 등의 관점에 의한 비재무적 측정치 간의 균형 있는 성과평가를 달성할 수 있다.
③ 비재무적 측정치에 대해도 객관적인 측정이 가능하며, 업종을 불문하고 정형화된 측정수단까지도 제공한다.
④ 투자수익률 등의 과거 노력에 의한 결과측정치와 종업원 교육시간 등과 같이 미래 성과를 유발하는 성과동인 간의 균형을 이룰 수 있다.

해설

• 균형성과표(BSC)는 비재무적 측정치에 대해서는 여전히 객관적인 측정이 어려우며, 정형화된 측정수단을 제공해 주지 못한다는 단점이 있다.

❶ POINT 균형성과표(BSC)의 장점과 단점

장점	• ㉠ 재무적관점에 의한 단기성과와 나머지 세 관점(고객, 기업내부프로세스, 학습과성장)에 의한 장기성과 간의 균형을 이룰 수 있음. ㉡ 기존의 재무적측정치와 고객, 기업내부프로세스, 학습과성장 등의 관점에 의한 비재무적측정치 간의 균형있는 성과평가를 달성할 수 있음. ㉢ 투자수익률 등의 과거노력에 의한 결과측정치와 종업원 교육시간 등과 같이 미래성과를 유발하는 성과동인 간의 균형을 이룰 수 있음. ㉣ 투자수익률, 시장점유율과 같은 재무적관점, 고객관점에 의한 외부적 측정치와 수율, 종업원 만족도 등과 같은 기업내부프로세스관점, 학습과성장관점에 의한 내부측정치 간의 균형을 이룰 수 있음. ㉤ 시장점유율 등의 계량화된 객관적 측정치와 종업원의 능력 등과 같은 주관적 측정치 간의 균형을 이룰 수 있음.
단점	• ㉠ 비재무적 측정치에 대해서는 여전히 객관적인 측정이 어렵다는 단점이 있음. ㉡ 정형화된 측정수단을 제공해 주지 못한다는 단점이 있음.

경제적부가가치(EVA) 계산[1]	난이도	⊕	정답	③

다음 자료를 기초로 하여 경제적부가가치(EVA)를 계산하면 얼마인가?

세후순영업이익	110억원
투하자본	500억원
타인자본비용(세후)	5%
자기자본비용	15%
타인자본/자기자본	100%

① 20억원　　　　② 40억원　　　　③ 60억원　　　　④ 80억원

해설

- 타인자본비용(세후) ⇒ 부채이자율$(1-t)$
- $\dfrac{\text{타인자본}(=\text{부채의시장가치})}{\text{자기자본}(=\text{자본의시장가치})}=100\%$ 이므로, 자기자본을 A라 가정하면 타인자본도 A가 된다.
- 가중평균자본비용 : $\dfrac{\text{부채의시장가치}\times\text{부채이자율}(1-t)+\text{자본의시장가치}\times\text{자기자본비용}(\%)}{\text{부채의시장가치}+\text{자본의시장가치}}$

$$=\dfrac{A\times5\%+A\times15\%}{A+A}=10\%$$

- 경제적부가가치(EVA) : 110억원 $-$ 500억원 $\times10\%=60$억원

POINT 경제적부가가치(EVA) 계산

특징	• 타인자본비용(이자비용)뿐 아니라 자기자본비용(배당금)도 비용으로 고려하는 성과지표임. 　주의 ∵EVA는 I/S상 순이익보다 낮음. 　주의 EVA는 비재무적측정치는 고려하지 않음.
계산산식	□ 경제적부가가치(EVA) = 세후영업이익 $-$ 투하자본(투자액) $\times$ 가중평균자본비용 　　　　　　　　　　　　 = 세후영업이익 $-$ (총자산 $-$ 유동부채) $\times$ 가중평균자본비용 　　　　　　　　　　　　 = 세후영업이익 $-$ (비유동부채 $+$ 자기자본) $\times$ 가중평균자본비용 　　　　　　　　　　　　 = 세후영업이익 $-$ (순운전자본 $+$ 비유동자산) $\times$ 가중평균자본비용 • 가중평균자본비용 $=\dfrac{\text{부채의시장가치}\times\text{부채이자율}(1-t)+\text{자본의시장가치}\times\text{자기자본비용}(\%)}{\text{부채의시장가치}+\text{자본의시장가치}}$ • 투하자본 계산시 비영업자산은 제외하며, 유동부채 계산시 영업부채가 아닌 이자발생부채인 단기차입금·유동성장기차입금 제외 **참고** 투하자본 계산시 재무상태표 도해 

| 경제적부가가치(EVA) 계산[2] | 난이도 | ⊕ | 정답 | ② |

20X1년도 ㈜삼일의 용산사업부에 대한 자료는 다음과 같다. ㈜삼일의 자금원천은 두 가지인데, 하나는 시장가치가 80,000원, 이자율이 5%인 타인자본이고 다른 하나는 시장가치가 120,000원, 자본비용이 15%인 자기자본이다. 용산사업부의 경제적부가가치는 얼마인가(단, 법인세는 고려하지 않는다.)?

영업이익	10,000원
총자산(전액 영업자산)	100,000원
유동부채(전액 무이자부채)	20,000원

① 800원 ② 1,200원 ③ 1,600원 ④ 2,400원

해설

• 세후영업이익 : 10,000(∵법인세는 고려하지 않음.)
• 투하자본 : 총자산(영업자산) - 유동부채 →100,000 - 20,000 = 80,000
• 가중평균자본비용 : $\dfrac{80,000 \times 5\% + 120,000 \times 15\%}{80,000 + 120,000} = 11\%$
• 경제적부가가치(EVA) : 10,000 - 80,000×11% = 1,200

| 경제적부가가치(EVA) 일반사항[1] | 난이도 | ⊤ | 정답 | ① |

다음 중 경제적부가가치(EVA)와 관련된 설명으로 가장 올바르지 않은 것은?

① 자기자본비용은 고려하나 타인자본비용은 고려하지 않는다.
② 기회원가 성격인 자기자본비용도 고려하여 산출된다.
③ 채권자와 주주가 기업에 투자하여 획득할 수 있는 초과수익이다.
④ 기업의 실질적 수익성을 평가하는 평가지표이다.

해설

• 경제적부가가치(EVA)는 타인자본비용(이자비용)뿐 아니라 자기자본비용(배당금)도 비용으로 고려하는 성과지표이다.(반면, 당기순이익은 타인자본비용만을 고려한다.)
→경제적부가가치(EVA)는 타인자본비용 뿐만 아니라 자기자본비용까지 보전한 후의 유보이익이므로 진정한 기업가치를 측정하는 수익성 지표이다.

경제적부가가치(EVA) 일반사항[2]

| 난이도 | ㉡ | 정답 | ③ |

다음 중 경제적부가가치(EVA)와 관련된 설명으로 가장 올바르지 않은 것은?

① 고유의 영업활동에서 창출된 순가치의 증가분을 의미한다.
② 투하자본 산정시 이자비용이 지급되는 유동부채는 차감하지 않는다.
③ 가중평균자본비용의 측정에 있어 법인세 효과는 별도로 고려하지 않는다.
④ 투하자본의 회전율을 높이면 매출액이익률이 동일하더라도 경제적부가가치는 높아진다.

해설

- ① 경제적부가가치(EVA)는 투자중심점이 고유의 영업활동에서 세금, 타인자본과 자기자본에 대한 자본비용을 초과하여 벌어들인 이익을 의미하며, 경제적부가가치(EVA)는 고유의 영업활동에서 창출된 순가치의 증가분을 의미한다.
  ② 투하자본(=총자산-유동부채)은 영업관련 총자산에서 영업관련 유동부채를 차감하여 계산한다. 영업관련 유동부채는 무이자유 동부채(매입채무, 미지급비용 등)를 의미한다. 단기차입금 등과 같은 이자비용이 지급되는 유동부채는 투하자본 측정시 차감하지 않는다.(즉, 차감하는 유동부채 항목에서 제외)
  ③ 부채에 대한 이자비용이 발생하면 법인세의 절감효과가 있으므로 타인자본비용은 '타인자본비용×(1 - 법인세율)'로 계산한다. 즉, 가중평균자본비용의 측정에 있어 법인세 효과를 별도로 고려한다.
  ④ 투하자본의 회전율을 높이면 투하자본이 감소하여 경제적부가가치(세후영업이익 - 투하자본×가중평균자본비용)는 높아진다.

경제적부가가치(EVA)의 특징

| 난이도 | ㉠ | 정답 | ① |

다음 중 경제적부가가치와 관련한 설명으로 가장 옳은 것은?

① 투하자본에 대한 자본비용이 높아지고 세후순영업이익은 변동이 없다면 경제적부가가치는 일반적으로 감소한다.
② 당기순이익과 마찬가지로 타인자본비용은 고려하나 자가자본비용은 고려하지 않는다.
③ 일반적으로 투하자본이 증가하면 경제적부가가치가 증가한다.
④ 경제적부가가치는 손익계산서상의 당기순이익보다 항상 높다.

해설

- ① 'EVA=세후영업이익 - 투하자본×가중평균자본비용'에서 (가중평균)자본비용이 높아지면 EVA가 감소한다.
  ② 당기순이익이 자기자본에 대한 자본비용(배당금)을 고려하지 않는 이익개념인 반면에, 경제적부가가치(EVA)는 자기자본에 대한 자본비용을 고려한 이익개념이다.(따라서, 주주관점에서 기업의 경영성과를 보다 정확히 측정할 수 있다.)
  ③ 'EVA=세후영업이익 - 투하자본×가중평균자본비용'에서 투하자본이 증가하면 EVA가 감소한다.
  ④ EVA는 타인자본비용(이자비용)뿐만 아니라 자기자본비용(배당금)도 고려하는 성과지표이므로 손익계산서상의 당기순이익보다 낮다.

| 경제적부가가치(EVA) 증감 | 난이도 | ⊕ | 정답 | ② |

다음 중 경제적부가가치(EVA)와 관련된 설명으로 가장 올바르지 않은 것은?

① 재고자산회전율을 높이면 일반적으로 경제적부가가치(EVA)는 증가한다.
② 다른 조건이 동일한 경우 영업이익이 감소하면 경제적부가가치(EVA)는 증가한다.
③ 투하자본에 대한 자본비용이 높아지고, 세후순영업이익의 변동이 없다면 경제적부가가치(EVA)는 일반적으로 감소한다.
④ 경제적부가가치(EVA)를 증가시키기 위해서는 영업이익률을 높이거나, 투하자본의 회전율을 높이는 것이 바람직하다.

해설

• EVA = 세후영업이익 – 투하자본(투자액)×가중평균자본비용
• ① 재고자산회전율을 높이면 재고자산 보유기간이 줄어 투하자본이 감소하므로 EVA는 증가한다.
  ② 'EVA=세후영업이익 – 투하자본×가중평균자본비용'에서 (세후)영업이익이 감소하면 EVA는 감소한다.
  ③ 'EVA=세후영업이익 – 투하자본×가중평균자본비용'에서 자본비용이 높아지면 EVA는 감소한다.
  ④ 영업이익을 높이거나 매출채권회전율, 재고자산회전율 등을 높이면 EVA는 증가한다.

❶ POINT 경제적부가가치(EVA) 증대방안

증대방안	세후영업이익 증대	• 매출증대, 제조원가·판관비 절감
	투하자본 감소	• 재고·고정자산 매출채권의 적정유지나 감소 • 유휴설비 처분 • 매출채권회전율을 높임(매출채권 회수기일단축) • 재고자산회전율을 높임(재고자산 보유기간을 줄임)
	가중평균자본비용 개선	• 고율의 차입금 상환

3P

3P

3D

3P

3P FINAL

POTENTIALITY
PASSION
PROFESSION

3P는 여러분의 무한한 잠재적 능력과
반드시 성취하겠다는 열정을 토대로 전
문가의 길로 나아가는 제파이어인트 핵
심메세지로의 학습 컨셉입니다.

수험생 여러분의 합격을 응원합니다.

3P
3P
FINAL
3P
POTENTIALITY
PASSION
PROFESSION

3P는 여러분의 무한한 잠재적 능력과
반드시 성취하겠다는 열정을 최대로 견
인하여 끝내 나아가는 세무라이선스 파
이널시리즈의 핵심 경쟁입니다.

수험생 여러분의 합격을 응원합니다.

Customer
Center

수험상담문의
T.031.973.5660
F.031.8056.9660
Email. semoolicence@hanmail.net

재경관리사 기출문제특강
[4주완성/10개년/기출유형총정리]

발행일	2024년 06월10일 [개정8판 1쇄 발행]

저자	강경석
발행인	강민석
발행처	도서출판 세무라이선스
출판등록	제2011-000180호
주소	경기도 고양시 일산서구 장자길118번길 110, B-1동 102호
대표전화	031.973.5660 FAX. 031.8056.9660
홈페이지	www.semoolicence.com
이메일	semoolicence@hanmail.net

ISBN	979-11-89182-31-1 [13320]
정가	48,000 원

기획 및 책임편집	강민석
표지디자인	이은화, 강하영
편집진행	김상훈
본문편집 및 디자인	[주] 한국학술정보 -편집팀
CTP출력 및 인쇄	[주] 한국학술정보 -BOOKTORY

저자와의
협의하에
인지생략